바이마르 헌법과 정치사상

Hermann Heller

# Weimarer Reichsverfassung und
# die politischen Ideenkreise

Übersetzt von Hyo-Jeon Kim
SANZINI, Busan, Korea
2016

# 바이마르 헌법과 정치사상

헤르만 헬러 지음

김 효 전 옮김

산지니

# 역자 서문

이 책은 헤르만 헬러(Hermann Heller, 1891-1933)의 중요 저작과 논설을 한국어로 번역한 것이다. 번역의 텍스트는 Martin Drath, Otto Stammer, Gerhart Niemeyer, Fritz Borinski (Hrsg.), Hermann Heller: Gesammelte Schriften, A. W. Sijthoff, Leiden 1971. 3 Bde.을 사용하였다. 1992년판 전집과 내용상의 차이는 없다.

제1편 「바이마르 헌법」에서는 「기본권과 기본의무」를 비롯하여 7편의 논문과 논설을 게재하고 있다. 바이마르 헌법은 독일이 제1차 세계대전에서 패전한 직후인 1919년 8월 11일에 제정되었으며, 나치스가 정권을 장악한 1933년까지 존속하였다. 당시 가장 자유롭고 민주적인 헌법으로 평가를 받았으며 한국을 비롯하여 전세계에 커다란 영향을 미쳤다.

본서에 수록한 「바이마르 헌법에 따른 비례대표제선거에서의 평등」에서 헬러는 평등선거와 직접선거의 관계를 다루면서 프로이센 란트 선거법과 라이히 선거법을 지지한다. 평등원칙의 이해, 비례대표제의 본질, 대표의회제가 주요 논점이며, 의회주의의 안정과 파편정당의 박멸 등을 다루고 있다. 유럽뿐만 아니라 비례대표제를 채택하는 한국에서도 일독할 가치가 있는 고전이라고 하겠다.

그 밖에 바이마르 헌법과 민주주의에 대한 헬러의 강력한 신념과 의지가 나타난 논문을 수록하였다. 볼프강 아벤트로트는 헬러를 바이마르 헌법의 정통적인 해석자로서 평가한다.

제2편 「법과 국가이론」에서는 3편의 논문을 게재하였다. 먼저 「국가학의 위기」에서는 국법학과 국가학의 탈정치화, 현실에서 유리된 위기감 등이 잘 나타나 있다. 「라이히 헌법에서의 법률의 개념」은 헬러가 독일국법학자대회에서 1927년에 발표한 것이다. 「현대의 국가이론과 법이론의 문제성에 대한 논평」 역시 위기에 처했다는 진단을 내리고 있다.

제3편 「의회주의냐 독재냐?」에서는 「정치적 민주주의와 사회적 동질성」을 비롯하여 9편의 논문을 수록하고 있다. 이 논문들은 독일 바이마르 공화국시대의 정치상황을 중심으로 유럽에서의 파시즘의 대두를 다룬 것으로 독재의 위기에 직면한 한 사회민주주의자의 절규라고 할 수 있다. 특히 「법치국가냐 독재냐」는 「사회적 법치국가」를 최초로 언급한 귀중한 문헌이다. 「유럽과 파시즘」에서는 무솔리니 치하의 이탈리아는 한국의 군사독재 시절을 연상시키는 대목과 유사한 장면이 많이 나와서 우리의 지난날을 회상케 한다.

제4편은 「정치사상」을 다룬다. 헬러의 정치사상은 그의 『헤겔과 독일에서의 국민적 권력국가사상』(1921)에 잘 나타나 있다. 이것은 헬러의 교수자격논문으로서 그는 이 논문으로써 학계에 데뷔한다. 「헤겔과 독일 정치」에서는 현대 독일 정치의 양대 조류는 독일의 국민사상과 사회주의이며, 이들의 이념은 모두 헤겔 철학에 있다는 것이다. 독일의 전체 민중을 새로운 국민적 권력으로 조직하기 위해서는 양자가 공통의 길을 모색해야 한다는 것이다. 이어서 『현대 독일 정치사상사』(1926)에서는 사상사의 방법론, 특히 유럽 정치사상사의 파악방법을 서술한 후 1925년까지의 바이마르 독일을 움직이는 주요 정치사상들이 프랑스혁명 이후 약 1세기 반에 걸쳐 독일 근대정치사와 관련을 가진다는 것을 밝히고 있다. 요컨대 독일에서의 「미래형성적인」 정치사상은 사회민주주의 이외에는 없다는 것을 논증하고 있다.

제5편 「사회주의적 결단」은 사회주의에 대한 헬러의 태도를 정리한 것이다. 헬러는 바이마르 공화국에 대한 보수세력의 공격에 대해서 바이마르 민주주의는 비독일적인 것이 아니라 근대 독일 고전철학의 정치사상을 정당하게 계승한 것임을 사상사적으로 논증하고 있다. 그는 민주주의와 그 전개형태인 자유주의·국민주의·사회주의가 독일에서는 영국과 프랑스와는 달리, 왜곡된 형태로 파행적으로 전개된 점을 근대 정치사상의 연구를 통해서 밝히려고 하였다. 이러한 인식에서 헬러는 바이마르 공화국을 존속시키기 위해서는 무엇보다도 사회주의와 국민주의의 화해와 통일이 이루어져야 한다고 생각하였다. 그리고 이러한 통일의 사상적 근거도 헤겔에서 찾았다.

사회주의와 관련하여 그는 1920년 사회민주당에 입당했지만 유물사관과 국제주의를 거부한다는 유보조건을 붙였다. 「사회주의와 국민」(1925)에서 보듯이, 헬러는 국민이나 민족의 의의를 중요시하는 내셔널리즘을 강조하고 있다. 또한 「국가·국민 그리고 사회민주주의」(1925)에서도 「국민적 문화사회주의」의 이론화를 시도하고 있다. 특히 「국민적 사회주의」에서는 국민주의보다 사회주의에 더욱 무게를 두고 있다.

헤르만 헬러의 이름은 한국의 헌법학계나 정치학계에서 그다지 유명하지 않은 것이 사실이다. 그는 바이마르 독일에서도 별로 주목을 받지 못했다. 그는 유태인 출신이었고 학계의 진출도 늦은 편이었고, 또 일찍 세상을 떠난 탓에 당대의 거장들의 그늘에 가려서 빛을 보지 못했다고 하겠다.

이처럼 그는 오랫동안 대학에서 자리를 잡지 못하고 성인교육에 힘쓰며 학계의 주변에서 배회하다가 1927년 『주권론』을 출판함으로써 베를린대학 법학부 조교수로 임명된다. 이로써 그는 당시 이미 높은 명성을 누리던 카를 슈미트·한스 켈젠 그리고 루돌프 스멘트와 함께 제1급의 공법 및 정치학자의 반열에 오른다. 그는 베를린대학 조교수를 거쳐 1932년 3월부터 프랑크푸르트대학 정교수가 된다. 같은 해 10월, 바이마르 공화국 붕괴의 전주곡이 된 파펜 쿠데타의 위헌성을 둘러싸고 라이프치히 국사재판소에서 파펜 중앙정부의 변호인 카를 슈미트를 상대로 파면된 프로이센 지방 정부의 여당인 독일사회민주당의 변호인으로서 바이마르 공화국 옹호를 위한 법정투쟁을 전개하기도 하였다.

1933년 나치스가 정권을 장악하자 헬러는 더 이상 독일에 체류할 수가 없게 되고 같은 해 스페인 마드리드대학으로 도피하게 되지만 거기서 곧 지병으로 숨을 거두게 된다. 그의 나이 42세였다.

살육과 광란으로 점철된 제2차 세계대전 이후 독일에서는 독일연방공화국을 뒷받침하고 있는「사회적 법치국가」의 창시자로서, 독일 현대 정치학의 아버지로서, 독일사회민주당의 이론가로서, 또 나치스에 대항한 투사 등등으로 헬러는 재조명을 받게 되었다. 그러다가 1971년 전체 3권으로 된 헬러의『전집』(Gesammelte Schriften)이 네덜란드 라이덴의 시토프(Sijthoff)사에서 발간되었으며, 1992년에는 독일 튀빙겐의 모르(J. C. B. Mohr)사에서 재출간되면서 국제적으로도 헬러에 대한 논의와 연구가 광범하게 진행되고 있으며, 현재에도 다양한 언어로 번역 · 소개되어 더욱 활기를 띠게 되었다.

이에 반하여 한국에서는 헬러에 대한 본격적인 연구나 평가는 아직도 부족한 실정이다. 그 이유는 여러 가지 측면에서 파악할 수 있겠으나 우선 헬러의 저작 자체가 쉽게 접근하기 어려운 점이 많이 있다. 특히『국가학』은 일반 대중을 위한 책이 아니라 전문 헌법학자나 정치학자를 위해서 저술한 책자라는 평가를 받을 정도이다. 그의 인식대상의 다양성과 인식방법의 다양성을 들 수도 있다. 헬러의 사회학적인 접근방법은 규범주의를 신봉하는 우리의 법학계에서는 배척을 받는 실정이며, 또 그의 이론은 한국 헌법의 현실적인 해석과 적용에 그다지 유용한 점이 없다는 점도 작용하였을 것이다. 또한 그의 사회주의에 대한 신념은 종래의 한국의 정치풍토 내지 지적 상황 아래서는 쉽게 수용 내지 이해하기 어려웠던 우리의 특수한 과거를 지적할 수도 있을 것이다.

여하튼 이제 시간과 공간을 초월하여 새삼스레 바이마르 독일과 헤르만 헬러를 불러내는 것은, 우선 2019년이면 바이마르 헌법이 제정된지 100주년을 맞이하게 되는 뜻깊은 해를 미리 축하하고 기념하기 위한 것이며, 다음으로는 지금까지의 한국 헌법학이 독일의 특정한 몇몇 학자들의 이론에만 의거하여온 것에 대한 반성과 비판이 그 두 번째 이유이다. 다 알듯이 한국의 헌법학은 그동안 게오르크 옐리네크 · 한스 켈젠 · 카를 슈미트 · 루돌프 스멘트 등 몇몇 공법학자의 이론과 연방헌법재판소의 판례를 소개하고 이를 그대로 답습해 온 느낌이 든다. 한국에서의 독일 공법학자들에 대한 소개와 연구 · 수용은 비판적인 시각과 함께 자기의 것으로 소화하여 흡수하는 것이 필요하다고 역자는 여러 곳에서 글과 말로 강조한 바가 있어서 여기서는 반복하지 아니한다. 또 헌법학은 독일에만 있는 것이 아니며 그것이 전부가 아님은 두말할 필요도 없다.

세 번 째로는 아직도 이념 · 지역 · 계층 간의 갈등으로 혼란한 상황을 면치 못한 우리의 현실은 물론, 통일 이후에도 이러한 갈등은 쉽사리 해소되기 어려울 것이라고 전망한다면 바이마르 독일이 고뇌하고 경험한 민주주의실험과 헌법현실의 경험은 현재의 우리들

한국인에게 어떤 교훈과 방향을 제시해 줄 수 있지 않을까 하는 희망적인 생각을 해본다. 우리가 많은 시간과 노력 그리고 정성을 다하여 외국의 제도와 사상을 공부하는 것은 결국 우리의 문제를 해결하는데 어떤 도움을 얻을 수 있지 않을까 하는 의도와 동기가 중요하다고 생각한다. 이처럼 커다란 것을 해결하지는 못하더라도 최소한 연구하는 자세, 고뇌하는 모습의 한 조각만이라도 배우는 바가 있게 된다면 역자의 노고는 헛되지 않을 것이다. 또 역자 개인적으로도 그동안 여러 군데 발표하여 흩어진 자료들을 한데 모아 관심있는 독자들이 쉽게, 체계적으로 헬러의 원저에 접근할 기회를 만들고 싶은 연구자로서의 당연한 소망 등이 한데 어우러진 것이다.

이 책의 구성에서 보듯이, 우리는 국법실증주의를 비판하고 새로운 사회적 법치국가의 도래를 예고하는 헤르만 헬러의 정치적 및 사회학적인 국가학의 태동으로부터 이탈리아 파시즘과 사회주의 비판에 이르는 당시 1920-30년대의 독일이 직면했던 사회민주주의를 위한 투쟁의 발자취를 한 눈에 살펴볼 수 있다.

헬러의 전집 중 본서에서 제외된 것은 이미 단행본으로서 출간된 『주권론』(김효전 옮김, 관악사, 2004)과 『국가론』(홍성방 옮김, 민음사, 1997) 그리고 민중교육에 관한 논설들뿐이다. 헬러의 민중대학에 관한 글을 추가하면 그의 전집은 모두 한국어로 번역되는 것이다. 민중교육에 관한 것은 오늘날의 한국과 거의 관계가 없어서 이것을 제외하더라도 헬러의 이론과 사상을 이해하는 데에는 별로 지장을 주지 아니할 것으로 생각한다.

비록 마지막으로 적게 되었지만 헬러와 관련된 자료와 문헌들을 제공해 주신 일본의 야스 세이슈(安世舟) 교수와 고쿠분 노리코(國分典子) 교수의 노고에 대해서 다시 한 번 감사의 말씀을 드린다. 번역하기 어려운 문장들을 즉석에서 해결해 주신 윤기황 교수와 정태호 교수께도 감사하며, 또한 헬러의 몇 가지 책을 교재로 사용했을 때에 초벌 번역을 도와 준 동아대학교 대학원 학생들에게도 고마운 마음을 전한다. 지난 20년 동안 어려운 헬러의 이론과 씨름해온 정정부 교수를 비롯하여 한귀현·조연팔·이상윤·이창휘·류성준·김성훈·이병규·정병길·김학수·윤정화 여러 분들의 노고를 잊을 수가 없다. 물론 번역의 모든 책임은 역자에게 있다.

돌이켜 보건대 이러한 형태로나마 헬러의 사상과 업적이 한국에 체계적으로 소개되기까지 오랜 세월이 소요되었으며, 또한 많은 사람들의 땀과 노력의 결정임을 고백하지 않을 수 없다. 이 책이 한국의 고뇌하는 독자들에게 가치있고 보람되게 사용되기를 바란다.

끝으로 방대한 헬러의 저작을 흔쾌히 출판해주신 강수걸 대표의 학문적 이해에 깊은 감사와 존경의 마음을 전한다.

2016년 12월 12일 용인에서 김효전

# 차례

# 제2편 법과 국가이론

# 제3편 의회주의냐 독재냐?

# 제4편 정치사상

# 제5편 사회주의적 결단

# [부 록]

# 제1편
# 바이마르 헌법

# 1. 기본권과 기본의무*

## I. 역 사

중세에는 내외로 향하여 주권적이며 모든 구성원에게 동일하게 지배권을 행사하는 집단적인 국가는 알지 못하였다. 그럼에도 불구하고 당시의 사회생활은 오늘날보다도 훨씬 경직된 형태로 영위되고 있었다. 즉 개인은 출생과 직업에 의해서 구속되고 있었다. 자유롭고 완전하게 자립한 인격, 즉 「인간 그 자체」는 존재하지 않았다. 각인은 자신을 많던 적던 보호하고 또한 제한도 하는 공동체의 구성원이며 또 그렇게 자각하고 있었다. 이러한 공동체는 개인에게 외면적이며 내면적인 특징을 부여하고 있었다. 홀바인(Holbein)*의 「죽음의 무도회」에 나타나는 사신(死神)은 인간 일반에게 가 아니라 농민·시민 또는 귀족에게, 나아가서는 수도원장, 주교 또는 교황 등등에 대해서도 다가온다. 경제생활마저 출생 때에 어떤 신분에 속했는가에 의해서 규정되며 개인의 자유로운 경제생활의 영위를 방해하는 길드나 쭌프트 속에 포함되어 있었다. 다양한 신분이 각각 다른 법이나 법정 아래에서 살고 있었다. 그 정도는 상당히 다양할 지라도 각인은 교회의, 또는 국가와 신분의, 나아가서는 길드나 쭌프트가 정당하다고 인정한 법규에 의해서 행위나 사고의 자유가 제약을 받고 있었다. 그와 아울러 보다 고차의 것에로의 헌신이나 봉사가 무릇 불평등한 방법으로 부과되고 있었다. 다양한 모습의 **권위**가 만들어내는 이러한 중세의 세계는 르네상스 이후 개인의 **자율**이라는 오늘날의 근대적 세계에로 범위를 넓혀 가면서 점차 옮겨가고 있었다. 종교적 확신, 도덕, 아울러 사고 일반의 자율, 그리고 정치와 경제에서의 자유민주적 자율은 근세사 의 운동방향을 나타내는 하나의 표현이다. 이것은 프로테스탄트의 자유를 둘러싼 17세기의 종교전쟁 중에서 추구되고, 프랑스 혁명에서 「자유와 평등」의 절규 속에서 폭발하고, 칸트의 국가학과 그의 정언명령 속에서 정식화되고, 헤르더(Herder)*나 페스탈로찌(Pestalozzi)의 「보편적 인간교육」에 의해서 요구되고 마침내 정치문화에 서 「인권과 시민권」도 헌법상 승인되기에 이른 운동의 방향과 동일 선상에 있다.

---

\*   Grundrechte und Grundpflichten, in: *Teubners Handbuch der Staats- und Wirtschaftskunde*, 1. Abt. (Staatskunde), 2. Bd., 1. H., B. G. Teubner, Leipzig 1924, S. 1-23. jetzt in *Gesammelte Schriften*, Bd. 2, A. W. Sijthoff, Leiden 1971, S. 281-317.

이 후자의 성립은 정치적인 혁명에서가 아니라 종교개혁이나 결코 소멸하지 않는 「독일적 자유」, 즉 신분적 자유의 의식에 힘입고 있다.

　중세 전체를 통하여 교회와 국가는 세속계에서의 우월성을 둘러싸고 투쟁하여 왔다. 그러나 「어부와 그 부인」*과 같은 이야기도 보여주듯이, 중세의 인간의 사고에서 교회는 그보다 커다란 문화적 의의 덕분에 세속의 지배자에 대해서는 오랫동안 우위를 보존하여 왔다. 13세기 이래 교회권력의 끊임없는 몰락이 시작하게 되고 절대주의적 왕권은 대외적으로는 교황이나 황제에 대해서, 대내적으로는 「신분들의」 권력에 대해서 주권성을 획득하고, 그럼으로써 평등한 국가시민층의 전제가 형성되었다. 이러한 투쟁에서 절대군주는 신민의 양심에 근거하고 있던 교회의 힘마저 정지할 수 없고, 또 정지하려고 하지 않았다. 특히 종교개혁 이후에 자신의 영지 내에서 여러 가지 기독교의 종파가 다투는 경우에 그러하였다. **영토가 속하는 종교에 사람도 속한다**(cujus regio illius religio)라는 명제에 대해서는 신이나 「자연」에 의해서 인간에게 태어나면서 가진 양심의 자유가 반항하여 들고 일어났다. 세속의 **권력**에 대해서는 국가에 의해서 부여되지 않는 불가침의 시원적 **자유**가 대치되고, 보편적이며 천부불가침의 「자연권」이 주장되었다. 잉글랜드와 스코틀랜드에서의 로마 교황파와 독립파 간의 종교전쟁에서 종교적 신조의 자유가 처음으로 자연권으로서 요구되었다. 그것은 법적으로는 이 전쟁에서 모국으로부터 쫓겨난 북아메리카의 이민에 의해서 비로소 실현되었다. 그들은 자신의 운명을 마음에 새기면서 이미 17세기에는 여러 주에서 양심의 자유라는 보편적인 인권을 선포하였다. 그러한 자유의 요구는 종교적인 영역에 머무르지 않았다. 대두하고 있던 시민은 경제적 제약에 반대하여 출생신분에 의한 특권에 반대하여, 절대주의에 반대하여, 그리고 정신적 및 사회적 자율을 위하여 사회적 투쟁을 감행하지 않을 수 없었다. 이러한 사회투쟁의 필요성에서, 즉 봉건경제체제에 대한 산업경제체제의 투쟁에서, 특히 로크(Locke)와 블랙스톤(Blackstone)이 정식화한 자연적 권리들에 관한 포괄적인 교설이 생겨났다. 이러한 권리들은 개인의 생명 · 자유 · 재산의 보호에 기여하고 국가권력에 대해서 극복하기 어려운 제약을 부과하는 것을 목적으로 하였다. 그리하여 자연권의 완결된 형태에서의 개인적 · 원자론적 세계관이 성립하였는데, 이것은 또한 제2의 의미에서의 자유, 정치적 자율을 요구하였다. 양심 · 의견 · 재산 등의 전자의 자유는 절대군주에 의해서 지배된 신민측으로부터 국가에 대해서 향한 요구, 즉 피치자의 자유였다. 이와 거의 동시에 나온 두 번째의 요구는 직접적으로 군주제원리에 대항하고 있으며, 자기 자신을 통치하는 자유, 지배에 참가하는 자유를 지향하고 있었다. 첫 번째의 자유는 시민적-자유주의적인 자유, 국가로부터의 자유이며, 두 번째의 자유는 정치적 · 국가시민적 · 민주적인 자유, 국가에 대한 자유라고 불린다. 전자는 근대에 고유한 것인데, 후자에 대해서는 아테네의 민중이 이미 그것을 자랑하고 있었다. 오늘날의 민주적인 요구는 그 근원을 종교개혁에 가지고 있다. 칼뱅(Calvin)은 교회의 권력은 교구의 사람들(Gemeinde) 속에 있다는 것을 가르쳤는데, 청교도와 장로교회파는 이러한 교설을 정치적 공동체(Gemeinde)에, 즉 **잉글랜드 공화국**(the commonwealth of England, 1649년의 찰스 1세의 처형에 의해서 성립)에 적용하였다. 잉글랜드의 혁명은 왕을 민주적-의회주의적으로 제약하고 영어로 **자치**(self government)를 기초지웠다. 북아메리카에 이주한 청교도는 근대 최초의 엄격하게 민주적인 공화국을 창설하였다. 이러한 국가에로의 결정참가의 자유도 인간의 생래적인 본질로서 끊을 수 없는 것이 되고 인권으로서 주장되었다.

정치적 투쟁에서 문서로 보장된 무기를 휴대하기 위해서 잉글랜드의 사람들은 전래의 신분적인 자유권을 **권리장전**(1689년)이라는 형태로 문서로서 확인하였다. 북아메리카의 개별 주의 새로운 자유권도 마찬가지로 문서화되고(버지니아, 1776년), 그리하여 이것이 근대적인 의미에서의 최초의 성문 「헌법」의 구성요소가 되고, 나중의 모든 대륙의 헌법문서의 모범이 되었다. 1789년에 저 유명한 인권과 시민권을 선언한 혁명적인 제헌의회에서도 북아메리카의 헌법들은 라파예트(Lafayette)에 의해서 소개되고 있었다. 이 프랑스를 모범으로 하여 1831년에 벨기에 헌법이, 이에 따라서 1849년의 프랑크푸르트 헌법의 기본권,* 아울러 1850년의 프로이센 헌법*이 제정되었다.

## II. 기본권의 본질

17세기와 18세기를 지배한 자연법의 세계관은 사상적으로는 사회구조를 개인으로부터 구성하고 있었다. 이 세계관에 대해서 역사적으로는 결코 첫 번째는 아니었지만 논리적으로 첫 번째의 것은 본성상 자유롭고 여러 권리가 부여된 개인이다. 이러한 개인은 다른 개인과 함께 국가에로 결부되고, 그럼으로써 자연상태로부터 벗어나 있었다. 절대주의자들(홉스와 루소)은 이 계약을 통해서 개인은 그 모든 시원적 권리를 군주를 위하여(홉스) 또는 전체를 위하여(루소) 포기하였다고 주장하였다. 이에 대하여 자유주의 이념의 옹호자는 어떤 일정한 인권의 불가침성을 주장하고 있었다.

이러한 자연권적 관념론에 대해서 오늘날의 비판적·진화론적인 시대에는 국가계약사상과 자유의 자연상태와의 역사적인 불가능성이 강조되고 있다. 모든 자연권에 관하여 사회적 조직, 즉 국가가 시원적 자유의 제약이 되고 있었다. 오늘날의 시대에서 본다면, 국가는 바로 사회적 형식으로서 나타난다고 보는 것이다. 인간은 시원의 야생적 상태로부터 문화를 가진 수 천 년을 통하여 그러한 사회적 형식에로 적합하여 가도록 되고, 이러한 사회적 형식을 통하여 비로소 자유라는 것이 가능하게된 것이다. 그러므로 오늘날 우리들은 자유권을 이미 자연권으로서가 아니라 오히려 문화적 권리로서, 또한 시원적으로 개인에게 있는 것으로서가 아니라 정치문화의 발전을 통하여 개인에게 공동체로부터 부여된 것으로서 인식한다. 국가의 보호**권력**을 통하여 비로소 개인의 평등한 **자유**가 보장된다. 우리들은 개인을 이미 유일하게 가치 있는 것으로 인정하지는 않으며, 오히려 세대를 초월하여 계속하는 국가에게 고유한 가치를 부여한다. 그러므로 우리들은 인간의 단체들을 고찰함에 있어서 오로지 개인으로부터만 출발해서는 안 된다. 우리들이 동일한 존엄을 가지는 독일인의 정치적 기본권뿐만 아니라 기본의무도 염두에 두는 것도 그 때문이다.

상술한 [독일인의 기본적 권리와 기본의무] 제목을 가진 헌법*의 부분에 속하는 개별적인 조항들은 여러 가지의 **법학적 의의**를 가진다. 이 편은 전체적으로 「독일 법문화의 반향」1) 으로서, 즉 독일 라이히의 신조의 근간을 나타내는 강령으로서 파악하지 않으면 안 된다. 제헌심의회에 관하여 보도기자가 표현했듯이, 그것은 「우리들의 법문화의 어떤 일정한 기초적 진리가 존경할 만한 것이 되고, 통상적인 입법의 일상으로부터 헌법이라는 축제적인 장으로 고양」되어야 한다.2) 그리하여 이 기본권 안의 몇몇은 사실상 윤리적인 법원칙에 「불과하며」, 그 내용상 법이 아니게 된다.3) 또한 다른 것은 입법자의 행위에 관한 원칙에 불과하며, 그러한 원칙은 아직 개인 그 자체에는 국가에 대한 법률적 청구권이 부여된 것이 아니다.4) 그리하여 다른 기본권은 확실히 입법자를 대응하는 법률을 발포하도록 의무지운 것인데, 그것 역시 개인에게는 그것에 대한 어떠한 청구권도 보장하지 않는 기본권이다.5) 헌법개정이라는 어려운 길을 취하는 경우에야말로 입법자는 헌법을 위반하지 않고 헌법이라는 법명제와 모순되는 법률을 발포할 수 있다(제76조). 그러한 한에서 입법자는 헌법이라는 법명제에 의해서 법적으로 의무지워진 것이다. 진정한 기본권과 기본의무란 개인에게 국가권력의 작위와 부작위에 대한 법적 청구권을 부여하는 것이다.6) 개별적인 경우에 헌법의 규정이 법률적으로 어떻게 생각될 것인가, 또 그것이 단지 입법자에 대한 지시로만 그치는 것인가, 그렇다면 객관적이든 주관적이든 이미 효력있는 법인가, 이러한 점은 의문스러운 것이다. 기본권의 몇 가지는 「독일인의」 권리에 그치지 않고 독일에 정주하는 외국인의 권리이기도 하다.7)

## III. 구 성

헌법의 제2편은 독일 라이히*의 정치적인 의향의 기초를 형성하고 있다. 그것은 역사의 전개 속에서 여러 가지의 사회적 이상과 이해와의 투쟁에서 성장하여온 것이다. 기본권은 역사적으로 생성하여온 대립의 타협이었기 때문에 추상적으로 논리적인 구성에 적합한

---

1) *Verhandlungen der verfassunggebenden Deutschen Nationalversammlung*, Bd. 336 (Anlagen; Nr. 391, Bericht des Verfassungsausschusses), Berlin 1920, Dühringer in der 32. Sitzung, 28. Mai 1919, S. 370.
2) AaO., Bd. 328, Beyerle in der Sitzung vom 11. Juli 1919, S. 1504 B.
3) 바이마르 헌법 제119조 1항 · 제157조 참조.
4) 바이마르 헌법 제109조 1항 · 제152조 1항.
5) 바이마르 헌법 제109조 5항 및 6항 · 제121조.
6) 이른바 주관적 공권과 의무는 예컨대 바이마르 헌법 제111조 · 제123조 · 제135조.
7) 예컨대 바이마르 헌법 제114조 · 135조.

것은 아니다. 우리들은 그것이 걸어온 길 속에서 겸손하게 추적함으로써만 이러한 기본권을 다스리는 이성을 인식할 수 있을 뿐이다. 거기에서 우리들은 절대주의 이래의 근대 국가의 발전에 있어서 네 개의 이념, 역사의 네 개의 운동방향이 서로 작용하는 것을 찾아보자. 그것은 자유주의적 · 민주적 · 국민적 · 사회적이라는 이념이다. [역사발전에 대해서] 초월적이 아니라 발전에 내재한 이러한 이념들은 그 정치적 영향 및 경제적 · 예술적 · 종교적 · 학문적, 한 마디로 말하면, 사회적 영향에 비추어 읽어내야만 한다. 따라서 이러한 오늘날에도 살아 있으며 기본권 속에 표현되기에 이른 이념권[사상]에 비추어 기본권은 정리 분류되어야 할 것이다.

　**자유주의 이념**의 역사적 영향에 대해서는 이미 간결하게 제시하였는데, 이 이념은 인간의 「군거적 · 비군거적 본성」[8]이라는 기본적 특징의 하나에, 즉 인간의 **개인주의적 · 세계주의적** 경향에 대응하고 있다. 문화란 하나의 방향성에 따라서 「인종에 적합한 것으로부터 그것을 반영한 것에로의 변천」[9]으로서 파악되어야 한다. 시원적인 집합관념에서 해방된 자율적인 의식에로 도달한 인간은, 자신의 개명된 이성이나 스스로의 순화된 감정, 나아가 자신의 윤리의식과 법의식이 자신의 인간적 본성 이외에 아무것도 아니며, 인간으로서의 보편타당성을 가지고 있다는 확신에 도달한다. 여기에 보편타당한 윤리법칙과 자연권이란 관념이 생긴 것이다.

　자유주의사상은 개인의 국가로부터의 본래적인 자유이며, 대체로 시민적 자유라고 불리는데, 이것은 주로 정치적 · 경제적인 시민층의 발흥에 의해서 그 실현을 보았다. 이러한 독일의 시민층은 절대적인 경찰국가나 복지국가의 후견인 행세로서 폭력을 가하는 일도 드물지 않은 권력에 저항하고, 봉건사회와 경제의 잔재를 제거하도록 요구하였다. 우선 첫째로 혁명적인 자본주의적 경제양식을 수반한 경제사회로서의 시민사회는 후견인 행세를 하는 절대주의로부터의 자유, 중상주의국가로부터의 자유를 요구하였다. 자유주의 이념의 가장 유명한 대변인인 빌헬름 폰 훔볼트*가 말하듯이, 국가는 공동생활의 질서를 「세력들의 자유로운 유희」[10]에 맡기고, 「자기 자신이나 외적에 대해서 개인을 보호하는 이외에는」[11] 「한 발자국도」 개인의 자유를 제한해서는 안 된다고 한다. 그것은 법을 제정하고, 선언하며, 대외적인 안전을 보장하는 일만을 하고, 여타의 모든 사항들은 개인들의 합의에 맡기는 국가라는 의미에서 훔볼트의 말은 자유주의적 법치국가의 이상이었다. 그러한 국가과제들의 필요성마저 부인하는 무정부주의와 그와 같은 자유주의적 법치국가의 이상 사이에는 적은 차이만 있을 뿐이다.

---

8) Immanuel Kant, *Ideen zu einer allgemeinen Geschichte in weltbürgerlicher Absicht*, in *Gesammelte Schriften* (Hg. Kgl. Preußische Akademie), Bd. 8, Berlin 1912, S. 22.
9) Jakob Burckhardt, *Weltgeschichtliche Betrachtungen*, 3. Aufl., Stuttgart 1918, S. 56.
10) Wilhelm von Humboldt, *Ideen zu einem Versuch die Gränzen der Wirksamkeit des Staats zu bestimmen* (1792), in *Gesammelte Schriften* (Hg. Kgl. Preußische Akademie), Bd. 1, Berlin 1903, S. 113.
11) AaO., Bd. 1, S. 129.

이 자유주의이념에 의하면 모든 인간은 인간으로서 법적으로 자유이다. 법률상 노예제도를 배제한 이 자유로운 인격이 인간의 상태이며, 이러한 상태가 인간의 그 밖의 권리와 의무의 모든 기초를 이룬다. 그러나 자유주의는 국가로부터의 절대적인 자유를 요청하는 것은 아니며, 훔볼트가 이미 서술했듯이, 「안전성」, 「법률에 따른 자유의 확실성」,[12] 경찰국가의 기관들의 자의적인 명령이나 금지에 대한 법적 제약을 요청하고 있었다. 모든 기관이 법률에 근거해서만 시민에게 명령을 내리는 것이 허용되는 국가공동체라는 의미에서의 법치국가, 즉 이른바 **행정의 적법성의 원칙**을 자유주의는 요청한다. 행정의 법률에의 구속이 자유의 보장을 의미한다면, 당연히 요청되는 것은 입법권은 그것과 별개의 기관에 위임해야 한다는 점이며, 이것은 행정권이나 사법권이 다른 이권으로부터 가능한 한 독립해야 한다는 것과 마찬가지이다(몽테스키외의 **권력분립론**). 왜냐하면 모든 자유권은 불법적인 행정이나 사법의 개입으로부터 개인을 보호할 수 있을 뿐이며, 현행법(헌법에 대해서도 조건부로 다수결에 의해서)을 개변하려고 하는 입법자에 대해서는 이러한 한계가 없기 때문이다. 물론 근대 국가의 권력은 통일적인 것으로서 생각하여야 한다. 그러나 그 세 가지 기능은 원칙에 따라서 별개의 기관에 배치되어 있다. 그 결과로서 국가기관이 개인의 자유에 간섭하는 것은 법률에 의한 수권이 있기 때문이며, 또 그러한 한에서만 이라는 점을 모든 시민이 요구할 수 있게 되었다.

자유주의 이념 그 자체는 아직 특정한 국가형태와 결부되지는 않았다. 적법한 행정의 원칙을 엄격하게 존중하는 절대군주제는 자유주의이념에 반하지는 않지만 **민주주의이념**에 대해서는 그렇지 않다. 민주주의이념이란 국가에의 자유, 정치적 또는 국가시민적인 피치자의 통치에의 참가를 요청하고 피치자의 자유라고도 불리는 것이기 때문이다. 민주주의이념은 그 가장 유명한 제창자인 루소의 말을 빌리면, 국가원수는 「개개인으로 구성되며 형성된다」.[13] 민주주의이념은 인민주권에서 그 실현을 본다. 인민주권은 군주제의 이념과 대립하여 모든 공권력을 국민으로부터 이끌어내며, 자기 자신에 의해서 정당화되는 군주로부터 (「신의 은총으로부터」) 그러한 공권력을 도출하는 것은 아니다. 민주주의이념은 공화제가 적어도 의회주의적 군주제를 요구한다. 거기에서는 간접적이든(국민대표를 통하여), 또는 직접적이든(국민투표·국민청원), 입법권은 사법권이나(배심원[Geschworene]), 참심원[Schoeffen] 또는 보통선거에 의한 재판관 공선), 나아가서는 행정권(공무원의 선거·자치·평의회[Räte])과 마찬가지로 국민에서 유래한다. 이러한 이념의 사회적 담당자는 독일에서는 1848년까지는 대체로 시민층이었다. 이러한 시민층은 절대주의에 공동지배를 요구하며, 그때까지는 유일정치적 권한을 수중에 넣은 귀족 계층과의 「동권」을 획득하려고 하였다. 시민층이 이러한 공동지배를 적어도 원칙적으로는 획득한 후에 민주적 요구는 제4신분에게, 즉 프롤레타리아트에로 옮아갔다.

프랑스 혁명은 자유주의적 자유와 아울러 민주주의적 평등과 세계주의적 연대를 깃발에

---

12) AaO., Bd. 1, S. 179.
13) Jean-Jacques Rousseau, *Du contrat social* (1762), liv. 1, ch. 7.

새겼으며, 동시에 나폴레옹의 국민적 제국주의를 탄생시켰다. 그 병적인 세계정복의 권력욕은 유럽의 국민들에 대해서, 특히 스페인인, 독일인이나 이탈리아인에 대해서 국민문화에 대한 국가의 의의를 비정하지만 반박하기 어려운 형태로 증명하였다. [이러한 상황 아래에서] **국민적 이념**이 처음으로 역사 속에서 정치이념으로서 등장하였다. 처음으로 「한 국가, 한 민족」이 요구되고, 문화공동체의 정치적 자유로서의 국민주권이 대외적으로 필요하게 되었다. 국민은 이미 개개인의 총계가 아니라 문화의 총체로 간주되고, 그 자기주장을 위해서는 국가권력이라는 조잡한 외각이 필요하게 되었다. 이러한 국민적 이성은 벨기에 · 노르웨이 · 그리스, 나아가서는 발칸 반도의 국민국가를 창출하고, 독일과 이탈리아를 통일시키고, 오스트리아 헝가리 군주제를 몇 개의 국민국가에로 해체하고, 폴란드인이나 체코인, 그리고 남슬라브인이 국가로서 독립하기 위하여 힘을 빌렸다. 19세기에 이 이념은 군거적 · 비군거적인 인간의 본성의 제2의 기본적 특징으로서, 즉 **권위적 공동체적** 발전경향으로서 자유주의적 · 개인주의적인 방향에로의 발전을 방해하였다. 근대 국민국가에서 국민적 이념은 구성원에 대해서 전체로부터 부과된 모든 기본적 의무의 도덕적 기초를 형성하였다. 이 이념의 사회적 담당자는 독일에서는 시민층이었다. 시민층은 그때에 19세기 전반에는 각 지방의 영주(Landesherr)와, 나아가 일부는 귀족과도 대립하고, 19세기 후반은 노동자층과 대립하였다.

자유주의이념은 모든 개인에게 국가로부터의 형식법상의 자유를 인정하고, 민주주의이념도 적어도 원칙적으로는 각인에게 평등한 공적인 법적 권력을 인정하였으나, 20세기는 사회혁명의 가공할 위기에 위협받고 있다. **자유방임**(laisser aller)이, 즉 국가로부터의 경제의 자유가 이성의 자연법으로서 요구되었다. 그것에 의하면, 각각의 경제적 주체는 그 자기 이익을 자유롭게 추구하면 좋고, 그런 후에 예정조화가 사회의 교향악을 반드시 보장한다고 생각한 것이다. 일찍이 이성이었던 것은 기계경제의 발전으로 무의미하게 되고, 자유라는 이전의 선행은 경제적 약자에게는 쓸데없는 것이었다. 1789년부터 1815년 동안에 현실 사회를 본질적으로 변혁하지 않고서도 다른 헌법을 손에 넣은 프랑스의 예는 사회질서가 법률적 · 추상적 헌법투쟁보다도 실질적 · 경제적 권력투쟁에서 확립되었다는 인식을 보여주고 있다. 마르크스 이전에 로렌츠 폰 슈타인이 독일에서 최초로 인식하였듯이, 「국가권력에 의해서 프롤레타리아트의 사회적 지위를 이미 종속적이 아닌 것으로 하는 것, 즉 그 (프롤레타리아트라는) 구성원을 국민의 자본에의 참가자로 하기」위해서는 프롤레타리아화한 계급은 이제 필연적으로 「국가권력을 사회촉진의 수단으로서」 「사회적 자유의 조건으로서」[14] 보는 것을 목표로 하지 않으면 안 된다. 이러한 **사회적 이념**은 정치적 민주주의로부터 경제적 민주주의에로의 계속된 결과이다. 정치적 민주주의는 정치적인 신분들을 폐기하며, 경제적 민주주의는 경제적인 계급을 공격한다. 이 이념의 사회적 담당자는 수공업자층이며, 그 가장 직접적인 정치적 적대자는 국가의 자유주의적인 「야경

---

14) Lorenz von Stein, *Geschichte der sozialen Bewegung in Frankreich von 1789 bis auf unsere Tage* (1850), Neudruck (Hg. G. Salomon), München 1921, S. 3 f.

이념」이다. 「부르주아지」는 야경이념의 목적을 오로지 「개인의 인격의 자유와 그 재산을 보호하는 데」[15]에 둘 뿐이다. 따라서 「생산의 무정부상태」를 경제생활의 정당한 질서로 치환하려고 하며, 그러한 목표를 위해서 사유재산을 가능한 한 광범하게 제한하는 것으로 사회적 이념은 순수한 법치국가를 민주적·사회적 복지국가에로 전환하기를 바란다. 이러한 전개는 「전시사회주의」에 의해서 강력하게 촉진되고, 러시아와 오스트리아, 그리고 독일에서의 혁명에 의해서 그 최초의 의미있는 헌법상의 표현을 발견하였다. 우리들은 바로 그러한 전개의 와중에 서있다.

## IV. 헌법의 기본권과 기본의무

지금까지 형식적 원리로서 제시해온 이러한 이념은 본래 만들어진 것이다. 그것은 결코 단순한 이데올로기적인 강령이 아니라 오히려 정신적 현실에서, 또한 정치적 및 경제적 현실에서 외적 존재로서 나타난 사회생활의 형태들을 의미하고 있다. 이러한 이념은 명확하게 구별가능하고 역사적으로도 구별된 사회적 현존재의 내재적인 형태들을 취하며, 따라서 그 담당자의 사회적인 힘에 대응하여 강약의 차이는 있으며, 라이히 헌법 제2편 속에 어떠한 경우에도 인식가능한 헌법상의 표현을 발견하였다. 원래 헌법은 정당의 강령과는 달리, 서로 투쟁하는 집단의 이익이나 이상의 조정을 추구하며, 논리적 요구를 만족시키는 데는 반드시 충분하지 않다. 말하자면 목하 존재하는 이 헌법은 그러한 논리적 요구를 만족시키는 데는 전혀 부적합하다. 그것은 이 헌법이 엄격한 대립의 시대에 탄생된 것이기 때문에, 그 필연적이라고도 할 타협적 성질을 자주 바로 모순으로 가득 찬 기본권 조항들 속에 나타내지 않을 수 없기 때문이다.[16] 1789년 혁명의 적합한 말은 「자유·평등·박애」였다. 1919년 헌법의 전문은 1789년과의 역사적 결합을 분명히 확실하게 인식시킨 것이며, 마찬가지로 자유와 인민주권을 강조하고는 있지만, 평등 대신에 정의를 두고, 독일의 통일이나 국민적 이념, 아울러 사회적 진보나 사회적인 사상을 명확하게 신봉하기도 한다.[17]

### 1. 개인

**제109조**[법 앞의 평등규정 등]. 절대주의의 역사적 업적은 개인으로서의 군주 앞에서의, 모든 신민의 정치적으로 평등한 처우를 이룬 것이다. 민주주의는 개인으로부터 이탈된

---

15) Ferdinand Lassalle, *Arbeiter-Programm*, in *Gesammelte Reden und Schriften* (Hg. E. Bernstein), Bd. 2. Berlin 1919, S. 195 (서석연 옮김, 『노동자강령』, 범우사, 1990).
16) 바이마르 헌법 특히 제151조 이하 참조.
17) 다음의 점에 관해서는 안쉬츠(Anschütz)와 기이제(Giese)에 의한 콤멘탈의 해당되는 절을 비교하라.

(비인격적인)「보편적 의지」앞에서의 만인의 평등을 법률이라는 이른바 숭고한 **일반의지** 앞에서의 만인의 평등을 선언하고 있다.「만인에 대한 동권」이라는 민주적 이념은 여성에게 도 확장되었다. 여성도 이미 이전부터 원리적으로는 남성과 평등한 시민으로서의 권리들을 향유하고 있었으나, 오늘날에는 그 시민으로서의 지위에 관해서도 확실히「원리적으로」 불과하든 남성과 평등하게 되었다. 즉 예외를 허용하는 모든 법률은 유보되고 있다. 사권(혼 인)에 대해서 제109조는 전혀 관계가 없다.

민주적인 공법상의 평등은 출생 신분에 기인한 사회질서가 가지는 최후까지 남은 여러 가지 권리의 폐기를 명하고 있다. 특히 지금까지 통치하여온 제후를 포함한 귀족의 공법상의 특권의 폐기이다.「폐지된다」(헌법 제109조의 조문)는, 입법자에 대한 지시를 의미한다. 입법자는 1920년 7월 23일의 법률로 이에 대응하였다. 귀족의 이름 흔적은 (오스트리아와 마찬가지로) 폐지되지 않았으나, 결코 법적 청구권(예컨대「전하」와 같은 경칭을 붙여 부르는 것)을 인정하는 것은 아니다. 그러한 명칭의 흔적은 귀족을 어머니로 하는 비적출자에게도 받아들이고, 훈장이나 영예장처럼 이미 새로이 수여되어서는 안 된다. 상공업 고문관(상공 업의 공로자에 대한 칭호) · 추밀 궁정고문관 · 법률고문관과 같은, 관직이나 직업도 나타내지 않는 단순한 칭호는 지금까지 수여된 다른 모든 사회적 호칭과 마찬가지로 현재의 해당자는 계속적으로 보유해도 좋지만 장래에는 더 이상 수여되어서는 안 된다.

제110조[국적에 관한 규정].「국적」은 일련의 기본권과, 무엇보다도 거의 기본의무에 관해서 그 전제를 이루는 것인데, 기본권 그 자체를 의미하는 것이 아닌 법적인 기본상태(지 위)이다. 1913년 7월 22일의 현행 라이히 국적법과 지방 국적법에 근거하여 적출자 내지 인지된 자는 아버지 쪽의 국적을, 비적출자는 어머니 쪽의 국적을, 혼인한 여성은 부의 국적을 취득한다. 관청에 의한 수여에 의해서 a) 라이히 독일인은 다른 독일 라이히에서 국민으로서 받아들이며, b) 외국인은 라이히에 귀화한다.

다른 란트에 속하는 라이히 국적보유자는 거주하는 란트의 국적보유자와 같은 의무와 권리(선거권 · 관직취임권)을 가진다.[18]

제111조 · 제112조[거주 · 이전의 자유, 이민의 자유] 봉건적 및 쭌프트적 경제체제, 아울러 절대주의적 중상주의는 영주가 지배하는 토지에 농민을 결부시키고, 토지의 취득을 자주 출생신분과 결부시키고 있었다(기사령). 도시의 상공업의 영업은 (결국은 매우 곤란하게 된) 공인된 쭌프트에의 소속과 결부되었으며, 가신은 높은 이주세 때문에 (추징세 [Nachsteuer], 이주세[Abschoß]) 지방에 고정되고, 지방 내부에서도 자주 특정한 장소에 속박되고 있었다. 자유주의이념은 개인을 이처럼 경직된 굴레에서 해방하였으나, 개인으로 부터 농민이나 수공업자의 공동체의 보호도 빼앗고 있다.

제111조 · 제112조는 혁명 전의 법적 상황에 비하여 아무런 혁신도 가져오지 못하고 있다. 거주지나 영업지의 자유로운 선택, 아울러 직업의 자유로운 선택은 독일인에게만 보장되며, 외국인에 대해서는 이러한 한에서는 아니다. 거주이전의 자유는 의사무능력자,

---

18) 이에 대해서는 Richard Schmidt, *Einführung in die Rechtswissenschaft*, Leipzig 1921, S. 101 ff.

미성년자, 처에 대해서는 제한되며, 그러한 자의 거주지에 대해서는 후견인 또는 양친, 부가 결정하지 않으면 안 된다. 이전의 자유는 국민적 및 사회적 이념이 강하면 강할수록 공적인 의무를 수행하기 위해서 일층 제약되었다(식료의 공급ㆍ주거의 결여ㆍ생활부조ㆍ병역 의무).

이주의 자유는 고대나 18세기에서도 명확하지는 않았지만, 이것은 이전에는 병역의무에 의해서만 제약되고 있었다. 오늘날에는 국민적 및 사회적 이익의 관점에서 납세도피를 저지하기 위해서 납세의무자의 이주는 그들의 납세의 보증과 결부되고 있다. 라이히 국적은 외국에서의 거주가 아무리 길더라도 소멸하는 것은 아니다.

독일인은 라이히를 보호하지 않으면 안 되며, 또한 라이히에 의해서 독일 국경의 내외에서 보호되기도 한다. (독일인의) 라이히에의 **재외에서의 보호**청구란, 독일인에게 가해진 타국의 불법에 관하여 책임을 지는 것에, 또한 유책의 당해 국적보유자에게 그 국가의 힘으로 책임을 지우는 것에 향하고 있다. 이 보호의 실효성은 전적으로 라이히의 힘에 좌우되고 있다.

국가와 국적보유자와의 신뢰관계를 인정하는 구래의 독일 법사상에 근거하여 대륙에서는 자국민의 **인도불가**의 원칙이 발전하여 왔다(그러나 영국은 영국인을 상호성이 있으면 인도한다!). 이 원칙을 베르사유 강화조약 제228조는 깨트리고 있다. 그것에 의하면 라이히는 전범으로 신청된 독일인을 **협상국측**에 인도하지 않으면 안 된다(바이마르 헌법 제178조 제2항 참조[1919년 6월 28일 베르사유에서 조인된 강화조약의 규정은 헌법에 저촉되지 않는다]). 1920년 2월 13일에 **협상국측**은 독일 라이히 재판소의 절차에 당해 절차가「피의자로부터 정당한 속죄의 기회를 박탈하는」효과를 가지지 않는다는 유보를 붙여 납득하였다.

**제113조. 외국어를 말하는 국민의 일부**(즉 독일의 일상 언어를 말하는 국민의 소수자는 아니다)를 보호한다는 원칙은 청구자격의 불확정성 때문에 아직 기본권을 형성하는 것은 아니다. 이점은 이전의 폴란드인에 관한 입법과 대조적이다.

**제114조. 인신의 자유**의 권리는 광범하게 파악되고 있으며, 그러한 권리는 자유주의이념에서 도출되는 모든 결론을 포괄하며, 본래 모든「자유권」을 포함하게 된다. 사실 모든 인간(독일인에 한하지 않는다)은 법적 의미에서의 인격, 즉 권리와 의무의 담당자이며, 법적 의미에서의 물로서 즉 노예로서 취급되어서는 안 된다.

이 기본권은 (사적이 아닌) 공적 권력에 대한 개인의 자유를, 즉 국가의 행정기관에 의해서 적법하게 행해지지 않는 형태에서의 자유의 제한에 대한 개인의 자유를 비호하고 있다. 입법자는 자의적인 인격이 아니라「일반의지」를 체현하고 있는데, 그들에 대해서 개인의 자유는 소유권과 마찬가지로「신성불가침」한 것은 아니다.

제2항에서는 행정의 적법성의 원칙이 자유의 제한의 특수사례에, 즉 자유의 박탈(구류ㆍ유치ㆍ구금ㆍ보호구치 등)에 적용된다.

**제115조. 주거.** 가정의 평화는 인격의 자유 영역의 일부이다. 이것은 헌법상은 법률이 인정하지 않는 국가기관의 모든 침해에 대해서 보호되고 있다. 법적 안정성을 위해서

허용된 법률은 수많은 경우에 [국가기관의] 침입을 인정한다(압류 · 수색 · 형사소추 · 탈옥수의 재체포의 목적의 경우). 주택난을 극복하기 위하여 개인의 가옥불가침권은 강제적인 숙박시설의 제공에 의해서 제한된다.

　**제116조. 죄형법정주의**(nullum crimen nulla poena sine lege)의 원칙은 처벌은 물론이며, 국가기관의 행위는 적법한 것이어야 한다는 원칙의 귀결이다. 소급효를 가진 형법은 오늘날의 법감각과 모순되며, 따라서 위헌으로 된다.[19]

　**제117조. 편지 · 우편 · 전신과 전화의 비밀**이 이러한 공공의 행정부문에서 임용된 기관[직원]에 대해서 금지하는 것은, 1) 이 기관에 기탁된 (공적인 것도 포함하여) 우편배달이나 원거리통신 그것이 행하여졌다는 사실에서도, 그 내용에서도 송달이나 업무의 처리에 필요한 (주소나 전보를 읽는 것) 이상의 정보를 얻는 것, 2) 그러한 무엇인가의 정보를 사인이나 관공서에 주는 것이다. 국가행정기관에 대해서 형법상으로도 보호되고 있는 이러한 수신자나 발신자의 자유는 지금까지 형사재판이나 파산절차의 이익에서, 나아가서는 전시목적을 위하여 제한되어 왔다. 혁명인민위원(Volksbeauftragten)도 이미 1918년 9월 18일자의 명령에서 외국과의 우편업무를 단속하고 있었다.

　형법 제299조에 의해서 모든 밀봉된 편지가 그 사적 침해로부터 보호되고 있다.

　**제118조.** 관헌(교회 · 국가)의 허가 없이 자신의 사상을 공표하는 자유는 종교개혁의 투쟁의 결과 비로소 주장되고, 독일에서는 마침내 1848년 혁명에 의해서 인정되었다(실러의 『돈 카를로스』「각하, 사상의 자유를 주십시오!」). 여론의 가장 중요한 기관, 즉 출판에 대한 예방 **검열**은 교양자유주의에 의해서 가장 혐오된 3월혁명 이전의 절대주의의 권력수단이었다. 이미 1813년에 출판의 자유를 약속하고 있었음에도 불구하고 1819년에 더구나 프로이센 국왕은 그 사전의 허가와 검열이라는 인가 없이는 어떠한 문서도 인쇄되어 판매되어서는 안 된다는 명령을 발포하였다. 예방적 검열이 원칙적으로 폐기된 후인 1848년 이후도 경찰은 더욱 예방적으로 출판의 자유에 (인가의무 · 보증의무를 통해서) 개입하였다 (1874년의 독일 라이히 출판법까지).

　의견의 표명이 특히 보도기관이 지닌 폭력적이고 때로는 위험하기도한 힘에 의해서 어떠한 법률을 침해하는 경우에는 그 자유는 폐기된다. 예외적으로 의견의 표명은 공권력의 위법한 개입뿐만 아니라 사회적, 사적인 힘들(고용자와 같은)에 의한 침해에 대해서도 기본권으로서 보장되고 있다.

　극장의 배우는 아무런 자기 자신의 견해를 표명하지는 않으며, 극장에 대해서도 검열은 존재하지 않는다. 모든 의견의 표명에 향해진 어떤 억제도 없다면, 바로 정치적 및 도덕적인 과도기의 시대에는 매우 위험하기도 하다. 특히 어떤 주저함도 없는 영리심이, 단지 나약한 품성의 비천한 본능에 내던지는 경우에 그러하다. 헌법은 이러한 인식을 고려하고, 영화의 검열이나 저속한 것의 억제에 헌법상의 기초를 부여한다.[20]

---

19) AaO., S. 299.

20) Otto Jöhlinger, "Preßfreiheit und Preßpolitik", in *Handbuch der Politik*, 3. Aufl., Bd. 1, Berlin

## 2. 공동생활

이 제2장에서는 시민의 기본권이 그 특별한 자격에서, 즉 1) 가족의 구성원으로서, 2) 집회 및 결사의 구성원으로서, 3) 자치의 담당자로서, 4) 공무원으로서 논하며, 또한 아울러 5) 정치적 공동체에 대한 시민의 가장 본질적인 의무도 상술한다. 지금까지의 기본권은 고립된 개인의 국가와의 관계에 관련되었으나, 다음에 논하는 것은 국가와의 관계에서 사회화된 개인에 관련된 것이다.

자연법적 계몽주의는 루소나 칸트도 항상 「인간 그 자체」를, 즉 모든 가족적인, 신분적인, 국민적인 무릇 사회적인 공동체로부터 해방된 개인을 추상적 원자로서 아무런 매개도 없이 중앙의 국가권력과 대치하고, 그러한 국가권력에 편입시켰다. 프랑스 혁명의 경과 속에서 나폴레옹은 이 원자론적 · 집권적인 자연법의 국가이념을 프랑스에서 실현하였는데, 그것은 나폴레옹 그가 시민을 거의 권한 없는 지방조직을 통하여, 우선 중앙에 복종시키고 있었다는 한에서 그러하였다. 이러한 프랑스의 국가사상에 대해서 독일 낭만주의는 특히 독일의 위대한 국가철학자 헤겔은 가족 · 경제 · 직업 등에 뿌리박고 있는 현실의 인간이 수많은 단체나 공동체를 통하여 「시민사회」의 영역들을 통하여 건전한 국가에 결부되고 있으며, 그 「유기적」 분절은 헌법상으로도 표현되지 않으면 안 된다는 중요한 인식에 이르게 되었다. 「구체적인 국가는 **자신의 특수한 영역에로 분절된 전체이며**,」[21]이 며, 「살아있는 연관은 분절된 전체에만 있는 것이며 그 부분 그 자체가 특수한 종속적인 영역을 형성하고 있다.」[22] 가족과 단체(Korporation)는 국가의 윤리적인 두 개의 근원이며, 국가 본래의 강력함은 지방공공단체(Gemeinde) 속에 존재한다고 한다.

영국에서는 국가집권주의가 승리를 거두지 못하였다. 거기에서는 국가당국에 의한 직접적인 관여 없이 일정한 정치적인 공동의 과제를 처리하는 것, 즉 **자치**(selfgovernment) 라는 고대 게르만적 사상이 계속 유지되었다. 자치단체(Korporation)의 사상에서는 자유주의적 이념과 민주적 이념이 불가분하게 결부된 것처럼 보인다. 자유주의적인 결사의 자유가 개인을 결합시키고, 그 결사를 통하여 개인은 국가생활의 일정한 영역에로의 민주적인 영향력을 획득한다.

**제119조 - 제122조**는 다양한 형태의 자연적 공동체의 내부에서의 개인의 권리들을 다루며, 헌법상의 보호를 혼인이나 청소년, 그리고 그 교육이라는 공동체의 생활의 **자연적 인 기반**에 대해서 약속하고 있다. 여성의 프롤레타리아화, 특히 여성의 공장노동이 가정생

---

1920, S. 189 ff. 참조.

21) G. W. F. Hegel, *Grundlinien der Philosophie des Rechts,* in *Werke,* Bd. 8 (Hg. E. Gans), Berlin 1833, § 308 (S. 401) (임석진 옮김 『법철학』, 한길사, 2008, 540면).

22) G. W. F. Hegel, *Verhandlungen in der Versammlungen der Landstände des Königreichs Württemberg im Jahre 1815 und 1816,* in *Sämtliche Werke* (Hg. G. Lasson), Bd. 7, Leipzig 1913 (Meiners Philosophische Bibliothek, Bd. 144), S. 177.

활을 붕괴하고, 자녀의 교육을 불가능하게 한다는 확고한 인식에서 출발하여, 급진 사회주의적 사상은 이[혼인과 청소년, 그리고 그 교육과 같은] 제도들을 공격하여 왔다. 그러한 공격을 방어하기 위하여, 또한 사회적 이념과의 타협으로서 헌법은 혼인과 양친에 의한 교육은 확실히 보장되는데, 상위에 위치하는 국가공동체에 의해서도 감독된다고 규정하고 있다. 이러한 규정들은 윤리적 원칙을 포함하지 아니한 한에서, 또한 그렇지 않더라도 실제로 적용가능한 법은 아니지만 장래 발포되는 법률의 지침을 포함하고는 있다.

　제119조. 정식의 혼인[법률혼]에 관한 민법 제4편에 포함된 규정들은 그러한 헌법에 의해서는 더구나 변경되지 않는다. 따라서 모권에는 「적출이든 아니든 관계없이」 국가에 의한 보호와 배려에 대한 청구권이 인정되고 있다. 모권과 혼인을 등치시키려는, 쉽게 「공산주의의 좌초로」 인도하는 시도를 헌법은 확실히 철저하게 도모하지는 않지만, 비적출자에게는 앞으로 공포될 법률을 통하여 적출자와 동일한 발육조건을 부여할 것을 약속하고 있다.23) 국가는 차세대의 청소년들의 육성을 감독하지만, 그러나 양친 또는 대리인이 그 공법상의 의무교육을 해태하는 경우에만 국가가 그 육성을 인수한다.24)

　자연의 공동체라는 형태들의 법적 평가에 관한 이러한 여러 가지 원칙의 배후에는 집회 · 결사 · 선거 · 공동의 진정과 같은 **사회적 형태**들에서의 개인의 보다 자의적인 활동, 특히 정치적 활동을 위법한 공적 개입에서 보호하는 규정이 계속한다. 여기서 우리들은 다시 자유주의이념에서 생겨나온 진정한 시민적 권리들과 마주치는 것이다.

　제123조.* 전체로서의 개인은 쉽게 국가의 전체나 그 질서에 위험한 것이 될 수 있다. 그러므로 절대주의국가는 집회와 결사의 자유를 특별한 주의로써 감독 하에 두고 있다. **집회의 자유**는 원칙적으로 1898년에 실현되었으나 최종적으로는 1908년의 라이히 결사법에 의해서 규정되었다. 이 법률의 사소하지 않은 제한(정치집회의 신고의무, 옥외집회의 허가를 받을 의무, 정치적 집회와 결사로부터 청소년의 배제, 군인과 공무원에 대한 금지) 역시 헌법에 의해서 폐기되었다. 각각의 군중(「교양층」도 포함하여) 심리를 염두에 둔다면, 공공의 안전의 어느 정도 최소한의 보장을 포기하지 않을 수 없다.25) 위생 · 건축 그리고 소방 경찰에 관한 규정의 준수를 별도로 한다면, 평온하고 무기를 가지지 아니한 형태에서의 (집회에의) 참가가 헌법에 의해서 요구된다. 무제한한 대중이 모이고 적대자도 포함한 일반 사람들의 눈에 띠는 형태로 그들이 집회를 하는 것만으로 공공의 안전이 상당한 정도까지 위태로울 수 있는 옥외에서는 국가권력은 안전을 지킬 조치를 강구해야 하며, 그리고 위기에 직면하였다고 생각되는 경우에는 그 금지할 가능성을 손에 넣어야 한다.

---

23) 예컨대 BGB 제1589조 2항 · 제1707조 1항 2문의 폐지.

24) *Verhandlungen der verfassunggebenden Deutschen Nationalversammlung* (Stenographische Berichte), Band 328, Berlin 1920, S. 1597-1613; 1624 f. (58. Sitzung, 16. Juli 1919); aaO., S. 2126; 2134 (70. Sitzung, 30. Juli 1919)에서의 시사가 풍부한 토론을 참조.

25) Gustave Le Bon, *Psychologie der Massen*, 3. Aufl., Leipzig 1919 (Philosophisch- soziologische Bücherei, Bd. 2) (민문홍 옮김, 『군중심리학』, 책세상, 2014) 참조.

그 때에 안전의 위기가 집회의 주최자에 의해서 의도되었는지의 여부는 문제가 되지 않는다. 라이히 의회나 란트 의회의 건물이라는 「평화가 확보된 출입금지구역」의 내측에서 옥외집회는 절대로 개최되어서는 안 된다.

**제124조.** 형법상 금지된 목적을 위하여 남용되지 아니한 한에서 결사의 자유는 예방조치 규정에 의해서는 절대로 제한할 수 없다.

개개인의 힘을 초월한 자발적인 책무를 실현하는 효과적인 공동체의 행위를 위한 가장 중요한 전제의 하나는 복수의 사람이 일치하여 한 사람의 인간처럼 행동할 수 있다는 점에 있다. 이러한 인간의 결합이 하나의 집합인격(Verbandsperson)이 될 수 있기 위해서는, 즉 그 기관을 통해서 구입·임차·차입금이 되기 위해서는, 또한 그럼으로써 추이하여 나아가는 구성원 중의 이런 저런 개인이 아닌 추상적인 법인만이 권리의무를 가지게 하기 위해서는 법질서에 의해서 비로소 이 법인에게 법적 통일이 수여되고, 권리능력이 부여되지 않으면 안 된다. 이로써 이러한 복수의 사람들이 하나의 「법인」이 된다.[26] 이러한 과정을 통하여 단체에게 부여되는 상당히 커다란 사회적 힘, 특히 경제적인 힘을 법질서, 즉 국가가 전적으로 자의적 재량에 근거하여 부여하는 경우(인가제도)가 있다. 또는 그 때에 국가가 단체라는 특정한 범주에 관하여 그 권리능력의 취득을 법률적으로 규정하는 일반적 규범에 구속되는 경우(일반적인 규범규정의 체계)도 있다. 또는 최후의 가능성으로서 국가는 모든 종류의 단체에 대해서 일반적이고 평등한 규범을 정립하는 것(평등한 규범적 규정의 체계)도 있다. 첫 번째 체계에 따르는 것은 절대주의 국가이며, 두 번째의 것은 1908년의 라이히 결사법이며, 이것은 [이 법이] 정치적·사회정책적 또는 종교적 목적을 추구하는 단체의 권리능력에 관하여 실무적으로 행정의 인가를 요청하는 것에 의한다(사회주의자나 가톨릭의 수도회의 거주지에 대해서 향해진 것). 세 번째의 체계는 제124조를 근거로 한다. 제124조에 의하면, 모든 종류의 단체는 관할 간이재판소의 단체등기부에 등록됨으로써 그 권리능력을 획득한다(e.V., 즉 「등록단체」). 경제상의 영업활동이 목적인 단체는 상업등기부에 등록됨으로써 권리능력을 획득한다(상법 제200조).

보다 특별한 방식으로 결사의 자유는 베르사유 조약 제177조에 의해서 제한되고 있다. 군사적인 사안에 관계된 모든 종류의 결사를 (특히 교육시설에 관해서도) 그 구성원의 연령에 관계 없이 금지한다. 이에 대응하는 1919년 8월 31일의 라이히 법률은 거기에 저항하는 단체나 사적 교육시설을 해산시킨다는 압력을 가하고 있다.

**제125조.** 모든 선거에 관하여 **선거의 자유**의 보장이 타당하다. 비밀투표에 관해서는 다시 선거의 비밀의 보장이 타당하다. 이러한 보호의 실행은 어떤 면에서는 형법에, 다른 면에서는 다양한 선거법에 맡기고 있다. 예컨대 1920년 4월 27일의 라이히 의회선거법이 그것이다.[27]

**제126조.** 민주적 국가공동체에 대해서 본래 자명한 **청원권**은 절대주의에 대항하기

---

26) BGB § 21; Richard Schmidt, *Einführung* (siehe Anm. 18), S. 231 ff. 참조.
27) 상술한 바이마르 헌법 제22조 이하·제41조에 관한 부분 참조.

위해서 역사적으로 전래된 투쟁권으로서만 이해될 수 있다. 독일인뿐만 아니라 외국인 역시 한 사람 또는 다른 사람들과 함께 권한 있는 관청에 호소하고, 심급순서를 다 마친 경우에는 국민대표에게 호소할 수 있다. 국민대표는 그 청원과 소원을 수리하고 규정에 따라서 처리하지 않으면 안 된다.

**제127조**(「지방공공단체와 그 연합체는 법률의 제한 내에서 자치권을 가진다」). **관료제와 자치.** 게르만인에 있어서는 게마인데가 공적 생활의 광범한 영역을, 특히 법과 경제의 영역을 자립적으로 관리하고 있었다. 프랑크 왕국에서 관계들이 발전하여 가자, 로마를 모범으로 한 국왕에 종속하는 관료제(프랑크 왕국 대관[백작](Grafen), 카를 대제의 **순찰사***)가 행정을 위해서 형성되었다. 도시들의 자치권은 그때까지 점차 증대하고 있었으나 이 관료제 형성에서도 이것이 박탈되지는 않았다. 왕에게 **고용된** 무조건으로 종속하는 직업관료제는 근대 절대주의의 우선 전제이며, 나아가 그것을 계속시키는 조건이다. 근대 절대주의는 경제적으로 진보된 이탈리아에서 처음으로 실현되었다(시칠리아 왕 프리드리히 2세)[나폴리 시칠리아 왕으로서는 프리드리히 1세, 재위 1197-1212, 1215년에 신성 로마황제에 즉위]. 프랑스의 루이 14세, 프로이센의 프리드리히 대왕, 오스트리아의 요제프 3세에 의해서 관료적 경찰국가적 절대주의는 그 완성의 경지에까지 달하였다. 30년전쟁의 고통에서 쉽게 원기를 못 찾았기 때문에 독일 시민층의 자치는 거의 그 이름만 남아있었을 뿐이었다. 그러나 18세기 이후 시민층의 절대주의에 대한 투쟁은 필연적으로, 특히 도시자치제[도시 게마인데]의 절대주의적 지배자의 관료기구에 대한 투쟁이라는 형태를 취하였다. 자기통치라는 민주적 이념은 먼저 도시의 자치의 요구로서 게양되었다(프랑스 혁명에서 말하는 **도시의 권력**[pouvoir municipal]). 나폴레옹 1세는 확실히 프랑스에서의 혁명적인 지방자치체의 자치를 폐기하였다. 그러나 1789년의 이념은 확실히 옛날의 영국의 **자치**(self-government)와 결부된 형태로 슈타인 남작*의 대규모적으로 구상된 국가개혁의 모범이 되었다. 영국에 있어서의 자치(selfgovernment)가 **지방자치**(local government)를 전제로 하듯이, 슈타인 역시 우선 먼저 1808년의 도시령에 의해서 프로이센 국가 전체의 포괄적 개조를 위한 초석을 놓으려고 생각하였다. 개혁을 통하여 도시 뿐만 아니라 란트 공동체에서도, 그리고 게마인데 뿐만 아니라 군과 프로빈쯔에서도 제후의 수많은 사용인들은 피치자로부터 선출된 명예직의 자치행정기관으로 치환되게 되었다. 슈타인과 그 후계자인 하르덴베르크(Hardenberg)*는 도시의 자치를 유월하려고 하지는 않았다. 군과 프로빈쯔에서는 봉건적 및 관료적 권력은 파괴되지 않은 채 남아있으며, 하르덴베르크는 게마인데의 자치를 결코 란트의 자치로까지 확대하려고 하지는 않았다. 경제적·지리적인 상황이, 그리고 무엇보다도 프로이센 귀족의 권력이 개혁정책을 방해하였다. 이들 [저항하는] 여러 세력들의 정신을 나타내는 것은 레부스(Lebus)군, 그리고 슈토르코우(Storkow)군에서 1811년에 나온 수많은 항의문 속의 한 통이다. 거기에서 하르덴베르크는 구래의 명예있는 프로이센을 새로운 형태의 유태 국가로 변형시키려는 것은 아닌가 하는 의심을 받았다.28)*

---

28) Heinrich Treitschke, *Deutsche Geschichte im neunzehnten Jahrhundert*, Bd. 1, 10. Aufl., Leipzig

자치란 동료사상(게노센샤프트 사상)의 기본이념이다. 오늘날의 거대 국가에서 동료(게노센)는 이미 개인적인 집단 속에서 자기통치(Selbstregierung)할 수도 없다. 이와 같은 국가에서는 자기통치라는 민주적인 이념은 보통 간접적으로만, 즉 대표를 통해서만 가능하다. 자치행정(Selbstverwaltung)의 민주적 형식은 오늘날의 분업을 주로 하는 경제국가에서는 원칙적으로 무급으로 선출되며, 직업이 아닌 명예직의 공무원에 의해서 항상 한정된 범위에서만 실현될 뿐이다. 정치공동체가 거대화하면 할수록 그 임무는 보다 포괄적이고 복잡다단한 것이 되며, 전문지식을 가진 유급의 직업관료제가 더욱 필요하게 되어온다. 다른 한편, 거대국가나 경제국가는「관헌국가」라는 형식에서의 치자와 피치자의 분리를 불가능하게 만든다. 복종자가 가진 사려에는 한계가 있다는 확신은 여전히 확고할지라도, 현대 국가의 매우 다양한 이익집단의 자부심은 이미 중앙관청이 이러한 이해를 직접적인 당사자보다도 보다 잘 인식하고 관리할 수 있다고 인정하는 것을 허용하지 않는다. 국가의 규모와 그 임무의 범위와 함께 그 시민의 자기책임과 자발성이 필연적으로 확대되어야 하거나, 그렇지 않으면 결국 주민의 절반이 다른 절반을 직업적으로 통치하고 관리해야 하는 것이다. 그리하여 모든 현대의 거대국가와 마찬가지로 독일 라이히 역시 숙명적으로 곤란한 문제에 직면해 있다. 그것은 (란트·군·게마인데의 자치에 의한) 집권화와 탈집권화, 직업관료제와 명예직 공무원제라는 두 개의 동일하게 필요한 요소를 탄력적인(「유기적인」) 균형상태로 한다는 문제이다.[29]

독일 도시령에 대해서 프로이센은 그 모범이었다. 이러한 독일 도시령은 시민에게 그들이 게마인데 대표나 시회의원(참사[Magistrat], 참여[Rat])을 선출하는 것으로, 자신의 안건에 대해서는 자신의 자유로운 활동에 의해서 처리할 수 있는 권리가 부여되었다. 이러한 시민들에 의해서 어떤 면에서는「자신의 활동범위」가 관리되며, 다른 면에서는 국가에 의해서 할당된「위임적」활동범위에 속하는 사안이 취급되었다.

프로이센에서 자치제(Gemeinde)의 선거는 1919년까지 3급선거법에 따라서 실시되었다. 1920년의 신도시령 초안은 바이마르 헌법 제22조[라이히 의회의 선거에 대한 규정]에 규정된 선거권 이외에 개별 구의 장인 구장이나 3년 간의 임기로 선거되는 명예직인 시회의원, 나아가서는 그 중에서 12년 임기로 선출되는 참사 등을 상정하고 있었다. 더구나 이 참사에 대해서는 무급도 있고 유급인 것도 있다. 유급인 것에는 시장·시 재정국장·기술 담당 참여(건축·학교·의료참여)가 포함된다.[30]

이 도시자치권은 라이히 헌법에 의하여 지방자치제(Gemeinde) 뿐만 아니라 지방자치체 연합, 프로이센에서는 따라서 (도시와 란트의) 군연합, 프로빈쯔 연합에서도 보장되고 있다. 이것을 통하여 이들 단체는 전체 인격의 자유에 대한 위법한 국가의 개입으로부터의 보호가 보장되고 있다. 그 밖에 그 보호는 동일한 종류와 효과에 대해서 개인의 인격의

1918, S. 364.
29) 바이마르 헌법 제18조 참조.
30) 1920년 11월 30일의 자유국가 프로이센 헌법 제71조 *GS*. S. 543 참조.

자유 보호처럼 보장되고 있다.

이러한 근저를 뒤흔드는 행정개혁의 의의는 결코 1918/1919년의 헌법혁명의 의의에 못지 않는 것이다. 행정개혁은 헌법혁명에 처음으로 실천적인 의의를 부여하는데, 헌법혁명보다도 곤란하고 천천히 진행하고 있다. 행정의 민주화라는 대규모적인 개혁작업은 현재 비로소 그 준비단계에 들어가 있다. 지금까지 단지 최종적으로 실현된 것은 오버실레지엔의 프로빈쯔의 자치에 불과하다. 프로이센 헌법 제70조는 바이마르 헌법 제127조에 규정된 지방자치제(Gemeinde=시읍면)와 지방자치체 연합의 자치를 약속하며, 제72조와 제73조에서 프로빈쯔의 자치에 보다 구체적인 형태를 부여하고 있다. 그것에 의하면, 프로빈쯔에는 **자주입법권**과 **자주행정권**이 부여되고 있다. 자주입법권의 힘으로 지방자치 연합은 일정한 영역에서 (예컨대 혼합언어지역에서의 제2 공용언어와 교육언어의 채택에 관하여, 프로이센 헌법 제73조) 자립적으로 법률을 의결할 수 있다. 이러한 법률은 모든 시민과 관공서에 대해서 구속력을 가진다. 또한 그 자주행정권의 힘으로 프로빈쯔는 지금까지 국가조직에 의해서 관리되어온 일정한 영역을 자신이 임명한 기관에 의해서 관리한다. 그 때에 구별할 것은 1)「자주행정업무」, 이것은 자치체가 국가와 같은 질서관리에 이르기까지 완전하게 독립적이며, 자기책임으로써 당해 자치체 독자적인 안건으로서 처리하는 것이다(예컨대 간선도로의 건설). 2) 위임업무, 이것은 국가의 업무에 그치는 것, 이미 「직접적인 국가기관에 의해서」(주 장관[Oberpräsident] 1815년부터 1845년의 프로이센 주 장관, 행정구 장관 등등)가 아니라, 대신의 실제적인 지도권과 책임 아래 지방자치체에서 임용된 공무원이나 관청의 조직에 대해서 처리된다(특히 본래의 공안경찰은 예외로 하면서 경찰업무는 여기에 해당된다).31)

**공무원의 권리.** 사회민주당의 에르푸르트 강령*은 제2부에서 「인민에 의한 공직의」 완전한 보통 「선거」32), 즉 어떤 종류의 가장 일반적인 자치관료제를 요구하고 있다. 직업관료층은 혁명에 의해서, 또는 의회제와 필연적으로 결부된 정당의 입법이나 행정에 대한 영향에 의해서 기득권이 침해되는 것을 두려워한 그들을 주로 안심시키기 위해서 헌법은 일정한 공무원의 기본권을 인정하였다.33) 그들은 장래에 발포되는 라이히 법률을 통하여 보다 상세하게 시행되게 된다. 가장 철저한 자치와 직업관료제 간의 실제적인 조정을 이루는 것은 형식상 보편적 · 일반적인 공직자격(제128조)이다. 공무원의 국가에 대한 청구권을 규정하는 것은 제129조 공무원의 시민적 및 공민적 자유권과 아울러 기본적

---

31) 그 밖에 Hugo Preuß, "Die Entwicklung der kommunalen Selbstverwaltung in Deutschland", in *Handbuch der Politik*, Bd. 1, 3. Aufl., Berlin 1920, S. 266-286; ders., "Vom Obrigkeitsstaat zum Volksstaat", in *Handbuch der Politik*, 3. Aufl., Bd. 3, Berlin 1921. 나아가 Fritz Stier-Somlo, *Kommentar zur Verfassung des Freistaats Preußen*, Berlin 1921, S. 211 ff.; 특히 aaO.,S. 218 ff.을 재수록한 "Gesetzentwurf über die Erweiterung der Selbständigkeitsrechte der Provinzen" 참조.

32) *Protokoll über die Verhandlungen des Parteitages der Sozialdemokratischen Partei Deutschlands* (Erfurth 1891), Berlin 1891, S. 5.

33) *Verhandlungen der verfassunggebenden Deutschen Nationalversammlung*, aaO., Bd. 328, S. 1632 ff. (59. Sitzung, 17. Juli 1919) 참조.

의무를 규정하는 것은 제130조이다. 다른 한편, 제131조에서 국가는 그 기관으로 인한
의무위반의 결과 생긴 사인에 대한 손해를 배상할 의무를 지게 되어 있다.

**제128조.** 제128조에 의하면 모든 국민에게는 구별없이 그 업무능력에 따라서 공직에
취임할 자격이 주어지는데, 이것은 민주적인 이념에서 바로 필연적으로 도출되는 귀결이다.
이 이념에 의하면, 피치자는 동시에 치자이기도 하다. 공적인 지배를 수행하는 공무원(라이
히나 란트나 자치행정구의 공무원)은 특정한 출생신분(귀족), 특정한 사회계급(시민층·프롤레
타리아트), 정당·신조에 근거하여 편중된 형태로 선임되어서는 안 되며, 라이히의 피치자
모두로부터(제110조 제2항) 다양한 업무능력의 관점에만 근거하여 선임되지 않으면 안
된다. 특정한 공무원의 업무능력은 모든 이러한 조건의 평등 아래에서 연령(제41조 참조[라
이히 대통령의 피선거권은 만 35세 이상이라는 규정])이나 준비교육(판사·교사·의사·기술자
등으로서의)이나 직업(상사부 판사로서의 상인) 등등에 근거하여, 최종적으로는 개인의 재능
에 관하여 다양할 수 있다. 여러 가지로 평등한 자격 하에서 권한 있는 국가기관은 자유롭게
장래의 공무원을 선발한다. 여성의 평등한 공직자격의 약속도 상응하는 능력의 조건 아래서
만 이해될 것이다. 이른바 독신제(결혼에 의한 공무원의 해고)는 이 규정으로 폐지된다.
왜냐하면 결혼 그 자체가 아니라 모친으로서의 특질만이 공무원으로서의 업무에 저촉함에
불과하기 때문이다. 여성의 본성 중에 있는 업무능력의 부족이 법률에 의해서 특정한
공무원의 임관 때에 고려된다(군인·판사 등)고 한다면, 그러한 특별 규정은 여성공무원에
반대하는 예외규정이라고 보지 않으면 안 된다.

**제129조 제1항**[「공무원의 임용은 법률에 별단의 규정이 있는 경우를 제외하고 종신으로
한다. 은급과 유족부조료는 법률로써 정한다. 공무원은 그 정당한 기득권을 침해받지 아니한다.
공무원은 그 재산법상의 청구권에 근거하여 소송을 제기할 수 있다」]은 원칙적으로 재산권을
계속적으로 보장된 종신의 직업관료층의 임용에 대해서 서술하고 있다. 행정에서가 아니라
법률만이 이 원칙에 대해서 예외를 둘 수 있다(예컨대 지방자치체의 공무원이나 상사판사
등). 공무원인 상태의 종료나 징계에 관한 조건도 법률로써 개개의 정도에 이르기까지
규정하고 있다(프로이센 헌법 제79조 참조). 따라서 헌법은 한편으로는 러시아 혁명평의회
(Räte)제도를, 다른 한편으로는 비전문가행정을 가져온 합중국의 엽관제를 배제하고 있다.
이 엽관제에서는 대통령의 교체 마다 30만인 내지 40만인의 공무원의 지위가 정당인에게
새로이 수여되게 된다.[34]

개별 공무원을 법률 이전의 힘의 남용으로부터 보호하기 위하여 공무원에는 모든 징계처
분에 대해서 이의신청의 절차(라이히 공무원법[RGB] 제117조의 개정에 즈음하여)와 재심절차
의 가능성이 열려있다. 공무원의 신상서에의 불리한 기재가 자주 그 공무원의 모든 경력을
결정하는 일도 있기 때문에, 바이마르 헌법은 공무원에 대한 비밀인사기록을 엄격하게

---

34) 미국에서도 견디기 어렵다고 인식되고 있는 이 시스템에 대해서는 Max Weber, *Politik als Beruf* (1919),
in *Gesammelte politische Schriften*, Tübingen 1920, S. 399 f.; 428 ff. (전성우 옮김, 『직업으로서의
정치』, 나남, 2007).

금지하고 있으며, 불리하게 기재되는 것은 공무원이 이에 대해서 사전에 태도를 취할 수 있는 [발언할 기회가 있는] 경우에 한정되고 있다. 공무원의 개개의 기본권을 바이마르 헌법은 직업군인에 대해서도 보장하고 있으며, 특히 독일 국방군의 장교와 병사에게는 통상의 재판상의 수단이 그 고용관계에 의한 재산권의 청구[구체적으로는 은급·연금 등을 가리킨다]의 주장에 관해서도 인정되고 있다.

**제130조.** 제130조의 첫 번째의 윤리적 원칙도 **엽관제**를 뒷받침하는 사고방식에 반대하고 있다[제130조 제1항 「공무원은 전체의 봉사자이며, 한 당파의 봉사자이어서는 안 된다」]. 고용주인 국가의 권력에 직면하여, 또한 예컨대 사회민주당원을 공무원으로부터 배제하고 있던 종래의 국가실무를 고려하여 바이마르 헌법은 공무원에게는 정치적 의견표명의 자유(「**신조**」에 한하지 않음)와 「단결의 자유」35)가 보장되는 것을 명확하게 강조한다. 노동자와 샐러리맨이 그 사회적 및 경제적 이익을 주장하기 위해서 직능대표제를 형성하는 것과 유사하게, 공무원도 그 특수한 지위와 활동에 따른 공무원대표위원회(회의)를 보유하도록 되어 있다[제130조 제3항 「공무원은 라이히 법률이 정하는 바에 따라서 특별한 공무원대표기관을 보유한다」].

**제131조**(「공무원이 위임된 공권력을 행사함에 있어서 그 공무원이 대제3자관계에서 그에게 의무지워진 직무의무에 위반한 경우에는 그 책임은 원칙적으로 그 공무원을 사용하는 국가 또는 공공단체에 속한다. 다만, 그 공무원에게 구상하는 것을 방해하지 않는다. 본조의 배상에 대하여 통상의 소송의 방도가 폐쇄되어서는 안 된다. 상세한 규정은 관계 입법의 규정에 의한다」.) 공무원의 인격 속에는 시민과 국가 그 자체가 대립하고 있다. 법치국가는 그 구성원에게 국가기관이 제3자에 대한 그 직무상의 의무에 반하지 않기 위한 일정한 권리보장을 부여한다. 그것은 국가가 그 중에서도 국가공무원에 대항하는 권리보호를 그 구성원에게 보장하며, 또한 국가기관으로서의 속성에서의 공무원의 사법상 및 형법상의 책임추구를 하는 권리를 국가의 구성원에게 부여하는 것에 의한다. 많은 경우, 특히 공무원이 재산을 가지지 아니한 경우에, 그들만의 책임으로는 불충분하며 그 때문에 다시 국가책임이 공무원에 관하여 발생하며, 또는 직접 국가만이 책임을 질 수가 있다. 공무원이 국가를 대리하는 것은 예컨대 매매 때와 같이, 사법상에 한정된다면 모든 단체와 마찬가지로 국가도 그 대리인에 관하여 책임을 진다(민법[BGB] 제89조, 제31조). 그렇지만 제131조에 의해서 공무원에게 위탁된 공권력을 행사하는 공무원에 관한 국가의 책임, 즉 예컨대 판사·공증인·지방치안경찰·사정에 따라서는 군인에 관한 국가의 책임을 헌법은 독일 라이히에 관하여 명언하고 있다. 즉 국가 또는 당해 단체(공무원에게 손해를 배상시키는 것)에게 원칙적으로 책임이 발생한다고 규정하며, 법률상의 예외도 가능하다.*

**제132조-제134조. 기본의무.** 독일 국가를 그 활동을 통하여 공동통치하고 공동관리한다는 일반적인 권리에는 필연적으로 독일인은 자신의 국가를 위하여 전력으로 활동한다는 각각의 독일인의 의무가 대응하고 있다. 일반적 권리와 일반적 의무와의 이러한 균형에

---

35) 후술하는 바이마르 헌법 제159조를 보라.

민주주의의 윤리적 정념이 있다. 모든 국가권력이 인민으로부터 나온다는 국가공동체 (Gemeinwesen)는 인민으로부터 자신의 국가에 대한 의무를 면제하는 권력을 알지 못한다. 그렇지만 동시에 **자치**(selfgovernment)에는 근대 국가의 현실정치적인 권력이 존재한다. 「개인은 그 의무의 이행에서 어떤 방법으로 동시에 자기 자신의 이익, 자신의 만족이나 계산을 발견하지 않으면 안 된다. 그리고 개인에게는 국가에서의 그의 지위에서 보편적인 **사안을 자기 자신의 특수한** 사안으로 하는 권리가 부여되지 않으면 안 된다」.[36] 대외적으로는 국민주권이라는 민주주의의 이념에서 독일인의 **기본적 의무**가 발생한다. 그것은 국가에게 인간으로서의 모든 봉사를 행하고, 국가를 지키며(국방의무), 명예직을 인수하며, 물적 공헌을 통하여 국가의 실질적 존재를 가능케 하며, 교육의 의무의 이행을 통하여 국가의 문화적 사명에 협력한다는 것이다. 사정에 따라서는 국가가 강제하는 이러한 법적 의무에 더하여 헌법은 다시 그것에 계속하여 독일인의 본질적으로 윤리적인 기본의무를 열거하고 있다. 그것들은 헌법상의 처벌명령이 그러한 의무의 이행에 손을 빌려주지는 않는다는 점에는 관계가 없으며, 국가공동체의 존속에 대해서 근본적인 의의를 가지고 있다. 즉 이것은 자신의 자녀를 육체적 · 정신적 및 사회적으로 우수한 것으로 교육할 양친의 의무(제120조), 소유권을 동시에 공공복리에 기여하도록 사용할 의무(제153조), 그리고 제163조에서 열거한 모든 독일인의 근로의 의무이다.

근대 법치국가는 시민 일반을 판결에 관여시킨다. 그것은 이 국가가 시민을 배심원석이나 배심재판소 중에 자리를 잡게 하며, 시민에게 시회의원으로서 또한 군 프로빈쯔 인민의 대표로서 국가나 지방공공단체(Gemeinde)를 관리하게 한다. 국가생활의 이러한 영역의 행정을 확보하기 위해서도 (명령이 아니라) 법률에 의해서 전술한 여러 명예직의 인수가 일반적 의무가 되지 않으면 안 된다(제132조[모든 독일인은 법률이 정하는 바에 따라서 명예직을 인수할 의무를 진다]). 마찬가지로 원래 독일인의 기본의무는 국가나 지방공공단체(게마인데)를 위하여 「인적 근무」를 하는 것(제133조)이며, 그것은 예컨대 특히 규정된 형태의 사법의 이익이라는 점(증언의무)과 마찬가지로, 공안상의 목적이나 기타 경찰목적(불의의 사태 시의 긴급원조 · 방화의무 · 부역[수작업과 우마에 의한 부역] 등등) 등이 고려되고 있다.

독일인의 가장 중요한 기본의무는 방위의무였다. 그것은 베르사유 강화조약 제173조(국민개병의무의 폐지)에 의해서 병력이 15만명으로 규정된 동시에, 일반적 의무로서는 폐지되었다. 국가는, 국가에게 인적인 근무를 제공하고 그 임무의 이행을 위한 수단을 국가에게 부여하는 시민을 통해서만 존속할 뿐이다. 이러한 공적인 부담은 제134조에 의해서 모든 국민에게 (원칙적으로는 외국인도 포함하여) 동일하게, 그리고 그 다양한 능력에 따라서, 또한 법률에 따라서 부과하게 된다. 그것들은 오늘날 예외적으로는 현물급부(숙영의 부담)인데, 통상은 우리들의 화폐경제에 따른 이른바 공적 세부담이다. 이 세금은 금전인데 이른바 수수료나 분담금으로서 공적 급부(예컨대 재판소)의 대가로서 징수되거나 구체적인 반대급부 없이 조세로서 지불되는 것이다.

---

36) Hegel, *Rechtsphilosophie* (siehe Anm. 21), § 261 (S. 324 f.)(역서, 455면 이하).

이어서 바이마르 헌법은 독일 국가와 그 세 개의 문화적 세력, 즉 종교, 교육생활 그리고 경제와의 법적 관계를 규정하고 있다. 독일 민족의 정치생활에 관한 그 중대한 의의는 이러한 특별한 사항을 통하여 기초적인 법률의 작업에서 승인되고 있다. 종교, 정신문화 그리고 경제는 계속적인 상호작용 속에서 국가를 규정하며, 또한 끊임없이 국가에 의해서 규정되기도 한다. 이러한 세력들 어느 것도 민족의 정치사에서 의의를 상실한 것은 없다. 가령 문화영역 생활의 단면에서 각각의 세력의 우월에 강약의 차이는 분명히 나타날지라도 이 점은 변함이 없다. 정치문화도 미발달한 단계에서는 다른 문화처럼 거의 완전하게 종교문화의 지배 아래 있었으나, 거기에서 경제, 예술 그리고 세속의 교육이 서서히 자립화하고 있었다. 문화발전의 과정에서 경제생활의 완전한 전개와 함께 국가생활에 대한 경제생활의 끊임 없는 의의가 비로소 승인되고, 이것이 점차 커다란 정치적 역할을 수행하게 되어 왔다. 자본주의 경제체제의 혁명적 작용이란 이른바 유물론적 (보다 정확하게는 경제적) 역사관을 탄생시킨 것인데, 이 역사관은 경제적 생산양식을 정치적 발전에 대해서도 유일한 동인이라고 주장한 것이었다.

## 3. 종교와 종교사회

물론 경제체제에 적대하거나 무관계하지 않고, 그것과 손을 잡은 경우에 한정되는데, 종교가 근대 국가에서도 어떻게 중요한 역할을 수행하여 왔는가, 바로 종교가 근대 국가에 어떻게 강하고 심도있게 혁명을 일으켜 왔는가에 대해서는 전술한 자유권의 발전사 속에서처럼 그렇게 명확하게 인식할 수 있는 영역은 거의 없다. 게오르그 옐리네크는 다음의 것을 이론의 여지없이 입증하였다. 「개인의 불가양의, 타고난, 신성한 권리들을 법률로써 확립한다는 이념은 정치적인 것이 아니라 종교적인 데에 그 근원이 있다」.[37]

국가와 종교와의 밀접한 관계 내지는 고대의 동양적 전제가 보여온 신관제(Priestertum)는 확실히 유럽에서는 알지 못했다. 그러나 유럽에서도 교회는 중세의 정신문화의 거의 유일한 담당자가 되었을 뿐인데, 자신을 막대한 재산과 강력한 정치적 영향력을 갖춘 세속적 권력체에로 조직화하고 있었다. 이 교회라는 권력체는 국가라는 권력체를 1100년부터 1400년경까지 거의 능가하고 있었다. 인간의 내면성의 중요한 영역에 밀어 넣으면서 종교는 바로 이 깊이에서 모든 정치적 이념과 운동에 다른 정신적 세력이 미치지 않을 정도의 자유와 구동력을 부여하였다. 그때문에 국가는 종교로부터 눈을 뗄 수가 없는 것이다.[38]

국가와 교회와의 관계가 전면적으로 전개되자, — 문화영역의 내부에서는 — 의심할

37) Georg Jellinek, *Die Erklärung der Menschen- und Bürgerrechte*, 3. Aufl., München 1919, S. 57 (김효전 옮김, 『인권선언논쟁』, 법문사, 1991, 75면).

38) 국가와 종교의 상호제약성에 관해서는 Jacob Burckhardt, *Weltgeschichtliche Betrachtungen* (1905), 3. Aufl., Stuttgart 1918, S. 106 ff. 나아가 이 절에 대해서는 Wilhelm Kahl, "Staat und Kirche", in *Handbuch der Politik*, Bd. 1, 3. Aufl., Berlin 1920, S. 126-149.

여지 없이 합법칙성이 명백하게 되어 왔다. 그 원리는「두 개의 공동체는 당초에는 매우 밀접하게 결부되었으나 거기에서 양자의 구별이 서서히 철저하게 되는 방향에로 끊임없이 이행하여 간다는 것이다. 그것은 마음의 눈에는 두 개의 영역이 있으며, 이 두 가지가 당초에는 중첩하고, 나아가서는 서로 분리하고 그런 후에 경계를 접하고 마침내는 완전히 대립적으로 경쟁하게 되었다는 이미지로 상징화되어 비추고 있다. 자신을 해방하려고 하는 경향을 가진 주위와의 접촉이라는 것이 아마 오늘날의 상황을 나타내고 있다. 오늘날에도 여전히 그리고 혁명에도 불구하고 말이다」.[39]

국가와 교회의 통일은 생각할 수 있으며, 역사적으로는 국가조직의 교회조직에로의 편입 내지는 종속으로서 (중세의 **교회국가**), 또는 반대로 **국교제도**로서 실현되었다. 국교제도는 14세기부터 17세기에 이르기까지 최초로 황제교황제, 다음에 속지제*(**영토에 속하는 종교에 사람도 속한다**)로서 발전하여 왔다. 종교개혁의 정신은 란트 영주의 교회지배(요제프 2세, 루이 14세)와 모순되었던 것만은 아니다.「정신적 통치와 세속적 통치는 하늘과 땅이 존재하는 한, 구별되지 않으면 안 된다」.[40] 그것은 또한 정치적으로 무리한 일이기도 하였다. 그러나 대선제공이, 그리고 법률적으로는 1794년의 프로이센 일반 란트법*이 (이 나라는 그 국경 내에 프로테스탄트와 가톨릭을 내포하고 있었다), 일단 종파동권국가를 형성한 후에는 다른 독일 영방은 19 세기의 흐름 속에서 이 제도를 모방하였다. 이 제도에 의하면 교회는 이미 그 내부에 지배권을 가지지 못하며, 세속적인 안건에 한해서는 [국가에게] 종속하며, 거기에서는 보호와 감독적인 **국가교회고권**을 유보하였을 뿐이다. 이것은 1918년의 혁명에 이르기까지 독일 라이히의 교회정책의 제도로 계속되었다. 이 제도에 대해서는 궁극의 정치적 가능성인 **국가와 교회의 분리**가 1849년의 라이히 헌법에 의해서 확실히 선언되었으나, 이러한 가능성은 나날이 절박함이 증가하게 되고 요구로 계속 머물렀다. 다른 한편 이른바 **협조체제**, 즉 국가와 교회와의 두 개의 주권적 공동체로서의 국제법상의 동권이라는 독일 중앙당*이 옹호한 가톨릭의 교설은 정치적 원리로서는 단지 일시적인 의미만을 가지고 있었을 뿐이다(이전에 체결된, 교황과 프랑스 · 바이에른 · 오스트리아와의 정교조약에서는 오늘날에도 여전히 교황청에는 외교사절파견권이 있다). 종파들 공동의 국가기독교교회라는 낭만주의적 이념, 이것은 국제적으로는 신성동맹에 의해서, 프로이센 국내에서는 슈탈(Stahl)*, 아이히호른(Eichhorn)*, 비스마르크(Bismarck)*가 주장했는데, 이것도 실제의 정책이 되지는 않았다. 왜냐하면 이 이념은 신앙의 자유라는 법원칙과 일치하지 않았기 때문이다.

개인의 신앙의 자유와 법률상의 종교의 자유는 상술하였듯이, **자유주의이념**의 원형이다. 즉 국가로부터 부여된 것이 아닌, 그러므로 결코 박탈할 수 없는 그 밖의「태어나면서부터의」인권은, 다른 모든 것의 역사적인 근원이며, 정신의 자율에 근거하는 우리들 문화의 기본적인 전제이다. 일반적인 신앙의 자유의 필연적인 귀결이란 국가에 의한, 즉 모든

---

39) Kahl, aaO., S. 127 f.
40) Martin Luther.

신조나 종교단체의 동등한 취급이다. 당연한 것이지만 이 국가는 특정한 종교와 동일시되더라도 교회에 복종해야만 하며, 모든 점에서「탈교회화」하고, 반대로 교회도 탈국가화하지 않으면 안 된다. 인권에 관해서는 고전적 국가인 미국과 프랑스가 이 국가와 교회의 분리의 체제를 가장 일찍, 또한 가장 일관되게 철저한 것은 우연이 아니다. 이러한 국가들에서마저 이 분리가 순수한 형태로는 결코 가능하지 않았다는 것도 우연은 아니다. 모든 법은 전래하고 또한 생생한 사회적 세력의 표현에 불과하다. 어떠한 권력도 종교만큼 개인이나 사회생활에 강하게 깊게 침투하는 것은 없다. 미국에서도 예컨대 관습법상 가톨릭교도는 대통령이 될 수 없으며,* 연방의회는 기도와 함께 개회한다.

　독일에서는 천년이나 걸친 종교적 관습전통과 투쟁이 혼인 · 학교 · 사회, 그리고 국가에서 무수한 종교적 속박을 낳고, 두 개의 대교회[가톨릭과 프로테스탄트]의 관계에서는 매우 복잡한 법적 상태를 만들어 왔다. 그러므로 1919년의 혁명이 교회와 국가와의 분리를 완전히 관철할 수 없었던 것도 결코 이상하지는 않다. 전체적으로 오늘날의 법적 상태는 국가적 교회고권체제와 양 조직[국가와 교회]의 분리 간의 과도적 상태라고 보아도 좋다.

　**제135조 - 제136조. 개인의 신앙의 자유.**[41] 프리드리히 2세가 이미 바랐듯이, 국가는 누구든지 (모든 독일 국민에 한하지 않고) 그 모양에 따라서 영원한 기쁨에 들어가게 [죽어서 신의 영원한 축복을 받는 것], 누구에게나 종교적 관행을 방해 받지 않을 형태로 인정할 뿐만 아니라, 교회고권의 원리에 따라서 모든 침해로부터 보호한다. 다른 모든 자유권처럼 이 자유권도 법률의 힘으로 제약되고 있다. 신앙상의 계율이나 예배가 국가의 명령(예컨대 국방의무 · 경찰규정)과 충돌하는 경우, 자유를 향유할 수는 없다. 모든 인간의 종교적 입장은 그 국가와의 관계에 관하여 중요하지 않으며, 그 사람에게 법적인 이익이나 불이익을 가져와서는 안 된다. 이것은 특히 공무원인 자격에 관하여 타당하다.[42] 자유로운 종교적 의견표명의 권리는 이미 제118조에 의해서 보장되고 있다. 누구든지 자신의 종교적 확신에 대해서 침묵할 권리가 있으며, 그 외적인 종파의 소속을 묻더라도 회답할 필요가 있는 것은 어떠한 권리 의무(교회세)가 이 대답으로 결정되거나 법률로써 명해진 통계(예컨대 국세조사)에 필요한 경우에 한한다. 누구든지(학생이나 군인도 예외는 아니다) 어떠한 종교의 식에 (자신이 속하는 교회에 의할지라도) 강제되어서는 안 된다. 마찬가지로 종래의 종교적 선서를 강제해서는 안 된다(바이마르 헌법 제177조 참조). 다른 한편, 어떤 신조이든 누구든지 군인일지라도 일반적 법률의 제한 내에서 자신의 종교적 의무를 충족하는 자유를 가지게 된다(제140조).

　**제137조 - 제141조. 사회적인 종교의 자유.** 개인적인 신앙의 자유는 의견표명의 일반적인 자유의 하나의 특수 사례에 불과하다. 그것과 마찬가지로 나아가 그러한 신앙의 자유가

---

41) 다음에 관해서는 *Verhandlungen der verfassunggebenden Deutschen Nationalversammlung* (Stenographische Berichte), Bd. 328, Berlin 1920, S. 1643 ff. (59. Sitzung, 17. Juli 1919).

42) 그것으로 폐지된 것은 예컨대 할레 대학 규칙 제4조이다. 이것은 복음파의 신앙을 가진 교관과 직원만이 인정될 뿐이다.

논리적 · 법학적인 근거에서라기보다는 오히려 그 역사적 의의 때문에 헌법 속에서 특별한
취급을 받듯이, 종교단체를 위한 결사의 자유도 오늘날 원칙적으로는 일반적인 결사의
자유의 하나의 특수사례일 뿐이다. 종교법인은 권리능력의 취득에 관해서도 원칙에 따라서
전적으로 다른 법인과 마찬가지로 취급된다. 그러한 한에서는 어떠한 교회의 결사도 이익도
불이익도 입지 아니한다. 「국교는 존재하지 아니한다」. 이로써 국가와 교회의 분리의
원칙은 가장 중요한 문제점의 하나 속에서 실현된다. 즉 그때까지 영주(Landesherr)에
(한자 동맹에서는 시참사회에) 집중되었던 교회의 관리권이 폐기된 것이다. 그에 따라서
그때까지 군주에 대한 복종 아래 관공리에 의해서 관리되고 있던 교회의 사무기구(의례聖省
[로마 교황청의 용어], 최고종무회의[프로테스탄트의 용어], 추기경회의[또는 프로테스탄트
교회의 임원회]는 란트법에 의해서 폐지되게 되었다.43) 국가교회고권의 체제 하에서는
어느 범위까지 국가가 교회의 제도에 대해서 개입하는 것이 허용되는 가에 관하여 보다
상세한 규정이 필요하였다. 오늘날 국가는 종교단체를 완전히 다른 단체와 마찬가지 형태로
감독하며, 특히 국가는 직원의 임명 등과 같은 단체 자신에 관한 사안의 관리를 종교단체
자신에게 맡기고 있다. 그러한 한에서 분리의 원리는 엄격하게 관철되고 있다.

그러나 다른 한편, 위에서 서술한 이유에서도 이 분리를 끝까지 관철하는 것은 불가능하
게 되었다. 헌법 제137조 제5항에 의하면, 국가는 종교단체에 대해서 사적 결사에 우월한
법적 지위를 부여하고 있으며, 오늘날에도 여전히 많은 점에서 종교단체에게 교회의 지고권
의 체계와 마찬가지의 보호와 장려를 부여하고 있다(후견[Advokatie]의 원칙). 그러한
우월적 지위를 이미 국가는 단지 개별적인 교회에 대해서만이 아니라 (지금까지는 가톨릭,
옛가톨릭[1869-70년의 공회의에서 발포된 로마교황불가류설에 반대하는 교단], 그리고 복음주의
파의 란트 교회뿐이었다), 모든 교회단체에, 나아가서는 종교단체에 한정하지 않고 세계관에
근거한 결사 모두에게 주어진다(일원론협회나 자유사상가단체가 그 한 예이다). 이러한 결사는
자신의 조직(Verfassung)과 그 구성원의 수만으로 존속의 보장을 제공한다면, 공법상의
법인이 될 수 있다. 여기에 이들 결사가 가지는 유리한 법적 지위가 있다. 따라서 국가는
이러한 결사의 권력을 국가에 유사한 것으로서 승인한다. 이러한 특성의 가장 중요한
귀결로서 그러한 종교단체에는 세금징수가 허용되며, 이러한 목적을 위하여 관공서는
이들 단체에게 납세자명부를 이용가능케 하지 않으면 안 되며, 국가는 이들 단체에게
이 세금의 징수를 위해서 그 행정상의 강제수단을 부여한다(**세속의 팔**[bracchium
saeculare]). 특히 두 개의 대교회[가톨릭과 프로테스탄트]의, 매우 복잡미묘한 법적 관계에
들어가지 않기 위해서 라이히 헌법은 그러한 법적 관계에 의해서 밀접하게 관계있는
란트 입법에 더욱 상세한 규정을 위임한다. 정교분리의 원칙은 일요일과 국가에 승인된
축제일의 법률적 보호에 의해서와 마찬가지로 종교단체에의 공법상의 법인격의 부여에

---

43) 분리의 의미에 관해서는 *Verhandlungen der verfassunggebenden Deutschen Nationalver-
sammlung*, aaO., Bd. 328, S. 1651 (59. Sitzung, 17. Juli 1919)에서의 나우만(Naumann); Veidt,
aaO., S. 1656 f.

의해서 깨어지고 있다(제139조).

교회고권의 체계에서 타당한 후견(Advokatie)의 원칙에 따라서 국가는 중요한 기독교 교회에 **물질적인 지원**도 부여하였다. 문교예산에서는 복음주의파의 교회관리사무국에 대한 지출, 성직자에 대한 봉급과 연금, 교회건설에 대한 보조금 등이 인정되고 있었다. 정교분리의 원리에 첨가하여 이러한 모든 급부는 라이히 법률의 기본원칙의 틀 내에서의 란트 입법을 통하여 폐지되지 않으면 안 된다. 즉 국가는 그 급부를 정지하고, 교회에 보상한다(제138조). 라이히는 대응하는 법률이 발포되기까지 지금까지의 국가적 급부를 계속한다(제173조). 라이히는 종교단체에게 모든 결사의 권리를 부여하는데, 그와 함께 교회재산의 몰수는 이를 부정한다. 이 교회재산의 몰수는 종교개혁 이래 매우 자주 행해지고, 최근에는 프랑스가 1865년에 실시한 것이다. 끝으로 국가는 군대·병원·교도소 기타 공공시설에서의 사제·목사의 활동을 둘러싼 교회의 관여를 더 이상 자신의 단서로서 보지는 않지만, 이러한 활동에서 개별 종교단체에 대해서는 아무런 방해도 없다. 정교분리 의 원칙은 이 점에서도 관철되고 있다(제141조).

### 4. 학교와 교육

정신생활과 국민교육에 관한 원칙들이 (혁명적인) 헌법의 소산으로 받아들이게 되었다. 사물을 비정치적으로 생각하는 사람은 정신과 권력을 대립물로서 생각하곤 하는데, 그들에 대해서 이것은 이상하게 비칠지도 모른다. 실러의 말이 이 점을 분명히 한다. 「정신을 형성하는 자에게 반드시 최후에는 지배가 주어진다」. 그리고 사회적 투쟁에서 해방된 정신적 발전 등은 존재하지 않는다는 점을 나타내는 것은, 특히 어려운 상황 아래서 정당 간의 타협에 의해서 성립한 바로 이들 헌법규정들에 불과하다. 중세에는 거의 전적으로 교회에 의해서 담당되고 지배되고 있던 교육과 교육조직은 르네상스 국가의 성립이나 인문주의의 성장, 그리고 시민문화의 발전과 함께 점차로 세속적인 것, 도시, 무엇보다도 종파동권으로서 교회들 위에 서는 국가의 영향 아래 두어지게 되었다. 이미 1540년에 브란덴부르크 후작 요아힘 2세는 선언하고 있다. 「기독교와 선한 폴리짜이를 유지하기 위해서 가장 필요한 것은 젊은 사람이 학교에서 교육된다는 것이다」. 그러나 모든 정신은 자신을 그 사회적인 피제약성으로부터 해방하려고 계속 노력하며, 그 결과 자신의 완전한 자유에 이르며, 그럼으로써 자신을 둘러싸고 있는 공동체의 발판을 확고히 한다면 무너뜨리는 일도 있다. 정신은 자유를 바라며, 교회조직의 권력이나 교조적 제약에 따르려고 하지 않으며, 근대 국가나 심지어 한 정당의 권력정치적 목적 등에 무조건 따르려고 하지는 않는다. 정치적 공동체이든 국민적 공동체이든 또는 교회라는 공동체이든 어떤 공동체의 존속을 위태롭게 하는 정신에 대해서는 이번에는 반대로 그 공동체의 자기유지 충동이 저항한다. 정신과 사회적 조직과의 이러한 부정적이면서 창조적인 대립관계 속에 는 한편으로는 교회와 국가, 다른 한편으로는 학교와의 관계라는 곤란한 문제가 포함되어 있다. 교회는 자신의 학교에 대한 역사적인 권리와 현재의 권리를 요구하여 투쟁하며, 국가는 교회와 이러한 권리를 투쟁만이 아니라 나아가 학교나 교육에 일정한 한계를 보전하면서 개입하는 것이 자신의 의무라고 믿거나 또는 책임을 지고 있다. 그러나 살아있는 정신은 양자[교회와 국가]에 대해서 자기주장을 하며, 자발적인 공동체에만 협력하려고 한다.

정신적 인격성의 자유라는 자유주의적 이념은 여기서 두 개의 주요한 전선, 즉 교회와 국가에 대해서 투쟁한다. 교회가 학문이나 교육에 영향을 미쳐야할 것인가의 여부, 어떠한 영향을 미쳐서는 안 되는가 하는 문제는, 현대의 주권국가에서는 국가와 교회와의 대립문제이며, 그리하여 전술한 정교분리 문제의 일환이다. 국가는 교회로부터 우선 교육과 학교에 관한 그 이전부터의 의무를 면하고 최종적으로는 그 사회적인 권리도 박탈하였다. 그러나 오늘날에는 국가 자신이 그 모양에 따라서 학교는 정치적 조직에 대해서도 그 자유주의적인 의미에서의 자유권을 그 정신적 자립성을 옹호하는 것이다.

자유주의적 이념뿐만 아니라 민주적·국민적 그리고 사회적 이념도 학교의 형태나 독일적 학교교육의 정신을 라이히 헌법 속에서 구현화하여 왔다. 그 구체화의 자유주의적인 중심사상은 **세속성**이다. 즉 교회에 대한 학교의 독립성, **자립성**이며, 또한 국가의 편협한 개입으로부터의 학교의 자유이다. 또한 교육권한자의 지도적인 영향력도 그러한 중심사상이다. 민주적인 원칙은 **일반적 취학의무**와 만인에게 공통의 의무교육 기초과정을 요구하였다. 그리고 사회적 이념에 대응하여 국가는 이들 민주적 제도들을 자력이 결여된 자도 향수할 수 있도록, **물질적 부조**를 급부하지 않으면 안 된다. **독일 국민성의 정신** 속에서 청년의 교육이 이루어져야 한다.[44]

**제142조·제143조.** 제142조는 국가기관 측에서의 적법하지 아니한 개입에 대해서 예술·학문 그리고 교육활동의 자유를 보장하고 있다. 당연하지만 이 자유의 한계는 초등학교의 교사에 관해서도 대학교수에 관해서도 국가의 법률로 규정하고 있다. 제142조는 이러한 활동들에 대한 보호나 (예컨대 교회의 개입으로부터의), 아울러 그러한 활동에의 국가의 장려도 약속하고 있다. 청소년교육에의 배려는 세속의 공동조직의 사항에 속하는 (오늘날 이것은 라이히에 속하는데 이전에는 전적으로 란트와 지방자치에 속하였다).

교사의 육성은 장래에는 라이히의 학문에 관한 원칙들에 따라서 통일적으로 규율되도록 되어 있다. 공립학교의 교사가 일률적으로 국가공무원인가의 여부는, 그들이 대부분 국가에 직접 고용된 공무원인가 간접적인 형태에서의 국가공무원인가(그 권리와 의무만을 가지는 것은 아니며)에 대해서는 학설과 판례 모두 다툼이 있으며, 제143조 제3항에 의해서도 결정되지는 않는다. 유력설에 의하면, 국가에 직접 고용된 공무원이라고 이해되고 있다.

**제144조.** **학교의 감독**이 교회 대신에 세속적으로 된다는 것은 확실히 대부분의 독일 연방의 국가에서는 (립페·데트몰드[Lippe-Detmold]와 로이스[Reuß ä. L.]같은 란트를 제외하

---

44) *Handbuch der Politik*, Bd. 3, 3. Aufl., Berlin 1921에 수록된 Stutzer, Kerschensteiner, Karstädt, Ziehen, Freund 그리고 Goetz의 논문들을 참조.

고) 장기에 걸친 투쟁의 성과로서 이미 혁명 전에 침투하고 있었다(예컨대 1872년의 프로이센 문화투쟁에서). 그러나 대부분의 란트에서 국가는 학교의 감독을 가톨릭이나 복음주의파 성직자에게 위임하며, 계속하여 겸임의 형태로 행해지는 것으로 단순히 형식적으로 감독하고 있었음에 불과하였다. 오늘날에는 이러한 점에서도 학교는 세속화되어 있다.

**제145조.** 지금까지의 **취학의무** (이것은 초등교육학교에의 통학이나 개인수업에 의해서도 충족될 수 있으며, 따라서 원래는 교수하는 의무였으나), 만인에게 공통의 의무교육 기초과정, 즉 공립 초등학교 4년차까지에의 「원칙적」 통학의무로 바뀐 것은 민주적 이념에 합치한다. 1920년 4월 28일의 라이히 법률에 의하면, 관계 관할관청은 「예외적으로 특수한 경우에」만 이 만인에게 공통의 의무교육 기초과정 대신에 개인수업을 인정한다.[45] 종래와 같이 수업만이 아니라 (장래에는) 수업의 수단도 이에 대한 의무를 부담하는 지방자치체에 의해서 초등학교나 [초등학교의 과정 졸업생을 위한] 실업학교에서 무료로 마련되는 것이다. 원칙적으로는 양친의 경제적 및 사회적 지위가 특정한 학교에의 자녀의 입학이 좌우되어서는 안 될 뿐만 아니라 오히려 공적 수단을 통하여 자산이 결여된 사람들에게도 중고등교육도 가능하게 하지 않으면 안 된다.

**제146조.** 전체적으로 이 조문은 학교의 종파성을 둘러싼 곤란한 투쟁의 성과이며, 도처에서 명백하게 「학교를 둘러싼 타협」의 흔적을 나타내고 있다.[46] 이 조문은 장래의 입법을 위한 프로그램적인 지침을 제시할 뿐이다. 그에 따르면 의무교육 기초과정은 원칙적으로 종파의 틀을 초월한 (몰신앙적 종파와 무관계하지 않다!) 학교, 즉 종파 혼합 학교이지 않으면 안 된다. 즉 교사의 채용이나 생도의 입학시에 종교신앙이 고려되지 않는 학교를 말한다. 종파 혼합 학교의 세속성(종교의 수업은 할 수 있지만)에 반대하여 중앙당은 종파에 근거한 종파별 학교의 가능성을 철저하게 탐구하였다. 이 점에서 헌법은 이러한 종파별 학교를 어떠한 본래의 종교의 수업도 하지 못하도록 어떤 세계관에 근거하여 학교와 동일시한다.[47] 자신에게 맡겨진 자의 정신형성에 대하여 영향을 미치는 친권자의 자유권은 이로써 승인된다.

**제147조.** 학교민주화의 원칙과 절대적으로 양립하지 않는 것은 이른바 초등교육학교이며, 이것은 (공적으로나 사적으로도) 1920년 4월 28일의 라이히 법률 제2조에 의해서 폐지되었다. 이 원리와 상대적으로 양립하지 않지만, 제146조 제2항에 의해서 또는 교육행정의 교육상의 권익에서는 반드시 필요한 것이 명백한 사립 초등학교는 양친의 자산상태에 따른 학생의 선별을 조장해서는 안 되며, 교사진의 충분한 훈련과 사회적 지위의 보장을 제공하지 않으면 안 된다.

**제148조**는 모든 종류의 학교에 관하여 몇 개의 일반적인 지도목표를 들고 있다. 제1항과

---

45) *RGBl.* S. 851, § 4.
46) *Verhandlungen der verfassunggebenden Deutschen Nationalversammlung* (Stenographische Berichte), Bd. 329, Berlin 1920, S. 216 ff. (71. Sitzung, 31. Juli 1919).
47) 바이마르 헌법 제174조 참조.

제2항[모든 학교에서는 독일 국민성과 국제협조의 정신에서 도덕적 교양, 국민으로서의 신조, 훌륭한 인격, 훌륭한 기능이 완성되도록 노력하지 않으면 안 된다. 공립학교의 교육에서는 생각을 달리하는 자의 감정이 손상되지 않도록 고려하지 않으면 안 된다])은 이미 현재 교사를 의무지우는 힘을 가지고 있다. 거기에서 강조되어야할 것은 세계시민성과 자기의 내부에서 확립된 정치적인 국민의식이란 확실히 강하게 추구될 것이며, 또한 이 양자가 전적으로 양립하기 어려울지도 모르나, 독일 국민이 현재 처한 상황에서는 이것은 용이하게 공존하기 어렵다는 점이다.

**제149조.** 종교의 수업은 확실히 학교에는 (신앙에 무관계한 학교를 제외하고) 불가결한 것인데, 교사나 학생에 대해서는 그렇지 않다. 이것은 자유주의이념에 일치한다. 종교의 수업을 교수나 교육상에서 어떻게 구성하는가는 국가에 의한 학교교육입법의 문제이다. 국가는 당해 교회의 정신에 알맞는 수업을 행하는 것을 교회 자신도 포함하여 누구에게 위임할 수도 있으나, 종교의 수업에 대한 감독은 행한다. 국가와 교회의 분리가 불완전하다는 점에 대해서는 대학 신학부의 유지가 이를 증명하고 있다.

**제150조**는 제142조 2항에서 언급하는 국가의 예술에의 보호육성에 대한 보다 상세한 규정이다. 국가는 역사적 유적과 천연기념물의 보호에 관여하게 되어 있다. 국민적 권익에서 1919년부터 예술작품의 유출이 저지되고 있다.

## 5. 경제생활

개인주의의 발전은 이전에는 가족이나 고향, 교회나 신분, 길드나 쭌프트에 뿌리를 두었던 인간으로부터 형식적인 법규에 의한 평등하고 자유로운 개인의 사회를 만들어내었다. 「시민사회는 개인을 이러한 속박으로부터 끊고 그 구성원 상호간을 소외시키고, 개인을 독립한 인격으로서 인정하였다. 나아가 시민사회는 개인이 그 생계를 뒷받침하고 있던 외적인 비유기적 자연이나 아버지 같은 대지 대신에 시민사회 자신의 기반을 두고 또한 가족 전체의 존립마저도 시민사회에 의존시키는 것, 즉 우연성에 복종시켜 버린다」.[48] 반드시 경제에 한정되지 않는 사회생활 전체의 이러한 격변은 19세기의 사회사상에도 혁명을 가져왔다. 수공업자층의 억압된 경제적 상황이 가장 잔인한 혁명을 유발시켰다. 나아가 원인을 거슬러 올라간다면, 객관적으로는 간단하게 타격을 받기 쉬운 생산의 불안정성이며, 그것과 관련하여 주관적으로는 노동자의 경제적 생존의 불안정성이었다. 그것은 노동자가 매일 매일 「길거리에」 헤맬 가능성이 있으며, 널리 나아간 분업이나 [노동자의] 노동생산물로부터의 분리, 나아가 노동의 기계화였다. 나아가 이들 모두는 함께 르네상스 이래 전개해온 개인주의적ㆍ비판적 사고와 상호작용의 관계에 서 있다. 이러한 사고는 경제ㆍ과학ㆍ예술ㆍ정치ㆍ윤리 그리고 종교에서의 모든 가치를 예외 없이 문제로 삼았다. 그리하여 사회구성과 권력분립의 전체가 동요하고, 이들 관련된 체제를 필요로 하는 요구가

---

48) Hegel, *Rechtsphilosophie* (siehe Anm. 21), § 238 (S. 298 f.).

생겨왔다. 「국가체제와 아울러 독자적인 사회체제가 성립하지 않으면 안 된다」.[49] 개인주의적·합리주의적 사회사상의 정치적 성과는 프랑스 혁명과 그 여러 가지의 귀결이었다. 경제면에서 그것은 바로 이제 서술한 자본주의라는 표제어에 정리된 형태로 나타났다. 정치적 혁명주의에 대한 반동은 독일에서는 헤겔과 낭만주의에서 유래한다. 생을 지배하는 주관적 오성에 대해서 사물 속에 존재하는 객관적 이성이 강조되었다. 「법은 현존의 상태를 언어로 한 것이다」라고 슐라이어마허(Schleiermacher)*는 서술한다. 경제적인 무정부상태에 대한 반동, 사회적 이념, 그리고 그것을 정치적 투쟁에로 체계화한 사회주의도 이러한 것에서 정신적 장비를 이끌어 내었다.

객관적인 사회적 존재가 의식을 규정하며 그 반대는 아니다. 마르크스주의 역시 이렇게 주장하며, 경제를 이 존재의 본질로서, 즉 존재의 상대적으로 움직이지 않는 동인으로서 인식하려고 하였다. 사회는 마르크스주의에 대해서 경제사회 그것이다. 이 사회가 변하면 동시에 국가·법·종교, 그리고 윤리와 같은 모든 상부구조도 스스로 변혁된다는 것이다. 왜냐하면 사회주의는 마르크스주의와 동일하지 않으며, 말하자면 자유주의경제에 대한 국가행위의 질서 있는 개입에 의해서 (사회정책이나 경제정책에 의해서) 성립한 여러 가지의 구체화의 총체(예컨대 사회적·보수적인 비스마르크 제국의 우수한 보험제도나 노동자보호입법)인 사회이념과 구분하지 못해서는 안 된다. 사회주의는 오히려 사유재산에 악의 근원을 발견하며, 따라서 소유의 사회화를 추구하려는 사회관이다. 오늘날의 사회주의운동의 사상은 거의 전적으로 마르크스주의에 의해서 지배되고 있다.[50]

1918년 혁명의 담당자는 동시에 마르크스주의적 사회주의의 담당자이기도 하였다. 어찌하여 이 헌법에는 종래의 헌법에는 존재하지 않던 「경제생활」이라는 매우 중요한 장이 나타났는가는 전술한 것에서 어렵지 않게 이해할 수 있다. 또한 이 장이 뚜렷한 사회주의사상을 많이 포함하고 있는 것도 이해가 간다. 그러나 자유주의와 민주주의의 이념이 이미 사회적 현실에서 외적 존재인 지배를 형성하고 있던 반면에, 사회주의의 이념은 지금까지 본질적으로는 이데올로기에 머무르고 있었다. 따라서 헌법의 최후의 장은 그때까지의 모든 문언 이상으로 단순히 프로그램 규정에 불과하며, 또 유효한 법이라고는 할 수 없는 문언을 다수 포함하고 있다. 그러나 동시에 이것은 시민층의 개인주의적(자본주의적) 경제관과 프롤레타리아트에 의해서 추구되고 있는 사회주의적 경제개혁 간의 전적으로 미해결이며 아주 어려운 대립 속에 문제의 핵심을 포함하고 있다. 여기에 명확한 권리로서 파악할 수 있는 명백한 실천의 지침을 읽어내는 자는 없다. 이러한 대립의 정신은, ─ 헌법에 의하면 의문의 여지가 없는 것인데 ─ 마르크스주의의 계급투쟁이나 독재의 정신이 아니며, 조정의 정신이며, 보다 공정한 부의 분배라는 목적을 위하여 가능한 한 쌍방이 합의를 목표로 한다는 정신이다.

---

49) *Verhandlungen*, aaO., Bd. 336, Berichterstatter Sinzheimer in der 35. Sitzung des Verfassungsaus-schusses am 2. Juni 1919, S. 393.

50) Werner Sombart, *Sozialismus und soziale Bewegung*, 8. Aufl., Jena 1919, S. 60 ff.

**제150조 - 제154조.** 이 장이 사회적 대립들이 조정되지 아니한다는 특질을 가장 명료하게 나타내었다는 것을 분명하게 하지 않으면 안 된다. 명백한 자유주의적 조항과 아울러 동일하게 이와 대립하는 명백한 사회주의적 조항이 여기에 설정되어 있다. 전적으로 동일한 것이 제151조 [제1항 「경제생활의 질서는 각인에게 인간다운 생활을 보장한다는 목적을 가진 정의의 원칙에 적합하여야 한다. 이 범위 내에서 각인의 경제적 자유가 보장된다」]에서도 말한다. 이 조문은 근대 최초의 독일 사회주의자인 피히테(Fichte)*의 다음과 같은 말에서 표현한 사회주의의 윤리적 기본사상의 실현을 고한 것이다. 「모든 인간 활동의 목적은 생존을 가능케 하는 데에 있다」. 그리고 무릇 자연에 의해서 삶을 향수한 자는 모두 이러한 생존의 가능성을 요구하는 권리를 가진다.51) 그러나 계속되는 조항과 제153-154조는 다름아닌 개인주의적 경제의 기반을 보장하고 있다. 「개인의 경제적 자유」, 거래와 영업의 자유, 계약의 자유, 사유재산, 그리고 상속권이 그것이다. 법이란 바로 본질적으로는 「현존하는 상태의 표명」에 불과하다. 원래 헌법이란 것은 볼셰비키 헌법과 같은 의미에서의 단순한 종이조각에 머물러서는 안 된다고 하더라도, 어떤 새로운 경제상태를 「형성할」수 없다. 오히려 헌법은 법률적 계기를 제공하며 그것을 통하여 현존의 상태가 지배적인 윤리관념과 법관념에 대응하는 상태로 법적으로 이행될 수 있는 것으로 만족하지 않으면 안 된다. 우리들의 헌법은 첫째로, 현존하는 경제질서를 행정에 대해서 「법률의 규준에 따라서」확인하고 있다. 즉 헌법은 결코 그 장래의 존속을 보장하지 못하며 더구나 반대로 그 법규에 근거한 개정을 바로 그것과 아울러 규정하고 있는 강령에 근거하여 약속하고 있다. 이리하여 헌법은 위의 역할을 수행한다. 둘째로, 헌법은 이 개정을 위한 헌법의 법규상의 지레와도 마찬가지로 제공하고 있다. 왜냐하면 헌법은 사적 경제로부터 공동경제에로 이행하기 위한 기초가 되는 대강적 법률을 형성하고 있기 때문이다. 그리하여 사유재산의 보장은 동시에 이것이 언제든지, 또한 어떤 보상도 없이 라이히 법률에 의해서 수용될 수 있음을 명백히 한다. 사적 소유권은 자유주의적 자연권과는 다르며, 이미 원칙적으로 「불가침의」「신성한 권리」는 아니다. 그것은 의무를 부과하고 개인의 욕구충족과 아울러 동시에 사회적인 책무를 의미하게 된다. 상속권의 보장과 아울러 동시에 국가공동체가 상속에의 관여를 구하는 청구가 규정되고 있다[제154조 「상속권은 민법이 규정하는 바에 의하여 보장된다. 상속재산에 대하여 국가가 취득하는 부분은 법률로써 정한다」]. 따라서 여기서 나타낸 것은 아직 완전하게 사회주의적이라고는 하지 않더라도 사회적 이념이기는 하다.

**제155조 · 제156조.** 사회주의사상을 포함한 것은 계속된 두 개의 매우 중요한 조문이다. 그것은 토지와 경제기업이라는 두 개의 가장 중요한 생산수단과 국가공동체와의 관계를 원칙적으로 규정하고 있다. 이 「사회화 조항」은 공공경제에로 이르는 실질적 방도를 시사하고 있다. 이 방도에 대해서 말하면, 제155조는 장래의 입법자에 대한, 근본적인 토지제도의 개혁에 대한 여러 가지의 원칙을 포함하고 있다. 입법자는 주거의 부족을 해소하기 위한

51) Johann Gottlieb Fichte, *Der geschlossene Handelsstaat* (1800), in *Sämtliche Werke* (Hg. I. H. Fichte), Bd. 3, Berlin 1845, S. 402.

법률을 통하여 소규모 임대차에 관한 법률을 통하여, 주택개발법을 통하여, 세습상속의 폐지와 사유 광산지배권을 폐기하는 법률을 통하여 이미 이 원칙을 실현하여 왔다.[52]

사적 경제기업의 공동소유제에로의 이행에는 골격으로서 제156조가 기여하고 있다. 본조는 이러한 목적을 위해서 다음과 같은 사회화의 법적 형식과 단계를 예정하고 있다.

(1) 사기업의 공동(라이히 · 란트 · 지방공공단체[게마인데] · 지방자치단체에 의한) 소유제에의 완전한 이행. 이것은 어떠한 경우에도 라이히 내지 란트 법률에 의하지 않으면 안 되는데, 반드시 보상을 요하지 않는다(다만, 라이히가 사회화하는 것은 란트, 지방공공단체[게마인데] 또는 공익단체에 귀속하는 기업이다).[53]

(2) 라이히, 란트 또는 지방공공단체[게마인데]는 그 소유권이 아직 국가에로 이행하지 아니한 경제기업이나 단체의 관리에만 참여한다. 이러한 형식에서는 보상도 법률도 필요하지 않다. 국유화의 사고가 일반적으로 사회화위원회에서마저 부인된 후에는 석탄과 칼리움 경제의 규제 때에는 국가에 의해서 공동관리되는 자주관리단체(「독일 석탄공동체」)에 유리하도록 이러한 사회화의 법형식이 사용되었다. 이로써 목표로 삼은 것은 「종래까지 사적 소유자에 의해서 지배되고 있던 영역에서 「자유로운」, 그러나 다소간 국가적 강제에 의해서 실행되는 상거래라는 경제를 소비자와 생산자의 공동관리에 맡기는 순수하게 경제적 내용을 가진 민주제에로 전환하는 것」[54]이다.

(3) 「다른 방법에서의」 영향력 행사는 특히 카르텔이나 트러스트 조직에 포함된 위기로부터의 회피라는 목적에서 (법외적인 가격의 상승, 유통의 고정화, 해고에 대항하여) 행한다.

(4) 경제기업과 단체와의 자주관리에 근거한 통합 — 이것은 (3)에서 언급한 사례의 전단계이다. 이러한 강제에 의한 신디케이트화는 이미 「평의회 시스템」이 예견하고 전제하고 있던 것이다. 그를 위해서는 법률을 요구하는 것, 보상은 필요하지 않다.[55]

헌법의 최후의 조항들은 (제164조를 예외로서) **노동법**을 위해서 할애하고 있다.[56]

**제157조.** [노동력은 라이히의 특별한 보호를 받는다. 라이히는 통일적인 노동법을 정한다]. 비스마르크의 저항이 좌절된 후 공권력의 직접적인 개입으로 인간의 노동력의 보호를 라이히는 보장하게 되었다.[57] 산만하여 개관할 수 없는 노동법을 라이히에 대해서 통일적으로 정리하는 것이 목적이다.

**제158조.** [「정신적인 작품, 저작자 및 발명가와 예술가의 권리는 라이히의 보호와 배려를

---

52) *Handbuch der Politik*, Bd. 4, 3. Aufl., (Hg. G. Anschütz), Berlin 1921, 5. Hauptstück.

53) 바이마르 헌법 제153조 2항 참조.

54) Robert Wilbrandt, "Staats-und Privatbetrieb. Vorteile und Nachteile. - Gemeinwirtschaftlicher Betrieb", in *Handbuch der Politik* (siehe Anm. 51), Bd. 4, S. 332.

55) 이에 관해서는 Wichard v. Moellendorff 〈Anklänge bei [Moellendorff]의 논문 *Der Aufbau der Gemeinwirtschaft. Denkschrift des Reichswirtschaftsministerium vom 8. Mai 1919*, Jena 1919, S. 16 ff.〉와 *Handbuch der Politik*, aaO., Bd. 4의 제7편을 참조.

56) Richard Schmidt, *Einführung* (siehe Anm. 18), S. 238 ff.; *Handbuch der Politik*, aaO., Bd.4, neuntes Hauptstück.

57) Wilhelm Schüßler, *Bismarcks Sturz*, 3. Aufl., Leipzig 1922.

받는다. 독일의 학문·예술 및 기술의 창작물은 국제협정에 의하여 외국에서도 존중되고 보호되어야 한다」]. 오늘날에는 과소평가되는 일도 드물지 않은 정신노동의 성과의 보장을 헌법은 국민적으로도 국제적인 이익에도 관계된 것임을 인식하고 있다.

　　第159조. 약자의 가장 유효한 무기는 단결이다. 스트라이크는 경제 전체에 대해서 위험을 미친다. 그 때문에 스트라이크가 단결의 자유를 최초로 유효한 것으로 한다. 이 단결의 자유를 구하여 수공업자는 매우 격렬하게 투쟁하였다. 단결의 자유는 혁명 이전에는 공무원·란트 직원·지방 직원·철도 노동자 그리고 사용인에게는 보장되지 않았다. 그러나 헌법은 각인에게 그리고 모든 직업에 경제적인 결사의 자유를 보장하고, 그것을 라이히 대통령에 관한 제48조[라이히 대통령의 비상조치권의 규정]의 경우에도 불가침이라고 하는데, 이것은 의도적으로 스트라이크의 자유와 동일시되는 경향이 있는 단결의 자유라는 표현을 피했을 것이다. 파업의 자유에 대해서 헌법은 모든 상황에서 말하자면 전체에 대해서 파국적인 상황에 대해서도 보장하는 것은 아니다. 라이히 대통령은 오히려 제48조 제2항의 경우[「독일 국내에서 공공의 안녕질서에 중대한 장해를 발생하거나 장해를 생길 위험이 있는 때에는 라이히 대통령은 공공의 안녕질서를 회복하기 위하여 필요한 조치를 하거나 필요할 때에는 병력을 사용할 수 있다」]에는 생활상 중요한 직종에 관하여 파업의 금지를 명할 수 있다. 공무원에게 파업권이 귀속하는가의 여부에 대해서는 다툼이 있으나, 부정된다고 보는 것이 정당하다. 그 이외의 점에서는 이 자유권은 누구에게나 또한 누구에 대해서나 보장되며 이에 대항하는 협약(예컨대 노동자의 기업과의)은 위법이다.

　　第160조. 마찬가지로 또한 국가권력뿐만 아니라 사회적인 세력들에 대해서도 국민의 권리들의 주장은 보호된다. 또한 그럼으로써 어떠한 업무의 지장도 일어나지 않는 경우에는 공적 명예직의 직무수행은 보장된다(예컨대 경영협의회로서).

　　第161조. 혁명 이전의 독일의 사회보장의 강대한 성과는 유지되고 확대되어야 한다. 그리고 피보장자는 민주적으로 거기에 참여하지 않으면 안 된다(이것은 종래까지 건강보험에만 타당하였다).

　　第162조 [「라이히는 인류의 전노동자계급을 위하여 널리 최소한도의 사회적 권리를 획득하려고 하여 체결되는 노동자의 법률관계를 규율하는 국제법에 찬동한다」]. 노동법은 국제화에 의해서만 내정상의 진보가 자국의 불이익 없이 계속적으로 보장된다. 국민들의 평의회[국제연맹]에서 독일의 소리에 귀를 기울이게 될 때 비로소 라이히 정부는 노동법의 국제화에 대해서 유효하게 주장할 수 있게 된다.

　　第163조. 노동에의 의무는 윤리적인 것이며, 따라서 법적인 것이 아니다. 이 의무에 대응하는 것은 오늘날에는 매우 불완전한 형태로서만 있는 노동의 권리이다. 이 원칙을 충족함에 있어서 국가는 직업소개나 실업대책사업 나아가서는 실업자보호를 자신의 과제로서 시작한다.

　　第164조 [「농업·공업 및 상업에 종사하는 독립의 중산계층은 입법과 행정에 의해서 조성되며, 또 과중한 부담을 지거나 병합되지 않고 보호된다」]. 독립한 중간층은 마르크스주의의 궁핍화이론에 의하면, 소멸하였다고 주장되고 있으나, 이 계층에 국가의 보호를 보장하는 것이 본조의 목적이다.

　第165조. 마지막 조문은 혁명과 헌법의 가장 독창적이고 아마 장래에 걸쳐서 가장 실효있는 사상이 포함되어 있다. 1918년 11월과 그것에 이은 반년 간에 좌파로부터는 「모든 권력을 노동자와 병사의 평의회에!」라는 호소가 울려 퍼졌다. 그 때에 모방하기 위해서 인용된 것은 러시아의 예만은 아니었다. 러시아에서는 혁명운동에서 우선 최초로 1905년에 소비에트가 성립하고, 그리고 1917년에 국가기관이 완전히 붕괴하고, 일시적이나마 그 임무를 인수할 수 있는 조직(예컨대 노동조합)이 존재하지 않게 된 때에, 평의회가 공장에서의 노동자나 개개의 군대조직에서의 병사의 긴급기관으로서 형성되었다. 레닌의 말과 행동에 의하면, 그것은 「프롤레타리아트 독재의 조직형태 이외에 아무것도 아니다」라는 것이다.

　평의회사상은 정치 슬로건에서 흔히 볼 수 있는 것 이상의 다의성을 띠고 있다. 평의회사상이 의식적이든 무의식적이든 얼마나 다양하게 해석되고 있는지는, 그 사상이 공산주의에서 부르주아 정당, 심지어는 극우진영(베스타르프 백작[Graf Westarp])*까지도 아우르는 다양한 지지자를 확보한 사실을 통해서 알 수 있다.

　사회주의란 경제적 민주주의이며, 민주주의는 공동체의 구성원에 의한 공동체의 방침의 공동결정에, 그리고 공동책임에 있다. 평의회란 이 기관을 통하여 모든 취업하고 있는 국민의 공동체의 방침결정에 참여하며, 이 기관에 대해서 공동하여 책임을 진다는 자주관리기관을 의미하지 않으면 안 된다. 이 점에야말로 평의회사상의 핵심적 내용이 있다. 다수에 의하기 때문에 단순히 외적 요인에 의해서 선택된 중앙국가기관 (「형식적 민주주의」)은 한편으로는 관리해야할 영역에 스스로가 내재하지 아니한 것, 다른 한편으로는 여기서도 최종적으로는 공동체의 반쪽이 관료제로서 다른 반쪽을 관리하지 않을 수 없기 때문에, 이러한 역할을 수행하는 능력이 없다고 생각되고 있다.58)

　평의회에 의한 자주관리라는 이러한 사상은 이제 그 담당자와 관리영역에 따라서 다음과 같은 형태를 취할 수 있을 것이다. 정치적 의회를 배제한 위에 평의회에게 모든 정치적·경제적 지도를 위임한다면, 주권적 중앙기관으로서의 직능신분적 회의에 도달하게 된다. 이러한 회의는 국민 전체로부터 선출되는 것이라고 몇 사람의 독일 보수주의자는 요구하며, 한편 수공업자·병사·소작농 그리고 무산자로부터 선거된 것으로 볼셰비키에 의해서 조직되고도 있다. 전자는 평의회사상에 의한 민주제 일반의 폐기를 목적으로 하며, 후자에 대해서 독재란 형식적 민주주의에서 도래할 경제적 평등에의 이행을 의미한다. 예컨대 독일 사회민주당이나 매우 불명확한 형태이지만 「사회적 유기체의 세 요소의 연맹」에 의해서 주장되었던 다른 사고에서 요구한 것은, 직능신분적 회의와 그것과 병행하는 형태에서의 정치적 의회이며, 따라서 경제만을 민주적으로 임명된 평의회의 관리에 맡기려고 하였다.

---

58) 상술 S. 298 f. (본서 31면 이하) 참조.

제165조에서 성립한「평의회제도의 정착」은 독재사상을, 즉 폭력적인 계급투쟁사상을 부정하고 있다. 노동자와 근로자(샐러리맨)의 협력은 공동체에서의 경영자와의 동권이라는 형태가 되어야 한다는 것이다. 그러한 협력은 평의회에게 결코 모든 정치적 및 경제적 권력이 아니라, 오히려 매우 한정되고 있지만 아주 중요한 영역만을 맡긴다. 그러한 평의회 는 단지 경제에 대한 어느 정도의 감독권과, 라이히 경제평의회를 통하여 정치에 대해서 사소한 영향력을 행사할 뿐이라고 생각되고 있다.

이러한 목적을 위해서「단체적 기초」가 형성되지 않으면 안 된다. 이것은 피용자의 경영평의회[산업노동자회의], 지구노동자평의회[지방노동자회의], 그리고 라이히 노동자평 의회[라이히 노동자회의]로 구성되는 세 단계의 피라미드이며, 이것과 대칭을 이루는 것으로 서 경영자의 독립조직이 대응하게 된다. 최하위의 단계에서는 경영평의회가 노동자층의 계급이익을 대표하는데, 이 경영평의회가 가진 권리는 1920년 2월 4일의 조정법에 의해서 규정되고 있다.[59] 또한 개개의 경영자와 임금이나 기타의 근로조건을 교섭하고, 취업규칙 을 협정한다. 그러나 이것은 항상「노동협약과 같은 규율이 존재하지 않는 한에서」(제165조 제1항 후단이 명문으로 인정하듯이, 취업규칙은 노동조합과 고용자단체라는 쌍방의 조직에 의한 협정에 속한다)[60]에 불과하다. 이 제2의 단계에서는 지역의 지구노동자평의회가 조직된 경영자「그리고 기타 관련된 국민 각층」과 함께 지구경제평의회라는 형태로 소집된다. 제3단계를 이루는 것은 이에 대응하여 구성되는 라이히 경제평의회이다.

라이히 입법부에 유보된 이 기구 속에 지금까지는 최하위의 경영평의회만이 실현되 었으나,「잠정적 라이히 경제평의회」는 긴급기구로서 실현되었다.[61] 정치적 임무는 경영평의회와 지구경제평의회에는 원래 존재하지 않지만, 라이히 경제평의회에는 제165조 제4항의 좁은 틀 내에서만 주어진다.

# 참고문헌

제1절에 대해서

Georg Jellinek, *Die Erklärung der Menschen-und Bürgerrechte*, 3. Aufl. (Hg. W. Jellinek), München 1919 (김효전 옮김,『인권선언론』, 법문사, 1991).

──, *Allgemeine Staatslehre* (1900), 3. Aufl. (Hg. W. Jellinek), Berlin 1914, S. 409 ff. (김효전 옮김,『일반 국가학』, 법문사, 2005, 335면 이하).

Wilhelm Dilthey, *Weltanschauung und Analyse des Menschen seit Renaissance und Reformation*, in *Gesammelte Schriften*, Bd. 2 (Hg. G. Misch), Leipzig 1914, besonders

---

59) 경영평의회법(Betriebsrätegesetz), *RGBl.* 1920, S. 147 ff.
60) AaO., § 78 Nr. 2.
61) 잠정적 라이히 경제평의회에 관한 1920년 5월 4일의 명령, *RGBl.*, S. 858.

S. 296 ff.

Leopold Lanke, *Englische Geschichte vornehmlich im siebzehnten Jahrhundert*, in *Sämmtliche Werke*, Bd. 14-22, Leipzig 1876 ff.

Jacob Burckhardt, *Die Kultur der Renaissance in Italien* (1860), 8. Aufl., 2 Bde., Leipzig 1908, besonders Bd. I, S. 141 ff. (안인희 옮김, 『이탈리아 르네상스의 문화』, 푸른숲, 2002; 이기숙 옮김, 『이탈리아 르네상스의 문화』, 한길사, 2003; 정운룡역, 『이탈리아 문예부흥사』, 을유문화사, 1975).

──────, *Weltgeschichtliche Betrachtungen* (1905), 3. Aufl., Stuttgart 1918, S. 106 ff.(이상신 옮김, 『세계사적 성찰』, 신서원, 2002; 안인희 옮김, 『세계역사의 관찰』, 휴머니스트, 2008).

Ernst Troeltsch, *Die Soziallehren der christlichen Kirchen und Gruppen*, in *Gesammelte Schriften*, Bd. I, 3. Aufl., Tübingen 1923.

Erich Brandenburg, *Die Reichsgründung*, Bd. 1, 2. Aufl., Leipzig 1922, S. 118 ff.

Immanuel Kant, *Zum ewigen Frieden. Ein philosophischer Entwurf* (1795), in *Gesammelte Schriften* (Hg. Kgl. Preußische Akademie), Bd. 8, Berlin 1912, S. 341-386 (이한구 옮김, 『영원한 평화를 위하여』, 서광사, 1992).

Johannes Gottlieb Fichte, *Die Bestimmung des Menschen* (1800), in *Sämmtliche Werke* (Hg. I. H. Fichte), Bd. 2, Berlin 1845, S. 165-319.

Scott, *Presbyterianer, Verhandlungen der verfassunggebenden Deutschen Nationalversammlung*, Bd. 336 (Anlagen, Nr. 391: Bericht des Verfassungsausschusses), Berlin 1920, 32. und die folgenden Sitzungen.


제3절에 대해서:

Wilhelm v. Humboldt, *Ideen zu einem Versuch die Gränzen der Wirksamkeit des Staats zu bestimmen* (1792), in *Gesammelte Schriften* (Hg. Kgl. Preußische Akademie), Bd. 1, Berlin 1903, S. 97-254.

Gustav Meyer, *Die Trennung der proletarischen von der bürgerlichen Demokratie in Deutschland. 1863-1870*, Leipzig 1911, Sonderdruck aus: *Archiv für Geschichte des Sozialismus und der Arbeiterbewegung*, Bd. 1 (1911).

Jean-Jacque Rousseau, *Du contrat social ou principes du droit politique*, Amsterdam 1762 (이환 옮김, 『사회계약론』, 서울대학교 출판부, 1999).

Friedrich Meinecke, *Weltbürgertum und Nationalstaat*, 5. Aufl., München 1919 (이상신 · 최호근 옮김, 『세계시민주의와 민족국가: 독일 민족국가의 형성에 관한 연구』, 나남, 2007).

Gerhard Ritter, "Geschichtliche Wandlungen des monarchischen Staatsgedenkens in Preußen-Deutschland", in *Preußische Jahrbücher*, Bd. 184 (1921), S. 234-252.

Lorenz von Stein, *Geschichte der sozialen Bewegung in Frankreich von 1789 bis auf unsere*

*Tage* (1850), Neudruck (Hg. G. Salomo), München 1921.

Ferdinand Lassalle, *Arbeiter-Programm* (1863), in *Gesammelte Reden und Schriften* (Hg. E. Bernstein), Bd. 2, Berlin 1919, S. 139-202 (서석연 옮김, 『노동자강령』, 범우사, 1990)

Wladimir Iljitsch Lenin, *Staat und Revolution*, Berlin 1919 (문성원 · 안규남 옮김, 『국가와 혁명』, 아고라, 2013).

Paul Mombert, *Soziale und wirtschaftspolitische Anschauungen in Deutschland vom Beginn des 19. Jahrhundert bis zur Gegenwart*, Leipzig 1919 (Wissenschaft und Bildung, Bd. 155).

Ferdinand Tönnies, *Die Entwicklung der sozialen Frage bis zum Weltkriege*, 3. Aufl., Berlin 1919 (Sammlung Göschen Nr. 353).

＿＿, "Bürgerliche und politische Freiheit" in *Handbuch der Politik*, 3. Aufl. (Hg. G. Anschütz), Bd. 1, Berlin 1920, S. 172-179.

# 2. 바이마르 헌법에 따른 비례대표제선거에서의 평등 [법률 감정] (1929)*

## I. 계쟁문제

1902년 12월 3일의 프로이센 란트 선거법 제29조 내지 제34조[1]는 1924년 10월 28일에 개정되었는데,[2] 이 법의 규정들이 프로이센 헌법 제4조*와 라이히 헌법 제17조 제1항*에서 규정한 선거의 평등규정에 저촉되며, 따라서 법적으로 무효가 아닌가 하는 문제에 대해서 결정을 요구하고 있다. 프로이센 란트 의회선거법의 잔여표 결산은 상술한 헌법조항에서 보장된 선거의 평등을 침해한다는 주장이 있다.

1920년 11월 30일의 프로이센 공화국 헌법 제2항은 다음과 같이 규정하고 있다. 선거권은 보통·평등이며, 그리고 비밀·직접으로 행사한다.[3] 상세한 것은 법률로써 정한다. 제9조 제1항에 의하면 의원은 비례대표제의 원칙에 의해서 선출된다. 란트 선거법 제15조 이하는 군과 란트의 선거후보자명부를 예정하고 있다. 선거결과의 확정에 대해서는 제29조 이하가 규정한다. 각 후보자명부에는 그 득표 4만표 당 각 1명이 당선되도록 의석이 할당되고 있다. 그 표수가 군선거후보자명부에 대한 1 의석 내지는 다음의 1의석의 할당으로 채워지지 않는 득표(잔여표)는, 란트 선거위원회에서 이용하도록 옮긴다. 란트선거위원회는 먼저 군선거구 연합으로 연합된 군선거후보자명부에 해당한 잔여표를 집계한다. 이렇게 얻어진 4만표마다 다음의 의석이 할당된다. 이들 의석은 각군선거후보자명부에 잔여표수에 따라서 분배된다. 그러나 여기서 잔여표는 적어도 연합된 각군 선거후보자명부의 하나이며 2만표를 얻지 못하면 고려되지 아니한다. 선거구연합에 있어서의 잔여표의 집계에 사용되지 못하였거나 고려되지 아니한 잔여표는 그 란트 선거후보자명부로 이관한다. 여기서 각 란트선거후보자명부에도 4만의 잔여표마다 한 의석이 할당된다. 그 때에 2만표를 초과하는 잔여표는 만(滿) 4만표와 동등하게 취급된다. 따라서 란트 선거후보자명

* Die Gleichheit in der Verhältniswahl nach der Weimarer Vefassung. Ein Rechtsgutachten, Walter de Gruyter, Berlin und Leipzig 1929. jetzt in *Gesammelte Schriften*, Bd. 2, S. 319-365.
1) *Preußische Gesetzessammlung*, 1920, S. 559 ff.
2) AaO., 1924, S. 671 ff.
3) AaO., 1920, S. 543.

부에는 최대한으로 그 아래에 있는 군선거후보자명부와 동수의 의석이 할당될 수 있다. 의석은 각 선거후보자명부에서의 순번에 따라서 후보자에게 할당된다. 군선거후보자명부가 거기에 할당된 의석수 이하의 후보자만이 포함된 경우에는 나머지 의석은 연합이 있는 경우에는 군선거후보자명부연합에, 그것으로 소진된 경우나 그 밖의 경우에는 군이 속하는 란트 선거후보자명부로 이관된다. 란트 선거후보자명부가 거기에 할당된 의석수 이하의 후보자만이 포함된 경우에는 나머지 의석은 결원 그대로가 된다.

프로이센 란트 의회선거법의 문제된 규정들은 1920년 4월 27일의 라이히 선거법 제29조 내지 제34조의 규정들과 — 표수가 많은 차이를 도외시한다면 — 문언상 일치한다. 1919년 8월 11일 독일 라이히 헌법 제17조 제1항도 란트들에 대해서 비례대표제원리에 따른 전 라이히 독일인 남녀에 의한 보통, 직접 그리고 비밀선거에서의 의회선거를 규정하며,[4] 그리고 바이마르 헌법 제22조는 라이히 의회의원도 이와 동일한 방법으로 선거되어야 한다고 규정하기 때문에,[5] 프로이센 란트 의회선거법에서 다툼이 있는 규정들에 관한 문제는 라이히 선거법의 당해 규정들의 합헌성문제와 우선 동일하게 취급해도 좋다.

## II. 프로이센 란트 의회선거법 제29조 내지 제34조의 형식적 합헌성

### 1. 제기될 수 있는 헌법개정

라이히 선거법의 문제의 규정들은 이미 헌법제정국민의회에서 의결된 라이히 선거법의 문언에서 보인다. 의결은 개헌가능한 다수(전회일치)로써 되었다.[6] 즉 가령 라이히 선거법 제29조*가 바이마르 헌법 제22조의 변경으로 될 여지가 있었다 하더라도, 그것은 국민의회에 의해서 개헌가능한 다수로써 의결되었기 때문에 법적 효력이 있게 될 것이다. 이러한 — 제기될 수 있는 — 개헌과 문언상 일치하며, 그리하여 동일하게 전회일치로 헌법제정의회에서 의결된 프로이센 란트 의회법은 상술한 의미에서 마찬가지로 라이히 헌법과 모순되지 않을 것이다. 프로이센 헌법이 같은 문언으로 라이히의 입법자와 다른 것을 생각한다고 상정할 수 없으므로, 프로이센 란트 의회선거법의 당해 규정들과 프로이센 헌법과의 일치도 주어진 것으로 보지 않으면 안 된다.

이러한 견해에 대한 의문은 어렵지 않게 풀 수 있다. 최근 몇 사람의 논자에 의해서 주장되고 있는 개헌입법자한계설에 — 이 설은 스스로 통설이 아니라고 칭하는데,[7] —

---

4) *Reichsgesetzesblatt*, 1920, S. 627 ff.
5) *RGBl.*, 1919, S. 1383 ff.
6) *Verhandlungen der verfassunggebenden Deutschen Nationalversammlung*, Bd. 333, Berlin 1920, S. 5375; 5389 참조.
7) Karl Bilfinger, *Der Reichssparkommissar*, Berlin 1928 (Beiträge zum ausländischen Recht und Völkerrecht, Heft 7), S. 17 Anm. 2.

들어갈 필요도 없다. 왜냐하면 상술한 사례에서 헌법체계의 변경에 대해서 이 학설이 주장하는 의미에서도 무릇 논할 여지가 없기 때문이다. 아주 최근 잘 의론되고 있는 묵시적인 개헌의 문제는 통설에서도[8] 실무에서도 항상 긍정되어 왔다. 「개헌의 유효성에 대해서 입법자에 의해서 명시적으로 그 자체를 표시하거나 헌법 그 자체 속에 집어넣을 필요도 없다」.[9]

그런데 이제 개헌가능한 다수는 라이히 선거법에 대해서 지금은 더 이상 관심이 없는 경과규정을 위해서만 당시에는 필요한 것으로 간주되었다고 주장하여 왔다.[10] 입법자는 헌법을 문제가 된 방향에서 결코 변경할 계획은 없었으며, 쟁점이 되고 있는 규정들의 합헌성을 잘못 상정하고 있었다고 한다. 「그 때문에 라이히 선거법은 개별 선거구에서 란트 선거후보자명부에 등재된 수를 초과하는 의원이 라이히 선거후보자명부에서 선출되어서는 안 된다는, 위헌의 규정을 포함하는 한 무효이다! 그것은 예컨대 본법에 의해서 2인이 아니라 8인의 의원을 가질 뿐인 우파 국민당에 대해서 중요하다」.[11] 그러한 자료에 대한 숭배나 일면적으로 주관적인 법률해석이 허용되는가의 여부는 도외시하더라도,[12] 이러한 주장은 바로 사실에 의해서 반박된다. 이미 국민의회의 헌법위원회에서 수학적으로 도를 넘은 비례성이 가져올 위험에 대항하는 조치에 대해서 언급하고 있다.[13] 제22조 제2항[상세한 것은 라이히 법률로 정한다]에 관하여 국민의회의 보고자인 카첸슈타인 의원은 1920년 4월 22일의 회의에서 말했다. 「라이히 선거법에 위임된 상세한 규정은 따라서 선거권행사에 관한 몇 가지 제약이 명확화 되는 방향으로 나아가지 않으면 안 되었다」.[14]

이러한 제약들은 개별적으로 개헌적 성격을 어느 정도 가지는가가 거기에서 검토되었다. 문제가 된 것은 특히 제2조(특히 군인에 대한 선거권정지)인데, 유권자는 적어도 1년간은 라이히 구성원인 것을 피선거권의 전제로서 요구하고 있는, 제4조도 그러하였다. 제38조a*가 개헌을 포함한다는 점에 대해서는 의견의 일치가 있었다. 여기서 문제가 되는 제29조와 제32조에 대해서는 물론 국민의회에서도 프로이센 란트의회에서도 어떠한 헌법상의 의문도 제기하지 아니하였다.

---

8) Gerhard Anschütz, *Die Verfassung des deutschen Rechts*, 10. Aufl., Berlin 1929, S. 349.

9) Urteil des Reichsgerichts v. 25. März 1927, in *Juristische Wochenschrift*, 56 (1927), S. 2198 f.

10) Richard Grau, Anmerkungen zum Urteil des Staatsgerichtshofs v. 22 März 1929, in *Juristische Wochenschrift*, 58 (1929), S. 2381.

11) Adolf Lobe, "Die Grenzen der Gesetzgebung," in *Leipziger Zeitschrift für das Deutsches Recht*, 23 (1929), Sp. 876.

12) 반대의견으로서 Radbruch, *Grundzüge der Rechtsphilosophie*, Leipzig 1914, S. 191 f.; Alfred Manigk, "Auslegumg", in Fritz-Somlo und Alexander Elster (Hg.), *Handwörterbuch der Rechtswissenschaft*, Bd. I, Berlin 1926, S. 432 f.

13) *Verhandlungen der verfassunggebenden Nationalversammlung*, Bd. 336, Anlagen, Nr. 391 (Bericht des Verfassungsausschusses), Berlin 1920, S. 112 f.; 242 f. 참조.

14) *Verhandlungen der verfassunggebenden Nationalversammlung*, Bd. 333, 168. Sitzung, S. 5331 Sp. C.

그러나 국민회의에서의 최종투표를 앞에 두고 경우에 따라서는 일어날 수 있는 개헌을 위해서 어느 정도 특별한 투표가 실시되어야 하는가 하는 문제가 의제로 되었다.[15] 대통령은 이에 대해서 다음과 같이 명언하였다. 「나는 제38조a에 대해서 분리해서 투표할 것인가의 여부라는 안건도 잘 생각해보았다. 제2조에 대해서도 분리해서 투표할 것인가의 여부라는 물음도 제기될 것이다. 왜냐하면 이점에서 개헌의 여지가 충분히 있기 때문이다. 그러나 나는 다음과 같은 결론에 도달하였다. 전체 결의로 그렇게, 예외적으로 일치하여 의견이 표명되는 전체 결의에서 결론을 얻었기 때문에 [그래 그렇다! 그대로다] 그리고 그 때문에 개개의 조문에 대해서 투표할 필요는 없습니다 [열렬한 찬성]. 개개의 조문이 구별되어야 한다는 어려운 질문을 이런 상황에서는 결정할 필요는 없습니다. 전체에 대해서 기명투표를 하고, 제안해 올립시다[그렇소! 발트슈타인 의원: 「이런 설명으로 찬성합니다」], 발트슈타인 의원은 본건에 대해서 찬성하였다」.[16]

즉 입법자는 또한 「개개의 조문」이 개헌적일지 모르는 점에 대해서 결코 불분명하게 하지 않고, 예상되는 특별다수(의 찬성)를 고려하여 이 「어려운 문제」를 개별적으로 결정하지 않았던 것이다.

그라우에 의해서[17] 주장된 견해에 의하면, 이 개헌적인 의결에 의해서 확실히 현행 라이히 선거법은 법적 효력의 취소로부터 준수되는데, 이것과 일치하는 란트 선거법, 예컨대 프로이센 란트 선거법은 여전히 무효선언의 위협을 면하지 못한다고 한다. 그러나 이 견해는 분명히 당시 개헌가능한 다수란 「오늘날에는 이미 관심 없는 경과규정을 위해서」만 필요하다고 파악되고 있었다는 오인에 의거하고 있다.[18] 왜냐하면 라이히 선거법은 한 점에서만 헌법에 위반할 뿐인, 즉 이 법은 헌법규범을 일반적으로 불가침이라는 하나의 법률만이 헌법규범의 적용을 이 [경과규정의] 특수사례에서는 예외적으로 배제하는 것은 도저히 상상할 수 없기 때문이다. 그러나 라이히 선거법을 바이마르 헌법 제22조의 ― 일어날 수 있는 ― 개헌만을 보려하고, 그 위에 이 개헌을 바이마르 헌법 제17조에는 적용하지 않는 해석 역시 동일하게 불가능할 것이다. 이것이 허용된다면 라이히 헌법은 제22조의 선거권평등 아래 있으면서 제17조에서는 어떤 다른 것이 이해된다는, 근거 없는 견해에 이르고 말 것이다. 마찬가지로 군인의 선거권정지(프로이센 란트 선거법 제2조 제2항)도 바이마르 헌법 제17조의 선거의 직접성의 원칙에 저촉되는 것으로서 위헌이 선언되지 않을 수 없을 것이다.

그러나 이러한 고려들은 모두 다툼이 있는 프로이센 선거법 제29조 내지 제34조 아울러 같은 뜻의 라이히 선거법 규정들이 바이마르 헌법 제17조와 제22조에 대해서 사실상 실질적 개헌이 된다는 상정에서 출발하고 있다. 그러나 그렇지 않다!

15) 제169차 회의에서의 발트슈타인 의원의 설명, aaO., S. 5374 Sp. D. 참조.
16) AaO., S. 5375; 5389.
17) Grau, aaO., S. 2381.
18) Ebd.

## 2. 유권적 해석으로서의 선거법

이미 시사했듯이, 우수하게 보다 상세하게 검토하는 성립사에서 선거법이 그 헌법의 유권적 해석이라고 이해해야 한다는 것은 아마 이론의 여지가 없이 명백하다. 형식적 개헌과 유권적 해석은 양립해서는 안 된다. 그러나 본건은 의심 없이 존재하는 실질적 개헌과 유권적 해석 사이에는 아마 모순적인 대립이 있다.

두 개의 헌법은 선거법의 강령을 나타낼 뿐이다. 즉 비례대표제의 원칙들에 따른 보통·평등·직접·비밀의 선거권이다.「상세한」모든 것을 양 헌법은 단순입법에 맡기고 있다. 라이히 헌법을 심의할 때 나우만 의원은 헌법위원회에서 비례대표제선거법이 의회제도에 가져올 위험성을 의제로 삼고 있다. 우리나라가 영국의 2대정당제에 따라서 통치되도록 하려면, 영국의 선거법을 받아들이고 비례대표제선거법에 대한 반대를 명언하지 않았어야 했다. 당시의 내무 장관 프로이스는 그중에서도 단순다수대표선거제로 돌아가는 것은 정치적으로 불가능하다고 상세히 설명하며, 이러한 주장에 반대하였다.「비례대표제의 원칙들에 따라서」라는 구절은 이론적으로 비례대표제에 대해서 어떻게 생각할지라도 어떻든 그대로였음에 틀림없다. **그 이상으로 상세하게 논할 문제는 비교 중에서 최선의 비례대표제 선거제도를 발견하게 될 것이기 때문이다.** 또한 이 견해에 대해서 라이히 장관은 카일, 최펠 두 의원에 의해서도 지지를 얻었다. 위원회의 압도적인 다수가 찬성을 표하였다.[19] 초안 제16조(바이마르 헌법 제17조)의 심의를 계기로 코흐 의원(카셀)은 비례대표제의 문제에 관한 의결을 보류하고, 먼저 이 제도를 상세하게 음미하도록 제안하였다. 라이히 장관 프로이스는 이 제안에 라이히 헌법에서는 단지 비례대표제의 원칙만이 확정되었을 뿐이라는 이유로 반대하였다. **의석의 비례배분의 문제는 헌법 중에서 고의로 결정되지 않고 있다. 왜냐하면 그 상세한 것은 라이히 선거법에 속하기 때문이라고 하여** 코흐 의원의 제안은 배척되었다.[20]

이러한 심의는 헌법제정 국민의회에게 다수대표선거제 원리에 대한 비례대표제 원리의 확정만이 문제가 되었던 것을 충분히 명백히 하고 있다. 비례대표제의 어떠한 제도가 특히 어느 정도, 선거권의 평등이 이 제도 안에 자리 잡아야 하는가를 회의는 의도적으로 해결하지 않고 두려고 하였다.

사실 이 동일한 국민의회와 동일한 란트 의회란 아마 유럽에서의 최대한의 선거권평등을 보장하는 비례대표제의 절차를 예정하고 있었다.[21] 다만, 그것을 도외시하더라도 각 헌법도 각 선거법도 의결한 것은 거기에 이른 똑같은 사람들이며 그중에도 독일 국민(Volk)의 가장 뛰어난 법률가의 대다수였던 것이다. 이 동일한 사람들은 자신들이 평등한 선거권

---

19) *Verhandlungen*, aaO., Bd. 336 (Nr. 391), S. 242 ff. (22. Sitzung, 4 April 1919).

20) AaO,, S. 110 ff. (11. Sitzung, 20. März 1919).

21) 후술 S. 355 ff. (본서, 80면 이하) 참조.

아래서 무엇을 이해하는가를 가장 숙지하고 있었음에 틀림없는데, 그런 그들이 쟁점의 각 선거법 제29조 이하의 규정은 관련된 [헌법] 조문들에서 보장된 선거권의 평등과 모순될지도 모른다는 생각에 아마 이르지 못하고 선거법을 전회 일치로 의결한 것이다.[22] 이 위헌이라는 생각이 어떻게 그들에게 떠올랐는가? 아마 이 선거법의 종류에 대해서 그들은 의도적으로 각 헌법 중에서 침묵을 결정한 것이다. 그러나 **그들은 「상세한 것에 대해서」 각 선거법에서 처음으로 의결하였다. 그때문에 이들 선거법은 이 상세한 것이 여전히 전혀 존재하지 않았기 때문에 변경할 수 없었던 어떤 변경으로서가 아니라 관련된 헌법조문의 유권적 해석이라고 이해할 것이다.**

## III. 프로이센 란트 의회 선거법 제29조 내지 제34조의 실질적 합헌성

그런데 형식적 합헌성에 관한 고찰은 프로이센 선거법의 쟁점이 되고 있는 규정이 프로이센 헌법과 란트 헌법에 의해서 보장된 선거권의 평등을 완전히 침해하지 않는다는 사실 앞에서는 의미가 없다.

바이마르 헌법 제109조의 포괄적인 평등의 명령의 수범자가 주지하듯이 쟁점이 된 한편, 바이마르 헌법 제17조의 선거권평등의 요청이 란트 입법자에게 향하고 있음은 의문이 없다. 그러나 이 다툼에 관련 없이 선거권평등은 바이마르 헌법 제109조의 특별규범으로서 이해되어야 한다. 확실히 제109조는 문언상 모든 독일인에게 적용되며, 의미상은 외국인에게도 적용된다.[23] 다른 한편, 선거권평등은 독일 국가공민에 한하여 적용되는데, 독일 국가공민에 대해서도 결코 예외가 없는 것은 아니며, 바이마르 헌법 제22조와 라이히 선거법 제2조와 제3조에 의해서 제한된 범위 내에서만 타당하다. 그러나 그 밖의 점에서 선거권평등의 의미는 일반적 평등명령의 내용과 일치하지 않으면 안 된다. 전체 계쟁문제의 결정은 일반적으로는 평등의 개념에, 개별적으로는 선거권과 비례대표제선거법의 틀 안에서의 평등에, 어떠한 의미가 부여되는가에 의해서 오로지 방향이 정해진다. 이것을 여기서 고찰하기로 한다.

### 1. 일반적 평등원칙의 의미

법률 앞의 평등 원칙은 독일 헌법사 속에서도 아주 오래되었다. 그것은 이미 1818년의 바이에른 헌법 전문과 1850년의 프로이센 헌법 제4조에서 발견된다. 그러나 군주제 국가에

---

22) 독립사회민주당의 아이히호른과 루트비히 양 의원만이 국민의회 내지 프로이센 란트 의회에서 다툼이 있는 규정들을 헌법적 이유에서가 아니라 정치적 이유에서 비난하고 있다.

23) 예컨대 이미 Gerhard Anschütz, *Die Verfassungsurkunde für den Preußischen Staat vom 13. Januar 1850*, Bd. 1, Berlin 1912, S. 102.

서 이 명제는 국민주권국가에서와는 근본적으로 다른 의미를 가지고 있었다. 그 때문에 이 명제는 최근의 문헌에서 비로소 매우 상세하게 다루게 되었다. 평등문제의 새로움은 옛적부터의 민주주의 국가와는 달리 특히 스위스와 합중국의 판결실무와는 달리, 우리나라의 재판실무가 더욱 유용한 해석의 전통을 형성하지 못한 것에서도 설명된다.

평등원칙의 이해에 대해서 결정적인 것은 논리적·수학적이며 순수하게 양적인 평등개념이 법률가에게는 전혀 사용불가능하다는 것이다. 모든 법규는 평가를 하며, 모든 법개념은 일정한 요건사실이 다른 요건사실에 대해서 구별되고 불평등하게 취급된다는 사실에 의해서만 성립한다. 모든 사실상의 차이를 법적으로 중요하지 아니한 현상으로서 도외시할 수 있는 법개념은, 그것이 가장 철저한 평등개념일지라도 하나도 없다. 이에 대해서 논리적·수학적인 개념은 사실로서 순수한 사고형식이며 무릇 개별적인 현실과 관련이 없는, 바로 그러므로 모든 차이와 평가를 도외시할 수 있다.24) 그 때문에 절대적으로 논리적·수학적 평등은 상대적이며 항상 일정한 관계들 속에 있는 비교적인 법학상의 평등과 구별되지 않으면 안 된다. 전자는「잘 생각하면 법질서 그 자체의 부정」25)이 될는지도 모른다. 1880년 4월 2일의 기초적인 판결에서 스위스 연방재판소는 다음과 같이 서술한다. 평등의 선언에 있는 것은「입법자가 전체 공민을 무릇 구별 없이 동일한 법준칙에 복종시키는, 단지 목적에만 적합할 뿐이며 정의에 근거하여 완전히 실행불가능한 요청은 아니다」. 「자연법인」동시에「법적인 차이」가 표현될 수 있는 길은 있다고 한다.26) 다만, 오늘날의 기술화 된 사고에 따라서 논리적 보편성이나 수학적 평등과 법학적 정당성이 심상치 않게 혼동되어버리고 있다.27) 독일 라이히 국사재판소도 여러 차례28) 선거권의 평등은 형식적으로 파악해서는 안 되며, 바이마르 헌법 제17조는 어떤 평가를 행할 여지도 남기고 있지 않다29)고 강조하여 동일한 혼동을 하고 있다.

---

24) Hermann Heller, "Bemerkungen zur staats-und rechtstheoretischen Problematik der Gegenwart" 1929, in *Gesammelte Schriften*, Bd. 2. S. 256 f. 참조.

25) Walter Burckhardt, *Kommentar der schweizerischen Bundesverfassung vom 29. Mai 1874*, 2. Aufl., Bern 1914, S. 64와 이 책의 참고문헌.

26) Urteil des Schweizerischen Bundesgerichts, *Amtliche Sammlung*, Bd. 6 (1880), S. 171 ff. [173] 그 밖의 판결은 Burckhardt, aaO., S. 64.

27) Hermann Heller, "Der Begriff des Gesetzes in der Reichsverfassung," in *Gesammelte Schriften*, Bd. 2, S. 215 ff. (본서, 157면 이하) 참조.

28) 최근에는 Urteil v. 22. März 1929, in *Juristische Wochenschrift*, 58 (1929), S. 2382; 2385.

29) 여기서 주장된 법학적 평등관은 스위스나 미합중국의 정착된 재판실무와 공유하고 있는데 독일의 문헌은 그 중에서 Erich Kaufmann, *Kritik der neukantischen Rechtsphilosophie. Eine Beobachtung über die Beziehungen zwischen Philosophie und Rechtswissenschaft*, Tübingen 1921, S. 11 ff.; ders., "Die Gleihheit vor dem Gesetz im Sinne des Art. 109 der Reichsverfassung, in *Veröffentlichungen der Vereinigungen der Deutschen Staatsrechtslehrer*, 3 (1927), S. 9 ff.; *Denkschrift der deutschen Regierung betreffend die deutschen Ansiedler in Polen*, S. 25; Julius Hatschek, *Deutsches und preußisches Staatsrecht*, Berlin 1922, S. 196; Heinrich Triepel, *Goldbilanzenverodnung und Vorzugsaktien*, Berlin 1924, S. 27 ff.; Gerhard Leibholz, *Die Gleichheit vor dem Gesetz*, Berlin 1925 (Öffentlichrechtliche Abhandlungen, Heft 6), S. 38 f. 그리고 이 책 S. 46의 주 1의 참고문헌;

라이히 국사재판소는, 예컨대 국가 전체를 고려한다면 각각의 불평등이 정당화될 수 있는, 그러므로 무릇 가치평가를 배제한 평등원칙 해석을 유지하지 않으면 안 된다고 서술하고 있다.30) 이로써 이 재판소는 확실히 어떤 평가에 포함된 불확실성의 요인을 지적하고 있는데, 그럼에도 불구하고 중대한 오류를 범하고 있다. 확실히 평등원칙의 실질적 내실이 모든 시기와 지역을 남김없이 고려하지 않고 합리적으로 정식화할 수 있는 것은 아니라는 것은 정당하다. 확실히 평가는 역사적 및 사회학적으로 제약되어 산출된다. 다만, 그러므로 어떤 시대나 국민도 거기에 무엇보다도 재판관도 무릇 평가하지 않을 수 없으며, 어떠한 수학적 · 논리적인 일반화에 의해서도 그 회피나 반박은 할 수 없다. 프로이센 선거법과 아울러 라이히 선거법 제2조 제2항은 군인의 선거권행사를 국방군 입대 중에는 정지한다고 규정하며, 그럼으로써 의심 없이 바이마르 헌법 제22조와 제17조에 규정된 보통선거권에서 말하는 일반성의 내측에서 평가하고 있다. 여기서 말하는 선거권의 일반성은 순수한 형식적 · 논리적으로 수학적인 일반성과는 아무런 관련도 없다.31) 여기서 군무규율과 국가 전체를 위해서 일반성의 내측에 구체적인 법공동체에 의해서 정당하다고 느낀 구별, 평가가 되는 구별을 하고 있다. 그러나 그럼으로써 일반성의 모든 제한은 예컨대 모든 국가공무원에 대한 선거권의 정지 등은 결코 정당화되지 않을 것이다. 확실히 라이히 국사재판소가 서술하듯이, 국가 전체를 고려한다면 프로이센 3등급 선거법도 정당화된다. 그러나 이러한 종류의「논리에 의한 역사의 반박」32)이 망각된 것은 당시의 프로이센 헌법이 무릇 선거권의 평등이나 국사재판소가 알지 못했던 것이나 프로이센 헌법 제4조가 군주제 국가에서는 완전히 다른 의미를 가지고 있던 것이다.

스위스나 북아메리카 민주제의 재판실무는 평등원칙에 시대의 흐름과 함께 대체로 전반적으로 만족해 가는 해석을 부여하는 데에도 성공하였다.33) 아메리카의 재판관은 법률로써 제정된 당연하게 평가가 더해진 **구별**과 **분류**가 **합리적인 근거**에 의거하고 있는가의 여부를 심사하며, 그것들이 이 **합리성의 원리**에 합치한다면 그것들을 평등으로 보게 한다.34) 그리고 스위스 연방재판소의 헌법재판은 연방 헌법 제4조[법률 앞의 평등]에

ders., "Die Gleichheit vor dem Gesetz. Ein Nachwort zur Auslegung des Art. 109 Abs. 1 RV," in *Archiv des öffentlichen Rechts*, 51 (1927), S. 81 ff.; Heinrich Aldag, *Die Gleichheit vor dem Gesetz in der Reichsverfassung*, Berlin 1925, S. 51; Max Rümelin, *Die Gleichheit vor dem Gesetz*, Tübingen 1928, S. 43 ff.; Fritz Poetzsch-Heffter, *Handkommentar der Reichsverfassung vom 11. August 1919*, 3. Aufl, Berlin 1928, S. 401; Fritz Stier-Somlo, "Gleichheit vor dem Gesetz," in H. C. Nipperdey (Hg.), *Die Grundrechte und Grundpflichten der Reichsverfassung*, Bd. 1, Berlin 1929, S. 158-218.

30) Urteil v. 22. März 1929, aaO., S. 2385.
31) 또한 Poetsch-Heffter, aaO., zu Art. 22도 참조.
32) Heller, "Bemerkungen," S. 271 ff.
33) Burckhardt, *Kommentar*, S. 57 ff.; Fritz Fleiner, *Schweizerisches Bundesstaatsrecht*, Tübingen 1923, S. 280 ff.; Westel Woodbury Willoughby, *The Constitutional Law of the United States*, Bd. 2, New York 1910, S. 887 ff. 참조.
34) 또한 Ernst Freund, *Das öffentliche Recht der Vereinigten Staaten von Amerika*, Tübingen 1911

근거하여 어떠한 사실적 차이가 헌법에 의해서 보장된 평등의 범위 내에서 법적으로
중대하다고 평가되고, 어떤 것이 평가되지 않는가에 대해서 포괄적이며 통일적인 판례를
전개해 왔다. 특히 선거권평등은 수많은 판결이 다룬 대상이었다. 예컨대 사용인이나
근로자의 배제는 법적 평등에 모순되는데, 여성이나 성직자에 대해서는 그렇지 않다는
등이다.35) 스위스 연방재판소는 모든 정당화되지 아니한 구별과 정당화되지 아니한 비구
별을 평등원칙에 의해서 금지된다고 보고 있다. 거기에서는 평등원리의 의의와 효과는
「평등원리가 국가적 정의의 요청이기」36) 때문에 그것들을 제약한다고 명백하게 서술하고
있다. 람페르트의 정식화에는 언급할 가치가 있다. 말하기를 「입법자가 … 정한 차이는
실질적인 이유가 있으며, 즉 입법자가 그러한 구별에 의해서만 당해 생활관계들의 질서의
내재적 목적을 정당하게 평가하게 되는 사물의 본성에 관한 합리적이며 결정적인 고려에
의거..하지 않으면 안 된다」.37)

즉 평등원칙의 범위 내에서 사물의 「본질」, 「본성」에서 당해 제도의 고유법칙에서
생기는 구별이나38) 또는 — 이것은 첨가하지 않으면 안 된다 — 구체적인 법권(法圈)의
법의식에 존재하는 유력한 평가와 일치하는 구별이 정당화된다. 스위스법에 상세하게
관련을 지우는 것은 이 감정뿐만 아니라 이 과제가 상당한 정도로 근본적으로 다루는
다른 문헌의 특징이다. 그러나 이러한 관련이 정당화되는 것은 우리들과 국민성이나 헌법상
특히 가까운 스위스연방이 헌법재판이라는 전통과 아울러 평등한 비례대표제선거법의
오랜 전통을 가지고 있으며, 이러한 전통이 우리들에게는 무릇 결여되어 있기 때문이다.

## 2. 선거권의 평등

왜냐하면 1918년 11월 12일의 **인민대표위원회 소집**39)에 이르기까지 라이히법에 대해
서 평등선거권의 개념은 알지 못했기 때문이다. 비스마르크 헌법 제20조는 보통 · 직접
그리고 비밀의 선거권만을 알뿐이었다.40) 나아가 1918년 11월 30일의 **헌법제정 독일
국민의회선거**령41)에 관해서는 앞의 위원회 소집이 물론 규준이 되었으나 여기서도 특히
제1조에서 보통 · 평등 그리고 비밀선거에 대해서만 서술하며, 평등의 요청은 많은 외국법
과 마찬가지로 각 선거인은 **한** 표만을 가진다는 규정으로 만족하고 있었다. 당시 선거의
평등이 무엇을 의미하려고 했는지는 내정의 전체 상황에서 분명하였다. 즉 과거 수 년

(Das öffentliche Recht der Gegenwart, Bd. 12), S. 48 f.; 54 f. 그리고 이 책에 인용한 판결 참조.
35) Fleiner, aaO., S. 284 f.의 판결들. Burckhardt, aaO., S. 71 ff. 참조.
36) Urteil v. 2. April 1880, *Amtliche Sammlung*, Bd 6, S. 171 ff. [173].
37) Ulrich Lampert, *Das schweizerisches Bundesstaatsrecht*, Zürich 1918, S. 42.
38) 혼인의 본질, BGB 제1333조.
39) *BGBl.* S. 1303 f.
40) *BGBl.* 1871, S. 64.
41) *BGBl.* S. 1345 f.

간에 걸친 매우 운명적인 역할을 해온 프로이센 3등급선거법과의 대결이었다.[42] 사실 통설은 기이하게도 일치해서 평등선거권은 복수선거권이나 계급적 선거권과 정면에서 대립한다고 생각하고 있다.[43]

라이히 국사재판소도 그 1927년 12월 17일의 판결에서 선거의 평등에 의해서 복수선거권과 계급선거권은 배제된다고 적고 있다. 그리고 선거의 평등은 동일하게 라이히 헌법에 의해서 규정된 비례대표제에 의해서 확대된 의의를 가진다고 첨가되었다.[44] 여기에는 이의가 없을 것인데 동시에 1929년 3월 22일의 판결에서 다음의 명제에도 분명히 찬동함에 틀림없다. 「선거평등의 정도는 개념적이 아니라 그때그때의 선거권 전체의 틀 내에서만 규정될 수 있다」.[45]

이 명제는 즉 라이히 국사재판소가 선거권평등의 개념은 형식적으로 파악하지 않으면 안 되며, 바이마르 헌법 제17조는 아무런 평가의 여지를 남기지 않는다고 분명히 강조한 원리를 가지고 있다고 추측된다. 양 명제는 완전히 명백하게 모순된다. 그리고 사실 국사재판소는 예상했듯이, 수학적·논리적인 선거권평등이라는 전적으로 가치에 관련되지 아니한 이 원리를, 그것을 당초 명언하고 있던 동일한 판결 속에서[46] 이것을 이번에는 포기한 것이다. 이 판결은 먼저 가치자유로운 선거권평등을 선언한 후에 다음과 같이 계속한다. 「그러므로 당선 가망이 없는 선거후보자명부나 아마 하나 내지 아주 극소수의 의석만이 할당된, 따라서 의회활동에 적은 중요성만이 있는 선거후보자명부를 상당한 수의 당선가능성이 있으며 정치생활에 대해서 보다 중요한 대정당의 선거후보자명부와는 다른 조건에 복종해서 좋은 것은 아니다. … 이 원칙에서 출발한다면 계쟁중의 명령은 선거권평등의 명령을 만족시키지 않는다고 인정하지 않으면 안 된다. 이 명령은 일정한 정당이나 집단에 대해서 우선권을 만들고 있다. 그것들은 제2회 내지 그 이후의 통상 란트의회에서 적어도 한 번은 1인의 의원에 의해서 대표된 정당이나 집단이다. 그것들은 선거후보자명부에서는 20인의 유권자의 서명으로 충분하며, 기탁금은 요구하지 않는다. 그 이외의 선거후보자명부는 모두 제1의 선거구에서 적어도 1000인의, 제2의 선거구에서는 적어도 200인의 유권자에 의해서 서명되지 않으면 안 된다. 나아가 이들 정당 내지 집단의 각 선거후보자명부에서는 제1선거구에 대해서 2000 라이히 마르크의 기탁금, 제2의 선거구에 대해서 1000 라이히 마르크의 기탁금을 납부하여야 하며, 선거후보자명부에 의해서 1인의 의원도

---

42) Richard Schmidt, *Einführung in die Rechtswissenschaft*, 2. Aufl., Leipzig 1923, S. 180 f. 참조.

43) 바이마르 헌법 제22조와 제17조에 관한 콤멘탈과 아울러 Hatschek, *Staatsrecht*, Bd. 1, S. 306 f.; Fritz Stier-Somlo, *Deutsches Reichs-und Landesstaatsrecht* 1, Berlin 1924 (Grundrisse der Rechtswissenschaft, Bd. 18), S. 532; Walter Jellinek, "Verfassung und Verwaltung des Reichs und der Länder," in *Teubners Handbuch der Staats-und Wirtschaftskunde*, Abt. 1 (Staatskunde), Bd. 2, Heft II, Leipzig 1925, S. 49 참조.

44) *Die Rechtsprechung des Staatsgerichtshofs für das Deutsche Reich* (Hg. Hans-Heinrich Lammers und Walter Simons), Bd. 1 (1920-28), Berlin 1929, S. 329 ff.[336].

45) AaO. (siehe Anm. 28), S. 2383.

46) Urteil v. 17. Dezember 1927, Lammers/Simons, aaO., S. 398 ff. [406] 참조.

선출하지 못한 경우에는 이들 기탁금은 국고에 귀속한다. 이로써 오랜 정당이나 집단의 구성원에 대해서는 선거후보자명부 제출권의 행사는 쉽게 되며 다른 자에게는 어렵게 되어 있다」.[47)]

이상이 라이히 국사재판소의 규준이다. 그런데 1924년 3월 13일 개정의 라이히 선거법 제15조 제3항은 다음과 같이 규정하고 있다. 군선거후보자명부는 적어도 선거구의 500인 의 선거권자에 의해서 서명되어야 한다 라고.[48)] 500인의 선거권자 대신에 20인으로 족한 것은 적어도 500인의 선거권자가 군선거후보자명부의 지지자이거나 아니면 이 선거 후보자명부와 다른 명부를 연합하려고 하거나, 또는 라이히 선거후보자명부에 접속하려는 다른 선거후보자명부의 지지자인 것을 이 20인이 추인하는 경우이다.

가치자유롭고 형식적인 평등원칙에 따르면 구별이 있기 때문에 여기서도 의문 없는 불평등이 있다. 의심 없이 이 규정에 의해서 오랜 정당의 구성원은 선거후보자명부 제출권의 행사가 쉽게 되며, 다른 자는 어렵게 된다. 어느 정도로 이것들이 쉽거나 어렵게 되는가에 대해서는 가치자유 · 형식적인 평등개념은 아마 문제가 되지 아니한다. 그렇지만 라이히 국사재판소는 다음과 같이 설시하여 라이히에 있어서의 파편정당을 환멸케 했다.「멕클렌부르크 · 슈트렐리츠에서 행해진 구별은 500인의 선거권자에 의한 선거후보자명부에의 서명 대신에 20인에 의한 서명으로 족한 것은 이 20인이 적어도 500인이 당해 선거후보자명부의 지지자라고 추인되는 경우라고 규정한 라이히 선거법 제15조 제3항의 규정과 비교가 되지 않는다. 이것으로써는 단지 개개의 사례에서 500인의 선거인이 당해 선거후보자명부를 지지하고 있다는 증명에 대해서 조건이 완화될 뿐이다. 이러한 완화는 그것이 사실상은 먼저 오랜 대정당에 이익을 줄지도 모른다 하더라도, 법적으로는 특정한 인간집단에 결합하지 않고 각 정당 내지 각 집단에게 돕는 것이며, 그러므로 누구도 불리하게 취급되지 아니한다」.[49)] 마지막 일문의 그럴듯한 논리는 조건완화가 비교적이며 실질적인 평등원칙에서 생각한데 대해서 불리한 취급이 관계 없는 형식적 평등에서 생각한 것에서 나온다. 이들 양자의 유권자집단이 동일한 형식적 평등원칙에 따른다면 그러면 언제든지 사실상의 불평등이 생기며 실질적 평등의 원칙은 비로소 이 사실상의 불평등은 정당화되는가, 또 이로써 법학적 평등이라고 볼 것인가의 여부를 결정한다.

지금까지 논해 온 문맥에서 요컨대 선거권평등에 대한「형식적」[50)] 요청은 다음과 같이 엄밀하게 할 수 있다. **평등한 선거권은 표의 무게에 있어서의 정의에 적합하지 아니한 구별을 허용하지 않으며, 모든 정당화된 구별을 만들지 않으면 안 된다. 그것이 이루는 구별은 실질적으로 이유가 붙는다. 즉 사물의 본성에 있어서의 이성적이며 결정적인 고려에 근거하지 않으면 안 된다. 즉 법률은 이러한 구별에 의해서 당해 생활관계의 질서에 내재하**

---

47) AaO., S. 407 f.

48) 3. Gesetz zur Änderungen des Reichswahlgesetzes, 13. März 1924, *RGBl.* I, S. 173.

49) Urteil v. 17. Dezember 1927, aaO., S. 407.

50) 형식과 자유의 법철학적 대립에 대해서는 Kaufmann, *Kritik* (siehe Anm. 29), S. 37 참조.

**는 목적을 정당하게 평가하려고 하지 않으면 안 된다.**

그러나 여기서의 계쟁문제에 대해서 이유붙여진 결정에 이르기 전에 독일의 비례대표제 선거법에 고유한 법칙에 따른 본질을 명백히 하여야 한다. 나아가 다툼이 있는 프로이센 선거법이 이루는 구별이 정당화되는가의 여부를 확정할 수 있기 위해서는 비례대표제법이 거기에서 현실로 된 구체적인 역사적 법공동체의 법의식 속에서 발견되는, 비례대표제선거 법의 법원칙을 숙지해 둘 필요가 있다. 1929년 3월 22일의 독일 라이히 국사재판소 판결도 빈번하게 「선거절차의 본질」을 들고 나오며, 「선거법의 구조에서 생기는 필연성」, 비례대표 제선거법의 「본질」이라고 서술한다.[51] 그러나 판결은 역사적 현실 속에 존재하는 법의 원칙들을 반영하지 못하고 「생각할 수 있는 방법으로」 선거권의 구조로 되돌리는 여러 가지 효과에 의해서 순간에 모든 논리적 실증주의의 위험성에, 즉 역사적·실증적인 사실의 절대화에 빠지고 있다. 왜냐하면 구독일 제국의 선거권은 다수대표제선거법의 구조에 따라서 생각하는 한, 각 표는 적당한 효과를 지니고 있어서 평등하였다는, 이 문맥에서 내세운 주장은 바로 거기에 보여진 이 판결 자신의 다음과 같은 확인에 의해서 번복되기 때문이다. 판결은 당시의 선거구는 완전히 다양한 크기이며 그 때문에 개개의 선거권자는 다른 힘을 가지고 있었다는 것이다. 그러나 구 제국에서의 선거구구분이 보다 격차가 적었어도 「생각할」 수 있었던 것에 다툼의 여지는 없다. 선거권의 본질은 바로 [판단자들] 자신의 의식의 심층에서 구성되는 것이 아니며, 논리나 수학에서 나오는 것도 아니다. 비록 이 세 가지의 어느 것이 법률학의 과제에 의해서 가치 있는 보조 수단일는지도 모르지만.

## 3. 법학적 방법의 문제

이 문맥에서 법학적 방법의 문제에 대해서 또 한 마디 하기로 한다. 1929년 3월 22일의 라이히 국사재판소 판결은 다음과 같이 설시한다. 「[뷔르템베르크] 선거법 제20조 제2항(파 편정당의 박멸)이 그 성립에서 의거한 관점은 실질적으로 완전히 시인할 수 있다. 의회제 국가형태에서 사무를 질서 있게 진행하려면 소정당보다는 대정당을 우선하는, 즉 주로 새로운 정당에 대해서 오랜 정당에 우선권을 부여하는 것이 합목적적일뿐만 아니라 필요하 다고 생각한다. 그 이유로서 전국에 흩어진 정당보다도 지역적으로 정리된 정당에게 보다 비중을 둔다는 것을 들 수 있다. 최근의 발전이 지방민보다도 도시민에 합치하고 있다는 견해를 주장하는 자도 있다. 그러나 이러한 고려 모두는 법적이 아니라 정치적인 성질의 것이며, 그러므로 법의 원칙들에 따라서 법적 분쟁을 판단하는 국사재판소에 의해서 문제가 되지 아니한다」.[52]

법학적인 고려와 국가정치적 고려와의 이러한 종류의 구별은 아주 잘못이다. 게르버와 라반트 이래의 독일 국법학사를 알지 못하는 법률가는 국사재판소가 명언하고 있듯이,

---

51) Urteil v. 22. März 1929 (siehe Anm. 28), S. 2381 ff. 참조.
52) AaO., S. 2382.

「의회제 국가형태에서 사무를 질서 있게 진행하기 위해서는 합목적적이며 그런데 필요[!]」
한가의 여부의 질문을 무릇 이해하지 못할 것이며, 선거법을 이와 같이 규정하거나 또는
그것과 별개의 형태로 하는가는 이 법률가에게는 완전히 관계가 없을 것이다. 일면적인
정당정치적인 고려와 실질에 비춘 국가정치적인 고려와의 혼동에 의해서만 이러한 명제는
이해될 수 있다. 그것들은 헌법재판의 적대자들에게는 모두 재판기관은 헌법쟁의의 결정에
적합하지 아니한 것의 고전적인 예로서 환영받을는지 모른다. 입법자는 국가에게 필요한
것을 미리 갖출 의무를 의문의 여지없이 가지며, 라이히 국사재판소는 확실히 그 필요성을
승인하고 있다. 그러나 그 판결에서 이러한 「정치적」 필요성은 재판소와 완전히 관련이
없다고 선언하고, 나아가 이 재판소 자신에 의해서 국가에게 필요하다고 승인된 당해
법률을 경우에 따라서 무효라고 선언하기도 한다. 이러한 경우에 라이히 국사재판소는
도대체 어떻게 입법과 헌법재판의 관계를 생각하는 것일까?

그러나 국법과 정치의 그러한 대치는 법학적 이론의 입장에서도 불가능하다. 이 견해에는
인식론적으로도 근거가 없는데, 여기서는 그 이상 들어가지 않으므로 문헌을 열거하는데
그친다. 그 밖에 라이히 헌법의 조직편이 여전히 독일 국민의 정치적 공동생활을 질서지운다
는 과제를 가지고 있음을 논함에는 충분할 것이다. **그러나 법은 그것이 적용되는 생활관계를
질서지우는 데 적합하지 않으면 무릇 실정법은 아니다.**[53]

## 4. 비례대표제선거법의 원칙들

이제 평등원칙이 가지는 확장된 의의를 비례대표제의 틀 안에서 평가하기 위해서 「비례
대표제의 원칙들」 아래서 바이마르 헌법 제17조와 제22조가 이해하려는 것이 무엇인지
먼저 확정하지 않으면 안 된다. 어딘가에서 이러한 원칙들에 비례대표제의 「본질」이 탐구되
지 않으면 안 된다.

비례대표제의 이러한 원칙들 아래서 첫째로 법의 원칙들이, 둘째로 비로소 비례대표제선
거법의 기술적 원리들이 이해되지 않으면 안 된다. 법의 원칙들은 법의 명제들로부터

---

53) 법과 정치의 관계에 대해서는 Heinrich Triepel, *Staatsrecht und Politik*, Berlin 1927 (Beiträge zum
ausländischen öffentlichen Recht und Völkerrecht, Heft 1); Richard Thoma," Das richterliche
Prüfungsrecht," in *Archiv des öffentlichen Rechts*, 43 (1922), S. 267 ff.; Rudolf Laun, "Der
Staatsrechtslehrer und die Politik," in *Archiv des öffentlichen Rechts*, 43 (1922), S. 145 ff.; Günther
Holstein, "Von Aufgaben und Ziele heutiger Staatsrechtswissenschaft," in *Archiv des öffentlichen
Rechts*, 50 (1926), S. 1 ff.; Rudolf Smend, "Das Recht der freien Meinungsäußerung," in
*Veröffentlichungen der Vereinigung der deutschen Staatsrechtslehrer*, 4 (1928), S. 46 ff.(김승조
옮김, 「의사표현의 자유권」, 동인, 『국가와 사회』, 교육과학사, 1994, 159-200면); Carl Schmitt, "Der
Hüter der Verfassung," in *Archiv des öffentlichen Rechts*, 55 (1929), S. 161 ff.(김효전 옮김, 「헌법의
수호자」, 동인, 『헌법의 수호자논쟁』, 교육과학사, 1991; Hermann Heller,"Die Krisis der Staatslehre,"
ders., Bemerkungen"(siehe Anm. 24); ders,, *Die Souveränität*, S. 69; 110 f.; 123 (김효전 옮김,
『주권론』, 관악사, 2004) 참조.

명확하게 구별될 수 있다.54) 법의 원칙들이 법의 명제들로부터 구별되는 것은 법규에 대해서 특유한 법적 확실성이 법의 원칙들에 결여된 것에 의한다. 제17조는 비례대표제의 일반원칙들을 지시하는데 불과하며, 란트 입법자에게 그러한 실정적인 법으로서의 규범화를 위임하고 있다. 비례대표제의 수많은 가능성 중에서 어떤 것을 법률로 하는가는 란트 입법자의 자유재량이 된다. 란트 입법자는 다만 당해 법권(法圈)의 의식에서 평등한 비례대표제로 간주되는 것의 틀 속에 머물지 않으면 안 된다.

독일에서 비례대표제의 사상은 비교적 매우 새롭다. 90년대 초에는 아직 이러한 움직임은 지금까지 독일에서는 거의 알지 못한 것과 같았다고 베르나치크가 명언할 정도였다.55) 비례대표제선거법의 합리주의적 정당화에 대부분의 비교적 오래된 저작에서이기는 하지만 그 기초에 있는 것은, 거의 항상 의회는 시민의 총체를 소규모적인 형태로 나타내야 하며「축소판」(미라보)56)이라든가「국민의 거울」57)이어야 한다는 사상이다. 에른스트 칸에 의한 최초의 그리고 오늘날까지 더욱 기본적인 독일어로 된 저작은 이미 이러한 견해에 대해서 매우 뛰어난 비판을 포함하고 있다.58)

비례대표제선거법은 국민 내부의 모든 동향을 의회에서 반영할 수 있도록 해야 한다는 상투어가 있는데, 이것이 의사통일의 제도인 국가의 본질과, 그리고 대표민주제의 본질과 일치하지 않는다는 생각은 이미 이 책 속에서 남김없이 명백하게 되지는 않았지만 그 화제는 깨지고 있다. 칸은 비례대표제도의 온건한 신봉자인데 그 때문에 그는 이 제도는 특히 좋은 방법으로 국민생활에서의「모든 커다란 동향」에 질서 잡힌 표현을 부여하는 도움으로 된다고 생각하며,59) 항상「중요한」세력과 운동이라는 말을 입에 올린다.60) 최종적으로 그는 비례대표제도는 개개의 정치적 동향에 그러한 실질적 힘의 관계에 대응한 대표를 보증할 수 있는가 하는 질문을 던진다.「긍정적인 대답은 모든 종류의 비례대표제에 타당하지 않다. 그것은 … 충분히 커다란 선거구의 존재와 이용하지 않는 잔여표의 감축을 최소한의 정도로만 전제로 한다. 그리고 그러한 무조건에, 어떤 국민의 모든 정치적 동향에서가 아니라 비교적 중요한 정치적 동향에만 타당하다」.61) 이 사상의 원조에 해당하는

---

54) Heller, *Die Souveränität* (siehe Anm. 53), S. 69 ff.; ders., "Begriff des Gesetzes," S. 227 f.(본서 167면 이하).

55) Edmund Bernatzik, "Das System der Proportionalwahl, in *Schmollers Jahrbuch für Gesetzgebung, Verwaltung und Volkswirtschaft*, 17 (1893), S. 416.

56) Bei Ernst Cahn, *Das Verhältniswahlsystem in den modernen Kulturstaaten. Eine staatsrechtlich-politische Abhandlungen*, Berlin 1909, S. 102 〈Mirabeau〉, "Sur la représentation illégale de la nation provençale"(Discours prononcé à la Tribune Nationale, 30. Januar 1789), in *Oeuvres* (Hg. J. Mérilhon), vol. 1, Paris 1834, S. 11 ff.

57) Lucien Anatole Prévost-Paradol, *La France nouvelle*, 8. Aufl., Paris 1868, S. 71.

58) Cahn, aaO., S. 71 ff.; insbesondere S. 78 f

59) AaO., S. 81.

60) AaO., S. 101 f.

61) AaO., S. 114.

사람들, 헤어(Hare), 콘시데랑(Considérant), 그리고 밀(Mill)은 수학적으로 근사치적인 비례성을 더욱 고려하였는데, 다른 한편 이 제도에 의한 최초의 실무경험을 거친 후에 집필한 논자들은 비례대표제의 기본사상을 거의 게오르그 마이어처럼 정식화하였다. 말하기를「원리적 관점은 각 정당에 의해서 얻어진 표를 기준으로 한 개개의 정당에의 의원의 배분이다」.[62] 그리고 로진은 독일에서 이 문제를 파악한 최초의 국법학자인데 그는 이미 1892년에 강조하고 있다. 「작은 소수파에 대한 배려는 그것들이 상술한 페르놀레*식의 제거법 나눗셈(quotient d'élimination)이란 대답처럼 특수한 예방조치에 의해서 배제되지 않으면 파벌지배를」가져온다[63] 라고. 거의 모든 논자가 강조하는 소당 분립의 이러한 위험성이 일련의 매우 중요한 다른 사정과 함께 모든 나라에서 정치적 비례성사상을 위해서 수학적 비례성사상을 어떻게 배제하여 왔는가, 그것을 곧 뒤에서 밝힐 계획이다. 특히 모든 국가는 수학적 비례성을 잔여표를 결산함에 있어서 제한하여 왔다. 거기에 대해 에밀 클뢰티는 스위스의 비례대표제의 역사에 관한 획기적인 저작 중에서 기록하고 있다. 「비례대표의 적대자는 이 [잔여표] 문제에 특히 주목하며, 거기에서 비례대표제의 원리 전체의 존부를 물으려고 노력하였다. 그들은 거기에서 자주 매우 치밀하고 예상 밖의 정의감정마저 발휘하였다. 그들은 경우에 따라서는 수학적 비례성에서 간신히 벗어난 것을 감수하는 데에 자만하지는 않았다」.[64] 스위스인의 이 말에 오늘날 여전히 통용되는 현실성을 인정하지 않을 수 없을 것이다.

따라서 비례대표제선거법의 옹호자들은 여러 [정치적] 동향과 득표와의 수학적 평등성이라는 사상, 그리고 선거의 수학적 비례성의 사상에서 의식적으로 이탈하였다. 그리고 그 가장 이름 높은 적대자를 한 사람만 든다면 하스바흐였다. 그는 다음과 같은 질문을 제기한다. 「비례대표제는 표의 등가성을 가져올 것인가? 아니다. 가장 완전하고 가장 정의로운 절차에서도 잔여[표]는 항상 그것을 방해할 것이다. 의원들은 파편으로 나누어질 수 없다. 복수의 선거구가 존재하기 위해서 생기는 여러 부정의는 이 판단에서는 고려하지 않았다」.[65] 하스바흐도 예기치 못한 정의감정을 지닌 적대자의 한 사람이다.

그러나 비례대표제의 본질은 비례대표제의 권리의 담당자가 정당이 아니라 개인이 되면, 원칙적으로 잘못 본 것이다. 스위스의 다수대표제에서는 대표권의 담당자는 지방의 집합체이며 이 지방의 결합의 해체와 함께 비례대표제에서 그것 대신에 정당이라는 정치·사회적 집합체가 대두해 왔다고 매우 적확하게 서술해 왔다.[66] 따라서 비례대표제선거법

62) Georg Meyer, *Das parlamentarische Wahlrecht* (Hg. Georg Jellinek), Berlin 1901, S. 631.

63) Heinrich Rosin, *Minoritätenvertretung und Proportionalwahlen*, Berlin 1892, S 36.

64) Emil Klöti, *Die Proportionalwahl in der Schweiz* (Diss. Zürich), Bern 1901, S. 362.

65) Wilhelm Hasbach, *Die moderne Demokratie*, 2. Aufl., Jena 1921, S. 462.

66) Gottfried Kunwald, *Über den eigentlichen Grundgedanken des proportionlen Wahlsystem*, Wien 1906, S. 18 ff.; 또한 Rudolf Smend, *Maßstäbe des parlamentarischen Wahlrechts in der deutschen Staatstheorie des 19. Jahrhunderts*, Stuttgart 1912, S. 12 (김승조 옮김, 19세기 독일 국가이론에서 의회선거법의 기준, 동인, 『국가와 사회』, 교육과학사, 1994) 참조.

의 법원칙은 다음과 같이 정식화할 수 있다. **모든 커다란 (국가에 대해서) 중요한 정당은 그 득표수에 따라서 의석을 획득해야 한다.** 의석을 획득하거나 못했다고 결정하는 정당의 크기와 중요성에 대해서는 입법자가 결정한다. 재판관은 입법자에 의해서 만들어진 구별이 정당화될 수 있는가의 여부만을 심사하지 않으면 안 된다. 거기에서도 재판관은 자신의 주관적 평가로 인도해서는 안 된다. 문제가 된 선거권의 원칙들은 법권의 안쪽에서 통용하는 것이며, 그러한 법권이 무엇을 정당하다고 여기는가를 재판관은 묻지 않으면 안 된다.

## 5. 비례대표제의 틀 안에서의 평등

선거권의 평등성은 비례대표제의 틀 안에서는 다수대표제와 비교해서 확장된 의의를 손에 넣는다. 그것은 비례대표제에서 가지는 표의 효력을 어떤 후보자로부터 다른 후보자에로 이전할 수 있는 선거권자가 이러한 표를 전용할 때, 특히 잔여표의 결산에 즈음하여 평등하게 취급해야 한다는 것이다. 다수대표제선거법은 원래 선거 결과의 산정절차에 있어서의 평등성에 무관심한 것이 비례대표제와 다르다. 그러므로 제17조의 「선거」의 평등은 문자 그대로 취급하면 안 되며, 이 평등은 투표시의 선거권자의 평등에로 해석하지 않으면 안 된다. 이 해석을 그라우는 1929년 3월 22일의 라이히 국사재판소에 대한, 그 밖의 점에서는 아주 적절한 비판 속에서 서술한다.[67] 그라우에 의하면 가령 예컨대 개별적으로 지명된 특정한 정당에 한하여 선거구연합에 관한 결산에서 제외하는 규정에 의하면 그것은 선거권평등과 일치할는지 모른다고 한다. 그러나 그라우는 이 귀결을 여기에 바이마르 헌법 제109조의 일반적 평등원칙을 개입시켜서 배제하려고 한다. 먼저 라이히 헌법의 두 개의 동음어에 다른 개념내용을 충전하고, 그런 후에 이 동일한 규정에 관하여 다시 제2의 개념을 끌어들일 필요 등 나에게는 생각되지 아니한다. 당해 조문에서의 선거권의 평등은 그것이 수행해야할 모든 것을 수행한다. 표는 비례대표제선거법에서 산출절차 중에서도, 즉 의석배분시에도 평등하게 취급하여야 하며, 거기에서 평등의 개념은 바이마르 헌법 제109조의 그것과 다르게 파악할 필요는 없다. 비례대표제선거법이 평등하다는 것은 다음과 같은 경우이다. 즉 그 선거법이 각 단계에 이르는 정당되지 아니한 구별을 포함하고 있더라도, 또한 그 법에 의해서 규정된 다양한 구별이 실질적으로 이유가 있으며, 역시 입법자가 그러한 다양한 구별을 통해서만 당해 생활관계들의 질서에 내재하는 목적을 정당하게 평가한다는 사물의 본성에 관한 이성적이며 결정적인 고려에 근거한 경우이다.

중요한 것으로 라이히 국사재판소에 의해서 고려하지 않은 점이 있다. 그것은 비례대표제선거법의 상이한 각 단계에서 평등성의 내용은 반드시 동일하지 않다는 사실이다. 그러나 동일한 비례대표제선거법의 상이한 단계에서 어떠한 구별이 정당화된다고 보는가는 구체적인 법권의 평가에 의해서 결정된다.

---

67) Grau, aaO. (siehe Anm. 10), S. 2382.

제1단계, 즉 투표시에는 사실로서 법학적 평등개념은 타당한 법률관에 대응하여 최대한으로 수학적 평등개념에 가까워진다. 그럼에도 불구하고 양자가 일치하지 않는 것을 예컨대 여성의 선거권에서의 배제를 평등과 일치할 수 있다고 파악하는 스위스의 예(불가리아에서는 매춘숙박 소유자와 기독교화 하지 아니한 집시의 배제)만이 우리나라에도 일정한 연령제한이나 라이히 선거법과 프로이센 선거법의 제2조에 포함된 모든 제외이유의 규정도 나타내고 있다. 비례대표제의 이러한 단계에서도 평등개념은 그런데 군인의 선거권정지와 합치할 정도로 논리적 · 수학적인 의미에서 「형식적」은 아니다. 군인의 선거권정지는 일반성의 관점뿐만 아니라 선거의 평등성의 관점 아래서도 생각할 수 없다.

평등한 비례대표제의 이러한 단계에서는 모든 나라가 예외가 극소수일 정도로 완전히 일치하고 있다.

그러나 평등한 비례대표제의 계속되는 각 단계에서는 예외 없이 모든 유럽 국가들이 투표의 계산치와 [의석에 나타나는] 그 결과치에 어떤 구별을 하고 있다. 비례대표제의 선거권평등의 안쪽에 두어진 다양한 구별은 개별 국가에 의해서 제2단계 속에서 행해지며 의심 없이 정당화된다고 간주된다. 그것들을 여기서 서로 비교하고 나서 먼저 라이히 국사재판소의 다음 명제를 유의할 필요가 있다. 즉 선거권평등성의 정도는 개념적으로가 아니라 그때그때의 선거권 전체의 틀 안에서만 규정될 수 있다는 것이다. 그러나 그것으로는 아직 충분하지 않다. 오히려 선거권의 평등성은 그때그때의 국가 전체의 틀 안에서 평가되지 않으면 안 된다. 동일한 조치가 있는 국가에서는 정당화되며, 그 밖의 나라에서는 정당화되지 않는 일이 있다.[68] 모든 유럽의 비례대표제선거법을 설명하면 본 감정의 틀이나 시간의 제약을 훨씬 넘기 때문에 — 각각의 비례대표제선거법의 개성에 근거하여 그것들을 나타낼 필요가 있는데 — 여기서는 우선 득표의 결산에서의 그러한 분화의 여러 가지 가능성을 들고, 개개의 비례대표제선거법에 대해서는 뒤에 간단히 여기서 관심을 끌 중요한 규정들을 제시하는데 그치기로 한다. 그러한 분화는 모두 수학적 비례성의 제한을 의미한다.

수학적으로 가장 완전한 절차로도 거기에서 잔여표가 나오는데, 의원의 일신은 분할불가능이기 때문에 잔여표가 사장되어도 어떨 수 없으므로 그러한 잔여표는 도외시하여도 할 수 없다. 그러나 여기서 이미 표의 계산치와 [의석에 나타나는] 그 결과치와의 평등성에 있어서의 차이가 생긴다. 수학적으로 이론의 여지가 없는 비례대표제도는 이 한도 내에서도 존재하지 아니한다.[69] 근사치적 비례의 정도에서만 다양한 비례대표제선거법은 구별된다. 그러나 부적절한 기술의 성질에서 필연적으로 생기는 수학적 비례성의 제한을 넘어서 예외 없이 모든 유럽 국가들은 자의적인 제한, 즉 평등선거권의 범위 내에서 계산치와 결과치 간에 고의의 구별이 있고, 그것들을 정당화된다고 보는 것이다! 이 고의의 구별의 하나에 이미 산정절차의 종류가 산입되지 않으면 안 된다. 예컨대 오스트리아와 스위스는

---

68) Adolf Tecklenburg, "Überblick über die Wahlformen," in Johannes Schauff (Hg.), *Neue Wahlrecht*, Berlin 1929, S. 80 ff. 참조.

69) AaO., S. 68 ff. 참조.

하겐바하/비쇼프(Hagenbach/Bischoff)식 절차, 벨기에는 동트식 방식*을 취해 왔다. 동트식 방식은 프로이센과 라이히의 헌법제정 국민회의 선거에서 통용되었다. 어떤 절차도 의심 없이 대정당을 우대하고 있다.[70] 그러나 독일은 원래 비례대표제선거법을 가진 유일한 대국일 뿐만 아니라 자동적 의석할당절차를 채택한 유럽 유일의 국가이기도 하다. 라이히, 프로이센, 멕클렌부르크, 슈베린, 올덴부르크, 그리고 튀링겐에서 통용되는 이 절차에 대해서 어떤 민주적인 국법학자는 서술한다. 그것은 「비례대표제사상의 원리주의적 과장」이며, 그 결과로서 「정치적으로 장기에 걸쳐 자만할 수 없을 정도로」[71] 소당분립을 촉진한다 라고. 이 자동적 의석할당절차에서의 [1 의석의] 선출기초수는 비교적 낮으며, 프로이센에서 4만, 라이히에서 6만이다. 예컨대 이 투표를 2배로 하는 것도 자동적 의석할당절차를 폐지하여 계산치의 평등과 결과치의 평등 간의 격차를 현저하게 증대시키는 것도 입법자의 자유재량에 속할 것이다. 다른 많은 나라들과는 달리 우리들은 라이히와 프로이센에서 그 밖에 관제투표용지도 가지고 있다. 그것은 ─ 특히 소정당에 대해서 중요한 ─ 비용의 절약으로 되며 그와 함께 수학적 비례성을 일층 촉진한다. 몇 가지의 기술적 상세한 것에 관한 이 짧은 개관에서 이미 우리나라의 비례대표제절차에서는 그 제2단계에서도 표의 평등성이 다른 모든 입법례보다도 강력하게 보증되었다고 할 수 있다.

유럽 법권의 어느 국가에도 **합리적인 이유**라고 간주되고 있는, 이러한 수학적 평등을 제한하는 동기는, 그리고 이와 동일하게 논할 수 있는 보다 일층 나아간 제약을 가하는 동기는 역사나 국민에 적응하는 이유들을 도외시한다면, 거의 예외 없이 소당분립의 극복이다. 다수대표제선거에서는 희망이 없는 소수파가 된 소규모 집단이 비정치적 표어 아래서는 자주 설립되고 있음에도 불구하고, 비례대표제선거법에 의해서 의석을 획득하고 정부의 형성이나 의회제를 바로 마비시키게 되는 것을 바로 앞에서 보아왔다. 이미 1901년에 게오르크 마이어는 생각하였다. 비례대표제절차에 의해서 우리나라에서는 아마 「구정당만이 아니라 많은 신정당, 경제적 관점에서 결집한 영농가, 대공장주, 수공업적 노동자, 노동자 등의 정당이 등장한다. 그러면 금은복본위주의자들도 특수한 당에 모이려고 할 것이다. 그리고 예방접종반대자라든가 반음주주의자들의 특수정당과 같은, 전체 국가생활을 단하나의 문제의 관점에서만 보는 결사가 성립하지 않는다고 누가 말할 것인가?」[72]

이러한 걱정이 정당화되지 않는 것을 다시 제시하기로 한다. 그러면 선거법의 ─ 법률적인 것도 ─ 목적은 의회제 국가에서의 가장 중요한 국가기관, 즉 의회와 정부를 형성하는 것이다. 소당분립에 의해서 업무를 할 수 없는 의회와 행동할 수 없는 정부를 가져오는 선거법은 예컨대 라반트보다도[73] 또한 게오르크 옐리네크와 비교해서조차[74] 국가주의적

---

70) Hatschek, *Staatsrecht* (siehe Anm. 43), Bd. 1, S. 317 참조.

71) Richard Thoma, in *Germania*, I. Mai 1925.

72) Georg Meyer, *Wahlrecht* (siehe Anm. 62), S. 647.

73) Paul Laband, *Das Staatsrecht des Deutschen Reiches*, Bd. 1, 5. Aufl., Tübingen 1911, S. 306 f.

74) Georg Jellinek, *System der subjektiven öffentlichen Rechte*, 2. Aufl., Tübingen 1905, S. 159 ff.

경향이 약하게 형성되어 의회주의 헌법체제의 기본요청에 모순된다. **소당분립의 극복을 충분하게 동기로 하는, 투표의 결과가치평등에서의 구별은 일면적으로 개개의 정당에 향하지 않고, 모든 소정당에로 향하는 경우에는 비례대표제절차에 있어서의 선거권평등의 법규에 저촉되지 아니한다.** 이러한 확정이 유럽 법권의 법의식에 합치되는 것은 다시 보기로 한다.

그러나 그 전에 유럽 국가들이 소당분립과 대결함에 있어서 사용하는 다양한 방법에 들어갈 필요가 있다. 이 방법은 두 개의 집단으로 나눌 수 있다. 명시적인 방법과 묵시적인 방법이다.

## 6. 수학적 비례성을 제약하는 방법들

비례대표제의 평등에 있어서의 명언된 구별들 가운데 먼저 생각나는 것이 새로 신청한 정당에 대한 조건의 가중이다. 거기에서는 서명한 수의 가중의 요구나 이 선거집단이 일정한 투표정수에 도달하지 못한 경우에는 국고에 귀속하는 기탁금의 요구라는 형식을 취한다. 나아가 일정한 득표정수의 확정, 즉 거기에 도달하지 못하면 정당이 의석을 얻지 못한다든가, 선거구를 초월한 잔여표의 결산에 있어서 고려하지 않을 수 없는 일정한 최소한도의 득표수의 확정이 있다. 이러한 모든 방법은 다양한 국가에서 평등한 비례대표제 선거법 내부에서 인정되고 있다. 예컨대 칸은 그러한 득표 정수를 부정하는데 그가 먼저 이 주장을 비례대표제는 소당분립을 가져올 뿐만 아니라 정당의 재편성을 가져온다는 이유를 대는 것, 그리고 둘째로 「선거구에의 란트의 분할」을 아주 당연한 전제로 하는 것,[75] 이것들에는 잘 주의하지 않으면 안 된다.

그러나 비례대표제의 선거권평등의 범위 내에서의 묵시적인 구별 — 수많은 종국 선거구 (endgültige Wahlkreise)에의 란트의 분할, 이 종국 선거구란 그것을 초월해서는 잔여표의 결산을 하지 않는 선거구이다 — 즉 파편정당에의 이러한 제한은 무릇 존재하는 무엇보다도 철저하다. 비례대표제선거법의 수학적인 — 결코 법학적이 아닌 — 이상적 사례는 전란트가 하나의 선거구를 이루거나 또는 적어도 개개의 선거구에서는 행사될 수 없었던 잔여표가 란트 전체에서 정리하여 계산되며 의석의 획득에 사용된다는 것이다. 그러면 비례대표제선 거법의 최초의 지지자들인 콘시데랑, 헤어 그리고 밀은 이러한 수학적 관점에서 출발하였다 고는 하지만,[76] 세계대전에 들어가기까지 그러한 결산을 결단한 국가는 하나도 없으며, 오늘날까지 독일 라이히는 이 극론을 실현한 유일한 대국이다. 이에 대해서 스위스와 같이 비례대표제선거법의 오랜 경험을 가진 국가들에서는 오늘날에도 비례성은 비교적 작은 영역권에만 타당하며 전국적이지는 않다. 동일한 원리는 우리나라에서 라이히와 프로이센의 헌법제정회의 선거에 통용되고 존재하였다.

---

75) Cahn, aaO. (siehe Anm. 56), S. 328 f.
76) AaO., S. 19 ff. 참조.

선거권의 평등과 전적으로 친숙하게 간주된 이 절차가 어떻게 철저한 파편정당의 구축을 의미하는가에 대해서는 다음 페이지의 도표에 의해서 이해할 수 있다. 그레베 교수는[77] 선거구를 넘은 잔여표 결산을 하지 않은 비례대표제에 근거한 의석배분을 (국민의회 선거의 경우처럼) 1928년 5월 20일의 라이히 의회선거의 득표비율에 의해서 계산하였다. 그 때에 일련의 우리나라 파편정당에 대해서 거의 문제가 되지 아니한 명부연합은 제외되고 각 선거구에서 주민 15만 마다 1 의석, 나머지에 대해서는 주민 7만 500인마다 동일하게 1 의석이 할당되게 되었다.[78] 그러면 현재의 배분과 비교한 도표는 아래와 같이 된다.

| | | |
|---|---|---|
| 사회민주당 | 157 | +4 |
| 독일국가인민당 | 65 | -8 |
| 중앙당 | 64 | +3 |
| 바이에른인민당 | 20 | +3 |
| 독일인민당 | 35 | -10 |
| 공산당 | 40 | -14 |
| 독일민주당 | 9 | -16 |
| 경제당 | 7 | -16 |
| 국가사회주의노동자당 | 2 | -10 |
| 기독교국가농민당 | 8 | -12 |
| 바이에른농민동맹 | 6 | +1 |
| 독일 하노버당 | 3 | |
| | 416 | -75 |

이러한 계산으로는 현재의 거대한 선거구가 기초로 되고 있는 것에 주의할 필요가 있다. 이들 선거구가 세분화된다면 소정당에 대한 결과는 훨씬 참담하게 되는데 라이히 의회의 다수파형성은 일층 쉽게 된다.

그러나 선거의 평등성의 정도는 개념적으로가 아니라 선거권 전체의 틀 안에서만 규정할 수 있기 때문에 1920년 선거법에 의해서 채택한 자동적 제도의 효과도 또한 떠올리지 않으면 안 된다. 카이젠베르크와 폰 벨저는[79] 동트 방식 선거제도가 국민의회 선거에 미치는 효과를 구체적으로 보여주고 있다. 다음 도표는 정당들에 속하는 의원수와 의원 1인 당의 평균득표수를 비교하면서 개관하고 있다.

(a) 연합된 선거후보자명부를 배려한 배분 (실제로 행한 배분),

---

77) Grebe, "Wahlkreis und Mandatsverteilung," in *Allgemeine Rundschau*, 26 (1929), S. 214.

78) Carl Mierendorff, "Die Gründe gegen die Verhältniswahl und das bestehende Listenwahlverfahren, in Johannes Schauff (Hg.), *Neues Wahlrecht*, Berlin 1929, S. 14-35.

79) Georg Kaisenberg und Hans v. Welser, *Reichswahlgesetz und Gesetz über die Wahl des Reichspräsidenten nebst Reichswahlordnung*, Berlin 1920, S. 6 f.

(b) 명부연합 없는 배분,

(c) 획득한 유효투표 총수와 비례한 의원 총수의 배분,

으로 된다.

즉 예컨대 기독교인민당(중앙당)의 후보자가 이미 6만 5716표로 선출된 한편, 독립사회민주당의 후보자는 1의석 획득하는 데에 10만 5351표를 모으지 않으면 안 되었다.

그러나 동트 방식의 제도와 수많은 종국 선거구가 평등한 비례대표제의 원칙에 완전하게 일치하는 것에 대해서 아무런 의심의 여지가 없다.

여기서 유럽 법권이 무엇을 평등한 비례대표제선거법으로 보는가를 확정하기 위한 일시적이지만 급박한 하나의 척도를 손에 넣기로 한다. 여기에서 시작하는 유럽의 비례대표제법의 순회는 파편정당을 가장 철저한 방법으로 극복한 경험이 있는 국가로부터, 특히 수많은 종국 선거구를 가진 국가로부터 먼저 출발하기로 한다.[80]

의석수

| 배분방법 | 전체 | 독일국가인민당 | 독일인민당 | 기독교인민당 | 독일민주당 | 독일사회민주당 | 독립사회민주당 | 기타 |
|---|---|---|---|---|---|---|---|---|
| A | 421 | 44 | 19 | 91 | 75 | 163 | 22 | 7 |
| B | 421 | 42 | 17 | 87 | 75 | 174 | 22 | 4 |
| C | 421 | 43 | 18 | 84 | 79 | 162 | 32 | 3 |

의원 1인 당 평균득표수

| 배분방법 | 전체 | 독일국가인민당 | 독일인민당 | 기독교인민당 | 독일민주당 | 독일사회민주당 | 독립사회민주당 | 기타 |
|---|---|---|---|---|---|---|---|---|
| A | 72209 | 70942 | 70823 | 65716 | 75224 | 70607 | 105331 | 64891 |
| B | 72209 | 74320 | 79155 | 68738 | 75224 | 66143 | 105331 | 68947 |
| C | 72209 | 72592 | 74757 | 71193 | 71415 | 71043 | 72415 | 91709 |

---

80) 다음에 대해서는 이것도 참조. Karl Braunias, "Der Einfluß des Wahlrechts auf die Bildung der Berufs-und Wirtschaftsparteien," in Johannes Schauff (Hg.), *Neues Wahlrecht*, Berlin 1929, S. 85 ff.; 110 ff. sowie ders., "Das parlamentarische Wahlrecht der europäischen Staaten und die nationalen Minderheiten," in *Nation und Staat*, 1 (1927/28), S. 474 ff.; 553 ff.; 632 ff.; 721 ff.

## 7. 유럽 각국의 비례대표제

가장 오랜 비례대표선거법의 하나는 (1906년 이래) **핀란드**에서 보이며 이 나라의 1919년 7월 17일 헌법[81]은 평등원칙을 명언하며, 자동적 의석할당제도가 아니라 수많은 종국 선거구를 가지고 있다.[82] 동일하게 **스웨덴**은 1909년 이래 비례대표제선거법에 의해서 선거를 실시하는데, 여기서는 제1원 선거를 위하여 19의 선거구를, 제2원 선거를 위해서 28의 선거구가 있다. 스웨덴 왕국 의회규칙 제18조는 각 투표권자는 평등한 표를 가진다고 규정하고 있다.[83] **노르웨이**의 비례대표제선거법에서는 29의 종국 선거구가 있다.[84] 평등원칙은 그것을 특히 강조하는 것이 「불필요」하다고 할 정도로 당연한 것이 되고 있다.[85] **아일랜드 공화국**은 1922년 9월 25일 헌법 제14조에서 선거평등을, 제26조에서 비례대표제선거법을 규정하고 있으며,[86] 마찬가지로 3인에서 9인의 의원이 속하는 다수의 선거구를 가지고 있다.[87]

**스위스**에도 연방과 칸톤에서 선거구를 넘은 잔여표의 결산은 없다. 연방에서는 주지하듯이, 연방헌법 제4조의 일반적 평등에 의해서 평등이 (선거권의 평등도) 보장되고 있다. 제73조(1918년 10월 13일의 국민투표로 개정)[88]은 다음과 같이 규정한다. 국민의회는 직접 선거된다. 그것은 비례성의 원칙에 의해서 실시되며 그때에 각 칸톤과 각 준칸톤이 선거구를 형성한다. 연방입법은 이 원칙의 집행에 대해서 상세한 것을 규정한다.

따라서 이러한 모든 국가에서는 평등한 비례대표제선거법의 범위 안에서 파편정당에게 불리한 투표의 계산치와 결과와의 대폭적인 구별을 하고 있다. 그러나 그중에서 두 나라, 즉 아일랜드와 스위스는 나아가 파편정당에 반대하는 명문의 규정들마저 가지고 있다. 아일랜드에서는 각 후보자가 또는 그 대리인인 다른 [이외의] 자가 입후보 기간 내에 선거관리위원장에게 100파운드를 기탁하지 않으면 안 된다. 이 기탁금은 특히 집계의 계산절차의 과정에서 투표수의 3분의 1 이상이 어떤 장소에서도 그 후보자에 기입하지 않는 경우, 인민의원(議院)에 귀속한다.[89] 스위스에서는 1919년 2월 14일의 국민의회선

81) *Die Verfassung* (*Regerungsform*) *Finnlands*, Helsingsfors 1924 (deutsch).
82) §4 Reichstagsordnung.
83) §§ 8; 18 Reichstagsordnung; 〈§§1; 30〉 Wahlgesetz v. 26. November 1920, in der Fassung von 1926; Robert Malmgren (Hg.), *Sveridges grundlagar*, 2. Aufl., Stockholm 1926, S. 107 ff., und Anhang S. B 83 ff. 참조.
84) Gesetz v. 17. Dezember 1920, 수시로 개정되고 있다. §§57; 58 der Verfassung 〈v. November 1814〉, Revision v. 9 November 1923.
85) 예컨대 Absalon Taranger, *Norwegische Bürgerkunde* (Verfassung und Verwaltung), Greifswald 1925, S. 27 ff.; Bredo Morgenstierne, *Laerebok i den norske statsforfatningret*, Bd. 1, 3. Aufl., Oslo 1926, S. 210 ff.; 232 ff. 참조.
86) Englischer Text in *Jahrbuch des öffentlichen Rechts*, 13 (1929), S. 488.
87) Wahlgesetz v. 17. April 1923, in *Public Statutes*, 1923, S. 267 ff.
88) *Amtliche Sammlung*, Bd. 34, S. 407.
89) Adolf Tecklenburg, "Die Verhältniswahl im britischen Reich," in *Schmollers Jahrbuch für*

거에 관한 연방법이 그 제19조 제2항에서 다음과 같이 규정하고 있다. 「그러나 어떤 후보자의 득표수가 당해 명부등재 후보자들의 평균득표수의 절반을 채우지 못하고 그 때에 모인 [명부등재] 후보자들 아래서 [각 후보자의] 단순득표수만이 적용되는 경우, 이 후보자는 선출되지 아니한다」. 스위스인에 대해서 이 득표정수는 아주 자명하며 연방참의원의 의견서[90]는 그 이유에 대해서 한 마디도 언급하지 아니한다. 파편정당을 박멸하기 위한 그러한 득표정수는 선거권평등과 전적으로 일치한다는 것을 연방참의원은 1912년 4월 21일 제네바 칸톤 헌법의 승인에 관한 의견서[91]에서 명언하고 있었다. 이 의견서에서 말하기를 「승인을 요구하는 제네바 헌법의 조문은 상술한 시읍면에서의 선거는 7퍼센트의 득표정수에 의해서 완화된 비례대표원리에 의해서 실시된다고 규정하고 있다. 그것으로 득표정수에 도달하지 못한 정당들은 전부 원래 배제되는 것이 의도되고 있다. 이 득표정수의 확정에는 이론의 여지는 없다. 비례대표제에 의해서 촉진되는 소당분립을 얼마간 제한하려는 것이다. 이 해결책은 예컨대 단지 당리당략적 전술 ― 그렇게 상정하는 근거는 이 사례에는 아니다 ― 에 그치는 데에 왜 칸톤들에 이러한 해결책도 인정해서는 안 되는지 이해할 수 없다. 여하튼 헌법의 규정은 투표권자수에 대해서 그 100분의 7이 산출되거나 또는 던져진 후보자명부에의 유효표의 그것에 대해서 미결인 그대로이며, 그러한 한에서 불명확하다는 것에 주의를 요한다. 그러나 득표정수규정은 ― 이 불비가 예정된 입법에서 어떻게 보완되든 ― 위헌은 아니라고 본원은 믿는다」.[92]

가장 오래된 비례대표제 법률의 하나인 1894년 11월 22일의 노이엔부르크 칸톤의 법률에서는 제64조 제1항이 유효하다고 인정된 투표용지의 적어도 100분의 15의 득표정수를 획득하지 못한 후보자는 선출되지 아니한다고 규정하고 있다.

따라서 이 모범적인 민주제는 평등재판권에 있어서의 그 오랜 재판관의 전통과 함께 묵시적으로 철저한 파편정당의 박멸도 명시하고 있는 그것보다는 철저하지 아니한 박멸도 인정한다.

**벨기에**는 이미 1899년부터 비례대표선거법을 가지고 있었는데 1919년 10월 22일의 법률로써 처음으로 평등선거권을 도입하고, 종국 선거구를 포기하였는데, 이 나라에서는 동트 방식 산출절차로 개별 현의 범위 내에 한하여 잔여표가 결산되고 있다. 그러나 다시 이 선거법 제276조 제3항은 어떤 도시구에서도 분모가 되는 투표총수의 적어도 100분의 66의 표수를 얻지 못한 선거후보자집단에게는 잔여의석배분은 허용되지 아니한다고 규정한다.

지금까지 서술해온 국가들에는 수많은 종국 선거구가 있으며, 그것을 초월한 파편정당의 명확한 박멸은 원래 필요 없는데 다음에 계속하는 국가들은 선거구를 초월한 잔여표의 또다른 결산을 하고 있다.

**덴마크**는 그 기본법 제32조 제2항에서 규정한다.[93] 선거권자에 있어서의 다양한 견해가 동일하게 대표되는 것을 보장하기 위해서 선거법은 선거의 방식, 그리고 선거권행사에 관한 보다 상세한 준칙을 규정하며, 그 아래 비례대표제절차의 도입에 있어서 1인구(區)에서의 선거와 결합할 것인가의 여부, 그 정도는 어떠해야 할 것인가를 규정한다. 산출절차에서는 먼저 117의석이 선거구들에 할당되며, 그 후에 31의 할증의석이 이용하지 않고 남아 있는 표에 따라서 배분된다. 그러나 이 잔여배분에 대해서 1920년 4월 11일의 법률 제139호 제43조 제2항은 다음과 같이 규정한다.[94] 제24조 최종항에 합치하여 공시되는 정당,[95] 또는 나아가 21의 지방행정구 선거구 내지는 코펜하겐 프레데릭스베르크의 세 개의 대행정구 선거구에서 최저 1의석을 얻거나, 그 후보자가 세 개의 주(州)지역,[96] 중 하나에서 적어도 전국에서 1의석을 획득하기 위해서 (선거구 의석과 할증의석) 제공한 평균과 동일한 표를 얻은 정당은 할증의석을 얻을 수 있으며, 그리고 할증의석 배분은 이러한 정당이 얻은 표를 기초로 해서만 행한다.

**네덜란드** 왕국 기본법은 제82조, 제83조[97]에서 평등한 비례대표제에 의한 양원 선거를 규정하고 있다. 1896년 8월 7일의 선거법[98]은 그 제100조에서 먼저 후보자명부에의 의석의 배분이 그 전국에서의 표수에 대해서 선거제법(除法) [유효투표수의 의석수에 의한 할산의 결과]을 기초로 행한다고 규정하고 있다. 그러나 남은 의석의 배분에 관해서는 다음의 조문에서 언급하는 사례를 제외하면 1의석 배분 후에 선거제법 결과의 75 퍼센트 이하의 평균수를 보여주는 후보자명부는 고려하지 아니한다. 여기서 고려되는 모든 후보자명부가 남은 의석의 하나를 손에 넣고 다시 의석이 배분되는 경우, 이들 의석은 1의석배분 후에 배분되는 의석에 대해서 최대평균표수를 보이게 되는 후보자명부에 첫 번째의 의석이 인정되는, 이하 같은 방법으로 배분되는데 그 의미는 이 배분에서는 같은 후보자명부에 1의석 이상 인정되지 아니하는 데에 있다. 상술한 잉여 내지 평균의 둘 이상이 같은 경우에는 필요하면 추첨으로 결정한다. 네덜란드에서 특히 확대된 수학적 비례성은 위의 제한에도 관계없이 의원의 100 의석을 둘러싸고 1918년에는 32정도의 정당이 입후보하고, 1922년에는 그런데 더구나 53의 정당이 입후보하는 결과를 초래하였다.[99]

**불가리아**는 이미 이 나라의 1879년 헌법 제57조에서 보통 평등선거권을 보장하고

93) Vom 28. Juli 1866. Änderung v. 5. Juni 1915 und 10. September 1920.
94) Knud Kugleberg Berlin, *Lov om Valg til Rigsdagen af 11. April 1920*, Kopenhagen 1923에 의한 브라우니아스의 번역.
95) 즉 지금까지 인민의회(Volksting)에서 대표되는 정당 또는 선거 전 10일간에 내무성에서 1만의 서명에 의해서 제출된 신정당.
96) 즉 위트란트, 도서 그리고 코펜하겐-프레데릭스베르크.
97) Vom 15. November 1887. Revision v. 29. November 1917.
98) Letzte Revision 1823.
99) Braunias, "Einfluß des Wahlrechts"(siehe Anm. 80), S. 122.

(여성참정권은 없다) 1922년 3월 8일의 법률로 (1923년 3월 6일의 법률 개정) 비례대표제선
거법을 도입하였다. 그 선거구는 특히 작게 보호되고 있다. 이 선거법 제120조는 득표정수
를 선출기초수의 높이로 규정하고 있다. 나아가 어떤 후보자명부도 당선득표수에 달하지
못하면 하나의 후보자명부가 거기에 도달하기까지 이들 명부에 1표씩 첨가해 간다는
특전도 규정하고 있다. 그리고 전체 의석은 이들 명부에, 즉 상대적 다수를 가진 후보자명부
에 주어진다.[100]

**체코슬로바키아**에서는 하원이 비례대표제의 원칙들에 따라서 보통·평등·직접 그리
고 비밀선거권에 근거하여 선출되는 의원수를 300으로 하고 있다.[101] 상원도 마찬가지로
선거된다(제13조). 1920년 2월 29일의 이 선거법[102]은 먼저 의석을 선거구로 분배하고,
그 후에 두 번째의 투표집계심사가 안배되며, 그것으로 남은 공석이 전국에서의 잔여표에
따라서 정당에게 배분하게 되어 있다. 두 번째의 투표집계심사에서는 제49조에 따른
후보자명부를 제출하고, 적어도 1선거구에서 1 의석을 얻은 정당의 표만이 고려된다.
상원 선거에도 이 선거규칙이 타당하다.[103] 국민적인 목적들을 위한 선거구기하학은
그때에 고려되지 아니한다고 되어 있다.[104]

1921년 3월 17일 **폴란드** 헌법[105]은 세임(Sejm[국회])과 상원은 보통·비밀·직접
그리고 평등비례대표제 절차로 선출된 의원으로 구성한다(제11조, 제36조)고 규정한다.
상세한 것은 선거법이 규정한다(제18조). 1922년 7월 28일의 세임 선거법은 먼저 372
의석을 선거구들 내부에서 동트 방식으로 배분한다고 규정하고, 그 후에 72 의석이 나라의
전선거구에서 개개의 명부에 의해서 획득된 의석의 비율에 따라서 각 전국명부에 분배한다
고 규정한다(!). 전선거구에서의 선거결과가 작성된 후에 여전히 어떤 의석이 공석으로
남아있는가의 여부를 국가선거위원회는 확인하며, 있으면 그것들을 전국명부로부터의
72 의석이라는 정수에 더해 넣는다. 이러한 의석은 유효하게 제출한 전국선거후보자명부에
의 배분에 사용한다. 그러나 그때에 전국명부는 당해 전국명부와 접속한 선거구들 명부에
의해서 국가 전역에서의 최저 6 선거구에서 의원을 당선시키지 못한 선거인집단(정당)은
고려하지 아니한다(제94조). 1922년 7월 28일의 상원선거법에 의하면, 먼저 93 의석이
각 구(區) 명부에, 그리고 18 의석이 전국명부에 할당되고 있다. 전국명부의 후보자수는
25인을 초과해서는 안 된다. 주(州) 명부는 제6조의 규정에 의해서 주에 할당되는 상원의원

100) *La Constitution bulgare et ses principes*, Paris 1926, S. 76 f.; 126; Peter Schischkoff, *Aufbau des bulgarischen Staates*, Leipzig 1928 (Abhandlungen des Instituts für politische Auslandskunde an der Universität Leipzig, Heft 5), S. 39 ff. 참조.
101) 1920년 2월 29일 헌법 제8조 deutscher Text in *Jahrbuch des öffentlichen Rechts*, 11 (1922), S. 362, *Sammlung der Gesetze und Verordnungen*, Nr. 121.
102) In der Fassung v. 15. Oktober 1925, *Sammlung*, Nr. 205.
103) Gesetz vom 29. Februar 1920, *Sammlung*, Nr. 124, §2.
104) Heinrich Rauchberg, *Bürgerkunde der tschechoslowakischen Republik*, 2. Aufl., Reichenberg 1925, S. 90 ff.; *Die Verfassungs-und Wahlgesetze*, Reichsberg 1926 참조.
105) Deutscher Text in *Jahrbuch des öffentlichen Rechts*, 12 (1923/24), S. 300.

수의 2배를 초과해서는 안 된다. 당해 전국명부와 접속된 선거구들 명부로부터 전국에서 최저 3 선거구에서 상원의원을 당선시키지 못한, 그리고 선거인집단(정당)의 전국명부는 고려하지 아니한다(제15조).[106]

**루마니아**에서 하원의원은 전체 성인 루마니아 공민에 의해서 보통·평등·직접·비밀 그리고 비례대표제선거법에 의해서 선출한다.[107] 1926년 3월 25일의 선거법 제94조 제4항은 그 득표수가 전체 투표수와 비교하여 100분의 2 이하의 소수파는 의석을 할당하지 아니한다고 규정한다. 그 밖의 점에서는 본래의 비례대표제 절차에는 존재하지 아니한다. 왜냐하면 의석의 반수는 곧 다수파의 명부에, 즉 적어도 국가의 전체 투표수의 100분의 40을 획득한 명부에 속하기 때문이다. 그러나 이 명부는 의석의 나머지 절반에도 여전히 관여한다.

**메멜 지역**의 규칙[108]에서는 세이멜(Seimel[의회])의 의원은 메멜 지역 시민에 의해서 리투아니아 선거법에 따라 선거된다.[109] 1925년 6월 19일의 주의회 선거법(1926년 3월 24일 개정)[110]은 메멜 지역의 의원은 보통·평등·직접 그리고 비밀투표로 비례대표제의 원칙들에 따라서 선거된다(제1조)고 규정한다. 후보자명부에의 의원의 배분은 다음과 같은 방법으로 한다. 모든 후보자명부에 던진 표수는 의원수로 나눈다. 얻은 수가「선출기초수」이다. 각 후보자명부에 던져진 표수는 선출기초수에서 (나머지가 나오지 않도록) 나눈다. 이와 같이 얻은 수가 각 후보자명부에 대해서 선출한 대의사의 수를 가리킨다. 이 배분에서는 선출해야할 의원의 총수가 나오지 않으며, 두 번째 배분에서 잔여표가 그 크기에 따라서 배열되고, 그리고 최대의 잔여를 가진 명부가 다시 1 의석 씩 획득해 간다. 배분은 이와 같은 방법으로 선출해야 할 의원의 총수에 달하기까지 계속한다. 선출기초수를 획득하지 못한 명부는 잔여표를 결산할 때 고려하지 아니한다(제72조).[111]

**에스토니아**의 리익코구(Riigikogu [국가회의])는 보통·평등·직접 그리고 비밀투표에 의해서 비례대표제도에 근거하여 선출하는 100인의 의원을 가진다. 상세한 것은 선거법이 규정한다.[112] 선거에의 입후보에 즈음하여 5만 에스트마르크를 기탁하여야 하며, 그것은 정당이 최저 2 의석을 획득하지 못하면 몰수한다. 의석은 동트 방식의 절차로 배분한다.[113] 이 산정에 따라서 앞의 조항(제91조)에 의하면, 의석의 배분시에 독립후보자명부와 명부연

---

106) Robert Styra, *Das polnische Parteiwesen und seine Presse*, Plauen 1926; Karl Braunias, "Der Weg der polnischen Verfassungsreform," in *Deutsche Blätter in Polen*, 6 (1925), S. 229 ff.

107) 1923년 3월 29일 헌법 제64조.

108) Anhang 1 zur Memelkonvention v. 8. Mai 1924, angedruckt bei Albrecht Rogge, *Die Verfassung des Memelgebiets*, Berlin 1928.

109) Abgedruckt bei Rogge, aaO., S. 79 ff.

110) Abgedruckt bei Rogge, aaO., S. 114 ff.

111) Rogge, aaO., S. 91 ff.; 114 ff.; 251 ff. 참조.

112) 1920년 6월 15일 헌법 Deutscher Text in *Jahrbuch des öffentlichen Rechts*, 12 (1923/24), S. 202; aaO., 16 (1928), S. 213.

113) Wahlgesetz v. 18. Februar 1926, § 91.

합은 적어도 2 의석의 할당이 있는 한에서 고려된다. 독립후보자명부와 결합명부연합은 소수 의석을 얻으면 의석의 최종배분에서는 탈락하며, 이 법 제93조 제2항에 예정된 사례에도 이미 고려하지 않는다(제92조). 어떤 독립후보자명부에 이 명부에 있는 후보자수 이상으로 국가회의의 의석할당이 생긴 경우, 여기서 메꾸어 지지 않은 의석은 제91조에 규정된 순서에 따라서 각 후보자명부에 배분된다. 후에 독립후보자명부가 공석이 된 국가회의의 의석에 보궐인을 제시하지 아니한 경우에도 동일한 순서로 진행한다(제93조).114)
이러한 에스토니아 선거법의 역사는 이 법률이 파편정당의 경험에 그 성립을 입고 있기 때문에 흥미롭다. 제1회 선거에서는 18의, 제2회 선거에서는 26의 정당이 후보자를 내었다. 1926년 2월 18일의 법률은 헌법위반이라고 불리고 에스토니아 국사재판소에 의해서 몇 가지 판결의 대상이 되었다.115)

**오스트리아**에서는 1920년 10월 1일 연방헌법이 선거년의 1월 1일 이전에 만 연령 20세 이상의 남녀의 평등·직접·비밀·개인선거권에 근거하여 비례대표제의 원칙들에 따른, 국민의회선거를 규정하고 있다.116) 1923년 7월 11일의 연방선거법에 의하면,117) 네 개의 선거구연합 각각의 안에서 생긴 잔여의석은 잔여표 총수의 크기를 기준으로 개개의 정당에 배분한다(제73조). 제1 산정절차에서 하겐바하/비쇼프 방식의 제도로 전체 연방 영역에서 의석을 얻지 못한 정당은 동트 방식에 의한 제2 산정절차로 의석배분을 요구할 권리를 갖지 못한다.118)

이러한 모든 국가들은 많든 적든 파편정당이 불리하게 되도록 수학적 비례성에 대한 효과적이고 명시적인 제한을 첨가하며, 어느 나라에서나 평등한 비례대표제의 원칙은 합헌이라고 확인하고 있다.

오늘날 여전히 비례대표제를 가진 모든 유럽 국가들 중에서 다루고 남은 것은 **라트비아**뿐 이다. 이 논술 중에서는 시읍면선거법으로부터 국가선거법에로의 추론은 허용되지 않기 때문에 시읍면선거법은 결여해도 좋다. 동일하게 남은 것은 그동안에 폐지된 유고슬라비아·프랑스·이탈리아·그리스·리투아니아의 비례대표제선거법인데, 이것들은 어떤 것이나 부분적으로 매우 광범위하게 걸치는 파편정당의 제한을 두고 있었다.

무제한하게 비례적인 선거권이 국가에 어떠한 영향을 미치는가는 라트비아의 예에 보인다. 그 1922년 11월 7일의 헌법은 제6조에서 평등한 비례대표제선거권을 보장하

---

114) Nach: *Das Estländisches Wahlgesetz*, Reval 1926.
115) Das Urteil vom 14. Juni 1926 참조. 나아가 Braunias, "Parlamentarisches Wahlrecht" (Anm. 80) S. 484 ff.
116) *Staatsgesetzblatt*, 1920, S. 450 ff., Art. 26.
117) Bundesgesetz über die *Wahlordnung für den Nationalrat, BGBl.*, 1923, S. 1189.
118) § 76; 이 법률을 등재한 것으로서 Walter Jellinek (Hg.), *Die deutschen Landtagswahlgesetze nebst Gesetzestexten zum Wahlrecht des Reichs, Danzigs, Österreichs und der schweizerischen Eidgenossenschaft*, Berlin 1926, S. 319. 나아가 Ludwig Adamovich, *Grundriß des österreichischen Staatsrechtes*, Wien 1927, S. 133 ff.; Hans Kelsen, "Die Verfassung Österreichs" (Fortsetzung), in *Jahrbuch des öffentlichen Rechts*, 12 (1923/24), S. 130 ff. 참조.

며,119) 1922년 6월 6일/14일의 선거법은 파편정당에 대해서 다른 아무런 제한을 두고
있지 않다. 그 결과는 결정적이다. 헌법제정주의회에는 57의 정당이 후보자를 세우고,
이미 1922년의 선거에서는 88의, 1925년의 선거에서는 141의 정당이 100 의석을 다투었
다. 그동안에 라트비아의 정당들은 이미 선거법의 개정안을 제출하고 있었다.120)

## 8. 프로이센 란트 의회선거법의 정당화 된 구별들

여기까지 유럽의 비례대표제선거법에 대해서 신속하게 개관하여 왔는데 파편정당의
문제와 그 박멸방법에 관해서는 놀랄 만큼 통일된 법률관이 제시되고 있었다. 모든 유럽
국가가 직면하게 된 소당분립이라는 사실도 이것에 결부된 그 법률에 의한 박멸이라는
법적 귀결도 정당화된다고 보고, 자의라고 보지 않는다는 것이 부정할 수 없는 사실이다.
프로이센 란트 의회선거법의 제29조 내지 제34조의 규정들이 프로이센 헌법 제4조와
바이마르 헌법 제4조의 평등명령에 저촉되는가의 여부에 대한 물음에 답변하려면, 이들
규정을 선거권 전체의 틀 안에서 평가하는 동시에 이들 유럽 법률관들의 틀 안에서 평가하지
않으면 안 된다. 유럽의 법률관들이라는 틀 안에서의 평가는 독일이 완전히 평등한 비례대표
제 선거법의 경험을 가지지 못하였기 때문에 결여하고 있다. 비례대표제선거법은 독일의
입법에서는 1900년이 되어 비로소, 즉 뷔르템베르크 · 함부르크 · 바덴 그리고 올덴부르크
의 의회선거에서 채택되고, 프로이센 광산법[1854년, 1905년 개정으로 노동자위원회 설치]
후에 마침내 라이히의 규정에 의해서 공적 보험제도의 분야에서, 또한 영업재판소[판사,
1890년]와 상업재판소[판사, 1904년]의 선출과 조국전시노동자동원법[1916년 노동자위원
회]에 근거한 선거에서 채택되었다. 이것들은 행정법적 제도들이며, 그러한 한에서 무릇
한 대국의 비례대표제 선거절차와 비교하는 것은 허용되지 아니한다. 다른 한편, 이 독일의
비례대표제 선거절차는 평등비례대표제 선거법에서는 없었으며, 국민 중에 있는 커다란
여러 가지 동향을 의회에서 표현하려는 것은 아니었다. 그것은 반대로 함부르크처럼,
분쟁도 없이 커다란 동향에 대한, 즉 사회민주당에 대한 투쟁수단이며 정당한 2급선거법이
었다.121) 따라서 비례대표 선거절차에 있어서의 선거권 평등의 정도를 개념적으로 자신의
의식의 심층에서, 즉 논리 · 수학적으로 규정하려고 하지 않는다면 ― 그것은 라이히 국사재
판소의 정당한 견해에 의하면 허용되지 않는 ― 다른 유럽 국가들에 있어서의 선거권
평등의 정도를 비교하기 위해서 의거하고, 그것과 프로이센 선거권 전체를 대비하지 않으면
안 된다.
그러나 거기에서 프로이센 독일의 자동적 의석할당 절차만큼 그러한 수학적으로 정확한

---

119) Deutscher Text in *Jahrbuch des öffentlichen Rechts*, 12 (1923/24), S. 268.

120) Braunias, "Parlamentarisches Wahlrecht"(siehe Anm. 80), S. 486 f. 참조.

121) Geert Selig, "Das Hamburgische Wahlgesetz zur Bürgerschaft vom 5. März 1906," in *Jahrbuch des öffentlichen Rechts*, 2 (1908), S. 141; 154 참조.

산정절차를 두고 있는 유럽 국가는 하나도 없음이 판명된다. 우리들과 문화적으로 가장 가까운 국가들인 오스트리아와 스위스는 소정당들을 의심 없이 불리하게 다루고, 하겐바하/비쇼프 방식 내지 동트 방식의 절차를 사용한다. 스위스 · 노르웨이 그리고 스웨덴도 포함하는 수많은 다른 국가들은 원래 선거구를 초월한 잔여표의 결산을 인정하지 않는다. 예컨대 스위스의 비례대표제의 선거권 평등의 정도를 만약 우리들이 두고 있다면 346면(본서 72면) 표와 비교하여 명백하듯이, 프로이센 의회에는 우리나라의 파편정당은 하나도 끌어넣지 못하고 오스트리아의 선거법에 따르더라도 민족주의 · 국수주의 연합체는 최근의 선거에서 1 의석도 획득할 수 없었을 것이다. 나아가 이러한 비례성의 철저한 제한을 두지 아니한 국가들이 자동적 의석할당 절차를 적용하지 않고, 거의 예외 없이 프로이센 독일 선거법보다도 강력한 파편정당의 제한을 보여주는 것을 고려한다면, 국제적인 선거법 문제에 가장 정통한 두 사람인 테클렌부르크와 브라우니아스의 평가에 따를 수밖에 없을 것이다. 테클렌부르크는 독일의(과 함께 프로이센도) 선거법은「각 선거권자의 표의 유효성을 이 세상의 어떤 선거법보다도 비교할 수 없는 괴로움으로」[122] 보증한다고 단언하며, 브라우니아스는 우리나라에는「자동적 의석할당 절차와 라이히 후보자명부의 결과, 비례성제도는 다른 어디에도 없을 정도로 극단적으로 추진되었다」[123]고 적고 있다.

**그리하여 지금까지의 서술 전체에서 의문의 여지없이 프로이센 란트의회선거법 제29조 내지 제34조에 의해서 비례적 선거권평등의 범위 내에서 행한 구별들은 정당화된다는 결론이 나온다.**

## 9. 정당화되는 기술

파편정당을 박멸하기 위하여 다툼이 있는 규정들 속에서 입법자가 사용한 특수한 법기술적 방법의 정당화는 별개로 고찰할 필요가 있다. 그러나 1929년 3월 22일의 라이히 국사재판소 판결은 다음과 같은 견해를 주장하고 있다. 거기에 필요한 표를 획득한다면 어떠한 정당도 만족시킬 수 있는 필요한 조건이 제시되었을 뿐이며 이미 선거권의 불평등한 형성이 되고 있다. 왜냐하면 선거절차 그 자체 속에서 충족되어야 할 조건을 단지 엄격하게만 보는 이러한 종류의 규정도 다음과 같은 효과를 가지기 때문이다. 즉 의석배분을 각 정당이나 집단 어느 쪽에도 필요 없는 전제들과 결합하여, 따라서 원래 그러한 정당이나 집단에 속하는 선거권자의 성과 있는 선거참가를 배제하거나 적어도 곤란하게 한다는 효과를 가진다. 그 실질적 내용에 의해서 이러한 내용의 규정들도 다양한 선거표의 [의석에 나타나는] 결과치에 대한 격차지움이 된다. 그것들은 불평등한 선거권을 가져온다. 이상이다.[124]

---

122) Tecklenburg, "Verhältniswahl"(siehe Anm. 89), S. 1184.
123) Braunias, "Einfluß" (siehe Anm. 80), S. 124.
124) AaO. (siehe Anm. 28), S. 2381.

본 판결은 단련의 정도가 그 밖의 점에서도 이 재판소의 선례와는 비교할 수 없는 것으로 나는 이러한 설시가 글자 그대로 이해되리라고는 도저히 생각할 수 없다. 왜냐하면 이러한 사례에서는 이 세상의 모든 선거법이 불평등할 뿐만 아니라 모든 선거법이 원래 불가능하게 될 것이다. 물론 모든 다수대표제선거법은 불가능할 것인데, 그러나 비례대표제도 역시 아주 동일하다. 왜냐하면 선출기초수 그 자체는 바로「각 정당이나 집단」에 어느 정도 필요가 없으며, 각 정당이나 집단에는 통상 우대하지 아니한 필요조건이기 때문이다.

그러나 본 판결은 계속하여 진지하게 선거법의 규정들을 대정당이 소정당보다도 이러한 조건을 「훨씬 쉽게」[125] 지킨다는 이유에서 불평등하다고 비난하고 있으며, 여기서도 이 명제에는 문장을 다듬는 부주의가 있다고만 볼 때, 이 판결은 정당하게 평가될 것이다. 왜냐하면 원래 이 판결의 그 이외의 곳에서는 분명히 강조하고 있는 선거권의「형식적」 평등은 어디에 남는가? 일단 언제부터 원래 정당들은 평등청구권의 주체인가?

본 판결은 이 사례에서 뷔르템베르크 란트의회 선거법 제20조 제2항을 불평등선거법이라고 비난한다. 이 항에 의하면 선거권자단체는 그 선거구후보자명부가 적어도 하나의 선거구에서 란트 전체에서 던져진 유효투표의 80분의 1 (선출기초수) 내지는 네 개의 선거구마다 선출기초수의 8분의 1을 얻지 못하면 고려하지 않기 때문이라고 한다. 라이히 국사재판소에 의한 위의 설시는 이러한 선거법 규정들에만 관계되고 있으며, 일반적 타당성을 요구하지 않는다는 것을 상정할 수 있다. 이러한 설시가 이 사례에서 적절한가의 여부는 결정하지 않기로 한다. 여하튼 이들 프로이센 선거법 제32조 제2항과의 관계는 완전히 부정되어야 할 것이다. 이미 보았듯이, 유럽 국가들에서는 비례대표제의 선거권평등성의 범위 안에서 실로 철저하게 구별이 예외 없이 승인되고 있었다. 만약 프로이센의 입법자가 동트 방식 절차를 자동적 의석할당 제도 대신에 규정하고, 더구나 노르웨이·스웨덴 그리고 스위스에 타당한, 다수의 종국 선거구를 둔 선거법을 명하였다면, 입법자가 그것으로써 평등한 비례대표제의 원칙들을 만족시킬 것이라는 것에는 의심이 없다. 그러나 여기서 이러한 제도의 평등성을 승인한다면 그것들과 비교하지 않을 수 없을 정도로 모든 선거권자에 대해서 평등한 것에 프로이센 란트 의회선거법의 제한에 대해서 승인을 거부하는 것은 참을 수 없는 형식주의와 원리주의일 것이다.

그 위에 프로이센 법의 수학적 비례성에 대한 제한들은 뷔르템베르크 란트 의회선거법보다도 훨씬 온건하다. 뷔르템베르크에서는 군후보자명부의 제1차 산정에서 선출기초수에 달하지 못한 표는 최종적으로 아무런 결과치도 가지지 못하는데, 프로이센 법의 제31조는 선거구연합에 있어서의 의석배분시에 그 후보자명부가 선출기준수의 절반에 도달하지 못한 것의 잔여표만이 고려되지 아니한다고 규정하고 있다. 그러나 그 경우조차 이러한 잔여표는 최종적으로 고려되지 않는 것이 아니라 제31조 제2항에 의하면 그것들은 그 란트선거후보자명부에 맡기고 있다. 거기에서는 이러한 표는 란트에서 얻은 총표로 재집계

---

125) Ebd.

되어 여하튼 제32조 제2항의 규범에 따르는 잠재적인 결과치를 획득한다.

여기서 평등개념에 관한 본 감정의 설명에서 떠나 예컨대 제31조, 제33조의 다툼이 있는 규정들이 폐지된다면, 수학적인 의미에서의 일층 커다란 평등성이 보증될 것인가 라고 묻는다면 이 질문은 명백히 부정되지 않으면 안 된다. 이 경우도 선거권평등의 정도는 선거권 전체의 틀 안에서 평가되어야 한다. 왜냐하면 위의 규정들의 폐지는 대정당을 유리하게 하는 수학적 불평등을 초래하기 때문이다. 다음의 점을 생각한다면 그것은 명백하 다. 1920년 3월 27일의 라이히 선거법 초안[126]은 「대정당의 분열과 왜소정당의 형성」에 대처해야 할 조치를 필요하다고 파악하고 있다. 이 초안은 이러한 목표를 6만의 잔여표 마다 1의석이 할당되도록 함으로써 달성하려고 하였다. 라이히 후보자명부에서 이 수를 만족시키지 못하는 잔여표는 모두 고려하지 않게 하였다. 위원회의 전회 일치로 이 규정은 라이히 후보자명부에서 3만표가 있으면 1의석으로 족하다는 방향으로 완화되었다.

현재의 제한 없이 이 규정을 유지한다면 소정당을 유리하게 하는 명백한 불평등이 생길 것이다. 프로이센에서는 예컨대 10의 소정당이 란트 전체에서 집계된 2만표와 약간의 각각의 파편표에 근거하여 겨우 10 의석을 확보하는 데에, 대정당은 동일한 표수로 5의석밖 에 얻지 못했을 것이다. 대정당에 불리한 이러한 불평등을 조정하기 위하여 위원회에서는 전회 일치로 선거후보자명부는 선거구 내지 선거구연합에서 이미 의석을 획득하고 있는 한에서만 이 의석배분으로 고려된다는 규정이 삽입되었다. 당시의 제29조 제2문과 제3문 의 위원회안에서는 이 관련이 더욱 명확하게 인정된다. 이 안에 의하면 3만표 이상의 잔여표는 만 6만표와 동일시된다. 그러나 (!) 라이히 선거후보자명부에는 최대한으로 그 명부와 접속된 군선거후보자명부들에 할당된 의석수와 동수가 할당될 수 있다. 동일한 「그렇지만」은 당시의 제28조 제1항 제5문의 위원회안에도 있다.[127] 이 「그렇지만」은 초안의 제2회 심의에서 먼저 삭제되고,[128] 거기에서 의장은 양 사례에 대해서 여기서 문제는 편집상의 변경뿐이라고 본원은 이해한다고 확인하고 있다.

이러한 문장의 관련은 프로이센법의 조문들에도 여하튼 명백하다. 하나의 — 그러나 명백히 유일 다툼이 있는 — 문(제32조 제2항)만을 일방적으로 삭제한다면, 제32조 제1항 제2문은 대정당이 불리하게 되는 불평등이 될 것이다.

1929년 3월 22일 라이히 국사재판소 판결은 뷔르템베르크 판결이 확실히 이것과 동일하 지는 않으나 유사한 규정을 다른 이유에서도 불평등하다고 비난하였다. 즉 이 규정은 개개의 선거구에서 기반을 확고히 하고 거기서 상당한 다수의 선거권자 대중을 수중에 거두는 정당과, 지지자들이 선거구들에 산재해 있는 정당들에게도 구별을 두고 있다. 명확한 도시형 정당과 동일하게 명확한 지방형 정당은 전란트에 균등하게 확대된 정당보다

126) *Verhandlungen der verfassunggebenden Deutschen Nationalversammlung*, Bd. 342 (Anlagen Nr. 2490), S. 2758.

127) Bericht des 8. Ausschusses, Drucksache 2717, in aaO., Bd. 343, S. 2989.

128) 22. April 1920, Drucksache Nr. 2476, in aaO., Bd. 343, S. 3010.

도 유리하게 된다. 마찬가지로 그 교회종파에 비추어 종파혼합이 없는 지역에서 공간적으로 폐쇄된 지지자층에 의거할 수 있는 종파정당보다도 유리할 것이라고 이렇게 서술하고 있다.[129]

정당한 견해이다. 여기서 유리하게 되는 정당들 모두를 이와 같이 병렬한 후에 남는 것은 원래 파편정당뿐이라는 점을 도외시하여 — 원래 「구별」이 있다면 그것만으로 불평등한 것일까? 1927년 12월 17일의 판결에서 라이히 국사재판소는 어떤 구별을 평등하다고 스스로 인정하지 않았을 것인가?[130]

그러면 파편정당을 박멸하는 이 방법은 정당화되는가? 본 감정에서는 이 방법을 오스트리아 · 체코슬로바키아 · 폴란드 그리고 에스토니아에서 발견하며, 더구나 대부분은 여전히 더욱 엄격한 형식을 취하고 있었다. 노르웨이 · 스웨덴 · 아일랜드 그리고 스위스에서는 이 방법은 불필요하다. 왜냐하면 거기서는 선거구연합과 이에 관련된 공간적으로 집중된 정당의 유리한 위치가 이미 제도에 의해서 도입되었기 때문이다. 그러나 바로 이 선거구에의 친근성이 프로이센의 방법을 결정적으로 지지하고 있다. 그 이유는 오래전부터 친숙해온 선거구와의 결합에 역사적으로 적합하기 때문만이 아니라 나아가 헌법적 근거에서도 있다.

## 10. 선거의 직접성과 평등성

왜냐하면 이러한 선거구의 결합을 삽입하지 않았기 때문에 우리나라의 선거법은 위헌이라고 불리는 것이 정당하였을 것이기 때문이다. 그러나 그것은 선거의 평등성의 결함이 아니라 직접성의 때문이다.

파편정당의 본질은 그것들이 그 표의 대부분을 이산소수파로부터 얻는 데에 있다. 1928년 5월 28일의 라이히 의회선거에서 6만표를 채우지 못한 정당은 다음과 같다.

|  | 선거구에서<br>(총 35 구 중) | 집계된 표수 |
|---|---|---|
| 공산당 | 14 | 510,000 |
| 민주당 | 28 | 940,000 |
| 경제당 | 30 | 987,000 |
| 국가사회주의당 | 33 | 637,000 |

---

129) Urteil v. 22. März 1929, aaO. (siehe Anm. 28), S. 2381 f.

130) 위의 주 46을 보라.

가령 선거구와의 결합 없이 이들 잔여표만이 계산된다면, 예컨대 경제당은 (그 이외의
잔여표가 완전히 없더라도) 무릇 16 의석을 획득할 것인데, 이 당은 실제로는 현재로서는
전체적으로 23의 라이히 의회의석을 가지고 있을 뿐이다. 그런데 이러한 파편정당이
그 의석 모두를 결산된 잔여표에 근거해서만 획득한다는 것도 쉽게 일어날 수 있을 것이다.
어떤 정당에서 모든 또는 대부분의 의원이 당본부에 의해서 란트 후보자명부에서 지명된
경우에도 여전히 선거의 직접성이라는 말을 입에 올리는 사람이 있을 것인가?

여기서 제시된 관점은 원리적인 것이다. 옛날부터 비례대표제는 전체적으로 또는 적어도
광범위하게 행하는 잔여표결산은 선거권의 직접성의 원칙과 일치하지 않는다고 공적으로
명언하여 왔다. 카셀 지방의회는 1898년 11월 26일의 결의에서 영업재판소[판사]에의
소유자의 선거에 관한 비례대표제선거법 프랑크푸르트 초안에 대한 동의를 분명히 거부하
였다. 비례대표제에 의해서 선거의 직접성의 원리가 침해되었기 때문일 것이다.131) 그
때에 당시는 아직 잔여표결산에 대해서는 1918년 2월 16일의 라이히 비례대표제선거법
초안에서와 동일하게 거의 논하지 않았다. 그러나 이 정부초안은 [단순] 구속명부방식에
반대하였는데 현재에는 더구나 엄격한 구속명부방식을 말하고 있다. 여하튼 다음과 같이
반론하였다. 「누가 라이히 의회에서의 정당을 대표할 것인가 하는 규정을 소수의 법률로
규정하지 않은 수의 사람들의 수중에 두고, 그리고 선거권자는 고작해야 후보자들의 순서를
결정할 뿐이며 선거권자를 그들의 사람들에 의한 결정에 구속하는, 그러한 규율은 직접선거
의 합헌적 원칙(라이히 헌법 제20조 제1항)과 거의 합치하지 않는다고 생각한다」.132) 당시
이미 거의 직접성과 합치하지 않았다는 것은 무릇 현재에는 이미 합치하지 않을 것이다.
왜냐하면 현재에는 잔여표에 근거한 당본부에 의한, 경우에 따라서는 전체 의원의 지명,
전원이 아니더라도 다수를 지명하는 엄격구속명부방식이 있기 때문이다.

1929년 3월 22일의 라이히 재판소 판결은 매우 적절하게 기록하고 있다. 란트 선거법은
「라이히 헌법에 의해서 구속적으로 세워진 선거의 보통·평등 그리고 직접성의 틀 안에
머물[지 않으면 안 된다.] … 따라서 그 틀 안에서만 선거법률들은 소당분립과 대치할 수
있다」.133) 그리고 그것을 정확하게 실시한 것이 프로이센의 법률이다! 이 사례에서마저
선거권평등은 개념적으로가 아니라 소여의 선거권 전체의 틀 안에서 규정되지 않으면
안 된다. 그러나 이 선거권 전체의 내부에 오늘날에는 평등의 요청과 직접성의 요청이
서로 의문의 여지없는 모순에 빠지고 있다. 하나의 원리는 항상 다른 원리를 희생으로
해서만 실현될 수 있다. 추상적인, 논리적으로는 어떠한 내용에서도 해방된 평등성은
가능한 한 남김없이 모든 파편표를 재생이용하려고 한다. 그러나 잔여표의 소유자가 지명되

131) H. Luschka, *Die Verhältniswahl im deutschen Verwaltungsrecht*, Karlsruhe 1905 (Freiburger
　　Abhandlungen aus dem Gebiete des öffentlichen Rechts, Heft 5), S. 19 ff. 참조.
132) Entwurf eines Gesetzes über die Zusammensetzung des Reichstages und die Verhältniswahl,
　　16. Februar 1928, in *Verhandlungen des Reichstags*, Bd. 323 (Anlagen; Drucksache Nr. 1288),
　　Begründung zu § 5, S. 14.
133) AaO. (siehe Anm. 28), S. 2384.

는 사람의 이름조차 알 필요 없으며, 이 잔여표에 근거하여 당간부회에 의해서 의원이 지명된다면 그것은 직접성의 원칙에 명백히 모순된다. 이 원칙은 1920년 라이히 선거법 A준비초안이 제20조에서 다음과 같이 규정한 이유에도 있었다. 말하기를 투표가 동시에 그 [후보자가] 속하는 라이히 선거후보자명부에 던져져야 한다면 투표용지는 그것에 대한 설명을 포함하지 않으면 안 된다. 그러한 이유가 결여된 경우에는 투표용지는 잔여표의 분배시에 고려하지 않는다.

명부식 비례대표선거에 논리적·수학적 추상화에 지치지 않는 오늘날의 법의식은 만족하고 있다. 왜냐하면 법의식은 바로 직접적이고 평등한 비례대표제 절차를 바라며, 일정한 정도까지의 비례성을 후보자명부에 요구하기 때문이다. 현재의 규정에서는 란트 선거후보자명부에 고착해야 거기에 접속된 각 선거구후보자명부에 할당되는 것과 같은 의석수가 배분되면 좋으며 거기에서 직접성의 원리는 만족될 것이다. 여기서 평등한 비례대표제와 직접성의 다툼은 최대한으로 의원의 반수가 간접적인 방법으로 임명될 수 있는 한에서는 적어도 정당하게 해결되고 있다.

그러나 만약 이 규정이 폐지되고 어느 날 어떤 정당이 선거구를 초과한 잔여표의 결산에 관련된 제도 전체가 직접성이라는 헌법상의 원리에 저촉되는가의 여부에 관하여 결정하도록 호소한다면 라이히 국사재판소는 어떻게 할 것인가? 이런 저런 유사한 이유에서 이 제도로 향한 충분한 반대의 소리가 있었다.[134]

프로이센 선거법은 두 개의 서로 모순되는 원칙간의 노고를 성공적으로 조정하고 있다. 여기서 제시된 관점들이 입법자에 대해서 결정적이었던 것은 선거법의 성립사에서 아주 명백하게 도출된다. 그것은 바로 정부의 이유 속에 나타나며, 그리고 위원회 의사록은 「다양한 논자로부터」 당시의 초안에 의하면, 선거구들에 있어서의 의석의 반수도 얻지 못하게 된다고 비난하는 것을 기록하고 있다.[135] 총회에서 얀센 의원은 아주 총괄적인 심의에 즈음하여 「가능한 한 많은 의원이 자신의 선거구에 뿌리를 내리려」 요구하고 있다.[136]

그리하여 나는 다음의 귀결에 이른다. 프로이센 란트 선거법에 의한 파편정당박멸의 법기술적 방법도 완전히 정당화된다 라고. 그뿐만 아니라 이 방법은 선거의 직접성의 원칙(바이마르 헌법 제17조 제1항)에 의해서 바로 헌법상 요구된다 라고.

---

134) Anton Erkelenz, "Ein unmögliches Wahlgesetz," in *Die Hilfe*, 26 (1920), S. 118; Payer, *Magdeburger Zeitung*, 27. Februar 1920; Hommerich, *Germania*, 30. Januar 1920; Riedel, *Vossische Zeitung*, 2. Februar 1920 참조.

135) *Sitzungsberichte der verfassunggebenden Preußischen Landesversammlung 1915-1921*, Anlagen (Drucksache des 25. Ausschusses, Nr. 3440), Bd. 11, S. 5864.

136) *Sitzungsberichte ...*, Bd. 10, 164. Sitzung, 7. Oktober 1920, Sp. 12911.

## 11. 사법과 입법

요약하여 파편정당의 박멸은 정당화되지 않는 구별을 하지 않는 한 평등원칙을 침해하지 않는다는 점이 확인되지 않으면 안 된다. 이 틀 안에서 입법자는 그 수단선택에 대해서 완전히 자유이다. 만약 자동적 의석할당 절차도 선거구를 초과한 결산도 폐지된다면, 바이마르 헌법 제17조와는 완전히 일치할는지 모른다. 그렇다면 프로이센 란트 선거법의 문제가 되고 있는 규정들은 바이마르 헌법 제17조와 나아가 저촉하였을 것이다. 예컨대 스위스의 평등한 선거법을 프로이센에 적용하려고 의결하는 것, 입법자에 대해서 확실히 자유인데 1929년 3월 22일의 라이히 국사재판소 판결이 서술했듯이,[137] 현재 여하튼 도입된 제도가 파편정당의 배제를 「강제」하지는 않는다는 견해는 법학적으로 근거가 없을 것이다. 이 판결의 앞의 문장에서는 모든 선거권자에게 같은 영향력을 보장하는 가능성이 없게 되어 비로소 비례대표제는 평등하다는 견해를 서술하고 있다. 그러나 이 명제도 단호히 부정되지는 않을지라도 상당히 조건을 붙여서만 인정될 것이다. 즉 그것이 논리적·수학적 가능성이라는 말을 사용하는 한 이 명제는 분명히 부정되어야 한다고, 특히 강조해 둘 필요가 있다. 이 경우에는 국사재판소가 그러한 견해를 가지고 입법자를 참칭하며, 이 재판소에 헌법에 의해서 이끈 제약을 무시해버릴지도 모르기 때문에 이 명제는 극복되지 않으면 안 된다. 그러한 외견상은 논리적·수학적으로 「형식적」인 해석이야말로 그 (부당한) 견해에 의하면, 수학적으로 정당하다는 법학적으로는 더욱 정당하지 않고 그 밖의 유럽 국가들의 법률관과는 아무런 관련도 없는 비례대표제도를 입법자에게 강요하는 시도를 함으로써 허용되지 않는 정치를 촉진할 것이다. 그러한 해석은 상당히 의심스러운 독일의 비례대표제선거법의 선거개혁을 무릇 입법자에게 금하고, 마침내는 라이히 국사재판소 자신이 의거하고 있는 법치국가적 기초를 파서 무너트릴지도 모른다. 사법심사권의 지지자라면 다음의 점은 점차 강조하여 명언하지 않으면 안 될 것이다. 이 심사권에는 「재판관의 지위의 본질에서 어떤 일정한 한계가 그어진다. 즉 심사권은 당연히 **입법자와 재판관 간에 있는 소여의 질서를 전복해서는 안 된다.** 재판관은 오히려 거기에 특유한 재판관의 임무의 틀 안에 머무르며, 입법자에게 특유한 임무를 빼앗아서는 안 된다. 첫째로, 무엇보다도 거기에 속하는가, 재판관은 **확실한 가장 외측의 한계에서의 침해만**을 비난하고, 입법자를 대신해서는 안 된다는 것이다」.[138]

모든 선거인에게 평등한 영향력을 보장한다는, 거기에 존재하는 가능성을 소진한 경우에는 비례대표제선거법은 평등하다는 명제는 그 아래서 바로 자의의 금지가 이해되고 있다는 조건 하에서만 인정될 것이다. 즉 입법자는 정당화되지 않는 구별을 해서는 안 된다. 바로 헌법재판소는 그러나 비로소 정당하게 게오르그 옐리네크가 「대표민주제에 있어서의 전국가적 조직의 기초」[139]라고 부른 선거조직이 그 합헌성을 심사하지 않으면 안 되는

---

137) siehe Anm. 28.

138) Erich Kaufmann, "Gleichheit vor dem Gesetze"(siehe Anm. 29), S. 19.

경우에 항상 현실에 일의적이고 명백한 법의 침해만을 비난하게 될 것이다. 결코 합중국에 있어서의 사법심사 실무의 위대한 원칙이 망각되어서는 안 된다. 말하자면 그것은 **국가의 재량과 지혜에 넓은 자유를** 가진다(the discretion and wisdom of the State wide latitude).

베를린-쉴라하텐제 1929년 9월 4일

---

139) Georg Jellinek, *Allgemeine Staatslehre* (1900), 3. Aufl., (besorgt von Walter Jellinek), Berlin 1914 (5. Neudruck 1929), S. 587 (김효전 옮김, 『일반 국가학』, 법문사, 2005, 477면).

# 부 록

에스토니아 국사재판소 1926년 6월 14일 판결
국회[라이히 의회] 행정부 서기과, 1926년 1045번의 2

에스토니아 자유국가의 이름으로 1926년 6월 14일에 국사재판소는 도르파트(Dorpat) 행정부에서 다음 사람[성명 생략]이 관여한 공판에서 에스토니아 임차인연맹의 후보자명부연합의 대표자 마인하르드 바사르(Meinhard Vasar)에 의한, 제3 국회선거 결과 종결에 관한 1926년 6월 5일의 국정선거중앙선거위원회의 결정에 대한 이의신청을 심사하였다.

1926년 6월 8일자로 국사재판소에 신청한 소에서 에스토니아 임차인연맹후보자명부 연합대표자 마인하르드 바사르는 국사재판소에 다음의 점을 구하였다.

1. 1926년 6월 5일자로 국정선거중앙위원회의 결정으로 가져온 제3 국회 선거 결과를 헌법에 합치하지 아니한다고 선언하고 수정하라. 이 선거에서는 에스토니아 임차인연맹 후보자명부연합은 이 명부에 주어진 표수가 선거제수(選擧除數, Wahldivision)보다 컸음에도 불구하고 의석을 얻지 못한 상태에 두었다. 그리고

2. 에스토니아 임차인연맹 후보자명부연합의 기탁금을 국고로 환수하도록 하는, 같은 날짜의 선거중앙위원회에 의한 원칙적 결정을 수정하고, 이 기탁금이 반환되도록 선언하라.

국사재판소는 1926년 6월 14일에 납입한 기탁금의 반환을 구한 부분에 대해서 행정소송법[AdmPO] 제2조와 선거법 제11조에 근거하여 다음의 이유로 소를 검토하였다. 그것은 이미 내려진 1926년 6월 5일자 국정선거중앙위원회 결정은 기탁금에는 관계 없고, 기탁금에 관한 국정선거법 제45조에 의하면 국회가 그것을 다루지 않으면 안 되며, 기탁금의 행방에 관한 규정은 국회에 의존하며, 그 밖의 점에 대해서는 위원회가 소를 내용적으로 심사할 권한을 가진다고 한다.

그 소를 그것이 제3 국정선거 최종 결과 확정에 관한 1926년 6월 5일자 국정선거중앙선거위원회의 결정에 향하고 있는 범위에 대해서는 에스토니아 임차인연맹 후보자명부연합 대표자 M. 바사르는 다음과 같은 이유를 붙였다.

입헌회의에서 가결되고 관보[GB Nr. 113/114 Jahrgang 1920]에 공포된 에스토니아 자유국가 헌법 제1조에 의하면, 에스토니아는 자주 독립의 자유국가이며, 그 국가권력은 국민(Volk)의 손에 있으며, 그리고 제3조에 의하면 국가권력은 헌법 내지 헌법이 발한 법률에 근거해서만 행사할 수 있다. 헌법 제29조에 의하면 국민은 국정선거를 통하여 국가권력을 행사하며, 국회의원은 제36조에 의하면, 비례선거의 원리에 의해서 평등·직접 그리고 비밀선거를 통해서 선출된다. 그 때에 제37조에 의하면 선거권을 가진 각 에스토니아 시민은 선거에 참가하거나 스스로 국회의원을 선거할 권리를 가진다. 제86조에 의하면 헌법법률은 국회와 재판과 아울러 행정제도들의 활동에

대해서 불변의 지침이다. 1926년 2월 18일에 제2 국회에 의해서 가결된 선거와 국민투표법 제91조에 서는 헌법 제36조에 규정된 비례대표제원칙은 선거제수를 산출할 때에 실시하는데, 그것에 의하면 각 후보자명부 내지 후보자명부연합에 할당되는 국회의석수는 어느 후보자명부 내지 후보자명부연 합이 얻은 표수가 선거제수에 의해서 할당됨으로써 확정된다. 이것에 의하면 전국회의원은 동수의 득표수로, 즉 선거제수의 수로 선출되며, 그리고 국회의원의 의석은 비례적으로 분배하게 되어 있다. 동 선거법 제92조에 규정된 산정에 의하면, 적어도 국회에 2 의석을 얻은 후보자명부 내지 명부연합만이 국회에 의석을 획득하며, 한편 확실히 선거법 제91조에 의하면 1 의석이 확정되는 것, 제2 의석을 위해서 남겨진 득표수가 선거제수에 달하지 못하여 그것들은 탈락하고 의석을 획득하지 못하는데, 이 산정은 헌법 제36조에 규정된 비례성의 원칙에 합치되지 아니한다. 제92조에 따른 계산에서는 이전에 모두 제출을 마친 명부에 대해서 평등하였던 선거제수가 보다 작게 되며, 그리고 많은 명부에 국민이 다른 후보자를 선출하려고 한 표도 합하여 자신들에게 의석을 확보할 가능성이 주어질 것이다. 그러나 이러한 계산은 국정선거중앙위원회에 의한 헌법 제86조의 불이행이 며, 그리고 국민의사의 이행자인 국회에 의한 그러한 법률의 발포는 국민에 대해서 그 자신의 의사의 억압이 될 것이다. 마찬가지로 이 사례에서 어떤 국회의원은 보다 적은 득표수로 선출되는데, 다른 의원은 훨씬 많은 득표수로 의석을 상실하는 데에 비례성의 무엇인가 원칙이 있다는 것은 무리이다. 헌법 제37조에 의하면, 선거권을 가지는 각 에스토니아 시민은 (개별 사람에 관련해서도) 자기 자신이 국회의원으로 선출될 권리를 가지고 있는데, 이 조문은 침해될 것이다. 그러므로 국정선거법 제92조는 헌법 제36조와 제37조에 합치되지 않는 것으로서 헌법 제3조에 따라 자연히 무효이며, 그리고 선거중앙위원회는 이 조문을 헌법 제86조에 따라 적용할 권리를 갖지 아니한다. 제3 국정선거의 최종 결과를 확정함에 있어서는 같은 해 6월 5일자의 선거중앙위원회는 선거법 제92조에 따라서 계산을 하고, 6500표 이상을 획득한 에스토니아 임차인연맹 명부연합을 국회의원 으로서의 1 의석을 주지 않고 방치하여, 선거제수가 4867,8이며, 그것으로 선거법 제91조에 따라서 이 후보자명부연합에 1 의석이 생기는 것을 고려하지 아니하였다. 이 방치 때문에 이전의 선거제수는 4853으로 저하하고, 그리고 비례성의 원칙은 사라지고, 한편 이제는 4853표로 1 의석이 주어지게 된 것에 6500표를 초과하더라도 의석이 주어지지 아니한다. 이상과 같이 주장한다.

법정에서 원고 M. 바사르는 그 소를 이유붙이고 에스토니아 임차인연맹은 제3 국회에서 의석을 갖지 아니한 상태에 놓인다고 한, 선거중앙위원회의 결정을 변경하도록 구했다. 선거법은 헌법에 저촉되며, 이 법, 즉 선거법에서는 비례성의 원칙이 고려되지 않고 있다. 입헌회의는 이 원칙을 분명히 취하고 그것에 따라서 선거법을 발포했는데 제2 국회는 비례성개념을 폐기하고 그것으로 헌법을 침해하였기 때문에 적법성의 입장을 일탈하였다. 여기서는 다수결의 원칙을 가지고 처리하고, 이것은 비례성개념과 모순된다. 원고는 라이히 재판소는 선거법을 변경할 수 없다고 이해하고 있으며, 이 법은 법률적 효력이 없는 상태에 놓일 뿐이며 헌법은 그 제86조에 따라 변경하지 못하는 법률이라고 생각할 수 있다. 이상과 같이 주장한다.

국정선거에 관한 중앙위원회의 수임자, 선서변호사 유리 야크손(Jüri Jaakson)은 원고의 신청은 정당하지 않다고 주장하고, 소를 허용하지 않도록 구하였다. 그것에 의하면 원고는 명부를 제출함에 있어서 새 선거법의 요건 전체를 만족하고 있으며, 이 법이 헌법과 저촉한다고 생각하지 아니하였다는 것이다. 이 선거법은 원고의 주장과는 달리 무릇 헌법에 저촉되지 아니한다. 헌법은 그 속에 세운 원칙들에 관하여 그것들의 모습과 확장의 한계를 확정하지 않고 특별법에 의한 해결에 맡기고 있다. 원고의 입장은 선거법 속에 다수결의 원칙이 가령 실시되고 있다면 지지될는 지도 모른다. 그러나 선거법 속에는 비례성의 원칙이 분명히 존재하고 있는 이상, 이와 같이 서술할 수는 없다. 산술적 원칙들에서 출발하여 그것들에 소와 설명의 이유를 붙이는 것은 잘못이 된다. 비례성의 원칙이 여러 가지 선거법에서 실시되고 있는 것, 그리고 그것들의 결과와 비례는 선거구의 크기에 좌우되는 것이 고려되지 않으면 안 된다. 원고는 덴마크와 잉글랜드의 선거법과 벨기에로부터 예를 도출하고 있다. 벨기에에서는 선거구의 총결과에 의하면 비교적 적은 표를 획득한 몇몇 정당이 1 의원을 당선시켰음에도 불구하고 정당들이 의석이 없는 상태에 놓여 있었다. 그 때에 벨기에에 비례대표제가 통용하고 있다고는 아무도 말하지 아니한다. 소 가운데 열거된 제한들 이외에 우리나라의 선거법에는 그것 이외의 제한도 존재하고 있다. 원고의 입장에 선다면 선거법 제92조뿐만 아니라 제42조와 제51조도 개정을 면하지 못할 것이다. 왜냐하면 원고의 견해로는 무릇 선거법의 제한이 없기 때문이다. 그런데 입헌의회에서 시행된 선거법에도 제한은 존재하며, 예컨대 이 법은 후보자명부는 적어도 50명의 시민에 의해서 서명되어야 한다고 요구하고 있었는데, 나아가 새 선거법은 이 관계에서는 훨씬 양보적이며 5명의 시민에 의한 서명을 요구하려는 것에 불과하다. 무릇 제한이 없는 법률은 존재하지 않는다. 왜냐하면 제한이 없는 곳에는 질서도 또한 없기 때문이다. 헌법의 일반사상은 침해되지 않고 있으며, 그리고 그러므로 원고의 소와 설명은 법률적 기초를 갖지 아니한다. 이상과 같이 주장한다.

선거중앙위원회의 제2 대리인, 국회의 변호인, 한스 마르트나(Hans Martna)는 원고가 시사한 산술적 비례가 국민대표의회의 관계에서는 실행할 수 없다고 서술하여 선서변호사 야크손의 견해를 지지하였다. 예컨대 분수(分數)는 조작할 수 없다는 것이다. 이 사람은 소가 허용되지 않도록 구하였다.

원고 마인하르드 바사르는 각 법률은 기술적 제한을 포함할 수 있는데 국민대표의회에서 1 의석이 임차인에게 주어진다는 확정된 의사를 국민이 제시한 사례를 선거중앙위원회는 고려하지 않으면 안 된다고 서술하였다. 수비(數比)에 관해서는 확실히 직접적으로 동형성을 유지할 수 없는 것이 일어날 수 있는데, 이러한 경우에는 안건을 추첨으로 결정할 수도 있다고 하였다.

본건의 심사 후, 그리고 양 당사자의 주장과 검사의 견해를 청취한 후에 국사재판소는 다음과 같이 결정한다.

비례성원리에 근거하여 실시된 선거로 추구하려는 것은, 국민대표의회가 단지 유권자의 다수가 둘러 모인 정치적 집단화의 대표라고 증명만 하는 것이 아니라 국민대표의회 중에서 그것들의 크기와 국민대표의회 의원수에 비례하여 중요성을 가질 수 있는, 가능한 한 많은 그러한 정치단체들 내지 동일한 생각을 가진 지지자의 집단들이 대표되는 것이기도 하다. 이러한 관계에서는 어떠한 방법으로 개개의 단체와 결사에 의석배분을 할 것인지 매우 중요하다. 그러한 방법의 수는 오늘날에는 이미 매우 크고, 그리고 점점 증대할 수 있으며, 그러므로 하나 내지 다른 방법을 적용함에 있어서 선거제도가 비례성의 원칙들을 토대에 두지 않는다고는 거의 말할 수 없을 정도이다. 1인의 후보자를 당선시키기 위해서 선거인결사가 획득하지 않으면 안 되는 특정 득표수를 규정하는, 비례성의 원칙들을 기초로 하는 선거제도가 있다(자동적 의석할당제). 국정선거법 제2조는 국회의원 의석배분시에 최저 국회의원 2 의석을 획득한 독립후보자명부 내지 명부연합만을 고려할 수 있다고 규정하고 있으므로, 그것과 비례성원칙이 아주 일치하지 않는다고는 하기 어려우며, 오히려 이것으로 결사들의 크기와 국회의원 수와의 비례로 계산하리라는 선거인결사 내지 연합만이 국회에서 대표되도록 추구하고 있다. 여기서 비례성의 원칙은 유지되고 있다. 원고는 실로 스스로도 헌법 제36조에 규정된 비례성원칙이 선거제수의 산출시에 실시되고 있음을 인정한다. 그러므로 국정선거법 제92조가 헌법 제36조와 아주 모순된다고는 주장할 수 없다.

국정선거에서 후보자명부 아래에 의석을 배분함에 있어서 규정된 방법이 비례성의 원칙에 충분하고 적절하게 합치되었는가의 여부에 관한 문제의 심사는 상술한 고려에서 불필요한 것이 명백하며, 본건의 결정에서 무릇 법률학적 의의를 갖지 못한다.

상술한 모든 것에 근거한다면 국정선거중앙위원회는 국정선거법(관보 [GB Nr. 16] 1926년) 제11조에 근거하여 그 의결을 후보자명부의 무효선언과 선거최종결과 확정 때문에 당해 명부와 명부연합의 의원은 국사재판소 행정부에 이의를 신청할 수 있으나 본건에서는 국정선거법 제92조에 의하여 절차를 행할 권한이 있으며, 그리고 선거중앙위원회의 결정을 폐기할 법률상의 근거는 무릇 존재하지 아니한다.

이 모든 것과 행정소송법 제21조와 제22조, P. 1에 근거하여 국사재판소는 다음과 같이 결정하였다.

에스토니아 임차인연맹후보자명부 연합대표 마인하르드 바사르의 제3 국회선거의 최종결과에 관한 1926년 6월 5일자 국정선거중앙위원회의 결정에 대한 이의는 배척한다.

# 3. 바이마르 헌법에서의 자유와 형식*

오늘 독일의 제헌절을 축하하는 것은 그 정당성을 역사적인 맥락에서 찾아야할 것이다. 확실히 바이마르 헌법은 지난 11년 간에 걸쳐 독일인에 대해서 무엇을 해왔는가 하는 문제를 회피해서는 안 된다. 그러나 우리들은 가장 평온하고 만족스런 시대를 향하여 축하의 회고를 맡기지 않으면 안 된다. 바이마르 헌법은 우리들 가까이 있으며, 여전히 절박한 투쟁의 대상으로서 많은 과제를 내포하면서 그것이 실현된 것은 아주 근소한 정도이다. 그러므로 우리들은 바이마르 헌법과 그것의 현재와 미래에 대한 의미를 생각하지 않고서는 이 헌법을 축하하려거나 축하할 수도 없다.

이러한 바이마르 헌법의 의의를 정당하게 평가하기 위해서는, 우리들은 먼저 사회적·역사적인 생활에서의 헌법의 본질과 과제에 따라서 근본적으로 잘 생각해 볼 필요가 있을 것이다. 헌법이란 그것이 성문이든 불문이든 언제나 근본규범이다. 그러므로 국민 속에 어떤 사회적인 세력들이 함께 작용하는 정치적인 근본형태이다. 그것은 일찍이 헤겔이 지적했듯이, 국가권력의 분절화이며, 또한 라살레의 유명한 말에 의하면 사실상의 권력관계의 표현이라고 할 수 있다.

어떤 헌법의 가치나 무가치에 관하여 결정하는 것은 한 장의 종이가 아니라면 이념적인 법률적 규범도 아니다. 결정적인 것은 오직 헌법이 어떤 모양의 사실적·사회적인 권력관계를 용인하며 인증하는가, 또는 그것을 거부하는가 하는 점이며, 또한 헌법이 어떤 모양의 장래의 권력관계에 봉사하는가 하는 점이다.

모든 헌법은 지금은 지나가버린 혁명의 창조적인 카오스 속에서 성립한 것이다. 헌법이 정태적인 형식과 규범으로 되어버리는 한, 그것은 어느 정도까지 역시 경직된 과거가 될 것이다. 헌법이 사실적·사회적인 권력관계의 살아있는 표현인 한에서만 헌법은 현재적인 형성력을 가진다고 말한다. 즉 헌법의 정태적인 형식이 국민의 조직되지는 않았지만 변혁하려고 하는 힘의 동태에 의해서 생기가 주어지게 되고, 헌법은 이러한 현재적인 형성력을 가지는 것이다. 헌법이 미래를 형성하는 국민의 힘에 대해서 그러한 미래의

---

\*    Rede zur Verfassungsfeier des Deutschen Studentenverbandes, zuerst veröffentlicht in *Die Justiz. Monatsschrift für Erneuerung des deutschen Rechtswesens, zugleich Organ des Republikanischen Richtersbundes* (Hg. W. Kroner u.a.), Verlag Walther Rothschild, Berlin, 5 (1929/30), S. 672–677. jetzt in *Gesammelte Schriften*, Bd. 2, S. 371–377.

정치적 형성에 관한 자유를 인정하는 경우에만 헌법은 언제나 좋은 것이다.

따라서 어떤 헌법의 가치에 대해서 결정적인 것은 형성된 형식과 형성하는 자유 (gestaltete Form und gestaltende Freiheit)와의 이러한 관계이다. 가장 완성된 헌법이란 확실히 자유와 형식 간에 생기는 필연적인 긴장관계가 지양되고, 정치적·사회적인 형식이 모든 구성원에 의해서 자유롭게 시인되는 헌법일 것이다. 이러한 자유를 원하는 인간의 공동체, 이것은 현대의 신칸트학파의 철학자가 그렇게 부르는데, 그것은 피히테나 카를 마르크스의 사회철학이 이상으로 하는 점이다. 역사적·사회적인 국가관에 대해서 자유와 형식, 개인과 공동체는 영원한 긴장관계에 있다. 물론 그러한 긴장관계는 언제나 역사적으로 변화해 가는 것이기는 하지만 말이다.

이러한 통일성에 대한 형식과 다양성에 대한 자유의 긴장이 가장 적게 되는 것은 이 다양성이 정신적·사회적으로 상대적인 동질성을 가지며, 그 결과로서 동일한 정치적 형식관념이 전체 속에서 전적으로 자유롭게 긍정되는 경우일 것이다. 전원에게 기대가능한 종교적·정치적·사회적인 의사와 가치의 공동체라는 것을 알고 있는 정태적인 시대에만 이러한 헌법의 이상에 상대적으로 가깝다고 말한다.

우리들의 시대는 예전에 비하여 정신적·사회적인 동질성에서 소원한 시대이다. 그러한 시대에 있어서 헌법의 일을 생각하는 경우, 법률적 명령으로써 이러한 가치공동체를 창출할 수는 없다는 것을 결코 잊어서는 안 된다. 자본의 움직임이 활성화하고 모든 가치표상이 동태적으로 되고, 사회적인 형식들의 변혁이 이루어지는 것이 현대라는 시대이다. 그러므로 헌법에서의 자유와 형식의 관계라는 문제는, 특히 곤란하고 위험한 문제가 된다. 형식의 과소는 결국 트로츠키가 말하는 '영구혁명', 즉 문화를 근절하는 내전을 의미하게 될 것이다. 이러한 내전에 러시아인, 하물며 유럽인은 결코 참을 수가 없다. 다른 한편, 자유의 과소는 파시즘의 독재에 나타난 그대로다. 무솔리니는, 파시즘의 독재는 자주 절반쯤 썩은 자유의 여신의 해골을 밟고 넘는 것이라고 하여 정치적으로도 올바른 이해라고는 할 수 없는 과장으로 서술한다. 그러한 (과소에 근거한) 헌법은 미래를 형성하려는 세력들이 보다 고도의 정치적 형식을 가지려고 하는 가능성을 방해하는 것이다.

외교상의 문제들은 아주 도외시하더라도 오늘날의 독일의 상황에서는 볼셰비즘의 독재는 무질서한 투쟁, 문화를 근절시키는 혼란이 될 것이다. 이에 대해서 파시즘의 독재는 미래가 지닌 가능성을 폭력적으로 압살하게 될 것이다. 그리고 이러한 독재의 경직된 형식은 곧 폭발에 의해서 깨져버릴 것이 틀림없을 것이다.

우리들은 역사적으로 필연이 된 형식을 실현하는 오늘날의 헌법을 좋은 것으로 생각한다. 왜냐하면 오늘날의 헌법은 이제 역사적으로 불가피하게 된 투쟁을, 문화를 가능케 하는 형식들 속에 가져오며, 또한 보다 아름다운 미래를 형성하기 위한 자유를 창조력을 가진 세력들에 대해서 인정하기 때문이다.

이러한 규준을 가지고 우리들이 바이마르 헌법을 접근한다면, 먼저 이 헌법의 적대자들이 바이마르 헌법의 파멸 속에서 생겨났다고 항상 반복해서 비난하는 것은 놀라운 일이다.

3. 헌법에서의 자유와 형식 95

오히려 우리들의 견해에 따르면, 바로 이러한 사실이야말로 바이마르 헌법이 자랑할 명예인 것이다. 오늘날 헌법을 비판하는 사람들은 이 헌법의 기초가 나왔을 때 도대체 어디에 있었던가? 책임감 있는 사람들은 생명의 위험을 무릅쓰고 혼란과 대결하였던 것이다. 그리고 의심할 것 없이 혼돈을 일으킨 책임을 져야할 낡은 정권의 지도자들은 망명하거나 또는 '황제와 조국의 신과 함께'라는 슬로건을 내리거나, 헌법제정을 위한 국민의회와 민주주의의 강력한 옹호를 소리 높여 요구하는 모양이었다. 오늘날 헌법을 비판하는 사람들은 당시 도대체 어디에 있었는가?

바이마르 헌법은 **3국협상**(Entente)*에 의해서 강요되었다는 주장에는 도대체 어느 정도의 많은 망은이나 생각 없음, 후안무치가 포함되어 있는가? 이른바 국수적인 사람들은 프랑스가 독일 라이히의 해체를 열렬하게 바라면서도 마침내 그것이 실현되지 않은 것은 오직 바이마르의 작품에 감사해야 한다는 사실을 정말 알지 못한 것은 아닐까?

또 헌법에서 규정된 자유의 보장이라는 보호 아래, 이 공화국이 민주적이며 의회주의적으로 건설된 공화국이기 때문에 이 공화국 자체를 철저하게 비판하는 것은 오늘날 얼마나 진부한 일인가? 특히 우익이든 좌익이든 이러한 비판자들은 그때에 자신의 것을 세련되고 재기 넘친다고 생각한 것이다. 그들은 바이마르 헌법의 문체의 결함을 비난하고, 통일적인 정신의 결여를 한탄하고, 이 헌법은 정치적 근본결단을 내린 것이 아니라 오히려 이를 회피하기에 앞장섰다고 험담을 늘어놓는 것이다.

확실히 바이마르 헌법 제2편, 즉 기본권과 기본의무에 관한 규정인데, 여기에 어떤 모순을 밝히는 것은 어떤 예리한 국가이론가도 필요 없는 것이다. 누구든지 거기에서 자본주의적 원리들과 사회주의적 원리들 양쪽을, 또한 중산계급의 입장의 보장, 기업가와 노동자 쌍방의 입장 보장 등 많은 문화정책상의 모순들을 틀림없이 발견할 수 있을 것이다.

바이마르 헌법은 바로 사실적·사회적인 권력관계의 표현이다. 주어진 상황 속에서 어떤 모양의 근본결단이 사실적·사회적인 권력관계를 정당하게 가능한 것으로 볼 것인가 하는 구체적인 질문을 헌법비판자에 대해서 던진다면, 틀림 없이 순식간에 당황하는 침묵이 시작될 것이다. 사회주의경제에 대해서, 또는 모든 공적인 구속이나 사회보장비에서 자유로운 경제에 대해서 단순히 종이조각 위에서 결정하는 것은 실은 용이할 것이다. 그러나 단지 이러한 결정이 단순히 종이조각에 그치지 않는다는 것도 명백하다.

그러면 그 밖의 모순들은 어떠한가? 누가 독일의 헌법이 중산계급이나 기업가층의 소멸을 명령한다고 말할 수 있을 것인가? 또 헌법이 조직된 노동자계급으로부터 그들의 자각을 빼앗을 것인가? 또는 다른 어떤 헌법이 현실적으로 가톨릭적·프로테스탄트적 또는 볼셰비즘적인 문화정책을 명령할 수 있다고 말할 수 있을 것인가?

아니다! 이러한 모순들은 헌법의 기초자에게 돌릴 것이 아니다. 오히려 이러한 모순들은 현재 우리들이 처해 있는 정신사적·사회적 상황에 있다는 점이 중요하다. 이러한 상황에서 무엇보다도 먼저 이런 모순점들이 제거되지 않으면 안 된다. 그리고 우리들이 가지고 있는 헌법의 형태는 그러한 모순점을 제거하기 위한 자유로운 가능성을 우리들에게 부여한 것이다. 이것이야말로 이 헌법의 최대의 특징이다. 연방참의원과 프로이센 3등급선거제를 규정하고 있던 비스마르크 헌법은 모든 전제적·독재적 헌법처럼, 폭력에 의해서만 타도될 수 있는 것이다. 이에 대해서 모든 활력 있는 사회적 세력들에게 사회적 모순들을 폭력을 사용하지 않고 제거하기 위한 법적인 통풍관을 열어놓은 상태에 있는 것이 바이마르 헌법이다.

그러나 바로 이러한 바이마르 헌법의 구조는 좌익이든 우익이든 심미적·영웅적인 혁명적 낭만주의자를 자극하고 있다. 그들은 바이마르 헌법을 군주제적·자유주의적 법치 국가와 정치적·사회적 민주주의 간의 더럽고 형태 없는 어정쩡한 타협이라고 부른다. 그들은 그 내용에서는 각각 다르더라도 결국은 독재를 희구하는 것이다. 그러므로 헌법이 규정한 권력분립과 기본권 등 부르주아 법치국가가 가지고 있는 시대에 뒤떨어진 편견이라 고 주장하는 점에서 기묘하게도 일치한다. 그들의 이상은 무제약하며 그러므로 자의적으로 국민에게 영향을 미칠 수 있으며 구속 없는 폭력이다. 사법과 행정의 분야에서도 결코 법률에 구속되지 않고 시민이 무엇을 생각하고 말하고 쓰고 읽는 것을 허용하는가를 법률이나 재판관의 손을 거치지 않고 규정하고 싶다는 것이 그들의 바람이다. 그들의 주장은, 권력분립과 기본권 같은 새로운 정치적 이상은 급진적이고 폭력적으로 수행하기 위해서는 사악하다는 것이다.

이제 우리들은 정치에서 폭력은 그 자체 어떤 악이라고 생각하는 이론가는 결코 없다. 폭력은 언제나 하나의 수단에 불과하며 그 목적에 의해서 정당화되기도 한다면 비난을 받기도 할 것이다. 과연 전술한 폭력숭배자가 폭력의 행사를 정당화 할 수 있는 새로운 정치적 형식관념을 가지고 있는가? 그것은 어떻게 말하며, 어떤 모습으로 나타나는 것인가?

좌익이나 우익도 이러한 새로운 정치적 이상을 참으로 발견할 수는 없다. 저 혁명의 낭만주의자는 모든 정치적인 목표를 설정하는 것을 합리주의적이라고 치부하며, 불모의 흥분 이외에는 아무런 진실도 없는 비합리적인 행동주의에 의거하며 단지 단순할 뿐이며 아무것도 하지 않는다. 그 점에서 그들은 매력적이지 않으며 하물며 모스크바 시민에게도 도움이 안 되는 처방전을 우리들에게 제시할 뿐이다. 또는 우익측에 선 사람들은 고차의 제3자적 존재로서의 국가에 대해서 말하며, 또는 어떤 관념에도 구속되지 않는 제3제국에 대한 큰소리를 농하는 것이다.

원래 국가란 언제나 특정한 사회적 세력들에 의해서 지배되는 의사단체이다. 국가는 고차의 제3자적인 존재로서 사회적인 수맥 위에 떠도는 어떤 것은 결코 아니다. 그리고 바로 고차적인 제3자라는 교설은 이러한 사회적인 정의를 말하자면 신념을 의도적으로 회피하려는 것이다.

나치스주의자들은 제3제국에 대해서 단 하나 만을 말할 뿐이다. 그것은 그들이 그 속에 들어가지 않으려는 자, 즉 유태인이다. 이런 새로운 형식이 어떤 모습이어야 할 것인가를 그들은 아무것도 말하지 않았고 또 말할 수도 없다. 왜냐하면 그들 역시 제3제국 그 자체에 대해서 아무것도 모르기 때문이다.

좌익이든 우익이든 이러한 모든 혁명의 낭만주의자들에 대해서는 윤리적인 관점에서도 그들은 피비린내 나는 생각 없는 내전을 선동하고 있다는 정당한 비난을 추가할 수 있을 것이다. 역사적인 관점에서 본다면 그들의 이념 없는 것은 무리가 아니다.

왜냐하면 사실 우리들이 살고 있는 시대는, 낡은 정치적 형식관념이 더 이상 인정되지 않고, 또 여전히 새로운 정치적 형식관념도 충분하게 유효한 힘을 발휘할 수 없기 때문이다. 독일 국가인민당의 어떤 의원의 유명한 말에 의하면, 군주제라는 것은 이제 영화 속에나 나오게 되어 버렸고, 자유주의적 법치국가도 현대적인 사명을 이미 전개하지 못하고 사회적 법치국가의 정치적 형식이야말로 비로소 생성 중 있다고 말한다.

이러한 역사적 상황 속에서 바이마르 헌법이 구가하는 열린 정치적 형식만이 유일하게 우리들에게 적합한 것이다.

우리들은 바이마르 헌법이 규정하는 이상이 우리들에게 이미 성취되었다는 것으로 이 헌법을 축복하는 것은 아니다. 바이마르 헌법을 축복하는 것은 이 헌법이 우리들에게 부과한 사명의 달성을 가능케 하기 때문이다.

바이마르 헌법은 미래에도 가장 통일적이며 고도의 형식을 실현하기 위한 자유를 우리들에게 부여하기 때문에, 우리들은 이 헌법을 옹호하고 이 헌법에 대해서 존경하도록 요구하는 것이다.

바이마르 헌법의 형태는 모든 집단에 대해서 논쟁하기 위해서 필요한 평등의 조건을 인정한다. 그러므로 우리들은 정치적 견해를 가진 모든 독일 시민에 대해서 이 헌법에 대해서 존경할 것을 요구할 권리가 있는 것이다.

우리들은 폭력선동자들이 가해온 모든 공격으로부터 바이마르 헌법을 단호히 옹호할 것을 선서한다. 이 헌법을 공격하는 자는 항상 반복하여 투표용지에 의한 민주주의를 빈정댄다. 그런 빈정거림에 대해서 우리들은 이렇게 아주 분명히 말해둔다. 즉

우리가 다 잘 아는 사실은, 투표용지만을 가지고 국가를 안정시킬 수는 없다는 지식이다. 바이마르 헌법에 대해서 폭력을 사용하여 공격하는 경우, 우리들은 저 폭력선동자들에 대해서 그러한 지식을 순식간에 실천적으로 증명할 것이다. 무기를 손에 들라! 고 할 때에 우리들은 바이마르 헌법을 옹호하는 것이다.

# 4. 독일 민주주의에서의 직업관료제[*]

   독일 민주주의의 많은 정치제도들은 오늘날 위기에 처해있다고 하는데 직업관료제도 그렇다. 한 사람은 프로이센 독일 군주제에 있었던 유능하고 성실하며, 사려 깊은 관료제가 의회제 국가에 의해서 부식되어버렸다고 불평하며, 다른 한 사람은 국민이 관료에 종속되어 버렸다고 탄식한다. 또 다른 사람은 무엇보다도 고급관료에게 새로운 국가에 대한 순응성이 결여되었다고 공격하며, 그들이 정부의 정책을 방해하고 있다고 비난한다.

   이 직업관료제의 역사적 성립의 요인을 생각해 볼 때 비로소 직업관료제의 의의와 과제에 대한 정당하고 근거 있는 관념을 가질 수 있다. 그것은 근대국가와 함께 태어나고 그 존재와 분명하게 결합하고 있다.

   봉건제 사회에서는 오늘날 국가라고 불리는 것은 존재하지 않았다. 이 시대의 근소한 행정의 과제는 봉건적 장원 영주에 의해서 주관적 권리로서 주장되고 있었다. 그들의 권리는 토지에 부속하고 토지와 함께 취득되고 양도되었다. 물적인 행정수단·무기·말· 재판 시설 등등은 대부분 장원 영주의 사유물이며, 그들은 그들을 위해서 신민으로부터 세금을 징수하고 있었다. 근소한 수만이 필요하게 되는 행정보조자는 영주들에 의해서 임용되고, 봉록이 지불되며 해임되었다. 이와 같이 봉건제는 개인자본에 의한 노동질서나 재산질서에 유사하며 사적으로 관리되는 지배조직이며, 여기서 각 장원 영주는 자신의 영주지배권에 근거하여 주권적이었다. 행정기관은 영주의 개인적인 보조인원에 불과하였 다. 이 봉건체제의 마지막 잔재는 19세기 프로이센에서는 슈타인 남작이 극복에 노력한 영주재판권이며, 20세기가 되어서도 여전히 프로이센 **군수**가 있었다. 군수는 군 서기관은 별도로 그 보조기관 모두를 자신의 생각대로 할 수 있는 총액에서 사적인 피용자로서 임면하고 있었다.

   도시들에서는 봉건 신분층과 아울러 시민층이 성장하고 독자적인 지배와 행정이라는 요구를 내세우게 되었다. 이러한 요구들을 봉건적 행정제도는 만족해 하려거나 할 수도 없었으며, 구래의 봉건체제는 변모하지 않을 수 없었다. 분업이 진전하자 행정의 임무는 끊임없이 증대하고 복잡하게 되었기 때문에 이들의 임무도 분업과 전문가에 의한 처리를

---

[*] Das Berufsbeamtentum in der deutschen Demokratie, in *Die Neue Rundschau* (Hg. O. Bie), S. Fischer Verlag, Berlin 1930, 41. Jg. der *Freien Bühne*, Bd. 2, S. 721-732. jetzt in *Gesammelte Schriften*, Bd. 2, S. 379-392.

요구하였다. 봉건 신분층에서도 이미 사회 전체를 대표하고 있다고 자부할 수 없게 되고 귀족과 시민 위에 서는 새로운 대표권력과 행정이 필요하게 되어왔다. 그것을 창출한 것이야말로 유럽 대륙에서의 절대주의의 역사적 기능이었다. 봉건영주들로부터 그러한 '기득권'을 탈취하기 위하여 자신으로부터 경제적으로 독립한 융커에 '대해서' **청동바위**처럼 자신의 **주권**을 안정시키기 위해서 절대군주에는 경제적 · 정치적으로도 절대군주에 종속하는 관료가 필요하였다. 절대군주는 특색있는 방법으로 관료들을 자기 영토의 귀족에게 대항시켜 사용하기 위해서 관료를 대부분 외국에서 임용하였다. 그리하여 유럽 대륙에서 직업관료제가 성립하였다. 이 관료제에 의해서 귀족과 시민층에 대해서 대표하는 동시에 억압하는 권력으로서의 근대국가가 성립하였다.

무릇 모든 독재제가 그렇듯이, 국가의 의사는 절대적 지배자의 명령이며, 그 도구가 직업관료제였다. 법학적으로도 지배자들의 도덕적 의식 속에도 첫째로 관리들은 인민, 국민, 국가의 봉사자가 아니라 독재적 군주의 개인적 보조자이며, 그들에 대해서는 군주의 인격에 바로 국가가 체현되고 있었다. 순수한 절대주의에서는 관리들은 철두철미 자의적으로 임면되는 군주의 사적인 봉사자였다. 이러한 순수 절대주의는 극복되고, 그리고 개개인에 의해서는 더 이상 조망할 수 없을 정도로 행정사무의 규모와 어려움이 관료장치가 일정한 안정성을 가질 필요와, 군주들이 이 관료장치를 일정한 권한범위 안에서 사용하지 않을 수 없는 중압을 예견시켰다. 그럼에도 불구하고 관료제는 근본적으로 여전히 군주제의 보조자를 계속하였다. 1850년 프로이센 헌법 제98조*에서 말하는 관리법은 공포되지 않았는데, 이에 대해서 1850년과 1856년의 규정들을 통한 관리임용의 전제로서 「정치적인 점에서도 비난할 바 없는 태도」가 요구되었다. 취임선서에서 관리는 첫째로, 군주에 대해서 '충성, 신종 그리고 복종'할 것을, 둘째로 비로소 헌법을 '진지하게 존중'할 의지가 있을 것을 서약하였다. 잘 알려진 것은 1882년 1월 4일의 황제의 칙서이다. 거기에서는 정무관은 선거 때에도 정부의 정책을 지지하지 않으면 안 된다고 하였다.

절대주의는 관료제를 수단으로 하여 귀족과 시민층 위에 '고차의 제3자'로서 국가를 창설하였는데, 물론 그러한 국가로부터 허공 속에 자유로이 떠돌고 있다고 생각해서는 안 된다. 이전이나 이후에도 이 지배는 더 이상 오직 봉건층만은 아닐지라도 주로 거기에, 그리고 이 지배에 서서히 적응하고 있던 '신봉건적' 시민층에게, 나아가서는 19세기에 정당들이 성립한 이후에는 보수당이 기반을 두고 있었다. 바로 군주로부터 독립한 힘이 봉건계급에서 빼앗아 버렸다. 그런데 이 힘은 여전히 결정적인 영향을 군주를 매개로 하여 국가 전체에 미치고 있었다. 이러한 의미에서 모든 전제제는 그것이 군주제든, 볼셰비키든 또는 파시즘이든 언제나 일당지배이다. 이러한 사실은 군주제의 국가이성이 어떤 개별적인 경우에나 보수당의 정당정책과 일치하지 않았다고 하는 논평도 물론 변경할 수는 없다.

이러한 사정 아래서 군주제 관헌국가에 대한 적대자들에 의해서 관료제가 대체로 민주주의와 일치하지 않는 것처럼 보일지라도 이상하지 않다. 그러나 쾨트겐처럼 이러한 군주제적 관료제에 호의적인 비평가마저 다음과 같이 적고 있다. 「관료집단의 시선은 왕좌로 향한 채 그대로였다[.] ... 국민적 책임이라는 관념은 관료제의 주력과는 거리가 멀다」.[1] 다만, 국민의회에서 어떤 사회민주주의파 의원이 에르푸르트강령*을 이끌어내어,[2] 관리를 장래에는 선거에 의해서 선출하라고 모든 직업관료제에 반대하여 제안한 것은,[3] 이해할 수 있다. 오늘날 독일 민주주의에서 직업관료제가 불가피한 것은 다툼이 없다. 그러나 이 관료제가 의회제 국가의 조직에 어떻게 편입될 것인가, 누가 관리가 되며, 그들이 국민, 정부, 정당들과 어떤 관계에 설 것인가, 이것이 오늘날에는 초미의 문제이다.

이 문제에 대한 근거 있는 대답은 서양 문화권에서는 국민적이든 초국민적이든, 국가는 주권적인 영역지배통일체로서 불가결한 필요물이며, 전문적으로 양성되고 국권에 관련된 직무의 집행이 맡겨진 직업관료제의 존재가 그러한 국가의 전제가 된다는 통찰에서 도출하지 않으면 안 된다. 국고의 경제운영에 관여하는 국가공무원의 전원이, 즉 보일러공 · 운전수 · 문서계 등까지 국가관리의 신분을 가질 필요는 없으며, 더구나 실로 여러 가지 이유에서 그것은 결코 바람직하지 않다. 이러한 사람들에게는 국가관리로서의 특별한 명예보호나 징계법규 그 밖의 많은 규정에 걸친 공무원법의 규범들이 바로 적합하지 않으므로, 그 비관리화한 충분한 논의의 대상이 될 수 있을 것이다. 그것을 통하여 재계의 일부에서 항상 반복되는, 독일의 직업관리체(Berufsbeamtenkörper)는 과잉으로 팽창하고 있다는 비난에 대해서 유효하게 대처할 것이다. 물론 그 전제조건으로서 이러한 비난행동을 공기업의 민영화의 구실로 삼아서는 안 되며, 임용 · 연금 그리고 유족원조에 관하여 이들 간부직원의 노동조건의 경제적 및 사회적 내용을 악화시키지 않도록 해야 할 것이다. 왜냐하면 연금생활자의 이상은 ― 250만 마르크를 퇴직 일시금으로서 지급한 라이히 중앙은행 총재는 그러한 이상 등을 간단히 초월할 수 있는데 ― 어떤 점에서나 압도적인 다수의 하급관리보다는 고급관료 쪽에 적합하지 않은 것으로 나에게는 보이기 때문이다. 위에 제시한 전제 아래서 관련된 국가공무원들은 현재 그들의 관리신분이 일반직원이나 현업원에 대해서 그들의 노동조건을 악화시키기 위하여 사용되는 것도 진기하지 않을 뿐이며, 자신들의 비관리화를 양해할 것이다. 무엇보다 그러한 비관리화가 커다란 절약이 된다고는 생각되지 않는다. 거의 예외 없이 미미한 간부직원에 대한 급여지급은 국가 그 자체에 타격을 줌으로써만 다시 삭감될 수 있다. 독재제를 찬양하기 위해서 파시스트 국가체의 포괄적인 비관리화를 지적하는 경우는, 파시즘이 해고된 자를 모두 뒷문으로 다시 들여보내야 했고, 그들을 철도 · 우편 · 그 밖의 민병단, 아울러 국영화된 노동조합에 다시 임명한 사실에 대해서 언급하는 것을 망각하고 있다.

---

1) Arnold Köttgen, *Das deutsche Berufsbeamtentum und die parlamentarische Demokratie*, Berlin 1928, S. 88.
2) Hermann Heller, "Grundrechte und Grundpflichten," *Gesammelte Schriften*, Bd. 2. S. 300 Anm. 32 (본서, 33면 주 32) 참조.
3) *Verhandlungen der verfassunggebenden Deutschen Nationalversammlung*, 47. Sitzung, 5. Juli 1919, Bd. 327, S. 1322 B (독립사회민주당 의원 - 콘 Cohn).

그러나 독일의 직업관료집단은 국민 전체 속에 적절하게 편입될 수 있는 경우에만 자신들에게 적합한 지위를 민주주의 아래서 유지할 수 있다. 독일의 국가형태의 변동과 함께 직업관리 집단의 지위와 직무도 매우 본질적인 변화를 입었다. 군주제 아래서 관료제는 신분적 통일체이며 같은 보수적인 견해에 의해서 일체화하고, 민중과는 거리가 멀게 고립해서, 민중과는 먼 신분이나 명예의 개념을 발전시켜 왔다. 사회적 법치국가에서는 국가권력의 원천인 독일 국민과 이 국가권력의 기관들 사이에 어떤 경우에도 이러한 괴리가 있어서는 안 된다. 그러나 예컨대 독일관리연맹의 전술한 제안은 이러한 사태를 가져올 것이다. 그것은 경찰관이나 이와 유사한 집행관리가 퇴직 후에도 그들의 직무상의 활동이나 이들의 관리군에 대한 그들의 소속 그 자체에 의해서 공격되었다면, 신형법에서는 국가권력에의 반역에 관한 규정이 미치도록 요구하는 것이다.

다른 한편, 그러나 지배의 집행이 맡겨진 관리집단은 자본주의적인 상업계나 산업계에서 보통의 수입을 완전히 얻지 못하므로, 통례적인 수입에도 불구하고 국가에게 성실하게 봉사하도록 자부심과 명예심을 품지 않으면 상당한 정도로 오직의 위험에 놓이게 된다. 이 점을 분명히 알지 않으면 안 된다. 혁명 전의 직업관료제에 대한 가장 중요하고 예리한 비판자인 막스 베버는 아주 정당하게 이렇게 말한다. 즉 「민주주의가 고상한 **명예개념**을 수반하는 관리**신분**의 성립을 방해하는 것을 주요 과제로 삼은 시대가 있었는데, 그러한 시대는 영원히 지나갔다. **관직명예를 갖지 아니한** 관료층이 지금까지의 독일 관리층의 … 고도의 품행방정과 전문적인 자질을 유지할 수 있다는 의견이 있는데, 민주주의는 그러한 의견을 즐겨 믿지 않는다」.[4]

민주주의에서는 무엇보다 관료제가 정치지도가 아니라 그 집행을 과제로 삼는 것을 생각하면, 관리집단이 정치적인 전체 국민의 의향에 그와 같이 할 필요가 있다. 혁명 전 시대의 정치에서 가장 심한 실패의 하나는 카프리비, 베트만 그리고 미하엘리스*와 같은, 군주의 지도에 좌우되는 관료적인 인물이 정치의 지도에 맡겨진 점에 있었다. 관리의 최고의 덕목은 그 꼼꼼한 정확성, 그 행정의 숙련, 특정되고 상대적으로 한정된 지시를 수행함에서의 사심없는 예속이며, 그 지시에는 상사가 주로 정치적 책임을 진다. 이러한 덕목은 정치지도자들에 대해서는 위험한 악덕이 된다. 정치지도자는 자립적이며 상사의 비호를 받지 않고 자기 자신의 책임으로 결코 한정되지 않는 정치적 가능성에 대해서 결정을 내리지 않으면 안 된다.

무엇보다 이러한 이유에서 정치의 지도와 집행에, 통치와 행정에, 내각과 관료에 가능한 한 엄밀하고 명확하게 경계선을 긋지 않으면 안 된다. 통치는 단순히 관료에게 맡겨야 한다는, 독일에서는 자주 듣는 요구는 본말이 전도된 것은 아니다. 관리집단의 임무는 정부의 임무와는 근본적으로 별개의 것이다. 관리집단은 민주주의 중에서는 바로 관직

---

4) Max Weber, "Deutschlands künftige Staatsform"(1918), in *Gesammelte politische Schriften*, Tübingen 1920, S. 371 (주수만 옮김, 독일의 장래의 국가형태, 『막스 베에버어의 정치사상』, 경희대출판부, 1982).

종신제의 결과로서 계속성의 요소를 그것도 중립성의 요소를 대표한다. 그들은 그와 같은 것으로서 바로 의회주의라는 정당지배의 변화 속에서 대체할 수 없는 것이다. 이에 반하여 정부는 국가에 정치적 목표를 설정하지 않으면 안 된다. 그러나 정치적 목표설정이란 매우 많은 가능성 중에서 특정한 정치적 현실성을 추구하는 것이며, 이 현실성으로 말하면 내정에도 항상 어떤 하나의 집단의 이해를 우선하며 다른 집단의 그것을 냉대하지 않으며, 그런 의미에서 국가형태가 어떠하든 항상 정당정치적이지 않을 수 없다. 정치의 이러한 일면성은 결코 의회제 정당지배의 발명품은 아니라고 해도 거기에서 특히 분명하게 나타난다. 그리하여 내각은 국가정치의 틀 안에서 정당정치의 목표를 완수하지 않으면 안 된다. 그러나 관료는 내각의 그때그때의 구성에서 독립하여 개개의 국가시민의 정치적 신조에도 좌우되지 않고 이러한 목표를 집행한다는 직책을 담당한다.

　독일국가인민당의 관리에 사회민주당의 장관의 의지를 실현시키든 또는 그 반대의 경우이든, 민주적 정당국가에서의 내각과 관료와의 이러한 어려운 관계가 무릇 가능하기 위해서는, 관계자 아래서 쌍방의 과제에 대한 상당한 정도의 존중과 이해가 조건이 된다. 관리 측에는 특히 상당한 정치적 금욕이 요구된다. 그러나 잊지 말 것은 관리가 자립적인 정치를 단념하는 정도는 군주제에서는, 그리고 독재제에서는 정말 비교할 수 없을 정도로 크게 된다는 것이다.

　만약 의회주의에서 그때그때의 장관과 그 관리집단과의 완전한 정치적 일치를 실현하려고 한다면, 내각의 모든 정당정치상의 교대는 관리들 역시 거기에 따라서 교체되지 않으면 안 된다. 그러나 이것은 직업관료제를 전적으로 포기하고 부패한 비전문가 행정으로 치환하는 것을 의미한다. 왜냐하면 **공직교대제**(rotation in office)라는 미국의 예가 충분히 보여주듯이, 그 기관에 완전히 경제적 보증도 그 계속적 지위의 보증도 주지 않고 2~3년마다 독일에서는 아마 2~3개월로 다른 정당의 당원으로 교체하게 되는 행정은, 그 공무원에게 전문적 훈련도 실무적 전문지식도 매수에 대한 면역도 요구할 수 없기 때문이다. 이러한 미국의 엽관제는 19세기에도 여전히 반봉건제 경제였던, 무한하게 풍부한 합중국에서는 가능하였다. 여기서도 그럭저럭 하는 가운데 이 엽관제도 견디기 어렵게 되고, 1883년의 **공무원법**[5]* 이래 서서히 철폐되고 있었다. 오늘날 미국 관리집단의 대부분에 대해서는 정당에 의한 관직임명은 폐지되고, 엄격한 시험제도에 입각해서 임명되는 직업관료제도로 대체되고 있다. 그러한 관리의 임용시에 임용하는 관청은 의회로부터 독립한 시험위원회가 먼저 명부에 올린 상위 3명의 수험자 중에서 선발할 뿐이다.

　여하튼 잊지 말 것은 항상 반복해서 위협할 목적으로 가지고 나오는 이 사례는 우리들에게는 한정적인 효과만을 가질 뿐이다. 그렇지만 목하 독일의 전개는 반대의 길을 가고 있다. 독일 공화국은 1918년에 관료제를 인수했는데 여기서는 관직의 정실인사가 유일한 정당, 즉 보수당에 의해서 이루어지고 있었다. 독일 국민의 대다수는 관직에 취임할 가능성이 없었다. 그러므로 혁명과 함께 이 한 정당에 의한 관직임명의 독점이 폐지되고 신정권

---

5) Vom 16. Januar 1883, in *Statutes at Large*, 22 (1883), S. 403 ff.

정당들의 지지자가 관직에 임용된 것은 정치적으로 당연하였다. 작센과 튀링겐같이 명민한 상급 참사관은 왼쪽 가슴 호주머니에 사회민주당의, 오른쪽에는 독일국가인민당의 당원증을 간직했는데, 때로는 미국의 엽관제를 연상케 하는 독일 각주에서의 이러한 사례조차 독일 관료집단이 내포한 만성질환의 상징이라기보다는 오히려 주 전체의 의회주의가 연출하기 시작한 급성의 어리석음을 나타내는 징후라고 진단해야할 것이다.

특히 지적할 것은, 현재의 국가형태의 신용을 실추시켜야 할, 이해관계가 얽힌 집단들에 의해서 정당에 의한 관직임명권이 상당히 편파적인 시선으로 기울게 마련이라는 사실이다. 더욱 위험한 것은 정치인들에 의한 익명으로 무책임한 계급적 정실인사이다. 오늘날에는 산업단체들이 모든 부르주아 정당의 선거자금을 재정적으로 지원하고, 그럼으로써 그들의 정치적 영향력을 확보하려고 한다. 이에 한하지 않고 마찬가지로 산업단체는 관직후보자도 추천하기 시작하며, 이들 관직후보자는 정당에의 소속을 불문하고 경영자의 이익을 촉진하도록 되어 있다. 학문의 독립을 자부하는 독일 라이히의 종합대학의 교관배치마저 이러한 영향력과 무관계하지 않다. 예컨대 산업 콘체른이 관련 대학도시에 본점을 설치하지 못하도록 하는 압력을 받고 기업의 관리직의 한 사람을 대학교사로서 밀어넣는데 성공한 것은 매우 심상치 않은 전조이다.

이로써 물론 편파적인 당파적인 관직정실인사가 초래할 위험성은 과소평가되어서는 안 된다. 독일의 직업관료 집단은 내각의 정책에 자기 자신들의 정책을 대항시키는 것을 스스로 단념하고, 즉 장관의 정책을 충실히 지지하는 경우에만 이러한 정실인사의 위험을 피할 수 있다. 관료가 독단으로 내각과 대립하는 정책을 수행하게 되자마자 — 이것은 우리들이 혁명 후의 독일에서 유감스럽게도 상당히 자주 눈에 띠는 현상이다 — 법관의 독립의 폐지가 문제로 되는 경우에도 마침내 세상의 어떤 정부든지 늦던 이르던 그러한 관리를 없애버리게 된다.

그러나 관료의 충성심이 전제로 된다면 정부측에서는 그 관리들을 불공평하게도 정당의 소속성에 따라서 임명하는 사태를 진지하게 경계하고, 오히려 첫째로 직무에 관한 개인적 적성에 따라서만 인사를 결정하지 않을 수 없다. 그러한 관리의 정치적 활동의 자유는 정무관의 제도를 통하여, 또한 자질이 같다면 그들에 대해서 정치적으로 보다 적합한 지원자를 임명할 가능성을 통하여 충분히 지켜지고 있다. 우리들에게는 관리를 선발함에 있어서 미국에서 명백하게 필요했던 만큼 엄격하게 내각을 구속해야할 만큼의 사정은 아니다. 미국에서는 대통령선거 때마다 행정에 대해서 아무런 이해도 없고 두려울 만큼 부패한 수 십 만인의 비전문가가 수입이 많은 지위에 오르고 이런 행패가 진행된다고 한다. 그러므로 미국에서는 복잡한 시험제도가 도입되었다.

그러나 우리나라에서는 확실히 시험이나 자격에 대해서 거의 논할 여지는 없다. 우리나라에서 문제는 현재 고급관료라는 잉어장을 몇 사람의 외부인이 휘저으며 새바람을 일으키는 사태이다. 관료제는 「외부로부터 완전히 차단된 통일체」가 되어서는 안 되며 의회제 국가에서는 더욱 그렇다. 유력한 측면에서 요구되었듯이, 내각이 인사정책에서 원칙적으로 배제된다면 독일의 통치는 각 부처의 고급 관료에게 맡겨지고, 내각의 지위는 불안정한 연립을 앞에 두고 그렇지 않아도 충분히 약체인데 완전히 약화되어버릴 것이다.

그러나 오늘날의 독일 정치에 대해서 가장 급선무는 바로 내각이 강화되어야 한다는 것이다. 이 목표를 위해서는 독일 직업관리 집단을 탈정치화 할 필요성이 강력히 주장되어야 한다. 헌법에 의하면 관리는 의원이나 장관과는 완전히 다른 의미에서 전체의 봉사자이며 이런 이유에서도 당파정치와는 결별하거나 결별하지 않으면 안 된다. 장관이 정당정치의 지도를 하고, 관리에게는 국정의 지도를 할당하고, 그리하여 내각과 관료에게 경계선을 긋는 것은 아주 전도된 것일 것이다. 왜냐하면 첫째로 관리는 원래 정치에서 지도하는 입장이 아니며, 둘째로 정당에서 독립한 객관적 국정이란 존재하지 않기 때문이다. 국가이성이나 국가의 안녕이란 항상 누구에 의해서나 단지 장래를 바라보는 관점에서만, 즉 일정한 입장에서 파악할 수 있는 것이다. 또한 내각은 내각에 타당하다고 인정된 국정의 틀 안에서만 당파정치를 추진할 수 있으며 또 그래야만 한다. 그러므로 헌법은 의원이나 장관에게도 또한 공무원에게도 전체의 봉사자로서 활동할 것을 요구하는데, 거기에는 충분한 의미가 있다. 그러나 장관은 전체의 집정관으로서 대표하기 때문에 전체의 봉사자이며 관리자이기도 하다. 장관은 **국가의 첫 번째 공복**(premier serviteur)인 동시에 **첫 번째 집정관**(premier magistrat)이기도 하다. 장관은 의원에게나 다른 어떠한 복종하지 않는 직접적 국가기관으로서 다만 자신의 자유로운 확신에 따르며, 어떠한 지시에도 구속되어서는 안 된다. 이에 대하여 관리의 본질은 어떤 다른 국가기관에게 위계 중에서 복종하고 지시된 임무를 집행하는 것이다. 내각은 무엇보다도 입법의회를 선도하며, 관리는 현행 법률을 공평하고 공정하게 적용하지 않으면 안 된다. 장관은 자신의 정치적 확신에 따라서 통치선도로서 전체에 봉사하며, 관리는 지시된 임무에 따라 관리집행으로서 전체에 봉사한다.

내각도 관리도 관리집단의 탈정치화 없이는 그 직무를 올바르게 수행할 수 없다. 왜냐하면 의회제 아래서의 장관은 예컨대 자신의 부하의 관리들이 의회에서 자신과 항쟁하거나 또는 관리가 공공영역에서의 면책특권의 보호에 자신을 심하게 공격한다면 어떻게 주도적인 지위에 설 수 있을 것인가? 법원이나 행정의 관리에게는 상대적인 비당파성이 있으나 이러한 국가기관이 당쟁이나 선거전 때에 그것을 왜곡해서 맞선다면 국가시민은 이 비당파성을 어떻게 신뢰할 수 있을 것인가? 국가는 그 자신의 기관들이 위로부터의 기도에 거슬러서, 아래로부터의 신뢰를 얻지 못한 경우에도 통일적 전체이며, 하물며 건전하고 힘으로 충만한 전체로서 발전하려면 어떻게 해야 할 것인가? 영국에서도 프랑스에서도 그리고 미국에서도 관리에게서 피선거권을 박탈한 가장 주요한 동기가 그것이다. 이와는 반대로 독일 라이히에서는 오늘날 관리집단이 다른 직업집단의 어느 곳보다도 수많은 대의사를 보낸다. 전체로서의 관리집단의 지위에 대해서 거기서 나오는 결과는 아주 적었다. 공무원법은 바이마르 헌법의 제정작업 이래 개선보다도 개악을 입어왔다. 그러나 앞으로 제정될 규칙은 여하튼 직업관리들에게는 이미 현행법에 의해서 그 정치활동에 특별한 제한들을 질 의무가 부과되고 있다. 프로이센 상급행정재판소는 매우 정당하게도 1927년의 판결에서 적고 있다. 자유로운 의견표명의 권리가 관리에 대해서 제한되는 것은, 「공무원에게 그 직무가 부과하는 의무, 특히 충성과 복종의 의무이다. 이 의무 때문에 일반적·공공적 이익을 위해서 불가결한 직무규율의 강제에 복종하지 않는 다른 국가시민에게 인정할수록 자유롭게 의견표명할 권리들을 행사하는 것을 금지한다. 직책이 관리의 전인격에 미친다. 관리는 결코 사인이 아니다」.[6]

　서술한 이러한 이유에서 피선거권의 박탈은 물론 지금까지 열거한 모든 결함의 치유책이 되지는 않을 지라도 관리에게는 수인해야할, 국가에게는 필요한 조치라고 나는 생각한다. 무엇보다 나는 관리집단의 광범위한 탈정치화를 바람직하다고 생각하지는 않는다. 관리집단에 다시 덧붙여 선거권을 제한하거나 또는 정당에 대한 소속을 완전히 금지하려는 사람들은 두 가지 덤을 망각하고 있다. 즉 이러한 조치는 확실히 독재에는 필요할지라도 민주주의에는 필요하지 않으며, 오히려 그럼으로써 관리들은 무릇 정치에, 즉 최종적으로는 국가에게 무관심하게 될 것이다. 다른 한편, 이러한 조치의 결과 민주주의는 국가의 상황을, 특히 숙지한 국민의 일부의 정치적 협력을 포기하게 될 것이다. 그들이야말로 위기적인 현대의 정세의 재건에 대해서 특히 중요한 것이다. 그러나 여기서 요구한 탈정치화는 어떠한 경우에도 관리들의 직업신분적인 결사의 자유에 대한 제한을 의미해서는 안된다.

　이러한 민주주의에서는 관리에게 현존하는 제약과 요구된 제약이 부과되어도 독재와 비교할 수 없을 만큼 커다란 자유와, 무엇보다도 안전성이 계속되고 있다. 독재는 독재자의 의지가 개개의 어떠한 경우에도 법의 규정에 구속되지 않고 관철함으로써만 존속할 수 있다. 그러므로 독재는 그 관리에 대해서 매우 강력하게 신조를 강제하며, 관리가 신조도 의지도 없는 도구로서 독재자의 그때그때의 의지에 따르지 않을 경우, 그들을 즉시 해고하지 않으면 안 된다. 여기서는 1925년 12월 24일의 이탈리아 파시즘의 법률을 상기하면 충분할 것이다. 그것에 의하면 모든 관리는 예외 없이 ― 법관이나 대학교원도 포함하여 ― 그들이 「정부의 일반적 정치방침」과 상용하지 않고 대립하는 경우, 무릇 법률규정의 틀을 초월하여 해고될 수 있다. 독재에는 관리의 「기득권」도, 자의적인 해고에 대한 법률적 보호도, 관리의 청구들에 관한 독립된 법관에 의해서 보장된 정규의 법적 수단도 없다. 왜냐하면 독재와 법치국가적 보장이란 것은 서로 용납되지 않는 모순이기 때문이다. 군주제에서 공화제로 이행하여 관리도 풍자 시구를 입에 담게 되었다. 즉 「헌법에 충성을 선서한다. 그동안에 나는 해고를 두려워하네. 새 헌법이 제정되면 나는 또 선서하리」. 그런데 관리들은 ― 군주제에 대한 충성의 선서에서 바로 해방되고 ― 결코 해고의 공포에서 국민의 대다수가 바란 새로운 헌법에 충성을 선서하고 신의를 지켜온 것은 아니다. 이 헌법은 국민에게 통일체를 보존하고 혼란으로부터 지켜왔다. 이 헌법은 지배자를 권력분립과 기본권을

---

6) Preußisches Oberverwaltungsgericht, 20. Mai 1927, abgedruckt in *Juristische Wochenschrift*, 56 (1927), S. 2867.

통하여 계속해서 법적인 제한에 구속되고 있다. 이 헌법에 충성을 선서하는 관리들과 실제로는 위장(胃腸)을 끊임없이 압박해서만, 자립적인 의견이나 의지의 형성을 매우 무제약한 독재자의 그때그때의 명령에 따르도록 하는 독재의 집행기관들과는 아마 신중한 분별력이라면 아무도 구별하지 못할 것은 아니다. 민주주의에서는 관리에게 그 지위의 법적 보장과 그 정치적인 자존심과 협력이 확보되고 있는 것에서 바로 요구되는 정치적 금욕이 관리에게 부과할 필요가 있다. 왜냐하면 자유의 과잉, 특히 직업관리 집단의 정치적 자유의 과잉은 민주주의의 신뢰성과 민주적 권위와의 동요를 의미하며, 그럼으로써 독재에 한걸음 가까이 가기 때문이다.

# 5. 라이히-란트 관계의 재편성 (1932)[*]

전래의 왕조에 의해서 제국은 「국가라고 불리는 란트들」로 구성되었으나 이미 1918년에 이것은 근거가 없게 되었다. 그리고 이러한 형식들은 관성의 법칙에 의해서 오늘날까지 유지되어왔다고 해도 지금이야말로 오래 전에 실행해야 했던 재편성을 가능한 신속히 실시하는 데에 가장 적합한 때이다.

비스마르크가 독일 제국의 구축에 착수하였을 때 그는 두 개의 확실한 사실을 고려하지 않으면 안 되었다. 한 타스 반의 왕조의 존재와 제국의 7분할의 4를 차지하는 대프로이센의 존재이다. 수많은 「주권자」를 제국 행정관으로 삼을 수 없었기 때문에 제국은 연방제로, 연방국가가 되지 않을 수 없었다. 즉 개개의 왕가의 권세정책으로 행해진 상속이나 정략결혼, 정복이나 다른 방법으로 획득된 지리적 형식으로 조직되고 있었다. 따라서 비스마르크 제국은 원칙적으로 국민국가적 관점이나 독일인의 내정이나 외교상의 필요성에서가 아니라 독일인의 각 지방이나 각 민족집단과는 아무런 관련도 없는, 전래의 각 왕조의 얽힌 이해관계에서 조직되지 않으면 안 되었다. 비스마르크가 출발점으로 삼아야 했던 두 번째의 숨길 수 없는 사실은, 프로이센의 우월성인데 이것은 새로운 제국의 패권구조를 허용할 뿐이었다. 이 구조 역시 국민국가적 이해관심이나 통일제국에의 친근감이 강력했기 때문이 아니라 호헨촐레른 왕가의 권력의 역사에서 탄생한 것이었다.

비스마르크 제국이 존속한 한에서는 이 패권적 · 연방제적 구조를 정당화하기 위해서는 항상 반복해서 비스마르크의 의견이 지시되었다. 말하기를 독일인은 국가의식을 왕가에 대한 복종이라는 우회로를 거쳐서만 손에 넣는다고. 비스마르크는 그의 『회상록』에서 말하기를, 「독일의 왕조 전체가 갑자기 폐지된 듯한 상태가 일어난 것처럼 가정해 보는 경우에, 독일인의 국민감정이 유럽 정치의 알력 속에서 전체 독일인을 국제법적으로 결합하리라고는 도저히 생각할 수 없다」.[1] 장기간에 걸쳐 아마 곤란한 전후의 세월은 비스마르크의 이러한 의심을 덮어버렸다. 그러나 그는 그것에 대해서는 몇 페이지도 할애하지 아니한

---

[*]  Die Neuordnung des Reiches im Verhältnis zum seinen Ländern, in *Die Arbeit. Zeitschrift für Gewerkschaftspolitik und Wirtschaftskunde* (Hg. Th. Leipart), Verlagsgesellschaft des Allgemeinen Deutschen Gewerkschaftsbundes, Berlin, 8 (1931), S. 573-580. jetzt in *Gesammelte Schriften*, Bd. 2, S. 393-403.

[1]  Otto v. Bismarck, *Gedanken und Erinnerungen*, Bd. 1, Stuttgart 1898, S. 291.

다. 「전체 국민성이라는 **불가항력**이 왕조에 대한 우리들의 충성과 우리의 애착을 용서없이 파괴하더라도 나는 놀라지 않는다. 나는 독일이라는 국민성이 소방분립주의와 투쟁하는 경우에는 언제나 독일 국민감정에 가장 강한 힘이 나타나는 것을 본다」.[2]

독일 노동자층에 대해서는 그런데 반대로 왕조의 폐지와 그것들에 맞는 국가구조의 폐지가 그들의 국민감정 발전의 전제로서 제시되지 않으면 안 된다. 이러한 감정이 가진 정치적인 힘에 대해서는 노동조합이 벌인 루르 투쟁을 지적하면 충분할 것이다.

그러면 왜 왕조제와 연방제라는 실로 짠 국가는 그동안에 구멍 난 가운처럼 되어 버린 것을 우리들은 지금도 여전히 질질 끌고 갈 것인가? 왜 우리들은 그것을 공화제와 국민에 근거한 통일국가로 만들지 못하는가? 바이마르 헌법은 도중에 정지한 채 머물고 있다. 이 헌법은 「각 란트」의 실재와 외관을 일치시키지 못하고 있다. 이 헌법은 각 란트에게 정부나 장관, 외교관 그리고 의회를 설치하고 국가와 유사한 조직의 외관을 방치해 왔다. 그럼에도 불구하고 순수한 행정체라는 진정한 실재를 거의 거기에는 확보하지 못했다. 확실히 가장 작은 란트마저 허세를 부리며 국가라는 명칭을 사용하는 것이 허용되고 있다. 다른 한편, 가장 큰 란트마저 대외정책에 입을 열지 않으며, 헌법·군사·재정 또는 교통에 관련된 고권도 가지고 있지 않다. 이 내적인 모순은 바이마르 헌법 제17조에 가장 명확하게 표현되고 있다. 각 란트는 공화제헌법을 가져야 한다고. 즉 먼저 「란트」에, 란트 헌법의 국가적 성격을 인정하면서 동일한 문언으로 라이히를 위해서 특정한 헌법을 취하도록 명령하고 있으며, 그리고 계속해서 몇몇 문장에서는 이에 더하여 의회제에 의한 통치형태 그리고 완전히 특정한 선거법이 지시되고 있다. 아니 이 란트들은 이미 오래 전부터 국가가 아닌 것이다!

그러나 마침내 국법이론은 각 연방국가에서의 란트들의 국가적 성격을 점차 의심하기 시작하는 것에 언급하려고 한다.[3] 그러나 어떤 경우에도 독일 라이히에서는 각 란트의 외관만의 국가적 성격이 모든 난점의 원인이다. 따라서 절박하게 필요한 라이히 개혁은 그 점에 있다.

우선 먼저 국가의 외관으로 비교적 작은 란트의 정부나 의원들조차 고차의 정치에 개입하며, 또한 라이히 정부의 정책의 통일성에 x표를 붙이도록 유혹되고 만다. 장관이라고 불리면 집행보다는 통치를, 행정보다는 집정을 좋아하는 것이다. 잘 알려진 것은 아니지만 바이에른에는 오늘날에도 여전히 외무부가 있다. 바이에른 주 수상은 라이히 정부의 외교정책에조차 간섭하기를 주저하지 않았다. 프로이센 극우정부에 관해서는 독일 라이히는 이 점에도 다시 완전히 다른 것을 체험할는지도 모른다! 이에 덧붙여 각 란트에 있는 이러한 국가에 유사한 의회제는 상당한 정도에까지 의회제도 전체의 평판을 떨어트리고 있다는 사실이다. 특징적인 것에 바이에른과 작센의 사무관리 내각은 행정의 관리라는

---

2) AaO., Bd. 1, S. 290.

3) Hermann Heller, *Die Souveränität*, in *Gesammelte Schriften*, Bd. 2, S. 134 ff.(김효전 옮김, 『주권론』, 관악사, 2004, 137면).

그 진정한 과제를 이들 행정단체와 적응하지 못하는 의원내각제 정부와 동일하거나 또는 그보다도 교묘하게 집행하는 것이 명백하게 되고 있다. 여하튼 각 란트의 각 부처에 무엇보다도 그 관료제에, 그리고 란트 의회에 ― 결코 남독일에서만이 아닌 ― 라이히 개혁의 가장 어려운 적수가 발견될 것도 이해할 수 있다. 즉 이들 조직집단의 저항은 그 개혁에의 열의를 자주 매우 지나치게 외부로만 나타내려고 하면 할수록 더욱 더 효과적이다.

각 란트가 전통적으로 국가에 유사한 조직이었기 때문에 초래한 가장 중대한 귀결은 행정의 관점에서 보면 완전히 본말이 전도된 라이히의 구성이다. 무엇보다도 라이히-프로이센의 이원성이 그것이며, 그 유해성은 결코 과장하지 않을 수 없다. 라이히와 상술했듯이, 라이히의 7분의 4를 차지하는 프로이센-란트, 각각의 각 부처가 베를린에 병존하며, 유감스럽게도 아주 종종 자신의 관할을 지키려고 대립적으로 작용할 뿐인데, 이것은 이미 비스마르크 제국에서 당시 제국수상과 프로이센 수상이 겸무하고 있었음에도 불구하고 그러하였다. 이것이 없어진 이래 상태는 오직 견딜 수 없게 되었다. 「전문가 측에서 본다면 양 부처 기관이 병존 대립하기 위해서 상실한 노동력은 실로 쌍방 각 부처의 활동 전체의 3분의 1로 평가된다」.[4] 여기에는 확실히 행정기구를 대규모로 절감하는, 산정할 수 없을 정도로 커다란 가능성도 있을 것이다. 이에 비하면 라이히 개혁에 의한 직접적 경비삭감 등과 같은 적은 것도 보인다. 여하튼 전 뷔르템베르크주 재무장관 샬은 달성가능한 직접적 경비삭감을 매년 1억 라이히 마르크라고 견적을 내고 있다.[5]

그러나 라이히-프로이센의 이원성은 가장 위험한 귀결을 독일 민주주의 전체를 위협하는 귀결도 초래한다. 프로이센이 거대한 행정장치를 손에 넣기 위해서 어떤 정당은 프로이센에서 그 행정에의 영향력, 특히 경찰에의 영향력마저 확보하고 있다면, 라이히에서는 그 권력과 책임을 경우에 따라서는 포기할 수 있다고도 생각된다. 그리하여 라이히의 정치에서의 수많은 위기는 프로이센에로의 퇴로가 폐쇄되었기 때문에 일어나지 않았을 것이다. 그리고 8월 9일의 프로이센 국민투표*는 이러한 이원성이 라이히와 프로이센에 대한 책임의 분할, 즉 책임의 경감을 허용하지 않았다면, 그것이 얼마나 라이히에 대해서 심각한 위험을 수반하더라도 결코 가능하지 않았을 것이다. 그러나 현재의 헌법상태는 얼마나 유지하기 어려운가? 그것은 힘센 프로이센 정부가 라이히 정부와 날카로운 정치적 대립에 빠지게 된다면 비로소 명백해질 것이다.

왕조의 지배경계가 유지되면 나아가 정치적으로도 행정적으로도 매우 손실이 커다란 란트들 간의 규모의 차이가 존재한다. 6200만의 라이히 주민 중 프로이센에는 주민 5분의 3이 8인의 장관과 하나의 의회를 가지고 속하며, 바이에른과 작센에는 5분의 1의 주민이 13인의 장관과 두 개의 의회를 가지고, 그 밖의 15의 란트에는 주민의 5분의 1이 38인의 장관, [세 자유도시에는] 42인의 시정부 장관, 15의 의회 그리고 9의 베를린 공사관을

---

4) Fritz Poetzsch-Heffter, *Grundgedanken der Reichsreform*, Berlin 1931 (Werdendes Recht. Beihefte der deutschen Juristen-Zeitung, H. 4), S. 21.

5) Wilhelm Schall, *Probleme der deutschen Staatsreform*, Berlin 1928, S. 21.

가지고 속해 있다. 200보다 적은 영지가 다른 란트 영역에 섞여있다. 오늘날의 라이히 구성에서는 우세한 프로이센과 아울러 경비가 많이 들고 충분히 기능하지 않는 행정관청을 가지고 있는, 효율이 나쁜 비교적 작은 란트나 매우 작은 란트가 상당수 존재한다. 그러한 국가에 유사한 조직은 그러나 그들의 「국가시민」에 불이익을 미칠 뿐이다. 이러한 란트와 그러한 행정이 얼마나 불가능한가를 샤움부르크-립페의 예가 보여준다. 프로이센은 이 「국가」에게 상급재판소 · 현교육심의회 · 영업감독 · 농업회의소 · 상업회의소 · 시험실 시위원회를 사용하였는데 — 회프커 · 아쇼프가 격노한 유머처럼,6) — 샤움부르크-립페라는 암말에게 자유롭게 자신의 숫말을 맡기는 것과 같다. 그러나 라이히 참의원에서는 샤움부르크-립페의 4만인의 주민은 200만인의 프로이센과 동일한 대표가 인정되고 있다.

각 란트에게 구 왕조의 지배영역을 그대로 맡기기 위해서는 행정상뿐만 아니라 지방, 민족집단, 그리고 경제에 의해서도 공속하는 많은 영역이 무의미하게도 분단된 채 남아있다.

현재의 라이히 구조가 안고 있는 모든 결함을 더욱 분명히 제시하기로 한다. 거기에서 유일한 그리고 특히 중요한 장해에만 언급하기로 한다. 그것은 행정 전체를 개관하지 못하고 불투명한 것이다. 최고위의 행정전문가가 라이히나 각 란트의 고위 고관들조차 행정에 대해서 더 이상 개관하지 못하고 솔직하게(besäßen) 하므로 이 장해의 크기를 측정하게 될 것이다.7)

오늘날의 연방제를 옹호하기 위해서 집권제라는 유령을 — 여기서는 분권제와 연방제가 혼동되고 있는데 — 불러내는 일이 많다. 그러나 실제로는 오늘날의 란트들은 다 낡아빠진 국가라는 의상을 위해서 관념적으로 행정이 공동되는 동시에 마침내 란트들을 서서히 고사로 인도하는 행정의 공동화에 빠진다는 대가를 치르고 있다.8)

라이히와 란트들의 이러한 구성이 바이마르 헌법 제18조가 요구하는 것과는 다른 국민의 경제와 문화에서의 최고의 성과를 가져오지 않는 것에 대해서 이론의 여지는 없다. 오래 망설인 끝에 마침내 라이히 정부도 라이히 구성의 개혁에 진력하고 1928년 1월에 「라이히 편성회의」를 소집하고, 1930년 6월에 그 작업은 끝났다.9)

라이히의 구성이 내포한 위의 장해는 몇 년 이래 상세하게 비판되고, 그 난점을 해결하는 수많은 사안이 공표되어 왔다. 바이에른 정부에 의해서 두 개의 보고서에서 제안한 계획은 비스마르크 연방국가보다도 후퇴한 연방제적 수정이 이 보고서를 도외시한다면 개혁안은 세 개의 주요한 것으로 구별된다.10)

---

6) Hermann Höpker-Aschoff, *Deutscher Einheitsstaat. Ein Beitrag zur Rationalisierung der Verwaltung*, Berlin 1928, S. 6.

7) Arnold Brecht, "Reich und Länder," in *Staatsbürgerkunde und höhere Schule*, 1931, S. 107 f.

8) Fritz Poetzsch-Heffter, "Die Aushöhlung der Länder," in *Die Gesellschaft. Internationale Revue für Sozialismus und Politik*, 1 (1929), S. 14 ff.

9) 이 작업의 개괄적인 설명으로서 Franz Albrecht Medicus, *Reichsreform und Länderkonferenz. Die Beratungen und Beschlüsse der Länderkonferenz und ihrer Ausschüsse*, Berlin 1930.

10) 바이에른의 입장에 대해서는 Heinrich v. Jan, *Bayern zur Reichsverfassungsreform*, München 1928 참조.

가장 급진적인 해결은 분권화된 통일국가안이었다.[11] 여기서는 평등하게 모든 란트로부터 외관만의 국가적 성격이 결정적으로 취하게 되어 있다. 그러나 남독일에서는 이러한 제안은 집권주의적으로 보이고, 북독일에서는 분권적이라고 간주되었다. 후자는 바로 프로이센에 있어서의 현(縣)자치행정의 상대적인 자립화가 「프로이센의 파괴」라는 낙인을 찍은 것이다.

이 두 가지의 난점을 면하기 위해서 그 후 북독일만의 특별한 해결책이 제시되었다. 프로이센을 파괴하지 않고 라이히란트로서 중앙결정기관 속에서 라이히와 통합한다는 것이다.[12] 북독일에 한정된 이 계획에 대해서 중앙집권주의 측에서는 어정쩡하다는 비난의 소리가 일어났다. 바로 그렇기 때문에 논자들은 연방주의적인 남부는 곧 동의한다고 믿었는데, 이것에서도 북부에서 이렇게 성립한 집권주의가 마침내 남부에도 미치게 되리라는 불안을 품고 이 계획안에 반대하였다.

세 번째인 1928년 10월의 **란트재편회의**의 **헌법위원회**에 의해서 선언되고, 1930년에 채택된 제안은 이른바 분권화적인 전체 해결을 보여주고 있다. 이 해결은 과거의 계획들의 비판적 경험을 이용하여 전체 해결을 보이고, 라이히란트안의 어정쩡함을 회피하지만 그러나 북부와 남부를 구별하여 통일국가 제안으로 향한 저항을 회피하였다. 그러나 이 개혁계획의 강조점은 그것이 북부와 남부에 대한 전체 해결(최종 해결이 아닌!)이려고 한 점에 있다. 란트의 권력은 이미 「고유한」, 「본래의」 지배권력이 아니라 라이히로부터 위탁된 권력이라는 것이다. 따라서 있는 것은 단 하나의, 즉 독일의 라이히 국가만이다. 그러므로 우선 프로이센이 라이히에 흡수되지 않으면 안 된다. 프로이센의 현들은 — 영역의 변경을 조건으로 — 란트가 되고, 라이히에 의해서 명문으로 위탁된 범위에서 그들에게 입법의 권한이 인정된다(란트재편성회의에 의해서 찬성 16표, 반대 1표, 보류 3표로 채택). 프로이센 정부는 프로이센 · 란트회의 의회는 라이히 의회와 프로이센 각 부처는 라이히 부처로 통합된다(찬성 16표, 반대 2표, 보류 2표로 채택). 이의는 양 의회의 통합에 한하여 제기된 것이다. 프로이센 란트의회에 대한 전술적인 고려는 별도로 하고, 남독일의 라이히 의회의원이 북독일의 입법에 대해서 강력하게 영향을 미치는 것은 그 반대의 경우보다도 부당하다고 생각되지 않으면 안 되었다. 그 때문에 란트재편성회의의 헌법위원회는 관계 각 란트에서 파견된 라이히 의회(와 라이히 참의원)의 의원들이 라이히 의회(와 라이히 참의원)의 전체 의원 대신으로 근무해야 할 것인가의 여부에 대해서 검토가 요구되었다. 과도기 동안에는 — 위원회의 제안에서는 — 라이히 의회와 함께 북독일 각 란트의 특별한 란트 의회도 고려되고, 이 의회는 이들 란트에만 관계되는 법률을 의결하도록 되어 있었다. 그러나 이 북독일 란트 의회에는 라이히 정부의 임면에 영향을 미치는 권한은 무릇 인정되지 않는다고 하였다. 원래 북독일의 의원들이 라이히 의회에서 우월성을 가지는

---

11) Erich Koch-Weser, *Einheitsstaat und Selbstverwaltung*, Berlin o. J.

12) Wilhelm Kitz, Reichsland Preußen. *Ein Beitrag zur Verfassungs-und Verwaltungsreform*, Düsseldorf o. J., S. 16 ff.; Höpker-Aschoff, aaO., S. 11 ff.; 독일재생연맹, 이른바 루터동맹.

곳에서 이러한 잔존형식을 유지하더라도 실질적으로는 결국 완전히 쓸데없는 것이라고 나는 생각한다.

프로이센의 영역에서 생기는 「신 란트」는 프로이센의 각 현헌법을 모범으로 하여 선거에 의한 란트 수반, 란트 의회, 그리고 란트위원회를 가지고 조직된다고 한다. 동일한 조직과 입법권한을 「구 란트」인 바이에른 · 작센 · 뷔르템베르크 그리고 바덴의 각 란트를 예외로 하더라도, 기타 전체 란트는 보존하기 위해서 아마 라이히 4분의 3에 대해서 라이히 입법자의 전권이 인정되게 된다.

행정에서는 입법보다도 강하게 신 란트와 구 란트는 구별된다. 확실히 모든 란트에 대해서 라이히의 권한은 일반 행정법, 란트와 시읍면의 행정구조 아울러 심사조직에 관한 기본입법에까지 확대되고 있다. 소위원회에서는 나아가 사법행정도 북부뿐만 아니라 남부에도 확장되도록 의결되었다. 본 위원회에서는 유감스럽게도 구 란트에 란트 사법을 인정하는 양보안이 통과되고(찬성 10표, 반대 7표, 보류 3표), 그 결과 신 란트에서는 사법을 제외한 일반 행정(주로 경찰 · 시읍면 감독 · 문화행정)이 라이히 행정이 되었다. 예컨대 행정경찰처럼 중앙으로부터의 지시가 불필요한 다른 분야에서는 구 란트에서도 자치행정에 맡겨진다.

특히 흥미로운 것은 사회국의 일반 행정에로의 편입이다. 전회 일치로 소위원회에서는 다음과 같이 의결하고 본회의에서는 의론 없이 채택되었다. 즉 라이히 노동행정, 라이히 보험행정, 그리고 라이히 부조행정은 그 임무에 지장이 없는 한, 중간결정기관에서는 란트행정과, 지역결정기관에서는 란트와 시읍면의 당국과 종래보다도 밀접하게 결합되어야 할 것이다 라고. 이것은 자치행정체가 계속해서 보험의 담당자가 되고, 그들에게 속하는 결정을 내리는 것을 방해하는 것은 아니다. 그러나 이들은 각 란트나 각 시읍면의 행정관서에 의해서, 또는 그들과 결합된 관서에 의해서 집행되지 않으면 안 된다. 개개의 점에서의 행정집행에 취하는 가장 좋은 길은 상술한 행정부문 각각에 대해서 별도로 검토하여야 한다. 란트의 행정계획과 란트 직업안정소의 행정구획은 오늘날 별도로 구분되고 있는데, 이것은 대부분의 경우 절박한 재편에 의해서 가교하게 될 것이다. 그리하여 피용자에 대해서 매우 중요한 이들 분야에서는 목적에 적합한 행정의 단순화에 의해서 두 번의 수고와 평행적 예산승인이 배제된다.

가장 중요한 것은 란트 정부의 탈의회화이다. 새로운 각 란트에서는 란트 정부는 란트수반과 현 란트 의회의 관계 속에서 성립한다. 각 구 란트에서 란트 정부는 어떤 때까지 그러나 란트 의회의 회기 중에 선임되어야 한다. 이들 정부는 법정 의원수의 3분의 1의 출석으로 3분의 2의 다수의 신임을 잃은 경우 퇴임하지 않으면 안 된다.

지면 관계로 제안된 재편성의 상세한 것에는 들어가지 못한다. 제안들은 ─ 중요한 성과다 ─ 전체 투표로 15 대 3표, 기권 2표로써 채택되었다. 프로이센 · 작센 · 뷔르템베르크 그리고 바덴의 대표가 찬성하고, 바이에른과 멕클렌부르크-슈베링의 란트 수상과 아울러 라이히 우편장관인 쇄첼 박사가 반대하였다. 튀링겐과 헤센의 대표가 기권하였다. 후자의 기권은 포괄적 개혁을 바랐기 때문이다.

이러한 제안들을 가지고 독일 국민은 마침내 모든 면에서 깊이 생각했으며, 명료하게 정식화된 재편, 곧 실무상 착수할 재편의 기초를 손에 넣었다.13) 이러한 제안들의 신속한 실현에 — 모든 미세한 의문들은 미루어놓고 — 이제는 모든 정치적 세력들이 전력을 경주하지 않으면 안 될 것이다.

어떤 면에서 또는 다른 면에서 보다 철저한 해결을 시도하더라도, 그것이 얼마나 유망하지 않은가를 위의 제안들에 대한 매우 모순으로 가득 찬 비판이 보여주고 있다. 즉 집권주의자들은 프로이센의 해체를 논하며, 연방주의자들도 집권화 된「프로이센의 패권」을 한탄하는 것이다. 실제로 사실로서 쌍방의 비난은 서로 상쇄하고 있다. 이 해결은 상당히 얽혀있는 이의를 가지는 것이 보다 정당하게 보인다. 그러나 착종은 해결안이 아니라 이 문제 그 자체에 있다고 생각하는 것이 아닐까? 확실히 통일적이고 중간적인 란트의 유형을 취하는 쪽이 최종적 해결로서는 보다 바람직할는지 모른다.14) 그러나 이 유형은 현재의 권력상황에서는 취할 수 없었으며 지금도 취하지 않는다. 개개의 차이를 남긴 전체적인 해결을 한다면, 행정의 현저한 단순화와 중요한 경비삭감으로 되며, 그것은 사회와 국민의 이익을 위하여 위기적인 현상에도 불구하고 즉시 바로 그 때문에 실행에 옮겨야 하는 것이다!

1930년 6월에 라이히 의회위원회에서는 이의 없이 라이히 개혁법률안 제출이 요구되었다. 개개의 차이를 남긴 전체적인 해결로서의 재편을 헌법에 적합하게 실시하기 위해서 필요한 3분의 2의 다수에는 가망이 있다. 바이마르 헌법 제48조에 근거한 라이히 대통령의 독재권한을 매개로 전체의 개혁의 실시는 처음부터 부정되지 않으면 안 된다. 수많은 준비적 조치, 특히 행정통합의 조치를 라이히 대통령은 여하튼 그 조직권한에 근거하여 취할 수 있다. 보다 중요한 경과조치를 라이히 대통령은 헌법에 적합하게 확실히 바이마르 헌법 제48조를 사용하여 취할 수 있다. 그리고 최종적인 규율에 초래하기 위하여 라이히 의회에서 개헌에 필요한 3분의 2의 다수를 획득하지 못했다 하더라도 국민투표가 초미의 문제에 결정을 내린다는 점에 의문은 없다.

나는 오토 브라운과 동일한 의견인데, 이 점은 아마 어렵지 않을 것이다. 즉「강력한 국민운동에 불붙이라, 그러면 그 운동은 독일 통일운동을 방해하는 저 모든 좁은 분립주의자들을 저 멀리 꺼지게 될 것이다」. 독일인은 1918년 11월에 그때까지 국가조직의 흔들리지 않는 지주로 간주하고, 또 존경했던 모든 것이 와해되었을 때 이 폐허의 산더미로부터 라이히를 구출하고, 그리고 자력으로 독일공화국에서 자신의 국가조직을 구축하였다 — 독일인은 현상의 연방주의적 혼란상태로부터 위대한 독일 통일국가를 찾지 않으면 안 되며 또한 찾을 것이다.15)

행동하라, 때가 임박했다!

---

13) 아르놀드 브레히트(Arnold Brecht)의 사안 "Entwurf eines Gesetzes über die Reichsreform nach den Beschlüssen des Verfassungsausschüsses der Länderkonferenz," in *Reich und Länder*, 4 (1930), S. 135-140 참조.

14) Brecht, in aaO., S. 71 ff. 참조.

15) Otto Braun, *Deutscher Einheitsstaat der Föderativsystem?* Berlin 1927, S. 35.

# 6. 라이히는 합헌적으로 행동하였는가? (1932)*

**프로이센 란트 영역에서의 공공의 안전과 질서의 회복에 관련된 7월 20일에 발포된 라이히 대통령의 명령**[1])은, 그 전문의 문언에 반하여 바이마르 헌법 제48조 제2항과 함께 바이마르 헌법 제48조 제1항에도 관련된다.

라이히 대통령은 이 명령의 유효기간에 대해서 그것이 합헌인 한에는 라이히 수상을 프로이센란트의 **라이히 임시대행자**로 임명하는 것이 허용된다(동 명령 제1조 제1항)는 점에 헌법상 다툼의 여지는 없다. 그러한 한에서 카를 슈미트*와 폰 드리안더가 『독일법률가신문』[2])에서 이 문제에 대해서 논한 거의 모든 점에 이론은 없다. 그러나 이론이 있는 것은 거기에서 그들이 논하지 아니한 점이다. 왜냐하면 첫째로, 위의 명령이 헌법에 의해서 요구되는 **전제들**에 합치되는가의 여부, 그리고 헌법에 의해서 명해진 **수단**을 지시하고 있는가의 여부가 문제이기 때문이다.

법학적으로는 먼저 제48조의 전권행사에 있어서 라이히 대통령에게 「제한되지 아니한 행동범위가 위임되지 않으면 안 된다」[3])는 것은 논의 밖이다. 무한정한 권한이란 **형용모순**이다. 분쟁사례에서는 라이히가 존속하는 한, 여전히 그러나 단지 「**권한에 맞게**」 행동하는 라이히 대통령, 이것이 추정된다.[4]) 최고 국가기관들의 행위에 적법성의 추정이 타당한 것은, 「이러한 기관의 행위에 대해서 항의권을 가진 자가 법적 이의를 제기하거나 그 행위를 무효로 선언하지 않는 경우」[5])에 한정된다. 따라서 문제의 적법성의 추정은 항상 이의신청이 가능하고 국사재판소에 의해서 심사가능하다.

국사재판소는 라이히 대통령의 긴급명령에 대한 전제들이 존재하는가의 여부, 명해진 조치가 필요한가의 여부를 심사하는 권한과 의무를 가진다고 정당하게도 이 재판소 자신이

---

* Ist das Reich verfassungsmäßig vorgegangen? in *Frankfurter Zeitung*, 77. Jg. Nr. 591/592, 10. August 1932, Abendblatt-Erstes Morgenblatt, S. 1-2. jetzt in *Gesammelte Schriften*, Bd. 2, S. 405-410.

1) *RGBl*. 1932 I, S. 377.

2) Carl Schmitt, Die Verfassungsmäßigkeit der Bestellung eines Reichskommissars für das Land Preußen," in *Deutsche Juristenzeitung*, 37 (1932), Sp. 953-958; v. Dryander, "Zum Verhältnis von Reich- und Ländergewalt," in aaO., Sp. 958-968.

3) Dryander, aaO., Sp. 963.

4) Schmitt, aaO., Sp. 958. 강조는 헬러.

5) Georg Jellinek, *Allgemeine Staatslehre* (1900), 3. Aufl., Berlin 1914, S. 18 (김효전 옮김, 『일반 국가학』, 법문사, 2005, 14면).

단적으로 긍정하고 있다.[6)

라이히에 의한 집행의 전제(제48조 제1항)가 프로이센 란트는 「헌법에 의해서 그것에 부과된 의무를 이행하지 않는다」는 것이 사실이라면, 이것은 순수하게 법률문제이다. 예외상태의 조치에 관해서는(제48조 제2항), 프로이센 란트의 영역에서 「공공의 안전과 질서에 현저한 장해가 발생하거나 그 우려가 있다」는 것이 전제이다. 이 전제가 존재하는가 의 여부는 적어도 일어날 수 있는 재량권남용이나 재량권일탈이 국사재판소에 의해서 심사될 수 있는 한, 법률문제이다. 제48조 제1항에 의한 의무위반에서는 사인으로서의 기관담당자들에게 아니고 란트에 부과되는 의무만이 문제가 될 수 있다. 라이히에 대한 란트의 의무위반이 있다고 믿기에 족한 것만을 지금까지 라이히 정부는 무릇 제시하지 않고 있다. 지금까지 라이히 정부는 그런 종류의 의무위반을 근거지워야 할 사실을 지적할 필요가 있다고는 보지 않았다. 7월 23일의 국사재판소에 있어서의 심리 중에서 공판정에 대한 자료제출이 비로소 승낙되었다. 프로이센 정부가 4월 12일의 란트 의회 의원규칙 개정에 의해서 사무집행에 그친 것을 라이히 정부는 이끌어낼 수 없을 것이다. 왜냐하면 여기서 카를 슈미트와 함께 정부의 「수치」[7)라는 말을 사용하면서 의원규칙의 법적 성질에 비추어 볼 때, 이 수치는 미적 내지 도덕적인 무가치판단을 의미할지라도 법적인 무가치판단 이 아닌 것은 틀림없기 때문이다.[8) 그러나 슈미트는 무엇보다도 신 란트 의회가 6월 3일의 제5차 회의에서 기명투표로 새 의원규칙의 변경을 **부결**한 것, 즉 그것을 내재적으로 **확증**한 것을 간과하고 있다.

의무위반을 범한 란트로 향해야 할 수단의 선택은 의심 없이 집행기관의 자유재량이기 때문에 의무에 적합한 재량이 된다. 그러나 그것이 필요한 수단이 아니라 **부적절한 수단**을 사용한 경우에는 재량권일탈을 범한 것이 된다. 이 사례에서는 상응하는 수단이 라이히 헌법 제15조에서 찾지 않으면 안 될 것이다. 「결함의 경고」에 성과 없이 거기에 상당할 만큼 심각한 의무위반을 프로이센이 범하고 있으며, 그것이 라이히의 집행을 정당화할 수 있었던 것이다. 그러나 일어날 수 있는 「절박한 위험」[제48조 제4항] 등이란 도시[베를린] 에서 부여하려고 한 공식 또는 결함의 경고까지에는 여하튼 충분한 시간이 있었으며, 그러므로 논할 여지는 없다. 프로이센 정부에 대한 청취마저 실시하지 못하고, 즉시 프로이 센 정부의 권위를 필연성도 없이 완전히 뒤엎는 매우 폭력적인 수단이 사용되며, 그럼으로써 스멘트*에 의해서 명명되고,[9) 국사재판소가 확립한 「형식의 남용」이 의심 없이 존재하고 있다. 제48조 제1항에서 이행해야할 의무들을 이행하기 위해서 권한 있는 프로이센 국가기 관들에 대한 무력을 사용한 **강제**가 정당화될는지도 모르나 장관들의 즉시해임에 대해서는

---

6) Urteil des Staatsgerichtshofs, 5. Dezember 1931, in *RGZ* (Anhang), S. 26 ff. [44].

7) Schmitt, aaO., Sp. 957.

8) Graf Westarp, "Zur Wahl des preußischen Ministerpräsidenten," in *Deutsche Juristenzeitung*, 37 (1932), Sp. 574; Braatz, "Das Geschäftsminsterium in Preußen," in aaO., Sp. 978.

9) Rudolf Smend, *Verfassung und Verfassunsrecht*, München 1928, S. 105 (김승조 옮김, 『국가와 헌법』, 교육과학사, 1994, 155면).

결코 그렇지 않다. 가령 이 강제가 성과를 거두지 못했거나 또는 기관들이 사실상 거부한다면 거기에는 비로소 라이히의 기관에 의한 「대집행」이 허용될 것이다.

제48조 제2항의 조치를 정당화하는, 공공의 안전과 질서의 현저한 장해 또는 그 우려가 프로이센 란트의 영역에 있는가의 여부에 대해서 집행기관도 동일하게 자유재량이지만 의무에 적합한 재량에 의해서 결정되어야 한다. 그리고 국사재판소는 사실적 전제들에 관하여, 또한 일어날 수 있는 재량권일탈이나 재량권남용에 관하여 그것을 심사하지 않으면 안 된다.

실질적 요건에 대해서 말하면, **프로이센** 영역 안에서만 적용되는 제48조 제2항의 조치들은, 첫째로 공공의 안전과 질서의 장해와 그 우려가 다른 란트들에 비하여 **현저하다**고 생각되는 경우에만 합헌이며, 그때에는 프로이센의 규모와 산업화의 정도가 고려될 것이다. 그것이 내가 생각하듯이, 부정될 수 있다면 프로이센에 대한, 그리고 프로이센에서의 연방정부의 일방적인 조치는 친연방적인 자세를 취해야 할 의무를 침해할 뿐만 아니라 연방국가의 평등성원리도 침해한다.[10] 그러나 바이마르 헌법 제48조 제2항에 근거한 조치는, 둘째로 프로이센 정부가 자신이 사용하는 수단으로써 전쟁 이래 **계속적으로** 방해되거나, 그 우려가 있는 공공의 안전과 질서를 보호하지 못했거나, 또는 보호하려고 하지 않았다는 것처럼 전제하는 것이다. 그러나 최근 점차 강화되고 있는 불온한 상태는 프로이센 정부 기관들의 작위 내지 부작위에 의해서가 아니라 제복금지의 폐지와 시위행동금지의 폐지에 의해서, 즉 라이히 정부의 조치에 의해서 증대되어 온 것이다. 프로이센 정부 기관들에는 그들의 과제를 해결할 힘이 없었듯이, 확실히 주장되는 것, 지금까지 아무런 입증도 하지 못하고 있다. 라이히 정부의 이러한 주장에 대해서는 라이히 임시대행자의 임명 이래 공공의 안전과 질서의 장해는 (동프로이센!) 매우 현저하게 **증대하고** 있다는 사실이 반론이 된다.

내 생각으로는 이러한 전제들은 존재하지 않는다고 보는데, 그러나 그러한 전제들이 충족된다면 당해 **조치**는 재량권일탈로 부르지 않으면 안 될 것이다. 왜냐하면 제48조 제2항은 예외상태에서 허용되는 조치들의 명확한 법적 한정을 포함하기 때문이다. 이 한정은 다음에서 도출된다.

1. 「필요한」 조치들만이 적용이 허용되며,
2. 이른바 헌법에 있어서의 조직의 최소한이 침해되어서는 안 되며,
3. 효력을 정지할 수 있는 기본권은 한정 열거되고 있으며, 결코 단순히 예시되고 있는 것이 아닌, 즉 다른 기본권은 효력의 정지가 허용되지 아니한다.

예외상태의 본질에서 볼 때 생각했던 「필요한」 조치들은 **어떠한 계속상태도** 만들어낼 수 없다. 라이히 임시대행자는 이 점에서 제48조의 전제들이 가령 충족되었다면, 잠정적으로 그 행위의 목적에 대해서 결정적인 분야에 한하여 정부와 아울러 관리들의 활동을

10) Gerhard Leibholz, *Die Gleichheit vor dem Gesetz*, Berlin 1925 (Öffentlich-rechtliche Abhandlungen, H. 6), S. 143 f.; Smend, aaO., S. 169 (역서, 239면).

**저지**할는지도 모른다. 그러나 라이히 임시대리는 그들을 필요 없이 완전히 축출하지 못하며, 어떠한 경우에도 **해임**되지 않으며, 따라서 최종적인 상태를 만들어내는 것이다.

　라이히 헌법에 있어서의 조직의 최소한은 프로이센의 각 부처의 지휘관리가 맡겨진 관리들이 장관으로서 취임선서를 하며, 헌법에 적합하게 선출된 프로이센의 라이히 참의원 의원이 파면된 것으로 침해되었다. 프로이센의 장관들은 라이히의 장관들과는 달리 **관리**이기 때문에, 그들의 해임에 의해서 마침내 바이마르 헌법 제129조[공무원의 신분보장]도 침해되었다. 그러나 완전히 정당화되지 않는 것은, 장관들이 국무회의에 헌법에 적합하지 아니한 소집에 응하지 않았다는 이유로 해임된 것이다.

　요약하여 이렇게 말하기로 한다. 즉 라이히 임시대행자의 지위는 제48조 제1항과 제3항의 사실적이며 법적인 전제들이 있었던 경우에만 합헌이었다 — 지금까지 제출된 자료에 의하면 이러한 상정은 결코 **적절하지 않다** — . 라이히 임시대행자의 행동에 대해서는 이미 현하 **재량권일탈**은 아닌가 하고 매우 심각한 의문이 제기되지 않을 수 없다. 라이히 정부가 그 행동을 가지고 정치적으로 무엇을 노렸다 하더라도 그것은 법학적으로는 「형식의 남용」이라고 특징짓는 수밖에는 없다.

# 7. 독일 헌법개혁의 목표와 한계 (1931)*

　독일 국민의 광범위한 영역, 즉 독일에서 현재 권력을 장악한 자들마저 오늘날의 독일의 국가조직은 당연한 요구를 만족시키지 못하고 있다고 생각한다. 그들은 독일의 나쁜 외교나 내정의 상태를 바이마르 헌법의 현실적 결함 내지는 추측상의 결함과 인과관계가 있다고 한다. 이러한 사고과정의 단락성은 명백하다. 결코 법질서에만 현실의 정치상태의 책임을 물을 수는 없으며, 또 현하의 경우에 있어서 올바른 것도 아니다. 바이마르 헌법의 단 하나의 조문도 변경하지 않고 독일 국민과 그 지도층에게 활력이 넘치는 명확한 목표를 가진 권력에로의 의지가 있다면, 전후 13년 동안에 지금과는 비교할 수 없을 정도로 좋은 독일의 정치나 사회의 상태가 의심 없이 실시되었을 것이다. 그러나 주로 그렇지 않았다는 이유로 우리들은 실제로 오늘날 독일 라이히의 헌법규범들을 수정할 필요에 압박을 받고 있다.

　우리들 독일의 사회민주주의자에 대해서 각각의 헌법수정의 목표는 **의론의 여지없는 세 개의 조준점**에 의해서 규정된다. 하나는 **사회에 대한, 특히 경제에 대한 국가의 권위적 우위성**, 둘은 **정치적 권위의 민주주의적 원천**, 그리고 **국가의 권위의 명확한 한계**, 이상 세 가지에 의해서 규정된다.

1

　우리들은 권위적 국가를 사회주의적인 근거에서 긍정한다. 사회주의적 계획경제화가 국가에게 부과하는 정신적·윤리적 그리고 경제적인 커다란 임무를 자유주의적 야경국가는 수행하지 못한다. 자유주의적 야경국가는 부르주아적·자본주의적인 사회가 가지고 있는 정신적·경제적인 아나키를 뒤에서 승인하고 보증해온 것에 불과하다. 그러나 오늘날의 국가는 더 이상 사적 자본권력의 하숙인이 아니라 모든 점에서 내외로 향한 활동적인 경제력을 전유하며, 그럼으로써만 모든 정치적 권위에 필요한 사실적 권력을 획득할 수 있다.

*　Ziele und Grenzen einer deutschen Verfassungsreform, in *Neue Blätter für den Sozialismus. Zeitschrift für geistige und politische Gestaltung* (Hg. E. Heimann u.a.), Alfred Protte Verlag, Potsdam, 2 (1931), S. 576-580. jetzt in *Gesammelte Schriften*, Bd. 2, S. 411-417.

　　그러한 국가의 권위를 우리는 기쁘게 인정하려고 한다. 그러나 「국가 그 자체」는 우리들에 대해서 결코 현실이 아니기 때문에 결코 권위가 아니다. 우리들은 국가를 단순한 소비조합이 라고도 생각할 수 없다면 국가를 사회적 현실 위에 서서 그것으로부터 독립한 실재나 권위로서 인정할 수도 없다. 인간과 동일하게 인간의 국가도 신과 야수 간에 계속 존속한다.* **국가는 조직된 생활형식이다.** 조직으로서는 역사와 사회에 의해서 특정된 상황에서의 구체적인 인간의 의지와 활동성과인데 생활형식으로서는 운명적인 필연성이다.

　　어떠한 혁명적인 헌법수정안도 생각해 보면 당연하지만 항상 **조직**으로서의 국가에 이른다. 문화국민으로서의 우리들에 대해서 일정한 발전단계에 이른 국가는 필연적인 **생활형식**이 되며, 그러한 한에서 국가는 우리들의 이성적 판단을 초월하여 필연성으로서 우리들의 의지에로 받아들이지 않으면 안 된다. 경제는 결코 우리들의 운명*이 아니다. 그 점을 다름 아닌 볼셰비시트들이 매우 인상 깊게 우리들에게는 분명히 보여준다. 물론 그러나 확실히 주어진 지리적 공간은 우리들의 운명이며, 이 공간에 어떠한 확장의 가능성이 있을지라도 거기에서 우리들은 정치적인 사건의 통일체가 되고 있다. 진정 모면할 수 없는 운명이란 역사를 등에 가득 짊어진 공간이다. 역사도 그렇다. 우리들은 바로 이 공간 속에서 이처럼 역사에 움직이지 못하고 감수해 왔다. 역사는 우리들에게 바로 이처럼 형성하여 왔다. 토지의 형상과 이런 구체적인 종류의 경제활동을 이 공간에서 먼저 우리들에 게 허용하는 토지의 내용도 운명이다. 끝으로, 그러나 중요한 것은 이러한 구체적인 이웃이 이주한, 비교적 가깝고도 멀리 떨어진 국경영역이다.

　　우리들의 정치적 생활형식의 결정에는 우리들의 의지가 미치지 않는 이러한 원천에서 항상 함께 계속할 것이다. 그것을 분명히 인식한다면 지정학적 정관주의에 빠지지는 않는 다. 말하자면 의식적인 행위나 충분히 합리적인 정치적 조직을 자신들의 의지로 포기하는 것은 생각할 수 없다. 공간과 역사는 우리들에게 단지 원재료로서 주어질 뿐인데, 정치조직

---

* [1] 카를 슈미트는 「권력에 대한 대화」 속에서 인간은 인간에 대해서 이리가 아니라면 신도 아니며, 「만약 권력이 자연에서도 신에서도 유래하지 않는다면 권력과 그 사용은 모두 인간과 인간 간에서만 연출되는 것이지요. 권력을 가진 자와 권력을 가지지 못한 자의 대립도, 힘 있는 자와 힘 없는 자의 대립도 단순히 인간 대 인간의 대립, 즉 인간은 인간에게 하나의 인간이라는 것입니다」라고 말한다. Das Gespräche über die Macht und den Zugang zum Machthaber, in: *Gemeinschaft und Politik* 2/1954, S. 9 ff.(김효전 옮김, 「권력에 관한 대화」, 동인 편역, 『유럽 법학의 상태』, 교육과학사, 1990, 179-180면). [이 주는 전집판에는 없다. 역자 주]

* [2] 정치(나폴레옹)가 아니라 「경제가 운명이다」라는 발터 라테나우의 말이 타당하다고 생각된다(1921년 9월 27일의 배상에 관한 독일공업라이히연맹 회의 연설). 『국가학』에서 동일한 주지에서 「모든 정치는 경제정책이며 전쟁준비이다」(Walther Rathenau, "Zur Kritik der Zeit," in *GS*. I, Berlin 1925, S. 115)라는 별개의 말을 일반화된, 그러나 잘못된 지배적 확신으로서 다루고 있다. Heller, *Staatslehre, Gesammelte Schriften*, III, S. 321(홍성방 옮김, 『국가론』, 민음사, 1997, 300면). 또한 슈미트는 이 말을 인용한 후 「보다 정확하게는 이렇게 말해야 할 것이다. 즉 정치는 예나 지금이나 여전히 운명적이지만, 경제가 정치적인 것이 되면서 그로 인해 '운명'이 되는 사태가 발생한 것이라고 말이다」라고 진술한다. Carl Schmitt, *Der Begriff des Politischen*, 1922 (1932), S. 76 f.(김효전 · 정태호 옮김, 『정치적인 것의 개념』, 살림, 2012, 104면). [이 주는 전집판에는 없다. 역자 주]

은 우리들의 의지에 의탁하고 있다.


2


　우리들은 민족만을 권위주의적인 국가기관의 정통화의 기초로서 인정한다. 그것은 문화를 가능하게 하는 특정한 가치의 담당자로서의 민족이며, 임의의 관심이나 의견의 집적으로서의 그것은 아니다. 우리들은 이 민족의 의미 있는 구성을 필요불가결하다고 보지만 단일 단계의 대중이라는 관념은 배척한다. 그렇지만 선거의 평등을 의문시하는 선거법은 모두 우리들을 숙적으로 볼 것이다. 우리들은 독재와「국민투표에 의한 민주주의」라는 파시즘적 속임수를 타파한다. 왜냐하면 이 지배형식은 민족의 완전한 금치산선고이며, 정치적 자기교육을 무릇 불가능하게 할 것이기 때문이다. 우리들은 헌법제도로서의「지도의 천재성」을 완전히 난센스라고 생각한다.

　독일 헌법수정의 주요 문제는 기능하는 의회와 행동력 있는 정부를 가능케 한다는 점에 있다. 어떠한 조직상의 수단이 개별적으로 이 목적에 적합하다고 생각하는가에 대해서는 뒤에 서술한다. 국가를 영역적인 결정과 작용의 통일체로서 조직할 필요성이 있으며, 또한 정당들은 무릇 횡적인 결합이 결여된 인적 기반 위에서 견고하게 조직된 다양한 투쟁단체에로 국민을 조직하고 있다는 사실이다. 여기서는 이 필요성과 사실 간의 입을 열고 있는 모순을 원칙적으로만 제시하려고 한다. 의지공동체와 가치공동체의 결여를 야기시키는 것이 결국은 계급대립이라는 점은, 우리들이 바로 지금 현재 전래의 정치형태에서는 더 이상 꾸려나갈 수 없다는 확증과 마찬가지로 정당하다. 오늘날 정당지도자들의 보다 적절한 판단이 있어도 이에 반하여 의회의 다수결이 성립하지 않는 무수한 사례가 있다. 왜냐하면 정당의 조직이 중앙에서 지방기관에 이르기까지 오로지 다른 모든 정당에 대한 투쟁을 지향하며, 또한 의회 내에서의 이해조정을 추악한 뒷거래라고 오해하지 않을 수 없게 되었기 때문이다.

　라이히 정부의 권위의 강화는 절대로 필요하다고 생각한다. 지금까지와는 달리 정부는 여러 의원단이나 라이히 대통령이 가지고 노는 놀이공이어서는 안 된다. 이를 피하기 위해서는 불신임투표를 헌법상 어렵게 하는 것만으로는 불충분하다. 원칙적으로 당리당략에 의해서 구성되는 의회 — 무엇보다 우리들은 그러한 의회도 포기할 수 없으며 그럴 계획도 없다 — 가 정부에 대한 유일한 국민대표이어서는 안 된다. 라이히 정부는 정당이 발호하는 의회에 한 발만을 들여놓아야 하며, 또 하나의 다른 기반도 필요하다. 그러므로 라이히 정부는 스스로 의회에 대항하고 국민투표에 의해서 국민에게 직접 호소하지 않으면 안 되며, 또한 정당이 발호하는 의회와 나란히 당리당략에 의해서 구성되지 않는 국민의 대표를 지지할 수 있어야 한다.

　민주적 정당성처럼 우리들은, 또한 어떠한 상황에서도, 독일 헌법에 존재하는 법치국가적 합법성 없이 지내려고 하지도 않는다. **우리들은 권위적 국가를 바라지만 전체주의 국가와는 투쟁한다.** 유럽에서 「국가를 위한 사회의 총동원」이라는 생각은, 정치적 심미주의로서만 생각할 뿐이다. 르네상스 이래 400년의 유럽의 발전, 보편주의에 입각한 일신교의 2000년의 역사는 우리들의 본질에서 말소시켜서는 안 된다. 국가에 의한 개인의 「전면적 통합」에는 루소의 모범에 따라서 **시민종교**\*가 필요할 것인데, 그 단서를 우리들은 이미 충분히 보는 것, 그것들은 결국 가능하지도 않고 바람직하지도 않으며, 또한 아마 기독교적이 아닐 것이다. 개인이 가지는, 종교적·정신적 그리고 정치적인 가치가 유럽의 문화발전에 대해서 불가결한 기초이다. 이것은 권위적 국가와는 반드시 대립하지 않지만 전체주의 국가와는 대립한다. 왜냐하면 전체주의 국가의 권위에는 법적 제약도 없다면 권력분립이나 기본권도 없기 때문이다. 우리들에 대해서 문제는, **노동과 재산의 질서를 실질적 법치국가 조직에 복종케 하고 자유주의적 법치국가를 사회주의적 법치국가에로 개조하는 것뿐이며 법치국가 그 자체를 폐기하는 것은 아니다.**

국가의 조직적 기술은 우리들에게 세 개의 가능성만을 부여한다는 것을 여하튼 분명히 이해하기로 한다. 국가의 기관들이 권력행사에서 완전히 통제를 받지 않는다면 그것들은 인간의 거대한 다수가 구축했듯이, 늦든 이르든 그 지배력을 남용하게 된다. 그러나 지배하는 인간을 통제하는 데에는 두 종류의 기관에 의해서만 행사될 수 있다. 러시아나 이탈리아처럼 국가와 일체가 된 독재정당에 의하거나, 법률로써 구속된 법원에 의하는 것이다. 독재적인 정당에 의한 통제는 지배한 사람들이 당·정부·관료기구에서 동일한 정치적 진영에 속하며, 여기에는 그들에게 공적으로 책임을 묻는 유효한 방법이 없기 때문에 법치국가의 그것보다도 필연적으로 불완전할 수밖에 없다. 출판·언론·결사 등의 자유가 아주 없는 경우나, 지배정당이 자신들의 동료 속에는 자의나 부패 등은 없다고 주장하는 데에 전심하는 경우에는, 이러한 장애를 극복하기 위해서 보통 인간에게 기대할 수 없는 강렬한 도덕적 힘을 필요로 한다.

우리들은 권력분립과 기본권이 유지되도록 바라기 때문에 전후시대의 우중(愚衆)자유주의의 이론과 실제가 가능케 하고, 더구나 옹호해 온 자유의 무규율한 과잉을 용인하는 것은 도저히 생각할 수 없다. 사회주의자로서의 우리들이 악명 높은 경제의 자유에 호의를 품지 않는 것은 자명한 이치이다. 대외무역의 독점과 농업·광업·공업 그리고 은행업에서의 대기업의 사회화를 우리들은 사회주의적인 요청이라고 생각하는데, 국민경제적인 이유들에서 장래의 독일 정부는 이 요청에서 도피해서는 안 될 것이다. 그러나 우리들은 모욕적인 보도의 자유, 음란 영화를 제작하는 자유, 저속한 출판의 자유 등 이와 유사한 자유들은 법규에 근거하여 규제하려고 생각한다.

우리들이 어떻게 독일 헌법을 구체적으로 형성할 것인가 하는 생각에 대해서는 나중에 서술할 것이다. 그러나 여기서는 의식적으로 오늘날에는 정치적으로 필요성과 가능성에 한정하려고 하므로, 아직 분명하지 않은 정치의 장래에 대한 높고 원대한 목표를 묘사하는 것은 달리 맡기기로 한다.

# 제2편
# 법과 국가이론

# 1. 국가학의 위기*

　유럽의 정신적 위기는 가장 명백하게는 정치적·사회적 혁명의 진전 속에 나타날 뿐이다. 그러나 이 위기는 눈에 보이지 않는 곳에서 인간에 대한 모든 학문의 전제·방법·의미에 대한 사고를 뿌리 채 흔들어 왔다. 이 위기는 모든 문화과학의 위기적 상황을 표어조로 확정한다면, 충분한 듯한 단계를 훨씬 초월한다. 우리나라의 대부분의 대학에서는 일반 국가학이라고 불리는 학과가 개설되어 있다. 그러나 그것은 이제 이론적으로는 부적절하며 실천적으로는 결실 없는 것이 되어버렸다고 느낀다. 더구나 그러한 사태는 결코 좁은 전문영역에만 보이는 것은 아니다. 이러한 감상은 여론도 매우 널리 품고 있는 것이다. 게오르그 옐리네크*는 그의 『일반 국가학』 서문에서 이렇게 적고 있다. 「국가학 분야에서 한 세대가 지나도록 협소한 학자층을 넘어서도 의미를 가질 수 있는 포괄적인 저작이 출현하지 못했다. 그렇게 된 데에는 학문의 상태에도 원인이 있다」.[1] 옐리네크가 이 말을 적은 지로부터 4반세기가 지났다. 그리고 그 이후 이 정치화의 시대에서!! ─, 이 영역의 학문적 요구에 응답하는 포괄적인 저작이 전혀 나타나지 않았던 것에서 본다면, 오늘날의 연구자는 그러한 유보도 없이 재빨리 그의 판단에 따르지 않을 수 없다. 다른 한편, 세기의 전환점에 나타난 헤르만 렘,[2]* 게오르그 옐리네크,[3] 리하르트 슈미트[4]*의 저작이 현대의 필요와 요구를 여전히 만족시키고 있었던 것을 주장하는 자는 어디에도 없다. 이리하여 이 위기적 상황의 전모는 방관자에게마저 전적으로 명백하게 되었으나, 그럼에도 불구하고 이 영역에 아주 최근의 업적인 켈젠*의 『일반 국가학』[5]은 그것을 거의 인정하려고 하지 않으며, 하물며 사태를 타개할 실마리조차 마련하지 않고 있다.

---

\* Die Krisis der Staatslehre, in : *Archiv für Sozialwissenschaft und Sozialpolitik*, Bd. 55 (1926), S. 289-316. jetzt in *Gesammelte Schriften*, Bd. 2. A. W. Sijthoff, Leiden 1971, S. 3-30.

1) Georg Jellinek, *Allgemeine Staatslehre*, 3. Aufl. (besorgt von Walter Jellinek), Berlin 1914, S. III. (김효전 옮김, 『일반 국가학』, 법문사, 2005, 10면).

2) Hermann Rehm, *Allgemeine Staatslehre*, Freiburg 1899.

3) Jellinek, aaO., 1. Aufl., Berlin 1900.

4) Richard Schmidt, *Allgemeine Staatslehre*, Bd. 1 (Die gemeinsamen Grundlagen des politischen Lebens), Leipzig 1901.

5) Hans Kelsen, *Allgemeine Staatslehre*, Berlin 1925 (민준기 옮김, 『일반 국가학』, 민음사, 1990).

다음에 이러한 상황을 앞에 두고 약간의 논평을 시도한다. 그것을 통하여 일반 국가학의 정신사적인 상황의 해명과 체계적인 고찰을 추진해보려고 한다.

# I

현대의 국가이해의 형식은 어떤 역사적 기초에 입각하고 있는가? 중세의 사고는 국가의 보편적 속성들의 형이상학적 연구 이외의 연구를 거의 알지 못하였다.[6] 정치적 세계는 신에서 나오는 자연의 연관에까지 미치는 통일적 의지관련 내지는 유기체에 관련되고 있는 것이라고 간주되고 있었다. 모든 정치적 권력은 신의 권위로부터 유출론적으로 설명되며, 동시에 그 권위에 의해서 정통화되었다. 국가학은 신학의 일부였던 것이다. 신에 의해서 인증된 이러한 권력관계에 비추어 교회법적 및 세속법적인 양쪽에 걸치는 법률학은 인적 직무, 대표적 구현, 그리고 특히 교회적 단체라든가 정치적 단체와 같은 국법학상의 기초적인 개념을 발전시켰다. 이러한 개념들에서는 결합상태에 있는 실재적인 존재로서의 개인들은 불가시한 법주체를 대표적으로 구현할 뿐이다. 현대에 고유한 문제는 주권적 국가와 법질서가 병존하여 다원성을 이루고 있다는 점에 있는데, 이러한 문제는 **유일한** 신, **유일한** 교회, **유일한** 법질서만을 알고 있던 보편주의적 중세에는 알지 못하던 것이다. 분석이나 인과적 연구에 기초를 두었던 국가의 존재문제라는 특수한 것은 존재하지 않았다. 이미 중세에서 신학적 국가학과 아울러 국가를 단체구성원의 의지로부터 철학적 · 법학적으로 도출한다는 고전 고대 이래의 연면히 이어온 방식이 점차 유력한 것이 되었다. 마르실리우스 폰 파두아(1328년)*에 의해서 도덕적 · 정치적 세계가 신학으로부터 독립한 자율적인 것으로서 구성되었다. 자연법의 종교적 · 교의학적 전제들로부터 해방되기 시작하고, 그것이 「세속화된 기독교」로서 인간의 이성적 본성 위에 서게 된 것이다.

고대나 중세에서의 자연법과 마찬가지로, 이 세속적 자연법의 국가학도 국가를 법학적 및 형이상학적으로만이 아니라 사회학적으로도 이해하려는 것이었다. 자연법의 중심적 사고형상을 이룬 것은 사회계약이었으나, 그것은 법학적 구성일 뿐만 아니라 동시에 윤리적 · 형이상학적 정당화를 행하는 것이며, 최종적으로는 현실 사회의 이론이려고도 한 것이다.[7] 다른 곳에서 나는 근대의 정치적 사고가 여전히 어떻게 강하게 「**자연적 질서**」라는

---

6) Wilhelm Dilthey, *Einleitung in die Geisteswissenschaften* (1883), in *Gesammelte Schriften* (Hg. Bernhard Groethuysen), Bd. 1, Leipzig 1922, S. 328 ff.; Otto v. Gierke, *Johannes Althusius und die Entwicklung der naturrechtlichen Staatstheorien* (1880), 3. Aufl., Breslau 1913, S. 60 ff.

7) Adolf Menzel, "Naturrecht und Soziologie", in *Festschrift zum 31. Deutschen Juristentag*, Wien 1912, S. 1 ff.; 베르너 좀바르트(Werner Sombart, "Die Anfänge der Soziologie", in *Hauptprobleme der Soziologie. Erinnerungsgabe für Max Weber*, München 1923, Bd. 1, S. 3-19)가 홉스나 스피노자와 같은 자연법학자들과는 현저하게 대립적으로 경험적 · 인과적인 사회과학을 수립하려고 하였기 때문에 이처럼 부당하게 좁혀진 개념은 오늘날의 독일 사회학에 좀바르트가 주장하는 사회학에마저 적용할 수 없게 되었다. 에리히 카우프만(Erich Kaufmann, *Kritik der neukantischen Rechtsphilosophie. Eine*

관념에 의거하였는가를 제시한 일이 있다. 「자연적 질서」를 인식하고 실현하는 것이야말로
이 3세기 이래의 구미인의 정치적인 열망의 대상이었다.8) **자연의 질서**(ordre naturel)*라는
말로써 이해되고 있었던 것은 어떤 시대에서나 실현될 정치적 이상상태였다. 그러한 상태에
서는 모든 정치적 자의가 비인격적인 법률의 지배에 의해서 배제되지 않으면 안 된다고
생각되었다. 여기서 지배해야할 법률은 신적 · 초월적인 것이 아니라 사회내재적인 것,
자연법칙과의 아날로지에 따라서 인간 속에 두어지고, 인간에 의해서 인식될 수 있다고
이해되었다. 사회학적 · 법학적 규범도 인간본성이라는 사회학적 기초로부터 연역되는
것이라고 생각하였다. 당위 · 의미 · 존재의 이러한 자연주의적 일원론은 마르크스주의
속에 그 본질적 부분을 잔존시키고 있다. 또한 법질서의 완결성이라는 도그마를 가진
자유주의적 법치국가의 이상도 **자연적 질서**의 잔재를 나타내고 있다.

칸트의 이성비판은 경험적 현실의 합리적 법칙성을 인간오성의 카테고리로 규정하며,
다른 한편 사회에서의 **자연의 질서**를 이론적 인식으로부터 배제하고, 그럼으로써 자연법칙
국가관의 일원론을 해체시켰다. 국가와 법의 예지적 질서는 이론이성의 대상이 아니라
실천이성의 대상에 불과한 것이 되고 있다. 그것은 엄밀한 법칙성을 결여한 합리화 불가능한
현실의 요소를 포함하기 때문이다. 과연 칸트의 이성의 이념, 국가계약사상, 「자유」「평등」
「자립성」의 이념을 본다면, 그 자신의 법이론과 아울러 국가이론이 자연법의 형이상학이나
윤리학과의 관련을 가진 것은 명백하다. 그러나 사회학과의 결합은 거의 세기말에 이르기까
지의 독일의 학문에서는 합리주의적 · 자연법적 형식을 취할 수 있는 것 이외의 어떠한
다른 형식을 취하는 것은 칸트의 비판으로 불가능하게 된 것이다.9)

국가학의 사회학으로부터의 분리는 동시에 독일 국가사상의 서구 국가사상으로부터의
고립화를 초래했는데, 그것을 완성시킨 것은 낭만주의와 역사학파였다. 이 양자는 구래의
지배관계의 합리화와 혁명화를 강요하려고 하였고, 정신과 인격을 자연과학 아래 종속시키
거나 개개의 역사적 형상을 합리주의적 심리학과 자연법의 사회학이라는 추상적 · 형식적
사고규정으로 해소하는 것을 저지하려고 하였다. 살아있는 것 · 민족적인 것에 대한 낭만주
의 · 역사주의의 관심은 물론 동시에 새로운 정신과학적 사회학을 산출하는 많은 계기를
마련하기도 하였다. 그것이 수 세대를 거쳐서 딜타이(Dilthey)나 짐멜(Simmel)을 거침으로
써 결실을 본 것은 부정할 수 없다. 그러나 역사주의는 그때까지 아니, 기본적으로는
오늘날에 이르기까지라고 하지 않을 수 없는데, 서구 사회학을 독일의 국가관으로부터
멀리 두는 곳에 바로 역사학이나 국가학의 국민적 과제가 있다고 생각하고 있었던 것이
다.10)

---

    *Betrachtung über die Beziehungen zwischen Philosophie und Rechtswissenschaft*, Tübingen 1921,
    S. 88 f.)도 사회학적 견해 속에 자연법론을 다른 모든 사회철학으로부터 구별하는 징표를 보고 있다.

8) Hermann Heller, *Die politischen Ideenkreise der Gegenwart* (1926), in *Gesammelte Schriften*,
    Bd. 1, insbesondere S. 281 f. (본서, 619면 이하) 참조.

9) Erich Kaufmann, aaO., S. 90 ff. 참조.

10) 예컨대 Georg v. Below, "Soziologie als Lehrfach. Ein kritischer Beitrag zur Hochschulreform",

국가학의 사회학으로부터의 절단에는 ── 상호제약적 관계가 없는 것은 아니지만 ──
, 나아가 국가학의 윤리학이나 형이상학으로부터의 분리라는 것이 추가되었다. 그리고
이러한 분리는 역사주의적·논리주의적 또는 자연주의적인 실증주의에서 완성되었다.
이러한 도정을 걸어가는 속에 곧 국가는 인종적 또는 계급적인 억압수단으로서 간주되지
않게 되었다. 여하튼 국가는 권력, 권력 그 자체에 진력하는 것으로 생각하기에 이르렀다.
이러한 권력의 목적과 의미에 대한 물음에는 비학문적인 것이라고 간주되고, 법은 자신에게
봉사하는 관리에 향하여 권력의 단순한 명령으로 되고, 법률가는 모든 명령의 해석자가
되었다. 이리하여 도적단과 국가의 구별은 발견하기 어렵게 되었다. 19세기 후반의 독일
국가학은 자연법적 사고가 국가문제에 접근한 세 개의 방식 속에 하나였으며, 즉 법률학
밖에는 알지 못하였다. 이제 사회학·법률학·철학은 자폐적인 틀 속에서 자족적으로
완결한 것으로 설명된다. 꽁트(Comte),* 스펜서(Spencer),* 마르크스(Marx),* 릴리엔펠트
(Lilienfeld),* 쇄플레(Schäffle)* 등의 사회학은 윤리적·법률학적 가치관점을 단념한 위에
자연과학적 객관성을 가진 것으로서 각각 종교·경제체제·예술·인종 등에서 출발하여
국가와 사회를 구축할 수 있다고 생각한다. 현대의 철학은 경험적 지식이나 형이상학을
사상하고 무내용한 논리적 형식들을 만들어내며, 그런 후에 그 형식들을 윤리적인 것에로
실체함으로써 자신의 과제에 자족하려고 한다. 에리히 카우프만*은 이러한 신칸트주의적
인 강단철학이 어떻게 법기술적 형식주의를 추진하였는가를 명백히 하였다. 윤리적·형이
상학적 규정을 도외시할 뿐만 아니라 동시에 사회학적 기체도 도외시하는 실증주의적
법학은 게르버*·라반트*에 의해서 국가학으로서 개시되고, 마침내는 아래로 향해서도
위로 향해서도 실체도 없고 구속도 없는 이 형식주의가 국가학의 유일 학문적이며 법률학적
인 방법으로까지 고양되기에 이른 것이다.

  이리하여 실증주의적 법률학이 급격하게 자립화되었는데 이것은 국가학에 대해서 어떤
결과를 가져왔는가?

  그 개념적 명료함은 많은 유기체설적인 국가이론가나 청년 헤겔파 그리고 크라우제·아
렌스의 국가신화학*에 보이듯이, 애매모호한 표상신화학이나 과장된 언어의 범람으로
비교해 본다면 학문적 성실함의 성과였던 것에 의심의 여지는 없다. 그렇지만 사회학·형이
상학·윤리학에 대한 불안, 몰가치적이며 몰사실적이라고 불리는 형식주의를 찾는 일면적
인 노력, 이러한 것들 때문에 법학적 실증주의는 일반 국가학의 모든 진정한 문제에 대한
완전한 무력이라는 숙명을 비난하였다. 일찍이 기이르케가 서술한 바에 의하면, 「이러한
조류의 법률학은 위험한 것이다. 그것은 다루기 어려운 소재를 어떤 방법으로 정합적인

---

  in *Schmollers Jahrbuch für Gesetzgebung, Verwaltung und Volkswirtschaft*, 43 (1919 II), S.
  1271-1322; 오토 베스트팔(Otto Westphal, "Bemerkungen über die Entwicklung einer allgemeinen
  Staatslehrer in Deutschland", in *Von staatlichen Werden und Wesen. Festschrift für Erich Marcks*,
  Stuttgart 1921, S. 27)은 국제관계의 중심개념을 국가에서 구하는가, 사회에서 구하는가 하는 견해의
  차이이며, 독일의 특성과 서양의 특질과의 세계대전과 같은 대립의 주요한 표현형태를 만들고 있었다고
  생각한다. 그것은 「매우 근원적인 변형을 거쳐 국가에 관한 견해의 영역에로 옮아갔다」고 한다.

논리적 범주의 체계에까지 넣은 경우에만 학문의 과제가 충족되었다고 간주하기 때문이다. 이 경우에는 여러 가지 개념도 희박하게 되고 공허하고 피상적인 정식이 되고 만다. 그런데 희박한 것은 비추어 잘 보이며 피상적인 것은 알기 쉽다. 정식화된 것은 분명히 한정이 주어지며 그리하여 추구되고 있던 명료함은 충분하게 달성된 것으로 된다」.11) 이러한 위험으로부터 법학적 실증주의는 완전하게 면해질 수 없다. 베이컨의 잘 알려진 말에 의하면, 법률학은 **언어의 구속을 면할 수가 없다**(tamquam e vinculis sermonicari),12) 즉 법률학은 법교의학으로서 단지 소여의 공동체 권위가 내리는 법적 명법(命法)의 의의를 명확하게 하며, 이러한 지배질서의 논리적 내용을 풀어내고 제시함으로써 그 명령을 체계화할 수 있을 뿐이다. 그것은 「확실히 경험적 과학, 문화과학의 대상을 수중에 넣고는 있지만 다루는 방법은 규범과학의 그것이다」.13) 법률학의 이러한 교의학적 방법은 특정한 실정법질서의 내부에서의 해석과 체계화의 목적에 봉사할 수 있을 뿐인데, 이 방법이 일반 국가학의 유일 정통한 방법이 되었다. 그 때문에 그것이 이룬 것은 고작해야 다양한 국가에서 타당한 법개념의 수집에 불과하였다. 그 이래 국가사상에 대해서 가장 중요하다고 생각되어 온 모든 문제 ― 예컨대 국가의 본질, 현실성, 통일성을 둘러싼 물음, 국가목적과 정통화 문제, 법과 권력의 관계에 대한 연구, 따라서 또한 국가문제 그 자체와 그것의 사회개념과의 관계 ―가 메타 법률학적인 문제로서 국가학으로부터 축출되지 않을 수 없게 되었다. 이러한 문제성을 축출하고 일반 국가학을 단념한 후 국법학만을 운영할 수 있다고 생각하는 자는 존재·의미·당위로부터 이루는 진정한 위계질서를 보지 못할 뿐만 아니라 「더욱 심한 오류에 사로잡힌다」. 왜냐하면 법률학적 규범은 역사적·사회학적 존재나 가치관점으로부터 완전하게 해방된다면 의미도 내용도 상실하기 때문이다. 순수한 국법학적 법률학은 방법적 목적 때문에 당위된 명령으로부터 의미를 분리 추출하려고 하지만, 그것도 사회학적 문제나 목적론적 문제를 전망하지 않고는 불가능하다고 해야 할 것이다.

형식적 법실증주의의 거의 무제한한 지배는 그러므로 그 방법을 진지하게 한 경우에는 국가학은 대체로 불가능하다는 것을 결과하지 않을 수 없었다. 상술한 이 영역에서만큼 문자 그대로의 불모성은 상당한 부분 이로써 명백해진다. 국가학을 단념하려고 하지 않고 또한 형식주의의 불충분함을 통찰할 경우에는 억제되지 않고 조잡한 형이상학이나 그것과 마찬가지로 유사한 사회학 내지 은성 사회학(Kryptosoziologie)이 성립하였다. 관심이 국법학으로 한정되는 경우에는 법학적 심리주의가 발전하며 법학적·형식적 객관성의 외투로 감추어지고, 도처에서 사회학적인 내용이나 목적론적인 내용이 밀수입되었다.

11) Otto v. Gierke, *Die Grundbegriffe des Staatsrechts und die neuesten Staatsrechtstheorien*, Tübingen 1915, S. 1 f. (unveränderter Abdruck aus *Zeitschrift für die gesamte Staatswissenschaft*, 1874, Heft 1 und 2).

12) Francis Bacon, *De dignitate et augmentis scientiarum, liv. octavus, ch. III*, 10, in *Works* (Hg. Basil Montagu), Bd. 9, London 1828, S. 83.

13) Gustav Radbruch, *Grundzüge der Rechtsphilosophie*, Leipzig 1914, S. 186 (엄민영·서돈각 공역, 『법철학강요』, 1958).

그리하여 법학적인 개념의 명확성과 명료함을 추구한 성과로서 가져온 것은 국법학을 포함한 국가학의 완전히 비학문적인 방법적 혼란 이외의 아무것도 아니었다. 이러한 상태는 기이르케와 라반트의 유명한 방법 논쟁에 비추어 개별적으로 증명할 수 있다. 법적 개념세계의 사회학적 기체에 대한 관계, 그리고 목적론이나 윤리학에 대한 관계를 둘러싼 다툼은 로마적 개념형성에 대한 게르만적 개념형성이라는 상당히 익숙치 않은 예복을 걸치고 행하여졌다. 기이르케는 로마법의 추상적 인격개념을 다음과 같이 비난하였다. 로마법의 견해에 따르면 「법적 인격이 일단 인격으로서의 설정되자마자, 법적 인격의 기체(基體)가 어떠한 성질의 것인가는 법적 인격의 본질에 대해서 아무래도 좋은 것이 된다. 독일법상의 인격 개념은 이에 반하여 무엇보다도 먼저 인류에 구속되고 있는 의지를 다른 의지와의 관계에서 파악하는 데에서 성립하며, 그러므로 전체 인격의 정의는 그 전체 인격 중에 결부되어 있는 인격들의 전체에 의해서 되어야 할 것이라고 주장한다. 독일법의 견해에 의하면, 게노센샤프트란 다수성 가운데의 통일성이며, 따라서 그것은 과연 통일체로서는 구성원 위에 입각하는 자립적 존재를 가지고 있는데, 동시에 자신의 내부에 있는 자립적인 개별적 존재의 다수성에 대해서는 유기적 관계에 서있는 것이다. 이것은 게노센샤프트의 본질에 속하는 것이다」.14) 이에 대해서 라반트는 급격한 형식주의를 주장하며 법적 의미에서의 인격은 「그 본질 **전체**를 이루는 **하나**의 속성, 즉 권리의 주체라는 속성도 갖지 아니한다」,15) 그러므로 법적 의미에서의 인격은 인류성이나 자유를 가지는 것이 아니라고 한다. 또한 「전체성의 권리·의무의 자립적인 담당자에까지, 즉 인격에까지 구성하는 것은 **법**이며」, 법은 「여러 가지 개별적 존재자의 **총체**로부터 그 내부에 어떠한 다수성을 가지지 아니한 새로운 **근본적 통일체**를 만들어낸다」고도 한다.16) 기이르케는 이러한 주장에 반대하여 재차 강조한다. 「다수성의 통일성에로의 결합과 통일성 중에서의 다수성의 존속을 규율하는 것은」 오로지 법 「뿐」이라고 하지는 않는다.17) 전체 인격을 부정하고 개인만이 오로지 실재라는 주장은 「**국가**개념의 파괴」를 인도하는 것이라고.18) 정당한 것은 어디까지나 기이르케 쪽이었다. 이것은 다음에 국가 없는 국가학을 소묘함으로써 명백해질 것이다. 기이르케는 법개념을 사회학적 관계나 목적론적 관계 그리고 윤리적인 관계로부터 완전히 해방하는 데에 반대하는 정당한 투쟁을 다투었는데, 유감스럽게도 그 무기로서 그는 형이상학·윤리학·법률학·사회학을 일체화하려는 유기체론을 사용하였다. 기이르케의 유기체적 국가론은 비록 불분명하고 더듬거렸지만 국가를 사회학적 실재로서, 또한 사회내재적 필연성으로서 파악하려는 것으로서 크게 기여한 시도였다. 그것은 「국가

14) Otto v. Gierke, *Das deutsche Genossenschaftsrecht*, Bd. 2 (Geschichte des deutschen Körperschaftsbegriffs), Berlin 1873, S. 906.
15) Paul Laband "Beiträge zur Dogmatik der Handelsgesellschaften", in *Zeitschrift für das gesamte Handelsrecht*, 30 (1885), S. 492.
16) AaO., S. 495.
17) Gierke, *Grundbegriffe*, S. 114.
18) AaO., S. 88.

인격을 **설명**」[19]하려고 하며, 국가를 「인간적 사회적 존재」,[20]「개인 중에서 자신을 확증하는 사회세력들의 필연적인 소산」[21]으로 파악하려는 것이었다. 그 밖의 점에서는 그것은 매우 파고 들어가서 반목적합리적인 은성사회학이며, 법학적 및 윤리적 범주를, 실로 생물학적 범주까지 사용하여 사태를 혼란케 하고 정당한 공격에 몸을 드러내게 되었다고 하더라도 말이다.

게오르그 옐리네크는 법률학과 법사회학을 처음으로 확연히 구별한다는 커다란 공적을 이루었다. 그러나 그는 이렇게 구별하였음에도 불구하고 자신의 『일반 국가학』의 방법상의 기초를 찾을 수 없었다. 그러한 기초는 사회학 없이는 불가능하기 때문에 그는 일반 국법학과 아울러 국가의 일반 사회이론을 세웠다. 그러나 그럼으로써 오늘날에는 국가학의 표준적 저작이라고 간주되는 이 저작은 내적 관련을 갖지 아니한 두 개의 부분으로 분열해버렸다. 그것은 통일성의 결여라는 결점을 내포한 것이 되고, 사회학적 부분을 가졌다고는 하지만 매우 불모한 추상화로 빠진 것도 있으며 그러한 결점을 메꿀 수는 없었다. 결국 옐리네크는 자기 자신의 방법을 관철할 수 없었던 것이다. 예컨대 「정주하는 인간의 시원적인 지배력을 갖춘 단체 통일체」[22]라는 그의 국가의 정의는 법학적 요소와 사회학적 요소(법적 권력·결합력·영역)를 분열한 채 병존시키고 있으며, 또한 예컨대 그의 「국가목적론」 속에는 강령적으로 배제된 형이상학을 어디서나 엿보게 한다.[23]

국가를 논리적·법률학적 관계로 해소하려고 하는 형식주의의 극복에 노력하는 것에 리하르트 슈미트의 저작이 있다. 그 의의는 「일반 국가학」을 「법학의 보조과학」,[24]「시민교육론」, 「헌법[체제] 비판」[25]이라고는 보지 않고, 그것에 대해서 이론적 및 실천적으로 가치 있는 목표를 설정한 데에 있다. 물론 이 저작은 매우 생기 있지만 단순히 정치적 본능으로 인도되고 있을 뿐이며, 그러므로 국가학의 이론적 근거와 개념형성이라는 점에서는 전혀 불명확한 것으로 그치고 있다. 왜냐하면 역사적 고찰양식, 사회학적 고찰양식, 윤리적·형이상학적 고찰양식 간을 동요하기 때문이다. 헤르만 렘의 『일반 국가학』 역시 한편의 정치적 센스도 없이 쓰여진 것인데, 이에 대해서도 개별적인 점에서는 커다란 법학적 공헌을 하였다고 하여도 완전히 방법 혼동주의에 빠진 것이라고 하지 않을 수 없다.

순수하게 법학적인 실증주의라고 불리는 것은 자신의 본래의 분야를 국법학이라는 특수한 영역에서 발견하였다. 이 영역은 확실히 국가학의 영역 이상으로 법률과 논리만으로

19) AaO., S. 79.

20) AaO., S. 96.

21) AaO., S. 97.

22) Jellinek, *Staatslehre* (siehe Anm. 1), S. 180 f. (역서, 144면).

23) AaO., S. 250 ff.

24) Richard Schmidt, *Staatslehre* (siehe Anm. 4), Bd. 1, S. 6.

25) Richard Schmidt, "Politik", in K. v. Stengel und M. Fleischmann (Hg.), *Wörterbuch des Deutschen Staats- und Verwaltungsrechts*, Bd. 3, 2. Aufl., Tübingen 1914, S. 92.

충분히 지낼 수 있는 외관을 보이고는 있다. 게르버에 의해서 기초지워지고 라반트에 의해서 완성되고, 실증주의적으로 해석된 로마 사법학을 수단으로 하여 전개되는 국법학은 흠결 없이 완결된 법체계 중에 정치·심리학에 관련이 없는 **자연의 질서**를 최종적으로 발견하였고 믿었다. 그리하여 목적에서도 가치관점에서도, 또한 개인적 사실에도 독립한 의의는 부여하지 않고, 모든 결정은 단지 실정규범으로부터만 도출해내어야 한다는 것이다. 이러한 법률학은 정치에 관련이 없는 합목적성도 사회적 및 개인적으로 다른 가치판단도 인정하려고 하지 않고, 그것이 도출하는 모든 결정은 논리적·법학적이라고 인정할 것을 요구하며, 「객관적」이라고 불리는 개념들로부터 그것들을 연역하려고 하였는데, 실제로 그것은 몇 개의 자기형성적이며 절대화된 저의들이나 거기로부터, 즉 「개념으로부터」 아프리오리하게 도출된 도그마에 입각하였을 뿐이다.26) 사실 이 국가법률학이 주장하는 이 외견상 영원한 진리는 자유주의적인 법치국가원리를 절대화하는 데에 그 기초를 가지고 있다. 특히 법질서의 완결성이라는 주도적인 도그마가 그 한 예인데, 이 도그마는 다음과 같은 견해에, 즉 법의 적용은 분립하고 있는 권력 중에 있어서 완전하게 탈인격화된 법질서에 의해서 모든 기관의 자의가 배제될 만큼 완전하게 입법에 복종하지 않으면 안 되며, 또한 그것은 가능하다는 견해로 환원할 수 있다. 그리하여 라반트는 비스마르크·빌헬름 시대의 국가와 약간의 자유주의적 법사상을 절대화한 것이다. 그리하여 옐리네크는 심리학적·역사적 추상으로부터 논리적·법률학적 규범개념을 연역하였다.27) 다른 한편, 이 실증주의적 형식주의는 도처에서 오류추론을 움직임으로써 객관성에 접근한 듯한 환상을 품었는데, 실제로는 모든 임의의 결정에 대해서도 「객관적인」 법학적 근거를 이룰 수 있는 어떤 종류의 변증론을 전개한 것에 불과한 것이다.28)

사법의 영역에서는 세기의 전환점에 논리주의적 실증주의의 신들의 황혼이 찾아왔다. 융(Jung)이나 치텔만(Zitelmann)의 저작, 나아가서는 자유법론자의 논리29) 등이 법의

---

26) 시사하는 바가 많은 예를 제시하고 필요한 것은 예컨대 파울 라반트의 오토 마이어와 예링에 대한 논쟁인 im *Archiv für öffentliches Recht*, 2 (1887), S. 150 ff., gegen Otto Mayer 〈Rezension von Mayer, *Theorie des französischen Verwaltungsrechts*, Straßburg 1886〉 und gegen Jhering 〈in Rezension von Siegfried Brie, *Theorie der Staatenverbindungen*, Breslau 1886〉, aaO., 2 (1887), S. 317 f.

27) Georg Jellinek, *Die Lehre von den Staatenverbindungen*, Wien 1882, S. 34 ff. 참조. 여기서는 주권개념까지 주권의 권리=법이 연역되고 있다. 상술한 주장에 관하여는 켈젠과 잔더의 저작이 포괄적 요소를 제공하고 있다. 그러나 기이르케의 비판도 참조(*Grundbegriffe* (siehe Anm. 11), S. 5 ff.; 85 ff.).

28) 국법실증주의의 포괄적 비판을 라운은 주고 있다. Rudolf Laun, "Der Staatsrechtslehrer und die Politik," in *Archiv des öffentlichen Rechts*, 43 (1922), S. 148 f.* 여기서는 나아가 「어떻게 객관성의 망령이 법률학을 그때그때의 권력자에게 추근대는 창부처럼 폄하하고 있는가?」도 제시되어 있다(aaO., S. 164). 목적론적 법해석의 불가결함에 대해서 아주 최근에는 테츠너(Friedrich Tezner, Das freie Ermessen der Verwaltungsbehörden, Leipzig 1924(Wiener staatswissenschaftliche Studien, N.F., Bd. 6, S.13 f.)와 히펠(Ernst v. Hippel, *Untersuchungen zum Problem des fehlerhaften Staatsakt, Beitrag zur Methode einer teleologischen Rechtsauslegung*, Berlin 1924, S. 130 ff.)이 논하고 있다.

29) Erich Jung, *Von der 'logischen Geschlossenheit' des Rechts*, Berlin 1900; Ernst Zitelmann, *Lücken im Recht* (Rektoratsrede Bonn), Leipzig 1903; Eugen Ehrlich, *Freie Rechtsfindung und freie*

무흠결성에의 신앙을, 그리고 그와 함께 순논리적인 법해석의 가능성에의 신앙을 타파하였다. 그럼으로써 논리주의적 실증주의의 일면성은 탈각되었는데, 사람들은 사회학주의적 실증주의라는 그 반면의 그것에 못지않은 일면성의 구덩이에 빠져버렸다. 이 새로운 법경험론은 타당성의 문제를 발생의 문제와 혼동한다는 조잡한 잘못을 자주 범하였으며, 법적 결정을 사회적 역관계로부터 읽어 취하고, 법률을 「이해의 산물」, 「모든 법공동체 중에서 대립하고 있으며, 승인을 둘러싸고 서로 다투는 물질적 · 국민적 · 종교적 그리고 윤리적 방향성을 가진 이해의 귀결」[30]이라고 파악함으로써 순수한 사실법학 또는 이익법학을 기초지우려고 하였다. 역사적 및 사회학주의적인 경험론법학이나 경험론국가학은 전체로서의 국가질서와 개개의 결정의 타당근거를 제시할 수 없었으며, 철저하게 한다면 마르크스주의적 국가부정론에 접근하지 않을 수 없었다.[31] 그리하여 법논리주의에 반대하는 혁명은 법률학과 사회학의 내적 결합에는 이르지 못하고, 한편을 다른 한편으로 국가학에서의 방법적 혼동을 완성하였을 뿐이다.

만일 오늘날의 국가학이 빠진 상술한 방법적 위기가 오늘날의 정치적 과학의 직관적인 힘에 의해서 매몰되게 된다면, 우리들은 그것을 지나치게 비극적으로 받아들일 필요는 없는 것일까? 그러나 오늘날의 많은 국가이론가들이 지나치게 방법론에 집착하는 것은 학문적 생산성의 마비를 가져온다고 생각한다. 이러한 견해에는 확실히 정당한 일면이 있다. 그러나 반대로 방법상의 혼란에서 특별한 이론적 창조력이 도출되지 않는 것도 확실하다고 하지 않으면 안 된다. 프랑스나 앵글로-아메리카의 세계나, 그리고 나아가서는 슬라브나 스칸디나비아에서도 훌륭한 정치적 연구가 이루어지고 있다. 그 학문적인 질이란 점에서는 확실히 독일인에게 아주 좋지 않은 인상을 준 것도 자주 있었지만, 그것이 국가생활의 다양한 욕구에 만족할 수 있음에는 다툼이 없다. 여기서 시인의 민족이며 사상가의 민족인 독일 민족의 재능은 바로 이론적인 데에서 발휘된다는 위로는 도움이 되지 아니한다. 왜냐하면 오늘날의 국가학의 실천적 불충분함은 그것과 마찬가지로 커다란 이론적 혼란에 의해서 조정될 수는 없기 때문이다. 그 점을 도외시하고 말한다면, 19세기 전반의 시점에서 독일 국민은 달만(Dahlmann), 슈타인(Stein), 몰(Mohl), 헬드(Held)* 등의 저작이라는

---

*Rechtswissenschaft*, Leipzig 1903. 법의 「사회적 효과」에 대한 뛰어난 기여를 한 것은 요제프 카르너 (칼 렌너의 익명)(Josef Karner[Pseudonym für Karl Renner], *Die soziale Funktion der Rechtsinstitute*, in Marx-Studien (Hg. M. Adler und R. Hilferding), Bd. 1, Wien 1904, S. 63-92[S. 69](정동호 · 신영호 옮김, 「사법제도의 사회적 기능」, 세창출판사, 2011)이다.

30) Philipp Heck, *Gesetzesauslegung und Interessenjurisprudenz*, 1. Aufl., Tübingen 1914, S. 17. 방법적인 근본적 오류에도 불구하고 매우 시사가 풍부한 것이 코른펠트(Ignatz Kornfeld, *Soziale Machtverhältnisse. Grundzüge einer allgemeinen Lehre vom positiven Rechte auf soziologischer Grundlage*, Wien 1911)이다.

31) 예컨대 Franz Oppenheimer, *Der Staat*, Frankfurt 1907 (Die Gesellschaft. Sammlung sozialpsychologischer Monographien, 14/15)(윤세창역, 『국가론』, 1950); Ludwig Gumplowicz, *Grundriß der Soziologie*, 2. Aufl., Wien 1905, S. 190 ff. und ders., *Allgemeines Staatsrecht*, 3. Aufl., Innsbruck 1907.*

형태로 고도의 정치적 교양으로서의 가치를 지닌 학문적 국가학을 이미 수중에 넣고
있었다. 법학적 실증주의가 통설로 되자 비로소 우리들은 브라이스(Bryce)의 저작뿐만
아니라 첼렌(Kjellen)*의 저작에마저 비견할 수 있는 단 하나의 국가학 저작도 가질 수
없게 된 것이다. 이에 대한 책임은 우리나라의 국가학이 국가생활의 사회학적 문제와
윤리적 문제는 모두 회피해야 한다고 생각함으로써 두 세대에 걸쳐서 잘못된 길을 걸어왔다
는 사실이다. 예컨대 게오르그 옐리네크가 대표제의 문제에 사용한 스콜라주의적 구성은
개별 과학적으로 보더라도 쓸모없는 것이지만, 이것은 해당 장을 읽는 독자도 이 논술로부터
대표제를 둘러싼 정신적 문제상황과 뛰어난 정치적 의의를 끄집어낼 수는 없다는 사실과
매우 밀접하게 관련되어 있다.[32] 우리나라 국가학의 이론적 위기와 교육적·정치적 위기
는 상호제약적인 관계에 있는 것이다.


Ⅱ


  방법론적 위기의 근본적 극복을 약속하는 것에 한스 켈젠*이 기초놓고 전개한「순수법학」
이라는 새로운 학문적 조류가 있다. 그것은 이른바 빈 학파라고 불리는 학파를 형성하며,
독일에서도 점차 주목을 집중하기에 이르고 있다. 이 학파의 우두머리인 켈젠은 이 영역에서
의 최후의 위대한 저작인 옐리네크의『일반 국가학』이 발간된 지 35년 후에 포괄적인
내용을 가진『일반 국가학』[33]을 발표하였다. 그것은 켈젠과 그의 다수의 문하생들의
모노그라피적인 작품의 귀결을 체계적으로 개관한 것이다.
  순수법학은 논리적인 법실증주의의 너무 늦게 태어난 상속인이며,[34] 사회학으로부터도
가치로부터도 소원한 라반트주의의 강령을 그 귀결에까지 충전하는 것이다. 그것은 법학이
나 국가학이 심리학적·사회학적 요소나 정치적·평가적 요소를 혼입시키는 것을 부당하
다고 생각하며, 따라서 법학이나 국가학에 밀수입된 그들의 요소들을 완전히 제거하려고
한다. 켈젠과 그 학파가 이러한 순화작업에서 매우 중요한 비판적 공적을 수행한 것은
승인되어도 좋다. 다만, 켈젠은 예컨대 법률가의 비판적 능력을 가르치지 않으려고 하며,
법률가에게 역사적 소여에 대한 반성과 가치판단의 필요성을 그것을 이루어야할 시기에
대한 의식을 환기한 것도 아니었다. 진상은 그 반대였다! 단일평면상에 구성된 그의 규범논
리는 법학을 순수한 규범과학이게 하려는 것이었다. 이 순수한 규범과학의 목표는 순수한

32) 이에 관해서는 Carl Schmitt, *Römischer Katholizismus und politische Form*, Hellerau 1923, S. 54
  f.(김효전역,『로마 가톨릭주의와 정치형태』, 교육과학사, 1992). 원주에는 S. 54 f.인데, 옐리네크의 대표개
  념을 언급한 곳은 S. 44 f. (역서, 48면 이하)이다.
33) Kelsen, *Staatslehre* (siehe Anm. 5), XVIII und 433 Seiten.
34) 새로운 국법학의 초기 표현과 명료하게 대립하여, 켈젠은 여기서(aaO., S. Ⅶ) 자신의 학문발전의 중심으로의
  위치부여를 아주 정당하게 다음과 같이 규정한다. 즉, 그는 이전보다 명료하게, 어떻게 자기 자신의 일이
  게르버, 라반트, 옐리네크라고 하였다. 자신의 선구자에 의거하고 있는 느낌이라고 하겠다.

형식으로서 파악되어야 할 법개념으로부터 일체의 실체적 요소를 근본적으로 배제하고
「전체적 법현상의 기하학」[35]을 구축하려는 데 두었다.

　거기에서 순수논리와 순수한 법형식이라는 무정란으로 형성된 이 법률학적 세계상은
도대체 어떤 모습을 드러내는 것일까? 한편으로는 단지 인과적·설명적으로만 파악할
수 있는 전혀 의미를 가지지 아니한 존재의 영역이 있다는 것이다. 그것은 서로 결합되지
않는 여러 가지 감각적인 실재의 자연주의적인 혼돈에 다름 아니며 법률학적 세계상에
대해서는 무시해도 좋은 영역이다. 그리고 인간적·사회적 세계 역시 경험적인 자아와
함께 이 영역에 속한다고 한다. 다른 한편에 있는 것은, 이념적으로 필연적으로 내용
없는 당위의 영역을 높이며 현세의 흔적은 어디에도 남아있지 않은 순수한 형식세계이다.
이 세계는 이해가능한 어떠한 연관에 의해서도 존재의 영역과 결부되지 않으며, 목적론적으
로 파악되어야할 개인이라든가 사회단체 등의 단위에 관련된 영역에 의해서도 매개되지
않는다. 규범논리가는 현대의 경험론이나 사회학이 부여하는 소재를 자신을 위협하는
것으로 보며, 또한 윤리적·형이상학적 주관주의를 자신을 동요시킨다고 보고, 모든 것으
로부터 이 순수한 형식세계로 인도하려고 한다. 그것은 매우 객관적이며 또 편안한 일종의
**자연의 질서**인데, 그것은 우리들의 경험도 상대주의적 의욕도 그대로 방치해둔다. 그
순수한 형식은 전제상 내용공허한 규범으로서 구성되어야할 것이기 때문이다. 존재와
당위 간에 매개가 되는 것은 존재하지 않는다. 그리하여 「방법의 순수성」 때문에 정신과학적
인 심리학이나 사회학인 것도 전혀 존재하지 않게 된다는 것이다.

　그러면 그러한 순수규범과학으로서의 「일반 국가학」은 어떠한 모습을 나타내게 될
것인가? 켈젠이 거기에 부여하는 목표는 일반 국가학이라는 학문에서 「통상」 다루는
문제를 분석함으로써 국가개념을 확정하는 것이다. 국가개념은 「이러한 문제들의 가장
중요한 문제로서」, 모든 문제의 또는 대부분의 문제의 「기초를 이루기」[36] 때문이다.
켈젠이 이러한 문제설정을 앞에 놓고 어떻게 이에 대처할 것인가는 당연히 흥미의 표적이
된다. 왜냐하면 국가의 사회학적 및 정치적·윤리적 문제야말로 통상 일반 국가학에서
다루는 가장 중요한 문제의 하나라는 사실에 대해서는 켈젠도 다투지 않을 것이며, 또한
이러한 문제는 — 다른 많은 문제와 마찬가지로 —「메타 법률학적인」 문제이며 순수법학의
지평을 초월한다는 사실도 부정할 수 없기 때문일 것이다. 그러면 켈젠은 긍정적인 표제를
내걸면서 부정적인 내용을 제시함으로써 이 어려운 질문을 단번에 해결하였다. 그는 이
책에 전체적으로 『일반 국가학』이라는 표제를 붙이면서 내용적으로는 이러한 학문의
불가능성을 논했다. 그는 저서의 최초의 두 개의 장을 「국가와 사회(사회학으로서의 국가학)」
와 「국가와 도덕(정치학으로서의 국가학)」으로 명명하면서, 그 내용으로 말하자면 이 양자의
문제가 허풍선에 불과한 — 더구나 순수법학에 대한 것만이 아닌 — 것을 겨우 몇 페이지의

---

35) Hans Kelsen, *Hauptprobleme der Staatsrechtslehre, entwickelt aus der Lehre vom Rechtssätze*,
　　Wien 1911, S. 93.
36) Kelsen, *Staatslehre*, S. 5.

지면으로 제시할 뿐이다. 「국법학을 국가사회학에 의해서 보충한다는 것은… 사법학을 생물학이나 심리학과 결합시켜 통일적 과학으로 하는 이상으로 의미 있는 것은 아니다.」[37] 즉 그러한 것은 전혀 무의미하다. 그러나 정치학으로서의 국가학은 「결국 반복하는 주관적・형이상학적인 영역에」[38] — 전제상 「경험의 제약으로서의 초월론적인 범주들」[39]에 의해서 대치되어야할 「주관적・형이상학적인 영역」으로 — 인도한다. 저자는 순수법학과 일반 국가학은 양립불가능하며, 어떤 것이 한쪽을 선택하지 않으면 안 된다는 것을 우리들에게 건성 말할 뿐이다. 일반 국가학은 원래 불가능하다고 말한다. 거기에서 문제로서 남는 것은 왜 그는 자신의 저작에 그처럼 오해를 초래할 제목을 붙였는가 하는 것뿐이다.

일반 국가학이 불가능하다는 것에 대해서 켈젠은 국법학이야말로 일반 국가학의 「가장 중요한 요소, 뭐라고 해도 가장 내용적으로 충만한(!) 요소이다」라는 주장으로 우리들을 위로해 준다.[40] 그러나 이 주장은 대담하지만 역사적으로는 명백히 잘못이다. 가령 켈젠이 말하는 대로 해 보자. 그러면 순수법학은 우리들에 대해서 적어도 일반 국법학은 제공하고 있는 것일까? 아니다. 왜냐하면 사회와 도덕이라는 데드 포인트가 다소 운 좋게 극복되었다면 국가 역시 소멸하기 때문이다! 거기에서 「국가와 법은 하나이다」[41]라는 주목할만한 주장을 진지하게 검토해보기로 하자. 켈젠에 의하면 「국법학으로서의 국가학」은 오로지 「**객관적** 법의 이론」이 된다. 「그것은 **주관적** 권리 또는 어떤 권리의 주체의 이론과 같은 것은 아니다」. 그러므로 「국가는 법주체, 즉 인격이다」라는 통설은 잘못된 것이다.[42] 여기에 국가 없는 국가학이라는 놀라운 귀결이 생기는데, 그것에 대해서 켈젠은 다시 나아가 대담하지만 역사적으로는 더욱 잘못된 주장을 반복하여 우리들을 위로한다. 「보통 『일반 국가학』으로서 다루는 문제가 어떤 것인가를 고찰한다면, 그것이 일종의 가장 일반적인 법학이며, 일반 국가학은 그러한 것으로서 제시되어온 것이 명백해진다. 즉 거기서 다루는 것은 — 국가 (따라서 법) 일반의 본질에 대한 문제인 동시에 — 국가질서의 **타당성**과 **산출**의 문제이다」[43] 라고.

여기에 있는 것은 국가학에 대해서는 결국 국법은 국가와 함께 소실되어버렸다는 아무래도 좋은 비극적인 귀결인데, 이처럼 놀랄만한 결론에 도달했다고 우리들은 절대로 동의하지 않는다. 문화과학에서 원칙적으로 인식의 대상을 남김없이 「방법의 소산」으로 만드는 자는 국법학에서도 역시 국가에서의 역사적・경험적 소여에 대한 법논리적 방법의 우위에

37) AaO., S. 7; Vgl. S. 19.
38) AaO., S. 44. 흥미 깊은 것은(aaO., S. 45), 켈젠이 말한 존재와 당위의 이원론에 부딪히고, 그리고 주관적・윤리적 요청을 하나의 존재로서 「현실의 국가」와 「실정」 법질서가 대치하는 데에 성공하고 있다. 그의 이론 전체는 이러한 존재의 의식을 독특한 방법으로 전도한 것이다.
39) AaO., S. VII.
40) AaO., S. 7.
41) AaO., S. 16 ff.
42) AaO., S. 47.
43) AaO., S. 45.

고집하며 역사적 · 경험적 소여를 사고관계에로 해소시키려고 한다. 이 점에서도 켈젠은 신칸트학파의 영향을 받은 라반트 · 슈타믈러 · 빈더 등의 논리주의적 실증주의 프로그램을 실행할 뿐이다. 그렇다고 하여 에리히 카우프만처럼, 신칸트학파 법철학을 통틀어 국가와 법의 이러한 자기붕괴에 책임을 지게 하는 것은 부당할 것이다. 그 중에서 마부르크학파만이 켈젠의 스승인 코헨만이 법학에 「정신과학의 수학」이라는 레테르를 붙이며 「국가학은 필연적으로 국법학이다. 국가학의 방법론은 법학에서 찾아야할 것이다」44)와 같은 명제를 이미 주장하였을 뿐이기 때문이다. 그러나 매우 독특한 서남독일학파의 신칸트주의자였던 에밀 라스크는 코헨과는 반대로, 켈젠이나 순수법학이 나타나기 이전에 이미 이러한 논리를 비판하고 있었다. 그 비판은 정밀함과 철저함이란 점에서 여전히 극복하지 못하고 있다.45) 라스크는 모든 법개념이 목적론적인 성격을 가진다는 것, 윤리학과 법률학의 관련은 불가피하다는 것, 나아가 일반적으로 법학의 「전(前)법률학적인 것」에로의 준거가 불가결하다는 것을 예리하게 명시하였을 뿐만 아니라 「전학문적 법개념의 방법론과 학문적 법개념의 방법론 사이에는 어떠한 원칙적인 구별도 없으며」,46) 특히 「전(前)학문적인 개념형성의 존재가 법률학의 영역에서만큼 현저하고 커다란 역할을 수행하는 영역은 달리 없는」47) 것도 원칙적으로 확인하였다. 이와는 반대로, 법률학에서의 실재의 연구와 의미의 연구의 대립과 「존재와 당위, 규범과 자연법칙, 규범적 고찰방법과 발생론적 고찰방법의 궁극적인 사변상의 대립의 사상은 거의 중첩되며, 자주 — 예컨대 옐리네크, 키스티아코프스키, 콜라우슈, 엘츠바하에 의해서 — 이처럼 매우 일반적인 방법이원론이야말로 법률학의 특징을 보여주는 것으로 평가되어 왔다. 여기서 제시된 아날로지에 대해서는 전혀 의심할 여지는 없다. 그러나 다른 한편, 그러한 아날로지를 초월하여 규범개념에는 다의성이 있으며, 의미에 대해서도 철학적 의미와 그 경험적 의미 간에는 단절이 있다고 하지 않으면 안 된다. 그것이 간과되고 그 때문에 '규범과학'으로서의 법률학이 말하자면 무자각한 채 순수하게 경험적인 학과와 대립시켜버린다면 방법론적 경계선은 전부 사라진다. 이것은 법률학에 대해서 치명상이 될 것이다. 법률학은 확실히 철학과 마찬가지로 현실존재가 아닌 의미를 존재하는 것이 아니라 존재해야할 것 · 준수를 요구하는 것을 대상으로 한다. 이러한 당위성격은 철학의 경우 절대적으로 가치적인 것에서 유래한다. 이에 관해서는 어떠한 경험적 권위도 존재하지 않는다. 그러나 다른 한편, 법률학은 그 당위성격의 형식적 근거를 공동체의지에 의해서 실정적 명령 속에 가지고 있다」.48) 그리하여 라스크는 현실을 범주적 종합의 소산이라고 보는 코페르니쿠스적 입장은 모든 문화과학,

---

44) Hermann Cohen, *Ethik des reinen Willens*, 3. Aufl., Berlin 1921, S. 67; 64. 책 뒤의 출전을 표시하는 부분에서 명시적으로 켈젠이 인용하는 것은 *Staatslehre*, S. 383.

45) Emil Lask, "Rechtsphilosophie", in *Die Philosophie in Beginn des zwanzigsten Jahrhunderts. Festschrift für Kuno Fischer*, 2. Aufl., Heidelberg 1907, S. 297 ff.

46) AaO., S. 300 f.

47) AaO., S. 305.

48) AaO., S. 304.

특히 법학에서는 아주 일정한 한계를 가지는 것, 법학의 문제는 바로 경험과 이념적인 의미연구와의 독특한 형식에서의 상호침투 속에 있는 것, 이것을 확인한 것이다.

켈젠의 법합리주의는 그러나 무엇보다도 그 방법적 순수성을 과시하는데, 바로 라스크가 말한 방법론적 경계선의 소실이라는 치명상을 법률학에 준 것에 손을 빌리고 있다. 그러한 일에 빠진 것은 켈젠이 코페르니쿠스적 전환의 의미를 잘 음미하지 않은 채 그것을 문화과학 이나 법률학에 가지고 들어왔기 때문에, 법률학에는 합리화 불가능한 내용이나 소재가 있다는 것을 인정하려고 하지 않았기 때문이다. 그는 법논리적 구성으로 수학에서 수열이 수열원리로부터 순수하게 합리적으로 구성되는 것처럼, 몰의미적인 사회적 · 역사적 세계 를 초월하여 그것과는 전적으로 독립하여 자유롭게 떠도는 순수한 법형식의 제국을 주권자 인 규범이론가의 개념유희로서 산출한다. 이러한 합리주의는 탈실체화라는 프로그램을 수행해야할 지평에 두고 있으므로 어떠한 내용에도 아무런 마찰저항도 느끼지 않는다. 그리하여 그것이 국가를 해소하는 동시에 공법-사법, 객관적 법-주관적 권리와 같은 단순히 사회학적인 대립, 절대적인 것으로서 기초지울 수 없는 대립이나 주권개념 등등을 해소하게 되는 것은 필연이었다. 그것은 놀랄 것이 아니라 당연하였다. 오히려 놀라운 것은 다음 사실, 즉 켈젠이 그럼에도 불구하고 국가학을 ― 국법학에 불과한 것이든 ― 논술하였다는 것, 즉 명백히 마찰저항이 없는 하나의 평면적인 지평 위에 저항을, 그리고 방법으로는 더 이상 옮길 수 없는 정점(定點) ― 그의 구성의 출발점일 수 있는 정점을 발견하였다는 것이다.

이러한 알키메데스의 지점을 켈젠이 얻은 것은 물론 자신의 순수한 법적 방법을 불순하게 함으로써만 가능했다. 부단히 언어를 변용함으로써 순수하다고 된 법형식에 얼마나 남몰래 사회학적 소여가 밀수입되었는가를 안다면, 방법적 순수성은 부정되고 잔해도 남지 않으며 이미 유지하기 어렵다는 것이 명백해진다.[49] 그리하여 켈젠은 우선 국가개념 그 자체를 방치한다. 그의 『국법학의 주요문제』에서는, 또한 「국가인격 또는 그 의지를…법질서가 나타내는 판단의 총체라는 비인격적인 것」과 동일시하는 것은 결코 허용되지 않는다[50]고 서술하였다. 어떻게 국가인격을 규범논리적으로 이해할 것인가? 이것을 생각하면 여기에 는 내재적인 모순이 있다고 하지 않을 수 없다. 이 모순 때문에 켈젠은 『일반 국가학』 등 그 이후의 저작에서는 전체로서의 법질서가 인격으로서의 성질을 가지는 것을 근본적으 로 부정하며,[51] 일찍이 금지했던 국가와 법의 동일시를 오히려 적극적으로 주장하지 않을 수 없게 된다. 여기서 법질서는 「규범들의 체계로서 국가는 법질서로서」[52] 인식하지

---

49) 켈젠의 체계를 뒷받침하는 모든 개념(귀속 · 의지 · 인격)에 관해 이미 입증한 것에는 히펠(Ernst v. Hippel, "Zur Kritik einiger Grundbegriffe in der ′reinen Rechtslehre′ Kelsens", in *Archiv des öffentlichen Rechts*, 44 (1923), S. 327 ff., insbesondere S. 335 ff.).

50) Kelsen, *Hauptprobleme* (siehe Anm. 35), S. 233.

51) 이에 관해서는 마르크의 비판 Siegfried Marck, *Substanz-und Funktionsbegriff in der Rechtsphilosophie*, Tübingen 1925, S. 83 ff. 참조.*

52) Kelsen, *Staatslehre* (siehe Anm. 5), S. 7.

않으면 안 되게 되고, 모든 국가문제 중에서 가장 **어려운 문제**인 국가와 법의 관계를 둘러싼 문제는 요술처럼 없애버린다. 강제장치는 강제질서의 「형상」에,[53] 법공동체는 법질서에, 국가는 법에 다름 아닌, 이처럼 모두 자의적으로 등치함으로써 켈젠은 단순한 언어의 유희를 통해서 사회학의 전체를 자신의 기초가 되는 순수한 법개념 중에 밀수입할 가능성을 열은 것이다. 켈젠은 우선 「규범」·질서의 개념과 「존재」·질서의 개념을 끊임없이 혼동함으로써 자신의 국법학을 부인하고 — 그렇지 않으면 단지 「국가질서의 타당성과 산출」의 문제만으로 순수법학은 어떻게 해서 접근할 수 있는가?! — 결국은 자신도 역시 **사사오용**(四辭誤用, quaternio terminorum)이 불가능하게 되는 지점에 도달하고 만다. 즉 「통상의 용어법」을 절대적으로 회피하지 않고, 「국가」는 「병원을 건립하여 병자를 치료하고 학교를 세워 교육을 실시하고 철도를 경영할」 수 있는, 요컨대 국가는 「**직접** 스스로 문화목적이나 권력목적을 촉진시키고 구성사실을 지정할 수 있다」[54]와 같은 것을 확인하지 않을 수 없는 지점에 도달하고 만다. 그리고 이제 문자 그대로 **데우스 엑스 마키나**(deux ex machina)*로서 「아주 특별하고 매우 복잡하며 오로지 **법적 내용**만을 지닐 뿐인 국가개념」이 무대[55]에로 약진하게 된다. 그것의 출처는 아무도 모르지만 그것이 순수법학에서 유래하는 것은 아닌가 하고, 또 「순수」 국법학은 그럼에도 불구하고 명시적으로,[56] 그리고 많은 경우에는 여전히 암묵 속에 하려고 할수록 그것을 이용하지 않을 수 없는 것, 이것만은 분명히 한다. 왜냐하면 국가=법이라는 등식을 취하기 때문에 인식관점의 통일성을 공공연히 포기하는 법내용 개념이 나타나기 훨씬 이전부터, 켈젠은 두 페이지 혹은 세 페이지마다 필요에 따라서 규범논리적인 것에 의지하거나 사회학적인 것에 의거하는 법개념이나 국가개념을 다루지 않을 수 없는 상황에 빠지기 때문이다. 그리하여 매우 매력적인 것인데 하나의 명제에서 「국가」는 「특수한 사회적 통일체로서는 단지 질서, 단순히 규범들의 체계로서」 이해할 수 있을 뿐이다[57]고 말한다. 또한 다양한 곳에서 국가는 「집합체」,[58] 「사회적 공동체」라고[59] 하면서 때로는 「귀속의 귀착점」[60], 「질서의 통일체」, 「논리적 원리」라고[61] 반복하거나 또는 하나의 「단체」이며, 모든 다른 「사회단체」와 마찬가지로

53) AaO., S. 17 und passim. 참조. Hans Kelsen, *Der soziologische und der juristische Staatsbegriff*, Tübingen 1922, S. 82 ff. 켈젠은 법의식을 국가의식과 케겔 클럽은 규약과 독일언어공동체와 독일어 문법 그리고 가톨릭교회와 그 교회질서를 동일시한다. 이 질서는 이념적 규범체계를 생각해서는 얻어지지 않는다. 교회에 관하여 난센스적 귀결을 켈젠은 – 다른 경우와 같은 모습으로 – 교회를 「종교생활의 질서」(*Staatslehre*, S. 133)라고 부르는 것을 피한다. 그 때 독자는 질서를 존재라고 생각하며 켈젠은 이념적 당위라고 생각한다. 어느 쪽이든 그의 「순수법학」에 의하면 「질서에 의해 구성된 법공동체」(*Staatslehre*, S. 171), 「사회적 … 질서의 모든 규범」(*Staatslehre*, S. 326)이라고 하기에는 불명확하다.
54) Kelsen, *Staatslehre*, S. 238 f.(역서, 338면 이하).
55) AaO., S. 239.
56) AaO., S. 5; 275 ff.
57) AaO., S. 34.
58) AaO., S. 132.
59) AaO., S. 266.
60) AaO., S. 268.

「귀속되는 요건사실의 질서 중에서 구성된 이들 요건사실 자체의 통일체」[62]라고 서술한다.
「방법의 순수성」에 대해서는 이러한 견본들을 제시하는 것만으로 충분할 것이다!

켈젠의 『일반 국가학』은 가장 독특한 전제들에 따르면 결코 국가학일 수 없다. 이것을
우리들은 이상에서 확인하지 않을 수 없었는데 다시 시종일관된 순수법학은 국법학일
수도 없다는 것을 확인하는 작업이 아직 남아 있다. 왜냐하면 모든 사회학이나 윤리학에서
해방된 법개념이란 것은 존재하지 않기 때문이다. 켈젠의 순수규범과학은 논리학이며
법학도 아니며 「법현상총체의 기하학」[63]이라는 의미에서의 법학도 아니다. 왜냐하면
법현상의 「총체」는 사회학적 및 목적론적 관련에 끊임없이 눈을 돌리지 않고서는 구성불가
능하기 때문이다. 순수법학이 구성문제에 정당하게 대처하지 못한다는 사실은 예컨대
켈젠의 주권론에서 간취할 수 있다. 국가=법이라는 등치는 허용될 수 없다는 것은 무엇보다
도 주권이 국가의 특성이 아니고, 이념적 규범체계로서의 법질서의 특성이라고 하여 문제가
단순화되기 때문이다. 그럼으로써 사회학적 권력문제와 윤리적 자유문제가 한꺼번에 배제
되고, 주권이란 논리적 원리이며 단지 「질서의 통일성의 표현」, 「법인식의 순수성」의
「표현」[64]으로만 이해해야 한다는 놀랄만한 주장을 듣게 된다. 그렇다면 사회학적으로
특정된 지배관계가 논리적 의존관계에로 해석가능하다는 주장을 누가 진지하게 믿을
것일까?[65] 켈젠 자신도 이 가능성에는 완전히 확신하지는 않는 모양이다. 왜냐하면 여기서
갑자기 주권의 「법내용적 개념」이 — 「오로지 **법적** 성질 뿐만 아니라 또한 **사실적인**
성질이나 단지 **사실적인** 성질만을 표현한다」는 「명백한 경향」을 가진 주권의 「법내용적
개념」이 — 나타나기 때문이다.[66] 바로 다름 아닌 여기에 즉 법적 권력과 사실적 권력의

---

61) AaO., S. 5.
62) AaO., S. 268.
63) Kelsen, *Hauptprobleme* (siehe Anm. 35), S. 93. 켈젠학파는 순수법학의 과제를 「모든 것이 법경험
    이전에 '존재하는' 것으로 법의 구성문제를 접근하고, 기본 개념과 이들 개념과의 상관관계를 종합하는
    원칙들을 탐구하고, 그에 따라 논리적 결합을 연구하는 것에 한정되는 것」으로 본다. 펠릭스 카우프만(Felix
    Kaufmann, "Theorie der Rechtserfahrung oder reine Rechtslehre? Eine Entgegnung", in *Zeitschrift
    für öffentliches Recht*, Wien, 3 (1922/3), S. 258)에 의하면, 법형식과 개별적 결정문제와의 알기 어려운
    결합이기 때문에 「순수」법학이 취하는 선험적인 법학은 불가능하다고 생각하는 점을 부언해서 설명한다.
    기본 개념들은 체계에 따라 구성되어 얻어진다. 그러나 체계라는 것은 결국 개별화된 사회학적 관계에
    따라 발생하는 것이며, 논리적 관계에서 유래하는 것은 아니다. Anm. 65 참조.
64) Kelsen, *Staatslehre*, S. 105 f.
65) 카를 슈미트에 의한 켈젠의 주권개념에 대한 탁월한 비판이 있다. Carl Schmitt "Soziologie des
    Souveränitätsbegriffes und politische Theologie", in *Hauptprobleme der Soziologie.
    Erinnerungsgabe für Max Weber*, München 1923, Bd. 2, S. 13 ff. 참조. 카를 슈미트는 주권문제를
    법형식과 결정의 문제로 이해했고, 매우 정당하게 켈젠 학설의 **오류 근거**를 완전한 탈인격화로 본다. 이
    반론은 켈젠이 대체로 「사회타입적 개별성」(지그프리트 크라카우어, Siegfried Kracauer, *Soziologie
    als Wissenschaft. Eine erkenntnistheoretische Untersuchung*, 2. Aufl., Dresden 1922, S. 115의
    의미)에 논리적 기능을 포함하고 있지 않은 점에까지 사회학적 및 법학적으로 확장되어 있다. 나아가
    Marck (siehe Anm. 51), S. 20 ff.
66) Kelsen, *Staatslehre*, S. 113.

결합 속에 주권을 둘러싼 진정한 문제가 존재하는데 켈젠은 이것을 주권적으로 무시하는 것이다.

그리하여 켈젠의 국가학은 국가 없는 국가학이듯이, 그의 실증주의 역시 실정성 없는 실증주의이다.[67] 그는 사실성 없는 법적 실정성을 「제정된 것이 아니라 전제된」 근본규범[68]에 의해서 기초를 두려고 한다. 이 근본규범은 사실적인 권력에 의해서 법질서를 의무지우는 힘을 기초지운다는 확실히 의심스러운 방법이나 규범논리가 사실성에로 탈선하는 것을 저지한다고 생각한다. 근본규범에 입법자를 대리시킴으로써 실정성과 사실성을 근본적으로 분리시킨다는 방법은 매우 명민한 구성이지만, 이러한 구성이 적절하다는 것은 법률가가 이러한 알키메데스의 지점에 어떻게 도달하는가를 바로 이해하는 경우만이다. 즉 이 사실적 권력관계와 동일한 근본규범이 사회학적 내용에 통달하고 있다면, 법률가는 구성을 할 수 없다는 사실, 보다 정확하게는 이 사실이 정당하게 이해되지 않는 경우뿐이다. 켈젠이 매우 적절하게 지적하듯이, 법의 실정성의 문제란 바로 「어떤 하나의 가치체계와 그것에 대응하는 현실성의 체계와의 내용적 관계의 문제」이다.[69] 또한 개개의 법적 행위로부터 명령 · 법률 · 실정헌법에 이르는 법질서의 단계구조는 「존재사실과 규범의 고유한 병행관계」를 통해서만 최종적으로 「자기운동 안에(!) 법질서의 통일성을 기초지우는 **근본규범**」에로 흘러들어 간다. 요컨대 「하위단계의 규범을 담당하는」 「심리적 · 신체적 행위」(!!)가 설정되지 않으면 안 된다.[70] 그러므로 이 「법의 고유한 자기운동」[71]이란 논리에 특유한 것이 아니라 사회학에 특유한 것이다. 그러므로 실정성은 궁극적으로는 역시 사실성에 기초를 둔다고 하지 않으면 안 된다. 그러므로 국가란 이념규범체계가 아니라 지배단체이며, 그러므로 순수법학은 포기되지 않을 수 없으며 실정성 없는 실증주의, 국가 없는 국가학, 법 없는 법학이려고 하지 않는 한 방법적 혼동주의에 호소하지 않을 수 없는 것이다.

국가학의 방법적 자각에 대해서 켈젠과 그의 학파가 행한 공헌은 오늘날 상당히 평가되고 있지만 거대한 것이라고는 할 수 없다. 그런데 순수법학의 본질은 이러한 방법적 자각이 개별적인 점에서 철저하지 않다는 점에 있다. 나는 켈젠의 최대의 공헌을 국가학에서의 논리주의적 법실증주의를 양보하지 않는 매우 인상깊고, 또한 놀랄 만큼 명석한 모습으로 관철하고 마침내는 불합리하게 되기까지 철저하게 한 점에 있다고 본다. 결코 비꼬는 말이 아니다. 식견은 방법에 우수하다는 켈젠의 스승이며 또한 나의 스승이기도한 베르나치크*가 자주 한 말이다. 정치적 식견에 대해서 말하면 켈젠의 국가학은 확실히 그만큼 불모지였는데 통설적인 법학적 · 실증주의적 국가학이 사도에 빠진다는 점에 대해서는 계발적인 공헌을 하였다. 방법의 순수성을 향한 그 노력은 불모지였지만 이러한 노력은

67) Marck, aaO., S. 25 ff.
68) Kelsen, *Staatslehre*, S. 104.
69) AaO., S. 19.
70) AaO., S. 249.
71) AaO., S. 248.

실무법조에 사용할 수 없으며, 정치적 · 교육적으로도 효과가 없다는 대가로서 지불한 것이다 — 이 점은 켈젠이 반박의 여지없을 정도로 입증하고 있다. 켈젠의『일반 국가학』은 그러므로 오늘날의 국가학이 빠진 중대한 위기의 고전적 표현이라고 평가할 수 있을 것이다.

Ⅲ

도그마틱한 학문인 법률학의 관점에서 국가학을 통일적인 것으로 구축하려는 시도는, 켈젠의 논의가 시종일관했기 때문에 결정적으로 좌절된 것으로 간주할 수 있다. 순수법학이 사회학을 배제함으로써 공허하며, 목적론을 제외시킴으로써 맹목적이라는 것만은 아니다. 법학은 결코 구성적인 학문은 아니다. 법학에 자립성을 부여하려고 한 것은 켈젠만이 아니었지만 실제로 법학은 자립성을 가지고 있지 않다. 법학은 사회적 조건에, 특히 국가적 질서에 대응한다. 그러나 법학은 그 사회적 조건을 구성하는 것은 아니다. 이미 그것들을 눈앞에 존재하는 것으로서 나타낸다. 법이 국가학에 있어서 뛰어난 역할을 완수하는 것은 확실한 사실이다. 그러나 국가학은 도그마틱한 법률학과는 달라서, 「법은 단지 전체에 대한 하나의 분기점으로서 즉자적(독립적)인 동시에 대자적인 확고한 하나의 나무로 담쟁이 모양에 달라붙은 식물으로서만 살아있는 것이다」[72)는 헤겔의 명제가 타당하다. 규범적 법학 이전에 광범위한 영역에서 그 전제를 확실히 하지 않으면 안 된다. 국가학이 왜 일찍부터 법학적 방법을 공동체의 권위에서 유래하는 명령을 절대적인 가치를 갖춘 규범으로 취급하는가를 확실히 해야만 한다. 국가와 법, 권력과 질서에 관한 문제는 국가학에 비해서 다음과 같이 중요한 문제 해결을 강요한다. 그것은 어떤 사회적인 또는 목적론적 내용이 덧붙여짐으로써 법률학적 방법이 가능하게 되는가, 그리고 법학적 방법의 성과로서 관계개념으로 해소 가능한 것은 무엇인가 하는 문제이다. 이러한 문제를 설정하는 것만으로도 국가가 고유하게 법률학적인 방법을 초월했다고 하는 사실이 확실해질 것이라는 대답이다.

그러나 국가학을 교의학적인 법률학의 기반으로 세워 전개하는 것은 불가능하며, 옐리네크에서도 켈젠에서도 사회이론을 교의학적인 국법학과 분리시켜 두는 것은 둘 다 불가능하다. 나아가 리하르트 슈미트의 의미에서의 국가사도 체계적인 국가학이 아니라 역사학에 속하는 것이라는 사실에 의문의 여지는 없다.[73) 그렇다면 일반 국가학은 도대체 어떻게 가능한가?

이러한 질문을 대답함에 있어서 출발점이 되어야 할 것은 인식의 대상 · 방법 나아가서는

---

72) Georg Wilhelm Friedrich Hegel, *Grundlinien der Philosophie des Rechts*, in *Werke*, Bd. 8 (Hg. E. Gans), Berlin 1833, §141 Zusatz (S. 209) (임석진 옮김,『법철학』, 한길사, 2008, 300면).

73) 자신의 불만족을 암시하는 것으로 Richard Schmidt, "Politik" (siehe Anm. 25), S. 95 f.

목적이 서로 제약되고 있다는 사태이다. 일반 국가학이 법률학·역사학·경제학·국가철학의, 그리고 물론이지만 나아가 공민론의 보조과학이 되는 것은 당연하다. 이 점에서 일반 국가학은 먼저 자신의 「일반성」이 정당성을 가지는 것을 나타내지 않으면 안 된다. 그러나 논리주의적 실증주의는 이런 학과 전부의 기초를 이루는 공통의 사실 내용의 존재를 부정한다. 이 모든 학과의 경우 「국가」에 대해서는 단지 「전학문적으로」만 말할 수 있을 뿐이다. 다양한 방법에서는 그때마다 전부 다른 대상이 만들어지기 때문이라고 할 수 있다. 이리하여 국가학의 일반성은 「모든」 국가에서 반복되는 법률학적 개념의 보편성이 되고 만다. 그 결과 그것이 매우 초라하게 되는 것은 불가피한데, 그것은 이러한 이유에 기인한다. 즉, 사법의 경우에는 생활관계의 동종성과 정형성이 크면 클수록 한층 포괄적인 추상화의 기초가 주어지는데, 지배형식은 반대로 대부분 국민적 또는 역사적으로 각각 매우 커다란 차이를 가져오며, 따라서 공법상의 개념들을 보편적으로 추상화하는 일은 그다지 생산적이라고 할 수 없다는 이유이다.[74] 그럼에도 불구하고 사법의 개념의 정밀함에 자극을 받아 고대 오리엔트·그리스·중세·근대 영국에 똑같이 타당한 군주제라는 「일반적」 개념을 만들어 내거나, 최근 유명하게 된 세 개의 연방국가로부터 연방국가라는 교의학적인 법개념을 추상하려고 하는 등의 시도라고 한다면, 대부분은 어떤 것도 말하지 않는 공허한 정식에 도달한다든지, 형식에 폭력을 가하는 결과로 빠지는 것이다.

그 반대로 역사적 실증주의는 역사적 내용의 풍부함에 현혹되어 모든 추상화를 단념한 결과 어떠한 명확한 국가개념에도 도달할 수 없었다. 그것은 형상적 표현이나 이미지(「유기체」)를 이용하여 국가학의 일반성이라는 오로지 개개의 개체로서의 국가를 세계사적·보편적으로 기술하는 것으로 이해한다. 국가개념의 논리주의적 일반성이 역사적 일반성과 대립하는 것과 마찬가지로, 역사적 보편성은 법학적 국가개념과 대립한다. 이러한 대립은 인간의 사고양식으로서는 영원히 존재할 수 있지만, 이것을 어느 정도 통찰하면 학문으로서 국가개념의 일반성을 역사적으로 성장해 온 정치와 경제를 둘러싼 모든 학문의 근저를 이루는 공통의 내실을 지시하는 총체성으로서 이해하려는 요구를 단념하는 것은 허용되지 않는다. 여러 가지 단어의 뜻 중에 단 하나만이 유일하게, 정당하게 허용되는 것을 증명하려는 목적을 계속해서 내세워, 이러한 국가개념을 추구하는 것은, 「전혀 가능성 없는」 시도라고 논리주의는 말한다. 그렇지만, 국가개념의 경험적 총체성을 파악하려는 것을 목표로 내건 국가학은 「최종적으로 유일한 국가개념이 초래되지 않은, 서로 내적으로 결부된 복수의 국가개념이 초래되는 경우에도」[75] 결국 이런 법률학적 논리주의의 성과도, 그것이 단면이라 하더라도 그것에 구애받지 않고 다른 성과처럼 궁리해 내어 받아들일 수 있다. 그것은 단지 켈젠의 범례에 따라서 국가의 법형식개념과 법내용개념을 결부시키지 않고

74) Heinrich Rosin, "Souveränetät, Staat, Gemeinde, Selbstverwaltung", in *Annalen des Deutschen Reichs*, 16 (1883), S. 265 ff.; Felix Stoerk, *Zur Methodik des öffentlichen Rechts*, Wien 1885, S. 28 ff. 참조.*

75) Kelsen, *Staatslehre*, S. 5.

병치시켜 두는 것을 허락하지 않는다는 것뿐이다. 그러나 법학적으로 추출된 법명제의 당위에서 국가적 존재에로의 매개와 같은 것은 방법론적으로는 불가능하며, 일반 국가학의 통일연관은 국가의 사회적 관계와 법적 관계의 전체성 중에서의 국가의 체험가능성 및 이해가능성밖에 없다. 일반 국가학은 경험적 사회과학으로서만 가능한 것이다.[76]

　　일반적으로는 독일 학문 속에는, 그리고 특수하게는 독일 법률학 중에는 방법적 또는 개념적으로 불명료하고 주관주의적 · 자의적 · 자연주의적인 성격의 조잡한 사회학에 대해서 혐오감을 안고 있다. 이것은 주지의 사실이다. 그러므로 사회학과 사회학의 법학에 대한 관계를 둘러싸고 있는 현대적 상황에 대해서 약간의 변명적인 논평을 덧붙이는 것이 적당할 것이다. 최근 수년간 이 점에 대해서 서로 일정한 양보와 접근이 보여졌다는 의미에서 커다란 변화가 일어나고 있다. 이 사실을 감안하면 그렇게 말할 수 있다. 그건 그렇고, 한편으로 실정주의[실증주의]와 거기에 포함된 법질서의 완결성이란 도그마(교리 · 교의 · 독단적인 설)에 대한 논란이 있었던 것에서, 법률학 측에서는 법학적 개념의 근본적인 정확함과 객관성에 대한 거만한 자신감이 크게 흔들리기에 이르렀다. 우리의 법개념 역시 변천해 왔다든지,[77] 매우 많은 법개념이 후설의 구상적(具象的)인 표현을 사용하면 뒤뜰을 가지고 있고, 모두 자신의 주관적인 윤리적 · 형이상학적 전제를 가진다는[78] 인식이 널리 퍼지고 있다. 다른 한편, 짐멜 · 퇸니스 · 막스 베버 그리고 현상학적 경향을 지닌 사회학자들의 업적을 보면, 사회학이 본질적인 점에서 방법적 또는 개념적 명료성을 증대시킨 점에 이론의 여지는 없다. 자연과학적 개념형성의 한계도 오늘날에는 사회학자에 의해서도 아주 확실히 강조되기에 이르렀다. 물론 모든 학문 중에서 가장 최근인 이 학문에는 더욱 방법적 확실성이 결여되어 있고, 여러 차례 다양한 딜레탕트(문학 · 예술애호가)적인 구성이 전개되는 무대가 된다든지, 코른펠드(Kornfeld), 부어첼(Wurzel) 때로는 에얼리히도 포함한 사람들 같은 방식에서의 법률학에 대한 사회학의 침해에 저항하는 것을 정당하다는 주장에 대해서는 약간이라도 이론을 주장할 필요는 없다. 특히 「상호작용」 「전체적 정신」 「대중정신」 「유기체」 등의 개념이 부적절하다는 것을 매우 명료하게 입증한 켈젠의 사회학비판의 가치는 특필해도 지나치지 않다.[79] 사회학의 학문적 성격에 이의를 제기할 수 있거나, 또는 그럼에도 불구하고 사회학을 지지해야만 하는 모든 이유는, 크라카우어의 『과학으로서의 사회학』에 간결하고 명료하게 정리되어 있다.[80] 사회학의 진보와 한계는 정신과학적 심리학의 상태에 의존하고 있다.

---

76) 예컨대 Richard Schmidt, "Politik", S. 92 ff. 최근에는 Marck, aaO. (siehe Anm. 51), S. 151 ff.

77) Felix Somló, *Juristische Grundlehre*, Leipzig 1917, S. 106 ; Max Wenzel, *Der Begriff des Gesetzes. Zugleich eine Untersuchung zum Begriff des Staates und Problem des Völkerrechts* (Juristische Grundprobleme, 1. Abh.), Berlin 1920, S. 264; Laun, "Staatsrechtslehrer und Politik" (siehe Anm. 28), S. 157 ff.

78) Laun, aaO., S. 162 f.

79) 예컨대 Kelsen, *Staatslehre*, S. 7-13 참조.

80) Siehe Anm. 65. 또한 Kurt Singer, "Krisis der Soziologie", in *Weltwirtschaftliche Archiv*, 16 (1920/1), S. 246-261도 참조. 크라카우어와 징거의 반론은 다시 모든 문화과학에로 향하고 있다.

이것을 부정하는 칸트에 의하면, 대체로 초월론적 자아의 경험적 자아와의 관계를 전혀 포함하지 않고 초월론적 의식만을 인정하는 사람에게는 당연히 심리학과 사회학은 단지 자연과학으로서만 가능할 뿐이다.[81]

그러나 사회학을 더구나 정신과학적 학과로서의 사회학을 부정하려면 일반 국가학도 존재할 수 없게 된다. 왜냐하면 국가와 법은 사회학적 레벨에서는 자연현상으로서가 아닌 사회심리학적으로 작용하는 사회적 존재 현상으로 간주되는 것이어서, 이 레벨에서만 결합되기 때문이다.[82] 일반 국가학은 법을 사회적 필연의 발생 또는 이해 가능한 현상형식으로서, 특히 단체 지배의 내재적인 현상형태로서 기술하지 않으면 안 된다.[83] 국가학은 이리하여 규범과학적 방법 그 자체를 그 사회내재적 필연성과 합목적성이라는 점에서 해명하지 않으면 안 된다. 그러나 그것은 이 규범적인 방법 그 자체에 따를 수는 없다. 일반 국가학과 특수한 실정적 국법학은 완전히 다른 인식대상을 가지고 있다고 말하지 않으면 안 된다.

국가를 현대의 결정적인 국가문제에 속하는 사회적 관련 중에 있는 것이라고 평가하는 데는 사회학적 레벨에 서있지 않으면 안 된다. 그러나 통설적 국가학은 그것(예컨대 경제·사회계급·매스컴·여론·종교)를 완전히 다루지 않거나, 불충분하게(예컨대 정당·국민·이해관계) 다룰 뿐이다.

물론 막스 베버의 의미에서의 「이해」 사회학*을 국가에 대한 고유한 사회이론으로 받아들이기 위해서는, 그것은 위의 방향으로도 아래 방향으로도 확장되어야 할 것이다. 아래를 향해서 확장하기 위해서는 정치적 행위의 몰의미적인 조건을 짜 넣는 일이 지정학, 인간학 그리고 대중심리학의 성과를 표시하는 일 ― 그것들 없이는 국가 일반의 존재를 이해하는 것은 가능해도 개개의 국가의 구체적 상태를 이해하는 것은 불가능할 것이다 ― 이 필요할 것이다. 위로 확장하기 위해서는 경험사회학은 국가의 철학적 정당화 이론이 필요하다. 이 정당화 이론은 어떠한 세대에나 부과된 문제로 국가학이 역사적으로 행해져 온 정당화의 시도를 열거함으로써 이 문제로부터 회피하는 것은 용납될 수 없다.[84] 국가사회학과 국가철학을 결합하는 것의 방법적 정확함은 적어도 소재의 선택에 따른 내용에

---

81) 켈젠의 체계를 기초로 한 견해는 학문의 현재의 상황에 대응하지 않는다. 이 점에 관해서는 다음의 것을 참조. Ludwig Binswanger, *Einführung in die Probleme der allgemeinen Psychologie*, Berlin 1922, S. 210 ff. 그리고 리트의 훌륭한 제2판 Theodor Litt, *Individuum und Gemeinschaft. Grundlegung der Kulturphilosophie*, Leipzig 1924, 같은 책 S. 6에서 열거한 것.*

82) Gerhart Husserl, *Rechtskraft und Rechtsgeltung*, Berlin 1925는 거기에 관하여 훌륭한 논평을 포함하고 있다. Bd. 1 (Genesis und Grenzen der Rechtsgeltung), S. 6 ff. 참조.

83) 예컨대 매우 적절한 것은 해넬(Albert Haenel, *Deutsches Staatsrecht*, Bd. 1, Leipzig 1892, S. 85 ff.)에 있다. 물론 오류는 헬프리츠(Hans Helfritz, *Allgemeines Staatsrecht*, 1. Aufl., Berlin 1924, S. 2)의 이하 주장에 있다. 「엄격하게 취하면」 국법에 관한 학문은 사회학의 일부를 형성하지 않으면 안 되었다. 그렇지만 헬프리츠 자기 자신이 마지막 문장에서 정정하고 있다.

84) 국가의 그러한 정당화는 국가목적의 보편성에서 직접 생겨나는 것이다. 국민의 전체성에서 생기는 것이 아니다. 이런 주장은 오늘날 일반적이다. 주목해야할 것은 마르크스주의자인 마르크(Marck, aaO. (siehe Anm. 51), S. 154 f.)에 의해서도 받아들여지고 있다는 것이다.

관련하는 가치관점을 혼입시키지 않고, 순수한 문화과학적 존재 파악은 불가능한 데에
근거할 수 있다. 완전히 무전제적이고 몰가치적인 문화인식과 같은 환영(幻影)에 의해서
제약받는 국가학을 정치로부터 분리해서 끄집어내는 것은 불가능하고 유해하며, 포기할
만하다. 모든 국가사상은 사회적 세력들의 대립과 이해로부터 벗어날 수 없기 때문이다.
모든 국가사상은 자신의 주관적 피제약성으로부터 눈을 돌리는 태도로써 학문적이라고
증명될 수는 없다. 그 학문성은 이해투쟁과의 관련을 완화시키려는 정신의 무한한 노력을,
그리고 또 이 과제의 무한성의 인식과 초월적 조화를 침해하는 결단의 불가피성과의
인식을 염두에 둠으로써 증명되는 것이다.

　여기서 특색을 나타낸 일반 국가학이 확립될 만하다는 것이 여론에 의해서 직접 승인되기
를 필자는 희망한다. 그런데 그것은 그렇고, 이 국가학에서는 확실히 **국가**라는 말이 언뜻
보기에는 매우 다양한 내용을 가리키는 것으로 사용되고 있다. 그러나 이런 호칭에 문제가
있다는 사태의 배후에는 서로 부분과 전체의 관계에 있는 둘 내지 기껏해야 세 개의
의미가 숨어있을 뿐이라는 것은 명심해야만 한다. 국가는 어느 정도의 상태에서는 「다수성
에서의 통일성」을 나타내며 이 점에 대해서는 일치한다. 이런 다수성에서의 통일성의
성립과 존속에서 어떠한 조건이 본질적인 것으로 인식되는가에 따라서 국가의 본질은
다양한 것으로 규정하게 된다. 어떤 경우에 국가는 전체 사회의 정신 — 물리적인 체험적
현실성에 의해서 보장된 「유기적 통일체」[85] — 으로 받아들인다. 이런 의미에서 국가는
대개 매우 큰 오해에 기초해서 종종 「사실」 「상태」 「민족」 등으로 불린다. 이러한 국가사상
을 아주 확실히 정식화한 것은, 오스발트 슈펭글러의 「국가는 정지상태에서의 역사, 역사는
유동상태에서의 국가라고 생각된다」[86]는 말이다. 이 밖의 어의는 모두 다수성에서의
통일성을 나타내는 국가라는 말에 의해서 이 전체성으로부터 시작된 현실적 내지는 이념적
인 부분내용을 이해하고 있다. 그런 어의가 이용될 때에는 통일성은 본질적으로, 특정한
기관의 통일성에 의해서,[87] 혹은 질서의 통일성에 의해서 보장된 것으로 보인다. 거기에서
질서라는 말로 어떤 경우에는 질서를 부여하는 것, 사회학적 체제[Verfassung] — 이
경우에 사회학적 체제는 유기적 통일성과 동일하다 — 가 이해된다. 또 어떤 경우에는
방법적인 목적 때문에 사회적인 체험적 현실성에서 추출되어 상대적으로 독립된 의미내용,
「이념적인 규범체계」, 어느 정도 존재하는 것이 아니라 존재해야만 하는 것, 타당한 것이
이해된다. 국가라는 명칭이나 그것에 대응하는 어의가 이용되는 경우에 항상 반드시 염두에

---

85) 여기서 「유기적」이라는 것은 형상적인 이해만을 말한다.

86) Oswald Spengler, *Der Untergang des Abendlandes. Umrisse einer Morphologie der
Weltgeschichte*, Bd. 2, München 1922, S. 446 (박광순역, 『서구의 몰락』, 범우사, 308면).

87) 예컨대 국가(Staat)라는 작명은 마키아벨리(Jacob Burckhardt, *Die Kultur der Renaissance in Italien*,
Basel 1860, S. 2 Anm. 2 (안인희 옮김, 『이탈리아 르네상스의 문화』, 292면 참조))와 옐리네크의 특징적인
대립, *Staatslehre* (siehe Anm. 1) S. 132 (김효전 옮김, 『일반 국가학』, 106면)과 최근에는 베네데토
크로체(Benedetto Croce, *Grundlagen der Politik* (übersetzt von Hans Feist), München 1924, S.
8; 19).

둘 것은 다수성에서의 기관통일성 또는 질서통일성이다. 그러므로 일반 국가학은 오로지 어떠한 희생을 지불하고서라도 포괄적 법칙성을 추구하는 사회학적 관점을 견지하는 학문이 되어야만 하는 것은 아니다. 필요한 것은 그 연구의 중심에 우리들의 과학의 핵심 문제, 따라서 다른 모든 물음을 포함한 문제, 결국 「다수성에서의 통일성」이라는 문제를 설정하는 것이다.

오늘날의 국가학은 자신의 개념을 지배하는 것이 아니라 자신의 개념에 지배되고 있다. 오늘날의 사회생활 전체가 그 생활 수단에 위협을 받아 몰락의 위기에 처해 있듯이, 오늘날의 국가학에서는 국가개념 그 자체가 상실되어 버린 것이다. 그러나 지금까지 시사해 왔듯이, 오늘날의 국가학은 현대의 추상화된 일면성에서의 탈출구를 보기 시작한다는 희망을 품는 일은 가능하지 않을까.

# 2. 라이히 헌법에서의 법률의 개념*

## 보 고

　법률개념의 정의를 라이히 헌법[=바이마르 헌법] 속에서 찾는다는 것은 물론 소용없다. 이 헌법은 라이히 입법과 란트 입법의 한계획정과 아울러 단지 입법기구에 관한 규범과 일련의 법률의 특별유보를 포함할 뿐이다. 법률개념 그 자체는 헌법 속에서는 전제로 되어 있다. 그렇지만 그 밖의 어떠한 법률에도 법률개념의 정의를 찾아볼 수 없다는 점이 별로 당연한 것이 아니라고 시사하기로 한다.

　다음의 논술의 과제는 법률개념의 정의를 확정하는 것이다. 그렇지만 여기에서 이 과제에 몰두하여 두면서, 경구적(警句的)인 문체만을 보고, 몇 가지의 중요한 사안에 대해서는 살펴볼 수 없기 때문에, 과제의 중요성에서 보면 어중간한 것으로 되지 않을 수 없다. 그러나 조금 전의 스멘트의 보고[1]는 본질적인 점에는 모두 기꺼이 동의할 수 있으며, 나에게는 법철학적 고찰을 단념하고 거의 법사적(法史的)이며 실정법적인 고려에만 전념하도록 하는 것이다.

## 통 설

　통설은 이 점에서는 드물게도 의견의 일치를 보이고 있으며, 라이히 헌법의 모든 콤멘타르나 체계서(體系書)는 이렇게 주장한다. 즉 통일적인 법률개념이란 것은 없으며 두 개의 법률개념, 즉 형식적 법률개념과 실질적 법률개념이 있다. 그것들은 실제로는 「서로 교차하는」 공통의 상위개념에 따르는 것이 아니라 동일한 말이라는 점에서 관계가 있을 뿐이며, 전혀 다른 두 개의 개념이다. 양자는 실제상으로나 이론상으로도 대등한 자격을 가지며 또 불가결하다고 한다. 실질적 법률이라는 말은 모든 법규범을 의미하며, 그것이 「누구로부

---

\* Der Begriff des Gesetzes in der Reichsverfassung, in *Veröffentlichungen der Vereinigung der Deutschen Staatsrechtslehrer*, Heft 4, Walter de Gruyter, Berlin und Leipzig 1928, S. 98-135. jetzt in *Gesammelte Schriften*, Bd. 2, S. 203-247.

1) Rudolf Smend, "Das Recht der freien Meinungsäußerung", in *Veröffentlichungen der Vereinigungen der Deutschen Staatsrechtslehrer*, 4 (1928), S. 44-74 (김승조 옮김, 「의사표현의 자유권」, 동인, 『국가와 사회』, 교육과학사, 1994, 159-201면).

터, 어떻게 제정되며, 어디에서 유래하며, 어떠한 외견을 가지는가는 관계가 없다」.2)
이에 따르면, 실질적 법률과 법은 「호환 [가능한] 개념」이 되며, 따라서 일반국제법상
및 조약상의 모든 국제법규[법명제], 모든 관습법, 그리고 일체의 실정법규는 실질적 법률이
라고 간주된다. 이에 반하여 통설은 입법기관에 의해서 제정되는 것을 모두 형식적 법률이라
고 부른다. 이 경우에는 입법행위라는 발생형식만이 식별기준이며 내용은 문제가 되지
아니한다. 이리하여 형식적 법률이자 동시에 실질적 법률이기도 하며, 따라서 법규범을
내용으로 한 것이 있을 수 있다. 또한 「순수하게 형식적인」 법률이란 것도 있다. 이것은
법규범과는 다른 것, 말하자면 「비법명제」(非法命題)를 내용으로 한다. 이러한 비법규범이
라고 불리는 것에는 이른바 행정행위 · 판결행위 · 규범적 내용을 가지지 않는 법률이
있다.

실질적 법률개념을 한 걸음 더 파고들어 분류하려는 슈티어 · 좀로를 도외시하면,3)
라이히 헌법에 관한 문헌에는 이 학설에 대한 이론(異論)은 존재하지 않는다. 여기에는
우리들의 학문으로서는 놀람을 금할 수 없는 불가사의한 조화가 있지만, 그 조화는 통설의
견해가 단어상으로만이 아니라 개념에 관해서도 무엇인가 공유하는 것이 있는가라고
묻는 순간에 무너진다. 어떤 사람이 단순한 형식적 법률이라고 부르는 법률을, 다른 사람은
실질적이라고 표현한다. 이 설은 법명제론과 실질적 국가기능론 내지는 고권론(高權論)을
두 개의 기본전제로 하지만, 이 점에 관련해서는 개별적인 점에서 현저한 견해의 대립이
있다.

망라적으로가 아니라 지도적인 저술가에만 한정해서 보더라도, 이론의 상황에 대해서
간결한 개관을 부여하는 것은 쉬운 일이 아니다. 국가의 어떤 특정한 의사행위는 법명제라고
불리며, 또한 다른 의사행위는 규범이라고 불린다. 또한 제3의 것에는 일체의 규범적
성격이 부정된다. 그러나 중요한 법명제라는 것은 무엇인가에 관하여는 커다란 견해의
차이가 있다. 라반트(Laband)는 법률개념의 2분론을 학설상 정착시킨 인물이며, 이 개념은
그 자신의 학설에서뿐만 아니라 법학 전체에 대해서도 가장 기초적인 의미를 가진다.
다만, 그의 많은 저작을 살펴보더라도, 이 개념의 어떠한 정의도 신중하고 주도하게 피하고
있다. 게오르그 옐리네크는 라반트의 견해에 원칙적으로 따르지만, 그도 법명제의 정의를
명백하게 밝히고 있지는 않다. 그러나 다음의 문장에서 그의 견해를 이해할 수 있다.
「법률의 제1차적인 목적은 인격상호의 자유로운 활동영역을 한정하는 것이며, 법률은
사회적 경계설정을 위하여 발포된다. 이 경우에 법률은 법명제라는 형태에서의 명령을
내용으로 한다. 그러므로 그것은 실질적 의미에서의 법률이기도 하다. 그러나 그 이외의
목적을 가진 경우에는 그것은 실질적 법률이라고는 말할 수 없으며, 형식적 법률, 행정행위

---

2) Gerhard Anschütz, "Gesetz", in K. v. Stengel und M. Fleischmann (Hg.), *Wörterbuch des Deutschen Staats-und Verwaltungsrechts*, Bd. 2, 2. Aufl., Tübingen 1913, S. 212.

3) Fritz Stier-Somlo, *Deutsches Reichs-und Landesstaatsrecht*, Bd. 1, Berlin 1924 (Grundrisse der Rechtswissenschaft, Bd. 18), S. 323 ff.

의 명령이라든지 판결이라는 성격을 내용으로 할 뿐이다」.4) 안쉬츠는 옐리네크에 그대로
따르며, 의사영역의 한정을 직접 목적으로 하는 국가적 규범을 실질적 법률 또는 법명제라고
이해한다.5) 안쉬츠는 물론, 언제나 이 견해에 충실했던 것은 아니다. 다른 곳에서 그는
법률의 내용에 비추어 「법규범」과 「비-법규범」을 구별한다. 그 경우, 법규범이란 이러한
규정이라고 생각한다. 즉, 「국가가 신민(臣民)에게 명령 또는 금지를 발하며, 신민 상호간(私
法)이나 혹은 신민과 국가간(公法)에서의 허용과 강제의 경계를 확정하는」 규정이다. 다른
한편, 여기에서 고려된 비-법규범이란, 국가가 「신민의 자유나 소유에 개입하지 않으며,
국가기관의 조직과 절차를 질서지우는데 불과한 규정」(行政規定)6)이다.

따라서 자유와 소유에 개입하는 규범이 안쉬츠에 의해서 사용되는 제2의 [즉 옐리네크에
그대로 따르지 않는 경우의] 법명제 개념의 특징을 시사하고 있다. 이것에는 입법자의 목적에
의거한 제1의 법명제 개념의 주관적 측면이 결여되어 있다. 통설에서 볼 수 있는 제3의
법명제 개념에 관하여는 뒤에 논하기로 한다.7)

위에 요약한 설은 형식적으로 다른 기관에 분배된 실질적으로 다른 국가의 3권과 밀접한
관계가 있다. 입법이란 실질적으로 법을 정립하는 것이다. 사법은 재판이다. 그리고 행정
또는 집행의 개념은 법정립과 판결 이외의 나머지로서 실질적으로는 소극적으로만 규정가
능한 것이다. 권력분립은 물론, 우리나라에서는 엄격하게 관철된 것은 아니다. 입법도,
예컨대 예산이나 공채의 의결과 같은 행정활동을 하며, 헌법재판권의 행사에 의해서 재판을
행하고 있기 때문이다. 여기에서 법률개념의 분할의 필요성이 발생한다.

요컨대 통설은 실질적 법률개념을 세움으로써, 한쪽의 입법과 다른 한편의 재판과
행정 간에 이론적·논리적 경계를 획정하려고 의도한다. 학문적인 방법으로 법률의 유보를
규정하려는 것이다.

이 설은 이론상으로나 실무상으로도 매우 중요한 의의를 가지며, 그 영향도 여러 갈래로
미친다. 법명제개념은 모든 법률문제 중에서 중요한 역할을 수행하며, 법률개념은 ―
그 중의 약간의 것을 들더라도 ― 입법부, 경우에 따라서는 국민발안의 국법상의 위치,8)
주권문제, 의회의 예산권, 많은 기본권의 법률학적 평가, 국사재판소의 지위, 제후의 특권몰

---

4) Georg Jellinek, *Gesetz und Verordnung, Staatsrechtliche Untersuchungen auf rechtsgeschichtlicher und rechtsvergleichender Grundlage* (1887), Tübingen 1919 (Neudruck), S. 240.

5) Gerhard Anschütz, *Kritische Studien zur Lehre vom Rechtssatze und formellen Gesetz*, Leipzig 1891 (Dissertation Leipzig), 2. unver. Aufl., Berlin 1913, S. 33.

6) Anschütz, "Gesetz," S. 214.

7) 후술 S. 238 (본서, 175면).

8) Carl Schmitt, *Volksentscheid und Volksbegehren. Ein Beitrag zur Auslegung der Weimarer Verfassung und zur Lehre von der unmittelbaren Demokratie*, Berlin 1927 (Beiträge zum ausländischen öffentlichen Recht und Völkerrecht, H. 2), S. 43 f.(김효전역, 『국민표결과 국민발안: 바이마르 헌법의 해석과 직접민주주의론에 관한 기고』, 관악사, 2008, 52면 이하). 물론 당해 논문에서의 의론에 내가 찬성하는 것은 아니다.

수의 이해 등등에 관하여 결정적인 의미를 가진다.

통설에 대한 반대설은 약간 있을 뿐이다. 충분한 근거가 시사되었다고 말하기는 어렵지만, 우선 마르티츠[9]나 초른[10]이 통설을 공격하고 있다. 그 밖에 오늘날에도 여전히 선구적이고 가장 중요한 비판자라고 볼 수 있는 사람은 알베르트 해넬[11]이다. 그러나 재주가 뛰어난 논술은 이상하리 만큼 거의 고려되고 있지 않다. 4반 세기 후에 에리히 카우프만이 슈텡겔과 플라이쉬만의 『사전』중 「행정」의 항목에서 2분설을 공격하였지만,[12] 이 사실에는 아무도 주목하지 않았다. 게다가 토마의 일정한 의문과 카를 슈미트의 그때그때의 코멘트 — 이들 양자는 뒤에 회고하지만 — 를 부가하면, 학설상의 공격의 수는 이것으로 끝났다고 해도 좋다.

## 입헌주의적 법률개념의 역사적 · 정치적 기초

통일적이고 명확한 법률개념은 입헌주의적이며 권력분립형의 법치국가에만 존재한다. 법률이라는 말이 자연법칙 내지는 예컨대 칸트의 의미에서의 법법칙이나 인륜법칙이라는 단어와 동일하다는 것에 입각하여, 이 말로부터 법률개념을 연역하여 흡족해하는 논자도 있다. 그러나 이것은 무의미하다. **인민** 또는 **군주**의 의사에 근거하여 제정된 법률과, 전통적인 자연법이나 우리들의 의사로부터 독립한 자연법과의 대립만이 시종일관한 것이라고 할 수 있다. 안쉬츠의 견해에 의하면, 실질적 법률과 법은 「호환개념」(互換概念)이며, 법률과 법의 등치가 낡은 시대와 새로운 시대를 일관하고 있다고 한다.[13] 그러나 그것은 이처럼 일반적인 형태로 주장되어 버리면 완전히 틀리게 된다. 이것에는 주의할 필요가 있다. 고전 로마법은 매우 엄격하게 **법률**(lex)과 **법**(jus)을 구별하고 있었다. 이 사실은 호이만-젝켈(Heumann-Seckel)의 『로마 법원 사전』(法源事典, Handlexikon zu den Quellen des römischen Rechts)을 보면 명확하다.[14] 그러나 우리들의 견해에 대해서 특히 중요한 것은 공화제 로마에는 이론의 여지없이 가이우스(Gaius)의 명제, 즉 **「법이란 인민이 명령하고 그 위에 제정된 것이다」**[15]가 타당하다는 것이다. 근대의 국가발전의 초기의

9) Ferdinand v. Martitz, *Über den constitutionellen Begriff des Gesetzes nach Deutschem Staatsrecht*, Tübingen 1880.
10) Philipp Zorn, "Zu den Streitfragen über Gesetz und Verordnung nach deutschen Reichsstaatsrecht", in *Annalen des deutschen Reichs für Gesetzgebung, Verwaltung und Verordnung und Statistik* (Hg. G. Hirth und M. Seydel), Jg. 1885, S. 301-319); ders., "Gesetz, Verordnung, Budget, Staatsvertrag", in aaO., Jg. 1889, S. 344-379.
11) Albert Haenel, *Studien zum deutschen Staatsrechte*, Bd. 2 (Das Gesetz im formellen und materiellen Sinne), Leipzig 1888, S. 231.
12) Erich Kaufmann, "Verwaltung", in K. v. Stengel und M. Fleischmann (Hg.) *Wörterbuch des Deutschen Staats-und Verwaltungsrechts*, Bd. 3, 2. Aufl., Tübingen 1914, S. 688-718.
13) Anschütz, "Gesetz," S. 212.
14) 9. Aufl., Jena 1907.

가장 위대한 인물의 한 사람인 보댕이 아주 정확하게 이렇게 정식화하는 것을 증거로
댈 수도 있다. 「일반적으로 법률은 법과는 다르다. 즉 법은 명령과 관계가 없으며 평등과
선을 만들어 내는 것이며, 한편 법률은 왕의 명령에 속한다. 즉 법률이란 자신의 권력을
사용하는 주권자의 명령에 불과하다」.[16]

　사실 영국, 프랑스 그리고 독일에서의 입헌주의적 법률개념은 시민혁명의 소산이다.[17]
거기에는 두 개의 입헌주의적인 전제가 있다. 그 첫 번째의 전제, 즉 법제정권력을 가능한
한 국가지도(國家指導)의 수중에, 교회나 중간적 권력에 대립하는 국가의 주권에, 국가의
권위에 집중한다는 전제는, 대체로 절대주의에 의해서 형성된 것이다. 보댕의 말은 절대주
의의 프로그램을 매우 적절하게 말하고 있다.

　입헌주의적 법률개념의 두 번째의 전제는 「인민」에 의거하는 입법이 사법과 행정으로부
터 독립하여 그것들의 상위에 위치한다는 것이다. [첫째의 전제인] 조직은 부분적으로는
절대주의에 의해서 준비된 것인데 대하여, 이 전제는 혁명적 입헌주의의 산물이다. 처음에
는 영국에서, 왕의 명령권의 독립성을 제거함으로써 「**법의 우위**」(supremacy of law)가
기초지워졌다. 다음으로 프랑스에서, 몽테스키외 이론과 대혁명에 의해서 근대의 법치국가
가 형성되었다. 정치권력을 추구하는 **제3신분**(tiers état)은 국가결정에의 참여를 요구하고
절대주의적인 법제정과 투쟁하는 가운데, **법률의 우위**를 수반하는 입헌주의를 인민에
의해서 자율적으로 — 적어도 인민의 참여에 의해서 — 의결되며, 국가생활의 전체를
규율해야 하는 규범이 그 이외의 모든 국가행위보다 상위의 위치를 차지한다고 이해하였다.
법률의 지배란, 인민의 지배, 적어도 지배에의 인민의 참여라고 하였다. 이 요청의 실현을
기다려서 비로소 입헌주의적 법률개념의 두 번째의 전제가 부여되었다. 그러므로 입헌주의
적 법률개념은 혁명 이래의 법치국가제도에서만 이해가능한 것이다.

　고전적 법치국가개념은 이 두 개의 사상계열(思想系列)로 이루어져 있다. 이 사실은
근래 완전히 간과되어 왔었다. 첫째의 계열은 자연법적 내재사상에서의 자율의 이상이다.
이에 의하면 법치국가라고 불리는 것은 국가형식의 여하에 관계없이 자기 결정하는 인민이
공동체의 가치의 통일적인 담당자로서 동의를 — 현실적인 것이든 이념적인 것이든 —
부여하는 국가이다. 근대의 입헌주의이론이 인민주권이론의 기반 위에서 성장하였다는
것, 자유주의와 민주주의의 분리는 19세기에 비로소 발생하였다는 것, 이것을 잊어서는
안 된다.[18] 몽테스키외에 의하면 입법권력은 「전체로서의 인민」에게 부여되어 있다.

15) *Gai institutiones* (Hg. P. Krueger und G. Studemund), Berlin 1891, S. 3 (comentarius primus, § 3).

16) Jean Bodin, *De Republica libri sex*, latine ab autore redditi (1576), 1. lat. Ausgabe, Lyon 1586, lib, 1, cap. 8 (S. 101 f). [Plurimum distat lex a jure: jus enim sine iussu, ad id quod aequum, bonum est : lex autem, ad imperantis majestatem pertinet. Est enim *lex nihil aliud*, quam summae potestatis iussum.](나정원 옮김, 『국가에 관한 6권의 책』, 1권, 아카넷, 2013, 298면).

17) Kaufmann, "Verwaltung," S. 692.

18) Otto v. Gierke, *Das deutsche Genossenschaftsrecht*, Bd. 4, Berlin 1913, S. 472; Hermann Heller, *Die politischen Ideenkreise der Gegenwart*, in *Gesammelte Schriften*, Bd. 1, S. 333 (본서, 662면)

「자유로운 국가에서는 자유로운 영혼을 가진다고 간주되는 모든 인간은 자기 자신에 의해서 통치되지 않으면 안 되기 때문이다」.[19] 그리고 1789년 8월 26일의 인권선언 제6조에서는 「법률은 일반의사의 표현이다」라고 하였다. 이것을 실질적 법치국가사상이라고 부르고 싶다. 여기에서는 입법기관으로서의 인민이 자신들에 관하여 의결한 것이 「적법성의 시금석」[20]인 국가계약에 합치하고, 인륜적으로 자기 결정하는 이성에서 나오며 자의는 배제되며, 따라서 정당하기 때문에, 또 그러한 한에서 법에 적합한 법률이라는 것이다. 바로 이러한 이유에서 자율적 법률이 그 이외의 모든 국가행위에 우위하게 된다. 인민의 입법기관은 「형식적 기관」이 아니라 「인민」이라는 결정통일체를 대표하는 것으로 이해되고 있다. 법률의 형식과 내용은 불가분이다. 독일에서 1848년까지 계속하여 통설이었으며, 그 후에도 몰(Mohl)에 의해서 주장되어, 그가 『국가학의 역사와 문헌』[21] 속에서 정당하게도 그로티우스에 까지 소급하여 추적했던 것은 바로 이 법치국가사상이었다. 이 고전적 법치국가사상의 법률개념은 실질적인 법사상으로 향하여졌다. 요컨대, 자유와 평등이라는 윤리적 · 정치적 이상으로 향하여졌다.

이 실질적 법치국가사상은 몽테스키외를 루소 · 칸트 · 피히테와 결부시키는데, 『법의 정신』(Esprit des lois)은 그 밖에, 조직기술적인 법치국가원리에도 언급한다. 「정치적 자유는 제한정체에서만 찾아볼 수 있다」[22]고 몽테스키외는 말한다. 이른바 권력분립은 결코 내용적인 법의 이상은 아니다. 그것은 이 이상을 관철하며 법적 안정성이나 안전성을 보장하기 위한 기술적 수단에 불과하며, 빌헬름 폰 홈볼트가 서술했듯이, 「법률에 적합한 자유의 확실성」을 보장하는 것이다.[23] 고전적 법치국가사상의 이 두 측면이 몽테스키외에 있는 것은, 예컨대 다음의 점에도 시사되어 있다. 한편 그는 「중대한 공판」(grandes accusation)에서는 범죄자가 법률과 함께 재판관 자체를 선택, 또는 적어도 다수의 재판관의 기피를 범죄자에게 인정하여 남은 판사가 그 스스로 선택한 자로 보이도록 사법권력에 요구한다. 그러나 다른 한편, 판결은 「바로 법의 명문」 이외의 것이라고 생각되어서는 안 된다. 그렇지 않으면, 「사람들은 사회에서 맺은 약속을 정확하게는」[24] 아는 바가 없다고도 말해진다. 이리하여 몽테스키외의 목적은 특정한 정치적 · 윤리적 요청을 충족하

참조.
19) Montesquieu, *De l'esprit des lois* (1784), liv. XI, ch. VI.
20) Immanuel Kant, *Über den Gemeinspruch* : Das mag in *der Theorie richtig sein, taugt aber nicht für die Praxis* (1793), in *Gesammelte Schriften* (Kgl. Preußische Akademie), Bd. 8, Berlin 1912, S. 297.
21) Robert von Mohl, *Die Geschichte und Literatur der Staatswissenschaften*, Bd. 1, Erlangen 1855, S. 227 ff.
22) Montesquieu, aaO., liv. XI, ch. IV.
23) Wilhelm v. Humboldt, *Ideen zu einem Versuch die Gränzen der Wirksamkeit des Staats zu bestimmen* (1792), in *Gesammelte Schriften* (Hg. Kgl. Preußische Akademie), Bd. 1, Berlin 1903, S. 179.
24) Montesquieu, aaO., liv. XI, ch. VI.

는 자율의 이상에 있었다. 이에 대하여 권력분립은 법률의 지배를 원만하게 실현하기 위한 기술적 수단에 불과하다.

1789년의 프랑스 국민의회는 로베스피에르의 제안에 따라서 왕에 의해서 재가된 국민의 회의 포고는 **「법률」**(loi)이라는 통일 명칭을 가진다고 하는 법률을 인정하였다. 그때 데뫼니에르는 이 법이라는 명칭의 존엄의 근거가 되는 것은 「모든 인민이 준수하지 않으면 안 되는 결정을 고하는」[25] 데에 있다고 하였다. 이로써 입법에 유보된 내용 「그 자체」가 시사된 것은 아니다. 국가생활을 규정하는 최고의 법명제는 「법률」로서, 인민대표에 의해서 의결되어야 한다는 것이 서술되어 있을 뿐이다. 가치의 담당자로서의 **일반의사**(volonté générale)와 법률을 이러한 형태로 관련지우는 것에는 획기적인 의의가 있다. 이러한 관련에 의해서 입헌주의적 법률개념과 절대주의적 법률개념을 가교하려는 어떠한 시도도 배제되는 것이다.

계몽기 자연법론은 법률과 그 밖의 국가행위와의 관계를 합리화하며, 인민대표에 귀속해야 하는 권력영역을 확보하며 입법에 아프리오리한 내용을 부여하려고 시도하였다. 예컨대 몽테스키외와 루소가 그렇다. 그들은 매우 낡은 모델에 따라 모든 법률이 전체를 구속하는 일반적인 룰을 요청하고 있었다. 같은 사상은 칸트에도 찾아볼 수 있다.[26] 칸트는 법률과 논리적인 추론의 도식과의 유추를 의식적으로 행하여, 법률에 추상적으로 보편적인 대전제의 지위를 인정하였다. 법률개념의 이러한 자연법적 합리화야말로 법률개념 2분설의 주된 역사적 원천이 되었다. 입법부가 일반적이지 아니한 법률도 제정한다는 사실은, 예산법이나 특권의 부여라는 의미에서 일반성을 가지지 않은 법이 법치국가의 발전 전체에 대해서 가졌던 결정적인 의의에 비추어 보는 것만으로도 명확하였기 때문이다. 따라서 이러한 「비본래적 법률」은 특별한 카테고리로 처리할 필요가 있었다. 본래적 법률과 비본래적 법률의 이러한 논리적 구분은 전통적인 법률의 유보가 승인되거나, 혁명에 의해서 군주제원리를 폐기하고 의회의 입법에 대한 결정적 영향이 일반적으로 보증된 국가에서는 정치적 권력분립에 대해서 어떠한 의미를 가지는 것은 아니다. 그러나 독일의 국가들에서는 사정은 전혀 다르다. 여기서는 제후와 신분들 간에, 제후가 가지는 자립적인 법제정권을 둘러싸고 다툼이 발발하였다. 여기서는 슈타인 남작(Frh. vom Stein)에서 유래하는 「일반적이고 새로운 란트의 법률은 국가에 속하는 자의 자유와 소유권에 관련된 것이다」라는 정식을 단서로 하여, 란트의 신분들의 동의를 요하는 법명제를 분리 선별하려는 중요한 시도도 행하여졌다.[27] 어떠한 법명제가 그것에 속하는가는 이론적으로 확정된 것은 아니

---

25) Georg Jellinek, *Gesetz und Verordnung* (siehe Anm. 4), S. 75 Anm. 5. Desmeuniers, 8. Oktober 1789, *Archives parlementaires*, premier série, vol. IX, Paris 1877, S. 383.

26) Georg Jellinek, aaO., S. 51 ff.; Immanuel Kant, *Die Metaphysik der Sitten* (1797), in *Gesammelte Schriften* (Hg. Kgl. Preußische Akademie), Bd. 6, Berlin 1907, § 45 (S. 313)(백종현 옮김, 『윤리형이상학』, 아카넷, 2012, 266면); Eduard Hubrich, *Preußisches Staatsrecht*, Hannover 1909 (Bibliothek des Öffentlichen Rechts, Bd. 15), S. 114 ff.

27) Richard Thoma, "Der Vorbehalt des Gesetzes im preußischen Verfassungsrecht", in *Festgabe*

다. 그러나 중부 유럽 국가들의 실무상의 상호적 영향의 결과, 그것에 관한 확고한 관습적
관념이 성립하였다. 그리하여 합리주의적 경계설정은 실무적인 관습인 법률의 유보로
대체되었다. 이론은 사후적으로, 이 관습화된 법률개념으로부터 논리적 징표를 추출하려고
하였다. 벨커가 이미 1838년에 로테크-벨커*『국가사전』(Rotteck-Welcker, Staatslexikon)
초판에서 말하듯이, 이러한 학문적 시도는 당시 절박한 관심의 대상이 되었다. 학설상
거의 주의되지 않았지만 어떤 논자는 다음과 같이 주장하고 있다. 확실히 「이론상은,
형식적 법률과 실질적 법률의 구별은 요컨대, 처분대상에 따른 법률과 명령의 구별은
가능하다. 예컨대 차하리에(Zachariä)(『국가론』 40편)*처럼 이렇게 말할 수 있다. 법률은
계속적이며 일반적 규정이다. 또는 바꾸어 말하면 그것은 **추상적으로** 개념에 따라 미래의
사안으로 향한 규정이다. 그것은 실질적인 규정을 가질 수 있다. 요컨대, 시민의 자유와
소유에 관계하거나 그것들을 제한하는 규정이다 라고. 오늘날 독일의 공법학자들은 이러한,
또한 이와 유사한, 다소간 명료하고 완전히 규정된 구별의 징표를 정립하려고 애쓴다.
그러나 이 그럴듯한 탁상이론도 실무에 옮겨지자마자 불충분함을 드러낸다. 이 이론은
그 대상에 관련된 정부와 신분들과의 투쟁, 또한 그 사이의 서로 배제하는 권한이나 협력을
요하는 권한에 관한 투쟁의 혼미를 어떤 일정한 공적 규정으로 해결한다는 가장 중요한
과제에 대해서는 유효성을 가질 수 없는 것이다」.[28]

　　이처럼 법률의 유보의 확정이라는 목적을 위한 실질적 법률과 형식적 법률의 구별은
단어상으로도 이미 지난 세기의 30년대에는 알려지고 있었다 — 그리고 주목할 만한
가치가 있는 근거를 들어 그 구별은 부정되었던 것이다. 오늘날의 이론의 선구자의 한
사람이라고 간주할 만한 피처[29]는, 입법은 「항상 다소간 '일반적'인 규범만을 다루어」야
한다는 것을 이미 확신하고 있었다. 1886년이 되어서도, 젤리히만[30]은 법학자의 다수는
일반성의 요청을 고수한다고 단언한다. 그러나 그 동안에도, 이론은 이미 실질적 법률의
다른 기준을 추구하여 왔다. 그리고 오늘날에는 일반성의 요청을 거절하는 것이 통설화한
것에 대하여 — 물론, 그 거절은 반드시 시종일관한 것은 아니라 해도 —, 합리주의적인
일반성의 요청을 주장하는 자는 이미 드물다.[31] 라반트는 1871년에, 오늘날까지 법률개념

---

für *Otto Mayer* 1916, S. 175 f.

28) Karl Welcker, "Gesetz," in *Das Staats - Lexikon, Encyklopädie der sämmtlichen Staatswissenschaften für alle Stände* (Hg. K. v. Rotteck, K. Welcker u.a.), Bd. 6, 3. Aufl., Leipzig 1862, S. 474; Karl Salomo Zachariä, *Vierzig Bücher vom Staate*, Bd. 3, 2. Aufl., Heidelberg 1835, S. 12 f.

29) Paul A. Pfizer, *Das Recht der Steuerverwilligung nach den Grundsätzen der Würtembergischen Verfassung, mit Rücksicht auf entgegenstehende Bestimmungen des Deutschen Bundes*, Stuttgart 1836, S. 17.

30) Ernst Seligmann, *Der Begriff des Gesetzes im materiellen und formellen Sinn*, Teil 1, Berlin 1886, S. 62 f.

31) 통설의 주장자에 관하여는, Max Wenzel, *Der Begriff des Gesetzes*, Berlin 1920 (Juristische Grundprobleme, 1. Abh.), S. 134 Anm. 2.

의 2분론의 행방을 결정지운 예산법론[32]에서 인적 일반성의 기준과 계속성의 기준을 명확히 거부하고, 「법명제를 즉, 법률관계를 규제하고 결정하기 위한 규범」 내용으로서 가지는 국가의사의 표출은 모두 그 「내적 본성」상 「논리필연적으로」 「법률」이라고 인식해야 한다고 주장하였다. 이 명제가 오늘날의 통설의 출발점이 되고 있다. 그와 동시에 통설의 문제의 전모가 명확히 되었다. 문제는 라반트에 대해서는 이미 관용으로서 자명시되었던 법률개념을 그와 그 학파가 논리적으로 절대화한 점에 있다.

여기서도 라반트 학설의 정치적인 배경을 잊어서는 안 된다. 입헌주의 법률개념이 전체적으로 시민혁명의 성과라고 한다면, 라반트의 예산법론과 법률개념은 비스마르크가 프로이센의 왕권을 지지하고 투쟁하여, 승리를 거둔 예산투쟁의 산물인 것이다.

## 통설의 비판

법률개념의 2분설이라는 통설은 이론적으로는 유지되기 어려우며, 실제로 부분적으로는 무의미하고 위험하다.

이론적으로 두 개의 완전히 분열된 개념을 하나의 단어로 시사한다는 것 자체가, 이미 매우 의심스러운 것이다. 라반트의 주장에 의하면,[33] 두 개의 이렇게도 다른 사물에 같은 표현을 사용해야 한다는 것은 법적 수단에 의한 법명제의 명령은 통상은 합헌적으로 규정된 방법으로만 행해져야 한다는 명제에서 명확하다고 말한다. 그러나 이 명제에 의해서 정당화되는 것은 다름 아닌 통일적인 법률개념 뿐이며 그것으로 두 개의 법률개념을 정당화하려는 것은 빗나간 것이다.

그러나 통설이 유지하기 어려운 것은 무엇보다도 몽테스키외로부터 오늘에 이르기까지 실질적 국가기능 이론의 설득력 있는 근거를 제공하는 데에 성공하지 못했기 때문이다. 법제정의 「본질」이 법명제를 제정하는 점에 있다고 본다면, 법명제의 기준을 명시하지 않으면 논의는 소용없다. 일반성의 징표를 충족시키는 것만으로는 법명제 개념을 시사하는 데에 충분하지 않은 것을 통설은 자주, 더구나 상세히 시사해 왔다. 이 견해[一般性說]는 최근 새삼스럽게, 특히 켈젠과 슈미트에 의해서[34] 소생하게 되었다. 그래서 나는 자주

---

32) Paul Laband, "Das Budgetrecht nach den Bestimmungen der Preußischen Verfassungskunde unter besonderer Berücksichtigung der Verfassung des norddeutschen Bundes", in *Zeitschrift für Gesetzgebung und Rechtspflege in Preußen*, 4 (1870), S. 625-707 [627 f.].

33) Paul Laband, *Das Staatsrecht des Deutschen Reiches*, Bd. 2, 5. Aufl., Tübingen 1911, S. 64. 펠릭스 좀로(Felix Somlo)는 이 결함을 비난하고 2분설을 유지하면서도 법률이라는 기본개념을 정식화하려고 노력한다. *Juristische Grundlehre*, Leipzig 1917, S. 345 ff.

34) Hans Kelsen, *Allgemeine Staatslehre*, Berlin 1925 (Enzyklopädie der Rechts-und Staatswissenschaften, Bd. 23), S. 231 ff.(민준기 옮김, 『일반 국가학』, 327면 이하); Carl Schmitt(다음 주를 보라). 나아가 Otto Mayer, *Deutsches Verwaltungsrecht*, Bd. 1, 2. Aufl., München 1914 (Systematisches Handbuch der deutschen Rechtswissenschaft, Abt. 6, Bd. 1), S. 67; Richard Thoma, *Der Polizeibefehl im badischen Recht, dargestellt auf rechtsvergleichender Grundlage*, Tübingen

기술된 반복은 피하면서, 간단히 그것을 살펴보지 않을 수 없다. 실질적 법치국가개념은 법률이 공통의사의 표현인 것을 요청한다. **일반의사**가 **전체의사**와 동일하지 않듯이, **전체 의사**는 **전체를 위한 의사**와 동일하지 않다. 어떤 공동체 내에서의 최고의 규범이 통상은 가장 일반적인 규범이기도 하다는 사실은, 법명제 개념의 관점에서는 조직기술적 우연에 불과하며 입법자에게는 통상, 스스로 제정하는 법률을 추상적으로 일반적인 정식화를 행하기 위한 충분한 추상화의 기반이 부여되었다는 사실의 결과에 불과하다. 반복되는 것과 미리 계산가능한 것만이 일반적 명제로서 규범화될 수 있다. 예견되지 않은 단발적 사례는 그 본질에서 볼 때, 확실히 규격화할 수는 없다. 그러나 그럼에도 불구하고, 이러한 사례도 종종 입법이라고 일컬어짐으로써 규범화할 필요가 발생한다. 카를 슈미트가 그의 『의회주의』에서 논하듯이,[35] 법치국가에 관한 모든 학설은 다음의 대립에 의거한다. 즉, 일반적이며 미리 제정되어 모든 사람을 구속하며, 언제 어떠한 때에도 예외 없이 원리적으로 타당한 법률과, 사정에 따라 특수한 구체적 관계를 고려하여 특정한 개인이 내리는 명령의 대립이다. 법률에 관한 이러한 관념은 「… 일반적인 것과 개별적인 것과의 합리적인 구별에 입각하며, 법치국가사상의 대표자들은 일반적인 것 자체에 보다 더 높은 가치를 인정한다」.[36] 입헌주의적 사고와 절대주의적 사고를 구별하는 시금석은 법률개념 이다. 물론 여기서 말하는 시금석은 라반트의 형식적 법률이 아니라, 「논리적 징표에 따라서 규정된 명제이다. 결정적인 구별은 법률이 일반적이고 합리적인 명제인가, 또는 명령인가에 있다. 그리고 바로 인민대표의 참여 아래 성립한 명령이 법률이라고 부른다면 그것은 나름대로 의미가 있다. 왜냐하면 인민대표, 즉 의회는 그 결의를 의사를 영위하는 방법으로(Parlamentieren), 즉 주장과 반대주장의 형량을 통하여 행하며, 그리하여 성립된 의회의 결의는 그러므로 단지 권위에 근거한 명령과는 논리적으로 다른 성격을 지니기 때문이다」.[37] 여기서는 법률과 명령이 심리학적 성립에서의 차이 — 라고 그가 그럴듯하게 꾸며 대고 있음에 불과하다. 법률명령(Gesetzesbefehl)이라는 것이 존재함에도 불구하고! — 가 논리적인 차이라고 주장된 점을 도외시하더라도, 상술한 명제들은 슈미트의 의회주의 비판의 약점을 분명히 하고 있다. 의회주의의 이념적 기초는 단순히 의사를 영위하는 토의에만 있는 것은 아니다. 그것은 법치국가와 입헌주의적 법률개념에 관한 이론이 단지 일반적인 것과 개별적인 것의 논리적 대립에만 의거하지는 않는 것처럼 말이다. 양자의 정통화 근거는 인민의사의 인륜적인 이성적 자율에의 신념에 있다. 이 신념이 의회주의의 방법을 적절하다고 생각하는 것은 정신적인 토의가 정당하든 부당하든, 물리적인 권력투쟁

---

1906, Teil I, S. 60 f.; Walter Jellinek, *Gesetz, Gesetzanwendung und Zweckmäßigkeitserwägung. Zugleich ein System der Ungültigkeitsgründe von Polizeiverordnungen und-verfügungen*, Tübingen 1913, S. 142 ff.

35) Carl Schmitt, *Die geistesgeschichtliche Lage des heutigen Parlamentarismus*, München 1923, S. 31 ff.(김효전 옮김, 『현대 의회주의의 정신사적 지위』, 관악사, 2007, 33면 이하).

36) AaO., S. 31 (역서, 340면).

37) Ebd. (역서, 340-341면).

을 저지하는 것에 적합하다고 간주되기 때문이다. 그런데 슈미트라는 사람은 일반적인 것 자체 속에 고차의 가치를 보는 것과는 거리가 먼 사람이다. 그러므로 그의 논술은 단지 사상사적으로만 이해해야 한다고 생각하는 사람이 있을지도 모른다. 그러나 실제로 그의 논술은 도그마틱한 성격을 가지고 있다. 국왕의 퇴위보상금에 관한 법률안의 감정에서 슈미트는 이렇게 주장하였다. 「법률은 최소한의 내용을 가지고 있어야 하며 단순한 개개의 결정이어서는 안 된다는 것은 자명한 진리이다. 그렇지 않으면 입법자는 이미 재판관과 구별되지 않게 될 것이다」.[38] 슈미트는 여기서는 켈젠과 손을 잡고, 법률과 판결은 거기에 포함된 내용의 양에 의해서 구별된다는 합리주의적 테제를 주장한다. 슈미트도 여기서는 양적 일반성 중에 질적 정당성의 보장을 확인한다. 이것은 그의 다른 경우에서의 정신태도에서 보면 놀랄 수밖에 없다. 그러나 형식주의적 윤리학은 결국, 일반적인 것의 과대평가를 기초로 하며, 짐멜이 개별적 법칙이라고 부른 것의 존재와 의의에 눈을 감는다.[39] 슈미트는 프랑스의 국가학에 의거하지만 그것은 그에게는 아무런 도움도 되지 아니한다. 이미 토마 는[40] 프랑스의 논자는 실질적 법률개념을, 법률의 실질적 유보의 문제를 해결하기 위하여 사용한 것은 아니라는 점을 지적한다.[41] 슈미트는 그의 이론에 따라 탄탄한 기초를 부여하기 위해서 평등원칙을 채택하여, 「개개의 특정한 인격에 향해진 구체적이고 개별적인 결정 이상의 내용을 가지지 않은」[42] 법률은 이 원칙에 모순된다고 서술한다. 여기서 근거는 갑자기 논리적인 것에서 윤리적인 것으로 이행한다. 그럼에도 불구하고 그의 이론이 조금이라도 올바르게 된 것은 아니다. 평등의 이상과 대립하는 자의란 무엇인가, 또는 슈미트의 의미에서의 자의개념은 논리적으로 형식화 가능한가가 여기에서 당연히 문제가 되기 때문이다.[43] 이 개념은, 예컨대 바이마르 헌법 제51조(라이히 대통령의 대리의 법률에 의한 규율)의 사례에도 형사면책법에도 반하며, 하노버와 헤센 후작에 대한 법률에 근거한

---

38) Carl Schmitt, *Unabhängigkeit der Richter, Gleichheit vor dem Gesetz und Gewährleistung des Privateigentums nach der Weimarer Verfassung*, Berlin 1926, S. 10.

39) Georg Simmel, "Das individuelle Gesetz. Ein Versuch über das Prinzip der Ethik", in *Logos*, Bd. 4, Tübingen 1913, S. 117-160; Max Scheler, *Der Formalismus in der Ethik und die Materiale Wertethik. Neuer Versuch der Grundlegung eines ethischen Personalismus*, 2. Aufl., Halle 1921, S. 508 ff.

40) Thoma, "Vorbehalt des Gesetzes" (siehe Anm. 27), S. 172 Anm. 8.

41) Léon Duguit, *Traité de droit constitutionnel*, Bd. 2, 2. Aufl., Paris 1923, S. 140 ff.는 일반성의 요청을 매우 불충분하게 기초지우고 있을 뿐이지만, 광범한 문헌의 지시가 있다. 2분설에 대하여 매우 적절한 비판을 하는 것은 Raymond Carré de Malberg, *Contribution à la Théorie générale de l'Etat*, Bd. 1, Paris 1920, S. 276 ff. 나아가 Günther Holstein, "Die Theorie der Verordnung im französischen und belgischen Verwaltungsrecht", in *Bonner Festgabe für Ernst Zitelmann zum 50. Doktorjubiläum*, München 1923, S. 357.

42) Carl Schmitt, *Unabhängigkeit*, S. 22; ders., Besprechung von Gerhard Anschütz, *Die Verfassung des deutschen Reichs*, 4. Aufl., 1926 in *Juristische Wochenschrift*, 55 (1926), S. 2271.

43) 거기에서는 「일반성」의 개개의 의의(이것에 대립하는 것은 단기간, 특정단독의 사례 내지 개별사례를 염두에 두고 있다)는 Thoma, *Der Polizeibefehl* (siehe Anm. 34), S. 60 ff.를 모델로 하여 여전히 구별될 수 있다고 한다.

재산몰수[수용]에도 1866년 12월 28일의 법률에 따라 실행된 비스마르크와 5인의 유명한 군지도자의 기부에도 적합하지 않으며, 예컨대 심각한 재해의 경우의 특정한 인물에 대한 경제적 구제에도 합치되지 아니한다. 여기에 이론의 여지는 있을 수 없다.[44] 폭군이란 슈미트가 주장하듯이, 법률 밖에 서서 개별적 결정을 내리는 자가 아니라 현행법에 반하여 자의적으로 개별적 결정을 내리는 자이다.

평등원칙이 역사 속에서는 단 하나의 적용사례가 있을 뿐이라고 하더라도, 이러한 의미에서 항상 일반성을 요청하는 법명제의 윤리적 구성원리는 정당하다. 황제가 공화국에 귀환하는 것을 금지한 법명제는 황제가 10인인 경우에도 당연히 전원에게 타당하다. 이러한 정의(正義)의 일반성 원리는 이 사례가 시사하듯이, 법률개념을 좌우하는 것은 아니다. 따라서 통설이 여기 수 십년 이래 법률개념에 향해온 일반성의 요청을 원칙적으로 포기하고, 다른 기준을 찾은 것에는 충분한 근거가 있다. 오늘날의 학설이 서술하는 바로는 형식적 법률과는 다르며, 실질적 법률은「법명제」를 포함하거나 또는 실질적 법률은 법명제와 동일하다고 한다. 여기서 무엇보다 문제가 되는 것은 통설이 법명제 개념을 어떻게 규정하는가 이다. 그 법명제 개념이 붕괴되면 2분설 그 자체도 또한 파산되지 않을 수 없게 된다.

우리들의 통설에 대한 태도는 통설이 모순되는 두 개의 법명제 개념, 심지어는 필요에 따라 세 개의 법명제 개념까지도 동시에 사용하는 것을 확인하였을 때에 이미 시사되었다. 더구나 이들 세 개의 법명제 개념은 각각 전혀 지탱할 수 없다. 일반성의 요청에 대해서는 겨우 지금 논하였다. 게오르그 옐리네크가 기초를 세우고 안쉬츠에 의해서 완성된 학설에 의하면, 법명제라는 것은 사회적인 경계의 설정을 첫째의 목표로 하는 규범이지만,[45] 이 학설은 법영역의 내부에 법규범 혹은 법명제와 비법규범 혹은 비법명제 간에, 어쩔 수 없이 법률학적으로 무릇 이해불가능한 구별을 하게 된다. 즉, 이 설은 법률개념과 법개념의 구분을 행하지 않으면 안 되게 된다! 법이론이「비법명제」를 대상으로 해야 한다는 것은 법이론으로서의 자기부정에 불과한 것은 명백하다. 더구나 의문인 것은 이 설이, 그 구별을 규범을「제정하는 순간 속에」,[46] 규범제정기관의 심리학적인 의지의 방향에 의존시킨 것이다. 이러한 것은 법학적으로 불가능한 것이며, 켈젠의 예리한 비판[46a]이 충분히 가해져야 할 것이다. 그러나 끝으로 확인할 것은, 모든 사회규범은 같은 목적을 가지는 것이 아닌가, 또는 모든 사회규범은 같은 목적을 가지는 것인가이다.[47] 유사한

---

44) Gerhard Leibholz, "Die Gleichheit vor dem Gesetz", in *Archiv des öffentlichen Rechts*, 51 (1927), S. 33.

45) Georg Jellinek, *Gesetz und Verordnung* (siehe Anm. 4), S. 240; Anschütz, *Rechtssatz* (siehe Anm. 5), S. 33.

46) Anschütz, S. 36.

46a) Hans Kelsen, *Hauptprobleme der Staatsrechtslehre, entwickelt aus der Lehre vom Rechtssatz*, 2. Aufl., Tübingen 1923, S. 552 ff.

47) Anschütz, aaO., S. 33에서 들고 있는 예를 참조.

이의(異議)는 객관적 기준의 확립을 목표로 하여 시민의 자유와 소유에 대한 개입이라는 점에 구별의 징표가 있다고 주장하는 제3의 법명제개념에 대해서도 향할 수 있다. 왜냐하면 국가의 전체는 비법규범이라는 형상이 기관에 대해서도 시민에 대해서도 규범이며, 그것이 기관이나 시민의 의사를 구속하며, 따라서 시민의 자유에 개입하는 일도 있다는, 단지 그것으로만 존재할 수 있기 때문이다. 여기에 이론을 제기할 수 있는 사람은 이러한 형상이 「타당성」을 가진 것을 부정하고 국가를 국가관리(國家官吏)로 이루어진 기관이라고 하는 자 뿐일 것이다. 세 개의 법명제개념 모두가 이론적으로 지지할 만한 법명제개념을 자의적으로 제한한다는 것은 명확하다고 말하지 않으면 안 된다.

 이러한 귀결은 우리들이 행하여 온 역사적 서술에 입각하면 당연히 예견할 수 있었다. 그 역사적 기술에 의해서 역사적으로 관행을 통하여 규정되어 온 법명제라는 말의 범위가 어떻게 이론적인 법명제 개념에로 논리적으로 절대화되었는가가 명확하게 되었다. 비스마르크의 예산분쟁에 의해서 형성된 권력상황도 법률의 실질적 유보에 대한 관행을 현저하게 제한하였으며, 전통과 같은 정도의 영향력을 발휘하였다. 그리고 라반트와 그 학파의 실질적 법률개념이 이 반(半) 절대주의적인 귀결의 논리적 정당화를 시도하였다. 그러나 이 설의 주장은 간단히 말하면, 실질적인 법률이나 법명제는 신민을 구속하는 것만을 가리키며 「국가」, 즉 국가기관을 구속하는 규범은 「비법명제」이며, 그것은 고작해야 형식적 법률이라고 말할 수 있을 뿐이었다. 안쉬츠의 논술은, 이 설의 배경에는 절대주의가 있는 것을 남김없이 명확히 하고 있다. 그에 의하면, 예컨대 「관청 상호간의 영역이 경계설정되는 한에서만」 법명제라고 부를 여지는 없다고 말한다. 그때 일단 「국가」와 「최고기관」이 동일시되며, 다음에 군주가 「모든 국가적 명령권의 주체」로 간주된다. 형식적 법률에 위배하는 행위는 그것만으로 법위반이 되는 것은 아니라는 점에서,[48] 그는 통설과 견해를 같이 하고 있는 점을 부가하면, 이 설의 정치적 조건인 국가권력의 분립의 이미지가 완성한다. 통설의 법명제에 대한 두 개의 정식은 매우 프리미티브한 입헌주의의 사상권(思想圈)에 속한다. 요컨대 신민에 대해서 중요한 것은, 단지 자신의 사적 영역의 자유와 소유뿐이라고 보는 사상권이다. 그러나 신민이 정치적 자유를 자신에 대해서 불가결하다는 것을 이해하자마자 이러한 법명제의 정식화에서는 전혀 대처할 수 없게 된다.

 통설의 실질적 법률개념과 법명제 개념은 「이론적 · 논리적으로」 유지하기 어렵다는 것을 토마는 이미 명료하게 인식하고 있었다.[49] 그의 사고에서 이러한 법명제 개념을 이론적 · 논리적 · 철학적으로 여하튼 규정가능하다는 널리 사람의 입에 오르내렸던 오류는 참으로 부조리이다. 그것은 「우리나라의 가장 중요한 국법학자들을 쓸데 없는 논쟁 속에 휘말려들게 했던 오류였다」. 그리하여 라반트-옐리네크-안쉬츠의 설의 기초를 무너뜨린 후에, 갑자기 이 이론적 · 논리적으로 유지하기 어려운 법명제 개념이 「실천적 · 헌법적으로는」[50] 통용한다고 주장함으로써, 토마는 이 문제에서 손을 떼어 버렸다. 내가

---

48) AaO., S. 29; 79 f.; 39.
49) Thoma, "Vorbehalt des Gesetzes" (siehe Anm. 27), S. 176.

아는 한에서 근대 헌법이 법개념과 법률개념의 2분할을 명시적으로 수용한 예는 하나도 없다.[51] 그리고 이 법명제개념이 실천적·헌법적으로 통용하는 것은 토마가 유지하기 어렵다고 생각하는 이론의 귀결에 불과하다. 따라서 그의 단념은 바로 나쁜 이론에 좋은 이론이 항복하는 것을 의미하는 것이다.

이러한 법명제 개념을 기초로 하는 실질적 법률개념은 더욱더 다른 방향에서도 비판할 필요가 있다. 실질적 법률 = 모든 법규범(국제법, 관습법, 그 밖에 성격을 묻지 않는다)이라는 등식은 실은 입헌주의적 법률개념의 자의적 확장에 의한 이 법률개념의 형식주의적 공동화 (空洞化)와 반대를 이루는 상관물이다. 통설은 이 확장을 위하여 현행 법률의 조문의 용어법을 증거로 삼는 것이 통례이다. 그런데 절대주의적인 법전화인 프로이센 일반 란트법 은 「이 법전에서 말하는 법률이란 모든 법규범을 가리킨다」는 명제를 기초로 하지만,[52] 이것을 모델을 하여 독일 민법시행법[53]과 라이히 재판소법[54]이 유사한 정식화를 행하는 것은 사실이다. 그러나 이러한 특별 규정이 국법에 고유한 법률개념을 창출하는 데에 적격이라고는 무릇 생각되지 않는다. 예컨대 독일 민법시행법 제5조*에 근거해서 자신의 독자적인 연방국가 개념을 구성하는 것은 일찍이 어떤 국법학자도 생각하지 못한 것이다. 이 조문에 따르면 라이히 란트로서의 엘자스·로트링겐도 독일 민법의 의미에서는 「연방국가」로 간주되기 때문이다. 양 규정은 모두 동일한 **근거**에 입각하고 있다. 즉, 입법자는 자신이 우선 필요로 하는 입법기술적 목적 때문에 민법상 또는 소송법상의 생략어법을 만들려고 하였던 것이다. 여하튼 라이히 헌법에서 이 순수하게 실질적이고 형식적이 아닌 법률개념은 뒤에 되돌아보기로 한다.

이상과 같은 간략한 비판적 개관에 의해서 통설의 법률개념은 법률개념 2분설의 근거부여에 쓸모가 없는 것이 이미 명확히 되었다. 통설의 법률개념은 이론적으로는 지지할 수 있는 법명제 개념을 자의적으로 제한하고, 입헌주의적 법률개념을 마찬가지로 자의적으로 확장한 결과로서 생겨나온 것이다. 여기에서 형식적 법률개념의 비판에 몰두하고 싶지만, 우선 이른바 순수하게 형식적인 법률을 대상으로 하지 않으면 안 된다. 이 순수하게 형식적인 법률의 핵심에 있는 것은 「법률내용의 무제한한 가변성」이라는 사상이다.[55]

---

50) AaO., S. 177.

51) 스위스 헌법도 그 문언(제84조 「연방법률」과 「연방의 의결」)은 법률의 유보에 관한 2분설의 사고를 상기시키는지도 모르지만 이 구별과는 이질적이다. 이것을 바로 명확히 하는 것은 Hans Seeger, "Zur Lehre vom formellen und materiellen Gesetz im schweizerischen Bundesstaatsrecht", in *Zeitschrift für schweizerisches Recht*, N. F. 45 (1926), S. 353 ff.

52) Allgemeines Gesetzbuch für die Preußischen Staaten, Berlin 1791, Einleitung. 제1조 「일반 란트법은 국가의 주민들이 … 판단해야 하는 것에 따른 규정들을 포함한다」.

53) EGBGB, 18. August 1896, Art. 2 : 「민법전과 이 법률의 의미에서의 법률이란 모든 법규범이다」, *RGBl.* S. 604.

54) EGZPO, 30. Januar 1877, *RGBl.* S. 242, § 12; EGSPTO, 1. Februar 1877, *RGBl.* S. 346, § 7; EGKO, 10. Februar 1877, *RGBl.* S. 390, § 2.

55) Anschütz, *Rechtssatz*, S. 88.

라반트는 유례가 없을 만큼 철저하게,「무릇 법률의 내용으로 될 수 없는 사상」은 존재하지 않는다고 주장한다.[56]

　이러한 종류의 순수하게 형식적인 법률의 내용으로서 들 수 있는 것은 입법기관에 의한 행정행위와 판결, 그리고 규범적 내용을 가지지 아니하는 법률이다. 통설은 이른바 「규범적 내용을 가지지 아니한 법률」을 특히 언급하고 있다. 그러나 그것으로서 들 수 있는 것은 아이젤레[57] 이래「구속력을 가지지 아니한 법률내용」이라고 일컬어진다. 여기서 통설은 규범적 내용을 가지지 아니한 「법률」이라든가,「구속력을 가지지 아니한 법률」[58]이라고 말하지만, 그 증거로서 제시하는 것은 비규범적 내용(이라고 흔히 일컬어지고 있는데 불과한 것)을 수반한 법률의 단편에 불과하다. 그러나 하나의 법률은 하나의 전체를 이룬다. 법률은 개념의 정의·사실의 확정·프로그램 등을 포함한다. 법적 명령의 구체화에 확실히 필요한 경우도 있고, 입법자의 쓸데없는 이야기에 불과한 것도 있다고 하지만, 여하튼 그것들이 포함된 것에 의문의 여지는 없다. 그러므로 규범적 내용을 가지지 아니한 법률부분이 존재하는 것을 증명하더라도 결코 그러한 「법률」이 존재하는 것의 증거가 되지는 않는다. 다만, 일찍이 라반트는 어떤 비평 중에서, 전체로서 규범적 내용을 가지지 아니한 전체적 법률의 예라는 것을 제시한 일이 있다.[59] 프로이센의 1876년 6월 4일의 법률이다. 그 제1조에서는, 란트의 철도에 관한 권리를 라이히에 위양하는 계약을 독일 라이히와 체결할 권한이 정부에 수권되어 있다. 제2조에서는 상술한 결정에 관하여 비준할 권한이 라이히 의회 양원에 대하여 유보되어 있다. 라반트는 이처럼 여기서도 국법상의 수권을 민법상의 대리권과 혼동하는 것은 아닌가 라고 생각되지만 그것을 검토할 의도는 없다. 사실 이 경우에는 규범적 내용 없는 의결의 존재만이 문제가 되는 것을 용인하더라도, 그리고 또 이 밖에도 사실상 규범적 내용을 가지지 않는 제헌의회의 유사한 행위도 어렵지 않게 찾아낼 수 있는 것을 용인하더라도, 이론으로서는 그러한 예에 대해 법률이라는 말을 사용할 필요는 없다고 나는 생각한다. 이러한 사례에서는 어떤 종류의 성명(聲明)이 법률의 옷을 잘못 사용하는 것을 확인하면 족하다. 입법기관의, 규범을 제정하는 것이 아닌 행위는 기사(騎士)의 거성(居城)으로서 지어진 그루네발트(Grunewald)의 저택이 성이 아닌 것과 마찬가지로 법률이 아니다. 건축학에서의 형식과 내용의 절망적인 대립이 법률학의 그것과 동시대에 발생했다는 것은 주목할 만한 가치가 있는 사실이다. 입헌적인 법률의 내용이 될 수 없는 수많은 사상이 존재한다고 말하지 않으면 안 되는 것이다!

　순수하게 형식적인 법률로서 들 수 있는 것으로, 그 위에 법률의 형식을 취한 행정행위와

56) Laband, *Staatsrecht* (siehe Anm. 33), Bd. 2, S. 63.

57) Fridolin Eisele, "Unverbindlicher Gesetzesinhalt", in *Archiv für die Civilistische Praxis*, 69 (1886), S. 275-330.

58) Anschütz, *Rechtssatz* (siehe Anm. 5), S. 40; Georg Jellinek, *Gesetz und Verordnung* (siehe Anm. 4), S. 232; Seligmann, *Der Begriff des Gesetzes* (siehe Anm. 30), S. 39.

59) Paul Laband, "Zur Theorie vom Budgetrecht", in *Archiv für öffentliches Recht*, 1 (1866), S. 183.

판결행위가 있다. 이 전제가 되는 것은 2분론 전체의 전제와 마찬가지로, 실질적 국가기능의 존재라는 주장이다. 이 견해는 내 생각으로는 이미 에리히 카우프만에 의해서 결정적으로 논박되고 있다.[60] 지면의 제약상 이 점에 대해서는 카우프만의 논고를 원용하는 데에 그치고 싶다. 통설에 의하면 법률이 형식적이라고 일컬어지는 것은, 예컨대 법률이 실질적으로 판결과 같은 경우이다. 그러나 판결과 법제정은 실질적으로는 무엇에 의해서 구별되는가? 법적 관계의 구속력있는 확정인 판결을 항상 법명제라고 보는 라반트에 반대하여, 안쉬츠는 사법상(司法上)의 판결은 「논리적 추론」에 불과하며,[61] 거기에서는 명령이 내려진 것이 아니라 「확인한다」는 국가행위가 선명되고 있을 뿐이라고 주장한다. 게오르그 옐리네크[62]는 또 다시 모든 판결은 그 「성질」상 현행법과 결부되며, 그러므로 실질적인 의미에서는 재판관에 대해서는 법적 룰을 통하여 판결을 내림에 있어서 기초가 되는 구성사실을 탐구하는 수단이 재판관에게 지시되었다고 생각하였다. 이러한 옐리네크의 견해는 국내 및 국가 간에 여러 형태의 중재재판소가 존재한다는 사실로써 곧 반박할 수 있다. 안쉬츠의 견해를 되돌아보자. 이것은 이미 자유법론에 의해서 결정적으로 반박되었다고 보아도 좋다.[63] 이 점을 도외시하더라도, 실질적 판결행위라는 성격을 가진 법률은 「확실히 법적 효과는 가진 것이지만, 규범적 내용을 가진 것은 아니다」[64]는 그의 주장은 법률학적으로는 이해불가능한 것이라고 해야 한다. 마지막으로 라반트의 견해에 의하면, 실질적 법률이란 법명제의 형식을 취한 구속력 있는 모든 명령이라고 하므로, 모든 판결은 법명제가 된다. 따라서 예컨대 비스마르크 헌법 제76조 2항*의 경우에는 도대체 법제정과 판결 간에 어떠한 본질적인 구별도 없게 된다. 그리하여 라반트의 2분설 전체의 전제인 실질적 국가행위 이론은 스스로 무너지는 것이다.

　그러면 이상의 논의는 행정행위를 내용으로 하는 형식적 법률 이론과는 어떤 관계에 서는가? 통설은 행정의 「본질」이 적극적으로 규정할 수 없다는 것을 스스로 인정하며, 더구나 **분할의 원리**의 제시에 당연히 필요하고 이용가능한 법명제 개념을 손에 쥔 것도 아니다. 그러한 한에서는 통설의 이 부분도 다소간 자의적이고 근거가 없는 것처럼 생각된다. 덧붙여 말하면, 이러한 방향에서의 형식적 법률개념 비판은 라이히 헌법에서 형식적 법률이라고 불리는 것에 대한 논평과의 관계에서 행하고 있다.

　이리하여 형식적이 아니라 순수하게 실질적인 법률개념은, 규범적이 아니라 순수하게 형식적인 법률개념과 마찬가지로 적어도 쓸데 없는 것이며, 그 대부분은 혼란을 초래하여 유해롭기도 한 것이 명확히 되었다. 따라서 통설의 숨통을 끊어 둘 필요가 있다. 그런데

60) Kaufmann, "Verwaltung" (siehe Anm. 12).

61) Anschütz, *Rechtssatz*, S. 47.

62) Georg Jellinek, *Gesetz und Verordnung*, S. 246.

63) 과거의 것으로서는 Oskar Bülow, *Gesetz und Richteramt*, Leipzig 1885, S. 4 f.; 28 f. 오늘날에는 무엇보다 Adolf Merkl, *Die Lehre von der Rechtskraft, entwickelt aus dem Rechtsbegriff*, Leipzig 1923 (Wiener staatswissenschaftliche Studien), S. 181 ff. 그리고 거기에서 열거한 것 참조.

64) Anschütz, *Rechtssatz*, S. 48.

특히 문제가 된 것이 살아남은 중간부분을 통일적인 법률개념으로 정리할 수 있는가의 여부라는 점이다.

## 법치국가와 법률

현재의 법치국가 사상의 정치적 퇴조가 법치국가에서의 법률개념의 의미의 명확한 인식에 대해서 장해가 되고 있다. 그래서 토마[65]는 1910년에 이르러 국가학을 위하여 법치국가개념을 다시 발견하지 않으면 안 되었다! 이러한 발견을 하기까지의 시대에서 고전적 법치국가 사상의 의미는 망각되고 있었다. 그러나 오늘날에는 국법학이나 행정법학은 두 개의 법률개념을 구분하듯이, 형식적·법학적 법치국가 사상과 실질적 법치국가 사상을 구별하며, 후자를 정치적인 것이라고 부른다. 국법학이나 행정법학은 이 후자의 법치국가 사상에 대처하는 방법을 알지 못한다. 그것이 실질적 법률개념에 대처하는 방법을 기본적으로 알지 못하는 것과 마찬가지이다.

그러나 입헌주의적 법률개념은 실질적 법치국가사상을 전체로서 알지 못하고는 전혀 이해할 수 없다. 실질적 법치국가사상의 두 개의 구성요소는 법률을 통한 인민의 자기결정 과, 만인의 이해(利害)가 자의적이 아니라 동등한 평가라는 의미에서의 평등이라는 사상이 다. 오늘날의 국가학은 법률 앞에서의 형식적 평등만을 남겨둔 채, 그 이외의 내용은 모두 내던져 버렸다. 이 평등은 법률의 내용 여하에 관계없이 법률의 적용에 대해서만 타당하다는 것이다.[66] 예컨대 몰은 여전히 이렇게 주장하였다. 즉 그에 의하면 법치국가에 서 국가구성원은 「무엇보다도 우선 **법률 앞의 평등**을, 즉 개인적 사정에 의한 차별을 하지 않는 모든 사람의 생활목적의 배려를, 그리고 개인의 지위·신분 등등에 관계없는 일반적 규범의 객관적 적용을」[67] 요구할 권리를 가진다는 것이다. 이 견해를 앞의 견해와 비교하여 보고 싶다.

이러한 형식주의적 법치국가관에서는 전체를 구성하고 실질적 결정을 내리는 인민의사 라는 것은 의제에 불과하며,[68] 입법기관은 바로 실정법에 의해서 규정된 입법기술에 불과하다. 거기에서는 제도상으로도 기능상으로도 모든 실질적 평가가 제거되어 있다. 그리고 입법기관이 행한 의결은 그 내용 여하에 관계없이 오직 규정된 기술적 형식을 충족하기 때문에 법률이라고 한다.

---

65) Richard Thoma, "Rechtsstaatsidee und Verwaltungsrechtswissenschaft", in *Jahrbuch des öffentlichen Rechts*, 4 (1910), S. 198 ff.

66) Erich Kaufmann und Hans Nawiasky, "Die Gleichheit vor dem Gesetz im Sinne des Art. 109 der Reichsverfassung" (Bericht und Mitbericht), in *Veröffentlichungen der Vereinigung der deutschen Staatsrechtslehrer*, H. 3, Berlin 1927.

67) Robert von Mohl, *Encyklopädie der Staatswissenschaften*, Tübingen 1859, S. 329; Hermann Heller, *Die politischen Ideenkreise der Gegenwart*, in *Gesammelte Schriften*, Bd. 1, S. 326 f. (본서, 657면 이하) 참조.

68) Hermann Heller, *Die Souveränität*, Berlin und Leipzig 1927 참조.

법제정, 판결 그리고 행정의 「본질」, 「본성」, 「실질」을 아프리오리하게 규정하려는 통설의 시도는 모두 전혀 쓸데없다. 왜냐하면 모든 국가행위는 그 「본성」상, 다른 것이 아니라 동질적인 것이기 때문이다. 그것들은 모두, 영역내 주민의 사회적 행동의 통일적인 공동질서로 향하고 있다. 권력분립을 수반한 법치국가에서 비로소, 또한 여기에서만 일정한 국가행위마다 법이 요구하는 일정한 형식이 확립되었다. 그리고 이들 형식은 각각의 내용에서 완전히 독립한 것은 아니다. 국가의사형성의 특정한 형식이 국법에 의해서 정당하게 요구된다는 것과, 또한 그 특정한 형식은 실질적 법치국가이념에서 직접 도출되었다. 그 자유의 이상은 모든 국가행위가 법률에 표현된 **일반의사**에 의해서 결정되는 것을 원리로서 요구한다. 실질적 평등사상은 자기결정하는 개인이나 집단이라는 개체야 말로 결국은 자신의 이해를 가장 적절하게 자기 힘으로 인식하여 주장할 수 있다는 사상에 매개되어, 이 자율의 사상과 연결된, 보다 정확하게는 연결되어 있었던 것이다. 그러므로 모든 국가행위의 실질적 합법성이라는 이 원리에 대응하는 것은 형식적으로나 실질적으로도 입헌주의적 법률개념이다. 이 개념에 의하면 법률이란 바로 다른 모든 국가활동을 결정하고 인민입법에 의해서 규정된 최고의 법규범이다. 그 법률로서의 특질과 힘, 「불가침성」을 이 원리가 손에 넣는 것은, 오로지 그것이 공동체의 가치를 대표하는 **일반의사**의 자율적인 의결이라고 간주되기 때문이다. 이것이 얼마간 행정상의 지시나 판결과 구별되는 것은 법명제로서의 특질에 의한 것이 아니라, 다만 그것이 고차의 실질적 타당력을 가진 것에 의한다.

그러나 계몽주의 자연법의 법치국가적 합법성원리에서는 직접 이러한 요청도 생긴다. 즉 사법(司法)만이 「법을 말하는 입」[69]이 아니라 행정도 마찬가지로 「법이 대전제가 되고 다소간 일반적인 사실이 소전제가 되어 법의 적용이 결론으로 되는 삼단론법」[70]을 행하는 이상의 임무를 가져야 한다는 요청이다.

이러한 법치국가적 합리주의가 역사와 개성을 남김없이 합리화하는, 그리고 이러한 방법으로 미리 법률화하는 것이 가능하다고 주장되는 한, 켈젠과 그 학파를 별도로 하면, 오늘날에는 어떠한 국가학자에 의해서도 더 이상 주장되지 아니한다. 법률이라는 형식을 취하는 법의 확정성·완전성 그리고 무과오성은 매우 좁은 범위에서만 존재한다는 것은 이미 명백하며, 재판관과 행정관리에 의해서 행해지는 법률의 구체화가 모두 성과가 많은 **권위의 부여**(interpositio auctoritatis)를 의미하는 것도 우리들이 잘 아는 바이다. 당해 기관의 개인적 및 사회적으로 조건지워진 인격에 의한 결정에는 아무리 법률에 구속되도록 하더라도, 당해 법률의 틀 내에서는 입법자에 의해서 합리화 불가능한 요소가 합류하고 있다. 이 때문에 사회학적인 국가의 히에라르키를 논리적 히에라르키에로 이론적 재해석하

---

69) Montesquieu, *Esprit des lois* (siehe Anm. 19), liv. XI, ch. VI.

70) Condorcet, bei Carl Schmitt, *Parlamentarismus* (siehe Anm. 35), S. 32. 이것은 Joseph Barthélemy, *Le rôle du pouvoir exécutif dans les républiques modernes*, Paris 1906, S. 489 Anm. 3에 따라서 인용.

는 것은 불가능하다. 그러므로 법을 적용하는 인격은 합리화할 수 없으며 또 허용되지 않듯이, 이러한 재해석은 국가의 장래의 과제로서도 가능하지는 않다. 국가는 입법기계가 아니다. 그리고 사실, 예컨대 국가원수나 경찰행정의 활동이 법률에 의해서 규범화되어 있는가의 여부, 또한 어느 정도 규범화되어 있는가, 예컨대 노동질서와 경제질서가 사법(私法)으로서의 **계약법**(lex contractus)에 맡겨져 있는지, 국가적 입법에 의해서 개입되는 것인지, 또한 그 범위는 어떤가, 나아가 무엇 때문에 경제의 일정한 정도의 집중과 계산가능성이 전제되어야 하는가는 구체적인 전체 사회적 상황, 정치적 권력관계, 합목적적 고려, 전통과 법의식에 좌우되는 것이다.

그런데 인적 및 물적인 점에서의 모든 국가행위의 전면적인 합법화는 불가능하기 때문에 법률의 일반적 타당성의 요청은 붕괴되지 않을 수 없다. 관습법도 포함하는 가장 넓은 의미에서의 입법자의 입이, 사안이 단 하나만 존재하기 때문에 완전히 침묵하는 경우에도 이 사안에 적용되어야 할 법은 입법자 자신에 의해서 말해지지 않으면 안 되며, 국가적 지배질서 내부에서는 원칙적으로 재판관에 의해서 말해져서는 안 된다. 이러한 상황은 예컨대 부적절하게도 군주의 퇴위보상이라고 일컬어지는 사안에서는 현실적인 것으로 간주되지 않으면 안 된다. 카를 슈미트를 모방하여 당해 사안은 민법상의 다툼이라는 조잡하고 잘못된 전제를 두는 것이 아닌 한에서 말이다.

계몽주의적 논리화에 의해서 순화된 후에, 여전히 요동하지 않고 남는 것은 전체 국가기관이 법률에 가능한 한 엄격하게 구속되어야 한다는 법치국가적 요청 밖에 없다. 이 이외의 방법으로는 **일반의사**에 의한 지배라는 여기에서의 요청은 생각할 수 없다. 그리하여 이러한 법치국가에 대해서 불가결한 국가행위의 법률에 대한 관계에서, 국가행위의 일정한 대상에 대하여 취해야 할 입법・재판・행정의 형식이 생기게 된다. 입법이라는 형식은 최고의 법명제의 정립에 사용되며, 재판의 형식은 법률에 근거하는 것만으로는 행할 수 없는 요건사실의 사법상(司法上)의 평가에 사용되며, 그 이외의 남은 광범한 영역이 행정이라고 일컬어지게 된다.

따라서 법치국가에서는 인민의 입법기관에 의해서 제정된 최고의 법규범만이 법률이며, 또한 인민의 입법기관에 의해서 제정된 규범의 모두가 법률이다. 이러한 문맥에서 본다면, 형식적 법률을 「입법기관」에 의한 명령이라는 통설적인 견해가 이의적(二義的)이라는 것은 강조할만하다. 입헌주의적 법률은 「인민의 입법기관」에 의해서 (적어도 그 협력 아래) 규정된 최고의 규범이지 않으면 안 된다. 인민 또는 그 대표가 (적어도 그 협력 아래) 법률을 의결함으로써만, 입헌주의의 법률은 절대주의적인 군주 또는 독재자의 규범과 구별되기 때문이다.

다음에는 이러한 법률개념과 법명제 개념의 관계를 고찰하지 않으면 안 된다.

## 법명제와 법원칙

여기서 우리들은 전제가 되는 구성사실(構成事實)을 법적 귀결과 결합하여, 주관적 권리나 의무를 어떤 구성사실과 결부지우는 모든 규범을 법명제라고 부른다. 모든 객관적 법은 법명제로서 나타난다. 그 경우에 우리들이 법명제라고 이해하는 것은 공동체의 권위에 의해서 개별화되며, 행위의사를 간주관적인(intersubjektiv) 형식으로 구속하는 규범이다. 지배관계 없는 자유로운 계약질서에서는 **계약의 법**(lex contractus)을 객관화하는 공통의 의사가 개별화의 작용을 행하는 권위이다.

그리하여 모든 국가의 명령은 법제정이라는 형식을 취한다. 법률·명령·처분 그리고 판결은 법제정의 여러 가지 법치국가적 형식에 불과하다. 법명제는 이 모든 것을 내용으로 삼는다. 이 견해에 대하여, 통상 다음과 같은 이론(異論)이 제기된다.71) 이 견해에 따르면 하사관의 명령까지도 모두 법제정이라고 생각하지 않을 수 없게 된다는 이론이다. 나는 이러한 귀결은 전면적으로 수용해도 좋다고 생각한다. 어떤 일정한 사정 아래서는 하사관에 의해서 적법하게 총살되는 복종거부자는 직속 상관에 의해서 명령이라는 말의 형식으로 개별화된 구체적인 법명제에 위반하였기 때문이다. 통설은 법명제 개념을 자의적으로 협소화하지만, 그것은 합리주의적 법치국가이념을 왜곡한 귀결에 불과하다. 이 이념에 대해서는, 입법 이외의 모든 국가활동은 **법을 대전제로 하는 삼단론법**72)을 행한다는 임무 밖에는 없게 된다. 그러나 법질서에 고유한 변증법에서는 권한 있는 권위에 의해서 행해지는 모든 개별화에 의해서도, 지금까지 없었던 새로운 규범이 창출된다. 장군의 명령은 연대장에 대해서는 객관적 법이다. 그리고 장군도 하사관도 객관적 법에 의해서 새로운 법명제를 개별화하며, 객관화할 권한과 의무를 보유한다. 그리고 그들은 상위의 결정기관의 법명제를 아직 예견할 수 없었던 상황에 적용함으로써 이 권한과 의무를 완수하는 것이다. 그들은 모두, 판결을 내리는 재판관이나 법률행위를 행하는 시민과 마찬가지로, 국가의 법형성이라는 직무에 자율적인 형식으로 참여한다. 위로부터는 명령, 판결 또는 법률행위라고 보이는 것은 아래에서는 법명제로서 나타난다.

이 변증법은 법률과 명령의 관계에 대해서도, 명령과 처분, 사법상(私法上)의 법률행위와

71) Georg Jellinek, *Gesetz und Verordnung* (siehe Anm. 4), S. 234. 이전에는 한스 켈젠도 *Hauptprobleme der Staatsrechtslehre*, 2. Aufl., Tübingen 1923, S. 549에서는 같은 뜻. 그 후 그는 메르클의 단계이론에 따랐다. 이 이론을 메르클은 Ernst Rudolf Bierling, *Juristische Prinzipienlehre*, Freiburg 1894, B. 1, S. 156 ff.; Bülow, *Gesetz und Richteramt* (siehe Anm. 63); Ludwig Spiegel, *Gesetz und Recht. Vorträge und Aufsätze zur Rechtsquellentheorie*, München 1913, S. 18 f.; Thoma, "Vorbehalt des Gesetzes," (siehe Anm. 27); Gustav Radbruch, *Grundzüge der Rechtsphilosophie*, 2. (unveränderte) Aufl., Leipzig 1922, S. 267. 그 밖의 것을 모델로 하여 [Merkl], "Das Recht im Spiegel seiner Auslegung," in *Deutsche Richterzeitung*, 8 (1916), Sp. 584-592; 9 (1917), Sp. 162-175; 394-398; 443-450. 그리고 현재에는 상세하게 그의 *Lehre von Rechtskraft* (siehe Anm. 63)에서 시사하고 있다.

72) Anm. 70 참조.

**계약법**(lex contractus)의 관계에 대해서도, 특히 입법에 의한 법제정에 대해서도 마찬가지로 타당하다. 입법 역시 규범의 개별화이다. 그것이 법원칙의 제1차적인 주관적 개별화이든, 예컨대 법률 속에 확정되어 있는 실정법명제의 개별화라는 의미에서의, 이른바 구속된 입법이든 같은 것이다.

법원칙이란 법의 논리적 구조원칙이거나 윤리적 구조원칙이며, 그러므로 법원칙은 아직 실정법명제는 아니다. 거기에는 규범에 합치된 행동을 취하는 것을 가능하게 하는 개별화나 실정성이 결여되었기 때문이다. 법의 논리적 구조원리는 선험적인 명제나 또는 추상화에 의해서 얻어진 명제이다. 범례로서 흔히 들 수 있는 것으로, **계약은 지켜야 한다**는 명제가 있다. 이것은 어떠한 계약이 법적으로 준수되어서는 안 되는가를 알지 못하는 한, 결코 모든 법의 객관성을 표현하지 못한다. 이것은 법의 논리적 전제이며, 전제가 된 법은 아니다. 「인격이 되어라. 그리고 타인을 인격으로서 존경하라」는 헤겔이 정식화한 논리적 법원칙[73]도 이에 속한다. 이 명제는 바로 모든 법이 복수의 법주체를 논리적으로 전제한다는 사실을 표현한 것이다. 그로티우스로부터 켈젠과 페어드로스 (Verdroß)에 이르는 유토피아적 국제법학은, 법적 타당성과 논리적 타당성을 혼동하는 결과, 그러한 논리적 법원칙을 실정적인 일반적 국제법명제라고 보는 것이 많다.

윤리적 법원칙의 예는 우리 라이히 헌법[바이마르 헌법]의 제2부가 충분히 제공해 준다. 제119조 · 제120조 · 제122조 · 제132-134조 · 제151-155조 · 제157조 · 제158조 · 제162-164조 등이 그렇다. 라이히 헌법에 관한 학설은 아직 현실의 법명제로까지 실정화되지 아니한 법원칙을 취하는데 중요치 않은 수다라고 결말을 내리거나 단순한 명제와 등치하는 일이 많다. 다만, 그들이 그것을 입법자를 위한 법명제라고 평가하는 것은 정당하다. 그러나 나는 이러한 견해에는 찬동하기 어렵다. 상술한 윤리적인 법원칙들은 독일의 법생활의 기본제도를 가리키며, 라이히 헌법의 해석에 대하여 직접적인 실천적 의의를 가진다. 모든 실정법 명제에 대한 윤리적 명령을 시사하는 법원칙과, 입법자가 실정법에 구속된 것을 시사하는 법원칙을 구별하는 것은, 내 생각으로는 이론적으로 정당하며 실천적으로도 매우 효과가 많다. 바이마르 헌법 제163조에서는 예컨대, 최초의 2문에 규범화된 윤리적인 노동의무는 노동의 권리와 더불어 윤리적 법원칙이라고 간주하는 데에 의문의 여지는 없다. 그러나 제3문에 규범화된 실업자부조는 실정법명제이다. 처음의 2문에는 법명제의 개념에 대해서 불가결한 개별화가 결여되어 있지만, 제3문에 실정성이 부여된 것은 부정할 수 없을 것이다.

법률을 인민의 입법기관이 설정한 법명제의 최고라고 나타내는 것은 법률의 최고의 존재를 단지 상대적으로만 이해할 뿐이다. 이미 실정화된 법명제의 개별화를 위하여 입법이 의무지운다는 상술한 사실은[74] 그 자체로서 법제정과 판결 간에 실질적 구별이 존재하지

---

73) Georg Wilhelm Friedrich Hegel, *Grundlinien der Philosophie des Rechts*, in *Werke*, Bd. 8 (Hg. E. Gans), Berlin 1833, § 36 S. 75 (임석진 옮김, 『법철학』, 125면). 위의 상술한 점에 관하여는 Heller, *Souveränität*, Berlin und Leipzig 1927에 상술.

2. 법률의 개념 169

않는 것을 증명한다. 통상의 법률은 원칙적으로 헌법명제의 개별화로서 구성되지 않으면 안 된다. 란트들의 자치를 인정하는 집권화에서 벗어난 통일국가, 특히 공화적 연방국가에서는 란트들의 헌법제정권자까지도 연방 헌법에 구속된다. 연방 헌법은 예컨대, 바이마르 헌법 제17조에서 자유국가체제[헌법], 선거제도, 의회주의적 통치형식을 취해야 하는 것을 란트들의 헌법제정권자에 대하여 규정하고 있다. 끝으로 입법자는 자신들의 규범을 어디까지 개별화하며, 여러 가지의 국가활동에 법률을 통하여 어디까지 개입하는가 하는 문제는 정치적인 합목적성의 문제이며 권력문제이다. 그것이 법문제로 되는 것은 개별 케이스에 적용가능한 대항하는 법률이 있기 때문에 법치국가제도에 본래적인 입법자에 의해서 개별적인 경우에 법률을 적용하는 것이 배제된 경우뿐이다. 이와 관련하여 예산법의 특별한 발전은 국가활동의 법률화가 점점 포괄적으로 되고 특정화되어 간다는 우리들이 확인한 법치국가적 경향을 매우 명확하게 시사하고 있다.

## 라이히 헌법과 법률

바이마르 라이히 헌법에서도 법률이라는 말은 원칙적으로 인민의 입법기관에 의해서 설정된 최고법명제라는 의미로 사용되고 있다. 국가생활을 규정하는 최고법명제는 인민 대표기관이나 인민투표에 의하여 성립한다는 사실은, 독일 국가와 그 법률에 대해서 민주적 정통성의 기초를 이룬다. 이 법률개념은 정당할 것이다. 그리고 법률이라는 말에 특별한 의미가 있다는 것을 규정하는 경우에는 항상 충분한 근거를 가지고 정당화 할 것이 필요하다.

바이마르 헌법은 다른 모든 근대 헌법처럼, 법률의 일반적 유보의 규정을 가지고 있지 않지만 여기에는 충분한 이유가 있다. 통설은 안전성의 욕구에서 여기에 불안을 느끼고 이러한 흠결을 법률개념을 2분함으로써 보완할 수 있다고 생각하였다. 즉 그럼으로써 실질적 법률개념과 다른 모든 국가기능을 논리적으로 구별할 수 있다고 생각하였다. 그러나 이 논리적 구분은 난센스이다. 사회적·역사적인 생활의 실체적인 힘들을 이러한 방법으로 논리화하는 것은 어떤 것이든 난센스이기 때문이다. 법률의 유보에 속하는 것은 무엇인가, 어떤 것이 입법의 대상으로 될 수 있는가, 이것을 규정하는 것은 논리도 없으며 이론적 공식도 없다. 전통·합목적성·권력상황 그리고 법의식이 그것을 규정한다. 이러한 세력들, 그 중에서도 특히 권력상황과 법의식이야 말로 대부분의 문명국가를 지배하기에 이른 법치국가 사상을 발전시켜온 바로 그것이다. 이 힘은 또한 시대나 국가에 따라 변화하는 입법·재판 그리고 행정 간의 경계를 확정하기도 하였다. 민법·소송법·형법(그리고 최근에는 노동법)이 전통적으로 입법의 이러한 대상에 속한다는 사실은 자명한 것이기 때문에 헌법에 대해서는 전혀 언급하지 않는다. 형법에 관해서만 현재 바이마르 헌법은 제116조에서 특별유보를 규정하고 있다(행위는 그것이 행해지기 이전에 가벌성이 법률에

---

74) Georg Jellinek, *Gesetz und Verordnung*, S. 261.

의해서 규정된 경우에만, 형벌을 과할 수 있다). 우리나라의 법의식에 대해서는 영국의 법의식과
는 반대로, 법의식 역시 그리고 우선 첫째로 헌법이 법률의 유보에 속한다. 이것은 여러
가지 정치적 권력상황에서 이해할 수 있으며, 어떠한 이론적 근거에서도 이해할 수 있는
것은 아니다. 반대로 영국에서 말하는 **사법률**(private acts)*은 우리들의 법치국가개념으로
써 이해할 수 있는 것은 아니다. 바이마르 헌법 제45조에 의하면, 라이히 대통령은 국제법상
라이히를 대표하지만, 예컨대 타국의 승인이 대통령의 행정행위로 행해지는 것인지 아니면
법률에 의한 것인지는 정치적 합목적성과 권력상황이 그것을 결정하게 될 것이다.

현상은 영원히 유동상태에 있으며 법률의 유보라고 하더라도 그 예외일 수 없는 것을
지적한다면, 법률의 안전성이 심하게 요동할지도 모른다. 이것은 나도 충분히 동의할
수 있다. 이에 더하여 오늘날의 의회주의적 국가형태에서는 입법기관의 확대가 어쩔 수
없는 것이 되고 있다는 불안이 발생하고 있다. 일찍이 군주제 국가에서는 행정에 의한
부당한 침해의 가능성이 거의 유일한 우려의 대상이었다. 오늘날에는 자주 그 대신 입법에의
불안이 나타난다. 그러나 오늘날, 행정행위와 재판소의 판결의 유보에 대한 문제가 법률의
유보에 대한 물음과 마찬가지로 절박한 문제가 된 것은 확실하다.

의회절대주의에 대해서 아무리 의혹과 불안이 있다고 하더라도 다음 사실을 묵인해서는
안 된다. 즉, 바이마르 헌법에서의 법률의 유보는 논리화 할 수 없으며 역사적으로 성장하고
변화해온 것이며, 상술한 실체적인 사회적 세력들에 따르는 것, 그리고 그 세력들은 입법의
한계의 법학적으로 이해가능한 헌법에 적합한 한계를 단 두 개의 방향으로 객관화하여
왔다는 사실이다. 첫째의 방향이란, 일반적 법치국가 원리에서 스스로 발생하는 입법의
제약이다. 그것은 대부분의 경우 바이마르 헌법 제109조에 이미 규정된 현행 법률에
반하는 법률에 의한 개별적 결정의 금지이다. 두 번째의 제약은 재판과 행정을 위한 헌법의
명문에 의한 특별유보이다. 예컨대 제49조 1항[라이히 대통령은 라이히를 대표하여 사면권을
행사한다]에 의한 라이히 대통령의 사면권은 제49조 2항[라이히의 사면에는 라이히의 법률을
요한다]에 의한 라이히 법률에 의한 사면과 대립한다. 그러나 군주제 원리를 가진 국가에서
는 군주에 유리하게 추정이 작용하듯이, 인민주권의 국가들에서 인민의 입법기관에 유리하
게 추정된다는 것에는 의문이 있다.

통설은 이러한 경계설정은 [법의] 안정성을 침해한다는 비난을 퍼부으려고 하지만,
이에 대해서는 자기 자신의 학설 쪽이 안정성에 크게 이바지한다는 오신(誤信)의 결과에
불과하다고 반박하면 좋다. 입법기능의 논리화의 시도에 대응하는 것은 주지하듯이, 끊임
없이 반복되는 다음과 같은 정식에 따른 법치국가원리의 합리화이다. 즉 실질적인 의미에서
의 모든 법률은 동시에 형식적인 의미에서의 법률이지 않으면 안 된다. 다만, 형식적
법률이 이러한 요청을 명시적으로 단념하는 경우는 다르다는 정식이다. 실질적 법률의
특성은 「일반성」「자유와 소유」에 관하여 직접 사회적 경계설정을 목적으로 한다는 슬로건
으로 실질적 법률과 임의의 모든 형식적 법률을 구분하는데 결코 적절한 것이 아니다.
따라서 이 법치국가원리는 상술한 경계설정과 마찬가지로 무(無)로 녹아버린다.

　　이상의 것에서 우리들은 라이히 헌법이 법률이라고 부른 것은 모두 법명제, 즉 공동체의 권위에 의해서 개별화된 규범, 행위의사를 간주관적으로 구속하는 규범을 내용으로 한다는 귀결에 도달하였다. 라이히 헌법은 그 밖에, 예컨대 전문에 구속력을 가지지 않는 법률내용을 포함하거나 윤리적 법원칙 중에 법률적으로 구속력을 가지지 않는 명제를 포함하고는 있다. 그렇다고 하여 그것이 형식적 법률개념을 정당화한 것이 되지는 않는다.

　　통설은 어떻든 우리들의 견해와는 다르다. 통설이 시종여일하다면 통설은 도대체 라이히 헌법 제1편 전부를 단지 형식적 법률로서, 즉 실질적으로는 행정명령으로서 이해하지 않을 수 없다. 그러나 통설에 의하면, 조직규정은 실질적으로는 행정행위이며 법명제로서의 성격을 가지고 있지는 않다. 그러한 조직규정이 법률형식을 취하였다 하더라도「그 실질을 법으로 바꾸는 것은 아니」75)라고 한다. 이 설에 따르면 국가적 헌법체제의 가장 본질적인 부분, 즉 최고기관에 대한 규정, 입법을 명령법에서 적극적으로 구별하는 규범은 법명제 개념으로부터 떨어져 나가게 된다. 이러한 귀결은 이미 해넬이 시사하고 있었다.76) 그리고 이미 토마77)는 통설이 이처럼 부조리한 귀결에서 도피하기 위해서는 모순을 범하는 수밖에 없는 것을 강조하였다. 중요치 않은 조직규범일지라도 법명제적 성격을 가지는 것을 인정한 것은 기이르케의 공적이었다.77a) 완전히 다른 관련에서 스멘트78)는 다음의 점에 주의를 환기하였다. 조직규정의 배후에는 합목적성에서는 일반적으로나 개별적으로도 확정불가능한 실질적 요청이 존재하는, 적어도 존재할 수 있다는 점이다. 통설은 영국의 모델에 따라서 **헌법관습**(constitutional convention)을 법명제라고 인정하지는 않으며, **독특한** 관습적인 룰이라고 본다. 이것은 이해할 수 있다. 그러나 물론, 그 견해는 절대주의를 빠져 나왔던 대륙의 법개념에 대해서는 적절한 것이 아니다. 그리하여 통설이 보여주는 예에 따라서, 조직규범을 일단 법명제라고 인정하면서도 그 다음에는 그것을 비법명제(非法命題)라는 것은 터무니없는 것이다. 여기에 법명제 개념과 법률개념의 2분론이 허용될 수 없음은 명백하다. 그러나 모든 조직규범이 법명제를 내용으로 한다면 그 어느 것에 법률의 유보가 행해지며, 어느 것은 그렇지 않다고 간주해야 하는가에 관하여 헌법이 침묵하는 경우에 누가, 무엇이 그 점에 결정을 내리는가? 그것은 상술한 역사적 세력들 이외에는 있을 수 없다. 조직규정이 가진 특수한 사정(射程)과 중요성을 자각하기에 이른 인민의 입법기관은 자신에게 권력이 있는 것을 전제로서, 그것이 법이나 목적에 적합하다고 생각되는 경우는 이러한 조직규정을 법률로서, 즉 특별한 타당력이 부여된 법명제로서 의결하는 것이다. 최근 리히터79)도 조직규범이 법명제로서의 성격을 가진다고 주장한다.

---

75) Anschütz, *Rechtssatz* (siehe Anm. 5), S. 72.
76) Haenel, *Gesetz* (siehe Anm. 11), S. 225 ff.
77) Thoma, "Vorbehalt des Gesetzes" (siehe Anm. 27), S. 177.
77a) Otto Gierke, "Labands Staatsrecht und die deutsche Rechtswissenschaft," in *Schmollers Jahrbuch für Gesetzgebung, Verwaltung und Volkswirtschaft*, 7 (1883), S. 1143.
78) Rudolf Smend, "Ungeschriebenes Verfassungsrecht im monarchischen Bundesstaat", in *Festgabe für Otto Mayer*, Tübingen 1916, S. 252.

그러나 그의 논의는 어정쩡하기 때문에 그는 실질적 국가기능에 관한 통설과 마찬가지로
종래의 법명제개념을 고집하는 결과가 되어 그릇된 결론에 이르렀다. 즉, 조직규범은
법명제이기 때문에 「형식법률적으로」도 성립시키지 않을 수 없었다는 것이다. 그러나
법명제로서의 성격은 법률의 유보에 대해서 아무런 언급도 없다. 라이히 대통령에게 프랑스
대통령과 같은[80] 독립한 조직권력을 남겨 두는[81] 것을 지지하는 근거로서, 정치적인
합목적성에 적합한 것을 드는 것은, 이것이 비록 법치국가적 합리주의에 반할지라도 매우
지당한 것이다. 그러나 정당한 것은 여하튼 2분론이 다음의 이유를 전혀 이해시킬 수
없다는 사실이다. 독일의 입법자는 부분적으로는 매우 중요한 일정한 조직규범을 독점하지
않는데도, 예컨대 영국의 입법자는 지방관청에 향하여진 법규범까지도 원칙적으로 법률의
유보를 가진 것은 무엇 때문인가 하는 이유이다.[82]

　이러한 관련에서 라이히 헌법의 외부에 존재하는 법현상을 간단하게 검토하지 않으면
안 된다. 통설은 소송실무와 형사소송법 제337조와 민사소송법 제511조·제512조*에서
의 「법률」이라는 말의 해석과 관련하여 실무로부터 중요하고 강력한 지지를 얻는 것처럼
보인다. 이러한 법률규정들에 의하면, 항소는 하급심에서의 판결이 「법률의 침해」에 입각
하는 경우에만 행할 수 있다. 그런데 법률이 침해되는 것은 「법규범이 적용되고 있지
않다든가 올바르게 적용되지 않는 경우이다」. 소송법의 이러한 규정에 의해서 통설은
강력한 확증을 얻은 것이라고 믿는다. 그러나 내 생각으로는 법률도 실무도 법률개념의
2분론을 정당화하기 위해서 아무런 말도 하지 않고 있다. 반대이다! 법률이 2분론을
전제로 하는 것이라면, 재판관은 이러한 경우에는 법규범의 비적용이나 올바르지 않은
적용은 모두 법률을 침해하는 것이라고 이해하지 않으면 안 된다는 명문규정이 필요하지
않다. 시행법에서와 마찬가지로, 여기서도 입법자는 국법적인 법률개념으로서는 규정불가
능한 법률기술적 생략어법을 사용하는 것이다. 그러나 통설[83]은, 소송법은 법률이라는
말을 모두 법명제라는 의미로 이해하며, 법률상의 조직규정이나 지령규정은 결코 법명제가
아니며 바로 그 때문에 이 점에서는 단지 「형식적」에 불과한 법률이라는 옷을 걸치고
있더라도, 이러한 규정들은 개정 불가능하다고 논한다. 통설은 더욱 더 의기양양하게
1880년의 두 개의 라이히 재판소의 판결을 논거로 삼는다.[84] 그리고 마침내는 특정한

79) Lutz Richter, *Die Organisationsgewalt. Verwaltungsreform und Rechtsstaat*, Leipzig 1926, S. 13.
80) Maurice Hauriou, *Précis de droit constitutionnel*, Paris 1923, S. 449 ff.는 더구나 1920년 6월 20일의
　　프랑스 법률 제8조의 위헌성을 주장한다. 이 조문은 내각의 조직에서 대통령의 조직권력을 박탈하는 것이다.
81) 예컨대 통설은 바이마르 헌법 제179조에 근거하여 황제로부터 라이히 대통령에로의 조직권력의 이전을
　　상정하고 있다.
82) Otto Koellreutter, *Verwaltungsrecht und Verwaltungsrechtsprechung im modernen England*,
　　Tübingen 1912, S. 88 f.; 160; 225 참조.
83) Seligmann, *Begriff des Gesetzes* (siehe Anm. 30), S. 40; 171 f.; Anschütz, *Rechtssatz* (siehe
　　Anm. 5), S. 77; 85. 그리고 재판의 해설들(Prozeßkommentar).
84) 1880년 7월 8일의 형사사건에 관한 라이히 재판소 판결, *Amtliche Sammlung*, Bd. 2, S. 195 f. 그리고
　　1880년 10월 16일의 판결, aaO., Bd. 3, S. 8 ff.

규범이 법명제로서의 성격을 가지는가의 여부를 항소의 가능성에 맡긴다. 그리하여 통설에서는 이 외견상의 버팀목이 재앙이 된다. 왜냐하면 상술한 개정되지 않는 규범도 법명제이며, 즉 사법행정이 재판장의 지휘나 직무의 배분 그리고 재판소조직의 구성에 미치는 영향력을 차단하는 작용을 하는 법명제인 것은 자명하기 때문이다. 그러나 실무를 통하여, 법적 안정성이라는 목적은 이들 규범의 하나를 침해하더라도 달성 가능하다는 견해가 받아들여지게 되었다. 또한 실무는 합목적성을 근거로 하여 개정을 거부한다. 그렇지만 그것으로써는 당해 규정이 법명제로서의 성격을 가진 것이 명백히 되는 것은 아니다. 그러나 통설에 대해서 불운은 라이히 재판소가 1904년 이래 일관하여 그것과는 반대의 견해를 표명해온 것이다. 이 해에 내려진 판결에서는 재판소구성법 제61조 이하의 규정은 재판관 활동의 적법한 행사에서 「절대적으로 본질적」이며, 특히 제63조\*는 「법질서의 일부」[85]라고 하였다. 따라서 라이히 재판소는 조직규정의 배후에 실질적 요청이 존재한다고 인식한다. 통설에 남은 길은 자신들이 어제는 비법명제라고 주장했던 법률규정을 오늘에는 법명제라고 주장하는 것뿐이다.

　여기서 라이히 헌법 제1편으로 되돌아가자. 통설은 이 제1편의 모든 조직적 규범들을 법명제라고 생각하지만 여기에는 일관성이 결여되어 있다. 그러면 이 장(章)에서 단순히 형식적 법률이라고 한 것은 어떻게 되는가? 제45조 2항의 선전포고와 강화는 라이히의 법률로써 이를 행한다는 규정에 관하여, 안쉬츠의 콤멘탈은 여기서 문제가 되는 것은 실질적으로 본다면 어떠한 법명제도 포함하지 아니한 「순수하게 형식적인」 법률이라고 주석하고 있다.[86] 또한 제49조 2항에 의하면, 라이히의 사면에는 라이히의 법률을 요하지만 이 라이히 법률이란 결국 그 실질적 「성질」에서 보면 사법(司法) 활동이며,[87] 따라서 실질적 법률이 아니라 형식적 법률이라고 한다. 국가는 이러한 경우에는 신민의 자유나 소유권에 개입하지 않기 때문에 그들에 대해서 명령이나 금지를 향하고 있지 않다는 것일까? 누가 이에 이론(異論)을 제기할 것인가? 그리고 어떠한 실천적 귀결이 이 법률의 형식성이라는 것에서 도출될 것인가?

　통설의 법률개념의 2분론은 의회의 예산권에 대해서는 치명적이라고할 만큼 중대한 의의를 가진다. 이 문제가 절대주의와 입헌주의의 투쟁 속에서 얼만큼 결정적인 역할을 수행하였는가를 알지 못하는 사람은 없다. 예산투쟁을 통하여 비스마르크는 의회주의 원리에 대항하면서 군주제 원리를 최종적으로 안정화시키는데 성공하였다. 국유재산의 처분의 규제가 시민의 재산권에 대하여 기능적으로, 또한 자유에 대해서 가지는 역사적 및 현실적 의의를 상기하면 거의 모든 헌법이 예산안과 결산안에 관하여, 공채의 기채(起債)와 재정적 보증의 인수에 관하여 법률을 필요로 한다는 것은 정말로 당연하다고 하지

85) 1904년 1월 22일의 형사사건에 관한 라이히 재판소 판결, aaO., Bd. 37, S. 59 ff. [61]. 이에 관해서는 Eduard Kern, *Der gesetzliche Richter*, Berlin 1927 (Öffentlich-rechtliche Abhandlungen, H. 8), S. 132 f.; 178.
86) Gerhard Anschütz, *Die Verfassung des deutschen Reiches*, 4. Aufl., Berlin 1926, S. 162.
87) AaO., S. 181.

않으면 안 된다.[88] 종래의 이론[89]이 그러한 재정법률이나 예산법률이 계속적인 조세의무를 포함하지 않는 경우에는 시간적 일반성을 가지지 않은 것을 이유로, 실질적 법률로서의 성격을 인정하지 않았던 것은 그런 대로 이해할 수 있다. 그러나 일반성의 요청을 포기한 통설은 이러한 법률까지도 이제는「완전히 형식적인」법률이라고 간주하며, 그것의 침해를 법의 침범이라고 평가하지는 않는다. 이것은 라반트와 그 학파가 차지하는 정신사적이며 정치적인 상황에서만 설명이 가능하다.

이 시기의 맨체스터주의적 경제관은 국유재산의 처분을 사인(私人)에 의한 자신의 재산의 처리와 완전히 구별할 수 없었다. 그 전형적인 논의는 라반트이다.[90] 라반트는 1866년의 기부법은 증여, 즉 행위를 내용으로 하며, 법적 룰을 내용으로 하는 것은 아니라고 한다. 우편배달인이 크리스마스에 5탈러(Taler)[의 賞與를] 받고, 비서가 직무의무의 나무랄데 없는 수행 때문에 50탈러를 받았다고 하더라도 무릇 이성적인 사람이면 그것을「법률」이라고 생각하지는 않을 것이며, 장군이 전투에서 승리를 거두었기 때문에 25탈러[의 報獎金]가 선사되었을 때에, 거기에 입법행위가 있었다는 사람도 없을 것이다. 그러나 국유재산의 이러한 처분이나 이와 다른 처분이「개개인의 경제적 처분」[91]과 법학적으로 유사성을 가진다고 주장할 수 있는 것은 절대주의와 강화를 맺은 자유주의 정도일 것이다. 이러한 자유주의가 수권법이 없더라도 왕에게 원칙적으로 국유재산의 처분권한이 있다고 인정하며, 따라서 재정행정을 예산법률이 없더라도 적법하다고 간주하는 것이다. 이러한 강화체결에 비스마르크는 성공하였다. 그리고 라반트는 거기에 법률개념의 2분론이라는 근대적 이론을 제공하였다. 그는 이 이론은 로렌츠 슈타인과 슈토크마(Stockmar)가 이미 시사하고 있었던 것임을 깨닫고 있었지만, 여기에 최대급의 영향력을 가진 귀결을 끌어내었다. 이처럼 예산법은 우리나라 라이히 헌법의 법치국가구조에 대하여 거대한 의의를 가진다. 그럼에도 불구하고 여기서는 매우 유감이지만 약간의 기본사상의 기술에 한정하지 않을 수 없다.

라반트는 그 후에도 이 예산이론을 변경도 하지 않고 계속 주장하였다. 그 예산이론은 그의 예산법론에 요약되어 있다.[92] 그는 법명제 개념에 정의를 부여하는 것을 명시적으로 거부한 직후 이렇게 계속한다. 즉「이러한 관점에서 곧 눈에 띄는 것은 예산은 통상, 어떠한 법명제도 포함하지 않는다는 것, 즉 그것은 실질적 의미에서의 법률은 아니다. 예산이란 **계산**이며 … 견적이다[.] … 그리고 계산은 룰을, 적어도 법적 룰을 포함하지 않는다. 그것은 **사실**이다 … [.] 예산은 룰에 따라서 세입이나 세출의 법적 의미부여를 창출하는 것은 아니다. 그것은 이 법적 의무를 전제로 하며 그 의무의 재정적 귀결을

88) 바이마르 헌법 제85~87조.

89) 예컨대 Pfizer, *Steuerverwilligung* (siehe Anm. 29), S. 17; 22. 그 위에 Georg Meyer und Seligmann, aaO., S. 61 ff. 참조.

90) Laband, "Budgetrecht" (siehe Anm. 32), S. 630.

91) Anschütz, *Rechtssatz* (siehe Anm. 5), S. 61.

92) Laband, aaO., S. 637.

정리한 것에 불과하다」. 「예산의 필요성은 일정한 헌법형식에서 도출되는 것이 아니라 국가경제의 대규모화의 귀결이며 예산의 확정은 법의 욕구가 아니라 경제의 요구를 충족하는 것이다」.

예산법의 이 정도로 심한 오해를 법치국가의 역사에서 발견하는 것은 어렵다고 해도 좋을 것이다. 여기서는 개별적인 점에 관한 비판과 수정에 들어갈 수는 없다. 대체로 해넬이 이미 오늘날에는 이제 불충분한 것이지만 정당하게 지적하고 있으며, 특히 라반트의 이론체계를 폐기해 버리는 라반트 자신의 명제, 즉 「예산은 행정에 대한 **규준**의 역할을 수행한다. 행정은 부득이하게 그렇게 할 수 없는 경우 이외에는 이에 **따르지 않으면 안 된다**」[93)는 명제를 지시하고 있다. 이상으로 예산은 확실히 법명제를 포함한다는 것, 라반트와 그 학파의 예산안은 단순한 형식적인 법률이라는 견해가 틀렸다는 것은 명백하다. 나는 해넬의 개념규정에 전적으로 동의한다.[94) 요컨대 예산법률이란 「다음과 같은 수권, 즉 모든 개별적으로 규정된 법률을 총괄하며, 따라서 그 예산년도의 예견가능한 모든 세입을 이용하여 모든 예견가능한 세출을 해야 하는 것에 대하여, 재정당국에 행해지는 헌법상 필요한 보충적인 최고의 수권」을 행하는 법률이라는 개념규정이다.

통설은 예산법에서 모든 법실무적인 의의를 완전히 제거하였다는 하체크[95)의 비난은 따라서 전적으로 정당하다. 그의 논쟁적인 논술에는 상당한 부분 동의할 수 있다. 통설과는 완전히 모순되는 실무를 언급해 주는 것도 감사할만 하다. 다만, 의회에 의한 법률행위라는 그 자신의 예산의 [개념] 구성에는[96) 규범의 성립과정과 그 성립과정 속에서 객관적인 것으로서 성립한 규범과의 혼동이 있다고 할 수밖에 없다. 마지막으로 게오르그 옐리네크[97)도 예산법을 법적 구속력 있는 법률이라고 보았는데, 그것을 형식적 법률이라고 하였다. 그러나 그 이유는 그것이 법질서의 국가적 규율을 목적으로 하지 않기 때문이다. 여기에서 기초가 되는 법명제 개념에 관하여는 우리들은 이미 논박하였다. 그것은 어떤 법률은 직접 제정기관 만을 구속하기 때문에 실질적으로 행정행위가 되며, 법명제를 내용으로 하지 않는다는데 불과하다. 이와 관련하여 라이히 헌법은 라반트의 예산이론에도 옐리네크의 그것에도 부합하지 않는다. 이것은 특히 바이마르 헌법 제73조 4항을 보면 아주 명백하다. 라이히 대통령은 예산안을 인민투표에 회부할 수 있다는 것은 예산안에는 모든 국가공민이 관계를 가질 수 있다는 상정이 없으면 의미가 달성되지 않으며, 라이히 대통령이 예산액의 증감에 관하여 국민에게 찬부의 태도를 표명하게 한다는 전제가 없으면 무의미하다.

그리하여 우리들은 이러한 성과를 얻었다. 바이마르 헌법 제85조에서 말하는 예산법률이나, 또한 그것에 준하여 동 제86조와 제87조에서 말하는 법률도 모든 법률과 마찬가지로

93) Haenel, *Gesetz* (siehe Anm. 11), S. 314.
94) AaO., S. 328.
95) Julius Hatschek, *Deutsches und preußisches Staatsrecht*, Bd. 2, Berlin 1923, S. 206.
96) AaO., S. 213.
97) Georg Jellinek, *Gesetz und Verordnung* (siehe Anm. 4), S. 276.

권리의무를 창설하는 것이며, 실질적 법률과 형식적 법률이 서로 관련을 가지지 않는다는 것이다. 그러나 독일 국법학은 변경된 국가형태도 고려에 넣으면서 예산법의 영역에서 거대한 과제를 해결하지 않으면 안 된다. 2분론은 단지 이러한 과제의 해명을 방해할 수 있을 뿐이다.

상술한 조문 외에는 라이히 헌법의 제1편에서는 (입법을 통하여 그 임무를 마친 제92조와 제94조를 도외시하면) 제84조의 조직규범과 제2조, 제18조 1항, 제78조, 제82조 4항이 남을 뿐인데, 이것들은 통설의 관점에서 보면, 실질적 행정행위이기 때문에 형식적 법률로 간주된다. 조직규범이 법명제인 것에 대해서는 이미 상세하게 서술하였다. 엄격한 의미에서는 국경을 정하는 규범도 국가를 조직하는 규범에 속한다. 이 규범은 바로 국가지배와 질서의 타당영역을 규율하는 것이기 때문이다. 통설은 국가조직을 「법질서의 구성요소」로서 그 밖의 조직규범에서 배제하지만, 국가영역을 국가의 본질요소로서 다룬다. 이 이론의 관점에 입각할 때, 국가영역을 변경하는 규범이 실질적 행정행위이며 법명제가 아니라고 생각하는 것은 무엇 때문인지 나로서는 이해할 수 없다. 그러나 라이히 헌법이 그러한 비법명제라는 두 개의 사례(제18조 1항과 제82조 4항)에 대해서 헌법률로서의 효력까지도 부여한 사실을 볼 때, 이 설에는 그저 놀랍다는 말을 할 수밖에 없다.

끝으로 더욱 더 독특하고 매우 특징적인 해석을 검토하지 않으면 안 된다. 통설이 제105조에서 말하는 「법률상의」 재판관에 대해서 행한 해석이다.* 이 해석에서는 그 내적인 불명료함이 가장 명백하게 나타난다. 통설은 이 조문을 해석하기 위해서 완전히 입장을 전환시켜, 법률에는 일반성이 불가결하다는 이론을 심하게 논란하였던 것과는 달리, 이론을 여기서는 갑자기 자신의 입장으로 삼기 때문이다.[98] 법률상의 재판관이란 통설의 해석에 의하면, 「일반적 규범에 의해서」 규정된 재판관이다. 그러므로 여기서 우리들은 통설의 세 번째 법명제 개념을 손에 넣는 것이다. 이에 반하여 이미 라이프홀츠[99]가, 그리고 최근에는 케른[100] 역시 이러한 형식적인 법률개념은 실질적인 자의(恣意) 개념을 덧붙이지 않고는 아무런 쓸모도 없다는 매우 정당한 지적을 하고 있다. 그러므로 법률상의 재판관이란 바이마르 헌법 제105조에서도 인민의 입법기관의 법의식 (자의가 아니라) 또는 그것이 정하는 규범에 따라 임용된 재판관이다.

지금까지 나에게 주어진 짧은 시간 속에서 이렇게 명백히 할 수 있었다고 믿는다. 즉 통설이 라이히 헌법 제1편에서 단지 형식적인 법률이라고 생각하는 경우에도 실질적인 어떤 법률과의 아무런 법학상의 대립은 존재하지는 않는다는 것이다. 이들 전체 장 속에서 헌법에서 찾아 볼 수 있는 것은 인민의 입법기관에 의해서 규정된 최고의 법명제인 통일적 법률개념 뿐이다.

---

98) Anschütz, *Verfassung* (siehe Anm. 86), Art. 105 및 Friedrich Giese, *Die Verfassung des Deutschen Reiches*, Berlin 1919, Art. 105. 그리고 거기에 열거한 것 참조.

99) Gerhard Leibholz, *Die Gleichheit vor dem Gesetz*, Berlin 1923 (Öffentlich-rechtliche Abhandlungen, H. 6), passim.

100) Kern, *Gesetzlicher Richter* (siehe Anm. 85), S. 244.

## 라이히 헌법 중 「법률」이라는 말의 특수의미

　그리하여 통설은 라이히 헌법 제1편, 즉 조직편 중에서는 단지 형식적인 법률을 실질적인 어떤 법률과 구별한다. 제2편, 즉 기본권편에서는 이에 대하여 단지 실질적인 법률을 형식적인 법률과 구별하려고 시도한다. 제1편에서의 법률개념에 통일성이 있는 것을 보여주는 것은 곤란하지는 않았다. 그러나 헌법의 기본권에 관계가 있는 부분에서는 「법률」이라는 말에는 제각기 다른 의미가 있다. 그리고 그 이해는 매우 커다란 실천적 의의를 가지고 있다. 그러므로 내재적인 비판의 관점에서 그것은 형식적 · 실질적이라는 상술한 대립을 유지하려는 입장은 이 개개의 의미의 이해에서 완전한 무능력에 빠지는 것을 확인한다면, 통설에 대한 최후의 가장 결정적인 이론(異論)일 수 있는 것은 당연하다. 더더구나 이 비판은 필연적으로 이러한 안티 테제적 사고야말로 그 무능력의 원인이라고 간주하지 않을 수 없다. 이 대립이라는 안일한 궤도에서 사고를 진척시켜 버리면, 전문제의 핵심을 이루는 미묘한 구별을 완전히 간과하게 된다.

　이러한 특수의미를 구명하기 위해서는 우리들이 확정하여 온 법률이라는 말의 기본적 의미는 제2편에서도 한층 중요하다는 것을 미리 주의해 두지 않으면 안 된다. 최초의 두 조문(제109조 · 제110조) 모두 법률이라는 말이 인민의 입법기관에 의해서 규정된 최고 법규를 가리키는 것에 이론의 여지는 없다. 그러나 그 밖에 법률이라는 말로 다른 것을 가리키는 조문이 존재하는 것도 분명하다. 이에 속하는 것으로 제111조 · 제112조 · 제114~117조 · 제123조 · 제124조 · 제152조 1항 그리고 제153조 2항 · 3항이 있다. 통설적 해석은 이들 조문이 실질적 법률개념을 가리키는 것으로 본다. 우리들은 이 법률개념이 상술했듯이, 이론적으로 불가능하다는 것을 우선 도외시하고 통설의 기초 위에서 보았다. 그러나 실질적 법률이라는 개념 아래 정리된 뒤섞임은 라이히 헌법 속에 있는 법률이라는 말의 특수의미를 이해하는 데에는 쓸모 없으며 방해가 될 뿐이라는 사실이 명백히 되었다. 실질적 법률이라는 개념에는 모든 국제법상의 조약도 포함한 모든 법명제가 속한다고 생각했던 것을 상기하자. 그러나 이러한 것이 헌법의 어딘가에서 라이히 법률에로 전환되지 않더라도 「법률」이란 호칭 아래 일괄하여 이해할 수 있다고는 통설도 주장하지 않는다. 주지하듯이 관습법 역시 실질적 법률개념에 속한다고 한다. 그러나 이것이 바이마르 헌법 제116조에서 부정되는 것은 통설도 물론 주장한다. 이리하여 이미 세 개의 다른 실질적 법률개념이 있게 되지만 그것을 다시 늘리는 것도 간단히 할 수 있다. 바로 이 명확한 불일치 때문에 이러한 실질적 법률개념은 배척되지 않으면 안 되며, 또한 거기에서 실천적으로 매우 중요한 확인을 하지 않으면 안 된다. 즉, 라이히 헌법 제2편에서의 법률이라는 말의 제각기 다른 의미 무리는 원래 하나의 개념으로 가져올 수는 없으며, 극도의 정확을 기한 개별적 연구 속에서 확정되지 않으면 안 된다는 확인이다.

　토마[101]는 이처럼 어려운 과제에 처음으로 몰두하였다는 점에서 위대한 공적을 완수하였다. 법률개념의 2분론은 그의 이 연구에는 거의 아무런 쓸모가 없었다. 이 법률개념의 2분론이라는 도구는 너무나도 대략적이고 이론적으로 유지하기 어렵다는 것을 완전히 도외시하더라도, 문제설정을 좀더 분화시키지 않으면 안 된다. 개별 기본권 모두에 관하여, 라이히 헌법이 「법률」「법률적」「법률의 규준에 따라서」「일반국가법률의 내부에서」 등등이라는 것은 무엇을 염두에 두고 있기 때문인가 라는 물음이 제기되어야 한다. 다음의 것을 확인한다면 그것은 해석에 대한 가치 있는 힌트가 될 것이다. 그것은 하나의 예외를 제외하면 여기서 문제가 되는 모든 기본권의 정식화는, 예리한 윤곽을 가진 입헌주의적 법률개념이 아직도 명료하게 의식되기에 이르지 않았던 입헌주의 초기로부터의 전승재(傳承財)라는 것이다. 종래의 합리주의적 법치국가 관념은 모든 국가활동을 완전히 법률화해야 한다는 요청이나 행정을 단순한 법률의 집행으로 보는 행정관(行政觀)과 함께, 자유권의 제한이 허용되는 것은 **일반의사**에 의한 경우뿐이라는 것을 자명하다고 생각하고 있었다. 특히 법률로써 합리화되지 아니한, 일반적인 복종의무에 근거한 경찰에 의한 자유의 제한은 이 시대에는 승인하기 어려운 것이라고 생각되었다. 여기에서 명백해지는 것은 법률이라는 호칭이 상술한 기본권 조항의 대개의 경우에서는 라이히 재판소만이 결정을 내릴 수 있다는 제153조 2항의 2문, 3문을 예외로 하고, 명령에 의해서도 배상액에 관한 다툼에 관하여 통상의 재판상의 수단을 배제할 수 있다는 것이다.102)

　여하튼 형식적·실질적이라는 대립을 가지고서는 법률이라는 말의 특수의미가 현대의 실천적 욕구에 대해서 아무것도 명확히 한 것이 없다. 예컨대 여러 조문에서 법률이라는 말이 실질적 의미에서 해석되어야 하는 것이 명백해지면, 인민의 입법기관에 의해서 정립된 최고법명제의 필요성은 부정하게 된다. 라이히 헌법이 자유를 제한하기 위해서 어떤 종류의 법명제가 필요하고 충분하다고 보는가는, 그러므로 다음의 경우에만 명확히 될 것이다. 즉, 실질적 법률개념이 하나의 통일체를 이루는 경우, 그리고 이 개념이 다수의 부정을 내포하고 일의적(一義的)인 지위를 가지는 것이 명확히 된 경우이다. 이미 약간의 예에서 이러한 경우가 없는 것을 시사하였다. 헌법이 (부당하게도 이렇게 일컬어지고 있는 것이지만) 헌법을 변경하는 라이히 법률을 원하는 경우에는 사태는 명백하다. 그러나 헌법이 단순히 라이히 법률 또는 법률에 관하여 언급한 경우에는 어떠한 개별적 사례이든, 이러한 점이 고찰되지 않으면 안 된다. 즉, [「라이히 법률」에 한정된 경우라면], 그것으로 바이마르 헌법 제48조에 근거한 법명제가 말해지고 있는가, 두 번째의 경우[즉 단지 「법률」이라고만 말해지는 경우]이면, 란트 법률 역시 포함되는가? 나아가서는 경찰규범이나 그 밖의 행정규범만으로 자유를 제한하는 데에 충분한 것인가? 특별권력관계(라이히 국방군관계, 공무원관계, 모든 종류의 영조물에의 복종)를 근거로 하는 자유의 제한은 허용되는가, 또한 마지막으로

---

101) Richard Thoma, "Grundrechte und Polizeigewalt", in *Verwaltungsrechtliche Abhandlungen. Festgabe für das preußische Oberverwaltungsrecht*. Berlin 1925, S. 183-223.

102) 1920년 8월 4일의 형사사건에 관한 라이히 재판소 판결, *Amtliche Sammlung*, Bd. 55, S. 88 ff. [91]. 그리고 1921년 4월 28일의 민사사건에 관한 라이히 재판소 판결, aaO., Bd. 102, S. 61 ff. [165].

관습법적 규범에 근거한 제한은 인정되는가 이다.

그러면 위에서 인용한 기본권조항이 각각 「법률」이라는 말로 무엇을 이해하는가를 개별적으로 시사하는 것은, 여하튼 보고라는 틀 안에서 내가 명확히 할 수 있는 한계를 훨씬 초월할 것이다. 그러한 개별적 연구의 곤란함을 시사하는 훌륭한 예로서 이 연구에 앞선 두 명의 보고를 들 수 있다. 계속되는 토론과 함께 그러한 보고는 여기서 주장한 기본 테제의 적절한 증거가 되고 있다. 즉, 바이마르 헌법 제118조의 「일반 법률」이라는 용어의 해석을 둘러싼 다툼에서는 통설적 2분론을 주장하는 어떤 사람도 실질적 · 형식적이라는 구별을 원용하려고는 하지 않았다. 그렇기는커녕 이 한 쌍의 대립에 대해서 한 마디 언급도 없었다.

그리하여 나는 다음을 확인함으로써 나의 상론을 끝내고 싶다. 즉, 실질적 법률과 형식적 법률에 관한 설은 오늘날 이미 존재하지 않는 정치적 권력상황에서 유래하는 것이다. 그것은 이론적으로는 완전히 기초가 없으며 실천적으로는 쓸모 없는 것이다. 라이히 헌법에서의 법률의 개념은 원칙적으로 최고의 인민의 입법기관에 의해서 규정된 법규범들을 가리킨다. 그러나 헌법 제2편에서 법률이라는 말은 제각기 다른 의미를 포함하고 있다. 이 경우에 실질적 · 형식적이라는 대립은 그 해명에 아무런 도움도 안 된다.

여기서의 고찰은 그러나 당초의 테마를 훨씬 초월하여 원리적이고 방법적인 의미를 가지고 있다. 라반트의 논리적 형식주의는 오늘날에도 여전히 통설이다. 그런데 현대에서 그 유언집행인으로서 예리한 감각을 지닌 것은 켈젠이지만, 그는 2분론에서도 「엄격하게 법학적으로」, 즉 결코 정치적 고려나 정치적인 상황에 영향을 받지 않고서 두 개의 법률개념이 구성가능하다고 믿는다. 그러나 실제로 이 설은 그 자랑하는 무내용성이 아무리 달성되더라도 정치적 평가의 대립에서 초연할 수는 없다.[103] 그것이 가능하다고 믿는다면 그것은 자기기만에 불과하다. 이 보고의 테마에 비추어 형식적 법률과 실질적 법률에 관한 통설이 어떻게 완전히 특정한 정치적 권력상황이나 목적론적 고려에 의존하고 있는가가 시사되었다. 그 뿐만 아니라 이 설은 이 완전히 특정한 정치적 권력상황이나 목적론적 고려 때문에 성립했다는 사실도 명백하게 되었다. 이상의 이유에서 논리주의나 불모한 형식주의와 함께 이 2분설도 국법이론에서 소멸하는 것은 필연이다.

---

103) Heinrich Triepel, *Staatsrecht und Politik* (Rektoratsrede), Berlin 1926, S. 38 f.; Hermann Heller, "*Die Krisis der Staatslehre*", 1926 (본서, 125면). 그리고 Heller, *Souveränität*, 1927 (김효전 옮김, 『주권론』, 2004) 참조.

# 요 지

(1) 실질적 법률과 형식적 법률에 관한 통설은 입법과 그 이외의 국가기능의 논리적인 경계확정의 시도이다.

(2) 라반트 · 옐리네크 · 안쉬츠까지는 통설이었던 종래의 이론, 그리고 오늘날에는 카를 슈미트가 다시 제기한 이론은 실질적 법률개념에는 「일반성」이 필요하다고 한다.

(3) 오늘날의 통설은 실질적 법률과 법명제를 동일시한다. 그 경우, 법명제라는 말은 자유와 소유에 개입하는 규범을 의미한다고 하거나, 사회적인 한계확정이라는 직접적인 목적을 가진 국가적 규범을 의미한다고 한다. 때때로 일반성의 요청도 관심을 가진다.

(4) 통설은 이론적으로는 지지할 수 없으며, 실천적으로는 혼란의 원천이다.

(5) 통설은 법률개념의 자의적인 확대에 입각하고 있으며(「단지 형식적인」 법률은 없다) 동시에, 법명제 개념의 자의적인 협소화에도 입각하고 있다(법률가에게 '비-법규범'은 있을 수 없다).

(6) 고전적인 법치국가사상의 기반 위에서 성장한 법률개념이란, 바로 인민의 입법기관에 의해서 (적어도 그것의 참여 아래) 제정된, 모든 국가활동을 가능한 한 구속해야 하는 최고의 법명제이다.

(7) 법률의 유보의 규준은 전통, 정치적 합목적성과 권력상황에 의해서 또는 법의식에 의해서 객관적으로 규정되고 있으며, 이론적 정식에 의해서 합리화 가능한 것은 아니다.

(8) 그러므로 라이히 헌법은 법률의 보편적이고 논리적으로 이해 가능한 유보를 행하는 것은 아니다.

(9) 라이히 헌법의 제1편에서는 상술한 법률개념 만이 통일적인 것으로서 사용되고 있다. 그 제1편에서 「단지 형식적인 법률」 개념이라고 통설이 말하는 것은 예외 없이 진정한 법명제를 포함하고 있다.

(10) 라이히 헌법 제2편에서의 법률이라는 말이 가진 특수의미는 개별적으로 정확하게 연구하지 않으면 안 되며, 형식적 · 실질적이라는 대립으로는 선명하게 되기는커녕 혼미를 더할 뿐이다.

# 결 론*

나의 보고는 상대적으로는 역사적 고찰과 체계적 고찰에 중점을 두었지만, 이것이 불가결했던 것은 오늘날의 국법학이 매우 의심스럽게 되기에 이른 그 궁극적 기초를 음미하지 않고는 한 발자국도 전진할 수 없다는 데에 있다. 이 테마에 대해서도 내 생각으로 는 입헌주의적 법률개념을 한편으로는 실질적 법치국가사상과, 다른 한편으로는 법명제와 법원칙 개념과 원칙적으로 결부하지 않고는 (기술적으로는 어느 정도의 중요성을 가지는가는 하여튼) 이론적으로는 자의적인 것을 언명할 수 있는데 불과하다.

토론에 의해서도 통설의 법률개념 2분론이 법률의 유보의 규정이나 라이히 헌법 중에 있는 「법률」이라는 말의 특별한 의미의 해명에 기여하는 것이라고는 나로서는 도저히 납득할 수 없었다. 쓸데없는 구별은 불필요한 문제를 발생시킬 뿐이며, 대개는 커다란 혼란의 원천이 될 뿐이다.

벤첼(Wenzel)의 철저한 상론에 파고드는 것은 단념하지 않을 수 없었다. 우리들의 그것과는 방법적인 전제가 다르기 때문이지만 무엇보다 우리들은 토론의 대상이 된 테마에 관하여 완전히 견해를 하나로 하였기 때문이다. 내가 주장한 법명제의 개념은 종래의 법학적 견해에서 보면, 너무나도 광범하게 파악된 것으로 여길 것은 심리학적으로는 이해할 수 있다. 그러나 문제 삼아야할 것은 이러한 개념을 이론과 실천을 만족시키는 형식으로 한계지울 수 있는가의 여부이다. 이 한계부여에는 벤첼도 다른 사람들과 마찬가지로 성공하지는 못했다. 그는 법개념에서 교회법을 미리 완전히 배제하고 있지만, 그 방식은 완전히 불충분하며 국제법에 관해서도 완전히 불충분하게 구성할 뿐이다. 그러나 벤첼은 법개념의 특징부여를 「그 (주권적 결정기관의) 수권에 근거하여」 제정된 규범이라는 보충 없이는 행할 수 없었다. 그러나 이 규범에는 명백히 하사관의 명령도 일괄적으로 이해되는 것이다. 초역사적인 법률개념, 여하튼 권력분립적인 법치국가의 제도와는 관계가 없는 법률개념, 또한 절대주의에서 찾아볼 수 있는 법률개념은 절대로 거부되어야 한다. 이러한 확대된 개념과 동시에, 역사적으로 너무나도 협소하게 규정되었던 개념도 체계적으로는 무가치한 것이다.

근본적으로 통설적인 2분론이 말하는 것은 존재하지 않는다는 나비아스키(Nawiasky)의 반론은, 헌법에 관련된 문헌 전체에서 보여지는 사실에 의해서, 그리고 토론에서의 다음 논자인 타타린(Tatarin)에 의해서 논박되는 것은 당연하다. 타타린은 이 학설의 현상을 상당히 정확하게 묘사하고 있다. 그러나 켈젠과 메르클이 수용하고 있는 법개념이 메르클의 법단계설을 지지하기 어렵게 하고 있다는 나비아스키의 확인은 정당하다.

발터 옐리네크는 「일반성」을 주장하는 낡은 학설을 「외부에의 작용」을 주장하는 새로운 학설과 결합함으로써 법명제 개념을 규정하려고 한다. 나는 그 규준의 정당화에 관하여

---

\* 암시한 것에 대한 이해는 *Veröffentlichungen der Vereinigung deutscher Staatsrechtslehrer*, Heft 4, Berlin 1928에서의 토론 참조.

이론(異論)을 제기했지만, 그는 거기에서 내 견해에 대한 반론으로 될 정도의 근거를 시사하지 않았다. 그가 제시하는 실례, 특히 예산안이라든가 바이마르 헌법 제51조*에 근거한 법률에 관한 그의 구성은 설득력을 가진 것이 아니다. 바이마르 헌법 제104조 1항에 근거한 법률*은 개개의 재판관에게 관계가 있지만 그것은 자의적인, 즉 평등이라는 법원칙을 침해하기 때문이라는 이유를 든다면 위헌이라고도 할 수 있다. 그러나 그것은 일반성이라는 논리적인 법원칙에 모순되기 때문에 위헌이라고 말할 수는 없다. 라반트에게 는 정치적인 동기가 작용하고 있다고 한다면, 그러한 동기는 누구나 예외 없이 객관적인 요인으로서 작용하는 것이다. 「순수」 법학자조차 예외는 아니다. 정신과학에서는 어떠한 것도 구체적으로 외적 사물을 기초로 하지는 않기 때문이다. 더욱 더 라반트에 관하여 주관적으로도 자각적인 정치적 경향이 어느 정도 작용하고 있었는가는 아직 결말이 난 문제는 아니지만 여하튼 그것은 내가 제기한 문제도 아니다.

켈젠의 독특한 비판에 관해서는 좀 더 상세히 대답할 필요가 있다. 켈젠에 의하면, 나는 그와 그 학파를 표절하고 있는데, 거기에 나의 사상의 원천이 있는 것을 내가 승인하고 있지 않을 뿐만 아니라, 그것을 부정까지 하며, 게다가 외부에 향해서는 그의 설을 논박하고 있다고 말한다. 그 경우 문제로 남는 것은 내가 우둔하기 때문에 그것을 좀더 정확하게 알 수 없거나, 아니면 악의 때문에 그것을 보다 정확하게 알려고 하지 않았다는 것이다.

내가 켈젠학파를 이용하고 있다는 주장을 나는 결정적으로 거부하지 않으면 안 된다. 나는 이 학파의 이론을 내가 자인하는 이상으로 이용하고 있다는 주장은 받아들일 수 없다. 이것은 분명히 강조해 두지 않으면 안 된다. 켈젠은 정말 10년이라는 세월의 차이 밖에는 우리들 간에 완전히 아무런 차이도 없다고 말할 수 있는가? 그가 놀랄만한 방법적 순수성 중에 특별한 가치를 계속 추구해온 이 10년이라는 세월의 차이 이외에.

사실의 문제로서 사정은 다음과 같다. 나는 특히 메르켈이 상론하여 법단계설로서 완성시킨 사상 ― 켈젠도 후에 그것을 수용하였지만 ― 을 받아들인, 그리고 켈젠이 토론에 서 발언하는 동안에 내가 말했듯이, 메르클의 당해 부분을 나는 인용하여 두었다.

그런데, 이 사상은 나의 보고의 「핵심」 부분은 아니며 켈젠의 체계의 「본질적이고 특징적인 구성부분」도 아니다(이 사상은 바로 그의 체계를 무너뜨렸다). 또한 이 사상은 나의 견해 안에서는 켈젠이나 메르켈과 동일한 의의를 가지는 것은 아니다. 그것을 증명하기 위해서 나의 「국가학의 위기」나 『주권론』을 참조할 필요조차 없다. 켈젠의 다음과 같은 명제를 열거하는 것만으로 충분할 것이다. 그 하나에서 그는 이렇게 주장한다. 다음과 같은 나의 주장 ― 즉, 법률이 어떠한 행정상의 지도라든가 판결과 구별되는 것은 법명제로 서의 속성 때문이 아니며, 그것이 상승된 타당력을 가지기 때문이라는 주장 ― 은 자신이나 자신의 학파의 사람이 서술해도 「이상하지 않은」 것이다. 아니, 이 명제는 「거의 문자 그대로」 자신들이 말했던 것이라고. 그 다음의 명제에서 켈젠은 내가 「상승된 타당력」이라 는 말로 어떤 것을 이해하고 있는 지를 설명할 수 없다. 켈젠은 사실 여기에 나의 보고의 핵심이 있음과 동시에, 나와 그의 형식주의적인 선험주의와의 대립점이 있는 것에, 지배관계를 이처럼 논리적 형식으로 재해석하는 것이야말로, **특히** 오늘날 켈젠을 대표자로 하는 법합리주의의 징조인 것을 깨닫지 못하는 것일까? 법단계설이라고 불리는 사상은 그것 자체로서는 나의 방법에 아무런 영향도 주고 있지 않다. 그것은 켈젠으로서도 그의 학파의 사람들로서도 본질적인 교설(教說)은 아니다. 그리고 그러한 것은 누구나 다음의 것에서 이끌어낼 수도 있다. 즉, 켈젠이 자신이나 그의 학파의 것이라고 주장하는 나의 명제, 법을 창조하는 역할에의 국가권력의 독립적인 참여라는 명제는 문자 그대로의 형태로, 1885년에 발간된 뷜로(Bülow)의 『법률과 재판관직』(Gesetz und Richteramt)의 13면에서 볼 수 있다. 나에게 실체적인 법원칙의 내부에서의, 공동체 권위에 의한 법명제의 개별화는 켈젠이 말하는 법명제의 개별화와는 **전혀** 다른 것을 의미한다. 이것을 나는 다른 부분에서 상세히 시사하였다(『주권론』의 도처에서). 확실히, 특히 켈젠 역시 법치국가의 3권의 구별을 선험적인 것으로 이해한다는 그릇된 견해와 다투었던 것은 사실이다. 이 비판의 공적에 관해서 나는 항상 승인하지만 그의 비판은 다음의 것으로 무력하게 된다. 즉, 켈젠의 방법은 ― 그것이 시종일관된다면! ― 3권의 구별이나 그 밖의 일체의, 역사나 정치에 근거하여 실정법에 불가결한 구별을 파악할 가능성을 마치 잃어버린다는 것이다.

끝으로 켈젠은 스멘트와 나의 상론에 대하여 법률학에의 「좌우로부터의 정치의 침입」에 경고를 발하는 것을 자기의 의무라고 간주하였다. 그러나 나는 이 침입으로 국법학은 그 존재전제와 의식전제를 자각하기에 이르며, 바로 그럼으로써 일면적인 당파정치에 빠지는 것에서 보호될 것이다. 그리하여 그것은 성과 없는 자의적인 실증주의적 논리주의에서 벗어나기 위한 최선의 길이라고 생각한다. 이러한 의미에서 이 침입은 나에게는 희망을 의미한다. 켈젠의 자칭 순수형식이라는 것으로 모든 법의 내용이 공허하게 된 후에 자의적으로 구성된 개념을 확실히 하나의 체계로까지 꾸며낼 수도 있다. 그러나 그것으로써 국가개념도 법개념도 파악할 수는 없다. 더구나 법치국가 개념을 이해할 수 없으며 ― 켈젠에 의하면 모든 국가는 법치국가라는 것이다 ―, 입헌주의적 법률개념을 이해할 수도 없다.

# 3. 현대의 국가이론과
## 법이론의 문제성에 대한 논평*

모든 정신과학들은 ― 그 창조자가 의식하였는가의 여부에 관계없이 ― 직접 간접으로 사회형성적으로 움직이며 정치적인 것이다. 그것들은 필연적으로 생산적·규범적 성격을 가지며, 그러므로 결코 현대적 상황의 표현을 나타낼 뿐만 아니라 항상 장래의 이론적·실천적인 태도에 대한 규준으로서도 작용한다. 국가이론과 법이론은 어떠한 형식에서나 사회생활의 형성에 관한 이론으로서는 ― 그리고 무엇보다 교의학적인 법학으로서는 그 이상의 의미에서 ―, 장래의 정치에 대해서 바로 정당하게 커다란 의의를 가진다.

비전문가만이 아니라 대부분의 법률가들도 일반적으로는 정신과학들에 대해서, 특수하게는 국가이론과 법이론에 대해서 이러한 생산성과 규범성을 인정하려고 하지 않는다. 사람들은, 국가사상과 법사상은 사고과학과의 비교, 즉 논리학이나 수학과의 비교에 견디어내는 객관성을 지닌 것만을 학문으로 간주한다. 바로 이러한 논리적·수학적인 객관성을 요청함으로써 실은 정신과학들의 존엄과 가치가 폄하되고 있다는 것, 정신과학적 사고는 항상 창조적 정립, 주관적 결정이기도 하다는 것, 이것을 사람들은 이해하려고 하지 않으며, 아마 용인하려고도 하지 않는다. 구체적이며 생명을 형성하는 규범성과 보편타당한 객관성과의 이러한 안티노미 속에 오늘날의 국가이론과 법이론의 가장 깊은 문제성이 포함되어 있다.

오늘날 생명의 감정은 그 핵심부분에서 동요하고 있으므로 어떠한 정신과학적 인식도 제공하지 못하는 계산가능한 확실성을 찾고 있다. 우리들의 확신은 궁극적으로는 불확실한 것이 되었는데, 학문은 그것을 논리적·수학적인 사고상의 확실성으로 대치하고, 따라서 결정과 많은 사람들에게는 여전히 견딜 수 없는 책임에서 우리들을 면하게 하려고 한다. 그러나 절대적 객관성이 존재하는 것은 내가 전혀 결정을 내릴 필요가 없는 경우, 즉 나와 다른 모든 사람들도 바로 이렇게 행동하지 않을 수 없는 경우이다.

이에 반하여 구체적인 규범성이 존재하는 것은 구체적인 역사적 상황, 구체적인 상황 속에서의 구체적인 집단과의 관계만이다. 그 내부에서 나는 다른 사람들과는 다르지 않게 바로 이렇게 결심해야 한다는 것이다. 모든 정치적 결정, 그리고 공간개념, 시간개념,

---

* Bemerkungen zur staats- und rechtstheoretischen Problematik der Gegenwart, in *Archiv des öffentlichen Rechts* (Hg. G. Holstein u.a.), J. C. B. Mohr, Tübingen, Bd. 55 (1929), S. 321-354. jetzt in *Gesammelte Schriften*, Bd. 2, S. 249-278.

수개념에 의해서 정확하게 규범화되지 아니한 법률적 결정은 거역하지 않고 나의 인격적 책임에 호소해 오는 것이다.

현대의 국가사상과 법사상에 특유한 징표는, 정치적 · 법률적인 당위 · 객관성, 즉 자신의 의지를 규범지우는 타당성을 자신의 의지에서 독립한 논리적 · 수학적인 필연 · 객관성과 혼동하는 것이 당연히 전제가 된다는 것이다. 인격적인 결정의 자유와 모든 결정을 무로 돌리는 사회상황의 절대적 법칙성과의 양자를 동시에 손에 넣는데 정열적으로 향해지고 있다. 루소에서 직접적인 정신사적 원천을 가지는 이상은 『에밀』에서 이렇게 서술한다. 즉 「우리들의 법률이 언젠가 자연법칙의 불변성에까지 도달한다면 공민은 자연상태의 장점과 시민사회의 장점을 동시에 손에 넣게 될 것이다」.[1] 독특한 결정에 대한 나약함이 오늘날의 정치 · 법률이론을 지배하며 실무에까지 영향을 미치고 있다.

결정에 대한 불안은 역사에 대한 불안에서 유래한다. 19세기의 역사적 사고는 다른 모든 시간축 위의 현실과 함께 국가와 법을 급진적으로 상대화하였다. 인간을 둘러싸고 있는 문화와 자연의 전체는 그처럼 다이나믹하게 되었는데, 여기에 약한 인간이 견딜 수 있는 것은 초시간적 절대자 — 변증법적으로 이분화되고 있는 통일성의 한편으로서 개념적으로 파악되는 시간축 상의 현실성이 그것에 관여하고 있는 — 를 전제로 하는 경우만이다. 이 절대자는 경험을 통해서 그것을 알 수 있는 경우가 있더라도 경험에서 알 수는 없다. 그러한 절대자의 상정에 대해서 실증주의적 시대정신의 자연주의적 형이상학은 저항한다. 그러나 정치적 · 법률적 현실도 포함한 모든 현실이 이러한 이면성을 가진다는 것이 이해되지 못하고, 사정에 따라서는 그 속의 한 면이 무시되거나 다른 측면이 무시되어서 뒤에 남는 것은, 말하자면 이미 어떠한 존재의 객관성이나 당위의 객관성도 알지 못하거나 또는 역사주의의 절망만이 역사와 소원한 동시에 현실과도 소원하기 때문에 공허한 개념형식들이라는 유령에 불과하다. 그리고 이 개념형식은 수학 · 논리적 방법과의 잘못된 유추에 의해서 형성되고, 전적으로 기만적인 안전성과 객관성으로 사람을 속인다. 역사를 논리로써 반박하려는 이러한 사고는 존재에는 뿌리가 없으며, 그것이 결코 객관성을 획득할 수는 없지만, 그러나 그러한 사고는 정신과학들을 통하여 외견상의 객관성을 추구한다. 그러나 정신과학들이 그 노력으로 얻은 것은 생산성과 규범성의 놀라운 결여뿐이다. 분명하게 나온 궁극적인 성과는 모든 사람에 관하여 모든 사람을 불안하게 하지 않는 것이었다. 즉 국가 없는 국가학과 법 없는 법학이라는 유령같은 비현실적인 것이었다.

이러한 상태가 위기적이라는 것은 실로 다양한 실천적이고 이론적 행위태도의 영역에서 제시할 수 있다. 방대한 문헌이 의회주의의 위기를 다루며, 민주주의의 위기, 국민국가의 위기를 제시하거나 나아가 파내려가서 국가와 사회 일반의 심각한 위기상황 속에 있는 것을 발견하며, 그것을 경제적 · 기술적으로, 생명적 · 성적으로 또는 종교적 및 보편적 · 정신사적으로 근거지우고 있다.

---

1) Jean-Jacque Rousseau, *Émile, ou, De l'éducation*, Amsterdam 1762. 2. Buch, 35. Abs. (김중현 옮김, 『에밀』, 한길사, 2005).

　여기서는 국가이론과 법이론을 둘러싼 현대적 문제성을 매우 좁게 한정된 대상에 비추어, 즉 당연하지만 형이상학과 윤리학과 아주 밀접하게 결부된 이 국가와 법에 관한 학문에서의 개념형성에 비추어 제시한다. 이 과제야말로 몇 가지 겸허한 논평을 통하여 나아갈 수 있을 뿐이다. 짧은 논문의 틀 안에서는 결국 이론적 상황에 대해서는 매우 도식적인 소묘만을 할 뿐이다. 그러한 소묘 중에서 눈앞에 반복되고 있는 다양성에 대해서 일관하여 통일된 기본적 양상을 보이기 위해서 어느 정도 커다란 압박을 가하는 것은 불가피하다.

　오늘날 우리들은 현대의 정치적·법학적 사고도 포함하여 정신적인 기본태도를 유럽의 사고가 르네상스 시대에 생긴 이래 원리적으로는 포기한 적이 없는 일정한 기본적 입장의 발전, 정당한 전개의 성과라고 이해한다.

　중세의 국가사상과 법사상은 계시에 근거한 지식에, 보다 정확하게 말하면 이러한 계시에 근거한 지식에 비추어 형성되어 온 기독교 자연법의 형이상학과 윤리학에 기초를 두었던 것이다. 한편으로 사람들은 사고의 가능성을 최고위의 초월적 현실과의 관계에서 상대화하고, 무제한한 인간이성을 신의 의지와의 관계에서 상대화했는데, 다른 한편으로는 절대적으로 비정치적인 기독교의 명령을 역사적·구체적 상황과의 관계에서 상대화하였다. 운명과 이성의 이러한 상호적 순응은 이미 스토아학파에 의해서 형성되고 있던 절대적 자연법과 상대적 자연법의 구별에 대응하고 있다. 지배도 다툼도 없는 황금의 낙원시대는 상대적 자연법의 시대로 이행하였다고 생각되었다. 상대적 자연법은 불평등, 지배와 예속, 사적 소유권과 다만 단순히 형식적인 것에 불과한 법을 가지고 역사적 국가의 상대적인 기독교적 성격을, 원죄에 대한 형벌이며 치료약이기도 하다고 하여 상대적으로 정통화하였다. 유명한 마태복음 여러 곳에서, 특히 바울 속에서 구체적인 지배조직의 정당화나 또는 사회적 행위나 사고의 기준과 한계의 지적을 발견할 수 있다.

　르네상스 이래 이러한 사고를 계시적인 지식과의 관계에서 상대화한다는 발상은 서서히 쇠퇴하고, 마침내 인간이성을 원죄에 의해서 흐려지게 된 것으로 보게 되고, 오히려 절대적인 것으로서 설정하게 되었다. 일찍이 신의 의지의 권위에 부여되고 있던 확신은 이제 가장 순수한 형식에서의, 즉 논리적·수학적인 형식에 있어서의 사고의 명증성에 부여되었다. 수리적 물리학의 성과에 매혹된 사람들은 물리적 세계만이 아니라 정신·사회적 세계도 양적인 관련 속에서 분석하고, 그 세계를 가장 단순한 요소에서 구성하려고 하였다. 이제 사고는 원칙으로서 어떠한 숙명적 한계도 알지 못하고, 자신과 대립하는 어떠한 비합리적인 존재도 알지 못하게 되었다. 시간과 공간과의「우연성」을 초월한 보편타당한 이성법칙은 지금까지의 생활감정에 비교적 확고하게 정착하였으며, 상당히 안정된 전통 속에서 서서히 변화해온 종래의 모든 형식과 규범을 철저하게 ― 그것을 합리적인 것으로서 변명하기 위해서든 근본적으로 새로 구성하기 위해서든 ― 비판한다는 요구를 내세웠다. 그리하여 세속화된 자연법은 일반적으로는 이미 한 세기 전에 사멸해 버렸다고 생각하는데 결코 그렇지 않다. 그것은 오늘날에 이르러 비로소 최종적으로 붕괴된 것이다. 이성의 자율은 물론 이미 근대의 커다란 정치적 혁명들에 의해서 회복불가능한 최초의 일격을 가하였다.

이 혁명과 동시에 태어난 역사주의와 사회학주의가 어느 정도의 사정거리를 가지는가 하는 통찰은, 19세기에 자연주의와 실증주의에 의해서, 그리고 그들에게 걱정을 품고 있지 않았기 때문에 차단되고 있었다. 그러나 오늘날의 의식에 대해서 사회적·역사적 존재는 날카롭게 대립하기에 이르고, 양자의 단절은 오늘날의 의식에 대해서 거의 극복하기 어렵기까지 한 모습을 드러내고 있다. 오늘날의 의식은 자기 자신을 회의하기 시작한다. 중세는 초월적인 **실재적 실체**(ens realissimum)와 그것이 계시한 명령과의 관계에서 이성을 상대화하고 있었다. 이성적 자연법은 이러한 실재에 대한 신앙을 뒤흔들었으며, 이성을 실재의 **시녀**(ancilla)라는 신분에서 해방하려고 하였다. 그러나 오늘날 양자는, 즉 이성신앙과 계시신앙은 동일하게 동요하고 있다. 이성의 낙관주의는 환멸로 끝났다. 이성으로부터의, 그리고 이성을 매개로 한 생명의 형성의 가능성을 사람들은 이미 믿지 아니한다. 사고의 새로운 강력한 폭력적 자기상대화가 개시되었다. 이번에는 상대화는 초월적 실재와의 관계에서가 아니라 내재적 실재, 사회나 역사, 「생명」과의 관계에서 이루어졌다. 우리들은 이제 생명의 철학이 촉진한 모든 보편타당한 개념의 역사적·사회적 해소과정 한가운데 서 있다. 헤겔에 있어서 철학은 여전히 적어도 「그 시대를 사고 속에 파악하는」 것이었다. 마르크스에게 현대의 사고란 여전히 개념 속에 두어진 계급상황이었다. 그러나 파레토에 있어서는 모든 의식은 역사적·사회적으로 조건지워진 개인의 우연적인 상황을 은폐하는 것으로서만 이해되고 있다.

　이러한 사태 앞에서 공인된 국가이론과 법이론은 논리주의와 역사주의 사이를 규정하지 않고 동요하고 있다. 실천적으로 그것들은 자기 자신을 이해할 수도 없는 실증주의에 충성을 맹세하고 있다. 이러한 실증주의는 물론 모든 실증성에 대한 불신이나 학문적 및 정치적 비관주의·회의주의·불가지론의 점차 넓어지는 범위에로의 확대를 방해할 수는 없다. 정치이론에서도 정치실천에서도 학문과 이성의 이러한 경멸은 어떤 경우에는 혁명적 경향을, 또한 어떤 경우에는 반동적 경향을 수반하면서 비합리적인 폭력의 숭배에로 나아가고 있다.

　국가학과 법학에서는 이러한 해체과정의 형식은 논리적이며 수리·물리학적인 학문적 이상에 정위하는 개념형성에 의해서 규정되고 있다. 이 과정은 꽁트의 「사회적 물리학」에 지배되는 사회학적 국가학에서 정점에 달했다. 이 과정은 비록 충분히 의식되어오지는 않았지만 사회학을 대체로 점잖게 무시하는 오늘날의 공인된 국가학과 법학의 실증주의에서도 적지 않게 진행하고 있다.

　아주 일반적으로 말하면, 실증주의는 「실증적 사실」, 즉 지각 이외에 어떠한 것도 자신의 인식기초로서 상정하지 않음으로써 비과학적인 도그마티즘과 파괴적인 회의주의 사이를 살살 걸을 수 있다고 믿는다. 절대적 객관성을 보증하는 유일하고 확실한 출발점은 실증주의에 대해서는 경험적 소여이다. 경험적 소여의 「법칙적」 결합이야말로 유일하고 가치 있는 인식대상이기 때문이다. 따라서 실증주의에 대해서는 모든 학문이 지목하는 유일한 인식목표란 법칙, 즉 경험적 현상의 관계들이 보여주는 동형성이다. 현상을 인격적 힘들의 어떤

「의제」에로 개조하는 사고의 단계는 자연의 힘들, 실체들 또는 사회적 · 심리학적 전체성 내지 형상을 인격적 힘들로 치환하는 형이상학적인 사고양식과 마찬가지로 전과학적이며 신화적인 것이 된다. 기능화되지도 않고 관계화도 되지 않는 것, 또한 될 수 없는 것은 비과학적인 것으로 간주된다.

이러한 법칙사고의 궁극적인 이상은 합리적 일원론이며, 그러므로 존재의 연구에서는 모든 구체적 형상의 유일한 법칙에로의 환원, 즉 라플라스*의 우주공식이다. 그리고 모든 규범도 실증주의적 견해에 따르면, 법칙적으로 이해가능한 인간의 어떠한 욕구와 관심을 통해서만 설명되어야 하며, 어떠한 형이상학적 기초지움도 필요하지 않다.

오늘날 우리들이 알고 있듯이, 실증주의는 다른 모든 영역에서처럼 국가이론과 법이론의 영역에서도 크게 자기를 기만하고 있다. 철학적 · 체계적 전제들 중에 편입되지 않고 이러한 연관에 의해서 규정되지 아니한 어떠한 개별적 인식도 존재하지 않는다. 그리하여 어떤 실증적 사실의 존재는 우리들의 사고에 대해서도 필요할지라도 어떠한 체계적 중심점에서 우리들의 사고가 이 사실을 정리하고 있는가에 따라서 사실의 현존재와 그 존재는 우리들의 의식에 대해서 매우 다양하게 구성될 수 있다. 소여는 적나라한 소여성으로서 존재하는 것은 아니다. 사실을 체계와 관계 없이 파악하는 것은 불가능하기 때문이다. 형이상학은 그러므로 법실증주의에 대해서 항상 불가피하다. 즉 모든 실증주의자는 자신의 형이상학적 존재론과 윤리학을 가지고 있으며, 자각적인 형이상학자와 다른 것은 실증주의자의 형이상학은 소박하고 나이브하며 충분한 통제가 미치지 아니한다는 점뿐이다. 실증주의는 19세기의 시민세계의 정신에서 태어났다. 이 의식은 특히 자연과학과 기술을 고향으로 하며, 정치적으로는 자유주의적이었다. 그러므로 실증주의의 형이상학은 항상 자연주의적이거나 경제적인 것이며, 더구나 이들 두 개의 개념은 엄밀하지 않으며 매우 소박하게 이해되었다. 그리고 그 윤리학은 개인주의적이었다.

이러한 형이상학과 윤리학과 매우 밀접하게 결합한 것이 실증주의적 국가이론이란 개념형성이다. 이러한 개념형성은 자연주의적이며 원자론적인 것이라고도 할 수는 없다. 그렇지만 일찍이 자연과학의 대부분, 특히 생물학과 원자론은 오늘날의 국가이론 이상으로 정신과학적으로 되었다. 예컨대 원자 중에서도 여전히 어떤 일정한 전체성의 질 또는 형태의 질이 인식되었기 때문이다. 생명 있는 자연의 현상도 생명 없는 자연의 현상도 마찬가지로 「소여의 것으로서 수용되어야 하는 설명불가능한 기초과정과 초기상황」[2]이 된다. 그러나 그러한 개개의 초기상황이 승인되어야 하자 마자, 또한 그러한 한에서 순수한 법칙개념이나 관계개념은 이미 충분하지는 않게 된다. 여기서 순수하게 사고과학상 필연적인 관련은 개개의 전체현상이나 관련현상에 의해서 통합되는 것이다. 사고는 「실체」에 마주친다. 「실체」는 사고의 규정들에로 영원히 해소하지 못하며, 사고는 「실체」를 소여로서 정신과학적 객체의 경우에는 그 과제로서 수용하지 않으면 안 되기 때문이다. 법칙과 그것에 대응하는 개념형성이 무제한한 지배를 미칠 수 있는 것은 어떠한 다양성도 개성도

---

2) Otto Meyerhof.

고려할 필요가 없는 경우만이다. 이 경우에만 각각의 실체의 질이 도외시되며, 그러므로 모든 실체에 대해서 질을 수반하지 않는 교환관계만을 확정하며, 오로지 관계개념만을 산출하는 존재연구가 가능하게 된다. 이러한 개념형성의 이상은, 아마 수리물리학에서는 실현가능할 것이다. 그러나 여하튼 그 가능성은 사고과학들에만 한정될 것이다. 논리적 및 수학적 「법칙」은 사실 어떠한 현실과도 관련이 없는 순수형식이며, 따라서 그 순수성은 현실을 왜곡하는 것도 아니다. 순수하게 양적인 관계에서는 현실은 확실히 수학적이다. 그러나 항상 자연이나 문화에 관한 사고가 끊임없이 양화할 수 없는 속성에 직면하는 경우에는 반드시 순수형식의 지배에는 뛰어넘을 수 없는 한계가 그어진다. 그리고 이 경우 개념형성은 이미 모든 차이를 폐기하고 그것을 법칙과 관계개념 속에 편입한다는 과제에는 따르지 아니한다. 오히려 그것들은 점차 보편적인 연관 속에 편입되며, 그럼으로써 이러한 속성을 제시한다는 과제를 내포하게 된다. 절대적으로 보편적인 것과 절대적으로 개별성인 것에 대해서는 어떠한 개념형성도 불가능하다. 즉 시공 중에 있는 일체의 현실적인 것을 파악하는 것은 이 현실의 절대적으로 보편적인 것 및 절대적으로 개별적인 것과의 관계에서는 상대적인 개념을 사용해서만 가능하게 된다. 순수한 법칙개념을 사용하여 인식할 수 있는 것은 단지 항상 질 없는 균등한 통일성, 즉 무에 불과하며 그럼으로써 어떤 종류의 현실도 인식할 수 없다. 사고과학상의 형식은 모든 내용을 제압할 수 있는데 그것은 바로 이 형식이 사고의 형식 자체이기 때문이다. 그러나 항상 역사적 현실인 정신적 현실이 요구하는 것은 보편적인 것 속에서 개별적인 것을 파괴하지 않고 — 유개념에서는 이 파괴가 행해진다 — 그것을 유지하는 개념형성이다. 왜냐하면 정신이란 결코 단순한 사고형식이 아니며 내용에 구속된 역사적으로 규정된 사고이기 때문이다. 이러한 요청을 충족하는 것은 대표개념 내지는 유개념, 즉 현상들의 집단의 특성을 표현하면서 그렇다고 해서 각각의 개별적 사례를 스스로 이해해버리는 일이 결코 없는 대표개념 내지는 유형개념 이다. 정신은 논리적 형식 이상의 것이며, 논리적 형식의 내부에서 자신을 생산적으로 형성해 나아간다. 그러므로 정신과학적 개념형성은 창조적ㆍ규범적인 것이다. 모든 정신과 학적 개념 중에는 바로 이념과의 관계가 숨어 있다. 영주ㆍ시인ㆍ입법자ㆍ국가ㆍ법 등등은 생산적ㆍ규범적인 유형개념이기 때문에 정신과학적 개념이며, 일반화하는 추상만으로는 얻을 수 없는 존재개념이다. 특히 모든 정치적ㆍ법률적 현상은 그러나 단지 경험적인 것만은 아니며 규범적이면서 존재에도 뿌리내리고 있는 연관에 편입되고 있다.

이에 반하여 통설인 정치적ㆍ법률적 이론의 개념형성은 자연주의적으로, 보다 정확하게 말하면 사고과학적인 것으로서 행해진다. 사고과학의 개념형성은 그 윤리학과 마찬가지로 자연주의적 형이상학의 표현에 다름 아니다. 그것은 전체 세계상을 탈인격화함으로써 모든 개체성을 남김없이 폐기해야할 합리적 법칙의 특수사례로서만 파악되며, 따라서 모든 전체성이나 형상을 질 없는 통일된 통일성의 기능으로서 기능화하려고 시도한다. 이 형이상학과 윤리학에 대응하는 것은 국가는 「인간」으로 이루며, 그러한 「인간」이야말로 현실적이며, 국가 그 자체는 비현실적이며 인간이라는 현실성의 한 기능에 불과하다는

관념이다. 이처럼 소박하고 자연주의적인 국가이론과 법이론상의 개인주의가 윤리적 · 종
교적 개인주의와 혼동되어서는 안 된다. 전자는 19세기의 적자이며 자연법의 산물이라고
말하기는 어려운 것이기 때문이다. 이 소박하고 자연주의적인 개인주의야말로 특히 「순수
하게 법학적으로」 행해지는 국가학의 기초도 이루고 있다.

게오르그 옐리네크는 법학적 방법을 과대평가하지 않은 사람들 중 가장 중요한 인물이라
고 할 수 있는데, 그 옐리네크마저 이처럼 국가를 기능화하고 그 결과로서 국가를 추상물로
불렀다. 이것은 의제의 다른 표현에 불과하다. 이와 같이 국가를 의제로 하는 것은 독일 · 프
랑스 · 이탈리아 · 영국의 국가학의 통설적인 견해라고 할 수 있을 것이다.

이러한 「개인주의적」 국가이론의 적대자인 유기체적 국가학은, 개념형성의 자연주의에
관해서는 「개인주의적」 국가이론의 이면에 불과하다. 생물학적 유기체론도 국가가 다수성
중의 통일성이라는 것을 우리들에게 납득시킬 수는 없다. 국가가 정신 · 물리적인 것에는
무관계하며 육체적 · 정신적 본질을 가지는 것을 이해하기 위해서는, 생물학 그 자체에서
명백히 하지 않은 생물학적 이미지는 필요 없다. 국가학에서도 생물학에서도 이러한 표현으
로 파악할 수 있는 것은 내부로부터 이해된 현상의 전체성 내지 형상, 그리고 그 내재적
목적론뿐이다. 그러나 국가학의 영역에서는 유기체이론은 아주 간단히 자연과학적 내지
심리학적 개념형성에로 유혹되며, 국가는 인격들의 행위, 현실의 전체성에 의해서 형성되
며, 그렇지 않고서는 또한 그들로부터 독립해서는 국가는 전혀 실존하지 않는다는 사실을
오인해버린다. 그러나 유기체적 국가학은 특히 유기체적 영역 내부에서는 파악할 수 없는
규범적 요소를 간과하며, 타당개념을 존재개념과 혼동하는 것이 상례이다. 그러나 국가는
정신적 규범에 의해서 형성되며, 그것을 형성하는 인간의 자각적 행위를 통해서만 성립하고
존립한다. 「원자론적」 국가학이 국가를 기능화하고 마침내 의제하는 것과 마찬가지로,
유기체적 국가학은 개인을 기능화하고 의제화한다. 후자의 유기체 사고도, 전자의 원자관
념도 국가이론적 개념형성의 출발점으로서는 여하튼 마찬가지로 부적절하다.

보통 사회학적 국가학의 실증주의의 기초에는 무제한한 과학신앙이 있다. 사람들은
사회과학에 대해서는 많든 적든 일의적인 방법의 전혀 의심 없는 성과에 의해서 생명을
자의적으로가 아니라 객관적으로 규제하는 능력을 기대한다. 보편적 인과성원리가 가지는
일의성은 모든 불확정성, 모든 목적론적 개념형성, 모든 개별성을 배제하고 마침내는
세계발전의 일원론적 자연법칙을 명백히 해야 할 방향을 제시하는 것이라고 생각한다.
모든 척도 · 규범 · 이상은 가치자유라고 불리는 인과적 설명에 의해서 정당화되어야 한다
는 것이다. 「어떤 가치가 보편적이고 무제한한 것이다 … 라고 생각하기 위해서는 이
가치가 자연과학적으로 — 즉 가치관계 없이 — 어떤 원인에서 무제한하게 생명을 창조하고
파괴할 수 있는 것이 증명되어야 한다」[3])는 것이다. 보편법칙에만 조준을 맞추는 이러한
자연과학의 개념형성이 국가이론과 법이론상의 문제를 파악함에 있어서 얼마나 무능력한
가를 단적으로까지 보여주는 것에 치글러, 콘라드 그리고 해켈이 편집한 논문집 『자연과

---

3) Paul Barth, *Die Philosophie der Geschichte als Soziologie*, 1. Teil, Leipzig 1922, S. 48.

국가』4)가 있다. 이것은 일원론협회에서 제출한 현상논문 「우리들은 국가들의 내정적 발전과 입법에 관하여 진화론의 원리들에서 무엇을 배우는가?」5)에 대한 해답을 내포하고 있다. 인간의 국가형성이나 법형성에 관하여 꿀벌이나 개미의 국가에서 배울 것이 아무것도 없다는 것은 오늘날 일반적으로 주지의 사실이다. 해켈이나 오스트발트와 같은 사람들의 자연주의적 일원론에 대한 명백한 신앙고백은 정치에 관해서 어정쩡한 지식을 지닌 사람에게서만 발견하는 것이 허용될 것이다. 이러한 철학에 근거한 개념형성, 즉 논리적이고 수학적인 자연주의는 오늘날의 국가학 내지 법학에서는 여전히 거의 확고한 기반을 누리고 있다.

특히 방법론적 엄밀함을 자부하는 신칸트학파는 모든 정치적 · 법학적 개념을 서로 변함없이 논리 · 수학이라는 학문의 이상에 비추어 측정한다. 그리고 유사자연법칙적인 모습을 나타내지 않는 모든 개념은 신화적이며 비과학적이라고 하여 거부한다. 이러한 개념형성이 사회학의 몇 가지 중요한 문제 제기에 대해서는 적절하다는 점에 이론을 제기한다고는 생각지 아니한다. 그러나 이러한 경우에도 다음과 같은 사실이 분명히 의식되지 않으면 안 된다. 그것은 모든 법칙이 관철하는 것은, 역사적 · 구체적 전체성이나 형상에서 생기며, 그 경우 이러한 역사적 · 구체적 전체성이나 형상은 지금까지 알려지고 있던 모든 중요한 사례에서의 일반적으로 가능한 '기회'를 거의 알지 못하기까지 변화시켜버리고 있다는 사실이다.

바로 이 구체적 전체성을, 특히 국가를 순수한 법칙사상은 결코 정당하게 평가할 수 없는 것이다. 순수한 법칙사상은 그것들을 관계들에게 해소하려고 하며, 특히 역사적 · 정치적 주체로서의 국가를 지우려고 한다. 다수성 속에 있으면서 완전하게는 관계에로 해소하지 않는 구체적 통일성으로서의 국가는 순수한 법칙사상에 대해서는 비과학적 형이상학으로서 나타나지 않을 수 없다. 그럼에도 불구하고 국가를 사회의 기능으로서 이해하려는 경우에, 사회 그 자체를 형이상학화하는 데에는 모든 규칙사상은 주저하지 아니한다. 그러한 사고는 역사적 · 구체적 현실성이나 실증성이 전혀 주어지지 않는 「사회」라는 추상개념을 역사의 주체로 하며, 그것으로 일반화적 추상화에 의해서 얻어진 유개념을 역사적 개념으로서 삼기 때문이다.

이러한 논리적 · 수학적인 개념형성과 그것으로 역사적 주체에로 형이상학화 된 「사회」라는 추상물은 마르크스에게도 보이며, 무엇보다 마르크스주의에서 중요한 역할을 하고 있다. 경제적 형이상학은 국가 속에 계급적으로 분열된 시민적 경제사회 ─ 계급분열의 폐기와 함께 허위의 이데올로기인 것이 명백하게 되어 해소하게 된 사회 ─ 의 기능만이 인정될 뿐이다. 이러한 역사철학을 기반으로 하는 한에서는 독자적인 국가이론이나 법이론은 불가능하다. 타당문제나 존재문제를 반성하고 그리하여 권리문제에 도달하면, 마르크스

---

4) Heinrich Ernst Ziegler (Hg.), *Natur und Staat. Beiträge zur naturwissenschaftlichen Gesellschaftslehre* (Eine Sammlung von Preisschriften), Jena 1903 ff.
5) AaO., 1. Teil (1903), S. 2.

주의는 실증주의적으로 사실성을 가지고 이 문제에 대답하거나 또는 이성법의 상속인으로
서 **자연의 질서**에 호소하는 어떤 입장을 취한다. 마르크스주의가 이상으로 하는 궁극상태는
「사회」를 최종적으로는 법칙화함으로써 국가를 부인하는 것이다. 그리고 이때 이 사회는
이미 구체적인 개개의 공동체권위를 어떤 하나의 알지 못하는 거기에서는 사람에 대한
지배는 물에 대한 관리로 변화한다는 것이다.

　　마르크스주의적 실증주의는 사실성을 타당성과 동일시하여 의미관련을 체험행위 속에
해소하는 경향을 부르주아적 실증주의와 공유하고 있다. 부르주아적 국가학은 비판적
실증주의의 관점에 입각하는 것이든, 몰비판적 실증주의의 관점에 입각하는 것이든, 국가
의 본질에 대해서 그것은 지배단체 또는 강제조직이라고 하는 이상의 언명을 하지 않으려는
점에서 공통된다. 국가의 의미 또는 목적에 대한 질문은 목적론적 질문, 즉 형이상학적
질문으로서 터부시된다. 그러므로 오늘날의 부르주아적 국가학은 마르크스주의나 생디칼
리슴으로부터의 공격에 대항하기 위한 출발점으로서는 결코 역할을 하지 못할 뿐이며,
이러한 공격이 나아갈 길을 밝히고 거기에 무기를 제공조차 한다. 윤리적이며 형이상학적인
기초를 갖지 아니한 지배로서의 국가는 어떤 궁극적인 의무화의 근거도 갖지 못하며,
사회학적 필연성도 사회윤리적 필연성도 가지지 않는다. 국가는 많든 적든 역사의 우연
내지 일과성의 해악에 불과하며 폭력적 잔학함을 가지므로, 가급적 속히 폐지되어야 하는
것이다. 단순히 형식적인 타당이론이나 신칸트학파의 의제(Als-Ob)의 가설을 가지고서는
국가를 구출할 수 없다. 오히려 그 반대의 결과에 빠진다! 왜냐하면 슈타믈러와 켈젠에
의한 개념형성은 전적으로 수학화하는 개념형성이며, 그 형이상학은 자연주의적인 것이므
로 그것은 구체적인 개별 국가나 실정법 등의 당위존재를 마르크스주의 정도로 파악할
수도 없기 때문이다. 마르크스주의 입장을 취하는 국가부정론자는 켈젠의 이론에 완전히
동감할 수 있다. 켈젠의 이론에 의하면, 법적 강제의 실현에 맡겨진 사람들은 타자의
이해와 대립하는 자신의 이익을 추구하면 자립적인 권력요인, 복종자를 지배하는 「국가」가
된다. 그러한 주장을 하는 법률학에 대해서는 「이 의심할 여지 없는 사회학적 사실은
모든 법률학적 인식의 외부에」 위치한다. 그리하여 법률가와 사회학자와는 국가의 폐지를
목표로 분업하는 것이다.

　　생디칼리스트인 뒤기[6]의 기지로 가득 찬 공격도 통설과 통설을 공격하는 사람들에게는
믿지 않을 지라도 통설 그 자체의 귀결이라고 하지 않을 수 없다. 바로 그러므로 오늘날의
국가이론은 몇 가지의 인식론적이며 기술적인 디테일을 제외하면 뒤기의 공격과 대립하기
가 어려운 것이다. 그렇지만 뒤기는 국가의 실재성에 이의를 제기함으로써 통설도 공유하고
있는 존재론을 폭로할 뿐이다. 「물리적 세계에 입각한다면 사람의 눈에 비치는 것은 단
하나의 지배자의 개인적인 의지만이다」. 이러한 「실재론적이며 실증적인 교설」에 대해서
국가는 항상 「단순한 사실」에 불과하며, 보다 정확히 말하면 강자의 약자에 대한 단지

---

6) 레옹 뒤기(Léon Duguit)에 관해서는 *Gesammelte Schriften*, Bd. 2, S. 47, Anm. 65 ff. (김효전 옮김,
　　『주권론』, 관악사, 2004, 27면 주 65 이하) 참조.

사실적으로 정당화 불가능한 지배에 불과하다. 통설적인 독일의 국가이론은 국가 그 자체는 추상이며 국가의 기관들만이 현실적이며 기관들의 배후에는 「아무것도」[7] 존재하지 않는다고 가르쳐 오고 있다. 정치적 경향이 다른 점을 제외한다면, 뒤기의 교설은 그것과 전적으로 같은 것이다. 즉 뒤기는 국가기능을 집행하는 인간은 언제나 자신의 의지를 관철할 뿐이며, 그 의지는 인민의지도 국가의지도 아니다. 인민의지라든가 국가의지는 단지 「하나의 추상물, 하나의 의제」에 불과하다는 것이다. 뒤기에 의하면, 지배에의 권리는 존재하지 않지만 혁명에의 권리는 존재한다는 주장은 다소간 논리적으로 시종일관하고 있다. 법학을 대중심리학의 한 분야로 한 이러한 사회학주의에 의해서는 정치적 개념이나 법적 개념은 화려한 난센스를 범하지 않고서는 단 하나도 형성되지 못한다. 이것은 명백하다. 현대 국가의 계급분열은, 그러므로 뒤기의 「국가는 죽었다」[8]라는 언명을 지지한다고 하더라도 그것을 근거지울 수는 없다. 탈인격화 하는 개념형성은, 신칸트학파보다는 약간 비판적으로 뒤기보다는 약간 소박하게, 다음과 같은 요청에 이른다. 국가는 폐지되어야 하며, 오직 비인격적인 법률만이, 그것도 사회생활의 자연적 산물로서 생겨나는 객관적 「법」 ─ 뒤기에 의하면 실정법의 상위에 서는 「지고법」인 객관적 「법」 ─ 만이 지배해야 한다는 요청이다. 이처럼 나날이 그 내용을 바꾸는 자연법이 선언됨으로써 상술한 국가이론과 법이론에 대한 통찰은 모두 구하지 못하고 막혀버렸다.

그리하여 사회주의와 마르크스주의의 국가이론과 법이론을 동일하게 「유물론적」이라고 하고, 부르주아적 이론을 「관념론적」이라고 하여 뒤기의 이론을 끝내버리려고 하는데 이는 중대한 잘못이다. 양자는 말하자면 은성(krypto)·형이상학적이다. 양자에서 형이상학은 19세기에 있어서의 체험의 중심에 대응해서, 종교적인 것이나 정치적인 것에서 경제적·사회적인 것, 그리고 자연주의적·기술적인 것에로 이동하고 있다. 국가와 법을 기술적·경제적 현실성의 상부구조나 반영으로 보고, 법은 형식이며 경제가 내용이라고 하는 부르주아적 이론가는 무수히 존재한다.[9] 이에 대해서 지정학자는 「영토」야말로 국가의 **실재적 실체**(ens realissimum)인 것을 입증하려고 하며, 인종학자는 그것을 피로 치환하려고 한다. 끝으로 국가의 정신분석가인 것도 존재하며, 정치적·법률적 환상이나 종교적 환상을 다른 모든 환상과 함께 **리비도**(libido)*로 환원하려고 애썼다. 이러한 자연주의의 사변적 형이상학에 대한 공헌은 스콜라적 사변의 최악의 오류와 비견할 수 있다. 그리하여 프로이드에 있어서 「인간사회의 동기는 결국 경제적인 것이다. 인간사회는 그 구성원을 그들의 노동 없이는 유지하는데 충분한 생활수단을 가지지 못하므로 그 구성원의 수를 제한하고, 성적 영위의 에너지를 노동에로 돌리지 않으면 안 된다」[10]. 이러한 존재론

---

7) Georg Jellinek, *Allgemeine Staatslehre* (1900), 3. Aufl., Berlin 1914, S. 560 (김효전 옮김, 『일반 국가학』, 법문사, 2005, 456면) 참조.

8) Duguit, *Le droit social*, 3. Aufl., Paris 1922, S. 40.

9) Rudolf Stammler, *Wirtschaft und Recht nach der materialistischen Geschichtsauffassung* (1896), 5. Aufl., Berlin 1926, S. 211 ff.

10) Sigmund Freud, *Vorlesungen zur Einführung in die Psychoanalyse* (1917), in *Gesammelte Werke*,

에 입각함으로써 국가나 법만이 아니라 전문화에 대해서 실재로서의 성격을 인정하는 것이 거부되며, 그것들은 어떤 「물질적인 것」의 파생체와 기능으로서, 그러므로 의제 내지 이데올로기로서만 이해된다. 그러나 이러한 존재론적 기반은 정치적 · 법학적 개념형 성에 대해서는 치명적인 것도 있다.

사회학적 실증주의는 이론적으로는 불명확한 역사주의로서 나타나는 것이 통례이며, 그것이 철저하게 된다면 국가사상과 법사상의 완전한 파괴를 의미한다. 역사주의는 모든 절대적인 것을 역사적 생성에로 상대화하며, 역사적인 것을 유일한 실재에로 절대화하고, 따라서 모든 사고내용과 그리고 또한 원리적으로는 모든 사고형식을 연화시킨다. 사회학주 의는 모든 사고를 사회적 입장에 구속된다고 인식하며, 역사주의는 일체의 사고의 역사적 피구속성을 강조한다. 실증주의가 사고를 다만 단순히 사회학화하는 데에 그치는 한, 정치적 · 법률적 상황을 어느 정도까지 체계화할 수 있다. 그러나 모든 절대적 본질성이나 모든 사고가 역사화되면, 순간을 초월하는 지각은, 그러므로 모든 개념형성은 원리적으로 불가능하게 된다. 남는 것은 역사에 해소되는, 체계적으로 결합하지 못하는 개개의 것의 직관뿐이다. 이에 대해서 그 개별화 속에서의 개별적인 것은 결코 인식의 대상은 아니다. 그리하여 역사주의는 역사를 결국 의미 없는 사실, 완전히 자율적으로 관련을 상실한 현상들 ─ 개념적으로는 파악불가능하며 단지 직관가능한 생명을 전면에 내세우는데 불과한 현상들 ─ 을 만든다. 역사적인 기초에 입각하여 국가이론과 법이론의 구축이 시도된 경우에 가능했던 것은, 세계사에서의 발췌나 막연함을 벗어나지 못한 개념을 사용한 개개의 국가의 기술 이상은 아니었다. 시종일관하면 이러한 개념들도 역시 부적절하다고 하지 않을 수 없다. 왜냐하면 역사주의적 견해에 따르면, 모든 시대는 거기에 고유한 체계화의 중심점을 가질 뿐만 아니라 그 고유의 개념을 가지며, 나아가서는 그 고유의 인식이론과 논리학을 가지기 때문이다. 헤겔과 마르크스는 역사가 자연법칙에 제약된다는 것을 아직 승인하지 않았다. 그들은 역사에 의해서 이성을 상대화하였는데 그 경우에도 여전히 역사에는 이성이 머무르며, 역사의 전체 과정은 인류사의 목적, 사명을 성취한다는 신앙에 의해서 뒷받침되고 있었다. 여기서는 여전히 전부이고 하나인 것의 관련이 어떤 절대적인 것과의 관계에 있어서 역사의 상대화가 있었다. 그러므로 여기서는 단지 의제적인 이데올로기만을 의미하지 않는 이념과 개념이 존재하고 있었다.

이러한 이성의 역사는 지난 세기의 이 10년 간의 부르주아와 마르크스주의 쌍방에 있어서의 주도적인 역사형이상학이었다. 이제 이 역사신앙도 파괴되고 있으며, 여기에는 처음으로 역사주의와 실증주의와의 승리는 완전한 것이 되고, 국가이론과 법이론과의 가능성은 최종적으로 근저로부터 부정되었다. 주관적 의욕이 자신에 대한 어떠한 당위도 인정하지 않고 의욕과 사고와의 순환 문제가 완전히 해소불가능하게 된 지금, 의식의 모든 내용과 형식은 거의 사회적 권력투쟁의 무기는 되지 못하고, 개개의 권력투쟁에서의 무기가 될 뿐이었다. 남은 것은 순간마다 인간의 행위태도의 외적인 동형성을 실험적으로

---

Bd. 11, London 1940, S. 322 (임홍빈 · 홍혜경 옮김, 『정신분석 강의』, 열린책들, 1997).

하고, 그리하여 가설적인 개념형성을 「검증」하려는 시도이다. 그러나 이러한 개념이 타당
성요구를 내세울 수 있는 것은, 인간은 결코 역사를 갖지 못하며 단지 자연법칙적 필연이
주어질 뿐인 완전히 계산가능한 등가의 소립자인 경우뿐일 것이다.

이러한 사회적 · 역사적 세계의 최종적인 탈환상화(脫幻想化)는 로만 언어권에서는 빌프
레도 파레토*에 의해서 수행되었다. 여기에서는 과학신앙이나 역사에 있어서의 이성은
전적으로 결정적으로 부정되며, 모든 의식은 상대화되어 「잔기」(殘基),* 즉 행위자의 비합
리적 · 개인적 전체상태가 되었다. 파레토에게 플라톤에서 꽁트나 마르크스에 이르는 모든
국가이론이나 모든 국가이상은 단지 저열한 형이상학에 불과하며, 모든 이데올로기는
**만인의 만인에 대한 투쟁**에서의 투쟁수단에 지나지 않는다. 여기서는 확실히 이러한 극단적
인 형식을 취하기에 이른 궁극의 개인주의적 · 합리주의적 실증주의는, 모든 정신은 「절대
적인」 사고, 즉 수리적 · 물리학적인 사고에서 본다면, 항상 비합리적인 의욕의 이데올로기
적 은폐가 되는 다름 아닌 의제라고 본다. 그러나 이러한 의제는, 인간 짐승을 사육하고
길들이기 위해서 필요한 것은 명백하기 때문에 파레토에 의하면, 그것은 국가이론의 기초는
아니라고 해도 국가기술의 기초, 즉 탈환상화 된 시민사회의 네오 마키아벨리주의적 국가기
술의 기초가 되었다. 모든 정치적 · 법학적 사고는 최고도로 개인주의적이며 역사적 · 사회
적인 상황의 표현에 불과하며, 세대나 계급들, 정당들이나 국민들 간의 어떤 의미관련성도
존재하지 않는다면, 이론적 · 실제적인 정치에서도 세대나 계급들, 정당들이나 국민들
간에 어떤 토론의 기초도 어떠한 합리적인 거래도 존재하지 않으며, 존재할 수 있는 것은
단지 적대자를 폭력적으로 타도하는 행위자만이다. 그러한 경우에는 사실상 정치적인
것의 기초 범주는 동지와 적이라는 대개념 ― 이 개념에서는 실존적으로 다른 견해를
취하며, 항쟁시에는 부정해야 할 것으로서의 적에게 강조점이 두어진다 ― 이 된다.[11]
모든 정치와 역사의 의미는 이 경우 적나라한 권력을 둘러싼 투쟁에 있게 되며, 투쟁자는
영원히 동일하고 무의미한 「엘리트의 순환」[12] 속에서 권력을 얻기 위해서는 순간적으로
유효한 이데올로기적 의제를 사용하는 것이 불가피하게 된다. 이러한 「지배의 지식」이라는
권력형이상학이 탈환상화 된 사회주의나 가톨릭주의에서 특히 환영을 받는 것은 이해하기
어렵지 않다.

그리하여 빌프레도 파레토와 혁명적 생디칼리스트인 조르주 소렐*은 파시즘의 정신적
아버지가 되었다. 후자는 동시에 나아가 볼셰비즘의 국가관에 대해서도, 무신론적 가톨릭
주의에 대해서도 강력한 영향력을 행사하였다. 파레토의 개념형성도 완전히 수리적 · 물리
학적이며 정신과학적은 아닌데, 이 사실은 바로 그가 명백히 목표로 하는 실험적 자연과학의
방법에서 유래한다. 그 「객관성」은 물론 다만 동형적 사실의 몰의미적인 외면적 고찰에
대해서 가능하게 되는데 불과하다. 이러한 성과의 확실성에 대해서는 그러나 다름 아닌
자연과학 측에서마저 전혀 이론이 없는 것은 아니다. 고명한 학자들 중에서 실험의 붕괴에

---

11) Carl Schmitt, 후술 S. 479 Anm. 31 (본서, 251면 주 31).
12) Vilfredo Pareto, *Les système socialistes*, 2. Aufl., Paris 1926, t. 1, S. 47 참조.

대해서 논하는 사람마저 있는 것이다.13)

　모든 정신적 내용의 해체라는 이러한 참으로 무서운 사태에 직면하여, 오늘날 국가이론과 법이론의 파괴를 형식적인 아프리오리즘에 의해서 저지할 수 있다고 믿는 이론가는 여전히 적지 않다. 이 형식적인 아프리오리즘에 입각하는 신칸트학파의 타당론은 정신적 내용을 포기하고, 초사회적이며 몰역사적인 「순수」형식을 유지함으로써 역사적 · 사회적인 것을 둘러싼 문제성을 회피할 수 있다고 오신한다. 현대의 개념형성론은 이 비판주의에 두 개의 가치 있는 성과를 힘입고 있다. 하나는 심리학주의의 극복 — 예컨대 법규범에 대한 심리학적 표상은 법규범 그 자체와는 별개라는 인식 — 그리고 존재와 당위의 원리적인 현상학적 구별이다. 서남독일학파의 신칸트주의로부터는 나아가 처음에 게오르그 옐리네크에 의해서 정립되고 뒤에 막스 베버에 의해서 완성된 이념형적 관념론이 주어졌다.

　정치적 · 법학적 개념형성의 쇄신에 대한 이러한 기여가 그토록 각별하였다고 하더라도, 형이상학에서 자유로운 형식주의는 원칙적으로 역시 자연주의적 및 역사주의적 실증주의가 가져오는 위험을 저지하고, 국가이론과 법이론에 이용가치 있는 개념형성을 제공할 수는 없다. 마부르크학파의 신칸트주의는 이념형적 개념형성에는 손대지 않는다고 생각한 점에서 전적으로 시종일관하였다는 것을 아주 도외시하더라도, 리케르트의 일반화적 개념형성과 개성화적 개념형성에의 이분론도 바로 국가이론과 법이론상의 개념들을 그 양자 사이에서 가로 지르려고 한다. 그 위에 서남독일학파의 타당철학자에게는 이념형적 개념형성을 기초지울 수 있는 형이상학이나 윤리학도 결여되어 있다. 그러나 모든 신칸트주의자는 인간의 인식은 형이상학 없이 가능하다는 실증주의의 미신을 다소나마 공유하고 있으며, 그럼으로써 자신들이 모든 구체적 가치가 믿기 어려운 것이 되어버린 시대의 아들이라는 것을 증명하고 있다. 원래 칸트 자신의 학문적 이상은 수학적인 것이었으나, 신칸트주의자들은 「법칙」과 법칙을 나타내는 개념을 유일한 인식목표로 보지 않을 수 없다. 자연법학자로서의 칸트는 여전히 규범적 내용들에 저초하고 있었다. 신칸트주의자들은 형이상학적인 칸트를 말살하였다. 그들은 순수하게 논리적인 추상화절차에 의해서 어떤 보편타당성으로 도달가능하다고 오신하고, 양적 보편성과 질적 정당성의 혼동으로 생활하는 것이다. 추상적 · 보편적인 것을 규범적인 것에로 옥죄임으로써 형식논리적인 타당성은 이미 정치적 · 법적 타당성과 구별할 수 없게 된다. 개념들이 일체의 경험적인 것에서 순화됨으로써 개별과학의 보편적 전제들도 이미 정식화 불가능하게 되며, 「의식일반」, 「형식 일반」, 「가치 일반」을 뛰어넘을 가능성은 없게 된다. 이러한 카테고리에서 정치적 · 법적 세계로 이르는 길은 존재하지 않는다. 전제로서 완전히 형식적인 것에서는 어떤 구체적인 내용도 이끌어낼 수는 없다. 따라서 이러한 추상적 형식주의가 국가이론과 법이론을 다루기 위해서는 이러한 순수한 형식과 규범의 저 초월계에 경험적 역사로부터 끊임없는 불법적인 도용을 할 수 없게 함으로써만 가능하다.

---

13) Hugo Dingler, *Der Zusammenbruch der Wissenschaft und der Primat der Philosophie*, München 1926, 참조. S. 140.

　신칸트주의의 몰형이상학성과 내용의 결여는, 그러나 형식적 아프리오리주의자를 자연주의에 기초를 두고 실증주의자의 즐거운 동조자로 만든다. 그렇지만 상술한 순수한 형식과 가치는 체험적인 정치적·법적 현실과 근소한 관련도 가지지 아니한다. 그러므로 이러한 형식과 가치는 실증주의를 완전히 귀찮게 하지 않을 뿐만 아니라 거기에 철학적 분식을 제공하기도 한다. 세계는 간단하게 철저히 다른 두 개의 영역으로 분할된다. 즉 순수한 형식과 가치로 구성되는 이상의 왕국과 인과법칙이 지배하는 현실의 왕국이다. 순수한 형식과 규범은 형성하며 아무것도 규범지우지 못한다. 그러므로 이들 두 개의 왕국은 어떤 갈등에도 빠지지 않는다. 따라서 형식과 내용, 존재와 당위는 동일한 현실의 양면으로서 인식되지 않는다. 이 현실은 변증법적으로 이분화된 통일체라고는 인식되지 않으며, 존재적 이중성으로서 실체화된다. 그리하여 형식은 임의의 내용을 수용할 수 있으며, 내용은 모든 임의적인 형식을 받아들일 수 있게 된다. 형식 없는 내용, 내용 없는 형식, 당위되지 않는 존재, 존재하지 않는 당위, 이것이야말로 유령같은 비현실이라는 무대에서는 참으로 신화적인 배우들이다. 이러한 종류의 추상적 관념론은 실증주의의 유사철학적 상관물이며, 현대 국가이론과 법이론에서 오늘날 널리 인구에 회자하는 학설이다. 그리고 그러한 국가이론과 법이론에서는 곧 추상적인 형식이 내용을 폭력화하며, 곧 내용과 형식은 결코 서로 관련을 가지지 않는다.

　사고과학에서의 개념형성은 추상적 보편성을 구체화 속에만 존재하는 규범성과 혼동하는데, 이러한 개념형성은 국가이론에서는 전혀 불모지이다. 그것은 어떠한 역사적 구조도, 어떠한 개별적 전체성도, 어떠한 구체적인 과정도 파악하지 못하며, 그러므로 국가도 실정법도 파악하지 못하기 때문이다. 윤리, 법 그리고 역사적·정치적 존재를 이처럼 논리화하는 것은 정신사적으로는 형이상학적 합리주의에 뿌리를 가지지만, 심리학적으로는 안전성에로의 욕구에서 나온다. 이러한 욕구에서 나오는 신념 없는 결정무능력은 국가라는 역사적·개체적인 의지통일성의 동태에, 그리고 계속적으로 전변하며 계속적으로 의지행위에 의해서 타당한 것이 되고 유지해야할 법의 불안정성에 견디지 못한다. 안전성에 대한 욕구는 이러한 질서라는 정태로 치환하려고 한 생명의 감정은 「자연법칙」을 모방한 다음과 같은 자연법에 의해서 생명을 구속하려고 한다. 「[그것은] 신도 이를 변경할 수 없을 정도이다. … [.] 그러므로 신마저도 2 더하기 2는 4가 된다는 것처럼 본질적으로 악한 것을 악하지 않게는 전혀 할 수 없다」.[14] 이성적 자연법은 여전히 불변의 법제도와 정치적·법률적 개념의 실재와 인식가능성을 믿고 있었다. 오늘날의 형식적 아프리오리주의자로부터는 이러한 신앙은 오래 전에 소실하고 있다. 그 일반철학이 알고 있는 것은 단지 역사적·사회적·국민적 차이나 개인적 결단을 고려하지 않고, 논리적·수학적 보편타당성을 주장하는 개념형성만이다. 경험적 일회성으로서의 모든 현실은 이러한 법칙성을 파괴하지 않을 수 없으며, 따라서 자의나 우연으로서 이해하지 않을 수 없다. 그리고 모든 역사는 무의미한 것에 대한 자의적인 의미부여가 된다. 이러한 세계관의 정치적·법적

14) Hugo Grotius, *De jure belli ac pacis* (1625), lib. 1, ch. 1, § 10, v.

이상은 함축성 있는 평범 속에 이렇게 요약된다. 즉「완전히 감정 없고 인격과는 거리가 먼 질서를 우리들은 지식의 영역에서는 수학이라 부르고 의지가 지배하는 영역에서는 국가라고 부른다. 이러한 순수 수학만이 오래 전부터 자연에서 나온 인류를 몰락 그 자체로부터 구출할 수 있다. 모든 국민적인 자연의 성향, 모든 인격적 감정이 보장되는 것은 논리나 윤리처럼 질서 그 자체가 모든 인격적인 것과 국민적인 것으로부터 독립한 경우만이다」.15) 그리하여 논리적 개념형성은 역사주의의 대극으로 끝난다. 그것은 합리적 형식이라는 슈타틱을 사용하여 모든 현실적인 것을 폭력적으로 왜곡하려는 시도에 의해서 모든 존재내용을 상실하고, 이론적으로는 형식주의로 끝나는데, 그것은 실천적으로는 모든 사고형식을 파괴하는 역사주의가 자의에 이른 것과 마찬가지이다.

지금까지 현대의 국가이론과 법이론에 의한 개념형성의 상황을 결코 과도하게 음울하게 묘사해온 것은 아니다. 여하튼 이러한 상황은 압도적 다수의 대표적인 전문가들이 이들 학문의 상황에 대해서 품고 있는 견해와는 뚜렷하게 대조를 이룬다. 그러나 역시 대부분의 사람이 이미 전적으로 불확실하게 된 신앙 중에서 살아있는 것은 물론이며, 그러므로 대략 2세대 이래 이러한 학과는 역사적 · 사회학적 그리고 철학적인 개념형성의 상술한 불확실함으로부터 몸을 떠나 시대의 어떠한 위기에도 저항하면서 안전한 피난처 항구로 도달할 수 있었던 것이다. 이러한 코스는「법학적인」방법이라는 자랑스러운 깃발을 내걸었다. 이 방법의「객관적」입장에서 볼 때 불확실한 주관적 결정에 기초를 두는 불안정한 개념은「비법학적」인 것으로서 배척된다. 다른 모든 학문은 ― 자연과학도 예외는 아니다 ― 이처럼 매우 위기적인 상황에 대해서 다소간 명료한 의식을 가지고 있는데, 이 의식은 사법학에는 전적으로 결여되어 있으며, 또한 대부분의 법률학 문헌에도 마찬가지로 결여되어 있다. 이와 같이 오늘날의 법률가 세대에서는 법학은 현재로서는「그 방법에 관해서만이 아니라 그 대상에 관해서도 해체로 향하는 불안함을 드러내고 있다」16)는 사실이 인정되는 것은 확실히 드문데, 그러나 소수의 사람들은 그 학문의 어떤 불확실성을 인정하는 말을 하기 시작하며 그 수는 증대하고 있다.

일찍이 상찬되었던 법학적 방법의 핵심은 어디에 있는가 하는 문제를 제기하면, 유감스럽게도 매우 조잡하고 매우 적은 말로, 대부분은 여전히 거의 불명확한 대답만 하며 언제나 기껏해야 다소 자연주의적이며 심리학주의적 특징을 수반한 논리주의적 실증주의, 그러므로 대체로 논리적 · 수학적 개념형성이 문제로 되는 정도이다. 법학적 해석학에 대해서 결정적인 역사적 · 체계적 개념형성에 관한 문제는 몰역사적 체계화의 방향으로 해결된 모습을 드러내는데, 실제로 그 문제는 회피된 것에 불과하다. 앞에서 역사에 대한 불안에서 유래하는 결정에 대한 불안에 관하여 서술한 것은, 모두 한자 한 마디 이 점에도 타당하다. 이러한 법학적 방법개념들에 보이는 전적으로 자신 있는 객관성은 그 기초를 음미하자마자 곧 스스로 붕괴한다. 어떻게 그 이외일 수 있는가?! 그러한 관점에는 역사 · 정치 그리고

15) Theodor Lessing (1872-1933).
16) Walter Schönfeld (1888-1958).

철학에서 제거된 역사적 · 체계적 개념형성에 관련된 문제성이 들어갈 여지가 없는 법학적 영역의 존재가 전제로 되는데, 그것이 오류란 것은 명백하다. 이것은 집의 지붕이 내 기초는 불안정하므로 나는 내 기초를 포기하고 내 발로 독립한다고 선언하는 것과 아주 같을 것이다. 실제로 바로 오늘날의 법실증주의의 성과는 모든 법학적 구성과 체계화가 어느 정도 그 기초를 이루는 형이상학에 계속 의존하는가를 특히 명료하게 보여주고 있다. 왜냐하면 그 개념적 논리주의와 수학주의는 단순히 자연주의적 형이상학의 징후로서만 이해해야 하기 때문이다.

이러한 종류의 개념형성의 매우 소박한 형식은 이 학파의 영수인 라반트에게서 인식할 수 있다. 그에 의하면, 법해석론의 학문적 과제는 「개개의 법명제를 보편개념으로 환원하고 다른 면에서 이러한 개념에서 생기는 결론을 이끌어내는 데에 있다. 이것은 현행 실정법규의 구명, 즉 가공해야 할 소재에로의 완전한 통효와 정통이라는 것을 별도로 한다면 순수하게 논리적인 사고활동이다 [.] .. 모든 역사적 · 정치적 · 철학적 고찰은 그 자신 어떻게 가치 있는 것이든 구체적 법소재의 해석론에 대해서는 의의를 갖지 못한다」.[17] 이처럼 일반화하는 추상화만은 결코 하나의 실정법상의 제도조차 파악할 수 없는 것, 모든 법은 존재에 뿌리를 두는 현실성을 가지는 것으로서 역사적으로 개성적인 측면을 가지는 것, 예컨대 독일 제국의 특성은 구래의 법학적 개념 카테고리의 어떤 것도 적합하지 않은 것, 이러한 모든 것을 라반트는 기초에 있는 형이상학을 드러내기에 충분히 명료한 다음의 말을 사용하여 처리하려고 생각하였다. 「본래 독일 헌법은 모든 구체적인 법적 형태와 마찬가지로, 보편적 법개념의 사실상의 적용과 결합에 불과하다. 보다 고차이고 보다 보편적인 법개념에 결코 복종할 수 없는 새로운 법제도와 같은 것은, 새로운 논리적 카테고리의 발견이라든가 새로운 자연력의 성립은 있을 수 없는 것과 아주 마찬가지로 있을 수 없는 것이다」.[18] 이 말의 배후에는 이제는 소멸된 계몽자연법의 **자연의 질서**가 잠재하고 있다. 이 **자연의 질서**에서 실증주의자의 「보편적 법개념」이 ― 그들 쪽이 우수하다고 말하는 것이 아니라 ― 구별되는 것은, 그들이 자신들의 객관성을 그것이 영원한 정의이기 때문에 믿는 것을 이미 포기하며, 논리적 내지 수리적 · 물리학적 법칙의 결정력을 갖지 아니한 객관성만을 주장할 뿐이라는 점에서이다.

이러한 실증주의는 그 성과를 직접적으로 「주어진」 소재로부터 연역할 수 있다고 믿는데, 그것은 ― 고작해야 ― 자기기만에 굴복할 뿐이다. 이것은 상술한 대로 명백하다. 이러한 종류의 법학적 실증주의는 대부분 법률 외에 사법에서 형성되고 오랫동안 습관에 의해서 자명시되기에 이른 어떤 법개념을 형이상학적으로 실체화함으로써 논리적 · 수학적 객관성이라는 허위의 외관을 얻는다. 이러한 절차는 법학에 대해서는 이미 그로티우스 이래 알고 있다. 그리하여 예컨대 라반트는 비스마르크 제국에 있어서의 황제의 지위에 대해서 그것은 「법률적으로 정확하게 규정한다면」, 「사적 단체에서 이사 또는 장으로 불리는」[19]

---

17) Paul Laband, *Das Staatsrecht des Deutschen Reiches*, 5. Aufl., Tübingen 1911, Bd. 1, S. ix.
18) AaO., Bd. 1, S. VI.

것과 같으며, 제국이라는 공법상의 단체의 기관과 동일한 것이라고 생각한다. 「그 권한과 의무, 그 — 말하자면 관직으로서의 — 직무는 법인의 이사 또는 장이 모두 가지고 있는 권한이나 의무와 본질적으로 일치한다」.[20] 대원수로서 보더라도 그 지위는 제국의 권력수 단의 「관리자」와 다를 바가 없다. 보통 행정 내지 「집행」(Exekutive)이라고 불리는 것도 사법에서 형성된 「사무관리」(Geschäftsführung)[21]라는 개념과 일치한다는 것이다.

그런데 단체이사라는 개념이 사실상 황제라는 개념을 일정한 논리적 가능성으로서 포함한다는 것은, 양자에게 정도는 크게 다를지라도 하나의 대표적 결정권력이 귀속하는 한에서이다. 그러나 라반트는 여기서 생각한 논리적 연관을 일관했다거나 그것을 통찰한 것과는 거리가 멀다. 그는 항상 대리와 대표를 동일시한다. 그에게 있어서 법해석학의 학문적 과제는 「개개의 법명제를 보다 보편적인 개념에로 환원하고, 다른 면에서 이런 개념에서 생기는 여러 귀결들을 도출하는 데」에 있다. 더구나 법해석학의 과제의 해결을 위해서는 「논리 이외의 어떠한 수단도」[22] 존재하지 않기 때문에, 이러한 라반트의 개념형 성이 전혀 무의미한 것은 물론이다. 왜냐하면 이 경우 저 「보다 보편적인 개념」이란 단순한 유개념이며 거기에서는 어떠한 역사적 · 개성적 법제도의 법학적 성질은 아무것도 도출되 지 않기 때문이다. 사무관리자 또는 단체이사와 같은 개념 중에 독일 황제의 권리의무가 「본질적으로」 포함된다고 도대체 어떻게 주장할 수 있을까? 이처럼 「순수한 형식들」은 경험에서 대대적으로 차용하는 경우에만, 그것들은 마치 어떤 본질적인 것이 그것들이 도출될 수 있는 것처럼 허위의 외견을 야기할 수 있다. 라반트가 사무관리인 유개념을 군주라는 그것에 비하여 훨씬 좁은 개념으로 치환하려고 하는 경우조차 이처럼 일반화적 추상화에 의해서만 얻어진 개념에서는 구체적 독일 제국에 관해서는 절대적으로 아무것도 연역할 수 없으며, 게오르그 옐리네크가 생각하듯이, 「자연적 의사에 의해서」[23] 인도되는 국가의 특성도 원래 연역되는 것은 아니다. 왜냐하면 저 유개념은 구체적 대상의 개체성을 거의 보증하지 못하며, 그 순수하게 논리적인 가능성은 매우 다양한 것을 포괄하며, 그리스 의 양두제조차 배제하지 못한다. 그리고 그 결과 거기에는 어떠한 논리적 규범성도 귀속하지 않기 때문이다.

논리적 실증주의의 이러한 개념형성이 논리에 의한 역사의 방법적 극복에까지 나아갔다고 하더라도 결코 놀라서는 안 된다. 순수하게 논리적인 연역과 객관성이라는 외관을 그것이 유지할 수 있는 것은 매우 상대적인 현실을 다른 방법이 논리적으로 불가능한 것으로서 절대화함으로써이다. 예컨대 라반트는 이러한 방법으로 라이히 하원의원에게는 철도 무임승 차가 부여되지 않는다는 당시의 실정 제도를 기초지우며 이렇게 말한다. 즉 「철도 무임승차가 주어진다면 아주 마찬가지로 베를린에서도 무료 짐마차를 제국의 비용으로 하원의원에게

19) AaO., Bd. 1, S. 228.
20) Ebd.
21) AaO., Bd. 1, S. 231.
22) AaO., Bd. 1, S. IX.
23) Jellinek, *Staatslehre* (siehe Anm. 7), S. 669 (역서, 541면).

제공해도 좋게 될 것이다. 나아가서 무료인 호텔의 숙박이나 식사, 극장의 입장권 등까지 제공해도 좋다고 할 것이다」.[24] 그런데 왜 안 되는가? 이에 대해서는 아무런 설명도 없다. 하원의원이 라반트의 책 『제국 국법론』을 제국의 비용으로 증정받는 경우, 논리적으로는 확실히 불가능할 것이다. 이러한 논리적 가능성은 당시에는 동시에 또한 역사적·정치적 가능성도 있었다는 점을 전적으로 도외시한 것이다. 이처럼 존재에 뿌리를 두지 않는 의론을 사용한다면 전세계사를 반박하는 것도 전혀 용이하게 될 것이 틀림없다. 그러나 논리적 가능성은 확실히 모든 역사적·정치적 현실의 논리적 조건인데 그것이 이 구체적 현실에 유리하게 움직이는가 불리하게 움직이는가에 대해서는 아무것도 말하지 않는다.

이러한 사고과학적 개념형성의 전제에 있는 것 ─ 이라기보다는 그것의 산물과 같다는 쪽이 정당한데 ─ 은 법질서는 논리적으로 완결되어 있다는 도그마이다. 이 도그마에 따르면 법은 그것이 「규율되는 소재에 관해서는 거의 아무것도 포함하지 아니한」 경우마저, 언제나 무흠결한 전체성이라고 한다. 「그것은 자신의 영역에서 논리적 확장력을 가지며 그것이 어떠한 순간도 법적 판단의 필요성을 전적으로 은폐해버리기」[25] 때문이다. 법학적 실증주의는 법 ─ 그것은 대부분 법률과 동일시되는데 ─ 을 자연적 사물 간에 성립한다는 유추에 따라서 취급해야 할 「실증적 사실」 ─ 절대적으로 객관적인 해석을 원리적으로 가능케 하는 사실 ─ 로 본다. 법학적 실증주의에 대해서는 어떠한 경우에도 유일한 「참다운」 해석만이 존재하며 그것을 법률가는 어떠한 「초법학적인」 규범에 방향지우는 자신의 결정에서 독립하여, 다만 실정법과 건전한 사람에게 이해가능한 논리에서만 일반화적 추상화와 포섭을 통해서 발견할 수 있다고 본다. 논리주의적 실증주의의 이러한 완결성 도그마는 자연법의 유산의 퇴락태이며 통상 생각하는 것과는 달리 역사법학파의 실증주의에서 유래하는 것은 결코 아니다. 왜냐하면 역사적으로 변화할 수 있는 민족정신으로 이루는 법의 설명과 해석은, 그곳이 입장에 구속된다는 것을 요청하며, 논리주의적 개념형성을 배제하기 때문이다. 이러한 자연법적 관념이 논리주의적 실증주의에서 퇴락하였다는 것은, 참된 자연법은 실정법명제를 순수논리에 의해서가 아니라 내용적 규범에 의해서 해석·보충·치환하려고 하였기 때문이다. 순수논리에 의해서 법학적 체계를 구축해야 한다는 것을 처음으로 믿은 것은 실증주의였는데, 그 실증주의의 형이상학과 윤리는 정신적인 것을 합리적 법칙의 실현의 시도로 이해한 것에 불과하였다. 실증주의에 대해서는 모든 내용적 규범이나 모든 역사적·개별적 정신성은 믿을 수 없는 것이 되고 있었다.

다만 그러한 정신적 태도가 생각할 수 있는 것은, 법률학의 개념형성을 모든 역사적·정치적인 존재로부터 급진적으로 해방함으로써 법률학을 객관적 과학의 영역으로 높일 수 있다는 것이다. 법학의 이러한 논리화와 수학화는 이미 러시아인 파흐만에 의해서

---

24) Paul Laband, *Das Staatsrecht des Deutschen Reiches*, 1. Aufl., Tübingen 1876, S. 577 Anm. 1. 이 논평은 이후의 판에서는 없는데, 그 후 하원의원은 1906년 5월 21일의 라이히 법률 제1조에 의해서 섭생을 받게 되었다.

25) Karl Bergbohm, *Jurisprudenz und Rechtsphilosophie*, Bd. 1, Leipzig 1892, S. 387.

강령적으로 선언되었다. 법학은 그 개념적 정확함을 얻으려고 하는 노력 때문에 이미 고대 이래 수학과 비교되어 왔다. 그러나 파흐만은 그 이상의 것을 서술하려고 하지 않는다. 그의 견해에 의하면, 수학적 요청은 「본래의 의미에서의 전체 법학의 기초」[26]를 이루고 있다. 한쪽의 「수학적 양」의 「논리학」인 이러한 본래의 법률학과, 다른 쪽의 법에 대한 사회적 또는 역사적인 학문 간에는 「어떠한 공통성」도 존재하지 않으며, 또한 존재하지 못한다.[27] 전자의 진보는 그것이 일체의 이종의 요소, 특히 일체의 사회적인 요소에서 해방된 것에 대한 자기이해에 입각하고 있다. 다른 모든 학문과 마찬가지로, 본래의 법학도 현상들 간의 항상적이며 동형적인 상호관계를 「법칙」으로서 제시한다는 과제를 가지고 있다. 이 과제는 역사에서 독립하여 수행될 수 있으며, 또한 그래야 한다. 이 목적을 위해서 현상들은 「말하자면 시계열에서가 아니라 공간에서 전체의 요소로서 논리적 유기체의 요소로서 연구대상」이 되어야 한다고 주장한다.[28]

한 세대 후에 존재와는 거리가 먼 「기하학」으로서의 법학이라는 이러한 프로그램은 적어도 그 의도에서 본다면, 「순수」한 법학에 의해서 법현실이라는 당위된 존재의 완전한 파괴를 통해서 실현되었다. 법학적 심리주의에 반대하여 타당문제는 심리학적으로 처리불가능하다는 것을 분명히 강조한 점에서, 이 비판적 실증주의가 공적을 이룬 것에 의심할 여지는 없다. 그리하여 법학적 심리주의에는 어떠한 규범성도 결여되어 있는데, 그러나 비판적 실증주의 쪽도 법학적 타당성, 즉 구체적·내용적 입장에 구속된 타당성과는 전혀 관계 없는 것이다. 그것은 다만 「타당성 일반」에 관계될 뿐이며, 따라서 실정성 없는 실증주의라고 하지 않을 수 없다. 보편적인 것을 보편적인 것으로서 파악하는 것은 불가능한 것, 모든 정신과학적 창조는 보편적인 것의 역사적·개성적인 형태에서의 현실화에 구속되어 있다는 것, 이것에 비추어 본다면 사회학·윤리학 그리고 형이상학을 배제하는 이러한 방법적 「순수성」이 가져오는 성과가 어떤 것인가는 아무런 의문의 여지도 없다. 순수한 고찰이, 즉 사고과학적 고찰이 시종일관한다면, 모든 역사적 차이를 흡수하는 데에 성공할 것은 자명하다. 그렇지만 일관된 형식주의는 원래 논리적 통일성 이외의 통일성을 알지 못한다. 거기에서 문제는 여전히 계속해서 문제이며, 이처럼 국가 또는 법으로부터 순화된 사고에 대해서는 국가이론 또는 법이론의 구축에 반박해야할 것이 원래 여전히 무언가 남아 있는데, 남아 있다면 어째서 일까 하는 것이다. 그러면 확실히 논리학에 의한 역사의 이러한 방법적 극복이라는 의도에는, 「규범논리」에 의한 국가의 법제사적인 극복이 일치한다. 그런데 이러한 귀결은 순수법학에 대해서 현실의 국가에 대응하는 100 페이지 이상이나 되는 일반 「국가」학의 탄생을 방해하는 것은 아니다. 순수법학은 그러나 국가로부터 순화된 법학일 뿐만 아니라 법으로부터 순화된 법학이기도 하다. 이것이 그 의도에 적합한 것이라고

---

26) Semen Vikentevich Pachmann, *Über die gegewärtige Bewegung in der Rechtswissenschaft* (Rede; Ori. russisch), Berlin 1882, S. 47.

27) AaO., S. 48 f.

28) AaO., S. 68.

는 도저히 말할 수 없다. 그럼에도 불구하고 역사적 사실성과 「초법률학적」 윤리에 기초지워진 실정법의 극복은, 이러한 순수성으로부터 방법상 필연적으로 생기는 결과라고 하지 않을 수 없다. 역사적 · 개성적 형상에 의해서도, 시간적 · 공간적으로 조건지워진 국가에 의해서도, 또한 역사적으로 구체화된 도덕이나 역사적으로 실정적인 법에 의해서도 전혀 방해받지 않는 사고는, 모든 질적 특수성을 도외시하고, 수리적 물리학이라는 모델에 따라서 전세계를 순수하게 등가의 관계나 그것에 대응하는 관계개념에로 해소된다. 이러한 개념형성의 귀결은 모든 역사적 · 정치적 특수성이 서로 혼합하여 없어진다는 것이다. 왜냐하면 자기완결적인 연관이나 형상을 기초지우고 통합할 수 있는 실체개념이 거기에는 결코 존재하지 않기 때문이다. 모든 소가 검고 모든 현상이 대체가능한 어둠은 모든 정신과학적 개념을 변질시키지 않을 수 없다. 이제 사람은 켈젠과 함께 임의로 국가를 법질서와 등치하고, 국제법상의 공동체를 국가와 등치할 수 있다. 모든 국가는 법치국가가 되며, 법은 어떠한 내용을 가질 수 있으며, 법인이란 그것을 매개로 「모든 법률관계」를 인격화할 수 있지만,29) 그러나 반드시 그래야만 하는 것은 아닌 이상, 「법률가의 재량에 맡겨진 구성체」가 된다. 국가의 주권은 법의 실정성과 동일시되는 경우에는 법인식의 통일성과 순수성과의 심볼만이, 다른 한편으로는 보편적 국제법질서의 특성일 수도 있다. 그러나 이러한 국가의 주권은 최종적으로는 「근본적으로 구축되어야」30) 한다는 것이다. 그리하여 예민한 감각을 가지고 정신과학적으로 개념을 형성하는 자는 역사적 생명의 현실에 관한 것을 낡은 폐습으로서, 거기에서 벗어나면서 항상 상대적으로만 합리적인 현실의 논리구조를 이해하는 것이 아니라, 그것을 논리적으로 가능한 것에 대치하려고 하는데, 그렇게 하자마자 자의와 개념적 아나키로 전락해 버린다. 이러한 논리적 · 수학적 개념형성의 가장 시종일관한 형태는 자신이 만들어낸 어둠 일반 속에서 여전히 법학적으로 구별할 수 있다면, 그것은 「순수한」 형식이 아니라 역사적 · 사회적으로 제약된 형식도 안중에 넣고 있기 때문이다.

전혀 다른 세계에서 유래하는 이념화하는 개념형성이라는 후설의 현상학의 개념론이 이러한 순수형식의 제국, 전실정적인 법률학적 본질법칙성을 해명함에 있어서 이론적 기초를 제공한다는 주장이 타당한가의 여부에 대해서는 여기서 유보해 두기로 한다. 왜냐하면 켈젠의 경우와는 달리, 현상학에 대해서는 존재-당위의 이원론은 궁극적인 대립이 아니며, 현상학의 본질직관은 항상 존재에 뿌리를 두고 있으며, 특히 거기에서 말하는 초시간적인 법률학적 본질성은 현실의 법(ein Recht)도 법인 것(das Recht)도 아니며 고작해야 실정법의 논리적 조건에 불과하기 때문이다. 물론 현상학이 「질의 수학」이라고 믿고,31) 그 개념이 사고과학의 명증성을 가지는 것인 한, 논리주의적 실증주의에 대해서

---

29) Hans Kelsen, *Das Problem der Souveränität und die Theorie des Völkerrechts*, Tübingen 1920, S. 292.

30) AaO., S. 320.

31) Hermann Heller, "Die Krisis der Staatslehre," siehe *Gesammelte Schriften*, Bd. 2, S. 18, Anm. 44 (본서, 137면 주 44) 참조.

가지고 나온 모든 비난이 현상학에도 타당하다.

  그러므로 비판적 실증주의도 몰비판적 실증주의도 동일하게 정신과학적 개념형성과는 거리가 멀다. 칸트의 형이상학과 윤리학을 빼앗은 칸트주의자도 여전히 「순수」라고 칭하는 법학적 형식이나 타당성을 그 자체로서 정초할 수는 있다. 그러나 그러한 칸트주의자는 실정법의 타당성을 확보할 수는 없다. 그 결과 형식이 아무리 절대적일지라도 법의 내용은 신칸트주의에 있어서는 역사와의 관계에서 상대적인 것이 될 뿐만 아니라 — 이것은 역사에 대한 불안이 피하려고 한 바로 그것이었다 — 간단히 주관적인 자의에 맡겨버리게 된다.

  사실 영원한 형식과 일반적인 법개념에 대해서도 이러한 논리주의적 실증주의의 법내용과 비교할 때 상황은 더 낫다고 말할 수 없다. 특히 실증주의적 법개념 그 자체에 대해서 말하면, 그것은 아무런 보편타당한 것도 필연적인 것도 그 자체로서 포함한 것으로 다루어야 하며, 다소간 자의적인 합목적성의 문제인 것이 의식되고 있다. 실증주의자는 이러한 개념을 법경험이라고 부른 것 — 그것의 법경험으로서의 성격에 대해서는 의문이 있지만 — 으로부터의 일반화적 추상화에 의해서 형성되고 있다. 실증주의자는 법개념을 예컨대 국제법과 교회법을 법이라고 볼 것인가의 여부에 따라서 다양하게 다른 것으로서 형성가능한 경험적 유개념으로 본다. 실증주의는 형이상학과 윤리를 원칙적으로 무시하려고 하기 때문에, 그 이외의 다른 어떤 방법도 취할 수 없다. 왜냐하면 법개념은 법의 이념 — 그것은 법개념과 동일한 것은 아니다 — 그와 같이 해서는 형성될 수 없으며, 이 법의 이념은 초실정적·논리적 그리고 인류적 법원칙과의 관계에서 실정법을 상대화하지 않고는 형성될 수 없기 때문이다. 이러한 예가 충분히 증명하듯이, 논리적·수학적 개념형성은 법형식의 논리화를 시도하더라도, 모든 역사적·개성적 법내용이 정태적으로 변화하지 않는 형식세계에 의해서 파악된다는 신념을 가지고 있었다고 하더라도, 결코 보편타당한 법형식개념에로 도달할 수는 없는 것이다.

  그리하여 역사와 결정에 대한 불안에서 논리적·수학적 과학의 객관성과 명증성을 추구하려고 하는 법률학이 가져온 성과는 바로 역사적 사회학주의 이외에 아무것도 아니다. 이 양자는 불가지론과 절대적 상대주의에 도달한다. 역사적 생성 일반의 고뇌에 찬 불확실성과 심지어 혁명적 무질서를 위협이라고 느끼는 부르주아의 안전성에 대한 욕구는, 정치학에서 정치를 추방하고, 법적 질서를 절대적으로 계산가능한 안전성과 등치한다. 「국가란 것은」 하고, 이러한 법학적 방법의 아버지인 게르버는 말하기를, 「다양한 견해 위에 기초지워진 것으로 불확실하고 불안정한 현실존재를 가질 수 있을 뿐이다.」[32]라고. 이러한 법학적 방법 그 자체는 마치 「다양한 견해」 없이 성립하는 것처럼 이렇게 서술한다! 그러나 기이르케는 라반트의 저작 속에 「종래의 입헌주의원리에 대해서 엄밀하게 말하면 정합성이 결여된 많은 양보를 함으로써 완화되고 있을 뿐인 절대주의적인 특징이 존재하는 것」[33]을

32) Carl Friedrich v. Gerber, *Über öffentliche Rechte*, Tübingen 1852, S. 21.
33) Otto v. Gierke, "Labands Staatsrecht und die deutsche Rechtswissenschaft," in *Schmollers Jahrbuch für Gesetzgebung, Verwaltung und Volkswirtschaft*, 7 (1883), S. 1131.

아주 정당하게도 간파하고 있었다. 또한 순수법학의 이론가인 켈젠이 법학적인 문제를 신중하게 멀리하는 경우에 반드시 각 페이지마다 민주적 자유주의(Demoliberalismus)가 각주로서 붙여야 할 것은 아닌가?

그러나 어떻게 순수한 사고는 어떤 법학적인 성과를, 즉 역사적인 존재에 대해서 적절한 형식이나 요청인 성과를 제공할 수 있을 것인가? 확실히 모든 법학적인 인식의 목표는 언제나 그때그때의 존재하는 어떠한 것도 전면적으로는 중첩하지 않는 타당개념이다. 인민주권의 개념도 또한 — 이것은 독일의 저널리스트들이 자주 망각하는 것인데 — 군주제의 개념도 존재개념일 수는 없다. 타당개념은 어떠한 역사적 현실에서도 실현되지 못하며, 또한 실현될 수 없는 정신적 무조건성을 표현하고 있다. 이 한 점에서 논리적 타당개념과 법학적 타당개념은 일치한다. 다만, 순수 사고과학의 형식은 자신에게 향해진 정신적 행위와는 독립하여 타당한데, 존재로 충만한 법률학의 형식은 다만 오로지 자신의 존재와 그 구체적인 존재를 자신의 의미를 실현하는 역사적 행위와 함께 유지할 수 있을 뿐이다. 이 점에서 이들 두 개의 형식은 근본적으로 다르다. 법학적이며 일체의 정신적인 객관화 또는 의미관련은, 논리적 형상처럼 우리들의 정신적 행위로부터 해방된 추상적인 현실존재를 가지는 것은 아니다. 법은 장래의 규범내용을 긍정하고 형성하는 선언적 의사결정에 의해서만 성립한다. 논리적 명제는 나의 의지로 향하는 것이 아니라 타당성 일반을 가지며, 바로 그러므로 어떠한 역사도 가지지 아니한다. 법학적 개념의 타당성은 이것과는 달리 시간적·공간적으로 제한되고 있다. 법명제를 세운다는 것은 그것을 제정한다는 것이다. 즉 인간의 — 일정한 영역에서 일정한 시간 중에서 생활하며, 자신의 결정행위에 의해서 법을 타당한 것으로 만들며, 전통과 혁명을 통하여 그것을 계속적으로 만들고 변화시켜 가는 인간의 — 의지적·평가적 결정이다. 법률의 형성이란 살아있는 공동체의 형성에 다름 아니며 논리주의의 정태에는 영원히 다루기 어려운 것이다.

국가이론과 법이론의 개념형성의 목표는, 그러므로 사고과학적 법칙이나 물리적 법칙의 인식일 수 없다. 그 목표는 존재의 재생산적 모사로 소모하는 것이 아니라 창조적·정신적인 행위태도의 규범으로 향하지 않으면 안 된다. 그 근거는 정신과학의 대상 — 즉 항상 소여의 것인 동시에 부과된 것이며, 발견되는 것인 동시에 형성되는 것이며, 인식되는 것인 동시에 정립되는 것인 정신과학의 대상 — 에 대한 사고의 고유한 관계 속에 구해진다. 몰역사적인 국가학과 법학이라는 것은 존재하지 않기 때문에 결정과 무연한 국가학이나 법학도 존재하지 않는다. 우리들의 정치적·법학적인 인식행위란 항상 공동결정행위이며 그러므로 그 인식행위는 인식하려고 하는 대상을 정립하는 것에 참가하는 것이다. 법사학자는 법률가가 법질서에 미쳐온 영향이 얼마나 결정적이었는가를 알고 있다. 그러므로 항상 생산적이며 규범적인 경우는, 국가이론과 법이론이 비록 수 천 년에 걸쳐서 형성되어 온 소재 — 그것은 다소간 명료한 형태로 형성하는 것이 과제인데, 거기에 논리주의적인 폭력을 포기하지 아니한 — 에 구속된 때이다. 교의학적인 법학은 그 형식의 특징이 생생하게 발전하고 있는 정신적 형상, 즉「역사에 근거를 가지고 제약되고 있는 정신적 전체성」[34]

— 그것은 먼저 그 소여의 상태라는 방법에서 존재과학적으로 기술되어야 하며, 그러한 후에 부과된 것으로서 규범적으로 구성되고 해석되어야 한다 — 에 비추어 활동하는 것이다. 그러므로 법학적 구성이란 「이해적」구성인 동시에 「흠결충족적인」구성35)이기도 한데, 그 경우에는 물론 법학적 이해 쪽이 단순한 역사적 감정이입이나 수용적 모사보다도 언제나 중요하다고 하지 않을 수 없다. 법학적 구성과 체계적 형성은 항상 실체적인 법원칙에 규범적으로 지배되면서 하나의 법제도나 전체적 법질서의 실정적 법규정의 완전화를 목표로 한 생산적인 숙고에 다름 아니다. 논리에 의한 체계형성이 가능하다고 믿고, 역사적 실정성의 이해를 경시하는 논리주의적 실증주의는, 역사주의나 사회학주의와 마찬가지로 법률학에 고유한 타당성을 훼손하는 것이다.

모든 정신과학의 대상은 소여인 동시에 과제이기도 하므로 이 대상은 「방법혼동주의적으로」만 파악될 수 있다. 유일한 방법의 지배를 요구하는 방법의 제국주의가 어떠한 정신과학에서도 풍부한 결실을 가져오지 않는다는 것이 명백하다. 특히 역사상의 실정적인 법령의 규범적인 구성과 해석이란 순수성도 방법의 통일성도 허용하지 아니한다. 법률학은 국가학을 전제로 하며, 또한 국가학은 법률학을 전제로 한다. 국가라는 형상이 이념형개념에서 규정되든 유개념에서 규정되든, 국가에 대한 존재과학적 인식 없이는 교의학은 존재하지 아니한다. 그러나 그 과제는 타당개념 없이는 실현불가능하다. 의미를 담당하는 역사적 행위야말로 국가와 법을 형성하고 실현하기 때문이다. 법은 국가의 논리적 조건인데 그것은 국가가 법의 논리적 조건이라는 것과 마찬가지이다. 그러므로 순수한 존재개념을 가지고 국가학에 이론을 제기할 수는 없으며, 마찬가지로 순수한 타당개념을 가지고 법학에 이론을 제기할 수도 없는 것이다. 틸리히는 그의 『학문의 체계』에서 대부분의 법률가보다도 훨씬 명료하게, 법학이 「역사적인 동시에 정신체계적」이라는36) 것을 인식하고 있다. 정신과학적 체계학이 사고과학적 체계학과 구별되는 것은 정신과학적 체계학이 역사적인 것을 그 상대적 합리성에서, 그러므로 결코 「순수한」것이 아니라 세상의 나머지를 가지고 달라붙은 것으로 이해하기 때문이다. 이 세상의 나머지를 인수하는 것을 고통스러워하는 것은 역사적·개성적인 창조의 기쁨과 감각을 결코 털어놓지 않는 자만이다. 오늘날의 국가이론과 법이론에 의한 개념형성이 성공하거나 종말에 이르는가는 앞으로의 정신사적 발전에, 그리고 무엇보다도 다음에, 즉 그것이 최고이며 궁극적인 것으로서 법률, 역사 또는 형상을 정립하는가의 여부, 그리고 이들 세 개의 다른 인식목표를 어떠한 관계 속에 가져올 것인가 하는 것에 달려 있다.

34) Rudolf Smend, *Verfassung und Verfassungsrecht*, München 1928, passim (김승조 옮김, 『국가와 헌법』, 교육과학사, 1994).
35) Heinrich Triepel.
36) Paul Tillich, *Das System der Wissenschaften nach Gegenständen und Methoden*, Göttingen 1923, S. 123.

# 제3편
# 의회주의냐 독재냐?

# 1. 정치적 민주주의와 사회적 동질성*

　사회적 동질성은 정치적 민주주의에 대해서 어떠한 의의를 가지는가? 이것은 철저히 연구하기 힘든 심오한 문제이다. 여기서는 원칙적으로 개념을 명확화 하는 작업을 통해서 오직 정치적인 관점에서 이 문제를 고찰해 보기로 한다. 따라서 사회적 · 경제적 또는 윤리적 관점에는 서지 않는다.

　다른 모든 정치적 지배와 마찬가지로, 민주적 지배 역시 그 본질부터 잠재적으로 · 보편적인 영역상의 결정이다. 정치적으로 지배하는 자란 일정한 영역에서 협동작용의 통일체의 성립에 대해서 중요한 의미를 가지는 행위들을 둘러싸고 최종적으로 결정을 내리거나 또는 영역적 결정의 이러한 통일체에 결정적인 방법으로 관여하는 자이다.1) 영역적 결정의 일반성이 잠재적인 것에 머무르는 것은 자명하다. 그러나 통일체를 이루는 협동작용이 즉 마키아벨리 이래 국가라고 불려온 다수성에서의 단일성[통일체]이 현재화되어야 한다면, 영역사회적인 공동질서에 관련된 모든 문제가 가능한 한 정치적 결정으로 편입되지 않으면 안 되게 된다. 그러나 이런저런 사회적 행위가 협동작용의 통일체에 대해서 가지는 중요성에 대한 판단은 역사적 및 사회적인 상황이나 입장과 함께 변화한다.

　영역적 결정의 통일성이라는 점에 비추어 보면 정치적인 것의 본질은 여러 가지 방향성을 갖는 무한한 다수성과 다양성을 가진 행위들을 변증법적으로 조정하고, 질서를 부여하는 동시에 주어진 통일체에로 가져오는 데에 있다고 이해할 수 있다. 정치적 결정행위는 법질서에 타당성을 주고 그것을 유지한다. 법질서의 현실존재, 실정성 또는 타당성은 그러므로 바로 행위통일체 — 사정에 따라서 실정법에 반해서도 자기주장을 관철해야하는 행위통일체 — 의 현실존재에 끊임없이 의존하는 것이다. 질서를 부여하는 통일체는 일정한 영역과 근린관계를 유지하면서 공존한다는 사실 때문에 인적 관계에서도 원칙적으로는 일반적인 결정을 내리며, 따라서 이 질서를 국가구성원뿐만 아니라 영역 내의 거주자

---

\* 　Politische Demokratie und soziale Homogenität, in *Probleme der Demokratie*, 1. Reihe, Verlag Walther Rothschild, Berlin 1928, S. 35-47. jetzt in *Gesammelte Schriften*, Bd. 2, A. W. Sijthoff, Leiden 1971, S. 423-433.

1) 이 절박한 서술을 보충하기 위해서는 Hermann Heller, *Die Souveränität,* Walter de Gruyter, Berlin und Leipzig 1927(김효전 옮김, 『주권론』, 관악사, 2004) 참조.

모두에게 부과하지 않을 수 없다. 모든 지배는 종교적 · 교육적 · 경제적 · 성애적 또는 그 밖의 어떤 방법으로 동기지워지고 기초지워지더라도, 특정한 영역에서의 결정의 통일성이 궁극의 목표로서 요구되는 한 바로 정치적 지배가 된다.

우리들이 국가라고 부르는 것은 영역적 결정기관을 구성하는 행위들의 통일체이다. 따라서 모든 정치의 근본문제는 영역적 결정의 통일체[단일체]를, 한편으로는 그것을 형성하는 의지행위의 다수성 중에서, 다른 한편으로는 그것을 둘러싼 다른 영역지배의 다수성 내부에서 성립시키고 또 존속시킨다. 이러한 일반적인 영역적 결정은 필연적으로 인간의 「사회적 · 비사회성」, 즉 다양성과 사회성이라는 인간의 두 가지 본질적 속성 안에 필연적인 것으로서 근거지워진다. 사회 안에서만 신과 짐승 사이에 놓여진 사람은 인간이 되고, 둘도 없는 일회성 안에서만 인간은 정신적으로나 육체적으로도 현존재를 획득하며 유지한다. 일반적으로 실효성을 가지는 영역적 결정의 통일체는, 그러므로 의지에 근거하여 성립할 수 있다고 해도, 인간의 신체적인 자기유지를 위한 필요조건이며 형이상학적인 그것의 필요조건이기도 하다.

사회성은 차안에서의 인간 존재의 기본전제이지만 그것은 우선 무엇보다도 동물계에까지 미치는 자연적 사실로서 개시된다. 인간사회에서 개인의 다양성과 개별화의 필연적 상관물로서 우리들에게 나타나는 것은 자연적인 본연의 자세에 대한 공동체뿐만이 아니다. 정신적 결정도 항상 그 필연적 상관물이다. 파악하기 어려운 우리들의 이해작용에는 익숙하지 않은 자연적 충동의 질서도, 나아가 정신적 질서들이라는 위계질서에 구성되고 있는 「상부구조」도 인간사회의 영원히 대립적인 구조를 결합시키고 있다. 인간의 공동생활은 항상 동시에 인간의 구체적인 의사적 결정에 의해서 질서를 부여하는 공동생활이며, 자연주의적인 기초에 서서 성장하는 공동체가 가장 확고하다고는 말하지 못한다. 예컨대 가톨릭교회에서 천년에 걸쳐서 인간을 분리하거나 결합시켜온 것은 이념적 권력이었다.

이러한 결정은 근린 영역의 협동작용의 통일성에 관계되자 곧 정치적인 것이 된다. 문명화와 분업화는 사회적 관계들의 범위와 복잡함의 확대상승에 결부되어 진전하였다. 이러한 진전은 의지적으로 제정되는 질서의 필요성을 증대시키고, 집권적으로 행해지는 정치적 결정의 수를 증대시키고, 그럼으로써 증가하고 있던 행정 간부를 통해서 활동하는 정치적 결정통일체의 일을 확장하고 높였으며, 또한 사회적 존재에 대해서 가지는 정치적 통일체의 의의를 더 상승시키고 있었던 것이다.

그런데 모든 정치의 본질은 이 통일체의 형성과 유지에 있다. 모든 정치는 긴급사태에서는 궁극적으로는 공격자의 물리적 섬멸에 의해서 이 통일체로 향해진 공격에 대항해야 한다.

여기에 정치에 특유한 적과 동지의 구별이라는 카를 슈미트의 주장이 확실히 핵심적이다. 긴급사태에서 정치적 통일체에 대한 안팎의 공격자를 섬멸하려는 각오가 없을 경우에는 어떠한 정치도 원칙적으로 부정되는 것이다. 살육 병기의 작용이 어떠한 사정 하에서도 금지되고 국가, 자신의 대표자가 안팎으로부터 저격되는 경우에도 그것으로의 응사를 허용하지 않는 국가는 자기를 포기하는 것이다.

그러나 적과 동지의 구별은 정치에 특유한 것이며 모든 정치적 행위와 동기란 거기에로 환원된다는 슈미트의 견해에는 논의의 여지가 있다. 이러한 구별로써 선악·미추·이해와 같은 가치 범주를 조정하는 것은 인식론적으로 용인할 수 있는 것은 아니라는 점을 도외시해도, 슈미트의 적과 동지의 구별은 순환논법이다. 「정치적」이라는 부가형용사를 제거하면 이 대립항은 조금도 정치에 특유한 것을 나타내지 않기 때문이다. 나의 동지는 너의 동지이고, 너의 적은 나의 적이 된 것이다. 정치적인 동지 역시 이것을 어떠한 신조적인 동지, 어릴 때부터 친하게 지낸 동지, 직업상의 동지, 막역한 벗이 되는 것과 마찬가지로, 의미 있는 것으로서 설명할 수 있을 것이다. 카를 슈미트는 내정상의 통일형성의 영역을 모두 정치라고는 보지 않는다. 사실 모든 정치적 행위가 적과 동지의 구별로 환원 가능하다 — 이 구별에 있어서 적이란 자신에게 적합한 사는 방식을 보호하기 위해 방위하고, 투쟁하고, 경우에 따라서는 섬멸해야 하도록 「특히 강한 의미에서 실존적으로 다른 자, 타인」[『정치적인 것의 개념』]을 의미한다 — 면,[2] 정치적 통일체의 성립과 존재는 매우 비정치적으로 될 것이다. 슈미트는 단지 완성된 정치적 상태만을 볼 뿐이다. 그러나 정치적 상태란 정적인 것은 아니고 날마다 새롭게 형성되는 것, 즉 **매일매일의 인민투표**(un plébiscite de tous les jours)*인 것이다.

구성원의 다수성 중에서 통일체[단일체]로서의 국가의 생성과 자기주장이라는 동적인 과정 역시 정치이다. 그것은 비록 외부로 향한 자기주장과 의미적으로는 적어도 등가치인 것이다. 정치라는 개념은 폴리스(경찰)에서 유래하며, 폴레모스 즉 전쟁에서 유래하는 것은 아니다. 비록 양자가 공통의 어원을 가진다는 것이 여전히 중요하다고 해도 말이다. **세계국가**(civitas maxima)는 실천적으로 사람들이 그것을 가능하다거나 바람직하다고 여기는가의 여부를 아주 동일시하고, 적어도 이론적 명제로서는 이론의 여지가 없으며 인간의 본질적 성향과는 모순도 없다. 오늘날의 상황에서 그것은 정치적인 적과 동지의 구별이 반드시 어떤 사정 하에서도 불가피한 정치적 범주가 아닌 것을 입증하는 것이 유효하다. 이에 반하여 영역적 결정의 통일체라는 정의는 세계국가의 본질도 그 나름으로 충분히 특징 지워져 있다고 말할 수 있을 것이다. 슈미트의 적과 동지의 대립이 국가에 대한 의미부여가 될 수 없는 이유는 다음과 같다. 즉 그 대립은 그 말의 창시자인 슈미트의 뜻에 따른다면 파악하기 어려운 것으로서, 즉 다른 성질을 품는 원시적·생명적인 「그렇게 다르고 다르지 아니한 것」은 순수하게 생명적인 대립으로서 이해하지 않을 수 없기 때문이다.*

민주주의는 인민에 의한 지배이다. **민중이 지배한다**(demos kratein)라고 해야 한다면, 어떤 사정 아래서도 민중이 결정과 작용통일체를 형성해야 한다. 즉 민주주의도 모든 지배형태와 마찬가지로, 의지통일 시스템을 가리키지 않을 수 없으며, 거기에는 항상

---

2) Carl Schmitt, *Der Begriff des Politischen* (siehe oben S. 479, Anm. 31), S. 4 (김효전·정태호 옮김, 『정치적인 것의 개념』, 살림, 2012, 39면).

소수지배의 법칙이 타당한 것이다. 민주적 지배형식의 특질은 그 대표자가 게노센샤프트적으로 선임되는 점과, 그 대표자의 입장이 주권적이지 않고 관직적이라는 점이다. 모든 민주적 대표자는 예외 없이 항상 인민에 의해서 직접 간접으로 임면되며, 그 대표로서의 결정권력은 독립성을 가지거나 합리적으로 제정된 질서를 통해서 인민의 의지에 구속된다. 사회학적으로 경우에 따라서는 사회윤리적으로 인민에 구속되고 있다는 것이 민주적 대표자의 특징은 아니다. 그러한 사태는 전제적인 대표자에 대해서도 성립하기 때문이다. **복종이 지배를 만든다**(oboedientia facit imperantem)[3]라는 스피노자의 말이 타당하지 않는 지배형태 등 그러한 것은 원래 존재하지 않는다. 그러나 이러한 구속이 그 위에 법률상의 근거와 충분한 실효성을 가지는 법적 인증을 미리 준비하고 있는 것은 민주주의뿐이다. 민주적인 대표자 선임방법은 매우 다양할 수 있다. 자유주의적인 민주제에 의해서 형성되는 중앙결정기관의 직접선거뿐 아니라 레테 시스템에 의한 간접선거 역시 ― 구속적 위임을 받는 단순한 경제적인 이익대표의 선임이 문제가 되는 것은 아닌 경우에는 ―, 민주적인 대표자 선임의 형식을 나타낸다. 민주적인 대표자의 입장에 관해서도 많은 가능성이 있다. 의회제와 민주적 레테 시스템과 나란히 미국의 도시들에서 시도된 대표의 형식도 민주적이라고 부를 수 있다. 그것은 의회나 레테를 단념하고 광범위한 결정기능을 가지는 한 사람 내지 두 사람의 대표자만을 언제든지 **소환**(recall)에 호소할 수 있다는 조건부로 선임하는 것이다.

대표의 선임은 정치적 통일체 형성의 다이나믹스 안에서 가장 중요한 국면을 이루고 있다. 그런데 현대 민주주의를 둘러싼 문제성은 민주적인 대표의 선임이 법률적 형식을 취하여 아래로부터 위로 향해야 한다는 점에 있다. 아래라고 해도 어느 정도까지를 말할 것인지, 지배하는 인민에게 속하는 것은 누구인지, 연령과 성의 다름과 교양이나 소유의 차이를 근거로 해서 거기에서 배제되는 것은 누구인지, 이러한 문제는 역사적 변천에 위임되어 있다.

민주주의 안에서 복수정당제가 가지는 의의는 다분히 오인되고 모욕되고 있는데 크다고 말하지 않으면 안 된다. 그 의의는 민주적인 대표의 선임의 의의가 통찰되어 비로소 인식가능하게 된다. 복수정당제는 레테 시스템에서도 우리들이 민주적 국가라고 부르는 의지의 통일화 시스템에서의 특유한 기능으로서 불가결하다. 그러한 매개 시스템을 갖지 않고 따라서 다수성 안에 두어진 매개가 되는 대립이 직접 통일되고 있다는 방법을 민주적이라고 생각할 수는 없다.

민주주의에 대해서 사회적 동질성이 어떠한 의의를 가지는지도 단지 현재 시사된 문제성 안에 포함된다. 민주주의는 아래로부터 위로 향해서 행해지는 자각적인 정치적 결정이며, 모든 대표는 법률상 공동체 의지에 의존한다고 되어있다. 다수성으로서의 인민은 자기 자신을 통일체[단일성]로서의 인민에로 자각적으로 형성해 가지 않으면 안 된다. 정치적 통일체 형성이 원래 가능하기 위해서는 일정한 정도의 사회적 동질성이 존재하지 않으면

---

3) Heller, *Souveränität*, siehe oben S. 57, Anm. 123 (역서, 41면).

안 된다. 그러한 동질성의 현존재가 신뢰되고 상정되는 한, 적대자와의 의론에 의해서 정치적 일치에로 도달할 가능성이 — 물리적 폭력에 의한 억압이 단념되고 적대자와 회화를 교환하는 것이 가능한 한에서 — 존재할 것이다. 카를 슈미트는 폭력신화의 비합리적인 매혹에 사로잡혀서, 토론의 공공성에의 신념과 의견의 자유경쟁에 의한 진리발견에의 신념이 의회주의의 **근거**(ratio)라고 하며, 거기에 의회주의의 「정신적 중심」이 있다고 했지만, 이러한 지적은 상술에서부터 정곡을 찔렀다고 말하기는 어렵다. 의회주의에 대한 그러한 근거지움은 종래는 약간의 합리주의적 변호론자들에게도 볼 수 있었다. 그러나 그것 이상으로 그것은 오늘날의 의회주의 적대자들의 좋은 미끼로 되어왔다. 그러나 실제로 의회주의의 정신사적 기초를 이루는 것은 공공적인 토론 그 자체에로의 신념이 아니라 토론의 공통 기초의 현존재에 대한 신념이며, 따라서 적나라한 폭력의 배제라는 조건 하에서라면 의견일치에 도달할지도 모르는 내정상의 적대자에 대해서 **페어플레이**를 할 수 있는 가능성인 것이다. 이러한 동질성 의식이 사라지기 시작하자 그때까지는 의논하는 정당이었던 것이 명령하는 정당이 된다.

그리하여 정치적 통일체 형성의 가능성, 대표의 임용가능성 그리고 대표자의 지위 안정성의 정도는 사회적 동질성의 정도에 의존하고 있다. 일정 정도의 사회적 동질성 없이는 민주적 통일형성은 원래 가능하지 않다. 이러한 사회적 동질성이 존재하지 않게 되는 것은, 정치적으로 중요성을 가지는 인민의 모든 부분이 이미 어떠한 형태에서도 정치적 통일체 안에 자신을 재인식할 수 없게 된 경우이며, 국가적 상징이나 대표자와 어떠한 형태에서도 동일성을 가질 수 없게 된 경우이다. 이 순간에 통일체는 와해되고 내전·독재·외국에 의한 지배의 가능성이 생긴다. 대륙에 대한 연합정권의 난산·그 단명·안정된 실효성의 결여, 그것들은 사회적 동질성이 불충분한 것의 가장 현저한 징후이며, 따라서 현대 민주주의의 경우 매우 중대한 위기의 징표인 것이다.

이러한 상황의 올바른 평가와 변혁은 원래 그 올바른 인식조차도 오늘날에는 한없이 곤란하게 되고 있다. 그것은 내용 없는 사고의 쌍생아이며, 추상만을 전념하는 유토피아적 관념론과 동일한 기초만을 지니는 자연주의의 결과이다. 전자는 현실의 생을 무시한 지상 천국을 정치적 이상으로서 구성하고, 후자는 모든 사회적 동질성을 생에의 충동, 피의 공동체, 정신분석으로 말하는 경우 **리비도**(libido) 등으로 환원한다.

그러나 사회적 동질성은 적대적 관계를 불가피하다고 하는 사회구조의 폐기를 의미하는 것은 결코 아니다. 대립 없는 평화로운 공동체, 지배 없는 사회는 예언자의 약속으로서는 의미 있는 것일지 모른다. 그러나 에른스트 미헬 견해의 궁극적 기초가 되고 있는 성자의 공동의 차안화(此岸化)를 정치적 목표로서 추구한다면, 그것은 정치적 영역처럼 종교적인 영역의 변질인 것이다. 사회적 동질성이란 항상 존재하는 대립상황이나 이해투쟁이, 우리들 의식과 우리들 감정을 통해서 자기를 실현하는 공동체의지를 통해서 결합한 것으로서 나타나는 사회·심리학적인 상태에 다름 아니다. 사회적 의식의 이러한 상대적 일체화 상태는 바람직하지 못한 긴장대립을 자기 안에 넣고 종교적·정치적·경제적 그리고 그 밖의 바람직하지 못한 적대를 지워버릴 수가 있다. 이처럼 우리들 의식을 만들어 내거나 파괴하는 것은 무엇인가 라는 문제에 대해서 보편타당한 해답을 제시할 수는 없다. 개개의 생활영역에서 이러한 의식의 영속적 창조자를 발견하려는 시도는 지금까지 실패로 끝나왔으며, 또 좌절하지 않을 수 없다. 정당한 것은 단지 각각의 시대에 사회적 존재와 의식의 적합성이, 즉 하나의 사회형태가 인식될 수 있다는 것뿐이다. 사회적 동질성을 좌우하는 것은 언제나 시대의 의식이 압도적으로 그 중심을 차지하고 있는 영역이다.

근세 유럽에서는 르네상스 이래 존재론이 차안화(此岸化)되었기 때문에 공통된 언어, 공통된 문화와 정치사가 사회심리학적 동화의 가장 중요한 요인이 되고 있다. 현대의 시대정신은 관념론적인 태도를 취하든 유물론적인 태도를 취하든, 실제로는 자연주의적인 현실의 영역만을 관계할 뿐이다. 정신적 「상부구조」는 흩어져버리고 파생물로, 즉 경제적·성적 내지는 인종적 존재에 대한 무력한 이데올로기나 의제가 되어버리고 있다. 이것들 본연의 자세가 사회적 동질성을 점차 좌우하게 되어버렸다. 이러한 이데올로기 이론은 실증주의적 또는 역사주의적인 미신을 폭로하는 것이며, 그러한 한에서 인간의 오만에 대해서 매우 좋은 약이 된다.

그러나 정치에서는 이러한 거대한 계급대립과 인종대립 속에 넣어 놓을 수 있는 오늘날의 민주주의는 어떻게 해서 자기를 관철할 수 있을 것인가 하는 두려운 문제가 메두사*의 머리처럼 다방면으로 제기될 수 있다. 민주주의의 존속은 다른 어떠한 정치형태보다도 훨씬 높은 정도에서 사회적 동일화 상태의 존재에 의존하고 있다. 오늘날에는 좌파도 우파도 민주주의라는 방법으로써는 정치적인 통일체형성은 불가능하다고 생각하는데, 이러한 상황을 염두에 둔다면 이 점은 이해될 것이다. 환멸에 빠진 시민층의 네오 마키아벨리즘은 영원히 동일한 「엘리트의 순환」 속에서 독재적으로 권력을 유지하기 위해서 빌프레도 파레토의 의미에서 민주적인, 민족적이며 사회주의적인 「이데올로기」를, 한마디로 말하면 모든 「이데올로기」를 **통치의 비밀**(arcana imperii)로서 사용할 뿐이다. 독일에서도 군주주의는 적어도 비교적 젊은 세대를 문제로 삼지 않는 한, 기대되고 있는 「강자」 — 행동하지만 거래하지 않고 사회심리적인 동질성과 정치적 통일체 형성을 자명하게 부르주아의 입장을 유지하면서 강제하는 「강자」 — 에게 맡겨진 베일에 불과하다. 그러나 프롤레타리아도 주어진 경제적 불균형에 직면하여 역시 민주적 형태에 의심을 품고, 현대 내지 가까운 장래에 자유와 평등을 위한 교육적 독재를 희망하고 있다. 결속하는 사이 정치적 평온과 당연한 피로감은 있더라도, 정치적 민주제의 전제가 사회적 동질성의 상태가 어떠한 시대에도 없을 정도로 심하게 결여된 것이다.

확실히 시민적 동질성을 여기 수세기의 유럽은 실현해 왔다. 법적 의미에서의 노예는 즉 어떠한 권리와 행위의 자유도 뜻대로 할 수 없고, 고대 민주주의의 국가에서 당연히 배제되는 것으로 여기던 사람들은 오늘날 이미 존재하지 않는다. 국민(Staatsbürger)으로서 자격을 가진 사람만이 아니라, 인간인 한의 모든 사람이 인격, 가족 그리고 소유의 형식상 평등인 보장을 향유하고 있다. 형식적·법률적인 정치적 동질성도 동일하게 확립되고 있다. 즉 통일체 형성에로의 형식적으로 평등한 참여와 형식적으로 평등한 임관가능성이 모든 국민에게 보장되고 있다. 그렇지만 바로 이 헤겔과 함께 「자유의식에 있어서의 진보」라고 말해도 좋은 사태야말로 오늘날에는 민주적 통일형성을 위협하는 원흉이 되고 있다.

왜냐하면 이러한 자유의식은 한편으로는 사회적 불평등의 의식이 되며, 다른 한편으로는 정치적인 권력의식이 되기 때문이다. 후자는 장기간에 걸쳐서 폭력적으로 억압할 수 있는 것은 아닐지라도 독립한 문화적 지도나 정치적 통일형성을 일시적으로 책임지기에도 아직 충분한 것은 아니다. 다른 한편, 의식의 사회 · 심리학적 동화는 경제상태의 원칙적 변혁과 의식의 근본적인 개혁 없이는 달성할 수 없다. 민주적 정치형태는, 사실로서 현재화한 사회적 계급투쟁을, 그것이 달성되는 시점에서 계속 유지할 수 있는 것일까? 경제적 기초 위에서 성장해 온 계급투쟁은 그 자체로서는 반드시 민주주의를 분쇄할 이유는 없다. 프롤레타리아트는 자신의 힘보다 뛰어난 적대자에게도 민주적 동권을 부여할 수 있다면, 민주적 형식에서의 계급투쟁은 절망적인 숙명에 있다는 확신을 알게 된다면, 그 순간에 비로소 독재에 호소하게 될 것이다.

이러한 신념이 프롤레타리아에게 침투하기에 이르렀는가의 여부는 본질적으로 지배계급의 식견에, 또는 이 계급의 지식인층의 식견에 의존하고 있다. 자신과 타인을 민주주의의 형식논리를 가지고 진정하려고 해도 쓸데없다. 확실히 정치적 민주주의는 국가의 모든 구성원에 대해서, 대표자의 선임을 통해서 정치적 통일체 형성에로 영향을 미치게 하는 동일한 가능성을 제공하려는 것은 사실이다. 그러나 사회적 불평등은 **법의 극치**(summum jus)를 **불법의 극치**(summa injuria)라고 할지도 모른다. 가장 근본적인 형식적 평등도 사회적 동질성이 없으면 가장 근본적인 불평등이 되며, 형식적인 민주주의는 지배계급의 독재로 변해버린다.

경제적 및 기술적 우월성은 지배자의 손에, 직접 간접으로 여론에 영향을 미치는 정치적 민주주의를 그 실제의 반대물로 전화시키기에 충분한 수단을 부여한다. 정당 · 신문 · 영화 그리고 인쇄물을 재정적으로 지배하고 학교나 대학에 사회적 영향력을 부여함으로써 지배자는 직접 매수하지 않고도, 관료기구나 투표기계에 탁월한 영향력을 미칠 수 있다. 그 결과 민주적 형식에 손가락 하나 대지 않고 내용상의 독재가 달성될 수 있다. 이러한 영향력 행사는 익명으로 무책임이기 때문에 한층 위험하다. 그것은 대표선임의 형식을 지키면서 내용을 변조함으로써 정치적 민주주의를 허구로 만들게 하기 때문이다.

프롤레타리아트가 이러한 모순을 자각하고, 나아가 자신들의 힘을 휘두르기만 하면 모든 공장은 말할 것 없고, 모든 국가 역시 톱니바퀴가 멈춰버린다는 것을 안다면, 그들은 계급투쟁의 민주적 형식을 다음 두 가지의 조건 하에서만 존중하게 될 것이다. 즉 민주적 형식이 프롤레타리아에게 성과로서의 어떠한 전망을 보장하는 것, 그리고 현재의 지배상황의 정신적 · 윤리적 기초지움과 역사적 필연성을 명백하게 할 수 있다는 조건이다. 이것들이 프롤레타리아트의 식견에 의존하는 것도 확실하다. 그러나 그것과는 비교할 수 없을 만큼 그것은 지배자와 그 지배자의 정신적 · 윤리적 능력에 관련된다. 계급적 예단을 초월한 정치적 판단을 내리려고 하는 진실한 노력을 지불하지 않는 정치가 계급사법에 빠지는 일이 없도록, 모든 계급들의 가치판단을 서로 형량하는 노력을 태만히 하는 재판관, 이러한 사람들이나 그 밖의 모든 국가적 결정기관은 프롤레타리아트의 눈에는 노출된 계급국가를 대표하는 것으로 보인다. 그들에 대해서 이러한 국가는 아무런 의무지우는 힘을 갖지 않는 단순한 억압수단이며 투쟁대상으로서의 가치를 지닌 것에 불과한 것으로 느껴진다. 이러한 상황에서는 양 계급의 경제적 존재만이 아니라 정신적·윤리적 의식 역시 이질적인 것으로서 직접 대립할 수 있다. 부르주아는 프롤레타리아트에 대해서는 이미 동등자로서는 나타나지 않는다. 이때에 부르주아는 부르주아 계급국가의 독재를 프롤레타리아트 계급독재로 대치하는 것이다.

계급들 간의 경제적 불균형에 의해서 정치적 민주주의가 위기에 빠져있다는 것은 장기적이라고 할 수는 없어도, 우선은 일상적인 생활습관의 동질성 — 스위스나 미합중국에서 일정한 정도까지는 형성되어 왔듯이 — 을 약화시킨다. 생활습관에서의 동등함은 경제적인 것 속에서의 불평등을 잊어버리게 한다. 반대로 일상적인 교제에서의 인사와 복장에서마저 경제적 차이가 노골적으로 강조되면 될수록, 마침내 자격·사관자격·조합가입자격 등의 카스트적 폐쇄성이 공공연히 두드러지고 있는 사회적 서클이나 집단의 수가 많아지면 질수록, 또 직위와 지위, 명예를 구하기 위해 교육·학력에서의 생활습관상의 등급 붙임이 침투해 가면 갈수록, 공적 생활에서의 자리 구별이 — 가령 그것이 전차의 자리나 교회 자리의 경우이든 — 엄밀히 의식이 되면 될수록, 계급적 이질성의 의식은 점차 크게 되고, 정치적으로 동일한 가능성을 갖는 **페어플레이**를 정치적 계급 적에 대해서 보장하려고 하는 마음가짐이 점점 쇠퇴해 간다.

끝으로 인류학적 동질성도 정치적 민주주의의 하나의 전제가 될 수 있는 것은 미국의 흑인 문제가 보여주는 그대로이다. 남북전쟁 후 흑인에 대해서 보장되던 선거권은 다시 박탈되었다. 그리고 합중국의 시민이 보편적 인권으로 향한 모든 마음에서의 진지한 파토스는, 노예가 민주주의의 틀 밖의 존재인 것이 플라톤 같은 사람에게 자명한 일로 생각되었던 것과 마찬가지로, 미국의 시민이 당연히 흑인을 민주주의에서 배제하는 것에 방해가 될 이유는 전혀 없다. 확실히 흑인문제는 단순한 인류학적 문제는 아니다. 그러나 그것을 단지 하나의 경제적인 문제로 보는 것은 잘못일 것이다. 이에 대해서 유럽의 노동자 문제는 우리들의 자각적 행위가 문제가 되는 한에서는, 우선 첫째로 경제적 문제이며 그것이 계속된다. 오늘날 민주주의를 위협하는 사회적 불평등을, 그리고 지배자의 계급투쟁상의 자세를 이처럼 완전히 나타낸 것은 없다. 그것은 경제적 불평등을 인류학적 불평등으로 개작하고, 프롤레타리아트를 가치적으로 열등한 피의 공동체에 속하는 것으로서 유산계급에서 분리하고, 그럼으로써 후자의 기득 지배권을 피에 입각해서 정당화하려는 시도이다. **신은 그의 멸망을 바라는 사람들에게 먼저 미치도록 한다**\*는 말은 참으로 정곡을 찌른 것이라고 말할 수 있다. 프롤레타리아트가 지배계급과 동질적이지 않은 것은 경제적인 것에 한하지 않는다면, 프롤레타리아트를 지배계급에서 분리하는 것이 단지 소유와 교양과의 가변적인 관계만이 아니라 불변의 피만 있다면 도대체 어떤 종류의 연대감정을 가지고 프롤레타리아트는 이 지배자에게 민주적 동권을 인용할 수 있을 것인가!?

시민층 중에서는 대체로 이 1세기 이래 국민적 문화 공동체를 국가적 통합의 충분한 요인으로 보는 것이 통례가 되고 있다. 나 자신이 국민적 문화공동체의 국가 형성력을 과소평가하는 등 의심스러운 생각을 좁혀 가는 것은 설마 없을 것이다.[4] 그 만큼 나에게는 문화공동체 그 자체도 일정한 정도의 사회적 동질성 없이는 성립불가능하다는 것을 더욱 분명히 강조하는 것이 허용될 것이다. 오늘날의 프롤레타리아트가 국민적 문화에 참가하는 방법으로, 무산계급을 민주적 통일체 형성의 형식들에 붙들어 두는 것으로 충분하지 않을까 하는 시민의 희망은 거의 소박한 자기 위선이라고 하지 않을 수 없다. 다음의 오트마르 슈판의 말은 어느 정도까지 정당하다. 「…정신적 공동체에의 참여가 달성되는 한에서만 민족 간의 진정한 차이도 명백해질 수 있다. 아니, 바로 국민에의 진정한…귀속성이 명백하게 된다. 그 밖의 것은 모두 이익공동체 안에서 나타나올 뿐이다」.[5]

그러나 정치적 양심은 슈판의 말처럼 「대중」의 여하튼 현재의 문화적 무능력상태를 증거로 나타낼 수 있다면 안심할 수 있는 정도이기 때문에,[6] 대중은 계급을 혼동하거나 나아가 자기가 속하는 계급이 다른 계급에 비해서 그 정신적 본질로 하여금 보다 높은 가치가 있다고 주장하려고 한다. 계급국가의 이러한 종류의 정통화는 정치적으로는 계급을 인종적 차이에 해소시키려고 하는 이론과 원칙적인 동등한 효과를 가진다. 그것도 역시 마침내는 최후의 구속을 풀고, 프롤레타리아 독재로 흘러가는 것은 필연이다. 그 때 우리들은 [제1차대] 전후의 유럽에서 주권적 국민국가사상이 모든 계급에 대한 설득력을 현저하게 손상해버렸다는 사실을 여기서는 도외시하고 싶다. 지배계급 자신에 대해서도 오늘날의 국민국가가 유럽 연방국가보다도 국민의 자기 유지에 기여하는가의 여부는 크게 문제가 되고 있다. 이러한 근거에서도 바로 국민의 이념이 민주적 통일체 형성을 정통화 하기에 불충분하다는 것은 명백할 것이다.

끝으로 한 마디 더 결정적인 문제에 언급하고 싶다. 즉 경제적·문화적 그리고 습관적인 동질성의 결여는 종교에서 유래하는 우리들 의식 덕분에 계급적 적대자도 신의 아들로서 평등성 안에 넣을 수 있다고 함으로써 메꿔질 수 없다는 것을 시사하려고 한다. 그렇지만 우리들의 의지의 작용에서 끌어낼 수 있는 이러한 동질성은 정치적 민주주의에 대해서도 탁월한 의의를 가지고 있다. 이제 정치적 통일체 형성이라는 목적을 위한 수단으로서 종교를 이용하기를 원하는 시민층의 대집단이 존재한다. 자신들만이 지배의 지혜를 손에 넣는 한편, 민중에게는 종교를 갖지 않게 하려는 무신론적 가톨릭주의는 프랑스만에

---

4) Hermann Heller, *Sozialismus und Nation*, in *Gesammelte Schriften*, Bd. 1, Abt. 2, Nr. 5 (본서, 731면) 참조.
5) Othmar Spann, *Gesellschaftslehre*, 2. Aufl., Leipzig 1923, S. 483.
6) Ebd.

존재하는 것은 아니다. 독일에서는 더욱 자신이 전(前) 혁명적 강단사회주의를 위해서 사랑하는 신을 사회적 진무수단으로서 찬양함으로써 속죄하려고 하는 유형의 학자가 있다. 정치의 도구로서 종교를 이용하는 것은 모독이라는 것을 도외시해도, 이와 같은 종교 이용의 권장은 터무니없는 정치적 어리석은 짓이다. 사람들도 그 의도를 못 알아차리지는 않을 것이고 알아차리면 기분을 해칠 뿐이다.

　도스토예프스키의 『악령』 속에서 샤토프는 「민중을 갖지 않는 자는 신을 더 가질 수가 없다」*는 무거운 함축을 가진 말을 입에 올리고 있다. 확실히 「국민의 신화」로부터 종교적 「신화」를 합리적으로 구성할 수 있다. 그러나 「국민의 신화」에 의해서 인민도 신도 현실로 탄생케 할 수는 없다.

# 2. 독재는 우리들에게 무엇을 가져오는가?*

## 파시즘과 현실

　현대의 국가세계는 이제 냉엄한 정치적 위기를 맞고 있다. 그 위기는 모든 **유럽 문화**의 존속을 더 위태롭게 할지도 모른다는 것이다. 심각한 정치적·사회적 대립이 의회의 행위능력과 정부의 활동능력을 저해하고 있으며, 그 결과 정치적 의사형성의 민주적인 방법이 위협을 받고 있다. 그리고 좌익이든 우익이든, 많은 사람들이 이 위기는 독재에 의해서 구원될 수 있다고 믿고 있다. 스페인·포르투갈·그리스·폴란드·헝가리·터키는 정도의 차이는 있지만, 이탈리아를 모범으로 파시즘의 실험을 모방하고 있다. 그러한 **파시즘**의 실험이나 **볼셰비키**의 러시아는 도대체 우리들에게 무엇을 가르치는 것일까?

　유럽에서는 이전보다 독재는 오로지 **문맹률**이 높은 나라들에게 행해져 왔다는 점을 확인해 두는 것이 무엇보다도 먼저 유익할 것이다. 그러한 독재는 실제로는 어떠한 것일까? 나는 1928년에 6개월 간 이탈리아에서 지냈고, 파시즘의 실험에 대해서 연구해 왔다. 따라서 이 문제에 대한 답을 이탈리아에서의 파시즘의 실험에 한정한다. 거기에서 내가 파악한 것은 많은 국민적·사회적 차이를 제외해도, 파시즘과 볼셰비즘과는 동일한 정치정신의 쌍생아라는 것이다. [파시즘에는] 부정적인 비판이 가해지지 않으면 안 되지만, 그럼으로써 그들이 우리들에 대해서 불쾌감을 품는 것은 부당할 것이다. 왜냐하면 하나에는 파시즘의 민주주의 비판 가치가 있으며, 형식상으로나 내용상으로도 대부분은 추악한 매도에 불과하며, 이제 하나에는 모든 파시즘은 「외국에서 이야기하거나 쓰는 것 일체에 대해서는 상상조차 하지 않는다」라고 무솔리니가 1926년 3월 26일에 분명히 서술하기 때문이다.

　독재가 기적을 가져온다는 신앙이 기대하는 것은 독재에 의한 급진적인 정치적·사회적, 나아가서는 윤리적·종교적인 개혁이다. 이러한 기적신앙이 일어날 수 있다는 것은 파시즘이 거둔 성과에 대한 정보가 당파측에서 윤색되었거나, 그러한 정보가 이탈리아 국외로

---

*　Was bringt uns eine Diktatur? Fascismus und Wirklichkeit, in *Das Reichsbanner. Zeitung des Reichsbanner Schwarz-Rot-Gold*, Magdeburg, 6 (1929), Nr. 18, S. 137-138. jetzt in *Gesammelte Schriften*, Bd. 2, S. 437-442.

가지고 나갈 수 없다는 데에 적지 않게 힘입고 있다. 신문에서 이탈리아에 관해서 불리한 사실을 전하는 외국특파원은 바로 모든 수단으로 협박당하고 질책당한 후에 강제퇴거 처분을 받아 신문 발행도 금지된다.

파시즘 독재가 수행했다고 하는 **첫 번째**의 기적은 정치적 · 경제적으로 완전히 붕괴상태에 빠졌던 **이탈리아의 구제**이다. 그렇지만 이 기적의 절반은 거짓이고, 뒤의 절반은 절조 없는 과장이다. 우선 파시즘이 1920년 말까지는 노동자 계급에 대한 우습게 보인 선동에 분주하고 물가폭동에 열렬히 박수갈채 했던 점에는 언급하지 않는다. 무솔리니가 소시민층과 기업가와 제휴 하에서 좌익에 대항한 때에는 이미 이탈리아에서의 [좌익] 혁명주의는 과거의 것이 되고 있었다. 또한 그전부터 노동자는 일단은 점거한 공장에서 자발적으로 이탈하기도 했다. 나아가 이탈리아는 반드시 경제적으로 붕괴상태에 있었던 것은 아니다. 1918년에서 1922년까지 사이에 예컨대 주식회사의 수가 3,463사에서 6,850사로 증가하고 자본도 720만 리라에서 2130만 리라로 증가하고 있었다.

전쟁과 전후의 혼란으로 커다란 환멸감을 맛본 이탈리아에서 독재는 두 개의 이유에서 지반을 확고히 할 수 있었다. 하나는, 파시즘이 **거대한 약속**을 내세움으로써 폭넓게 대중을 유혹하는 한편, 파시즘에로의 적대자에 대해서는 잔혹한 **폭력**을 사용하여 진압했던 것, 그 중에서도 특히 이제 하나의 이유는 민주주의 국가가 반드시 시의적절한 것이 아니고 파시즘에 대해서 충분한 힘으로 대항하지 못했던 것이다. 무솔리니는 1919년부터 외관만큼은 민주주의적 · 평화주의적 · 사회주의적인 모양을 취하기 시작했다. 그는 국민적 화해 · 국제적 화해, 군주제 · 병역의무 · 정치경찰의 폐지, 나아가 노동자에게 토지의 분배, 불로소득의 몰수 등등을 약속했다. 파시즘의 아지테이션 중에서 가장 사람들의 마음을 이끈 강령의 하나로 직능신분국가 또는 직업단체적 국가이다. 우리들은 독일에 대해서는 이 매우 위험한 슬로건으로 엄격하게 대결하지 않을 수 없다. 파시스트들에게도 오늘날에는 스스로 인정하듯이, 경제적인 이익단체에서 구축된 국가라는 것은 존재할 수 없기 때문이다. 이러한 슬로건은 단지 숨기기 위한 수단에 불과하며 그 배후에는 현대풍의 독재계획이 숨겨져 있는 것이다.

파시즘이 자신을 뒷받침하는 가장 강력한 근거로 삼은 것은 논거라기보다는 몇 천이나 방화, 잔인함으로 기사도에 맞지 않는 학대, 무자비한 살인이었다. 수난자 중에서 가장 저명한 사람으로 가톨릭 사제 돈 신쪼니, 민주주의자 아멘돌라, 사회주의자 마테오티가 있다. [1924년 6월 10일의] 마테오티의 살해는 파시스트의 내무장관과 경찰청장의 협력 아래 행해졌다. 더욱이 하수인들은 시체를 개가 잡아 찢도록 하였다. 파시즘에 대해서 이러한 폭력행사는 단순한 수단이 아니라 그 자체 목적이 되고 있다. 무솔리니와 레닌의 폭력 이데올로기의 원천이 된 프랑스의 생디칼리스트인 조르주 소렐은 사회주의가 「비싼 윤리적 가치」를 가지는 것은, 폭력 덕분이며 「폭력에 의해서 사회주의는 현대 세계에 안녕을 가져온다」고 주장했다.[1] **대체로 폭력은 유일한 수단이며**, 이 수단을 「인도주의의

---

1) Hermann Heller, *Europa und der Fascismus*, Anm. 38 (본서, 255면 주 38) 참조.

이념에 의해서 우둔하게 된 유럽의 국민들도 일찍이 갖고 있던 에너지를 재발견하기 위해 지금이야말로 자유롭게 구사해도 좋은 것이다」* [『폭력론』]라고 말한다.2) 이에 대응하는 것이 「입에는 단검을, 손에는 폭탄을, 마음속에는 위험을 무릅쓰는 지고한 강함을」3)이라는 1928년 11월 6일의 무솔리니 자신의 말에 나타난 파시스트의 이상상이다.

그런데 그 속에 있는 이러한 폭력행위의 목적은 무엇이었던가? 무솔리니는 1922년 9월 12일 그의 기본정신을 나타내는 연설에서 이렇게 말한다. 「우리들의 기본정책은 아주 간결하다. 우리들은 이탈리아의 지배를 바란다」.4) 사람들은 어떠한 이념적인 목표 등을 믿지 않았다. 무솔리니가 자신의 최대의 스승으로 일컬은 빌프레도 파레토는 윤리적 · 종교적 이념을 비롯한 그 밖의 일체의 이념을 이성과는 관계없는, 충동을 덮어 감추는 것에 불과한 것으로 규정하였으며 역사의 유일한 의미를 권력을 둘러싼 투쟁에서 발견하였다. 파시즘의 가톨릭주의에 대한 관계는 이러한 원칙적인 이념 멸시의 입장을 함께 고려하여 판단하지 않으면 안 된다. 무솔리니는 「신은 존재하지 않는다. 종교는 학문적인 입장에서 말하면 부조리이고 실천적 입장에서 말하면 부도덕이며 개인에게는 병이다」5)라고 설명하고, 1919년 9월 28일에는 「계시된 진리를 맹목적으로 신앙하지 않고 투쟁, 삶과 진보를 바라고 기적에 의한 위안을 경멸하는 비종교적인 국민」6)을 참으로 바란다고 서술했다. 그렇게 말한 무솔리니가 오늘날에는 권력 때문에 마치 신심이 깊은 가톨릭교도인 듯이 행동하고 교회에서 꿇어앉아 국민에게 가톨릭신앙을 보존하도록 요구하기에 이르고 있다. 이 정책이 의미하는 것은 1928년에 파시즘 체제의 검열 하에 발간된 에볼라의 저서 (*Imperialismo pagano* 독일어로는 「비종교적 제국주의」) 안에서 명백하게 나타나 있다. 「나는 마키아벨리를 충심으로 경애한다. 그렇기 때문에 교회를 가능한 한 최대로 이용하라는 조언을 파시즘에 대해 하지 않을 수 없는 것이다」.7)

파시즘 독재는 [1929년 현재] 30만 명에 달하는 민병조직인 국방의용군*에 의해서 뒷받침되고 있다. 이 국방의용군은 국민으로 구성되는 현역 국왕군[정규군]과 경찰부대, 정보기관과 병립하여 유지되며 이것 없이 독재는 존립할 수 없다. 일찍이 없던 군국주의는 14세가 되면 남자는 물론 여자까지도 군사교련에 동원하고 사격훈련을 실시할 정도이다.

오늘날 파시즘이 국가권력을 수중에 넣은 곳에서는 「합법적인」 형식으로 모든 반대에 대해서 국가권력(Gewalt)의 적용이 이루어지고 있다. [정규군의] 장군 한 명과 파시스트 국방의용군의 장교 넷으로 구성되는 예외재판소*는 어떠한 권리보장도 부여할 수 없으며 파시즘이 정치적 불법행위라고 일컫는 것에 대해서 판결을 내린다. 이 재판소는 볼셰비키의 혁명재판소에 결코 뒤떨어지는 것이 아니다. 이 예외재판소의 판결은 바로 법외에서 정치적

2) AaO., Anm. 40.
3) AaO., Anm. 145 (헬러에 의한 강조).
4) AaO., Anm. 108 (헬러에 의한 강조).
5) AaO., Anm. 161.
6) AaO., Anm. 162.
7) AaO., Anm. 173 (헬러에 의한 강조).

무분별이라고 말할 수 있을 정도로 가혹한 것이다. 더욱이 지방장관, 검찰관 1, 지방경찰대의 장교 1, 국방의용군의 장교 1로 구성되는 **행정위원회**는 정치적으로 바람직하지 않다고 판단한 시민에게 5년간 추방처분을 선고할 권한을 가지고 있다. **사법권의 독립은 파기되고 신체·언론·보도·학문·결사·집회·단결의 자유는 전부 인정받을 수 없게 된 것이다.**

이러한 폭력에 의한 통치는 과연 무엇을 **달성**했는가? **정치적**·사회적 대립을 융화시키고 국민적 공동체 실현에 성공한 것일까? 1929년 3월 24일의 국민투표는 이 점에서는 아무것도 증명하지 못한다. 오히려 그것은 선거에 대한 커다란 정치적 압력의 존재를 확증한 것에 불과하다. 노동자의 기분이 실제로 어떠했을 것인지는 1925년에 실시한 기업에서 최후의 비밀투표 결과가 수적으로 나타내고 있다. 다음 표는 몇몇 기업에서의 수치를 보여준다.*

|  | 총투표 | 사회당 | 공산당 | 가톨릭 | 파시스트 |
|---|---|---|---|---|---|
| Bauchiero (Condove) | 786 | 745 | – | – | 41 |
| Officine di Savigliano | 571 | 526 | – | – | 1 |
| Autofabrik Fiat | – | 4463 | 4770 | 390 | 760 |

**실제로 이러한 독재적인 압력을 가하는 것은 모스크바의 사업에 속한다.** 그리고 공산주의의 과실을 가장 확실하게 수확한 것은 이탈리아에서는 파시스트 독재 아래서다.

파시즘이 **경제적인** 기적을 이루었다고 믿는 사람은 많다. 그들은 그 예로서 1922년에는 총액 45억이었던 이탈리아의 국가예산의 적자가 겨우 몇 년 만에 흑자로 돌아선 것을 들고 있다. 그러나 의식적으로든 무의식적으로든 그 때 간과한 것은, **이 적자는 전쟁의 결과**이고, 1918년에는 227억을 넘었던 것이다. 모르타라 교수는, 이미 1921년 말 1923/1924년에는 적자가 없어진다는 것을 예측하고 있었다. 파시즘 독재의 국가재정이 현재 어떠한 상태인지는 정확하게는 누구도 알지 못한다. 다만, 국가의 부담이 된 지방행정의 비용이 1922년 이래 두 배가 되고 있다는 사실은 인정할 수 있다.

많은 사람은 독재에 대해 모든 **부패**로부터의 국가의 **정화**도 기대하고 있다. 이러한 성과를 거두어들인다면 그것은 확실히 뜻밖의 기적이라고 해야 할 것이다. 그러나 독재는 반드시 공공의 장소에서 의견을 표명하는 일체의 자유와 동시에 법정·의회·보도기관 나아가서는 집회를 통해서 부패를 감시하는 모든 수단을 매장해버린다. 사실 정치권력에 의한 경제적 착취가 오늘날의 이탈리아보다 심한 나라는 없다. 정치로부터 경제적인 이익을 수령하는 자는 본인이 그 이익을 염두에 두지 않더라도 정치적 부패에 빠지는 것이라고 말하지 않으면 안 되는데, 이러한 정치정신의 부패는 오늘날의 이탈리아에서는 다른 어떠한 나라에서 보다도 무조건 심각하다. **역시 독재는 거짓 위에 — 정신적으로 발달한 국민은**

유일한 한 가지 정치적 견해를, 즉 독재자와 동일한 견해를 갖고 있다고 말하는 거짓 위에 — 쌓아올려지고 있다고 해야 할 것이다. 이탈리아의 독재는 파시즘에 의한 노동조합의 독점을 통해서 경제적으로도 지배하고 있기 때문에, 인간의 위(胃)에 대한 압박을 통해서 강제적으로 가장 심각한 정치적 부패로, 허위와 위선으로 몰아넣는다. 왜냐하면 파시스트 또는 파시스트라고 자칭하는 사람은 권리를 갖지만, 그 이외의 사람들은 단지 의무만을 갖기에 불과하기 때문이다. 파시즘은 노동과 식사의 권리마저 당원인가의 여부로 차별하려고 한다. 예컨대 1928년 12월 6일의 행정명령에 의해서 고용자는 필요로 하는 노동력을 직업소개소에 등록된 사람들 중에서 선발할 것을 의무지우는데, 그 때 파시스트 당원을 우선해야 한다는 것이다.[8]* 이것이야말로 당파주의 파시즘적 극복의 실태인 것이다.

그런데 독재는 의회주의에 비해서 **더 나은 지도자의 선택**을 보증한다는 주장은 어떤 것인가? 이 문제에 대한 답을 검열의 부주의 덕분에 1928년 7월 23일자의 파시스트당의 공식기관지 『돌격』(L'Assalto)에서 읽어낼 수 있다. 거기에서는 지도자의 선거에 의한 선출방법 없이 「좋은 선택은 불가능하다」고 하여, 거기로 되돌릴 것이 요구되고 있다. 그리고 오늘날 일어난 것은 바로 이러한 사태라고 하면서 계속한다. 「현실로 어떠한 일에 적합한 사람이 있어도 대다수는 겉 무대에 나오지 않는다. 예컨대 지방의 당조직이 그 인물을 곁에 놔두는 것에 특별히 이해를 갖고 있거나, 그 인물이 청결하거나 아니거나 하는 정치에 손이 물들거나 당조직에 아첨하거나 하는 것을 치사하게 여겼거나 하기 때문이다」.[9] 독재에서는 특히 지방에서 그렇지만, 명령권을 장악하고 눌러 앉아 있는 자가 반드시 가장 좋은 사람이라고는 단정할 수 없다. 「독재는 당이 갖고 있는 젊고 가장 좋은 에너지를 억압하고, 각인의 여러 가지 적극적 활동에로의 참여를 멀리해서 끝내기 쉽기 때문이다. 파시즘 속에 적성을 갖춘 유능한 사람이 결여된 것은 이러한 점과 밀접하게 관련된다」. 파시스트당의 당원들도 점차 독재는 기대에 어긋났다는 체험을 하지 않으면 안 되었던 것이다. 독재에 의해서 축적되어 온 반발력이 이탈리아에서는 어느 쪽을 향해 폭발하게 될 것인가? 그 귀추로부터 시선을 옆으로 돌려서는 안 된다. **이탈리아인은 독재에서 벗어나기보다는 독재를 받아들이는 쪽이 훨씬 쉽다는 것을 배웠다. 이러한 음울한 경험을 우리들이 하지 않고 살도록 우리들은 약간의 실패도 없이 주의를 기울이지 않으면 안 된다는 것이다.**

---

8) AaO., Anm. 240.
9) AaO., S. 598.

# 제3장 법치국가냐 독재냐?*

　[제1차] 세계 대전이 끝날 때까지 유럽에서 법치국가는 자명한 것이었다. 법치국가가 완전히 부인되거나 혹은 충분히 인정되지 않거나 또는 실현되지 않는 곳에서도 법치국가는 요청으로서 이론이 제기된 적은 거의 없었다. 마르크스주의의 프롤레타리아 독재마저도 볼셰비키 혁명에 이르기까지는 커다란 사회주의정당을 다소간에 민주적·법치국가적 의미에서 이해하였다. 이 시대에는 비록 아주 모호하나마 법치국가의 적(Gegner)으로 설명된 것은 프랑스와 이탈리아의 생디칼리스트들의 영향력 없는 작은 집단뿐이었다. 이러한 상황은 최근 10년 사이에 근본적으로 변화되었다. 법치국가냐 독재냐 하는 문제가 진지하게 논의되었다. 그리고 독일의 어느 저명한 국법학자가 독재를 현대 국가의 특수형태로, 그리고 법치국가를 시대에 뒤떨어진 헌법에 부수적인 것으로 규정했던 것을 너무 중시하지는 않는다고 하더라도, 그러한 주장의 가능성은 어떤 징후를 나타내고 있다.

　이러한 급격하고 급진적인 변화는 무엇을 의미하는가? 이탈리아와 스페인, 남부 슬라브, 그리고 비교적 군소 국가들에서의 정치변혁이나, 우리나라(독일)나 오스트리아 기타 국가들에서의 독재로의 지향이 공통분모를 가지고 있는가? 유럽에서 독재가 증가하는 것은 법치국가의 종말을 의미하며, 오늘날의 사회현실에 더 적합한 국가형태에 의한 법치국가의 대체를 말하는가? 사회적 현실에서 어떠한 변화가 그러한 정치적 변혁과 정신사적 변화에 반영되어 있는가?

　우리는 서유럽에서 파시즘의 깃발 아래 알려져 있고, 또 여기서 독재의 유일한 현실적 형태에 우리의 문제제기를 한정하고자 한다. 즉 전체적으로 보아 표트르 대제의 통치형태를 복제한 것에 불과한 볼셰비키 독재는, 법치국가냐 독재냐 하는 양자택일의 문제를 전혀 알지 못한다. 따라서 우리들의 고찰에서 제외시킬 수 있다.

　제기된 문제에 대답하기 위해서는 우선 첫째로, 법치국가의 사회적·정치적·정신적 기초를 명확하게 밝힐 필요가 있다. 왜냐하면 이들 모든 유럽의 독재와 그 이데올로기는

---

\* 처음 발표한 곳은 *Die Neue Rundschau* (Hg. O. Bie), S. Fischer Verlag, Berlin 1929, 40. Jg. der *Freien Bühne*, S. 721-735. 게재한 것은 그 후 수정 증보한 Hermann Heller, *Rechtsstaat oder Diktatur*? J. C. B. Mohr, Tübingen 1930, 26 S. (Recht und Staat in Geschichte und Gegenwart, Heft 68). jetzt in *Gesammelte Schriften*, Bd. 2, S. 445-462.

오직 법치국가를 부정하는 점에서만 일치하는 것이 명확하기 때문이다. 그러나 법치국가의 사회적 기초는, 문화의 발전이란 언제나 분업이 발달하고, 동시에 지역적으로 상이한 사회집단이 상호거래의 필요 때문에 서로 의존하게 되고, 그 속에서만 가능하다는 점을 고려할 때에만 비로소 이해할 수 있다. 분업과 거래가 발달하면 그에 따른 보다 고도의 거래안전이 필요하게 되는데, 그것은 법학자들이 통상적으로 법적 안정성이라고 부르는 것과 대체로 동일한 것이다. 거래의 안전이나 법적 안정성은 사회적 관계들의 예측가능성 (Berechenbarkeit)과 계획가능성(Planmäßigkeit)의 향상을 통해서 가능하게 된다. 왜냐하면 이러한 예측가능성은 사회적 관계들, 특히 경제적 관계들이 보다 통일적 질서에 종속됨으로써, 즉 어떤 영역의 중심점에 의해 규범화됨으로써만 이룩될 수 있기 때문이다. 이 사회적인 합리화 과정의 잠정적인 최종결과가 근대 법치국가이다. 이 근대 법치국가는 본질적으로는 점증하는 입법, 즉 사회적 작용에 대한 의식적인 규칙(Regeln)의 정립을 통하여 성립하였다. 점차 확대되어가는 인간과 사물의 범위를 규율하기 위한 이 규칙은 중심적 규범정립과 그 집행을 위해서 자력구제를 배제한다.

근대의 법치국가를 법률의 창조자라는 의미에서 「법률의 지배」(Herrschaft des Gesetzes)로 파악하는 경우에, 법치국가의 사회학적 · 정치적 · 법학적 의미가 파악된다. 구 독일 제국에서 아메리카 발견 3년 후 제국최고법원의 설치는 란트 평화보장의 역사에서 위대한 종착점이 되었다. 이 법원은 지방 영주와 신민 간의 분쟁을 재판의 형식으로 해결해야 했고, 여기서도 폭력과 자력구제는 배제되었다. 절대주의 시대에 초기 자본주의 경제가 형사재판과 민사재판의 상대적 독립을 필요로 하였다는 사실은, 상수시(Sanssouci)*의 방앗간 주인에 관한 전설을 통하여 대부분의 사람들에게 알려져 있다. 절대군주의 권력은 이 경제의 예측가능성에 기반을 두고 있었다. 절대군주가 봉건적 종속관계의 예측불가능성으로부터 벗어나 반항적 봉건영주들과 그들의 무수한 기득권을 배제하고 자기 주권 하의 통일적인 질서에 복종시킬 수 있었던 것은, 사회적으로는 융커(Junker)*로부터 독립되지만, 재정적으로는 군주에게 예속되었던 용병대와 관료제를 그가 장악하였기 때문이다. 이를 위해서는 경제의 화폐경제적 예측가능성과 통일적인 로마법을 교육받은 관료층이 필요하였고, 이 관료층의 도움으로 게르만법의 잡다성이 극복되었다. 절대군주는 용병과 관리를 이용하여 그때까지 봉건영주가 자기의 전속사항으로 여겼던 전쟁수행 · 입법 · 판결 · 행정 등의 중앙집권화를 서서히 달성시켰다.

18세기 말 법치국가와 법률의 지배라는 요구가 보편화 되었을 때, 사람들은 군주에 의해서 공포되고 ― 위대한 행정법학자 오토 마이어의 말에 의하면 ―「전문적인 예측가능성으로」 군주의 지방법원에 의해서 적용되는 법을 이상적인 법이라고 보았다.1)

이처럼 양면적인 구속력을 갖춘 불가침의 법률이 모든 국가활동을 단지 사법뿐만 아니라 행정까지도 지배하게 되었다. 그리고 시민의 재산과 자유에 대한 침해는 이제부터 법률의

---

1) Otto Mayer, *Deutsches Verwaltungsrecht*, Bd. 1, 2. Aufl., München 1914(Systematisches Handbuch der deutschen Rechtswissenschaft, Abt. 6, 1), S. 44.

근거 아래서만 가능하게 되었다. 그러나 국가질서의 합리성과 예측가능성은 또 다른 방향에서도 향상하게 되었다.

우리는 권력의 분립과 균형에 관한 몽테스키외의 학설이 법치국가의 조직상의 기초를 특징지우고 있음을 알고 있다. 몽테스키외는 시민의 정치적 자유 속에는 「각자가 자신의 안전에 대하여 가지고 있는 신뢰에서 나온 정신의 평온이 있다」[2]고 생각하였다.* 이 자유는 동일한 사람, 동일한 집단이 입법권·사법권·집행권을 동시에 행사하게 될 때에는 결정적으로 상실하게 된다. 인간을 깊이 알고 있는 이 사람의 견해에 대한 근거를 통제되지 않은 모든 권력은, 조만간 예측할 수 없는 자의의 위험에 빠지게 된다는, 일반적으로 타당한 사회학적 명제로 표현할 수 있다. 그러므로 입법부는 모든 국가활동을 규정하는 최고의 권력이어야 하며 ― 조직상으로는 독립적인 사법부와 국왕에게 위임되어 있는 행정부로부터 분리되어 ― 국민에게 위임되어야 한다. 국왕이 법률을 제정하거나 폐지하고 그 법률이 추밀원에서 초안되어 결코 공개되지 않는 한, 불안정성과 예측불가능성의 요소가 상존하게 되는데, 국민이 자신의 대표를 통한 공개된 의회에서 자신에 관한 법률을 의결하고, 이렇게 하여 스스로 자유의 옹호자가 될 때에 그 요소는 사라지게 되는 것이다.

이러한 사회적·정치적 발전과 더불어 이념사적인 발전이 진행된다. 그 기원도 역시 르네상스 시대로 거슬러 올라간다. 볼테르·생시몽·칸트·마르크스에서처럼 케플러·갈릴레이·가상디, 그리고 그로티우스에게도 탈인격적인 법률에 대한 신뢰(Gesetzesglaube)가 있음을 발견하게 된다. 윤리적·정치적으로 표현되는 공리는 이렇게 말한다. 즉 인간은 인간이 아닌 법률에만 복종해야 할 때에 비로소 자유롭다. 그러나 시간이 지날수록 사람들은 법률을 인격신이나 신의 은총을 받는 전제군주의 의지가 아닌, 모든 의지와 자의를 초월한 규범으로 이해하게 된다. 즉 이 법률의 내용을 현세적·이성적으로 인식할 수 있는 자연과 사회의 존재(Sein)로부터 파악하려는 경향이 점점 높아지고 있다.

법치국가이상의 고전주의자인 빌헬름 폰 훔볼트가 말한 이 「합법적 자유의 확실성」[3]은 18세기 전환기에 정신적·경제적으로 강화된 시민층의 요청이었다. 시민의 정치적 및 경제적 안전은 권력분립의 법치국가에 있어서의 입법에 대한 시민층의 영향력을 요구했고, 정치적 자유와 평등이라는 이상은 개인적 자율(Autonomie)이라는 시민층의 윤리에 일치하였다. 이러한 민주주의가 「교양과 재산」에 한정되어 있었다는 것은 교양을 가진 자가 재산을, 재산을 가진 자가 교양을 가진 자였던 시대이었기에 어쩔 수 없었다.

그것은 자본주의가 발달하고 조직화하는 시대에는 근본적으로 변하지 않을 수 없었다. 끊임없이 증가하는 프롤레타리아트는 자의식에 눈을 떴고, 시민적 민주주의의 요구를 사회적 민주주의의 형태로 자신의 것으로 만들었다. 그들은 당(Parteien)과 노동조합

---

2) Montesquieu, *De l'esprit des lois* (1748), liv. xii, ch. 2.

3) Wilhelm v. Humboldt, *Ideen zu einem Versuch die Gränzen der Wirksamkeit des Staats zu bestimmen* (1792), in *Gesammelte Schriften* (Hg. Kgl. Preußische Akademie), Bd. 1. Berlin 1903, S. 179.

(Gewerkschaften)을 조직하여 자립하고 법치국가적 입법부에 대한 참여를 강하게 요구하였다. 그러나 이리하여 인민입법부(Volkslegislative)는 시민계급이 그것을 근본적으로 부인하지 않고 독재라는 악마왕의 힘으로 추방하려고 한다면, 그것은 시민계급이 불러들였다가 다시 추방할 수 없는 유령이 된다.

왜냐하면 정치라는 우회로를 돌아서 이제는 법률적·정치적으로 동등한 권능을 가지게 된 프롤레타리아트가 경제적으로도 시민층을 위협하려 하기 때문이다. 경제적 약자는 입법의 힘으로 경제적 강자를 구속하고, 이들에게서 더욱 많은 사회적 급부를 강요하거나 소유권을 빼앗으려고 한다. 이리하여 자본주의는 그 창조자인 시민계급의 지배를 위협하게 되는 민주주의 원리라는 결론에 이르게 되었다. 프롤레타리아트를 입법부로부터 영원히 추방하는 것은 법치국가적 수단으로는 불가능한 것으로 보인다. 또한 현대의 의식으로 보아서도 민주주의를 교양과 재산에 한정하는 것은 더 이상 기대할 수도 없다. 왜냐하면 소유의 이동이 매우 신속하게 이루어지는 시대에서는, 재산은 교양을 통해서도 전통을 통해서도 존엄시 될 수 없기 때문이다. 시민계급은 법치국가의 이상을 의심하고 자기 자신의 정신적 세계를 부인하기 시작한다.

독일에서 이러한 법치국가사상의 부인과 공동화는 1848년 혁명의 좌절과 더불어 시작되었다. 그러나 1859년에도 로베르트 폰 몰은 법치국가라는 이름 아래 국가성원이 「무엇보다 먼저 **법률 앞의 평등**, 즉 개인적 사정을 고려하지 않는, 모든 사람의 생활목적의 배려와 개개인의 지위·신분 등에 상관하지 않는 일반적 규범의 객관적 적용」에 대한 청구권을 갖는 어떤 단체를 생각하였다.[4] 불과 몇 년 후에 이 실질적 법치국가이념은 공허하게 되고 탈정신화되어 형식주의적·기술적인 것으로 변모되었다. 그 이후 1918년의 혁명까지는 다음과 같은, 예컨대 법률 앞의 평등을 보장하는 1850년의 프로이센 헌법 제4조는 입법자에 대한 자의의 금지를 의미하지 않고, 단지 이미 완성된 법률을 적용하는 관리에게 대한 것임을 의미한다는 학설이 통설이었다. 그와 동시에 입법자에 대한 정의이념은 쓸데없게 되었고, 입법내용의 정당성 여부와는 상관없이 개별적인 경우에 그 계측가능한 적용을 요구하는 형식적인 행정상의 공리로 전락해 버렸다. 이제 이 법률의 예측가능성(Rechenhaftigkeit)과 시민의 안전만이 문제이고, 법률의 정당성은 문제되지 않았다.

그런데 1918년의 혁명 이후 바이마르 헌법 제109조를 통하여 시민계급의 지배가 위협받는 것으로 볼 수 있을 때에, 이 평등조항을 입법자에 대한 「자의의 금지」로 보는 쪽이 우파에 속하는 법학자이고, 이에 반하여 시민적·민주적인 법학자는 낡은 해석을 고수하고 있었던 점이 특징적이다. 물론 이러한 보수적 법학의 견해변화의 뚜렷한 정치적 의의는 법률적으로는 잘못된 라이히 최고법원의 판결에 의해서 판사층이 독일에서 이룩한 거대한 정치적 권력신장과의 관련 속에서 비로소 이해될 수 있다. 말하자면 사법관료들은 1925년 11월 4일의 판결에 의해서 모든 법률이 라이히 헌법과 실질적으로 일치하는지의 여부를 심사할 권리를 스스로 행사하는 데에 성공하였으나, 그들은 이전부터 이러한 권리를 가지고

---

4) Robert v. Mohl, *Encyklopädie der Staatswissenschaften*, Tübingen 1859, S. 329.

있었다는 명백히 부당한 주장에 이를 근거시켰다.5) 압도적인 다수가 지배층의 후손인 재판관이 법률의 평등원칙과의 일치여부를 검토한다는 것 때문에, 시민계급은 인민입법부가 자유주의적 법치국가를 사회적 법치국가로 이행시킨다는데 대한 효과적인 안전책을 미리 마련하였다. 왜냐하면 무엇이 평등하고 무엇이 불평등한 것으로 간주되어야 하는가는 아주 본질적으로는, 그것을 판단하기 위해서 소집된 자들의 역사적 · 국민적으로 뿐만 아니라 사회적으로도 다른 가치관에 의해서 결정되었기 때문이다. 그때에 판단자가 자신의 절대적 객관성을 확신하지 않는 편이 판단의 정당성을 위해서 더 좋은데, 그것은 단지 이 경우에만 판단자가 필요한 자기비판을 보존하게 될 것이기 때문이다.

그러나 재판관을 통하여 이루어지는 이러한 인민입법부에 대한 감시로서는 사회적 법치국가의 위험이 결정적으로 제거되지는 않는다. 인민입법부가 언제 자신에게 종속하는 정부를 통하여 다른 재판관을 임명하거나 헌법개정으로 자신의 감독자인 재판관을 전적으로 제거하는 시기의 문제만은 아직 남아있다. 이러한 정치적인 방법 또는 그 외의 방법으로 입법자로부터 재판관에게로 위험스러운 권력이동에 있어서는 어떤 경우에도 실질적 법치국가의 르네상스를 찾아볼 수는 없다. 입법자를 판단하는 판결이 사법부와 입법부의 분리라는 원칙을 침해한다는 점을 별도로 하고도, 오늘날의 통설과 종종 실무에서도, 평등명령, 즉「모든 사람의 생활목적의 배려」, 예를 들면 라이히 헌법 제156조(공용징수)와 관련하여 행해지는 바로 그 특유한 해석에서도 법치국가사상의 오래된 공허화가 인식된다.

법치국가사상의 이러한 퇴보로 말미암아「법률의 지배」역시 근본적으로 변화된 의미를 가지게 되었다. 윤리적 · 이성적 법률이 지배력을 가지는 것은 살아있는 사람들이 그것을 자기와 다른 사람에게 적용하기 때문이다. 윤리적 필요성은 자기 자신을 규정하는 자유 속에서 긍정된다. 그러나 단순히 경제적 안전의 보장을 위하여 마련된 생활의 법칙화 (Vergesetzlichung des Lebens)는 개성 없는 기계화를 위한 기술화에 불과하다. 윤리적으로 이해된 법률은, 그 실증적 · 국가적 효력에도 불구하고, 절대적인 것과 생을 담당하는 근원(Grund) 및 심원(Abgrund)에 대한 관계를 보존하고 있었다. 그것은 언제나 구체적 · 개인적 의지의 주관적 결단을 요구하였다. 이에 반하여 기술적으로만 이해된 법률은 주관적 결단으로부터 분리되어 버렸고, 그것은 윤리적 · 수학적 객관성을 가지고 우선 무한한 낙관주의(Optimismus) 속에서 자신을 결정적으로 법칙화 함으로써 법률에서 모든 개인적 결단의 악으로부터 현세적 해방을 기대했던 인간 위에 군림하게 되었다.

오늘날에는 공허하게 된 규범주의(Nomokratie), 모든 개인의 궁극적인 법칙화를 통하여 영원한 평화라는 유토피아를 신봉하는 사람은 이미 거의 없다. 순수문화 속에서 형성된 이 신앙이 어떤 국가에서도 법치국가를 인식하게 하고,「지도자가 없는 것」(Führerlosigkeit) 을 민주주의의 이상으로 여겼던 켈젠6)과 그 학파의 순수법학의 기반이라는 것은 쉽게 이해할 수 있다. 이러한 규범주의적 사고의 공허한 추상화는 바로 윤리적 근거를 추구하고

---

5) Urteil des Reichsgerichts in Zivilsachen vom 4. November 1925, Bd. 112. S. 67 ff.(71).
6) Hans Kelsen, *Vom Wesen und Wert der Demokratie*, 2. Aufl., Tübingen 1929, S. 79.

현실에 굶주린 청년들 사이에 독재사상을 촉진시키는데 크게 공헌하였다.

그러나 시민층은 현재의 사회적 사정으로 보아 이러한 법칙화가 비관적으로만 해석되는 것으로 여겼다. 프롤레타리아트에 의한 사회민주주의의 요구는 실질적 법치국가사상의 노동질서와 재화질서에로의 확장을 의미하는데 불과하다. 시민층에게는 옛 법률(Gebot)을 새로이 실행할 힘이 거의 없다. 그들은 자기 자신의 정신적 존재를 부인하고, 스스로 비합리주의적인 신봉건주의에 종속되었다. 법률이란 가축(Herde)을 사육하기 위한 주인(Herrenmenschen)의 기술로서의 의미를 가질 뿐이며, 주인의 자의가 모든 법률에 우선한다고 한 니체가 시민층의 대변자로 되었다. 주인의 입장에서는 법률에 구속받는 것은 가축에 구속받는 것을 의미한다. 주인은 모든 사회적 강제뿐만 아니라 자기의 「고귀한 본능」을 제지하는 문화까지도 불편하게 여긴다. 니체가 말한 주인은 가끔 「해방된 맹수」(losgelassen Raubtiere)처럼 행동할 필요가 있다. 「그들은 그곳에서 모든 사회적 구속에서 벗어나 자유를 즐긴다. 그들은 사회의 평화 속에 오랫동안 감금되고 폐쇄되었기 때문에 나타나는 긴장을 황야에서 해가 없는 것으로 간주한다. 그들은 아마도 소름끼치는 일련의 살인·방화·능욕·고문에서 의기양양하게 정신적 안정을 지닌 채 돌아오는 즐거움에 찬 괴물로서 맹수적 양심의 순진함으로 **되돌아**간다. 그것은 마치 학생들의 장난을 방불케 하는 것이며, 그들은 시인들이 오랜만에 노래를 부르고 기릴 수 있는 것을 가졌다고 확신한다」.[7]* 모든 「귀족」의 근저에서 찾아낸 「황금의 야수」에 관한 니체의 이러한 표현은 원한(Ressentiment)에 관한 논문에서 볼 수 있는데, 이 표현에서 자신의 심리학적 방법을 적용하면 시민의 자기 자신에 대한 원한이라는 것이 쉽게 드러난다.

자본주의가 한층 더 발달한 프랑스에서는 부르주아의 이러한 반부르주아적인 법률증오는 이미 일찍부터 만연되고 있었다. 한때 존칭(Ehrennamen)이었던 것의 의미타락은 이미 왕정복고시대의 문학에서부터 유래하고, 자신의 경제적 안전만을 염려하고 모든 참된 정신과 모든 비합리적인 기본적 권력을 이 안전에 대한 위험이라고 두려워하고 경원하는 시민의 비열함이 그 의미타락을 특징지우고 있다. 또 그 당시 부르주아에 대한 문학적 대상으로 묘사되는 것은 모든 법률을 전적으로 무시하는 대범죄자였는데, 가장 인상 깊게 구체화된 것이 발자크의 장 보트랭*이다. 당시에는 천재나 몇몇 낭만주의적인 문인들의 문제였던 이 법률증오가 오늘날에는 대소 부르주아와 정신적 중산층의 공동자산이 되었다. 특히 [제1차] 세계대전 이후에는 재향군인회의 회원은 선과 악을 초월한 천재신앙(Geniereligion)과 반부르주아적 영웅적 신념을 갖도록 규약상으로 의무화되어 있었다. 모든 동업조합장은 소비조합과 백화점의 탈인격적 작용에 사로잡혀 있었다.

이러한 신봉건주의는 자신의 **권력의 비밀**(arcanum imperii)로서 완전한 신화를 발전시킨다. 생활의 법칙화를 통한 합리주의인 현세의 해방(Diesseitserlösung)과 개성 없는 법칙에 대하여 법칙 없는 개성의 천재신앙을 대치시키고, 또 안전과 필연 대신에 모험과 위험,

---

7) Friedrich Nietzsche, *Zür Genealogie der Moral*, in *Werke*, Bd. 7, Leipzig 1899, S. 321 f. (김정현 옮김, 『도덕의 계보』, 『니체 전집』 14, 책세상, 2002, 372면).

규정 없는 자유과 기적을 찬양한다. **이성**(ratio)을 극복하기 위하여 **비이성**(irratio)을 만들었고, 또 모든 반이성적인 것을 그것이 불리함에도 불구하고 경탄하는 것이 아니라 바로 불합리하기 때문에 경탄한다는 것이다. 사회학적 상황을 정신적으로나 윤리적 · 정치적으로도 극복할 수 없기 때문에 권력 그 자체, 즉 자기목적으로서의 권력이 신봉건주의의 최고의 신조가 된다. 그것은 탈인격적 법률에 대항하기 위하여 행동을 위한 개인적 행동의 철학, 「행위의 이상주의」를 그 수단으로 한다.

그러나 이제 이 권력행위를 미화하는 종교를 감당할 수 있는 것은 지배자의 강력한 혼(Seele)뿐이다. 군중의 약한 마음을 그 종교의 구멍이 뻥 뚫린 공허를 은폐하기 위한 특이한 신화를 필요로 한다. 이 목적을 위하여 우선 국가주의(Nationalismus)가 이용된다. 「우리들은 우리의 신화를 창조하였다. 그 신화는 하나의 신앙, 하나의 정열이다. 그것이 현실의 것일 필요는 전혀 없다.[…] 우리의 신화는 국민이다」라고 무솔리니는 로마를 진군하기 며칠 전에 이렇게 말했다.8) 이 국가주의는 개인과 공동체와의 긴장상태를, 전자는 평준화하는 억압을 통하여 완화하는데, 현재로는 군중의 지배를 위한 최적의 종교인 것 같다. 가끔 지배계급의 이름을 혼동하여 유사하게 바라보는 국가의 **신성한 이기주의**(sacro egoismo)와 국가라는 이름 속에서 사람들은 그 내부적 음성이 마비되고, 이른바 유일한 공동체라는 용어에 도취되어 버린다. 이 공동체의 객관적 정신의 절대적 권리를 위해서는 기독교를 이용하는 것도 꺼리지 않는다. 이전에는 민족개성의 매혹적 가치에 대한 지각이었던 국가의식이, 지금에 와서는 하나의 「신조」(Gesinnung), 즉 가능한 모든 종류를 신성화하고, 또 유일한 「국민」이라는 가축을 양과 염소로 선별*하는 지배기술적 기능을 지닌 일종의 도덕법전이 되었다. 국가주의가 언제나 국민적 공동체를 지배조직인 국가와 동일시하고, 다시 국가를 지배자와 동일시한다는 사실을 아울러 생각하면, 근원적으로 완전히 무정부주의적인 천재신앙이라는 국가신격화가 명료하게 된다. 정치적 실제에서 볼 때 이 신격화는 지배자의 자의를 이상화하는 것이며, 군중에 대한 법률을 이상화하는 것이다.

지배자는 전통적 교회종교 내에서도 무시할 수 없는 지배신화를 보게 된다. 더욱이 그는 교회종교 내에서 기독교적 내용이 매우 방해된다고 여긴다. 그러나 그에게는 지배의 신성화를 위하여 교회가 불가결하다는 것을 제외한다면, 기독교도를 제외한 가톨릭주의는 지배조직으로서 그에게 크나큰 경의를 바쳤다. 「나는 가톨릭교도지만 무신론자이다」(Je suis catholique, mais je suis athée)라는 것이 **악숑 프랑세즈***의 가톨릭교도인 샤르르 모라(Charles Maurras)9)의 의미 깊은 정식화인데 무솔리니가 정식화해도 똑같은 표현일 것이다.

민주적 · 의회주의적인 부패를 제거하기 위해서 독재를 요구하는, 오늘날에 특히 호소력

---

8) Hermann Heller, *Europa und der Fascismus*, Berlin und Leipzig 1929, Anm. 119 (본서, 271면 주 119) 참조

9) AaO., Anm. 59 참조.

있는 표어 역시 독재의 은폐에 포함되어야 한다. 확실히 민주주의는 완전히 깨끗한 손을 갖지 못한 민주주의 기관을 즉시 포기할 뿐만 아니라, 스스로 가차 없이 반대하는 모든 동기를 가지고 있다. 왜냐하면 부정상인(Schiebern)과 결탁하거나 그들의 상행위에 참여하는 한 사람의 민주적 정치가나 공무원 또는 민주주의를 옹호하는 한 사람의 무책임한 문필가는, 수백의 극우파나 극좌파의 공격자보다 훨씬 더 이 국가형태에 유해할 것이 분명하기 때문이다. 부패에 관한 소문이 독재국가에서보다 민주적 법치국가에서 더 많이 들린다는 것은 분명한 사실이며, 그것이 통치형태의 탓이라는 것도 틀림없다. 그러나 민주주의에서보다 독재에서 부패가 더 적다고 믿는 것은 잘못이다. 정확히 말하면 그와 정반대이다. 이 경우에도 민주적 법치국가는 외관보다는 더 나은 것이고, 독재국가는 ― 적어도 멀리서 보면 ― 실제보다 더 좋게 보인다. 그것을 증명하기 위해서 이탈리아 파시스트 독재의 실례를 들 필요는 전혀 없으며, 이탈리아의 상급, 최상급 국가기관의 가장 악랄한 치부(Bereicherung)가 거의 상례이고, 청렴한 손(reine Hände)이 거의 예외라는 것을 지적할 필요도 없다. 또 파시스트를 포함한 이탈리아 국민 전체가 이 **만지아레** (mangiare), 즉 이탈리아 권력자들의 자기살찌움(Sich-Mästen)을 그들의 심한 농담거리로 삼고, 이탈리아국민·파시스트당, P.N.F를 깔끔하게 **페르 네체시타 파밀리아레**(per necessità famigliare), 즉 가족의 배려에서(aus Familienrücksichten)로 해석한다는 것을 지나치게 언급할 필요도 없다. 이미 말했듯이 분명한 사실을 지적할 필요는 전혀 없는 것이다. 왜냐하면 전혀 통제되지 않는 독재기관의 권력이 언제나 그러한 결과에 이르게 된다는 것은 인간을 기피하는 모든 사람들에게는 자명한 일이기 때문이다. 민주적인 법치국가에서 서로 경쟁하는 각 정당은 다른 정당의 부패를 폭로하는 데에 최대의 관심을 가지며, 모든 정당은 가능한 한 깨끗한 조끼[청렴]를 제시하는데 역점을 두어야 한다. 그러나 같은 이유에서 독재의 단일정당도 자기 조끼의 더러움[오점]을 보이지 않도록 하여야 한다. 여하튼 이 정당은 모든 다른 정당에 대한 억압과 자신의 배타적인 지배독점의 근거를 그들의 당원이 「엘리트」이고 국민의 신흥 귀족이라는 주장에서 도출되고 있다. 그 정당은 모든 정보를 그 발생 초기에 진압하지 않으면 안 된다. 또한 독재정당에는 한 사람의 감시자도 없고 권력분립이나 기본권도 제거되었기 때문에, 독재 하에서는 상당한 인사들에게서 마저도 신문에서, 의회에서 또한 법정에서 조차 폭리자(Geschäftemacher)에게 책임을 물을 수 있는 모든 가능성이 배제되어 있다. 민주적 법치국가와 독재의 구조상, 전자에서는 부패에 대한 공적인 고발이 빈번하게 되고, 후자에서는 드문 것은 그 때문이다. 그러나 두 정치형태의 구조 속에 두 체제가 가지는 부패의 실제 규모는 수적으로 공적 고발과는 반비례한다는 것도 필연적인 근거를 가진다.

서유럽의 독재를 특별히 분석함에는 정치를 통한 순수한 경제적 치부보다도 결국에는 국민건강을 훨씬 더 위태롭게 하는 부패의 한 형태가 있다. 내가 주장하는 것은 정치적인 정신과 의지의 부패인데, 나는 그것을 현재의 서유럽 독재가 모두 어떤 중대한 경우에 전체 국민의 의지결정이 단 한 사람의 의지, 즉 독재자의 의지와 완전히 일치한다는 허구

(Lüge)에 근거하고 있다는 점에서 발생한다고 본다. 자본주의의 유럽에서 독재라는 것은 언제나 군사적·정치적·경제적 억압수단을 행사하지 않을 수 없고, 이 수단 특히 위(Magen)에 대한 억압을 통하여 거의 전 국민을 정치적 위선과 허구에 복종시킬 수 있다. 오늘날 이탈리아의 상류층 국민들이 자국의 독재의 결과로 생긴 무엇보다 가공할 정치적 풍화현상(Zersetzungserscheinung)으로 여기고 있는 것이 바로 이러한 부패이다. 이탈리아에서는 당의 휘장을 달거나 파시즘을 위하여 공개강연을 하거나 저술하는 사람들을 도처에서 만나게 되는데, 그것은 그렇게 하지 않고는 자신과 그의 가족이 아사의 위험에 직면하게 된다는 것을 그들은 알고 있기 때문이다. 확실히 민주주의 내에도 전혀 개성 없는 작가가 있고, 우리들의 법치국가에도 언론이 놀라울 정도로 부패한 것은 사실이다. 그러나 독재국가에서는 언론인, 그리고 언론인뿐만 아니라 모든 지식인은 모든 정치적·경제적 억압수단을 동원한 국가에 의해서 이러한 부패를 야기하도록 교화된다. 그렇기 때문에 독재자의 부패퇴치에 관한 신화보다 더 허위인 신화는 없다.

이미 언급한 모든 신화적인 독재의 은폐는 종파적으로 통일된 국민 국가에서만 순수한 형태를 취하는데, 그러한 국가에서는 프랑스와 이탈리아에서처럼 좌파에 의하여 지배되었거나 지배되고 있다. 본질적으로 동일하면서도 실제 사회학적으로 이러한 은폐가 전혀 없는 운동(Bewegung)이 어떻게 보이는지는 오늘날 오스트리아에서 규명될 수 있다. 축적된 부패를 일소한다는 독재자에 관한 신화는 오스트리아에서는 통용될 수 없다. 왜냐하면 첫째 오스트리아의 좌파는 이렇다 할 부패현상이라고는 전혀 나타내지 않기 때문이고, 둘째는 특히 오스트리아에 독재를 촉구하는 계층이 오래전부터 그들 자신이 완전히 독점된 권좌를 차지하고 있기 때문이다. 다른 나라의 그 밖의 다른 신화도 오스트리아에서는 역시 쓸모가 없다. 이 나라에서는 국가의 신격화가 의도와는 달리 필연적으로 타락될 수밖에 없고, 국가주의가 은폐사상으로서 사용될 수가 없다. 국가주의는 기독교적 사회주의의 향토방어파(Heimwehrflügel)가 독일 제국과의 합병이라는 내정상의 결과를 적어도 현재로서는 원하지 않고, 또 가톨릭주의는 반교권적인 도시 부르주아가 원하지 않기 때문이다. 따라서 아직도 숭고한 투쟁목표로 남아있는 것은 사회주의적으로 관리되고 있는 빈(Wien) 시의 세금이다.

새로운 봉건주의의 힘을 과시하고 강력한 사나이를 구하는 함성을 시민의 절망적 표현으로 인식하는 것은 매우 중요한 일이다. 시민은 노동자대중의 전진에 놀라 그들 자신의 정치적·경제적 지배권이 위협받고 있을 뿐만 아니라 동시에 전 유럽 문화의 종말이 다가오고 있다고 믿게 된다. 그때에 시민은 많든 적든 계급이라는 것을 무작정 문화외적인 집단(Masse)과 종족(Rasse)으로 혼동하게 된다. 즉 시민은 분명히 모든 계층 속의 비창조적인 인간집단을 오늘날의 노동자계급과 단순히 동일시하고, 자신을 문화 엘리트로 간주하며, 종종 프롤레타리아가 종족상으로도 열등하다고 주장함으로써 어렵지 않게 사회적 법치국가와 현대에 있어서의 사회적 법치국가의 시초를 열등자의 지배로 낙인찍게 되었다. 『서구의 몰락』의 저자가 동시에 독일의 폭력신앙과 천재신앙, 즉 독재사상에 대한 대표적 주창자라는 사실은 당연한 논리적 귀결이다. 오스발트 슈펭글러에게는 「신분국가, 즉 단 하나의 신분만이 통치하는 국가」가 있을 뿐이다.[10] 그러나 「진정한」 신분, 「혈통과 종족의 화신」[11]은 귀족뿐이다. 농민과 시민은 모두 「무신분」[12]이기 때문에, 더욱이 제4의 신분인 「대중」은 「말단, 즉 생래적인 무」[13]다. 이 절망한 시민에게 유일하고 강력한 자에 대한 기대, 즉 「완전한 개인적 힘」[14]으로 시민의 모든 결단을 인수하는 「씨저형」(cäsarischer Schlage)의 인간에 대한 희망이 남아 있음을 알 수 있다. 왜냐하면 모든 「쇠퇴하는 문화」의 질서는 그런 것이기 때문이다. 따라서 지배자는 독재의 의미에 대한 아무런 환상도 가지지 않는다. 즉, 그는 독재가 모든 정치형태의 기형현상(Deformierung)을 의미하며, **독재는 사회적 무질서의 정치적 현상형태**에 불과하다는 것을 알고 있기 때문이다.

그러나 그러한 지배지식이 군중에게는 위험할 수도 있다. 군중에게는 그것의 환상적 은폐가 필요하고, 또한 정치전선의 위장이 필요하다. 그 때문에 사람들은 의회주의를 공격목표로 삼지만 적극적 목적으로서는 독재 따위가 아닌 직업단체적 또는 직능대표적인 국가를 공격목표로 삼는 것이 상례이다. 두 주장 모두가 많든 적든 의식적인 허위이다.

왜냐하면 미합중국의 모범에 따른 권력분립적 법치국가의 지속 하에서 의회주의를 배제한다는 것은 여전히 민주주의적 법률, 즉 다수의사에 의한 지배자의 구속을 의미하고, 또한 헌법재판소와 행정재판소에 의한 통제를 의미하기 때문이다. 그러나 이러한 비의회주의적 법치국가는 폭력신앙과 천재신앙의 요청에 일치하는 것도 아니고, 그렇다고 — 이것이 요점인데 — 기술한 지배계급의 정치적·경제적 어려움을 제거할 수 있는 것도 아니다. 법치국가적 인민입법부를 공공연히 공격해서는 안 된다. 왜냐하면 민주주의에 대한 명확한 부인은 원한(르상티망) 이상의 것, 즉 민주주의에 대치될 수 있는 어떤 독자적인 생산적 법이념과 국가이념을 구사한다는 것이 전제될 필요가 있기 때문이다. 이러한 반민주적인 해답의 감각(Antwortgefühle)이 실제로는 얼마나 무력한 것인지, 또는 그 감각의 정치적 형성력이 얼마만큼 불충분한 것으로 평가되어야 하는지를 보다 분명히 나타내는 것은 그 감각이 그의 진정한 적인 민주주의 앞에 머리를 숙이지 않으면 안 된다는 데에 있다.

오늘날 독재자 및 독재자가 되려는 모든 사람들은, 자신들이 바로 「진정한」 민주주의를 실현해 왔다거나 실현하려고 한다는 것을 우리에게 확언하고 있다. 그들은 그와 달리 무슨 말을 하겠는가? 유일하고 진정한 신의 은총을 받은 군주의 시대가 사회적·종교적 이유 때문에 끝나게 되었다는 것을 소시민층도 결국은 이해하게 된다. 세습귀족정치도 유동적 소유의 시대에 있어서는 법률상으로 승인된 자본주의적 계급지배와 다를 바 없다는 생각에는 거의 누구도 이의를 제기할 수 없을 것이다. 따라서 남은 것은 민주주의를 민주주

10)  Oswald Spengler, *Der Untergang des Abendlandes. Umrisse einer Morphologie der Weltgeschichte*. Bd. 2, München 1922, S. 457 (박광순 옮김, 『서구의 몰락』, 범우사, 1995).
11)  AaO., Bd. 2, S. 414.
12)  AaO., Bd. 2, S. 412.
13)  AaO., Bd. 2, S. 445.
14)  AaO., Bd. 2, S. 541.

의로써 극복하고 말로써는 반복하여 긍정하면서 사실상의 내용에서는 그것을 부정하는 것뿐이다.

이러한 목적을 위하여 독재 역시 민주적이라거나 오히려 더욱 민주적인 것처럼 보여야 하고, 어떤 형태로건 민주적인 국민의사라는 권위를 통하여 정당화 되어야 한다. 권위주의적 독재의 목적을 위하여 특유한 민주적 정당성의 원리가 적용되는 방법이 참으로 흥미롭다. 그러기 위하여 우선 민주적 법치국가에 일치하는 여러 자유권이 오늘날 그렇게 일반화된 반자유주의적 감정에 대한 호소를 통해서「시민적인」것으로 비난에 맡겨진다. 또 독재가 시민의 언론 · 집회 · 출판의 자유, 그리고 개인의 비밀투표를「사실은」비민주적인 것으로 경멸하는데 성공한다면, 국민의사의 확인을 위한 유일한 민주적인 보장은 제거된다. 그렇게 되면 이제 자유로운 선동, 압력 없는 투표, 선거절차의 감독은 더 이상 존재하지 않기 때문이다. 독재자는 국민의 의지를 전적으로 자기가 원하는 여러 가지 방법으로 조작할 수 있고, 나폴레옹 3세와 무솔리니의 인민투표(Plebiszite) 자체도「갈채에 의한 결정」(Akklamation)이라고 스스로 칭할 수 있다. 즉 프랑스인이 독일의 국법학자 카를 슈미트 ─ 비록 그의 외정상의 의도에는 아주 반대되는 것이지만 ─ 를 원용하여 1935년 자르(Saar) 지방에서 베르사유조약 제34조에 규정된 자유, 비밀 그리고 압력 없는 개인투표[15] 대신에 이러한 갈채에 의한 결정을 시도할 수 있다고 생각한다면, 그것은 외정상으로도 위험한 도박이다. 그러나 파시스트가 집권하고 있는 이탈리아에서도 이러한 인민투표가 불가결하다는 사실에서 바로 독재사상의 비생산적인 원한적 성격이 나타난다.

독재를 촉진하는데 이용될 외관상 민주적인 또 하나의 은폐책은, 직업단체적 내지 직능대표적인 국가라는 이데올로기이다. 이 이데올로기가 유효한 것은 그것이 현대의 진정한 정치적 욕구에 결부되어 있다는 사실에 기인한다. 분명히 오늘날까지 국가에 대하여 너무나 많은 것이 기대되어 왔다. 즉 현대 국가는 확실히 입법에서는 그렇지 않지만 행정에 있어서는 과중한 일을 해왔다. 그리하여 법치국가가 노동질서와 재화의 질서에 개입하는 일이 많으면 많을수록 자치를 위한 국가 자신의 제거가 필요하게 된다. 이러한 점에서 직업단체적 사상은 민주적 요청에 완전히 일치하며, 또 법치국가의 적대자들이 이 사상으로 시도하는 것의 반대이기도 하다. 실제로 그들의 공격도 국가행정의 확대에 대한 것이 아니라 국가입법의 사회 · 경제적 영역에의 확대에 대한 것이다. 그러나 또한 그들이 직업단체적 국가라는 말로 이해하는 것은 정당 대신에「직능대표」에 의해서, 즉 정치적으로 무기력한 대중에 의해서 영위되는 국가이다. 그러한 국가가 민주적인 구조를 가지는 것은 불가능하며, 그 실현을 위한 시도는 결국 국가의 종말을 의미하게 된다는 것을 지도자들은 충분히 알고 있다. 이탈리아의 가장 저명한 파시스트들은 이것이 불가능하다는 것을 저술을 통해서도 상세히 설명하고 있다. 정치적인 것의 본질은 바로 다수로부터 성립되는 영역사회의 의지를 통일하는데 있다. 그러나「직능대표적」단체는 잠시 우리가 이 잘못된 명칭을 통용시키고자 한다면, 오늘날에는 이전보다도 경제적 조직, 즉 정치적 통일체로서의 자기

---

15) *RGBl.* 1919, S. 687 ff.(797).

형성을 위한 정치적 계기를 더욱 자신의 내부에서 필요로 하는 조직인데, 그럼으로써 이 경제적 조직은 필연적으로 정당이 된다. 정치적 근본문제는 정점에 있어서의 통일형성과 최고대표자 및 그것에 의한 국가 자체의 성립(Entstehung)이며, 이는 앞으로도 변함이 없다. 그런데 이러한 형성은 어떻게 이루어질 것인가? 경제적인 이익단체로부터 민주적인 방법으로 정치적 통일체가 형성되지는 않고 오히려 지속적인 계급투쟁이 생긴다는 것을 직업단체적 이데올로기의 주창자들도 아주 잘 알고 있다. 바로 이 때문에 그들은 직업단체적 국가에서의 정치적 통일형성의 유형에 관해서는 침묵한다. 가장 유명한 독일의 프로그램 저작인 오트마르 슈판의 『진정한 국가』는 이에 대해서, 중앙권력은 「모든 요소로부터 평등하게 유도되지」 않으며, 「더 정확하게[!] 말하면 원래 아래에서 위로가 아니라 오히려 위에서 아래로 향하여 형성되어야 한다」고 말할 뿐이다. 그래서 새롭다고는 할 수 없는 요구, 「가장 우수한 자가 (말하자면[!] 위에서부터 아래로) 지배해야 한다」[16]에는 오늘날 독재만이 유일하게 일치할 수 있다.

그러나 독재는 언제나 독재자가 장악하고 있는 중앙집권적인 권력통합(Gewalten-vereinigung)을 의미하기 때문에, 원래는 직업단체주의(Korporativismus)의 반대물이다. 그렇지만 후자는 자본주의적 독재의 내부에서 현대의 독재에 불가결한 대중의 경제통제를 위한 조직을 이데올로기적으로 은폐하는 임무를 유일하고 독자적으로 담당한다. 노동자는 여러 가지 조합을 통하여 경제적으로 독재자에게 종속하고, 또 그럼으로써 독재자에게 맹종하게 된다. 그리하여 이탈리아에서는 파시스트 노동조합의 독점이 존재하며, 그것은 최소한의 자치권도 없는 독재자의 개성 없는 도구인 것이다. 그러므로 가장 근대적인 노동헌장으로 찬미되는 **카르타 델 라보로**(Carta del Lavoro)[17] 제23조에서는 이렇게 규정한다. 즉 직업소개소는 국가기관의 감독 아래 상호동등의 원칙에 따라 설립되고, 고용자는 이 소개소를 매개로 하여 피고용자를 고용해야 하도록 의무화되어 있다. 고용자는 등록자 중에서 선택할 — 1928년 12월 6일의 명령 이후는 의무이기도 한 — 권리를 가지는데, 더구나 파시스트당과 파시스트 노동조합에 등록된 사람들은 그 등록순위에 따라 우선시키는 방법으로 고용하지 않으면 안 된다. 파시스트 법무장관 로코(Rocco)가 1928년 3월 9일 의회의 연설에서 행한 다음과 같은 설명도 이러한 의미로 이해되어야 한다. 즉 「조합중심적 또는 직업단체적 국가에 대해서 말하려면, 그 용어의 의미를 이해한다는 것이 전제될 때에 비로소 그것은 정당하다. 직업단체적 국가라는 것은 직업단체의 수중에 있는 국가가 아니라 국가의 수중에 있는 직업단체적인 것이다」.[18]

이리하여 경제를 예속시키려고 하는 독재가 법치국가 대신에 내세우는 것은, 아주 이데올로기적으로 은폐된 폭력에 불과하다는 사실이 포괄적으로 확인되어야 한다. 파시즘 영웅의 한 사람이었던 국가주의자 엔리꼬 꼬라디니(Enrico Coradini)는 이러한 문제를

---

16) Othmar Spann, *Der wahre Staat*, Leipzig 1921, S. 274.
17) Vom 21. April 1927.
18) Heller, *Fascismus* (siehe Anm. 8), Anm. 312 (본서, 332면 주 312).

논하는『생산적 시민층의 체제』(Il regime della borghesia produttiva)라는 제목의 저서
(1918년)에서 이것을 증명하고 있다.「근대적인 정치공동체, 보통선거권, 사회주의적 계급
투쟁 가운데서 어떻게 생산적 부르주아체제가 가능할까? 우리의 해답내용은 이렇다. 즉
생산적 부르주아는 계급투쟁을 대담하게 받아들이며, 이 체제가 사물의 논리에 따라 언젠가
는 틀림없이 변할 것이라는 기대에서 보통선거권의 행사를 위해 모든 것을 다해야 할
것이다. 왜냐하면 관례적인 허구는 다행히도 한정된 현실을 지니고 있으며 의회주의도
하나의 관례적 허구이기 때문이다」.19)

시민층은 법치국가, 민주주의 그리고 의회주의를 관례적 허구라고 명명함으로써 스스로
자기기만에 빠지게 된다. 그들은 신봉건주의적 법률증오 때문에 가장 독자적인 자신의
정신적 존재에 대한 자기모순에 빠질 뿐만 아니라 자신의 사회생활의 존재조건 마저도
부정하게 된다. 그러나 합법적 의견발표의 자유 · 신앙 · 학문 · 예술 · 출판의 자유에 대한
확신이 없거나, 또 독재자에 종속된 법관에 의한 자의적 구금과 자의적 유죄판결에 대한
법치국가적 안전책이 없거나, 그리고 행정의 합법성의 원리가 없다면, 시민은 정신적으로
나 경제적으로도 존립할 수 없다. 원래 시민층은 르네상스를 거쳐 나온 존재이기 때문에
자신들의 감각 · 의욕 그리고 사고에 대해서 독재자로부터 지도를 받거나 예컨대, 도스토예
프스키나 톨스토이에 관한 독서를 금지하는 것은 자살을 강요하는 것과 동일할 것이다.
그런데 그러한 일 — 수많은 실례 중에 하나를 들면 — 이 1929년 9월 이탈리아에서
일어났다.

무엇보다 우선 시민에 의해서 창조된 오늘날의 문화와 문명이 보존되어야 하고 더구나
개선되어야 한다면, 어떤 상황에서도 사회관계의 계측가능성이 지금까지의 정도로 유지되
어야 할 뿐만 아니라 오히려 향상되어야 할 것이다. 시민층이 절대군주를 타도한 것은
합법적 자유의 확신이 그들에게 불가결하게 되었기 때문이다. 오늘날 시민층은 독재적인
자의는 절대군주의 자의보다 훨씬 더 큰 것이 분명하기 때문에,「경제의 합리화」와 독재를
한꺼번에 요구할 수 없다. 미국의 경제가 비교적 합리적인 것은 분명히 그 합리성의 세력범
위가 거대한 하나의 대륙이고, 이에 반하여 유럽의 경제는 지리학상 군소구성체
(Zwerggebilde)의 집합체라는 점에 기인한다. 사람들은 오늘날 국가를 신격화하는 국가주
의자가 될 수 없으며, 모든 유럽 국가의 국민경제가 서로 시장을 좁히면서 최후까지 경쟁하
기 때문에 북미인이 유럽의 모든 국민국가(Nationalstaat)를 점차적으로 백인의 노예식민지
로 변화시킬 수 있다고 인식할 수도 없다. 유럽의 시장사정에 대한 고려도 없이 설정된
각국의 관세장벽, 이와 똑같이 생겨난 유럽 군소제국의 국민적 군사산업, 국민적 자동차공
장들이 여전히 몇몇 자본가집단의 개인적 이해에만 봉사하고, 국민적 문화공동체에서는
몰락을 의미한다는 사실로부터 볼 때, 유럽 전체의 수요를 위한 합리화된 생산에 대한
요구와 모든 국가의 유지를 위한 범유럽 동맹(Duodezstaat)에 대한 요구가 점점 더 강화되고
있음에 틀림없다. 독일에서는 독일자동차를 사자!는「국민적」요구가 진지하게 받아들여

19) AaO., Anm. 276.

저 독일 최대의 자동차공장이 미국인의 소유로 이전되기까지 독일의 자동차는 엄청나게 비싼 가격을 지불하고서만 살 수 있었다. 그 다음 모든 독일인은 스스로 자문하지 않을 수 없었다. 도대체 누구의 이익을 위하여 엄청난 가격을 지불했는가, 즉 국가의 이익을 위해서인가 아니면 오펠(Opel)* 일가와 미국의 제너럴 모터스사의 이익을 위해서인가? 국가주의적 독재가 이 세계경제적 필연성에 대하여 국민경제를 손상시키지 않고는 결코 대항할 수 없다는 것은 자명한 일이다.

국가주의적 교수나 저술가들은 유럽 통일국가에 「서양정신에 대한 배반」(Verrat am Geist des Abendlandes)이라고 낙인찍고, 전술한 사실들에서 서양과 유럽 국가들이 수행할 임무는 이제 명예롭게 몰락하는 것뿐이라는 결론을 얻을 수도 있을 것이다. 그러나 국가의 정신적인 힘이 마침내 정신으로부터의 도피를 부끄럽게 여기기 시작하고, 또 그것이 현재의 사회상황 속에서 우리를 인격으로 만드는 시대적으로 요청되는 법률의 내용을 인식한다면, 나에게는 그것이 더욱 국민적일 뿐만 아니라 명예롭고, 모든 경우에 두 세대 전에 이해되었던 서양의 정신에 더욱 일치하는 것으로 생각된다. 이렇게 함으로써 국가의 정신적인 힘은 경제를 법치국가적으로 법칙화하는 것이 생활수단을 생활목적에 종속시키는 것에 불과하며, 따라서 이 법칙화는 우리 문화의 개혁을 위한 전제를 의미한다는 것을 분명히 인식해야 한다. 국가의 정신적인 힘은, 서양문화의 미래는 법률과 법률의 경제영역에로의 확장이 아니라 바로 무질서와 그것의 정치적 현상형태인 독재에 의하여 위협받으며, 육체노동자에게도 정신노동자에게도 문화 창조 활동을 위한 여가와 기회를 허용하지 않는 우리의 자본주의적 생산이라는 무질서한 광기에 의하여 위협받는다는 것을 통찰해야 한다. 이러한 인식으로서 국가의 정신적 힘은 냉혹한 합리주의자와 잔인한 비합리주의자들의 무책임한 수다(Geschwätzes) 앞에서 견딜 수 없는 메스꺼움과 같은 느낌을 털어버리고 파시스트 독재와 사회적 법치국가 사이에서 결단을 내려야 한다.

# 4. 유럽과 파시즘*

《차 례》

---

* *Europa und der Fascismus*, Walter de Gruyter, Berlin 1929, 2. Aufl., 1931, 159 S. jetzt in *Gesammelte Schriften*, Bd. 2, S. 463-609.

# 제1판에의 서문

유럽의 국가는 심각하고 위험한 위기를 견디어내지 않으면 안 된다. 그 형태와 내실은 절박하게 개혁을 요구하고 있다. 이러한 개혁을 위해서는 우리들 곁에 있는 모범은 볼셰비즘이었으나, 지금은 그 세계혁명적 계획들의 소리도 여전히 들리지 않게 되고, 그것과 병행하는 파시즘이 무엇보다도 개혁의 모범이 된다. 우리들은 파시즘이 정치적으로 병든 유럽에 알린 것은 무엇인가와 자신의 가슴에 손을 얹고 볼 충분한 이유가 있다. 무솔리니는 파시즘은 수출품이 아니라고 선언했는데, 오늘날 이미 그것은 과거의 것이 되었다. 그동안에 스페인 · 포르투갈 · 그리스 · 폴란드 · 헝가리 그리고 터키가 많든 적든 파시즘을 잘 모방한 것만은 아니다. 이들은 이탈리아도 포함하여 유럽에서 매우 많은 문맹수를 포함하는 국가들이라는 인식은 확실히 정당하다. 그러나 그것이 중요한 사실은 아니다. 이탈리아의 파시즘마저 오늘날 새로운 세기의 모습을 각인하려는 요구를 들고 있다. 「지금까지」 그 대표적인 지도자가 말하듯이, 「지나간 세기의 이념적 유산을 함께 하였기 때문에 아직 새로운 신화를 만들어 자신의 지평을 넓히기에는 이르지 못했지만, 그동안에 과거의 유산은 탕진해 버렸다. 파시즘은 새로운 이상을 만들어내고, 정치사상의 새로운 지평을 열고 새로운 국가학을 얻어내고, 자기의 강령에 비추어 역사적인 실험을 수행한다. 그리고 금세기를 만족시키고 거기에 새로운 성격과 명칭을 부여하려는, 이념과 작품의 수들을 문화적인 민족들에게 제공한다」.[1]

우리들에게 이 세계혁명을 제공하게 만든 것은 어떠한 이념과 작품인가? 1928년이라는 해에는 파시스트 국가의 건설이 조직면에서 일단 완성을 보았다. 그 결과 오늘날에는 이탈리아에서 달성한 것에 관한 개관이 가능하게 되고 있다. 유럽의 국가가 파시즘에서 배워야 하는가, 배운다면 무엇을 배우는가 하는 질문에 대답하듯이, 이 책은 이러한 건축물을 그것을 낳고 그것을 뒷받침하는 정신세계와 함께 묘사하려고 한다.

저자는 대전 전에 여러 차례 이탈리아를 방문하고 1928년에 반 년 간 체재하고, 그것을 통하여 이탈리아를 알게 되었다. 이것은 특히 기록해 둔다.

# 제2판에의 서문

이 판은 많은 점에서 보충과 가필을 하였다.

이탈리아에서의 파시스트 국가의 건설과 그 이념세계는 여하튼 1년 반 전의 이 책의 출판 이래 본질적인 점에서 변하지 않고 있다.

---

1) Giuseppe Bottai, "Der italienische Faschismus" in Carl Landauer und Han Honegger (Hg.), *Internationaler Faschismus*, Karlsruhe 1928, S. 18.

　　외국에서도 파시즘은 그동안에 결정적인 성과를 거두기에 이르지는 않고 있다. 오히려 반대이다! 무솔리니의 유일한 모방자이며 수년간 권력을 장악한 스페인에서의 프리모 데 리베라*의 독재는, 그 후 오스트리아의 호국단 파시즘과 마찬가지로 비참하게 붕괴되었다. 그 밖의 유럽에서의 독재적 지배형태는 그 이후 문명의 면에서 뒤떨어진 동쪽과 남쪽의 작은 국가들에서만 등장하고, 나아가 이탈리아 파시즘의 정치적 제도들을 계속 받아들이려고 시도하지 않는다.

　　독일에는 현재 안팎으로 엄격하게 파시즘의 모델을 견지한다고 밝히는 대정당, 국가사회주의당이 존재한다. 독일의 1930년 9월 선거 후 무솔리니 역시 ― 이전의 신중한 표현과는 반대로 ― 파시즘은 어디서나 따라야 할 내용을 포함한다고 분명히 말했다. 「파시즘은 수출품이 아니라고 말하는 자는 잘못이다」.[2]

　　파시즘의 원형에 관한 다음의 기술이 사실로서 정당한 것은 수많은 비판자의 누구나 반론을 제기하지 않았다. 이 책이 마음에 들지 않는 사람들은 단지 내가 파시즘의 「정신」을 이해하지 못했다는 점을 들고 있을 뿐이다. 이 정신이 어떤 포괄적인 서술에서도 이 책은 거의 상세하게 또한 수많은 말을 인용하여 표현된 예는 아니다. 이것으로도 정치적인 것의 세계에서 힘을 얻은 정신도 그것이 구체적인 정치적 형상에 비추어 해독되지 않는 한, 문필가들의 상투어에 그친다.

　　거의 지나쳐버릴 관련 문헌 속에서 루드비히 베른하르트의 『파시즘의 국가사상』만 언급해 두기로 한다.[3] 이 저작은 그것이 완전히 다른 정치적 전제들에 입각하고 있으므로 여기서 주장하는 견해에 대한 귀중한 뒷받침이 되고 있다.

　　　　1931년 1월 베를린-쉴라하텐제

---

2) Benito Mussolini, "Messagio per l'anno nono" (27. Oktober 1930), in *Opera omnia*, 36 Bde., Firenze 1951 ff., Bd. 24, S. 283.
3) Berlin 1931.

# I. 유럽의 정치적 위기

우리들의 시대는 사회적 대중민주주의를 만족시키는 형태로 정치를 정서할 계획은 아닌가? 마치 그러한 인상을 받는다. 전승된 형식들과 규범들은 이러한 과제를 수행하지 않는 것처럼 보인다. 여하튼 사회는 시민혁명과 프롤레타리아 혁명을 통해서 그 모습을 바꾸어버렸지만 여기에 민주적인 모습을 부여할 수 있다는 신앙은 심각하게 동요한 것이다.

모든 국가형성의 전제는 영원히 대립하는 사회적 수다성(Vielheit)을 국가적 통일성에로 통합할 수 있는, 공통된 의지의 내실의 뒷받침이다. 왜냐하면 국가, 정치적 통일체로서의 인민은 수다성으로서의 인민 앞에서도, 그 위에서도 존재하지 않으며, 이 수다성이 단지 이성적으로 「계약하는」 것을 통해서 성립하는 것도 아니기 때문이다. 그 때문에 항상 결정적인 것은 어느 정도 통일체로서 공통의 「유기적인」 의지의 내실로서 항상적으로 존재하며, 어느 정도 합리적으로 통일적으로 「조직」될 수 있는가, 되어야 하는가 하는 질문이다. 왜냐하면 내실이 비로소 형태를 가져오고 권력을 정당화하기 때문이다. 정치란 항상 의지공동체에 근거한 의지대립의 조직화이다.

민주주의가 이러한 소여의 통일에 의존하는 정도는 전제적 국가형식보다도 훨씬 높다. 그렇지만 민주주의에서는 **하나의** 또는 계속해서 법에 의해서 특권화 된 소수파만이 아니라 법률 아래 평등한 국가시민들의 총체가 정치적 통일형성이라는 수단과 목표에 관하여 함께 결정을 내리지 않으면 안 된다. 그러므로 민주제는 전제제와 비교하면 강제에 의뢰하는 것이 매우 적으며, 훨씬 강력하게 동의에 의거하지 않을 수 없다. 법률적으로 구속된 민주주의의 대표자들은 법률이나 평결에의 표현에 도달하지 않는 인민의 의지에 법적으로 종속하고 있다. 인민의 의지는 합리적인 조직화의 산물을 조직화해야 하는 것이며, 따라서 이 조직화의 산물 그 자체로는 있을 수 없다. 민주적 공동결정이 전제적으로 억압되는 정도가 강하면 강할수록, 국가는 적어도 순간은 위의 소여의 의지통일체로부터 점차 독립해 간다. 그러므로 민주적인 국가의 존재는 공동결정자의 범위가 점차 확대되며 소여의 통일성이 점차 감소함에 따라서 더욱 불확실한 것이 된다.

오늘날 보이는 거대국가의 대중민주주의에서는 조직화해야 할 대립들이 무수하게 얽혀 있으며, 그러나 조직화하는 공통성이 비교적 적은 곳에 모든 어려움이 있다. 토지·피 그리고 모방의 통합력은 고대 민주제나 수천의 칸톤 시민과 수 백 평방 킬로에 그치는 스위스 민주제에 비추어 그 범위란 점에서 작다. 또한 조직되어야 할 것의 양은 자기의식으로 성장한 수백만의 군중을 앞에 두고서는 비교할 수 없을 정도로 크다.

정치적으로 결정을 내리는 대표자들은 매우 광범위하게 미치는 방법들로만 개개의 시민과 결부되어 있으며, 매우 헝클어진 시스템을 통해서만 대표자의 책임은 이 「여우굴」 속에서 매우 복잡한 형태로 할당되어 있다. 정치적 통일은 그것을 통해서 수다성을 위해서 추상적인 것을 획득하기 위해서 쉽게 구체적인 직접적 체험이 되기는 어렵다.

조직이 포괄적으로 되면 될수록, 합리적으로 규정된 정서규칙은 다수가 되며, 지배는 비인격적으로 된다. 그러나 대중민주제에 거대한 경제나 정신의 불일치가 결부되면 거기에서는 비로소 사회적 대중민주제가 품고 있는 오늘날의 문제가 그 심각성의 전모를 나타나게 한다. 인민이 좋아하는 변전에 의해서 대표자들이 우왕좌왕하기 때문에 어떠한 민주제에 대해서도 통치의 필요한 안정성과 계속성이 중요한 문제가 될 것이다. 계급대립이 다시 치자에 대한 대중의 불신을 높이기 때문에 정치적 지배자를 더욱 엄격하게 법률에 구속하려고 하는 노력이 더해지게 된다. 그러나 이러한 구속을 통해서 치자의 행위능력뿐만 아니라 국가의 행위능력 그 자체도 제한된다. 이러한 집권적 수단성 속에서 정치적 통일이 유지되어야 하며, 그와 동시에 사회적 동화가 요구되기 때문에 ― 이러한 요구를 실현할 수 있는 것은 강력한 국가뿐이다 ― 해결하기 어려운 모순이 생긴다. 치자와 피치자를 결합하는 공통의 내실이 적을수록 부자유와 불평등의 의식도 강화되어 간다.

의회주의는 모든 대립을 통합하는 공통의 의지내실에 완전히 독특한 방법으로 의거하고 있다. 의회주의의 의미는 모든 집단이 가능한 한 자유롭고 평등하게 정치활동을 한 위에서 정치적 통일형성이 이루어야 하는 데에 있다. 위로부터 아래로의 폭력적인 일방적 지도를 통해서가 아니라, 모든 집단 간에서 이야기하고, 교섭하고 이해하고 토론하는 것을 통해서 아래로부터 위로의 의사통일화의 정치 시스템이 만들어져야 할 것이다. 이러한 시스템에서는, 의회란 이념 위에서는 개개의 정당·결사·회의 아울러 보도기관의 내부에서 폭력 없는 토론에서 실현되도록 상술한 무수한 정치적 이해들의 모든 모사이며 대관식일 뿐인데, 그와 동시에 그들 모두의 모범이기도 하다. 「의회제 통치는 토론으로 살아간다」고 마르크스는 이미 1852년에 주장하였다. 「모든 이해, 모든 사회제도는 여기서 보편적 사상으로 변한다」.[4] 그러므로 오늘날 의회주의는 정신사적으로 죽었다고 선언하는 사람도 있다. 왜냐하면 의회주의 본래의 원리는 지나가 버린 시대에 속하는 몇 사람의 합리주의 이데올로 그들의 머리속에 있었던, 자유로운 의견의 투쟁으로부터 「진리」가 생긴다는 신념에 있었기 때문이다.[5] 물론 의회주의에 대해서도 모든 정치제도에 대해서와 마찬가지로 국가적 통일형성이 목적이며, 이성적인 토론은 그 특수한 수단에 불과하다. 그것이 위기에 빠진 것은 폭력에 의하지 않은 의회에서의 토론에는 공통된 토론의 기초가 불가결하였는데, 그것을 당파들에게 제공하기 위해 전제가 된 가치와 의지의 공동체가 상당한 정도로 결여된 탓일 뿐이다. 그리고 실제로 사회적 대립들은 같은 순간에 정치적 적대자에게 공통된 토론의 기초가 인정되지 않는 사태를 인정한다면, 더 이상 민주적으로 조직화되지는 않는다.

왜냐하면 그것 없이 민주제의 구성적 조직원리, 즉 다수결에 의한 정치적 지도자 선택과

---

4) Karl Marx, *Der achtzehnte Brumaire des Louis Bonaparte*, Stuttgart 1914 (Kleine Bibliothek, Nr. 31), S. 51 (편집부 편역, 『프랑스혁명 연구 II. 루이 보나빠르트의 브뤼메르 18일』, 태백, 1987).

5) Carl Schmitt, *Die geistesgeschichtliche Lage des heutigen Parlamentarismus*, 2. Aufl., München 1926, S. 61; 63 (김효전 옮김, 『현대 의회주의의 정신사적 지위』, 관악사, 2007, 66면, 68면).

목표설정은 모든 타당력을 상실하기 때문이다. 민주제는 수다성으로서의 인민에 대한 통일체로서의 인민의 지배이다. 민주적 통일형성의 기술적 수단은 오로지 다수파의 의지 아래 소수자가 자발적으로 복종하는 것, 소수파가 다수파에 반대해서 힘으로 자기를 관철하는 것을 단념하고, 다수파 쪽도 소수파를 그리고 그들이 다음에 다수파가 될 가능성을 통해서 억압하는 것을 단념하는 것에 그친다. 그러나 다수결은 논리적으로도 정치적·규범적으로도 무엇인가의 전체성의 내부에서만 의미를 가질 뿐이다. 다수파는 총체 속에서만 의무지우는 힘을 손에 넣는다. 무릇 투쟁의 전제인 소여의 통일체로서의 인민, 비록 정치적 국민이 그처럼 격렬한 투쟁의 때에 결여하고 있으므로, 이러한 상황 아래에서 분별은 항상 소수자 아래 있었다는 명제로 다수결원리를 말하는 것은 쉽다. 사실 나는 또는 무엇보다도 모르는 자신의 통찰을 항상 관철하기 보다도 구체적인 의지와 가치의 공동체라는 총체적 존재를 정치적으로 (종교적 및 윤리적으로는 상대적인데 불과하더라도) 높이 평가하는 경우에만, 정신적 변론에 의한 자신의 정치적 의지의 실현에 자신의 역할을 한정하고 자신의 더 나은 확신을 다수파의 의지에 평화적으로 복종시킬 수 있다. 전체 인류든 하나의 인민이나 하나의 집단이든 내가 거기에 구속력 있는 가치공동체를 승인할 수 없다면, 다수결은 나를 의무지울 수 없으며 다수결에 의한 지도자의 선택도 정치적 목표의 결정도 무릇 무의미하다.

정치적 형태의 결여란 그리하여 내실의 결여의 표현이라는 것이 명백해 진다. 오늘날의 사회적 대중민주주의를 정치적 통일로 형성할 수 있다는 것은 어떠한 내실일까? 전승된 종교의 내실에는 이 힘이 결여되어 있다. 교회는 국가를 제도로서 요청하는 것으로 만족한다. 교회는 볼셰비즘도 포함하여 모든 관헌에 대해서 「신에서 나오지 않는 권위는 없다」 (Non est enim potestas nisi a Deo)[6]고 명언하는 데에 주의한다. 종교적인 전통가치와 함께 다른 모든 전통가치도 심하게 동요하고 있다. 군주에 대한 신의 은총이 정치적으로 공동체를 기초지우는 동력이었던 시대는 이미 지나가 버렸다.

국민적 문화공동체가 그 국가를 기초지우는 힘을 증명한 시대가 그것과 교대하였다. 이 힘이 — 외정면에서! — 오늘날 여전히 얼마나 강한가는 세계대전이 보여주었다. 그러나 통일형성작용을 국민적 이념이 손에 넣는 것은 국민국가가 사실로서 국민의 개성을 확보하는 데에 필요한 보호라고 느낀 범위에서, 또한 그러한 한에서일 뿐이다. 오늘날 이 작용은 현저하게 약화되고 있다. 그것은 한편으로는, 노동자 대중은 자신들이 문화공동체에 관여하지 않거나 불충분하게 관여한다고 느끼며, 노동자의 인터내셔널에 그 구제를 발견한다는 것을 통해서이며, 다른 한편 국민국가적 경계를 오래전에 거슬러 올라가버리고 국민국가 이상으로 성장한 자본의 경제적·기술적 인터내셔널을 통해서이다. 이러한 상태 때문에 매우 많은 사람들은 개개의 유럽 국민국가가 제공해야만 하는 보장보다도, 초국민적 국가 쪽이 국민의 생존에 보다 확실한 보장이라고 생각하기에 이른다. 유럽의 국민국가는 제2차 세계대전 발발의 가능성을 도외시하더라도, 각각이 점차 노예적으로 미국에 종속하게

6) 로마서 13:1.

된 것이다. 그런데 오늘날에도 여전히 국민적 자결은 유럽 민주주의의 가장 유효한 내정과 외정의 통합요인을 계속하고 있다. 그것과 아울러 물론 인적·기능적 그리고 물적 성질의 국가형성요인이 무수하게 존재한다. 그런데 그 통합작용을 항상 낳는 것은「정치적 투쟁에 의해서는 의문시되지 않는 가치공동체이며, 그것을 유보하여 이 투쟁이 인도하고, 그것이 이 투쟁 자체에 룰을 부여하고, 통합적인 집단생활의 하나의 기능인 의미를 부여한다」.[7] 토지와 피, 지도자인격과 대중의 행위는 통합적으로 작용하는 것과 마찬가지로 분산적으로 도 작용한다. 최초에도 최후에도 구체적 국가와 실정법은 이 국가와 그 법을 초월하는 가치들을 통해서 정당화되며 통합되어야 한다. 바로 이러한 이유에서 국민적 이념의 통일형 성작용은 매우 한정된 것이다. 국가의 구체적 구축에 대해서, 국가 내부의 특정한 상하질서 에 대해서 여하튼 그것은 아무것도 서술하지 않고, 그 때문에 내셔널리즘도 항상 다른 사상권, 예컨대 직능신분적 국가사상으로부터의 차용을 강제하고 있다.

사회적 대중민주주의를 뒷받침해야 할 이 가치공동체야말로 오늘날에는 매우 의문시되 어 버렸다. 그 때문에 상술한 내실이 생겨났는데, 그 국가형성의 내실을 마지막에 파괴해 버린 19세기의 정신을 상세히 다루지 않을 수 없다.

그런데 정치의 핵심문제를 심오하게 이해하기 위해서는 2천년에 걸쳐 일신론이 유럽에 서 발전시켜 온, 우리들의 의식에 있는 지양하기 어려운 양극성을 미리 인식해 둘 필요가 있다. 고대의 국가는 나라를 초월한 신들을 알지 못했으며, 정치적 및 종교적 단체가 하나로 된 것이었는데, 이것은 그것을 초월하는 정통화를 필요로 하지 않았다. 다만, 나라의 신들인 야웨*가 세계의 주로서 승인된 이래 기독교의 신이 이미 차안의 아름다움과 힘에서가 아니라 인간적 의지의 번복에서 보이게 된 이래, 유럽의 인간은 신앙심의 유무는 고사하고 차안에서는 권력을 긍정하고 피안에서는 권력에의 의지를 부정한다는 양극적 긴장 속에서 사는 것이 불가피하게 되었다. 그 이래 정치단체와 제사단체가 하나였던 고대 폴리스의 절대적 통일은 제거되고, 세계국가를 통해서조차 그 완전한 재생을 볼 수는 없을 것이다. 그 이래 반복하고 모든 역사적 개체성, 모든 사회적 집합성, 그리고 모든 개별적 규범은 최종적으로는 개개의 절대자의 권위에 대해서, 그리고 끝으로 거기에 기초지워진 법률의 권위에 대해서 상대화되었다. 중세에는 교회뿐만 아니라 매우 넓은 범위에서 정치도 지배한 것은 가톨릭의 보편적 법률이었다. 전체의식은 궁극적으로는 기독교적 계시를 알고 거기에 비추어 전개된 사회적 규범들에 관계되고 있었다. 이 경우에도 여전히 이 기독교의 상대적 자연법이 인간이성의 절대적 자연법에로 세속화된 때에는 일신교적 입법자인 이성이 시간·장소·사람에 제약된 권위들에 우위하고 있었다. 19세기 가 모든 보편주의를 공허하게 만든 후에는 그 마지막 피난처로서의 마르크스주의의「자유 의 왕국」이 남았다. 의지와 당위와의, 역사적 현실과 절대적 존재 간에 있는 위에 본 긴장의 최종적 해결은 헤겔과 함께 시작하며, 이미 그의 아래서 역사적 상대물인 국가가

---

7) Rudolf Smend, *Verfassung und Verfassungsrecht*, München 1928, S. 40 (김승조 옮김,『국가와 헌법』, 교육과학사, 1994, 67면).

절대화되는 동시에 종말을 맞이했다. 「하나의 민족인 것」— 과 그 직후 에른스트 모리츠 아른트(Ernst Moritz Arndt)가 말하듯이, 「하나의 사안에 관해서 하나의 감정을 가지는 것, 복수의 피로 물든 칼을 가지고 참여하는 것, 그것이 오늘날의 종교이다. 이러한 신앙을 가진다면 여러분들은 하나가 되고, 강하게 되며, 또 그것을 통해서 악마와 지옥을 극복할 것임에 틀림없다」.8) 야웨는 여기서 다시 국민적으로 되었듯이, 사회적인 것 등등도 될 수 있었다. 그때그때의 정치적 적대자는 절대적인 적, 악마가 되고 그들과는 법도 재판관도 공유하지 못하며, 결코 협정을 맺을 것도 없게 되었다.

모든 보편주의에 부당하지 않은 불신감을 품은 것이 19세기 최대의 사상가들이었다. 역사적 의식이 이성법의 정태성을 동태화하고 그 내용과 의무지우는 힘을 탈취한 이래, 진·선·미「인 것」이나 절대적으로 영구불가침한 권리를 정열적으로 의거하더라도 공허하고 무의미하게 되었다. 구체적인 의지는 구체화된 규범을 통해서만 행위에로 의무지워지게 되었다.

이때부터 누구나 실증주의자이려고 할 뿐이며 실증적 사실과 이 감각들에 의해서 지각된 것의 법칙적 결합에만 고집하려고 하게 되었다. 남은 것이라면 그 하나는 자연주의적 일원론이며 이것은 이러한 사실의 의미의 모두에 맹목적으로 계속하는데, 모든 이념과 가치를 심리학적 연합의 산물, 생리학적 내지 병리학적 사상의 산물이라고 증명하려고 하였다. 또 하나는 동일한 가치나 현실에서 격리된 비판주의이며, 이것은 순수한, 즉 공허하고 누구도 의무지우지 않는 규범의 제국과, 거기에서 완전히 구별된, 다만 「현실적인」 하위세계, 즉 의미와는 격리된 인과성의 혼란과 의무 없는 개개인의 이기주의로서 증명된 세계로 세계를 분할하는 것이다.

이 백 년 간 다양한 위업이 달성되었지만 그럼에도 불구하고 암중모색을 계속하는 생의 감정은 이제 합리적인 것과 이론적인 것에 확실성을 구하며, 계산을 통해서 모든 살아 있는 것을 다스리려고 하였다. 이 세계관의 중심적 교의는 형이상학으로부터 자유로운, 절대적 객관적인 인식이었다. 사실 그 기초에는 결정력을 잃은 윤리를 상실한 16세기의 **자연의 질서**(ordre naturel)라는 형이상학이었다. 이 이념은 자연주의시대에 모든 것을 포섭하고 모든 것을 미리 계산한다는 라플라스(Laplace)에 의한 유일한 세계의 정식이 내세운 합리주의적 이상에로 변질되었다. 칸트와 꽁트에 의해서 수리학이 전학문의 기초가 되었다. 그 가운데 자연과학들이 폭력적이며 실천적인 성과를 거둔 이래 전적으로 양화(量化)라는 방법으로 모든 문화인식도 복종하게 되었다. 모든 현상을 보편적 법칙에 따라서 생긴 미리 존재하는 별다른 것의 변화라고 설명하고, 그럼으로써 탈마술화 된 생에 있어서의 모든 세계의 미혹을 풀 수 있다고 사람들은 착각하게 되었다. 학문은 최근의 세대의 대표적인 주장자가 기술하듯이, 「거기에는 원리적으로는 비밀로 가득 찬 계산할 수 없는 힘들이 움직이는 도리는 없고 오히려 사람들은 모든 사물을 — 원리적으로는 — **계산을** 통해서 **지배**할 수 있다」9)는 신앙에 의해서 지배되어 버렸다. 각각의 차이와 각각의 개별적인

---

8) 전거 불명.

것, 시간·장소 그리고 사람에 의한 개성의 각각은 다만 추상적 보편성의, 즉 어떤 법칙의 개별사례로서 여겨지게 되었다. 형식주의적인 체계에의 열중은 어떠한 희생을 치르고서도 세계로부터 논리적·수학적인 통일성을 만들어내려고 하였다. 사람들은 어디서도 법칙을, 즉 완전하게 질을 상실하고, 어떠한 종류의 개성도 배려하지 않는 교환관계를 확정할 수 있으며, 또한 확정해야만 한다고 믿고 있었다. 특수한 것의, 일회적인 것의, 인격적인 것의 대부분은 결국 존재의 자격이 부인되었다.

자본주의경제에서는 계산가능성이 증대하고 대중민주주의 아래서는 양화가 가능해지는데, 거기에서 지배한 것도 동일한 정신이었다. 다만, 이 정신은 개개의 국가와 그 구체적인 위계적 법질서를 어떻게 파악하려고 하는 것일까? 도대체 사람들은 역사적·정치적인 것의 세계 속에서 사회에 있어서의 인격을 초월한 것과 자연에 있어서의 인격에 미치지 않는 모든 것에 대해서 그것들의 법칙적인 것만을 원칙적으로 파악하려는 것인가? 일회적인 것과 인격적으로 주관적인 것은 점차 추방되고 있었다. 사람들은 판단하는 것, 확언하는 것, 주관적으로 보아버리는 것을 무엇보다도 두려워하게 되었다. 역사적·사회적인 생은 이처럼 객관화하는 탈인격화를 통해서 마침내는 참으로 유령 같은 특성을 얻기에 이르렀다. 즉 확실히 인격을 초월한 사회세력들도 인격에 미치지 않는 사회세력들도 유령과 같을 지라도 무릇 있을 수 있는 모두가 움직이기 시작한다. 그러나 유령과 같은 특성은 인간적 의지의 활동성에서 단절되어 있으므로 그 무력한 머리와 손은 전제적 합법칙성으로 굴러가는 것이다. 이 법칙화가 필연적으로 가져오는 산물은 정치적인 감상성과 의지의 마비이다. 영웅도 어리석은 자도 성인도 범죄자도 참으로 모두 자연과 사회의 법칙들에 의한 필연적 산물에 불과하며, 따라서 그 행위는 선악의 피안에 있는 것이 되었다. 법칙은 가엾은 녀석으로부터 자신이 결정을 내리는 것에 따르는 책임을 제거해버렸다.

이러한 인간존재는 형이상학적으로는 압도적인 학문과 역사에의 신앙에 의해서 이 세상의 천국이라는 도착된 종교에 의해서 살아왔으며, 또한 살아가고 있다. 이 종교가 법칙으로서 삼는 구제의 진리에 대해서는 학문이 발견하고, 역사가 실현하지 않으면 안 된다. 자유주의, 무정부주의, 그리고 사회주의 간에서 법칙이 손에 넣는 다양한 색상은 여기서는 종속적인 역할만을 할 뿐이다. 자유주의의 보편적인 법의 법칙(Rechtsgesetz)은 상당히 본질적인 부분에서 자연주의적·경제적인 특징들을 나타내며, 마르크스주의의 경제적·기술적 법칙성은 이상주의나 무정부주의에 의한 강한 보조에 뒷받침되어 성립하는 것이다.

이러한 법칙사고가 국가에 대해서 가지는 적대성은 완전하게 탈인격화된 법칙지배라는 그 이념에서 어떠한 계산불가능한 인격적 힘들에 의해서도 방해받지 않는 존재라는 안전성의 이상에서 나온다. 볼테르*는 이미 1750년에 그의 『공행정에 관한 성찰』에서 다음과 같은 테제를 옹호하고 있었다. 「자유는 법칙 이외의 어떠한 것에도 의존하지 않는 데에

---

9) Max Weber, "Wissenschaft als Beruf" (1919), in *Gesammelte Aufsätze zur Wissenschaftslehre*, Tübingen 1922, S. 536 (전성우 옮김, 『직업으로서의 학문』, 나남, 2006).

있다」.[10] 이러한 「왕국」에서는 모든 외적인 법에 의한 강제는 없게 된다. 「왜냐하면 저항은…이미 불가능하기 때문이다」. 왜냐하면 혈통 · 가족 · 개인적 소유에 의한 모든 불평등, 단적으로 말하면 국가 전체가 소멸하기 때문이다.[11] 끝으로 정의와 법칙성은 「수학적인 진리처럼」 우리들의 동의에는 의존하지 않으며, 자유의 왕국이 도래하는 것은 법칙이 이미 「인간의 권력활동으로서가 아니라 사회로부터 나와서 학문적 기초지워짐으로써 생기는 그 존속의 규칙으로서 묘사되는」 경우이다.[12] 오늘날의 이른바 자유로운 시민은 이와는 반대로 여전히 「법률의 대리인, 즉 인간적으로 복종하도록」[13] 강제되고 있다. 그러므로 피히테에 있어서 더욱 교육독재를 필요로 하던 목적은 마르크스와 엥겔스에서는 경제적 · 기술적 발전이 완성하게 되고, 국가는 사멸하고 그리고 생시몽이 이미 서술했듯이, 「사람에 대한 통치 대신에 물질의 관리와 생산과정의 지도가 나타난다」.[14]

이러한 역사적 · 정치적 탈인격화와, 국가나 경제에 있어서의 절대주의적 자의에 대한 시민이나 프롤레타리아트의 투쟁의 관련은 잘못 본 것은 아니다. 다만, 19세기의 자유주의자와 사회주의자가 「법칙」이 지배해야 한다고 서술했을 때, 그들은 그곳에서 인륜적으로 이성적인 것과 정의에 적합한 것의 지배를 이해하고 있었다.[15] 그들에게 자유와 평등은 치자와 피치자의 의지를 의무지워야 할 것이며, 또 의무지울 수 있는 구체적인 규범적 내용을 더욱 손에 넣고 있었다. 법치국가라는 그 이념은 내용을 수반한 정의의 이상에 의해서 살고 있었다.

그런데 19세기 후반 이후가 되자 시민층은 만족하고, 지배적 사상은 실증주의적으로 되고 법치국가사상과 법칙지배의 이데올로기는 형식주의로 빠져버렸다.[16] 여기에 치자의 행위능력이 무엇인가 법률에 의해서 제한되는 모든 국가가 법치국가라고 불리게 되었다. 정의의 「주관적 형이상학」에 사람들은 더 이상 관심을 갖지 않게 되었다. 자유가 의미하는 것은 인민대표가 동의하지 않는, 「신민의 자유와 소유에의」 국가적 개입에 대한 부르주아

---

10) François Marie Arouët de Voltaire, *Pensées sur l'administration publique*, in *Oeuvres complètes* (Hg. Condorcet), Bd. 29, Kehl 1784, S. 24.

11) Johann Gottlieb Fichte, *Die Staatslehre* (1813), in *Sämmtliche Werke* (Hg. I. H. Fichte), Bd. 4, Berlin 1845, S. 591 f.

12) Pierre Joseph Proudhon, *Qu'est-ce que la propriéte? Ou recherches sur le principe du droit et du gouvernement*, Premier mémoire, 1. Aufl., Paris 1840. 즉 「정의(재판)와 합법성은 모두 수학의 참과 마찬가지로 우리들의 동의로부터 독립한 것이다」(S. 235). 「이 **법칙**이 사실의 과학에서 인도되고 일관하여 그 필연성에 뒷받침되고 있더라도 그것은 독립성을 무릇 훼손하지 않는다」(S. 238). (프루동, 이용재 옮김, 『소유란 무엇인가』, 아카넷, 2003 및 박영환역, 형설출판사, 1989).

13) Michael Bakunin, *Philosophische Betrachtungen über das Gottesphantom*, in *Gesammelte Werke*, Bd. 1, Berlin 1921, S. 215 ff.

14) Hermann Heller, *Die Souveränität*, in Bd. 2, Anm. 78 (김효전 옮김, 『주권론』, 28면 주 78) 참조.

15) 또한 Carl Schmitt, *Verfssungslehre*, Berlin 1928, S. 7 f. (김효전 옮김, 헌법의 개념, 『동아법학』 제48호, 961면)도 참조.

16) Hermann Heller, "Der Begriff des Gesetzes in der Reichsverfassung," in Bd. 2, S. 209 ff. (본서, 152면 이하) 참조.

적·경제적인 안전성에 다름 아니게 되었다. 평등이란 이미 불법이나 자의에 구체적으로 대립할 뿐만 아니라, 즉 질적인 정당함이 아니라 양적인 논리적 보편성이 되었다. 국가권력이 표명하는 것은 모두 법으로 된다.

자유주의적인 법형식주의는 게르버, 라반트 그리고 게오르그 옐리네크를 통해서 독일을 훨씬 넘어서 특히 프랑스와 이탈리아에서도 통설의 지위가 되었다. 그것은 한스 켈젠을 통해서 완성을 보았는데, 그에 대해서는 법은 가치와 현실에서 독립하고 모든 임의의 내실에 대한 하나의 형식인 것이므로 모든 국가를 법치국가라고 하는 것은 시종일관하고 있다. 이러한 법의 해체는 불가피하게 국가의 해체를 초래한다.[17]

왜냐하면 선악의 피안에는 법도 국가도 존재하지 않기 때문이다. 구체적인 법이상을 통해서만 구체적인 국가는 정통화되며 본질적으로 통합된다. 특정한 규범내실을 통해서 정치적 통일에로 의지를 동기지우는 지배만이 권위를 손에 넣는다. 순수한 논리주의의 개념은 모든 개성을 삼켜버리면서 항상 법칙만을 나타내어 보이는데, 이 논리주의는 어떠한 개별 국가도 개개의 실정법명제도 파악하지 못한다. 그러나 모든 법현실은 때와 사람에 따라서 개별화된 법적 상황에 관해서만 존재한다. 그러나 역사적 실증주의는 순간적인 권력상황을 절대화하거나 또는 그것이 자연법의 이상을 아직 완전히 단념하지 못한다면 모든 각 개인의 이기심이 다툼 없이 생각대로 이 세상의 천국에 이르는, 자연법칙적 발전을 의미하지 못할 뿐이다.

정치적 가치공동체 없이는 정치적 의지공동체도 법공동체도 존재하지 않는다. 이러한 가치공동체가 해체하는 곳에 유럽의 정치적 위기는 가장 심하게 뿌리를 내리며, 현실의 인식이 아니라 오로지 인식의 인식만을 걱정하는 사고, 이론과 실천을 철저하게 분리하고 실천의 면에서는 불가지론에 안주하려는 사고, 이러한 사고만이 18세기의 합리주의가 종교를 사제의 거짓말이라고 폭로했듯이, 국가를 의제라거나 추상물이라고 폭로하는 국가학을 담당하고, 또한 그것으로 자만할 수 있는 것이다. 국제적으로 잘 알려진 어떤 법학자는 국가를 「공허한 의제」라 부르고, 거기에서 시종일관 「국가가 단지 추상물이며 국제공동체가 종래 이해해왔듯이 국가들의 연합이라면 그것은 보다 대규모적인 추상물이다」[18]고 논하는데, 그것은 일반적 통설의 귀결을 이끌어낸 것에 불과하다. 「논리적」 또는 「가치경제적으로」[19] 개별 법질서도 구체적인 국가도 파악할 수 없는 것은 당연하다. 추상화를 진행함에 있어서 현실도 가치도 방해가 되지 않는 사람은 확실히 현실의 국가를 논리적 또는 가치경제적으로 소멸시키고, 그 대신에 논리적으로 상정된 국제법질서를 인격화하고, 「보편국가 또는 세계국가」라고 불러도 좋다.[20] 법률학이 「정신과학들의 수학」[21]이라는

---

17) Hermann Heller, "Bemerkungen zur staats-und rechtstheoretischen Problematik der Gegenwart," in Bd. 2, S. 255 ff. (본서, 187면 이하) 참조.

18) Nicolas-Socrate Politis, "Le Problème des limitations de la souveraineté et la théorie de l'abus des droits dans les rapports internationaux," in *Recueil des Cours*, 6 (1925 I), S. 6.

19) Hans Kelsen, *Das Problem der Souveränität und die Theorie des Völkerrechts*, Tübingen 1920, S. 98 ff.

것이 가령 정당하다면, 여하튼 그것은 철저하게 탈인격화되지 않으면 안 될 것이다. 수학적으로는 권리도 권리주체도 국가도 존재하지 않을 것이다. 이러한 전제에서 논리주의자는 민주주의도 탈인격화된 규범지배제라고 이해할 수 있다. 그러므로 그의 「민주주의의 이념」에는 「지도자가 없는 것」[22]이 합치하고 있다. 그 추상적인 법률사고는 추상적인 개인에 한정하지 않으며 구체적인 개성을 해체하지 않는다. 「지도자적 자질에 대해서는 이상적 민주주의에 논할 여지는 없다」.[23] 정치의 현실에는 리더십이나 지도자적 자질이 존재한다. 이것은 규범지배주의자의 관점에서 볼 때 이해하기 어려울 뿐이며 그 민주주의의 가치와 본질에 대해서는 매우 유감스럽고 배제되어야 할 것인데 이것이 정치의 현실에 존재하는 악이다. 프랑스의 국가학에서는 생디칼리스트인 뒤기가 동일한 법칙화와 탈인격화를 실행하고 동일하게 국가 없는 국가학을 만들어내었다. 시종일관해서 그에 대해서도 무릇 어떠한 권리도 또한 실증주의적 국가학에서는 나타나지 않는 「형이상학적」 개념인데 국가는 다행이도 「그 시점에서 사멸한다」.[24]

그리하여 지배적인 국가학은 유럽 국가의 철저한 위기를 반영하고 있다. 국가는 비현실적인 것에, 추상물이든가 의제가 되어버렸다. 왜냐하면 그 가치의 내실은 이미 신뢰할 수 있는 것으로 생각할 수 없게 되었기 때문이다. 모든 의미내용의 실증주의적 공동화는 국가만이 아니라 모든 문화로부터 발붙일 곳을 제거해버렸다. 생의 전체나 의미는 가치로부터 소원한 사회학적 문제라고 생각되고 있다. 그리하여 인간은 동물계에 두어지고, 여기서 종교적 · 형이상학적 그리고 인륜적 환상이 만들어지는데, 그러나 이 세계를 실제로 지배하는 것은 이성이나 의미를 결여한 법칙인 것이다.

모든 정치의 내실은 이리하여 궁극적인 파괴를 입었는데 이 파괴는 빌프레도 파레토가 예민한 이데올로기학을 통해서 완성시켰다. 실증주의적 법칙에 대한 신앙은 그 사회학적 · 정치적 시스템에서 스스로 무너지고 있다. 확실히 파레토 역시 다만 「현상들이 나타내는 동형성, 즉 그러한 법칙을 탐구하는」[25] 것만을 기도하며, 그에게 사회학이라는 학문은 「화학 · 물리학」 등과 마찬가지로 하나의 실험적 자연과학이다.[26] 그런데 이 실증주의는 파멸로 이끌었다. 파레토는 결코 논리주의자는 아니며 사회와 역사에서의 이성의 유효성을 이미 신뢰하지는 않고, 이 시대에 신뢰하고 그러한 최후의 것, 즉 학문과 역사적 발전에의 신앙을 파괴한다. 즉 파레토에 의하면 사회적 법칙성은 전적으로 절대성을 결여하며,

---

20) AaO., S. 249.

21) Hermann Cohen, *Ethik des reinen Willens*, 3. Aufl., Berlin 1921, S. 67.

22) Hans Kelsen, *Vom Wesen und Wert der Demokratie*, 2. Aufl., Tübingen 1929, S. 79 (한태연 · 김남진 공역, 『민주주의의 본질과 가치』, 법문사, 1961).

23) Ebd.

24) Léon Duguit, *Le droit social, le droit individuel et la transformation de l'Etat*, 3. Aufl., Paris 1922, S. 156; 40.

25) 인용은 G. H. Bousquet, *Vilfredo Pareto. Sa vie et son oevre*, Paris 1928, S. 34에 의함. Pareto, *Manuel d'économie politique*, Paris 1909, ch. 1, § 1.

26) Bousquet, ebd. Pareto, *Traité de sociologie générale*, Paris 1917, § 6.

단지 실험을 통해서 반복하여 검증해야할「그와 같이」의 가설이라는 성격을 손에 넣을 뿐이다. 왜냐하면 사회의「현실적 기반」은 전체로서는 항상적인 잔기(殘基)에 의해서 형성되며, 이 잔기는 원망·관심 그리고 관념의 아주 비합리적인 복합체인 것이다. 이 현실적 하부구조 위에 파생체 내지 은폐물이라는 가변적 상부구조가 탑재된다. 이것들은 의사논리적이며 완전히 환상적인 이론·이념·형이상학 그리고 종교이다. 막스 베버에서 처럼, 여기서도 이론적·합리적이며 형이상학에서 자유로운, 그리고 가치자유로운 학문영역과, 실천적·정치적인 영역이 엄격하게 구별되고 있다. 실천에서는 바로 비논리적인 행위들이 유효하기 때문에 이론으로 될 수 있는 것이라면 동기지움을 부여하는 이데올로기들이 자기기만이라고 하는 폭로만이다. 이러한 전제에서 예컨대 사회주의는 한편으로는 동정의 감정으로 분석되고, 다른 한편으로는 상층계급의 재화들을 탈취하고 자신들의 노고를 끝마쳤다고 하는 하층 인민층의 원망이든가, 아주 단순하게「타인의 재화에 대한 욕망」[27]이라고 분석된다. 다만, 상층계급에 사회주의사상이 지지를 얻은 것은 쇠퇴의 증거인 그들의 동정 감정 때문이라고 대부분 설명하고, 이것은 이 계급의 보편적 쇠퇴에 대응하고 있다고 한다.[28] 동일하게 하여 모든 계급의 정치적 이데올로기는 비합리적 감정과 욕구의 은폐이며, 그것은 자기보전의 욕구, 계산의 욕구, 권력에의 의지 등으로서 유일하게 현실적이며 항상적인 것이다.

그러므로 역사 속에서는 영원한 반복이 있을 뿐이며 발전은 없고 하물며 진보는 없다. 역사는 영원하게 **만인의 만인에 대한 투쟁**으로 계속한다. 통치의 현실적 형식도 변하지 않는다. 권력을 장악하는 것은 언제나 소수파이며 변화는 과정의 이러한 순환 중에서 엘리트의 순환을 통해서만 가져오게 된다. 엘리트 한 사람이 병적인 박애감정 속에서 이미 권력을 사용하는 결단을 할 수 없게 되어 쇠퇴하면, 대부분은 하층인민계급에게 지지를 얻는 다른 엘리트에게 대신하게 된다. 왜냐하면 권력을 통해서만 사회적 제도들은 기초가 마련되며 유지되기 때문이다.「투쟁을 통해서 자신의 지위를 옹호하는 존재가 없는 엘리트는 모두 완전한 데카당스로 빠진다. 이러한 엘리트에 대해서는 자신에게 결여된 남자다운 특성을 갖춘 다른 엘리트에게 자신의 지위를 양보하는 것 외에 남은 것이 없다」.[29] 파레토는 의회제 민주주의를 금권적 데마고기라고 불렀는데, 이 금권적 데마고기에서는 지배계급들은 간계, 사기 그리고 타산만을 사용하며 권력을 보존하려고 한다. 이러한 조건에 적합한 것은 여기서는 파생체나 은폐물이다.「박애주의나 평화주의가 등장하고 번영한다. 사람들은 마치 모든 세계가 논리와 오성에 의해서 지배될 수 있는 것처럼 말한다」. 그러나 그럼으로써 치자는 권력을 사용할 힘을 점차 상실하고 몰락한다.[30]

파레토의 이데올로기론은 합리적 법칙사고가 전복하고 스스로 무너지는 지점을 나타내

---

27) Bousquet, aaO., S. 129. Pareto, *Les systèmes socialistes*, 2. Aufl., Paris 1926, Bd. 1, S. 65.
28) Bousquet, ebd. Pareto, aaO., Bd. 1, S. 40.
29) Bousquet, aaO., S. 123. Pareto, aaO., Bd. 1, S. 40.
30) Bousquet, aaO., S. 172. Pareto, *Traité*, § 2324.

는데, 이것은 정치적으로 보면 생각할 수 있는 가장 철저한 탈환상화를 가져오지 않을 수 없다. 모든 유토피아만이 아니라 어떠한 정치적 강령도 어떠한 이상상이나 목표설정도 단지 권력을 사용하는 기술적 수단으로서 이해되지 않는 한은 완전히 무의미하게 된다. 모든 의식이 철저한 비합리적 존재의 은폐에 불과하게 되면 이상에 근거한 지배의 요구나 국가의 인륜적 정통화를 진정 받는 것은 어리석은 자뿐이게 된다. 환상을 벗어난 사람은 정치적 집단들 간, 계급들 간 심지어 개인 간의 모든 종류의 가치공동관계가 파생한 자기기만에 불과한 것을 알고 있으며, 이 자에 대해서는 내정적으로도 정치에 특유한 범주는 적과 동지의 구별이라는 것이 될 수밖에 없다. 여기서도 적의 개념에 투쟁이라는 현실적 우발사건이 속하지 않을 수 없으며, 적, 동지 그리고 투쟁은 그 현실적인 의미를 「그것들에 특히 물리적 살육의 현실적 가능성과 관계를 가지며 그것을 보존하고 있다」[31]는 것을 통해서 획득하지 않으면 안 된다. 그러한 정적 간에 토론이나 이해의 기반은 생각할 수 없다. 여기서 말하는 것은 불가능하며 일방적인 억압만이 가능할 뿐이다.

파레토의 이데올로기론은 이데올로기에 의해서 방해를 받은 사람은 정치적인 의지를 마비시켜버리는데, 마찬가지로 이제 모든 이념을 의제적 은폐로서 자신의 권력에의 의지에 대해서 유효한 도구이기도 하다고 간파한 사람에 대해서는 권력본능의 강화가 될 수 있다. 왜냐하면 이데올로기가 정치적 과정 중에서 가지는 힘을 파레토는 항상 강조하였기 때문이다. 그러므로 지배의 지식으로서 이러한 계몽을 사용할 수 있으며, 어떠한 이데올로기에도 편향되지 않는 사람은 엘리트의 순환 속에서 우물쭈물 하는 일은 없을 것이다.

확실히 파레토의 수학적이라고 불린 사회학에 환멸한 시민층의 신마키아벨리주의라고 폭로하는 것은 그만큼 어렵지 않다. 다만 그것은 이 책에 대해서는 시대의 표현으로서 함께 로잔느에서 직접 파레토의 입에서 나와 젊은 무솔리니에게 영향을 미친 학설로서도 중요한 것이다.

## II. 정치의 사이비 르네상스

신앙심 깊은 정치청년에게는 물론 의회민주주의의 위기는 중대한 문제로 보이지 않을 수 없다. 확실히 [제1차] 세계대전 이래 어떤 유럽의 민족에게서도 어떠한 정치사회층에서도 사회의 새로운 구조원리가 점차 승인되어 왔다. 이 원리는 직능신분적인 것, 혹은 단체적 또는 생디칼리슴적인 것인데, 모두 유기적이라고 불리는 점에 변함이 없으며 무정형한 사회적 대중민주주의를 그 의회주의나 당파주의와 함께 극복함에 적합하다고 한다. 프랑스혁명의 「원자론적」이며 집권주의적인 국가에 대한, 보다 정확하게는 관료제에 의해

---

31) Carl Schmitt, "Der Begriff des Politischen," in *Probleme der Demokratie*, 1. Reihe, Berlin 1928 (Politische Wissenschaft. Schriftenreihe der Deutschen Hochschule für Politik, H. 5), S. 6 (김효전 · 정태호 옮김, 『정치적인 것의 개념』, 살림, 2012).

서 지배된 계몽의 절대주의의 국가에 대한 반동은, 그 자체 위의 국가형식 그 자체와 완전히 동일할 정도로 오래다. 본질적으로는 프랑스 반혁명에 의한 비난은 독일 낭만주의나 역사법학에 의한 비난과 마찬가지로, 오늘날에도 여전히 「기계적」 국가에 의한 민족의 「해체」와 「원자화」에 대해서, 또한 역사를 상실한 불안정한 대중지배에 의한 불모의 평등주의에 대해서 향해진 것이다. 사람들은 이 국가에 관하여 무엇보다도 정당들에 의한 비유기적인 지도자 선발방법과 정치적으로만 신분제적 · 경제적이지조차 아니한 불충분한 개인의 대표를 비판하고 있다. 의회주의라는 것은 능력이 있고 현실의 사정에 밝은 사람들을 지배자로 하지 않고, 대중에게 아부하는 자나 일반적인 원리들을 잘못 헤아리는 잔소리꾼을 지배자로 만들어버리는 것이다.

그러나 이 한 세기 이래 아주 변하지 않는 비판은 오늘날이 되어 격변한 사회상태에 직면하고 있다. 당시 많은 사람들은 사실로서 초기 자본주의가 증대하고 있는 원자화의 과정 중에 있으며 위의 단체적 이념은 지방자치사상을 도외시한다면, 출생신분과 동직조합의 제도들의 유지를 유일한 치유책으로 하지 않을 수 없으며, 따라서 의문의 여지없이 보수적이거나 반동적일 뿐이었다. 현대의 조직화된 고도의 자본주의는 위와 같은 봉건제의 잔재를 의미 없는 것으로 했는데, 그 때문에 경제적 · 정치적인 원자들을 강력한 여러 가지의 전체성 중에 조직화하였다. 이들 전체성은 특히 노동조합과 경영자단체였는데 정치적 현실생활에 대해서도 대망의 유기적인 담당자와 많은 사람들에게는 생각되고 있었다. 일상생활의 실천 속에서 신뢰가 두어진 「신분들의 대리인들」에게 사람들은 전문적 지식 · 실제성 · 인간을 실제로 움직이는 생활이익의 숙지를 인정했는데 사람들은 정당대표에게는 이를 인정하지 않는다.

그러나 이러한 이념과 유사한 이념들을 선전하는 것은, 오늘날에는 봉건적 집단이나 경영자집단, **악숑 프랑세즈**나 영국과 독일의 보수당뿐인데, 프랑스의 혁명적 생디칼리스트, 베를린의 『사회주의자월보』(Sozialistischen Monatshefte)에 모이는 집단, 독일 국민사회주의당, 영국의 길드 사회주의자들, 그리고 각국의 가톨릭들에까지 미친다.

거기에 새로운 정치적 전선의 생성을 보려는 사람은 여하튼 단체적 사회체제가 한 편과 다른 한 편에서는 원칙적으로 다른 의의를 가진다는 점을 간과하고 있다. 혁명적 노동자운동은 대중을 이와 같이 조합시키고 그들을 용서 없는 계급투쟁에로 규율하려고 시도한다. 개량주의적 사회주의자들은 피용자와 사용자와의 동권적 단체를 계급투쟁에 있어서의 한 단계이며 극복되어야 할 수단이라고 간주한다. 그런데 기업가와 광범위한 가톨릭 집단은 노동공동체를 계급투쟁의 목표, 그 최종적 해결로서 바란다. 바로 여기서 경제 그 자체는 결코 정치적 통합의 한 요인이 아니라 분산의 한 요인이라는 것이 보여지고 있으므로, 오늘날 일반적으로 매우 오해하는 이러한 사실은 다수의 경제적 이익단체 속에 정치적 통일을 성립시킨다는 문제, 직능신분적 국가의 정치적 정점은 무엇이 될 것인가 하는 문제에서 완전히 명백해진다. 이것들은 그와 동시에 이러한 국가 일반의 사활문제도 된다. 세습귀족적이며 전통적인 신뢰관계는 생각할 수없는 이상 이 물음에 대한 대답은 완전히 다르거나 또는 동일한데, 사람들은 「최선」의 지배자, 정신의 엘리트에 의한 지배라는 독창적인 사상을 불식하고, 가톨릭교회의 모델을 이끌어내어도 좋은 것은 아닐까 하고 생각하게 된다. 다만, 여기서 최량자의 그러한 귀족제가 — 적어도 원리적으로 — 가능한 것은 일반적으로 구속력이 있고, 전체 민중에게 기대가능한 선의 이념이 존재하는 경우에 한한다. 정태적인 가치 도그마틱에 근거해서만 정신적 엘리트의 지배는 전개될 수 있으며 여기서는 위의 가치와 그 포교활동에 대한 신앙이 신성화된 상하질서와 위계의 정점을 이룬다. 그러나 실정적인 도그마가 결여되면 그 범위에서는, 그리고 도그마적인 신앙이 실제로 복종하기까지 이르지 않는다면, 정치적 통일은 민주적 수단이거나 또는 협박에 그치든지 직접적인 폭력을 통해서 세울 수밖에 없다. 거기에 비추어 가장 잘 알려진 단체론적인 강령적 저작의 하나가 중심적 국가권력, 즉 단체적 국가에 관한 물음에 대답한 것이 평가될 수 있다. 위의 권력이 「모든 요소로부터 완전히 마찬가지로 도출되는」 것이라면 「보다 정확하게 말하면 그 자체 아래로부터가 아니라 위로부터 만들어 올려진다면」「최선의 자가 (말하자면 위로부터) 지배할 것이다」[32]는 요청은 주어진 상황 아래서는 실천의 장에서는 단지 독재에 합치할 뿐이다. 단체론적 이념은 거기에 정태적이며 사회학적으로 유효한 가치의 우주가 결여된다면 내적 필연성을 가지고 그 정반대로, 즉 유기적 계속성을 가지지 않고 현저하게 비유기적으로 필연적으로 집권적인 독재로 전락할 뿐이다. 그러나 자신의 단체국가를 건축하는 데에 변하기 쉬운 열광으로 만족한다는 견해를 진지하게 품고 있는 사람에게는 다음과 같은 헤겔의 말을 가지고 대답하면 좋다. 그들은 「이 정연한 건축물을 '우정과 영감'이란 마음이 한데 뒤섞인 죽탕 속에 흘려 넣어」[33] 버린 것이다 라고.

그리하여 위계적·단체론적인 오늘날의 국가사상이 마주치는 운명에 결정적인 것은, 유럽 민족들에게 기대할 수 있는 정태적 가치세계가 사회학적으로 의미 있는 정도로 존재하는가의 여부에 있다. 그것이 합리적으로 공허하게 된 19세기에 결여되었다는 것은 확인하였다. 가톨릭 교의학의 이러한 정치적 유효성에 대해서는 사람들이 그 밖의 점에서 가톨릭 가치에 의심을 품지 않고서도 이론의 여지가 있음에 틀림없다. 그러면 20세기는 의회민주주의의 유기적 극복을 기대할 수 있는 새로운 정치의 내실을 명백히 촉진 해 왔는가? 최근 두 세대에 모든 가치는 동태화 되기에 이르렀는데, 이 동산소유의 고도 자본주의시대에 새로운 가치정태학을 통해서 이미 이 동태화가 해결을 보았다면, 원래부터 있을 수 없는 것으로 생각된다. 그러나 여전히 우리들은 충분하게 근본적인 새로운 가치를 첨가하기 때문에 어떠한 일이 생길 것인가 하는 물음에 전심하지 않으면 안 된다.

실증주의는 비판주의로서도 자연과학적 인식에 정지하며, 그 이외에는 부지로 만족하든 의식에 명하기 때문에, 사람들의 내면에 두려운 불모와 공허를 남겼다. 인간은 그 자신이

32) Othmar Spann, *Der wahre Staat*, Leipzig 1921, S. 274.
33) Georg Wilhelm Friedrich Hegel, *Grundlinien der Philosophie des Rechts*, in *Werke*, Bd. 8 (Hg. E. Gans), Berlin 1833, Vorrede, S. 10 f.(임석진 옮김, 『법철학』, 한길사, 2007, 41면).

자연법칙의 산물, 거대한 죽은 물적 관련의 산물에 불과하며 탈인격화 된 존재의 무의미함에 의해서 질식되고 압살되어버렸다. 무의미한 법칙화라는 감옥의 벽을 부수어버리는 것이 생의 문제라고 생각되고 있었다.

실제로 오늘날의 의식은 모든 방면에서 19세기의 합리적 법칙사고에 대한 강력하고 근본적인 반동으로서 이해된다. 새로운 비합리주의 철학은 의심할 수 없는 자연의 인식과 문화적 사실에 확인한 거점을 확보하고, 몸을 지키고 현실의 탈인격화와 법칙화를 극복하려고 노력한다. 모든 분야에서 개별적이며 합리화되지 않는 것의 탐구가 논리적으로나 실천적으로도 승인을 얻는다. 로렌츠와 아인슈타인의 발견은 기계론의 기초에 있는 법칙을 파괴하였다. 물리학에서는 양자론이, 생물학에서는 돌연변이설이 자연의 합법칙적 항상성이라는 교의에 종말을 고했다. 원자이론에서는 오늘날 원자마저 끊임없이 양화되지 않는 개별성으로서 받아들이지 않을 수 없게 되었다. 마침내 네른스트는 자연과학들은 지금까지 엄격한 의미에서 보편타당한 자연법칙을 하나도 발견하지 못했다고까지 단언하고 있다.[34]

문화사상에서는 낭만주의적 동기와 결합하여 이미 니체 이래 용솟음치는 생의 권리와 자유를 대변하는 세계관이 등장하며, 그것은 언제나 포괄적인 타당성을 마련해주고 있다. 이러한 생의 다양성이란 창조적이며 모든 계산적 합리화를 궁극적으로 경멸한다. 경직해서 반복적으로만 볼 수 있는 것이 무릇 생의 깊이와 높이의 차이에는 주지주의에 반대해서 비합리주의의 철학은 본능과 직관에 의거한다. 대부분의 사상가는 정적주의처럼 법칙을 찬미하는데 반대해서 행동주의적인 생의 기분, 영웅주의적인 인격의 이상을 찬미한다. 니체, 제임스, 크로체, 베르그송은 자국민을 초월하여 혁명적인 영향을 미쳤다.

그와 함께 이 생의 철학의 반동이 일면적인 정치적 결합을 제시하지는 않는다는 것을 주목할 필요가 있다. 베르그송은 프랑스의 전통주의, 예컨대 제국주의자인 셀리에르에게, 조르주 소렐과 같은 혁명주의적 생디칼리슴이나 그것을 넘어서 무솔리니나 레닌에 대해서와 같은 정도로 강력하게 작용한 것이다. 니체와 같은 인물에게 보수주의자도 공산주의자도 경의를 표한다. 그 때문에 생의 철학의 반동은 모든 정치적 대립이나 사회적 대립을 초월해서 하나의 근본적인 세대의 격변으로 이해하지 않으면 안 된다. 새로운 세대에 공통된 것은 영웅주의에 오염된 반부르주아적 생의 기분이다. 그것은 법칙적 필연성에 새로운 자유를, 안전성에 위험을, 법률에 폭력을 대치한다. 치명적인 잘못은 오로지 극우와 극좌가 쌍방 모두 자신들이 법칙적인 일로는 변하지 않는 정치의 상황을 발견하고, 거기에서 생기는 형식적인 폭력 이데올로기의 점에서 일치한다는 견해일 것이다. 오히려 살아 있는 정신을 가진 전후 세대는 이성을 통해서도 끊임없이 설명가능하게 이성에 의해서 실현가능한 법칙이 정치사상을 지배한다고는 더 이상 믿으려고 하지 아니한다. 그들은 이성을 정치적으로 유효하고 아름답다거나 또는 — 이것은 상술한 퇴폐 아래서는 놀랄 가치가 없으나 — 인류적으로 선하다고 보지도 않는다. 그들은 비합리적인 폭력에 호소한다.

---

34) Walter Nernst, *Zum Gültigkeitsbereich der Naturgesetze* (Rektoratsrede), Berlin 1921, 예컨대 S. 13 참조.

그것은 모든 합리적인 법칙을 야성적으로 돌파하며, 화려하고 선한 행동의 영웅주의를 우리들에게 구한다. 이러한 세대교체는 지배적인 전전 세대의 민주주의 정치가들의 의식에는 아직 거의 의식하지 않지만 이것과 매우 주목할 만한 정치적인 전선이동과 연동하고 있다. 이 전선이동은 계속적은 아니지만 매우 중요한 의의를 지닐 가능성이 있다. 한편으로는 유럽 전체에서 비합리주의적 보수주의가 혁명적인 사상과 방법에로 접근하고 있었다. 정통군주제가 종말을 고하고 세습귀족제가 정치적으로 사멸하자 대중은 진격하기 시작했다. 그러나 무엇보다 이 보수주의의 전환은 근대의 자본주의와 내재사상의 대결이라는 필요에서 발생한 것이다.

다른 한편, 혁명사상의 흐름은 비합리주의적인 생의 철학에 가깝다. 이 전환은 프랑스 급진주의좌파에서 특히 흥미 깊으며 또 정치적으로 중요하다. 여기서는 조르주 소렐과 혁명적 생디칼리슴이 합리적인 법칙과 대중에의 신앙에서 이반하고, 자연법과 진보의 환상을 부르주아 이데올로기라고 경멸하고, 그들이 말하는 네오 마르크스주의를 베르그송의 직관주의에 기초를 두었다. 소렐에 의하면, 실증주의적「통속 과학」[35]의 대변자야말로 그 부르주아적 학문관에 의해서 학문이 사회를 개량하는 능력을 믿고 있었으며, 그 때에 「모든 대상이 수학적 법칙에 관계를 가질 수 있다」는 전제에 입각하였다고 한다.「그런데 명백히 그러한 종류의 법칙은 사회학은 되지 않는다」.[36] 정치적 낙관주의를 혐오하고 경멸하던 소렐은 그의 교사인 에두아르트 폰 하르트만처럼,[37]「생의 환상들을 통찰하고」있었다. 그는 자신의 희망을 인간의 이성 위에서도 역사의 이성 위에서도 그 때문에 자본주의적 축적과정과 프롤레타리아적 궁핍과정의 법칙적인 순환 위에도 두지 않았다. 도덕적으로 확신을 품는 신화에 의해서 고무된 전사(戰士)에 의한 자유로운 창조, 영웅적 비관주의자에 의해서 행사되는 폭력에만 그는 신뢰를 두었다. 왜냐하면 사회주의가 폭력에 힘입는 것은「높은 도덕적 가치들이며 그것을 통해서 사회주의는 현대의 세계에 구제를 가져오기」[38] 때문이다. 혁명적 프롤레타리아트가「도덕적 가치들의 보편적 몰락」속에 개입하지 않는 것은, 노동자들이 충분한 에너지를 가져와서「그들이 단호하게 야만적으로 그 환대에 응답함으로써 부르주아적 타락에의 길을 가장(저지)하는,」[39] 경우에 한한다. 프롤레타리아의 폭력은 그 구제작용을 자본가에게 미친다. 그러나 이 폭력이「박애주의의 이념을 통해서 둔화되어버린 유럽 국민들이 자신들이 예전 에너지를 재발견하는 데에 여전히 사용할 수 있는,」[40] 유일한 수단이다. 그리고「부르주아층이…점차 열심히 자본주의화 함에 따라

35) Georges Sorel, *Über die Gewalt* (*Réflexions sur la violence*), Innsbruck 1928, S. 164 ff. (이용재 옮김,『폭력에 대한 성찰』, 나남, 2007).
36) AaO., S. 136.
37) Eduard v. Hartmann, *Philosophie des Unbewußtsein* (1869), 12. Aufl., Leipzig 1923, Teil II C XIII (Die Unvernunft des Wollens und das Elend des Daseins), S. 532 ff.
38) Sorel, aaO., S. 311.
39) AaO., S. 310.
40) AaO., S. 95.

프롤레타리아트는 더욱 투쟁적 정신으로 가득차고 혁명의 힘을 믿게 된다」.[41] 모두가 더욱 구제될 수 있는 것은 프롤레타리아트가 「폭력을 통해서 계급 간의 골을 다시 고정하고 부르주아층에 그 에너지의 얼마를 다시 주는데 성공하는」[42] 경우만이다. 사회투쟁의 음유 시인에 대해서 역사는 완전히 「전사의 모험」과 그들의 「명예감」에 근거한 것인데 이 음유 시인은 프롤레타리아의 경기회에 「기품의 각인」을 부여하려고 한다.[43] 소렐이 말하는 것은 그가 경멸하는 평화주의자가 강조하는 전쟁이 아니다. 왜냐하면 이러한 전쟁은 「그 목표를 이미 자기 자신 속에 가지지 않기」[44] 때문이다. 프롤레타리아의 폭력행위는 이에 대해서 「순수한 **전쟁행위** 그 자체」이지 않으면 안 된다고 말한다. 이러한 행위는 「혐오감이나 복수감정 없이」 행하며, 결코 「범죄자에 대해서 사회가 적용하는 법률학적 방법에서 무엇인가를 차용해야 한다」[45]는 요구를 내걸지 않는다고 한다.

그러므로 프롤레타리아는 토론하는 의회주의에 행동하는 혁명을 대립시키지 않을 수 없다. 행동하는 혁명은 총파업의 신화로 상징된다. 「절대적 혁명」만을 내세우는 이 신화를 도입하자마자 노동자들은 「사회평화를 확보해야 할 우직한 입법자들이 기적을 행하는 정식을 써 붙이는 무미건조한 종이 등에는 거의 아무런 주의도 하지 않게 된다. 법률에 대해서 토론하는 것을 넘어서 그들은 투쟁행위에로 걸어 나간다」.[46] 「연설하는 회의의 지도 아래서는 결코 투쟁은 실행되지 않는다」.[47] 열정적으로 소렐은 의회주의와 함께 모든 민주·사회적인 개혁의 평판을 떨어트리려고 노력한다. 의회제 정체는 소렐에 의하면 단지 「직업상의 원론가」[48]에게만 적합하다. 그러나 이것이 경제적 문제를 취급하지 않을 수 없게 되느냐의 여부, 즉 이미 「스콜라주의적 처리」에 적합한 영역을 떠나느냐의 여부, 「우리 인민대표의 어리석은 행동이 완전히 발휘되게 된다」.[49] 의회주의와 함께 그는 중앙집권적 국가 일반도 부인하며, 사회주의자에 대해서 그들은 「하나가 되는 사랑에서」 대기업의 관리를 국가에게 위임했다는 비난을 향했다.[50] 합리주의 법치신앙에 대해서처럼 소렐은 질을 상실한 한 단계의 대중이라는 관념과도 다루었다. 그에게 혁명적 총파업은 「**봉기한 대중 속에 개성의 힘**을 가장 빛나게 시위하는 것」[51]에 불과하다. 승리의 다양한 요인으로는 양은 그만큼 중요시되지 않는다. 오히려 사람들은 「**질적으로 개체 중시의 관점**」에서 모든 것을 보는 데에 익숙하지 않으면 안 된다.[52] 소렐은 나폴레옹과 전투적

41) AaO., S. 90 .
42) AaO., S. 103.
43) AaO., S. 196 f.
44) AaO., S. 197.
45) AaO., S. 127 f.
46) AaO., S. 340.
47) AaO., S. 341.
48) AaO., S. 170.
49) Ebd.
50) AaO., S. 171.
51) AaO., S. 300.

가톨릭교회 양쪽에게 마음속으로 감탄하면서 이들에게 끊임없이 의거하면서 엘리트 사상을 전개한다. 교회에서 그렇듯이, 프롤레타리아트 속에도 엘리트와 「빈둥거리는 대중」간에 직능의 구별이 있다.53) 노동조합은 그 때문에 「다수의 지지자를 구하기보다도 강력한 구성원을 정리해야 할 것이다」. 그것은 「엘리트 부대를 파멸하게 될 평화적 신조를 확고히 하지」 않으면 안 된다는 것이다.54)

소렐과 그의 추종자들을 이해하기 위해서 특히 중요한 것은, 총파업의 신화에 관한 그의 설명이다. 그것은 합리적으로 환상에서 벗어난 사람들이 품는 비합리적인 환상으로 이해하지 않으면 안 된다. 이것이 소렐이나 그에게 의해서 매혹된 문필가나 지식인들의 신앙 없는 신앙에의 동경을 특징지우고 있다. 그들은 위의 신화사상에 열광하였는데, 그것은 그들이 그것으로 어떠한 반박에서도 지키고 「주지주의적 철학」을 통한 어떠한 통제도 면할 수 있다는 바로 그 이유에 불과하다.55) 이러한 비합리주의자들 전원의 **부조리한 신앙**(credo quia absurdum)에서 무엇보다 결정적인 것은, 무엇인가 구체적인 확신의 확실성이 없고 그들의 불확실한 신앙이 보여준 이상으로 독창적이며 통제불가능한 부조리인 것이다. 참된 종교적 신화는 종교적 행위 속에 생각된 무제약한 「실체」, 즉 신의 현실성에 관한 상징인데, 한편 소렐의 신화는 「그와 같이」의 종교에 불과하다. 소렐에 대해서는 「실제로 장래의 역사의 지평에서 (실제로) 나타나는 개별적인 것에 대해서 신화가 무엇을 포함하는지를 아는 것은 거의 중요하지 않다. …더구나 그것이 포함한 것에서는 아무것도 생기지 않는다」.56) 실로 소렐은 사회운동에 대해서 「파업의 영웅시」57)만이 남을 것이라고까지 확신하고 있다.

**악숑 프랑세즈**의 중심 인물들과 조르주 소렐을 결부시키는 것은 그의 영웅적 행동주의, 반의회주의, 그리고 반평화주의, 또한 부르주아적이며 비극과는 거리가 먼 낙관주의의 부정이다. 이미 1910년 이래 모라스와 그들 상호간의 공감을 공공연하게 표현하는 것을 억제하지 못하고, 이미 전전에 혁명적 생디칼리스트는 부르제(Bourget)*와 바레스(Barrès)*의 정신으로 쓴 『독립』(Indépendence)의 협력자 정도로까지 내셔널리스트에 접근하고 있었다. 따라서 이러한 사태가 발생한 것은 오로지 「대립들의 장난을 통해서 생디칼리스트의 성장을 가져오기」58) 위해서였다는 해석이 있다. 그러나 이 해석은 이해하기 어렵다. 사회혁명이냐 국민전쟁이냐 하는 형태의 여부에서, 폭력 그 자체에 구제를 보는 탈환상화된 신화 시인은 프랑스의 노동자보다도 내셔널리즘의 **악숑 프랑세즈**의 시인에 더욱 깊은 친근감을 느낀다는 해석 쪽이 납득할 수 있다. 결국 탈환상화 된 이

52) AaO., S. 298.
53) AaO., S. 342
54) AaO., S. 342 f.
55) AaO., S. 26 ff.; 37.
56) AaO., S. 141.
57) AaO., S. 348.
58) Eduard Berth, Nachwort zur deutschen Ausgabe, in Sorel, aaO., S. 367 Anm.

행동주의의 어두운 충동에 대해서는 거기에 행동주의 그 자체가 전부이며 방침이나 목표는 무라는 것이 완전히 일반적인 특징이다.

왜냐하면 프랑스의 전통주의자들도 확실히 가톨릭 왕조파라고 자칭하는데, 소렐과 마찬가지로 모든 종교적 초월을 편의적으로 이용하기 때문이다. 그들은 군주제의 종교적 정당화를 가톨릭교회의 정당화와 마찬가지로 믿지 않는데, 그것을 그들은 많든 적든 공공연하게 나타내고 있다. 신의 은총이라는 이념은 그들에게 인민주권의 이념에 못지않으며 「형이상학적 의제」인 것이다. 그리고 「우리들은 무신론자가 아니면 가톨릭이다」라는 유명한 정식은 샤르르 모라스에서 나온다.59) 아마도 불랑제 사건* 이래 프랑스의 정통주의는 **통합적 국민파**(nationalisme intégral)에로 전개해 왔다. 군주제에 대해서는 그 강령 속에서 「강한 국가」에 대해서만큼 서술하지 않지만, 세습귀족제의 요청은 세습이 아닌 호전적 엘리트의 지배라는 사상으로 변했다. 그것을 뒷받침하는 원칙은 「국익의 주권성」이며, 여기에 모든 법이념은 형이상학적 요청과 마찬가지로 복종하지 않으면 안 되게 되었다. 프랑스인은 이처럼 반혁명적 혁명에 대해서 **고전정신**(esprit classique)과 자코뱅적인 **덕**(vertu)의 민주주의를 이끌어낼 수 있었다. 이 민주주의는 국가이해를 긍정하는 **시민**(citoyen)에게 정치적 자격을 한정하고, 로베스피에르에 대해서 지롱드당 속에 체현되고 있는 경제적·이기주의적인 **부르주아지**에게는 그 자격을 인정하지 않는 점에서 대중민주주의를 극복하려는 것이다.

독일에서는 카를 슈미트가 프랑스의 소렐주의, 내셔널리즘 그리고 가톨릭주의에서 출발하여 재기에 넘친 저작 속에서 자유민주주의에 집요하게 압박하고, 의회주의는 정신사적으로 사망하고 파시스트 독재가 민주주의라고 선언하고 있다. 그에게도 로마 가톨릭주의에 비추어 위로부터 아래로의 구축, 위계적인 정치형태가 본질적인 것이며, 거기에서는 가톨릭교의의 기대가능성이 명백하게 자명하다고 전제하고 있다. 이에 대해서 국민적 독일의 정신사에서 자라난 사회적 대중민주주의에의 반동은 낭만주의 사상의 쇄신과 결부되거나 르네상스, 고대 또는 게르만 중세에 그 이상을 보고 있다. 니체나 슈테판 게오르게를 둘러싼 서클은 오스발트 슈펭글러와 마찬가지로, 상당한 정도까지 일치하여 민주주의, 사회주의 그리고 기독교윤리, 그중에도 프로테스탄트윤리 속에 퇴폐의 시대의 표현을 보고 있다. 거기에서는 범인·빈곤인·약자의 대중은 그들의 평범한 박애주의적 진보문명과 함께 진정한 문화를 배태하였다고 한다. 그들에게 공통된 것은 미적·영웅적 그리고 귀족적인 가치에의 감탄·투쟁·규율 그리고 형식에의 열정이며, 탈인격화, 위대한 개인의 대중에로의 평준화에 대한 혐오도 또한 공통되며 비창조적인 주지주의에 대한 반대 전선, 피를 지지하고 정신에 반대하는 전선도 공통된다. 그것은 인종적인 반셈주의의 조잡함 속에 만연하고 있는 데서 발견되는 사상이다.

대중이 여기서 의미하는 것은 「계속 증대하는 종의 악화」60)일 뿐이다. 대중은 박애주의

---

59) Anklänge zB. Charles Maurras, *L'action française et la religion catholique*, Paris 1913, S. 73 f.
60) Friedrich Gundolf und Friedrich Wolters, Einleitung, in *Jahrbuch für die geistige Bewegung*,

에서 자라났으나 박애주의는 무릇 집합적인 구속이나 교의적인 구속도 갖지 못하며, 「무릇 어떠한 종류의 인간도 좋을 대로 방임하고 인정하는 것」일 뿐이다. 「그것은 범용의 지배, 즉 가치를 고려하지 않는 수의 지배를 가져온다」. 대중 속에서 사람들은 「침식성의 번성」을 보는데 거기에 「사람들은 양심 없게도 감염해버린다. 번져가는 그것을 치유하는 데는 독약을 처방하거나 불태워버리는 수단 밖에는 없다」.[61] 그리고 오스발트 슈펭글러에 대해서 존재하는 것은 「신분제국가, 즉 그 속에서는 유일한 신분이 **통치하고 있는** 국가」[62] 뿐이며, 거기에서는 결국 귀족만이 「진정한 신분, 피와 인종의 총계」[63]인 것이 명백해진다. 농민이나 시민 등은 원래 「신분이 아닌 것」[64]인데, 제 4신분, 즉 대중은 「종말이며 근본적 무」[65]가 된다. 그 능력에 의해서 실제로 충분히 빈번하게 헌법에 위반하여 지배하는 사람들은 항상 소수파 속의 소수파이다. 「있는 것은 단지 **사람에 의한** 역사와 **사람에 의한** 정치만이다. 원칙들 간에서가 아니라 사람 간에서, 이상 간에서가 아니라 인종의 특징 간에서 집행하는 권력행사를 위한 다툼이 최이며 최후가 된다」.[66] 그러나 모든 생기 있는 것의 「원정치」[67]는 전쟁이며, 그것은 모두 위대한 사물의 창조자이다. 그러므로 하나의 민족은 「다른 민족들과 관계해서만 현실적이며, 그리고 이 현실은 자연이며 폐기할 수 없는 대립, 공격방어, 적대와 전쟁으로 된다」.[68] 합리주의의 시대, 이 「교양 있는 것의 각성존재의 단체」[69]의 시대에서 비로소 사람들은 추상적인 체계들에 근거해서 정치적 결정을 내리려고 하는데, 거기에서는 「정신이 생각하고 금전이 조종한다」.[70] 그리하여 그것은 이러한 문명의 혼돈으로부터 「모든 생성의 시원에까지 하나의 새로운 유력한 요소」가 등장하기까지 모든 「말기 문화들」의 질서이다. 즉 「시저형의 인간」이 나타나기까지이다.[71] 여기서는 「시저라든가 그 대신에 누군가가 그 능력을 통해서 행사하는 완전하게 개인적인 힘」 이외에는 이미 의미를 지니지 못한다.[72] 무엇보다도 시저적 인물 아래서는 금전의 전능성이 무너진다. 「피의 힘들, 생의 소박한 모든 충동, 신체의 불굴의 힘이 그 낡은 지배를 다시 시작한다. 인종은 순수하고 이의를 제기할 수 없게 얼굴을 드러내게 된다. 즉 최강자의 성공과 희생자인 나머지 사람들이다. 인종이 세계통치를 장악하고

---

Berlin, 3 (1912), S. v.

61) Ebd. 베르그송과의 관계는 Ernst Gundolf, "Die Philosophie Henri Bergsons," in aaO., S. 32-92.

62) Oswald Spengler, *Der Untergang des Abendlandes. Umrisse einer Morphologie der Welt-geschichte*, Bd. 2, München 1922, S. 457 (박광순 옮김, 『서구의 몰락』, 범우사, 1995).

63) AaO., Bd. 2, S. 414.

64) AaO., Bd. 2, S. 412.

65) AaO., Bd. 2, S. 445.

66) AaO., Bd. 2, S. 550.

67) Ebd.

68) AaO., Bd. 2, S. 448.

69) AaO., Bd. 2, S. 500.

70) AaO., Bd. 2, S. 502.

71) AaO., Bd. 2, S. 541.

72) Ebd.

책과 문제들의 세계는 경직하는데 과거 속에 빠진다」.[73] 시저주의의 필연적인 대립물은 동시에 문화와 역사를 상실한 「아랍 국가들의 농민의 종교」의 전단계를 이루는 것이 「제2 종교성」이다.[74] 그것은 오늘날 우리들의 「종교적 공예품」[75]을 통해서 다양한 오칼트주의,* 신지학(神知學), 그리고 불교의 조류를 통해서 준비되고 있다. 「그것은 어디서도 사람들이 믿지 않는 신화와의 단순한 유희이며 사람들이 내적 불모를 만족시키기 위한 제식에 관한 단순한 취미이다」.[76]

이러한 생의 철학이 가져오는 귀결들을 개관해 보면, 압살적인 합리주의와 기계주의 시대에 대해서 생명력으로 가득 찬 생을 새로이 평가하였다는 커다란 공적을 먼저 이 철학에 인정하지 않으면 안 된다. 그때까지의 철학적 사고는 공직에 있는 철학 교수들이 관리하는 업무, 그것도 적절하게 되지 않고 단지 관리될 뿐인 업무에서 성립하고 있었다. 의심할 여지없이 이 철학은 그 공적으로 이 사고 그 자체에 새로운 외관을 부여하는데 일조하였다. 수 십 년래 독일 고전철학은 마르크스와 엥겔스의 사적 유물론 속에만 형성적 의의를 가져오고 있었다. 모든 현실적인 것이 보여주는 개개의 풍부한 형태를 다시 보게 되고, 형태 없는 합리주의에 의한 생의 추상적인 가치화와 법칙화를 면했다고 느끼게 된 것을 생의 철학에 감사하고 싶다.

그러나 그 이상으로, 즉 생의 생명력의 강조를 초월하는 곳에까지 생의 철학은 원칙으로서 도달하지 않는다. 생과 정당한 생이란 우리들 인간에 대해서, 특히 기독교가 침투한 우리들 유럽인에 대해서 언제나 문제가 됨에 틀림없을 것이다. 생의 철학은 합리주의적 법칙신앙에 대해서 천 배나 정당한 것처럼 생각된다. 그러나 그것은 도대체 무엇을 믿는가? 정당한 생에 대해서 모든 법칙적 결합으로부터의 부정일뿐인 해방이나 실존하는 존재의 단순한 해방으로 충분하다고 생각할 것인가? 형태 없는 합리주의를 분방한 주관주의적 비합리주의를 통해서 해체한 곳에서 무엇이 얻어질 것인가? 가치로부터 해방된 사고나 탈논리화한 주관주의는 무엇인가의 형식이나 형태 또는 정치적 형식이나 형태를 가져올 것인가?

절대적인 것이 철저하게 개별·역사적인 것에 매몰하면 우리들은 다시 헤겔과 그 주장 아래 다시 이른다. 「**존재하지** 않고 다만 존재**할** 것은 진실성을 가지지 않는다」.[77] 그러면 실존적 사상가는 더욱 강하고 자신의 정신적 입장은 사고에만 있다고 우리들에게 단언할는지 모른다. 이러한 사상가는 어떻게 자신이 자신의 사고에 있는 매우 개별적인 입장의 피구속성으로부터 무엇인가 구체적인 보편적 구속력에로 상승할 것인가, 우리들에게 결코 보여줄 수는 없다. 역사적으로 불과한 현상을 실증주의적으로 절대화한다면 결국은 헤겔과

---

73) AaO., Bd. 2, S. 542.

74) AaO., Bd. 2, S. 387.

75) AaO., Bd. 2, S. 383.

76) Ebd.

77) G. W. F. Hegel, *Phänomenologie des Geistes*, in *Werke*, Bd. 2 (Hg. J. Schulze), Berlin 1832,
    S. 189.

19세기 전체가 부조리의 불순함에 개입하면 이런 한은 아니다. 그리고 실제로 이러한 정치의 쇄신은 대부분 역사적 상대성을 이처럼 절대화하고 있다. 그것은 국가와 국민의 신격화였거나 계급 또는 인종의 절대화였다. 그것들이 「결합」에의 사고를 만족시키기 때문이다. 그러나 이러한 쇄신은 쇄신자가 많든 적든 자신들의 신인 것이나 신화가 자기 자신을 만족시키지 않는다고 공공연하게 인정하는 이상 적어도 사이비 르네상스라는 특징을 면하기 어렵다. 이것이 무엇보다 타당한 것은 자신들의 반주지주의적인 주지주의에 무신론적 유신론의 관을 씌우고 **악숑 프랑세즈**의 가톨릭적 이교의 방식으로, 가톨릭으로부터 확실히 위계적 공동체 형식을 받아들이는데, 그러나 그 종교적 규범은 받아들이지 않고 그 교의학 없는 권위의 이념을 받아들이는 사람들이다.

　정치의 내실에 관한 진지한 쇄신에 생의 철학이 도달하지 못한 것은, 그것이 원칙적으로 당위와 존재를 이미 정치의 수준에서 일치시켜버리는, 그럼으로써 자신이 손에 넣지 못하고 열망하고 있음에 불과한 고대적 소박함을 전제로 하기 때문이다. 「고대 그리스의 당위는 가장 깊은 고대 그리스의 존재에 다름 아니었듯이, …우리들의 당위도 우리들의 가장 깊은 존재에 다름 아니다」.[78] 그러나 동시에 존재와 당위의 이러한 일치는 그리스적 조물주의 「일의적으로 안정된 통일성」을 근거로 해서는 실현되지 않으며, 「유동 속에서 안정된 생의 통일」을 근거로 해서만 실현가능하다는 것은 통찰되고 있다. 그러면 서로 변하지 않고 진보가 없는 것이 된다. 왜냐하면 바로 우리들은 「유기적인 것의 생성, 그리고 내적 수다성과 난해함」[79]에 직면하고 있기 때문에, 건강한 생활이 병적인 생활인가, 올바른 생활이 올바르지 않은 생활인가 하는 결정 앞에 우리들은 서 있기 때문이다. 미적·윤리적인 생의 가치를 지지하는 결정, 특히 슈테판 게오르게에 체현된 법칙을 지지하는 결정은 정치적 통합력을 손에 넣지 않고 있다. 왜냐하면 여기서는 경멸된 대중에게는 무관계하고 무관심하며 이러한 대중은 동정 없는 오만함에 의해서는 모습을 부여하는 것도 소멸시킬 수도 없기 때문일 뿐이다. 절대적인 것과 관계를 가지지 않고 개인·계급·국민 그리고 인종을 결합시키는 법이념도 없기 때문에 생의 철학은 정치적인 것 속에서는 19세기의 실증주의처럼 「생명력 있는 법칙/법률」에 도달하지는 못한다.

　규범으로부터 자유로운 비합리주의의 사려 없는 정치적 요청을 오스발트 슈펭글러가 명백히 하고 있다. 여기서는 합리주의적으로 탈인격화된 세계상에 대한 반동이 정신으로부터의 원칙적인 도망이 되며, 정서적·비극적인 이성낙관주의가 다른 극단, 즉 철저한 비관주의에 의해서 과잉으로 보상되고 있으며, 이러한 비관주의에 대해서 본능·의지·피는 세계사를 함께 움직이는 힘에 그치지 않고 유일한 결정력으로 간주된다. 그것은 정치적 내실을 더 이상 쇄신하지 않고 부정할 뿐이며 모습을 부여하는 법칙 없이 혼돈을 남기는 정신적인 것이다. 슈펭글러에게 윤리·정치 또는 사회의 학설은 하나도 존재하지 않으며, 「그리고 가령 그러한 학설이」 「생 그 자체」를 아주 기껏해야 변혁했는지도 모르는 「어떤

---

78) Erich v. Kahler, *Der Beruf der Wissenschaft*, Berlin 1920, S. 44.
79) AaO., S. 45.

종교라든지 잘 알려진 이름의 권위를 가득 채워」등장하였다고 해도,80) 그런 것이다. 「현실의」역사에서는 ― 몰락의 철학자가 말하는 ―「알키메데스는 그 과학적 발견을 모두 사용한 곳에서 시라쿠스 공략에 즈음하여 그를 박살낸 저 병사보다도 아마 영향을 미치지 못했다」.81) 거기에서 모든 본질적인 역사적 작용과 현실이란 두개골을 내리치는 데에 있다는 것을 끄집어낼지도 모른다. 이러한 견해에 대해서는 항상 「강자의 소유」82) 만이 법일 수 있는데, 거기에서는 이 권력개념이 슈펭글러가 말한 현실성개념과 일치하지 않으면 안 된다. 모든 입법은 「정당정치적 행위」이다. 왜냐하면 모든 법은 「사실적인 힘」과 그와 함께 법창조를 수중에 넣은 신분이 실제로 바라는 것에 의존하기 때문이다.83)

이러한 태도에 대해서 주목할 만한 것은 그 심각한 내적 분열이다. 정당하게 이해한다면 이 태도는 어떤 시대소설에서의 사나트리움의 영웅에 의해서 가장 잘 대표되는 정신성에 대한 르상티망일 뿐이다. 이 영웅에 대해서는 생은 「어쩌면 물질의 전염성질환에 불과한」84) 것이다. 그에게 소렐이나 슈펭글러를 가지고 대답하는 것이 데카당적 비합리주의이다. 그것은 지식인의 자기혐오에 근거하여 야만이며 뿌리 깊은 힘과 위력의 모습에 도취한 것이다. 자신의 완전히 자포자기의 몰락기분을 마비시키기 위해서 이러한 생의 감정은 시니칼하고 탐욕스런 제국주의, 내셔널리즘 또는 계급투쟁에 열광하는 것이다.

## III. 정치내실의 파시스트에 의한 쇄신

파시즘 역시 우선 그것이 철저히 반대해온 정치적 태도에 대한 감정에 불과한 것으로서 이해할 수 있다. 다른 유럽과 마찬가지로 이탈리아에서도 19세기 후반에는 상술한 자연주의와 실증주의가 지배하게 되었다. 여기서도 사람들은 자연과학적으로 양, 수, 그리고 무게에 비추어 입증할 수 있는 「사실」과 「법칙」만을 믿으려고 하였다. 필연적으로 이러한 천박화는 철학적 및 윤리·정치적 의식의 붕괴 또는 정치적·통합적 내실의 와해와 결부되고 있었다. 자연주의적 법칙사고에는 결여된 국가적·법적인 것의 세계는 이탈리아에서도 정치적 현실에도 내용적 규범성에도 거리가 먼 형식적 규범주의 속에서 사멸해 버렸다. 위에서 제시한 독일의 「법치국가」는 「말하자면 국가과학의 마지막 말」85)로 간주되고

80) Spengler, aaO., Bd. 2, S. 21.
81) AaO., Bd. 2, S. 22.
82) AaO., Bd. 2, S 427.
83) AaO., Bd. 2, S. 74 f.
84) Thomas Mann, *Der Zauberberg*, in *Gesammelte Werke*, Bd. 1, Berlin 1925 (5. Kapitel "Forschungen")(곽복록 옮김, 『마의 산』, 동서문화사, 2007).
85) Benedetto Croce, *Geschichte Italiens, 1871-1915* (übersetzt von E. Wilmersdoerffer), Berlin 1928, S. 98.

있었다. 그 원산지를 훨씬 초월하여 유명하게 된, 형법에 있어서의 롬브로조의 실증주의학파는 천재를 범죄와 마찬가지로 난센스이며 사회·위생적 문제라고 이해했는데, 이것은 이탈리아 원산이었다. 이 이탈리아의 사실주의는 그 숭배대상인 졸라를 문학상의 대립으로 하고 있다. 실증주의와 거기에서 나오는 비관주의의 해체작용 아래서 생긴 결함은 이탈리아에서는 마르크스주의 사회주의에 의해서 매몰되었다고 베네데토 크로체는 기술하는데, 이것은 아주 정당하다. 1890년에 로마 대학의 우수한 정신의 소유자인 안토니오 라브리올라는 마르크스주의에 입문하였다. 독일의 마르크스주의자들과는 달리 그는 이 설의 반실증주의적 성격을 힘주어 강조하고, 그의 영향력 있는 비판은 「불명확한 칸트주의자에서 보거나 희극화 된 헤겔주의자에서 보거나 하는 궤양, 공허, 뻔뻔스러움, 지루한 계산의 달인 스펜서」를 비웃고 있었다.

이탈리아 사회주의의 영웅시대는 1898년의 밀라노 봉기에서 절정에 달했다. 그 이후 당은 의회주의적 개량파와 혁명적 생디칼리슴과의 실라와 카리브디스*의 대립을 회피하려고 시도하였다. 졸리티(Giolitti)가 1904년에 투라티에게, 또한 1911년에 비솔라티에게 제안한 정부에의 참가를 양자는 모두 거부하지 않을 수 없었다. 그들은 노동자층 아래서 신뢰를, 또한 적절한 영향을 무릇 상실하게 되었기 때문이다. 급진파와 개량파와의 투쟁은 당의 정치적 충격력을 약화시켰다. 1908년의 피렌체 대회에서 개량파는 승리를 거두고, 공행정에서의 파업을 비난하고 있었다. 그럼에도 불구하고 의회주의를 지지하든 반대하든 명확한 정치적 결정은 내리지 않았다. 결국 어정쩡하게 끝나고 투라티가 이미 1908년에 이탈리아사회당의 패배를 인정하지 않을 수 없었던 것은 이상하지도 않다.[86] [제1차] 세계대전에서 결정에 대한 불안은 마찬가지로 국민전선을 지지하든 인터내셔널을 지지하든, 일의적으로 단호한 행위가 취해지지 않았다. 훌륭한 팸플릿 속에서 당시의 이탈리아에서 가장 뛰어난 여성사회주의자의 한 사람은 사회주의운동의 화려한 합리주의에 대해서 서술하고 있다. 그것은 「모든 젊은이라면 만감이 교차했듯이 무엇인가 영웅적인 것에 굶주려 있다」. 대중에게 「재미없는 현학적인 전쟁부정을 부여했을 뿐이었다고 생각한다. 그것은 물론 누구도 부정하지 않았다. 왜냐하면 전쟁은 거기에 있었기 때문이다」. 당은 그것을 통해서 「허위와 한귀절의 요소를 대중의 정신상태에 가지고 들어오고, 비겁자의 똥과 함께 우리들의 강령정식을 그들의 저열함을 은폐 할 가능성을 주어버렸다」.[87] 전쟁이 끝난 후 이탈리아사회당과 인터내셔널의 여성지도자의 한 사람인 안젤리카 발라바노프는 이렇게 확인하지 않을 수 없었다. 제2 인터내셔널도 모스크바 인터내셔널[코민테른]도 「혁명적 대중의 신뢰와 기대를 무섭게도 환멸시켰다. 그 대열에 서는 사람들은 낙관주의로부터 단념하는 것이다」.[88] 그 때에 이탈리아사회당은 전후 최초의 선거에서 156에 미치는 하원 의석을 획득하고, 8천의 시읍면 중 2천에서 다수파가 되었다. 그 노동조합은 3백

86) Croce, aaO., S. 222.
87) Oda Olberg, *Der Fascismus in Italien*, Jena 1923, S. 13 f.
88) Angelica Balabanoff, *Erinnerungen und Erlebnisse*, Berlin 1927, S. 274.

만인의 조합원을 헤아렸다. 「이 나라는 사회주의적이었으나 사회주의는 자신이 이 나라를 어떻게 다룰지를 알지 못했다」.[89]

새로운 세대는 모험을 시도하고 대담하게 상당히 명백하고 흥분을 자아내는 행위에 자기희생을 바치려 해도 사회주의에는 거의 그 기회를 발견할 수 없다. 그 때문에 그들은 사회주의의 요청이었던 신중하고 감사할 수 없는 자기희생을 이해하지 못한다. 무엇보다 탈인격화된 법칙사고와 집단사고는 마르크스주의의 교조주의와 함께 이 이탈리아인에게는 아주 이질적이었다. 자신은 항상 중심을 대중의 태도와 등장에 두었으며, 지도적 결정기관을 「단지 부차적·조정적 그리고 집행적 기관」으로 본다[90]고 자랑스럽게 고백하는 발라바노프와 동일한 인물의 정치적 지도자를 가지고 이탈리아인은 무엇을 시작할 계획이었던가? 크론슈타트(Kronstadt)에서 이 러시아의 지식여성이 말하는 데에는 자신은 황홀하게 열광한 볼셰비키들에게는 말하려고 하지 않았다고 한다. 왜냐하면 이 사람들은 이해력을 가지고 「하물며 비판적으로」[91] 태도를 취할 수 없었기 때문일 것이다. 그녀는 힘을 강조하여 만약 「부르주아의 손에서 유래하는」 도움을 빌려 사회주의를 실현하는 것이 문제로 된다면 당 전체는 사회주의를 거부할 것이라고[92] 명언한다. 이런 종류의 정치적 태도는 장기적으로는 무엇보다도 가장 적게 이탈리아에서는 지위를 확보할 수 없었다. 「과학적인 객관적 역사관」의 보급을 지도적 사상으로 하였던 정당은 당이 「개개의 지도자의 주관적 견해를 주민 전체에 강요하였기」 때문에 종말을 맞았다고 발라바노프와 같은 사람은 볼셰비즘의 러시아에서 놀랍게도 순진하게 이 「파라독스적 상황」을 인식하고 있었다. 이것은 약간의 감동을 준다.[93]

이탈리아에서도 세기의 변화를 눈에 띄게 미적 감정이 정신없고 근원에서 먼 합리주의에 의해서 그것이 능욕되는 것에 대해서 저항하는 것을 눈에 본다. 단눈찌오의 미적 주관주의, 니체, 러시아 신화 그리고 프랑스의 데카당스로 구성되는 혼합물은 눈부신 색채로, 한편으로는 투쟁과 위험으로 가득 찬 영웅의 이상을, 다른 한편으로는 격렬한 육욕과 강한 지배욕으로 충만한 생에의 집착과 향락을 도덕의 노예봉기에 대한 귀족적·신화적 우월로서 젊은 사람들에게 묘사케 하고 있다. 이처럼 야만적인 감각의 데카당스와 가톨릭적·신비적인 신앙상실은 새롭게 자라나고 있는 철학을 통해서 윤리적으로 대처할 수 없었다. 그것은 바로 이 추상적 가치철학 그 자체에 구체적 기준과 법칙이 결여되어 있기 때문에 아무것도 아니다. 확실히 젊은 이탈리아에 대한 가장 중요한 철학적 교육자인 나폴리인 베네데토 크로체는 헤겔과 이탈리아의 전통에 의거하면서 객관적인 생의 철학의 명백함을 손에 넣으려고 노력함으로써 방종한 비합리주의와 주관주의에 대항하려고 시도하였다. 그러나

89) Hanns-Erich Kaminski, in Kaminski, *Der Fascismus in Italien* 그리고 Giacomo Matteotti, *Ein Jahr Fascisten-Herrschaft*, Berlin 1925, S. 24.
90) Balabanoff, aaO., S. 43.
91) AaO., S. 154.
92) AaO., S. 124.
93) AaO., S. 209.

크로체의 역사주의는 어떠한 역사적 당위도 역사의 존재에 내재하는 것이라고 이해하지 않으려고 하며, 단지 그 구체적 개인에만 향하려는 사고는 젊은 사람들을 열광시킬 수 있는 규범적인 정치적 내실을, 마침내 그들에게 주지는 않았다. 소렐의 폭력숭배를 프랑스 이상으로 이탈리아에서 유명하게 만드는데 도운 것은 크로체 자신이었다. 그런데 소렐의 두 개의 저작은 1902년과 1907년에 먼저 이탈리아어로 출판되었다. 무솔리니도 그 한 사람으로 헤아리는 많은 젊은 마르크스주의자들은 폭력이론의 영향 아래 정치적·의회주의적 사회당을, 계급투쟁을 타락시키는 자로서, 타락한 말쟁이며, 주지주의적인 겁쟁이라고 신랄하게 비난하였다. 상당히 많은 사람들이 이미 전전에 이탈리아 내셔널리즘의 소집단으로 전향하고 있었다. 이 전향에는 소렐의 예에 의하면 커다란 곤란은 없었던 것이다.

이미 대전 이전 시대의 정신적 혼란 속에서 실증주의와 자연주의에 반대하는 운동의 전체는 한 마디로 관념론이라고 불리고 있었다. 자신의 비타협적인 소렐주의적 마르크스주의에 근거하여 국왕에 대해서는 경의를 표시하며, 리비아 출정을 지지하던 개량파 사회당에 대한 자신의 공격을 통해서 전전에는 사회당 내부에서 인기 있던 무솔리니도 관념론적으로 보고 있었다. 1914년의 안코나에서 열린 전당대회에서 무솔리니의 방침은 개량파의 클라우디오 트레베스에 의해서 「새로운 관념론」으로 공격되었다. 이 관념론의 설에 의하면 「외적인 사정들이 우리들의 사상을 지배하며 우리들의 이념을 형성하는 것이 아니라 우리들의 이념이야말로 사실과 외적 사정들을 지배하게」 된다는 것이다. 이 「새로운 관념론」에 대한 공격은 정곡을 찌르지 못했다. 왜냐하면 이 공격은 이전과 마찬가지로 오늘날도 상당히 불명확하게 실증주의에 반대하는 새로운 생의 감정에 대해서 그 전제와 기초를 알지 못하거나 이해하지 못하고 실증주의 나름의 공허한 말바꿈으로 대답하였기 때문이다.

그러나 새로운 생의 감정 이상으로 이 관념론은 파시즘이 된 때에도 여전히 하나의 구체적인 이념은 물론, 적어도 의심할 것 없이 정치적 이념은 가지고 있지 않았다. 「파시즘은 존재하지 않으며 무솔리니주의만이 존재한다」고 이탈리아에서 항상 반복해서 파시스트나 반파시스트로부터도 들을 수 있는데 이것은 완전히 타당한 명문이다. 무솔리니를 사회주의에서 분리한 것은 어떤 이념이 아니라 그 기질이었다. 그는 1925년 5월 16일의 국회연설에서 다음과 같이 자랑스럽게 말하는데, 이것은 이상하게 교훈적이다. 그가 「이미 내심에서는 파시스트」였으나 아직 사회당에 속하지 아니한 무렵에 「내가 단호하게 노동자대중에게 비극의 감정을 부여하려는 봉기의 필요성을 지지하였다」[94]는 것을 들었을 때에 정당의 보스들은 소름이 끼칠 것이다 라고. 여기에는 전적으로 동의한다. 폭력의 비극 배우로서 무솔리니, 예컨대 1914년 2월 8일에 피렌체에서 부르주아 소수파에게 혁명적 사회주의 소수파를 대립하지 않으면 안 되며, 그들은 공권력을 탈취하여 새로운 질서를 형성하지 않으면 안 된다고[95]고 요구하였는데, 그 때에 그는 확신적 파시스트였다. 또한 그는

---

94) Benito Mussolini, "Contro la massoneria," in *Opera* (Anm. 2), Bd. 21, S. 309.
95) Mussolini, "Il valore storico del socialismo," in aaO., Bd. 6, S. 81.

1914년 6월 12일에「붉은 한 주일」에서 무정부주의적 폭력행위에 의해서 실행된 총파업을 찬미하고,「프롤레타리아트는 이제 내셔널리스트들의 국민의 내부에서, 그것에 반대하여 존재를 증명하여 왔다」[96]고『전진』(Avanti)에서 썼는데, 이때에도 그는 확신적 파시스트였다. 그가 같은 장소에서 1914년 6월 28일에 또 다시 붉은 한 주간의 프롤레타리아에 의한 폭력행위의 전책임을 인수한 때에,[97] 그는 확신적 파시스트였다. 그것은 대오스트리아 전쟁을 지지하고『전진』을 떠나서 자신의 새로운 신문『이탈리아 인민』(Popolo d'Italia)에서 1914년 12월 20일에 다음과 같이 선언한 때에도 확신적 파시스트이며 또 계속 그러하였다.「지난 세기의 혁명주의는 이상적 젊은이의 흐름을 떠나 병든 유기체의 동맥에 유입하려는 대담한 시도였다. 혁명적 관념론의 실험은 에토레 조바니니를 지지하는 총파업의 위협과 함께 시작하며 붉은 한 주간의 총파업으로 끝났다」.[98] 그리고 그가 1920년 4월 6일자『이탈리아 인민』에서「나는 개인으로 출발하여 국가에 적대한다[.]⋯**어떠한 형태의 국가도 없애라**[sotto tutte le sue specie]. 어제의 국가도 내일의 국가도. 시민적 국가도 사회주의적 국가도!」[99]라고 썼을 때에도 그는 여전히 확신적 파시스트임을 계속하였다. 그리고 무솔리니는 1920년 가을에 ─ 결정적인 날짜다! ─ 좌파에서가 아니라 프티 부르주아, 즉 기업가나 시민적 내셔널리스트들과의 동맹이 자신이 권력을 장악하는 데 도움이 되리라고 인식했으며, 파시스트 기장에서 붉은 모표를, 자신의 연설에서 계급투쟁을 제거하고, 좌파에 대한 파시스트의 테로를 시작하고, 주지의 헤아릴 수 없을 만큼 반복된 전체국가의 정식,「모두 국가 속에 있으며 국가 밖에 향해서는 아무것도 없으며 국가에 반하여 아무것도 아니다」를 만들어냈는데, 이때에도 그는 확신적 파시스트이며 또한 이를 계속했던 것이다.

여하튼 그러한 파시스트적 확신의 수다성에서의 통일성이 올바로 이해하게 되려면 우리들의 작고 간단히 증가시킬 수 있는, 결코 합리주의적으로는 한정하지 않는 본질적 대립들을 포함한 모순들을 선별하여, 이것들이,[100] 파레토나 소렐과 같은 인물의 원칙적인 이념경멸과 폭력종교에서 유래하는 관념론의 표현이라고 파악할 필요가 있다. 무솔리니는 파시스트 운동에「그 생성 때로부터 엄밀한 지도원리를 가지고 있었다」[101]고 주장하는 데에는 상당한 용기가 있다. 그러나 무솔리니는 당시의 파시즘을「사교도의 은신처」라든가「모든 이단의 교회」라고 불렀다.[102] 실제로 형식적 폭력이데올로기 이외에는 1920년의

---

96) Mussolini, "Tregna d'armi," in aaO., Bd. 6, S. 219.

97) Mussolini, "Replica al *Giornale del Mattino*," in aaO., Bd. 6, S. 237.

98) Mussolini, "Anima e ventre," in aaO., Bd. 7, S. 85.

99) Mussolini, "L'ora e gli orlogi," in aaO., Bd. 14, S. 397.

100) Giacomo Matteotti, *Il fascismo della prima ora*. Publicazione postuma, Roma 1924 참조.

101) Ferdinand Güterbock, *Mussolini und der Faschismus*, München 1923, S. 128.

102) 인용은 Jacob Marschak, "Der korporative und der hierarchische Gedanke im Faschismus"(1), in *Archiv für Sozialwissenschaft und Sozialpolitik*, 52 (1924), S. 704; Mussolini, "Verso l'azione," in aaO., Bd. 14, S. 60.

파시즘, 심지어 1915년의 그것과, 1922년 내지 1929년의 그것을 결부시킬 것이라는 사상 등은 하나도 존재하지 아니한다. 파시즘의 역사는 무솔리니의 전기이며 그것은 변함없이 정신사적으로 본다면 파시즘은 대립하는 르상티망의 결과로서, 그리고 그 폭력적 성격을 표준으로 한 볏집단[fascio]으로 상징하며, 의미와 목표를 외부에서 얻는 정치적 방법으로서만 이해할 뿐이다.

만약 무솔리니를 어떤 반역죄로서 책망한다면, 그것은 의심할 것 없이 그를 부당하게 다룬 것이다. 1924년 3월 23일의 연설에서 자신이 지난해에 왕국의 상원의원에 취임케 한 빌프레도 파레토를 자신의 스승 중에서 가장 뛰어난 인물이라고 부른 남자는,[103] 아무런 반역도 하지 않았다. 그에게 모든 이념은 비합리적인 의욕의 이데올로기적 은폐에 불과하였다. 이 의욕이 영원히 변치 않는 몰의미적 엘리트의 투쟁 속에서 시간과 장소에 따라서 효과를 발휘하는 이데올로기를 사용하고 자신에게 권력을 가져오려는 것이다. 볼셰비즘과 잘 복제된 모델에 따라서 무솔리니는 이미 로마 진군 이전에 국가 속의 국가를 설립하고,[104] 그것은 그에게 상부 이탈리아의 대공업, 에밀리아 지방의 소작인과 소농, 시칠리아의 대농지소유자, 이탈리아 전토의 공업노동자와 농업노동자의 원망과 권력관계에 대해서 우수한 정부를 제공하고 있었다. 그리고 카멜레온처럼 파시즘도 당시 그 환경 아래서 색을 바꾸었다. 파시즘은 권력을 손에 넣으려고 바라면서 강령을 손에 넣으려고 하지는 않았다. 왜냐하면 파시즘은 다양한 집단의 누구도 실망시키지 않았기 때문이다. 그들 집단은 모두 전쟁을 통해서 국민적 · 경제적 · 정치적 또는 이념적으로 환멸을 느끼고 있으며, 철저하게 대립하기를 바라고 있었다. 파시즘이 강령을 가지고 있지 않은 것은, 파시즘이 생의 철학자에 관해서 말한다면, 비합리적으로 흐르고 어떤 합리적으로 경직화하는 것이 없는 생이며 「행동성을 위한 행동성, 정치의 영역에서의 어떤 종류의 **예술을 위한 예술**」이었기 때문이다.[105]

사람들은 무솔리니의 강령부재를 오늘날에는 장래를 이론적 강령 속에 미리 계산하는 합리주의자에 대한, 목표를 의식한 현실정치가의 전략적 우위성을 평가하고 있다. 실제로 그렇게 말하는 것은 무솔리니가 목표로서 오로지 자신과 자기 개인의 힘을 의욕하고 자신을 억누를 혁명을 필요로 하였던 한에서 만이다. 그는 좌우의 위기적 관계가 완전히 분명하지 아니한 한에는 혁명의 방침을 미결 그대로 두지 않을 수 없었다. 무솔리니가 공인한 전기 중에서 그의 애인 사르파티는 상황을 이렇게 기술한다. 「이렇게 탁하고 오염된 공기 속에서 사람은 더 이상 숨 쉴 수 없으며 혁명이 이탈리아에는 이제 필요하다는 것을 무솔리니만큼 명료하게 느낀 사람은 없었다. 수많은 문제 속에서 가장 중요한 질문은 다음과 같다. 이러한 혁명은 어떠한 의미에서 행해질까? 과거의 정신에 대응하는가 그렇다면 장래의 최선을 위한 것인가? 거기에 대답하는 것은 어렵지만 매우 본질적인 사안이었다」.

---

103) Mussolini, "Cinque anni dopo San Sepolcro," in aaO., Bd. 20, S. 212.

104) Ludwig Bernhard, *Das System Mussolinis*, Berlin 1924, S. 27 ff.

105) Erwin v. Beckerath, *Wesen und Werden des faschistischen Staates*, Berlin 1927, S. 25.

사르파티와 같은 사람도 대답을 하지 못하고 아주 정당하게 이러한 시사로 만족한다. 즉 무솔리니 그 사람이 이용가능한, 「유일하고 진정한 혁명적 기질」이었다라고.[106] 바로 이 지배에의 확고한 의지가 권력을 위한 권력을 공공연하게 의지하려고 함으로써 그는 모든 합리적 기초, 모든 정치적 주의에 싫증난 젊은 사람들을 매료한 것이었다.

그러나 이것은 파시즘이 1921년 11월 로마에서의 당결성 대회 후에 정당으로 형태를 변경한 때에도 원칙적으로 바뀌지 않았다. 오늘날의 당규약에도 무솔리니에 의해서 끊임없이 반복된 명제, **행위가 항상 규범에 선행하였다**(l'atto precedette sempre la norma)가 포함되어 있다. 파시즘은 무솔리니에 의해서 특히 강력하게 승인된, 당의 공식교의를 확립한 로코에 의한 해석에 따르면, 오늘날에도 여전히 **첫째로**(anzitutto) 행위와 감정이며, 그러한 것을 계속해야 한다는 것이다.[107] 파시즘 이후의 모든 파생체와 은폐물이라는 **잔기**(résidu)*를, 무솔리니는 1922년 9월 20일의 우디네(Udine)*에서의 유명한 연설에서 명쾌하고 솔직하게 명백히 하였다. 그의 말에 의하면, 「음험한 의도로」 그의 강령에 대해서 묻는 자가 있으며, 그리고 그는 대답했다. 「우리들의 강령은 아주 단순하다. 즉 우리들은 이탈리아를 통치하려고 한다」[108] 라고.

무솔리니가 이러한 강령적인 강령이 없는 것으로 이탈리아에서 1920년에 권력을 획득했다는 것, 또한 그것을 어떻게 했는가는 자주 시사해 왔으며, 여기서는 그 이상 상세하게 다룰 수는 없다. 그러나 결코 잊어서는 안 될 것은 파시즘 역시 몰락의 철학자 슈펭글러의 정치관과 마찬가지로, 이념적 및 정치적인 자포자기의 결과이며, 행동하는 기쁨으로 가득찬 강한 신앙에서 나온 것은 아니라는 것이다. 무솔리니가 최근에는 슈펭글러의 번역자로서 활동하는 것도 우연은 아니다. 파시즘은 그 변호인의 한 사람이 정당하게 기록하듯이, 「의심스러운 기분의 상태」[109]에서 나오며, 그것을 양분으로서 왔다. 「우리들은 성자일 수는 없으며 적어도 영웅은 되고 싶었다」고, 어떤 젊은 파시스트는 담화 속에서 정직하게 말했다. 영웅숭배의 나라가 생과 소원한 정치적 강령에 대한 환멸을 방침 없는 비합리주의적 인격예찬으로 보완하며, 태도가 불투명한 전선투사들이 「**이탈리아를 우리들에게**」[Italia a noi]라고 외치면서 매우 현실적인 것을 생각하며, 무정부주의적인 구제불능의 상태에 있는 나라가 강력한 사람을 현실에 요구하며, 이러한 인물이 국가에 무엇을 가져오는가에 대해서 먼저 문제로 삼지 않고, 내전의 긴급 시에서도 당초 수많은 젊은 파시스트들이 무릇 이념이나 강령에 관계없이 이 지도자를 위해서 자신의 생명을 희생으로 할 각오가 마련된 그 활력을 바친 것, 이것이 이탈리아의 사실, 그리고 오늘날에는 그 밖의 곳에서도

---

106) Margherita G. Sarfatti, *Mussolini. Lebensgeschichte nach autobiographischen Unterlagen* (autorisierte deutsche Ausgabe hg. von A. M. Balte), Leipzig [1926], S. 232.

107) Alfredo Rocco, *La dottrina politica del fascismo*, Roma 1925, S. 8.

108) Mussolini, "L'azione e la dottrina fascista dinanzi alle necessità storiche della nazione," in aaO., Bd. 18, S. 416.

109) Ernesto Codignola, "Die Schul-und Universitätsreform," in Gino Arias u.a., *Mussolini und sein Fascismus* (Hg. C. S. Gutkind), Heidelberg 1928, S. 289.

상당히 앞에서 역사가 된 사실이었는데, 이 사실은 이 책의 문제권에는 관계가 없다. 그렇지만 이를 뒷받침하기 위해서 어떤 정직한 사회주의자의 용기 있는 고백에는 언급하고 싶다. 그녀는 사회주의운동의 합리주의 속에서 전중과 전후에 사회주의를 「원파시즘」의 엘리트를 형성한」[110] 요소들에서 이탈한 원인의 하나를 본 것이다.

그러므로 파시즘이 오늘날 여전히 이러한 방법으로 「인민의 혼을 움직이고 국민의지의 거역할 수 없는 흐름을 산출할」[111] 수 없기 때문에 무엇보다도 행위와 감정에 불과함에도 불구하고, 무솔리니 자신은 합리주의의 탈인격화된 강령에 열중하는 것과 아주 마찬가지로 사람들이 비합리적인 인격예찬을 가지고서는 정치를 하지 못한다는 것을 분명히 알지 못했을 것이다. 2년 이상 파시즘은 **반정당**(antipartito)이라고 주장해왔다. 그러나 **파쇼**(fascio) 설립 5주년 기념일에 무솔리니는, 자신은 해이해진 투쟁동맹을 하나의 당으로 만들고 파시즘을 탈인격화하고, 탈무솔리니화 한다는 시도를 기도하지 않으면 안 되었다고 주장하였다. 직감적인 상대주의가 바로 강령적 강령부재도 강령이 될 수 없었던 것이다. 그 때문에 이념과 강령이 필요하게 되고, 무솔리니가 같은 연설에서 했듯이, 그 이래 파시즘 전체는 「파시즘 이상으로 바로 확정된 교리를 가진 정신적이며 정치적인 운동은 존재하지 않는다」[112]고 실로 발작적으로 강조하게 되었다. 오늘날 파시즘은 이탈리아에 대한 구제설만이 아니라 볼셰비즘과 마찬가지로, 어떤 종류의 세계혁명의 강령이려고 한다. 그러한 「유기적이며 서로 관련된 교리」의 존재에 「파시즘의 바로 보편적인 **가치**(valore)의 기초는 있다」[112a]와 같은 주장에로의 이행이 보인다.

이 강령, 그 신선함에 파시즘은 최대의 가치를 두며, 새로운 국가학을 수중에 넣고 새로운 「이상」을 수중에 넣고 「진행 중의 세기를 충족하며 거기에 성격과 이름을 부여하기에」[113] 족하다는 강령은 명백히 윌슨의 14개 항목에 대하여 무솔리니가 1919년에 「전사의 파시」(Fasci di Combattimento)라는 밀라노 설립집회에서 제시한 14의 많든 적든 생디칼리즘적·민주적·평화주의적인 요구와는 여하튼 아무런 관계도 없다. 파시즘의 위의 원강령은 다음과 같이 요구한다. 동종의 국제적 제헌의회의 분지로서의 비밀평등선거권에 근거하여 제헌국민회의의 소집·민족주의와 민족의 화해·비밀외교·군주제·상원·귀족·병역의무·관료제·정당·은행·주식시장·주식회사의 폐지·분권화된 현과 시읍면의 자치·노동자에의 토지분할·불로소득의 압수·대기업의 노동자조직에의 위임·언론 보도 집회의 자유의 보장이다.[114] 오늘날 파시스트의 강령이 존재한다면 그것은 단적으로 바로 1919년 강령의 정반대라고 부를 수 있다. 즉 완전히 새롭게 파시스트에게 특유하지도 않으며 이미 프랑스 반혁명이나 독일 낭만주의에 의해서 전개된, 자본주의에 적합한 내셔널

110) Olberg, *Fascismus* (siehe Anm. 87), S. 14.
111) Rocco, ebd.
112) Mussolini, "Cinque anni dopo San Sepolcro," in aaO., Bd. 20, S. 213.
112a) Rocco, aaO.
113) 상술 주 1을 보라.
114) Carlo Avarna di Gualtieri, *Il fascismo*, Torino 1925, S. 15 ff.

리즘의 강령이며, 이 강령은 소렐주의에 의해서 채택되기도 했으나 마찬가지로 가장 극단적인 국가주의와도 손을 잡는 것이다.115)

무솔리니는 아직 완전하게 뜻을 결정하지는 않았다고 하나, 1920년 가을 시민이나 농업의 세력들에 거부한 이래 내셔널리즘의 이데올로기를 더욱 받아들였다. 1921년의 11월 대회의 강령은 여전히 「반국민적」 정당 모두에 대한 투쟁에 불과한 사안이 불명료한 모든 것을 제공할 뿐이다. 정권을 장악한 후 처음으로 1923년 초가 되어서 결정적으로 파시스트당과 내셔널리스트당이 **국민파시스트당**(partito nazionale-fascista)에로 합병되기에 이르렀다[이 당설립은 21년 11월. 내셔널리스트협회와의 합병(23년 3월)인데]. 이것이 민주적·생디칼리슴적 요구의 최후의 잔재를 소멸시킨 것이다.

이에 따라 무솔리니는 공고하게 조직된 정당조직의 외부에 파시즘에는 결여되고 있던 지적 엘리트들도 손에 넣었다. 그것은 페데르초니·로코·포르게스-다반차티·시겔레 등*과 같은 이름으로 대표된다. 이제 당연히 내셔널리즘은 당명의 머리에 놓이게 되었다. 왜냐하면 이 엘리트들은 세계에 제시할 수 있는 강령을 당에 가져왔기 때문이다. 이 강령은 마키아벨리·드 메스트르·헤겔·모라스*의 이름을 불러낼 수 있었으며, 이것이 당의 태도를 규정하였다.

그러나 내셔널리스트들의 이러한 문학적·미적인 강령을 가지고서는 그만큼 많은 것이 획득되지 못한 것, 파시즘은 그 후에도 여전히 그만큼 깊은 정신적인 기초를 가지지 못한 조직으로 머무른 것, 이것들을 무솔리니 자신이 1924년 8월 7일에 파시즘 대평의회에 보낸 선언 속에서 이러한 말로 인정하였다. 「우리들은 5년 동안 항상 군사적인 성질의 활동, 또는 행동대의 활동으로 힘을 낭비하지 않을 수 없었다. 그 때문에 우리들은 최근 수 주 간에 신문을 통해서 행한 시도를 도외시한다면, 현실에는 특정한 문제들을 빠짐없이 다루는 데에 완전히 손을 대지 못했다. 그리하여 우리들을 우리들의 적이 위에서 다룬 일이 생긴 것이다」.116) 대표적인 파시스트는, 내셔널리즘은 「아카데미즘 류의 교리원리적 체계」라고 말하고, 그것은 「철학적 교리의 결점을 포함하고 있다 하더라도 결코 철학적 교리 그 자체는 아니었다」117)고 주장한다. 이러한 내셔널리즘은 확실히 우선 파시스트 운동의 방침 없는 행동주의를 이념적으로 기초를 놓는다는 과제를 한때 수행하기는 하였다. 그러나 파시스트적 지배형식을 현실로 정당화하기 위해서는 후술하듯이, 내셔널리즘으로는 충분하지 않았다.

모든 내셔널리즘적 강령의 체계의 중심은 국가의 신격화이며, 거기에서는 국가가 통상 국민과 등치되고 있다. 먼저 파시즘은 아나르코 생디칼리슴의 전통에 대응하여 국가와 국민을 싸우게 하여 어부지리를 손에 넣으며, 정부와 국가를 동일시하여 이 대립을 전술적으

---

115) AaO., S. 56 ff.

116) Mussolini, "Sintesi della lotta politica," in aaO., Bd. 21, S. 51.

117) Balbino Giuliano, "Der historische Werdegang des fascistischen Gedankens," in Gino Arias u.a., aaO., S. 129.

로 정부의 전복에 이용하였다. 그러나 로마 진군 이래 국가와 국민은 동일할 뿐만 아니라 신과 같이 절대적으로 되며, 그것들은 정부나 당과 등치되었다. 이 국가종교란 악마는 1789년의 개인주의적 이념을 포기하지 않을 수 없다. 당연히 이탈리아에서의 이 악마는 게르만에서 유래하며, 그리고 중세의 대분열은 개인주의적인 게르만적 야만정신이 로마의 정치적 정신을 지배한 결과이다. 그것은 17세기와 18세기의 종교개혁과 개인주의적 운동에 의한 분단이 전적으로 이 게르만 정신에만 일치하였을 뿐이며, 이로써 자유주의, 민주주의 그리고 사회주의의 사고과정의 비행이 이미 입증되었다고 말한다.118) 그 밖에도 이러한 역사상은 아주 똑같이 독일 낭만주의에서 유래하는데, 그것은 국가를 유기체라고 보는 파시스트 학설과, 원자론적이며 기계론적인 국가에 대립하는 것과 마찬가지이다. 「사람들은 자신들이 그 중에서 바로 이 악마의 계보를 인용하는, 즉 독일 역사법학의 라반트, 옐리네크의, 그리고 베른하르디 장군의 계보를 인용하면서 **벽 속에서는**(intra muros) 자신을 매우 잘 자각하고 있다」는 것에는 권위 있는 구술설명에 의하면 의심의 여지는 없다.

그것은 무엇을 가져오는가? 파레토의 제자인 무솔리니는 결정적인 나폴리 대회에서 로마 진군 전에 며칠을 이미 국민의 「신화」라고는 더 이상 선언하지 않았다는 것을 상기하고 싶다. 그러나 탈환상화 된 환상 창조자에 대해서 신앙이 현실에 일치할 필요는 전혀 없다. 이렇게 해서만 자주, 그러나 불완전하게 인용되는 무솔리니의 말은 원래 회의와 흥분의 조합으로 구성되는 이탈리아인에게 이해되도록 계산되고 있었다. 「우리들은 우리들의 신화를 창조하였다. 신화는 신앙, 정열이다. **그것은 현실일 필요는 없다**[non è necessario che sia una realtà]. [그러나] 그것은 자극, 희망 그리고 용기이기 때문에 사실상의 현실이다. 우리들의 신화는 국민이며 우리들의 신앙은 국민의 위대함이다」.119) 국민의 신화는 「상징적으로 정식화되며 그것으로 내향적 전체성으로서 체험되는 것에로 적절하게 형태가 만들어진 풍부한 정치적 가치」로서 같은 내실의 외향적인 합리적 정식화보다도 강한 정치적 통합력을 행사할 수 있다120)는 것은 확실히 정당하다. 파시즘의 통합력에 관한 판단은 모든 경우와 마찬가지로, 이 경우에도 그 정식화 능력에서만이 아니라 자신으로 어느 정도 그것으로 정식화된 내실을 믿는가 하는 것도 관련짓지 않으면 안 된다. 참된 신화는 무제약한 현실성의 상징이다. 그러나 소렐, 파레토 그리고 무솔리니와 같은 사람의 신화는 항상 「인 것처럼」의 성격을 지닐 뿐이다. 그렇지 않다면 위에 인용한 것만이 아니라 국민파시스트당의 수상이 1925년 5월 15일에 국회에서 보여준 다음과 같은 표명은 어떻게 이해할 것인가. 국민들의 민족적 **차이**(folclore)는 소멸한다는 것을 사람들은 분명히 알지 않으면 안 된다. 「왜냐하면 자본주의는 모든 민족의 사회적 생활을 획일화하려고 바라기 때문이다. 민족적 차이는 동일하게 된다. 전체로서 우리들은 동일한 생의 리듬으로 살고

118) Rocco, aaO., S. 23 ff.
119) Mussolini, "Il discorso di Napoli" (24. Oktober 1922), in aaO., Bd. 18, S. 457.
120) Rudolf Smend, *Verfassung und Verfassungsrecht* (Anm. 7), S. 49 [S. 50 Anm. 2].

있는 것이다」.[121]

　모든 집단과 개인을 국민국가 속에 완전하게 통일하고 서로 의존시키는 것은 유기체로서의 국가라는 공정설 속에 표현된다고 한다. **노동헌장**은 이 이론을 이렇게 법전화한다. 「이탈리아 국민은 고유한 목표, 생활수단 그리고 작용수단을 가진 유기체이며, 그러한 목표 등은 국민을 형성하는 개개인이나 집단 속에 통일된 개개인보다도 강력하게 계속적이다. 이탈리아 국민은 도덕적 · 정치적 그리고 경제적 통일체이며, 그것은 파시즘 국가 속에서 완전히 실현된다」.[122] 국민파시스트의 학설에 의하면, 자유주의, 민주주의 그리고 사회주의에서는 개인이 목표이며, 공동체가 수단이라고 한다. 그러나 파시즘은 이 관계를 전도하여 개인을 항상 사회적 목표의 **도구**(strumento)에 불과하다고 이해하려고 한다.[123] 전술한 유기체론의 테제는 하나하나 열거할 필요도 없다. 그것들은 모두 이미 130년 전에 독일 낭만주의에 의해서 정립되고, 독일에서는 오늘날 대부분 극복되었다고 간주된다.[124] 파시즘적 독재에서의 유기체론의 특수한 정치적 기능을 보여주는 것으로 충분하다. 낭만주의와 역사학파는 합리주의에 반대하여 국가가 사회적 · 역사적으로 제약을 받는 것 이상으로 유기체상으로 표현하려고 한다. 그러한 한에서는 이 설에 반대할 생각은 없다. 그러나 유기체개념의 역사 전체를 보면, 개인을 초월하여 개인에서 독립하여 실재하며 그들의 의지행위에서 해방된 존재로서 국가를 보여주려는 노력이 확인될 수 있다. 그리고 이 전도된 관념은 그렇지 않으면 독재자가 국가란 우리들이라는 말로 표현하지 않을 수 없는 사실을 은폐하기 위해서 독재에 지대한 공헌을 한다. 파시즘에 의한 유기체론의 수용은 얼마나 표면적인가, 더구나 내셔널리스트의 국가교의학자인 로코 자신, 특히 논리적 실증주의, 즉 유기체이론의 반대물에 얼마나 빠져 있는가를 보여주는 것은, 1925년 6월 19일의 국회연설에서의 그의 표명이다. 그것은 1925년 8월 30일의 페루지아에서의 그의 유기체연설[125]과 거의 동시이다. 국회에서 로코는 자유주의적인 독일 법치국가론자와 아주 마찬가지로, 여러 가지 물리적 인격을 개입하여 그 기관(器官)들을 개입해서만 실현되는 **추상물**(entità astratta)이라고 국가를 설명하고 있었다.[126] 그러나 무솔리니는 어떤 유기체론에도 적어도 손을 대지는 않았다. 그는 자주 반복하는 주장, 「파시즘 국가는 정부이다」에서 이미 거의 이 설과 정반대이다. 실제로 무솔리니는 이후에도 이전에도 개인주의적 생디칼리스트로서 국가를 이해한다. 변함없는 것은 오늘날 국가는 이미 아래가 아니라 위에 입각한다는 부분만이다. 1923년 7월 15일의 국회연설에서 그는 수사적으로

---

121) Mussolini, "La donna e il voto," in aaO., Bd. 21, S. 304.

122) *Carta del Lavoro*, 21. April 1927, Art. 1; abgedruckt bei Giuseppe Bottai, *La Carta del Lavoro Illustrata*, Roma 1927, S. 113 ff.

123) Rocco, *La dottrina* (Anm. 107), S. 17.

124) 비판을 위해서는 예컨대 Theodor Litt, *Individuum und Gemeinschaft. Grundlegung der Kulturphilosophie*, 2. Aufl., Berlin 1924, S. 153.

125) 30. August 1925, in Alfredo Rocco, *Scritti e discorsi politici*, Milano 1938, Bd. 3, S. 1093 ff.

126) 19. Juni 1925, in aaO., Bd. 3, S. 830.

의문을 제기하고 이에 대답하였다. 「국가란 도대체 무엇인가? 그것은 경찰관이다」[127]
라고. 그것은 국가의 고전적인 「야경이념」이다. 다른 기회에 (1924년 3월 23일) 그는 헌법을
「주권자와 인민의…계약」[128]이라고 정의하고, 그에 따라 자연법적 계약설을 받아들였다.
그러나 독일 낭만주의는 이에 반대하여 바로 유기체사상을 구상한 것이다.

파시즘의 국가관은 인민주권설의 폐기에 특히 무게를 두지 않으면 안 된다. 파시즘은
그것을 국가주권이론에 의해서 치환하려고 한다.[129] 이 설도 또한 실증주의적 독일의
법치국가이론에서 유래한다. 법치국가이론이 그것으로 그 민주적 사고형식과 프로이센
독일의 군주제에서의 은성·절대주의와의 모순을 은폐하려고 한 데에, 이 설은 오늘날
이탈리아인에게 그 독재제를 감추는 무화과 잎사귀의 말로서 역할을 하고 있다.[130] 거기에
있는 **사사오용**(四辭誤用, quaternio terminorum)은 여기 이탈리아에서는 정치이론에서나
실천에서도, 국가와 통치의 개념을 그만큼 분명히 구별하지 않는 경향이 있을 뿐이며
훨씬 간단히 실현되었다.[131] 실제로 이탈리아에서는 오늘날 국가, 즉 정치적 통일체로서의
인민이 주권적인 것이 아니라 이탈리아가 여전히 군주제인 것을 도외시한다면, 독재자가
주권적일 것이다. 영역보편적인 결정의 통일성은 확실히 오늘날 실제로 독재자 아래에
있다. 그러나 독재는 이행과정에 있는 현상에만 이해가능하며, 그것을 정상화 하려면
어떤 전제주의나 또는 민주주의에로 이르지 않을 수 없다.

많은 이탈리아인에게 파시즘의 독재는 **통령**(Duce)의 자질을 통해서 카리스마적으로
정통화되고 있다. 그것이 정당하더라도 외국에서는 대체로 받아들이지 아니한다. 이 이탈
리아 국민 특유의 문제는 그 밖에도 우리들의 구조이론적인 문제의 제기 밖에 있다. 그러면
파시즘에 의해서 정치적 내실의 쇄신이라고 부를 수 있는 것은 어디에 있는가? 상징적이든
합리적이든 정식화되는 어떠한 가치들과 질서들에 비추어 파시즘의 지배는 정통화 될
것인가? 정통화의 문제란 모든 규범적 문제의 경우와 마찬가지로, 항상 당위와 존재의
문제, 규범과 의지의 문제이다. 그러므로 한편으로는 정당화하는 법, 다른 한편으로는
모든 법현실과 법적 힘의 원천이어야 할 의지주체가 문제로 된다. 신에 의한 이외에는
지배는 존재하지 않는다는 관념이 지속하는 한, 사람들은 정통화를 가져오는 규범들을
기독교적 자연법에서, 나중에는 세속화된 자연법에서 찾았다. 근대적 내재사고의 개시와
함께 홉스, 아루모이스(Arumäus)* 그리고 알투지우스*와 함께 인민이 모든 법적 힘의
주권적 주체가 되었다. 이러한 발전의 정점을 이룬 것은 시에예스*에 의한 **헌법제정권력**의
주체인 인민이라는 설이며, 거기에서는 인민의 의사에 이러한 법적 권위가 인정되었는데,

127) Mussolini, "La riforma elettorale," in aaO., Bd. 19, S. 316.
128) Mussolini, "Cinque anni dopo San Sepolcro," in aaO., Bd. 19, S. 208.
129) Gerhard Leibholz, *Zu den Problemen des fascistischen Verfassungsrechts*, Berlin 1928, Anm. 116.
130) Hermann Heller, *Die Souveränität*, 상술 S. 192 ff. (김효전 옮김, 『주권론』, 212면 이하) 참조.
131) Benedetto Croce, *Grundlagen der Politik* (übersetzt von H. Feist), München 1924, S. 8; Luigi Sturzo, *Italien und der Fascismus*, Köln 1926, S. 272.

그것은 오로지 인민의사가 자유와 평등을 실현하기 때문이라는 이유에 의한다.

종교개혁 이래의 이러한 자연법 발전의 전체에 반개혁이라고 자칭하는 것도 드물지 않게 파시즘은 대립하려고 한다. 「랑게(Languet),* 부캐넌,* 알투지우스와 함께 시작하며 마르크스, 윌슨 그리고 레닌과 함께 종말을 고한」[132] 학설들 모두에 파시즘은 선전포고를 하였다. 그것은 수도 없이 말 바꿈을 농하며 자신을 자유주의, 민주주의 그리고 사회주의의 극복자라고 칭찬하였다. 어떠한 가치질서의 이름에서 그것은 이 극복을 실행하며, 파시즘 지배를 정통화 하려는 것일까? 이 물음에 대해서 일단 요설한 입은 닫고 있다. 왜냐하면 그 자신 민주주의에서 자라난 국민사상은 결코 그 극복자는 아니라는 것에 대해서 이미 언급한 그대로이기 때문이다. 그러나 자유 · 평등 · 박애는 권위(내지 질서) · 위계 · 규율의 세 점 세트에 의해서 극복된다고 하는 파시스트가 좋아하는 주장은,[133] 이 세 점 세트를 기초지워 사용할 뿐인 규범과 의지가 명확하게 되지 않는 한 공허한 문구라고 불러야 할 것이다. 그러나 파시즘은 무솔리니 스스로 주장하듯이, 「직관적 상대주의」이므로 민주 주의나 볼셰비즘에 동일하게 파시즘에도 적합한 저 추상화를 정치적 통합을 가져오는 내실을 가지고 만족하는 것은 결코 있을 수 없다. 「위계에 대해서 말하는 것」은 일찍이 무솔리니가 기록한 바로는, 「인간적 가치들의 단계들에 대해서 말하는 것이다.」[134] 바로 이러한 가치들과 척도들을 파시즘은 그 철학적 전제들과 그 창조자의 과거 때문에 분명히 고정하는 것이 허용되지 않으며, 또한 그럴 수 없다. 이러한 가치들에 관하여 파시즘은 어떠한 혼란이 지배하고 있는가, 예컨대 이 새로운 국가학의 궁극적인 권위적 주체가 얼마나 불명확한가는 그 의견표명 모두에서 명백해진다. 한편으로 민주적 이데올로기의 「최종적 극복」이라는 것이 말해지면서, 그 몇 페이지 앞에서는 파시스트의 견해에 의해서도 정부는 「전체 인민의지의 대표자」이어야 하며, 전체 인민의지의 내실들과 요구들만을 해석해야 한다는 점에 의문의 여지는 없다고 주장한다. 파시즘은 정당들의 새로운 집합을 단지 허용할 뿐만 아니라 거기에 심지어 생명을 불어넣기까지 한다는 것이다.[135] 무솔리니 의 선언에 의하면 (1926년 4월 7일), 파시즘은 1789년의 원리들에 대한 「완전히 절대적으로 결정적인 안티테제」라고 한다.[136] 또한 파시즘의 공식철학자인 조바니 젠틸레, 일찍이 파시스트의 장관이며, 18인 입법위원회구성원, 파시즘 대평의회구성원이며 파시스트문화 협회 총재는, 파시즘은 자유주의나 민주주의를 부정하는 입장과는 거의 멀며, 오히려 「자유주의와 민주주의의 가장 완전한 형식」[137]이라는 주장을 제시하고 있다. 확실히

132) Rocco, *La dottrina* (Anm. 107), S. 9.

133) 예컨대 Emilio Bodrero, *Vittorie dottrinali del fascismo*, Firenze 1927 (Quaderni fascisti, 4), S. 34 f. 참조.

134) Mussolini, "Breve preludio," in *Gerarchia*, Bd. 1 (1922), S. 1. *Opera*, Bd. 18, S.19.

135) Giuliano, "Werdegang," (Anm. 109), S. 171; 177.

136) Mussolini, "Se avanzo, seguitemi ... ," in aaO., Bd. 22, S. 109.

137) Giovanni Gentile, "L'essenza del fascismo," in Giuseppe Luigi Pomba (Hg.), *La Civiltà Fascista illustrada nella dottrina e nelle opere*, Torino 1928, S. 117.

실천상에서는 여하튼 논리적으로는 젠틸리의 가장 놀랄만한 주장은 루소 이래 잘 알려진 요령을 통해서 가능하게 된다. 「생성 중의 그 사고의 흐름」에 맡겨진 실체 없는 비합리주의가 같은 모습의 추상화를 사용하여 계몽합리주의와 동일하게 추상적으로 현실에서 괴리된 결과에로 어떻게 도달하는가를 관찰하는 것은 무엇보다 매력적이다. 바로 젠틸레에 의하면 개인은, 「보편적 이해를 자기 자신의 것으로 느끼고, 그러므로 **일반의지**와 동일하게 의지하는」 경우에 한하여 자유라는 것이 된다.[138] 그러므로 자유로운 것은 무솔리니와 동일하게 느끼고 의지하며, 행동하는 이탈리아인이다. 왜냐하면 이러한 사람들을 무솔리니는 전적으로 강제할 필요가 없기 때문이다. 아주 같은 방법으로 권위와 자유와의 이율배반은 신칸트파 마르크스주의자인 아들러*에 의해서 소거되고 있다. 아들러는 경제적 계급대립의 해소와 함께 이제 「강제질서」가 「자유」로서 나타나는 것을 통해서 국가도 소멸시킨다.[139] 파시즘에게 이러한 논리적 요술을 강요하는 정신사적 필연성을 인식해 두는 것은 매우 중요하다. 중세와 근세의 정통군주제에서의 초월적 정통화형식은 더 이상 뜻대로 되지 아니한다. 파시즘에 대해서 내재사고는 가장 고유한 요소이다. 그러므로 파시즘은 그 절대주의적 지배형식을 민주·자유주의적으로 정당화하지 않을 수 없다. 거기에서 흘러나오는 내적인 불성실함을 결론에서 상당히 빈번하게 확인하고, 뒷받침하지 않으면 안 된다.

파시즘은 무엇으로 대중민주주의를 극복하려고 하는가, 그것을 바로 민주주의를 가지고 하지 않을 수 없다. 소렐과 파레토로부터 파시즘은 엘리트 사상을 계수했는데, 이 사상의 체계에는 이미 위에서 언급한 원리들과 마찬가지로 구체성의 결여라는 난점이 있다. 자생적이며 한 단계의 대중이라는 전도된 관념과, 그 「지도자 없는 민주주의」에 대한 저항은 그 자체로서는 아주 정당하다. 이것은 엘리트 사상에 대해서 순수하게 미적인 형식원리로 되는데, 그러나 그것이 엘리트의 구체적 임무와 관련이 없게 되자마자, 구체적인 선발원리와도 관련이 없다고 생각되어 최량자지배라는 정치적으로 내용 없는 상투어가 되어버리고 만다. 소렐의 계급투쟁은 가톨릭교회와는 다른 그 엘리트의 선발원리가 소비에트 국가로서는 자본주의국가와는 다른 원리가 필요한 것이다. 비록 철저한 두 개의 국민적 정치를 영위하더라도 말이다. 그러나 파레토의 기계론적 세계상에서와 마찬가지로, 가치준거는 어떤 비합리적으로 남은 것의 은폐만으로서 간주될 뿐이며, 즉 엘리트 사상도 「위계감정」의 잔기(殘基)에 불과하다는 것에서 여하튼 엘리트에 관해서 규범적인 선발원리도 정당화도 필요하지 않게 된다. 그 때문에 「자연적」 우월자, 노회한 자, 양심의 가책을 느끼지 않는 자가 가치자유로 의미 없는 권력투쟁 속에서 자동적으로 관철하게 된다.

세계대전 직후에는 질 없는 대중사상에 대한 순수하게 감정적인 르상티망으로 충분하며 무솔리니는 누가 엘리트의 일원이어야 하는가 하는 물음을 **참호의 귀족제**(aristocrazia trinceresta)를 인용해 내어서 적어도 침묵시켜 둘 수가 있었다. 그처럼 혼란한 시대에는 젊은 사람들은 이 엘리트가 — 국민개병제의 시대에! — 「이미 니체가 심취하던 매우

138) Giovani Gentile, *Che cosa è il fascismo?* Firenze 1924, S. 36.

139) Max Adler, *Die Staatsauffassung des Marxismus*, Wien 1922 (Marx-Studien, IV 2), S. 209.

숭고한 사제와 전사의 덕을 갖춘 캐스트를 체현하고 있다」[140]는 주장에 열광할 수 있었다. 그러나 파시스트적 엘리트의 선발은 장래에 어떻게 실시할 것인가? 무솔리니는 이러한 목적을 위해서 정기적으로 전쟁을 수행할 것인가? 그리고 탈환상화 된 엘리트들이 이 정통화에 의한 은폐를 스스로 믿을 필요는 없다하더라도, 적어도 시민적·내셔널리즘적 전쟁의 귀족제인가 아니면 프롤레타리아적 계급투쟁의 귀족제인가를 최종적으로 결정짓는 객관적인 선발기준이 정치적으로는 불가결하게 될 것이다. 왜냐하면 1914년의 파시스트 무솔리니는 후자를 생각하고, 1922년의 파시스트 무솔리니는 전자를 생각했기 때문이다. 그 때문에 파시스트적 엘리트 사상은 그것이 부정인 한은 정당하다고 증명되는데, 정치적 입장으로서는 가치가 없고 혼란하고 있다.[141]

파시즘은 **윤리국가**(stato etico)를 실현하는 「도덕적」 혁명일 것에 최대의 가치를 둔다. 그때에 도덕이라든가 윤리로 무엇을 이해하는가? 출발점이 되는 요해사항으로서 실제로 존재하는 인간의 평가양식은 기독교적 사랑의 윤리, 소크라테스·칸트적인 법의 윤리, 소피스트·니체적인 힘의 윤리로 유형화할 수 있다. 현실적인 생은 이념형 인간의 무수한 매개가 있는 것은 자명하며, 이 세 개의 평가양식은 어느 하나에 중점을 두는 가에 따라서 세 개의 다른 생의 형식을 확실하게 보여준다. 비합리적 주관주의는 생의 어두운 흐름을 나아가 인간에게 요술을 부리는 모든 이념을 환상적인 기만으로 간주한다. 이러한 비합리주의적 주관주의는 법이나 사랑의 윤리에 완전히 손을 잡지 못한다. 파시즘이 역사적으로는 위의 법의 윤리나 사랑의 윤리를 보완하는 데에는 힘의 윤리와 결부하지 않는다는 것에 의심을 품는 자는 없다. 그것을 증거하는 데에는 무솔리니가 니체를 계속 인용할 필요가 없을 것이다. 이미 그는 청년시대에 『힘의 철학』을 발간하고,[142] 거기에서 그는 니체와 마찬가지로, 자신이 반기독교의 싸움에 나가도록 영감을 얻은 것은 기독교와 함께 체념과 단념의 도덕이 승리를 거둔다는 이유가 무엇보다도 라고 쓰고 있다. 「강자의 권리에 ― 그것이 로마 문명의 확고한 기초였다 ― 이웃사랑과 동정이 계속했다」. 「노예도덕은 따라서 고대 캐스트에 더구나 몰락의 기쁨에 독을 넣고, 약자가 강자에게 승리하고, 그리고 창백한 유태인이 로마를 해체함으로써 종말을 고했다」.[143] 오늘날의 시민적 국가는 단지 위대한 인물에 대한 조직화된 억압에 불과하다는 것도 당시 무솔리니는 니체로부터, 그것과 아울러 슈티르너*에게 배웠다. 주인의 노예에 대한 자연적인 우위, 바로 그러므로 있어야 할 것의 우위, 위선에서 자유로운 강자의 자기관철은 실로 비합리적인 주의주의와 행동주의에 대해서 유일가능한 도덕이다.

파시스트들은 오늘날 공적인 의견표명에서는 교회정치적인 이유들에서 대체로 신중하게 되었다. 그러나 파시즘 윤리의 내실은 옛날그대로이다. 한 예를 든다면 무솔리니에

---

140) Sarfatti, *Mussolini* (Anm. 106), S. 232 ff. (233).
141) 문제의 실천적인 해결에 관해서는 후술 S. 558 ff. (본서, 311면 이하) 참조.
142) Mussolini, "La filosofia della forza," in *Il pensiero romagnolo*, Ende 1908.
143) 인용은 Sarfatti, aaO., S. 114; 113.

의한 1925년 6월 22일의 당회의에서의 총괄연설이 파시즘은 새로운 생의 형식을 형성하지
않으면 안 된다고 제시하고 있었다. 거기에서 그는 이렇게 구했다. 「이 생의 형식이란
무엇인가? 무엇보다도 먼저 용기이다. 그리고 대담함, 모험에 대한 사상, 게으름과 평화숭배
에 대한 혐오이다. 개인의 생활이나 공동체의 생활에도 언제나 감행하는 것이 있다. 평온을
기피하는 것, 교제에서는 최대한 정직한 것 (솔직한 토의, 비밀리에 익명으로 거짓 보고를
하지 않는 것), 하루 중 자신이 이탈리아인이라고 느끼고 자부심을 가지는 것, 노동에서의
규율·권위의 존중, 새로운 이탈리아인 ─ 나는 이미 그 모델을 보고 있다 ─ 새로운
이탈리아인은 데 피네도(De Pinedo)이다!」[144] 이 유능한 공군사관 모델보다도 더욱 멋지
고, 그는 어떤 파시스트 이탈리아인의 덕을 이러한 말로 표현한다. 「단검을 입에, 폭탄을
손에, 위험을 마음속에 경멸하면서」(1928년 2월 6일).[145]

　이러한 윤리설에 철학적 기초를 부여한 것은 젠틸레의 내적 철학이다. 그것은 일원론적인
「행동의 관념론」이라고 자칭하였는데, 이 관념론은 모든 초월성과 모든 이원론을 부정하고
세계를 우리들의 인격성의 구체적 체계라고 이해하려고 한다.[146] 어떠한 윤리적 요청을
파시스트가 이 철학에서 차용할 수 있었는가를 보여주는 것은, 「행동의 신비주의자」(Il
mistico dell'azione)라는 논문이며, 이것은 로소니의 영향력 있는 신문 『이탈리아의 노동』
(Lavoro d'Italia)의 1927년 11월 3일자에 게재되었다. 말하기를 발자크의 소설에서 잘
알려진 범죄자의 등장인물을 소재로 해서 「보트랭이 파리의 정점에서 새로운 제자인
으제니 드 라스티냐크에게 한 연설에서 가령 20세기의 철학에 의거하면서 *그가 '행동'의*
*설에 찬동하는 것은 확실하다*」.[147] 여기서 이 지도적인 파시스트 신문을 인용하는 것은,
파시즘의 비합리주의적인 행동성윤리가 흉악범죄자나 개성 없는 저널리스트에 대해서
본질적으로 기여한다 ─ 라스티냐크는 후자의 이탈리아에서의 속명이다 ─ 고 주장하기
때문은 결코 아니며, 위의 심미화된 힘의 윤리는 오늘날의 유럽 국가를 기초지울 수 없다고
명언하기 때문이다.

　무솔리니가 내셔널리즘으로 변신한 것은 내셔널리즘적인 국가이성의 상대적 정지상태
를 가지고 방침 없는 힘의 윤리를 통합한다는 것을 동시에 의미하고 있었다. 비합리주의적
주관주의가 결국 단지 자신 혼자서 헛도는 고뇌에서 「구속」을 통해서 자유로워지기 위해서
모든 임의적인 도그마에 몸을 맡기는가는 독일 낭만주의나 프랑스 내셔널리즘의 최근의
역사에서 알 수 있다. 동일한 방법으로 규율 없는 아나르코 생디칼리슴도 전제적「전체적」
국가의 윤리, 나아가서는 가톨릭교회의 교의학에 이르는 길을 발견하고 있다. 헤겔은
청년시대에 스스로 기독교의 노예도덕과 투쟁하고, 이후에 낭만주의적으로 가톨릭화하고
마침내는 상대적인 국가의 신격화를 지지하는 결단을 내렸는데, 그는 일찍이 그의 법철학

144) Mussolini, "Intransigenza assoluta," in aaO., Bd. 21, S. 362.
145) Mussolini, "Il quinto anniversario della milizia," in aaO., Bd. 23, S. 94.
146) 이에 대해서는 Carlo Sganzini, "Giovanni Gentiles aktualistischer Idealismus," in *Logos*, Bd. 14
　　(1925), S. 163-239 참조.
147) 인용은 Croce, *Geschichte Italiens* (Anm. 85), S. 328 f., Anm. zu S. 247.

속에서 서술하였다. 정신의 주관성에서「객관성에 대한 동경이 생겨나며, 거기에서 인간은 공허함이나 부정성에서 오는 고통을 벗어나기 위해서만 스스로 노예와 같은 완전한 종속상태로의 자기비하도 마다하지 않는다. 최근에는 많은 프로테스탄트가 가톨릭교회로 개종하였는데, 그것은 그들 자신의 내면이 공허한 것을 발견하고 확고한 것, 불변인 것, 권위를 붙들려는 것이 일어난 것이다」.[148] 파시즘도 같은 길을 걷고 있다. 이에 대해서는 뒤에 볼 계획이다.

이탈리아의 내셔널리즘은 그 본질에서 볼 때 파시즘의 추상적 · 개인주의적인 힘의 이데올로기에 파시즘이 정치적으로 필요로 하는 새로운 에토스를 상실할 수 없었다. 그러나 그 위선에서 벗어난 정신의 고향은 파시즘의 그것과 상당히 인접하고 있었다. 그 정신적 지도자인 코라디니(Corradini)는 애국주의와 내셔널리즘은 아주「정반대」라고 선언하였다. 전자는「이타주의적」이며 후자는「이기주의적」, 전자는「죽음에 이르기까지 조국에 대한 봉사」를 바라는데 대해서, 후자는 국민을「시민에게 이익을 가져오려고 하는 권력」이라고 본다고 한다.[149] 내셔널리즘의 윤리는 고도자본주의 시대의 힘의 도덕, 이른바 현실정치의 야만적이며 약탈적인 윤리였다. 이 윤리는 소렐의 에토스와 혼합하여 반시민적이며 대중멸시의 모험 낭만주의와, 국민을 신격화하는 국가이성 간에서 완전히 불안정하게 동요하게 되었다. 국가이성의 조작 쪽을 오로지 초인적 독재자나 독재자가 선발한 작은 엘리트들에게 맡기고, 인민에게는 국가를 신성화하는 신에 대한 숭배를 남긴다면 다양한 모순은 해소한다. 마지막으로는 파시즘이 군사적인 덕목, 즉 복종 · 의무감정 그리고 용기를 이탈리아 청년들의 불붙기 쉬운 기질에 가져오는 데에 필요한 격렬한 에너지는 이 청년들을 얼마동안 영웅적인 노력에로 고무해왔다. 그러나 헤겔은 일찍이 이렇게 적었다. 애국주의라고 하면「흔히 **남다른** 희생이나 행동이 부과되는 것으로 이해하기 십상이다. 그러나 본질적으로 애국주의란 일상적인 상태나 생활관계 속에서 공동체를 실질적인 기초와 목적으로 보는 데에 익숙한 마음가짐이다. 일상적인 생활과정에서 모든 상황 속에서 자신을 감싸 안고 가는 이러한 의식이야말로 이로부터 비상한 노력이 분출될 수 있는 기초를 이룬다」.[150] 그러나 이러한 일상의 생활 속에 확인되는 국가신조를 국민파시스트적 윤리는 결코 이해하려고 하지 아니한다. 거기에 이 윤리는 니체로부터 모라스에 이르는 힘의 윤리의 명령과는 다른, 명령에 규범 없는 의지를 복종시키지 않으면 안 될 것이다. 반시민적 내셔널리즘은 부르주아지는 물론 하물며 프롤레타리아트를 진지하게 국가에 대해서 교육시킬 수는 없다.

파시즘의 모든 정치적 내실이 얼마나 깨지기 쉽고 이의적인가는 그 가톨릭과의 관계에서 가장 명백하게 나타난다. 국민파시스트의 설에 의하면, 국민국가는 전체적인 또는 생의

---

148) Hermann Heller, *Hegel und der nationale Machtstaatsgedanke*, in *Gesammelte Schriften*, Bd. 1. S. 52; 114 Anm. 336 (본서, 424면; 475면 주 336); Hegel, *Philosophie des Rechts* (주 33 참조), Bd. 8, §141, Zusatz (S. 209)(역서, 300면) 참조.

149) 인용은 Croce, aaO., S. 250.

150) Hegel, aaO., Bd. 8, § 268 (S. 329 f.)(임석진 옮김, 『법철학』, 462면).

움직임을 포괄하는 국가라고 한다. 모든 것은 국가 속에 있으며 국가 밖에는 아무것도 없으며, 국가에 반하여 아무것도 하지 못한다고. 「파시즘은 조국의 종교이다」고 파시즘의 수많은 커다란 포스터의 하나는 말하고 있다. 내셔널리즘을 체험하면서 그 후 이탈리아는 숭고한 정신적 환영처럼 「새로운 신자들」을 만났다. 이 환영은 현실을 날아 넘어서 「여신의 모습과 존엄을 점차 몸에 붙이고 있었다」.[151] 이러한 다신론적 이교는 다른 시종일관된 모든 내셔널리즘의 필연적 귀결인 것과 마찬가지로, 파시즘적 내셔널리즘의 그것이기도 하다. 국가가 전체적으로 될 수 있는 것은 다시 국가와 교회가 하나로 되는 경우뿐인데 그들의 고대에로의 회귀는 기독교를 철저하게 거부함으로써만 가능하게 된다.[152] 그 경우에만 개인은 다시 완전하게 국가에 매몰하며, 모든 자유권을 포기하는 것이 가능하게 된다. 이들 자유권이 종교전쟁에서 생겨난 것은 결코 우연이 아니다.

파시즘의 출발점이 되는 생각은 국가로부터 자유로운 개인의 영역이 적어지면 적어질수록 오늘날의 국가는 더욱 강하게 되리라는 것이다. 「전면적 통합」의 필연성과 유용성에 대한 신앙은 적어도 파시즘의 이론과 실천이 주장하는 형식으로는 파시즘의 강한 면에서가 아니라 가장 약한 면에 속한다.[153] 이러한 전면적 통합이 결국은 오늘날의 인간의, 특히 이탈리아인의 국가에 대한 친근감이 아니라 오히려 무정부주의적인 본능을 강화시켜버린다는 점을 도외시하더라도, 내셔널리즘적인 국가신성화는 파시즘의 이념적 기초를 놓는 데에는 불충분하다. 그러므로 파시즘은 가톨릭으로부터의 차용에서는 벗어났지만 이념적으로나 시급한 정치에도 관련된 해결하기 어려운 분쟁에 빠진다. 이탈리아 민족은 「국가의 권위 아래 그 반항적인 머리를 숙이고」, 「순종하며 인내하였다. 왜냐하면 이탈리아 민족은 그 도상에서 새로운 신성에, 자신들에게 모습을 나타낸 이탈리아의 신을 만났기 때문이다」[154]고 주장한다면, 그것은 매우 단순하고 자명하게 들린다. 그러나 이 신에 유사한 파시즘은 입으로는 어떠한 소박하고 아이러니칼한 큰소리를 치더라도 어떤 불안을 깨닫는다. 그것은 잘 알려진 파시즘 문인의 말에서 분명히 나타난다. 이 문인은 초월신에게 다시 한 번 그 있는 곳을 양보하면서 우선 다음과 같이 명한다. 인간은 다시 자신의 확신을 품지 않으면 안 된다. 그때에 타인이 아니라 자신이 중요해야 한다고 확신하고, 「확실성과 책임성, 자기 자신의 정열과 완전에 타당한 도덕으로 가득 차게 된다. 또는 다시 그 모든 것들의 정점에 신이 두어질지도 모른다. 그것은 탄원을 위해서나 신과 함께 싸우기 위한 것이다」.[155]

이 문제를 약간 진지하게 파악한 헤겔은 종교·예술 그리고 학문이 국가이성 위에 서야 하는가, 아니면 아래에 서야 하는가 하는 물음에 결코 결정을 확고하게 보지 못했다.

---

151) 현재의 교육부장관인 Giuliano, "Werdegang," in Arias u.a., *Mussolini und sein Fascismus* (주 109 참조), S. 178 f.

152) 상술 S. 471 f. (본서, 244면 이하).

153) 이에 대한 반대는 Smend, *Verfassung und Verfassungsrecht* (Anm. 7), S. 62 (역서, 96면).

154) Giuliano, aaO., S. 181.

155) Bontempelli in der Vierteljahrsschr. 900, 1, 1926.

이에 비해서 가톨릭과 실천적 관련을 가지지 않을 수 없는 비합리주의적 국가형이상학은 결코 거기에 성공할 수가 없다. 이탈리아 민족은 파시즘과 함께 「이탈리아의 신격화를 통해서 신 자신에로 전진하지 못한다」, 그것은 또한 「자신에게 전해 온 실정 종교, 즉 가톨릭의 가치를 새롭게 평가하는 것을 배웠다」[156]는 주장을 가지고 이 문제를 아주 간단히 처리하고 있다. 그러나 「이 문제 속의 문제, 그 중에서도 가장 중요하고 중대한 기본문제」[157]의 해결에 그와 같은 정신적인 불성실성을 가지고 논박하는 사람들은 생각할 것인가? 분명히 파시즘은 그 해결을 파레토의 의미에서 이렇게 생각한다. 즉 인민에게 가톨릭 종교가 엘리트에게는 탈환상화 된 지배의 지식이 확보되도록 말이다. 이 공리에 의해서 여하튼 젠틸레의 학교개혁은 실시되었다. 이 개혁을 무솔리니는 가장 파시스트적인 개혁이라고 불렀다. 국민학교에서는 가톨릭의 교의학이, 그보다 위의 학교에서는 젠틸레의 철학을 배우게 되었다. 가톨릭이 이러한 할당으로 만족하지 않은 것은 분명하였다. 「우리들은」, 하고 젠틸레가 1927년 10월 8일에 볼로니아에서 호소한 바에 의하면, 「충실하게 손을 내밀었다. 놀랍게도 사람들은 우리들의 팔에 매달려 교의학적 종교교육을 중등학교나 대학에도 실시하기를 바란 것이다」. 라테란조약은 이 고등학교에서의 종교교육을 이미 인정했는데, 그것은 파시즘의 이념적 종속성을 충분히 명백히 하고 있다. 그러나 파시즘의 엘리트는 그 회의적 상대주의를 교의학적인 가톨릭과 진지하게 교환하는 것은 생각하지 않는다. 그러나 「민족」이 보아야 하는 신이란, 「그 진리의 빛이 빛나거나 높은 하늘에 있으며, 민족에게 그 조국의 신성을 보증하며, 국가권력을 신성화하고 그 복종과 헌신의 이유를 부여하고, 끝으로 평화의 고요한 항구」가 되는, 바로 이러한 신 만이다.[158] 그리고 가톨릭, 범신론 또는 이교라는 3파의 어느 것이 진정한가 하는 물음을 이 **실재적 관념론** (idealismo attuale)[젠틸레의 개념. 그 행동주의에 대립물을 의미한다]은 그리스도, 야웨 또는 셈신 바알\*의 어느 것이 정치적으로 성공을 거두게 되는가에 따라서 결정한다. 파시즘에 의한 가톨릭의 재생과정은 역사적 사실이「현재에 대한 파시즘의 승리와 지배의 도움으로 된」[159] 바로 그 경우에 진리를 포함하게 된다.

실천 정치에서 무솔리니는 내셔널리즘과 함께 **악숑 프랑세즈**를 모방한, 이「그와 같이」 가톨릭도 받아들이고, 그것을 오늘날의 파시스트의 공식 태도로 삼았다. 그러나 파시스트 독재가 가톨릭에게 이처럼 의거하는 것을 일시적인 이탈리아의 권력상황에서만 설명하려고 하는 견해는 완전히 잘못일 것이다. 바티칸의 이탈리아 민족에 대한 정치적 영향력과, 이 민족의 종교성은 외국에서는 과대평가되고 있다. 이미 마키아벨리가 주의했듯이, 「우리들의 신앙의 머리가 앉아있는 로마 교회의 가장 가까이에 사는 사람들이 가장 종교를 믿지 않는」[160] 것이다. 자유주의적인 이탈리아 국가가 바티칸의 아무런 승인 없이 다가오

---

156) Giuliano, aaO., S. 181 f.
157) AaO., S. 165.
158) Giuliano, aaO., S. 183.
159) AaO., S. 184.
160) Niccolo Macchiavelli, *Discorsi*, lib. 1, 12 (강정인 옮김, 『로마사 논고』, 한길사, 2004).

고 충분히 강력하게 입증한 것, 파시스트 독재의 통합적이며 전체주의적 국가가 1929년 2월 11일의 라테란조약에 동의하지 않을 수 없었던 것, 이러한 이유들은 파시즘에서의 이념의 결여와 독재제의 구조적 필연성에 있다.

무솔리니와 그 지지자들은 구자유주의자들에 못지않게 아주 확실히 신앙심이 깊지 않다. 파시즘 전체의 반교회적 과거는 단지 신심이 깊은 곳에 그 정반대를 증명하고 있다. 공식적 파시즘은 이 과거를 여하튼 지우고 싶어 한다. 무솔리니는 1904년 3월 25일에 로잔느에서 선언하였다. 「신은 존재하지 않는다. 학문적 입장에서 볼 때 종교는 부조리하며 실천적 입장에서는 인류에도 반하며, 개인에 대해서는 병이다」.161) 그는 1919년 9월 28일에 밀라노에서 가리발디주의자에게 외쳤다. 「나는 이교적 민족을 바란다. 그것은 투쟁을 하려 하고, 계시된 진리를 맹신하지 않고 생의 진보를 의욕하는 민족이며, 그리고 기적이라는 위안도 경멸하는 민족이다」.162) 그는 같은 해에 강령적으로 모든 교회재산의 몰수, 국가와 교회의 매우 철저한 분리를 요구하였다. 사울적 박해자에 의한 위의 예를 시초로 하는 수많은 의견표명을 로마로 진군하는 개심한 바울인 「것처럼」 인물은 잊혀지지 않으며, 권력을 장악한 첫날 교회에서 무릎을 꿇고 1922년 11월 16일에는 신에게 호소하며,163) 카피톨의 언덕과 콜로세움에서, 또한 모든 교실에 십자가를 부활시키고, 가톨릭의 종교수업을 도입하고, 프리메이슨* 운동을 부정하고, 종군사제제도를 명하고, 성직자를 군사적 의무로부터 해방하고, 교회에 몰수된 수도원을 반환하고, 라테란조약에까지 이르렀다. 이 조약은 고대 로마 국가와 마찬가지로 통합적이려고 하는 그의 **전체국가**(stato totalitario)의 어떤 주권적인 바티칸을 용인하고, 교회에 대한 그 밖의 커다란 급료와 아울러 **카논 법전**(Codex Juris Canonici)의 국가적 구속력, 특히 교회혼인과 교황좌의 무제한한 점유권의 도입을 약정하고, 심지어 ─ 교회국가만이 아니라 ─ 로마시의 신성한 성격과 모순되는 것을 모두 제거하기로 약속한 것이다.

이처럼 참으로 놀랄만한 전도의 역사는 완전히 파괴된 가치세계 속에 있으며, 또한 거기에서 생겨난, 그리고 정태적 가치교의학에 의한 기초공사 없이는 그 위계를 유지할 수 없는, 그러한 독재의 내적 공허함에서 이해하지 않으면 안 된다. 파시스트가 정치의 내실을 쇄신하는 것에 대해서 무엇보다도 특징적인 사실은, 직감적 상대주의는 여전히 그처럼 인상 깊은 무용 도해도 포함한 내셔널리즘적 이념세계만큼도 토대를 마련치 못하고 가톨릭에 매우 강력하게 의존할 필요성이 생겨난다는 것이다. 그러나 무솔리니가 이러한 파레토적 파생체를 존중한 방법만큼 특징적인 것은 없다. 로마로 진군하기 며칠 전인 1922년 10월 4일에 그는 밀라노 연설에서 톨스토이의 도덕적 사고양식을 「노예도덕」이라고 부정한 후에,164) 이렇게 명언하였다. 「우리들은 수금의 현을 울려 연주하며, 우리들은

---

161) 참조. *L'idée libre. Revue mensuelle de littératur et d'art*, Paris, Februar 1929 in den *Opera* (주 2 참조) 수록하지 않음.

162) *Opera*에는 수록 하지 않음.

163) Mussolini, "Il primo discorso presidenziale alla Camera dei deputati," in *Opera*, Bd. 19, S. 23.

폭력과 종교의, 예술과 정치의 심정을 연주한다」.[165]

당초 무솔리니는 이「종교적 예술작품」[166]을 통해서 파시즘 신화의 필요를 각 계급상황마다 충분히 카버할 수 있다고 믿었다. 파시스트 부르주아 층의 내셔널리즘 이데올로기속에서 가톨릭은 **로마 제국**(imperium romanum)의 유산에 다름 아니며, 즉 국민·제국주의적 전통의 필연적 재산목록이라고 하였다. 원시기독교는 대표적인 국민적 파시스트의한 사람이 경멸적인 방식으로 회화 속에서 서술한 바에 의하면,「유태인의 것」이며,「신비적볼셰비즘」이었다는 것이다. 그러나 가톨릭은「로마의 것」이라고 한다. 교황 자신 바티칸의기적의 담당자, 로마 교황 대사들, 교황사절들 등은 그 압도적 다수가 이탈리아인이라는사실에 근거하여 사람들은 가톨릭이 국민파시스트적 내정과 외정에 조력하도록 기대하고있다.[167]

정신사적으로는 파시즘의 고대 이교적 국가에 가톨릭을 위와 같이 매우 비유기적으로접목시키는 것만큼 정치적으로 중요하고 흥미 깊은 실험은 거의 없다. 이처럼 토대가마련된 정치적 위계 속에서는 권위적 정점이 많게 된다. 그 때문에 무솔리니가 교황으로되거나 또는 이러한 쪽이 있거나 교황이 무솔리니가 되지 않을 수 없다. 거기에는 양체계의 배타성, 즉 보편성[가톨릭성]에 이유가 있다. 파시즘의 내부에서 사람들은 이러한대립들이 서로 일치되지 않는 것을 충분히 의식하고 있다. 1928년에 더욱 사이타는 매우공식적인『파시스트 문명』(Civiltà fascista) 속에서 이렇게 적는다. 가톨릭교회는「만약사멸하지 않는다면」, 결코 파시즘의 동맹자로 되거나 결코 파시즘의 통합적 국가개념을인정할 수 없다[168] 라고. 같은 곳에서 또 이렇게 명언한다. 파시즘 국가는 그 주권성을상실할 때에 **가장 작은 범위에 불과하더라도**(anche se ridotto a proporzioni minime)교황의 세속적 권력을 의미하는 로마 문제의 해결에 결코 동의할 수 없다 라고. 그렇다면라테란조약은 물론 무솔리니의 이념과 정치에서의 약함의 나타남이라고 간주할 것이다.이러한 견해는 1920년에 자유주의파의 수상인 니티(Nitti)에게 바티칸이 제시한 화해제안을 통해서 확증된다. 이것은 라테란조약보다도 훨씬 유리한 조건을 포함했는데, 니티에의해서 만족스럽지 못하다고 하여 거부되었다.

비타협적인 파시즘은 그 때문에 오늘날에도 여전히 공식적인「것처럼」의 가톨릭과바티칸에 대한 무솔리니의 양보를 시종일관 비난하고 있다. 그 견해는 예컨대 에볼라의『이교의 제국주의』(Imperialismo pagano)에 표현되어 있다. 이 책에서는 파시즘의 필연성으로서 반기독교와 비타협적인 힘의 윤리가 선언되어 있다. 이 윤리는 자신이 놀랄만한

---

164) Mussolini, "Dal malinconico tramonto liberale all'aurora fascista della nouva Italia," in aaO., Bd. 18, S. 434.

165) AaO., Bd. 18, S. 438.

166) Spengler, 상술 주 75 참조.

167) 이에 대해서는 Giuseppe Saitta, "Religione e Fascismo," in *Civiltà Fascista* (Anm. 137), S. 162 ff. 참조.

168) AaO., S. 165 ff.

「야만적인 것」으로 느끼고 있었으나 우리들에게는 오히려 히스테릭한 것으로 보인다. 저자는 반기독교적이기 때문에 반유럽적이다. 왜냐하면 기독교화 된 유럽은 어떤 사려가 어떤 국가가, 무엇이 전쟁인가를 이미 파악하지 못한다고 생각하기 때문이다. 에볼라는 의욕한 전쟁, 가치 그 자체로서의 전쟁을 고려하며 거기에서 이기고 지는 것은 완전히 아무래도 좋다고 한다. 그러나 그가 보는 바 **합전**(guerricciola) — 이란 것은 세계전쟁이다 — 은 약간의 행동주의자를 경악케 하고 「박애주의의 레토릭」으로 회귀하도록 하는 데에 충분하였다.169) 현대사회의 생각할 수 있는 모든 상처에 대해서, 미국화·기술화 그리고 박애주의화 모두로 표현되는 퇴폐에 대해서 기독교가 책임을 지고 있다. 파시즘은 고대 로마의 이교적 전통을 다시 받아들이고, 카피톨 언덕의 십자가를 전대미문의 오점으로 느끼는 경우에만 건강해질 수 있다는 것이다.170) 그러나 특히 파시즘은 교회를 내쫓거나 교회를 국가에 복종케 하지 않으면 안 된다. 복종시키더라도 「그것은 이러한 국제단체인 교회에 대해서 거기까지가 국가로부터의 최고의 양보이며, 고작해야 일시적으로만 국가에 그것을 기대할 수 있을 뿐이다」.171) 그래서 비로소 파시즘은 이미 종래와는 달리 「타협·레토릭·하찮은 야심·소인배」172)로는 이미 자라지 않게 된다. 매우 엄격한 파시스트의 검열 아래 있는 이탈리아에서는 그런 종류의 책은 사소한 특별 책략으로서 배제의 대상이 되지 않고 있다. 1928년에는 더구나 잡지 『반유럽』(Anti-Europe)이 동일한 입장에서 창간되었다. 그 반가톨릭적이며 이교적인 경향이란 점에서 에볼라는 마리네티나 이전의 미래파만이 아니라 과소평가할 수 없는 파리나치의 그룹이나 지적 청년층의 매우 광범위한 서클과 궤를 함께 하였다. 바티칸과 무솔리니의 중개인 예수회 신부 타키 벤투리(Tacchi Venturi)에 대한 두 암살계획의 출생지에 대해서 이탈리아에서 유익한 이야기들이 여러 가지 나도는 것을 들을 것이다. 무솔리니의 공식적 가톨릭과 파시스트 사상의 시종일관된 이교주의와의 실천적 가교는 에볼라의 다음과 같은 문장에서 이해할 수 있다. 「능력 있는 한 교회를 이용하여 파시즘에게 충고하지 않을 수 없을 만큼 나는 마키아벨리를 매우 사랑한다」.173)

무솔리니의 숨쉬기 어려울 만큼 격렬한 포옹이 자신에 대해서 무엇을 의미하는가, 교회는 완전히 정확하게 알았다. 바티칸은 가톨릭과 파시즘이 상용되지 않는다는 것을 파시스트 이상으로 잘 알고 있다. 라테란조약의 교섭이 진행되는 동안 파시스트 국가사상에 대한 『로마의 관찰자』(Osservatore Romano)의 논란이 중단하게 되었다. 그 논란은 특히 1928년 초에 격화되고, 이때 그것은 가장 대표적인 파시스트 문화정치인에게 보낸, 즉 1월 26일에 바로 프리메이슨이라고 하여 비난을 받던 젠틸레에 대해서 명목상은 향하고 있었다. 정확하게 이해하기 위해서는 이탈리아에서 비교적 신중하게 이끈 무신론적 가톨릭

169) J. Evola, *Imperialismo pagano*, Todi 1928, S. 10.
170) AaO., S. 119.
171) AaO., S. 22.
172) AaO., S. 11.
173) AaO., S. 135.

에 대한 반대투쟁을, 적어도 이 관계에서는 파시즘의 프랑스판 자매운동인 **악숑 프랑세즈**에 대한 바티칸의 태도와 결합하지 않으면 안 된다. 프랑스에서는 공개적으로 비난을 가하고, 1928년 3월에는 파리의 대주교인 뒤보아 추기경이 이「공적인 죄인들」에게 심지어 교회에서의 혼인과 장례마저 거절하였다. 그 때문에 라테란조약이 바티칸과 파시즘의 고대 이교적 국가사상과의 진지한 화해를 의미하는, 등이라는 견해는 아무것도 알지 못하는 선의의 주장일 뿐이다. 자신이 일찍이 그러했던 것 모두를 남김없이 포기하고 자살한다면 파시스트 운동은 단지 바티칸의 일시적인 정전 이상의 상태일 수 있다. 라테란조약을 비준한지 꼭 한 달 후에 해당되는 1929년 3월 11일에 『관찰자』는「**악숑 프랑세즈**의 영광스런 위업」(La mancata gloria del' *Action française*)이라는 특징적인 제목 아래 **악숑 프랑세즈**의 국가관과 사회관을 금서로 하는 모든 것의 논거를 또 다시 들고 나왔다. 그것들은 파시즘에 반대해서도 상당히 철저하게 속는 것이다. 파시즘이 교회에 제공하는 모든 것을 교회는 받아들이고, 받아들였으며 장래에도 받아들일 것이다 ― 그리고 그 종말을 기다린다. 파시스트들의 기묘한 마키아벨리주의가 교회를 속일 수 있던 것을 교회는 확실히 두려워할 필요가 없었다. 2년 동안 교섭해 온 라테란조약의 체결 수개월 전에 『관찰자』는 매우 은근히 적고 있다.「그 세계적 지위에서 볼 때 교황 폐하가 이탈리아의 부속 예배당 사제가 되는 것은 불가능할 것이다」.

고대 국가이념의 쇄신을 목표로 하고 2천년 계속된 유일신론과 함께 절대자의 초월성을 부정하는 모든 정치운동에 대해서 교회는 언제나 숨을 거둘 것이다.

그와 함께 왜 유럽이 그 정치적인 이념내실의 쇄신을 파시즘에 결코 기대할 수 없는가에 관한 결정적인 이유가 시사된다. 파시즘에 그 일시적인 우월성과 청년의 일부에 대한 그 상대적인 매력을 부여하는 것은 그 영웅적인 제스처를 별도로 한다면, 무엇보다도 정치생활의 합리주의적 법칙화를 부정하는, 계몽적인 공리성의 도덕에 대한 투쟁, 그리고 정치규범들을 절대적으로 재가하는 것의 가치에 있는, 여하튼 마키아벨리주의적인 통찰이다. 그러한 한에서 무솔리니는 1924년 3월 23일에 그의 적들에 대해서 그들은 철학적으로 거의 50년 뒤떨어지며 실증주의자의 환상을 여전히 알린다고 공언했는데, 그것은 아주 정당하였다.174) 때·장소·사람에 관해서 개성을 무릇 고려하지 아니한 규범지배사상을 파시스트는 강하게 부정한다. 그러나 이 부인은 내실과 의지가 결여된 규범에 대해서 원칙적으로는 규범 없는 의지만이 대치할 뿐이기 때문에 부인을 독자적으로 나타내지 못하고 그것 없이 국가와 법이 실재할 수 없는 규범적 실정성에 결코 도달할 수 없는 것이다. 파시즘은 단지 르상티망이나 부정적인 논란 속에서만 강력하다는 사실은 파시스트 진영 내에서 조차 느낀다. 『파시스트 비평』(Critica Fascista) 1924년 5월 15일자에서 파시스트인 고비(Govi)는 이렇게 확인한다.「파시즘의 강령이 전체로서 **부정적인 것**은 명백하다[.]...이에 대해서 그 적극적 쇄신이라는 강령은 도대체 무엇인가 아주 명백하지 않다」.175) 여전히 1930년 4월에 같은 사람은 매우 고명한 파시스트 잡지에서 이렇게

---

174) Mussolini, "Cinque anni dopo San Sepolcro," in aaO., Bd. 20, S. 213.

확인한다. 「혁명은 하나의 이념이며 단검을 쥐고 앞으로 나아가라! 우리들은 단검을 손에 쥐고 있다. 그러나 우리들은 이념도 손에 가질 필요가 있다. 왜냐하면 이념은 쥬피터의 머리에서 솟아나기 때문에 우리들은 이념의 창조를 우리들의 환경에서 움직이지 않으면 안 된다」.[175a] 이러한 이념적인 실체의 결여 때문에 파시즘의 모든 규범적 개념과 명령, 즉 종교·위계·권위·규율·국가·법 등등은 적어도 이에 대응하는 시민적 법치국가 합리주의의 개념들과 동일하게 내용이 없다. 실제로 파시즘은 모든 정치적 내실과의 관련에서는 19세기 실증주의보다 결코 아무런 치사도 아닐 뿐이며 상당히 그것보다 열등하다. 위의 실증주의와 마찬가지로 파시즘도 역사적·상대적인 현상을 절대화하여 생명을 얻는다. 그러나 지난 세기의 실증주의자는 그 가설화와, 그리고 거기에서 도출되는 규범내용을 또한 믿은데 대해서, 파시즘에는 오늘날의 비판적 실증주의와 아주 동일하게 어떤 규범성에 대한 신앙이 무릇 결여되어 있다. 파시즘에 대해서도 법은 임의의 내용에 대한 형식이며 이 내실을 의무지우는 힘은 오늘은 이렇고 내일은 저런 「우연적인」 권력상황에 힘입고 있다. 예컨대 「인 것처럼」의 철학도 그 하나인 신칸트파 실증주의는 공허한 규범을 보다 강조하며, 파시즘은 규범 없는 사실성을 강조하는데, 그것도 같은 세계관 속에서의 강조점의 차이에 불과하다. 실제로 이들 양자는 「사실적인 것의 규범력」[176]에 관해서 의견을 같이한다. 파시즘은 무솔리니주의이며 후자는 그때그때의 상황마다 국가를 부인하거나 신격화하거나, 사회주의거나 자본주의거나, 생디칼리슴이거나 집산주의거나, 가톨릭이거나 이교도이다. 그리고 종교적·윤리적 또는 법학적인 성질의 모든 규범적 내실과의 이 냉소적으로 파괴적인 장난, 무솔리니의 인상 깊은 힘의 성질에 의해서 놀아나는 이 장난은 수많은 예술가를 매료할 것인데, 그러나 파시즘에서 이탈리아의 순간적인 권력상황을 초월하는 의의를 모두 빼앗으며, 그리고 파시즘을 그의 땅에서 정신사적인 몰락, 진정한 정치적 반동으로서 특징지우는 것이다.

## IV. 정치형태의 파시스트에 의한 쇄신

### 1. 독 재

파시즘은 자신의 혁명으로서의 성격에 커다란 가치를 둔다. 그 주장은 반파시스트에 의해서 항상 반복적으로 논란되며 거기에서 사회혁명은 아니며, 단지 정치적 형식의 전복만을 생각하는 경우에는 정당하기도 하다. 확실히 로마로 진군한 혁명적 성격은 신화로서

---

175) 인용은 Marschak, "Der korporative und der hierarchische Gedanke im Faschismus"(II), in: *Archiv für Sozialwissenschaft und Sozialpolitik*, 53 (1925), S. 140.

175a) Maturità, Leitartikel in *Critica Fascista* (Hg. G. Bottai und G. Casini), 8 (1930), S. 122.

176) Georg Jellinek, *Allgemeine Staatslehre*, 3. Aufl. besorgt von Walter Jellinek, Berlin 1914, S. 337 ff. (김효전 옮김, 『일반 국가학』, 276면 이하).

밖에는 이해할 수 없는 것이었다. 이 사건 자체는 결코 혁명은 아니었고 아마 정치적 전복을 상징하였을 것이며, 파시스트 혁명이라는 말은 무솔리니의 과거에 비추어, 또 마찌니와 가리발디 같은 인물의 나라인 만큼, 실제로 「마술적으로 두려워할만한 말」(무솔리니, 1925년 6월 21일)[177]이 있었다. 무엇보다 방향 없는 혁명에는 상징의 내용이 빠져 있었으므로, 곧바로 이 마술은 공허한 수사가 되고, 권력을 장악한 후에 무솔리니는 기껏해야 혁명을 매우 단순하게, 「권력을 유지하는 확고한 의지」(1923년 7월 15일의 의회 연설)라고 정의했다.[178] 파시스트 혁명의 활동이 적으로 삼은 대상, 이 활동이 파괴한 것이 오늘에는 명백하다. 즉 그것은 법치국가이며 그 권력분립과 기본권의 보장이다. 이러한 과정에 대해서 유럽이 가지는 의의는 운동의 원인이 많든 적든 유럽의 일반적인 국가위기의 원인이라는 사실이다. 파시스트 운동은 유럽의 위기의 원인을 제거하고 파괴된 법치국가 대신에 보다 좋은 국가형태를 나타내었는가? 즉 그것은 유럽에서의 법치국가적 발전의 초석을 의미하는 것인가?[179]

이러한 질문에 대답하려면 먼저 법치국가의 정치적 기능과 그 쇠퇴의 원인을 명백하게 제시하지 않으면 안 된다. 법치국가 사상의 의미는 정치로 향해진 자율의 이상에 있다. 지배자는 피지배자에 의해서 선출되고, 그리하여 전자의 자의는 피지배자의 직접 또는 그 대표자를 통해서 의결한 법률에 의해서 배제되어야 한다는 것이다. 프랑스 국민의회의 기지에 넘친 정식화에 의하면, 입법은 의욕, 재판은 사고, 그리고 집행은 행동해야 한다는 것이다. 사법과 집행에 대한 법률의 우위, 모든 국가기관의 법률에 대한 종속은 법치국가에서의 권력분립에, 또한 기본권에 비로소 의미를 부여한다. 기본권이나 자유권은, 특히 보호할만한 인정된 시민의 헌법상의 자유를 나타낸다. 그것들은 모든 국가기관의 기초가 되는 그러한 행위의 기준을 의미하며, 그리고 헌법이 그 이름을 가지고 바로 통용하는 법원칙과 법규이다. 그러나 이러한 「법률의 지배」는 스스로 중단되는데, 그것이 탈인격화된 규범지배라고 이해되고, 민주주의, 법률에 의한 인민의사의 지배, 법률로 규정된 대표자들의 지배라고 이해하자마자 그렇게 된다. 민주주의는 지배적인 의사행위들의 위계로서만 이해하지만, 이들의 의사행위는 법원칙과 법규를 근거로서 이러한 규범들 측에서는 시간·장소·사람에 따라서 개별화한다. 지배할 수 있는 것은 항상 인간뿐이며, 비유적인 의미에서도 법치국가적인 법률의 지배라는 것을 말한다고 해도, 그것은 법률, 특히 성문이나 불문의 헌법률이 국민의 의사행위를 통해서 제정되고, 또 의사행위에 의해서 그 타당성을 계속 유지하는 경우에 한한다. 정치적인 법률의 지배란, 법률의 테두리 안에서 활동하는 의사의 지배이며, 규범화된 권력이며, 그 이외는 아니다.

법치국가의 존속에 대해서 가장 중요한 것은 역사적·국민적 특수성을 모두 도외시하더

177) Mussolini, "Intransigenza assoluta," in aaO., Bd. 21, S. 362.
178) Mussolini, La riforma elettorale, in aaO., Bd. 19, S. 314.
179) 다음의 점에 대해서는 Hermann Heller, *Rechtsstaat oder Diktatur*, in *Gesammelte Schriften*, Bd. 2. Abt. III, Nr. 3 (본서, 「법치국가냐 독재냐」) 참조.

라도, 국가행위의 다양한 카테고리는 매우 여러 가지 정도에서만 법률적으로 구속할 수 있다는 통찰을 확인하는 것이다. 여기에서는 판결도 그 하나라고 이해할 수 있는 정치적인 과제가 개별화하면 할수록, 법률에 의한 구속의 가능성은 적어지고, 사물의 성질상 결정을 내리는 의사개체의 재량의 자유는 커지게 된다. 예컨대 집행의 행위능력이 필요 이상으로 법률에 의해 제한되는 것은 양자 모두 시기의 차이는 저 법치국가의 몰락을 가져오지 않을 수 없는 두 개의 가능성만이 남는다. 즉, 집행이 법률을 존중하여 국가를 몰락시키거나 집행이 국가를 존중하여 법률을 위반하는 양자택일이다. 실정적 규범성의 가능성에 대해서 개개의 사실성과 개개의 능동성이 가지는 의미는 예외상태에서 가장 명백하게 나타난다. 법치국가에서의 법률의 지배는 여기서 가장 현저하게, 거의 예견할 수 없는 아주 개별적인 과정을 통해서, 존속에 위협하게 될 수 있으므로 법치국가적 헌법은 아주 개별적인, 마찬가지로 예견하지 못하고, 따라서 규범화할 수 없는 의사행위에 의해서만 구제될 수 있을 뿐이다. 이러한 의사행위는 이 구제의 목표를 위해서 무수한 헌법 규정도 포함하여 모든 법률을 침해하며, 바로 이 헌법의 타당성을 장래에 향하여 보호하지 않으면 안 되는 것이다. 그러나 그러한 순간뿐만 아니라 항상 법치국가는 다만 법동료들이 법치국가적 의지를 실행으로 옮기는 데에만 근거를 두는 것이다.

부분적으로는 이탈리아의 역사와 민족의 성격 속에 전쟁이나 전후의 모든 현상에, 그러나 대부분은 일반적인 유럽 상태에 존재하는 모든 원인으로부터, 이탈리아에서는 이 법치국가에의 의지가 쇠약해져 버렸다. 국가에 대한 의지가 결여되었으며, 또한 법에 대한 의지도 결여되었다. 이들 양자는 확실히 결코 동일하지는 않지만 법치국가에서는 상호의존적이다. 법치국가에서는 우선 결코 실정법이 존재하지 않는 경우도 있는데, 그것은 국가기관과 아울러 그 밖의 국가 시민들이 국가적 통일에 대한 의지를 가지고 있지 않으며, 이렇게 성립한 인민의 의지가 법을 실정화하지 않는 경우이다. 이탈리아 법치국가의 병리는 다음과 같다. 즉, 대체로 가치공동체를 통해서 가교(架橋)되지 않는 계급적 대립, 한편으로는 형식적인 규범지배의 사고와 다른 한편으로는 폭력 이데올로기, 그리고 무엇보다 이탈리아의 비례대표선거법이다. 이 선거법은 아래로부터 위로 자라는 의사통일화의 시스템을, 즉 우리가 민주제라고 부르는 시스템을 방해하였다.

법치국가의 입법부에서는 법에 대한 의사는 무엇보다도 합헌적인 법정립에의 의사, 따라서 의사의 합치에 대한 의사를 의미한다. 이탈리아의 의회는 이러한 의사를 가지지 않으며, 원래 로마로 진군하기 이전에 이미 자신의 명맥을 끊고, 입법을 단념하고 있었다. 1915년부터 1921년의 사이에 발포한 2945개의 법률명령, 즉 법률의 효력을 가지는 정부의 명령이 만들어지고, 그러한 것의 대부분은 의회에 의해 승인되기 이전에, 8년부터 9년에 걸쳐 효력을 가지고 있었다. 이러한 사실을 지적하면 위의 점은 충분히 납득될 것이다. 이러한 법률명령의 타당성을 둘러싼 분쟁은, 이탈리아 국가학의 중심 문제가 되고, 재판 실무에는 거대한 법적 불안정성을 가져왔다.[180] 인민과 선거 제도가 활동력

---

180) Manfredi Siotto-Pintòr, "Das Verfassungsleben in Italien in den Jahren 1913-1922," in *Jahrbuch*

있는 의회를 만드는 것이지만, 그것들은 동시에 행위능력 있는 집행도 선출한다. 이탈리아의 정부와 집행은 종전 이래 행위능력도 의사도 가지지 않고, 사회주의자에게 모욕을 받았다고 생각하면, 파시스트에게 능욕되고 우롱되는 형편이며, 그런 중에 안으로 계속되는 내전은 많든 적든 수수방관하고 있었다. 그 뿐만 아니라 수상 조바니 졸리티(Giovanni Giolitti)는 1920년 가을에 파시즘과 협정을 체결하여 무솔리니의 사병이 무기와 탄약을 조달하는 것을 용인했을 뿐만 아니라 그것을 촉진시켰다. 그리하여 국가의 집행은 결정적으로 직무를 방기해 버렸다. 이리하여 파시즘은 국가에게 자신의 요구를 억눌려 거절되면 자신의 군대를 동원해, 예컨대, 볼로니아 · 크레모나 · 노바라 · 보첸(보르차노) · 트리엔트를 국가가 굴복할 때까지 점령했다. 예외상태가 사실로서 계속되어 국민의 법치국가에 대한 의사는 그렇지 않아도 천년 이래의 외국의 지배를 받아서 그다지 강하지 않았는데 완전히 쇠약해져 버렸다. 국민의 많은 집단은 그 다수는 아닐지라도, 마침내 독재의 대가를 치루고 어느 정도의 질서를 요구함에 이르렀다. 그리하여 로마로의 진군은 버나드 쇼의 말을 빌리면, 「붉고 뜨거운 탄환은 마치 1 파운드의 버터를 뚫듯이, 일어선 자유주의적 반대파를 관통하였다」[181]고 하는 그대로 되었다.

무솔리니의 개입 없이 질서의 재건이 어떻게 되고, 또 언제 할 수 있었는지에 대해서는 아무도 말할 수가 없다. 그러나 의심할 여지가 없는 것은, 전쟁 전후를 통하여 무솔리니 자신만큼 강력하고 여하튼 무질서를 계속 세우는데 기여한 인물은 이탈리아에는 없다는 사실이다. 아직 파시스트 의원이었을 무렵에, 그는 1921년 6월 21일의 의회 연설 속에서, 자신이 이탈리아 공산주의자들의 정신적인 아버지라고 인정하고 있었다. 자신이 「시니칼하게 들릴지 모르겠지만」, 이탈리아 사회주의에 「어떤 베르그송을, 블랑키*를 많이 혼합한 데다가 첨가하여」,[182] 처음으로 이러한 인물들에게 싹튼 것을 계승하였다는 것이다. 전후에도, 무솔리니의 『이탈리아 인민』(Popolo d'Italia)에게 갈채를 보내지 않았을 노동자의 폭동은 없었다. 최초의 공장 점거를 파시스트인 로소니는 달미네에서 지시했다. 파시스트들은 공장을 공산당원으로부터 해방하고,[183] 볼셰비즘으로부터 구출했다고 하지만 이것은 겨우 전설의 세계에 속한다. 「파시즘은…사회주의가 붕괴한 뒤에 비로소…그것은 그렇게 되었다」라고, 파시스트 작가는 명언한다. 「파시즘은 적이 전진할 방법이 없어져 멈춰 서자마자 공격으로 변했다」.[184] 무솔리니가 개입했을 때에는 노동자들은 폭력을 사용하지 않고 이미 공장을 떠난 뒤여서, 그렇지 않아도 거의 없었던 볼셰비즘의 위험은 이미 완전히 사라진 것이다.

졸리티의 교활한 무위 나태는 공장 점거를 계기로 비폭력의 성과를 거두는데 일조했지만,

des öffentlichen Rechts, 12(1923/4), S. 245 ff.; ders., "Die bedeutendsten Wandlungen des Staatsrechtslebens in Italien in den Jahren 1923-1926," in aaO., 15 (1927) S. 280 ff.

181) Vossische Zeitung, Berlin, 15. November 1928.

182) Mussolini, "Il primo discorso alla Camera dei deputati," in aaO., Bd. 16, S. 400.

183) 예컨대 Bernhard, System Mussolinis, (Anm. 104), S. 27 ff.

184) Carlo Curcio, L'esperienza liberale del fascismo, Napoli 1924, S. 70 f.

그 대가도 가져오지 않을 수 없었다. 로마냐(Romagna)*의 무솔리니가 지시한 1914년 6월의 봉기를 계기로 파레토가 기술했듯이, 점차로 되어 버린 것이다. 「사람들은…여우와 사자의 분쟁에 마침 거기에 있던 […] 여우는 그 기술을 이용하여 상당한 기간 살그머니 달아났다. 그러나 사자가 충분히 목적을 정한 일격을 가하는 날이 올 것이며, 그리고 분쟁은 끝나게 될 것이다」.185)

법치국가에서 행위는 규범에 따른다. 파시즘이 그것을 어떠한 의미에서도 실시하지 않았기 때문에 법치국가는 파시즘에 의해서 내몰린 것이다. 파시즘에서 행위는 항상 규범에 앞서고 있었다. 의사 없는 규범은 규범 없는 의사에 의해서 대체될 수 있어서 힘없는 법은 법 없는 힘에 의해서 대체될 수 있었던 — 확실히 그것은 파시즘이 유럽 법치국가에게 전하지 않으면 안 되는 가장 인상 깊은 가르침이다.

무솔리니가 로마로 향해 진군했을 때에, 이탈리아의 법치국가는 공동화되고, 그뿐만 아니라 파시즘이 적법성의 외관을 보장하여 국가 안에 쉽게 비집고 들어갈 수가 있을 정도가 되었다. 무솔리니는 자신의 혁명을, 헌법을 가지고 헌법을 반대해 갔다. 그는 혁명으로 향할 때, 1922년 10월 24일에 국왕에게 명목적으로 안심하게 하였다. 파시즘은 그 적의 말에 반대하여, 헌법을 공격하는 것은 아니며, 「이 제도의 역사적 의의에 영향을 주어, 동시에 우리의 정신적 노력 모든 것을 곤란하게 하는 상부의 돌출부…의 모두로부터 그것의 해방」186)을 의도한다는 것이다. 그는 반복해서 「헌법 그 자체의 불멸의 정신, 그 불가침의 본질」(1924년 3월 23일)187)이라는 모든 것 속에서 헌법을 존중하고 싶다고 주장하여, 헌법을 「이탈리아 국가 통일운동(Risorgimento)*의 불멸의 위업」(1924년 11월 22일)188)이라고 했다. 1928년에도 여전히 알베르토 헌법기념일은 공식적으로 축하되고 있었다. 무엇보다 로마에서는 왕이 없어도 상관없었다. 무솔리니는 자신의 형식적 민주주의자들을 알고 있었다. 그는 그들을 적법성이라고 하는 이 마지막 외관을 가지고 안심시키고 졸리티 · 올란도 · 살란드라라는 인물들이 적어도 자신이 어려운 상황에 처해 있던 초기 시대에 옆에서 보호하는 힘으로서 자신을 섬기는 것을 가능하게 했다. 그 때 그는 최초의 내각 구성에 관한 자신의 행동이 합헌성을 벗어나지 않았다는 것을 숨기려고도 하지 않았다. 「Sin dallora io ero nella costituzione — 그때까지 나는 헌법 안쪽에 있었다」라고 그는 1924년 3월 23일에 말했다.189)

오늘날 1848년 3월 14일의 알베르토 헌법 중 유지되고 있는 부분은 이미 없다. 인민주권은 권력분립과 기본권과 함께 폐기되고, 그 대신에 독재적인 입법 · 집행 · 사법이 등장했다. 마침내 무솔리니는 1928년 5월 12일의 상원 연설에서, 이러한 방향으로 명확한 선언을 발표했다. 「이미 헌법전은 존재하지 않는다」.190) 거기에도 관계없이 법무장관은 1928년

185) 인용은 Bousquet, *Pareto* (Anm. 25), S. 188 f. Pareto, *Traité* (Anm. 26), § 2480 Anm. 1.
186) Mussolini, "Il Discorso di Napoli", in aaO., Bd. 18, S. 456.
187) Mussolini, "Cinque anni dopo San Sepolcro," in aaO., Bd. 20, S. 208.
188) Mussolini, "La politica interna alla Camera dei deputati," in aaO., Bd. 21, S. 182.
189) Mussolini, aaO., Bd. 20, S. 208.

3월 9일 의회에서의 예산 연설에서 파시스트 국가는 법치국가라고 명언했지만,[190a] 그는 거기에 대해 오늘날에도 여전히 규범지배적 법실증주의를 인용할 수가 있다. 그것에 의하면 「모든 국가는 법치국가」이다. 왜냐하면 모든 국가는 「어떤 질서」가 아니면 안 되며, 「모든 국가행위는 법적 행위」이기 때문이다.[191] 자유주의적 형식규범 지배의 국가학은 논리적으로는 궁지에 몰린 것 같지만, 정치적으로는 그것을 바라지 않더라도 항상 독재의 매우 훌륭한 선도가 되는 것이다.

법치국가의 삼권 아래에서는 입법부가 최고 권력이 된다. 그러나 규범지배적 관념에 의하면, 본래의 국가활동은 단순한 법률의 집행 그 자체로 고갈된다는 것이다. 그렇지만 국가의 현실성은 그 활동성에 있다는 것과,[192] 집행부는 단순한 법률 집행 이상의 것이며, 특히 외정의 영역은 반드시 법률에 구속될 수 없는 것, 강력한 집행부 없는 국가는 어떤 성질의 정치를 이룰 능력도 없는 국가라는 것, 이것들을 파시즘 이전의 이탈리아 사람들은 알려고 하지 않았다. 활동능력 없는 의회제 하의 집행부는 그러므로 파시즘적 행동주의의 가장 감사할만한 공격 대상이 되었다. 그의 원칙적으로 반법치국가적인 태도는 그 원리적인 교리 속에 표현되고 있다. 「집행권력은 인민에게 최고의 권력이다」(무솔리니, 1925년 6월 22일). 수사적인 이유의 근거로서 통령(Duce)을 추가한다. 「그 최고의 원수는 국왕이다」라고.[193]

파시즘의 규범 없는 행동주의는 집행부를 그 「본질」상, 최고의 권력으로서 이해하지 않을 수 없기 때문에,[194] 이러한 군주주의적인 근거와는 아무런 관계도 없다. 확실히 헌법조항을 근본적으로 전복하는 최초의 법률인, 국가의 정부수반과 수석 장관의 권한과 특권에 관한 1925년 12월 24일 법률은 이렇게 규정한다. 「행정권은 국왕에 의해서 그 정부를 개입하여 행사된다」. 그러나 이 규정에는 **알베르토** 헌법 제65조*보다 훨씬 형식적인 의의가 있다. 거기에 따르면, 장관들은 국왕에 의해서 임면된다는 것이다. 몇몇 사람의 이탈리아 내셔널리스트는 프로이센 독일의 모델에 입각한 군주제가 파시즘에 의해 설립된다고 믿었다. 이것은 그들에게 정치적 판단력이 빠져 있는 것을 증명할 뿐이라고 생각된다. 위대한 전통을 수반한 왕조제도 없이, 옛 귀족도 없이, 교회도 존속하지 않는 군주제 원리의 국가를 무솔리니가 만일 그것을 원했다고 하더라도, 그는 이것을 만들어낼 수 없었다. 이탈리아 군주제에서 분명히 국왕은 헌법에 의하면 「신의 은총에 의해서」이며 「국민의 의사를 통해서」 맡겨진 것이다. 실제로 무솔리니는 가톨릭교도도 아니고 군주주의자도 아니었고, 또 현재도 아니다. 그의 철저한 반군주제적인 과거의 행적을 여기서 하나하

---

190) Mussolini, "Per la riforme della Costituzione," in aaO., Bd. 23, S. 145 ff.

190a) *Atti del Parlamento Italiano*, Camera dei deputati, XXVII legislatura, vol. VIII, S. 8510 ff.

191) Hans Kelsen, *Allgemeine Staatslehre*, Berlin 1925, S. 44; 91 (민준기 옮김, 『일반 국가학』, 민음사, 1990, 71면, 136면).

192) Hermann Heller, *Die Souveränität*, 전술 S. 102 f. (역서, 97면 이하) 참조.

193) Mussolini, "Intransigenza assoluta," in aaO., Bd. 21, S. 361.

194) Bottai, "Faschismus" (Anm. 1), S. 12.

나 열거할 필요는 없을 것이다. 1922년 9월 20일에 덧붙여 그는 우디네에서 자신은 군주제를, 그것이 파시스트 혁명에 반대하게 되면 곧 칭찬하지 않게 될 것이라고 명언하고 있었다.195) 그는 동시에 공화제로부터도 체제를 바꾸었지만, 이것은 단지 군주제 지지파의 군인 단체가 로마 진군에 저항하는 것을 배제한다고 하는 목적 때문이었다. 파시즘은 진군하기 전에「새로운 시저가 대관될 수 있도록 한다」고 꿈꾸던 것을 전혀 부인하지 않았다.「그러나 정치가 무솔리니는 자신의 일이 사정에 따라서는 철저히 문제가 될지도 모르는 어려움들을 회피했다」.196) 파시스트당 내부에는 이러한 꿈에서 아직 깨지 못한 광범위한 집단들이 존재하고 있었다. 당내 강경파는 무솔리니의「그와 같은」가톨릭을 「그와 같은」군주제처럼 공유하고 있지 않다. 예컨대 에볼라(Evola)는 1928년에도 여전히 자신의 공화제적 신조를 일부러 숨기지 않았다.197) 그러면 무솔리니는 어떠한가? 그는 마테오티(Matteotti) 위기에 직면하여 무기력해지고 있던 시기에 자신에게 떠나라고 하는 국왕의 명령이 있었다면,「똑바로 부동자세로 경례하고 복종했을 것이다」(1924년 12월 5일의 상원 연설)라고 명언하고 있었지만,198) 이탈리아에서는 아무도 이 말을 곧이듣지 않았다. 스페인에서처럼, 이탈리아에서도 군주제는 독재로 인하여 현저하게 명성을 잃고 있었다. 현명한 돈 스투르초(Don Sturzo)가「군주제의 문제는 검토하지 않을 수 없게 된다」199)라고 말한 것은 그 징후로서 중요하다.

그러나 무솔리니는 새로운 국가형태의 외관만을 창안해 내려고 하였을 뿐이라고 하더라도 완전히 국왕이 없을 수는 없다. 그렇지만 다른 모든 독재처럼 파시스트 독재도 그 결정적인 어려움은 계승 문제에 있다. 정치적 상황 속에서 원칙적으로 최고의 대표자를 임명하는 데에는 두 개의 형식 밖에는 없으며, 거기에 따라서 법규에 적합한 전제제와 민주제가 국가형태로서 구별될 수 있다. 정부가 아래로부터 위로 나아가는 의사통일화가 법적으로 정서되는 과정을 통해서 임명되거나, 또는 법률적으로 피통치자의 의사로부터 자유롭게 정부가 성립한다. 예컨대 군주제적인 세습의 법률에 근거하여 정부가 성립하는 것이다. 제3의 방법은 존재하지 않는다. 러시아의 독재제와 구별되는 점은, 파시스트의 전제제가 당이 아니라, 후술하듯이, 유일한 한 사람이 정치 전반에 관해서, 그리고 또 계승문제에 관해서 결정을 내리는 데에 있다.

이러한 사태는 파시즘 대평의회라고 하는 제도를 통해서 은폐되고 있다. 이 회의는 지금은 1928년 12월 9일의「대평의회 설립」에 관한 법에 의해서 법적 형식 위에서도 최고의 국가기관이 되고 있었다. 이 대평의회가 모든 점에서 그 임용과 지위의 모든 것이 독재자의 의지에 계속 좌우된다는 점을 확인해 두는 것이 중요하다. 위의 법률에 의해서

195) Mussolini, "L'azione e la dottrina fascista dinanzi alle necessità storiche della nazione," in aaO., Bd. 18, S. 418.
196) [Anonym], "Die Persönlichkeit des Duce," in Arias u.a., *Mussolini* (Anm. 109), S. 20.
197) Evola, *Imperialismo pagano* (Anm. 169), S. 27.
198) Mussolini, "La politica interna al Senato," in aaO., Bd. 21, S. 196.
199) Sturzo, *Italien und der Faschismus* (Anm. 131), S. 277.

대평의회는 독재자가 의사하는 것 이상을 의결할 수 없다는 것을 생각게 하는 안전대책만을
강구할 수 있었다. 그 공직을 통해서, 또는 과거에 존재한 파시즘에 대한 그 공헌을 통해서
상임회의의 구성원으로 임명되는 사람들 가운데 여하튼 독재자에 의해서 계속 동원될
수 없었던 사람은 소수파에 머물렀다. 그러나 이 법률의 제3조에 의하면, 무솔리니는
그 밖에 국왕이 아니라 자신의 명령을 통해서 특정한 기관에 대해 임의로 많은 구성원을
추가로 임명할 수 있다. 1929년 처음에 회의는 52명으로 되었으며, 그 중 16명만 종신으로,
28명이 공직 재임 기간에 한정하고, 그리고 8명이 3년 임기였다. 그러나 이 조직마저
독재자에게는 아직 충분히 다루기 쉬운 것은 아니었다. 왜냐하면 동조하지 않는 구성원의
한 사람이 예컨대 그 사이에 개인적으로 기분이 상했다는 등 해서, 독자적인 견해를 주장하
여, 대평의회의 「의견의 일치」를 위태롭게 할 수도 있다고 말하는 사태도 있을 수 있다.
그 때문에 1929년 12월 14일의 법률은 구성원 수를 23명으로 제한하는 동시에 종신
구성원이라는 카테고리를 (여하튼 사라지도록 선고된) 로마 진군 사천왕을 남기고 철폐하도
록 명했다. 이로써 한 때의 당서기(Farinacci!)와 장관은 배제되었다. 그들은 3년간 그
공직을 근무한 경우에는 이전의 법률에 따라서 종신 구성원이 될 수 있었던 것이다.
    그 밖에 독재자 내지 그 대리인만이 대평의회를 소집할 수 있었으므로, 또한 독재자만이
의사일정을 결정하고, 평의회는 최종적으로 비밀회의에서 출석 평의원 수를 고려하지
않고 의결하기 때문에 독재자의 완전하고 절대적인 의사에 얇은 표지를 입힐 뿐이라는
이 평의회의 특징에 아무도 의문을 품을 수 없는 것이다. 대평의회의 주요 임무는 모든
절대주의에 대해서 기술적으로 필요하게 되는 분업을 도외시하면서 후계자 문제를 해결하
는 것이다. 평의회는 (정부 수반이) 결여된 경우에, 후임자를 지명하기 위해서 국왕에 대해서
추천권을 행사하지 않으면 안 된다. 이 추천권에 대해서 법사적으로 볼 때 새로운 점은,
추천되어야 할 사람의 수가 법률 속에 열거되어 있지 않다는 데에 있다. 그러므로 평의회는
단 한 사람만을 추천할 수 있으며, 복수를 지명하는 경우일지라도 당에 적합한 인물을
국왕에 강제하는 방법을 알고 있는 것이다. 이 방법은 법률로 평의회가 왕위의 계승과
왕가의 권한에 관해서 「감정인으로서」 의견을 표명해야 한다는 것으로 평의회에 미리
나타나 있다. 거기에 포함된 왕가로 향한 협박은 이탈리아에서는 잘 이해되고 있었다.
평의회의 의사는 독재자의 의사이며, 평의회는 법률로써 후계자 문제를 공석이 되기 이전에
해결해야 하기 때문에, 독재자는 실제로 자신의 후계자도 지명하고, 국왕에게는 이 과정에
군주제의 형식을 부여한다는 불쾌한 임무로 밀어붙이는 것이다. 국왕은 이 직무에 대해서
불가결한데, 그 까닭은 국왕 없이는 파시스트 국가조직의 전체에 연속성을 유지할 수
없게 되기 때문이다. 그것이 국왕에 의해 확보될 수 있었는지의 여부는 역사가 보여줄
것이다.
    독재자는 전체 집행권력을 자신의 수중에 하나로 한다. 국왕도 의회도 이탈리아에서는
장관이나 어떠한 관리를 독재자의 의사에 반하여 임면할 수 없다. 1925년 12월 24일의
법률에 의해서 독재자는 알베르토 헌법에 반하여 내각에 대해 절대적 지배자가 되고,

장관들은 그에게 책임을 지며, 그는 그들의 활동을 지도하고, 그들의 알력에 결단을 내린다. 내각은 대평의회와 마찬가지로 독재자의 확장된 의사일 뿐이다.

그 밖의 행정 전체에도 동일한 것이 타당하다. 독재는 기관으로서 그 의지에 단지 맹목적으로 복종하는 도구를 이용하여, 모든 법적으로 보장된 자립성을 그 뿐만 아니라 관료 조직에서의 고유한 의견의 형성을 모두 배제할 수 있다. 법무장관이 1925년 6월 19일의 의원 연설에서 표명하였듯이,[200] 이「관료와 정부 간의 정신적 합치」를 가져오기 위해서 1925년 12월 24일의 법률 세 조문을 통해서, 모든 범주의 문관 무관의 어떠한 위계에 있는 관료와 공무원도, 모든 법률의 규정에 근거하지 않고, 관리가「직무의 내외에서 의견표명의 결과로서 진정한 의무수행이 완전하게 확보되지 않거나 또는 정부의 일반적인 정치방침과 일치하기 어려운 대립적인 경우에는」1926년 12월 15일까지 해직할 수 있게 되었다. 정치적인 이유에서 해임된 관리들은 최신의 명령에 의하면, 모든 연금청구권마저도 몰수할 수 있다는 것이다. 법률은 명문으로 최고위의 장교, 모든 사법관과 아울러 대학교수에도 향하고 있다. 이 세 개의 범주는 제1조 제3항으로 그 파면에는 내각회의의 의결을 필요로 한다고 하는 한에서는, 경의를 가지고 언급되고 있다. 이 의결은 물론 무솔리니의 결정과 아무런 구별도 없다.

모든 독재는 중앙집권적으로 통치하지 않을 수 없는, 즉 국가활동의 모든 부분에서 중앙기관으로서 의사를 표명하지 않으면 안 된다. 이탈리아는 오늘날 역사상의 어떤 국가보다 집권적으로 조직되어 있다. 물론 전이탈리아가 로마의 **베네치아 궁전**(Palazzo Venezia)에서 무솔리니 혼자에 의해서만 통치되는 것은 아니다. 독재자가 할 수 있는 한 많은 일자리를 수중에 통일하려고 노력을 경주하여, 1929년까지 가장 중요한 부처, 즉 외무·내무·육군·해군·공군·식민지 그리고 협동체 각 성을 적어도 명목상은 스스로 다스리고 있었다는 것이다. 무솔리니는 1929년 9월 12일 이래 명목상은 내무부만을 스스로 다스리며, 다른 부처에 관해서는 각 부 장관을 임명한다고 했지만, 이것은 정치적으로 물론 아무런 변화도 의미하지 않는다. 어떠한 절대주의도 행정적 분권, 이른바 탈집권화 없이는 해 나갈 수 없다. 그러나 절대주의적 전제제의 탈집권화 된 관청 내지 기관은 예외 없이 항상적으로 가장 엄격한 종속제 아래에서 독재자의 지시에 따라서만 행정을 집행한다. 모든 종류의 분권은 법적인 자치, 즉 법적으로 상대적인 독립한 자기 결정인데,「단일적이며 권위적인 집권화」의 파시스트 국가에서는 대체로 생각할 수 있는 범위에서 근절되고 있다. 이렇게 해서만 독재적인 중앙의 의사는 언제나 실시가 보장된다. 그리고 예컨대 돈 스투르초도 한탄하듯이, 이탈리아에서는 시·읍·면 그리고 현의 **자치**(Self-government)의 정신이 이해되었던 적은 없었다.[201] 그러나 파시즘은 이 정신을 근절해 버렸다.

현의 다양한 범위는 17개의 새로운 현을 창설하여 평준화되었지만(1927년 1월 2일의

---

200) Rocco, *Scritti* (Anm. 125), Bd. 3, S. 827.
201) Sturzo, aaO., S. 150.

법률 명령), 이러한 현에서는 중앙에서 지명된 포괄적인 권력권한도 지사들에 의해서 행정이 관리되었다. 1926년 4월 3일의 법률에 의하면, 지사는 정부의 일반적인 지시에 따라 국가행정의 통일을 배려할 뿐만 아니라 현의 정치적 입장 전체에 책임을 지도록 되었다. 이 법의 제3조와 아울러 통첩으로, 무솔리니는 지사들에게 현에서의 기타 모든 조직에 대한 통제, 특히 정당과 그 청년 조직에 대한 통제를 요구하고 있다. 마지막으로, 지사는 새로운 행정과 단체 시스템을 통해서「현의 생활과 행동 전반의 정점에」위치하며,「거기에서 현에 관한 제안과 통일적인 방침이 나오지 않으면 안 된다」[202]라고 한다. 이러한 자격에서 지사는 무엇보다 정치적인 소행증명서(素行證明書)를 교부하지 않으면 안 되며, 그것 없이는 오늘날의 이탈리아에서는 이미 아무런 직업도 영위할 수 없는 것이다. 지사는 그 밖에 현경제평의회의 의장이기도 한데, 이것은 그때까지 분리되었던 상업·공업·임업·농업의 각부의 통합을 의미하며, 현의 통일적인 경제적 발전을 배려해야 하는 것이다. 1928년 12월 27일의 법률로써 모든 자치조직은 마침내 폐지되고, 현 대표부는 현령에 의해서 현의회는 현 평의회로 대치되었다. 현 평의회 의원은 현의 규모에 따라 최대 4인에서 8인까지 두고 현령과 같게 4년 임기로서 부에서 임명되며, 아무런 법적 보호 없이 언제든지 현평의회는 예컨대「행정과 공공질서의 이유에서」(제6조) 해임될 수 있다.

마침내 지사는 그 현 안에서 모든 시읍면 단체를 총괄하는 것,[203] 그것들은 현과 마찬가지로 로마 진군 이후에는 먼저 폭력과 협박으로, 1926년 이후에는 형식법적으로도 모든 종류의 자치를 빼앗아버린 것이다. 1926년 2월 4일의 법률로써 비교적 큰 시읍면에 관해서, 시읍면 선거는 폐지되고 중앙으로부터 5년 임기로 지명된 지사에 의해 언제라도 해임 가능한 **포데스타**(Podestà=市長)에게 행정을 맡길 수 있었다. 포데스타는 위로는 독재적으로 종속되고, 아래로는 지사가 그 영역에서 그렇듯이 독재적으로 제약이 없다. 확실히 2만 명 이상의 주민도 시읍면에는, 현도에서도 그렇듯이, **시읍회**(Consulta municipale)가 있는데, 그러한 지위는 선임과 마찬가지로 어떤 자치에 대해서 중요하지 않다. 법률이 이 시읍회의 수를 확정하게 된 10만 명 이상의 주민을 가진 도시를 제외하면, **시읍회**의 구성원 수는 지사에 의해서 규정된다. 지사는 그들을 지명도 하지만, 그것은 부분적으로는 이것 역시 지사가 지명한 조합의 제안에 의한다. 이 경우 조합은 시읍회 구성원 한 사람에 대해 세 명의 후보를 추천할 수 있다. 그러나 이렇게 구성되고 개개의 사례, 특히 재정적인 성격의 사례에서 의견이 요구될 수 있는 **시읍회**는 그 이외에 결정적인 투표권을 가지지 않는다. 그 의결은 어떠한 경우에도 구속력을 가지지 않으며, 시장과 견해가 다른 경우에는 재차 지사가 결정한다. 로마시는 1928년 12월 6일의 법률에 의해서 **총독**(Governatore)에 의해서 통치하게 되었다. 총독은 그 대리인과 12인의 구성원으로 조직되는 시회와 마찬가지로, 형식상으로는 국왕의 칙령으로 지명되며, 언제든지 해임이

202) Benito Mussolini, "Rundschreiben an die Präfekten des Reichs," in Arias u.a., *Mussolini* (주 109), S. 410.
203) Leibholz (Anm. 129) in Anm. 214에 인용한 법률 참조.

가능하다.

모든 현과 시읍면의 자치를 이보다 완전하게 파괴하는 것은 거의 생각할 수 없다. 무솔리니는 이것을 정당하게 이렇게 말할 수 있었을지도 모른다. 「우리들이야말로 행정이 된다」고. 그러나 여기서도 파시즘이 거기에 고유한 제도들을 얼마나 정당화할 수 없는가가 밝혀지고 있다. 위에 약술한 조직에 직면하여, 파시스트의 국법학 교수이며, 무솔리니의 18인 입법위원회의 구성원인 인물은, 파시즘 국가의 집권주의에 이의를 주장하는 마음을 벌써 굳히고,204) 마라빌리아(Maraviglia)는 시읍면 입법에 대해 공식적으로 취지를 설명할 때에, 「시읍면 자치는 그 기능적 성격, 즉 그 진정한 정통이 되는 본질로 존중되며 그 변질되고 잘못된 형식에서는 무효가 된다」라고 설명한다.205) 또한 무솔리니는 모든 기관의 집권적 임명은 그 「법률적 성격」에는 아무런 변함이 없다고 분명히 거짓으로 그 절대주의적인 현 행정을 정당화하려고 하며, 거기에서 영국의 치안판사가 국왕에 의해서 임명되는 것을 완전히 부당하게도 인용한다.206) 그러나 거기서 이것들을 비롯한 수많은 유사한 의견표명에서 언제나 명백한 것은, 파시즘은 그 제도들을 독자적인 이념세계로부터 정통화하지 못하고, 민주주의로부터 이념을 계속 차용하지 않을 수 없다는 것뿐이다.

집행부와 함께 파시즘 국가의 입법부 역시 중요한 법적 제약 없이 독재자의 수중에 있다. 의회제 법치국가에서 국가의 행위는 법률에 근거하여 성립하며, 이 법률은 폭력에 의하지 않은 의회에서의 교섭의 산물로서 성립한다는 것이다. 이탈리아의 전후 시대에 의회제는 행위 없는 교섭의 장소로 전락하고, 따라서 파시스트의 선동에 대해서 안성맞춤인 공격 대상이 되는 것도 드물지 않았다. 파시스트는 국가 안에서 교섭 없는 행위만을, 즉 법규범의 구속 없는 독재적 능동성만을 보려고 하는 선동을 펼쳤던 것이다. 「의회제는 전부터 그 이름 속에 있는 완전히 터무니없는 비도덕성을, 우리들의 현실생활, 우리들의 수치를 반영해 왔다」고, 무솔리니는 1923년 10월 30일에 페루자에서 서술하고 있었다.207) 그는 하원을 1922년 11월 16일에 모멸적으로 대우했다. 그는, 자신은 하원의 회의장에서도 동일하게 자신의 보병 중대의 야영장을 만들 수가 있었지만, 「적어도 이 최초의 기간에는」 그것을 단념하였다고 하원에 알리게 했다.208) 의회는 신임투표로써 포기하고, 졸리티는 그 때 자신의 친구에게 의회는 모두가 그 의회에 적합한 정부를 가질 것이라고 말했다는 것이다.209)

오늘날 상원과 하원은 독재의 의사 없는 도구일 뿐이다. 이것을 이미 그 임명형식이 보여주고 있다. 왜냐하면 실제로 양원의 구성원은 독재자에 의해 지명되기 때문이다. 상원에는 여하튼 약간 명의 파시스트 이전 시대 이래의 종신 의원들이 있고, 그 몇 사람들은

204) Gino Arias, "Die faschistische Staatsform," in Arias u.a., *Mussolini* (Anm. 109), S. 260.
205) *Le Leggi*, Bd. 15, S. 349.
206) Mussolini, "La provincia nel regime fascista," in *Gerarchia*, Bd. 8 (1928), S. 589 ff. (590).
207) Mussolini, "Celebrazione Perugiona della marcia su Roma," in aaO., Bd. 20, S. 72.
208) Mussolini, "Il primo discorso presidenziale alla Camera dei deputati," in aaO., Bd. 19, S. 17.
209) Kaminski, *Faschismus in Italien* (Anm. 89), S. 43.

독재자의 압력에도 불구하고, 어떤 종류의 인신의 협박에게도 굴하지 않고, 당분간은 독재자에게 반대하여 자신의 의견을 표명하는 용기를 가지고 있었다. 1928년 5월 13일의 새 「선거법」에 관한 표결에서는 그래도 상원에 46표의 반대 소수파가 있었다. 그러나 알베르토 헌법에 의하면 상원은 바로 지명 원리 때문에 무솔리니에게 동조하지 않을 수 없고, 완전히 위험한 존재일 수 없게 되고, 정치적 의사형성에 대해서 결정적이지 않았다. 오히려 결정적인 것은 선거에 의해서 선출되는 하원이었다. 그러나 1928년 5월 17일의 법률에 의하면, 하원도 이미 인민에 의해서 선거되는 것이 아니라 대평의회에 의해서 마침내 무솔리니가 지명하게 되었다. 대평의회는 피고용자와 고용자의 국민연맹과 아울러 그 밖의 약간의 파시스트 단체가 다음의 완전히 흥미로운 분배율에 입각해서 대평의회에 제안이 허가 된 목록에 근거하여 통일적인 전국 「선거 리스트」를 만들어 낸다.

■ 조합

1. 전국농업연맹 ···································································· 96
2. 전국농업노동자 · 직원연맹 ············································· 96
3. 전국공업연맹 ···································································· 80
4. 전국공업노동자 · 직원연맹 ············································· 80
5. 전국상업연맹 ···································································· 48
6. 전국상업노동자 · 직원연맹 ············································· 48
7. 전국해운 · 항공연맹 ························································ 40
8. 전국해운항공노동자 · 직원연맹 ······································· 40
9. 전국육운 · 내해해운연맹 ················································· 32
10. 전국육운 · 내해해운노동자 · 직원연맹 ··························· 32
11. 전국은행연맹 ·································································· 24
12. 전국은행직원연맹 ·························································· 24
13. 전국전문직 · 예술가연맹 ················································ 160
                                                                    800

■ 기타 단체

1. 파시스트 공무원협회 ······················································ 28
2. 파시스트 초등학교협회 ··················································· 10
3. 파시스트 철도원 협회 ···················································· 5
4. 파시스트 우편, 전신원협회 ············································· 2
5. 파시스트 국영 공업기업협회 ··········································· 2
6. 대학 ············································································· 30

　　제안된 천명에서 대평의회는 4백 명을 선발하는데, 대평의회는 만들어진 제안들에 결코 구속되지 않는 것이 아니라 어떤 다른 후보자들도 명부에 등재할 수도 있어서 명목상의 개개의 직능단체의 개별적 이해에 대해서 국민의 전체 이해를 보호한다는 것이다.[210] 이렇게 성립한 리스트는 인민에게, 즉 1928년 11월 2일의 법률명령에 의해서 자격이 인정된 대략 950만 명의 선거인에게, 전국 후보자 명부로서 제시하고, 선거인은 그 전체를 받아들이거나 거부하는, 예스나 노로 대답할 수밖에 없다. 부정적인 선거 결과가 된 경우에, 법률은 그것과 서로 다투는 리스트를 가지고 새로운 선거절차를 진행하도록 규정하고 있는데, 이탈리아의 지배적인 상황 아래서 부정적인 결과는 배제된다. 이것을 법률 작성자도 알고 있었을 뿐만 아니라 더구나 승인하고 있다.[211] 오락을 하려고 집에 머무르든, 효과 없는 반대투표를 하든가, 단지 그 때문에 자신의 경제적 생계를 위험하게 하려는 사람들이 있을 것인가?

　　그러나 의회가 완전히 무력한 지위에 있는 것도 이러한 종류의 주문을 허용하는 이유이다. 1925년[원문은 1924년] 12월 24일의 법률에 의하면, 독재자의 의사에 반하여 의회는 법률안을 제출할 수도 없으며, 그에게 어떤 불편한 통제나 비판을 가할 수도 없다. 왜냐하면

---

210) Mussolini, in *Le Leggi*, Bd. 17, S. 459 ff.

211) AaO.

독재자의 동의 없이는 양원의 어느 한 쪽의 의사일정에 대해서 의안을 다툴 수가 없기 때문이다. 따라서 의회는 예산에 동의하지 않을 수 없으며, 무솔리니의 의안을 전연 부인할 수 없는, 동의하는 기계에 불과할 뿐이다.

　이러한 범위에서도 이미 의회의 입법기능은 순전히 장식일 뿐이다. 그렇지만 1926년 1월 31일 법률의 4개 조문은 집행과 입법의 구별을 폐지하고, 의회의 의견을 대체로 듣지 않고 실질적인 법을 제정하는 권한을 독재자에게 부여하였다. 독재가 법치국가에 침입한 가장 중요한 장소는 가장 중요한 법치국가적 기관인 의회를 분리해서 기능부전을 일으키고, 스스로 그 돌파구를 열고 말았는데, 즉 입법에서 발견할 수 있다. 이 점은 주목할 만하다. 언제나 포괄적인 수권법과 명령입법으로 동의했기 때문에, 의회는 이미 파시즘에 앞서 집행과 나란히 그 존재이유가 의문시되고, 스스로 목을 매고 그 종말을 준비한 것이다. 더욱이 구의회는 1923년 12월 30일의 수권법에 의해서 민법·상법·민사소송법과 아울러 해상법을 일정한 방향으로 개정하는 것을 정부에게 인정하고, 그뿐만 아니라 1925년 12월 24일의 법률이 민법의 「그 밖의 개정과 추가」를 하는 권한, 즉 결국 무제한한 권한을 정부에게 인정하고, 나아가 형법, 형사소송법과 아울러 재판법의 개정도 대체로 생각할 수 있는 최대한의 범위에서 정부에게 맡겨 버렸다. 이렇게 되자 이탈리아인은 누구나 도대체 의회는 원래 무엇을 위해서 존재하는지 라고 의문을 가지지 않을 수 없게 되어 버렸다.

　다른 측면에서 집행은 의심할 여지가 없을 정도로 과도하게 법치국가적 법률에 구속되고 있었지만, 그것이 법치국가라는 건물 전체를 파내려가기 위한, 독재에 대해서는 마음에 드는 좋은 구실을 제공해 버렸다. 19세기의 법률적 사고에서 생겨난 **알베르토** 헌법은 집행이 자의로 행해질지도 모른다는 불신을 안고 있었기 때문에, 행동하는 국가를 예외상황에서도 법률에 구속하려고 하였다. 즉, 특별한 사건에 의해서 헌법의 존속이 위협을 받는 경우에도 법률위반의 명령에 의해서 헌법을 보호할 권리가 헌법에 따라서 집행에 인정되지 않기 때문이다.[212] 그 결과는 산정할 수 없는 예외가 헌법에 위반해서 뿐만 아니라 그것을 훨씬 넘어서 이론상 부분적으로는 승인되고 부분적으로는 거부되는 긴급명령의 실제를 가져오게 되었다. 이러한 실제를 가지고 집행은 파시즘 이전에 벌써 입법을 대체하였다.[213] 1926년 1월 31일의 법률에 근거하여 정부는 이제 「불가피하고 무조건적인 필요성이 있는 비상사태에서는」 법률명령을 발포할 수 있게 되었다. 「필요성과 긴급성의 평가는 의회의 정치적 통제에만 복종한다」. 독특한 파시즘 법학은 이 법률에 대해 이렇게 주석한다. 정부에게 명령 입법이 일정한 소재에 관해서 한 번 인정되면, 정부에 이 권리가 인정되지 않은 분야에서도 이런 종류의 법률을 정부가 발포하는 것은 회피할 수 없을 것이라고 한다.[214] 유일한 통제권을 가진 의회가 독재자의 의사 없는 피조물이라는 것을 고려한다면,

---

212) Statute fondamentale del Regno, 4. März 1848, Art. 3, 6.
213) Leibholz, *Faschistische Verfassungsrecht* (Anm. 129), S. 31 ff. 참조.
214) Arias, "Fascistische Staatsform," in Arias u.a., *Mussolini* (Anm. 109), S. 242와 거기에 인용된

그 법률명령이 인가의 필요성과 긴급성을 배려할 필요 같은 것은 없는 것이 이해가 간다. 사실 독재는 이러한 전제들의 외관을 가지고 있지 않을 뿐만 아니라 새로운 학적부의 도입(1926년 8월 20일)에 이르기까지 대체로 모든 법률명령으로 규율했다. 파시스트가 지배한 최초의 12개월에, 수권법에 근거한 8백의 명령과 함께, 나아가 517개의 긴급 법률 명령이 발포되었다. 실제적으로는 오늘날 의회라고 하는 동의기계가 사전 내지 사후에 인정하지 않으면 안 되는가의 여부에 관한 문제는 본질적인 차이를 가져오지 않기 때문에 전적으로 동일한 것이다.

왜 파시즘은 정치적 현실성의 배후에 아무것도 없는 이러한 의회제의 외관을 완전하게 제거하지 않는가? 하나의 외정적인 이유가 결정적이다. 사람들은 민주적인 국가들에 대해서 이러한 외관을 가장하기 십상이다. 의회제적으로 은폐하는 것이 내정적으로 가지는 의의는, 예컨대 이른바 **정치적 유언**[215])으로, 의회는 — 그 낡은 형태에서 — 민주적인 장식물로서 유지된다고 하더라도, 거기로부터 모든 힘을 빼앗으라고 조언하던 파레토의 설명으로 해명된다. 이러한 의미에서 무솔리니는 의회를 1922년 10월 24일에 나폴리에서 말했듯이, 「장난감」[216])으로서 유지하고, 이러한 의미에서 그는 1928년에도 덧붙여 이탈리아 인민은 「새로운 파시스트의 선거법으로 이런 종류의 정부가 국민의 천성에 들어맞고 있는지, 세계에서의 그 욕구, 그 생명과 권력의 필연성에 합치하는가」[217])를 분명히 할 사명이 있다(*chiamato a dire*)라고 주장한다. 다음의 어떤 법률가의 주장도 같은 목적을 기본으로 삼는다. 그에 의하면, 의회는 여전히 인민을 대표한다. 왜냐하면 그 성격은 「그 기능하는 것의 종류로부터, 즉 자신의 권한에」만 의존하기 때문이라는 것이다.[218])

그러나 이러한 종류의 정치는 부당하게도 「마키아벨리즘」에서 나온다.[219]) 만약 그 불성실함을 인민이 믿을 수 있는 경우에 한하여 이렇게 불러도 어느 정도는 정당할는지도 모른다. 그러나 밀라노로부터 카타니아까지, 이러한 은폐를 간과하지 않는 이탈리아인은 그만큼 없기 때문에 그것을 이념적인 무력함의 표현으로 이해하는 길만이 남아 있다. 이 무력함이란 민주제를 극복하기 위해서 출발했는데, 민주제의 이데올로기와 그 외관 없이는 안 되는 것이었다. 저명한 저술가들이 파시스트 독재에 의해서 강제를 당하지 않고, 그 민주제의 요구를 진지하게 방어하지 않았다면, 이탈리아 이외의 유럽의 사람들은 이러한 확인으로 만족할 것이다. 무솔리니는 예컨대 「앵글로 아메리칸 뉴스 서비스」의 기자에 대해서, 파시즘은 바로 민주제로 정의할 수 있으며, 집권화 된, 책임 있는 규율된, 민주제이며, 전체 이탈리아 인민의 통치라고 설명하고, 파시즘 이전의 시대에는 이탈리아

---

Carlo Saltelli, *Potere esecutivo e norme giuridiche*, Roma 1926, S. 237.

215) Vilfredo Pareto, in *Il Giornale Economico*, Roma 1923, Bd. 1, S. 273 ff.

216) Mussolini, "Il discorso di Napoli," in *Opera* (Anm. 2), Bd. 18, S. 457.

217) Mussolini, "La provincia nel regime fascista (Anm. 206), S. 591 f.

218) Pietro Chimienti, *L'organizzazione nazionale fascista nel diritto pubblico italiano*, Turino 1928, S. 89.

219) 그리하여 Robert Michels, *Sozialismus und Fascismus in Italien*, München 1925, S. 303.

에 민주제는 없고, 순전한 민중 선동만이 있었으며, 파시즘이 처음으로 이탈리아의 민주제를 알프스 지방으로부터 시칠리아까지 만들어 낸 것이라고 주장한다.220) 독재자의 이러한 설명이 어떤 내정적 및 외정적인 동기에 의한 것인가는 곧 알게 된다. 한편, 독일의 이론가가 파시스트 독재의 민주적 성격의 이론을 어떻게 근거지울 것인지는 카를 슈미트가 보여준다.221) 그의 생각으로는 민주제와 자유주의의 기본적 차이는 정치적 사고와 경제적 사고의 대립에 일반적으로 의거한다는 것이다. 민주제와 소선거구제 비밀선거와의 등치는, 자유주의일지라도 민주주의는 아니며, 시저적 신조를 품은 민주주의자는 오래된 역사적인 유형이어서, 1928년 5월 17일의 파시스트법에서 말하는 국민투표는 슈미트의 논의에서는 읽어낼 수 없듯이, 비민주적인 것은 아니며 그 뿐만 아니라, 소선거구제 비밀선거의 오늘날의 방법보다 훨씬 민주적이라고 하게 된다. 오늘날의 방법은 철저한 개인화에 의해서 모든 국가적인 것과 정치적인 것을 위태롭게 하고 있다고 한다.222) 카를 슈미트와 무솔리니는 민주제에 대해 기껏해야 개인적인 개념을 생각한 것이지만, 그것이 아마도 독재에는 필요하겠지만 확실히 학문적으로는 필요하지 않다. 독재자에게 물론 거기로부터 논리적인 모순이 생겨서 전적으로 면목을 잃게 되지는 않는다. 그러나 이론가에게는, 예컨대 한편으로는 파시즘의 일당 국가를 민주적이라고 부르면서, 다른 한편으로는 「정당 없는 민주제 등 존재하지 않는다…」223)라고 단언해 버리면, 거기에는 여하튼 모순점이 남는다.

위에서 설명했듯이, 독재자의 수중에 집행과 입법이 통일된다면 그 자체만으로 이미 사법의 법치국가적 독립성은 종말을 의미한다. 왜냐하면 재판관의 독립성은 실로 재판관의 법률에 대한 종속성의 상관물로서만 이해할 뿐이며, 거기서 법치국가에서의 법률은 인민의 입법부에 의해서 적어도 그 협력 아래 제정된 최고의 법규범을 의미하기 때문이다. 「왜냐하면 인민이나 그 대표가 법률을 (적어도 그 협력 아래) 의결함으로써 입헌주의의 법률은 절대군주나 독재자의 규범과는 구별되기 때문이다」.224) 법률이 논리적으로 볼 때 개별적인 결정을 내리는 것인지 또는 일반적인 그것인지, 하나의 사례를 규범화하는지 수많은 사례를 규범화하는 것인지는, 법치국가적 법률인 그 성격에 관해서는 아무래도 좋다. 형식주의적인 법률사고에 대해서만 양적 일반성이 질적 정당성의 무조건적인 보장이 된다. 법치국가의 법률은 그 상대적인 올바름의 보장을 전체 입법절차 속에 가져야 한다고 하는데, 그것은 이 절차가 인민 중에 살아있는 평가의 모든 것을 가능한 한 자유롭고 평등하게 입법부 내에서 표현시키도록 하기 위함이다.

---

220) *Corriere della Sera*, 9. Januar 1929.

221) Carl Schmitt, Besprechung von Erwin v. Beckerath, *Wesen und Werden des fascistischen Staates* (Berlin 1927), in *Schmollers Jahrbuch für Gesetzgebung, Verwaltung und Volkswirtschaft*, 53 (1929 1), S. 110 ff. (김효전 · 박배근 공역, 『입장과 개념들』, 세종출판사, 2001, 156면 이하).

222) 후술 S. 596 f. (본서, 343면 이하) 참조.

223) Carl Schmitt, *Verfassungslehre*, Berlin 1928, S. 247.

224) Hermann Heller, "Der Begriff des Gesetzes in der Reichsverfassung," in *Gesammelte Schriften*, Bd. 2, S. 226 (「법률의 개념」, 본서, 166면) 참조.

그러나 독재자가 입법을 수중에 넣고 모든 최고법규범이 많든 적든 배타적으로 그 의사로부터 나오는 곳에는, 재판관은 이미 「법률」에 종속되는 것이 아니라 바로 독재자의 그때그때의 자의에 좌우되며 판결 역시 독재적이 된다. 그런데 이탈리아에서의 파시스트 독재는 집행과 입법에 가세하여 한층 더 제3의 법치국가적 권력도 그다지 칭찬할 만한 방법으로 기능부전에 빠지지 않았다면, 불가능했을 것이다. 사법은 독재자의 법률 명령에 합헌성을 심사하고 위헌의 그것에는 재판소에 의한 적용을 거부한다는 의무를 피렌체의 국법학자 시오토 핀토르가 정당하게 지적하듯이, 「슬플 정도로 안이한 방법으로 취급해 왔다」.225) 이처럼 「겸손하고 기꺼이 응하는 태도는 재판관 신분의 **완전하게 자발적인 자기 축소**를 의미하는」데, 그들은 원래 그 때에 자신의 결백을 밝히기 위해서, 모든 「가련한 외면적 이유」를 찾지 않을 수 없었던 것이다.226) 1922년의 11월과 12월에는 아직 파훼원 (破毁院, Kassationshof)은 그 심사권을 행사하고 있었다.227) 그러나 그 1924년 1월 25일의 결정으로,228) 파훼원은 이미 퇴각하기 시작하였다. 마침내 파훼원은 1924년 5월 3일에 결정적으로 독재 앞에 항복하고, 「판례와 학설」에서는 「집행권은 법률 명령을 입법권에 유보된 대상에 관해서 발포해도 헌법규범을 침해하지 않는다는 점에 대해서 **완전한 의견의 일치**가 지배한다」229)고 주장하기에 이르렀다. 시오토 핀토르는 이러한 주장을 아주 정당하게도 「순전히 철면피한 거짓」230)이라고 말한다. 1926년 1월 31일의 법률을 통해서 법률 명령은 사법심사를 면하고, 이미 현실성이 없는 의회에 의한 통제에만 따르게 되었다. 그 이후로 바로 그와 함께 사법심사권은 독재에 항상적이며, 또한 가장 엄격하게 종속한 상태에 있게 된 것이다.

그러나 파시즘은 그것을 넘어, 나아가 위의 파훼원의 태도를 당연하게 생각게 하는 예방대책을 강구하고 있었다. 그러나 로마에 진군한 후 몇 개월이 지나서도, 1923년 5월 3일의 칙령은 파훼원의 각 판사는 「위신과 그 사명을 적절하게 수행하기 위해서 필요한 권위를 상실했을 경우에는」 판결 없이 파면하는 권한을 정부에게 주었다. 1923년 9월에는 파훼원 원장, 즉 이탈리아 최고층에 있는 판사가, 요컨대 불성실한 공복이라고 하여 파면되었다. 그 파면을 그는 신문을 통해서 알았는데 그 지위는 충실한 파시스트가 대신하였다. 「파시스트 정부 이상으로 사법의 독립을 존중하는 사람은 없다」라고 무솔리니 는 1924년 3월 23일에 명언했다.231)

일반적으로 판사의 종신제와 거기에 따른 독립제는 이미 1925년 12월 24일의 공무원법 에 의해서 종말을 고하고, 지금 정부는 「직무의 내외에서 성실한 의무수행의 완전한 보장을

---

225) Siotto-Pintòr, "Staatsrechtsleben," (Anm. 180), S. 281.

226) AaO., S. 283.

227) Siotto-Pintòr, "Verfassungsleben" (Anm. 180), S. 247 ff.

228) *Il Foro Italiano*, 49 (1924), parte prima, Sp. 781.

229) Siotto-Pintòr, "Staatsrechtsleben," S. 282.

230) Ebd.

231) Mussolini, Cinque anni dopo San Sepolcro," in aaO., Bd. 20, S. 209.

제공하지 않고, 정부의 일반적인 정치방침에 일치하기 어렵게 대립하는」모든 판사를 법률의 규정 외에서 파면할 수 있게 되었다. 1925년 12월 8일의 공식 코뮤니케에 의하면 17인의 판사가 파면되었다. 몇 사람이 이러한 방법으로 계속적으로 12개월에 면직되었는지는 알려지지 않았다.

1926년 11월 25일의 국가방위법 제7조는 나아가 국가방위 특별재판소의 설치를 통해서 정치범죄에게 유죄판결을 내리기 위해서 이탈리아에 특별한 종류의 독재적 재판권을 창설했다. 이 재판소는 군대(또는 의용군)의 장군 한 사람과 네 명의 파시스트 의용군 장교로 구성되며, 권리의 보호 없이 최종심으로서 판결을 내리는데, 이것은 예외재판소일 뿐만 아니라 단순한 당(黨) 재판소이며 볼셰비키의 혁명법정과 비교하여 못지않은 것이다. 현재는 매우 젊은 파시스트 장교 크리스티니(Cristini)가 소장을 맡고 있다. 피고에게는 의용군 장교인 한 사람의 관선 변호사만이 인정된다. 이런 종류의 재판권의 실태를 보여주는 판결을 생각나는 대로 선택해 보자. 1927년 5월 10일에는 칼 대장장이 마노펠라가「레닌 만세」라는 것을 새긴 칼을 주조한 죄로 금고 3년의 유죄판결을 받았다. 1927년 6월 28일 판결에서는 피치올리니라는 인물이 2년 반 감옥으로 보내지게 되었다. 그는 몇 사람에게, 혁명이 필요하다고 말했기 때문이다. 검열을 마친 파시스트계 잡지 『황혼의 우편집배원』(Corriere della Sera) 1927년 11월 13일호는 다음과 같은 기사를 게재하고 있었다.「국가방위 특별재판소에서 몽라도(비엘라) 출신의 마리노 그라지아노라는 남자와 조르지나 로세티라는 여자에 대한 고소가 심의되었다. 그들은 비밀스런 선동 문서를 통해서 국헌을 전복하려는 공동모의를 해서 내전을 선동한 죄로 기소되었다. 그라지아노와 로세티는 약혼 중에 만났지만 그들은 경찰의 조서에서 공산당원으로 불리고 있어 비엘라 현의 노동자 주민들 사이에서는 그들의 프로파간다가 알려지고 있었다. 공산주의 신문의 여러 호가 남자의 집에서 발견되고, 그라지아노에 의한 선동적인 성격의 전단이 약혼자의 집에서 발견되었다. 심문 전에 그라지아노는 선동적 팸플릿을 인쇄하여 그 직장동료에게 배포한 것을 인정했지만, 자신의 약혼자가 자신의 행위를 알고 있던 것과 그녀가 공산주의자인 것은 부인하고 있었다. 그러나 '선동적인 자료의 대부분이 로세티의 집에서, 어떻게 발견하게 되었는가?'라고 재판장이 질문했다. 피고인은 대답하기를, '나의 가족이 그것을 가지려고 하지 않았으므로 나는 자료를 집에 가지고 가지 않았다'라고 대답했다. 로세티는 공산주의자인 것을 부인하고 자신의 약혼자의 공산주의적 선전에 대해서는 아무것도 몰랐다고 주장했다. 세 명의 경찰관은 그라지아노와 그 약혼자는 모두 공산주의자라고 반복했다. 법정은 두 명에게 금고 18년의 유죄판결을 내렸다」.

이 재판소는 1924년 2월 1일부터 1928년 6월 5일의 기간에 유사한 65개 소송으로 355인에 대해서 2086년에 이르는 금고형을 부과했다. 일간 신문이 — 위협할 목적으로 — 가장 엄격한 형사 판결을 공표하지 않은 주(週)가 되었다. 일련의 사형 판결도 — 이것은 파시즘 이전의 이탈리아에는 알려지지 않았다 — 선언되고 집행되었다. 사면권은 어디서나 왕가의 본질적인 권리인데 이것은 왕가로부터 실제로 박탈되었다. 이제 재판소의 재판장은 사형수에 의한 사면 탄원이 국왕 아래 제출해야 할 것인가의 여부를 판단하지 않으면 안 되게 되었다. 그 동안에 처형된 사형수에 의한 사면의 탄원은 모두 국왕에게 제출되지 않았다. 1927년 5월 26일에 무솔리니는 의원에서 선언했다. 「특별재판소는…불복의 여지를 남겨 놓지 않았고, 앞으로도 더욱 그렇게 될 것이다」.[232]

마침내 파시즘은 그 독재자의 의사에 대한 최후의 법적 제약, 즉 법치국가적 헌법의 기본권과 자유권도 폐기하기에 이르렀다. 경제적인 계급문제가 무엇보다도 초미의 문제였던 시대에는 자유주의가 젊은 세대에 대한 정치적 선전력을 남김없이 상실해 버린 것도 이해할 수 있다. 그러나 모든 자유권을 맨체스터 자유주의와 동일시하여 끝내는 견해는 완전히 잘못이다. 기본권 속에는 오히려 개개의 국가를 정통화하고, 따라서 통합도 하는 전체적 문화체계가 표현되고 있다. 「이러한 가치체계의 이름 아래 이 실정적 질서는 타당하고 정통적이어야 한다」.[233] 입법, 행정 그리고 사법은 기본권을 통해서 그러한 기준이 되는 방침을 모든 국가기관은 그것들의 법적 제약을 받는다. 기본권에 의해서 헌법상 보장된 자유의 영역에 대한 개입은, 원리적으로 헌법의 틀 안에서 법률에 근거해서만 인정되는, 즉 직접 내지 간접적으로 입법권을 가지는 인민을 통해서만 인정되어야 하는 것이다. 기본권은 원칙적으로 무제한한 것으로 관념되지 않으면 안 되는데, 그 제약은 「예견가능한, 전제와 내용이 예측할 수 있고 통제가능한」 개입만을 허용한다[234]는 견해가 있다. 이것은 합리주의적인 예단이며, 그 자체 합리주의적 법률개념과 함께 법치국가를 정신사적으로 깎아내리는 데에 하나의 역할을 하거나, 그렇지 않으면 모든 기본권은 법률의 유보 아래, 즉 최종적으로는 인민 속에서 지배적인 가치관념의 유보 아래 있다는 사실을 나타낸다.

물론 기본권에 표현된 가치체계는 지속적으로 역사적인 혁명화에 복종해 왔다. 유럽의 근대 헌법들 속에서 발전하고, 우리나라의 사회와 정신의 역사에 기초를 마련한 법적 자유와 평등의 체계도, 각 세대에 많든 적든 깊은 전환을 경험해 왔다. 그러므로 무솔리니는 어떤 종류의 이탈리아 자유주의와 사회주의에, 그들은 「'학문적으로' 기초를 마련하고, 논쟁의 여지가 없는 모든 시간·장소 그리고 여러 사정에 타당한 진리를 손에 넣고 있다고 믿고 있다」[235]고 비난을 퍼부었던 것은 분명히 부당하지 않았다. 「자유로부터 광란의 축제」[236]가 탄생되었다는 그의 주장은, 수많은 전후의 현상에도 타당하겠지만 그 만큼이 아니라 일반적으로 개인적 자유는 전체를 참을 수 있는 정도보다 증대할 수 있는 것이라고 오인한 법치국가로 향한 정당한 비난이며, 동시에 경고라고 보인다. 파시스트 이전 시대의

232) Mussolini, "Il discorso dell'ascensione," in aaO., Bd. 22, S. 376. 또한 Gaetano Salvemini, *The Fascist Dictatorship in Italy*, London 1928, Bd. 1, S. 239 ff. 아울러 Bd. 2 참조.

233) Smend, *Verfassung und Verfassungsrecht*, (Anm. 7), S. 164.

234) Carl Schmitt, *Verfassungslehre* (Anm. 15), S. 175.

235) Mussolini, "Forza e consenso," in *Gerarchia*, Bd. 2 (1923), S. 801. *Opera* (Anm. 2), Bd. 19, S. 195.

236) AaO., *Gerarchia*, S. 803. *Opera*, Bd. 19, S. 196.

이탈리아에서는 다른 법치국가에서처럼, 그 중에서도 특징적인 예를 하나만 생각해 보기로 한다. 그것은 대부분 무제약적인 보도의 자유이다. 그것은 국가나 개인에 대한 어떤 중상이나 매도도 책임자가 법률로써 허용되는 모든 책략을 통해서 어떠한 형벌도 면제되기 때문에 거의 처벌하지 않고 용인한다. 의심할 것 없이 자유의 과잉은 독재에 점점 더 가까워져 가는 한 걸음이다. 그러나 무솔리니는 이 문맥에서 인간은 「여하튼 자유에 지치고」라고 주장하여 그 논문을 이렇게 구미에 맞는 말로 끝맺는다. 파시즘은 「이미 자유의 여신들의 많든 적든 부패한 신체를 밟아 넘는다. 또 필요하다면 편안하게 한 번 더 그것을 밟고 넘어갈 것이다」.[237] 이러한 사고과정은 그의 바람을 명백하게 나타내지만, 이것도 독재에 의해서 자유권이 계속적이며, 또한 완전하게 박탈된 것을 결코 아직 충분히 정통화했다고는 할 수 없을 것이다.

그러나 자기보존은 모든 독재를 강제하며, 모든 기본권을 죽이게 된다. 파시즘은 모든 정치적 권리 중 가장 기초적인 것, 즉 공민권 앞에서도 전혀 망설이지 않았다. 1926년 11월 25일의 국가방위법은 그 제5조에서 외국에서 「국가의 내정에 관하여 잘못되고, 과장되거나 치우친 정보를 유포 전달하여 국가의 신용이나 위신을 손상하거나 또는 국민적 이익을 해하는(!) 활동을 전개한」 모든 이탈리아인을 15년 이하의 금고형에 처하거나, 또는 공직 자격을 박탈한다고 위협하고, 그뿐만 아니라 **궐석 재판**(in contumaciam)으로 유죄판결을 내려 공민권의 상실과 재산의 몰수를 실시한다고 위협하고 있다. 사람들은 위에 언급한 군사 예외재판소가 이러한 사례의 유죄판결에 대한 권한을 가지고 있는 것을 실감해 왔다. 외국에서 생활하는 수천의 이탈리아인들이 실제로 공민권이 부인되었다. 그 일부는 판결이나 **관보**에서의 칙령의 공시에 의하는데, 대부분은 단순한 경찰적 조치에 의한다. 그러나 프랑스에서는 이탈리아 영사관이 여권을 거부한 대략 20만 명의 이탈리아인이 생활하고 있다. 피렌체 대학에서 일찍이 역사를 강의하던 가에타노 살베미니는 파시스트당 역사가마저 이탈리아 민족교육에 관한 공적을 그에게 인정하고 있었는데,[238] 명령으로 시민권이 부인되었다. 그 이유는 이렇다. 살베미니가 「베르사유 조약의 시대에 비참한 체념 캠페인에 의해서 이미 알려지고 있고, 피렌체에서의 유명한 불경소송에 관한 그 유명한 비방문서 '소극적으로 완만한'에 의해 선동을 실시하고, 「마테오티 사건의 악행」과 같은 저작이나, 외국신문의 논설, '파리 인권동맹'에서의 강연이나 회의의 도움을 빌려, 외국에서 범죄적 캠페인을 전개하였다. 그때 그는 이탈리아를 억압과 폭정의 나라로 묘사하고, 정부 수반에 대해서 비열한 고발을 하고, 우리나라 재정의 성실함과 견실함, 이탈리아의 경제적 장래에 대해서 악의가 가득 찬 비방을 내뱉었다. 그것도 우리들의 채무의 정리에 관한 교섭이 진행되고 있던 바로 그 순간이었다」.[239]

독재가 진지하게 민주적인 선거법과 타협할 수 없는 것은 당연하다. 파시즘은 모든

---

237) Ebd.

238) Gioacchino Volpe, *Fra Storia e Politica*, Roma 1924, S. 65.

239) 인용은 Beckerath, *Fascistischer Staat* (Anm. 105), S. 108 f. Anm. 1.

**선거제도**(elezionismo)에 끝없는 경멸만을 가지고 있었다. 그러나 근대 법치국가를 바로 기초지우는 법률 앞의 평등이라는 민주적 기본권도 독재는 필연적으로 폐기하지 않을 수 없다. 이 평등은 올바르게 볼 수 있다면 행정의 적법성 원리뿐만 아니라 입법의 자의성에 대한 금지도 의미하는데, 파시스트 국가관에서는 파시스트에게 유리한 것만이 타당하며, 비파시스트에게는 자신에게 불리한 경우에만 타당한 것이다. 수많은 파시스트 법률·명령·행정조치를 통해서 법치국가적 평등원칙은 파산하게 된다. 파시스트 국가는 이미 인정하듯이, 그 국가행위는 모두 파시스트당의 구성원을 엘리트로서 우대해야 한다는 원칙에서 출발한다. 그들은 제1급의 시민이며, 그 밖에는 제2급의 시민이 된다. 이러한 계층화가 법제정 속에서 공공연하게 나타났다고 해도 이상하지 않다. 1928년 12월 6일의 노동소개에 관한 시행규칙에서는 예컨대 제12조에서, 고용자는 필요한 노동력을 법률이 정하는 직업소개소에 등록한 자에서 선택하여 「그 속에서 파시스트당 내지 파시스트 조합에 속하고 있는지, 종군경험자[참전 병사]인 자에게 우대할 의무를 진다」[240]고 규정하고 있다. 여기서는 군인 캐스트가 당원 캐스트보다 뒤떨어진다는 엘리트의 서열이 특히 흥미롭다. 1930년에 발포된 현 지사들의 비밀지령에 근거하여 의용군 멤버는 직업소개소에서 특히 우대를 받게 되었다. 물론 평등한 공직 자격은 파시스트 국가에서는 폐기되고 있다. 공무원의 보충에 관하여 이탈리아에서는 보통 공무원의 결원 모집에서 행정이 마음에 들지 않는 후보자를 수정 불가능한 결의를 통해서 배제하는 것은, 행정의 자유재량에 속한다. 1926년 5월 6일의 법률명령은 「국민의 이익과」 상반되는 공적 활동을 행한 사람은, 변호사직 등록표에 게재하지 않고, 다른 한편 등록을 마친 경우에는 말소될 수 있다고 규정하고 있다. 1926년 12월에는 이리하여 30인의 로마의 변호사가 그 직에서 제거되었다. 그 이유는 그들이 「정권에 대한 반감을 반복하여 공언」하였기 때문이다.[241] 1927년 6월에는 로마의 변호사들에게 질문지가 배부되고 그것은 그들에게 특히 「파시즘은 국민과 동일하다고 생각하는가?」라는 물음에 대한 회답이 강요되고 있었다.

평등원칙의 침해는 특히 흥미롭게도 독재의 법률에 독특한 「할 수 있다」라는 형식으로 표현되고 있다. 이 할 수 있다는 형식을 통해서 법의 보편타당성은 약화되며, 그 적용은 독재자나 독재자에게 좌우되는 국가기관의 정치적 합목적성의 형량에 맡겨졌었다. 예컨대 독재자는 법률에 근거한 공과가 면제되는 것이 「가능하며」, 지사는 결사를 해산 「할 수 있다」 등. 법치국가적 평등원리와 모순되는 파시스트의 법률은 무수하게 예를 들 수 있다. 가장 중요한 파괴는 일당국가와 협동체 국가를 고찰할 때에 언급하지 않을 수 없을 것이다.

물론 독재는 인신의 자유를 보호하기 위한 법치국가적 제도를 모두 폐기하였다. 편지의 비밀도, 주거의 불가침도, 자의적인 체포에 대한 법적 보호도 존재하지 않는다. 이탈리아에서 사람들은 그 근거에 대해서, 즉 재판소에 의한 체포명령이라든지 재판소에 의한 사정청취

---

240) 유사한 것은 이미 노동헌장 제23조.
241) *Manchester Guardian*, 24. Dezember 1926.

의 유무에 대해 묻는 것이 허락되지 않은 채, 몇 주간에 걸치는 일도 있는데 그러한 가택수색이나 구류에 서서히 길들어져 버렸다.

1926년 11월 6일의 공안경찰법 제166조 이하에 의하면, 각 구의 경찰본부장은 부랑자나 그와 유사한 사람들과 함께 국민적 국가질서를 위태롭게 한다는 **세평**(pubblica voce)이 있는 사람들을 지사에게 보고할 의무를 진다. 이러한 사람들은 지사 · 검사 · 국가치안경찰사령관 · 의용군장교들로 구성된 위원회에 출두하지 않으면 안 되며, 이 위원회는 그들에 관하여 **경찰적 경고**(ammonizione)의 결정을 내릴 수가 있다. 이 훈계는 경찰적 금족(Konfinierung) 조치와 2년간에 걸친 생활양식에 관한 자세한 규정과 결부된다. 그러나 이 위원회는 그 이상의 것도 할 수 있다. 공공의 안전성을 위협한다고 위원회가 간주하는 사람들에 대해서, 1년부터 5년에 걸친 **경찰적 추방**(confino di polizia)을 선언할 수 있다. 즉, 한편으로는 훈계된 사람들에 대해서지만 그것만이 아니다. 국가의 국민, 사회 또는 경제[조문에 의한]의 질서를 폭력으로 전복하는 것이나, 국가권력에 대한 저항이나 그 활동의 방해(!)를 목적으로 하는 행동을 하거나 그것을 공공연하게(!) 기도하거나, 그 결과로서 국민의 이익의 침해를 내외의 국가상황과의 관계에서 유발하는 사람 전원에 대해서도 선언이 내려진다. 추방의 장소는 식민지에도 있으며(대부분은 불모의 섬), 내무장관에 의해서 결정할 수 있다. 이 위원회의 판결에 대한 이의신청은 정지의 효과를 가지지 않으며, 내무부의 차관보, 로마공소원의 국사변호원, 경찰장관, 국가치안경찰사령관 그리고 파시스트 의용군 장군으로 구성되는 위원회에 대해서만 허용된다. 추방자에게는 생활양식과 일이 감독 경찰관청에 의해서 엄밀하게 규정된다. 추방자는 구류 중에 추방지를 떠나는 것은 허용되지 않으며, 몇 리라의 일당을 손에 넣는다. 추방자는 가족을 동반할 수 없으며, 가족을 국가가 부양하는 것도 아니다. 이러한 규정은 확실히 운용상의 탄력성으로서는 아무런 바람이 없는 것 같지만, 실제로는 그것을 넘어, 그 자신이 법률과 타협하기 어려운 적용까지 이루어지고 있었다. 고리대금이나 임대료의 인하에 반대하는 주인뿐만 아니라 조용하고 품행이 방정해도 다만 정치적으로 미움을 받을 뿐인 사람들도 추방된다.242) 더구나 파시스트 기관이 상업상의 경쟁상대나 연적을 이처럼 배제한 예도 일어나고 있다.

최근에 행정적 추방은 더욱 완전히 다른 방향으로, 즉 바람직하지 않은 소송을 억압하기 위해서 매우 유용하다고 증명되어 왔다. 전 당서기장 파리나치(Farinacci)의 영향력은 1930년 가을에 명예훼손 소송을 통해서 밀라노 시장 벨로니(Belloni)의 방대한 오직 스캔들을 공개하는 데에 성공했다. 그러나 이 정부에서 매우 바람직하지 않은 형사절차는 벨로니를 행정적인 방법으로 추방함으로써 매우 간단하게 중단되었다.

독재의 내적 논리가 일치하는 것은, 자유로운 의견표명의 권리가 어떠한 형태로든 폐기된다는 데에 있다. 파시스트 독재에 의한 이 정신적 억압은 이탈리아인이라는 지적으로

---

242) Manfredi Siotto-Pintòr, "Die obrigkeitliche Rechtsentwicklung in Italien in den Jahren 1926-1928, in *Jahrbuch des öffentlichen Rechts*, 17 (1929), S. 220 f. 참조.

오랜 문화민족에게는 특히 괴롭게 느껴졌다. 빌프레도 파레토는 보도의 자유를 오로지 문맹자만으로 이루어진 것이 아닌 국가에서는 독재와 서로 일치하는 것으로 여겼는데, 이것은 매우 비정치적이라고 해도 매우 특징적인 소박함이었다. 이탈리아에서는 오늘날 말·저작·인쇄·그림 또는 그 밖의 방법으로 파시스트 이외의 견해가 원칙적으로 표명되어서는 안 된다. 사소한 정치적 관련의 말을 하기 전에 주의 깊게 사방을 둘러보는 것이 이미 이탈리아의 국민적 특성이 되고 있다. 독재자나 꽤 중요한 정당지도자를, 일부러 올바른 이름으로 부르는 사람은 없다. 공안 경찰법에 의해서,[243) 출판업은 모두 인가의무를 지게 되고, 국민적 국가질서에 반하거나 국민의 존엄, 국민의 명망, 관청의 존엄이나 명망·윤리·공적 작법 그리고 개개의 시민을 침해하거나 모욕하는 작품은 모두 금지되고 경찰에 의해 압수된다. 경찰의 인가 없이는 어떠한 출판 물건도, 포스터도, 묘비명도, 결국 아무것도 공개해서는 안 된다.

헌법 제28조와 아울러 1848년 3월 26일 포고 제1조와 제35조에 의해서 헌법상 보장되던 보도의 자유도 남김없이 폐지되었다. 보도는 여론형성의 가장 중요한 수단이지만, 이것을 파시스트당은 힘으로, 잘 되지 않으면 돈의 힘으로, 마지막에는 법률의 수단을 가지고 독점했다. 보도에 대한 폭력행위는 하급 관청에 의해서만은 아니고, 수상 무솔리니 자신에 의해서도 명할 수 있었다.

1923년 10월 31일에 트리에스테에 있는 공산주의적 『노동자』(Lavoratore)의 편집부와 인쇄소가 전부 약탈되었다. 1924년 3월에, 무솔리니는 밀라노 지사에게 다음과 같은 전보를 친다. 즉 「…며칠 내에 사정[사회당계의 『전위』(Avanti)의 태도]이 변함없으면, 이미 트리에스테의 공산주의 신문에 적용한 조치가 이 경우에도 통용된다고 명령할 생각이다」.[244) 이러한 황폐와 개인적 학대를 별도로 한다면, 행정에 의해서 법률의 규정 안에서 작업이 이루어졌다. 사회주의적 『정의』(Giustizia)는 1925년에 2주간에 걸쳐 연일 압수된 후, 「도시의 상황·극장·최신 뉴스」 등과 같은 틀에 박힌 표제만을 붙여 발간하게 되었다. 그러나 그것은 이러한 형태로도 「공공의 안녕을 해칠 경향이 있는」 것으로서 압수되었다. 민주적인 잡지인 『세계』(Mondo)나 『민족부흥』(Risorgimento)은 66일에 걸쳐 차례로 압수되는 고통을 겪었다. 그것들은 공식적인 전문(電文)과 이미 다른 잡지에서 공개되었던 종류의 논설을 인쇄한 것에 불과한데도 불구하고 말이다. 가톨릭 인민당의 신문도 같은 취급을 받았다. 어떻게 할 수 없는 경우에는 신문 잡지를 매수하였다. 예컨대 토리노의 『보도』(Stampa)는 그 소유자인 상원의원 프라사티로부터 그 뜻에 반하여 4천만으로 거래되고, 그 자금은 두 명의 대공업 경영자인 피아트 제작소의 아그넬리와 인조 견사 산업의 구알리노가 조달하지 않을 수 없었다.[245) 그와 같은 수법으로 유명한 이탈리아의 신문, 밀라노의 『황혼의 우편집배원』이 파시스트화 되고, 그 사주를 오랫동안 맡은 알베르티니

243) Vom 6. November 1926, Art. 111 ff.
244) Faksimile bei Salvemini, *Dictatorship* (Anm. 232), S. 300; 295.
245) *Manchester Guardian*, 2. Februar 1926.

상원의원은 쫓겨 났다.

마테오티를 살해한 후, 보도의 자유에 대한 억압은 법제정의 힘을 빌려 시작되었다. 수많은 규범으로 상술한 공안경찰법의 조문을 통해서 1923년 7월 15일, 1925년 12월 31일, 1926년 4월 4일의 법률과 시행규정, 끝으로 1928년 2월 28일의 행정명령으로 억압은 완성되었다.

상세한 점에는 들어가지 않고, 요약하여 이렇게 말할 수 있다. 즉 신문은 사전의 인가와 보증금을 지불한 이후에만 출판이 인정되며, 저널리스트 일을 할 수 있는지의 여부는 직업등록부에 등록되었는지의 여부에 달려 있다고. 공적 활동 중에서 「국민의 이익」에 대립하는 곳에 있던 사람은 아무도, 등록이 인정되지 않는다. 같은 이유에서 등록된 저널리스트들의 말소도 있을 수 있다. 등록 인가를 결정하는 것은 오로지 파시스트 저널리스트 위원회이다. 이 위원회는 파시스트가 아닌 자, 이전의 정신적 태도를 서면으로 부정하지 않는 자는 모두 거절하지 않으면 안 된다. 신문사의 책임 있는 사주는 신문의 인가를 언제든지 취소할 수 있는 권리를 가지는 지사에 의해서 언제든지 해임될 가능성이 있다.[246]

그러나 이러한 모든 보장에서도 독재는 아직 안심할 수 없었다. 신문은 더욱이 지사(知事)에 의해서 매일매일 전화를 통해서 지령이 주어졌다. 이것은 문서에 기록하는 것을 엄격하게 금지하고 있어서 그 내용은, 취급할 수 있는 문제, 취급할 수 없는 문제 모두, 취급하는 방법, 발행시에 첨부하지 않으면 안 되는 표제, 때로는 그 뿐만 아니라 사용해야 할 활자 호수에까지 미치고 있었다. 예컨대 1926년 9월 3일에는 파시스트 변호사가 밀라노 저축은행의 법무담당직원으로서 20만 리라를 사취한 사기에 대해서 그 상세를 알리는 것이 금지되었다. 1926년 9월 23일에는 정부 수반의 명령으로 피렌체에서 파시스트인 루포리니와 반파시스트인 베촐리니의 사망에 관한 예심에서 검사가 한 제안들을 공표하는 것이 금지되었다. 나아가 같은 날, 알바니아에 대한 이탈리아의 경제적 · 재정적 그리고 정치적 개입에 대해 전하는 것이 대체로 금지되었다. 1926년 10월 13일에는 이탈리아 병사의 메라니어 호텔에서의 절도사건에 관한 뉴스의 공표가 금지되었다. 거기에 대응하여 이탈리아의 보도의 내용은 그 외에도 파시즘 이전 시대에 이미 규제되고 있었지만, 지금은 부처와 지사의 공식 발표, 파시스트당의 공식 뉴스와 논문 그리고 사전검열을 받은 뉴스로 구성되게 되었다.

파시스트적 교육을 통해서 이탈리아 신문의 도덕적 수준이 상승했다는 것은, 저널리스트들에 가해진 양심의 강제에 눈감아 주어도 주장할 수 없다. 비파시스트에 대해서 신문은 무제한의 혐의와 모욕의 자유를 향수하고 있다. 한 가지만 예를 들기로 한다. 이탈리아의 대표적인 철학자이며 세계에서 존경을 받는 상원의원으로, 전 장관인 베네데토 크로체는 공개서한에서 불쾌한 형식의 이탈리아의 문화 선전에 저항하였다. 이에 대해서 파시스트 신문에 크로체에 대한 비방중상이 발견되었다. 다음에 드는 것은 그 일부이다. 피아첸자의

---

246) Erich Röhrbein, *Das italienische Preßrecht*, Berlin 1930 (Die Preßgesetze des Erdballs, Bd. 4).

『도끼』(Scure)는 「자위의 철학」이라고 말했고, 볼로니아의 『돌격』(Assalto)은 크로체를 「바보」 또는 「이탈리아 철학 최고의 얼간이」로 부르고, 로마의 『제국』(Impero)은 그를 「비열한」 또는 「잠재적 범죄자의 저열한 혼」 등이라고 불렀다.[247]

경탄할만한 것은 파시스트 독재가 외국에서의 이탈리아에 관한 보도의 자유도 방해하려고 한 기술의 완전함에 있다. 독일과 프랑스의 신문기자를 방해하려면, 보통 무솔리니의 신문정보국이 그들의 조국의 외교대표를 통해서 그들에게 행사하는 압력이 있으면 충분하다. 그 밖에 어떠한 정부도 외국의 저널리스트에 대해서 한턱 내거나 관광유람에 데리고 나가거나 좀 더 직접적으로 정표를 건네주는 등, 이 정도로 잘 접대하지는 않는다. 전혀 매수하기 어려운 기자에 대해서도 개인적 협박이나 훌륭한 나라로부터의 추방의 위험은 그들이 충분히 친파시스트적으로 하지 않는 경우에는 대체로 그 기사의 충분한 수정으로 책임을 다한다. 베를린의 『일기』(Tagebuch) 1928년 4월 2일호에 게재된 미국인 셀드스에 의한 이러한 상태의 묘사는 읽을 만하며 결코 지나침이 없다.

학문의 자유에 관해서도 독재에서는 사정은 그만큼 좋지 않다. 자주 언급한 1925[원문은 1924]년 12월 24일의 법률은 매일 개정 가능하였는데, 이것은 공직에 있는 교수는 언제든지 일반적인 정치적 이유로 해직될 수 있다고 명언하고 있다. 그러나 공직이 아닌 교사와 동일하게 그들에 대해서도 행정적 전횡, 여권의 거부, 일시적 구류, 정부가 항상 영향력을 행사할 수 있는 연구기관이나 학회의 이사로부터의 해임이 있으면 충분하며, 그리고 이들 모든 조치를 이용할 수 없는 경우에는 정부에 의해서 여하튼 묵인되는 **직접 행동**을 한다. 즉 바람직하지 않은 교사를 개인적으로 협박하는 일도 드물지 않고, 그 서고가 방화되거나 주거가 파괴되거나 했다. 파시즘은 대학교수의 압도적 다수가 우리들에게 우호적이라고는 하지 못하며, 오히려 적대하는 것을 매우 잘 알고 있었다. 거기에서 1928년 8월 2일에 『이탈리아 인민』은 수많은 다른 신문에서 이미 진행되던 신문 캠페인을 개시한 것이다. 이 캠페인은 격렬한 말로, 수많은 반파시스트 교수를 대학에서 숙청하도록 요구했다. 파시즘은 현재 자제하고 있지만 조만간에 이 숙청을 피할 수 없을 것이다.

집회의 자유, 결사의 자유, 단결의 자유, 이 모든 것들은 파시스트에서만 존재한다. 결사의 자유가 억압되는 곳은 시오토 핀토르가 정당하게 확인하고 있듯이, 정신적·사회적 세력들에 반대하는 완전히 악의로 가득 찬 경향이 눈에 띈다. 즉, 고등교육기관이나 단과대학의 교사들은, 예컨대 초등학교의 교사보다도 엄격하게 파악되지만 이것은 피렌체의 국법학자의 견해로는 독재의 내적 논리에 일치된다는 것이다. 「모든 현대 사회의 고차의 정신적 요소들은 그 성질상 자유롭게 신조가 포함되며, 그러므로 정치적으로는 의심스럽기 때문이다」.[248] 모든 파시스트 결사도 그 존재를 완전하게 독재적 행정의 자유재량에 좌우된다. 공안경찰법 제214조 이하에 의해서 모든 종류의 집회는 경찰에게 그 규약,

---

247) Franz Rassel, "Zur Innenpolitik des faschistischen Italien," in *Preußische Jahrbücher*, 210 (1927), S. 295 ff.도 참조.

248) Siotto-Pintòr, "Staatsrechtsleben" (Anm. 180), S. 301, Anm. 1.

구성원 명부 그리고 그 밖의 모든 정보를 조회한 후 이틀 이내에 전할 의무를 진다. 지사는 모든 종류의 집회를 상술한 정보의 대답이 없거나, 잘못하거나 불완전한 경우나, 또는 결사가 「국민적 국가질서에 대립하는 활동」을 전개하는 경우에는 해산시킬 수 있다. 이의신청은 내무장관에게 제기되지만 그 결정에 대해서는 적법성에 대한 의문을 이유라고 해도 상소는 허용되지 않는다. 국가관리, 자치체관리 그리고 법률상 국가나 자치체의 감독 아래 있는 기관의 관리는 소관 장관 내지 지사에게 모든 종류의 단체에 대해 자신의 참가를 전할 의무를 진다. 비밀단체나 그 구성원에게 수비의무를 부과하는 단체에 대한 참가는 결과적으로 실직을 가져온다.

집회는 공안경찰법 제17조 이하에 의해서 3일 전에 신고하지 않으면 안 되며, 경찰에 의해서 안전·습관·위생을 이유로 금지될 수 있다. 집회는 선동적이라는 이유로 또는 나타난 표명이 공적 관청의 존엄이나 명망에 반하기 때문에, 또는 범죄가 되는 경우에는 해산 당한다. 선동적 의견 표명으로 간주되는 것은, 법률상 사회적 전복이나 폭동의 상징 또는 국가, 정부, 관청에 대한 모멸의 상징으로 간주되는 깃발이나 기장과 같은 표시 그리고 선동적인 단체의 기장의 장식도 포함된다.

이 절의 개관에서 얼마나 근본적으로 이탈리아의 법치국가가 근절되었는가 하는 것이 밝혀졌다. 지난 세기에 유럽의 정치사에 권력분립과 자유권이라는 모습으로 전개되어 온 모든 법적 보장은 파시스트의 국가관에서는 극복된 것으로 여겨진다.

## 2. 일당국가

오늘날의 민주적 법치국가는 법적으로 보면 무엇보다도 정치적 선전의 자유와 평등에, 즉 모든 집단과 정당이 자신들의 이념과 이익을 정치적으로 관철하는 법적으로 평등한 가능성에 의거하고 있다. 이러한 법적 기회균등은 확실히 교양이나 재산의 사실상의 불평등으로 오늘날의 법치국가보다 프롤레타리아 독재 쪽이 바로 이 평등의 요청에 합치하는 것처럼 보인다는 것은 믿기 어려울는지도 모른다. 그러나 전후 시대의 이탈리아에서는 그럼에도 불구하고, 이러한 평등한 정치적 활동의 가능성이 어느 정도 사회의 현실이기도 했는가를, 매우 철저한 사회적 요구를 내건 가톨릭 인민당의 성립이 보여주고 있다.

파시스트 독재는 **여러 정당으로 구성되는 국가**(stato partito)를, 일당 국가로 대체한다. 예전의 정당들에는 국가의식과 정치적 책임이 결여되어 있어 그것이 원래 파시스트가 전개하던 「절대적으로 정당초월적인」 국가를 지지하는 선동에 성공을 가져왔다. 당초의 파시스트 운동은, 정말 반(反)정당을 목표로 하고 있어서, 1922년 9월 22일의 우디네에서의 연설에서, 무솔리니가 파시스트혁명의 목표라고 부른 것은 단적으로 이렇게 말하는 국가이다. 즉 「국가는 일당을 대표하는 것이 아니라 국민 전체를 대표한다. 국가는 모든 것을 스스로의 내부에서 모아서, 모든 것을 초월하고, 모든 것을 비호한다. 그리고 국가는 그 범해서는 안 될 최고권에 반대하는 모든 기도를 극복하려고 한다」.249)

그러나 이처럼 완전히 정당을 초월한 국가는 비정치적인 정의의 이념이거나 또는 값싼 선동수단이며 결코 정치적 현실은 아니다. 어떠한 정부도 어중간한 것은 있을 수 없고, 어떠한 정부도 자신이 하지 않을 수 없는 권력의 기둥에 의해 뒷받침되고 있다. 즉 파시스트 국가와 의회제 국가의 차이는 정당의 부재가 아니고, 파시스트 독재에 의한 비할 데 없는 강력한 당파적 구속성에 있다. 그렇지만 명령하는 독재 정당과 말하는 의회정당에서는 그 임무·지위 그리고 구조가 근본적으로 차이가 난다. 의회제 정당국가에서의 국가의 정치적 성질은, 파시스트의 견해에 의하면, 「국가 그 자체에 내재하는 필요나 무제약한 목표에서가 아니라 당의 필요나 특수한 목표에서 도출되며, 이러한 당의 필요나 목표는 정부에 의해서 국가에게 부여된 것이다」.250) 쌍방의 정당 형식의 차이는 의회제 정당이 스스로 전체의 일부 등으로 하는, 즉 다른 당의 주의를 전제로 하는 데에 대해서, 독재제의 정당은 전체와 동일화하여 동일한 곳으로부터 더욱 명백해진다. 이러한 의미에서 의회제 정당의 기능은 「주의·방침·목표설정의 다수성을 허용하지 않는 새로운 국가이념과」,251) 즉 국가인민 중에서 당연하게 존재하지는 않는 목표나 의견의 통일성을 허구(虛構)하는 국가이념과 상용되지 아니한다. 의회제 정당의 임무는 의사의 다수성 속에 정치적 의사통일을 만들어 내는 것, 먼저 자신의 진영 내부에서, 그러한 후에 다른 정당과의 절충을 통해서 만들어 내는 데에 있다. 그러나 독재제 정당의 기능은, 적대자에게 공통된 토론의 기반을 조금도 허락하지 않는, 유일한 의견의 관철이다. 독재 정당은 바로 **부분**(*pars*[*partio*])들이라고는 하지 못하며, 그 뿐만 아니라 **전체를 위한 부분**(*pars*[*partio*]pro toto) 이상이려고 한다. 그것은 다른 의견을 힘으로 억압하지 않으면 안 된다. 무솔리니는 「오로지」 피치자의 동의에 근거해서, 어떠한 폭력의 이용도 단념하는 통치는 존재한 적이 없고, 또 존재하지 않을 것이라고 주장하는데 이것은 아주 정당하다. 그것을 보여준 것이 로마 진군이었다. 「정부로부터 힘을 — 무력이라는 것이 올바른 이해다 — 탈취하라, 정부에는 불멸의 원칙들만 남겨 두어라. 그러면 이 정부는 정부를 붕괴시키려고 결단한 최초이며 최선의 조직된 부대의 손안에 떨어지게 될 것이다」.252) 그러나 무솔리니는 계속해서 말한다. 파시즘은 모든 「생에 적대하는 이론」을 버리고, 자신의 원칙으로서 다음과 같이 명언했다. 「어떤 집단이나 어떤 당이 권력을 가지면, 그것들은 그것을 통해서 모든 것에 대해서 자신을 지키지 않으면 안 된다」.253) 그리하여 절대적으로 「정당에 초연한」 국가의 고지자는 그럼으로써 그가 「힘과 합의」라는 논문으로 제거하려고 했던 독재적 정당지배와 민주적 정당지배와의 엄밀한 구별을 정확하게 나타낸 것이다. 권력의 자기목적설이 이러한 말에서만큼 대담하고 명백하게 나타난 적은 없다. 그 대담함은 한편으

249) Mussolini, "L'azione e la dottrina fascista dinanzi alle necessità storiche della natione," in aaO., Bd. 18, S. 419.
250) Maraviglia, "Stato e partito, in *Tribuna*, 2. Oktober 1928.
251) AaO.
252) Mussolini, "Forza e consenso," in *Gerarchia*, 2 (1923), S. 802 (Anm. 235).
253) Ebd.

로는 오늘날의 시대의 정치적 내실 모두가 상당히 깊은 곳으로 와해된 것을 표현하며, 다른 한편으로는 독재정당의 본질에 의해서 가능하게 된다. 민주적 정당은 거기에 동의가 결여되어 있으면 사라지지만, 독재제의 정당은 동의가 있거나 없어도 존속한다. 한번 생긴 독재 정당은 이미 결여된 동의에 의해서가 아니라 폭력에 의해서만 기능할 수 있게 된다. 그러므로, 그러므로만, 독재제의 정당은 이념적인 정치 내실에 의한 정통화를 단념하고, 무솔리니는 곧 그 후에 「질서·위계·규율」이라는 형식적인 말의 커다란 마술을 인용했던 것이다.254) 이러한 말들은 내용이 결여된 점에서 바로 모든 지배의 기술적 수단과 다름없는 것이다.

　국가에서의 파시스트당의 지위는 자기의 지배를 계속적으로 확보한다는 이러한 당의 과제에서 생겨 나온다. 그 정치적 독점은 다른 모든 경우와 마찬가지로 먼저 사실적 폭력에서 태어났다. 그 잔혹함과 의협심의 결여를 여기서 묘사할 생각은 없다. 이 독점은 그런 연후에 이에 일치하는 행정활동에 의해서 생겼다. 1925년 1월 6일에, 예컨대 내무장관 페데르조니(Federzoni)는 「최근」의 조치에 대해 보고한다. 즉, 95개의 「혐의」 결사, 25개의 「파괴적」 조직을 해산시키고, 백 명의 (파괴적) 인물을 검거하고, 655호의 가택수색을 실시하는 등등. 파시스트당의 독점은 최종적으로, 1926년 11월 25일의 국가방위법 제4조를 통해서 합법적으로 보장되었다. 이 조문은 대체로 해산당한 단체·조직·정당의 재결성에 대해서도 중벌로써 위협하는데, 그러한 결사의 「교의·강령 그리고 행동방법을 어떠한 방법으로」 확대한 사람도 모두 처벌하도록 하며, 이러한 규정은 사회과학의 자유에 대해서도 매우 중대할 수 있다. 조금 전에 내무성을 통해서 「정부에 적대하는 활동을 전개하는」255) 정당·단체·조직의 해산이 명해지고 있었다. 가톨릭계의 체육 협회나 스포츠 협회는 결코 해산을 면할 수 없었다. 오늘날 이탈리아에는 파시스트당 이외에는 비합법적인 공산주의 결사를 예외로 하고, 합법적이거나 비합법적인, 하나의 정당도 결사도 존재하지 않는다. 공산당에 단지 소속해 있다는 것만으로 군사 예외 재판소가 부과하는 이상하게 엄격한 처벌은 이탈리아의 신문이 독재를 정당화 하는 목적을 위해서 매주 공표하지만, 이것은 공산주의의 선동에 대해서 필요한 순교자를 양산하며, 이탈리아 노동자층 안에 더욱 점차 많은 공산당 신봉자를 낳게 되었다. 바티칸과의 정치적으로 완전히 무력한 연락기관으로서 독재에 의해서 **국민 센터**(Centro Nazionale)가 묵인되고 있지만, 이것은 파시즘의 「엄격한 당규율의 외부에」 머물려고 하는 이전의 인민당의, 철저하게 파시스트적인 것을 취하는 분파이다.256)

　파시스트당의 이러한 독점적 지위를 정당화하기 위해서 파시스트 이데올로기는 등치의 완벽한 체계를 만들어낸다. 우선 국가·국민·당 그리고 정부가257) 동일하다는 것이다.

---

254) AaO., S. 803.
255) *Popolo d'Italia*, 6. November 1926.
256) *L'origine e gli scopi del Centro Nationale Italiano*, Roma 1925, S. 4.
257) 상술 S. 505 (본서, 270면) 참조.

옛날 정당들의 하나가 국가와 등치된다는 것은, 비록 「선동적인 위험」이었지만, 이에 대해서 국가와 파시스트당의 등치는 그것이 국민 그 자체를 대표하고 이상화하고 있기 때문에 「논리적인 신성」이라고 법무장관 로코는 1925년 6월 19일의 의원 연설에서 주장한다.[258] 모든 정치적 반대파의 부정은 나아가 엘리트와 파시스트당의 등치에 의해서 정통화된다. 후자는 오늘날 「과거의 위대한 제국에서 귀족계급이 해 온 것과 유사한 기능을 국민적 이탈리아 사회와 파시스트 정권에서 전개하고 있다」.[259] 파시즘은 정치적 엘리트로서의 세습 귀족제를 생각할 수 없었다. 시대착오라는 것도 그렇고, 그 이유는 바로 수세기 이래 이탈리아에서는 세습귀족이 정치적 역할을 완수하지 않았기 때문이다. 그 때문에 파시즘은 덕성에 근거한 귀족제라는 자코뱅적 전통의 후계자이려고 한다. 여기서는 **유덕한 인사**(homme vertueux)가 대체로 이기주의의 저편에 서서 독재자에 의해서 인격화된 일반의사를 신적인 것으로서 자신의 의사에 받아들이고, 그것으로써 대중을 초월한 높은 곳에 서서 대중을 지배할 권리를 손에 넣는다. 여기서는 엘리트에 관련된 곤란한 문제가 가장 간단한 방법으로 해결되는 것처럼 보인다. 엘리트에 속하는 것은 당원 명부를 수중에 넣는 사람이다. 당에 대한 소속이 「가장 고귀하고, 장중하여 전투적인 덕」이라는 우월성도 스스로 가져올지 어떨지에 대해서는, 확실히 의문의 여지가 있다. 군인 계층의 덕에 관해서는 법적으로 규범화 된 파시스트의 위계제에 서면, 사람들은 그것을 나아가 받아들이지 않을 수 없다. 이 위계제는 직업소개에서의 순서나,[260] 1928년 3월의 무솔리니에 의한 규정에[261] 표현되기에 이르며, 거기에 따르면 이탈리아의 재외 식민지에서의 모든 제전에서 파시스트당은 이탈리아의 그 밖의 모든 결사뿐만 아니라 전상자나 전쟁참가자에 대해서조차 우선권을 손에 넣는다. 여하튼 경제적 우선권과 정치적 영예에 의심할 것 없이 당적이 결합되고 있다. 그러나 그 밖에 이 엘리트를 무엇이 정통화하는가? 어떠한 구체적 가치관에 의해서 그 지배가 담당되고, 인민에 의해서 감수되는가? 어떠한 가치가 엘리트 내부의 위계를 기초지우는가? 당이 1930년 7월 31일에 나타낸 104만 508명의 남성 당원과 10만 6756인의 여성 당원 모두가 동일하게 엘리트라고는 도저히 상상할 수 없다. 당규약은 이 문제에 대해 아무런 대답을 하지 않았다. 파시스트들에 의해서도 과거와 현재의 엘리트 선발 원리가 매우 우연적이며 부적절한 것임은 인정되고 있다. 「오늘날의 이탈리아에서는 파시스트의 '엘리트'에 속하더라도 결코 특별한 영예로 간주되지 않는다고 알려져 있다」.[262] 장래에는 엘리트의 후계는 당청년 조직에 의해서 육성되어야 한다는 것이다. 1930년 제4회 **파시스트 모집** 시에, 8세부터 14세 미만의 아이를 대상으로 하는 **바릴라**(Balilla)에는 95만 4903명이, 14세부터 18세 미만이 속하는 **전위단**(Avanguardia)에는 39만 5708명의 사람들이 등록되어 있다. 그들은 616개의 부대에, 6050의 의용군 장교와

258) Rocco, *Scritti* (Anm. 125), Bd. 3, S. 830.
259) Maraviglia, aaO.
260) 상술 주 240 참조.
261) WTB., v. 5. 3.
262) Ludwig Bernhard, *Der Staatsgedanke des Faschismus*, Berlin 1931, S. 18.

2만 명의 교원 아래 분속되었다. 이에 대응하는 여성의 조직은, 전체적으로 64만 명의 구성원을 헤아렸다. 이들 단체 내부의 선발 원리에 대해서, 다음에 고찰해 보기로 하자.

여하튼 당은 오늘날 이념적 계기들에 의해서는 아주 몇 안 되는 범위에서 상당히 강한 정도로 지도자와 그 의용군에 의해서, 그리고 무엇보다도 경제적 이익에 의해서 결속되고 있다. 공직에 관련된 다양한 민주 정당의 정실 인사는 국가권력이 정치나 경제에서 소득을 얻을 수 있도록 파시스트당이 이것을 계속적으로 독점함으로써 대치되었다. 이 독점은 귀족명부 신규등록 중단[신규 입당 원칙 금지]를 필연으로 하며, 이것은 1927년에 처음으로 실현되었다. 그 이후 법률적으로는 청년조직만이 새 당원을 제공하도록 되었다. 그러나 **전위단**과 **바릴라**도 이미 이익단체이며, 이것은 소속이 의복의 제공, 학교에서의 우월적 지위와 모든 가격할인에 결합되었기 때문만은 아니다. 그것을 넘어서 예컨대, 1926년 4월 3일의 집행명령 제33조 이하는 그 어떤 수업료 면제나 장학금의 부여에 대해, 이들 청년 조직에의 소속자가 통상 부여가 무효인 경우에도 우대되지 않으면 안 된다고 규정하고 있다. 그 위에 청년조직에의 가입은 매우 많은 경우 부모에 대한 다소간의 학교로부터의 강력한 압력에 의해서 실행된다.

그러나 국가와 당의 등치는 조직론적으로도 실행되고 법률학적으로는 양자의 경계의 소실을 가져왔다. 독재는 적어도 당 최고기관들이 동시에 최고 국가기관들이기도 하다는 것만으로 조직될 수는 없다. 이 통일은 이미 로마 진군 이래, 동시에 **파시즘의 통령**(Duce del Fascismo)이며 **정부 수반**(Capo del Governo)인 무솔리니에 의해서 구현되고 있다. 1928년 12월 9일의 법률 이래 파시스트당의 **대평의회**(Gran Consiglio)는 그 위에 사실상은 이미 이전부터 그러했듯이, 이제 합법적으로도 당 최고기관과 최고국가기관이 되었다. 이것은, 1922년의 10월 혁명으로 성립한 정권의 유효성 모두를 조정하고 완성시키지 않으면 안 되었다. 그 상임 서기는 당의 정치 서기장이며, 정부 수반으로부터의 위임이 있으나, 정부 수반의 지위가 결여되었을 경우에 대평의회의 소집권과 의장직이 거기에 귀속한다. 대평의회는 거의 배타적으로 당원으로부터 구성되며, 독재자는 언제든지 당원자격을 국민과 파시스트 혁명의 안건에 공헌한 인물에게 수여할 수 있다. 당의 질서·규약 그리고 정치방침은 적어도 명목상은 대평의회에 의해서 의결된다. 1929년 12월 14일의 법률 이래 당규약은 칙령으로 재가되지만 정부 수반의 제안에 근거하여 당서기의 지명도 이와 같이 재가된다. 하원의원 아미쿠치(Amicucci)의 의회 보고가 명언하듯이, 이것은 「다시 한 번 그리고 항상 당이 국가에 결정적으로 종속되고 있다는 의식에 엄숙한 표현을 주는」 것을 목적으로 한다. 당지도부와 당최고임원의 지명과 해임은 정부 수반의 명령에 의해서, 즉 국가행위에 의해서 행해진다. 끝으로 파시스트 당서기는 1928년 12월 16일의 명령에 의해서 내각회의에 참가하도록 소집된다. 독재제의 시스템에서는 당 기관과 국가기관은 국내뿐만 아니라 국외의 외교 대표에 대해서도 서로 감시하는 관계에 있다.

파시스트 정당제도의, 무엇보다 그 비용의 국가에 의한 인수는 체계적으로 실시되어 왔다. 1925년 5월 1일의 법률에 의해서 생애 교육제도가, 1926년 4월 3일의 법률에 의해서 그 청년조직이 국유화되었다. 무솔리니는 자신의 권력의 궁극적인 기초인 파시스트 의용군을 마지못해 국가 안에 제도화하였다. 「국방의용군」이라는 무솔리니의 사병(私兵)은 오늘날 30만 명의 강대함을 가지며, 대체로 6만 명의 작은 총사대로 구성되는 국가 치안경찰과 평시에 17만 5천명을 확보하는 국왕군과 아울러 국가기관으로서 자리를 잡고 있다. 상황과 관련하여 다음과 같은 매우 중요한 사실을 언급하지 않으면 안 된다. 무솔리니의 정권장악 후 2년이 지나고 나서, 그리고 마테오티의 위기의 압력 아래 간신히 의용군은 국왕에 대한 선서가 도입되었다. 그럼에도 불구하고 파시스트 의용군은 1923년 1월 14일과 1924년 8월 4일의 법률명령에 근거하여 국고에 의해서 유지되면서, 의용군은 국왕의 명령 하에서가 아니라 수상의 명령 하에만 있다고 여기게 되었다. 그 유지비는 급속히 증대했다. 그것은 1924/5년에는 2880만, 1926/7년에는 4080만, 그리고 1927/8년에는 이미 6100만에 이르렀다. 이것들은 각각 예산 총액의 0.14, 0.21, 0.42%에 해당한다. 「무엇을 위한 국민의용군인가? 파시스트 혁명을 옹호하기 위해서」라고 무솔리니는 1923년 6월 8일의 상원 연설에서 오해 없을 정도로 분명히 선언한다.263)

1926년 12월 12일의 법률명령에 의해서 파시스트의 당장(黨章)은 국장으로 선언되고 나라의 문장 속에 수용되었다. 이로써 실제로 사보이아 왕가의 십자와 파시스트의 볏짚 다발이라는 두 개의 완전히 분열된 상징이 아무런 관계도 없이 병존하던 이탈리아 국장은 진정한 정치상황을 충실히 표현하게 되었다. 한편으로는 국왕·군대·관료의 다수파가, 다른 한편으로는 무솔리니·의용군·당이 위치한다. 그러므로 **일당국가**(stato partito)는 보다 정당하게 「분열된 국가」라고 해도 좋을 것이다. 그러나 최근 들어 국장이 변경되었다. 그러나 이 통합된 전체국가 내부에서의 조용한 싸움에 대해서 매우 특징적인 것은 두 번의 고시에도 불구하고, 군기는 오늘까지 볏짚 다발을 제외하고 오로지 사보이아의 문장을 내걸고 있다는 것이다.

이러한 제도에 대해 결코 빠짐없이 다룬 것은 아니다. 그러나 이 몇 안 되는 제도를 기초로 하여, 파시스트당이 법치국가적 정당과는 반대로,264) 다만 제도적인 성격을 담당하는 것만이 아니라 바로 국가화되고 있는 것은 명백할 것이다. 1928년 6월 14일의 법률을 통해서 이 사실에 지금은 법률적인 고려가 필요하게 되었다. 이 법률은 당에 의해서 생명이 주어진 모든 결사·조직 그리고 제도에 정령(政令, Dekret)을 통해서 법인격이 부여될 뿐만 아니라 파시스트당이 행하는 행위나 계약이 국가행위와 동일한 취급을 받는 것을 규정하고 있다. 1928년 10월 24일의 정령은 국민 파시스트당의 지도부에 관해서 이 승인을 명언하고 있다. 그것은 즉, 「현실에는 국가의 도구, 완전히 국가적이라고 할 수는 없더라도 반관반민의 병행 행정기관」265)이라고 한다. 당을 동시에 국가와 동일한 것,

263) Mussolini, "I primi mesi di governo," in aaO., S. Bd. 19, S. 256.
264) Heinrich Triepel, *Die Staatsverfassung und die politischen Parteien*, Berlin 1927, S. 25 (김효전역, 「헌법과 정당」, 『월간고시』 1985년 9월호).
265) Maraviglia, aaO.

국가의 도구로의 병행 행정의 기관·국민·국민적 엘리트 등등을 파악하기 위해서 필요한 사고상의 집착은 파시스트 법률학에 중대한 고통을 초래할 것이다.

그러나 파시스트당이 국가의 도구라는 것은, 무엇보다도 그것이 독재자에 의해서 바람직한 의사통일체를 설립하기 위한 독재자의 도구이기 때문이다.266) 이 과제를 완수하기 위해서 독재 정당은 동시에 지도받는 정당이 아니면 안 된다. 파시스트적 은폐 속에서 이것은 다음과 같이 표현된다. 이미 정당들이 「외부로부터의」 국가에 정부를 부여하는 것이 아니라, 「국가 그 자체」야말로 그 가장 내면 깊은 양심으로부터, 그리고 그 기초적인 정치나 사회의 제도들에 따라서 자신의 정부를 형성한다. 그 때문에 여기서 그것은 신비적인 「국가 그 자체」가 그 현실의 있는 그대로 — 즉 독재자처럼 보이지 않기 때문에 유기체 개념도 가지고 나타난다.267) 파시스트들의 의사가 당 내부의 위계적 의사통일화를 통해서 이 당을 통해서 국가 속에서 관철되는 것이 아니라, 단지 독재자의 의사만이 아래로 향한 권력행사와 아울러 경제적 편익에 의해서 만족된 당 속에서, 그리고 이 당을 통해서 이탈리아 인민 내부에서 지배한다. 이로써 파시스트 독재는 비로소 정치적으로 완성한다. 무솔리니는 1924년 8월 2일에 다음과 같은 강령을 표명했다. 「…모든 당원은 자신이 하인이라고 느끼지 않으면 안 되며, 특수한 속성, 어떠한 교의나 문제들, 이것 또한 여러 가지로 내려지는 새로운 해결을 고찰하는 사명을 띠고 있는 것은 아니다. 오히려 명령에 맹목적으로 복종하는 전사라고 느끼지 않으면 안 된다」.268) 여기서 강령으로서 요구된 것은, 그 동안에 현실이 되고 규약이 되었다. 1926년 10월 11일의 새로운 당규약 이래 당원은 이미 무엇인가를 하거나, 바라거나 할 여지가 없게 되었다. 그들에게는 당기관의 임명이나 당의 그 밖의 의사형성에 아무런 영향력도 없게 되었다. 규칙과 위계는 규약이 말하는 바로는 「의무와 사명, 직무와 봉사에 대한 포괄적인 통찰이 있는 곳에서는 위로부터의 빛과 규범」을 포함한다. 파시스트당 그 자체도, 그 때문에 이미 정치적 주체는 아니며 객체일 뿐이다. 실제로는 탈정치화 되어 버렸다. 파시스트 정치의 목표와 수법에 관해서는 다만 **통령**(Duce) 한 사람이 결정을 내린다. 거기에 따라서 당임원은 모두 위로부터 임용된다. 한편 당서기장은 각하의 직함을 받아, 현(縣) 서기를 지명하는데, 그는 형식적으로는 칙령에 의해서, 사실상은 독재자에 의해서 지명된다. 그런데 당에서 모든 *elezionismo*(선거 제도)가 폐지된 후에는, **통령**이 국가의 모든 조직된 권력수단·의용군·당 그리고 뒤에 제시할 생각이지만 조합을 자유롭게 조종하고 절대적으로 전권을 장악하고 있다. 「이탈리아 인민의 정치는」 하고, 당시의 당서기 투라티(Turati)는 1928년 9월 2일에, 「명령하고, 사람들이 나아가야 할 방향을 알고 있는 **수령**(Capo)의 정치밖에는 없다」라고 선언했다. 국가적 법규범 대신에 군사적 명령이 등장한다. 예컨대 당은 로코에 의해서

266) 정당조직에 관하여는 Ernst Wilhelm Eschmann, *Der faschistische Staat in Italien*, Breslau 1930, S. 31 ff.
267) Maraviglia, aaO.
268) Mussolini, "Vivre pericolosamente," in aaO., Bd. 21, S. 39.

「정치적 의용군」으로 불리고,269) 군사적 형식으로 당원과 그와 함께 인민 전체가 모든 중요도가 높은 나날의 사건에 대해서 어떠한 태도를 취해야할 것인가를 규정하는『공보』 (*Foglio d'ordini*)를 발간한다. 또 새롭게 가입이 인정된 당원은, 자기의 사명을 자각하기 위하여 다음과 같은 당에 대한 충성을 맹세하지 않으면 안 된다. 「나는 맹세한다. **통령**의 명령 유무를 불문하고 복종하며, 힘이 미치는 한, 그리고 필요하다면 내 피로써 파시스트 혁명에 봉사할 것을 선언한다」. 이러한 맹서문은 당에게 해당되며, 국가 · 국민 · 법 또는 국왕에게는 아무것도 언급하지 않는다. 국가와 당의 「논리적이고 신성한 동일화」는 나아가 국가와 독재자의 등치에 의해서, 여기서 다시 그 위에 더욱 확장되어야 한다. 그것을 이 맹세에 적용하면 주권적 독재의 완성된 표현을 거기서 손에 넣을 것이다 ― 다만, 국왕이 폐위된다면 말이다. 국왕이 존재하는 한은 파시스트 혁명의 논리는 남김없이 전개되었다고는 말할 수 없다. 그러나 이미 보았듯이, 국왕 없이 파시스트 정권의 계속성은 보장될 수 없는 것이다.

## 3. 협동체 국가

파시즘은 지금까지 자신이 단지 형식적인 부정이며 형식적인 복고라고 말하며, 그 정치상이 이에 따라서 모든 정치형태의 가장 원시적인 것, 즉 독재인 것을 나타내 왔다. 파시즘이 흥미를 끄는 것, 유럽에서 매우 넓은 범위에 걸쳐 파시즘이 사람들을 매료하는 것은, 자신들이 그 협동체 국가사상을 통해서 정치적 위기에 대해서 모든 사회계급의 기대에 적합한 기초적인 해결을 제공한다는 그 주장에 있다. 거기에는 내셔널리즘 사상과정과 사회주의 사상과정과의 종합이 보이며, 그것은 국가 해체적인 계급대립의 적극적인 극복에 적합하다고 말해진다. 일찍이 프랑스의 파시스트인 조르주 발로아는 파시즘을 바로 「내셔널리즘+사회주의」라고 정의한다.270) 무솔리니 자신은 모든 파시스트 입법 중에서 자신의 협동체적 입법작품을 「가장 용감 · 가장 대담 · 가장 독창적인, 바꾸어 말하면 가장 혁명적이다」고 반복해서 부른다. 사실 ― 계급문제가 요점이다. 여기서 구체적인 정치권위 · 위계 · 엘리트 등에 관한 질문이 그 구체적인 대답을 손에 넣지 않으면 안 된다. 협동체 국가가 계급국가의 위기에 만족할만한 해결을 주는 새로운 정치상이라면, 독재제 역시 이러한 목적에 대한 수단으로서 의미 깊은 정당화를 손에 넣는다. 그것 밖에 없다!

협동체적, 생디칼리스트적 또는 직능신분적 국가사상은 파시즘의 독창적인 것은 아니다.271) 그것은 무솔리니가 실제로 성취한 결과를 좌우하지 않을 것이다. 1919년 경 이탈리아에는 무릇 국가체제에 어떤 직능신분적 변경을 구하지 않는 정당은 없었다. 이러한

269) Rocco, aaO. (Anm. 193), S. 8510.
270) Georges Valois, *Le fascisme*, Paris 1927, S. 21.
271) 상술 S. 481 (본서, 251면) 참조.

요구는 생디칼리스트에게도, 집권주의적 사회주의자에게도 있고, 또한 내셔널리스트에도
인민의 강령에도 존재하고 있었다.[272] 상원을「유기적」, 협동체적으로 개조하려는 제안과
거기에 근거를 부여한 최초의 한 사람은 자유주의파의 전 장관으로 상원의원인 루피니였
다.[273] 이탈리아 최초의 직능신분적 헌법은 **카르나로 헌장**(Carta di Carnaro)으로서 1920
년 8월 31일에 단눈치오에 의해서 피우메*에서 고지되었다. 결코 효력을 갖지 못하게
된 이 헌법에 의하면, 직능신분적 국가의 정상에는 보통선거로 선출된「최선자의 평의회」가
서도록 되었다. 이미 언급한 무솔리니에 의한 1919년 가을의 선거강령에서도 이렇게
말했다.「상원의 폐지와 정신 및 육체노동·공업·상업·농업에 관한 **국민전문평의회**
(Consiglio Tecnico Nazionale)의 설치. 독일에서 같은 시대에 공산주의자로부터 보수주의
자까지 레테 사상으로 일치했다고 보았듯이, 이탈리아는 이로써 일치한 것처럼 보인다.
다만, 화려한 일치는 정치적·사회적 내용이나 직능신분사상이나 레테 사상의 담당자가
문제로 된 한에서만 유지될 수 있었다. 그것을 위한 협동체 국가에 관한 판단도, 파시즘
독재에 관한 판단도 오늘날 이탈리아 국민 파시스트적 생디칼리슴이라고 불리는 것의
사상적이며 사회학적인 구조를 보다 정확하게 분석하는 것을 전제로 한다.

무솔리니가 내셔널리스트와의 동맹 이전에 주장하던 혁명적 생디칼리슴과 순수하게
형식적으로 일치하는 것은 폭력이념과 반의회제적 정서이다. 그러나 소렐에서 유래하는
생디칼리슴이 의회제를 제압한 것은 그것이 반무정부주의적으로 국가를 제압하고 경제적
으로 집권화된 사회주의를 부정하였기 때문이다. 이탈리아의 어떤 정신적 지도자가 서술한
것에 의하면,「우리들은 노동조합에게 국가의 권위를 나누어 주려고 한다. 무정부주의자는
그것을 개개인 간에 쪼개어 준다. 우리들은 나아가 노동조합 그 자체의 발전 속에 이
새로운 사회적 기관의 성장법칙 속에 노동조합으로부터 권위적 기관이 생기며, 그것이
단계적으로 국가를 해소하여 가는 객관적 필연성을 보아 간취한다」.[274] 완전히 동일하게
후일 지도적 국민 파시스트 교수인 파눈치오는 1906년에 이렇게 서술하였다.「생디칼리슴
은 권위의 원리를 파괴하려는 것이 아니라 그것을 목적으로 취한 형태로 각 노동조합에
분배하려고 한다」.[275] 공동체를 자율적 노동자단체들로부터 만들려고 하며, 압살적 집권
주의 자체를 혐오하는 이 아나르코 생디칼리슴의 사회적·정치적 담당자는 소렐이 말하는
자신들의 영웅적 엘리트에 의한 위계적 지도 아래 있는 계급투쟁적 프롤레타리아트라고
한다. 그들은 그 밖의 사회주의자들로부터 당에 대한 귀속에 의해서도, 생산수단의 사회화
라는 궁극적 목표에 의해서도 구별되지 않으며, 다만 전술과 지목된 분권화된 경제형식만이
달랐다. 젊은 무솔리니가 속했던 이 사상권에서 권위·규율·엘리트 등등의 말이 구체적인
의의를 얻은 것이다.

272) Marschak, "Der korporative und der hierarchische Gedanke (Anm. 175), S. 81 ff. 참조.
273) Francesco Ruffini, *Guerra e riforme costituzionali*, Torino 1920, S. 57 ff. 참조.
274) A. Labriola, *Sindacalismo e riformismo*, 1905. 인용은 Marschak, aaO., S. 709.
275) 인용은 Marschak, aaO., S. 709.

이에 대해서 내셔널리스트는 무솔리니와 손을 잡기 전에 생디칼리슴을 어떻게 이해했는가, 그들이 투쟁의 담당자로서 누구를 염두에 두었는가에 대해서 내셔널리스트의 지도자인 엔리코 코라디니는 분명히 조르주 발로아의 영향을 받은 전전의 저작에서 우리들에게 서술한다. 그것은 「**생산 부르주아 체제**」(Il regime della borghesia produttiva)라는 특징적인 책이름이며, 다음과 같은 문제설정에서 출발하고 있다. 「생산 부르주아의 정권은 현대의 정치적 공공체 · 보통선거법 · 사회주의적 계급투쟁의 한가운데에서 어떻게 가능할 것인가? 우리들은 대답한다. 즉 생산 부르주아는 계급투쟁을 대담하게 기도하고 보통선거법을 지배하기 위해서 아무것도 하지 않으면 안 될 것이며, 그 때에 시스템이 사물의 논리에 의해서 지연되거나 일찍되거나 변혁될 기대가 내포된다. 왜냐하면 관습적인 거짓말도 다행히 한정된 범위에서만 존재하며, 의회주의는 하나의 관습적인 거짓말이기 때문이다. 국민이 낡은 콤뮌의 **대소의 협동조합**(arti maggiori e minori)에 직면하여 조합으로 구분되게 되며, 그리고 각 조합은 그 속에서부터 전국회의에 대표자를 선발한다고 생각해 보자. 우리들은 거기에서 적어도 조합의 현실적 이해의 직접적이고 **사정에 통달한**(tecnici) 대표자를 수중에 넣게 된다」. 그리고 곳에서는 「조합은 의회주의를 죽일 것인가? 우리들의 생각으로는 그렇다. 바로 문제는 모든 사안에 대해서 생산의 법칙을 세우는 것이며 프롤레타리아트가 부르주아에게 굴복하거나 무릇 희생되는 것이 아니라면 후자가 전자에 대해서도 아니다. 양자는 생산의 법칙에 따른다. 부르주아지가 보다 커다란 힘을 손에 넣는다면 그들은 권력을 손안에 넣게 되는데, 그것은 자신들의 이기주의를 만족시키며 자신들의 이득을 위해서가 아니라 밟고 넘어가는 것이 허용되지 않는 생산의 법칙이 각 개인과 총체의 존재를 위협하지 않고 이것을 요구하기 때문이다. 이 법칙은 개개의 계급이 권력에 어떻게 관련을 가지는가를 규정하는데 그것은 그들이 법칙에 봉사하는 정도에 따라서 결정된다. 이 법칙은 사회정의를 규율한다. 그것은 국가질서의 기초이다」.[276]

이 「생산자의 국가」에도 권위 · 규율 · 엘리트 등등의 개념이 구체화되며, 반프롤레타리아적 계급투쟁의 사회적 담당자가 일의적으로 제시된다. 여기서 코라디니는 자본주의적 생산의 위계와 규율, 지배의 사회적 유지를 위해서 대담하게 싸우는 부르주아 엘리트 그리고 권위 ― 독재제의 권위를 생각한다고 이해한다. 왜냐하면 내셔널리즘은 국내적 위계와 권력분배의 정태적 기준을 수중에 가지고 있지 않으며 ― 자본주의적 생산법칙이 바로 사회정의를 규율하는 것이다! ― 또한 이 내셔널리즘은 ― 바로 자본주의이며 ― 엘리트의 법적 세습제라고는 할 수 없으며 반의회주의를 취하게 되면 내적 법칙성에 의해서 독재제를 바라지 않을 수 없기 때문이다.

무솔리니 자신 자기의 오늘날의 생디칼리슴은 전전시대에서의 자신의 과거의 생디칼리슴과는 아무런 관련도 없다고 강조한다. 그가 제시한 질문, 즉 국민파시스트적 생디칼리슴은 어떻게 해서, 어디에, 그리고 언제 생겨났는가에 그는 이렇게 대답한다. 「탄생년: 1921

---

276) 인용은 Marschak, aaO., S. 710 f.; Enrico Corradini, *Il regime della borghesia produttiva*, Roma 1918.

년, 탄생지: 포 평야, 성립양식: 파괴활동적 저항거점의 정복과 파괴. 최초의 생디칼리슴은 순수하게 농민적이며, 조세에 의해서 피빨린 사람들 (돈이 마른 사람들[taglieggiati])에 의한 혁명, 소지주·소작인·반소작인의 반항이며… 나중에 비로소 농업노동자로도 흡수되는데… 그들은 다시 도시대중, 산업프롤레타리아트에도 발붙일 수 없게 되었다」.[277]

1920년 말이 되어 무솔리니가 마침내 사회주의와 손을 끊고, 이때 이래 소유계층을 발판으로 삼기 시작한 것은 알고 있다. 무엇보다 대규모적인 재정수단을 가지고 그를 지지한 새로운 찬동자들은 밀라노와 토리노의 대공업가들이며, 그 후에 곧 위에 열거한 포 평야의 토지소유자들과 작은 소작인들이 있으며, 나아가 소매상인이 있고, 이때에 비로소 지적 중간층이 계속되었다. 이 사회학적 계층구성은 무솔리니의 국가정책과 경제정책의 목표설정에 합치되고 있었다.[278] 무솔리니가 이 사회적 담당자를 지지하는 결단을 내린 후에는 그의 생디칼리슴의 성격도 코라디니가 말하는 반프롤레타리아적 계급투쟁이라고 일의적으로 단정되었다. 파시즘의 이러한 경제정책적 태도결정은 어떻게 나타났는가. 먼저 예컨대 사회주의와 가톨릭의 노동조합에 반대하는 투쟁, 소매업자에 의해서 매우 혐오된 생산과 소비조합의 파괴, 나아가 조세정책, 전시갹출계약에 대한 의회의 조사의 폐기, 공업경영자에 대한 3억의 납세면제, 가족 내의 상속세의 완전폐지, 특히 1923년 3월 29일 정령. 이 정령에 의하면 대공업경영자는 인플레 증대에 즈음하여 발권기관에서 무제한의 신용을 만들 수 있다. 여하튼 이러한 예에 경제정책의 태도가 어떻게 표현되었는가에 대해서는 여기서 개별적으로 들어가 설명하지 않는다.[279] 파시즘 경제이론에서의 생산이익의 일면적 강조와 생산과 소비의 문제의 분열도 순수하게 경제적인 도착을 도외시한다면 본질적으로 생산수단소유자의 이익에 봉사한다. 파시즘이 말하는 내셔널리즘+사회주의라는 종합은 오늘날에는 사회주의가 말소되고, 파시즘 이데올로기 중에서 「자본주의의 일반화」에 의해서 대체되었다.[280] 무솔리니는 1926년 3월 11일의 상원 회의에서 자본주의를 바로 파시스트적 생디칼리슴의 기본정책의 요체라 부르고, 자본주의적 경제형식에는 아직 수세기에 걸친 미래가 있다고 예언하였다. 「국가적 사회주의나 그 어떤 다른 사회주의는 무다」라고 **통령**은 로마 진군 5주년 기념일에 우연히 포고하였다.[281] **「소유권의 보호와 소유자에 의한 지적 제조**, 이것은 우리들의 생디칼리슴의 기초적 관점이다」라고 파시스트인 생디칼리스트, 피게티는 선언한다.[282]

---

277) Mussolini, 전거 불명.

278) 이에 대한 철학적 파시스트인 미헬즈도 참조. Robert Michels, "Der Aufstieg des Fascismus in Italien," in *Archiv für Sozialwissenschaften und Sozialpolitik*, 52 (1924), S. 67 ff.

279) Giacomo Matteoti, *Un anno di dominanzione fascista*, Roma 1924, S. 13 ff.; sowie Rerum Italiarum Scriptor, "Der Faschismus in Italien," in Carl Landauer und Hans Honegger (Hg.), *Internationaler Faschismus*, Karlsruhe 1928, S. 30 ff.; Marschak, aaO., S. 107; Michels, aaO., S. 73 ff. 참조.

280) Mussolini, "La legge sindicale," in *Opera* (Anm. 2), Bd. 22, S. 92.

281) 전거 불명.

282) Guido Pighetti, *Sindacalismo fascista*, Milano 1924, S. 90.

　　경제정책의 영역에서 파시즘은 사실 하나의 강령, 즉 의심할 것 없이 맨체스터주의적 내지는 이탈리아인이 말하는 자유주의적 강령을 손에 쥐고 있다. 무솔리니가 활발하게 사상을 교환하던 세 사람의 파시스트적 국민경제학자인 파레토, 판탈레오니 그리고 리치 모두 이러한 방향에 속한다. **통령**은 자신을 「말의 고전적 의미에서의 자유주의자」라고 불렀는데, 그는 강령을 이렇게 정식화하였다. 「정치적 국가의 강화, 경제적 국가의 점차적 동원해제」이다. 모든 국영기업 · 철도 · 우편 · 담배와 소금의 전매는 사기업에 맡겨야 한다는 것이다. 나중에 본다면 잘못되었는데, 그것은 하나에는 파시스트 독재가 이미 맨체스터주의적 자본주의시대가 아니라 구속되고, 조직화된 자본주의시대에 생명을 걸었기 때문인데, 다른 한편으로는 파시스트 독재의 중상주의적 정책에도 의한다. 이 정책은 자유주의적 교의를 원칙적으로 부인하지 않고 계몽주의적 절대주의의 모델에 따라서 자본주의의 이니시아티브를 촉진하며, 모든 종류의 경제적 · 사회적 또는 정치적 자치를 모든 정치적 자유와 마찬가지로 다투며, 인민을 위해서 많은 것을 하며, 그러나 인민에게는 아무것도 시키지 않으려고 한다. 1923년 7월 15일의 의원 연설에서 무솔리니는 말하기를 「사람들은 자유를 입에 올린다. [.] 그런데 이 자유란 무엇인가?」「이탈리아 인민은 지금까지 나에게 자유를 요구해온 일은 없다. 메시나에서 내 차를 둘러싸고 민중은 외쳤다. '우리들을 바락에서 구출하라!'라고. 이어 최근 바실리카타의 주민이 나에게 바란 것은 물이다 [...] …사르디니아에서는…사람들은 말하기도 힘든 수척한 얼굴로 나에게 가까이 와서 나를 둘러싸고…그리고 말했다. '말라리아가 우리를 죽인다!' 그들은 자유도…헌법도 말하지 않았다!」.283) 무솔리니는 자신의 절대주의적 복지국가를 정당화하기 위해서 이 경우에도 예를 들지 않고, 남부 지방에서 그 전(前) 자본주의적이라고 해도 좋은 경제구조와 문맹 주민을 끌어내온 것은 특징적이다. 그런데 그 밖의 경우에도 사람들은 무솔리니와 함께 인민의 「행복」은 다만 「다소의 차이는 있지만 상상적인」 자유에 있는 것은 아니라는 입장을 취하며, 그것에 따라서 체제에 「사회 문제의 해결」284)을 보려고 하는지도 모른다. 그러나 이탈리아나 기타 인민이 파시즘의 영웅적인 기원에서 여하튼 상당히 떠난 이 입장을 공유하는가의 여부가 금치산선고를 받고 있는가 어떤가. 이것은 물론 별개의 문제, 즉 정치적으로 결정적인 문제이다.

　　피용자층에 대한 이러한 절대주의적 복지정책의 성과를 개관해 보면, 파시스트 통치의 선의를 가령 인정하더라도 상당히 회의적으로 될 것이다. 선의는 항상 통치의 권력기초를 평생 형성하고 있는 집단이 저항하는 곳에서 그 한계를 이룰 것이다.

　　파시즘에 의한 계속적인 임금인하는 거기에 이어서 「조작된」 소매가격의 인하가 실현되기에는 거의 멀고, 이탈리아의 노동자를 국제노동기관의 통계에 의하면, 유럽에서 가장 저임금의 상태로 만들었다. 그 평균 시급은 오늘날 44-45페니, 즉 다른 민족들과 비교할

283) Mussolini, "La riforma elettorale," in aaO., Bd. 19, S. 314 ff.
284) 예컨대 모든 관점에서 무비판적인 Willy Müller, *Der Faschismus als soziale Wirtschaftsmacht*, Berlin 1928, S. 64.

때 가장 열악한 임금상태에 있는 독일 노동자가 얻는 것의 약 절반밖에 안 된다.

실업은 임금인하로 방해를 받지 않았다. 1930년 말에 이탈리아에서는 정부의 완전히 불완전한 보고에 의하면 50만인의 실업자가 있었다. 농업과 모든 계절노동에 종사하던 실업자의 대부분은 실업보험에서 배제되고 있어서, 이 수도 4천만인의 공업화가 뒤떨어진 민족에 대해서는 매우 높다고 할 수 있다.

1919년에 이탈리아에 도입된 8시간 노동제를 파시즘은 먼저 1923년 3월 15일 정령으로 추인했는데, 1926년 6월 30일에는 9시간 노동제를 위해서 다시 폐지하였다. 다른 한편 피용자는 파시즘에 의해서 법률로 규정된 유급휴가의 권리를 확보하였다.

실업 · 상해 · 노령보험은 파시스트 이전 시대부터 계속 유지되고, 1928년 6월 7일에 결핵에 대한 보험제도가 보충되었다. 파시즘은 대규모화한 노동자의 소비조합과 마찬가지로 이전의 포괄적인 건강보험제도를 완전히 부정했는데, 결핵보험제도는 고작해야 이에 대한 얼마 안 되는 보상금에 불과하다. 의무적 건강보험은 지금까지 독재제는 기업가의 저항에 대항해서까지 실시하려고는 하지 않고, 오늘날의 기업이나 조합의 보험조합은 고작해야 불충분하게 대체되었을 뿐이다.

아마 가장 호의적으로 평가하더라도 이탈리아 노동자의 상태가 파시즘에 의해서 개선되지 않고 악화되었다고 인정하지 않을 수 없을 것이다.

계몽절대주의적 복지정책에 의해서 파시스트의 이념에 의하면, 무산자의 이익은 「그들의 국민의 이익과 대립하지 않는 범위에서」보호되어야 하며, 계급국가는 극복하지 않으면 안 된다. 계급투쟁을 사람들은 확실히 원리적으로 완전히 부정하려고 하지는 않는다. 그러나 그것은 계급들의 공동이라는 달성되어야 할 목표를 직접 수반하는 방법이어야만 하는 것이다. 「계급투쟁은 민족(Volk)생활에서의 하나의 에피소드일 수 있다. 다만 그것은 일상적인 시스템일 수는 없다. 왜냐하면 그것은 부의 파괴와 함께 빈곤의 편재를 의미하기 때문이다」.285) 바로 이러한 사상이 이탈리아 사회주의의 지도자들에게 자명한 사안이며 투라티가 이미 1911년에 collaborazione(공동)의 원리를 주장했던 것, 이것을 무솔리니 이상으로 잘 아는 자가 없는 것은 확실하다. 무솔리니는 바로 이 「배반」을 이유로, 그의 폭력비극에 아무런 이해도 갖지 못하는 개량파들을 당시의 소렐주의자의 입장에서 공격하고, 그들을 당에서 제명하도록 제안하였다.

그러나 파시즘은 한편으로 예컨대 수공업자 · 기업경영자 · 정신노동자 등과 같이 세 개 이상의 계급을 구별하려고 하며, 다른 한편 계급투쟁을 직업분야별 **집단**(categoria)과 **재능**(capacità) 간의 투쟁으로 분해시키려고 함으로써 새로운 신분 질서의 전제를 형성하려고 한다. 각 경제활동은 이 새로운 질서에서 공적 직무의 행사로 간주되며, 개개인은 이미 사회적 원자가 아니라 직업분야별 단체에 의해서 육성되며, 중개자인 그것을 통해서 국가에 대립시키려고 한다. 다만 국민국가는 모든 대립 위에 서서 그것들 모두를 정의 속에 포섭하거나 모든 국민 세력들의 공동을 확실히 하려는 것이라고 한다. 그것은 예컨대

---

285) Mussolini am 3. Juni 1923.

「현인」(Soloni) 18인 위원회의 기본 이미지였다. 이것은 9인의 대학교수, 6인의 변호사, 그리고 3인의 기타의 구성원, 즉 적어도 6분의 5가 지식인으로 되며, 1925년에 무솔리니에 의해서 위탁되고 협동체적 국가개혁의 제안을 행한 것이다.286)

1926년 4월 3일의 법률과 1926년 7월 1일의 시행규칙에 의해서 성립한 질서는 본질적으로 다르다. 먼저 잠재적인 계급대립은 생산수단의 소유자(사용자 · 자영업자)와 노동자가 별개의 「조합」에 조직됨으로써 승인되고 있다. 기업경영자단체의 정상을 형성하는 것은 공업(수공업법도 포함하여), 은행 · 상업 · 농업경영자 아울러 해운업과 항공업, 육운업과 내해운으로 구성된다. 여섯 개의 전국조합연맹이 있다.287) 상술한 법규범은 여섯 개의 중앙 노동조합, 아울러 세 개의 기타 단체를 규정하며, 후자는 자유업과 예술가를 포함한다. 장기간에 걸친 투쟁 후에 파시스트 노동조합의장 에드몬도 로소니는 마침내 통일적 노동자단체를 실현하기에 이르고, 더구나 정신적인 직업을 편입하는 데에 성공하였다. 이것은 확실히 두 계급대립이라는 현실을 제시하지도 못한다. 물론 1928년 11월에는 기업경영자들의 이의에 굴복하여 로시니는 해임되고 통일적 노동자단체는 다시 여섯 개의 조합연맹으로 나뉘었는데, 이것은 최근에야 재건되고 있다. 〔실제로는 재건되지 않았다〕

1926년 4월 3일의 법률 제3조는 이러한 수직적인 조합의 구축과 아울러 나아가 수평적인 교차결합을 규정하고 있다. 그것에 대해서 시행규칙 제42조는 이렇게 규정한다. 그것들은 여러 가지 생산요소의, 즉 특정한 생산부문 내지 하나 또는 복수의 기업분야에 속하는, 사용자와 아울러 정신적 노동자와 수공업자의 전국적인 노동조합조직을 결합한다. 이렇게 결합된 조직은 하나의 협동체를 형성한다.

그와 함께 우리들은 파시즘의 성역에 들어가 파시즘에 관한 모든 질문 속에서 가장 중심적인 질문을 하고, 먼저 첫째로 협동체란 무엇이어야 하는가를 명확하게 하지 않으면 안 된다. 파시즘의 성패는 협동체주의에 좌우된다. 그렇지만 파시즘 협동체주의의 고전적인 논자는 협동체국가를 파시스트국가와 동의어라고 설명한다.288)

국제적 법률용어로 협동체(Korporation)라는 말은 자신의 의지를 자신의 용건에 대해서 형성하는 법인격 있는 단체라고 이해한다. 이러한 협동체적 의사형성에 의해서 그것은 「안슈탈트」(Anstalt)*와 구별된다. 안슈탈트에는 의사가 밖으로부터 뿌리를 내린다. 협동체적 체제는 정치체제나 경제체제와도 관련을 가질 수 있거나 또는 「직능신분적」 조직을 의미할 수도 있다. 이 조직에서는 정치권력은 경제적 협동체에서 나온다고 한다.

이러한 모든 것과 협동체주의는 완전히 아무런 관계도 없다. 순수하게 정치적인 협동체체제도 직능신분적 조합체제도 — 무릇 불가능한 것을 완전히 도외시한다면 — 원래 독재제에서 배제되고 있다. 따라서 남는 것은 파시즘에 의한 경제의 협동체적 조직의 가능성뿐이다.

---

286) *Relazioni e proposte della commissione presidenziale* ..., Roma 1925, insb. S. 106 ff.

287) Eschmann, *Der fascistische Staat* (Anm. 267), S. 130 ff.의 플랜 참조.

288) Carlo Costamagna, *Diritto corporativo italiano secondo la Carta del Lavoro, la legislazione e la dottrina*, 2. Aufl., Torino 1928 (Nuova Raccolta di Scritti Giuridici e Sociali), S. 43.

미리 지적해 둘 것은, 여기서도 — 고작해야 — 장래의 가능성이 문제로 될 것이라는 점이다. 왜냐하면 상술한 법률 발포 후 5년 경 협동체부와 협동체전국평의회가 이미 있다고는 하지만, 파시스트 이탈리아에는 유일한 협동체도 아직 존재하지 않기 때문이다. 다만 협동체의 장래도 현행 규정으로도 파시즘의 사회구조에서 있을 수 없듯이 불가능한 것이다.

「노동의 **마그나 카르타**」로서 높이 칭찬을 받고 1927년의 신화상의 로마 건국기념일(4월 30일)에, 그리고 의식적인 공포에 즈음하여 슈프레이콜로서 낭독된 **노동헌장**(Carta del Lavoro)은 그 제6조에서 「협동체국가와 그 조직에 대해서」(Dello Stato Corporativo e della sua organizzazione)란 제목으로서 이렇게 규정한다. 즉 협동체는 법인이 아니며 국가기관이어야 한다 라고.289) 이로써 협동체는 집권화된 독재제의 안슈탈트라고 낙인을 찍은 것이다.

거기에서 문제는 결코 개념법학의 다툼으로는 안 된다는 것이 다음의 고찰에서 명백하게 된다. 「협동체」의 임무는 집단적 노동쟁의 · 직업소개 · 직업양성 그리고 생산의 조직화라고 한다. 최초의 세 개의 임무에 대해서 「협동체적」 제도는 필요하지 않다. 이 기능은 이탈리아와 다른 곳에서도 다른 기관에 의해서 적어도 동일한 정도로 잘 해결되고 있다.

파시스트 협동체주의는 그 명성을 최후의 임무에 의해서 비로소 손에 넣는다. 협동체 중에서 정리된 피용자와 사용자의 공동관계에 의한 생산의 **조정**(coordinamento)이다. 여기서는 외국에 대해서, 그리고 예전에는 이탈리아인의 젊은 세대에 대해서도 잘 의거하는 「협동체적 이념」의 핵심이 포함되며, 또한 포함되고 있었다. 그것이 노동재판소 · 직업양성 · 직업소개 이상의 것을 의미하지 않았기 때문에 실제로 사람들은 그 매력을 이해할 수 없었을 것이다. 그런데 파시스트 「생산자국가」는 계급대립을 극복하고 생산이 이제 모든 협력자, 특히 피용자에 의해서도 공통의 이익 중에서 지도되고 조정된다는 방법으로 경제를 종속시키는 데에 성공한다고 생각한다. 파시즘의 성패는 이 사상에 좌우된다.

그러나 이 과제에 착수하는 것을 무솔리니는 의식적으로 피했다. 「우리들은 더욱 장기간에 걸쳐 잠정적으로 조합 국면에 있다」고 그는 1928년 5월 6일에 표명하였다.290) 협동체 없는 협동체국가라는 아이러니는 이탈리아에서 매우 잘 느끼게 한다. 그러므로 반복해서 적어도 협동체가 언제나 물을 구하는 파시스트의 의견이 소리높이 주장되고 있다. 최근에는 예전의 당서기 투라티가,291) 협동체의 형성을 촉구하고, 거기에서는 당연히 현의 당서기가 의장직을 차지하는 것으로 상정되고 있다.

이러한 종류의 가상-협동체가 가령 형성되더라도 파시스트 **협동체국가**(stato corporativo)는 결코 진정한 협동체적 단계에 도달하지 못할 것이다. 그 이유는 이렇다. 즉 생산의 협동체적 지도와 조정은 국제적 친척관계에 있는 자본가들의 저항과, 또한

---

289) 1928년 12월 6일의 노동소개에 관한 명령의 상세한 규정 속에 인용된 제42, 제43조 참조.
290) Mussolini, "Al congresso dei sindacati fascisti," in aaO., Bd. 23, S. 124.
291) *Corriere della Seara*, 10. Dezember 1930.

오늘날의 국제적인 세계경제의 연루에 직면하기 때문에, 개개의 국민국가 속에서는 대체로 실시하기 어렵다. 그러나 이 점을 완전히 도외시하더라도 먼저 파시즘 자신이 현대 자본주의를 초월하는 국민적 계획경제에 대한 의지를 가지고 적어도 그 이념을 손에 넣지 않으면 안 될 것이다. 그러나 이 이념도 저 의지도 파시즘은 가지고 있지 않다. 이것이 도달할 수 없는 이유이다.

여기서 명백한 것은 파시스트의 이념도 경제에서는 부정할 수 없으며, 파시스트당의 실천도 거기에 따라서 보수적으로 될 뿐이다. 파시즘의 열렬한 찬미자마저 그 경제적 기초이념을 발견한다면 「올바로 설명되지 않는다」고 보아, 그런 후에 — 다른 많은 사람들과 마찬가지로 — 그 중에 자본주의적 경제질서와 사회주의적 경제질서와의 종합을 보려고 하며, 그 결과 마침내 「파시즘은 자유주의도 사회주의도 아니라는 생디칼리슴적 흔적을 남기는 정식을 가지고서는…유용한 것은 시작하기 어렵다」[292]고 옹호하게 된다. 몇 개월 후 같은 인물이 파시스트의 경제이념에 관한 책자를 저술하고 파시즘은 모든 사람의 평등과 사회정의라는 사회주의를 충족하는 두 개의 공리를 부정하는 데에서 그 경제의 위계적 구축에 대한 정당화를 만들어낸다는,[293] 인식에 도달하고 있다. 이 명제는 저자가 생각했던 것보다 정당하다. 파시즘은 언제나 어디서나 그 정당화를 부정에서만 만들어낸다. 여기서는 평등과 사회정의의 부정에서이다. 다만 4페이지 뒤에서 「파시스트-도덕적인 기초」가 찬양하며, 거기에 근거하여 피용자와 사용자는 「동종의 사명과 이익을 가진 생산의 동권적 요인」이라고 느껴야 할 것이라고 한다.[294] 우리들은 이 너무나 극단적인 모순을 저자의 지성의 결여라기보다는 파시스트적 경제이념의 결함 내지 파시스트 협동체적 사상의 자기모순으로 돌리고 싶다.

여기에 왜 협동체들과 협동체국가가 **노동헌장**에 의해서 약속된 파시즘의 형식 속에서 결코 실현될 수 없었던가에 관한 궁극적인 이유가 있다. 사용자와 피용자를 동권적 임무와 동권적 이익을 가진 생산의 동권적 요소로서 바라면서 그와 동시에 — 후술하듯이 — 피용자의 모든 자결의 완전한 억압을 바라거나 할 것은 아니다. 협동체는 파시스트적 계획경제가 실현되는 위대한 미래를 손에 넣게 된다면,[295] 다만 계획경제는 「결코 어떤 목표도 정하지 못하고」, 여하튼 「중심에서 지도된 수요충족경제」는 아니게 될 것이다.[296] 목표 없는 계획경제는 여하튼 이러한 파시즘의 「협동체」 생산을 올바르게 표현하고는 있다.

그러므로 이미 1926년에 설치되고 1930년 3월 20일의 법률로 개혁된 (현실에는 존재하지 않는) 협동체 전국평의회도 이미 하나의 올가미 이상의 것은 아니다. 이 법 제12조에

292) Hans Reupke, *Das Wirtschaftssystem des Faschismus*, Berlin 1930, S. 112.
293) Hans Reupke, *Unternehmer und Arbeiter in der faschistischen Wirtschaftsidee*, Berlin 1931, S. 22.
294) AaO., S. 26.
295) AaO., S. 47.
296) AaO., S. 12.

의하면, 이 평의회에는 「부조의 제도들에 관련된 단체들의 활동을 조정하고… 집합적 노동관계를 조정하고…그리고 법률적으로 승인된 조합에 의해서 대표되는 생산의 여러 가지 직업분야별 집단 간에 있는 집합적 경제관계를 규율하기 위해서」 규범을 정식화할 의무가 있다. 각 관계 중에서 의도적으로 불명확하게 된 이 회의의 권한의 한계는 여하튼 생산의 규율에 관한 그 어떤 것에 대한 언급을 피하고 있다.

장래의 협동체적 생산으로 나아가려는 파시스트 독재제의 의지를 신뢰할 수 있기 위해서는, 그 정책 중에 이러한 목표를 위한 어떤 사전 준비를 취해 보지 않으면 안 된다. 하나는 협동체의 요소들, 조합이 이 목표의 관련을 가져야 한다는 것이다. 다만, 사정은 그 정반대이다. 1926년 법률의 시행규칙 제22조에 의하면,[297] 사용자조합마저 기업의 관리·기술 또는 상업활동에 대한 간섭이 대체로 금지된다. 모든 유럽 국가들에서의 통상의 노동법적 제약과 그 단체 간부의 국가공무원적 성격에 이르기까지 사용자는 자신들의 개별이익의 추구, 무엇보다 그 사적 생산의 지도와 규율에 대해서 많은 이른바 민주자유주의적 국가에서 보다도 협동체적 국가에서는 훨씬 자유로운 것이다.

그러나 피용자측의 조합에 대해서 그것들을 묶는 것은 그것들의 내부에 형성된 어떤 협동체적 공통의사가 아니라 모든 수단을 사용하여 움직이는 위로부터의 독재적 강제라는 것을 확인하지 않으면 안 된다. 강제가 끝나면 동시에 그들의 의지도 생겨나지 않는다. 과연 「노동헌장」은 그 제3조를 다음의 명제로 시작한다. 「직업분야별 조합 내지 노동조합의 조직은 자유이다」. 그런데 이 명제는 외국에 관해서만, 그 중에서도 특히 제네바의 국제노동 기관에 대해서만 사용될 뿐이며 이탈리아에 대해서는 아니다. 이탈리아 노동자가 파시스트 조합에 가입이 강제되는가 하는 질문은 실제로는 결코 「무한한 학술적 토론을 시작하기에 적합한 출발점」[298]은 아니며, 이미 조문의 계속되는 문언으로 일의적으로 결정된다. 「그런데 법률로써 인가되고 국가의 통제에 복종하는 노동조합만이 자신들이 그 때문에 형성된 사용자와 피용자의 전체 집단을 대표하며, 국가나 그 밖의 직업분야별 단체에 대해서 그 이익을 지키며 그 업종에 속하는 전원을 위해서 강제적인 집합적 노동계약을 체결하고, 조합비를 징수하며 그들에 관한 공적 이익의 대리기능을 행사하는 권리를 손에 넣는다」. 끝으로 이 법률에 의해서 승인된 단체들만이 노동재판소에 출정하는 것이 허용되기도 한다(제17조). 그리하여 명백하게 파시스트적인 조합독점이 생긴다. 이 독점은 1926년 4월 3일의 법률 제1조에 의해서 적법하게 확정되며, 거기에 의하면 그들에게 「자발적으로」 가입하는 노동자들이 단체의 활동영역에 속하는 당해 산업노동자의 적어도 10분의 1을 대표하는 경우, 나아가 이들 단체가 그 구성원의 경제적 및 도덕적 이익의 보호와 아울러 그들의 복지와 육성의 목적 아울러 그들의 「도덕적 및 국민적 교육」도 추구하는 경우, 셋째로 단체의 지도자가 「그들의 기능 아울러 도덕적 및 국민적 신앙의 견고함을 보증하는」 경우, 이러한 세 개의 경우에 조합은 승인 「될 수 있다」. 국민적이냐 파시스트적이

---

297) 주 292 참조.

298) 그리하여 v. Beckerath, *Faschistischer Staat* (Anm. 105), S. 129.

냐 하는 이 경우에도 동일한 개념으로 이해되도록 바라는 것은 물론이다. 전술한 전제들의 존부에 관하여 아울러 제9조에 의하면 항상 일반적 이유에서 가능한 해산에 관해서는 담당부처가 결정한다. 제5조에 의하면 이 조합은 그 구성원인가의 여부와 아주 동일하게 모든 생산자를 대표하며 그들에게 조합비 갹출을 부과한다.

확실히 이론적으로는 다른 조합의 존재도 허용된다. 그러나 그들은 법적으로 인정되지 않고, 구성원을 대표하는 것은 허용되지 않으며, 단지 조합활동이 아닌 다른 모든 것을 할 수 있다. 그러나 조합의 존재라는 이 가능성마저 오로지 이론 중에만 존재한다. 즉 실제로 사회주의 노동총동맹은 이 법률 이후에도 여전히 위험을 무릅쓰고 그러한 종류의 이론으로 인정되던 존재를 계속하려고 하였다. 그 결과 1926년 11월 1일에 분명히 중앙의 지도 아래 밀라노, 토리노 그리고 로마에 있는 이 동맹의 방들은 습격을 받아 파괴되고 약탈되었다. 동일하게 11월 1일자의 밀라노 지사에 의한 문서에서 11월 2일에는 동맹의 신문은 금지되었다. 그런데 「주지하듯이」 이탈리아의 법률가는 결코 「노동조합의 자유를 폐지」하지 않고, 「결코 그것에 반대하지도 않으므로」,[299) 노동조합의 지도자들에게 1주일 후에 경찰에 의해서 그들의 사무소 열쇠가 다시 인도되었다. 여하튼 로마에서 이러한 방들의 인도가 완전히 불가능했던 것은 조서가 기록하듯이, 「원래 파괴활동 시에 문과 창의 돌쩌귀가 제거되어 버렸기」 때문이다. 이어서 며칠 동안에 일련의 노동조합 지도자들은 국외추방의 유죄판결을 받고, 그 결과로서 이 마지막의 비파시스트적 노동조합은 1927년 1월 4일에 「자발적으로」 해산하였다.[300) 나아가 여기에 「헌장」 제23조, 「직업소개소는 국가의 협동체 기관들의 통제 아래 [노사] 동수제로 설립된다. 사용자는 직업소개소를 통해서 피용자를 채용할 의무를 진다. 그런데 사용자는 등록자의 범위 안에서 선발할 권리[상술 S. 547(본서, 305면)에 인용한 규칙에 의하면 의무]를 가진다. 이 선발은 직업소개소 가 파시스트당과 파시스트노동조합에 가맹하는 자를 그 가맹 연공에 따라서 우선적으로 행한다」를 붙여서 이탈리아의 인구과잉과 실업 아래서 매우 유효한 이 위장(Magen)에 대한 압력을 더한다면 가입의 자발성의 존부는 이미 의심이 존재할 여지는 없다.

이러한 입법 이전의 시대에 파시스트 노동조합에 유입이 일어났는데, 이것도 보다 상세하게 검토할 필요가 있다. 교육을 받지 못하고, 속기 쉽고, 마찬가지로 쉽게 환멸을 느끼는 사회주의나 가톨릭의 노동조합에 전후 쇄도하였던 대중의 무정견을 제외하더라도, 한편으로 파시스트 노동자조합이 내걸은 사회주의적 방침과, 다른 한편 직접 간접의 강제에 의해서 그것은 설명될 수 있다. 1921년 말에 대체로 2만 명의 파시스트 피용자노동조합원이 있었다. 1922년 6월에는 43만 3천명, 12월에는 100만 명, 1924년 봄에는 199만 7천명, 1928년 10월에는 270만 명이 되었다. 당초 파시스트 노동조합은 참으로 사회주의적이었

299) Giuseppe Bottai, "Die gewerkschaftliche Organisation in Italien auf Grund der neuen Gesetzgebung," in *Internationale Rundschau der Arbeit*, 5 (1927), S. 601.

300) Italicus [Pseudonym], "Die italienischen Gewerkschaftsführer und der Faschismus," in *Die Arbeit*, 4 (1927), S. 132 f. 참조.

다. 그 규약의 최초의 결정적인 원고에서는 예컨대 이러하다. 즉「본 동맹이 주장하는 것은 생산적 직업계급의 향상을 수반한 생산량과 노동수단의 향상이 중간계급의 향상과 아울러 부와 소유의 점차 더욱 대폭적인 확장을 가져온다는 것이다. 이것은 또한 생산의 도구와 생산수단을 획득하며 직접적으로 관리하며 아울러 사회적 및 기술적 관점에서 자신을 불가결한 존재로 만들 가능성이 프롤레타리아의 엘리트에게 부여된 것을 의미한다」.301) 1924년의 새 규약은 이러한 방침을 더 이상 필요로 하지 않으며, 그것을 당규약 제7조에는 아직 규정에 존재하고 있던 계급투쟁과 마찬가지로 억압하였다.

파시스트 노동조합의 발전에 대해서 사회주의에 유사한 아지테이션과 아울러 매우 중요하였던 것은 1922년의 경제위기를 계기로 대량의 노동자가 해고되고, 거기에 먼저 사회주의자가 포함되었던 것, 그리고 재고용 시에 파시스트 노동조합에로의 소속은 많은 경우에 조건이 되었다. 그런데 1925년 10월 2일에는 공업연맹과 파시스트 노동조합 간에 이른바 **비도니** 館(Palazzo Vidoni) 협정에서 파시스트 노동조합의 독점이 계약적으로 확정되었다. 그 이래 비파시스트적 노동조합원에 대해서는 대체로 직을 얻는 것이 곤란하게 되었다. 설립 시에서의 개개의 파시스트 노동자조합의 수는 지주와 국가의 압력을 아주 명백하게 보여주고도 있다.302) 파시스트 노동조합 성립에 관한 경제적 강제의 중요성에 관해서는 이처럼 한정된 시사로도 충분할 것이다.

그리고 끝으로 오늘날 더욱 많은 이탈리아 도시들에서 이전의 노동조합의 건물이 불탄 흔적이 있는데, 그것은 파시스트화의 매우 철저한 수단이 어떠한 종류의 것인가를 보여준다. 즉 방화·약탈·학대 그리고 수많은 살인이다. 1925년 6월 24일에 무솔리니는「이탈리아의 노동」에서 이렇게 썼다. 즉「대중이 낡은 조합으로부터 새로운 조합으로 이행하는 모양은 마치 새로운 하상에로 범람하는 급류의 물소리처럼 소란스러웠다. 붉은 힘의 급속한 조락은 우선 첫째로 파시즘에 의한 **전투활동**(azione bellicosa)의 도움으로 생겼으며, 전자의 별도의 혁명을 호언장담하는 자들은 도덕적으로 거기에 대한 준비가 되어있지 않았다」.303) 여기에 단지 덧붙일 것은 폭력활동이 赤에 대한 것과 아주 마찬가지로「白」에게도 향하였다는 것이다. 예컨대 돈 민초니(Don Minzoni) 주교의 살해와 교황이 1924년에 — 국무부 장관 추기경이 표현했듯이 — 야만이며 사악한 황폐에 의해서 다친 사람들을 위해서 전술한 50만 리라를 상기하고 떠올린다. 이미 인정하였듯이 처음부터 경제적으로 매수하거나 공공연한 테러에 의해서 강제하던 노동조합원을 엘리트라든가「국가의식 있는 소수파」라고 찬양하는 것은, 한편 일정한 대담함을 증거하며, 다른 한편 사람들이 엘리트로 향한 요구의 신중함을 증거하기도 한다.304)

---

301) 인용은 Pighetti, *Sindicalismo fascista* (Anm. 282), S. 22 f. (24); Margherita Hirschberg-Neumeyer, *Die italienischen Gewerkschaften*, Jena 1928 (Münchner volkswirtschaftliche Studien, N.F., 2), S. 145에 의함.

302) Hirschberg-Neumeyer, aaO., S. 136; Marschak, "Der korporative und hierarchische Gedanke," 1 (Anm. 102), S. 720 f.

303) Mussolini, "Fascismo e sindacalismo," in aaO., Bd. 21, S. 326.

파시스트 노동조합을 통제하는 힘들에 대한 질문은 그것이 협동체적 국가구조에 대한 질문에 대해서 결정적이므로 여기서 특히 중요하다. 왜냐하면 독재적 폭력수단 없이는 조합이 여러 가지 정치방침이나 최종적으로는 정당에로 분열하는 것을 방지할 수 없기 때문이다. 폭력은 파시스트 조합에 대해서 유일 본질적인 통합요인이다. 전국민에게 기대 가능한 가치공동체를 파시즘은 전개하지 않고 또한 전개할 수 없다. 국민적 열광도 이러한 붕괴를 수년간 일지라도 결코 억누르지 않았다. 이것을 파시즘은 1925년의 **공장내부위원회**(commisioni interni)의 선거에서 경악을 가지고 경험하였다. 선거는 사회당의 부분적으로는 공산당의 압도적인 다수라는 결과로 되었다. 콘도베의 **바우키에로**(Bauchiero)에서는 9백 명의 노동자 중에서 전체로서 786명이 투표하였는데 745표가 사회당으로 41표가 파시스트당이었다. **사빌리아노 공장**(Officine di Savigliano)에서는 627명의 유권자, 571명의 투표자 중 526표가 사회당, 8표가 무효표, 27표가 백지표, 1표가 파시스트당이었다. 스파(Spa) 자동차공장에서는 사회당 374표 (비파시스트) 복원병협회가 137표를 헤아렸다. 피아트 공장에서는 공산당 4740표, 4463표 사회당, 760표 파시스트당, 그리고 가톨릭 390票였다. 피아트 금속공장에서는 사회당이 다수를 차지하였다.[305] 수개월 후 1925년 9월 10일에 이 경영위원회는 **비도니관** 협정으로 폐지되었다.

이제 이탈리아에서의 이 마지막 비밀선거도 폐지되고, 조합은 「관료적으로 지도되는 국가기관 이상은 아니게」 되었다.[306] 자치라든가 자기책임에 대해서 거기에서는 물적 관계에서도 인적 관계에서도 논할 여지는 없었다. 협동체는 당장은 **조합조정위원회**(comitati intersindicali)에 의해서 아주 불충분하지만 대체되었는데, 어느 정도 중요한 모든 문제에 결정을 내린다. 이 위원회는 1927년 11월에 당서기의 회람으로 생명을 받고 당서기가 의장을 맡고 중앙과 현에서 개최된다. 노동조합의 비교적 중요한 지도자는 전원 위로부터 임명되며 그 수는 1930년 시점에서 1만 2천명을 하회하지 아니한다. 조합에서 가장 엄격한 집권화가 지배하고 있으며 중앙기관은 파시스트당의 간부와 동일하다. 조합지도자는 그 대부분이 부르주아 계급 출신이며 놀랍게도 많은 변호사들이 그 대열에 가담하는데, 그들은 그 모든 예방조치에도 불구하고 오늘날에도 여전히 파시스트지배의 매우 불안정한 요소처럼 보인다. 이미 1926년 4월 3일의 법률은, 조합 임원은 파시스트라는 신뢰가 조합을 승인하는 전제가 된다고 명하고, 이미 1924년 1월 24일의 명령에 의해서, 그리고 1926년 11월 6일의 공안경찰법(제215조)에 의해서 노동조합이 완전히 지사의 통제와 지사에 의한 해산에 복종하게 되고, 1926년 7월 1일의 시행규칙이 지사와 협동체 장관에게 항상 조합의 모든 행위를 조사하고, 모든 정보를 제공케 하며 검속과 단속을 하도록 명할 권리가 부여되었다. 또한 협동체장관은 모든 의결을 폐기하고 조합을 언제든지 해산할 수 있다. 이러한 모든 보증에도 불구하고, 독재는 그 자신의 조합이

---

304) 그리하여 v. Beckerath, *Faschistischer Staat* (Anm. 105), S. 129; 124.

305) Hirschberg-Neumeyer, aaO., S. 165 ff. 참조.

306) Bernhard, *Staatsgedanke* (Anm. 262), S. 37.

파시스트로서 여전히 신뢰할 수 없는 것처럼 보인다. 이렇게 해서만 로소니의 해임 후 발포된 명령은 설명할 수 있다. 이 명령은 이렇게 규정하였다. 그러므로 설치된 특유의 직무의 도움을 받아서, 그리고 나날이 중단 없는 내무부와 파시스트당이 접촉하여 노동조합의 지도가 오로지 교양·준비·책임감정을 충분히 가지고 거기에 대응하여 도덕적으로 이의 없는 사람들에게 맡겨지도록 배려해야 할 것이라고 규정하였다. 계속해서 규정하는 것은, 협동체부는 지도적 지위의 역할을 감독할 뿐만 아니라 못지않게 지도자들을 항상 선발하려고 노력하며, 조직의 지도자들이 시시때때로 행하는 모든 것에 대해서 끊임없이 위에 서며 그들의 공사 쌍방의 생활과 아울러 그들이 조직의 구성원에 미치는 영향에 대해서 엄격한 통제가 행사된다.

파시스트 노동조합은 그러므로 노동자측에서 볼 때 대체로 폭력을 사용하여 성립하며, 본질적으로 폭력을 사용하여 유지된다. 현재 이 수단을 사용하여 계급들의 매우 바람직한 협동이 밖에서 본다면 마찰 없이 어느 정도 달성할 수 있는가는 틀림이 없다. 확실히 「고차의 제3자」인 「강력한」 국가에 의해서 강제되는 마찰의 부재는 과대평가되어서는 안 된다. 독재에 의한 막대한 경찰의 압력에도 불구하고, 피용자층은 저항하며, 무엇보다 외국에 그것이 완전히 또는 거의 알려지지 않도록 검열이 주의를 기울였는데 실제로는 반복되고 있다. 친파시스트적인 독일의 잡지 『라이프치히 신보』(Leipziger Neuesten Nachrichten)의 1930년 12월 13일자에 게재된 다음과 같은 로마 보고는 특징적이다.

「이탈리아에서 정부에 의해서 명령된 포괄적인 급료삭감과 임금삭감은 단지 일반적인 불만의 동기가 아니라 이제 오늘날 처음으로 알게 되었듯이, 특히 토리노나 밀라노와 같은 산업 중심지에서는 과거 몇 주간 동안에 매우 주목할 만한 데모를 가져왔다. 밀라노에서는 파시스트당 건물 앞에서 격렬한 시위행동이, 특히 광산노동자에 의해서 전개되고 수 백 명이라고도 할 다수의 체포자가 나왔다. 여러 가지 삐라가 첨부되고 거기에는 실업자의 커다란 불만이 '우리 애들에게 빵을! 그렇지 않으면 무솔리니의 머리를'과 같은 표현으로 나타났다. 데모는 실업자에게 일정한 보조금이 인정된 곳에서 비로소 끝났다」.

피용자와 사용자의 이러한 협동은 바로 조합 그 자체나 그 파시스트적 협동체적 의사에서 성장해 온 것은 아니며, 독재적으로 강제되었다. 거기에 대해서 또 하나의 증거가 필요하다면, 파시스트 노동조합이 추진한 스트라이크가 열거된다. 즉 카라라(Carrara)에서 1924년에, 농업종사자 사이에서는 노바라(Novara)에서 1925년에, 특히 1925년 3월에 전 이탈리아에 확대된 금속노동자의 파업이 그것이다. 1개월 후인 4월 25일에는 파시즘 대평의회에 의해서 파시스트 노동조합에게 파업의 독점이 재가되었는데 이 금속노동자의 파업 속에서 파시스트 조합은 사회주의적 노동조합과 비교할 때 영향력이란 점에서 명백히 현저하게 뒤떨어지고 있었다. 계속해서 1926년 4월 3일의 법률은 그 제18조에서 이렇게 명한다. 노동자와 샐러리맨은 3인 이상이 미리 동의하여 노동을 포기하거나 또는 그들이 노동의 연속성이나 규칙성을 손상하지 않는 방법으로 일을 계속한 경우, 1개월에서 3개월의 금고형에 처해졌는데 지도자는 1년 이상 2년 이하의 금고형과 2천에서 5천 리라의 벌금형에 처해졌다. 그 이후 파시스트 노동조합도 이미 파업을 하지 않는다. 그러나 제방의 붕괴처럼 언젠가는 무서운 결과에 이를 것이다. 이것은 확실한 것처럼 보인다.

끝으로 노동재판소에 관한 입법도 대체로 당사자의 자결과 협력을 쌀쌀하게 거부하는, 동일한 정신을 보여준다. 또다시 그것은 어떻게 파시즘이 노동자의 이익과 경영자의 이익을 협동체적인 방법으로 협조 조화시킬 것인가, 어떻게 위로부터의 폭력적인 결정에만 믿지 않는가를 보여준다. 1926년 4월 3일의 법률 제13조 이하에 의하면, 노동재판권은 노동재판소로서의 통상의 공소원에 맡겨진다. 3인의 직업재판관과 2인의 배석이 법정에서 직무를 수행한다. 그러나 후자는 예컨대 당사자의 중간 집단 출신이 아니며, 깜짝 놀랍게도 박사학위나 그에 준하는 대학에서의 그 밖의 학위소지자이며 예외적으로 당해 자가 어떤 분야에서의 사실상의 활동을 통해서 완전히 특수한 전문가로서의 명성을 얻고 있는 경우가 열거된다. 반지성적 혁명에 대해서는 놀랄만큼 지성주의적인 이러한 규율에 대해서 입법의 아버지의 한 사람인 지노 아리아스마저 이렇게 기록한다. 「통상 재판소가 하나 내지 복수 산업의 운명을 결정하며, 전체 국민경제에 현저하게 영향을 미칠 수 있는 판결을 내리기 위해서 모든 필요한 수단을 손에 넣는데 그렇지 않으면 쉽게 얻을 수 있는지의 여부는 의심스럽다」.[307] 실제로 노동분쟁은 파시스트당에 의해서 **조합조정위원회**(Comitati intersindicali)를 거쳐서 결정되며, 예외적으로만 상술한 재판소에 의해서 결정된다. 거기에서 명백한 것은 아마 얼마 안 되는 노동재판소의 판결 속에서 움직이는 친노동자적 신조이다.

협동체부의 지도인인 보타이는 파시즘은 그 국민적 생디칼리슴을 통해서 「이제 이탈리아를 위해서 자본과 노동의 관계문제를 실무적으로 해결」[308]하였다고 주장한다. 거기에서 이 주장을 오늘날 일단 명백하게 인정하기로 한다. 그런데 모레에는 어떻게 될 것인가? 노동자층을 가까운 시일 안에 국민적 의사공동체에 자발적으로 짜 맞추려는 교육독재가 생각될 것인가? 이러한 생각은 **노동헌장**의 마지막 글에서 본다면 자연스러울 것이다. 거기에서는 이렇게 말한다. 직업별 연맹들에 의해서 대표되는 사람들의 교육과 육성, 특히 직업육성은 그들이 구성원이려고 한다면 직업별 연맹들의 주요한 의무이다. 무엇보다도 「생산교육전국기구」(**전국여가사업단**)[Dopolavoro])와 그 밖의 생애교육조직이 행하는 활동을 그들은 지지하지 않으면 안 된다.

이 **여가사업단** 조직은 파시스트당의 생애교육제도였다. 그것은 오늘날에도 여전히 당서기에 의해서 지도되고 있는데, 1925년 5월 1일의 정령(1926년 11월 11일의 정령으로 개정)에 의해서 국가화되었다. 무솔리니가 법률에 첨가한 말은 이 기구의 정신을 인식시키고 있다. 「사용자는」, 그가 말하기를 「노동자의 생활수준을 가능한 한 높게 유지한다는 객관적 관심을 품어야 한다. 왜냐하면 그것은 공장에서의 한층 커다란 평온, 한층 크고 보다 좋은 작업능률, 즉 대외적 경쟁을 억제하는 커다란 가능성을 의미하기 때문이다. 지성 있는 자본가는 빈곤에 아무런 기대도 품을 수 없다. 바로 그 점에서 지성 있는 자본가는

307) Arias, "Fascistische Staatsform," (Anm. 204), S. 217.

308) Bottai, "Italienischer Faschismus," (Anm. 1), S. 16.

임금만이 아니라 주거 · 학교 · 병원 · 운동장도 자신의 노동자에게 배려한다」.309) 1928년에 공식적인 숫자가 98만 1105명으로 등록한 **여가사업단**의 구성원[수]는 확실히 경악할만하다. 여하튼 그것이 어떻게 성립했는가를 알지 않으면 안 된다. 압도적 다수는 대체로 공장 클럽으로서 조직된 3174의 스포츠단체, 2만 502의 행사를 실시하는 2385의 여행클럽 아울러 연극조직이며, 그것은 1928년에 대체로 30만 명의 참가자를 헤아렸다. 현저하게 많은 것은 1471의 음악클럽이며 그 다수는 확실히 노동자층의 미적 교육에 기여하고 있다. 파시즘에 의한 그 밖의 수많은 사회정책적 조치를 여기서 다룰 계획은 없지만 이것들과 마찬가지로, **여가사업단**의 제도는 이탈리아 노동자의 신체적 육성에 대해서 확실히 가치가 많은 수단이다. 그러나 구성원의 정신적 교육이 문제로 되는 한에는 통찰력 있는 파시스트들도 지적하듯이, 그 성과에 대해서 그만큼 좋은 것이라고 말하기는 어렵다. 이 교육은 종래의 「인민대학」의 연장선상에, 즉 파시스트의 선전서를 갖춘 도서관 · 작업교육과정 · 속기 · 타이프 · 계산술 · 외국어에 관한 약간의 코스의 설치에 한정된다. 놀랍게도 오페레타와 프랑스의 보드빌(Vaudeville)* 작품에 구성원의 교육을 많이 기대하는 것처럼 보인다.

이러한 제도 전체가 파시스트당의 부속물이다. 각 현에도 중앙에도 그것들은 당의 정치서기에 의해서 지도되며, 그들은 여가사업단의 기구를 통해서 정치적으로 좋은 태도를 기준으로 수요의 매우 많은 구성원증을 분배한다는 방법으로 대중에게 확대된 통제를 행한다. 구성원증에 커다란 수요가 있고 구성원수도 1930년 10월에 2백 만 명에 달한 것은 구성원증이 커다란 편의를 보증하는 데에서 간단히 설명된다. 교통수단 · 연극 · 영화에서는 예컨대 75%까지의 할인가격이 있고, 스포츠나 여행에서는 무상의 사고보험이 있는 등등. 최근에는 교통부가 설립한 조직인 **프로비다**(Provvida)가 **여가사업단**의 구성원에게 더욱 막대하게 할인한 식료품도 제공하고 있다.310) 그러나 현지사는 모든 구성원에 관하여 정확한 무엇보다도 정치적인 보고를 하며, 그리고 정치적으로나 도덕적으로 보아 파시스트의 견해로는 이의 없다고는 하지 않는 사람을 배제할 의무를 진다. 전체적으로 이 기구에 대해서는 수많은, 특히 위생적으로 바람직한 부차효과를 수반한 노동자층의 탈정치화와 아울러 더욱 정치적 통제가 문제로 된다는 인상을 주고 있다. 국민정치적 의사공동체에 대한 교육은 **여가사업단**에 의해서 아마도 의도될 것인데 거기에 기대할 수는 없다. 권위적인 탈정치화에 의해서 내실 있는 정치적 교육작업이 실현될 수 있다는 것이 없는 한에서는 말이다.

그런데 국가적 의사형성에서의 조합과 협동체의 협력이 오늘날 거의 무이기 때문에 — 무력한 국회와 아울러 중요하지 않은 시정회나 현회의 사명에 대한 그 의심스러운 영향은 달리 좋게 평가할 수 없으며,311) 그것들에 경제적 자치나 자기책임을 결코 귀속시키

---

309) Mussolini, "Fascismo e sindicalismo," aaO., Bd. 21, S. 330.

310) *Tribuna*, 23. November 1930.

311) Bernhard, aaO., S. 31 f. 참조.

지 않으므로, 끝으로 장래에도 협력의 다른 형태를 예측하거나 의도할 수는 없는데, 그러면 여기서 **협동체국가**란 무엇일까? 파시스트 법무장관은 1928년 3월 9일의 의원(議院) 연설에서 이 문제를 다음과 같은 설명으로 대답하였다. 즉「국가 외부에서 태어나고 국가 외부에서 활동하던 중세에서의 예전의 직능단체인 사단과는 달리, 우리들의 새로운 조합은 국가의 부분이며 국가에 대해서 그들은 힘과 위신의 한 요소이다. 거기에서 조합국가라든가 협동체국가라는 명칭을 사용하여 이것이 정당한 용법이 되려면 이러한 말의 의미에 대해서 이해해야 한다는 전제가 있다. 협동체국가는 협동체의 수중에 있는 국가는 아니며 국가의 수중에 있는 협동체이다. 국가야말로 조합에 승인을 수여하며 자기 자신의 한 분지로서 그들의 모습을 보며, 대중에게 접근하며, 그리고 그 도덕적 및 물질적 복리를 배려하며 그들을 이해하고 그들을 정당하게 평가하기 위해서 조합을 사용하는 것이다」.312)「**카메라 카리타티스**」(camera caritatis)에서는 동일하게 이것을 다음과 같이 표현한다. 즉 **협동체국가**는 공허한 표어라고 불린다고. 무엇보다 단지 바람직한 파시스트 현인회의 구성원(Soloni)의 한 사람인 프란체스코 에르콜레(Francesco Ercole)도 상세한 논문 속에서 이렇게 단언한다. 정치적 의사형성을 전술한 조합이나 협동체에 맡기는 것은 국가의 죽음, 즉 정치적 난센스를 의미할 뿐이라고.313)

따라서 이 결정적인 점에서 가장 권한 있는 파시스트들 간에 협동체국가는 예컨대 오늘날의 국가의사형성이나 생산규율에 관련된 기관인 협동체들 위에 구축되어 있지 않을 뿐만 아니라 대체로 장래에도 그 위에 구축될 수는 없다는 점에서 일치된 견해가 지배적이다. 파시즘의 정치적 조직도 경제적 조직도 어떠한 종류의 협동체적 구조도 제시하지 못한다. 그러나 그와 함께 협동체국가의 전체 이데올로기는 붕괴해버린다. 이 이데올로기는 직능신분적 이데올로기로서는 탈정치화된 사고에서 유래하며, 현실로서도 집권적·독재적인 전인민의 탈정치화에, 즉 원래 그것이 추구하던 것의 정반대가 되지 않을 수 없다는 것이 명백하게 된다. 경제 그 자체는 결코 정치적 통합요인은 아니다. 또한 경제적 기술에 관한 정치적으로는 아무래도 좋은 수많은 문제가 존재하든 국가는 바로「정치를 경제에 가지고 들어」옴으로써 비로소 성립한다. 여기서는 정치의 탈정치화라는 문제는 전체 인민이 탈정치화되고 독재자의 정치적 의사에 의해서 조직화될 수밖에는 해결이 없다. 그러나 그와 함께 국가의 권한을 분산시키고 구속을 완만하게 한다는 협동체론이 원래 가지고 있던 사고방식은 어떠한 경우에도 그 정반대로 전화해버린다. 그런데 국민파시스트적 생디칼리슴은 정당정치를 전문가정치에 의해서 대체하는 데에도 거리가 멀다. 그렇지만 그것은 정치가 있는 곳에서 다른 어떠한 국가보다도 경제적 전문지식을 강력히 배제하기 때문이다.

파시스트의 강제적 협동체는 결국 직능신분들을 국가로「유기적으로」편입하는 방법도 의미하지 아니한다. 우리가 상기할 것은, 낭만주의는 원래 그 유기적 국가관을 완전히

---

312) Alfredo Rocco, aaO. (Anm. 190a), S. 8510.
313) *Politica*, April 1928.

정반대로 프리드리히 2세에 의해서 「기계적인」, 계몽절대주의의 복지국가로 전개하였다는 사실이다. 편입은 강제적이었을 뿐만 아니라 구체적 가치공동체가 없는 강제가 행해졌기 때문에, 그것은 정치적 의사공동체도 될 수가 없었다. 바로 그 때문에 강제적 협동체는 결코 국가와 개인의 「중개자」도 아니며 이미 기존의 국가부인을 강화하게 하였다.

확실히 이탈리아의 조합은 파시스트 국가를 채색하기 위한 무의미한 장식에 불과한 것만은 아니다. 더구나 그것은 현대 독재제에서는 대체로 뛰어난 의의를 가진다. 왜냐하면 파시즘이 의용군의 군사력이나 당의 정치적 지배조직과 아울러 나아가 대중의 경제적 이익단체도 수중에 넣음으로써 비로소 파시즘은 권력에 그치며, 무엇보다 도시의 프롤레타리아 대중을 지배하는 데에 성공하기 때문이다. 파시즘은 결코 새로운 국가형태가 아니라 자본주의사회에 일치하는 독재의 형식을 볼 수 있다. 루드비히 베른하르트는 초창기의 파시즘에는 분명히 동정적으로 대응하였으나 오늘날에는 그것에 부정적인 판단을 내린다. 「파시스트 협동체주의는 직능신분적 구조로서 위장한 경찰 시스템이다」.[314]

오늘날에는 파시즘에 의한 정치적 쇄신의 성과에 대해서 아직 논할 수는 없다고 스스로 인정하는 파시스트도 상당히 많이 있다. 그 다수는 오늘날의 세대를 완전히 미리 그들이 **청춘**(giovinezza)의 정열을 계속 보유하는 한, 파시스트 조직들을 관통한 장래의 청년들에게 희망을 맡긴다. 하지만 파시스트의 청년교육은 성직자에 의한 구지배계급의 교육과 아무래도 비슷한 길을 걷지 않을 수 없다고 의문시하는 사람도 있다. 이 성직자에 의한 교육은 이탈리아인의 반권위적 성격 아래서는 거의 예외 없이 반교권적 산물을 가져온 것이다. 그러나 그것을 도외시한다면 **바릴라**(Balilla)와 **전위단**의 군사적·독재적 교육시스템은 사고가 결여된 맹목적 복종을 요구하며, 청년에 대해서 계속적으로 행동을 감시하며 그리고 입신출세주의를 육성하여 성공적 엘리트를 교육할 뿐이다.[315] 이러한 종류의 「최선의 선발」을 통해서 「귀족제가 아니라 친위대열」이 육성된다.[316] 이러한 관련에서 청년조직의 내부에서 질이 떨어진 대중민주주의가 극복되며, 장래의 엘리트 문제가 해결되는 방법도 우리들의 흥미를 끈다. 그것은 국민파시스트적 협동체주의 전체를 특징지운다. 부유 계급 출신의 **바릴라 단원**인 어린이나 **전위단원**들은 특수한 엘리트 군대인 **총사대**(Moschettieri)로 통합된다. 그들은 등록료로서 100 리라, 월회비로서 20 리라를 지불하며 특별한 교육을 받고 이에 더하여 품위 있는 제복이 제공된다. 이 제복은 빌로드 바지·실크셔츠·백색 가죽 구두 등이다. 이로써 여하튼 그들은 대중으로부터 질적으로 구별되며 장래의 지도자선발원리가 명확하게 된다.

파시스트 독재의 실천은 이처럼 명백하다. 그런데 대중에 대한 교육독재의 파시스트 이데올로기는 당당하게 움직인다. 자본과 노동은 조화된다고 한다. 파시스트 노동조합측에는 이러한 목표로 향한 진지한 의지와 신념이 존재했을는지 모른다. 그러나 파시즘 전체는

314) Bernhard, aaO., S. 38; 42.
315) 후술 S. 598 f. (본서, 345면 이하)를 보라.
316) Bernhard, aaO., S. 18.

교육독재로서만 자기정통화하려고 하며, 또한 그럴 수밖에 없다. 그러나 이제 여기서 어떤 자본주의적 견해도 어떠한 종류의 경영자층과 노동자층의 조화를 구한다면, 여하튼 자기의식을 품도록 육성된 노동자층의 자발적 협력에 기대할 뿐이다. 그러한 국가를 가능하게 하는 협력, 자주 인용되는 **프롤레타리아트의 짜 맞춤**(inquadramento del proletariato)은 결코 정치성을 박탈하거나 국민들에게 설교하지 않고 단지 실천적인 정치활동을 통해서만 육성될 수 있다. 자신들의 경영자와의 분쟁을 자신의 책임에 근거하여 결정하는 데에 익숙하지 못하고, 대체로 결정의 주체가 아니라 항상 그 객체로서만 머무르는 노동자층은 영원히 국민적 의사공동체에로 육성되는 일은 없다. 무엇보다 이 순환 중에 취해지는 것은 신심 깊은 파시스트들의 사고만이다. 이에 대해서 민주주의는 끝났으며 노동자층에는 위의 자기 결정하는 능력이 없다고 간주되며, 조합은 이러한 사회교육적 임무를 해결할 수 없다고 파악하는 사람들은,[317] 파시즘의 교육독재도 믿지 아니한다. 이러한 사람은 협동체국가로서 협동체를 계속적 독재가 수중에 흡수되는 상태만을 이해할 뿐이다. 그러나 이것으로는 고작해야 몰락하는 유럽이 문화 없는 아랍 농민의 무리를 억제할 수 없다. 그렇다면 무솔리니에 의해서 구축된 장치가 현실로 노동자들에 기여할 것인지 또는 못할지는,[318] 매우 흥미로운 문제는 아니다. 노동자계급, 그리고 원래 유럽의 장래를 믿거나 믿지 않는가에 따라서 파시스트 협동체국가는 완전히 반동적 통치형태를 취하거나 매우 현대적인 통치형태를 취할 것이다.

## 4. 강력한 국가

「나는 주장한다」고 무솔리니는 파쇼 창립 5주년 기념일에 말하기를, 「파시스트 운동 이상으로 확고하고 일정한 교리를 손에 넣은 정신적 및 정치적 운동은 존재하지 않는다. 우리들의 눈앞에는 엄밀한 진리와 현실이 있다. 그것들은 강력해야만 하는 국가, 스스로와 국민을 모든 파괴공격으로부터 옹호하지 않으면 안 되는 정부, 계급들의 협력, 종교에의 외경, 모든 국민적 에너지의 활성화이다. 이 교리는 생의 교리이며 죽은 박식한 교리가 아니다」.[319]

「실제로」법무장관 로코가 1928년 3월 9일의 의원 연설에서 주장하는 바로는,「로마 제국의 몰락 이래 파시스트 국가는 확실히 가장 커다란 힘을 가지고 역사 속에서 스스로 주장해 온 국가이다. 국민국가들의 성립 시에 유럽의 위대한 군주제에서 창립된 국가들마저 각각 오늘날 파시스트 국가가 손에 넣은 정도의 안정성과 연대성을 획득하지 못했다. [.]… 역사를 보더라도 — 우리들은 굉장한 자부심을 가지고 말하는 — 권위와 인민의 사랑을 그토록 완전히 조화시킨 국가의 예는 거의 없다. 아마도 하나의 예도 존재하지

317) 예컨대 v. Beckerath, *Faschistischer Staat* (Anm. 105), S. 153.
318) 그리하여 Carl Schmitt, Besprechung von Beckerath (Anm. 221), S. 112 (역서, 162면).
319) Mussolini, "Cinque anni dopo San Sepolcro," in aaO., Bd. 20, S. 213.

않을 것이다」.[320]

이처럼 강력한 주장에 대해서 이탈리아는 오늘날 강력한 국가인가 그렇다면 약한 국가인가 하는 물음이 아니라 만약 강력한 국가라면 오늘날의 통치형식은 이 강함과 인과관계가 있는 것인가, 있다면 어느 정도인가 하는 물음이 이 연구의 관심을 끈다.

파시즘의 국가론은 헌법문제들을 고찰하는데 고통스런 것이므로 — 이것은 확실히 이해할 수 있다 — 그것은 모든 법학적인 구별에 **강력한 국가 · 약한 국가**(stato forte-stato debole)라는 선택지를 대립시킨다. 거기에서 강력한 국가란 물론 파시스트국가뿐이다. 국가의 강력함으로써 무엇이 이해될 수 있는지 분명하지 않을 뿐이다. 독재제는 개개인을 보다 강하게 하며 「보다 통합적으로」 파악하는, 즉 우선 어떤 다른 국가형태보다도 개인에게 무게를 둔다는 것에 이론의 여지는 없다. 다만, 독재제가 외적인 복종 이상의 것을 인민의 「사랑」, 그 내적 각오나 국가에 대한 친근감도 강요할 수 있다고는 유럽의 국가라면 상정하기 어려울 것이다.

그러나 보다 구체적인 권력문제에 눈을 돌려 오늘날의 시대에 강한 국가란 교통기술적 및 경제기술적 아울러 위생적으로 규율된 국가라는 점을 먼저 이해하고 싶다. 규율은 이탈리아 파시즘의 이상상 중에서 이유 없이 그토록 커다란 역할을 하는 것은 아니다. 일찍이 타소(Tasso)는 노래하였다. 즉 「라틴인의 덕에 결여된 것이 있다면 규율이다!」(a la virtù latina o nulla manca o sol la disciplina!).[320a] 이 분야에서 파시즘은 의심 없이 많은 것을 이루었다. 오늘날 이탈리아 여행자가 파시스트 정부가 이룩한 성과를 냉엄하게 평가한다면, 먼저 지금까지 매우 절도 있는 교통기술의 조정이다. 즉 시간 맞게 정확한 교통수단, 우편과 전화의 기능이 좋게 된 것이다. 파시즘이 실시한 경찰에 의한 시칠리아의 **마피아** 검거가 사회적 및 경제적 원인을 제거하지 않고 계속하여 나아가는가의 여부에는 의문의 여지가 있다. 여하튼 현재의 상태는 주민에게는 매우 안락하게 느껴진다. 유사한 것은 매춘에 대한 장치에도 타당하다. 길거리에서 거지가 사라진 것도 눈을 끈다. 인민의 위생 교육에 파시스트 정부는 정력적으로 노력하며, 말라리아 박멸, 식품 등의 판매방법의 확립에 많은 성공을 거두었다. 관제영화의 상영은 청결함의 위생적 가치를 구체적으로 설명하고 가로의 청소는 진전되었다. 그리고 특히 남부에서 그 성과는 자주 나타나지 않고, 명백한 주거문제가 어려움을 야기하는 경우에, 그것은 확실히 토지가 충분히 마련되지 못한 탓이다.

매우 의심스러운 것은 파시즘과 전후 이탈리아인의 보다 강화된 노동 템포와의 관계이다. 후자는 오늘날의 이탈리아에서의 그 밖의 수많은 현상들처럼 전쟁에 의해서 이례적으로 가속된 국가의 자본주의적 발전에 오히려 돌아가지 않으면 안 된다. 파시즘은 미래파에 의해서 고도자본주의의 민족들에게는 진기할 만큼 공업과 기술에 대한 열광을 지니고 있어서 이러한 발전을 모든 수단을 강구하여 촉진하려고 시도한다. 여기서 원인과 결과가

320) Rocco, aaO. (Anm. 190a), S. 8509; 8511.
320a) Torquato Tasso, *Gerusalemme liberata*, canto primo, LXIV.

어떤가는 거의 결정할 수 없다. 여하튼 정부가 다리·가로·철도 내지 에너지 시설을 모든 선전수단을 강구하여 그 공적을 광고하지 않고 건설한 예는 없다. 이른바 「**왜소한 이탈리아**」(Italietta) ― 파시즘은 파시즘 이전의 이탈리아를 이러한 경멸적인 호칭으로 부르는 경향이 있다 ― 는 이러한 사안 모두에 대해서 아무것도 하지 않았는데, 예컨대 이탈리아의 전력화(電力化)는 오로지 파시즘에게 귀속시키는 등, 외국인과 청년 파시스트는 쉽사리 믿을 수 있었다. 그것만으로 무솔리니 자신이 1920년 9월 20일에 트리에스테인에게 향해서 예컨대 이탈리아인에게 조국을 사랑하도록 배우지 않으면 안 된다, 예컨대 이탈리아가 세계에서 가장 강력한 수력발전소를 가지고 있다는 것을 알려야 한다고 외쳤던 것에 주의를 환기하지 않을 수 없다.[321] 대체로 이탈리아가 지난 세기에 파시즘 이전의 수년간에 이룩한 발전은 완전히 잘못 기술되고 있다. 그러므로 이탈리아의 전력소비가 1913/14년의 23억 킬로와트 때로부터 1919/20년의 47억 킬로와트 때로 증가했다는 지적은 정당한 것으로 보인다. 이탈리아가 1918년부터 22년에 볼셰비스트에 의한 혼란상태에 있었다는 견해도 완전히 부당하다. 바로 이 시대에서의 이탈리아의 주식회사의 수와 자본을 나타내는 표가 위의 견해를 반박하는데 기여한다.

[도표] 기업의 수

| 년도 | 기업의 수 | 자본 |
|---|---|---|
| 1918 | 3,643 | 7,257 백만 리라 |
| 1919 | 4,520 | 13,014 백만 리라 |
| 1920 | 5,541 | 17,784 백만 리라 |
| 1921 | 6,191 | 20,350 백만 리라 |
| 1922 | 6,850 | 21,395 백만 리라 |

이탈리아 국가의 독재제가 경제를 강화할 것인지 약화시킬 것인지 현재로서는 아직 확실하게 결정할 수 없다. 데 스테파니에 의한 재정과 국가경제의 구제,[322] 아울러 관료나 관리의 인원정리 개시는 국가에 커다란 이익을 가져왔다. 파시스트 이탈리아는 영국에 대한 전시채무의 절반 이하로 감축, 미국에 대한 그것의 거의 4분의 1에의 감축에 관하여 성과를 가져왔다. 특징적인 것인데 이 성과는 이탈리아인 교섭인 볼피(Volpi)가 대체로 영웅적이 아니고 자국의 의무를 인정했을 뿐인데, 지불을 지불기일 이전에 이행하는 명예 있는 브로커로서 등장함으로써 달성되었다. 그리하여 파시스트 이탈리아도 지불이 62년간

---

321) Mussolini, "Discorso di Trieste," in aaO., Bd. 15, S. 215.

322) 같은 사람의 보고를 참조. Alberto De´ Stefani, "Die Finanzreform," in Gino Arias u.a., *Mussolini und sein Fascismus* (Hg. C. S. Gutkind), Heidelberg 1928, S. 367-401. 아울러 나중 시대의 경제장관인 벨루초의 Giuseppe Belluzo, *Economia fascista*, Roma 1928 (Littoria, Documenti della ricostruzione fascista).

에 분할됨으로써 장래의 세대에게 자국의 현재의 채무를 떠맡기지 않을 수 없었다.

이탈리아 국가예산에서의 적자는 파시스트 정권으로부터 (다만 파시스트 정부의 도움을 빌려서가 아니라!) 1924/25년에 흑자로 돌았다. 이러한 파시스트의 성과를 올바르게 묘사하려면 이탈리아 내외에서 반복하는 것과는 달리, 1922년부터 무릇 1928년까지의 예산만을 제시하는 것으로 족하다. 오히려 무솔리니가 1922년 말에 정권에 취임한 때에 적자는 전쟁이 끝나는 해의 227억에서 45억으로 축소되었으며, 일류 국민경제학자의 한 사람인 모르타라는 1921년 말에 이미 적자는 1923/24년에는 완전히 전보될 것이라고 예견했던 것을 확인하지 않으면 안 된다.[323] 적자의 전보는 그리하여 파시스트 이전의 정부의 활동에 주로 전시출비의 결산으로 돌렸으므로 파시즘의 재정정책은 원칙적으로 국고재산의 공간행물에 의해서만 평가해서는 안 된다. 적어도 이른바 잔고결산과 **반복지불연기를 위한**(a pagamente differito) 공적 작업이 평가를 위해서 전거가 되지 않으면 안 된다. 그러나 후자는 엄밀하게는 원래 파악할 수 없는 것인데 할인된 연부지불이며 그것은 장래의 조세수입의 회복과 함께 확보되는 것이다. 그 할인은 그렇지 않아도 매우 약한 채권시장을 상당 정도로 협소하게 만들었다. 파시스트의 채무경제를 근거로 한다면, 1924/25년만으로도 국가예산 중에 실제의 흑자가 존재하였는가의 여부는 충분히 의심을 가질만하므로 오늘날에는 적자가 정부 자신에 의해서 인정되고 있다. 확실히 그 당시는 1929/30년에 관해서 2억 5천 8백만의 이론적인 흑자가 계산상 나왔다. 그러나 예산위원회는 스스로 개산으로는 다음 사실을 지적하지 않을 수 없었다. 즉 급여를 인상하기 위해서 3억 리라, 바티칸에 대한 채무상환을 위해서 8천 5백만 리라, 국내채무상환을 위해서 5천만에서 1억 리라라는 예산외 비목이다. 그 결과 바로 그것에 의하면 2억 8천 5백만 리라의 증수 대신에 1억 5천만에서 2억 리라의 감수가 생겼다고 한다. 그러나 여기서 무솔리니는 1930년 12월 18일의 상원 회의에서, 얼마 전에 재무장관이 무릇 7억이라고 계산한 적자가 이제는 무려 9억에 달하는 것을 인정하지 않을 수 없었다.[324] 파시스트 독재자가 동일한 연설 중에서 독일의 라이히 수상 브뤼닝이 세계경제상황에 직면하여 응용하는 결단을 내린 「영웅적 수단」에 대해서 서술하는데 그것은 특히 자극적이기도 하다.[325]

공무원의 인원삭감에 대해서 말하면 삭감된 공무원의 대부분이 철도·우편 그리고 그 밖의 의용군 류에 아울러 당이나 조합의 공무원으로서 다시 채용되고 있다는 것이 확인되지 않으면 안 된다. 파시스트 재무장관은 이탈리아의 리라를 독일 마르크와는 달리 밑바닥 없이 하락하지는 않았지만 그것은 의심할 것 없이 하나의 공적이다. 그런데 여기서도 리라가 1922년의 1월부터 9월에 걸쳐 [대1 포인트] 90이었는데 1923년에는 99로 하강, 1924년에는 101, 그리고 1924년 8월에는 그것이 심지어 148, 32로 하강한 것을 확인하지 않으면 안 된다. 리라는 3억 달러에 미치는 미국으로부터의 준비차관에 근거하여 절상되었

323) Giorgio Mortara, *Prospettive economiche 1922*, Città di Catello 1922, Introduzione, S. xx.
324) Mussolini, "La politica economica del regime,: in aaO., Bd. 24, S. 310 ff. (325).
325) AaO., S. 322.

다.326) 국가예산의 증대에 국가세입은 보조를 맞추지 않는다는 것을 의원에서 파시스트측도 인정하고 있다.327) 독재제의 의용군, 경찰 그리고 스파이 비용이 얼마나 큰가는 잊어서는 안 된다. 예산을 분석하는 간단한 가능성이 있으며 이탈리아 국가예산은 특히 현저하게 불명확하며 아울러 무엇보다도 차관경제는 융통성이 붙어 있는데, 이러한 중에서 이탈리아의 현세대가 장래 세대의 부담으로 살고 있는가의 여부는 이 몇 년 안에 명백하게 될 것이다. 여하튼 이 관계에서 가장 중대한 의혹이 정당화된다. 왜냐하면 자치행정의 폐지에 직면한다면 적어도 그 밖의 국가행정에 대한 일정한 귀결이 생각되는데, 시읍면의 지출은 1922년 이래 두 배 이상으로 된 것이 의심 없이 확인되기 때문이다. 1929년 1월 17일자 『석양의 우편집배원』은 17의 비교적 커다란 시읍면에 의한 다음의 지출액에 관한 진지한 우려를 억누를 수 없었다. 그러한 지출은 1922년에 3억 3천만 리라, 1923년에 3억 7백만, 그러나 1926년에는 4억 2천만, 그리고 1928년에는 그러던 것이 심지어 6억 4천 6백만 리라로 팽창하고 있다. 이탈리아 최대의 18 도시는 나폴리와 브레시아를 예외로 모두 매우 중대한 적자를 안고 있다.

의심할 것 없이 나쁜 일반적 경제상황은,328) 정부의 정책에 예컨대 대규모적인 공안과 위신 목적의 지출, 리라의 과잉 절상 등에 주로 돌아가는데, 그것도 거기에는 완전히 귀인하지 않는 것이, 이에 대해서는 말하지 않는다. 주요 문제로는 정부에서 독립한 경제적 원인에 책임을 지울 수 있을 것이다. 여하튼 친파시즘의 평가자마저 반박할 수 없는 사실과 수의 재료를 근거로 파시즘에 의한 위대한 경제적 성공 등이라는 유포된 주장은 전설의 세계에 속한다고 인정하지 않을 수 없다. 반대로 이탈리아 대외무역의 현상은 파시스트 정권 아래서 계속적으로 악화되고 있으며, 무역수지의 적자가 증가하고 있으며 그리고 국제수지는 불안한 전개를 보이고 있다.329) 의심할 것 없이 파시즘의 내셔널리즘적 경제정책은 자원과 자본 없는 이탈리아 경제가 특히 강한 대외의존 관계에 있기 때문에 실제로 관철되기 어렵다.330) 일시적으로는 아마 불가피한 경제발전의 결과로서 이탈리아 산업자본의 주요한 부분이 국적을 상실한 것이 확인될 수 있다. 그러나 이탈리아의 중심적인 경제문제는 오늘날에도 공업문제는 아니고 농업문제이다. 여전히 이탈리아의 어떤 정부도 그것을 해결하는 약속을 해 왔으며 파시즘도 주지하듯이 이 약속에서 출발하였다. 파시스트 정부에 의한 토지개량은 자신의 진술로는 매우 뛰어난 성과를 거둔 것이 되었는데 결정적인 것은 경제나 사회적으로 지지받지 못하는 대농지소유경제의 문제이다. 그러나 파시즘은

---

326) Gaetano Salvemini, "Fascist Finance," in *Foreign Affairs. A Journal of International Understanding*, London, 9 (1927/8), S. 177 f.

327) 참조. Tumedei, Relazione alla Giunta generale del Bilanc[i]o, *Atti Parlamentari*, legislatura XXVII (Documenti, disegni, relazioni), Nr. 1848 A; 또한 aaO., Nr. 1471a 참조.

328) 참조. 미국 상무관[H. C. MacLean]의 보고, in V. M. Crawford (Hg.), *Italy To-day. Documents presented by Friends of Italian Freedom*, Heft 2 (Februar 1929) : *Economic Italy in 1928*, London 1929.

329) 참조. Reupke, *Wirtschaftsystem* (Anm. 292), S. 70 ff. 마저.

330) Constantine E. McGuire, *Italy's International Economic Position*, London 1927의 데이터를 참조.

자신이 아무리 강조하려고 해도 그것에 대해서 지금까지 과감한 행동은 하지 못했으며 장래에도 주어진 정치상황 아래서 아마 그러할 것이다.

　인구수란 점에서 강력한 국가는 항상 정치적으로도 강력한 국가라는 무솔리니에 의한 국민주의 인구정책의 이러한 견해는, 빈약한 이탈리아의 인구과잉과 미국의 이민제한에 비추어 볼 때 이해하기 어렵다. 파시스트 이탈리아는 여기서 놀랄만한 기만을 시행하고, 인구의 질을 고려하지 않고 인구의 양만으로 눈을 돌리고 있다. **통령**에 의한 인구정책의 논문은, 「수는 힘이다」라는 특징적인 제목이 붙어 있는데, 오스발트 슈펭글러를 중심으로 하는 집단의 견해에 의거하는데, 그것은 이러한 말로 결론을 내린다. 「토지개량 · 개간 · 관개가 실시되고 규율 있는 이탈리아, 그것은 한 마디로 말하면(cioè) 파시스트적이라는 것인데, 이것은 더욱 1천만인에게 토지와 빵을 제공할 수 있다」.[331] 그렇지 않다! 그런데 의심 없이 오늘날의 (비파시스트적?) 이탈리아가 식료를 제공할 여지는 이미 현재의 인구에 대해서 충분하지 않다. 무엇보다 이러한 이유에서 출산을 장려하고, 복수의 자녀를 가진 가족을 우대하며, 이탈리아에서 자신들의 자녀를 출산하기 위해서 프랑스에서 이탈리아로 오는 이탈리아 어머니들을 우대하고, 독신세를 부과하거나 해 왔는데 이러한 무솔리니의 인구정책은 아무런 성과도 거두지 못했다. 이미 아우구스투스 시대 이래 반복하고 무엇보다도 특히, 분명히 프랑스에서 성과를 얻지 못한 그러한 수단은 역시 파시즘 독재제에서도 기능하지 못했다. 이러한 것들은 공식 통계수에 의해서도 명백하게 되고 있다. 그것을 뽑아보면 아래 표와 같다.

[표] 인구수

|  | 1910 | 1925 | 1926 | 1927 | 1928 | 1929 |
|---|---|---|---|---|---|---|
| 주민 1000인 당 출생수 | 32.9 | 27.5 | 27.2 | 26.4 | 26.1 | 25.1 |
| 한 부부당 출생수 | 4.3 | 3.8 | 3.7 | 3.6 | 3.7 | 3.2 |

　일반적으로 국가는 정치적 부패에 의해서 약체화한다는 견해가 공유된다고 할 수 있다. 민주주의와 의회주의에 대해서 독재제의 이상을 지지해야 할 여러 가지 비난이 상당히 빈번하게 가지고 나왔다. 부패는 확실히 그 중의 완전히 부당한 것의 하나이다. 여하튼 이성적으로는 민주제와 독재제의 이념형적 구조, 또는 양 형식의 현실에만 서로 비교할 수 있다. 그런데 한편의 이상과 다른 한쪽의 현실이 자주 일어나는 대립은 하지 않는다. 나아가 부패의 두 가지 종류는 필연적으로 정치 중에 서로 구별하지 않으면 안 된다. 즉 본래 정치적인 부패와 본래 경제적이지만 정치를 통해서 행하는 부패이다.

　경제적으로 부패한 정치가란 자신의 확신 전체를 함께 하는 정치에 의해서 살 뿐만

331) Mussolini, "Il numero come forza," in aaO., Bd. 23, S. 216.

아니라, 그것을 넘어서 자신이 속하는 법공동체의 견해에 의하면 정당화되지 않는 경제적 우선이익을 정치에서 인출하려는 정치가이다. 민주적 법치국가에서는 권력분립과 의회에 의한 행정의 통제가 가장 중요한 여러 가지의 통제의 포괄적인 시스템이 무엇보다도 공적 의견표명의 자유가 이러한 부패에 대한 보장을 형성할 것이다. 그러나 의심할 것 없이 이 보장의 시스템은 예컨대 절도조항의 예도 있듯이, 기능하지 않는 예가 매우 많다. 그런데 여러 가지 정당들과 그 신문잡지에 대해서는 다른 정당의 부패는 항상 선동의 재료이며 이것들이 경쟁한다는 사실이 이러한 부패사건의 탄핵과 저지를 촉진하며, 민주주의의 구조에 내재하는 자극을 이루는 것도 확실하다. 독재정권의 구조에는 전자와 같은 보장도 후자와 같은 자극도 결여되어 있다. 있는 것은 단지 하나의 당뿐이며 그것은 공적으로는 완전무결한 것으로서 존립해야 할 전력을 다하지 않으면 안 되며, 자체 내의 부패는 여하튼 허용되는 범위에 흡수된다면 공적으로 하지 않으면 안 된다. 그러나 지배자의 의사에 반하여 독재제에서는 누구도 부패한 사람들의 책임을 묻지 않으며, 그것은 의회에서나 언론에서도 그러하며, 실로 재판소에서는 결코 책임을 묻지 않는다.332) 물론 이러한 구조의 차이는 민주주의의 현실이 항상 청결하였다는 것을 의미하지는 않는다. 보도기관은 돈에 움직이며, 약간의 정당은 매수된 일도 있으며 재판관마저 오직이 있었다. 바로 조직과 아울러 또한 조직 앞에 항상 조직되는 사람들이 문제이며, 이러한 경우에는 인민과 그 치자의 전체적 상태가 문제로 된다. 그런데 이탈리아의 정치관행은 대체로 천년 이상에 걸친 타국 지배의 결과로서 한 번도 특히 만족스럽지 못했으며, 그와 함께 파시즘은 전체적으로 매우 굶주린 새로운 지배층을 지배권으로 가져왔기 때문에 이를 상상해 본다면, 파시즘의 독재제의 현실은 경제적 · 정치적 부패와의 관계에서는 민주제 국가 최악의 예와 유사하게 되리라고 파시스트들이 인정한 사실은 그만큼 놀랄 것도 없을 것이다. 다른 많은 분야에서처럼 여기서도 파시즘은 하나만을 이루었다. 즉 파시즘은 부패를 중앙집권화한 것이다. 파시스트 이전 시대의 이탈리아에서는 겨우 적은 호의로 작은 관리들에게 다소의 편의를 보아줄 수 있었으나 그 한편에서 관료의 하부에서의 악습을 잘 타파한 파시즘이 되어서는 이번에는 상당한 위력 이상으로 그 영향력이 미치는 범위에 따라서 상당한 고액의 뇌물을 주어 환심을 사지 않으면 안 되게 되었다. 실명을 들어 예를 드는 것은 소재로서 좋지 않다는 것은 별도로 하더라도, 외국에서조차 정보제공자를 위험에 빠트리지 않고서는 정말 어렵게 되고 있다. 여기서는 현직 장관을 포함하여 외국의 출판물 중에서 충분하게 자주 실명으로 다루는 사람들이 부인되지 않고, 말하자면 재판소에 소송을 제기할 용기가 없었던 것의 확인으로 만족하기로 한다.333) 아무도 독재자에게는 인민의 신뢰를 심각하게 동요시키는 오직을 저지하여 자신에게 매우 커다란 이익을 확보하려는 진지한 의지가 없다고 주장하는 사람은 없다. 다만, 그는 그것을 얻지 못할 뿐이다. 이것을 명백히 한 것은 수년래 잘 알려진 일인데 1929년 초에 비로소 일소된, 밀라노의 당독재자인

---

332) 상술 S. 549 (본서, 306면)의 이 규칙의 존재를 뒷받침하는 벨로니의 예외사례를 참조.
333) 파리의 *Libertà*와 아울러 예컨대 Junius Romanus, *Mussolini und sein Gefolge*, Wien 1928을 참조.

치암파올리(Giampaoli)의 들어보지 못한 경제이다. 그는 동시에 상부 이탈리아에서 파시스트 권력의 가장 유력한 후원자의 한 사람이었다.

바로 그 계속적인 작용 때문에 이 경제적·정치적 오직보다도 훨씬 위험한 것은 본래의 정치적 부패이며, 이것은 서유럽에서의 독재의 구조에 가능성으로서만이 아니라 그것과 필연적으로 결부되고 있다. 이러한 부패라고 불리는 것은 경제적 메리트를 위해서 정책이 영위하거나 후원하는 경우이며 이 정책을 그들 자신은 믿지 않고 경우에 따라서는 악한 것이라고 간주하기도 한다. 경제적·정치적 부패는 그것이 그만큼 넓은 범위에 관계하지 않는다면 인민이나 그 정치에 아직 반드시 피해를 주는 것은 아니다. 다만, 좁은 의미의 정치적 부패는 정치 그 자체를 부패시키며 그 정신을 기만하고, 거기에서 진지함을 박탈하며 마침내 모든 정치의 노력을 파괴해 버린다. 그것은 적어도 서유럽의 모든 독재제에서의 본래의 구조적 병이며, 이 독재제는 오늘날의 민주화된 시대에서는 르네상스를 통해서 관철된 다양한 정신의 사람들을 포함한 민족이 유일한 정치적 의견, 즉 독재자의 의견만을 가지고 있다는 거짓말로 고정되고 그 위에 구축될 뿐이다. 오늘날의 독재제의 전제, 정치적·군사적 분야만이 아니라 무엇보다도 경제적 분야에서도 인민의 지배를 행한다는 전제는 대부분의 경우, 저항할 수 없는 위장(Magen)에 대한 압력을 통해서 사람들을 정신적·정치적 자포자기에로, 본래의 정치적 부패로 강제할 가능성과 필연성을 동시에 의미한다. 확실히 민주적인 현실도 많은 유사한 현상을 알고 있다. 그런데 민주제의 구조는 이러한 현상이 파시스트 독재가 정치와 경제의 압력수단의 발전된 시스템을 사용하여 그러한 정도로 나타난다는 것을 어디서도 결코 허용하지 않는다. 많은 사람들이 자신들이 파시즘에 대해서 공식적으로 서술하거나 기술한 것과 내심 생각하는 것과는 정반대라고 나아가 말하거나, 자신들은 정치적 압력의 행사로 경제적인 생활기반을 상실했다고 하지 않을 수 없다고 말하기도 한다. 세상에서 깊게 요구되지 않은 것을 들을 수 있는 국가는 거의 없을 것이다. 파시즘을 가장 악랄하게 설명하는 파시스트의 편집장, 이탈리아의 좋은 상태를 내용으로 하였던 외정에 관한 강연 뒤에 자신은 자신의 상세한 설명에 대해서 한 마디도 믿지 아니한다고 자기 스스로 명언하는 아카데미 회원. 그들에 대해서 일단 무엇을 말하려는 것일까? 스파이나 밀고자의 시스템은 이러한 정신적 압력을 가능케 하며, 이러한 측면에서 정치적 부패의 두려워 할 온상이 되는데, 그 기술적 완성도에 대해서는 이탈리아의 집관리인의 임용이 지역 당사무소의 양해에 좌우된다는 것을 안다면 대충 상상할 수 있다. 1930년 11월 말에 반파시스트 음모가 드러났을 때, 이탈리아의 여론은 정부가 러시아의 GPU에 대응하는 비밀경찰도 뜻대로 사용한다는 보고를 알고 놀라게 되었다. 그 비밀의 성격을 강조하기 위해서 O.V.R.A.라는 그 단축명 (분명히 Opera volante di repressione antifascista[반파시스트억압기구활동]) 만이 공개되었다.

결론으로 로코의 의견을 첨부하기로 한다. 강력한 국가는 국민의 중요한 계층들에 의해서 바람직한 국가이며 권위와 애정이 있는 가능한 한 완전하게 조화된 국가이다. 여기서 이러한 메르크말과 함께 다른 모든 독재처럼 이탈리아 독재의 강함도 묻게 된다.

다만, 이 물음은 단순한 반문으로 해결된다. 왜 독재제의 국가적 권위는 인민의 뜨거운 애정에서 매우 엄격한 억압을 통해서 보호되지 않으면 안 되는가 라고. 4천만 주민을 가진 파시스트 국가는 그 유지를 위해서 상비병력 17만 5천명의 병력으로 구성되는 군대와 아울러 30만명의 의용군, 6만의 지방경찰, 적어도 1만 5천명으로 구성되는 경찰, 총계 약 55만의 사람을 필요로 한다. 정치적으로 평온하다고 말하기 어려운 6천만의 국민을 가진 독일 라이히는 10만 병력의 라이히 방위군과 10만인의 경찰로 구성한다! 인구수비로 는 그를 위한 독재정권은 민주적 정부의 4배 이상의 무력에 의한 보호가 필요하게 된다. 이상으로 본래의 논의는 끝날 것이다.

그러나 이 논의를 계속해보기로 하자. 그것은 특히 1929년 3월 24일의 국민투표에 한 마디 하기 위해서다. 이탈리아 인민의 파시스트적 열광에 관한 상당히 결정적인 증거를 965만 570의 선거권자와 865만 740의 투표자 중 850만 6576인까지가 파시스트의「신분제의회」 후보자 리스트에 찬성하고, 13만 6198인만이 반대했다는 사실 이상으로 부여할 것이 있는가? 여기에 더욱 이론의 여지는 없을 것인가? 있다! 즉 수가 적지 않은 반대표가 실은 훨씬 많았다는 것은 아닐까 하는 이론이 있다. 이「선거」의 특징을 보여주는 데에 직업조합이 투표를 위해서 모이고,「집합」한 — 의용군의 악대가 선두에 서서! — 것을 특별한「신조」의 징표로서 찬양하는 파시스트의 신문 평론을 떠올리면 충분할는지도 모른다. 국민투표는 그것이 보여주는 것보다도 훨씬 더 많은 것을 명백히 한다. 왜냐하면 그러한 숫자는 독재제라는 거대한 압력에 의해서만 가능하기 때문이다. 이 득표수를 달성시 킨 수단의 모두를 계수하는 대신에, 여기서는 남티롤*의 선거결과만을 다음에 다루기로 한다. 거기에서는 주민수에 관하여 독일계 주민수가 상당히 적게 신고된 이탈리아의 공식신 고가 문제로 된 점을 주의해 두기로 한다.334)

도시와 농촌의 주민

| 도시 | 독일인 | 이탈리아인 | 유권자 | 투표자 | 찬성 | 반대 |
|---|---|---|---|---|---|---|
| Bozen(보르차노) | 70,694 | 22,030 | 9,100 | 7,545 | 7,042 | 421 |
| Meran(메라노) | 39,991 | 3,704 | 9,069 | 7,521 | 6,967 | 441 |
| Brixen(브레사노네) | 25,387 | 3,236 | 1,856 | 1,631 | 1,560 | 71 |

국민투표 전체의 의의는 무엇보다도 독일계 주민의 이 투표 결과에 의해서 완전히 충분하게 명백하게 되었다. 그들은 그 밖의 모든 독재현상에 더하여 자신들의 모국어에 대한 매우 야만적인 억압까지 안겨주었으며, 한 사람의 독일계 의원도 손에 넣는 것이 허용되지 아니한다. 독일계 남티롤인은 현실적으로 국민투표를 어떻게 받아들일까? 그것

334) Felix K. Hennersdorf, *Südtirol unter italienischer Herrschaft. Eine Schilderung mit wirklichen Belegen*, Charlottenburg 1922, S. 22 참조.

을 말할 수 있는 것은, 독재 지역의 외부에 살고 있는 그들의 지도자들뿐이다. 전 하원의원인 류트 · 니콜루씨(Reut-Nicolussi), 상급 교사 리델(Riedel), 신부 인너코플러(Innerkofler), 시장 피크스너(Pixner)는 거기에서 선거라는 것은 「정치적으로 무의미」하다고 선언하고, 이것을 기타 다음과 같은 말로 이유를 붙였다. 즉 「모든 권력수단을 갖춘 정부가 그 공무원을 통해서 국민의 인신의 자유를 협박하면서 유럽에서 완전히 알려지지 않은 강박을 가한다면 대체로 선거절차 등 효과 없는 기만의 시도로, 특히 독재제의 도구 이외의 아무도 투표결과를 심사할 수 없는 경우에는 그러하다」.

독재제의 옹호자는 독재자의 한 손에 국가의 모든 정치적 에너지가 정리된 곳에 민주주의의 모든 약점을 구제하는 수단을 보려고 한다. 그들에게는 강한 사람이야말로 강력한 국가이다. 그의 의견에 따르면 위대한 개성이란, 모든 국민적 에너지를 활성화하는 것이며 획일화된 대중민주제, 그 관료제적 정당 기구, 그리고 불쌍한 의회에 의한 지도자선발을 억누르는 전술한 모든 정치적 개성들은 이 위대한 개성으로 되어 명확한 형태를 이룬다고 한다. 이러한 낭만주의적인 **프리드리히 대왕**의 이상은, 대규모적인 국가와 고도 자본주의 시대에서 거대 행정이 혼란하고, 자결권은 노동자계급에서조차 인간성에서 추방된 곳에서는, 즉 그 이유는 이러한 조건들 아래서는 매우 다른 종류의 독재제의 현실을 가져오며, 특히 모든 자기책임과 이니셔티브를 위축시키고 마는, 결코 강력한 국가를 가져오지 못한다. 다만, 이것을 입증하는 것은 어렵다. 왜냐하면 위의 독재제의 이상주의자는 그 현실에 살고 있지 않으며, 설혹 거기에 살고 있는 경우에도 그것으로 살기 위해서 입을 다물거나 또는 현실에 반대해도 입을 닫지 않을 수 없거나, 또는 입을 연 곳에서도 객관적인 평가자로서 완전히 신용되지 아니한다. 이탈리아의 잡지, 즉 파시스트의 아성인 볼로냐에서의 공식 당기관지인 『돌격』(L'Assalto)은 1928년 7월 23일자의 논설 「당의 동태성」에서 이탈리아 독재제의 현실을 솔직하게 묘사한다. 그것만으로 이 점에서는 상당한 감사와 존경을 받을 만하다. 이 논설이 공공성의 빛을 일깨울 수 있다는 것은 중대한, 그렇지 않으면 오늘날의 이탈리아에서는 완전히 엄청난 검열의 손에 놓인다. 이 묘사에 신문의 책임 있는 주필이 상당히 긴 서문을 기고한 것만으로 그것은 점차 커다란 의의를 가진다. 거기에서 주필은 이 논설을 「아주 즐겨」 발표한 이유를 상세하게 설명한다. 「그들은」 지배권력에 대한 반론에서 말하기를, 「사람들은 이탈리아를 최소의 제도에 이르기까지 관료제화할 수 있도록 하고 외견상의 획일성을 추구하는 결과로서 바라기만할 뿐인 수의 사람들을 동일하고 단조롭게 만들어 버린 것이다. 그러나 파시즘의 힘, 신념 그리고 정신인 당은 활발함과 생기를 보유하며 그 추구와 발전 속에서 맥박을 계속 약동하며 쉬지 않는다. 그러나 보다 좋고 오랜 파시스트 간에 어떻게 나태함이 퍼졌는가는 **파씨**(fasci)의 활동이 **대부분 나날의 사소한 실천**(in una emerginazione di pratiche)으로 변한 것을 아는 사람들이 어떻게 정치생활에서 떠나는가를 기록해두고 싶으며, 그것이 우리들을 나날이 슬프게 한다. 오늘날에는 어떠한 정치도 그것을 맞아들여 불안을 내포하면서 추구하는 마음 없이는 불가능하다. 거기에서 우리들은 아첨하는 말과 규율에 관한 요설을 두려워할 비판을 말살하는 것이라고 하여 언제나 경멸하는, 이『돌격』지 속에서 확고한, 솔직하고 건설적인 의견이 제시될 여지를 부여하고 싶다」. 논설 그 자체는 파시즘의 지도자선발방법을 다루며, 엘리트 육성이 당에 필요하다고 강조하고 있다. **바릴라**와 **전위단** 속에서 교육은 교조적으로 될는지도 모른다. 그러나 젊은 사람이 입당하자마자 언제나「그렇다면」하고 젊은 사람에게 대답하는 것으로는 이미 충분하지 않을 것이다. 여기에 이르면「이성적인 고려가 말하므로 그래야 한다」라고 젊은 사람에게 말하지 않으면 안 될 것이다. 젊은 사람은 당의 인간과 방법에 비판을 향할 권리를 요구한다고 말한다.「물론 자유롭게 선발되고 독립하여 결정을 내리는 회의 (**집회**뿐만 아니라 **선거에 의한 회의**[assemblee elettive, nicht nur adunate])의 필요성은 생기며, 내 생각으로는 그것 없이 좋은 선발은 가능하지 않다고 생각한다」. 그러므로 **선거제**(elezionismo)로 돌아가지 않으면 안 된다고 말한다. 오늘날에는「실제로 좀 쓸모 있는 인물이 수많은 경우에 그늘 속에 가려있게」되며,「지방의 위계제가 이러한 인물을 거기에 방치하는 특별한 이익을 가지며, 이러한 인물은 위계 상위자로 꾀어내기 위한 다소 깨끗한 정치를 사용할 것을 알고 있는가 하는 것이다」. 파시스트 회의에서 자유로운 발언이 폐지된 후에는, 특히 현에서 확실히 최량의 부류에는 속하지 않는 분자가 명령권을 손에 넣고 그 지위에 머무른다는 것이 일어났다고 한다. 그것은「그들이 당의 젊고 가장 우수한 에너지를 억압하고 대체로 활동적인 생활로부터 그들을 멀리함으로써 이루었다. 파시즘에 유용하고 능력 있는 인사가 결여된 것은 그것과 매우 밀접하게 관련되어 있다」. 요컨대 저자는 **통령**이야말로 국가는「인민이 자유롭게 활동하는」조직화된 민주제이어야 한다고 서술한 것을 떠오르게 한다. 우리들이 묘사하는 상은 여행 때에 이 논설을 억압한 볼로니아의 독재자, 아르피나티(Arpinati)의 반응을 포함하지 않고서는 완전하게 되지 않는다. 1928년 8월 4일에 같은 장소에서 같은 제목 아래 주필에 임한 그의 공개서한은 공표되었다. 그는 다음의 말로 시작한다.「내가 부르넬로의 논설 '당의 동태성'을『돌격』이 윤전기에 넣기 전에 읽을 수 있었다면, 나는 공표를 허용하지 않았을 것이다」라고. 이 독재제의 현실과 그 강함의 묘사는 어떠한 주석도 필요하지 않다.

파시즘이 어떻게 인민에게 바람직하지 않은가는, 1925년에 상당히 자주 인용되는 위원회가 행한 헌법개정의 제안들에도 나타나 있다. 전국민으로부터 무솔리니가 선발한 18인의 파시스트는 독재제에 대해서 완전히 아무것도 알지 못했다. 위원회는 더구나 수상의 지위강화와 내각의 통일적인 확립을 위해서는 어떤 새로운 형식도 필요로 하지 않는다고 분명히 선언하였다.「라이히 수상, 추기경 또는 이슬람교국의 수상과 같은 제도는 우리나라와는 다른 법제도의 예를 제공하며, 우리나라의 전통과는 멀리 떨어진 것이기 때문에」분명히 부정되었다. 정부와 의회의 관계에 관한 위원회의 법안은 의회의 폐지를 무릇 생각하지 않고 그 제4조에서 단지 불신임투표의 엄격화를 규정하고 있었다. 이것은 예컨대 기껏해야 프로이센의 현행 절차 정도의 엄격함이다.[335] 이 위원회도 그동안에 독재자를 낳는 쪽이 독재자를 다시 제거하는 것보다도 훨씬 간단하다고 서술하지 않을 수 없을 것이다.

---

335) Relazioni e proposte, S. 40, 81.

자신이 인민에게 바람직하다고 주장해야 하는 것은 모든 국가권력의 본질인데, 무엇보다도 독재의 국가권력에 타당하다. 이것이 사실에 속하지 않을수록 그 주장의 정도는 더욱 강하게 되지 않을 수 없다. 인민에 의한 반론이 있더라도 실로 독재제는 그것이 존속하는 한, 두려워 할 필요는 없다. 이탈리아의 독재제에서는 완전히 특별한 것에 외부자는 여론의 견해들 중에서 항상 독재자의 독백만이 귀에 들린다. 그러나 신문이나 공공의 연설에 보이는 독재제에 의해서 발전된 비밀스런 말을 캐낸다면, 외관상으로는 일치된 상찬에서 비판과 부정을 간취할 수 있다. 그러나 독재자의 연설도 사물의 참된 상태를 명백하게 한 점이 있다는 것을 무솔리니가 1928년 5월 6일에 로마의 콜로세움에서 1만인의 밀라노 노동자의 동의를 얻기 위해서 행한 연설이 보여주고 있다. 이탈리아 노동자가 파시스트정권에 기여한 사랑에 대해서 논하는 그 밖의 주장과 달리 거기에서, 즉 다시 한 번 실제의 사정에 통달한 사람들이 청중이 된 곳에서는 매우 신중하게 이렇게 서술한다. 즉 파시스트의 침투는 「여러 해 동안은 특별한 상태 속에서 살고 있는 농촌의 대중에게만 한정되는데 오늘날에는 대도시의 이른바 프롤레타리아트 중에서 점차로 **실현**하기에 이르고 있다(va attuandosi). 우리들은 우리들의 정복에 문호를 닫고 있는 지역이나 요새에 **침입하고 있다** (stiamo penetrando)」.[336] 그리고 세간은 무솔리니가 그들을 이미 6년 전에 정복했다는 의견이다!

끝으로 파시스트 독재제가 이탈리아의 대외적 지위를 강화했는가, 강화했다면 어느 정도인가 하는 물음을 다시 제기해 보기로 한다. 이에 대해서는 한 나라의 통치형태는 그 대외정책과 결코 일의적인 관계에는 서지 않는다는 것이 미리 주기해야 할 것이다. 독재제가 인민의 의견이나 의회의 구속에서 독립함으로써 보다 민첩한 대외정치를 가능하게 한다는 것은 확실히 정당하다. 그러나 다른 한편, 자발적인 국가긍정, 국내의 통합 그리고 대외적 신뢰성이 결여되기 때문에 독재제의 국제력은 약화된다. 대외정책은 항상 국내정치의 한 기능에 머무른다. 어떠한 국가도 국내에서 모인 이상의 힘을 대외적으로 사용할 수는 없다. 독재라는 형식을 취한 힘의 집적이 유럽의 한 국가의 외정적인 강함을 높이거나 낮게 하는 것에 대해서 매우 다양한 의견이 있을 수 있다. 여하튼 독재제는 전시에는 군사적 권력수단으로 제압한 국가를 한편으로는 무장시키면서, 다른 한편으로는 거기에서 철병하는 강함이 있을는지 모른다. 그러나 거기에서 생기는 우발사에 대해서는 파시스트의 집단 내에서 조차 의견의 일치를 보지 못하고 있다.

물론 각국의 대외정책, 특히 이탈리아의 그것에는 지세·경제·문화에서 유래하는 일련의 전제들이 있으며 이것들은 통치형태에 의해서 대체로 변경되거나 또는 단지 한 걸음씩 약화될 뿐이다. 여기에 이탈리아의 장점은 기다란 반도의 상태, 원료·석탄·생활수단의 결여, 상대적으로 낮은 생활수준 등이 이에 속한다. 이러한 모든 것들이 함께 파시스트 독재의 공격성에도 불구하고 이탈리아에게 대국의 외정을, 더구나 제2 랭크의 대국의 외정을 강화하는 것이다.

---

336) Mussolini, "Al congresso dei sindicati fascisti," in aaO., Bd. 23, S. 140 f.

확실히 이탈리아는 파시스트 이전 시대에도 그러했는데, 특히 파시스트 시대가 되어 이러한 저해요인에도 불구하고 세계 속에서 관철하려고 상당한 노력을 해 왔다. 여기에서 파시스트 독재가 보여줄 수밖에 없었던 성과는 결코 압도적인 것이 아니라 실로 실제를 신중하게 나누어 본다면 그만큼 의심스럽다고 하지 않을 수 없는 것이다.

티치노 · 니짜[니스] · 사보이아, 그리고 코르시카에서의 이탈리아의 민족통일운동에 대한 희망, 아울러 파시즘의 그것을 지목하는 종래의 활동은 결정적으로 좌절했다고 보지 않을 수 없을 것이다. 지중해의 주변영역에 영향력을 행사하려는 어떤 시도도 — 상당히 낙관적으로 평가조차 하여 —「현실이라기보다는 이상상」이다.337) 여기서는 어떤 이탈리아 정부도 영국의 저항에 직면한다. 이탈리아의 거의 모든 도시는 영국의 함대포의 희생이 된다. 예컨대 팔레스타인에서, 라테란 조약*은 더욱 비용이 들었는데, 거기에서 이탈리아가 관철한 것은 거의 유용하지 않았다. 영국이 아니라면 시리아나 튀니스에서 처럼 프랑스의 저항에 직면한다.

[표] 톤수의 차이

| 년도 | 1900 | 1914 | 1921 | 1928 |
|---|---|---|---|---|
| 톤수의 차이 | 365,000 | 311,000 | 185,000 | 210,000 |

라틴계 자매국과의 대립이 점차 증대하고 있다는 사정이 파시즘 정권의 외정을 지배하고 있다. 그 위에 이탈리아의 세력은 프랑스의 세력을 후자의 위성국을 전혀 고려에 넣지 않더라도 군사적으로나 재정적으로 완전히 능가하지 않는다. 파시스트 정권은 1922년 이래의 군사부담을 50에서 70억으로 증가시켜왔다. 이처럼 강력한 군사확장에도 불구하고, 보다 정확하게는 이처럼 강력한 군비확장 때문에 파시스트 독재는 결정적인 점에서, 즉 프랑스와의 함대경쟁에서 파시스트 이전 시대의 「**왜소한 이탈리아**」(Italietta) 이상의 성과를 거두지 못한다. 프랑스 함대와 이탈리아 함대의 차이는 톤수에서 위와 같이 미친다. 프랑스는 바로 파시스트 이탈리아가 행한 2배 이상을 훨씬 넘는 액수를 군비에 지출하고 있다. 독재제도 이 우위를 따라잡을 수는 없다. 프랑스 민주주의의 군사적 능력의 우위에 관해서 파시즘은 확실히 본질적으로 아무것도 변한 것이 없다.

그러므로 무솔리니가 얼마나 강한 제스처를 하더라도, 프랑스는 이탈리아인에 대해서 그들에게 대해서 생사에 관한 튀니지아 문제에 대해서 — 트리폴리에서만큼 중요하지 아니한 경계의 수정을 제외한다면 — 어떠한 양보도 하지 않았다. 1921년의 특히 고통스런 탈민족화령의 아주 사소한 변경에서조차 파시스트 외정은 성공하지 못했던 것이다.

훨씬 우월한 프랑스라는 적대자는 유럽을 넘어서 널리 동맹시스템을 손에 넣었는데

337) Ernst Wilhelm Eschmann, *Der Faschismus in Europa*, Berlin 1930 (Fachschriften zur Politik und staatsbürgerlichen Erziehung), S. 48.

오늘날의 이탈리아는 멀리 떨어진 곳에조차 동등한 맹우를 갖지 못하고 이와 대립하고 있다. 이탈리아는 프랑스에 적대하는데 대해서 영국의 원조를 계산할 수 없다. 이것을 보여주는 것이 말타에서의 대립을 제외한다면, 영불 간에 함대협정 아울러 최근에는 양국 간에 1930년 말에 체결된 재정협정이다. 이탈리아보다도 프랑스에 훨씬 강하게 결합하고 있는 루마니아와 폴란드는 터키나 도데카네스(Dodekanes) 제도* 점령을 결코 잊지 않은 그리스처럼 불확실한 우호관계이다. 불가리아의 왕조적 결합이 보다 확고한 우호관계를 의미하는가의 여부는 기다려 볼 필요가 있다. 지금까지 불가리아는 확고한 입장을 피하고 1925년의 잠정적 통상조약조차 5년간에 걸쳐 최종적인 것으로 변경하지 않는다. 남는 것은 작은 헝가리인데 그 동맹관계는 유고슬라비아가 적대관계를 선언함으로써 충분히 상쇄되고 있다. 파시스트 정권은 알바니아에 대해서 정력적으로 확충해온 보호관계를 파시스트 이전 시대의 이탈리아가 오랫동안 준비해 온 명확한 성과라고 스스로 인정하고 있다. 그러나 예컨대 아비시니아[에티오피아]라든가 달마티아*에서와 같은 그 밖의 모든 활동은 장래의 희망으로는 있을 수 있으나 마침내 실패로 끝난다.

이탈리아의 이러한 외정적 상황이 파시스트 독재제에 반대하는 명백한 증거가 아니라고 강조하고 싶다. 그러나 독재제를 지지하는 증거는 훨씬 적게 나타날 뿐이다.

파시즘은 여하튼 이탈리아 국가의 역사를 결실 있게 하고, 그 집권주의는 아마도 국민적 통일을 가져오도록 움직일는지 모르지만, 무솔리니는 이탈리아인에게, 특히 그 중 공산주의자에게 정치적 조직을 가르치고 내정·외정에서의 이탈리아의 자기의식을 고양할지도 모르며, 이것은 있을 수 있다. 이성의 교지가 파시즘을 가지고 기도하는 것은 우리들이 거기에서 편취할 수 없다면 그것을 바라지 않는 이성의 비밀이다. 그러나 원칙적으로 무솔리니에 의해서 상원의원에 지명된 파시스트 형법학자인 엔리코 페리의 의견에 따르고 싶다. 그는 이탈리아의 전후의 어려움을 과장하여 이렇게 분명히 서술한다. 「이탈리아의 파시즘은 근본적으로 전후 시대에서의 볼셰비즘에 대한, 그리고 정당에 대한 국가의 나약함에 대한 반동의 물결을 넘지 못하는 것이며, 그러나 이러한 권위적 상태는 여러 나라에서 지속적이며 변경할 수 없는 상태로 계속할 것인가? 역사의 파도치는 과정은 이러한 상정을 허용하지 않는다」.[338]

## V. 결 론

이탈리아에서는 파시즘이 어떤 의미를 가진 것임이 틀림없어도 유럽은 여하튼 그 부정적인 면에서만 배울 뿐이며, 그 긍정적인 면에서는 아무것도 배울 바가 없다. 파시즘은 우리들의 국가와 사회의 상황에 있는 결함을 매우 많은 점에서 예리하게 보고 있으며, 전후 세대의 생활감정에 다른 어떤 운동보다도 교묘하게 호소하였다. 그러나 그것은 고유한

338) *Pester Lloyd, Abendblatt* (deutsch), Budapest, 17. Mai 1928.

실체적 내실을 가지 못하며 반합리주의·반자본주의·반의회주의, 그 밖의 대답 감정에 기울고 있을 뿐이며, 그 때문에 「직관적 상대주의」라는 단순한 르상티망에 머무르며, 새로운 생의 감정과는 정반대의 길로 간단히 방향을 정한 것이다. 같은 이유에서 그것은 우리들에게 부과된 문제들을 성급하게 잘못 해결하였다. 그리고 파시즘의 거대한 위험은 바로 그것이 새로운 세대를 성급하게 불충분하고 신용 없는 대답으로 안심시키고, 그와 함께 장래의 쇄신이 자라 날 원천을 봉쇄하고 있다.

그러나 이 쇄신은 파시즘이 제공한 것보다도 더 깊은 동인과 책임에서 자라나오는 차이일 것이다. 파시즘이 독재제라는 것이 아니라 그 독재적 지배요구의 정통화가 마침내 「종교적 인공물」, 「처럼」의 신화학, 교묘한 선동기술에 그것이 있다는 것, 이것들이 파시즘에 다만 반동이라는 각인을 부여한다. 명령하는 소수파가 민주적 다수파에 대해서 자신들의 복종을 부정할 수 있는, 생활상 필요한 새로운 내실을 손에 넣는 경우에는 과연 그들은 새로운 생에 적합한 권위·위계 그리고 규율을 형성할 능력을 가진 「엘리트」일 것이다. 그러나 이념 없이 총검에만 손을 대고 있는 한,[339] 그들은 엘리트가 아니라 무장한 정당의 도당인 것이다.

그러나 파시즘이 총검으로 가져온 성과를 손에 넣은 것은 과도기의 상황에서 이해하지 않으면 안 된다. 명맥을 이어온 19세기의 내실은 신뢰할만한 가치가 없으며 전쟁세대는 밑바닥에서 돕는 사람 없이 살고 있었다. 그러나 자유민주적 국가의 지도자들은 너무나 지난 세기의 인간이며 너무나도 자기보신적이며 「교활」하며 너무나도 자신들의 성공에 도취하였기 때문에, 젊은 사람들은 철저하게 다시 끝없이 신뢰하는 것을 추구하게 된 데에 지도자들은 그들의 소리에 귀를 기울이지 않고 말하자면 그것을 진지하게 받아들일 수 없었다.

거기에서 증오하게 된 자유주의의 테제 — 개인주의·합리주의·자본주의 또는 법칙화와 강령편집증 — 에 대해서 보편주의와 비합리주의, 규범 없는 의지와 무강령성이라는 안티테제를 대립시키는 사람들이 등장해 왔다. 그것은 시사하고 있는 사회적 계층화[340]를 도외시한다면, 무엇보다도 자유주의에 의해서 경시되고 있던 정서적으로 투쟁적인 힘에의 호소이며, 지도자들의 절대적 권력의지이며 행진곡·깃발·제복이 가지는 통합적 가치에 대한 그들의 대중심리학적 이해였다. 그것들은 과도기의 혼란 속에서 그들의 총검에 성공을 가져오지 않을 수 없었다.

새로운 세대는 당초 파시즘이 내걸은 안티테제의 배후에 자신들의 생의 감정에 일치된 종합을 기대한다. 무엇보다 그들은 파시즘이 오늘날의 두 가지의 생기 있는 정치세력의 종합, 즉 내셔널리즘과 사회주의의 종합과 같은 것이라고 믿었으며, 외국에서는 부분적으로 오늘날에도 여전히 믿고 있다. 그러나 늦어도 1920년 가을 이래 이탈리아 파시즘 속에서는 이미 거의 사회주의에 대해서 말하지 않는다. 남은 것은 그다지 변하지 않은

---

339) 상술 주 175a 참조.
340) 상술 S. 566 ff. (본서, 320면) 이하.

부르주아적 · 자본주의적인 내셔널리즘이며 그것에 대해서는 백년도 전의 고전적 맨체스터학파의 자유주의에 대해서와 마찬가지로, 생산의 법칙이 사회정의를 규율한다고 한다.[341] 거기에서는 독재제 국가가 불만 있는 사람들에게 그때그때 용돈으로 달래는 일이 남아 있다. 사실 오늘날의 이탈리아에서의 생산과 분배는 — 조직된 자본주의에 필요한 경제조직이 어떻게 도입되더라도, 때때로 소매가격이 「조작되고」—「협동체적으로」 규율되지 않으며, 사용자를 통해서 일면적으로 규율되며, 파시즘 속에서 힘을 얻은 **상업은행**(Banca commerciale) 감독인 동방 유태인 퇴플리츠가 생산에 적어도 무솔리니와 동일할 정도로 강한 영향을 주고 있었다. 나아가 어떠한 유럽의 국가일지라도 자급자족적 생산은 존재하지 않으며, 적어도 임금이나 원료가 부족한 이탈리아의 생산은 거의 국제적 영향을 면하기 어려우므로, 위의 종합 속에서 내셔널리즘은 전혀 진지하지도 않다.

독일 국가사회주의 역시 그 강령적 도식이란 점에서는 휴스턴 스튜어트 체임벌린(Houston Stewart Chamberlain), 실비오 그셀(Silvio Gsell), 묄러 반 데어 브루크(Moeller van der Bruck), 다마슈케(Damaschke), 라테나우(Rathenau), 그리고 무솔리니와 관련이 없는 혼합이 현실사회학적으로 볼 때 초기 이탈리아 파시즘과 동일한 이데올로기와 프티부르주아 자본주의의 세력에 의해서 담당되고 있다. 이것을 뒷받침하도록 독일의 운동은 그 총통인 히틀러의 입을 통해서 1930년 7월에 이렇게 명언하고 있었다. 「우리들은 당장 인정할 수 있는 모델을 손에 넣고 있다. 파시즘이다」.[342] 그 이름에 따라서 국가사회주의도 내셔널리즘과 사회주의의 종합이라고 주장한다. 그러나 권력의 가능성이 가까워짐에 따라서 그것은 파시즘과 동일하게 점차 강한 자본주의의 방향으로 전환한다. 위에 인용한 기자회견 중에서 이미 히틀러는 사회주의라는 표현은 자신의 경제 강령에 대해서 「그 자체로서는 부적절」[343]하며, 경영자는 그 보다 높은 인종인 것을 이유로 지배를 사명으로 한다고 강조하고 있었다.[344] 그리고 당의 경제강령작성자[페더]는 1930년 12월 4일에 라이히 의회에서 중공업의 지지를 받고 있는 독일 인민당의 지도자에게 다음과 같은 주장으로써 호소하고 있었다. 「여러분, 우리들이 어떻게 '사회주의적인' 경향을 가진다고 걱정할 필요가 없습니다」.[345] 그리하여 이러한 종합 역시 사회주의에 대한 자본주의라는 안티테제에 그치고 있으며, 반유대주의*와는 관련 없는 이탈리아 파시즘과의 차이는 「국가사회주의」에서는 국제적 계급투쟁이 적어도 동일하게 국제적인 인종투쟁에 의해서 대체될 뿐이다. 히틀러의 사악한 무솔리니 모방은 그 외에, 독재제란 한 사람에 의거하여 계수할 제도는 아니라는 이유에서, 유럽 국가들의 세계는 파시즘에서 어떤 긍정적인 것도 배울

341) 상술 S. 565 f. (본서, 318면 이하) 참조.

342) Otto Strasser, *Ministersesell oder Revolution? Eine wahrheitsgemäße Darstellung von der NSDAP*, Berlin [1930], S. 26.

343) Ebd.

344) Hermann Heller, *Sozialismus und Nation*, in *Gesammelte Schriften*, Bd. 1, S. 461 (본서, 749면) 참조.

345) *Verhandlungen des Reichstags*, Bd. 444, S. 249 D.

것이 없다는 것을 명백하게 보여준다.

　개인의 형식적 전체통합이라는 국가종교로서 파시즘은 결코 국가의 강화를 가져오지 못하며 그 정반대를 초래하였다. 독재제는 무정부주의제의 국가형태였으며, 또 그러하며 앞으로도 언제나 계속 그러할 것이다. 이상한 사회상태가 가져올 위급한 곤란을 극복하기 위한 비상수단으로서 그것은 항상 불가결할 것이다. 그러나 오늘날의 유럽 인민을 형식적 독재 아래 두고 그럼으로써 강력한 국가로 조직화하려고 한다면 충분하다는 생각은 거의 모든 파시스트적 입장과 마찬가지로 르상티망으로만 이해된다. 이전의 소렐주의적 무정부주의자는 국가의 권위를 대체로 부정하고 그것을 각 노동조합에 분배하려고 했는데, 그들은 극단적인 것에 마음을 빼앗기고 생디칼리스트적 무정부상태에서 경찰국가적 독재에로 이행하여 이제 그「유기적·전체적」국가권위를 경찰관의 모습 아래서만 묘사할 뿐이다.346)

　독재제는 다른 모든 정치적 조직형식처럼 좋지도 나쁘지도 않다. 현재 있는 독재제가 구체적인 역사적 상황 아래서 손에 넣는 구체적 내용이 비로소 거기에 가치가 있는가의 여부를 결정한다. 그 때문에 먼저 어떠한 정치적 기본결정을 위해서 명령이 내려지는가, 그리고 독재제는 이 기본결정에 역사적·사회적으로 대응한 수단인가 하는 물음에 대답할 필요가 있다. 모든 정치적 해체가 독재제에 의해서 구원되는 것은 아니며, 그리고 첫째로 계급대립에 기인하는 오늘날의 분열은 확실히 파시스트 독재제에 의해서 자주 은폐될는지도 모르지만 내부에서 그것은 단지 증대할 뿐이다.

　파시스트 독재제가 국민의 생산제력에 기대할 수 있는 정치적 기본 결정도 손에 넣는다면, 그것이 현실에「협동체적인」계급문제의 해결이라면 민주적인 다수파의 이의와 거기에는 형식화된 강령이 결여되었다는 비난은 확실히 그만큼의 효과를 가져오지 못했다. 파시즘에 결정적인 해결이 결여된 것은 지금까지 상세하게 제시해온 그대로이다.

　그러나 이 기초적인 정치적 가치결정, 더구나 그것을 저초하는 새로운 생의 감정의 일의성이 파시즘이나 그 추종자에게도 19세기에 반항한 모든 과도적 세대에도 결여되어 있다. 예컨대 이러한 청년들의 가장 포괄적인 독일적 신조는 최종적으로는 이렇게 인정된다.「새로운 생의 감정은 생성 도상에 있다[.]… 일반적으로 구속력 있는 실천적 가치세계는 오늘날 기껏해야 예감할 수 있을 정도이다」347) 그러나 고유한 감정이 비로소 생성 도상에 대해서 실천적 가치세계가 고작해서 예감할 수 있을 정도라면, 다른 사람들에게 명령을 내리려고 하는 책임이 결여된 용기를 어디에서 손에 넣을 것인가? 그러나 무엇보다 일단 인정되고 있듯이, 스스로 실천적 가치결정을 손에 넣지 못한다면 타자에게 무엇을, 어떠한 규범을 명령하려는 것일까? 어떠한 종류의 권위를 어떠한 질서·위계·규율·어떠한 엘리트를 생각하는가?348) 바로 새로운 생의 감정이 비로소 생성 도상에 있으며, 다양한

---

346) 상술 주 127 참조.

347) Edgar E. Jung, *Die Herrschaft der Mindwertigen, ihr Zerfall und ihre Ablösung durch ein Neues Reich*, 3. Aufl., Berlin 1930, S. 282 f.

입장에서 부분적으로는 낡은 시대의 편견을 부담하면서 새로운 목표를 추구하는 사람들에 의해서 발전시키고 있기 때문에, 바로 「그 작용이 겨우 시작한 것은」 아직 성과가 달성되지 못했기 때문에,349) 바로 이러한 이유에서 파시스트 독재제의 경술하고 잡종적인 예견은 힘써 극복하지 않으면 안 된다. 왜냐하면 파시즘은 새로운 생의 감정의 문제를 외견적 해결로써 달래며, 그럼으로써 오늘날의 세대가 바람직한 필요로 하는 것의 정반대에 있는 목하의 최강세력들에 이러한 문제를 맡기고 있기 때문이다.

그러나 일부 청년들이 파시즘의 독재제를 열망하게 된 것은, 바로 그들이 어쩔 수 없는 상황 속에서 「강력한 사람」에 의해서 그들 자신으로는 발견하지 못하는 의무지움으로 명해진 것을 바라기 때문이다. 지도자사상을 부정하는 19세기적 기능인 테제에 영웅적 천재의 전권이라는 대중멸시적인 안티테제를 대비시켜서 파시즘은 어부지리를 얻으려고 한다. 그러나 이 경우에도 참으로 생명 있는 종합에까지 도달하지는 못한다. 위대한 사람이란 항상 「그 시대가 바라는 것을 명언하고 행동하는」,350) 인물만이다. 혼돈에서 새로운 것을 산출하려는 과도기야말로 지도자의 필요한 권위는 대중의 심적 · 정신적인 각오와 의지에 따른 신심 깊음에 의거하지 않으면 안 된다. 그렇지 않으면 지도자는 권위가 아니라 내실 없는 맹목적인 복종만을 손에 넣게 된다. 강력한 사람에 의한 독재적 의무를 구하는 절규는 이러한 상황 아래서는 자신의 책임에 대한 비겁한 도피에 불과하며, 지도자는 권위를 획득하려고 한다면 이것을 의뢰하지 않을 수 없다. 다름 아닌 이러한 상황 아래서는 이렇게 말하지 않으면 안 된다. 즉 너 자신을 도우라! 그러면 신이 너를 돕는다 ─ 바로 신과 더욱 능력 있는 정치적 지도자를 구별하고 싶다면 말이다.

지도자는 가치세계를 명령할 수 없다. 특히 지도자가 거기에 손을 대지 않고 많든 적든 「직관적 상대주의」를 의지하는 경우에는 할 수 없다. 지도자는 동시에 종교의 창시자라면 이 가치세계에 대해서 산부인과적 의무에만 철저할 수 있으며, 그 밖에는 성장하고 발전하도록 해야 한다. 그러나 가치세계는 그 성장의 자유가 원칙적으로 불가능하지 아니한 정치적 형식에서만 자란다. 이러한 형식은 자신이 믿지 않는 신화를 힘으로 모든 신민에게 강요하는 파시스트 독재제와 같은 형태와는 다르다.

이러한, 또한 나아가 그 밖의 이유에서 국가만이 아니라 유럽의 전체 구조에도 미치는 쇄신은 먼저 하나에는 정치적으로 장악한 민주주의와 결합하고 있다. 우리나라의 정치적 위기에서의 근본적 문제는 이론의 여지없는 사회적 계급대립이다. 다양한 계급대립의 조화는 최종적으로는 정치적인 가치와 의지의 공동체가 성립하는 것을 조건으로서 하며, 후자는 피용자층을 계속하여 독재적으로 억압함으로써는 성립할 수 없다. 이것에도 동일하게 다툼의 여지는 없을 것이다. 이처럼 항상 증대하는 계층에 일단 정치적 자기의식이 자라면, 위기는 최종적으로 그들이 원칙적으로 자발적인 국가적 · 사회적 규범들에 따라서

---

348) 상술 S. 511 (본서, 276면).
349) Jung, aaO., S. 282.
350) Hegel, *Philosophie des Rechts* (Anm. 33), § 318 (S. 427)(역서, 556면).

그들에게 협력하는 것을 통해서만 폐기될 수 있다. 그러나 이것을 그들이 하지 않는 것은 한편으로는 그들 자신의 협력이 오늘날보다도 자신들의 이념과 이익에 의해서 보다 합치된 장래의 국가와 사회의 상태를 생성시킨다는 희망을 품고, 다른 면에서는 그들이 자기의 정치적 경험을 통해서 각 정치형식의 확고한 필요성을 알기에 이를 가능성을 가지고 있다. 이러한 경우뿐이다. 후자의 가능성과 전자의 희망의 쌍방을 그들로부터 독재제는 빼앗는다. 그것은 피용자층에게 모든 정치적 자주활동을 금지함으로써 무엇보다도 민주적인 자기교육작업을 방해한다. 이 교육작업을 통해서 위의 계층은 국가·현·시읍면·당·노동조합·공장내부위원회에서, 그리고 그 밖의 모든 자치조직체에서 국민의 정치적 필요성을 숙지하게 되는 것이다. 그러나 이 독재제는 이러한 탈정치화를 통해서 다름 아닌 국가적 건전화과정을 방해한다.

  경고의 본보기라면 파시스트 독재제는 유럽 민주주의에 대해서 비할 나위 없는 커다란 의의를 가진다. 이탈리아의 전후 시대라는 역사에 직면하여 이들 민주주의는 자신이 어쩔 수 없이 몰락에 처하게 되었다고 느끼며, 다음과 같은 통찰을 하지 않을 수 없다. 즉 이율배반적인 계급대립이 주어진 현상처럼 균형을 이루면, 정부는 정당·의회·이익단체에 대해서 독립하는 경우에만 자신과 민주주의를 보유하고, 또한 관철시킬 수 있다는 것이다. 부적당한 선거법에 근거해서 정치나 사회의 면에서 매우 대립하는 정당들이 연합하는 것에서 생겨나며, 의회의 「위원회」로서 이해되는 정부는 정당들에게 놀림감이 되며 그 활동이 마침내 마비될 정도로까지 계속적으로 교섭을 강요하게 된다. 여기서는 개인의 일정한 정도의 공법적 자유가 유럽 문화권에서의 국가의 강력함을 감소시키고 있다고 말해지는데, 다시 한 번 그러한 예단에 반대하고 싶다. 전중과 전후의 프랑스 민주주의의 사례는 그 반대를 보여준다. 그러나 아마도 모든 민주적 자유의 과잉이 보이며 무정하게도 독재제에 가까운 한 걸음으로 인도하는 것은 확실히 정당할 것이다.

# 5. 정치에서의 천재와 기능인*

    현대 민주국가의 위기는 한편으로는 현대 사회의 위기에 그 근거가 있다. 그러나 이 위기는 다른 한편으로는 주로 이러한 정치적 상황을 평가하기 마련인 몇 가지의 비판적인 기준에 의해서 부적절하게 증대되고 있다.

    국내정치의 중심적인 대립은 오늘날 확실히 하나의 전선으로 정리되지는 않는다. 그것은 매우 혼란하고 다양한 전선에서의 계급대립으로서 모습을 드러내고 있다. 그리고 현재의 정치상황은 결정력을 가지는 다양한 사회적 권력집단들이 불안정한 균형 상태를 이루고 있는 점을 특징으로 한다. 이러한 상황에서는 연립정권만이 실현 가능할 것이다. 그러나 그러한 정권의 담당자는 그 지지자 간에 사회적 동질성이 결여되어 있기 때문에, 활동을 제약하고 이러한 의미에서 자주 대폭적으로 중립화된다. 그리하여 활동능력 있는 민주적 정권의 수립은 매우 곤란한 상황으로 되고 있다. 이들 모두에 대하여 오늘날에는 어떤 이론의 여지도 없을 것이다.

    오늘날 매우 광범위한 계층이 비판적 의식을 포함하면서 이러한 사회적·정치적 존재에 향하고 있다. 그리고 이 비판적 의식 그 자체가 그러한 위기의 본질적인 근원의 하나라고 하지 않을 수 없다. 사회적 존재는 사회구성원의 마음을 움직이는 여러 가지 당위·요청·바람·기대로부터 결코 독립한 것은 아니다. 이 점을 다음에 나타내려고 한다.

    국가와 사회에 관한 우리들의 모든 지식은 생산적이고 규범적이며, 따라서 사회형성적이며 관여하지 않는다는 의미에서 객관적 내지 중립적인 것은 결코 아니다. 이러한 지식은 다소간 입장에 구속되어 있다. 존재와 의식의 이러한 관계가 어떻게 규정되더라도, 전제가 된 사회의 이념이나 기초가 되는 척도를 명확하게 확립하지 않고는, 논의는 항상 혼란하고 무익한 그대로이다. 역사적·정치적 상황, 사실적 권력관계, 실정법, 이것들은 오늘날 자주「객관적인」요인으로서 나타나지만 이들 자체는 여러 가지 출발점에 따라서 전적으로 다양하게 해석되고 평가되는 것이다.

    현대 국가의 위기는 물론 민주주의 중에서 정부에게 어떠한 위치를 부여하는가 라는

---

\* Genie und Funktionär in der Politik, in *Die Neue Rundschau* (Hg. O. Bie), S. Fischer Verlag, Berlin 1930, 41 Jg. der *Freien Bühne*, Bd. 2, S. 721-731. jetzt in *Gesammelte Schriften*, Bd. 2, S. 611-623.

점에 영향을 받고 있다. 두 개의 서로 다투는 이상들이 이 점에서 대립한다. 통치의 움직임 (Regieren)을 한쪽은 천재가 즉흥적으로 하는 것으로 이해하려고 하고, 다른 한쪽은 대중의 자생적인 기능 작용으로 이해하려고 한다. 그러나 분명히 강조할 것은, 이들 이상은 우선 두 가지의 정치적 방법에 불과하며 정치적인 의지내용이 다른 것은 아니라는 점이다. 대중자생주의와 천재 숭배 종교 중 어느 것이 혁명적이고 어느 것이 보수적인가는 구체적 상황에서만 결정될 뿐이다.

대중자생주의적 사회관에 대해서 정부라는 제도는 독자적인 정치적 의의를 가지는 것은 아니다. 이 사회관이 전제로 하는 기본적 견해에 의하면 국가라고 불리는 결정과 작용의 통일체는 원칙적으로 오로지 항상 아래로부터, 즉 한 계층으로서의 대중 속에서 「자생적으로」 형성되며, 따라서 지도는 완전히 불필요하거나 최소한으로 필요할 뿐이기 때문이다. 그 고전적 형식을 이루는 것이 자유주의의 예정 조화나 재발견되어야 하는 잃어버린 지상의 낙원 — 거기에서 모든 정부는 잠정적으로는 필요하지만 가능한 한 조급하게 극복되어야 할 악이라고 이해한다 — 이다. 인간은 선하며 적어도 선할 수 있다. 그러므로 「본래」 어떠한 정부도 전적으로 불필요하다. 예컨대 요한 고틀리프 피히테에 의하면, 태초에 이성적인 자유의 상태가 있고 그것은 종말에는 되돌아오는 것이다. 그러나 정부는 죄 짓기 쉬운 현재에서만 필요하며 그 진정한 목적은 자기 자신을 「불필요하게 만드는 데」[1]에 있다는 것이다.

당시의 시민적 자유주의는 반군주제적인 르상티망(ressentiment)을 품고 있었기 때문에 동시에 반정부적이었는데, 그들의 이러한 르상티망이나 대중자생주의적인 낙관주의는 오늘날에 이르기까지 전적으로 젊음을 계속 유지하고 있다. 그런데 가장 순수하면서도 특히 모순으로 가득 찬 모습으로 그것을 계속 유지하는 것은 원리적인 반대파의 입장을 완전히 잊을 수 없는 사회주의이다. 정치적인 것의 영역에서는 가장 순수한 자유주의자였던 엥겔스는 계급대립의 극복이라는 이상을 이렇게 서술한다. 「사회적 관계들에의 국가권력의 개입은 다양한 영역에서 점차로 불필요하게 되고 결국 영원히 잠들어 간다. 사람에 대한 통치 대신에 사물에 대한 관리, 생산과정의 감독이 등장한다. 국가는 '철폐되는' 것이 아니라 **사멸해 간다**」.[2] 베벨의 『여성론』은 독일에서 가장 널리 읽히는 사회주의 책인데, 이에 따르면 「인간의 부단한 진보와 거짓 없는 과학」[3]이라는 깃발을 내거는 새로운 사회에서는 모든 대립은 소멸한다. 「개인적 에고이즘의 충족과 공익의 촉진이란 서로 조화하고 일치한다」.[4] 베벨은 국가와 정부란 본질적으로 경찰이라고 이해하며,

---

1) Johann Gottlieb Fichte, *Über die Bestimmung des Gelehrten* (1794), in *Sämmtliche Werke* (Hg. I. H. Fichte), Bd. 6, Berlin 1845, S. 306.
2) Friedrich Engels, *Herrn Eugen Dührings Umwälzung der Wissenschaft* (1878), 10. Aufl., Berlin 1919, S. 302 (김민석 옮김, 『반뒤링론』, 새길, 1987).
3) August Bebel, *Die Frau und der Sozialismus* (1883), 34. Aufl., Stuttgart 1902, S. 408 (이순예 옮김, 『여성론』, 까치, 1987).
4) AaO., S. 351.

이러한 국가나 정부를 이렇게 묘사한다. 즉「국가와 함께 국가의 대표자도 사라진다. 즉 대신 · 의회 · 상비군 · 경찰 · 헌병 · 법원 · 변호사 · 검사 · 교도관 · 세무서 · 세관 한 마디로 말하면, 모든 정치적 장치는 소멸한다. … 수십만에 달하는 예전의 국가의 대표자들 은 다양한 직업에로 전신하고, 자신들의 지성과 힘을 사용하여 사회의 부와 쾌적함을 증대시키기 위해서 움직인다」.[5] 사회주의는 오늘날에도 그 정치적 입장은 기본적으로 변하고 있으며, 이 사상은 어느 정도로 사람에 대한 통치를 사물에 대한 관리로 바꾸는가를 그 밖에 생시몽(Saint-Simon)의 말에서 인용하여,[6] 사회주의 사상은 자신이 원래 가지고 있던 의욕과 아주 모순되기에 이르며 이미 자유주의적인 시민의 유산 이외에 아무것도 나타낼 수 없기 때문에 여전히 알 수 없는 것이다.

　이 대중자생주의의 법학적인 상관물은 법률자동주의이다. 오늘날에도 여전히 학생은 법치국가에는 3권이 입법권, 사법권 그리고 끝으로 행정권 — 고전적인 법치국가적 합리주의 가 법률의 집행이라고 생각하고 있던 행정권 — 이 존재한다고 배운다. 이러한 비인격적이며 법률자동주의적 행정 개념 아래 정부도 포함한다. 그러나 실은 사법활동 그 자체가 이미 행정활동과 마찬가지로, 주관적 결정과 자유재량을 가장 중요한 요소로 하며, 따라서 인간에 의한 지배를 포함하지 않을 수 없게 되고 있다. 그 중에서도 방침을 결정하고 이니셔티브를 발휘하고 지도하는 정부는, 이제 외교에서만이 아니라 내정에서도 법률에 전적으로 구속되지 않거나 특정한 점에서만 구속될 뿐이다. 그러나 창조적인 미래의 모든 예측가능성을 믿고 있는 자유주의적 법치국가적 합리주의자는 이것을 진지하게 생각하려고 하지 않는다.

　18세기에는 정부와 법률을 집행하는 행정을 등치하는 이러한 이론은 군주의 대권에 저항하는 시민계층의 투쟁을 뒷받침하였다. 19세기에는 이 이론은 존재의 주장으로서 나타나거나, 당위의 주장으로서 나타나는가에 따라서 국가적 집행의 객관성에 대한 불신감 을 자각하거나 또는 진정시키거나 하였다. 이러한 규범지배에 대한 신봉자(Nomokrat)의 정치적인 이상은 탈인격화된「법률의 지배」이며, 그 이상적인 통치기관은 이 법률을 적용하 는 법원이다. 그러한 규범지배(노모크라시)의 일관된 주장자로서 현대에는 한스 켈젠이 있다. 그는 감히「민주주의 이념에 일치하는 것은 **지도자가 없는 것**」이라는 정식을 나타내었 다.[7] 이처럼 순수한 형태를 취하는 대중자생주의와 법률자생주의는 오늘날에는 물론 희소가치를 지니고 있다. 그러나 그것은 대표제에 근거한 정부의 의의를 부정하는 모든 정치적 이론, 이데올로기, 행동의 전제를 이루는 기초적인 이상이다. 이에 속하는 것은, 라반트의 정치적 대표와 사법상의 대리와의 동일시이며, 또한 혁명 속에「인민의 위임에 근거한 평의회」,「집행평의회」,「집행위원회」라고 불린 것으로서 체현되며, 오늘날에도 정부 속에「위원회」, 의회의「축소판」이라고 밖에는 볼 수 없는 정치적 견해들도 이에

---

5) AaO., S. 405.

6) Hermann Heller, *Staatslehre*, in *Gesammelte Schriften*, Bd. 3, Abt II, Anm. 489 ff. (홍성방 옮김, 『국가론』, 민음사, 1997).

7) Hans Kelsen, *Vom Wesen und Wert der Demokratie* (1920), 2. Aufl., 1929, S. 79 (한태연 · 김남진 공역, 『민주주의의 본질과 가치』, 법문사, 1961).

속한다. 콘(Cohn)이 국민의회의 제25차 회기 헌법위원회에 제출한 제안, 즉 「라이히 의회는 라이히 행정과 사법을 총람하며 행정사항에 관하여 라이히 정부와 라이히 대통령에게 이를 구속하는 지시를 발할 수 있다」[8)]는 것도 이에 속한다. 사회민주적인 공법학자들에서 보이는 거의 고전적인 정식화, 즉 「독일 의회주의에서 통치한다는 것은 대표하는 것이다」는 것 역시 분명히 거기에 속한다. 「자신들을 대표한다」는 쪽이 더 나을 것이다.

대중자생주의는 정부를 결국은 극복해야할 기술적 필요물이라고 생각한다. 이에 독자적으로 고유한 가치를 가지는 어떠한 정치적 의의도 인정하려고 하지 않는다. 그 입장에서 보면 현재의 정치적 행동은 언젠가 정부의 통치작용이 대중자생주의적인 기능작용으로 해소될 것이라는 이상적 관념에 영향을 미친다.

이와 같이 정부의 움직임을 단지 기능으로 해소하려는 이상의 대극을 이루는 것이 정치적인 천재 종교이다. 이러한 영웅적인 사회관은 국가적인 통일을 오로지 천재의 힘에 의해서 영향을 미치는 영웅의 작품으로 이해하고, 영원히 미성숙한 인민을 이 지도자의 수중에서 생각하는 그대로의 형태를 부여하는 납과 같은 것으로만 생각할 뿐이다. 대중자생주의는 자신을 제어하는 권력집단으로부터 기능인을 완전히 종속시키려고 한다. 영웅신앙은 천재를 모든 물질적 및 이념적인 사회의 필연성을 초월한 것으로 높인다. 대중자생주의는 공통의 이성이나 공통의 이상 그리고 합법칙성이 계급대립이 폐기된 후에 불가결한 국가적 통일을 지배 없는 형태로 세우리라고 믿는다. 천재종교는 다수성 중에서의 정치적 통일을 이념적인 가치공동체 내지 상대적으로 객관적인 합법칙성에 의해서가 아니라, 단지 **법으로부터 해방된 왕**(princeps legibus solutus)의 지배에 의해서만 성립되는 것으로 본다. 특히 그 현대판인 생의 철학의 형식에서는 사회에서의 이념과 이성에의 신앙 전부는 유토피아라고 생각한다. **인간은 인간에 대해서 이리이다**(homo homini lupus). 이것이야말로 비관적인 신앙 개조이다. 의회주의와 법치국가에서는 이 신앙은 위대한 지도자가 대중의 의지와 ― 즉 자신이 무엇을 의욕하는가를 알지 못하는 범람하는 군중과 ― 결합한 경우에만 구체성을 가진다. 의회주의에서는 위대한 인간마저도 의논하거나 거래하도록 강제하며, 권력분립은 그의 천재적 행위를 방해한다. 근본적으로 환상에서 깨어나고 이러한 사정에 통달한 마키아벨리스트는 정치의 어떠한 의미내용에 대한 신앙도 품지 않는다. 그는 행동하는 것을 자기목적으로 하는 행동주의자이다. 그에게는 폭력적인 운동이 전부이며 목표는 없다. 그리스도에서 마르크스에 이르는 모든 이데올로기는 그에게는 등가적인 것에 불과하며, 엘리트의 영원히 동일한 순환 속에서 강력한 개인을 권력에 두며, 이 인물의 천재적인 즉흥연주로서의 통치를 가능케 한다는 목적만을 가질 뿐이다. 「우리들은 세속인의 감정적 현악기를 연주한다. 우리들은 폭력과 종교를, 예술과 정치를 연주한다」고 무솔리니는 1922년 10월 5일에 선언하였다. 로마로 진군하기 며칠 전이다.[9)] 정치적 가치공동체의

8) *Verhandlungen der verfassunggebenden Deutschen Nationalversammlung*, Bd. 336 (Anlagen, Nr. 391) 8. April 1919, Antrag Nr. 151, S. 263.
9) Hermann Heller, *Europa und der Fascismus* (1929), in *Gesammelte Schriften*, Bd. 2, S. 518, Anm.

필요성에 천재종교는 결코 이론을 제기하지 못한다. 그러나 그 내용은 강자의 주권적인 조치 쪽에 서야한다고 주장한다. 그는 그 내용을 신화로서 「관념론적으로」, 즉 사회적·정신사적인 소여와 사회의 다양한 필연성에서 독립한 것으로서 즉흥연주하고 폭력을 가지고 대중에게 강요하는 것이다.

정치적 천재종교는 필연적으로 폭력종교이어야 한다. 그러나 그것의 국가형성의 역학은 오로지 위로부터 아래로의 방향만을 알 뿐이다. 강자의 천재적인 즉흥연주는 강제와 지배에 의해서만, 그러나 내정과 외정의 조건들이나 이성과 통찰과는 독립해서 대중을 현혹한다. 그 국가이상은 정통한 군주제가 마침내 소멸해버린 오늘날에는 독재제 밖에는 없다.

천재에 의한 통치냐 기능인에 의한 통치냐 — 이러한 문제설정은 두 개의 일면성 사이에서 택일할 수밖에 없다! 대중자생주의도 천재 종교도 정치적 사고방식에서는 있을 수 없다. 대중자생적으로 기능하는 국가적 통일도, 천재적으로 즉흥 연주하는 그것도 기적신앙으로서만 가능하다. 대중적 자생이라는 기적은 구래의 국가계약 사상의 조잡한 개정판에 다름없는데, 이것은 궁극적으로는 모든 사회적 및 개인적인 다양성과 대립성과의 폐기, 개인의 사회에의 해소를 의미한다. 다른 한편, 다수의 집단과 그의 직무의 담당자의 대표적인 결정 없는 몰 지배적인 정치적 통일성이라는 것은 상상조차 할 수 없다. 모든 사회, 특히 오늘날과 같은 분열된 사회에서는 생활에 필요한 정치적 통일은 대표제에 의해서만, 즉 연합한 대중의 다양한 대립에서 상대적으로 독립한 정부의 결정권력에 의해서만 이루어질 수 있기 때문이다. 독재체제에서 이러한 대표는 주권적인 것, 즉 피지배자로부터 모두 독립하고 그들을 폭력적으로 강제하는 것으로 되고, 피지배자가 파면할 수 없는 것이 되고 있다. 민주제에서는 정부의 대표로서의 입장과 그 임용은 관직적인 형태를 취한다.

그러나 민주적으로 파면할 수 있는 대표자들도 대표자로서의 직무에 취임한 한에서는 자신이 책임을 지는 결정에 대해서 광범위한 재량의 자유를 요구하지 않을 수 없다. 결정권을 가진 자만이 책임을 질 수 있다. 지배에 관해서도 책임에 관해서도 민주주의에서는 역시 소수지배의 원리는 타당하지 않으면 안 된다. 민주주의에 있어서 책임의 문제는 매우 번거로운 것이지만 그것도 이 소수자 지배의 원리에 의해서 해결될 수 있다. 수백 명의 의원이 어떤 결정에 관한 책임을 지고 또 그 이상의 다양한 연합정당의 대의원이 책임을 지는 것은 결국 아무도 책임을 지지 않는 것이다.

이러한 성공과 실패의 정치적인 책임이 대표자로서의 자기 자신에게 귀책 시킬 수 있는 것이 지도자의 지위의 결정적인 요소이다. 추종자들은 모두 자기가 믿을 수 있는 사람을 잡지 못하면 안심할 수 없다. 모든 책임 있는 결정권을 잡지 못하면 대신도 어떠한 신뢰를 가질 수 없다. 사람들이 정치적 신뢰를 줄 수 있는 것은 자기 자신이 무엇을 바라는지를 알고, 즉 그것을 실현할 수 있는 인물이기 때문이다. 그러므로 민주주의의 위대한 경험주의자인 제임스 브라이스(James Bryce)*는 말한다. 보통의 시민에게 매우 정치적인 숙려나 주의력을 요구할 수는 없다. 그러나 그러한 시민도 공적인 직무 때문에 소수의 사람을 선출할

---

수 있고, 선출된 사람에게 「자신들 한 명 한 명이 책임을 지고 자기 자신이 행한 것을 자기 자신이 지도·감독으로 책임을 지고 석명을 행해야 한다」는 것을 명확히 새겨둘 수 있다. 「이러한 몇몇 사람들에게 집중적인 조명을 받게 된 것은 불가피하였다. 그것은 크고 작은 행정구역에서나, 도시와 지방에서나, 국가에서나 전체 국민에게 같은 것이다」.

이러한 대표자들, 특히 정부는 결정과 책임을 위한 용기를 가져야 한다. 어떤 작센의 대신은 「대중이 우리들을 미혹케 하는 것보다는 대중을 미혹하는 편이 낫다」라는 엄청난 말을 하였다. 그러한 공식을 가진다면 분명히 일시적으로는 자신의 포스트를 지킬 수 있을 것이다. 그러나 대중은 자신들을 지도하는 것보다 언제나 자신들에게 복종만 하는 지도자의 경우를 신뢰한다. 언제나 자신의 입장을 내세우지 않는 대신은 분명히 그 때문에 무력하고 의회에서 여러 정당의 계속적인 음모·희망 그리고 거래 중에서 몸을 낮출 것이다. 프앵카레(Poincaré)*가 많은 점에서 독일의 연립내각보다도 어려웠던 연립내각에서 자신의 주장을 관철한 것은, 그가 의회에 대해서 자신을 결정력을 가진 대표자로서 승인하든가, 아니면 추방하든가 하는 택일을 반복하여 강요하였기 때문이다. 우리도 같은 방법으로 시도하는 경우, 오히려 한 두 번은 실패로 끝날 것이다. 그러나 세 번째는 자기 자신이 바라는 것을 아는 수상은 자신의 주장을 관철할 수 있을 것이다. 우리나라의 의회주의는 지금까지 완전한 불신임투표도 명확한 신임 표명도 없었다. 모두 어정쩡한, 제한된 신임 표명, 기권투표, 연합 조건이 없는 연합 등으로 만족하여 왔다. 이러한 정부가 의회로부터 독립하는 것이 우리나라의 정치생활의 일련의 새로운 질서에 의해서 전제되는 것은 자명하다. 무엇보다도 수상과 대신은 한 발을 의회에 들여놓는 것만으로 좋으며, 다른 한 발은 밖으로, 즉 국민이나 그 정당조직에 튼튼한 뿌리를 내려야 한다. 필요하다면 회파(Fraktion)에 대항하여 정당내의 인민투표를 불러올 수 있기 때문이다.

대중자생적인 법률사상은 이처럼 단순한 진리에 반대한다. 그리고 정부야말로 책임 있는 지도와 책임 있는 결정의 장소인 것 ― 무엇보다 먼저 목전에 존재하는 다양한 대립들이 무조건적으로 투쟁과 행위에 의해서 결정되어야 할 장소인 것 ― 을 인정하려고 하지 않는다. 그들에 대해서는 오히려 정부의 통치활동이란 대중자생적인 기능의 움직임이며, 정부란 다양한 정치적 조류의 **어음교환소**(clearing-house)인 것이다.* 이러한 견해에 의하면, 당면한 사회적인 균형구조 아래서 오늘날의 연립정부는 현존하는 세력들의 대중자생적인 어음교환소라고 해야 한다. 여기서 이들의 힘은 서로 상쇄되고 수학적인 필연성에 의해서 답은 제로가 되는, 즉 정부의 행위무능력이 생긴다. 통일성도 없는 약체이거나 또는 전혀 행위능력을 가지지 못한 정부는 이 경우 운명으로서 필연적인, 그러므로 올바른 상태를 나타내는 것이며 이성적인 인간은 이 상태를 유감으로 생각하지는 않으며 하물며 그것의 변혁 등은 이룰 수 없는 것이다. 이처럼 위축된 의지력만이 현실적으로 계산할 수 없는 사회의 다이나미즘을 기계적인 것으로 왜곡하여 생각한 것인데, 이러한 관념 그 자체가 정치적 위기를 대폭적으로 강화하는 요인들 중의 하나가 되고 있다. 그리하여 이 사상의 근절이야말로 정치적 건강을 위한 중요한 전제이다.

대중의 자생이라는 미신으로부터의 해방이 가능하다는 어떤 종류의 이념으로서 정치적 천재종교가 나타나 왔지만, 그것도 마찬가지로 일면적일 뿐이며, 또한 동일하게 숙명적인 방법으로 그 자신 이미 위기적인 모습을 나타내는 사회상태에 영향을 미친다. 그리고 그것은 사람들 사이에 강한 인간이라면 모든 사회적 대립이나 구속에서 벗어나서 정치적 통일성을 7일 안에 새로이 창조할 수 있다고 하는 신앙을 인식시킨다. 천재와 상황이 만날 때에는 — 그리고 이 시점만은 — 괴테의 말을 빌리면, 여러 세기 동안의 놀라움으로부터 정신을 차릴 수 없는 사건이 발생할 것이다. 이것은 분명한 사실이다. 그러나 1세기에 겨우 한 번 일어날까 말까한 예외적인 상태나 은혜적인 상태를 — 바로 그 구체적인 상황이 천재를 가지며 또 알고 있는지를 묻지 않고, 예컨대 우리들의 눈앞에 있는 어떤 유명한 천재가 이러한 상황에서 훌륭하게 대처할 수 있는지의 여부를 묻지도 않고 — 정치적 프로그램으로 만드는 것도 난센스이다.

독일은 히틀러로부터 후겐베르크(Hugenberg)* 그리고 텔만(Thälmann)*에 이르기까지 확실히 양적으로는 만족할 만큼 강력한 인간을 제공해 왔다. 그러나 지금까지의 경우 질적 요구에는 모두 전적으로 만족할 수 없다. 천재가 없는 정치적 천재종교라는 것은 저절로 사라질 것이다. 따라서 남아있는 문제는 평균 인간의 수중에 있는 독재적인 폭력장치가 오늘날의 정치적 상황에서 도대체 무엇을 개선할 것인가? 하는 것이다. 오늘날의 의회주의에서 연립정권이 만족스럽지 않는다는 것은 확실하다. 그러나 책임 의식 있는 정치가는 몽테스키외의 적절한 말에 의하면, 자신이 보다 나은 것으로 대체될지도 모른다는 것을 모르기 전에, 반드시 결함 있는 상황을 제거해야 한다는 것이다.

따라서 사실상 가능한 것은 다음과 같은 방향성이라고 상정해 보자. 즉 「강력하고, 확고한, 자기 완결적이고, 위계적인 조직」에 의해서, 「기묘하게도」 산업 대국이 여전히 계속 고집하고 있는 의회제 법치국가라는 시대에 뒤떨어진 낡은 「헌법상의 상투적 문구」를 — 독일 볼셰비즘의 약체라는 것을 감안하여 생각할 수 있는 것은 이것뿐이기 때문이라고 하여 — 파시스트적 독재체제라는 「아주 현대적인」 형식으로 전환시킨다는 방향성만이 가능하다는 상정이다. 나로서는 오늘날의 대외정치적인 상황에 직면하여, 그리고 매우 야만적인 폭력을 사용하지 않고 독일에서의 국가와 경제를 지속적으로 심히 손상하지 않고 대립하는 세력들이 국내정치적으로 균형상태에 있는 것을 직면하여 이러한 것은 불가능하다고 생각한다. 그러나 그러한 상정에 입각한다면 「자기의 힘과 권위로부터 결정을 내리는 고차의 제3자」가 실제로 형성될 수 있을 것인가?

카리스마를 가진 지배자가 없다는 이러한 카리스마적 지배라는 것은 제어되지 않는 난폭한 폭력 기계에 불과하며, 따라서 어떻게 해 볼 도리가 없는 행패이다. 이에 대해서는 이론이 없을 것이다.

그러나 기적적으로도 데우스 · 엑스 · 마키나(deus ex machina)*가, 그리고 지금까지 볼 수 없었던 정치적 천재가 마지막 순간에 우리들 앞에 나타난다고 상정해 보자 — 그러면 오늘날의 사회적인 균형구조 안에서 그 천재는 어느 정도 효과적으로 작용할 수 있을 것인가?

의회제 정부의 중립화 작용을 제거할 수 있을 것인가? 낭만주의적인 정치적 유미주의자는 정부의 효과적인 움직임보다도 일반 대중의 마음을 움직이는 측면을 존중하고, 혁명과 반혁명, 독재와 아나키즘, 소렐과 무솔리니 간에 어떤 종류의 엘레강스한 가장 아름다운 것을 찾아내는데, 이런 종류의 인물들은 이러한 질문을 전혀 제기하지 못하거나 의심스럽게 긍정하는 것이다. 그러나 내가 주장하고 명백하다고 믿지만 고차의 제3자가 파시스트인 경우에는, 무엇보다도 결정적인 정치적 문제, 자본과 노동의 대립, 농업 문제 등에 관하여 모든 방법으로 대중의 마음을 움직이는 제스처를 하여 아무것도 효과적으로 하지 못하고, 실제로 이러한 문제를 중성화하게 하고 독재적인 형식적 타협으로 다룰 뿐이다.

　그러면 어떻게 상황을 바꿀 수 있을 것인가? 독재자가 총검을 들고 영웅 신화와 「종교적인 예술품」과 과장된 제스처를 하면, 현재의 사회적인 균형구조를 본질적으로 변혁할 수 있다고 믿을 수 있는 것은, 국가에 대한 낭만주의적인 천재 종교뿐이다. 그리고 **오직 대중** (profanum vulgus)에게 지시하는 것만이 중요하며, 무엇을 지시하는가는 아무래도 좋다고 생각하는 인물은, 독재자는 실제로 결정적인 모든 정치적 문제를 중립화하는, 즉 틀림없이 연기한다는 사실을 부정할 것이다. 어떤 독일의 국가이론가는 빈정거리면서 바이마르 헌법의 형식적 타협을 지적하며 이때에 국가나 학교에 대한 교회의 관계를 들고 있는데,10) 그들에게는 독일 라이히에서의 「고차의 제3자」는 가톨릭·프로테스탄트·자유사상 기타 어떠한 방법으로 명령을 내릴 수 있는 것인지, 그 밖의 어떠한 방법으로 명령을 내릴 수 있는지를 설명할 의무가 있을 것이다. 헌법 제2부에 의심할 여지없이 현존하는 지연적인 타협에 관해서도 모두 동일하게 타당하다. 자유주의냐 사회주의냐 하는 문제는 일찍이 카를 렌너*가 소비에트의 독재체제를 증거로 매우 적절하게 법령주의라고 부른 독재적 결단주의의 명령에 의해서 해결이 가능하다는 것을 진정으로 믿는 사람이 있을까?11)

　정치적 천재종교의 최대의 기적은 무(無)에서 정치적 가치공동체를 만들어 낸 점이다. 의원내각제는 오늘날 통일적인 사회관은 이미 존재하지 않는다는 사실을 고려하고 있다. 그리고 그 점에서 독재체제와는 반대로 존립의 여지가 남겨져 있다. 의원내각제는 정치적인 가치와 의지의 공동체가 현존하고 있다는 거짓말을 하지 않는다. 이러한 공동체가 있다면 그것은 아마 — 다른 사람들에게 외적인 승인을 강요하고 바로 그럼으로써 이러한 사람들을 정치적으로 가장 심각하게 타락시키는 독재자의 의지에 불과하기 때문이다.

　대중 자생주의도 천재 종교도 정치적 사고방식으로서는 성립하지 않는다. 천재 종교는 정부에게 많은 것을 기대하며 인민에게는 아무것도 바라지 않는다. 대중 자생주의는 인민에게 과도하게 많은 것을 기대하며 정부에게는 아무것도 바라지 않는다. 오늘날 독일의 상황에 맞는 이념은 단지 다음과 같은 것일 수 있다. 즉 인민의 생생한 정치적 의욕이 관직적인 대표자들 — 자신들의 헌법상의 직무가 계속되는 한 내각의 통일과 국가의

---

10) Carl Schmitt, *Verfassungslehre*, München 1928, S. 31 ff.(김기범역, 『헌법이론』, 교문사, 1973).

11) Karl Renner, *Die Rechtsinstitute des Privatrechts und ihre soziale Funktion*, Tübingen 1929, S. 149 ff.(정동호·신영호 옮김, 『사법제도의 사회적 기능』, 세창출판사, 2011).

통일이 그것을 요구하는 경우에 자신의 책임 있는 견해를 자신의 정당에 대해서도 관철할 가능성과 의지를 지닌 대표자들 ─ 의 에너지로 넘치는 의지에 의해서 정식화되고 지도된다는 이념이다.

민주적 의회주의의 틀 안에서도 정부가 강력한 정치적 자립성을 가지는 것이 무조건 필요한 것은 의문의 여지가 없다. 기능인들만으로 구성된 정부는 유대의 끈을 조일 수 있는 경우에는, 의회 속에서나 인민 속에서도 권위의 요구를 내세울 수 없다. 이러한 정부는 자신들의 의회주의를 「부조리한 것」으로 보고, 파시스트적 독재의 얼굴 마담으로 될 것이다. 특히 통일적인 내각의 필요성을 통찰하지 못하고, 정부를 움직이는 것이 책임 있는 내각이 아니라 대신의 반대를 무릅쓰고도 압력을 행사하는 무책임한 정당의 대표자인 상황을 참을 수 있는 한, 어쩔 방법이 없다. 사회민주당처럼 대표제에 입각한 정당은 자신들의 통일이 지방의 간부로부터 중앙의 당간부에 이르기까지 독립성을 가진 대표자에 의한 결정 시스템에 입각하는 이외에는 가능할 리 없지만, 그럼에도 불구하고 사회민주당이 내각에 의한 대표적인 결정의 필요성을 확실하게 강조하지 않는 것은 매우 놀라운 일이다.

독일 정부의 권력을 강화하기 위한 헌법상의 조치에 대해서는 자주 논의된다. 헌법상의 조치에 대해서 그 중에서도 특히 조치가 아니라 인물이다! 라는 명제가 타당함과 관계없이 존재한다. 내 생각으로는 라이히 정부와 넓은 의미에 있어서 정부에 속하는 라이히 대통령은 이미 민주적 국가제도의 내부에서의 자신들의 주도권과 매개 활동에 도움이 되는 모든 헌법상의 권한을 손에 넣고 있다.

의회제도는 다른 대국에서는 완전하게 기능하기 때문에 의회제도 그 자체에 독일 정부가 약한 책임을 지게 하는 것은 잘못된 것이다. 비난받아야 하는 것은 시스템이 아니라 독일에서의 시스템의 기능방법이다. 오늘날의 외교상의 궁박상태나 엄격한 국내정치적 대립들과 함께 무엇보다도 대중자생적이거나 독재적인 그 어떤 기적 신앙에 매달리는 정치적으로 미성숙한 독일의 사상 수준이야말로 책임을 져야 할 부분이다.

# 6. 시민과 부르주아*

　시민계층은 죽었다. 오늘날 여론의 일치된 견해는 거의 볼 수 없지만, 이것은 여론이 독일에 한정하지 않고 전반적으로 희귀한 것 중의 하나일 것이다. 볼셰비스트도 파시스트도 왕국은 가까이 왔고, 부르주아의 생활형태의 운명은 죽어야 한다는 묵시록적인 비전을 알리고 있다. 그들은 시민에 대한 고별의 종을 크게 울리고 있다.

　더구나 시대의 모든 징후는 이러한 예언을 확증하지 않을 것인가! [제1차 세계] 대전, 인플레이션, 세계공황에 의해서 경제적으로 프롤레타리아화 한 것은 본래 중간신분만은 아니었다. 오래되었고 새로운 무수한 대시민도 프롤레타리아화 하였다. 그뿐만 아니라 정신적 내실과 정치형태와의 괴리에 따라서 독일의 시민계층의 대부분은 무정부주의자로 까지 되었다. 그러한 사태가 일어나지 않았다면 독일의 소유시민은 정치적인 규범들이나 형태들의 자립한 세계를 상실하지 않았을 것이다. 서구의 민주국가와는 달리, 독일의 시민계층은 정치적 지배를 실제로는 경험하지 못했다. 시민적 법치국가나 국민적 통일은 그들 자신의 행위에 의해서 달성된 것이 아니라 위로부터의 혁명에 의해서 주어진 것이었다. 그리고 비극적인 역사적 경과를 거치는 시민은 19세기에는 봉건적 반동과 사회혁명 사이에 서 꼼작할 수 없었다. 시민은 사회혁명에 대한 공포에서 결국은 봉건적 반동에 몸을 던져버렸다. 시민은 오로지 경제 활동에 종사하고 완전히 탈정치화되는 것을 감수할 수밖에 없었던 한에서 말이다.

　오늘날 독일에서는 본래의 시민 정당이 모두 근절되고 있다. 그 뿐만이 아니다. 종래의 법치국가는 시민계층에 고유한 국가적 생활형식이라고 간주되어 왔다. 그러나 이 법치국가 도 소유 시민계층의 압도적 다수에 의해서 부정되기에 이르고, 이제 그것을 옹호하는 것은 권력정치적으로는 사회민주당과 중앙당에 조직된 수공업자층에 불과하다는 역설적 인 상황에 이르고 있다. 소유 시민계층에서 마비되어 버린 것은 정치적 자기결정만이 아니다. 정신적·도덕적 자기결정에 대한 의지 역시 마비되었다. 러시아의 볼셰비즘이 법치국가와 함께 다른 모든 자치도 희생하였다는 사실은, 러시아의 문화수준과 국민적 역사가 유럽의 르네상스를 경험한 것도 아니라면 본래의 시민층이 존재할 수 없었다는

*　Bürger und Bourgeois, in *Die Neue Rundschau* (Hg. O. Bie), S. Fischer Verlag, Berlin 1932, 43. Jg. der *Freien Bühne*, Bd. 1, S. 721-736. jetzt in *Gesammelte Schriften*, Bd. 2, S. 625-642.

사실에서 이해할 수 있다. 그러나 교양과 소유에 근거한 독일의 민주주의 그 자체가 부정되기에 이르고, 원리적으로 자율에 적대적인 이상에 열광하고 있다는 것, 소유 시민계층에 속하는 청년들이 정신적인 자기 책임을 국가적·사회적으로 보장하고 있는 모든 제도에 대해서 그것은 극복된 부르주아적 예단에 불과하다는 비웃음을 퍼붓고, 모든 이성을 악마의 정부(情婦)에 불과하다고 보는 지도자들에게 환호의 소리를 지르는 것, 이러한 징후는 모두 소유시민이 실제로 문화를 영도한다는 자신들의 역할을 끝내었다는 시대 상황을 분명히 보여주고 있다.

그것이 정말 그러한가 하는 문제를 여기서 구명할 수는 없다. 여기서는 「시민계층」이 죽었다고 하는 경우에, 도대체 무엇이 파멸하는가 하는 훨씬 소극적인 물음만을 대답하려고 한다. 그리고 그러므로 일반적인 논의에서는 보통 간과되는 경향인 약간의 개념상의 구별을 여기서 시도하려고 생각한다. 바로 틀림없이 시민의 문헌에서조차 시민(Bürger), 소유시민(Besitzbürger) 그리고 부르주아(Bourgeois)라는 개념이 경솔하게 혼동되어 있고 위험한 사태를 야기하고 있다. 그러나 이것은 모두 오늘날 처음 생긴 것이라고 할 수 없다. 낭만주의적·기독교적인 분위기를 가지는 불명료함은 부족함이 없는 명료함을 구하려는 의지조차 낳지 못한다. 현대에서는 전혀 자의적으로 아무런 이유도 없이 모든 시민적인 생활형태를 저승 속에 다져넣는 영웅의 제스처를 충분한 효과를 내기 위하여 이러한 개념의 혼동을 통하여 이 낭만주의적·기독교적인 분위기가 그대로 활용되는 모양이다. 그러나 대부분의 경우에는 시민계층의 신들의 황혼과 같은 멜로드라마적인 표현의 배후에서 발견하는 것은 소부르주아뿐이며, 그들은 자신의 용어법의 결과를 간과할 것이며, 나아가서는 이러한 귀결을 스스로 체험할 수도 없을 것이다. 부르주아가 입는 이러한 반부르주아적인 의태(擬態)에 감추어진 정체를 폭로하는 것이 시민의 개념을 부르주아의 개념으로부터 구별한다는 이 시도에 도움이 되리라는 것은 물론이다.

이러한 두 개념에는 사실 부분적으로 중첩된 것이 있다. 만일 그것이 없다면 그것들이 일상적으로 혼동될 수밖에 없을 것이다. 시민은 무엇보다도 먼저 국가와 사회에 대하여 형식적으로 관계를 가지며, 부르주아는 국가와 사회에 대하여 내용적으로 관련된다고 할 수 있다. 우리들이 시민이라고 부르는 것은 사회적·정치적 권위를 존중하고 자신의 나라(Land)의 인륜과 법에 항상 따르는 사람들이다. 이러한 합법성을 존중하는 동기에 대해서 시민이라는 개념은 아무것도 말하지 않는다. 시민적인 질서에의 동조의 근거를 이루는 것은 편협한 자기 이해이기도 하다면 헌신적인 위대함이기도 하다. 또한 종교적인 확신이라면 천박한 습관이기도 하다. 소박한 자기기만라면 그러한 시민으로서의 덕이야말로 모든 고차적인 인간 문화의 전제라는 것에 대한 명백한 확신이기도 하다. 그러므로 시민 개념에는 법률의 잘못된 적용에 대해서조차 크게 경의를 표하고 부당한 사형으로부터 도주하는 것을 거부한 소크라테스*로부터 미국의 배빗(Babbitt)*과 같은 유형에 이르기까지 여러 가지가 포함되어 있다.

이러한 점에서 시민이라는 개념은 몰가치적인 것이며, 이미 프랑스 혁명 이래 부정적인 평가를 받고 있는 부르주아라는 개념과 교착하는 부분이 있다. 부르주아란 자신의 사회적 · 정치적 안전에 전적으로 만족하는 시민이다. 부르주아는 시대의 문제에도 영원의 문제에도 관련되지 않으므로, 어떠한 의문에도 관계되지 않으며 자신의 개인적 및 사회적인 존재에 완전히 만족하고 있다. 자신이 사회에 미치는 영향 이상으로 부르주아에게 지침을 제시하는 것은 아무것도 없다. 부르주아는 단지 자기 자신을 의욕하는 인간에 불과하다. 사회적 · 정치적인 것, 정신적인 것, 관능적인 것, 종교적인 것 그리고 지적인 새로운 지평, 이들을 창조하거나 그 심연을 보고 끝까지 탐구하거나 하는 길은 부르주아에 대해서는 닫혀 있다. 부르주아의 감정적 · 지적 지평의 협소함, 상상력의 결여, 모험에 대한 소심함, 자신이 품고 있는 정열의 무력함, 이러한 것 때문에 부르주아는 자기 자신의 볼품없는 존재를 사회 속에서 확보하는 것 이외에는 어떠한 이상도 포함하지 않는다. 부르주아의 특징은 사회와 국가의 규범을 존중하는 데에 있는 것이 아니라, 그것들을 절대화하고 자신의 궁극적인 영혼과 정신의 근거로 삼으려는 데에 있다. 시민적인 인륜이나 민법전은 부르주아와 아무런 배후관계에 있지 않다. 그렇다고 해서 그들은 그것을 의문시하지도 않는다. 그것들로부터 그들이 이해하는 것은 어느 정도까지 이용할 수 있는가라는 점에 있다. 그들이 품고 있는 낙관주의는 비극과는 무릇 인연이 없으며, 자신들이 상상할 수 있는 한에서의 분쟁은 모두 이러한 인륜이나 법전 속에 최종적으로 조화할 수 있다고 간주한다. 19세기에서의 부르주아 신앙의 조목은 경제 · 과학 · 기술이었다.

현대의 정치적인 개념의 혼동에서 벗어나기 위해서는, 오로지 시민적인 것으로서의 안전을 부르주아적인 것으로서의 안전으로부터 명확하게 구별하는 것이 불가결하다. 양자를 혼동하여 그것을 제멋대로 다루는 것은 현대의 정치적 낭만주의자가 가장 좋아하는 속임수의 하나이다. 사회적 관계들에, 즉 경제적 및 정치적 관계들에 가능한 한 계산가능한 안전성을 구하려는 시민의 노력은 매우 정당하며, 그것은 바로 장래의 모든 유럽 문화에 대한 불가결한 조건이라고 해야 할 것이다. 원시적인 농경생활의 형태에서는 안전과 위험이란 본질적으로는 인간의 계산이나 지배로부터 본질적으로 독립성을 가지는 자연의 힘들에 좌우되는 것이었다. 그러나 다른 한편, 부동산 형태의 자본은 동산 형태의 자본보다도 언제나 더욱 안전한 생활의 기초이다. 보다 고차의 모든 사회형태와 경제형태의 기초는 자연을 과학적으로 계산하고 기술적으로 지배하는 것과 사회적 관계들을 조직적으로 완전한 것으로 만들어 가는 데에 있다. 그러므로 오늘날의 반혁명적 낭만주의자들은 과학과 기술을 바로 부르주아적 이데올로기로서 처리해 버리는데, 이것은 잘못된 것일 뿐 아니라 위험하기까지 하다. 과학과 기술은 우리들을 귀신에 대한 공포부터 해방하고, 그럼으로써 우리들이 자랑스런 태도를 취할 수 있게 만들었다. 그것은 무수한 사람들에게 비참한 짐승과 다름없는 상태부터의 해방이었으며 현재에도 여전히 그렇게 말한다. 그것들을 포기하라는 것은 다시 야만 상태로 되돌아가는 것과 같다. 그러나 여하튼 경제 · 과학 그리고 기술의 세 가지 중 어느 것으로도 궁극적인 이성과 안전성이 제공된다고는 할 수 없다. 그럼에도 불구하고 그들 중에서 궁극적인 이성성과 안전성을 구하려는 점에 부르주아의 특질이 있는 것은 확실하다. 그러나 현대의 시민의 안전성에 대해서도, 또한 장래의 유럽 국가 — 그것이 어떤 것이 될지라도 — 에 대해서도 합리적인 법, 합리적인 경제와 기술은 문화의 불가결한 수단이다.

시민은 경제 · 국가 그리고 교회에게 자신의 현세에서의 행복이나 사후의 행복을 기대하지만, 그렇다고 하여 그것으로 시민이 바로 부르주아가 되는 것은 결코 아니다. 안전성이 생활의 전제에 그치지 않고 자기 목적으로 될 때에 비로소 그 안전성은 부르주아적이라고 부를 만 하게 된다. 그리하여 부르주아가 정해진 시기에 교회에 말하자면 보험료로서 기탁한다면, 무한성에의 공포나 신에 대한 불안을 면할 수 있다는 신앙을 품자마자, 교회는 부르주아를 영원한 것으로부터 차단하는 셈이며 바로 신에 반하는 제도가 되는 셈이다. 교회에 속하는 부르주아에 대해서 영원의 문제는 공포와 전율을 야기하는 류의 문제가 아니라 종교상의 행정관리에게 해결을 맡겨야할 기술적 · 조직적 문제에 불과하다. 파시즘은 교회를 시민 계급의 지배를 보장하는 단체로서 이용했는데, 이러한 태도 역시 부르주아적 마키아벨리즘과 다르지 않다. 그 때에 그들은 도스토예프스키의 대심문관*의 역할을, 즉 인민을 사랑하고 인민의 약함을 알기 때문에 그리스도에게 등을 돌리는 인민들을 위해서 교회를 유지하려고 하는 저 대심문관의 역할을 떠맡으려고 한다. 이러한 보신(保身)의 가면을 간파하는 것은 매우 중요하다. 확실히 대심문관은 구세주인 예수를 이렇게 비난했다. 즉「너는 인간의 양심을 영원히 잠자게 만들기 위한 확고한 기반을 주는 대신에 이상(異常)한 것, 수수께끼와 같은 것, 불확실한 것만을 구하고, 인간의 힘에 남는 것만을 주었다. 그 때문에 너의 행위는 대체로 인간을 사랑하지 않는 사람인 것처럼 되어 버렸다. 너는 다름 아닌 인간들을 위해서 자신의 생명을 바쳤기 때문에 다가왔음에도 불구하고 이다. 인간의 자유를 빼앗아 자신의 지배 아래 두어야만 하는 곳에서 너는 오히려 그 자유를 확대해 주고 인간의 영혼에 자유의 고통이라는 등짐을 끊을 수 없는 짐을 영구히 짊어지게 했다」.[1] 그런데 주의할 점은, 대심문관은 자기 자신의 부르주아적 안전성을 확실히 하기 위해서 타자의 자유를 빼앗을 뿐만 아니라, 도스토예프스키가 그리스도와 대심문관의 다툼을 영원히 결말나지 않는 대립으로서 다룬다는 것이다. 이에 반하여 오늘날의 부르주아는 이러한 마음의 평안을 빼앗아버리는 문제를 일의적으로 해결해 버렸다. 종교와 교회는 부르주아에 대해서는 지배계급의 기술적인 권력수단에 지나지 않는다. 바로 이러한 이유에서 종교나 교회는 신에게 반하는 것이 되어버린 것이다.

독일 파시즘의 인종이론은 부르주아에 대해서 자연과학적으로 뒷받침된 양심의 평안과, 따라서 이러한 상상적인 최고도의 안전을 약속하는 것이다. 이 이론은 인간의 죄의 의식을 이미 고차의 세계에서 나오는 소리로는 인정하지 않고, 그것이 다양한 인종으로 이루어진 신체적 혼합의 귀결로서의 현상에 불과한 것을 폭로하고, 그럼으로써 기독교가 가져오는 종교적인 불안감을 근저로부터 제거해 버렸다. 원죄라는 기독교적 관념은 그러므로 유태인

---

1) F. M. Dostojewski, *Die Brüder Karamasoff*, 1. Teil, 5. Buch, 5. Kap. (김학수 옮김, 『카라마조프의 형제』, 하서, 2003).

이 자신에 대해서 품고 있는 자기 자신이 혼합 인종이라는 의식으로만 환원된다. 그리고 인종학 교수인 귄터(Günther)는 죄의식이 인간 속에 생기고, 이미 평안이 들어올 수 없다는 사실에서만 신이 체험된다는 『복음서』의 서술은 「진정 유태적인 것」[2]이라고 한다. 귄터가 이렇게 말했기 때문이라고 해서 그가 유태인의 과대망상을 추종한다고 생각할 수는 없다. 다만, 그는 부르주아에 대하여 사회적 우월 감정을 부여하고 인류의 궁극적 물음이라는 위험물을 생물학적인 것에로 해소함으로써, 그 위험에 대해서 안전성을 보증하려고 하는 것에 불과하다. 양심이 혈통의 문제로 됨으로써 모든 양심의 갈등은 비극적으로 도피할 수 없는 계기를 상실해 버린다. 그리고 모든 종교상의 불일치는 네가 무구한 영혼이 되도록 항상 「인도하는 별이 되라」는 명령에 의해서 제거해 버린다.

　이처럼 전율을 불러일으키는 문제를 피하고 이 현세의 몰비극적인 속임수의 조화로 도피한다는 나약함이야말로 부르주아의 심리를 가장 명료하게 보여주는 것이다. 부르주아에 대해서 영원의 문제는 어떠한 어려움도 없다. 부르주아는 어떠한 운명도 어떠한 해결불능한 문제도 알지 못하기 때문이다. 그들이 아는 것은 단지 조직 문제와 그리고 최근의 것으로는 규율 문제에 불과하다. 그리고 그러한 문제라는 것은 이미 기술로써 해결되었거나 그 해결이 장래에 맡겨져 있을 뿐이다. 부르주아로부터 궁극의 평안을 빼앗길 불안함은 존재하지 않는다. 부르주아의 만족을 모르는 포식을 중단시킬 수 있는 것은 오로지 죽음과 병뿐이다.

　부르주아라는 것은 탈정치화 된 시민이다. 본래의 정치적인 관념의 세계는 항상 단지 사적인 존재와 계급적인 존재를 초월한 정치적 전체를 가리킨다. 그런데 부르주아 야경국가의 이상론은 단지 사적인 존재를 방해하는 것은 결코 존재할 수 없다는 것 이상을 의미하지는 않는다. 소유시민과 샐러리맨만이 부르주아가 될 수 있으므로 부르주아가 국가에게 요구하는 것은 무엇보다도 먼저 이 사적인 경제적 기초의 안전성이다. 물론 소유시민이 교양과 소유에 근거하여 민주주의의 내부에서 책임 있는 정치적 기능을 행사하지 않더라도 적어도 그것을 획득하고자 하는 노력을 태만히 하지 않고, 소유시민이 부르주아 사회의 문화와 국가를 지도하는 것으로 대표하려고 하는 의지와 용기를 가지고 있다면, 그러한 한에서 그들은 부르주아적 편협함에 빠져드는 것은 아니다. 그들이 정치적 대표자인 것을 일체 단념하고 그것에 결부된 모든 위험으로부터 도피하려 하고, 자신의 사적 자산과 경제적인 계급적 위치를 확보하는 것만을 고려하는 경우에는 비로소 그것은 부르주아라는 타락으로 떨어지는 것이다.

　독일에서 소유시민 계층은 1848년 이래 완전히 부르주아화 한 것이나 다름없다. 그것은 정치적 지도를 황제와 그 관리에게 맡기고 자신을 위해서는 자신의 사적 경제활동의 안전성과 다소의 정신적인 여가만을 추구할 뿐이었다. [제1차] 대전까지 소유시민은 그러한 안전성은 시민적 법치국가라는 정치형태에 의해서 보호된다고 생각하고 있었다. 그리고 아나톨 프랑스는 일찍이 이 국가에 대해서 그것은 부자에게도 빈자에게도 빵을 훔치거나

---

2) Hans F. K. Günther, *Rassenkunde des deutschen Volkes*, 1. Aufl., München 1922, S. 398 f.

길모퉁이에서 잠자는 것을 존엄으로 가득 찬 공평한 태도로 다 같이 금지한다*고 서술하였다. 그러나 1918년의 혁명은 법치국가적 입법권력의 민주화가 확대된 결과 소유시민의 경제적 안전성이 위협을 받기까지에 이르렀다는 것을 의미한다. 그리하여 시민은 이제 자신들의 사적 자산의 안전성을 파시스트적 독재에 기대하기에 이르렀는데, 이 독재는 정신적인 것, 인륜적인 것, 정치적인 것에 있어서 자율과 항상 결합하는 모든 저 위험성에 대한 적대자임을 나타내면 나타낼수록 더욱더 시민으로부터 신뢰를 얻게 되었다. 그리하여 소유시민적 부르주아는 다시 기꺼이 탈정치화 하고 있었다. 그들은 나아가 모든 종류의 자기 결정을 단념하고 「강한 사람」에게 의탁한 것이다. 그러나 그 「강한 사람」의 강함이란 것은 자주 말 뒤에 탄 사람을 구하지 않는 것에 입각한 것이다. 이러한 **현상**(status quo)의 부르주아적 안전성을 보호하는 독재의 이상이 걸치는 나폴레옹 3세 이래의 의태(擬態) 중의 하나에, 어떤 인물을 영웅으로 떠받드는 방식이 있다. 당시 프랑스의 부르주아는 오늘날의 부르주아가 무솔리니나 히틀러에 대해 행했던 것과 마찬가지로, 그러한 방식을 무엇보다도 먼저 수공업자를 위압하고 가능하면 탈정치화하고 실업자를 겁주는 가혹한 경찰대로서 평가하였다.

　영웅으로 만드는 가면은 그러나 경제적인 계급지배의 이데올로기적 정당화에 대해서도 다른 특수한 의의를 가지고 있다. 이 가면은 프롤레타리아적 시민이 경제적 안전성을 필요한 것으로 추구하는 것을 영웅적이지 않기 때문에 무가치한 것, 그리고 부르주아적인 것으로 생각한다. 부르주아는, 자신들은 소유나 이자에 의해서 생활이 보장되어 있거나 연금수급권을 가지고 있음에도 불구하고, 프롤레타리아가 자신의 사회주의적 보장 또는 사회보장을 또는 자신들의 임금협약을 단념하려고 하지 않는 것은, 프롤레타리아로서의 영웅적인 이상주의의 결여이며 부르주아적인 안전성 지향이라는 비난을 가한다. 이러한 것은 아주 일상적으로 보고 들으며 매우 기묘한 것이라고 하지 않을 수 없다. 영웅적인 부르주아는 로트실트*의 궁전마저도 질병 보험금고에 의해서 건설된 「궁전」보다 훨씬 정통인 현상으로 여긴다.

　부르주아의 인종이론은 독일이나 미국의 부르주아에게 현대의 계급지배에 대해서 가장 강력한 보장을 주었다. 그 이론은, 지배계급은 자연에 의해서 지배되어야 하는 소명된 높은 가치를 가진 인종이라는 확신에 자연과학적 근거를 부여하며 시민의 지위를 지키려고 하였다. 지도자 선택에 관련된 모든 곤란함, [리더십을 부단하게] 확증하는 데에 근거한 지배에 대한 모든 불안정성과 위험은 그것으로 단번에 제거되었다. 귀족 연감은 공적이라는 애매한 척도를 게재 규준으로 삼는 것을 이미 중단하고, 그 대신 이제 세계 역사가 일찍이 몰랐던 정도의 고도의 과학적 확실성을 가지고 편찬할 수 있게 되었다. 즉 더 이상 항상 문제시되는 두개골의 내용이 아니라 다만 엄밀하게 측정가능한 두개골의 비율만이 문제로 된다.

　영웅화하는 은폐 이데올로기의 대부분은, 부당하게도 니체 · 베르그송 · 소렐 그리고 파레토를 끌어들여 주장하지만, 이 이데올로기는 적지 않은 시민과 부르주아 개념의 혼동에도 기여하였다. 이리하여 생긴 혼동을 제거하는 데에는 시민·부르주아의 각각에 대응하는 대립개념을 명확하게 하는 것이 불가결하다.

우리들이 시민이라고 부른 것은 사회적·정치적으로 질서를 부여해 가는 인간이었다. 그러한 시민적 생활형식에 대해서 우리들이 얼마나 존경심을 가지는가는, 이러한 질서를 부여하는 행위의 동기에 따라서 측정하지 않으면 안 된다. 시민은 모든 인간의 공동생활이 너무나 인간적인 것이기 때문에 인류와 법이 사회적·역사적 상대성 속에 있는 것을 간파하면서, 또한 그럼에도 불구하고 거기에 따르도록 한다. 우리들은 이러한 시민에 대해서 존경을 거부해서는 안 된다.

시민의 대립물은 관습에 굴하지 않는 위대한 개인이 아니라 의식적이거나 무의식적으로 사회에 도전하는 자들이다. 그러나 위대한 개인이라는 것은 많은 문필가들이 생각하는 것과는 달리, 무릇 자신에게 부과된 어떠한 법칙도 승인하지 않는다는 점에서 시민과 구별되는 것은 아니다. 구별은 오히려 위대한 개인이 가지고 있는 창조적인 의지의 강함에 있다. 위대한 개인은 타자에 대해서 만이 아니라, 특히 자기 자신에 대해서 강한 창조적인 의지를 품는 것을 법칙으로서 강요하는 것이다. 위대한 개인은 확실히 대다수 사람들과는 다른 양심을 가지고 있다. 그러나 다르다고는 하지만 그는 역시 양심을 가지고 있으며 그런데 오히려 그 양심은 자신이 정한 법칙에 대한 타자나 자기 자신의 위반에 대해서 평균적인 시민의 양심보다도 훨씬 예민하게 반응한다. 성자도 인간사회 속에 순응하지 않고 살 수 있으며, 대중의 어리석은 심판으로부터 멀리할 수가 있다. 오리게네스는 「우리들에게 특히 국가만큼 생소한 것은 없다」*고 하지만, 그와 리버럴한 문필가의 방탕 간에는 천지차이가 있다. 리버럴한 문필가들에게 대해서 국가가 공감의 대상이 되지 않는 것은 국가질서가 원래 질서이며 그들의 방자한 행동을 제한하기 때문이다. 그렇지만 오리게네스가 국가질서나 사회질서를 비난하는 것은 자신의 종교를 무한하게 엄격한 입법에 복종하기 때문이다.

정신이나 예술의 왕국에서 창조적 혁명가도 마찬가지로 구래의 법률을 파괴하지만, 그것은 단지 혁명가가 자신이 최대의 엄격함을 가지고 존중하려는 새로운 규범을 위한 여지를 필요로 하기 때문이다. 「새로운 가치를 구축하기 위한 권리를 획득하는 것 — 이것은 외경심으로 가득 찬 정신에 대해서는 생각지도 못할 무서운 행위이다」.[3] 자유사상가에 대해서는 규범의 파괴가 목적이지만 창조적 인간에 대해서 그것은 수단에 불과하다. 이것은 정신의 창조적 혁명가에 대해서도 정치의 창조적 혁명가에 대해서도 타당하다. 이러한 인물의 책임감은 시민의 그것보다도 약하지 않고 오히려 현저하게 강한 것이다.

프랑스의 낭만주의자가 창조한 시민의 문학상의 대립물은 위대한 범죄자라는 모습이었다. 발자크가 묘사하는 조르주 보트랭*은 그 중에서도 가장 인상 깊은 인물일 것이다. 그러한 인물의 역사상의 선례는 르네상스 시대의 배덕적(背德的)인 권력인이다. 우리들이

---

3) Friedrich Nietzsche, *Also sprach Zarathustra*, in *Werke*, Bd. 6, Leipzig 1894, S. 31 (정동호 옮김, 『짜라투스트라는 이렇게 말했다』, 『니체 전집』13, 책세상, 2004).

그러한 인물에 대해 감탄하는 마음을 바친다면, 그 감탄하는 마음은 시민의 생활형태의 편협함과 범용(凡庸)함에 대한 낭만주의적 혐오감에서 나오며 데몬적인 힘의 전개와 모험 정신에 대한 미적인 환희에서 생기는 것이다. 발자크는 1844년에 이렇게 적는다. 「자연 그대로의 생활형태라는 것은 이미 도둑·창녀 그리고 죄수에게만 남아있는 것은 아니다. 사회로부터 단절된 존재자를 제외하면 이미 어디서나 에네르지는 존재하지 않는다」. 시민사회는 신이 존재하지 않고 최근에는 완전히 태평하게 되었지만, 그러한 사회에서는 낭만주의가 오늘날에까지도 지속되어 나온 범죄자상의 대부분은 시인의 공상에 불과하며 현실의 범죄자의 세계와 거의 관련이 없다. 여하튼 이것은 망각해서는 안 된다. 되블린의 리얼리즘이 프란츠 비버코프와 그 밖의 『알렉산더 광장』*의 등장인물 속에 나타나는 것은 영웅적 성격이 아니라 오히려 부르주아적인 존재방식의 동경이다. 시인은 항상 천박한 이기심에서 자유로운 것으로 묘사하는 위대한 범죄자를 안전성이라는 시민적인 이상의 부정을 체현하는 것으로서 필요로 한다. 시민사회의 압도적인 힘과의 긴장으로 가득 찬 결투 중에서 위대한 범죄자는 자신은 확실히 몰락해 감에도 불구하고 자신의 용기, 자신의 영혼의 위대함과 행동의 자유를 유지하고, 그러므로 비극적 영웅의 모든 특징을 체현하는 것이다. 조르주 보트랭은 위대한 혁명가의 이러한 천재도덕 외에도 더욱 위대한 혁명가로서의 창조력을 갖추고 있으며, 그것으로 그는 전적으로 자기를 상실하게 되어 루시앵 드 뤼밤프레(Lucien de Rubemprés)의 운명을 형성하는 것이다.

위대한 범죄자·창조적인 혁명가·성자 그들은 모두 시민의 극복자이다. 왜냐하면 이러한 사람들은 실제로 모든 시민적 안전성을 경멸하기 때문이다. 그러나 이러한 개념을 부르주아라는 개념의 대립개념으로 위치지운다면 그것은 전혀 다른 양상을 드러내게 된다. 부르주아라는 개념에 대응하는 것은 위대한 법률경멸자, 데몬적인 권력의 사도와 같은 미적 이상상(美的 理想像)이 아니라 무력함 때문에 법을 범하는 평범한 범죄자이다. 도둑·창녀 그리고 죄수가 현실에서 자기 자신의 인격을 위해서 자유의지로부터 시민적인 안전성을 단념했다고 말하는 것과는 거리가 멀다. 안일한 생계를 손에 넣을 목적으로 인류와 법에의 위배를 부득이하게 된 사정을 별도로 한다면, 그들 자신도 보통 사람들과 마찬가지로 민법(das bürgerliche Gesetz)을 존중하는 데에 커다란 가치를 인정하고 있다. 창녀는 정식 혼인(die bürgerliche Ehe)에 대해서 커다란 존경을 보내며, 살인자나 도둑도 시민사회의 게임 규칙이나 살인이나 절도를 금지한 법률을 원칙적으로 부정하려고는 생각지도 않는다. 그들은 오히려 자기 자신에게 위험이 다가오면 그 순간에 바로 법을 요구할 것이다. 현실의 범죄자가 비록 수 십 건의 강도 살인을 범했더라도 보통, 사회의 코앞에 주먹을 들이대는 듯한 데몬적 의지의 소유자는 아니다. 그것은 오히려 심신이 박약한 사람, 방황하는 부르주아며 스스로 시민적인 안녕을 추구하면서 단지 의지가 박약하므로 불가능하게 만들 뿐이다.

소매치기와 같은 일당이 위대한 법률경멸자가 될 소질을 거의 갖지 않는 것과 마찬가지로, 시민도 단지 부르주아에 불과하다면, 창조적인 혁명가에게 적합한 소질을 가지는 일은 거의 없다. 정치적인 것의 영역에서는 오늘날에는 반혁명도 또한 혁명적인 바람을 장식하는 것이 유행이기 때문에, 혁명의 파토스는 좌익에서나 우익에서도 상당히 높은 가치로 통한다. 그러나 혁명에 대해서 말할 수 있는 것은 새로운 생의 원리가 고유의 에토스와 자율적인 정치적 형태를 수반하여 나타나는 경우뿐이다. 폭력은 혁명의 기술적 수단에 불과하다. 폭력은 일반적으로 혁명을 발발시키기 위해서 사용되지만 그러나 없을 수도 있으며, 여하튼 혁명에 대한 본질적인 징표를 이루는 것은 아니다. 그러나 파시즘의 반혁명의 담당자들은 자신의 자립적인 시민적 에토스, 이성적 자연법의 이념들을 「부르주아」적 합리주의 · 아토미즘 · 개인주의로서 부정하지 않을 수 없다. 그것들의 대체물로서 그들이 반복하는 것은 반시민적이며 오로지 미학적인 견지에만 입각하는 권력윤리이며, 그것은 혁명의 합리적인 수단을 자신의 비합리적인 목적으로 높이는 것이다. 그러므로 그 사이비 혁명은 친파시스트적인 저작자들의 적절한 성격지움에 따르면, 「활동을 위한 활동, 즉 정치의 영역에서의 **예술을 위한 예술**(l'art pour l'art)이라고도 할 수 있는 것」4)이다.

고전적 시민의 안전성이란 이념도 인류의 보다 고차적인 인륜적 사명에 대한 시민의 신앙에서 나온 것이다. 이러한 신앙을 통해서 시민은 아직 궁핍한 실존에서 벗어나고, 자신의 생활습관에 대해서 의미 깊은 문화적 내용을 줄 수 있는 이념에 이끌린 것이다. 그런데 낭만주의적인 부르주아는 이러한 신앙을 마르크스주의적인 프롤레타리아트에 양도해 버렸을 뿐만 아니라 오늘날에는 그것을 부르주아 이데올로기로서 비방하는 형태이다. 부르주아는 이제 새로운 생의 원리나 에토스를 바라지는 않는다. 그들은 다만 영원히 반복되는 「엘리트의 순환」5) 중에서 자기 자신의 기반을 굳게 다지는 것에 불과하다. 이제 결과적으로 모든 소부르주아는 자기 자신의 체자레 보르지아가 되지 않을 수 없을 것이다. 반시민적이었지만 결코 반부르주아는 아닌 이 파시즘의 교육이상을 무솔리니는 1928년 2월 6일에 청년 파시스트들 앞에서 이렇게 표명하였다. 「입에는 단검을, 손에는 폭탄을 그리고 마음에는 위험을 무시하는 지고의 강인함을」6)이라고. 젠틸레의 능동주의적인 철학*을 방패로 삼는 이 폭력의 도덕과 범죄자 윤리와의 밀접한 관계를 나타내는 것으로 파시스트 노동조합의 기관 신문 「이탈리아의 노동」(Lavoro d'Italia) 1927년 11월 3일자 이상의 것을 들 수는 없다. 즉 「만일 보트랭이 20세기의 철학에 정통하였다면 파리가 최고조로 달했을 때 그가 자신의 새로운 제자인 으제니 드 라스티냐에 대해서 행한 훌륭한 연설에서 그는 반드시 '능동'의 이론에 찬성의 뜻을 표했음에 틀림없다」7)라고 거기에서 아이러니칼하게 이렇게 말한 것이다.

그러한 배덕적인 영웅도덕은 파시스트가 생각하는 것과는 달리, 시민적인 생활형태를 파괴할 뿐만 아니라 시민적인 예절도 해체한다. 전체 인민을 콘도티에리(Condottieri)*를

4) Hermann Heller, *Europa und der Fascismus*, in *Gesammelte Schriften*, Bd. 2, S. 501 Anm. 105 (본서, 267면 주 105) 참조.
5) Vilfredo Pareto, *Les système socialistes*, 2. Aufl., Paris 1926, Bd. 1, S. 47 참조.
6) Heller, *Europa und der Fascismus*, S. 513 Anm. 145 (본서, 277면 주 145) 참조.
7) AaO., Anm. 147 (본서, 277면 주 147) 참조.

모범으로 교육하고자 하거나 또는 그러한 엘리트만을 교육시키려는 것은 광기의 이념이다. 이러한 시도는 근본적으로는 오로지 미학적인 견지에 선 문필가들의 무책임한 방탕 이외의 아무것도 아니다. 그러한 방탕은 지금까지 자유분방하거나 사회주의적이라고 말해왔지만 레테르는 어떻든 실제로는 아나키한 것에 불과하다. 내외의 모든 파시스트들에 의한 맹목적인 모방의 대상이 된 파시즘의 프로모터[인 무솔리니]가 가장 긴밀한 협력자인 간부와 함께 아나르코 생디칼리슴 문필가의 계보를 빠뜨렸다는 사실을 잊어서는 안 된다. 저널리스트로서의 무솔리니는 일찍이 젊었을 때『폭력의 철학』을 출판했지만, 거기에서 그는 니체에게 배워 마음껏 기독교의 노예도덕을 저주하고 있었다.8) 아나르코 생디칼리스트인 신문기자에 대해서는 바로 이러한 종류의「부르주아」와의 투쟁이야말로 진정한 사회주의였다. 1925년 5월 16일에도 무솔리니는 의회의 연설에서 자랑스럽게 자신은 일찍이 사회주의자로서 노동자 대중에게 비극적인 감정을 불러일으키는데 필요한 폭동을 위해서 진력한 것이라고 서술하고 있다.9) 이 말을 들으면 누구든지 자유주의와 공산주의 사이를 또는 파시즘과 볼셰비즘 사이를 헤매는 문필가들을 생각해 낼 것이다. 그들은 지배하는 자가 스탈린인지 히틀러인지, 아니면 피스카토르*인지도 아직 결정하지 않은 때에 모두 그러한 **예술을 위한 예술**로서의 폭력의 비극에 열중하였다. 이탈리아에서는 아나르코 리버럴리즘으로부터 나치오날 파시즘에 이르기까지 이렇게 연속하고 있는 것을 독일에서보다도 훨씬 명료하게 볼 수 있다. 독일 파시즘의 문필가들은 다른 많은 사람들과 함께 단눈치오나 마리네티*와 같은 인물을 빼고 있다. 그러나 그러한 문필가들에게는 뉘앙스에서 공통되는 것이 있다. 그것은 부르주아와 투쟁한다고 하면서 실제로는 시민의 숨통을 조이는 일격을 가하는 점이다.

이미 낭만주의 이래 문필가는, 자신은 시민을 — 프로이드 이론*에서 말하는 틀림없는 결과로서 항상 부르주아와 혼동하기에 이른 시민을 — 능가한다고 믿는다. 자신들은 자기의 인격을 위한 시민적인 규범들을 경멸하기 때문이라고 말한다. 그런데 여기서 우리들이 문제로 삼는 것은 저널리스트 문필가와 예술가와의 관계는 좀도둑과 조르주 보트랭과의 관계와 동일한 것에 불과하다. 위대한 개인이 낡은 가치의 판자를 깨어버리는 것은 새로운 가치의 판자가 두어야할 여지를 창조하기 때문이다. 그들은 항상 저항하기 어려운 데몬적인 힘에서마저 법을 파괴하는 것이다. 이에 대해서 무책임한 문필가는 아나키스트이며 법파괴도 자기타락과 허영심에서 유래하는 것에 불과하다.

예술가란 것은 어떤 사정 아래서도 시민적인 건달이어야 한다는 것은 이런 종류의 문필가 심리학이 전념하는 어린애 같은 착상에 속한다. 이러한 생각에서 추밀고문관인 괴테도 예술가들을 부르주아로 여기는데, 그 까닭은 그가 매일 매일의 요구를 충족하는 데에 열심이었다는 이유 외에, 최근에는 충분히 영웅적으로, 국민적으로 사고하지 않았다는 이유가 새롭게 첨가된다. 그들에게는 프로이센의 참사 아이헨도르프 등 영원히 이해할

---

8) AaO., Anm. 142 (본서, 276면) 참조.
9) AaO., Anm. 94 (본서, 265면) 참조.

수 없는 인물이 계속될 것이다. 왜냐하면 아이헨도르프가 쓴 소설 『어느 건달의 생활』* 중에는 다음과 같은 싯구가 적혀 있기 때문이다.

멈추는 것을 나는 좋아하지 않네
바람은 저 멀리 우리를 몰아치며
강물의 흐름을 타고
눈부신 지복 중에
묻지 말고 나아가라!
어디서 여행이 끝나는지를.

[제1차] 대전 전의 문필가들에 대해서는 바로 반부르주아적 천재의 가장 확실한 표시는 자신의 시민적 관계에서의 무질서였다. 술로 장식한 비단 옷이거나 채무와 같은 것이다. 대전 후에는 시민에 대한 자신의 천재의 우월성을 증명하는 데에 그림이나 시의 표절이 이용되었다. 시민적 생활형태를 지키는 데에는 시민과 무관한 무한성에 관련된 모험을 유일한 것으로 하는 영역, 즉 정신적인 영역에서는 그러한 무한성의 감각을 체험하면서 그럼에도 불구하고 그것 이외의 사회적인 마찰에 대해서는 충분하게 대처해 나가야 한다. 그러나 이러한 가능성은 이 문필가에게는 있을 수 없다는 것이다.

오늘날의 신문이나 잡지의 편집실에는 그러한 문필가들이 우글거린다. 시민적인 생활과 조화하는 데는 이들 어설픈 한패는 의무 감정도, 진실함도 결여되어 있으며 또한 모든 사회적 관계들의 필연성에 대한 통찰도 가지고 있지 않다. 정신적인 위대함을 위한 힘, 근면함도 가지지 않고 천재로서의 책임을 부담하지도 않는다. 그들에 대해서 카를 크라우스는 「개성이 없다는 것이야말로 재능이 있는 것이다」*라고 한다. 이러한 문필가들은 시민에 대해서 대부분 왜곡된 문학적 교양만을 가진 시민의 아내를 통해서 본래 모든 시민은 무가치한 부르주아라는 것을 수십 년에 걸쳐 설득하려고 시도하며 그 나름의 성과를 거두고 있다.

그리하여 리버럴한 문필가는 자유라는 이름 아래 시민층이 아나키화 해 나가는 사전준비를 했다. 파시스트 문필가는 바로 이러한 선을 추진하고 그 아나키화를 영웅적인 폭력윤리의 이름으로 완성시켰다. 리버럴한 문필가는 시민의 생활에의 조화와 순응의 모든 것 속에 저주할만한 부르주아적 안전성의 요구를 눈치 챘다. 모든 정신적, 인류적 그리고 정치적인 무절조나 자기타락을 그러한 문필가는 신성한 인권으로 옹호한다. 그들에게는 니체의 말이 타당하다. 「자신의 복종을 버릴 때에는 자신의 궁극의 가치를 던져 버린 자가 많다」.10) 파시스트 문필가는 이러한 방탕 인도주의를 강자의 영웅적인 권리에까지 높였는데, 강자는 부르주아적 짐승 대중이나 이들 짐승들만을 구속하는 시민적 규범에 초연하거나 또는 자부하는 것이다. 시민적 국가질서나 사회질서의 신뢰를 더럽히는 데에 리버럴한 문필가도

---

10) Friedrich Nietzsche, *Zarathustra* (Anm. 3), S. 92.

파시스트 문필가도 함께 참여한 것이다.

끝으로 부르주아와 프롤레타리아라는 정치적 개념의 대치에 좀 더 언급할 필요가 있을 것이다. 공산주의나 아나르코 생디칼리슴에 속하는 낭만주의적 문필가 계층과 같은 것도 존재하지만 그것은 프롤레타리아를 모든 시민적 안전성을 초연하게 경멸하고 생애에 걸쳐 영구적인 창조적 혁명 이외에 아무것에도 종사하려고 하지 않는 영웅으로 높이려고 한다. 이처럼 혁명에 영속적으로 따르는 것을 거부하는 프롤레타리아는 공산주의의 선동에 의해서도, 파시즘의 선동에 의해서도 시민에게 타락했다는 엄격한 비난을 받게 된다. 이 경우에도 전선(戰線)은 잘못된 표시를 내놓은 것이다. 전술한 낭만주의자들에게는 일단 다음과 같은 것을 분명히 말해 주어야 한다. 그것은 사회주의적 프롤레타리아는 시민적 안전성을 결코 경멸하거나 하지 않을 뿐만 아니라 자기 자신을 위해서 그것을 추구하고 또 해야 한다는 것이다. 생산의 무정부성에 반대하고 계획적인 공동경제를 위해 투쟁하는 사회주의는 피고용자를 사적 자본주의적인 이윤경제의 자의적인 우연성에서 보호하는 것 이외에 무엇을 구해야 할 것인가? 시민이라는 말로써 사회적 관습에 정돈된 사람들로 이해한다면, 사회주의적 관습은 소유시민의 사회질서가 필요로 하는 이상으로 시민덕을 필요로 한다는 데에 의심의 여지는 없다. 물론 환상을 버린 폭력 유미주의자인 소렐과 함께 중요한 것은 단지 폭력적 행위만이라는 생각을 가진다면, 그것만으로 사회주의자의 운동은 「스트라이크의 영웅 시(詩)」[11] 외에 다른 어떤 것도 남아있지 않음을 확신한다면, 사회주의의 「부르주아적」 목표에 대한 책임은 거부되고 노동자층에게 비극적인 영웅화를 어느 정도 극복하는 것만이 의무로 느껴지게 된다. 그러나 그 경우에는 소렐주의자와 파시스트 무솔리니 간의 차이는 거의 인정되지 않을 것이다.

소렐의 비판은 전투적 사회주의가 곧 부르주아적 안일의 수렁에 빠질 수도 있다는 걱정으로 뒷받침된 것이며, 거기에 일정한 정당함이 있는 것을 간과해서는 안 된다. 그리고 아마 파시즘은 실제로 노동운동에 폭력적인 계급투쟁의 방법을 강요함으로써 노동운동을 부르주아적 안전성에 의한 전염병으로부터 치유하는 것을 역사적 과제로 삼을 것이다. 그러나 노동자층이 부르주아화 한다는 위험성 등은 폭력을 찬미하는 문필가에 의해서 피투성이의 투쟁으로 내몰린 노동자 계급이 무엇보다도 첫째로 파시즘을 깨닫고 폭력적 행동을 계속해 가는 가운데 결국은 유럽 문화의 분쇄 아래 자신을 매장해 버리게 된다는 위험성과 비교하면 나에게는 사사로운 것이라고 생각한다. 그 밖에 전후의 프롤레타리아의 가공할만한 경제상태는 프롤레타리아의 투쟁의지를 강화하고 프롤레타리아를 모든 부르주아적 포식에서 추방하는 데에 아주 충분할 것이다.

사회주의적 노동운동이 시민적 문화형태를 수용함으로써 부르주아화 한다는 위험성도 거의 존재하지 않는다. 산업노동자층은 소유시민의 생활형태와는 내용적으로 다른 생활형태를 만들어 낼 것이다. 그들이 전혀 다른 존재조건을 가지고 있다는 것이 그 때문에

---

11) Georges Sorel, *Über die Gewalt* (*Réflexion sur la violence*, Paris 1908), Innsbruck 1928, S. 348 (이용재 옮김, 『폭력에 대한 성찰』, 나남, 2007).

유리한 방향으로 작용한다. 그러나 아마도 문화파괴적인 혁명적 낭만주의가 시민세계의 모두를 부르주아적인 것으로 추방함으로써 모든 문화적 연속성이 단절된다는 위험성은 존재한다. 민주적이고 리버럴한(demo-liberal) 신문의 문예란에도 공산주의자나 파시스트의 논설에도 종종 산견되는 그러한 혁명적 문필가들을 문화적 볼셰비스트라고 부른다면 그것은 어떤 점에서 러시아 볼셰비즘에 대해서 부당한 것이 될 것이다. 왜냐하면 공산주의는 러시아인에게는 단지 공허하고 다음에 적는 에세이에서는 바꿀 수 있는 태도가 아니라 그들은 자신들의 확신을 위해서 싸우고 신명을 던지기 때문이다.

나아가 그 위에 부르주아 킬러란 요란하게 떠들 수 있는 오늘날의 문필상의 영웅들이 볼셰비즘의 교육인민위원 루나차르스키(Lunatscharski)와 같은 정도로, 우리들의 문화의 장래에 대해 책임을 불타게 하고 시민적인 것과 부르주아적인 것 사이를 명확하게 구분하려고 한 것이었다면 매우 즐거울 것이다. 루나차르스키는 이미 제1혁명의 시기에 이러한 문학의 형식을 이렇게 특징지웠다. 즉 「'낡은' 학문이나 '낡은' 예술을 보급시키는 것은 모두 시민적인 취미와의 타협, 저주받은 추종자, 낡고 부패한 피를 넣어 젊은 사회주의적 유기체를 죽여 버리는 것을 의미한다고 믿는 많은 사람들이 있다. 다행히도 이런 잘못된 견해의 주장자는 그렇게 많지 않다. 그러나 이러한 견해가 일으키는 피해는 매우 클 수가 있다. ― 내가 몇 천 번이나 반복해서 말하지만 프롤레타리아는 오히려 보편적인 인간적 교양을 몸에 지녀야 한다. 프롤레타리아는 하나의 역사적 계급이다. 역사적인 계급은 과거의 전체와의 관련을 보유하면서 그 길을 전진하지 않으면 안 된다. 학문이나 예술을 시민적이라는 이유로 거절하는 것은 기계나 철도를 같은 이유로 부정하는 것과 같은 난센스이다」. 래디칼한 혁명에 의해서 유럽 문화의 집단주의적인 단계가 도래한다고 생각하는 자일지라도, 그 단계 속에 모든 시민적 생활형태의 부정만을 볼 수는 없다. 다만 헤겔적 의미에서 시민적 생활형태의 지양, 즉 그것의 폐기인 동시에 그것의 보존과 보다 높은 발전을 보아야 한다.

우리들을 둘러싼 부르주아 그리고 우리들 속의 부르주아에 대한 투쟁은 영원히 필요하다. 현대는 소유부르주아를 자신의 안전성으로부터 철저하게 깨닫게 했다. 가장 오래고 가장 존중되어야 하는 절대 확실한 것이라고 생각되던 소유시민의 생활의 성채가 파괴되어 버렸기 때문이다. 이것이 유일한 이유도 아니고 제일의 이유도 아닌 것도 물론이지만 말이다. 부르주아 자신이 서서히 자신의 혼이나 정신은 이미 채워지지 않는다고 느끼기에 이르고 있다. 부르주아는 자신의 신들을 믿어야 한다. 시민의 전체 사회질서가 그것을 뒷받침하는 경제, 학문 그리고 기술을 포함하여 부르주아에 대해서 의심스러운 것이 시작되었다. 도처에서 심연의 입이 벌려 있다. 그러한 것이 일어나는 것은 부르주아에게는 지금까지는 결코 믿을 수 없는 것이었다. 그러므로 「강자」의 힘을 빌려서 자신의 옛날의 안전성을 되찾을 수 없을까하는 희망도 시간이 지나면서 생겨났다. 그러나 현재 우리들을 뒤흔드는 충격은 소유부르주아나 프롤레타리아를 영웅적인 폭력행사자로 보는 것으로는 극복할 수 없다. 이러한 위기적 상황은 다만 희생을 강요할 수 없는 국가와 사회의 일원으로

될 수 있다는 힘의 원천으로서 시민의 의지의 계층이 점점 깊어지고, 또 힘이 강해지도록
국가와 사회의 질서를 유지함으로만이 극복할 수 있다.

# 7. 권위적 자유주의?*

1932년이라는 해는 독일에게 「권위적 국가」라는 슬로건이 주어졌다. 그 뿐만 아니라 파펜(F. von Papen)* 내각은 이 슬로건을 정부의 강령으로서 채택하였다. 확실히 파펜 내각은 같은 해에 무너졌다. 그러나 이 정부는 「권위적」 국가강령의 발명자는 아니었으며 종래와 마찬가지로 앞으로도 이러한 강령의 실현을 강요하는 서로 다른 세력들의 대표자에 불과하다. 그러므로 우리들은 앞으로도 여러 해에 걸쳐서 「권위적」 국가의 실천적 및 이론적인 옹호자들과 대결하지 않을 수 없었다. 독일의 정세에 그다지 통달하지 못한 외국인에게는 이러한 슬로건이 어떤 정치적 목적을 염두에 두고 있는 것인지는 석연치 않을 것이다. 권위란 권력과 타당, 수권과 권한을 의미한다. 「권위적」 국가라는 관념이 논박하려고 하는 상대는 도대체 누구이며, 또 무엇인가? 일찍이 비권위적 국가라는 것이 존재한 적이 있었는가? 모든 국가는 국가인 이상 권위적인 지배단체는 아닌가?

「권위적」 국가라는 슬로건은 불명확하지만 그것은 의도한 것은 아니다. 거기에 그 나름의 의미가 없는 것은 아니다. 그 슬로건을 제창한 사람의 목적은 무엇이었을까? 거기에 대해서는 다음의 두 가지 질문으로만 대답한다면 분명하다. 이 슬로건의 제기자는 국가적 권위에 대해서 어떠한 기초를 부여하려고 하는가? 또 그들의 의지하는 바에 따르면 국가는 어떤 영역에서 권위적인 것으로서 나타나는가 하는 질문이다.

첫 번째 질문에 대해서는 비교적 쉽게 대답할 수 있다. 「권위적」 국가라는 말을 사용함으로써 실제로 행해지는 것은 민주주의국가에 대한 반박이다. 「다수가 아니라 권위를」이라는 것은 프리드리히 율리우스 슈탈이 1세기 전에 정식화한 민주주의국가에 대한 안티테제이지만,[1] 이 강령은 시간이 지날수록 그다지 정당한 것은 아니게 되었다는 것은 물론이다. 다수자의 결정에 의해서 구성되는 민주주의국가는 비권위적이라는 주장은 고전 고대의 경험에 근거해서도, 현대의 전시중의 독일인이 겪은 가혹한 경험에 근거해서도, 도저히 주장할 수 있는 것은 아니기 때문이다. 그러므로 권위적 국가라는 말을 사용할 때에는

---

* Autoritärer Liberalismus? in *Die Neue Rundschau* (Hg. O. Bie), S. Fischer Verlag, Berlin 1933, 44. Jg. der *Freien Bühne*, Bd. 1, S. 289-298. jetzt in *Gesammelte Schriften*, Bd. 2, S. 643-653.

1) Hermann Heller, *Die politischen Ideenkreise der Gegenwart*, in *Gesammelte Schriften*, Bd. 1, S. 293 (본서, 629면) 참조.

민주적 국가권위에 대립하는 것으로서의 전제적 국가권위를 염두에 두는 것이다.

전후 독일의 민주주의 이론과 실천이 「권위적」 국가를 지지하는 투사들에게 매우 광범위하게 걸쳐 공격의 단서를 제공했다는 사실은 부인할 수 없다. 패전과 그에 이은 통화와 경제의 붕괴와 함께 살아온 난국은 불가피했다는 것을 인정하더라도, 1918년 이후 민주적 국가의 권위를 공동화하는 데에 세력을 기울여 온 집단, 그리고 오늘날 「권위적」 국가를 소리 높여 요구하는 집단이 군사적으로도 경제적으로도 매우 커다란 영향력을 지니기에 이른 점을 고려하더라도, 또한 독일 민주주의의 다양한 약점에 관한 모든 설명과 변명을 이해한다고 해도, 실천과 이론의 양면에 걸쳐서 이 민주주의를 담당하고 있던 사람들은 정치권력의 확고한 법칙을 전적으로 오인하고 있었다는 역사적인 책임을 면하기 어려울 것이다. 이 사람들은 이론과 실천의 통일과 마찬가지로, 정의(Recht)와 권력(Macht)이라는 것은 변증법적으로만 분리할 수 있는 통일체라는 것을 이해하지 못하고, 그것들을 끝까지 분열시키고 정의와 권력을 사정에 따라서는 두 개의 다른 정당강령으로 할당하려고까지 했다. 그러나 이것은 독일인의 백년 이래의 국민적 과오라고 해야 할 것이다. 백 년 전의 자유주의적 민주주의처럼 1918년 이후의 독일에서의 사회적 민주주의 역시 무엇보다도 먼저 자신의 정의를 주장하였다. 이 사회적 민주주의는 나쁜 권력을 알았으며, 정당하게 사용하지 못했다. 그 동안에 사회적 민주주의의 적은 이 권력 중에서 점차 살만큼 지내는 방법을 얻을 수 있었다. 1932년 7월 20일 사건[2]*에 의해서 사회적 민주주의가 — 1813년부터 1849년까지 사이에 자유주의적 민주주의에 대해서와 마찬가지로 —, 권력과 정의의 변증법을 머릿속에 집어넣지 않는다면 전제적·권위적 국가가 독일에서 오랜 기간에 걸쳐서 실현될는지도 모른다.

따라서 전후 독일에서 「권위적」 국가라는 그 자체로서는 불명확한 슬로건이 될 정도로 생각되는 것은 부분적으로는 민주적 정부의 약체에 의한 것이다. 그런데 그 원인의 대부분은 독일이, 특히 1929년 이후 빠진 구출할 수 없는 혼란상태가, 특히 민주적 국가권위에 대한 모든 불신감과 독재자에 대한 기적신앙을 증폭하고 있다는 사태에 근거한다고 하지 않으면 안 된다. 수백만의 사람들이 종교적 열정을 품고, 「지도자」의 힘을 가지고서라면 모든 곤경에서 해방될 수 있을 것이라고 믿고 있다. 그리고 이로써 정치적 다수파의 형성과 민주적 정부의 형성 그 자체가 적지 않게 곤란에 빠지는 것이다. 이러한 사태는 사회학적인 원인규명의 가능한 정도를 훨씬 넘어서 확대되고 있다. 그러한 위기적인 예외상태에서 국가관에 초래한 성과라고 한다면 카를 슈미트 등과 같은 사람들이 예외야 말로 결정적이며 규칙과 규범을 취하기에 부족함이 없는 것이라고 선언하고, 이 15년 이래 독재적 권위를 지지하고 민주적 권위를 깎아내리는 데에 힘썼다.

위급하고 예외적인 상태에서 국가권위의 집중과 민주적으로 파면이 가능한 독재자의 임용이 불가결하다는 것은 서양의 국민들에게는 적어도 고대 로마의 민주주의 이후 양해되고 있는 점이다. 그런데 카를 슈미트는 이 무모한 궤변을 늘어놓음으로써 이러한 예외상태를

---

2) Franz v. Papen, bei Walther Schotte, *Der neue Staat*, Berlin 1932, S. 39.

참으로 정당한 정상상태라고 변명하고, 단순히 긴급 시에만 한정되지 않는 항상적인 전제적 독재제까지도 진정한 민주주의라고까지 증명하려고 시도하였다. 근본적으로 그가 염두에 둔 것은 단 하나의「권위적」국가뿐이다. 그것은 즉, 유일한 독재정당을 구사하면서, 정치생활 전체에 단 한사람의 인물의 의지를 폭력적으로 밀어붙인다는「고대적 단순함으로 관철된」무솔리니의 모델에 따른 파시스트 독재제이다. 이「권위적」국가의 명성을 높이기 위해서 민주적 법치국가의 모든 제도와 사고양식은 그 권위를 빼앗기고, 나아가 18세기와 19세기의 합리주의적인 난센스로서 묘사되었다. 바이마르 헌법은 이러한 해석에 따르면 **부조리한 것**이라고 하지 않을 수 없다. 따라서 이 법학에 대해서는 예컨대 헌법은 법규범에서 구성되는 관련이 아닌「결단」이며, 의회주의는 토론에 의해서 영원한 진리를 확정하려고 하는 난센스한 제도에 불과하다. 그리고 모든 헌법재판권은 독일 제국을 17 · 18세기의 무력한 상태로 되돌리는 것을 사명으로 하는 병독이라고 밖에 말할 수 없다.

　이러한「권위적」국가가 파펜 정부의 지도자들에게는 어떻게 그려지고 있었는가를 발터 쇼테는 그 저서『새로운 국가』속에서 나타내고 있다.「권위적」국가형태의 문제에 대해서 군주주의자인 폰 파펜은 의미심장하고 적절한 반문을 들어 이렇게 서술한다. 즉 「그런데 신 앞에서 국가형태는 무엇인가?」3) 슈미트적인 국가관과 헌법해석의 성과로서 생겨나오는 것은 ─ 다른 문맥에서는 명백하게 관련되지만 ─ 다음과 같은 메테르니히적 원칙, 즉「국가권력은 확실히 국민으로부터 선택되지만, 책임은 신에게만 지는 라이히 대통령에게 속한다」는 원칙이다. 슈미트가 비밀선거는 공개의 (예컨대 파시스트 이탈리아에서 독재정당에 의해서 통제 관리되는) 인민투표보다도 비민주적이라고 주장하는 점을 첨가한다면, 이「권위적인」국가의 기초는 민주주의,「선동된 대중의 우상」이 아니라 독재제라는 것을 알 수 있다. 이러한 권위적 국가의「신성한 명령」(sacrum imperium)이 그 종교성을 어디에서 끌어내올 것인가는 물론 신을 불러내온다는 점에서 불가해한 그대로이다.

　「권위적」국가의 반민주적인 기초를 알아채는 것은 쉽다. 그러나 국가를 권위적으로 나타내는 것은 어떠한 생활영역에서인가, 그리고 국가의 권위는 그 주장하는 자의 의지에 따르면 어떤 한계를 존중해야만 하는가 하는 질문은, 대답하기가 매우 어렵지만 매우 계발적이기도 하다. 바로 국가권위의 이러한 한계야 말로 자신이「권위적」국가의 진정한 **결정적 실험**(experimentum crucis)이라는 것을 증거로 세우기 때문이다.

　최근 몇 년 동안에 독일 라이히의 대외 정책은「권위적」국가를 필요로 했던 것 같은 외관을 드러내왔다. 선동된 대중은「강력한 사람」이 나타난다면 세계대전의 결과로서의 답답한 중압은 신속하고 효과적으로 제거될 것이라는 미신에 사로잡혔다. 그러나 그러한 대외정책으로부터의「권위적」국가의 근거부여는「권위적」국가가 초래한 패전의 비참한 결말에서 벗어나는 민주제 국가가 ─ 일반적 평가보다도 훨씬 잘 ─ 성공한 이후, 그 설득력을 크게 잃게 되었다. 대외정책이야 말로「권위적」국가의 본래의 세력권이라는 주장을 발터 쇼테는 감사할 만큼 솔직하게 확인해주고 있다. 왜냐하면 파펜 정부의 대외정책

---

3) Schotte, aaO., S. 35.

은 그가 정당하게 지적하듯이, 이미 그 이전의 정부만큼 절박한 곤경에서 출발하지는 않기 때문이다. 「파펜 정부는 그 이전의 정부에 감사해도 좋다. 그것은 적에 의한 독일의 점령과 같은 매우 난처한 곤경이나 무제한 배상청구조차 이미 해결해 주었거나, 혹은 해결과 다름없는 데까지 나아갔기 때문이다. 예컨대 배상문제에 대해서 말하면, 정치책임이라는 망령을 영원히 역사의 잡동사니 방으로 내쫓기 위해서는 로잔느 조약을 체결만 하면 좋았던 것이다」.4) 프랑스가 독일에게 군사적 동등권을 용인하고 있는 이래 전제적인 대외정책의 설득력 있는 동기들도 골동품이 되어버렸다.

그러면 군사적 및 경제적 권력을 가지고 수개월 전부터는 정치적으로도 오로지 권력을 손안에 넣었다고 믿고 있는 「권위적」 국가의 첨병들은 내정상 무제한하게 권위적인 국가, 즉 「전체」국가를 염두에 두고 있는가? 결코 그렇지는 않다! 청년운동이나 전쟁체험에서 생긴, 성실하지만 정치적으로는 불분명한 이러한 열광 속에 현실을 넘겨주는 가운데, 그들은 에른스트 윙거(Ernst Jünger)* ― 원래 이탈리아의 파시즘에서 유래하는 전체국가라는 슬로건을 우리나라에 퍼뜨린 그 윙거 ― 와 같은 인물에게 몸을 맡겨버렸다. 「노동자」나 「전사」는 민중이 무정부적인 분열 상태에 있는 데에 경제적으로 · 정신적으로 그리고 영혼에서도 고뇌하면서, 비정치적인 구제에의 동경을 품으면서 개인이 전적으로 융합되어 구제되는 어떠한 대립도 없는 공동체에 열광할 수도 있을 것이며, 또 무계급사회나 그들이 말하는 대로의 「왕국」, 즉 국제적 내지는 국민적 사회주의를 강하고 깊게 꿈꾸는 경우도 있을 것이다. 그러나 「권위적」 국가는 이 국가가 「전체」국가가 되려는 것도 아니며 「전체」국가일 수도 없다는 것을 깨어서 충분히 자각하는 것이다.

전체국가라는 것은 실천적 · 정치적으로 있을 수 없다. 국가는 언제나 인간의 일부 내용만을 파악할 수 있으며 인간의 전체를 파악할 수는 없다. 보댕*의 시대 이래 즉, 원래 근대 국가가 존재한 이래 이 국가는 무엇보다도 먼저 정치단체인 동시에 제사(祭祀) 공동체이기도 하다는 것을 단념하지 않으면 안 되었다. 근대 국가는 먼저 종교적 영역에서, 그러한 뒤에 예술이나 학문의 영역에서 관용으로 그리고 리버럴하게 되지 않으면 안 되었다. 그러나 근대사 중에서는 국가의 전체성 ― 상대적인 의미에서든 ― 을 요구하는 노력을 자주 해 왔고, 동시에 국가에 의해서 정해진 통일적인 **시민종교**(religion civile)의 요청이 항상 일어나온 것도 확실하다. 권위는 우리들의 외면적인 행위태도 이상의 것을 동기지우며, 우리들의 내면에서의 인품도 규정하며, 우리들의 지식이나 양심에 의무를 부여하려고 하며, 단순한 권력의 우월성이나 유용성의 고려 이상의 것을 서로 이끌어 낼 수 있어야 한다. 그러한 권위의 정통화는, 그러나 보편신이나 도그마에 결부되지 않고 그러므로 구체적인 구속력을 가지지 않는 기독교에 의해서 혹은 **지고의 존재**(être suprême)*에 대한 합리주의적인 숭배로써는 불가능하다. 그러므로 종교적으로 분열되지 않고 교회 아래 통일되어 있는 인민을 지배하는 행운을 타고난 무솔리니는 모든 희생을 지불하고서라도, 가톨릭교회의 권위에 의해서 자신의 정치적 권위의 기초를 마련하려고

---

4) AaO., S. 80.

시도하였다. 국민주의적 파시즘을 보편주의적인 가톨릭에 의해서 기초를 마련할 수 있는가의 여부는 당연히 의심스럽다고 해야 할 것이다. 그러나 독일에서는 「전체」국가에 대해서도 「권위적」 국가에 대해서도 어떠한 종류의 형이상학적 · 종교적인 기초도 결여된 것에 의심의 여지는 없다. 그러므로 이러한 국가가 정신적 문화의 영역 전체에서 궁극적인 권위를 몸에 걸치고 등장하거나 문화공동체를 직접적으로 규정할 수는 없는 것이다.

사회주의는 권위적 경제공동체라는 우회로를 매개하여, 민족적 국민주의는 권위적 인종공동체라는 우회로를 거쳐 통일적인 문화공동체의 실현에 도달할 수 있다는 신념을 가지고 있으며, 각각의 성과는 궁극적으로는 그 신념에 입각하고 있다. 인종으로서의 공통성을 가진 육체에는 인종으로서의 혼이나 인종으로서의 정신이 머문다는 것을 자연과학적인 확신을 가지고 주장할 수 있다고 확신하는 사람은 인종을 근거로 해서 문화공동체를 배양한다는 과제를 국가에 부과할 것이다. 오늘날의 독일 국민(Volk)의 상당 부분은 이러한 생각을 관념론적이라고 부른다.

권위적 경제공동체를 매개로 하여 정신적 공동체를 창설해야한다는 신념은 이와는 반대로 현재 교양과 소유를 가진 신분층에 의해서 유물론이라고 결정되고 있다. 물론 히틀러의 사회주의에 의해서 반성의 계기를 부여받은 시민층의 청년도 관념론자 실러가 「인간의 존엄」에 대해서 행한 성급한 선언을 포함하고 있는 어느 정도의 진리내용을 이해하기 시작한다. 「음식과 주거를 그에게 주라. 소망하는 것은 그것뿐. 알몸을 감추면 존엄은 저절로 주어진다」.

「명령공동체」로서의 국가가 「권위적」 국가사상의 이러한 담당자의 마음을 빼앗는 것은 조금도 있을 수 없다. 그러나 자본주의적 경제체제에 대한 「권위적」 국가의 입장은 이 국가의 정치적 · 사회적 성격에 대해서 결정적인 의미를 가진다. 19세기에는 프로이센 독일의 보수주의는 모든 전래적인 구속들을 해소한 시민적 · 자유주의적 자본주의를 단호하게 거부하였다. 물론 이러한 경제발전을 방해할 수 없었지만 보수주의는 당시의 자유주의적 시민층에게 자신들의 정치적 가치관을 불어넣고, 정치적으로 서서히 봉건주의화시켜 갈 만한 힘은 손에 넣고 있었다. 여기에 봉건주의와 자본주의와의 독특한 교착의 산물이 국민자유주의 ― 그것은 바로 그 명칭에서 대단히 모순된 것이지만 ― 로서 성립했다. 20세기에는 정반대의 과정이 나타났다. 대부르주아적 자본주의는 상당히 커다란 적응력을 나타내고 있다. 보수주의로부터 장해가 되는 모든 반자본주의적 요소가 제거되고 사회적인 윤활유의 최후의 한 방울까지 짜내었다. 이전의 보수당의 총재에는 크루프 재벌의 총수*가 있고, 신문재벌의 후겐베르크가 있다. 이러한 사회적 전환을 밟으면, 「권위적」 국가는 국민자유주의의 일괄된 귀결이며 「권위적 자유주의」로 간주하는 것이 가장 적절하다.

이러한 경향의 어떤 정치적 의지를 자유주의라고 부르는 것은 우선 첫째로 오늘날의 기본문제, 즉 경제질서의 문제에 대한 태도에서 정당하다고 해도 좋을 것이다. 왜냐하면 특히 경제가 문제가 되느냐의 여부, 「권위적」 국가는 스스로의 권위를 완전히 단념하고, 「보수적」이라고 여겨지는 이 국가의 대변자는 단지 경제의 국가로부터의 자유라는 말에서만 나올 수 있는 상태이기 때문이다! 파펜은 「사적 경제사상」에의 신봉을 공언하고, 「모든 경제활동을 행하는 사람의 이니셔티브와 자유로운 노동력」5)에 대해서 지지를 표명하고 있다. 국가와 경제가 서로 「엄격하게」 구별되고, 국가는 「경제로부터 완전히 철수」하지 않으면 안 된다는 것이 그의 바람이다.6) 「권위적」 국가에 열광하는 보수주의자는 파펜과 마찬가지로, 「새로운 인위적인 구성을 통해서 경제의 운동을 널리 막는 것」을 어떻게 해서라도 피하려고 했으며, 「오히려 반대로 다양한 구속이 완화되지 않으면 안 된다」라는 점에서는 이전의 맨체스터주의자들로 오인할 만 했다.7) 19세기의 보수주의자라면 이러한 말을 확실히 입 밖에 내지는 않았을 것이다.

카를 슈미트 역시 지금까지는 기지가 풍부한 부정의 배후에 몸을 숨기고 있던 자신의 「권위적」 국가사상을 현재에는 조금 더 명확하게 표현해야할 시기가 서서히 도래했다고 생각하고 있다. 이를 위한 호기를 그에게 제공한 것은 1932년 11월의 랑남 연맹 제60회 대회였다.* 거기에서 슈미트는 「국가와 경제」라는 테마를 내걸고 1500명의 중공업기업가를 앞에 두고 그 점을 논했다. 그가 거기에서 도달한 결론은 「독일 광업신문」 11월 24일자의 랑남 연맹에 의한 「이 강연자의 선택은 매우 적절」하였다는 권위 있는 견해를 정당화하는 것이었다. 그의 기념 강연은 「국가는 지금까지 경제생활에서 차지하고 있던 모든 일터를 포기하고, 명확하게 한정되고 외부에 대해서 명료하게 알 수 있는 국가의 징세권이라는 형식에서만 경제에 관여해야만 한다」라는 요구를 내걸었기 때문이다.

전체적 · 권위적 국가론자인 슈미트에 대해서는 「경제의 탈국가화」, 국가로부터의 자유로운 경제영역의 「깨끗한」 구별은 그렇게 간단히 열광할 수 있는 것은 아니었다. 그러나 이 국가론자는 뛰어난 조어술로 이 점을 능숙하게 해내는 수단을 생각해 내었다. 지금까지 우리들은 카를 슈미트로부터는 현대의 국가는 「다원주의적이기」 때문에 취약하며, 거기에서는 경제적 이익단체마저도 권력을 둘러싸고 다툰다고 들어왔다. 그러나 이제 곧 기지가 풍부한 방법으로 문제의 핵심을 교묘하게 바꾸는 해결책으로서 전체적인, 그러므로 강력한 국가가 지평선상에 떠오른다. 랑남 연맹 대회는 카를 슈미트를 통해서 전체국가의 보다 명확한 해석을 우리들에게 제공해 주었다. 이제 우리들은 권위적으로 경제를 질서지우는 시도를 계획하는 전체국가를 그것과는 구별하지 않으면 안 된다. 그러한 전체국가는 그 양이라는 점에서만 전체국가임에 불과하며, 그것이야말로 우리들이 바로 오늘날의 독일에서 손에 잡히는 약체의 국가인 것이다.8) 이에 대해서 질적인 전체국가란 경제로부터는 명확히 구별된 것이며, 그렇기 때문에 매우 강력한 군사적 수단과 대중조작수단(라디오나 영화)을 이용해서 통치하는 것이다. 이러한 의미에서는 모든 강력한 국가는 전체국가이

---

5) Schotte, aaO., S. 94.

6) AaO., S. 96.

7) AaO., S. 119.

8) Carl Schmitt, "Gesunde Wirtschaft im starken Staat," in *Mitteilungen des Vereins zur Wahrung der gemeinsamen wirtschaftlichen Interessen in Rheinland und Westfalen* (Langnamverein), N. F. 21 (1932 1), S. 18.

다.9) 「그것이 무엇을 의미하는가」는 아마 파시즘이 증명해 줄 것이다」라고.10) 논리적은 아니지만 정치적으로는 참으로 명료한 이 강연자는 이 기념강연에서 덧붙인다. 권위적 국가지도, 「대담한 권력의 전개」의 유일한 실례로서 이 국법상의 「헌법의 수호자」가 지적할 수 있는 것은 1932년 7월 20일의 사건인 것이다 라고.11)

그러므로 「권위적」 국가는 일단 경제생산과 분배로부터의 철수에 의해서 특징지워진다. 파펜은 동시에 「복지국가」를 박멸하려고 하는 투사이기도 했다. 그렇지 않다면 「권위적」 국가를 위해서 싸우는 지도적인 투사라고 말할 수 없었을 것이다. 아마 이러한 태도가 의미하는 것은 국가가 대은행이나 대기업가, 대농업가를 위한 원조정책을 이끄는 것이 아니라 사회정책을 권위주의적인 입장에서 해체한다는 것이다. 그 변호자인 쇼테의 입을 통해서 폰 파펜씨의 권위적 정부는, 건강보험은 국민의 건강을 방해하는 것이라는 점, 실업은 노동자에 대해서는 숙명은 아니라는 점 ― 「몰래하는 노동의 횡행이 이것을 입증하고 있다」는 이유이지만 ― 을 우리들에게 가르쳐 준다. 그렇기 때문에 실업자보험제도는 난센스로 간주되어야 한다는 것이다. 「개인은 거의 모든 것을 자신의 힘으로 하지 않으면 안 된다!」.12) 폰 파펜 씨의 말에 의하면, 「권위적」 국가가 사회적이라는 것은 자명하다. 그러나 파펜이 사회적이라고 정의하는 국가는 「노동을 국민(Volk)의 의무로서, 노동을 **바로** 국민의 영혼의 행복으로서 옹호하는」 국가인 것이다.13) 수백만의 독일인이 품는 노동에 대한 권위에 의해서 보장된 노동의 권리에의 갈망을 이 파펜의 말은 불가능한 것으로써 매장하려는 것이다.

경제정책과 사회정책으로부터의 철수와 아울러 이 「권위적」 국가는 나아가 사회적 문화정책에서도 철수하려고 한다. 예전에 프로이센의 보수주의자들은 모든 아동이 취학의 무를 가지는 것과 국왕의 축복인 것을 받은 교사를 자랑하고 있었다. 오늘날 우리들이 폰 파펜씨로부터 들은 것은 국가활동의 소멸이라는 관점에서 먼저 문화정책의 경향들을 음미해 보지 않으면 안 될 것이라는 주장이다. 국가는 「일반적인 국민교육을 '선사할' 의무를 지는 것은 아니다. 교육의 권한들도 삭감되어야만 한다. 전쟁 전에 비해 초등학교에 대한 지출이 3배나 늘어났다는 상태는 나에게는 믿을 수 없는 것이다」14)라고 말할 수 있다.

이러한 전거로서는 권위적 자유주의의 개략적 내용이 어떤 것인가를 보여주는 데에는 충분할 것이다. 즉 사회정책에서의 「권위적」 국가의 철수, 경제의 탈국가화 그리고 정치적·정신적인 다양한 기능의 독재적 국가화가 이것이다. 그러한 국가가 「권위적」이며 강력한 것은, 슈미트의 충분히 믿을만한 확언에 따르면, 그러한 국가만이 국가와 경제와의

9) AaO., S. 17.

10) AaO., S. 17 참조.

11) AaO., S. 14; 상술 S. 405 ff. (본서, 114면 이하) 참조.

12) Schotte, aaO., S. 154 f.

13) AaO., S. 157.

14) AaO., S. 121 f.

「과도한」 결합을 절단할 수 있기 때문이다. 확실히 그럴 것이다! 왜냐하면 민주적인 형식을 받아들인다면 독일 시민이 이 네오 자유주의 국가를 언제까지나 참지는 않을 것이기 때문이다. 파펜 내각의 재무장관인 슈베린-크로시크 백작(Graf Schwerin-Krosigk)은 쇼테의 저서 중에서 독일 국민의 90%가 4인 가족 평균으로 연 1500마르크를 넘지 않는 수입으로 생계를 이어나가는 것을 확실히 인정하는 것이다![15]

여기서의 목적은 단지 지금은 이미 몰락해 버린 국민자유주의의 서술에 불과하며 그 비판은 아니다. 민주적 정당국가에 반대하면서 참으로 초당파적이며 불편부당한 국가이려고 하는, 이 「권위적」 국가의 요구를 카를 슈미트는 태연하게 옹호하지만, 그것이 위에서 말한 국민의 90%에 의해서 장기간 진지하게 받아들여질 것이라는 기대에는 약간의 희망도 없다. 「경제활동에 종사하는 모든 인간의 자유로운 노동력」을 옹호하려는 의지를 현실에 가진 국가라면, 경제로부터의 철수 등은 결코 용납되지 않는다. 이러한 국가는 다름 아닌 경제의 영역에서 권위적인, 더구나 사회주의적인 태도를 취하지 않으면 안 된다. 그러나 어떠한 유럽의 국가도 강력한 국가가 될 수는 없을 것이다. 그것은 결코 은행이나 공업, 농업에 반하는 정책을 취함으로써 경제력을 강화하거나, 우선 첫째로 90%를 차지하는 사람들의 욕구를 커버하는 경제를 조직화하는 것을 통해서, 국가에 대한 그들의 친애의 정을 강화하는 데에는 성공하지 못할 것이다.

무엇보다도 독일 시민은 현재 카를 슈미트가 랑남 연맹에 부여한 보증 — 기술적 보조수단, 특히 군사기술의 증강에 의한 것이든 그것과 병행할 혁명이나 바리케이트의 돌풍과 같은 이전의 관념들도 모두 퇴색된 듯한 국가권력의 강화가 여하튼 간에 실현될 것이라는 보증 — 에 안도할지도 모른다. 그러나 모든 정치적인 에토스를 훨씬 초월하는 의론을 하였다고 해도, 이미 1917년의 러시아에서 직책에 구속되지 않은 권력의 기술을 참으로 완전하게 사용하려했던 국가 — 러시아 —가 숙명적인 종말을 맞이하였다는 사실에 관한 우리들의 역사적인 기억을 지워버릴 수는 없는 것이다.

---

15) AaO., S. 103.

# 제4편
# 정치사상

# 1. 페르디난드 라살레, 『노동자강령』 서문*(1919)

　여기에 발표하는 강연은 페르디난드 라살레가 1862년 4월 12일에 베를린 교외 오라니엔 부르거 수공업조합에 출석한 다수의 기계공장의 노동자를 상대로 한 것이다. 이것은 라살레 의 저 존경할만한 행동과 결부되어 있으며, 독일 사회민주주의에 생명을 불어넣은 일련의 정치 강연 중에서 최초의 것이다. 이 강연은 우리들에게 라살레가 그 막대한 학문적 교양과 정치적 활동에 사용하려고 하는 선동자임을 보여준다. 이 마지막 점을 평가하기 위해서 우리들은 라살레가 관여하고 결정적으로 변혁하려고 한 정치세력을 생각해 내야 할 것이다.

　자연권의 이념에 근거하여 만인의 개인으로서의 자유와 평등이라는 민주적 요청은 미국에서는 부분적으로 정치적으로는 실현되고 있는데, 결코 경제적으로 실현되고 있지는 않다. 프랑스혁명은 이 자연권이념을 승인하기 위해서 투쟁하고, 또한 그것이 칸트와 피히테에 의해서 독일 철학 속에 그 대변자를 발견한 것이다. 1848년에 일어난 혁명들 속에서는 이러한 자연권의 이념은 실제로 아주 적게만 들을 수 있을 뿐이었다. 그 후에 계속된 반동이 그러한 불충분한 정치적 실현도 철저하게 배제하였으며, 그리고 정부권력에 대한 바로 빈약한 시민의 참여가 남았을 뿐이었다. 민주주의의 추세는 독일에서는 두 개의 다른 지향과 교차하고 있었다. 하나는 국민적인 운동이며, 또 하나는 이러한 국민적인 것의 실현 이전부터의 사회적인 운동이다.

　국민의 부에 관련되기 때문에 국민의 부의 가치를 완전히 이해할 수 있는 계급은, 라살레가 등장한 시점에서는 민주주의의 기반에서 이탈하기 시작하고, 자유와 평등의 요구는 국민적 통일이라는 현실정치에 의해서 절박한 요구의 배후로 밀려나기 시작하였다. 자유민주주의자는 점차 국민적 자유주의자로, 공화주의자는 입헌군주주의자로 변모하기 시작했다. 그러나 자유주의는 — 원래는 결코 그렇지 않았기 때문에 — 시민계층과 곧 일체화되었다. 자본주의의 생산양식이 점차 증대하게 되자 개인주의적인 경제계획은 특히 자유주의에 적합하지 않으면 안 되게 되었다. 이러한 자본주의 경제는 — 무엇보다 독일에서 보다는 프랑스에서 — 바로 가장 심각한 결과를 보여주고 있다. 국민의 대부분은 놀랄 만큼 낮은 수준으로 내몰리고 있으며, 1789년과 1848년에 민주주의자에 의해서 형식적으

---

\*　Einleitung in Ferdinand Lassalle, *Arbeiter-Programm*, Leipzig o. J.[1919] (Reclams Universalbibliothek Nr. 6048, Bücher für staatsbürgerliche Bildung, Hg. Richard Schmidt), S. 3-12. jetzt in *Gesammelte Schriften*, Bd. 1, A. W. Sijthoff, Leiden 1971, S. 3-11.

로 이룩한 법적인 평등은 바로 실질적인 부의 분배에서 커다란 불평등을 야기하는 요인들 중의 하나가 되었다. 경제생활에 대한 정치적 공동체의 개입을 회피하는 자유주의의 개인주의적 국가관은 경제상의 권력투쟁을 조장하였다. 이러한 경제상의 권력투쟁은 근소한 정신적 또는 물질적인 능력만을 가지거나 또는 커다란 의념을 품고 있는 재능 있는 자에 대한 무자비한 억압이라는 결과를 초래하게 되었다. 여하튼 **만인의** 정치적인 자유와 평등은 경제적인 자유와 평등처럼 더욱더 멀어진 상황이었다.

정치의 중심(重心)을 법률적·추상적인 헌법투쟁으로부터 경제적·실질적인 권력의 영역으로 이행시키고, 경제적인 권력의 균형과 법적 평등을 결부시키려는 여러 조류들이 이미 프랑스혁명에서 나타났다고 해도, 또한 독일혁명에서도 이미 그 전조가 있었다고 해도, 그동안 자본주의는 더욱 고도로 발전하고 있으며, — 그때에는 현실적으로「사회문제」가 존재했던 것이다. 1848년에 독일의 노동자는 아직은 소수였지만 부르주아 민주주의 측에 서서 싸웠다. 또한 현재라는 순간에도 그들 노동자는 자유주의의 정치적 지도 아래 있다. 이러한 자유주의가 그 경제적이며 정치적 강령이 실현에 가까운 것을 보면 볼수록 노동자계층은 그 성과를 누릴 기대는 더욱더 적어지게 되어버렸다. 나아가 길은 여러 갈래가 될 수밖에 없었다.

여기서 제시한 이러한 상황은 모두 1862년에는 아직 생성하는 흐름 속에 있었다. 독일 자본주의는 바로 취약한 발전만을 이루었을 뿐이며 국가권력에 대한 시민의 참여는 바로 이 역사적 시기에 최고도로 위협을 받고 있었다.

바로 그 때 프로이센 왕권이 특히 군사조직이라는 수단에 의해서 입헌법치국가의 제도들에 대항하는 권력의 자리를 법 밖으로까지 강력하게 하는 것을 기도하였다. 이 시점까지 예비군의 기간을 연장한 국토방위군*의 자유주의적인 기반은 괴멸되기에 이르고 있었다. 예비군의 연장이라 하더라도 **실제로는**(in praxi) 이미 3년간이었던 것이 단지 법률적으로 확정된 것에 불과하였다. 국방장관 론(Roon)은 이 필연적인 개혁과 함께 의회에 대항하여 국왕의 권력의 지위를 확고하게 하려는 의향을 결합하였다. 확실히 예기할 수 있는 분쟁에서 론이 바란 것은 국왕을 자유주의내각에서 이탈하게 하고, 국왕을 의회의 자유주의적 다수파와의 어려운 대결 속에 두는 것이었다. 그것은 최종적으로는 이미 발생한 권력투쟁에서 입헌주의에 종지부를 찍기 위해서였다. 론처럼 비스마르크의 재능과 행운은 뒤에 올 성과를 통하여 이러한 정치의 종류를 정당화하였다. 그러나 이점은 물론 1862년의 시점에서 융커적·군국주의적 반동을 의미하며, 또 자유주의자로부터도 그렇게 생각한 사실을 전적으로 바꾼 것은 아니다. 의회 다수파 자체도 활력 있는 국민적 외교정책을 필요로 하였기 때문에 과연 군사조직의 새로운 질서와 강화의 필요성을 의회다수파로서도 완전히 이해하고 있었다. 그러나 프리드리히 빌헬름 4세와 함께 만들어낸 경험들로 인하여 여기에 열거한 의미에서 강화된 군대를 사용한다는 정부의 의사는 의회 다수파에 의해서 의문시되고 있었다. (군대의) 재편성에 대한 봉건적·절대주의적인 수뇌부도 의회 다수파에 의해서 기피되었다. 국왕이 완강하면 할수록 의회 측의 요구도 더욱 과격하게 되어간다. 이러한 분쟁은 반드시 론의 의사에 의한 것이 아니라 오히려 카를 왕자와 그 일단의 의사에 의한 것이었다. 그러나 의회와 왕좌 간의, 나아가서는 군주주의원리와 의회주의원리 간의 힘의 비교라는 분쟁은 마침내 중대한 것이 되었다. (1862년) 3월 11일 국왕은 이전에 선거한 의회(하원)를 3개월 동안 해산하고 3월 18일 자유주의파의 장관을 파면하였다.

외견상으로도 적대시하는 측에서 정반대로 파들어 간 갱도가 폭발하는 역사적인 순간이 도래하였다. 론과 이후의 비스마르크가 군주주의적인 권력원리를 격리된 형태로 세우고 시민을 정치권력에서 제외하기를 바랐다고 하더라도, 그들은 라살레에게 가장 바람직한 뜀판을 제공했던 것이다. 그 뜀판이란 놀랄만큼 유사한 전술로 프롤레타리아트의 원리를 전진시킨 것이며, 국왕과 그 지지자와 함께 시민계층을 권력의 자리에서 배제하려고 시도한 것이었다.

이러한 상황에서 라살레가 그의 당당한 정치행동을 준비한 때에 그는 이미 학자·변호사·호민관·극적인 시인 그리고 혁명가로서 독특한 인생을 배후로 하고 있었다. 1825년 4월 11일에 브레슬라우에서 유태인 상인 하이만 라살레의 아들로서 태어나 어두운 그리스 철학자 헤라클레이토스에 관한 업적으로, 또한 『기득권의 체계』(System der erworbenen Rechte)와 피히테에 관한 논문으로 독일의 뛰어난 학자라는 평가를 받았다.* 전도양양한 인생의 8년 간을 그는 부군과 화목하지 못했던 하츠펠트 백작부인의 (이혼) 소송을 수행하였다. 그 과정에서 그는 금고강도의 지적인 두목으로 기소되었는데 무죄판결을 받았다. 농민혁명 시대로부터 희곡 『프란츠 폰 지킹겐』(Franz von Sickingen)과 문예사가인 율리안 슈미트에 대한 팸플릿을 썼다. 48년 혁명에서는 비록 3개월 간에 불과했지만 자유의 몸이 되고, (혁명에) 선정적으로 참여하고 그 때문에 6개월 간 복역하였다. 반동의 시대에 마침내 그는 뒤셀도르프에서의 음모에까지 관여하였다. 이것은 그 라살레가 1854년에 마르크스에게 써 보낸 것에 의하면, 「장래의 운동에 대해서 신뢰할 수 있는 자[..]와 정신적[..] 기축[..]을 만들어내고, 그런 다음에 프롤레타리아트가 다시 한 번 부르주아의 영웅에 대한 찬가에 가담하는 것을 방해하는」1) 것이었다.

라살레가 정치투쟁의 분야로 도약한 그 순간에 그는 바로 단 한 사람이었다. 마르크스와의 접촉을 제외하고는 그 위에 그 마르크스 역시 동일한 해에 절교하였는데, 정치적으로는 아무런 지지도 받지 못하고 저 48년의 민주주의자 로타 부허(Lothar Bucher)*로부터도 지지를 받지 못했다. 라살레가 부허의 냉철한 정치적 판단력에 많은 것을 빚지고 있었음에도 불구하고 말이다. 라살레의 거대한 사명에 대한 견고하기까지 한 신념과 가진 것 없는 자에 대한 깊은 공감 없이는, 그는 그 커다란 자신에도 불구하고 「사회의 **조직되지 아니한** 힘」2)에 투쟁과 승리를 불러낼 수는 없었으며, 또한 자기 자신에만 의지해서는 그는 그

---

1) Ferdinand Lassalle an Karl Marx, Brief vom 10. Februar 1854, in Ferdinand Lassalle, *Nachgelassene Briefe und Schriften* (Hg. G. Mayer), Bd. 3, Berlin 1922, S. 67.

2) Ferdinand Lassalle, *Über Verfassungswesen* (1862), in *Gesammelte Reden und Schriften* (Hg. E. Bernstein), Bd. 2, Berlin 1919, S. 60.

세기의 가장 위대한 정치행동을 할 수도 없었을 것이다. 이처럼 그렇게 모순으로 가득차고 또다시 그처럼 일체가 되며, 장점과 단점 모두 동일하게 강렬한 성격이 가지는 가장 강력한 경향이야말로 의심할 것 없이 그의 처절한 정치적 명예욕에 있다. 그러나 라살레가 당시 곤란한 상황에 있었던 하츠펠트 (백작부인)의 그다지 유망하지 않은 사건을 인수하였다는 헌신만은 — 그가 이 부인을 사랑하였는지의 여부는 문제가 되지 아니한다 — 무관계한 사건에 대한 이러한 몰두는 그의 정치적 권력의사에서만 주로 그것으로만 라살레를 이해해서는 안 된다는 것을 보여준다. 그러나 그 시점에서도 라살레는 명예욕으로서 마르크스와 대결하고, 부르주아 민주주의와 제휴하는 가교에 쉽게 이용당한 것은 아니다. — 정치적으로 지도적인 유태인에게는 자유주의자나 보수주의자도 있는 것은 알려져 있다. 라살레는 이러한 순간에 저 가파른 바위 위에 미래의 교회의 기초를 놓기 위해서 자신의 몸을 던진 것이다. 이러한 상황은 바로 그의 명예욕이 고매한 이념을 위해서 기능한 것, 아울러 그 자신이 「사랑의 외침」[3]으로 관철했던 것에 관하여 유리한 증언을 하는 것이다.

라살레는 그러한 시점에서 노동자계급의 원리의 시대가 도래하였다고 굳게 믿고 있었다. 그러므로 시민계층의 국왕과 융커에 대한 투쟁은 그가 가진 역사의 맥락에서는 여전히 하나의 결정적으로 뒤떨어진 투쟁이라고 생각하였다. 왜냐하면 시민계층은 프로이센에서마저 그 정치권력에 대한 참여를 둘러싸고 다투지 않으면 안 되었는데, 그러한 시민계급의 시대는 「내면적으로는 이미 끝나고」 있다. 파리 2월혁명은 「새로운 역사 시대의 서광」을 선언하고,[4] 「1789년의 시점에서는 여전히 제3계급(Stand)의 주름 속에 숨었으며, 그와 동시에 발생한 것처럼 보인」 제4계급이야말로 지배적인 사회원리가 되었다는 것이다.[5]

그러한 변혁은 그것만으로는 다른 역사적인 권력투쟁과 마찬가지로 하나의 역사적인 권력투쟁에 불과하다. 그러한 권력투쟁에 적나라한 현실의 정치적 대결의 수준을 초월하기 위해서는, 또한 그러한 권력투쟁에, 참으로 위대한 정치운동에는 불가결한 열광적인 종교적 배경을 부여하기 위해서는 그 이상의 것이 필요하였다. 부허는 그 정강선언을 내기 바로 전에 마찌니의 투쟁에 대한 외침인 **신과 대중**(dio e popolo)을 모방하여 이렇게 썼다. 즉 「**대중**(popolo)에게는 **신**(dio)이 결여되어 있고, 우리들에게는 명예롭게 몰락할 수 있는 것이 결여되어 있다」. 노동자계급의 지배란 궁극적으로는 모든 목표를 정당화하는 것이어야 한다. 그러므로 그 정치적 강령은 구제의 이념이라는 힘을 필요로 한다. 정치적인 권력투쟁이 최고 정의의 신명재판이라는 형태로 실체화되고, 또한 세계법정이라는 형태의 세계정신의 실체화는 라살레에게는 헤겔의 역사철학에서 생긴 것이었다. 거기에서는 국가 상호 간의 권력투쟁에서 승리를 얻은 지배적인 민족이 세계정신의 절대적인 권리를 가지는 것이다. 라살레는 이러한 방책을 국가 안쪽에서 권력을 둘러싼 투쟁에 응용하였다. 제3계급

---

3) Ferdinand Lassalle, *Arbeiter-Programm* (1863), in aaO., Bd. 2 (1919), S. 187 (서석연 옮김, 『노동자강령』, 범우사, 1990).

4) AaO., S. 185.

5) AaO., S. 186.

에 반항하는 제4계급은 「궁극적이며 최종」6)이며, 그러므로 그것은 이미 이기적인 이익을 결코 갖지 않으며, 그들의 자유는 전인류의 자유를 의미한다. 헤겔이 선언했듯이, 민족의 국민적인 권력욕이 세계정신과 인간의 문화를 실현하는 것이라면, 권력을 둘러싼 제4계급의 투쟁은 **만인**의 지배에 대한 의욕이 될 것이다. 이 투쟁의 승리는 「이념이 승리나 **문화**의 진보나 **자유**의 전개 이외의 어떤 것도 아닌, 역사 그 자체의 생존원리와 중첩한다」.7) 그리하여 라살레는 **대중**(popolo)과 **신**(dio)을 주었다. 그리고 그것에 대한 신념은 가장 위대한 사람마저 그가 명예롭게 몰락할 수 있었던 것을 주지 않으면 안 되었다. 바로 그러므로 베른슈타인이 이 연설을 「노동자계급의 숭고한 찬가」라고 불렀을 때, 그것은 충분히 의미 있는 것이었다.

　라살레에 있어서 역사는 생기하여 가는 자유의 전개로서 나타났다. 그러한 자유의 전개의 중세적인 단계는 봉건제의 원리, 즉 토지소유의 지배의 원리이며 그것이 몰락한 후에는 부르주아지의 원리, 즉 자본소유에 의해서 규정되고 지배된다. 자유의 전개의 최후의 형태인 동시에 윤리적으로 최고의 목표는 만인의 자유, 즉 노동자의 계급의 원리이다. 헤겔에서처럼 우리들에게는 「이성적인 것과 자유의 진보」8)가 역사의 과정에서 표명된다. 그러나 라살레에 의하면, 개개의 발전단계는 — 라살레는 마르크스와 함께 헤겔을 넘어서 — 이념에서가 아니라 경제적인 원리들에서 연역된다. 무엇보다 라살레는 일관된 입장을 확립하는 데에 성공한 것은 아니지만 말이다.

　헤겔은 자유의 개념에 어떤 구체적인 내용을 부여하는 것을 신중할 정도로 경계하였다. 이에 대해서 라살레는 자유의 개념을 아주 일정한 정치적 요구로서 만족하였다. 한편으로 민주주의의 토양과 카를 마르크스의 사회·경제관에 그 근원을 가지며, 다른 한편 또한 헤겔 철학에도 그 뿌리를 지니고 있다. 헤겔에 있어서처럼 인간의 자유의 실현은 국가에서, 또한 국가를 통하여 실현된다는 것이다. 그러나 이러한 사명은 자유주의적인 부르주아 국가의 개인주의적 이념은, 즉 국가에는 법적 기능과 안전에 관련된 기능만이 부과되어 있다는 「야경이념」9)은 정당하게 평가할 수 없다. 여기서 헤겔의 말로 서술한다면, 노동자계급의 국가이념은 「하나의 인류의 총체에 있어서의 개인들의 통일」10)이 아니면 안 된다. 이러한 초개인적인 헤겔의 국가통일체는 이 철학자에 대해서는 「자기 속에 머무는 자기목적」이 되고 있었는데, 라살레에 의해서 단순한 수단에 불과한 것으로서 「개인」의 복리와 아울러 보다 고도의 발전에로 다시 관계되었다. 여하튼 여기서도 국가는 하나의 윤리적 공동체이며, 이러한 관념에 의해서 라살레는 국가에서 쟁취한 지배를 다시 하나의 윤리적 목표로서 정립하는 것을 가능케 하였다. 나아가 그 자체로서는 불모의 정치적 권력수단마저 그는 그러한 권력수단을 통하여 보통·직접선거의 권리라는 노동자계층의 원리를 실현할

---

6) Ebd.
7) AaO., S. 194.
8) AaO., S. 155.
9) AaO., S. 195.
10) AaO., S. 197.

수 있다고 생각하고 있었다. 따라서 그러한 권력수단은 보다 높은 의무를 가지며, 국가가 가지는 고도의 직책을 반영하는 것이다.

라살레는 노동자들에 대해서 노동자라는 존재는 단순히 미래의 정치적 원리일 뿐만 아니라 윤리적 원리라는 것을 제시하려고 하였다. 이러한 역사철학에 대한, 나아가 그것의 경제적 구성요소에 대한 보다 면밀한 비판은 여기서는 불필요하다고 생각한다. 역사의 이념적인 최종목표에 대한 신앙을 품는 것은 모든 교조와 마찬가지로, 최초부터 학문적인 평가를 배척할 것이 틀림없다. 이러한 신념은 제4계급이 주름 속에 나아가 제5계급을 숨긴다는 경험적 사실 앞에 굴복해서는 안 될 것이다. 이러한 교조의 이유에 대해서는 이의가 제기되고 있다. 몇 가지 기본적인 이론을 들면 — 먼저 라살레의 헤겔주의적인 역사관은 랑케(Ranke)가 지적했듯이, 단순히「우세한 추세」가 존재하는 곳에서만 그 원칙을 발견한다. 다음에 정립된 역사적 · 정치적 · 경제적인 법칙은 대부분 경험에 의해서 그 오류가 증명된다. 나아가 라살레는 아마도 이러한 여러 법칙들에서 얻는 유익한 한계개념을 범주적 역사구조에로 적용하는 것으로 점차적 이행을 보아야 하는 곳에서 극단적인 것을 찾는다. 끝으로 그의 직선적인 발전개념은 역사의 다양한 공존성을 전적으로 무시한다. — 이러한 모든 것이 나아가 개개의 점에서는 보다 한층 많은 것이 라살레에 대해서 제기되었다.『노동자강령』의 이러한 결함은 일부에서는 또한 커다란 우위성인 것을 결코 망각해서는 안 된다. 다양한 과정들이나 상황의 묘사의 병립은 대단한 명석함과 설득력 있는 전망, 그러나 특히 그 격조 높은 말이 가지는 매혹적인 힘은 결코 아무도 다툴 수 없을 것이다.

그러나 이러한 형식적인 우위성을 제외하더라도 어떠한 암시적인 비난도『노동자강령』의 가치 있는 핵심을 찌르지는 못한다. 왜냐하면 헤르만 옹켄이 교묘하게 지적했듯이,「정치지도자의 견해나 이론에서가 아니라 오히려 그 의도와 행위에 그 라살레의 무게가 있기」[11] 때문이다. 그리고 나에게도 또한 이 점에서 라살레의 독자적인 커다란 의의가 있다고 생각한다. 그가 서술한 역사는 오늘날 과격할 정도로 반박할 수는 없으며, 반박하지 못한다. 그가 만든 역사는 반박되지 않고 계속한다. 그는 역사적 인물에서 가장 관심을 야기한 인물일 뿐만 아니라 저 세계사적 개인에도 속한다. 그러한 세계사적 개인에 대해서 그의 위대한 스승 헤겔은 이렇게 말한다. 세계사적 개인이란「실천적이며 정치적인 인간」이며, 그러한 인간에게는「세계의 필요하고 최고의 단계를 지각하고 그것을 자신의 목적으로 삼고 자신의 에너지를 그 목적에 두는 것이다」.[12]

---

11) Hermann Oncken, *Lassalle*, 3. Aufl., Stuttgart 1920, S. 251.

12) Georg Wilhelm Friedrich Hegel, *Vorlesungen über die Philosophie der Weltgeschichte* (Hg. G. Lasson), Bd. 1, Leipzig 1917 (Felix Meiners Philosophische Bibliothek, Bd. 171a), S. 76.

# 2. 헤겔, 『독일 헌법론』 서문*(1920)

헤겔이란 이름은 학문의 문외한뿐만 아니라 수많은 전문가에 대해서도 반동적인 프로이센의 국가철학자라는 모습과 또한 언어상으로나 내용상으로도 이해하기 어려운 변증법이론가라는 두 가지의 관념상 이외에 아무것도 상기시키는 것이 없다. 그러한 견해가 헤겔철학의 본질을 정당하게 평가하는 것은 반드시 아닐지라도, 여기서는 형식과 내용이 바뀔지도 모르며, 또한 우리들이 철인의 비통속성을 분명히 하기 위한 충분한 진실성을 포함하고 있다고도 할 수 있다. 칸트와 피히테는 수많은 판을 거듭하고 학계 이외의 사람들에게도 널리 보급해온데 반하여 헤겔은 근래에도 비로소 불완전한 판이 나오고 있을 뿐이며, 오늘날 여전히 전문가조차 중고판을 사용하는 것도 기이하지 않은 것은 잘 알려져 있다.

이러한 사실은 우리들에 대한 헤겔의 영향력의 중점이 어떤 이해하기 어려운 형이상학이나 변증법에만 있는 것은 아니며, 오히려 무엇보다 철학자의 획기적인 정치적 사고법에 있는 것 이상으로 더욱 유감스러운 것이다. 법과 국가에 대한 그의 견해의 전개에서 중대한 전환점이 된 것이 여기에 출판한 저작(『독일 헌법론』)이다. 이 저작은 당시의 독일에서 지배적이었던 자연법의 정치이론과 날카롭게 대결하고 있다. 자연법은 칸트와 피히테의 사회철학에서 완성의 경지에 도달하고 있었다. 자연법의 불후의 위업은 가장 넓은 의미에서의 법치국가사상을 정식화하고, 그것을 유포하고, 그리고 일부에 그치지만 인정하게 한데에 있었다. 인간의 협동생활을 질서지우고 있는 국가의 폭력을 수반하는 명령을 기독교적 · 서양적인 법관념과 윤리관념에 합치시키는 것이야말로 자연법의 커다란 정치적 바람이었다. 이러한 경향은 정치생활에 관한 어떤 일정한 실질적인 요구와 원칙을 확립하는 것을 필연으로 한다. 그러한 요구와 원칙이란 당시의 독일에서 대두해 오고 있으며, 국민의 전체 정신생활에 특색을 부여하는 시민계급의 견해에 의해서 규정된 것이었다. 그러한 시민적 요소는 새로운 정신적 이익도 경제적 이익도 충분히 만족시킬 수 없었던 계몽전제주의의 국가와 대립하였다. 프리드리히 대왕의 치하에서는 국가권력을 자기주장을 위해서, 또한 자주 왕실의 권익에서만 군사적 팽창을 준비할 목적으로 국가권력을 보유하기 위해서 중앙집권화가 이루어졌다. 시민의 사적 영역을 침해하는 그러한 엄격한 중앙집권화와

\* Hermann Heller, *Einleitung* in G. W. F. Hegel, *Die Verfassung Deutschlands*, Leipzig o.J. [1920] (Reclams Universalbibliothek Nr. 6139, 6140, Bücher für staatsbürgerliche Bildung, Hg. Richard Schmidt), S. 3-10. jetzt in *Gesammelte Schriften*, Bd. 1, S. 13-20.

대립하여 개인의 보호를 구하고, 인간의 「본질적인」 자유를 이끌어 내었다. 영국으로부터 프랑스를 경유한 법치국가제도란 법적 평등 · 권력분립 · 성문헌법에 의해서 보장된 인권도 포함하는 것이다. 이러한 법치국가제도를 통해서 국가와 지배자의 권력에 의한 폭력적 탄압과 대결하고, 이성에 의해서 확립된 개개인의 「자연」권을 확립할 수 있다고 믿은 것이다.

그리하여 1800년 경의 정신적인 전독일은 가장 과격한 적대감 속에 권력으로서의 국가에 대항하고 있었다. 또한 국민감정은 — 그것은 19세기에서 권력국가발전의 가장 강력한 지레[중점]였는데 — 당시의 독일 정신에 대해서는 정치적인 것으로부터 멀리 떨어진 순수하게 정신적이며 세계주의적인 것이었다. 「나는 결코 정치적 분위기에 대해서 말한 것은 아니다」라고 빌헬름 폰 훔볼트는 1798년에 파리에서 썼으며, 「나는 본래 국민적인 것 · 의견이나 정신의 동향 · 성격교육 · 습속 등과 같은 것에만 한정할 뿐이다」.[1] 그러므로 세기의 전환점에 있는 독일인에 대해서 정치적 분열은 결코 국민적 결함으로 느끼지 않았으며, 오히려 고작해야 왕조의 결함이라고 생각하였다. 1801년에 실러는 「독일 국가(Reich)와 독일 국민은 별개의 것이다. 독일인의 존엄은 제후의 수장에 근거하는 것이 아니다. 정치적인 것에서 이탈하여 독일인은 자신의 독자적인 가치를 세웠으며, 비록 **제권**(Imperium)은 몰락했어도 독일인의 위엄은 존속한다」.[2]고 서술한다. 그리고 독일 국민에 대한 연설가인 피히테조차 1807년/8년에 바란 것은, 독일인에 대해서 「독일의 유리한 운명이야말로 다른 세계를 희생으로 한 것에로 간접적인 관여에서 보존했는지도 모르며, 또한 마찬가지로 직접적인 관여에서도 보존하였다」.[3]는 점이었다.

집단적인 권력에 대한 개인의 보호, 이러한 목적과 일치하는 「최선의」 국가로서의 법치국가의 제도는 정치사상의 중심적인 과제이다. 개인의 입장에서 볼 때 단지 내정에만 흥미를 야기한다. 또한 그 자체로서 존립하는 정신적 인격이라는 점에서 본다면, 내적이며 외적인 국가생활은 개개인의 압도적인 다수파가 가지는 윤리적이며 이성적인 관념에 순응해야 한다는 요구에 대해서, 개인이라는 존재는 그 합리적인 장해는 결코 아니다. 그러므로 칸트에 의하면, 「진정한 정치」는 「미리 도덕으로 경의를 표하지 않고서는」[4] 한 걸음도 나아가서는 안 된다. 모든 권력정치의 거부에서 또한 정치가는 다소간 국가의 일시적인 이해상황에 따르는 것이 아니라 윤리적 · 법적인 원칙에 따라서 행동해야 한다는 관점에서 독일 계몽주의, 인문주의, 또한 전기 낭만주의가 만난 것이다.

1) Albert Leitzmann (Hg.), *Briefe von Wilhelm von Humboldt an Friedrich Heinrich Jacobi*, Halle 1892, S. 61.

2) Friedrich Schiller in Bernhard Suphan (Hg.), *Deutsche Größe, ein unveröffentlichtes Gedicht Schillers* (1801), Weimar 1902.

3) Johann Gottlieb Fichte, *Reden an die deutsche Nation* (1807/8), in *Sämtliche Werke* (Hg. I. H. Fichte), Bd. 7, Berlin 1846, S. 466 (김정진역, 『독일 국민에게 고함』, 삼성문화문고, 1971).

4) Immanuel Kant, *Zum ewigen Frieden* (1795), in *Gesammelte Schriften* (Hg. Kgl. Preußische Akademie), Bd. 8, Berlin 1912, S. 380 (이한구 옮김, 『영원한 평화를 위하여』, 서광사, 1992).

이러한 **원칙을 가진 사람들**(hommes à principe)의 시대, 순수한 신조정치가의 시대는 프랑스혁명과 함께 그 정치적·윤리적 이념의 실현을 달성하였다고 생각하였다. 본성상 선량하고 자유로운 인간은 여기서 국가권력에 의한 노예제적 구속에 저항하여, **만인**의 이성에 의한 합의를 통한 윤리적이며 평화적인 생활질서의 실현을 위하여 봉기하기에 이르렀다. 그러나 대혁명에서 이러한 이념의 정치의 성과가 만인의 자유 대신에 기요틴에 의한 독재로 순식간에 바뀐 때에, 전유럽에서는 크게 각성하게 되었다. 「철학자는 체계를 구성하고 폭도는 거기에서 살륙을 위한 총포를 단련한다」고 겐츠는 이미 1793년에 적었다.[5] 자연법은 그 정치적 요구들을 단지 순수이성에만 방향지우려고 하는데, 다른 한편 자연법에 의해서 과소평가되어온 역사적 존재나 개인으로서의 존재에서의 비합리적인 힘들이 보다 상세하게 고찰되고, 높이 평가되기 시작하였다. 인간의 모든 사고와 행동이 역사적 관련성을 가지는 것, 개개인을 사회적·국민적인 사상의 세계와 권익의 범위로 편입시키는 것이 특히 현저하였다. 혁명에 대한 반동으로서 정치적 낭만주의와 역사법학이 준비되었다. 이러한 혁명과 무정부상태로부터의 방어로서의 국가권력의 다분히 소극적인 평가에 대해서 19세기 초두부터 국민적인 것의 형태에 있어서의 권력이념의 적극적인 내용이 나타나왔다. 나폴레옹에 의해서 체현된 프랑스의 국민적 힘은 깊은 감명을 남기고, 국가와 국민이 밀접한 관련성을 가지게 되고 국민의 유지와 신장을 위해서 국가의 권력수단이 요구되었다.

어떤 독일인이든 헤겔 이전에는 이러한 내외에 대한 권력으로서의 국가의 이념을 맞이한 적은 없었다. 1770년에 태어난 이 철학자는 이미 1796년에는 「독립을 보존하는 용기와 힘」을 결여한 민족, 「국가가 더욱 국가인 것에」 냉담한 민족, 「그러한 민족은 곧 민족이기를 그만둘 것이다」[6]라고 언명하였다. 같은 곳에서 그는 「신의 도덕도 국민 자신이 만든 도덕이나 추상적인 도덕」도 국민의 힘을 제한하는 것으로서 인정할 것을 바라지 「않았다」. 또한 「어떤 민족에 향하여 그 민족이 처한 문제를 자신의 문제로 삼으려고 하지 않고 우리들의 의견을 받들려고 지도하려고 하는」[7] 용기를 찾은 것을, 그 헤겔은 국민의 독립에 대한 이해력의 결여라고만 적었다. 그리하여 헤겔은 윤리적 원칙이라는 정치와 국민적 이해라는 정치를 대립시킨 최초의 독일인이 되었다.

그 헤겔이 국민적 권력정치라는 새로운 사고를 대상에 적용하고, 마침내 국민 자신의 정치적 관계에 적용하여 1801년부터 2년 겨울에 완성한 책이 『독일 헌법론』이다. 이 책은 대상 덕분에 성립한 것이다. 그는 이 책을 세 번에 걸쳐 개정했는데, 국민의 문제에

---

5) Friedrich Gentz, "Über die Deklaration der Rechte," in Edmund Burke, *Betrachtungen über die französische Revolution* (übersetzt und mit einer Einleitung, Anmerkungen, politischen Abhandlungen von Friedrich Gentz), Berlin 1793, Bd. 2, S. 183. (버크 저서의 한국어 번역은 이태숙 옮김, 『프랑스혁명에 관한 성찰』, 한길사, 2009).

6) G. W. F. Hegel, *Die Positivität der christlichen Religion*, in Hermann Nohl (Hg.), *Hegels theologische Jugendschriften*, Tübingen 1907, S. 224.

7) AaO., S. 225.

매우 몰두하였다. 이 작품은 성립 후 거의 90년이 지난 1893년에 비로소 완전한 형태로
발간되었다. 이 책의 법철학적인 사고내용, 동시에 또 그 정신사적 의미는 새로운 연구자에
의해서 서문이라고 감정된 단편, **자유와 운명**에서 분명히 하였다. 여기서 헤겔이 상술하기
를, 현대는 혼탁한 오성생활과 개인의 개성에 대한 자기제한으로는 이미 만족할 수 없다는
것이다. 계몽된 개인주의에 대해서 이 철학자는 거기에서 개개인에 의해서 요구되는「권리」
를 생활의 다른 부분에, 또한「권력보유의 보편성」[8]에 인정하려고 한다. 이것은 독일
제국에도 타당하다. 헤겔은 물질적인 점에서도 이념적인 점에서도 국가에로 조직된 국민의
권력의 회복을 모든 사회현상의 가치판단에 대한 최고의 기관으로 간주하려고 한다. 그러한
권력이 각각의 국가의 무조건적이고 배타적인 특징인 것과, 독일에는 그러한 공통된 권력이
결여되었기 때문에 더 이상 국가체를 이루지 못한 것은 헤겔에 의해서 사상적으로나
언어상으로도 보다 명확히 하고, 또 비회의적인 방법으로, 나아가서는 깊은 전문적 학식에
의해서 우리들의 눈앞에 보여주고 있다. 헤겔의 이러한 상론에서는 자연법과 아울러 특히
칸트에 있어서 유일 지배적이었던 법의 입장이 완전히 국민적 이해의 원칙 아래 두어진
점이 독일 정치사상사에 대해서 특별히 중요한 것이다. 여기서는 개인의「본래적인」자유를
강조하는 법치국가사상이나 개개인의 지복을 위한 무엇인가「최고의」국가라는 흔적도
발견하지 못한다. 헤겔은 법에서 실현을 구하는 초국가적 명령을 본 것은 아니며, 오히려
국가의 국민적「이익」을 발견하였다. 그러므로 그는 국가의 권익을 법과 대립시키려고
바란 것은「어리석음」이라고 생각한다.[9] 그는 정치를「권력의 조합」[10]으로서 단순히
외적으로 모습을 바꾼 자위권에 불과한 것으로 인식한다. 그리고 그는 또 그 자신도 강력하
게 대망하는 독일의 국민적 통일은「폭력」에 의해서만 가능하다고 본다. 개념이나 견해가
이러한 목표에로 인도하는 것은 아니다. 오히려 독일인이「정복자의 폭력」[11] — 당시의
많은 독일인처럼 헤겔도 이 말을 오로지 나폴레옹의 것을 염두에 두고 생각한다 — 에
의해서 자신을 독일로 귀속하는 자라고 생각하도록 강요하지 않으면 안 되었다.

　이러한 전대미문의 새로운 사고도 이 원고가 발간되지 않았기 때문에 독일의 정치사상에
대해서는 직접적인 영향을 미치지 못하였다. 그러나 같은 해에 발간된 자연법의 학문적인
취급에 대한 업적에서 헤겔은 실제 독일의 정치에 대한 관찰에 근거하여 성립한 사고를
모든 세계주의적인 자연법에 대해서 철학적으로 근거지워진 선전포고라는 형태로 묶었다.
이미 거기서 그는 그 이후 언제나 상승하는 힘을 가지고 —「국민이 다른 국민에 의해서
정복되고 그 독립성을 상실하지 않으면 안 되게 되어, 그 결과 투쟁이나 죽음보다 독립의
상실이라는 불행과 치욕을 입은」[12] 경우에는, 대체로「국민의 창조적 정신」(Genius)은

8) G. W. F. Hegel, *Die Verfassung Deutschlands* (1801/2), in *Sämtliche Werke* (Hg. G. Lasson),
　　Bd. 7, Leipzig 1913 (Meiners Philosophische Bibliothek, Bd. 144), S. 141.
9) AaO., S. 100.
10) Ebd.
11) AaO., S. 135.
12) G. W. F. Hegel, *Über die wissenschaftlichen Behandlungsarten des Naturrechts*, in aaO., Bd.

「보다 저급한 수준에 있고 보다 허약」하게 된다는 이념을 주장하고 있었다. 이러한, 나중에는 커다란 영향력을 지닌 국민적 권력론에 의해서 헤겔은 독일민족을 문화국가의 국민에서 권력국가의 국민으로 이르는 길을 연 가장 주요한 선구자가 되었다. 그 자신의 사상전개의 내측에서 처음으로 법과 국가라는 새로운 개념을 역사적·정치적인 방법론으로 해명한 저작이 『독일 헌법론』이다.

헤겔은 권력을 근대국가의 가장 본질적인 특성으로서 단지 인식하였을 뿐만 아니라 권력의 최대한의 가능한 한 전개를 국민의 궁극적인 윤리의 기준으로서 찬미한 독일의 최초이면서 가장 중요한 사상가였다. 그는 독일민족이 세계적 강대국으로서 인정되는 것이 개개인에 대한 윤리적 의무로 하였고, 정치와 도덕의 모든 연관을 거부해왔다. 비스마르크와 트라이치케 시대의 대외적인 권력행사에 대한 편파적인 과대평가에 대한 이해는 다른 곳에서 내가 실증한 사실, 즉 이러한 권력에의 정치적 신앙고백은 헤겔철학에 의해서 그 개념상의 활력과 하부구조를 뒷받침하고 있다는 사실을 인식하는 것으로 완전히 가능할 것이다. 오늘날 국가권력으로서는 깊게 상처를 받은 독일민족은 권력정치를 강조하고 지나가는 시대 뒤에 헤겔 탄생 150년을 축하할 준비에 분주하다. 이것은 그에 있어서의 저 권력이데올로기의 원천을 폭로하는 데는 적절하다. 우리들의 과제는 윤리적 당위 (sittliche Sollen)로서 그의 이론은 불충분했다는 것을 통찰하는 동시에, 헤겔의 이론 중에 인식으로서 포함되고 있는 반론의 여지가 없이, 또 우리들에 대해서 지금도 여전히 고통스런 진리를 이해하는 것이다. 즉 모든 정치적 존재는 확실히 폭력이 아니며 그러나 권력이라는 진리이다.

---

7. S. 410 (김준수 옮김, 『자연법』, 한길사, 2004, 116면).

# 3. 헤겔과 독일에서의 국민적 권력국가사상*
## 정치적 정신사를 위한 기고

내 친구 프리드리히 폰 제켈리-그라츠에게 드림


《차 례》

---

\*   *Hegel und der nationale Machtstaatsgedanke in Deutschland. Ein Beitrag zur politischen Geistesgeschichte*, Verlag B. G. Teubner, Leipzig und Berlin 1921. jetzt in *Gesammelte Schriften*, Bd. 1, S. 21-109.

# 서 론[1]

최근 몇 년 동안에 칸트와 훔볼트에서 시작하여 비스마르크나 트라이치케에 이르는 독일 정신사 — 관념론철학·고전주의 그리고 낭만주의에서 시작하여 일찍이 생존을 위한 투쟁이라는 다윈이론·마르크스주의 계급투쟁이론이나 고비노주의적 인종투쟁이론 그리고 니체에 의한 권력의 복음에로 이르는 독일 정신사 — 의 발자취가 반복하여 학문적 논술의 대상이 되고 있다. 권력투쟁으로서의 정치를 둘러싸고 권력의 계기가 지니는 가치를 강조하는 독일의 이론이 국민국가생활 속에 등장해온 것은 보통 19세기 중엽의 일인데, 대부분의 경우 트라이치케의 이름과 결부된 이러한 견해는 반권력적 사고와 원칙론적인 정치의 입장에 서는 독일 관념론과는 예리하게 대립하여 왔다. 시인과 사상가의 민족과 「피와 강철」의 민족 사이의 알 수 있는 가교는 아무것도 없는 것처럼 보인다.

그러나 이러한 가교는 존재한다! 그렇다. 국민적 권력국가의 이데올로기는 더구나 관념론철학의 아들이며 그 아버지는 다름 아닌 헤겔이다. 독일 민족의 문화국민으로부터 권력국가국민에로의 발전과정은 확실히 충분하게 논하여 왔다. 그러나 근대 정치사상의 창설자로서의 헤겔에 대해서 거기에서는 만족할만하게 고찰되지는 않았다. 독일의 철학자 중에서 가장 난해한 이 철학자는 불가해한 변증법적 추상을 통하여 세계를 개념으로부터 생기게 하고, 그렇게 생긴 것에 대해 개념적으로 폭력을 행사함으로써 독일 관념론을 완성시켰으며, 그 밖에 우리들이 오래전에 극복했어야 한다고 잘못 생각한, 무의미한 「국가의 형이상학적인 신화화」(神話化)를 행한 점에서도 탁월한 철학자로서 간주된다. 그러나 이후는 이러한 이해는 단호하게 배척하지 않으면 안 된다. 학문을 개입하여 전승된 이러한 헤겔의 모습은 빈혈증으로 파리해지고 있다. 독일 정치의 학문으로서, 또한 실천으로서의 발전에 대해서 헤겔이 가지는 의의는 자주 일반적인 표현으로 강조되는데, 그럼에도 불구하고 이러한 인물에 대해서 일반적인 복권을 수행하는 것이 꼭 바람직한 정도로 근본적인 평가를 받고 있지는 않다.[2]

특히 헤겔이 누구보다도 우선 첫째로 열거해야할 근대 권력국가사상의 포괄적인 고지자라는 것은 여전히 완전히 알지 못한다. 그러나 헤겔은 트라이치케와 그 시대의 반세기 전에 트라이치케 시대보다도 훨씬 절실하게 가차 없이 국가를 첫째로 권력, 둘째로 권력

---

1) 본서에 나타난 헤겔의 저작은 Philosophische Bibliothek (*Verfassung Deutschlands, Württembergische Landstände, Behandlungsarten des Naturrechts*)이다. 다만, 『역사철학』(*Philosophie der Geschichte*)은 레클람판에서, 또한 그 밖의 저작은 전집(*Gesammelte Werke*)판에서 인용하고 있다.〈편집자에 의한 노트 참조〉. 내용이 풍부한 문헌목록은 Benedetto Croce, *Lebendiges und Totes in Hegels Philosophie* (K. Bücher 번역), Heidelberg 1909, S. 193 ff.에서 발견된다.

2) 이 책이 인쇄되고 있는 동안에 발간된 Franz Rosenzweig, *Hegel und der Staat*, Bd. 1, München 1920은 유감스럽게도 고려하지 못했다.

그리고 나아가 또 권력이라고 선언하였다. 그 뿐만 아니라 정치권력은 국민적 권력요구다. 그런데 이성과 인륜, 법과 실천적 정치의 첫 번째로서 지고의 명령이라고 서술하기도 하였다. 그리하여 우리들은 헤겔의 국가국민적 권력에의 의지를 바로 그의 사회철학 일반의 원천이며 또한 구조상의 중심점이라고 말한다.

이 연구는 독일 관념론의 정치론에서 비스마르크 시대에로 이어지며, 일반적으로는 독일 정신사에 대해서, 그러나 특히 마이네케의 우수한 책인『세계시민과 국민국가』에 대해서 하나의 기여를 하려는 것이다. 이 연구는 또 하나의 과제를 염두에 두고 있다. 그것은 바로 헤겔 시대에 이르기까지의 정치사상을 달인적 수완으로 도달할 수 없는 경지를 다한 기이르케의『요한네스 알투지우스』를 전적으로 겸손한 범위에서, 그리고 아주 특정한 방향에서이기는 하지만 계승하고, 그 계속을 전개하려고 한다는 과제이다.

이러한 후자의 시도가 필요하다고 생각하는 이유는 특히 이렇다. 즉 우리들에 대해서 기초가 되는 대부분의 국가와 사회에 대한 근대적 개념 — 즉 기이르케가 1800년까지의 문헌에서 부재를 한탄한 개념 — 은 헤겔에 의해서 주조된 것임에도 불구하고 이것이 오늘날의 국가론에서는 전혀 알려지지 아니한 그대로 라는 이유이다. 인격으로서의, 또한 19세기의 용어법에 특유한 의미에서의 유기체로서의 국가, 국민, 입헌군주제원리, 근대적 국제법 등의 개념, 또한 국민적 권력국가에 대응하는 법개념 일반과 같은 개념은 모두 헤겔이 창조한 것이다. 그러나 이러한 개념들은 모두 헤겔에 대해서는 하나의 이념에서 생긴 것이다. 즉 국가 권력에까지 조직된 민족이라는, 헤겔과 끊을 래야 끊을 수 없는 사상이라든가 의욕에서 생긴 것이다. 권력국가사상이란 자기완결적인 세계관의 요약적인 표현이며 우연히 내던져진 집약된 당파의 강령은 아니다.

이러한 세계관에서 생기는 정치사상에서 무엇이 건전하고 무엇이 불건전한 것인가 하는 평가는 우선 각 사람이 내려야할 것이다. 나 개인적으로는 이 연구에서 자신의 내면적 인 자기이해의 달성을 목표로 하여 다음과 같은 확신에 이르렀다. 즉 우선 헤겔의 권력정치 사상에서는 확실히 많은 것이 과장으로 가득 찬 공리공론으로서 거부되지 않으면 안 된다. 왜냐하면 만약 독일 국민이 이 고뇌로 가득 찬 현대로부터 보다 나은 미래에로 구원받기를 원하는 한, 그 사상 가운데 매우 많은 것이 독일의 여론에까지 생성해 가지 않으면 안 된다는 것이다.

1919년 5월 라이프치히에서

# I. 1800년경의 독일 정치사상

우리들은 18세기를 보통 거기에 직접 선행하는 시대와 일괄하여 자연법의 시대라고 한다. 이 경우 이 18세기의 정치적 세계관과 그 이후의 국민적 · 제국주의적 사상과는 대립적인 모습을 나타내게 된다. 이 대립은 원칙적으로 인격주의적 세계관과 초인격주의적 세계관의 대립을 표현한다고 해도 좋다.[3]

일반적으로 인격적인 가치가 초인격적 가치보다 상위라는, 즉 개인이 국가적 공동체보다 상위라는 상정에서 출발하는 경우, 우리들은 개인적 자유를 [제1의적인 것으로서] 요청하는 입장에 도달한다. 그 반대의 상정에서 출발하는 경우에 우리들은 국가권력을 [제1의적인 것으로서] 요청하는 입장에 도달한다. 평가적 고찰방법의 이러한 구별은 정당하다고 하더라도, 국가철학상의 인식이라는 목적에 관련된 경우에는 이 구별에는 일정한 유보조건이 필요하게 된다. 먼저 이러한 인격적 가치와 초인격적 가치는 체험된 경우에는 항상 통일된 것으로서 나타나며, 그것들이 명확하게 상하와의, 즉 지배와 봉사의 위계적 관계를 이룬다고 생각되는 것은 오로지 ― 그러나 여기서는 불가피하게 ― 그것들이 인식되는 경우뿐이라는 것이다. 나아가 강조할 것은 한쪽의 가치가 지배적이기 때문이라고 하여 바로 다른 한쪽의 가치의 고유성이 저해된다고 상정해서는 안 된다는 것이다. 만약 국가가 인격적인 윤리가치를 그것들에 고유한 성질에 따라서가 아니라 그것들을 저해하면서 이용하려고 한다면 그러한 국가는 결코 지속적인 현실존재를 가질 수 없을 것이다. 반대로 발달된 개성은 그것이 예술 · 학문 · 종교 또는 정치와 같은, 초인격적인 가치에서 자기의「삶을 마친」경우에만 존재할 수 있을 것이다. 그러나 우리들은 이 책에서의 고찰을 이들 여러 가지 가능한 초인격 가치 중의 하나인 국가에 한정하기로 한다. 즉 예술 · 학문 또는 종교가 지도적인 지고의 가치라고 상정하는 경우에 생길 수 있는 상황은 고찰 밖에 두기로 한다.

그러면 여기서 우리들은 세계관으로서의 인격주의에 대해서 논하기로 한다. 인격주의의 세계관은 국가라는 초인격적인 가치도 포함하여 모든 것이 개인을 위해서 봉사해야 할 것이라고 생각한다. 이 세계관에서는 사회적 공동체는 개개인의 행복 내지 행복할만한 상태를 보호 · 촉진하는 것으로서 정당화되는 한에서 간접적인 가치를 가질 수 있게 된다. 개인은 절대적이며 어떠한 조건에서도 자유롭다고 보는 것에 대해서, 국가는 단지 상대적인 가치만을 가지는 것이다. 이와 반대로 초인격주의는 개인을 공동체에 의해서 제약된다고 보며, 국가야말로 모든 인격적 가치들의 역사적 · 개념적인 전제를 이루는 것, 또한 개인에 대해서 **자연에서 선행하는 것**(proteron te physei)이며 보다 고차의 가치를 지닌 것이라고 한다. 즉 인격주의세계관에서 국가란 이성적인 개인의 관수(關數)라고 간주되는데 대해서, 초인격주의적 세계관에서는 개인은 역사적으로 전개된 국가공동체의 관수라고 보기 때문

---

3) 이하에 대해서는 Emil Lask, "Rechtsphilosophie," in *Die Philosophie im Beginn des zwanzigsten Jahrhunderts. Festschrift für Kuno Fischer*, 2. Aufl., Heidelberg 1907; Gustav Radbruch, *Grundzüge der Rechtsphilosophie*, Leipzig 1914 참조.

이다. 전자에서는 **인간이성**(ratio humana)이라는 기준이 유일하게 지배하는데, 후자에서는 자신의 역사적 과거와 환경세계에 대한 심리적·물리적 의존성에 — 즉 자신이 보다 커다란 관련 중에 편입되는 것에 — 자각적인 다소간 비합리적인 역사적 의식도 지배한다는 것이다.

이 두 개의 세계관이 각각 다른 개인개념을 전제로 하는 것은 쉽게 통찰할 수 있다. 인격주의는 보편타당한 가치규준을 손에 넣기 위해서 보편타당한 유형으로서의 개인, 즉 「인격」을 구성하지 않으면 안 된다. 이 **가상적 인간**(homo noumenon)은 화학에 있어서의 절대적으로 순수한 산소(O)와 마찬가지로, 경험적인 것은 아니다. 그러나 화학의 목적에 대해서 추상적인 화학기호가 불가결하듯이, 국가를 합리적으로 파악하기 위해서는 불가결한 것이다. 화학기호에 의해서 예컨대 산소에 대해서는 원래 거기에 귀속할 수 있는 모든 특성이 사실적으로 존재하는 것이 가정된다. 그것과 마찬가지로 인격주의적인 국가관에서의 개인은 인간에 적합한 모든 특성을 가능하게 총괄하는 것으로서, 즉 「인간」으로서 모든 초인격적인 가치들을 자기로부터 산출하는 능력을 가지게 된다. 이 이성적 존재자는 여기서는 모두 자유로울 수 있기 위한 동일한 존엄, 즉 추상적으로 코스모폴리탄적으로 민주적인 인간의 성질들을 「두 개의 달걀을 비교하여 조금도 다름 없는」 평등한 형태로 가진다고 한다. 이와는 반대로 초인격주의는 개인 개인이 가지는 부정하기 어려운 다양한 의미를 국가의 절대적 가치를 위해서 있는 것이라고 보려고 한다. 바로 그러므로 초인격주의는 경험적인 개인들을 반성의 대상으로 하지 않으면 안 되며, 인격주의처럼 성격·시대·국민 등등의 일체의 개개의 규정성을 사상할 수는 없는 것이다. 이러한 요인들이야말로 정치적 생활에서 보다 높은 중요성을 지니기 때문이다.

그러므로 이러한 경험적인 인간이 아니라 모든 인간의 존엄을 가설적으로 자기 속에 포함하며 때와 장소를 초월한 「인간성」을 나타내는 개인상이야말로 인격주의적 사고가 만족할 수 있는 것이다. 그러한 개인은 절대적으로 자유로운 의지를 가지며 외계와의 어떠한 관련도 필요로 하지 않는다. 이에 반하여 초인격주의에 대해서는 어떠한 자아라고 하더라도 단지 부분-자아일 뿐이며 자아의 현실존재의 전체는 보다 커다란 자아-전체에 의존하는 것이다. 이처럼 보다 커다란 자아는 신·교회·계급 기타의 사회형식일 수 있다. 즉 「인간성」은 그것이 어떠한 구체적인 **개체화원리**(principium individuationis)에 의해서 명료하게 한계지워진 대상성을 가지는 한에서만 존재할 수 있다. 예컨대 기독교라는 유대를 통함으로써 중세의 **기독교교단**(corpus christianum)이, 또한 카롤링거家나 호헨슈타우펜家의 세계지배에 의해서 **세계국가**(civitas maxima)가, 또한 끝으로 우리들 시대에서는 국민적 제국주의의 사상에 의해서 인류적 국민(Menschheitsnation)이 존재할 수 있다는 것이다. 이 경우 보편주의는 추상적인 관념으로서가 아니라 오로지 경험적인 관련으로서만 가능하게 된다. 그러나 인류로 통하여 가는 생각할 수 있는 한 광범하고 확고한 인간 조직은 국가로 통일되는 국민이어야 한다. 그러므로 국민적 국가는 자아-전체로 되어야 하며 그렇지 않으면 국민적 국가는 경험할 수도 생각할 수도 없게 된다. 즉 우리들이 모든 것을 적어도 거의 의식내용과 존재조건을 국가에게, 그리고 국민 ─ 국가와는 거의 밀접하게 구별되지는 않지만 ─ 에 힘입고 있다고 생각하는가의 여부로 국민적 국가는 현실의 개인보다 강하거나 약하게도 느껴지며, 이 전체에 부여해야 할 명령도 강하고 약하게 느껴진다. 그러므로 인격주의에 대해서는 인류의 대표자인 모든 인간적 개인이야말로 일단 대체할 수 없는「전체성」(Totalität)을 가지는데 대해서, 초인격주의적인 사고에서는 개체로서의 개인 외에 혹은 그것을 초월하여, 나아가 국가라는 개체가 존재한다고 하여 더구나 그것이야말로 비로소 자아-전체, 진정한 전체성을 이루게 된다. 인격주의에서는 한정될 수 없는 전체성[=인격]은 자신에 대해서만 가치를 가지는 목적을 위한 이외에는 국가와 결부될 수 없다. 국가란 합리적인 개인 상호의 법관계 이외의 아무것도 아니며 그 이념은 계약이기 때문이다. 초인격주의에서는 국가는 국가에 의해서 한정되는 개개인과는 별개로, 대상적인 자아-성질(Ich-Qualität)을 가지며 초인격주의적인 유기체라는 형태로 직관할 수 있다. 인격주의에서는 개개의 개인이야말로 자기목적이며 이 개개인만이 자기주장과 완성에 대한, 즉 자유에 대한 절대적 권리를 가진다. 그런데 초인격주의에서는 국가만이 이 절대적 권리를 가지며, 따라서 국가만이 자기목적이며 전체로서의 자아만이 자유이며 절대적으로 주권적이며 자기주장과 자기확장을 하는 것, 즉 권력인 것이 허용된다. **권력국가사상은 인격주의에 대해서 인식으로서는 소원하며, 당위로서는 적대적인 데에 대해서, 초인격주의에 대해서 형식은 어떠한 것이든 내재적이다.**

이러한 추상에 의해서 비로소 독일의 18세기 정치사상과 19세기 정치사상의 선명한 대비가 명백하게 된다.[4] 모든 자연법적 사상은 이성적 존재자인 인간에게 매우 높은 가치를 부여하였는데 거기에는 깊은 역사적인 정당성이 있었다. 르네상스 시대에 부분적이지만 고전고대의 정치적 사고가 수용되었다. 이성이 자연적이며 역사적인 세력들에 대해서 강력한 일격을 가함으로써 이러한 정신적 혁명은 초래되었다. 발명과 발견으로 외부 세계를 지배한 시대, 즉 위대한 수학자들의 시대가 도래하였다. 코페르니쿠스 · 케플러 · 갈릴레이는 계산적 사고로 여러 세계들을 해명하였다. 그리고 갈릴레이와 같은 인물이 자연이란 책의 활자는「삼각형 · 정방형 · 원 · 구 · 원추 · 각추 기타 수학적인 도형이다」라고 논한 것도 근거 없이 성립할 수는 없었다. 이미 종교와 도덕의 자율을 다투고 있던 르네상스의 개인은 이 수학적 · 기계적인 방법으로 원래 어려운 문제인 국가와 사회의 문제를 해결하는 것도 가능하다고 하여 자신의 이성을 신뢰하고 있었다. 베이컨 같은 인물은 이미 감정에 대한 연구를 하고 **자연의 분석**(naturam dissecare)을 위해서 그 중의 하나를 다른 것으로

---

4) 이하에 대해서는 Wilhelm Dilthey의 역사철학 논문과 Otto Gierke, *Johannes Althusius und die Entwicklung der naturrechtlichen Staatstheorien*, 3. Aufl. Breslau 1813. 또한 Friedrich Meinecke, *Weltbürgertum und Nationalstaat*, 4. Aufl., München 1917 (이상신 · 최호근 옮김,『세계시민주의와 민족국가』, 나남, 2007)과 아울러 특히 전술한 Wilhelm Metzger의 저작인 *Gesellschaft, Recht und Staat in der Ethik des deutschen Idealismus* (Hg. E. Bergmann), Heidelberg 1917 참조. 나아가 Ernst Cassirer, *Freiheit und Form*, Berlin 1916. 다음에 제시한 것 중 일부는 단지 타인에 의해서 알려진 것이므로 정확한 인용은 단념하였다.

제어하려고 하였다.

자연법이라는 거대한 구조물이 탄생한 것은 이러한 사회심리학적인 전제들로부터였다. 이 구조물로부터 역사적으로 생성하는 힘과 규범적 이성과의 투쟁, 바꾸어 말하면 존재와 당위의 투쟁을 쉽게 간취할 수 있다. 200년 이상에 걸치는 모든 문화민족의 위대한 정신의 운동을 쉽게 도식화하는 것은 허용되지 않지만, 자연법이라는 **하나의** 공통된 기본적 특징, 즉 모든 정치 권력의 개인에로의 환원과 종교와 이성의 규범에 의한 국가권력의 제약이라는 방향성이 거기에 관철된 것은 부인할 것도 없다. 바로 그 점에야말로 자연법의 위대한 의미가 존재한다. 자연법은 신적·도덕적 또는 법학적인 법률에 의해서 안과 밖으로 향하여 국가권력의 자의적인 행사를 단념시키려고 하였다. 법치국가와 국제법은 그러므로 이러한 발전의 우연한 성과만은 아니다. 그것은 당초부터 자연법에 내재하며 그 최초의 논자에게도 이미 목적으로서 분명하게 인식하고 있었다.

국가가 존재하지 않고 만인의 자유와 평등과 재산의 공유가 지배하는 시원적 상태라는 관념은 이미 중세에 형성되었는데, 이 관념을 기초로 하고 개인들에 의한 국가계약이라는 관념을 원용함으로써 자연법적 이성은 권력을 자신에게 동화시키려고 시도하였다. 이리하여 자연법적 국가론은 다양한 형태로 자기발전을 하고 혁명을 정당화한다는 것만이 아니라 절대주의의 정당화를 위해서도 동원되었다. 그러나 19세기 초두까지 지배적이었던 모든 계약론적 구성에는 **하나의** 공통점이 있었다. 모든 국가권력은 개인으로부터 나오며, 더구나 개인에 의해서 정당화되었다는 점이다. 그 점에 개인주의적 자연법의 혁명적이고 반권력적인 경향이 항상 유지되었던 것은 부정하기 어려우며, 이미 중세 전성기에 옥캄, 파두아의 마르실리우스 그리고 니콜라우스 쿠자누스가 거기에서 급진적인 정치적 귀결들을 도출하는 것이다. 매우 다양한 변화를 수반하였기 때문에 어떠한 민중(Volk)이 **최고의 지배자**(major principe)인가에 대해서 주권은 인민(Volk)에게 있다고 상정되었다. 그리고 자연적인 법의 제약을 초월하는 지배자에 대항해서 혁명만이, 공공연한 폭군살해가 주장되는 것마저 드물지 않았다. 정신적·윤리적인 힘을 크게 기울여 한편으로는 국가권력을 불가결한 것으로서 개념상 유지하면서, 다른 한편으로는 그 국가권력을 신적이며 자연적인 법과 유화시키려는 시도가, 또한 고전고대의 통일적인 **국가이해**로부터 수용된 **지고의 권력**(summa potestas legibus soluta)이란 명제나, 마키아벨리의 **국가이성**(ragione di stato)의 원리를 기독교적·서양의 윤리적 관념이나 법관념과 조화시키려고 시도하여 왔다. 당연한 것이지만 절대주의적 국가론도 자연법에 적합하게 거기에 살만하게 구축하고 군주주권을 국민주권과 마찬가지로 논리적으로 근거지우면서 국민주권에 대항하려고 하였다. 그런데 자연법을 설명하는 한 우선 첨예한 절대주의자인 영국 왕당파의 홉스마저 권력을 원칙적으로는 개인의 자기보존이란 목적으로 정당화할 뿐이었다. 그러나 홉스는 계약이라는 자연법적 도그마에 의해서 권력의 이원론적 분열을 제거하고, 자연법이론의 일부인 이른바 복종계약의 배제에 의해서 국민주권과 군주주권의 이원론적 분열을 제거하는 데에 비로소 성공하였다. 홉스는 또한 **만인이** 계약을 체결한 후에, 개인으로부터 일체의 자연권과 나아가 모든 법인격을 이제 전적으로 권력만을 무제한하게 대표하는 군주를 위해서 부인하였다. 「통일되고 하나의 인격으로까지 가지게 된 군중은 키비타스나 레기부스라고도 불리는, 즉 이것이 저 위대한 리바이어던의 존경해서 말하면 죽어가는 신의 발생이다」("*quo* facto multitudo una persana est et vocatur civitas et republica atque *haec* est generatio magni illius Leviathan vel ut dignius loquar mortalis Dei"). 권력의 현실존재와 존속의 기초를 주관적인 계약에서 찾는 것은 권력에 대한 위험성을 의미하는데, 이 위험성 때문에 영국의 이미 가라앉고 있던 절대적 권력의 옹호자였던 홉스는 자기의 이론에 의해서 그 위험을 방지하려고 하며, 신민인 개인을 능가하는 위치를 개인주의적으로 구성되고 대표되던 권력국가에 대해서 부여하려고 시도하였다. 방법과 귀결에서 여기에 능가할 만큼 유사한 것이 제네바의 공화주의자인 루소의 『사회계약론』이다. 루소도 복종계약과 다투었다. 그의 국가는 이처럼 이념에서 말하면 원래 자유로운 개인들의 자유로운 협정이라는 합리주의의 소산으로 그친다. 따라서 루소의 이론은 그 기초를 사회계약이라는 형식을 취한 절대적인 일치의 요구에 둔다는 점에서 말하면 권력에 적대적이며 개인주의적이다. 그러나 우리들은 프랑스혁명이 동시에 프랑스의 철저하게 현실정치적 지향을 가진 국민적 감정도 낳았다는 것을 잊어서는 안 된다. 그것을 감안한다면 국가계약은 루소에 대해서 「가장 자발적인 행위」이며, 「만인」과 「각인」을 교묘하게 등치함으로써 적지 않게 무제한하고 제한불가능하다는 점에서 홉스가 고지한 국가에 못지 않는 국가권력을 가져온다는 것이 명백하게 된다. 그런데 루소에서는 인격주의적인 **전체의지**에 대립하는 초인격적인 **일반의 지**로서의 국가의 권력의지는 주권적 국민이다. 루소에서 발견할 수 있는 것은 홉스가 고지한 단순한 왕조적 권력국가이상에 대항하는 혁명만은 아니다. 국민적 권력국가의 적극적인 이상도 이미 루소에서 발견할 수 있다. 그런데 그것은 그가 전제로 하는 인격주의적인 개인과 고전고대에 접근한 초인격적인 권력이상 간의 깊은 모순을 논리적으로 충분히 해결하지 못한 것을 나타냈을 뿐이다.

18세기의 독일에서는 기계적 · 원자론적으로, 그 기본적인 경향에서 권력에 적대하는 자연법이 계몽과 인문주의와 밀접하게 결부하면서 등장하여 왔다.[5] 세기말에 걸쳐 사람들은 루소로부터 민주적 공화주의적인 이상과 함께 자유주의적인 교육론도 수용하였는데, 거기에 권력국가적인 목표가 존재한 것은 간과하였다. 또한 매우 미약한 것에 불과한 여론의 이론과 실제는 여기서는 권력에 대한 반항적인 자세를 완고하게 유지하고 있었다. 사람들은 자연적인 인간은 본래 선한데 그것이 압도적인 국가권력에 속박되어 밀폐되었다고 생각하였다. 자주 보잘 것 없는 소국의 절대주의는 국민적인 권력이데올로기를 절대적으로 배제하고, 만족할만한 비이성을 은폐하면서 이성이라는 헌법체제는 국가에 의한 노예화를 제거할 수 있고, 모든 정치적인 강제로부터의 자유, 각인의 힘이 평등을 가져오며

---

5) 이하에 대해서는 나아가 Karl Lamprecht, *Deutsche Geschichte*, 12 Be., 6. Aufl., Berlin 1920 ff.; Eduard Fueter, *Geschichte der neueren Historiographie*, München 1911; Georg von Below, *Die deutsche Geschichtsschreibung von den Befreiungskriegen bis zu unseren Tagen*, Leipzig 1916.

국민의 확고부동한 의지는 최종적으로는 관철될 수 있다는 견해를 후원하고 있었다.

국가의 초인격적인 가치는 18세기의 인간중심주의적인 입장에서는 완전히 배제되고 있었다. 이 시대에 가치와 흥미의 대상이 될 수 있었던 것은 오로지 개인뿐이었다. 이 시대의 전형적인 인물인 크리스티안 볼프는 오성의 계몽에 개인의 도덕적 개선과 인류의 진보에의 희망을 의탁하고 있었다. 모든 단자 속에는 국가공동체와의 관련이 미리 필연적인 것으로서 편입되어 있다고 주장하는 라이프니츠의 이론은 망각되고 있었다. 볼프에서는 의식적인 이성존재자는 외계의 생명 없는 원자가 직접 대립하고 있다. 세계는 이 절대적으로 의지자유로운 개인의 행복을 위해서 합목적적으로 배치되고 있으며, 이들 개개인의 계약에 의해서 비로소 생기는 국가는 만인의 행복을 추진하고 마침내 **세계국가**(civitas maxima)에 이른다는 것이다.

18세기 말에 유명한 괴팅겐 학파가 주장한 역사관과 국가관에서도 인격주의적이며 권력에 적대적인 시각은 동요하지 않고 유지되고 있었다. 역사의 담당자는 영웅이나 군주, 외교관들이었다. 이러한 사람들의 자유의지는 주관적·도덕적으로 가치 있는 것이 되었다. 대중의 작용과 권력작용에는 눈을 돌리지 않았기 때문이다. 슈피틀러(Spittler), 가테러 (Gatterer), 쉴뢰쩌(Schlözer), 아헨발(Achenwall), 퓌터(Pütter)도 개인의 권리와 안녕이야 말로 국가의 유일한 목적이라고 생각하고, 바로 이러한 이상은 독일의 소국분립주의에 의해서 가장 잘 보장된다고 믿고 있었다. 「제국의 무력함과 그 구성원의 불순종이 독일적 자유의 수호신으로서」[6) 상찬되기도 하였다. 그리고 「18세기의 독일 국가학은 유럽의 자유라는 슬로건에 의해서 독일적 자유라는 낡고 공허한 개념에 내용을 부여하고 있었다. 우리나라의 평론가들은 전부 아래는 퓌터나 요하네스 뮐러에 이르기까지 평화를 애호하는 세계로 향하고, 통일 독일이 권력을 가지기에 이른 경우에는 파멸을 가져오게 됨으로 거기에 경계하도록 부르고, 다음과 같은 경고로써 신성제국의 찬사의 결론으로 삼았다. 독일의 10만의 총검이 한 사람의 지배자에게 따를 때 대륙의 자유는 화를 초래할 것이다!」라 고.[7)

이러한 자연법적 세계관에 대해서 모든 자아는 자기완결적인 세계였다. 이 합리주의적 원자화의 사상을 인류의 보다 내면적인 결합이라는 방향으로 유도하려는 시도는 **감상주의 의 시대**에 비로소 행하여졌다. 정감 넘치는 동맹이나 결사를 통한 결합이야말로 이 시대의 특징이다. 여기에 국민적·역사적 사고의 최초의 부드러운 싹이 있다. 그러나 이 감정경향 은 권력이데올로기적인 특징이라기보다는 반란의 모의라고도 할 수 있는 특징을 지니고 있었다. 허지만 **질풍노도**의 분방한 개인주의는 특히 전제주의나 군국주의에 격렬한 분노를 나타냈는데 이것에서 알 수 있듯이, 기본적으로는 어떠한 종류의 것이든 집합적인 권력에 등을 돌렸다. 여하튼 이 두 가지의 정신적 혁명에 의해서 인간이성에의 도그마적인 신뢰는

---

6) Heinrich Treitschke, *Deutsche Geschichte im neunzehnten Jahrhundert*, Bd. 1, 10. Aufl., Leipzig 1918, S. 19.

7) AaO., S. 22.

일정한 동요를 입었다. 이 이후 사람들은 ― 물론 역시 루소의 영향도 무시할 수 없지만 ― 자연과 마음의 암투에 잠기는 본능적이며 충동적인 힘에의 관심을 가지기 시작하게 된다.

이처럼 새로운 세계관은 이미 칸트의 자연법적 국가상에서의 견해에 적합하였다. 칸트는 계몽적인 개인주의의 완성자인 동시에 그 극복자이기도 하였다. 이 칸트에 대해서 확장적인 권력정책은 어떠한 것이든 기피되었다. 그러나 근래 유행하는 견해처럼 칸트의 국가론을 「현실 세계에 맞지 않다」든가 「이데올로기적」이라고 하여 치부해버린다면, 그것은 전적으로 잘못이라고 하지 않을 수 없을 것이다. 칸트는 국가생활에 있어서의 권력 계기의 의미를 결코 간과한 것은 아니다. 그는 거기에 자체적으로 적극적인 가치를 인정하지 않았을 뿐이다. 칸트에 의하면 인간은 화합을 추구하는데 자연 쪽이 무엇인가 「인류에 대해서 좋은지」를 잘 알고 있다. 그리고 「그 자연은 불화를 추구한다」.[8] 그러나 이러한 투쟁은 결코 자기목적적인 것이 아니다. 그 투쟁은 「대내적으로는 완전한, 그리고 **이 목적을 위해서** 대외적으로도 완전한 국가헌법체제의 실현을 목표로 한다」[9] ― 즉 영구평화, 「정치적 지고선」이 실현될 장(場)으로서의[10] 국가헌법체제의 실현을 목표로 하는 ― 자연의 계획을 집행하는 것이다. 역사의 궁극적인 이상목적이 되는 것은 오로지 보편적인 형태로 법이 실현되는 상태이다. 이 상태란 각인의 엄밀하게 한계지워진 자유영역이 계약을 기초로 하고 보편적인 국민(Volk) 의지의 지배가 달성되는 상태이다. 칸트의 국가에 대한 관심은 압도적으로 윤리적이며 그의 법개념은 유일 가치를 가진 자율적인 개인에 대한 도덕적 법칙에서 유래하는 것이다.

만약 칸트에 대해서 그의 [개인주의적인] 국가이념이 현대에 문자 그대로 실현된다고 하여 그 책임을 추구한다면, 그것은 매우 부당한 행위일 것이다. 칸트는 「공동적인 의지」를 낳기 위해서는 「다양한 만인의 특수의지」 간의 「일치를 가능하게 하는 원인」이 없으면 안 된다는 것을 매우 잘 알고 있었다. 「그리하여 저 이념을 (실천에서) **실현**하려는 경우, 법적 상태의 기원으로서는 **힘**(Gewalt) 이외의 어떤 것도 타당하지 않으며, 나중에 그 강제력 위에 공법의 기초는 마련된다」[11]고 한다. 그의 인민의지는 모든 개별적 의지의 원자론적인 총계는 결코 아니며 **가상적 인간**(homo noumenon)의 법실천적인 이성이라는 전혀 제약되지 않는 보편의지이다. 국가계약이란 ― 그리하여 이미 홉스나 루소에서 그러하였듯이 ― 역사적인 사실로서는 결코 아니며, 「모든 공공의 법률」이, 그리고 모든 국가 전체가 「법에 적합한가 여부를 음미하는 시금석」이다.[12] 즉 경험적 국가의 권력이 칸트가

8) Immanuel Kant, *Idee zu einer allgemeinen Geschichte in weltbürgerlicher Absicht* (1784), in *Gesammelte Schriften* (Hg. Kgl. Preußische Akademie), Bd. 8, Berlin 1912, S. 21.

9) AaO., S. 27.

10) Kant, *Die Metaphisik der Sitten* (1797), in aaO., Bd. 6, (1907), § 62 (S. 355) (백종현 옮김, 『윤리형이상학』, 아카넷, 2012, 320면).

11) Kant, *Zum ewigen Frieden* (1795), in aaO., Bd. 8, (1912), S. 371 (이한구 옮김, 『영원한 평화를 위하여』, 서광사, 1992, 63면).

요청하는 시민의 법률상의 자유와 평등, 자립을 어느 정도 근사치적으로 실현하는가를 음미하는 시금석이라는 것이다. 칸트는 「사람이 어떠한 기원을 가지는 헌법체제를 바라면」, 실천적으로는 거기에 대해서 의욕하는 것을 금하고 있다.[13] 그는 국가원수의 「대권이 **불가침한 것**」을 강조한다. 「국민의 한 사람 한 사람을 다른 사람들로부터 보호하는데 충분할 만큼의 권력을 가지지 아니한 자는 사람에게 명령할 권리도 가지지 않기 때문이다」.[14] 왜냐하면 그는 정당하게도 「모든 국민은 자기를 압박하려는 다른 국민을 이웃으로서 눈앞에 두고 있기 때문에 그것에 대항할 수 있는 **힘**을 위해서 자기의 내부에 하나의 **국가**를 형성하지 않으면 안 되는」[15] 것을, 그리고 영구평화란 것은 경험적으로 「실현불가능한 이념」[16]이라는 것을 충분히 알고 있다. 그는 이렇게도 말한다. 「시민적 권리들의 질서와 그것의 신성시」에로 인도된 것이라면, 전쟁조차 「그 자체 숭고한 것」이다. 거기에 인도되어 장구한 평화는 자주 「단순한 상업정신을, 그리고 그와 함께 비열한 사리(私利), 비겁함, 무기력을 지배적인 것으로 하며, 국민의 정신을 저하시키는 것이 보통이다」.[17]

　이렇게 서술함에도 불구하고 칸트에 있어서 권력은 윤리적인 목적으로서 나타날 뿐이며 선한 시민과 도덕적으로 선한 사람은 엄격히 구별되어야 한다는 견해를 보인다고 하여 형식적인 질서의 불가결성을 어둡게 하는 것도 아니다. 결국은 역시 「참된 정치」는 「미리 도덕으로 충성을 선서한 것이 아니라면」, 한 걸음도 밟고 나아가는 것이 허용되지 않는다[18]는 요구는 유지되며, 또한 영구평화가 적어도 「계속적으로 **접근**」가능한 목적인 것임에도 변함은 없다.[19] 개인의 윤리나 권리가 흔히 목적이 되고 권력은 고작해야 수단이 되는데 불과하다. 「권력국가 그 자체는 타율적인 것이며 그것은 수단으로서 이해되고 평가된다. 그것은 경험적 · 역사적 생활에서 자율의 사상에 승리를 얻게 하기 위한 수단이 되어야 한다」.[20] 칸트 시대의 정치적 의견은 칸트 이상으로 비역사적인 오성을 신뢰하고 있었다. 훔볼트나 피히테처럼 칸트와는 매우 다른 유형의 인물마저 청년시대에는 그러하였다. 빌헬름 폰 훔볼트는 이미 추상적 개인을 옹호하지 않고 이상적 개인성과 「성격의 전체성」을 국가권력에 대해서 옹호하였는데, 이 경우 이러한 국가권력이 의미하는 바는 인격성이 방해되지 않기 위한 외적인 전제 이외의 아무것도 아니다. 국가의 강제력은 칸트에서는 철저하게 비정신적인 것이라고 생각되었는데, 이 국가의 강제력은 오로지 「힘들의 자유로

---

12) Kant, *Über den Gemeinspruch: Das mag in der Theorie richtig sein, taugt aber nicht für die Praxis* (1793), in aaO., Bd. 8, S. 297.

13) Kant, *Metaphisik der Sitten*, in aaO., Bd. 6, § 49 Anm. (S. 319).

14) Kant, *Zum ewigen Frieden*, in aaO., Bd. 8, S. 382 f.

15) AaO., Bd. 8, S. 365 f.

16) Kant, *Metaphisik der Sitten*, in aaO, Bd. 6, § 61 (S. 350).

17) Kant, *Kritik der Urteilskraft* (1790), in aaO., Bd. 5 (1908), § 28 (S. 261) (백종현 옮김, 『판단력비판』, 아카넷, 2009).

18) Kant, *Zum ewigen Frieden*, in aaO., Bd. 8, S. 380.

19) Kant, *Metaphisik der Sitten*, in aaO., Bd. 6, § 61 (S. 350).

20) Cassirer, *Freiheit und Form* (Anm. 4 참조), S. 511.

운 유희」[21]를 방해할 뿐이며, 따라서 「스스로 자신으로부터 또한 외국의 적으로부터 자유를 보호하기 위한 필요 이상으로」[22] 「한 걸음 더」 개인의 자유를 제약해서는 안 된다고 한다. 훔볼트는 모든 코르포라치온은 공동의 권력과 수단의 사용에 관해서는 다수결을 통하여 자유롭게 결정되는 참가도 탈퇴도 자유로운 어소시에션에 대해서 대체해야할 것이라고 생각하였는데,[23] 그 경우에 주장한 것은 귀족적 아나키즘이다. 바로 이 훔볼트의 청년시대에 독일적 문화국민의 의식은 힘차게 싹트기 시작하였다고 말할 수 있는데, 정치적인 요인을 형성하기에는 요원하였다. 국민성은 국가권력과는 어떤 관련도 갖지 않는 것이 아니라 오히려 그것과는 일정한 대립관계에 서기까지 하는 순수하게 정신적인 것이었다. 1798년에 훔볼트는 파리로부터 이렇게 적고 있다. 「나는 원래 정치 세계에 대해서는 논하지 않고 오로지 본래적으로 국민적인 것에, 즉 여론이나 정신의 진전, 특성의 형성, 습속 등과 같은 것에 자신의 테마를 한정한다」라고.[24] 훔볼트는 국민을 고유성을 가진 전체로서 인식하고 독일 국민을 인류적 민족이라고 서술하는데, 그는 이렇게 말하는 경우 국민을 단순히 순수하게 윤리적 · 미학적인 이상으로서 이해할 뿐이다. 이 국민적 감정은 「국민의 자유로운 상호작용」을 알고 있더라도 권력목적은 알지 못한다. 「모든 선에의 동경이 인간을 사회 속으로 인도하는데」, 이 국민적 감정은 「그 모든 선을 보존한다」.[25] 이 시기에 그는 전국민에 대해서 「조국을 위해서 항상 투쟁할 준비가 된」 「진정한 전사정신 또는 고귀한 시민정신」의 발흥을 원하였는데, 국가가 국민에게 전쟁교육을 실시하는 것은 거부되어야 한다고 하였다. 그것이 그가 여기서 「필요악」이라고 부르는 국가에의 최대한의 양보였다.[26] 훔볼트는 일찍이 이 무정부주의적인 견해를 극복하고, 1813년의 각서 중에서 정신적인 국민의 발달을 위해서는 자유롭고 강한 독일이 필요불가결하다는 것을 인식하기에 이르렀다. 그러나 여기에 이르러서도 여전히 그는 「시대가 투쟁하는 동안에 인간의 도야형성의 영속적인 건설에 힘을 쏟아야할 것으로서…」 「한 순간에 빛나고 자신의 역할을 수행하는 것이 아니라 시대의 위대한 과정에 승리하기 위해서」 세계정신은 독일 민족을 선택하였다고 생각한다.[27] 실러가 훔볼트의 영향을 받고 1801년에 저 「독일의 위대함」이라는 시의 초고 중에서 개진한 사상은, 이 시인이 어떠한 권력이데올로기와도 전혀 무관하다

---

21) Wilhelm von Humboldt, *Ideen zu einem Versuch, die Gränzen der Wirksamkeit des Staates zubestimmen* (1792), in *Gesammelte Schriften* (Hg. Kgl. Preußische Akademie), Bd. 1, Berlin 1903, S. 113.

22) AaO., Bd.1, S. 129.

23) AaO., Bd. 1, S. 107; 113; 129; 132.

24) Albert Leitzmann (Hg.), *Briefe von Wilhelm von Humboldt an Friedrich Heinrich Jacobi*, Halle 1892, S. 61. bei Meinecke, *Weltbürgertum* (Anm. 4), S. 56.

25) Humboldt, *Ideen*, in aaO., Bd. 1, S. 236.

26) Humboldt, *Ideen*, in aaO., Bd. 1, S. 140 bei Meinecke, *Weltbürgertum*, S. 42.

27) Friedrich Schiller in Bernhard Suphan (Hg.), *Deutsche Größe, ein unvollendetes Gedicht Schillers* (1801), Weimar 1902, Zeile 126-129; Wilhelm v. Humboldt, *Denkschrift über die deutsche Verfassung* (1813), in aaO., Bd. 9 II (1903), S. 95-112 참조.

는 것을, 그리고 그에 대해서 권력국가란 순수하게 왕조적인 것에 불과하며 국민적인
것은 결코 아니었다는 것을 매우 잘 나타내고 있다. 그에 의하면 독일인은 「오만한 두
개의 민족이 그것을 굴복시키고 승리자가 운명을 결정한」 뤼네비유의 굴욕적인 강화*
이후에도 그 본질적 가치를 상실하지는 않았다. 「독일 제국과 독일 국민은 별개의 것이기
때문이다. 독일인의 존엄은 결코 그 군주라는 수장에 의존하는 것만은 아니다. 독일인은
정치적인 것이란 별개로 자신의 가치를 창설한 것이며 **제국**(Imperium)이 몰락했다고
해서 독일인의 존엄이 침해되는 것은 아니었다. 이 존엄이란 윤리적인 위대함이며 그것은
문화와 국민의 특질 속에 내재한다. 이 특질은 그 정치적 숙명에 좌우되는 것은 아니다」.
영국인이나 프랑스인이라면 권력이나 부를 얻으려고 분주할는지도 모른다. 그러나 독일인
은 「세계의 정신과 교류하는 것이다」.[28] 여기에 19세기 초두의 독일적 정신의 정치적
기조가 묘사되고 있다. 실물 그대로 재현된 것은 아닐지라도 말이다. 이 시대의 그 밖의
어떠한 시인들도 예컨대 레싱이나 괴테 등도 어떠한 국민적 권력사상과도 전혀 무관하였던
것, 그들에게는 국가나 정치 일반과의 관계가 심각하게 결여되었던 것은 다 아는 사실이다.

　예컨대 독일적 국민의식을 최초로 알린 사람 중의 하나인 헤르더는, 이미 「가장 자연적인
국민이란 하나의 국민적 성질을 가지는 **하나의** 민족」[29]이라고 서술하며, 「그 대지는
독일인 자신이 **지켜온 것**」[30]고 말한다. 이 헤르더는 가장 중요한 역사적 감정의 각성자라고
할 인물인데, 헤르더에 대해서는 이성이 부여된 개개의 인간은 「모든 자연의 요소와 그
영위의 자녀이며 그 정수이며, 말하자면 천지창조의 정화이기도 하다」.[31] 이 개개인의
지복이야말로 역사의 목적이며 이 역사에서는 합리적인 발전사상이 예리하게 강조된다.
그리하여 국민적·역사적 의식도 포함되지만 헤르더의 세계관은 여전히 코스모폴리탄적
이며 개인주의적이다. 이제 바로 그는 여러 국가들이 국민적으로 된 것에서 권력정치의
종말을 기대한다. 그리하여 그는 말한다. 「조국」 동포가 전쟁 할 것은 결코 아닐 것이며
「조국 동포는 평온한 가운데 병존하며, 마치 가족과 같이 편을 든다. 피비린내 나는 전쟁
중에서 **조국과 조국이 적대한다**는 표현은 인간의 언어를 조잡한 방법으로 오용하는 것이
다」.[32] 이 헤르더에 못지않게 피히테도 역시 국민적 권력국가사상가였다고 말하기는
어렵다. 국민적 권력국가의 사상은 자주 추측하듯이 그에 대해서도 전적으로 무관한 것에
그쳤다. 그의 의론의 출발점은 항상 이성과 본능이 지배하는 낙원처럼 원시상태였는데,
이 상태는 세상이 흘러가는 속에서 권위적인 권력의 상태, 즉 어떤 때에 시작하며 결국은
완성하기에 이르는 죄의 상태로 변모한다. 그런데 이 상태에 대해서 구제는 이성의 학문,

28) Schiller, aaO., Zeile 3-5; 13-23; 120.
29) Johann Gottfried Herder, *Ideen zur Philosophie und Geschichte der Menschheit*, Buch IX, Kap.
　　IV (1785), in *Sämmtliche Werke* (Hg. B. Suphan), Bd. 13, Berlin 1887, S. 384.
30) Herder, *Haben wir noch das Publicum und Vaterland der Alten?* (Fassung 1795), Beilage zu
　　*Briefe zu Beförderung der Humanität*, 5. Sammlung, in aaO., Bd. 17 (1881), S. 317.
31) Herder, *Ideen*, in aaO., Bd. 13, S. 23.
32) Herder, *Publicum und Vaterland der Alten*, in aaO., Bd. 17, S. 319.

그리고 마침내는 이성예술의 시대, 즉 성화(聖化)된 상태를 거쳐 다시 방문할 것이라고
한다. 처음에 이성적 자유가 있었다. 그것은 다양한 시대를 거쳐 최후에는 다시 돌아올
것이다. 그러나 거기에 대립하는 것이 오늘날의 죄 많은 권력의 시대 — 유일 진실한
목적은 그 자기폐기에 있다는 시대 — 라는 것이다.

칸트에 있어서는 단지 이성의 이념에 불과했던 것이 초기의 피히테에서는 실천적 정치의
요청이 되고 있다. 피히테가 1793년에 『**유럽 군주들에 대한 그들에 지금까지 억압하여온
사상의 자유의 반환요구**』[33]와 『**프랑스 혁명에 대한 여론의 판단을 정정하기 위한 한
논문**』[34]이라는 제목을 붙여 익명으로 발간한 저작은 아마 독일에서 최초의 혁명적인
저작이다. 이러한 저작들은 고고한 도덕의 모든 권력에 반항하는 적의의 외침을 나타내고
있다. 어떠한 국가제도도 반윤리적이다. 그것들은 모두 「강자의 권리에」 근거하기 때문이
다.[35] 「모든 군주제는 안으로는 제약 없는 독재가 되려는 경향을, 밖으로는 세계적 군주제
가 되려는 경향을 가진다」.[36] 피히테는 지배자의 위선적인 이론이, 즉 자신의 권력은
평형 형성의 수단에 불과하며 그렇지 않으면 만인의 전쟁이 발생하게 될 것이라고 주장하는
데에 비웃고 있다. 그는 오히려 「만인에 대한 한 사람의」 전쟁을 요구한다. 이리하여
인류는 세계국가에, 그리고 평화에 도달할 것이기 때문이다.[37] 「권리」란 피히테에서는
단지 윤리적으로 「정당한」 것을 의미할 뿐이다. 이것을 이 절대적 자아의 철학자 피히테는
이렇게 설명한다. 「법률은 어떠한 사람에 대해서든 그 사람 자신에 의한 이외에는 부과될
수 없다」. 그가 「자신의 엄밀한 권리를 포기하는 것은 물론 자유이다 — 그러나 그는
타자에게 강제되는 일이 있어서는 안 된다」.[38] 그는 단도직입적으로 모든 개인에게는
「강제력을 사용한 자기방어」를 위한 「교전권」이 있다고 주장한다.[39] 그 자체는 개인적
자유권을 위한 수단일 뿐이다. 그 목적은 그 자신을 폐기하는 것이며 후에도 피히테는
자주 이렇게 반복하는데 「정부를 쓸모없이 만드는 것이야말로 모든 정부의 목적이다」라
고.[40]*

정치적 정신상황이 이상과 같다고 본다면 피히테뿐만 아니라 아주 드문 예외를 제외하고
는 독일 국민의 위대한 인물들 모두가 프랑스 혁명의 개시에 열광적으로 기뻐한 것도
전혀 놀랄 일은 아니다. 프랑스 혁명은 자연법의 시대 전체가 시사한 위기에서 유래하는
것이었다. 200년 이상에 걸쳐 언제나 이성이 요구해온 것, 지금까지 반윤리적인 폭군권력이

33) Johann Gottlieb Fichte, *Zurückforderung der Denkfreiheit von den Fürsten Europens* (1793),
   in *Sämmtliche Werke* (Hg. I. H. Fichte), Bd. 6, Berlin 1845, S. 3-35.
34) Fichte, *Beitrag zur Berichtigung der Urtheile des Publicums über die französische Revolution*
   (1793), in aaO., Bd. 6, S. 39-288.
35) AaO., Bd. 6, S. 81.
36) AaO., Bd. 6, S. 94.
37) AaO., Bd. 6, S. 95.
38) AaO., Bd. 6, S. 81 f.
39) AaO., Bd. 6, S. 172.
40) Fichte, *Über die Bestimmung des Gelehrten* (1794), in aaO., Bd. 6, S. 306; 120 ff.

계속 방해해온 것, 이것이 지금 주권적 국민의 봉기에 의해서 현실화하게 되었다. 이 「인류의 청춘시대의 개시」는 자연법의 질서, 국가의 질서, 인류의 질서를 가져왔으며, 그 이후에는 권력에는 이성이 명령을 내리고 자연법은 자신의 걸작품들을 완성하였다.

그런데 혁명은 곧 이러한 이상의 반대물로 전화하고 자유나 평등의 희망 대신에 잔인한 권력이 공포지배를 개시하였다. 사람들이 이성이나 영구평화, 코스모폴리탄으로서의 우애를 바라던 곳을 기요틴의 광기, 영원한 세이벨의 지배, 그리고 나폴레옹의 제국주의가 배회하였다. 사람들이 근본적으로 자연법의 이상정치에 등을 돌리는 원인을 제공한 것은 이것에 대한 고통으로 가득찬 환멸 이외에 아무것도 아니었다. 이 시대에는 프랑스 혁명을 둘러싼 버크*의 저작이 독일에서도 프리드리히 겐츠에 의한 훌륭한 번역과 서문, 그리고 겐츠 자신의 손에 의한 버크의 논술과 적어도 동일한 가치를 지니는 평론이나 논문도 첨부하여 발간되었다.[41] 현실정치가인 영국인 버크는 이 저작에서는 원칙적으로는 자연법의 궤도 밖으로 벗어나지 않고 때로는 통렬한 또한 때로는 소피스트적일 뿐인 증명을 가지고 혁명의 제 1단계에서의 비실천적인 교조주의와 투쟁하고, 거기에 역사적인 계속성을 유지하고 있는 그의 조국 영국의 「유기체적인」 개혁정치를 대치하였다. 그는 전적으로 체계라고 말하기 어려운 사상가의 기본적인 이념으로서, 정치란 「원래 실천적인 목적으로 향해야할 학문」이라는 명제를 주장하였다. 혁명적인 저작가의 사변이나 「이러한 종류의 이론가의 망상적인 권리는 완전히 극단으로 치닫는 것이라고 하지 않을 수 없다. 그것들은 **형이상학적인** 의미에서 진리이면 일수록 **도덕적 · 정치적인** 의미에서는 허위이다」. 「인간은 권리로서 자유를 가지는 것과 마찬가지로 여러 가지의 제약을 당연히 받고 있다」.[42] 겐츠는 그렇게 펜싱의 재주를 부리지 않고 많은 적절한 것을 여기서 서술한다. 특히 그의 서문은 현대의 시대비판으로서 읽는 것마저 불가능하지는 않다. 겐츠에 의하면 정치적 자유는, 「**절대적인 개념이 아니라 관계개념**」.[43] 「철학자가 묘사하는 여러 가지의 체계로부터 천민은 살인병기를 만들어낸다」. 「**통치의 도구**로서의 인권선언을 필요로 하는 국가는 모든 국민을 무장시켜 자기 자신에게 대항시키게 된다」.[44] 정관주의적인 본능의 정치와 사변적인 이성의 정치를 아주 예리하게 대립시킨 결과, 후자에게 매우 부당한 결과를 가져온 것은 부인할 수 없지만, 이 책은 전체적으로는 정치적 계발을 위해서 많은 전거를 제공하게 되었다. 겐츠/버크는 국가의 발전이 역사적 · 국민적 조건들에 제약된 크게 강조하고 순수하게 도덕정치적인 관점을 거부함으로써 독일에 거대한 감명을 주었다. 그리하여

---

41) 버크의 사상은 이전에 이미 레베르크와 브란데스를 통해서 독일에 알려지고 있었다. Frieda Braune, *Edmund Burke in Deutschland*, Heidelberg 1917 (Heidelberger Abhandlungen zur mittleren und neueren Geschichte, Heft 50).

42) Edmund Burke, *Betrachtungen über die französische Revolution* (프리드리히 겐츠에 의해서 번역되고 나아가 그에 의한 서문 · 주해 · 논문이 첨가되어 있다), 2 Bde, Berlin 1793, Bd. 1, S. 92; 89.

43) Friedrich Gentz, Über politische Freiheit und das Verhältniß derselben zur Regierung," in Burke, aaO., Bd. 2, S. 118.

44) Friedrich Gentz, "Über die Declaration der Rechte," in Burke, aaO., Bd. 2, S. 183.

준비된 정치관에서의 중대한 변화는 다음 두 가지의 그림에서 구상적인 모습으로 이해할 수 있을 것이다. 왼쪽의 그림은 피히테의 혁명 논문에, 오른쪽 그림은 겐츠의 버크 번역45)에 ― 모두 1793년에 발간 ― 의한 것이다.

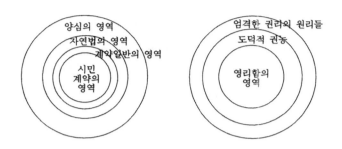

피히테의 사상은 결과적으로는 독일 자연법을 충실하게 모사한 것인데 거기에서 전체 세계는 양심의 영역으로 둘러싸인다. 그 결과 실제의 현실에는 냉담한 채 외부의 강제에 대항하는 도덕적이며 혁명적인 자아만이 결정을 내리게 되며, 정치 세계의 전체는 단지 그 자아의 계약을 통한 자율적인 동의를 매개로 해서만 성립할 수 있게 된다. 이것과는 전혀 다른 정치적 사고의 방법을 겐츠의 서술은 보여준다. 여기서는 영리한 영역(이 허용되며)」,46) 그것이 모든 정치적인 예지의 원리의 진정한 결합점으로서 나타나며, 주관적인 도덕적 권한은 객관적으로 엄격한 권리의 영역에 의해서 포함된다는 것이다.

버크/겐츠의 사상은 거대한 감명을 주었는데 그것은 단순히 정치적 낭만주의만이 아니라 독일의 정신세계 전체에 미쳤다.47) 이 사상은 특히 국가와 사회의 역사적인 이해를 깊게 하고 정치적 현실감각을 자각케 하고, 독일에서의 권력국가적 사상의 가장 중요한 전제의 하나가 되었다.

겐츠는 그의 번역 서문에서 이렇게 예언하였다. 즉「프랑스는 형식으로부터 형식에로, 파국에서 파국으로 건너고 있는데」, 그것은「정치적 경솔함과 정치적 열광에 대한 심각한 경고」가 될 것이라고.「일찍이 역사가 여러 세기에 걸친 시기에 보여준 교훈의 양이 여기서는 단 수년 동안에 생생한 그림으로까지 응축되고 있다」.48) 겐츠는 두 개의 방향에 기여하였다고 할 수 있다. [첫째는] 상술한 여러 사건들은 실제로 독일인의 정치관을 위한 강의가 되었으며, [둘째로는] 널리 읽힌 [버크] 책의 정치적 이념의 설득력을 특별한 정도로 강화한 것이다.

---

45) Fichte, aaO., Bd. 6, S. 133; Gentz, Anmerkung zu Burke, aaO., Bd. 1, S. 92 (S. 94).

46) Gentz, ebenda.

47) 참조. 이에 대해서는 Gunnar Rexius, "Studien zur Staatslehre der historischen Schule," in *Historische Zeitschrift*, 107 (1911), S. 515 ff. 이것은 레베르크와 브란데스에 대한 버크의 영향도 추정하고 있다. 이에 대해서는 Kurt Lessing, *Rehberg und die französische Revolution*, Freiburg 1910.

48) Gentz, in Burke, aaO., Bd. 1, S. XLII.

그렇다고 정신적 반동이 일어났다고 성급하게 결정을 내려서는 안 된다. 사람들은
더욱더 여전히 압도적으로 코스모폴리탄적이며, [버크/겐츠로부터] 받아들인 가르침을
바로 국민적·권력국가적인 것에로 해석하고, 거기에 대해서는 생각하지도 않았다. 확실히
피히테는 1800년에 이미 「냉정한 코스모폴리탄주의」에 반대하는 자세를 취하고 있다.
그러나 그의 이상은 여전히 「조국애와 세계시민주의와의 가장 내적인 일치」에 있었다.[49]
1813년에도 그는 또 이렇게 공언하였다. 「아아 독일인만은 다행하게도 다른 세계의 약탈에
의 직접적인 관여로부터 면하여 왔다. 간접적인 관여로부터도 면한다면 고마운 것이
다!」.[50] 이와 같이 피히테는 확장목적을 위한 국가의 권력활동을 항상 거부하였는데,
프랑스 혁명에 못지않은 그 자신의 정신적 혁명의 전개에 의해서 그의 국가관은 초기
1796년의 아나키즘으로부터 변화하고, 마침내 국가의 내적인 권력에 대한 깊은 이해를
얻기까지 이르렀다. 그러나 그는 이 국가의 내적인 권력을 보호권력으로 파악하였다.
피히테의 예민한 사회적 양심에 의해서 칸트적 법치국가는 장래에 매우 중요한 의미를
가지기에 이른 새로운 내용이 부여되었다. 즉 피히테는 칸트의 법치국가를 사회적 경제국가
에로 확장한 것이다. 이러한 과정을 거쳐 피히테는 국민적 이념을 일탈하지 않고 — 이
국민적 이념은 실러에 대해서와 마찬가지로, 피히테에 대해서도 결국은 오로지 순수하게
정신적인 것이며, 결코 비합리적인 권력본능과는 관련을 가지지 않는 것이었는데 — 결국
1804년에 국내로 향해진 국가권력에 광대한 활동영역을 용인하기에 이르고 이렇게 서술하
게 되었다. 즉 「개인의 그 사람에게 알려지고 그 사람의 자재할 수 있는 모든 힘은, 국가목적
의 촉진을 위해서 국가에 대해서 필요하다. 국가의 목적이란 문화이기 때문이다」.[51]
이제 그는 「한 국가의 우선 첫째의 조건이며, 또 최초로 열거해야할 본질적인 징표」는
「자유로운 것이며 비로소 타자의 의지와 감독에 복종할 수 있다」는 점에 있는 것을 용인하지
않을 수 없었다. 이 복종이 있어서 비로소 「문화」가 시작하기 때문이다.[52] 발생적인
관점에서 본 권력-법[=권리]관계는 여기서는 전혀 별개의 평가를 받는다. 「현대의 인류
중에서의 법[=권리]이어야할 것은…법[=권리]의 형식에 대항하여 성립하여 왔다」.[53] 그럼
에도 불구하고 1813년의 국가론에서도 오로지 「권리 — 고유한 것이든 일반적인 것이든
— 를 위한 경우에만 각인은 **강제력의 행사가** 허용된다」[54]고 하며, 권력은 서로 변함없이
종속적인 수단 그대로이다. 그리고 그는 1812년에는 낭만주의적·복고적인 사조 속에

---

49) Fichte, Briefe an Konstant, abgedruckt in *Eleusinien des neunzehnten Jahrhunderts. Oder Resultate vereinigter Denker über Philosophie und Geschichte der Freimauerei*, zweites Bändchen, Berlin 1803, S. 37 bei Meinecke, *Weltbürgertum* (Anm. 4), S. 96.

50) Fichte, *Reden an die deutsche Nation*, in aaO., Bd. 7 (1846), S. 466 (김정진역, 『독일 국민에게 고함』, 삼성문화문고, 1971; 황문수역, 범우사, 1997).

51) Fichte, *Grundzüge des gegenwärtigen Zeitalters* (1804-1805), in aaO., Bd. 7 (1846), S. 147.

52) AaO., Bd. 7, S. 149.

53) Fichte, *Das System der Rechtslehre* (1812), in aaO., Bd. 10 (1834), S. 514. bei Metzger, *Gesellschaft, Recht und Staat* (Anm. 4), S. 184 Anm. 1.

54) Fichte, *Excurse zur Staatslehre*, in aaO., Bd. 7 (1846), S. 574.

깊이 몰입하며「독일적인 것을 위한 정복왕」55) ─ 즉「그 시대의 이해능력과 그 국민과의 정점에 선」56) 정복왕 ─을 대망하였는데, 그가「강제국가」의 현실존재의 권리를 인용하는 것은 그 국가가 모든 외적인 권리강제를 종결시킬 것인가 하는 저 낭만주의적이며 기독교적인 인류의「왕국」에로 선도하여 가는 한에서이다.「강제국가는 이 조건을 만족하는 한에서만 현실로 존재할 **권리**를 가진다. 그것은 거기에서 자기 자신의 **폐기**를 준비하기 때문이다.」57) 이 시대의 피히테를 트라이치케는「오늘날[1862년] 독일 국민당을 움직이는 이념의 최초의 저명한 고지자」였다58)고 평가하는데, 그것은 잘못이다. 피히테의 목적은 언제나「인간의 얼굴을 가진 모든 사람의 평등하게 근거지워진 자유」에 두고 있었다.59) 생애에 걸쳐서 그는 권력국민이라는 현대의 개념과는 거리가 멀었다. 그는 1813년에는 또 이렇게 말한다.「독일인의 국민적 성격의 현저한 특징은 국가 없이 국가를 초월해서도 현실존재를 가지며 더구나 순수하게 정신적으로 자기를 형성하는 것이다」. 그러므로 독일의 통일이라는 요구의 실현은「어떠한 개별화된 민족고유성이 관철된다는 것이 아니라 자유를 가진 시민을 실현하게 된다는 것이다」라고.60)

초기 낭만주의는 이미 피히테에게 깊은 영향을 미치고 있었다. 이러한 정신적 및 감정적 방향성은 인간이성에의 불신이나 혼과 자연이 가지는 비합리적인 힘에의 높은 평가를 낳는 동시에 독일 권력국가사상에 대해서 기초가 되는 전제들을 산출하였다. 그럼에도 불구하고 이 경향은 지나가 버린 시대의 개인주의의 고양을 극단적인 주관주의의 방향으로 해석하고 어떠한 집합적 권력도, 따라서 국민적인 집합적 권력도 기피하였다. 이 경향은 특징으로 충만한 것과 개인적인 것 모두에 대한 민감한 감수성을, 특히 민족이나 국가의 생의 인격적 및 국민적인 측면에 대한 양해로 확대시켜 위화감이 없었는데, 거기에서도 중세적·기독교적·교회적인, 인간성을 포괄하는 생활공동체에 대한 그 낭만적인 동경을 국민적인 권력이데올로기로 변용시키는 것을 저지하였다. 푸른 꽃의 기사는 모든 **보편적인 조화**(concordantia catholica)가 르네상스에 의해서 분열된 것에 비탄하고, 모든 권력정책을 거부하는 점에서 계몽이나 인문주의와 일치하고 있었다. 그러나 그 주관주의는 개인이 알지 못하는 힘, 즉 역사적인 소여에 의존하지 않을 수 없으며 자연법에 의해서 원자화된 세계도 실은 내적으로 결합된 것을 강조함으로써 보충되며 나중에 극복되었다. 이미 90년대 중엽에는 프리드리히 슐레겔과 슐라이어마허가 칸트의 합리주의에서 이탈하고 있었다. 칸트 윤리는 그들에게는 윤리적이라기 보다는 훨씬「법학적인」것으로 보였다.61) 매우

55) Fichte, *Aus den Entwurfe zu einer politischen Schrift* (1813), in aaO., Bd. 7 (1846), S. 565.
56) Fichte, *Excurse*, in aaO., Bd. 7, S. 576.
57) AaO., Bd. 7, S. 574.
58) Heinrich Treitschke, "Fichte und die nationale Idee," in *Historische und politische Aufsätze*, Bd. 1, 6. Aufl., Leipzig 1903, S. 136.
59) Fichte, *Die Staatslehre* (1813), in aaO., Bd. 4 (1845), S. 423; ders., *Politische Schrift*, in aaO., Bd. 7, S. 573.
60) AaO., Bd. 7, S. 572.

현대적인 반향을 가진 수많은 언어가 상당히 일찍부터 이러한 집단 속에서 공공연하게
되었다. 노발리스는 1798년에 이미 이렇게 서술한다. 시민 속에「공공적인 정신」을 육성함
으로써,(62) 낡은 국가를「이 기계」를「생기 넘치는 자율적인 존재」로 전환시켜야할 것이다.
반복해서 말하는데「모든 문화는 인간과 국가와의 관계들에서 생기기 때문이다」.(63) 그러
나 프리드리히 슐레겔은 이미 1804-06년에 행한 강연 중에서 매우 명확하게 이렇게
단언한다.「어떠한 국가도 자립적이며 독립하여 존재하는 개체이며 무조건으로 자기 자신
의 주인이며 자기 고유의 성격을 가진다. 그리고 자기 고유의 법칙, 습속 그리고 관습에
따라서 자기 통치를 한다」.(64) 여기서 국가는 이미 전적으로 초인격주의적으로 평가된
것처럼 서로 상반된 모습을 나타낸다. 그러나 이미 국민주의적 성격을 가지며, 현대의
현실정치를 생각나게 하는 반향을 가지는 초기 낭만주의의 이 말을 아주 정면으로 진지하게
받아들여서는 안 된다. 이러한 사람들 모두가 낭만주의의 예술가였다는 것, 그들은 어떤
때에는 십자가에 매력을 느끼고, 어떤 때에는 국가도 인격적인 아름다움을 가진다고 본
것, 그러나 그들은 그 진정한 본질에서는 역시 권력국가를 거부하고 세계시민이기를 계속한
것, 이것을 망각해서는 안 된다. 어떤 자는 가톨릭적이며 보편적인 색조를 농후하게 지니고
있었으며, 또 어떤 자는 비교적 합리주의적이며 민주적인 색조를 띠고 있었다. 예컨대
노발리스는 참으로 완성된 국가는「시적인」국가이다.(65)「독일적인 것은 코스모폴리탄주
의에 가장 강력한 개체성을 융합시키고 있다」(66)고 생각하였다. 그는 1799년에 모든
버팀목들이 남김없이 나약한 것으로 느꼈다.「왜냐하면 너희들의 국가는 세속에로 향하려
는 경향을 가지기 때문이다. 그러나 국가를 하늘의 높이에로의 숭고한 동경과 결합시키며
만유와의 관계를 부여한다면, 너희들은 국가 중에 정지하지 않는 원동력을 가지기에 이르며
너희들의 노고는 풍부하게 보답될 것이다」.(67) 국민동포의 권력항쟁을 그는「정신적인
권력」으로 제거하기를 바란 것이다. 프리드리히 슐레겔도 자연법적인 코스모폴리탄주의에
서 출발하여 역시 1796년에는 칸트적인 법치국가사상을 포용하고 있었다. 그리고「자유와
평등」,「모든 국가에 의해서 구성되는 보편주의적인 공화제」,「영구평화」를 주창하고,(68)

---

61) Novalis, *Fragmente*, in *Schriften* (Hg. J. Minor), Bd. 3, Jena 1923, S. 311 bei Wilhelm Metzger, *Gesellschaft, Recht und Staat* (Anm. 4), S. 197.

62) Novalis, *Paralipomena zum Blütenstaub* (1798), in aaO. (Anm. 61), Bd. 2 (1907), S. 144 und ders., *Glaube oder Liebe*, in aaO, Bd. 2, S. 155 bei Metzger, aaO., S. 229.

63) Novalis, in aaO., Bd. 2, S. 272 bei Metzger, aaO., S. 228.

64) Friedrich Schlegel, *Philosophische Vorlesungen* (1804-06), Hg. C. J. H. Windischmann, Bd. 2, Bonn 1837, S. 382 bei Meinecke, *Weltbürgertum* (Anm. 4), S. 89.

65) Novalis, *Paralipomena*, in aaO., Bd. 2, S. 144〉 bei Metzger, aaO., S. 230.

66) J. M. Raich (Hg.), *Novalis Briefwechsel mit Friedrich und August Wilhelm Schlegel*, Mainz 1880, S. 41 f. (Brief vom 30. November 1797) bei Meinecke, aaO., S. 71.

67) Novalis, *Christenheit oder Europa*, in aaO., Bd. 2, S. 36 bei Metzger, aaO., S. 230.

68) Friedrich Schlegel, *Versuch über den Begriff des Republikanismus* (1796), in Friedrich Schlegel, *Seine prosaischen Jugendschriften* (Hg. J. Minor), Bd. 2, Wien 1882, S. 57 ff. bei Metzger, aaO., S. 226.

최종적으로는 여하튼 가톨릭적 보편주의에로 이행해야한다고 설명하였다. 이러한 그의 관점에서 본다면, 이 시대에는 국민의 「개별화」는 「한계」이며 「악」에 다름 아니었다. 그러므로 종교적 기초에 근거하여 초국민적 제정(帝政)이 정치적 이상이 되었다.69) 초기 낭만주의의 과격한 주관주의는 절대적으로 정치적인 것이 아니라 여하튼 권력국가사상에 관련을 가질 수 있는 것은 아니었다. 인격적 · 정치적인 주관성에서, 즉 내적 · 외적인 혁명의 사상에서 탈피하기 위해서 낭만주의는 국민적 권력공동체라는 객관적 이상으로가 아니라 가톨릭교회라는 초인격적 객관성에 의해서 국가의 권위도 또한 보존된다고 생각하였다. 낭만주의는 권력의 세계로부터 기독교윤리의 세계로 도피한 것이다. 그것은 기독교의 사랑의 이념과 메테르니히의 권력정치의, 그리고 최종적으로는 프로이센적인 권력정치의 실천과의 동맹관계 속에 들어간 것은 상당히 나중이 되어서였다. 이리하여 1800년경의 독일 민족의 정치적인 정신적 구조를 개관해 본다면, 우리들은 다음과 같은 마이네케의 판단에 동의할 수 있다. 즉 「…계몽주의자와 낭만주의자는 **앙시앵 레짐**이라는 비윤리적인 국가 — 라고 그들이 생각한 것 — 를 공통의 적으로 삼았다. 그러나 본래의 공통의 적은 권력국가 일반이었다」.70)

이상에서 보아온 문학자들의 의견 이외의 여론은 당시의 독일에서는 결코 존재하지 않은 것이나 마찬가지였다. 확실히 이 세기 말은 괴팅겐에서 정치적 출판물이 출판되기 시작한 시기였다. 그러나 이것도 슐뢰쩌에 의해서 철저하게 자유주의적이며 야당적인 권력에 적대적인 방향에 따라 편집된 것이었다. 지배적인 위치를 차지하던 인격주의적 사고는 개인에게만 절대적 자립성의 권리와 윤리적 가치를 승인하고, 정치적 이상을 전면적으로 도덕적 · 교육학적인 사고의 배후로 후퇴시키고 있었다. 궁극적인 것으로서 전적으로 보편타당한 것은 코스모폴리탄적 · 공화적인 이상이었다. 사람들은 그 이상의 실현으로 모든 권력국가정치의 종말이 약속된다고 기대하였는데, 그 실현의 기초로서 추구한 것은 오로지 왕조적인 관심에 불과하였다. 국가적 심정과 애국심은 — 레싱이 일찍이 말했듯이, —「영웅주의적인 나약함」이 나타난 것으로 보았다. 그리고 사람들은 당시 행위나 인간이나 사회에 대해서 「애국적」이라는 말을 사용했는데, 그 경우 그 말에는 거의 오늘날의 「사회적」이라는 말이 가지는 의미가 부여되었다.

「그러나 사람들은 대외적으로는 일체의 권력정치적 감정에서… 또한 전혀 소원하였지만 그 결과 대내적으로도 정치적 관계를 무엇보다도 먼저 권력관계라고 본다는 것에서 출발할 수 있었다」.71) 대외정치에는 거의 어떠한 관심도 기울이지 않았으며, 내정에서도 역시 민주적 · 공화적 조직에 의한 지금까지의 왕조의 권력적 통치의 윤리화가 기대되고 있었을 뿐이었다. 사람들은 당장은 국내의 국가적 관계들의 개혁을 위해서 정치적 권력수단을 이용한다는 것은 생각하지 않았다. 혁명가는 당시부터 오로지 이념의 권력에 대해서만

---

69) Bei Metzger, aaO, S. 226.

70) Meinecke, *Weltbürgertum* (Anm. 4), S. 91 f.

71) Lamprecht, *Deutsche Geschichte* (Anm. 5), Bd. 9 (4. Aufl., 1922), S. 49.

기대를 걸고 있었다. 1787년의 『베를린 월보』(Berlinische Monatsschrift)의 논설 「군주의 불사에 이르는 새로운 길」에는 다음과 같은, 이 시대에 대해서 매우 특징적인 구상이 전개되고 있다. 공화주의가 크게 선전되고 있음에도 불구하고 사람들은 군주는 모든 선과 전능을 갖추고 있다고 믿는다. 그러나 이 군주는 자신의 국민을 교육을 통해서 공화적인 자기통치를 할 수 있도록 육성해야할 것이다. 그런 후에 군주는 옥좌에 오르고 공화국을 선언해야할 것이다. 이러한 구상이다.[71a] 이 시대의 매우 예리한 긴장감을 지닌 개인주의적인 권리감정과 윤리감정은 시대가 모든 존재에 자신의 윤리적 당위라는 척도를 마련하기 위해서 필요하였다. 무엇보다 그것은 또한 이 시대에 대해서는 단지 요구되기만 한 상황이 이미 소여의 것으로서 존재한다고 자주 생각되기도 하였다.

독일 국민을 교화한 최초의 사상가는 이 시대가 거의 알지 못한 것, 알고 있었다 해도 대부분은 의식적으로 거부한 것을 가르쳤다. 즉 「인륜적인 것은 모두 그 보편적인 측면과 함께 개체로서 상정된 측면도 지니며, 그리고 이러한 측면에서는 국가의 권력에고이즘이라는 일견 반도덕적으로 생각되는 것도 인륜적인 것으로서 정당화가 가능하다」[72]라는 사상이다. 이 근대 독일의 권력국가사상을 설명한 최초의 사상가야말로 헤겔이었다.

## II. 헤겔에 있어서의 권력국가사상

### 1. 청년 헤겔의 정치적 발전

「자신의 시대가 의욕하고 토로하는 것을 그 시대에 알려주면서 이를 실현하는 자야말로 시대의 위인이다」[73]라고 일찍이 헤겔은 말했다. 권력국가사상은 확실히 시대의 경향들에 적합하였다. 그러나 그 사상은 철학자 헤겔의 전적으로 개인적인 자질에 기인하기도 한다. 이러한 두 개의 근거에서 출발하여 우리들은 이 권력국가사상의 근원을, 먼저 헤겔의 청년기에까지 거슬러 올라가 발전사적으로 추적하고 그런 후에 체계적으로 제시하기로 한다. 헤겔의 문헌적으로 최초기의 매우 재미 있는 시기 — 거의 세기의 전환점까지의 시기 — 는 정치적으로는 결코 충분히 평가되고 있지는 않지만, 성숙기의 헤겔 국가론을 이해하기 위해서는 기본적인 중요성을 지닌다.[74] 바로 그러므로 이러한 조치를 취하는

---

71a) 참조. 상술 S. 313 Anm. 75.

72) Meinecke, *Weltbürgertum*, S. 92.

73) Georg Wilhelm Friedrich Hegel, *Grundlinien der Philosophie des Rechts, oder Naturrecht und Staatswissenschaft im Grundrisse*, in Werke, Bd. 8 (Hg. E. Gans), Berlin 1833, § 318 (S. 411)(임석진 옮김, 『법철학』, 한길사, 2008, 556면).

74) 딜타이의 정교한 헤겔의 청년시대사(Jugendgeschichte Hegels) 중에서도 정치가로서의 헤겔 모습은 거의 묘사되지 않고 있다. Wilhelm Dilthey, *Die Jugendgeschichte Hegels*, Berlin 1905 (Abhandlungen der Kgl. preußischen Akademie der Wissenschaften, phil.-his. Klasse)〉. 메츠거의 유명한 저작 (주 4 참조)은 헤겔 청년시대의 발전을 서술하는 도중에 중단해 버렸다. 이 우수한 학자는 전사하였기 때문에

것이 더욱 필요한 것이다.

헤겔은 철학적으로는 이 시기, 우선은 칸트의 영향 아래 있었다. 그러나 우리들에게 전해지고 있는 최초기의 헤겔 사상 중에는 동시에 칸트적인 합리주의와는 전혀 대립하는 생의 감정이 나타나고 있다. 다음에 소개하는 1785년 5월 30일자의 논문에서 그는 안토니우스, 옥타비우스, 레피투스 세 사람 간에 행해진 논의의 모양을 서술하는데,[75] 그것은 특히 주목할 만큼 특징적이다. 거기에서는 집정관들이 바로 마키아벨리적인 분위기 속에서 어떻게 하면 로마의 지배의 탈취에 성공할 것인가를 논의하는 로마 시민은 「날개처럼 여기저기 떠다니는 상태에 있다. 병사는 시민의 피를 흘리는 데에, 적의 피를 뿌리듯이 아주 익숙해 있다. 그 병사는 우리들 측에 있다. 더러운 천민에게 요컨대 곡물이나 화폐 그리고 공공연한 연극이라도 있으면 그것으로 만족한다」. 「그것들은 내가 조달한다」, 레피투스는 이렇게 말하며 퇴장한다. 그 때 옥타비우스는 이렇게 생각한다. 「지금의 우리들 에게는 노예가 필요하다. 그러나 우리들이 노예를 부당한 명예 있는 지위에서 추방하고 그루터기로 포식하거나 또는 그것도 완전히 배제해버리고 노예가 우리들을 위해서 경작하 고 수확한 이삭을 먹어치운다면 우리들의 인생의 목표는 확실하게 손에 넣으며, 우리들의 지위는 이미 동요하지 않게 될 것이다」. 나아가 안토니우스가 퇴장한 후 옥타비우스는 이렇게 독백한다. 즉 「어리석은 자가 먼저 지나고 오만한 자가 뒤따른다」. 안토니우스는 「환희에 넘쳐 뒹구른다. 오래 그것을 허용할 것이다」. 그리고 조용하게 그것을 관망할 것이다. 그러나 노예의 육체적·정신적인 힘이 쇠하여 사람들에게 모욕하기 시작한 연후에 비로소 나는 머리를 쳐들고 노예에게 나의 위대함을 보게 한다. 그렇다면 — **카이자르냐 허무함이냐** 이다」.

참으로 이데올로기 없는 권력을 평가해야할 것을 명심하고 있는 세 사람의 현실정치가들 의 주목할 만한 객관적 특징이 여기에 제시되고 있다. 그리고 목적의식적이기 때문에 도덕으로부터 완전히 자유롭고 권력에 대해서도 매우 강렬한 갈망을 품는 이러한 현실정치 가들에게 헤겔은 공공연하게 동감을 숨기지 않는다. 계몽의 시대, 심정이나 감정이 넘쳐흐 르는 시대에 살고 있는 14세 소년이 이렇게 말하는 것은 주목할 만하며 특필해도 좋을 것이다. 셰익스피어의 명백한 영향을 차치하고라도 역시 특필해야할 것이다.

이 시대의 일기에서도 우리들은 헤겔이 객관적으로 어떠한 종류의 감정도 도덕적인 심사숙고도 거리가 멀었던 것 같은 인상을 받는다. 최초의 기록에 교회에서의 설교에

---

자신의 작업을 완성할 수 없었다. 그러나 청년 헤겔 정치론의 가치를 완전하게 평가하는 것은 놀에 의해서 예고되고 있는, 또한 공개되지 아니한 주지의 헤겔의 청년시대의 정치문제에 관한 매우 다수의 저작의 편집이 달성된 후에 비로소 가능할 것이다. 우리들의 목적을 위해서는 현존하는 자료만으로 충분하다. 나아가 Anton Thomsen, "Aus Hegels Frühzeit." in *Kant-Studien*, Berlin, Bd. 12 (1907), S. 407-416. 동일한 저자의 덴마크어로 저술된 저작인 *Hegel. Die Entwicklung seiner Philosophie bis 1806* 〈*Hegel. Udviklingen af hans Filosofie til 1806*〉, Kopenhagen 1805에 대해서 나는 알지 못한다.

75) G. W. F. Hegel, *Unterredung zwischen Dreien*, in Karl Rosenkranz, *Georg Wilhelm Friedrich Hegels Leben*, Berlin 1844, S. 451 ff.

대해서 이렇게 적은 것이 있다. 「내가 다른 것에는 아무것도 느끼지 않았더라도 역사적인 지식만은 증가하였다」.[76] 그는 거기서 얻은 것을 일련의 연대를 열거하는 형태로 나타내고 있다. 그 며칠 후 이 소년은 이렇게 적는다. 「이미 나는 오랫동안 **실용주의적인 역사**란 무엇인가에 대해서 생각해 왔다. 거기에 대해서 나는 오늘날 또한 상당히 어둡고 일면적인 것에 그치고 있지만 하나의 이념을 얻었다. 실용주의적인 역사란 단지 사실을 헤아릴 뿐만 아니라 유명한 인물의, 또한 국민 전체의 특징, 그 습속, 종교 그리고 다른 민족들의 이러한 요소의 다양한 변화와 차이를 서술하는 것이다. 즉 대제국의 붕괴와 융성을 추적하며 이런 저런 사건이나 국가의 변용이 국민의 제도에 대해서, 또한 그 특징 등에 대해서 그리고 그 귀결에 대해서 어떠한 의미를 가지는가를 명백히 할 것이다」.[77]

딜타이는 정당하게도 「이 청년 헤겔은 위대한 역사가가 될 자질을 가지고 있었다. 더구나 개념들로 이루는 관계 속에 역사의 연관을 확정하려고 시도하기 이전부터 그것을 제시한」[78] 점에 주목한다. 이 소년은 이 때 이미 역사적 특수성에 주의를 기울이면서 그것들의 역사적 특수성이 이성적으로 결합하는 것에도 고찰하고, 하나의 민족이 산출한 것 전부를 통일성을 가진 것으로서 파악하려고 시도한다. 그러한 인물에 대해서는 당시의 추상적 · 이론적인 역사파악도 또한 미크로 이론적인 역사파악도 모두 전혀 관심의 대상이 되지는 않았다. 그리하여 그는 실용주의에 새로운 의미를 부여하려고 부심한다. 민족들을 고유한 종교적 · 윤리적 · 정치적인 특징을 지닌 전체적인 것이라고 보는 것이나, 국가체제와 국민적 본질이 서로 제약하는 관계에 선다고 보는 것은 이 시기에 이미 헤겔의 사고의 현저한 특징을 이루고 있었다. 반대로 이른바 「형이상학적인 욕구」의 전조를 이 일기에서 탐구하려고 해도 소용없을 것이다. 이 일기의 절반 이상은 헤겔의 전기 작가에 의하면 「체험적 내용이 결여된 것이기 때문에」,[79] 라틴어 문체를 연마하기 위해서 사용한 것이다. 헤겔은 역사를 경유하여 철학자가 되었다. 그리고 민족정신에서 출발하여 세계정신에 도달하였다. 이것에 의문의 여지는 없다.

1788년의 고전고대의 시인에 대한 논문에서 「우리 구독일인과 신독일인의 사적」은 고전고대인의 그것과는 반대로 「우리들의 국가체제와 결합하는」[80] 것이 없었으며, 그 기억도 구전으로 유포되지 아니한다는 형태로 유지되고 있다는 지적이 행해지는, 「우리들의 공적인 관계가 그리스적인 것이었으므로」, 그 문학은 매우 깊게 민족에 침투하였을 것이다. 또한 나아가 이렇게 말하는 「독일인이 다른 민족의 문화에 영향을 받지 않고 서서히 자신을 세련하고 있다면, 그 정신은 의심할 것 없이 별개의 길을 걷고, 그리스로부터 형성을 빌리지 않고 고유하게 독일적인 모습을 드러낼 것이다」라고.[81] 여기에 이미 강한

---

76) Rosenkranz, *Hegels Leben*, S. 431.
77) AaO., S. 433.
78) Dilthey, *Judengeschichte Hegels*, (Anm. 74), S. 36.
79) Rosenkranz, aaO., S. 7.
80) G. W. F. Hegel, *Über einige charakteristische Unterschiede der alten Dichter* (7. August 1788), in Rozenkranz, aaO., S. 459.

국민감정이, 즉 그때까지는 대부분의 경우 의심의 대상으로 되어온 국민감정이 나타나며, 동시에 그리스의 정치체제가 국민적 이상으로서 떠오르는데 여하튼 정신적인 국민생활은 정치적 관계와 매우 긴밀하게 결합하게 된다.

이러한 정치적 문제들과 아울러 이미 초기부터 헤겔의 사고에 중대한 역할을 한 것에 특히 기독교의 본질이라는 문제가 있다. 그를 끊임없이 이 문제로 끌게 한 것은 제1차적으로 종교적인 욕구만은 아니었다. 그의 마음을 사로잡은 것은 특히 종교와 국가와의 관계, 기독교와 정치와의 관계의 문제이다. 이 시대의 가장 세련된 종교적인 철학이론에서도 그 **원인**(遠因)으로서 국가 · 국민 · 사회가 움직인다고 말한다. 여하튼 기독교에 대한 그의 입장은 매우 착종하며 결코 일의적인 것이 아니다. 그는 한편으로는 또한 전면적으로 칸트와 계몽주의적 도덕의 정신에 입각하여 그리스도를 이성적인 민족의 교육자로 본다.[82] 그러나 그는 ─ 주목할 것은 그 전적으로 같은 시기에 ─ 그리스도와 그 가르침에 대해서 매우 적의로 가득찬 태도를 취한다. 헤겔에 있어서의 이러한 이중적인 모습에는 나중의 그의 동일성철학과의 관련에서 보더라도 특히 흥미 있는 것이다.

기독교와 이처럼 철저하게 대결한 것이야말로 헤겔은 강력한 현세긍정적인 객관적인 세계관과 전면적으로 정초하고 그것을 완성시킨 것이라고 할 수 있다. 이 세계관은 헤겔의 최초기의 문헌 중에서 이미 얼굴을 드러내고 있다. 이 시대에 매우 새로운 것으로서 등장해온 생의 감정은 선악의 피안에 있어서의 생과 권력에의 의지라고 바꾸어 말하는 것이 가장 적절할 것인데, 이 감정은 개별적인 인용구에 의해서 고갈될 수 있는 것은 결코 아니다. 다른 한편, 이 시대의 헤겔의 저작은 새로운 전조를 나타내고 있던 국가관에 대해서 중요한 의미를 지녔는데 그것만이 아니라 독일 정신의 일반적 전환에 대해서도 매우 중요한 의미를 가지며, 현대의 사상들 특히 니체 사상과 병렬적인 관계에 있는 것에서도 매우 흥미 깊은 것으로 생각된다. 거기에서 다음에는 헤겔 자신에게 몇 마디 말함으로써 헤겔이 1796년의 여름에 모든 가치의 전도라는 대담한 구도를 제시했던 것을 재현해 보기로 한다.

헤겔은 이 저작에서 기독교가 이교도를 추방하기에 이른 원인을 추구한다.[83]

그는 묻는다. 「어떻게 몇 세기 동안 국가 속에 확고한 뿌리를 내리고 국가의 정치체제와 매우 긴밀한 관련을 가져온 종교를 내쫓는다는 것이 가능하게 되었는가? 어떻게 도시와 제국을 창설하고 바쳐온 신들에 대한 신앙이, 민족들이 날마다 제물을 바치고 모든 일에 그 축복을 구한 신들에 대한 신앙이, 그 군기 아래 군대가 승리로 진행하며 승리로 인도한 신들에의 신앙이 정지되어 버리는 것이 가능하게 되었는가? … 몇천 타래의 실로 인간의 생이라는 직물 속에 직조되고 있던

---

81) AaO., S. 461. 여기서는 헤르더의 저작인 *Haben wir noch das Publicum und Vaterland der Alten* (Anm. 30)을 모범으로 하고 있다고 생각된다.

82) G. W. F. Hegel, *Die Positivität der christlichen Religion*, in Hermann Nohl (Hg.), *Hegels theologische Jugendschriften*, Tübingen 1907, S. 154; 157; 207; 210.

83) AaO., S. 219 ff.; 220-225; 227; 229 〈인용 중의 꺾음 괄호는 놀에 의한 보충이다〉.

신들에 대한 신앙이 이러한 관련에서도 이탈된다는 것은 어떻게 가능하게 되었는가?」 이러한 물음에 대해서는 보통 오성의 계몽과 새로운 통찰 등과 같은 해답이나 표현이 주어지는 것이 보통이다. 그것은 우리들에게는 매우 귀에 익숙하며 우리들은 그렇게 말함으로써 중대한 사안을 고찰하며, 그럼으로써 모든 것을 설명한다고 잘못 생각한다.…[.] 그러나 저 이교도라 하더라도 오성을 가진 것, 그리고 그 위에 그 이교도는 위대하고 아름답고 고귀하며 자유로운 것 모두에 대해서 여전히 우리들의 훌륭한 모범이라는 것, 그리고 이러한 사람들이 우리들과는 다른 인종이었다는 것은 단지 놀랄 뿐이라는 것, 이러한 전적으로 소박한 것만으로도 주목한 일이 있는 자는… 앞서 제기한 물음이 아직 해답으로 완전하게 대답된 것이라고는 결코 생각하지 않을 것이다」. 헤겔의 견해에 의하면 정치권력이나 고전고대의 민족의 개인적 · 국민적 자유의 상실과 함께 그 종교도 몰락하지 않을 수 없었다. 「그리스나 로마의 종교는 오로지 자유로운 민족들을 위한 종교였다. 자유의 상실에 수반하여 그 감정, 그 힘, 그리고 인간에 대해서 그 적절함도 상실되었다. 탄약을 사용하여 수행한 대포가 군대에 어떤 역할을 하였을까? 군대는 다른 무기를 찾지 않으면 안 된다. 강물이 말라버리면 어부에게 그물이 무슨 소용이 있는가?」

「자유인으로서 그들은 자신을 자신에 대해서 제정한 법률에 따랐다. 자신이 자신의 지휘관으로서 선출한 사람들에 따랐다. 자신이 결정한 전쟁을 수행하고, 자신의 소유와 열정을 그 때문에 희생하고, 자신의 일에 일 천번의 생명도 바친 — 그들은 가르침도 배움도 없었지만 전적으로 자기 자신에게 명명한 여러 가지 행위를 통하여 덕의 격률을 실행하였다. 즉 공적 생활에서도 사생활이나 가정이나 집에서도 각인은 자유인이었다. 각인은 자기 자신의 법률에 따라서 살았다. 자신의 조국, 자신의 국가라는 이념은 불가시한 것, 보다 고차적인 것이었는데, 그것을 위해서 그는 움직이고 거기로 내몰았다. 바로 거기에 세계에서의 그의 최종목적 또는 그의 세계의 최종목적이었다. 그리고 그는 그 최종목적이 현실 속에 구현된다는 것을 발견하거나 혹은 그것이 구현되고 보존되어야할 자신의 힘을 다하였다. 이 이념 앞에서 그의 개체성은 소멸하였다. 그는 단지 이 이념이 보존되고 계속 살고 존속하기를 요구했다. 그리고 그것은 실현되었다」. 인간이 그리스의 신들과 「이들 자연의 지배자와 이 힘 그 자체와 충돌하기에 이른 경우에는, 인간은 자기 자신을 자신의 자유를 그것들에 대립시킬 수 있었다. 그들 「인간」의 의지는 자유이며, 그들은 자기 자신의 법률에 따랐다. 그들은 어떠한 신의 명령도 알지 못했다. 또한 그들은 도덕법칙을 신의 명령이라고 부른 경우에도, 그것은 그들에게 대해서는 어디에도 존재하지 않으며, 어떠한 문자로도 기록하지 못하고 그들을 보지 못한 채 통치한 것이었다(안티고네를 보라). 그 때에 그들은 자신이 의지 — 선악이라고 할 수 있는 의지 — 를 지닌 권리를 가진다고 보았다. 선한 사람들은 선해야 하며 이 자신에 대한 의무라고 보면서 다른 데도 있을 수 있는 타자의 자유를 존중하기도 하였다. 그러므로 그들은 신에서 유래하는 도덕이나 자신이 형성하거나 추상한 타자에 기대하는 도덕을 열거하지는 않았다」. 자유인이 귀족제에 대해서 인정한 권력을, 귀족제는 바로 「권력으로 관철시켰다. 이러한 것이 가능했던 것은 몽테스키외가 덕의 이름으로 공화제의 원리로 삼은 감정이나 의식이, 그리고 공화주의자가 자신의 조국에 실현되고 있다고 간주한 이념을 위해서 언제나 개체[로서의 자기]를 희생할 수 있을 뿐인 마음의 준비가 상실되어 있다는 전제가 존재하였기 때문이다」.

「국가를 시민의 활동의 소산으로 보는 국가상은 시민의 마음에서 사라졌다. 전체를 배려하거나 시야에 넣는 것은 단 한 사람 또는 몇 사람의 수중에 있었다. 각인은 자신에게 할당된 다소간 제약된 타자와는 다른 자신의 장소를 가지기에 이르렀기 때문이다. 그러므로 국가기계의 통치는 매우 소수의 시민에게 위탁되었다. 그리고 시민은 타자와의 결합 속에서 비로소 가치를 지닐 수 있는 하나의 톱니바퀴(齒車)로서 움직일 뿐이었다 — 세분된 전체 속의 각인에게 맡겨진 부분은 전체와의 관계에서는 유지하기에 족하지 아니한 사소한 것이며, 개개인에게는 이 관계를 아는 것도, 생각하는 것도 불필요하였다 — 국가 중에서 유용한 것이야말로 국가가 신민에게 부과하는 커다란 목적이 되었다. 다른 한편, 신민이 자신에 대해서 설정한 목적은 수입과 생계, 그리고 나아가서는 허영심에 불과하였다. 모든 행동이나 목적이 이제 개인적인 것에 관련을 가지게 되었다. 이미 전체를 위해서 이념을 위해서는 어떠한 행동도 하지 않았다. 각인은 자신을 위해서 노동하거나 그렇지 않으면 강요되어 다른 개인을 위해서 노동하게 되었다. 자신이 입법한 법률에 따르는 자유, 평화시나 전시에 자신이 선출한 국가기관에 따르는 자유, 자신도 참가하여 결정한 계획을 수행하는 자유는 상실되었다. 모든 정치적 자유는 상실되었다. 시민의 법은 소유를 보증하는 권리만을 부여하였고, 이제 이 권리가 각인이 세계 전체가 되었다. 그들로부터 그의 목적이 직조되는 전체를 그의 생의 전체의 행동을 허물어버린다는 현상, 즉 죽음은 그에게 대해서 무엇인가 불가피하게 두려운 것이 되었다. 그를 초월하여 존속하는 것은 아무것도 아니기 때문이다. 이에 대해서 공화주의자에 대해서 공화국은 그를 초월하여 존속한다. 그는 공화국은 그의 혼이며 영원한 것이라는 사상을 품는다」. 이처럼 확고한 것의 절대적인 것에로의 신앙이 없는 상황 속에서, 소원한 의지나 입법에 따르는 습관 중에서 조국을 갖지 못하고 어떠한 기쁨도 없이 시민이 단지 압박만을 느낄 뿐인 국가에서, 그 축제일이나 안식일에 그들의 생활로부터 도피해버린 쾌활함을 가져올 수 없었던 신들에 대한 예배에서 — 노예가 그 주인으로부터 자연적 능력이나 교양에서 자주 우세하며, 이미 노예에 대해서 주인이 자유와 독립에서 우세하다고 볼 수 없는 상황 속에서 — 사람들에게 어떤 종교가 제시되었다. 그것은 이미 시대의 요구에 적합하였다. 그 종교는 어떤 민족들 아래서 동일한 타락과 양상만은 다르지만 동일한 공허함과 결함에서 생긴 것이기 때문이다. — 인간은 거기에서 자신의 욕구에 대해서 필요한 것을 만들어내고 거기에 의존할 수 있었다고 해도 좋다」.

「이성은 어떤 곳에서든지 절대적인 것, 자립적인 것, 실제적인 것을 발견하는 것을 결코 단념하지 않았다. 그러나 인간의 의지 중에서 그러한 것은 더 이상 만나지 못했다. 기독교가 인간에게 제시한 신성 속에는 여전히 그러한 것이 제시되었으나, 그것은 우리들의 힘이 미치지 않는 것, 우리들의 의욕이 미치지 않는 것이며 탄원이나 간원의 대상이었던 — 도덕적 이념의 실현은 그러므로 단지 바랄 뿐이며 (왜냐하면 그가 자신으로 성취하지 못하고 우리들의 관여 없이도 얻어진다고 기대하는 것을 바라기 때문이다) 의욕되는 것은 아니었다.[.]···유태인 국가가 독립을 보존하려는 용기와 힘을 그 자신 속에 지니고 있었던 한, 유태인이 구세주를 대망하였던 것은 거의 생각되지 않지만 많은 사람들이 바라는 것에는 그것[구세주 대망]을 피해갈 길은 결코 없었다. 그들은 다른 국민에 의해서 정복된 단계에서 비로소 자신의 무력감과 나약함 속에 그것에로의 위로를 구하여 그들의 성서 중에 구세주 대망을 가지고 들어간 것이다. 당시 그들 앞에 구세주가 나타났을 때, 그 구세주는 그들의 정치적인 희망을 만족시키지 못했으므로 유태 민족은 자신의 국가를 여전히 하나의 국가이려는 노고를 지불해야 한다고 생각하였다. 이것이 아무래도 좋다고 느끼는 민족은 바로 민족인 것을 그만두게 될 것이다. 그 후 얼마 안 있어 유태 민족은 자신의 나태한 구세주 대망을 포기하고 무기를 취했다. 그리고「유태 민족은」고양된 용기가 할 수 있는 모든 것을 행하고, 두려워해야 할 인간의 비참함을 감내하였다. 그러나 일찍이 그들은 그 도시의 폐허 아래 자신과 자신의 국가를 매장하였다. 민족이 자신의 독립을 위해서 할 수 있는 것은 행한다는 감정이 우리들에게 상당히 소원한 것도 아니었기 때문에, 또한 우리들이 민족에게 자신의 것을 자신의 것으로 하지 않게 된다고 명하지 않고 우리들 자신의 견해를 가지고 그것을 위해 살고, 그리고 죽음에 더구나 그것을 주장할 뿐임에 불과한 것 등에는 관심을 기울이지 않으므로 유태 민족은 역사나 국민들의 의견에서는 카르타고인이나 사군툼인 ─ 그들의 도시나 국가는 확실히 그리스나 로마처럼 단명하였는데, 위대함이란 점에서는 이들보다 더한 ─ 에 병행하는 것이 되었을 것이다」.

「초기 시대의 시도를 별도로 한다면, 현재 주로 계속하는 것은 천국에로 던져진 재보를 적어도 이론상은 인간의 소유물로서 반환청구하는 것이다. 그러나 어떠한 시대에 힘을 가지게 되고, 이 권리를 유효한 것으로 하고 그것을 자신의 손에 넣을 수 있을 것인가?」

「타락한 인간은 도덕적인 측면에서는 비웃음거리가 되지 않을 수 없지만, 그 밖의 면에서는 신의 총아로서 높게 평가되고 있다. 이 타락한 인간의 품속에서 인간의 본성의 타락이라는 이론이 생겨나며 환영받는 것은 불가피하였다. 그 이론은 한편으로는 경험에 합치하였는데, 다른 한편으로는 자신으로부터 책임을 제거하고 비참함의 감정 중에서 자부심의 근거마저 부여하고 자부심을 만족시켰다. 그 이론은 치욕을 명예로 하고 힘의 가능성을 믿는 것마저 죄로 삼음으로써 저 무능력을 신성화하고 영원하게 하였다」.「조국이나 자유로운 국가 대신에 교회의 이념이 나타났다. 국가 중에 자유가 존재할 여지는 전혀 없었지만, 그 국가는 전혀 이 지상에 존재하는 것임에 대해서 교회는 천국과 매우 밀접하게 결부되고 있었다. 이 점에서 양자는 구별되었다」.

「모든 정치적 자유가 소멸한 것에 이어서 국가에로의 모든 관심이 소멸하였다 ─ 우리들은 자신들이 그것을 위해서 활동하는 것에 대해서만 관심을 가졌을 뿐이기 때문이다 ─ . 이러한 상태에 있는 민족에게는, 그리고 생의 목적이 단지 많든 적든 안락으로 풍부하고 매일 매일의 빵을 먹는 데에만 한정되고, 오로지 국가의 존속이 우리들에게 이러한 것을 보증해 주거나 유지시켜줄 뿐이라는 것을 기대할 수 있을 때 ─ 즉 전적으로 이기적일 때 ─ 에만 국가에 대한 관심을 가지는 상태에 있는 민족에게는 시대의 정신의 특징들로서 발견된 것의 하나로서 병역에 대한 반감도 반드시 있음에 틀림없다. 병역은 안락하고 단조로운 생활의 향수라는 일반적인 바람의 반대물이기 때문이다. ─ 그것은 귀찮은 일을 수반하며 어떤 것도 향유할 수 있는 가능성의 상실, 즉 죽음마저 수반하기 때문이다. 그렇지 않으면 자기를 유지하고 나태와 자기타락 또는 권태를 그에게 남김에 불과한 욕망을 충족시키기 위한 이 최후의 구제수단에 호소하는 자는 적에게 조우하여 비겁하게 될 뿐이다. 침체, 정치적 무위의 이러한 상태 속에서 로마인의 매우 다수의 사람들이 도망 · 매수 또는 자신의 육체의 손상으로 병역에서 도피하였다. 도덕적인 무기력이나 불명예라는 일축해버려야 할 이 시대의 지배적인 정신을 고통스런 복종이라는 미명 아래 영예와 지고의 덕이라고 낙인찍힌 종교가 이러한 정신상태에 있었던 민족에 의해서 환영을 받은 것은 당연하였다. 이러한 조작에 의해서 인간은 기쁨으로 충만한 경탄의 마음을 가지고 타자로부터의 모멸과 자신의 치욕에의 자기감정이 영예와 과시에로 변화하는 것을 경험한 ─ 종교는 사람의 피를 흘리는 것은 죄라고 설파하기에 이르렀다 ─」.

여기서는 헤겔의 청년시대의 발전 전체의 수확을 총괄하였다. 자연법과 낭만주의가 그리고 그와 아울러 새로운 그의 시대에 대해서는 지금까지 소원하였던 생명감정이 반향하고 있다. 그것은 르네상스 사상이라고도 부를 수 있을 것이다. 그 감정 중에서는 사보나롤라 (Savonarola)*에 대한 메디치가의 대립이 다시 살아날 것이다. 가장 뚜렷한 것이 그의 서문에서 바로 계몽에 대한 단호한 거부를 선언하고 있다. 헤겔은 계몽을 단지 「사람이 서재에 묻혀 있는 냉정한 추론」 이상의 것으로 평가하지는 않는다. 18세기는 바로 각성된 오성으로 과거를 고찰하였다. 빙켈만과 훔볼트 그리고 그 후의 낭만주의 집단에서 비로소 고전고대에의 열광이 생긴 것이다. 그러나 이제 이 청년 헤겔에서는 비로소 그리스에의 열광은 국민적 이상으로 전화하고, 헬레니즘의 의상은 그 속에 고유한 정치적 바람이나 동경을 감추고 있던 드라페리(Draperie)로 바뀌고 있다.

헤겔은 이 시기에 자연법과 함께 윤리학과 국가관에 있어서의 칸트를 완전히 극복하였다. 사실로서의 혹은 이념으로서의 계약국가라는 관념은 그의 저작 중에서는 전혀 보이지 않는다. 마치 헤겔은 「자연상태」라든가 「자연적 자유」를 알지 못했던 것과 같다. 그의 독창적인 것 전체는 오히려 다음의 점에 있다. 즉 그러한 자연상태는 국가 없는 상태가 아니다. 반대로 국가상태야말로 **본래적인 상태**(katexochen)이며, 그러므로 자연적 자유는 경애할만한 강대한 국가에의 자유의지적인 복종을 의미한다고 서술하는 점에 있다. 이러한 자연적 국가상태는 알지 못하는 선사(先史)로 이전하는 것이 아니라 역사적으로는 낭만주의인 그리스 · 로마 그리고 예루살렘에서 발견된다. 이 자연적 상태란, 국가적인 것이며 따라서 국민적이며 초인격적인 국가이념이 상실되거나 단지 자연상태뿐만 아니라 모든 자유까지도 소멸해버리는 것이다. 헤겔이 자연법적인 정치사상에서 계승한 것은 적어도 표면적으로는 공화국적인 이상뿐이었는데 이 이상에 그는 전혀 별개의 내용을 담고 있다. 헤겔은 자유와 평등을 공화국의 개념에 결부시키지는 않는다. 그러한 국가내적인 제도에 대해서 우리들은 그의 청년시대의 저작에서는 원래 아무것도 들을 것이 없다. 노예가 더 이상 자기 주인의 자유와 독립성을 찬미하지 않게 되었다는 점에 대해서 가벼운 아쉬움만을 별개로 하고서도 말이다. 헤겔은 공화국의 징표를 항상 위로부터의 통일이라는 점에 보는데, 이 징표는 오히려 권력, 국민적 자기결정, 아리스토텔레스적인 자족과 같은 것이 아니면 안 된다.

여기서 이미 「덕」과 권력국가의 개화와의 관련성이 강조되는 것도 주목할 만하다. 이 윤리에서는 일찍부터 낭만주의와 국민적 권력국가 이상의 의미 깊은 종합이라는 관념이 나타나 있다. 슐레겔 · 노발리스 · 티이크 등이 구래의 모든 인륜이나 법칙성에 대항하여 수행한 혁명은 극단적인 주관주의에 대해 「심정의 무한한 민감함」에서 나왔다. 헤겔 역시 「신에서 유래하는 도덕도 거기에서 만들어지거나 추상된 도덕도」[84] 인정하려고 하지 않았다. 그렇다고 하여 그는 모든 공동체의 속박으로부터 자유롭게 된 주체를 위해서 혁명을 하려는 것은 아니다. 오히려 전혀 반대의 것을 위해서 한다. 낭만주의의 무정부주의 적인 자아감정은 아주 짧은 기간에, 그리고 원래는 결코 시대의 심정으로서가 아니라 단지 천재의 그것으로서 유지될 수 있었을 뿐이다. 그러므로 그것은 일찍이 교회나 국가의 권위에 복종하게 되었다. 이에 대해서 헤겔은 가치의 전도를 처음부터 국민적 국가의 권위를 위해서 — 그러나 물론 이 권위란 인간의 마음속에 자리 잡아야 할 것이라고 한 낭만주의적인 자율적 권위인데 — 수행한 것이었다. 「자기의 법률에 따라서 산다」[85]는 것은, 이 때의 헤겔에 대해서는 이미 조국이라는 이념을 무조건 지고의 것으로서 승인하고 조국을 위해서 모든 것을 바치도록 의욕하는 것을 의미하고 있었다.

바로 이 국민적 권력이상 때문에 그는 칸트적인 도덕에 대해서도 기독교적인 도덕에 대해서도 고대의 **덕**(virtus)을, 즉 선악의 피안에 있는 어떤 종류의 무의식적인 생의 긍정, 힘을 신앙하는 본능적인 덕이라고도 할 것을 대립시킨 것이다. 그는 「우리들의 힘을 초월한 곳에 서서」,[86] 「사람의 피를 흘리는 것은 죄이다」[87]고 설교하는 종교는 알려고 하지 않는다. 천국에로 던져진 저 재보를 다시 인류에 되돌리려는 그의 종교는 개개인의 힘을 어떠한 상황에서도, 따라서 또한 전쟁상태에서도 국민 전체의 이익을 위해서, 그리고 국민 전체의 힘의 증진을 위해서 확증하고 강화하지 않으면 안 된다고 역설한다. 낭만주의자 인 니체와 마찬가지로, 헤겔은 이미 튀빙겐 시대에 기독교를 게르만적인 「민족정신」에 대립시켰다.[88] 이 종교는 「발할라(Walhalla)를 무인화 해버린… 민족의 공상을 부끄러운 미신으로서 악마의 선물로서 뿌리채 뽑고, 그 대신 우리들에게 그 풍토도 입법도 문화도 관심도 우리들에게는 아주 소원한 것일 뿐만 아니라 그 역사가 우리들과는 전혀 아무런 결합도 없는 민족의 공상을 부여하였다」.[89] 기독교는 「비애로 가득차고 우울하며 — 동양적이며 우리들의 토지에서 자란 것이 아니다. 그러므로 그것은 우리들의 토지에 동화하는 것은 결코 있을 수 없다」.[90] 우리들은 우리들의 「7일간이라는 매일 시리아에서 몇 천년 전에 통용되고 거기서 이해되던 상투문구와 우상에… 귀를 기울이지 않으면 안 되었다」.[91] 헤겔은 기독교가 모든 종류의 권력이데올로기에 적의를 가지기 때문에 그것을

---

84) Hegel, *Positivität* (Anm. 82), S. 222.

85) Ebd.

86) AaO., S. 223.

87) AaO., S. 229.

88) 여기서는 헤르더의 영향과 함께 특히 기번의 영향도 나타나 있다. Rosenkranz, *Hegels Leben* (Anm. 75), S. 60 참조.

89) Hegel, *Positivität*, S. 215.

90) Hegel, *Volksreligion und Christentum*; *Fragmente*, in Nohl (Hg.), *Hegels theologische Jugendschriften*, Tübingen 1907, Fragmente Nr. 4, S. 49.

91) AaO., Fragment Nr. 3. S. 39.

저주한다. 그는 기독교의 인류은「많은 아름다운 정치적 인류관계를 배제하려고 하는 것」[92]라고 본다. 예수의 제자들은 국가에 대해서「공화주의자가 자신의 조국에 대해서 품고 있는」관심을 전혀 품지 않으며, 그 관심 전체는 예수의 인격에만 기울이고 있었다」[93] 「기독교의 많은 명령은 시민사회, 소유권의 원칙, 자력방위 등 입법의 첫 번째 기초에 대립하는」것이며, 국가는 오늘날 그들의 명령을 자기 속에 도입한다면「곧 자기붕괴하게 될 것이다」[94] 헤겔은 기독교의「개인적인 기질」로서 일반적으로는 반국가성과 반권력성을 지적한다. 특수적으로는 헤겔은 기독교 중에서도, 특히 국민적 권력의 이념에 감화되지 않는 가톨릭적인 것 그리고 보편주의적인 것과 투쟁한다. 어떤 때에는 매우 특징적인 것인데 그는 명백히 루소적인 사상을 자신이 품고 있는 권력이데올로기의 방향에 가져오며 국민적 권력에 참여하는 데에 바로 인간의 가치가 있다고 서술한다.「코스모폴리탄이 인류의 전체를 그의 전체로서 파악하는 경우 — 객체에 대한 지배와 통치자의 행위로부터 한 사람에게 주어지는 것은 그만큼 적게 된다. 각 개개인은 더욱더 자기의 자립이라는 가치나 자신의 자립에의 요구를 많이 상실한다. 왜냐하면 그의 가치는 지배에의 참여였기 때문이다」[95] 보편적인 세계시민주의의 시대에 있으면서「이 보편적인 인간애」란 헤겔에 대해서는 청년 시대 이래 일관해서 말하자면,「무미건조한… 허구」이외의 아무것도 아니었다.「생각해낸 것은 사랑하는 것일 수 없기」[96] 때문이다. 그는 이 이념 속에 단지 부자연함과 무미건조[97]만을 볼뿐이다. 최초의 시대 이래 헤겔의 사고에서는 국민의 정신적 의의와 같은 것을 전면에 내세우는 것이 아니라, 항상 국가권력 그 자체를 전면에 내세우려는 명확하게 국민적인 세계관이 전개되는 것을 인정할 수 있다. 그 이전의 독일 문헌에서는 국민과 국가적 권력이 밀접한 상호관계를 가지는 일은 결코 없었다.「독립을 보존하기 위한」「용기와 힘」을 결여하고, 자신의 국가와 같은 것도 생각하기 시작한 민족,「그러한 민족은 곧 민족인 것을 중단하게 될 것이다」[98] 여기에 비로소 국민이 지금까지의 순수하게 정신적인 요인에서 동시에 국민적 권력본능에로의 요구도 포함한 정치적인 요인에로 전환한 것이다. 예컨대 피히테는 어떤 종류의 정치초월적으로 도덕적인 목적들을 불러내었는데, 그 피히테와는 달리 헤겔은 여기서는 직접적이며 전적으로 국민적 권력국가의 보존을 불러내고 있다.「일반적 명제를 부여할 뿐이며」민족들을「방임하여」라는, 야콥 부르크하

---

92) Rosenkranz, *Hegels Leben* (Anm. 75), S. 59.

93) Hegel, *Positivität*, S. 163.

94) Hegel, *Volksreligion und Christentum*, Fragment Nr. 3, S. 41. 청년시대 헤겔에서 주목할 것은 다음의 기독교에 대한 니체적인 한 문장이다.「감성도 자기의 권리를 주장한다. 예수에게 연민하며 그를 포옹한다고 믿은 무수한 수도사들이나 승려들이 그 예이다」(Hegel, *Entwurf Nr. 5*, in Nohl, *Hegels theologische Jugendschriften*, Anhang S. 366).

95) Hegel, *Entwurf Nr. 10* (Die Liebe), in aaO., S. 378.

96) Hegel, *Der Geist des Christentums und sein Schicksal*, in Nohl (Hg.), *Hegels theologische Jugendschriften*, S. 295.

97) AaO., S. 323.

98) Hegel, *Positivität*, S. 224.

르트의 말을 우리들은 이미 헤겔의 학설에서 얻어들을 수 있다. 「민족에게 자신의 일을 자율적으로 처리하지」 못하고, 「우리들의 의견[에 따라서]」[99]과 「명하려고 해」도 무리하다는 것이다. 나중에 헤겔은 국민국가적인 이익만이 민족에 대해서 정치적 기준이 되어야 하며, 도덕적 지도나 법적 지도는 어떤 것이든 정치적 규준이 되어서는 안 된다고 서술하는데, 이 견해는 상술한 1796년의 논문 속에 이미 포함되어 있었다.

  헤겔은 매우 낙관적이며 이 단계에서는 개개인의 정치적 및 인륜적 자율과 전체의 자립적 권력과의 일치 속에 아무런 곤란도 보지 못한다. 그러나 성숙기의 헤겔은 항상 국가의 권력의지와 개인인격의 권력의지를 일시동인으로 다루며, 바로 그러므로 개개인의 정치적 자유는 항상 미리 국가의 자립적인 권력에 의해서 가능하게 된다고 생각한다. 더구나 국가의 자립적 권력에는 이 경우 대부분 초현세적인 기능이 부여된다. 그리하여 그러한 기능은 그것을 갖지 아니한 기독교를 보완하는 것이라고 한다. 진정한 공화주의자의 염원에는 자신의 국가는 「자신의 혼이며 영원하다」[100]는 사상이 떠올랐다는 것이다.

  헤겔은 고전고대에 대해서 품고 있는 바람의 모습 속에 고전고대 그리스에는 결코 존재하지 않았던 정치적 자유를 투영하고 있다. 이것은 명백하다. 여기에 프랑스 혁명의 민주적인 이념의 영향이 인정되어야 할 것이다. 이것의 헤겔에 대한 영향은 그런데 많은 저작자에 의해서 과대평가되고 있다. 그러나 여하튼 우리 철학자 헤겔에게 가장 고유한 업적이 이러한 방향에 있는 것은 확실하다. 그는 항상 「전체」에 대해 바라보며, 이 전체의 이익이라는 관념에서 시민의 국가에의 참여를, 즉 국가권력이라는 목적에 관여하는 국가시민적 자유를 요구한다. 국가만이 권력으로 될 수 있기 때문에 개개인은 국가에의 협동과 정치권력에의 참가를 통하여 국가에 관심을 가져야 한다는 사상은, 이때 이래 헤겔의 부동의 정신적 재(財)가 된다. 물론 그것은 나중에는 크게 보수적인 것으로 변모하게 되었다. 그는 이미 여기서 국가는 「시민의 마음」 속에 「시민의 행동의 소산」[101]으로서 존재하지 않으면 안 된다는 것을 강조한다. 「모든 정치적 자유가 근절된다면」 「국가에의 모든 관심」[102]도 사라지기 때문이다. 바로 그러므로 그는 계몽절대주의를, 그리고 혁명도 초월하며 그리하여 권력과 자유, 국민주권과 군주주권 간의 한 세기에 걸친 투쟁은 유화에로의 길을 걷기 시작하고, 국가주권에의 길이 준비되기에 이른 것이다. 그러나 이 유화가 개인을 희생으로 하는 것임은 여기서 이미 명백해 진다. 개인은 세계의 궁극목적으로서의 국가 앞에 소실되기 때문이다. 본래 헤겔 자신은 초기의 칸트적인 시기에서마저 개인주의적인 사고양식을 취하지는 않았다. 그는 정치적 생을 항상 그의 복잡성에서 보고 국가를 항상 개체로서의 전체성이라고 보았다. 이미 1793년에 그는 이렇게 말한다. 「민족의 정신 · 역사 · 종교 그 정치적 자유의 정도 ― 이것들은 그 상호적인 영향에서나 그 성질상으

99) AaO., S. 225.
100) AaO., S. 223.
101) Ebd.
102) AaO., S. 228.

로도 개별적으로 고찰할 수는 없다 — 이것들은 하나의 속박에 묶여 있다」.103) 일찍이 같은 해에, 즉 낭만주의자들보다 훨씬 이전에 본래 문헌 중에서 처음으로 헤겔에 의해서 「민족정신」이라는 말이 사용되고도 있다.104)

이 종교논문 중에서는 초인격적 국가이념도 이미 구상적인 모습으로 묘사한다.「유용성」이라는 국가의 목적이「전체」를 위한 행위를 전혀 하지 않는 개인만이 결부될 뿐인 국가는 곧 일관하여 거부된다. 이러한 국가를 가리켜 헤겔은「전체성을 작게 나눈 것」,「국가기계」라고 불렀다.

그러나 청년 헤겔은 정치적인 것을 결코 추상적·일반적으로 고찰하지는 않는다. 언제나 특히 특수적인 것, 직관적인 것, 국민적인 것에서 출발한다. 동시대의 사람들은 또한 상당히 역사적 및 국민적 규정성을 모든 현상의 평가기준인 단일한 보편타당적인 이성으로부터의 일탈이라고 보았다. 우리들은 헤겔이 소년시대로부터 그것과는 전혀 대립적인 절차를 취했던 것을 보아왔는데, 이 사실은 체계가로서의 헤겔을 이해하기 위해서는 기본적 중요성을 가진다. 헤겔은 이미 청년시대에 여러 시대와 민족을 그것들에 고유한 사정에서 평가하고 있었다. 그가 그럼에도 불구하고 완전한 상대주의에 빠지지 않은 원인은, 모든 역사적 유동성의 와중에서 그가 국민적 권력, 즉「한 민족은 자신의 독립을 위해서 무엇인가를 할 수 있다는 감정」을 확고한 기준으로서 수중에 넣고 있었던 데에 있다.

이상과 같이 우리들은 주어진 재료를 소재로 할 뿐이며 헤겔의 정치사상의 기본선이 그의 스위스 체류가 끝나기까지의 청년시대에 어떻게 형성되어 왔는가를 명백히 할 수 있었다. 로젠크란츠에 의하면 헤겔은 이 시대 주로 실러·흄·몽테스키외·기번*·투키디데스를 읽고 있었다.105) 특히 몽테스키외나 기번, 투키디데스 등의 영향은 이미 그의 당시의 정치적 견해 속에 나타나 있다.106) 그러나 헤겔이 당시 이미 헤르더나 마키아벨리까지도 알고 있었던 것에도 의문의 여지는 없다.

당시 거의 독일인과 마찬가지로, 헤겔도 고전고대를 경유하여 국민의식에로 도달하였다. 그는 여기에서 나아가 국민적 권력국가사상에로 사상적인 전개를 수행하였는데, 그것을 본질적인 점에서 쉽게 한 것은 주로 전술한 문헌들이었다. 그는 스위스 시대의 종말 때에는 단지 고전고대풍의 이데올로기에만 몰두한 것은 아니다. 이 시대에 그는 로젠크란츠가 전하는 바에 의하면, —「자신이 손으로 좌측에 교회국가의 역사를, 우측에 독일 제국의 역사를, 그리고 그 중앙에 다양한 이탈리아 국가들의 역사가 정리된 커다란 연표…를

---

103) Hegel, *Volksreligion und Christentum* (Anm. 90), S. 27.

104) AaO., S. 21. 참조. Hermann U. Kantorowicz, "Volksgeist und historische Rechtsschule," in *Historische Zeitschrift*, 108 (1912), S. 300.

105) Rosenkranz, *Hegels Leben* (Anm. 75), S. 60.

106) 몽테스키외의 영향에 대해서 논하는 근래의 문헌은 Hildegard Trescher, "Montesquieus Einfluß auf die Geschichts-und Staatsphilosophie bis zum Anfang des 19. Jahrhunderts," in *Schmollers Jahrbuch für Gesetzgebung, Verwaltung und Volkswirtschaft*, 42 (1918 I), S. 267 und S. 471 ff.; 42 (1918 II), S. 907 ff.

염두에 두고 작성하고 있었다」.107) 이 표는 유감스럽게도 또한 공표되지 않았는데, 이 무렵부터 이미 헤겔이 구체적인 독일의 사정에 대해서 매우 상세하게 연구했던 것을 증명하고 있다. 그러한 저작이 헤겔의 최초의 커다란 정치논문의 준비라는 데에 의문의 여지는 없다. 그것은 그의 정치이해에 대해서도 기본적인 의의를 가진다.108)

## 2. 독일 헌법론

지금까지 보아온 헤겔의 사상발전에 비추어 국민적인 것이 그의 사고에 깊게 각인되고 있다. 지금까지의 문헌 중에서는 전혀 라고 할 정도로 강조되지 않았는데, 그것은 매우 놀라운 것이라고 하지 않을 수 없다. 이것은 우리들이 이제 1893년에 몰라(Mollat)에 의해서 최초로 완전하게 발간된 헤겔의 모노그라피를 입수할 수 있을 뿐이며 더욱 놀랄 일이다. 그것은 『독일 헌법론』이라는 제목만으로도 국민이라는 테마에 관한 것임을 추찰할 수 있기 때문이다.109) 딜타이가 확인한 바에 의하면, 그것은 1801년부터 1802년에 걸친 겨울에 집필되었다. 그것은 정치적 사고의 발전에 커다란 의의를 가진 것인데, 그러므로 우리들은 이 논문에 세심한 주의를 기울이지 않으면 안 된다. 헤겔 자신은 이 저작을 한가하게 집필한 논문이라고는 생각하지 않았을 것이다. 그가 이 논문을 적어도 세 번은 수정하였다는 사정만으로도 이것은 알 수 있다. 발간이 중지된 것은 당시의 정치적인 시대사정에서도 잘 알 수 있는데, 슈투트가르트의 팔름(Palm) 출판사는 굴욕적인 사태에 빠져 있던 독일의 상태를 논하는 팸플릿을 출판하였기 때문에 헤겔이 이 저작을 출판한 몇 년 후 프랑스의 점령당국에 의해서 사살된다는 운명에 처하였다. 이러한 사태가 잠재하였기 때문에 헤겔은 현명하게도 이 저작을 내버려두었을 것이다.

이 논문의 정신사적인 위치는 딜타이가 정당하게도 『독일 헌법론』의 서문으로서의 위치를 부여한,110) 헤겔의 실로 어려운 수기로부터도 어느 정도 명백하게 된다. 헤겔이 **「자유와 운명」**111)이라는 표제를 부여한 이 단편 속에서 논하는 바에 의하면, 국민은 여전히 위험을 내포한 모순의 와중에 있다. 「현존하는 생은 그 힘의 모든 그 존엄을 상실하였

---

107) Rosenkranz, aaO., S. 60.
108) 이 시대의 헤겔에게는 이미 공개된 두 개의 정치적 저작이 있다. 하나는 J. L. Cart에 의해서 쓰여진 *Über das vormalige staatsrechtliche Verhältnis des Waatlandes zur Stadt Bern*이라는 저작의 〈헤겔의 주해가 붙어있지만〉 단지 번역이며, 이것은 1798년에 발표된 〈최근 H. Falkenheim에 의해서 비로소 발견된 「알려지지 아니한 헤겔의 인쇄물」로서 *Preußische Jahrbücher*, 138 (1909), S. 193-210에 수록되어 있다). 또 하나는 *Über die neuesten inneren Verhältnisse Württembergs, besondere über die Gebrechen der Magistratverfassung*이라는 단지 전적으로 단편적인 채 보존되어온 소책자이며, 이것은 *Sämtliche Werke*, aaO., Bd. 7, S. 150-154에 수록되어 있다. 양자 모두 우리들의 테마에 대해서는 거의 의미가 없으므로 다루지 않는다.
109) G. W. F. Hegel, *Die Verfassung Deutschlands* (1802), in aaO., Bd. 7, S. 1-136.
110) Dilthey, *Jugendgeschichte Hegels* (Anm. 74), S. 135.
111) Hegel, *Freiheit und Schicksal* (1802), in aaO., Bd. 7, S. 138-141.

다」. 그 생은 이제 「그 소유에 대한 질서로 가득찬 지배와 전적으로 신민적인 작은 세계의 정관(靜觀)과 향수에 제한되어 있으며」, 남아 있는 것이란 이 제한을 완화하기 위한 자기부정과 사상에서의 천국에로의 상승112)뿐이라고 한다. 이것은 1796년의 종교 논문에서의 논조와 마찬가지다! 그는 나아가 말한다. 인간은 「일생으로 사는 것이 아니다. 더구나 인간이란 비록 자기의 본성을 눈앞에 묘사하고 일하여 묘사된 것을 자신의 반려로 삼고, 거기에서 자기를 향수하더라도 역시 한 사람이다. 인간은 묘사된 것도 살아있다고 보지 않으면 안 된다」. 시대는 개인을 「내면적인 세계에로 추구하였다」.113) 사람은 무의지로 되며 이제 자기에게 고유한 고뇌만을 구하고, 「법적이며 힘을 가진 현존재의 형식 속에」 존재하는 현존재의 한계를 「극복할 수 없는 것」으로서 숭배하고, 「자신이 입는 규정성이나 모순을 절대적인 것이라고」 파악한다. 그러므로 그러한 개인은 「그러한 것이 자기의 충동을 손상하는 경우마저」, 그러한 것들을 위하여 자기나 타자를 희생하여 바쳤다고 한다.114) 이제 시대의 모든 현상은 「낡은 삶에서 만족은 더 이상 찾을 수 없다」는 것을 시사한다. 시대는 「인간을 주인으로 한, 그리고 현실을 지배하는 인간의 힘을 최고도로 만들었다」. 「불모한 오성생활」에의 불만은 그를 행동으로 몰아세운다. 우리들은 초인격적인 국가를 지지하고 합리주의적인 개인주의에 반대한 그러한 혁명을 알고 있다! 「형이상학」에 의해서 자기고립화는, 그리고 「제약들은 그 한계와 전체성과의 관련에 있어서의 자신의 필연성을」 유지해야 한다고 한다. 그리고 이러한 경우에는 「제한된 힘으로서의 삶」은 보편적인 것에 의해서, 「보다 좋은 것에 의해서 적대적인 힘을 가지고 공격하게 될 것이다」. 만약 「제한된 힘으로서의 삶」이 절대적으로 보편적인 것을 「권력」으로서 「두려워해서는 안 된다」면, 「이 절대적으로 보편적인 것이 권력으로도 된다면」, 그렇게 될 것이다.115) 그러나 그 경우 단지 물리적인 권력만으로는 불충분할 것이다. 「힘을 가진 보편성」에로의 길은 그것과는 별개의 것이다. 제한된 것은 「자신 속에 잠재하는 자기 자신의 진리에 의해서 공격되고, 그것과의 모순에 빠진다. 그것은 그 지배를 특수적인 것의 특수적인 것에 대한 폭력만이 아니라 보편성의 근거하고 있다」. 개인의 권리의 힘은 국가의 의사지배에 근거하며, 개인의 개별화된 인격성에 근거하지 않는, 「이 진리, 개인이 그 진리를 자신에게 반환 청구하는 권리는 그 개인으로부터 박탈되며, 그런 후에 추구되는 생의 부분에 주어지지 않으면 안 된다」. 한마디로 말한다면 ―「독일제국에서는 모든 법의 원천으로서의 힘을 가진 보편성은 사라졌다」.116) 다만 특수성만이, 즉 등족과 개인만이 「권리」를 가진다. 그러나 헤겔에 의하면 시대는 국가가 절대적인 권리를 가지며, 그 중에 모든 개별적인 것은 단지 상대적인 국가로부터 파생된 권리만을 가져야 할 것을 요구한다는 것이다.

이러한 국민적 권력국가이론의 체계적 프로그램으로서의 의미를 지니는 단편들을 딜타

112) AaO., S. 139 f.
113) AaO., S. 139.
114) Ebd.
115) AaO., S. 140 f.
116) Ebd.

이와 메츠거는 불명확하게 하였는데,[117] 그것은 이처럼 약간 이해하기 어려운 것은 아니다. 개인과 보편성, 권리와 힘의 대립은 여기서는 이미 극복된 것처럼 보인다. 양자 간을 헤겔의 변증법이 철학적으로 매개하고 있다. 그런데 현실정치적으로는 개인의 힘과 권리는 여하튼 보편성의 힘에 의해서 제약된다는 것이다.[118]

헤겔은 이 철학적 서론 중에서 독일의 정치적 상황에 대한 평가를 위해서 개념적인 기초를 창조하였다. 그러나 그 직후의 논평 중에서도 사변적 명제는 단지 하나만 나와 있으며 그의 변증법이 아무런 역할도 하지 못하는 것을 염려할 필요는 없다. 그의 방법은 여기서는 철저하게 역사적이며 현실정치적인 것이다. 이들 논문의 시대 · 방법 · 경향은 1864년에 트라이치케를 일약 유명하게 만든[119] 논문 「연방국가와 통일국가」와 놀랄 만큼 일치한다. 트라이치케가 독일의 장래의 헌법체제의 기본적 조건을 연구하려고 시도한 때에는 정치적 상황도 전면적으로 변화하지는 않았다. 헤겔로부터 트라이치케에 이르는 2세대 동안에 독일의 통일국가는 성립을 보지 못하고 자기의 「권리」를 주장하는 구래의 분립주의는 여전히 쇠퇴하지 않았다. 그리하여 트라이치케도 「우리나라의 연방법의 치유할 수 없는 부패」에 저주하지 않을 수 없었다.[120] 그리하여 트라이치케는 말하기를, 「독일 연방 중에 잔존한 것을 정통성으로 비호하려는 쓸데없는 시도를 하고 있다」. 그러나 「법학적 신학자의…그럴듯한 요설」과 「법적 고려」도 독일의 통일을 방해하지 못할 것이다」.[121] 「국가학의 연구자들에게 모델과 이론상의 실례의 풍부한 수집을 제공하는」[122] 것이 조국의 사명일 수는 없었다 라고.

이와 아주 유사한 말로 헤겔은 동시대인의 국법학에 평가를 내린다. 그는 그것을 평가할 만한 것으로 보지 않거나 또는 전혀 고려하려고 하지 않았는데 그것은 부당하지는 않다. 구래의 국법학자들은 독일 국가의 개념*에 대한 함의를 하지 못했다. 근래의 학자들은 원래 그러한 개념의 발견을 단념하고 있다. 그것을 구하는 것은 「독일은 이미 국가가 아니기」[123] 때문에 쓸데없는 일이다. 「독일의 국헌이라고 불리는 이 단체의 조직은 전혀

---

117) Metzger, *Gesellschaft, Recht und Staat*, (Anm. 40) S. 335 참조.

118) 흥미깊게 또한 우리들에게 중요한 것은 이와 같은 헤겔의 세계관을 1798년의 그의 친구인 셸링의 세계관과 비교하는 것이다. 출발점을 같이 하면서 목적에서는 완전히 달리한다는 것이 셸링의 말에 자주 떠오르는, 「근대 전체의 특징은 관념론적인 것이며 정신의 지배와 내면에의 회귀이다」. 「광대한 세계에는 사람들이 게마인샤프트관으로서 일치한 것 이외의 아무것도 존재하지 않으므로 사람들을 가장 새롭게, 그리고 종교에의 최종적으로 양성하는 가운데 영원하게 화합시키는 것은 완성된 객관적 전체성(Totalität)에서의 절대적 동일성의 직관 이외에는 아니다」. Friedrich Wilhelm Joseph Schelling, *Ideen zu einer Philosophie der Natur* (1797), in *Sämtliche Werke*, I. Abt., Bd. 2, Stuttgart 1857, S. 72 f.; in *Werke* (Auswahl, Hg. O. Weiss), Bd. 1, Leipzig 1907, S. 168 f.

119) Heinrich Treitschke, "Bundesstaat und Einheitsstaat," in *Historische und politische Aufsätze*, Bd. 2, 4. Aufl., Leipzig 1871, S. 77-241.

120) AaO., S. 80.

121) AaO., S. 82 f.

122) AaO., S. 92.

123) Hegel, *Verfassung Deutschlands*, S. 3.

다른 생활 속에서 형성되었다」. 그러나 그 후 「전체가 붕괴」되고, 「국가도 이미 존재하지 않게 되었다」.[124] 그러나 독일인들은 「불성실하게도 이를 고백하려고 하지 않는다….그들은 자신의 개념, 권리나 법률에 충실한 채 있다. 여러 가지 사건들은 그것들과 일치하지 않음에도 불구하고 말이다」.[125] 독일 제국에서는 「정치권력들과 권리들은 전체의 조직에 따라서」 고안된 것은 아니다. 「모든 개개의 성원…이 그들을 자신을 위해서 취득한 것이다.그리고 국가는 자기의 권력이 이렇게 찬탈되더라도 자기의 권력이 탈취된 것을 확인하는 이외에는 아무도 손을 댈 수 없다」.[126] 헤겔이 도입하려는 것은 전혀 새롭고 보다 실체적인 법개념이다. 그 내용은 「전체의 조직」에 따라서 규정되며, 그것으로 행해지는 재의 분배는 이미 고립하고 전체로부터 추상된 것이라고 파악된 인간 개인을 배려하여 행하는 것은 아니다. 그것은 단지 전체로서의 국가의 권력에 배려한다는 관점 아래 행해진다. 그런데 독일은 이러한 국가는 아니다. 여기서 국법학은 「원칙에 근거하여 배우는」 것이 아니고 사법(私法)의 방식에 따라서 취득된 매우 잡다한 국가적 권리들의 토지대장에 불과하다」.[127]* 그리고 「정의」는 단지 「모든 부분을 국가로부터 분리한 채 유지하는」 점에서 존속할 뿐이라는 것이다.[128] 「독일이 어떻게 약탈되고 모욕되더라도 ― 국법학자들은 이 모든 것들이 법과 실제에 아주 적합하며, 모든 불행한 사건들일지라도 이 정의의 보유에 비하면 사소한 일에 불과한 것을 제시하려고 한다」. 독일의 개별 국가(헤겔은 이것을 항상 등족이라고 부른다)의 분립주의적인 이기주의는 수많은 불행한 전쟁에 대한 책임을 진다는 것은, 우리들도 인정하는 바이므로 「국법은 등족이 그러한 행동을 취할 권리를 가졌으면 하는 것을 증명하고 있다」. 이러한 사정 아래서 헤겔은 이 「독일 국가라는 법적 구조물」에 대해서는… 아마 「**정의는 행해져라 게르마니아는 망하더라도**」(Fiat justitia, pereat Germania)[129]*라는 이상으로 적절한 묘비명은 없을 것이라고 한다. 헤겔은 그러한 「반국가적인」 개인주의적인 법개념이나 법체계를 가지고 「국가에 반대」하려고도 하지 않으며, 또한 전적으로 형식주의적이며 불성실한 법률학에도 관련을 가지려고 하지 않는다. 그는 단지 「현실은 어떤가?」를 제시하려고 한다. 그러므로 그는 우선 첫째로 이렇게 확언한다.「독일」은 「각각 독립한, 본질적으로는 주권적인 국가들의 집적」에 불과하다. 「제국」이라든가 「제국 원수」*와 같은 호칭은 법률가의 둔사에 불과하다.[130] 트라이치케도 아주 마찬가지로 이렇게 단언하지 않을 수 없었다. 「우리들의 연방법은 하나의 거대한 **우화**(fable convenue)이며, 예전의 신성 제국의 국가법에 못지않게 허구이다.… 마찬가지로 오늘날의 국가법학자들의 독일 국가 연방에 대한 논의는 과연 이론적으로는 반박불가능하다…

---

124) AaO., S. 7.
125) AaO., S. 6.
126) AaO., S. 10.
127) AaO., S. 11.
128) AaO., S. 13.
129) AaO., S. 14.
130) AaO., S. 15.

독일 연방은 그러나 실제로는 복수의 주권적 군주의 병존상태임에 불과하다」.[131]

헤겔은 이제 자신의 연구에서 「란트가 국가를 이루었는가의 여부를 판단함」에 즈음하여 「일반적인 표현을 유포하여 국가라고 불러야할 것에 맡겨진 권력의 범위를 고찰」하려고 한다.[132] 이 명제에서 비로소 권력이, 즉 지금까지 독일 자연법론적 국가이론 중에서 전적으로 무시해온 계기가 국가개념의 유일배타적인 기준에로 고양된 것이며, 더구나 그 이후 아주 시종일관된 것으로서 관철되었다. 다만, 안으로 향하고 밖으로 향해서도 통일적인 것으로서 조직된 권력만을 헤겔은 국가의 개념에 대해서 결정적인 것으로 한다. 개개인의 힘들이 중앙으로 집중되고 하나가 전체로 통일된 곳에서만 국가는 존재한다. 「전체는 권력이 존재하는 곳에 있다. 왜냐하면 권력이란 개인들의 일체화이기 때문이다」.[133] 「군중이 국가를 형성하기 위해서 불가결한 것은 그 군중이 공동의 방위력과 국가권력을 구성하는 것이다」.[134] 국가는 「자신과 자신의 결정을 관철하고 개개의 부분을 스스로 의존시켜 두기 위해서 불가결한 권력을 지시하는 중심점」을 필요로 한다.[135] 그러나 또한 국가의 개념들에 대해서는 이 「공동체적 권력」 이상으로 「불가결한」 것은 없다. 그 밖의 모든 것은 「단지 이 권력의 특수한 태양」에 불과하며, 「개념적으로는 다소간 보다 좋은 것의 범위」에 속하며, 「현실적으로는 우연과 자의의 범위」에 속한다.[136] 트라이치케는 그의 60년 후에 유명한 논문 중에서 「국가의 본질이란 우선 첫째로 권력, 둘째로 권력 그리고 셋째로도 권력이다」[137]고 주장하였다. 여하튼 헤겔은 국가의 개념을 아주 정확하게 이렇게 정의한다. 그러나 그 경우 그는 권력원칙을 개개의 점에까지 침투시켜간다는 점에서는 트라이치케보다도 훨씬 엄격하다.

그는 바로 우리들에게 권력에 속하지 않는 것, 그러므로 「우연에 속하는 것」 모두를 「국가의 본질개념」에서 배제해야한다고 말한다. 예컨대 「전체로서의 국가권력이 어떠한 방법으로 지고의 통합점에 실재하는가?」와 같은 것이다. 「권력을 보유하는 자가 한 사람인가 여러 사람인가, 이 한 사람 또는 여러 사람이 세습적으로 국왕이 되는가 선출되는가, 그러한 것은 다수의 사람들이 국가를 형성한다는 유일한 필연적인 사안에 대해서 아무래도 좋은 것이다」.[138] 또한 헤겔은 여기서 일부러 평등에 목적을 둔 후 모든 의미에서의 **평등**(égalité)도 마찬가지로 아무래도 좋다고 한다. 헤겔은 그의 시대가 근대적 국가, 즉 법치국가의 개념에 대해서 피할 수 없는 불가결한 것이라고 간주된 모든 것을 의식적으로 철저하게 국가개념에서 배제한다. 「시민적 권리들이 평등하게 주어졌는가의 여부」, 「법률

131) Treitschke, "Bundesstaat," S. 98.
132) Hegel, *Verfassung Deutschlands* (Anm. 109), S. 16.
133) AaO., S. 66 Anm. 1 (Parallelentwurf).
134) AaO., S. 18.
135) AaO., S. 13.
136) AaO., S. 19.
137) Treitschke, "Bundesstaat," S. 152.
138) Hegel, aaO., S. 19 f.

과 소송절차」[139)의 존재, 그리고 불평등한 방법으로 재화가 분배된다는 것은 권력, 즉 국가에 대해서 아주 비본질적인 것이다. 그것만이 아니고 오히려 「진정한 국가들 중 최강의 것마저 전혀 평등하지 않은 법률을 가진」[140) 것을 명백하다고 말한다. 앞으로 어떻게, 또한 「이런 저런 어떠한 권력에 의해서 그리고 다양한 등족이나 국가시민의 지분의 어떠한 비율에 따라서 법률이 제정되는가」는 국가의 본질에 대해서는 「재판소의 성격」, 「행정일반의 형식」, 「계급들에 대해서 조세의 불평등」, 「부 일반의 불평등」처럼 사소한 것이다. 아니 오히려 반대로 새로운 국가들은 그 불평등에 「의거하고 있다」. 「그러한 모든 우연성은 국가권력이란 개념 밖에 속한다. 국가권력은 중심점으로서 다만 일정한 양만을 필요로 하며, 그것의 기원을 소급하면 그것이 불평등한 다양한 것으로부터 합류하여 나온다 해도 그것은 아무래도 좋은 것이다」.[141) 끝으로 헤겔은 그의 예전의 견해에서 이탈하여 문화국민적인 통일성 역시 권력에 대해서 본질적인 것은 아니라는 의견을 서술한다. 「우리들의 시대에는 각 구성원 간에는 습속, 교양 그리고 언어에 관해서는 완만한 관계만이 존재해도 좋을 뿐만 아니라 관계가 전혀 존재하지 않더라도 좋다」.[142) 물론 여기서는 헤겔이 단순히 권력의 존재에 대해서 불가피한 것에 대해서만 말한 것이 아니라는 것을 간과해서는 안 된다. 즉 「근대적인 국가가 존립하기」[143) 위해서는 그 국가는 헤겔이 러시아의 예로 제시하였듯이, 국민으로서의 통일성을 가질 필요는 없다는 것이다. 끝으로 「종교(적) 통일성」도 우연적인 것의 범위에 들어간다.[144) 공통의 권력 이외에는 어느 하나도 남지 않는다. 모든 권력국가이론 중에서 가장 시종일관된 것인 이 논의에서, 동시대의 독일만이 주목하던 국내정치가 헤겔에 대해서는 말단지엽적인 것에 불과하다고 생각되고, 전체의 권력과 밖으로 향한 그 활동만이 중요성을 가진다는 것이다.

국가란 이리하여 권력이며 권력 이외의 아무것도 아니다. 즉 우선 첫째로 「전력」이며 둘째로 「재정력」이다. 「재정」이 오늘날에는 「권력의 본질적인 부분이 되기」[145) 때문이다. 권력의 더 작은 광범위한 내용으로서는 나아가 국가의 주권적인 영역적 권력 아울러 법권력이다. 거기에서 이러한 네 개의 규준에 비추어 헤겔은 독일을 아직 국가라고 부를 수 있는가의 여부를 묻는다. 군사력에 대해서는 그는 60년 후의 트라이치케와 거의 마찬가지로 부정적인 결론에 도달한다. 트라이치케는 독일인이라는 「위대한 전투적인 민족」이 「모든 방어적인 태도」를 취해야할 「운명지워 있는」 것을 간취했는데,[146) 헤겔 역시 이렇게 서술하는, 「전쟁의 물질적 조건도 생명적 조건도 풍부하므로 독일만큼 무방비하게 정복력

139) AaO., S. 20.
140) AaO., S. 21.
141) AaO., S. 21 ff. Zusatz im Zitat von Lasson.
142) AaO., S. 24.
143) AaO., S. 25.
144) Ebd. Zusatz im Zitat von Lasson.
145) AaO., S. 39 f.
146) Treitschke, "Bundesstaat (Anm. 119), S. 97.

을 갖지 않으며 자기방위만에 급급하는 나라는 달리 없다」.147) 목하의 권력분열 상황에서
는 제국군의 이름은 「활개감」을 불러일으킬 뿐이다.148) 그러나 「군인정신」은 위대한
군대로서 성립할 뿐이며 「제국 수도의 수비병, 수도원의 호위병」149) 속에는 그러한 것은
성립하지 않는다. 이것만으로도 분립주의, 「전체적인 것」 위장의 「지시」150)가 보편적인
붕괴를 가져오는 것, 독일은 이제 군사적 권력을 가지고 있지 않으며, 이러한 이유만으로도
결코 국가가 아니라는 것은 명백할 것이라고 한다.

독일의 재정력은 이처럼 무력함을 드러내고 있다. 「마을 · 도시 · 도시의 쭌프트 등은
공공의 감시 아래 — 라고 해도 국가의 명령 아래서는 아니지만 — 자신에게 관계있는
재정문제만을 처리한다. 그러나 국가권력 그 자체에 관련된 재정제도는 존재하지 않는
다」.151) 즉 독일은 「현대에서는 국가의 본질에 속하는 권력, 즉 「화폐의 힘」도 소유하지
않고 있다.152)

이 군사적 무력(無力)과 재정적 무력 때문에 독일은 제국 영역을 적으로부터 방어할
수 없었다. 헤겔은 시대의 경과 중에서 제국이 상실한 란트들의 「오랜 비참한 목록」을
열거하고 있다. 그 경우 그는 로마 황제 그 자체에 복속하고 있던 영역들은 전부 도외시한다.
왜냐하면 그 「지리적 위치에서도, 민족의 개성이라는 점에서도, 서로 떨어져 있는 란트들의
부자연스런 통일체」를 확보할 만큼 권력도 의지도 제국은 가지고 있지 않기 때문이다.153)
그것과는 반대로 많은 특히 독일 소유령의 상실, 그중에도 프랑스에서의 상실은 — 그는
엘자스의 양도를 「진정한 상실」이라 부른다 — 154)* 제국에 대한 심각한 권력손실을
의미할 뿐만 아니라, 독일 제국의 부분들이 타국의 군주의 지배 아래 놓여 있다는 사태도
의미하였다. 더구나 독자적인 특권 역시 그것에 못지않게 제국 권력의 해소에 기여하는
것이었다.

헤겔은 법조직의 해체에 비추어 제국의 권력붕괴를 매우 선명하게 보여준다. 독일은
형식법학적인 법사상에서는 아직 국가라고 말한다. 다만, 「관념 속의」 국가일 뿐 「현실에서
의 국가는 아니다」. 「관념상의 국가의 체계란 국가의 본질에 속하는 사안에서 어떠한
힘도 가지지 않는 법제도상의 조직인 것이다」.155) 이 정치체는 전체의 힘을 시사하는
공법상의 원칙에 따라서가 아니라 개인권적인 원칙에 따라서 질서지워지고 있다. 확실히
「각각의 신분의 국가법상의 입장과 그것이 이행하는 의무는 매우 엄격하게 규정하고

147) Hegel, *Verfassung Deutschlands*, S. 32.
148) AaO., S. 34.
149) AaO., S. 32.
150) AaO., S. 39.
151) AaO., S. 41.
152) AaO., S. 47.
153) AaO., S. 49 ff.
154) AaO., S. 53.
155) AaO., S. 59.

있다. 그러나 그것은 보편적인 본래의 법률에 따라서 규정되는 것은 아니며… 시민적인 권리들의 존재에 따라서」,「소유권이라는 형식으로」156) 규정한다. 각인은 국가에 대한 권리들도 가지지만 국가 그 자체는 어떠한 권력도 가지고 있지 않으므로 어떠한 권리도 가지고 있지 않다. 여기서도 이미 헤겔이 실제적인 공법개념을 발견할수록 고심하는 것을 명백하게 알 수 있다. 여기서도 그는 다시 끝으로 종교분열이 독일 국가의 권력붕괴에 얼마나 기여했는가에 언급하고 있다.

헤겔은 그리하여 전문적인 지식에까지 깊숙이 들어가면서 국가의 첫 번째의 유일불가결한 규정이란 권력이며, 바로 그러므로 독일은 이미 국가라고 부를 수 없는 것을 증명하려고 고심하였는데, 그는 그 후 다시 이 국가분열의 가장 심오한 원인까지도 추적한다. 트라이치케는 분열을 「독립을 지향하는 우리들의 끊임없는 충동」157)과 관련을 가지는데, 마찬가지로 헤겔도 앞서 유사한 정치적 상황의 궁극의 근거는 「독일인을 매우 유명하게 만든 까닭, 즉 그들의 자유에의 충동」158)에 있다고 생각하였다. 그는 여기에 독일의 공동체 속에 있는 약간의 낭만적인 자유의 자연상태를 나타내며 — 우리들은 이미 이런 변종을 알고 있다 — 이 자연상태 중에서 개개인은 오로지 「습속·종교·보이지 않게 살아 있는 정신, 그리고 약간의 커다란 이해관계」를 통하여 전체와 결부되고 있었다159)고 한다. 그 밖의 점에서는 「[각인]은 공포를 느끼거나 의문을 품지도 않고 오로지 자기 자신만으로 자기를 제한하고 있었다」.「오로지 자유라고 불리는 이 내뜻에만 근거한 행위에서 보편적인 것을 고려하지 않는… 타자에 대한 폭력의 권역이 형성되었다」.160) 그리하여 영방 국가들이 생겨났는데 「이들 개개의 국가의 권력」은 독일에 어떠한 국가권력도 가져오지 않으며 더구나 그들 국가가 확대함에 따라서 국가권력은 일층 불가능하게 된 것이다」.161)

이 「독일적 자유」*의 정당성에 헤겔은 이의를 제기하지는 않는다. 오히려 그는 그것을 개인에게도 영방에게도 승인하려고 한다. 「각각의 신분·도시·촌·게마인데 등은 자기의 영역 내에 있는 것을 자기의 것으로 하는 자유를 향유할 수 있다」. 이 권리범위는 「각자의 충동에서 성립하며」,「저절로 성장한 것이 아니기 때문이다」.162) 그리하여 헤겔은 모든 폴리차이 국가적인 이론에 반대하여 「시민의 자유로운 활동」163)이 필요하다는 것을 크게 강조한다. 그것은 가톨릭적 법치국가 사상을 상기시키는 듯한 인상을 줄지도 모른다. 그러나 그렇게 이해하는 것은 정당하지 않다. 이것에 대해서는 다시 논할 필요가 있다.

---

156) AaO., S. 59 f.

157) Treitschke, "Bundesstaat" S. 88.

158) Hegel, *Verfassung Deutschlands*, S. 7.

159) AaO., S. 8. Ferdinand Tönnies, *Gemeinschaft und Gesellschaft*, 3. Aufl., Berlin 1920, S. 28; 207 (황성모 옮김,『공동사회와 이익사회』, 삼성출판사, 1977)도 본원적인 역사적 게마인샤프트는 「화합·습속·종교」에 의해서 결합된다고 서술한다.

160) Hegel, *Verfassung Deutschlands*, S. 9 〈spitze Klammer Zusatz Lassons〉.

161) AaO., S. 84.

162) AaO., S. 27.

163) AaO., S. 28.

그러면 어떻게 이 **자유**는 저 **권력**과 일치할 것인가? 우리들은 이 점에서 헤겔이 문제를 일찍이 곤란하게 만든 것, 그가 일반적으로는 근대 국가의 **십자가**에, 특수하게는 독일 제국의 십자가에 이미 관련된 것을 본다. 우리들은 한편으로는 권력과의 최초의 원칙적이며 실천적인 유화가 시도되면서, 반면에 혁명과 분립주의가 시도되는 데에 주의를 기울여야할 것이다. 서문에서 이미 헤겔은 자신의 프로그램을 명백히 하였다. 제한된 것은 「그 중에 존재하는 진리」164)에 의해서만 공격되고, 자기모순에 빠지는 것이라고. 어느 하나의 것은 헤겔에 대해서 확실하였다. 즉 「국가가 모든 권력을 상실하면서 개개인의 소유가 국가의 권력에 입각하는 경우에는 제로와 같은 국가권력 이외의 지주를 갖지 않는 자의 소유는 필연적으로 불안정하게 되지 않을 수 없다」165)는 것이다. 그러나 개개의 신민에서 뿐만 아니라 국가의 영토에서도 보편적이어야 할 행위양식은 「각 개인의 특수이익에도 합치하리라는 통찰을 가져오도록 노력」166)하지 않으면 안 된다. 그러나 어떻게 이러한 통찰을 가져오는 것이 가능할 것인가? 이 물음에 대답하려는 것이 그의 전체 저작의 성립을 촉구하는 주요한 계기가 되었다. 헤겔에 의하면 모든 종속적인 범역은 자신의 「권리」에 입각한다. 「보편성이라든가 법 등이라는 존엄」을 등족이나 개인들은 가지고 있으며 그 사람들의 권력요구의 신성한 형식이야말로 「충동을 양심에 배치하는 것으로서 억제」한다. 그런데 이에 대해서 법이란 전체가 가지는 권력 이상의 아무것도 아니며, 다른 면에서 전체의 힘은 개별적인 이익에 근거하는 것임이 제시된다면 「양심」은 용서되고 「사안은 의지와 자기 이익의 영역으로부터 통찰의 영역으로 이행한다」.167) 이 경우 국가와 권리들은 어떠한 관련을 가질 수 있는가? 여기서 이미 혁명과 권력국가와의 유화(宥和)를 법학적으로 구성한다는 간결하면서 중요한 의의를 지니는 시도가 이루어지는데, 그럼에도 불구하고 이 물음은 국가의 내면적인 것에 대한 헤겔의 관심을 강조하는 것은 아니다.

그는 스위스 체류 시대 이후에 군주제로 바뀌었다. 「원수」는 점차 명백하게 군주제의 특징을 띠게 되고 이제 「하나의 인격으로서의 국가권력」이 된다. 자유는 이 권력인격과 유화되는 것이다. 「군주의 인격성에서 벗어나는 것은 인격성에 대립하는 것 이외에 아무것도 아니다. 세련된 국가에서는 군주의 인격과 개개인 간에는 법률이나 보편성이 존립한다」.168) 이 구성은 매우 어색하지만 흥미로운 것이다. 하나에는 그것이 홉스의 절대군주제를 루소의 인격주의적인 기초와 통일시키려고 하는 노력을 명료하게 이야기하기 때문이다. 그러나 그 반면에, 우리들은 이 국가와 법공동체와의 대치 속에 헤겔의 사회개념의 원래의 기원을 구하지 않으면 안 된다. 헤겔은 여기서 이미 개인의 이해와 전체의 권력이라는

164) AaO., S. 140.
165) AaO., S. 10.
166) AaO., S. 106.
167) AaO., S. 106.
168) AaO. (Parallelentwurf), S. 68 Anm. 8 [S. 70 f.]. 여기서 나는 헤겔에서의 국가계약사상의 유일한 잔재를 인정할 수 있다. 저 시대에는 아직 지배적이었던 이론에 의하면 국가란 군주(Fürst)와 국민(Volk) 간에 체결된 계약이며 그 계약의 내용이야말로 법률을 의미하는 것이라고 생각하고 있었다.

문제의 해결에야말로 「여러 가지의 국가를 조직하기 위한 모든 지혜」가 근거하는 것을 명확하게 인식한다.169) 모든 권리는 헤겔에 따르면 국가에서 나오는 것으로 법률의 「개입」으로 개인의 이해와 전체의 권력의 문제가 해결가능하다는 거의 생각할 수 없는 것을 그는 스스로 충분하게 감지하였던 것이다. 그러나 이러한 내적인 문제에 그는 거의 가치를 두지 않는다. 아마 그도 「첫째로 자유, 둘째로 합의」라는 것은 「첫째로 여러 가지의 국권. 둘째로 국가」라는 것과 같은 뜻이다170)는 트라이치케의 견해와 동일한 것을 생각하였을 것이다. 헤겔은 이렇게 서술하는데 그것은 이것과 동일한 것을 의미한다. 「첫째는 국가가 존재한다는 것이다.… 그리고 그것 속에 직접적으로 여러 가지의 법률이 존재한다는 것이 포함된다」.171) 여기서는 헤겔이 마치 로마법적인 사법과 공법의 이분론만을 안 것처럼 외관이 드러난다. 그는 한편으로는 단순히 사법=권리대상에만 대해서 말하며, 다른 한편으로는 정치적 권리들에 대해서만 말하기 때문이다. 그러나 칸트는 이미 사법·국법·형법·국제법·세계시민법이라는 후세의 법학에 대해서 매우 커다란 의의를 가지는 구별을 하며, 그 구별을 헤겔이 알고 있었던 것에는 전혀 의문의 여지가 없다. 그러나 이들 법영역의 전체에서는 보편적이며 절대적인 그 자체에서 동일한 것인 자연법이념이 생기고 있던 ─ 거기에 헤겔이 이 체계를 부정한 까닭이 있었다 ─. 즉 「**정의여 행해져라, 비록 세계가 멸망하더라도**」가 유지되고 있었다. 헤겔의 노력은 그러한 국가이념을 모든 권리로부터 구별하는 곳에까지 나아간다. 국가가 존속하려고 하는 한 「사권을 전적으로 시종일관하여」 보존하는 것은 불가능하기 때문이다.172) 그는 그러므로 칸트가 행한 구별을 전혀 의식적으로 거부하였다. 왜냐하면 자신은 결코 어떠한 국가**법**도 아는 바가 없기 때문이라는 것이다. 그는 이미 술어의 차원에서 이 거절을 표현한다. 그가 「국가의 법」에 대해서 말하는 경우에는 대부분의 경우, 국가의 권한이라는 의미에서의 국가법에 대해서 논하며 객관적인 국가법에 대해서 논하는 것은 아니다. 국가는 전적으로 법의 영역 밖에 존재한다. 그는 국가를 사권으로부터 명확하게 구별한다. 「국가권력과 권리대상 간에 생기는 구별이야말로 매우 중요한 것이다. 권리대상이란 사적 소유이다. 그러나 국가권력은 사적 소유일 수는 없다. 국가권력은 국가로부터 생긴다. 국가권력 위에는 국권 이외의 어떠한 권리도 있을 수 없다. 국가권력의 범위와 국가권력이 점유하는 것은 국가에 의존하며 국가와 관련하여 타당성을 가질 뿐이다. 그것은 재판에서 취급해야할 대상은 아니다」. 국가권력은 그리하여 권리를 초월해 있으며 국가란 「지고의 명령권자」이며 그것은 절대적으로 「정당하다」. 「모든 권리는 국가에서 나오는, 국가는 결정해야 하는데, 그것은 우연이 아니며 증서에 의한 것도 아니며, 그 밖의 법적 권원에 의한 것도 아니다」.173) 헤겔의 의견에 의하면 국가의 행위는 모두 법적 평가를 받지 않는다. 그는 권력은 오로지 「각 부분을 하나의

169) Ebd.
170) Treitschke, "Bundesstaat," S. 93.
171) Hegel, aaO., S. 68 Anm. 8 [S. 71].
172) AaO., S. 98.
173) AaO., S. 62 Anm. 1 (Parallelentwurf)〈Zusatz von Lasson〉.

국가권력에로 이성적으로 결합함으로써」,[174] 만 생기는 것을 충분히 이해하기 때문이다. 그리하여 국가는 어떤 의미에서는 객관적 질서를 가능하게 하기 위해서 지속적으로 자기의 규범에 구속되는 것으로서 나타난다. 그러나 이 객관적인 규범은 어떠한 타자에 대해서 스스로 자율적인 것으로서 자기구속하고 있는 것을 보여줌에 그치는 것은 아니다. 나아가 「권리」와 「법률」의 주목할 만한 구별도 제시하지 않으면 안 된다. 「권리」라는 말로 헤겔은 많은 경우 이른바 청구권, 넓은 의미에서의 소유를 의미하게 하고, 「법률」이라는 말로 청구권이 이미 대항하는 것을 허용하지 않는 최고의 규범을 의미하게 한다. 객관적인 국가법을 거부하는 이유에 대해서는 그는 정당하게도 이렇게 명언한다. 「콘링(Conring)과 히폴리티우스 아 라피데(Hipp. à lap.)*는 로마법과 국가법 간에 그러한 구별을 하였다. 그러나 그것은 국가를 결속시키기보다는 오히려 해체시키는 것처럼 생각된다. 그들은 등족을 국가들로서 구성하였다. 그 경우 물론 사법은 그들에게 적용될 수 없었다. 그러나 그것이 적용되었다면 독일은 이미 국가는 아니다」.[175] 독일이 다시 국가로 되듯이 — 「커다란 힘을 가진 등족에게 그것에의 의존을 느끼게 하기」[176] 위해서 — 헤겔은 국가를 모든 권리들 위에 둔다. 그는 이러한 점들에 대해서는 간단히 다룰 뿐인데 「정치적 권리들」에 대한 상당히 장대한 의론은 전적으로 특별한 중요성을 가진다. 헤겔은 이 「정치적 권리들」이라는 말 아래 우리들이 오늘날 실정적인 국제법이라고 부르는 것을 이해하고 있다. 그는 그 실정적 국제법을 독일의 개개의 국가 간에 존재하는 것으로 상정하기 때문에 「등족」에 대해서 독일의 통일에 반하는 그들의 국가적인 자립성과 독립성은 전적으로 난처하리라는 것을 증명하려고 한다. 등족은 「자기의 권력과 역량」에 입각해서가 아니라 「대국의 정책」에 의존하기 때문이라고 말한다.[177] 확실히 「엄숙한 계약」은 존재하며 그러므로 마치 그 계약에 의해서 등족의 주권은 권리에 의해서 보장되는 저 외관을 드러내고 있다. 그러나 「이러한 권리들이 즉자적 및 대자적으로 어느 정도 존엄을 가지는가는 잘 알려진 바이다!」.[178] 권리는 바로 힘에 의해서 실현되어야 하며, 그렇지 않으면 그것은 권리라고 할 수 없다. 「정치적 권리들이 사권으로서의 효력을 가져야 한다고 하는 경우 그것은 어떤 종류의 모순을 내포하게 된다. 그들 권리는 이처럼 확고한 정치적 권리들을 서로에 대해서 가진 자들이 권력이나 위력을 가지는 상급 기관 아래 서로 하나의 법적 관계에 서 있는 것을 전제하려고 하기 때문이다」.[179] 그러나 독일의 개개의 국가들에 대해서는 이것은 타당하지 않으며, 그 주권은 그러므로 여전히 「정치」에 의존하고 있다. 그들 국가들은 자기의 존속을 서로 계약에 의해서 보장했는지도 모른다. 그러나 이들의 국제법 계약은 어떠한 것일까? 헤겔은 이어서 국제법이나 전쟁의 본질 그리고 역사적으로

---

174) AaO., S. 57.
175) AaO., S. 62 Anm. 1 (Parallelentwurf).
176) Ebd.
177) AaO., S. 97.
178) AaO., S. 97 f.
179) AaO., S. 98.

가변적인 것인 권리의 본질에 대해서 주목할 만한 현대풍의 권력정치적 논의를 하고 있다. 「어떠한 권력이라 할지라도 직접 결정된 권리를 공격하는 것은 아니다. 어떠한 불명확한 측면에 차이가 생기고 그것이 그러면 평화 일반을 넘어뜨리고, 거기에서 전쟁상태가 발생함으로써 그 밖의 명확하게 규정된 권리들의 결정까지도 동요시키게 되며」, 「그리하여 미리 계약으로 확립된 다른 모든 것도 엄숙하게 되는 것이다」.180)

「전쟁은 그것을 침략전쟁이라고 부르는가 방위전쟁이라고 부르는가에 대해서 양 당사자가 요해에 도달하는 일은 결코 없지만, 그것이 부정이라고 불리는 것은, 화약이 **무조건적인** 상호 간의 평화를 결정한 경우이다. 또한 대국 간에 사용하는 영원한 평화라든가 우정이라는 표현은 사안의 본성에 근거하여 제약을 수반하는 것으로 해석해야할 것이다. 즉 그것은 한쪽에서 공격받지 않거나 혹은 적대행위를 받지 않는 한에서 라는 것이다」.181) 지금까지 헤겔은 우리들에게 벌거벗은 권리는 아직 힘이 아니라는 것, 그것은 권력을 통해서 비로소 산출되는 것을 증명해 왔다. 그러나 그 후 그는 전혀 반대로 권력은 권리라는 것을 보이려고 한다. 그의 폴레미크는 여기서는 표면상 직접적으로 칸트에 ─ 즉 1795년에 매우 엄숙한 표현으로 정치의 비도덕성을 비난하고, 국가들에게 「그 이기심을 희생으로 바치고 헌신에 향해야 한다」고 정당한 정치를 요구한 칸트에게 ─ 향하는 것처럼 보인다.182) 그러나 트라이치케가 「칭찬받고 있는 '도덕에 의한 [정치의] 정복'」183)에 마음을 두지 않고, 「맨체스터 학파」*에 대해서 「권력문제를 이해할 수 없는 불치의 무능에 불과하다」184)고 지적한 것과 동일하게 헤겔도 이렇게 말한다.

「정치란 권리의 희생 위에 자기의 이익을 구하려는 노력이며 기술인데, 부정의 체계이며 성과라고 환기해온 인도가나 도덕가가 있다. 또한 시시한 정치 얘기를 늘어놓는 무당파의 공중, 즉 이해도 조국도 가지지 않고 비어홀의 평화를 가지고 덕의 이상으로 삼는 대중도 정치란 성실함에 결여된 것, 그리고 무법으로 불안정한 것이라고 비난한다. 또한 적어도 정치에 관심을 품더라도 자국의 이해*가 걸린 법형식에는 불신을 품고 있다. 이들의 이익이 그들 자신의 것이라면 그들은 법형식도 주장할 것이다. 다만, 그 경우의 그들의 진정한 내면적인 동기는 이해이며 법형식은 아니다.

인간애로 가득찬 법률가나 도덕가라고 할지라도 자신의 이해를 가지고 있지 않다면, 이해와 이해가 그리고 그와 동시에 권리와 권리가 충돌에 빠질 수 있는 것을 이해할 것이다. 그리고

180) AaO., S. 98 f.
181) AaO., S. 99 〈Zusatz von Lasson〉.
182) Kant, Zum ewigen Frieden (Anm. 11), S. 372 (이한구 옮김, 『영원한 평화를 위하여』, 65면).
183) Treitschke, "Bundesstaat," (Anm. 119), S. 205.
184) AaO., S. 198. 헤겔도 한편으로는 법의 정치와 시민주의(Bürgertum)을, 다른 한편 이익정치와 귀족정을 동일시한다. 그는 귀족에 대해서 그들은 「국가의 업무를 비교적 자유로이 처리하며, 이 점에서 일정한 자유를 가지며 규칙에 구속되지 않고, 오히려 사정 · 상황 · 필요에 응하면서 자기 자신(의 판단)을 신뢰하는」 능력을 가진다고 서술한다(Hegel, *Verfassung Deutschlands*, S. 95).

국가의 이해를 ─ 도덕에 대해서 가장 혐오해야할 말로 표현한다면 국가에 대한 이득을 ─ 권리들에 대치하는 것이 어리석다는 것도 이해할 수 있을 것이다」.185)

아주 마찬가지로 모든「튜톤적인 […] 감정정치」를 거부하는186) 트라이치케에 대해서도 정치는「자국의 번영 이외의 어떠한 이해도 고려해서는 안 된다」는「사상은 99표와 같이 자명한 것이었다」.187)

「권리란」─ 하고 헤겔은 계속한다 ─「계약에 의해서 확립되고 성립한 하나의 국가의 이익이다. 그리고 계약 일반에 의해서 국가들의 다양한 이해가 확정되는데 권리로서는 이들의 이해는 무한하게 다면적이기 때문에, 그들은 그리고 그러므로 또한 권리들마저도 대립관계에 빠지지 않을 수 없다. 그리고 위험에 처한 이해와 권리가 권력의 전체 힘으로 방위되어야 할 것인가의 여부는 또한 사정의 여하에 힘의 조합에, 즉 정치의 **판단**에 의존한다. 그러나 이에 대해서 다른 쪽도 물론 권리를 들 수 있다. 왜냐하면 그도 또한 충돌에 빠지는 대립적인 이해를 그리고 그와 함께 권리를 가지고 있기 때문이다. 이제 전쟁이나 무엇이 결정을 내려야 하는데 그것은 쌍방의 주장하는 권리의 어느 것이 진정한 권리인가를 결정하는 것은 아니다 ─ 쌍방 모두 진정한 권리를 가지기 때문이다 ─. 결정되어야 할 것은 어떤 권리가 타방에 양보해야할 것인가이다」. 「이러한 분쟁에서 권리는 자기의 힘으로 자기를 주장하지 않으면 안 된다」.188)

헤겔은 그러므로 단지 모든 실정법만이 아니라 모든 내용적인 법이념 역시 국민적이며, 두 개의 국가의 대립하는 권리는「동등하게 진실이다. 그러므로 제 3의 것 ─ 즉 전쟁 ─ 이 그 두 개의 국가가 통일할 수 있게 하기 위해서 그들을 동일하지 않은 것으로 만들어야 하는데 이것은 한쪽이 다른 한쪽에 굴복함으로써 생긴다」189)고 생각한다.
이상으로 우리들은 헤겔이 우리들을 어디로 인도하려는 것인가에 도달하였다. 국가의 권리란 그 이득 또는 이해이며 실제상은 그 권력이다. 더구나 단지 권리형식에 의한 권력일 뿐만 아니라 내용적인 권력이기도 하다. 권리는 국가의 내부에서는「전체의 조직」에 따라서 산정해야할 것인데, 권리목적으로 인정해야할 것은 국가의 권력, 즉 어떠한 도덕적인 목적이나 기준이 아니라 대외정치에서의 그것의 자기관철이라고 한다. 두 개의 권리의 대립에 결정을 내리는 보편적인 권리이념 등은 존재하지 않는다. 그것을 할 수 있는 것은 유일한 단지 전력뿐이며 그러므로 공격전쟁과 방위전쟁, 합법적인 전쟁과 비합법적인 전쟁과 같은 구별은 전혀 무의미하다. 그러므로 오늘날 여전히 리비우스의 낡은 명제 **「전쟁은 어쩔 수 없는 사람들에 대해서 정당하다」**(iustum est bellum quibus necessatium)가

---

185) Hegel, aaO., S. 100.
186) Treitschke, aaO., S. 208.
187) AaO., S. 206.
188) Hegel, *Verfassung Deutschlands* (Anm. 109), S. 100 f.
189) AaO., S. 101.

통용된다고 말한다.

여기서 우리들은 자연법의 세계관 전체가 폐허 속에 놓여있다고 해도 좋다. 자연법론에서는 모든 권리는 개개의 이성적 개인들이나 국가들 간의 계약에 의한 의지의 일치에 근거를 가지게 되며, 신적인 또는 도덕적인 초시대적이며 초국민적인 법이념이 초래한 성과로서 취급되고 있었다. 이 이성과 인륜의 이념에 헤겔은 역사적인 사실을 대치한다. 독일의 권력을 향한 열화 같은 국민적 원망을 모든 정치적·인륜적 문제들에 대한 견해와 관련지음으로써 헤겔은 국가적·국민적인 규범 이외의 어떠한 규범의 존재도 허용하지 않는 완전한 법상대주의에 도달한다. 독일의 사상가가 처음으로 실천적인 국가기술이 항상 고수하려는 이익정책에 매우 첨예한 형식을 부여하고, 그것을 일체의 원칙정치에 대치하는 것이다. 우리들은 헤겔의 법감정보다도 섬세한 법감정에 대한 여기서의 반박 모두를 제쳐두고 이 견해를 특히 담당자로부터, 그리고 그 시대로부터 이해하도록 노력하자. 헤겔의 개인적인 소질과 당시 독일의 여러 작은 국가들의 정치적 실상에 대해서도 다시 언급해야할 것이다. 여기서는 오로지 헤겔과 동시대 독일의 세계시민주의적인 꿈과 비정치적 래디칼리즘에 대한 장대한 반발을 보이며, 1801년에는 일찍이「피와 강철」로부터 독일 통일에 이르는 길을 제시한 최초의 인물로서 묘사하게 될 것이다. 아마 독일 정신의 비참한 운명 때문에야말로 거기에서의 정치적인 이상은 천국에 결부되게 되며, 그것이 오로지 역사적·국민적이며 차안적인 이념만을 아는 헤겔을 불러내게 된 것이다. 그러나 헤겔과 같은 인물을 절실히 필요로 한 사상사적인 상황이 어떠한 것이었는가는 우리들에게는 이 철학자 자신의 말로 분명하게 된다.「인간이란 참으로 어리석은 것이며 양심의 자유와 정치적 자유를 무사한 태도로 구출한다는 이상주의적인 광경에 눈이 홀려, 또한 감정의 내면적 정열에 흥분함으로써 힘 속에 잠재한 진리를 보지 못한 것이다. 그리하여 자연과 진리의 보다 고차의 정의에 대항하면서 인간이 만들어낸 정의와 허구가 된 꿈을 확실한 것이라고 믿기에 이른 것이다.」[190]

법이나 인륜과 함께 이제 지금까지 무제약하게 지배하던 이성도 항복한다. 이성은 이제 무조건으로 자연과 역사라는 몰가치적인 힘에 항복하고 권력이야말로「진리」이며「보다 고차의 정의」인 것을 무조건 승인하기에 이른다. 도덕적인 분격에 의해서 정치적 인식이 그것에 대해서 행해온 진보를 평가하는 것을 망각해서는 안 된다. 자연법은 순수한 이성에 의해서 단순히「자연법칙」, 즉 천문학적인·물리학적인·수학적인 이성 등등을 발견하는 것을 바랐을 뿐만 아니라, 동일한 방법으로 어떠한 역사적인 영향에서도 독립한 윤리적·법적인 규범들을 얻기를 바랬다. 즉 자연법은 법의 현실성과 법이념을 혼동하고 있었다. 헤겔이야말로 모든 실정법의 가변성을 주장한 것만은 아니며 모든 보편적인 법이념 일반이 내용 없다는 것도 과감하게 주장한 최초의 독일인이었다.

헤겔은「독일 등족의 권리라고 부르는 것이 그 내면적인 존엄에 의해서, 또는 도덕적인 힘으로서 존립해야한다는 것에는 아무런 의미도 없다」[191]는 것을 증명하려는 의도를

190) AaO., S. 89.

가지고 있었는데 그것은 이제 달성되었다. 이들 권리들은 역사적으로 볼 때 시대에 뒤떨어지며 현존하는 힘에 대해서 자기를 관철시킬 수는 없다.

이것을 역사적으로 증명하기 위해서 헤겔은 독일의 정치적 사정을 서술하는데 만족한 것은 아니다. 그는 다른 국가들의 역사도 인용하고 있다. 독일에서의 등족이나 종교논쟁이 그랬던 것과 마찬가지로, 프랑스에서도 「호족과 위그노」가 통일국가의 형성을 저해하고 있었다. 리쉴리외*는 호족을 제압하고 프랑스인에게 국민적 통일을 부여하였는데,[192] 헤겔은 바로 그러므로 그 리쉴리외를 찬미하였다. 마찬가지로 영국이나 스페인도 국민국가를 설립하는 데에 성공하였다. 이탈리아만이 독일에 유사한 운명을 경험하였다. 독일의 국가들은 이탈리아의 역사에서 배울 수 있다. 스위스 체류 시대의 헤겔은 독일과 이탈리아의 각각의 역사를 일람표로 작성하여 비교하였는데, 이것이 어떠한 목적을 추구하기 위한 것이었는지 여기에 명백하게 된다. 여기서도 그는 국가는 권력을 가지고 있는 한 법률상의 권리와 도덕적 권리를 가진다는 것에서 의론을 진행한다. 「천 배 혹은 그 이상으로 강대한 힘에 대항한」 이탈리아의 여러 작은 국가들은 「필연적인 몰락의 운명을 경험하였는데 거기에는 이 운명을 유감으로 생각하는 기분과 동시에 필연성의 감정이나 거인 곁에 서기 위한 피그미*가 자신에 대해서 품고 있는 자책[!]의 감정도 존재하였다」.[193]

그리하여 헤겔은 모든 측면에서 통일에의 요구가 다만 전체로서의 독일 국민의 이익에 근거할 뿐만 아니라, 개별 작은 국가의 이익에도 마찬가지로 근거한 것임을 증명하려고 한다. 이어서 그는 독일의 정치적인 통일의 가능성을 탐구하려고 한다. 확고한 안목으로 그는 곧 장래에는 가장 중요한 것이 되어야할 문제를 파악한다. 독일을 통일하는 것은 오스트리아인가, 아니면 프로이센인가 하는 문제이다. 헤겔은 자신이 오스트리아측에 호의를 가지고 있다는데 대해서 의심도 없다. 프로이센에 대해서는 그는 명백히 낭만주의적인 색채를 지닌 약간의 근거를 가지고 그 정신적 아울러 예술적 「불모함」에 비난의 소리를 던진다. 여기서도 다시 그는 자신의 귀족정치적인 경향들을 나타내고 있다. 프로이센은 「오스트리아의 권력, 선조부터의 유복하고 자유로운 귀족」과 비교해 본다면, 자신의 노동만으로 1 페니히로부터 재물을 쌓아 올린 시민의 입장에 서는 것이다」.[194] 이와 같은 미학적인 시점이 헤겔의 정치적 입장에 대해서 결정적이라는 것은 결코 아니었다. 그는 오히려 오스트리아에 대해서 통일을 이루어야할 권리를 용인해도 좋다고 생각했을 것이다. 왜냐하면 그는 오스트리아를 「독일에서 가장 강대한 국가」[195]라고 본데 대해서, 프로이센의 권력을 단지 이 나라의 「개개의 천재」가 「강하여 그것으로 향할」 것이라고 의식한 뒤였으며, 「일시적인」 것으로서 보았을 뿐이다.[196] 그것에 이어서 예나 시대에 그는

---

191) AaO., S. 101.
192) AaO., S. 107.
193) AaO., S. 110.
194) AaO., S. 123.
195) AaO., S. 127.
196) AaO., S. 31.

그의 견해에 대해서 확신을 고집하게 되었다. 그럼에도 불구하고 그는 프로이센이 「독일의 한 제국 제후로서 다른 등족과 대등한 입장에 서는 것은 아니며」, 확실히 독일의 헤게모니에 대해서 고려의 대상이 되어야할 「독자적인, 주권을 가진 강대한 국가라고 볼 것」[197]을 충분히 알고 있었다. 그는 그러므로 오스트리아와 프로이센 각각의 장래의 전망을 독일에서 어느 것이 우월적 지위를 차지하는가 하는 관점에서 가능한 한 객관적으로 ── 그러나 오스트리아 쪽을 독일의 제후가 승인할 수 있는 유리한 것에 나타내려는 명백한 노력을 기울이면서 ── 저울질 하는 것이다. 프로이센에 대해서는 확실히 독일인들 아래서 프로테스탄티즘의 옹호에 의해서 얻은 정치적 영향력은 유리하게 작용할 것이다. 그러나 오늘날에는 이러한 비호를 프로테스탄트들은 이미 필요하지 않게 되었다. 다른 한편, 오스트리아의 보편군주제를 둘러싼 예전의 위기도 「유럽의 균형」이 이루어져 사라지고 있다. 「독일 등족을 희생으로 한 팽창」에의 요구에 관해서는 오스트리아도 프로이센도 전자가 아직 우월하지 않은 한 적어도 동등한 위치에 있다.[198] 「독일적 자유라고 불리는 것은 이 양국을 경계하지 않으면 안 될 것이다」.[199] 그러나 이 자유에 대한 불안은 자유의 개념이 현대에서는 완전히 변모해버린 것보다도 독일 통일에 반하는 증거로서는 더욱 적을 것이다.

헤겔은 지금까지 국가생활 속에서 오로지 권력만을 강조해왔는데 이제 그는 국가성원의 자유에 대해서도 자세하게 논한다. 그의 상론은 이 점에서도 획기적이다. 여기서는 헤겔이 버크의 영향을 받은 것을 확실히 하고, 프랑스 혁명의 요구들을 전혀 부인하는 것은 아니라고 해도 거기로부터 확실히 이반한 것이 매우 명료하게 보인다. 그는 말한다. 「10년에 걸친 투쟁과 유럽의 대부분이 입은 비참한 경험에 의해서 적어도 사람들이 자유를 구하는 맹목적인 외침으로부터 귀를 기울일 정도로 개념상으로는 교훈을 얻기에 이른」 것은 확실하다. 이 피비린내 나는 유희 속에서 자유의 구름은 걷혔다. 이 구름을 포옹하려고 허공을 시도하는 동안에 민족들은 비참의 연못으로 떨어졌는데, 그 대신 명확한 형상과 개념이 여론 속에 다가갔다. 자유에의 절규는 효과도 발휘하지 못할 것이다. 아나키는 자유로부터 구별되며 자유를 위해서는 확고한 통치가 불가결하다는 것이 사람들의 마음에 깊게 새겨졌는데, 그것처럼 법률과 가장 중요한 국사를 위해서 민중은 협력해야 한다는 것도 그 가슴 속에 깊게 새겨졌다」. 그리하여 「국세의 일부분, 특히 비상시의 국세에 대해서는 군주에게 협찬하지 않으면 안 된다」.[200] 헤겔은 「자유는 민족이 법률에 구속되어 하나의 국가를 이루는 경우에만 가능하다」[201]는 것을 「프랑스의 자유의 광란」에 대치하여

---

197) AaO., S. 120.

198) AaO., S. 128.

199) AaO., S. 127.

200) AaO., S. 128 〈Zusatz von Lasson〉.

201) AaO., S. 112. 이것과 관련하여 우선 최초로 세계사를 등급 매기는 사상이 염두에 떠오른다. 그것은 헤겔의 시대에는 자명한 것으로서 독일 국민에게 침투하고 있었던, 「대의제도는 … 본래 게르마니아의 숲에는 존재하지 않았던 것[몽테스키외의 사상]인데 거기에서 나타난 … 세계의 교양의 관련은 인류를 동방의 전제주의와 공화국의 세계지배를 거쳐 후자의 부패로부터 이들의 중점에 도입되었다. 그리고 독일인은 세계정신의 이 제3의 형태를 산출한 민족이다」. Hegel, *Verfassung Deutschlands*, S. 93 〈spitze

그것을 「국가학의 근본명제」에까지 높이려고 한다. 「독일적 자유」에 대한 이 새로운 개념을 그는 개개의 시민에 대해서도, 또한 「등족」에 대해서도 적용하려고 한다. 그는 그러나 후자에 대해서는 그 권력과 그것의 국가적 자유는 강력한 독일의 통일국가 — 그 중에서는 등족도 법률적 자유를 향수할 수 있는 — 에 의해서만 보장될 수 있는 것을 보이려고 하였다. 그런데 바로 그러한 법률적 자유는 「독일적 자유라는 법률적 자유와는 별개의 자유가 증대한다면, 그리고 그 개별 성원에 대한 국가의 권력이 감소한다면 당연한 것이지만 그만큼 더욱 감소하게 된다」.[202] 그는 자유라는 것이 국가 중에나 국가들 사이에서는 단지 권력에 의해서만 보장될 뿐이라고 본다. 트라이치케가 「소국에서 자유는 보장되지 않는다」[203]고 강조한 것과 동일한 태도이다.

여기에서 이 시대에 처음으로 권력과 자유는 결코 절대적으로 대립하는 것이 아니라 반대로 정치 생활에서 서로 조건지워지는 카테고리가 주장되는 것이다.

그러면 헤겔은 독일에서의 통일적 국가의 건설이라는 가장 곤란한 문제를 어떻게 생각하는가? 우선 첫째로 주목할 것은, 헤겔이 개별 국가의 분립주의에 전혀 공감도 하지 않은 채 그것에 대립하지는 않는다는 점이다. 그는 「각 개별 등족은 특수한 국가이기 때문에 어떤 도움도 기대할 수 없는 보편적인 것에 대해서 자신을 **희생할** 필요는 없다」. 각 개별 등족은 「자신의 토지와 신민을 위해서 배려한다는 신성한 의무를」 진다[204]는 것을 알고 있다. 이처럼 헤겔은 동시에 현실정치가이기도 하며 독일의 통일적 국가를 갈망하면서도 그 중에 여러 가지의 개별적 국가가 필요불가결한 것으로서 보존되는 것을 용인한다. 그의 통일로 향한 계획 중에는 개별 국가대표로 구성되는 어떤 종류의 연방의회라는 발상이 매우 명료하게 나타난다. 그러나 「사람이 그 때문에 행위하는 것, 사람들이 그 때문에 함께 결의하고 실행하는 것, 그 아래서 그 의지가 존재할 수 있는 까닭에 대해서 관심을 가진다는 것은 인간의 본성에 깊게 뿌리내린 것이다. 국가들에 대해서는 보편적인 것을 위해서 협동할 수 있기 위한 방법이 고안되지 않으면 안 되기」 때문이다. 여기에 우리들은 바로 국가의 성원이 국가의 움직임에 참여함으로써 국가의 권력은 고양된다는 종교 논문에서의 사상을 상기할 수 있을 것이다.

여기서도 헤겔에게 그 자신의 말로써 그의 독일 통일의 계획을 제기해 보기로 한다. 그는 이렇게 논한다.[205]

「독일은 몇몇 전쟁을 치른 후 그 대부분이 외국의 여러 열강의 권력 아래 두어지게 된 이탈리아와 동일한 운명을 걷기 위해서는… 자신을 새롭게 하나의 국가에로 조직하지 않으면 안 된다.

Klammer Zusatz Lasson). 그리하여 세계정신의 변증법의, 최종적이며 지고의 단계란 여기서 이미 군주제이다.

202) Hegel, *Verfassung Deutschlands*, S. 129.
203) Treitschke, "Bundesstaat," (Anm. 119), S. 107.
204) Hegel, aaO., S. 106.
205) AaO., S. 132.

국가를 이루는 소이의 본질적인 것은 국가권력이 원수에 의해서 지도되든 각 부분의 협력으로 성립한다는 것이다. 모든 비본질적인 것의, 사법권, 수입의 관리, 종교에 의존하는 것은 국가에 속한 불가결한 사안에서는 제외되지 않으면 안 된다.

독일 제국의 존속이 가능하게 되는 것은 하나의 국가권력이 조직되고 독일 민족이 다시 황제와 아울러 제국과의 관계에 서는 경우뿐일 것이다.

국가권력의 조직은 독일 전체 군인이 하나의 군대로 결집됨으로써 실현될 것이다. 이 군대에서는 비교적 커다란 국가의 군주는 이미 태어나면서부터의 장군이며, 그 모두가 각각 자신의 연대를 지배하며 그 장교나 하사관의 임면권을 가지며, 또한 그것과는 독립한 근위병이나 수도 수비대를 가질 것이다. 작은 등족에는 중대 혹은 그 이하의 분대가 할당될 것이다. 황제는 당연히 이 군대의 최고지휘권을 가진다. 이 군대의 비용은 현재는 그 대부분이 란트 민회에 의해서 지불되며 옛날처럼 제후가 자신의 왕령지에서, 마찬가지로 란트에 의해서도 부담되어야할 것이다. 이 비용을 란트 민회는 매년 승인해야 하며 더구나 그 때문에 모든 란트에서 모여서 논의해야 한다. 그러나 그러한 것은 곤란하므로 현존하는 란트 민회로부터 몇 사람의 성원이 파견되지 않으면 안 될 것이다. 많은 란트는 란트 민회를 가지고 있지 않으며, 또한 전혀 작은 민회에 대해서는 부담이 크기 때문이다. 군인을 징모하기 위해서는 독일에 군관구가 설치되며, 각 관구가 다시 소관구로 분할되어야 한다. 이 관구는 ― 군관구와는 아무런 관계도 없는 ― 통상의 재판관할이나 통치권으로부터는 전적으로 독립해야할 것이다. 그리하여 하급구역으로부터 그 인구에 비례하여 국가권력유지를 위한 과세를 승인하기 위한 대의원이 선출될 수 있을 것이다.

이들 대의원들은 이 목적을 위해서 제국 의회의 도시의 의석과 함께 의원단을 구성하게 된다…」.

「란트들은 자금에 대해서 옛날에는 직접 제후에게 승인을 부여하고 황제와 제국에는 단지 간접적으로 기여하고 있었을 뿐인데 이제는 황제와 제국에 직접 지불하게 되었다는 의미에서 완전한 변화가 있었다.

황제는 다시 독일 제국의 정점에 두게 된다고 말할 수 있다.

기사 칸톤(Ritterkantone)*이 대의원을 보내는 것이 제후 회의(Fürstenrat)인지 도시단인지는 문제일 것이다」. 또한 「제후들이 자신들의 왕령지나 그 밖의 영지에서의 수입에서 공동으로 분담금을 지불해야 하도록 결의했는지, 아니면 각자 자신의 연대나 근위병에게 그 일부를 지불할 수 있는지도 문제가 될 것이다」.[206)

독일을 연방국가적으로 통일한다는 이러한 헤겔의 제안들은 실천적 계획으로서는 최초의 것이며, 특히 퓌터가 이미 독일의 국가론에서 소멸하고 있던 **복수의 특수한 레스푸블리카가 공동으로 구성하는 레스푸블리카**」(respublica composita ex pluribus respublicis specialibus una)를 학문적으로는 가능하다고 설명하던[207) 시대에, 그리고 사람들이 독일

206) AaO., S. 133 f.〈Zusätze von Lasson〉.
207) Johann Stephan Pütter, *Elementa iuris publici germanici*, 4. Aufl., Göttingen 1766, 34 f. 이하에 대해서는 Siegfried Brie, *Der Bundesstaat*, Abt. 1, Leipzig 1874, und Gierke, *Althusius* (Anm. 4),

의 통일국가 강령에서는 이러한 연방국가 개념을 적극적으로 이용한다는 것에서 점차 멀어지던 시대에, 「통일논자」와 「연방주의자」와의 최초의 가능한 매개를 보여주는 것이었다. 한 세대 후가 되어서 비로소 독일에 진지하게 받아들여야 할 다양한 연방국가적인 통일계획이 떠오른다. 가게른, 피처, 벨커와 같은 사람들에 의한 제안들은 19세기의 30년대의 초기에는 헤겔의 제안보다도 적극적이었다는 것은 확실하였다. 그들의 제안은 그 동안에 라인 연방과 독일 연방이 만든 경험도 고려에 넣을 수 있었으며, 오스트리아의 비독일적 정책에 대해서도 1801년의 헤겔 이상으로 엄밀하게 평가하는 것이 가능하였다. 그러나 가게른의 연방국가의 기본사상은 국가목적의 보다 완전한 달성을 위해서 공동의 국가권력에 복종하는데 「개별 국가의 원수는 **국내에서의** 주권에 대해서는 전혀 단념하지 않는다」208)는 조건부이며, 군대는 국가원수가 지휘권을 가지며 대의제를 수반하는 세습군주제나 「제후의회」를 존속시킨다는 형태에서의 다수의 국가의 통합이라는 이념에 입각하며, 그들의 전체 제안은 내가 보는 바로는 이미 헤겔의 계획 중에 포함되었다. 그러나 헤겔의 권력론을 정당하다고 인정한 것이 3월 혁명 전후의 자유주의자들이 아니라 그 후의 비스마르크 시대였다는 것은, 우리들의 철학자의 결론적인 논의에서 특히 명백하게 된다. 헤겔은 독일 통일의 유익성과 필연성을 증명했기 때문이라고 하여 개별 국가에 단순한 시각에서 그들의 유해한 정치를 그만두려고 생각했던 것은 아니다.

「독일이 하나의 국가로 됨으로써 모든 부분이 이익을 얻게 될 것인가? 이처럼 독일이 하나의 국가로 되는 것은 결코 숙려가 초래한 산물이 아니라 권력이 초래한 산물이다. 그것이 일반의 교양에도 적합하며 그것에의 요구가 깊고 명백하게 느껴지더라도 역시 그렇다. 독일 민족 중에서 보통의 민중은 독일 민족으로부터의 분리 이외의 어떤 것도 알지 못하는 자신들의 란트 민회와 함께, 통일을 전적으로 자신들과는 생소한 것이라고 생각하기 때문에, 그들은 하나의 정복자의 권력에 의해서 하나의 집단에까지 결집되지 않으면 안 된다. 그리고 자신들은 독일에 속한다고 자각하도록 강제되지 않으면 안 될 것이다.

이 테세우스*는 뿔뿔이 흩어진 민족들로부터 만든 국민에게 만인에게 관계된 것에 대한 참가를 허용하는 도량도 갖지 않으면 안 될 것이다 ― 다만, 테세우스가 그의 민중에게 부여한 민주적인 헌법은 현대라는 시대와 커다란 규모를 가지는 국가에서는 그 자체 모순을 품기 때문에 참가라 하더라도 조직에 의해서 행해질 것이다 ― . 또한 이 테세우스는 인간의 특수성이나 고유성을 분쇄한 리실리외나 그 밖의 위인들이 자신에게 초래한 증오를 ― 비록 그가 수중에 넣고 있는 국가권력을 행사함으로써 일찍이 테세우스가 입은 망은을 받지 않는 것이 보장되더라도 ― 감히 성격을 갖지 않으면 안 될 것이다.」209)

---

S. 246 ff. [249].

208) Friedrich von Gagern, *Vom Bundesstaat*, in Heinrich v. Gagern, *Das Leben des Generals Friedrich von Gagern*, Leipzig 1856, Bd. 1, S. 372 bei Brie, aaO., S. 55.

209) Hegel, *Verfassung Deutschlands* (Anm. 109), S. 135 f. (Zusätze im Zitat von Lasson).

여기에 비스마르크적 정신이 호출되는 것을 들어서는 안 된다. 그리고 마지막 말은 정치란 것은 모두 원칙에 의해서가 아니라 권력에 의해서 행해져야 한다는 명제를 뒷받침하고 있다. 왜냐하면 「개념과 통찰이란 자기에 대한 불신과 같은 것을 초래함으로 권력에 의해서 정당화될 필요가 있다. 그렇다면 사람은 거기에 따르게 되기」210) 때문이라는 것이다. 헤겔이 이러한 권력정치를 국민적인 목적으로서 요구하는 것은 물론 결코 잊어서는 안 된다. 그것은 마치 트라이치케가 국민통일에의 「이행상태」로서의 「세베르의 지배」에 동의를 나타낸 것211)과 동일하다. 그리하여 이 헤겔 청년기의 저작에는 나중에 트라이치케에 의해서 계승되고 비스마르크에 이르러 현실로 된 정신의 원천이 이미 놓이게 된 것에는 이론의 여지가 없을 것이다.

그러나 우리들은 이제 철저하게 반권력적인 시대정신의 사고를 눈앞에 두고 있다. 그러므로 이처럼 잔인하기까지 현실주의적인 권력론이 갑자기 독일의 문헌에 등장해온 것을 알면 대체로 이상하게 느낄 것임에 틀림없다. 그러면 헤겔의 모범으로 되고 그가 저작 중에서 결부시킨 것은 누구였는가?

민족의 정치적 의견이 차지하는 입장은 그 정신적 지도자인 인물에 대해서 품는 견해에서 간취하는 것은 거의 확실한데, 그 인물의 정신적인 실상을 둘러싸고는 400년 전과 마찬가지로 오늘날에도 격렬한 논쟁이 일고 있다 — 헤겔의 저작의 이름은 마키아벨리와 다를 바가 없다. 트라이치케는 이 플로렌스 사람에 대해서 「국가란 권력이다」는 것을 처음으로 선명한 그 영예는 불멸의 것이리라고 평가한다.212) 트라이치케도 또한 자신의 교수자격논문의 테마로서 깊게 파고든 마키아벨리에게 많은 것을 빚지고 있다.213)

헤겔의 국가관이 마키아벨리의 깊게 지속적인 영향 아래 있는 것은,214) 지금까지 거의 강조되지 않았다. 그러나 그것은 헤겔이 원래 권력정치가로서 인식하지 못했기 때문에 불과하다. 그의 시대에는 역사는 이미 마키아벨리에 대한 서로 대립하는 무수한 견해를

---

210) AaO., S. 136.

211) Treitsche, "Bundesstaat," (Anm. 119), S. 83.

212) Heinrich v. Treitschke, *Politik* (Hg. M. Cornicelius), Leipzig 1897, S. 90.

213) In "Bundesstaat," in aaO. (Anm. 119). 트라이치케는 『천재 마키아벨리』(Genius Machiavellis)(S. 221)를 인용하고 virtù의 개념 (S. 226)에 주의를 환기한다. 이에 대해서 헤겔이 트라이치케에 미친 결정적인 영향은 거의 볼 수 없다. 그렇지만 트라이치케는 자주 헤겔을 평가하며, 인용한 저작에서 독일 헌법론에 대해서 논하지만(S. 179), 그는 로젠크란츠에 의한 매우 무난한 추상 이상은 알지 못했다는 것이 확실하다. 그렇지 않으면 트라이치케는 이 저작 중에서 헤겔의 명민함은 「희망 없는 한 병자의 무기력하기까지 예민함」처럼 나타나며, 「어떠한 정열의 입김도 그 기지에 가득 찬 말에서는 느끼지 못한다」라고 주장하는 것은 불가능하였을 것이다. Treitschke, *Deutsche Geschichte* (Anm. 6), Bd. 1, S. 194. 이 트라이치케의 다른 수많은 판단과 마찬가지의 판단은 문헌상 보급하고 오늘날에도 더욱 저자의 쌍서에서 발견된다. Al. Schmid und Cl. Baeumker, "Hegel," in J. Bachem (Hg.), *Staatslexikon*, Bd. 2 (4. Aufl. 1911), S. 1179는 이 저작의 정신을 정리한 내용의 개요를 제공해 준다.

214) Thomsen, "Aus Hegels Frühzeit" (Anm. 74), S. 409는 특히 마키아벨리까지도 헤겔에게 영향을 준 한 사람에 열거한다.

낳고 있었다. 몰은 이 문헌에 대한 우수한 개관 중에서 『군주론』에 「악마의 펜으로」 편철했다는 레테르를 첨부한 사람들, 특히 교회 측에 선 사람들이 있었던215) 반면, 이 책 중에 풍자, 단순한 농담 그 밖의 가능한 사안만을 보는 사람도 있었던 것을 보여준다. 그러나 사람들은 거기에 현저한 이론이 윤리적으로 역겹다는 것을 확인하는 점에서는 거의 일치하였다. 보댕과 같은 인물마저 그 이론은 정치적으로는 허위, 윤리적으로는 사악이라고 평가하였다. 마키아벨리가 18세기의 권력에 적대적인 독일에서 매우 엄격하게 비난을 받았던 것은 거의 자명하다. 프리드리히 대왕과 같은 인물마저 **반마키아벨리**를 표방하지 않을 수 없었다.

독일에서 감히 마키아벨리를 지지하고 그것에 대해서 국민의 정치적 판단의 중요한 전환을 알린 최초의 인물은 헤르더였다. 1765년에 그는 아직 이 선구자를 우리들로부터 「유연한 애국심의 감정」을 빼앗는 「천박하고 냉혹한 인간혐오」의 한 사람이라고 평하고 있었다.216) 30년 후에는 그는 전혀 다른 평가를 내린다. 마키아벨리는 결코 「우둔」하지 않은, 「그는 역사와 세계에 정통하며 성실한 인물, 총명한 관찰자 그리고 마음 따뜻한 조국의 벗이었다」라고. 그의 『군주론』은 「풍자도 아니라면 도덕교본도 아니며 또한 이들의 혼합도 아니다. 그것은 **당시의 이탈리아 제후를 위해서 그 자신의 미각을, 그 원칙에 따라서** 마키아벨리가 마지막 장에서 든 목적 ― **「이탈리아를 야만의 외국인으로부터… 해방한다」**217)는 목적 ― 을 위해서 집필한 순수한 정치적 저작의 걸작이라고 말한 것이다.

몽테스키외나 루소에서 이미 시대판단이 변화한 것은 헤겔의 마음에 들었을 것이다. 그렇다면 헤겔은 마키아벨리에 대한 판단을 헤르더로부터 받아들였는지도 모른다. 여하튼 마키아벨리의 책이 헤겔에 대해서 무엇을 의미하였는지는 명백하다. 마키아벨리 역시 ― 이것은 오늘날의 역사연구도 인용하는데 ― 「열렬하게」 국민통일을 추구하고 「애국자를 정열적으로 대망하고 있었다」.218) 그러므로 적어도 헤르더나 헤겔은 이 목적을 위해서 절대적으로 전제를 갖지 않는 이익정치가 권장된다고 생각한 것이다. 마키아벨리의 이탈리아와 헤겔의 독일 간에는 명백히 병렬적인 관계가 있는 것이 헤겔의 염두에 떠올랐다. 헤겔은 『독일 헌법론』 중에서 이렇게 논한다. 「불행한 시대에 이탈리아가 그 비참으로 향해 걸음을 내딛고, 외국의 군주가 그 국토를 둘러싸고 벌이는 전쟁의 수라장이 되고, 더구나 스스로 동시에 전쟁에 수단을 제공하면서 전쟁의 희생으로 되었을 때, 이탈리아가 자기의 방위를 암살·독살·배반 또는 외국의 무뢰한 등에게 맡겨버린 때… 이러한 일반적인 비참·증오·교란·맹목상태에 심각한 감정을 품었던 이탈리아의 정치가가 냉철한

---

215) Robert v. Mohl, *Die Geschichte und Literatur der Staatswissenschaften*, Bd. 3, Erlangen 1858, S. 521 ff. [543].

216) Johann Gottfried Herder, *Haben wir noch jetzt das Publikum und Vaterland der Alten?* (1. Fassung 1765), in *Sämmtliche Werke* (Hg. B. Suphan), Berlin, Bd. 1 (1877), S. 24.

217) Herder, *Briefe an Beförderung der Humanität*, 5. Sammlung (1795), in aaO., Bd. 17 (1881), S. 322 f.

218) Richard Fester, *Machiavelli*, Stuttgart 1900 (Politiker und Nationalökonomien, Bd. 1), S. 145.

사려를 가지고 이탈리아를 하나의 국가로 결합해감으로써 구출하려고 한다는 필연적인
이념을 파악한 것이다」.219) 거의 같은 말을 사용하여 독일의 역사적 상황과 이것으로
불러내어 헤겔이 이 저작을 쓴 의도를 묘사할 수 있다. 그가 마키아벨리에 대해서 말하는
것은 바로 그 자신에게도 그대로 타당하다. 「이처럼 성실하게 진리를 말하는 인물은 마음속
에 비열함도 머리속에 농담도 없다」. 플로렌스의 시대에도 「하나의 민족이 하나의 국가를
형성해야 한다는 이념은…이른바 자유를 구하는 맹목적인 절규에… 매몰되어 버렸다」.
또한 비록 마키아벨리의 국민적인 목적을 승인하는 사람도, 「수단이 비열하고, '목적은
수단을 신성화하지 못한다'는 등 진부한 것을 창도함으로써, 역시 도덕에 광범위한 활동여
지를 부여해야 한다고 주장하기도 한다. 그러나 여기서는 수단의 선택은 문제가 되지
않는다. 불에 그슬린 지체를 라벤다 향수로 정화할 수는 없다」. 「부패하기 시작한 생명은
가장 강력한 요법 없이는 재생할 수 없는 것이다」.220) 이러한 요법을 헤겔은 우리들이
보듯이, 독일에서도 무조건 필요하다고 생각한다. 역사적으로 이해한다면 — 하고 헤겔은
계속한다 —『군주론』은 「정당한 것이라고 간주될 뿐만 아니라 매우 위대하고 고귀한
심정을 가지고 참으로 정치적인 두뇌가 순수한 가장 위대하고 진실로 가득 찬 구상임을
알게 될 것이다」.221) 바로 이탈리아의 국민통일은 지고의 요구였다. 왜냐하면 이 계획의
방해자는 「최대의 범죄자이며」 「국가는 자기 자신을 유지하는 것 이상으로 높은 의무를
가지지 않기」222) 때문이다. 그러나 그렇게 말하는 경우, 헤겔은 마키아벨리의 시대에
있어서의 이탈리아의 사정들을 평가함에 있어서 물론 독일의 시세를 끊임없이 그 정도로
진지하게 여기서 독일과 이탈리아를 혼동하고 있다. 이탈리아에서 통일국가는 비로소
전취되는 것이며 「유지」되는 것은 아니었다. 헤겔은 발렌티노아 공*을 변호하였는데 그
까닭은 그가 마침내 성공을 거두었기 때문이다. 「공(公)과 그 숙부는 멸하더라도 그 공적은
멸하지 않았기」223) 때문이다. 프리드리히 대왕에 대해서 헤겔은 다음의 점에서 주목한다.
「어떤 종류의 본능에서 장래의 군주이어야 할 사람이 — 그 전생애와 행위에서 독일
국가가 독립한 여러 국가로 해체되지 않을 수 없는 것을 매우 명료하게 표현한 그 사람이
— 이 마키아벨리에 대해서 습작*을 쓰고, 마키아벨리에게 도덕적인 논설을 대립시켰는데,
그것이 공허하였던 것은 그 스스로가 자신의 행동으로 또한 자신의 문필상의 작품으로
나타낸 바이다」.224)

그렇지만 이처럼 헤겔이 이미 마키아벨리 변호에 착수하였던 것에서, 그리고 당시의
이탈리아의 사정과 당대 독일의 사정과의 의도적인 비교론에서, 나아가서는 이 이탈리아인
의 이론에 충실하게 따랐다는 것에서, 이 이론이 헤겔에 어느 정도의 지속적인 영향을

219) Hegel, *Verfassung Deutschlands* (Anm. 109), S. 110.
220) AaO., S. 112 f. 〈Zusatz von Lasson〉.
221) AaO., S. 114.
222) AaO., S. 113.
223) Ebd.
224) AaO., S. 115.

주었는가는 간취되지 않으면 안 된다. 헤겔이 『독일 헌법론』에 의해서 적어도 문필가로서 말하자면 자신의 조국의 마키아벨리이려고 하였으며, 권력이론의 모두를 그 스승으로부터 배운 것에는 의문의 여지가 없다. 특히 헤겔의 저작 결론에서는 독일을 권력에 의해서 하나의 국민이기 위한 정복자에 대한 호소를 하고 있으며, 분명히 마키아벨리의 케자레 보르지아에 대한 그것과 유사한 외침을 상기시킨다. 그러나 헤겔에 대한 마키아벨리의 명백한 영향이 보이는 것은 단지 이 저작만은 아니다. 헤겔의 국가철학 중에도 우리들은 한층 빈번하게 마키아벨리의 영향을 발견할 수 있다. 여기서 우리들은 다음과 같은 중요한 사실을 확인해 두려고 한다. 즉 헤겔은 비로소 공공연하게 국가에 대한 포괄적인 저작에 관련된 시대에, 마키아벨리에게 「국가종교라고도 부를 수 있는」, 「국가에의 파나티즘」을 간취하는 것,[225] 그리고 그 이론에 크게 기울어진 것이다. 기독교에 대한 헤겔의 입장에 대해서도 마키아벨리는 여전히 중요한 존재였다. 이미 여기에 그는 기독교의 금욕과 세계도 피에 대립하는 형태로 경건함, **영혼의 위대함과 육체의 강건함**(grandezza del animo und fortezza del corpo)이라는 고전적인 종교성의 이상을 발견한 것이다. 이미 마키아벨리는 이렇게 말했다. 기독교는 또는 적어도 기독교의 해석은 **힘**(virtù)*에 의해서는 **유약함**(ozio)에 공헌하는 것이다 라고.[226]

여하튼 우리들은 독일에서 최초의 근대적인 권력국가이론은 마키아벨리의 르네상스 정치에 결부되고 있다는 흥미 깊은 사실을 확인할 수 있다. 그러나 이 사실은 당시의 자연법론적 풍조에 의해서 전혀 언급되지 않았다. 그만큼 강하지는 않더라도 동일한 의미를 지니는 자극을 헤겔의 국가관은 스피노자로부터도 받은 것이다. 이 철학자 스피노자가 권력으로서의 국가이론과 법실증주의를 어느 정도 라디칼하게 주장했는가는 주지하는 바이다.[227] 스피노자가 헤겔에게 미친 영향은 이 두 사람의 사상가가 함께 일원론적인 기본전제를 취한 점에서 유사할 뿐이며 보다 더 깊은 것이었다고 해도 좋다. 그리하여 스피노자의 권력국가론이 「200년 간 어떠한 사상가에게도 명백한 작용을 주지 않고 환상으로 머물렀다」[228]고 보는 견해는 잘못이라고 하지 않을 수 없다. 헤겔은 스피노자와 마키아벨리로부터 받은 자극을 자신의 국가론의 장대한 구조 속에 편입하였다. 권력이론의 전통은

---

225) Fester, aaO., S 200.
226) Eduard Wilhelm Mayer, *Machiavellis Geschichtsauffassung und sein Begriff virtù*, München 1912 (Historische Bibliothek, Bd. 31), S. 98 f. 마키아벨리가 이러한 의미에서 헤르더에게 영향을 미쳤다는 것을 이것은 아주 명백하게 말한다. 즉 「이교의 영웅, 교황제의 성인이나 이슬람교 수도승은 서로 비교되어야 한다. 전자는 영웅에, 후자는 수도사 등이 되었다. 마키아벨리가 말하는 기독교는 혼을 억압하였다 라고」. Johann Gottfried Herder, *Hume: natürliche Geschichte der Religion* (aus Herders Frühzeit), in *Sämmtliche Werke* (Hg. B. Suphan), Bd. 32 (1899), S. 195 f.
227) Georg Jellinek, *Allgemeine Staatslehre* (1900), 3. Aufl. (Hg. W. Jellinek), Berlin 1914, S. 193 (김효전역, 『일반 국가학』, 법문사, 2005, 154면); Heinrich Rosin, "Bismarck und Spinoza," in *Festschrift für Otto Gierke*, Weimar 1911, S. 383-420; Adolf Menzel, "Spinoza in der deutschen Staatslehre der Gegenwart," *Schmollers Jahrbuch für Gesetzgebung, Verwaltung und Volkswirtschaft*, 31 (1907), S. 473 f.
228) Menzel, aaO., S. 474.

거기에서 우리들 시대에까지 계속하고 있다. 그리하여 우리들은 이제 이미 이러한 것을 알았다. 트라이치케나 그와 함께 오늘날 더욱 지배적인 견해 — 즉,「국가란 권력이며 의지의 세계에 속한다. 이것은 선악의 학식자들로 구성되는 지금의 세대에 대해서는 여전히 전적으로 감추어진 그대로이다.」229)라는 견해 — 는 만약 해방전쟁 후의 시대에도 주장되기 때문에 정당하지 않다는 것이다.

## 3. 헤겔의 체계에서의 권력국가사상

지금까지는 발전사적 관점에서 이러한 것을 보아왔다. 즉 헤겔의 정치적 견해들과 그 사변적 기초는 다름 아닌 현실의 독일 사정에 대한 직접적 고찰에서 생겨온 것과, 그리고 헤겔의 독일의 개혁을 구하는 바람이 다양한 문헌의 영향 아래, 특히 마키아벨리와 스피노자로부터의 감화를 받으면서 뚜렷한 정도로 분명히 현실정치적이며 권력주의적인 것으로서 결정해온 것, 이 점을 둘러싼 구체적인 경위이다. 여기서는 나아가 이 권력 이데올로기를 우리 철학자 헤겔의 체계의 전개 중에 증명하여 추적해 보기로 한다.

헤겔은 국민적 권력을 자신의 국가관의 전면에 매우 첨예한 형태로 두고, 그것을 인류과 법을 능가할 만큼 중요한 것으로 하였는데, 이것은 조금 전에 이미 서술했듯이, 대부분은 헤겔이 자신의 사고의 전제로 삼은 역사적인 배치상황을 기초로 한 것이다. 독일 제국은 곧 완전한 해체에 빠질 운명이었으나, 이 독일 제국은 국가라고 불릴 만한 것으로서 존재하기 위해서는, 실제로 우선 무엇보다도 필요한 한 가지를 결여하고 있었다. 그것은 권력이다. 더구나 그와 함께 나아가 광범위한 역사적 사정들이 헤겔의 정치적 교육에 영향을 미치고 있었다. 수년래 생명력 있게 된 권력을 나폴레옹이 체현하고 세계를 석권하고 있었다. 그것은 용서 없는 낡은 질서와 권리들을 짓밟았다. 그리고 그 낡은 질서와 권리들이 권력의 명령에 의해서 보다 선한 것으로 대체된 것도 드물지 않았다. 이 나폴레옹의 권력을 헤겔은 긍정하며 이 권력이 실각하기까지 그는 거의 무조건적으로 그것을 찬미하고 있었다.「세계의 영혼」이라고 그는 나폴레옹을 불렀다. 그는 나폴레옹 속에「파리의 위대한 국법학자」230)를 보고 그것을 존경하였다. 헤겔이 나폴레옹을 독일에 통일을 강제하리라는 정복자라고 인정하였던 것은 틀림없을 것이다. 국가 간의 관계에 대한 헤겔의 견해는 그의 일반적인 역사적 세계관 이외의 것에도 타당하다. 즉 그것이 특수적으로는 당시의 독일의 영주들의 노상강도 같은 정체에 대한 고찰에 대해서 규정되었을 것이라는 적지 않은 확신일 것이다. 그러한 정책,「동료의 점유상태에 대한 모든 존중」,「란트들의 욕망과 왕조의 자부심」을 배타적인 원동력으로서 한 독일의 영주신분의「모든 선서동맹적인 권리감각」231)을 압살

229) Treitschke, *Deutsche Geschichte* (Anm. 6), Bd. 2, S. 15.
230) Kuno Fischer, *Hegels Leben, Werke und Lehre*, 2. Aufl., Heidelberg 1911 (Geschichte der neueren Philosophie, VIII 1), S. 28; 77에서 인용.
231) Treitschke, *Deutsche Geschichte*, Bd. 1, S. 17.

하였다. 그것은 그의 가차 없는 무력적 확장정책의 시대에는 폴란드의 분할까지도 초래하기에 이르고, 그 분할에서 프로이센은 「식언과 거짓말, 모든 종류의 오직과 책략에 의해서」232) 그 내적인 필연성에 기초지워진 것이 전혀 없는 권력정책을 추진하였다. 헤겔은 이론과 실천, 자연법적 평화나 권리에의 꿈과 현실 정치 간의 커다란 간격을 알고 있었다. 즉 그는 이런 저런 옛날의 「자력구제」 이외의 아무것도 아닌 그 「외견」이 변모한 것에 불과하다는 것을 알고 있었다. 이 「자력구제」를 발동하여 사람은 일격을 가한 것이었다. 「이에 반하여 정치에서는 사람들이 공격해 없애기 이전에 예측이 행해져야 하며 사소한 것을 얻기 위해서는 커다란 이익이 모험에 걸려서는 안 되며, 작은 것에도 확실하게 얻을 수 있는 경우에는 이를 태만히 해서는 안 된다」.233) 헤겔은 이러한 정치적 현실을 변경불가능한 불가피한 것으로서 승인하였다. 그리하여 그것을 이념에서도 긍정한 것이다. 그의 내적인 국가상에 대해서는 이미 열거한 저자 이외에는 특히 그리스인이 더구나 그 중에서 플라톤이 영향을 주고 있다. 그러나 그것과 아울러 시대사적인 사건들도 영향을 준 것은 물론이다. 프랑스 혁명은 그에게 특히 다음과 같은 견해를 품게 만들었다. 국가는 정치적 자유가 존재하지 않는 경우에는 이미 존속하지 않으며, 그리고 자유와 권력의 매개야말로 모든 국가에 대한 영지의 기초라는 견해이다. 독일의 다른 시인이나 사상가들과 마찬가지로 그도 혁명의 발발을 환영하였다. 동시대의 보고에 의하면 튀빙겐 신학원에서 헤겔은 열광적인 자유와 평등의 연설을 하고, 셸링*과 함께 자유의 나무를 심은 것이 전해지고 있다.234) 그러나 1794년의 크리스마스 날에 그는 셸링에게 「로베스피에르파의 파렴치함」에 대해서 편지를 써서 보낸다.235) 그것에 본다면 그는 이미 매우 냉정하게 되었음에 틀림없다. 그럼에도 불구하고 우리들은 그가 구축한 국가체계의 전체를 바로 경탄할 만한 힘을 가지고 시도된 권력국가와 혁명의 종합이라고 특징지을 수 있을 것이다. 이처럼 특히 그가 프로이센에 건너간 후에는 혁명적인 자유의 요구들의 측면에 대해서 매우 불리하게 작용하였다는 것은 오늘날에는 누구나 아는 바이다. 그런데 헤겔이 청년 시대에 어떻게 진지하게 그와 같은 혁명적 자유의 요구들의 정치적 실현의 가능성을 탐구하는 데에 고심하였는가 하는 것은 그만큼 알려져 있지는 않다.

그러나 헤겔의 권력국가론은 역사적인 상황과 문헌의 영향만으로 해명될 수는 없다. 확실히 개인은 공동체에 의해서 담당되며 개인의 의식내용은 역사나 환경에 의해서 폭넓게 규정되고 있다. 그러나 그렇지만 그의 본질적인 핵은 그것만으로는 결코 설명할 수 없는 전적으로 개인 인격으로서 남는다. 그리고 그 전적으로 개인 인격인 것 속에야말로 그 권력 이데올로기의 기초가 있다는 것은 헤겔에서도 마찬가지이다. 바로 여기에 헤겔의 초기 저작에서 『독일 헌법론』에 이르기까지를 일직선으로 관철하는 것이 제시되고 있다.

232) AaO., Bd. 1, S. 131.
233) Hegel, *Verfassung Deutschlands* (Anm. 109), S. 72.
234) Rosenkranz, *Hegels Leben* (Anm. 73), S. 29.
235) Brief Hegels an Friedrich Schelling vom 23. 12. 1794, in *Brief von und an Hegel* (Hg. K. Hegel), Werke, Bd. 19, Teil I, Leipzig 1887, S. 9.

자연은, 거의 유년기에 권력을, 즉 인간에 대한 「지배에의 참가」에 가치를 둔다는 입장을 취하던 사상가를 18세기의 인간 이상으로 경직된 소재에서 창조하였다. 이것에 의문의 여지는 없다. 그리고 어떠한 사변을 농하더라도 그럼에도 불구하고 다시 대지에 그를 이끈 것은 역시 열망이었다. 나아가 외경의 염으로 가득찬 감탄에로 그를 몰아넣은 것도 자연의 본능들이었다. 「정열…이기심의 만족은 최강의 것이다. 왜냐하면 그것들은 인간에게 법과 도덕을 부과하려는 어떠한 제약들도 존중하지 않는다는 점에 그 힘을 가지고 있으며, 더구나 이 자연의 힘은 인간에 대해서는 질서나 중용, 권리들이나 도덕성을 가리키는 인위적이며 오래 걸리는 훈육 이상으로 직접적으로 이해할 수 있다는 점에 그 강함을 가지고 있기 때문이다」.236)

이처럼 헤겔이 스스로 유사한 모습에 따라서 그 철학의 기초로 삼은 것은 지금까지의 인간과는 다른 전혀 새로운 인간상이다. 추상적인 평등에 인간의 가치를 두는 자연법적 이성존재와 의식적으로 대립하는 입장을 취한 뒤에, 그는 가장 넓은 의미의 실천적인 정치가 고려에 넣는 경험적인 개인을 전제로 하려고 한다. 「왜냐하면 개인이란 거기에 존재하는 개인의 것이며 인간 일반은 아니기 때문이다. 원래 인간 일반이라는 것은 현실에 존재하는 것이 아니다. 현실에 존재하는 것은 규정된 것뿐이다」.237) 이 국민적이며 역사적인 것이 되고 더구나 「정열」과 「성격이라는 것에만 고유한 규정성」에 의해서 개체화된 인간은 헤겔에 의하면 항상 「이기적인 의도」에서만 행위한다.238) 그런데 이 「절대적인」 관념론자는 개인은 모두 물질적인 재라는 수단을 통해서만 자신의 이념적인 현실존재에 도달할 수 있다는 견해를 주장하기도 한다. 「인격이 이념으로서 존재하기 위해서는 **자신의 자유의** 외적인 **영역**을 자신에게 부여하지 않으면 안 된다」.239) 그러나 자연적인 존재에 대해서 자연적 존재로서 이외의 방법에서 있어야할 것이라는 것을 사후적으로 덧붙일 필요는 없다. 자연적인 존재 속에는 자연적 존재로서 이외의 방법에서 있어야할 이라는 것은 모두 당초부터 어떤 방법으로든 내재하는 것이다. 「자신의 활동과 노동에서 스스로 만족하는 것을 발견한다」는 것은 「주관이 가지는 무한의 권리」240)이다. 자기의 권력만족의 충족이야말로 인간에게 행위를 하게 한다. 왜냐하면 「공허한 것은 선을 위한 선과 마찬가지로 대개 살아 있는 현실 속에는 그 장(場)을 가지지 않기」241) 때문이다. 오히려 무엇인가 예정조화가 존재하며, 그것에 따라서 「정열이 스스로 만족하는 것이며, 그 정열이 자기 자신과 스스로의 목적들을 그 자연규정에 따라서 영도하고 인간적 사회라는 구조물을

---

236) G. W. F. Hegel, *Vorlesungen über die Philosophie der Geschichte*, in *Werke*, Bd. 9 (Hg. E. Gans), Berlin 1848, 3. Aufl. (Karl Hegel에 의한 감수), S. 26 (김종호역, 『역사철학강의』, 삼성판 세계사상전집, 1995; 권기철 옮김, 동서문화사, 2008).

237) AaO., S. 30.

238) Ebd.

239) Hegel, *Rechtsphilosophie* (Anm. 73), §41 (S. 78) (역서, 131면).

240) Hegel, *Geschichtsphilosophie*, S. 28 f.

241) AaO., S. 36.

생기게 한다. 그리고 이 구조물 중에서 그 정열이 권리나 질서에 자신에게 **대항하는** 힘을 산출하여 부여하는 것이다」.[242] 그러나 참으로 특필할 것은 「정열 없이는 세계 속에 어떠한 위대한 것도 초래할 수 없다」는 것이다.[243] 그리고 위대한 인간은 언제나 단지 「타자가 아니라 자신을 만족시켜야할 것을 하려고」[244] 한다.

여기서는 헤겔의 저 「발전에 대한 기쁨으로 가득 찬 낙관주의」[245]의 일부가 존재한다. 이 낙관주의는 특수한 것 중에 이미 항상 보편적인 것이 내재하며, 존재 중에는 당위가, 개인 인격의 권력에의 의지 중에는 사회적 · 윤리적인 관심이 내재한다고 생각하여 인간은 생각 없이는 결코 의욕하지 못하며, 의욕 없이는 결코 생각할 수 없다는 견해를 품는다.

여기서 지금까지 서술한 모든 것을 요약하기로 한다. 우리들은 헤겔의 가슴 속을 만족시킨 알렉산더 · 테세우스 · 케자레 보르지아 · 나폴레옹 등과 같은 모든 위인들에 대한 깊은 감탄의 염을 여기서 보았다. 그리고 우리들은 권력에 대한 미학적 · 윤리적인 평가는 헤겔의 개인인격적인 것 속에 근거지워진다는 주장에 이르렀다. 뛰어난 동시대인들에 의해서 이러한 견해를 확증하는 헤겔의 인물상에 대한 풍부한 증언이 주어지기 때문에 이러한 우리들의 주장은 참으로 정당한 것이라고 말한다. 그 증언은 이러한 말로 제시한다. 「어떠한 권력에 대해서도, 즉 그것이 지배이든 재산이든, 또한 재능이든 교양이든, 혹은 미의 마력으로서 나타난 것이든, 헤겔은 커다란 만족감을 품었다. 그는 힘을 가진 인간으로서 모든 정력적인 것을 사랑하고 있었기 때문이다」. 당시 그와 여전히 친밀하였던 셸링도 자신의 벗 헤겔을 동일하게 「철학에만 묵묵히 인내한 것은 아니며 바로 탐욕인 것처럼 매우 단호한 인간」[246]이라고 한다. 또한 신망에 대한 바람은 헤겔에게 강하게 의식되었으며, 학식자에 대해서 그 시점에서는 최고였던 권력적 지위를 베를린에서 획득하기 위해서는 결코 수단을 선택하지 않았던 것도 주지하는 바이다. 그는 이 목적을 위해서 도처에서 「울부짖는」, 속물근성의 모자제조인이나 철학적 소양을 가진 육군 중위의 코넥션을 이용하는 것도 불사하였다.[247] 그리하여 헤겔 자신 안에는 권력에의 의지가 매우 강하게 발달한 것을 인정할 수 있었는데, 그것을 확인해 두는 것은 헤겔의 역사철학적 견해에 대해서 매우 중요한 의미를 가진다. 「역사철학상의 여러 가지 판단은 근본적으로는 오로지 판단자 자신의 심정적 상태만을 설명함에 불과하다」[248]는 것은 매우 정당하다고 해야 할 것이기 때문이다.

---

242) AaO., S. 34.

243) AaO., S. 30.

244) AaO., S. 38.

245) Wilhelm Windelband, "Die Erneuerung des Hegelianismus" (1910), in *Präluden. Aufsätze und Reden zur Philosophie und ihrer Geschichte*, 6. Aufl., Tübingen 1919, Bd. I, S. 278.

246) Rosenkranz, *Hegels Leben*, S. 162.

247) Max Lenz, *Geschichte der königlichen Friedrich-Wilhelms-Universität Berlin*, Halle 1910, Bd. 2. S. 291.

248) Wilhelm Wundt, *Logik*, Bd. 2, Abt. II (Logik der Geisteswissenschaften), 2. Aufl., Stuttgart 1895, S. 377.

　헤겔의 사상적 초상을 묘사함에 있어서 격렬한 권력의지를 특히 선명히 꺼내는 것, 그리고 지금까지 학문에 의해서는 전혀 간과되어온 그의 인물로서의 특징을 강조하는 것, 이것은 본서의 목적이기도 한데, 다른 한편 헤겔의 사고에서의 관념적·사변적인 힘 역시 그에 못지않게 강렬하였다는 것을 강조해두지 않으면 안 될 것이다. 그러면 어디서 헤겔의 권력국가사상은 그의 이「관념적·유심론적」철학에 대해서 어떠한 관계를 가지는가? 권력과 정신을 정면으로 충돌하는 대립물로 보는 사고는 여기에는 가교할 수 없는 모순이 있다고 추측할 것이다. 내가 묘사한 제국주의적인 헤겔에게 「이상주의자」헤겔을 대립시키는 사람이 있을지도 모른다. 그러나 그것은 전혀 부당하다! 왜냐하면 헤겔은 현실주의자인 것과 아주 마찬가지로 이상주의자이기도하다. 헤겔의 절대적 범논리주의적 관념론은 세계 전체를 개념으로부터 도출하려는 것인데, 그러한 관념론 속에야말로 감성계가 전면적으로 「절대적인 것 중에 포함된」완전하게 정신이 되는, 그러므로 정신 역시 감성계가 된다는 것이 근거지워지고 있다. 그리하여 「이성적인 것은 현실적이며, 현실적인 것은 이성적이다」[249]고 서술한다. 헤겔의 이성은 감성의 세계 중에 「편입되고」있는데, 그와 마찬가지로 감성 역시 그의 이성에 내재한다. 그는 끊임없이 그의 이념이 추상적이라는 비판, 즉 그것이 「추상적인 보편성」이라는 비판에 대해서 반론하고 있다. 우리들은 오히려 그의 이념을 세계의 모든 과정의 생기의 살아 있는 원동력이면서 이 과정의 생기 중에서는 스스로 불변의 것이라고 생각한다. 그의 이념은 본능적인 생명력 없이는 있을 수 없다. 그것들은 일찍이 그가 있었던 곳에 따르며 「힘들의 유희」를 이루며, 정신인 동시에 활력적인 힘이기도 하다. 헤겔의 시대에는 이러한 일원론은 동일철학이라고 불렸는데 이 일원론에 대해서 이성이란, 즉 「그것을 단순한 이상에, 당위에 가져올 뿐이며 무기력한 것은 아니다」. 그것은 「무한한 힘이다」.[250] 정신이란 「오로지 정신이 행하는 것일 뿐이다」.[251] 그는 주의주의와 주지주의 간에 어떠한 대립도 인정하지 않는다. 사고의 움직임은 「주체적인 지(知)인 **동시에** 의사」[252]이기도 하다. 바로 헤겔의 절대적 관념론이 경험적 세계를 가장 엄격하게 「단순한 가상」으로 폄하하게 보이는 계기들 중에야말로 그는 그 경험적 세계에 가장 넓은 여지를 맡긴다. 그리하여 바로 이 헤겔 철학 이상으로 이 일원론적이지만 매우 이의적(二義的)인 방법을 통해서 물질적인 힘에 정신을 침투시키고 이상화하는 것을 가능하게 한 철학은 없었다. 국가의 권력은 그러므로 헤겔에서는 결코 단지 군사적·자연적인 권력으로 이해되어도 좋은 것은 아니다. 그것은 항상 「인륜화된」권력이며 윤리적·역사적인 권력이다. 이 일원론은 필요에 따라서 역점을 한쪽으로부터 다른 한쪽으로 이동시키며 어떤 때에는 보다 자연적인 권력을, 또 어떤 때는 심리적인 권력을 보일 수 있다. 그러므로 만약 헤겔에 대한 나의 이해의 절대적 관념론이 피상적인 고찰과 대립하게 보인다면,

---

249) Hegel, *Rechtsphilosophie*, Vorrede S. 17 (역서, 48면).

250) Hegel, *Geschichtsphilosophie*, S. 13.

251) Hegel, *Rechtsphilosophie*, §343 (S. 431) (역서, 580면).

252) Hegel, *Geschichtsphilosophie*, S. 61.

그것은 이제 오히려 헤겔의 권력국가철학이 단지 그의 개인인격의 가장 깊은 데에 근거를 가질 뿐만 아니라 그의 형이상학이나 논리학의 가장 높음을 이룬 데에도 근거했던 것의 확증으로서 제시된다.

헤겔의 변증법적 방법의「한 방향적 발전성」은 다른 영역, 특히 자연과학에서도 올바르게 주목해야할 성과를 가져올는지도 모른다. 그러나 그것은 여하튼 이「한 방향적 발전성」은 그의 국가론 중에 확실히 오늘날에도 여전히 전체로서는 인식되지 않는 어떤 혁명을 야기하였다. 자연법사고에 대해서는 권력과 법, 권력과 자유, 권력과 인륜이라는 대립물로 구성되는 대개념은 경직된 카테고리이며 그들 간에 매개는 존재하지 않았다. 그러나 헤겔에 대해서는 먼저 동시적으로 존재하는 구성물 일반이면서 더구나 자신 중에 자신의 대립물에 대한 매개를 포함하지 않는 사상적 형상 등, 전혀 존재할 수 있는 것이 아니었다. 그의 개념들은 모두 관계개념일 뿐이며 한쪽이 다른 한쪽을 나타내게 한다. 그의 이성의 사업은 변증법적인 트리아스의 형식에서 생기는 끊임없는 창조이다. 헤겔의 사회철학에서의 자유와 권력과의 관계도 이러한 관점에서 파악하여야 한다. 이 한 방향적 발전성은, 또한 헤겔이 이상주의적인 시대의 사조로부터 확고한 권력 이데올로기의 방향에로 직접적으로 이행 가능하게 만든 것이기도 하였다. 헤겔 이전의 관념론은 외적인 것, 물질적인 것, 세속적인 것 모두에 등을 돌리고 단지 내면적인 것, 초월적인 것에만「이념적」이라고 하며 그것에만 주목하였다. 그러나 헤겔의 일원론은 이 후자 중에 전자를 발견하며 또한 전자 중에 후자를 발견하려고 한다. 모든 정신은 권력이 되지만, 또한 모든 권력도 정신적으로 된다.

오늘날에도 여전히 헤겔의 변증법적 방법은 단지 그의 자의적인 카테고리를 확증하기 위한 자의적인 발명에 불과하다는 의견을 가진 사람들이 있을지도 모른다. 이러한 견해가 품고 있는 것에 대해서는 처음도 없고 끝도 없는 것처럼 보이는 변증법적인 흐름 속에는 어떠한 출발점도 발견할 수 없으며, 또한 거기에서 헤겔이 이해한 입장, 또한 헤겔을 이해할 수 있게 되는 입장을 발견할 수 없다는 사정도 주어질 것이다. 그러나 헤겔 역시「내가 서야할 장소」(δός μοι πού στώ)를 가지고 있으며, 단지 정치적 아프리오리를 가지고 있을 뿐만 아니라 철학적 **아프리오리**도 가지고 있다. 그것은 즉「민족」, 엄밀하게 말하면 조직적으로 국가를 이루는 민족이다. 그는 이미 그 청년기의 저작에서 제시했듯이 사회적으로만 생각하는 것은 아니다. 그는 국가국민적으로 생각하며 국가 중에서 생각하며 국가로부터 생각하는 것이다. 확실히 그의 사고의 이러한 습성은 가장 결정적으로는 그의 국민적인 바람에서 영향을 받고 있다. 그러나 그는 바로 체계적인 개념형성의 시기에 독일 통일의 가능성들에 대해서 철저한 검토를 하는 가운데 자신의 정치적 견해를 비로소 원칙적인 형태로 정리한 것이다. 여기서는 다시 한 번 간단히 그의 방법과 대립하는 자연법의 방법을 지적하지 않으면 안 된다. 자연법의 방법에 의하면, 국가는 개인존재에서 시작하며 이 개인존재를 계약에 의해서 두 번째의 개인존재 등과 결합시켜감으로써만 국가가 개념적으로 가능하게 된다고 생각한다. 사회적 구성물은 아래로부터 위로 조립되어있기 때문이다. 그러나 헤겔은 그것과는 반대의 길을 취한다. 그에 대해서 국가란 아프리오리하게 직관적인

전체로서 주어진 것이며, 그는 거기에서 출발하여 그 본질을 인식하려고 시도한다. 이와
같이 국가가 전체적인 것으로서 본질적으로 소여적이라는 것은, 헤겔과 대질하는 어떠한
경우에도 간과하는 것이 허용되지 않는다. 우리 철학자 헤겔의 체계에서의 그러한 국가의
본질은 이 국가가 사회개념 — 이 사회개념은 헤겔이 처음으로 독일에 도입한 것인데
— 과 대립하는 데에서 매우 명백하게 된다. 이미 『독일 헌법론』에서 헤겔 독자적인 견해가
제시되고 있었다. 거기에서는 국가를 대표하는 군주와 개개인 간에는 「법률」 내지 「보편성」
이 개재해야 한다고 되어 있었다. 이 점에야말로 헤겔의 사회개념에의 출발점을 찾아야
할 것이다. 국가는 여기서 한편으로는, 군주의 인격성인 동시에 그 본질에서 말하면 권력이
라는 좁은 의미의 국가와, 다른 한편에서는 「보편성의 영역」253)과 그리고 최후로 개별적인
것의 영역에로 해체되고 있다. 헤겔의 『법철학』 중에서 그것에 유사한 구분을 발견할
수 있다. 정점에는 「국가」가 있으며, 또한 「보편성」 대신에 「시민사회」가 두어진다. 그리고
「가족」을 거쳐 개별적인 것의 영역에, 즉 「추상법」과 「도덕」의 영역에 도달한다. 헤겔이
시민사회라는 개념에서 본래 어떠한 것을 이해하고 있었는가에 대해서는 주지하듯이,
다양한 견해가 서술되고 있다. 그러나 헤겔의 청년기의 발달과 결부하여 생각하면 문제는
그만큼 난해한 것이 아니라고 해도 좋은 것은 아닌가 생각된다. 『법철학』에서는 이 사회의
영역 중에 다음과 같은 것이 포함되어 있다. A. 욕망의 체계, 즉 전체로서의 경제, B.
사법 더구나 가장 넓은 의미에서의, 즉 (a) 제정법으로서의 법, (b) 제정법의 현존재,
(c) 재판, 나아가 C. 폴리짜이와 직업단체.* 우리들은 전술한 「보편성」이나 「법률」로서
알고 있던 것을 상기하기로 한다. 그리고 나아가 내적인 「국가체제」에는 (a) 군주의 **권력**,
(b) 통치**권력**, (c) 입법**권력**이 속한다. 거기로부터 이미 헤겔이 어떠한 과정을 거쳐 자신의
국가개념에서 권리를 모두 제거한다는 이해할 수 없는 사태에 이른 것인지 명백하게
된다. 『독일 헌법론』에서처럼, 헤겔의 체계에서도 국가는 권력이며 본질적으로 권력 이외
의 아무것도 아니다. 다른 어떠한 것도 국가의 개념에는 속하지 않으며, 「이 권력의 특수한
변용태」254)에 불과하다. 그러나 시민사회란 무엇인가? 우리들은 먼저 헤겔에 의해서
반복하여 주장된 국가와 사회와의 분열이 사실과 일치하지 아니한다는 것을 확인하기로
한다. 그 반대의 것은 헤겔이 근대 사회에 관한 학문을 더욱 정당성을 가지고 비난할
수 있었을 것이다. 왜냐하면 헤겔의 국가는 항상 도처에서 공기가 안 통하는 방수로 일종의
**잠함**(潛函)과 같은 것(eine Art *Caisson*)이 잠겨진 채로 있기 때문이다. 이 국가는 자기
외에는 절대로 아무것도 허용하지 않으며, 따라서 어떠한 류의 사회도 허용하지 않는다.
오히려 사회도 역시 국가존재와, 보다 엄격하게 말하면 불완전한 국가라고 이해하게 될
것이다. 그것은 헤겔 자신의 말에 의하면 —「**외부국가 · 필요국가 · 오성국가**」255)라고
간주할 수 있다. 사회란 간단히 말하면 자연법에서 칸트, 훔볼트 그리고 피히테를 거쳐

---

253) 이러한 직관의 자연법적인 출발점에 대해서는 앞의 주 168)을 보라.
254) Hegel, *Verfassung Deutschlands* (Anm. 109), S. 19.
255) Hegel, *Rechtsphilosophie* (Anm. 73), §183 (S. 247).

발달한 법치국가, 경제국가임에 다름 아닌 것이다. 헤겔은 이것을 참으로 명쾌하게 이해하도록 해준다. 「근래의 국법학자들의 다수는」, 바로 사회라는 이 개념 이외에는 「국가에 대한 어떠한 견해도 가져올 수 없었다」. 사회란 헤겔에 의하면 확실히 하나의 「통일체」로서 정의할 수 있다. 그러나 그것은 「단순한 공통성에 있을 뿐이며」,[256] 단순한 인격들의 총체이며 초인격적인 공동체는 아닌 것이다. 헤겔은 국가를 법 및 경제공동체라고 이해하려고는 하지 않는다. 바로 그러므로 그의 사회를 예컨대 라살레가 말하는 의미에서의 자유주의 국가에서의 「야경이념」[257]과 동일시할 것은 아니다. 헤겔의 국가국민적 사고는 예컨대 폐쇄된 전쟁경제가 그만큼 바로 사회주의를 의미하는 것은 아닌 것과 마찬가지로 「사회적」은 아니다. 「전쟁사회주의」에서는 공동경제가 국가의 보다 일층의 권력전개를 위한 부차적인 수단으로서 기여하는데, 이와 마찬가지로 헤겔의 필요국가·오성국가는 말하자면 진정한 국가를 위해서 불가결한 전제라고 생각하여야 한다. 여하튼 진정한 국가는 권력 이외의 아무것도 아니며 또한 권력으로서만 존속하는 것이다.

헤겔은 권력국가와 사회국가와의 이러한 구별을 항상 자각하고 있었다. 그리하여 그는 인간을 사회의 구성원으로서는 「시민」(Bürger)이라고 부르고, 국가의 구성원으로서는 「신민」(Untertanen)이라고 부른다. 「개인은 여러 의무들을 진다는 점에서 말하면 신민이다. 개인은 그러나 시민으로서는 그 의무를 이행함으로써 자신의 인격과 소유권의 보호를 향수할 수 있는 것이다」.[258] 헤겔의 이러한 구별은 완전히 그의 독창적인 것은 아니다. 슐뢰쩌는 1793년에 이미 국가에 선행하는 **통치권**(Imperium) 없는 결합태를 사회라고 부르며,[259] 그리고 거기에 헤겔은 매우 이른 시기부터 자신의 개념규정을 결부시키고 자기 나름의 의미를 거기에 부여하여 형성하였을 것이라고 생각한다. 헤겔적 형태에서, 그리고 그의 거대한 영향 아래 이러한 정치관은 그 후 독일의 정치이론에 대해서만이 아니라 실천적인 정치에 대해서도 의의를 가지기에 이르렀다. 영국인에 대해서는 political society라는 개념에서, 그리고 프랑스인에 대해서는 같은 뜻의 société politique라는 개념에서, 국가와 사회와는 일체화되고 있다. 그런데 독일에는 그에 대응하는 개념이 결여되어 있다. 영국이나 프랑스에서 국가는 사회목적을 위한 수단이라고 이해되었다. 이에 반하여 독일의 역사적 발전은 오늘날에도 여전히 사회가 권력목적의 수단으로 간주된

---

256) AaO., §183, Zusatz (S. 247).

257) Ferdinand Lassalle, *Arbeiter-programm* (1863), in *Gesammelte Reden und Schriften* (Hg. E. Bernstein), Bd. 2, Berlin 1919, S. 195 (서석연 옮김, 『노동자강령』, 범우문고, 1990).

258) Hegel, *Rechtsphilosophie*, §261 (S. 325) (역서, 456면).

259) August Ludwig Schlözer, *Allgemeines Statsrecht und Statsverfassungslehre*, Göttingen 1793, S. 4 Anm. 2; S. 78 Anm. 3. vgl Jellinek, *Staatslehre* (Anm. 227), S. 85 f.(김효전 옮김, 『일반국가학』, 68면). 그러나 슐뢰쩌의 국법 이전에 이미 독일에서 국가와 사회는 선명하게 구별되고 있었다. 1795년에는 일찍이 하겐 사회의 시민의 대리가 프라이헤르 폼 슈타인 등이 여기서 국가에 그 필요품을, 그리고 사회에 가능한 한 시민적 자유를 보장하는 과세 등을 배분한 것을 칭찬한 사실은 슐뢰쩌의 영향 때문은 거의 아니다(Max Lehmann, *Freiherr vom Stein*, Bd. 1, Leipzig 1902, S. 133 f.; Georg Heinrich Pertz, *Das Leben des Ministers Freiherr vom Stein*, Bd. 1, Berlin 1849, S. 149).

다260)는 것을 부분적으로 수반하였다.

이상에서 제시된 의미에서 헤겔에 의한 국가와 사회의 개념구별은 이해할 수 있게 되었을 뿐만 아니라 그의 체계에서 무조건적으로 불가결한 것으로도 되었다. 법목적과 경제목적이란 그것보다도 우위에 서는 여러 가지 권력목적에 대해서 자주 사악하게 되는 것으로서 진정한 국가의 개념에서 배제되지 않으면 안 되었다. 이미 『독일 헌법론』에서 헤겔은 단순한 법의 관점에서 **「정의여 행해져라」**(fiat justitia)가 **「세계가 멸망해도」**(pereat mundus)에 이르지 않더라도, 특수한 국가의 몰락에 이른다는 경위를 명백히 하였다. 개인주의적인 법이념처럼 헤겔 시대에 무조건 승인되던 **자유방임**의 경제원리 역시 국가의 여러 가지 권력목적과 양립할 수는 없다. 법보편주의는 국민적 권력에 대해서 방해 받지 않는 국제적인 자유경쟁과 아주 마찬가지로 위험한 것이다. 그럼에도 불구하고 헤겔에 대해서 자유경쟁은 형식적으로 추상적인 법의 영역과 마찬가지로 사회에 대해서 불가결하다고 생각되었다. 이들 양자는 그러므로 헤겔의 국가개념에서는 제거되고, 단지 형식적인 자유가 지배하는 개인주의적인 사회영역 속으로 추방한 것이다. 이 영역에서는 자연법적인 개인의 절대적인 자유는 물론 단지 추상적인 가변성에 불과하다. 이와 같이 권력국가와 형식적으로 자유로운 사회와는 대치되는데, 그럼에도 불구하고 우리들은 이 형식적으로 자유로운 사회의 영역을 헤겔에 의해서 최초로 행해진 자유와 권력의 유화인 것처럼 이해할 수 있다. 왜냐하면 그는 이 구별지음을 오로지 개념적인 것으로 하고 그 이외의 점에서는 사회를 국가의 법적·경제적인 측면에서 보기 때문이다.

그렇지만 헤겔은 진정한 국가에서도, 즉 권력인 국가에서도 자유와 권력을 유화시키려고 한다. 사회에서 국가의 존재는 자연법의 경우와 마찬가지로, 개인들의 법관계나 경제관계에 진력하게 되고 있으며, 국가는 고유한 대상에 도달하지는 못했다. 국가의 구성원에 대해서 국가는 **「나는 너희가 줄 수 있기 때문에 준다」**(do ut des)의 관계에 서 있다. 즉 법관계에 서 있으며 인류관계에 서 있는 것은 아니다. 이처럼 특수한 의미에서도 자연법 국가는 헤겔의 사회와 마찬가지로 법치국가[법적 국가]였다. 그러나 우리들의 권력국가는 「실체적인 의지」와 「인륜적 이념」이었다. 그것은 현실적인 것을 의지한다. 헤겔이 이 요청과 이 요청의 기초지움에 어떻게 도달했는가는 그의 정치적 발전에 비추어 본다면 명백하게 추적할 수 있다. 그는 독일 민족 중에는 어떠한 국가국민적인 의식도 없는 것을 알고, 특히 그렇기 때문이야말로 독일의 정치적 관계들이 전적인 혼란에 빠졌다고 생각하였다. 다른 한편 그에 대해서 법치국가이념은 법적으로 보장된 자유의 영역들을 외면적으로 배분함으로써 개인들을 전적으로 고립화시켜 버리는, 개인들을 결부시키는 것은 아닌 것처럼 생각되었다. 이러한 내용적으로 공허한 법이념을 넘어서 개인에게 국민국가적인

---

260) Otto Hintze, "Das monarchische Prinzip und die konstitutionelle Verfassung," in *Preußische Jahrbücher*, 144 (1911), S. 387 ff. 로렌츠 폰 슈타인은 헤겔에게 국가와 사회의 상위에, 그리고 사회적 왕권을 당파들의 상위에 두는 자신의 이론을 결부시켰다. Lorenz von Stein, *Geschichte der sozialen Bewegung in Frankreich von 1789 bis auf unsere Tage* (1850), Neudruck (Hg. G. Salomon), München 1921, Bd. 3, S. 36 ff.

권력에의 의지가 내재하는 것처럼 되어서는 안 된다. 왜냐하면 법은 모든 개인의 사고나 의욕과 마찬가지로 국가의 공동체이념을 경유함으로써 비로소 조화의 목적에로 향하며, 국가를 경유함으로써 비로소 내용·의미 그리고 목적을 획득하며, 그리고 오로지 국가의 권력에 의해서만 유지되는 것이기 때문이다. 그러므로 스위스에서는 이미 국가는「세계의 최종목적」에, 즉 이념에 도달하고 있다. 그리고「자유로운 공화주의자들」은 그 이념을 위해서 자신의 민족의 정신으로 화하여「자신의 힘들, 자신의 생명을 다한 것이며 이것을 의무로부터 행한 것이다」. 그리고 시민은 그러한 자신의 노력을「보수, 보상을 요구할 수 있을」[261] 정도로 높이 평가해야할 것은 아니게 되고 있었다. 이러한 의미에서 개인은 인륜적인 것이 되지 않으면 안 된다. 개인은 어떠한 구체적인 반대급부에도 눈을 돌리지 않고 국가라는 이 초인격적인 권력을 위해서 헌신해야할 것이 되었다. 사회에서처럼 내면적으로도 결합되지 않고 단지 외적인 법의 속박에만 의해서 정리된다는 것이 아니라 국민적인 국가공동체 속에 계속 존재하는 의식내용에 의해서 견고하게 일체화됨으로써 이 초인격적인 국가권력을 촉진시킨다는 목적으로 향하여「인륜적으로」살아야 한다는 것이다. 가족과 사회에서는 개개인과 그들의 이익은 완전한 승인을 얻는데, 그러나 국가 중에서 그러한 자유들은「한편으로는 개인이 자발적으로 보편적인 것의 이익에로 변해 가며, 다른 한편으로는, 지(知)와 의지에 의해서 이 보편적인 것을 그것도 자기 자신의 실체적인 정신으로서 승인하며, 자신의 최종목적으로 하여 활동한다는 데에 있다」.[262] 그리하여 국가는 모든 개개인들과는 다른 한 개인의 인격적 대상성을 획득하며 그 권력은 자기목적이 된다. 국가는 그 자신 개체가 되며 그것의 독립성과 권력 속에 개개의 개인 자기 자신의 자유를 재인식해야 하는 것이다. 그리고 그 이외의 자유를 희구해서는 안 된다. 이리하여 헤겔은 다음에 다시 제시하게 되는데, 국민적인 권력적 강대국이라는 근대적인 초인격적 이상을 발달시킨 것이다. 허지만 이 이념의 근거지움은 헤겔에서도 국민적인 계기의 도움을 받아서만 가능한 것처럼 보인다.

　마이네케는 그 이전의 국민적인 권력적 강대국과 새로운 그것 간의 구별을 전자에서는 국민이「자발적인 열망에서라기보다는 순종에 복종하는」[263] 것에 대해서, 후자에서는「아래로부터의 권력충동」이 움직인다는 점에 있다고 논했다.「아래로부터의 권력충동이 결여된 한 국가와 국민을 긴밀한 상호관계에 둘 필요도 없었다」.[264] 바로 이 아래로부터의 국민적 권력충동이야말로 헤겔의 일관된 요구를 뒷받침하는 것이다. 그렇기 때문에 그는 이미 가장 이른 시기부터 국가와 국민이 항상 매우 긴밀한 결합관계에 있다고 보아온 것이다. 그러나 헤겔은 개개인의 국민적 명예심과 권력의지에 호소하며 국민 전체의 권력이야말로 개개인에 대한 절대적으로 지고의 목적이라고 함으로써 자유와 권력의 전적으로

---

261) Hegel, *Volksreligion und Christentum* (Anm. 90), Fragment Nr. 5, S. 70.
262) Hegel, *Rechtsphilosophie*, § 260 (S. 321 f.)(역서, 452면).
263) Meinecke, *Weltbürgertum* (Anm. 4), S. 8.
264) AaO., S. 34 f.

새로운 유화의 가능성을 — 개념적 절차라고 해야 할 것을 산출하였다. 예컨대 비스마르크는 실제정치에서 60년대의 자유주의자들에 대항하여 그 개념적 절차에 따른 것이다. 그리하여 국가의 구성원은 군주에 집중된 국민의 권력이야말로 모든 목적 중에 가장 독자적이며 최종적인 자신의 목적이라는 것을 승인한다. 거기에는 이미 지배자와 피치자의 대립은 존재하지 않는다. 쌍방은 공히 공통의 이념을 가지며 국민주권과 군주주권의 대립은 극복되며 국가주권이 성립하기에 이르렀다. 이렇게 말할 수 있을 것이다.

추상적인 코스모폴리탄적인 자유를 구하는 혁명의 요구는, 국가로부터의 절대적인 자유를 향한 궁극적인 요구에 다름 아니었다. 그런데 세계시민적인 인류로부터 국가를 형성하기에 족한 약간의 국민이 두각을 나타내고, 그것이 최종목적이 됨으로써 저 추상적인 코스모폴리탄적인 요구는 국가 중에서의 자유에의 요구에, 즉 국가권력과 공동으로 의욕하는 자유에의 요구 — 그것을 동동하게 결정하는 자유라는 곳에까지는 나아가지 않더라도 — 에로 전화하였다. 프랑스나 독일의 자유주의는 개개인에서 출발하는데 그것과는 달리 헤겔은 이 전체의 힘에서 출발한다. 그리고 이 전체의 이익을 위해서 일정한 정도의 정치적 자유를 요구하는 것이다. 이 자유란 시민의 「살아있는 행위」에 다름 아닌 것이 끊임없이 강조되었는데, 그 자유는 아래로부터의 권력충동 이외에 아무것도 아니다. 그러므로 그 권력충동 때문에 그 이익의 대상에 대한 참여가 요구된다. 「왜냐하면 우리들의 이익을 획득하는 것은 우리들이 오로지 그 때문에만 움직이기 때문이다」.265) 즉 이러한 의미에서의 정치적 자유가 권력을 가지는 전체를 위해서 요구되는 경우에는 거기에는 이른바 「유기체이론」에서와 마찬가지로, 전체와 그 구성원 간의 상호작용이 존재할 뿐이다. 구성원은 전체를 의욕한다. 그러므로 전체의 힘은 구성원의 자유를 용인할 수 있으며 더구나 그렇게 때문이라고 하여 자기의 존속을 걱정할 필요도 없는 것이다. 낡은 형식의 절대주의는 그 권력을 유지하기 위해서 강경한 형태로 무조건 집권화하지 않으면 안 되었다. 국민적 권력국가는 아래로부터의 권력충동이 위에서의 그것과 동일한 방향으로 움직이기 때문에 자기통치에 대해서 광범위하게 자유로운 여지를 부여할 수 있다.

그러나 이러한 국가사상에서는 정치적 관심은 자연법론에서의 그것과는 아주 다른 방향으로 향하고 있다. 자연법론에서는 오로지 공동체의 내적인 배치에 관심이 기울이고 있었다. 그러나 여기에 보여진 헤겔의 국가사상에서는 민중과 지배자간의 투쟁은 국민적 권력의지에 의해서 극복되고 있으며, 모든 내적인 힘들은 이제 밖으로 향하여 힘을 발휘하는 것이다. 민중적 제국주의(Volksimperialismus)라는 말은 자연법론에서의 국민(Volk)주권과 군주주권과의 항쟁의, 이러한 형태에서의 유화를 실로 적절하게 보여주고 있다. 국내정치는 이제 확장적인 대외정치 아래 복종하는 것이다.

새로운 정치적 견해들에 새로운 윤리적 개념이 결부되는 것은 항상 불가피하다. 법치국가와 경제국가는 기브 앤드 테이크의 관계였으며 인류적으로는 그 자체 무가치한 것이었는데, 이에 대해서 이제는 국가에의 무상의 헌신이야말로 지고의 인류적 선이 되었다. 즉 국민적

---

265) Hegel, *Positivität* (Anm. 82), S. 229.

권력을 사심 없는 기분으로 의욕하는 것이 새로운 인륜으로 되었다. 기독교적·보편주의적 윤리나 코스모폴리탄적인 법감정과는 예리하게 대립하면서 이 국민적 권력윤리가 성립한다. 저 명제에는 「미우나 고우나 내 나라」(wrong or right my country)라는 의미가 추가된다. 그리고 인륜은 전체의 권력본능과 이 전체를 위한 개인들의 의식적인 권력노력을, 그리고 특히 전쟁을 함께 같은 윤리적인 요청에까지 높이게 된다.

권력국가 이데올로기의 이러한 모든 요소는 헤겔에서는 체계적으로 시종일관한 구성에까지 가져오고 통합되고 있다. 그것들을 개별적으로 제시하려면 우리들은 그에 의한 국가에 대한 개개의 규정들, 즉 인격으로서, 유기체로서, 민족으로서, 인류으로서의 각각의 규정을 보다 면밀하게 분석하지 않으면 안 된다.

## A. 대내적인 권력국가

### a. 국민 (Das Volk)

헤겔은 「국민적인」 관점에 서서 사고하였는가 하는 질문이 자주 제기된다. 하임의 책266)은 재치가 넘치고 반드시 정곡을 찔렀다고는 할 수 없지만 그것이 나타난 이래 이 질문에 대해서는 대부분의 경우 부정해 왔다. 그러나 헤겔의 청년기의 사상의 발전을 고려에 넣어 그것을 후기의 저작에서의 추상적인 사변의 배후로 떠올려야 할 자는, 헤겔은 국민적인 관점에 서서 사고하였을 뿐만 아니라 그의 체계 전체가 아프리오리한 전제인 절대적으로 인류적인 것 ─「민족의 일원인 것」267) ─ 위에 구축되었다는 것을 간과할 수는 없을 것이다. 그의 국민감정은 물론 특수한 성질을 가진다. 독일 문화국민에 대한 그의 감수성이 적게 평가되어야 한다는 것은 아니다. 독일 문학의 발전은 조국에 뿌리를 내린 국민적인 것이라고 말하기는 어려웠는데, 이 발전에 대해서 그가 무념의 감정을 품었던 것이나 기독교에 대한 그의 라디칼하게 국민적인 태도 등은 우리들이 이미 알았다. 헤겔은 「자신의 민족의 언어를 가지고 일체를 말하는 것」이야말로 「민족의 최고의 교양」에 속한다고 생각한 최초의 철학자이기도 하며, 루터가 성서를, 포스가 호메로스를 독일어로 번역했듯이 철학을 독일어로 말하고 논하려고 하였다268) ─ 헤겔에서 이러한 시도는 언어의 명확성에 공헌한 것은 별로 없었다는 것은 잘 알려져 있다. 개개의 형식에서라면

---

266) Rudolf Haym, *Hegel und seine Zeit*, Berlin 1857, 특히 S. 344 ff. [S. 353]. Karl Köstlin에서의 국민적인 인용구의 소박한 모음으로서는 *Hegel in philosophischer, politischer und nationaler Beziehung*, Tübingen 1870. 거기에서는 헤겔의 「고전주의적 양식(aaO., S. 38) 속에 국민적인 것이」 탐구되며 그의 세계관이 레싱, 칸트, 괴테 등의 내면적인 계속으로서 이해되고 있다(aaO., S. 278).

267) G. W. F. Hegel, *Über die wissenschaftlichen Behandlungsarten des Naturrechts*, in *Sämtliche Werke* (Hg. G. Lasson), Bd. 7, Leipzig 1913(Meiners Philosophische Bibliothek, Bd. 144), S. 372 (김준수 옮김, 『자연법』, 한길사, 2004).

268) Brief an Voss, in Hegel, *Werke*, Bd. 17 (Hg. F. Förster und L. Boumann), Berlin 1835, S. 474.

이러한 것들을 증명하는 것은 마음대로 증가할 수 있다. 비록 그것들이 헤겔의 국민의식에 대해서도 또한 그 철학의 전체구조에 대해서도 근소한 것만이 증명될 뿐이다. 그러나 헤겔의 문화국민적인 의식은 그의 사고의 전제이기도 한 것은 결코 간과해서는 안 되는데, 헤겔의 의의는 그가 그러한 문화국민적인 의식을 가지고 있으며 그것이 영향력을 미쳤다는 점에 있는 것은 아니다. 헤겔의 업적은 오히려 문화국민적인 정신을 권력국민적인 정신으로 이행시킨 데에 있다. 그 사이를 가교한 것은 이미 1796년의 논문에서 찾을 수 있다. 거기에서 그는 국가권력에 관심을 갖지 않는 민족은 바로 문화국민인 것을 중단하게 될 것이라고 서술한다. 그러나 이제 헤겔은 ― 오늘날에는 이미 변호할 필요도 없게 된 그 자신의 나폴레옹 숭배를 도외시한다면 ― 다음과 같은 이유를 들면서 국민적 의식이 결여되었던 점을 비난하는 것이 통례이다. 즉 그가 부르센샤프트* 운동을 공격한 것, 또한 이것도 부정할 수 없는 것은 대독일주의의 프로그램을 제거하여 프로이센의 입장에로 전환한 것이다. 그러나 양자의 상태는 헤겔의 국민의식과 일치할 수 없었을 뿐만 아니라 오히려 국민적 의식의 관점에서만 이해해야 하는 것이다. 헤겔은 직접적으로는 18세기의 세계시민적 의식에서 생긴 이른바 자유주의적인 국민사상, 거의 국민감정에만 의거하는 국민사상으로는 어떠한 현실 정치도 하지 못한다는 것을 명확하게 인식하고 있었다. 그는 지금까지 보아왔듯이 이미 1800년경에는 권력정치에 해결책을 구할 수밖에 없다는 것을 자각하고 있었다. 그리고 그가 프로이센의 입장으로 이행한 때에도 그의 그때까지의 정치적 견해의 조그마한 변경을 필요로 한 것에 불과하였다. 흑적금의 삼색기를 깃발에 새기는 운동과, 「그러한 천박함의 장수」인 프리즈에 대한 증오에까지 높여진 거절은 이러한 권력국가 프로그램에서 이해되어야 한다. 「독일은 '**우애라는 신성한 사슬로**' 굳게 결합되어야」[269] 한다고 말하는 이 「번잡한 심정」 속에, 즉 헤겔이 물론 다른 근거에서도 ― 그것은 그의 초빙에 따르는 사명과 합치되기도 하였는데 ― 베를린에서 싸움의 대상으로 삼지 않으면 안 되었던 이러한 감정정치에 그는 자신의 이전부터의 권력국가 프로그램을 대치시킨 것이다. 그러나 그의 프로이센 입장에로의 이행은 바로 그 이유만으로는 다 설명했다고는 할 수 없다. 거기에서 우리들은 『독일 헌법론』에서는 그 존재를 의심스럽게 생각하던 권력을 그동안 해방전쟁에 의해서 확증하게 된 것을 고려에 넣지 않으면 안 된다. 그가 프로이센에 대한 공감을 얻은 것은 슈타인의 개혁 ― 그는 그것과 직접적인 관계를 가진 일은 전혀 없었지만 ― 이상으로 그것에 의한 것이다. 프로이센은 프리드리히 대왕 시대의 권력정치를 계승하고 전개해왔다. 「프로이센 정치의 목표는 권력국가이다」, 「신민의 복지가 어떠한 역할을 하는 것은 그것이 권력개념에 기여하는 한에서이다」라고 어떤 역사가는 서술한다.[270] 이 국가는 자기를 재발견한 순간에는 반드시 헤겔의 국가개념과 합치하게 될 것은 명백하다. 제국은 붕괴하고 대독일주의사상은 적어도 표면적으로는 어떠한 현실정

---

269) Hegel, *Rechtsphilosophie* (Anm. 73), Vorrede, S. 10 f. (마지막 문장은 프리스[Fries]의 바르트부르크 [Wartburg] 강의에서의 헤겔에 의한 인용이다), 강조는 헤겔에 의한 것임.

270) Paul Joachimsen, *Vom deutschen Volk zum deutschen Staat*, Leipzig 1916, S. 95.

치적인 실현가능성도 상실하고 있었다. 헤겔은 단 하나의 권력적인 독일 국가의 건설에 착수하기 위해서 대독일주의사상을 포기한 것이다. 그는 그 초기의 심정에 비하여 거의 품위 있다고는 하기 어려운 말투로 1817년에 이렇게 서술한다. 독일 제국이라고 불려진 「난센스인 제도는 마침내 외적인 종류와 방법에서도 그것에 부적합한 부끄러운 종말에 도달한다는 공적을 수행하였다」[271]라고. 허지만 지금까지 서술한 것에서도 헤겔의 국가사상은 독일인에 대해서는 국민적인 독일적 국가사상으로서만 성립했다는 것에는 의문의 여지가 없는, 나에게는 이렇게 생각된다. 『독일 헌법론』은 모든 측면에서 이것을 보여준다. 「민족이 형성해야 할 국가라는 이념」[272]은 그에게 이러한 그의 사상의 기초를 이루는 저작을 쓰게 했다. 그는 정복자가 독일의 「뿔뿔이 흩어진 민족의 단편들」에서 **하나의** 「국민」(Volk)을 창조할 것을 바란 것이다.[273]

그리고 이러한 기초에 근거하여 그의 국가철학 전체가 구축되었다. 최초의 강령적 저작인 1803년의 『자연법』* 중에서 그는 인류의 기초와 그 내용을 인식하기 위해서 「우리들은 실정적인 것을, 즉 절대적인 인류적 전체성(Totalität)이란 **하나의 민족**이라는 것 이외에 아무것도 아니라는 것」, 그러므로 절대적으로 인류적인 것은 「하나의 민족에 속하는 것」[274]을 전제로 한다고 서술한다. 마찬가지로 그의 다시 그 이전에 기초된 체계단편에서는, 절대적인 인류은 「조국에서 민족을 위한 절대적인 삶」[275]이라고 한다. 여기서 인류은 「살아있는, 자립적인 정신」[276]이라고 불리며, 매우 명백하게 민족정신 일반과 등치되고 있다. 이 민족정신은 그러나 결코 헤르더나 피히테에서 말하는 단순한 문화에의 공속성의 의식을 가리키는 것은 아니다. 헤겔은 「한 국민의 창조적 정신」은 그 국민이 「다른 국민에 의해서 극복되는 그 독립을 상실하지 않을 수 없었던 경우에는, 즉 자립의 상실이라는 불행과 치욕이 투쟁과 죽음에 우선시킨 경우에는」 대개 「보다 열등하거나 보다 나약한」이라는,[277] 그러나 국민적 의식은 여기서는 이미 국민적 독립과 힘에의 의지인 것이다. 그리고 1803년에도 완전히 의문의 여지가 없었는데, 당시의 헤겔에게는 독일의 문화국민이라는 이념은 그가 추구하던 국가민족(Staatsnation)의 이념과 일치하였다. 이 요구가

271) G. W. F. Hegel, *Verhandlungen in der Versammlung der Landstände des Königsreichs Württemberg im Jahre 1815 und 1816* (1817), in *Samtliche Werke* (Hg. G. Lasson), Bd. 7, Leipzig 1913 (Meiners Philosophische Bibliothek, Bd. 144), S.159.
272) Hegel, *Verfassung Deutschlands* (Anm. 109), S. 371.
273) AaO., S. 135.
274) Hegel, *Naturrecht* (Anm. 267), S. 371 (역서, 68면).
275) G. W. F. Hegel, *System der Sittlichkeit*, in aaO., Bd. 7, S. 465 (김준수 옮김, 『인륜성의 체계』, 울력, 2007, 96면).
276) aaO., S. 468. 헤겔의 국가관에 대해서 매우 중요한 이 저작이 집필된 정확한 시기는 지금까지 입증되지 않았다. 라손(aaO., Einleitung, S. XXIII)에 의하면, 그것은 『독일 헌법론』과 거의 같은 시기라고 한다. 그런데 보다 엄밀한 조사에 의하면 그것은 가장 초기에까지 소급할 가능성이 있다. 낭만주의적인 색채가 강한 것이 그것을 뒷받침하는 것처럼 보인다.
277) Hegel, *Naturrecht*, S. 410 (역서, 116면).

전망이 없다고 하여 단념한 이후에, 독일 「민족」을 위해서 형성되어온 사고를 바로 프로이센 「국민」에게 적용한 적은 없었다. 따라서 헤겔은 문화국민과 국가국민을 개념적으로 구별한다는 참으로 현대적인 방책을 강구하였다. 그는 문화국민이라는 말을 국민국가적인 권력수단을 아직 보유하지 못하였을 뿐 아니라 「승인」도 받지 못하였으며 그 「자립성」이 아직 「주권」의 수준에 이르지 못한 민족으로 이해하고 있다.[278] 그러나 문화국민이라는 것은 모두 국가국민이 될 의무를 진다. 하나의 민족이 현존한다는 것 속에는 하나의 국가로 존재한다는, 국가로서 자기를 유지한다는 「실체적인 목적」이 존재한다. 「국가를 형성하지 않는 민족(국민 그 자체)은 본래 어떠한 역사도 갖지 아니한다」.[279] 즉 단순한 문화국민은 세계사에서의 어떠한 강력한 위상도 가지지 아니한다. 그러나 **하나의** 독일민족이 **하나의** 통일된 독일 국가를 형성하지 못한 후에는, 헤겔은 독일민족이 강력한 국가를 갖고 있다는 것으로, 즉 이른바 프로이센적 · 보수주의적 국민국가사상으로 만족하였다. 그는 예컨대 1847년에 어떤 대독일주의자를 향해서 「당신은 독일 개에게 물렸소」라고 고함친[280] 비스마르크 못지않게 골수 프로이센인처럼 그러한 국민국가사상을 주장한 것이다. 헤겔의 다음과 같은 주장의 의미는 이 비스마르크의 말의 의미와 동일한 것이었다. 「[완전하지는 않더라도] 다소나마 독립한 하나의 국가를 구성하고 독자적인 중심을 가지는 하나의 전체를 가졌으면 하는 바람을 말하는 사람들, 즉 어떤 다른 전체와 함께 하나의 전체를 구성하기 위해서는 이 중심점과 그 독립성을 상실해도 좋다는 바람을 말하는 사람들은, 전체성의 본성과 하나의 민족이 자기의 독립성에 의해서 가지는 자부심의 본성을 제대로 모르는 것이다」.[281]

그러나 독일 보수주의가 본래 국민적이었다면, 그 이전에 펼친 독일 민족정신론을 흑백의 경계선 속에 완전하게 가두지 못하였던 헤겔의 보수주의도 역시 국민적이었던 것이다. 국민, 문화국민과 국가국민이라는 개념들이 처음으로 엄밀하게 정식화된 것도 헤겔에 힘입은 것이었다.

오늘날 어떤 논자는 국민이라는 것을 「비교적 고도의 고유한 문화적 업적을 쌓았기 때문에 … 고유의 공통된 본질을 획득한 비교적 대규모적인 주민」[282]이라고 하는데, 이 개념은 민족정신에 대하여 헤겔이 내린 다음과 같은 풀이와 일치한다. 즉 민족정신이란 「그 종교 안에, 그 관습 안에, 그 헌정질서 안에, 그 정치에 관한 규칙들 안에, 그 모든 제도 안에, 그 사건들이나 행위들 안에 들어 있으면서 존속하는 현상계(die vorhandene

278) Hegel, *Rechtsphilosophie* § 349 (S. 434).

279) G. W. F. Hegel, *Encyklopädie der philosophischen Wissenschaften im Grundriß*, Teil III (Die Philosophie des Geistes), in *Werke*, Bd. 7, Abt. II (Hg. L. Boumann), Berlin 1845, § 549 (S. 423)(박병기 · 박구용 옮김, 『엔치클로페디』, UUP, 2000).

280) Ernst Ludwig v. Gerlach, *Aufzeichnungen aus seinem Leben und Wirken*, Bd. 2, Schwerin 1903, S. 324; bei Meinecke, *Weltbürgertum* (Anm. 4), S. 311.

281) Hegel, *Rechtsphilosophie* § 322 (S. 146)(역서, 562면).

282) Fr. J. Neumann, *Volk und Nation*, Leipzig 1888, S. 74.

Welt)로 구체화되는」「어떤 특정한 정신」이다.「이것은 그 정신의 작품이며 ─ 이것이 즉 이 민족이다」.[283) 그러나 이 말에서는 이미 헤겔이 종교적 · 윤리적 그리고 예술적인 산출에 의해서 매우 다양한 전체를 형성하는 국민적인 여러 가지의 문화공적이라는 말을 가지고, 무엇보다도 우선 첫째로, 정치적인 공적이라고 이해한 것이 명백해진다. 개별 국민의 자기지배적인 자율과 그것들을 서로 가르는 벽의 넘기 어려움을 이처럼 헤겔만큼 강조한 자는 달리 없다. 국민들은 단지 다른 존재인데 원래 어떠한 본질적인 것도 공유해야 할 것은 아니다. 물론「모든 세계역사상의 민족들에서 문예 · 조형미술 · 학문 그리고 철학에 이르기까지 가지지 않은 것이 없으나, 단지 양식과 경향 일반이 다종다양할 뿐만 아니라 그 내용도 다종다양하고 이 내실이 최고의 차이를, 즉 이성의 존재의 차이를 가져오는 것이다」.[284) 헤르더에서처럼 국민들은 다음 세 가지 규정으로 특성화 된다. 장소 · 시대 그리고 그 이상 합리화할 수 없는「성격」이다. 개별 민족정신은 일단「지리적 기초」를 가지고 있었다. 그것은「이러한 대지의 아들인 민족의 유형과 성격에 밀접하게 관련된 특정 지역의 자연유형」에 의해서 형성되었다.[285) 그것은 나아가「어떤 특정한 규정을 받은 정신…이며 그 발전의 역사적 단계에 의해서도 규정된다」.[286) 이러한 규정들은 헤겔에 대해서는「국민의 차이는 인간의 인종상의 차이처럼… 확고한 차이다」라는 견해에 이를 만큼 불변한 것이다.「민족들의 역사를 소급해 볼 수 있는 한, 각각의 민족들의 이러한 유형이 불변한 것임이 명백하게 된다」.[287)

그러나 19세기에는 정치적으로, 나아가서는 학문적이기도 한 근거에서 국민에 대한 이러한 객관적인 메르크말은 불충분하다는 것이 명백해 지고, 특히 르낭[288)이래 국민의 의지가 결정적 규준이라는 것이 강조되고 있다.* 사람들은 이 개념규정의 주관적인 것과 가변적인 것을, 국민을「계보학적 의미를 가진 존재라는 것에서」해방하고,「지리적인 것, 실재적인 것, 만약 그렇게 말한다면 비스마르크적인 것에로 전환시킴」[289)으로써 다시 극복하려고 하였다. 이러한 견해에 따르면 르낭의 ésprit général, 즉「전체의지」(Gesamtwille)야말로 국민의 혼을 형성해야 하는 것이다. 이 의지는 그러나 특히 자신을 권력국가로서 관철하는 데로 향하고 있으며, 그 위신(Geltung)은 그 의지가「그를 위한 권력수단을 가지는」경우에, 즉 국민적 국가를 그 자신의 것으로 이룰 수 있는 경우에

---

283) Hegel, *Geschichtsphilosophie* (Anm. 236), S. 91 f.

284) AaO., S. 86. 이미 Hegel, *Naturrecht*, S. 411 참조. 주지하듯이 렉시스(Lexis), 브리(Brie), 뮐러(Moeller), 디트만(Dittmann), 뢰닝 (Loening), 란츠베르크(Landsberg), 칸토로비츠(Kantorowicz) 등에 의한 독자적인 민족정신 문헌이 있다. 마지막 사람이 독자적인 연구를 가지고 이들에 대해서 보고하는 문헌으로서 Kantorowicz, "*Volksgeist und historische Rechtschule*," (Anm. 104), S. 295 ff.

285) Hegel, *Geschichtsphilosophie*, S. 99.

286) AaO., S. 65.

287) Hegel, *Encyklopädie*, Teil III, §394 (S. 73). 라손판에서는 바뀌었다.

288) Ernst Renan, *Qu´est-ce qu´une nation?* Paris 1882 (신행선 옮김,『민족이란 무엇인가』, 책세상, 2002).

289) Alfred Kirchhof, *Was ist nation?*, Halle 1902, S. 33.

비로소 보장된다. 이 정치적 권력에의 열망이 강하게 됨에 따라서 문화국민과 국가국민은 서로 구별되게 된다.290) 19세기의 국민적 확장정책에 적합시킴으로써 그 국민개념은 대외적으로나 대내적으로도 다른 국민들에 대해서 정복적인 구성을 가지게 되었다.

그러나 이러한 비스마르크적 국민개념이야말로 이미 헤겔에서 자라난 것임은 우리들이 보는 그대로이다. 당초는 문화국민적이었던 감정을 지리적으로 실재적인 것에로 변용시키고, 국가적인 권력의지로 전환시킨 것은 헤겔이었다. 그는 이 국민이라는 개념을 나중에 프로이센에 한정했는데, 그렇다고 해서 그것은 근대의 국민사상과 대립하는 것은 결코 아니다. 그러나 만약 1902년이 되어서도 여전히 바로 저 비스마르크적 개념의 의미에서 독일계 오스트리아인이 고려되었다면, 「그들을 오늘날의 독일 국민 중에 산입하려고 결심할 수는 없었을」 것이다. 프로이센의 폴란드인이 그 독일 국민에 속하고 있음에도 불구하고 이다.291) 헤겔에 대해서는 국민적·독일적 권력의지의 담당자를 프로이센 국가로 변경하는 것은 그처럼 용이하지 않았을 것이다. 우리들은 이것을 다음과 같은 매우 주목할 만한 사정에서도 추측할 수 있다. 즉 프로이센으로 이전하기까지의 그의 저서에서 말하는 한에서는, 절대적으로 인륜적인 것이란 「어떤 민족에 속한다는 것」이었는데, 그 후 「민족」은 항상 「국가」로 바뀌고 있다는 사정이다. 그리하여 법철학에서도 「국가의 구성원인 것」292) 은 개개인의 「최고의 의무」라고 서술한다.

이러한 독일적 국민개념으로부터 프로이센적 국민개념에로 전환과 손잡고 헤겔적인 국가사상은 거기에 붙어있던 낭만주의에서 의식적인 합리성에로, 어두운 권력의지로부터 의식적인 권력정치에로의 전반적인 전환을 수행해 간다. 이 전환은 헤겔의 「인륜」이라는 개념에서 더욱 명백하게 간취될 수 있는데 보다 명백하게 드러난다.

### b. 정치적 인륜

헤겔의 인륜론은 한편으로는 그의 국가철학이 국민적인 사정들에서 생겼다는 것을, 그리고 다른 한편으로는 그것이 바로 국민적 권력의지의 이론에 다름 아니라는 것을 매우 명백하게 보여준다.

『독일 헌법론』을 위한 서문 중에서 헤겔은 짧은 말로 19세기의 당초에 이상과 현실 간의 도덕과 정치 간에 생긴 이상하기까지 한 긴장을 우리들에게 보여준다. 그것은 정치를 도덕적·법적인 것으로 하기 위해 끊임없이 쇄신하려는 시도에 극도의 절실함과 희망을 가지고 감행한 시대였다. 자연법의 개인주의적인 윤리는 칸트의 형식적인 명령 속에 객관화 되었는데, 그것은 거기서 초기 낭만주의의 극도로 주관적인 윤리로 해소되었다. 그러나

---

290) Kirchhof, *Zur Verständigung über die Begriffe Nation und Nationalität*, Halle 1905, S. 52 ff.

291) Kirchhof, *Was ist national?* S. 7.

292) Hegel, *Rechtsphilosophie* (Anm. 73), § 258 (S. 313)(역서, 442면). 또한 Metzger, *Gesellschaft, Recht und Staat* (Anm. 4), S. 313 Anm. 1도 Volk에 대한 철저한 Staat의 대립이 주목된다.

두 방향은 정치적 윤리에 대해서는 받아들이지 않았다.

헤겔 역시 칸트적인 시점을 통과한 후에는 낭만주의적인 인륜을 신봉하였는데 이것은 전적으로 일시적인 것에 불과하였다. 그는 청년기의 친구 횔덜린에게 바친 엘렉시우스라는 시 속에서 이렇게 맹세한다. 「자유로운 진리에만 사는 것, 사념과 감정을 속박하는 규약을 지닌 화평은 단호히, 단호히 맺지 말자」.293) 이 시는 저 예나의 종교 논문과 거의 같은 시기에 만들어진 것인데, 그 종교 논문에서의 모든 가치의 전도는 이미 보았듯이, 인륜적인 개개인은 「자기의 힘을 가지고 자유롭게 자신을 중추로 하여」 활동해야 하는 저 낭만주의적인 인륜에서 무한하게 멀리 떨어진 것이다. 헤겔은 당초부터 자신의 인륜에 대해서는 어떤 객관적인 규준을 가지며 조국을, 즉 국민적인 「권력을 가진 보편성」을 세계의 최종목적이라고 하였다. 권력을 가진 것으로서의 조국의 실존, 이 존재는 그 자체로는 이미 인륜론적 당위이다. 이 윤리가 낭만주의적이었다고 하더라도 그것은 국민적인 국가에 대한 무반성인 천년왕국적인 몰두를 요구한 한에서 만이었다. 이 인륜은 객관성을 가진 것으로 이 점에서 그것은 철저하게 비낭만주의적이었다. 그리하여 『체계단편』의 「절대적 인륜」은 「조국과 민족과 법률에 대한 사랑으로서가 아니라 조국 안에서 민족을 위한 절대적인 삶으로서」294) 나타난다. 이 인륜이란 「주관적인 것이 무화되어 객관적인 것으로 화한 존재이며, 특수한 것이 보편적인 것에로 절대적으로 수용된 존재」295)이다. 「그것은 개개인에게 귀속하는 것이 아니라 오로지 유기적인 총체성으로서의 민족에게만 귀속하는 것이다」. 그것은 간결하게 말하면 국민적 습속이다. 「개개인의 인륜」은 개개인에 대해서는 단지 「덕」을 의미할 뿐이다. 절대적인 인륜은 그러나 「모든 덕을 관통하지만 어떠한 덕에도 고정되는 것은 아니다」.296) 절대적인 것은 단지 국민적 국가의 요구만이며 다른 일체의 규범들은 상대적인 것에 불과하다. 여기에는 헤겔적 인륜과 마키아벨리의 **보편적인 인간의 비르투**(virtù dell'uomo universale)와의 유사함이 아주 명백해지는데 헤겔은 이 피렌체인 이상으로 기독교적인 인륜을 모두 제거한다. 인륜이란 그에 대해서는 권력의 목적과 전체의 힘에로 향하는 개별적인 삶의 형성을 의미하며, 변증법적인 윤리에 의해서 인륜에서 직접으로 「민족의 적」, 「투쟁에의 위험」과 같은 개념이 연역된다.297) 그리고 마키아벨리에 있어서 **「인간의 비르투」**(virtù di un'uomo)에 **「무력, 나태」**(debolezza, ozio)를 대립시키는데, 헤겔에서는 그것보다 더 높은 정도로 「덕」이란 뚜렷하게 호전적인 이상이다. 「용기」란 전적으로 「덕 그 자체」이며, 「용기」야말로 「여러 가지 덕의 계관」이다.298) 이 인륜 역시

---

293) G. W. F. Hegel, "Eleusis" (August 1796), bei Rosenkranz, *Hegels Leben* (Anm. 75), S. 78.

294) Hegel, *Sittlichkeit* (Anm. 275), S. 469 (역서, 96면).

295) AaO., S. 468 (역서, 94면).

296) AaO., S. 469(역서, 97면).

297) AaO., S. 470(역서, 97면).

298) Ebd. 이 군사적인 윤리는 빈번하게 저차의 시민적 생활양식에 대립된다. 「영업의 고무」에 대해서 「호전적인 용기」에의 귀족적인 능력처럼. Hegel, *Verfassung Deutschlands* (Anm. 109), S. 95. 이 귀족주의와 헤겔이 「법창조신분」, 「상업신분」, 「물적 소유에 대한 정의」라고 부른 것에 대한 경멸 — 중에도 후자의

마키아벨리의 원칙에서 유래한다. 「조국의 안전이 문제로 되는 경우에는 정당하다거나 부정하다거나, 인도적이라든가 잔인하다거나, 칭찬할만 하거나 비열하다는 것은 일체 고려해서는 안 된다」.299) 그와 함께 **비르투**(virtù)는 부르크하르트가 이미 주목했듯이, **악장**(scelleratezza)과 실로 잘 공존할 수 있는 것이다.

헤겔에서도 국가의 절대적 인륜에 비교해서 본다면, 「성실함」이란 단지 「상대적 인륜」일 뿐이다. 왜냐하면 그것은 「여러 덕들의 전체를 관통하는 정도로는, 혹은 덕으로서 일순간에 조직되는 정도로는… 용감할 수 없기 때문이다. 왜냐하면 덕이란 그 자체로 서는 것 속에 목적이나 그 자체에서 가지는 것과는 다른 총체성에 대한 관계없이 존재하기 때문이다」.300)

헤겔에 대해서는 마키아벨리와 마찬가지로 국민적 국가라는 사상이 이 권력윤리에 대한 전제였던 것은 바로 명백하다. 헤겔은 이것을 항상 스스로 강조하고 끊임없이 「절대적인, 인륜적인 총체성이란 **하나의 민족** 이외의 아무것도 아니다」301)라는 「실정적인 것」을 전제로 하고 있었다.

그리하여 헤겔적인 인륜은 다만 오로지 순수한 국민적 습속으로서 성립했다고 생각하여야 한다. 즉 「우리들은 여기서 보편적인 것 또는 **습속**이란 것은 즉 절대적인 인륜의 본성 속에 있다는 것이다… 라는 말의 함의에 주의하지 않으면 안 된다」.302) 「인륜에 관해서는 고대의 가장 현명한 사람들의 말만이 진실이다」. 즉 「자기 나라의 습속에 맞게 사는 것이야 말로 인륜적이다. 그리고 교육에 관해서는 '자기 자식을 가장 잘 교육시키려면 어떻게 하는 것이 좋은가'라는 물음에 대해서, 피타고라스가 '당신의 자식을 제대로 된 제도를 가진 민족의 시민으로 만드시오'라는 해답이야말로 진실한 것이다」.303) 그러나 습속은 국가의 권력명령 중에, 즉 「입법의 체계」 속에 정당하게 제시되기 때문에 국가권력, 습속 그리고 인륜은 동일한 것이며 법률은 「민족의 혼이라고 보고 그렇게 해석되어야」304) 한다는 것이다.

이 국가이익을 내용으로 하는 인륜과 비교해 본다면, 어떠한 개인윤리도 「부정적인 인륜」일 뿐이다. 그 규범들은 「보편적인 인륜 속에 있는 가능성 혹은 능력을 보이는 한에서」305)만 인륜적이라고 할 수 있기 때문이다. 이 국가윤리는 도덕으로부터의 정치의

신분에는 「유덕한」능력도 「용기」를 가진 능력도 없는데(Hegel, *Sittlichkeit*, S. 477 ff. [479]) ― 이 헤겔적 국가체계의 구축에서 본질적인 의의를 가지고 있다. 「절대적 신분」의 호전적인 귀족정의 요소는 진정한 권력국가, 즉 군사적인 권력국가이다. 다른 한편, 시민층의 요소는 「시민사회」, 즉 필요국가와 오성국가이다. aaO., S. 475.

299) E. Mayer, *Machiavellis Geschichtsauffassung* (Anm. 226), S. 12.
300) Hegel, *Sittlichkeit*, S. 472 f. (역서, 98면).
301) Hegel, *Naturrecht* (Anm. 267), S. 371 (역서, 67면).
302) AaO., S. 392 (역서, 94면).
303) AaO., S. 396 (역서, 98면); Hegel, *Rechtsphilosophie*, § 153 (S. 235)(역서, 316면).
304) Hegel, *Naturrecht*, S. 396 (역서, 99면).
305) AaO., S. 393.

완전한 해방을, 즉 모든 코스모폴리탄적 · 보편주의적인 개인윤리의 단호한 거부를 보여주며, 칸트에 대해서처럼 기독교에 대해서도 반대의 입장을 취한다. 그러므로 헤겔은 공개된 처녀작의 전체에서도 「비실천적인」 이론이라는 이유에서 독특한 방법으로 칸트적 윤리에 반대하는 입장을 취한다. 그리하여 「명예롭게 자신의 조국을 적으로부터 수호하라는 격률이나 그 밖의 무수한 격률들이 보편적 입법의 원리로서 생각되면 자기 자신을 지양하는 것이다」.306)

그리하여 헤겔의 윤리란 그 저작활동의 최초의 몇 년 동안은 직접적으로 그 국민적 권력 바람으로부터의 유출물이었다. 그리고 그 확대된 발전은 전술한 국민 개념의 변용과 나란히 진행하게 된다. 모든 낭만주의적인 무의식에서 해방된 민족정신은 헤겔적인 범논리주의의 예리한 빛 속에 나오는 동시에, 그 인류의 주관적인 측면은 무의식적 본능적인 것에서 순화되어 의식적인 국민적 권력의지로 발전시킨다. 그와 함께 헤겔은 낭만주의라는 기본사상을 객관과 주관의 동일화를 자신의 정치의 영역에서 창조하고, 개인을 존중하는 보다 커다란 여지를 열려고 시도하였다. 그러나 이 인류의 객관적인 측면, 무조건으로 지고의 규범으로서의 국가와 그것에 의해서 설정된 도덕과 정치의 구별은 변경을 가하지 않은 채 보존되고 있다. 이미 요틀307)도 주목하듯이, 법철학은 헤겔 본래의 윤리학이며 또한 헤겔의 가치들의 완전한 체계라고 볼 것인데, 이 법철학에서 헤겔은 그러한 사회적 가치들을 세 가지의 층(Stockwerke)으로 나눈다. 그것에 의하면 「자유의지」를 구분하는 원리는 「법」이다. 가장 하위에는 「형식적 법」, 그 위에는 「도덕성」이 위치하며, 그리고 이들 두 개의 추상적 계기의 통일성이며 진리로서의 「인류」가 나온다. 이것은 다시 「가족」, 「시민사회」, 그리고 지고의 것으로서의 「국가」라는 세 개의 부분으로 분절화된다.308)

헤겔은 여기서 도덕성에 그가 낭만주의로 기울던 시대 이상으로 크게 주목하였음에도 불구하고, 이미 이러한 구분의 방법만으로도 원칙적으로 낭만주의 시대와 마찬가지의 태도를 인정할 수 있다. 즉 법과 도덕이란 「형식적」이며 내용 없는 것인데, 「인륜적 실체」309)는 가족 — 그것은 「직접적 또는 **자연적인** 인륜적 정신」일 뿐일지라도 310) — 을 가지고 시작한다. 가족 위에 「외면적인」 국가311)로서의 사회가 존재하며, 이미 보여진 관계 속에 지상의 것으로서 권력으로서의 참된 국가가 위치한다고 한다. 여기서 원래의 것은 처음부터 국가는 「인륜적인 이념의 현실성 — **계시된** 정신으로서의 인륜적인 정

---

306) AaO., S. 358 (역서, 50면). 다만 헤겔의 권력기술에 대해서 완전히 잘못 이해하였기 때문에 쿠노 피셔의 랑게로부터 배운 학자들은 위의 곳에 대한 다음과 같은 콤멘트를 쓰게 되었다. 「이 헤겔의 역설은 다음과 같이 이해되어야 한다. 의무는 조국에 대한 헌신을 고유한 정주에로의 귀의에까지 고양시키도록 명한다 라고. 그러나 죽은 뒤에는 어떠한 조국도 존재하지 않으며, 또 어떠한 적도 따라서 어떠한 수호도 존재하지 않는다」. Fischer, *Hegels Leben und Werke* (Anm. 230), Bd. 1, S. 278.

307) Friedrich Jodl, *Geschichte der Ethik in der neueren Philosophie*, Bd. 2, Stuttgart 1889, S. 106.

308) Hegel, *Rechtsphilosophie* (Anm. 73), § 33 (S. 68 f.) (역서, 114면).

309) AaO., § 156 (S. 220).

310) AaO., § 157 (S. 221).

311) Ebd.

신」312)이 되며, 사람은 그것을 「지상에서의 · 신적인 것으로서 숭배하지」 않으면 안 된다313)는 것이다. 「국가가 존재한다는 것은 세계에서의 신의 발자취이다」.314) 국가이익은 그러므로 여전히 천상에서도 지상에서도 최고의 인륜적 명령이며, 국가는 「절대적인 부동의 자기목적」315)이며, 개인의 도덕적인 의식도 종교의 인륜요구도 그것에 대립하는 것으로서 고려해서는 안 된다는 것이다.

헤겔을 개관하는 대부분의 경우, 헤겔은 예술 · 종교 그리고 학문을 국가 위에 두었다는 것처럼 말한다. 그러나 그것은 정확한 지적이 아니다. 그의 가치들의 단계질서에서 국가는 항상 최고가 된다. 국가는 항상 절대적 가치이며 진 · 선 · 미 · 성의 이념은 국가에 의존하는 가치일 뿐이다. 왜냐하면 오로지 국가에서, 그리고 국가에 의해서야말로 그러한 것들은 가능하게 되며, 국가란 인간의 모든 생각할 수 있는 한의 정신적이며 물리적인 기능들로 집중화하는 방향을 부여하기 때문이다. 국가는 이러한 결합점이며 또 그래야 한다는 것은, 헤겔에 대해서는 다음 사실에서 명백하다. 여러 국민국가는 전적으로 다양한 문화의 형식들을 낳고 이들은 어떠한 본질적인 것도 공유하지 않는다는 것이다. 어떤 구체화된 내용을 가지는 예술 · 종교 · 학문의 유일 객관적인 목적이란 그러므로 국가권력을 강화한다는 것에 다름 아니다. 역사철학과 아울러 법철학에서 헤겔은 이 관계를 매우 분명히 강조한다.316) 그는 거기에서 종교에 대해서 마키아벨리와 동일한 정치적 입장을 취한다. 마키아벨리에 대해서 종교란 「국가를 유지하기 위해서는 반드시 필요한 것」(cosa al tutto necessaria a volere mantenere una civilita)317)이었다. 그와 마찬가지로 헤겔 역시 종교는 「인륜적인 것 일반을, 보다 상세히 말하면 국가의 본성을 신적인 의지로서 포함하는 **기초를**」 이룬다는 것이다. 그러나 종교는 「단지 기초일」뿐이며, 종교 이상의 것인 국가, 즉 **「세계의 현실적** 형태와 **조직**에로 자신을 **전개하는**, 현재적인 정신으로서의 신적인 의지」인 국가로부터 구별된다. 종교란 단지 「**감정 · 표상 · 신앙의 형식**에서의 절대적인 것과의 관계」일 뿐이며, 이에 대해서 국가는 이 주관적인 확신에 대립하는 것으로서 「아는 것」이다.318) 그러므로 종교는 그것이 「국가에 대립하는 부정적이며 논쟁적인 방향」을 가져오는 것으로서 존재하며, 국가를 오히려 승인하고 확증하는」319) 경우에만 「진정한 존재」인 것이다. 가톨릭의

---

312) AaO., § 257 (S. 312).

313) AaO., § 272 Zusatz (S. 354).

314) AaO., § 258 Zusatz (S. 320).

315) AaO., § 258 (S. 313).

316) 『현상학』 중에서 예술과 함께 종교철학에서 헤겔은 그러한 것으로서의 국가를 고려하지 않는다. 이러한 헤겔의 의도를 논술하는 것으로서 Constantin Rößler, *System der Staatslehre*, Leipzig 1857, S. 257 ff. 참조.

317) Alfred Schmitt, *Nicolo Machiavelli und die Allgemeine Staatslehre der Gegenwart*, Karlsruhe 1907 (Freiburger Abhandlungen aus dem Gebiete des öffentlichen Rechts, Heft II), S. 22 Anm. 2.

318) Hegel, *Rechtsphilosophie*, §270 (S. 334 f.).

319) AaO., S. 270 (S. 337). 동일한 것으로서 그의 *Encyklopädie*, Teil III, § 552. S. 538.

종교는 국민적 국가사상을 지고의 명령으로서 승인하지 않는다는 바로 그 이유에서, 프로테스탄트인 헤겔은 단적으로「가톨릭의 종교로는 어떠한 이성적인 헌법도 불가능하다」[320]고 언명하지 않을 수 없다. 가장 보편적이며 지고의 가치란 항상 국가이며, 그 이외의「절대적인」가치들이란 단지 이 절대적으로 절대적인「현실로」최고의 것인 가치들이 문화의 다양한 영역에로 적용된 것에 다름 아니며 이 가치가 정신적으로 분화한 것일 뿐이다.

종교에 관한 것과 동일한 방법으로「국가의 원리들은 그것의 적용이라는 형태로」인식과 예술에 관련한다.[321] 왜냐하면 국가는「민족의 삶의 다른 구체적인 측면의,…예술의, 법의, 습속의, 학문의 기초이며 중점」이며 계속하기 때문이다. 어떠한 정신적 행위도 다만 이 통일을 자각한다는 목적만을 가질 뿐이다」.[322] 물론 국가는「종교에 근거하여」라는 것은 정당하다. 그러나 그것은 어디까지나 이러한 의미에서만이다. 즉「국가의 원리들은 즉자이며 대자적으로 타당한 것이라고 보지 않으면 안 된다. 그리고 그것들은 신적 자연의 규정들로서 자신을 자각하는 한에서 그러한 것이 된다」.[323] 즉 헤겔은 종교를 국가의 지주이기도 하며 그것을 확증하는 지고의 것이라고 보기 때문에, 프로이센의 프로테스탄트적인 국가와 교회의 통일도 지지한다. 그 점에서 그는 그의 동시대인들 — 중에서도 슐라이어마허처럼 오히려 양자의 분리를 요구한 사람[324] — 과는 전적으로 대립적인 입장에 선다. 즉 국가에 대해서는 그것을 초월하는 어떠한 규범원도 있을 수 없듯이, 어떠한 인간적 · 도덕적인 규범원도 존재하지 않으며, 국가에 대한 무조건 최고의 명령이란 이미 1801년에 헤겔이 서술했듯이「자기 자신을 유지하라」[325]는 것에 다름 아니다. 헤겔이 거기서 그 변증으로서 마키아벨리적인 정신에 따라서 서술한 바로 그것을 트라이치케는 2 세대 후에 이렇게 반복한다.「자기 자신을 주장하는 것」이야말로 국가의 항상「지고의 명령」이다[326]라고.

마키아벨리 속에 헤겔은 그것에만 머무르지 아니한, 우리들에게는 그의 청년시대의 저작에서 이미 주지의 사상을 일찍이 발견한다. 피렌체 시의 서기였던 마키아벨리는 이미「국가생활의 건전함은 궁극적으로는 그 정치적 관심을 가지는 압도적 다수의 시민의 국가활동에 대한 기쁜 동의에 입각한다」[327]라고 생각하였다. 이러한 사상은 헤겔에 대해서는 전체적인 것의 힘에서, 더구나 그 힘의 이익을 위한 개인들의 어느 정도의 인륜적이며 정치적 자율에 도달하기 위한 출발점이었다. 한편『자연법』논문에서는 다시 절대적인

320) Hegel, *Geschichtsphilosophie* (Anm. 236), S. 538.
321) Hegel, *Rechtsphilosophie*, § 270 (S. 334 Anm.).
322) Hegel, *Geschichtsphilosophie*, S. 61.
323) AaO., S. 64; ders., *Encyklopädie*, Teil III, § 552 참조.
324) Karl Rothenbücher, *Die Trennung von Staat und Kirche*, München 1908, S. 79.
325) Hegel, *Verfassung Deutschlands* (Anm. 109), S. 114.
326) Treitschke, *Politik* (Anm. 212), Bd. 1. S. 101.
327) Alfred Schmidt, *Nicolo Machavelli*, S. 45.

인류이란, 「본질적으로 만인의 인류이어서, 그에 관해 그것이 절대적 인류으로서 개개인 속에 반영된다고 말할 수는 없다」328)고 논했는데, 그 후의 헤겔은 국가구성원의 전체적인 것의 힘을 위한 자유로운 활동을 일층 높이 평가하기에 이른 결과 주관적인 인류에 더욱 크게 주목하였다. 칸트적 자율을 비웃는 낭만주의적이며 무의식적인 윤리에서 헤겔은 「순수한 무조건적인 의지의 자기규정을 의무의 근원으로서 부각시키는 것의 중요성」329)을 강조하는 방향에로 나아갔다. 그러나 그가 「양심의 관점의 지고성」330)에 언급한 일이 있었다고 하더라도, 그의 그 이전의 인류의 실체에 대해서는 아무런 변화도 더하지 않았다. 인류적 의지의 **내실**에 관해서 전개한 것이 아니라 그 **존재**에 관해서 전개하였을 뿐이다. 왜냐하면 주관적인 도덕적 자율이 어떻게 승인되든 말이다. 「인류의 개념으로 이행하지 않는 단순한 도덕적 관점을 고수함으로써 그렇게 얻어낸 성과를 하나의 **공허한 형식주의**로 인도하여 도덕적인 학문을 **의무를 위한 의무**에 관한 설교 차원으로 전락시키는」 것에 불과하기 때문이다.331) 그리하여 인류이란 항상 국가의식, 국가적 권력에의 의지 이외의 아무것도 아니다. 여기에 우리들은 양심이란 「그것을 침해하는 것이 불경이 되는 성역」이라는 사상의 모독을 재차 듣는다. 그러나 양심이 성역인 것은 「선해야 할 것」의 내용이 「**보편적으로** 생각된 규정들에 의해서, 즉 **법칙들**과 **원칙들**의 형식에서」 최종적으로는, 따라서 역시 국가에 의해서 충족된 경우만이다. 그러나 국가가 도덕성을 승인할 수 있는 것은 합법성으로서일 뿐이며, 따라서 「그 고유한 형식에서의, 즉 **주관적 지식**으로서의 양심」을 인정할 수 있는 것은 아니다.332) 여기서도 여전히 칸트적 도덕성과 그 「실천적 원리들」에 대해서 「**인류**의 관점을 심지어 불가능하게 만들며, 그야말로 인류이란 것을 명백하게 파괴하여 분노를 자아낼 정도」333)이다. 왜냐하면 그것들은 기독교윤리와 같으며 「외면성을 상관없는 것」334)으로 하기 때문이다. 이에 대해서 헤겔의 인류은 권력의 획득과 유지에의 국가국민적이며 현실정치적인 의지, 「개인들 속에 살아있는 국가의 생명력」이어야 할 것이 되고 있다. 그 이외의 어떠한 도덕도 인간을 국가의 인간으로서 규정하는 것은 아니다. 「도덕의 관념은 국가의 인간에 의해서 만족되며 그 의지는 이 법칙의, 그리고 이 조국의 의욕인 것이다」.335) 일정한 의지자유를 헤겔은 개인에게 완전히 귀속시킨다. 이 자유의지는 그러나 단지 형식적이며 추상적인 것에 불과하다. 내용적으로는 이 추상적으로 자유임에 불과한 의지는 이미 눈앞에 존재하는 것으로서의 여러 인류적인 공동체가치 ― 그 정점에는 국가가 자리를 차지하고 있다 ― 에 의해서 결정된다는 것이다.336) 이러한

---

328) Hegel, *Naturrecht* (Anm. 267), S. 393 (역서, 94면).

329) Hegel, *Rechtsphilosophie*, § 135 (S. 177) (역서, 262면).

330) 참조. aaO., § 136 Zusatz (S. 180) (역서, 265면).

331) AaO., § 135 (S. 178) (역서, 263면).

332) AaO., § 137 Zusatz (S. 181)(역서, 267면).

333) AaO., § 33 Zusatz (S. 70)(역서, 115면).

334) AaO., § 33 (S. 69)(역서, 116면).

335) Hegel, *Geschichtsphilosophie*, S. 65.

역사적·정치적인 소여의 내부에만 윤리적으로 자유로운 의지가 존재하며 그 의지에서 자유와 필연성의 인륜적인 종합이 행해진다. 이러한 이른바 결정된 비결정론 속에는 여하튼 낭만주의와의 친화관계가 있다. 이것은 이 인륜에 대해서 「인륜적인 인간은 자기에 대해서 무의식적이다」337)라고 말할 수 있는 한은 부정할 수가 없는 것이다. 헤겔의 낭만주의적·역사적 국가학과의 관계에 대해서 특히 중요한 것은 전자로부터 후자에로의 이행은 완전히 미묘하며 정치적으로는 이미 측정불가능한 것이라는 사정이다.

그러나 헤겔이 이 국민적인 국가인륜을 국가의 내부로 제약한 것은 불가피하였다. 자연법과 계몽주의는 「인간」을 인류 내지는 기독교적이며 보편적인 공동체의 성원이라고 하며, 그럼으로써 국가를 정당화하고 국가를 인륜적인 것이라고 이해할 수 있다고 하였다. 그러나 헤겔은 어떠한 코스모폴리탄적인 국가의 정당화도 거절한다. 그는 국가를 국민적인 것으로서, 국가로서 조직된 국민에 의해서, 즉 그 자신에 의해서 인륜화한다. 국가는 인륜적인 자기목적이며 그러므로 국가가 현존재한다는 것에서 이미 일체의 윤리도 흡수한다. 헤겔의 견해는 「자신의 국가의 질서들은 자신에 대해서 신성하기」 때문에, 국가의 내면에서야말로 「도덕은 무한한데까지 일층 순수하게 또한 민감한 것이 되지 않을 수 없다」는 점에서 트라이치케의 그것과 일치한다.338) 그런데 이 내면적인 국가인륜이 이처럼 고양됨으로써 윤리의 세계는 이미 손상되었다고 하지 않을 수 없다. 밖으로는 — 그리고 그 점에 관해서는 국제법을 논할 때에 다시 언급할 것인데 — 어떠한 인륜도 존재하지 않으며, 여기서 국가는 규범으로부터 자유로운 순수한 권력으로서 모습을 나타낸다. 여기서는 바로 헤겔이 개체[개체로서의 국가]를 위해서 격렬하게 싸운다는 바로 그것이, 즉 통일되어 국가를 이루는 민족의 의욕하는 바를 자유롭게 행한다는 것이 인륜적인 것이 되기 때문이다. 여기에 마키아벨리의 **비르투가 강화되면 힘도 강화된다**(crescendovi la virtù, cresceva la potenza)는 말이 타당하다. 그 반대도 가능하다. 헤겔은 이 인륜의 정치적이며 개인적 귀결들을 간결하게 요령을 얻은 명제들로 정리한다. 「민족이 인륜적이며 유덕하고 강력한 것은 그것이 자신의 의지하는 것을 실현하기 때문이다. 그리고 그것은 자신을 객관화하는 노동에서 외부의 폭력에 대해서 지키는 것이다」. 그러나 개인은 「민족의 존재를 자신과 한 몸으로 하는 이미 완성된 확고한 세계로서 발견한다」.339) 즉 국민적 권력존재는 항상 동시에 인륜적 당위이기도 하다.

19세기는 트라이치케의 입을 빌려 이렇게 요구하였다. 즉 「정치가 도덕적으로 되어야 한다면 도덕은 정치적인 것이 되어야 한다. 즉 도덕가들은 먼저 국가에 대한 인륜적인 판단은 개별 인간의 본성과 삶의 목적에서가 아니라 국가의 본성과 삶의 목적에서 창조하지 않으면 안 된다는 것을 인식하지 않으면 안 된다」340) 라고.

---

336) Hegel, *Rechtsphilosophie*, § 4 ff. (S. 34 ff.)(역서, 70면 이하).
337) AaO., §144 Zusatz (S. 211)(역서, 305면).
338) Treitschke, *Politik*, Bd. 1, S. 108.
339) Hegel, *Geschichtsphilosophie* (Anm. 236), S. 92.
340) Treitschke, *Politik*, Bd. 1, S. 105.

## c. 정치적 법개념

저 예언자와 산에 대한 유명한 예에 따라서 헤겔에 의해서 정치화된 것은 개인주의적인 인륜성만은 아니었다. 자연법과 특히 칸트가 전개한 법이념(Rechtsidee)을 헤겔은 일반적으로 말하면 국가권력의 존립에 대해서, 그리고 우리들이 보아왔듯이 특수하게 말하면 독일적 권력의 생성에 대해서 위험하다고 보았다. 그러므로 그는 항상 「**정의여 이루어지어다**」(fiat justitia)라고 말하는 보편주의적 명제를 논하고, 그가 이 명제를 『독일 헌법론』에서 거부하던 같은 시기에 피히테에 대해서 예컨대 이렇게 지적한다. 「**정의여 이루어지어다 세상이 끝나더라도**(fiat justitia, pereat mundus)는 칸트가 논증한 의미에서는 법(Recht)*이여 이루어져서 현세의 모든 악인이 멸망하더라도 라는 의미에서는 결코 법칙(Gesetz)이 아니다. 그렇지 않고 그러므로 신뢰, 환희와 사랑, 진정한 인륜적인 동일성의 모든 잠재력이 말하자면 근절된다고 하더라도 법은 수행되어야 하는 것이다」.[341] 여기에도 이미 국가를 모든 인륜적인 감정에 의해서 결합되지 않는 유리화 된 개인들 간의 법적 결합으로서만 허용되는 절대적인 법이념 ― 이 이념의 지배에 대한 반감에서 이미 낭만주의와의 헤겔의 동조가 제시되고 있다. 그 형식을 자연법도 칸트도 외적 강제로 보는 추상적 법 대신에, 헤겔이 국가의 내부에서 의욕하는 것은 구성원들 ― 그들에 대해서 국가의 법적인 힘은 밖으로부터의 명령법으로서가 아니라 내적인 규범으로서 나타난다 ― 의 인륜적인 관련이다. 즉 단순히 외적인 법률적인 태도 대신에 그들이 의욕하는 것은 ― 완전히 낭만주의자들과 동일하게 ― 「신뢰, 환희와 사랑」이다. 그러나 초기 낭만주의의 이러한 규정들은 헤겔에 있어서는 국민적인 권력에의 자각적인 의사에 의해서 전적으로 객관적인 내용을 획득한다.

자연법은 일반적이며 절대적인 법개념을 확장함으로써 사법상으로나 국법과 국제법상으로도 결국 국가를 모든 사법적인 통일과 거의 동치해 버리고, 국가를 오로지 「**가장 완전한 사회**」(societas perfectissima)로 보고, 그 법치국가의 이상을 진행하였으므로 국가와 사법적 사회 간의 권력에 의해서 정립된 차이는 완전히 없어지고, 전통의 예리한 주권개념과 이 국가개념과의 결합은 이미 거의 불가능하게 되어버렸다.[342] 이 보편적인 법개념과 이 개념에 일치하는 법치국가사상은 헤겔의 국민적 권력국가론과 관련이 없었다. 그러므로 이미 『자연법론』에서 이렇게 말한다. 「최근에는 자연법의 내부적 운영(innere Haushaltung)에서 이러한 외적인 정의, 시민법의 원리를 구성하는 무한성이, 즉 현존하는 유한 속에서 반성되고, 따라서 형식적인 무한성이 국법과 국제법 위에 서서 이들을 지배하게 되었다」.[343] 헤겔은 여기서 도덕과 정치를 분리하도록 법과 정치를 분리한다. 정치에서의

---

341) G. W. F. Hegel, *Differenz des Fichteschen und Schellingschen Systems der Philosophie*, erstes Heft (1801), in *Werke*, Bd. 1 (Hg. L. Michelet), Berlin 1832, S. 242 ff.(임석진 옮김, 『피히테와 셸링 철학체계의 차이』, 지식산업사, 1992).

342) Otto v. Gierke, *Das deutsche Genossenschaftsrecht*, Bd. 4, Berlin 1913, S. 448; ders., *Althusius* (Anm. 4), S. 46 f.

도덕의 지배처럼, 정치에서의 법의 지배 역시 「극심한 전제주의인 동시에 가장 큰 허약함이며 하나의 인륜적 조직체의 이념을 완전히 상실하게 될 것이다. 왜냐하면 도덕의 원리는 시민법의 원리와 마찬가지로 유한하고 개별적인 것 속에만 있기 때문이다」.344) 헤겔은 그의 정치적 논고의 강령적 서론에 대응하여 인격주의적 법개념을 초인격주의적인 그것으로 정당화하려고 한다. 「개인이 자신에게 반환요구하는 법은 개인으로부터 거두어들이지 않을 수 없으며」, 따라서 「권력을 가지는 일반성」이 그 (법을) 덮지 않을 수 없다.345) 헤겔이 이러한 시도에 성공한 것은 그가 법을 역사적이며 국민적으로 규정하는 「전체의 조직화」346)에 따라서 계산하고, 따라서 시공을 결여한 자연법의 이념이라는 절대적이며 형식적인 카테고리를 역사화하고 국민화하고, 그리고 바로 그것에 수반하여 국민적 국가의 권력이라는 모습으로 이 카테고리에 적극적 내용을 부여하였기 때문이다. 『독일 헌법론』에서, 그리고 1803년의 「자연법 논문」 중의 철학적 기초에서 이처럼 그는 이미 정치적이었다. 후자에서 그는 이렇게 논한다. 즉 자연법과 실정법의 차이는 원래 현존하지 않는다. 왜냐하면 한편으로는 「철학에서는 모두가 실재」347)이며, 다른 한편으로는 실정 학문들은 「역사적인 것뿐만 아니라 개념들이나 그 자체가 이성에 속하는 수많은 것들 전반을 파악하기」 때문이다.348) 이러한 관념론에서는 바로 우리들이 보듯이, 모두가 실재적인 것처럼 이념적이어야 하며, 그리고 어떠한 실천적 · 정치적인 경험이나 권력도 대응하지 못하는 법이념은 원래 법이념은 아닌 것이다.

따라서 헤겔이 법개념의 내용으로서 무수한 자연법철학자들처럼 「자유」를 규정한다면, 이 자유는 그 최고의 가치형식에서 「민족의 자유」이며 개인의 자유는 아니며, 여하튼 언제나 개인의 국가와의 타협, **여러 가지 존립하는 것에 대한 자유**(libertas rebus sic stantibus)는 아니다. 자유로운 의사의 형식적 가능성이 아니라 그 「현실존재(Dasein)*야말로 「법」이다. 이 현실존재는 다양한 단계에서 현상으로 나타난다. 그러나 법의 단계들은 모두 법의 최고의 가치에 — 국가에 — 비추어 타당하다. 「자유의 이념이 발전해나가는 각 단계에는 그들의 고유한 법이 있는데 — 오직 세계정신의 법만이 무제한적이고 절대적인 것이다」.349) 그렇지만 이 세계정신은 일정한 시대에서의 최강의 민족정신과 합치한다. 그러므로 국가의 가장 자유로운 의사의 현실존재의 — 완전히 독립한 국가권력의 — 현실화가 법이념의 목적이다. 물론 개인들 역시 「법」을 가지는데 그들의 법은 우리들의 술어법에서 본다면 법률가의 형식적 · 추상적인 법에 불과하다. 「정당한 법」은 전체의 권력목적에 따라서 규정되는 가치척도이다. 이 배분측정기에 따라서 개인들의 형식적인

343) Hegel, *Naturrecht* (Anm. 267), S. 405 (김준수 옮김, 110면).
344) AaO., S. 406 (역서, 111면).
345) Hegel, *Verfassung Deutschlands*, S. 140 f.
346) AaO., S. 10.
347) Hegel, *Naturrecht*, S. 398 (역서, 101면).
348) Ebd. (역서, 102면).
349) Hegel, *Rechtsphilosophie*, § 30 Zusatz (S. 64 f.) (역서, 109면).

법은 마침내 하나의 내용을 얻는다.

자연법 전체의 법이념이 일반적이었던 것은 그 이념의 적용영역이 인류 전체에 확장되고, 그 이념의 담당자가 모든 인간이었던 한에서이다. 헤겔의 법은 민족정신의 국민적 산물이며, 이 민족정신의 의식내용들은 그것이 「사유하는 이성이며 그 자기의식이 이것인 자유인 한」, 따라서 그들이 또한 법에 해당하는 한 국민에 의해서 완전히 다양하다.350) 그리고 여기서도 우리들은 「인류의 법이란 것은 공허하다」351)는 것에 대한 이미 우리들에게 잘 알려진 견해를 듣는다. 헤겔은 자연법을 이미 19세기의 법학이란 의미에서 완전히 극복하였다는 것은 아니다.352) 그 역시 「인격성은 대체로 권리능력을 포함한다」353)는 명제 없이는 나갈 수가 없는 것이다. 그러나 추상적인 법의 그러한 명제들은 모두 개인적·추상적 영역에서 움직인다. 이에 대해서 헤겔은 분명히 이렇게 지적한다. 즉 그의 법개념은 「제한된 법학적 권리로서만이 아니라 자유의 **모든** 규정들의 현실존재로서 받아들일 수 있다」354)라고. 이러한 규정들의 최고의 것은 바로 절대적 「권리」를 가지는 국가이다. 저 자연법개념은 단지 「추상적이며 따라서 형식적인 법의 그 자체 추상적인 기초」에 불과하며, 그 실천적으로는 사용불가능한 내용의 전체는 「인격이 되어라, 그리고 타인을 인격으로서 존중하라」355)는 것이다. 물론 헤겔은 이 기초 위에 우리들이 기술적인 의미에서 법이라고 부르는 모든 것을 구축한다. 그 결과 형식적인 영역 중에는 사법만이 아니라 형법이나 소송법도 들어가게 된다. 이처럼 주목할 만한 사정은 국가와 사회를 구별하는 데에서 설명된다. 이 구별의 기초에 있는 것은 국가에서의 모든 법은 그 성립을 국가에 지고 있을 뿐만 아니라 모든 생활을 결부시키는 절대적으로 최고의 점으로서의 국가에 어디까지나 종속한다는 사상이다.

헤겔은 이러한 관점에서, 즉 자연법의 주요한 도구인 국가계약에 대한 교설과 씨름한다. 그는 이 교설을 기본적으로 논난하고 모든 형식에서 거부한 최초의 사상가라고 해도 좋을 것이다. 「계약 같은 하위의 관계가 지닌 형식이 인류적인 전체성의 절대적 위엄 속에 침투하였다」356)고 그는 이미 1803년에 서술한다. 이러한 이원론적·개인주의적인 관념에 헤겔은 그의 일원론적·초인격적인 국가관을 대치한다. 「군주와 신민, 정부와 인민의 관련」은 「**본원적·실체적인 통일성**」이며, 「**계약**이라는 개념」이나 「**사법**의 법률적 규정들」은 이러한 통일성에 「적합하지 않다」.357) 지배계약으로서나 복종계약으로서도

---

350) Hegel, *Geschichtsphilosophie* (Anm. 236), S. 87.
351) Hegel, *Naturrecht* (Anm. 267), S. 415 (역서, 123면).
352) 헤겔에서의 자연법에 관하여는 Karl Bergbohm, *Jurisprudenz und Rechtsphilosophie*, Leipzig 1892, S. 179.
353) Hegel, *Rechtsphilosophie* (Anm. 73), § 36 (S. 74).
354) Hegel, *Encyklopädie*, Teil III (Anm. 279), § 486 (S. 377) (박병기·박구용 옮김, 『엔치클로페디』, UUP, 2000).
355) Hegel, *Rechtsphilosophie* (Anm. 73), § 36 (S. 75)(역서, 125면).
356) Hegel, *Naturrecht*, S. 405.
357) Hegel, *Landstände Württembergs* (Anm. 271), S. 197.

모든 형식에서 그는 계약을 거부한다. 왜냐하면 이 교설은 「아주 완전히 다르고 보다 고차의 본성을 가진 영역 중에 사법(私法)의 관념을 전용하였기」 때문이다.[358] 역사적으로 볼 때 헤겔은, 국가는 오히려 폭력에 의해서 성립했다고 생각한다. 「국가라는 것의 최초의 산출은 지배적이며 본능적인 것이다. 그러나 복종과 폭력, 지배자에 대한 공포는 이미 의사의 관련이다」.[359] 「국가들을 창설하는 **영웅의 권리**」[360]는 그러한 「자연상태 ─ 폭력상태 일반 ─」에서 폭력의 적용을 정당화한다. 「왜냐하면 선의에서는 자연의 폭력에 대해서 거의 아무것도 달성할 수 없기 때문이다」.[361] 과연 그는 농업과 혼인의 도입에 수반하여 국가생활의 단서들이 나타났다고 생각하는데, 그러나 이러한 단서에는 여전히 「법률적인 규정들」이나 「객관적인 제도들」이 결여되고 있었다.[362]

그의 초인격적인 국가개념에 일치하여 헤겔은 계약을 국가와 개개의 그 행위의 적법성을 단순한 시금석으로서 타당하게 할 수 없었다. 왜냐하면 이 검증척도는 국가 그 자체의 존재이며, 그리고 법이 「정당한」 것은 그것이 만족할만한 방법으로 전체의 관련에, 즉 국가의 권력에 기여할 때이기 때문이다. 계약이라는 관념은 언제나 국가의 개인과의 정합(Koordination)을 전제로 하며, 이들 간에서 법은 결합하는 의사활동을 보여준다. 헤겔에 대해서는 그러한 정합은 생각할 수 없으며, 그러므로 상호적인 구속으로서의 모든 법 역시 국가의 영역에서 배제된다. 헤겔은 국가와 개인 간에서의 권리와 의무를 완전히 부정해버린 것은 아니다. 「인간은 인륜적인 것에 의해서 그가 의무를 지니는 한 권리를 가지며, 그가 권리를 가지는 한 의무가 있다」는 것을 그는 강조한다.[363] 그러나 이들 권리와 의무는 도덕적인 것이며 결코 「법적인 것」은 아니다. 물론 「정부의 형사재판권, 그 행정권 역시 동시에 형사벌을 부여하며, 행정관리 등등을 행하는 정부의 의무이다. 국가의 구성원들이 납세와 병역 등등을 수행하는 것이 의무이며, 그리고 마찬가지로 그들의 사유재산과 일반적 실체적인 생활의 보호에 대한 그들의 권리이도록」[364] 말이다. 여기에는 거의 주관적 공권이론이 있는 것처럼 보이는데, 이러한 이론은 헤겔의 국가사상과는 매우 거리가 멀다. 왜냐하면 하나는 정부의 의무들은 모든 종류의 법에 의해서 저촉되지 않는 권력을 계속하는 국가의 영역에서가 아니라 시민사회의 영역에 속하기 때문이며, 또 하나는 그러한 의무는 바로 법규범들이 아니며, 헤겔이 결혼·사랑·종교와 같은 보다 고차의 관계들과 일치하는 인륜성의 규범들이기 때문이다.[365] 그러므로 개인은 국가에 대해서

358) Hegel, *Rechtsphilosophie*, § 75 (S. 116).
359) Hegel, *Geschichtsphilosophie*, § 57.
360) Hegel, *Rechtsphilosophie*, § 350 (S. 435).
361) AaO., § 93 (S. 132 f.).
362) AaO., § 350 (S. 435). 그러나 헤겔은 역사적인 자연상태라는 관념을 그것이 가설에 불과할지라도 비난한다. 왜냐하면 그러한 관념은 「그때에 언제나 하나의 현존재가 침입하는」 이론의 「안개 낀 형상의 하나에」 언제나 머무르기 때문이다(Hegel, *Geschichtsphilosophie*, S. 51).
363) Hegel, *Rechtsphilosophie*, § 155 (S. 220) (역서, 317면).
364) Hegel, *Encyklopädie*, Teil III, § 486 (S. 378).
365) Hegel, *Rechtsphilosophie*, § 213 Zusatz (S. 276)(역서, 394면).

법의 요구를 결코 갖지 못한다. 왜냐하면 법은 과연 도처에서 국가의 권력에 봉사하며, 그러나 그 영역 어디에서도 국가의 권력을 지배하지 않기 때문이다. 그리고 법의 종속적 (하위에 질서지워진) 역할은 헤겔의 국민적 국가개념에 대해서는 필연적이다. 왜냐하면 국가에 의해서 마침내 법과 도덕은 하나의 내용을 가지기 때문이다. 「법적인 것과 도덕적인 것은 어느 쪽도 저마다 독립해서 있을 수 있는 것이 아니라 어디까지나 '인륜적인 것'을 대들보처럼 그 기초로 삼고 있어야만 한다. 왜냐하면 법에는 주관성의 요소가 결핍되어 있는가 하면 도덕은 또 도덕대로 주관성의 요소를 오로지 독점하고 있어서, 결국 이 두 요소는 어느 쪽도 저 홀로 현실성을 띠지 못하기 때문이다. 법은 오직 하나의 전체에 속해 있는 분지(分枝)로서만, 다시 말하면 완전히 자라서 굳건히 뿌리내린 나무에 감겨있는 식물로서만 살아 있는 것이다」.366)

그리하여 헤겔의 법이념의 입장에서는 권력과의 유화는 각별히 곤란하지 않게 되었다. 최고의 「**자유의 현실존재**」,367) 즉 최고의 법을 점유하는 것은 국가, 즉 권력이다. 그 밖의 모든 사회적 현상들은 이 최고의 권력과 이성적으로 정합된 것이며, 그러한 법은 국가에 대해서 그들이 가지는 의의의 관계에서 규정된다. 고전적인 명제들에서 헤겔은 자유와 필연성, 법과 권력과의 이러한 침투관계를 다음과 같은 말로 표현하였다. 「자유는 세계의 현실성으로서의 모습이 부여되며, **필연성의 형식**을 얻는다. 그 실체적 관련은 자유의 규정들의 체계이며, 이들의 현상하는 관련은 **권력**으로서 의식에서 **승인받은 존재** (Anerkanntsein), 즉 그것이 타당한 것이다」.368)

그러나 세계의 현실성으로서의 모습이 부여된 이 자유는 국가뿐이며, 그리고 헤겔의 견해에는 언제나 이러한 것이 보인다. 즉 「국가의 유용성을 법으로 대치하려는 것」369)은 「어리석을」 것이다. 왜냐하면 양자는 필연적으로 서로 동일한 것이기 때문이다. 국가에서만, 그리고 국가에 의해서만 법은 가능하다. 국가는 법의 창조자이며 그 보유자이며 실현자이다. 왜냐하면 헤겔의 견해에 의하면, 법개념에는 국가의 권력만이 점유하는 강제가능성도 또한 속하기 때문이다. 그리하여 헤겔은 이 후자의 이유에서도, 또한 대체로 강제를 확보하는 것도 결여한 헌법이나 언제나 그것을 결여한 국제법을 승인하지 않는다. 국가주권이라는 그의 개념이 법적으로 구속하는 자기의무화를 허용하지 않는 것 이상으로 더욱

---

366) AaO., § 141 Zusatz (S. 209) (역서, 300면). 헤겔은 이곳의 처음 문장에서 그렇지 않으면 매우 객관적인 것의 지금까지의 내면적인 투쟁에 대해서 서술한다. 「추상적인 선은 완전히 무력한 것에 발휘하는데 이 무력한 것 중에 나는 모든 내용을 가져올 수 있다. 그리고 정신의 주관성은 거기에는 객관적인 의의가 결여되어 있으므로 그것(그 추상적인 선)에 못지않게 무내용한 것이 된다. 그러므로 객관성에로의 동경이 생길 수 있다. 이 동경에서 인간은 단지 공허함과 부정성의 고문에서 도피하기 위해서 오히려 노예나 완전한 의존성에로 몸을 떨어트리기 때문이다」. 여기에 우리는 시대정신의 신앙고백을 듣는다. 이 시대정신은 한편으로는 개인주의에서 주관주의를 초월하여 가톨릭교회의 객관성에로, 다른 한편으로는 국가적 공동체의 절대적 권력에 대한 교설로 도망치는 것이다.

367) AaO., § 30 (S. 64); § 141 (S. 208).

368) Hegel, *Encyklopädie*, Teil III, § 484 (S. 376).

369) Hegel, *Verfassung Deutschlands* (Anm. 109), S. 100.

그는 그들을 승인하지 않는다.


### d. 정치적 유기체

　그리하여 개인의 모든 현실존재와 모든 문화는 국가권력의 하위에 놓였었다. 그러나 이 실체적 통일성과 폐쇄된 권력에서 역시 기독교와 자연법이 의문 없는 가치 그 자체로서 확정하였던 개인은 어떻게 해서 훼손되지 않고 가능한 것으로서 생각되며 이미지될 것인가? 어떻게 해서 이 통일성에서 여전히 다양성이 이 객체성에서 여전히 하나의 주체성이 보존될 것인가? 새로운 사고활동이 세기의 전환기의 전후에 헤겔 앞에 놓인 문제들 속에 가장 어려운 이 문제에 대한 대답은 이 시기의 생활감정 전체의 변용으로 조건지워진다.370)
　절대주의의 시대와 양[대내적 · 대외적] 주권에 대한 절대주의에 일치하는 교설에서는, 국가권력과 대중은 과연 외면적으로는 확고하지만 내면적으로는 결합하지 못하고 대립하며, 다양성은 하나의 오로지 외면적인 통일성을 지배자의 인격성 속에 가지고 있었다. 절대주의와 이 절대주의에 일치하는 교설의 시대는 입헌주의적인 법치국가론과 권력분립론에 의해서 교체되고 있었다. 여기서는 그 자체가 평등한 개인의 다수성(Vielheit)에 국가권력에 대해서 법적으로 한정된 자유와, 국가권력을 위한 동일한 윤곽의 분명한 법의무가 할당되었다. 국가적 통일성의 결속을 형성하게 된 것은 이미 다소간 계몽된 절대적 국부(國父)의 선의에서가 아니라 법과 법률이었다. 따라서 다수성은 충분히 만족되었다. 그러나 아래에서의 이러한 원자화와 위에서의 권력분립에서 어떻게 전체의 통일성은 생각할 수 있었는가? 그리고 어떻게 그 통일성은 실천적으로 되어야 하는가?
　프랑스혁명의 경과는 이러한 「외면적 형식적이며 고립화하는」 법치국가이념의 불충분함을 결정적으로 증명하도록 생각했다. 하나는 「원자들」[원자론적 개인들]을 합리주의적 「기계론적」인 방법으로 사회적 형상에까지 결부시킬 수 있는 곳에 의문을 품은 것이다. 이제 「기계론적」 세계상에 「유기체적」 그것을 대치하는 저 새로운 사유양식은 정치적인 것을 훨씬 초월하여 간다. 딜타이는 이 시대의 사유활동을 「여전히 개념에서는 표현될 수 없는 전체로부터 현상들을 이해하려는」 노력으로서 특징짓고 있다.371) 합리주의적 인과률은 파탄하고 있었다. 그리고 신비적인 목적론에 대한 동경이 각성되고 있었다. 초기 낭만주의의 전체는 이 목적론에 출입하면서 생각하는 것이다.
　그런데 헤겔 역시 거기에서 그가 횔덜린과 재회했던 프랑크푸르트 체재 기간 마지막에 이러한 감정을 표현한다. 「그(인간)는 형상으로부터 죽을 수밖에 없는 것, 옮겨가는 것,

---

370) 이하에 대해서는 Rudolf Eucken, *Geistige Strömmungen der Gegenwart*, 6. Aufl., Berlin 1920, S. 118 ff.; Albert Poetzsch, *Studien zur frühromantischen Politik und Geschichtsauffassung*, Leipzig 1907 Beiträge zur Kultur- und Universalgeschichte, Heft 3), S. 96 ff.; Erich Kaufmann, *Über den Begriff des Organismus in der Staatslehre des 19. Jahrhunderts*, Heidleberg 1908; Metzger, *Gesellschaft, Recht und Staat* (Anm. 4), S. 193 ff.

371) Poetzsch, *Studien*, S. 103에서.

무한히 대립하는 것, 싸우는 것, 이러한 것들에서 살아있는 것, 옮기는 것에서 자유롭게
사는 것, 다채로운 것을 죽이지 않는 관계, 사유범주적인 관계로서의 통일성이 아니라
생기발랄한 생명이 뛰노는 것, 이러한 것을 꺼내어 이러한 것을 신이라고 부른다」.372)
직관에서 출발하고 추상화에 적대하는 신비주의적·범신론적인 사유감정은 이마에 분명
히 심미주의적·낭만주의적인 기원을 두르고 있다. 이 푸른 꽃 서클에서 하나는 주어진
다수성을 포기한 통일성과 동일하게 같은 사랑으로 포괄하고 있었다. 여기서는 또한 이
이율배반적인 관계를 직접적·직관적으로 모사하는 것이 추구되었다. 그리고 그 대신에
이제 세계관에까지 확대되는 유기체의 관념이 발견된다.

　이 사상은 이미 다양한 형태로 이전부터 생각되고 있었다. 괴테나 실러에 의해서 자연철
학적이며 심미적으로, 헤르더에 의해서 역사적으로. 그러나 이 사상에 처음으로 논리적
기초를 부여한 것은 이 사상을 또 이미 정치적으로 적용하는 칸트이다. 그는 1790년에
다음과 같이 정의한다. 즉「자연의 유기적으로 조직된 산물은 거기에서는 모든 목적이
서로 또한 수단인 것이다.373) ── 따라서 단순한 기계는 아니다. 왜냐하면 기계는 **움직이는**
**힘**을 가질 뿐이기 때문이다」.374) 부분들은「전체에의 그들의 관계에 의해서만 가능하며」,
그리고「그들이 서로 원인이며 결과인 것에 의해서 하나의 전체의 통일성으로서 결합하지
않으면 안 된다」.375) 이 유기적 조직화를 국가에 적용한 것 역시 이미 칸트에서 보인다.376)
그의 영향 아래 실러도 1795년에 그의 국가이상을 하나의「유기적 조직화」속에 보고
있었다.「이 유기적 조직화는 자기 자신에 의해서 자기 자신을 위하여 자기를 형성한다」.
이 유기적 조직화에서 부분들은「전체의 이념을 향하여 규정되었는」데,「하나의 작용하는
힘으로서 인류법칙이 타당하다」.377) 그때에 초기 낭만주의는 최초로 정치적인 유기적

---

372) 1800년 9월 14일에. Kuno Fischer, *Hegels Leben* (Anm. 230), Bd. 1, S. 48; Hegel, *Systemfragment*
　　 *von 1800*, in Hermann Nohl (Hg.), *Hegels theologische Jugendschriften*, Tübingen 1907, S. 347.
373) Kant, *Kritik der Urteilskraft* (Anm. 17), § 66 (S. 376)(백종현 옮김, 『판단력비판』, 아카넷, 2009).
374) AaO., § 65 (S. 374).
375) AaO., § 65 (S. 373).
376) 그리하여 어떤 대민족에게 전면적인 개조가 실시되고 하나의 국가가 성립하였다. 이러한 경우에 우리들은
　　 다수의 행정지역 기타 시설에 대해서는 물론 국가로서의 전체적 시설에 대해서까지 유기적 체제라는 말을
　　 자주 사용하는데, 이것은 아주 적절한 용어법이다. 물론 그러한 전체에서는 여기에 속하는 개개의 성원은
　　 여하튼 단순한 수단은 아니며 동시에 목적이기도 하며, 또 각 성원은 일치 협력하여 전체를 가능하게
　　 하는 동시에 전체의 이념에 의해서 각각의 지위와 기능이 규정되기 때문이다」(§ 65, [S. 375]).「그리하여
　　 군주제 국가는 그것이 국내법에 따라서 통치된다면 생명을 가지는 신체로서 관념되며, 또한 그것이 단독의
　　 절대적 의지에 의해서 지배된다면 단순한 기계(예컨대 손물레 같은)로서 관념되는, 그러나 양자의 경우에도
　　 상징적으로 표창될 뿐이다」(aaO., § 59) [S. 352]). 알고 있듯이, 칸트는 상징적인 유기체의 관념을 바로
　　 개인주의적인 법치국가이념을 직관화하고 민주적 제도들을 정치적으로 요구하기 위하여 사용한다.
377) 국가는 개인들에서의「객관적이고 일반적인 성격」뿐만 아니라 주관적이며 특수적인 성격을 존중해야
　　 하는데」, 그러나「주관적 인간성 역시 그것이 객관적인 그것에까지 순화되는 정도에 따라서만 존중할
　　 수 있을」것이다(Friedrich Schiller, *Über die ästhetische Erziehung des Menschen*, in *Sämmtliche*
　　 *Schriften* (Hg. R. Kohler), Bd. 10, Stuttgart 1871, S. 283; 281 (Brief 4). 1796년 피히테도「자연의
　　 산물」로서의 국가를 한 그루의 나무와 비슷한 것으로 보고, 더구나 이후의 유기체론자들과 아주 같은

조직체사상을 기독교적 · 보편주의적이며 코스모폴리탄적으로 적용하였다. 이 정치적인 유기적 조직체사상은 여기서는 합리주의적 무신론에 의해서 가져온 중세적인 문화공동체와 생활공동체의 개개의 국민에 대한 분열상태를 새로운 유기적인 「**가톨릭적 조화**」 (concordantia catholica)에 의해서 극복하는 것의 상징이 되었는데 그러나 동시에 개개의 국가에도 적용되었다.

그러나 특수 근대적인 의미에서의 유기체로서의 국가는 처음으로 헤겔에 의해서 고지되었다.378) 그에 의해서 비로소 이 「유기체적」 국가는 「기계적인」 그것에 대치되었다. 헤겔의 대내정치는 「유기체적」 · 낭만주의적인 그것과 매우 많은 것을 공유하더라도, 대외적으로는 그의 유기체적 국가는 초기 낭만주의적 그것과는 원칙적으로 다르다. 그는 그의 유기체 국가를 하나의 자각적인 권력정치의 상징으로서 말하기 때문이다. 그러나 칸트의 다음과 같은 경고도 처음에는 헤겔에 의해서, 그리고 이에 이어서 후기 낭만주의에 의해서 망각되고 말았다. 즉 이 유기체론은 「상징적인 것」으로서만 받아들여야할 것이다. 「왜냐하면 그것을 이성만이 사유하며, 그리고 어떠한 감성적 직관도 그것에 적합할 수 없는, 그러한 개념 아래 이러한 유기체론은 두어지기 때문이다」.379)

일찍이 1796년의 종교 논문 속에서 헤겔은, 그들의 영혼 속에 국가가 정착된 국가의 구성원들 — 그들의 활동의 소산으로서의 국가, 그 이념 앞에 모든 개인성이 사라지고 있는 궁극목적으로서의 이러한 국가는 「국가기계」, 「잘게 썬 전체」에 대치하고 있다. 이러한 전체에 시민들은 개개의 수레바퀴로서 역할을 할뿐만 아니라 거기에서는 하나의 전체를 위한 어떠한 활동도 없으며, 모든 목적은 개인적 「유용성」에 관련을 가지고 있다. 진실의 국가에 기계로서의 후기 「사회」를 이와 같이 대치하는 것에서 어떻게 헤겔이 유기체사상을 그의 국가론의 지배 아래 두게 되었는지 명백해진다.

유기체에서 통일적으로 직관하게 되고, 한편으로는 성원들의 전체와의 관계에, 다른 한편으로는 전체의 성원들과의 관계에 관련된 두 개의 관념은 헤겔이 강조하는 바에 의하면, 「살아있는 정신」이며, 보다 상세하게 규정하면 아래로부터의 권력충동과 「살아있는 분지화」, 즉 위로부터의 권력충동으로서의 작용하는, 전자(아래로부터의 권력충동)의 하나의 통일적 전체에로의 유기적 조직화이다. 「전체」가 형성되는 것은 양 경향이 같은 방향을, 즉 한편으로는 국민적 질서들을 확고하게 하는 것을, 그러나 특히 [다른 한편으로는]

---

이유에서 국가를 법치국가나 계약에 관한 교설을 위해서 사용하였던 것이다. Johann Gottlieb Fichte, *Grundlagen des Naturrechts nach Prinzipien der Wissenschaftslehre* (1796), in *Werke* (Hg. F. Medicus), Bd. 2, Leipzig 1911 (Meiners Philosophische Bibliothek, Bd. 128), S. 205 ff.

378) 국가학이 상정하듯이 결코 셸링에 의한 것이 아니다. 그리하여 Jellinek, *Staatslehre* (Anm. 227), S. 232 Anm. 2 (김효전 옮김, 『일반 국가학』, 186면 주 7). 셸링은 모든 초기 낭만주의자들처럼 세계 전체 속에 모든 실재적인 것과 사상적인 것 속에 「유기적인 것」을 보고 있었다. 그러나 셸링은 유기적 국가학은 비로소 헤겔로부터 받아들이고 거기에서 「헤겔적인 관을 자신의 이름으로 절대적 관념론의 새로운 「유기적인」 문화철학과 사회철학으로서 고지」한 것이다(Metzger, *Gesellschaft, Staat und Recht*, S. 244; 248 보라 후술 S. 158 f.).

379) Kant, *Kritik der Urteilskraft*, § 59 (S. 351).

대외적인 권력의 발전을 가짐으로써 이다. 그리하여 헤겔의 유기체론은 우리들이 다시 보듯이, 지배자주권과 인민주권의 대립을 극복하기 위한, 그리고 계약론을 배제하기 위한 상징이 된다. 이러한 정치적 기능에서 그 유기체론이 그 때문에, 무기를 제공하기에 틀림없는 이중의 전선이 설명된다. 한편으로는 계몽화 된 절대주의 — 왜냐하면 이것은 국민의 자발적 권력충동에 아무런 여지를 인정하지 않기 때문이다 — 에 대한 전선이, 다른 한편으로는 프랑스적인 것이라고 잘못 생각한 「원자론」적 입헌주의 — 왜냐하면 이것은 개인을 전체에 단지 「기계론적으로」 결부시키고 「유기체적으로」는 결합하지 않기 때문이다.

우선 헤겔의 청년기 초고에서의 유기체적 국가사상의 발전에 들어간다면 헤겔이 이미 『독일 헌법론』에서 자신의 인민에게 위로부터 **단체와 국민의 정신**(esprit de corps et de nation)을 유입시키고, 이러한 방법으로 프로이센을 강화하려는 프리드리히 대왕에 반대하는 것을 알 수 있다. 헤겔에 의하면, 「하나의 국가는 다른 모든 끝없는 치차에 운동을 전달하는 유일한 태엽을 가진 기계라고 생각하는 것은 근본적인 편견이다. 즉 사회의 본질에 기인하는 모든 제도들이라고 하더라도 최고의 국가권력에서 발동하고, 통제되며, 명령되며, 감시되고 지도되어야 한다고 생각하는 것은 근본적으로 편견이다. — 국가권력과는 관계 없고 다만 무엇인가 어떤 일반적인 관계만을 가질 뿐인 것을 국민들이 스스로 실행하는 데에 하나하나 트집잡는 고귀하지 아니한 태도 모두가 이성의 원칙들이라는 의상을 걸친 것이다」.380) 이러한 세부에 이르기까지의 관헌국가적인 후견에 헤겔은 반대하는데, 그러나 예컨대 훔볼트의 자유주의처럼 개인의 자유 때문에 그러한 것이 아니라 그는 그럼으로써 전체의 살아있는 권력이 위협을 받는다고 보기 때문이다.381) 「최고로 오성적이며 또 고귀한 목적에 바쳐진 기계론적인 위계제는 어떠한 것에서도 그 시민들에게 신뢰를 보내지 않으며, 따라서 또한 어떠한 것도 그들에게 기대하지 않으며」, 시민에게는 「어떠한 살아있는 활동도 그들이 자기감정에 의한 지지도 희망」할 수 없다.382) 「왜냐하면 국가권력은 그것이 타당할 수 있는 모든 것을 수중에 넣으며 바로 그러므로 또 그 이상 어떠한 것도 타당하지 못하도록 정돈된 것인가, 그렇다면 국가권력은 그것이 수중에 있는 것 외에 인민(민족)의 자유로운 의존성·자기감정·자발적 노력도 저 위계제가 수긍한 하나의 전능한 극복하기 어려운 정신도 타당할 수 있는가, 이 차이는 무한하기 때문이다」.383) 헤겔은 「아래로 질서지워진 일반적 활동에서 국가에 의해서 많은 자유로운 손이 맡겨진」 인민(민족)을 행복한 것으로 보고, 「동일하게 그 인민(민족)의 보다 자유롭고 작은 일에 구애되지 않는 정신에 의해서 뒷받침될 수 있는 국가권력을 강력한 것」384)으로 본다.

---

380) Hegel, *Verfassung Deutschlands* (Anm. 109), S. 28.
381) 이러한 전환은 Erich Kaufmann, aaO., (Anm. 370), S. 5에서는 표현하지 않고 있는데, 그는 최초로 헤겔을 근대 유기체이론의 아버지로서 지적한 사람이다.
382) Hegel, *Verfassung Deutschlands*, S. 30.
383) AaO., S. 31 〈Zusatz von Lasson〉.
384) Ebd.

  여기서는 아마 어떻게 이 민족정신에서 국가국민적인 권력충동이 나오는가, 그리고 어떻게 동시에 이 국민적 권력국가가 마침내 권력으로부터 복지에 이르는가, 이러한 것들이 의심할 여지없는 명확성으로 제시되고 있다. 이러한 아래로부터의 권력충동이 당시의 프랑스에도 프로이센에도 없는 것을 헤겔은 개탄하였다. 그에 의하면 프로이센 국가의 권력을 「하나의 개인으로서의 천재」가 잠시 그 국가를 거기에 향하여 강제할 수 있었던 「일시적인 에너지에 비추어」 판단하는 것은 허용되지 아니한다.[385] 이미 여기서 유기체라는 말 그 자체를 사용하지 않고 헤겔은 절대주의적인 경찰국가(Polizeistaat)의 「기계」에, 민족(인민)의 유기적인 권력충동에 의해서 담당된 국가를 대치하고 있다. 그의 이상을 형성하는 것은 국가의 실재적·물리적인 만능은 아니며 위로부터, 그리고 밖으로부터 시민들에게 가져오는 권력도 아니며 이념적 만능으로서 국가의 성원들의 영혼 속에 내재하는 권력이다. 여기서 개인을 위해서 요구되는 자유는 그의 국민적인 권력의사를 국가의 권력의사와 통일하는 자유, 즉 정치적인 의미에서의 하나의 특수하게 「적극적인 상태」이다. 이 개인적 권력충동과 국가 전체의 실천적 권력이 일치하는 것, 즉 특수적인 것을 일반적인 것에서 지양하는 것, 이것이야말로 헤겔에 대해서 「유기체적인 원리」의 이념이다.

  그는 이 원리를 이미 『체계단편』에서 모든 추론을 구사하여 전개하였다. 「유기체적인 전체성으로서의 민족(인민)은 실천적이며 인륜적인 것의 절대적인 무차별이다. 그 계기들 자체는 동일성 내지 무차별이라는 형식이며, 그 다음에 차별의 형식이며, 그리고 끝으로 절대적이며 생동하는 무차별의 형식이다. 이 계기들 중에서 그 어떤 것도 하나의 추상이 아니라 하나의 실재이다」.[386] 여기서 비로소 — 지금 셸링의 말에 의하면, 그러나 헤겔의 사유양식에 의해서 — 실재적이며 추상화되지 아니한 유기체적인 다수성에서의 통일성과 통일성에서의 다수성, 이들에 대한 근대적인 정치적 교설이 제시되고, 그리고 **전체의사**(volonté de tous)와 **일반의사**(volonté générale)라는 루소적 이율배반이 상징적으로 해소된다. 이러한 국가관의 추론들은 이미 제기되었다. 「즉 민족 속에는 무릇 개인들의 집합이라는 관련이 형식적으로 정립된 것이지 관련 없는 집합이나 단순한 다수성(Mehrheit)이 정립된 것은 아니다」. 왜냐하면 「집합은 무릇 인륜성 속에 존재하는 관련을, 즉 일반적인 것 아래로 모든 것의 포섭을 정립하지 않기 때문이다. 이때 일반적인 것은 집합의 의식에 대해 실재성을 가지고 그들과 하나이며, 그들이 개인이 되려고 하는 한 그들에 대해 권력과 실력을 가지며, 그들과 우호적이든 적대적이든 동일한 그런 일반적인 것이기 때문이다」.[387] 따라서 인륜적 유기체로서의 국가에 대한 관념은 다음을 수행해야 한다는 것이다. 즉 이 관념은 공동체의 권력에로의 인륜적 의사에 의해서 개인들을 하나의 전체로서 내면적으로 결합된 것으로서 나타내야 하며, 이 전체를 구성원들의 의식에 대한 대상적인 실재성에까지 높이고, 그리고 그 권력이 그들에게 대립할 때에도 그들은 언제나 이 권력과

385) Ebd.
386) Hegel, *Sittlichkeit* (Anm. 275), S. 468 (김준수 옮김, 『인륜성의 체계』, 울력, 2007, 93면).
387) AaO., S. 466 (역서, 90면).

동일하다는 것을 그들에게 명확하게 해야 할 것이다.

　여하튼 헤겔의 국가관에 대해서 자유와 권력의 이러한 「유기체적」 유화는 그만큼 어려울 수 없었다. 자연법에 원칙적으로 대치된 그의 자유개념은 여기서는 그것(자연법)에 영합하고 있었다. 루소는 그의 『사회계약론』을 「인간은 자유롭게 태어났다. 공통의 자유는 인간의 자연 본성의 하나의 결과이다」[388]라는 말로 시작하였다. 그러나 헤겔에 의하면, 자유는 「직접적이며 자연적인 것으로서는」 존재하지 않으며, 「오히려 획득되며, 쟁취하지 않으면 안 된다. 더구나 단련 · 지식활동 · 의사활동의 무한한 매개에 의해서」.[389] 그의 견해는 그에게 시대사에 대해서 확증되었다. 그는 프랑스혁명의 추상적인 자유의 소란이 무정부상태로 퇴화하는 것을 보고, 예지적 자연법적인 자유개념을 현상적 · 정치적인 그것을 위해서 완전히 포기하였다. 그러나 바로 이로써 헤겔에서의 「정치적 자유」의 표현은 매우 양의적인 의미를 얻는 것이다.

　칸트는 자연법과, 이와 함께 또한 국가와 법을 자연적 자유를 제약하는 것으로서 이해하고 있었다. 이에 대해서 헤겔은 이렇게 생각한다. 즉 반대로 「그러한 제한은 거기에서 해방이 나타나는 조건이며, 사회와 국가는 그들에서 자유가 오히려 실현되는 여러 상태이다」[390]라고. 이러한 역사적 · 정치적인 인식 속에 헤겔은 자유와 권력의 사변적인 유화를 발견한다. 그러나 그는 이러한 역사적 사변에서 주관적인 「부르주아적」이며 「정치적인」 자유에로의 그의 시대의 요구도 또한 진정시키고 만족시킬 수 있다고 잘못 생각하고 있다. 모든 「진정한」 법률은 「하나의 자유이다. 왜냐하면 그것은 객관적 정신의 하나의 이해규정을 포함하기 때문이며」,[391] 개개인의 자유권은 ─ 「그들의 자유의 **확신**이 그러한 객관성에서 그 **진실성**을 가지며, 그들이 인륜적인 것 속에서 **자신의** 본질과 자신의 **내면적인** 일반성을 **현실적으로** 점유함으로써」─ 그들이 「인륜적 현실성에 귀속한다」는 것에서 이행되기 때문이다.[392]

　그럼에도 불구하고 헤겔은 「그리스적인 자유와 근대 자유의 대립이라는 명확한 개념을 가지지 못했다」[393]는, 아마도 하임에 의해서 처음으로 유포된 견해는 아주 정당하지 않다. 헤겔은 차이를 자주 매우 예리하게 강조하였기 때문이다. 「하나의 유기적 분절화는 이미 아테네의 훌륭한 민주주의 속에 존재한다고 사람은 말할 수 있을 것이다. 그러나 그리스인들은 완전히 외적인 현상에서 신탁 등등으로부터 최종적인 결단을 취했다는 것을 우리들은 곧 알고 있다. ─ 자기의식은 이 시대에는 아직 주체성의 추상작용에 이르지

---

388) Jean-Jacque Rousseau, *Du contrat social* (1762), liv. 1, ch. 1; liv. 1, ch. 2.

389) Hegel, *Geschichtsphilosophie* (Anm. 236), S. 51.

390) AaO., S. 52.

391) Hegel, *Encyklopädie* (Anm. 279), Teil III, § 539 (S. 407).

392) Hegel, *Rechtsphilosophie* (Anm. 73), § 153 (S. 219)(역서, 316면).

393) 옐리네크도 그렇게 서술한다. Jellinek, *Staatslehre* (Anm. 227), S. 294 f.(역서, 239면 이하). Hegel, *Geschichtsphilosophie*, S. 317에서 인용된 같은 곳에서, 그리스의 여하튼 완전히 낭만적인 형상인데 그러나 이 형상을 옐리네크의 판단은 여전히 결코 정당화하지 않는다.

아니한, 즉 결단할 것에 대해서 「나는 의사한다」(Ich will)는 것이 인간 그 자체에 의해서 언명되어야 한다는 데에는 아직 이르지 않고 있다.394) 여기서는 특수성이 아직 「풀어지지 않고 해방되지 않고 일반성에까지, 즉 전체성의 일반적 목적에까지 환원하지 않고 있다」.395) 플라톤의 국가에서는 주체적 자유가 아직도 타당하지 않다. 「상위의 자들이 개개인에게 직무를 할당하지 않기 때문이다」.396)

따라서 헤겔은 근대적 자유와 고전고대적 자유의 차이를 잘 자각하고 있었는데, 그러나 전자의 「프랑스적」 자유를 다시 전체의 권력목적으로 되돌리고, 근대적 개인주의적 부르주아 사회를 국가적 권력공동체로 높이고, 그러므로 개인을 유기적으로 전체의 유기체에 편입하려고 하였다. 이를 위한 수단은 「인륜성」이며 이 인륜성에 의해서 개인은 자신을 자유롭게 의사된 전체의 분지로서 자각하며, 그리고 이 인륜성은 「살아있는 자립적 정신」으로서, 즉 「그들 각각은 하나의 절대적인 개체인, 수많은 눈과 팔과 기타 지체를 가진」 브리아레오스(Briareus)*로서 현상한다.397)

이 인륜적 조직체로써 헤겔은 예컨대 칸트나 피히테와는 전혀 다른 것을 말하려고 하였다. 완전히 대립하는 정치적 견해들이 유기체라는 사유범주로 감싸려고 한다면, 그것은 이 유기체라는 사상이 인식가치인 동시에 정치적인 의사능력이기도 하다는 고전적인 예시이다. 우리들의 철학자 헤겔이 유기체원리란 「피치자 그 자체가 통치자라는 자유」398)라는 것을 널리 듣는다면, 사람은 일순간에 헤겔과 칸트의 견해가 일치하는 것으로 추측할 것이다. 그럼에도 불구하고 헤겔은 이 명제를 상징적으로만 말하고 있음을 보여준다. 즉 개인은 유기체 그 자체 속에서 자기를 직관하며, 「최고의 주체 · 객체성에 도달한다」399)는 것이다. 칸트에 대해서 유기체라는 이념 속에 있던 것은 거기에서 개인은 수단이 아니라 목적으로서 생각되었다는 가치로 충만한 것이었다. 헤겔에 대해서는 정반대의 것을 말한다. 그에 대해서 유기체 전체는 자기목적이며 개인은 단순한 수단에 불과하다. 어떻게 개인이 보유하는가 하는 질문은 그다지 그의 관심을 끌지 못한다. 그의 관심은 어떻게 전체의 권력의 유기체는 성립하는가 하는 것이다. 그러므로 헤겔이 「정체(Konstitution)」*에 대해서 말하고, 진실로 인륜적인 전체에 대해서 거기에서는 「통치의 개념이 헌법(Verfassung)의 지혜로서 서술」400)되어야 한다는 것을 요구한다면, 여기서 문제는 칸트나 입헌주의적 의미에서의 주체적인 시민적이고 정치적인 자유를 수여하는 하나의 **헌장**(Charte)이 아니라 헤겔이 나중에 매우 현대적으로 표현했듯이, 「**국가**권력의 분지화」이다.401) 그러한

---

394) Hegel, *Rechtsphilosophie*, § 279 Zusatz (S. 370) (역서, 509면).

395) AaO., § 260 Zusatz (S. 322) (역서, 453면).

396) AaO., § 262 Zusatz (S. 326) (역서, 457면).

397) Hegel, *Sittlichkeit*, S. 468 (역서, 94면).

398) AaO., S. 500.

399) AaO., S. 466.

400) AaO., S. 481.

401) Hegel, *Encyklopädie* (Anm. 279), Teil III, § 539, (S. 405).

유기체적인 권력의 분지화와 그에게 생각된 것은 「신분들」*이다. 그는 여기서 매우 긴밀하게 플라톤에 의거하면서, 그러나 또한 주목할 것으로 프로이센 농업경제를 염두에 두면서 보다 엄밀하게 이 「신분들」에게 이해를 보이고 있다.402) 그리하여 헤겔은 이 유기체의 개념을 이미 그의 사상이 발전한 몇 년간에 그의 권력국가이라는 목적을 위해서 정비한 것이다.

지배적인 학설은 이 헤겔의 유기체개념을 「관념론적인」이라는 레테르를 붙이고, 이를 나중의 자연주의적인 유기체론자의 견해와 대비하였다.403) 그러나 이 관계에서도 헤겔의 철학은 관념론적인 만큼 실재론적이며 그것은 국가의 생물과의 플라톤과 중세 이래 보이는 외면적 유비를 특수 현대적인 방법으로 ― 그러므로 자연적 유기체의 신체적·감각적인 속성들을 국가를 위하여 주장하지 않고 ― 상기시켰다. 그리하여 헤겔도 국가라는 권력의 일체성과의 적절한 유비를 보인 불가분의 전체라는 ― 생물학에 의해서 자주 반증된 ― 유기체적 속성이라고 불리는 것404)을 강조한다. 헤겔의 정의에 의하면, 「동물의 본성은 모든 유기적 부분들과 하나인 것(Eins)인 하나의 전체에 종속시키는 주체적 일체성을 가진다. 동물적 유기체의 생리학은 전체를 계속적으로 산출하기 위해서 함께 작용하며, 또 이 과정에 의해서 산출되는 부분들의 기능을 고찰한다」.405) 바로 이처럼 헤겔의 국가철학은 국가를 고찰한다. 국가 중에도 이 국가철학은 하나의 「생명력」을 본다. 여기서는 「유기적 신체에서의 생명활동에서처럼, 그 생명활동이 모든 점에 있으며, 모든 점에서 하나의 생명활동만이 존재하며 대립하는 것은 존재하지 아니한다. 거기에서 분리되면 모든 점은 죽게 된다. 이것은 또한 모든 개개의 신분·실력·단체 ― 이들이 독립하고 독력으로 존재하는 충동을 가지더라도 ― 의 동일성이다. 독력으로 자기를 정립하고 동시에 지양하고 희생되어 전체로 이행하는 유기체 내에 있는 위(胃)가 그러하듯이」 말이다.406)

---

402) 매우 특징적인 방법으로 헤겔은 *Landständen Württembergs* (보라 후술 S. 128 f.)에서 「유기적인」헌정질서의 사상을 「원자론적인」, 즉 개인의 선거에 의해서 형성된 대표제에 대비하여 일관하여 전개하고 있다.

403) Hermann Rehm, *Allgemeine Staatslehre*, Freiburg 1899, S. 261.

404) 헤겔에게는 자연적인 유기체의 본질적인 고유성은 피자극성이나 감각성으로서 잘 알려졌다. 이에 대해서는 G. W. F. Hegel, *Philosophische Propädeutik* (1800/11), in *Werke*, Bd. 18 (Hg. K. Rosenkranz), Berlin 1840, Dritter Cursus, 2. Abt., § 121 ff. (S. 175 ff.); Kuno Fischer, aaO. (Anm. 230), Bd. 1, S. 557 ff.

405) Hegel, *Propädeutik*, Dritter Cursus, 2. Abt., § 123 (S. 176).

406) Hegel, *Rechtsphilosophie* (Anm. 73), § 276 Zusatz (S. 362)(역서, 500면). 일찍이 *Naturrecht* (Anm. 267), S. 404 f.에서 그렇다. 「전체에 복종하는 각각 살아있는 내장이 고유한 동물에 형성되거나 또는 간장이 스스로 지배적 기관으로 형성되고 그 지령을 위해서 조직 전체를 강화하는 것과 같이, 일부분이 그 자신을 조직화하고 전체의 지배를 면하고, 이러한 개별화를 통하여 그 부분이 이러한 능력을 위해서만 조직되는 것을 부정적으로 자극하거나 또는 심지어 강제한다면, 국가에는 병과 죽음의 시초가 존재한다」. 여기에는 나중의 유기체 논자들의 과격한 의견이 이미 상당한 정도로 선취되어 있다. 나아가 Hegel, *Rechtsphilosophie*, § 269 (S. 331)(역서, 463면) 참조. 「국가는 유기체이다」. 거기에서는 「〈일반적인 것〉은 영속적으로 필연적인 방법으로 산출되며, 그리고 그것이 그 산출에서 전제됨으로써 유지되고 있다. ― 모든 부분이 동일성으로 이행하지 않는다면, 한 부분만이 자립적인 것으로서 정립될 뿐이라면 모두가

여기에 보이는 것은 어떻게 헤겔의 유기체사상의 이러한 생물학적인 적용이 그의 권력국가이념에 적합하였는가 하는 것이다. 그러나 나아가 국가의 절대화를 위해서 환영받은 유기체의 유비가 그에게 제공되고 있다. 모든 살아 있는 유기체는 자기목적이며, 따라서 또한 국가유기체도 그렇다. 그리하여 개체적 국가는 「자기를 자기에게 관계하는 유기체」407)이다.

헤겔이 이러한 유기체의 관념으로 국민적 권력의사에 의해서 담당된 국가를 자유와 권력의 동일성의 감각상으로서 묘사하고, 이러한 국가를 「구체적인 자유의 활동현실태」408)로서 관념가능한 것으로 하려고 하였다면, 그것으로 주어진 것, 고작해야 국가의 철학적 이념이며 이 이념의 정치적인 가치는 그 여러 과실에 비추어 비로소 인식될 수 있다.

그리고 여기서 아마 이렇게 말해야 할 것이다. 즉 이 유기체적 국가관은 역시 이 반동철학자를 동시대의 프로이센의 현실을 훨씬 초월한 다양한 자유의 용인에로 유혹된 것이다라고. 물론 헤겔은 법치국가사상을 거부하는데, 그러나 상당히 정치적으로 생각하여 개인은 한편으로 국가의 용인이 없더라도, 다른 한편 폭력의 적용이 없더라도 권력에 의한 매우 광범위한 흡수에 동의한다는 신앙에 몸을 맡길 것이다. 국가는 개인들의 「단순한 신조」에 의지하지 않기 때문에, 자신을 「개인들의 의사활동에서 독립시키지」 않으면 안 된다. 「국가는 개인들에게 그들의 책임성을, 즉 그들이 전체를 위해서 수행해야할 분담을 미리 지시한다」. 그러나 「이리하여 이 국가는 기계가 된다. 즉 여러 외면적 의존성의 한 체계가 된다」.409) 그것은 결코 기초지워진 권력을 가지지 않는다. 그래서 그것은 이념적 만능을 수반하는 유기체가 아니라 물질적 만능을 수반하는 낡은 절대적 국가이다. 다른 한편, 「내가 그것을 위해서 활동하는 하나의 목적은 어떤 방법으로 또한 내가 목적이어야 한다」.410) 국가에의 인민의 사변적인 관여와 아울러 인민은 또한 현실정치적인 그것, 즉 「헌법」(Verfassung)을 요구한다.

그리하여 헤겔은 일정한 정도로 입헌주의자가 되었다. 근대적 권력국가는 위로부터의 명령만으로는 이미 충분하지 않은 것, 그것 — 권력국가 — 은 헌법(Konstitution)을 「국가권력의 분지화」411)로서만 사용하지 않을 것, 그는 이러한 것들을 알고 있다. 그러나 오로지 이 권력 때문에 이 권력을 높이기 위해서 절대주의는 입헌적이지 않으면 안 된다. 그것으로 인민이 국가에의 관여를 얻는 기관은 「신분제 의회」이다. 헤겔이 의회에 있어서의 자유주의자들처럼 이 신분제 의회 속에서 본 것은 정부에 대한 대표가 아니라 바로 그 반대의 것이다. 신분제 의회는 정부가 「단순한 자의로서 나타나지」412) 않도록 인민에 대한 정부의

봉괴되지 않을 수 없다는 것이 유기체의 본성이다」.

407) Hegel, *Rechtsphilosophie*, § 259 (S. 320)(역서, 451면).
408) AaO., § 260 (S. 321).
409) Hegel, *Propädeutik*, Erster Cursus, 2. Abschnitt, § 53 (S. 67 f.)
410) Hegel, *Geschichtsphilosophie* (Anm. 236), S. 28.
411) Hegel, *Encyklopädie*, Teil III, § 539 (S. 405).

대표인 것이다. 왜냐하면 「신분제 의회의 본래적 의의를 이루는 것은 국가가 이 신분제 의회를 통해서 인민의 주체적 의식 속에 파고든다는 것, 그리고 인민이 국가에 참여하기 시작하기」413) 때문이다. 따라서 신분제 의회는 정부를 위한 일종의 교육수단이며 홍보수단, 권력을 뒷받침하는 것이며, 그러나 민주제적인 법치국가이론가들이 바라고 있듯이, 법률과 정의에 적합한 정부를 보장하는 것, 따라서 권력을 제한하는 것은 아니다. 왜냐하면 신분제 의회에 의한 이러한 보장에 대해서 말하면, 신분제 의회는 이 보장을 일련의 다른 국가제도들과 공유하며, 그러한 제도들에는 「군주의 주권, 왕위계승의 세습 등이 있으며 그들 중에서 이 보장은 훨씬 보다 강력한 형태이기 때문이다」. 신분제 의회의 「선의」나 「특수한 통찰」 중에도 그러한 보장은 설치되지 않고 있다. 「왜냐하면 최고의 국가관료들은 필연적으로 보다 깊고 보다 포괄적인 통찰을 가지고 있기 때문이다」.414) 헤겔은 신분제 의회에 「확인된 **관헌적 의미와 국가의 의미**」를 요구하고 있다.415) 그것은 「종종 아주 위험한 편견에 속할 것이다. … 신분제 의회는 주로 정부에 대한 **반대**의 관점에서 마치 이것이 그들의 본질적 입장인 것처럼 관념하는 것이다」.416) 신분제 의회는 실제로는 하나의 「**매개기관**」417)이다. 즉 신분제 의회 없이는 「대중의 자기표명은 언제나 난폭한 양상을 띠게 될 것이다」.418) 신분제 의회를 통해서 인민이 정부 편이 되는 것, 이것을 헤겔은 특히 「그 어떤 나라에서도 영국에서만큼 많은 조세가 지불되는 경우는 없다」는 것에 비추어 이해하고 있다.419) 당시 법치국가의 교리에 의해서 요구된 단기적인 예산승인 법안을 그는 국가의 필요와 합치하지 않는 것으로 본다. 「그러나 재정활동을 언제나 반복해서 새로이 승인한다는 능력 속에 두어진 이익, 신분제 의회의 총회가 이것에 대해서 정부에 대한 **강제수단**을, 따라서 불법월권과 폭력적 활동에 대한 보장을 [가진 것] ― 이 이익은 한편으로는 표면적인 외관이다. 국가의 **존립**에 필요한 재정정비는 어떤 다른 사정에 제약받을 수 있는 것이 아니며, 국가의 존립은 연도마다 의문이 붙여질 수 있는 것도 아니기 때문이다」.420)

성문헌법에 대해서도 역시 헤겔은 매우 회의적이다. 그는 국가의 국헌(Staatsverfassung)의 보장을 「인민 전체의 정신, 즉 그것에 준하여 인민 전체가 이성의 자기의식을 가지는 피한정성, 동일하게 대응하는 「저 원리의 **발전**으로서의 **유기체**」421) ― 이들 중에서 본다. 그러므로 「사람이 하나의 헌법을 **제정한다**고 부르는 것은 이것(민족정신)이 분할불능이기

412) Hegel, *Rechtsphilosophie*, § 302 (S. 395)(역서, 538면).
413) AaO., § 301 Zusatz (S. 395)(역서, 538면).
414) AaO., § 301 (S. 393 f.)(역서, 536면 이하).
415) AaO., § 310 (S. 404)(역서, 548면).
416) AaO., § 302 (S. 396)(역서, 539면).
417) AaO., § 302 (S. 395)(역서, 538면).
418) AaO., § 302 Zusatz (S. 396)(역서, 539면).
419) AaO., § 302 Zusatz (S. 397)(역서, 539면).
420) Hegel, *Encyklopädie* (Anm. 279), Teil III, § 544 (S. 418).
421) AaO., § 540 (S. 409).

때문에 법전을 **만든다**는 것처럼, 역사에서 결코 나타나지 않았다. 헌법(Verfassung)이란 것은 정신에서**만 전개된 것이다**.[422] 헌법은 본래 언제나 현실존재하며, 헤겔은 「마치 언제나 하나의 헌법과 기본법이 ─ 비로소 만들어질 수 있는」[423] 관념에 대해서 강력하게 이의를 제기한다. 칸트와 피히테가 여전히 개개의 인격에 결부된 것이라고 생각했던 권력들의 분립이라는 원리에 대해서, 헤겔은 특히 하나의 국가권력의 분할되지 아니한 통일적인 존립을 강조한다. 권력분립론의 현실적 가치를 그는 하나의 권력의 개개의 기능들을 특수한 형태로 유기적으로 조직화하는 곳 속에, 따라서 「국가의 일반적인 이익 (에 관련된 업무)이 **서로 구별되어** 다양한 형태로 유기적으로 조직화되는 것」 속에서 본다.[424] 그러나 권력들을 서로 독립시키고 집행부를 완전히 입법부에 종속시키는 것은 불가능하다고 한다. 왜냐하면 권력들이 「**독립**」해 있을 때에는 ─「대체로 우리가 보아왔듯 이 ─ 국가는 붕괴되거나 국가가 본질적으로 보존되는 한은 투쟁이 야기되어 하나의 권력이 다른 권력들을 종속시킴으로써 마침내 통일성을 ─ 그것은 통상 어떤 성질의 것이든 ─ 실현시키며, 그리하여 본질적인 것, 즉 국가의 존립을 구제하기」 때문이다.[425] 이에 따라 헤겔은 근대의 법치국가에서의 합법적 정부의 보장을 형성하는 거의 모든 제도를 배척하면서 유일한 보장으로서 군주와 관료가 남지 않으면 안 된다. 이에 대해서는 다시 다루기로 한다.

전체의 권력을 끊임없이 시야에 넣는 것과 동일하게 냉철한 형안으로 헤겔은 국가의 자유, 기본권도 고찰하였다. 이것들은 당시 바로 처음으로 독일의 헌법들에 도입되었기 때문이다. 그가 승인하는 것은 소수의 몇몇 권리이다. 이러한 권리들에 대한 그의 판단의 정확성에 비견할 수 있는 것은 매우 일반적으로 이들이 과대평가되었던 시대에는 거의 없을 것이다. 물론 그때에 남는 것은 자유로운 의견표명의 권리,[426] 출판의 자유의 권리,[427] ─ 이러한 권리는 정부, 그 감독관청, 특히 관료를 결코 경시하는 것은 허용되지 아니한다 ─ 그리고 배심재판제도이다.[428] 그러나 이들의 제한된 자유주의적인 용인은 국가권력과의 직접적인 관련이 결여되어 있는데, 출판과 언론의 자유의 척도는 소송가능한 주관적인 공권과는 거리가 먼 시대에는 정부에 의해서만 규정되기 때문에, 따라서 정부에 대해서는 계속 위험한 것이다. 이에 대해서 저 정치적인 **자유권**(katexochen) 그 자체, 정치적 대표단체에 대한 선거권은 사정이 다르다. 이 권리는 한번 시민에게 용인되면 그것이 행사될 때에는 국가권력으로부터 면하여, 권력은 오히려 자주 선거에 의존하게

422) AaO., § 540 (S. 410).
423) AaO., § 541 (S. 411). 따라서 헤겔은 그가 *Rechtsphilosophie*, § 211에서 아주 과격하게 공격하는 사비니로부터 본 바 역시 그만큼 멀리 떨어진 것이 아니다. 그들의 대립에 대해서는 후술 S. 188 f. 참조.
424) Hegel, *Encyklopädie*, § 541 (S. 411).
425) Hegel, *Rechtsphilosophie*, § 272 (S. 353) (역서, 490).
426) AaO., § 316 (S. 408).
427) AaO., § 319 (S. 411).
428) AaO., § 228 (S. 292).

된다. 헤겔은 개인의 모든 직접적인 선거권을 단호히 거부한다. 그의 「신분제 의회」는 한편으로는 토지소유자들로 구성된다. 그들은 「선거의 우연성을 면하고, 출생에 의해서 그 임무가 맡겨지며 **정당화**된다」.429) 다른 한편, 그 「신분제 의회」는 대의사들로 구성된다. 그러나 그들은 또한 「개인들에 의해서 원자론적으로 해소」되지 않고, 「구성된 동업자조합, 교구, 직업공제단체」430)에 의해서 대의사로서 선출되고 있다. — 이것은 유기체 국가관의 한 조각이며 헤겔의 시대에 있어서는 중세적 쭌프트에 대한 반동으로 나타난 것임에 틀림없으며, 우리들의 시대에는 독일에서의 사회주의적 평의회사상의 실천적인 실현가능성으로서 매우 현대적인 재활성화를 경험해 왔다.

그런데 헤겔은 여전히 평등·보통 선거권을 인정하려고 하지 않는다. 1815년의 뷔르템베르크 헌법은 이러한 선거권을 25세의 연령과 2백 플로린의 재산평가(Zensus)라는 전제와 결합하였을 뿐이다. 이 경우 헤겔에게는, 부르주아들은 「고립된 원자」에, 그리고 선거집회는 무질서한 비유기체적인 집합체, 곧 하나의 **「해체된 무더기」**인 인민 일반, 「유기체적 질서화의 원리보다도 **개별화**의 민주제적인, 실로 아나키이기도 한 원리에 관련된」 상태에서 보는 것이다.431) 따라서 헤겔은 국가에의 개인의 내면적인 참여를 요구할 뿐만 아니라 개인에게 외면적인 실천적인 참가를 용인하려고도 한다는 것이 정당하더라도, 이것은 역시 간접적인 방법으로만, 그리고 아주 제한된 정도에서만 하고 있다. 왜냐하면 「개인은 일반적인 것을 위한 그의 현실적이며 생생한 사명을 무엇보다도 직업공제단체, 교구 등등의 자신의 영역에서 달성하기」 때문이다.432)

이미 지적했듯이, 헤겔이 바로 권력유기체로서의 공동체에 호의적으로 용인한 이러한 모든 자유는, 권력의 단순한 변용으로서 국가의 영역이 아니라 부르주아 사회의 영역에 속한다. 그러나 「원자론화」되지 않는 유기적인 국가구성원들의 자유로운 자기규정이라는 기본적인 사상은 헤겔에 의해서 완전히 부정되는 것은 아니며, 그런데 국가 중에 분지로서 편입된 동업자조합이나 직업공제단체 등등의 자립성이라는 동맹적인 사상에까지 확장된다.

18세기의 자연법론은 집권적이며 원자론적으로 주권적 국가와 주권적 개인 간의 모든 사회적 단체들을 배제하려고 하거나(루소·칸트·피히테), 또는 집산주의적이며 개인주의적으로 국가를 개개의 공공연한 협동단체로 해소하는 데에 좋아하지 않은 것은 아니다(슐뢰쩌·훔볼트). 이에 대해서 헤겔은 보다 커다란 국가권력 때문에 감히 시대정신에 반하여 낡은 독일의 직업공제단체와 다툰 것이다. 이미 1817년에 그는 이렇게 생각한다. 물론 이전의 직업공제단체는 일찍이 국가권력에 대해서 위험하였으나, 이제 상위의 국가권력들의 형성이 완성된 이후에는 **「하위에 질서지워진 쭌프트 단체나 공동단체」**433)는 다시

429) AaO., § 307 (S. 400).
430) AaO., § 308 (S. 401).
431) Hegel, *Landstände Württembergs* (Anm. 271), S. 175 f.
432) Hegel, *Rechtsphilosophie*, § 308 (S. 402) (역서, 546면).
433) Hegel, *Landstände Württembergs*, S. 176.

국가 속에 편입될 때이다 라고. 「생생한 관련은 분지화된 하나의 전체 속에만 있으며, 이러한 전체의 부분들 그 자체는 하위에 질서지워진 특수한 서클을 형성한다」.434) 자율적인 직업공제단체를 통일적인 권력에까지 유기적으로 조직한다는 이러한 사상을, 헤겔은 바로 「교구들 중에 국가들의 본래의 강력함이 있기」 때문에 표명한다. 「근래에 와서 언제나 위로부터 조직화되고 이 조직화에 주로 노력하였다. 그러나 전체의 하위에 이르는 대중은 쉽사리 다소간 비유기적으로 조직되지 아니한 채 방치된다. 그렇지만 가장 중요한 것은, 전체가 유기적으로 된다는 것이다. 왜냐하면 그럼으로써만 전체는 권력이며 실력이기 때문이다. 그렇다면 전체는 하나의 집적, 다수의 곧 분산되는 원자들에 불과하기 때문이다」.435) 여기서 헤겔은 아주 명백하게 이렇게 언명하였다. 즉 그에 대해서 국가적 유기체라는 사상은 무엇보다도 먼저 아래로부터의 국민적인 권력충동의 유기적 조직화를 의미한다라고. 유기체적 국가라는 자기에서 분지화된 것의 전체는 그에게는 다양한 사회적 서클의 하나의 상호적인 중층화로서 나타나며, 여기서는 최하부에서 개인이 자신의 정신적이며 육체적인 힘들을 가지고 질서지워진다. 그러나 그러한 질서화는 법치국가적인 그것은 아니다. 법치국가적 질서화는 국가로 회귀한 외면적인 국가시민적인 측면만을 파악하며, 개인의 전체를 파악하지 못하기 때문이다. 그러므로 국가적인 권리의 결합이 불충분한 것은 배타적 결합수단으로서의 그것이 개인을 멀리 소원하게 하며, 매개하지 않고 국가에 묶어두기 때문이다. 따라서 개인을 그 자신보다 확고하게 하도록 교육하기 위해서 국가는 개인에 대해서 사회적·공간적·정신적으로 보다 몸에 가까이, 그러므로 자신의 힘들을 유기적으로 조직화하는 데에 더욱 적합하다. 다른 조직화를 집어넣지 않으면 안 된다. 커다란 권력의 보다 기초지워진 집중화라는 목적을 위한 탈집중화라는 사상은 19세기 전체에 대해서 중요하며 슈타인의 자기관리의 기초에도 있는데, 헤겔은 이 사상을 — 아마 여기서도 처음으로 — 유기체적 국가라는 이념에 의해서 표현한 것이다.436)

### e. 국가의 인격성

의사가 부여된 유기체로서의 국가라는 플라톤적이며 중세적인 관념에서는 국가의 실재적 인격성이라는 개념은 주어지지 않았다.437) 지배자와 인민 간에 국가권력의 주체의

---

434) AaO., S. 177.

435) Hegel, *Rechtsphilosophie*, § 290 Zusatz (S. 383) (역서, 524면).

436) 이것은 잉글랜드의 제국주의적 강령의 기초에 있는 사상이다. 다음의 디즈렐리(Disraeli)의 수정궁 연설을 참조. 「나는 자기관리에 조금도 의의를 말한 적이 없습니다. 어떻게 우리들의 멀리 떨어진 식민지는 그 안건을 자기관리에 의한 이외의 방법으로 질서지울 수 있었는가를 나는 이해할 수 없습니다. 그러나 자기관리가 보증된 때에 자기관리는 제국을 공고히 하는 위대한 정책의 일부로서 귀속되어야 할 것입니다. Earl of Beaconsfield [Benjamin Disraeli], *Speech at Crystal Palace*, 24. Juni 1872, in *Selected Speeches* (Hg. T. E. Kebbel), Bd. 2, London 1882, S. 530; nach Felix Salomon, *Der britische Imperialismus*, Leipzig 1916, S. 185.

437) Gierke, *Althusius* (Anm. 4), S. 125 ff.; S. 133; Th. Kistiakowski, *Gesellschaft und Einzelwesen*.

확정을 둘러싸고 다툰 중세에서는 국가의 통일성이라는 개념이 존재하지 않았기 때문에 확실히 그 개념은 주어지지 않았다. 동일하게 중세에서는 자연법 전체가 실재적인 국가인격성에 대한 교설로서 설명되지 않았다. 중세는 추상적이며 비국민적인 개인의 우위성에서 출발하며, 지배자와 인민의 이원론에 고집했기 때문이다. 그러므로 그로티우스에서「국가주권의 사상을 예감케 하는 것」이 나타나고, 홉스에 의해서 특히 persona civitatis (**국가인격**)이라는 **술어**(terminus technicus)가 각인되고 있어도 이것은 여전히 어디까지나 persona ficta (**작위된 가면**), vita artificialis (**기술적 생명**)을 수반하며, 즉 국가계약에 의해서 산출된, excogitatum opificium artis (**기술이 고안한 제작물**)이다. 유기체적이며 실재적인 국가인격성에 대한 이론은 초인격적인 전체로서의 국가국민이 정치적 사고의 출발점으로 되기 전에는, 즉 지배자주권과 인민주권 간의 자연법투쟁이 싸움을 끝내고, 개인주의가 사회철학에서 극복되기 전에는 발전할 수 없었다. 국가는 넓은 의미에서 민주제적으로, 그리고 인민은 국민적·제국주의적으로 되지 않으면 안 되었다. 양자는 주지하듯이, 프랑스혁명에서 완수되었다. 이 혁명의 민주적인 단서들은 정치적인 국민의식의 각성과 일치하였다. 이 혁명은 마지막에는 역시 아마 국민 전체가 담당한 나폴레옹적 제국주의로 흘러들어갔다. 그러므로 우리들이 유기체적 국가의 인격성의 최초의 단서를 혁명의 아버지들, 몽테스키외나 루소에서 찾는 것은 결코 우연이 아니다.[438] 특히 후자는 아마 그 근대적인 이해에서 저 인격성론의 선구자로서 보지 않으면 안 될 것이다. 그는 **일반의사**와 **전체의사**를 매우 예리하게 구별하면서 국가를 하나의 **공적 인격**, **일체성**을 수반하는 **도덕적이며 집합적인** 하나의 **단체, 우리들에 대한 공동체**이며 **의사**라고 부른다.[439] 그러나 끊임없이 그의 기초는 여전히 원자론적·자연법적이며, 그리고 그 권력은 언제나 개인주의적인 계약을 매개로 기초가 마련되어야 할 것이다. 그리하여 이 천재적이지만 그러나 자주 모순으로 가득 찬 사상가는 역시 다시 하나의 **작위적인 단체**로 돌아간다.[440]

독일의 자연법적인 계몽사상에 대해서도 실재적인 국가인격성의 사상은 생소하다. 여기서 국가는「기계장치」(칸트)로서,「기계」(슐뢰쩌)로서,「인공적 영조물」(피히테)로서 특징짓고 있다. 그리고 볼프, 네텔블라트(Nettelbladt) 또는 피히테가 한 인격으로서의 국가에 대해서 말하더라도 그들은, 국가는「진실한 인격」이 아니며(피히테),[441] 여기에는「있는 것은 있는 것을 대신할 수 없다」(non unum pro uno habetur)(네텔블라트)[442]는 명제가 있다는 것을 덧붙이는 것을 잊어서는 안 된다. 일반적으로 말하면, 이러한 관념의

---

*Eine methodologische Studie*, Berlin 1899, S. 7 ff.

438) Gierke, *Althusius*, S. 197; Kistiakowski, aaO., S. 13 ff.

439) Kistiakowski, aaO., S. 16 Anm. 2; S. 170 Anm. 1, gegen Gierke, aaO., S. 203 f.

440) 프리드리히 대왕에서의 국가인격성에 대한 견해도 유사하다. Gierke, aaO., S. 117 Anm. 108; S. 197 Anm. 203.

441) Gierke, *Althusius*, S. 118 ff.; 200 ff.

442) Daniel Nettelbladt, *Systema elementare universae iurisprudentiae naturalis*, 4. Aufl. Halle 1777, § 83 (S. 42) bei Gierke, *Althusius*, S. 199.

대내적인 의제적 국가인격은 일련의 사법적 의무 중에 해소되며, 그리고 대외적으로만 국제법에서 일정한 일체성과 지속성을 얻는다. 그러나 이것은 주지하듯이, 피히테에서는 동일하게 상실된다.[443]「전체로부터의」사유활동에 따라서 비로소 낭만주의와 헤겔에서 처음으로 유기체개념과 국가인격성이 긴밀하게 결합하여 발견된다. 이미 초기 낭만주의 중에 본질적인 것,「개인의 전체와의 관계에서가 아니라 개인의 전체의 일체성에 대한 관계」가 있다. 그리고 이미 여기서는 유기적 일체성이 모든 자아유기체의 개체성 속에 있다.[444] 따라서 이미 초기 낭만주의가 여러 민족유기체의 **개체성원리**로서 국민적인 것을 알고 있었더라도, 그것은 역시「활성화」[445](노발리스)*를, 즉 생생한 개체적 일체성[446]으로서의 모든 다수성에 대한 전적으로 일반적인 고찰을 무제한하게 전개하여, 인격성으로서의 국가라는 사상은 정치적으로는 완전히 무가치하게 되었다. 특히 노발리스도 슐레겔과 셸링 양자도 그들의 보편주의적인 세계감정에 대응하여 인류 전체도 역시 하나의 인격으로서, 하나의 마크로 인간으로서 고찰하고 있었다.[447]

헤겔은 전혀 사정이 다르다. 그는 유기체사상이나 인격성사상도 국가에게만 제한하며 이러한 정치적 직관에서의 국민적인 것을 권력국가적인 것에로 번역한다. 그리하여 그는 이미「자연법 논문」중에서「한 민족의 생생한 개체성」[448]에 대해서 말하며, 나아가 이렇게 계속한다.「전체의 이러한 개체성에서, 그리고 한 민족의 특정한 성격에서, 거기에서 절대적 전체성이 유기적으로 조직화되는 체계 전체가 인식될 수 있다」.[449] 그러나 이러한 개체성은「형상 없는 코스모폴리탄으로 또한 인류의 공허한 권리들이나 동일하게 공허한 국제국가(Völkerstaat)나 세계공화국으로 도피할 수도 없다. 이러한 것들로서는 추상화나 형식성이 살아있는 인류성과는 정반대의 것을 포함하며, 그리고 그러한 본질에서 개체성에 대해서 항의적이며 혁명적으로 대립하기 때문이다. 그렇지 않고 개체성은 절대적 인류성이라는 고차의 이념을 위해서는 가장 아름다운 형상(Gestalt)을 인식하지 않으면 안 된다. 그리고 절대적 이념은 그 자체로 절대적 직관이므로 그 구성과 더불어 직접적으로, 또한 가장 순수하고 가장 자유로운 개체성이 규정되고 있다」.[450] 이러한 개체성은 이미 국가인

---

443) 칸트가 국가인격성의 사상에 접근하는 것을 옐리네크는 지적한다. Jellinek, *Staatslehre* (Anm. 227), S. 159 Anm. 1 (김효전 옮김, 『일반 국가학』, 법문사, 2005, 127면 주 42).

444) 그리하여 Novalis, *Schriften* (Anm. 61)에서는 이미 1798년에 국가를「신비적」(Bd. 2, S. 124),「정치적 개인」(Bd. 3, S. 300),「비유적인 인간」(Bd. 2, S. 270),「마크로 인간」(ebd.)이라고 명명한다. 그럼으로써 이미 유기체론 전체는「국가신체」,「국가혼」,「국가정신」(Bd. 3, S. 228),「내부 기관들」(Bd. 2, S. 124),「피」(Bd. 2, S. 147),「기억」,「국가사상」(Bd. 2, S. 126)」과 결합하고 있다. 종래의「기계」가「생생한 자율적 존재」로 변화하기 위해서는「공적 신조」(Bd. 2, S. 155),「국가 전체에로의 일반적인 참가, 모든 국가구성원들의 농밀한 접촉과 조화」(Bd. 2, S. 160)가 필요하다. Metzger, *Gesellschaft, Recht und Staat* (Anm. 4), S. 228 f. 참조.

445) Novalis, *Fragmente*, Bd. 2, S. 176.

446) Poetzsch, *Studien* (Anm. 370), S. 52; 60.

447) AaO., S. 71.

448) Hegel, *Naturrecht* (Anm. 267), S. 411 (역서, 116면).

449) Ebd.(역서, 117면).

격성이라는 우리들의 개념을 포함한다는 것을 헤겔은 아주 명확하게 인식시킨다. 「살아있
는 모든 것처럼 인륜적인 것도 단적으로 일반적인 것과 특수적인 것의 동일성이므로
인륜적인 것은 하나의 개체성이며 형상(Gestalt)이다」.451) 이러한 개체적 일체성은 그것을
구성하는 내용들을 「인류」에서가 아니라 보다 좁은, 특히 국민적인 공동체들로부터만
얻을 수 있다. 그 개체적 일체성은 한편으로는 「습속과 법률의 전체」에서, 다른 한편으로는
「민족의 생생함」452) 속에 존립한다. 그 밖에 이미 「체계단편」에서도 언제나 「민족」은
「유기적 전체성」으로서 등장한다. 그리고 이러한 정치적 직관의 원칙적으로 새로운 것은
이 직관이 국가를 지배자와 피지배자를 포괄하는 민족의 인륜성으로서, 그리고 신청된
의미에서의 「개체적 전체」로서 개념파악한다는 점에 있다.453)

그런데 헤겔의 권력국가론에서는 유기체와 인격성의 관계가 항상은 아닐지라도 특히
이러한 방법으로 서술한다. 즉 유기체는 아래로부터의 유기적으로 조직화된 권력충동의
상징을, 인격성은 그와 같이 유기적으로 조직화된 권력이 국가라는 한 점에 집중화하는
것의 표현을 의미한다는 방법으로 말이다. 이것은 또한 헤겔이 대내적인 국가의 인격성을
그 대내주권에서 논의를 고갈시킨 것과 관련된다.454)

헤겔은 유기체적인 국가의 인격성이라는 사유범주가 하나의 역사적 발전의 산물이며
근대의 집권화된 권력국가에만 적용할 수 있다는 것을 철저하게 자각하고 있다. 「일찍이
**봉건적 군주제**에서 국가는 확실히 대외적으로는 주권적이었으나, 대내적으로는 예컨대
군주만이 아니라 국가도 주권을 가지고 있지 않았다. 한편으로 국가와 부르주아 사회의
특수한 업무나 권력들은 독립한 직업공제단체[직능단체]나 교구[지방자치단체]의 형태로
조성되어 있고, 따라서 전체가 하나의 유기적 조직체이기 보다는 오히려 하나의 집합체
(Aggregat)였다. 또한 다른 한편, 그러한 업무와 권력은 개개인의 사유물이며, 그러므로
그들이 전체를 고려하여 행할 것은 그들의 사견이나 임의에 맡겨지고 있었다」.455) 그러나
그러한 권력분산성과 불안정성은 근대적인 국가사상과는 일치하지 않는다.456) 근대적

---

450) Hegel, *Naturrecht* (Anm. 267), S. 415 f. (역서, 123면).
451) AaO., S. 408 (역서, 113면).
452) AaO., S. 408 f. (역서, 113면).
453) Hegel, *Rechtsphilosophie* (Anm. 73), § 272 (S. 351) (역서, 487면).
454) 이러한 견해의 정당화는 부분적으로는 오늘날의 이론에 의해서도 승인된다. 그러한 것은 Richard Schmidt,
    *Allgemeine Staatslehre*, Bd. 1, Leipzig 1901, S. 235. Jellinek, *Staatslehre* (Anm. 227), S. 475 (역서,
    388면)에서 이 대내주권을 그것(국가)에 편입시키는 인격성들과 비교하여 「최고의 권력(폭력)」이라고 규정
    한다면 이 지표는 이미 헤겔의 국가인격태의 개념 중에 있다.
455) Hegel, *Rechtsphilosophie*, § 278 (S. 363) (역서, 501면).
456) 국가생활에서 그러한 봉건적 잔재를 불식하는 것에 「뷔르템베르크 지방의회」에 관한 헤겔의 논설은
    특히 공헌하였다. 이 논설은 1816년의 뷔르템베르크의 새 헌법 - 그 기초는 입헌군주제원리였다 - 을
    낡은 등족의 권력요구에 대해서 옹호하였다. 거기에서(S. 195)에서는 다음과 같이 서술한다. 「지방의회의 자립성
    에 의해서 그 지방의회가 일부에서는 대내 안건들의 측면에서, 일부에서는 특히 다른 국가들과의 정치적
    관계의 측면에서 보아 국가의 진행을 곤란케 하며, 그런데 저해하는 것을 가능케 하는 것, 이것은 국가와의
    관계에서 최악의 상태」라고.

국가사상은 「유기적」이며 집권화된 주권을 요구하기 때문이다. 「동물의 유기체적 신체에서는 그것의 이른바 **부분**은 부분이 아니며 그 유기적인 계기들인 지체(肢體)이며 그것들이 만약 고립되고 그것만으로 존립하는 것을 질병이라고 한다. 주권을 구성하는 **관념론**은 이와 동일한 규정이다」.[457] 그리하여 이제 헤겔은 명확하게 개괄한 형태로 근대적인 국가의 인격성의 개념을 전개한다. 그때에 주의할 것은 어떻게 이 사유범주가 권력의 일체적 집중화로 향한 바람과 중첩하는가이다. 「정치적인 국가의 근본규정은 그것의 계기들의 **이념성**으로서 실체적 일체성이며, 여기서는 국가의 특수한 권력들과 그 업무들은 한편으로 해체되면서 동시에 다른 한편 유지되기도 한다. 다만, 유지된다 하더라도 그것들이 독립된 권한을 갖는 것은 아니며 오직 전체의 이념에 합치되는 한에서 일정한 권한을 가질 뿐이다. 즉 특수한 권력이나 업무는 이 전체의 힘에서 출발하며 그들의 단순한 자기로서 있는 전체 속의 유동적인 지체를 이룬다」.[458] 따라서 「정치적」 국가 — 부르주아 사회와의 그 대립은 여기서 특히 명백해 진다 — 는 집중화된 권력이며, 그것은 그것을 구성하는 여러 다수성과는 다른 권력의 일체성이며, 이 권력의 일체성은 다시 다음과 같은 속성들을 가지고 있다. 「국가의 특수한 업무들과 실효적 활동은 국가의 극히 본질적인 계기들로서 국가 고유의 것이며, 이들을 관장하는 개개인과 결합하고 있다. 다만, 그들의 직접적인 인격성에 의해서가 아니라 오로지 그들의 일반적이며 객관적인 자질들에 의해서 결합되며, 그리하여 특수한 인격 그 자체와는 외면적이며 우연적인 방법으로 결합한다. 그래서 국가업무와 권력들은 **사유재산**일 수 없는 것이다」.[459] 따라서 여기서는 분명히 이렇게 서술한다. 국가를 구성하는 것은 민족 자체도 아니며, 또한 지배자도 아니며 국가는 양 계기를 포괄하는 하나의 제3의 실재적인 권력을 나타낸다고. 그러나 그것을 통하여 즉자적으로 현존하지 않거나 적어도 감각적으로는 감지할 수 없는 하나의 일체성이 성립하는, 국가인격성이라는 통일화의 계기의 본질은 어디에 있을까? 헤겔이 「국가라는 유기체에서의 첫 번째이며 최고의 **일관된 규정**」이라고 부른 「개체성」은 어떻게 형성될 것인가?[460] 오늘날의 교의학처럼 헤겔은 「의사에서」라고 대답한다. 그리고 오늘날의 형식적인 국가론이 대체로 계속 책임이 있는, 이 대답의 사회학적 설명은 그의 「법철학」 전체의 본래적인 내용을 형성한다. 그는 여기서 그 설명을 이러한 말로 총괄한다. 「학문의 내재적인 전개, 즉 학문의 **전체 내용**을 단순한 개념에서 **도출**하는 것은 다음과 같은 특성을 제시한다. 즉 완전히 동일한 개념이 여기서는 의사가 당초에는 출발점이기 때문에 추상적인데 스스로 보존하며, 그러나 자신의 한정을 — 더구나 아주 똑같이 자기 자신을 통해서만 응축하고 그리하여 구체적 내용을 얻어간다. 그리하여 매개를 결여한 직접적인 권리에서 당초에는 추상적이었던 인격성이라는 근본적 계기야말로 자신의 주체성의 여러 가지 형태를 통하여

---

457) Hegel, *Rechtsphilosophie*, § 278 (S. 363) (역서, 502면).
458) AaO., § 276 (S. 362) (역서, 500면).
459) AaO., § 277 (S. 362) (역서, 501면).
460) Hegel, *Encyklopädie* (Anm. 279), Teil III, § 541 (S. 411).

자신을 형성하며 마침내 여기서, 즉 의사의 완전히 구체적인 객관성인 국가에서 이 절대적 권리에서 **국가인격성**에, 바꾸어 말하면 **국가의 자기확신**이 되는 것이다」.461) 헤겔의 말을 번역하면 아마 이러할 것이다. 즉 개체적 의사는 우선 자기와 그리고 인류 일반으로서의 자기의 추상적인 일반성만을 의사하는데, 그러나 바로 이 추상적인 몰내용성을 통하여 자기 자신을 초월하여 쫓아내며, 이 의사가 우리들에게 유명한 단계들을 경과한 후에 자기의 구체적인 내용을 최종적으로는 국가라는 자연적이며 역사적으로 한정된 공동체에서 얻으며, 그때 이 국가는 개인적 이익과 일반적 이익과의, 자율성과 권위성과의, 균형을 제시하는 것이다. 그런데 여기서 국가는 실재적인 전체의사와 동일하며 주관적인 개별의사의 전체와는 구별되며 「의사의 완전히 구체적인 객관성, 즉 **국가의 인격성**」에까지 응축되고 있다.462)

　여기서 우리들은 다수성(Vielheit)에서의 일체성(Einheit)과 그 반대로서의 국가의 인격성을 보아왔다. 헤겔은 이 교설을 완성함에 있어서 루소를 의식적으로 답습하고, 그는 「의사를 국가의 원리로서 설정했다」고 루소를 뒤에서 칭찬했다. 그러나 헤겔에 의하면 루소는 「의사를 (나중의 피히테처럼) 오로지 **개별적** 의사라는 특정한 형식에서만 일반적인 의사의 즉자와 대자적인 것으로서가 아니라 오로지 **의식된 것**으로서의 개별적 의사에서 나타나는 **공동체적인 것**으로서」463) 파악하고, 그리하여 다시 국가계약에 도달한 것이다. 바로 여기서 헤겔은 국가와 부르주아 사회를 구별한 것이다. 국가의 전체의사는 개별의사로부터 완전히 독립하여 실재적으로 현존하는 인격성으로서, 즉 「객관적 의사」로서 이미지되어야 한다는 것이다. 이러한 의사의 실재에 대해서는 그것이 「개개인들에 의해서 인식되는가의 여부, 그리고 그들의 임의에 의해서 의사되는가의 여부」464)는 바로 아무래도 좋은 것이기 때문이다. 따라서 국가의 권력은 루소에 있어서도 여전히 위협적인, 의식적인 개인적 동의라는 자연법적 위험에서 완전히 벗어나며, 하나의 대상적·객관적인 인격성의 형태를 부여하고 있다. 그러나 어떻게 이 응축이라는 과정이 인격성으로서 성립하는가, 어떻게 일반적인 의사의 내용은 대상성으로서 성립하는가? 우리들이 이것을 묻는다면 헤겔은 우리들에게 일관해서 변증법적·법학적으로만이 아니라 사회학적·정치적으로도 답변한다. 민족정신이 실재적으로 이 응축을 배려한다 라고. 「국가에서 뚜렷하며 자각되는 일반적인 것은 한 국민의 교양을 이룬다. 그러나 일반성의 형식을 얻고 국가인 구체적인 활동현실태에 그 본질이 있는, 한정된 내용은 민족정신이다」.465) 따라서 국가의 인격성은 특히 「습속」에서 표현된 국민적인 의식을 통하여 성립하며, 그리고 이 의식을 통해서 그 개체적 생활을 얻는다. 따라서 헤겔은 — 더구나 본질적으로 이미 1803년에 오늘날 여전히 독일뿐만 아니라 외국의 학문이 일반적으로 승인하는 하나의 국가이론을 정식화하

461) Hegel, *Rechtsphilosophie*, § 279 (S. 365 f.) (역서, 504면).
462) AaO., § 279 (S. 366) (역서, 504면).
463) AaO., § 258 (S. 314) (역서, 444-445면).
464) AaO., § 258 (S. 315) (역서, 444면).
465) Hegel, *Geschichtsphilosophie* (Anm. 236), S. 62.

고 있었다. 여러 세기에 걸쳐 국가권력의 주체를 둘러싸고 학문이며 정치적으로 투쟁이 반복해서 퍼지고, 이 이론이 이 주체를 한편으로는「민족」속에, 다른 한편으로는 지배자 속에서 보려고 한 후에, 이제 헤겔은 주권의 보유자는 양자를 초월한 제3의 것인 국가라고 설명한다.

종래 헤겔이 그의 군주에게 부여된 고유한 지위가 분명히 오해되었기 때문에 헤겔은 국가의 근대적인 인격이론의 창시자로서 인정된 것처럼 보인다.「주체성은 실로 **주체로서만**」, 그리고「국가의 인격성은 하나의 **인격인 군주**로서만 현실적일 뿐이다」. 그러나 군주라는 개념은「도출되는 것이 아니라 **전적으로 스스로 비롯하는 것**」[466]이다. ― 헤겔이 이렇게 다시 서술한다면, 이것은 국가의 특수한 업무나 실효적인 활동은 국가 그 자체에 귀속하며, 개체적 기관들이란「외면적이며 우연적인 방법으로」[467]만 결합될 뿐이라는 바로 명확하게 언명한 명제와는 분명히 모순되는 것처럼 보인다. 그럼으로써 헤겔은 바로 설정한 국가의 인격성이론이 다시 미끌어 떨어지고, 위장된 지배자주권을 둘러서 도입한다는 모양을 지닌다. 그러나 이는 정당하지 않다. 왜냐하면 바로 군주의 이러한 지위에서 한편으로는 어떻게 인격성이론 전체가 국민적인 권력집중에 대한 교설인가, 그러나 다른 한편 또한 헤겔의 교설이 얼마나 새로우며, 근대의 군주이론은 얼마나 낡은가, 이것이 특히 명백해지기 때문이다.

인민주권이라는 혁명적 원리에 대한 가장 날카로운 반동으로서, 독일에서는 한편 지배자 주권으로서의 자연법적 계약이론이 다시 형성되며, 끝으로는 루이 18세의 **헌장*** 의 어떤 단지 외면적인 영향도 없이「군주제원리」로까지 형성된 것이다.[468] 그 후 1820년에는 **빈 최종의정서** 제57조에서 그러한 원리는「이것으로 주어진 기본개념에 따라서 전체 국가권력은 그 원수에서 통일되지 않으면 안 된다」고까지 된 정언명령을 얻고 있었다.

이 원리의 핵심은 인민주권에 대한 혁명적 · 민주제적인 교설에 대한 대립 속에「인민이 아니라 군주가 즉자적으로 국가의 인격성 그 자체를 주체로서 인정하는 국가권력의 국가의 사를 대표하는 특수한 기관으로 간주해야 할 것이다」라는 반동적 사상 속에 있다.[469] 지배자주권의 정통성이라는 이 원리와 아울러 종교적 장식인「신의 은총」은 그것이 프리드

---

466) AaO., § 279 (S. 365-367).

467) Hegel, *Rechtsphilosophie*, § 277 (S. 362) (역서, 501면).

468) Eduard Hubrich, "Das monarchische Prinzip in Preußen," in *Zeitschrift für Politik*, 1 (1908), S. 193 ff.는 특히 일반 란트법(*Allgemeines Landsrecht*, Teil II, Titel 13, § 1)에 의거하여 지배적 교설에 따라 이 원리의 국민적 성립을 자연법적 교의로부터 증명하려고 한다. 이에 대해서 카우프만(Erich Kaufmann, *Studien zur Staatslehre des monarchischen Prinzipes*, Leipzig 1906, S. 46 ff.은 1814년의 프랑스헌장을 원천으로서 주장한다. 그에 대립해서 힌체(Hintze, "Das monarchische Prinzip" (Anm. 260), S. 381 ff.는 어떻게 이 원리가 대내적으로 프로이센의 국가발전에서 기초가 되고 있었는가를 보여준다. 헤겔은 이 점에서 아무 곳에서도 언급하지 않으며, 더구나 카우프만은 군주제원리의 고전적인 대표자인 슈탈(F. J. Stahl)이 입헌주의적 권력분립론의 대표자인 헤겔과 기본적으로는 철학적이며 정치적으로 대립하는 것을 증명하려는 시도를 고지한 것에 불과하다. 내 생각으로 그러한 기도는 불가능한 것이다.

469) Hubrich, aaO., S. 206. 거기에 붙어 있는 주에서 주목할 만한 전거를 보라.

리히 빌헬름 4세나 러시아의 알렉산더에 대해서는 중요한 것으로 생각되었지만 상대적으로는 매우 사소한, 본질적으로는 장식적인 역할을 할 뿐이다.

그런데 군주제원리의 이러한 국가론은 삼중의 방법으로 이론적인 근거가 마련되었다. 첫째로, 자연법적인 복종계약의 교설이 다시 전개된 것으로서, 둘째로 가산제적 국가이론으로서, 끝으로 지배자의 신수권론으로서이다. 이들 모든 이론은 이원론적인 세계관과 국가관으로 귀착하며, 지배자의 지위를 국가 그 자체로부터 설명하지 아니한다. 헤겔을 통해서 비로소 군주제적 원리는 일원론적인 색채와 입헌주의적인 장식을 얻었다. 이런 형식에서 그 원리는 프로이센과 독일 국법학 문헌의 많은 부분의 교의가 될 수 있었다.

헤겔에 있어서 군주제원리에로의 복고적인 적용만을 억측하는 것은 잘못일 것이다. 여기에 보이는 것은 오히려 그의 체계와 본원적으로 낭만주의로부터 영향을 받은 그의 권력국가론이 논리정합적으로 다시 형성된다는 것이다. 그때 왕정복고의 철학적 기초는 이 프로이센 국가철학자가 호의적으로 받아들인 과제권에 속하고 있었다 — 이것은 결코 부정되어서는 안 되는데,[470] 왜냐하면 우리들의 철학자는 군주제원리를 가산제적 이론에 의해서도 —「국가업무나 권력들은 사유물일 수 없다」[471] — 또한 우리들이 보듯이, 헤겔이 끊임 없이 배척하는 국가계약에 의해서도 기초가 마련되지는 않는다. 그러나 또한 본래적으로 그는 그것(군주제원리)을 신의 은총으로서 인식하려고도 하지 않는다. 바로 이 교설에 대한 그의 양의적인 태도는 특히 특징적이지만 말이다. 헤겔에 의하면 과연 군주의 자신에서 비롯하는 품격과「가장 가깝게」합치하는 것은「군주의 권리를 신의 권위 위에 근거지워진 것으로서 고찰한다」는 관념이다.「왜냐하면 여기에는 군주의 권리의 무제약적인 면이 포함되어 있기 때문이다. 그러나 주지하듯이, 어떤 오해가 이러한 생각에 따라 붙어있었으며, 철학적 고찰의 과제는 바로 이 신적인 것을 개념적으로 **파악하는 것이다」.**[472] 따라서 헤겔은 국가의 종교적 기초지움 일반과 마찬가지로 군주제원리의 신학적 기초지움을 배척하지 아니한다. 그러나 이 기초에는 그에게 대해서 또한 사람이 생각할 수 있었듯이, 프로이센적인 신의 은총에 대한 단순한 양보도 없다면, 또는 주장되었듯이 단지「고풍의 형식」도 아니다. 무엇보다 혁명에 지친 시대의 반동으로서의 초기 낭만주의가 군주제적인 국가권위 — 이러한 경향은 최종적으로는 슈탈에 의해서 하나의 철학적 체계로 가져온 — 를 초지상적인 것으로 높이려는 노력을 보여주듯이, 이처럼 같은 의도에서 헤겔 역시 지배자를 국가권력의 유일한 담당자로서 절대화하는 것을 시도한다. 카우프만이 제시하는 것은, 어떻게 슈탈에 대해서는 철학적 중심문제가 불충분한 보장만을 줄 뿐인 합리주의적 사유의 극복에 집중되고 있었는가 하는 것이다.「합리주의는 이성에서 현실의 모든 내용을 개념파악할 수 있는 — 이것을 사람이 인정하려고 했다

470) 이미 Prantl, "Hegel und die Hegelianer," in *Deutsches Staats-Wörterbuch* (Hg. J. C. Bluntschli und K. Brater), Bd. 5 (1860), S. 55는, 군주제에 대한 헤겔의 견해는 프로이센 복고에 대한 노예근성에서 성립하였다는 하임(Haym)의 비난을 헤겔의 초기 논집(Jugendschriften)을 인용하여 반박하였다.

471) Hegel, *Rechtsphilosophie* (Anm. 73), § 277 (S. 362) (역서, 501면).

472) AaO., § 279 (S. 367) (역서, 506면). 강조는 헬러에 의함.

하더라도 다음과 같은 문제는 남는다. 즉 누가 이성의 규정들의 **타당성**과 이성에 의해서 **있어야 할 것**과 요구된 것을 **보증하는가?**」473) 그러나 슈탈에서도 역시 「국가는 하나의 일체성이어야 한다」474)는 요구가 서술되고는 있다. 그러나 그의 의견에 의하면, 셸링과 헤겔에서 이 요구의 보장은 여하튼 또 다시 계속 합리주의적일 뿐이다. 「인간의 의식인 민족은 자신에게 이념을 구성하고 그 후에 그 지배기구를 설치하고 지배하며, 이 지배기구를 자신 위에 지니지도 아니하며」, 이 지배기구는 ― 여기서 민족은 〈하나인 것〉이기는 하다 ―「민족 이전에도 민족 위에도」 없다.475) 슈탈의 헤겔에 대한 이러한 논쟁은 완전한 근거가 있을까? 헤겔은 이미 한 세대 전에 슈탈과 같은 것을 말하지 않았던가? 그는 정부는 「신이 나타남」이라고 주장하지 않았던가? 「정부의 말은 신의 말씀이며 정부는 다른 형식으로 나타나거나 존재할 수도 없다. 정부는 지존자의 직접적인 사제이며, 그 신성함에서 정부는 그에게 조언하며 그의 계시를 보유한다. 모든 인간적인 것과 모든 다른 재가는 여기서 끝난다」.476) 그런데 헤겔이 계속해서 다음과 같이 서술할 때, 그것은 프랑스적인 민주제이념에 반대하는 동일한 군주제원리는 아닌가? 즉 「절대 정부에 그 신성함을 부여할 수 있는 것은, 그러한 권력이 불가침이어야 한다는 선언도 아니고 인민 전체가 자신의 대표를 뽑는 선거도 아니며, 이와 같은 재가는 오히려 절대 정부로부터 그 신성함을 박탈한다. 선거와 선언은 행동이며 자유와 의사로부터 나오며, 따라서 그와 똑같이 번복될 수 있는 것이다」. 이에 대해서 정부는 「신적」이어야 하며, 「자신에서 제재되고 만들어지지 않는」477) ― 이와 같이 헤겔이 서술할 때 그것은 프랑스적인 민주제이념에 대한 동일한 군주제원리는 아닌가? 군주제원리의 신의 은총은 아마 슈탈에 의해서도 더욱 권위적으로 근거지워진 일은 결코 없었다!

헤겔에 대해서 인격신은 언제나 정치적 목적을 위한 수단에 불과하지만 슈탈에 대해서는 더 깊게 진지하다. 확실히 이것을 망각해서는 안 된다. 그러나 여기서는 바로 양자에게 공통된 정치적 목적이 문제이다. 슈탈 역시 그의 군주제원리를 「**신정정치적 원리**와 대립하여 역사적 원리로서 **정당성의 원리**로서」 설정하였다.478) 그리고 이에 따라서 헤겔의 이론은 슈탈의 이론처럼 군주가 설정한 실천적으로 정치적인 근거에서 같은 목표에 도달하기에 이른다. 그때 헤겔의 직관은 결코 보다 커다란 합리성에 호소할 수는 없으며, 그러려고도 하지 아니한다. 왜냐하면 헤겔의 군주의 「오로지 자신으로부터만 비롯하는 것」은, 슈탈의 신수권 이상으로 비합리적이지 아니한가 하는 것은 전적으로 적확하기 때문이다. 그리고 바로 이 비합리적인 측면에 헤겔은 특별한 강조점을 둔다. 그는 「생득권과 상속권」이

473) Friedrich Julius Stahl, *Die Philosophie des Rechts*, Bd. 1, 5. Aufl., Freiburg 1878, S. 464 bei Kaufmann, *Monarchisches Prinzip*, S. 65.
474) Stahl, aaO., Bd. 1, S. 500 bei Kaufmann, aaO., S. 78.
475) Stahl, aaO., Bd. 2, Teil II, S. 6 f. bei Kaufmann, aaO., S. 78.
476) Hegel, *Sittlichkeit* (Anm. 275), S. 487(김준수 옮김, 『인륜성의 체계』, 139면).
477) AaO., S. 487 f.(역서, 127면).
478) Stahl, aaO., Bd. 1, S. 81 bei Kaufmann, aaO., S. 96.

정통성의 근거를 이루는 것은 이로써 「왕위가 공위가 될 때 당파투쟁이 방지되기」 때문이라
는 것은 결코 아니라는 것을 강조하기 때문이다. 이러한 측면은 「결과에 불과하며 이것이
**근거**가 된다면 그것은 존엄을 숙고의 영역에로 끌어내리며, 그 존엄에 — 그 성격은 이러한
근거 없는 직접성이며 이 궁극의 자체 존재인데 — 거기에 내재적인 국가의 이념을 부여하지
아니한다」.479)

   프로이센적 국가관에는 잘 알려진 원칙의 이러한 헤겔의 정식에서 새로운 것은 첫째로,
그가 자연법적 계약론과는 모순되게 반합리주의적으로 국가로부터 근거를 마련한 것,
그리고 둘째로 그가 입헌주의적 주권과 국민적 주권을 고유한 형태로 결합한 것이다.
절대주의적인 자연법론은 거기까지 군주를 언제나 계약에 의해서 성립시키고, 부르주아
사회의 목적들을 반복된 개개인의 성원들에게 이끌어서 관계지우고 있었다. 그리하여
수아레스(Suarez)는 1791년-92년 왕위계승자에 대한 진강에서 이렇게 상설하였다. 즉
프로이센 군주는 「국헌의 규정에 따라 시민사회의 원수이며, 이 시민사회는 이 원수 아래
그 결합의 목적 — 그 안녕과 안전을 보유하는 것, 그 사적 복지를 촉진하는 것 — 을
위해서 통일된 힘들을 가지고 기능해야 하며, 통일된 것입니다. 시민사회는 시민의 계약이
며 그 통일된 모든 힘들의 사용과 처분을 그 주권자에게 맡긴 — 따라서 주권자에서
**시민사회의 모든 법**은 통일되는 것입니다」.480) 자연법적 · 이원론적인 계약의 교의의
추상화나 형식성 대신에 헤겔이 정립한 것은 「절대적 직관으로서의 절대적 이념」.481)
즉 저 국가국민적 · 군주제적인 의식에 의해서 형성된, 국가의 매우 자유로운 — 지배자
중에 체현된 — 개체성이다. 그러나 이와 아울러 자연법으로부터 자유로운 이 원리를
하나의 유기체적 · 입헌적인 국가이념과 결부시키려는 의도가 남아있다. 이것은 이미 『독
일 헌법론』에서 그러하다. 여기서 군주(Regen)는 「하나의 인격성으로서 국가권력」이기
때문이다. 이 원리가 헤겔에 대해서 가진 의미는 지배자의 일체적 의사에 의한 권력의
집중화이다. 유기적으로 조직화된 아래로부터의 권력충동의 표현으로서의 유기체사상과
의 결합에서, 헤겔은 바로 우리들이 근대적인 군주제적 · 입헌적인 원리라고 부르는 것을
구성한 것이다. 여기에는 다수성에서 독립하고 그 목적들에는 기여하지 않는 비합리적인
권력의 일체성이 시민사회의 자연법적 · 개인주의적인 국가개념에 대항하여 등장한다.
국가의 권력은 자기목적이 된 것이다.

   군주제원리와 유기체원리와의 이러한 고유한 결합으로 헤겔에게는 입헌주의의 특정한
제도들이 그의 국가상 안에 받아들일 수 있게 되었다. 다만, 그런 것은 언제나 그럼으로써
군주의 절대적 지위라고 억측함으로써 보장된 권력의 집중이 어떤 방법으로든 의문을
제기할 수 없는 것처럼 보일 뿐이다. 입헌적인 국가제도들은 이처럼 모순된 경향들에
의해서 하나의 완전히 특별한 인상을 얻고 있었다. 힌체(Hintze)가 헤겔 이래 인정된

479) Hegel, *Rechtsphilosophie*, § 281 (S. 373 f.) (역서, 513면).
480) Bei Hubrich, "Monarchisches Prinzip" (Anm. 468), S. 202 f.
481) Hegel, *Naturrecht* (Anm. 267), S. 415 f.

이 군주제적인 입헌주의를 「낡은 계몽화 된 절대주의의 하나의 변용」이라고 특징지은
것은 정당하다.482) 그리하여 헤겔이 인민주권을 확실히 타당케 하는 것은, 인민주권에
의해서 「어떤 민족 무릇 **대외적으로** 자립해 있고, 하나의 독자적인 국가를 구성한다는
것」,483) 이것 이외의 것을 표현하지 않는 한에서이다. 그러나 인민이 「참으로 유기적인
전체성이라고 생각되자」 마자, 「주권은 전체의 인격성으로서, 또한 이 인격성은 그 개념에
적합한 실재성을 띠면서 **군주의 인격**으로서 존재한다」.484) 그렇게 되면 혁명적인 국가사
상 위에 군주제원리가 두어지게 된다. 헤겔이 주권과 국가의 인격성을 진지하게 받아들인
데에는 의심의 여지가 없다. 그러나 그의 철학은 이 국가인격성 위에 지배자인격성을
심고 있다는 매우 안이한 길을 그에게 제공한 것이다. 즉 국가는 의사이기 때문에 누가
이 국가의사를 파악하게 되는가 하는, 여하튼 해결하기 어려운 문제가 성립한다. 「그런데
국가는 자기 자신을 규정하는, 완전히 주권적인 의사이며 궁극적인 자기결단이라는 점이
표상으로서도 파악된다. 이보다 더 어려운 것은 이 '**나는 의사한다**'라는 것이 인격으로서
파악되어야 한다는 것이다」.485) 그러므로 한편에서 헤겔이 그의 최초의 체계에서 그의
최후의 저작에 이르기까지 국가를 언제나 「그 유기적 전체성」에서의 민족으로서 파악할
계획이었던 것은 의문의 여지가 없다 하더라도, 사람은 역시 군주 없는 민족보다도 민족
없는 군주를 관념할 수 있는 것이다. 왜냐하면 후자(군주)가 처음으로 민족에 「**자신
속에 형성된** 전체 속에만 존재하는 모든 규정들 — 주권 · 정부 · 법정 · 지배기구 · 신분제
의회 그리고 무엇이든」을 주기 때문이다. 따라서 군주제적 원리는 「발전된 이념」이며,
이 이념에 대해서는 「**공화제**, 더구나 보다 한정해서 말하면 민주제」는 모두 더 이상
「논할 바가」 못된다.486) 따라서 사람은 확실히 국가를 유기적 · 국민적인 민족의 인격성으
로서 관념할 수 있게 되는데, 그러나 「국가의 인격성은 한사람의 **군주라는 인격**으로서만
현실적인 것이 된다」.487) 이 군주는 다시 「국가의 **내재적** 유기적인 계기」가 되며,488)
이로써 멋지게 사용가능한 유기체사상은 아마 매우 화합할 것이며, 군주를 「전체의 정점이
며 출발점」이게 한다.489) 확실히 헤겔이 바란 것은 군주가 「자의적으로 행동하는 것이
허용되지」 아니한다는 것이다. 오히려 지배자는 「심의에 붙여지는 구체적인 내용에 구속
되어야 한다는 것이며, 그리고 헌법이 확고하다면 그는 종종 자신의 이름으로 서명하는
것 말고는 아무 일도 할 필요가 없다」.490) 그는 「단지 '그렇다'라는 한 마디로 끝마무리하

482) Hintze, "Monarchisches Prinzip" (Anm. 260), S. 387.
483) Hegel, *Rechtsphilosophie*, § 279 (S. 367) (역서, 506면).
484) AaO., § 279 (S. 368) (역서, 507면).
485) AaO., § 279 Zusatz (S. 370) (역서, 509면).
486) AaO., § 279 (S. 368) (역서, 507면).
487) AaO., § 279 (S. 366) (역서, 504면).
488) AaO., § 279 (S. 368) (역서, 504면).
489) AaO., § 273 (S. 355) (역서, 492면).
490) AaO., § 279 Zusatz (S. 370) (역서, 509면).

는 점을 찍기만 하면 된다. 확고한 질서가 잡혀있는 군주제에서는 객관적인 면은 오로지 법률에만 귀속되어 있고, 군주는 단지 이 법률에 주관적인 입장에서 '나는 의사한다'라는 것을 덧붙이기만 하면 그것으로 충분하다」.491) 그러나 그럼에도 불구하고 우리들에게 이미 유명한 「신분제 의회」는 조언하는 데에 그치며, 「부당하게도 **입법권**」으로 간주되고, 이 입법권에는 「특수한 정부관청이 본질적으로 관여하며」, 그리고 군주권은 최종적으로 결단에 절대적으로 관여하는 것이다」.492) 그리하여 과연 언제나 이념에서 군주는 구속되며 헌법은 확고한 것인데, 그러나 실천에서는 바로 동일한 군주가 「절대적인 것」으로 된다.

끊임없이 주어진 권력들과 논쟁하면서 그것들을 존중하는, 헤겔의 이러한 신중한 정치적 사유는 그의 시대의 자유주의화하고 있는 감정정치가에 대해서 터무니 없는 우월성을 그에게 주었다. 그는 대체로 법치국가적 이념들을 과대평가하는 것과는 거리가 멀며 그 반대로 과소평가하게 된다. 그는 여기서도 결코 가산제적 또는 루소적인 인민절대주의로 돌아가려고 하지 않으며, 그러나 그것보다도 훨씬 민주적인 권력분립론에는 그렇지 아니하다. 「모든 구체적인 국가권력을 하나의 현존하는 것에서 통일하는 것은 가부장적인 상태에서의, 또는 동일하게 만인의 모든 업무에의 참가라는 민주적인 헌정에서의 그것과 마찬가지로 그것만 취한다면, 권력들의 **분할**이라는 원리와 저촉한다」.493) 따라서 모든 구체적인 권력은 주권에서 통일되어 있지 않으며, 아마 그런 것은 있을 수 없다는 것을 인정하더라도, 헤겔은 역시 국가생활에서 언제나 궁극적인 자기결단, 결단하는 권력의 재정(Machtspruch)이 필요하다는 것, 이것을 인식하고 있다. 이 최고의 권력결합을 확정하기 위해서 한 사람의 군주가 필요하다. 그는 이 목적을 위해서 적어도 이념에 따른다면, 국가의 모든 권력을 그의 인격에서 통일하게 된다. 여하튼 군주제원리와 의회제원리와의 차이라는 명확한 개념을 헤겔의 시대에는 가지고 있지 않았다. 1845년에야 비로소 슈탈은 이러한 양 헌법형식에서의 서로 배타적인 대립을 명확화하였다.494) 그리하여 헤겔은 군주에 의한 완전한 권력의 집중화와 입헌주의적인 제한들이 일치할 수 있는가 하는 것을 진지하게 생각할 수 있었다. 국가의 권력은 그 완전한 능동성을 지배자에서 표현해야 할 것이다. 왜냐하면 「모든 행위와 현실성은 그 단서와 그 완수를 추진자가 결단하는 일체성에서 가지기」 때문이다.495) 권력으로서의 이 국가에는 입헌주의적인 제도들은 영향을 미치지 않을 것이다. 이것들 역시 기본적으로는 부르주아 사회의 영역에 속한다. 그리하여 「부르주아 사회에 귀속하는」 모든 사람들이 그것으로 입법에 참가하는 「**상설** 기관」은 역시 도처에서 (전쟁과 평화와 같은) 「개체로서의 국가의 등장과 행위에 관련된」 이해관심이 문제가 되는 곳에서는

---

491) AaO., § 280 Zusatz (S. 373) (역서, 513면).

492) Hegel, *Encyklopädie* (Anm. 279), Teil III, § 544 (S. 417).

493) AaO., § 542 (S. 412).

494) Friedrich Julius Stahl, *Das monarchische Princip. Eine staatsrechtlich-politische Abhandlung*, Heidelberg 1845.

495) Hegel, *Rechtsphilosophie* (Anm. 73), § 279 (S. 369) (역서, 508면).

쫓아내게 된다.496) 여기서 국가는 인격성 그 자체의 katexochen(억지자)이며, 따라서 집중화 된 권력과 이 인격성은 지배자에서 통일되는 것이다.

그리하여 국가의 인격성의 이념은 전적으로 보존된다. 그러나 국가인격성에 의해서 집중화 된 권력의 실천적인 운용은 지배자의 인격에 맡겨지며, 이 지배자는 모든 주권의 보유자가 되는 것이다.

## B. 대외적 권력국가 사상

그리하여 헤겔은 국가를 최고이며 가장 보편적인 생활형식으로서, 즉 인간생활 일반의 일체성을 나타내는 것으로서 발견하였다. 국가는 내외의 모든 목적을 통일하는 것, 모든 가치를 균형시키는 것, 권력과 법, 동일하게 권력과 인륜이나 종교를 유화시키는 것이다. 법·인륜·종교는 모두 이 유화에 의해서 통일되며 공동체의 자유가 된다. 그런데 이 자유는 또한 모든 문화적 기능들과 그들의 주권적인 현존을 목적으로서 통일할 것을 요구한다. 그들은 서로 침투하며 하나의 정신적·자연(물리·생리)적인 권력이 되지 않으면 안 된다. 그리하여 주체와 객체, 개인과 사회, 이들의 실체적 일체성이 창출되는데, 이 일체성이 이념에서의 국가라는 것이 된다. 왜냐하면 그 성원들에 의해서 그들의 완전한 신체적이며 정신적인 현존을 수반하여 자유롭게 의사된 국가만이 동시에 강력하고 인륜적이며, 이 강력한 국가에 의해서만 개인에게 그 권리와 자유가 권력의 척도에 따라서 성립하기 때문이다.

이 국가철학은 나아가 위로 향한 하나의 형이상학적 결론을, 즉 하나의 궁극적인 당위를 필요로 한다. 이 당위는 주관적인 권력희구에 그 객관적인 정당화를 분여하며, 그리고 순수한 국가이익에 대한 교설을 이기적인 권력희구를 초월하여 하나의 세계관적 관련 속에 둔다. 지금까지 헤겔이 우리들에게 오로지 서술해 온 것은, 국가는 모든 문화적 힘들의 집중화이며, 또 그래야 한다는 것이다. 그러나 하나의 철학에 요구되는 것은 그것이 궁극적인 「무엇을 위해서」에 대답하는 것이다. 존재하는 것은 이성적이라는 원칙에 충실히 최고의 당위를 내용으로 하는 이러한 헤겔의 대답은 역사적 존재에서 생긴다. 생명의 의미는 「발전」이며 더구나 제시할 수 있는 내용을 결여한 「자유에로의」497) 발전이다. 그러나 이 발전을 자극하는 것은 국가들이나 국민들 간의 물리적·정신적인 권력투쟁이다. 모든 민족은 우리들이 보듯이, 국민을 세계사에서 실현하며 지배에 가져오며 노고하여 형성하고 관철하지 않으면 안 되는 일정한 「원리」가 대응하는, 완전히 한정된 고유한 하나의 양식이다. 이러한 원리들을 제시하는 것은 세계정신이다. 세계정신은 물리적이며 정신적인 최고의 수행에 의해서 실현된다. 이 수행은 민족들 간의 투쟁이 더구나 그 정도, 그 시대의 「최강의」, 그러므로 최고의 것, 세계정신의 법을 가지는 국민에 의해서 야기한다.

---

496) Hegel, *Encyklopädie*, § 544 (S. 414).

497) Hegel, *Geschichtsphilosophie* (Anm. 236), S. 24.

이것은 다윈·핵켈적인 생물학적 일원론을 이미 선취하는 하나의 사상행로이다. 왜냐하면 양자에서는 생존경쟁에 의해서 지목된 자동적인 종의 보존과 진화가 민족들의 자연적인 도태로서 주장되며, 그리고 이것에서 실재의 목적이 일원론적인 인종도태의 형상에서 연역되기 때문이다.

헤겔의 역사철학에서는 모든 목적 속에서 궁극의 그것은 「자기 자신을 대상으로서 가지는」 정신이 되는 것, 이것은 이 도태에서는 어디까지나 사소한 것이다. 왜냐하면 첫째로 이 도태는 일원론적인 것이며, 둘째로 헤겔은 이 궁극목적에 대한 무엇을 알고 있을 뿐이며, 그러나 이 궁극목적을 실현하는 액터들을 알지 못하기 때문이다. 이러한 액터들은 그것들이 그들의 구체적인 이해관심을 향한 권력에의 의사에 헌신함으로써 오히려 무의식에 이 궁극목적을 달성한다. 역시 바로 이 점에 세계정신의 교활함이 있다면, 그것은 「정열들을 자신을 위해서 움직인다」는 「이성의 교지」인 것이다.[498] 다른 방법으로는 결코 발전은 성립하지 않을 것이다. 「내가 그를 위해서 활동하는 하나의 목적은 어떤 방법으로 나의 목적이기도 하여야 하기」 때문이다.[499] 그러므로 국가국민적인 주관적 목적들은 또한 동시에 객관적인 세계정신의 목적들이기도 하며, 그리고 바로 이 점에 이성의 역사적 현실존재에서의 내재성이, 즉 「그러나 저 개개인과 민족들의 생활활동은 그것들이 자기 자신의 것을 추급하고 충족시킴으로써 동시에 그것들이 그것에 대해서 아무것도 알지 못하며, 그것들이 무의식으로 성취하는 보다 고차이며 그 이상의 것의 수단이나 도구인 것」, 이것이 존재한다.[500] 개개인에 대해서도 특히 세계사에서 직접적인 행위자들인 「세계사적 개개인」에 대해서도 사정은 다름 없다. 그들 역시 「타자들에 대해서가 아니라 자신을 만족시키기 위해서」만 의사하는 것이다. 그러나 그들 「고유의 특수한 목적들이 세계정신의 의사인 실체적인 것을 포함하는」것은 자동적으로 야기된다.[501]

그러므로 사람은 헤겔의 세계정신을 어떤 형태로도 객체화하는 것에 대해서 매우 신중하지 않으면 안 된다. 그의 세계정신은 밖으로부터 역사과정에 개입하는 권력은 완전히 아니며, 그것을 권력의 정신적이며 물질적인 생산수단에 의해서 달성한 특정의 국민의, 그 시대의 최고의 발전수준 이외에는 아니다. 세계정신의 입각점은 특히 정치적인 세계권력의 입각점이며, 그리고 개개인이나 민족들은 이것을 그들 자신의 정신적이며 정치적인 이해관심의 추구에 의해서 달성한다. 이 이해관심을 수반하여 그들은 세계정신이라는 일을 수행하는 것이다. 왜냐하면 그것들은 「동시에 무의식적인 도구이며 저 내적인 일의 성원(분지)이기」 때문이다.[502]

이로써 여하튼 역사가 「그 위에서 민족들의 행복, 국가들의 지혜, 개개인의 덕이 희생으로

---

498) AaO., S. 41.
499) AaO., S. 28.
500) AaO., S. 32.
501) AaO., S. 37 f.
502) Hegel, *Rechtsphilosophie*, § 344 (S. 432).

바치는「도살대」로서 나타나더라도, 이 모든 것들은 그들에 의해서 달성되는 절대적인 궁극의 목적의「수단」에만 속할 뿐이다.503) 모든 국민적 권력의 희구 ─ 이것이 무제한한 것이든 ─ 는 그에 수반하여 생각할 최고의 의미를 얻는다. 왜냐하면 국가의 주체적인 권력의사와 객체적인 세계목적은 합치하며, 그리고「있어야 할 현실의 세계는 진실로 선한 것이며, 일반적으로 신적인 이성 또는 자기 자신을 완수하는 권력이다」는 것이 제시되기 때문이다. 이러한 선한 것, 그 가장 구체적인 표상에서의 이러한 이성은 신이며, 신은 세계를 통치하며 신의 통치의 내용, 신의 계획의 완수는 세계사이다」.504) 확실히 이 신은「인륜적인 이념도 심미적으로 관조하고 창조하는 힘도 은혜롭고 선한 신성의 계획하고 배려하는 의도도 보이지 않으며, 가차 없이 피비린내 나는 전사적인 신으로서 무장하고 장갑되어 있다」.505) 객관적으로는, 즉 우리들의 철학자에게는 사실상 저 도살대의 지도자로서만 보이는데, 그러나 민족들에 대해서 신은 이 객관적인 형상 속에 어디까지나 숨어 있으며, 하나의 상승해가는 국민에게 더구나 생각할 수 있는 가장 실천적인 정치적 목표마저 제공한다. 역사적인 권력투쟁에서 이 신에 대응하는 것은, 모든 존재가능성 속에서 최선의 그것을 언제나 호전적으로 긍정하는 하나의 매우 차안적인 생명감정이다. 이 생명감정은 끊임없이 이성적인 하나의 세계연관 속에 질서지워지며, 그리고 진정되며 발견된다. 그리고 결국 헤겔은 확실히「멸시한 현실을 정당화하는」것 이외의 것을 의사하지 않았다.506) 그에 대해서는 그때에 몰래 변명(Apologie)이 신격화(Apotheose)가 되었으며, 존재당위(Seinsollen)는 여하튼 또 다시 한번 존재에서 나타나는 것이다.

헤겔의 이 세계정신은 기독교적이며 자연법적인 세계관과 생각할 수 있는 가장 예리하게 대립한다. 이 세계관의 보편적인 법이나 인륜의 개념들은 인류의 완성가능성을 위하여 국민적이며 국가 간의 평화를 요구하였기 때문이다. 국가들의 평온한 병렬관계라는 이상에 대항하여, 헤겔에서는 세계지배를 둘러싸고 투쟁하는 국민의 전후관계가 단순한 역사적 · 정치적인 인식으로서는 사소하지 않고 마찬가지로 이상으로서 등장한다. 이 투쟁 중에 실제로「인류의 완전성과 교육」이 있다고 하며, 그리고 이 발전 중에 보다 고차의 발전을 인식하지 못하는 사람들에게는「정신이란 어디까지나 공허한 낱말일 뿐이며, 마찬가지로 역사도 우연적인, 이른바 **한낱 인간적인** 노고와 열정으로 점철된 허울만의 유희일 뿐이다」.507) 그리하여 인류(Menschheit)라는 헤겔에 대해서 단순히 추상적인 이념은 개개의「즉자적인 인간들」에서가 아니라, 그것에 의해서 비로소 개인이 인류에 참여하는

---

503) Hegel, *Geschichtsphilosophie*, S. 27.
504) AaO., S. 45.
505) Georg Mehlis, *Lehrbuch der Geschichtsphilosophie*, Berlin 1915, S. 475.
506) Hegel, *Geschichtsphilosophie*, S. 46.
507) Hegel, *Rechtsphilosophie*, § 343 (S. 431 f.)(역서, 581면). 마키아벨리도 4인의 세계군주라는 중세적인 도식이 그의 역사관의 기초에 있다고 보았다. 이 도식에서는 국가민족들의 흥망은 덕(virtù)의 편력이며 (Eduard Mayer, Machiavelli (Anm. 226), S. 80 참조), 그리고 그는「인류의 덕」을 국가형성의 힘으로서 특징지음으로써 이 교설에 도덕적 · 정치적인 의의를 부여한 최초의 사람이었다. Fester, *Machiavelli* (Anm. 218), S. 147 참조.

여러 국민적인 국가의 인격성에서 구성되는 「구체적인 인류」(Menschengeschlecht)가 된다. 인간은 「그의 민족의 아들이며, 동시에 그의 국가가 발전하려고 하는 한 그 시대의 아들」이다.508) 그의 진실한 인간성의 가치는 개인에 대해서 비로소 그의 국가의 물리적·정신적인 권력가치에 의해서 매개되며, 그리고 모든 의미에서 국민적인 권력의 전개는 정신의 보다 고차적인 발전이다.

이러한 세계관에서 헤겔의 전쟁철학 역시 파악되어야 한다. 그는 언젠가 「철학적 이념을 또는 자주 별개의 형태로 표현하듯이」, 대체로 전쟁은 존재한다는 「**섭리**의 정당화」를 [그의 전쟁철학에서] 구별한다. 나아가 「현실적인 전쟁은 또 하나의 다른 정당화를 필요로 한다」고 서술하는데,509) 그러나 그때에 지적할 것은 전쟁의 철학적인 정당화와 정치적인 그것은 헤겔에 있어서는 원리와 적용이 그렇듯이 서로 관련이 있다는 것이다. 객관적인 정신세계의 실현과 주관적인 권력추구는 합치하기 때문에 전쟁 역시 첫째로, 인류의 영원한 가치로서, 둘째로 타자를 억누르는 강함이 있는 국민적인 권력에 대한 시대적 가치로서 나타난다. 헤겔은 그의 전쟁철학의 근거를 역사 속에서 이러한 「시간에서의 정신의 논증」 중에서, 그러나 또한 그에 대해서 「공간에서의 정신의 논증」인 논리학 중에서 찾는다. 논리학에서는 존재와 비존재는 언제나 동일하며, 그리고 그 경우 모든 상반되는 대립은 동시에 **선험적으로** 모순되는 그것이므로 국가적인 존재 역시 모든 경험에 앞서 주어지는 실재적인 대항인 모순을 포함하지 않으면 안 된다. 이러한 방법으로 헤겔은 이미 그의 『체계단편』에서 전쟁을 논리화하는 데에 성공한다. 「인류적인 것은 그 차이 자체 속에서 자신의 생생함을 직관해야 한다. 그리하여 여기서는 이 대립하는 생명체의 본질은 하나의 낯설고 부정해야 할 것으로서 정립되어 있다. 그러한 차이는 적(Feind)이며, 그리고 관련 속에 정립된 차이는 동시에 대립들의 존재에 대해 그 반대인 적의 부정이며 양측에 균등한 이러한 무(無)가 투쟁의 위험이다」.510) 그리하여 헤겔은 지금까지 아마 누구도 성공하지 못한 것과 전쟁을 논리적인 것에, 그리고 논리를 제국주의적인 것으로 할 수 있었다. 그러나 그것을 넘어서 총포마저 철학적인 것이 된다. 즉 그는 「무관심하며 비인격적인 일반적인 죽음의 발명, 그리고 여기서 국민적 영예는 개인을 내모는 것(das Treibende)이며 개인이 훼손되는 것은 아니다」.511) 이 후자의 사상은 우리들을 전쟁의 역사적·철학적인 정당화로 인도한다. 전쟁의 이념의 개인주의인 근거에서 내모는 것은 「국민적 영예」가 아니며, 예컨대 국가의 방위에 의한 자기방위일 것인데, 이러한 근거에 의해서 전쟁은 헤겔에 대해서 절대적으로 가치 있는 것을 상실할 것이다. 왜냐하면 전쟁의 「인류적 계기」는

---

508) Hegel, *Geschichtsphilosophie*, S. 65.
509) Hegel, *Rechtsphilosophie*, § 324 (S. 419).
510) Hegel, *Sittlichkeit* (Anm. 275), S. 470(역서, 97면); Paul Barth, *Die Geschichtsphilosophie Hegel's und der Hegelianer bis auf Marx und Hartmann*, Leipzig 1890, S. 6 f.는 대체로 이와 같이 경험적으로 상반하는 것(das empirisch Konträre)을 〈논리적으로 모순되는 것〉으로서 나타나는 것 중에서 헤겔의 변증법적인 비밀을 본다.
511) Hegel, *Sittlichkeit*, S. 471 f.

개개인의 **生命**이나 **재산**의 안전을 위해서 희생」은 아니기 때문이다. 그러한 「뒤틀린 계산」
은 국가를 다시 「오로지 부르주아 사회」로서만 볼 뿐이다.512) 그러한 확보가 달성되는
것은 확보해야 할 것의 공출에 의해서가 아니라 — 그 반대이다」. 사람이 통찰해야 할
것은, 전쟁 일반은 「절대적인 악으로서, 그리고 외면적인 우연성으로서 고찰해야 한다는
것이다. 그러한 우연성은 무엇이든 권력보유자들 또는 민족들의 정열, 부정의 등등 대체로
있어서는 안 될 것에서 그 전쟁의 — 곧 우연적인 — 근거를 가지고 있다」.513) 오히려
「인류적 전체성을 위해서 전쟁은 필요하게 된다. — 왜냐하면 전쟁 중에 개개의 피한정성
(Bestimmtheiten) 뿐만 아니라 그러한 안전성이 생명으로서 부정되는, 그러한 자유로운
가능성이 존재하기 때문이다」.514) 따라서 헤겔은 칸트를 부연하여 진지하게 말할 수
있었다. **「전쟁을 하라, 국민이 망하더라도」**(fiat bellum pereat natio)라고. 왜냐하면 전쟁이
어쩔 수 없다면 인간들이 지상에서 살 가치는 없기 때문이다. 그렇다면 그는 발전의 능력을
이미 가지지 못할 것이며, 세계는 그 목적을 상실할 것이다. 이러한 초인격주의적인 전쟁의
정당화에도 불구하고 헤겔은 여기서도 또한 개인을 소원케 하려고 하지는 않는다. 「이
세상의 재물이나 사물이 공허하다는 것은 통상 하는 말이지만 이 공허함이 진지하게
받아들여지는 상태로서의 전쟁은 따라서 **특수적인 것**의 이념성이 **그 법을 얻어서** 현실성이
되는 계기이다」. 여기서 지나가버리기 쉬운 것은 「**의사된** 과감함」이기 때문이다.515)
세계정신의 입장에서 말하면 전쟁은 — 헤겔이 여전히 20년 후에 자신을 인용하여 상술하고
있듯이, — 다음과 같은 「보다 고차적인 의의」를 지닌다. 즉 전쟁에 의해서 「민족들의
인류적인 건전성은 유한한 고정적인 것이 되는 데에 대해서 그것들이 무관심하게 됨으로써
보존된다. 바람의 운동이 바다를 부패에서 지키듯이, 고요함이 지속된다면 바다는 부패하
게 될 것인데, 마찬가지로 평화가 지속되거나 영원한 평화가 이루어지면 민족들은 부패할
것이다」.516)* 이러한 철학적 이념과 객관적인 세계정신과의 관계는 개개의 경험적인
전쟁과 당해 국가의 통치와의 관계와 동일하다. 즉 시민들 간에 공동정신이 잠들지 않고
권력에의 희구, 따라서 세계정신의 실현이 중단되지 않기 위해서는 「정부는 그들(시민들)을
그들의 내면에서 때때로 전쟁에 의해서 일깨우고, 그들 자신에게 정당하게 형성된 질서를
다음의 것으로써 훼손하여 혼란시키지 않으면 안 된다. 즉 개개인에게 그러나 그 질서
중에 매몰되어 전체로부터 절단된, 훼손되지 아니한 **대자존재**(Für-sich-sein)와 인격들의
안전을 추구하는 개개인에게 저 부과된 노동에서 그들의 주인인 죽음을 느끼게 함으로
써」517) 말이다. 여기서 정신세계는 그 일을 분명히 정부에게 양보하고 있다. 그리고

---

512) Hegel, *Rechtsphilosophie*, § 324 (S. 417 f.).

513) Ebd.

514) Hegel, *Naturrecht* (Anm. 267), S. 372.

515) Hegel, *Rechtsphilosophie*, § 324 (S. 418).

516) Ebd.; Hegel, *Naturrecht*, S. 372 (역서, 68면) 참조.

517) G. W. F. Hegel, *Phänomenologie des Geistes*, in *Werke*, Bd. 2 (Gf. J. Schulze), Berlin 1832,
   S. 339.

헤겔은 비스마르크의 이론에는 동의하지 않는 것처럼 보인다. 이 이론은 강화된 전쟁에만 책임을 가질 수 있다고 생각하고 있었다. 왜냐하면 「사람은 자신의 계산에 따라서 역사적 발전을 미리 파악하기 위해서 섭리의 손 안을 볼 수 없기 때문이다」.518) 헤겔은 이 일원론적인 시련의 철학과 전쟁의 논리적 근거지움을 논증하고, 전쟁을 다시 실천적인 통치수단으로서 특징지으면서 다음과 같이 총괄한다.

　「평시에는」 하고 헤겔은 주장한다. 「부르주아 생활은 더욱 신장되면서 모든 영역에서도 저마다 둥지를 틀고 들어앉게 되는데, 장기적으로는 이것이 인간을 침체의 늪에 빠져들게 함으로써 그의 분파 근성을 더욱 완고하고 경직되게 만든다. 말하자면 건강에는 신체 전체의 통일성이 필요한데, 이때 만약 모든 부분이 제각기 자기 안에서 굳어버리면 죽음이 도래하는 것이다. 흔히 영구평화는 인류가 지향해야할 이상이라고 하면서 이것이 요구되곤 한다. 이러한 뜻에서 칸트는 국가 간의 분쟁을 조정할 군주동맹을 제안했으며, 신성동맹도 거의 이런 기구로 짜여질 참이었다. 그러나 국가는 개체이며, 개체성에는 본질적으로 부정의 활동이 포함되어 있다. 그러므로 비록 다수의 국가가 하나의 가족으로 꾸며진다고 해도, 이러한 결합체는 개체성을 지닌 채 자기에 대한 대립물을 조성하면서 적을 산출해낼 것임에 틀림없다. 전쟁을 치르면서 민족은 단지 강력해질 뿐만 아니라, 내분에 휩싸여 있는 국민이라면 외부와의 전쟁을 통해 국내의 평온을 얻게 된다. 물론 전쟁으로 재산의 안전은 위협받지만, 이렇게 실재하는 사물이 안정을 잃는다는 것이야말로 필연의 운동에 다름 아니다. 우리는 그토록 자주 설교하는 단상에서 이 세상의 사물은 안전하지 않고 허망하고 무상하다고 논하는 것을 들어오고 있는데, 이때 아무리 그 설교에 감화된다 해도 사람들은 누구나 '그래도 내 것만은 놓치지 않겠다'는 생각을 하게 마련이다. 그렇지만 일단 이 안전하지 않다는 말이 번뜩이는 칼을 앞세운 기마병의 모습을 한 실제 모습으로 심각성을 드러낼 때에는 온갖 예언투의 말로 그토록 심금을 울려주던 설교도 언제 그랬더냐는 식으로 침략자를 저주하는데 열을 올린다」.519)

　그런데 이러한 종류의 확장적인 권력정책은 헤겔에 대해서 민족에의 봉사만이 아니라 동시에 또한 세계정신에의 봉사이기도 하다. 그러므로 국가는 스스로 끊임없이 전쟁의 원인들을 그것이 그들을 발견하지 못할 때에도 창출하지 않으면 안 된다. 「국가는 자기의

518) Otto v. Bismarck, *Gedanken und Erinnerungen*, Stuttgart 1905 (Volksausgabe), Bd, 2, S. 114.
519) Hegel, *Rechtsphilosophie* (Anm. 73), § 324 Zusatz (S. 419 f.) (역서, 566-567면). 피셔(Kuno Fischer, aaO. (Anm. 230), Bd. 2, S. 738 f.)는 이러한 말에 「적절하게 서술하고 있다」 그리고 「체험되고 있다」를 덧붙이며, 나아가 헤겔은 「번쩍이는 칼」과는 아는 사이가 되고 그의 근소한 지참물을 완전히 상실했는데, 그러나 그럼에도 불구하고 「정복자로부터 도피하지 못했다」는 견해를 취하고 있으므로, 헤겔의 태도를 그의 유일 개인적으로 전쟁을 경험한 것에서 확정한 것은 참으로 적절하다. 그것은 로젠크란츠 (Rosenkranz, (Anm. 75), S. 228)에 의해서 다음과 같이 묘사하고 있다. 예나에서의 전투 후에 헤겔가에서는 「모든 것이 병사들에 의해서 혼란하게 되었다. 종이, 깃펜, 펜나이프는 없어져버렸다. 그는 한 장의 편지를 쓰기 위해서 친구 사이를 이리저리 뛰어다녔다. 그리고 어떤 친구한테서는 전쟁을 악마(Gottseibeiuns)라 부르고, 전쟁을 그와 같은 것으로 생각한 사람은 아무도 없다고 말했다」.

세부의 어떠한 것에 대해서도 자기의 무한성이나 명예를 신청할 것이므로」, 이러한 전쟁원인은 확실히 그들 그 자체로서는 「한정하기 어려운 것」이다. 예컨대 국가는 그 이상으로 「한 사람의 강력한 개인이 오랫동안 국가내적인 평온에 지낼수록 대외적인 활동의 재료를 구하고 조달하는 데로 내몰리면 몰릴수록 그보다 더 많은 세부적인 데에 신경을 쓰게 된다」.520) 말하자면 이러한 추구나 조달의 예로서의 예방전쟁을 열거하고 헤겔은 이렇게 서술한다. 「그 위에 국가는 대체로 정신적인 것이므로 단지 침해의 **현실**에만 주의를 기울이려고 하지 않고, 타국으로부터 위협받는 **위험**이 침해로서 **관념**되고, 확률의 대소를 놓고 이리저리 따져가며 상대의 의도를 추정하거나 억측을 하기도 하는데, 그러한 위기감이 분쟁의  원인으로  부풀려지기도  한다」.521)  그러나  매우  심각하게  방위전쟁 (Verteidigungskrieg)이 문제가 된다면 방위를 위해서 모든 시민을 불러낸다. 「이리하여 전체가 권력이 되며 국내에서의 생활이 국외로 내몰리게 될 때, 그와 동시에 방위전쟁은 침략전쟁으로 이행한다」.522) 이것은 자명하다. 다른 해결책이 있다면 그것은 전쟁의 철학적 이념에도 마찬가지로 헤겔의 세계정신에도 모순될 것이다. 그리하여 우리들이 이미 『독일 헌법론』에서 알고 있듯이, 침략전쟁과 방위전쟁의 구별은 완전히 이무래도 좋은 것이다. 왜냐하면 한쪽은 다른 한쪽과 마찬가지로 정당하며, 그리고 양자는 동일하게 침략적이기 때문이다.

우리들이 헤겔의 권리관념과 이와 함께 또한 국제법에 대한 그의 입장을 명확하게 하기 위해서는 우리들은 이러한 세계관을 똑바로 응시하지 않으면 안 된다. 국가 내부에서는 법의 목적은 전체의 권력의 발전이나 조직화에 있으며, 이 전체는 이것으로 세계정신의 발전에 참여한다. 이 원리를 초월해 가는 법의 이상은 생각되지 않는 것으로 보인다. 자연법이 자주 이성에 의해서 요청된 것에 경험적인 현실존재를 부여하고, 법의 가치들을 법의 현실성들로서 실체화하고 있었다면, 헤겔은 정반대의 것을 수행한다. 그것은 헤겔이 그의 시도에 따라서 「임재하는 것과 현실적인 것을 파악」함으로써 그의 민족의 학문이나 정치적 사유를 위해서 수행한 위대한 활동이었다. 그러나 「바로 이로써」 헤겔은 또한 확실히 「이성적인 것의 근거」를 완전히 수행했다고 생각했다. 자연법은 **선험적인** 규범들을 순수한 이성으로부터 연역하고, 그들에게 역사적 현실성을 고려하지 않고 타당성을 부여하려고 하였다. 헤겔은 이 이성이 이미 역사적인 사실성에 수반하여 주어진 것으로 보고, 이성으로부터 또한 「법」인 것을 받아들인다고 믿는다. 그는 정치권력에 의해서 근거지워진 법의 현실성을 형이상학적인 법의 가치로서 국민적인 제국주의를 세계정신의 입장으로서 실체화(hypostasieren)하는 것이다. 그러므로 「전쟁과 조약을 정당화하는 원리는 일반적인 (박애주의적인) 사상이 아니라 **그 한정된 특수성**에서 현실적으로 [국가의] 복리가 침해받거나 위협받거나 하는 것을 방지하기 위한 것이다」라는 이외의 것은 전혀 있을 수 없다.523)

---

520) Hegel, *Rechtsphilosophie*, § 334 (S. 427) (역서, 575면).

521) AaO., § 335 (S. 427 f.) (역서, 575면).

522) AaO., § 326 (S. 421) (역서, 567면).

따라서 최상위의 법의 원리로서의 자연법이 「만인」의 자유를 생각하였다면, 그리고 슈탈이 칸트의 법이념을 매우 절묘하게 「공존의 격률」(Maxime der Koexistenz)로서 특징지을 수 있었다면,524) 헤겔의 국민적인 법개념은 우위성의 격률에 근거하게 된다. 달리 표현한다면 헤겔에 대해서 세계의 의미는 권력들의 자유로운 경쟁에 있으며, 자연법에 대해서는 개개인의 자유와 평등에 있다. 자연법에 의한 국가들과 개개인의 가설적인 평준화는 하나의 전적으로 형식적인 법의 이념을 조건지우고 있었다. 이러한 이념은 물리적이며 정신적으로, 국민적이며 역사적으로 다양한 현실의 실천에 적용되더라도, 완전히 내용을 결여하거나 또는 하나의 주관적인 내용을 갖추거나 이 중 하나가 될 수밖에 없었다. 여기에서 귀결한 것은 구속력 있는 것으로서 상정된 자연적인 국제법과 오로지 개개의 국가들의 이해관심에 의해서 규정된 국제적인 실천 간의 절망적인 모순이다. 다른 한편, 자연적인 국제법에 내용 있는 원리를, 즉 거기에서 실제로 유용한 실정적인 규범들이 도출될 것이라는 하나의 궁극적 목적을 주는 것은 매우 곤란하게 생각되었다. 「국제법의 아버지」 그로티우스는 그러한 규범들을 과거와 현재의 실정적인 국제법의 관습에서 일종의 평균적 국제법 (Durchschnittsvölkerrecht)으로서 취사선택하고, 그리하여 궁극적인 근거지움의 어려움을 회피하려고 하였다. 그러나 그로티우스의 국제법의 법전은 이에 수반하여 철학적으로는 충분한 형태로 기초지우지 못했으며, 그는 정치적인 실천을 정당하게 다룰 수 없었다. 자연법의 그와 마찬가지로 그의 위대한 활동은 자연법을 요청으로서 정식화한 것이었다. 그러나 이 목표는 상당히 높게 규정되었으므로 바람에서 현실로 걸을 수 있는 길을 인식시킬 수 없었다. 그러므로 홉스 · 푸펜도르프 · 토마지우스와 같은 실천철학적으로 사고한 절대주의적인 자연법론자들은 확실히 자연적인 국제법을 인정하고 있었으나, 그러나 모든 의무지움을 부정하고 있었다. 이에 대해서 보편적인 법사상을 포기하지 않고 이 사상에 하나의 궁극적인 목적을 조달하려고 마음을 연 사람들은 이러한 목적을 최대의 **시민국가** (civitas maxima)라는 형태로 찾고 있었다. 예컨대 철학자 볼프나 법학자 바텔이 그러하다. 그러한 원리는 국제법에 대한 실제적인 학문에는 기여하지 못했기 때문에, 이 학문은 18세기 말에는 나아가 최상위의 법이념에는 더 이상 신경을 쓰지 않고 대부분은 실정적인 개별 조약과 국제법상의 습관을 기록하는 데로 끌어들였다(클뤼버[Klüber], 모저[Moser]). 다른 면에서 이 시대의 철학은 국민적인 실천에는 냉담하였고, 하나의 확고한 국가들의 조직화와 최종적으로는 법을 관리하는 인류사회를 가능케 하였던, 그러한 하나의 초국민적인 법원리를 발견하려고 노력하였다(칸트). 거기에서 합리주의적인 정치사상이 낭만주의에 의해서 경험한 — 위에서 묘사한 — 전환은 **기독교도들의** 코스모폴리탄적인 **단체** (Corpus Christianum)라는 중세적인 사상을 경신하였다. 인류는 다시 이전의 「보편적인 개체성」525)을 얻게 될 것이다. 그리고 일찍이 군주들이 그들의 다툼을 「기독교도들의

523) Hegel, *Rechtsphilosophie*, § 337 (S. 428) (역서, 576면).
524) Stahl, *Rechtsphilosophie* (Anm. 473), Bd. 1, S. 216.
525) Novalis, '*Christenheit*' *oder* '*Europa*', in *Schriften* (Hg. E. Heilborn), Bd. 2 II, Berlin 1901,

아버지」526) 앞에 제소했듯이, 기독교도들은 이제 다시 「활발하게 활동하고 국경을 고려하지 않는 하나의 가시적인 경계를 형성하게 될 것이다」. 그러면 「영원한 평화의 성스런 시대가 다시 온」 것이다.527) 이러한 낭만주의적 · 보편주의적인 사상들의 대표자가 된 것은 칼텐보른과 가게른이다.528) 우리들은 신성동맹에서 실제적인 표현을 발견하였다. 이 동맹의 신에 의해서 지정된 구성원들은 「동일한 기독교 국민의 구성원」으로 간주되었기 때문이다.529)

거기에 헤겔은 등장하며 그리고 자연법과 기독교의 보편주의적인 법이념에 국민적 · 권력국가적인 원리를 대치한다. 그는 역사에서 권력에 의해서 법이 성립하는 것을 보고, 그리고 이것으로부터 법은 또한 체계적 · 이성적인 세계관련에서 국민적 권력이라는 목적을 가져야 한다고 추론한다. 국가들 상호의 관계를 그는 완전히 현실정치적으로 고찰하려고 하며, 자연적인 국제법에 대해서 틀림없이 「존재하는 것」(was ist)을 인식한다. 그가 생각하는 것은, 「국가들 간에서 즉자이며 대자적으로 타당해야 할 **일반적인** 법으로서의」 국제법의 형식적인 원리는, 「국가들 상호의 구속력은 조약에 근거하지만 이러한 **조약은 준수되어야 한다**는 점에 있다. 그러나 국가들의 관계는 그들의 주권을 원리로 하기 때문에 그들은 그러한 한에서는 서로 자연상태 속에 있으며, 그리고 그들의 법은 그들을 초월한 권력을 위해서 구성된 하나의 일반적 의사에서가 아니라 그들의 특수적인 의사에서 그들의 **현실성**을 가진다. 그리하여 저 일반적 규정은 **당위**에 머물며, 그리고 그 상태는 조약들에 따르는 관계와 이 관계의 폐기와의 교체가 된다」.530) 그리하여 헤겔은 「현실」을 「당위」와 일치하는 것으로는 생각하지 않고, 곧 결연과 공세로 전환한다. 이론은 실천과 대립하지 않을 수 없지만 실천은 이론과 대립해서는 안 된다.

그런데 모든 법과 마찬가지로 **약속은 준수되어야 한다**(pacta sunt servanda)*라는 명제도 헤겔에 대해서는 일반적인 법의 이념에서가 아니라 오로지 국민적인 국가질서에서 생긴다. 그러므로 그는 이미 「자연법 논문」에서 이렇게 생각한다. 즉 국제법에 대해서 주체들의 의존성에 직접적으로 귀착하는 시민적인 계약의 관계에 따라서 인륜적 전체성인 절대적으로 자립이며 자유로운 민족들의 관계가 한정되어야 한다면, 그것은 「그 자체 모순이다」531)라고. 그리하여 헤겔이 국제법의 법적 성격을 부정하는 것은 하나에는 국제법의 구속력은 언제나 최고의 원리인 절대적인 권력과 결합하지 않기 때문이다. 모든 국제법은 **불완전한**

---

S. 414.
526) AaO., S. 401.
527) AaO., S. 420.
528) 상세한 것은 Carl von Kaltenborn, *Kritik des Völkerrechts*, Leipzig 1847; August Bulmerincq, *Die Systematik des Völkerrechts von Hugo Grotius bis auf die Gegenwart*, Dorpat 1858, S. 247 ff.; Franz von Holtzendorff (Hg.), *Handbuch des Völkerrechts*, Bd. 1, Berlin 1885; Erich Kaufmann, *Das Wesen des Völkerrechts und die clausula rebus sic stantibus*, Tübingen 1911.
529) 1815년 9월 26일의 러시아, 오스트리아 그리고 프로이센 간의 동맹조약 제2조.
530) Hegel, *Rechtsphilosophie* (Anm. 73), § 333 (S. 426 f.) (역서, 574면).
531) Hegel, *Naturrecht* (Anm. 267), S. 406.

**법**(lex imperfecta)일 수밖에 없었다. 왜냐하면 「국가들 간에는 최고 법관은 존재하지 않으며 고작해야 조정자나 매개자가 있을 뿐이며 더구나 그들조차 우연한 방법으로 특수한 의사를 가지고 존재할 뿐이기」 때문이다.532) 자연법에서도 또한 보댕·홉스·루소·칸트 역시 국가권력은 형식적으로는 구속되지 아니한다는 입장을 받아들이고 있었다.533) 그러나 그보다 더욱 확고하게 국가들의 관계를 내용적으로 의무지우는 규범들을 요구하고 있었다. 보댕 같은 사람마저 형식적으로는 어디까지나 절대적으로 주권적인 것인 국가권력에 실질적인 제한으로서의 **신과 자연의 법**을 두고 있었다.\* 헤겔은 이에 대해서 국가권력의, 형식적 뿐만 아니라 모든 실질적인 구속을 배척한다. 그에게는 「인류」는 어디까지나 공허한 개념이며, 그러므로 「있어야 할」 국제법은 어떤 것이든 당위는 아니다. 법은 초국민적으로 인간사회에 기여할 필요는 없으며 국민적인 공동체의 권력에서 그 배타적 목적을 가진다. 그가 선험적으로 국제법으로서 승인하는 유일한 「자연적인」 규범은 개별적인 국가의 무제약한 자기보존권(Selbsterhaltungsrecht)이다. 이러한 자기보존권은 국가들 상호의 관계태도를 위한 기초를 부여해야 하며, 여기에서 실정적인 국제법이 규정되어야 한다. 그러므로 이국간의 모든 「법」은 마찬가지로 국민적이며, 그리고 「외면적인 국가법」 이외에 아무것도 아니다.534) 그것이 실정적인 계약법이든 또는 관습법 — 이것은 즉자적으로는 이미 「국민들의 습속」에 근거하는 — 이든 말이다.535) 모든 국가는 인류와 법의 하나의 전체성이며, 그리고 — 이미 「체계단편」에 있듯이 — 「다른 민족 개체들에 대해서 그것만으로 독립하여 개별존재로서 정립되고 있다」.536) 「개별적인 개체로서 국가는 **다른** 동일한 개체들에 대해서 **배타적**이다. 그들의 상호관계에서는 자의와 우연성이 일어난다. 왜냐하면 이들 인격들의 자율적 전체성을 위한 법이라는 **일반적인** 것은 이들 간에서는 있어야 할 것(sein sollen)에 불과하며 현실적인 것은 아니기 때문이다」.537) 그러나 「있어야 할 것(존재당위)은 헤겔이 의도하는 바가 아니며 자연법적인 협정에의 양보에 불과하다. 그에 대해서는 언제나대로 국가의 존재가 최고의 요청이다. 「전체의 **특수적 의사**, 내용적으로는 개별적 국가의 「복리」만이 「다른 국가들에 대한 그 관계태도에서의 최고의 법칙이다」.538) 이것에서 모든 국제법은 출발하지 않으면 안 된다. 그러나 국제법의 명령법(Imperativ)은 예컨대 이렇게 된다. 즉 너는 네가 권력을 가질 뿐인 법을 가진다. 그러므로 국제법적인 협조라는 것은 개별적 국가들의 우연적으로 병행하게 되는 권력이해의 확정 이외의 것은 아니다. 그렇지만 이들의 이해협정은 의무지워지기 보다는 오히려 단지 선언한다는 성격을

---

532) Hegel, *Rechtsphilosophie*, § 333 (S. 427) (역서, 574면).

533) Georg Jellinek, *Die rechtliche Natur der Staatenverträge. Ein Beitrag zur juristischen Construction des Völkerrechts*, Wien 1880, S. 10 ff.

534) Hegel, *Rechtsphilosophie*, § 330 ff. (S. 424 ff.) (역서, 571면 이하).

535) AaO., § 339 (S. 429).

536) Hegel, *Sittlichkeit* (Anm. 275), S. 491.

537) Hegel, *Encyklopädie* (Anm. 279), Teil III, § 545 (S. 419).

538) Hegel, *Rechtsphilosophie*, § 336 (S. 428) (역서, 575면 이하).

가지며, 그리고 「국가들의 관계는 서로 간에 약정을 체결하면서도 동시에 이 약정을 초월하는 독립성의 관계이다」.539) 이러한 「특수한 조약관계」에서,540) 여전히 객관적인 「법」을 볼 수 있을까? 오로지 자신들의 특수한 권력요구를 촉진하기 위해서만 서로 합의하고, 이해관계가 생생하게 뒤바뀔 때에는 곧 계약을 파기할 뿐만 아니라 이러한 목적을 위해서, 또 나아가 자신에게 「활동의 소재를 국외에서 구하면서 마련한다」541)는 자명한 유보를 붙여 계약에 임하며, 이러한 개체들 간에서 이러한 객관적인 법은 원래 가능한 것인가? 이 문제에 대해서는 다른 곳에서 논하기로 한다. 여하튼 주의할 것은 헤겔의 주권개념은 자연법과 또한 현대 독일 국가학의 그것에 의하면, 결코 순수하게 형식적이고 추상적인 것은 아니라는 것이다. 그러므로 헤겔에 대해서 다음과 같은 이론이 제기된다면, 그는 오해를 받고 있는 것이다. 즉 「저 이기주의적인 원리에 충실한 국가는 필연적으로 모든 다른 국가를 적으로 삼고, 이들의 통일된 것에 복종하지 않을 수 없을 것이다. 그러한 국가는 국가들로 구성되는 사회에서의 공통된 위험한 주체일 것이기 때문이다. 그렇다면 국가들의 최고의 법칙으로서의 복리에 대한 이론은 필연적으로 해소된다」.542) 헤겔은 이런 종류의 국가에 대해서는 「피그미족이 거상 옆에 서서 짓밟히게 될 때 자신에게 받게 될 필연성과 책임감」만을 가질 것이다.543) 저 국가는 바로 상당히 작은 「권력」을, 그러므로 상당히 작은 「법」을 가질 것이다.

국가들의 절대적인 기본적 자기보존권에서 헤겔은 일단 전체로서의 국가들만이 국제법의 소명을 받은 주체들이라는 중요한 명제를 도출한다. 그는 이것을 가지고 민족학의 법학적 구성에 처음으로 확고한 기초를 부여하였다.544) 그러나 이러한 기본권에서 실천적 귀결로서 나타나는 것은 법의 주체로서의 국가들의 상호 승인뿐이다. 이것에 대해서 헤겔 자신은, 이것은 「형식적」이며 「추상적」인 것으로서만 고찰된다는 것을 강조한다.545) 평화의 법에 대해서는 헤겔에 의해서 아무런 결론도 이끌어 낼 수 없으며, 전쟁에 대해서는 「전쟁 중이라도 평화의 가능성은 유지되며, 따라서 예컨대 사절은 존중되어야 하며, 전쟁은 국내의 제도들과 평화적인 가정생활이나 사생활에 대해서 수행할 것은 아니라는 규정만이 귀결한다」.546)

어떻게 국가의 이러한 절대적인 권력의 법이 헤겔의 정신세계와 일치하는 가는 자명하다. 국가의 권력이 크면 클수록 당해 국가가 세계정신의 「절대적」 법에 참여하는 정도는

---

539) AaO., § 330 Zusatz (S. 425) (역서, 572면).

540) AaO., § 337 (S. 428) (역서, 576면).

541) AaO., § 334 (S. 427) (역서, 575면).

542) Fricker, "Das Problem des Völkerrechts," in *Zeitschrift für die gesamte Staatswissenschaft*, 28 (1872), S. 104 f. 여기에는 헤겔의 국제법에 대한, 매우 상세하지만 반드시 성공하지 못한 비판이 있다.

543) Hegel, *Verfassung Deutschlands* (Anm. 109), S. 110; 보라 상술 S. 74.

544) Jellinek, *Staatenverträge*, S. 2 f.; Hegel, *Rechtsphilosophie*, § 333 (S. 426).

545) Hegel, *Rechtsphilosophie*, § 331 (S. 425) (역서, 572면).

546) AaO., § 338 (S. 429) (역서, 577면).

그만큼 크게 된다. 권력은 한 민족의 최고의 법적이며 인륜적인 명령이다. 그리고 여기에는 「신고할 수 있는 경계도 없이 폭력적인 팽창을 마음대로 처리하는 것으로 향한 세계정신의 요구」와 같은 것이 진지하게 놓여있다. 이러한 말로써 최근 제국주의라는 어려운 말이 물론 예리하게 정의되었다.[547]

사실 국민적인 제국주의의 헤겔에 의한 그 이상으로 보다 대담한 형이상학은 누구에 의해서도 구상되지 않았다. 헤겔에 따르면, 세계사에서는 언제나 「현재 **그의** 단계인, 세계정신의 이념의 계기가 그 **절대적 법**」을 얻으며, 「이 계기에서 살아있는 민족과 그 활동이 그 성취 · 행복 · 명성을 얻는다」.[548] 「이 민족은 세계사 속에서 이 시대를 맞이하여 시대를 **지배하는** 민족이다. 그리고 이 민족은 세계사 속에서 **단 한번만 획기적인 시대를 이룰 수 있을 뿐이다.** 세계정신의 현재의 발전단계의 담당자라고 할 이 민족이 지니는 이 절대적인 권리 앞에서 다른 민족들의 정신은 아무런 권리도 지니지 못한 채, 자신의 시대가 이미 지나가 버린 민족들과 마찬가지로, 그들은 세계사에서는 더 이상 손꼽을 정도가 되지 못한다」.[549] 현대의 국민적인 제국주의의 이 최초이며 가장 위대한 정당화에 사람은 이렇게 첨가해야 할 것이다. 즉 국민적인 권력정치를 보다 고차에서 「보다 인륜적인」 관점 아래서 고찰하고, 그것을 헤겔이 여기서 수행한 이상으로 **영원한 종**(種) **아래서**(sub specie aeternitatis) 고찰하는 것은 거의 가능하지 않다고 생각한다라고.

사람은 아마도 이러한 유혹에 이끌릴 것이다. 즉 별들 속에서 신성화를 찾는 **신성한 이기주의**(sacro egoismo)의 형이상학을 순수하게 정신적인 것으로 재해석하고, 이 형이상학을 당시 독일에서 광범하게 보급되고 있던 독일적인 휴머니스트인 (인류 차원의) 국민(deutsche Menschheitsnation)이라는 이념과, 또는 유한한 것과 국민적인 것의 초위대한 것, 그리고 무한한 것에로의 상승이라는 이념과, 즉 노발리스가 「낭만주의화」라고 명명한 것과 동일시한다는 유혹에 말이다. 그러나 매우 영적인 해석은 헤겔을 기본적으로 오해하게 될 것이며, 특히 체계의 일원론적인 기본사상과 모순될 것이다. 확실히 헤겔의 권력국가철학은 낭만주의적인 그것에 유사했던 시대사조에서 성장해 왔다. 그것은 역시 또한 바로 국가를 하늘의 소리로 결합시켜 국가에게 우주와의 관계를 부여하라고 한 노발리스적 요구의 문언과 아주 일치한다. 그러나 그 경향은 전적으로 차안적인 현실적 정치로 향한 것이다. 한 국민의 정신적이며 물리적인 업적들, 즉 「활동들」 일반은 그것으로 국민이 자신에게 세계정신의 절대적으로 최고의 법을 전취하며 행복과 명성을 달성하는 것이다. 헤겔은 확실히 사유와 의사의 활동을 끊기 어려운 결합으로 보았는데, 그와 마찬가지로 그는 확실히 세계정신의 입장을 한 국민의 세계권력의 입장과 일치된 것이라고 보았다.

---

547) Joseph Schumpeter, "Zur Soziologie der Imperialismen," in *Archiv für Sozialwissenschaft und Sozialpolitik*, 46 (1918/19), S. 3.

548) Hegel, *Rechtsphilosophie*, § 345 (S. 432)(역서, 582면).

549) AaO., § 347 (S. 433)(역서, 582).

헤겔은 실질적인 권력을 강조하여 이렇게 생각한다. 「그(한 국민)의 활동들인 것, 이것이야
말로 민족들이다 라고. 어떤 영국인도 이렇게 말할 것이다. 우리들은 대양을 항해하며
세계교역을 점유하며 동인도와 그 부를 독점하는 자들이며, 의회와 배심재판 등등을 가진
자들이다 라고」.550) 독일적인 휴머니스트인 (인류 차원의) 국민(Menschheitsnation)을
대표하는 사람, 훔볼트 · 실러 · 피히테 또는 노발리스와 같은 사람이라면, 영국 국민은
예컨대 밀튼 · 셰익스피어에서 나아가 고작해야 뉴턴에서 대표된다고 볼 것이며, 세계의
실질적인 약탈물 주머니에 대한 분배 앞에서 주는 것을 기피할 것이다. 이에 대해서 헤겔에
대해서는 국민적 권력이 최고의 목표이며, 그리고 사람이 헤겔 중에 「낡은 보편주의적인
경향」이 다시 관철되는 것을 본다면 사람은 그의 세계정신을 완전히 오해한 것이다」.551)
세계정신은 헤겔에서는 국민주의적인 세계권력의 정당화를 위한 표현 이외에는 아니며,
그리고 민족들을 결합하는 보편주의 등은 헤겔에서 또한 사소한 흔적도 발견하지 못한다.

이에 대해서 헤겔에는 세계권력의 보편주의의 현실적인 기초를 예감케 하는 것이 갖추어
있었다. 이러한 예감은 당시의 독일에서는 대체로 현실정치적인 것이라고 불리던 것이다.
식민지 제국주의에서마저 이미 영국민에 대한 그의 판단에서 인식할 수 있듯이, 그에
대해서 완전히 관계없는 것은 아니다. 이미 「체계단편」에서 「통치는 민족을 또 하나의
민족을 산출하며, 즉 식민지화이다」라고 그는 피상적인 문장구조를 언급하고 있었다.552)
폭력적인 국가창설을 위한 영웅권력의 법을 근거지우는 것과 관련하여 그는 뒤에 이렇게
상설하였다. 「문명화 된 국민들은 국가의 그들의 실체적인 계기들에서 자기들보다 뒤떨어
진 국민들을 (목축민은 수렵민을, 농경민은 양자처럼) 동등한 법을 가지고 있지 않다는 생각에
서 야만인으로서, 그리고 그들의 자립성도 형식적인 것으로 간주하고 취급하는 것, 이러한
규정에서 일어난다」라고.553) 「스스로 노력하는 위대한 국민들은 모두 바다로 향해 뻗어
나간다」554)는 관찰에서 출발하여 헤겔은 식민지화에 몰두하며, 그 두 가지 종류를 구별한
다. 하나는 특히 독일에서 보이는 「산발적인」 식민지화이다. 여기서 식민자들은 「미국 · 러
시아로 향하여」 이주하고, 「자신들의 조국과는 관련이 없으므로 그래서 조국에 아무런
이익도 주지 않는다. 두 번째의 그리고 첫 번째의 그것과 아주 다른 식민지화는 체계적인
것이다. 이것은 국가에 의해서 동기지워진다」.555) 헤겔이 식민지의 해방은 「종주국에
대해서 최대의 이익」556)으로서 논증되었을 것이라는 미국 해방 전쟁 후에 나타난 견해에
동의한다면, 그것은 영국의 식민지정책의 주의 깊은 관찰자를 배반하는 것이다. 영국에서

---

550) Hegel, *Geschichtsphilosophie* (Anm. 236), S. 92.
551) 그리하여 Meinecke, *Weltbürgertum* (Anm. 4), S. 283. Schmid und Bäumker, aaO. (Anm. 213),
   S. 1198에서 헤겔적 범신론과 그 통일된 권력=법의 기본원칙의 관련을 정당하게 이해하고 있다.
552) Hegel, *Sittlichkeit*, S. 502.
553) Hegel, *Rechtsphilosophie*, § 351 (S. 435) (역서, 585면).
554) AaO., § 247 (S. 305) (역서, 433면).
555) AaO., § 248 Zusatz (S. 306) (역서, 433면).
556) Ebd.

마저 반세기 동안 자각적인 식민지 제국주의로부터 어느 정도 멀어진 시대에서 헤겔의 이러한 견해들은 아마 당시의 독일인에게 요구되었던 식민지정책에 대한 최대한의 이해를 보여주고 있다.

## Ⅲ. 헤겔적 권력국가사상의 전통

그리하여 헤겔은 모든 본질적인 부분이 구축된 현대적인 근대적 · 국민적인 권력국가론의 최초의 고지자가 되었다. 그의 시대에 있었던 경향들을 총괄한다면 그는 그들에게 한발자국 앞선 것이다. 권력으로서의 국가라는 사상은 본원적으로는 혁명의 아나키에 대한 직접적인 적개심에서 양성된 것이며, 그리고 이 정신에서 군주제적 원리를 보수하는 것으로 보증되도록 생각된 국가권력의 권위를 보존하기 위해서 불안하게 배려한 것이다. 그러나 헤겔의 국가사상은 동시에 또한 국민 전체의 팽창적인 권력의사의 표현이며, 그리고 이러한 형상에서 그것이 주권적인 국가인격성의 무조건으로 절대적인 요구인 한에서 그는 근대적인 제국주의의 아버지가 된다. 헤겔에 의해서 권력은 비로소 국민적인 인륜성이며 최고의 국민적인 법으로서 제시되었다. 권력은 이미 자연법에서처럼 그것을 산출하는 민족에서 단절되지 아니한다. 민족을 폭력으로 내리누르지 않으며 국민 그 자체가 권력이다. 권력은 국민에서 태어나 갖추며, 「작위 또는 추상화된」[557] 윤리에 의해서 비로소 정립될 필요가 없는 국민의 최고의 감각이며 목적이다. 정신과 권력은 이미 서로 모순되지 않으며 권력은 정신이며, 정신은 권력이다.

이러한 성질을 지닌 헤겔의 권력국가사상이 독일의 정치적 사유에 대해서 어떠한 영향을 미쳤는가, 이 문제에 대해서 헤겔적 사유의 독창성을 확정하는 것은 결정적으로 중요하다.

헤겔은 튀빙겐에서의 그의 청년기의 친구인 셸링에 의해서 결정적인 영향을 받았으며, 그의 철학은 일종의 셸링의 계승이라고 주장된 것은 드물지 않으며, 오늘날에도 사정은 변함이 없다. 사실 권력국가사상을 독일에 심어온 일련의 정치사상가들에서 바로 셸링의 영향이 주장된다. 우리들은 그러므로 셸링과 헤겔의 관계에 대한 논쟁을 강화하는 것이다.

로젠크란츠[558]는 헤겔이 셸링과 1790년에 튀빙겐에서 우호관계를 맺었다고 우리들에게 보고한다. 「정치적 공감」이 그들을 가깝게 하였다. 오로지 철학과 미학에 관심을 기울였던 15세의 셸링이 저 시대에는 이미 매우 사려깊게 된 20세의 헤겔에게 바로 정치적으로 영향을 미쳤다는 것은 사람이 상정하기 어려울 것이다. 이러한 상정은 셸링 청년기의 정치적 노작 전체에 의해서 무조건으로 반론될 것이다. 그러한 노작은 그가 예나에서 헤겔과 재회하기까지 일관하여 피히테적 자연법의 입장에 서 있으며, 개인의 「자기권력」을 거의 피히테보다도 더욱 예리하게 강조하고, 국가를 일관하여 거부하기 때문이다. 최근

---

557) Hegel, *Positivität*, S. 222.
558) Rosenkranz, *Hegels Leben* (Anm. 75), S. 41.

셸링의 이 정치적 사유는 어떤 간행물에 의해서 확정되고 있다. 그것은 헤겔의 종교 논집 시대에 성립하였고 이것과 비교하여 특히 흥미 깊은 것이다. 셸링이 여기서 스스로 정립한 목표는 다음을 보여준다. 즉「**국가의 이념**이란 존재하지 아니한다. 왜냐하면 국가는 **기계와 같은 것**이기 때문이다. 기계의 이념이 존재하지 않듯이 국가의 그것도 존재하지 아니한다. 따라서 우리들은 또한 국가를 초월하지 않으면 안 된다! ― 왜냐하면 모든 국가는 자유로운 인간들을 기계의 톱니바퀴로서 취급해야 하기 때문이다. 국가는 이래서는 안 되며, 따라서 국가는 **중단**되어야 한다」.559) 이 기계론적 정치가들인 셸링은「국가의 불쌍한 인간제작물의 전체, 헌법·정부·입법을 ― 전부 발가벗긴」560) 언제나「영원한 평화」만을 생기게 하려고 하며, 같은 해에 예고된 헤겔의 유기체적 권력국가 이데올로기는 셸링에 대해서는 논쟁처럼 받아들인다. 1800년에는 아직 셸링도 국가의 기계적·코스모폴리탄적이며 평화주의적인 자연법사상을 크게 다른 방법으로 수긍하지는 않는다.『초월론적 관념론의 체계』에서는 여전히 국가는 명백하게「기계」로서 인간의 손에 의해서 건설되고 정비된 것으로서 특징지어지며 이렇게 주장된다.「하나는 개별적인 ― 확실히 이념에 의해서도 ― 완전한 국가체제(Staatsverfassung)의 확실한 존립도 개별적인 국가를 초월하는 조직 없이는 생각되지 아니한다. 이 조직이란 서로 그들의 헌법(Verfassung)을 보장하는 모든 국가의 연맹이다. 그러나 이 일반적 상호적인 보장은 다시 다음과 같은 조건이 충족되기 전에는 불가능하다. 즉 **첫째로** 진정한 법체제의 기본원칙이 일반적으로 주장되며, 그 결과 개별 국가들이 모든 국가들로 구성되는 체제를 보존한다는 하나의 관심을 가지게 되기 이전에는, 그리고 **둘째로** 이들 국가들이 이전에 개개인이 국가를 형성함으로써 수행한 것처럼 다시 하나의 공동체적인 법률에 복종하며, 그 결과 개별 국가들이 이제 다시 국가들로 구성되는 하나의 국가로 귀속하며, 그리고 민족들 상호의 분쟁에 대해서는 모든 개별적인 반항적 국가개체에 대해서 나머지 모든 국가들의 권력을 뜻대로 하는 하나의 일반적인 민족들의 회의(Völkerareopag)*가 모든 문화적으로 세련된 국민들의 구성원으로 결성되어 현존하게 되기 이전에는」561) 말이다. 여전히 1800년 전후에 셸링만큼 모든「유기체적」또는 심지어 권력국가적인 견해에서 어느 정도 멀리 있던 자는 아무도 없었다. 그리고 사실 모든 새로운 연구는 헤겔이 적어도 정치적으로는 완전히 셸링에서 독립하여 자기의 사상을 전개한 것을 분명히 하고 있다. 반대로 셸링은 예나에서의 헤겔과의 새로운 인격적 교류에 의해서 마침내 보다 적극적인 국가관을 얻었다. 그는 유기체에 대한 헤겔의 교설에 결부되었기

---

559) Franz Rosenzweig, *Das älteste Systemprogramm des deutschen Idealismus. Ein handschriftlicher Fund*, in *Sitzungsberichte der Heidelberger Akademie der Wissenschaften*, Philosophisch-historische Klasse, 5 (1917), S. 6 von Schelling verfaßt und von Hegel abgeschrieben. Rosenzweig, aaO., S. 11 참조.

560) Schelling, in Rosenzweig, aaO., S. 6.

561) F. W. J. Schelling, *System des tranzendentalen Idealismus* (1800), in *Werke* (Hg. O. Weiß), Bd. 2, Leipzig 1907, S. 260 f.; ders., in *Sämtliche Werke*, 1. Abt., Bd. 3, Stuttgart 1858, S. 586 f.

때문이다.562) 그러나 기본적으로 셸링은 그때에도 더욱 여전히 명확한 국가의 정의에 대해서 경원하고,563) 결코 국가를 인륜적으로 적극적인 것으로 가치지우지 않고 권력정치를 언제나 거부한 시적인 낭만주의자로 머물렀다. 물론 셸링이 자연법적인 국가체제의 헤겔에 의한 극복에 결정적인 불쾌감을 가진 것에 의문의 여지는 없다. 그래서 우리들은 그를 여기서 무게가 두어진 점에서, 즉 권력이데올로기에서 자신의 스승에 따르지 않은 최초의 정치적인 제자로서 특징지을 수 있다.

셸링과 헤겔의 이러한 관계를 확정하는 것은 국가론의 역사에 대해서 최대의 중요성을 지닌다. 왜냐하면 일련의 정치사상가들이 그들의 국가관에서 셸링으로부터 영향을 받은 것으로서 자신을 특징짓는다면 우리들은 여하튼 한 번은 간접적인 헤겔의 영향을 억측할 수 있으며, 다만 권력국가사상이 문제로 되는 곳에서는 셸링을 원천으로서는 배제할 수 있기 때문이다. 그럼에도 불구하고 많은 정치가들이 이 점에서도 또한 헤겔이 아니라 셸링을 인용해 내는 것, 이것에는 시대사적인 원인이 있었다. 헤겔이 죽은 직후 그 교설은 베를린의 특정한 보수적 서클에서 매우 악평 나있는 것으로 간주되었다. 기독교적·게르만주의적인 왕위계승자를 자처한 그룹이나 주간지에 의거한 당파들은 헤겔의 체계 중에서 지나친 이성을 발견하고, 인륜에 대해서 패륜적·무신론적이며 더구나 자코뱅적이라는 그에 대한 비난은, 헤겔 좌파*가 점점 야비하고 혁명적으로 고무된 이상으로 더욱 소리 높이고 보다 일반적인 형태로 던진 것이다. 다른 면에서는 슈탈과 같은 권위가 이러한 비난에 원칙적으로 법철학적인 형식을 주었다. 베를린에서 셸링은 헤겔의 후계자가 되었는데, 이제 그의 최후의 신지학적 시기에 달하여 헤겔이 남긴 「용의 이빨(불화의 종)」에 대해서 싸움을 건 것이다. 이러한 정황 아래서 모든 기독교적·보수적인 사람들 또는 그 밖에 전술한 서클들에서 명성을 노린 사람들이 헤겔적인 과거를 셸링을 위해서 부정한 것은 결코 놀라울 게 없다. 그러나 슈탈마저도 헤겔의 철학이 그를 어느 정도 그에게 반감을 일으켰지만, 언제나 「의도적인 연구」에서는 아니며 그렇지만 자의적이 아닌 일에서 다시 거기로 회귀하는 것을」 강제하였다는 것을 인정하지 않을 수 없었던 것은 아닐까?564)

---

562) 그리하여 또한 Georg Mehlis, *Schellings Geschichtsphilosophie in den Jahren 1799-1804*, Heidelberg 1906, S. 87 f. (Diss.); Wilhelm Metzger, *Die Epochen der Schellingschen Philosophie von 1795 bis 1802*, Heidelberg 1911, S. 7. 나아가 ders., *Gesellschaft, Recht und Staat* (Anm. 4), S. 244 ff. 셸링의 윤리학에 대한 헤겔의 영향에 대해서는 aaO., S. 239 Anm. 1; 나아가 Rosenzweig, *Systemprogramm*, S. 43. 또한 Lenz, aaO. (Anm. 247), Bd. 2, Teil 1, S. 189는 헤겔의 독립적인 발전을 상정한다. 헤겔이 일원론적 세계관에 셸링으로부터 영향을 받지 않고 달성할 수 있었던 것은 Dilthey, *Jugendgeschichte Hegels* (Anm. 74), S. 13, 61. 따라서 Jellinek, *Staatslehre* (Anm. 227), S. 232 Anm. 2(역서, 186면)은 정확하지 않다.

563) 참조. Johann Kaspar Bluntschli, *Geschichte der Neueren Staatswissenschaft*, 3. Aufl., München 1881, S. 599. 즉 「국가에 대한 성찰은 그에게 대해서 신에 대한 성찰보다도 더 위험하다고 생각되었다」. 나아가 Cassirer, aaO. (Anm. 4), S. 551 f.

564) Stahl, *Rechtsphilosophie* (Anm. 473), Bd. 1, S. XV. 슈탈의 견해가 매우 헤겔의 그것에 가까운 것을 Metzger, *Gesellschaft, Recht und Staat*, S. 42 Anm. 1도 지적한다. 슈탈의 역사관과 국가관에 대해서는 그가 헤겔의 그곳에 강하게 의존하는 것을 Ernst Landsberg, *Geschichte der Deutschen*

그리고 실제로 「크로이츠 신문의 전망란에서, 교회대회의 연설에서, **할레 인민신문**의 기사에서, 유물론자들의 팸플릿에 이르기까지 … 도처에서 우리들은 헤겔의 사상을 발견한 다」.565) 실로 헤겔이, 특히 독일 민족의 정치사상에 미친 다른 사상가의 어느 한사람도 행사하지 못한 포괄적인 영향력의 비밀은, 모든 대립을 자신 속에서 통일하는 그의 주의 깊은 정치가 모든 방향으로 결합된 하나의 철학적 체계 위에 서있었다는 데에 있다.

그리하여 헤겔의 권력국가사상이 보수주의 진영에도 동일하게 자유주의 진영에도 널리 입구를 찾은 것도 설명할 수 있다. 헤겔은 보수적인 정치의 견해들의 가장 가깝게 서 있었다. 여기서는 의식적으로 작용하는 헤겔적인 민족정신과, 익명적으로 창조하는 역사법 학파의 민족정신 — 당파정치의 길 위에서 지워버리지 않을 수 없을 정도로 절묘한 민족정신 — 간에 차이가 있었다. 양쪽의 민족정신은 같은 반혁명적이며 결국은 또한 거의 동일하게 비합리적이었다. 원자론적 · 평준화적인 자연법과 계몽사상에 대한 투쟁, 예컨대 하나의 헌법은 비로소 제작될 필요는 없으며 모든 국가는 종래 이러한 것을 가진다는 명제, 유기체 적 국가관 일반과 마찬가지로 항상적인 「유기체적」 도태, 장자상속권자, 바로 불평등하게 그 본질이 있는 특정한 법적 평등, 관헌적인 의미를 지닌 침투 속에 그 본질이 있는 자유, 신의 은총, 그리고 그 밖의 군주제원리에 대응하는 군주의 지위, 프로이센적 · 보수적인 정치의 이들 모든 것의 기본적 교설은 최종적으로는 또한 국민적 사상과 마찬가지로 헤겔이 창조한 것이었다. 그리고 사실 거의 변함없이 「폰 게를라흐씨의 전체 병기창은 헤겔의 작업 중에 다시 발견할 수 있다」.566) 그러므로 「민족과 국가에서의 기독교적 인생관」이 **티볼리 프로그램**(Tivoliprogramm)567)에서 언제나 철학적 아버지로서 셸링에 로 돌아가더라도 「신」에 의해서 명해진 국가, 자기관리는 「보편적 선거권 위에서가 아니라 민족의 자연적 집단과 유기적인 분지화 위에 기초지워지며」, 그들의 최초의 모범 — 그들은 슈탈에 의해서 처음으로 그들의 특수한 색채를 얻더라도 — 을 헤겔에서도 가지고 있다. 그러나 「국민은 그 권력에서 자기를 영웅으로서 확증해야 한다」(슈탈)는 보수적인 요구, 「국민의 권력적 지위」를 내용으로 하는 위에서 열거한 프로그램의 제6점은 의심 없이 헤겔 이외의 어느 누구에게도 돌아갈 수 없다.

물론 헤겔적 권력국가사상은 보다 포괄적인 이론적 상술을 보수진영 중에 당장 발견하지 는 못했다. 여기서 사람은 권력정치를 수행하는 데에 확실히 헤겔에 의해서 영향을 받지 않은 것은 아니다. 이에 대해서 특히 자유주의를 표방하는 저술가들이야말로 헤겔의 정치적 흔적을 더듬어 국민적 권력 이데올로기를 다시 형성한 것이다.

헤겔의 두뇌에 의해서 조명되지 못했었던 이름 있는 독일의 권력국가이론가는 한사람도

*Rechtswissenschaft*, Bd. 3 II, München 1910, Textband S. 371; Notenband S. 173. 나아가 상술 S. 138 ff.; 후술 Anm. 900 참조.

565) Rößler, *Staatslehre* (Anm. 316), S. XIV.

566) aaO., S. 244.

567) 독일 보수당의 수정 강령(1892), Wilhelm Mommsen (Hg.), *Deutsche Parteiprogramm*, München 1960 (Deutsches Handbuch der Politik, 1)에 수록되어 있다.

없다는 것을 우리들이 개별적으로 증명하려고 하기 전에, 국가권력을 개인주의적이며 물리적 · 기계론적으로 파악하는 모든 권력이론은 비헤겔적 기원을 갖고 있다는 것이 여전히 강조되지 않으면 안 된다. 특히 할러(Haller)*도 여기에 속한다.568) 확실히 그는 이렇게 주장하였다. 즉 「보다 강한 자가 지배하며, 지배하지 않으면 안 되며, 그리고 언제나 지배하리라는 것이 신의 영원하고 무한한 질서이다」라고. 그러나 그의 국가상은 전적으로 이원론적이며 자연법적 · 개인주의적인 것에 머무르며, 그러므로 그의 「보다 강한 자」는 개인과 개인의 소유재산일 뿐이다. 공동체로서의 하나의 국가를 할러는 그 자체 알지 못한다. 사람이 「하나의 국가를 부르는 것이 일상이란 것」은 가장 부유하고 가장 강력한 토지점유자로서의 가부장적 주인인 군주의 「**커다란 가족**」(magna familia)에 불과하다. 국민적인 권력이상은 할러와는 생소한 것이므로 그는 명백하게 **선한 곳, 그곳이 조국이다**(ubi bene ibi patria)라는 명제를 신봉한다. 할러가 묘사한 것은 근대적인 국민적 제국주의의 미래상이 아니라 그들의 신분제 의회와 다투거나 타협하는 낡은 독일적 영방군 주들의 충실한 모상이다. 그러므로 근대적인 권력국가사상의 원천으로서 그는 문제가 되지 아니한다.

## 1. 헤겔의 권력국가사상과 그의 동시대인들

다음에는 헤겔이 처음으로 정식화 한 국민적 제국주의의 전통이 개별 사상가에 비추어 제시된다면 미리 약간의 일반적인 유보를 붙여두지 않으면 안 된다. 첫째로 확정할 것은 권력국가적 이념들을 표명하고 더구나 아마 헤겔 철학과의 관련을 가지는 사상가들, 이 모든 완전한 일람표를 부여하는 것이 본론의 과제는 아니다. 헤겔의 권력국가사상의 계승에 의해서 특별한 정치적이며 정신사적인 의의를 가진다고 생각된 문헌만이 고려된 것이다. 서술은 가능한 한 결정적인 점에서 헤겔로부터 의심 없는 영향을 증명할 수 있는 사상가들에 한정한다면, 그렇다고 해서 당해자가 권력으로서의 국가에 대한 그의 직관과 이것에 대응하는 정치적인 강령이 영향을 미친, 특히 실천적 정치에서 유래하는 다른 많은 영향도 경험하지 않았다고 말하는 계획은 결코 없다. 끝으로 사람이 독일의 권력국가사상을 「헤겔」이라는 이념에서만 도출하는 것도 나는 결코 생각하지 아니한다. 여기서 일단 강조할 것은 이러한 정신적 방향은 국제적인 시대조류에서 유래하며, 헤겔은 독일에서 물론 가장 뛰어나고 가장 영향력이 있었던 대표적인 인물에 불과하였다는 것이다. 이 장에서 헤겔에게도 또한 마찬가지로 다른 여기서 다룬 사상가들에게도 각각 일면적으로 도식화한 형태로 다루는 것을 다시 허락하기를 바란다. 이러한 취급은 지면이 한정됨으로써 강제된 것인데, 각각

---

568) 이것에 대해서 Meinecke, *Weltbürgertum* (Anm. 4), S. 223 ff.; Metzger, *Gesellschaft, Recht und Staat*, S. 271 ff.; Adolf Dock, *Revolution und Restauration über die Souveränität*, Straßburg 1900, S. 115 ff.; Carl Ludwig v. Haller, *Restauration der Staats-Wissenschaft oder Theorie des natürlich-geselligen Zustands, der Chimäre des künstlich-bürgerlichen entgegengesetzt*, 2. Aufl., Winterthur 1816.

독자적인 인격성의 풍부함에서 반드시 언제나 결정적이지 아니한 하나의 측면만을 부각할 수 있을 뿐이기 때문이다.

모호한 억측에 빠져서는 안 된다면, 우리들은 헤겔의 영향을 상정하는 것이 허용되는 것은 그의 철학에 들어간 편입이 되거나 또는 당해 저자가 헤겔 철학을 원용하는 곳뿐이다. 확실히 헤겔의 흔적을 다른 상당히 의심스러운 사례에서도 더듬는 것은 매력적일 것이며, 예컨대 니체의 개인주의적인 권력이데올로기에 이르기까지 하나의 관련을 구성하는 것은 생각할 수 없는 것은 아닐 것이다.[569] 그러나 우리들에 대해서는 권력국가정치만이 문제이며, 여기서도 이 권력정치를 적극적으로 국민적인 것으로서 가치지우는 견해들이 문제이다. 이러한 이유에서 예컨대 마르크스도 우리들의 고찰에서 제외한다. 모든 국민적인 권력국가 이념의 대극에 있는 이 사람은 사회적 계급투쟁을 파악하는 예리한 눈, 그러나 특히 그의 「투쟁윤리」[570]를, 헤겔적인 정신의 수련에서 조금도 힘입지 않았다고 할 수 있을까? 같은 이유에서 라살레도 여기서는 보다 상세하게 들어가지 않는다. 이 사회주의자는 모든 사상가 중 그의 정치적 방향성에서 볼 때 헤겔의 역사철학과 국가관과 법관에 가장 가까운 것이지만 말이다.[571] 라살레에서도 국가의 전능은 「자유에의 **인류의 발전**을 성취하는」 기능을 가지며, 그리고 「개개인의 일체성은 하나의 인류적 전체 속에」 있다고 한다.[572] 이러한 의미에서 헤겔적 국가이념은 「그의 생애에서 라살레의 강력한 윤리적 사상의 하나를 계속하였다」는 것은 정당하다.[573] 그러나 결정적인 점에서, 즉 국가목적에서 라살레의 국가관은 헤겔의 그것과는 반대되는 것을 의미하며, 자연법적인 개인주의로 되돌아가는 것이다. 즉 헤겔의 국가는 자기목적이며 결코 개인에게 봉사하거나 하지 않으며, 이에 대해서 라살레는 바로 국가가 「개인을 만인의 통일에 의해서」 촉진한다는 점에 국가의 목적을 본다.[574]

---

569) 그리하여 Ernst Bernheim, *Lehrbuch der historischen Methode und der Geschichtsphilosophie*, Leipzig 1903, S. 631의 상정에 의하면 Jakob Burckhardt, *Die Kultur der Renaissance in Italien*, Basel 1860 (이기숙 옮김, 『이탈리아 르네상스의 문화』, 한길사, 2010; 안인희 옮김, 푸른숲, 2000)은 주지하듯이 니체에게 커다란 사사를 주었는데 바로 이 부르크하르트에 대해서 헤겔은 결정적인 영향을 준 것이다.

570) Johann Plenge, "Marx oder Kant," in *Zeitschrift für die gesamte Staatswissenschaft*, 66 (1910), S. 233. 마르크스의 국가관에 대해서는 Tomás Garrique Masaryk, *Die philosophischen und soziologischen Grundlagen des Marxismus*, Wien 1899, S. 390 ff.

571) 법(Recht)의 성립 문제에 관하여 라살레는 국민적 헤겔주의자(nationaler Hegelianer)이다. 「법의 유일한 원천은 민족 전체에 공통된 의식, 즉 일반적 정신이다. 헤겔 이래 이 명제는 이론적으로 확정되고 있으므로 이것은 결코 새로운 의식을 필요로 하지 않는다」. 이와 같이 『기득권의 체계』(*Das System der erworbenen Rechte*, Teil 1, in *Gesammelte Reden und Schriften* (Hg. E. Bernstein), Bd. 9, Berlin 1920, S. 305에서 서술한다.

572) Ferdinand Lassalle, *Arbeiter-Programm*, in aaO., Bd. 2, S. 197 (서석연 옮김, 『노동자 강령』, 범우사, 1990).

573) Hermann Oncken, *Lassalle. Eine politische Biographie*, 3. Aufl., Berlin 1920, S. 246.

574) Lassalle, aaO., Bd. 2, S. 198. 그러므로 국민적인 의미에서의 권력국가 이데올로기가 라살레에서 문제가 되지 않더라도 그는 역시 중요한 한 점에서 헤겔의 권력국가 이데올로기에 결정적으로 영향을 받고 있다.

**헤겔 우파**는 존재하는 모든 것은 이성적이라는 명제의 실증주의적인 내용에 결부시켜, 그리고 거장에 동조하여 자기 자신을 전개하는 세계정신은 그 최고점에 도달한다고 보고, 그러므로 현존하는 것의 정적주의적 보존과 매우 신중한 변경을 그의 정치적 과제로서 자신에게 정립하였다. 이에 대해서 **헤겔 좌파**는 현재 달성된 세계정신의 단계에서도, 또한 세계정신의 혁명적인 변증법의 하나의 옮겨가는 계기를 찾았을 뿐이다. 전자는 헤겔의 국가관의 대부분을 받아들이며, 이에 대해서 후자는 변증법적 영구혁명의 외면적 형식에 고집한다. 이것은 현존하는 모든 권력들을 바로 뒤의 「즉자이며 대자적으로 이성적인 것」에서 「지양하게」 될 것이다. 그러므로 헤겔 우파는 매우 자주 그의 권력국가사상에 가까우며, 좌파는 어디까지나 권력에 적대적이며 우리들의 고찰 밖에 놓인다.

매우 뛰어난 낭만주의적 저술가인 아담 뮐러\*가 독일에서의 국민적 권력국가사상의 형성을 위해서 당연히 받아야 할 커다란 의의는 마이네케에 의해서 지적되었다.575) 그러나 뮐러도 헤겔에게 이 사유의 우위성에 대해서 이의를 제기하지 못한 것은 아니며, 반대로 그 많은 것을 우리들의 철학자에게 힘입고 있는 것처럼 생각된다. 헤겔이 그의 국가철학의 기본 라인을 이미 그의 예나 시대의 초고에서 인정했던 것, 마찬가지로 셸링의 국가관은 헤겔의 국가관에서 유래하는 것, 이러한 것들을 우리들은 위에서 제시하였다. 사람이 이미 1803년에 뮐러가 「셸링이 제1인자이며 계속 중이다」라고 서술하는 것을 귀에 듣는다면, 사람은 셸링을 매개로 행한 뮐러에의 간접적인 헤겔의 영향을 증명한 것으로서 고찰하는 것이 허용될 것이다.576) 그러나 또한 헤겔 자신에까지 이르는 분명히 인식가능한 실(絲)이 있다. 약관 18세가 채 못 되어서 뮐러는 15세 연상의 겐츠와 친교를 맺었다. 겐츠는 언제나 뮐러를 「교육」한 것을, 그리고 뮐러에서 그의 최선의 작품을 세상 중에 남긴 것을 자만하였다. 이 관계를 뮐러도 승인한다.577) 뮐러가 헤겔의 저작을 안 것을 우리들은 후년에 대해서는 확실히 억측할 수 있는데, 이에 대해서 겐츠에 대해서는 헤겔에 관한 지식은 이미 1801-02년 간에 의심 없이 논증될 수 있다.578) 따라서 이미 당시 헤겔은 친구의 입을 통해서 뮐러에게 영향을 주었을 것이다.

---

헤겔이 국가들의 국민적 권력충동을 세계정신의 입장에의 실체화(hypostasieren) 했듯이, 라살레는 노동운동의 정치적인 권력야망을 역사의 궁극목적에, 즉 「만인의」 자유에로 실체화하였다. 이 점에 대해서는 Hermann Heller, Einleitung: Ferdinand Lassalle, *Arbeiter-Programm*, 상술 S. 10 f.(본서, 391면 이하) 보라.

575) Meinecke, *Weltbürgertum* (Anm. 4), S. 128 ff.

576) 1803년 2월 20일에 아담 뮐러가 프리드리히 겐츠에게 보낸 편지, *Briefwechsel zwischen Friedrich Gentz und Adam Heinrich Müller (1800-1829)*, Stuttgart 1857, S. 8. 셸링의 영향을 강조하는 것으로서는 Meinecke, aaO., S. 133 Anm. 3; Metzger, *Gesellschaft, Recht und Staat* (Anm. 4), S. 267. 또한 Stahl, *Rechtsphilosophie* (Anm. 473), Bd. 1, S. 569. 즉 「이 체계의 최초의(!) 단계로부터의 약간의 셸링의 개념들을 그는 도처에서 다루고 있다」. 위의 것에 관하여는 나아가 Friedrich Carl Wittichen (Hg.), *Briefe von und an Friedrich von Gentz*, Bd. 2, Berlin 1910, S. 347 Anm. 2.

577) Wittichen, aaO., S. 347.

578) 겐츠가 칼 구스타프 폰 브링크만에게 1801년이나 1802년에 보낸 편지, in Wittichen, aaO., Bd. 2, S. 83.

이것을 추론케 하는 것은 특히 이념과 개념과의 그의 논리적 구별에서의 뮐러의 헤겔과의 견해의 현저한 일치이다. 이 구별은 뮐러에서 이미 1804년에 그의 『대립에 관한 이론』[579]에서 발견된다. 1809년에 발간된 그의 『국가론 강요』에서 그는 이 구별을 이렇게 정의한다. 「우리들이 이러한 고상한 대상(국가)에서 파악한 사상이 확대되고, 그것이 사상이 성장하고 움직이듯이 움직이고 성장한다면, 그때 우리들은 이 사상을 **사물의 개념이 아니라** 사물ㆍ국가ㆍ생명의 **이념**이라고 명명한다」[580] 라고. 이 뮐러적이며 헤겔적인 논리의 변증법적인 동태[581]는 그들에게 공통된 일원론적인 세계관과 긴밀하게 관련되어 있다. 뮐러 역시 절대적인 이념주의자이며, 세계를 「완전하고 완벽한 것」으로서 파악하며, 그리고 세계의 내부에서 모든 것을 「이념적인 것」으로서, 그러나 「**완전히** 이념적인 것」으로서 인식하려고 한다. 「그러면 다른 매우 소심한, 단지 다른 입장에 선 사람들이 나는 **완전히** 현실적입니다 하고 인정한다면」, 뮐러는 바로 이 비난에서 그의 세계관의 정당함을 증명하기 위한 시금석을 인식할 것이다.[582] 이 실재론적인 이념주의에서뿐만 아니라 「인격」, 「유기체」, 「전체성」으로서의 국가라는 파악방법에서 뮐러는 헤겔과 일치한다. 확실히 초기의 낭만주의자도 국가에게 유사한 이름을 붙였다. 따라서 뮐러가 국가를 「모든 작은 개인을 포괄하는 커다란 개인」[583]으로서 「인간에 관련된 것들의 전체성」[584]으로서 언급한다면, 여기에는 노발리스나 프리드리히 슐레겔의 시사도 존재할 수 있을 것이다. 나아가 버크가 아담 뮐러에게 끼친 영향도 주지하는 바이다. 뮐러의 정치적 견해의 역사적 침투는 이 영국인에게 본질적으로 돌아갈 것이다. 그러나 뮐러의 국가관의 전대미문의 새로운 것, 권력국가적 「국민성」[585]이라는 개념은 헤겔의 직접적 영향 아래 성립한 것처럼 생각된다. 일반적으로는 거의 독창성이 없다고 특징짓고 있는[586] 이 저술가는 낭만주의나 셸링으로부터는 이 사상을 받아들일 수 없었다. 이에 대해서 그는 완전히 헤겔의 의미에서의 국민성에 대한 그의 교설에서 저 시대에 대해서는 완전히 새로운 전대미문인 하나의 결론을 이끌어 낸다. 그는 모든 사권과 요구에 대한 국가의 우위, 실제로 결국 국가의 전능, 국가에서의 개인의 소멸을 설명한다. 이러한 견해에는 그는 버크에게서 만날 수 없었다. 왜냐하면 ― 버크에 대한 최신의 연구가 생각하듯이 ― 이 영국인은 역시 어디까지나 「국가는 부르주아를 위해서 현실존재한다는 생각으로 깊게 관철되고」 계속하기 때문이다.[587]

---

579) Adam Müller, *Lehre von Gegensätze*, Berlin 1804.

580) Adam Müller, *Die Elemente der Staatskunst*, Bd. 1, Berlin 1809, S. 27 f.

581) Metzger, aaO., S. 260도 이러한 일치를 주목한다.

582) 1808년 2월 6일 아담 뮐러가 프리드리히 겐츠에게 보낸 편지. in *Briefwechsel*, S. 126.

583) Müller, *Elemente*, Bd. 1, S. 256.

584) AaO., Bd. 1, S. 66.

585) 1798년 먼저 노발리스(Novalis, *Blüthenstaub*, in *Schriften* (Hg. E. Heilborn), Bd. 2 I, Berlin 1901, S. 15)에서, 1800년 이미 헤겔에서 나타나는 새로운 관념. Meinecke, *Weltbürgertum* (Anm. 4), S. 151 Anm. 참조.

586) Meinecke, aaO., S. 133.

587) Braune, *Burke* (Anm. 41), S. 220.

따라서 우리들이 뮐러로부터 국가는 「무한하게 움직이고 살아있는 정력적인 하나의 위대한 전체를 위한 하나의 국민의 내적이며 외적인 생활의 총체의 긴밀한 결합」이며,588) 「인간은 국가의 외부에서는 생각되지 않는다」589)는 것을 듣는 경우에, 그리고 마이네케가 뮐러에서는 이미 「초개인주의적인 힘들의 개체성이 개인에 대해서 승리를」 받아들이며,590) 그의 국민개념은 피히테와 대립하여 「철저하게 정치적」이며, 국가 · 민족 · 개인의 긴밀한 결합과 침투를 의미하였다고 지적하더라도,591) 나에게는 이 초인격주의의 승리는 ― 이 초인격주의는 헤겔의 1803년의 「자연법 논문」에서 이미 모든 철학적이며 역사적인 논증이 완수되고 있다 ― 본질적으로 헤겔의 무기의 도움을 빌려 쟁취한 것으로 생각된다.

그리고 「죽은 평화」,592) 그리고 「진정한 전쟁」, 「모든 선 중의 선」593)이어야 할 「힘들의 투쟁」― 이것들에 대한 뮐러의 견해는 독일에서는 헤겔 이외에서는 거의 들어보지 못한 견해는 아닐까? 그러나 결국 뮐러는 그의 권력국가론에서 결코 그의 모범인 헤겔만큼 시종일관하지는 않는다. 확실히 그 역시 전쟁은 「점점 깊어지는 국가들 관계의 총체의 필연적인 구성 중에 있는 이유」를 가지며, 그리고 「살아서 성장으로 향하는 충동」이 전쟁의 원인일 수 있다는 것을 강조한다.594) 헤겔과 함께 그 역시 「영원한 평화에 관한 모든 개념들의 어리석음」에 대해서 말한다. 「그것들을 위해서 사람은 이 모든 국가들 위에 왕위를 세우고, 그것들을 보편적인 군주 또는 영속적인 민족들의 회의에 의해서 대표하게 하도록 한 것이다」.595) 어느 정도 그가 여기서 헤겔적인 권력국가이념에 가까웠다고 하더라도, 어느 정도 그가 국가를 자신 속에 폐쇄된 인격성으로 본다하더라도, 국가는 그에게 결코 자기폐쇄적이며 자신의 권력이기만을 고려하는 인격은 아니다. 그러므로 트라이치케596)가 인격성으로서의 국가는 자신의 목적을 자기 자신 속에 추구하지 않으면 안 된다는 사실은 아담 뮐러와 낭만주의적인 법학파에 의해서 처음으로 제시되었다고 주장한다면, 그것은 정당하지 않다. 뮐러에 대해서는 헤겔에 대해서와는 달리, 「개체적 국가들의 자기보존보다도 나아가 고차의 것인 하나의 법칙, 개체적 국가들 간의 상호적인 보장을 위한 하나의 동맹이 존재」하지 않으면 안 된다.597) 독일적인 인류국민이라는 그의 사상은 전적으로 실러 · 훔볼트적인 인간성의 이념이다. 「언젠가 오게 되며, 그래서 우리가 정말 살고 있는 유럽 민족들의 연방주의는 독일적 색채도 지닐 것이다」. 왜냐하면 위대한 것은 모두 독일적이기 때문이다.598) 그의 국가유기체의 권력충동을 무조건으로

588) Müller, *Elemente*, Bd. 1, S. 51.

589) AaO., Bd. 1, S. 246.

590) Meinecke, aaO., S. 141.

591) AaO., S. 152.

592) Müller, *Elemente*, Bd. 1, S. 243.

593) AaO., Bd. 1, S. 246.

594) AaO., Bd. 1, S. 287.

595) AaO., Bd. 1, S. 112.

596) Treitschke, *Politik* (Anm. 212), Bd. 1, S. 68.

597) Müller, *Elemente*, Bd. 3, S. 226.

긍정하는 것에서는 완전히 떠나 있다. 「살아있는 국가 또는 유기적인 국가는 총량의 확대가 아니라 전체성을 추구하는 **국가**이다. 단순한 확대를 추구하는 국가에서는 본래적인 생명원리는 아직 도래하지 않았거나 또는 이미 사멸해 버린 것이다」.[599] 그가 최종적으로 바라는 것은 「종교의 법칙이 국가들의 교통을 규칙지으며,[600] 정신성이 「탈선하는 대국의 모든 것을 이념의 권력에 의해서 올바른 궤도로 되돌리며, 끝으로 일정한 인륜적인 평등성과 기독교적인 상호성을 모든 시민적인 관계들에서」 올바르게 유지하는 것이다.[601]

그러므로 뮐러가 「국민적 권력국가의 인식 속에 피히테보다도 깊게 나누는데」 성공한 것이 정당하더라도,[602] 끊임없는 국가이념의 「아버지들로부터 계승한 형식」에 열광하는,[603] 본질적으로 뒤로 향한 그의 국가이념은, 헤겔적 권력국가의 미래지향적 이상에 대해서 시대적 우위성도 철학적 깊이도 없거나 정치적인 시종일관성도 가지지 아니한다. 아담 뮐러는 오히려 그가 국민적 권력국가의 이념에 가까운 곳에서는 어디서나 본질적으로 헤겔에 의존할 것이다.

독일적 권력국가사상의 흔적들을 더듬어 볼 때 매우 흥미 깊은 것에 독일의 최초 시대의 권력국가이론가들에 속하는 오늘날에는 거의 잊혀진 역사가 하인리히 루덴(Heinrich Luden)의 생애를 회고해 보면, 곧 헤겔의 이름이 떠오르는 느낌을 알 수 있다. 루덴은 괴테와의 어떤 대화에서 이렇게 이야기 한다. 그가 괴팅겐대학에서 강의한 해(1799년) 그가 열광적인 환희를 가지고 몰두한 최신의 철학연구에로 유혹된 것은 예나로부터 이쪽으로 온 친구들일 것이라고. 「내가 칸트와 피히테의 저작을, 그리고 셸링과 헤겔에서 출발한 모든 것도 또한 연구하고, 슐레겔 형제가 쓴 모든 것을 읽었다」.[604] 그래서 우리들은 루덴이 역사관과 국가관을 선택할 때에 하나 또는 다수인의 이름을 열거한 사람들이 방향을 시사한다고 억측하지 않으면 안 된다. 사실 철학자들 모두가 역사를 결코 「구성」하려고 하지 아니한 이 역사가에 의해서 영향력을 가진 것이다. 그의 오늘날에도 여전히 읽을 만한 『국가의 지혜 또는 정치 핸드북』(1811년)에서 매우 분명한 루덴의 정치적 세계관은 그의 시대의 모든 철학적 방향성의 흔적을 보여준다. 「이념에 따라서」, 「자유로운 통일」에 의해서 성립하게 되는 권리관계로서의 국가라는 그의 견해는 칸트적이다.[605] 가장 젊은 피히테는, 국가는 「모든 성원들이 자유롭게 삶을 마치는 데에」 봉사하고, 그리고 그러므로 「모든 시민들의 동의나 합의」에 근거해야 한다는 견해의 원천일 수 있었다.[606] 국가를

---

598) Adam Müller, *Über König Friedrich II. und die Natur, Würde und Bestimmung der Preußischen Monarchie*, Berlin 1810, S. 58.

599) Müller, *Elemente*, Bd. 1, S. 293.

600) AaO., Bd. 1, S. 297.

601) AaO., Bd. 2, S. 106.

602) Meinecke, *Weltbürgertum* (Anm. 4), S. 128.

603) Müller, *Elemente*, Bd. 3, S. 224.

604) Heinrich Luden, *Rückblicke in mein Leben. Aus dem Nachlasse*, Jena 1847, S. 28.

605) Heinrich Luden, *Handbuch der Staatsweisheit oder der Politik*, Jena 1811, S. 6; 12.

606) AaO., S. 19 f.

「정지한 것으로서 한 순간에」 뿐만 아니라 「동적인 생명에서」 파악하려는 그의 노력은 의심 없이 아담 뮐러까지 거슬러 올라간다.607) 낭만주의로부터의 다른 영향들도 매거하기 어려울 정도이다. 그런데 사람은 루덴에서의 셸링의 배타적인 영향을 증명하려고 시도해 왔다.608) 루덴은 셸링에서 그의 역사철학의 일원론적 기초나 동일하게 개개의 부분을 발견했을 것이다. 인류란 「그 본질인 이성에 의해서」 「모든 개별적 인간들의 총계」로서가 아니라 하나의 「유기체 전체」로서 고찰될 것이라는 「하나의 진실의 일체성」이란 관념이 그렇다.609) 「보다 고차의 질서를 가지는 개체들」610)로서의 국가들은 셸링에서 유래할 것이다. 그러나 우리들은 다시 다음 사실에 귀를 기울인다. 이들 단체들은 필연적으로 서로 적대 관계에 있으며, 「확정된 법의 안전과 변경」은 「보다 고차의 질서를 가지는 한 국가에 의해서 유지되는」 것은 불가능하며, 모든 국가는 여하튼 (그 안전과 변경) 자기 자신의 힘에서만 발견할 것이다. 그리하여 또한 국가들의 서로 적대적인 본성은 결코 중지하지 아니한다」라고.611) 그렇다면 그러한 견해는 오히려 셸링에 대한 이론을 주장하는 것처럼 보인다. 논쟁의 이러한 방향은 루덴처럼 생각한다면 의심의 여지가 없게 된다. 즉 확실히 국가를 「여러 자유로운 본질존재의 자유로운 유기체」로서 정의하는 것은 그의 정의보다도 더욱 짧다. 그러나 「거기에서 물론 실로 많은 것들이 만들어져야 한다. 즉 사람이 바라는 모든 것을 수용하기 위해서 소속된 여지가 남아있다」라고.612) 나아가 어떻게 루덴은 변증법적으로 가족에서 국가에 도달하는가, 인간은 「타자들과 투쟁에 빠지며」, 그리고 그때 필연적으로 자기를 자기 자신에게 분열시키」지 않을 수 없기 때문에, 「그의 개개의 노력의 (어떤) 충돌」이 최후로 국가에서 「조정」되는가 — 이러한 것들을 본다면,613) 이것은 헤겔에의 의존성을 분명히 보여준다. 루덴이 1806년에 예나에 초빙되어 거기서 헤겔과 만났을 때, 헤겔은 그의 정치적 견해들을 철학잡지의 논문들에서 인정했을 뿐만 아니라 이미 『정신현상학』*에서도 발표하고 있었다. 이에 대해서 피히테와 셸링은 예나를 이미 떠나고 있었다. 그런데 우리들이 루덴의 역사관과 국가관 속에서 매우 많은 헤겔적인 것에 마주친다면, 이것은 예나에서의 개인적인 사상교환에 의해서도 루덴으로 옮겨간 가능성이 있을 것이다. 물론 「다양한 개체들」 중에 분열하고, 그럼으로써 문화가 「고유한 형상」을 얻는 인류, 이러한 인류라는 사상은 분명히 헤겔을 시사한다. 「문화는 국가에서만 가능하며, 따라서 문화의 고유성은 여러 국가들에서만 가능하기 때문에 필연적

607) AaO., S. 11.
608) Franz Hermann, *Die Geschichtsauffassung Heinrich Ludens im Lichte der gleichzeitigen geschichtsphilosophischen Strömungen*, Gotha 1904 (Geschichtliche Untersuchungen, Bd. 2, Heft 3), S. 34 und *passim*.
609) Luden, *Staatsweisheit*, S. 1 f.
610) AaO., S. 16.
611) Ebd.
612) AaO., S. 11.
613) AaO., S. 4 f.

으로 다양한 국가들이 **전후좌우에 존재하지 않으면 안 된다**. 더구나 민족의 고유성의 수만큼 존재하지 않으면 안 된다」.[614] 그리하여 국가는「일체성이며 전체성이며 ― 문화는 생명의 의미인 것과 마찬가지로 국가의 의미이다」.[615] 국가들은 서로 완전히 다르며, 그들이 공통된 것은 하나뿐이다. 즉 그것들은「이질적인 국가들로부터의 완전한 독립을 희구하는 것이다. 왜냐하면 독립이 상실됨과 함께 국가의 정주도 상실할 것이기 때문이다」.[616] 그러나 독립의 상실은「한 민족에 대해서 최대의 불행이다. 왜냐하면 독립은 모든 행복의 토대이기 때문이다」.[617] 그러므로 루덴은,「명예로 충만한 몰락을 굴욕적인 평온 뒤로 두는 것」[618]을 진기한 것으로 본다. 국민적 권력의 절대적 주권의 의의는 여기서 헤겔에서처럼 높이 열거된다. 여기서도 국가는「모든 인간적 힘들의 발전의 조건」이다.「국가는 이러한 힘들을 하나의 힘으로 통일하기 때문이다」.[619] 그리하여「인간이 국가에서 그의 자유의 일부를 포기해야 한다」는 것은 잘못이며, 오히려「국가 밖에는 완전히 어떤 자유도 존재하지 않을 것이다」.[620] 이런 견해들을 루덴은 당시 헤겔 이외의 누구로부터도 들을 수 없었다.

전형적인 헤겔적 국가이념은, 루덴이 국가에 대해서 국가는「군주도 신민들도 아니며 시민들에게 또는 정부와 신민들의 일체성에 있다」고 서술할 때, 이것은 또한 국민적 권력과 군주제적 원리를 고유하게 결합시킨 것이다. 시민들은「머리와 지체처럼 서로 완전한 일체성 속에 있어야 한다」. 그리고 시민들이 하나의 공통된 권력을 형성하는 한,「사람이 모든 시민들의 힘과 의사를 정부에서 현실로 통일되었다고 생각하는 한, 그러한 한에서 그들이 국가인 것이다」. 그래서 루덴은 결코「유일한 인격은 정부를 형성」하지 못하며,[621] 그리고 국가를 체현할 수 없다고 무조건 생각했음에도 불구하고, 이 견해는 국민적 주권의 이 가장 명예로운 대표자에서도 또한 헤겔에서의 그것과 마찬가지로 군주적 원리와 매우 잘 어울린다. 실로 루덴은 바로 이렇게 생각한다.「민주제와 군주제는 종류에 의해서가 아니라 정도에 의해서 구별되며 양자는 공화제적이다」라고.[622] 그러므로 그는 군주에게 부여된 법설립권(Rechtsstellung)은 또한 헤겔의 그것과 아무런 차이도 없다. 군주는「분리되지 아니하며 분리되어서도 안 되는」집행부와 입법부를 통일하며, 그에 의해서 국가의「일체성」은 대표된다.[623] 그는 바로「국가의 혼이며 일체성」[624]이며, 그리고 그는 국가와

---

614) *Kritisches Journal der Philosophie*, begründet von Schelling und Hegel.
615) Luden, *Staatsweisheit*, S. 15.
616) AaO., S. 129.
617) AaO., S. 22.
618) AaO., S. 63.
619) AaO., S. 176.
620) AaO., S. 14.
621) AaO., S. 19 f.
622) AaO., S. 23.
623) AaO., S. 20.
624) AaO., S. 54.

하나이기 때문에 국가의 명예와 일치하는 그의 명예가 어떤 형태로 훼손될 때 전쟁을 필요한 것이라고 보지 않으면 안 된다.[625] 완전히 헤겔적 의미에서 루덴은 정치를 도덕에서 분리하려고 한다. 하나의 학문적인 정치학은 「국가의 본질」에서 볼 때, 그리고 정치사에서 볼 때 창조될 수 있다고 한다. 윤리학은 하나의 보조적인 학문에 불과하며 이러한 것으로서 도 역시 이론보다도 오히려 정치적 실천을 촉진하며, 또 이 실천에 필요한 것이다. 정치는 도덕 위에서만 구축되는 것은 아니며 「정치의 격률은 도덕의 지시에 비추어 측정되지 아니한다」. 그러므로 루덴은 「정치는 유일한 국가의 도덕이다」[626]라는 명제를 강조하며, 그리고 마키아벨리의 『군주론』에 대해서 이 「부당하게 고명하다는 것보다도 오히려 악명 높은 저작」은 「진지하게 생각한 것이며 탁월하고 멋진 것이다」[627]고 서술한다.

이에 대응하여 그는 또 두 국가 간 관계도 유일 개별적인 국가의 권력과 이해 위에서만 기초지워진다고 본다. 자연적인 국제법에 대해서 그는 헤겔처럼 거의 중시하지 아니한다. 「법은 국가들 간에서는 조약들에 의해서만 성립할 뿐이다」.[628] 하나의 「일반적 국제법은 — 존재하지 않는다. — 이른바 실정적인 유럽의 국제법은 현려 내지 인간성의 표출과 같은 격률들 이외의 것은 아니었다. 그들에 인도된 것은 종교나 인륜, 그리고 인간적인 것들로부터의 전변에 관한 사상이다. 여기서는 정치 이외의 어떠한 것도 재가를 부여하지 않았으며, 정치가 현실적으로 또는 외관상 지령한 곳에서는 이른바 국제법의 훼손은 결코 기피되지 않았다」.[629] 그리고 두 국가 간의 조약법에 대해서 루덴은 마찬가지로, 헤겔이 그의 『독일 헌법론』의 시대에 이미 생각한 이외의 것은 생각하지 아니한다. 루덴도 조약법에 대해서 이렇게 생각한다. 즉 그것은 「동요하는」 것이며, 그리고 결국 「국가는 그 법의 확실성을 위한 보장을 **그 고유한 힘**에서 추구한다는 것만이 남아 있다」라고.[630] 그러한 보장은 「**그 국가에게 힘에서 우월하는 어떤 이질적인** 이웃 **국가**가 존재하는 한」, 원칙적으로 존재하지 않을 것이다. 그러므로 군주의 노력은 「그의 국가를 권력에서 **우월하게 하는**」 데로 향하지 않으면 안 된다.[631] 전문지식에 의한 예리한 근거를 가지고 그는 국제법적인 협정에서의 **사정변경의 원칙**의 매우 포괄적인 허용에 부여하고 있다. 그에 의하면 「우리들 에서 규정되고 은폐되지 않고 끊임없이 승인된 (하나의) 원칙이 조약이라는 것은, 그것이 우리들의 이익에 적합한 동안만 승인된다」는 것이다.[632] 민족들의 독립성 — 그러므로 사람은 「체결된 조약들이 훼손되지 않는 것」을 지지하는데 — 은 「모든 국가가 생생하게 서로 대항함」으로써 훨씬 더욱 확보된다는 것이다.[633] 「대체로 자국의 이익이 유일한

625) AaO., S. 169.
626) AaO., S. 42 f.
627) AaO., S. 28.
628) AaO., S. 49.
629) AaO., S. 51 f.
630) Ebd.
631) AaO., S. 57.
632) AaO., S. 62.

규범이며 이 규범에 따라서 군주는 다른 국가들에 대항하는 것이다」.[634]

　이러한 견해는 모두 루덴에게는, 또한 저 시대에는 물론 완전히 새로운 종류의 몰가치적인 역사고찰에서 함께 생겨난 것인데, 특히 국가관 그 자체가 문제로 된 곳에서는 보다 적은 정도에서만 헤겔의 영향을 보여줄 뿐인지도 모른다. 그러나 그러한 영향은 분명히 헤겔적 색채를 띤 이러한 역사적 인식이 인륜적인 세계관이 됨으로써 명백하게 나타날 것이다. 왜냐하면 루덴에서도 또한 일원론적인 것으로 생각된 권력투쟁은 모든 문화발전의 조건으로서 나타나기 때문이다. 역사적 힘들의 적대관계(Antagonismus)는 칸트에서처럼 하나의 매우 일반적인 법질서를 달성하기 위한 수단이 아니라 헤겔에서처럼 자기목적이며, 이 적대관계는 루덴이 서술하듯이, 「생명의 전개」 일반에 봉사한다.[635] 세계의 의미로서 그 적대관계는 또한 문화의 넓은 개념을 고하며, 그리고 문화는 여기서도 또한 개체적이며, 특히 초인격적인 권력의 전개에 의해서 달성된다. 헤겔에서처럼 루덴에서는 발전을 위한 발전이 문제이며, 이것으로 또 루덴은 전쟁에 헤겔이 그러하듯이, 인륜적 기능을 부여한다는 것이 개념파악된다. 루덴에 따르면, 전쟁은 「평화를 위해서 수행되는 (것이 아니라) 전쟁과 평화에 의해서 완전히 같은 일이, 즉 인간의 힘들의 형성과 발전을 위하여 필요한 자유, 따라서 문화가 추구되는 것이다」.[636] 영원한 평화는 「생명과 향유와 수면(睡眠)이 같은 것일 때」에만 바람직한 목적이 될 것이다」. 평화는 「우리들의 종(種)에게 마찬가지로 효험있고 자연으로부터의 폭풍우가 사라질 때, 그러나 호수와 늪들은 머무를 것이다」.[637] 사람은 헤겔이 이미 「자연법논문」에서 전쟁을 바다를 부패로부터 지키는 「바람의 운동」으로서 특징지은 것을 상기한다.[638] 바로 권력으로서 국가를 보는 점에서, 그리고 권력과 인륜적인 것이고 문화적으로 가치짓는 점에서의 이러한 모든 루덴과 헤겔과의 광범하게 걸친 견해의 일치는 매우 뚜렷하므로, 루덴이 그는 자신이 저술을 시작하기 이전에 헤겔을 연구했다고 우리들에게 개인적으로 증언할 뿐이며 그것만으로 하나의 우연은 상정되지 아니한다.

　그런데 역사서술의 학문과 기술에서 훨씬 위대한 인물인 레오폴드 랑케도 헤겔의 권력국가사상의 영향을 면하지 못했다. 여기서 랑케는 관념론철학에 의존하는데, 그리고 그것은 어느 정도라는 매우 자주 논의되는 문제가 또 한 번 명백히 된다면, 곧 강조할 것은 랑케의 세계상의 정교한 짜맞춤을 헤겔의 역사의 사변이라는 스페인의 장화(고문도구) 속에 밀어넣거나 또는 랑케의 역사서술은 어떤 형태로 결정적으로 헤겔의 「이념들」이나 「원리들」에 의해서 영향받은 것을 보여준다고만 주장하는 것, 이러한 것을 내가 생각하지 못한 것은 아니라는 것이다. 랑케는 진정한 역사가로서 그의 시대의 사상내실의 총체를 자신 속에

---

633) AaO., S. 61.
634) AaO., S. 190.
635) Hermann, aaO. (Anm. 608), S. 62 참조.
636) Luden, aaO., S. 192.
637) AaO., S. 64.
638) Hegel, *Naturrecht* (Anm. 267), S. 372(역서, 68면).

받아들이고 훔볼트로부터도 피히테, 노발리스, 특히 셸링으로부터 감동받은 것이 없지는 않으며, 그는 또 나아가 자주 사비니와 봉건적·프로이센적인 반동의 사상 서클의 가까이에 있으며, 특히 그의 엄청난 현실중시의 태도가 그를 헤겔의 구성들로부터 옹호한 것이다. 그러므로 그는 세계관에서 어떠한 체계도 가져오지 못했다고 해도, 그에게는 그의 철학은 「그의 숙려(Nachdenken)에서 ― 절충적이라고 해도 ― 자기 자신의 것(eklektisch)으로서」 자라났다는 것을 인정하더라도,639) 그래도 역시 「숙려」를 위해서 또 하나의 인상 깊은 철학이 자극을 준 것은 부정할 수 없을 것이며, 그리고 랑케 자신이 우리들에게 헤겔의 커다란 인상을 증언한다면 랑케가 그 작용에 대해서 이렇게 서술하는 철학을 사람은 저 영향으로서 헤아리는 것이 허용될 것이다. 즉 그는 「향유된 정재의 가장 고귀한 계기들이 함께 기억 속에 들어가고 그 살아있는 내용을 구성한다」고 서술한다.640)

물론 랑케는 헤겔과는 반대로 인간의 인식의 두 개의 길을 예리하게 구별하려고 한다. 「하나는 철학의 길이며 또 하나는 역사의 길이다」.641) 「선험적인 사상들을」 「현실존재할 수밖에 없는 것」642)에로 추론하는 미숙한 철학 ― 여기서는 피히테가 생각된다 ― 을 그는 일관하여 배척한다. 그러나 그럼에도 불구하고 그의 의견에 의하면, 또한 「역사(Historie) 전체를 단지 거대한 사실들의 집적으로서 보는」643) 역사가들은 잘못된 것이다. 랑케는 오히려 이렇게 생각한다. 「역사는 그 자신에서 완성한다면 개체(개별적인 것)의 연구와 고찰에서 사건들의 일반적인 관찰을 거쳐 그들의 객관적으로 현존하는 관련의

639) Ottokar Lorenz, *Die Geschichtswissenschaft in Hauptrichtungen und Aufgaben*, Bd. 2, Berlin 1891, S. 54 Anm. 나아가 Johann Goldfriedrich, *Die historische Ideenlehre in Deutschland*, Berlin 1902, S. 399 ff.; Karl Lamprecht, "Herder und Kant als Theoretiker der Geschichtswissenschat," in *Jahrbücher für Nationalökonomie und Statistik*, III. Folge 14 (1897), S. 161-203; Richard Fester, "Humboldt's und Ranke's Ideenlehre," in *Deutsche Zeitschrift für Geschichtswissenschaft*, 6 (1891), S. 235-256; Wahan Nalbandian, *Leopold von Rankes Bildungsjahre und Geschichtsauffassung*, Leipzig 1901 (Leipziger Studien aus dem Gebiet der Geschichte, Bd. 8, Heft 2); Meinecke, *Weltbürgertum* (Anm. 4), S. 287 ff.; Max von Szczepanski, "Rankes Anschauungen über den Zusammenhang zwischen der auswärtigen und der inneren Politik der Staaten," in *Zeitschrift für Politik*, 7 (1914), S. 489 ff. 참조.

640) Leopold von Ranke, *Die großen Mächte* (1833), in *Sämmtliche Werke*, Bd. 1, Leipzig 1872, S. 3. 다른 사람들은 헤겔의 영향력을 대체로 무시하는데 베른하임(Bernheim, aaO. (Anm. 569), S. 647 Anm. 4)은 헤겔의 광범하게 걸친 영향을 상정한다. 마이네케(Meinecke, aaO., S. 151)는 아담 뮐러의 랑케에 대한 영향력을 지적한다. 우리들이 고찰하는 견해들은 특히 도우브(Dove)에 의해서 유고로서 발간된 보편사적 구상들에서 명백해 진다. 이러한 구상들은 부분적으로 집성되고, 서문으로서 「근대사의 시기들」 앞에 두고 있는데, 그것은 여하튼 랑케 세계사의 개별적인 권으로서 나뉘어 발간되고 있다. 이와 함께 특히 고찰한 것은 랑케의 논문들이다. *Historisch-politische Zeitschrift* (1832-1836), in *Sämmtliche Werke*, Leipzig, Bd. 24 (1872); Bd. 49/50 (1887, Hg. A. Dove). 나아가 Otto Diether, *Leoplod von Ranke als Politiker*, Leipzig 1911 참조.

641) Leopold von Ranke, *Weltgeschichte*, Teil 9, Abt. II (근대사의 시기에 대해서), Hg. A. Dove, Leipzig 1888; abgedruckt im Vorwort des Herausgebers, S. IX.

642) AaO., S. VII f.

643) AaO., S. IX.

인식에까지 고양된다는 사명과 자격을 부여한다」라고.[644] 헤겔 역시 역사에 「내재하는 이성」을 다른 형태로 인식하려고는 하지 않았다. 그는 랑케와는 반대로 다른 한편, 이미 역사학 그 자체를 그 완성된 형태로 가진다고 생각하고는 있었지만 말이다. 그리고 랑케 역시 그의 객관적인 역사 관련을 개별 민족들의 개체들(개인들) 상호의 관계에서 꺼내려는 것은 아닐까? 「그런데 몇몇 민족은 지상의 다른 민족들에 대해서 권력을 갖추고 있었다. 그들은 특히 그들 이외의 민족에게 영향을 미쳤다. 그래서 세계가 선하든 악하든 경험한 변화(Umwandlung)는 특히 이들 민족에게 기인할 것이다」.[645] 그리하여 권력은 랑케에서도 역시 세계발전의 뛰어난 원리들 중의 하나이며, 더구나 여기서도 권력은 일원론적으로 이해되고 있다. 왜냐하면 「역사적인 권력의 투쟁 중에 피비린내 나는 힘들의 작용만을 보는 것은 무한하게 잘못일 것이기」 때문이다. 오히려 권력 그 자체에서 나타난 것은 「하나의 정신적 본질존재, 그의 고유한 생명을 가진」— 이 생명은 물론 「한 마디 말」로는 특징지을 수 없는 — 하나의 본원적인 천재이다. 「세계에 나타나는 정신은 그처럼 개념에 적합한 본성을 가지고 있지 않다」.[646] 여기서 나는, 랑케는 헤겔에 대한 의식적으로 커다란 동의와 특정한 거리를 강조한 것처럼 생각된다. 그도 또한 세계의 발전이 개별 민족들의 개체들(개개인)의 정신적·물리적인 권력에 의해서 조건지워진다고 본다. 그리고 우리들은 나아가 헤겔의 정신세계 역시 랑케가 그것에 인정하려는 이상으로 고유한 생명을 가지지 아니한 것, 기본적으로는 헤겔에 대해서도 또한 세계정신은 실천적으로는 국민적인 권력희구라는 목표의 객관적 표현에 불과하며, 랑케적인 권력을 가진 천재 이상으로 커다란 초월성을 결코 갖지 아니한 것 — 이러한 것들을 고찰한다. 그리하여 우리들은 랑케적인 역사고찰의 세계관적 배경을 헤겔로부터 완전히 분리된 것은 보지 못할 것이다.[647] 그러므로 랑케가 자주 헤겔에 대해서 논쟁적이라고 하더라도,[648] 역시 그는 이미 「헤겔에서의 추상화와 경험은 피히테에서와는 본질적으로 다른 본성을 가지고 있었던」 것을 인정한다.[649] 이러한 인식을 랑케에게 매개한 것은 아마 헤겔의 제자 간스(Gans)가 발간한 거장의 역사철학일 것이다. 그리고 우리들은 사실 40대의 랑케가 그 의견에 표현을 부여한 것을 듣는다. 「니부어가 걸은 길을 통해서만 헤겔의 염두에 떠오르고 있던 경향은 보편사적 목적을 달성하였다」라고.[650] 그러므로 랑케가 「개별

644) Ebd.
645) AaO., S. X f.
646) AaO., S. XI.
647) 그렇지만 헤겔 역시 「순수한 개념을 전개하는 도정에서 모든 경험을 경시하여 선험적인 하나의 역사를 경험적인 역사에 대치하는, 그러한 요구를 결코 내세우지는 않았다」. Fester, aaO., S. 242.
648) Leopold von Ranke, Briefe an Heinrich Ritter, vom 20. Oktober 1827 und vom 4. Januar 1828, in *Sämmtliche Werke*, Bd. 53/54 (Hg. A. Dove), Leipzig 1890, S. 174; 185; ders., *Weltgeschichte*, Teil 9, Abt. II, S. VII f. 랑케의 헤겔에 대한 인격적 관계에 대해서는 Lenz, aaO. (Anm. 247), Bd. 2, Teil 1, S. 281.
649) Fester, aaO., S. 242.
650) Ranke, *Weltgeschichte*, Teil 9, Abt. II, S. VIII (Dove의 인용에 의함).

민족들의 역사와 병행하며 그 위에서」 일반적 역사에 「그들의 고유한 원리」를 반환요구하려고 한다면, 그것은 의식적으로 헤겔을 지향하는 노력이다. 「인류의 공동체적인 (공통의) 생활의 원리야말로 국민들을 — 역시 이들에게 해소되지 않고 — 총괄하고 지배한다. 사람은 이 원리를 문화세계의 형성·보존·확대로서 특징지을 수 있을 것이다. 그 문화란 사람들이 보통 학문과 예술에 제한된 지평을 부여하리라고 이해하는 것은 아니다. 문화세계는 동시에 종교와 국가를 모든 힘들의 — 이상으로 향한 — 자유로운 발전을 포괄한다」.651) 나는 랑케가 여기서 부여한 이상으로 보다 신중히 보다 세밀한 헤겔의 세계정신의 서술을 알지 못할 것이다. 어떻게 랑케의 「원리」가 헤겔의 세계정신에 가까운가, 어떻게 내용적인 것보다도 오히려 형식적인 것이 그를 후자로부터 분리하지 않는가, 이것은 랑케가 이렇게 서술하는 말에서 보인다. 「그러나 그것은 특별히 분리된 노력이 아니라 역사의 사실들을 구성하는 정치와 전쟁, 모든 사건들과 분리할 수 없게 결합되어 있다. 세계사적 계기는 일반적으로 타당한 형식들에서가 아니라, 그것은 국민들의 특수한 생활을 함께 가져옴에 따라서 여러 형상에서, 더구나 결코 평화적이며 방해받지 아니한 발전에서가 아니라 끊임없는 분쟁과 투쟁에서 등장한다. 왜냐하면 싸우는 것은 인간의 본성이기 때문이다」.652) 「그러므로 세계사는 헤겔에 대해서 실제 그러하듯이 인류의 최고선을 둘러싼 끊임없는 격투의 역사로 이룬다. 보편사적 운동은 모든 질풍노도 아래서 그 고유한 힘에 의해서 강인하게 전진하는 살아있는 그 무엇이다」.653) 그러므로 헤겔의 정신세계와 랑케의 「원리」와 「문화세계」는 양자 모두 민족적 권력에 의해서 실현된다. 헤겔의 표지는 보다 커다란 무내용성이라는 장점을 가지고 있다. 랑케의 보다 엄밀한 규정은 역사적 현실에 의해서 언제나 확증될 수 있는 것은 아니다. **그러므로 그는 「자주 의심스러운 문화의 요구」는 역사의 유일한 내용은 아니라는 것을 인정할 것이 강제되고 있다.** 그러나 세계사적인 계기는 랑케에서 — 그리고 이 점에서 그에 대해서 유일한 모범은 헤겔이었다 — 그것은 바로 결정적인 발전요소라는 것에 의해서 모든 「객관성」에도 불구하고 하나의 규범적 위엄을 얻고 있다. 「왜냐하면 (그렇게 랑케는 첫째로 생각하는데) 국가들이나 민족들의 상호적인 이해에서 완수되는 투쟁들에서 일반적인 것의 형상을 이에 준하여 교환하고, 일반적인 것에 다시 하나의 다른 성격을 부여하는, 점점 고차적으로 되는 잠재력이 머리를 든다는 것 속에 사람은 인류사 일반의 이상적 핵을 볼 수 있을 것이기 때문이다」.654) 그러나 랑케의 영광스런 인격신, 그의 역사의 신은 국가적이며 국민적인 권력투쟁을 인류적인 자유의 진보로서 체현하는 헤겔적 신에 잘못 생각할 만큼 유사하게 본다. 랑케가 이렇게 생각한다면 그 이상의 것을 말할 것이다. 즉 「세계의 위대한 투쟁들 속에서 문제가 되는 것은 그들의 총체가 한 국가, 한 권력, 한 국민의 본질을 이루는 힘들의 우월성이다.

651) Ranke, *Weltgeschichte*, Teil 8 (1888), S. 4.
652) Ranke, *Weltgeschichte*, Teil 8, S. 4 f.
653) AaO., S. 5.
654) Ranke, *Weltgeschichte*, Teil 3, Abt. I (1883), S. 6.

인간들에게 인정된 자유는 좁은 공간에 제한된 것이 아니라 그것은 세계와 미래를 포괄한다. 신적인 것은 어두운 운명성이 아니라 도덕적 세계의 대상들과 권력들에서 나타난다」.655) 그리하여 랑케 역시 방해받지 아니한 국민적인 권력국가의 발전 속에서 인류의 발전을 본다. 그리고 그에 대해서도 이러한 길을 걸어서 국민적 권력이 인류적인 명령으로 될 수밖에 없었다는 이외의 것은 전적으로 가능하지 않다. 그러나 그는 권력에 의한 이 인류의 발전은 군주제원리의 보존 아래서만 가능하다는 점에서 헤겔과 의견을 일치시키고 있다. 「인류의 계속적인 발전은 내적인 힘을 가지며, 그리고 모든 정황 아래서 그들의 지위를 주장하며 그들의 내적 생명인 그들의 자립성을 우세한 적대자들에 대해서 방어하는, 남자다운 용기를 지닌 군주들을 정점에 가지는 국가들이 존재한다는 데에 근거하고 있다」.656)

그리하여 이러한 역사관에서 필연적으로 헤겔에서처럼 권력국가이념이 귀결한다. 국가란 랑케에서, 우리들이 이미 위에서 들었듯이 힘들의 총체이다. 「국가와 권력 간에는 아마 즉자적으로는 아무런 구별도 없다」고 그는 생각한다. 「왜냐하면 국가의 이념은 자립성의 사상에서 유래하며, 이 자립성은 대응하는 권력 없이는 주장되지 못하기 때문이다」.657) 랑케의 국가관에 대한 보다 엄밀한 것을 우리들은 그의 『정치적 대화』(1836년)에서 듣고 안다. 이것은 「아마 대부분의 이론과 개인적 고백을 제공하고 있다」.658) 여기서도 그는 「주장할 것」은 국가가 「최고의 법칙」이라는 것에서 출발한다.659) 국가의 이러한 권력목적에서 그 내적인 조직화도 규정되어야 할 것이다. 왜냐하면 「독립성이라는 척도가 국가에게 세계에서의 그 지위를 부여하기 때문이다. 이 척도는 동시에 모든 내적 관계들을 이 목적에 비추어 정비할 필요성을 국가에게 부과한다」.660) 이 목표는 「모든 성원의 자유로운 의사에 의한 완전한 일치」에 의해서 달성된다.661) 여기서도 또한 정치적 권력의사, 「우리들과 함께, 우리들 속의」662) 조국의 생활, 그러나 특히 국가를 「보편적 의의에로 고양하는」663) 「도덕적 에너지」라는, 랑케에서는 매우 의의 깊은 개념, 이것들은 헤겔의 인류성 개념과 크게 근사하다. ― 이것을 인식하는 것은 어렵지 않다. 랑케는 또 헤겔의 권력법이론

655) Leopold von Ranke, *Von der historischen Commission bei der königlichen Akademie der Wissenschaften zu München. Eröffnungsrede vom 27. September 1871*, in *Sämmtliche Werke*, Bd. 51/52 (Hg. A. Dove und Th. Wiedemann), Leipzig 1888, S. 572.
656) Leopold von Ranke, *Der Ursprung des siebenjährigen Krieges* (1871), in *Sämmtliche Werke*, Bd. 30, Leipzig 1875, S. 233.
657) Leopold von Ranke, *Zwölfbücher preußischer Geschichte* (Fünftes Buch), in *Sämmtliche Werke*, Bd. 27/28, Leipzig 1874, S. 4.
658) Meinecke, *Weltbürgertum* (Anm. 4), S. 298.
659) Leopold von Ranke, *Politische Gespräche* (1836), in *Sämmtliche Werke*, Bd. 49/50 (Hg. A. Dove), Leipzig 1887, S. 314 ff.; 328.
660) Ebd.
661) Ebd.
662) AaO., S. 326.
663) AaO., S. 327.

(Macht-Recht-Theorie)에 동의하는 데에 그가 기울어진 것을 보여준다. 사람은 「피비린내 나는 전쟁이라는 일을 도덕적 에너지의 항쟁」으로서 고찰해야 하는가 하는 질문에 대해서 프리드리히 랑케는 대답한다. 사람은 실제로 「진정한 도덕적 에너지가 승리를 주장하는 것을 증명하지 못하는 중요성이 결여된 전쟁의 이름을 들 수는 없다」라고.664) 랑케에 대해서도 역시 국가는 모든 절대적인 법적 또는 인륜적인 가치 위에 서 있으며, 오히려 어떤 생명처럼 「자신 속에 그 이상」을 대유하고 있다.665) 랑케에 대해서는 헤겔에 대해서처럼, 프리드리히의 적대자, 카를이『정치적 대화』에서 행한 반론, 즉 이 국가이념에서는 「국민성과 국가」가 합치해 버린다는 반론이 타당하다.666) 프로이센 · 독일적인 시대상황과 이른바 보수적인 국민국가사상은 헤겔도 부여하였을, 동일한 양의적인 대답을 랑케에게 강요하고 있다. 국민들은 확실히 국가이려는 경향을 가질 것인데, 그러나 국가 그 자체는 「그 본성상 국민보다도 훨씬 좁게 닫혀있다」.667) 국민이 국가로 되는 것은 「승리」에 의해서, 즉 「거기에서 독립이 쟁취되는 순간」에 의해서이다.668) 그러므로 보편주의적 · 낭만적인 국민감정은 헤겔에서 그렇듯이, 의식적인 국민적 권력의사로 전화하였다. 랑케는 통상은 역사법학파와 함께 「이 신비스런 그 무엇」669)으로서의 국민에게 감정과 본능의 숨겨진 암투에서 작용하는 민족정신에 열광하는데, 1832년의 독일 통일에 관한 「열광적 기대」670)에 대해서는 헤겔이 1821년에 「심정의 죽」에 대해서 생각했던 것 이외의 형태로는 생각하지 못한다.671) 랑케는 여기서 이렇게 생각한다. 감정은 확실히 「효모」로서는 참으로 선하지만, 그러나 그것만으로는 「촉진적 작용보다도 오히려 감각을 마비시키고 파손할 작용을 나타낼 경향에 있다」라고.672)

개별 국민적 국가들은 여기서도 그들의 특수한 의사와 성격, 「그것들에 고유한 경향들과 만물이 그것에 의존하는 하나의 「최상위의 이념」을 가지고 있다. 「국가들은 그들의 기원을 신으로부터 도출하더라도 그러한 것이다. 왜냐하면 이념은 신적인 기원을 가지고 있기 때문이다」.673) 또한 여기서 어떻게 국가의 이념이 하나의 신적인 규범에 가깝고, 그리고 어떻게 모든 것은 이 「국가의 이념이 모든 국가를 파악하는가, 모든 국가는 그 정신적인 생활로부터 무엇인가를 자신 속에 느낀다는 것」,674) 이러한 것들로 귀착하는데 ─ 이런

---

664) Ebd.

665) AaO., S. 337.

666) AaO., S. 326.

667) Ebd.

668) AaO., S. 327.

669) AaO., S. 326.

670) Leopold von Ranke, *Über die Trennung und die Einheit von Deutschland* (1832), in *Sämmtliche Werke*, Bd. 49/50 (Hg. A. Dove), Leipzig 1887, S. 235.

671) Hegel, *Rechtsphilosophie* (Anm. 73), Vorrede, S. 10 f.

672) Ranke, aaO., S. 134 f.

673) Ranke, *Politisches Gespräch*, S. 328 f.

674) AaO., S. 334.

것을 우리들은 동일하게 헤겔적인 인륜성에서도 관찰할 수 있었다. 그러나 랑케의 국가이미지 역시 영적인데 그러한 것은 결코 헤겔적인 그 이상도 그 이하도 아니다. 한 국가는「하나의 정신적 토대와 하나의 정신적 내용 없이는」존립하지 못했다는 것을 그는 언제나강조할 뿐만은 아니다.675) 헤겔에서처럼, 국가의 본질은 대체로「전체를 활성화하고지배하는 이념, 정신의 지배적인 추세」에 의해서 조건지워진다.676) 그리고 그는 국가들을「정신적인 본질성, 인간정신의 독창적 창조물」이라고 부른다. —「이것은 신의 사상이라고해도 좋을 것이다」.677) 자명한 것은 이들의 일체성은「개개인들의 안전성을 위한 안슈탈트」가 아니라,「그들 자신이 개체들」이다.678) 모든 국가는 그 고유의 생명을 가지는하나의「유기체」이며, 그리고 여기서 유기체의 개념은 낭만주의적인 식물적이며 비합리적인 것 속에 뒤늦게 나타난다고 하더라도, 그것 역시 랑케도 국가의 이 유기체적 생명을헤겔 이상으로 보다 감각적으로 이해한 것은 아니다. 한 국가는 무엇으로 살고 있는가는,여기서는「인간들에서처럼 생명이 정신과 신체에 포함된 것, 그렇지만 다른 모든 것은보다 탁월한 부분으로서의 정신에 의존하는 것 — 이러한 것 이외에는 없다」.679)

이미 헤겔의 청년기의 논고에서 우리들이 확인한 것인데, 헤겔의 초인격주의적 국가관에서 이끌어낸 실천적으로 가장 의의 깊은 논리적 결론은, 대내적 정치에 대한 대외적 권력의— 그의 시대에는 전대미문의 강함의 — 강조였다. 그리하여 랑케에게도 역시 이상적인정치적 견해는「대내적 통치의 대립들을 적어도 의식적으로 도외시하고 정치를 다시권력의 영역과 그것에 속하는 대외적 관계들의 영역에로 인도하는」그것이었다.680) 그러나대내적 정치의 가장 고귀한 노력 역시「모든 부분을 자유로운 의사에 의한 일체성에서통괄하는 것」에로 향하지 않으면 안 된다.681) 이 점에「전진하는 권력의 비밀」이 있다고한다. 대내적 정치를 대외적 정치 아래 질서지우는 것은 랑케의 기본적인 정치적 견해의하나이다. 이러한 권력정치로부터 사회정책의 문제는 해결될 수 있다고 랑케는 믿는다.왜냐하면「모든 국가권력은 오늘날 복지를 의사하는 것(wohlwollend)이어야 하며, 물론그 권력은 일반적 복지에 근거하고 있다」.682) 여기로부터 우리들은 또한 랑케에서 자유와권력의 통일화에 이르게 된다. 즉「강제의 의무는 자기활동에, 명령은 자유로 고양된다」.683) 그리고 헤겔은 이러한 조국애를 신조로 하여 의사하고 있는데, 이 신조는「일상적인 상태와 생활관계에서 공동체를 실체적인 토대와 목적으로서 안다는 데 익숙해져서」

675) Ranke, *Weltgeschichte*, Teil 9, Abt. II, S. XI.
676) Ranke, *Politisches Gespräch*, S. 321.
677) AaO., S. 329.
678) AaO., S. 328 f.
679) Leopold von Ranke, *Über die Verwandschaft und den Unterschied der Historie und der Politik* (1836), in *Sämmtliche Werke*, Bd. 24, Leipzig 1872, S. 286.
680) Ranke, *Politisches Gespräch*, S. 332.
681) AaO., S. 333 f.
682) AaO., S. 334.
683) Ebd.

여기로부터 그때 또한 「비일상적인 노력을 하려는 마음가짐이 근거지워진다」.684) 아주 마찬가지로 랑케에 의해서도 또한 조국애는 「평상시에」 요구되는데, 그것은 「그것이 비상시에 결여되지 않도록」 하기 위해서다. 「특정한 의미에서 조국애는 활동 일반의 원리이어야 한다」.685) 그러므로 그것은 여기서도 명확하게 헤겔적 인륜성으로 이행하는 것이다.

그러나 「공동체」에 대한 이러한 종류의 참가는, 랑케에 따르면 결코 정치적인 공동결정권이어야 하는 것은 아니다. 그 역시 여기서는 헤겔처럼 조금 양의적이 되고 있다. 「공동평의와 공동결정」은 확실히 「촉진되어야 할 것」이며, 그러나 언제나 그런 것은 아니며, 특히 「우리들의 군주제의 정신 속에 그것이 저항하는 어떤 것」이 있다.686) 이러한 군주제의 정신은, 「정당한 남자가 정당한 지위에 앉는다」687)는 것을 어떤 형태로 성립시키는, 여기서도 다음과 같은 정치적 견해의 표현이다. 즉 통일적인 국민적 권력은 입헌주의적 또는 민주제적인 국가제도들에 의해서 견디게 될 것이며, 군주의 인격에서 가장 안전하게 집중화된다. 왜냐하면 여기서는 「일반적인 이익이 인격적으로 고정화되며, 군주의 자기의식에서 필연적으로 그의 것으로서 제시되기 때문이다」.688) 랑케의 군주는 헤겔의 그것과 비교하면 사소하고 보다 절대주의적이며 쉽게 할러적인 그것으로 이행할 수 있는 것이다. 그러나 「계약의 모든 형식」보다도 내면적 단결에 의해서 훨씬 보다 만들어지는,689) 국가 전체의 「감추어진 조화」는 예컨대 민족의 정치적 확증을 거기에서는 「생명활동의 자발성」 이상으로 바람직한 것은 아닌 「보다 깊은 권(tiefere Kreise)에서 행하도록 지시하는 것, 또는 통치를 「그것만을 이해하는」 사람들에게 맡기듯이 적지 않은 진정한 헤겔적인 사상을 시사하고 있다.690) 랑케에서도 국제법적 관계는 특히 이렇게 규정된다. 즉 국가는 「개체」이며 「일반적인 것의 한 부문」은 아니라는 것에 의해서 말이다. 왜냐하면 「형식적인 것이 일반적인 것이며 실재적인 것은 특수한 것, 살아있는 것이며, 그리고 후자가 「개체적 국가의 고유한 정신적인 현실존재 그 원리」를 구성하기 때문이다.691) 이 개체적인 차이성에서 「모든 민족은 자신의 정치」692)를 가져야 하며, 그리고 「모든 국가는 자신의 궤도를 가야」693) 한다는 것이 귀결된다. 인류라는 이념은 그에 대해서도 또한 개별 민족들에서만 형상을 가진다. 「인류라는 이념, 신은 그 표현을 다양한 민족들에서 부여한 것이다」.694)

---

684) Hegel, *Rechtsphilosophie*, § 268 (S. 330) (역서, 462면).

685) Ranke, aaO., S. 334.

686) AaO., S. 334 f.

687) Ebd.

688) AaO., S. 338.

689) Ebd.

690) AaO., S. 336.

691) AaO., S. 323.

692) Leopold von Ranke, *Restauration und Julirevolution* (1832), in *Sämmtliche Werke*, Bd. 49/50 (Hg. A. Dove), Leipzig 1887, S. 72.

693) Ranke, *Politisches Gespräch*, S. 329.

694) Ranke, *Restauration*, S. 72.

그리고 여기서도 이러한 보편사적 고찰은 개개의 연속하는 국민들은 바로 서로의 권력투쟁에서 세계정신을 실현한다는 것을 가지고 그 결론을 얻는다. 그러므로 정당하게도 마이네케는 이렇게 묻는다. 「랑케는 국민의 본질을 세계정신으로서의 신에게도 타당하리라는 말로 의도적으로 바꾸어 쓴 것은 아닐까?」라고.[695] 그리하여 완전히 헤겔에서처럼 대외적 관계들은 「편의의 왕국이 아니라 본질인 권력의 왕국」을 형성한다는 역사인식이 결국 최고의 인륜적 명령, 그것이 신의 명령을 위해서 그의 국민개념과 결합하게 되는 것이다.

따라서 현실의 서술에 대해서 미세한 감각을 가진 이 거장이 「객관적으로 현존하는」 역사관련에 추상적인 표현을 부여하는 데에 신중하고 고통스럽더라도 사람은 다음 것을 간과할 수는 없을 것이다. 즉 그는 이 역사관련을 헤겔처럼 초인격적인 일체적 국민들의 투쟁적 상호작용 속에 보았다는 것, 그리고 그 역시 이 일원론적인 권력투쟁에 의해서 세계의 전환이 선하든 악하든 전진해 간다 — 그때에 보다 커다란 권력을 갖춘 민족들이 보다 선한 것에로의 보다 고차의 잠재력과 전환을 유발하는 — 고 본다는 것을 말이다.

그러나 랑케는 이 세계관과 특히 이에 대응하는 국가이념이 셸링에서도 훔볼트, 피히테 또는 낭만주의자들에서도 미리 형성되고 있다고 볼 수 없었다. 유일하게 헤겔만이 국가와 역사를 이 관련에서 보고 있었다. 그리고 역시 랑케가 일단 명백하게 의거하는 헤겔이 그의 베를린대학의 동료에게 영향을 미치지 않았다면, 특별히 우연이 상정되지 않으면 안 되었을 것이다. 그러므로 이제 정치는 하나의 「역사적 토대를 가져야 하며, 그리고 강력하고 자기 자신에서 현저히 발전을 이룩한 국가들에 근거」해야만 하는데,[696] 랑케의 이러한 정치의 개념과 함께 현대의 정치개념 일반이 확정되었다[697]는 것이 승인된다면, 랑케의 정치적 모범으로서의 헤겔의 그것을 망각해서는 안 된다.

그러나 하인리히 레오[698]의 기독교적 세계관 역시 그의 스승인 헤겔의 권력국가 이데올로기에 대해서 전적으로 거부하는 태도를 취할 수 없었다. 당초 루덴의 제자였던 레오는 1822년에 베를린에서 헤겔과 그의 교설에 매우 긴밀하게 접촉하게 되었다. 다른 서술들에 대해서 그는 여전히 1831년에 그의 「가장 귀중한 교사」라고 부른다는 것을 강조하지 않으면 안 된다.[699] 그의 후기의 팸플릿 『헤겔 신봉자들』(1838년)에서 — 여기서 그는 「헤겔색을 띤 합리주의」[700]에 대해서 논쟁을 한다 — 적대감은 특히 이 학파에 대해서

695) Meinecke, *Weltbürgertum* (Anm. 4), S. 292.
696) Ranke, *Politisches Gespräch*, S. 325.
697) 그리하여 Richard Schmidt, "Politik," in v. Stengel und Fleischmann (Hg.), *Wörterbuch des deutschen Staats- und Verwaltungsrecht*, Bd. 3, 2. Aufl., Tübingen 1914, S. 91.
698) 이에 관하여는 Paul Krägelin, *Heinrich Leo*, Teil I, Leipzig 1908 (Beitrage zur Kultur-und Universalgeschichte, Heft 7),; Wegele, "Heinrich Leo," in *Allgemeine Deutsche Biographie*, Bd. 18 (1883), S. 287-294; Below, *Deutsche Geschichtsschreibung* (Anm. 5), S. 21 ff.는 레오에 대한 헤겔의 영향을 강조한다(aaO., S. 47).
699) Kuno Fischer, aaO. (Anm. 230), Bd. 2, Anhang S. 1223.
700) Heinrich Leo, *Die Hegelingen. Actenstücke und Belege zu der sogennanten Denunciation der ewigen Wahrheit* (1838), 2. Aufl., Halle 1839, S. 55. Heinrich Leo, *Lehrbuch der Unversalgeschichte,*

향하며 이 거장에 대해서는 그다지 심하지 않다.

　헤겔 국가학의 영향은 순수하게 낭만적인 유래를 가지는 다채로운 사상과 아울러 레오의 국가관에서 명확하게 알 수 있게 된다. 국가는 레오에 따르면, 「그 성원들」이전에 「하나의 생래적인 민족정신」의 유출이며 표현, 「신적 기원을 가진 예술작품」이며,701) 「인간들의 고안물이 아니라 신의 하나의 계시」이며,702) 「자유의 구체적인 이성적 형상」이다.703) 국가는 「살아있는 전체」를 형성하며, 하나의 「유기체」이다.704) 그런데 확실히 레오의 가톨릭적 세계관에 그의 거장의 권력=법이론(Macht-Recht-Theorie)은 충돌한다. 법 (Recht)은 레오에 의하면 「물리적으로 우월한 권력」과 동일하지 않다.705) ― 헤겔 역시 이러한 것은 결코 주장하지 않았지만 말이다. 물론 「단순한 폭력으로부터는 또한 결코 법은 생기지 아니한다」고 한다면, ― 여기서도 역시 레오는 이미 신중하게 덧붙인다 ― 「고작해야 형식적인 법」이다.706) 헤겔의 권력일원론은 기독교적 이원론과 무조건 충돌한 다. 그리고 레오는 이 어려운 권력=법(Macht-Recht)의 주제를 극복하기 위해서 **낡은 계약**(alter contrat)에 그의 도피처를 찾는다.707) 그러나 그런데도 그는 「정치적 생활의 요소들」아래서 「승리의 우월한 권력」을 설정하고 이렇게 부언한다. 「어느 정도까지 어떤 국가나 그들은 국가 그 자체를 자유의 구체적인 이성적 형태라고 보며, 따라서 그들은 종속하더라도 자유와 같은 모양으로는 국가의 요구들에는 따르지 않으며, 오히려 현실적이 거나 확신을 가지고 현실적인 것으로서 전제될 수 있는, 그러한 강제에만 따를 뿐인 일정한 수의 개개인을 포함하는가는 관계 없이 모든 국가는 승리에 근거한다」라고.708) 여기서 얼만큼 레오가 권력과 자유와의 관계에 대한 헤겔의 교설에서 배웠는지 매우 명확하게 된다. 그러나 또한 레오는 헤겔의 자주적으로 자기를 폐쇄하고 국민으로서 자기 속에 안주하는 국가의 통일성을 계승하였다. 「모든 민족의 본성은 편협한 것이며 모든 인간들 간에는 일정한 이해의 가능성이 있음에도 불구하고, 여러 민족들의 고유성이 각각의 경계지 워진 편협한 폐쇄성에서 서로 격렬하게 대립한다」.709) 이러한 인식에서 레오는 다음의

　　Bd. 6, 2. Aufl., Halle 1850, S. 767 ff. 참조. 레오는 여기서 헤겔의 국가학을 전적으로 동의하는데 정치적으로는 거의 결정적인 의미를 갖지 아니하는 최상위의 관점들에서만 헤겔과는 다른 견해를 보여줄 뿐이다. 「모든 국법은 신 속에 그 최종적 기소를 발견한다」(aaO., S. 783).

701) Heinrich Leo, *Studien und Skizzen zu einer Naturlehre des Staates*, Halle 1833, S. 1.

702) AaO., S. 2 Anm.

703) AaO., S. 134. 마지막 인용문(S. 138)은 특히 헤겔적이다. 매우 특징적인 형태로 레오는 헤겔링겐 (Hegelingen)에서의 헤겔과 헤겔주의의 신 개념을 설명한다. 거기에서 레오는 좌파의 헤겔의 제자들로부터는 상실된, 신의 현실존재에 대한 경의를 헤겔에 인정하고 있다.

704) AaO., S. 6; 4; 151 usw.

705) AaO., S. 137.

706) AaO., S. 139.

707) AaO., S. 137. 그 밖에 그러나 그는 국가를 거부한다. ders., *Universalgeschichte*, Bd. 1, 2. Aufl., Halle 1839, S. 10.

708) Leo, *Naturlehre*, S. 134.

709) Leo, *Universalgeschichte*, Bd. 1, S. 5; 7.

것을 그의 역사서술의 과제로 삼으려고 한다. 「우리들의 시대의 감상적인 감정과 대립하여, 즉 인간들의 자연적 차이에 주목하는 데에 향하여, 그리고 그것의 중요성에 향하여 예리한 시선을 던지는 것을, 그리고 불행과 희생을 이들 신의 세계질서에 필요한 곳에서는 전율하지 않고 고찰할 수 있는 건강한 남성적 감정을 — 그것에 대해서는 역사에서의 민족들, 신분들, 양성의 차이가 공포와 일종의 오만함 같은 병적인 감정에 대립하여 하나의 영원한 인류에 비추어서 말이다」.710) 「유약한」 감정에 몸을 맡기는 인간들에 대해서만, 민족들이 「이해하고 화합하는 것은 결국 불가능하다는 사상은 무엇인가 불안을 불러일으킨다. 그들은 그러한 모든 차이를 폐기하려고 하며 영혼의 우애에 빠져버린다」.711) 여기서 사람은 가톨릭적인 기독교에도 관련되는 헤겔의 정신을 느끼는데, 1853년부터의 전쟁에 대한 레오의 저 유명한 말 속에 여전히 더욱 그렇다. 「신은 우리들을 — 이 가톨릭 교도는 여기서 불러낸다 — 유럽의 민족들의 부패로부터 구원하고, 우리들에게 신선하고 기쁜 전쟁을 선사했듯이 말이다. 이러한 전쟁은 유럽을 미친듯이 휩쓸고, 사람들을 선별하고 선병질(腺病質)의 천민을 이제 공간을 상당히 좁게 하여 정상적인 인간생활을 숨막힐 것 같은 공기 속에 보낼 수 있도록 유린하기 때문이다」.712) 그리고 그의 권력 이데올로기 전체와 마찬가지로 그의 기독교적 세계관으로부터는 완전히 전락하는, 마키아벨리에 대한 레오의 판단도 그의 거장인 헤겔로 되돌아가야 할 것은 아닐까? 이에 멋진 서문을 붙이고 거기에서 이렇게 서술한다. 『군주론』에는 「국가의 본성론에 대한 학문의 한 장을 일반적으로 바꾸어 쓴 것으로서 제시할 수 있기 위해서 어떤 학문적 형식으로서 아무것도 결여된 것이 없다」.713) 이러한 그의 서문과 의견은 레오가 귀속한 정치적 진영의 여러 의견들로부터는 상당히 일탈한 것으로, 사람은 여기서도 어떤 이질적인 영향이 그의 의견을 규정한다고 추측하지 않을 수 없었다.

이러한 독일의 역사가들 이후에 잉글랜드의 근대적인 제국주의적 조류의 정신적인 단서들과 헤겔의 관계를 간단히 지적하는 것을 허용하기 바란다. 사람은 「제국주의적 운동의 아버지」인 토머스 칼라일714)을 특징지었는데, 이 사상가에서도 헤겔의 권력국가이념의 결정적인 영향을 관찰하는 것은 매우 흥미롭다. 칼라일의 정신적인 발전에서는 두 개의 위상이 명확하게 구별될 수 있다. 하나의 위상은 대체로 1831년경까지 미친다. 이 시기에 그는 사회적 문제들에 개인주의적인 입장에서 편입하고 있다. 켐퍼의 지적에

---

710) AaO., Bd. 1, S. 9.

711) AaO., Bd. 1, S. 7 f.

712) 먼저 *Volksblatt für Stadt und Land zur Belehrung und Unterhaltung*, Nr. 61 (1853); 또한 그 외에 Below, *Deutsche Geschichtsschreibung* (Anm. 5), S. 25에서의 인용도 참조. 민족의 힘의 인류적인 기초에 대해서는 Leo, *Universalgeschichte*, Bd. 3, 2. Aufl., S. 19.

713) Leo, *Naturlehre*, S. 36.

714) Gerhart v. Schulze-Gaevernitz, *Britischer Imperialismus und englischer Freihandel z u Beginn des zwanzigsten Jahrhunderts*, Leipzig 1906, S. 78. Else Kemper, "Carlyle als Imperialist," in *Zeitschrift für Politik*, 11 (1919), S. 116은 물론 칼라일을 「어떤 지나치게 선예화 한 정식에서」단지 근대 영국의 제국주의의 전사(前史)에 편입시키려고 한다.

의하면, 「고유한 목적들과 욕구들을 수반하는 살아있는 국가유기체의 개념은 칼라일 그의 발전의 이 위상에서는 완전히 소원한 것이다」.715) 제국주의적 사상들은 아직 여전히 그에게는 마찬가지로 소원하다. 그가 몰두한 칸트와 피히테는, 생애의 이 시기의 작품들 속에 명확한 흔적을 남겼다. 마침내 그가 역사적인 연구들에 관계할 때, 그리고 그가 「칸트와 피히테로부터 정중하게 이별을 고한」716) 후 그의 창작활동은 제국주의적인 특징을 띠고 국가는 이제 전체적 개체와 유기체로서 나타난다.

칼라일의 제국주의는 모든 관념론적 권력론과 마찬가지로 권력=법이라는 원칙에 근거하고 있다. 권력을 정신화하는 이 견해는 일반적으로 승인되듯이, 한편으로는 그의 청년기의 퓨리탄적인 영향들에, 또한 한편으로는 관념론적 독일 철학에로의 편입으로 소급하며, 그리고 필연적 전제로서 민족적인 권력에서 물리적 힘과 윤리적 힘이 끊임없이 통일된다고 보는 권력일원론의 견해를 가진다. 여기에서 권력을 도덕적으로 가치지우는 것이 귀결한다. 칼라일에서도 또한 「인간의 역사의 북극성」717)이 되는, 이 권력의 도덕적 가치지움은 그 세계관적 모범을 의심 없이 헤겔 이외의 어떠한 사람에서도 가지지 못했다. 권력은 칼라일에서도 한 민족의 모든 윤리적이며 사회적인 가능성을 전개시키며, 보다 강한 민족은 이것을 보다 약한 민족보다도 더욱 선하게 수행한다. 그리고 주인인 민족의 권력은 따라서 「신의 숭고한 의사」가 된다. 현실정치적으로 이것이 의미하는 것은, 지배하는 국민의 권력은 피지배자들의 정신적이며 「확고한」 이익을, 바로 지배라는 사실에 의해서 최선의 형태로 촉진한다는 것이다. 권력의 그러한 신격화와 흑인노예제의 옹호와 아울러 칼라일에서도, 또한 모든 시기는 그 세계사적 민족을 가지며, 그리고 이 민족은 동시에 세계를 지배하는 민족이라는 이미지가 발견된다.

칼라일의 그러한 역사철학적인 견해에서 이미 다른 측면에서 헤겔의 영향이 강조되고 있었다. 브리(Brie)는 이미 그것들이 헤겔의 권력=법이라는 이론과 일치하는 것을 확정하고 이렇게 지적하였다. 「윤리적인 관념론」은 그 제국주의를 「잉글랜드뿐만 아니라 인류 전체」에 관계된 하나의 안건으로 삼는다 라고.718) 헤겔과 아주 마찬가지로 칼라일도 한 국민 ─ 여기서는 잉글랜드 국민 ─ 의 권력추구를 세계정신의 일에 실체화하고 있다. 그리고 사람은 그의 『영웅과 영웅숭배론』*을 위해서 현실에서 그로부터 멀리 떨어진 할러에까지 되돌아갈 필요가 있을까?719) 할러의 개인주의적인 권력 이데올로기는 칼라일

---

715) Kemper, aaO., S. 121.

716) AaO., S. 122. Bernhard Fehr, "Der deutsche Idealismus in Carlyle Sartor Resartus," in *Germanisch-romanische Monatschrift*, 5 (1913), S. 99 참조.

717) Gerhart v. Schulze-Gaevernitz, *Carlyle. Seine Welt und Gesellschaftsanschauung*, Berlin 1897, S. 90에서.

718) Friedrich Brie, "Imperialistische Stromungen in der englischen Literatur," in *Anglia. Zeitschrift für englische Philologie*, 40 (1916), S. 81. 또한 Kemper, aaO., S. 140 f.도 헤겔에의 의존 가능성을 인정하려고 하는데, 그러나 피히테에서도 「근사한 사상」이 보인다고 생각한다. 그러나 내 견해로는 결코 그렇지 않다.

719) 그리하여 Kemper, aaO., S. 148, und die daselbst, Anm. 6, Genannten. 켐퍼 자신은 칼라일과

의 집단주의적인 그것과는 거의 관계가 없을 것이기 때문이다. 그의 영웅은 오히려 헤겔의
「영웅들」에 그보다 많은 것이 가까이 있는 것은 아닐까? 양자에서 이러한 영웅들은 권력을
언제나 동시에 인륜성과 결합시키며, 바로 그러므로 피히테에게로 회귀할 수는 없다.[720]
그러나 우리들이 어떻게 칼라일이 헤겔과 함께 개별적인 영웅의 숭배를 언제나 영웅
민족들 전체에까지 확장하고, 최고의 법정에서 인증된 지배권을 양쪽에 인정하는가를
본다면, 우리들의 철학자와의 친근성은 나아가 보다 명확하게 인식할 수 있게 된다. 우리들
이 원래 우리들의 주제에는 속하지 않는 칼라일에서, 나아가 짧게 다음의 것을, 즉 그의
국가관 역시 크게 헤겔의 그것에 가까운 것을 그는 그의 유기체적인 국가인격성에서
끊임없이 집행권의 강화를 압박하며, 의회지배를 논란하고, 모든 대중의 의사를 경멸하는
것, 끝으로 그 역시 전쟁을 찬미하는 것 ― 이러한 것을 지적한다면, 우리들은 잉글랜드
제국주의의 아버지와 관념론적 철학의 완성자 간에 일정한 친근성의 관계를 논증했다고
믿는다.

## 2. 헤겔의 권력국가사상과 법학자들

헤겔은 다른 독일의 사상가들과는 달리 일반적으로는 법학에, 특수하게는 독일의 저술업
에 영향을 미쳤는데, 이것은 일반적으로 인정된다. 비록 지금까지 어떤 곳에서도 양쪽이
포괄적으로 서술하지는 못했더라도 말이다. 우리들의 특수한 문제에 대해서는 무엇보다도
다음과 같은 원칙적인 확인으로, 즉 개인주의적인 자연법에 대립해서 19세기의 저술가들이
국가의 법학적 고찰의 출발점으로서도 하나의 분할되지 아니한 국가권력을 취해야 한다는
인식에 도달한 것은 바로 특히 헤겔의 영향이었다는 원칙적 확인으로 충분하다. 이러한
민족정신의 사상의 귀결로서의 이미지는 명확하게 표명되지는 않을 지라도 19세기의
독일 법학의 저 가장 강력한 방향의, 즉 역사법학파의 기초에도 있었다. 그러나 헤겔의
권력국가사상은 이 학파의 창설자들에게는 많은 친근성에도 불구하고 작은 영향만이
주어졌다. 그러나 헤겔의 역사철학과 정치학과 역사법학자들의 그들 간의 견해의 일치는
매우 크고, 그들의 대립은 후기의 저널리스트들의 헤겔에 근거한 권력국가론 중에 수용된
것이다. 바로 그러므로 역사법학파와 대결하는 것은 의무가 된다.

실증주의는 현존하는 국민적인 법질서의 여러 권력명령들을 초월하여 몰시간적인 법이
념을 어떠한 형식에서도 승인하지 않고, 모든 권력국가 이데올로기의 가장 중요한 구성요건
의 하나를 형성하는데, 이 실증주의는 헤겔과 역사법학파에 공통된다. 이미 그 선구자인
구스타프 후고에 대해서 란즈베르크는 이렇게 지적한다. 「후고에게는 적어도 법의 영역에
관해서는 헤겔을 선취하기 위해서 여전히 단 한 마디의 말, 즉 실정법인 모든 것은 이성적이
라는 단 한 마디가 결여되어 있다」.[721] 사법상의 실증주의는 그러므로 역사법학파도

---

할러 간의 떨어진 차이에 대해서 주의를 촉구한다.
720) 그리하여 Kemper, aaO., S. 149.

헤겔과 결합하며, 그리고 헤겔의 철학적 근거에 의해서 역사학파가 이러한 철학적 기초를 일관하여 결여한 것만으로, 그것보다 더욱 실효적으로 뒷받침한 것이다. 역사학파는 모든 법이 은연중에 움직이는 비합리적인 민족정신으로 성립한 것에 대해서 낭만주의적인 불명확함으로 만족해 버렸다. 그러나 법·헌법·습속·종교는 모든 다른 문화표현처럼 하나의 개체적인 민족 전체가 나오는 특수한 방사이며, 서로 분리할 수 없는 관계에 있다는 사상, 이러한 민족정신의 사상은 헤겔에 대해서는 어릴 때부터 잘 알려진 것이다.[722] 그러나 헤겔은 이미 그의 낭만주의적 색채를 띤 청년기에 「민족」 아래 국가적 공동체에까지 조직화된 국민을 이해하고 있었다. 이러한 국민은 그 정치적 생활을 이성적으로, 즉 자유롭게 마찬가지로 필연적으로, 즉 주어진 역사적·국민적 전제들 아래 질서지우는 것이다. 그러므로 헤겔과 역사법학파는 자주 서로 매우 가깝게 융합하는데, 바로 이들의 견해가 문자대로 일치하는 곳에서 권력과 법에 대한 일관된, 원칙적으로 다른 견해가 제시된다. 헤겔이 예컨대 「헌법과 기본법」은 나누기 어려운 민족정신과 관련되며, 그러므로 「법전의 작성」[723]이 그러하듯이 「작성」되지 않는다고 생각한다면, 그는 그것으로 사비니보다도 훨씬 역사적으로 모든 시대와 거기에서의 최대의 권력은 자신에게, 또한 성문의 합리적으로 정립된 법을 창조한다고만 말하는 것이다.[724] 이에 대해서 역사학파는 그것이 권력에 끊임없이 제한으로서 정립하는 비임의적으로 성립하고 나아가 계속 살아있는 계승된 법과 인륜성의 확신을 언제나 강조한다.

이 학파의 두목인 사비니는 이렇게 고지한다. 개인은 언제나 「하나의 보다 고차인 전체의 분지」이며, 「필연적으로 동시에 한 가족, 한 민족, 한 국가의 분지로서 생각해야 한다」, 모든 시대는 「동시에 필연적이며 자유이며」, 「끊임없이 생성하며 자신을 발전시키는 전체로서의 하나의 민족의 보다 고차인 본성에서」[725] 산출된다. 특히 「법의 소재는 — 국민의 가장 내면의 본질과 그 역사에서」 산출된다.[726] 사비니가 이렇게 고지한다면, 사람은 여기서 확실히 이러한 견해를 취할 수 있다. 즉 사비니의 이러한 견해들의 가장 고귀한 원천은 가까운 관계들에 의해서도, 또한 특히 그의 가깝게 가져온 일반적인 낭만주의적·국민적인 시대의 분위기였던, 마찬가지로 철학은 그때에 상당히 하위에 질서지워진 역할을 수행했다는[727] 견해를 말이다. 그러나 특정한 기본사상, 예컨대 역사적인 필연성과

721) Landsberg, *Rechtswissenschaft* (Anm. 564), Bd. 3 II, Textband S. 24; dazu Notenband S. 10 Anm. 49. 상호의 영향관계는 문제가 되지 아니한다. 후고에 대한 헤겔의 공격은 *Rechtsphilosophie* (Anm. 73), § 3 (S. 29 ff.)과 구스타프 후고의 자기 비평인 *Göttingische gelehrte Anzeigen*, 1 (1821), S. 601-607 참조.

722) 1785년으로부터의 일기 작성(상술 Anm. 104)을 보라; 나아가 상술 S. 100 ff.

723) Hegel, *Encyklopädie* (Anm. 279), Teil III, § 541 (S. 411).

724) 보라 상술 S. 126 f.

725) Friedrich Carl v. Savigny, "Über den Zweck dieser Zeitschrift." in *Zeitschrift für geschichtliche Rechtswissenschaft*, Berlin, 1 (1815), S. 3 f.

726) AaO., S. 6.

727) 그러한 것은 특히 Metzger, *Gesellschaft, Recht und Staat* (Anm. 4), S. 281.

자유, 국민적인 국가의 개체성과 같은 기본사상과, 나아가 그 밖의 것만이 사비니와 헤겔 간의 하나의 「내적인 공통성」을 형성하는 것은 결코 아니다. 이들 기본사상은 위에서 보았듯이, 후자에 의해서 「셸링의 온상에서 차용한」728) 것은 결코 아니다. 헤겔 고유의 것이 도중에 셸링 — 그렇지만 사비니에의 영향은 일반적으로 상정된다729) — 을 거쳐 역사학파와 그 지도자에게 그 영향을 미친 것이다.730)

역사법학파는 자신이 비합리적인 민족정신의 도그마에 제한되는 것을 시사했는데, 이로써 아마 국가와 정치가 이 학파에서 매우 하위로 질서지워진 역할을 한다는 것을 설명할 수 있다.731) 「역사학파의 국가론」732)에 대해서는 일정한 과장을 가지고서만, 그리고 추측적인 의의로만 말할 수 있다. 그러나 이 학파의 「기본사상」이 보여주는 것은, 이 학파가 시도한 「국민개념에 침잠하는 것」에서, 「원자론적인 민족개념」을 세대들에서 계속 살아있는 일체성으로서의 민족이라는 이념과 대체하는 것에서, 개개인을 통하여 행위하는 민족정신의 관념과 이러한 일원론적 초인격주의에서 나오는 민족(인민) 주권이라는 관념과의 거부에서라면,733) 낭만주의의 영향, 특히 버크의 영향을 제외하면 헤겔이 간접적 또는 직접적인 원천으로서 배척하지는 않을 것이다.

역사법학파가 논리와 철학에 정통하였다면 — 그것은 그렇지 않았는데 — 역사법학은 이 민족정신의 사상과 일치하는 그 역사법학파의 실증주의를 논리정합적으로 헤겔의 권력국가이념에로 인도하지 않을 수 없었을 것이다. 왜냐하면 국민적 공동체는 모든 법의 궁극의 실질적이며 이념적인 원천인 이상, 필연적으로 이 공동체의 조직에, 즉 국가에게 절대적으로 최고의 법을 대내적이며 대외적으로 국민적 · 제국적인 전능으로 인정해야 하기 때문이다. 그러나 역사법학자들은 민족으로부터 국가에로의 발걸음을 걷지 않았다. 그들은 동일철학 그 자체를 대체로 계승하지 않았듯이, 민족정신과 국가권력을 완전히 동일시하지는 않았다. 그들은 그들의 민족정신적 실증주의의 권력국가적 요구들을 거부하였다. 그들의 여러 정치적 관념들은 그 토대에서 매우 불명확하게 낭만주의적이듯이, 그 정점에서도 그렇다. 그리하여 사비니에 의하면, 「모든 법의 일반적 과제는 — 기독교적인 생명관에서 제시되는 인간적 본성의 인륜적 사명으로 깨끗이 환원」될 수 있다.734) 이

---

728) 그리하여 Landsberg, *Rechtswissenschaft*, Bd. 3 II, S. 345 f.

729) Landsberg, aaO., 3 II, S. 213 ff.; Edgar Loening, "Die philosophischen Ausgangspunkte der rechtshistorischen Schule," in *Internationale Wochenschrift für Wissenschaft, Kunst und Technik*, 4 (1910), Sp. 79; Hermann Kantorowicz, "Was ist uns Savigny?", in *Recht und Wirtschaft*, 1 (1911), S. 50. 나아가 ders., "Volksgeist" (Anm. 104), S. 302; 314.

730) 푸흐타(Puchta)에 미친 헤겔의 직접적인 영향을, 그리고 이 푸흐타를 매개로 한 헤겔의 사비니에의 영향을 브리는 상정한다. Siegfried Brie, "Der Volksgeist bei Hegel und in der historischen Rechtsschule," in *Archiv für Rechts- und Wirtschaftsphilosophie*, 2 (1908/09), S. 1 ff. und 179 ff.

731) 국가에 대한 사비니의 관계에 대해서는 Kantorowicz, "Savigny," S. 77 f.

732) Rexius, aaO. (Anm. 47), S. 496 ff.

733) AaO., S. 498; 502.

하나의 개인윤리적인 원리의 상정은 신청에 의하면, 「완전히」 만족시키는 것이므로 「이 원리에 대신해서 나아가 제2의 완전히 다른 원리를 공공복리의 이름 아래 정립하는 것, 즉 이 인륜적 원리 외에 그것과는 독립한 국가경제적인 원리를 받아들인 것, 이것은 아무런 필요도 없다. 왜냐하면 이 원리는 자연에 대한 우리들의 지배를 확장하는 것을 목표로 함으로써 그것으로 인간의 본성의 인륜적 목적들이 달성될 수 있는 수단을 증대시키거나 고귀한 것으로 할 수 있을 뿐이기 때문이다. 그러나 하나의 새로운 목표는 그 속에 포함되어 있지 않다」.735) 법의 본질에 대해서 이 이상 소박하고 비정치적으로, 그러나 또 이 이상으로 모든 권력 이데올로기로부터 외면하고 말한 것은 아마 드물 것이다.

사비니처럼 푸흐타도 법과 국가권력을 동치하려고는 하지 않는다. 양자는 그에 대해서 「신으로부터 주어진 것이다」.736) 그러나 법은 「국가에 의해서 비로소 (성립하는 것은) 아니며, 국가는 오히려 그 주요한 과제를 뒷받침할 수 있는 하나의 법의식, 하나의 법을 이미 전제로 한다」.737) 자연법적인 법치국가사상에의 이러한 접근에서, 푸흐타는 법의 기원은 「국가 외에, 더구나 신의 명령에 의한 그 자연적인 관계에서 뿐만 아니라 국민적인 의사에 의한 그 자연적인 관계에서」738)라고 주장하기까지 이른다. 역사법학파가 헤겔의 권력국가사상을 거의 뜻에 반하여 어느 정도 수용했는가, 그러나 역사법학파는 다른 면에서 그것을 어느 정도 배척하는가, 이것을 사람은 역사법학파가 대외적인 국가에 대해서 의견을 서술하는 — 이것은 매우 드문 일인데 — 곳에서 가장 명확하게 인식한다. 푸흐타는 일찍이 국제법에 대해서 이렇게 말한다. 국제법의 내용은 「이로써 개별 국가들의 인격성이 승인되며, 그 실효성이 상호적인 법에서 보장된다. 한 국가가 다른 한 국가에 대해서 어떤 상대적 내지 절대적인 불법월권에 대해서 국제법의 규정을 실제로 이행하는 것은, 여기서는 물론 무엇보다도 자기구제이며, 따라서 훼손된 국가의 고유한 권력에 맡기고 그러한 한에서 불안정한 것이다. 그러나 보다 약한 국가의 권력은 이것에 관하여 한편으로는 법감정에 의해서, 한편으로는 이해에 의해서 내몰리는 다른 국가들의 권력에 의해서 보완된다는 것이 기대된다」.739) 따라서 여기서는 하나의 초국민적이며 전(前)국가적인 법감정이 모든 법의 원천으로서 상정되며, 그리고 하나의 자연법적인 「절대적 불법월권」에 대해서 말하지만, 그럼에도 불구하고 역시 국가의 인격성의 자기구제권은 승인된다.

렉시우스가 역사법학파의 견해에 따라서, 국가는 민족의 통일성의 조직화로서 「그 법의 근거를 그 고유한 현존 중에」 가진다고 생각한다면,740) 그는 이것을 아마 이 학파의

734) Friedrich Carl v. Savigny, *System des heutigen römischen Rechts*, Bd. 1, Berlin 1840, S. 53.
735) AaO., Bd. 1, S. 54.
736) Georg Friedrich Puchta, *Cursus der Institutionen*, Bd. 1, Leipzig 1841, S. 28.
737) AaO., Bd. 1, S. 29.
738) Ebd. 비슷한 것은 ders., *Vorlesungen über das heutige römische Recht* (Hg. A. Rudorff), Bd. 1, Leipzig 1847, S. 21, und ders., *Das Gewohnheitsrecht*, 1. Teil, Erlangen 1828, S. 58.
739) Puchta, *Institutionen*, Bd. 1, S. 74.

실증주의적인 기본사상에서 추론하는 것이다. 그러나 이 학파 그 자체는 표시된 결론을
이끌어내지 않았다. 이것은 이미 특히 역사법학자들은 국가 그 자체에 주권은 당연히
주어져야 한다는 견해를 취하지 않는다는 렉시우스에 의해서 행해진 관찰에서 나타난
다.741) 따라서 헤겔은 국가권력을 절대적으로 부동의 자기목적으로서 정의하며, 법을
이를 위한 수단으로서 개념적으로 파악하는데, 이에 대해서 이 학파는 역사적으로 성립한
종교적 · 윤리적이며 사회적인 권력들에 ─ 부분적으로는 언제나 필연적인 추론 결과와는
상관 없는 말들만을 가지고 ─ 우위성을 인정한 것이다. 그러므로 여기로부터 독일의
권력론은 독창적인 양분을 얻지 못한 것이다.742)

그러나 특히 사법에 자신을 제한하는 역사법학파로부터 뿐만 아니라 독일의 공법학자들
로부터도 헤겔의 권력론은 부분적으로 간과되었다. 확실히 헤겔은 독일의 국가론에서
그의 「전체로부터」의 국가의 개념파악을 가지고 모범이 되었다. 그런데 헤겔의 사후 게르버
와 라반트가 전개한 국가론에 의해서 국가권력에 대한 헤겔의 생생한 이념은 추상적이고
형식적인 주권개념이라는 노른자를 빼버린 달걀로 변질되었다. 그러므로 헤겔의 영향력은
바로 이 방향에서는, 국가에 대한 만큼 추상적 · 법학적이지 아니한 고찰에서 그러했을
이상으로 별로 지속적이지 못했다. 그러나 이러한 형식적인 국가론에서도 모든 탐구의
정점에 서게 되는 것은 「유독 법학자만이 관심을 가지는 국가권력의 개념」743)이라는
것, 그리고 국가는 언제나 하나의 폐쇄된 통일체로서 파악되는 것, 이러한 것들은 현대의
모든 공법학자들이 협찬하는 헤겔의 최대의 공적에 속한다. 이에 대해서 보다 역사적 · 사회
학적으로 방향지워진 국가고찰에 대해서 완전히 별개의 ─ 더구나 헤겔적인 ─ 의미에서
확정하는 것은 「국가론 역시 사람이 보통 국가의 **권력계기**라고 부르는 것」에서 출발해야
한다는 것이다.744)

오늘날의 독일의 국가론이 언제나 오로지 국가의 외면의 형식적 · 법학적인 인식에
향하여 고정되지 아니한 곳에서, 그 국가론은 간접적이든 직접적이든, 의식적이든 무의식
적이든, 헤겔의 권력론에 결부된 것이며 칸트, 피히테 또는 어떤 독일 철학자에는 결부되지
않고 있다. 많은 사람들 대신에 여기서는 가장 대표적인 현대의 저술가 게오르그 옐리네크의
이름을 들기로 한다. 그의 철저하게 철학적인 교양을 만든 것은 아마 그가 자주 인용하여
나오는 헤겔과의 간접적인 관계들이다. 물론 옐리네크에서 헤겔적인 권력숭배를 찾아도
쓸데없다. 그러나 그에게도 이렇게 생각된다. 「인간적인 사항들의 상호작용에서 상당히
고차적인 문화목적이 국가의 권력목적; 보호목적 그리고 법목적을 위한 수단의 역할을
맡기 때문에 우리들에게는 자연스럽게 생각하는 관계가 최초에는 반대로 나타난다」라
고.745) 그렇지만 이 법을 그는 「궁극적인 근거에서는 창조적인 것이 아니라 유지하고

---

740) Rexius, aaO., S. 498.
741) AaO., S. 502 Anm. 1.
742) 역사법학파에 대한 헤겔의 입장은 상술 S. 115 (본서, 481면)도 참조.
743) Jellinek, *Staatenverträge* (Anm. 533), S. 9.
744) Richard Schmidt, *Allgemeine Staatslehre*, Bd. 2, Lripzig 1903, S. 829.

방어하는 것」으로서 인식한다.746) 그러므로 국가의 「첫 번째와 두 번째의」 목적은, 「자기의
존재와 위신을 유지하고 촉진하는 것」747)이며, 「모든 법은 국가의 존재라는 사실에서
어쩔 수 없는 한계를 가진다」.748)

이 국가론에서는 또한 국가를 초인격적인 하나의 권력의 전체로서 파악하는 것, 권력의
합법성의 하나의 이념적 척도로서의 헤겔을 제외하고 여전히 동요하지 않는 국가계약이라
는 도그마의 배제가 결부되어 있었다. 그리고 국가계약의 이념 대신에 이제 더구나 대체로
헤겔의 영향 아래 직접적으로 등장하는 것은 초개인적인 국가인격성의 사상이며, 많은
사람들에서는 또한 유기체로서의 국가상이다. 주목할 것에 헤겔은 내가 보는 한, 이러한
국가관의 창설자로서는 거의 알려지지 아니한 그대로였다.749)

피히테도 포함하여 자연법의 총체에 대해서 하나의 실재적 유기체적인 인격성으로서의
국가에 대한 이미지는 소원한 것이다. 이것의 창조적 논증을 우리들은 주지하듯이, 기이르
케의 노작들에 힘입고 있다. 프리드리히 대왕의 국가관이 저 국가관의 형성에 크게 공헌했다
고 하더라도, 이 국가의 첫 번 째 공복이론도 전적으로 자연법의 개인주의적인 궤도에
머무르며, 그리고 사유에서나 행위에서도 지배자주권의 교설을 매우 분명히 주장한 군주는
아마 드물게 존재하였다.750) 후년의 퓌터(Pütter)와 마이어(J. Chr. Majer)는 국가주권에의
많은 사소한 공감에도 불구하고 자연법적인 이원론을 도출하지는 않았다.751)

법률가인 알브레히트는 오늘날 확실히 현대의 저널리스틱한 인격이론의 창시자로 간주
된다.752) 갑자기 교정을 마친 시를 생각게 하는 시인들과 같은 방법으로 알브레히트는
1837년에 마우렌브레허의 국법론의 평론에 즈음하여, 이 모든 국법이론 중에서 가장
기본적이며 가장 사정거리가 긴 것을 「완전히 새롭게, 그리고 원래 모든 — 둘러싸고
있는 문헌에서 꺼낸 — 논거 없이」753) 갑자기 제기하였다. 알브레히트는 저 논평에서

---

745) Jellinek, *Staatslehre* (Anm. 227), S. 259 (역서, 209면).

746) AaO., S. 257 (역서, 208면).

747) AaO., S. 256 (역서, 207면).

748) AaO., S. 358 (역서, 294면).

749) 다만 Erich Kaufmann, *Organismus* (Anm. 370), S. 5은 근대적 유기체이론의 아버지로서 헤겔에
주의를 촉구하였다. 문헌은 이에 대해서 무지한 것처럼 보인다.

750) 그러므로 Hermann Rehm, *Geschichte der Staatswissenschaft*, Freiburg 1896 (Handbuch des
öffentlichen Rechts der Gegenwart, Einleitungsband, 1. Abt.), S. 257은 정당하지 않다. Gierke,
Althusius (Anm. 4), S. 117 Anm. 108; S. 197 Anm. 203과 Jellinek, aaO., S. 674 Anm. 2(역서,
546면 주 15)에서 제시한 『반마키아벨리론』(Antimachiavell)에서의 인용 참조.

751) Edmund Bernatzik, "Kritische Studien über den Begriff der juristischen Person und über die
juristische Persönlichkeit der Behörden insbesondere," in *Archiv für öffentlichen Recht*, 5 (1890),
S. 246 f.는 양자를 국가법인사상의 선구자로서 열거한다.

752) Jellinek, *Staatslehre*, S. 159 Anm. 2 (역서, 127면의 주 43); Gerhard Anschütz, "Deutsches
Staatsrecht," in F. Holtzendorf und J. Kohler (Hg.), *Enzyklopädie der Rechtswissenschaft*," Bd.
4, 7. Aufl., München 1914, S. 11; Bernatzik, aaO., S. 246 f.

753) Landsberg, *Rechtswissenschaft* (Anm. 564), Bd. 3 II, S. 326.

이렇게 서술했다. 「우리들은 오늘날 국가를 만인이든 다수인이든 또는 개개인의, 즉 예컨대 지배자이든 오로지 직접적으로 개인적인 목적과 이해를 위해 계산된 인간들의 하나의 결합으로서가 아니라 개개인들을 초월하며, 결코 지배자와 신하들의 개인적 이해의 총계가 아니라 거기에서 마침내 간접적으로 그러한 자들에게 영양·촉진·방향이 주어진 하나의 보다 고차적이며 일반적인 이해의 총체를 형성하는 목적들에 바로 바쳐지는, 하나의 공동체(Gemeinwesen)로서 하나의 영조물(Anstalt)로서 생각한다」. 알브레히트는 결국 「필연적으로 이 영역에서 지배하고 행위하고 법을 가진 인격성을 국가에로 돌리며 거기에서 이 국가를 **법인격으로서 생각하는 데로 인도한다**」.754) 얼핏 볼 때 여기서 인식할 것은 이 「우리들은 오늘날 생각한다」라는 것은 이미 알브레히트보다 훨씬 전에 — 더구나 우리들이 덧붙이듯이 — 헤겔에 의해서 창설된 상태를 전제로 한다는 것이다. 「법학적」755) 이라는 전적으로 쓸데없는 형용어구를 도외시한다면, 여기에는 또한 우리들에게 유명한 헤겔적인 초인격적인 국가인격성 이외의 것은 존재하지 아니한다. 그때에 지적할 것은 사람이 알브레히트의 그가 하나의 특수성으로서 거기에 가치를 두도록 보이는,756) 「공동체」라는 국가의 표지조차도 헤겔에게는 이미 『정신현상학』757)에서 유명한 것이며, 그리고 헤겔에 의해서 법철학에서, 그리고 특히 자주 역사철학에서 사용되는 것이다. 따라서 알브레히트는 그의 논평에서 국가인격성에 대한 헤겔 철학에 의해서 형성된 이론을 수용한 것 이외의 다른 아무것도 하지 않았다. 그에게 게르버는 명백하게 결합하고 있는데,758) 그의 공적은 인격성개념을 모든 법영역을 위해서 통일적인 것으로서 지적하며, 국가인격성의 이론을 법학적으로 지배적인 것으로 한 것이다.759)

그런데 헤겔에서의 군주의 지위에서 국가의 현대적인 인격성론과 대립하는 것을 도출하려면, 바로 이 점에서 현대인들은 그의 계통수립을 직접적으로 헤겔에까지 소급하게 된다는 것이 제시될 것이다. 헤겔에 대해서처럼 오늘날의 교설에 대해서도 국가인격성은 의사이다. 「국가의 첫 번 째 본질적 징표는 인격성으로서의 고유성이다. 이러한 인격성을 국가가 점유하는 것은 국가가 통일적 의사를 가지기 때문이다」.760) 그러나

---

754) Albrecht, "Romeo Maurenbrecher, *Grundzüge des heutigen deutschen Staatsrechts*" (Rezension), in *Göttingische gelehrte Anzeigen*, 3 (1837), S. 1492.

755) Bernatzik, aaO., S. 193. 「따라서 법학적이라는 괴로운 형용사는 개념에 대해서는 완전히 비본질적인 것이다. 그것은 주체는 인간이 아니라는 것에 대해서 교의사적으로 설명된 것이라 하더라도 명백한 지적을 포함할 뿐이다」.

756) Jellinek, aaO., S. 159.

757) Hegel, *Phänomenologie des Geistes*, in *Werke*, Bd. 7 (Hg. L. Boumann), Berlin 1845, S. 338 f.(임석진 옮김, 한길사, 2005); ders., *Rechtsphilosophie* (Anm. 73), § 268 (S. 330) (역서, 461면).

758) Landsberg, *Rechtswissenschaft*, Bd. 3, II, S. 327; Carl Friedrich v. Gerber, *Grundzüge eines Systems des deutschen Staatsrechts*, Leipzig 1865.

759) 19세기 국가학에서의 헤겔 이래의 매우 의의 깊은 유기체라는 개념의 그 이상의 발전에 대해서는 Kaufmann, *Organismus* (Anm. 370), S. 165 그리고 Albert Th. van Krieken, *Über die sogennante organische Staatstheorie. Ein Beitrag zur Geschichte des Staatsbegriffs*, Leipzig 1873, S. 70 f.를 보라.

헤겔은 이미 이렇게 지적하였다. 주권적 의사로서의 국가의 추상적인 이미지는 확실히 용이하다. 「보다 더 어려운 것은 이 '나는 의사한다'가 인격으로서 파악되는 것이다」.761) 그의 의사의 도그마에 대한 교설에서 생기며, 그리고 그가 권력분립과 입헌주의에도 불구하고 군주제원리를 적용하여 찾고 있는, 이러한 어려움의 해결은 그의 인격성의 교설을 현대적인 교설로부터 구별할 뿐만 아니라 전자는 후자와 매우 긴밀하게 결합하고 도 있는 것이다.

베르나치크가 예리한 감각으로 제시한 것은, 어떻게 아주 근소한 예외로써 모든 저술가들 이 법과 국가의 의사에 대한 헤겔의 이론에 따랐는가, 그리고 어떻게 그들은 결정적인 문제를 — 군주의 기관으로서의 지위와 고유한 법을 — 예외 없이 모두 거부하였는가 하는 것이다. 헤겔과 대부분의 독일의 국가이론가들에 의해서 주장되는 군주적 입헌주의 중에 잠복하는 **형용모순**(contradictio in adjecto)을 완전히 평가하기 위해서, 사람은 이러한 모든 「단체권에서의 의사의 도그마라는 부조리한 귀결들」762)을 마음에 새겨두지 않으면 안 된다. 헤겔에서처럼 여기서도 다시 국가인격성의 기관이라고 하며, 그리고 그럼에도 불구하고 다시 어디서도 도출되지 않는 고유한 지배권을 가져야 한다는 저 지배자가 발견된다. 「그들의 주체를 사람이 국가인격성이게 하는, 모든 법은 그럼에도 불구하고 국가인격성이라는 것이다」.763) 그러나 사람이 헤겔의 저 「어려운 것」에, 즉 누가 저 국가의 의사를 파악할 것인가 하는 문제에 봉착한다면 사람은 군주제원리를 승인하지 않으려는 사람들에서 「그 기관의 의사와는 특수하게 다른 국가의 의사」(프로이스)764)를, 또는 베르나치크가 적절히 지적하듯이, 하나의 신비적인 「의사하는 사람 없이 의사하는 것」765)을 찾는다. 기이르케의 기관인격성이나 옐리네크적 지위 역시 이러한 딜레마로부터 만족할만한 길을 제공하지 못한다.

그러므로 압도적으로 다수의 공법학자들이 헤겔식 해결에 사로잡혀도 결코 이상하지 않다. 그러나 헤겔의 의사의 도그마는 군주의 지위의 다른 종류의 근거에 대해서 형식적인 방해만을 의미할 뿐이며, 그리고 군주제원리를 유지하는 것의 기초에 있는 것은 국민적인 권력집중 — 사람은 신의 은총 없이 민족에게 이 능력이 있다고는 생각하지 않는데 — 에의 바람인 것, 이러한 것들은 법학적 개념들을 하나의 **선험적인** 소여가 아니라 현존하는 권력이해들을 나중에 구성한 것으로서, 또는 자주 바라던 권력상황의 선취로서 개념파악하

760) Georg Jellinek, *Gesetz und Verordnung* (1887), Tübingen 1919 (Neudruck), S. 192.

761) Hegel, *Rechtsphilosophie*, § 279 Zusatz (S. 370) (역서, 509면).

762) Bernatzik, aaO., S. 204 ff.

763) AaO., S. 217. Jellinek, *Staatslehre* (Anm. 227), S. 669 (역서, 541면)의 정의, 「군주란 하나의 자연적 의사에 의해서 지도되는 국가이다」는, 마찬가지로 단순한 법을 지배자 측으로부터의 기관의 위치로 향한 관념이거나 또는 자연적 의사, 그 어떤 것인데, 그러나 양자를 모두 허용하지는 않는다.

764) Hugo Preuß, *Gemeinde, Staat, Reich als Gebietskörperschaften. Versuch einer deutschen Staatskonstruktion auf der Grundlage der Genossenschaftstheorie*, Berlin 1889, S. 158.

765) Bernatzik, aaO., S. 218.

는 사람에 대해서는 명백할 것이다.

입헌군주제원리에 대한 헤겔적 교설에도 마찬가지로 그 현대적인 교설에도, 역사적인 근거를 부여하는 정치적 견해를 사람은 이러한 말로 총괄할 수 있다. 즉「프로이센은 현저한 의미에서 군국주의적 국가인, 그리고 이 국가는 이 국가에 의해서 기초지워진 독일 제국처럼 일반적인 정치상황에 의해서 예견할 수 있는 장래에 걸쳐서 그러한 국가인 것을 강제하고 있다」라고.766) 여기서도 권력으로서의 국가는 언제나 여전히 모든 제한 없이 지배자에서 체현되고 있으며, 그리고「입헌주의적 체제는 본래 부르주아 사회로서의 그 고유성에서의 민족(인민)에게만 관계가 있다」.767) 군주제국가를 부르주아 사회와 대립 시키고, 전자를 후자의 상위에 질서지우는 것은 완전히 의심없이 헤겔에서 유래하는데, 그 근거는「우리들에게는 복지의 목적은 자주 권력목적의 배후로 물러나지 않으면 안 되었다」는 점에 있다고 한다.768) 그리고 이 대내적이며 대외적인 권력목적은 지속적으로 절대적 지배자에 의해서만 실현된다는 견해를 사람은 가지므로, 사람은 프로이센·독일적 인 형식의 입헌군주제를「입헌주의의 하나의 불완전한 발전단계로서가 아니라 바로 절대주 의의 계속적 형성에 근거하여 입헌주의적 제도들을 군주제적 줄기에 접목함으로써 성립한 하나의 고유한 양식의 헌법형식으로서」고찰한다.769) 바로 헤겔에 의해서 비로소 정식화되 고 철학적 근거가 마련된 의미는 일련의 많은 독일 공법학자들의 바람인데, 그것은 우리들에 대해서 신의 은총이「오늘날에도 거기에서 프리드리히 대왕이 군주제원리를 이해한 정신 과, 또한 동일하게 신성동맹의 시대, 계몽사상, 혁명 그리고 보나파르티즘에 대립한 정통성 의 시대와 함께 관례화 된 정신과 조화를 이루어 타당하기에」좋은 것들이다.770) 그리하여 사람은 현대의 국가론과 헤겔의 이러한 일치 속에 마찬가지로 반혁명적이며 확장적·국민 적인 권력일체성에의 바람을 보지 않으면 안 된다.「그럼으로써 대내적인 분쟁이 대체로 예방되기 때문에」뿐만 아니라 그럼으로써 또한 대외적인 권력의 확증이 총괄되고, 또 고양되기 때문에 국가의 통일성은, 또한 **하나의** 최고 기관의 통일성에서 제시되어야 한다는 **정치적인** 요구는,「자주 **법적으로** 하나의 기관에 국가권력 전체가 집중되어야 한다」는 잘못된 명제로 사람을 인도하였다.771) 확실히 국가는 이상적 인격성으로서 주권의 보유자 이어야 하더라도, 그러나 이 주권은 지배자의 자연적 인격으로「이행한다」면, 그것은 바로 군주의 지위에 대한 헤겔 이래 전승된 견해에 다름 아니다.772) 동일한 것은 국가주권의 고유한 법을 점유한다는 군주에 대해서도 말한다.773) 특히 이러한 법이 바로 국가권력의

---

766) Hintze, "Monarchisches Prinzip" (Anm. 260), S. 399.

767) AaO., S. 399 f.

768) AaO., S. 387 f.

769) AaO., S. 387.

770) AaO., S. 412.

771) Jellinek, *Staatslehre*, S. 550.

772) Ludwig v. Rönne und Philipp Zorn, *Das Staatsrecht der preußischen Monarchie*, Leipzig 1906 [Bd. 1, S. 288].

일체성 때문에 요구되는 경우가 그렇다.774) 그러나 국가권력의 유명한, 널리 확장된 「담당자」도 또한 헤겔적 지배자의 말예이다. 이 담당자에 대해서도 「고유한 권리」로서의 그 모든 권한이 있으며,775) 그리고 그는 「그 인격에서 **전체** 국가권력을 통일한다」.776)

헤겔의 고전적 의의는 현대의 권력 이데올로기 일반의 의의처럼, 대내적 정치의 영역에서 보다도 오히려 대외적 정치의 영역에 있다. 그러므로 헤겔은 국가 간 관계에 대한 견해에 실로 획기적인 영향을 미친다. 하나의 폐쇄된 일체성으로서의 국가라는 그의 견해는 독일 국제법학을 아주 새롭게 방향지우게 되었다. 헤겔에 의한 국제법학의 전환은 지배적인 교설에 의해서도 널리 승인하게 된다.777)

유일하게 국가만이 그 통일성에서 국제법의 주체가 될 수 있다는 그의 기본적 테제가 보편주의를 지향하는 국제법 이론가에게 영향을 주었다면, 그가 국가들 간의 관계를 법의 관계가 아니라 권력의 관계로서 현실정치적으로 확정한 것은, 그러나 나아가 오히려 그가 이 국제적인 권력투쟁을 이념화한 것은 자주 하나의 국제법의 가능성을 부정하는 것으로, 그리고 그 국제법을 바라는 것을 배척하는 데에로 인도하였다. 국가 간의 관계는 절대적으로 최고의 권력으로서의 국가는 자국의 또는 타국의 법에 의한 하나의 결합을 허용하지 않으므로, 상호승인의 단순한 외교적인 형식성으로서 특징지어지거나 또는 현려 내지 도덕의 규칙으로서 특징짓거나 이 중의 어느 것이었다. 이에 따르지 않는 진실한 법은 개별적 국가의 권력과 이해가 되며, 이 국가에게 국제법의 승인이 뒤로부터 필연적으로 확증하는 것으로서 첨가된다.

국제법에 대한 헤겔의 견해는 독일적인 학문의 세계에 결실이 풍부한 운동과 새로운 생명을 가져왔다. 이 과목에서의 중요한 학자로 헤겔로부터 직접적으로 또는 적어도 간접적인 자극을 받지 않은 자는 없다. 클뤼버의 시대 이래 이 학과의 발전은 정지하고 있다. 클뤼버 자신은 국제법을 아직도 여전히 전적으로 자연법적인 18세기의 정신에서 다루며, 유럽적 인간공동체를 하나의 「인류적 통일체」로서 보고 있었다.778) 이 보편주의적인

---

773) Heinrich Triepel, *Das Interregnum*, Leipzig 1892, S. 74.

774) Paul Laband, *Das Staatsrecht des Deutschen Reiches*, Bd. 1, 5. Aufl., Tübingen 1911, S. 94 ff. 이러한 견해에서 라반트에 대해서 귀결하는 것처럼 생각하는 것은 헤겔에 대해서 군주제는 발전된 이성의 헌법(Verfassung)인 것처럼, 여기서의 군주제는 「국가질서의 견고함을 확보하기 위한 제도 (Einrichtung)」라는 것이다. Paul Laband, "Siegfried Brie, *Theorie der Staatenverbindungen*, Breslau 1886" (Resension), in *Archiv des öffentlichen Rechts*, 2 (1887), S. 317. 이에 대해서는 Bernatzik, aaO., S. 202 f. 참조.

775) Georg Meyer und Gerhard Anschütz, *Lehrbuch des deutschen Staatsrechts*, Bd. 1, 7. Aufl., München 1914, S. 19 Anm. 6a.

776) AaO., S. 272. 나아가 aaO., S. 17. 담당자라는 것은 「우리들의 헌법의 규정들을 법적으로 표현하는데, 그러한 규정들에 따르면 군주는 국가권력의 모든 권리를 자신 속에서 통일하고 있다」(aaO., S. 21 Anm. 13). 그러므로 프로이센 헌법에 대해서는 권력분립이라는 원리는 거부된다(aaO., S. 272 Anm. 9). 상세한 문헌은 같은 책.

777) Landsberg, *Rechtswissenschaft* (Anm. 564), Bd. 3 II, S. 648.

778) Johann Ludwig Klüber, *Europäisches Völkerrecht*, Bd. 1, Stuttgart 1821, § 35 (S. 73).

경향에서 그 후 기독교적인 입장에서, 그에 따른 것은 가게른이다. 그러나 그 사이 헤겔의 권력국가관은 학파를 이루고 일련의 저술가들이 이 학파에 결집하고 있었다. 이 논문의 이후의 전개에서 헤겔의 몇몇 제자들에서의 국제법의 발전에 되돌아가기 위해서 우리들은 여기서 약간의 근소한 헤겔의 직계 후계자들만을 고찰하기로 한다.

헤겔의 영향 아래 독일 국제법 중에 「신선한 견해의 힘 찬 탄식」[779]을 불어넣은 최초의 사람은 퓌터이다. 그는 1825년~27년에 베를린에서 법학을 전공하고 여기 헤겔학파 서클 중에서 특히 역사·문헌학·철학을 배운다.

퓌터의 출발점은 어떤 학문 분야에서도 「국제법에서만큼 실천이 이론에 대해서 결정적으로 모순되지 아니한다」는 것이다.[780] 국제법은 과연 재판상의 강제를 결여하고 있지만 그러나 국가의사는 일반적인 이성과 권리의 법칙에 따라서 한정되기 때문에 법적인 필요성을 결여한 것은 아니다. 그렇지만 이러한 일반적인 이성법칙은 결코 자연법을 형성하지 못한다. 그러한 이성법칙은 「서로 일치하는 (국가들에게만) 그리고 국가들이 일치하는 한에서」 공통된다. 그때에 분명히 강조된 것은, 「국민들의 이성형성과 이에 따라서 또한 국가와 법의 형태에서의 그 확증이란 매우 다양하다」는 것이다. 그러므로 퓌터는 그의 거장 헤겔에 따라서, 한 국가의 모든 요구와 그 국가의 전쟁을 「그것들이 [국가들의] 법에 적합하다면, 정당한 것으로서 존중하는 것」에 주저하지 아니한다. 이리하여 국제법은 「국가의 개념과 법」과 모순되지 않으며, 완전히 동조하여, 즉 「완전한 자유에서 자기 자신을, 즉 그 의사를 그의 이성적 사유에 의해서 한정하」도록 생각한다. 이러한 견해와 함께 명백한 국제법의 모든 가능성은 사라진다는 이론(異論)에 대해서 퓌터는 다음과 같은 반론으로 대항할 수 있다고 믿는다. 기독교적 국가들은 즉자적으로 국제법에서 「일관하여 현실적으로, 그리고 국제법을 인식하려고 하기보다는 오히려 창조하려고 해온 많은 학자들이 생각하는 것보다 훨씬 완전히」 일치한다 라고.[781] 그러나 누가 국가의 이러한 절대적으로 자유로운 자기한정을 위해서 최후의 결정을 내리는 것은 보다 선한 법보다도 오히려 커다란 권력이라고 주장하려면, 퓌터는 그에게 「모든 그의 그 규범과 형식들에서 현대적 국가들의 자족적인 인륜적 본질에 의해서 규정되고 근거지워지는」 국제법에의 「국법과 사법」의 적용을 지시한다.[782] 한편 개별적으로 연약한 인간에 대해서는 국가에서만 「인륜적 이념」은 달성될 수 있으므로, 그는 국가 중에 편입되지 않을 수 없다. 이에 대해서 국가는 「다른 이질적인 것을 필요로 하지 않으며, 자신에서 충족되는 자족적인 본질존재이다」. 국가는 「법을 **알고 있으며** — 국가는 이것을 의사하며 — 이것을 수행하는 것이 허용된다」. 왜냐하면 국가의 권력은 그 이성·인륜성·헌법에 근거하며, 국가권력은

779) Landsberg, aaO., Bd. 3 II, S. 648. 나아가 Pyl, "Karl Theodor Pütter," in *Allgemeine Deutsche Biographie*, Bd. 26 (1888), S. 777.
780) Karl Theodor Pütter, *Beiträge zur Völkerrechts - Geschichte und Wissenschaft*, Leipzig 1843, S. 1.
781) AaO., S. 10 ff.
782) AaO., S. 16.

「법의 형태이며 따라서 폭력과 강제력을 가지기 때문이다」. 이러한 국가관에서 국제법에 대해서 논리적으로 귀결하는 것은 헤겔에서와 동일한 것이다. 국가는 「모든 사물을 앞에 두고 자기 자신을 — 의사하며 (하여야 하며), 따라서 자유의, 즉 모든 관계와 관계태도에서의 자기한정의, 법 — 이것은 국제법에서는 보통 **주권**이라는 이름으로 특징짓는데 — 을 자기를 위해서 요구하며 (하여야 한다)」.[783] 국가는 이러한 자신의 절대적으로 주권적인 권력을 관철함에 있어서 다른 국가들이나 민족들 자신에게 불법월권을 할 수 없다. 「그 국가의사가 그들의 의사 · 복지 · 법에 저촉하게 되었다고 하더라도, 그 국가가 그들에 내재하는 인류적인 이념을, 따라서 그들 자신만을 국가들이나 주권적 민족들로서 승인하고 취급하는 한 그러한 것이다. — 즉 주권적 민족들로서의 국가들의 상호적인 인식과 승인에 실천적 국제법 전체와 특히 평시국제법은 근거한다」. 그러나 이러한 승인은 전시에서도 나아가 존속하며, 그리고 전시에서 「한쪽이 그리고 양쪽(의 민족)의 어떤 쪽이 불법인가 하는 질문은 있을 수 없다. 양자는 모든 때로는 정당한 것으로서 존중해야할 법과 헌법에 적합한 것으로서 파악된 국가의사를 모든 권력과 폭력을 수반하여 법적으로 수행할 권리를 가진다」. 전쟁이 그때 결정하는 것은 「어느쪽 국가가 이 개별 사례에서 정당한가 하기보다는 오히려 정당한 것이 누구의 어떤 권리가 진실이며, 정의에 적합하고 신의 마음에 드는가 이다. 왜냐하면 전쟁 그 자체는 전능한 정의이며, 민족들에게 정신을 정신과 함께 정신에서 권력과 폭력을, 지상에 왕국과 영광을 부여하기 때문이다. 전쟁 자신이 민족들에게 판단을 말한다. 세계사는 세계법정이다!」.[784] 바로 고전적인 방법으로 헤겔의 이러한 명제들은 일원론적인 권력신학과 퓌터의 헤겔에의 의존을 표현하고 있다.

오펜하임은 1845년에 출판된 『국제법의 체계』에서 적지 않게 밀접하게 그의 거장 헤겔의 권력국가철학에 결부되고 있다. 오펜하임도 역시 서론에서 여러 민족들의 개체성이 서로 무조건으로 존중하게 되기를 바라고, 그의 조국의 동포들에게 「문화와 세계시민적 경향들과의 동맹」[785]을 권설하는데, 그렇다면 이러한 말들은 이 엉클어진 체계에서의 다른 많은 말들처럼, 그 자신이 그것에 근거하여 헤겔과 함께 국제법을 구축하는 원리들과 모순된다. 오펜하임에 대해서도 국민적 국가들은 「개체들」이며, 그는 「추상적인 코스모폴리탄니즘」[786]에 격렬하게 반발한다. 「첫 번 째이며 최고의 권리와 그 첫 번째 의무」로서 오펜하임 역시 국가의 「자기보존**의무**」,[787] 그 무조건적인 주권을 규정한다. 「국가들은 자신에 대한 법무관(Prätor)*을 인정하지 않는다. 그렇지 않다면 그들은 국제법의 무조건적 **주체**는 아닐 것이다. 그리고 고유의 힘에 의해서 자기보존의 의무를 충족하지 못하는 국가는 현존의 역사적 권리도 가지지 못한다」.[788] 이 「영원한 인류적 인격성」[789]의

---

783) AaO., S. 16 f.
784) AaO., S. 17 ff.
785) Heinrich Oppenheim, *System des Völkerrechts*, Frankfurt 1845, S. VIII f.
786) AaO., S. 2 f.
787) AaO., S. 98.
788) AaO., S. 7.

현존은 오로지 그 권력에, 즉 「국민들의 전체만이 점유하는 가장 고유한 자기보존과 자기한 정의 **완전한 힘에**」790) 근거한다. 권력의 승리 중에 오펜하임 역시 세계법정으로서의 세계사라는 말에 호소하면서 「신의 계율」791)을 찾고, 그리고 언제나 「**힘 있는 곳에 정의 있다**」(ubi vis, ibi jus)792)는 명제를 반복한다. 헤겔을 능가하여 그는 여러 가지 국민들이 존재하는 한, 또한 「**내용과 성격**에서」 여러 가지 국가가 존재함에 틀림없다는 견해를 취한다. 그러나 바로 그러한 한에서, 또 그 「국경을 초월한 국가의 권리」도 존재한다. 「이러한 권리들의 충돌과 갈등이 존재한다면, 국가는 자기 자신에게 권리를 부여하지 않으면 안 된다. 그리고 역사의 정신에 가장 많게 대응하는 종류의 권리 보호는 가장 완전한 승리, 가장 빛나는 결단을 약속하며, 대중 전체에게 그 정신적 생활을 위한 희생을 요구하며, 바로 대중 전체에 의해서 완수될 수 있는 그러한 종류의 그것이다」.793) 국가에 대해서는 「모든 그 힘은 그 자기보존의 수단에 불과하다. 국가는 대내적으로 완전히 시대에 적합한 권리를 실현함으로써 존립하고 개화한다. 이에 대해서 국가에는 대외적으로는 그 완전한 품위를, 즉 그 자립성과 다른 국가들과의 평등한 권한을 주장하기 위해서 모든 수단이 허용된다」.794) 그리고 여기서도 우리들은 국제법의 주요한 내용으로서 국가들의 상호승인을 발견한다. 그러나 이 상호승인에 대해서 오펜하임은 또한 그것은 「가능한 한 공허한 것, 또 의무지움을 수반하지 않는 것으로서 파악한다는 것을 인정한다. 그것은 지배의 사실에 관련하지 않으며, 그리고 다른 국가는 자국에 인격성으로서 대립한다는 것을 아주 간명하게 설명한다」.795) 전쟁에 관하여 오펜하임은 확실히 정당한 투쟁과 부당한 그것을 구별하려고 하지만, 그러나 영구평화에 대해서는 이러한 논쟁을 제기한다. 즉 「우리들의 대내적 국가생활이 경쟁이라는 **영원한 전쟁**에만 근거하는 한, 상업정책의 모든 운동이 수천의 프롤레타리아트에 대해서 아사에 의해서 생명을 대상으로 하는 한」, 사람은 영원한 평화에 대해서 말하는 것은 허용되지 아니한다 라고.796)

이에 대해서 국가권력은 그 권리라는 오펜하임에 의해서 매우 거칠게 주장된 헤겔의 테제는, 헤겔의 다양한 영향에 따른 당시 가장 중요한 국제법학자인 헤프터(Heffter)에 의해서 받아들여지지 않았다. 국제법은 그의 견해에 따르면, 그 필연성에 대한 하나의 국가들 서클이 동의한 확신에 근거하고 있다. 그리고 그가 헤겔과 함께 최종적인 법정을, 「디케(정의)로서 권리를 확증하고 네메시스(질투)로서 불법월권을 처벌하는」 역사에서 본다 하더라도, 그는 역시 국가의 고유한 의사와 이득만을 법칙으로서 보며, 그 의사를

---

789) AaO., S. 98.
790) AaO., S. 102.
791) AaO., S. 6 Anm.
792) AaO., S. 6; 102.
793) AaO., S. 83 f.
794) AaO., S. 187.
795) AaO., S. 203.
796) AaO., S. 271.

권력을 수단으로서 관철하려는 견해들을 배척한다. 「대체로 이러한 견해를 위해서 존재하는 것은 국제적인 법이 아니라 권력관계뿐이다」.797) 확실히 헤프터에 대해서도 하나의 보편적 국가는 존재하지 아니한다. 그리고 「그러한 국가가 존재한다면 헤겔의 국가는 그것에 대해서 반드시 투쟁하게 될 것이다」.798) 그러나 전쟁은 「정신적인 운동을 산출하며 평시에는 잠자거나 타락하며, 아무런 수확도 없는 채 어떤 힘들을 발휘케 한다」799)는 그의 견해는 의심할 것 없이 헤겔에서 유래한다. 그러나 그는 국가의 절대적인 주권이라는 개념을 배척하고,800) 전쟁을 매우 외면적인 정당방위로서만, 그리고 그때에도 사람이 위험을 스스로 초래한 것이 아닌 경우에만, 그리고 외국으로부터의 침해를 대상으로서 허용하려고 한다.801)

전체적으로 처음으로 헤겔은 국제법에 관한 독일의 학문을 실천적인 정치에서 사용가능한 하나의 교설로 하였다. 이 교설은 이미 오로지 국가의 무한한 목표는 아니며, 물론 자주 상당히 그것도 역시 매우 가까운 목표에 둔다. 그리하여 공법에 관한 독일의 학문은 우리들의 철학자에게, 특히 「존재하는 것」(was ist)의 인식에로의 그 접근을 힘입고 있다. 헤겔에 의해서 근거가 마련되고, 19세기의 자연과학적 사유에 의해서 나아가 본질적으로는 강화된 그 실증주의를, 그 학문은 최종적으로는 그것이 자주 「법 없는 법학」802)으로서는 전혀 다른 것이려고 하였다는 지점에까지 가져왔다. 헤겔 이래 독일 공법학자들의 일부는 실러가 마리아 스튜어트로 하여금 표명케 하는 경고를 초월하였다고 자만한 것이다.

> 「믿지 말라, 고귀한 이들의 유익함을
> 국익이 정의라는 것 말일세」.803)
> "Mißtraut Euch, edler Lord, daß nicht der Nutzen
> Des Staats Euch als Gerechtigkeit erscheine."

---

797) August Wilhelm Heffter, *Das Europäische Völkerrecht der Gegenwart auf den bisherigen Grundlagen*, 7. Ausgabe, bearb. von F. H. Geffken, Berlin 1881, S. 3.

798) AaO., S. 42.

799) AaO., S. 7.

800) AaO., S. 45.

801) AaO., S. 68.

802) 레오나르드 넬슨(Leonard Nelson)의 동명의 노작(*Die Rechtswissenschaft ohne Recht. Kritische Betrachtungen über die Grundlagen des Staats- und Vökerrechts insbesondere über die Lehre von der Souveränität*, Leipzig 1917)은 이러한 자기제한을 간과하고, 한편으로는 빈트뮐렌(Windmühlen)에 대해서, 그러나 다른 한편으로는 바로 물론 형식적인 오성에 대해서는 달성하지 못하는 보다 깊은 이성에서 나오는 헤겔의 저 권력국가인식에 대해서 투쟁한다.

803) Friedrich Schiller, *Maria Stuart*, 1, 7. v., 797-798.

## 3. 헤겔의 권력국가사상의 전통으로부터 비스마르크까지

우리들은 헤겔의 권력국가사상이 비스마르크의 시대정신에 이르기까지 취한 도정을 추적해 왔는데 쮠프트적인 국가학의 틀을 초월하는 것에는 기본적으로 언급하지 않았다. 19세기의 형식주의적인 학문은 이미 서술했듯이, 헤겔의 실체적 권력개념의 건축물로서 대립하고 있다. 헤겔의 권력국가이념을 전하는 것만 아니라 실천적 정치에로 바꾼 것은 우선 첫째로 역사가들이었다. 역사학파는 「정치적인」 학파라고 불리는데 익숙해 있는데, 바로 이 역사학이 얼마나 결정적으로 비스마르크의 일에 정신적으로나 실천적으로도 관여하였는가는 유명하다. 이미 「객관적」이라고 부를 수 있는, 위에 다룬 역사저술가들이 그들의 국가관에서 헤겔로부터 결정적으로 영향을 받았다면, 그들에 따르는 정치적인 역사가들을 그들의 국가관에 관한 한 약간 과장하여 대체로 헤겔주의자[804]라고 특징지을 수 있을 것이다. 이러한 정치적인 역사가들을 각각 개별적으로 고찰하는 것은 우리들의 과제는 아니다. 우리들이 다룰 것은 한편으로 직접 헤겔의 제자이며, 따라서 그들의 권력국가에 관한 사유활동에서 헤겔 자신에게 의존한다고 특징지을 수 있는 사람들, 그리고 우리들에게 비스마르크와 그의 정치에까지 인도한다고 말할 수 있는, 이러한 사람들만이다. 이들 정치적인 역사가들이 헤겔과 공유하는 것은 민주제를 무조건적으로 배척하면서도, 그러나 시민들의 국가에의 「살아있는 관여」를 헤겔처럼 강조하여 극단적인 자유주의와 극단적인 보수주의 사이를 매개하는 역할이다. 이러한 표현은 그때에 그들이 취하는 모든 종류의 온건한 당파적 활동에 관해서 상당히 널리 타당할 것이다. 그들은 모두 국가를 초인격주의적 국민적인 개체이며 유기체로서 파악하는 것, 동일하게 권력으로서의 국가의 본질을 강조하는 것, 이러한 것들을 헤겔로부터 계수하고 있다. 그러나 또한 그들의 공공연한 프로이센적 신조, 동일하게 (나중에는 대부분 접은) 자유주의에도 불구하고 끊임없이 충실하게 지킨 군주제적 입장, 이것들은 헤겔의 정치적 학파를 역시 배반하고 있다. 끝으로 우리들은 모두 또한 헤겔처럼 학문을 가볍게 경멸하고 정치적 영향력을 바라고 있다. 이러한 바람에서 (로젠크란츠, 렌츠처럼) 하이델베르크의 교수는 「대학에서 철학을 강의하는 것은 매우 어렵고 위험한 일이다」라고 적은 것이다.[805] 압도적 다수의 정치적인 역사가들은 자주 또한 결정적인 형태로 실천적 정치에 개입하며, 그리고 그런데 그들의 다수는 자신의 학문을 멀리하거나 그 학문에 지속적으로 부실하게 되었다.

그들 중에서 헤겔의 영향을 비교적 가장 적게 받은 것은 이러한 역사적 지향의 창시자인 달만*일 것이다. 그럼에도 불구하고 이 인물의 사상발전의 발자취에도 또한 셸링·헤겔의 근원에 있는 것의 좀 주목할 관련이 보인다. 왜냐하면 달만은 자신의 자전적 스켓치 중에서

---

804) 또한 Below, *Geschichtsschreibung* (Anm. 5), S. 47도 강조하는 것은 이 시대의 정치적 역사가들의 「대부분은 헤겔로부터의 영향을 입고 있다」.

805) Rosenkranz, *Hegels Leben* (Anm. 75), S. 318; Lenz, *Universität Berlin* (Anm. 247), Bd. 2, Teil II, S. 15.

우리들에게 이미 김나지움 때에 「슐레겔과 셸링의 세계가 그의 머리를 스쳐가고 있었다」고 보고하기 때문이다.806)

그러나 마찬가지로 달만의 친구이며 가장 가까운 정치적인 전우인 드로이젠은 그의 국가관을 그의 거장인 헤겔에 매우 광범하게 힘입고 있다.807) 드로이젠은 1826년에 청강생으로서 베를린대학에 왔으며, 곧 청년헤겔파에 매우 긴밀하게 받아들이게 되었다. 호토(Hotho)*, 베르더(Werder) 등과 함께 그는 독서회를 창설하고, 매학기 헤겔의 역사철학을 간즈와 호토와 같은 헤겔파에서 국법·역사·미학을 청강한다. 드로이젠이 얼마나 충실하게 헤겔의 강의들을 따랐는가는 그의 노트에 근거하여 헤겔의 사후 거장의 작품이 출판된 것에서도 명백하다.808) 따라서 드로이젠의 사상에 미친 헤겔의 직접적인 영향의 가능성들은 충분하였다.

헤겔 자신과 그의 시대의 다른 무수한 정치사상가들과 마찬가지로 드로이젠 역시 헬레니즘을 매개로 하여 국민적 정치에 이르렀다. 이미 그의 처녀작 『알렉산더』(1833년)에서 그에게는 분명히 한쪽의 알렉산더의 군사적 권력과 특수 그리스인적인 세계와, 다른 한쪽의 대응하는 프로이센·독일적인 관계들과의 유사성이 떠오르고 있었다. 그리하여 드로이젠은 확실히 헤겔로부터 영향을 받고 권력국가의 우위에 결연히 당파적으로 가담한 것이다. 여기서는 또한 「알렉산더의 이름과 결합한 위대한 보편사적인 문화이념이 강하게 나타나 있다. 여기에는 헤겔의 정신의 호흡이 느껴진다」.809) 역사의 영웅들 중에 세계를 움직이는 위대한 이념들이 체현된다는 헤겔의 사상은 「여기서는 하나의 고전적인 예시로 표현되고 있다」.810)

다음의 『해방전쟁에 관한 강의』(1846년)에서 헤겔의 사상은 더욱 명료해 진다. 그의 거장 헤겔처럼 드로이젠 역시 이렇게 믿는다. 즉 역사학은 세계사건 중에서, 즉 「그의 황량한 물결의 움직임 속에서 하나의 방향, 하나의 목표, 하나의 계획」을 발견하며, 우리들에게 신의 길을 개념파악하며 경탄하는 것을 가르친다」라고.811) 그리고 다른 곳에서 드로이젠이 상술하듯이, 그 역시 역사적인 시기들의 파악 속에 결국 「신의 인식」을 본다.812) 어느 정도 드로이젠이 일반적으로 법과 국가에 대한 헤겔의 견해에 힘입고 있는가는

806) Anton Springer, *Friedrich Christoph Dahlmann*, Bd. 1, Leipzig 1870, S. 450.
807) Otto Hintze, "Johann Gustav Droysen," in *Allgemeine Deutsche Biographie*, Bd. 48 (1904), S. 82-114; Max Duncker, *Abhandlungen aus der neueren Geschichte*, Leipzig 1887, S. 360; Gustav Droysen, *Johann Gustav Droysen*, Teil 1, Leipzig 1910. 드로이젠의 헤겔에 대한 관계는 특히 aaO., S. 47 f. 그가 헤겔의 역사구성을 배척하는 것에 대해서는 S. 169 ff.; 211 ff.
808) Kuno Fischer, *Hegel* (Anm. 230), Bd. 1, S. 211.
809) Hintze, "Droysen," S. 88.
810) Ebd.
811) Johann Gustav Droysen, *Vorlesungen über das Zeitalter der Freiheitskriege*, Bd. 1, Kiel 1846, S. 5. 또한 그의 기독교관 aaO., S. 6 f.도 참조.
812) Johann Gustav Droysen, *Grundriß der Historik*, 2. Aufl., Leipzig 1875, § 88 (S. 37). 참조 § 13 (S. 11) 즉 「유물론적 세계관과 관념론적 세계관의 잘못된 양자택일은 역사적 세계관에서 화해한다」.

다음과 같은 그의 견해에서 명백하다. 즉 「진실한 이성법(Vernunftrecht)은 모든 순간에 국가와 법을 새로이 시작하는 유토피아적 추상에서 도출할 수 있다고 생각하는 부패한 급진주의와는 아무것도 공유하지 못하며, 그렇지 않고 생성한 것 그 자체에서, 그리고 생성해 온 도정에서 전진하는 눈에는 저 생성의 영원한 이성이 계시되는 것이다」.813)

그런데 우리들에 대해서 다음의 문제는 권력으로서의 국가에 대한 드로이젠의 이론은 직접 헤겔에서 유래한다는 것이 증명된다. 최근 우리들에게는 휘프너를 통해서 이 문제에 대해서 작은 중요한 정치에 관한 드로이젠의 강의, 이 강의에서의 지식이 제공되었다.814) 어떠한 정신에서 그들의 강의가 행해졌는가는 1851년에 인정된 드로이젠의 한 편지가 우리들에게 보여준다. 그 편지에서 드로이젠은 아렌트에게 이렇게 보고한다. 그는 「국가와 국가들에 대한 정밀한 학문, 권력론」, 즉 「내외의 권력의 관계들・조건들・조류들에 대한 학문」815)을 할 준비를 하고 있다고. 그런데 드로이젠은 「표현의 무조건성과 규정 (단적으로 규정된 표현)에 비추어 보면 선행하는 틀(표현양식, Fassung)을 묵인하는」816) 독특한 형식을 그 권력이론에 주었다고 휘프너는 생각하는데, 그렇다하더라도 이것은 결코 그의 표현양식의 전체 범위에 대해서 인정하지는 않는다. 그러나 내용적으로는 드로이젠의 권력이론은 의심할 것 없이 헤겔에 의해서 이미 『독일 헌법론』에서 고지된 것 이외의 아무것도 아니며, 드로이젠에 의해서 약간 자유주의적인 것으로 옮기고, 바로 그러므로 헤겔의 그것만큼 무조건적인 것은 아니다. 양자에서 국가는 「개개인으로 이루는 것이 아니며 개개인의 의사를 통하여 성립하지도 않는다」.817) 그리고 헤겔이 국가의 개념에 대해서 권력이라는 유일한 예외를 제외하고 모두는 우연적이며 자의적인 것으로서 표식짓고 있듯이, 같은 의미의 것이 드로이젠에서도 말한다. 「국가의 본질적인 것은 권력 ― 대내적이며 대외적인 권력 ― 이라는 것이다. 왜냐하면 국가의 최고의 목표는 그 대내적이며 대외적인 자기보존이기 때문이다」.818) 국가는 「어떠한 형식에서든 어떠한 장중에 있든, 그것이 권력을 가지므로 지배하고 권력을 가지기 때문에 지배자이다. 이것이 모든 정치의 총괄이다」.819)

그의 자유주의적인 세계관과 일치해서 드로이젠은 국민(Nation), 민족(Volk) 그리고 민족에 의한 국가권력의 인륜화(습속규범화)에 끊임없이 보다 커다란 강조점을 둔다. 「국가는 그 인륜적인 내용을 그것이 민족에서 유래했다는 것에 의해서 발견한다」.820) 「국가는 민족에서 유래하며, 민족은 국가에서 유래한다. 양자는 매우 본질적으로 서로 관계하고

---

813) Droysen, *Freiheitskriege*, Bd. 1, S. 17.

814) Rudolf Hübner, "Johann Gustav Droysens Vorlesungen über Politik," in *Zeitschrift für Politik*, 10 (1917), S. 325-376. Mitteilungen aus dem Nachlaß von Droysen, aaO., S. 339 f. 참조.

815) 빌헬름 아렌트(Wilhelm Arendt)에게 보낸 1851년 12월 1자 편지. Hübner, aaO., S. 341에 의함. Gustav Droysen, *J. G. Droysen*, S. 239 f.

816) Hübner, aaO., S. 346.

817) Droysen, *Historik*, § 76 (S. 33).

818) Hübner, aaO., S. 346에서.

819) Hübner, aaO., S. 347에서.

820) Droysen, *Freiheitskriege*, Bd. 1, S. 9.

있다」.821) 그럼에도 불구하고 드로이젠은 바로 이미 헤겔이 부설한 궤도 위에서 국가의
정당화를 「만인의 살아있는 참가」에 의해서 완수한다. 드로이젠은 자유의 현실정치적인
개념을 실천적으로는 헤겔보다도 더욱 심각하게 받아들였다. 그 역시 그 개념을 혁명에
대해서 예리하게 경계를 긋는데, 그러나 「낡은 잉글랜드적」 자유의 형태에서 하나의 정치적
내용을 부여하고, 현대 국가의 과제를 이렇게 본다. 즉 「부르주아적 자유를 국가시민적인
자유 속에 도입하고, 국가가 요구하는 만인의 살아있는 참가」를 작으면서도 가장 작은
서클 속으로 인도하는 궤도를 부설하고,822) 그것을 낡은 잉글랜드를 구한 형식에서 혁명을
창출하는 국가적 에너지에 결합시키는 것, 보다 정확하게 말하면 왕위의 완전한 권력을
민족의 국가시민성에 의해서 보완하는 것」이라는 점에 말이다.823)

아래로부터의 권력충동과 국가권력에로의 그 참가를 강조함으로써 드로이젠의 권력개
념은 헤겔에서처럼 「인륜적」인 의미를 얻는다. 이 개념을 드로이젠은 자주 폭력과 대립시킨
다. 헤겔이 바로 나폴레옹과 관계가 있다면 「외면적으로 우월한 권력(Übermacht)은 지속적
으로는 아무것도 하지 못한다」824)고 말했듯이, 드로이젠도 또한 나폴레옹 제국을 러시아의
알렉산더의 그것처럼 「매우 돌출한 의미에서의 권력」825)이라고 부른다. 그에 대해서도
「국가는 권력인 것(Macht zu sein)의 권한과 의무를 가지고 있더라도」, 그는 역시 「국가의
형식이 조잡하면 할수록 그만큼 국가 중에 있는 것은 권력이 아니라 폭력이며 그것만으로
국가는 자유에서 보다 빈약하다」826)고 생각한다. 그러나 권력은 「그것이 모든 인륜적인
영역들에서 십이분의 노동 · 건강 · 자유를 양분으로서 할 때 최고의 것이다」. 국가는 인륜
적 영역들의 다른 각각이 그렇듯이, 다른 그 모든 것들에 관계할 뿐만 아니라 그 모두를
포괄한다」.827) 바로 헤겔처럼 드로이젠은 내면적 국가권력의 물질적이 아닌 이념적인,
전능만을 의사한다. 그는 끊임없이 「국가이념의 전제」에 대해서 반대한다. 이 전제는
국가의 이름으로 민족 · 사회 · 부르주아층의 모든 살아있는 힘들을 공적이며 사적인 관계
들을 매우 가혹한 질서에서 반항을 허용하지 않고 모든 순간에 단독으로 처리하기 때문이
다」.828)

그런데 드로이젠이 헤겔의 권력국가론에 의존하는 것은 그가 근대적인 국가사상의
역사적인 성립을 서술한 곳 이상으로 보다 명확하게 한 곳은 어디에도 없다. 그는 거기에서
어떻게 「국가의 이념」이 「많은 사적인 권리 · 자유 · 협정의 총체」로부터 「고권(Majestät),

---

821) AaO., Bd. 2, S. 411.
822) AaO., Bd. 2, S. 423.
823) AaO., Bd. 2, S. 404 f.
824) Hegel, *Geschichtsphilosophie* (Anm. 236), S. 542 참조. aaO., S. 540. 여기서 헤겔은 나폴레옹에
　　대해서 「승리의 무력함은 결코 당시보다도 명료하게 나타나」지 못했다고 서술한다.
825) Droysen, *Freiheitskriege*, Bd. 2, S. 252; 542. 나아가 Hübner, aaO., S. 349 ff.에서 인용한 재미있는
　　곳을 보라.
826) Droysen, *Historik*, § 76 (S. 33).
827) Ebd.
828) Droysen, *Freiheitskriege*, Bd. 2, S. 128, 129, 491 참조.

일반적인 것, 본질적인 것, 이성적인 것에서 이루는 하나의 권력의 완성태」829)로 발전했는가를 보여준다. 발전의 다음 한 걸음은 이러한 국가이념이 하나의 「순수하게 정치적이며 국민적인 그것으로서 파악된」 것에 있었다.830) 그렇지만 프랑스에서도 잉글랜드에서도 국가는 「그 인륜적인 의의에까지 돌진하지 않았다」.831) 마침내 프로이센에서 국가는 「모두를 관철하고, 모두를 포괄하며, 모두에게 책임을 가지는 권력(Gewalt)으로서 나타난다.832) 그러나 프리드리히 대왕의 「군국주의적인 행정관리」 국가는 아직 여전히 「생생한 통일적인 유기체」와는 거리가 멀었다. 이 국가는 역시 하나의 기계론적 인공작품에 불과한 것이다.833) 국가가 최하층에 이르기까지, 즉 「대중의 활발하지 못하고 몰역사적인 심층」에 이르기까지 침투한 후에 마침내 이제 정당한 국가의 이념이 각성되고, 국가도 신의 질서인 것이 인식하게 된다」. 비로소 프로이센에서 프라이헤르 폼 슈타인에 의해서 「전체의 통일성(Einheitlichkeit)에서 부분들의 자율적 운동을 보호하고, 거기에 수반하여 전체의 힘을 그 구성부분의 불모의 통일성에서가 아니라 그 동적이며 개체적인 다양성에서 기초지워진 것」에 성공하였다는 것이다.834) 그리하여 드로이젠에 대해서도 또한 「유기체적」 국가는 「집적체」나 메커니즘에 대립하여 국민적인 권력의사의 표현이다. 국가는 「그것이 다양한 구성부분의 하나의 집적체로 머무르는 한, 그 수단들에 있는 힘의 완전한 총체를 달성하지」 못하며, 그 성원들에게 국가 중에 있는 모든 이점을 보증하는 것도 아니다.

그리하여 드로이젠의 국가관은 모든 관계에서 헤겔에 의존하는 것을 알 수 있다. 드로이젠은 모든 정치를 현존하는 권력을 현실적으로 평가하는 데에 기초를 둔다. 그는 「그 요구들을 완전히 추상적으로 제기하는 어떤 이론도 배척한다. 다만, 그러한 이론은 어떻게 그것들이 현실들에 가까운가 또는 먼가, 그것들을 실현하는 수단은 누군가, 이러한 것에 냉담하기 때문이다」.835) 드로이젠의 교설에 따르면, 국가권력은 법에 선행하며, 국가의 본질은 법이 아니라 바로 권력이며, 계약 그 자체가 국가를 구속하는 것은 사안이 국가의 이해관심을 끌거나 국가의 약함이 국가를 거기에 필요로 하는 경우에 한정된다.836) 왜냐하면 「물체세계에서 중력의 법칙이 그러하듯이, 정치세계에서는 권력의 법칙이 타당」837)하기 때문이다. 이 모든 교설을 드로이젠은 이미 의심할 것 없이 그의 거장 헤겔로부터 말과 책에서 청취한 것이다.

그러나 드로이젠은 헤겔과의 커다란 차이를 분명히 이렇게 말한다. 즉 그에 의해서

---

829) AaO., Bd. 1, S. 21.
830) AaO., Bd. 1, S. 25.
831) AaO., Bd. 1, S. 53.
832) AaO., Bd. 1, S. 58.
833) AaO., Bd. 1, S. 61.
834) AaO., Bd. 2, S. 423.
835) Hübner, aaO., S. 343에서. G. Droysen, *J. G. Droysen*, S. 239.
836) Hübner, aaO., S. 351 f.에서.
837) Droysen, *Historik*, § 76 (S. 33).

강의된 견해들은 「내가 추천하는 교설이나 격률이 아니라 **대체로**(in toto) 정치에서 나타나는 사실들이다」.838) 그러므로 헤겔의 형이상학적인 권력의 신격화에 대해서 그는 많은 것을 알지 못할 것이다. 헤겔로 하여금 권력과 인륜성을 화해시키는 숙련(Fertigkeit)을 우리들의 역사가[드로이젠]는 결코 성공하지 못한 것이다. 다음의 질문은 일단 매우 의심스럽게 울린다. 즉 「그러나 국가의 과제는 권력이라고 해야 할 것인가? 민족들의 생활내용은 폭력을 행사하거나 견디는 것일까? 그리고 국가에 속한 것이 사람들의 인륜적 생활에 불가결하다면 그것은 한편으로는 그들을 탈인격화시키고 다른 한편으로는 그들을 분개케 함에 틀림없다」.「인간이 거기에서 생활해야 할 최고의 인륜적인 질서는 정의·자유·평화라는 과제·규범·기초를 인륜적인 그것들과 달리 의사할 수 있다는 것은 불가능할 것이다」.839) 드로이젠의 세계관과 헤겔의 그것과의 차이에서는 다음 사실이 명백하게 된다. 즉 드로이젠은 헤겔의 권력=법(Macht=Recht)이라는 이론에 깨끗하게 동조하려고 하지 않으며, 오히려 「권력과 법의 관계에는 확고한 보장은 존재하지 않을 것이라는 것 속에서 어떤 위로 없는 것을 발견하는 데」로 기울어진다는 것이다.840) 광범위하게 걸친 견해의 일치에도 불구하고 드로이젠은 또한 전쟁의 절대적인 인륜성에 대해서 전혀 확신하지 않는다. 과연 그는 헤겔에 따라서 국가들을 「개체성」으로서 확고하게 경계지어진 인격성으로서 파악하는데,841) 그러나 그러한 배타성은 헤겔의 정도에는 이르지 못한다. 확실히 그 역시 현재의 국제법을 그다지 중시하지는 않는다. 「그것[국제법]의 기본적 형성, 이들의 조약과 협정된 원칙은 그것들이 권력에 기여하며 권력에 의해서 요구되는 한 타당성을 구하고 발견한다」.842) 그럼에도 불구하고 드로이젠은 다음을 의심하지 않는다. 즉 국가들의 관계는 「**소유권은 외국인에 대해서 영구하지 않기**」[장기간 점유하더라도 외국인은 로마시민의 소유물의 소유권을 취득하지 못한다(adversus hostem aeterna auctoritas esto, Lex XII Tablarum] 때문에, 계약이나 평화적 교섭, 국제법에까지 전진한다. 연방국가·국가연합·국가체제·세계국가체제 — 이것들은 이러한 운동의 점점 확대되고 있는 파문이다」.843) 그리고 「일찍이 야생화 된 작은 자율성의 무주의 시대에 국가권력의 형성이 하나의 목적을 정립하고, 국내에 질서와 안녕, 법률체계를 국내에 창설했듯이, 마침내 국가의 자율성의 전체는 만인의 평화·자유·권리가 보장되는 하나의 헌정질서(Verfassung)로서 집대성되지 않으면 안 된다」.844)

권력으로서의 국가는 드로이젠에 대해서 하나의 역사적 인식이었다. 그것[권력으로서의 국가]은 그에게는 실천적 정치에서 국민적 요구가 되었다. 그것은 그에 대해서 결코 최고의

838) Hübner, aaO., S. 351 f.에서.
839) Droysen, *Freiheitskriege*, Bd. 2, S. 360 f.
840) Hübner, aaO., S. 354에서.
841) Hübner, aaO., S. 364에서. 외관상 휘프너는 헤겔의 영향을 이 점에 한정하려고 한다.
842) Hübner, aaO., S. 351에서.
843) Droysen, *Historik*, § 76 (S. 34).
844) Droysen, *Freiheitskriege*, Bd. 2, S. 643.

인륜적 규범은 아니었다. 그러나 드로이젠의 견해에 의하면, [첫째로] 국가는 「모든 인륜적 공동성의 유기적 전체이며, 그것들의 목적이다」라는 요구를 내세우며, [둘째로] 국가와 국가들의 생활에서 그리하여 권력은 본질적인 것인데, 그것은 가족의 영역에서 사랑이, 교회의 영역에서 신앙이 그러한 것과 마찬가지이다」. [셋째로] 유일하게 국가만이 권리와 의무를 권력으로서 가진다845) — 드로이젠의 이러한 견해들은 모두 헤겔의 권력사상에 속한다. 그것들은 드로이젠의 역사적 · 정치적인 학문의 기초일 뿐만 아니라 그의 실천적 · 정치적인 활동의 기초이기도 하다. 그러므로 이러한 [드로이젠]의 활동은 결국 비스마르크의 찬동도 적지 않게 누렸다. 드로이젠은 이미 그가 국민의회의 헌법제정위원회에 속한 프랑크푸르트에서 권력문제에 대해서도 강조점을 두고, 그리고 입헌주의자들의 교조주의에 일관하여 부여하지 않고, 그런데 한 번은 자유주의를 신봉하는 그의 친구들을 그때그때 군제개혁의 고문으로 초빙하고 있었다. 프리드리히 빌헬름 4세가 왕위를 거부한 후에도 그는 『프로이센과 열강체제』라는 팸플릿 속에서 이렇게 서술했다. 「우리들은 모두 반동적으로 되지 않으면 안 된다! 독일 문제는 권력문제이며, 더구나 프로이센에 대한 권력문제이다. 베스트팔렌 조약이 독일에 부과하고, 빈 회의가 독일에 단죄한, 그러한 무력(無力)을 제거하는 것, 그것이 과제이며, 그 해결은 동시에 군주제원리를 확보하는 것이다」. 그리하여 드로이젠은 마침내 나아가 1866년에 베를린의 비스마르크를 입헌주의화 하고 있는 제국의회의 의원으로서 추천하고, 자신도 「처음에 조국의 권력적 지위를, 다음에 자유주의적 이념들을!」이라는 강령의 실현을 기하여 입후보하였다. 우리들은 헤겔의 권력국가사상이 비스마르크와 제국창설로 직접 가교된 것을 비로소 여기에서 본다.

우리들을 비스마르크에 더욱 보다 가깝게 하는 것은 헤겔로 단련된 또 하나의 정치적 역사가인 막스 둥커*이다.846) 드로이젠과 그의 관계를 그의 전기 작가인 동시에 가장 정확한 헤겔학자의 한 사람[루돌프 하임]은 이렇게 서술한다. 「같은 직업 · 같은 일 · 같은 신조 · 같은 이상적 원천에서 나오는 같은 보편사적 교양이 양자를 결합시켰다. — 그들의 견해는 미묘한 뉘앙스에 이르기까지 다른 것이 없다」라고.847)

헤겔과 그의 제자들이 출입하는 그의 부친의 집에서 이미 둥커는 그의 철학적인 분위기에 접촉한다. 이 철학자[헤겔] 자신과 그의 학파의 강사들은 이 젊은 학생[둥커]의 교사들인데 헤겔이 말하는 것은 이 학생들을 골머리 아프게 만들었다. 「중단 없이 세심하게 적은 노트에서」848) 그는 그의 거장의 강의를 따르고, 1834년 「머리끝부터 발끝까지 헤겔리

845) Droysen, *Historik*, § 76 (S. 33).

846) 이하에 대해서는 Rudolf Haym, *Das Leben Max Dunckers*, Berlin 1891; H. v. Petersdorff, "Max Duncker," in *Allgemeine Deutsche Biographie*, Bd. 48 (1904), S. 171-199; Contantin Rößler, "Rudolf Haym, *Das Leben Max Dunckers*" (Rezension), in *Ausgewählte Aufsätze* (Hg. Walther Rößler), Berlin 1902, S. 418-440 (vorher *Preußische Jahrbücher*, 68 (1891), S. 404-425); Heinrich Treitschke, "Max Duncker," in Historische und politische Aufsätze, Bd. 4, Leipzig 1897, S. 401 ff. (vorher *Preußische Jahrbücher*, 58 (1886), S. 489 ff.).

847) Haym, aaO., S. 462 f.

848) AaO., S. 13.

안」849)으로서 학위를 취득한다. 그는 그의 여러 학문적 노작들에서도, 특히 「문예신문」 (Literarische Zeitung)에서의 역사적 논평에서 자신을 이러한 헤겔리안으로서 나타내고 있다. 하임은 둥커의 『프로이센의 역사』에서 이렇게 지적한다. 「여전히 언제나 이러한 말들 중에 둥커가 그의 청년기에 가까이 했던 철학의 정신의 그 무엇을 추적하도록 생각한다」라고.850)

그의 교수자격논문 후 몇 년이 지난 후에 이 젊은 강사[둥커]는 할레에서 실천적 정치 속에 몸을 던진다. 여기서 그는 다른 어떤 사람도 하지 못한 헤겔의 권력국가론을 실천에 옮기려고 시도하였다. 그는 「국내에서의 건전한 발전과 프로이센이 대외적으로 달성해야 할 권력적 지위 간의 상호작용을 인식하고 있었음」에도 불구하고, 역시 첫째로 그의 마음을 차지한 것은 후자이며, 그는 여기서 가장 확실히 대내적 관계들보다도 자유로운 형태부여도 또한 달성할 수 있다고 믿고 있었다 — 그가 전면에 내세운 것은 오로지 국가 간의 커다란 관계들과 권력의 문제들이었다.851) 뢰슬러는 일찍이 둥커의 정치적 계획들에 대해서 이렇게 서술한다. 그러한 것[계획들]은 「하나의 장기판 경기자의 다혈질에 의해서 구상되고 있다. 이 장기판 경기자는 일정한 지시자가 가능케 하는 이득만을 눈에 넣으며, 그 이상으로 그가 다른 면에서 초치하는 모든 어려움들을 망각하고 있다」.852) 할레의 사람들로부터 바울교회에 파견되어 둥커는 이미 여기서 「독일의 문제는 자유의 문제가 아니라 권력의 문제이다」라는 견해를 주장한다.853) 그의 정책은 이러한 입장에서 베를린과 프랑크푸르트 간을 중개하며, 민주제적 이념들에 반대하여 군주제원리를 예리하게 옹호한다. 「이 투쟁에서 왕위를 버리는 자는 개새끼!」854)라는 것이 저 시대에서의 그의 말 가운데 하나이다. 1849년 3월, 프로이센 황태자는 그에게 엘베 공작령(公爵領)들의 안건에 대한 건백서를 요구한다. 둥커의 답신은 제국은 이제 베를린으로부터 기초지워져야 한다고까지 서술하였다. 정복은 도덕적 · 정치적이며 군사적인 것이어야 하며, 정부들은 사실들이 완성되기 전에 설립되지 않으면 안 되었다. 중앙 독일 역시 군단의 지속적인 진주로 공포와 경악에서 유지되지 않으면 안 된다. 이제 문제는, 프로이센은 현실적으로 하나의 권력이라는 것을 국민에게 느끼게 하는 것이다. 「사람은 거기에서 도처에서 대대들을 보고 군고의 굉음을 듣지 않으면 안 된다. 방어와 투쟁의 대열은 헤쳐서는 안 될 것이다」.855) 이러한 정책을

---

849) AaO., S. 23.

850) AaO., S. 431. 하임(Haym)은 aaO., S. 431에서 「역사과정의 이성과 일치하는 필연성에 대한」헤겔의 교설은 둥커에서는 「모든 국가에 그 생명의 법칙이 그 고유양식을 통하여 미리 규정되어」있다는 윤리적 정치적 사상으로 변화했다고 덧붙이고 있는데, 그렇다면 그는 그의 헤겔 책이 보여주듯이, 헤겔에 있어서의 같은 사상을 간과한 것이다. Below, *Geschichtsschreibung* (Anm. 5), S. 47도 둥커를 레오와 함께 헤겔로부터의 매우 강한 영향을 받은 역사가들에 헤아린다.

851) Haym, aaO., S. 242.

852) Rößler, Rezension, S. 435.

853) Treitschke, "Duncker," S. 402.

854) Haym, aaO., S. 93.

855) AaO., S. 105.

가지고서만 사람은 프랑스도 두렵게 할 것이다. 베를린의 「헌정신문」(Konstitutionelle Zeitung)에서 그는 국민적 통일이라는 같은 목적을 위해서, 그리고 같은 수단을 위해서 투쟁한다. 올뮈츠의 굴욕(올뮈츠 협약)＊으로 인도된 만토이펠(Manteuffel)＊의 정책은, 프리드리히 빌헬름 4세의 손을 놓은 중립정책처럼 격렬한 공격을 받았다. 잠시 둥커는 강단으로 돌아가지만 언제나 실천적 정치가 그의 매우 동경으로 가득 찬 바람이라는 것은 변함이 없다. 왜냐하면 그가 서술하듯이, 「역사를 만드는 것은 모든 시대에서 정당하게도 역사를 쓰는 것보다 더 고차의 노력이라고 보였기 때문이다」. 그의 요구는 1859년 그가 프로이센 정부 홍보실 주임과 수상고문관실 주석으로 임명됨으로써 충족된다. 이 지위에서도 그는 프로이센을 나폴레옹[3세]에 대한 전쟁을 유발하도록 전력을 경주하였다. 프로이센은 이 길을 가서 독일의 패권에 도달할 수 있다는 생각이다. 그 고유한 국민적 통일성을 구하는 독일 민족은 이탈리아의 통일노력을 배후에서 공격하는 것은 허용되지 않는다는 뢰슬러의 반론을 그[둥커]는 「누구나 자기 자신에 가장 가까운 자이다」는 말로 배척한다.856) 그는 슐라이니츠(Schleinitz)의 실추를 획책한다. 왜냐하면 그는 그의 외교정책이 충분히 강력한 것이 아니라고 생각하기 때문이다. 1861년 그는 왕위계승자[빌헬름 1세](Kronprinz)의 고문관에 임명됨으로써 가장 중요한 영향력을 얻는다. 고문관으로서 그는 군제개혁문제나 이것으로써 야기된 예산분쟁에서 무조건 왕위측에 부여하고, 그리고 1861년 11월에는 자유주의적 기대에 대항하여 우선 자유주의적 독재를, 1862년에는 이미 군사적 독재를 제안하고, 끝으로 보수적이며 군사적 독재에 동의하는 것을 선언한다. 바로 그는 처음에는 거절하고 있었음에도 불구하고 이미 1862년 3월, 국내분쟁을 해결하기 위해서, 그리고 특히 그에 의해서 대응하는 대외적 외교정책이 기대될 수 있기 때문에 왕위계승자에게 비스마르크의 초빙을 추천한다. 「강자는 언제나 민중으로부터 지지받고, 그리고 결국 언제나 그러할 것이다」고 그는 당시 생각하였다. 그는 그 후 자신의 과제를 원칙적인 이익정책과 권력정책에 달갑지 않은 황태자에게 비스마르크의 시책을, 특히 슐레스비히·홀슈타인 문제에서 가깝게 가져오는 데에서 본다. 왕위계승자는 그와 친한 아우구스텐부르크 공이 말하는 「권리문제(Rechtspunkt)」857)를 극복할 수 없었으나, 이에 대해서 둥커는 이미 1865년에 최종적으로 이 문제에 대한 비스마르크의 정책에 찬성하는 결단을 내리고 있었다. 그는 이 융커[비스마르크] 중의 국가지도자적 자질을, 트라이치케에 의하면 수많은 이전의 프랑크푸르트의 동료들보다도 더욱 이른 시기에 인식하고 있었다.858) 적대자들에서는 그[둥커]는 확실히 이제 대의사인 프레제(Freese)의 팸플릿이 보여주듯이, 「비스마르크 정책의 통풍기, 즉 비스마르크의 추밀고문관」으로 간주되었다. 왜냐하면 그가 노리는 것은 「비스마르크의 참사관보(Unterstaatsrat)의 지위까지 연결하는 것」이기 때문이다.859) 태연하게 그는 대답한다. 「내 마음은 이 현실의 프로이센을 걱정한

---

856) Rößler, "Rudolf Haym," S. 437.
857) Haym, aaO., S. 343; 357.
858) Treitschke, "Duncker," S. 402.

다. 1640년 이래 프로이센의 역사는 모두 독일 국민의, 즉 독일 현존의 구제를 의미하고 있었기 때문이다 … [.] 가혹한 노고와 진지한 의무이행에서 기초지워진 이 국가체제 (Staatswesen)를 위해서 나는 성과와 권력을 요구한다」.860) 슐레스비히 · 홀슈타인 문제가 오스트리아와의 위기로 발전하는 시점에서 그는 다시 무조건으로 무기에 의한 결단을 조언한다. 그는 1866년 2월에 이렇게 고백한다. 즉 프로이센이 그 때 싸우지 않고 그 의사를 관철하였더라도 그러한 것은 그에게는 거의 납득할 수 없었을 것이다 라고. 그동안 바로 둥커의 비스마르크적 입장 때문에 그와 왕위계승자 간에 균열이 생기게 되고, 둥커는 사직을 바랐고 그것은 수리되었다. 둥커의 이 마지막 생애의 시기에서의 그의 활동에서 우리들의 관심을 끄는 것은, 특히 그에 의해서 수행된 입헌화하고 있는 제국의회에서의 다음과 같은 당파(의원단)의 창설뿐이다. 이 당파는 민주주의로부터 거의 구별되지 아니한 정당의 하나로서, 둥커가 말하듯이 「특수 프로이센적 · 국민적인 자유주의」861)를 대표하기 위한 국민자유당과는 관계가 없다. 그리고 그는 독불전쟁(보불전쟁)에서도 여전히 최고의 법칙으로서의 고유한 국가복지(Staatswohl)라는 헤겔적인 격률을 표현한다. 프랑스인들은 모든 상황 아래서 복수심을 느낄 것인데, 그러나 그들이 매우 철저하게 처벌되고 그리하여 복수의 불가능이라는 것을 확신할 때에는 그러한 것은 거의 없었다는 이유로, 그는 이미 1870년 8월에 메츠와 알사스의 병합과 거액의 전쟁배상에 찬의를 표하기 때문이다.

그리하여 우리들에게 둥커는 전적으로 그의 거장이라는 의미에서 실천적 정치를 크게 수행하고, 이로써 독일의 역사에 자주 결정적인 방법으로 영향을 미친 헤겔의 최초의 제자로서 보여준다. 사람은 실제로 과장 없이 이렇게 주장한다. 비스마르크는 이전에 헤겔과 그의 제자가 명언한 것을 수행한 것이라고.

헤겔과 비스마르크와의 내적이며 외적인 관련이 둥커에서 보다도 훨씬 더욱 명확하게 나타난 것은 두 번째의 매우 영향력이 큰 독일의 정치가이다. 이 정치가는 동시에 학문에, 보다 엄밀히 말하면 직접 헤겔철학에서 유래한다. 이 철학의 여러 계열을 비스마르크적 정치에 결부시킨 인물 중에서 콘스탄틴 뢰슬러만큼 헤겔적이며 비스마르크적인 정신을 자신 속에 정신적 인격성으로 통일한 사람은 없다.862)

1848년에 교수자격을 취득한 젊은 강사는 곧 정치적인 공법학에 헌신하고, 거기에서 몇 년을 보내고 철학적 · 정치적인 강단에 복귀하고, 최종적으로는 1860년에 실천적 정치에 헌신한다. 그의 모든 연구의 기초는 헤겔 철학이었으며, 또 계속하였다. 렌츠의 지적에 의하면 「헤겔 철학에 뢰슬러는 정치가이자 공법학자로서도 계속 충실하였다. 그런데 이 위대한 철학자의 이념들을 현실로 옮기는 것이야말로 바로 함께 그가 그의 모든 노작

---

859) Haym, aaO., S. 351.

860) AaO., S. 352.

861) AaO., S. 406.

862) Max Lenz, "Constantin Rößler," in *Allgemeine Deutsche Biographie*, Bd. 53 (1907), S. 514-522; Hans Delbrück, "Constantin Rößler," in Rößler, *Ausgewählte Aufsätze* (Hg. Walther Rößler), Berlin 1902, XIII-XXXVI.

중에 독일의 국가를 위해서 마련한 의미이다」.863) 이미 김나지움에서 뢰슬러는 랑케의
스승이기도 한 비크(Wieck)에 의해서 헤겔 철학의 결박 속에 끌려들어가 있다. 할레에서
학적을 등록했을 때 그는 자신이 헤겔파들의 투쟁 한가운데 있는 것을 발견하였다. 한쪽
측에는 철학의 정교수, 보수적이며 법을 신봉하는 에르트만(Erdmann)이, 다른쪽 측에는
루게(Ruge)와『할레 연보』에 모이는 다른 청년 헤겔파가 있었다. 양자 간에 그리고 양자와
대립하여 뢰슬러는 헤겔적 권력국가의 국민적 사상을 더욱 전개했는데, 에르트만은 이
사상을 거부하였고, 청년 헤겔파*에서도 이 사상에 대한 이해는 현존하지 않았다. 그리고
헤겔의 제자 뢰슬러는「실제로 비스마르크의 예언자였다. 그는 다른 누구보다도 더욱
이른 시기에 명확하게 국민적 희망의 별이 있는 위치를 표식으로 보였다. 그런데 그는
그 별이 그의 전우들에게는 반동적인 안개와 구름의 배후로 숨어버렸을 때 그 별 자체를
보고 그 궤도를 계산한 것이다」.864) 이미 뢰슬러의『미래 정치가에 보내는 공개장』에서
진정한 비스마르크적 정신의 명제들이 보인다. 여기서는 이렇게 서술한다.「전략적인
입장이 세계의 운명을 결정하는 데에는 그들[의 전략적 입장]이 매우 강력한 국민들에
의해서 채워질 것이 필요하다. 또 그러한 주요점을 우연에 의해서 하나의 강력한 국민의
장중 속에 둔다는 것도 충분하지 않다. 권력을 가진 한 민족이 이처럼 중요한 논점을
마지못해, 그리고 통일된 노력들에도 불구하고 나머지 세계를 점령하고 그것을 주장할
때 이 민족만이 결정을 내린다」.865) 그러나 비스마르크적인 정신과 아주 마찬가지로
진정한 헤겔적인 정신이 여기서는 뢰슬러로부터 말한 것이 아닐까?

　반년 후에『프로이센과 이탈리아 문제』866)라는 유명한 팸플릿이 출판되고 있다. 비스마
르크는 이 저자를 중히 여기고, 이 문서는 과연 그에게서 나온 것은 아니지만 그러나
아주 그의 견해와 일치한다고 설명해야 할 것이다. 사실 여기서의 뢰슬러의 견해들은
같은 시기의 비스마르크의 편지와 전적으로 일치한다. 마치 뢰슬러는 비스마르크가 작성한
것을「어깨 너머로 본 것처럼」867) 말이다. 그는 이 문제에서 적지 않게 강조하더라도
상당히 신중한 권력정책을 둥커에게 반대하며 주장하는데, 나중의 헌법논쟁에서는 전적으
로 둥커에게 부여하고 있다. 그는 이미 1862년 7월에 비스마르크를 외상으로서 감히
제안하였다. 비스마르크는「프로이센의 명예에 대한 정당한 감정」을 가지고, 「그리고
이 국가의 정책을 국가의 자립적인 힘 위에 두려고 한다」868)는 것이 뢰슬러의 제안이유였

---

863) Lenz, aaO., S. 515.

864) AaO., S. 517 f.

865) Constantin Rößler, *Sendschreiben an den 'Politiker der Zukunft'*, Berlin 1858 (anonym) bei
　　Lenz, aaO., S. 518.

866) Constantin Rößler, *Preußen und die italienische Frage*, Berlin 1859 (anonym) bei Lenz, aaO.,
　　S. 518.

867) Lenz, aaO., S. 519.

868) Constantin Rößler, *Die bevorstehende Krisis der preußischen Verfassung*, Berlin 1862 (anonym)
　　bei Lenz, aaO., S. 519.

다. 비스마르크의 최초의 예언자가 곧 헤겔 철학으로 도야된 다른 정치가들이 추종한, 한 사람의 헤겔학도였다는 것은 우연이었을까? 그리고 바로 이 반동적 융커에 대한 증오가 그 정점에 달했을 때 뢰슬러는 어떤 팸플릿에서 이렇게 국민에게 호소한다. 「폰 비스마르크 씨가 그가 그 정점에 선 정부에게 독일 문제에서 진척시키는 대담한 활동에 충격을 줄 수 있다면, 며칠 안에 그가 여전히 작금에 말하고, 행동하고, 허용한 것은 망각될 것이다. 그때 반동은 종말을 고하는데 그러나 반항도 종말을 고한다. 처음에는 반항하더라도 독일의 다른 지역을 관통하고, 그 연설에 의해서 절망감을 품고 있는 한 국민의 외침이 눈사태처럼 파급할 것이다. 절망하는 한 사람의 폭군의 변경된 외침을 듣고 불안한 마음으로 물었다. '한 마리의 말을! 한 마리 말을 위한 왕국!' — 독일 국민은 환호하며 외칠 것이다. '한 사람의 남자를 위한 하나의 독재를!'」.[869]

비스마르크가 권력을 장악한 후에 뢰슬러는 또한 곧 매우 개인적으로 비스마르크의 정책과 결합하게 된다. 1865년 부활절에 그는 비스마르크로부터 함부르크에서의 정치적 강연에 초청되고, 1877년 1월에는 비스마르크에 의해서 정부의 공문서실 주관으로 초빙된다. 재상에서 실추된 후 구스타프 프라이타크는 이렇게 적는다. 뢰슬러는 비스마르크의 실추로 「그의 정치적 활동의 근거를 상실하였다. 그는 교조적으로 열광하고 매우 이른 시기에 우리들의 다른 자들이 아직 융커, 비스마르크와 대립하고 있었을 때 비스마르크에게 감격하고 그의 공보 담당과 저널로서 비스마르크와 고락을 함께 하였다. — 이제 우리들이 무서운 것은 파탄이 그를 여전히 압박하고 있어서 그 역시 옳게 정의내리지 못했는데, 그러나 예컨대 홍보관(Minister der Presse)의 그것이라고 부를 수 있는 자신의 지위에서 쫓겨나게 된 것이다」.[870] 뢰슬러는 이러한 홍보관의 지위에서 일반적으로 신문 잡지를 추적하고, 왕과 각료를 위해서 신문의 읽을거리를 살펴보면서, 특히 여론에게 재상의 정책의 뜻을 실어서 영향을 미치지 않으면 안 되었다. 우리들에 대해서 매우 주목할 만 것은, 자기 자신의 정치적 사상만이 세간에 줄곧 알려질 수 있었던 사실에 대해서 질투심을 가지고 감시하던 비스마르크가 헤겔리안인 뢰슬러의 일을 통제할 의무를 느끼지 않았던 것이다. 렌츠는 서술한다. 실제로 나랏님[비스마르크]이 뢰슬러에게 프리 핸드를 허용한 것에 사람은 놀라지 않을 수 없다고.[871] — 이것은 우리들에게는 다시 보게 되듯이, 어떻게 헤겔의 권력론에서 생긴 뢰슬러의 정치적 견해들이 비스마르크적 실제 정치의 견해들과 겹치는가에 대한 하나의 매우 재미있는 증거이다.

그런데 뢰슬러의 이러한 정치적 태도는 사실 일직선상에 저 [헤겔] 철학에서 유래하며, 예컨대 비스마르크의 영향 아래 처음으로 성립한 것이 아니라 비스마르크의 정책을 정신적

869) Constantin Rößler, *Preußen nach dem Landtage von 1862*, Berlin 1862 bei Lenz, aaO., S. 519 f.

870) Gustav Freytag, Brief vom 23. März 1890, in *Briefe an seine Gattin* (Hg. Hermance Strakosch-Freytag u.a.), Berlin [1912], S. 466 (보라 Brief vom 15. Juni 1889, aaO., S. 285); 뢰슬러는 「비스마르크에 관계된 사람들 중에서 가장 청렴한 사람이다」).

871) Lenz, aaO., S. 520.

으로 이미 선취하고 있었다. 이것은 바로 뢰슬러에서 결정적으로 증명할 수 있다. 1857년에
출판된 그의 『국가론의 체계』(System der Staatslehre)는 그 의심 없는 증거를 제시하고
있다. 이 저작은 헤겔과 비스마르크를 가장 직접적으로 가교 놓을 것이다. 마찬가지로
그것은 또한 헤겔 국가철학의 최선의 콤멘탈을 나타내고 있다. 그러기에 여기서 더욱
들어가서 그것을 평가하기로 한다.

뢰슬러는 이 저작에서 그가 완전히 헤겔에 의존한 것을 결코 숨기지 않는다. 서론에서
그는 「아마 피로할 정도로 반복된 헤겔의 인용에 대해서 매번 새롭게 된 경탄의 표현으로」
특히 변명해야 한다고 생각한다. 「그리고 역시 나는 내면적으로 그렇게 하는 것을 다시
반복하는 동기를 가지고 있었을 것이다」라고 그는 계속해서 서술한다. 「하나의 시대의
지적 노작이 현재의 다양한 형태를 취한 노력이 헤겔에 의해서 그렇게 되었듯이, 강력하게
한 사람의 인물의 정신에 의해서 압도적으로 지배된」 일은 없었기 때문이다.872) 「가족 · 사
회 · 국가에 관한 헤겔의 상술 중에는 영원한 가치를 지니지 못할 것은 거의 없다」873)는
생각을 뢰슬러는 분명히 관철한 것이다.

그리하여 그의 뿌리가 헤겔의 국가철학에까지 소급하지 아니한 뢰슬러의 정치적 견해는
거의 하나도 존재하지 않는다. 헤겔처럼 그는 사실들에 대해서 「역사에서 개체적인 국가형
성에서 실현되는 영원한, 즉 인륜적인 정신의 척도」를 두려고 한다.874) 왜냐하면 그에게도
국가는 「단적으로 인간공동체, 즉 정도에서 보더라도 범위에서 보더라도 매우 완벽한
공동체, 대체로 인간들이 자신에게 정립할 수 있는 모든 목적의 공동체」이기 때문이다.875)
그도 국가를 일반적 의사라고 보는데, 「이 일반의사는 이념, 권력으로서의 인륜적 정신,
그리고 개체들의 이해를 매개로 한 조화를 대상으로 한다」.876) 국가와 사회의 본질적인
차이는 다음의 점에 있다. 즉 「국가는 자신을 국가권력과 동등한 것으로 할 수 있었던
모든 권력을 자신 속에서 해소한다는 점에, 그리고 국가 자신은 필요한 경우에는 만물에
대한 무조건의 권력을 요구한다」는 점에 있다.877) 또한 그는 「물질적 유용성의 합목적적인
국가」878)에 대해서, 그리고 법치국가에 대해서 반대를 표명한다. 왜냐하면 「법의 원리는
형태를 부여하는 것이 아니기」 때문이다.879) 모든 법은 뢰슬러에 대해서 헤겔에 대해서처
럼 역사적으로 가변적인 것이다. 「그러나 그렇기 때문이야말로 한 권력이 존재해야 하는
것이며, 이 권력에 대해서는 법의 경험적으로 시간적인 내용은 아무런 제한이 아니며,
이 권력이야말로 법을 인륜적 관계들의 발전에 따라서 새롭게 규정하고 정립하는 것이다.

---

872) Rößler, *Staatslehre* (Anm. 316), S. XIII.
873) AaO., S. 257.
874) AaO., S. XXII.
875) AaO., S. 1.
876) AaO., S. 314.
877) AaO., S. 357.
878) AaO., S. 316.
879) AaO., S. 324.

이러한 권력에는 대체로 어떤 외적인 제한들도 존재하지 않는다. 이 권력은 그것 고유의 소명(Beruf)만을 제한으로서 가진다」. 왜냐하면 국가는「모든 법의 원천이며 담당자」이기 때문에 그 본성에서 볼 때 국가는 법을 정립하지만 그러나 법은 국가에 대해서 어떠한 외적인 제한도 형성하지 못한다는 것이 귀결하기 때문이다.880) 매우 예리하게 뢰슬러는 그의 입장을, 그리고 이에 수반하여 헤겔의 입장을 역사학파에로 전개한다. 이 학파는 「국가에게 자연적인 법(자연법) 대신에 역사적인 법(역사법)을 대치한다. 이 절차는 동일하게 잘못이다. 우리들이 보았듯이, 법이 거기에서 유래하는 국가에는 원래 어떠한 법도 대치되지 않기 때문이다」.881) 그러므로 거장 헤겔에 대해서도, 동일하게 제자인 뢰슬러에 대해서도,「가장 넓은 의미에서 시민들의 인륜적인 이해관심이 국가의 생명조건이라는 것 이외에, 국가권력의 사용을 경감하는 것」882)은 존재하지 아니한다. 그때에 자명하지만 여기서도 또한 국가는「인륜성의 실현」을 나타내며,883) 그리고 무조건 종교 · 예술 · 학문 보다도 높은 곳에 있는 것이다.884)

인륜성이라는 헤겔의 개념과 이것의 정치와의 관계는 변함없이 받아들여지고 있다. 「국가는 모든 인륜적 유기체를 포괄하므로, 국가론은 객관적 윤리의 전체를 포함하거나 또는 윤리가 도덕과 구별되는 한에서 윤리 일반을 포함한다. 도덕 또는 주관적 인륜성은 신학에 속한다」.885) 이 국가윤리에서 여기서도 개인주의적인 법치국가사상이 인륜적인 것으로서 배척된다.「하나의 외면적인 법질서에 의해서 여러 충돌들로부터 보호되며, 각인에게 하나의 고립된 목적을 가진, 그렇게 말하는 개개인으로부터는 국가도, 민족도 인륜적인 생활도 성립하지 않는다. 국가의 이념이 내재하지 않는 자는 자유롭지도 인륜적이지도 않다」886)는 것은, 뢰슬러에 대해서도 개인은「진실의 전체성은 아니기」때문이다.887) 이 인륜성은 여기서도「습속, 에토스, … 자각적 통일체로서의 습속의 전체성」888)을 의미하며, 그리고 권력이란 헤겔에서처럼 상호 창조적인 관계에 있다.「국가의 인륜화라는 것이 권력이 자기목적에서 인륜적 이념의 수단이 되는 것, 이 점에 있다면 권력이란 역시 어디까지나 그것만을 취한다면 지배자들에서 뿐만 아니라 민족들에서 인륜적인 세계의 최강의 도야충동(Bildungstrieb)인 것이다」.889) 여기에서 귀결하는 것은「국가의 전능성을 인륜적인 필연성으로서 승인하는 것」890)이며, 그리고 국민적인 권력충동을

---

880) AaO., S. 207.
881) AaO., S. 210.
882) AaO., S. 358.
883) AaO., S. 354.
884) AaO., S. 211.
885) AaO., S. 213.
886) AaO., S. 354.
887) AaO., S. 353.
888) AaO., S. 420.
889) AaO., S. 408.
890) AaO., S. 208.

하나의 최고의 정신의 명령으로서 승인하는 것이다. 「우리들이 여기서 마주치는 것은 그 의의를 우리들이 나중에 특히 평가해야하는 하나의 계기, 즉 국가들의 다수성(Vielheit) 또는 우리들이 그렇게 말하듯이, 국가들의 개체성이다. 국가들의 다수성이 없으면, 국가들의 대립이 없으면 국가는 결코 진실한 권력으로서 세워질 수 없을 것이다. 그리하여 그러나 국가는 국가의 최강의 적인 것이다. 자기 자신을 보존하기 위해서 국가는 자신을 최고의 권력으로서 산출하고, 즉 그 개념을 달성해야 하며, 그리고 그 권력이 강력하기 위해서 그 권력은 인륜적인 생활을 전개해야 하는 것이다. 왜냐하면 인륜성만이 지속적이며 진실의 강함을 부여하기 때문이다」.891) 우리들이 보는 바로는 뢰슬러도 또한 권력목적은 필연적으로 인륜성과 복지로 인도한다고 생각한다. 그리하여 국민적 권력은 개별적인 국민의 최고의 인륜적 명령이 될 뿐만 아니라 인류의 전체의 현안이 되는 것이다. 「인류에 대해서 또는 한 민족에 있어서 국가의 탈취만큼 커다란 수탈은 존재하지 아니한다. 한 민족을 정치로부터, 즉 하나의 인륜적인 세계를 고유하게 창조하는 것에서 개개의 인륜적인 기능들·학문·예술 등등으로 향하는 것은 어떤 외국인에게 말한다면 비웃을 위선이며, 민족 동포에게 말한다면 조국에의 매우 굴욕적인 배반이다」.892) 사람은 헤겔과 랑케에 대해서 말할 수 있는 것을 뢰슬러에 대해서 반론으로서 던질 수 있을 것이다. 이것을 뢰슬러 자신은 느끼고 있다. 「우리들은 여기서 아마 국민을 국가로서 받아들였다고 여길 것이다. 그러나 국민은 바로 국가의 구체적인 표현이다」.893) 사람은 권력국민(Machtnation)이라는 헤겔에 의해서 각인된 개념을 재인식한다. 이 권력국민은 「개개인의 의식 속에서 다수의 비유기적인 사회목적이 역사적·국민적인 목적에 의해서 지배되는 것」,894) 바로 단순한 「유기적」문화공속성의 감정이 「유기적」·국민적인 권력의사로 전화하는 것, 이러한 것에 의해서 성립한다. 사람이 이 헤겔·랑케·뢰슬러적 국가관을 국민적으로 혼합된 국가관에, 또는 여러 국민성들로 이루는 국가들에 적용하려고 할 때에 생기는 곤란을 뢰슬러는 그가 여기서도 하나의 국가법(Machtrecht)을 주장함으로써 극복한다. 과연 하나의 「부족의 자연본성」이 국가의 뿌리를 형성하고 있음에 틀림없을 것이다. 왜냐하면 다양한 국민성이 한 국가에서 기숙하며 함께 거주할 수 있을 것이다. 「그러나 전체의 정신적·정치적·인륜적인 성격은 하나의 지배적인 국민성에만 속할 수 있다」.895) 그런데 무엇이 하나의 국민에게 국가 내의 다른 국민을 지배하는 권능을 부여하는가? 뢰슬러는 이렇게 대답한다. 「자주 반복해서 말하더라도 충분하지 않은데 하나의 정치적인 국민의 법을 부여하는 것은 힘(Kraft)뿐이다」라고. 그러므로 하나의 혼합된 국가에 대해서 지배하는 국민은 「그것(법)이 관철가능하고, 그리고 자기보존이 그것을 요구한다면, 법을 힘으로 탈국민화(entnationalisieren)하지 않으면 안 된다」.896) 아무도 「강력한 국민성들이 보급됨으로써

891) AaO., S. 408.
892) AaO., S. 211.
893) AaO., S. 356.
894) AaO., S. 357.
895) AaO., S. 537.

다종다양한 멋진 민족의 뉘앙스는 상실할 것이다」라는 「감상적인 두려움」에 의해서 현혹되
지는 않을 것이다. ― 몰락할 만한 것 이외에는 상실할 것이 없기 때문이다」.897) 동일한
권력＝법(Macht=Recht)이라는 이론이 외면적인 국가들 관계에서도 다시 돌아온다. 권력
(Macht)은 법(Recht)일 뿐만 아니라 자유(Freiheit)이기도 하다. 헤겔에게 부여하고, 칸트에
반대하여 자유는 뢰슬러에 의해서 「무력하고 비생산적인 독립성이 아니라 권력, 위대한
힘들의 행사와 전개라고 불린다」.898)

　　군주제원리는 이 국가관에 불가결한 부속물에 속한다. 「국가 활동의 담당자」로서 볼
수 있는 것은 「한편으로는 자연본성적인 상위자(Obrigkeit)이며, 다른 한편으로는 국가구
성원들의 전체」이다.899) 「신의 은총에서 유래하는 상위자」의 이념적 기원을 뢰슬러는
다음의 점에서 본다. 즉 지배자들은 「일반적 효용이득의 봉사자가 아니라 통치라는 봉사를
위해서 다른 봉사를 수취하는」 것도 아니며, 그들은 「그들 자신 때문에, 그들의 이념
때문에, 이 이념이 의사한 신성 때문에 존재한다는 점에서 본다. 이러한 사상은 또한
모든 문화형식 아래서도 그 법을 보유한다. 국가, 인류의 왕국은 하나의 신적인 제도이며,
지배자들은 그 민족 때문이 아니라, 즉 그들의 경험적 현존에서의 개개인들을 위해서가
아니라 전체에서 표현되는 이념 때문에 존재한다」.900) 그러므로 그는 「근대적 왕제의,
근대적 의미에서의 군주제원리의 그러한 의의를 가진 이념을 다음의 점에서 발견한다.
즉 왕제라고 말하면 국가와 사회와의 혼합의 유일한 잔재(Rest)이며, 더구나 헤겔에서처럼
「필연적으로 포기할 수 없는」 잔재라는 점에서 찾는다.901) 이 잔재의 본질은 「만물을
해소하는 권력을 장중에 가지고 있는」 군주는, 「권력의 자기보존이라는 이해관심 이외의」
이해관심을 가지지 않는다는 점에 있다. 그러나 만물을 해소하는 권력은 그것이 모든
다른 이해관심을 그들의 진실성에서 보호하고 발전시킬 때에만 보존된다」. 이로써 군주제
적인 지배자체제는 국가의 개념에 「모순되지 않은」 것을 보여준다. 그런데 그것[군주제적인
지배자체제]은 헤겔에서 그러하듯이, 국가의 개념에 대해서 필요하다. 이것을 뢰슬러는
이렇게 증명한다. 「다만」, 이 군주제적인 지배자체제를 통해서만 「인격과 가족의 이해관심
과 일반적인 이해관심은 세습적 지배체제에서 융해되며」, 「인류적 이념은 한 개인과 그
가족의 인격적인 이해관심이기」 때문이라고.902)

　　뢰슬러의 이러한 정치론에서 나오는 세계관과 역사관은 바로 헤겔적인 것이다. 뢰슬러에

---

896) AaO., S. 539.

897) AaO., S. 539 f.

898) AaO., S. 376.

899) AaO., S. 430.

900) AaO., S. 383 f. 여기서 우리들은 어떻게 잘 시종일관 헤겔과 슈탈이 특히 국가철학으로서 하나가 될
　　　수 있는가, 이에 대한 결정적인 증거를 가지게 된다. 그리고 이제 마침내 비로소 구별 일반은 정치적으로
　　　더 이상 식별할 수 없게 된 것이다.

901) AaO., S. 393.

902) AaO., S. 393 f.

의하면, 「세계를 포괄하는 것이 되려는 충동」을 통해서, 더구나 이 권력충동을 통해서만 「새롭고 강력한 개체들은 처음에는 반항하고, 다음에 발전으로 향하여 고무된다. 여러 개체에 끊임없는 자극을 낳는 이러한 충동은 역사에 생명을 부여하는 호흡이다. 이 충동이 없으면 인류는 매우 왜소한 정체 속에서 살게 될 것이다」.903) 「어떻게 지배와 예종의 관계는 민족들이 음울한 자연생활로부터 탈출하는 과정에서의 최초의 계기가 되는가?」 이것을 헤겔은 그의 「언제나 우수한 통찰력」에서 처음으로 인식하였다.904) 폭력을 가지고 투쟁을 가지고 인간은 시작하며,905) 그리고 「이념성의 최초의 형식은, 즉 인간이 인간으로 나타날 때 최초로 인상지워지는 외포는 강함, 즉 권력이다」.906) 여기서도 이 권력찬미는 하나의 심적·물적인 일원론 위에 기초지워진다. 「외면적 영역과 내면적 영역 그것과의 완전한 분리는 잘못된 추상화에」 근거한다.907) 그래서 「정신이 일체적인 권력을 관철함」으로써, 「마침내 참으로 유기적인 것이 성립한다」.908) 그러므로 **신성한 이기주의**(sacro egoismo)는 세계정신을 논증하는 일이 되지 않으면 안 된다. 「인류의 이념이야 말로 어두운 본능과 욕구로서 야만 민족들을 투쟁·종속·적의 섬멸에로, 즉 대립의 지양에로 내몬다. 동일한 충동은 세계를 정복하는 민족들에게 거대한 에너지를 부여한다. 정복충동은 자의적인 정념이 아니며 정신적 본성에서 유래한다. 한 민족이 아직 권력영역들을 자기 밖에 가지고 있는 한, 그 민족에게는 자기의 현실존재(Dasein)는 우연적이며 정당화되지 않는 것으로 생각된다. 현실존재는 일반적이며 포괄적인 것이며 비로소 정당화되는 것이기 때문이다」.909) 여기에 서술한 것은 진정한 헤겔적인 보편주의인데, 정신적 세계는 그것이 즉 분리가능한 것인가, 물질적인 것에 의해서 홀릴 때, 마침내 이 보편주의에 고유한 것으로서 존재하며, 그리고 이 보편주의에 대해서 제국주의는 세계정신(Weltgeist)을 의미한다. 또는 뢰슬러가 표현하듯이, 「욕구·정념·관계·이념의 내재적인 논리가 절대적 이념의 형태들을 산출하는 한에서」, 세계정신은 「절대적 정신」이다.910) 그러므로 국민적인 권력본능은 언제나 최고의 정신의 명령이다. 「그래서 민족의 자연본성에 역사적 실존에의 요구를 획득하는 정신적 삶 아래서 이론적인 문화와 같은 것만이 아니라 특히 실천적인 힘이 이해될 수 있다. 모든 민족의 자연본성은 권리를 가지는데, 그것은 그 권력의 범위를 그 힘이 미치는 한, 즉 실제로 지속적으로 미치는 한 확대되는 것으로, ─ 실로 이렇게 말해야 하는데 ─ 의무를 가진다. 실로 살려고 하는 다른 민족의 사람들을 소중히 여기는 것, 그런데 그들에서 모든 탁월한 속성들 ─ 이것들을 소중히 하지 않는

---

903) AaO., S. 527.
904) AaO., S. 377.
905) AaO., S. 376.
906) AaO., S. 380.
907) AaO., S. 203.
908) AaO., S. 332.
909) AaO., S. 202.
910) AaO., S. 266.

것은 그들을 위해서 유감일 것이다 ― 을 현재와 장래를 위해서 발견하는 것, 이러한 감상성에 대해서는 이때에 문제가 되지 아니한다. ― 그러나 강력한 국민들은 세계를 분할하는 사명과 의무를 가진다」.911) 「여기서 힘이 민족들의 가치의 척도가 된다」는 것을 불쾌하게 생각해서는 안 된다. 왜냐하면 개개인들 사이에서는 힘은 잘못된 가치기준일 것이다. 그러나 「물질적 힘과 정신적 힘 어느 것만을 보존하는 것이 아니라 양자의 정당한 척도에 의해서 자기를 유지하는」 민족들 간에서는 그렇지 않다.912) 즉 인류는 「힘의 요소들의 팽창에 의해서만 촉진」되기 때문에,913) 전쟁은 「무엇보다도 필요한 것, 위대하고 선한 활동인 것이다」. 계몽사상과 그 형제자매, 「감상적인 박애나 육성된 휴머니즘」이라면 전쟁을 배제하려고 할 것이다. 그리고 우리들은 「이러한 비열한이 오늘날 평화회의 등에서 이리저리 배회하는 것」을 본다. 그러나 전쟁은 「시민심판(Zivilprozesse)」에 의해서 대체할 수는 없을 것이다. 「지배를 위해서는 하나의 권원(Titel)과 힘이 있을 뿐이며, 이 권원을 위해서는 하나의 증명, 전쟁이 있을 뿐이다. 전쟁의 숙명은 민족들의 과정(심판)들이 결정하는 판결들이며, 그리고 이러한 판결들은 그것들이 모든 심급(審級)을 통과하는 이상 언제나 정당한 것이다」. 칸트의 평화 논문은 「믿기 어려운 진부한 속념을 쌓은 것」 이외에 아무것도 아니다. 이러한 특성에 대해서 헤겔의 정신적인 위대함은 「압도적인 것」으로 생각될 정도이다」.914) 그리하여 그의 거장과 함께 뢰슬러도 전쟁을 인류적인 재정자(sittlicher Richter)로서 평가하며, 그리고 전쟁을 「최고의 스타일로 문명을 자극하는 계기」로서 인식하는 것이다.915)

그러므로 국제법의 필요성과 바람에 대한 확신은 여기[뢰슬러]에서도 저 사람들[계몽사상가들]보다도 더 큰 것일 수는 없다. 특히 법개념은 헤겔에서처럼 국가를 초월할 수는 없기 때문이다. 「국가의 의사는 절대적인 물질적 권력을 포함한다. 그것은 현실적으로는 (real) 힘들의 최대의 집중화를, 그리고 이상적으로는(ideal), 그것에 의해서 포괄된 외면적 세계의 전체에 대한 법을 포함한다」.916) 그러나 물질적으로 국제법에 의한 어떠한 구속도 허용하지 않는 이 전능성은 이념적으로도 근거지워진다. 「민족들의 차이는 그것들이 다양한 힘들을 가지고 ― 여기에는 통일된 개개인의 차이성은 통일성이 있다 ― 하나의 동일한 목적을 수행한다는 점에는 아니다. 그렇지 않고 민족들에 있어서는 자연본성의 전체 (Gesamtnatur)는 그 목적은 하나의 다른 목적이다」.917) 따라서 국제법은 객관적인 기초도 없고, 그 위에 국제법이 구축되는 원리도 없고, 그것에 국제법이 관계되리라는 목적도 가지지 않는다. 따라서 사람이 국제법이라고 부르는 것은, 「한편으로는 각각의 민족이

---

911) AaO., S. 538.
912) AaO., S. 559.
913) AaO., S. 554.
914) AaO., S. 547 f.
915) AaO., S. 550.
916) AaO., S. 430.
917) AaO., S. 552.

점차로 그 혼 속에 낳고 형성하는 인간성의 다양한 자극(Regungen) 이외의 것에 근거하지
않으며, 다른 한편으로는 여러 현려들을 고려하는 데에, 즉 어떠한 민족 개체성
(Volksindividualität)도 최강의 그것조차 다른 모든 민족개체(Völkerindividuen)에 대한
절대적으로 부정적인 관계태도(Verhalten)를 관철하지 않는다는 감정에 근거한다. 그러나
다시 말하면 절대적인 국제법은 결코 성립하지 않는다」. 국제법은 특히 「개별적 민족의
권력영역들은 언제나 열린 투쟁에 의해서만 규칙지워질 뿐이다」[918]는 것을 초월할 수는
없다. 그러나 동일한 것은 또한 실정적인 국제법상의 조약권에 대해서도 타당하다. 왜냐하
면 「신뢰와 신용의 관계」가 존립하는 것은 국가들 간에는 「권력관계들의 근거들이 계속하
여 동일한 한에서만 이기 때문이다. — 국제법은 민족들의 그들 상호관계에서 부단하게
변화하는 힘 이외의 것을 표현하지 않기 때문이다」. 사법에서는 개개인의 권력영역들의
변화는 합의(Übereinkunft)에 의해서 나타나는데, 이에 대해서 그러한 변화는 국제법에서
는 「단절된다」.[919] 그리하여 여기서도 권력 또는 그것에 의해서 감추어진 국가의 이해관심
만이 「법」이라는 헤겔의 테제는 증명되는 것이다.

　　그러면 우리들은 뢰슬러가 처음으로 비스마르크의 정책의 원칙들과 아주 같은 의견이라
는 것을 보아왔는데, 이제 이 등식에 헤겔도 역시 완전히 해소된다는 것이 제시된다.
뢰슬러 자신은 그의 거장을 관념론철학으로부터 독일적 권력국가국민(deutsche
Machtstaatsnation)에로의 이러한 길 안내인으로서 전적으로 인식하고 있었다. 이것을
뢰슬러 자신은 자기의 말로 증명한다. 「독일 국민이 자신의 국가를 매우 순수한 관념론(이상
주의)의 살아있는 사원으로서 건설할 때에만 헤겔에 대해서는 가치 있는 기념비가 존재하게
된다」.[920] 그러나 뢰슬러 자신은 비스마르크의 활동을 헤겔적 정신의 수단들을 가지고
옹호하며, 동시대의 사람들에게 이해시키는 것을 그의 과제로 삼은 정치적 입장에서도
역시 고전적인 형태로 이 도정의 고전적인 중개자로서 나타난다. 바로 이 헤겔리안이
최초로 권력에의 이 지도자를 인식한 것은 거의 우연은 아니었다. 이것을 최후로 뢰슬러가
완전히 헤겔의 정신에 힘입었던 저작으로부터의 하나의 문장은 여전히 증언할 것이다.
그는 우리들에게 비스마르크의 똑바른 길을 국내정치에서도 예언하는 말이다. 뢰슬러가
여기서 이미 1857년에 생각했던 것에 의하면, 「자유주의의 약점은, 민족들의 정열적인
흥분에 대해서 적극적인 목표에 의해서 감격을 환기하고 만족시키는 원리가 결여한 것에서
보여주었다. 「적극적인 것」을 개인에게 제한하는 것으로 자유주의는 본능적으로 하나의
위대한 적극적인 귀결을 간취하는 하나의 일반적인 운동이 제시하는 요구들에 뒤쳐지는
것이다」.[921]

　　거기에서 내가 끝으로 이러한 문맥에서 이 대가[뢰슬러]를 돕는 사람에 따라서 비스마르

---

918) AaO., S. 556.
919) AaO., S. 557.
920) AaO., S. XVII.
921) AaO., S. 325.

크 자신에 대해서 말하는데, 내가 실천적 정치를 신조로 하는 이 인물[비스마르크]을 헤겔리
안화 하려고 한다는 의구심을 품지 않았으면 한다. 확실히 비스마르크는 헤겔의 체계를
그만큼 손에 들지는 않았다. 여하튼 비스마르크가 우리들에게 그의 유명한 팸플릿 그
자체에서 이렇게 전하고 있다면 그것을 과소평가해서는 안 될 것이다. 즉 그것에 의하면
비스마르크는 청년기에 그의 연구가 그를 「인생의 심각함과 영원성에 가까이 있었던
때에 — 고대철학, 이해하지 못한 헤겔의 저작들, 그리고 특히 스피노자가 본 수학적
명석함」에 도움을 받아 이들 중에 「인간의 오성으로는 파악할 수 없는 것」에 대해서
안심한 것을 구하였다.922) 비스마르크는 모든 위대한 독일의 철학자들로부터 결코 코스모
폴리탄적인 자연법학자, 칸트나 피히테에도 그리고 또한 기독교 게르만적인 서클에 그동안
매우 밀접하게 결합하고 있던 셸링에게도 손을 내밀지 않고 유일 헤겔만을, 즉 그의 일원론
(Monismus)에서 뿐만 아니라 그의 권력론(Machtlehre)에서도 스피노자에 가장 근접하는,
이 독일인만을 수중에 넣은 것이다.923) 이것은 사람이 비스마르크의 헤겔 독해와 그의
정치 간의 인과관련을 구성할 — 이것은 무의미할 것인데 — 때에도 대단히 특징적이며
의의 깊은 것이다. 헤겔의 모든 역사사변(Geschichtsspeklation)이 비스마르크에 의해서
「이해되지 않은」채 였다고 하더라도, 이 철학자의 권력국가론에서는 확실히 그렇지 않았으
며, 이 권력국가론 중에 비스마르크는 확실히 그 자신의 사상의 최고의 확증을 발견한
것이다. 과연 우리들의 철학자의 형식은 비스마르크의 현실적이며 조형적인 것에 초점을
모은, 본능으로부터 정치적인 자연본성에 근본적으로 반하는 것, 그리고 이해되지 않는
것임에 틀림없었다. 그러나 또한 형식 이상의 것은 그렇지 않았으며, 정치적 내용은 결코
그렇지 않았다. 「자신의 시대가 바라는 것을 언명하고 그 시대에 고하며, 이를 성취하는
자야말로 그 시대의 위인이다」라고 언젠가 헤겔은 생각한 것이다.924) 비스마르크가 직관적
으로 파악하고 실행한 정치적인 경향과 직관을 시대 속에 두고, 그것들을 언명하고, 「이성적
인 것」으로서 증명한 것, 이것은 헤겔이 비스마르크의 일에 관여한 부분이었다. 헤겔의
이론은 비스마르크의 실천이었다. 따라서 비스마르크에의 헤겔의 직접적인 영향이 주장되
어야 할 것은 아닐지라도 헤겔의 사상들은 비스마르크 시대에는 이미 크게 널리 퍼졌으며,
독일적 정신은 바로 헤겔을 통해서 비스마르크의 활동을 위해서 준비되고 있었다. 그리하여
한편으로는 실천적인 정치가 역시 이러한 정신적 영향력에 의해서 자신의 관념내용을
풍부하게 하였으며, 다른 한편으로 이러한 준비가 비로소 활동을 가능케 한 것이다. 그리고
사람이 「일반 국가론의 기본적 특징들을 비스마르크 공작의 정치적인 강연과 저작에

---

922) Otto v. Bismarck, Brief vom 21. Dezember 1846, in *Fürst Bismarcks Briefe an seine Braut
und Gattin* (Hg. Ed. v. d. Hellen), Stuttgart 1912, S. 2. 이에 대해서는 Friedrich Meinecke, "Zur
Geschichte Bismarcks" (Teil II, Bismarcks Eintritt in den christlich-germanischen Kreis), in
*Historische Zeitschrift*, 90 (1903), S. 59; 66 참조.
923) 스피노자의 권력론과 그의 비스마르크와의 관계에 대해서는 Rosin, "Bismarck und Spinoza," (Anm.
227), 383 ff. 상술 S. 83 참조.
924) Hegel, *Rechtsphilosophie*, § 318 (S. 227)(역서, 556면).

따라서」 로진이 그것들을 총괄했듯이, 점검해 본다면,[925] 어느 정도 많은 독일에서 처음으로 헤겔에 의해서 그러한 특수한 형식 중에 가져온 정치적인 개념들과 견해들이 여기서 만나는가 하는 것에 대해서 사람은 놀라는 것이다. 비스마르크가 그들을 게를라흐 (Gerlach)*의 서클을 매개로 얻었는가의 여부, 또는 그가 헤겔 자신에서 그들을 만났는지의 여부, 이러한 것은 여기서 아무래도 좋은 것이다.[926] 여하튼 비스마르크 역시 국가 중에 「살아있는 단체」를 보여주는 「공동체」(Gemeinwesen)를, 즉 「인격성」을 보고 있으며, 그리고 특히 자주 국가는 하나의 「유기체」라고 부른다. 완전한 일체성으로서의 국가라는 이러한 이미지, 국가 내부에서의 자유라는 그의 개념, 민족의 이해관심과 정부의 그것 간에 내적인 대립은 존재하지 않을 것이라는 견해, 국가에서의 모든 법의 점유자로서의 군주라는 견해, 군주제원리를 위한 의회주의에 대한 군주의 투쟁, 모든 무조건적인 집권화에도 불구하고 필요한 자기관리화에 대한 확신, 국내정치에 관한 이 모든 견해들, 그러나 나아가 또한 외교적 관계들과 국제법에 관한 비스마르크의 주지의 견해, 국제법상의 조약들에 대한 그의 평가, 이 모든 것들은 그의 실천적 활동에 수반하여 비스마르크의 인격성 뿐만 아니라 이들이 뚜렷하게 합치되는, 독일에서의 헤겔의 정신적 영향도 또한 전제로 한다.

이러한 활동적인 인물들 뒤에 비스마르크 시대로부터 그들에 대해서는 국가가 학문적 인식의 대상이었던 또 하나의 순수한 이론가를 언급하기로 한다. 아돌프 라손*은 많은 저술가들에서 임의로 선발한 사람이 아니라 헤겔 이래 가장 중요한 법철학의 체계가로서 인정된 사람이다. 라손은 우리들에게 어떻게 헤겔의 권력국가사상이 이 시대의 순수한 학문에서도 계속 살았는가 이것을 보기로 한다.[927]

라손은 이미 베를린대학의 젊은 학생으로서, 더구나 오로지 헤겔리안들에 의해서 일반적 척도로는 그의 철학을 가지고, 특수적 척도로서는 헤겔의 철학을 가지고 알려지고 있었다. 그의 거장은 가블러(Gabler), 호토(Hotho), 베르더(Werder), 매르커(Maerker)였다. 이러한 거장들과 함께 라손 역시 생애에 걸쳐 헤겔의 신봉을 공언하였다. 이에 대해서는 특히 그의 『법철학체계』(1882년)가 증언한다. 우리들의 관심을 특히 끄는 것은 라손에서의 권력국가이념이다. 여기서도 또한 이것에 관계된 양 저서가 바로 비스마르크의 프로이센 · 독일적 권력정치의 최고조를 의미하는 그(비스마르크)의 국가술의 두 개의 성과의 수반현상 으로서 등장하는 것, 이것은 아마 우연히 생긴 것은 아니다. 1868년에 라손은 논문 「문화이 상과 전쟁」을 발간하였다. 이 논문의 견해들은 1866년의 오스트리아와의 무력항쟁에 의해서 자극을 받고, 또 본질적으로 규정되고 있다. 보불전쟁과 제국 창설의 해에는 처음으

---

925) Heinrich Rosin, "Grundzüge einer allgemeinen Staatslehre nach den politischen Reden und Schriftstücken des Fürsten Bismarck," in *Annalen des Deutschen Reiches*, 1898, S. 81 ff.

926) 상술 주 566. 「폰 게를라흐씨의 전 무기고는 헤겔의 저작들 중에서 재발견할 수 있다」는 뢰슬러의 중요한 판단을 참조.

927) 이에 대해서는 그의 아들의 추도사 Georg Lasson, "Adolf Lasson," in *Archiv für Rechts- und Wirtschaftsphilosophie*, 12 (1918/19), S. 1 ff. 나아가 추도 연설 Arthur Liebert und Ferdinand Jacob Schmidt, "Adolf Lasson," in *Kant-Studien*, 23 (1919), S. 101-109; 110-123.

로 이름을 적은 책의 보충과 증보가 「국제법의 원리와 미래」에 관한 그의 논문의 형태로 발간되었다.

이 후자의 노작 중에서 우리들은 일련의 권력국가사상을 발견한다. 그리고 우리들은 다시 저자 자신에 의해서 독일의 국가론의 전체는 라손 자신도 마찬가지로 일관하여 헤겔의 기초를 세우고 있다는 것을 증명하게 할 수 있다. 라손에 의하면, 「우리들이 그것들을 가지고 국가학에서 작업하는, 일반적으로 보급된 개념들은 그것들의 창시자로서의 헤겔에 까지 거슬러 올라간다는 것을 잊을 수 있다는 것은 무지 또는 몰이해뿐이다」.928) 라손 역시 헤겔과 철학적 기초를 공유하고 있다. 그도 또한 학문의 과제를 「현존하는 것을 개념적으로 파악하는 것」929)으로만 보고, 「모든 진지한 것에서의 현실적인 것은 이성적이 다」930)라는 진정한 헤겔리안의 확고한 확신을 가지고 있다. 이 현실정치적인 철학을 가지고 그는 국가론에서 두 개의 방향, 「마키아벨리주의적」 교의와 「울트라몬탄적인」 그것을 구별한다. 그때 그는 결연히 이 피렌체인[마키아벨리]의 국가관에 부여하였다는931) 것에 의문의 여지를 남기지 않는다. 그는 마키아벨리의 인식 역시 「국가에서의 법의 무제한 한 지배」932)라는 사상의 역사적으로 설명할 수 있는 결함으로 조건지워진다고 보고 있음에 도 불구하고 말이다. 국가관의 양 방향 간에는 「균형 시스템(das System des Gleichgewichts)이거나 아니면 보편국가(der Universalstaat)」933) 이외의 다른 선택은 존재 하지 않을 것이다. 그러나 후자는 인류에 대해서 「거기에서 만인에 대해서 동일한 추락이 있는 공통의 퇴폐와 부패」934)일 것이다. 그러한 보편국가는 「외면적인 전제와 민족들의 매우 폭력적인 예종을 의미할」935) 것이다. 왜냐하면 바로 「내면적으로 다양한 민족정신이 가능하다는 것은 각각의 민족정신이 자기에게 일치하고, 자기의 국가를 점유할 것이며, 또 점유해야 하는 그러한 한에서이기」 때문이다. 왜냐하면 국가는 본질적으로 민족의 모든 성스러운 것의, 그 정신적 자연 본성의 전체, 이것을 수호하기 위한 수단이기 때문이 다」.936) 라손의 국가관 전체가 귀착하는 것은 그 자신이 크게 강조하듯이, 국가는 하나의 인격이며, 이것은 무엇인가 「이미지적인 표현, 하나의 은유」가 아니라 「매우 엄밀한 말의 의미」에서 이해해야 한다는 것이다.937) 그는 공법과 사법의 인격성(법인)론에서의 의제론 (Fiktionstheorie)에 들어가 반박하려고 하며, 「도덕적 인격은 자연적 인격이 그러한 것과

---

928) Adolf Lasson, *Prinzip und Zukunft des Völkerrechts*, Berlin 1871, S. VI.
929) AaO., S. 9.
930) AaO., S. 14.
931) 라손은 자신의 견해를 위해서 레오(aaO., S. 140)를 원용하여 마키아벨리를 헤겔과 동일하게 국민적인 것으로서 파악한다(aaO., S. 16).
932) AaO., S. 15.
933) AaO., S. 60.
934) AaO., S. 23.
935) AaO., S. 12.
936) AaO., S. 10.
937) AaO., S. 123.

같은 의미로 실재적으로 존재한다」고 생각한다.938) 나아가 각각의 도덕적 인격은 비도덕적
인, 즉 「외부세계와의 그 관계에서는 완전히 이기적(eigennützig)이다」라는 견해는 라손의
기본 테제에 속한다.939) 따라서 국가에의 요구는 「한 인륜적 인격성에의 요구는 아니다」라
는 것을 사람은 자신에게 명확하게 해두어야 한다는 것이다. 「왜냐하면 국가는 과연 인격이
지만 그러나 역시 도덕적 인격에 불과하기 때문이다」.940) 이 도덕적인 국가인격, 「사람이
국가라고 부르는 의사는 그 내면적 제한을 그 목적의 피한정성에서 가지고 있음에 불과하다.
그러나 이 의사는 이 목적에 봉사할 수 있는 모든 것을 초월하여 자연의 전 영역에 확장한
다」.941) 그래서 사람이 가령 「국가의 자기추구에 적절하지 아니할 것」을 구한다면, 사람은
오히려 국가에게 하나의 비인륜성, 즉 하나의 배신적인 것, 국가에게 신탁된 이해관심들에
로 뒷받침하고, 이러한 것을 구하는 것이다. — 따라서 국가는 대체로 국가 이외의 어떠한
의사에도 복종하지 않도록 법질서(Rechtsordnung)에 결코 복종하지 않는 것이다」.942)

이 내면적 국가상은 상당히 엄밀하게 헤겔적 모델에 따라서 표식짓고 있다. 특히 군주제
원리에서 라손은 그의 거장에 충실하게 따른다. 국가는 「민족」이 아니며, 「민족의 의사는
국가의 의사가 아니다」라고 한다. 국가의 의사는 오히려 「주권자의 의사로서, 즉 주어진
순간에 헌법에 따라서 국가를 대표하는 자의 의사로서」 현상한다는 것이다.943) 여기서도
「국가권력의 보유자」는 모든 권력(Macht)과 모든 법(Recht)을 그의 인격(Person)에서
통일한다. 라손 역시 「각각의 국가적 기능은 그[국가권력의 보유자]로부터 지속적인 기관들
로 이양되고 있어도 그의 권력(Gewalt)에서 도출된다」고 생각한다. 「대의사들의 임명」,
「사법국」, 「대의사들 자신의 입법과 활동」이 그렇다.944) 이러한 관계에서도 헤겔은 여전히
1871년에 매우 잘 보존되고 있었다. 「민족(인민)대표의회」(Volksvertretung)에 대해서
「당국(Obrigkeit) 자신에게 그것이 입법과 정부의 업무들의 통제에 즈음하여 사용하는
모든 평의원(Räte)을 임명시키는 것은 좋지 않으므로」, 그 「민족(인민)대표의회」는 선거에
의해서만 설립된다. 이와 같이 라손이 서술할 때 거의 헤겔 자신이 서술하는 것처럼 들릴
정도이다. 그러므로 국가권력의 보유자는 「많든 적든 민족(인민)을 포괄하는 일부」에
그의 국가권력의 일부인 평의원들을 「임명」할 권리를 부여한다고 한다. 자명한 것이지만
이들 평의원들은 「최고권력에 아무런 관여도 하지 아니한다」. 이러한 기관들이 「인민의
의사(Volkswille)의 배타적인 표현으로 보게 되는 일이 있으며, 그리고 거기에서 국가를
지배하는 — 또는 지배에 참여하는 — 권한을 도출하려고 한다면」, 그것은 중대한 오류일
것이다. 「오히려 인민의 의사라는 것은 현존하지 않는다. 그러한 인민의 의사는 또한

938) AaO., S. 129.
939) AaO., S. 21.
940) AaO., S. 20.
941) AaO., S. 13.
942) AaO., S. 21 f.
943) AaO., S. 136.
944) AaO., S. 140.

그것이 현존하더라도 국가의 지속적인 의사에 대해서 고려할 가치가 없을 것이다」.945)

절대적으로 최고 권력으로서의 형태를 취한 이러한 국가는 라손에서도 또한 세계질서가 인륜적으로 요구하는 것이다. 라손에 의하면, 「지배를 둘러싼 투쟁」은 「민족들의 인륜적 생활을 위한 조건들의 하나이며, 다른 민족이 가치와 힘에서 열등하다는 것이 증명되어 비로소 각각의 민족은 자연본성에서 자기 자신을 향수하게 된다」. 그리고 「조국의 성역들」을 확보하는 것은 바로 「민족들의 증오」이다.946) 「모든 국가는 자연 본성에서 각각 다른 국가 옆에 두어진다. 그리고 그것의 의미는 충분히 명백하다. 모든 국가는 그것이 단지 정재함으로써 각각 다른 국가를 다음의 것에 향하여 자극하고 고무한다. ― 즉 자기를 타자에 대해서 주장하고, 모든 방법을 다하여 보다 완전한 것이 되고, 자기의 시민들을 더욱 선하게 하는 최대한의 노력으로 향해서」947) 말이다. 그러므로 권력국가는 사회적 이상뿐만 아니라 교육적 이상이기도 하다. 그러나 권력국가 자신은 「구속도 통제도 되지 않는 자기추구의 의사」이어야 한다. 그리고 권력국가의 이해관심이 거기에 귀속하는 자들의 그것들인 것은 「부분적」으로만 그러할 뿐이다. 권력국가는 자기만을 위해서 「그 존립을 위해서 유용한 것을 그것이 이를 보는 곳에서 얻어올 것을 명하는 그 고유의 이해관심」을 가지고 있기 때문이다.948) 그러나 초인격적인 권력국가의 이처럼 순수하게 이기주의적인 권력추구는 헤겔에서 그렇듯이, 하나의 명확하게 의식된 그것이어야 한다. 왜냐하면 국가에서는 「모두가 의사로부터 통찰과 명확한 인식에서 성립하고, 의식되지 아니한 충동과 불명확한 관습에서는 어떠한 것도 성립하지 않기」 때문이다.949)

권력이란 라손에서도 「인륜적이며 지적인 탁월성」의 표현에 다름 아니다.950) 그러므로 영원한 평화를 추구하는 노력은 「비인륜적인」(unsittlich) 노력이다.951) 전쟁이야말로 최고의 인륜적인 요구를 실현한다. 전쟁은 「법전(Rechtsbuch)이 아니라 정의(Gerechtigkeit)에 따라서 국가들에게 판결을 내리는 유일한 법무관(Prätor)이다. ― 그 판결의 척도는 유일하고 정당한 척도이다. 왜냐하면 그 결정은 권력(Macht)에 근거하기 때문이다. ― 보다 권력으로 충만한 국가는 보다 선한 국가이며, 그 민족은 보다 선한 민족이며, 그 문화는 보다 가치 있는 문화이다. ― 이것이 세계사의 영원한 정의이다」.952) 여하튼 「불필요한 전쟁」도 존재할 것이라고 한다. 이를 방지하기 위해서 현존하는 것은 하나의 수단뿐이다. 즉 국가들은 「그러한 권력을 발전시키기 위해서 가능한 모든 것을 수행해야 하며」,953) 다음에 「진정한 정의애를 가지고 적에 대해서 그 권력에 상응하는

945) AaO., S. 139 f.
946) AaO., S. 32 ff.
947) AaO., S. 31.
948) Ebd.
949) AaO., S. 93.
950) AaO., S. 113.
951) AaO., S. 3.
952) AaO., S. 74 f.

만큼 양여해야 하며, 자기를 위해서는 그 권력의 관계에서 사람이 요구하는 것을 허용하는 이상으로 많이 요구해서는 안 된다」.954) 그 「무제한한 주권」955)을 수반하여 제어되지 않고 순수하게 자기 추구하는 국가는 필연적으로 「국가들 간에서 모든 법적이며 인륜적인 결합을 불가능하게」 하지 않을 수 없다.956) 그러나 국가들의 이러한 결합은 「자유와 인간의 존엄」957)에도 모순될 것이다. 그리고 「국가들 위에 있는, 그리고 국가들 간에 있는 하나의 법질서, 이것에 대한 꿈은 조잡할 뿐인 꿈이며 나약함과 잘못된 감상에서 생긴다」.958) 국가들은 존립하며, 그리고 최고의 인륜적 질서에서 본다면 「자연상태」, 즉 폭력의 상태(Zustand der Gewalt)에서는 서로 대립하지 않을 수 없으며, 그리고 「그들에게 재정을 내릴 재정자(Prätor)를 자기 위에 가지지 않는다」.959) 그러므로 하나에는 국가는 국제법을 관철하기 위한 보다 고차의 물리적 권력을 가지지 않기 때문이며, 그러나 다음에는 또한 국가 외에는 어떠한 「법」도 존재하지 않는다는 이유에서이다. 이에 대해서 국가에서의 법은 「그것이 여전히 부정의(ungerecht)일지라도 언제나 계속 법이다」.960) 따라서 모든 국제법은 법질서에 매우 가까운 유사한 양식을 가지고 있는데,961) 그러나 국가들 간의 순수한 권력관계의 결과에서 결코 기술적인 의미에서의 법은 되지 아니하며, 그리고 실제로는 「현려의 규칙들」(Klugheitsregeln)로서 구성될 뿐인, 그러한 「규정들의 체계」이다.962) 그러므로 또한 라손의 견해에 의하면, 모든 국가는 「그 국가가 그 이해관심에서 그것이 명해진다고 여기자마자, 모든 조약에서 깨끗하게 탈퇴하게 된다. ― 따라서 하나의 조약은 그것이 양국 중 어느 한쪽의 이해관심에 모순되지 않는 한 타당할 뿐이다. 그리고 그러한 것은 한쪽의 국가에게 부담을 과하는 조약에서는 결코 있을 수 없으며, 충분한 권력이 그 계약의 배후에 있는 한에서만 있을 뿐이다」.963) 따라서 모든 것은 결국 「국가들 간의 어떠한 법문제(Rechtsfrage)도 권력문제(Machtfrage)」가 되며,964) 그리고 「최대의 폭력을 가지는 자가 법을 보유한다」는 것으로 귀착한다.965)

그리하여 학문과 실천적 정치는 헤겔의 권력국가사상은 사멸하지 않았다는 것을 배려한 것이다.

---

953) AaO., S. 110 f.
954) AaO., S. 95.
955) AaO., S. 53.
956) AaO., S. 28.
957) AaO., S. 29.
958) AaO., S. 26.
959) AaO., S. 74.
960) AaO., S. 63.
961) AaO., S. 43.
962) AaO., S. 49.
963) AaO., S. 61.
964) AaO., S. 63.
965) AaO., S. 67.

## 4. 현대에서의 헤겔의 권력국가사상

독일 제국의 발전은 또한 대규모적인 권력정책을 위한 독일적 사유활동을 실천적으로 이해할 것을 각성시키고 있었다. 그리고 오늘날 우리들은 헤겔 탄생 150년을 축하하는데, 이 철학자의 「관념론적」이며 교조적·사변적인 권력국가이념은 현재의 정치적 사유에서 그 영향력을 상실해 버렸다고 가볍게 추측하기도 한다. 그렇지만 지금까지 지적할 수 있는 것은 오히려 반대이다. 헤겔 철학은 「실제로 모든 예외 없이 매우 기괴한 형상(das monströseste Gebilde)이며, 이러한 형상을 본래적인 사변의 기반 위에 우리들의 지금까지의 문화의 진전(Kulturgang) 전체가 제시되어야 하는 것이다」.966) ― 이처럼 19세기 중엽에 자주 들어온 주장을 오늘날 헤겔의 공공연한 반대자들마저 감히 경박하게 제시하지는 않을 것이다. 「세계관에의 갈망에서」967) 헤겔에서의 실천적 완결성과 힘센 객관성을 희구한 「헤겔주의의 경신」이 궤도에 오른 것은 철학에서만은 아니다. 법철학에서도 또한 ― 국가론에서 헤겔은 결코 사멸하지 않았다 ― 유사한 헤겔주의의 경신은 과연 보는 바와 같이, 철학에서와 동일한 이유에서 확인된다. 「우리들의 시대가 사회생활의 문제들에 매우 생생하게 편입하고 있음에도 불구하고, 현대의 본래적인 사변은 바로 법철학과 사회철학의 영역에서 독일 관념론의 여러 위대한 체계형성으로부터의 근소한 자율성을, 그리고 언제나 그것들에의 강렬한 의존성을 보여줄 뿐이다」.968) ― 이것을 아주 일반적으로 관찰한다면 이러한[법철학에서도 헤겔주의의 경신이 확인된다는] 사정은 그리 놀랄만큼 타당하지 않다. 그러나 권력국가에 대한 사변이 응축될 때뿐만 아니라 아주 현실적인 권력정치가 세계관적인 금속의 박(箔, Folie)을 필요로 할 때에도, 언제나 그 권력정치는 이것을 자주 무의식적으로 오늘날에도 여전히 헤겔로부터 관계하고 있다. 그러한 의존성은 자명한 것으로 대체로 광범하게 걸쳐서 다음에 사람들을 매개로, 그리고 무수한 다른 영향에 의해서 결합된 것이므로 헤겔과의 결합은 자주 주장되지 않고 하물며 증명되는 일도 없다.

그럼에도 불구하고 오늘날에도 이론적인 학문 중에서나 동일하게 실천적인 정치 저작 중에도, 이러한 것들의 충분한 논점에서 헤겔의 권력국가사상은 여전히 변함 없이 재귀하고 있으며, 그리고 헤겔과의 직접적인 결합이 명확하게 제시될 수 있다. 그리하여 프로테스탄트 신학의 일부가 정치와 도덕을 분리하려고 하는 독특한 양식은 지금도 여전히 그 철학적인 정초를 헤겔로부터 얻고 있다. 그러나 휴머니즘적인 교육의 이상을 권력국가적인 그것과 대체시키려고 하며, 그리고 국가를 「집단적인 권력발전의 형식에서의 인륜성」으로서 정의 내리는 가장 중요한 오늘날의 교육학자들의 한 사람의 이념 역시 헤겔적으로 사유하고

---

966) Prantl, "Hegel" (Anm. 470), S. 48.
967) Windelband, "Hegelianismus" (Anm. 245), S. 278.
968) Lask, "Rechtsphilosophie" (Anm. 3), S. 269.

기초지워지고 있다.969) 일련의 뛰어난 독일 학자들에 의해서 주장되는, 권력국가에 대응하는 자유개념은 적지 않게 진정한 헤겔적 기원을 보여주고 있다.970) 여기서 거명된 이들 약간의 정치적 견해들 ── 이것들은 쉽게 무한정 보완될 수 있는데 ── 에서 독일 학자들의 사유와 헤겔과의 관련이 존재한다. 이것을 사람은 의심도 없이 놀라지 않고 발견할 것이다. 동일한 것은 오늘날의 전쟁철학들이 그들의 세계관적 기초를 변함 없이 헤겔과 관련하고 있다는 것에 대해서 말한다.

이에 대해서 우리들의 철학자가 프로이센·독일적인 군정에 관여하는 직접적이며 영속적인 영향력이 확정된다면, 많은 사람들은 바로 헤겔적인 냄새가 난다고 주장할 것이다. 그렇지만 이 관련을 증명하는 것은 어렵지 않다. 1840년에 이미 빌리젠 장군(General Willisen)은 전쟁과학에 대한 몇 권이나 되는 저작을 헤겔 철학에 근거하여 인정하였다.971) 그 중 다시 여러 해 전에 한 중위는 헤겔이 클라우제비츠와 그를 매개로 하여 몰트케와 그의 훈도를 입은 사관 세대에게 매우 강력한 영향을 미친 것을 증명하였다.972) 클라우제비츠가 헤겔로부터 받아들인 것은 세계관적 기초만은 아니다. 전쟁관 일반도 또한 실로 전술적이며 전략적인 견해들마저 역시 이 영향을 노출시키고 있었다. 헤겔 없이 클라우제비츠는 「결코 그의 교설의 구축도 통일적인 입장이나 우수한 건축물에 이르지 못했을 것이다. 양자는 클라우제비츠의 명성을 오늘날에 이르기까지 높이는 데에 본질적으로 공헌한 것이다」.973) 어떻게 생생하게 헤겔이 사실상 프로이센 장교단의 의식에서 더욱 19세기 중엽에 살았는가, 이에 대해서 더 작지만 매우 특징적인 증거를 제시하기로 한다. 슐레스비히·홀슈타인의 전쟁 무대에 보도기자로서 보낸 티롤의 시인 아돌프 피흘러는 1850년 8월 24일 고향을 향하여 이렇게 적는다. 「일부에서는 오스트리아에는 유능한 장교가 결여되어 있다고 믿고 있다. 지금이다! 우리들의 장교들은 물론 헤겔을 연구한 적도 없다면 포츠담의 퍼레이드에 가지도 못하는데, 그러나 여하튼 전장에서 이처럼 훌륭한 동료들과 우열을 다툴 수 있는 것이다」974)라고.

969) Eduard Spranger, *Das humanistische und das politische Bildungsideal im heutigen Deutschland*, Berlin 1916 (Deutsche Abende im Zentralinstitut für Erziehung und Unterricht, sechster Vortrag), S. 15. 나아가 슈프랑거에 의하면, 이 이상은 국가를 위해서 교육되어야 한다. 즉 「권력조직화의 아래에로의 질서화와 그리고 권력의사에로」라고(ebd.).

970) *Deutsche Freiheit*, Gotha 1917 (Adolf v. Harnack, "Wilsons Botschafts und die deutsche Freiheit," S. 1-13; Friedrich Meinecke, "Die deutsche Freiheit," S. 14-39; Max Sering, "Staat und Gesellschaftsverfassung bei den Westmächten und in Deutschland," S. 40-78; Ernst Troeltsch, "Der Ansturm der westlichen Demokratie," S. 79-113; Otto Hintze, "Imperialismus und Weltpolitik," S. 114-169), 이상의 다섯 강연 중 마이네케는 「상호관여」(Ineinander)의 자유라는 개념을 위해서 명백하게 헤겔을 원용하고 있다(aaO., S. 24). 이 책의 부제목은 「서구 민주주의에 대한 철저 항전이다」.

971) B. Poten, "Karl Friedrich von Willisen," in *Allgemeine Deutsche Biographie*, Bd. 43 (1898), S. 292-296.

972) Paul Creuzinger, *Hegels Einfluß auf Clausewitz*, Berlin 1911.

973) AaO., S. 117.

974) Adolf Pichler, Brief vom 24. August 1850, in *Gesammelte Werke*, Bd. 3, München 1905, S.

지금까지 서술해온 것에서 볼 때 여기서 헤겔과 『독일과 다음의 전쟁』이라는 유명한 책의 저자, 기병장군 베른하르디와의 결합이 주장되더라도 이미 더 이상 기이한 느낌을 주지는 않을 것이다. 베른하르디에 의한 헤겔의 인용이 논지를 뒷받침하기 위해서만 행해져야 한다면, 그러한 주장의 근거 역시 확실히 정당하게 나약할 것이다.[975] 그러한 종류의 인용은 상당히 가감하지 않으면 안 된다. 그러나 헤겔로부터 프리드리히 폰 베른하르디까지의 권력국가사상의 전통은 아주 다른 방법으로 추론될 수 있다. 그 전통이란 말하자면 가족의 전통이다. 우리들의 저자[베른하르디]의 부친인 테오도르 폰 베른하르디는 막스 둥커의 매우 친밀한 친구 서클에 속하고 있었다. 이 박학한 인물이 1861년에 헤겔 연구에 열중한 것은 아마도 둥커의 자극 때문일 것이다. 헤겔의 역사철학에 대해서 그는 10월 13일에 그의 일기에 「다양한 의미에서 자극과 촉진을 받은 한 권의 책」이라고 인정한다.[976] 얼마나 진지하게 집필자가 자신의 독해를 하였는지는 다음의 상세하고 광범위한 헤겔 비판에서 명백하다. 이처럼 매우 포괄적인 그의 부친의 일기장을 프리드리히 폰 베른하르디는 9권으로 정리하여 출판하고, 서론과 특히 주목할 만한 결론을 거기에 붙였다. 어떻게 그는 여기서,[977] 자신의 부친의 정치적 견해를 총괄하여 서술하는가, 이것이 우리들에게 이미 이 장군의 나라 안팎에서 많이 읽힌 저작에 미친 헤겔과 둥커의 영향에 대해서 말할 권리를 주고 있다. 테오도르 폰 베른하르디는 그의 아들의 서술에 따르면, 「독일의 군사적 권력을 가능한 한 신중하고 실효적으로 형성하는 것」을 언제나 단호하게 주장하였다. 그가 이러한 정책과 국가의 이러한 방위능력을 요구한 것은 결코 「단순히 방어적인 의미에서만은 아니다. 그렇지 않고 그는 독일의 정치권력은 그 문화적 의의에 대응하지 않는다는 확신을 가지고 생활한 것이며, 그러므로 독일의 영향권과 독일의 의의가 유럽에서뿐만 아니라 세계의 무대에까지 넓히는 데에 적합할 활동력 있는 정책(tatkräftige Politik)을 요구한 것이다」. 이러한 의미에서 그의 아버지는 또한 「우리들의 조국의 내적인 발전을 위해서 매우 팽팽한 통일, 정치적 행위의 일체성을 부여한 군주제적 권력의 강력한 형성, 방위능력 있는 프로이센주의의 무조건의 우위를 요구한 것이다」. 이러한 입장에서 그는 특히 또한 여러 세계평화에의 노력의 반대자였다. 그것들에 대해서 그는 결코 부드러운 비웃음이나 신랄한 풍자 없이 언급할 수 없었다. 그리고 모든 유화정책은 그 자체에 대해서도 그러했다. **전쟁**은 그에게는 인간의 자연본성과 인간관계들에서 근거지워진 **필연성**이라고만 생각한 것은 아니다. 그는 민족들의 정당화된 생활이해를 위해서 시도된 투쟁을 매우 **본질적인 문화요소**(Kulturelement)의 하나로서 **인류적이며 정신적인 힘의** 하나의 **신선한 원천**으로서 고찰한 것이다.[978]

12.

975) Friedrich v. Bernhardi, *Deutschland und der nächste Krieg*, Stuttgart 1912, S. 22.
976) Friedrich v. Bernhardi (Hg.), *Aus dem Leben Theodor von Bernhardis*, Bd. 4, Leipzig 1895, S. 145.
977) AaO., Bd. 9 (1906), S. 519 ff.
978) AaO., Bd. 9, S. 540 ff.

따라서 우리들이 여기서 다루는 프리드리히 폰 베른하르디가 헤겔에 관한 지식을 가지고 있었는가의 여부는, 여하튼 이미 부친이 이 철학자의 사상을 그에게 친숙케 한 것, 이것을 상정하는 것은 아마 허용될 것이다. 여하튼 바로 헤겔의 국가관과 역사관이야말로 이 장군의 위의 저작에 메타 정치적인 기초도 부여한 것이다. 국가들은 「민족의 인격성」, 「유기체」이며, 더구나 「인류 총체의 틀에서」,[979] 법이념(Rechtsidee)은 권력(Macht)과 일치한다. 「힘(Kraft)은 최고의 법(Recht)이며, 그리고 법의 투쟁(Rechtstreit)은 힘의 저울 (Kraftmesser)인 전쟁에 의해서 결정된다」.[980] 이에 대해서 법의식은 「전적으로 한정되지 아니한, 그리고 인격적으로 조건지워진 그러한 개념」에 불과하다.[981] 이러한 이유에서 어떠한 보다 포괄적인 국제법도 있을 수 없다. 그러나 그러한 국제법이 성문화되게 되었다 하더라도, 「역시 자기 자신을 존중하는 어떠한 민족도 자기 고유의 법관(Rechtsauffassung) 을 그와 같이 정립된 법을 위해서 희생할 수는 없을 것이다」.[982] 기독교적 도덕은 「그 본질에서 볼 때 결코 정치적 도덕일 수 없다」.[983] 그러나 국가적 생활은 모든 도덕에서 어디까지나 자유롭지 않으면 안 된다. 「국가에 대한 인륜적 판단은 개인의 본성과 목적에서 가 아니라 국가의 본성과 목적에서 창조되어야 한다. **국가의 본질은 권력**(Macht)**이다**」.[984] 그러므로 국가행위의 인륜성을 위한 유일 정당화되는 척도를 제공하는 것은 「권력을 촉진하는 국가의 능력」이다.[985] 결국 특수 헤겔적인 것(Spezifischer Hegel)은 「정신적이 며 인륜적인 힘들」에 있는 「인간과 민족들의 궁극목적」과 국민적인 권력의 전개에 의해서 실현되는 「인류진보의 전체」이다. 이러한 여러 다리들을 건너서 베른하르디는 궁극적으로 는 여기서도 「인륜적 요구」인 「문화의 불가결한 요인」으로서 전쟁에 이른다.[986] 그러므로 이러한 「문화와 권력을 촉진하는 가장 위대한 것」[987]을 배제하려는 노력은 「민족의 건전함 에 대해서 위험」하다.[988] 오히려 헤겔에서 그렇듯이, 이 「인류에 대한 약(Arznei)」[989]이 인류를 위해서 정부에 의해서 처방되는 일이 드물지 않았으며, 또한 자주 「전쟁을 초래하는 것은 정치가(Staatsmann)의 **인륜적이며 정치적인 의무**이다」.[990]

이와 유사한 사유과정들은 모두 이미 헤겔에서 발견할 수 있는 것으로, 대부분의 현대의 전쟁철학을 움직이는데, 슈타인메츠(Steinmetz)의 그것과 특수한 척도로 말하면 곰페르츠

---

979) Bernhardi, *Deutschland und der nächste Krieg*, S. 14; 19; 56.
980) AaO., S. 16.
981) AaO., S. 25.
982) AaO., S. 27.
983) AaO., S. 24.
984) AaO., S. 44.
985) AaO., S. 46.
986) AaO., S. 18 f.
987) AaO., S. 4.
988) AaO., S. 23.
989) AaO., S. 33.
990) AaO., S. 39.

(Gompertz)의 철학과 같은 것이다.

하나의 동일한 철학적 기초는 더구나 의심 없이 직접적으로 헤겔에서 받아들인 형태로 법학자 에리히 카우프만의 법과 국가관을 특징짓고 있다.* 헤겔과 그의 관련은 그의 학문적 노작들이 끊임없이 이 철학과 접촉하는 것에서 표현되고 있다. 위에서 여러 번 인용한 『군주제원리의 국가론에 대한 연구들』, 마찬가지로 전술한 강연 「19세기의 국가론에서의 유기체의 개념」에서 비롯하는 『국제법의 본질과 사정변경의 원칙』(clausula rebus sic stantibus)에 대한 보다 포괄적인 노작에 이른 저작이 그것이다. 여기서는 특히 후자를 다룰 계획이다. 거기에서 주장되는 정치적 견해의 모델로서 상당히 여러 번 열거한 것은 랑케와 비스마르크 그리고 특히 헤겔 자신이다.991)

카우프만은 법생활과 국가생활에 대한 그의 고찰에서 헤겔과 함께 「국가라는 초개인적인 전체」992)에서 출발한다. 이 국가가 권력을 확장하는 것은 다시 세계정신이 실현하는 것이다. 「국가의 자기주장은 인류의 문화재에의 참가, 세계사에의 참가를 목적으로 하는 자기주장이다」. 국가는 「한 민족이 세계사 속에 편입되고 거기에서 그 고유성을 주장하기 위해서 자신에게 부여하는 유기체이다. 그리고 보다 고차의 지상에서의 목적은 생각할 수 없으므로 국가의 법질서는 다른 그것을 포위하며, 그것들을 상대적인 영역들에 지정하며, 이들 영역들 중에서 보존하고 보호하는 주관적이며 보편적인 법질서로서, 절대적인 의미에서의 법질서가 되는 능력을 가진다」.993) 국가의 이 절대적인 권력은 문화발전 전체의 원동력이다. 왜냐하면 「그 자기주장을 위해서 국가는 그 속에 존재하며 졸고 있는 힘들을 결집하고 각성하며, 그것들을 그 국가의 현존이 요구하는 종합계획에 따라서 질서지 워지기 때문이다. 국가의 본질은 권력의 전개이며 자기를 역사 속에서 주장하고 관철하는 의사이다」. 권력일원론(Machtmonismus)의 귀결들은 언제나 동일하다. 즉 권력은 「**자연적 이며 도덕적인 에너지**의 전체를 생기있게 전개함으로써만 성립하는 것이다. 권력사상에서 말하면, 국가는 복지국가에, 그리고 하나의 **인륜적인 제도**가 된다」. 즉 국가는 「필연적으로 객관적인 인륜의 질서」가 된다. 왜냐하면 「권력의 추구와 인륜적인 힘의 희구 간에는 고유한 변증법적인, 말하자면 예정조화」가 있기 때문이다.994) 카우프만은 나의 논저에 대해서도 [의문을] 구명하는 방법으로 개인개념을 분석하며 이 개념을 ― 헤겔과 함께 ― 그의 상설의 기초에 두며, 그리고 자연법적이며 아우구스티누스적인 개인개념에서 예리하게 경계짓고 있다.995) 그는 인간을 오로지 「발전」과 「역사적 공동체」라는 현대적인 개념들에서 개념적으로 파악하려고 한다.996) 이러한 개인에 일치하는 「생활감정」과 「국가 감정」은 ― 이것들은 국가를 「유기체」로서 개념적으로 파악하기 위해서 필요한 전제들인데

---

991) Kaufmann, *Völkerrecht* (Anm. 528), S. VI; 144; 179; 205.

992) AaO., S. 131

993) AaO., S. 138.

994) AaO., S. 135.

995) AaO., S. 93.

996) AaO., S. 142.

— 끊임없이 「권력과 생활형성을 둘러싸고 투쟁하는 인격들」에게 「자기를 타자들에 대립시키고 자기 자신을 관철하는」 투쟁심을 주었을 것이다.[997] 자신의 유기체개념을 위하여 직접 헤겔에까지 소급하는, 내가 아는 한 이 유일한 공법학자는 유기체적 국가관을 미리 지배하는 권력사상을 충분한 이해력으로 감지한 것이다.

그러한 전제들로부터 카우프만은 형식적인 법개념 아래 하나의 실천적으로 가치지우는 척도를 두는 데로 나아간다. 헤겔이 칸트에 대해서 반박하는 것을 카우프만은 칸트주의자인 슈타믈러(Stammler)에 대해서 향한다. 「공동체에서 자유로워지려는 인간이라는 형태를 취한 슈타믈러의 사회적인 이상에 대해서, 카우프만에서는 「추상적인 형식주의」[998]라는 비난이 던져진다. 카우프만에 의하면 「법개념을 고정해도 공동체의 목적들을 어떤 형태로든 구체화하는 것은 피할 수 없다」.[999] 그러나 구체적인 공동체의 목적이란 카우프만에 대해서 헤겔에 대한 것처럼 단적으로 국민적 권력(nationaler Macht)이다. 이 증명은 여기서는 법개념의 객관적이며 주관적인 전제로서 국가의 개체적인 전체성이 제시됨으로써 시도된다. 법이란 하나의 배분가치(Verteilungswert)이며, 그리고 그 「정당함」(Richtigkeit)은 필연적으로 「초개인적인 전체의 고유성(Eigenart des überindividuellen Ganzen)」[1000]에 달려있다고 한다. 이 전체로부터 비로소 「각인에게 이 전체에서 그 법칙성에 따라서 각인에게 일치하는 것」이 규정될 수 있기 때문이다. 「그렇다면 초개인적 전체가 존재할 뿐이며 많은 법질서가 존재하지 않으면 안 된다」.[1001] 그러나 모든 가능한 초인격적 일체성(transpersonale Einheiten)에서 볼 때 국가는 「절대적인 의미에서의 법이다. 왜냐하면 국가는 바로 그것에 대해서는 인간의 문화생활 전체의 모두를 포괄하는 질서화가 문제이며, 그 원리는 그것으로 포괄된 힘들을 인간적 문화생활의 하나의 종합계획 속에 편입하는 것이며, 따라서 그 목적은 각인에게 요구될 수 있다는 그러한 공동체(Gemeinschaft)이기 때문이다」.[1002] 그래서 각각의 법질서가 그것을 가지고 그 「정당함」을 측정해야 하는 척도는 권력이다. 「공동체에서 자유로울 수 있는 인간들」이 아니라 「승리의 빛나는 전쟁이 사회적 이상」이다.[1003] 「대외적 자기주장이라는 관점에서의 권력의 전개라는 사상만이 국내에서 어디에 특수한 보호와 뒷받침의 필요성이 있으며, 그리고 어디에 단절해야할 이상비대(Hypertrophie)가 있는가에 대해서 결정할 수 있는 만인에게 요구할 수 있는 목적이다.[1004] 그래서 법은 권력목적에 따라서 규정되어야 하며, 그리고 하나의 세계국가에는 「권력전개에의 욕구」가 결여할 것이기 때문에 그 세계국가에는

---

997) Kaufmann, *Organismus* (Anm. 370), S. 2 f.

998) Kaufmann, *Völkerrecht*, S. 248 f.

999) AaO., S. 209.

1000) AaO., S. 131.

1001) AaO., S. 133.

1002) AaO., S. 134.

1003) AaO., S. 146.

1004) AaO., S. 147.

대외적인 권력목적과 함께 대내적 법원리도 결여한 것을 카우프만이 두려워한다. 세계국가에 결여된 것은 「본질적 계기, 즉 필연적인 생활원리, 그 질서를 편성할 수 있는 (제도화할 수 있는) 관점, 그 성원들을 경직화로부터 지키고 개개의 인륜적인 에너지를 생기있게 하고 각성하는 것을 요구하는 그러한 계기이다」.[1005] 카우프만은 「안전성」(Sekurität)의 끊임 없는 실현에 대해서, 그것이 생명에서 「모든 매력과 모든 낭만」을 빼앗을 것이라고 두려워하는데, 거기에도 낭만주의적 헤겔의 흔적이 결여된 것은 아니다.[1006]

그리하여 카우프만은 필연적으로 이러한 견해에, 즉 국가들 간에는 「재정자와 집행자(Richter und Vollstrecker)」만이 아니라 「특히 거기에서 요구들의 정의가 판정될 수 있는 **실정적 관점**(der positive Gesichtpunkt)이 결여되었다는 견해에 이른다. 국제법적인 국가 공동체들은 하나의 실정적인 목적을 결여한 것이다」. 그리고 「구체적인 배분관점의 결여」는 강제적인 집행의 결여보다도 국제법의 가능성에 대해서 훨씬 심각한 이의를 제기한다. 따라서 국가들의 관계들을 규칙지우기 위한 유일한 객관적 원리는 어디까지나 개별적 국가의 권력이며, 그리고 국제법은 그것이 「조정권과 개체권(Koordinations- und Individualrecht)」으로서 인정되는 경우에만 인정할 수 있을 것이다. 그러나 그 경우에는 「할 수 있는 자만이 또한 그것을 하는 것이 허용된다」(nur der, der kann, darf auch)는 명제의 정의를 승인할 수 있게 될 것이다. 따라서 「여기서 권력과 법은 일치함에 틀림없다」는 카우프만의 의견에 따르면, 「궁극적으로는 모든 법과 모든 문화가 불가능한 것은 아니다」. 그리고 여기서도 결정하는 것은, 승리에 빛나는 전쟁만이며, 「국가들의 전쟁은 법을 가진」 것이다.[1007] 이 국제법적인 조정권이라는 기본 카테고리는 「**오직** 승인에 의해서, 동시에 굴복하지 않는」, 그리고 Coactus voluit, attamen voluit(강제로 의사한 것도 역시 의사이다)를 자신의 규범으로 삼는, 그러한 승인에 근거하고 있다.[1008] 그리하여 일반 국제법이라는 것은 원래 존재하지 않으며, 존재하는 것은 국민적인 그것뿐이며, 또 실정적인 조약법에서는 「역시 언제나 국가는 **자기 자신에 가장 친숙하며**, 결국 역시 언제나 **국가의** 의사, **국가의** 이해관심이 언제나 **척도를 부여**한다」.[1009] 이상과 같이 카우프만은 ― 여기서는 협정들(Stipulationen) 위에 존립하는 국가들에 대한 헤겔의 견해에 호소하여 ― 상술한다. 따라서 국가들의 모든 조약은 하나의 내재적 한계를 가진다. 「그것들은 [조약을] 체결해야 하며, 또한 체결하려는 것은, 단지 체결된 시기에 있었던 권력과 이해정황이, 계약의 본질적 규정들이 계약을 체결하는 당해 국가들의 자기보존권과 일치하지 않게 된다는 사실이 변함이 없는 한에서만이다」.[1010] 이 선험적인 「국가의 기본적인 자기보존권」만이 유일하며, 실천과 일치하는 국제법의 객관적 원리이며, 이 원리는 국가인격성의

---

1005) AaO., S. 136.
1006) AaO., S. 227.
1007) AaO., S. 151 ff.
1008) AaO., S. 160.
1009) AaO., S. 179.
1010) AaO., S. 204.

목적들의 외측에는 아니며「그 객관적인 가치를 그 자신 속에 담당한다」,[1011] 카우프만은
조관제도(Klauselinstitut)를 위해서 매우 중요하며, 내가 보는 바로는 국제법적 실천에
대해서도, 또한 대체로 사용가능한 유망한 여러 추론을 하는데, 이러한 추론들에 대해서는
여기서는 당연하지만 들어갈 수 없다. 우리들의 과제는 다만 어떻게 이 가장 현대적인
공법학자에서도 직접 헤겔에서 유래하는 권력국가사상이 생생한 영향을 미치고 있는가를
제시하는 것이었다.

　　정신적으로 정상적이 아닌 전시의 문헌에서의 헤겔의 국가사상의 부활에 들어가는
것을 우리들은 의도적으로 피한다. 그러나 국가학의 교사 요한 플렝게의 저작들은 이
정신적인 시기에 산입하지 않아도 좋을 것이다. 그의 주저『마르크스와 헤겔』(1911년)이
우리들에게 보증하는 것은, 플렝게가 그의 저서『1789년과 1914년』에서 헤겔로부터
아주 최근에 이르기까지 나아가 논증하는 도정은 **특별히**(ad hoc) 구성된 것은 아니라는
것이다. 플렝게는 여러 해에 걸쳐 매우 활발하게 헤겔에게 감정을 이입해 왔는데, 최후로
그는 우리들의 철학자가「1914년 이념들의 많은 것들을 선취하고 내면의 깊이에서 근거지
우는 위대한 선구자」[1012]였다는 것을 확인한 것이다. 플렝게가 1814년의 독일에서 실현된
다고 보는 국가이상은, 플렝게가「독일적 사상의 가장 위대하고 가장 깊은 체계」[1013]라고
부르는 저 헤겔의 국가철학의 구조를 오인할 여지없이 다루고 있다.「칸트의 아주 좁은
개인의식(Einzelmenschenbewußtsein)[1014]에 반대하여, 그리고「완전히 자기 자신 위에
정립된 개인으로서 자유·평등·박애」[1015]를 요구하는 개인주의자들에 대해서, 플렝게
는「모든 자아(Ich)는 부분적 자아(Teil-Ich)에 불과하다」[1016]고 지치지 않고 주장한다.
자아는 국가에서만 국가에 의해서만 살아있으며, 그러므로 최고의 규범이 되지 않으면
안 된다.「강력한 국민국가에서는 모든 희생을 인수할 각오가 있는 조국감정이라는 같은
힘이 모든 부분을 관통하며, 그리고 거기에서는 모든 개개의 성원은 자유로운 합의에서
창조된 그의 유기체적 조직체를 통해서 국민적 안건들을 완수함에 있어서 협동한다」,[1017]
이러한 정치적 이상을 플렝게는 헤겔과 사회주의의 종합(Synthese)이라고 본다. ― 이것은
결코 정당한 것은 아니다. 권력의 유기적 조직체(Machtorganisation)로서의 저 사회주의는
이미 헤겔 자신 속에서 발견되기 때문이다. 플렝게가「모든 개개인을 하나의 국가에서
분지화하고 포괄하는 것, 그리고 경제를 하나의 최고의 통일체라는 감정에서 자유롭고
강력하게 총괄하는 생활의 전체」[1018]로서 인식하는, 1914년의 이념, 이러한 헤겔적인

---

1011) AaO., S. 192.
1012) Johann Plenge, *1789 und 1914. Die symbolischen Jahre in der Geschichte des politischen Geistes*, Berlin 1916, S. 7.
1013) Johann Plenge, *Marx und Hegel*, Tübingen 1911, S. 52.
1014) Plenge, *1789 und 1914*, S. 12.
1015) AaO., S. 57.
1016) AaO., S. 100. ders., *Marx und Hegel*, S. 24; 39 참조.
1017) Plenge, *1789 und 1914*, S. 17.

국가이념은 사회주의에 의한 보완을 필요로 하지 않을 것이다. 왜냐하면 하나의 체험된 의식상태로서의 「독일적 유기적 조직체」라는 사상이 명령하는 것은 「너를 전체의 분지로서 인식하라! **전체에서 살라!**이며 하나의 유기적 조직체는 정신적인 분지화의 전체」[1019]이며, 이러한 사상은 헤겔적인 유기체이념을 적절하게 바꾸어 쓴 것 이외에 아무것도 아니기 때문이다. 끝으로 플렝게는 1924년에, 이 해에는 「민족정신과 세계정신이 완전한 조화에서 합치하였다」고 생각하고 있었다. 이것에 더욱 언급한 것은 실제로 헤겔 역시 그의 시대에 프로이센은 세계정신을 실현한다는 견해를 취하고 있었기 때문이다. 플렝게와의 관련에서 끝으로 또한 그에 가까이 있는 스웨덴 사람 켈렌(Kjellén)에 대해서 간단히 지적하기로 한다. 독일에서 주목된 그의 권력국가이론은, 켈렌이 많은 저작에서 특히 그의 『생활형식으로서의 국가』에서 그것을 제시했듯이, 크게 헤겔에 관련된다.[1020]

그리하여 현대의 권력국가를 독일 민족에게 처음으로 최고이며 인륜적인 과제로서 정립한 교설은 아주 최근에서도 매우 생생하게 영향력을 지닌 것이다. 권력으로서의 국가라는 교의학상의 귀결은 헤겔에 의해서 이상으로 보다 강력하게 과장된 일은 없었다. 그러나 독일적 정신의 정치화는 그의 권력국가론은 모든 다른 ─ 어떻게 변용된 것이든 ─ 정치적 이데올로기보다도 고르지 않게 기여한 것이다. 지금까지 매우 불충분한 독일의 정치화는 헤겔을 위해서 장래에도 지속적인 영향력을 확보하고 있다.

---

1018) AaO., S. 79.

1019) AaO., S. 89.

1020) Rudolf Kjellén, *Der Staat als Lebensform*, Leipzig 1917. 참조. Siegfried Marck, "Rudolf Kjelléns Theorie des Staates," in *Kant-Studien*, 23 (1919), S. 79 ff. 또한 헤겔적 국가는 실재론적(현실주의적) 이성존재(realistische Vernunftwesen)이며, 이에 대해서 켈렌의 「생물학적」 국가는 경험적 현실이라는 (aaO., S. 80) 점에 차이가 있다는 것이 여기서 강조되었는데, 이 차이를 나는 위에서 서술한 헤겔의 유기적 조직체(Organismus)의 개념으로서 인정할 수 없다.

# 4. 헤겔과 독일 정치*

헤겔의 사후 이미 3세대가 지났다. 그러나 오늘날에도 여전히 그의 이름은 살아있는 자의 이름으로서 축하하지 않으면 안 된다. 오늘날의 사회사상에 대한 헤겔의 중대한 의의는 기계적으로 사고하는 시대의 자신을 해결했다는 점에 있다. 그리고 그의 불후의 정치적 영향력은 바로 오늘날 근저로부터 변혁을 받은 독일의 사회의식에 의해서 감탄하는 마음을 품으면서 스스로 체험하고 있다는 것이다.[1] 오늘날에는 헤겔이야말로 국가와 사회 속에 **존재하는** 것을 인식함으로써 독일의 지난 세기와 금세기에 풍부한 형성력을 지닌 정치적 이념을 최종적인 것으로서 형성한, 또는 적어도 그 일부분을 창출하였다는 견해가 나타나고 있다. 현대 독일 정치의 양대 조류인 독일 국민사상과 마르크스주의적 사회주의는 모두 그 이념을 특히 헤겔의 철학적 기초에 힘입고 있다.

그런데 독일의 시인정신과 사상가정신을 비롯하여 정치화한 공적은 헤겔에게 인정해야 한다는 것은 그만큼 일반적으로 말해진 편은 아니다. 프랑스혁명과 동시대 사람인 독일인으로서는 괴테 · 레싱 · 칸트 · 빌헬름 폰 훔볼트 그리고 피히테까지 열거할 수 있는데, 그들은 국가를 다소간 필요한 것, 늦든 이르든 폐기해야할 악으로서 생각하고 그렇게 설명하였다. 이 시대는 주권적인 개인의 참으로 자유로운 도덕적 · 미적인 발전을 위하여 가능한 한 주권적 국가권력이 크게 제한될 것이 바람직하다는 점에서는 일치하고 있었다. 이 시대에는 모든 인간적 공동체의 형성은 「인간 그 자체」로부터, 즉 가설적인 개인의식 — 즉 일체의 비이성적인 · 역사적 · 국민적 기타 사회적인 속박에서 해방되고, 절대적이며 세계시민적으로서의 자유의 경지에 있는 것으로 생각되던 개인의 의식 — 의 관점에서 보았는데, 국가도 그러한 관점에서 평가되고 있었다. 헤르더와 초기 낭만주의자가 국민적 정신문화의 우아한 매력에 감화되어 비합리적인 생명력의 아름다움에 심취하고 있던 때에도 국가권력

---

* Hegel und die deutsche Politik, in *Zeitschrift für Politik* (Hg. Richard Schmidt und Adolf Grabowsky), Carl Heymanns Verlag, Berlin, Bd. 13 (1924), S. 132-143. jetzt in *Gesammelte Schriften*, Bd. 1, S. 241-255.

1) 문헌. Johann Plenge, *Marx und Hegel*, Tübingen 1911; Max Adler, *Marxistische Probleme*, 5. Aufl., Stuttgart 1922; Karl Vorländer, *Kant und Marx*, Tübingen 1911; ders., *Kant, Fichte, Hegel und der Sozialismus*, Berlin 1920; Hermann Heller, *Hegel und der nationale Machtstaatsgedanke in Deutschland*, 상술 Abt. 1, Nr. 3(본서 3장)을 보라. 이 논문이 기초된 이후 프란츠 로젠츠바이크(Franz Rosenzweig)에 의해서 이 문제를 깊이 다룬 논술인 *Hegel und der Staat*, München 1920, 2 Bde.가 발간되었다. 이 책은 헤겔의 실천적 · 정치적 영향에 대해서도 가치 있는 공헌을 하고 있다.

은 변함없이 비인륜적이며 조잡한 괴물로 간주하고 있었다. 그러한 사람들은 정치라는 야만적인 분주함에서 멀리 떨어져 독일 예술 속에 통일성을 지닌 독일 민족정신의 표현을 발견하는 것을 무상의 유쾌함으로 여겼다. 그 반면에 이미 거의 국가라고 부를 수 없는 대용물이 된, 독일 라이히의 유지불가능한 것이 된 권력관계에 손잡고 있던 사람은 정치적이기 때문에 전적으로 비정신적인 존재로 간주되고, 사람들은 괴테와 함께 그 사람들이 부르는 노래를 꾸짖었다.

1796년에 젊은 헤겔은 매우 의미 깊은 문장을 적는다. 그것은 자신의 국가가 여전히 국가인가의 여부에 관심을 두지 않는 민족은 곧 민족인 것도 중단하리라는 것이다.[2] 그리하여 독일 정신이 처음으로 국민이 자기주장을 하기 위한 외적 권력수단을 자유자재로 구사할 수 있기에 이른 경우에만, 독일 문화국민의 안정적 존속이 확보될 수 있을 것이라는 것을 자각하는 역사적 순간이 도래하였다. 바로 이 헤겔의 정치적 교설 속에는 단순히 그 자신의 국가철학의 출발점이 놓여 있는 것만은 아니다. 그것과의 명백한 역사적 관련을 가지면서 시인이나 사상가의 독일로부터 피와 철의 독일에로, 또한 관념철학으로부터 비스마르크 그리고 독일 국민국가의 기초로 이어가는 정치적 발전계열에 속하는 국가, 법 그리고 인류의 관념이 성립해 가는 원점도 놓였던 것이다.

헤겔은 그러한 의식전환을 가장 인상적인 형태로 전달한 대표적인 논자였다고 할 수 있다. 그 헤겔은 스스로 자라난 자연법시대, 그리고 그 가장 위대한 주창자였던 칸트에 대립한 것이다. 헤겔은 인류·법·자유를 무한하게 요구하는 추상적 개인의 요청과 투쟁하고, 내용 없기 때문에 치명적인 「잘못된 무한성」에 정치적 인류·차안의 법·자기규율적 자유를 대치시켰다.[3] 헤겔은 모든 당위를 국민의 민족정신 속에 형태화되고 있는 세계정신의 존재에서 자라게 하고, 그것이 실현되거나 그것을 다시 이 세계정신에로 환원시켰다. 이리하여 그는 개인의 남김 없는 충족은 「민족에의 귀속」에서 비로소 가능하다[4]고 서술하였다. 헤겔에 대해서 칸트의 법적 인류성이라는 저 「보편적 인류애」는 낭만주의적인 감정윤리처럼 「김 빠진 허구」에 불과하다. 「생각한 것은 사랑받을 수 없기 때문이다」.[5] 이에 대해서 헤겔의 인류는 「이 법률과 이 조국의 의욕」이며, 「국가가 개인 속에 살아있는 것」이다.[6] 자연법적 법이념의 절대성과 보편성, 「인류의 법의 공허함」[7]이나 **「정의가**

2) Georg Wilhelm Friedrich Hegel, *Die Positivität der christlichen Religion*, in Hermann Nohl (Hg.), *Hegels theologische Jugendschriften*, Tübingen 1907, S. 224.

3) G. W. F. Hegel, *System der Sittlichkeit*, in *Sämtliche Werke* (Hg. G. Lasson), Bd. 7 (Meiners philosophische Bibliothek, Bd. 144), Leipzig 1913, S. 500 (김준수 옮김, 『인륜성의 체계』, 울력, 2007).

4) G. W. F. Hegel, *Über die wissenschaftlichen Behandlungsarten des Naturrechts*, in aaO., Bd. 7, S. 372 (김준수 옮김, 『자연법』, 한길사, 2004).

5) G. W. F. Hegel, *Der Geist des Christentums und sein Schicksal*, in Nohl, aaO., S. 295.

6) G. W. F. Hegel, *Vorlesungen über die Philosophie der Geschichte*, in *Werke*, Bd. 9 (Hg. E. Gans), 3. Aufl. (besorgt von K. Hegel), Berlin 1848, S. 65 (김종호역, 『역사철학강의』, 삼성판 세계사상전집, 1977).

**실현되어라, 세상이 끝나더라도**」라는 말에 나타난 사상에 대항하여, 헤겔은 무조건 지고의, 국가로까지 조직된 민족의 대상적으로 규정된 법을 들고 있다. 민족 속에 기초를 가지며 역사적으로 변천하는 가치들의 이러한 총체에 의해서, 또한 여기서 비로소 그것만으로는 내용 없는 법이념은 의미와 내용을 획득한다. 「법은 오직 전체의 한 분지로서 말하자면 즉자이며 대자적으로 완전히 자라서 굳건히 뿌리내린 나무에 감겨있는 식물로서만 살아있는 것이다」.[8] 즉 개인은 「민족의 존재를 자신에 앞서 이미 완성되고 한 몸이 된 세계로서」 발견한다. 이처럼 개인이 민족으로 편입된 것을 의식하는 속에 바로 법과 인륜은 성립한다. 그뿐만 아니라 개인은 이러한 사태 속에 자기의 자유를 발견한다. 왜냐하면 그러한 자유는 ── 자연법이 생각한 것과는 달리 ──「직접적이며 자연적인 것이 아니라 도야, 지식 그리고 의욕의 무한한 매개에 의해서 자라며 비로소 획득되는」 것이기 때문이다.[9] 그러므로 헤겔에 대해서 개개인이 정치적 공동체로 편입되는 것은 결코 자유의 제한을 의미하지 않으며 ── 반대로 그것은 「오로지 해방을 위한 절대조건이며 사회와 국가란 오히려 자유의 실현을 가능케 하는 상태인 것이다」.[10] 그리하여 국가는 사회가 생각할 수 있는 완전한 완성태로서, 모든 자유와 문화의 전제조건인 동시에 그것을 최고도로 전개한 것이므로, 국가는 「인륜적 이념의 현실태」[11]가 되며, 「지상의 신으로서」[12] 숭배하지 않으면 안되게 된다. 이러한 국가를 산출하는 특수한 민족정신을 헤겔은 「인류에서의 인종적 차이」처럼 불변적이며 영속적인 차이에 의해서 서로 구별되는 것으로서 보았다. 「민족들의 역사를 소급하는 한, 역사는 개별화 된 국민들의 그러한 유형이 끈질기다는 것을 보여준다」.[13] 따라서 문화공동체라는 보다 좁은 공동체가 그들 간에 개재하는 것은 불가능하다. 헤겔은 확실히 「세계사에서의 어떤 민족 속에서도 시, 교양예술 또는 철학까지도」 발견되는 것을 인정한다. 그러나 그에게는 그것들이 「스타일이나 방향 일반뿐만 아니라 내용에까지 다양하다」고 생각되었다.[14] 그러한 문화의 다양성은 폐기불가능한데 이 다양성은 여러 인류관념과 법관념 간에 있는 밀접한 공통성을 모두 배제한다. 그리하여 그것은 국제법의 내적인 불가능성을 의미하기도 하였다. 헤겔에 의하면 국가들 간에는 비교적 견고한 성격을 가진 조직도 불필요한 것이다. 그렇지만 모든 국가는 각각이 인륜적 · 법적 총체성이며 자족적인

7) Hegel, *Naturrecht*, S. 415.

8) G. W. F. Hegel, *Grundlinien der Philosophie des Rechts, oder Naturrecht und Staatswissenschaft im Grundriss*, in *Werke*, Bd. 8 (Hg. E. Gans), Berlin 1833, § 141 Zusatz (S. 209) (임석진 옮김, 『법철학』, 한길사, 2008, 300면).

9) Hegel, *Geschichtsphilosophie*, S. 51.

10) AaO., S. 52.

11) Hegel, *Rechtsphilosophie*, § 257 (S. 312) (역서, 441면).

12) AaO., § 272 Zusatz (S. 354) (역서, 490면).

13) G. W. F. Hegel, *Enzyklopädie der philosophische Wissenschaften*, Teil III, in *Werke*, Bd. 7, Abt. II (Hg. L. Boumann), Berlin 1845, § 394 Zusatz (S. 73)(박병기 · 박구용 옮김, 『엔치클로페디』, UUP, 2000).

14) Hegel, *Geschichtsphilosophie*, S. 86.

인격이며, 「그 자체로서 … 다른 개체로서의 민족들에 대해서 개별적 존재로서 정립되는 것」[15]이다. 「국가는 개별적인 개체로서는 **다른** 이것과 동등한 개체에 대해서 **배타적인** 존재이다. 그들 상호 **관련** 속에서는 자의와 우연이 생긴다」.[16] 그러므로 국가로까지 조직된 국민은 대외적으로 자신의 정신적이며 물리적인 힘에 따라서 의지하고 행할 수 있는 모든 것이 허용된다. 「민족은 스스로 의사하는 것을 산출함으로써 인륜적 · 유덕 · 유력하게 되며, 자신을 객체화하는 노동을 통해서 외적 폭력으로부터 자기의 작품을 지킨다」.[17] 민족의 힘이 강대해지면 강대해질수록 그 권력도 높게 된다. 왜냐하면 민족은 자기 속에 놓여있는 정치적 힘을 전개함으로써도 초개인적인 문화연관 · 신 · 절대적 세계정신을 실현하기 때문이다. 자연법과 낭만주의가 가진 세계국가에의 동경을 매우 엄격하게 거부하고, 영구평화라는 칸트의 이념에 끊임없이 새로운 투쟁을 하면서 헤겔은 전쟁을 모든 문화발전을 위해서 불가결한 지렛대로 인정하였다. 헤겔에게 전쟁은 「최종적인 피규정성을 고정화시키는 것과 무관한 상태 속에서 민족들의 인륜적으로 건전한 상태를 유지하게 되는 것」이라는, 「보다 고차의 의의」를 가진 것이며, 「이것은 마치 바람의 움직임이 바닷물이 썩지 않도록 막아주는 것과도 같다. 오래도록 바람이 불지 않으면 바다가 부패하듯이, 지속적인 평화나 심지어 영구적인 평화는 국민을 부패시킨다」.[18]

이처럼 국민의 자기이익만을 고려하는 헤겔의 폭력적인 힘=법의 철학은 피와 철의 시대에로 길을 지시하고 준비하였다. 헤겔의 국가관과 역사관은 대학의 강단을 초월하며, 특히 관료 · 비관료정치가의 그룹이나 진취적인 정신을 지닌 프로이센 장교단에까지 공전절후의 평가를 획득하였다. 역사적 상황의 이해와 함께 비스마르크의 행동에 대해서 불가결했던 사회적인 의식을 독일에 산출한 것은 무엇보다도 이 국가철학이었다. 비스마르크의 정책을 지도적 입장에서 가능케 하고 장려한 사람들 중에는, 헤겔에 의해서 정립된 가치표와 사고형식을 몸에 지니고, 그 정신적인 적자임을 충분히 의식하고 있던 사람이 매우 많았다. 그러나 그것보다도 훨씬 많은 수의 비스마르크 시대의 정치가들은 — 재상 자신도 그 한 사람이었는데 — 무의식 속에 헤겔의 정신적 풍토를 답습하면서, 동시에 역사적 순간의 필연성에 근거해서도 행동하고 있었다. 그리하여 헤겔의 권력이데올로기는 원래 대독일적이었음에도 불구하고 나중에 비로소 프로이센적인 것이 되었다. 이 권력이데올로기는 독일의 국민적인 힘을 발전시키는 강력한 추진력이 되었다. 그리고 오늘날에도 이 이상은 헤겔에 의한 정초에 의거할 것을 요구하고 있다.

헤겔의 철학은 국민적 권력형이상학의 근원일 뿐만 아니라 마르크스 · 엥겔스 · 라살레에 의해서 담당된 사회주의도 낳았다. 이 사실은 생산적 모순이라는 그 고유한 논리를 확증하는 것과 같다. 사실 독일 사회주의의 사상계는 그 본질적 전제에서 본다면, 헤겔관념

---

15) Hegel, *Sittlichkeit*, S. 487.
16) Hegel, *Encyklopädie*, Teil III, § 487 (S. 419).
17) Hegel, *Geschichtsphilosophie*, S. 92.
18) Hegel, *Rechtsphilosophie*, § 324 (S. 418) 〔역서, 564/565면〕.

론의 적출자이다. 그리고 여기 2세대를 지나서 여전히 독일 국민에 대해서 헤겔의 정치적 중요성의 의식이 근절되지 않은 것은 무엇보다도 헤겔이 「죽은 개」로서 취급된 시대에, 마르크스와 함께 「명백하게 저 위대한 사상가의 제자」로서 알려지고 있던 사회주의의 공적에 기인한다고 하지 않을 수 없다.[19]

마르크스주의의 철학적 기초를 소급해 올라가는 자는 마르크스의 정신상 속에 정치적 귀결에서는 배타적으로 대립하는 것도 드물지 않은 세 가지의 층이 중첩하여 보존되고 있음을 발견한다. 즉 거기에서는 초인격적인 사회관이 자연과학적 실증주의에 의해서 은폐되고 있는 동시에, 철두철미 개인주의적인 자유의 사상을 발전의 궁극 목표로 삼고 있는 것도 은폐되고 있다. 그러나 마르크스주의의 이론과 정치에 대해서 매우 중요한 기초를 이루는 것은 헤겔에까지 소급하는 사회관이며, 또한 여전히 그것을 계속하고 있다. 마르크스는 시대정신의 영향 아래 헤겔의 이념적 현실성과 마르크스의 시대의 사회적 현실성 간에 존재하는 모순에 대한 마음속에서의 분노에서 자칭 「엄밀한」 유물론을 가지고 이 철학자를 내쫓았다고 믿었다. 그러나 그는 또한 헤겔로부터 해방된 것은 아니었다. 헤겔이라는 횡사(橫絲)를 제외하면 마르크스주의사상이라는 직물은 ― 실 한 올까지 ― 완전히 무로 돌아간다. 마르크스는 특히 인류발전의 역사에서의 이성에 대한 흔들림 없는 신앙을 헤겔과 공유한다. 「세계를 이성적으로 보는 자를 세계도 이성적으로 본다」. 이 헤겔적 **아프리오리**를 그처럼 마르크스주의는 생각하지는 않는다. 헤겔의 더욱 커다란 토대가 되는 세계관, 즉 「세계사는 자유의 의식에서의 진보이다」[20]라는 세계관이 없으면, 마르크스주의를 생각할 수 없는 것과 마찬가지이다. 헤겔에 의하면, 우리들은 삶의 형성에 대해서 점차 자각적으로 되며, 최고의 사회적 의식에로 향하는 이 필연적 진보를 인식하며, 또 의욕하여야 한다. 그리하여 그에 대해서 필연성과 자유, 역사와 윤리는 화해하기에 이른다. 그럼으로써 헤겔이 칸트의 무한한 당위윤리학을 명명하는 「의무를 위한 의무의 교설」은 배제된다.[21] 이처럼 철저하게 관념론인 사회발전상은 마르크스에게 계승되는 동시에 모든 사회적 생활은 경제적 하부구조에 규정된다는 거대한 인식에 의해서 보완되었다. 그러나 그것으로써 헤겔이 극복된 것은 결코 아니다. 다만, 헤겔의 지나치게 예민하고 국민적 굴절 속에서만 눈치챌 수 있는 이념이 마르크스에 의해서 보편적인 현실주의적 토대를 마련한 것에 불과하다. 이 토대로부터 아주 새로운 인식가능성이 열렸다. 그러나 이 현실성의 고찰에 이른 도정마저도 마르크스는 이미 헤겔로부터 시사를 받은 것이다. 헤겔은 「역사를 … 우리들은 있는 그대로 받아들이지 않으면 안 된다. 우리들은 역사적인, 경험적인 태도를 취해야 한다」[21a]고 말한다. 헤겔 자신의 역사서술은 이러한 시사와 모순되는 것도 드물지 않았는데, 그의 역사서술은 그 철학상의 동시대인과 비교해서는

19) Karl Marx, *Das Kapital. Kritik der politischen Ökonomie*, Bd. 1 (1867), 8. Aufl., Hamburg 1919, Vorwort zur 2. Aufl. [1873], S. XVIII.
20) Hegel, *Geschichtsphilosophie*, S. 15; 24.
21) Hegel, *Rechtsphilosophie*, § 135 (S. 178) (역서, 262면).
21a) Hegel, *Geschichtsphilosophie*, S. 14.

안 될 정도로 현실에 가까운 것이었다. 헤겔의 역사서술은 이미 단순한 왕이나 영웅의 역사에 그치는 것도, 저 자연법류의 추상적인 인간이라는 산술용의 모조화폐에 의해서 설명되는 것도 아니다. 헤겔은 이미 국가와 사회 중에서 개인이 — 다만, 그것은「거기에 있는 개인이며 인간 일반은 아닌 개인이다. 왜냐하면 인간 일반이라는 것은 실재하지 않기 때문이다」— 작용을 미친다는 것을 간취하고 있었다.22)「각 개인은 그 민족(Volk)의 아들인 동시에 그 국가가 발전 속에 있는 한 그 시대의 아들이다」.23) 초개인적 관련 속에 필연적으로 편입된 그러한 인간유형에 동의하면서, 마르크스는 다시 거기에 중요한 인식을, 즉 개인은 자신이 속하는 계급의 아들이기도 하다는 인식을 덧붙였다. 마르크스는 이러한 사회적 통찰에서조차 이미 헤겔에게 있었던 것을 발견하였다. 지금까지 주의하지 않았던 것인데 포어랜더는 아주 최근 다음의 점을 지적하였다. 즉 마르크스의 시민사회관은 한편으로는 자본집중의 증대와 다른 한편 그것에 비례한 물질적 및 정신적인 빈곤화에 의한 계급성립, 그리고 그들 사적 이해 간의 방약무인한 투쟁, 또는 그들의 노동과 최저생활 조건에 대한 권리의 획득능력의 결여와 같은 것을 내용으로 하는데, 이 마르크스의 개념세계 전체는 이와 동일한 넓이를 가지는 것으로서, 이미 헤겔에 의해서 미리 구성되고 있었다는 점이다. 헤겔이 처음으로「시민사회」를 국가조직에 명료하게 대치시켰는데, 이「시민사회」에 대해서 이 철학자 자신은 다음과 같이 평가를 내리고 있었다. 헤겔은 시민사회를「만인의 만인에 대한 개인적 이익의 투쟁의 장」24)이라고 부른다. 거기에서 각자마다「자신의 목적이 되고, 그 밖의 모든 것은 그에게 무이다」.25) 시민사회는 가족의 속박을 해방함으로써 개인을 뿌리 없는 풀로 만든다. 인간은 인격에, 즉「시민사회」의 아들이 된다. 그들은 시민사회에 대해서 권리를 가지고 있지만 시민사회도 마찬가지로 그들에게 요구를 한다」.26) 헤겔은 다시 말한다.「시민사회는 방해받지 않고 활동하는 경우에는 그 자신의 내부에서는 **인구와 산업의 진전** 상태에 있다」.27)「**부의 축적**이 진행하는 … 반면 특수한 노동의 **개별화와 제한**이, 그리고 그와 함께 이 노동에 속박된 계급의 의존성과 궁핍이 진행한다. 이것은 그 이상의 자유나 특히 시민사회의 정신적 편익을 감수하거나 향수할 수 없다는 것을 수반한다」.28)「대중이 어떤 일정한 생계양식 이하로 영락함으로써 … **천민**이 나오게 된다. 천민의 발생은 동시에 이에 대응하여 엄청난 부가 아주 근소한 자에게 집중하는 것을 더욱 쉽게 한다」29) 그뿐만 아니다! 헤겔은 이미 이러한 시민사회의 목하의 경제상태가 어떻게「부의 과잉을 낳더라도 … 빈곤과 천민 출현의 과잉을 억지할 수

---

22) AaO., S. 30.
23) AaO., S. 65.
24) Hegel, *Rechtsphilosophie*, § 289 (S. 380) (역서, 521면).
25) AaO., § 182 (S. 247) (역서, 356면).
26) AaO., § 238 (S. 299) (역서, 424면).
27) AaO., § 243 (S. 302) (역서, 427면).
28) Ebd. (역서, 428면).
29) AaO., § 244 (S. 302) (역서, 428면).

있을 정도로 충분하지 않다」는 것을 알고 있었다.[30] 왜냐하면 무산자의 최저생활조건에 의해서 사회는 탈도덕화한다고 생각했기 때문이다. 그리고 헤겔의 생각으로는 노동의 기회를 산출함으로써 다시 「생산량이 증가하고 공급과다와 이를 받아들일 수 있는 생산적인 소비자의 부족이라는 형태에서의 폐해가 생기며, 그것이 이들 어떤 면에서도 오로지 증대할 뿐이다」.[31] 그리하여 헤겔 자신은 결론적으로 이렇게 생각한다. 「이러한 변증법에 의해서 시민사회는 자신을 쫓아내는 것이다」[32] ── 이는 마르크스주의에 이르는 작은 걸음이며 우리는 그 한 가운데 있는 것이다! 헤겔은 이 첫걸음을 내딛지 않았다. 그의 변증법은 단지 식민지활동과 국가에로 향하고 있다. 헤겔은 대체로 경제문제에는 거의 관심을 두지 않고 자본주의적 생산양식과 그 혁명유발작용에 대해서는 아무런 예감도 가질 수 없었다. 그에게 유용한 것은 따라서 사회적 이성의 교지, 즉 시간적 및 국민적으로 내용상의 제약을 받고 있는 도덕관념과 법관념을 배려하지 않고, 본질적으로 그 자신의 자기완성의 수단인 국민적 투쟁에만 관심을 두는 교지였다. 마르크스주의의 역사관에서는 이 국민들 간의 대립과 아울러 그것과 부분적으로 중첩하거나 또는 그것을 압도하면서 경제적·사회적 계급대립이 등장하게 된다. 여기서는 계급투쟁이야말로 이성이 된 보다 고차의 사회발전을 가져오는 동력원의 역할을 인수한다. 그러나 그 강철의 수레바퀴는 이 경우에도 인류와 법의 관념 ── 시간적·국민적으로 내용상의 제약을 받을 뿐만 아니라, 특히 계급적·사회적으로도 내용상의 제약을 받는 인류와 법의 관념 ── 에 직면해서도 정지할 것은 없다. 마르크스도 역시 역사를 헤겔과 달리 볼 수는 없었다. 헤겔은 역사를 「도살대」라고 생각하였다. 그에 의하면, 「거기에서 민족들의 행복, 국가들의 예지 그리고 개인의 덕이 희생을 치루게 된다」.[33] 세계의 이러한 변증법 속에서 헤겔과 마르크스 두 사상가는, 모든 존재는 동시에 비존재이며, 영원히 대립하는 투쟁에서 끊임없이 새로운 종합에로 고양해 가는 생성일 뿐이라고 생각하고 있었다.

그리하여 이러한 가장 본질적인 기초에 입각하는 것으로서 마르크스주의는 지고의 인식가치를 가진 탐구원리라는 점에서 확장된, 헤겔의 일원론적인 이성철학에 다름 아니다. 그것은 이미 플렝게가 상세하게 제시했듯이, 「그 가장 심오한 핵심에서 관념론적인 사회고찰」이다. 거기에서 이 마르크스는 어찌해서 저 악명높은 유물론자 마르크스와 일치하는가? 무엇 때문에 정치가 마르크스는 노동자계급을 인간의 존엄을 위한 관념론적 투쟁에로 향하여 결집시키려고 하지 않고, 그 물질적 이익을 위한 투쟁에로 결집하려고 하는가? 이러한 질문에 대해서는 독일 관념론의 시인인 프리드리히 실러가 『인간의 존엄』*이란 그의 에피그람이 적절하게 대답을 주고 있다.

---

30) AaO., § 245 (S. 303) (역서, 430면).
31) Ebd. (역서, 430면).
32) AaO., § 246 (S. 304) (역서, 431면).
33) Hegel, *Geschichtsphilosophie*, S. 49.

「먹고 자는 것을 그들에게 주라! 바라는 건 오직 이것뿐.
벌거벗은 것을 감추면 존엄은 저절로 주어지네」.

그러나 이것만으로는 아직 마르크스적 유물론의 특징은 묘사하지 못한다. 왜냐하면
마르크스는 세기의 전체에 걸쳐서 합리주의적 자연법의 유산이라고 불린 신앙 속에서
살았기 때문이다. 그것은 원칙적으로 모든 생은 계산에 의해서 지배될 수 있다는 신앙이다.
나아가 마르크스는 그 사회의 경제적 · 기술적 하부구조 속에, 마침내 데미우르고스
(Demiurg)*를 발견했다고도 주장한다. 그 데미우르고스는 그 자체 예측가능한 것이며,
모든 불투명한 사회관계에 대한 합리적인 통찰을 가능케 하게 되었다. 이리하여 마르크스에
게 자신의 이론은, 헤겔의 그것과 달리 목적론적 필연성에서가 아니라 인과적 필연성에
근거하고 있으므로, 이 자연법칙적 발전의 실현을 위해서 하는 어떠한 이데올로기의 협력도
불필요하게 되었다고 생각하였다. 노동자계급은 「실현되어야 할 어떠한 이상을 가지지
않는다」는 잘 인용되는 슬로건이다. 그러나 19세기의 이러한 시대장식의 이면을 볼 수
있는 자는, 실증주의적 · 자연과학적 장식의 배후에서 자칭 쫓아버린 이념적 요인들이
도처에서 드러나는 것을 인정한다. 그리하여 바로 노동자계급이 이러한 슬로건을 계승하는
것에 「그들의 역사적 사명의식」이 있다고 하며, 그들에게 「그 사명에 적합하게 행동할
영웅적인 결의」가 기대되는 것이다.[34] 마르크스는 프롤레타리아트에게, 「그들 자신의
생활상황 속에서 그들의 목표와 역사적 행동은 오늘날의 시민사회의 조직 전체에서처럼
뚜렷하고, 철회불가능한 것으로 제시되고 있다」[35]고 주장한다. 이러한 기계론적인 사회지
식의 관념이 보여준다고 해서 다음과 같은 인식을 속여서는 안 된다. 여기서는 확실히
운동의 방향이 실재적 · 경제적으로 지지받은 주장으로서 제시되는데, 그 「철회불가능한」
것으로서의 실현은 역시 여전히 인과적으로는 설명불가능한, 이성에 적합한 미래의 보다
고차적인 발전에 종속하며, 이 발전을 헤겔이 말하는 의미에서 인식하고 의욕하는, 역시
마찬가지로 공리처럼 자명한 인간의 능력에 계속 의존한다는 점을 인식하는 것이다. 그리하
여 우리들 현대인은, 자연 · 「과학적」 사회주의 — 이것은 상실한 종교적으로 안락한 감정의
대용물에 불과한데, — 속에서 이성의 교지에 대한 매력적인 증명을 본다. 원래 이 이성의
교지는 학문의 외관을 걸친 격정에 의해서 자기실현으로 가져온 것이다. 그러나 이러한
유물사관에서도 헤겔에 따라서 말하면, 위험을 범한 것은 보편적 이념은 아니었다. 「보편적
이념은 공격도 침해도 받지 않고 배후로 물러나는 것이다」.

칸트냐 헤겔이냐 누구를 마르크스주의 역사관의 보다 중요한 시조로 볼 것인가 하는
열띤 논쟁에 대해서는, 아무도 이해투쟁으로 불가피하게 앞으로 내몰은 이 발전 이데올로기
속에서는 결코 일치를 위한 어떠한 결정근거도 제시할 수 없다. 그러나 칸트 역시 「가장

---

34) Karl Marx, *Der Bürgerkrieg in Frankreich* (1871), Berlin 1891, S. 50.

35) Karl Marx in Marx/Engels, *Die Heilige Familie* (1845), in Franz Mehring (Hg.), *Aus dem literarischen
Nachlaß von Karl Marx, Friedrich Engels und Ferdinand Lassalle*, Bd. 2, Stuttgart 1902, S. 133.

아름다운 사회질서」는, 「비사회성」의 성과라는 생각을 가지고 있었다.[36] 그 결과 자연은
우리들에게 「우리들이 바라거나 바라지 않든」 그러한 질서에로 향하는 것을 강제한다.
그런데 카를 마르크스의 경제적 · 역사적 사고의 본래의 특성을 만들고, 그의 사상에 처음으
로 계급투쟁이론의 기초구축을 할 능력을 부여한 것은 사회적인 대중의 통일성과 그
초인격적 정신태도에 대한 사색이다. 그리고 이처럼 가장 중요한 전제를 그에게 가르친
것은 헤겔뿐이며, 칸트는 아니었다. 칸트는 통례 오로지 인간적 · 인격적 통일체만을 생각
한 것이다.

위대한 경제이론가 마르크스, 즉 『자본론』의 마르크스는 따라서 헤겔의 어깨 위에
서 있다. 그러나 또 한 사람의 마르크스, 즉 혁명적 정치가이며 『공산당선언』을 집필한
윤리적 예언자인 마르크스는, 세계이성 속에 안식하며 현재의 정치적인 「인륜적 이념의
현실태」 속에 매몰되고 있는 헤겔철학에서의 개인에게는 결코 만족하지 못했다. 그는
이러한 존재에 향하여 개인 각자에게 당위의 어필을 제시하지 않을 수 없었다. 그러나
바로 이 헤겔에서 멀리 떠난 점에서 마르크스가 자신에 대해서 한 말, 즉 자신은
헤겔철학과의 대결 때문에 사회주의자가 되었다는 말이 의미를 계속 가질 수 있는
것이다.

마르크스의 전기 작가인 메링은 최근 우리들에게 「마르크스 중에서는 언제나 투사가
사상가에 선행한다」는 것을 증명했는데, 이 말은 결코 잊어서는 안 된다.[37] 그렇기 때문이
야말로 우리는 마르크스주의의 철저하게 초인격적인 세계상 속에 갑자기 인격주의적인
발전목표가 떠오르거나, 사회관 · 역사관이란 점에서의 헤겔과 상술한 사회적 발전의 대관
식으로서의 칸트와 피히테로부터 구성되는 기묘한 혼합물이 생기는 이유를 이해할 수
있게 된다. 이 프로이센 국가철학자의 제자는 철저하고 명백하게 생각하지 않은, 경제적
사회조직에 고유한 요청과 자주 날카롭게 모순되는 개인주의적인 국가소멸론을 궁극적이
지만 매우 먼 장래의 이상목표로서 제시하였는데, 이 근거는 단지 마르크스의 생각에서의
자유주의의 영향이나 마르크스 자신의 정치적 경험에서만 구할 수 있는 것은 아니며,
의심할 것 없이 바로 마르크스의 인격 그 자체에서 구할 수 있는 것이다. 객관적 정신에
대해서 헤겔이 범한 죄는, 이것을 눈앞의 프로이센의 현실로 세속화시킨 데에 있다. 헤겔
자신은 시민사회의 「대립과 착종상태 속에서 과잉과 빈곤의 무대로 화하여 양자 모두에게
공통된 육체적 · 인륜적인 퇴폐상」을 드러내기에 이른 것[38]을 인식하고 있었는데, 거기에
서 더욱 그는 거의 체제상의 수정도 하지 않고 식민을 통하여 확장되고 있는 프로이센
군주제 속에 인간사회의 궁극 최고의 조직형태를 발견하였다는 신앙에 몰입하였으며,
이 「인륜적 이념의 현실태」는 저 경제적 시민사회를 인륜적 통일체와 조화될 수 있다는

36) Immanuel Kant, *Ideen zu einer allgemeinen Geschichte in weltbürgerlicher Absicht*, in *Gesammelte Schriften* (Hg. Kgl. Preußische Akademie), Bd. 8, Berlin 1912, S. 22.

37) Franz Mehring, *Karl Marx. Geschichte seines Lebens*, Leipzig 1918, S. XI.

38) Hegel, *Rechtsphilosophie*, § 185 (S. 249) (역서, 359면).

기대를 품고 있었다. 그러나 젊은 마르크스는 아주 다른 현실에 직면하여 깊은 충격을 받고 있었다. 그는 어떻게 국가에서도 사적 이해가 「세계의 궁극목적으로 간주하기에」 이르고, 더구나 「국가가 그것을 위한 수단이 되는가」하는 문제를 해명하지 않으면 안 되었다. 그는 당시 자신이 또한 말하듯이, 「왜곡된 유물론」을 알고 있었다. 그것은 「프로이센 관보가 입법자에게 목재법에서는 목재와 삼림을 고려해야 하며 개개의 물질적 과제를 정치적으로, 즉 국가이성이나 국가인륜 전체와 관련지어 해결할 것은 아니라고 교설하는 이론의 직접적 귀결」이었다.[39] 이러한 정치적 현실에 적대하기 때문에 마르크스와 엥겔스는 또한 경우에 따라서는, 독일의 마르크스주의는 말하자면 쓸데없는 것과 함께 귀중한 것을 버리고, 국가 그 자체에 어떠한 정당성의 승인도 거부하였다. 청년헤겔파의 일원인 마르크스가 최초로 실망한 때에 다른 무엇보다도 대중 속에서 자유감정을 자각하려고 하였다. 왜냐하면 이 감정만이 「사회로부터 다시 그 최고의 목적을 위한 인간의 공동체, 즉 민주국가의 형성」[39a]을 가능케 한다고 생각했기 때문이다. 이념상 국가와의 내적인 관계를 결여하였기 때문에 그와 엥겔스는 무정부주의적인 자유의 이상에로 인도하게 되는데, 이러한 자유의 이상에 일치하는 정치적 형식이념은 결코 생각할 수 없는 것이다. 칸트적인 의미로 말하면, 지배 없는 사회라는 이상은 이미 「가능한 실정적 입법의 기초」를 형성할 능력을 갖지 못하기 때문이다.

국가라는 착취기계의 폐기 또는 「사멸하며」, 「잠자는」 「국가라는 헌옷」의 폐기에 대한 마르크스주의의 논의에 대해서, 국가는 마침내 「생산자의 공동체」로 대체되어야 할 것, 독일 노동자층의 독일 국민인 특성도 근거로 하는 국가감정을 근절하는 것은 사회주의자법마저도 달성할 수 없었던 것, 또한 독일 사회민주당이 「장래의 국가」에 대한 이론에서도 실천 정치의 결정적인 순간에서도, 마찬가지로 항상 독일 국가에 신앙고백하고 있던 것, 이러한 것들이 독일 민족에게 헤겔의 영향이 여전히 미친 결과인 것은 물론이다. 이 영향은 헤겔의 제자인 라살레를 통해서 독일 사회민주당에게 전해졌다. 라살레는 헤겔의 정신에 입각하여, 노동자에 대해서 제도로서의 국가에는 어떠한 형태로든 적대시하지 않도록 경고하고, 자유주의적인 국가에 「야경국가의 이념」이라는 낙인을 찍었다. 이 이념은 국가에게 「절도와 강도를 예방하는」 목적만을 인정하고, 「개인의 인격적 자유와 그 소유권을 보호하는」 것만이 허용된다.[40] 이에 대해서 라살레는 진정한 헤겔주의자로서 국가를 「**인류의** 자유에의 **발전을** 완성시킨다」[41]는 과제를 가지는 「인륜적 전체에서의 개인들의 통일체」라고 선언한다. 독일 사회주의에는 경제적 헤겔주의자인 마르크스와 정치적 헤겔

---

39) Karl Marx, "Dabatten über das Holzdiebstahlgesetz" (*Rheinische Zeitung*, 3. November 1842), in Mehring, aaO., Bd. 1, S. 321.

39a) Karl Marx, Brief an Ruge, Mai 1843 (Aus den *Deutsch-Französischen Jahrbüchern*), in Mehring, aaO., Bd. 1, S. 336.

40) Ferdinand Lassalle, *Arbeiter-Programm* (1863), in *Gesammelte Reden und Schriften* (Hg. E. Bernstein), Bd. 2, Berlin 1919, S. 195 f. (서석연 옮김, 『노동자 강령』, 범우사, 1990).

41) AaO., S. 197.

주의자인 라살레가 병존하고 있다.

　우리들은 독일 국민국가 운동만을 헤겔에서 유래한다든가, 1914년의 이념[42]은 헤겔로부터 각인할 뿐만 아니라 1918년의 운동에 유입하는 독일 정치의 또 하나의 유력한 조류들도 역시 헤겔에서 유래한다고 할 수 있다. 오늘날 헤겔 정신을 답습하는 경우, 그것은 필연적으로 두 개의 방향성을 가진다. 왜냐하면 유물론의 시대의 지적 불손함은 두 개의 방향으로 강한 영향을 남기고 있기 때문이다. 마르크스주의만이 외적인 힘들을 일면적으로 과대평가하였다는 책임을 지는 것은 아니다. 국민적 권력이데올로기도 그것을 가리켜 이념에 의해서 행동이 인도되는 사람들을 신뢰하는 이상으로, 대포의 크기와 숫자를 믿은 것이다. 이 두 가지 면에서 자기비판이 테제와 안티테제의 종합을 위한 첫 번째 전제, 독일의 운명문제에 대답하기 위한 첫 번째의 전제를 이룬다. 이 종합을 나는 두 가지의 지금까지 적대시해온 조류가 하나의 하상으로 합류하는 지점을 발견하였다는 점에서 구하고 싶다고 생각한다. 그 방향을 시사하는 것은 헤겔이다. 그의 국민국가사상은 민중(Volk)이 국민을 만들며, **하나의** 국민만이 **하나의** 국가를 형성한다는 방정식에 근거하고 있었다. 오늘날의 우리들의 의식에서 볼 때, 국민의 그러한 국가형성은 단지 밖으로부터 관찰된 상에 그치며, 자각된 내적 실효력이기도 하다. 그러나 국가의 이러한 형성에 국민은 충분히 관심을 두지 않고 민중에 이르러서는 전혀 관심을 갖지 않았다. 민중=국민=국가라는 등식은 상당히 조잡한 것이다. 왜냐하면 헤겔은 이미 개개의 민중계급만이 정신적이며 경제적으로 국민의 성립에 참여한다는 데로 인도했는데, 이후 수 십 년의 경제적 발전은 이 민중의 부분이 작으면 작을수록 분열된 계급과 국민과의 관련은 더욱 완만하게 되는 사태를 가져왔기 때문이다. 그러나 여기서 생각한 정신에서는, 오늘날 독일의 노동자층 역시 독일 국가의 형성에 참여하는 권리를 위해 쟁취한 공산당선언의 요청을 진지하게 받아들이고, 자기 활동을 통해서 경제적 및 정신적으로 「국민적 계급에로 높이고, 자신을 국민으로서 구성하지 않으면 안 된다」.[43]

　독일의 국민사상과 독일 사회주의는 양자 그 계보를 헤겔에까지 소급할 수 있다. 이것들은 마르크스와 라살레에 의해서 심화되었다. 그들의 조상에게 바쳐야 할 기념비로서는 독일의 전체 민중을 새로운 국민적 권력으로 조직하는 사상을 실현하기 위한 공통된 길을 발견하는 이상으로 가치 있는 것은 없다.

---

42) Johann Plenge, *1789 und 1914. Die symbolischen Jahre in der Geschichte des politischen Geistes*, Berlin 1916 참조.

43) Karl Marx und Friedrich Engels, *Manisfest der kommunistischen Partei* (1848), Berlin 1919, S. 18.

# 5. 사회와 국가*(1920)

**사회개념**. 인간은 종교적 · 형이상학적인 생활형식에서 떠나면 그 내면에 속하는 완전히 개인적인 종교체험을 외부의 모든 사건에서 구별하여 전자를 후자로부터 완전히 독립시킨다. 그러나 이와는 반대로 인간은 자신의 외측을 둘러싸는 자연과 자신을 파악하는 문화를 해석함에 있어서도 종교나 형이상학의 힘들을 끌어들이는 것을 단념하게 된다. 인간은 이 문화의 제국을 자기 자신의 창조물로 파악하려고 하며, 그 창조자 · 문맥 · 공통의 기초를 탐구한다. 국가와 경제, 교회와 예술, 언어와 학문, 도덕과 법은 그 산물로 이해할 수 있게 된다. 모든 문화현상에 관한 이 상상적인 일반적 기초를 **사회**라고 부르기로 한다. 그렇지만 인류의 발전 전체와 관련된 그러한 사회는 비판적 학문에는 거의 결실한 인식가능성을 제공하지 못한다. 신만이 이 발전 전체의 경과, 조건들 그리고 사명을 객관적으로 조망할는지도 모른다. 이러한 의미에서의 사회는 가치 있는 학문적 관점, 학문의 매우 결실 있는 고찰양식에서, 학문의 현실적 인식대상이 되지는 않는다. 학문적 고찰은 그러한 것을 구체적 **사회**들 속에서 비로소 발견한다. 그러한 것들의 학문적 고찰은 여기에 사회학(사회과학)으로서 고찰하지 않으면 안 된다. 이렇게 이해하면 사회개념은 의식적 또는 무의식적인, 조직적 또는 비조직적인, 계속적 또는 일시적인, 어떤 이익의 통일에 의해서 정리된 인간의 수다성(Vielheit) 모두를 포괄한다.

**사회과학**. 사회에 관한 특수한 학문은 19세기에 비로소 찾게 되었다. 그것은 오늘날에도 여전히 더욱 만족하기를 계속 요구하고 있다. 거기에서 인간은 자기 자신을 인식하려고 하며, 민족들의 운명, 사회적 감정태도와 사고형식이 직조하는, 시공 중에서 참으로 무한한 교류가 사회인식을 가장 어렵지만 그러나 가장 중요한 지식의 문제가 된다. 중세는 모든 사회현상, 그 중에서도 국가를 신의 의지로 환원하고 사회를 신학적으로 해석하려고 시도하였다. 르네상스 이래 인간이 모든 문화적 현상 그 자체를 자작한다는 견해가 널리 받아들이기 시작하고, 자연법의 (이라고 말하면 자주 그 때는 오해될 뿐인) 견해에 따르면, 개인이, 즉 이성이며 자유로운 의지를 갖추고 그와 같이 행위도 하는 인간이 역사나 사회의 생명을 형성하게 되었다. 사회는 합리주의적으로 설명되지 않으면 안 된다. 이처럼 개인주의적 ·

---

\* Gesellschaft und Staat in *Teubners Handbuch der Staats-und Wirtschaftskunde*, 1. Abt. (Staatskunde), 1. Bd., 2. Heft, B. G. Teubner, Leipzig 1924, S. 74-78. jetzt in *Gesammelte Schriften*, Bd. 1, S. 257-266.

합리주의적 사회상이 역사적 현실에 모순된다는 것에서 19세기가 되자 사회적 생명의 사회학적 해석이 성립하였다. 개별적 인간의 세속을 초월한 의지나 자유로운 이성에서가 아니라 사회화된 인간이 이제 모든 문화적 창조자로서 나타났다. 집단들, 역사적으로 발전해 온 공동체들이 무대의 전면에 등장하고, 개인은 조연적인 역할을 하고 개인의 존재는 어떤 집단의 대표자라든가 대표적 인물에 불과하게 되며, 집단이 개인 중에서 느끼고 생각하고 행위하게 된다.

**사회화하는 힘들**. 사회화된 인간, 집단은 그리하여 국가 · 경제 · 교회 · 예술 등등 중에서 스스로 활동한다. 그러나 개개인을 사회화하는 힘들이란 어떠한 것인가? 사회의 원시적 형식들 중에는 그 이상 설명할 수 없는 공통된 계보, 지리적 및 기후적 조건들의 공유성(근린성), 아울러 보다 합리적이며 사회의 수직적 구축에도 기여하는 경제적인 이익공동체가 가장 분명하게 인식할 수 있는 사회적 유대로서 보인다. 그것에 근거하여 서로 교류하면서 산출하며, 점차 조건이 되면서 이 기초적 공동성인 피, 근린성 그리고 경제로부터 발전한 문화의 의식 · 언어 · 역사적 운명 그리고 모든 무한하게 다양한 현상들의 공통성이 전개해 나간다. 이러한 문화들은 야콥 부르크하르트에 의하면, 「인종적인 것이 반성된 것에로 변화하는 과정」[1]이라고 부른다. 전쟁, 민족이동 그리고 평화적 상호침투가 민족 · 부족들을 서로 혼합한다. 자연에 대한 인간이성의 투쟁 속에서 살기 어려운 토지와 기후에서 문화가 어떻든 필요하게 된다. 자연의 원초적인 혈연공동체와 근린성은 배후로 물러나고 문화의 공동체가 결정적으로 된다. 발전된 문화 중에는 원초적인 자연의 요인과, 그것을 만들어 바꾼 뒤의 사회적 영향은 이미 구별하기 어렵다. 그리하여 국민 역시 본질적으로 피의 공동체가 아니라 — **인종에 따른** 민족 등 존재하지 않는 — 고차의 독특한 문화적 업적과 그것에 의해서 얻어진 특유의 본질적 성질을 수반한 민족공동체이다 (예컨대 역할이 다른 인종에서 출현한 북아메리카 국민의 특성이다). 다수를 사회적 통일로 결합하는 같은 힘들은 통상 이 집단의 내부에서만 구속력을 가지며, 대외적으로 대부분은 방어적이거나 반발적이며 비사회적으로 작용한다. 이것은 특히 자연적인 이익결합체나 완전하게 경제적인 이익결합체인 것처럼 정신적 결합체에도 타당하며, 결합이 밀접하면 할수록 보다 높은 정도로 타당하다(혐오라든가 경멸로까지 발전하는, 기타 가족 · 국민 · 계급 등에 대한 자신들의 그러한 자존심).

**사회적 세력관계**. 한쪽의 다양하고 그들 상호작용에서 여러 가지 강력함으로 작용하는 사회화를 진행하는 힘들, 아울러 다른 한편에서의 집단들과 개인들에 있어서 자연적 및 정신적 · 인류적 다양성은, 현저하게 다양하게 편성된 사회적 종속관계 내지 권력관계를 가져온다. 지리나 기후의 혜택을 받은 민족들은 보다 혜택을 누리지 못하는 민족들을 지배하고 자연적으로 취약한 사람들이 건장한 사람들에 종속하는 것이 보인다. 의지력, 지배의 재능, 정신적 능력은 민족들과 개인들에게 다른 것에 대한 힘을 부여한다. 자연적

1) Jacob Burckhardt, *Weltgeschichtliche Betrachtungen*, 3. Aufl., Stuttgart 1918, S. 56 (안인희 옮김, 『세계 역사의 관찰』, 휴머니스트, 2008; 이상신 옮김, 『세계사적 성찰』, 신서원, 2002) 참조.

차이는 사회적 발전을 통해서 뚜렷하게 강화되기도 하는데 또한 극복되기도 한다. 수천 년에 걸쳐 반복되어 온 자연에 대한 인간사회의 투쟁은 인간사회에 사회적인 무기의 창고를 부여한다. 이것들은 도저히 모두라고 까지는 아니지만 수많은 자연적 차이를 일면에서 화합하는데 적합할 뿐이며, 다른 한편 그것을 강화하고 심지어 자연적 우위성을 사회적인 그것으로 대체해 버렸다. 무엇보다도 강력한 사회적 권력을 산출한 것은 소유이다. 그것을 독일에서 처음으로 명언한 것은 로렌츠 폰 슈타인이었다. 「어떤 계급의 다른 계급에 대한 종속은 모두 소유에 근거한다」.2) 확실히 정당한 것은, 「개개의 유력자들은 항상 자신에 대해서 이 원칙을 폐지할 것이다. 그러나 규칙대로 소유는 그 커다란 차이에 의해서 개인적 발전의 차이를 가져온다」. 그리하여 이미 세습신분적 사회질서 중에서, 그리고 그것이 절대주의와 시민층에 의한 자유·민주적 혁명을 통해서 거의 해체된 이래 소유의 분배와 그 조건이 되는 경제체제란 상당한 정도까지 사회적 권력분배의 기초가 되었다.

**법과 국가의 성립**. 거기서 원초적인 소유의 배분이 폭력적인 토지의 취득으로 달성되고 소유자에 대해서 보다 적당한 발전조건을 통하여 최초의 폭력에서 서서히 권력관계가 생기고, 즉 물질적인 소유와 아울러 정신적인 재산도 사회적 지도에로 발전해 왔다고 상정한다면, 비교적 적은 소유만을 가진 사람들이나 피지배자가 저항하거나 보다 권력을 가지게 되고 있다는 사태는 무릇 어떻게 생각할 것인가? 이러한 변화는 지배자들의 자연적 생명력이 쇠퇴함과 동시에, 사회적 권력의 고유한 생존조건에 의해서도 가져오게 된다. 왜냐하면 개인의 것이든 집단의 것이든 어떠한 폭력도 단독으로 이 세상에 존재하지 않으며, 어떤 것도 자족적으로 무릇 전능하지 않기 때문이다. 그러므로 생명 없는 물건에 대한 지배로서의 힘도 적어도 이념상은 무제한할 수 없듯이, 어떠한 사회적인 권력도 인간의 감정이나 의지에 대한 지배로서 그것이 인간의 부정으로 이행하지 않고, 즉 폭력으로 되면, 단지 그 자기보존을 위해서 지배자에 의해서 지배되는 사람의 감정이나 의욕 속에 어떠한 최소한의 한계를 가진다. 그것은 어떠한 방법으로 이들 피지배자에 의해서도 뒷받침되지 않으면 안 되기 때문이다. 모든 권력관계에서 유력자가 물리적으로 **가능한 것**에 더욱 더 깊은 곳에 있다고 해도, 피지배자의 의지에 정착된 권력에 **허용되는 것**의 한계가 대응한다. 이 허용되는 것의 한계는 먼저 지배자와 피지배자와의 내적 결합의 정도에 대해서, 즉 전자의 은총과 후자의 복종에 의존한다. 그러나 양자가 서로 무관심하지 않은 그러한 경우에조차, 요구하고 부여한다는 다른 의지의 협력에 관하여 계속적 관습에 적합한 규칙이 형성되어야 하는 것이다. 그러한 확고한 규칙은 모든 사회적 권력이 그것과 동등한 다른 권력이나 내적으로 소원한 피복종자에 대한 경우에는 적당하지 않다. 권력관계에 관여하는 사람들 아래 그 물리적으로 할 수 있는 것은 그것이 허용되는 것에 한계를 가진다는 관념이 근거하는 정도에 따라서 **법**이 성립한다. 즉 이것은 한편으로는 내외로 향한 권력의 합목적적인, 즉 가능한 한 마찰 없는 조직의 규칙이다. 이러한 것으로서

---

2) Lorenz v. Stein, *Geschichte der sozialen Bewegung in Frankreich von 1789 bis auf unsere Tage* (1849/50), Neudruck (Hg. Salomon), München 1921, Bd. 1, S. 57.

그것은 모든 권력관계 중에서 세력들의 협력의 기본형식이어야 하며, 그리하여 모든 권력의 절대적으로 필요한 현상형식이다. 그러나 이른바 사회적 권력은 물리적이며 정신적인 세력들의 표현이며, 그것들을 형성하는 이들 모든 가치의 발전에 바로 의거하고 있기 때문에 지배자의 모든 법은 피지배자의 법이어야 하지 않으면 안 된다. 왜냐하면 권력의 관심은 하위에 있든 등위에 있든 이 권력관계에 참가하는 모든 사람들과의 관심과의 상호작용에 위치하기 때문이다. 피지배자도 법과 그 논리를 이끌어낸다. 법은 자립하며, 지배권력은 자신이 불러낸 정령(精靈)에서 이미 도피할 수 없다. 민주주의의 법형식은 18세기에 시민층에 의해서 그 자신의 이익에 봉사하는 것으로서 요구되었는데, 그것은 노동자운동 중에서 부르주아적 이익에 적대하면서도 다시 작용하였다. 의무는 이리하여 권리의 상관물이 되었다. 권리와 의무에 대한 복종의 규칙성은 먼저 이익들의 조화가 규칙적으로 나타나는 것에 의존하는데, 서로 대립하는 이익에 관하여 권력이 규칙적인 복종을 감시하는 경우에도 존재한다. 복종의 규칙성은 이 목적을 위해서 인간의 권력의 영역을 규정하는 규범들을 표현하며, 그것들을 보장하며, 그리고 사회에서 가장 권력 있는 이 조직이 **국가**이다. 국가에 의해서 보장된 법은 그러므로 조직화된 사회적 권력에 의해서 보장되지 아니하는 (그러나 여하튼 비조직화 된 권력들에 의해서 보장되고 있다!) 국제법 보다도 훨씬 규칙적으로 복종한다.

　　**법과 국가의 사회에 대한 관계.** 국가도 법도 사회적 종속관계를 결코 폐기하지 않으며, 그것들에 한계를 설정할 뿐이다. 이 한계는 시대와 문화권에 의해서 다양하다. 이 한계설정을 통하여 국가와 법은 바로 지배적 권력관계를 공인하며, 그것에 예속하게 된다. 노예제는 하나의 법제도였으며, 소유권·채무·가족·공공체 그리고 국가 역시 우선 사회적 권력관계로서 그 뒤에 비로소 법제도로서 파악할 수 있게 된다. 왜냐하면 모든 법개념은 처음에는 하나의 추상적인 현실존재만을 다루기 때문이다. 국가가 생명력 있는 작용을 가져오려면 국가는 그 기관인 생명력 있는 개개인을 통해서 행위하지 않으면 안 된다. 이 현실의 개개인은 그러나 모두 사회적 영향에 의해서 제약되며, 다소간 사회의 권력투쟁 속에 편입되며, 그것들에 특유한 사회적 감정, 의욕 그리고 사고를 국가의 입법, 행정 그리고 재판에 가져온다. 국가와 법도 사회적 형상에 불과하며, 사회 밖이나 위에 초월적인 것으로 두어진 아르키메데스의 점을 손에 넣지 못하며 우리들은 **국가와 법에 대한 사회의 지배**를 인정하지 않을 수 없다. 정치의 본질은 여기에 국가 중에 있는 모든 집단(정당·계급)이 국가를 정복하는, 즉 사회적 권력을 국가적인 법으로 전화하려고 노력하는 데에 있다.*
이 특징에 대해서는 군주제와 공화제 사이에 구별이 없다. 군주 역시 그것에 특유한 사회적 이익을 가지며, 자신의 권력을 유지하기 위해서 특수한 사회적 집단을 지지하지 않으면 안 된다. 현대 국가를 단순히 착취하는 계급의 도구라고 부르는 것은, 그럼에도 불구하고 잘못일 것이라고 카우츠키 자신이 이미 오래 전에 통찰하였다. 사회민주당의 에르푸르트 강령에 대한 그 설명 속에서 그는 이렇게 말한다. 즉「오늘날 존속하는 사회조직들 중 그 내부에서 사회주의적 동료단체를 발전시키기 위한 틀로서 사용할 수 있었던 필요한

규모를 갖춘 것은 **하나뿐이다. 그것은 현대 국가이다**」.[3]

법과 국가는 모두 정신적인 것처럼, 그 발전을 사회적 이익들의 투쟁에 힘입고 있는데, 그것들이 이처럼 이익투쟁에 속박된 상태로부터 몸을 해방하고 일면적인 요구에서 자립적으로 대처하는, 즉 사회적 권력의 우위성을 고려하지 않고 항상 이익들을 형량하려고만 노력하는 데에 그 정신적인 섬광을 보여주고 있다. 이미 시사했듯이, 이것은 바로 법과 국가의 본질에 속한다. 이리하여 합목적성 사상에 정의의 여신(Justitia)이 덧붙여지는데 그녀는 눈을 가리고 저울을 손에 들고 있는 모습으로 묘사된다. 그리고 이 노력은 국가에 대해서 국가 자신을 위해서 필요하다. 왜냐하면 유일하고 오직 이렇게 해서만 국가는 자신을 다른 모든 사회형상으로부터 구별하는, 자신만의 고유한 중심적 사명의 충족에 가까이 갈 수 있기 때문이다. 그것은 특정한 지역에서 서로 다투는 다양한 사회적 권력들을 협력하게 하고 통일적이고 계획적으로 문화발전을 가능케 하는 방향으로 인도한다는 것이다. 그리하여 법질서로서의 국가에는 여하튼 무한한 중에서만 완전하게 충족되는 당위가 있으며, 그것은 국가의 사회적 권력으로서의 존재와 국가의 실정법에 대해서 긴장한 관계에 있으면서 생긴다. 실정 국가질서와 법질서 속에서 합목적성과 정의의 사상이 지배하며, 그것들이 승인되는 한 우리들은 **사회에 대한 국가와 법의 지배도** 눈에 들어오게 된다. 오늘날의 법학은 실정법의 논리적인 체계화와 해석만을 다루며, 법논리적 체계로 자립화한 이 실정법이 항상 올바르고 합목적적인 법인 것처럼 추정하고 있다. 그러므로 오늘날의 법학은 사회에 대한 국가와 법의 지배만을 보며, 이 관계의 반대를 볼 수 없는 것이다.

**법과 권력과의 모순.** 모든 법은 폭력의 배제와 모든 사회적 가치들과 권력들의 가능한 마찰 없는 발전을 추구한다. 그러므로 그것은 대체로 또 거치른 개략으로 여하튼 끊임없이 변전하는 중에서 파악되는 권력관계의 반영인데, 이것들을 완전히 충실하게 반영할 수는 없을 것이다. 여기서 실정법의 자립성이 사회적 권력들의 반대물이 되며, 실정법이 이미 더 이상 합목적적이고 올바르게 느껴지지 않는다면, 그리하여 그렇지 않고도 존재하는 긴장은 폭발할 것이다. 즉 법과 사실적 권력관계와의 모순은 혁명을 낳을 것이다.

권력에 의한 법의 파괴는 그 후에 구속력 있는 새로운 법을 형성할 수 있는데, 그것은 국가법보다도 국제법에서, 국가 내부 단체의 법보다도 국가법에서 자주 생기며, 사법에서는 가장 드물다. 여기서 **법과 권력**의 긴장의 폭은 가장 넓다. 법의 형성과 법의 관철은, 즉 관계집단들(국가들과 계급들)에 공통되는 이익과 가치관념의 크기와 그 사회적인 힘에 좌우된다. 이러한 공통성이 크면 클수록 법형성도 포괄적으로 되며, 법적용을 감시하는 사회적 기관들(국가에서의 법원, 국가간 법원, 국제연맹)의 형성도 확실하게 된다.

**대중과 지도자.** 그리하여 사회는 단지 복수의 문화권·인종·민족·국가·교회 그리고 경제단체에 따라서, **수평적으로** 정렬될 뿐만 아니라 이러한 집단들 내부에서, 그리고 이것들을 자주 횡단하여 신분들이나 계급들에 따라서 (귀족·상업계·프롤레타리아트의

---

3) Karl Kautsky, *Das Erfurter Programm. In seinem grundsätzlichen Theil erläutert*, 13. Aufl., Stuttgart 1919, S. 119 (서석연 옮김, 『에르푸르트 강령』, 범우사, 2003).

국제조직) 수직적으로도 분화한다. 이러한 사회적 집단들 모두는 문화의 창조자이며 담당자이고, 그리하여 문화는 대중의 다양한 활동의 산물이라고 생각한다. 그러나 그와 함께 만약 결합되지 아니한 군중이 창조적 대중으로 되면 지도자를 필요로 한다. 대중과 지도자와의 관계는 내용과 형태를 부여하는 형식과의 관계이다. 그러므로 지도자는「인류의 대표자」, 보다 정확하게는 그 민족, 그 계급 그리고 이들을 관철하는 시대의 대표자이다. 대중 속에 있는 개개인은「의식 없는 내면성」이며, 개개인에게 그것을「위대한 인물들이 의식시킨다」(헤겔). 지도 · 조직형성 · 조직화를 통하여 군중은 창조적 대중과 사회적 권력이 된다. 조직화되지 아니한 군중은 비생산적인 폭력이다. 대중의 조직화는 내면적인 것에 머무르기도 한다면 내외 양면에 걸치는 경우도 있다. 내면적으로 조직된 (유기적) 대중은 그 감정 · 사고 · 의욕이 강한 내면적 피구속성을 보여주는 집단이다. 그 조직화에는 그 행위능력의 기관으로서, 정신과 언어의 지도자를 요구한다(종교적 · 예술적 · 유행적 지도자). 외면적으로 대중이 조직화되는 것은 대중이 강약의 차이는 있지만 그 구속력의 의식적 표현으로서 그 행위능력의 기관이 되는 행위의 지도자를 고용하거나 승인하는 경우이다. 지도자 없는 군중은 짐승소리 같은 외침이거나 무질서한 싸움일 것이다. 대중과 지도자의 문제도 상호작용의 범주를 사용해서만 다룰 수 있다. 개인주의적으로만 파악하는 역사관은 대중을 단지 지도자의 소재로만 특징짓는데, 이것은 단지 집산주의적인* 역사관처럼 일면적이다. 집산주의적 역사관은 문화건축에 대해서 작업원들만을 보고 천재는 보지 못하는데 천재 중에서 세계의 새로운 단계가 처음으로 열리어 사상과 행동이 되며, 그리고 창조적 대중 속으로 빛이 반사하는 것이다.

## [문 헌]

이 부득이하고 매우 불충분한 상술은 다음의 문헌으로 반드시 심화될 것이다.

Othmar Spann, *Gesellschaftslehre*, 2. Aufl., Leipzig 1923; Alfred Vierkandt, *Gesellschaftslehre*, Stuttgart 1923; ders., *Staat und Gesellschaft in der Gegenwart. Eine Einführung in das staatsbürgerliche Denken und in die politische Bewegung unserer Zeit*, 2. Aufl., Leipzig 1920 (Wissenschaft und Bildung, Nr. 132). 입문서로서 매우 유익한 *Hauptprobleme der Soziologie. Erinnerungsgabe für Max Weber*, 2 Bde., München 1923.

# 6. 독일 현대 정치사상사[*]


구스타프 라드부르흐

존경하는 벗


## 《차 례》

[*] *Die politischen Ideenkreise der Gegenwart*, Ferdinand Hirt, Breslau 1926, 156 S. Jedermanns Bücherei, Abt. Rechts-und Staatswissenschaft (Hg. Friedrich Glum). jetzt in: M. Drath, O. Stammer, G. Niemeyer, F. Borinski (Hg.), Hermann Heller *Gesammelte Schriften*, Erster Band, A. W. Sijthoff, Leiden 1971, S. 267-412.

# I. 서 론

정치적 현실을 관찰하는 자는 먼저 상반되는 주장 · 요구 · 표어 그리고 행위들이 서로 뒤섞인 혼돈과 마주치게 된다. 그리고 싸움의 아우성 소리에 둘러싸여 당황하며, 이러한 것에 익숙하지 못한 귀에게 그 소리는 특히 혁명시대에서는 아주 무의미한 인상을 줄 것이 틀림없다. 그리고 확실히 우리들 독일 사람들 중에도 오늘날, 마치 원시인이 자연의 위력과의 투쟁에 직면했던 것과 같은 외경심은 아니지만, 이와 유사한 형언하기 어려운 공포의 감정을 가지고 현재의 사회상을 관찰하는 사람들이 적지 않다. 그들은 저 원시인들과 마찬가지로 합리적 연관성을 어디에서도 발견할 수 없기에, 모든 개별 현상 뒤에는 하나의 마귀나 선신(善神)이 숨어 있을 것이라는 믿음에 도달한다. 인간의 이성은 개별 현상에 광범위하게 미치는 인과관계의 연쇄를 발견함으로써 자연의 마력에 대한 공포를 비록 제거하지는 못했지만 크게 감소시켜온 것이다. 이러한 인과관계의 연쇄는 두려운 자연의 위력으로부터 신성(神性)을 박탈함으로써 인간에게 유익하게 만들었다. 우리들은 우리들이 인과적으로 파악하는 것만을 지배한다. 자연과학은 보다 커다란 연관성을 발견함으로써, 그리고 무질서 그 자체라고 생각되는 혼돈스런 다수의 현상을 보다 보편적인 힘으로 환원시킴으로써 이러한 카오스에 어느 정도의 질서를 확립하였다.

자연과학보다 연혁이 훨씬 짧은 사회과학도 자신의 분야를 숙고하면서 정립해야 할 과제를 안고 있다. 물론 사회과학은 무한한 다양성을 가진 사회적 · 인간적 행위를 가장 보편적인 충동의 표현으로 이해함으로써 인간을 기계처럼 지배할 수 있다는, 쓸데없는 희망을 품는 것은 허용되지 아니한다. 역사적 · 사회적 존재로서의 인간은 자연과학적인 유적 존재(類的 存在, Gattungswesen)로서의 인간과는 다른, 보다 파악하기 어려운 적법성에 따른다. 그럼에도 불구하고 어떤 경우나 과학에는 항상 혼돈한 다원성과 다양성이 주어지며, 그것들에게 가능한 한의 통일성과 질서를 부여한다는 과제가 주어진다. 여하튼 과학에 질서를 부여하는 사고는 항상 현상의 연관성들을 지향해야 하며, 그럼으로써 인간의 예견과 생활의 안정성을 높여야 하는 것이다.

이러한 합리적인 질서부여의 과제에 대해서, 우리들은 너무 많은 것을 기대하거나 너무 적게 기대해서도 안 된다. 자연과학에서 이러한 과제를 수행하는 것으로서 종류개념(Gattungsbegriff)이 있듯이, 인문과학에서 이와 같은 역할을 수행하는 것으로서 유형(Typus) · 이념(Idee) · 이상전형적(ideal-typisch) 개념이 있다. 헤겔은 그의 『법철학』 서문에서 이렇게 말한다. 「이성적인 것은 현실의 모습을 하고 외면적인 세계를 향해 발돋움하는 가운데 무한하게 풍부한 여러 가지 형식 · 현상 그리고 형태로 나타나면서 다채로운 외피(外皮)로써 자신의 핵심을 감싸는 이념과 같은 뜻으로 사용된다. 의식은 우선 이 외피 속에 갇혀 있지만, 마침내 개념이 이 외피 속으로 침투하여 내면의 맥박을 찾아내고,

동시에 이 맥박이 여러 가지 외적인 형태 속에도 끊임없이 고동치고 있음을 알아차리기에
이르렀다」[1]고 말한다. 이 아름다운 헤겔의 말에서의 논리적 형이상학은 무시되는지도
모른다. 우리들에게 중요한 것은 단지 형이상학으로부터 자유로운 이념의 논리 구조뿐이다.
모든 해석(Auffassung)에 대해서 이념의 하나의 논리적 해석도식, 즉 가능한 한 모순
없고 완결된 사유상(Gedankenbild)을 의미한다. 그리고 논리적 종합으로서의 이 사유상을
우리들은 현실의 어떤 부분내용을 고립화하고 추상화하여 그것들을 점차 논리적으로
높이고, 논리적으로 이념화함으로써 획득한다. 이러한 의미에서 예컨대 자유주의 이념은
우선 하나의 역사적 현실로서 이해해야 할 것이 아니라, 외형상 강약을 지니면서 다른
종류의 이념과 긴밀하게 결부되어 산재한 무수한 개별현상을 고립화하고, 이념화함으로써
얻은 하나의 논리적 종합으로서 이해해야 할 것이다. 이러한 논리적 보조수단을 통해서
사회생활의 현상들은 일정한 설명도식에 의해 비교 측정되고, 생생하고 알기 쉽게 정리된
다. 그러므로 그러한 이념을 고심하여 만들어 내고, 그것들을 사용하여 역사적 현실을
밝히는 것은 오로지 역사적 성격의 다른 많은 측면을 무시함으로써만 가능한 것이다.
따라서 이 자리에서는 다음의 총체적인 내용을 다룬 장이 마치 하나의 역사적 상황이나
인물에게 정당성을 부여하려고 한다는 오해를 하지 않기를 재삼 강조하는 바이다. 많은
점에서 준비 작업이 부족하기 때문에 그러한 의도는 실현되지 못하였을 것이라는 점은
제쳐 두고서도, 그러한 의도는 이 책의 방법론적 의지도 아닌 것이다.

　정치적 이념이라고 할 때, 「이념」이란 말도 수많은 다른 의미가 있는데, 여기서 이것은
도외시하더라도 언어의 관용상 본질적으로 다른 두 가지의 사실을 의미한다. 첫째, 정치적
이념이란 정치사의 실제 흐름을 오로지 결과론적으로 고립화하고, 이념화함으로써 얻은
사유상이라고 해석된다. 예컨대 우리들이 로마인의 국가나 르네상스의 정치에 대해서 말하는
경우가 그것이다. 둘째, 정치적 이념이란 어떤 특정한 시대의 인간 사이에 지배적이며,
그 시대의 역사적 흐름과 더불어 구조에 대해서 원인이 되는 요인으로 작용하여온 하나의
집합적인 정치적 이상을 의미한다. 그러나 상술한 정치적 이상은 우선 논리적 작업에 의해서
만 획득할 수 있는 이념의 후기 단계에 속하는 경우가 종종 있다. 따라서 예컨대 에두아르트
마이어*는 민족성(Volkstum)과 국민성(Nationalität)을 구별하면서, 「처음에는 아주 서서
히… 반은 무의식적으로 하나의 좀 더 밀접한 공유의 감정, 즉 민족성의 통일이란 관념이
형성된다. 이 민족성의 최고의 정점인 국민성의 이념은… 사실상 존재하는 통일성을 의식적이
며 능동적이며 창조적인 의지로 전환한다」[2]라고 말한다. 그러나 그러한 정치적 이상은
단지 이념의 형식에서만 개념적으로 파악할 수가 있다. 왜냐하면 그것은 역사적 현실에서는
생멸이 반복되는 개인들의 무한하게 다양한 두뇌 속에만 살아 있으며, 이러한 두뇌 속에서
명확성·형식·내용 그리고 의미란 점에서 매우 상이한 양상을 보이기 때문이다.

1 ) Georg Wilhelm Friedrich Hegel, *Grundlinien der Philosophie des Rechts*, in *Werke*, Bd. 8 (Hg.
　　E. Gans), Berlin 1833, Vorrede S. 17 f.(임석진 옮김, 『법철학』, 한길사, 2008, 49면).
2 ) Eduard Meyer, *Geschichte des Altertums*, Bd. 11. 5. Aufl., Berlin 1925, S. 79.

정치적 이념 — 여기서는 두 가지의 의미로 사용한다 — 이 가장 강하게 논리적으로 집중되고 이념화되는 것은 그 이념의 궁극적인 형이상학적·논리적 전제들로 환원됨으로써 이다. 이러한 전제들은 이념의 논리적 구조에서 피라미드의 정점, 즉 그 가장 간결한 표현을 형성한다. 사회학적으로도 정치적 이상은 그 형이상학적·논리적 명확성과 윤리적 순수성에서는 단지 소수의 정신적 지도자에 의해서만 파악된다. 이상의 사회조직적 내용이 표현되는 피라미드의 하부구조는 논리적으로나 사회적으로 그것보다 훨씬 넓다. 전체의 구조를 사회적으로 담당하는 대중운동이 동기를 부여하는 이상으로서의 이념에 의해서 움직이는 것은 오로지 이념이 감정적으로만 파악되는 때이다. 대중적 행동이 이념에 부여하는 사회적 침투력은 이처럼 막연하게 감정적으로 파악된 것에서 유래하기도 하고, 또 같은 정도로 일상적인, 특히 경제적 욕구에서 유래하는 것도 있다. 많은 경우에 여하튼 우리들은 이념이란 것은 이러한 사람들에게는 단지 무의식 속에 살아있으며 이상으로서 살아있는 것은 아니라는 것, 즉 이념이란 것은 이러한 사람들의 행동으로부터 단지 결과론적인 추상적 이념화에 의해서만 획득된다는 것을 가정하지 않을 수 없다. 정치적 이념이 지니는 감정적 가치의 함유량은 보통 그 정치이념의 가장 강한 생식력의 요소이다. 그러나 여러 가지 이념권(理念圈, Ideenkreise)에서 감정적인 힘들은 너무나 복잡하므로, 이 책이 그것을 서술할 수 있는 것보다도 훨씬 광범위한 심리학적 분석을 필요로 한다.

우리들은 우리들의 목적을 위해서도 위에 서술한 두 가지의, 자주 부지 중에 서로 교차하는 이념이라는 개념을 분리할 수는 없다. 우리들에게 정치적 이념이란 국가의 객관적인 구성원리를 의미해야 한다. 그리고 그 원리는 의식된 정치적 이상인가의 여부를 떠나 어떠한 경우에도 먼저 논리적 종합으로서 우리들에 의해서 완성된다. 어떤 행위를 이 이념이나 저 이념과 연관지음에서도 사회사적으로 중요한 것은 행위자가 그 행위와 어떤 이념과의 관계지음에 대해서 어떻게 생각하는가는 결코 아니며, 오로지 그 행위가 그 작용에서 압도적으로 어떠한 방향을 향하고 있는가이다. 그러므로 예컨대 폼 슈타인 남작(Frhr. vom Stein)*이 낡은 신분제도에 근거를 두고 영국식으로 생각했는지 또는 프랑스식으로 생각했는지의 여부는 우리들에게는 쓸데없는 논쟁이다. 여하튼 그는 19세기가 자유주의라고 부른 의미에서의 자유주의적으로 행동한 것이다.

인간의 역사 전체를 추상의 기초로서 본다면, 사실상 가능한 정치적 구조들로만이 아니라 이성적인 구조의 이상들로서도 정치적 이념의 수는 놀랄 만큼 한정된다는 것이 명백해질 것이다. 그러한 제1급의 정치적 이념을 그 구체적인 역사적 배경들로부터 분리시켜 순수한 이념형으로서 서술하는 것이 가능해야만 한다. 예컨대 가부장제·가산제·신정 절대주의와 계몽 절대주의처럼 말이다. 그러므로 제1급의 정치적 이상의 수는 필연적으로 제한된 것이어야 한다. 말하자면 합리적 결단을 이미 허용하지 않는 정치적인 태도결정의 가능성은 제한되어 있기 때문이다. 왜냐하면 정치적 행동은 정치적 사고와 마찬가지로, 예컨대 인간은 압도적으로 선하거나, 악하거나, 사교적이거나, 자각이나 감정이나 욕구에 의해서 규정될 수 있다고 간주하건, 폭력에 의해서 규정될 수 있다고 간주되는가의 여부에 대한 다소간 명확한 결단에 결정적으로 좌우되며, 또한 마찬가지로 결코 그 수는 많지 않지만 그 밖의 양자택일에 좌우되기 때문이다. 여기에서부터 언제나 사용되는 소수의 사회조직적 기술 간의 선택을 하게 된다. 예컨대 협동체적인 면이 보다 많은 정치형태를 취하는가 또는 지배적인 면이 보다 많은 정치형태를 취하는가하는 선택을 하게 된다. 정치적 이상에 대해서도, 따라서 제1급의 순수한 이념형의 결합이 구상되는 것이다.

그러나 정치적 이념은 결코 순수하게 이론적인 사념의 산물이 아니라 항상 역사적·개별적 성질의 수많은 비논리적 계기를 내포하고 있다. 그 때문에 제1급의 유형(Typus)이라는 학문적 추상이 특히 효과가 많다고는 거의 말하지 않더라도 여하튼 필요 불가결한 것임이 판명되고 있다. 왜냐하면 그것은 무색의 추상이라는 정상에서 내려올 수 있으며, 그리하여 얻은 구체적인 역사적 생활의 유형들을 결합할 수 있기 때문이다. 이리하여 우리들은 이 책에서 다루게 되는 제2급의 이념, 제3급의 이념 등에 도달하는 것이다.

따라서 우리들의 과제는 어떤 구체적인 역사적 상황, 즉 오늘날의 독일의 정치적 이념의 형성을 서술하는 것이다. 그러므로 우리들은 군주국가 내지는 민주국가의 가장 보편적인 구조를 논구하거나, 거기에서부터 초월적 가치의 체계를 전개하는 것을 단념할 것이다. 우리들은 어떤 이념의 여러 모습을 역사적·개별적 분위기가 그들에게 부여한 형태로서의 이념권(Ideenkreis)으로 서술하는데, 그리고 시대의 사회적·형이상학적 구조, 그 담당자의 사회적 상황, 그 시대를 정식화한 사람의 심적 태도가 기여한 모든 비논리적인 요소들과 함께 서술하는 것으로 만족한다. 그러나 어떤 시대의 특정한 행위, 관념 그리고 조직을 개별적인 이념권과 연관짓는 것만으로는 질서지음의 과제가 아직 해결된 것은 아니다. 우리들은 오히려 여러 이념권 그 자체 사이에 하나의 연관성을 발견하고, 그러한 이념권의 발전과정을 적어도 전체적으로 관찰함으로써 간략하면서도 통일적으로 파악할 수 있도록 노력해야 하는 것이다.

현재의 독일의 개별적인 이념권은 시대의식 속에서 살아있는 이름과 관련되어 불려진다. 그러나 명칭이 동일함에도 불구하고 정치적 이념은 물론 그것에 대응하는 명칭을 가진 정당의 이데올로기와 혼동해서는 안 된다. 예컨대 민주주의 이념은 오늘날 독일의 민주적 정당의 강령과 혼동해서는 안 된다. 확실히 정치적 이념은 어떤 정당의 이데올로기의 출처는 될 수 있으나 결코 이념과 일치하지는 아니한다. 왜냐하면 어떠한 정당에서도 공동체적 사고 또는 공통의 이상이 조직화되어 있는 것이 아니라 공동사회적이기는 하지만 단지 막연하게 전술적으로 순응하려는 의지만이 조직화되고 있기 때문이다.

독일에서 정치적 사상권의 생성은 예외적으로 그 역사적 배경들이 프랑스 혁명 전 시대에까지 거슬러 올라갈 것이다. 역사적 삶의 흐름에 어떠한 경계를 설정함에 있어서 임의성이 우리들의 경우에 상대적으로 정당화되는 것은 19세기가 되어서 비로소 이미 초월적이지는 않지만 내재적으로 새로운 세계상(世界像)의 계기가 독일에서 나타났다는 사실에 의한 것이다. 이 시기에 또한 처음으로 정치적 이념은 독일에서 집합적인 정치적 이상이 되었으며, 그것은 곧 모든 인민계층의 마음을 사로잡았다.

그러한 이상들은 그 의미(Sinn)에 따라서 작용을 하고 사회적 현실을 형성하면서 권력관계를 이루는 한편, 그 권력관계를 부정적으로나 긍정적으로 평가하는 기준이 된다. 어떤 정치적 상태에 대한 이러한 평가는 물론 우선 소수의 개인의 두뇌 속에서만 내려진다. 이러한 사람들이야말로, 바로 이 책에서 그 절차가 필연적으로 번거로움이 따를지라도, 상술할 필요가 있을 것이다. 그러나 어떠한 사람의 두뇌 속에서 생겨난 정치이론이 우리들이 말하는 의미에서의 정치적 이념, 즉 역사의 운동방향이 되는 것은 그의 개인적인 의지가 사회적으로 중요한 집단적 의지와 일치함으로써 비로소 이루어지는 것이다.

개별적인 이념권을 논의하기에 앞서 오늘날 정신사적 기초로서 이 모든 것들에 공통되는 것을 먼저 서술하기로 한다.

## II. 독일의 정치적 사고형태의 공통된 기초

현재의 정치의식은 사회적 투쟁과의 끊임없는 상호작용 속에서 대체로 아직도 독일 고전철학의 체계들이 창출한 사고형태 속에서 움직이며, 이 고전철학은 그 내부에서 다시 계몽사상·자연법·르네상스에 의해서 소생된 고대와 쇠퇴하고 있던 중세[의 정신]을 기초로 하고 있다.

국가는 영토질서의 관점에서 볼 때 전체적 사회생활 이외에 아무것도 아니다. 따라서 존재하는 정치적 이념들은 정반대의 정치적 이상의 원칙이 될 수 있는 어떤 시대의 총체적 정신의 일부로서 이해할 수 있을 뿐이다. 현재의 정치적 사고는 르네상스와 함께 시작하며, 수많은 충격과 반격 속에서 우리들의 세계감정과 생활감정을 모든 영역에 걸쳐서 변혁시켜 온, 유럽정신의 총체적 혁명의 부분적 결과이다. 중세에 있어서 지구와 그 위에 있는 인간의 작품들은 그 안정성이 보증되고 있었다. 확고한 연관성은 세속계 밖에 있으며, 속세를 초월한 신의 권위였으며, 문화와 자연은 초월적으로 정당화되고 설명되며 보증되었다. 그러나 코페르니쿠스·케플러·갈릴레이·가상디(Gassendi)와 그 밖의 사람들의 수리적 이성으로 지구는 자전하기 시작하고, 우주는 무한하게 되고, 인류는 세계사의 단순한 하나의 삽화가 되었다. 이러한 발견으로 아마 정신의 발전에 가장 결정적이라 할 수 있는 자극의 하나가 주어지고, 이 정신의 발전은 매우 복잡한 길을 거쳐 오늘날에 이르기까지 초월적 세계상을 내재적 세계상으로 대체하려고 했으며, 유신론적 초자연주의를 「자연의 체계」에 의해서 배제하려고 노력하였다. 물론 시대 전체가 이러한 관점이나 다른 어떤 개별적인 관점으로만 이해할 수는 없다. 그러나 형이상학은 그 시대의 가장 간결하며 실질적인 표현이므로 전체적인 시대의식의 핵심이 된 것을 이해하는 가장 쉬운 문호를 우리들에게 제공하고 있다.

중세의 초월계와 세속계의 2원론에 반하여 새로운 내재철학은 **반대의 일치**(coincidentia oppositorum)를 주장한다. 독일인 니콜라우스 쿠자누스(Nikolaus von Cusa, 1401-1464)*

는 이미 이러한 최초의 범신론적 세계관의 원칙을 전개했는데, 이 세계관은 현상들의 다양성 중에 무한한 신의 통일성이 내재하고 있음을 보았다. 이 범신론은 새로운 자연과학적 인식에 의해서 지지되었다. 그리고 나아가 이 새로운 자연과학 인식은 우주 속에 배치된 물질(Masse)의 동질성과 그 물질의 모든 부분에서의 입법(Gesetzgebung)의 통일성을 증명하였다. 그러나 모든 현실성(Wirklichkeit)의 조건들은 데카르트가 「나는 생각한다. 그러므로 나는 존재한다」(cogito, ergo sum)고 말했을 때 인간의 의식 속으로 이행하게 되었다. 이제 인간은 그 자율성의 가치를 자각하게 되면서 기존의 권력에 의해 모든 인격이 부정된다는데 대해 반항하기 시작하였다.

중세 세계관의 체계는 가장 앞서, 그리고 가장 깊게 종교적인 생활영역에서 파괴되었다. 이 파괴는 필연적으로 곧 교회의 초자연주의의 이론적이며 실제적인 지배요구권도 동요시키지 않을 수 없었다. 그 초석을 신의 계시 속에 가지는 중세의 사고에서 계시와 이성의 대립은 불가능하였다. 왜냐하면 철학은 신학의 시녀이며 호교자(護敎者) 이외에 다른 어떤 것도 아니려고 했기 때문이다. 그러나 이성이 이러한 시녀의 지위에 반항하고, 자율성을 선언한 순간에 사회적으로 지배적이기도 했던 신학에 대한 이성의 투쟁이 당연히 발발하게 되었다. 교회가 주장하는 이성의 불완전성에 대하여 자연과학적 인식의 경험사실에 의해서 상당히 고양된 이성의 자의식(自意識)이 대두하였다. 이미 16세기 이래 모든 초자연적 확증(Sanktion)을 단념하면서 그 사고와 생활을 이성의 자율성 위에 두려고 한 넓은 범위의 지식층이 존재하였다. 원죄설과 거기에서 야기된 인간이성의 암우설(暗愚說)을 헤르베르트 폰 체버리(Herbert von Cherbury)*는 1624년에 과감하고 공공연하게 논박하였다. 사람들은 이성의 자기찬양(Selbstherrlichkeit)에서 출발하여 이성만을 신뢰하면서 처음부터 수학적·기계적으로 규정된 세계관에 도달하였다. 이 세계관은 아직 이성의 초자연성과 조화할 수 있었으며, 또한 이신론(理神論) ― 이 이론에서 신은 창조자에만 머무르며, 신에 의해서 제작되었으나, 이제는 스스로의 법칙으로 움직이는 세계라는 기계의 통솔자는 이미 아니었다― 을 허용하였다. 계시된 초월성의 원칙은 점차 내재성의 원칙으로 대체되었다. 자연법과 계몽사상은 괴테의 시대에 학자의 세계(Kreis der Gelehrten)를 초월하여 지배적인 것이 된 세계상을 창조하였다.

밖에서부터만 밀치고,
우주를 손가락으로 빙빙 돌리면
무슨 신이라고 그럴까
오히려 신에 적합한 것은
세계를 내부에서 움직이며,
자연을 그 자신 속에, 그 자신을 자연 속에 보호하는 것이다.

"Was war' ein Gott, der nur von außen stieße,

Im Kreis das All am Finger laufen ließe!

Ihm ziemt's, die Welt im Innern zu bewegen,

Natur in sich, sich in Natur zu hegen…"[3]

그러나 이러한 세속 내 생활감정의 목표는 「자연」종교, 즉 『단순한 이성의 한계 내에서의 종교』(칸트, 1793년)일뿐만 아니라 자연의 도의(Sittlichkeit), 자연권 그리고 자연국가였다. 그것을 획득하는 수단을 사람들은 경험과학에서 얻으려고 했다. 이미 데카르트는 수학적·기계적 사고방법을 단지 물체에만 한정시킨 것이 아니라 정신적 세계에 대해서도 자명한 개념과 명확한 결론이라는 유사한 방법을 만들어 내었다. 그리고 만약 천체의 궤도가 영원하고 계산가능한 법칙에 근거하여 자동적으로 우주와 조화를 이루도록 정리된다면, 인간 사회에서도 **자연의 질서**(ordre naturel), 즉 기적도 없고, 밖과 위로부터의 간섭도 없이 사회적 조화를 가져오는 인식가능한 합법칙성이 설정되어 있어야 하지 않는가? 르네상스와 종교개혁에 의한 전래의 기독교적 세계상에 대한 혁명은 스스로를 세속화시키고 있던 국가사고와 사회사고도 포괄한다. 즉 인간이성은 자연과 문화를 자연체계의 보편적인 합법칙성에 편입시킬만큼 충분하게 오만감을 느꼈다. 이 합법칙성이란 신을 원인으로서 인정하기는 하지만 그 존재 자체는 신의 의지에 대해서 자율적인 것이었다. 이미 1501년에 독일인 [스콜라 신학자] 가브리엘 비일(Gabriel Biel)*은 신이 존재하지 않거나 신이 비이성적이고 정당하지 않더라도 인간이성에 의해서 인식가능하고, 완전히 구속적인 자연법이 존재한다[4]고 대담하게 발언하였다. 다음에 네덜란드인 후고 그로티우스(Hugo Grotius, 1625년)*와 함께 도덕적이며 법적인 세계 — 그 보편적이며 불변의 법개념은 인간의 본성에서 연역된다— 를 합리적이며 자율적으로 구성하려는 대규모적인 시도로서의 자연법학파가 확대되기 시작하였다. 그로티우스의 유명한 말에 의하면, 이 자연법은 「그것 자체를 신이 변경할 수 없을」만큼 불변적이어야 한다. 「신이 2 곱하기 2는 4가 되지 않게 못하듯이, 그 내적 본질에서 악인 것이 악이 아니도록 신이 만들 수는 없다」.[5] 이러한 주장으로 마르크스주의에서 그 일시적인 완결을 보는 발전과정이 시작되었다.

이러한 도덕적·정치적 세계라는 자연의 체계는 갈릴레이와 데카르트의 영향 아래 결국 합리적인 자연인식의 포괄적 체계에 편입된다. 자연과학이 우주에 배치(配置)된 물질 내 동질성을 인식하고 자연현상을 물질의 원자의 작용·반작용·균형에서 파생된 것이라고 보았듯이, 자연법은 국가와 사회를 사회적 원자, 즉 고립된 일반적이며 평등한 이성적 개인으로부터 내재적으로 설명하려고 한다. 인간의 본성이 요구하는 것은 이성적이다. 물론 그때에 인간의 인류학적·윤리적 본성이 어디에 있느냐를 판단하는 위에서 모든

---

3) Johann Wolfgang v. Goethe, in "Gott, Gemüt und Welt" (Gedichte).

4) Hermann Heller, *Die Souveränität*, in *Gesamelte Schriften*, Bd. 2, Abt. 1, Nr. 2, Anm. 26 (김효전 옮김, 『주권론』, 관악사, 2004, 17면 주 26) 참조.

5) AaO., Anm. 27 (역서, 17면 주 27).

대립을 상상할 수 있었다. 여하튼 국가를 직접적으로 신의 재가(Sanktion)로 정당화하는 것은 이러한 내재적 설명과 비판에는 이미 가능하지 않았다. 그 시대의 격렬한 사회투쟁에 의해서 동요된 모든 전통과 권위에 대해 이성은 비판하였다. 사회적 지배관계를 확증하고 설명할 수 있는 극(極)은 논리적으로 두 개 밖에는 없다. 즉 비합리적 · 초월적 극과 합리적 · 내재적 극이 그것이다. 제3의 것은 존재하지 아니한다. 왜냐하면 설명의 반대극으로서 자연법에 남은 것은 국가에 결합한 인간, 즉 개인적인 법의식뿐이기 때문이다. 위로부터의 재가 대신에 아래로부터의 국가의 재가가 나타났다. 국가는 사회구성원의 이성적 본성이 「자연상태」를 떠나 하나의 계약에 의해 국가에 동의하는 경우에 정당화되었다. 그러한 국가계약은 한편으로는 계약을 체결하는 개개인이 잘 아는 사리(私利)로 이해할 수 있었다. 왜냐하면 이 국가계약에 의해 만인의 만인에 대한 투쟁이 종지부를 찍었기 때문이다. 나아가 국가계약은 국가질서의 적법성(Rechtsmäßigkeit)의 시금석으로서도 역할을 할 수 있게 되었다. 왜냐하면 국가계약에 의해서 국가질서는 모든 구성원의 윤리적인 이성비판 에 복종하게 되었기 때문이다. 이 국가계약설을 도운 것은 자연상태, 즉 재산도 없고 지배도 없는, 모든 인간이 자유롭고 평등했던 원시공산주의적인 황금시대에 관한, 예전의 낙원의 신화에서 비롯하는 매우 오래된 관념이었는데, 그것은 중세에서 유래한 것이다. 계약설은 또한 독일 법제사에서의 많은 추억에 의해서도 지지되었다. 예컨대 대개의 공법적 인 지배관계의 봉건법에서의 근거는 실제로 제후와 등족 간의 계약으로 이루어진 것이다. 이처럼 국가는 계약으로 결합한 인간의 이성적 행위에 의해서 성립했다는 관념은 이미 중세에 알려지고 있었다. 국가계약설이 보급되고 정치적으로 중요하게 된 것은 17세기의 자연법에서였다. 오늘날에는 어린이의 이야기책이 되어 버린 영국의 정치가, 다니엘 디포 작 『로빈슨 크루소』(1719년)는, 당시에는 정치적으로도 이해되고 있었다. 그는 자연상태에 있는 고립된 개인을 묘사하고 이러한 자연상태에서 문화, 종교 그리고 국가가 성립해 오는 모습을 묘사한 것이다.

　개별적인 저술가가 정치적으로 무엇을 바라는가를 완전히 도외시한다면, 자연법이란 객관적으로는 불가피하게 정치적 지배의 전통적 · 종교적 제재의 합리적 기준에 근거한 비판을 의미하였다. 그리고 이 합리적 기준은 보편타당한 인간의 이성에서 도출할 수 있다고 생각하였다. 오늘날의 정치적인 것의 필수불가결한 필요성을 이해하려면, 지금까지 자주 서술하고, 그리고 모든 낭만주의자가 비난해 온 르네상스 이래의 합리주의와 개인주의 의 발전동향을 우연적인 것, 어떠한 방법으로 취소될 것으로 파악해서는 안 될 것이다. 모든 문화가 자연, 사회 그리고 인격의 지배와 형성으로 인식되는 경우에만 발전동향은 그 법칙적 필연성에 의해서 이해된다. 그러나 우리들은 우리들이 이성법칙적으로 인식하는 것만을 지배할 뿐이다. 그러므로 어떤 방향에의 문화의 향상은 항상 그리고 필연적으로 모든 생활관계의 합리화의 진전, 즉 「인종적인 것을 반성된 것으로 전화하는 과정」(야콥 부르크하르트)[6]*이다. 그러나 세습신분과 승려의 지배를 합리화하는 것은 항상 사회생활의

---

6) Jacob Burckhardt, *Weltgeschichtliche Betrachtungen*, 3. Aufl., Stuttgart 1918, S. 56 참조.

궁극적 요소인 개인에 거슬러 올라가는 것을 의미한다. 이 점에서 다른 많은 것처럼 문화의
향상은 개인의 독립화, 인격형성의 고양을 의미한다. 다시 말하면, 비합리적인 사회관계에
대한 인간의 의식적 행동(Verhalten)의 지배가 심화된다고는 결코 말하지 않더라도 확대를
의미한다.

　　이러한 봉건적 · 교회적 문화의 합리화에 의해서 자연법의 내재철학은 이미 신뢰할
수 없게 된 세습신분적 · 교회적 정당성의 지배에 대해서 필연적으로 항의하기에 이르렀다.
국가는 대외정치에서 교회적 질서로부터 해방되고, 교황권에 대해 완전한 세속성과 독립성
을 쟁취했다. 그리고 그것은 종교개혁과 아울러 반대 종교개혁에 의해서 저지되었다.
그러나 국내에서는 본래 평등하고 자유로운「모든」개인의 국가계약에 의한 국가권력의
정당화가 요구되었기 때문에 계층적 · 봉건적 권력들은 영속적 비판을 받게 되었다.

　　최초의 자연법의 저작 속에 이미 깔려있는 이러한 모든 사고형태는 16세기 이후의
종교전쟁과 사회투쟁이 그것을 이용하기 시작하자마자 사회적 형성력이 되었다. 또한
학문도 민족성을 띠게 되자, 즉 라틴어로 뿐만 아니라 학문이 없는 사람도 알 수 있도록
독일어로 말하게 되자, 사회적 형성력이 되었다. 도시인구의 증대, 노동관계의 변혁, 상업로
의 변경, 인플레의 발생, 대상인사회의 성장은 ─ 단지 몇 가지만을 열거할 뿐이지만
─ 전통적인 권력관계를 동요시켰다.「우리들은 사제나 귀족에게 구원을 받고 싶지는
않다」라는 말이 농민 반란(Bundschuh)의 표어가 되었다. 루터는 당시의 사회질서에 대해서
「현재 모든 등족을 두루 살펴보면, 그것은 커다란 도둑들이 모이는 대규모적인 가축의
우리에 불과하다」라고 말한 바 있다. 이러한 사회상태의 자연법적 비판은 독일에서는
토마스 뮌쩌(Thomas Münzer)의 지도 아래 최초의 공산주의운동을 낳고, 영국에서는 1516
년에 최초의 사회주의적 저작인 토머스 모어의『유토피아』를 낳았는데, 이 책에는 이렇게
서술되어 있다.「내가 오늘날 번영한 모든 국가를 잘 조사하여 이를 관찰해 보는데, 이러한
국가들에는 국가이익이라는 외투와 구실 아래 오로지 자기 자신의 이익에만 급급하는
부자의 공모 이외에는 맹세코 아무것도 보지 못합니다」.* 프로테스탄트는 가톨릭교도처럼
종교상의 군주전제주의에 반대하는 투쟁에서 국가계약설을 이용하였는데, 이 국가계약설
은 이제 민주적으로 계속 발전되었다. 지배자에 대한 저항권은 인민주권에서 도출되었다.
정치권력의 대대적인 세속화는 마키아벨리의 저작에 나타났다. 마키아벨리는 고대의 영향
아래 종교와 윤리에 구속되지 않는 **국가이성**(ragione di stato), 즉 합리적인 정치기술의
자율성을 가르쳤다.

　　그러나 종교 · 도덕 · 학문 그리고 정치의 자율성의 선포와 함께 귀족과 교회의 지배의
정당성 요구권은 근저로부터 해체되었다. 발흥하는 부르주아지의 자유에의 욕구는 이제
영원한 교회의 벌을 받는다는 위협으로 전통적인 지배권을 확보하여온 권위들의 철책으로
는 이미 저지하지 못하였다. 새로운 범신론적인 형이상학의 전개와 평행하여 정치권력의
내재성, 인민주권의 형이상학에서도 대응하는 전개가 일어났다. 니콜라우스 쿠자누스는
이미 이 인민주권을 교회와 아울러 국가의 구성에서도 시효 없는 **신적 자연법**(ius divinum

et naturale)이라고 선언하였다. 성 바돌로매 제야의 학살(1572년)* 이래 프로테스탄트의 모나르코마키와 다음에 온 가톨릭교도의 모나르코마키의 급진적 비판은 군주권의 한계를 검토하고 신민(臣民)에게 이 군주권의 남용에 대한 혁명권—그것은 군주살해까지 허용한다—을 인정하였다. 적어도 최초로 모든 주권은 계약에 의해서 결합된 정치적 공동체와 종교적 공동체에 존재한다는 기본사상을 보댕(1577년), 알투지우스(1603년)* 이후의 이론은 이 교설로부터 절대주의의 정당화론을 이끌어 내는가에 관계없이 결코 다시 망각하지 않았다.

　이와 함께 현대 독일의 정치적 이념형성의 기초는 준비되었다. 16세기 이래 오늘날에 이르기까지 구미인이 취급하는 중심문제는 사회내재적인 **자연질서**(ordre naturel)의 인식 가능성과 그 실현이다. 민주주의사상, 자유주의사상, 국민주의사상 그리고 사회주의사상, 심지어 계몽절대주의마저 이 주요 문제의 상호조건적이고 서로 맞물려 있는 부분 문제이며, 그 해결의 시도이다. 이 문제는 전통과 종교의 힘에 의한 지배권, [나아가] 출생과 신을 불러냄으로써 얻은 지배권이 내재적 설명과 정당화에 견딜 수 없게 된 이래 사고와 존재의 대상이 되었다. 자연법적 이성 앞에 모든 개인은 평등하며 누구도 낡은 비합리적인 특권에 의해 타인에 대한 지배권을 주장할 수 없게 되었다. ― 합리적으로 생각해서, **자연질서**의 지배만이 폐기할 수 없는 지배로 존재했기 때문에, 모든 인간에 대해서 요구할 수 있는 지배는 오로지 자연과 사회에 내재하는 법칙의 지배, 즉 사물로부터, 사물의 본질에서 생기는 강제력뿐이다. 이 법칙은 모든 인간이 준수할 수 있다. 왜냐하면 모든 인간이 이 법칙을 준수하지 않으면 안 되기 때문이다. 그 때에 「해야 한다」는 것은 어떤 때에는 자연법칙적인 인과필연성 이상으로 해석되기도 하며, 어떤 때에는 사회법칙적, 또는 윤리적 강제, 여하튼 비인격적 강제 이상의 뜻으로 해석된다. 이 점에서 비합리적인 사회적 권력들에 의해서 방해받지 않는 「자연의」 존재에의 동경, 즉 자유와 평등의 요구처럼 「권력의」 거부도 이해할 수 있다.

　자유주의와 사회주의는 민주주의의 발전계기이다. 19세기에 정치적 목적을 위해서 역할을 하게 된 자유주의이념과 민주주의이념의 대립은 사상의 원칙(Denkgrundlage)에서가 아니라 역사적·사회학적으로 다른 당파적 입장에서 생겨났다. 자유주의, 즉 부르주아 민주주의는 저절로 대처하는 **자연질서**의 예정조화를 개개인의 이기심의 자유로운 발휘에 의해서 달성하려고 하였다. 사회주의는 사회적 경제 속에 **자연질서**의 해부학을 인식할 수 있다고 믿었다. 생시몽 ― 그 다음에 마르크스와 엥겔스는 그로부터 다음 명제를 인수하였는데 ― 은 인간에 대한 통치에 대신하여 사물의 관리가 나타나도록 함으로써 연대적인 사회를 실현하려고 하였다.7) 마르크스주의에서는 사회의 인과법칙성에 기초를 두기 때문에 자연적인 경제질서의 완성으로 인류는 필연의 왕국으로부터 자유의 왕국에로 비약을 했다. 프루동(Proudhon)은 「법률이란 이미 인간의 권력활동으로서 제시되어서는 안 되며,

---

7) Hermann Heller, *Staatslehre*, in *Gesammelte Schriften*, Bd. 3, Abt.Ⅱ, Anm. 489 ff. (홍성방 옮김, 『국가론』, 민음사, 1997, 301면) 참조.

사회로부터 추론되고, 사회의 과학적 해명에 의해서 생긴 사회 존속의 규칙으로 제시되어
야」8) 한다고 서술하였다. 동일한 사상을 모든 사회주의적 무정부주의자에게서 볼 수 있다.
따라서 바쿠닌(Bakunin)은 법률을, 「이 법률이 권위적으로 강요된 것이 아니라 사물·관
계·상황 그 자체 속에 존재하는 자연적·경제적·사회적 법칙인 경우에」9)는 자유의
제한은 아니라고 서술한다. 이러한 사고과정의 전제는 이 **자연질서**의 인식가능성이다.
즉 우리들이 이러한 사상을 논구함에 있어서 항상 반복하여 마주치는 이성에 대한 영웅적
신앙이다.

   그러나 민족의 분열을 가져온 군주주권이 붕괴되었을 때에 정치무대에 등장한 민주주의
적 인민주권과 국민주권 간의 역사적 연관을 결코 역사적 우연으로 이해해서는 안 된다.
민주주의이념은 국민주의이념처럼 **일반의사**(volonte générale)라는 근원적인 힘, 즉 자연
그대로의 인민(Volkheit)의 가치평가 속에 그 공통된 근원을 가진다. 그리고 이 원천은
지금도 사회주의를 육성하고 있다. 도리에 적합한 자연법적 사변이 이론적 분석의 영역에서
나타나며, 혁명적 폭력의 의지의 흐름에 합류하며, 그 폭력이 모든 인공적 문화를 파괴하고,
「**자연으로 돌아가라**」(retournons à la nature)는 슬로건에 따르는 순간에 우리들의 사상의
가장 깊은 곳에 있는 주의적이며 에로스적인 연관성을 확실히 이해하게 되었다. 그러나
또한 마지막으로 국민주의적인 민족정신의 내재철학이 단지 **자연질서**의 개성화, 따라서
민주주의의 개성화에 불과하다는 것을 간과해서는 안 될 것이다.

   민주주의사상, 자유주의사상, 국민주의사상 그리고 사회주의사상의 위대한 발전과정은
물론 순간에 아무런 반동도 수반하지 않고 진척된 것은 아니었다. 이 발전은 독일에서는
19세기에 낭만주의적 색채를 지닌 군주주의사상이라는 최강의 반격을 받았는데, 오늘날에
도 여전히 그 영향이 뒤에 남아있다. 따라서 우선 먼저 가장 대규모적인 반동으로서 독일
군주주의사상을 다루지 않으면 안 될 것이다.


### III. 군주주의 사상


   영국·프랑스·스페인·덴마크 그리고 러시아의 군주들은 등족을 그들의 권력, 국가의
권력에 궁극적으로 결합함으로써 중세 이래 지속되어온 제후(Fürst)와 등족 간의 투쟁을
정도의 차이는 있지만, 절대군주제에 유리한 형태로 해결하는 데에 성공하였다. 그러나
독일 국민의 신성로마제국의 황제는 직신(直臣)의 등족으로부터 배신(陪臣)*으로 격하되어
버렸다. 황제는 유명무실한 생활을 하였을 뿐이며, 최강의 영방국가의 군주인 프리드리히
2세*가 가장 중요한 지방을 전쟁을 통해 황제로부터 탈취해도 감수하지 않을 수 없었다.

---

8) Heller, *Souveränität*, S. 49 Anm. 80 (김효전 옮김, 『주권론』, 30면) 참조.
9) Michael Bakunin, *Philosophische Betrachtungen über das Gottesphantom*, in *Gesammelte Werke*,
   Bd. 1, Berlin 1921, S. 215.

대부분의 유럽 국가에서는 이미 절대주의가 근대 국민국가의 전제를 만들어 내고 있었다. 그리고 이 전제에 의해서 발흥하고 있던 시민층은 이제 서서히 성장할 수 있었다. 이에 반하여 독일 민족은 프랑스 혁명시대에 거의 간과할 수 없을 만큼의 정치적 분열상태에 있었다. 영방국가 군주의 절대주의는 이러한 지방할거주의(Partikularismus)를 강화시키게 되고, 그 결과 독일의 국가들에서는 필연적으로 자유주의 권력이나 나아가 국민주의적 권력에 대한 군주주의 권력의 투쟁이 동시에 발발하게 되었다. 그리고 이 투쟁이 아직 끝나기 전에 이미 민주주의이념과 사회주의이념의 획득을 지향하고 투쟁까지 겹쳐져 다른 국가에서는 볼 수 없는 급속한 사태전개와 전선(戰線)의 혼란이 있었다.

절대군주제는 대체로 어떤 국가에서나 같은 수단으로 창건되었다. 지배자는 예측불가능한 봉건적 주종관계로부터 독립하기 위해서 단지 그들에 대해서만 개인적으로 복종하는 권력수단으로서 용병군과, 그들이 봉급을 지불하고 해임할 수 있는 관료단을 창출하였다. 그리고 이러한 용병군과 관료단은 그 핵심적 부분에 외국인들이 기용되어 있었는데, 그것은 국내의 귀족세력에 대항하기 위해서였다. 1688년 1,030인의 브란덴부르크의 사관 중 300인이 프랑스의 위그노였다. 그리고 호헨촐레른가(家)는 보헤미아인, 네덜란드인, 기타 자국 밖의 독일인을 사용하였다. 관료와 용병에 대해서는 이미 토지나 현물급부로 지불할 수가 없었으며 화폐로 지불하지 않으면 안 되었다. 화폐를 얻기 위해서 [영방국가의] 군주는 중상주의적인 국가간섭에 의해 강도 높은 교환경제를 장려하고, 초기 자본주의경제를 촉진하였다. 호헨촐레른가는 특권 부여를 미끼로 하여 외국으로부터 식민이주자나 직물제조업자, 견방적공을 불러들였다. 그리고 때로 [출국하려는 자에게는] 형벌로 위협함으로써 그들을 자국내에 붙들어 두었다. 호헨촐레른가는 각종의 공장을 설립하고 보호하면서, 정치적 권력수단에 의해 저렴한 노동력을 마련하였다. 즉 노동임금을 억누르고, 노동자의 단결을 저지하고 유년노동을 장려하고, 때로는 노동자보호에도 조금 신경을 썼다. 당시 화폐[=금화]의 보유가 국부의 주요 부분으로 간주되고 있었으므로 수출을 증진하고 수입을 감소시키고, 또한 수출입에 엄중한 금지규정을 두고 해외이주를 처벌하는 등으로 금화를 국내에 유치하고, 국내에 보존하도록 노력하였다. 양모의 수출은 교수형에 상당하였다. 프리드리히 빌헬름 1세는 피혁공업을 촉진하기 위해서 목제 실내화의 착용을 금지하고, 색깔있는 양모 직물의 판로를 확대하기 위해서 장기간의 상복 착용을 금지하였다. 프리드리히 2세는 허가 없이 외국에 여행하는 것도 문관과 교회의 임직에 취임할 자격을 평생 박탈하고, 귀족의 경우는 그 밖에도 재산을 몰수하는 규정을 두었다.

이러한 경제적·관료적·군사적인 권력수단 그리고 종교적인 권력수단에도 뒷받침되어 지배자는 프리드리히 빌헬름 1세*의 유명한 말에 따르면 「융커의 권위」를 파괴하고, 그들에 대해서 그 **주권**을 「**청동 바위**(rocher de bronze)」[=흔들리지 않는 권력]로서 확립하였다.[10] 프리드리히 빌헬름은 그 정치에 융커가 필요 없었지만, 프리드리히 2세의 경우는

---

10) 난외의 텍스트에 대해서는 Johann Gustav Droysen, *Friedrich Wilhelm I., König von Preußen*, Bd. 1, Leipzig 1869, S. 198 Anm. 2 참조.

사정이 달랐다. 그는 자신의 팽창적인 대외정책을 다만 귀족의 전사 신분의 도움을 빌려 실행할 수 있었기 때문이다. 그러므로 프랑스에서 봉건제가 결정적으로 근절된 시대에 프로이센에서는 세습신분적인 사회질서가 면밀하게 유지되었을 뿐만 아니라 한층 강화되고, [프로이센] 일반 란트법*에 법제로서도 확정되었다. 이 법의 첫 조목 중에는「그 출생·본분 내지 본직업으로 시민사회에서 동일한 권리가 부여된 것은 일체가 되어 국가의 한 신분을 이룬다」11)라는 언급이 있으며, 이 법 제2부의 제목은「농민신분에 대해서」,「시민신분에 대해서」,「귀족신분의 권리와 의무에 대해서」라고 적혀있다. 귀족에게는「제1신분」으로서 국가의 영직에 취임할 특권이 명문으로 부여되었다. 사관의 지위는 거의 예외 없이 귀족의 것이었다. 강대한 특권을 가진 기사계급의 신용조합은 귀족의 경제적 권력을 확보하기 위한 것이었다. 귀족은 시민에 대해서 신경질적일 정도로 격리되었다. 이러한 신분편성 위에 세제(稅制)와 병제(兵制)도 구축되었다. 군대의 핵심 부분을 이루는 것은 농민이며 사관은 귀족이었다. 도시에 거주하는 시민(Städter)은 병역의무가 면제되었으나, 그 대신 군사세(Heersteuer)를 지불하지 않으면 안 되었다. 시민은 상공업에 대한 특권이 부여되고 있었으므로 그 이익으로 군사세를 부담하였다.

교회도 절대주의의 가장 유효한 정신적인 지배수단의 하나가 되었다. 신교도의 군주는 그 국가교회에 있어서의 **최고의 교부**(summus episcopus)로서의 지위에 의해서 고대의 신정 정치적 형태를 상기시키는 초월적 권위를 손에 넣고 그 왕위권을 신의 은총에 의해서 특별하게 성별(聖別)하였다. 스튜어트 왕조의 군주나 합스부르크 왕조의 군주, 그리고 루이 14세는 그러나 반대종교개혁의 도움으로 같은 목적을 달성하였다. 이처럼 다분히 가부장적인 관념에 더하여 절대주의는 가산국가적(patrimonial)인 추억, 즉 영지 전체의 최고소유자로서의 영주에 대한 봉건법의 잔재도 이용하였다. 계몽적 절대주의의 군주주의 이념, 특히 프리드리히 대왕의 그것은 나아가 민중에게 외경의 염을 불러일으키고, 그러한 상태를 유지하기 위해서 부수적이지만 저 시대착오적인 **국가의 기밀**(arcana imperii)도 사용하였다. 계몽적 절대주의의 군주주의 이념은 동시대인의 의식에 적합한 자연법론에서 그 정당성을 증명하는 근거를 얻었다. 특히 푸펜도르프와 그 후계자들은 홉스나 보댕에 의거하여 계몽적 절대주의를 변호하기 위해서 자연법론을 사용하였다. 물론 극단적으로 비역사적이며 합리적인 자연법은 신의 은총설과 역사적 전통으로써는 그 관련성을 설명할 수 없었다. 그러므로 절대주의적 자연법론은 이미 사회계약으로 결합한 자에게 나아가 복종계약을 체결하도록 한 것이다. 그 주장에 의하면, 사회계약으로 결합한 자는 이 복종계약에 의해서 1인의 주권자에게 이성에 의해서 복종하며, 그리고 국가목적을 실현하는데 필요한 그들의 권리를 그 주권자에게 모두 양도한다. 그리하여 지배자는 합리적인 방법으로 최고이며 무책임한 형이 면제된 모든 실정법에 구속되지 않는, 신성불가침한 권력을 손에 넣었다. 프리드리히 2세나 요제프 2세*가 지녔던 이러한 군주주의 이념은 군주제의 역사적·정통주의적이며 신정정치적인 정당화와는 하늘과 땅의 차이가 있다. — [전자의 경우]

---

11) *Allgemeines Gesetzbuch für die Preußischen Staaten*, Berlin 1791, Erster Titel, § 6.

여하튼 그 유일한 권원(權原)을 이루는 것은 이성이며, 더구나 잊어서는 안 될 것은 그것은 결국 사회계약과 복종계약에 동의한 사회구성원의 일반적 이성이다. 절대주의적 지배자는 스스로가 그 기관이려고 한, 그 신민의, 물론 거부할 수 없는 동의에서 그 권력의 정당성의 근거를 찾았다. 이러한 자연법론은 프리드리히 대왕과 같은 천재의 자의식에는, 즉 볼테르의 친구에게는 가장 적격이었다. 프리드리히 2세는 올바크 남작(Baron d'Holbach)*의 반군주적인 한 저작을 비판함에 있어서 깨끗하게 신의 은총설을 포기하였다. 그리고 제화공 라인하르트(Reinhard)에 대한 조사(弔辭)에서 이렇게 서술하였다. 「짐이 애도하는 이 선량한 시민은 왕위를 더럽히지 않으리라고 생각되는 성질을 가지고 있었다. 이에 반하여 재간 없고 근면하지도 않으면서 왕위를 차지하는 자는 사람의 출생을 결정하는 맹목적 운명이 항상 그렇듯이 이 무능한 사람들이 기아와 궁핍 속에 죽어가지 않도록, 동정의 마음에서 그들을 현재 차지하고 있는 지위로 만들지 아니하였다면 매우 나쁜 제화공이 되어 있을 것이다.」[12]

물론 자연법을 사용한 정당화론이 절대주의의 사회학적 타당근거를 이룬 것은 아주 소수의 지식 계급 사이에서였다. 절대주의를 보다 현실적으로 뒷받침한 힘은 지배자와 그 봉건적인 장교단과 그 관료와의 공통의 이해이며, 전통이며, 그리고 대중에 대해서는 교회였다. 이것은 특히 18세기 말 경의 독일의 많은 [영방국가의] 왕위를 차지하고 있던, 그 대부분이 품성에서 열등하고 범죄적이기까지 했던 지배자의 절대주의에 타당하다. 그들의 활발한 병졸매매는 백성을 노예로서 팔아버린 흑인추장도 얼굴을 돌릴 정도였다고 한다. 최악이었던 것은 뷔르템베르크·헤센·카셀 그리고 작센이었다. 안스바하의 변경백작(Markgraf zu Ansbach)은 그 부인을 기쁘게 하기 위해서 지붕 위에서 일하던 굴뚝청소부를 총으로 쏘고 나서 자비롭게도 그 굴뚝청소부의 미망인에게 5 굴덴을 선사하였다. 그러나 이처럼 크고 작은 여러 가지 왕위도 세기가 바뀌면서 현저하게 동요하기 시작하였다.

이처럼 왕위에 있는 자의 추락현상에 의하기보다도 오히려 프랑스 혁명에 이은 격동에 의해서 군주의 지당성(至當性, Vernünftigkeit)과 신성함에 대한 신앙이 흔들리게 되었다. 그 때에 혁명적 이념들은 아직은 미미한 부차적 역할을 수행하였을 뿐이었다. 나폴레옹은 [독일의 많은 영방국가의] 왕위를 가리지 않고 파괴하였는데, 이로써 독일의 군주적 전통은 매우 위험한 상태에 빠졌다. 18세기의 독일에서는 거의 독립적인 정치적 지배권을 가진 나라가 1,800개에 이르렀는데, 그것이 1815년에는 겨우 33개이었다. 1803년에는 일거에 112개의 「주권적」 국가나 도시가 사라지게 되었다. 당시 그 조상 전래의 왕가에 대한 감정을 자신의 의복을 바꾸는 것보다도 쉽게 바꾼 신하의 수도 매우 많았다.

그러나 프랑스 혁명의 발발과 함께, 나아가 나폴레옹에 의한 프랑스 혁명원리의 국외로의 확대와 함께 위기에 빠진 왕위를 지키기 위한 왕조의 국제적인 연합이 성립하였다. 확실히 처음에는 가장 품위 없는 태도로 나폴레옹이 던진 전리품 조각이나 잡아채어, 영지를

---

12) "Lobrede auf den Schumacher Jakob Mattias Reinhard" (1759), in *Werke Friedrichs des Großen* (Hg. G. B. Volz) Bd. 8, Berlin 1913, Teil Ⅲ (Satiren) S. 177.

확대한 자가 바이에른 왕, 작센 왕, 뷔르템베르크 왕, 바덴 대공 등에 임명되었다. [나폴레옹으로부터의] 해방전쟁이 [나폴레옹이라는] 사자를, 나폴레옹이 왕위를 파괴하는 데에 이용한 것과 아주 본질적으로 동일한 혁명적인 국민의 힘을 사용하여 제압한 후인 1815년 오스트리아 · 러시아 · 프로이센의 군주 그리고 그들을 따라서 법왕과 영국을 제외한 거의 모든 기독교 국가는 「신성동맹」을 맺었다. 이로써 유럽에서 국민주의적 · 자유주의적 · 민주주의적 경향에 대한 최초의 커다란 군주적 반동이 일어났다. 이 반동은 매우 중요하고 깊은 정신의 반혁명과 동시에 일어났다. 이 때가 되어 비로소 군주주의 사상이 하나의 형태로 구체화되었는데, 그것은 후에 19세기 전체를 통하여 독일에 영향을 미치게 되었다.

프리드리히 대왕의 군주주의와는 근본적으로 다른, 이러한 군주주의이념의 기초는 봉건신분과 절대주의의 이해와 이념의 새로운 결합에 있다. 두 가지 모두 자유주의적 · 민주주의적 혁명에 의해서 그 존재가 위협을 받고 있다고 느꼈다. 그러나 융커는 그 밖에도 이제 불가피하게 되었던 국가조직의 중앙에로의 집중화와 합리화에 저항하였다. 즉 프로이센에서는 슈타인 · 하르덴베르크,* 바이에른에서는 몬젤라(Montgelas)*가 위로부터의 혁명에 저항하였다. 계몽적 절대주의는 확실히 봉건적인 권력요소를 그 정치적 계산 속에 넣고 있었으나, 그 지배를 정당화하는 이론으로부터 봉건사상은 배제하고 있었다. 계몽적 절대주의에 있어서 귀족은 신의(神意)에 의해서가 아니라 국왕의 의지에 의해서 존재하는 것이었다. 반혁명은 보다 철저해지고 봉건적 이념과 군주주의 이념을 융합하기 위해 사상적으로 절대주의 이전의 시대로 거슬러 올라가지 않을 수 없었다. 즉 군주권과 귀족의 권력을 인격신에 의해서 정당화하고 귀족의 지배도 신의 의사에 근거한다고 보는 시대로 거슬러 올라가지 않을 수 없었다. 그러나 그처럼 낡은 신의 부활은 르네상스와 종교개혁 이래의 정신사 전체에 대한 투쟁, 즉 중세에의 역전을 의미하였다. 왜냐하면 코페르니쿠스와 갈릴레이의 학설은 홉스나 스피노자 또는 루소의 학설처럼 현실의 유신론적 정당화론과는 일치할 수 없었기 때문이다. 그들 모두는 인격신 대신에 자연 또는 인간의 이성을 사용하여 설명하였다. 그러한 거대한 반동이 모든 영역에서 계몽주의적 개인주의에 도전한 시대사조와 합치하지 아니하였다면, 아마도 결코 성공하지 못했을 것이다. 왕관과 제단의 동맹은 교회정책의 영역에 있어서 프리드리히 대왕의 전통에 의해 틀림없이 깨어졌으나, 1788년의 뵐너(Wöllner)의 종교령*을 통하여 갱신되고, 그 이후 왕관에는 유용하게, 제단에는 손해가 되는 형태로 더 이상 해소되지 못하였다. 언젠가 프리드리히[대왕]가 「술책적이며 간악한 중 나부랑이」라고 명명한 뵐너는 이제 국왕[=프리드리히 대왕]은 「자유사상과 기독교 경시의 씨를 뿌린 장본인」이라고 비난하였다. 그 이래 군주주의를 옹호하여 싸운 것은 가톨릭이며, 그것에 반대하여 싸운 것은 신교의 보다 자유롭고 비판적인 사조였다.

「신 없으면 국왕도 없다」는 표어를 정식화한 것은 프랑스의 반혁명이었다. 독일의 정치적 낭만주의는 이제 군주주의적 · 봉건적 반동에 대해서 정신적 무기를 제공하게 되었으나, 그것은 모든 본질적인 것을 영국인 버크, 프랑스인 보날(Bonald)*과 메스트르(de Maistre)로부터 받아들였다. 이러한 사조의 주요한 적은 비역사적 · 합리주의적 · 개인주

적 자연법이었다. 이 사조는 이러한 자연법에 대해서 새로운 공동체의식과 역사의식을
대항시켰다. 공동체사상, 특히 이 사상의 독일적 색채는 낭만주의 이래 즐겨 강조되어온
것인데, 이 공동체사상은 루소의 자연법, 즉 루소의 초개인적 · 비합리적인 **일반의사**에
결부되고 있었다. 이어서 1796년에 보날은 「유럽에서 인간과 사회를 분열시키는 커다란
문제는 인간이 저절로 나와서 사회를 만들었는가, 사회가 저절로 나와서 인간을 만들었는가
이다」라고 썼다. 이러한 반개인주의적인 내재철학은 그것이 사회를 근원적으로 민중의
힘으로서 파악하는 경우, 거창하게 혁명적으로 될 가능성이 있었다. 이 내재철학은 낭만주
의에서는 두 번째의 범주인 「유기적」 생명의 계속성, 즉 역사라는 범주에 의해서 적정주의화
(寂靜主義化)된다. 그와 함께 공동체의 깊은 곳에 자리잡고 있는 창조적인 민족정신과
그 창조물, 예컨대 언어 · 법 · 국가와 같은 창조물은 개개인과 동시대인의 혁명을 수행하는
이성비판으로부터 독립하게 되었다. 즉 현재는 무한한 전통의 결과인 것이다. 「기계적」
자연법, 아울러 프리드리히 대왕적이며 자유주의적 색채를 가진, 이 자연법의 정치적
이성의 이상에 반대하여 인간의 이성은 도저히 합리적 · 비판적인 사회이상을 수립하는
데에는 불충분하다고 주장되었다. 버크는 「인간의 본성은 복잡하다. 사회생활의 대상은
무한한 합성이다」13)라고 가르쳤다. 낭만주의자는 선조들의 지혜를 가장 깊게 믿고, 또한
자기의 이성에 대해서는 깊은 불신을 안고 있었기 때문에 생성된 것의 논리에 감동하고,
그 논리의 규범적인 가치판단을 포기하였다. 낭만주의적인 서정시는 이루 말할 수 없이
아름답다. 그러나 낭만주의적 정치는 우리들의 역사에서 논리적으로 정치적으로 그리고
도덕적으로 가장 불확실한 것에 속한다. 정치적 낭만주의자 중 누구도 초월적인 국가
인승(認承, Sanktion)과 내재적인 국가인승 간에 명백한 결정을 내릴 수는 없었다. 그러므로
아무도 국가목적을 나타낼 수 없었다. 할러는 「신의 언어인 자연의 소리」에 대해서 말한다.
그리고 그의 봉건신분적 국가는 그 목적을 전혀 알지 못한다.14) 아담 뮐러는 늘 그렇듯이
애매모호한 말로 회피하면서, 국가는 자연이 살아있는 존재로서, 성장한 유기체로서 「모든
생각할 수 있는 목적」에 봉사한다. 왜냐하면 「국가는 자기 자신에」 봉사하기 때문이다15)라
고 말한다. 낭만주의자에게는 현실존중의 마음이 결여된 대신 풍부한 언어가 있었으므로,
군주제는 기본적으로 공화제처럼 양자가 다만 정식화되는 것이라면 아무래도 좋은 문제였
다. 노발리스의 단장에는 어떠한 정치적 태도표명에 대해서도 아름다운 말이 발견된다.
어떤 문장에서는 철학자는 「필연적으로 군주주의자이며 신심이 깊다」고 쓰는가 하면,16)

---

13) Edmund Burke, *Betrachtungen über die französische Revolution* (übersetzt und mit einer
    Einleitung, Anmerkungen, politischen Abhandlungen von Friedrich Gentz), Berlin 1793, Bd. 1,
    S. 92.
14) Carl Ludwig v. Haller, *Rastauration der Staats-Wissenschaft* (1816), 2. Aufl., Bd. 1. Winterthur
    1820, S. 471.
15) Adam Müller, *Die Elemente der Staatskunst*, Berlin 1809, Bd. 1, S. 68.
16) Novalis [Friedrich v. Hardenberg], *Fragmente*, in *Schriften* (Hg. I. Minor), Bd. 3, Jena 1923,
    S. 226.

다른 문장에는 공화제는「철학적 국가」라고 적는다.[17] 이것을 요약하여 적절히 말하면,「시적인 국가가 참으로 완전한 국가이다」[18]라는 말이 된다. 무절조한 저널리즘의 아버지 아담 뮐러는 — 카를 슈미트[19]의 정당한 평가에 따르면, 독일의 어떤 대학교수도 그를 정신적 지도자로서 찬양해서는 안 되는데 — 그의 확실히 천재적인 건필을 항상 지불능력의 여유가 더 많은 쪽에 가담하여 떨쳤다. 그는 하르덴베르크와 등족 없는 절대주의를 옹호하는 글을 쓰고, 마찬가지로 또한 양자에 반대하는 글도 썼다. 정치적 낭만주의자에게 공통된 점은 그들이 종교개혁과 동일시한 혁명에 대한 증오였다. 즉 노발리스에 의하면「공장」으로서 관리되던, 프리드리히 대왕의「기계적」국가에 대한 증오였다. 그들은「유기적인」등족과 가톨릭교에 감격하고, 낭만주의적인 백작 부인 한·한(Hahn-Hahn)*에게「십자가도 또한 매력이 있다」라는 말을 고취한 것과 대략 같은 정신에서 개종자가 되었다.

   이러한 유동적인 기분이 정치적인 의의를 가지게 된 것은 한편 군건한 융커에 의해서 이용될 수 있었던 것, 다른 한편 헤겔과 슈탈의 형식이 뚜렷한 체계 속에 흘러들어간 때문이었다. 근대 독일의 군주주의는 이 두 사상가의 손에 의해 형성되었다. 가톨릭적·신분적인 낭만주의는 나중에 프로이센의 국가철학자가 된 그 사람[헤겔]의 청년시대에도 영향을 미치고 있었다. 1802년에 헤겔은 세계시민주의(Kosmopolitismus)·인권·세계국가(Völkerstaat) 그리고 세계공화국(Weltrepublik)은「인륜적 생명체」의 반대라고 적는다. 또한 이들은 본질상 반개인적이고「항의적이며 혁명적」[20]이라고 부언한다. 그럼에도 불구하고 헤겔은 군주적·봉건적 국가사상의 진정한 대표자는 아니다. 여하튼 그에게도 [국가의] 인격은「오직 하나의 인격, 즉 군주로서만 현실적이다」[21]라고 생각하였다. 그러나 그의 마키아벨리즘적인 합리성은 이 시대를 초월하고 있었다. 그는 비스마르크가 만들고 관료와 국민자유주의적 부르주아지가 담당한 군주입헌주의의 국가이론가가 된다. 봉건적 절대주의적 반동의 국가철학자는 프리드리히 율리우스 슈탈이었다.

   이 반동은 그 역사상의 모범을 프랑스의 왕정복고 속에 가지고 있었다. 나폴레옹이 민중의 거대한 힘에 굴복하고 1815년 [빈 회의에서 독일] **연방규약** 제13조에 군주제의 입헌적 제한이 약속되었다. 그 후 그것은 1813년에 불러일으킨 정신에 대한 공포를 느끼며 [보수주의자측에 의해서] 감수되고 있었다. 이미 벨·알리안스(Belle-Alliance)의 승리에서 몇 주 안 되어 베를린 대학총장이며 추밀고문관인 슈말츠(Schmalz)*는 다음과 같이 음험한 비방문을 공표하였다. 그는 해방투쟁에 종사한 모든 지도자, 특히 슈타인·슐라이어마허·

17) AaO., Bd. 3, S. 336.
18) AaO., Bd. 2 (1923), S. 144.
19) Carl Schmitt, *Politische Romantik*, 2. Aufl., München 1925, S. 57 ff. und passim (배성동역, 『정치적 낭만』, 삼성출판사, 1990).
20) G. W. F. Hegel, *Über die wissenschaftlichen Behandlungsarten des Naturrechts*, in *Sämtliche Werke* (Hg. G. Lasson), Bd. 7, Leipzig 1913 (Meiners Philosophische Bibliothek, Bd. 144), S. 415 f.(김준수 옮김, 『자연법에 대한 학적 취급방식들』, 한길사, 2004, 123면).
21) Hegel, *Rechtsphilosophie* (siehe Anm. 1), § 279 (S. 366) (역서, 505면).

아른트도 혁명적 음모가라고 고발하고, 해방투쟁의 진정한 담당자는 국왕이며, 민중은 아니었다는 전설을 이미 만들어 내었다. 슈말츠는 적색독수리훈장을 수여받고 선동자 사냥이 시작되었다. 1819년 **칼스바트 결의**가 뒤따랐다. 이 결의는 이제 [독일] 연방 규약 제13조를 입헌적 의미로 해석하지 않고, 등족적·봉건적 의미로 해석하였다. 이「군주주의 원리」는 뷔르템베르크의 제안으로 일반적으로 인정을 받았다. 트라이치케*의 말에 의하면 독일의 새로운 입헌주의적 국법의 주요한 원칙이 되는, 이 군주주의 원리는 1820년 **빈 최종의정서** 제57조에서 이렇게 결정적으로 정식화되었다. 즉「…전체의 국가권력은 국가 원수가 통합하기로 한다. 그리고 주권자는 일정한 권리를 행사함에 있어서만 란트 등족에 의한 헌법에 의해서 등족의 협력을 받을 수 있다」. 루이 18세의 헌장*에서 인수한 이 원칙(Satz)은 군주의 민중에 대한 모든 의존성을 배제하고 지배자가 모든 헌법상의 규약들을 무시해도 좋다는 것이었다. 이 원칙에 의해서 국가는 위로부터 아래로 구축되어야 하며, 자연법론이 주장하듯이 아래로부터 위로 구성되어야할 것은 아니라는 관념이 양성되었다. 거의 모든 독일 란트들의 헌법에 군주주의 원리가 채택되고, 독일의 모든 국법학은 소수의 예외를 제외하고는 이 원칙을 그 고찰의 출발점으로 삼았다. 이 군주주의 원리는 인민주권의 원리에 대한 전면적인 대항의 중요한 정식화이다. 그리고 이 인민주권론 원리의 극복은 칼스바트 결의와 빈 최종의정서, 군주들과 국가학이 현재에 이르기까지 그 사명으로 삼았다.

이러한 다소 초월적인 군주주의적 이념과 그것에 상응하는 봉건·군주적 정치의 국가철학적 및 법철학적 정초자는 프리드리히 율리우스 슈탈이다. 그는 남독일의 유태인으로 태어나 신교로 개종하고, 1840년 이후 베를린대학 교수로서, 그리고 곧 프로이센 보수당의 이론적 지도자인 동시에 의회지도자로서 지대한 영향력을 미쳤다. 그의 국가학에서 발췌한 글이 정치적 목적을 위해서 보수주의자측에서 1910년 새롭게 출판될 정도였다. 슈탈의 사고형태에 근거하여 봉건층과 신봉건층의 군주주의적 의식이 형성되었는데, 이러한 거의 의식되지 아니한 슈탈의 사고형태를 전제로 하여 대부분의 독일 국가학은 그 실증주의적 이론체계를 수립하였다. 독일의 왕정부흥의 가장 중요한 사상가인 슈탈은 자연법의 아킬레스의 발꿈치를 올바로 간파하고 있었다. 자연법적 사고과정의 지배적 범주는 **자연질서**, 즉 궁극적으로 모든 개인적 또는 집단적인 개성을 그 가치정립에 포함하여 형식적인 사고규정으로 해소하고, 나아가 특히 인격신의 존재를 생각할 수 없게 만든 자연법칙의 개념이었다. 인간은 만물의 척도가 되며, 그럼으로써 내면적으로 보다 자립화되었다. 그러나 인격을 박탈하는 법칙인식은 다른 한편 개인으로서의 인간을 부정하였다. 인간은 감각 없는 기구의 일부분으로서 아주 작고 무의미한 것이 되어버렸다.

합리주의적인 내재철학뿐만 아니라 낭만주의의 비합리적인 내실(Immanenz)을 통하여 세계상이 입은, 이러한 탈인격화의 경향에 반대한 것이 슈탈의 철학이었다. 슈탈의 철학은 이러한 탈인격화 경향에 반대함으로써 비로소 근대적인 사고수단을 사용하여 군주주의 원리에 근거를 부여하는 체계적 가능성을 제공하였다. 슈탈은 합리주의의 특성이 항상 인식을 단지 이성에 의해서만이 아니라 이성으로부터 찾으려고 노력하지만,22) 이성은 결코 배제 이외의 방법으로는 실체적 현실을 파악할 수 없으므로, 이성은 모두 현실을 형식적인 사고규정으로 분해하지 않을 수 없다고 지적했다. 그런데 [슈탈에 의하면] 국가이론가에 대해서 더욱더 중요한 것은 이성이 실정적 당위를 보장할 수 없다는 것이었다. 「이성으로부터 추론되는 것만을 인식하는 철학자는 이러한 에토스의 원천도 이성 이외의 어디에서도 찾아볼 수가 없다. 여기에 자연법의 본질이 있다」.23) 과연 슈탈은 자연법의 반대자로서의 버크 · 낭만주의 · 역사학파의 공격을 평가하지만, 이들의 학설에는 「모든 **보다 높은 재가**(裁可)가 결여된 점」24)을 비난하였다. 역사법학파는 법이란 것이 어떻게 「민중의식의 소산」인가 하는 점을 강조할 뿐이며, 「법이란 것이 어떻게 민중과 민중의 의식에 대해서…보다 높은 권력인가, 그리고 이 권력에 의해서 요구되는가, 이 권력에 의해서 법이 측정되고 바르게 되는가」25)에 대해서는 강조하지 않는다. 인간에 대해서 그 개인적인 독립을 그대로 인정하면서, 더구나 인간을 자신 속에 포함하는, 인격신의 권위에 의한 국가와 법의 초월적인 인승, 바로 그것이 비로소 국가로 하여금 「인륜의 왕국」(Sittliches Reich)이 되게 한다.26) 왜냐하면 모든 당위는 두 개의 인격적 의지의 관계로서만 가능하기 때문이다. 즉 인륜성(Sittlichkeit)에서 신의 의사가 인간의 의사에 들어오며, 국가에서 「지배자의 생각과 의욕이 피치자의 존재에 들어오게 되기」27) 때문이다. 국가적 통일은 「소여의 보다 높은 현실의 권위」, 즉 「민중보다 이전에 그리고 민중 위에 존재하며, 그리고 그 안에서 민중이 정치적으로 일체가 되어야 하는, 권부(Obrigkeit) 없이는」28) 불가능하다고 슈탈은 주장하였다. 슈탈은 프리드리히 빌헬름 4세*와 그 왕실 측근의 의견에 완전히 동조하여, 혁명이란 원래 「모든 공공적 상태를 신의 질서와 섭리에 의해서가 아니라 인간의 의사에 근거하여 확립하는 것」29) 이라고 말했다. 신의 은총에 의해서 설정된 왕권이 다름 아닌 「주어진」 권위이며, 그것은 확실히 신의 의사에 대해서는 책임이 있지만, 민중에 대해서는 결코 책임이 없다. 민중은 항상 존재하는 권부에 따를 뿐만 아니라 또한 특히 「역사적 전통을 가진 왕조를 존숭하고, 신복하지」 않으면 안 된다30) [고 슈탈은 주장하였다]. 이리하여 정통주의적인 군주주의원리가 유신론적으로도 또한 역사적으로도 근거를 가지게 되었다.

---

22) Friedrich Julius Stahl, *Die Philosophie des Rechts* (1830-37), Bd. 1, 5. Aufl., Freiburg [1878], S. 92.

23) AaO., Bd. 1, S. Ⅲ.

24) AaO., Bd. 1, S. 472.

25) AaO., Bd. 1, S. 588.

26) AaO., Bd. 2Ⅱ (1878), S. 7.

27) AaO., Bd. 2Ⅱ, S. 9.

28) AaO., Bd. 2Ⅱ, S. 7.

29) Friedrich Julius Stahl, "Was ist die Revolution?"(1852), in ders., *Siebzehn parlamentarische Reden und drei Vorträge*, Berlin 1862, S. 234.

30) Stahl, *Rechtsphilosophie*, Bd. 1, S. 81.

슈탈은 입헌군주제와 의회군주제를 명확하게 구별하는 것으로 독일의 군주주의에 대해서 최대의 공헌을 하였다고 해도 좋을 것이다. 의회군주제가 영국과 프랑스에서 이미 실현되었다고 하더라도, 영향력이 멀리까지 미치는 입헌군주제와 의회군주제 사이의 양자택일이 여전히 불명확한 상태로 있었다. 본래의 권력분립론에 의하면, 입헌주의적 국가권력은 지배자와 인민대표 간에 「배분」되는 것이었다. 그러나 국가의 본질은 통일적인, 불가분한 결단이므로, 지배자와 의회다수파가 대립하는 경우에 어떻게 될 것인가 하는 문제가 생겼다. 의회에 유리하게 결정되어온 헌법실제(Verfassungspraxis)를 슈탈은 혁명이라고 불렀다. 왜냐하면 혁명은 민주공화제이든 군주제이든 불문하고 **인민주권**(Volkssouveränität)을 요구하며, 「이 인민주권에서 국왕은 의회의 종복이며, 의회는 여론 내지 인민대중의 종복이기」[31] 때문이다. 그러한 의회주의적 통치는 군주주의의 원리에 반하여, 따라서 입헌군주제에 의해서 방지되지 않으면 안 된다[고 슈탈은 주장하였다]. 이리하여 슈탈은 훗날 특수 독일적 군주입헌주의라고 불리기도 하지만 그보다 더 자주 은폐된 절대주의라고 불리는 정치형태의 기초자가 되었다. 그리고 「다수」가 아니라 「권위」[32]라는 이 국가형태의 표어는 슈탈이 만들었다.

그러나 여하튼 군주주의적 입헌주의에서도 헌법이 존재하며, 그것에 근거하여 의회다수파가 협찬권을 요구할 수 있었다. 할러는 일찍이 「신에 대한 보다 높은 의무」, 즉 반입헌주의에 대한 보다 높은 의무에 의해서 군주는 헌법준수의 선서로부터도 면제된다고 말했다. [할러]보다 교묘한 슈탈은 1848년부터 58년의 시기에 프로이센 상원 다수파의 지도자로서, 헌법이란 것이 어떻게 하면 절대적으로 통치할 수 있는가 하는 방법을 실천적으로 보여주었다. 그는 1853년에 이렇게 말한다. 헌법의 가장 걱정해야할 개조들은 「스스로 중화되고, 국왕의 권력은 모든 정황에서도 의연하게 승리자로 머물렀다. 국왕은 확실한 군대를 보유하며, 확실한 재정을 보유하고 있다. 이 두 가지를 가지고 일찍이 프로이센 국왕은 유럽의 3열강에 대항하며 제어하였다. 그렇다면 필요한 경우 국왕이 이 두 가지로 양원에 대처하여 이길 수 있어야 할 것이 아닐까?」[33] 프로이센 독일의 반혁명파에 끼친 슈탈의 영향은 그의 기독교적·게르만적 국가론이 낭만주의자에 의한 혁명과 종교개혁의 동일시를 배척하고, 다분히 신교적이면서도 정치적 반동의 구교 개종자에게 아무런 고통을 주지 아니하였다는 것만으로 지대하였다. 슈탈만큼 프로이센 독일의 국가상에 절대주의적 융커적 특성을 영원히 각인하는데 크게 기여한 사람은 없을 것이다.

여하튼 군주주의원리는 슈탈이 처음으로(1845년) 명확하게 정식화한 시대에[34] 이미

---

31) Stahl, "Revolution", S. 234.

32) Rede in der Sitzung des Volkshauses zu Erfurt, 15. April 1850, in Stahl, *Siebzehn parlamentarische Reden*, S. 162.

33) Friedrich Julius Stahl, "Aufhebung der Preußischen Verfassung" (Rede in der Ersten Kammer des Preußischen Landtags, 24. Februar 1853), in ders., *Siebzehn parlamentarische Reden*, S. 32.

34) Friedrich Julius Stahl, *Das monarchische Princip. Eine staatsrechtlich-politische Abhandlung*,

이론적으로 뿐만 아니라 실제로도 불가능하게 되고 있었다. 이론적으로 국가의 초월적 인승은 3세기 간에 걸친 사상 발전의 역전을 요구하였으며, 실제로는 국민주의적인 법적 공동체로부터 독립한 군주의 존엄이라는 전제는 정치적으로 중요한 계층내의 종교의식이었을 것이다. 그러나 이러한 형태의 종교의식은 존재하지 않았으며, 이제 시작한 교회반동으로도 산출할 수 없는 것이었다. 슈탈이 정치적 낭만주의자처럼 별로 명확하게 인식하지 않았던 것은 근대국가의 합리적 · 시설적 구조이며, 지배의 불가피하게 필연화 된 관료화와 합리화이며, 필연적으로 전문화한 분업제였다 ─ 요컨대 등족국가, 즉 국왕의 개인적 간섭과 이러한 간섭에 대한 「사랑」과 「신뢰」와 이미 조화하지 못한 모든 것을 슈탈은 인식하지 못했다. 급격하게 증가해 가는 인구에 대한 행정과제의 막대한 증가, 관청이나 관리나 사관의 증대는 필연적으로 절대적 군주의 개인적 권력이 작용하는 범위를 좁히며, 그 대신에 각각의 부문에서 사무에 정통한 전문적 관료제가 급속하게 대두하고, 군주의 개인적 권력을 박탈하였다. 프리드리히 대왕의 영방국가는 작았고 그 기능도 적었으므로, 또한 1인의 위인에 의한 총람이 가능하였다. 이 나라에서는 또한 지배자의 개인적 관계가 은상징벌의 형태에 의한 선정(善政)으로 작용할 수 있었다. 그러나 슈탈이 국가라는 유대에 모든 인격을 결부시켜 둘 것이라고 요구한 「현실의 의지」라는 것은 외연적으로나 내포적으로도 크게 확대된 국가에서는 단지 화를 야기시킬 뿐이었다. 반관료적 낭만주의자였던 프리드리히 빌헬름 4세는 신랄한 관찰자가 **질서 · 반질서 · 부질서**라는 세 가지 말로 총괄한 사태를 실제로 촉진시켰다. 그리고 국왕의 왕실측근 중에서도, 즉 다름 아닌 국왕의 개인적 신임이 두터운 반관료적인 측근들의 음지 정부도 게를라흐(Gerlach)의 입을 통해서 유책의 입헌적 대신제의 도입은 우리 국왕과 국가에 대해서 행운이다. 왜냐하면 그러한 것이 도입되지 않는다면 통치에 어떠한 통일도 가져오지 못했을 것이기 때문임을 인정하지 않을 수 없었다. 내외정에서 뿐만 아니라 프로이센 국왕의 본래의 활동영역이나 군대라는 거대하게 팽창한 영역에서도 군주는 19세기에 관료와 대 참모본부에 [그 권력을] 양보하지 않을 수 없게 되었다. 이러한 영역에서마저 군주의 개인적 통치는 불가능하게 되었으며, 만에 하나 행해졌다고 한다면 매우 위험한 것이 되었을 것이다. 그럼에도 불구하고 군주주의 원리의 사상은 하나라도 독일군주제가 존재하는 동안은 내외정에 대해서 대단한 영향력을 가지고 있었다. [프랑스의] 혁명전쟁에서 시작하여 다음 세기의 60년대에 이르는 동안 동부 [유럽의] 왕권과의 연대, 그리고 군주주의원리의 옹호가 프로이센 외정의 본질적인 것이었다. 독일 민족의 이익도 아니고, 프로이센의 이익도 아닌 오로지 왕조의 국제적 연합이 옹호한 것이다. 군주주의원리를 외정에서 유지하는 것이 불가능하게 되어온 것을 수년 후에 다음과 같은 비스마르크의 의견이 가장 명백하게 하였다. 비스마르크는 프랑크푸르트의 [독일] 연방의회에 [프로이센] 공사로서 재임 중에 눈을 뜨게 되었다. 이미 1856년에 이 융커[=비스마르크]는 만약 외정에서 자국과 동일한 정치적 원리에 입각하는 열강하고만 제휴하려고 한다면 잘못이라고 적고 있다. 비스마르크는 1857년의 어떤 보고 중에서

---

Heidelberg 1845.

보수주의적인 열강과 혁명적인 열강의 대립은 외정에 대해서 그 어떤 의의를 가질 수 있다는 것을 부정하고 있다. 현재 존재하는 거의 모든 열강은 혁명에 근거하고 있다. 1861년 여름 비스마르크 내각의 문제가 다시 떠오른 때에 ──비스마르크가 내정에서 군주주의원리를 강인하게 내리누르려고 한 때─ 그는 론(Roon)*에게 「우리나라의 '대외적' 태도를 일변함으로써만 국내에서 왕가의 지위는 아래로부터 몰려오는 민중의 힘을 면할 수 있습니다. 그렇지 않으면 왕가의 지위는 장기적으로 사실상 이러한 민중의 힘에 저항할 수 없을 것입니다」라고 적고 있다.[35] 이 문장에는 비스마르크의 강령의 기본 개조가 포함되어 있다.

기본적으로 비스마르크는 내외정에서 모두 군주주의원리를 믿지 않았다. 그 후 곧 비스마르크는 폰 벨로프(von Below)씨에게 보낸 편지 속에서 「독일 제후의 완전히 역사를 알지 못하고, 신을 믿지 않는 불법한 주권사기」에 대해서 적는다. 비스마르크가 유럽의 상태를 어떻게 보았는가를 그는 같은 해 정통성의 도그마에 완전히 사로 잡혀 있던 빌헬름 1세*를 위해서 작성한, 어떤 각서 중에 이렇게 간결하고 명쾌하게 말한다. 「독일 연방은 신성동맹의 부속물로 설립된 것이며, 그것은 프랑스에 대한 순수한 방어기관으로서 (러시아 · 오스트리아 · 프로이센의 정통성이념과 절대주의에 근거하는) 동유럽의 동질성을 전제로 하는 것이다. 이제 신성동맹은 붕괴되었다. 이에 새로운 필요가 생기게 되었다」. 비스마르크 는 그의 정책을 방해하려고 하는 군주주의원리의 보루인 짜르(러시아 국왕)에 대해서, 1866년 독일에서 뿐만 아니라 폴란드에서 혁명을 부추기겠다는 위협을 서슴지 않고 했다. 오스트리아와의 전쟁에 대비하여 이 「붉은 반동가」는 사실상 헝가리의 혁명당의 지도자와 기맥을 통하고, 만일의 경우에는 그들을 정통군주에 대해서 이용하려고 하였다.

그러나 비스마르크는 프로이센 독일의 지배자와 그 봉건적 지지자의 외정적 사고로부터 군주주의적 정통성원칙을 제거하는 데에는 성공하지 못했다. 그는 자신의 정책을 관철하기 위해서 스스로 이러한 편견을 언제나 교묘하게 이용하기도 하였다. 프리드리히 빌헬름 4세가 이 원칙에 푹 빠져 있었던 것에 대해서는 뒤에 언급할 예정이다. 빌헬름 1세는 정통주의적 오스트리아와의 전쟁에 매우 오랫동안 반대하였다. 1866년의 강화교섭*에 즈음하여 그에게 매우 중요했던 것은 물론 어떠한 군주의 가계도 끊지 아니한다는 점뿐이었 다. 그러므로 비스마르크는 이러한 지배자의 정통주의적인 의심을 일소하기 위해서 자주 그의 전 영향력을 행사하지 않으면 안 되었다. 비스마르크가 왕의 홀을 흔드는 동안에 이러한 시대착오적 원칙의 위험은 여하튼 심화되고 있었다. 그러나 빌헬름 2세*의 친정이 행해지면서부터 다시 유령이 나타나기 시작하여 쉽지 아니한 사태가 되었다. 1890년 이후 프랑스에 대항하는 것으로만 러시아와 협조가 가능하였던 때에 프리드리히 빌헬름 4세의 이 자손은 「불쌍한 문민의 공화제」에 대해서 말하며, 팔리에르(Fallières)* 대통령을 「나의 동료, 나무꾼 팔리에르」라고 냉소하였다. 니콜라이 2세*에게 보낸 편지 속에서

---

35) Otto v. Bismarck, Brief an Roon, 2. Juli 1861, in ders., *Gedanken und Erinnerungen*, Bd. 1, Stuttgart 1905, S. 269.

다시 이렇게 적는다. 「프랑스인이 영국인에 대해서도 하는 말은 공동으로 세계에서의 자유주의의 이익을 유지하고, 다른 나라들에서 촉진하지 않으면 안 된다는 것입니다. 즉 전유럽에 혁명을 육성하고, 지지하지 않으면 안 된다는 것입니다. 특히 다행이도 아직 저 저주받은 의회의 절대적 지배 하에 있지 아니한 나라들에서 그렇지 않으면 안 된다는 것입니다」. 이 황제는 슈탈의 병기고에서 가지고 나온 무기로 러불동맹을 파괴할 수 있다고 진정으로 믿고 있었음에 틀림없다. 그는 본너 보루센툼(Bonner Borussentum)*의 용어와 이데올로기를, 군주주의원리의 그것과 합쳐서, 다른 기회에 만약 러불동맹에 의해서 지속적으로 러시아의 황태자들과 짜르의 장군이 국왕을 살해한 후에 구축된 공화국의 대통령과 서로 나란히 공식적으로 「차려입고」 나타나고, 따라서 이 [프랑스 공화국의] 국가형태와 민주주의의 정통성을 전 세계에 인정한다면, 저 군주주의원칙은 위태롭게 될 것이라고 쓰고 있다. 프랑스의 대신들과 황제는 그들이 「왕후나 황제」가 아니라는 이유에서 동등한 권리를 가지는 자로서 교섭하는 것을 즐겨하지 않았다. 1897년 중국행이 명해진 하인리히 왕자*는 황제인 형에 대한 공식 석상의 인사말에서 「나는 폐하에 대해서 확언할 수 있는 한 가지가 있습니다. 명성도 영예도 나의 마음을 교사하지 않습니다. 나의 마음을 끄는 것은 단 하나 뿐입니다. 즉 신성한 폐하의 복음을 해외에 알리고 설교하는 것입니다」라고 말하더라도 아무런 문제를 일으키지 않았다. 이 하인리히 왕자의 발언이야말로 프리드리히 율리우스 슈탈의 교과서 1장이 기분 나쁠 정도로 마음 밑바닥에 각인되어 있다는 것을 보여주는 것이었다.

그동안에 세계는 완전히 민주화되고 있었다. 그러나 변함없이 독일의 외정을 맡은 자는 봉건적·군주적 심성의 지주의 대표자였다. 그들은 러시아 제정이 결국에는 의회주의의 영국과 동맹을 체결하지 않을 것이라는 전혀 앞을 내다보지 못한 판단에서 1901년 확고한 동맹의 체결을 신청한 영국의 제안을 거부하였다. 1911년, 40인의 대사 중 35인이, 65인의 공사관 서기관 중 60인이 귀족이며, 나머지 대사 5인과 공사관 서기관 5인이 부르주아지였다. 봉건적 두뇌를 가진 외교관이 경제화 된 세계정책의 상업적 관념에 압박을 받아 군주주의원리를 대표하지 않을 수 없었던 경우에, 악하지는 않지만 애교 있는 형태의 위반이 생기는 것은 당연하였다고 하겠다. 그 한 예를 보여주는 것이 귀족 중의 귀족이라고 할 체르닌 백작(Graf Czernin)*인데, 그는 [제1차] 세계대전 중 부카레스트 강화조약*의 체결에 즈음하여 「당시 이미 유럽 시장에서는 국왕의 가치가 어느 정도 하락하고 있었다. 거기에서 우리들이 국왕을 다시 시장에 내던지는 경우에는 그 하락이 폭락으로까지 되지 않을까 나는 우려합니다」36)는 이유에서 루마니아 국왕의 퇴위를 허용하지 않았다. 프로이센 독일의 내정에서도 지배자는 헌법 이전에, 그리고 헌법 위에 존재한다는 관념으로 입헌주의적 법치국가의 이념이 군주의 사고보다 우월함이 실현되지 못하였다. 헌법이란 한 조각의 종이에 불과하며, 프로이센에서 국왕과 인민은 결코 이러한 헌법의 조항으로 통치할 것은 아니라는 유명한 말을 한 프리드리히 빌헬름 4세는 자주 헌법상의 약속을

36) Ottokar Czernin, *Im Weltkriege*, Berlin 1919, S. 356.

깨뜨린 후 마침내 1850년에 그의 대신의 간절한 진언에 따라서 새 헌법에 대해서 선서할 결의를 하지 않을 수 없었다. 거기에서 그는 적어도 [의회의 개원식의] 칙어의 결론에서 헌법은 필요하다면 다시 폐기할 수 있다는 요구와 거의 같은 취지의 유보를 덧붙이려고 하였다. 결국 그는 칙어에 「프로이센에서는 국왕이 통치한다. 그러나 통치하는 것이 짐의 희열이기 때문에 통치하는 것이 아니라 맹세코 그것이 신의 질서이기 때문이다」라는 문장을 짜 넣었다. 빌헬름 2세는 일찍이 힌체(Hintze)에게 프리드리히 빌헬름 4세의 정치적 유언이 존재하는 것을 알린 일이 있었다. 그 정치적 유언이란 그의 모든 후계자에 대해서 즉위 후, 그리고 헌법에 선서하기 직전에 보아야할 것으로, 그 중에 미래의 지배자는 헌법에 대한 선서로 처음부터 자신의 수족을 결박하지 않도록 간곡히 경고하는 말이 쓰여져 있었다고 한다.[37] 빌헬름 1세는 1857년 아직 프로이센의 황태자였을 때, 국왕은 즉위 시에 헌법을 인정해야 하는가 하고 비스마르크에게 조언을 구하였다. 그리고 그는 처세의 초기에 주(州)의 등족으로부터 봉건적인 절대주의의 형식을 가지고 구래의 충성선서를 받고 싶다고 주장하였다. 그러한 것은 헌법에 반한다는 주의를 받고, 그는 축제적인 즉위식으로 만족하였다. 물론 즉위식은 베를린에서 하지 않고 전통적인 쾨니히스베르크에서 거행하고, 거기에서 그는 왕관을 제단으로부터 받고, 자신은 왕관을 단지 신으로부터만 수여되었다는 것에 감사한다고 강력히 역설하고, 자신은 당연히 받을 권리가 있는 구래의 충성선서를 다만 자발적으로 포기한 것이라고 덧붙였다. 1866년이 되어서도 가장 영향력을 가진 집단은 절대주의적인 쿠데타의 생각을 머리 속에 굴리고 있었다. 심지어는 당시 정부의 각료 다수도 그러한 의도에 기울어지고 있었던 것처럼 보인다.

그러한 계획이 획책될 수 있었던 이유는 프로이센·독일적인 생각에 의하면, 국가의 최강의 권력수단인 군대가 법치국가적 조직 중에 전혀 편입되지 않았던 점에 있다. 인격적인 봉건적 종속관계의 관념이 이 영역[=군대]을 지배하였으며, 이러한 관념은 프리드리히 대왕의 나라에서도 이미 시대에 뒤떨어진 것이었다. 그러나 빌헬름 1세는 일찍이 프리드리히 대왕의 [프로이센] 일반 란트법이 사관을 국가의 관리로서 표기한 것을 「아니꼬운 것」이라고 말한 일이 있다. 이러한 것은 대원수[=빌헬름 1세에 대해서 군기(軍旗)에 대한 충성선서]와 관련하여 거부되어야 할 것이었다. 이런 생각은 여전히 [제1차] 세계대전 중의 장교단 간에 통용되고 있었다. 이러한 사고방식은 군대에서의 지휘관의 임명에 관하여 입헌주의가 존재하지 않았다는 것을 알게 되면, 그리 놀라운 일로 생각되지는 않는다. 왜냐하면 입헌주의 국가라면 프로이센 육군대신은 [사관의] 임명과 승진을 행하고, 이를 하원에 대하여 책임을 지지 않으면 안 되었기 때문이다. 그러나 이러한 군사행정의 가장 중요한 부분이 사실상 의연하게 절대주의적이었다. 즉 그것은 절대적인 「대원수폐하」에게만 따르고 있었다. 프리드리히 빌헬름 4세는 그 때문에 군내각장(Chefs des Militärkabinetts)의 형식으로 군주의 직접적 지시에 따르는 하나의 중앙기관을 설치하였다. 그것은 우선은 형식적으로 아직 육군대신에 종속하게 되어 있었으나, 1861년 이후 사실상, 그리고 1883년

37) Otto Hintze, *Die Hohenzollern und ihr Werk*, Berlin 1915, S. 564.

이후에는 공식적으로도 빌헬름 1세에 의해서 황제 직속의 기관으로 개조되었다. 그와 함께 장교단의 구성문제에 관해서 헌법은 완전히 무시해 버렸다.

위로부터 아래로 구성된 군주주의원리의 국가는 국가에서의 모든 권력이 군주로부터 유래한다는 신앙을 필요로 하였다. 그러나 사회학적으로 보아 모든 국가형태에서 지배라는 것은 피치자의 종순함에 기초를 두는 것이므로 군주주의적 권력은 결국 다만 종교적으로, 즉 신의 은총에 대한 신앙에 의해서 정당화되고 복종 속에서 강화될 수 있을 뿐이었다. 이러한 신의 은총에 대한 신앙은 선조의 유산으로서 전해 내려온 전설(Überlieferung)에 의해서 실질적으로 뒷받침되고, 얼마 동안은 심지어 전통이 될 수 있다. 그러나 군주주의원리의 전통주의적 근거는 종교적인 근거보다 훨씬 불안정하다. 계몽적 절대주의는 이론적으로 종교적 인승(認承,Sanktion)을 포기할 수 있었다. 왜냐하면 계몽적 절대주의는 인구의 압도적 다수를 차지하는 농민 측이 품는 신의 은총설에 근거한 신앙에 대해서 실제적으로 확신을 가지고 있었기 때문이다. 그러나 공업의 발달과 도시인구의 증가와 함께 이러한 소박한 믿음은 소멸하고 있었다. 1816년 프로이센에서 인구의 78%가 아직 농업에 종사하고 있었으나, 1849년에는 다만 64%에 불과했다. 그러나 독일에서 절대주의나 반절대주의적 원리는 농업귀족·군대·관료제·교회의 전통에 의해서 유지되었다. 1906년의 프로이센의 행정연감에 의하면, 12인의 주지사 중 11인이 귀족이며, 36인의 주지사(Regierungspräsident) 중 23인이 귀족이었다. 그러나 군장(郡長)의 수에서는 귀족이 절대 다수를 차지하고 있었다. 귀족은 슈타인·하르덴베르크의 악몽을 매우 신속하게 극복하였다. 1815년 이후 귀족은 다시 지배권을 장악하였다. 그리고 국왕이 절대적이었던 것은 그가 귀족의 의지를 실행하고 있었기 때문이다. 이 해[1815년]에 국왕은 1812년의 잔다르메리 령(Gendarmerieedikt)*을 정지시켰다. 원래 이 칙령에 근거하여 「공행정에 관한 영향력은 공평하게 분배되어야 할 것이며, 국민 중의 단일한 계급이 모든 공행정에 대해서 지배적 영향력을 미침으로써 가지는」 우위성이 철폐되었다. 대지주(Gutsherr)의 경찰권과 영주재판권이 부활하고, 그 후 수 십년 간 오히려 더 강화되었다. 그러므로 농민해방은 거의 반대로 역전되었다. 국가는 이미 1810년에 귀족의 조세면제를 철폐하지 않으면 안 된다고 선언하였는데 그것은 1861년에야 비로소 실행되었다.

19세기 후반이 되어 귀족과 대부르주아지는 관료제와 밀접하게 결부되고 융합하게 되었다. 프로이센 관료제의 뛰어난 조직에서 약간의 장교단에서처럼 뚜렷한 계급적 성격을 가진 하나의 지배 그룹이 점차 형성되고 있었다. 그들은 고급행정관직의 임용권과 아울러 많은 연대의 장교직의 임명권을 장악하고 있었는데, 매우 자주 적재적소의 관점에서 행해져야 할 인사행정을 손상시켰다. 관료제와 군대에 있어서 봉건적·신봉건적 당파는 배타적인 쾨젠학생단(Cösener Corps)*에 결집하고 있었다. 이러한 학생단에 소속한 것은 귀족의 자제나 대자본가의 자식에 대해서 그 출세를 확실히 보장하는 것이었다. 뛰어난 국법학자인 리하르트 슈미트(Richard Schmidt)는 「프로이센의 행정관직에의 취임을 신청한 청년에 대해서 주지사나 지방고등재판소 법원장은 아주 노골적으로 자네는 어떤 학생단에 소속하는가 하는 질문을 실제로 하였다. 어떤 학생단에 소속하지 않는 자는 그 경우 처음부터 관심이 적게 되며, 전망이 어두웠다」라고 서술한다.

왕권과 귀족 · 군대 · 관료제 그리고 교회와의 동맹에도 불구하고 군주주의원리가 19세기 중엽에 중대한 위험에 처했던 것은 1861년의 위에서 인용한 비스마르크의 말에서 추론된다. 그의 의견이란 군주주의원리는 그것이 외정에서 포기되는 경우에만 내정에서 보존될 수 있다는 것이다. 즉 그러한 정책에 의해서 정치적 · 경제적으로 필수적인 존재가 된 부르주아지를 군주주의원리의 지지자로 바꿀 수 있었던 것이다. 부르주아지의 국민적 (nationaldeutsch) 요구는 실현되지 않으면 안 되었다. 그러나 그것은 군주의 연대성을 침해하지 않고, 즉 오스트리아와의 전쟁 없이, 그리고 독일 각방의 정통군주의 주권적 권리를 삭감하지 않고는 불가능하였다. 거기에서 비스마르크는 이 실(糸)로부터 그의 내정의 복잡한 구성과 외정의 주요한 부분을 짜내었다. 즉 내정에서 왕권은 부르주아지가 이념적으로 실질적으로 최고도로 관심을 가진 국민주의적 이념을 실현함으로써 위험한 자유주의적 · 민주적인 「아래로부터의 민중의」 요구에서 벗어났다. 내정과 외정에서 군주주의원리는 이미 초월적 역할을 담당할 수 없고, 그것은 단지 합리적 · 공리적으로 정초하게 되었다.

이상이 비스마르크가 독일 부르주아지 본래의 이데올로기인 자유주의적 민주주의를 타파하고, 부르주아층을 군주주의원리라는 이데올로기의 신봉자로 바꾸는데 성공한 방편이었다. 국민주의적인 이익유도정책은 군주주의원리와 매우 밀접하게 결부된 것처럼 보였다. 왜냐하면 [독일처럼] 비의회주의적 군주제만이 강력한 국민국가를 보장한 데에, [프랑스처럼] 의회정치(Parlamentsherrschaft)는 적극적인 내외정책을 전개할 수 없었기 때문이다. 비스마르크가 강조했듯이, 독일은 프랑스가 점차 민주주의와 의회주의에로 강력하게 「하락하는 것」을 즐길 수 있었다. 의회를 통하여 프랑스를 지배하는 변호사나 신문기자나 금융자본가는 [대독] 복수[전]을 생각하기 보다는 그들의 지배가 강력한 군대와 혁혁한 승리를 얻은 야전장군에 의해서 위협을 받는 위험 쪽을 보다 많이 생각하지 않을 수 없었다.

상류 부르주아층, 특히 학자층 사이에 이미 자연법에 대한 낭만주의와 역사학파의 투쟁이 신봉건주의적 의식의 발생을 촉진하기 시작하였다. 1800년 이전에는 독일의 지식층, 특히 부르주아 출신의 지식층 중에 봉건적 · 절대주의적 제도의 지지자를 찾는 것은 쉬운 일이 아니었다. 그러나 이제 언제라도 찾을 수 있었다. 그중 큰 인물 한사람만을 든다면, 그것은 랑케*일 것이다. 그는 1836년에 통치는 「오로지 이것을 잘 이해하는」[38] 것에 맡겨야 하며, 우리 독일 각방의 군주의 정신에는 [군주와 인민의] 공동협의와 공동결정을 싫어하는 것이 있다고 공언하였다. 교외(郊外)에서와 소부르주아지 사이에서는 「조국협회」, 「프로이센 협회」, 「국왕과 조국옹호협회」가 1848년 이후 「강력한 군주제」와 「위험한

---

38) Leopold v. Ranke, *Politisches Gespräch* (1836), in *Sämmtliche Werke* (Hg. A. Dove), Bd. 49/50, Leipzig 1887, S. 336.

민주주의」라는 대립명제를 언제나 제기하는 방향으로 국가사상을 인도하기 시작하였다. 군주주의원리는 그것이 국민주의적 이념에 봉사하는 것처럼 보이기 때문에 사실상 국민주의적 사상과 더불어 부르주아지를 굴복시킨 것이다. 비스마르크가 부르주아지의 자의식을 누르고 최초의 결정적인 승리를 얻은 것은 헌법분쟁시대였다. 그러나 의회주의원리에 대한 군주주의원리의 이러한 승리는 부르주아지가 그것을 자발적으로 정당하다고 인정하고, 나아가 그것을 국민주의적 이익에 합치하는 것이라고 승인한 때에야 비로소 판정이 났다. 그러한 정당화는 1866년[의 대 오스트리아 전쟁]과 1870년-71년의 [보불] 전쟁의 승리에 의해서 이루어졌다. 그리하여 치열하게 열망된 독일 통일은 군주주의원리에 의해서 이루어졌으며, 장래에도 그것으로 유지되리라는 것이 이제 명명백백하게 생각되었다. 독일의 지정학적 위치에 관하여 그 주장을 뒷받침하기 위해서 영국인 실리의 이러한 명제도 인용되었다. 실리에 의하면, 국가에 대한 외부의 압박이 강하면 강할수록 그만큼 국내에서 자유가 부여되는 것은 적게 된다는 것이다.39)* 이상과 같이 이제 귀족·군대·관료제 그리고 교회와 아울러 대부분의 부르주아지도 군주주의적인 반의회주의원리의 담당자가 되었다.

이상 서술한 사회적 권력관계는 독일 제국의 국법상의 조직 속에 그 법학적 근거를 발견하였다. 즉 독일 제국에서는 의회와 선거권민주주의가 도입되었음에도 불구하고 복잡한 연방주의적 상태에 의해서 군주주의원리가 유지되었다. 프로이센이라는 강국이 독일의 일부였던 것이 아니라 그 반대였다. 즉 독일 제국이 프로이센의 일부였던 것이다. 독일 제국 황제의 권력은 그의 프로이센 왕권에 근거하고 있었다. 즉 내정에서는 연방참의원에서의 프로이센 왕국의 우월한 지위와 프로이센의 경제적 우세에, 외정에서는 프로이센 군대에 근거하고 있었다. 거기에 제국 정부 수상과 프로이센 왕국 수상으로서의 비스마르크의 탁월한 인격이 첨가되었다. 제국에서 비스마르크는 보통 평등권을 인정함으로써 민주적 시대정신에 일정한 양보를 하였으나, 그것은 주관적으로나 객관적으로도 외관상의 양보에 그쳤다. 제국의회 선거권은 자유주의적인 남독일에 대해서 프로이센과의 결합을 추구하려는 목적을 가지고 있지만, 다른 한편 바로 이러한 자유주의적 부르주아지의 자의식을 노동자계급에 대한 공포로 위압하려고 했다. 그리고 끝으로 독일 제국 정부 수상의 권력이 그의 프로이센 왕국 수상으로서의 지위에 근거하여 제국 정부의 각 관청의 장관 — 연방주의는 제국 정부의 각성 대신제를 인정하지 않았다 — 은 동시에 프로이센 왕국 무임소대신이며, 이리하여 주어진 프로이센이 제국에 대한 지대한 영향력이 다시 봉건적인 3등급선거권에 근거하여 하원의 정신과 권력에서 유래하는 것만으로 — 그 때에 본래 [제국의회]보다 강력한 연방참의원이 동맹한 군주들의 기관이었던 것은 전혀 도외시하더라도 — 한층 제국의회 선거권에 근거한 민주주의는 군주의 지위에 대해서 여전히 무력하였다.

이처럼 군주주의원리는 복잡한 국법상의 조직에 의해서 유지되고, 의회는 무력한 「오막

---

39) John R. Seeley, *Introduction to Political Science*, London 1896, lecture VI, S. 134.

살이 집」이 되었다. 이러한 의회의 권력의지는 비스마르크의 외정상의 성과가 강렬한 인상을 준 이래로 더욱 미미했다. 1866년 이후에 국민자유당이 창립되었는데, 그것은 1867년부터 1878년까지 군주주의체제나 비스마르크 체제의 가장 겸허한 지주였다. 이제 대부분의 부르주아지는 그들 자신의 역사와 그들 고유의 이념을 부끄럽게 생각하기 시작하였다. 국민자유주의자 루드비히 밤베르거(Ludwig Bamberger)*는 [1848년의] 프랑크푸르트 국민의회에 대해서 독일은 그 교수들의 지도 아래 「자신의 어디서도 보이지 않을 만큼 정치적으로 서투르고 의지박약한 지루한 연극」을 연출하였다고 서술하였다. 부르주아지는 자기 자신의 정치적 무력을 깊이 확신하는 나머지 군주주의원리에 대한 원리적인 비판을 감히 생각하지 못했다. 부르주아지의 자유사상(Freisinn)은 여전히 변함없이 무력하였다.

그리하여 비스마르크는 1890년 1월 24일의 중대한 운명을 결정하는 추밀원에서 그의 수상취임 이래 28년간 왕권은 권력과 위세를 끊임없이 증대시켜 왔다고 떳떳하게 말할 수 있었다. 그동안에 군주주의 사상에서 생긴 근본적인 변화나, 왕관과 봉건제도에 대해서 국민주의적 기초는 여전히 부차적인 의의만을 가진다는 것, 그리고 종교적 정통화의 시대에 뒤떨어진 성격, 이러한 모든 것들을 비스마르크는 1888년 1월 6일 황태자 빌헬름에게 쓴 편지 속에서 총괄하였다. 즉위를 얼마 남겨두지 아니한 이 호엔촐레른가의 황태자는 기독교적·절대주의적 이념을 희롱하며, 그의 「신의 은총에 근거한 왕위 계승」에 특히 무게를 두고 있었다. 비스마르크는 황태자에게 이렇게 설명하였다. 「국민주의사상은 농촌에서는 아마도 사회민주주의자와 그 밖의 민주주의자에 대해서도 기독교적 사상 보다는 강력하지 않지만, 그러나 도시에서는 보다 강력합니다. 나는 그것을 유감스럽게 생각합니다. 그러나 사태를 있는 그대로 보고 있습니다. 그러나 저는 군주제의 가장 확실한 지주를, 이 양자[=국민주의 사상과 기독교 사상]에서 구하지 않고 그 담당자[인 국왕]가 평온한 시대에 **근면하게** 나라의 정무에 참여할 뿐만 아니라 일단 위급한 경우에는 피하기보다는 오히려 손에 칼을 쥐고 왕권을 위해서 왕좌의 계단에서 싸우면서 전사할 결의가 되어있는, 그러한 왕국에서 구합니다. 그러한 군주(Herr)를 모르는 척하려는 독일 병사는 한 사람도 없습니다. 그리고 '민주주의자에 반대하여 도와준 자는 단지 병사뿐이었다'라는 1848년의 오래된 말은 여전히 진리입니다」.[40]

우리들은 이러한 비스마르크의 주장에서 프리드리히 대왕적인 특성과 아울러 낭만주의적·기독교적 특성을 지닌 군주주의이념과는 근본적으로 다른 새로운 군주제관을 발견한다. 1866년과 1871년의 전승 이후 사회를 지도하는 계층이 된 부르주아지를 지배하고, 나아가 귀족도 지배하게 된 이 [비스마르크의 군주주의] 사상에는 일체의 절대적인 근거(Hintergrund)가 결여되어 있었다. 즉 합리적인 토대이든 종교적인 토대이든 모든 궁극적인 토대, 요컨대 이념이 결여되어 있었다. 군주주의원리는 과연 조직상으로는 여전히 무조건 고집되고 있었으나 윤리적 이성이나 신권(神權)에 의해서도 정당화되지 못하고, 역사적·상대주의적으로, 즉 대부분은 개개의 이익이나 국민적 이익에 대한 그 정치적 유용성에

---

40) Otto v. Bismarck, *Gedanken und Erinnerungen*, Bd. 3, Stuttgart 1922, S. 16.

의해서 근거지워졌다. 시대의 특징은 이른바 현실정치였다. 즉 확실한, 대체로 경제적인 이익의 정치였다. 유일하게 승인된 형이상학적으로 위대한 것은 국가이며, 군주주의 이념은 단지 국가의 가장 합목적적인 조직형태에 불과하였다.

1870년 이후의 이러한 새로운 독일의 국가사상의 가장 유력한 대표자는 하인리히 트라이치케였다. 매우 광범위한 독자를 얻은 그의 정치에 관한 강연 — 1874년부터 75년에 행한 — 은 당시의 독일 군주주의의 특징에 대한 하나의 정리한 상(像)을 우리들에게 제시한다. 트라이치케의 군주제는 초월적 내지 낭만주의적 경향을 모두 제거하고「모든 국가권력의 세속적 본질」[41]을 인정한다. 물론 이러한 견지에서 볼 때 당연히 그것은 군주의 권력을「위임된」권리가 아니라「고유의」권리 위에 기초를 가지는 것으로서 파악하는데 따르는 몇 가지 난점을 지니고 있었다.[42] 그러나 트라이치케와 그 시대는 바로 이러한 왕가가 고유한 권리에 의해서 추대되어 통치하기에 이른 것을, 한편으로는 「역사적 사건의 어떤 합치」이며, 다른 한편으로는 마찬가지로「신의 뜻을 측정할 수 없는 섭리」[43]였다고 할 만큼 충분하게 순수하며 또 단순하였다. 이 군주권이 트라이치케의 대(大) 프로이센강령의 목적에 합당치 않다고 생각되었을 때, 그는 또한 거기에 대한 외경의 마음을 모두 없앴다. 그리하여 그는『프로이센 연감』에서 거침없이 프로이센 왕조를 위해서 중소 란트들의 왕조의 철폐를 요구할 수 있었다.[44] 그에게 신성한 것은 실제로 프로이센 군주제 뿐이었다. 역사적으로 아주 변하기 쉬운 범주를 이처럼 단순하게 절대화하는 것은 이 시대 전체의 상대주의적 사고의 특징이었다. 확실히 트라이치케는 그가 최선의 국가를 탐구하려고 생각하지 않았다고 주장했으나,[45] 그 역시 최선의 국가를 군주제에서 찾아내었다. 즉 국가는「우선 첫째로 권력」이기 때문에 국가권력을 한 손에 집중하고 자주적으로 행사하는 그러한 국가형태야말로 이상에 가장 잘 합치된다.[46] 인민의 정치권력과 통일을 감각적으로 표현할 수 있는 능력이 지금까지 달성된 적이 없었기 때문에 군주제만이 대중성(Gemeinverständliche)과 자연성의 본질이 있다.「우리들 독일인은 이것은 우리 신생 독일 제국 탄생 후의 최초의 수년 동안에 느껴왔다. 우리들에게 노황제의 현신(現身, Person) 속에 유일한 조국이라는 사상이 얼마나 구현되고 있는가!」[47] 군주의 고유한 — 위임된 것이 아닌 — 지위로부터 당연히 명백한 것은 군주제의 비당파성과 사회적 정의가 공화제의 정당정치에서 보는 것보다도 훨씬 크다는 점이다. 불평등한 사회에서 이러한 정당한 군주제의「강력한 민주적 힘」은 국가의 평등사상을 대표하고 있다.[48]

---

41) Heinrich Treitschke, *Politik* (Hg. M. Cornicelius), Leipzig 1894, Bd. 2, S. 52.

42) AaO., Bd. 2, S. 53.

43) Ebd.

44) Heinrich Treitschke, "Aus der Blüthezeit mittelstaatlicher Politik"′ (1866), in ders., *Historische und politische Aufsätze*, Bd. 4, Leipzig 1897, S. 136-155.

45) Treitschke, *Politik*, Bd. 2, S. 10.

46) AaO., Bd. 2, S. 11.

47) AaO., Bd. 2, S. 53.

「국왕이 되는 것은 본래 등족과 함께 당파들을 훨씬 눈 아래에 볼만큼 높은 지위에, [그리고] 모든 사적 관계에서 초연하여 서있는 것이다」. 바로 그렇기 때문에 그는 「사회의 약자에 이끌릴」[49) 것이다[라고 트라이치케는 주장하였다].

[나아가 그에 의하면] 국왕은 정치적 선견지명에서 보통 사람보다 탁월하며, 외정적 관계들을 개별적인 신하 내지 공화제의 정당정부보다도 훨씬 잘 판단한다. 군주의 친척관계 도 또한 [군주제] 국가의 장점이다.[50) 트라이치케는 군주제의 그 밖의 장점으로서 전통의 힘, 특히 가계의 연속성을 들고 있다. 그가 언급하는 단조로움과 경직화라는 [군주제의] 위험은 물론 호헨촐레른가를 제외하고 모든 왕조에게 생기는 것처럼 보인다고 말한다. 그는 합스부르크가에 대해서, 합스부르크는 「승려왕들」이었고, 그들은 「도처에서 정신적 둔감이라는 승려와 동일한 특성」[51)을 나타내었다고 서술한다. 영국의 조지는 함께 우둔하 였으며, 스튜워트가는 파렴치하며, 벨프가 [=하노버 왕가]에서는 허영이 대대로 유전되고 있으며, 올덴부르크의 홀슈타인가[=덴마크 왕가]는 크리스티안 4세를 제외하고는 그 신체 적 크기에 따라서만 구별되었다.[52)

군주제는, 역사를 만드는 것은 인간이며 머리 없는 여론이 아니라는 심원한 사상에 근거하고 있다.[53) 의회는 어떤 특정한 개인에 대해서 그 책임을 지지 않는다는 점에서 군주제보다는 양심이 결핍되어 있다. 충성은 군주제의 본질에 속한다고 트라이치케는 주장했는데, 그것은 슈탈의 논의를 한 조각 나타낸 것이라고 하겠다.[54) [그에 의하면] 나아가 군주는 전승자로서 자주 군대를 자기의 목적을 위해서 남용하는 공화제의 장군보다 도 참된 장수이다. 독일을 정복한 자는 곧 프랑스의 황제가 될 것이다. 끝으로 군주제는 우수한 관료제를 공화제보다도 훨씬 쉽게 조직한다.[55)

의회군주제는 우리나라[독일]에서는 불가능하다. 독일의 정당은 그 수가 많기 때문에 영국처럼 스스로 통치할 수 없으며, 자기 위에 하나의 독립한 정부를 가지지 않을 수 없다. 영국 · 벨기에 · 이탈리아 등과는 달리 우리나라에서는 세습왕가의 역사적 권리에 대한 신앙이 현존하며, 그 신앙은 요컨대 우리들의 보다 심오한 역사적 국가관과 연관되어 있다.[56)

이처럼 군주제는 확실히 최선의 국가형태는 아니지만 호헨촐레른가의 군주제는 독일 인민의 가장 합목적적인 조직형태[라고 트라이치케는 주장하였다]. 이러한 트라이치케의

---

48) AaO., Bd. 2, S. 54.
49) Ebd.
50) AaO., Bd. 2, S. 55.
51) AaO., Bd. 2, S. 57.
52) AaO., Bd. 2, S. 57 ff.
53) AaO., Bd. 2, S. 59.
54) AaO., Bd. 2, S. 63.
55) AaO., Bd. 2, S. 66.
56) AaO., Bd. 2, S. 131 ff.

주장에서 알 수 있듯이, 군주주의원리는 위험하고 불안정한 기초 위에 서 있다. 즉 그것은 그 자체 속에 이미 자신을 정당화하는 아무것도 가지고 있지 않으며, 그 정당화를 상대화하는 합목적적 고려에 맡겨버린다. 그러나 이 합목적적 고려는 우리들이 트라이치케에서 보듯이, 다른 목적설정에서만 결정할 수 있다. 즉 자유주의적인 · 국민주의적인 · 사회주의적인 이념에 의해서 뿐만 아니라 이제 심지어 민주적인 이념으로도 결정할 수 있는 것이다.

독일 국법학 역시 지배적인 권력관계와 관념양식에 순응하였다. 군주주의원리는 1918년에 이르기까지 「독일 국법과 프로이센 국법에 관한 우리나라 저작의, 의심의 여지없는 교의(Dogma)로 높여진 참된 계승된 구성부분」[57]을 이루었다(에리히 카우프만). 독일 국법학은 그 자신의 체계적 전제들 ― 물론 그것에 대해서 독일 국법학이 명백했던 적은 아주 드물었다 ― 과는 크게 모순되며, 그 법치국가론과 국가단체 주권론과는 반대로 국가권력의 「담당자」와 「소유자」에 관한 이론을 주장하였다. 가장 널리 읽히는 마이어 · 안쉬츠*의 교과서는, 군주는 그 인격 속에 「**전체** 국가권력」을 집중시킨다는 점을 강조하였다. 그리고 [11월] 혁명 전에 발간된 최근 판에서는 프로이센 헌법은 「따라서」 권력분립의 원리에 근거하지 않는다는 견해를 역시 주장하였다.[58] 이 시대의 가장 유명한 법철학자인 아돌프 라손은 1871년에 발간한 어떤 저작 속에서 국가권력의 보유자는 모든 권력과 모든 권리를 그 인격에서 집중시킨다고 가르친다. 모든 국가기능은 국가권력의 보유자에 의해서 상설 기관에 위임된 경우에도 그의 권력에서 유래한다. 이것은 재판관에 대해서도, 의원의 「임명」에 대해서도, 나아가 의원의 입법적 · 통제적 활동에 대해서도 역시 타당하다.[59] 국민대표는 단지 주어진 방법으로 설치되었을 뿐이다. 「왜냐하면 권부(權府)가 입법과 통치행위의 통제를 위해서 필요로 하는 평의원을 스스로 임명하는 것은 곤란하기 때문이다.」[60] 그러므로 국가권력의 보유자는 인민의 다소 간에 그 대부분에 대해서 평의원을 임명할 권리 ― 그 즉 국가권력의 보유자의 권리의 일부 ― 를 부여하지만, 임명된 평의원은 최고권력에는 결코 참여하지 못한다고 주장하였다. 또 이러한 실증주의적 국법학의 지도자인 라반트는, 군주제는 「국가질서의 안정을 확보하는 제도」[61]라고 분명히 정식화하였다.

군주제에 대한 라반트의 이 아름다운 개인적 신뢰가 일반적 현상이었던 동안은, 특히 그 이익이 지배적 국가형태와 결부된 계급이 확고하게 권력의 자리에 앉아 있는 동안은, 군주제의 이념적 기초의 동요는 아직 어떤 절박한 위험을 의미하지 아니하였다. 황제의 권력은 우리들이 보아왔듯이, 그 본질적인 지주를 프로이센 3등급선거권에 근거한 의회[=

---

57) Erich Kaufmann, *Studien zur Staatslehre des monarchischen Prinzipes*, Leipzig 1906, S. 47.

58) Georg Meyer, *Lehrbuch des Deutschen Staatsrechts*, 7. Aufl., bearbeitet von Gerhard Anschütz, Bd. 1, München 1914, S. 272 und ebd. Anm. 9.

59) Adolf Lasson, *Princip und Zukunft des Völkerrechts*, Berlin 1871, S. 140.

60) AaO., S. 139.

61) Hermann Heller, *Hegel und der nationale Machtstaatsgedanke*, in *Geammelte Schriften*, Bd. 1, S. 197, Anm. 774 (본서, 553면 주 774) 참조.

하원] 속에 가지고 있었다. 그러나 이러한 완전히 비민주적인 의회의 존속에 지배계급도 관심을 가지고 있었다. 독일의 중소 각방에서 이미 존재하던 민주적인 의회가 프로이센에 존재하였다면, 그러한 의회는 관직임명을 통제하였을 것이다. 그러나 3등급선거권에 근거한 의회에서 그러한 통제는 항상 장교와 관리임명의「왕권」에 대한 간섭으로서 격분하여 거부될 뿐이었다. 이러한 이해관계가 얽힘으로써 프로이센의 선거권 문제는 독일 군주제의 운명을 결정하는 문제가 되었다.

군주주의원리는 19세기 말의 입헌주의에서 비스마르크가 특히 외정에서 무조건 획득하고 있던 국민주의적 신뢰에 의거하고 있었다. 이러한 국민주의적 신뢰가 상실된다면, 이미 제국 의회의 정부에 대한 국민의 통제가 완전히 결여한 것이나, 프로이센 의회의 정부에 대한 감독이 웃음거리라는 것에 만족하지 아니한다면, 당연히 [정치의] 중심은 옮길 것이 필지였을 것이다. 1848년에서 의회주의적 군주제는 무력으로 저지되었으며, 헌법분쟁 시대[1862-1866년]에는 비스마르크의 외정상의 성공으로 겨우 저지되었다. 그러나 빌헬름 2세의 견식 없고, 목적이 불명확한 딜레탕티즘은 군주주의원리의 합목적성에 대한 신뢰를 동요시키기 시작하였다. 이러한 변화는 1908년의 데일리 텔레그라프 사건*을 계기로, 물론 지나치게 강하지는 않았으나 분명하게 나타났다. 그러나 제국 의회에 의해서 제국 정부를 의회주의적으로 통제하려는 모든 시도는, 제국 의회에 비해서 우월한 지위에 있는 프로이센 하원의 방해로 결실을 거둘 수가 없었다. [제1차] 세계대전 중 제국 정부가 전선과 군수공장에서 국민 대중의 자발적인 협력에 의존하고, 특히 1916년 여름에 발표된 병합계획이 국민적 방위전쟁의 확신을 흔든 때에 정부를 통제하려는 의회의 의지와 권력은 날로 증대하고 있었다. 1918년 10월에 국가의 수뇌부(Reichsleitung)에 대한 신뢰와 승리에 의한 전쟁종결의 희망이 어떠한 준비도 없이 일거에 깨어졌을 때에야 비로소 의회군주제는 1918년 10월 28일의 법률에 의해서 선고되었다. 그와 함께 국가는 아래로부터 구성되고, 군주주의원리는 파산하였다. 그러나 그것은 상당히 늦었다. 왜냐하면 수일 후에 의회군주제도 무너지게 되었기 때문이다. 오로지 정치적 합목적성의 사상에만 기초 지워진 군주제는 [그 정치적 합목적성을] 실증할 수 없었던 그 순간에 변변한 저항도 하지 못하고 민주주의 세력에 패배하였다. 혁명 후의 독일의 군주주의사상은 어떤 새로운 정신적 징후도 나타내지 않고 있다. 그것은 어디까지나 트라이치케의 궤도 안에서 움직이며, 군주제는 국민주의에 의해서 정당화하려고 한다. 그때에 참조한 것은 비스마르크의 이러한 주장이었다. 그것은 비스마르크가『회상록』속에서 주장하는,「독일인의 애국심이 대체로… 활동적이며 효과적인 것이 되기 위해서는 보통 왕가에 대한 신복이라는 매개를 필요로 한다」[62]라는 견해였다. 그 밖에 나아가 군주제를 정치적 · 사회주의적으로 정당화하려는 시도가 있다. 예컨대 역사가인 폰 벨로프(von Below)*는「확대된 국가경영은 강력한 군주제에서 잘 확립되며 유지될 수 있는데, 그러나 민주공화제에서는 그렇지 않다」는 식으로 군주제의 경제적 · 사회주의적 정당화를 정식화하고 있다. 일부 청년들 사이에는

62) Otto v. Bismarck, *Gedanken und Erinnerungen* (siehe Anm. 35), Bd. 1, S. 318.

프리드리히 대왕의 상(像)과 결부된, 가부장주의적인 근왕주의(勤王主義)의 심미적이며 정서적인 매력이 일정한 역할을 담당하고 있다. 자연법적·사회윤리적으로 기초지워진 프리드리히 대왕의 사상, 바로 이 사상의 전통이 결여된 곳에서 아주 보통의 **프리드리히 대왕 찬미**가 통상 [진정한 프리드리히 대왕의 사상을] 혼동하는 것은 이상하지가 않다. 즉 대부분의 경우 생각한 것은 군주제는 결코 아니며, 「강한 사람」이다. 국민주의적 이념이 얼마나 강하게 군주주의적 정당성 요구를 압도하였는가는 1925년 5월 5일 군주제의 군대의 가장 대표적인 사관*이 공화제 헌법에 대해서 충성선서를 한 때에 나타났다.

## IV. 민주주의 사상

　군주주의원리의 정반대가 민주주의원리이다. 전자는 지배의 초월적 정당화를 의미하며, 후자는 그 내재적 정당화를 의미한다. 민주주의를 소극적으로 정의 내린다면 그것은 하나의 지배인데, 그 지배에 복종해야 한다는 사회적 의식상의 근거가 지배담당자의 제사적(祭司的) 특권부여나 전통적 특권부여에 대한 신앙이 아닌 지배이다. 바꾸어 말하면 원리적으로 인민에 의해서 정당화되는 지배이다. [지배의] 내재적 정당화는 사회의 인과인식에서, 즉 **자연질서**에서 항상 「**복종은 지배를 만든다**」(oboedientia facit imperantem)는 스피노자의 명제가 타당한 한에서 초월적 정당화와 비교하여 합리적이다.63) 지배의 피치자에 대한 의존성이 사회법칙적으로 의식하게 됨으로써, 주권적 인민이 지배기관의 위탁자가 되는 사회질서가 이성적이고 자연스런 것으로 간주되었다. 「아래로부터 위로」(Von untern auf, 1846)라는 프라일리라트(Freiligrath)*의 시는 이러한 인민의 깨어난 자의식과 힘의 자각을 국왕이 타고 있는 배의 기관사에 비유하고 있다.

　　　　오오 국왕이여, 거인보다 작은 나보다도 당신은 신들의
　　　　신인 제우스보다 훨씬 더 작다.
　　　　당신이 그 위에 가고 있는 영겁의 화염을 토하는 화산을
　　　　나는 지배하지 않는가?

　　　　나는 요동하지 않는 거인이다! 나야말로 시대의 도도한
　　　　흐름을 헤치고, 구세주가 승리의 축연에 그 혼을 기여하도록
　　　　해야 할 사람이 아닌가!

　　　　Du bist viel weniger ein Zeus, als ich, o König, ein Titan!
　　　　Beherrsch' ich nicht, auf dem du gehst, den allzeit

63) Heller, *Souveränität*, in aaO., Bd. 2, S. 57 Anm. 123 (역서, 41면) 참조.

kochenden Vulkan?

Ich bin der Riese, der nicht wankt! Ich bin's, durch den zum
Siegesfest
Über den tosenden Strom der Zeit der Heiland Geist sich tragen läßt!".

　민주주의는 오늘날 국가적 지배형성의 가장 중요한 형태이다. 수 백 년간의 이념 발전의 결과인, 우리들의 민주적 사고양식은 많은 반민주적인 감정에도 불구하고 오늘날 우리들의 인식론적 · 형이상학적 · 윤리적 · 정치적 그리고 법적인 관념의 모든 전체 관련과 불가분하게 결합하고 있다. 중세의 봉건적 · 교회적인 지배형태나 일체의 세속적 권력이 권리와 의무로서 신에 의해서 직접 또는 간접으로 수여된 관직이라는 관념은, 르네상스 이후 발전하고 있던 현세의 사상으로 대체되었는데, 그 현세의 사상이란 것은 초월적 작용의 도움을 빌리지 않고 자연과 인간의 작위를 설명하고 정당화하려는 것이었다. 전통적인 지배형태의 합리화를 저지하는 것이 이미 불가능하게 된 것을 가장 잘 나타낸 것은 1650년부터 1750년까지의 근대의 절대주의 시대였다. 그리고 이 절대주의는 근대국가에서 실현되는 봉건적 · 교회적 등족의 해체를 시작한 것이다. 계몽적 절대주의는 자연법적인 내재적 견지에 대해서 이미 자기 고유의 논리적 기초를 대항시킬 수 없었다. 그리고 절대주의적 군주주권은 사회계약설의 기초 위에 성립되었는데, 신하가 그 권리를 군주를 위해서 포기한다는 논리로 구성되었기 때문에 그 기초는 매우 불안정하였다. 슈탈(Stahl)은 간주곡과 같은 역할을 수행할 뿐이었다. 그리고 트라이치케는 또다시 군주제를 내재적으로 정당화시키지 않을 수 없었다.
　절대주의의 **최고의 법**(suprema lex)은 신적 · 종교적 계명이 아니라 — 이것은 프리드리히 대왕의 경우 의식하고 있었으나 트라이치케의 경우 불명확하였다 — **공안**(salus publica), 즉 현세에서의 시민의 번영이었다. 그러나 18세기 중엽에 정치적으로 눈뜬 유럽의 부르주아지가 가산적 · 봉건적 후견에 지치기 시작한 때에 나쁜 토대 위에 구축된 절대주의적 상부구조, 즉 인민에 대한 국부적(國父的) 지배는 인민에 의한 지배로 이행할 위험에 빠졌다. 우선 군주주의적 국가형태를 건드리지 않고 「인민」, 즉 자의식을 가지게 된 부르주아층은 그때까지 법적으로 무제한이었던 지배자의 의지에 대해서 그들 자신의 독자적인 인민의지를 대항시켰다. 인민주권은 절대주의와 입헌주의에로의 타협을 보게 되었다. 이 지배형태의 기본원칙은 이렇다. 즉 결정하는 것은 지배자의 의지나 자의가 아니라 법률이며, 이 법률을 만드는 것은 지배자의 의지나 자의가 아니라 피치자와의 합의이다. 입헌주의는 자유민주주의의 한 형태이며, 그 사회적 내용은 제3신분의 해방이었다. 헌법이란 지배자에 대한 인민의 참여권과 자유권을 명기하게 되어 있는 법적 문서이다. 몽테스키외의 권력분립론은 타협안을 산출하였다. 즉 그것은 재판기관과 집행기관으로 나눈 권력을 인민대표가 맡는 입법 아래 두도록 하였다. 이리하여 특정한 사람의 [절대적]

지배를 법률의 지배를 위해서 어떤 고통도 없이 수용할 수 있다고 기대되었다. 이제 필요불가결한 통일적 국가권력을 둘러싸고 발발한 의회와 지배자 간의 투쟁에서, 인민주권에 유리하도록 결정한 것은 프랑스에서는 루소와 혁명이었다. 그러나 독일에서는 1918년까지 부흥한 군주주의원리인 군주주권이 우세하였다.

그러한 독일에서의 사태의 전개는 한편으로는 17세기 초에 이미 루소의 인민주권론이 요한네스 알투지우스(Johannes Althusius)에 의해서 독일에 먼저 행해졌던 것, 다른 한편 루소의 매력에 이끌려 많은 탁월한 독일의 사상가도 인민주권론에 기울어진 것 등을 생각해 본다면, 사회사적으로는 아닐지라도 이념사적으로 보아 더욱 놀라운 일이었다.

루소가 칸트의 윤리적·정치적 성장에 대해서 어떠한 의미를 가졌는가에 대해서 이 독일의 학자[=칸트]는 스스로 이렇게 고백한다. 「나는 내 성향에 따른 학자이다. 나는 인식에 대한 비상한 갈망과, 인식에서 더 나아가고 싶다는 탐욕스런 불안을 느끼는데, 또한 [인식을] 획득할 때마다 만족도 느꼈다. 한때는 이것만이 인류의 명예가 될 것이라고 내가 믿었고, 아무것도 알지 못하는 하층민을 경멸하였다. 루소가 나에게 올바른 길을 지시했다. 이러한 시야를 가리는 장점이 없어지게 되고, 나는 인간을 존경하는 것을 배웠다. 그리고 만약 내가 그러한 고찰을 통해 다른 모든 사람들에게 인간의 권리를 회복한다는 가치를 부여할 수 있다는 것을 믿지 않았다면, 나는 보통의 노동자보다도 더 쓸모가 없다고 생각했으리라」.[64]

칸트의 보편적 입법의 이념, 보편적 자율성의 요구, 그의 법학적인 법칙윤리(Gesetzesethik)는 모두 물론 정치적 민주주의를 암시하고 있다. 신중한 쾨니히스베르크의 현자는 사실 국가계약·인민주권·자유와 평등의 요구라는 자연법적 계몽주의의 모든 정치적 사고형태를 받아들였으나, 그 모든 것들을 정치적으로 위험이 없는 형태로 완화시켰다. 그가 이상적 국가라고 부른 것은 「순수공화제」,[65] 즉 「법적 법칙들 아래서의 한 무리의 인간의 통일체」[66]인, 탈인격화된 국가이다. 그리고 거기에서는 「인민의 통합된 의지」[67]가 입법권을 장악하고 행사한다. 통치자(Regent)는 이 최고권력의 단순한 「대표자」[68](기관)이며 법칙(률)의 지배 아래 있어야 하며, 그리고 「그는 보편의지를 대표한다」[69]는 것에 의해서만 그 지위를 보유해야 한다. 주권적인 것은 법칙(률)이며 원수는 아니다. 이로써 모든 민주주의의 특징인, 인민의지에 표명되는 탈인격화된 법칙(률)의

---

64) Immanuel Kant, *Bemerkungen zu den Beobachtungen über das Gefühl des Schönen und Erhabenen*, in *Gesammelte Schriften* (Hg. Kgl. Preußische Akademie), Bd. 20 (Kants handschriftlicher Nachlaß, Bd. 7), Berlin 1942, S. 44.

65) Immanuel Kant, *Die Metaphysik der Sitten* (1797), in *Gesammelte Schriften* (Hg. Kgl. Preußische Akademie), Bd. 6, Berlin 1907, § 52 (S. 340) (백종현 옮김, 『윤리형이상학』, 아카넷, 2012, 306면).

66) AaO., Bd. 6, § 45 (S. 313) (역서, 266면).

67) AaO., Bd. 6, § 46 (S. 313).

68) AaO., Bd. 6, § 49 (S. 316).

69) Ebd.

지배가 요구되었다. 인간을 지배하는 초인격적인 것은 인격신도 아니며 또 인격신에 의해서 은총이 부여된 한 개인의 군주도 아니며, 윤리적 자의식이 자동적으로 복종하지 않을 수 없는 탈인격화된 법이다. 역사적 상황은 칸트를 계몽주의적인 경찰절대주의와 중상주의적 절대주의에 법치국가이상을 가장 순수하게, 그러나 가장 뚜렷하게 매우 좁은 형태로 대항시킨 자유주의적 민주주의자로 만들었다. 칸트에 의하면, 국가는 프리드리히 대왕의 군주제처럼 「행복」이라는 물질적 원리 위에 구축되어야할 것이 아니라 오로지 형식적 법원리의 실현 속에만 그 과제를 발견해야 한다. 그 밖에도 국가는 어떠한 문화목적 내지 경제목적을 국가 자체를 위해서 추구해서는 안 된다. 그 내용에서가 아니라 그 동기에서만 윤리적 지상명령과 구별되는 법적 법칙은, 「그 격률에 의해서 어떤 사람의 자의의 자유를 보편적 법칙에 근거하여 다른 사람의 자유와 함께 존속시킬 수 있는」 모든 행위를 정당하다고 본다.[70] 이 법적 법칙의 절대성으로부터 보편적이며 영구적인 평화의 이념이 생긴다. 그러나 칸트는 이러한 법의 보편적 지배가 「인간의 도덕적 개선」으로 실현된다고는 생각하지 않았다.[71] 그는 한 리얼리스틱한 역사해석을 앞질러서 그것이 자기활동적인 **자연질서**, 즉 인간의 모든 저급한 충동을 이용하면서 「악마의 민족에 대해서조차」(만약 악마가 오성만 가지고 있다면)[72] 영원한 법과 평화의 상태를 가져올, 내재적인 「자연의 기구」를 인식함으로써 실현되는 것이라고 생각하였다.

그러나 칸트는 민주주의사상에서 모든 혁명적 독아(毒牙)를 제거해 버렸다. 그것은 독일의 미래에 대해서 매우 중요했다. 칸트가 국가계약에다 객관적인 이성법칙성(Vernunftgesetzlichkeit)을 집어넣음으로써 국헌(Staatsverfassung)의 적법성의 시금석으로서의 국가계약은 인민의 경험적 의지로부터 현저하게 독립하게 되었다. 그 밖에 칸트에게는 「가령 그 근원이 어떻든 현존의 입법권에 복종해야 한다」[73]라는 원칙이 존재한다. 그럼으로써 주권적 인민의 일체의 혁명권과 저항권이 배척되었을 뿐만 아니라 원래 그러한 것에 대해서 「이런 저런 궤변을 늘어놓는 것」 자체가 배척되었다.[74] 따라서 그의 요구는 오로지 정당한 국가의 지도자에게만 향하고 있었다. 그의 이러한 요구를 예컨대 『베를린 월보』(Berlinische Monatsschrift)에 게재된 논설 「군주불멸의 새로운 길」에 발표된 동시대인의 견해와 동류의 것으로 본다면, 아마 그의 요구를 잘못 해석한 것이 될 것이다.[75] 왜냐하면 전술한 논술에는 진정한 공화주의는 선량한 군주가 그 인민을 교육하여 공화주의적 자치를 준비시키고, 연후에 퇴위하고 공화정을 선언하는 것이 바람직하기 때문이다.

---

70) AaO., Bd. 6, § 6 (S. 230).

71) Immanuel Kant, *Zum ewigen Frieden* (1795), in *Gesammelte Schriften* (Hg. Kgl. Preußische Akademie), Bd. 8, Berlin 1912, S. 366 (이한구 옮김, 『영원한 평화를 위하여』, 서광사, 1992; 백종현 옮김, 아카넷, 2013).

72) Ebd.

73) Kant, *Metaphysik der Sitten*, aaO., Bd. 6, § 49 Anm. (S. 319).

74) AaO., Bd. 6, § 49 Anm. (S. 318).

75) *Berlinische Monatsschrift* (Hg. F. Gedicke und J. E. Biester), Bd. 5 (1785 I ), S. 239-247.

이에 반하여 칸트는 이러한 변혁이 오히려 인과법칙적 사회발전에 대한 통찰에 의해서 실현되는 것을 기대하고 있었다는 쪽이 좋을 것이다.

여하튼 독일에서의 민주주의의 철학적 대표자는 모두 아주 비혁명적이었다. 이것은 청년시대의 피히테와 그의 프랑스 혁명에 관한 처녀작[『프랑스 혁명에 대한 공중판단의 교정에 대해서』, 1793]에도 해당된다.[76] 이 저작의 민주적 과격성은 그의 시대에는 바로 볼셰비키적으로 보인 것에 틀림없었다. 그러나 피히테는 이 책의 서론에서 이렇게 역설하였다. 즉「이러한 [민주주의] 원칙들을 오늘날까지 존속하는 국가에 반대하는 태도에 적용하는」 것을 만약 서두르려는 자는 아주 커다란 잘못을 저지를 것이다. 해방은「혼란을 수반하지 않고 단지 위로부터 아래로 내려올 수 있는」「인민 여러분, 공명정대하라. 그러면 여러분의 군주들은 홀로 부정을 견디어 낼 수 없게 될 것이다」.[77] 독일적인 질서감각은 카오스의 창조력에 대한 루소적인 신뢰를 지니지는 못했다. 피히테의 관념론적인 내재철학은 칸트의 사유와 존재의 2원론을 지양하고, 또한 개인주의적인 계몽주의 자연법을 공동체사상에 의해서 극복하기는 했지만, 그러나 그것은 인민주권과의 혈연관계를 지니지 못하였다. 그것이 칸트의 2원론을 배제한 후에는 의식적 자아만을 뒤에 남겼다. 생명력을 가진 자아는 아니다.

「나의 체계는 처음부터 끝까지 자유라는 개념의 분석에 불과하다」라고 일찍이 피히테는 썼다. 만년에도 여전히 그는 현세의 생활을, 더구나 이중의 관점에서 자유를 위한 투쟁이라고 불렀다. 즉「**자연적 충동**으로부터의 해방 — 각인이 자기 자신에 대해서 스스로에게 부여해야 하는 **내면적** 자유, 타인의 자유로부터의 해방 — 각 개인이 합의와 권리관계의 승인으로 모든 자와의 공동생활 속에 얻는 **외면적** 자유」.[78] 피히테의 공동체사상은 별로 땅에 뿌리를 박고 생각된 것은 아니지만 민주적 평등에 기초를 둔 그의 자유[의 개념]를 여하튼 칸트가 사고가 알지 못하는 사회적인 것에 접근하고 있었다. 자연법적·칸트적 개인은 자유롭고 평등한 이성원자(理性原子)로서 모든 사회적 조건을 초월한 고립된 자율성 속에서 표류한다. 그 생활영역은 어느 곳에서도 사회적으로 결합되지 않았으며 어떠한 공동체에 의존하는 것도 규정하지 않았으며, 합리적·지적으로 임의로 조직할 수 있는 「총체」(Allheit)였다. 그러나 피히테의 민주주의는 이미 1796년에 실재적인 **일반의사**의 문제를 보고 있었다. 「내가 아는 한에서는 지금까지 국가라는 전체(Staatsganz)의 개념은 다만 개개인을 관념적으로 총괄함으로써만 성립하였다. 그리고 그러므로 이 관계의 본질에 대한 진정한 통찰이 폐쇄되었다. 이런 방법이라면 모든 가능한 것을 하나의 전체로 통일시킬 수 있다. 이 경우에 통일의 끈은 단지 우리들의 사고에 불과하다. 통일된 것은 모두 물론 자의에 의존하는 것으로, 만약 우리들이 다른 방법으로 통일한다면 이전과 마찬가지로

76) Johann Gottlieb Fichte, *Beitrag zur Berichtigung der Urtheile des Publicums über die französische Revolution* (1793), in *Sämmtliche Werke* (Hg. I. H. Fichte), Bd. 6, Berlin 1845, S. 37-288.

77) AaO., Bd. 6, S. 44 f.

78) Johann Gottlieb Fichte, *Die Staatslehre, oder über das Verhältnis des Urstaates zum Vernunftreiche* (1813), in *Sämmtliche Werke* (Hg. I. H. Fichte), Bd. 4, Berlin 1845, S. 411.

다시 고립화된다. 통일의 끈이 **개념 밖에서** 지적되기까지 진정한 통일체는 이해되지 아니한 다」.[79] 자연법적 국가계약사상은 개인을 사회화하는 실재적 힘에 대해서 아무것도 서술하 지 못한다. 이 공동체의 문제와 함께 피히테의 사고에 비합리적 요소가 흘러들어가게 되었는데, 이 비합리적 요소는 민주적 이념의 발전에 대해서 커다란 의미를 가지게 된다. 같은 저작에서 인간은 「인간 사이에서만 인간이 된다」[80]라고 쓰여 있다. 이러한 인식은 형이상학적으로 뿐만 아니라 심리학적·인식론적으로, 그리고 윤리적으로 측정하여 알지 못할 정도로 커다란 영향력을 미쳤다. 그것은 특히 국민(Nation)과 사회주의에 관한 피히테 의 이념을 연결시키는 역할도 수행하였다. 그런데 교육하는 공동체에 의해서만 생존하고, 자기완성이 되는 인간은 사회적 전체의 일부로서 존재하며, 그리고 이제 타인의 완성, 즉 「모든 이성적 존재의 도덕성」[81]에 대해서 배려하는 의무도 가지게 되었다. 칸트는 타인의 완성에 대한 배려 속에 윤리적 모순을 보았다. 이에 반하여 피히테의 민주주의는 바로 「공동체적 완성」이 「사회에서의 우리들의 사명」[82]이라고 간주함으로써 그 윤리적 파토스를 얻었다. 새로운 공동체이념은 피히테로 하여금 계약사상과 그 중에 포함된 보편적 인 정의의 이념을 포기시키도록 하지 않았다. 그러나 개인의 사회적 결합에 의해 민주주의적 요구는 이제 비교할 수 없을 만큼 보다 적극적이고 실천적인 것이 되었다. 인민의 주권은 피히테에게 있어서 인민이 「일치」하기만 하면, 이제 그 혁명권처럼 자명한 것이었다. 「왜냐하면 인민은 실제로, 또한 권리상으로 그것에 우월한 것을 갖지 않는 최고의 권력이며, 이 권력은 다른 모든 권력의 원천이며, 오직 신에게만 책임을 지기 때문이다… 반란은 보다 높은 것에 대해서만 일으킬 수 있다. 그러나 지상에서 인민보다 무엇이 더 높겠는가! 오로지 자신들 스스로에게 반대하여 반란을 일으킬 수 있겠으나 불합리한 짓이다. 신만이 인민 위에 군림한다. 그러므로 만약 어떤 인민이 그 군주에게 반란을 일으켰다고 말할 수 있다면, 그 군주는 신이라고 가정하지 않으면 안 될 것이다. 그러나 그것을 증명하는 것은 어려울 것이다」.[83] 인민은 창조적인 근원이며 군주권은 그것에 내재한다. 「인민은 물론 군주의 소유물은 아니다 … 국민이 군주에게 속하듯이, 군주는 완전하고 전면적으로 그 국민에 속한다」.[84] 기득권의 형식주의를 알지 못하는 이러한 토대로부터 피히테는 세습군주제의 적법성도 부인하지 않을 수 없었다. 세습군주제는 **강연**[『독일 국민에게 고함』 (1807년)]에서 뿐만 아니라 그의 만년의 저작에서도 자주 격렬하게 거부되었다. 「원래

---

79) Johann Gottlieb Fichte, *Grundlage des Naturrechts nach Principien der Wissenschaftslehre* 1796), in *Sämmtliche Werke* (Hg. I. . Fichte), Bd. 3, Berlin 1845, S. 411.

80) AaO., Bd. 3, S. 39.

81) Johann Gottlieb Fichte, *Das System der Sittenlehre*, in aaO., Bd. 4 (1845), S. 314.

82) Johann Gottlieb Fichte, *Einige Vorlesungen über die Bestimmung des Gelehrten* (1794), in aaO., Bd. 6 (1845), S. 310.

83) Fichte, *Naturrecht*, S. 182.

84) Johann Gottlieb Fichte, *Über Machiavelli als Schriftsteller* (1807), in aaO., Bd. 11 (1835), S. 427.

대표의 세습성은 전적으로 이성에 반하는 원리이다. 왜냐하면 교양, 특히 여기서 필요한 최고의 교양은 완전히 개인적 소질과 교양에 의존하는 것이며 **세습적인 것**은 전혀 가지고 있지 않다」.[85)]

이리하여 피히테는 민주주의의 중심문제에 언급하게 되었다. 즉 어떻게 해서 자유주의 적인 자유의 의욕에 충만한 대중의지가 절대필요한 지도자의지에 따를 수 있을 것인가? 어떻게 탁월한 지도자인격이 탈인격화 된 법칙지배, 즉 민주주의의 **자연질서**와 조화될 수 있을 것인가 하는 문제를 언급한 것이다. 전통적 인습과 공동체의 잔재가 여전히 힘을 가지고 있던 18세기에 자율과 권위는 단지 이론적 문제에 불과하였다. 그러나 피히테에 있어서는 강제와 자유의 통일이라는 문제는 실제적인 것이 되었다. 왜냐하면 피히테는 자유에의 강제를 필요불가결한 것이라고 인식하였기 때문이다. 슈탈과 신구의 낭만주의자들은 시대에 뒤떨어지거나 또는 아직 존재하지 않는 개인의 신분적·유기적인 결합을 19세기의 「신분사회의 해체」(Entgliederung)에 대항시킴으로써 제기된 과제를 피하였다. 피히테도 『봉쇄상업국가』(Der geschloßene Handelsstaat, 1800)에서 경제적· 신분적 편성을 염두에 두었으나, 전래의 봉건적·교회적 특권부여를 모델로 생각한다는 것은 전혀 고려하지 않았다. 그리하여 그는 지도자 문제도 완전히 민주주의적으로 해결하였다. 즉 자유와 평등이 전제가 되는 경우 지도자의 권리는 오로지 업적(Leistung)에 의해서만 합리적으로 정당화될 수 있다. 인재에게 길을 열라! 「인간은 법(정의)에 강제되어야 한다. 이것을 바로 이행하는 자는 누구든지 그것[자유에의 교육]을 행할 수 있다. 왜냐하면 그것은 **강제주**(强制主)이며 **군주**이다. 이러한 토대 위에서 그에게는 업적이란 사실과, 그가 발견한 신뢰가 [지도자의] 권원(權原)이다. … 그러나 진정한 권원은 다만 보편적 정의뿐일는지 모른다. 그러므로 군주의 제1의 의도는 스스로 자신을 강제주로서 쓸데없게 만드는데 있어야 한다. 강제주의 지배의 **세습제**는 결코 설정될 수 없다. 사실상 재능도 또 개념적으로 지배하는 권리도 세습할 수는 없다」.[86)] 이러한 교육독재는 뒤에 보듯이, 다만 자유주의적 법치국가민주주의와 모순될 뿐이며, 민주주의 그 자체와 모순되는 것은 결코 아니다.

민주주의의 역사철학은 필연적으로 진보와 교육에 대한 신뢰에 기초를 두며, 오로지 이러한 진보와 교육에 의해서만 역사적 부자유와 불평등은 제거될 수 있다. 이 진보의 다만 지속적으로 가까이 갈 수 있는 [도달하지는 못하는] 이상적인 궁극적 목표는 피히테에게 도 「이성의 왕국」의 폭력을 필요로 하지 않는 상태에서의 자유와 평등의 일치이다. 피히테의 마지막 강의록 [『국가학』, 1813년]에는 이렇게 서술한다. 「평등은 실천적 자유의 **과제**이다. 우리들은 위에서 인류의 신앙으로부터 오성에의 진보가 역사라고 서술했듯이, **불평등**으로 부터 **평등**에로도 동일하게 말할 수 있을 것이다」.[87)] 피히테의 민족연합의 요구도 이

---

85) Johann Gottlieb Fichte, *Aus dem Entwurfe zu einer politischen Schrift* (1813), in aaO., Bd. 7, S. 547.

86) AaO., Bd. 7, S. 564.

선상에 있다. 나아가 교회에 대한 국가의 세속적 전능권을 강조하는 그 특유의 주장도 이 선상에 있다. 「왜냐하면 불가시의 세계에서 생긴 시설(Anstalt)은 가시의 세계에서 아무런 권리도 가질 수 없기 때문이다」. 교회와 국가는 완전히 분리되지 않으면 안 된다. 칸트의 형식적인 권리의 평등으로부터 피히테의 실질적인 권리의 평등에로의 진보에 대해서는 사회주의사상에서 다루기로 한다. 여기서 우리들에게 흥미 있는 것은 피히테가 이미 1736년에 약간의 제한을 두었다 하더라도 양성의 정치적 평등을 시인하였다는 점이다. 「원래 여성에게 남성처럼 모든 인권과 시민권을 부여해야할 것인가? 이에 대해서 의문을 제기할 수 있는 사람은 여자도 또한 완전한 인간인가의 여부를 의심하는 사람만이라고 할 수 있다」.[88]

피히테는 민주주의를 기술적으로 만드는 문제에 관해서는 자주 권력집중과 권력분립, 대표와 레퍼렌덤 사이에서 동요를 보였다. 이에 반하여 ―자유를 실현하는 한 수단으로서! ―민주적·공화주의적 통일국가의 요구에서는 그는 항상 일관하여 변함 없는 태도를 취하였다.

루소·칸트·피히테의 민주주의사상이 독일의 실천적 정치생활에 유입된 하상(河床)을 구축한 것은 특히 남독일의 민주주의의 가장 유력한 두 사람의 지도자, 로텍(Rotteck)과 벨커(Welcker)였다. 그들은 1848년의 3월혁명 전기의 성실하고 용감한 자유주의적 부르주아지의 전형적인 대표자이다. 그들은 트라이치케의 냉소적인 비웃음을 받을 일은 결코 하지 않았다. 여기서 우리들에게 흥미 있는 점은, 그들 특유의 상비군 반대론, 그들의 민병제나 1원제의 열광적인 옹호론, 「이성적 전체 의지와 거의 같은 의의의」여론에 대한 찬미, 규범적 규준으로서의 국가계약사상 옹호론보다도 오히려 로텍이 다수결의 원리에 기초를 만들기 위해서 상세한 의론을 전개한 사정이다.

모든 국가계약론은 원시계약의 성립에 전원일치를 요구하였다. 즉 규범적·비판적 규준으로서 계약에 대해서 불가결한 공준을 요구하였다. 그러나 실제로 민주주의는 다수자의 결의에 의해서만 행동능력을 가질 수 있다. 그러나 무엇으로 다수자는 지배자로서 정당화될 것인가? 중세의 교회법학사에 있어서 다수자는 소수자보다도 올바르게 결정할 수 있다는 개연성에 의해서 정당화되고 있었다. 다수자가 정당한 전체의지를 대표한다는 사상은 중세에서는 다수결의 원리가 인정되고 있었음에도 불구하고 전원일치의 형태로 선거와 판결이 행해진 현상에도 기초가 되었다.

루소에서 우리들은 동류의 다수자정당화론에 마주치는데 대체로 궤변적이라고 부당하게 표시되고 있다. 『사회계약론』은 이렇게 말한다. 만약 「나의 의견과 정반대의 의견이 우세한 경우에 그것은 내가 생각을 잘못했었고, 내가 일반의지라고 간주했던 것이 실은 그렇지 않았다는 것을 증명하고 있음에 불과하다」.[89] 짐멜(Simmel)은 다수자가 그 배후에

---

87) Fichte, *Staatslehre*, in aaO., Bd. 4, S. 508.
88) Fichte, *Naturrecht*, in aaO., Bd. 3, S. 344.
89) Jean-Jacques Rousseau, *Du Contrat Social* (1762), liv. Ⅳ, ch. 2, al. 8.

존재하는 관념적 전체성 ─ 소수자도 이에 포함된다 ─ 의 이름으로 행동하는 것이므로 대표사상의 기초가 되는 것은 이 루소의 주장인 것을 증명하여 보였다.[90] 그러한 미리 주어진 전체성(예컨대, 국민으로서)이 모든 결의참가자의 의식에서 인지되는 한 루소의 논의에서 명증성을 박탈할 수는 없다. 이와 유사한 사상이 로텍에게도 보인다. 그러나 그는 결국 일체의 이데올로기에서 독립하여 다수자지배의 결정적인 기술적 근거를 이렇게 나타내었다. 「그러나 사실상 **다수자**의 견해가 사회적 결정을 법적으로 규정한다는 것은 사회가 결정을 함에 있어서 그 구성원의 의견을 탐구하는 것 외에는 **다른 수단을 전혀 가지고 있지 않다**는 것에서 유래한다. 이 구성원의 분별과 의지는 전체성의 승인 또는 의지의 유일한 가능한 원천 내지는 기초이다」.[91]

로텍의 민주주의는 부르주아적이다. 그는 결코 보통·평등선거권을 승인한 것이 아니라 언제나 크던 작던 재산에 의한 시민의 평가(Zensus), 따라서 「교양과 재산」의 민주주의를 지지하였다. 그가 「**공화제만이 정당하다, 공화제만이 선하다**」[92]라고 대서특필하였다고는 하지만, 우리들은 이 점에서도 또한 이 공화주의의 무해성에 기만되어서는 안 된다. 인민주권에도 불구하고 그에게 국왕은 「주권자」이며 지배자이다. 위의 인용문이 들어있는, 그의 『이성법과 국가과학 교과서』의 서론에서 이렇게 우리들에게 단언한다. 「**자유와 권리**」는 현대에 적합한 말이다. 그러나 「**혁명적**이 아니라 **합법적인 방법으로** 구호들은 시민생활에 도입되고 우세하게 되어야 한다」.[93] 시대의 정신은 마침내 군주주의 왕자들에게도 파급될 것이다. 그때에 그들은 「**노비를 지배하기보다는 자유로운 인간을 통치하는** 쪽이 훨씬 보람이 있으며, 고상하고, 훌륭하다」[94]는 것을 알게 되어 기뻐 날뛸 것이기 때문이다. 요컨대 급진적으로 간주되던 이 민주주의자도 「이성적」 진보에 대한 확고부동한 신념에 근거하여 군주제에 대한 무한한 신뢰를 피할 수는 없었다.

유럽 사회에서 여러 세기를 통하여 발전하여온 민주적 의식의 정치적 돌파는 1789년 프랑스에서 행하여 졌다. 혁명은 그것이 **제3신분**의 이익에 합치하였기 때문에, 그리고 그러한 한에서 성공하였다. 세습신분적·교회적 특권이 제거됨으로써 전국민의 국가와 문화를 형성하는 힘은 이상할 만큼 고양되었으며, 「프랑스인은 유혈과 동란 속에서 완전히 새로운 비약을 이루었다. 모든 잠자고 있는 힘은 각성되고 비참과 약함, 시대에 뒤떨어진 편견과 결함은 ─ 물론 이와 함께 많은 좋은 것도─ 파괴되었다. 방관자와 극복자는 [혁명의] 격류에 휩쓸려지고 있었다. 이 격류를 방지하려고 설치한 모든 방파제도 무력하였다. 왜냐하면 약함, 이기주의적인 사리 추구, 그리고 잘못된 견해가 어떤 때에는 아무런 연계도

---

90) Georg Simmel, *Soziologie. Untersuchungen über die Formen der Vergesellschaftung*, 2. Aufl., München 1922, S. 144 ff. (Exkurs über die Überstimmung).

91) Carl v. Rotteck, *Lehrbuch des Vernunftrechts und der Staatswissenschaften*, Bd. 1. Stuttgart 1829, S. 282.

92) AaO., Bd. 2 (1830), S. 199.

93) AaO., Bd. 1, S. XIV.

94) AaO., Bd. 1, S. XVI.

없이 이 방파제를 쌓아올렸고, 어떤 때에는 이것을 위험한 오류 속에서 중단해서 엄청난 격류가 몰려들어와 휩쓸고 지나가게 했기 때문이다. 낡은 것을 고수하거나, 혁명에 의해서 타당하다고 된 원칙들을 엄격하게 준수함으로써 혁명에 가장 효과적으로 대항할 수 있다는 망상은 혁명을 촉진시키고 혁명을 점차 확대시켜 나아가는데 크게 기여하였다. 이러한 [혁명의] 원칙들의 힘은 매우 크고, 그리고 이 원칙은 일반적으로 인정되고 널리 유포되어 있기 때문에 그것을 받아들이지 않는 국가는 몰락하거나 또는 부득이 그것을 받아들이지 않을 수 없는 것이다」.95) [「하르덴베르크 각서」]

1789년의 이념의 운명을 점치고, 민주주의적 시대정신의 내외정에 미치는 필연적인 영향을 그렇게 설득력있게 서술한 위의 문장은 부르주아 민주주의자의 필(筆)로 된 것이 아니라 1807년 9월 12일의 「국왕의 최고명령에 근거하여 집필된」, 프로이센 국가재건에 관한 하르덴베르크 각서의 일부이다. 이 각서는 총괄적으로 계속하여 이렇게 서술한다, 「따라서 좋은 의미의 혁명, 내부와 외부로부터의 폭력적 충격에 의하지 않고 현명한 정치에 의해서 인류를 고상하게 한다는 대목적에 곧바로 도달하는 혁명 ─그러한 혁명이야말로 우리들의 목표이며 우리들의 지도원리이다. 군주주의적 정치에서의 민주적 원칙들─ 이것 이야말로 현대의 시대정신에 적합한 형태라고 생각된다」.96)

요컨대 프로이센 군주제의 지도적 정치가는 칸트·피히테·로텍의 진화적 낙관론에 실망을 주지 않으려는 것처럼 보였다.

이 시대 독일의 여론은, 여하튼 여론이 존재하는 한 결코 혁명적이지는 않았다. 물론 프랑스혁명의 발발은 소수의 독일 지식인층, 그 중에서도 거의 모든 시인과 철학자에 의해서 열광적으로 환영을 받았다. 하나의 정치적 사건이 독일의 정신계 전체를 정치적 관심으로 충만하게 한 것은 이것이 최초였다. 프랑스 혁명군이 독일 영토의 일부를 점령함으로써 독일인은 민주주의 이념의 담당자와 직접 접촉하게 되었다. 그것은 처음에는 결코 적대적이지는 않았다. 프랑스 인민군의 혁명적 진격에 대해서 프리드리히 대왕의 국가는 에피고넨의 지도 아래 무력한 것이 폭로되고, 그것은 1806년 예나[전투]에서 완전히 붕괴되었다. 프로이센의 **앙시앵 레짐**도 그 무능한 것이 명백하게 되었음에도 불구하고 독일에서는 민주주의 이념은 인민의 아래로부터 형성되는 권력의지로 되기까지는 아직 훨씬 멀리 미치지 못하였다. 의연한 평온이 시민이 가장 엄숙하게 준수한 의무이며, 민주주 의는 역시 오랫동안에 걸쳐 시인과 사상가의 관심사였다. 최초의 민주주의적 혁명은 ─ 대외정치의 압박에서 생긴 것인데 ─ 위로부터 왔다.

프로이센에서 이미 예나에서의 와해 이전에 프랑스의 자유의 이념은 국가의 존속을 위해서 위험을 수반하지 않고는 전면적으로 억압할 수 없을 것이라는 예감이 일반화되고 있었다. 자연법학자이며 [프로이센] 일반 란트법의 기초인 수아레즈(Suarez)의 영향 아래

---

95) Denkschrift Hardenbergs, abgedruckt bei Leopold v. Ranke, *Denkwürdigkeiten des Staatskanzlers Fürsten v. Hardenberg*, Bd. 4, Leipzig 1877, Anhang S. 7 f.

96) AaO., Anhang S. 8.

프리드리히 빌헬름 3세*는 1799년 동프로이센과 서프로이센의 황실 소유지 내의 농민의
해방을 시작하였다. 그러나 국가의 탈봉건화의 최초의 모든 시도는 한편으로는 단호한
융커의 반대에서, 다른 한편으로는 관료제와 부르주아지의 약체성 때문에 좌절되었다.
1806년 11월 국가 최대의 위기의 때가 되자 국왕은 편안치 않은 라인란트 사람인, 지난
세기 독일의 가장 우수한 국내정치가였던 폼 슈타인(vom Stein)에게 조각을 하도록 결정하
였다. 슈타인은 이미 1807년 1월 「고집 세고 반항적이며 완고하고 불순종한」 신하로서
총애를 잃고 면직되었는데, 틸지트(Tilsit) 강화조약* 체결 후에 다시 등용되었다. 장대한
구상 아래 시도된 위로부터의 자유주의적 · 민주주의 혁명은 슈타인과 하르덴베르크의
이름과 결부되고 있으나, 물론 봉건적 · 절대주의 세력을 제거하기에는 이 혁명의 기간은
너무 짧고, 또 혁명의 작용도 미약하였기 때문에 프로이센 독일은 1848년과 1918년[의
혁명]을 면할 수 없었다.

　슈타인, 하르덴베르크 그리고 그들의 우수한 협력자층이 대체적으로 무엇을 의도하였는
가를 우리들은 각서 「군주제와 민주주의와의 화해」에서 알 수 있다. 그들은 반동적 정신을
가지고서는 와해된 프로이센을 재건할 수 없다고 믿었다. 절대주의 · 봉건적 예능제 · 관료
의 「돈을 위해서는 무엇이든 하는 고용인 근성」(Mietlingsgeist)이 인민의 자발적 활동을
신장시킨 것은 아니었다. 근원적인 인민의 힘 없이는, 소리나는 대중의 마음으로부터의
감격 없이는, 민주주의의 감정적인 위력 없이는, 프로이센은 구출될 수 없었다. 따라서
절대주의적 등족국가를 아래로부터 위에로 새롭게 개조할 것이 필요하였다.

　슈타인의 의도에 의하면, 직업생활과 부동산 거래에서의 모든 세습신분적 제한은 철폐되
어야 하였다. 시민과 농민은 귀족의 농원을 구입하고, 귀족은 시민의 직업을 영위하는
것이 가능하며, 시민과 농민은 그 신분을 변경할 수 있게 하지 않으면 안 되었다. 이처럼
성립하여오는 부르주아 사회는 사회를 구성하는 개인과 단체의 자유로운 공동협조에
의해서 아래로부터 국가를 밑받침해야 한다. 슈타인은 단계적으로 자치를 부여함으로써
인민의 정치적 자유의식을 교육하려고 했다. 1808년 11월 19일의 도시조령은 모든 도시공
동체에게 자치권을 주었다. 일찍이 그토록 기고만장하던 독일 부르주아지의 도시는 30년
전쟁 이후 가련한 상태에 있었다. 또한 특권이 부여되었던 소수의 도시는 있었으나 그
대다수는 완전히 독립성을 상실하였다. 국왕은 상이군인을 도시의 시참사회의 직
(Magistratstelle)에 임명하였다. 이제 [슈타인의 도시조령에 의해서] 도시공동체는 시민권을
가진 전주민의 민주적인 공동체가 되었으나, 이것도 「교양과 재산」의 민주주의였던 것은
물론이다. 출생 · 종교 · 신조 여하를 불문하고, 길드와 계급에 근거한 것이 아니라 지역별
로 ―그리고 이것은 근대의 반신분적 민주화에 대해서 결정적이다― 도시의 선거가 실시되
었다. 신분적 · 단체적 편제 대신에 자유주의적 · 개인주의적 대표제도가, 절대주의적 · 관
료주의적 후견제 대신에 부르주아적 · 민주적 자치가 등장하였다. 도시조령은 그 특색이
뚜렷하게 나타난 제110조에서 시회의원에 대해 이렇게 서술한다. 「법률과 선거는 그들의
전권이며, 도시의 공공선(公共善)에 관한 그들의 확신과 견해는 그들의 훈령이며, 그러므로

그들의 양심은 그들의 그 행위에 대해서 책임을 져야할 관청이다. 그들은 말의 진정한 의미에서 전체 시민의 대표자이며, 따라서 그들은 선출한 개개의 지구 대표자도 아니고 그들이 우연하게(!) 속하는 단체나 길드 등의 대표자도 아니다」. 그 문장은 자유주의적 · 민주적인 의회주의의 본질을 고전적으로 정식화한 것이다. 즉 한편 주권적 인민의지에 의한 기관의 임명, 다른 한편 의회에 의한 이 인민의 의지의 대표, 그 때에 대표자도 피대표자도 자유롭고 평등한, 사회적인 제약을 받지 않는 개인이어야 한다.

슈타인 · 하르덴베르크의 혁명은 불완전한 부분적 작품에 머물렀다. 그것은 국가의 도시적 하부구조를 민주화한 것에 불과하며, 그 농촌적 하부구조에는 손도 대지 못 하였다. 그러나 국가 전체 구조의 민주화는 얼마간 계속 되지 않으면 안 된다는 상태에 있었다. 왜냐하면 절대주의 군주제의 가장 현실적인 권력수단, 즉 경제적으로 절대주의적 군주제에 의존하는, 부분적으로 외국인으로 구성된 용병군이 국민개병제에 의거하는 국민주의적인 인민군으로 대체되었기 때문이다. 슈타인과 하르덴베르크가 행정의 분야에서 실현하려고 한 것이 프로이센의 군제의 분야에서는 샤른호르스트(Scharnhorst)*와 그나이제나우 (Gneisenau)*에 의해서 철저하게 실행되었다. 단지 인민군에 의해서만 프랑스인에게 대항 할 수 있었다. 그전에 모든 전투 능력 있는 남자와 청년에게 싸우고 죽을 각오를 하도록 바랐다면, 그들의 자유로운 의지에 맡겨져 있어야 했다. 그들의 자존심은 존중되어야 하며, 또한 단순한 병사라 할지라도 예의 갖춘 대우를 해야 할 것이며, 귀족의 군사적 특권은 이미 허용되어서는 안 되었으며, 시민도 사관으로 임명하지 않을 수 없었으며, 지금까지 병역이 면제되던 계급까지 징병대상을 확대하지 않을 수 없었다. 이러한 취지에서 1808년 8월 6일의 정령은 다음과 같이 군대의 민주화를 선언하였다. 「귀족이 지금까지 보유해온 모든 특권은 군대에서는 전면적으로 폐지한다. 그리고 그 출생의 여하를 불문하고 각인은 평등한 권리와 의무를 가진다」. 외국병의 징모는 폐지되고, 국민개병의 원칙이 선언되고 1814년에는 법률화 되었다. 명예를 더럽히는 형벌은 폐지되고 봉건적 군사지도 의 마지막 잔재인 「중대경영」, 즉 대장(隊長)이 그 대의 가장 중요한 필수품을 반드시 정당하지는 않은 방법으로 일괄 조달하여 뇌물을 받는 그러한 제도도 폐지하게 되었다. 그런데 봉건적 · 절대주의 세력은 무기를 장악한 인민에 대해서 어떻게 오랫동안 감내할 수 있었는가? 그나이제나우에 반대한 사람들의 대표적 인물의 한 사람인 요크(Yorck)*가 왕의 동생에게 이렇게 불안스런 의문을 나타낸 것은 아주 정당하였다. 「만약 국왕이 나와 나의 어린아이로부터 그 권리를 박탈한다면, 폐하는 어디에 그 근거를 두고 계십니까? 슈타인 남작의 가장 단호하고 비열한 반대자의 한 사람인, 비트겐슈타인(Wittgenstein)* 공작은 이렇게 말했다. 국민을 무장하는 것은 저항과 반란을 조직하는 것이다. 국민개병제 는 명예에 기초를 두는 군주주의원리와는 오래 양립할 수 없을 것이며, 나아가 신분의 혼합과 동격화에 의해서 규율에 마이너스의 영향을 미치게 된다 라고. 그러나 블뤼허 (Blücher)*마저 1813년에 다음과 같이 단정한 때에 국민개병제 이외에 달리 무엇을 하려고 했을까? 「지금이야말로 내가 이미…… 1809년에 권고한 것, 즉 전국민의 무장을 해야

할 두 번째의 시기이다. 그리고 만약 제후가 이것을 원하지 않고 이에 반대한다면 그들을 보나파르트와 함께 내쫓아야할 시기이다」.

그러나 이 국민개병제는 프로이센 독일군이 단지 사회적 구성에서만 민주화하였음을 보여주는데 불과하였다. 그 지도자의 정신은 여전히 신분적 · 군주주의적인 채 머물렀다.[97] 이른바 법치국가의 인민군에게는 빌헬름 2세가 군대에 대한 훈시로서 행한 다음의 연설은 놀라운 것이었다. 그가 1893년 11월 16일 병사에게 말한 것은 가장 걱정스러운 것은 아니었다. 「여러분은 내외의 적에 대해서 짐과 짐의 제국을 지킬 사명을 가지고 있다.―병사는 자신의 의지를 가져야 한다. 그것은 짐의 의지이다. 단 하나의 법률만이 존재한다. 즉 그것은 짐의 법률이다.… 병사에 대해서 가장 중요한 교우는 병사이며, 민간은 아니다」. [원래] 병사로서, 그리고 군수품생산자로서의 노동자 대중에게 의존하지 않을 수 없는 군대를 가지고서는 단지 패배하고 싸우더라도 언제나 다시 패배하게 될 것이다. 왜냐하면 한번 패배하면 전 체계가 밑바닥에서부터 붕괴될 가능성을 가지고 있었기 때문이다. 그리고 사실 92년 전과 아주 마찬가지로, 1918년의 군사적 붕괴는 민주화에의 동인이 되었다. 그리고 1919년 8월 11일의 바이마르 헌법은 「독일 라이히는 공화국이다. 국가권력은 국민으로부터 나온다」라는 조문을 그 첫머리에 두었다.

1813년의 인민군이 그 의무를 마친 후 곧 약속된 군주제의 입헌주의적 제한을 실행하려고는 아무도 생각하지 아니하였다. 낡은 것을 고수함으로써 가장 강력하게 혁명에 대항할 수 있을 것이라는 망상에 오랫동안 사로잡혀 있었다. 자의식을 가진 부르주아층의 자유주의적 민주주의를 획득하려는 투쟁이나 그 중앙정부권력의 의회주의화를 달성하려는 투쟁은 다른 곳에서 소묘할 예정이다. 여하튼 개별적인 국가들, 특히 남독일의 국가들은 인민대표의 참여권이 국가권력의 강화를 촉진할 가능성을 가지고 있다는 것을 통찰하기 시작하였다. 이리하여 1817년 우선 최초로 바이마르에서, 다음에 바덴 · 바이에른 · 헤센 · 뷔르템베르크에서 비록 문제점이 없었던 것은 아니지만 여하튼 군주권력의 입헌주의적 제한이 실시되었다. 파리의 7월혁명에 경악하여 약간의 중부 독일과 북독일의 국가들, 예컨대 작센 · 하노버 · 브라운슈바이크가 이에 동참했다. 오스트리아와 프로이센은 마지막으로 그것도 1848년 각각 자국내에 혁명이 발발하기 시작한 연후에야 이에 따랐다. 다만, 멕클렌부르크만이 그보다 더욱 지체되고 있었다. 이 국가는 새로운 양식의 헌법을 곧 다시 폐기한 후 1918년에 이르기까지 박물관에 갈 상당한 가치가 있는 중구의 명소로서 남았다. 즉 이 나라에는 [1918년] 11월 혁명에서도 여전히 1755년의 지방등족령에 근거하여 낡은 등족이 존속하였다.

독일 왕권들의 민주주의자에 대한 공포는 독일 부르주아지의 자코뱅주의가 매우 온건하였던 데 비하면 일층 더 놀라운 일이었다. 독일 부르주아지는 반군주주의적도 아니고, 또한 그 압도적 다수는 보통 · 평등 · 비밀선거권도 요구하지 않았으며, 나아가 의회군주제를 가지는 데에 그렇게 커다란 관심을 보이지도 않았다. 군주를 광범위한 범위에 걸쳐서

---

97) 상술 S. 298 f.(본서, 633면 이하) 참조.

법률로써 제한하고, 납세액을 기초로 하지 않는 선거권을 주장한 부르주아 민주주의자는 프랑크푸르트 혁명의회에서마저 근소할 뿐이었다. 그것은 좌익 자유주의자 뿐이었다. 한편 우익 자유주의자는 이미 단지 의회의 예산협찬권을 주장할 뿐이었다. 이에 반하여 보수주의자는 절대주의적 군주제를 옹호하였지만, 절대주의적 군주제가 오래 견딜 수 없는 것을 슈탈을 포함하여 소수의 지도자만은 통찰하고 있었다. 하인리히 폰 가게른*은 [프랑크푸르트] 의회 개회에서 단지 사태의 필요에 압박되어 부득이 인민주권을 인정하였을 뿐이다. 그는 다른 방법으로는 국민적 통일사업을 이룰 수 없다고 서술한다.98) 의회주의적 참여권이 독일 제국에서도 겨우 조금 인정되었던 것을 우리들은 이미 알고 있다. 각 주 의회의 영향력도 입법에 관해서는 여전히 작으며, 행정의 통제는 정치상의 각료책임제의 결여로 인하여 불가능하였다. 각국의 상원에서는 많든 적든 낡은 봉건적 정신이 지배하였다. 프로이센에서는 의회에 대한 3등급선거권(Dreiklassenwahlrecht)이, 다른 나라에서는 복수선거권이, 고타만은 1903년 이후 제국의회 선거권에 근거하여 [주 의회]선거가 실시되었다. 제국에서 가장 중요한 정치적 영역인 대외정책은 완전히 의회의 영향 밖에 두어졌다.

독일에서의 사회적 동화는 정치적 민주주의보다도 한층 완만하고 불완전하게 행해졌다. 사회적 동화는 예컨대 미합중국에서 볼 수 있듯이, 가공할만한 경제적인 계급대립으로부터 부분적이기는 하지만 그 외적인 격렬함을 감소시키는 것으로 오랫동안 이해되었다. 우리들의 인민공동체는 한편으로는 인민에게, 다른 한편으로는 귀족·학자·산업가의 공동체로 점차 분열하기에 이르렀다. 1861년에 한·바제도우(Hahn-Basedow) 백작의 「나의 빵을 먹고, 신이 나를 그들의 주인으로 삼은, 나의 모든 관리와 종자」에 대한 훈시가 알려졌을 때에 같은 시대의 독일 시민의 의분은 50년 후에 독일 시민이 가졌을 의분보다도 훨씬 강한 것이었음에 틀림없다. 제국 수상 호엔로에(Hohenlohe)* 공작은 지난 세기말 그의 일기에, 「모든 사람들은 내일을 기다리지 못하고 오늘 제국을 포기하려 하지만 나는 프로이센을 제국 내에 유지시키는 방향으로 일을 추진해야 한다」고 쓰고 있다. 「왜? 통치자층과 그 부르주아지의 종자는 사회적 요구를 수반하는 진정한 민주주의를 신봉할 수 없기 때문이다」. 「신분에 상응하는」이라는 특별한 개념을 대학생이 만들어 내었다. 대학 전체에 확대되고 있는 「독일학생연맹」은 1907년 국민사회당의 창립자인 프리드리히 나우만*이 감히 공공연하게 노동자의 이익을 옹호하였다는 이유로 「졸업회원」(Alte Herren)의 대열에서 제명하였다. 민주적인 통일학교는 독일 제국 이외에서는 예컨대 오스트리아에서는 수십 년이래 당연한 것이었으나, 오늘날 독일에서 일반적으로 실시되기에는 이르지 않고 있다.

민주주의의 의의를 우리나라의 법사상과 국가사상에 대해서 평가하기 전에, 우선 첫째로 근대 민주주의의 평등사상과 아리스토텔레스적 의미에서의 비례적 평등을 구별할 필요가

---

98) Heinrich v. Gagern, 19. Mai 1848, in Franz Wigard, *Stenographischer Bericht über die Verhandlungen der deutschen constituirenden Nationalversammlung zu Frankfurt am Main*, Bd. I. Frankfurt 1848, S. 17.

있다. 모든 역사적 법질서에 내재하는 이 아리스토텔레스의 평등원리는 민주주의와는 아무런 관계가 없으며, 단지 **각자에게 그 권리를 귀속시키는 것**(suum cuique tribuere), 즉 같은 것은 같게, 같지 않은 것은 같지 않게 취급해야 한다는, 그러므로 자의는 배척되어야 한다는 것을 서술할 뿐이다. 그러나 무엇이 같으며, 같지 않은가는 그때의 문화와 인간의 노예를 동물과 동일시하고, 인간의 시민과 동일시하지 않는 문화공동체의 법의식과 법감정에 존재한다. 그러므로 이러한 형식적 평등이념의 내용은 법제사와 일치하는 역사를 가지고 있다. 헤겔은 이 [평등이념의 내용의] 발전과정에 대해서 유명한 문장을 보여준다. 즉「세계사란 자유의 의식에 있어서의 진보이다.— 우리들이 그 필연성을 인식하지 않으면 안 되는 진보이다」.99) 헤겔의 세계사의 시대구분은「동양에서는 **1인**이 자유라는 것을 알고 있었을 뿐이지만, 그리스와 로마의 세계는 **소수**가 자유라는 것을 알고 있었다. 그런데 **우리들은 모든** 인간 그 자체가, 즉 인간은 인간으로서 자유롭다는 것을 알고 있다」99a)라는 것에서 유래한다.

우리들에 대해서 중요한 것은, 이러한 세계사의 구성이 아니라 헤겔의 말에 표현되어 있듯이, 19세기 초기에서의 평등사상의 보편성이다. 자연법이 구미의 사고를 민주화한 것은 그것이 모든 시대에 살아 있는 비례적 평등원리를 설명하였기 때문이 아니라 그것이 세속화된 기독교로서 전통적인 사회적 불평등과 실질적으로 싸웠기 때문이다. 즉 실질적 평등의 규준을 의미한 때문이다.「인간은 … 타인을 지배할 권력이 아무에게도 속하지 않는 한, 당연히 평등하다」고 가장 저명한 독일의 법학자의 한 사람인 크리스티안 토마지우스(Christian Thomasius, 1655-1728)*는 가르친다. 정치권력의 평등화는 자연법적 경향에 내재하고 있었다. 따라서 정치적 자유와 평등, 즉 우리들이 오늘날 형식적 민주주의라고 부르는 것은 예전의 세습신분에 반대하는 실질적 평등의 요구였다. 모든 사람이 예외 없이 정치권력의 행사에, 특히 입법에 평등하게 참여해야 된다. 어떠한 군주 개인도, 그리고 어떠한 세습신분도 권력특권을 보유해서는 안 된다. 모든 것이 법률로 결정되어야 한다. 모든 것은 이 법률 앞에 평등하여야 한다. 이리하여 만인의 자유로운 상태가 실현되게 되었다.

그러나 1789년의 이념의 담당자는 부르주아지이며 그들의 관심은 단지 교양과 재산의 민주주의였다.「모두가」결정해야 하는 것은 아니다. 왜냐하면 트라이치케가 말하듯이, 보통선거권에 의해서「우둔·미신·악의 그리고 허위의 힘」이 영향력을 가지게 되었기 때문이다.「사회의 전혀 자립하지 않는 분자」는 이러한 [국정] 참여권에서 제외되어야 한다. 낡은 등족이 전 인민을 대표하고 있다는 요구를 내세웠듯이, 이제 교양과 재산에 의해서 향상된 부르주아지에게 전 시민의 대표권이 부여됨을 인정하게 되었다. 그런데 등족의 대표권은 교회적·세습신분적 재가(Sanktion)라는 넘을 수 없는 제한에 의해서

---

99) G. W. F. Hegel, *Vorlesungen über die Philosophie der Geschichte*, in *Werke* (Hg. E. Gans), 3. Aufl. (besorgt von Karl Hegel), Bd. 9, Berlin 1848, S. 24.

99a) AaO., S. 23.

국외자의 권력요구로부터 보호되고 있었다. 부르주아지는 이러한 인승에 대한 신념을 근본적으로 파괴하고, 합리적·보편적 평등이념에 근거하여 지배권을 장악하기에 이르렀다. 종교적·전통적 지배특권이 승인되지 않는다면 민주주의적 평등을 합리적으로 제한하는 원리로서 남는 것은 **자연질서**, 즉 피할 수 없는 사회와 자연의 필연성 이외의 아무것도 없었다. 봉건적·교회적인 사회질서는 평등주의적 경향에 대해서 명백한 장벽을 구축했다. 그러나 부르주아 사회에서는 무엇이 자연의 필연성인가, 나아가 무엇이 사회의 필연성인가, 그것에 대해서 누가 명백하게 대답하려고 하겠는가? 어린이와 정신병자는 성인과 정신이 건전한 사람과 동일한 권리를 가지지 않는다는 것은 일반적으로 「당연한 것」으로서 겨우 인정된다고 본다. 그러나 양성의 정치적·법적 평등(Gleichstellung)의 문제만해도 아주 논쟁이 심한 사회의 필연성에 의해서만 겨우 결정될 수 있다고 생각되어 왔다. 대표제에 근거하여 지배특권에 대한 신앙이 존재하지 않는다면 모든 것이 평등이라는 것, 그리고 모든 것이 불평등하다는 것이 사회적으로 「증명」되지 않으면 안 될 것이다. 왜냐하면 두 개의 자연주의적인 동일한 행위가 원래 존재하지 않기 때문이다. 그리고 무엇을 사회적으로 평등하다고 보아야 할 것인가에 대한 판단은 이미 평등의 실질적 규율에 대한 신앙, 예컨대 재산과 교양에 대한 신앙을 전제로 하기 때문이다.

이리하여 우리들의 일반적 의식의 민주화는 부르주아적 사회상태와 국가상태를 피치자의 승인이라는 극도의 불안정한 기초 위에 국축하게 되었다. 비얼링*의 승인설[100] 이래, 법학에서 통설로 된 것은 법질서의 타당성을 법 복종자에 의한 승인 — 법 복종자의 외부적인 행동양식이 법질서와 일치하는데 불과한 것이든 — 으로 원인을 돌리는 설이다. 이 설은 그 기본사상에서 국가계약설과 일치한다고 주장되고 있는데, 완전히 정당하다고 해도 좋다. 일반 국가학의 대표적 이론가인 게오르그 옐리네크는 동일한 점에 입각하여 국가를 정당화하였다. [그에 의하면] 모든 생활목적은 「어떤 법질서의 존재를 전제로 개인에 의해서 오로지 추구되고 달성될」[101]수 있다.… **만인의 만인에 대한 투쟁**(bellum omnium contra omnes)은 국가와 법이 존재하지 아니하는 것의 필연적 귀결이다」.[102] 이처럼 우리나라의 과학적 국가사고 역시 사실상 법의 **하나의 원천만**」을 알고 있을 뿐이다. 그 **하나의** 원천이란 「즉 인간 속에 살아있는 법감정 내지 법의식」(크랍베)[103]*이다.

그러나 그 존재의 필연적 조건으로서 프롤레타리아트를 낳은 부르주아 사회에서 통일적인 법의식은 존재하지 아니한다. 그러므로 19세기에 발달한 자유주의적인 법치국가관은 그 자신의 사고의 기초에서 생기는 귀결에 두려움을 품고, 그리고 민주주의적인 법의식의

---

100) Ernst Rudolph Bierling, *Zur Kritik der juristischen Grundbegriffe*, Teil 1, Gotha 1877, S. 3 ff.; 39 ff.

101) Georg Jellinek, *Allgemeine Staatslehre* (1900), 3. Aufl. (Hg. W. Jellinek), Berlin 1914, S. 223 (김효전 옮김, 『일반국가학』, 178면).

102) AaO., S. 226 (역서, 181면).

103) Hugo Krabbe, *Die moderne Staats-Idee*, 2. Aufl., Den Haag 1919, S. 50 참조.

무한한 평등주의적 경향을 억제하기 위해서 법률 앞의 형식적 평등에로 퇴각하게 되었다. 그것은 절대주의적이든 입헌주의적이든 민주주의적이든, 여하튼 어떠한 방법으로 일단 성립한 법률 앞의 평등이며, 법률을 적용하는 사법과 행정 앞의 평등이다. 그것에 따라서 국가적 지배기관의 시민에 대한 권력영역을 어떠한 방법이든 형식적 법명제(Rechtsgebot)에 의해서 구분하는, 그러한 지배구성체(Gebilde)가 법치국가라고 칭해진다면, 이 경우 최대의 불평등과 부자유가 생겨날는지도 모른다. 독일의 재판소가 [제1차 대전] 전후의 인플레이션의 시기에, 마르크는 마르크일 뿐이며, 그 구매력이 하나이거나 백만일지라도 무관계하다는 관점에 입각하였던 것과 마찬가지로, 법실증주의는 이제 법은 법이다는 명제를 세웠다. 이리하여 「법률 앞의 평등」(바이마르 헌법 제109조)이라는 원칙이 모든 자유주의적 · 민주주의적 헌법의 기본조항이 되었다. 그리고 이 조항은 코스타리카(1871년)와 아이티(1889년)의 헌법에서처럼 모든 유럽의 헌법전에도 보인다.

이 「법률 앞의 평등」의 실질적 내용은 모든 개인적 자의를 배제하는 것이며, 그 이상상태로 「어떤 법규(Rechtssatz)에 근거한 이외에 그 소속원에 대해서 어떤 작위 · 부작위를 요구할 수 없고, 그들에게 아무것도 명령할 수 없고, 어떤 것도 금지할 수 없는」(라반트) 국가이다. 이러한 자유주의적 · 민주주의적 이상은 군주의 개인적 자의도 법적 법칙(Rechtsgesetz)들에 복종될 때에, 즉 군주가 이미 초월적인 그 자신의 본원적인 권리에 근거하여 지배를 요구할 수 없으며, 그의 지위는 보편적 법질서로부터 도출하지 않으면 안 되었던 때에 비로소 달성된다. 그때가 되어 비로소 국가는 「법적 법칙들 아래에서의 한 무리의 인간」[104]이며, 일체의 개인적 권력은 객관적 법에 의해서 부여된 권능이다. 이 자유주의적 · 민주적인 법치국가사상은 그 궁극적 귀결에서 자동적으로 기능하는 법질서의 요청, 즉 인격의 개입 없이 스스로 실현되는 **자연질서**의 요청에 기여한다. 결국 일체의 개성화된 권력실체라는 것은 일체의 개인적인 궁극적 결단권과 마찬가지로, 국가개념과 법개념으로부터 제외되는 것이다(켈젠, 크랍베).

민주적 기초 위에 오늘날 반론되지 않는 통설인 국가의 단체개념(Körperschaft)도 성립하였는데, 이 설에 의하면 국가는 협동체(Genossenschaft)로서 표상되며, 협동체는 그 내부에서 모든 구성원의 법률적합적인 공동활동에 의해서 그 의지를 형성한다. 모든 법적 공동체성원(Rechtsgenossen)은 단체의 구성원이다. 군주주권과 인민주권의 진부한 투쟁은 「국가의 주권」[론]에 의해서 매장되고, 극복되어져야 한다. 그러나 헤겔로 거슬러 올라가는 이 학설은, 민주적 사고의 기초를 군주주의 원리와의 해결할 수 없는 모순에 빠뜨렸다. 그러나 이미 헤겔은 국가권력으로부터 인격성을 배제해 버리는 자유주의 관념의 약점을 이용하여 군주주의 원리에 대해서 법치국가에로의 뒷문을 열고 있었다. 그는 이렇게 서술한다. 「전체의 이 절대적 결정적인 계기」는 「국가의 인격」이 아니라 … 「개체성 일반이 아니며, 하나의 개체, 즉 **군주**이다」.… 「국가의 인격은 단지 1인의 **사람**으로서, 즉 **군주**로서

---

104) Siehe Anm. 66.

만 현실적이다」.[105] 이리하여 군주주의적 입헌주의라는 사상적으로는 모순으로 가득
찬 형상이 성립하였다. 그리고 [국가]과학은 이제 옐리네크와 함께 「국가권력의 담당자는
국가이며 그 이외의 아무것도 아니다」[106]라고 말하거나, 또는 다수의 사람들이 게오르그
마이어*와 함께 군주를 국가권력의 담당자로 하거나, 그 어느 것에도 나뉘어 논쟁을 거듭하
고 있다.[107] 전자는 우리나라의 자유주의적·민주주의적 개념구성의 논리와 일치하며,
후자는 정치적인 권력현실과 일치한다.

　사회생활의 모든 영역에서 불가피한 민주화의 성과로서 인정될 수 있을 무수한 현상을
하나하나 열거하는 것은 결코 이 책의 과제일 수는 없다. 정치영역에서도 몇 가지의 예만을
지적하는 것으로 만족하지 않으면 안 된다. 오늘날 정당정치의 견해 여하를 불문하고,
모든 인간에 대해서 신분적 특권이나 계급적 특권이 얼마나 합리적인 근거가 결핍되어
있는 것으로 생각되고 있는가는 그것이 정당한가 부당한가, 공정한가 불공정한가를 접어두
고, 현존하는 법률이나 행정행위 또는 법관의 판결의 불평등이 공공복리, 공공이익 등등에
의해서 근거지워지는 방법으로 추론해도 좋다. 뛰어난 스위스의 법학자가 「근거지워지지
않는 것」을 법적 불평등이라고 보았는데(부르크하르트),* 그는 그럼으로써 **자연질서**에서
근거하지 않는 어떠한 법적 권력도 합리적인 것으로 보지 않는다는 지배관계의 민주적
합리화를 단지 말로 표현한 것에 불과하다. 독일에서의 정치적 여론의 민주화는, 1918년
이후 특히 하룻밤 사이에 제국과 바이에른에서 「인민」당이 된 것이나 다름없는 독일의
우익 정당들의 명칭변경에서 나타난다. 평등 (비록 변경되었지만) 선거권, 평등과세요구권,
관직평등취임권, 법관과 행정관 앞의 평등권을 철폐하려고 진지하게 생각하는 정당은
독일에는 하나도 존재하지 아니한다.

　그리고 민주주의의 위기란? 정신사적으로 볼 때 민주주의의 위기는 존재하지 아니한다.
의회민주주의의 위기는 의심할 여지없이 현존하는데, 그것에 대해서는 뒤에 서술하기로
한다. 민주주의 그 자체, 즉 모든 정치적·사회적 권력은 권력복종자의 의지에 의해서만
정당화될 수 있다는, 우리들의 사고를 지배하는 관념은 그 지배에서 추호도 동요하는
바가 없고, 따라서 오늘날 민주적 정당성 이외의 지배의 정당성은 절대 존재하지 아니한다고
의심없이 주장할 수 있다. 물론 오늘날에도 더욱 비합리화 된 전통이 무한하게 많은 지배와
복종관계를 정당화하고 있다. 그러나 그것들은 단지 예외로서 지각된 정치적 지배의 정당화
이다. 확실히 오늘날에도 항상 그렇듯이 어떤 인물의 비상한 재능과 천분(天分)에 대한
신앙이 지배를 근거짓고 있다. 그러나 인격지배의 정상화는 오늘날 거의 항상 합리적
민주주의적 형태를 취한다.

　위기의 상태에 있는 것은 단지 민주주의의 의회주의적 기술뿐이다. 부분적으로는 세계대

---

105) Hegel, *Rechtsphilosophie* (siehe Anm. 1), § 279 (S. 365 f.)

106) Jellinek, *Staatslehre*, S. 552 (역서, 536면).

107) Georg Meyer, *Staatsrechtliche Erörterungen über die deutsche Reichsverfassung*, Leipzig 1872,
　　S. 43 f.

전에 의해서 불리한 조건에 처하게 된 민주주의로부터, [그리고] 지배습성적 관료의 저항에서 생긴 일시적인 독일의 위기상황에 대해서는 여기서 제외하기로 한다. 그러나 소수의 예외는 있으나 위기의 보다 깊은 이유는 민주주의사상 그 자체의 수정에 존재한다. 우리들은 합리주의적·개인주의적 민주주의로부터 일종의 사회민주주의에로의 이행 중에 있다. 원자론적 민주주의에 대립하는 것으로서 국민주의적 이념, 즉 다름 아닌 문화공동체적으로 개성화된 민주주의의 요구가 나타났다. 자유주의적 민주주의, 그것에 대해서 아나톨 프랑스*가 그 법은 「부자나 빈곤자에 대해서 빵을 훔치고, 거리 모퉁이에서 구걸하는 것을 장엄한 평등으로 금지한다」[107a]고 말한 일이 있는데, 이 자유주의적 민주주의에 반대해서 나타난 것이 사회주의, 즉 사회적 경제의 민주주의이다. 실제로 민주주의의 기술적 위기의 가장 깊은 원인은 민주주의의 강화와 개성화의 실현을 지향하는 데에 있는데, 그것은 오늘날 자유롭게 처분하는 민주적인 수단, 특히 의회주의를 가지고서는 달성할 수 없는 것이라고 생각한다.

그러므로 국민주의적, 아울러 사회주의적인 이유에서 협상하는(verhandelnden) 의회주의 대신에 행동하는(handelnde) 독재가 바람직하게 되었다. 독재와 어떤 임의적인 폭력적 전제정치와는 엄격하게 구별해야 한다. 주권적 독재의 의의는 「그것이 진정한 헌법이라고 보는 헌법을 가능케 하는」[108] 점에 있다. 주권적 독재에서도 독재자는 인민주권에 의해서 정당화된다. 그러나 위임적 독재자가 헌법에 따라서 구성된 기관에 의해서 수권되는데 반하여, 주권적 독재자는 「인민의 헌법에 의해서 구성된 권력이 아니라 인민의 헌법제정권력의 특성의 결과로서 직접적인 인민위원(Volkskommissar)이다. 즉 그 위탁자에게 자신을 정당화하는 것을 중지하지 않고, 그 위탁자에게도 명령하는 독재자」[109]이다. 따라서 독재는 민주적으로 승인된 수단이며, 이 경우 역시 문제가 되는 것은 어떠한 목적으로, 즉 어떠한 「진정한」 헌법의 실현을 위해서 그것이 사용되는가 하는 점이다. 볼셰비키 독재가 사회적 민주주의를 실현하려는 것은 의심할 수 없을 것이다. 무솔리니가 「진정한」 헌법이라고 해석하는 것이 무엇인가 지금까지는 명백하지 않다. 여하튼 그는 국민과 그 자결, 따라서 내재적 정당성에 근거한 헌법을 바라고 있다. 그러나 무솔리니의 개인독재를 정상화시키기 위해서는 「국민의 신화」만으로는 아마도 충분하지 않을 것이다. 왜냐하면 인간의 존엄의 평등이라는 보편적 이념보다는 확실히 국민주의적 이념이 대외적으로 국민국가를 구성하는 강력한 요소로서 증명하고 있기 때문이다. 그러나 국민주의적 이념은 입법·사법·행정을 위한 결단의 격률로서, 대내적으로는 정치권력을 반민주적으로 분배하는 규준으로서 역할을 하는 것은 아니다. 「교양과 재산」— 이것들은 벼락부자시대에서는 서로 떨어지기 일쑤지만— 에 의한 국민의 대표, 전선의 병사나 대표되는 단위로서 존재하지

---

107a) Anatole France, *Le Lys Rouge*, in *Oeuvres Complètes*, vol. 9, Paris 1927, S. 106.

108) Carl Schmitt-Dorotič, *Die Diktatur. Von den Anfängen des modernen Souveränitätsgedankens bis zum proletarischen Klassenkampf*, München 1921, S. 137 (김효전 옮김, 『독재론: 근대 주권사상의 기원에서 프롤레타리아 계급투쟁까지』, 법원사, 1996, 172면).

109) AaO., S. x (역서, 21면).

않는, 또한 조직될 수 없는 지배층에 의한, 국민의 대표라는 것은 오랜 동안에 걸쳐서 생각되지는 아니한다. 독일과 이탈리아의 파시스트가 주장하는 등족국가 이념은 그 자신이 민주적이거나 또는 완전히 불명료하고 공상적인 것 중의 하나이다. 국민(Staatsbürger)은 고립된 추상적 원자로서가 아니라 전체에 대한 그 사회적 의의에서 발언권을 가져야 한다는 사상은 그 자체가 사회적 민주주의의 요구이다. 그것은 그러한 것으로서 영국의 길드 사회주의나 볼셰비키의 소비에트 제도의 기초가 되어 있으며, 그리고 이 양자는 사회적 노동을 인간의 가장 중요한 사회적 기능으로 보고 있다. 이에 반하여 [이탈리아] 파시스트의 등족국가사상은 국민적 감정, 나아가 독일의 파시스트는 인종소속을 가장 중요한 범주로 보고 있다. 그러한 요소의 조직화에 성공하기는 어렵다고 하겠다. 그러나 이것은 도외시하였다 하더라도 결정적인 문제는 누구를 제외할 것인가 하는 문제가 아니라 [이질 분자를 제외한 후에] 남은 사람들이 어떻게 지도자를 임명하게 되는가 하는 문제이다. 만약 우리들이 오트마르 슈판의 말을 신뢰해도 된다면, 「진정한 국가」에서는 평등한 투표권을 가지는 개개의 「등족」 내부에서 평등한 것은 평등한 것 사이에서 선택하게 될 것이다. 이것은 확실히 멋진 민주주의가 될 것이다. 그러나 중앙국가권력은 어떻게 형성해야 할 것인가 하는 가장 기본적인 문제에 관해서 슈판*은 매력적인 무관심으로 이렇게 대답한다. 중앙권력은 「모든 분자(Element)로부터 동일하게」 만들어지는 것은 아니다. 즉 「최선자 (말하자면 위로부터)가 지배해야 하는 것이다!」라고.110)

　의회주의의 위기는 민주주의의 합리적 수단의 위기이다. 의회민주주의의 기초는 인간의 합리적 본성에 대한 신앙이며, 그것에 의하면 인간은 그 격정을 분별로써 억제하고 그 정치적 분쟁을 물리적 힘에 의해서가 아니라, 그리고 신의 간섭에 의해서가 아니라 공공의 합리적 협상(Parlamentieren)에 의해서 조정한다고 되어 있다. 계급대립의 격화, 그것과 관련하여 행동능력을 가진 의회의 연정을 형성하는 능력의 상실, 세계대전, 볼셰비키혁명과 [이탈리아] 파시스트 혁명의 성공, 그리고 끝으로 시대정신의 합리주의로부터의 이탈은 합리적인 이해조정의 가능성과 그 실현에의 기대에 대한 신앙을 동요시키고, 비합리적인 폭력적 방법에의 기대를 높였다. 협상하는 방법으로서의 의회주의에 대한 이러한 공격에 나아가 지도자 선택의 민주주의적 방법으로서의 의회주의에 대한 공격이 더하여졌다. 그러나 이 [지도자 선택의] 민주적 수단의 결함을 시정하는 여러 가지 개선안도 나와 있으나, 이러한 개선안들은 민주적이거나 또는 완전히 쓸모가 없는 것이다. 그 전형적인 것이 오스발트 슈펭글러이다. 그는 민주주의는 「오래되고 배 부른」 상태로 있지만, 「독일 라이히의 개조」를 위해서 지도자 선택이라는 결정적 문제에 대해서는 훌륭한 민주적 제안들을 해야 하는 것을 알고 있다. 즉 [그에 의하면] 한편으로는, 혁신된 관료제가 직업정치가로부터 통치의 일을 덜어주어야 하며, 그러나 다른 한편 우리들은 「전보집배원이 3년 후에 장관이 될 수 있으며… 모든 청년이 다른 날 군대 장군의 막료가 될 수 있는 것을 느끼게」 하는 방향으로 일해 나아가지 않으면 안 된다는 것이다.111) 지도자를 교육으로 발견한다는

110) Othmar Spann, *Der wahre Staat*, Leipzig 1921, S. 274.

진정한 민주주의사상을 논함에 있어서 실로 슈펭글러* 자신은 싫어하는 말인 「민주주의」를 생각에 떠올려, 그는 「연령 · 성별 · 지위 그리고 예비교육을 무시하고」[112] 만인에게 문호를 개방한 국가시험을 요구한다. 그러므로 자칭 민주주의의 이론적 극복자는 민주주의의 전통적 기술을 실천적으로 극복하는 것마저 잠정적으로 불가능한 것처럼 생각된다.

## V. 자유주의 사상

독일에서는 아리스토텔레스의 구별에 근거하여 자유주의사상과 민주주의사상을 구별하는 것이 보통이다. 즉, 자유주의적 자유는 그 의향대로 생활하는 시민의 권리이며, 민주주의적 자유는 시민의 정치(Regierung)에의 참여를 의미한다. 이러한 구별은 논리적으로 하자가 없듯이, 정치적으로도 별로 의미가 없다. 왜냐하면 정치(Regierung)에 영향을 주지 않고 그 의향대로 생활할 수 있는 것은 단지 로빈슨 [크루소] 정도일 것이기 때문이다. 이 책에서는 자유주의와 사회주의는 민주주의의 두 개의 역사적 변형(Ausformungen)이라고 기술한다. 즉 자유주의적 민주주의는 그 정치적 기능에 있어서 부르주아의 해방이며, 사회적 민주주의의 명확한 구별은 인식목적에 유용한 것이 아니라, 민주주의를 부르주아 계급에만 제한하려는 정치적 실천의 필요에 유용한 것이다. 그러나 자유주의의 목표는 전제적으로 될 가능성도 있는 단순한 적법성은 결코 아니며, 민주적으로 공동 결정되고 통제되는 적법성이었다. 이러한 것을 유보하면서 우리들은 지금까지 사용해 온 언어사용법에 따른다. 그리고 본장에서는 자유주의를 특히 부르주아의 국가에 대한 지배의 이념이라기보다는 오히려 국가에서의 주의의 이념을 표현하는 단어로서 사용하기로 한다.

자유주의와 민주주의는 같은 이념사적 근원을, 특히 국가계약[설]을 공통의 기초로 하고 있다. 사회계약[설]에서 표명한 것은 만물의 척도인 개인은 단체보다도 오래되었다는 관념, [그리고] 단체는 모든 개인의 상호계약에 의하여 성립하였으며, 따라서 국가라는 단체의 모든 권리와 모든 권력은 단체에 참가하거나 탈퇴하는 모든 개인의 권리와 힘을 총괄한다는 관념이다. 그러므로 국가는 오직 개인을 위해서만, 개인의 「권리들」을 위해서 존재해야 하고, 개인의 힘만으로는 불충분하기 때문에 국가는 그 권력으로써 이러한 개인의 「권리들」을 보호하여야 한다. 그러나 요한네스 알투지우스가 최초로 체계적으로 전개하고 그로티우스가 계승하여 더욱 발전시킨 학설에 의하면, 개인은 국가계약의 체결에 즈음하여 그 자연법적 주권을 포기하지만, 다만 그것이 사회목적의 달성을 위하여 절대적으로 필요불가결한 경우에만 한정된다. 개인은 불가양도의, 그리고 국가에 있어서 불가침한 일정한 권리를 유보하고 있으며, 이러한 권리는 자연법학설에 의해서 태어나면서 자연적인 영원한 「인권」으로서 체계화되어 있다. 개인의 천부인권(Urrechte)의 학설은 영국에서 존 로크

111) Oswald Spengler, *Neubau des Deutschen Reiches*, München 1924, S. 38 f.
112) AaO., S. 49.

(1690년)에 의해서 그 고전적 완성을 보았다. 로크는「자유와 소유」를 두 개의 유보된 권리라고 표현하였다. 이 두 개의 천부인권으로부터 또한 자유주의적 경제학설도 출발하며, 그것은 영국의 자연법의 영향 아래 최초로 케네(Quesney)와 튀르고(Turgot)를 지도자로 하는 프랑스의 중농학파에 의해서 전개되고, 1776년에 막대한 영향을 미친 영국인 아담 스미스의 저작『국부론』에서 그 과학적 논리체계가 수립되기에 이르렀다. 몽테스키외는 1748년에 권력분립론에 결정적 형태를 부여했다. 그리고 자유를 안전 중에 존재하는 것, 혹은 적어도 자기의 안전의식 속에 존재하는 것이라고 정의하였다. 이 안전은 모든 국가행위의 적법성에 의해서 보장되어야 하며, 모든 국가기관의 임의성은 법적으로 제한되어야 한다. 여러 기관으로 나뉘어서 서로 견제하는 권력의 조직과 개인의 인권은 헌법, 즉 성문헌법 중에 명시되어야 한다는 것이다.

1789년 8월 26일에 프랑스 혁명이라는 가장 중요한 사건이 일어났다. 프랑스 헌법제정 의회는 인간과 시민의 권리를 선언하였다. 전문 17조로 되어 있는 이 선언의 대부분은 당연히 자유주의적 이념권에 포함된다. 그것은 이후 [유럽] 대륙의 자유주의의 정치적 신조를 형성하였다. 이 선언의 내용은 이렇다. 제1조: 인간은 자유롭고 평등한 권리를 가지고 태어나서 생존한다. 사회적 차별은 공동의 이익을 근거로 해서만 가능하다. 제2조: 모든 정치적 결사의 목적은 인간의 자연적이고 시효로 소멸되지 않는 권리를 보전하는 데에 있다. 그 권리란 자유 · 재산 · 안전 그리고 압제에 대한 저항이다. 제4조: 자유는 타인을 해롭게 하지 아니하는 모든 것을 할 수 있는 데에 있다. 그러므로 각자의 자연권의 행사는 사회의 다른 구성원에게 같은 권리의 향유를 보장하는 이외의 제약을 가지지 아니한다. 그 제약은 법률로써만 규정할 수 있다. 제5조: 법률은 사회에 유해로운 행위가 아니면 이를 금지할 권리를 가지지 아니한다. 제6조: 법률은 일반의사의 표명이다. 모든 시민은 스스로 또는 대표자를 통하여 법률의 제정에 협력할 권리를 가진다. 법률은 보호를 제공하는 경우에나 처벌하는 경우에도 모든 사람에게 동일하여야 한다. 모든 시민은 법률적 견지에서는 평등하므로 그 능력이나 덕성과 재능에 의한 차별 이외에는 평등하게 공적인 위계 · 지위 · 직무 등에 취임할 수 있다. 제7조, 제8조, 제9조는 체포와 형사소송절차에서의 자유와 복종을 다루고 있다. 제10조는 신념의 자유, 특히 종교적 신앙의 자유를 선언하고 있다. 제11조는 언론 · 출판 및 인쇄물에 의한 의견발표의 자유를 보장하고 있다. 제12조: 자유권의 보장은 공권력을 필요로 한다. 그러나 이 권력은 모든 사람의 이익을 위하여 행사해야 하며, 그 권력을 위탁받은 사람들의 특수 이익을 위하여 설정된 것은 아니다. 제15조는 관리의 책임을 규정하며, 제16조는 권력분립을 규정하고 있다. 끝으로 제17조는 이렇게 선언한다. 즉 소유권은 신성불가침한 권리이므로, 누구든지 적법하게 확인된 공공 필요에 의해서 명백하게 요구되고, 사전의 정당한 보상이라는 조건 아래에서가 아니면 이를 박탈당하지 아니한다. 1791년 9월 3일의 혁명헌법에서는 그 밖에 집회 · 결사의 자유의 권리, 이전의 자유의 권리 그리고 청원권이 채택되었다.*

1789년의 이러한 이념들은 그 직접적인 헌법의 모범이 북아메리카 각주의 「**권리장전**」

(Bill of Rights)이었다고 하더라도, 유럽의 자연법의 정신에서 생겨난 것이다.* 이러한 이념들 중에 무엇인가 특별히 프랑스적인 것을 찾는 것은 완전히 잘못된 것이다. 독일에서 이미 17세기에 푸펜도르프와 그 후계자는 국가목적을 안전과 권리보호(Rechtsschutz)의 보장에 한정하는 학설을 통설로 하였다. 그 다음에 프리드리히 대왕의 신임이 두터웠던 크리스티안 볼프(Christian Wolff, 1679-1754년)의 계몽주의적 자연법체계는 오랜 시기에 걸쳐 유럽을 지배했다. 이 법체계에 의해 시민으로서 획득한 인권과, [스스로]의 포기나 국가의 법률에 의해서도 박탈할 수 없는 자연상태에서 유보하여 온 인권과는 구별해야 한다는 견해가 보편적으로 인정을 받았다. 독일의 고전문학은 그 유래에서 볼 때 부르주아적 이지만, 사회적 · 역사적 우연성이나 세습신분으로부터 독립하여 자기의 가치와 존엄을 자각한 자유로운 인격의 이념을 이상화하였다.

자유주의적 이성국가 사상(Gedanke)의 가장 위대한 대표자는 칸트였다. 그의 학설은 국가를, 확실한 법적 상태를 만들어 낸다는 유일한 목적을 위해서 자율적인 개인의 계약에 근거하여 창설된 것으로서 구상하였다. 개인의 권리와 소유권은 국가 이전에 존재한다. 국가에 있어서도 또한 「모든 인간에게 그 인간성 때문에」 귀속하는 자유 · 평등 · 독립이라는 개인의 권리들은 양도할 수 없고 박탈할 수 없는 것이다.113) 칸트의 영향은 거대하였다. 1788년부터 1831년 사이에 저술된 자연법에 관한 저작은 108권이나 되지만, 그 대부분이 칸트학파에 속하는 것이었다. 특히 로텍(Rotteck)과 벨커(Welcker)의 인기 있는 작품을 통하여 칸트의 정치적 이상을 거의 모든 가정으로 옮긴 것이 바로 남독일의 자유주의였다.

북독일에서 자유주의사상은 [남독일과 비교하여] 본질적으로 보다 귀족적이고 보다 정신화된 방향으로 전개되어 갔으며, 따라서 합리주의적인 측면은 비교적 약했다. 여기에서도 칸트의 영향은 매우 현저하였다. 특히 동프로이센의 민주적 자유주의자는 그들의 동향인[=칸트]을 지원하였다. 그러나 비역사적이고 자유주의적인 이성법(理性法)은 나폴레옹의 덕택으로 독일의 소방(小邦)분립주의를 극복할 수 있었지만, 강력한 전통을 가진 프로이센과 같은 대국을 극복하는 것은 어려운 일이었다. 더구나 북독일에서 자유주의 이념은 이미 그 전개에 있어서 역사주의적 · 낭만주의적 영향을 받고, 그 후 곧 국민주의적 영향을 받아 변모하게 되었으며, 또 윤리적 · 법적인 이성법의 급진적 요구(Radikalismus)는 근본적으로 새로운 휴머니즘의 미적 감화를 받아 약화되었다. 동지(북독일)에서는 처음부터 초개인적인 역사의 여러 힘들에 대해서는 체념관이 지배하며, 사람들은 스스로 결정할 힘을 각자 갖추고 있다고 느끼기보다는 자신을 전통과 세대라는 사슬의 한 고리로서 느끼고 있었다.

이러한 자유주의적 생활감정의 특징은 빌헬름 폰 훔볼트의『국가활동의 한계를 확정하려는 시도에 관한 이념들』중에 가장 고도의 정신적 완성을 찾아볼 수 있다. 훔볼트는 1789년 파리에서 프랑스혁명을 직접 견문하고, 1792년에 이 책을 집필하였다. 프로이센의 귀족이었던 그에게는 주로 국가에 대한 개인의 자유주의적 자유권이 문제였으며, 민주적인 [국정]

---

113) Kant, *Metaphysik der Sitten* (siehe Anm. 65), S. 237.

참여권은 거의 문제가 되지 않았다. 그는 이 책의 집필에 즈음하여 「인간의 내면적 존엄과, 다만 이 존엄에 적합한 자유에 대한 마음의 근저에서의 존경심으로 설레임을 느꼈다」[114]는 것을 강조하는 점에서 칸트의 영향을 추측할 수 있다. 「모든 도덕적인 개인이나 사회는 바로 그 시기의 구성원의 집합체로만 간주해야 한다」[115]는 것을 명확히 법률로 확정해야 한다는 훔볼트의 요구는 자연법적이다. 그러나 국가의 목적과 가치가 규정되는 출발점인 개인은 이미 계몽주의적 자연법의 합리적 · 기하학적인 개인의 모범은 아니다. 오히려 [개인의] 생존의 의미는 특히 일체의 획일로부터 자유로워지려는 활력에 넘친 보편적이고 윤리적 · 미적인 개성이다. 「개인 각자의 힘을 하나의 전체로 최고이자 가장 조화된 형태로 고양시켜 가는 것」, 「독창성」, 「힘과 교양의 특질」[116] 이것이 인간의 참된 목적이고, 자유는 그러기 위한 첫 번째의 필요불가결한 조건이다. 「그러나 자유 이외에도 인간의 힘을 발전시키기 위하여 자유와는 밀접한 관계를 가진다고 하더라도 그것과는 다른 다양한 상황이 요구된다」.[117] 그러므로 「참된 이성」은 인간에게 「바로 이러한 상태」를 원할 수 있다. 즉 그 상태라는 것은 「모든 개인이 그 자신과 자기의 특질을 발전시킬 무한한 자유를 향유할 뿐만 아니라 물리적 자연도 각 개인이 오직 자기의 힘과 권리의 한계에 의하여 제한될 뿐이며, 자기의 필요와 기호 정도에 따라서 스스로 그리고 임의로 가하는 것 이외에는 인간에 의해서 형태지움을 받지 않는 그러한 상태」이다.[118] 따라서 국가는 「시민의 적극적 복지를 도모하는 일체의 배려를 중지하고, 국가 그 자체와 외부로부터 시민의 안전을 확보하기 위하여 필요불가결한 조치를 취하는 이상의 것을 행하여서는 안 된다. 즉 국가는 그 밖의 궁극적 목적을 위하여 시민의 자유를 제한해서는 안 된다」.[119] 특히 국가는 「교육 · 종교시설 · 사치금지법 등등」[120]에 대한 일체의 특별한 감독을 중지해야 하며, 그리고 「국민을 전쟁에 대비하여 훈련」시키기 위하여 불요불급한 일체의 제도를 폐지해야 한다. 정복정책을 국가사회주의적인 사업으로 시행했던 프리드리히 대왕의 중상주의와 경찰국가적 절대주의에 대한 이러한 논박은 가능한 한 약하고 가능한 한 소극적인 국가활동을 원했던 것이다. 시민은 개인의 인격과 소유권의 영역에 대한 절대주의의 자의적 간섭으로부터 법률에 의하여 보호되지 않으면 안 된다. 따라서 국가에 대하여 「법률에 적합한 자유의 확실성」[121]으로서의 안전을 요구하지 않으면 안 된다. 훔볼트는 인간 본성의 「자유에의 성숙」은 「자유 그 자체 이외에」 어떠한 것으로도 촉진될 수 없다는

---

114) Wilhelm v. Humboldt, *Ideen zu einem Versuch die Gränzen der Wirksamkeit des Staats zu bestimmen* (1792), in *Gesammelte Schriften* (Hg. Kgl. Preußische Akademie), Bd. 1, Berlin 1903, S. 245.
115) AaO., Bd. 1, S. 200.
116) AaO., Bd. 1, S. 106 f.
117) AaO., Bd. 1, S. 106.
118) AaO., Bd. 1, S. 111.
119) AaO., Bd. 1, S. 129.
120) AaO., Bd. 1, S. 177.
121) AaO., Bd. 1, S. 179.

인간의 본성에 대한 낙관적 신뢰를 자연법과 함께 하였다.[122]

이러한 북독일의 자유주의의 강령적 저작의 현저한 특징은 일체의 혁명적 태도와는 전혀 관계가 없는 그 독특한 역사적·관념론적 정신이다. 훔볼트는 마치 자신의 구상으로 「바로 현실에 규제를 가하려고 했다든가, 또는 현실에서 무엇인가 규칙에 반하는 것이 있었다면 그것만을 비난하려」[123]는 것처럼 강력하게 반박하였다. 「현재의 상태에서 새로이 결정된 상태로 넘어갈 수 있기 위하여 가능한 한 많이 모든 개혁을 인간의 이념들과 두뇌에서 시작되도록 하여야 한다」.[124] 우선 첫째, 「심정」을 변화시키지 않으면 안 될 것이다. 그렇지 않으면 정말 「사물의 외적 형태는 개조」할 수 있지만, 「결코 인간의 내면적 생각은 변화시킬 수 없을 것이다. 이 내면적 생각은 다시금 그가 강요당한 모든 새로운 상태를 감염시킬 것이다」.[125]

빌헬름 폰 훔볼트의 청년시대의 우수한 사상적 저작 중에는 자유주의 사상의 모든 근본사상이 포함되어 있다. 그러나 이 저작은 자유주의의 정치에 관한 이론적 규준과 그 정치적 설정 목표 간의 고유한 내적 모순을 시사하고 있다. 더구나 이 저작은 국가권력의 필연적인 평등화와 중앙집권화에 대하여, 특히 절대주의적 관료제에 대하여, 그리고 후에 또한 민주주의적 관료제에 대하여 자연법의 합리적인 사고규정으로써 비합리적인 조화롭고 보편적 개성과 그 자유를 옹호하려고 시도한다. 「적법적인 자유의 확실성」[126]을 인간은 단지 필연적으로 획일적인 법률에 따름으로서만 획득할 수 있다. 그러나 인간은 그 참된 목적을 「다양한 상황」[127]에서만 완성하는 것이다. 이러한 모순은 일단 그것이 자각되는 순간 정치적 행동력을 마비시켜야만 했다. 이 모순은 자유와 법률의, 개인과 공동체의, 정신과 정치의, 낭만주의적인 무사회상태와 예절이 바른 부르주아적인 질서와의 영원한 항쟁의 발로이므로 극복될 수 없는 것이다. 로텍의 자유주의는 비극적이지 않은 단순함을 가지고 있었기 때문에, 확실히 더욱 자의식적인 정치적 힘을 발휘할 수 있었다. 이에 반하여 프로이센의 자유주의는 모든 점에서 비극적이다. 그것은 [자유주의의] 저 궁극적인 내적 모순에 기인하는 것이지만, 훔볼트의 사상 중에도 이미 프로이센 자유주의의 불안정성이라는 고유의 특성이 발견된다. 그리고 그것은 보편성, 조화로운 전체성이라는 이상에서 파생하는 것이다. 즉 일체의 권력간섭을 거부하고, 어쩔 수 없는 불공평한 정치적 행동에 제어장치를 설정하는 것을 미화시키지 않을 수 없는 이상에서 파생하는 것이다. 이러한 자유주의의 이념은 역사성의 범위 내에서 단지 자유를 바랄 뿐이며, 자유에의 요구는 자유를 역사화하고, 요구가 전체 사태의 발전에 깊이 기인하는 것임이 저절로 명확히 되었을 때 비로소 실제로 의심하지 않게 된다. 뿐만 아니라 북독일에서의 자유주의적

122) AaO., Bd. 1, S. 241.
123) AaO., Bd. 1, S. 237.
124) AaO., Bd. 1, S. 239.
125) AaO., Bd. 1, S. 238.
126) AaO., Bd. 1, S. 179.
127) AaO., Bd. 1, S. 106.

부르주아가 이미 대두하기 시작한 노동운동에 의하여 아래로부터 압박을 받았을 때, 오랜 지배계급에 대항하여 자기의 의지를 관철한다는 것이 남독일에서 보다는 강력하지 않았다. 아니 그렇게 말하는 것보다 전혀 없었다고 말하는 편이 좋을 것이다. 일체의 힘이 국가 내에서 충분히 발휘되기를 바라는 전체성의 사상(Totalitätsgedanke)은 봉건주의 세력과 사회주의 세력의 강력한 권력조직에 대해서는 계속 유지될 수 없었다. 그러나 경제에 있어서는 아무런 방해받는 것이 없는 힘의 전면적인 해방은 필연적으로 최강자의 참기 어려운 우세를 초래하게 되었다.

이러한 개인주의를 보완하는, 자유주의 이념권의 중심사상인 전체성의 이념적 기초는 스스로 실현하는 **자연질서**에 대한 신앙이다. 이것에 의하면, 자기 이익과 공동 이익과의 내재적인 「자연적」 예정조화가 존재한다. 사회, 국가 및 경제는 이성적으로 스스로 자기결정을 행하는 개인의 힘의 자유로운 발휘를 통하여 가장 순조로이 발전하며, 그리고 이들 개인의 힘은 「교양」에 의해서 그러한 자기결정이 내려질 수 있도록 교육할 수 있으며 또한 교육해야만 한다. 다만 개인의 자주적 행동에 의해서만 도덕적·정치적·경제적 진보를 기대할 수 있다. 왜냐하면 개인은 단지 자기와 자기의 목적만을 추구함으로써 동시에 사회에 가장 잘 이바지할 수 있기 때문이다.

자유주의사상의 보다 구체적인 요구들은 정치적 자기결정권을 획득하려는 부르주아의 정치적·경제적 상황에서 발생하였다. 18세기 말 독일 시민은 교양의 담당자라고 느끼고 있었지만, 그 개인적·정신적 자율성이라는 점과 그 정치적·경제적 자유라는 점에서 절대주의적 전횡과 시대에 뒤떨어진 세습신분적인 사회질서의 경직된 법형태에 의하여 압박되고 제한되어 있었다. 괴테조차도 『빌헬름 마이스터의 수업시대』 제5권 제3장에서 넌즈시 기술하듯이, 이러한 시민적인 압박감을 느꼈고, 시민들의 눈에는 귀족의 활동의 자유가 이상으로 비친 것이다.

경제적 자유주의는 **행하는 대로 진척되는 대로 세계는 스스로 운행한다**(laissez faire, lassez aller, le monde va de luimême)는 중농주의적 원칙에 따라 법과 국가에 의한 규제를 행하지 않고 경제를 그 고유의 「불변의 자연법칙」에 맡기려고 했다. 즉 가치형성에 대한 국가의 간섭과, 노동조합에 대한 국가의 간섭, 게다가 특허부여에 대한 국가의 간섭이 있어서는 안 되며, 하물며 국가의 부당이득 단속은 절대 있어서는 안 된다. 무제한한 계약의 자유, 경쟁과 소유권의 자유, 무제한한 상속권은 자유주의의 경제정책적인 자유요 구의 가장 중요한 측면이었다. 그것은 세기의 전환기에 기술혁신을 거친 경제상태에 일치하였다. 새로운 발명과 새로운 응용·증기기계·철도 그리고 증기선은 상품생산과 교통을 전대 미문의 정도로 증대시켰다. 공장제도, 공업의 대규모 경영, 점진적인 세계경제의 성립은 중상주의 체제의 절대주의적 후견과, 조합가입의무, 경작강제의 중세적 유제와, 농민의 예속[상태], 부동산거래의 제한, 경제적 영업소 설치의 부자유는 더 이상 어울리지 않게 되었다. 모든 경제적 에너지의 해방, 상업과 영업의 자유, 관세철폐, 자유무역이 요구되었다. 경제적·사회적·정치적 생활을 법률과 관습법에 의해서 영위해 온, 여러 세기 간에 걸쳐 발전해 온 오랜 단체는 파괴되어야 하고, 개인은 아무런 방해를 받거나 구속을 받아서는 안 된다고 주장되었다. 자본주의는 오래되고 [신분적으로] 편성된 사회를 해체하여 모든 관계에서 해방된 개인의 무리로 나누었다. 모든 개인은 자기 자신의 이익만을 추구하게 되었다. 사회를 구성하는 원자들은 다만 합리적이고 의식적인 공통의 목적을 위해서만 결합하므로, 전래의 비합리적인 사회연관은 해체되고 사회는 기계적·원자론적 자연관에서 볼 수 있는 모습이 되었다. 그러나 바로 그러한 자유로운 개인의 힘의 자유경쟁에서 기대된 것은 합성력으로서, 보편적인 조화가 있는 평화상태와 법적 상태였다. 상업의 자유는 — 국내적·국제적인 이해를 조화시켜 보편적인 세계시민주의를 실현하고, 국제생활에서 모든 폭력을 제거하는 것이었다. 완전한 상업의 자유는 — 그 대변자 중 한 사람이 언급하였듯이 —「국제적 적대관계의 최후의 잔재인 무장외교의 분야를 포함하여, 절대주의적으로 중앙집권화된 정부의 필요성을 파기」[128]하여 버릴 것이었다[라고 생각되었다](프린스·스미스)(Prince-Smith).*

사리(私利)의 충족은 신의 계획이고, 이기주의는 신의(神意)로서 사회적 질서를 확립하는 「보이지 않는 손」이라는 관념은, 궁극적으로 칼뱅(Calvin)까지 소급되는데, 경찰국가와 복지국가에 반대하는 투쟁에서, 그리고 나중에 사회주의에 반대하는 투쟁에서의 무기이기도 하였다. 자유주의 이념은 국가가 법을 단지 지킨다는 의미의 법치국가를 원했다. 그러나 법 그 자체는 개개인의 자유로운 계약에 의해서 성립된 것이어야 하며, 공권력은 누구든지 계약체결로 강제하거나 계약의 내용에 간섭해서는 안 되었다. 법치국가와 경찰국가를 구별하는 것은 그 「행정의 적법성의 원칙」이었다. 각인은 무엇이 허용되고 무엇이 금지되는가를 법률에 근거하여 알아야 하고 또는 알 수 있어야 하며, 자의적 취급을 받아서는 안 된다고 하였다. 국가는 단지 윤리적·미학적·종교적·학문적인 점에서 개인의 교양 (Kultur)의 첫 번 째 조건을 만들어 내야 한다. 독자적이고 초개인적 가치는 국가에 당연히 귀속하는 것은 아니다. 국가는 시민의 행복을 위한 수단이고, 최대 다수의 최대행복을 위한 필요악이다. 이러한 공리적 도덕은 휴머니즘의 이념에 의해서 심화되었다. 자유롭고 평등한 인간성(Menschheit)의 이상은 휴머니즘에 의해 일체의 개인적·사회적 생존 (Dasein)의 의의로서 파악하게 되고, 그리고 이 인간성은 인격이라는 인간의 존엄으로 대표되었다. 칸트는 공리의 행복을 행복할 만한 가치(Glückwürdigkeit)라는 영웅적 이상으로 바꾸었다. 보편적인 인간의 존엄에 대한 존중은 자유주의적인 전체성의 사상 (Totalitätsgednken)의 윤리적 기초를 이루었다. 여기에서 국가주의적인, 그리고 신조적인 관용의 이념에의 길이 열리게 되었지만, 이 이념은 철저히 세속적인 자유주의적 정신태도와 결부되어 국가와 종교의 분리를 요구하기에 이르렀다. 게다가 관용과 전체성의 사상에서 자유주의는 세계시민주의와 평화주의로 나아갔다.

우선 자유주의적 이념이 요구한 것은 행정의 적법성의 원칙으로서, 이로 인하여 정치

---

128) John Prince-Smith, *Über Handelsfeindseligkeit* (1843), in *Gesmmelte Schriften* (Hg. K. Braun), Bd. 2, Berlin 1879. S. 147.

투쟁이 일어나게 되었다. 실현불가능한 것이지만, 만약 「적법적인 자유의 안정성」을 절대주의적 지배자와 그 기관에서 기대하였다면, 그것은 신하들측의 초인간적 신뢰를 요구하는 것이었을 것이며, [만약 신하들이 그러한 신뢰를 주었다하더라도] 곧 배신당하게 되었을 것이다. 개인적인 선의의 보증을 신뢰할 수 없었기 때문에 헌법의 형태에서 군주라는 개인을 구속하는, 영속적이며 통제된 법적인 일반보증이 요구되었다. 즉 헌법에서 권력의 분립, 특히 국민대표에 의한 국가적 기관 활동의 적법성의 통제규정과 자유권을 명시해야 한다고 하였다. 자유주의가 요구하는 국민대표는 오랜 등족, 즉 등족국가(等族國家)에 있어서 특권자의 전래의 단체와는 아무런 관계가 없다고 생각되었다. 왜냐하면 등족국가에서 특권자는 오직 그들 자신의 이익만을 대표하고 시민 · 농민 · 자유직업을 일반적으로 배제하였기 때문이다.

이러한 자유주의적 요구의 대부분에 일치한 것이 슈타인 · 하르덴베르크의 개혁이었다. 재산취득의 간소화, 토지소유권의 자유로운 사용, 그리고 농촌 주민의 개인적 관계에 관한 1807년 10월 9일의 칙령은 「지금까지 개개인이 그 역량의 정도에 따라 달성할 수 있었던 행복을 누리는 것을 방해하는 모든 것을 배제할」 의도를 표명하였다. 그러므로 이 칙령은 종래의 제한을 「공공복리가 필요로 하는 특정한 범위로 축소」시켰다. 출신신분에 관계없이 부동산거래에서의 무제한 자유, 모든 소령예민제(所領隷民制, Gutsuntertänigkeit) 내지 농노제의 폐지, 농민의 거주이전의 자유를 선언하였다. 이 개혁사업의 전형적인 자유주의적 정신이 가장 명확히 표명된 것은 1808년 12월 6일의 정부사무훈령이다. 「상공업(Gewerbe)을 항상 그 자연스러운 진척에 맡기는 것, 즉 어떠한 상공업을 특별지원으로 우선적으로 조성하고 장려하지 않고, 또한 성립 · 경영 · 확대에 대응하여 아무런 제한을 하지 않는 것이 국가와 국가의 개개 성원에 있어서 가장 이익이 되는 것이다」. 생산의 자유와 국가 내외의 교통의 자유는 「공업 · 수공업 그리고 복지를 향상시키려면 불가결한 필요조건이며, 이 필요조건을 촉진하는 가장 자연적이고 실효적이며 영속적인 수단」이다. 「그렇게 한다면 이익을 내어 경영할 수 있는 상공업이 저절로 생겨나게 될 것이다. 그리고 상공업이야말로 그때그때의 국가의 생산상태와 국민의 문화상태에 가장 적합한 사업이다」.

모든 영역에서 슈타인의 개혁은 미완성으로 끝나고 말았다. 그리고 슈타인이 겨우 1년 남짓 장관직에 있었음에도 불구하고 그 개혁사업 중의 다수가 실현된 것은 놀랄만한 것이다. 이러한 결과는 하나는 [당시의] 사회구조에서, 다른 하나는 슈타인이 같은 **동료 중의 제1인자**(primus inter pares)에 불과했다는 점에서 설명할 수 있다. 이 결과의 또 다른 하나의 이유는 동프로이센에서 시작된 개혁사업이 쾨니히스베르크의 현자[=칸트]의 정신으로 훈육되고, 동프로이센의 고향의 대학에서 상술한 아담 스미스의 저작을 성서와 함께 가장 중요한 책이라고 언명한 크라우스(Kraus)* 교수의 지도를 받은 고급관료단의 지원을 받은 점에 있다. 슈타인의 많은 법률과 시행령은 동프로이센의 주청(州廳)에서 입안되었다. 당시 이 주청의 고위직에 있었던 사람은 훗날 프로이센의 법무장관이 된 폰 슈뢰터(von Schrötter)*였는데, 그는 국가의 관직에 취임을 지망하는 모든 학생에게 크라우스의 강의에 출석하여 훌륭한 성적을 취득할 것을 의무화하였다. 그러나 슈타인의 견해에 가장 가까웠던 것은 폰 빈케(von Vincke)* 남작이었다. 그는 1796년 일기에 써두기를 매일 아침 「신과 같은」 스미스(Smith)의 한 장을 읽음으로써 그 하루 일과를 시작하는 것을 자신의 규칙으로 삼았다고 했다. 슈타인의 주변에 있었던 그 밖의 유능한 사람들, 특히 쇤(Schön)*과 프라이(Frey)*는 동일한 정신으로 생활하였다.

슈타인과 하르덴베르크는 헌법이 자유권을 보증할 필요가 있음을 확신하고 있었다. 상호 협의를 본 독일헌법초안(1814년 7월)에서 슈타인은 입법에 대한 「란트 등족의회」(Landstände)[란트 대표회의]의 관여에 관하여 이렇게 규정하려고 하였다. 「소유권·개인적 자유 그리고 헌법에 관한 방국(邦國)의 중요하고 새로운 법률은 란트 등족의회의 조언과 동의 없이는 실시할 수 없다」. 빌헬름 폰 훔볼트가 입안하여 1815년 5월, 프로이센의 독일연방규정 초안으로서 타국 정부에 전달한 것도 란트 등족의회에, 「신설 세금에 대한 동의권, 소유권 또는 개인적 자유에 관한 방국의 법률에 관한 심의, 인지된 행정권의 남용에 대한 이의제기의 수리와 처리 그리고 헌법과 거기에서 유래하는 개인의 권리의 옹호[권]」를 규정하고 있다.

슈타인은 나폴레옹과 싸우는 동시에 그에 못지않게 귀족과 관료와도 불화관계에 있었는데 11월 24일 해임되었다. 당분간 하르덴베르크가 개혁을 다시 계속했다. 슐레지엔에서는 프랑스의 선례에 따라 교회재산을 국유화했다. 1811년 영업의 자유가 선언되었지만, 그것은 1845년과 1849년에 이르러 약간의 제한을 받게 되었다. 농민은 그 소유농지에 관하여 완전한 소유권을 취득하였다. 거기에 부과되었던 모든 봉건적인 부담은 철폐되었다. 1812년 유태인은 시민권을 획득하였다. 같은 해, 농촌의 탈봉건화를 시도했던 이른바 **지방주재국립경찰령**(Gendarmerieedikt)이 공포되었다. 그 권력상의 지위를 위협받은 귀족은 가장 격심하게 개혁사업에 반대하였다. 반정부측 사람의 정신이 항소장에 표명되어 있었다. 그리고 이 항소장에는 레부스군, 베스코브군, 슈토르코브군의 귀족은 수상에 대해서 오래고 훌륭한 브란덴부르크적인 프로이센을 새로운 유태인 국가로 바꾸려는 것은 아닌가 하고 질문했다.[129] 이에 대한 하르덴베르크의 대답은 최초로 서명한 두 사람을 슈판다우[요새]에 구금하였다.

자유와 통일을 위해서 수행한 해방전쟁의 결과는 자유주의의 차원에서 볼 때 독일연방규정의 두 개의 조문으로 구체화되었다. 제13조는 아주 애매하지만 이렇게 약속한다. 모든 연방구성국에서 란트 등족에 의한 헌법이 만들어 「질 것이다」(초안에서는 「져야 한다」로 되어 있었다). 제18조는 연방의회에 대하여 그 제1회 회의에서 출판의 자유와 복제(Nachdruck)에 관한 통일규정안을 작성하도록 의무지웠다.

그러나 자유주의시대는 오래 전에 지나가 버리고, 메테르니히*의 「프랑스」 정신에 반대

---

129) Heinrich v. Treitschke, *Deutsche Geschichte in 19. Jahrhundert*, Bd. 1, 10. Aufl., Leipzig 1918, S. 374 참조.

하는 투쟁의 시대가 시작되었다. 1814년부터 15년에 걸쳐서 반동이 일어났지만, 북독일의 개혁사업과 남독일의 개혁사업은 미완성의 상태에 있었다. 그 사업의 속행을 저지할 뿐 아니라 이미 달성한 것마저 역행하게 만든 것은 반동이었다. 왕관과 제단, 국왕과 귀족의 갱신된 동맹은 모든 혁명이념에 대하여 파문장을 내던졌다. 비더마이어시대[1815-1850 년]의 아치는 있지만 정열이 없는 우직한 소시민은 이러한 반동의 공격에 대하여 강력한 반격의 의지를 보일 수 없었다. 다만 독일의 청년지식인과 일부의 교사를 포함한 학생단체, 그리고 파리 7월혁명 후의 「청년독일파」라는 시인과 작가의 단체가 국민주의적 통일사상 (Einheitsgedanke)과 불가분하게 결부된 자유주의적 자유 이념의 담당자라는 것을 공포하는 용기를 가지고 있었다. 1815년 이래 예나에서 퍼지고 있었던 대학학우회운동 (Burschenschaftsbewegung)은 뤼초프 의용군*의 군복 배색인 흑·적·금의 깃발 아래 싸웠다. 즉 「피투성이의 투쟁을 통해서 노예의 밤에서 자유의 황금의 낮으로」를 기치로 했다. 이러한 청년의 순진하고 과도한 감정표출과, 대학과 남독일 의회에서 나타난 보다 진면목한 자유주의적 여론의 동태에 대해 군주적·봉건적 반동은 대학학우회와 그 「회」기를 금지하고, 언론·출판의 검열로 대학의 강의내용에 간섭하고, 남독일제방의 헌법을 제한하는 등으로 억압했다. 얀(Jahn)*은 감금되고, 아른트(Arndt)*와 슐라이어마허 (Schleiermacher)는 견책되고, 괴레스(Görres)*는 도망가지 않을 수 없었다. 훔볼트, 보이엔(Boyen),* 그나이제나우는 사임하였다. 1834년, 바이에른에서는 142명 이상의 「선동자」가 재판에 회부되었는데, 그 중에 공로가 있는 뷔르츠부르크의 시장 베어(Behr)도 포함되어 있었다. [그 이유는] 그가 1831년 邦國 하원에 대하여 헌법개정과 군대의 선서[도입]을 제안할 것을 요구했었기 때문이었다. 그 때문에 이 62세의 시장은 국왕의 초상 앞에 배례하여 사죄해야 하는 형을 선고받았고, 그 다음에 파사우 요새로 보내져서 장기간 억류되었다. 1836년 베를린 고등재판소는 204명의 학생에게 유죄판결을 내렸다. 그 중 많은 사람은 사형 판결이었다. 이들 학생의 형은 처음에는 30년 요새금고였지만, 후에 8년의 요새금고로 바뀌었다. 이들 학생은 거의 모두가 정치적으로 무해로웠고, 그 대다수가 예를 들면, 후의 비스마르크내각의 정보장관(Presseminister)이 되었던 막스 둥커(Max Duncker)*처럼 골수까지 왕당파였다. 자유주의자가 자유권과 적법한 행정을 특히 중요시한 점을 이해하기 위해서는 몇 가지의 데이터를 알아두어야만 할 것이다. 1837년 하노버 왕조가 1833년의 헌법을 간단히 폐지하고 그것으로 왕령지를 재차 손에 넣어 그 막대한 부채를 청산하려고 하였을 때, 이러한 법위반에 대하여 유명한 괴팅겐 대학의 7명의 즉 매우 온건한 자유주의자인 달만(Dahlmann), 알브레히트(Albrecht), 야콥(Jakob)과 빌헬름 그림(Wilhelm Grimm), 빌헬름 베버(Wilhelm Weber), 에발트(Ewald)와 게르비누스 (Gervinus)가 항의하였다. 그들은 해임되고 헌병에 의해서 추방되었다. 그러자 국왕은 당시 알렉산더 폰 홈볼트*의 면전에서 교수·창부·발레 무용수는 돈만 주면 어디서든지 손에 넣을 수 있다고 큰소리쳤다.

프랑스에서의 1830년 혁명은 군주주의의 반동을 타파하고 자유주의적·부르주아정부를 수립하였다. 벨기에는 자유주의헌법을 가진 독립국이 되고, 영국에서는 마찬가지로 자유주의자가 정권을 잡았다. 서구 전체가 자유주의화되고, 동구인 · 오스트리아 · 프로이센 · 러시아와 대립하게 되었다. 당시의 자유주의자는 서구에서는 문명 · 자유 · 진보가 있고, 동구에서는 야만 · 반동 · 노예가 있다고 양자의 대립을 이렇게 보았다. 자유주의자 중에서 가장 국민주의적이었던 사람들에 속하고 남독일에서 친프로이센 논자였던 파울 피처(Paul Pfitzer)\*는 1831년, 한 팸플릿에서 프랑스가 세계의 일등국민이며 문명의 지도자이며 선도자라고 서술하였다. [독일] 연방제도는 영불의 보증 아래 있게 되었지만, 이 영불이 남서독일의 연방구성제국의 자유권 제한에 단호히 반대하는 태도를 보였을 때, 자유주의자들은 외국의 보증을 받는 자라는 오명을 덮어쓰게 되었다. 이러한 상황 아래 대학학우회(Burschenschaft) 간에도 프랑스혁명의 이념들에 공감을 나타내는 보다 급진적인 운동이 발생하였다. 그리고 당시 로텍은 「자유 없는 통일보다 통일 없는 자유를」이라는 슬로건을 주창하였다.130) 자유주의의 지도정신은 점차 강하게 서구적 · 프랑스적 · 코스모폴리탄적으로 되어 그 참된 적을 국내의 군주주의적 · 봉건적 그리고 종교적(klerikal) 반동에서 보았다. 나폴레옹의 지배는 이미 많은 독일의 지방(Provinzen)에서 봉건적 특권을 일소하고 자유주의적 법치국가의 많은 기초는 다졌지만 그것에 대하여 [반동이었기 때문에] 독일에서는 1세대 후에 싸우지 않으면 안 되었다. 프로이센은 그 주에서 자유주의적 · 국민주의적 세력의 원조에 의해서 나폴레옹을 내쫓자마자, 즉시 일반 란트법, 특권자의 재판면제, 봉건적 영주의 영주재판을 재차 도입하였다. 당시의 프로이센이 법치국가적 제도에서 얼마나 멀어져 갔는가를 다음의 숫자로 이해할 수 있다. 즉 1836년, 프로이센에서는 — 프랑스법이 유지되었던 라인주를 제외하고 — 비밀최고재판소 아래 20개의 지방고등재판소와 7,018개의 보통재판소가 있고, 이 보통재판소 중 6,134개가 영주재판소였다. 2,325인의 칙임(Königlich) 재판관 외에, 5,236인의 사설 재판관이 존재하였다. 그리고 745인의 칙임재판관은 동시에 사설재판관이었다.

　이러한 역사적 상황에서 자유주의사상은 혁명적인 프랑스측에서 반복적으로 가한 충격으로 자기주장을 관철시켰다. 자유주의적 입헌주의를 특히 북독일의 법질서 중에서 결코 확고한 것은 아니라고 하더라도, 하여간 도입하기 위해서는 결국 1848년의 혁명이 필요하였다. 이미 프랑스의 선례의 영향 아래 독일의 중소 방국들이 그 헌법에 자유주의적인 기본권과 자유권목록을 도입한 후, 프랑크푸르트 국민의회는 1848년 12월 27일의 특별 **라이히 법률**로 「독일 인민의 기본권」을 선언하였다. 그리고 그것은 그 후에 1849년 3월 28일의 **라이히 헌법**에 채택되었다. 이 기본권은 결코 법적 효력이 부여되지는 않았지만 장래의 모범으로서 계속 존재하게 되었다. 그것은 개별적으로는 다음의 것을 선언하였다. 즉 거주이전의 자유, 상공업의 자유, 이민의 자유, 임의적인 체포와 구금을 금지하는 규정, 태형(笞刑), 화인형(火印刑), 체벌형의 금지 그리고 사형 폐지, 주거와 편지비밀의

---

130) Carl v. Rotteck, Rede auf dem Fest zu Badenweiler am 11. Juni 1832, in *Gesammelte und nachgelassene Schriften* (Hg. H. v. Rotteck), Bd. 4, Pforzheim 1843, S. 400.

불가침, 언론의 자유, 특히 출판의 자유와 배심재판에 의한 신문출판법위반의 판결, 신앙·양심의 자유, 민사혼,* 학문과 그 학설의 자유, 직업선택의 자유, 청원의 자유, 결사·집회의 자유, 소유권의 불가침성과 그 자유로운 처분권, 특히 물적 부담과 세습재산제(Fideikommiß) 그리고 모든 봉후적 결합의 폐지, 재판의 독립성, 공개성 그리고 구두변론[주의], 영주재판권의 철폐, 소수민족의 보호를 선언하였다. 이 모든 것들은 그 후 자유주의가 쟁취해야 했던 점들이었다. 프로이센의 혁명은 물론 1848년의 흠정헌법을 초래하였다. 이 헌법 제2장 「프로이센인의 권리」에 관하여는 프랑크푸르트헌법의 대부분의 기본권으로 채택하였다. 1848년 이후 그 밖의 독일 방국들도 동일한 헌법을 채택하였다. 그러므로 기본권은 결코 존중된 권리는 아니었다. 봉건적·절대주의적 세력은 이제 한번 자유주의에 대해서 단호히 그 진영을 강화하는데 성공하였다. 바야흐로 러시아 황제는 메테르니히에 대신하여 1850년부터 1860년 사이에 동구의 열강들을 반동으로 결집하였다. 헌법의 서약은 거의 모든 독일의 방국들에서 파기되거나 완전히 폐기되었다. 이러한 법위반에 대한 저항은 힘과 새로운 법위반으로 나타났다. 당시 독일의 모든 군주는 태연하게 선서를 위반했다. 그러나 자유주의적 부르주아는 1848년의 생기(Schwung)를 잃었다.

  프로이센에서 헌법이 폐기되지 않았던 것은 「헌법으로 헌법에 반대하는」 통치가 습득되었기 때문이다. 1851년에 헌법의 간접적 폐기가 시도되고, 1852년에는 1850년에 결정된 면단위(Gemeinde), 군단위(Kreis), 시단위(Bezirk), 주단위(Provinz)의 지방자치를 파기함으로써 헌법은 파괴되었다. 더구나 반동정치는 재판에 의한 박해, 의식적인 부당한 공소, 첩보활동, 편지비밀의 침해, 요컨대 헌법의 완만한 공동화를 행하였다. 반동정치는 이번에도 종교적 반동에 의해서 지지되었다. 프로이센의 『십자가신문』[=보수당기관지]은 학교, 결혼 그리고 검열을 가톨릭교회의 관할 아래 맡긴 1855년의 오스트리아의 정교조약(Konkordat)에 몰두하였다. 다시금 학문의 자유는 도처에서 억압되고 자유주의적 학자는 박해되었다. 로스토크에서는 바움가르텐(Baumgarten)이 파면 구속되었고, 뷔르츠부르크에서 바이쓰(Weiß)가, 뮌헨에서 프란틀(Prantl)이 견책을 받았다. 작센의 라이프치히대학 평의원회는 1850년에 헌법위반을 범하여 소집된 하원에 의원을 보내지 않는다는 결의를 하였다. 그러자 정부는 몸센(Mommsen) 교수, 얀(Jahn) 교수, 하우프트(Haupt) 교수를 해직조치하고, 자유로운 대학제도를 제한하였다.

  무수한 권리침해와 자유침해에 대하여 어느 정도 강력한 저항을 할 수 있었던 것은 단지 헤센의 자유주의적 부르주아뿐이었다. 그 밖의 곳에서는 1848년의 큰 혁명에 대한 환멸에서 결코 완전히 회복할 수는 없었다하더라도 어느 정도까지 회복하는 데에 10년이 걸렸다. 그 사이에 가장 유능한 사람들은 경제로 옮겨갔다. 바로 이 시기에 엄청난 경제의 도약이 일어났고, 행동력이 있는 자에게는 경제계에서 성공할 기회가 열렸다. 1848년까지는 다수의 뛰어난 경제계의 지도자가 정치에 관심을 가지고 활동하였다는 것을 우리들은 알고 있다. 다비드 한제만(David Hansemann), 루돌프 캄프하우젠(Ludolf Camphausen),

벡케라트(Beckerath)와 같은 사람들을 상기하는 것만으로 충분하다. 프랑크푸르트 국민의
회에는 46인 이상의 상인이 의석을 차지하고 있었고, 그 중에는 쾰른의 메비센(Mevissen),
켐니츠의 아이젠슈투크(Eisenstuck), 만하임의 바써만(Bassermann)도 있었다. 다음의 수
십년 간에 독일 제방국의 의회에서 경제계의 지도자의 수는 계속적으로 감소하고 있었을
뿐만 아니라, 경제계는 바야흐로 강력한 지도자들을 끌어당기는 자석이었다. 한편 영향력
이 없는 의회에서의 지위는 그들에게 아무런 매력을 주지 못했다.

자유주의적 부르주아가 이러한 반동시대를 거쳐 60년대 초에 새롭게 정치적 활동을
하기 시작하였을 때에, 자유주의사상은 대체로 그 파토스를 잃고 있었다. 자유주의사상은
크게 위축되었지만, 그럼에도 불구하고 종종 막힌 좁은 길을 통하여 국가생활 중에서
자기주장을 하였다. 새로운 사상적 계기는 더 이상 나타나지 않았다. 그 대신에 자유주의적
사회관에는 다양한 그 본질과는 달리 정부간섭적(gouvernmental) · 국민주의적 · 군주주
의적 · 사회적인 계기들이 뒤섞여 있었다.

반동시대가 끝난 후, 정부와 부르주아는 서로 협력하려는 지향을 보였다. 바야흐로
정부에는 자유주의적인 장관도 자리를 차지하게 되었지만, 물론 그들은 예컨대 프로이센
의 폰 슈베린 남작(Frhr. von Schwerin)처럼 보수적인 본부(本部)의 관료와 군장(郡長,
Landrat)에 대하여 자기주장을 관철할 수는 없었다. 그러나 자유주의측에서는 조심스럽
게 48년의 추억에서 벗어나서 실질적으로 기본권을 주고 실현시키는 특별법의 요구만으
로 만족하였다.

5년 간의 헌법분쟁에서 비스마르크는 자유주의적 관리를 복무규율의 엄격한 적용으로
박해하고, 언론을 억압하고, 특히 선거간섭을 하기도 하여 모든 낡은 수단을 다시 한
번 사용하였다. 국왕 자신도 선거전에서는 보수당을 응원하는 선동에 가담했다. 즉 그는
선거전에 즈음하여 행한 어떤 연설에서, 자신에 대한 충성은 반대당후보자의 선출과는
양립할 수 없는 것이라고 언급하였고, 또한 그는 엘버펠트에서 개인적으로 경찰서장에게
폰 하이트(v. d. Heydt)* 장관의 선거응원을 권고하기도 하였다. 그러나 분쟁이 끝난 후,
입헌주의는 지도적 부르주아층이 원하는 범위 내에서 확보되게 되었다.

경제정책의 영역에서는 절대주의도 자유주의적인 바람에 대해서 담을 쌓고 있지 않았다.
이미 빌헬름 폰 훔볼트의 지도 아래 1818년 프로이센에서는 관세법의 자유주의적 개혁이
실현되어, 그 세율은 자유무역론적 사상의 영향을 받는 것을 분명히 시사하고 있다. 자유주
의 이념을 품고 있는 자의 다수가 비스마르크 정부를 지지하였다. 아직 실현되지 아니한
자유에 대한 바람은 비스마르크가 실현한 통일 때문에 움추려 들고 말았다. 그 대신 수상[=
비스마르크]은 자유무역론적 경제정책을 취하여 자유주의적 바람에 이해를 나타내었다.
이제 자유주의측에서는 한편 대외적으로 경제제국주의적 목적을 위하여, 다른 한편 대내적
으로는 염려할 만큼 확대되기 시작한 사회주의운동을 억압하기 위해서 국가권력을 필요로
하였다. 정치의 경제화와 함께 전술적 고려도 증대하게 되었다. 이러한 전술적 고려 때문에
가장 원칙적인 원리마저, 예컨대 사회주의자진압법*을 계기로 뒤로 미루어졌다. 권력정치

적 정신은 공론적 · 이데올로기적 장식으로서의 낡은 자유주의사상에 대하여 다만 동정심 어린 미소를 던질 뿐이었다. [이러한 시대의 추이에] 뒤떨어진 이론에 충실한 자유주의자들은 계속적으로 책임감 없는 반대를 억지로 행한 결과 점차 정치적으로 무력화되었다.

자유주의사상은 자율적 개인의 보호를 요구함으로써 매우 많은 국법적 · 사회적 제도를 만들어 내고, 이들 제도는 의심할 여지없이 우리들의 문화 전체에 확고한 뿌리를 내리고 있기 때문에, 우리들 문화 전체가 동시에 소멸하지 않는 한 그것들이 사라지지는 않을 것이다. 사회주의적 공동체도 이 [자유주의의] 기초 위에 구축될 것이다. 그리고 개인의 인권을 인정해야만 할 것이다. 오늘날 기본권이 지니는 중대한 의의를 바이마르헌법은 그 제2부에서 인정하였다. 그러나 자유주의사상 그 자체는 정치적으로 시대에 맞지 않는 것이 되었다. 오늘날 이 명칭을 붙이는 정당은 존재하지 않는다. 1925년 설립된 「자유주의 동맹」(Liberale Vereinigung)은 그 이상을 국민의식 · 국가감정 · 자유 · 동등권 · 성인교육 과 인간교육의 순서로 열거하였다. 신자유주의의 가장 용감한 선구자인 레오폴드 폰 비제*는 문학청년이 자유주의적(liberal)이라는 말을 잠옷과 슬리퍼의 냄새, 시대착오와 협량의 냄새에 연결짓는다고 한탄하였다.131) 다른 한편, 강력한 신자유주의가 특히 문화정치적 영역에서 파시즘과 볼셰비즘의 폭력적 방법(Knüppelmethode)에 대항하여 실현해야만 하는 임무는 확실히 낮게 평가해서는 안 될 것이다.

## VI. 국민주의 사상

국민주의이념은 문화공동체적으로 개성화된 인민에 의한 정치적(staatlich) 지배의 정당화이다. 그 기능의 본질은 보편주의적 민주주의라는 카오스 중에서 하나의 형태를 갖춘 사회적 · 초인격적인 것을 부각시키고, 다음에 그것을 형이상학적 · 초인격적인 것으로 높인 점에 있다. 근대의 국민주의적 이념이 정치적으로(staatspolitisch) 중요성을 가지게 된 것은 프랑스 혁명에 의해서이다. 발터 포겔바이데(Walther von der Vogelweide)*의 시기나 루터 시대에 이미 국민주의사상이 대두되었으나, 정치적으로 중요하지 않으므로 여기서는 언급하지 않기로 한다. 국민주의사상의 부활은 자유주의적 · 민주주의적 사상을 실현하려는 투쟁과 밀접하게 결부되었으며 그 관계는 변하지 않았다. 이러한 밀접한 관계가 19세기 전반기의 독일이나 이탈리아만큼 의식되던 국가는 서구에서는 없었다. 수세기 동안 이미 국민국가로서 형성되고 있던 프랑스나 영국에서는 민주화 된 국가의 실체, 즉 인민주권의 인민(Volk)은 국민주의적인 문화공동체 이외에는 없다는 것이 자명한 일로 간주되었다. 이러한 자명성은 말로 나타나지는 않았다. 그러나 서구의 인민들에게 자명했던 것은 전인류가 단일한 정치적 구성체에 이를 만큼 결합된 것은 아니며, 또한 종래의 왕조적 · 봉건적 국가의 접합체 대신에 국민이라는 끈이 등장하였기 때문이었다. 바꾸어

131) Leopold v. Wiese, *Der Liberalismus in Vergangenheit und Zukunft*, Berlin 1917, S. 70.

말하면, 국민이란 여하튼 수세기 동안 인접공동체(Nachbarschaft)인 동시에 피의 결합체이기도 한 좁은 향토권(圈)에서 탈피하여 정치적 운명공동체로서, 나아가 전체로서의 국가의 내부에서 언어공동체와 일반적인 문화결합체로서 체험되어온 것이다. 독일인에게 결여되었던 것은 정치적 운명공동체였다. 그들은 프로이센인, 바이에른인, 작센인 등등으로서 서로 싸우고, 생활하고, 생각하고 그리고 별도로 경제활동을 영위하였다. 그들을 결합했던 것은 단지 문화공동체에 불과하였다. 그것은 18세기 말에 철학과 문학에서 강력한 독일적 특성(Eigenbesitz)을 나타냈으나, 그 결합력은 아주 작은 범위의 지식층에 한정되어 있었다. 이러한 교양층의 정신에서, 그리고 그들 사이에만 독일의 국민주의 사상이 생겼다. 1815년 달만이 민주주의를 「인민보다 좋은 부분」에 자유주의적으로 국한시키려 했듯이, 한스 폰 가게른*은 1818년 국민이란 인민의 「특히 보다 좋은, 사고하는 부분」으로 간주된다고 썼다. 민주주의의 확대와 함께 국민주의사상도 인민 속에 깊이 침투하고 있었다. 아주 정신주의적이며 자연법의 강한 영향을 받은 국민주의사상이 일시적으로 독일에서 발전하고 있었다. 국민의 모습은 낭만주의로부터도 단지 암시적으로만 역사주의적·주의론적(主意論的) 특징을 받아 취하였다.

18세기의 최후의 10년 간에 이 세기의 정신에서 각성한 국민주의이념은 이상주의적·세계시민주의적이며, 오로지 문화공동체적으로 사고되었다. 이러한 국민주의적 태도의 자의식이 지향한 것은 정신적인 문화특성이었다. 바꾸어 말하면 국가와 경제는 국민주의적 중요사로 간주되지 않았으며, 또 간주되는 경우가 있더라도 매우 간접적이었다. 그 이유의 하나는 독일 인민의 정치적 상태가 너무나도 절망적이었으므로 정치적 상태는 그들에게 긍지를 불러일으키지 못했기 때문이며, 또 하나는 절대주의가 이러한 비참한 상태의 변혁에 강한 관심을 나타낼 수 있는 정치적인 공동책임감을 산출하지 못했기 때문이다. 독일인은 이념적·문예적인 공동재산을 가지고 있을 뿐이며 어떠한 정치적 공동재산도 가지지 못하였다.

이러한 이상주의적·세계시민주의적 문화국민의 비정치적 이념은 자유주의사상과 밀접하게 연관되어 있었으므로 빌헬름 폰 훔볼트의 국가활동의 한계에 관한 저작에도 살아있다. 거기에는 이렇게 서술하고 있다. 「…국헌(Staatsverfassung)과 국민주의동맹은 양자가 아무리 밀접하게 짜여져 있더라도 결코 서로를 혼동해서는 안 된다. 국헌이 시민에 대해서 권력이나 폭력에 의해서든 관습이나 법률에 의해서든 어떤 특정한 관계를 지시하였다고 하더라도, 그 밖에 시민들이 자발적으로 선택한 무한하게 다양한, 그리고 가변적인 다른 관계도 존재한다. 그리고 이 후자의 관계, 즉 국민상호간의 자유로운 활동은 본래 모든 선한 것을 보유하고 이 모든 선한 것에의 동경은 인간을 하나의 사회에로 인도한다」.[132] 국민주의적인 정신이 지니는 힘들의 자유로운 작용에 의해 내면생활을 폭력으로 압박하는 현실적 국가권력을 크게 혐오하게 된다. 1798년 훔볼트는 파리에서 이렇게 써 보냈다. 「나는 결코 정치적 기분에 대해서 말하는 것은 아닙니다. 나는 단지 본래 국민적인 것,

---

132) Humboldt, *Gränzen der Wirsamkeit* (siehe Anm. 114), Bd. 1, S. 236.

즉 의견이나 정신의 동향이라든가 성격의 형성이라는가, 습속 등에만 한정합니다」.[133] 같은 정신에서 실러도 1801년 경 독일인의 존엄성은 「윤리적인 위대함이며, 그것은 국민의 문화와 성격 속에 유숙하고 있으며, 국민의 정치적 운명과는 무관하다.…[독일인에게 예정된] 귀족적 인간으로서의 고귀한 영관(榮冠)을 모욕하는,…… 영국인의 죽은 재보들과 프랑스인의 영광에 경의를 표하는… 독일의 아들들을 영원히 욕하라. 독일인은 세계의 정신과 교류하고 있다. 그들에게는 최고의 것이 예정되어 있다. 그리고 그들이 유럽 인민들의 한 가운데에 있듯이, 그들은 인류의 핵심이며 저 땅은 꽃들이며 꽃잎이다」.[134]

  반권력적인 계몽주의적 자연법의 토양에서 자라온, 새로운 휴머니즘에 의해서 미학적으로 세련된 국민주의 이념은, 국가권력 속에 바람직한 것은 아무것도 보지 못했을 뿐 아니라 실로 국가권력 중에 인류국민으로서의 독일적인 문화국민의 순화된 이념의 특성을 위협할 위험을 보았다. 초기 낭만주의에서도 다양한 사상들이 급속도로 합류하고, 다시 급하게 나뉘는 가운데 남는 것은 다만 코스모폴리탄적 문화국민의 이념뿐이다. 「도처에 독일적인 것은 존재한다. 독일풍은 로마풍, 그리스풍, 영국풍처럼, 어떤 특정한 국가에 한정된 것이 적다. 그것은 보편적인 인류의 성격이며 따라서 이 성격은 여기저기에서만 특히 일반화되고 있는 것이다」[135]라고 노발리스는 말하였다. 이러한 국민주의이념의 두 개의 사상적 계기는 노발리스와 프리드리히 슐레겔*이 분명하게 인정한다. 즉 가장 보편적이기 때문에 가장 실체적인 정신국민으로서의 독일 민족은 본래의 인류국민이며, 국민들의 전 유럽적 조직화에의 요구라는 관념이 그것이다. 그것만이 아니다. 나아가 「세계 공화국의 이념은」, 프리드리히 슐레겔에 의하면, 「실제적으로 타당성을 가지고 있으며 개성적인 중요성을 가지고 있다」.[136] 민족정신이라는 낭만주의적 개념, 창조적인 초인격적ㆍ비합리적 공동체의 기쁨은 결코 주의론적으로나, 활력설적(活力說的)으로 체험되는 것이 아니라 단지 국민주의이념의 코스모폴리탄적 성격을 강화한 것에 불과하다. 신성동맹의 분위기를 알리는 노발리스의 가톨릭 보편주의는 기독교도가 「국경을 무시하고 다시 하나의 가시적 교회」를 구축하기를 원하였다.[137] 종교개혁이 보편적 교회를 파괴함으로써 현재의 권력 이기적인 국가정치(Staatspolitik)가 초래되었다. 이제 다른 유럽 국가들이 「전쟁ㆍ투기 그리고 당파 정신에 빠져 있음」에 반하여, 「독일인은 최선을 다하여 문화의 보다 높은 시대의 동료가 되는 수업을 거듭하고 있다」[138]고 노발리스는 서술하였다.

---

133) Albert Leitzmann (Hg.) *Briefe von Wilhelm v. Humboldt an Friedrich Heinrich Jacobi*, Halle 1892, S. 61.

134) Friedrich Schiller in Berhard Suphan (Hg.), *Deutsche Größe, ein unvollendetes Gedicht Schillers*, Weimar 1902; Schiller, *Sämliche Werke* (Säkularausgabe), Bd. 2, Stuttgart 1905, S. 386 ff.

135) Novalis, *Fragmente* (siehe Anm. 16), Bd. 2, S. 141.

136) Friedrich Schlegel, *Versuch über den Begriff des Republikanismus* (1796), in F. Schlegel, *Seine prosaischen Jugendschriften* (Hg. I. Minor), Bd. 2, Wien 1882, S. 59.

137) Novalis, *Christenheit oder Europa* (1799), in *Schriften* (Hg. I. Minor), Bd. 2, Jena 1923, S. 45.

138) AaO., Bd. 2, S. 38.

　명성이란 시대를 경과하면서 어떤 위대한 이름에 놓이게 된 오해의 화신이라는 기지에 찬 말이 어디에선가 타당성을 발견한다면, 트라이치케가 넓힌 피히테의 국민주의이념에 관한 견해가 그것에 해당할 것이다. J. G. 피히테의 독일 정신(Deutschheit)도 독일 국민이 지고한 인류의 목적에 봉사함에 있어서 다른 국민에 비하여 보다 순수할 것이라는 과장된 희망일 뿐이었다. 자연법적인 태도가 모두 그렇듯이, 피히테에 있어서도 민족적인 것을 땅에 정착시킨다는 것은 소원하였다. 즉 그 시대적 중심은 결코 국민민주주의적 개별화가 아니라 보편적 공동체화였다. 피히테는 빈번히 그 사상을 바꾸었는데, 그럼에도 불구하고 사상의 변천의 밑바닥에 흐르는 지도이념은 일관되고 있다. 그것은 「라이히」의 사상, 즉 보편적인 윤리적 이념을 제시함으로써 국가와 법을 지양한다는 사상이다. 그는 만년에 이렇게 서술한다. 「독일 민족이라는 통일개념은 지금까지 결코 현실적이지는 않았다. 그것은 미래의 보편적 요청이다. 그러나 그것은 어떠한 개별화된 민족의 특질을 산출하는 것은 아니며, 자유의 시민을 실현할 것이다. ― 이러한 라이히 통일체의 요청, 즉 내면적·유기적으로 완전하게 융합한 국가의 요청을 제시할 자격이 독일인에게 있으며, 그렇게 하는 것이 영원한 세계계획에서 독일인의 의무이다.…그리고 이리하여 독일인에 의해서 비로소 지금까지 한 번도 세계에 나타난 일이 없는 진정한 정의의 왕국(Reich)이 나타날 것이다. 고대의 세계에서 보여지는 시민의 자유에 진정으로 감격하면서, 더구나 다수의 사람들을 고대의 국가들의 존립의 토대였던 노예로서 희생시키지 않고, 즉 인간의 얼굴을 한 모든 것의 평등에 기초를 둔 자유에 진심으로 감격해서 말이다. 진정한 정의의 왕국은 수천년 이래 이 위대한 목적을 위해서 존재하며, 이 목적을 향하여 서서히 성숙해온 독일인에 의해서만 이룩될 것이다. ― 이러한 발전을 추진하는 다른 계기는 인류에게는 없다」.[139] 실러와 낭만주의자의 인류 국민은 피히테의 경우 보편적이며 민주적·사회주의적인 이념에 봉사하는 국민으로 등장한다. 그러나 피히테의 독일적인 것을 지리적·인류학적 유형으로서 이해해서는 안 된다. 피히테는 독일 국민에의 일곱 번째의 연설에서 이렇게 발언한다. 즉 「이리하여 독일적인 것에 대해서 지금까지 우리들이 서술해온 것이 마침내 명확한 형태를 이루어 떠올랐다」. 「우리들의 종족(Geschlecht)의 자유, 무한한 개량가능성, 영원한 진보」를 믿는 모든 사람들, 「자유라는 것에 대해서 적어도 예감만은 가지고, 자유를 증오하는 것이 아니거나 또는 두려워하지 않고 그것을 사랑하는」 모든 사람, 「이 모두에 속하는 사람들은 본원적인 인간이며, 그들이 민족이라고 간주되는 경우에 그것은 근원적 민족(Urvolk), 즉 민족 그 자체이며, 독일적인 것이다…. 정지와 퇴화와 순환적인 것(원형의 춤)을 믿는 것, 심지어는 죽은 자연을 세계지배의 왕좌에 오르도록 하는 것은 그것이 어떤 나라에서 태어나고, 어떤 말을 하든 비독일적인 것이며, 우리들과는 인연이 없는 중생이다. 그리고 바람직한 것은 그러한 것이 우리들로부터 절연되는 것이 이르면 이를수록 더 좋다고 해야 할 것이다」.[140] 이처럼 정신적·윤리적으로 국제성을 띄는 이상적 국민은

---

139) Fichte, *Politische Schrift* (siehe Anm. 85), Bd. 7, S. 573.
140) Johann Gottlieb Fichte, *Reden an die deutsche Nation* (1808), in *Sämmtliche Werke* (Hg. I.

18세기에 속하는데, 19세기에는 계속 살아있는 보편적 이성의 왕국(Reich)이라는 이념에 투영되었다. 「도대체 참으로 교양있는 기독교도인 유럽인의 조국이란 어떤 것인가?」라고 1804년 피히테는 묻는다. 「대체로 그것은 유럽이다. 특히 그것은 모든 시대에서 문화의 최고봉에 있는, **그려한** 유럽의 국가이다」. 흙덩이, 하천, 산에서 조국을 보는 인간 (Erdgeboren)은 침몰하는 국가의 시민으로 남아도 좋다…. 그리고 이러한 세계시민의 감각으로 우리들은 국가들의 행동과 운명에 대해서 완전하게 만족할 수 있을 것이다. 우리들의 자손을 위해서, 이 세상의 종말까지」.[141] 피히테가 1807년 쾨니히스베르크에서 나폴레옹에게 굴복하여 쓴 외관상 모순되는 마키아벨리에 관한 논문에서는, 자유와 평등의 사상이 「그것을 어떠한 국가도 결코 범해서는 안 되는」 모든 사회질서의 「영원하게 움직이지 않는 기초」라고 특징짓는다. 피히테가 이 논문에서 제시하였다고 생각한 것은, 오늘날과 같은 과도기에는 이 원칙에 관해 「단 하나의 이해」를 가지고 「하나의 국가를 만들거나 또는 관리할 수 있는 것도 아니」[142]라는 것이었다. 독일이 가장 밑바닥 상태에 있었던 이 시대에서도 피히테가 순수한 권력정치를 위해서 초국민주의적인 윤리적 이념을 부인한다는 것을 생각도 못하였음을 그가 1807년 쾨니히스베르크에서 발표한 애국주의에 대한 두 개의 담화에서 알 수 있다. 첫 번째 담화에서 피히테의 국민주의이념은 다음과 같은 간결한 정식으로 표현되었다. 「코스모폴리타니즘은 인간 종족의 존재의 목적이 인간종족에서 현실적으로 달성되는 지배적 의지이다. 애국주의는 그 성원인 우리들 자신에 의해 그러한 국가에서 첫 번째로 이 목적이 달성되는 의지이며, 이 국민으로부터 효과가 전 종족에게 확대해 가는 의지이다」.[143]

초국민주의적인 윤리적 목적의 실현을 지향하는 국민주의 이념, 즉 인류에 봉사하는 인류국민의 사상이 거친 정치적 권력[투쟁]의 현실 속에서 계속적으로 자기주장을 할 수 있기에는 너무 정신주의적이고 부드러웠다. 해방전쟁 이후 19세기의 후반기에 이르기까지 이러한 국민주의 사상은 지도적 의견으로서는 끊임없이 후퇴의 일로를 걸었다. 그렇다고 그것이 완전히 소멸해 버린 것은 결코 아니지만, 이제 커다란 시대의 흐름에서 떠나 지하에서 남은 생을 이어가는 상태였다. 비스마르크가 등장하기 까지 국민주의 사상의 영향을 마이네케(Meinecke)*의 『세계시민과 국민국가』(Weltbürgertum und Nationalstaat)가 추적하고 있다. 마이네케가 결정적으로 증명한 것은 슈타인 남작, 그나이제나우 그리고 아른트의 국민주의이념도 역시 유럽의 보편주의의 계통을 이어간다는 점이다. 그러나 아주 일반적으로 말할 수 있는 것은 19세기의 전반기에서 국민주의적·정치적인 권력충동은 자연법·왕권·교회의 세 가지의 인터내셔널에 의해서 약화되었다는 것이다. 즉 한편으로는 자유주

H. Fichte), Bd. 7, Berlin 1846, S. 374 f.

141) Johann Gottlieb Fichte, *Die Grundzüge des gegenwärtigen Zeitalter* (1804/1805), in aaO., Bd. 7 (1846), S. 212.

142) Fichte, *Machiavelli* (siehe Anm. 84), Bd. 11, S. 428.

143) Johann Gottlieb Fichte, *Der Patriotismus und sein Gegenteil. Patriotische Dialogen vom Jahre 1807*, aaO., Bd. 11 (1835), S. 228 f.

의적 민주적 부르주아지의 자연법적 코스모폴리타니즘, 다른 한편으로는 부르주아지의
진격으로 위협을 받은 군주제의 국제적 연합, 그리고 이러한 군주제의 신성동맹과 기독교
의, 특히 가톨릭교회의 보편주의는 동맹을 맺고 있었다.

왕조의 자기주장의 의지, 낭만주의적 전통주의, 그리고 기독교적·가톨릭적 보편주의
—이러한 것들은 또한 프로이센 반동과도 우호적인 관계를 가지고 있었다 — 로부터
후에 보수적 국민국가사상이라고 불리게 된 것이 생겨 나왔다. 독일의 각 나라들의 애국의
역사, 아울러 선조들에 의해서 가능한 한 중세로부터 전래되어 온 사회상태가 진정한
독일인의 민족정신으로부터 유기적으로 성장하여 온 것이라고 묘사하게 되었다. 그럼으로
써 필연적으로 봉건적·절대주의적인 독일의 각 나라들에게로 향한 국민주의 사상의
혁명적 충격을 억제할 것으로 기대되었다. 중앙집권주의와 합리주의적인 헌법제정을 수반
하는 국민주의적 통일국가는 이제 비독일적·프랑스적·이교적·기계적인 것으로서 저주
되었다. 그리고 신의 섭리에 의해서 유기적으로 성장해 온 프로이센 국민의 국가가 즐거운
화제의 대상이 되었다. 7월 혁명 후 곧 이러한 기독교적·게르만적 국가이념의 투쟁기관지
로서 훗날 프리드리히 빌헬름 4세가 된 황태자 주변의 사람들에 의해서 『베를린 정치
주보』(das Berliner politische Wochenblatt)가 창간되었다. **책임자**는 가톨릭교도 라도비츠
(Radowitz)였고, 초대 편집자는 가톨릭 전향자 야르케(Jarcke)*였다. 보수주의적인 국민주
의사상을 산출한 낭만주의적 이익정치는 1833년, 이 주보에 게재한 어떤 서평에서 잘
묘사하고 있다. 그 서평에는 이렇게 서술한다. 「우리들 역시 독일인이며, 조국에 대해서는
충만한 애정을 가지고 있다. …독일의 통일이 **현실로서** 존재하지 않는다는 것은, 이 진정한
애국적 심정을 촉진하기 보다는 오히려 확실하게 없애 버린다는 것, 그리고 **이러한 방법으로**
우리들을 이른바 **위대한 국민**으로 만들려는 시도는 결과적으로 우리들의 보다 고귀한
국민성을 크게 파멸시켜버릴 것임을 우리들은 단지 믿을 뿐이다」. 「완전히 이교적인 국민주
의적 감정」은, 「그것이 그 자체로 존속하는 한」, 「지상에서의 법에 근거한 신의 세계질서」를
승인함으로 비로소 정화되고 축복되기에 틀림없다. 그러나 이러한 신적·역사적 법질서는
국민성을 빌미로 하여 독일인의 영토, 예컨대 엘자스를 비독일인 제후로부터 **빼앗는** 것을
허락하지는 않는다. 「프랑스인이 신분차별을 없애거나 도(道)를 설치하거나 중앙집권화를
실시하거나 경박한 짓을 하더라도 내버려 두자」. 프랑스인과는 반대로 독일통일의 본질은
독일인의 조국의 전체 영역, 그렇다. 그 가장 작은 부분에도 모든 사람들의 마음에 양식을
공급하고, 특별한 삶의 충동(Lebensimpulse)이 뛰놀고 있다는 점에 보다 나은 자각을
갖도록 하자」.144) 여기에 기독교적·게르만적 정신을 볼 수 있다. 프리드리히 빌헬름
4세는 이러한 정신에 사로잡혀 있었기 때문에 [왕조적] 정통성을 고려하여 국민국가적
이익정치의 추구를 포기하거나 프로이센이 장차 오스트리아에 복종하지 않으면 안 되게
되는, 신성 로마·독일 제국의 부활을 꿈꾸게 되었다. 「교황에게 경쟁하는 제국 동맹의

---

144) [Anonym], "Merke zum *Deutschen Volksthum* von Friedrich Ludwig Jahn, Hildburghausen 1833",
in *Berliner politisches Wochenblatt*, Nr. 34 (1833), S. 213 f.

창출」, 이처럼 그는 치세의 초기에 라도비츠에게 그의 이상의 대강을 묘사하고 있다. 그러나 가톨릭교회의 보편성은 합스부르크 제국에서도 각성 중에 있는 국민주의의식에 대항하는 왕권이 환영하는 지주였다. 1849년 독일계 슬라브인의 세습영지의 주교 35인들은 소수민족을 이교의 나머지 이름이라고 선언하였다. 그 이유는「언어의 차이는 죄와 신에 대한 배신의 결과에 불과하다」는 것이다. 봉건계급의 보수적인 국민주의 이념의 정통주의적 보편주의에 종지부를 찍고, 동시에 자유주의적인 국민주의 사상의 세계시민적 이상주의에도 종지부를 찍은 것은 비스마르크였다. 그 때에 물론 비스마르크는 독일의 사상, 아울러 서유럽의 사상이 관념론으로부터 리얼리즘에로, 그리고 마침내 자연주의로 나아갔으며, 길고 복잡한 도정에서 분명한 경계를 의미하였을 뿐이다. 그러나 바로 실러와 피히테의 정신이 매우 오랜 시기에 걸쳐서 부르주아지의 국민주의 사상 속에서 계속 작용하였다. 부르주아지는 독일의 통일과 자유와 함께 모든 국민들에게도 자유와 평화가 실현되기를 바랐다. 헤르더가 1795년 각국에서 부르주아지가 지배하게 되면 그러한 국가들은 전쟁을 하지 않고 평화공존하며, 가족으로서 도울 것[145]이라고 서술했듯이, 독일인은 1830년 이후에도 폴란드인의 러시아에 대한 반란을 환호하고, 정부에 대해서 프로이센 지배하의 폴란드를 [폴란드의] 혁명가에게 반환하도록 요구하였다. 함바흐 축제*에서는 흑·적·금색의 깃발과 아울러 폴란드의 기가 세워졌다. 그리고 지벤파이퍼*의 연설이 끝났을 때 맨 먼저 자유로운 통일 독일 만세를 외치고, 그 다음에「독일인의 동맹자」폴란드인 만세,「우리들의 국민성과 독립을 존중하는 독일인의 형제」프랑스인 만세, 예속의 쇠사슬을 단절한 모든 인민 만세,「조국, 인민고권(Volkshoheit), 민족연합(Völkerbund)」만세를 외쳤다. 1848년의 혁명에서는 폴란드 재건과 이 목표를 실현하기 위해서 대(對) 러시아 전쟁마저 요구되었다. 게르비누스*와 막스 폰 가게른*은 이 계획에 열광하였고, 이를 위해 바울 교회[=국민의회]에서 정력적으로 투쟁한 것은 동독일의 민주주의자 요르단(Jordan)*이었다. 흑·적·금의 국민주의적 사상의 세계시민은 폴란드와 체코계의 소수민족을 보호하기 위해 프랑크푸르트 국민의회가 채택한 헌법의 기본권 중에 다음의 조문을 채택하였다. 즉「독일어를 사용하지 않는 독일의 종족에게는 그 종족 고유의 발전을 보장하며, 특히 그 종족의 영역이 미치는 한, 교회제도·수업·내무행정과 재판에서의 그 언어의 동권을 보장한다」[146]* 그리고 60년대 초의 국민주의적인 사격대회·체육대회·가곡음악회에서의 연설에서 독일인의 국민국가는 유럽 평화를 초래해야 한다는 사상이 거듭하여 천명되었다. 라이프치히 전투[연합군이 나폴레옹을 패퇴시킨 전투(1813년)] 50주년 기념을 축하하고자 짐로크(Simrock)*는 **「독일인의 조국의 노래」**(Lieder vom deutschen Vaterland)집을 출판했는데, 그 첫머리에「바키스*의 예언」에서 발췌한 다음의

---

145) Johann Gottfried Herder, *Haben wir noch das Publicum und Vaterland der Alten?* (Fassung von 1795: Beilage zu *Briefe zu Beförderung der Humanität*), in *Sämmtliche Werke* (Hg. B. Suphan), Bd. 17, Berlin 1881, S. 285.
146) *Verfassung des Deutschen Reiches*, 28. März 1849. Art. 188.

말을 실었다.

> 「독일인이 독일인으로 될 때,
> 그들은 지상에 라이히를 건설하리.
> 그것은 민족들 모두를 껴안고
> 세계에 평화를 가져올 것이네」
> "Wenn die Deutschen Deutsche werden,
> Gründen sie das Reich auf Erden,
> Das die Völker all' umschlingt
> Und der Welt den Frieden bringt."

　거의 같은 무렵에 카를 크리스티안 플랑크(Karl Christian Planck)*는 진정한 정의의 왕국이라는 피히테의 이념을 부활시켰으며, 콘스탄틴 프란츠*도 연방주의적인 독일에 의해서 실현될 유럽의 평화체제를 주장하는 글을 썼다. 양자는 국민주의적인 권력 이기주의 중에 독일인의 특성에 대한 하나의 위험을 보았으며, 1814년 티보*가 이미 걱정했던 것과 거의 같은 우려를 나타내었다. 티보의 걱정은, 독일인의 권력국가가 성립하면 「모든 것을 쉽게 진부함과 어리석음으로 전락하게 되리라」[147]는 것이다. 라가르데,* 구스타프 프라이타크,* 테오도르 폰타네,* 게르비누스도 비슷한 발언을 하였다. 『일반 보수주의 월간지』(Allgemeine Konservative Monatsschrift)는 이렇게 썼다. 「정치권력을 발휘함으로써 인류의 운명에 간섭하는 것이 분명 독일 인민의 사명일 수는 없다. 그것은 게르만 종족의 다른 주요한 지류인 영국의 빛나는 천부의 재능과 과제이다. 영국은 ― **필요한 변경을 가하여**(mutatis mutandis)― 구 로마이며, 독일은 구 그리스이다. 우리들의 사명은 정신적 영향에 의해서 인류의 발전에 결정적으로 관여하는 것이다.

　1870년 이후 이러한 발언은 물론 매우 드물었으며, 또한 여론에 의해서도 더 이상 이해되지 않았다. 독일 관념론의 시대로부터 이어 내려오는 보편주의적인 국민주의사상의 전통이 오늘날 발견되는 것은 거의 사회주의에서 만이다. 부르주아지에 대해서 국민주의 사상은 문화공동체적으로 개성화 된 자유주의적 민주주의였다. 현대의 가장 뛰어난 사회주의적 작가이며 정치가의 한 사람인 오토 바우어*에 의하면, 진정한 국민주의이념은 문화공동체적으로 개성화된 사회적 민주주의라고 정의해야 한다고 한다. 왜냐하면 오토 바우어에 의하면, 사회주의란 「모든 인민을 국민주의적 문화공동체로 끌어넣는 것, 국민에 의한 완전한 자치의 획득, 국민들의 정신적 문화의 진전」[148]을 의미하기 때문이다. 독일 관념론

---

147) Anton Friedrich Justus Thibaut, *Über die Nothwendigkeit eines allgemeinen bürgerlichen Rechts für Deutschland*, Heidelberg 1814, S. 9.

148) Otto Bauer *Die Nationalitätenfrage und die Sozialdemokratie*, 2. Aufl., Wien 1924 (Marxstudien, Bd. 2), S. 108 (김정로 옮김, 『민족문제와 사회민주주의』, 백산서당, 2006).

이 정치적 민주화에서 기대한 것, 즉 국민성(Nationalität)의 자유에서 평화적인 개화를, 사회주의자는 먼저 경제적 민주화로부터 기대하고 있었다. 국민주의적인 문화정책이 필연적으로 권력정치인 것은 결코 아니라고 바우어는 서술한다. 「(오스트리아의 다민족국가에서의)」 중앙집권적·원자론적 헌법만이 모든 국민의 자기의 문화국민주의적 요구를 충족시키려는 자연적인 지망— 그것은 다른 국민들의 마음을 움직이는 것은 결코 아니지만— 을 각 국민의 다른 국민의 문화적 욕구의 충족에 반대하는 투쟁으로 만들고 있다.149) 사회적 노동의 사회주의적 조직화와 계급대립의 극복으로 자본주의적·제국주의적인 원인에서 비롯된 피비린내 나는 민족들 간의 투쟁에는 종지부를 찍는 것이 기대되었다. 라드브루흐*의 확실히 정치권력적인 이러한 견해는 피히테와 직접적으로 맥을 같이한다. 즉 국민의식은 「어떤 국민이 초국민주의적 이념을 사명이라고 생각한」 때 언제나 최강이었다. … 「오늘날 독일 국민에서, 그리고 독일 국민과 함께 필요한 것은 세계의 사회주의라는 세계사상을 유지하고 형성하는 것」150)이라는 견해가 그것이다. 베르사유 조약에 근거하여 성립한 바이마르 헌법 제148조, 즉 모든 학교에서 도덕교육은 「독일 민족성(Volkstum)과 민족 상호 간의 화해의 정신에 근거하여」 실시해야 한다는 것이 요구되는 조문은, 위에서 인용한 실러의 뤼네비유 강화* 후에 쓴 초고의 역사적 배경에 비추어 보아야 한다.

세계시민적인 국민주의사상의 정치화는 프랑스인 지배의 압박과 그것과 같은 시기에 실시된 폼 슈타인 남작의 개혁을 통해서 이루어졌는데, 그것은 국민개병제처럼 시민의 자의식을 강화시켰다. 시민은 정치적 공동체에 대한 책임을 느끼기 시작하였다. 이러한 실제적 경험, 즉 시민은 국가에 대한 그들의 가치와 그들 자신에 대한 외적 권력조직의 가치를 인정하는 것을 배우게 된 경험과 함께 사회관에서 커다란 변화가 생겼다. 이러한 사회관의 변화로 세기의 전환기에 자연법적 견해는 역사주의적 견해에 의해서 구축되고 있었다. 자연법은 오로지 보편적이며 초시간적인 규범에만 관심을 가졌다. 그것은 불완전한 역사적 국가에 이성적인 개인의 의식적이며 계획적인 행위를 대립시켰다. 역사주의학파는 국가 속에 역사적 존재, 즉 개인들의 병존관계(Nebeneinander)와 세대들의 계기적 관계(繼起的 關係, Nacheinander)의 아치를 이루는 독자적인 권력유기체를 보았다. 이처럼 이제 자유주의사상과 국민주의사상의 내부에 두 개의 견해가 대립되기에 이르렀다. 양자의 각각의 내부에서 자연법적 견해는 개인의 자유를 보다 많이 강조하고, 역사주의적 견해는 전체의 권력을 보다 많이 강조하였다. 바꾸어 말하면 전자가 법적·윤리적 규준을 보다 많이 강조하고, 후자는 국가이성을 보다 많이 강조하였다.

독일인에게 국가이성과 권력국가의 가치를 인식하는 것을 최초로 가르친 사람은 G. W. F. 헤겔이었다. 그는 이미 1801/02년 겨울에 이렇게 적었다. 「정치를 권리(정의)를 희생하여 자기의 이익을 탐구하는 노력과 기술이라고 나쁘게 말하는 것은 박애주의자이며

---

149) AaO., S. 281.
150) Gustav Radbruch, *Kulturlehre des Sozialismus. Ideologische Betrachtungen*, Berlin 1922, S. 34.

도학자이다」. 그들은「국가의 이해 또는 도덕성의 관점에서 볼 때 좋지 않은 말로 표현한다면, 국가의 이익을 권리(정의)에 대립시키는 것은 어리석은 일」이라는 것을 깨달아야 할 것이다.「권리(정의)는 계약에 의해서 확정되며 인정된 어떤 국가의 이익이며」, 이것이 다른 국가의 이익과 대립하게 되면, 그의 권리의 확보는「권력의 결합, 즉 정치의 **판단**에 좌우된다」. 그리고 그 권리(정의) 속에 어느 것이 진정한 권리(정의)인가가 아니라 — 왜냐하면 양자 모두 진정한 권리(정의)를 가지고 있기 때문이다 — 어떤 권리(정의)가 다른 그것에 양보해야할 것인가를 이제 반드시 결정하는 것은 전쟁 내지는 그것에 유사한 것이다」.151) 이 헤겔의 주장으로 역사 상황의 영향과 마키아벨리의 문헌적 영향 아래 자연법의 절대적인 권리(정의)이념과 이성국가사상으로부터의 19세기 역사주의적 상대주의적인 권력국가사상에로의 비약이 이루어진 것이다. 언제나 독일인은 실제에서는 아니더라도 이론에서는 철저하게 평화주의자인 동시에 마키아벨리스트였다. 여기에 인용한 헤겔의 **독일 헌법**에 관한 저작은 국민국가적 사고에 기초한다. 통렬한 언설로 서술한 것은, 독일은 더 이상 국가는 아니다.152) 왜냐하면 어떠한 권력도 가지고 있지 않기 때문이다. 「국가를 구성하는 본질적인 것, 즉 원수에 의해서 영도되면서 부분들의 협력을 얻고 있는 하나의 국가권력을 창설하지 않으면 안 된다」.153) [이러한] 정치적인 국민성원리는 만치니154)*보다는 반세기 전에 [이미 헤겔에 의해서] 정확하게 정식화되었다」.「어떤 민족이 형성하는 어떤 국가의 이념」, 이 이념은「이른바 자유의 맹목적인 외침」으로 압도되었다.155) 시대정신에 의식적으로 대립하여 헤겔은「피와 철」에 의한 통일에의 길을 제시한 것이다. 독일의 통일은 그것으로 비록 모든 부분을 얻었다 하더라도 이는「결코 숙고의 결과가 아니라」「폭력」의 결과일 것이다.「어떤 정복자의 폭력」으로 민족(Volk)은 군주(Fürsten)와 함께 **하나의** 합성물로 결집될 것이며,「그들이 독일에 소속되었다고 생각하게끔 강제할 필요가 있을 것이다」라고 헤겔은 주장하였다.156)

독일 최초의 국가철학자였던 헤겔은 1813년 이후에는 프로이센의 국가철학자가 되었다. 왜냐하면 그는 그때부터 프로이센적·보수주의적인 국민주의이념으로 전향하였기 때문이다. 그러나 그는 이러한 이념을 주장하는 낭만주의자처럼 신앙심이 깊은 척 하지는 않았다. 그는 여전히 자율적인 국가이성의 가장 중요하고 영향력있는 고지자였음에는 변함이 없으며, 그리고 그러한 것으로서 비스마르크 시대의 국민주의적인 국가권력사상의 체계적이며 형이상학적인 상부구조를 창출하였다. 그는 이미 그 청년기의 저작에서 이러한 사상의

151) Georg Wilhelm Friedrich Hegel, *Die Verfassung Deutschlands*, in *Sämtliche Werke* (Hg. G. Lasson), Bd. 7, Leipzig 1913 (Meiners Philosophische Bibliothek, Bd. 144), S. 100 f.
152) AaO., Bd. 7, S. 3.
153) AaO., Bd. 7, S. 133, Zusatz von Lasson.
154) Pasquale Stanislao Mancini, *Della nazionalitá come fondamento del diritto delle genti*, Torino 1851.
155) Hegel, aaO., Bd. 7, S. 112.
156) AaO., Bd. 7, S. 135.

기본법칙을 이렇게 서술한다. 「국가는 자기 자신을 보존하는 이외의 의무를 지지 아니한 다」157)라고. 그의 만년의 역사철학에는 개인은 민족정신(Volksgeist)과 아울러 세계정신 의 수중에 있는 단순한 무의식적인 도구에 불과하였다. 개인과 민족정신은 각각 그 이익과 권력을 관철시키려고 노력함으로써 동시에 「보다 높고 보다 넓은 것」158)의 수단이 되는데, 그것에 대해서는 아무것도 알지 못한다. 헤겔은 자유주의의 자유경쟁을 개개의 국가 간의 투쟁에 적용하였다. 그리고 그의 국민자유주의적 세계정신은 그때그때의 최강자의 예정조 화에 의해서 실현되는 것이었다. 그러므로 민족은 「그것이 바라는 것을 산출함으로써 윤리적이며 유덕하고 강력한」 것이다. 그러나 개인은 모든 도덕성을 초월하여 자신이 동화되지 않으면 안 되는, 「이미 완성된 확고한 세계로서의 민족의 존재를 자신 앞에」 발견한다.159) 민족에 대해서는 그렇게 되어야 한다는 요구를 가지고, 어떤 실현할 이상상 (理想像)을 더 내세우지 않았으나, 적극적 특성이 역사적으로 확증되었다. 이 특성은 형성과 정이 그러하듯이 이성적이며 선이다. 이러한 권력국민주의적 사상은, 헤겔의 경우 궁극적 으로 모든 국제법의 경시와 국가 간의 폭력투쟁에 민족도태의 기능을 부여하는 전쟁철학을 지향하게 되었다. [헤겔에 의하면] 일반적으로 개인의 안전과 재산을 궁극목적으로 보는 민족들의 「윤리적 건전성」은 [이제] 전쟁을 요구한다고 한다. 왜냐하면 「민족들이 지속적인 평화나 영원한 평화상태에 있는 것은 정말 호수가 지속적으로 고요한 경우에 빠지게 되는 부패상태에 있는 것처럼, 바람의 움직임이 호수를 부패로부터 지키듯이」* 전쟁은 민족들의 윤리적 건전성을 강화하기 때문이라는 것이다.160)

그러므로 독일의 국민국가를 실현할 가능성은 두 가지였다. 만약 문화국민주의적인 세계시민이 헤겔로부터 「모욕된 현실」161)에서 인류와 그 지파인 국민들이 별도로, 그리고 권력을 경쟁하는 국가들로 발전해 간다는 것을 배운다면, 이러한 [헤겔로부터 배운] 부르주아 지가 나아가 독일의 개개의 왕조와 외국을 처리할 수 있는, 헤겔의 국가이성으로 연단된 권력의지를 더욱 육성한다면, 자유주의적·민주주의적 통일국가가 아래로부터 창출될 수 있을 것이다. 반대로 군주주의적 보편주의는 정치적 권력의지로 수축할 수 있었으며, 그리고 이념적이며 경제적으로 요청되는 국민주의 정치가 왕조에게도 유리하다는 통찰에 서 국민국가의 실현을 위로부터 착수할 수도 있었다. 헤겔은 자유주의적 보편주의에 대해서 뿐만 아니라 정통주의적 보편주의에 대해서도, 나아가 사회주의적 계급투쟁론에 대해서도 권력에의 교육을 의미하였다.

국민주의적인 통일운동의 추진력은 역시 수 십 년간 자유주의적·민주적인 국민주의이

---

157) Hegel, aaO., Bd. 7, S. 114.

158) Hegel, *Geschtsphilosophie* (siehe Anm. 99), S. 32.

159) AaO., Bd. 9, S. 92.

160) Georg Wilhelm Friedrich Hegel, *Über die wissenschaftlichen Behandlungsarten des Naturrechts* (1802), in *Sämtliche Werke* (Hg. G. Lasson), Bd. 7, Leipzig 1913 (Meiners Philosophische Biblio- thek, Bd. 144), S. 372 (김준수 옮김, 『자연법』, 한길사, 2004, 68-69면).*

161) Hegel, *Geschichtsphilosophie*, in aaO., Bd. 9, S. 46.

넘이었다. 그러나 이 이념은 해방전쟁과 함께 그 내용에서 응집도를 강화시켜 보편적 · 인류적인 것으로부터 자기를 한정하기 시작하였다. 이상주의적인 국민주의 이념으로 독일 문화는 독일 국가가 그 시야에 들어오는 한, 보편주의적 이념에 봉사시키려고 하였다. 또한 독일이 유럽의 중앙에 위치하고 있음으로써 독일인이 다른 모든 흐름을 자신 속에 유입시켜야 함을 시사한다고 보고 있었다. 실증주의적으로 된 국민주의이념은 이제 반대로 모든 이념을 국민주의적 특성과 권력에 봉사시켰다. 그리고 이미 아른트는 바로 독일인의 지리적 위치 때문에 전통적인 독일의 특성을 유지하기 위한 3중 4중의 방벽을 요구하였다. 외래어로부터 독일어를 순화하는 작업을 열심히 하고, 예술과 학문에서 외국의 영향을 기피하고, 사람들은 독일인의 역사, 독일인의 습속, 이질적인 로마법에 대치되는 독일법을 즐겼다. 얀(Jahn)은 심지어 독자적인 독일적 민속의상을 채택하려고 하였다. 이러한 국민주의적 이념은 기독교적 보편주의와도 대립하게 되었다. 이미 청년 헤겔은 기독교를 우리들의 토양 위에 자란 것은 아니며, 우리들에 대해서 언제나 이질적이며 동양적이라고 비난하고, 그리스도 교의 속의 발할라*로부터 사람들이 발을 멀리하고 정치적 윤리성을 비방하는 비영웅적인 노예종교를 보았다. 아른트의 신조는 독일인의 충성, 독일인의 사려깊음, 독일인의 정서뿐만은 아니었다. 그는 독일인의 종교나 독일인의 신에 대해서 말했다. 영국인에게 매우 친숙한 선민이라는 관념마저 이제 급히 나타나, 이미 1807년에 프리드리히 페르테즈*는 독일인이야말로 선민이라고 주장했다.[162] 가톨릭교회의 보편주의에 반대하는 투쟁에서 독일 가톨릭에 의한 로마 교회의 국민주의화가 시도되었다. 그 이후 특히 힘주어 강조한 것은 독일 문화의 프로테스탄트적 성격이었다. 1845년 게르비누스는 독일 가톨릭 신자의 사명에 관한 책에서 이렇게 주장했다. 「3세기 이래 독일인의 모든 교양은 완벽할 만큼 프로테스탄트적이었으며, 금세기에 비로소 가톨릭의 문예를 시작한 사람들마저 거의 모두가 개종한 프로테스탄트였을 정도였다」.[162a]

이러한 국민주의적 감정은 다만 자주적인 활동과 자기책임에 의해서만 정치적으로 연단될 수 있었다. 1823년에 프로이센이 취한 태도에서 많은 독일인이 「독일의 보호자」를 보게끔 되었다. 그러나 절대주의적 반동, 모든 국민주의적 희망을 때려 부수는 독일 연방의 고뇌, 강화교섭에서의 프로이센의 빈약한 태도, 그 어느 것을 취해 보아도 국가와 국민을 내면적으로 결부시킨 것은 없었다. 즉 자각하고 있던 국민국가적 사고는 서로 변하지 않고 비정치적으로 머물거나 인위적으로 탈정치화되고 있었다. 독일의 군주들을 움직여 반불(反佛) 혁명전쟁을 야기한 동일한 연대성은 이제 정치적으로 미성숙상태로 계속 유지할 국민에 대항하는 동맹에로 전환하였다. 이리하여 외면적인 징후도 조직도 없이 지하의 모반이 일어났다. 그것에 대해서 괴레스는 1819년 이렇게 적는다. 이 모반에는 「분노하는 국민주의적 감정, 기만된 희망, 학대받은 긍지, 완고한 자의나 사멸된 형식의 메커니즘에 반항하는 ... 억압된 생명, 무의식화 한 전제적인 통치격률이라는 만연하는 독소」[163]가

---

162) Clemens Theodor Perthes, *Friedrich Perthes' Leben*, Bd. 1, 6. Aufl., Gotha 1872, S. 144 참조.
162a) Georg Gottfried Gervinus, *Die Mission der Deutsch-Katholiken*, Heidelberg 1845, S. 49.

함께 얽혀져 있다고. 독일 통일을 위해서 모든 왕조를 기꺼이 파기하려고 했었던 것은 민주주의자만은 아니었다. 1812년 폼 슈타인 남작마저 불만에 가득 차서 이렇게 적고 있다. 「나는 독일이라는 조국만을 가지고 있다. … 왕조들은 보다 위대한 발전의 이 순간에 나에게는 전혀 관심 밖의 일이다. 그것은 단순한 도구에 불과하다. 나의 신조는 통일이다. 프로이센 대신에 당신이 바라는 것을 놓으시오. 프로이센을 해체하시오. … 당신이 오스트리아를 독일의 종주로 삼고 싶다면 — 나는 그것을 바란다. 그것이 실행될 수 있으면 좋습니다」. 통일운동의 억압이 오래 끌고 엄격해지면 질수록 통일운동 측의 군주들에 반대하는 말도 점차 과격해지고 있었다. 그리고 1834년 젊은 시인 뷔히너*와 목사 바이디히*는 이렇게 적는다. 「어떤 인민을 어느 하나의 언어로 일체화 시킨 신은, 그 인민을 갈기갈기 찢어서 네 개로 나누거나 30개로 쪼개는 권력자를 인민살해자로서 이 세상에서는 일시적으로, 저 세상에서는 영원히 벌할 것이다」.[164] 독일의 군주들은 「정당한 권부(Obrigkeit)는 아니며」, 그들의 권력은 인민의 선거에서가 아니라 「배신과 거짓맹세에서」 유래한다.[165] 따라서 이러한 말에 나타난 국민주의사상, 즉 육체를 갖춘 민족성의 이념은 절대주의 권력에 반대하는 투쟁 속에서야 비로소 개화하게 되었다. 이러한 삶의 감정에서 독일통일은 다만 전 인민을 파악하는 위대한 혁명에 의해서만 창출될 수 있으며, 모든 왕조를 일소하고, 나아가 러시아·오스트리아·프랑스에 대해 군사적으로 자기주장할 만큼 충분한 힘을 갖지 않으면 안 될 것이다. 그러나 그러한 국민주의적 혁명을 수행하는 모든 전제가 독일인에게는 결여되어 있었다. 따라서 자유주의적·민주적 국민주의사상에 대해서 여전히 남아 있었던 가능성이라고 한다면, 다른 방국(邦國)들을 병합할 수 있는 국가적 권력핵이 존재한다면 그것에 의거하여 독일 통일을 창출한다는 것이었다. 이미 헤겔의 헌법 저작은 이러한 사상을 고려하고, 프로이센과 오스트리아 간에 어느 것을 선택할 것이라고 하였다. 피히테도 자유로운 인민의 형성에 대한, 즉 「자유에 대한 교육」에 대해서 엄격한 국가권력의 가치를 인식할 것을 배우고 있었음을 그의 만년의 수기는 보여준다. 즉 「그것[=인간법(정의) 에로 강제하는 것]을 바로 수행하는 사람은 누구나」, 이러한 교육을 「행할 수 있다. 왜냐하면 그것은 **강제주**이기 때문이며 **군주**이다. … 따라서 독일적인 것으로 강제주여 오라, 그것이 누구든 우리나라 국왕이 이러한 공적을 세우기를. 그의 사후에 참 사회가」.[166] 이처럼 피히테는 프로이센 왕국이 독일 통일 공화국에 이르는 도상에서 독재를 연출할 수 있다고 생각하였다. 그가 그때에 슈타인·하르덴베르크의 프로이센을 염두에 두고, 프로이센을 오스트리아 위에 분명히 두었던 것은 물론이다. 왜냐하면 프로이센은 「인민에 의해서 많은 참정권이 부여되고, 인민을 자유롭게 공동결정에 참여시키고 있었기」[167] 때문이다.

163) Joseph Görres, *Teutschland und die Revolution*, Coblenz 1819, S. 3.
164) *Der Hessische Landbote*, in Georg Büchner, *Sämtliche Werke* (Hg. K. G. Franzos), Frankfurt 1879, S. 278.
165) AaO., S. 273.
166) Fichte, *Politische Schrift* (siehe Anm. 85), Bd. 7, S. 564 f.
167) AaO., Bd. 7, S. 567.

그러나 피히테의 사후 프로이센은 반동의 중심지가 되고, 그 후 그 상태를 계속하였다. 그리고 프로이센의 독일적 사명을 알리는 소리가 많아지면 많아질수록 프로이센의 자유주의적 개혁에의 절규도 점차 절박하게 되었다. 그러나 점차 프로이센 내외에서 우선 통일이 자유보다도 훨씬 중요하다고 생각한다는 소리가 높았다. 부르주아지는 절대주의적 프로이센이 이제 경제적으로도 참기 어렵게 된 분열 상태에 종지부를 찍을 결의만 한다면 프로이센하고도 함께 행동하려고 했다. 이러한 생각은 특히 위의 뷔르템베르크인 파울 피쩌(Paul Pfizer)의 유명한 『두 독일인의 왕복서간』(Briefwechsel zweier Deutschen, 1831)에 나타나 있었다. 서서히 통일이 어떠한 형태로 이루어질 것인가에 대한 국법학적 형태도 명백해지기 시작하였다. 즉 정통주의가 유지되게 되었다. 완전한 통일은 포기되었다. 그리고 피쩌, 벨커와 프리드리히 폰 가게른은 지도관념으로서 미합중국에서 실현된 연방국가사상을 전개하였다. 독일의 국민주의적 이념은 이제 이 불완전한 세계에서 실현되기에는 너무 좋다고 생각되는, 애매한 이상형으로서 더 이상 간주될 수는 없었다. 그것은 그 담당자의 머릿속에서 명확한 형태를 취하게 되었으며, 정치적·경제적인 권력관계라는 본래 국민주의적 이념에서는 미지였던 요소도 검토되었고, 그 최초의 형태의 보편성을 끊임없이 변화하는 상황 속에서 형성되어야 할 소재에 비감상적이고 목적의식적으로 적응시켰다. 바꾸어 말하면 독일의 국민주의적 이념은 자기를 정치화한 것이었다. 확실히 해결하지 않으면 안 되는 개개의 어려운 문제는 여전히 많이 남아 있었다. 특히 강력한 프로이센을 다른 독일의 방국(邦國)들과 함께 하나의 공통된 제국권력으로 어떻게 짜 맞출 것인가 하는 문제나 오스트리아의 지위 문제 등등이 그것이다. 이러한 문제와 그 밖의 모든 문제는 만약 강대한 민중운동이 어떤 강한 국가의지로 인도되고, 이러한 문제를 수용했었다면 해결할 수 있었을 것이다.

1849년 4월 28일, 프랑크푸르트 국민의회가 짐존(Simson)*을 수장으로 하는 대표단을 통하여 프로이센 국왕 프리드리히 빌헬름 4세에게 세습의 독일 제위를 봉정한 때에, 인민과 군주에 의한 통일과 자유가 실현되는 순간이 도래한 것처럼 보였다. 이 국왕이 이러한 제위를 받는다는 것은 오스트리아와, 그리고 아마도 러시아와의 전쟁을 의미하였을 것이다. 그러나 여하튼 그것은 왕조적 인터나치오날레의 낭만주의적 이상을 때려 부수는 것을 의미하였을 것이다. 이것은 국왕과 혁명의 동맹이었을 것이다. 혁명이 1년 전만 하더라도 더욱 위험하게 보인 때에, 국왕은 흑·적·금의 깃발을 가지고 베를린을 말 타고 달린 일이 있었다. 그런데 이제 통일운동의 선두에 자신이 나서기 위해서는 보다 적은 시인의 취향과 보다 큰 용기를 가지는 것이 필요했을 것이다. 베케라트(Beckerath)가 국왕을 향해서 위험은 언제나 프로이센에 승리를 가져다주는 태양이었다고 외쳤을 때 그가 얻은 것은 이처럼 체념어린 대답이었다. 즉 「자네는 누구에게 이 말을 하는가? 짐은 프리드리히 대왕은 아닐세」.

당시 비스마르크도 뿌리로부터 프로이센적이며 또 정통주의적 입장에서 국민주의이념을 거부하고 있었다. 그리고 프로이센의 어떤 같은 신분의 사람이 그를 향하여 국민주의사상

속에 인정할 진리가 있다고 이의를 주장한 때에 비스마르크는 그에게 아이러니칼하게 이렇게 질문하였다. 「그러면 당신도 독일의 개에게 물렸습니까?」.168) 프리드리히 빌헬름 4세는 제위를 봉정하기 5개월 전에 이미 분젠(Bunsen)*에게 다음과 같은 편지를 썼다. 정통군주라면 누구나 「오물과 활자로 구어진」, 「혁명이라는 천한 계집의 냄새로 찌들은」 이 가공의 면류관[=왕관]을 받을 수는 없을 것이라고. 그리고 프리드리히 빌헬름 4세는 [제관의 수리를] 거부한 후, 그의 대답의 의미를 친밀하게 이러한 말로 해설하였다. 「거기에 있는 여러분들은 봉정하는 아무것도 가지고 있지 않습니다. 짐은 그것에 대해서는 나의 동배와 더불어 처리합니다. 그렇지만 역시 떠남에 있어 진리를 말해 둡니다. 민주주의자에게 대항하기 위해서는 다만 병사만이 도울 뿐입니다. 그럼」.

이러한 이른바 보수주의적인 국민주의사상의 태도에도 불구하고, 프랑크푸르트 국민의회의 일이 독일 통일에 완전히 쓸데없는 것은 아니었다. 이 일을 통해서 비로소 국민국가사상이 광범위한 민중 층에 파급하게 되었으며, 국민의회의 진실하고 진지한 협상으로 비로소 통일에의 수단과 방법이 정치적으로 명백하게 된 것이다. 특히 오스트리아를 제외한 통일이라는 소독일적인 사상이 널리 퍼지게 되었다. 그럼에도 불구하고 부르주아지의 정치적 실패에 대한 낙담은 매우 큰 것이었다. 그들의 최초의 정력적인 정치적 자치에 대한 시도는 또한 그들의 마지막 시도이기도 했다. 이제 미혹에서 어떻게 각성했는지 이에 대해서 바울교회[=국민의회]의 세습 제정파에 속했던 파겐슈테허(Pagenstecher)는 「1848년, 49년, 50년의 쓰라린 경험에 의해서 나는 자신의 관념론에서 완전히 벗어났다」고 적고 있다. 그리고 유명한 철학자 프리드리히 테오도르 비셔(Friedrich Theodor Vischer)*는 그것에 대해 이렇게 말한다. 「1848년 이후 우리들의 세대가 겪었던 것을 체험한 사람은 마치 이상적인 권력은 더 존재하지 않는 것처럼 세계가 보일 때에 인간은 어떠한 기분이 되는가를 알고 있을 것이다」라고.

이러한 낙담은 1848년 이후의 국민국가사상에서 분명히 간취할 수 있다. 매우 많은 사람들에게 있어서 이러한 체험 후의 환상으로부터 자유로운 경제가 정치보다는 매력적인 것이 되고 있었다.

그런데 프로이센이 그 지정학적 위치에서 볼 때 적어도 경제관계에서는 독일 통일을 수행할 자격이 있는 데에 반하여, 오스트리아의 경제영역은 독일외적 이익에 따르지 않을 수 없음을 관세동맹의 발전이 보여주었다. 1818년부터 1834년까지의 프로이센의 관세정책은 어디까지나 프로이센의 경제적 이익에 의해서 인도되었는데, 그럼에도 불구하고(오스트리아, 하노버, 올덴부르크 그리고 한자 도시들을 제외하고) 독일 관세동맹을 성립시켰다. (그럼으로써) 넓은 영역에 보다 긴밀한 교통공동체가 만들어지고, 독일의 경제생활은 대국이 가질 수 있는 가장 많은 이익을 누렸고 독일 통일은 강력하게 준비되었다. 1861년의 상법전을 제외하고, 최초의 대독일적 법률은 1894년의 어음 조례였던 것이

---

168) Ernst Ludwig v. Gerlach, *Aufzeichnungen aus seinem Leben* (Hg. J. v. Gerlach), Bd. 2, Schwerin 1903, S. 324 (Bemerkungen Bismarcks zu Alexander v. Below) 참조.

특이하다.

　이리하여 국민주의적 시장의 통일이 실제로 어느 정도 창출된 후에, 경제사상의 정치적인 국민주의화와 자유무역론의 세계시민적인 자유주의에 반대하는 투쟁이 시작되었다. 1841년, 프리드리히 리스트*의 『국민경제학체계』가 출판되었다. 이 슈바벤의 민주주의자이며 애국자는 처음에는 구두장이였으나 나중에 대학교수가 되었다. 정치적으로 어떤 음험한 소송절차에 의해서 유죄판결을 받고, 미국으로 망명하고, 거기에서 어떤 친구에게 「나의 모든 구상의 배후에는 독일이 있습니다」[169]고 써 보낸다. 이미 20년대 말부터 리스트는 주로 남독일에서 독일 무역정책의 통일을 주장하는 정치적으로는 미숙했지만 광범위한 선전을 전개하였으며, 특히 독일 상공업동맹을 창립하였다.[170] 미국에서 돌아온 리스트는 독일 보호관세제도를 옹호하여 자유무역론에 반박하고 투쟁을 시작하였다. [그가 주장하는] 보호관세제도는 교육관세의 형태로 독일 공업의 강화와 발전을 목적으로 하였다. 리스트는 정치적으로 조직된 국민의 경제가 하나의 통일체를 형성한다는 명제를 주장하였다. 「이 단체(Körperschaft)의 경제 목표는 개인의 경제와 코스모폴리탄적 경제에서처럼, 부(富)일 뿐만 아니라 권력과 부이다. 왜냐하면 국민의 부는 국민의 권력에 의해서 증대되고 확보되기 때문이다. 그러므로 그 지도원칙은 경제적일 뿐만 아니라 정치적이다」.[171] 이미 1827년에 정식화된 이러한 원칙으로부터 그의 이러한 지도사상이 도출되었다. 「독일의 보호관세제도의 육성에」, 「독일의 국민성(Nationalität)의 독립 그리고 미래」[172]가 걸려 있다. 왜냐하면 「각각의 국민은 국민의 생계에 필요한 모든 것을 그 고유의 영역 내에서 생산하도록 노력해야 하기 때문이다」. 그러나 이러한 국민국가의 경제적 아우타르키의 요구뿐만 아니라 1870년 이후 시대에 특유한 국민주의적 이념의 경제화도 리스트에서 유래한다. 그의 경제적 역사관은, 물질적 부와 비례하여 모든 곳에서 국민의 정신적 교양이 높아지며 심지어는 국민의 도덕도 고양한다는 사상을 이미 주장하였다. 라이프치히의 문헌학자 카를 비더만*도 국민주의적인 경제화를 준비하였다. 그는 [문학과 공공적 생활을 위한] 『독일 월간지』 중에서 40년대의 초에 국민주의적인 경제권력의 분야에 자유주의적인 헌법문제를 도입할 것을 요구하였다. [그에 의하면] 그 이전의 자유주의 정당 대신에 순수한 국민주의 정당이 정부와 인민을 「물질적 진보의 방향으로」 밀고 나아가야 한다는 것이다. 그리고 국가의 보다 자유로운 형성을 이루면서 천천히 선도해 나아간다면 국민주의 정당은 조바심을 내지는 않을 것이다.[173] 비더만은 이미 독일에서 강력하게 나날이 성장하고

---

169) Ludwig Häusser "Friedrich List's Leben. Aus seinem Nachlasse," in: *List's gesammelte Schriften* (Hg. L. Häusser) Bd. 1, Stuttgart 1850, S. 165.

170) AaO., Bd. 1, Vorrede, S. Ⅶ ff. 참조.

171) Friedrich List, *Umriß einer amerikanischen politischen Ökonomie. In einer Reihe von Briefen von Friedrich List gerichtet an Charles J. Ingersoll* (Philadelphia 1827), in Curt Köhler, *Problematisches zu Friedrich List*, Leipzig 1908, S. 184.

172) Friedrich List, *Das nationale System der politischen Ökonomie. Der internationale Handel, die Handelspolitik und der deutsche Zollverein*, in *Gesammelte Schriften* (Hg. L. Häusser), Bd. 3, Stuttgart 1851, S. 402.

있는 당의 이름으로 말할 수 있다고 믿었다.

혁명적인 국민국가사상은 승리하지 못하고, 또 정통주의도 정치적 통일운동의 주도권을 장악하지 못한 후에, 독일 제국은 20년 후에 비스마르크의 정신에 근거하여, 즉 자유주의적 · 민주적인 국민주의사상과는 의식적으로 대립하여 형성되었다. 「현재의 어떠한 군주도 독일인을 만들지는 못할 것이다. 그것은 오스트리아일까, 프로이센일까, 그 밖의 나라일까? 새로운 것이 태어나지 않으면 안 될 것인가? 보나파르트와 같은 것인가?」174)라고 피히테는 말했다. 이러한 피히테의 예언은 두 가지 점에서 타당하였다. 독일적인 것에의 강제주 (Zwangherr [=비스마르크])는 시저적인 특징을 가지고 있었다. 그는 그 보나파르트적 대외 정치에서는 일체의 정통주의적 고려를 벗어나서 제국을 수립하고, 그 군주주의적 대내정치의 목적을 위해서 보통 · 평등 · 직접선거권을 시저식 수단으로 삼았다. 그러나 제국은 한 왕조의 지분국(Einzelstaat)에 의해서 창출되었기 때문에, 독일인이 아니라 프로이센인, 바이에른인 등이 생겨났다. 바꾸어 말하면 독일 제국은 군주주의 원리의 국가였으며, 그러므로 독일 군주들의 정통성에 고려를 하지 않을 수 없었으며, 연방주의적이지 않을 수 없었다. 바울교회[=국민의회]가 지향했던 전 인민의 대표에 의해서 결의된 통일국가가 아니라 군주들의 영원한 동맹이 성립한 것이다. 그러므로 제국의 권한은 프랑크푸르트 의회가 입안한 것보다 훨씬 좁은 범위에 그쳤다. 특히 제국은 어떠한 고유의 재정권도 가지지 못하고, 관세수입과 어떤 종류의 소비세를 제외하면, 재정적으로 지분국에게 성가신 하숙인의 역할로 할당되었을 뿐이다. 지분국의 기관인 연방 참의원은 제국의 진정한 주권자였다. 그것은 제국의회에 제출하는 법안에 대해서 결정하고, 제국의회의 결의의 운명에 대해서 재단을 내리고 집행권을 가졌다. 연방주의적 · 군주주의적 제국에서 연방 참의원 · 황제 · 제국수상은 인민대표로부터 완전히 독립적이며, 자유주의적인 기본권은 고의로 헌법에 도입하지 않았다. 자유주의적 · 민주적인 국민주의이념에 대한 대조성을 분명히 나타내기 위해서 제국의 깃발은 흑 · 적 · 금 대신에 흑 · 백 · 적이 선택되었다. 1866년에는 대독일적 통일사상이, 1871년에는 자유주의적 통일사상이 소독일적 · 군주주의적 국가이념에 굴복하였다. 일반의 의식과 아울러 학계의 의식은 이러한 변화에도 거의 아무런 저항 없이 동조하였다. 흑 · 백 · 적의 경계표 내에로 좁혀진 국민개념이 탄생하고 의식을 배제하여 버렸다. 트라이치케의 독일계 오스트리아인에 대한 과소평가는 이에 크게 기여했다. 키르히호프* 교수는 1902년 학술적으로 매우 주목할 만한 저작 『국민이란 무엇인가?』에서 이렇게 서술하였다. 확실히 프로이센 [지배 하]의 폴란드인은 독일 국민의 일부이지만 그에 반해서 독일계 오스트리아인을 오늘날의 독일 국민으로 간주할 수는 없을 것이라고.175)

173) Karl Biedermann, "Die deutsche Verfassungsfrage," in *Deutsche Monatsschrift für Literatur und Öffentliches Leben*, Jg. 1843 1, S. 58.

174) Fichte, *Politische Schrift* (siehe Anm. 85), Bd. 7, S. 571.

175) Alfred Kirchhoff, *Was ist national?*, Halle 1902, S. 7.

　권력조직과 문화공동체를 이렇게 뒤바꾸는 것은 국민주의 사색에서의 중대한 변화를 암시한다. 그리고 이 변화를 유발한 것은 19세기 말의 제국주의였다. 국민적 자본을 위한 세계 경제적인 판로시장과 투자영역의 획득을 둘러싼 투쟁에서 「1민족 1국가」라는 국민국가의 이상은 억압되고, 그 대신에 타민족에 대한 지배와 그 경제적 착취의 사상이 나타났다. 국민적이란 거의 밖으로의 군사적·경제적인 권력확대만을 의미하게 되었다. 과거의 국민주의적 이상주의는 거의 이러한 세계강국에의 지망과 세계시장 [정복에의] 지망을 치장하는 미사여구가 되어 버렸다.

　거의 같은 무렵 낭만주의적 잔기(殘基)*로부터 새로운 국민국가적인 이념을 만들어 내려는 시도가 이루어졌다. 그것은 원자론적인 서구에 반대하여 다시 독일적 본질에 고유한 유기체적 국가관으로서 구성하려고 노력하였다. 프리드리히 빌헬름 4세 시대 때와 마찬가지로, 20세기 초두에 서구의 민주주의와 독일의 군주제는 ─ 아마 [여기에] 독일계 스위스인은 고려에 넣지 않았다 ─ 서로 대립하는 국민주의적인 세계관으로 확대되었다. 물론 특수 독일적 국가이념의 내용은 저작가의 당파적 입장의 차이에 따라서 다양하였다.

　1918년, 혁명의 발발과 군주권력의 소멸과 함께, 대독일적 통일 국가의 순간이 다시 찾아온 것같이 보였다. 오스트리아 사회민주당은 이미 1918년 겨울에 [독일국과의] 합병계획을 작성하고 있었으며, 합스부르크 왕조 붕괴 후 오스트리아 국민의회의 전 당파는 독일 라이히와의 합병을 결의하였다. 이른바 민족자결권을 전쟁목적으로 내세운 **연합국**의 엄명[=베르사유 조약]으로 오늘날까지 통일은 금지된다. 독일 라이히에도 모든 분리주의적 데마고그보다는 통일주의적 의지의 힘이 처음에는 틀림없이 강력하였다. 1919년 12월 17일 프로이센 방국(邦國) 의회는 210 대 32로 「즉각 최종적인 [프로이센 邦國] 헌법[안] 제출 이전에, 중앙정부가 전 독일 방국들 정부와 독일 통일국가수립에 대해서 협의를 하도록 움직일 것을 [프로이센] 정부에게 요청하기로 결의하였다. 그러나 반혁명세력들이 강화되면 될 수록 바이에른 지도 아래 통일주의적 혁명에 반대하는 연방주의가 점차 강력하게 역설되었다. 그리고 군주주의적·분리주의적인 왕정복고의 시도에 대해서 독일 통일이 힘겹게 유지되었다. 지금까지 문화국민주의적 사상과 국가국민주의적 사상을 구별하였다. 그러나 이 수년 동안에 다시 제3의 사상이 형성되었는데 우리들은 그것을 자연국민주의적 사상이라고 명명하려고 한다.

　19세기 중엽에 관념론적 역사해석의 목적은 내재철학의 궁극적 귀결, 즉 문화의 자연주의적·인과적인 고찰로 압박되고 말았다. 이러한 자연주의적 역사해석의 하나의 분파로서 인종론은 고비노 백작(Graf Gobineau)*의 『인종불평등성론』(Essai sur l'inégalité des races humaines, 1853-55)이라는 저작에 의해서 근거지워졌다. 가톨릭교도의 왕당파 외교관이며 또 교양이 높고 조국을 떠날 기회를 많이 가진 프랑스인의 전형이었던 고비노의 생각은, 세계사의 추진력은 「인종」이라는 것이었다. 그는 인종을 흑색·황색·백색의 세 가지로만 나누었다. [그에 의하면] 백색 인종만이, 더구나 그 중에서 단지 아리안계의 게르만족이 문화력을 가진다. 지상의 모든 문화, 즉 전 유럽뿐만 아니라 이집트, 중국, 아즈텍인과

잉카의 고대 아메리카 문화도 게르만족에 거슬러 올라간다. 문화는 오로지 인종혼합에 의해서만 성립할 수 있으며, 그 가치는 세계사의 과정 속에서 서서히 흡수한 게르만의 피의 추가에 좌우된다. 이러한 게르만적 요소의 퇴화과정이 끝나면 모든 문화도 종말을 맞이한다. 인류는 민주적 · 평등주의적 범성(凡性)의 수준으로 타락하며, 그리고 마침내 사멸해 버린다는 것이다. 이러한 인종론을 독일에 퍼뜨린 것은 영국인 휴스턴 스튜워트 체임벌린*이었다. 그의 『19세기의 기초』는 1899년에 발간되었다.

고비노, 체임벌린 그리고 프랑스인 라푸주(Lapouge)*에 의거하여 독일에서는 인종학설이 전개되었다. 그것에 의하면 개인들의 재능은 불변적 유전소질의 특성의 결과이며, 이 유전소질은 환경이 영향에 의해서 전혀 변화하지 않거나, 변한다 하더라도 거의 비본질적 부분에 국한된다는 것이다. 이 학설은 이미 라이프니츠의 저작에서 발견되는 오랜 게르만적 이념과 결부되었다. 독일적인 것의 게르만적인 것에로의 확대는 19세기를 통하여 언제나 행하여진, 프랑스의 국민성 — 이것은 로만어계 민족기질에 유형화 된 — 과 대비하여 처음으로 그 정치적 의의를 획득하였다. 40년대에 세계사를 로만적 존재와 게르만적 존재와의 투쟁으로서 서술하는 여러 가지 당파의 많은 문헌이 나왔다. 당시 이미 많은 것에 의해서 로만어계 민족기질의 문화창조적 계기는 게르만적 기원이라고 주장되었으며, 로만어계 민족의 생활력은 쇠퇴하기 시작하였다는 의견이 거의 일반화되고 있었다. 스칸디나비아 민족들이 결코 인정하지 않는, 이러한 게르만적 이념에 열중한 것은 구스타프 프라이타크와 펠릭스 단(Felix Dahn)*의 역사주의적 문예작품이었다. 단은 함머를 던지는 우레신(Thor)의 시 한 절에서 이렇게 노래한다.

> 「우리들은 함머 신의 일족이 되며,
> 그 세계제국을 이어 받으려 하노라」.
> ("Wir sind von des Hammergottes Geschlecht
> Und wollen sein Weltreich erben".)

그러나 이 시대의 게르만 사상에 대해서, 게르만 민족기질, 로만어계 민족기질 또는 슬라브 민족기질은 정신적인 원리이며, 대립이며 생물학적인 피의 연관은 아니었다. 게르만적 원리의 내용을 통상형으로 만든 것은 자유주의적 · 민주적 부르주아지의 정치적 바람이었다. 민중에 친숙한 법과 법정, 인민무장, 국지적 생활권의 자립, 지방행정(Selbstverwaltung), 그리고 지방자치(Selbstregierung)를 갖춘 자유로운 협동체(Genossenschaft)라는 사상은 게르만적이라고 불리고, 이 낡은 독일적인 자유는 중앙집권적이며 신분사회촉진적인 제방(諸邦) 군주의 절대주의로 대치되었다. 그러나 이러한 사고방식과 아울러 가능한 한 모든 대비가 안티테제에 포함되게 되었다. 예를 들면 민주주의자 디이첼은 노동은 게르만에 대해서는 욕구이지만, 로만어계 민족에 대해서는 향락을 위한 수단에 불과하며, 근본적으로는 필요악이라고 주장하였다.176) 절대주의에 대한 증오에서

프리드리히 빌헬름 1세와 프리드리히 2세의 국가는 특히 비독일적이며 로만적이라고 혐오하였다.[177]

　이러한 게르만적 이념과 인종론과의 매개자는 리하르트 바그너*였다. 처음에 그는 게르만적·로만적 대비를 인민자유와 군주 전제의 안티테제로서 보았다. 그런데 70년대에 바그너는 고비노와 알게 되고, 고비노는 후에 체임벌린이 그러하였듯이 바이로이트의 [바그너의] 매우 친밀한 사람들만의 모임에 출입하였다. 바그너의 권유에 의해 고비노의 인종론에 관한 저작이 쉐만(Schemann)에 의해서 독일어로 번역되었다. 같은 70년대에 게르만 민족기질을 유대 민족기질에 대항시키는 운동이 시작하였는데 여기서는 이미 자주 유대 민족기질이 문자 그대로 로만어계 민족의 역할을 인계하고 있었다. 당시 슈퇴커(Stöcker)* 또는 트라이치케의 반유태주의는 트라이치케가 혼혈에 의한 유태인 문제의 해결을 권장할 수 있었던 인종론과는 거의 관계가 없었다. 라가르드와 함께 당시 독일의 민족 기질은 혈통(Geblüt)이 아니라 기질(Gemüt)이 있다고 생각하고 있었다. 게르만인이 좀 더 가치가 높은 피의 인종이라는 사상을 90년대에 최초로 대유행시킨 것은 랑벤*의 책 『교육자로서의 렘브란트』였다. 이 책 속에서 토착의 문화를 가진 저지 독일 출신의 아리아인의 순수 혈통의 인종(Edelrasse)이 자유주의적 진보의 합리주의적 대도시 문화에 대항되고 있다. 아리아인의 귀족주의적 소수파는 주로 유태 민족기질을 박멸하려는 목적을 위해서 농민·귀인(Edelleute)·예술가로 이루어진 「귀족당」에 결집하도록 요구되었다. 왜냐하면 「융커와 진보주의자간의 대립은 아마도 신념의 대립보다도 피의 대립이기」[178] 때문이다[라고 서술하였다]. 이러한 국수주의적인 루소주의는 자유주의적·민주적으로 포식된 시민의 봉건화라는 정치적 의미를 가졌다. 프리드리히 랑게*가 1894년 아리안적 독일인 동맹을 창립하고,[179] 그리고 1899년 이래 체임벌린의 책이 엄청나게 판을 거듭하여 보급된 후 독일 문화와 정치 속에 그 진정한 아리안적 영향과 이질적인 유태적 영향을 고찰하는 작업이 시작되었다. 유태 민족기질에는 다만 문명을 만들어내는 능력이 있다고 하였으나, 문명의 억압적 하중이 문화 몰락의 원인이라고 해석되었다. 역사의 한 악의에 찬 기지(機知)대로라면 혈통검사를 할 경우 거기에 불합격한 첫 번째 사람들 중의 한 사람이 바로 리하르트 바그너이어야 했다. 1888년 니체는 바그너를 논란하는 저작 속에서 이 「비독일적」 음악가는 유태인 광대의 사생아라고 주장하였다.[180] 그 이후 지위를 향상시킨 부르주아적 계층의 지배욕은 가능한 한 여러 가지 방법으로 혈통적으로 근거지우게 되었다. 재능이 의심의 여지없이 생물학적 원인에 의해서 결정된다는 주장이나, 상호혼인

---

176) Anonym [Gustav Diezel], *Deutschland und die abendländische Civilisation*, Stuttgart 1852, S. 390.

177) AaO., S. 245 ff.

178) Anonym [August Julius Langbehn], *Rembrandt als Erzieher* (1890), Leipzig 1922, S. 183.

179) Friedrich Lange, *Reines Deutschtum. Grundzüge einer nationalen Weltanschauung*, Berlin 1904, S. 350 참조.

180) Friedrich Nietzsche, *Der Fall Wagner*, in *Werke*, Bd. 8, Leipzig 1899, S. 39.

에 의해서 생긴 지배계급 내부의 피의 고정화, 아울러 멘델의 법칙의 발견은 이러한 국민에 관한 인류학적인 내재적 형이상학[의 성립]에 반가운 사용처를 제공하였다.

그러면 이제 오늘날 국민주의 이념은 어떠한 정치적 의의를 가지는가 하는 문제를 논한다면, 우선 그 특성은 가장 강력한 정치적·사회학적인 힘이라는 것을 확인할 수 있다. 집합적 전체성(Gesamtheit)이라는 이름 아래 오늘날 정치적 지배가 효과적으로 정당화되고 있으나, 그러한 집합적 전체성은 국민 이외에는 없다. 이 정당화 근거는 오늘날의 군주주의적 의식의 배경에도 있다는 것을 위에서도 이미 살펴보았다. 나아가 사회주의 사상에도 국민성(Nationalität)은 정치적인 조직원리로서 통용되고 있다. 엥겔스는 1887년부터 88년에 걸친 겨울에 쓴 매우 재미 있는 논문 속에서「신독일 제국의 창설에 있어서의 권력과 경제」의 관계를 서술하였다. 그는 서론에서 빈 회의 이후 어떻게 약소 왕조가 대민족보다도 중요시되었는가를 나타내었다.「그러나 그것은 오래 계속되지 못하였다. 중세 말로부터 역사는 커다란 국민국가로서 이루어진 유럽의 구성을 지향하였다. 이러한 국가만이 유럽의 지배적 부르주아지의 정상적인 정치적 구조(Verfassung)이다. 그리고 마찬가지로 민족들의 협조적인 국제적 공동생활을 창출하는 불가결의 전제이며, 그것 없이는 프롤레타리아트의 지배가 존속하지 못할 것이다」.「그러기 위하여 우선 각 민족은 자주 독립이며 자국 내에서 주권적이어야 한다」.[181] 오토 바우어는 이러한 논의를 한걸음 더 전진시켜 국민성원리는「국가형성의 격률(Maxima)」로서, 즉「내면적 공동체가 외적 권력의 기체가 된다」는 요청으로서, 어디까지나 사회주의적인 것으로서 인식하였다. 물론 그는 사회주의적 사회질서가 이루어져야 비로소 이 원리가 충분하게 효력을 나타낼 것이라고 생각하였다. 그러나 바로 그렇기 때문에 사회주의자는 오늘날에도 이 목적에의 길을 선택해야 하며,「자본주의 사회 내부에서 국민성원리를 국가의 근본조직법(Staats-verfassung)의 규칙(Regel)」으로 하지 않으면 안 되는 것이다.[182]

국가적 권위의 영토적 경계라는 다른 조직원리와 정당성원리는 오늘날 실제 존재하지 아니한다. 특히 정치적인 경제적 지역(Provinz)의 사상은 이 조직이 많은 사람들에게 추구할 가치가 있는 것처럼 보일지라도 국가적 지배의 정당화의 기초로서는 아직은 유토피아적이다. 이 30년 동안의 [제1차] 세계대전을 포함한 커다란 사건 모두가 보여준 것은 내면적 문화공동체가 커다란 계급대립의 존재에도 불구하고 사실상 외적 권력의 기체를 이룬다는 것이다. 오늘날까지 살아있는 이러한 공동체, 그리고 이 공동체의 이름 아래 다수결원리와 아울러 국가적 지배 일반이 정당화되는데, 이러한 공동체가 장래에도 이러한 국가구성력을 가지는가의 여부는 물론 확실하지 않다고 할 것이다. 이념적이고 물질적인 재화란 점에서 다수자가 거의 아무것도 갖지 못하고, 소수자가 거의 모두를 소유하는

---

181) Friedrich Engels, "Gewalt und Ökonomie bei Herstellung des neuen Deutschen Reichs", in *Die Neue Zeit*, Jg. 14 (1896 1), S. 679.

182) Bauer, *Nationalitätenfrage* (siehe Anm. 148), S. 576 (김정로 옮김,『민족문제와 사회민주주의』, 백산서당, 2006).

민주적 공동체는 확실히 오래 계속할 수는 없다. 그러나 다른 한편, 인종론도 그것이 그 많은 대변자의 입을 통하여 북구인(게르만인)의 인터내셔널을 요구하기에 이르러서는 국민으로부터 국가구성력을 빼앗고, 정치적 단체의 정당성 승인에 의한 문화공동체를 해체시켜 버린다. 끝으로 [제1차] 세계대전 후에 유럽 국가들이 매우 긴밀한 사회적 결합을 하는 중에 국민주의사상만으로 이러한 국가의 개별화와 투쟁을 정당화하는 여부와 오히려 국민주의 이념은 **유럽**이라는 보다 포괄적인 기체 ─ 그리고 그 이름 아래서만 오늘날의 국가적 위기는 극복될 수 있는데 ─ 에 의해서 보완되어야 하는가의 여부는 일반적으로 매우 의심스럽게 생각된다.

## VII. 사회주의 사상

사회주의의 정치사상 ─ 이 책에서는 이것만을 문제로 삼는다 ─ 은 계통적으로는 사회민주주의 정치사상과 동일하다. 정치적 지배를 「인민의 보다 좋은 부분」에 의해서, 즉 「교양과 재산」으로 정당화하는 자유민주주의와는 반대로 사회민주주의는 전적으로 사회적으로 연대적인 인민 전체만을 지배의 정당화의 근거로서 인정하려고 한다. 자유민주주의는 19세기의 규제들에 있어서 법적인 신분상의 특권들을 폐지하고 형식적인 권리의 평등을 선언하였다.

그러나 바로 그러므로, 즉 사유재산의 취득에서, 국가는 가능한 한 간섭하지 않고 다만 사후적으로 보증하는데 그친다고 함으로써 계약의 자유와 자유로운 상속권으로 경제적 계급의 사실상의 지배가 발생하였다. 그런데 이 경제적 계급의 사실상의 지배는 법적으로 확정된 것도 아니고, 더욱이 이념적으로 정당화 된 것도 아닌 까닭에 그만큼 한층 더 압박적이다. 그러므로 사회주의가 달성하려고 하는 **자연질서**는 각 개인이 법적으로 평등한 성원으로서 사회를 형성하고 있을 뿐만 아니라, 즉 신분적으로 평등할 뿐만 아니라 경제적으로도 공유하는 인민(의 질서)이다. 이 **자연질서**에 대한 해석에서 지배자는 피지배자 전체에 대하여 인과율적으로 종속되어 있음이 필연적으로 자각된다는 자연주의적 해석, 그것에 대하여 지배자는 연대적 공동사회에 대하여 윤리적·이성적으로 종속되어야 한다는 이상주의적 해석이 있다.

어떤 경우에나 사회민주주의는 그 지배의 정당화에서는 형식적으로 평등한 권리주체로서의 인간에서 출발하는 것은 허용되지 않으며, 그 사회적 가능성, 특히 경제적·개인적 가능성의 제약들 아래에 있는 심적·신적 전체성으로서의 인간을 출발점으로 삼아야 한다. 자유민주주의에서는 경제주체가 고려와 규제 밖에 있는데 반하여 사회민주주의는 현실을 직시하며, 특히 다름 아닌 사회·경제적 관계들의 공정한 규제를 중시한다.

그러므로 독일의 최초의 사회주의적 체계 즉, J. G. 피히테의 『봉쇄상업국가』(1800년)는 이렇게 기술한다. 「모든 인간의 행위의 목적은 생활하는 것이 가능하다」는 것이다. 그리고 이 생활의 가능성에 대해서는 자연으로부터 생을 받은 모든 사람들이 동등한 청구권을 가진다」.183) … 이러한 일들[생계의 배려]이 모두 반드시 저절로 발생할 것이라고 말하고, 사람은 누구나 항상 노동과 빵을 찾아낼 것이라고 말하여 그것을 요행에만 맡기는 것은 완전한 법치조직에는 어울리지 않는다.184) … 오늘날에 이르기까지 국가의 과제는 단지 일면적으로 그리고 단지 절반만 시민이 현재 있는 그대로의 점유상태에서 이것을 법률로 유지해야 할 시설로서만 파악해 왔다. 인간 각자에게 부속되어야 할 재산을 최초로 각자에게 준다는 국가의 한층 중요한 의무는 간과되어 버렸다. 그러나 이 의무의 이행은 정치적 무정부상태가 점차로 폐기되듯이 거래의 무정부 상태가 폐기됨으로써만 가능하게 된다.185)

「모든 인간이 대체로 같게 쾌적한 생활을 할 수 있다」186)는 목적 때문에 국가가 경제를 규제해야 한다는 이상의 요구에 의해서 피히테는 자유주의적 법치국가에서 사회국가·경제국가에로의 이행을 달성하였다. 낭만주의와 역사학파가 시간을 초월한 자연법에 대한 신앙과 함께 사회를 비판하는 여러 가지 규준에 대한 모든 신앙을 포기해 버린데 반하여, 피히테에 있어서는 자유와 평등의 요구가 계속 강력하게 살아 있으며, 그것은 그가 공정한 경제라는 시대의 요구를 영원한 형식에 부어 넣었기 때문이다. 피히테는 이미 1793년 노동과 최저한도의 생활에의 권리를 요구하고, 다른 면에서는 만인의 노동의무도 요구하였다. 1800년 이래 이 사회적 자유주의는 사회주의에, 다시 말하면 국가적으로 규제된 수요충족경제에로 전개되어 갔다. 윤리적 개성이 경제적 개인주의로부터 입는 위협이야말로 피히테로 하여금 사회주의자가 되게 한 것이다. 그는 실제로 이상적인 「순수한」 자아가 충분한 경제적 기초를 가질 때 비로소 그 정신적 사명을 달성하는 것을 알았다.

이처럼 피히테는 물질적 욕망들을 최고의 윤리적·형이상학적 이상과 결합시킴으로써, 이성국가가 자유에 의하여 실현되지 않는 동안은, 그리고 인간이 여전히 본질상 그들의 자연적 본능에 따라 행동하는 동안은, 국가는 하나의 경제적 수단으로 간주된다는 현실주의적 견해에 도달하였다. 1796년 피히테는 이렇게 기술한다. 「식욕만이 근원적인 충동인 동시에 또한 그것의 만족은 국가의, 그리고 모든 인간생활의 궁극목적이다. 인간이 전적으로 자연의 지배 아래 머물러 있고 자유에 의해서 자신을 보다 높은 존재로까지 높이지 않는 한, 이 욕망만이 온갖 모순을 합일하는 최고의 총합이라고 말하는 것은 자명하다. 모든 자유로운 행위의 최고이며 또 가장 일반적인 목적은 생존의 가능성이다. 누구나 이러한 목적을 가지고 있다. 또한 그 때문에 자유가 일반적으로 보증되어 있듯이 이 목적은 보증되어있다. 그 목적이 달성되지 않는다면 자유와 개인의 존속은 전혀 불가능하게 될 것이다」.187) 여하튼 물질적 유지 없이 정신적 발전은 있을 수 없는 것이다.

183) Johann Gottlieb Fichte, *Der geschlossene Handelsstaat*, in *Sämtliche Werke* (Hg. I. H. Fichte), Bd. 3, Berlin 1845, S. 402.
184) AaO., Bd. 3, S. 446 f.
185) AaO., Bd. 3, S. 453.
186) AaO., Bd. 3, S. 402.

   그러나 국가는 피히테에 있어서는 결국 「순수하게 인간적인 것을 완성시키기」[188] 위한, 「완전한 사회를 건설하기」 위한 하나의 수단이다. 「국가는 단순한 수단에 불과한 모든 인간의 시설처럼 결국은 그 자신의 파기를 목적으로 한다. 즉 **통치를 불필요하게 하는 것이야말로 모든 통치의 목적이다**」.[189] 그는 만년에도 이렇게 생각하였다. 국가란 「강제장치」는 「모든 자에게 강제의 적법성과, 따라서 그 불가결성을 통찰시키는」[190] 목적을 위해서만 존재해야 한다. 어쩌면 「수 십 만년 지나서」 겨우 실현될 수 있을법한 이 최종상태에 피히테는 「라이히」(Reich)라는 명칭을 붙였다. 국가도 가족도 또는 사유재산도 존재하지 않는 이 라이히를, 피히테는 1813년의 그의 마지막 강의에서 이렇게 서술한다. 「라이히에 의해서 모든 외적인 법적 강제는 일반적으로 없어져 버린다(왜냐하면 라이히에서 항쟁이란 것은 이미 전혀 불가능하기 때문이다). 즉, **혈통**이나 가족(모든 것은 단지 하나의 가족일 뿐) 여하에 의한 불평등, 개인적 재산(모두가 토지소유자이며 공동수익자)의 모든 불평등은 없어져 버린다. 요컨대 근세에 이르기까지 전해져 온 낡은 국가의 모든 현상은 없어져 버린다」.[191] 따라서 오늘날의 국가는 이상적인 궁극목적을 향하여 나아가는 한에서만 정당화되는 것이다.

   모든 민주주의에는 자유와 평등, 자치와 강제적 권위의 모순이 내재한다. 소유의 특권화와 그 소유에 의거하는 교양층의 특권화를 당연시하는 자유주의적 민주주의에서는 이러한 모순이 그렇게 심각하지 않다. 소유의 특권을 배제하고 능력 있는 모든 자에게 자율을 인정하려는 사회민주주의는, 한편으로 자율을 행할 수 없는 자의 강제의 필요성과, 다른 한편, 자유의 요구라는 모순 속에서 그 중심적인 정치문제를 본다. 피히테는 이 문제를 이렇게 해결한다. 「이 모순을 정력적으로 해결하는 자만이 진정한 (적법적) 국가이다. 즉, 그 매개적 고리는 이미 발견되어 있다. 그것은 모든 자에게 법(정의)을 통찰시키는 교육이다. 강제국가는 이 조건을 완수할 때에만 스스로 존재할 **권리**를 갖는다. 왜냐하면 그 조건에 있어서 강제국가는 그 자신의 **지양**을 준비하기 때문이다」.[192] 이리하여 피히테에 있어서 사회민주주의는 장대한 교육과제가 되었다. 피히테는 이 과제를 실현하기 위해서 이렇게 주권적 독재까지도 용인하였다. 즉 「법(정의)을 위하여 자기의 법(정의)과 일반의 법(정의)을 위하여 누구나 **강제되지** 않으면 안 된다. 그리고 타인이 그것을 인정하는가 어떤가를 누구나 그 양심에 따라 해석하지 않으면 안 된다」.[193] 왜냐하면 교육독재는 「사후의 통찰에 의하여 적법적」[194]으로 되기 때문이다.

---

187) Fichte, *Naturrecht* (siehe Anm. 79), Bd. 3, S. 212.

188) Fichte, *Deutsche Nation* (siehe Anm. 140), Bd. 7, S. 392.

189) Fichte, *Bestimmung des Gelehrten* (siehe Anm. 82), Bd. 6, S. 306.

190) Fichte, *Staatslehre* (siehe Anm. 78), Bd. 4, S. 437.

191) Fichte, *Staatslehre*, in aaO, Bd. 4, S. 591 f.

192) Johann Gottlieb Fichte, *Excurse zur Staatslehre*, in *Sämtliche Werke* (Hg. I. H. Fichte), Bd. 7, Berlin 1844, S. 574.

193) Ebd.

  그 후의 사회주의사상사에서 특별한 의의를 가지는 것은 피히테가 재산권의 근거를
노동의 원리에서 찾은 점이었다. 칸트처럼 피히테는 인간이 감각계 대하여 윤리적 「영득권」
(Zueignungsrecht)을 가진다고 생각하였다. 그런데 칸트는 영득된 물체에 모두 재산(권)을
고착시켰다. 이에 반하여 피히테의 위대한 사상적 공적은 이러한 실체주의적 사고방법을
타파한 점이다. 피히테에 있어서 재산이란 하나의 기능개념이다. 즉 그것은 문화를 위한
조악한 원료에 대한 형성적인 활동으로부터만 성립한다. 이러한 보편적인 노동[의 성과의]
소유는 경제적 영역에 대해서 민주주의를 시종일관하여 적용한 결과이다. 물론 여기서
민주주의라고 할 때 그것은 전적으로 봉건적·등족적 재산특권을 타파하고 모든 자에게
가능한 한의 것을 긁어모을 수 있도록 허용하는 자유주의적 민주주의를 의미함은 물론이다.
피히테의 재산론이 사회주의적으로 된 것은 1796년이지만 이 해에 이르러 겨우 그는
재산은 사회적 기능이라고 규정하였다. 이제 [피히테에 의하면] 개인의 영득권은 영득이라는
「사실」에서만 결정되어야 하는 것으로서, 「그 다과여하」에 관해서 개개인은 「계약」을
하지 않으면 안 된다. 따라서 재산권은 **상호 간의 승인에 의해서** 비로소 완전하게 성립하며
그것으로 제약되며, 이 조건이 없었더라면 발생할 수 없을 것이다. 모든 재산(권)의 기초는
다수자의 의지를 하나의 의지에 합일시키는데 있다」.[195] 여기에 비로소 개인의 영득권의
자유로운 경쟁은 전체의 사회적 이익에 의해서 제약되고, 자유와 평등에 기초를 둔 국가계약
[=사회계약]은 재산의 적법성의 검토로 전용된 것이다.

  개별적인 점에서 피히테의 사회주의는 자본주의가 아직 미발달한 상태였던 시대의
독일의 경제구조의 흔적을 명백하게 나타내고 있다. 독일 인민의 대부분은 아직도 봉건적
속박 아래 있는 농민과 농업 일용노동자와 그들보다는 훨씬 적지만 수공업자로서 아직
길드에 통합된 시민과, 거의 중요성을 가지지 못한 약간의 자유로운 공업노동자로서 성립되
었다. 정치적으로 유일한 지배계급은 비록 문화 전반에 걸쳐 도시적 성격이 점점 더 지배적
으로 되기 시작하고 있어도 여전히 귀족이었다. 계몽적 절대주의에 의해서 해방된 농민계층
은 매우 적은 범위였으며 피히테의 사후에야 비로소 그 대부분이 해방되었다. 이제 프랑스
혁명에 이어서 기술과 경제의 변화에 따라 요구된 개혁들의 결과로, 도시와 농촌에 있어서
무산자의 유산자에 대한 인격적인 종속관계가 폐기되었다. 법률상의 자유와 평등은 이러한
종속관계로부터 그 가부장적 성격도 제거하였다. 직인과 도제는 수공업의 장인(匠人)으로
부터 인격적으로 독립하고 자유롭게 이전할 수 있게 되었다. 농업노동자와 고용인도 영주로
부터 같은 모양으로 해방되었다. 법률상 이제 주인도 고용인도 똑같이 존중되었으나 서로
무관심하게도 되었다. 이제야 주인과 장인은 병약하고 노쇠한 노동자에 대한 일체의 의무를
면제받게 되었다. 수공업자는 길드의 질곡을 파기하고 자본주의적 기업가가 되거나 혹은
지금 막 성립하기 시작한 프롤레타리아트로 몰락하였다. 자유경쟁과 합리적으로 기계화된
경제는 공업에, 그리고 얼마 안 가서 농업적 대경영에 자본주의적 성격을 부여하였다.

낡은 신분사회와 병행하여 얼마 안 가서 그것에 덮어씌워지는 형태로 부르주아지의 형상을
한 새로운 지배계급과 프롤레타리아트의 형상을 한 공업과 농업의 임금노동자 계급이
나타났다. 그 수에 있어서 점점 더 증대되어 가는 이 임금노동자 계급은 법률적으로는
자유였으나 그만큼 매우 심한 경제적 예속의 부담을 느꼈다. 사회적 권력관계는 지금은
노골적으로 경제화되고, 계급대립이 세습신분적 전통에 의해서도 또 본질적으로 교회적
전통에 의해서도 정당화될 수 없게 되었다. 계급들에 대하여 등족의 법적 특권을 배격한
형식적인 법치국가의 원칙은 전혀 무력하다 — 물론 법 앞에는 모두가 평등한 것인데!
어떻든 사회주의적 노동자 계급의 평등의 요구는 민주주의의 논리적 전개이다. 즉, 노동자
계급은「우선 그리고 오늘에 이르기까지, 첫째로 새로운 사회의 **이념**이나 새로운 국가**이념**
과 새로운 의식의 **이념**에 비추어서 그들의 권리인 것만이 아니라, 이러한 새로운 이념의
본질적 징표로서 완전하게, 또한 정당하게 그들에게 속하는 것을 획득하기 위하여 싸웠다.
요컨대 자유로운 성인의 권리나 그 이익과 의지를 관철하기 위한 그들의「**권리의 평등**」을
획득하기 위하여 싸웠다」196)(퇸니스).* 그러므로 피히테도 독일에 있어서 현실의 경제에
의해서 결정적으로 종속됨이 없이 자연법의 자유와 평등의 이상으로부터 그 논리적 귀결로
서 사회주의적 요구들을 전개할 수가 있었다. 사회주의에 도달하기 위하여 피히테는 오로지
그의 법(정의)개념을 시종일관 사회적 현실에 따라서 경제에도 적용할 필요가 있었다.
왜냐하면 그의「법(정의)개념」은 추상적으로 사회의 각 성원이 자기와 함께 다른 모든
성원도 외적으로 자유로이 될 수 있도록 자기 자신의 외적 자유를 내면적 자유에 의해서
제한하는197) 데에서 발생한 것이기 때문이다.

    이제 다음에 우리들은 마르크스주의에 맞붙게 되는데, 마르크스주의에 의하면 사회주의
가 달성해야할 목표는「각인의 자유로운 발전이 만인의 자유로운 발전의 조건인 결합
체」198)라고 표현한다. 마르크스가 그의 사상형성의 결정적인 시기에 자기에게 있어서
긴요한 것은 결코「과거와 미래 사이에 하나의 큰 선을 긋는 것이 아니고, 과거의 사상을
완성하는 것이다」199)라는 것을 알게 될 것이라고 기술한 것으로 보아 마르크스도 자연법의
전통과의 연관성을 의식하고 있었다. 그러나 마르크스주의는 인과율적인 **자연질서**, 즉
「인간의 사회사를 지배하고」, 필연적으로 자유와 평등을 실현하는「보편적인 운동법칙」을
발견하였다고 믿고 있다. 이러한 이른바 가치자유인「발전법칙」의 요소들은 한편으로는
자연법적인 정의의 이상이며, 다른 한편으로는 19세기에 지배적이었던 역사와 사회의

196) Ferdinand Tönnies, *Die Entwicklung der sozialen Frage*, Leipzig 1907 (Sammlung Göschen),
    S. 36.

197) Fichte, *Naturrecht*, in aaO., Bd. 3, S. 9.

198) Karl Marx und Friedrich Engels, *Manifest der kommunistischen Partei* (1848), 8. deutsche
    Ausgabe, Berlin 1912, S. 45.

199) Marx an Ruge (Aus den *Deutsch-Französischen Jahrbüchern*), in Franz Mehring (Hg.), *Aus
    dem literarischen Nachlaß von Karl Marx, Friedrich Engels und Ferdinand Lassalle*, Bd. 1, Stuttgart
    1902, S. 383.

사상이기도 하다.

　자유주의적인 인도주의의 역사적 내재철학, 특히 헤르더는 이미 「인간의 힘」을 역사의 진정한 주체라고 주장하였다 빌헬름 폰 훔볼트의 위의 저작[『국가 활동의 한계를 확정하려는 시도에 관한 이념들』] 중에 「어쩌면 인류의 전 역사는 단순히 인간적인 힘에 대한 혁명들의 자연적 결과로서 서술할 수 있다」[200]고 기술한다. 그러나 훔볼트에게 그것은 결국 「인간의 본성이 어떤 것이든 모든 것을 지배하는」 인간의 상대적으로 초월적인 「내면적인 힘」이었다. 이에 반하여 「물리적 자연」의 힘들은 그 「일정한, 영원히 동일형태로서 재현되는 운동」[201]이므로 이점에서 보다 중요한 것은 아니었다.

　마르크스주의에서는 바로 이와는 반대로, 역사의 창조주는 보편적인 인과법칙성의 지배 아래 있으며 그 행동이 사회화 된 인간이다. 여기에서 비로소 내재철학의 궁극적인 귀결에 이르게 된다. 「관념론」에서는 자연과 정신, 필연과 자유의 대립은 「이념」 속에서 극복된다. 이 이념은 훔볼트의 경우 내면적인 힘으로서 역사의 동인을 이루며, 「각자가 다만 자기 자신으로부터, 또한 자기 자신을 위하여 발전하는」[202] 사회적 이상을 요구한다. 마르크스주의는 긴장관계를 자연과 법칙 쪽에 풀고 인간의 힘을 역사적 현실 전체의 일부로서, 즉 자연과 사회에 의해서 규정되는 결정인으로서 파악하였다. 「내면적인」 인간의 힘의 피안성은 철회되고 이념적인 것은 단지 「인간의 두뇌로 옮겨져 번역된 물질」[203]에 불과하며, 역사의 운동법칙은 「현실생활의 생산과 재생산」[204] 속에서 구해야 한다고 하였다. 사회를 그 자신에 의해서, 그 유지와 재생에 의해서 내재적으로 해석하려는 이러한 사상은 동시에 거기에서 자유와 평등으로 향하는 사회의 인과필연적인 발전을 포착하여 촉진할 수 있는 알키메데스의 점을 가리킨다. 「이념은 그것이 이익과 구별되는 동안은 언제나 웃음거리가 되어왔다」. 사회주의의 프롤레타리아트적인 이상은 오히려 오늘날 존재하는 자본주의적 · 프롤레타리아적 관계로부터 필연적으로 실현되는 것이다[라고 주장한다].

　「유물론적 역사관」에 대한 지식 없이 마르크스주의의 정치적 태도를 이해하는 것은 어려울 것이다. 이 역사관의 정식화 중에서는 반드시 모순을 벗어났다고는 말할 수 없다. 여러 종류가 있지만 여기서는 1894년의 엥겔스의 한 편지 [1월 25일자의 하인츠 슈타르켄부르크에게 보낸 편지]에서 볼 수 있는 최후의, 그리고 가장 신중한 것을 보기로 한다. 「정치적 · 법적 · 철학적 · 종교적 · 문학적 · 예술적 발전은 경제적 발전에 입각하고 있습니다. 그러나 그것들의 발전은 또 모두 상호간에 반작용을 하며 경제적 토대에 반작용을 합니다. 경제상태가 **원인**이며 그것**만이 능동적**이고 다른 것은 모두 **수동적인** 결과에 불과하다는 것은

200) Humboldt, *Gränzen der Wirksamkeit* (siehe Anm. 114), Bd. 1, S. 238.

201) AaO., Bd. 1, S. 237 f.

202) AaO., Bd. 1, S. 109.

203) Karl Marx, *Das Kapital. Kritik der politischen Ökonomie*, Bd. 1 (1867), 8. Aufl., Hamburg 1919, S. XVⅡ, Vorwort von Marx zur 2. Aufl.

204) Friedrich Engels, in Brief an J. Bloch, 21. September 1890, in Eduard Bernstein (Hg.), *Documente des Sozialismus*, Bd. 2, Berlin 1903, S. 71.

아닙니다. 그렇지 않고 **궁극적으로는** 항상 자기를 관철하는 경제적 필연성이라는 기초 위에서의 상호작용입니다. … 인간은 자기의 역사를 자기가 만드는 것입니다만 그들을 제약하는 주어진 환경 속에서 현존하는 사실적 관계들을 기초로 하여 만드는 것으로서, 이러한 관계들 속에서는 경제적 관계들이 그 나머지의 정치적 및 이데올로기적 관계들에 의하여 영향을 받는 일이 있을지라도 궁극적으로는 결정적인 관계들이며 이해로 인도하는 오직 하나의 관철하는 빨간 실로 되어 있습니다. …우리들이 지금 살피고 있는 영역이 경제적인 것으로부터 멀어져서 순수하게 추상적인 이데올로기적인 것에 가까이 하면 가까이 할수록, 그만큼 더욱더 우리들은 그것이 발전하는 가운데에서 우연히 사실을 나타냄을 발견할 것이고 그 곡선은 더욱더 지그재그로 되어 갑니다. 그러나 만약 당신이 이 곡선의 평균축선을 그려 보인다면, 고찰되는 기간이 길면 길수록, 또 이렇게 취급되는 영역이 크면 클수록, 이 축선이 그만큼 더욱더 경제적 발전의 축선에 근사적으로 평행하여 달리는 것을 발견하게 될 것입니다」.[205]

　이러한 서술에서 명백하게 된 것은 마르크스주의가 정치이념의 독자성을 모른다는 점이다. 이[생산과 경제라는] 사회적인 부분 내용 속에 나머지 다른 사회적 전체성의 보다 큰 부분을 쓸어 넣느냐 또는 작은 부분을 쓸어 넣느냐에 따라서, 「생산」과 「경제」에 대한 해석차이로 생기는 논쟁에는 관여하지 않더라도, 여하튼 [이 서술에서] 명백하게 확인된 것은 정치가 아니라 경제가 우리들의 운명이 된다는 점이다. 물론 정치적으로 매우 의의있는 것은 피히테의 경우와 마찬가지로, 여기서도 사회형태의 윤리적·정치적 혁신의 **불가결한 조건**(conditio sine qua non)이 그것에 대응하는 경제의 변화라고 하는 인식이다. 그러나 여하튼 사회적 전체성을 사회적 「생산」이라는 근본사실로부터 통일적으로 파악하려는 과학에서는 확실히 매우 효과적인 시도에서 어떤 정치적 원리로의 길은 결코 열려있지 않은 것이다. 왜냐하면 논리일관성을 중시하는 마르크스주의는 정치의 두 개의 특수한 수단, 즉 한편의 계몽과 통찰, 다른 한 편의 정치적 폭력에 대해서는 효과적으로 사회를 형성하는 능력은 전혀 인정하지 않기 때문이다. [마르크스주의에 의하면] 사회의 현실적 변화는 틀림없이 인과적 필연성을 가지고 발생하는 생산관계에서의 변화들에 의해서만 가능하다. 그리고 생산관계에 대한 인간의 통찰은 다만 표상이 실재에 대하여 가지는 관계와 같은 것이다. 그러므로 통찰과 그것에 대응하여 사용되었던 폭력은 이러한 경제적 강제법칙성에 대해서는 무력한 것으로서 기껏 역사의 조산부가 될 수는 있어도 역사의 생모가 될 수는 없는 것이다. 따라서 마르크스주의에서 진정한 역사적 전체성은 국가가 아니며 생산집단, 즉 계급이다. 「지금까지의 모든 사회의 역사는 계급투쟁의 역사이다」.[206]

　계급투쟁의 현상이 마르크스 이전에 독일의 문헌에 알려져 있지 않았던 것은 아니다.

---

205) Friedrich Engels, Brief an Heinz Starkenburg, 25. Januar 1894, in Eduard Bernstein (Hg.), *Documente des Sozialismus*, Bd. 2, S. 74 f.
206) Marx Engels, *Manifest*, S. 25.

로드베르투스*는 이미 「곧 일어날 것 같은 새로운 인민폭동」을 인식하고 당연한 것으로 인정하였다.207) 그는 이렇게 기술하였다. 「노동자계급은 오늘의 사회의 선행에 의하여 다른 모든 계급과 마찬가지로 개인적 자유와 형식적으로 평등한 권리를 얻는다. 그 이상 아무것도 얻지 못한다! 그러나 만약 얻을 것이 많이 있을 경우, 그것은 **보다 많은** 것을 요구하는 영원한 심리적 자극일 뿐 아니라 더욱 그 자연적이고 논리적인 발전의 원인이기도 하다」.208) 「오늘날의 투쟁에서 야만인은 자기 자신과 싸우지 않으면 안 된다. 그러나 로마군을 섬겼던 야만인이 로마를 점령하였다는 사실을 잊어서는 안 될 것이다. 요컨대 노동자를 옛 예속 상태로 되돌리는 것은 불가능하며 그들에게 대한 오늘의 입장은 유지할 수 없다. 진보는 저해되고 있다. 그 밖에 무엇이 남는가? 장애의 **극복** 이외에는, **앞으로!**라는 **사회적 표어** 이외에 아무것도 남아 있지 않다. 왜냐하면 사회는 그 배(船)를 불태워 버렸기 때문이다」.209)

　마르크스주의는 분업에서 발생하는 계급분열을 모든 사회적 투쟁의 요인으로 규정하기 위해 경제적인 역사관과 계급투쟁설을 결부시켰다. 모든 사회적 지배의 근거는 자본가계급의 수중에 있는 생산수단의 사적 소유에서 구하였다. 모든 것을 포괄하는 대목표는 이러한 생산수단의 사회화이다. 그러나 현대의 계급대립적 사회에서 존재와 의식은 완전히 계급상태에 의해서 규정되어 있으므로 이데올로기적 상부구조로서의 법과 국가는 계급대립을 청산할 수 없다. 따라서 프롤레타리아트는 부르주아지에 향하여 이렇게 이의를 제기할 수 있다. 즉, 「당신들의 이념 자체가 부르주아적 생산 관계와 재산 관계의 산물이다. 이와 마찬가지로 당신들의 법(정의)도 당신들의 계급적 의지를 법률화한 것에 불과하다. 그리고 그 의지의 내용은 당신들의 계급의 물질적 생활조건에 의해서 주어진 것에 불과하다」.210) 모든 계급대립의 인과필연적인 제거와 사적인 생산수단의 소유를 철폐하는 내재적 근거는, 더욱 그 수가 증대하고 있는 프롤레타리아트의 경제적 생활 상태에 있다. 이렇게 말하는 것은 프롤레타리아트가 평등한 대중으로서 아무런 억압하는 자를 가지고 있지 않으며, 그러므로 모든 자의 자유와 평등을 원하지 않을 수 없기 때문이다. 부르주아지의 정치혁명은 단지 계급특권만을 제거하였으나 프롤레타리아의 사회혁명은 계급지배를 제거한다. 그러나 프롤레타리아 계급은 「전 사회가 이 계급[프롤레타리아 계급]의 상태에 있다는 전제 아래서만 전 사회」를 해방한다. 마르크스주의에서는 자유주의의 진보에의 신앙이 진보의 과학이 되어버렸다는 것, 그리고 헤겔의 경우처럼 결국 주관적 이익과 객관적 이성이 일치한다는 것이 명백하다. 그러나 헤겔의 경우 속박 없는 국가적 집단 에고이즘의 **자유방임**이 **자연질서**를 만들어 내고, 세계정신을 실현하는 것에 반하여, 마르

207) Carl Rodbertus-Jagetzow, Die *Forderungen der arbeitenden Classen* (1837), in *Aus dem literarischen Nachlaß von Carl Rodbertus-Jagetzow* (Hg. A. Wagner und Th. Kozak), Bd. 3, Berlin 1885, S. 205.
208) AaO., Bd. 3, S. 198.
209) AaO., Bd. 3, S. 205.
210) Marx/Engels, *Manifest*, S. 41.

크스주의에 있어서 사회적 조화를 실현하는 사명을 부여받은 것은 보다 속박 없는 경제적인 에고이즘인 것이다.

마르크스주의는 국가까지도 다른 모든 현상처럼 사회에 즉, 「종국에는」 경제적 생산관계에 내재된 것으로 이해한다. 국가는 헤겔의 경우처럼 사회 위에 존재하는 것이 아니라 사회의 산물로서 사회 속에 존재한다. 그리고 사회는 이 [국가라는] 산물을 계급분열 상태에서는 필연적으로 가지지만 계급대립이 제거된 후에는 자신 속에 흡수해 버린다.

마르크스주의의 국가관은 그 정치적 태도에서 중요하므로 우리는 그 경제적 · 변증법적 특색을 분명하게 해야 한다.

마르크스와 엥겔스에 의하면, 국가의 발전은 종교적 국가로부터 정치적 국가에로 이루어지는데, 종교적 국가에서는 「교의가 개인과 시민적 존재를 결부시키는 기반」이 된데 반하여, 정치적 국가는 「국가종교로부터 해방되어 있고 시민사회 내부에서 종교에 자유롭게 행동하는 것을 허용한다」.211) 정치적 국가는 군주제가 배제된 후 민주공화제가 되는데, 그것은 「두 계급의 대립을 제거하는 것이 아니라 오히려 반대로 두 개의 계급의 대립이 싸워 나갈 수 있는 토대를 먼저 제공한다」. 왜냐하면 그것은 계급대립을 가장 적나라하게 나타내기 때문이다. 「자본주의적 생산의 내재적 법칙의 작용」에 의해서 「자본의 집중」이 행하여진다. 재벌의 수가 끊임없이 감소함에 따라서 「지속적으로 증대하지만 자본주의적 생산과정의 메커니즘 자체에 의하여 교육되고 통일되고 조직된 노동자계급의 빈곤 · 압박 · 예종 · 수락 · 착취의 정도와 그들의 분노」212)도 높아져 간다. [노동자계급의] 다수가 이 상태에 도달하자마자 「프롤레타리아트의 독재」가 생긴다. 즉, 지금까지 자본가계급의 집행위원이었던 국가는 프롤레타리아트에 의해서 파괴되고 그 대신 노동자 국가가 나타난다. 그리고 이 노동자국가는 생산수단의 사회화에 의해서 계급대립을 제거하고 그럼으로써 자기 자신을 제거한다. 엥겔스의 말에 의하면 그 전개는 이렇다. 즉 「국가는 [지금까지] 전체 사회의 공적인 대표자를 눈에 보이는 하나의 단체의 형태로 총괄한 것이었다. 그러나 국가가 각 시대에 전체 사회를 대표하던 계급의 국가였던 한에서 그랬던 것에 불과하다. 즉, 고대에서는 노예를 소유하는 시민의 국가였으며, 중세에서는 봉건귀족의 국가, 현대에서는 부르주아지의 국가였다. 국가가 마침내 사실상 전체 사회의 대표자가 됨으로써 그 자신을 쓸데없는 것으로 만들어 버린다. 억압해야 할 사회계급이 없어지면, 계급지배와 종래의 생산의 무정부상태에 입각한 개개인의 생산투쟁과 거기에서 발생하는 충돌이나 난폭이 없어지면, 이제와서는 억압해야 할 것이 하나도 없기 때문에 특수한 억압권력인 국가의 필요가 없어진다. 국가가 정말로 전체 사회의 대표자로서 등장하는 경우의 최초의 행위 — 사회의 이름으로 생산수단을 장악하는 것— 는 동시에 국가가 국가로서의 최후의 독립된 행위이다. 사회적 관계에 대한 국가권력의 간섭은 하나의 영역에서 다른 영역으로 점차로 불필요하게 되고, 마침내 저절로 잠들어 버리게 된다. 인간에 대한 통치에 대신하여

211) Karl Marx, *Die Heilige Familie*, in Mehring (siehe Anm. 199), Bd. 2, S. 216 f.
212) Marx, *Kapital*, Bd. 1, S. 728.

물건의 관리와 생산과정의 지도들이 나타난다. 국가는 「폐기」되는 것이 아니라 **사멸된다.** *
따라서 '자유로운 인민국가'라는 문구는 일시적인 선동용어로서의 올바름에 대해서도
이상의 관점에서 평가되어야만 한다. 마찬가지로 국가는 오늘 내일 중에라도 폐지되어
버리라는 이른바 무정부주의자의 요구도 같은 것이다」.213)

마르크스와 엥겔스에게 있어서 「국가」라는 명칭이 아무런 상세한 구별 없이 두 개의
상이한 사회적 현상을 커버하고 있다는 것은 문헌상으로는 거의 완전하게 간과되고 있다.
마르크스주의의 한 쪽의 국가개념은 문헌과 선동상 가장 빈번하게 나타나는데, 대부분의
역사가가 사용하는 마키아벨리의 lo stato라는 본래의 의미와 결부되어 있다. 야콥 부르크
하르트에 의하면 이 말은 「지배자와 그것에 부수하는 것」214)만을 의미한다. 이러한 의미에
서 마르크스 · 엥겔스의 저작에서 국가는 「무산계급에 대한 유산계급의 방위의 조직」이라
든가 「한 계급이 다른 계급을 억압하기 위한 기구」라고 자주 쓰여져 있다. 『공산당선언』
역시 「국가의, 즉 지배계급으로서 조직된 프롤레타리아트의 수중에」215) 생산수단을 집중
하게 될 것이라고 논한다.

그러나 국가는 본질상 이것과는 다른 사회적 현실을 의미한다. 이 국가에 관하여 엥겔스
는 이렇게 말한다. 「국가는 [지금까지] 전체 사회의 공적인 대표자, 그것을 눈에 보이는
하나의 단체의 형태로 총괄한 것이었다」라고. 비록 엥겔스는 말을 이어서 「그러나 국가는
각 시대에 그 자신 전체 사회를 대표하던 계급의 국가이었던 한에서 그러했음에 불과하
다」216)고 말하기는 한다. 왜냐하면 위의 글이 확정적인 억압기능 외의 부문에서는 국가를
눈에 보이는 하나의 단체로 규정하는 총괄기능이 주장되기 때문이다. 전자의 경우 우리는
다만 경제적인 억압기구, 즉 지배자와 그것에 수반되는 것을 문제로 삼는데 불과하지만,
후자의 경우에는 하나의 사회적 단체가 우리들 앞에 존재하게 된다. 즉, 이 사회적 단체는
경제적 성질의 지배관계뿐만 아니라 종교적 · 윤리적 · 예술적 · 교육적 · 성적 그리고 그
밖의 성질의 다종다양한 지배관계의 전체와 같은 것인데, 이들 모든 지배적 관계는 [눈에
보이는 하나의] 단체로 총괄되어 질서지워진다. 억압국가는 명백하게 단체국가의 **부분으로
써 전체를 나타내는**(pars-pro-toto) 개념이며, 이 단체국가에 대해서는 국가 내의 국가로서
다. 오로지 억압기능만을 인정한다. 즉, 첫째로 조직된 자본가계급의, 다음은 조직된 프롤레
타리아트의 억압기능만을 인정한다. 이러한 전자의 국가개념은 문제없이 마르크스주의의
역사상에 적합하다. 그러나 단체국가에 관해서는 동일한 것을 말할 수 없다. 이 단체국가는
순수한 계급투쟁사로서의 역사에 있어서 [국가해석으로서] 해결할 수 없는 나머지 부분으로
여전히 계속 남을 것이다.

213) Friedrich Engels, *Herrn Eugen Dührings Umwälzung der Wissenschaft* (1878), 10. Aufl., Berlin 1919 (Nachdruck der 3. Aufl. von 1894), S. 302 f.(김민석 옮김, 『반뒤링론』, 새길, 1987, 301면).
214) Jacob Burckhardt, *Die Kultur der Renaissance in Italien*, Basel 1860, S. 2 Anm. 2 (안인희 옮김, 『이탈리아 르네상스의 문화』, 푸른숲, 1999).
215) Marx/Engels, *Manifest*, S. 44.
216) Engels, *Dühring*, S. 302 f.

이들 두 개의 마르크스주의의 국가개념을 구별하는 것은 국가의 폐기의 두 가지 형태와 마르크스주의의 무정부주의적 성격을 명백히 하기 위하여 필요하다. 프롤레타리아트의 독재는 실제로 [본래의 의미에 있어서] 국가개념의 부분으로써 전체를 나타내는 개념이라는 의미에서 이미 국가는 아니라고 말해지고 있다. 독재에 의해서 프롤레타리아트는 엥겔스가 말하듯이, 「국가로서의 국가」를 폐기한다.217)

이 프롤레타리아트의 독재는 마르크스와 엥겔스가 서술하듯이, 1871년의 파리 코뮌에 의하여 모범적으로 실현되었다. 마르크스주의의 소수의 특수한 정치이념은 이 모범에 근거하고 있다. 그러므로 여기서는 마르크스 자신의 말을 인용하기로 한다. 「상비군의 폐지와 무장인민으로써 이에 대신하는 것」, 「보통선거권」으로 선출된 대표자는 책임을 지며, 언제든지 파면될 수 있다.218) 이러한 것은 경찰관, 재판관 모든 행정 분야의 관리에게도 해당되며, 이들은 인민대표자와 마찬가지로 「노동자와 동등한 임금」으로 공무를 집행한다. 마지막으로 코뮌은 「의회적 단체가 아니라 행동하는 단체」219)이어야 한다. 이러한 모든 조치는 사회의 기관이면서 사회로부터 독립된 국가를 다시 사회 속에 되돌리기 위한 준비인 것이다. 그러나 이 모든 것으로도 단체국가는 아직 제거된 것은 아니며, 코뮌 연방제로 변형한 것에 불과하다. 분명히 마르크스는 이렇게 말한다. 「그 때에도 여전히 중앙정부에는 소수의, 중요한 기능이 남겠지만 그런 가능은 고의로 잘못 전해진 것처럼 폐기되는 것이 아니라 코뮌의 관리들, 즉 엄격히 책임을 지는 관리들의 손에 맡겨진다.…… 국민의 통일은 파괴되는 것이 아니고 반대로 코뮌제도에 의해서 조직된다」.220) 요컨대 다만 「국민으로부터 독립하고 우월하기를 바라고 있으나」 국민에 「기생하는 혹」에 불과하던 국가권력만이 제거되었을 뿐이다.221)

그러나 이 단체국가도 사멸한다. 그리고 피히테의 경우에서처럼 국가와 법은 궁극적으로는 완전히 쓸데없게 된다. 「개인의 전면적인 발전에 따라 생산력도 증대하고 협동사회적 부의 모든 샘이 한층 더 풍부하게 솟아나오게 된 후 ― 그때 비로소 부르주아적인 권리의 좁은 한계를 완전히 밟고 넘을 수 있고, 사회는 그 깃발 위에 이렇게 쓸 수 있다― 각자는 그 능력에 따라, 각자는 그 필요에 따라!」.222) 이 「보다 높은 공산주의사회의 단계」에서도 남은 분업을 마르크스는 오케스트라의 지휘에 비교하였다. 여기에서 마르크스주의에서의 해방의 이념이 얼마나 스스로 실현되는 **자연질서**의 전통을 시종일관하여 계승하고 있는가가 이해된다. 철저한 사회민주주의자는 사회의 자연법칙에서 생기는 지배 이외의 것을

---

217) Engels, *Dühring*, S. 302.

218) Karl Marx, *Der Bürgerkrieg in Frankreich* (Adresse des Generalrats der Internationalen Arbeiterassoziation), Berlin 1891, S. 46.

219) Ebd.

220) AaO., S. 47.

221) Ebd.

222) Karl Marx, "Zur Kritik des sozialdemokratischen Parteiprogramms" (1875), in *Die Neue Zeit*, Jg. 9 (1891 I), S. 567.

인정할 수 없다. 그러므로 무지배상태라는 마르크스주의적 종말론은 그 무지배적 상태라는 것이 개인의 사회적 무구속성을 의미하는 것이 아니라, 반대로 사회의 의식적이고 비인격화된 강제법칙에 의한 개개인의 가장 철저한 구속상태가 되려하는 점에서 모든 자유주의적인 무정부주의로부터 구별된다. 국가적으로 조직된 계급적 구속상태를 교체한, 사회적으로 자연필연적인 구속상태인 이러한 상태에서 모든 조직된 강제권력은 없어진다. 즉, 처음부터 인간에 대한 인간의 어떠한 강제도 이미 존재하지 않고, 다만 사회의 물적 유지조건에 근거하기 때문에 「자연적인」 질서의 강제 이외에는 존재하지 않게 된다. 국가가 사회 속에 해소되고, 정치가 경제 속에, 통치가 행정 속에, 개인이 사회 속에 해소될 때, 「현실의 개별적인 인간이 추상적인 공민을 자신 속에 되찾고 개별적 인간인 채로 그 경험적인 생활에서, 그의 개인적인 노동에서, 그 개인적인 관계에서 유적 존재가 되었을 때 비로소, 다시 말하면 인간이 자기의 **고유한 힘**(forces propres)을 사회적인 힘으로 인식하고 조직하고, 따라서 사회적인 힘을 이제 와서는 정치적인 힘의 형태로 자신으로부터 잘라버리지 않을 때야 비로소 인간적 해방은 완성된다」.223) 바로 이러한 마르크스의 말이야 말로 스스로 자기를 창조하고 자기의 의사를 언명하며 정당화하는 신성으로서의 사회의 역할을 명백히 표현하고 있다. 그러나 사회적 · 비인격적인 것을 형이상학적 · 초인격적인 것으로 높인다는 것은 이미 개성화가 결여되었기 때문에 정치적으로는 여전히 결과를 보지 못할 것이다.

　마르크스주의라는 장대하고 그 자체 완성된 사상체계가 독일의 사회주의뿐만 아니라 그 정치적 이상을 본질적으로 규정한 것은 의심할 여지가 없다. 그렇지만 역시 오늘날 사회주의에 있어서 마르크스주의국가론을 근본적으로 변경하지 않는 정치사상은 하나도 존재하지 않음을 확인할 필요가 있다. 이러한 변경은 [제1차] 세계대전 이전에 이미 시작되었다. 그러나 독일 · 오스트리아 · 러시아에 있어서 뛰어난 마르크스주의자가 입각하여 국가정치적인 것의 고유한 법칙성을 실제로 경험한 이래, [마르크스주의 국가론의] 근본적인 개변은 이미 피할 수 없는 것으로 되었다.

　마르크스주의의 본래의 국가관에 상대적으로 가장 가까운 곳에 있는 공산주의는 그 국가관과 본래의 마르크스주의 국가관과의 차이를 자각하고 있을 뿐만 아니라 이것을 레닌주의라고 개칭하고 공공연하게 문서로서 증명하는 용기도 가지고 있다. 마르크스주의와 공산주의의 중대한 대립점은 후자가 생디칼리스트인 소렐(Sorel)의 영향을 받았다는 점은 명백하지만, 그것은 레닌의 「프롤레타리아트의 전위」론 속에서 보인다. 압도적으로 농업 부문이 우위를 차지하는 국가에서의 이러한 전위의 폭력에 의한 지배는 마르크스의 합리주의적인 법칙신앙에 대한 비합리적인 폭력신앙의 항의였다. 여하튼 정치적 소수파의 독재는, 합리적인 다수파교의와 모순될 뿐만 아니라 프롤레타리아트의 정치적 지배를 마르크스의 말을 빌어서 말하면, 「역사의 과정에서 부르주아적 생산양식의 폐기와 정치적

---

223) Karl Marx, *Zur Judenfrage* (1844), in Mehring, *Nachlass* (siehe Anm. 199), Bd. 1, S. 424 (김현 옮김, 『유대인 문제에 관하여』, 책세상, 2015, 59면).

인 부르주아 지배의 결정적인 붕괴를 필연적으로 하는 물질적 조건이 아직 조성되어 있지 않은」 동안의 일시적 지배임에 불과하다고 말하는 마르크스주의의 견해에도 모순된다. 1848년 마르크스는 「경제적 첨단에 총검의 끝이 스치면 약한 화구처럼 무너져버린다」224)고 하였다. 그러나 바로 러시아의 총검은 경제에 대한 지배적인 의의를 국가에게 부여한 것이다. 이론적으로는 이미 잠들어 버렸다고 하는 선고를 받은 국가와, 실제상으로는 사회생활에 전대미문일 정도로 강력하게 개입하는 국가의 모순을 트로츠키는 이러한 말로 해결하려고 시도하였다. 「램프가 꺼지려고 하기 전에 다시 한 번 불꽃이 밝게 되듯이, 국가 역시 그것이 소멸되기 전에 프롤레타리아트의 독재, 즉 시민의 생활을 모든 측면에서 강제적으로 잡는 가장 엄격한 국가의 형태를 취한다」.225)

독일에서는 정통파 마르크스주의도 결코 마르크스주의 국가관을 시종일관 대표하여 오지 않았다. 이에 관하여 레닌이 정통파 마르크스주의에 이의를 제기한 것은 전적으로 옳았다. 독일에서는 라살레의 국가이념이 실제상 본질적으로 승리를 거두었다. 이 사실을 사회주의자진압법이 크게 동요케 할 수 있었으나 근절시킬 수는 없었다. 라살레는 헤겔의 국가이념을 마르크스주의의 경제학설과 결부시키려고 시도했으나 성공하지 못했다. 라살레는 「야경[국가]관」,226) 즉 오로지 개인의 인격적 자유와 재산을 보호하기 위해서 국가를 필요로 하는, 자유주의와 부르주아지의 국가이념에 반대하고 「노동자계급의 국가이념」227)을 가지고 나왔다. 이 국가이념에 의한 국가의 목적은 「이러한 결합**으로** 각자가 혼자서는 결코 달성할 수 없는 **목적**이나, **생존의 단계**에 도달할 능력을 각자에게 부여하고, 각인이 혼자서는 절대로 올라갈 수 없는 정도의 **교양, 권력 그리고 자유**를 손에 넣는 능력을 각인에게 부여하는」 것이다.228) 라살레는 전적으로 사회적으로 이해한 국가 속에서 각 시대에서의 인간이 도달한 최고도의 사회화 상태를 보였다. 마르크스주의에서는 물론 다음과 같은 명제는 참을 수 없는 것이다. 즉, 「그러나 인류의 **위대한 문화의 진보**를 용이하게 하고 또한 매개하는 것이야 말로 진정 **국가의 과제이며 사명**이다. 이것이 국가의 **직무**이다. **그것 때문에 국가는 존재한다.** 즉, 국가는 지금까지 항상 그의 실현을 위하여 활동하여 온 것이며, 그리고 활동하지 않으면 안 되는 것이다」.229) 이러한 국가기능이 이념의 자기발전에 의하여 실현되는 것이 아니라 「사태가 **어쩔 수 없이** 되어서……그 지도자의 의사에 반하면서」230) 실현된다는 것을 물론 라살레는 알고 있었다. 「문명의

224) Karl Marx, "Der Fall Wiens" (Aus der *Neuen Rheinischen Zeitung*), in Mehring, *Nachlass*, Bd. 3, S. 199.
225) Lew Davidowitsch Trotzkij (1879-1940).
226) Ferdinand Lassalle, *Arbeiter-Programm* (1863), in *Gesammelte Reden und Schriften* (Hg. E. Bernstein) Bd. 2, Berlin 1919, S. 195 (서석연역, 『노동자강령』, 범우문고 1990).
227) AaO., Bd. 2, S. 199.
228) AaO., Bd. 2, S. 197 f.
229) Ferdinand Lassalle, *Offenes Antwortschreiben* (1863), in aaO., Bd. 3, S. 72 f.
230) Lassalle, *Arbeiter-Programm*, in aaO., Bd. 2, S. 198.

태고의 베스타*의 불인 국가」에 관한 이 학설을 야유한 마르크스와 엥겔스는 독일사회주의 자의 고타강령*초안 속의 「자유로운 국가」의 요구에도 반박을 가했다. 우리가 위에서 지적한 마르크스주의에서의 두 개의 국가개념을 서로 내놓고 엥겔스는 베벨(Bebel)*에게 이렇게 써 보냈다. 즉, 「문법적으로 말하면 자유로운 국가란, 국가가 그 시민에 대하여 자유로운 국가, 따라서 전제정부를 가지는 국가입니다. 국가에 관한 이러한 지껄임은 일체 그쳐야할 것입니다」.231) 그러나 베벨은 변함 없이 「자유로운 인민국가」의 정식을 고집하였다. 이미 [제1차 세계] 전쟁의 훨씬 전부터 카우츠키*도 사회주의적 강령의 목적으로서 「미래국가」를 내걸고 이렇게 주장하였다. 「오늘날의 사회에서는 경제의 구조를 규제하고 질서지우도록 간섭하는 과제는 더욱 더 국가에게 주어지게 되고, 또한 이를 위해서 국가가 사용하는 수단은 점점 강력하게 되고 있다」.232) [제1차] 세계대전 중, 카를 렌너는 철저한 상론『마르크스주의, 전쟁과 인터내셔널』(1917)에서 국가주의를 신봉하고 있음을 고백하였다.233) 그의 뒤를 이은 것은 하인리히 쿠노*였다.234) 루돌프 힐퍼딩*은 새로운 국가관을 발표하고 「포괄적인 국가론」의 필요를 말했다.235) 끝으로 오토 바우어는 마르크스 안에 있는 약간의 단서에서 출발하여 「계급세력의 균형」이라는 새로운 학설을 전개했는데,236) 그는 이 학설에 근거하여 사회주의적 · 기독교사회적인 연립정부 아래 있는 오스트리아 공화국을 「인민공화국」237)이며, 「**인민 전체**의 진정한 자치」238)라고 부를 수 있었다. 막스 아들러는 진정한 「마르크스주의의 국가관」을 재건하려고 시도하였으나, 마르크스주의와 마찬가지로 일체의 국가관을 혼란스럽게 하였다. 확실히 아들러는 국가의 폐기의 이념을 마르크스주의의 「핵심적 사상」이라 불렀는데, 그 다음의 문장에서 「마르크스와 엥겔스가 언급하는 국가의 폐기는 **계급**국가의 폐기이며」, 「국가 그 자체의」 폐기는 아니다239)라고 기술한다. 그러나 마르크스와 엥겔스는 바로 이 「그것 자체로서의 국가」의 개념을 알지 못했던 것이다. 아들러는 이에 관하여 이렇게 주장한다. 즉, 그것은 「허용되는 추상이다. 왜냐하면 그것은 강제조직의 형식에 있어서 모든 형태의 사회적인 생산단체가 언제나 소유하여 왔으며, 또한 소유하게 될 사회생활의 하나의 특징을 적출하기 때문이

---

231) Friedrich Engels, *Brief an August Bebel*, abgedruckt in August Bebel, *Aus meinem Leben*, Stuttgart 1911, S. 221 f.

232) Karl Kautsky, *Das Erfurter Programm in seinem grundsätzlichen Teil erläutert* (1982), 9. Aufl., Stuttgart 1908, S. 128.

233) Karl Renner, *Marxismus, Krieg und Internationale*, Stuttgart 1917.

234) Heinrich Cunow, *Die Marxsche Geschichts-, Gesellschafts- und Staatstheorie. Grundzüge der Marxschen Soziologie*, 2 Bde., Berlin 1920 ff.

235) Rudolf Hilferding, *Das Finanzkapital. Eine Studie über die jüngste Entwicklung des Kapitalismus*, Wien 1910 (Marx-Studien, Bd. 3).

236) Otto Bauer, *Die österreichische Revolution*, Wien 1923, S. 196 ff.

237) AaO., S. 245.

238) AaO., S. 288.

239) Max Adler, *Die Staatsauffassung des Marxismus. Ein Beitrag zur Unterscheidung von soziologischer und juristischer Methode*, Wien 1922 (Marx-Studien, Bd. 4 Ⅱ), S. 206.

다」.240) 아들러의 국가관은, 이미 독재를 감히 긍정하지는 않지만 그렇다고 해서 그 사유의 통로가 다른 정치적 관념을 받아들일 수 있도록 깨끗하게 되어 있지도 않은, 일종의 반볼셰비즘을 상징하는 의의만을 가진다.

그런데 공중의 의식이 사회주의적 내지 마르크스주의적인 사상에 의해서 영향을 받은 것 처럼 보이느냐의 여부, 또 어떻게 영향을 받은 것같이 보이느냐 하는 문제를 다룰 때, 아마 그 영향은 일반적으로 생각하는 것보다도 크다고 해야 할 것이다. 괴테가 그의 [빌헬름 마이스터의] 『방랑시대』에서 이상적인 공산주의적 공동사회를, 그리고 퓌클러 (Pückler)* 후작과 라헬 폰 파른하겐*이 사회주의적 사상을 조롱하고, 프라일리히라트 혹은 하이네의 많이 읽혀진 사회주의적 서정시가 세론에 영향을 준 이래, 특히 로렌츠 폰 슈타인*은 1840년에 독일인에게 프랑스의 사회주의이론과 공산주의이론을 알렸다. 60년대에는 1873년에 **사회정책학회**에서 결집하게 되는 이른바 「강단사회주의자」의 활동 으로 독일 각 대학에서의 자유주의적인 경제학설의 지배가 동요하게 되었지만, 19세기의 최후의 10년 간에 겨우 소수 대학의 학자가 마르크스주의를 학문적 업적으로서 평가하기 시작하였다. 마르크스주의적 사상의 정신적 영향력은 아마 현세대의 모든 문화과학적 업적에 작용하였다. 페르디난트 퇸니스, 막스 베버, 에른스트 트뢸치*와 같은 뛰어난 학자들은 마르크스의 영향을 받은 것을 자각하고 있으며 또 그것을 강조한다. 마이네케 정도의 자유주의적 역사가가 1925년, 계급투쟁은 말살할 수 없는 사실이라고 말한 것은 역설되어서 당연한 것이다.241) 가톨릭교회청의 출판허가를 얻어 발행된 슈타인뷔헬 (Steinbüchel)*의 『윤리적 이념으로서의 사회주의』라는 책은 특별한 의미를 가지는 시대정 신의 상징으로 보아도 지장이 없을 것이다. 그러나 마르크스주의를 배격하지 않으면 안 된다고 믿는 많은 학자들도 그들의 저작에서의 가장 본질적인 것을 마르크스주의에 힘입고 있는 경우가 자주 있다. 이것은 특히 베르너 좀바르트*에 해당되는데 그는 어떤 저술가보다 도 마르크스주의 사상을 학자나 지식인들 계층으로 전달하였다. 수만 부나 판매된 그의 저서 『사회주의와 사회운동』에서 그는 [1918년 말부터 1919년 초의 독일] 혁명 후에도 여전히 이렇게 썼다. 「마르크스의 학설의 핵심은 현재 있는 것만을 실제로 표현한데 불과하 며, 그것은 달리 있을 수 없었던 것을 말하는 것, 말하자면 자명한 것, 명백한 것을 다만 발견하고 밝히는 것을 안다면, 그것은 사회운동이라는 교회가 그 위에 세워질 수 있는 반석이 될 것임이 이해될 것이다」.242)

물론 사회주의 사상은 독일의 법학에 어떠한 직접적인 영향도 미치지 않았다. 그러나 새롭게 싸워 얻은 국민국가의 기쁨 때문에 사회적 현실에 대한 인식이 비뚤어지는 일이 없었던 형제국인 오스트리아로부터 비판의 소리가 올랐는데, 그들에게 있어서 사회주의는

---

240) AaO., S. 121.
241) Friedrich Meinecke, *Republik, Bürgertum und Jugend* (Vortrag, gehalten im Demokratischen Studentenbund zu Berlin, 16. Januar 1925), Frankfurt 1925, S. 8 ff.
242) Werner Sombart, *Sozialismus und soziale Bewegung* (1896), 5. Aufl., Jena 1905, S. 60.

적어도 진지한 문제가 되어 있었다. 비사회주의자로 총명한 빈의 국법학자인 베르나치크 (Bernatzik)는 사태의 전개를 이러한 말로 특징지웠다. 「국가권력은 기업가 이익의 옹호자 (「계급국가」)가 되었다」. 그러나 프롤레타리아는 「내적」, 즉 「조국을 가지고 있지 않은 무리」가 되었다고 그는 덧붙였다. 특히 여기서는 탁월한 빈 대학의 국가학 교수 안톤 멩거(Anton Menger)*가 우리들의 사법질서에 대해서 행한 사회주의적 비판을 상기해야 할 것이다. 그것은 그의 많은 저작 중에서 특히 『민법과 무산의 인민계급』(1890년)과 『신국가론』(1902년) 중에서 볼 수 있는데, 그것들은 독일 법학계의 실증주의와 국가형이상 학을 반성시켰다. 끝으로 위대한 독일의 법학자 루돌프 좀(Rudolf Sohm)*도 민법전의 권리를 「자본주의적 권리」라고 공언하였다. 그가 이러한 인식과 아직 원칙적인 비판을 결부시키지 않았지만, 그를 자기의 학문분야의 내부에서 사회문제를 윤리적 · 방법론적 문제로 본 독일의 법학자의 전형으로 보아도 지장이 없을 것이다. 일반적으로 독일의 여론은 정치적인 노동운동에 대해서 가장 격심한 적의를 가지고 있었음에도 불구하고 역시 일종의 사회주의적 태도를 가지고 있었다. 그러나 이러한 태도는 실제로 1918년[의 혁명] 후, 곧 많은 사람들로부터 산산이 흩어져 없어져 버렸다고 말해도 좋을 것이다.

사회주의사상의 사회학적인 담당자는 특히 육체노동자층이었다. 자본주의경제의 가혹 함과 공황이 가장 가차 없이 세력을 휘두른 대상, 즉 공업에서의 임금노동자 계급은 결정적 인 방법으로 사회운동의 주체가 되었다. 그들의 뒤를 이은 것은 상업 · 운수업 · 농업에서의 임금노동자 계급, 그 밖에 가사 사용자와 사무직원이었는데, 그들은 모두 생산수단에 대한 처분권을 가지고 있지 않으며, 그들의 노동력을 상품으로 팔아서 생활하며 생산수단 소유자의 권력에 복종하고 있다. 그들의 경제상태는 자립적인 생존에 대한 장래의 어떤 전망도 주지 않음으로써 계급형성력을 가졌다. 독일의 공업화는 급속한 진보를 성취하였다. 1870년에 농업인구는 총인구의 아직도 63.9%를 차지하고 있었으나 1905년에는 어느새 42.5%일 뿐이었다. 1907년 독일에서는 1,600만의 노동자와 200만의 사무직원, 그 밖에 200만의 관공리가 존재하고, 그들의 가족을 합하면 약 4,000만 명이었다. 즉, 타인을 위하여 임금노동을 하는 자가 전체 국민의 5분의 3을 차지하였다.

사회주의이념의 발전이라는 가장 힘센 원동력은 지금까지의 반세기 동안의 법생활과 정치생활에 중대한 변화를 가져왔으나, 그것을 겨우 인식할 수 있게 된 것은 약간의 데이터 에 의해서 공업프롤레타리아의 계급상태를 우리들이 뚜렷이 생각해 떠올릴 수 있게 된 때부터였다. 공업프롤레타리아와 그 가족의 생존 그 자체는 형식적으로 자유로운 노동계약 에 의존하고 있었다. 이 계약이 성립하지 않으면 노동자는 굶어죽든가 생활부조를 받든가 하게 되는데, 생활부조는 매우 불충분할 뿐만 아니라 그것을 받는 자는 정치적 및 사회적으 로 모욕을 당하였다. 고용주 쪽이 불이익을 입는 경우는 노동자보다 적고 고용주는 잠시 동안 계약체결을 보류하여 그것으로 임금을 마음대로 일방적으로 결정할 수가 있다. 인간의 노동력은 그 밖의 거래와는 달라서 자유무역이 성립되므로 기업가는 외국의 노동자도 임금인하용으로 수입할 수 있다. [제1차 대전] 전에는 약 100만 명 정도의 외국인노동자가 계속적으로 독일에 있었다. 노동자계급의 스트라이크는 예외법으로 저지되고, 군대의 힘으로 탄압되는 경우가 종종 있었다. 그리고 일하지 않는 자는 먹지 말라는 경고를 파업참가자는 [교회의] 설교단에서 들었다.

프롤레타리아는 가령 직장을 얻는다 해도 크고 작은 모든 경제공황 때에 다시 직장을 상실할 위험을 부담하였다. 1911년에도 아직 독일에서는 산업재해에 의하여 사망한 자가 9,317명, 완전히 취업능력을 빼앗긴 자가 986명, 중상을 입은 자가 45,807명이었다. 그로트얀과 카우프의 『사회 위생학 편람』(1912년)은 통상의 작업에 수반하는 위험, 특히 화학공업에서의 그것에 관하여 계발적인 설명을 하고 있다.[243] 19세기 전반기의 상태와 비교하면 확실히 노동자의 계급상태는 많은 점에서 실질적으로 향상되고 있다. 그 야만성에서 가장 불쾌한 노동관계가 영국에 있었던 것은 알려져 있다. 영국에서는 18시간 내지 23시간의 노동시간이 아이들에게도 부과되었다. 상원의 어느 위원회에서 질문을 받은 어느 의사는 이 노동시간의 유해성을 부정하였다. 더욱이 「아이들이 23시간의 노동의 경우에 해를 입을 것이 틀림이 없다는 것에 귀하는 의문을 가지고 있는데 24시간의 노동의 경우에도 의문을 가지십니까?」라는 질문에 대하여 그 의사는 이렇게 말했다. 「나는 24시간 이하의 한계를 말할 수는 없습니다. 나는 특별한 사실로 인하여 이 일에 관하여 보통 말하는 판에 박은 말, 즉 그러한 노동시간은 유해하다는 것에 의문을 가질 마음이 된 것입니다」. 독일에서도 슐레지아 직공의 곤궁과 라인·베스트팔렌의 프롤레타리아트의 노동조건과 생활조건은 영국의 상태와 그다지 다르지 않았다. 이들 지방에서도 많은 공업에 있어서 수천의 어린이가 때때로 4살의 어린이부터 10시간 내지 14시간의 노동에 종사하였는데 그것은 야간에까지 계속되었다. 어떤 프로이센의 재정추밀고문의 정부보고에는 이러한 야간노동은 결코 어린이를 해치지 아니하며, 낮잠 자는 것은 밤에 잠자는 것과 마찬가지로 건강하다는 의견이 포함되어 있다. 결혼·교육·성의 순결 그리고 미풍양속은 여성노동으로 파괴되었다. 그리고 여성노동은 탄광의 갱내에서까지 어린 아이와 성인남자의 노동과 함께 허용되었고, 여자는 경제적 상태로 인하여 그러한 노동을 하지 않으면 안 되게 되었다. 독일의 많은 지방에서는 젖먹이 어린이에게 일 나가는 그의 엄마가 알콜 한 방울을 입 속에 흘려 넣어주었다. 그럼으로써 젖먹이 어린이는 울부짖는 것을 그쳤다. 공장지역에서는 아이들의 40%가 태어나서 1세가 되기 전에 죽었다. 현재, 독일의 섬유산업에서만도 보통 9만 명의 임산부와 미혼여자가 일하고 있다.

프롤레타리아트의 주택사정은, 1892년 함부르크의 조사에 의하면 프롤레타리아트의 집세가 그의 수입의 24.71%임에도 불구하고 참혹한 것이다. 1895년, 베를린에서는 방 하나만 있는 주택이 27,471호가 있고 이러한 주택에 6인 이상의 인간이 살고 있었다. 브레슬라우에서는 이것과 동일한 인구과잉의 주택이 총계 7,279호가 있고 드레스덴에는

---

243) Alfred Grotjahn und I. Kaup, *Handwörterbuch der sozialen Hygiene*, Bd. 1, Leipzig 1912, S. 172 ff.

6,708호가 있었다 등등. 빈의 노동자주택에 대해서 유명한 경제학자 폰 필립포비치 (Philippovich)*는 이렇게 말한다. 「이들 주택에 떨어진 자 혹은 태어난 자는 육체적·정신적으로 위축·쇠약하고 혹은 야성적으로 되도록 정해져 있다」. 이러한 주택사정이 무엇을 의미하는지에 관해서는 베를린대학 국가학 교수 헤르크너(Herkner)*가 후대에 전한 다음의 신문보도가 밝히고 있다. 「라이프치히, 1900년 6월 11일. 오늘의 경찰보고는 대도시의 상황을 나타내고 있다. 즉, 어떤 노동자의 가정에 한 사람의 다른 노동자가 방을 세 들어 살고, 그 빌려준 사람의 처를 자기의 애인으로 삼고, 또 그 외에 그 집의 12살 먹은 딸을 범하고 있다. 그 범죄가 탄로 나자 아이의 어머니가 정부와 도망쳐서 그와 함께 그로스헤링엔의 바이하우의 잘레강에 투신하였다. 둘은 꼭 껴안은 상태로 수중에서 발견되었다」.

이처럼 고향을 상실하고 자연과 본능과의 결합도 잃은 대중은 그 밖에 종종 가족적 생활공동체도 없이 일평생 혼 없는 기계노동에로 묶여져서 종교심도 없고 의심이 많고 주지주의적이다. 그러나 이들 대중 속의 엘리트는 희망 없는 부르주아적 역사주의의 한 가운데에 있어도 그 깊은 혼에서는 신앙심이 깊은 것이다. 왜냐하면 그들은 인간을 신뢰하고 사회주의에 의한 구제와 친교를 믿기 때문이다.

인간의 경제를 수반하지 않고 상품경제가 점점 더 대규모화함에 따라 기업집중이 급격하게 진행하였다. 공업의 **기업들**(광업과 건축업을 포함)에 종사하는 사람의 수는 다음과 같다.

| 기업의 규모 | 1882년 | 1907년 |
|---|---|---|
| 1인~5인의 기업 | 55% | 29% |
| 6인~50인의 기업 | 19% | 25% |
| 51인과 그 이상 인원의 기업 | 26% | 46% |

이러한 기업의 집중화는 1919년에 실시한 독일 전국공업연맹으로의 전체 기업의 결집에 의해서 지지되었는데 그것으로 성립한 카르텔의 경제력은 경제적·정치적 권력이 경제적 지도자 개인이나 그 집단의 수중에 터무니없이 집중됨을 의미한다. 오늘날의 국가권력은 카르텔에 대해서 때때로 무력함을 나타내고 있다. 경제적 지도자의 정치권력은 익명이고 무책임한 것만큼, 또한 현대 민주주의가 여론에 의한 정치적 통제의 환상을 키우는 수단을 그들에게 주고 있는 만큼 더 한층 위험하다. 그리하여 신문의 직접·간접의 매수와 정당 — 가능한 한 모든 정당 — 의 재정에 대한 비밀원조는 민주주의라는 방패와 명찰 아래 실질적으로 [그들의] 권력을 보장한다.

이것에 대립하는 것이 「경제에 대한, 자유로운 인민국가로 조직된 인민의지의 지배」[244]

---

244) *Protokoll über die Verhandlungen des Parteitages der Sozialdemokratischen Partei Deutschlands*

라는 사회주의사상의 요구이다. 이 위대한 요구 가운데 얼마만큼이 오늘의 여러 규제 속에서 실현되는가 라는 질문에 대해서 우리는 대답하는데 적지 않은 곤란에 부딪치게 된다. 그 이유는, 우선 첫째로 우리들 모두가 그러한 요구를 실현하기 위한 규제들을 간신히 시작하였고 가끔 그 추세에서도 예견 못하는 상태에 있는데, 하물며 그 성과에서 발전을 예견할 수 있는 처지에 있지 않기 때문이다. 둘째로, 확실히 정치적 변혁은 생생한 실례에 의해서 파악할 수 있지만 사회적 변혁은 그렇게는 되지 않기 때문이다. 헌법정치에서 는 극적인 사건이 정치적으로 중대한 근본적 변동의 전조일는지도 모른다. 사회정책과 경제정책에서 극적인 사건은 대부분 행위자의 배후에서 조용히, 그리고 눈에 띄지 않게 일어나는 각종의 변화보다도 훨씬 무의미하다. 이것은 특히 사회주의이념이 다만 간접적으 로만 국가형태, 자유권과 그 밖의 공법의 형태와 관계하는데 그치는 것에서도 생긴다. 사회주의이념은 모든 정치제도를 전적으로 사권의 변혁이라는 목적을 위한 수단으로서만 평가한다. 그러므로 정치적 민주주의에 대한 사회주의의 분열된 태도가 생겨나게 된다. 즉, 한 면에서 정치적 민주주의는 사회주의에 있어서 없어서는 안 될 테두리라고 생각한다. 이 틀 안에서만 사회민주주의를 위한 투쟁이 결말을 볼 수가 있다. 따라서 사회주의는 미래형성의 디딤돌로서 정치적 민주주의를 옹호하지 않으면 안 된다.

그러나 다른 면에서는 정치적 민주주의의 형식적 평등이 사회적으로 불평등한 상태에 적용되면 실질적으로 불평등한 권리를 의미하므로 이에 대하여 사회주의이념은 단호한 투쟁을 선언한다. 그러므로 노동자가 국민으로서, 그리고 어떤 정당의 일원으로서 운동하 는 정치적 전투선은 항상 그들의 다양한 전략적 전선 중의 하나일 수 있는데 불과하다. 노동자에 있어서 경제적인 전선은 적어도 이러한 정도로 중요하다. 그리고 이 경제적 전선은 정치와 경제와의 불가분성으로 보아 또 언제나 정치적 영향의 가능성을 가지고 있다. 노동자의 가장 효과적이지만 양날의 칼과 같은 성격을 가지는 무기는 정치적인 총파업인데, 그것은 분업사회에서 사회 전체를 마비시키게 된다. 노동자는 생산자로부터 노동조합에 의하여 보다 좋은 임금과 노동의 조건을 획득하기 위해 싸우며, 소비자로서는 소비협동조합에 의하여 그 지출경감을 위해서 뿐만 아니라 이윤 경제를 규제하기 위한 자가 생산을 위해서도 싸운다. 우선 협동조합운동의 영향에 관해서 보면 자금까지 총경제에 대한 실질적인 영향을 확인할 수는 없다. 여하튼 [독일사회민주당계] 자유노동조합에 가까운 약 300만명의 조합원을 가지고 있는 함부르크의 독일소비조합중앙동맹 및 기독교노동조 합을 근거로 하는 약 50만명의 조합원을 갖는 뒤셀도르프의 독일소비조합중앙동맹은 상당한 경제적 세력을 이루고 있다.

경제적으로 약한 노동자는 단지 공동행위에 의해서만 강대한 기업가에 대항할 수 있다. 이러한 단결의 권리는 자유주의사상과 관계있는 결사의 자유이다. 유리한 임금조건과 노동조건을 획득하거나 유지할 목적을 위해서, 자유주의적 법치국가는 그 자체와 모순해서 이른바 단결권을 오랫동안 노동자에게 부여하지 않은 채로 두고 1918년까지 계속 실질적으

(1921 in Görlitz), Berlin 1921.

로 제한하여 왔다. 1869년의 영업조례가 처음으로 원칙적으로 단체의 자유를 인정하였다. 그러나 그 실시는 경찰과 재판소의 계속적인 책략으로 저지되었다. 농업과 철도의 노동자 그리고 가사 사용인과 관리는 단결권으로부터 완전히 제외되어 있었다. 그 밖에 파업파괴자를 보호하기 위한 영업조령 제153조의 가혹한 형벌규정은 투쟁의 자유를 불공정하게 제한하는 것이고, 자본주의적 예외법이라고 느껴졌다. 노동조합은 ―기업가단체와 달리― 독일의 각 지방국에 의해서 정치적 결사로 취급되고, 또 그렇다고 하여 그 발달이 현저하게 저지되었다. 예컨대, 부인과 청년의 가입이 금지된 것이 그것이다. [제1차] 세계대전 중, 정부가 노동자계급에 의지하지 않으면 안 되게 된 결과, 이 후자의 [노동조합을 정치결사로서 취급하고 그 발달을 저지하는] 제한을 제거할 뿐만 아니라 영업조령 제153조를 폐지하지 않을 수 없는 처지에 놓였다. 그러나 겨우 [독일] 혁명이, 그리고 이제는 바이마르 헌법 제159조가 이 모든 인간과 모든 직업에 단결의 자유를 보장하였다. 전 독일을 단위로 중앙집권적으로 조직된 투쟁 단체의 회원 수는 현재 대체로 다음과 같다. 자유노동조합(사무직원조합을 포함) 620만명, 기독교노동조합 80만명, [자유주의계] 히르쉬·둥커(Hirsch-Duncker) 노동조합 20만명, 사무직원조합 46만명.

사회주의적 개조를 실현하기 위한 순수하게 의회정치적인 투쟁은, 프로이센 독일에서는 주지하듯이 의회를 통한 경로가 매우 적은 성과밖에 약속하지 않았고, 중공업―농업동맹이 1880년 이래 사회주의자진압법으로써 계급투쟁을 수행하고 있었으므로 역시 충분할 수 없었다. 경제적 단결의 가능성의 제한과 동시에 정치적 선전의 폭력적인 억압이 가해졌다. 사회주의자진압법에 의해서 사회민주적인 견해에 바탕을 둔 활동이 처벌되었는데, 900명을 추방하고 [합계] 1000년의 형이 부과되었다. 비스마르크는 독일사회민주주의와 자기와의 관계를 어떻게 해석하는가를 그의 『회상록』 제3권에서 매우 명확하게 말한다. 즉, 1890년 초의 사회주의자진압법의 연기 내지 영속화에 관한 협상에 즈음하여 그는 다음의 명제를 옹호하려고 하였다. 「[독일] 사회주의는 현재, 외국보다도 훨씬 높은 정도로 군주제와 국가에 있어서 전쟁의 위험을 수반하는 것으로서, 국가의 입장에서는 법률문제로서가 아니라 전쟁문제와 권력문제로 보지 않으면 안 된다」[245](여기서 비스마르크는 마르크스와 엥겔스가 동일한, **부분으로써 전체를 나타내는** 국가개념을 사용한다).

그리고 비스마르크는 1886년 11월 26일, 제국의회에서 당시 유럽의 모범이 되었던 그의 사회입법의 원동력에 관하여 「만약 사회민주주의가 존재하지 않았더라면, 또 사회민주주의를 두려워하는 많은 사람들이 없었더라면 대체로 우리들이 지금까지 사회개혁면에서 수행해 온 이런 정도의 진보도 아직 존재하지 않았을 것이다」[246]라고 고백했는데, 여하튼 우리는 이 비스마르크의 말을 액면 그대로 받아들여도 될 것이다. 비스마르크는 1881년 11월 17일의 칙명[247]을 받아서 질병보험(1889년)을 시작으로 재해(1884년),

---

245) Otto v. Bismarck, *Gedanken und Erinnerungen*, Bd. 3, Stuttgart 1919, S. 42.

246) *Die politischen Reden des Fürsten Bismarck* (Hg. H. Kohl), Bd. 10, Stuttgart 1894, S. 246.

247) H. Schulthess (Hg.), *Europäischer Geschichtskalender*, Jg. 22 (1881), S. 279 참조.

폐질과 노령(1889년) 구제의 사회보험제도[248])를 창안하였다. 이 제도가 노동자계급을
향상시키고 그 존재의 변천이 끝 없는 운명에 대하여 그들의 안전을 보장함에 있어서
매우 중요한 공헌을 했던 것은 의심할 바 없다. 1896년, 피보상자와 연금수령자의 수는
이미 335만명에 달하고, 해마다의 지출은 2억 3천만 마르크에 올랐다. 이 사회보장에
대한 국가의 원조는 주로 적시에 보험비를 모아 [지출에 대하여] 준비하는 것에 한정하였다.
비용의 부담은 노사 쌍방의 의무였는데, 한 쪽의 사용자에게는 그 부담의 전가가 그리
어려운 것이 아니었지만, 다른 쪽의 노동자에게 이 보험은 그의 임금의 일부를 불입하는
일종의 강제저금이었다. 사용자는 그 3분의 1을, 노동자는 3분의 2를 부담하였다. 노령과
폐질보험에서는 노사가 각각 절반씩 부담하고, 재해보험에 있어서만 사용자가 비용 전체를
부담하게 되었는데 종래에는 그 대부분이 빈민생활부조로서 지방공공단체가 부담하던
것이다. 보험사업에 대한 국가의 보조금은 비교적 근소하였다. 이 중대한 입법의 결점은
관료적 · 절대주의적 성격에 있었다. 이 사업의 대부분의 비용을 자기의 임금에서 지불하는
노동자에 대한 후견제도는 유감스럽게도 1911년의 제국보험법으로 더욱 더 강화되었
다.[249]) 보험사업이 사회주의자진압법의 보완으로서, 즉 채찍과 아울러 당근으로서 채택된
것인 만큼 충분한 자치의 결여는 더 한층 강하게 통감하지 않을 수 없었다.

　비록 보험사업의 성과가 유익했다고 하더라도 그것은 사회주의의 주된 요구, 즉 사법적인
노동질서와 재산질서의 공법적인 변혁에 대한 요구를 억압할 수는 없었다.

　그러므로 정치적 · 경제적 투쟁은 우선 첫째로 모든 개개의 기업체에서 절대주의적인
노동조직을 이루는 공장봉건주의로 향하였다. 자유주의적 관념에 의하면, 본래 각 개인은
자신에 대하여 **짐은 국가다**(l'état c'est moi)라고 말할 수 있는 것이다. 이러한 주권적인
개인 간의 조화로운 타협은 자유로운 계약에 의하여 실현된다고 생각하고 있었다.

　그러나 자본주의적 현실에 있어서 이 자유로운 계약이라는 것은 결국 생산수단의 소유자
가 당연히 **짐은 경제와 국가이다**(l'économie et l'état c'est moi)라고 주장할 수 있는 상태를
초래하게 된다. 왜냐하면 자유주의적 법치국가가 노동의 규제를 사법, 즉 형식적으로
평등한 권리[법]주체의 자유로운 행위에 맡기고 있음으로서, 노동질서를 결정하는 것은
결국 어디에서도 억제를 받지 않는 경제권력이기 때문이다. 가장 일반적이며 직접적인
인간의 생활목적, 즉 노동에 의한 생존의 유지를 다만 단순히 공공적 이익이 아니라 사적
이익에 관한 것으로 보는 이러한 상태는, 노동자에게 견디기 어려운 것처럼 생각되었음에
틀림없었다. 생산수단의 비소유자로서, 노동자는 계약에 의거하여 거의 그들이 전 인격을
기업가의 의지에 복종시키는 것 이외에는 달리 노동할 수가 없었다. 따라서 기업가의
자의를 어떻게든 제한할 필요가 있었으나, 그 제한은 노동질서와 경제질서가 공공적 이익으

---

248) Gesetz betreffend die Krankenversicherung der Arbeiter, 15. Juni 1883, *RGBl.*, S. 73 ;
　　Unfallversicherungsgesetz, 6. Juli 1884, *RGBl.*, S. 69; Gesetz betreffend die Invaliditäts-und
　　Alterversicherung, 22. Juni 1889, *RGBl.*, S. 97.
249) 19. Juli 1911, *RGBl.*, S. 509.

로서 승인되고, 따라서 국가가 공법에 의거하여 강제와 형벌을 가지고 간섭하는 경우에만 가능하였다.

이러한 노력과 전적으로 유사한 것을, 정치적인 지배활동의 사법적 규제를 배제하는 것이 목적이었던 부르주아지의 정치적 민주주의를 획득하기 위한 투쟁 속에서 볼 수가 있었다. 오늘날 노동과 경제의 규제가 그러하듯이 세습적인 봉건국가에서, 사법도 행정도 특히 조세제도와 군사제도는 사법적 계약과 개인적 착취의 대상이었다. 이러한 봉건적인 사유재산의 소유자는, 오늘날 우리들이 국가[=정치]활동이라고 부르는 것을 대부분 그들의 사유재산에서 지변(支辨)하며, 그것으로 그들 개인을 위한 사적 수입을 얻었다. 절대주의와 자유주의는 이러한 사법, 행정 그리고 전쟁의 사적 관리를 관료제에 의해서 배제하여 갔다. 오늘날 국가적 지배권의 담당자가 건물 · 비축물자 · 전쟁수단 그리고 자금의 사적 소유권자는 아니다. 그는 ─ 다만 추상적인 국가단체의 관직에 있는 수탁자로서 ─ 행정을 위해서 이것들을 사용하는 것이다. 중세에 있어서는 **영주란 각각 그 영내에서는 주권적이다** (Cascuns barons est sovrain en sa baronnie)는 명제가 통용하였다.250) 오늘날 이러한 명제보다도 수 백배나 큰 주권적인 중심점을 이루던 정치권력이 하나의 중앙집권적 국가권력 속에 해소하고 주권으로서 적용되는 것은 단지 「국가」뿐이다. 사법적인 영주지배는 정치적인 영역에서는 공법적인 국가 지배로 대체되었다. 이러한 발전의 의의는 봉건적 지배자로부터 그 정치적인 사적 권력을 빼앗고, 그 개인적 자의를 배제하는 것이었다. 즉, 세습적인 개인통치는 법치국가적 법률의 비인격적 지배로 대체되어야 했다.

봉건국가에 있어서 원칙적으로 정치적 통솔과 경제적 통솔은 공식적으로는 일치한다. 즉, 봉건적 토지소유와 정치적 · 군사적 지도는 한 손에 장악되고 있었다. 이에 대하여 자본주의국가에서 이 두 가지는 공식적으로는 별개의 수중에 있다. 즉, 국가 통솔은 의회제도와 관료제도를 통하여 중앙에 집중화되어 있고, 경제통솔은 사법에 의하여 분산되고 있다. 따라서 사회적 노동의 분야에 있어서 기업가 남작 폰 슈툼(v. Stumm)*의 유명한 말에 의하면, 각 기업가는 「자신의 집에서는 주인」인 것이다.

그러나 최근 수 십 년 간의 사태의 전개는 이와는 다른 양상을 보이고 있다. 사법에 의거한 기업가의 주권은 공법에 의해서 대폭으로 제한되어, 1900년에 자본주의적 민법전이 시행된 이래의 20년간 전혀 새로운 법분야, 즉 이른바 노동법 내지 사회법이 형성되어 왔다. 이러한 노동자나 사무직원 그리고 나아가 관리의 직업신분법(Berufsstandesrecht)이 오늘날 사회적인 경제생활을 ─ 중세에서는 정치적 생활도 그랬듯이 ─ 통솔하는 수많은 중심점들을 제거하지는 못했으나, 이 법은 기업가 절대주의를 헌법에 의해서 대폭으로 제한하고 있다.

노동 규제의 분야에 있어서 실제로 가장 중요한 변화를 이룬 것은, 1918년 12월 23일의 명령에 의해서 규정된 임금협약 내지 단체협약이다.251) 이전에는 관변으로부터 반대되었

---

250) Hermann Heller, *Die Souveränität*, in *Gesammelte Schriften*, Bd. 2, S. 74 Anm. 248 참조.

251) Verordnung über Tarifverträge, Arbeiter-und Angestelltenausschüsse und Schlichtung von

으나 오늘날에는 이 임금협약으로서 노동자집단의 조직된 전체는, 개개의 사용자와 마주 대하게 되는 일도 있지만, 통상적으로는 조직된 사용자단체와 마주 대한다. 단체협약의 내용을 형성하는 것은 임금의 높낮이뿐만 아니라 노동조건(노동시간·휴가·해고통지·조정·처벌의 금지)의 전체적 규제이다. 임금협약의 중차대한 경제적인 의의는, 한편으로는 협약관계자와 독립해서 행해지고, 일반적 구속력선언으로 당해 협약관계자 이외의 외부자에게도 확대할 수 있는, 협약의 자동적인 법률적 효과에 있다. 다른 한편, 임금협약의 의의는 노동자와 사용자와의 개인적 계약에 의해서 변경할 수 없게 된 협약의 불변성에 있다. 이리하여 공법에 속하는 객관적인 노동계약법이 성립하게 되었다. 노동계약은 사법, 즉「자본주의적 생산양식의 영역」(렌너)252)에서 떠나고, 노동관계는 공공적 이해관심사로서 충분히 인정되고 있다. 경제집단의 조직화가 여러 분야에서 진전함에 따라, 머지않아 대부분의 노동조건은 (서서히 농업과 가내경제에서도) 임금협약에 의해서 결정되게 되었다. 1920년 초에 이미 독일에서는, 종업원 9,381,472명을 가진 321,349개의 기업체에 대하여 12,719개의 임금협약이 존재하였다. 지금까지 법적으로 원자화되고 있던 생산집단 [직업] 신분법적 통합은, 그 정치적인 영향범위가 너무나 크기 때문에 오늘날에도 아직 전혀 평가할 수가 없다.

　수 십 년 간의 투쟁 후 오늘날 법질서는 또다시 노동계약의 준비에도 마음을 쓰고 있으며, 노동시장을 더 이상 힘의 자유경쟁에 방임하지 않고, 비록 불안정한 경우에도 계획적으로 규제하려고 노력함으로써 노동자에게 구직의 노고를 경감시키고 있다. 직업소개·노동배분·실업구제사업·경영의 중단과 휴업의 제한으로 실업의 위험은 약화되고, 노동권은 내재적인 것으로서 승인되었다. 바이마르 헌법 제163조 [제2항, 모든 독일 인민에게는 경제적 노동에 의하여 그 생산자료를 획득할 가능성이 부여되지 않으면 안 된다. 적당한 노동의 기회를 부여받지 못한 자에 대해서는 필요한 생활자료를 지급한다]는 이 노동권을 명확하게 선언하고 있다. 노동계약의 내용은 강행법규에 의해서 규정되는 일이 자주 있다. 그러나 일정한 임금의 고저를 법으로 규정하는 것은 예외적인 경우뿐이다. 노동관계를 종결시킴에 있어서 경영협의회의 협력을 얻어야 한다는 것이 법적으로 규정되었다. 즉, 경영협의회원에 대한 해고통지권은 현저하게 제한되었다. 상품에 의한 임금지불, 이른바 트럭시스템[=현물급여]의 금지, 즉 노동자에게 불이익을 주는 형태의 지속적인 근원의 금지를 이미 1869년의 영업조령은 선언하고 있었다.

　노동을 규제하는 개인적 권리를 실질적으로 공권력이 수용한다는 것은 기업가에게는 노동자보호법을 의미한다. 노동자계급의 물리적이고 경제적인 업적 달성 능력의 유지가 공공적 이익에 관련된다는 것이 여기서는 적어도 원칙적으로 승인되고는 있지만 실체적으로는 종종 불충분하였다. 여기에서도 노동자보호에 대한 국가의 최초의 관심은 효과가 없었는데, 그 권력정치의 필요성에서 불러 일으켜진 것은 주목할만 하다. 1828년, 소년노동

---

Arbeitsstreitigkeiten, 23. Dezember 1918, *RGBl.*, S. 1456 ff.
252) Renner, *Marxismus, Krieg und Internationale* (siehe Anm. 233), S. 37-59 참조.

이 징병 차질의 원인으로 되어 있었기 때문에, 소년노동에 프로이센 국왕이 주목토록 한 것은 폰 호른(Horn) 장군의 예비군 업무보고였다. 그러나 [소년노동] 보호는 영업조례에 약간의 규정이 설정되었으나 1891년에야 비로소 노동자보호법253)의 보다 강한 규정으로 실현되었는데, 이 법률에 반대한 비스마르크를 파면시키는 외적인 동인이 되었다. 오늘날 기업가에게 노동자보호는 공법에 의해서 의무지워졌다. 즉, 국가는 강제와 형벌로 위협하여, 기업가가 사고방지, 직업위생, 미풍양속보호를 목적으로 하는 대책을 강구하도록 권고하고 있다. 노동자 계급의 발달을 위하여, 특히 의의있는 것은 노동시간의 보호이다. 즉, 하루의 최고노동시간과 일주간의 최고노동시간을 공법으로 확정하는 것이다. 그것은 혁명에 의해서 비로소 실현되었다. 즉, 1918년 11월 노동자에게, 1919년 3월 사무직원에게, 혁명은 8시간 노동제를 가져왔다. 그러나 이 8시간 노동제는, 물론 1923년 이래 거의 일반적으로 10시간 노동제로 바뀌어져 버렸다. 기업 안에서의 소년보호가 강화되었기 때문에, 최저 10명을 고용하고 있는 기업에서는 13세 이하의 소년고용이 전면적으로 금지되고, 그것보다 규모가 작은 기업에서는 10세 이하의 자국민의 소년고용, 12세 이하의 외국인의 소년고용이 전면적으로 금지되고 있다. 13세 이하의 자국민의 소년에 대해서는 최고노동시간제가 존재하지 않으나, 외국인 소년에 대해서는 3시간(휴일에는 4시간), 14세 까지의 소년에 대해서는 6시간으로 되어있다. 사용자는 18세까지 의무교육을 받는 노동자에 대해서는 통학에 필요한 시간을 주는 의무를 진다. 임산부의 보호는 최저 10인의 노동자를 갖는 기업에만 존재하며, 통산 8주간에 이른다.

경제적 민주주의를 실현하는 한 방법으로, 그 밖에 경영대표에 의한 사용자의 입헌적 제약이 고려되었다. 이러한 「협의회사상」(Rätegedanke)은 독일에서는 이미 1891년의 노동자보호법 이래의 전사(前史)를 가지고 있다. 이 법률은 고용자의 이익대표를 규정하고 있었는데 그러나 그것은 기업가의 자유로운 결정에 맡겨져 있었다. [제1차] 세계대전 중, [조국] 근로봉사법은 군수기업에 있어서 노동자위원회와 사무직원위원회를 만들게 하는 동기가 되었다. 이들 위원회와 관련하여 다음과 같은 협의회 입법이 혁명으로 실현되었다. 즉, 「노동자와 사무직원은 그 사회적·경제적 이익을 지키기 위하여, 경영노동자협의회 및 경제구역으로 편성된 지구노동자협의회와 전국노동자협의회를 그 법률상의 대표자로 한다」.254) 바이마르 헌법[제165조 2항]에 규정된 이러한 협의회제도 중에서 실현된 것은 지금까지 다만 경영협의회의 임시경제회의 뿐이다(양쪽 모두 1920년). 이 협의회 사상은 경영(기업)을 그 종업원에게 이관시키는 생디칼리슴*의 목적과는 전혀 관계가 없다. 그러나 「경제국가」에로의 확대된 협의회를 정치국가로 대체한다는 것은 있을 수 없다. 마치 우파의 사람들이 직업신분적인 「유기적」 경제국가에 열중한 것과 마찬가지로, 그러한 계획안이 프롤레타리아트 러시아의 협의회독재를 상기하는 공산주의

253) Gesetz, betreffend Abänderung der Gewerbeordnung (Arbeiterschutzgesetz). 1. Juni 1891, *RGBl.*, S. 261.
254) 1919년 8월 11일 바이마르 공화국헌법 제165조 2항.

자들 사이에 존재하였다고 해도, 바이마르 헌법은 매우 현명하게도 이러한 경제국가를 거부하고 단순히 정치적인 국가권력의 자문에 대답할 뿐인 국가경제평의회를 설치하였다. 경영협의회는 우선 경영통솔에 대한 것보다도 경영업적에 대하여 보다 큰 영향력을 획득하였다.

헌법정치와는 달리 모든 사회정책은 장기적으로는 단지 국제적인 성공만을 거둘 수가 있다. 제국주의적인 세계경제시대에 있어서 너무나도 소박한 유토피아인 「봉쇄상업국가」가 존재한다면, 그러한 국가만은 자국의 산업이 타국에 비하여 보다 큰 사회적 부담을 걸고, 세계시장에서의 자국 산업의 경쟁능력을 잃어버리게 되는 것을 두려워할 필요가 없을 것이다. 국제노동법을 실현하기 위하여 이미 [제1차] 세계대전 전에 세 가지 국제회의가 개최되었다. 제1회는 독일 황제의 주도권으로 1890년 베를린에서 개최되었는데 성공을 거두지 못하였다.

[제1차] 세계대전 중, 연합국의 노동자 조직의 회의(리이즈 1916년), 4국동맹과 중립국과의 회의(베른, 1917년) 그리고 아메리카인의 회의(1917년)는 강화조약에 노동법의 규정을 채택할 것을 요구하였다. 강화조약 제13편에 채택된 국제노동법규정은 주로 강령적·조직적인 성질의 것이다. 이 규정에 의거하여 「국제노동기구」가 창립되었는데 독일도 1919년 이래 그 회원이다. 이 단체의 기관은 총회, 집행위원회 그리고 제네바에 있는 상설국제노동국이다. 총회의 결의는 가맹국들에 대해서 의안과 협정초안을 제각기의 입법기관에 제출하는 것만을 의무지우는 것으로서 그 채택여부를 결정하는 것은 각국 입법기관의 자유이다. 독일 국회는 지금까지는 1919년 이래 매년 개최된 총회의 협정을 하나도 채택하지 아니하였다.

노동질서를 규정하는 규범들의 복합체를 전체적으로 개관해 보면, 한편으로 그것들이 아직 쉽사리 자본주의적 노동형태를 극복하는 것은 아니며, 다만 조직된 자본주의의 노동법을 형성하는데 불과하다는 것이 확립되어야만 할 것이다. 그리고 조직된 자본주의는 19세기 말에 이미 자유경쟁만능의 확신을 잃고 있었다. 그러나 다른 한편, 노동 규제의 분야에서 독일 민법전의 개인주의적 채권법을 대폭적으로 새로운 사회법이 대체한다는 커다란 변혁이 일어난 것을 과소평가해서는 안 될 것이다. 1923년 2월 6일 최고재판소의 판결이유서는 그간의 여론의 변화의 특징을 ― 그 이상은 아니지만 ― 생생하게 나타내고 있다. 이 판결이유서 중에서 특히 이렇게 기술한다.「우리들은 … 분쟁(부분적 파업시에 파업불참가자의 임금 요구)의 만족할만한 해결에 도달하기 위하여 결코 독일 민법전의 규정에서 출발해서는 안 된다. 오히려 그 후에 발달하여 최근의 입법에 있어서 명확하게 승인되어온 사회적 상태에 주시하지 않으면 안 된다 …. 요컨대, 독일 민법전은 그 성립기의 상태에 맞추어서 개인주의적 관점에 입각하고 있다. 그러나 그 사이에 사회적인 노동공동체와 경영공동체의 사상이 보급되고, 승인되어 그 사상은 적어도 비교적 대규모적인 기업체에서 노사 간의 관계를 지배하기에 이르렀다. 문제가 되는 것은 개개의 노동자와 사용자와의 관계가 아니라 사회의 두 집단인 기업가 계급과 노동자 계급 간의 규제이다」.[255]

노동질서의 영역에서보다 재산질서의 영역에서 사회주의이념에로의 발전이 보다 명백하게 인정된다. 그것들을 하나하나 검토하는 것은 지면관계로 이 책에서는 불가능하다. 종종 문제가 되는 것은 법전 그 자체의 개정이 결코 아니며, 다만 법제의 의미변화나 해석규정의 변경, 예를 들면 소유권법의 개정이다. 이 영역에서의 자유주의이념, 사회주의이념과의 투쟁은 바이마르 헌법의 마지막 절(제151조~165조)의 모순투성이의 명제들에서 역력히 나타나고 있다. 자본주의 경제질서의 3대 기둥인 계약의 자유, 사적 소유 그리고 상속권은 헌법에 의해서 명확하게 보장되고 있다. 그러나 이 보장의 현실적 의미는 매우 적다. 왜냐하면 [헌법의] 조문은 입법자에 대하여 이들 권리들을 「법률로써」 제한하는 것을 완전히 일임해 버렸으며, 그 결과 경우에 따라서 이들 권리들은 순수한 사회주의 공동체에서 인정해도 좋을 정도로 되었기 때문이다. 예컨대, 임금협약권에서 사실상의 계약의 자유는 거의 남아 있지 않은가? 그리고 비록 사법의 영역에서 소유권의 개념이 여전히 절대적이며, 또한 정의(定義)에 맞게 사물에 대한 무제한한 지배권을 표현한다고 하더라도, 국가의 행정권은 재산소유권자의 자유로운 처분권을 현저하게 또한 점점 더 광범위하게 제한하여 왔다. 우리들은 때때로 부동산으로부터 올리는 수입의 3분의 1까지를, 때로는 심지어 그것의 반분까지를 공공의 금고에게 주는, 우리나라의 「주택 볼셰비즘」과 「조세 볼셰비즘」이라는 아마도 일시적인 조치는 도외시하려고 한다. 그러나 소유권의 행사를 더욱 더 강하게 국가의 감독과 허가에 의존시키고 소유권을 끊임없이 공동화시켜 온, 경지경찰 · 삼림경찰 · 광산경찰 · 영업경찰 · 수상경찰 · 도로경찰 · 위생경찰 · 교통경찰 · 건축경찰 그리고 소방경찰의, 서서히 발달하고 끊임없이 증가해가는 규정들을 폐지하려고는 아무도 생각하지 않는다.

재산질서의 포괄적인 반자본주의적 변혁은 생산수단, 즉 인간의 노동을 가지고서 또는 인간의 노동없이 새로운 사물을 생산하는 사물, 또는 재화의 분배를 야기하도록 지정된 물(농업과 공업의 기업소 · 교통수단 · 원료)의 국유화나 사유화에 의해서 실현되었다. 지난날의 [국왕의] 수익권과 전매권(독점)과 관련하여 우선 순수한 재정적 목적을 위해서 우편 · 전화 · 전신 그리고 철도, 기타의 교통체계는 국영으로 이관되었다. 국립은행은 은행권 발행을 독점하였다. 알콜 독점은 실현되고 있다. 그리고 오스트리아는 그 담배독점과 함께 외국에서도 경쟁 능력을 가지는 담배제조공업을 보유하고 있다. 광업 · 인쇄 · 전기 그리고 거대한 중공업의 모든 기업은 국가경제에 이관되고, 그 결과 국가는 오늘날 이미 최대의 사용자가 되었다. 통치는 확실히 생시몽과 마르크스가 말하듯이, 관리에 해소되는 경향을 보이지 않으나, 관리는 양적으로 통치기능을 훨씬 능가해 버렸다. 거기에다 전차경영의 지방자치제에의 이관, 가스 · 전기 · 수도의 공급담당, 시영의 건설회사 그리고 그 밖의 공업경영이 추가되었다. 고기 · 빵 · 우유처럼 가장 필요불가결한 식료품의 지방자치체에 의한 판매기업이 생겼다. 정치단체는 그 자신의 경제력과 공적 독점을 수중에 넣음으로써만, 역시 경제적인 사적 권력이나 상업과 영업의 자유로부터 발생하는 사적 독점에 대하여

255) *RGZ*, Bd. 106, S. 272 ff. [275].

효과적으로 대항할 수 있다.

그러나 국가사회주의와 도시사회주의가 많은 기업에서 매우 성공적이었다는 것이 알려짐으로써, 이제 와서는 아무도 그것의 폐지를 요구하지는 않지만, 국가경제의 위험성은 사회주의적 사회화 계획을 다른 방향으로 돌려버린 것이다. 영국의 길드사회주의의 영향을 받아서 라테나우(Rathenau),* 묄렌도르프(Möllendorf),* 비셀(Wissell)* 그리고 오토 바우어(Otto Bauer)의 활동에 의해서 국영기업의 이념과 아울러 경제적인 자치행정단체의 사상이 형성되었다. 이에 의하면, 이 경제적인 자치행정단체는 정치적으로 통합되지만 국가에 의하여 통솔되지 않고, 생산자 그리고 소비자의 이익에 봉사한다고 되어 있다. 1918년부터 1919년에 걸친 겨울철에 모인 사회화위원회의, 탄광사회화 문제에 관한 매우 주목할 만한 보고는 이러한 사상에서 나왔다.

「국가기업의 일체의 확대는」 하고 이 보고는 이렇게 기술한다. 「이러한 국가의 경제적 활동과 국가의 정치적·행정적 활동이 완전히 분리하지 않는 한, 국가의 경제적 기업에서 관료주의적 전통이 타파되지 않는 한 비경제적이며, 그 때문에 거부되지 않으면 안 된다」.256) 그래서 위원회의 다수파 사회민주당 위원들의 보고는 경제적 자치행정단체인 「독일석탄공동체」를 제안하고, 독일의 전 탄광을 이 단체의 관리에 맡겨야 한다고 주장한다. 그리고 경영지도자, 노동자계급, 소비자에서 각각 25명의 위원을 선출하고, 거기에 국가가 임명한 25명의 위원을 더해서 석탄위원회를 설치하여 그것에 석탄경제를 맡기려고 한다. 업무를 지휘하는 것은 이 석탄위원회에 의하여 5년의 임기로서 선출된 전국석탄이사회인데, 그것에는 개인적 창의가 충분히 발휘될 여지, 특히 시장의 상황에 적용하는 가능성이 주어진다. 임용은 사적 계약에 의거하여 행하여지는 것이 바람직하며, 보다 높은 업무성적에 대해서는 보다 높은 대가가 지불되어야 한다. 잉여금은 국가가 환수하도록 하며 물가정책은 국가의 임금률결정권에 복종하지만, 예산은 법적·경제적·자주적으로 편성되어야 할 것이라고 주장되었다.257)

미래의 계획은 일단 접어두고 노동질서와 재산질서에서 상술한 변혁들을 개관한다면, 그 밖에 또 민주화된 국가에서는 생산과정의 광범한 영역에 대한 처분권이 이미 인민대표에 귀속한다는 것이 이해된다면, 사회주의사상의 경향이 어떤 범위 내에서 이미 현실로 되었다는 것을 부정할 수 없을 것이다. 우리들은 물론 아직 자본주의적인 사회질서 속에서 생활하고 있지만, 이 사회질서의 내부에서는 놀랄 만큼 빠른 템포로 사회주의적인 제도들이 발달해 가고 있다. 자본주의 국가가 끝나고 사회주의 국가가 시작하는 곳의 정확한 경계선을 긋는 것이 불가능한 것은 물론이다. 그러나 이 경계선은, 유럽의 국민국가의 경계선이 월경되어지지 않고 확고한 국제적인 정치조직이 실현되지 않는 한은 넘을 수 없으리라는 것이 확실하다.

---

256) *Bericht der Sozialisierungskommission über die Frage der Sozialisierung des Kohlenbergbaues*, Berlin 1920, S. 32 (vorläufiger Bericht, 15. Februar 1920).
257) AaO., S. 36 ff.

그러므로 사회주의의 국제적 사상을 잠깐 살펴보지 않고서는 사회주의사상에 대한 우리들의 약술과, 아울러 이 책을 끝낼 수는 없을 것이다. 왜 사회주의이념은 인터내셔널을 요구하는가? 이에 대해서 거론할 이유는, 세계의 규제 없이는 경제의 국민적 규제도 불가능하다는 경제정책적·국가정책적 그리고 문화정책적인 것이다. 사회정책은 단지 국제적으로만 장기적으로 가능하다는 것은 이미 지적하였다. 그러나 이것은 일단 접어두고, 필연적으로 유럽의 각 국민국가의 아우타르키를 철폐하고, 사회주의에서 불가결한 국제적인 국가들의 결합을 탄생시키지 않으면 안 되는 매우 많은 현상이 지적될 것이다. 경제정책적 영역에 있어서, [제1차 세계] 대전 후 유럽 대륙의 독립 유지는 오늘의 정치적 분열상태에서는 이해하기 어렵다. 특히 미합중국에 대해서는 예를 들면, 미국의 평균임금이 보다 높음에도 불구하고 연탄의 자가산출비용은 톤당 7마르크인데 비해, 독일에서는 세계시장에서의 경쟁은 승산의 가망이 없어져가기 시작하고 있다. 따라서 국제적인 원료의 배분이 없다면 유럽의 노동자계급의 향상도 장기간으로는 불가능한 것처럼 생각된다. 뿐만 아니라 확고한 국제적 단체가 없는 경우, 노동력의 추악한 투쟁이 일어난다. 관보에 의하면 미국에서는 수십만의 어린이가 다섯 살 때부터 산업에 종사하고 있다. 상하이의 외국인 조계의 공장에서만 12세 이하의 어린이 22,500명이 평균 12시간 노동을 하고 있다는 것이 상하이 외국인거류지조사위원회에 의해서 확인되었다. 국제노동국이 그러한 경쟁을 강제조치로 저지하기 위한 대책을 강구할 수 없는 한, 노동자계급의 생활수준이 너무나도 큰 차이가 계속 나는 한, 사회주의적인 노동형성은 생각할 수 없을 것이다. 그러나 사회주의자는 이 균등화를 실현하는 것이야말로 중국과 근동을 넘어서는 곳까지 팽창하고 있는, 국제적 자본주의 자체의 평준화 경향임을 지적한다. 노동자계급에 대한 국민의 상이한 이해가 결코 아직 연대적이지 못하고 단지 평행적임에도 불구하고, 긴밀한 상호의존 관계에 있는 세계경제의 국제적 성격은, 노동운동이 국지적으로 패배하는 경우에도 사회운동이 더 한층 발전할 수 있음을 보장하는 것이며, 따라서 노동운동은 고대의 지방적인 노예전쟁이나 중세의 농민봉기 그리고 근대의 부르주아혁명과도 비교가 안 될 정도로 다른 입장에 놓여있다.

마르크스주의의 영향을 받아 오늘날 제국주의라는 것은 외국의 투자영역과 판로에 손을 뻗치는, 발달된 자본주의의 산물임이 널리 인정되고 있다. 어떤 한 국가의 이러한 제국주의적 팽창은 그 국가의 노동자계급의 복지를 촉진한다는 것이 사회주의자들에 의해서, 예컨대 오토 바우어[258]도 부정하지는 아니한다. 그러나 제국주의가 노동자계급에 주는 손해(보호관세·군사부담 등등)는 그 이익을 상쇄할 수 있다는 것이 주장되고 있다. 제국주의국가에서 공공적 이익은 비상한 긴장이 동반되는 외정적인 권력주장에 의해서 규정되어야만 한다고 지적된다. 이들 국가에서는 외교, 육·해군에 대한 배려, 이것에 대응하는 재정정책, 사법 그리고 그 밖의 행정에 대한 배려가 우선하고, 제국주의적 경제열강의 자유경쟁 대신에 국민들의 평화적 분업이 요구될 것이다. 이러한 상태는 국민국가적 권력집중의 계속이 기술적으로 불가능하다는 점에서도 대망된다. 한편으로 이러한 상태로

---

258) Otto Bauer, *Nationalitätenfrage* (siehe Anm. 148), S. 476.

의 발전은 현대의 전쟁수행에서 노동자계급이 가지는 중요성이 매우 높아짐으로써, 그리고 전쟁에 대한 모든 노동자계급의 증오에 의해서 증명되며, 다른 한편 전승국에서도 이제 와서는 아무런 장사도 되지 않을 현대의 기계전쟁과 독가스전쟁 그 자체의 무의미성이 지적될 것이다. 이것과 밀접한 관련을 가진 것은 세계경제의 상호의존성이 점점 더 높아지고 있다는 논의이며, 국민국가적 통치는 국경 위로 날아다니는 항공기에 대해서는 속수무책이라는 점이다.

자본 그 자체의 국제적 협력으로서, 공업의 국제적 카르텔화가 오늘날 노동자계급의 정당인터내셔널, 노동조합 그리고 협동조합의 인터내셔널 보다 강대하다는 것은 확실하다. 그러나 [노사] 양쪽[의 국제조직]을 합치더라도 지금까지 유럽의 안정조차 실현할 수 없었으며, 하물며 세계의 안정을 실현할 수 없었을 뿐만 아니라, 미국과 러시아에 의해서 거부된 국제연맹을 아무리 낙관주의적으로 평가한다 하더라도 정치적인 세계조직에 관해서는 약간의 현실적인 실마리도 거의 보이지 않는다. 유럽합중국의 [실현]을 위해서 적어도 옛날의 정신적 전통의 전제가 자유롭게 활용되어야 할 것이지만, 현재까지 존속하는 전통의 효력은 유럽 정신의 심원한 혁명 없이는 충분한 정치적 운반력을 가지는 데에 이르지 못할 것이 확실할 것이다. 현대의 모든 정치사상은 매우 동요하고 있으며, 유럽의 국가체계의 위기적 상태처럼 혁신이 절실히 필요하다는 느낌이 널리 확산되고 머지않아 행동화되어, 피로한 유럽이 젊음을 되찾게 되기를 바라마지 않는다.


# 참고문헌

## 제2장

Georg Kaufmann, *Politische Geschichte Deutschlands im 19. Jahrhundert*, Berlin 1900 (Das 19. Jahrhundert in Deutschlands Entwicklung, Hg. Paul Schlenther, Bd. 4).

Heinrich v. Treitschke, *Deutsche Geschichte im 19. Jahrhundert*, 5 Bde, Bd. 1, 10. Aufl., Leipzig 1918.

Fritz Wuessing, *Geschichte des deutschen Volkes vom Ausgang des 18. Jahrhunderts bis zur Gegenwart*, Leipzig 1921.

Charles Seignobos, *Politische Geschichte des modernen Europa. Entwicklung der Parteien und Staatsformen 1814-1896* (1897), deutsch nach der 5. französischen Aufl., Leipzig 1910.

Wilhelm Metzger, *Gesellschaft, Recht und Staat in der Ethik des deutschen Idealismus* (Hg. Ernst Bergmann), Heidelberg 1917.

Otto v. Gierke, *Johannes Althusius und die Entwicklung der naturrechtlichen Staatstheorien* (1880), 3. Aufl., Breslau 1913.

Max Weber, *Gesammelte Aufsätze zur Wissenschaftslehre*, Tübingen 1922.

Wilhelm Dilthey, *Weltanschauung und Analyse des Menschen seit Renaissance und Reformation*, in *Gesammelte Schriften*, Bd. 2 (Hg. Georg Misch), Leipzig 1914.

Ernst Troeltsch, *Aufsätze zur Geistesgeschichte und Religionssoziologie*, in *Gesammelte Schriften* (Hg. Hans Baron), Bd. 4, Tübingen 1925.

## 제3장

Reinhold Koser, *Geschichte Friedrichs des Großen*, 4 Bde., Bd. 2 II, Stuttgart 1903.

Carl Schmitt-Dorotič, *Politische Romantik*, München 1919 (배성동 역, 『정치적 낭만』, 삼성출판사, 1977; 신판 1991).

Erich Kaufmann, *Studien zur Staatslehre des monarchischen Prinzipes*, Leipzig 1906.

Alfred v. Martin, "Weltanschauuliche Motive im altkonservativen Denken", in Paul Wentzcke (Hg.) *Deutscher Staat und deutsche Parteien. Friedrich Meinecke zum 60. Geburtstag dargebracht*, München 1922, S. 342-384.

## 제4장

Gerhard Leibholz, *Fichte und der demokratische Gedanke. Ein Beitrag zur Staatslehre*, Freiburg [1921].

Richard Thoma, "Der Begriff der modernen Demokratie in seinem Verhältnis zum Staatsbegriff. Prolegomena zu einer Analyse des demokratischen Staates der Gegenwart", in *Hauptprobleme der Soziologie. Erinnerungsgabe für Max Weber*, München 1923, Bd. 2, S. 37-64.

Hans Kelsen, *Vom Wesen und Wert der Demokratie*, Tübingen 1920 (한태연 · 김남진 공역, 『민주주의의 본질과 가치』, 위성문고, 법문사, 1961).

Wilhelm Hasbach, *Die moderne Demokratie. Eine politische Beschreibung*, 2. Aufl., Jena 1921.

Robert Michels, *Zur Soziologie des Parteiwesens in der modernen Demokratie. Untersuchungen über die oligarchischen Tendenzen des Gruppenlebens*, 2. Aufl., Leipzig 1925 (김학이 옮김, 『정당사회학: 근대 민주주의의 과두적 경향에 관한 연구』, 한길사, 2002; 개정판 『정당론』, 한길사, 2015).

Carl Schmitt, *Die geistesgeschichtliche Lage des heutigen Parlamentarismus*, München 1923 (김효전 옮김, 『현대 의회주의의 정신사적 지위』, 관악사, 2007).

M. J. Bonn, *Die Krisis der europäischen Demokratie*, München 1925.

## 제5장

Georg Jellinek, *Die Erklärung der Menschen-und Bürgerrechte* (1895), 3. Aufl. (Hg. Walter Jellinek), München 1919 (김효전역, 『인권선언논쟁』, 법문사, 1991).

August Oncken, *Adam Smith und Immanuel Kant. Der Einklang und das Wechselverhältnis ihrer Lehren über Sitte, Staat und Wirtschaft,* 1. Abt. (Ethik und Politik), Leipzig 1877.

Leopold v. Wiese, *Der Liberalismus in Vergangenheit und Zukunft,* Berlin 1917.

───, "Liberalismus und Demokratismus in ihren Zusammenhängen und Gegensätzen", in *Zeitschrift für Politik,* 9 (1916), S. 407-425.

Otto Westphal, *Welt- und Staatsauffassung des deutschen Liberalismus. Eine Untersuchung über die preußischen Jahrbücher und den konstitutionellen Liberalismus in Deutschland von 1858-1863,* München 1919 (Historische Bibliothek, Bd. 41).

## 제6장

Friedrich Meinecke, *Weltbürgertum und Nationalstaat. Studien zur Genesis des deutschen Nationalstaates* (1907), 6. Aufl., München 1922 (이상신 · 최호근 옮김, 『세계 시민주의와 민족국가: 독일 민족국가의 형성에 관한 연구』, 나남, 2007).

Erich Brandenburg, *Die Reichsgründung,* Bd. 1, 2. Aufl., Leipzig 1922.

Adolf Rapp, *Der deutsche Gedanke, seine Entwicklung im politischen und geistigen Leben seit dem 18. Jahrhundert,* Bonn 1920 (Bücherei der Kultur und Geschichte, Bd. 8).

Hermann Heller, *Hegel und der nationale Machtstaatsgedanke in Deutschland. Ein Beitrag zur politischen Geistesgeschichte,* Leipzig 1921 (김효전 옮김, 「헤겔과 독일에서의 국민적 권력국가사상」, 본서에 수록).

───, *Sozialismus und Nation,* Berlin 1925 (김효전 옮김, 「사회주의와 국민」, 본서에 수록).

## 제7장

Karl Vorländer, *Geschichte der sozialistischen Ideen,* Breslau 1924 (Jedermanns Bücherei).

Marianne Weber, *Fichtes Sozialismus und sein Verhältnis zur Marxschen Doktrin,* Tübingen 1900 (Volkswirtschaftliche Abhandlungen der Badischen Hochschulen, Bd. 4 Ⅲ).

Wladimir Iljitsch Lenin, *Staat und Revolution. Die Lehre des Marxismus vom Staat und die Aufgaben des Proletariats in der Revolution,* Berlin 1918 (Politische Aktions-Bibliothek, Hg. Franz Pfemfert, 4)(문성원 · 안규남 옮김, 『국가와 혁명』, 아고라, 2013).

Georg Lukàcs, *Geschichte und Klassenbewußtsein. Studien über marxistische Dialektik,* Berlin 1923 (Kleine revolutionäre Bibliothek, Bd. 9)(박정호 · 조만영 옮김, 『역사와 계급의식: 맑스주의 변증법 연구』, 거름, 1992).

Hans Kelsen, *Sozialismus und Staat. Eine Untersuchung zur politischen Theorie des Marxismus*, Leipzig 1920.

_____, *Marx oder Lassalle. Wandlungen in der politischen Theorie des Marxismus*, Leipzig 1924.

Karl Renner, *Marxismus, Krieg und Internationale. Kritische Studien über offene Probleme des wissenschaftlichen und des praktischen Sozialismus in und nach dem Weltkriege*, Stuttgart 1917.

Otto Bauer, *Die österreichische Revolution*, Wien 1923.

Siegfried Marck, *Marxistische Staatsbejahung*, Breslau 1925.

Edmund Fischer, *Das sozialistische Werden. Die Tendenzen der wirtschaftlichen und sozialen Entwicklung*, Leipzig 1918.

# 제5편
# 사회주의적 결단

# 1. 사회주의와 국민*

거트루트 헤르메스
진실한 우정으로

## 《차 례》

## 제1판 서문

　이 책은 사회주의와 독일 민족 속에서 젊고 강력한 모든 것에 향하고 있다. 계승되어 매력을 잃지 않는 관념은 많지만 이 책은 그 쌓인 시체를 제거하고 살아있는 사회주의의 형상에 대한 의지를 일깨우는 데에 기여하고 싶다. 한정된 지면은 자주 필요한 명료함과 모순에 마주친다. 거기서 명료함이 결여되었다면 지적해주면 감사할 것이다. 그러나 이 저작은 정신적인 흐름에 끈적끈적 하게 달라붙는 좌우 양파의 당관료들을 위해서 저술한

---

*　*Sozialismus und Nation*, 1. Aufl., 1925 Berlin: Arbeiterjugend-Verlag/2. Aufl., Berlin: Ernst Rowohlt, 1931. jetzt in *Gesammelte Schriften*, Bd. 1, A. W. Sijthoff, Leiden 1971, S. 437-526.

것은 아니다. 그들에게는 라살레의 이러한 말로 충분할 것이다. 모든 대전환기에 일어나는 것은 「자신의 시선을 **사상**의 높이에까지 높일 수 있을 뿐만 아니라 상상 속에서만 혁명적이며, 영혼은 경험적 현실에 계속 지배되고 있는, 그러한 선술집 정치가들이 우습게도 **잘못 이해하고**, 바로 **끝나버린 것**을 새로운 시대의 내용으로 채택한 사태이다」.[1]

여기서 명언할 것은 결코 개인의 신념이 아니다. 그것은 몇 천이나 되는 사람들이 품는 많든 적든 명백한 의지이다.


# 제2판 서문

이 책의 초판이 6년 전에 발간된 이래 「사회주의와 국민」이라는 문제의 현실성은 여전히 많은 것들을 둘러싸고 증대하게 되었다. 바로 이 현실성 때문에 나는 — 약간의 사소한 수정과 보충을 별도로 하고 — 이 책을 개정하지 않고 세상에 내보내기로 하였다.

---

1) Ferdinand Lassalle (1825~1864).

「자발적으로 따르는 것이 가장 좋은 상태이다. 그렇다면 이 상태는 애정 없이 어떻게 가능할 것인가?」[2]

# I. 사회주의의 본질에 대해서

왜 나는 사회주의자인가? 그것은 내가 불행하고 다른 사람들은 잘 살기 때문일까? 아니면 나의 정치적·윤리적 그리고 종교적 사고가 나의 경제적 상태의 반영에 불과하기 때문일까? 확실히 그것은 상당히 많은 인간에 타당할는지도 모른다. 그러나 그것이 사회주의의 유일하고 본질적인 이유가 될 것인가? 아니라고 여러분은 대답한다. 내가 사회주의자인 것은 생산관계들은 필연적으로 진보하며, 그것이 사회주의를 가져오는 데에 틀림없다고 알기 때문이라고. 봉건적 사회질서에 자본주의 사회질서가 계속하였듯이, 후자에는 사회주의적 사회질서가 계속할 것이 틀림없다. 틀렸는가?! 왜 그렇게 단언할 수 있는가? 당신은 그것을 학문으로써 증명할 수 없다. 왜냐하면 학문은 기껏해야 역사의 일정한 경향, 운동의 방향들을 제시할 수 있을 정도이며, 그것들에 대해서 그대가 결정을 내리지 않으면 안 되기 때문이다. 학문은 그대가 내일 살아 있을는지 또한 지구가 다음 두 시간 후에 존재할는지도 증명할 수 없다. 그러나 사회적 생산관계들이란 상당히 독일적으로 들리는 문구이다. 즉 그것은 사회적 노동관계들을 의미하며, 그리고 이것은 생명력 있는 인간의 공동작용 바로 그것이다. 그러므로 인간은 자신이 결단을 내려야 하며, 노동에 대한 자신의 마음이나 정신관계가 변하는 것에 협력할 필요는 없는 것일까?

확실히 인간의 사회적 존재는 인간의 의식을 규정하며, 그 쪽이 그 반대보다도 평균적으로 보아 강하다는 것은 정당하다. 그러나 존재와 의식의 이러한 관계가 확인·인식되는 것조차 사람들은 바로 마르크스, 엥겔스 또는 라살레와 같은 인격에 접촉해 본다면, 새로운 사회질서의 성립을 위해서 인류에 근거하여 형성하는 의식이 가지는 거대한 의의를 분명히 이해할 것임에 틀림없다. 그렇지만 이러한 부르주아지의 아들들은 사회주의가 위(胃, Magen)나 대중의 문제가 아니라 바로 자신의 인류적 의식을 자신의 사회적 존재를 초월하여 높일 수 있기 때문에 시대를 긋는, 그러한 사람들이 위대한 지도자라는 것의 생생한 증거이다. 유복한 라인 지방의 변호사 아들이었던 마르크스는 프로이센 내무장관의 자매와 결혼하고 쾌적한 사회적 생활을 충분히 보낼 수 있었는데, 그의 인류적 의식에 의해서 런던으로 망명하게 되고, 거기에서 그는 어느 때는 원고지를 사기 위해서 상의를 팔고, 또 어떤 때는 「신문을 읽을 잔돈푼도 거의 없었으므로」, 한 줄의 신문기사조차 사지 못하는 상태에 있었다」. 자기가 사랑하는 외아들의 장례일에 매장비용을 빌리려고 이웃 프랑스 사람에게 달려가지 않을 수 없었다. 그렇지만 여전히 그는 사회적인 생계를 가져올 수 없는 비스마르

2) Johann Wolfgang v. Goethe, *Maximen und Reflexionen* (Hg. Günther Müller), Stuttgart 1944, Nr. 167 (*Wahlverwandschaften*, Ottiliens Tagebuch).

크의 두 개의 제안을 고려하지도 않고 거부하고, 자신이 지구의 일부를 변혁하기 위한 자신의 일에 심혈을 경주한 것이다! 자본주의적 생활을 분쇄하는 이 지도자의식의 힘을 앞에 두고 이 인륜적인 힘의 위대함을 앞에 두고, 두려운 마음을 가지지 않는 사람들은 위대한 인물의 가치와 존엄을 털끝만치도 느끼지 못하고, 역사적 · 사회적인 생의 양식의 생성과 소멸에 대한 지도자의 의의에 어떤 이해도 나타내지 못하였다.

마르크스와 같은 인간상에서 우리들에게 충격을 주는 것은 정의에 대한 그의 정열적인 의지이다. 그것은 안일한 생활이 가져오는 저속한 이점을 그에게 단념시키고, 억압된 인류의 해방을 위해서 투쟁하는 쓰라린 힘을 준, 매우 강력한 내적인 충동이었다. 인간 각자의 의식 속에서는 대립하는 관계들에 관한 일정한 질서를 지지하든 반대하든, 이러한 인륜적 이유가 결정적이다. 사회주의는 무조건 보다 유용한 질서라거나 자연필연적인 강제력을 가지고 생기는 질서라는 것은 우선 누구에 의해서도 증명될 수 없다. 수천의 사람 중 그러한 입증을 기도할 수 있는 개념적 무기를 손에 넣은 사람만이 오로지 시도할는지도 모른다. 그러나 이러한 입증을 한 곳에서 얻어진 것은 여전히 근소할 것이다. 왜냐하면 그것을 통해서 사회주의를 형성하는 활동이 증대하며, 그것이 점차 활기를 띨 것인지는 의심스러우며, 그리고 바로 그것이 문제이기 때문이다. 그러나 사회주의는 보다 인간의 존엄을 중시하며 보다 정의에 적합한 생활관계들의 정서이며, 자본주의의 경제적 신조와 사회적 형식은 만행이다. 이러한 인식을 가지고 우리들은 두렵게도 의기소침하고 피폐한 노동자들에게 그들을 해방하기 위한 힘과 활기를 부여하고, 또한 그러한 자본주의의 생활양식의 옹호자에 대항하는 사회적 투쟁수단을 강화할 수 있는 것이다. 인륜적 확신은 강력한 힘이다! 마르크스 자신이 자신의 위대한 고발을 억압 · 착취 · 냉혹 그리고 이기심에 호소하고, 정치권력을 탈취한다는 노동자계급의 「위대한 의무」에 대해서 말하였을 때. 그것을 반복해서 호소하고 있었다. 즉 사회주의의 진정한 본질을 끝까지 뒷받침하는 것은 사회정의의 이념 속에 상호부조와 정의에 적합한 공동체에 대한 의지 속에 우리들의 상호관계를 인류으로서 형성하는 속에 있다.

그러나 인간은 그 인류, 종교 그 밖의 의식보다도 그 사회적 존재와 특히 그 경제적 존재를 통해서 평균적으로, 그리고 장기적으로 보다 강력하게 영향을 받고 있다. 그것을 우리들은 알고 있으므로 인간 전체를 형성하는 데에 도움을 청한다면, 우리들은 법적 · 형식적 정의로부터 경제적 · 실질적 정의로 발걸음을 나아가지 않으면 안 된다. 「사람은」, 피히테의 말을 인용해서 말한다면, 「…국가의 과제를 오늘날까지 단지 일면적으로 다만 그 절반만, 즉 법률에 의해서 시민을 현재 있는 소유상태로 유지하는 안슈탈트로서의 측면에서만 파악하고 있었다. 각인에게 각각 귀속하는 소유의 지위를 인정한다는 보다 깊은 곳에 있는 국가의 의무는 간과해 왔다. 그러나 이 후자는 정치적 무정부성이 서서히 지양되었듯이, 상업의 무정부성이 지양되어 가는 것을 통해서만 가능하게 된다」.[3] 그

---

3) Johann Gottlieb Fichte, *Der geschlossene Handelsstaat* (1800), in *Sämmtliche Werke* (Hg. I. H. Fichte), Bd. 3, Berlin 1845, S. 453.

때문에 현실의 형성에서는 중간단체적 정의의 이념은 형성되어야 할 소재, 특히 경제적 재의 생산과 분배에도 관계를 가지지 않으면 안 된다. 오늘날에도 경제에 대한 이러한 현실적 전환을 경험하지 않은 관념론, 구체적으로 말하면 임금문제라든가 실업문제 앞에서 기여하지 못하는 관념론은 자신이나 타인을 기만하고, 순간에 우리들에 대해서 아무래도 좋게 되어버린다. 피히테의 관념론은 오늘날 보이는 매우 많은 지식인들의 그것과는 현저한 차이가 있다. 「인간은 노동해야 한다」는 것은 그의 유명한 말 중의 하나이며, 「그러나 노동한다고 하더라도 자신의 무거운 짐 아래 잠들어버리고, 또한 그러한 무게를 담당하기 위해서 사용한 힘을 잠시 회복한 다음에는 다시 잠들어버리는 짐 나르는 짐승처럼 되어서는 안 된다. 인간은 불안 없이, 즐거움과 기쁨으로 일하고 자신의 정신과 눈을 하늘로 바라보기 위한 시간을 가져야 한다. 그것을 조망하려고 그는 도야된 것이다」.[4] 이 관념론자는 정의에 적합한 공동체를 조직적으로 구축할 때에 물질적인 것으로부터 이념적인 것에로, 아래로부터 위로의 길이 열리지 않으면 안 되는 것도 알고 있었다. 「정부의 구성원은 교사나 군인 신분의 구성원과 마찬가지로, 다만 첫 번째 사람들[경제적 생산자]을 위해서 존재한다」.[5] 피히테를 아는 사람은 그럼에도 불구하고 사회주의가 어떻게 배를 소화시킨 철학에서 거리가 먼지도 알고 있다.

　모든 이상은 주어진 사회적 권력관계와 투쟁하는 가운데서만 실현될 수 있다. 오늘날의 사회적 권력관계들은 개개인이나 개개의 집단이 그들의 경제적 권력에 의해서 동시에 사실로서 국가에 대한 지배를 손에 넣는다는 방법으로 경제화되고 있다. 자본주의적 기업가층은 생산수단에 대한 그 사법상의 소유권을 트러스트라든가 카르텔의 형태로 조직화하고 있으며, 그것을 매개로 그들은 국가권력을 매우 다양한 영역에서 완전히 배제하고, 그 밖의 영역에서도 완전히 본질적인 부분에서 그것을 제한할 수 있다. 그리하여 마침내는 농업, 공업 그리고 금융 자본이 ― 미합중국을 잠깐 보기만 해도 좋다 ― 어떻게 민주적인 국가형태를 취하더라도, 현저하게 일면적인 경제적 지배를 국가 전체에 대해서 행사하기까지 하고 있다. 그것이 생명력이 충만한 문화에 대해서 위험하다는 것은 얼마나 강조하더라도 지나치지 않는다. 사회주의는 경제에 대한 공동체권위의 정의에 적합한 지배를 의미한다. 넓은 의미에서의 노동자계층은 확실히 조직된 국가권력을 헌법에 비추어 움직이게 할 수 있다. 그러나 국가나 그 밖의 공공단체가 경제적인 실력을 처리하고, 비록 반드시 국가적 소유까지는 아니더라도 공적, 사회주의적 소유가 사적 소유권력으로 대치할 수 있는 경우에만 동료단체적인 정의의 사상을 실현할 수 있다.

　사회주의는 계급지배에 반대한다. 교육과 도야, 사회적 권력과 명예에 대한 관여를, 개인적 자질과 능력이 첫째로 결정하는 것이 아니라 특히 외적·경제적 관계들이 결정하는 계급지배에 반대한다. 계급의 형성은 자유주의적 사회론이나 국민사회주의가 생각하는 것과는 달리, 무릇 자연의 사실은 아니다. 그것은 단지 인간의 개인적·자연적 불평등의

---

4) AaO., S. 422 f.
5) AaO., S. 405 f.

표현이 아니라 특정한 경제적 원인에 ― 특히 노동수단의 소유와 비소유에 ― 근거하고 있다. 즉 역사적으로 성립한 역사적으로 변하는 사회적 사실에 근거하고 있다. 사회주의의 적들, 생각 없는 수많은 사회주의의 벗들도 사회주의란 단지 계급적 불평등의 폐기일 뿐만 아니라 보편적 평등주의라고 생각한다. 그처럼 무의미한 것을 마르크스나 엥겔스 또는 그 밖의 사회주의의 지도자는 결코 주장하지 않았다. 그 반대다. 엥겔스는 매우 예리하게 사회주의적 평등의 요청이라는 내용은 단지 계급의 폐기만이라고 강조한다. 「그것을 초월하는 평등의 요청은 모두 반드시 부조리로 혼란시킨다」.6) 그리고 마르크스는 말한다. 「평등한 권리란 불평등한 노동에 대한 불평등한 권리이다. 그것은 계급차를 승인하지 않는다. 왜냐하면 각인은 다른 사람이 그와 같이 노동자에 불과하기 때문이다. 그러나 그것은 은연중에 불평등한 개인의 자질과, 따라서 작업능력을 자연적 특권으로서 승인한다」.7)

따라서 사회주의의 출발점은 오늘날의 경제신조와 경제형식 속에서, 그리고 그것을 통해서 무수한 대중이 「인간적 발전」(마르크스)에서 멀어지고, 문화의 수맥에서 분단되고 있다는 것이다. 그러나 그 목표는 최대다수의 안일한 유용성의 행복이라는 자유주의의 이상에서 거의 먼 정신세계 전체이다. 그것은 인간의 차안에 있어서의 사명을 편안한 포만감이 아니라 문화적인 힘의 개인적 및 사회적 상승, 인간의 내적 · 외적인 힘의 증대에 보인다. 그 때문에도 사회주의는 피히테를 인용해 낼 수 있다. 피히테는 문화를 최고의 인륜적인 이성의 목적이라고 불렀다. 즉 문화를 모든 인간의 내외의 자연에 대해서 가지는 지배권, 「모든 사람의 권리를 이루는 자연에 대한 확장하는 지배…」라고 불렀다. 「그것은 **외적** 자연에 대해서는 농업, 예술과 상공업을 보다 좋게 하고, 그들을 항상 서로의 올바른 관계에 두며, **내적** 자연에 관해서는 모든 사람에 대한 오성과 의지의 일반적인 도야이다」.8) 그러나 혼과 정신의 생명력의 고양은 인간과 인간의 깊은 결합에서만 흘러나온다. 바로 이렇게 뿌리내린 것이 자본주의적 혁명이 진행하는 동안에 찢어졌다. 그러므로 사회주의는 오늘날의 대립관계를 완전히 지배하고 있는, 냉혹한 계산 빠른 정신에 대해서 투쟁한다. 사회주의는 인간의 인간에 대한 관계를 내면화하고 싶다는, 인류 속에서 결코 죽고 싶지 않은 깊은 동경의 표현이다. 요컨대 사회주의는 외적 사회를 내적 공동체에로 개조하려는 바람이다. 문화를 담당하는 이러한 사회주의적 공동체의 성립은 사회조직적 조치를 가지고서는 결코 달성될 수 없으며, 이를 위해서는 분명히 깊이에 있는 심적 · 인륜적인 기초의 쇄신이 불가결하다. 그러나 그것에 대해서 여기서는 시사하는 것만으로 그치기로 한다. 사회주의의 결정적인 문제는 자신의 상품인 노동력을 팖으로써 노동과의 내적인 관계도

6) Friedrich Engels, *Herrn Eugen Dührings Umwälzung der Wissenschaft* (1878), 10. Aufl., Berlin 1919, S. 104 (김민석 옮김, 『반듀링론』, 새길, 1987).
7) Karl Marx, *Zur Kritik des sozialdemokratischen Parteiprogramms* (1875), abgedruckt in *Die Neue Zeit*, 9 (1891 1) S. 567.
8) Fichte, *Die Staatslehre* (1813), in: *Sämmtliche Werke* (Hg. I. H. Fichte), Bd. I, Berlin 1845, S. 453.

없이, 살아 있는 공동체와의 깊은 결합도 없이 빈둥빈둥 살고 있는 자본주의적 프롤레타리아를 사회주의적 노동자로 변혁하게 될 것이다. 사회주의적 노동자의 감정과 의식은 그들의 좁고 넓은 구체적인 생활질서나 노동질서 속으로 결합하며, 확고한 공동체가 그들에게 부조와 지원을 제공하며 노동의 기쁨과 책임의식을 일깨우게 된다. 정의에 적합한 공동체의 이념은 한 계급이나 국민에게만 관계되지 아니한 보편적인 타당성을 지닌다. 즉 그것은 오히려 피히테가 말하듯이, 「세계에 아직 나타나지 않은 진정한 법의 제국이 우리들이 고전고대의 세계에서 찾는 시민의 자유를 꿈속에서 찾으면서, 그것 없이는 고대국가가 존속할 수 없었던 노예로서 수많은 인간이 희생되지 않고, 즉 인간의 얼굴을 한 모든 것의 평등에 근거한 자유를 꿈속에서 찾으면서 묘사한다」.[9]

사회주의적 공동체사상을 실현하는 데에는 적어도 기적을 의뢰하지 않고 스스로 실현하는 역사의 변증법이라는 기적을 기대하지 않으면 안 된다. 우리들은 오늘날 개인과 사회의 현실을 보는데 이들을 정신과 행위를 가지고 관철하지 않으면 안 된다. 우리들은 이러한 현실을 도피하여 내실 없는 부정에 들어가서는 안 되며, 모든 것을 고려하고, 긍정하든 부정하든 그것들이 이 구축에 사용되도록 바란다. 사회주의가 행동으로 옮길 각오를 결정하고 대결을 가지고 압박되는 현실의 하나가 국민인 것이다.

> 「인간은 바다의 점액처럼 모든 사람과 혼합할 수는 없으며, 모든 사람을 같은 정도로 사랑할 수 없다. - 만약 그렇다면 사람은 악과 마찬가지로, 선도 손상하지 않고 마지막에는 자신의 판단과 자신의 입장을 완전히 상실해 버린다」.[10]

## II. 국민사상의 성립과 본질

### 1. 독일 국민의식의 성립

독일에서의 국민사상의 역사는 현재 우리들의 입장을 정리하는 데에 매우 중요하다. 이에 대한 지식을 전제할 수는 없으므로 간단히 개관하기로 한다. 다른 곳에서 국민적 사상권의 성립과정을 보다 상세하게 묘사하였다.[11]

독일의 국민이념도 그것이 현대적인 모습으로 탄생한 것은 프랑스 혁명의 시대이다.

---

9) Fichte, *Aus dem Entwurfe einer politischen Schrift* (1813), in aaO., Bd. 7 (1846), S. 573.

10) Johann Gottfried Herder (1744-1803).

11) Hermann Heller, *Die politischen Ideenkreise der Gegenwart* (1926), in: *Gesammelte Schriften*, Bd. 1, S. 350 ff.(본서, 675면 이하).

확실히 이미 발터 폰 데어 포겔바이데는 「세계에 관을 씌우는 독일의 양속」[12]이라고 노래하였다. 그러나 이 중세의 국민의식은 매우 좁은 신분에 한정되고, 그 미치는 곳은 궁정·기사의 문화공동체에 한정되고 있었다. 봉건적 집단의 내부에서만 밀접한 교통공동체, 공통된 습속, 독일 전체에 공통된 렌법(Lehnsrecht), 공통의 언어와 시가 발전하였다. 농민은 이러한 공동체의 어디에도 관여하지 못했다. 그 교통은 촌락 또는 궁정의 아주 좁은 이웃에 한정된 그대로였다. 각 지역, 각 계곡 그리고 각 궁정은 독특한 습속과 법형식을, 특히 방언을 발전시켰다. 공통의 문화재는 결여되고 있었다. 예컨대 독일 농민은 호헨슈타우펜 왕조시대에는 「국민의 예속민」[13]을 이루고 있을 뿐이었다. 기사층의 문화적 의의의 저하와 도시의 영향력의 증대와 함께 국민적 이념은 시민집단도 파악했다. 인문주의와 종교개혁에 정신적으로 도야된 독일 시민층은 열심히 참가하였다. 훗텐과 루터는 타락한 로마 교권, 즉 '곡물에 붙은 탐욕스러운 벌레'에 대한 독일적인 것의 정신적·경제적 대결을 강조하였다. 새로운 표준독일 통일어, 인쇄된 책과 팸플릿, 학교제도의 성립, 커다란 종교적 계쟁문제, 보다 긴밀한 경제적 교통, 이러한 것들은 국민적 문화공동체를 형성했는데, 이 공동체는 또한 매우 교양 있는 사람들의 범위에 좁게 한정되고 있었다. 30년 전쟁을 통해서 독일 국민들에 대한 도야는 가장 곤란한 반동을 입었다. 이 전쟁은 대규모적인 무역통로의 이동을 가져왔는데 그와 함께 독일 시민층의 경제적 및 정신적 문화의 무서운 붕괴를 초래하였다. 이로써 독일의 국민적 문화공동체는 본질적으로 협소하게 되고, 독일의 교양은 거의 완전하게 프랑스 정신의 지배 아래 있었다.

국민사상의 재생은 18세기 후반에 시민적 자아의식이 일반적으로 강화된 것과 일치한다. 그 역사는 이제 자유주의와 민주주의 이념의 역사와 밀접한 관계에 있다. 귀족이 탄생됨에 따라 고귀한 지위를 차지하고, 보다 세련된 문화를 담당하였던 것에 대해서 시민은 국민적 문화에 대한 참여를 요구하고 자유롭고 평등한 인간이라는 사상, 인간성의 이념을 통하여 이것을 기초지웠다. 19세기 초의 독일의 국민적 이념은 혁명적이었다. 왜냐하면 보다 커다란 생명력 있는 민족으로서의 공동체 의식은 절대주의적·봉건적인 국가형식과 사회형식이 자유로운 자발성을 일으키지 못하는 한 전개될 수 없었기 때문이다. 국민의식과 민주주의와의 이러한 결합을 프리드리히 카를 폰 모저는 이미 1761년에 이렇게 기록한다. 「국민이익의 개념 전체」는 하고, 그의 『비망록』에서 말한다. 「모든 공화제나 한정된 군주제에서 직면하는 것과 거의 동일하게 크고, 휴식이나 풍요로움에 관한 문제들에 대해서 함께 말할 필요가 있다고 느낀 민중을 전제로 한다. 주군의 의지와 명령만이 결정하는 무제한의 군주제에서…국민적 이익은 단순한 그림의 떡이며 산더미 같은 유보가 첨가되고 있다.」[14] 국민적 인민공동체라는 이념이 보다 깊게 뿌리를 내리기 위해서는 밀접하게,

12) "Tiuschiu zuht gât vor in allen," aus Walther von der Vogelweide, "Ir sult sprechen willekomen"(Zeile 24).

13) Otto Bauer, *Die Nationalitätenfrage und die Sozialdemokratie*, 2. Aufl., Wien 1924 (Marx-Studien, Bd. 2), S. 51 (김정로 옮김, 『민족문제와 사회민주주의』, 백산서당, 2006).

14) [Friedrich Karl v. Moser], *Beherzigungen*, Frankfurt a. M. 1761, S. 341 f.

아주 현란하게, 장소, 경치 그리고 사람에 의해서 여러 조각 난, 가부장적 봉건적이며 단체적인 성질의 공동체들이 정치적 및 경제적으로 먼저 확장될 필요가 있으며, 태어나면서부터 가지는 신분에서 유래하는 커다란 불평등이 어느 정도 폐지되지 않으면 안 되었다. 프로이센의 반동 철학자인 슈탈은 민족의 「지체의 원자론적 분해」라고 말했는데, 바로 좁은 공동체로부터 이처럼 민족을 이끌어내는 것이 보다 커다란 국민적 공동체를 근거지우기 위한 전제가 되고 있었다.

18세기 말이 되어 교양층 독일인에게 고전적인 독일 문학과 철학은 함께 체험되는 문화재가 되었다. 이 정신적인 재산은 여기에 궁정과 귀족의 프랑스적 습관에 대해서 과시할 국민 재산으로서 옹호되었다. 잘 알려진 실러의 시 중에서 독일의 예술은 왕후에 의한 에고의 빛남을 받아 자라난 것은 아니라고 서술하고 있다.

> 가장 위대한 독일의 아들,
> 위대한 프리드리히의 왕좌,
> 독일 문화는 거기를 떠나, 옹호받지 못하면 영광도 없다.[15]

그러나 프리드리히 2세는 고트쉐트에게 이렇게 말했다. 「나는 어려서부터 독일어 책은 읽지 않았고 마부와 같은 독일어를 말한다. 그러나 현재 나는 나이 46을 헤아리는 남자가 되어 이젠 독일어를 배울 시간이 없다」. 폼 슈타인 남작처럼 진정한 독일인마저 아내에게는 프랑스어로 편지를 보낸 것이 보통이었다. 그럼에도 불구하고 잊어서는 안 될 것은, 다시 독일 국가에 유럽적 의미를 쟁취한 프리드리히 대왕이라는 영웅적 인물상을 통하여 독일인의 자기의식이 그래도 어떻게 고양되었는가이다.

이 새로운 국민감정의 담당자는 교양시민층이었다. 귀족들은 당초 아주 극소수만이 거기에 관련되지 않고 프띠 부르주아 층, 농민 그리고 노동자는 계속 배제되고 있었다. 이미 몽테스키외와 볼테르는 국민을 **푸플**(peuple)의 정치적 내지 정신적으로 지도적인 부분으로만 이해하고 있었다. 그 후에 프랑스 반혁명의 정신적 지도인 드 메스트르는 **주권자와 귀족**만을 국민에 계상하였다. 마찬가지로 독일에서의 그 에피고넨인 프리드리히 슐레겔은 귀족을 본래의 국민적 신분이라고 찬양하였다. 그리고 1818년에 한스 폰 가게른은 이렇게 적었다. 「그러나 국민의 견해·바람·판단·높은 관심에 대해서 말하는 경우, 나는 의심 없이 저 거지 아이들이 아니고 ─ 오히려 나는 특히 보다 낮게 생각하는 힘이 있는 부분을 국민의 핵심으로 이해한다 ─ 그들이라면 나아가 연령·성별 그리고 신분을 고려하지 않는다」. 이처럼 사람들은 국민으로서 최고의 이념적 문화업적을 생산하는, 민족공동체의 부분, 학문·예술·종교·언어에서 지도적인 부분만을 이해하고 있었다.

18세기 최후의 10년에서의 세계시민적 정신에서 태어나고 자라난 이 국민적 이념은 오로지 문화국민과 관련되었다. 국가와 경제는 우선 거기에는 인연이 멀었다. 예컨대

---

15) Friedrich v. Schiller, "Die deutsche Muse" (Gedichte).

실러는 뤼네비유의 불명예스런 강화 후에 적고 있다.「독일 제국과 독일 국민은 두 개의 다른 것이다. 독일인의 위대함의 증거는 결코 그들의 왕후들의 머리에는 빛나지 아니한다. 정치적 가치와는 별도로 독일인은 고유한 가치를 탐구해 왔다. 제국이 몰락하더라도 독일의 존엄은 손상되지 아니한다. 그 가치는 인류적인 위대함이며 정치적 운명에서 독립한 국민의 문화와 성격에 살고 있다」.[16] 노발리스나 프리드리히 슐레겔과 같은 낭만주의자에게서 이 세계시민적이며 이상주의적인 국민사상에서의 사고상의 두 요소가 발견된다. 즉 독일 민족은 첫 번째의 정신과 문화국민으로서 본래의 인류국민 (Menschheitsnation)이라는 관념, 그리고 나아가 전 유럽적 국가결합의 요청이다. 동일한 국제적 국민이념이 요한 고틀리프 피히테의 마음을 사로잡았다.「세계시민주의란」, 그가 1807년에 말하는 바로는「인류의 존재목표가 인류 중에서 현실에 달성되도록 요구하는 지배적인 의지이다. 애국심이란 이 목적이 먼저 처음으로 우리들 자신이 그 구성원인 국민 속에서 달성되며 여기서 인류 전체로 그 성과가 확대되도록 요구하는 의지이다」.[17] 피히테의 국민사상은 혁명적이었다. 모든 전승된 덕과 부덕의 유지는 그에게는 절실한 문제는 아니다.「그 때문에 우리들은」하고, 그는 가장 만년에,「독일이 해야 할 것을 안중에 두지 않으면 습속을 무시하고 조잡하고 무례한 오만함으로 독일의 일부에 명령을 내리는데, 또는 프랑스의 원수가 독일의 오만한 귀족이 그리 커다란 문제는 아닐 것이다」[18]라고 적고 있다. 피히테의 사고 속에서 사회주의와 국민이념이 어떻게 내재적으로 조합하는가는 잘 알려져 있다. 인간의 최고의, 궁극적인 목적은, 그에게는「(내외의) 자연에 대한 다시 확장되어야할 지배이며, 그것은」이성적 존재의 공동체 속에서「전원의 권리를 성취시키는」[19] 것이다. 국민 내지 민족 형식은 그에게「자연이나 신에서 나온 것, 즉 이성적 목적을 촉진하는 확실하고 매우 개별적인 방법」이라고 생각했다. 그러나 역사상의 국가권력은 피히테에 대해서 항상 아무래도 좋은 것이었다. 그는 정의에 적합한 공동체를 묘사하기 위해서 인류적인 이성의 제국을 실현하는 수단으로서 이상적인「문화국가」만을 무겁게 평가하고 있었다.

독일 통일의 사상은 피히테의 사회주의적 사고과정과의 결합이 없더라도 혁명적인 것이었다. 그러나 그 실현에는 몇 타스의 크고 작은 왕권정부가 붕괴되지 않으면 안 되었다. 왕조적 국제파는 어떻게 국민사상을 혐오하고 박해했는가, 거슬러 올라가면 뤼초프 의용군이 금실로 수놓은 흑적의 깃발을 게양한 데에서 유래하는 흑적금의 깃발을 그들의 깃발의

---

16) Friedrich Schiller, in Bernhard Suphan (Hg.), *Deutsche Größe. Ein unvollendetes Gedicht Schillers* (1801), Weimar 1902, Zeile 138 ff.

17) Fichte, *Der Patriotismus und sein Gegenteil* (1807), in *Sämmtliche Werke* (Hg. I. H. Fichte), Bd. 11, Bonn 1835, S. 228 f.

18) Johann Gottlieb Fichte, *Politische Fragmente*, in *Sämmtliche Werke* (Hg. I. H. Fichte), Bd. 7, Berlin 1846, S. 569. 참조. Ferdinand Lassalle, *Fichtes politisches Vermächtnis und die neueste Gegenwart*, in *Gesammelte Reden und Schriften* (Hg. E. Bernstein), Bd. 6, Berlin 1919, S. 93.

19) Fichte, *Staatslehre* (Anm. 8), Bd. 4, S. 441.

모델로 삼은 것을 어떻게 혐오했는가는 잘 알려져 있다.[20] 그러나 이 국민운동은 마음속에서는 비정치적이었으며 군주주의 반동파에 의해서 박해를 받고, 국가적 협력에서 배제되면서 점차 비정치화 하였다. 왕조적 국제파에 대항하여 사람들은 세르비아인·그리스인·폴란드인·프랑스인, 단적으로 말하면 지벤파이퍼(Siebenpfeiffer)가 1832년에 함바하*집회에서 말한 쇠사슬을 단절한 모든 민족과, 국민적 국제 동맹에서 연대한다고 느꼈다. 그들은 국가의 자유주의화와 민주화에 의해서 모든 국민적 대립도 제거된다고 믿었다.

이 문화국민이라는 세계시민적 이념의 정치화는 언제나 어디서나 타국 지배의 압력 아래에서 실현되었다. 먼저 인권의 혁명적 프랑스에서. 동방의 군주제 세력들이 이것을 전란으로 뒤엎었다. 다음에 독일에서. 여기서는 오랜 세월동안 잠깐 나폴레옹 제국주의를 잔인하다고 느끼고 있었다. 문학이나 예술에서의 공통된 문화는 사실상 독일 민족의 얄팍한 한 장의 종이에 불과하다. 그러나 이번은 작은 프로이센 속에서만 16만인의 프랑스인이 평시에 살고, 경제를 세금의 압박으로 붕괴시키고, 프랑스인이 모든 국가 수입을 압류하고, 시민은 치커리 물을 대용커피로 마시고, 머위와 호두 잎사귀로 담배를 대신했는데, 「조약 이행 정치가」 폼 슈타인 남작은 반복하여 「나약하고 거의 비굴하게」 프랑스인과 교섭하여 지불하고 또 지불하여 모든 희생을 치루고 약속한 토지의 명도를 손에 넣었다. 이때에 국민감정이 광범위한 계층에 일깨우고 사람에게 강력한 국가의 국민적 의의에 대한 이해가 맨 처음으로 생겨났다. 그러나 독일 시민층에게 약속한 정치권력에 대한 참가는 실현되지 않고, 이에 더하여 절대주의가 정치 교육을 저해하고 있었기 때문에, 프랑스 지배시대의 경험은 전체적으로 효과가 없는 그대로였다. 자유민주주의 진영에서 독일 통일국가가 등장할 수 없다면, 사람들이 거기에서 독일 왕조들이 모든 조직화된 권력 수단을 분쇄하는 혁명을 완수하는 힘이 있는 경우 만이었다. 그러나 이 혁명은 대외적으로도 러시아, 프랑스 그리고 오스트리아에 대항하여 관철되지 않으면 안 되었다. 그러나 이러한 국민혁명을 위해서는 독일 민족에게는 모든 전제가 결여되고 있었다. 통일과 자유의 순간은 1848년의 혁명과 1849년 4월 28일에 찾아온 그 극적인 클라이맥스와 함께 다른 형태로 사라진 것처럼 보였다. 프랑크푸르트 국민의회 의원들은 프로이센 왕 프리드리히 빌헬름 4세에게 세습의 독일 제관을 씌운 그때이다. 왕관을 수락한 것은 여하튼 안팎에 대한 전쟁, 왕제와 혁명의 동맹을 의미하였다. 그러한 모험을 시도하는 데에는 목표를 분명히 정한 악마적 지도자성이 불가결할 것이다. 그러나 왕은 1년 전에 흑적금의 깃발을 들고 말 타고 베를린을 지났으며, 어떤 포고 속에서는 프로이센은 이제부터 독일에 흡수된다고 선언했었는데 ―, 이 왕은 원래 결코 영웅은 아니었다. 당시 그는 위기란 프로이센에 대해서 항상 승리를 유혹하는 태양이라고 소리를 지른 것에 대답하여 아주 성실하게 이렇게 말했다. 「당신은 그것을 누구에게 말하고 있단 말인가, 나는 프리드리히 대왕은 아니요」.

---

20) 예컨대 Georg Kaufmann, *Politische Geschichte Deutschlands im Neunzehnten Jahrhundert*, Berlin 1900 (Das Neunzehnte Jahrhundert in Deutschlands Entwicklung, Bd. 4) 참조.

그는 이 왕관을 탐내지 않았다. 거기에는 그 자신이 표현하듯이, 「혁명의 썩은 냄새」가 감염되고 있었다. 그리하여 마침내 프로이센 중심주의-왕조적인 권력의지의 확고하고 명확한 국가에 대한 각오에서, 독일의 국민국가는 자유민주적인 국민이념과 의식적으로 대립하면서 비스마르크에 의해서 형성되었다. 비스마르크는 오스트리아와의 대립은 「변론과 다수결을 통해서가 아니라 철과 피를 통해서」[21] 극복될 수 있다는 확신에 이르렀다. 그리고 시민적 국민운동은 국내에서도 대외적으로도 정서에 흐르지 않는 권력정치에의 의지와 명확한 태도를 일으키지 않았으므로, 1871년의 제국헌법 속에서 비스마르크의 군주제적 · 봉건적인 정신이 필연적으로 자유주의적 · 민주적인 · 시민적인 생의 감정에 승리하지 않으면 안 되었다. 독일에서는 1918년까지 시민적 제국의회에서가 아니라 왕후적 연방참의원과 3등급선거법에 근거한 프로이센 의회에 뒷받침된 독일황제, 그 중 제국 재상이 권력을 장악하고 있었다. 시민층은 대부분 거기에 만족하였다. 그러나 그들은 비스마르크로부터 역사적으로는 여하튼 거의 정당화되지 않는 의견을 계승해버렸다. 그것은 「독일의 애국주의는…통상은 활동적이며 효과적이 되기 위해서 왕조에의 귀의에 의한 매개」[22]를 필요로 한다는 것이다. 시민층은 그 대다수가 오늘날 여전히 우리나라의 민주화는 국민적 탈조직화를 의미하지 않을 수 없다고 믿고 있다. 오늘날까지 여전히 시민층은 자기 자신보다도 정통한 가계라든가 독재자에 의해서 믿음을 두고 있다. 그리고 그 때문에 시민층은 자기의 혁명적 국민운동과 그 흑적금의 깃발에 매우 불쾌한 추억을 가지는 것이다.

> 「인간처럼 국민도 혼을 가지며 궁극적으로 이 혼은 개개인 아래서도 국민에서도 유일 가치 있는 것이 된다는 사상은 지금까지 고려된 적이 없다」.[23]

## 2. 국민의 본질

### a. 자연적 공통성

가장 강력하고 지속적인 인간의 공동체형성은 조직적이며 목적을 의식한 이익의 결합에 근거하는 것이 아니라, 유기적이며 자연적인 핵심을 가지고 있다. 인간들을 특히 힘을 가하지 않고 결합하거나 다른 사람들로부터 구별하는 가장 중요한 자연적 결합은 피와 땅, 혈통과 지역이다. 양자는 또한 국민의 자연적 기초도 이룬다.

---

21) Erklärung Bismarcks von 30. September 1862 in der Budgetcommission des Hauses der Abgeordneten, Resumee abgedruckt in *Die politischen Reden Fürsten Bismarcks* (Hg. H. Kohl), Bd. 2, Stuttgart 1892, S. 30.
22) Otto von Bismarck, *Gedanken und Erinnerungen*, Bd. 1, Stuttgart 1898, S. 318.
23) Paul de Lagarde, *Die Reorganisation des Adels*, in ders., *Deutsche Schriften*, Bd. 2, Göttingen 1881, S. 69.

　국민의 자연적 기초에 속하는, 그 정도는 매우 다양한 피의 통일은 인류학적 메르크말의 유전을 통하여 성립한다. 씨족공동체 속에서는 신체적 특질이 확고한데, 이렇게 내려온 유형은 공통된 행위태도에 대해서 의심 없이 매우 중요하다. 고유한 유형에의 이러한 고정화는 공동체에 독특한 신체적·정신적 표현의 전제이며 이질적인 피를 융합하여 가기 위한 전제조건이기도 하다. 독자적인 형태가 존재하지 않으면 아무것도 그것과 융합할 수 없다. 그러므로 그러한 혈통의 고정화가 국민의 자연적 기초를 이룬다는 것은 확실히 정당하여도, 그렇지만 원래부터 혈통공동체인 국민은 하나도 없다. 우리들에게 알려진 문화를 담당하는 민족들은 모두 인류학적으로 다양한 구성요소로 이루어진다. 만약 여기서 「인종」이라는 말을 사용한다면, 그 의미는 단지 역사적인 운명을 거쳐 다양한 구성요소에서 교호혼인을 통해서 성장해온 혈통의 고정화에 불과하며, 그것은 세대가 바뀔 때 마다 완화되었다가 다시 혼합되며, 그리고 다시 고정화된다는 것을 분명히 하지 않으면 안 된다.

　민족지상주의적 인종이론은 프랑스인 고비노와 라푸주 그리고 영국인 체임벌린으로부터 그 견해와 평가 모두를 손에 넣었는데, 그것은 매우 불분명하게 「게르만 인종」을 독일 국민과 등치하거나 또는 그것을 독일 국민의 모든 문화의 지도적 요소라든가, 독일 국민의 유일하고 가치 있는 구성요소라고 주장하려고 한다. 이리하여 게르만인의 인종적 긍지가 생겨났다. 어떤 독일의 철학교수가 예를 들면 이러한 의견을 말하기도 하였다. 「언젠가 몇 세대 뒤에 나의 해골이 인류학자의 발 아래 굴러간다고 하여 인류학자가 거기에 게르만인의 해골과 동일한 것을 인식하지 못한다면 내 해골은 이 인류학자에게 이건 아마 그 분야의 야바위꾼이라고 크게 비웃을 것이다」.[24] 그러나 대체로 독일 국민은 네 개의 인종으로 분류된다. 즉 북방(게르만), 서방(지중해), 동방(알펜) 그리고 티날의 인종이다. 그 때에 민족지상주의적 인종학자는 모든 창조적 속성을 북방 인종에 귀속시키려고 한다. 루터·괴테·칸트 또는 베토벤은 전적으로 북방 유형은 아니며, 이 사실에 이 「과학」은 조금도 방해하지 않는다. 이에 대해서 그것은 북방인종의 우월성을 예로 들면 다음의 사고과정을 통해서 증명하는 뢰제씨류의 연구를 자주 즐겨 인용해 낸다. 즉 뢰제는 (말하기를 평균적인 자질을 가지는) 노면 전차의 승무원을 연구하고 그들 중에 북방인이 선발되는 것을 발견하고, 그것이 그들 중에서 (물론 보다 좋은 자질 있는) 운행주임은 차장보다도 북방적이며, 차장은 나아가 운전수보다도 더 좋은 자질이 있는 보다 북방적이라는 것을 발견한다.[25] 이러한 유물주의적 무의미에 비하면 유물사관 등 매우 철저한 관념론을 의미할 정도인데, 그 효과는 독일 국민의 통일을 분단하는 데에 상당히 기여하였다. 여러 판을 거듭한 H. F. K. 귄터의 인종 책은 어리석은 만큼 존대함도 보이며, 독일 국민의 4분의 1 내지 5분의 1이, 즉 특히 중부 독일·프랑켄·바덴·엘자스 그리고 독일

24) Bruno Bauch.
25) Carl Roese, "Beiträge zur europäischen Rassenkunde," in *Archiv für Rassen-und Gesellschaftsbiologie*, Bd. 2, Berlin 1905, S. 781 ff.

동부 지역들에 퍼진 이른바 동방 인종이 근본적으로 완전히 가치가 열등하다는 증명서를 제출하려고 심혈을 경주하고 있다.26) 매우 수많은 뛰어난 사람들을 배출해온 이 의심 없는 독일의 민족 부분에 대해서 '편협과 근면'이라는 레테르가 붙고 이러한 주장이 제시된다. 「성적인 사안에 관하여 '사랑'이라는 말은 서방 사람들에게는 정열적으로 움직이며, 북방 사람들에게는 깊이 사모하고 자주 세계관의 표현처럼 움직이며, 동방 사람들에게는 언제나는 아닐지라도 대부분은 비열하게 움직이기도 한다. 돈과 사랑은 다른 인종에서는 별개의 개념영역인데 동방 인종에서는 서로 융합한다」.27) 북방의 메르크 말로 평가한다면, 저지 독일인은 바이에른인이나 뷔르템베르크인보다도 네덜란드인이나 북프랑스인보다 밀접하게 가까운 관계에 있다. 이 사실을 떠올린다면 그 문화정책적 및 국민정책적인 의의는 명백하다. 저 민족지상주의적인 책은 그것이 최종적으로 북방 인터내셔널을 요구할 경우에만 모순이 없는 것이다. 마찬가지로 무릇 생물학적 인종이 아닌 유태인은, 유태 국가가 해체되는 시대에 이미 서남 아시아 (티나르인과 가까운 관계에 있는), 오리엔트, 북방 그리고 서방의 구성요소에서 혼합되었는데, 이 유태인 문제에는 손을 대지 못한다. 인종이론은 모두 그것이 두개골의 형태라든가 머리칼 색 등의 자연적 메르크말과 인간의 행위와의 간에 일의적인 관계를 증명할 수 없는 이상은 과학적으로 불모함이 선언되고 있다. 그것을 가리키는 모든 시도는 지금까지 하나의 진지하게 다루어야 할 성과도 가져오지 못했다. 결국 귄터 자신이 어떤 뛰어난 연구자에게 동의를 표시하면서 이러한 견해를 인용하지 않을 수 없었다. 「머리칼이나 눈 색깔, 신체의 크기 그리고 머리 형태와 같은 외적인 인종 메르크말을 과대평가하는 데에 분명히 주의하지 않으면 안 된다. 이러한 외적인 메르크말의 조건이 되는 유전적 특질은 한 인종의 유전 소질 전체 속에 상대적으로 아주 근소한 부분을 이룰 뿐이다. 머리털이 검은 독일인은 금발의 독일인처럼 혼의 북방적 특징을 가질 수 있다. 그러나 혼의 소질에는 확실히 외적인 메르크말보다도 많은 것이 있다. 그리고 전자는 후자보다도 훨씬 커다란 위험 속에 있다」.28)

여러 종류의 부분에서 발생하는 혈통의 고정화 ― 북아메리카인은 또 하나의 예일 것이다 ― 에 대해서 여기서 열거한 예에서 국민의 성립에 관한 두 번째의 자연적 기초의 의의가 나온다. 즉 근린관계의, 토지 내지 지역의 공유성의 의의이며 그 하나로서 기후도 이해할 수 있다. 피와 땅과의 공동작용을 통해서 비로소 신체적 특질의 성립은 보다 이해하게 된다. 교통 공동체가 용이하게 되면 피의 공동체는 촉진되며, 특히 강력한 사회적 장해가 없으면 피의 대립은 완화된다는 사실을 통해서만은 아니다. 토지는 또한 거기에서 이웃 사람들이 생계를 세우는 본질적인 요소이기도 한다. 그러나 나아가 토지와 지형은

---

26) Hermann Heller, *Staatslehre*, in *Gesammelte Schriften*, Bd. 3, Abt. II, Anm. 295 ff.(홍성방 옮김, 『국가론』, 민음사, 1997, 207면 이하).

27) Hans F. K. Günther, *Rassenkunde des deutschen Volkes*, 1. Aufl., München 1922, S. 155.

28) Fritz Lenz, *Menschliche Auslese und Rassenhygiene*, 2. Aufl., München 1923 (Grundriß der menschlichen Erblichkeitslehre und Rassenhygiene, Bd 2), S. 270; 참조. Günther, aaO., S. 363.

사람들에게 비밀로 가득 찬 영향을 주며, 그 영향은 기계론이나 다원주의의 방법으로써는 거의 측정하기 어렵지만, 오성의 눈으로는 그래도 더욱 지역과 인간의 놀랄만한 일치를 인정하게 한다. 끝으로 토지는 보통 국민의 역사적 운명에 대해서 본질적인 요소들의 하나이다. 그러나 어떤 민족이 지표 속에 이 특정한 다름 아닌 지점에 위치한다는 사실에서 이웃이란 운명공동체가 생긴다. 이것은 개개인에게 다양한 종류의 공동행위를 필연으로 한다. 토지의 공동경영 — 예컨대 나일강의 수리를 상기하라 — 자연의 위험을 함께 회피하는 것, 또한 무엇보다 토지를 위협하는 공통의 적에 대한 투쟁, 이것들은 지역이 국민의 성립에 관한 중요한 자연적 기초인 의의를 가지는 것을 이해하게 한다.

혈통의 고정화와 지역은 그리하여 생활조건들에 대해서 일정한 동종성을 만들어낸다.

「대체로 조국이란 인류의 수금에 울리는 금선이다」.[29]

b. 문화공동체

그러나 피와 지역은 국민의 자연적 기초 이상의 것은 아니다. 공동 운명을 거쳐 다양한 혈연공동체가 하나의 국민으로 융합되며, 지역이 변한다면 공동 운명이 하나의 국민 아래 생길 수 있다. 자연적 기초와 문화적 업적이 함께 작용하면서 비로소 국민의 본질에 대해서 몇 가지가 이해할 수 있게 된다. 조국의 이념에는 지연과 혈연의 감정적 가치도 포함된다. 나아가 거기에는 결코 단순한 혈통이나 지역의 공동체와 함께는 주어지지 않는 것이 있다. 즉 독특한 정신적 공동체·공통된 모국어·습속이나 관습의 공통성, 한 마디로 공통의 문화재이다. 이러한 문화적 공통성을 통해서 하나의 국민은 다른 국민과 구별된다. 자연적 메르크말의 공통성만으로는 결코 공동체를 의미하지 않는다. 국민의 정신적 작품에 관여하여 비로소 어떤 사람은 독일인으로, 다른 사람은 프랑스인으로 된다. 하나의 집단이 여러 세기 내지 수십 세기를 거쳐 확고한 상호관계성이나 계속적 상호작용 속에서 공통의 역사를 체험하며 공통의 문화형성을 가져오며, 그것들이 다음 세대로 이어지고 만들어지며, 다시 그것들이 반대로 영향을 미치게 되어 비로소 이 집단은 국민적 독자성을 각인하며 그 국민으로서의 성격을 형성한다. 이제 여기에 이 공동체에서 태어난 사람은 각각 정신적 삶의 조건들이 확고하게 성장하면서 존속하는 것을 발견하며, 각인은 그 일부에 동화하며, 또한 각인은 그것을 내 몸의 일부로 삼는다. 그 내적 정신에서 통일적인 독자의 문화재라는 보물이 있다. 이 문화재를 보다 깊게 체험하는 것은 탄생을 함께하는 사람들만이 탄생을 달리하는 사람도 국민적 공동체에 조합되는 힘을 가진다. 예컨대 프랑스 태생의 독일 시인인 샤미소는 자신에 대해서 이렇게 말한다. 「언어·예술·학문 그리고 종교를 통해서 나는 독일인이 되었다」.[30] 강약의 차이가 있지만 혈연공동체의 변천은 각 세대, 각 시간에

29) Jean Jaurés, *Die neue Armee*, Jena 1913, S. 402.
30) Adalbert v. Chamisso (1781-1838).

자신에 앞서 가는 문화공동체의 새로운 형성과 변형을 항상 손에 손에 가지고 나아간다.[31] 끊임없는 전승과 끊임없는 경신의, 전통과 혁명의 공동이 있어서 신체적·정신적인 성격 속에는 분명한 형태를 이루며 생생하게 발전하는 형식이 산출된다. 그것은 우리들이 특수독일적이라고 하여 민요, 시, 뒤러나 바하나 아이헨도로프의 작품 중에 발견하며, 그러한 사람들이 예컨대 모차르트가 고딕의 조각가나 건축가처럼 외국인의 외적 형식을 계수하였는가의 여부는 중요하지 않다. 프랑스인은 그뤼네발트의 이젠하임 제단에 묘사된 어린 예수의 요강(Töpfchen)을 '독일적'이라고 평가하려고 하는데, 우리들은 이러한 무한한 중의 유한성을 아름다움이라고 느낀다.

그러나 국민적 특성을 가진 것은 결코 예술적인 최고의 작품만은 아니다. 모든 인간적 행동양식은 그 국민적 각인을 띤다는 것을 오스트리아의 마르크스주의자 오토 바우어도 본다. 「어떤 독일의 학자와 어떤 영국 학자가 동일한 대상을 연구하려고 한 경우, 양자의 연구방법, 연구성과는 매우 다르게 될 것이며」, 마찬가지로 「한 사람의 독일인과 한 사람의 영국인으로는 같은 상황에서 다른 행동을 취할 것이며, 그들은 같은 일에 다른 방법으로 착수하며 그들은 다른 종류의 오락을 선택할 것이다」 등등.[32] 그것으로 국민의 특성이 보편·인류적인 것의 특수한 나타남, 1회한의 존재형식 그리고 궁극적인 정신적 삶의 형식을 제시하며, 이 정신적 본질의 공동체는 거기에 모이는 사람들이 아마 문화의 담당자가 되면 계속 살아있을 것이다. 이 점도 오토 바우어는 보고 있다. 그는 이렇게 생각하기 때문이다. 「새로운 사상은 단순하게 받아들일 수 없으며 그것이 취입되고 수백만의 개인의 정신적 존재 전체에 조합되어, 적응되지 않으면 안 된다」. 「그런데 민족의 현존하는 정신적 문화에의 적응은 민족의 역사 전체와의 결합, **일치**를 의미한다」[33]는 것이다.

그렇지만 독일성을 레테르가 붙인 병에 옮기자, 언제나 독일적이며 계속 독일적이었어야만 했던 개개의 특성에 국민을 속박하지 않도록 주의하지 않으면 안 된다. 대부분은 독일적인가 비독일적인가 하는 평가에는 그 사람에게 고유한 정신이나 그 사람의 당파의 강령이라든가 반영된다. 확실히 국민은 각인된 형식이다. 그러나 그것이 메마른 오성의 정식에 가져오자마자 그 생생한 발전은 끝나버린다.

객관적으로 존재하는 이러한 다양성과 특성을 기반으로 하여 주관적인 국민감정과 국민의식은 존재한다. 그것들은 먼저 감정에 따른 사실의 인식 또는 의도적인 인식에 다름없다. 그것은 즉 나는 자신을 독일인이라고 느끼며 자신은 독일의 특성과 다른 국민과의 차이를 알고 있다는 것이다. 이러한 인식과 이 특성의 긍정적 평가는 반드시 결합하지 않는다. 피히테로부터 쇼펜하우어를 거쳐 니체에 이르는 위대한 독일인의 작품에서는 자존심의 색채가 없는 독일인을 비추는 거울이 만들어진다. 그것을 앞에 두고 수많은 편협 고루한 속물들이 깊이 분개하고 달아난다. 거기에 포함된 자는 바로 속물일 것이다.

---

31) Hermann Schneider, *Erziehung zum Deutschsein*, Breslau 1925, S. 68 f.

32) Otto Bauer, *Nationalitätenfrage* (Anm. 13), S. 110.

33) AaO., S. 107; 108.

왜냐하면 이러한 사람들 전원 속에서 독일 민족에 대한 책임으로 가득 찬 사랑이 숨
쉬며, 그것은 수많은 아름답지 못한 특징에 대한 그들의 비판에도 불구하고, 그 뿐만
아니라 바로 비판 때문인 것이다. 그들의 이러한 특징을 준엄하게 비판하는 것은 그들의
마음속에 화려한 상을 품기 때문이다. 바로 국민감정 중 가장 본질적인 것은 개념을 통한
파악이 면제된 것이다.

　국민의식의 가장 순수한 원천은 창조적인 자기의식이다. 나는 나의 국민을 사랑한다.
그것은 이 나에 대해서 본질에 특유한 공동체, 나를 적어도 모국어를 통해서 양육시켰기
때문이며, 또한 그리고 무엇보다도 그것만이 나의 활동이 본질에서 볼 때 새로운 형성가능성
을 거기에 발견하는 공동체이기 때문이다. 나는 나의 국민을 사랑한다. 왜냐하면 이 공동체
는 무수한 삶의 질서, 사고형식 그리고 감정방법을 전개하며 그것들의 형태로 나는 보편·인
류적인 존재에 참가하며, 그들의 질서와 형식이 나에게 커다란 지상의 일부에 확고한
발을 내디디는 발판이 되기 때문이다. 나는 그것을 사랑한다. 왜냐하면 그것은 가장 광범위
한 인간의 총체이며 나 자신도 직접 체험한 책임을 자신의 행위를 통해서 담당하는 힘이
있고, 그 각오도 있기 때문이다. 오토 바우어는 이렇게 생각한다. 국민에 대한 사랑은
자기 자신에 대한 사랑이다. 「왜냐하면 자기보존이라는 동물적 본능이 나를 지배하기
때문이다」.[34] 그렇기 때문이야말로 자신의 좋은 전우가 자기 옆에 눕는 것을 「자기 자신의
일부인 것처럼」 보는 병사는 마찬가지로 자기보존의 동물적 충동에 의해서만 지배되는
것이다. 그러한 국민 전체에 책임을 지는 자기보존의 충동이 모든 인간이나 민족들 위에
퍼지기를!

　그렇지만 어떤 민족이 국민이 되는 것은 민족공동체가 문화공동체로서 나타나는 한이
며, 또한 그 정도로 한정된다. 그러나 통일적인 문화적 고유성과 그것에 대한 의식은
개개의 구성원이 문화공동체의 어떤 부분에, 또한 어느 정도 관여해온 것인가에 따라서
개개의 민족 동포 속에서 여러 가지의 다양한 강력함으로 발전하여 왔다. 국민에 관여하는
능력과 경향은 개인적 사정과 그와 함께 무엇보다도 정치적이며 경제적인 사정에 따라서
좌우된다.

---

34) AaO., S. 144.

「만약 노동자계급의 어린이가 자신의 능력의 도움으로 자유로운 직업으로 전직하더라도 자신들이 거기에서 자라난 부친, 모친 그리고 이웃 사람들을 생각한다. 이와 같이 본다면 거기에서 사람은 이미 사회에서의 도덕적 혁명을 체험하게 될 것이다」.[35]

# III. 사회주의에 대한 국민사상의 의의

## 1. 사회주의와 국민적 문화공동체

### a. 국민에서의 인종과 계급

국민적 문화공동체와 사회주의라는 질문은 지금까지 거의 제기된 적이 없었던 것으로 보인다. 그러나 이 질문은 인종지향의 민족지상주의 사고과정을 통해 표면적으로는 이미 최종적으로 정리가 된 것처럼 보인다. 그것은 대체로 지배계급은 혈통상 피지배계급보다도 능력이 높은 인종에 속하기 때문에 지배를 그 사명으로 하며, 또한 그러한 권리가 있다고 주장한다. 예를 들면 『오늘의 문화』라는 저명한 논문집의 『인류학』권에서, 알프레드 플뢰츠는 이렇게 주장한다. 학자들은 중간층 (1년간 지원병으로 교련을 받은 것을 그 하한으로 한다) 보다도 많은 북방적 특성을 보이지만, 중간층은 보다 하위의 단층보다도 더 북방적이다 라고.[36] 이런 주장이 가령 학문적으로 입증 가능하다고 하더라도, 특히 북방적 타입이 실제보다도 높은 문화적 능력을 지닌다고 하는 두 번째 주장의 시비를 의미하지 않을 수 없다. 하지만 양 주장은 이러한 명제를 기본으로 한다. 그것은 「지위가 높아지면서 수입이 늘어남[!]에 따라서, 머리의 크기와 신장은 더욱더 커지고 길어진다」,[37] 「그 밖의 점이 동등하다면 보다 커다란 뇌는 보다 높은 지성과 연결되어 있다. 그러나 특히 여기서는 정신활동의 범위가, 또한 그것과 같이 열거되어 기억상의 규모가, 생각해 보지 않으면 안 되기 때문이며,…그러기 위해서는 물질적 기반이 존재하지 않으면 안 된다!!」[38] 고 한다. 이러한 사회인류학적 '학문'은 노골적으로 유물주의적 지성편중주의, 명백한 부르주아적 자기기만을 양식으로 삼기 때문에 군이 진지하게 반박 할 생각도 안 든다. 그러나 독일 민족의 사회적 계급분열이 동일 계급 내부에서 교호혼인을 통해서 실제로는 이미 인류학적 구별로 이행시켜져 있다면, 카스트 형성이란 커다란 위험이 존재할 것이기에

---

35) Ramsey MacDonald.*
36) Alfred Ploetz, "Sozialanthropologie," in *Anthropologie*, Leipzig 1923 (Die Kultur der Gegenwart, Teil III), S. 597 f.
37) AaO., S. 602.
38) AaO., S. 599.

우리들은 이처럼 계급적 혈통의 고정화를 해결하는, 거부하기 어려운 국민적 의무를 지게 될 것이다.

그러나 국민적-「사회주의적」독일「노동자」당의 견해는 정반대이다. 그 지도자 아돌프 히틀러는 깊은 생각 없이 계급과 인종을 혼동하여, 신과 자연은「주인계층」에 의한 지배를 바란다고 설명한다. 지배층은「자기 자신들이 보다 우수한 인종이라는 것에 입각하여 **지배하는 권리를 가지고**, 광범위한 대중에 대한 이 지배를 가차 없이 유지해 확보한다」39)는 확실한 의식을 가져야 한다고 말한다. 이「사회주의자」는 명백히 소유의 세습제에 대하여 무엇도 들은 적이 없는 것처럼, 자본주의 경영자에 관해서 대담하게도 이렇게 주장한다. 즉「그들은 **유능함 덕분에** 정상의 지위에서 일해 왔고, 도태의 결과 이 지위에 있는 것도 **또한 고결한 인종**이라는 것을 확실히 증명하고 있기 때문에, 이리하여 그들은 하나의 권리를 행사하지 않으면 안 된다」.40)

히틀러의 이러한 인종이론과 계급이론을 가지고 생각해보면, 유태인 은행가의 지배와 그 인종의 우위성이 입증됨과 동시에, 히틀러 같은 인물의 지도요구는 그것으로 반박되지 않는다. 그러나 잘 알듯이, 전 독일주의에 가담한 뮌헨의 인종위생학자 그루버 교수는 히틀러에 대해서 이렇게 설명한다.「얼굴과 머리는 열등인종이다. 낮게 들어간 이마, 보기 싫은 코, 넓은 쇄골, 작은 눈, 검은 머리카락」.41)

그러나 인종층으로서 계급을 분할해 보면 어떻게 될 것인지를 제시하는 것은 뮌헨의 어떤 큰 출판사에서 발간한 하이저의 민족지상주의적인 저작이다. 여기서 그는 농민이 모두 황홀한 것은「그가 혈통 좋은 말, 양, 소나 돼지를 돌보면서 겸손하게 절하는 경우, 즉 백작이 말을 타고 지나가는 경우이다. 그러나 이러한 자연적 구별의 감정을 학교, 출판물, 선거인집회에서, 그리고 최근에는 심지어 설교단에까지 추문이 퍼지고, 농민들에게 잊혀지게 해 왔다. 왜냐하면 오늘날에는 자본가와 민주적 정당의 개들 앞에 무릎을 꿇도록 요구하고 있기 때문이다. 이제, 전술한 핀트가 어긋난「렌즈」에게 물어보자. 고귀한 암 돼지가 있다면, 고귀한 인간이 있을 수 없단 말인가?」.42) 그렇지만 여기서 그릴파르처는 사태를 잘 파악한 것이다.

> 「최근의 교육의 길은
> 박애성에서 민족성을 거쳐
> 야성으로 나아간다」.43)

---

39) Otto Strasser, *Ministersessel oder Revolution? Eine wahrheitsgemäße Darstellung meiner Trennung von der NSDAP*, Berlin [1939], S. 12.

40) AaO., S. 23.

41) Max v. Gruber (1853~1927).

42) Franz Haiser, *Freimaurer und Gegenwart in Kampf um die Weltherrschaft*, München 1924, S. 72.

43) Franz Grillparzer, *Sämtliche Werke*, Bd. 1, München [1960], S. 500.

「왜냐하면 개인이 자신에 대하여 개체로서 자아낸 것은 보편적 현실에 대해
서 법칙일 수 없기 때문이다. 그것은 세계의 법칙이 개개인에 대한 것만이
아닌 것과 마찬가지이다. 개개인은 그때에 매우 단락적인 경우가 있다」.[44]

## b. 유물사관과 국민

국민은 우리들에게 행위양식과 가치확신의 공동체이며 문화공동체이다. 사회주의는
문화의 보다 높은 형식이며 경제조직의 문제에만 머무르지 않는다. 그러나 사회주의적
관념들에서 몇 가지는 문화국민의 의의를 위태롭게 하는 것처럼 보이는데, 그것들은 모두
유물사관과 계급투쟁의 사상권으로 환원된다. 국민적 이념과 사회주의적 이념의 관계를
정당하게 평가하려면 마르크스주의의 이러한 두 가지의 기초와 대결하지 않을 수 없다.
무엇보다 더욱 결정적으로 이들 양 견해에 대한 관념이 사회주의자에게도, 사회주의자가
아닌 사람에게도 특별히 불명확하고 혼란스러울 뿐만 아니라 이점에 대해서 더욱 상세하게
대결할 필요가 있을 것이다.
이른바 유물사관에 대해서는 대체로 유감스럽게도 부르주아 학자들이나 사회주의적
노동자들에서도 거의 인기가 없는 형식 속에서만 논의될 수 있을 뿐이다. 즉 사적 유물론에
서는 정신성이 풍부한 것과 정신성이 결여된 것이 있다. 후자는 역사적인 생성을, 의욕
있는 인간, 목적에 적합하고 인류적으로 판단하는 인간을 배제하고, 「경제적 관계들」의
기계적·자연법칙적인 자기발전으로 간주한다. 이것은 대체로 부르주아적 마르크스 비판
속에 살아 있는데, 부분적으로는 노동자의 관념들 속에도 보인다. 「경제적 관계들」의
이러한 신비론은 인간이란 인형을 의식 없는 도구로서 사용하는데, 이것을 특히 조장한
것이 몇 가지의, 특히 엥겔스의 발언이었다. 그러나 실제로 엥겔스 역시 이러한 견해를
가지고 있었다. 「우리들은 우리들의 역사를 스스로 만든다」.[45] 이러한 정신성이 풍부한
유물론적 역사해석은 오늘날 막스 아들러에 의해서 주장되고 있으며, 그것은 결코 인간의
의욕이나 사고를 배제하지 않고, 카우츠키, 메링과 같은 사람들의, 그리고 러시아 이론가의
세계관적 유물론을 솔직하고 일의적으로 부정하며, 정당하게 마르크스에 의거하고 있다.
「이념적인 것은」, 하고 언젠가 아들러는 「물질적인 것 없이 효과는 없다. 물질적인 것은
이념적인 것 없이는 방향을 잃어버린다」라고 말했다. 그리고 이러한 인식 속에 실제로
마르크스의 위대한 파악이 포함된 것처럼 보인다. 즉, 순수합리주의적 이데올로기도 주관
적인 자의에 의한 사회적 이데올로기도 모두 결정적으로 해결하는 데에! 주관적인 것에
대해서 객관적인 것을 날카롭게 강조하고, 무책임한 환상의 유희에 대해서는 찢을 수

---

44) Georg Wilhelm Friedrich Hegel.
45) Friedrich Engels, Brief an Heinz Starkenburg, 25. Januar 1894, in Eduard Bernstein (Hg.),
　　*Documents des Sozialismus, Hefte für Geschichte, Urkunden und Bibliographie des Sozialismus*,
　　Bd. 2 (1903), S. 74.

없는 사회의 현실적 연관을, 낭만주의에 대해서는 현실성을, 형식 개념적 사변에 대해서는 구체적인 역사적 상황을 힘주어 하는 말이다. 비합리적인 역사적 상황의 이러한 객관성, 사회적 존재의 이러한 물질적인 (대상적인) 현실성은 오늘날 더욱더 확실히 의식되지 않으면 안 된다. 이것은 유물론에 당연한 것처럼 적대하는 세력들, 한편으로는 중세와 현대를 구별하지 않는 자의적인 낭만주의를 돌보며, 다른 한편으로는 동일하게 자의적인 합리주의적 사변을 키워낸 세력들이 몇 가지의 써클에서 힘을 미치고 있기 때문이다. 경제자기전개설에 의한 인류적 이성의 마비는 매우 위험한데, ― 사회적 · 역사적으로 주어진 소재에 대해서 이성은 무엇이든 자기마음대로 가능하다는 잘못된 신앙 역시 마찬가지로 위험하다. 사회의 형성자가 아니라 사회에 대한 강간마가 다음과 같은 교설로 육성되고 있다. 「그러나 이성의 무력함에 대한 신앙이 그것이 현실적으로 무력한 것의 최종적인 유일한[!] 결정적인 원인이라고 다시 인식된다면, 바로 그와 함께 그 무력함을 제거하는 수단도 명백해진다. 이러한 미신을 털어버리면 법적 이상에 대한 단순한 통찰에서 나오는 충동 속에, 나타날 수 없는 것을 가능하게 하는 힘을 해방시키기 위해서는 충분하다」.[46]

추상적인 의사든 예술적인 직관이든, 모든 이념은 항상 미리 발견되며 이러한 이념에 따라서 형성되어야할 소재인 사회적 현실에 관계한다. 이 소재를 통해서 비로소 이념은 그 역사적 사명으로서의 확정성을 손에 넣는다. 이 소재에 의한 확정성 없이 이념은 명한 환상이라든지 틀에 박힌 말에 불과하다. 구속된 노예의 이념을 형태로 하려는 예술가는 이러한 이념이 항상 소재에 의해서 규정된다는 것을 눈치 채고, 즉 그것이 사암 · 대리석 · 나무 · 염료 그 밖의 것을 통해서 공간 속에서 형성된 것을 본다.

다른 사회적 이상 모두와 마찬가지로, 사회주의적인 그것에도 이러한 이상이 일체화하려고 하며, 그것을 통해서 확정성을 획득하는 객관적인 소재가 있다. 이러한 사회적 이상에 대해서 주어진 소재라는 것은 특정한 기반에 근거하여, 특정한 인간에 의해서, 특정한 시기에 엄격하게 결합할 수 있는 사회적 구조물이며, 전면적으로 특정된 형식의 문화구조물이다. 그 구축에 종사하는 노동자는 인간이며, 인간일 수밖에 없다. 그러나 인간 「되는 것」이 아닌, 독특한 자연과 사회의 관계들 속에서 사는, 특정한 종류의 인간이다. 인간 「되는 것」은 피가 통하지 않는 사고상의 추상물이다. 그것으로부터도 이 추상적인 망령은 결코 사회주의가 형태를 만들기 위한 소재도 될 수 없다. 사회주의는 이러한 특정한 관계들 속에 사는 인간에만 관계한다. 그것은 이러한 관계들을 이러한 인간과 함께 이러한 인간을 이러한 관계들과 함께 변혁하려고 한다.

이처럼 특정한 문화구조물을 만들려는 것은 두 종류의 객관적인 건설소재를 찾아낸다. 객관적 · 물질적인 소재와 객관적으로 정신적인 소재이다. 전자는 모든 문화의 자연적 기초로부터, 특히 땅과 피로 이루어진다. 사회주의도 아프리카에서는 유럽과 다르게 되며, 독일에서는 러시아와 다르다. 나아가 물질적 건축소재는 셀 수 없을 정도의 기구 · 도

---

46) Leonard Nelson, *Vorlesung über die Grundlagen der Ethik*, Bd. 3 (System der philosophischen Rechtslehre und Politik), Leipzig 1924, S. 600.

구 · 가옥 · 의복에, 단적으로는 인간이 그 감각적으로 지각할 수 있는 물질적인 환경 속에서 실행해 온 개변행위 모두에 체현되고 있다. 문화구조물의 객관적으로 주어진 소재는 순수하게 정신적인 성질이기도 하다. 언어 · 관습 · 법 · 경제 · 학문 · 예술 · 종교 는 돌이나 철에서도, 문서나 인쇄물에도 대상화 될 필요는 없으며, 인간의 관념 속에 객관적으로 존재하며 현실에서 작용한다. 세대의 긴 연속 속에서 의욕과 사고의 긴 가르침 을 통해서 만들어져 온 이러한 객관적인 문화는 인간과 세력들로 이루는 구조물이며, 전면적으로 규정된 독특한 형식으로 우리들의 의식을 규정하는 사회적 존재이다. 우리들 은 이러한 사회적 생의 형식 속에서 태어나, 그 속에서 자라고 교육받으며 그 틀 안에서만 행위할 수 있다. 그때그때의 사회적 형식이 우리들을 감싸며, 그리고 그곳에서 이 — 마르크스가 말하는 —「사회형성」은 통일성을 가진 인간의 생활 활동 모든 것 속에서 표현되기 때문에, 경제 · 정치 · 학문 등의 통일적 기초구조가 각 시기에 성립된다. 우리들 의 시대에는 자본주의적 상품생산에 그 밖의 사회적 관계들 전체의 완전하게 규정된 모습이 대응하고 있다.

여기서 커다란 문제가 제기된다. 우리들의 의식 모두가 현재의 사회적 존재에 의해서 규정되었고 그 존재의 변경이 가능하다면 그것은 어디에서부터 생길 것인가? 역사적 변경의「궁극적인 목적」을 규정하는 것은 무엇인가? 이처럼 정당한 질문에 대해서 학문은 아무것도 대답할 수 없다. 사회의 보다 높은 발전단계의「최초의 일격」은 의식의 변화에서 생기는가? 아니면 경제적 관계들의 변화에서 생기는가는 마치 학문적 기초로써는 결코 해결할 수 없는 신앙의 문제에 머문다. 누군가가 이념적인 것을「인간의 머리속에 옮겨진 물질적인 것」[47]과, 즉 단지 경제의 필연적인 부속물로, 욕구 충족을 위한 기술적 수단이라 간주한다면, 그리고 이런 종류의 종교 속에서 기분 좋게 느낀다면 우리들은 이 인물의 종교적인 욕구를 경멸하려고 생각하지는 않으며, 단지 그것을 확고히 하기를 바랄 뿐이다. 그러나 경제의 신자는 두 가지의 것이 증명 가능하다고 인정해야 한다. 첫째로, 자신의 신앙이 망령에 대한 신앙과 비교하여 학문적으로 전혀 우월하지 않은 것, 그리고 둘째로 「최초의 일격」은 경제의 변화에 의한 것인지 아니면 의식의 변화에 의한 것인지 하는 형이상학적인 질문은 활동하는 인간, 사회적 실천에 대해서는 전적으로 아무래도 좋다는 것이다. 왜냐하면 사회형성에 이르는 최후의 실천적 일격이 언제나 인간에서 나온다는 것은 대체로 의심할 여지가 없기 때문이다. 사적 유물론이 상대적으로 정당한 연구방법이 며, 이 연구의 비판적으로 응용된 성과가 사회주의적 노동자에게 사회적 현재의 이해를 도와줄 수 있는 것은 확실하지만, 이와 마찬가지로 확실히 이 이론은 행위의 원칙으로서는 전혀 이용할 수 없다. 그리고 모든 노동자교육계가 위와 같은 방법으로 운영되는 교육학적 횡포를 자신만이 인식하는 것이 아니라 — 이것은 이미 많은 사람들이 달성하고 있다 — 그것은 비웃을만하고 위험한 횡포이며, 노동자의 머리속에 현저하게 혼란을 일으키는

---

47) Karl Marx, *Das Kapital*, Bd. 1 (1867), 8. Aufl. (Hg. F. Engels), Hamburg 1919, Nachwort zur
    2. Aufl., S. XVII (김수행역, 『자본론』, 비봉출판사, 1989).

무지한 대중 앞에서 명백히 할 용기를 내어야 하며, 이제 바로 그 시기가 도래하였다고 생각한다.

　사회주의적 이념조차도 필연적인 소재에 의해 확정된다는 통찰은 마르크스의 위대한 업적이며, 그것을 우리들은 감사한 마음으로 계승하고 싶다. 우리들은 역사적으로 발전한 특정한 사회형식이 우리들에게 부여하며, 사회주의적 정신으로 그것을 변경하는 것이 우리들의 과제라고 알고 있다. 또한 우리들은 정신·인륜적인 생의 형식을 경제형식을 변경하지 않고 변화시키려는 것을 바라는 사람들은 모두 기껏해야 낭만주의적 망상가인 것도 알고 있다. 그러나 이러한 마르크스의 통찰은 국민적 이념에 대해서는 매우 중요하다. 왜냐하면 인간에게는 시대별로 때때로 변화 하는 사회형식이 사회형성의 소재로서 전해져 있기 때문만이 아니며, 이 소재는 국민에게도 다양하기 때문이다. 「인간 그 자체」가 존재하지 않는 것처럼, 자본주의적 사회형식이라든가 문화형성도 그 자체로는 존재하지 않는다. 존재하는 것은 천 년 후의 사회형식과 문화형식이며 이것들은 특정한 지역에서, 특정한 종류의 인간에 의해서, 특정한 정신으로 형성되어온 것이다. 국민이라 불릴만한 사람 역시 객관적으로 전해진 사회적 형식이다. 국민은 그 독자적인 언어·관습 그리고 평범하게 공유한 체험을 가지기 때문에 이념이 현실로 되려면 이념은 이러한 소재와 마주하지 않을 수 없다.

　영국에서 사회주의사상은 그 국민적 삶의 형식으로 인하여 독일에서와는 다른 형태가 될 것이다. 인간 모두를 그 독자적 삶의 형식을 고려하지 않고 같은 방법으로 행복하게 하려고 한다는 것은 정신영역에서의 불쾌한 권력의지이다. 불쾌하다는 것은 그것이 자신의 목표를 달성하려고 하지도 않고, 이런 인간을 문화의 담당자로서는 부정하기 때문이기도 하다. 독일 민족은 수 천 년에 걸쳐 자연적인 기초를 기반으로 국민의 객관적인 문화형식 속에서 자라나 왔으며, 독일 민족은 자기들의 독특한 방법으로만 사회주의를 실현하거나, 그렇지 않으면 결코 실현하지 못할 것이다. 유물사관은 그 정도로 극단적인 형태가 아니고서도 역사의 과정에 작용하는 정신적 형성, 즉 「상부구조」는 관여자의 머리속에서 경제적 계급투쟁이 반영한 것에 불과하다고 하지만, 이 견해가 매우 위험한 것은, 노동자가 그럼으로써 필연적으로 본질적인 것과 가치 있는 것은 계급투쟁이며 모든 문화는 반영된 것에 「불과하다」는 견해로 빠져들기 때문이다. 그러한 견해로는 모든 임금인상운동은 문화투쟁이 되며, 사회주의는 먹고 사는 문제로 이해되고 만다. 이것은 아주 명백하다. 모든 문화를 이처럼 통틀어 경제로 환원하고 그런 후에 거기에서 다시 문화를 사회주의 속에서 부활시켜 버린다면, 거기에서 생기는 것은 국민적 생의 형식이란 문화적 의의에 관한 자유주의적 무이해이다. 그러나 『공산당선언』은 이렇게 말한다. 「민족들은 국민 단위로 분리되고 대립하지만 이것은 바로 부르주아지의 발전과 함께, 즉 상업의 자유, 세계시장, 공업생산의 동형성, 거기에 대응한 생활관계들과 함께, 점차 소멸한다. 프롤레타리아트의 지배는 그것을 한층 더 소멸시킬 것이다」.[48] 거기에서 결국 나타나는 것은 무엇인가? 어떤 종류의

---

48) Karl Marx und Friedrich Engels, *Das Manifest der kommunistischen Partei* (1848), 8. deutsche

타국어(Ido) 내지 에스페란토어 문화인가? 이 점에 대해서 국민문제를 거의 다루지 않는 마르크스는 묻지 아니한다. 대중 속에서 만이 아니라 더구나 지도적인 노동자교육자 간에도 사회주의적 미래에서의 국민 없는 계급문화와 같은 것을 생각해 내는 사람이 있는 것을 그 밖의 점에서는 통찰력 있는 엥겔베르트 그라프의 논문이 보여준다. 그것은 슈투름펠스의 『노동자층과 국가』49)를 들고 있다. 「만약」이라고 그라프는 말한다. 「국민이 일찍이 (바우어에 의하면) 운명공동체로부터 나타나서 그 사회적 및 정치적 의의를 손에 넣은 것을 부정하기 어렵다면, 왜 노동자계급은 동일한 기초 위에 자기들도 동일하게 의의 깊은 요인이라고 증명하려고 하지 않는가?」50) 그라프는 비평한 책의 이러한 문장을 민족적 낭만주의라고 부르며, 현저하게 특징적인 질문을 괄호로 묶어 삽입하고 있다. 「민족성, 즉 민족들의 개성은 유럽의 필연적인 구성요소이다」. (어째서?) 「한 민족의 생활영역은 국제적 도식화주의 속에서 사라져서는 안 된다」. (도대체 왜 안 될까?)」.51) 확실히 마르크스에 의하면 국민에 의한 구분화는 경제에 의해서 점점 소멸한다. 그라프는 오토 바우어만은 인용하지 않을 수 없었을 것이다. 왜냐하면 오스트리아라는 다민족 국가의 현실은 이미 보다 좋은 변증을 그라프에게 주입시켰기 때문이다. 바우어는 여러 민족의 사회주의자들이 동일한 국가 속에서 동일 정당에서 한 번도 협력할 수 없었던 것을 체험하였기 때문에 그 결과로서 바우어는 다음의 결론에 도달했다. 즉 「문화의 물질적 내용의 균일화에도 불구하고 민족들의 정신문화의 분화는 증대한다」.52) 그러나 바우어는 그럼으로써 아직 유물사관의 기반에 머문다고 생각했지만 이 점에서 그라프의 비판은 정당할 것이다. 그러나 어느 쪽에 낭만주의가 있는가, 뛰어난 정치실무가인 바우어인지, 이론가인 그라프인지. 이 점에 대한 평가는 독자들에게 맡기고 싶다.

그리하여 지금까지의 논술 전부를 바탕으로 의의 깊은 귀결이 도출된다. 국민은 궁극적인 생의 형식이며 그것은 사회주의가 폐기할 수 있는 것일지라도 폐기하려고 하지 않는다. 사회주의는 결코 국민적 공동체의 종말을 의미하는 것은 아니며, 그 완성을 의미하며 국민적 민족공동체의 계급에 의한 파괴가 아니라 진정한 국민적 민족공동체에 의한 계급의 파괴인 것이다.

> 「노동자들은 좋은 독일인은 아니지만 우리들은 그들을 좋은 독일인으로 만들기 위해 싸운다!」53)

---

Ausgabe, Berlin 1912, S. 40 (김재기 편역, 『마르크스 · 엥겔스 저작선』, 거름, 1988).

49) Wilhelm Sturmfels, *Arbeiterschaft und Staat*, Leipzig 1924.

50) Engelbert Graf, "Sturmfels, *Arbeiterschaft und Staat*" (Besprechung), in *Betriebsrätezeitschrift*, 5 (1924), S. 664.

51) Sturmfels, aaO., S. 85 zitiert von Graf, aaO., S. 664 〈Zusätze von Graf〉.

52) Otto Bauer, *Nationalitätenfrage* (Anm. 13), S. 108.

53) AaO., S. 525.

### c. 계급투쟁과 민족

자신들은 사회주의에서의 모든 것에 전적으로 동의했을지 모르지만, 단지 계급투쟁만은 예외라고 반복하며 우리들에게 확언하는 수많은 솔직한 사람들이 있다. 노동자들이 지도적인 부르주아층에 대해서 다시 신뢰를 가지게 되고, 그들의 투쟁적 입장을 포기하고 서서히 변화와 적응에 의해서 자신들의 목표를 달성하려고 한다면, 자본의 이익을 대변하는 사람들과 손을 잡고 국민 전체가 사회주의적 사회형성에 훨씬 일찍 찬동하게 될 것이다.

그러나 마르크스주의적 계급투쟁사상의 가치는 바로 이 확실히 자주 호의적으로 보이는 평화주의적 이데올로기를 일소하는 데에 있다. 즉, 새로운 이념은 스스로 실현되려고 하지는 않고, 인간과 권력이 필요하다는 인식이다. 비인간적인 자본주의적 생의 형식에 대해서 인위적인 저항을 해도, 인간의 혼에는 평균적으로 볼 때 타성을 가지고 있기 때문에 그것만으로 대립하는 이익에 저항하여 새로운 사회형식을 실현하는 힘은 없다. 거기에 주어진 사회형식에 의한 자신의 가장 존망에 걸린 이익을 침해 받은 노동자층의 자조가 그것에 더해서 필요하게 되며, 노동자층은 자본의 이익에 조직된 힘과 대등하게 대치할 수 있을 만큼의 조직된 힘이 되지 않으면 안 된다. 이러한 사상은 「하늘은 스스로 돕는 자를 돕는다」는 낡은 표어가 아니면 무엇인가? 국가 간의 관계에 대해 힘만으로 발언권을 얻으려는 사람은, 도대체 그 밖의 사회생활에 대해서 권력의 역할을 이해하지 못할 것인가? 경영자가 노동조합이 약체화되었다고 생각한 그 순간에 노동시간을 연장하고, 임금을 내리는 데에 눈을 돌릴 것인가? 이성·통찰력·인류감정으로 사회적 권력지위의 옹호자를 정복하는 데에 충분하다고 진정으로 믿는 것일까? 우리들이 사회생활에서의 인류적 이성의 전능을 그 만큼 완전히 확신하지 않는 데에 노동자층부터 투쟁정신을 드높인다는 것은 우리들의 책임의식과 일치할 수 있을 것인가? 인류적인 것과 인식된 목적이 저항을 배제하고 힘으로라도 관철되지 않으면 안 되는 상황을 일상적으로 보지 않는가? 우리들의 혼은 이러한 충동 속에서 심지어 얼어버릴 때도 자주 있다 ― 누가 이것을 논난할 것인가!?! 「세계사는 행복의 토대는 아니다」[54]라고 헤겔이 우리들에게 가르쳤지만, 또한 그 속에서 개인적인 행복을 추구하려는 사람은 환멸을 느끼더라도 자신의 탓으로 돌리지 않으면 안 된다. 사회생활에서의 힘은 그 자신이 그 만큼 선하지도 악하지도 않으며, 무엇인가 다른 도구가 좋지도 나쁘지도 않은 것과 같다. 그것에 가치가 있는가의 여부는 투쟁의 목표가 처음으로 결정한다. 노동자층의 계급투쟁이 그 목표에 의해서 정당화될 수 있다면, 그것이 「권리를 위한 투쟁」이라면, 위대한 법률가인 예링*의 말은 계급투쟁에도 타당하다. 「법의 생명은 투쟁이며, 민족들·국가권력·신분들·개인들의 투쟁이다. 모든 법은 원래 투쟁으로 쟁취되어 왔다」. 그런데 「권리를 위한 투쟁이란 사람의 품위를 나타내는 포에지이다」.[55]

---

54) G. W. F. Hegel, *Vorlesung über die Philosophie der Geschichte*, in *Werke*, Bd. 9 (Hg. E. Gans), 3. Aufl. (besorgt von Karl Hegel), Berlin 1848, S. 34.

  노동자계급의 투쟁은 권리를 위한 투쟁이다! 노동자계급은 자본주의적인 삶의 질서에
반대하여 — 사회주의적인 삶의 질서를 위한 싸움이며, 계급지배의 극복을 목표로 한다.
사회적 계급이란 무엇인가? 이익의 공유를 자각한 인간집단이라고 우리들은 이해한다.
그리고 이 이익의 공유는 본질적으로 사회적 생산과정에서 평등한 지위에 있는 것을
조건으로 한다. 마르크스주의자의 견해로는 동종의 경제적 이익이 대량으로 존재하면
심리학적 필연성을 가지고 사회주의에 대한 의지가 태어난다고 한다. 노동자 계급의 부분이
익은 전체이익에 봉사하는 공동체의 형식으로 향하고 있다. 계급을 이처럼 일면적으로
경제화하는 설을 우리들은 부정한다. 투쟁하는 계급은 소여의, 그리고 정당한 공격을
받고 있는 자본주의적 사회형식을 파괴할 뿐만 아니라 그것을 넘어서 새로운 보다 좋은
삶의 형식을 구축하는 힘을 가지지 않으면 안 된다. 그때문에 이 계급은 단순한 경제적
이익집단 이상이 아니면 안 된다. 그것은 자신들의 삶의 감정의 특성에서 삶을 포괄하는
인류적인 이념을 전개하지 않으면 안 된다. 라살레의『노동자강령』의 화려한 말을 빌리면,
그것은「완전히 새로운 태도를 취할 의무」[56]를 진다. 그러나 어떤 계급의 사적 이익
그 자체가 이미 전 인류의 조화를 가져온다는 사명을 지닌다는 마르크스주의의 사상은
자유주의적 일면성의 잘못에 빠져 있다. 이러한 역사적 견해의 정당한 핵심을 헤겔은
이렇게 표현한다.「그러므로 거기에서 활동하는 개개인이 만족하지 못하면 아무것도 일어
나지 않으며, 아무것도 가져오지 못한다」.[57] 확실히 사람들을 움직이는 것은 의지이며
욕구이다 — 그러나 문화를 파괴하는 행위가 아닌, 문화를 창조하는 행위라고 선동한다면
어떨지는 이 의지의 특성, 자기 규율과 영웅적 노력을 하는 능력, 그 신조, 그 명예감정
그리고 그 마음이나 정신의 형성력이 결정하는 것이다. 계급이 그 새로운 경제적 기반을
손에 넣으면「이데올로기적 상부구조」가 저절로 나타난다고 믿는 것은 아주 잘못된 것이다.
반대로 그것이 새로운 경제를 형성하는 것은 그 경제를 인류적 과제로 파악하는 경우뿐이다.
  이러한 통찰은 빌헬름 시대의 사회민주당에서는 대부분 상실하였다. 그것은 임금투쟁과
의회에서의 승리라는 자유방임 그 자체로 사회주의적인 생의 형식으로 온건하게 들어갈
수 있을 것이라 믿고 있었다. 청년 사회주의자들은 계급이 새로운 총체로서의 태도가
되고 계급이 독자적인 문화의지에서 새로운 이념을 실현하지 않으면 안 되게 된 경우에만
계급투쟁은 정당하다고 이해하기 시작한다. 그들은 다시 라살레의 뜨거운 외침,「세계사적
명예」[58]에 대한 호소를 이해할 수 있게 되었다. 그들은 자신들의 새로운 사명으로서의
의무를 자부심을 가지고 받아들이려고 한다. 그들은 낡은 사회를 자신들이 부인하면 새로운
사회를 긍정하도록 자신들이 의무를 지게 된다고 자각하고 있다. 이러한 젊은 사회주의자들
에게는 이미「피압박자들의 패륜도, 사려 깊지 않은 자의 나태한 향락도, 보통 사람들의

55) Rudolf v. Jhering, *Der Kampf ums Recht* (1872), 18. Aufl., Wien 1913, S. 1; 41.

56) Ferdinand Lassalle, *Arbeiter-Programm* (1863), in *Gesammelte Reden und Schriften* (Hg. Berstein), Bd. 2, Berlin 1919, S. 200 (서석연역, 『노동자강령』, 범우사, 1990, 72면).

57) Hegel, *Geschichtsphilosophie* (Anm. 54), S. 29.

58) Lassalle, aaO., S. 200 (역서, 73면).

무해무익한 경박함도」 어울리지 않는다. 「그들은 오늘날 새로 건축해야 할 교회의 반석이다!」.59)

그러나 그 밖의 많은 사람들에게는 계급투쟁은 그것이 창조적인 경우에만 의미를 가진다는 의식이 여전히 결여되어 있다. 청년들에게는 형성에 대한 의지가 살아있으며, 그들 속에는 내면과 외면의 이러한 빈곤에서 벗어나려는 순수한 노력이 살아 있다. 바로 청년들은 「프롤레타리아문화」가 눈앞에 있다고 말할 수 없다는 것을 잘 알고 있었기 때문에, 아버지들의 모든 태도, 그 주거, 그 맥주 테이블, 그 관념과 인생의 목표, 그 「자유사상」, 그리고 그 부정적인 비판은 부르주아 시대의 썩은 잔재 이외에 아무것도 아니라는 것을 알기 때문에, 청년들은 무서운 공허함과 곤궁을 느끼기 때문에 그들은 새로운 태도로 성숙해 나아가는 것이다.

이러한 사회주의적 의무의식의 성숙, 사회주의적으로 현실을 형성하려는 이 의지의 성장에 대해서 부르주아 층에서 굴러온 잡다한 문사들이나 실로 많은 사회주의계 신문과 잡지의 편집실에 무리지어 있는, 무력감에 빠져 사회주의자가 된 사람들만큼 위험한 것은 없다. 이러한 사회주의자 청년노동자들이 갖고 있는 인생에 대한 가공할 정도의 진지함과 책임감 있게 행동할 자세가, ― 재치를 자랑하면서 빈곤한 영혼으로 뿌리도 없이 허튼소리를 하며 모든 것을 파악하는 애송이 문사들, 정도를 걷고 있는 소심한 시민들보다도 청년들의 사회주의적 생활감정과는 거리가 먼 도배들인 ― 애송이 문사들의 일상적 먹잇감이 되고 있는 것을 목도한다면 사람들은 고통을 참지 못해 외치고 싶을 것이다. 이런 먹물들의 쓸데없는 흥분은 결코 혁명적인 태도는 아니다. 그것에 대해서 청년들은 라살레의 말에 귀를 기울여야 할 것이다. 「혁명이란 전복이며, 따라서 혁명은 폭력에 의하든 그렇지 않든 ― 여기서 수단은 전혀 중요하지 않다 ― **완전히 새로운 원리**가 현상을 바꿀 수 있다면 언제든지 일어나 왔다. 이에 대해서 개혁은 현상의 원리가 유지되고 또 한층 온화한, 또는 보다 일관된 또는 보다 정의로운 귀결들로 발전되는 경우에 생긴다. 여기서도 또한 수단은 중요하지 않다. 개혁은 봉기나 유혈을 통해서 이루어지는 경우도 있고, 혁명이 완전히 평화적으로 실현되는 경우도 있다」.60)

따라서 계급투쟁은 평화적이든 폭력적이든 새로운 원리, 새로운 태도를 바라며 반복된다. 이 태도는 경제적이든 비경제적이든 모든 사활문제에 대하여 자본주의적 인간과는 다른 정신과 심성에서 대답하는 것이다. 그렇기 때문에, 또 전적으로 그렇기 때문에 혁명적 계급투쟁은 정당화된다. 그리고 자신의 힘에 의지하여 독자적으로 새로운 삶의 형식을 획득하는 것보다는 지금의 불의한 삶의 형식(Unform)과 그 수호자들에게 적응해서 살 것을 노동자층에게 요구하는 착한 사람들의 착한 주장도 부정되지 않으면 안 된다. 이러한 내정적 평화주의자들의 이상은 노동자를 훌륭한 소시민으로 교육시키는 것이리라. 1830년

---

59) Ebd.(같은 곳).

60) Lassalle, "Die Wissenschaft und die Arbeiter" (Verteidigungsrede, 1863), in *Gesammelte Reden und Schriften* (Hg. E. Bernstein), Bd. 2, Berlin 1919, S. 275.

경의 비더마이어라면 있을 수 있는 사회적 생활형식이라고 할지 모르지만 오늘날에는 불가능하다는 것을 그들은 인식하지 않으려는 것이다.

그리하여 계급투쟁은 사회주의를 실현하기 위해서 사회적으로 필요한 수단이다. 그러나 사회주의란 국민적 공동체의 종언이 아니며 그 완성을 의미한다. 그러므로 오토 바우어의 다음과 같은 말은 정당하다. 「민족 전체를 민족적 문화공동체로 끌어들여, 민족에 의해 완전한 자결을 쟁취하고 민족들의 정신적 차별화를 진행한다 ─ 사회주의란 이것을 의미한 다」.[61] 바우어는 나치온을 운명공동체로부터 성장한 성격공동체라고 정의를 매우 잘 내리고 있다. 그러나 계급도 역시 성격공동체이기는 하지만 운명공동체는 아니라고 한다. 확실히 모든 국민의 노동자는 동일한 경제적 운명을 체험하지만 그것을 공동체로서 체험하 는 것이 아니며 그 국민성에 따라서 여러 가지이다. 「왜냐하면 독일의 노동자와 영국의 노동자는 그 사이에 교류관계는 존재하지만 이러한 관계들은 영국의 노동자와 부르주아가 함께 같은 도시에 살며, 벽에 붙은 같은 포스터를 보며 같은 신문을 읽으며 같은 정치적 사건이나 스포츠의 승패에 관심을 가지며, 그들 자신이 때때로 같이 또는 쌍방이 같은 인물과 ─ 자본가와 노동자의 여러 가지 중개인들과 ─ 이야기함으로써 그들이 결합되고 있는 관계들보다도 훨씬 화기애애하기 때문이다. 언어는 교류의 도구이다. 영국의 부르주 아와 영국의 노동자보다도, 영국과 독일의 노동자 간에 보다 많은 교류의 띠가 있다면, 독일의 노동자와 영국의 노동자는 공통된 언어를 가지며, 영국의 노동자와 영국의 부르주아 는 가지지 못할 것이다. 즉, 하나의 민족의 분지 간에는 교류공동체가 존재하며 직접 · 간접 의 상호 교류 속에서 항상적인 상호 작용이 있다는 것을, 이것이 민족을 계급의 성격공동체 로부터 나누는 것이다」.[62]

단호한 합리주의적 고찰방식을 가지고, 국민적 문화공동체의 자연적 기초를 경시하는 것까지는 바우어에 전적으로 동의할 수 있다. 그 역시 계급 속에는 극복되어야 할 것을 보며 계급투쟁의 목적으로서 국민적 공동체를 생각한다. 즉 국민의 생활형식은 다름 아닌 사회주의자의 입장에서는 아무래도 좋은 것이 아니며 자신의 노력을 의미한다. 즉 사회주의 적이란 필연적으로 국민적이기도 하며 그 반대도 사실이다. 왜냐하면 사람은 이 「공동체」의 대부분이 그것에 거의 관여하지 않고 있다는 사실을 생각하지 않으며, 민족공동체라는 말을 정중히 입에 담기는 불가능하기 때문이다. 노동자층에게 국민적 의무를 다하도록 요구하는 사람은 그들에게 먼저 국민적 공동체에 대한 참가를 보장하지 않으면 안 된다. 오늘날 민족공동체는 경제공동체이기도 하다. 여기서 국민의 이념은 완전히 계급의 이념과 동일한 상태이다. 인류적인 개념으로서 양 이념은 그 현재의 상태를 넘어서는 지점을 나타낸다. 계급은 국민 속에 들어가지 않으면 안 되는데, 국민은 계급을 자신 속에 받아들이 지 않으면 안 된다. 국민의식과 자본주의적 경제신조는 인류적으로만 모순일 뿐만 아니라 국민정책적으로도 결합시키기 불가능하다. 우리는 오늘날 실제로 서양의 몰락이라는 무서

61) Otto Bauer, *Nationalitätenfrage* (Anm. 13), S. 108.

62) AaO., S. 113.

운 위기를 시야에 넣지 않으면 안 되는데, 그것은 유럽 국민들의 문화창조력 전부가 이미 고갈되었을지 모르기 때문이 아니라 억제되지 않는 자본주의가 문화력에 관한 무수한 재물을 황폐시켰기 때문이며, 국민문화가 정치적·경제적인 권력의식에 의해서 강화된 프롤레타리아트의 대중, 그러나 문화와는 거리가 먼 무수한 대중에 의해서 무너졌기 때문이다. 이처럼 사회주의는 국민에 대해서 실천적으로 불가결하며, 다른 한편 국민은 사회주의에 필요한 현상형태인 것이다.

「노동자에게는 조국이 없다. 사람은 그들이 가지지 않은 것을 그들로부터 빼앗을 수는 없다」.[63] 아마 이러한 사실확인은 국민적 문화재에 대한 관여에 대해서 말하면, 엥겔스가 묘사한 1840년 경의 영국의 프롤레타리아트에 대해서만 적절할 것이다. 확실히 오늘날의 독일 노동자 청년의 지도적인 부분에 독일 문화의 양질인 부분이 살아 있으며, 확실히 위에 제시한『공산당선언』의 명제는「그들은 자신들이 아직 손에 넣지 못한 것을 획득해야 한다!」라는 부분을 빼내어 결코 인용해서는 안 된다. 그러나 솔직한 애국자라면 상술한 명제가 근거를 필요 이상으로 과장하고 있기 때문이 아니라 이 명제에 여전히 충분한 근거가 있다는 것에 인류적인 분노를 느낄 것이다. 더구나 국민의식의 매우 높은 것을 아무도 부정하지 않으려는 오트마르 슈판 조차도 동일한 것을 주장하지 않는가! 그는 말한다.「민족성은 대중의 문화능력이 이르는 곳 까지만 미친다. 왜냐하면, 정신적 공동체에 대한 참가가 이르는 범위까지만 진정한 민족 본위의 구별도 가능하기 때문이다. 그것은 바로 진정한… 국민에 대한 귀속이다. 다른 모든 것은 이익공동체에 매몰되고 만다」.[64]

여하튼 우리들의 견해로는 여기서 손에 손을 잡고 있다고 생각되는 마르크스도 슈판도 국민의 본질을 아주 정당하게 파악하지는 못하고 있다. 국민의 성격은 훨씬 깊이 뿌리내리고 있으며 그것을 손상하는 사회상태에 의해서 완전한 전개가 방해 받고 있으며, 국민의식이 곤란한 상태라도 그것은 존재하고 있다. 자신을 낭만주의적 보편주의자로서 파악하는 슈판은 참으로 국민자유주의적으로 생각하여 기존의 상태는 유지되지 않으면 안 된다. 왜냐하면「대중의 문화능력은 민족형성이 현저하게 높아져 있어도 어떤 민족이라도 비교적 약간에 불과하기 때문이다」[65]라고 했다. 이러한 주장의 의미는 명백히 계급과 대중을 잘못 이해하고 있다. 슈판이 지금까지 한 사람의 독일 노동자라도 마음과 정신을 통하여 실제로 알고 있었는지 어떤지 우리들은 모른다. 그러나 우리들은 풍부한 경험에서 노동자층은 부르주아층에 못지않게 문화능력이 있다고 단호하게 말할 수 있다. 부르주아든지 노동자든지 무릇 대중의 문화능력은 크지 않다는 것이 정당하다. 업무 시간이 끝난 후 스카트 (Skat)* 놀이대와 매주 테이블을 둘러싼 곳에 정신적 문화공동체에 대한 참가가 한정된 부르주아 대중은 노동자층 내에 그것과 일치하는 대중과 유사하다고도 말할 수 있다.

---

63) Marx-Engels, *Manifest* (Anm. 48), S. 18.
64) Othmar Spann, *Gesellschaftslehre*, 2. Aufl., Leipzig 1923, S. 483.
65) Ebd.

[국민에게] 독자적인 문화의 가능성에 어떤 대중도 반대하지 않는다. 즉, 국민적 문화공동체에 대한 노동자층의 편입은 인류적으로 정당화 될 뿐만 아니라 정치적으로 필연적일 뿐만 아니라 현실에서도 가능하다.

그러나 오토 바우어에 따라서 사회주의가 의미하는 것이 「전체 민족을 민족적 문화공동체와 관련을 맺는 것」66)이라고 상정한다면, 노동자계급은 — 생각해보면 이처럼 현저하게 중요한 귀결로부터도 피할 수는 없다 — 국민적 문화공동체의 유지와 전개에 생각할 수 있는 최대의 이익을 가지고 있다. 국민이 현재 처한 사회적 형식의 유지가 아니라는 것은 당연하다. 그런데 이 현재의 사회적인 형식을 사회주의자는 근본에서부터 바꾸려고 한다. 오늘날 보수파가 독일 특유라고 주장하지만 실제로는 대부분 지배계급의 정치 · 경제적 권력기반에 불과한 것을 유지하려고 생각하는 사회주의자도 물론 없다. 사회주의자는 자신들이 천 년 이래의 유산을 상속하려는 것을 분명히 알고 있음에 틀림없다. 이것 역시 마찬가지로 당연하다. 계급투쟁의 슬로건은 다음과 같이 외칠 뿐이다. 계급은 국민이 되어야 한다! 국민으로부터 나오는 것이 아니라 국민 속에 들어와서 우리들은 투쟁한다! 사회주의는 노동자계급이 국민에게 접근하면 할수록 그 목표에 가까이 간다. 노동자계급은 자본주의적인 생활형식의 소시민적인 첨가물로서 국민 속에 들어갈 수는 없으며, 그것은 허용되지 아니한다. 그 세계사적 사명은 국민 속에 사회주의적 이념을 실현하는 데에 있다. 이 짧은 역사적 개관 속에서 어떻게 국민적 문화공동체가 점차 더욱 사람들 속에 깊이 정착되고 있는지, 점점 더 넓은 범위를 차지하고 있는지를 보아 왔다. 시민층이 봉건적 형식에서는 국민적이지 않았던 것처럼, 노동자는 부르주아적 형식에서는 그렇게 될 수 없다. 시민층은 봉건시대의 문화재를 자신의 생활형식으로 바꾸고 자신의 독자적인 문화를 위해서 투쟁하지 않을 수 없었다. 봉건귀족의 추종자로 계속하였다면 시민층은 결코 자신에게 고유한 역사를 가져올 수 없었을 것이며, 시민적 문화의 위대한 작품, 폭력적인 세계의 가공, 이성에 의한 자연의 파악과 기술과 사회적 경제의 거대한 공장에 의한 그 지배는 성립하지 않았을 것이다.

이러한 사회적 형식의 토대가 흔들린 오늘날, 노동자층은 자신들에게 특수한 운명적 상태 속에서 국민이 되려고 한다. 부르주아층은 사회문제를 국민적 정신으로 해결하려 생각한다. 그들은 개개의 천부능력이 있는 노동자에게는 부르주아 계급으로 상승하는 것을 허용했지만 그것을 넘어서 정신적으로 근성이 없게 된 다른 노동자 대중은 자본주의적인 노동과 생활의 질서에 아마도 어떤 방법으로든 타협하려고 한다. 불확실한 희망에 몸을 맡기고 있기 때문이다. 이러한 사고방식은 인류적인 의미에서도 권력정치적 의미에서도 국민적이 아니다. 그것은 민족공동체의 이념에 대한 모멸이며 장래의 국민적 존재조건들도 파묻어 버린다. 다시 하나의 계급이 정치적 · 경제적 자기의식을 가지기까지 성장하면 그들은 「자신의 강한 팔이 그것을 바란다면 모든 톱니바퀴는 멈춘다」는 것을 바로 알자마자, 이 시점부터는 두 가지의 가능성만이 있을 뿐이다. 이 계급이 자신들의 운명에 구속된

66) 상술 주 61 참조.

고유한 생활형식으로서 국민적 문화에 들어갈 수 있도록 투쟁하는가, 아니면 그들은 색마에 취해버린 삼손처럼 자신을 문화 전체의 폐허 아래에 묻어버리게 된다. 그러므로 노동자층 자신의 과제는 국민의 장래에 관련된 과제가 될 것이다.

그러나 다른 한편, 노동자계급은 인류문화사의 보물 전체를 국민적 형식 속에서 대항하여 나타나는데, 그들은 그것들을 받아들이면서 자신들의 문화상황에 따라서 이를 개량하지 않으면 안 된다. 그러므로 그들은 국민적 공동체의 사회적 현상에는 관심을 가지지 않는다고 해도, 전 국민과 함께 그것이 존재하는 것에는 관심을 가진다. 여러분들은 국제적 경제이해만을 가지며, 그것 이상으로 프롤레타리아트적 문화를 가질 수 있도록 바라지 않으면 안 된다고 그들에 주입하는 것은 사회주의에 대한 범죄이다. 볼셰비즘은 결코 틀에 박힌 말만하는 무책임한 정치에서 단독으로 책임을 지는 정치의 국면으로 이행하지 않을 수 없었다. 여기서 볼셰비즘은 노동자가 모든 문화의 필연적인 관련을 파악하지 못하면 장래의 구축은 불가능할 뿐이라고 매우 일찍 인식한 것이다. 기꺼이 프롤레타리아 문화를 무에서 창조하려고 하고, 예컨대 국민교육과 노동자교육의 어리석은 대립을 선동하는 독일 사회주의자들 속에 있는 몇몇 괴팍한 사람들에게도 볼셰비즘의 교육 장관 루나차르스키의 말이 타당하다. 즉「'낡은' 학문과 '낡은' 예술의 확장은 모두 부르주아 취미와의 타협이며 저주받을 들러리이며, 젊은 사회주의의 신체를 썩게 만든 낡은 세대의 피로써 중독되는 것이라고 믿는 사람들이 있다. 다행히도 이런 잘못된 견해를 주장하는 사람은 그다지 많지 않다. 그러나 그들이 끼친 손해는 현저하게 큰 것인지도 모른다. ― 그렇지는 않다. 나는 수 천 번이나 반복해 왔지만 프롤레타리아트는 보편적인 인간교육을 갖추지 않으면 안 된다. 프롤레타리아트는 역사적인 계급이다. 역사적 계급은 과거의 모든 것들과 연결되어 있으며 스스로의 길을 전진해 나가지 않으면 안 된다. 학문과 예술을 부르주아적이라고 입으로 부정하는 것은 직조기계와 철도를 이러한 이유에서 부정하는 것처럼 멍청한 것이다」.[67]

국민이란 그 현재에 처한 자본주의적 사회형식을 위해서가 아니라 보다 높은 장래의 국민으로서 존재가능성 때문에 사회주의자에 대해서 가치 있는 것임이 틀림없다. 즉, 국민의 사회형식들은 변천하지만 수 천 년에 걸쳐 창조되어 온 문화와 생활형식인 국민은 계속 존재한다는 것을 사회주의자는 간과해서는 안 된다. 이러한 통찰은 수많은 사회주의 지도자에게 언제나 존재해 왔다. 오스트리아의 사회민주당원인 파르너스토르퍼만큼 그것을 분명히 명언한 사람은 없었다. 그는 일찍이 이렇게 썼다.「인간이 인간처럼 살며, 식사를 하고, 의복을 입기 위해서만, 우리들은 일하는 것은 아니다. 천 년에 걸쳐 축적되어 온 문화에 관여함으로써 원래 비로소 인간이 되며, 스스로 문화를 손에 넣고, 문화를 창조하는 힘을 익히기 위해서 이다. 모든 문화는 국민적이다. 문화는 그 기원을 각각의 민족들에 가지며, 그 가장 고도의 형식이 되면 ― 그리고 바로 여기서 최대한으로 ― 결정적인 국민적 성격을 나타낸다[.] … 그러므로 사회주의와 국민사상은 모순되지 않을

---

67) Anatolij Wassiljweitsch Lunatscharskij (1875-1933).

뿐 아니라 필연적으로 공속 관계에 있다[.]… 사회주의는 인류를 조직하는 것이며 원자화하는 것은 아니다. 그러나 인류라는 유기체에서는 각각의 개인이 아니라 국민들이 세포가 된다. 그러므로 유기체가 건강하기 위해서는 세포들이 건강하지 않으면 안 된다[.]… 그리고 현실에 국민의 생명이 문제가 될 때는 항상 독일 사회민주당은 솔선해서 일어설 수 있다[.] … 이처럼 우리들은 기꺼이 자신의 국민에의 충성을 명백히 하며 국민의 위업을 과시한다. 그와 함께 이론적 사회주의 그 자체도 또한 독일 정신의 작품이기도 하다는 것을 알고 있다」.[68]

   그러나 어떠한 방법으로 국민적인 사회주의 문화공동체는 실현되어야 하는가? 여기서 더욱, 지금까지의 설명을 바탕으로 해서 독일 사회주의정당은 그 정치적 태도를 어떻게 할 것인가 하는 질문은 일단 접어두고, 사람들은 위의 목표에 도달하는 일반적인 방법을 어떻게 생각해야 하는가 하는 질문을 제기하고 싶다. 우리들의 정치적 태도를 미리 결정하는 이 질문에는 매우 많은 사회주의 저술들이 단념한다. 이러한 실패의 실천적 원인들에 대해서는 다음 장에서 고찰하기로 한다. 여기서는 경제일면적인 역사관과 경제일면적인 계급개념으로부터 아마 현실의 사회주의에 도달하는 것은 이론적으로 불가능하다는 것만을 나타내고 싶다. 이러한 불가능성 때문에 오토 바우어마저 좌절하기에 이른다. 국민과 사회주의라는 질문에 관하여 이 책은 지금까지 상당한 부분까지 오토 바우어와 보조를 맞춰 왔으나 이미 시사했듯이, 그것이 가능했던 것은 그가 바로 이 지점까지 마르크스주의를 부정하지 않기 때문이다. 그러나 실천으로 향해 보면, 특히 잘못된 이론이 바우어의 논술 중에 모순으로 가득 차 혼란을 가져오는 것이다. 그가 말하는 것은 「노동자계급은 아직 민족의 계급이 되지 않았기 때문에 그들은 또한 이미 민족적 계급은 아니다」.[69] 즉 그는 첫째로 노동자계급은 여전히 국민에 속하는 계급이 아니라고 주장하며, 그들은 충분히, 또는 자립한 문화의 담당자로서 국민에 속하지 않는 것은 아니다. 몇 페이지 앞에서 그는 반대되는 말을 주장한다.[70] 그러나 그는 계속해서 논리를 진행한다. 노동자계급은 「아직」독일 문화에 관여하고 있지 않으므로 그들은 「이미」 국민적 문화도 평가하지 않는다. 노동자 계급에 국민적 평가는 어울리지 않는다는 주장이 실제로는 사실에 맞지 않는다는 점에 관하여 바우어는 자신이 다시 산더미 같은 논거를 열거하고 있다. 그는 구 오스트리아에서의 체코계 노동자의 민족적 증오를 단순히 「변형된 계급 증오」라고 부르며 이를 가볍게 다룰 뿐이다.[71] 오늘날 우리들은 독일계 보헤미아인 노동자의 민족적 증오를 대부분 「변형된 계급증오」라고 불러도 아주 동일하게 정당하다고 말한다. 그러나 우리들은 잘못된 사실의 주장보다도 이런 저런 글에서 열거한 요구가 흥미롭다.

---

68) Engelbert Parnerstorfer, *Zeitfragen*, Wien 1917 (Urania-Bücherei, Bd. 7), S. 11 f.; 15 f.
69) Otto Bauer, *Nationalitätenfrage* (Anm. 13), S. 152.
70) 상술 주 61 참조.
71) Otto Bauer, aaO., S. 263.

그러면 모든 것이 주위를 둘러싼 중심점에 도달했다. 무수한 사람들의 머리속에 어떤 식이든 재현되고 있는 바우어의 생각은 다음과 같다. 노동자계급은 「아직」 국민적 문화공동체에 속하지 않기 때문에 그들은 「이미」 그것에 관련이 없으며, 또한 가져서도 안 된다는 것이다. 「문화재의 향수에서 배제되어 있으므로 그들에게 문화재는 타인의 소유에 속하는 것이다. 다른 사람들이 민족문화의 빛나는 역사를 보는 곳에서, 그들은 낡은 씨족 공산주의가 몰락한 이래 모든 민족문화를 자신들의 넓은 어깨 위에 짊어진 사람들이 빈곤에 허덕이며 예속에 괴로워하는 것을 본다. 민족성의 유지라는 것이 아니라 지금까지의 모든 사회체제를 전복하고, 그럼으로써 비로소 그들이 민족의 분지가 될 수 있는 것, 거기에 그들은 자신들의 이상을 본다」.[72] 그리고는 다시 계속한다. 「계급투쟁의 필연성은 모든 민족들을 분열시킨다. 즉 노동자와 소유계급의 경제적 이익은 각각의 민족 속에서 서로 대립해 왔다. 이에 대해서 어떤 민족의 노동자의 이익도 다른 모든 민족의 노동자가 가지는 이익과 일치한다」.[73] 즉 노동자는 자신이 계급투쟁에 즈음하여 따르는 국제적인 경제이해만을 가질 수 있다. 문화란 바우어의 의견에서도 항상 국민적이었으나 이 문화에 대해서 노동자는 아무것도 알지 못하며, 노동자가 명백하게 계급투쟁에서 완전히 승리를 거두기까지는 국민문화를 신경 쓸 필요도 없는 것이다.

국민적인 사회주의 문화공동체에 이르는 길에 관한 이러한 모순과 완전히 현실과 동떨어진 견해는 바우어와 그 밖의 사람들에서 그들이 역사의 경제환원을 벗어나지 못하고, 나아가 이미 마르크스주의자마저 오류라고 인정한 궁핍화설을 아직도 들춰내고 있는 데에 기인한다. 바우어는 여기서 확실히 그것에 의거하여 마르크스의 말을 인용하여, 노동자층은 하나의 계급이며, 이는 「인간의 완전한 상실이며, 그러므로 인간성을 완전히 획득함으로써만이 자기 자신을 손에 넣을 수 있다」[74] 고 한다. 완전한 문화상실로까지 비인간화된 이 인간은 ―『자본론』이 말하는 바로는 ― 계속 증가하는 「빈곤·억압·예종·타락·착취에 허덕이는 대중」은 해방의 순간에 무엇인가의 방법으로 문화로 가득 찬 인간으로 전환하는 것인가? 해방은 ― 위에서 말하듯이 ―「자본주의적 생산과정의 메커니즘을 통해서 단련되고 하나가 되어 조직되어 온 노동자 계급」[75]쪽에 기대할 것이라고 바우어는 생각한다. 이러한 관념은 아주 불가능하며, 나아가 체험되는 사실로써 매일 반박되고 있는 데에, 이러한 이론에 바우어의 생각만이 아니라 모든 사회주의운동도 괴로워한다. 자본주의에 의해서 야수화되고, 무엇인가의 방법으로 외적으로 조직된 프롤레타리아트가 사회주의를 실현한다는 관념은, 경제적 역사관과 결합하여 사회주의에 이르는 현실의 발전과 교육에 관한 매우 심각한 장애를 의미한다. 프롤레타리아트를 대부분은 정치가보다

72) AaO., S. 152.
73) AaO., S. 307.
74) Otto Bauer, aaO., S. 152; Karl Marx, *Zur Kritik der Hegelschen Rechtsphiolosophie*, in F. Mehring (Hg.), *Aus dem literalischen Nachlaß von Karl Marx, Friedrich Engels und Ferdinand Lassalle*, Bd. 1, 2. Aufl., Stuttgart 1913, S. 397.
75) Marx, *Kapital* (Anm. 47), Bd. 1, S. 728.

더욱 잘 알고 있는 노동자교육자만큼 이러한 비극의 사정에 정통한 사람은 없다. 빈곤에 허덕이다가 타락한 프롤레타리아트가 풍부한 국민문화 한 가운데에 뛰어드는 자유의 도약은 동시에 바우어적 논리의 죽음에의 도약이다. 그 위험천만한 대담성은 바우어가 민족의 정신적 문화에 대한 적응을 「민족의 역사 전체와의 결합, 연동」[76]으로 불렀던 것을 생각해 보면 더욱 놀라지 않으면 안 된다. 그러나 거기에 노동자는 전혀 관심을 가지지 않으며, 그 (예컨대 경제적 측면에 한정하지 않는다!) 이익은 역시 완전히 국제적이라고 말하는가?! 그러나 바우어는 「프롤레타리아트는 자본주의의 파괴력에 의해서 모든 전통으로부터 해방되어 민족적 문화재의 향수로부터 배제되며, 모든 역사적으로 계승된 세력들과 투쟁 속에서 나타나는데, 그들만큼 완전하게 내적으로 모든 민족적 평가로부터 해방되는」[77] 계급은 없을 것이라고 주장하여 이러한 상태를 아주 잘 또한 정당하게 파악하고 있다. 거기에서 자신의 계획과 의도 전체를 국제적인 경제투쟁으로 규정하는 프롤레타리아트에는 언젠가 올 날에, 문화라는 「상부구조」가 호박이 넝쿨째 떨어지기를 바라는 관념이 나타난다.

그런 일은 없다. 사람은 방향을 바꾸거나 갈지자로 가기도 하는데, 경제적인 역사과정이라는 일단락의 수평방향의 도식에 머무르는 한, 문화나 국민이라는 수직 방향에 결코 도달할 수는 없다. 확실히 노동자는 인간이 되기 위해 국제적으로 투쟁해야 하지만 그 경우에도 올바른 전선에서 투쟁하지 않으면 안 된다. 노동자는, 사람은 확실히 경제적 관계들에 의해서도 규정되더라도, 국민적 문화공동체 속에서만 인간이 된다는 것을 알아야 한다. 노동자는, 문화라는 것은 인륜적 행위이며 기존의 소재에 독특한 형태를 부여하는 것이며, 이념을 사용한 현실형성이라는 것을 알지 못하면 안 된다. 노동자는, 사람은 자본주의에 의해서 타락한 프롤레타리아와 함께 사회주의를 건설해야 한다는 사상은 무의미한 유토피아주의라는 것을 알지 않으면 안 되며, 끝으로 현실의 사회주의는 공기 속에서가 아니라 특정한 공동체 속에, 특정한 땅뙈기 위에 세워진다는 것을 알지 않으면 안 된다.

사회주의적 노동자대중은 추상적·유토피아적 사회주의의 이상을 양식으로 삼는다. 이 사회주의는 최소의 정치적·경제적인 형성가능성조차 가지지 못한 한에서, 사회주의는 유해롭지 않고 그런데 희망을 굳게 해주는 신뢰가 있었다. 그러나 오늘날 사회주의자들은 현실 앞에서 가차 없는 구체적인 현실 앞에 서 있다. 이 현실은 극복하려면 완전파괴라는 형벌이 부여되는 댓가이다. 여하튼 사회주의사상이 체험할만한가의 여부는 추상적인 사회주의의 이념이 구체적으로 눈에 보이는 현실에 충족되는 정도에 따라서 오르락 내리락 할 것이다. 오늘날 혁명적인 틀에 박힌 말을 사용하여 현실로부터 도피하려고 해도 이미 아무런 소용이 없다. 이 유토피아적 틀에 박힌 표현이 현실에는 프티 부르주아적 낙관주의의 치부를 가리는 무화과 잎에 불과하며, 바로 그것이 현실에 대한 혁명적 의지의 브레이크가

---

76) Otto Bauer, aaO., S. 108.
77) AaO., S. 153.

되고 있다는 것은 일목요연하다. 그러나 사회주의사상이 그 투쟁이나 형성에 대한 의지를 위해서 현실과의 접점을 모색하면 필연적으로 국민에 닿게 된다. 그것은 오늘날 우리들에게 부여된 아주 넓은 형성공간이며 통상 그것을 개입하여 비로소 우리들은 세계에 작용을 미칠 수 있게 된다. 독일의 사회주의자가 어떤 추상적인 견해를 가지고 있어도 그들도 독일을 짊어지고 있으며 먼저 독일이 존재해야 한다. 거기에는 사회주의의 목표 상태인 추상적 인간에게는 현실성이 없으며 이러한 이론적 의제는 필요하기는 하지만 오늘날은 아주 많은 사회주의자에게 현실에 대한 시점을 오도했다는 것을 자각 해 두는 것이 긴요하다. 필요한 이론적 추상화를 실천적 현실로부터 구별하는 능력의 결여는 일반적인 어중간한 교양이나 완전한 정치적 무교양의 증거이며, 유감스럽게도 우리나라의 평균적 사회주의자들의 특징이기도 하다. 그 실천적인 인간개념은 실제로는 여전히 18세기에 나온 자연법적 통상인의 이론적 구성물, 즉 자유주의의 **경제인**(homo oeconomicus)이다. 모든 자연적인 기초로부터 해방되고 아마 피와 감정과 같은 비합리적인 힘들에 의해서 규정되지 않고 자유롭고 이성적으로 스스로 결정을 내리는 이러한 인간을 평균적 사회주의자는 장래의 담당자로 삼는다. 이처럼 방황하는 두뇌는 마음대로 조직에 출입할 수 있으며 결코 자연이나 문화에 정착하지 못하고, 국민과 관련을 가지지 못한다. 자유주의의 이처럼 낡은 잔존물은 꺼져라! 본능도 감정도 없는 정강이도 발도 없는 현실과 동떨어진 망령은 꺼져라! 인간성은 전체 속에서 구성되지만 이 전체는 이성적 이익이 그 유일한 접합이거나 또는 그 본질적 접합에만 한정하여 그렇다고 해도 나날이 붕괴되어 가지 않을 수 없을 것이다. 우리들에게 사회주의의 인류적 이성의 이념이 확실히 부과되고 있듯이, 그것이 공동체 속에서, 또한 그 속에서만 실현되는 것도 확실하다. 이러한 신체는 몇 천 년의 오래된 확고한 생의 질서를 통해서 만들어져 온 것이다. 우리들이 떠도는 망령이 아닌, 피와 살을 가진 인간인 이상은 합리적인 것은, 비합리적인 것에 의해서 뒷받침될 때에만 조직들은 그것들이 피, 토지, 비합리적인 감정가치, 역사, 공통된 문화재에 의해서 결합된 공동체의 외적 표현, 마지막 보루인 경우에만 존속할 수 있을 것이다. 그러므로 노동자가 자기 자신의 행위를 통해서 자립한 문화의지와 자립한 생활형식을 가지고 외적으로나 내적으로도 국민에게 들어가서 투쟁해 나가는 것이 가능해지면 몇 세대 후에는 유럽에 사회주의문화도 국민문화도 존재하지 않게 될 것이다.

노동자 계급은 국민이 되려고 한다. 그들은 그것을 ― 국민을 위해서 ― 자기 자신을 희생하여 바랄 수는 없으며 그렇게 해서도 안 된다. 국민은 노동자계급을 그 운명에 구속된 형태 그대로 이기를 바라야만 하며, 그렇지 않으면 이 계급으로 인하여 무너진다. 노동자 계급은 자기 보존을 위해서 국민의 자기 보존을 바라지 않으면 안 된다. 국민은 자기 유지를 위해 노동자 계급의 자기 유지를 바라지 않으면 안 된다. 국민은 ― 노동자 계급을 위해서도 ― 자기 자신을 희생해서 그것을 바랄 수는 없으며, 그렇게 해서도 안 된다.

「우리들은 오늘날 마르크스 자신이 아담 스미스를 지지하는 것과 같은 정도로 칼 마르크스를 지지한다 - 그러나 스미스와 마르크스 사이는 어느 정도는 대응하고 있다고 여겨지는, 마르크스 학설의 개조와 발전은 어디서 인정받을 것인가」.78)

## 2. 사회주의와 국민적 국가공동체

### I. 사회주의와 국가

국민은 오늘날 현저하게 정치적으로 중요한 국가형성의 원리이다. 사회주의자들은 나날이 매우 사정이 넓은 정치적 결정을 내리도록 강요받고 있지만, 이러한 결정은, 나는 현재의 국민국가나 보편적 현상으로서의 국가와 원칙적으로 어떤 관계에 있는가? 하는 전제문제에 대한 해답에 아주 좌우되고 있다.

그러나 사회주의적·공산주의적인 정당들은 현재 국가에 관한 틀에 박힌 말이 납덩이처럼 달라붙어, 그것이 속박이 되어 무릇 정치가 한 발자국도 전진하지 못하게 하고 있다. 이처럼 틀에 박힌 말은 어정쩡하게 잘못된, 어정쩡하게 곡해된 마르크스와 엥겔스의 국가관이다. 사회주의에서의 국가문제를 구석구석까지 전개하려면 훨씬 포괄적인 저작이 필요하다.79) 여기서는 간단한 시사로 만족하지 않으면 안 된다.

국가란 보다 정확하게 나타낸다면, 모든 사회적 행위의 질서지워진 공동작용을 특정한 영역에서 최종적으로 보증하는 사회적 단체이다. 경제와 동일하게 국가를 빼고도 사회는 생각할 수 없다. 사회적 경제는 국가가 사회적 경제 없이는 생각할 수 없는 것처럼 정서하는 국가 없이는 생각할 수 없다. 왜냐하면 기본적으로 국가란 질서를 부여하고, 질서가 부여된 영역사회 이외에 아무것도 아니기 때문이다.

그러면 마르크스와 엥겔스에서의 놀랄만한 국가몰이해는 어디에서 유래하는가?

본고의 목적과의 비율에서는 이러한 몰이해는 잘못된 사회개념으로 환원될 것이다. 『자본론』의 5페이지와 6페이지를 펴면 이 두 페이지에서 세 가지의 다른 사회개념이 발견된다. 마르크스가 여기서 말하는 「생산과정의 사회적 결합」80)에서는 기껏해야 대립관계라든지 (수학적으로) 관수라고 부르는 것이 적합한 사회개념이 사용된다. 분자와 분모가 서로 전제되는 것처럼, 예를 들면 자본주의사회에서 자본가와 임금노동자는 서로 전제가 된다. 그러나 그 앞 페이지에서 마르크스는 「평균적으로 필요한, 또는 사회적으로 필요한 노동시간」81)이라고 하며, 따라서 사회는 평균적인 것, 통상의 것과 같은 뜻으로 사용한다.

---

78) Karl Renner (1870-1950).

79) Hermann Heller, *Die Souveränität* (1927), in *Gesammelte Schriften*, Bd. 2, Abt. 1, Nr. 2 (김효전 옮김, 『주권론』, 관악사, 2004).

80) Marx, *Kapital* (Anm. 47), Bd 1, S. 6.

81) AaO., S. 5.

더구나 그 앞의 문장에서 말하기를, 「사회의 전노동력은…무수한 개인의 노동력으로 이루어진다고는 해도 여기서는 동일한 인간노동력으로 간주한다」.[82] 이 세 번째의 개념은 자립한 주체, 활동하는 개체로서 사회를 파악하며, 그것에 따라서 개개의 자본의 총계를 한 사람의 자본가의 자본과 등치하고 있다. 그 방법적 의미는 『자본론』의 계속되는 문장에서 이해된다. 「연구의 대상을 순수하게 저해적 부수상황에 좌우되지 않고 파악하기 위해서는 여기서 상업세계 전체를 하나의 국민으로 보고, 자본주의적 생산이 어디서든 확립되어, 모든 산업 부문을 석권하기에 이르렀다고 전제하지 않으면 안 된다」.[83] 인간생활의 유일한 면을 이념형적으로, 즉 다른 측면에서 고립시켜 논리적으로 모순 없이 연구할 수 있도록 마르크스는 문화과학에서 자주 사용하는 술책을 농하고 있다. 즉 전인류는 하나의 국민으로서, 국가에 조직된 유일한 민족으로서, 즉 이 조직화에 의해서 행위능력을 가진 주체로서 관념된다. 둘째로, 이 조직화된 인류가 경제적인 측면에서만, 그것도 완전히 동일한 경제단계에서 생활하는 것으로서 관념된다. 이러한 술책을 사용하여 마르크스는 경제적 운동법칙을 발견한다.

그러면 이러한 경제적 가치법칙을 직접 사회적 현실에 적용해 버리면 올바른 성과는 하나도 손에 넣을 수 없다. 왜냐하면 여기서는 인류가 통일적으로 정서된 영역사회로서는 존재하지 않는다는 것이 망각되었기 때문이다. 존재하는 것은 단지 매우 많은 다양한 영역단체 내지 국가에 불과하다. 이것들에 의해서 각인은 경제적 관계들뿐만 아닌 성적·미적·교육적·학문적·종교적 그리고 그 밖의 사회적 관계들을 최종적으로 정서하고 있다. 통일적 주체로서 조직화된 인류는 자유경쟁 속에서 다만 자본주의 경제적으로 이해 관심을 가진 것에 불과한 개개인의 총체로 받아들이지만 이것은 마르크스 경제학에 대한 하나의 방법적 보조수단에 불과하였다. 자유상업적 경쟁 상태에 있는 구별 없는 하나의 세계경제적 인류 등은 사고상의 구조물에 다름 아니며, 경제학의 논리적 이상이며, 일찍이 자유주의의 사회적 이상이었다. 왜냐하면 첫째로 인류는 조직화된 단체는 아니며, 주체도 아니며, 둘째로 인간은 경제활동을 할 뿐만 아니라 각 순간마다 성애·종교·정치 등등에 의해서 규정되며, 셋째로 그 경제적인 행동도 포함한 행위태도의 전체는 그 사회형식, 그 문화 정도 그리고 국민성격에서도 다양하기 때문이다.

그러나 우리들에게 아주 중요한 점은 이렇다. 즉, 이러한 경제적 추상을 매개로 하여 항상 경제적 행위의 법칙만을 발견하게 되는데 경제는 인간의 다른 것과 나란히 서는 하나의 문화적 활동에 불과한 것이다. 내가 예컨대 종교적 행위태도의 법칙을 발견하려고 한다면, 나는 인간 총체로부터 종교적 인간을 잘라내어, 이러한 인간이 마치 경제적·정치적·미적 그 밖의 활동양식에 의해서 편향을 받지 않고 종교적으로만 행동할 수 있도록 관찰하지 않으면 안 된다. 종교적 행위태도의 법칙은 경제적·정치적 그리고 그 밖의 행위태도의 법칙과는 완전히 다른 것이다. 그러나 마르크스와 엥겔스는 경제학자로서

---

82) AaO., S. 6.
83) AaO., Bd. 1, S. 544 Anm. 21a.

항상 경제의 법칙성만을 보고 있었기 때문에 그들은 다른 생활영역에 고유한 법칙성, 특히 정치의 고유법칙성에는 도달하지 못했다. 하나의 예를 들면, 독일 라이히 철도의 민영화는 경제법칙에는 합치했을지 모르나 ─ 슈틴네스(Stinnes)*라면 좀 더 안정적으로 경영했겠지만 ─, 그것은 정치의 요청들에는 합치하지 않았다.

그러나 인간은 여러 가지 다채로운 삶의 법칙성들에 의해 차례차례로 규정될 뿐이며, 각 행위의 국면에는 그것들에 의해서 같이 규정되기도 한다. 어떠한 법칙성이 이러한 신문논문을 집필할 때에 정치논설위원을 규정하고 있었을까? 경제적 행위의 법칙들도 그 중 하나인 것은 확실하다. 즉 논설위원은 특정한 사회적 경제상황 속에 존재하며, 개인적으로 금전을 벌려고 하기 때문이다. 그러나 확실히 문법법칙도 그 중 하나이며 바랄 때에는 단어의 미적 법칙에도 동일하게 합치하기를 바란다. 이런 사람은 정확히 하고 잘 쓰려고 하기 때문이다. 다른 모든 것과 아울러 아마 정치적 행동의 법칙도 또한 규정요인일 것이다. 이러한 사람이 정치적 논설을 쓰려고 하는 이상 그런 것인가? 그러나 논설위원이 수많은 사회주의의 논설위원들처럼 살아있는 현실이 아닌 경제적 추상물만을 본다면, 이 사람에 대해서 국가나 모든 정치적 행위는 사회적 경제를 저해하는 부속물로밖에 는 보이지 않을 것이다.

생활영역이 여러 가지로 존재하고 그것들의 개성적 법칙도 여러 가지 것들을 떠올리면 이론적인 인간상은 그것에 의해서 이미 다소는 혈색이 진해져 현실에 가까워진다. 정치적 행위의 고유의 법칙성은 어디에 있는 것인가? 그것을 인식하는 목적을 찾고 마르크스처럼 나아간다고 생각할 것인가, 거기에서 추구되는 것은 **경제인**이 아니라 **정치인**이다. 전자의 행위는 오로지 경제적 욕구에 기인하는 것으로서, 후자의 행위는 오로지 정치적 욕구에 기인하는 것으로 생각된다. 경제·교회·성애 그 밖의 어떠한 욕구를 발하든, 인간의 다양한 모든 대립관계에는 인간이 다수 존재하는 결과로서 영역사회질서에로의 욕구가 공유되고 있다. 개개인은 자신의 행위태도를 촉진하거나 소외하거나 하면서 영향을 미치는 많은 사람들과 대립하고 있다. 언어 등을 통해서 대외적으로 활동하는 사회적 인간의 행위는 모두 적대자든지 동맹자로서 다른 인간에 어떤 형태로 관심을 불러일으키는 작용을 보통은 가지고 있다. 그들이 경제적 경쟁자이든 두 가지의 속기체계의 어느 것을 이용하는가 하는 것으로 대립하는 사람들에 불과하든, 여하튼 적인 경우에는 예컨대 승인된 습속이나 학식경험자와 같은 양자에 공통되는 정신적 권위가 결정을 내리지 않는 경우에는 그들은 소란하게 될 가능성이 있다. 그러한 폭력활동을 배제하는 데에는 인간은 경제적인 것과 아울러 인류적·종교적인 관심 그리고 일반적인 문화적 관심을 품는다. 그러므로 인간은 마침내는 강제력을 갖춘 권위를 설정한다. 이 권위는 적대자 간에 사회질서에 근거하여 결정하며, 정신적 권위에 따르지 않는 사람들에게 그 기관의 물리적 권력을 통해서 질서의 승인을 강요한다. 그러나 그들이 동맹자인 경우에도 모든 공동행위에 관하여 개개인의 특정 영역에 대한 계속적인 협력을 확보하기 위해서는 그러한 권위적 질서가 필요하다. 모든 인간이 예외 없이 동일한 것을 바라고, 느끼고, 생각하는 것이 아닌 한 그렇다.

이러한 유토피아 없이 달성해야 할 공통의 목표에 대한 수단에 관하여 공동의 성원들이 불일치가 일어날 가능성은 항상 존재하게 될 것이다.

우리는 하나의 지리적 영역에서 인간관계들의 정서된 공동활동을 최종 기관 속에서 강제력을 가지고 보증하는 인간의 단체를 국가라고 부른다. 물론 인륜적·종교적·관습적 성격의 수많은 종류의 사회질서가 존재하며, 그것들이 국가기관의 개입 없이 폭력 없는 공동활동을 통상 성립하기도 한다. 보통은 ― 그러나 언제나는 아니다! 그리고 국가질서가 의거하는 이러한 사회질서들은 그러한 서로 질서 있는 간섭관계가 최종적으로 국가적 강제권력을 통해서 보장되지 않으면 이러한 폭력에 의하지 않은 협력도 보통은 확보할 수 없을 것이다. 그러한 사회적 강제질서에 대한 우리들의 욕구는 경제적 욕구와 아주 동일한 정도로 절박한 것이기도 하다. 엥겔스의 말에 의하면, 「인간은 정치·경제·예술 그리고 종교를 영위하기 전에, 무엇보다도 먼저 먹고, 마시고, 살고 그리고 의복을 입지 않으면 안 된다」는 것인데, 이것은 먼저 정치에 관해서 말하자면 로빈슨 크루소라면 모를까, 사회에서 생활하는 인간에게는 정당하지 않다. 사회적 인간은 정치적 질서가 자신을 적어도 살해와 강도로부터 지켜주지 않으면 먹고 마시고 사는 것도, 옷을 입는 것도 쉽지 않을 것이며, 나아가 경제적 활동들의 협력도 유지되지 못한다. 물론 국가의 질서, 즉 법질서는 많은 사회질서 중의 하나에 불과하다. 그러나 그것을 다른 질서로부터 구별하는 것은 한편으로 그것을 손에 넣은 조직화된 국가적 강제장치이며, 다른 한편으로는 그것이 예외 없이 모든 사회적인 생활영역에 포괄적으로 타당하다는 것이다. 국가는 그 강제장치를 통해서 특정한 지리적 영역에서의 모든 사회적 관계들이 질서지워진 공동작용을 하는 것을 보증한다. 그러므로 그 강제권력은 사단이나 정당 내지 노동조합처럼 단체구성원에 향한 것만이 아닌, 국가영역에 체재하는 외국인에게도 향하지 않으면 안 된다. 이러한 영역지배를 통해서만 국가는 다른 인간단체들 모두로부터 구별되며, 예컨대 지배라든지 강제 그 자체에 의한 것은 아니다. 노동자라면 누구든지 노동조합도 지배적 강제력을 행사할 수 있다는 것을 알고 있다.

그러나 내용적으로 무엇이 「정서된 공동작용」이라고 보아야 하는가는 이미 사회적 형식이라고 부른 것,[84] 즉 객관적인 실질적·정신적인 문화상태에 근거하고 있다. 봉건국가 초기에는 혈연자에 의한 복수, 즉 형법적 무정부상태가 정서된 공동작용으로 간주되고 있었다. 자본주의적 국가에서는 경제적 무정부상태는 정서된 공동작용으로 간주되고 있다. 오늘날에는 비례적 정의에 따른 형법이 혈연자에 의한 복수를 폐지했듯이, 사회주의 국가에서는 정의에 적합한 경제법이 경제적 무정부상태를 폐기하게 될 것이다. 사회주의의 국가가 의미하는 것은 경제의 주권적 질서이며 일반적인 국가경제가 아닌, 더더욱 국가의 경제로의 해체는 아닌 것이다.

인간의 공동작용의 보증으로서의 국가 그 밖의 행위능력 있는 사회 위에 위치하는 아르키메데스의 점으로서의 국가, 이것이 라살레의 사회주의적 국가이념이었다. 국가에

---

84) 상술 S. 466 (본서, 753면) 참조.

관한 부르주아적 「야경이념」은 그가 말하기를, 오로지 「개개인의 인신의 자유와 그 소유를 보호한다」라는 곳에만 국가목적을 찾고 있었다. ―「노동자신분의 인륜적 이념은 이에 대해서 개인이 개인의 힘을 방해 받지 않고 자유로이 행사하는 것만으로는 아직 **충분**하지 않고, 인륜적으로 정서된 공동체에서는 **다시 이에 첨가되어야만 한다.** 그것은 이해의 **연대**이며 **발전 속에서의 공동성과 상호성** 바로 그것이다」.[85]

라살레는 독일 사회민주주의 세력의 정치적 지도자이며 마르크스와 엥겔스는 그 사회 · 경제적인 이론가였다. 비정치적인 국가관이 정치적인 국가관에 적어도 이론상으로 승리를 거두었지만 그것에 대해서 독일 국민은 무엇보다도 사회주의자진압법의 은덕도 입고 있다. 비스마르크 국가를 통해서 대체로 법적 기초가 박탈된 사회민주당은 비스마르크 국가를 부정할 뿐만 아니라 국가 일반에게 적대하기까지에 이르렀다. 독일 최초의 사회민주주의 신문은 『인민국가』로 칭하고 있었다. 그 이후 국가라는 이름이 붙은 사회주의적 출판물은 존재하지 아니한다. 사회주의적 선동활동만이 아닌 사회주의적 이론도 그 이후 착취의 도구인 국가라는 마르크스 · 엥겔스의 정식을 지지하는 뜻의 서약을 했다. 이 정식은 사회민주당이 [제1차 세계대전] 전에 이미 적극적인 정치실천을 전개하면 할수록 점점 더 유지하기 어렵게 되었다.

사회주의에 대해서 국가는 가치가 있는가 무가치한가 하는 논쟁은 오늘날 명쾌하게 결정을 보아야 한다. 마르크스주의의 국가관은 국가에 과도적인 역할만을 부여할 뿐이다. 그것은 예외 없이 국가를 계급국가로 보기 때문에 프롤레타리아 계급국가를 사회주의혁명의 잠정적인 목표라고 이해한다. 「프롤레타리아트」는 하고 『공산당선언』이 말하기를, 「그 정치적 지배를 이용하여 부르주아지로부터 서서히 자본을 들어내어 모든 생산수단을 국가의 손에, 말하자면 조직화된 프롤레타리아트라는 지배계급의 손에 집중시켜 생산세력의 규모를 가능한 한 신속하게 증대시킨다」.[86] 그러므로 국가는 바로 경제적 억압의 수단일 뿐이며 지금까지는 부르주아지의 손에 있었지만 이번에는 프롤레타리아트의 손에 떨어지게 된다. 경제적 운동법칙을 매개로 하여 사회적 현실을 인식하려는 사람은 붉은색 안경을 통해서 파란색을 볼 수 없듯이, 정치의 영역에 고유한 법칙을 인식할 수 없다. 그것을 우리들은 이미 알고 있다. 오늘날 국가도 계급국가나 어떤 계급에 대한 다른 계급에 의한 경제적 착취의 수단으로 간주될 수 있으며 간주될 수밖에 없다. 이것은 아주 확실하다. 그러나 이러한 국가의 작용은 배타적이지도 필연적이지도 않다. 국가는 그 사회적 내용이나 사회학적 작용으로부터 아마도 고정된 것이 아니며, 사회 전체의 상태와 함께 계속 변천해 나간다. 지속하는 것은 형식뿐이며 정서된 공동활동의 보증뿐이다. 물론 이러한 「진정하고 고차적인 과제」[87]를 국가가 담당하는 것은 단순히 정부의 인도적인 의도에서 나온 것이라고만 이해해서는 안 된다. 그것은 사회적 권력관계들의 매우 깊은 곳에 뿌리내린다. 이

---

85) Lassalle, *Arbeiter-Programm* (Anm. 56), S. 195 (역서, 68면).
86) Marx-Engels, *Manifest* (Anm. 48), S. 37.
87) Lassalle, *Arbeiter-Programm*, S. 198.

과제는 바로 라살레가 말하듯이, 「사물의 강제를 통해서…그 지도자의 의지에 반해서도 많든 적든 실시된다」.[88] 비스마르크의 국가는 사회적으로, 레닌의 국가는 자본주의적으로 성별(聖別) 되지 않으면 안 되었다.

그러나 그러므로 국가의 사회적 의의도 마르크스와 엥겔스가 집필하던 지금부터 2세대 전에는 오늘날과는 완전히 달랐다. 무엇보다 당시조차도 노동자층은 국가의 유지에 관심을 가지고 있었다. 왜냐하면 그 붕괴와 함께 문화 전체가 무너져 버리고, 그렇게 되면 프롤레타리아트 역시 생산수단을 국가의 수중에 집중시킬 수 없게 될 것이라고 생각했기 때문이다. 노동자는 「국가 일반」만이 아닌 구체적인 국가에도 관심을 가지고 있었지만, 이러한 관심은 그 동안에 거대하게 되고 노동자는 정치적 관심을 품고 그 이상으로 경제적 관심을 품고서 상당히 많은 부분이 현존하는 국가로 용해되고 있었다. 이전 세대에서 모든 사회정책적, 교육적, 노동법적 국가장치에 반대하여 그들은 모두 부르주아지의 이익이 될 뿐이라고 주장한 것은 아주 소수였다. 「산업의 사회적 부담」, 노동법중재재판소 또는 실업자부조에 대해서 목소리를 크게 요구한 것은 노동자층이 아니라 부르주아지였던 것은 여하튼 하나의 사실이다. 그러나 이러한 제도가 장기적으로 볼 때 부르주아지의 이익이 된다는 것이 가령 정당하다고 하더라도, 그렇다고 해서 그것들이 아마도 노동자층에 그다지 유리하게 작용하지는 않을까? 아주 많은 이른바 사회주의자들의 사회주의는 억압된 자본주의에 대한 증오 이외에 아무것도 아니다. 그러한 대답 감정은 자신의 목표설정이란 힘에 의해서가 아니라 단지 외부로부터의 것에 대한 반응에서 유래한다. 이러한 감정은 파괴적인 것에 불과하며 결코 창조적이지 않다. 이러한 사회주의자들에게 역사의 변증법이 신문논설의 틀에 박힌 소리 이상의 것이라면, 어떤 사회형식의 다른 형식으로의 변천은 새로운 것의 유리함이 항상 낡은 것의 불리함이 된다는 방법으로 일어나는 것이 아니라는 것을 그들은 알고 있었을 것이다. 그것은 열 배 자신에게 도움이 되었을지 모르지만 자신의 적에게도 도움이 되기 때문에, 나는 그것을 바라지 않는다고 이러한 원리에 사회주의자가 그 행위의 초점을 맞추면 그것은 사회주의의 심각한 중독증상이다. 가능성은 두 가지뿐이다. 궁핍화설을 믿으면서 그래도 문화에 소원한 노동자가 문화에 뛰어든다는 기적을 믿을까, 아니면 노동자는 오늘날에도 국가가 현상 그대로 유지되어가는 것에 대해서는 여하튼 국가가 존재하는 것 자체에 매우 관심을 가진다고 볼 것인가 하는 것이다. 그러나 자신이 어떤 가능성을 택할지 결단을 내릴 필요가 없다고 생각하는 사람은 부리단의 당나귀와 혼동하는 것이다.[89]

사회주의정당의 실천은 이미 수 십 년 이래 두 번째의 가능성 쪽에 입장을 정해 왔다. 여하튼 이론에 대해서만은 마르크스주의의 국가개념에 대해서 아직 찬사를 서술하지 않으면 안 된다고 일반적으로 생각한다. 그러나 바로 그것이 대중 속에 지도에 대한 불신을

---

88) Ebd.
89) 부리단(Buridan)의 당나귀란 같은 크기의 풀 단 한 가운데 서서 굶어죽는다는 것인데, 이러한 예를 가지고 프랑스 스콜라 학자의 적인 요하네스 부리단은 그 유명론적 의지 도그마를 비웃었다.

불러일으키지 않을 수 없다는 것이 보이지 않는다. 예컨대 사회주의정당이, 한편으로는 「흑적금 국기단」을 지원하며, 공화제국가를 적어도 장래의 발전에 대해서, 즉 지켜야 할 가치에 대해서 출발점이 된다고 선언하면서, 다른 한편 국가는 「부르주아적 이데올로기」 에 불과하다는 주장을 유지한다면 노동자는 무엇을 믿으면 좋을 것인가? 지금까지 사회주 의는 영원히 추상적인 관념에 머무를 것이다. 그러나 그것도 보이지 않는다. 왜냐하면 국가 없이 원래부터 사회적인 경제는 생각할 수 없으며 하물며 사회주의적인 경제는 생각할 수 없기 때문이다. 이미 보았듯이 국가와 경제의 분리는 마르크스의 추상적인 구성 속에서만 가능한 것이다. 그것을 통찰한 사람은 아직도 상당히 많은 사회주의자들의 뼈 속에 스며있는 자유주의적 국가혐오를 평생토록 간직하는 것이다. 힐퍼딩은 그가 강력하 게 무정부주의색으로 물든 독립사회주의당의 기관지 『자유』의 주간이었을 때에 이미 이렇게 쓰고 있다. 국가와 경제의 분리는 추상 속에서만 존재하며, 「현실에서 국가와 경제의 간에는 나뉘기 어려운 기능적 연관이 있다. 즉 대체로 경제는 국가 속에서만 존재하 며 이 경제가 현상대로 라면, 단지 그것이 이 국가 속에 있기 때문이며, 다른 한편 이 국가의 성상(性狀)은 이 경제를 통해서 규정되어 있다」.[90] 영국의 길드사회주의자의 국가관 이 의미하는 것은, 따라서 「하나의 진보이며 그것은 이 국가관이 국가를 계급국가로서 알 뿐만 아니라 하나의 영역적 조직으로서 파악하며, 이 조직은 커다란 사회적 계급이 경제에 대해서, 그리고 그와 함께 정치에 대해서 미치는 영향에 따라서 규정되고 변천할 수 있는 것이다. 마르크스주의의 발전사상은 국가를 계급국가로서만, 따라서 지배조직으로 만 파악하고, 국가개념을 협착화하는 경우보다도 이처럼 국가를 파악하는 경우에 더욱 정당한 가치가 인정된다」.[91] 그러나 이 협착화는 다름 아닌 마르크스와 엥겔스에서 유래하 며, 힐퍼딩은 그가 마르크스주의 국가개념을 그것에 의해서 결정적으로 극복했다는 것을 명언하였다면 (아는 체 하는 사람들은 모두 그것을 읽었다고 말할지 모르지만, 자주 실제로는 읽지 않는다), 사회주의에 보다 위대한 공헌을 나타낸 것이 될 것이다.

이처럼 명확한 결정은 여전히 내려져 있지 않으며, 최근에는 막스 아들러의 『마르크스주 의의 국가관』이 절박하고 필요한 결정을 방해하려 하는 경향을 현저히 나타내는 것처럼 보인다. 거기에서 여기서의 이러한 견해의 비판을 계속하고 싶다. 마르크스주의는 주지하 듯이, 사회혁명의 두 가지 단계를 구별한다. 제1 단계에서 프롤레타리아트는 국가 그 자체를 여전히 억압하는 도구로서 사용하며, 제2 단계에서 경제적 계급은 이미 곧 존재하지 않고 국가는 사회 속에서 소멸한다. 현실로부터 유토피아에 향하는 이러한 사회주의의 발전을 엥겔스는 이렇게 표현한다. 「억압을 유지하려는 사회계급이 더 이상 존재하지 않게 되자마자, 계급지배나 지금까지의 생산의 무정부상태에 근거한 개개인의 생존투쟁과 함께 거기에서 나오는 충돌과 폭행도 제거되자 마자 특별한 억압권력을, 즉 국가를 필요로

---

90) Rudolf Hilferding, Einleitung zu G. D. H. Cole, *Selbstverwaltung in der Industrie*, Berlin 1921, S. XIV.
91) Ebd.

하는 억제해야 할 만한 것은 더 이상 존재하지 않는다. 국가가 전체 사회의 대표자로서 현실적으로 등장하는 제1막 ─ 사회라는 이름에서의 생산수단의 소유획득 ─ 은, 동시에 국가로서의 그 독립된 최종막이기도 하다. 사회관계들 속으로 국가권력이 개입하는 것은 어떤 영역으로부터 다른 영역으로 조금씩 쓸모없게 되고 마침내 스스로 잠들어 버릴 것이다. 사람에 대한 통치 대신에 물건의 관리와 생산과정의 지도가 나타난다. 국가는 '폐기'되는 것이 아니라 국가는 **사멸하는 것이다.** 이 점에 관하여 '자유로운 인민국가'라는 문구는 그 일시적인 선동을 위한 적절함과 그 궁극에서의 학문적 부적절함의 쌍방에 비추어 평가해야 할 것이다. 이와 마찬가지로 이 점에 관하여 국가는 오늘부터 내일에 걸쳐 폐기되어야 할 것이라는 이른바 무정부주의자의 요구도 평가해야 할 것이다」.92) 이어서 『공산당선언』이 말하기를, 잠들어 버린 국가 대신에 등장하는 것은 「어소시에이션이며, 거기서는 각인의 자유로운 발전이 전원의 자유로운 발전의 조건이 된다」.93) 동일한 관념에서 엥겔스는 1875년 베벨에게 보낸 편지에서 「고타 강령초안」*에서 말하는 「자유로운 인민국가」의 요구를 불명확한 요설로서 부정했다. 「그러나 여기서 국가는 과도적인 제도에 불과하며, 그것을 사람들은 투쟁 속에서, 혁명 속에서, 자신들의 적을 힘으로 굴복시키기 위해 이용한다. 그리하여 자유로운 인민국가라는 것은 아주 바보 같은 것이다. 프롤레타리아트가 국가를 여전히 **이용하는** 한, 그들은 국가를 자유를 위해서가 아니라 자신들의 적을 억누르기 위해서 이용하며 자유에 대해 말할 수 있게 되는가의 여부, 국가 그 자체는 존속하기를 멈춘다」.94)

   이러한 마르크스·엥겔스적 국가관에 관하여 먼저 주목할 것은, 그 경제이론의 논리적 이념형인 정서된 영역사회, 세계국가로서의 자본주의적 세계경제인류가 은밀하게 사회적 실천의 이데올로기적 미래상으로 바뀌는 것이다. 그러나 「하나의 국민으로서의 전 상업세계」는 방법적인 술책에 불과하였다. 그 속에서 여기서 그것은 100%의 사회주의 속에서는 실현하는 목표로 바뀌어져 있다. 그러므로 프롤레타리아 국가도, 장래의 「어소시에이션」도 그 어떤 외정적인 문제를 알지 못한다는 것이 나온다. 더구나 노동자는 한 번 경제적 계급 차가 없어지기만 하면 이미 국가권력은 없고, 「자유로운 인민국가」도 없다고 믿으며, 그렇게 믿어야 한다. 동일한 자유로운 인류는 거기에서는 강제가 없는 무정부적인 조화 속에서 살며, 서로 사이좋게 살아가게 된다. 국가와 강제는 경제적 착취를 위해서만 필요했다. 자유롭고 평등한 생산자의 어소시에이션을 기초로 한 생산이 새롭게 조직화된 사회는 「국가장치 전체를 그 이후 그것이 속하게 되는 곳으로 옮긴다. 즉, 물레나 청동 도끼와 함께 고대 박물관으로」95) 말이다. 여기서 우리는 다시 세 번째의 잘못된 사회개념을

---

92) Engels, *Dühring* (Anm. 6), S. 302 f.(김민석 옮김, 『반듀링론』, 새길, 1987, 301면).

93) Marx/Engels, *Manifest* (Anm. 48), S. 45.

94) Vom 18./28. März 1875, abgedruckt bei August Bebel, *Aus meinem Leben*, Bd. 3, Stuttgart 1911, S. 322.

95) Friedrich Engels, *Der Ursprung der Familie, Privateigentums und des Staats* (1884), 17. Aufl., Stuttgart 1919, S. 182 (김대웅 옮김, 『가족, 사유재산, 국가의 기원』, 두레, 2012, 300면).

본다. 즉 행위하는 주체로서의 사회라는 이처럼 공허하고 형상 없는 추상물이다.

사회주의의 이상상태는 경제적 무정부상태를 폐기하려고 한다. 그러나 동시에 정치적 무정부상태를 도입하면서 이러한 이상상태는 어떻게 해서 생각할 수 있는가? 최근 막스 아들러는 매우 예민하지만 전혀 현실과 동떨어져 혼란을 초래하는『마르크스주의의 국가 관』에 관한 저작을 저술하고, 그 속에서 이처럼 생각되지 않는 것을 생각할 수 있게 하려고 시도하고 있다. 이처럼 포괄적인 저작에 대해서도 국가의 어떠한 외정적인 과제에 대해서 한마디도 언급하지 않은 것이 특징적이다. 그러므로 평등하고 통일적인 인간사회라는 이데올로기적 출발점에 서서, 나아가 계속 전진할 수밖에 없다. 그러나 막스 아들러는 국가 없는 사회주의적 인류 조직이라는 기적을 어떻게 설명하려는 것일까? 거기에는 강제질서를 필요로 하는 이해대립 등은 존재하지 않는 것인가? 확실히 아들러에 의해서도 그런 것은 존재할 것이다. 그러나 「개인적인 생존투쟁의 모든 문제」를 정서하는 사회주의경 제는 「그 이후는 다수결이 이미 부결된 패배한 쪽의 사람들에게는 자유의 제약으로는 느껴지지 않는 이데올로기적 환경을 형성한다」96)고 한다.

투표에서의 패배가 고통이 아니라고 우리들은 믿고 싶다. 그러나 소수파가 따르지 않을 경우에 무엇이 일어날 것인가? 이 환경은 무엇인가의 정의에 적합한 경제질서를 통해서 「모든[!] 인격적 기초이익이 바로 어떤 표결이 내려지더라도 원리적으로 확실하게 보호된 다」97)는 것을 우리들에게 믿게 하려고 하며, 그때문에 이 환경이 이데올로기적이라는 것은 매우 정곡을 찌른다. 거기에서 인간은 경제적 기초이익 이외에는 가지지 않는가? 그렇다 하더라도 그것은 무사려와 격정 또는 바로 다수파와 대립하는 인륜적 확신을 통해서 교란되지는 않는 것일까? 「물론」이라고 아들러는 자신의 설을 뒤엎고 말한다. 「공산주의적 사회질서에서도 생산관계나 분배관계에 근거하지 않는 질서교란요인은 있으며 성애적인 영역에서 유래하는 교란 또는 격정 · 이기심 · 혐오, 마침내 병리학적 체질에서 나오는 교란도 있을 것이다」.98) 더구나 「거기에서 비로소 인간이 현실적인 인간의 섬세한 감정에 이르기 까지 성숙하는 시대가 막을 열고, 오늘날 심지어 지식인들조차 전혀 신경 쓰지 않는 많은 일들조차도 이러한 사람들에게는 전혀 참을 수 없는 것처럼 보인다. 세계관문제에 대한 무관심이 그 예이다. 확실히 형이상학 · 종교 · 예술과 같은 문제에 대해서조차 다양한 대립이 생기고, 그것들이 현실에 인간을 파악하는 강함에 대해서 오늘날의 우리들에게는 그 예도 없으며 짐작도 가지 않을 정도라는 것으로 생각된다」.99) 그러므로 이러한 대립들은 존재한다. 당연히 그것들은 ─ 그리고 그것들은 첫 번째의 기적을 인증하기 위한 두 번째의 기적이지만 ─「인격적 존재를 위협하거나 단지 축소하는 일도 없을 것이다. 그것은 바로 이 새로운 경제의 형성에 의해서 이것들의 어떤 대립이 있더라도 원래부터 제거된 것이

---

96) Max Adler, *Die Staatsauffassung des Marxismus*, Wien 1922 (Marx-Studien, Bd. 4, Teil II), S. 146.
97) Ebd.
98) AaO., S. 296.
99) AaO., S. 307.

다」.[100] 확실히 그렇지만 나의 인격적 존재는 그것이 경제적으로 확보되어 있으면, 다른 점에서는 더 축소되지는 않을 것인가? 이 경우에 이미 걱정·혐오·이기심 등이 나의 신체적 존재를 폭력적으로 상처를 주거나, 더구나 부정하지는 않을 것인가? 그리고 바로 가장 내면적인 확신의 문제에 대해서 다수파에게 굴복하게 된다면 그것은 더욱 민감하게 되는 가운데 나의 정신적 존재가 매우 축소된다고 느낄 것은 아닐까? 전원이 자발적으로 이러한 다수파지배에 복종하게 된다면 사람은 누구도 강제될 필요가 없게 될 것인가? 확실히 아들러의 생각으로는, 강제질서는 사회주의에서도 필요하다고 하지만, 그러나 ― 오늘날과는 다르게 ―「경제적 계급대립이 없는 상황에 타당한 [경제적!!] 생활이익의 동질성이 존재하는 경우에는 강제질서는 거기에 있는 사람들의 **자율**로 된다」는 것이다.[101]

아 그대, 제3의·최후의·최대의, 그리고 가장 빛나는 기적이여! 여기서 우리들은 어디에 「커다란 잘못」이 있는가를 안다. 즉「강제질서가 한편으로는 지배와 그러나 다른 한편으로는 자유로 보인다」라는 것을 말이다.[102] 아들러가 계속 말하는 것은 그러므로 마르크스주의자들은 이 두 번째의 강제질서를 「무엇인가 국가라고 부르고 싶지 않다[!]」[103]라고 말한다!! 이러한 자유의 강제질서를 일별해 보기로 하자. 결국 아들러가 말하는 것은 「물론 새로운 생활질서나 노동질서에 권위나 카리스마를 느끼지 못하는 사람들에게는 거기에서 나오는 강제는 억압을 의미하게 되며 그들이 질서를 위반한 경우에는 폭력으로서 그들에 막아서기도 한다」.[104] 그러므로 100%의 사회주의에서도 억압·공권력·강제질서는 존재하게 된다 ― 즉 모든 기적은 다음과 같은 인식에 이르는 낭비적이고 방황하는 우회로에 불과하였다. 즉「국가의 폐기란 마르크스와 엥겔스가 말하는 곳에서는 **계급국가**의 폐기이다」.[105] 막스 아들러는 만약 이 명제를 이미 1페이지에서 썼더라면 이 점에 대해서 그 이후의 삼백 몇 페이지를 절약할 수 있었을 뿐만 아니라 길을 돌아가 헤매지도 않고, 마르크스와 엥겔스의 용어법이 부적절하다는 것을 명확히 할 수 있었을 것이다. 모든 들소가 죽은 것만을 보고 모든 포유류가 죽었다고 주장할 수 없듯이, 실제로는 계급국가만을 염두에 두면서 국가라는 말을 모독하는 것은 허용할 수 없다. 그러나 끝으로 이미 위에서 인용한 장소에서의 비교가 보여주듯이, 아들러의 논술은 『마르크스주의의 국가관』이 아니라 막스 아들러의 국가관을 나타내었다고 다시 한 번 더 확인해 두지 않으면 안 된다. 마르크스와 엥겔스가 정말로 계급국가의 폐기만을 생각하였다면 그들은 전혀 다른 방법을 찾지 않을 수 없었으며, 그것은 아마도 그들의 포괄적인 저작의 한 곳 정도에서는 표현되었을 것이며, 여하튼 「자유로운 인민국가」를 전적으로 명칭이라고 부를 수는 없었을 것이다.

---

100) Ebd.
101) AaO., S. 291.
102) Ebd.
103) Ebd.
104) AaO., S. 291.
105) AaO., S. 206.

국가개념을 역사적으로 상대화하더라도 마르크스 · 엥겔스의 국가관을 구출하는 수단이 될 수는 없다. 확실히 근대의 국가는 중세에는 전혀 알려지지 않았다는 것은 정당하다. 그러나 거기에서 서구의 인류는 정서하는 영역지배단체로서의 국가를 장래에도 다시 불가결하리라는 결론은 결코 도출할 수 없다. 문명의 진보는 분업과 교통의 증가를 의미한다. 이것들은 사회적 관계들의, 의식으로 규정된 계획적인 질서에 의해서만 유지될 수 있으며 주권적으로 결정을 내리는 영역지배단체인 국가가 이 질서를 만든다.106) 계획에 맞는 욕구충족 경제를 억압하는 사회주의자는 영역지배단체인 국가의 질서형성력을 그 모범상에서 지워버릴 수는 없다.

요컨대 말다툼에 불과한 것은 아닐까 하고 생각하는 사람은 없을 것이다. 이 최종적인 목표설정은 운동 전체의 성격을 결정한다. 국가는 「그러나 잠정적인 제도」이며 「자유에 대해서 말할 수 있느냐의 여부, 국가 그 자체는 존속하기를 중단했다」107)라는 잘못된 생각이 고취하는 것은, 노동자를 어떻게 해서 정치적으로 교육시키더라도 그것은 평탄한 길일 수 없다. 마르크스 · 엥겔스의 국가관은 이점에 대해서 후술할 계획이지만 의도적으로 무정부주의와의 분리선을 지워 버렸다. 그러나 이 무비판적인 추종자는 사회주의와 무정부주의가 항성의 사이만큼 떨어져 있어서 이에 따라서 사회주의에 대한 교육은 무정부주의에 대한 교육의 정반대가 된다고 단언하기까지의 용기를 갖지 못한다. 우리나라의 평균적인 사회주의자들은 여전히 3월 혁명 전기의 자유주의자와 마찬가지로, 국가문제나 권력문제에는 거의 이해하지 못한다. 이 국가허무주의자들이 바로 이 국가에 대한 자유주의적 공포심 때문에 비부르주아적 사회주의자라고 자신이 생각하는 것은 대부분 비극적인 것은 아니지만 희극적일 것이다. 국가의 긍정이 금지되었기 때문에 국가에게 사회주의자로 향한 허수아비 분장을 시키듯이, 최대한의 노력이 경주되고 있다. 예컨대 엥겔베르트 그라프가 국가에 관한 수많은 정당한 지적을 한 후에 격자체로 인쇄된 다음과 같은 국가정의의 예시에 이르렀는데 이것도 위와 같은 예에서 설명하기 어렵다. 「국가는 현존하는 것에 관심을 품는 보수적인 요소들의 조직화이다」.108) 무섭다! 그러나 어찌하여 보수적인가 「모든 형식은 그것이 생명을 받는 순간에 이미 낡고 시대에 뒤떨어지게 된다」.109) 그렇다. 국가정의는 모든 일층 급진적인 당파, 모든 노동조합, 모든 인간, 엥겔베르트 그라프의 모든 정의, 그리고 그 밖의 좋은 것도 타당하다. 왜냐하면 모든 현실적인 것은 결국 형식이기 때문이다. 마르크스 · 엥겔스의 국가개념만이 「각인은 욕망하는 것을 손에 넣는다」, 「각인은 그가 의욕하는 것을 행한다」110)는 것을 공산주의 사회의 목표로서 내거는, 노동자층 속에서 널리 읽히는 보르하르트의 저작에 『과학적 사회주의 입문』이라고 자칭할 수 있게 한다.

---

106) Heller, *Souveränität* (Anm. 79)(김효전 옮김, 『주권론』) 참조.
107) Engels, Brief an Bebel, aaO (Anm. 94), S. 322.
108) Georg Engelbert, *Die Landkarte Europas gestern und morgen*, Berlin 1919, S. 20.
109) Ebd.
110) Julian Borchardt, *Einführung in den wissenschaftlichen Sozialismus*, Berlin 1923, S. 111 f.

사회주의는 질서에 들어가 따르는 것을 전제로 한다. 상술한 모호한 자유주의적 · 무정부주의적 유토피아론이 뿌리내리기까지는 어떠한 사회주의의 건설도 생각할 수 없다. 마르크스 · 엥겔스는 여하튼 선동시키기 위해서 유토피아론의 국가관에로 근접하였다. 즉 그들은 무정부주의의 기세를 꺾으려고 한 것이다. 이것은 위에 인용한 엥겔스의 저작에서, 또한 베벨에게 보낸 편지에서도 아주 분명하게 읽을 수 있다. 「'인민국가'는 무정부주의자에게 넌더리가 나게 되었다」.111) 무정부주의자들을 위해서 우리들은 사회주의의 가능성을 매장하려는 것인가? 그러나 무정부주의적인 자유의 꿈이 나오는 보다 깊은, 보다 중대한 원인은 이념과 현실의 날조된 관계이다. 공동체에서의 전원의 자유라는 이념, 지배의 부존재라는 이념은 비판적인 기준, 문화비판적 이념으로서는 완전히 정당하며 그것은 피히테의 사회주의의 기초이다. 그러나 이념을 그것으로 형성해야할 소재와 관련시키지 않고 이러한 관계 아래에서 이 소재는 이념과 영원하고 필연적인 긴장 관계에 계속 있다는 것은 분명히 자각하지 않는 자는 정치적으로 위험한 몽상가이다. 자유와 강제의 모순은 모든 인간이 나날이 체험하는 개인과 공동체의 모순에 다름 아니며, 그것을 폐지하는 데에는 인간사회를 폐기하는 것 밖에는 없다. 국가는 사회 속에 승화해야 할 것이라는 요구나, 인간이 「이미 사회적 힘을 정치적 힘이라는 모습으로 발휘하지 않는」112)다면 나타나는, 이 세상의 천국에 관한 마르크스의 예언은 이러한 관점에서 평가되어야 할 것이다. 우리들이 사회주의자인 것은 인류의 전체적 상태가 여하튼 허용하는 한의 자유와 평등이 인류에 실현되도록 노력하기 때문이다. 그러나 우리들은 현실을 존중하지 않고 절대적인 자유와 평등과 언젠가 장래에 실현할 수 있다고 믿는다면, 그 순간에 현실을 떠난 파괴적인 공상가로 되어버린다. 우리들의 혼의 최후의 동경은 결코 정치에 의해서 충족될 수 없다. 모든 사회적 대립의 궁극적인 극복, 이미 제시한 모순들의 해결은 이 해결이 구제로서 체험된다는 경우에 한하여 종교에서 가능하게 된다. 절대적 자유는 종교적 이념이며 사회적 · 정치적 이념은 아니다. 이 두 개의 이념의 대립에 도스토예프스키는 구세주 예수와 대심문관이라는 이반 카라마조프의 이야기에서의 등장인물을 가지고 사람을 감동시키는 시적 표현을 부여하였다.* 위와 같은 종교와 사회라는 생의 영역의 혼동은 혼을 번민케 하고 정치를 타락시킨다. 사회주의적 사회형성의 직접적인 목표설정으로서 궁극의 조화를 내거는 것은 불명확한 사고와 감상적인 감정의 인침에 불과하며 전체적으로 본다면, 우리들에게 인간으로서 부과된 영원한 모순에 내면적으로 감내할 수 없으며 이 세상의 구제를 기다리고 바라는 영웅에 적합지 않은 성격의 표현이다.

사회주의는 국가의 폐기가 아니며 국가의 순화이다. 노동자는 국가에 가깝게 되고 사회주의에 접근한다.

---

111) Engels, Brief an Bebel, aaO (Anm. 94), S. 322.
112) Karl Marx, *Judenfrage* (1844), in Franz Mehring (Hg.), *Aus dem literarischen Nachlass von Karl Marx, Friedrich Engels und Ferdinand Lassalle*, Bd. 1. Stuttgart 1902, S. 424.

「실천에서 인간은 진리를, 즉 현실성과 힘, 자신의 사고에 차안성을 증명하지 않으면 안 된다」.113)

## II. 사회주의와 국민국가

### A. 행위로서의 정치의 본질

우리들의 신조는 모든 행위의 전제조건이 될 것이다. 독일 사회주의는 혁명에 이르기까지 모든 지도적 국가활동에서 원칙적으로 배제되고 있었다. 이러한 독일의 사회주의에 대해서 국가정치적 행위는 여전히 미개적이다. 그 때문에 사회주의와 국민국가라는 절박한 문제가 되고 있는 우리들의 정치적 결정의 전제조건에 대해서 정치의 본질에 관한 약간의 간략한 주석을 해도 사족이 되지는 아니한다.

정치란 목적을 의식한 사회형성이며 인간의 상호관계의 정서를 지목하는 목적을 의식한 활동이다. 본래의 기원이란 의미에서의 정치란 특정한 영역에서의 인간의 상호관계의 정서이며, 어떤 영역사회의, 폴리스나 국가의 유지와 형성이다. 상호 작용하고 합하는 개개인의 총체인 사회는 이러한 개개인이 하나의 통일체 내지 단체를 형성하는 것을 통해서만 형성될 수 있다. 각 단체는 단체일 수도 노동조합일 수도 국가일 수도 여하튼 조직된 사회이며, 즉 개개인 밖에 다른 하나를 따르는 질서와 공유된 기관들이 존재한다. 그리고 이 기관들은 단체 규칙의 준수를 걱정하며 사정에 따라서는 그것을 강제한다. 조직된 사회만이 정치를 수행할 수 있다. 각 개인과 각 집단은 자신들에게 기여하거나 가치있다고 생각하는 종류의 단체 규칙이 확실하게 준수되도록 노력한다. 보통 어떤 이익이나 질서는 그것이 국가의 강제 질서에 의해서, 즉 법에 의해서 보장되어야 최종적으로 타당성이 확보된다. 모든 정치는 궁극적으로는 국가의 정치이다. 국가적 질서만이 전 영역의 주민에게 복종을 강제하며 다른 영역 주민에게 스스로의 의지를 억누른다. 그 때문에 모든 정치는 그 목표에서 볼 때 필연적으로 국가의 정치다. 왜냐하면 그것은 자신의 이익이 국법에 의해서 보증되는 것을 바라지 않을 수 없기 때문이다. 그리고 그 때문에 모든 정치는 그 수단에서도 필연적으로 국가의 정치이다. 왜냐하면 그것은 자신의 이익이 국가적 권력장치를 자유롭게 사용할 수 있도록 바라지 않을 수 없기 때문이다.

모든 정치는 사회적 현실의 형성이며, 그것은 한편으로는 인간의 행위를 지도하는 여러 충동·감정 그리고 관념으로 구성되며, 다른 한편 여러 가지 사회적 행위, 관계 그리고 제도들이 서로 공고히 하면서 제약하는 관련이 된다. 그러므로 정치가는 먼저

113) Karl Marx, *Thesen über Feurbach* (1845), Anhang zu Friedrich Engels, *Ludwig Feurbach und der Ausgang der klassischen deutschen Philosophie* (1886), 5. Aufl., Stuttgart 1910, S. 62 (양재혁 옮김, 『루트비히 포이어바흐와 독일 고전철학의 종말』, 돌베개, 1992).

지식과 경험을 통해서 현실은 어떤가를 알고, 그런 후에 이 현실에 대해서 올바른 것을 행할 능력을 가져야 한다. 그러나 사회적 현실은 끊임없이 변천하며 한 순간도 안주할 수 없다! 정치가는 각 순간마다 대응하지 않으면 안 된다. 역사는 정치가가 한 순간에 부여해야 할 발자취를 정지해서는 안 된다. 정치적 순간을 지배하는 자는 언제나 미래를 흔들어 왔다. 끊임없이 현실 배려를 게을리 하면 생생한 인간에 대한 배려를 결여하며 어떤 경우에도 그것은 정치적으로 죽을 죄이다. 오늘날 어떤 현실, 예컨대 노동자층, 민족공동체 또는 인터내셔널을 인식하지 못하고, 자신이 보고 싶은 것만을 보는 자는 정치가의 최초이며 최후인 인륜적 의무를 손상하는 것이다. 즉 타자에게 성과 있는 작용이 의무이다.

왜냐하면 모든 정치는 효과 있는 사회형성일 것을 바라는, 또한 그래야 할 것이기 때문이다. 그러나 현실의 인간들과 그들의 사회적 상태의 잘못된 판단을 내리는 사람은 그들의 관계를 형성할 수 없다. 이러한 사람은 자신의 정치 목표를 잘못 설정하고 성공하지 못할 수단을 사용하게 될 것이다. 가장 빛나는 이성의 목표조차 그것이 현실의 인간의 세력들에 합치하지 않으면 사회에 대한 폭력이나 파괴가 될 수도 있다. 가장 이상적인 사회질서는 실제로 사회를 잘 정서한다는 요청을 맨 처음으로 충족하지 않으면 안 된다. 그것을 볼 수 있는 기간 안에 성공하지 못하면 이성적으로 보아서도 설정된 목표는 사회정치적으로 무분별하다는 결말이 된다. 동일한 것은 정치의 수단에 대해서도 타당하다. 목적은 수단을 신성화한다! 이 명제는 생각 없는 설교자에 의해서 몹시 비난되어 왔는데 그 의미는, 수단은 목적에 대응하지 않으면 안 되며 — 그리고 그렇지 않으면 아무것도 아니라는 것이다. 수단을 넘은 곳에 일반적인 원칙들이 있어야 한다. 카밀리엔 차로 다룰 병이 있다면 메스를 사용하여 처리할 병도 있다. 거인이 어린이를 죽이려는 것을 저지하려는 자는 거인을 쳐서 쓰러뜨려야 한다. 어린이를 진리에로 교육하는 사람은 사랑, 말 그리고 사례의 효과를 사용해야 하며, 수단이 이 어린이에 대한 성과를 약속하는 한에서는 체벌도 사용해야 한다. 첫 번째 사례에서의 사살은 비극적이지만 동일하게 인륜적 목적에 필요하기 때문에 인륜적으로 요청된 수단이다. 이것에 이의를 제기하는 자는 먼저 어떻게 종교 팸플릿을 사용하여 미친 살인자가 행위를 실행에 옮기지 못하도록 저지할 것인가를 보여라. 그러나 효과 있는 사회형성에 대해서 공동체의 정치가는 책임을 지고 있다. 그 도덕적 판단은 항상 공동체의 관점에서 볼 때 행할 것이며 오로지 개인의 입장에서는 아니다. 공동체의 필요란 놀랄 정도로 무분별한 것이다. 그것을 망각하는 것은 젊은 사람의 특권인데, 성인으로서도 정치적으로 어린이인 것은 중죄이다.

효과 있는 정치는 명확한 목표를 설정한 엄숙한 결정이다. 정치적 행위는 엄격하게 특정한 목표와 특정한 수단에 비추어 모든 부차적 결과를 가능한 한 고려하여 형량된 행위이다. 그것은 불굴의 영웅적 행위도 아니라면 인격들에 대한 감정으로 가득 찬 헌신도 아니며 냉철한 계산, 비스마르크가 [자신에 대해서] 서술한 성실한 중개자인 역할이다. 확실히 위대한 정치가는 바로 이 이기적이고 명확한 목표를 설정한 엄숙함 속에서 계속 인간적이었기 때문에 감정의 밑바닥에서 자신을 뒷받침하는 공동체와 결합해야 하는데 이 공동체 속에서 개개인이나 집단과 결탁해서는 안 된다. 확실히 자신의 일에 대한 열렬한 열정이 정치가를 움직인다. 그러나 결정의 순간에 정치가는 분노하거나 사랑의 포로가 되거나 냉철한 타산가만이 되어서는 안 된다. 그리고 모든 정치가는 그 가장 강력한 힘을 이성에서가 아니라 인간적 욕구와 정열이라는 힘으로 가득 찬 원동력에서 이끌어내는 것도 확실한데, 격정의 정치가 기피되고 혐오스런 정치인 것도 확실하다.

그러한 정치를 비난하고 영혼의 구제를 위험하다고 지탄하는 눈물 젖은 감상의 탄식도 귀에 들린다. 또한 정치를 난폭하게 비영웅적으로 모독하는 소리도 귀에 들린다. 여하튼 양자는 모든 정치의 '얼음처럼 차가운 작열'을 잘못보고 있다. 한편으로는 그 행함을 통해서 피와 눈물을 감소하는 것이 아니라 더욱 증가하게 하며, 다른 한편으로는 자기규율과 시민으로서 자기의 신념을 주장하는 용기를 상실한 채 무책임한 격정으로 무의미한 파괴를 일으킬 것이다.

「국가는 그 해체를 목표로 살아갈 수 없다!」.[114)

## B. 내정적 결정

독일노동자당의 「고타강령 초안」에는 이러한 한 구절이 있다. 「노동자계급은 그 해방을 위해서 우선 오늘날의 국민국가의 틀 안에서 활동한다」.[115) 마르크스는 이에 대해서 이렇게 기술한다. 「대체로 투쟁하기 위해서 노동자계급은 자신들이 국내에서 **계급으로서** 조직하지 않으면 안 되며, 국내가 그 투쟁의 직접적 무대」[116)라는 것은 아주 자명하다. 유감스럽게도 정치적 결정에 대해서 맨 첫 번째 전제는 수많은 사회주의자에 대해서 여전히 완전히 자명하지는 않다. 인류가 정치적으로 정리된 경제영역과 국민적 문화영역에서 발전하고 있다는 것을 그들은 알지 못한다. 그들은 국제적 계급투쟁만을 알뿐이며 국민적 계급투쟁을 알지 못한다. 그들은 고립된 서로 투쟁을 반복하는 국가들을 '단순한 이데올로기'라고 명명한다면 이러한 국가는 즉좌에 이미 소멸한다고 믿는다.

상업세계 전체를 하나의 현실적인 국민으로서, 세계경제적 인류를 하나의 현실적인 국가로 보는 자만이 이 유토피아를 통해서 개별 국가들에서 사실상 고립화된 것은 지배계급의 이데올로기적 자의에 의한 것이라고 간주하는 유혹에 빠진다. 국가는 하나의 질서단체, 하나의 조직이다. 모든 질서는 하나의 일정한 질서이며, 질서의 목표, 이념에 의해서 그리고 질서의 소재에 의해서 규정된다. 돌로 쌓인 질서조차 하나의 이념에 속하며, 이러한

114) Otto Bauer, *Nationalitätenfrage* (Anm. 13), S. 395.
115) Protokoll des Vereinigungs-Kongresses der Sozialdemokraten Deutschlands (Gotha, 22. bis 27. Mai 1875), in *Die ersten deutschen Sozialistenkongresse. Urkunden aus der Jugendzeit der deutschen Sozialdemokratie.* 1865-1875, Frankfurt 1906, S. 68; der endgültige Text aaO., S. 115.
116) Karl Marx, *Parteiprogramm* (Anm. 7), S. 569.

이념도 자의에 의해서가 아니라 소재에 의해서 규정된다. 사람들은 정점에서 아래로 피라미드에 돌을 올려놓지 않는다. 돌조차 소재와의 일치에서만 질서지워질 수 있으므로 그것은 비교하지 못할 정도로 인간에도 타당하다. 인간의 질서들은 질서지워진 사람들의 특성과의 이념이나 이해와의 어떤 일치 속에서만 가능하다. 다양한 특성, 이념, 이해는 필연적으로 질서의 다양성을 의미한다. 경제적 이해나 따라서 경제적 질서들의 정의에 적합한 조정은 정치적으로 가능한 사회주의의 목표인데, 그 실현은 이 조정이 국민의 내부보다는 국민들 사이에서 오늘날 더욱 강력한 정도로 달성되고 있다는 기만을 아무도 품지 않는다는 데에 의존한다. 이에 대해서 국민적 문화의 이상이나 국민적 이해를 기계적으로 무차별하고 평등하게 취급하는 것은 사회주의의 목표가 아니며 야만인의 정치목표이다. 엥겔스도 「유럽의 커다란 국민이 서로 분리하고 독립하여 존재할 권리를 가진다는, 노동자계급에 적합한, 오랜 민주적인 견해」에 대해서 서술하였다.[117]

사회주의적 정치의 목표는 오토 바우어에 따라서 말하면, 「민족의 통일되고 자치적인 교육공동체, 노동공동체 그리고 문화공동체」이다.[118] 그것은 어떠한 수단을 가지고 이 목표를 달성하려고 하는가? 한편으로는 계급투쟁을 통해서, 즉 상세한 것은 후술하는데 국제적으로 뒷받침된 자본에 대한 노동자계급의 국제적으로 뒷받침된 투쟁을 통해서이다. 이 투쟁은 먼저 임금의 상승, 노동시간의 단축, 모든 종류의 노동자보호, 주택사정의 개선을 요구하며 나아간다. 이 노동조합 주도의 정치투쟁이 참으로 국민적 이해에 봉사한다고 인정하지 않는 사람은, 우리들의 눈에는 자기기만적 이데올로기라든가 어정쩡한 애국자로만 보인다. 첫 번째 종류에는 자신들이야말로 국민적이라고 믿는, 독일 청년의 특히 학생의 일부도 속한다. 그들은 이 냉철한 사회정책을 아무리 이상주의적이 아니라거나 영웅적이 아니라고 보아, 의도하거나 의도하지 않든 힘으로 충만한 사회정책을 방해하는 정당을 지지하는 것이다. 문제는 동정으로 가득 찬 감상성이 아니라 정치적 결정, 즉 현재에는 정당정치적인 결정이다. 사회적 민족공동체 없는 국민적 민족공동체는 손에 넣을 수 없다. 바로 오늘날 여전히 상류계급참가자가 출세의 길을 달리는 구세대 아래서는 사회주의측에 서는 것은 치명적으로 해롭다. 그러나 이러한 이유에서 만약 우리들이 그것을 단념한다면 겁쟁이다. 그러면 이러한 사람들은 결코 독일 내부의 독일의 노동자를 빈곤에서 충분히 지킬 각오도 없이, 독일의 노동자에게 피와 철을 가지고 제국에서 분리된 독일인을 해방하라는 등의 난제를 기대하는 용기만은 도대체 어디서 얻을 것인가? 노동자계급의 정치적이며 노동조합주도의 투쟁은 성인의 건강을 증진하며, 어린이의 사망을 감소시키며 출산초과를 증대시키며, 이러한 모든 성과에 의해서 국민적 민족력에 가장 가치 있는 재화를 가져왔다는 것에 누가 이의를 제기할 것인가? 여기서 계급투쟁이 이룩한 국민적 획득물에 민족적인 인종투쟁에 비견할 수 있는 성과는 없으며, 빌헬름 시대의 국가간

117) Friedrich Engels, *Was hat die Arbeiterklasse mit Polen zu tun*? (1866), in Karl Marx und Friedrich Engels, *Werke*, Bd. 16, Berlin 1962, S. 156.

118) Otto Bauer, *Nationalitätenfrage*, S. 576.

투쟁은 더욱 그것과 비교할 수 없다. 그럼에도 불구하고 여전히 용감한 시민은 경영자의 모든 개인적 이득은 항상 '국민적' 부의 증대라고 확신할는지 모르나, 이 부는 임금수준을 억누르는 폴란드인과 함께 독일 민족의 힘을 침해하여 마침내 획득한 것이다. 그러나 보다 높은 임금, 8시간 노동 등에 관한 노동조합의 요구 중에 이러한 부르주아는 '국민적 경쟁능력'의 침해를, 그런데 조국에 대한 반역으로 본다. 우리나라의 국민정치적 결정들은 앞 세대에는 두 개의 다른 국민개념과 함께 내려졌다. 부르주아층은 국민적 은행자본의 국제적인 확장, 식민지정책 그리고 공업적 판로의 정복 속에 국민적 정치의 본질을 보고 있었다. 그러나 노동자층은 『사회민주당 선거인 편람』이 말하듯이, 이렇게 서술하였다. 「애국자란 독일어로는 자신의 조국을 사랑하고, 즉 자신의 조국에서의 상태를 가능한 좋게 정의에 적합한 것으로 하기 위해서 개인적 이익을 고려하지 않고 모든 것을 제공하는 그러한 인간인 것을 의미한다」.[119] 이에 더하여 바로 제국에서의 현상에 불평을 늘어놓는 무리들은 조국에서 영원히 떠나라는,[120] 빌헬름 2세의 훌륭한 의견이 떠오르지 않으면 안 된다. 그렇다면 수많은 사회주의자들이 이 황제의 충고에 정치적 태도의 면에서 대부분은 이론적으로지만 실제로 따라온 것을 이해할 수 있다. 황제는 바로 부르주아층과 함께 바그다드 철도와 같은 사업 속에서만이 국민적 정복의 가능성을 보았는데, 노동자층은 계급투쟁 중에만 그것을 보았다. 국민의 지배계급은 성장하고 있는 노동자층이 국민적 문화공동체 속에 실질적으로나 이념적으로도 편입된다면, 국민적 문화공동체는 기만이라는 사실 앞에서 머리를 덤불속에 처박는 꿩 같은 것이다. 따라서 그들은 내정에만, 그것도 여기서는 경제정책에만 향하고 있다는 계급투쟁의 일면성을 조장해 왔다. '국민적'이라는 말은 정당한 것이든 부당한 것이든, 영토확장 운동에 독점되고, 나아가 오늘날에는 무릇 '독일국민적 인민당'이란 일면적인 당파정치에 독점되고 말았다. 그와 함께 이 말은 독일의 노동자가 위의 정당과 아주 마찬가지로, 국민적 · 군주주의적 · 제국주의적 그리고 자본주의적이라는 구별이 거의 무색할 만큼 여전히 무거운 부담에 시달리게 된 것이다.

그러나 그와 함께 사회주의는 자신의 정치적 결정들을 자기의 목표설정을 하지 않고 부르주아적 내셔널리즘에 대한 자신의 반감에 배태되어 내린다는 위험에 빠진다. 그렇다고 하여 독일사회주의자들이 실천적으로는 보다 국민적으로 행동하지 않았다는 것은 아니다. 세계대전에서 독일의 가장 빈곤한 자식은 그 가장 충실한 자식이기도 하였다. '마르크스주의자들'의 비국민적 태도에 관한 저 소문은 당파정치의 위선으로 가득 찬 선동수단일 뿐이다. 그것을 믿지 않는 사람은 에르트만의 저서가 전하는 다양한 기록을 읽어보아야 한다.[121] 여기서 우리들에 대해서 문제는 잘못된 이론만이다. 3월혁명 전기의 자유주의자들에서 반대파인 것은 명예로운 사안이었듯이, 지금은 국민국가의 부정이 모든 것은 아닐지

119) *Handbuch für sozialdemokratische Wähler. Der Reichtag 1907-1911* (Hg. Vorstand der Sozialdemokratischen Partei), Berlin 1911, S. 742.

120) Johannes Penzler (Hg.), *Die Reden Kaiser Wilhelms II. in den Jahren 1888-1895* (Reclam), Bd. 1, Leipzig [1897], S. 208.

121) Lothar Erdmann, *Die Gewerkschaften im Ruhrkampfe*, Berlin 1924.

라도 많은 사회주의자에서 이론적인 신조의 훌륭함을 훨씬 문제로 삼았다. 계급투쟁은 하나의 수단이며 자기목적이 아니며, 사회주의정당은 국민국가를 만들지 않으면 안 되며 붕괴시켜서는 안 된다는 통찰은 모호하게 되었다. 국가나, 국민이나 문화도 해체를 목적으로 살 수는 없다. 권리를 다투려는 당파는 어떠한 순간에도 준비가 되어 있어야 하며, 국가를 위해서 책임질 의무도 떠맡지 않으면 안 된다. 즉 그 대외정책에서도 경제·사회·그 밖의 국내정책에서도, 다른 국가들이나 당파들의 권력도 결정요인이 된 국가에 대한 책임이다. 사회주의정당은 그 사회주의목표를 마르크스에 따라서도 국가를 통해서 국민국가 속에서 달성할 수 있다. 사회주의정당은 산더미 같은 파편을 남기지 않으려면 국민을 만들면서 유지하려고 노력하지 않으면 안 된다. 그리고 사회주의정당은 문화를 유지하는 불가결의 수단인 국가의 유지를 바라지 않으면 안 되며, 문화를 보다 낮은 단계로 후퇴하지 않고 만들어 변경하는 어떠한 영위도 가능하려면, 국가의 보호가 불가결한 것이다. 사회주의정당은 나무가 대망의 과실을 맺지 않는 경우에도 이 유지를 바라지 않으면 안 된다. 사회주의정당은 「무엇을 가지고」 노동자층이 부르주아층과 유지의 이익을 공유하고 있다는 것을 은폐하거나 그것을 유지하지 않고 만들 뿐인 계급투쟁의 투사 그 자체의 사람들의 감정적 정치에 의해서 길을 잃어버려서는 안 된다.

　이러한 반박하기 어려운 통찰을 그 정치적 결정의 기초로 삼지 않는 사회주의정치는 모두 성과 없이 끝날 운명에 있다. 그것은 자신의 적 쪽에 통찰력이 없는 것을 구실로 삼는 곳에서, 역사의 용서 없는 심판 앞에서 생을 연장할 것이다. 왜냐하면 국민국가를 유지할 정책의 필요성이 분명한 것은, 사회주의의 형성을 가능케 하고 그 방향을 명백히 하는 ― 그것이 사회주의자에 대해서 문제이다! ― 전제이기 때문이다. 모든 정치는 영역정치이며 따라서 국가정치이다. 즉 그것은 공간적·정신적으로 국지화된 관점에서 행하며 공간적·정신적인 윤곽을 가진 이익과 목표를 주장하며 그리고 공간적·정신적으로 특정한 수단을 사용한다. 사회주의를 형성하는 의지의 무대로서의 세계, 인류 또는 보편을 관념하려는 사람은 필연적으로 허공을 붙잡는 것이다. 아무도 생산수단의 '사회화'라는 것만으로 어떤 구체적인 것을 떠올리지 못한다. 이러한 사람은 그러한 추상물을 위해서 구체적인 목표도 구체적인 수단도 발견하지 못하고, 구체적인 강령을 제기할 수도 없다. 이러한 사람은 수 백 년 내지 수 천 년 중에 인류 속에서 실현될는지도 모르는 미래상에 대해서 환상적인 보편성 속을 방황하지 않을 수 없으며, 이 추상적인 희망상을 넘어서 이러한 목표에 대해서 도달하기 위한 소여의 순간에 필요한 첫걸음을 잊어버린다. 이러한 인물에는 『파우스트』*에서 인용한 다음의 말이 가장 흡사하다.

> 「사변에 빠지는 녀석
> 메마른 황야에 사는 야수와 같은 것
> 악령에 이끌리어 빙빙 끌려 다니지만,
> 그 주변에는 아름다운, 푸른 풀밭이 널려 있네」.[122]

그 때문에 사회주의의 강령은 바로 사회주의일 수 있기 위해서는 국민적이어야 한다. 여기에 독일 문화와 경제의 공간적·정신적인 특성에 합치한 독일 사회주의에 대해서 다툼의 여지없이 정당한 요구가 있다. 왜 1918년에 건설적인 사회주의의 계획이 그 목표에서도 수단에서도 존재하지 않았는가 하는 물음에 대답하는, 가장 중요한 이유의 하나는 결코 일반론을 넘어서 사회주의적 이념을 국민국가적 현실 속에 짜 맞추려는 시도가 모두 망각되었다는 바로 이 점에 있다. 혁명 후의 최초의 몇 년간은 가장 시끄러운 굉음으로 이러한 공허함은 속여 넘길 수 있었다. 오늘날에는 공산주의자들조차도 러시아공산주의는 독일에서는 적용할 수 없다고 선언한다! 그러나 당시 소리 높게 노동자 레테를 요구하여 외치던 사람들 중 누가 오늘날 진지하게 이 확실하게 매우 중요한 레테 문제를 취급할 것인가? 완전히 속수무책한 가운데서 사회주의 그 자체와는 거의 관계없는, 민주주의와 공화국이라는 진부한 1848년의 이상을 나타내 보이는 사람이 있는가 하면, 그것을 가지고 나온 곳에서 그저께와 동일하게 오늘도 어떤 현실적인 것을 떠올리는 가운데 아마도 낡은 일반론이나 표어 속에서 느끼는 사람도 있다. 그리고 노동자층은 자신들의 투쟁에 의심을 품고 절망하기 시작한다. 그들은 결코 사회주의적 현실형성의 출발점을 어디에서도 발견하지 못한다.

아래로부터 위로, 그리고 가운데에서 밖으로 세우지 않고 특정한 기반, 특정한 민족과 특정한 국가 위에 설정하지 않는 사회주의, 그 계급투쟁은 무의미하다. 독일사회주의자는 일찍이 이론적 훈련을 대단히 과시하였다. 오늘날 우리들은 이론적 업적들을 들고 있으나 국민성이 강조된 영국의 길드사회주의로부터 개개인이 열광하여 그 때문에 다투는 견해와 생명을 지닌 사회주의의 관념들을 수중에 넣을 때에 즐겁다. 「왜냐하면 그것은 사회주의적 사회건축의 조직적 기초를 고찰의 중점에 두고, 그것으로써 사회주의를 추상적인 관념에서 비로소 노동자의 관념세계에 적합한 구체적 계획에로 형성해야 한다는 현대라는 시점에서의 강력한 필요를 충족하기 때문이다」.[123] 그러나 사회주의가 일반론으로 기울게 되면, 국민적 기반 위에 사회주의의 오늘날의 과제에 착수하는 내면의 각오가 결여되어 있다. 그 때문에 길드사회주의의 사상이 정력적으로 다룬 것도 없고, 조합운동이나 동료단체운동이 현실의 사회주의적 정신에 의해서 충만한 것도 없었다. 만약 노동자정당이 규모가 큰 노동자층의 교육을 실시했다면 도처에서 혁명 후에 대단한 사회주의적 과제를 해결하였을 것인가? 그러나 사회주의자가 여러 해에 걸쳐 다수파를 차지한, 예컨대 작센과 같은 곳에서조차 이룩한 성과는 정신과 규모에서 볼 때 애석할 정도였다. 이것에 책임이 있는 것은 무서운 외정적 압력뿐만 아니라 절망적인 경제상황이나 장관의 무능력만이 아니고, 무엇보다 여기서도 여러 가지 일반론이었다. 사회주의자들을 국가, 지방자치단체, 정당, 노동조합 그리고 동업조합에로 적극적으로 협력하기 위해서 조정제도, 경영협의회,

---

122) Johann Wolfgang v. Goethe, *Faust* 1, Im Studierzimmer.
123) Hilferding, *Einleitung* (Anm. 90), S. XVII.

부모협의회 등으로 교육하는 대신에, 그들에게 구체적인 권력관계, 국민적 그리고 무엇보다도 국제적 권력관계를 사회주의적인 정신으로 이해시키는 대신에, 그들에게는 뒤에도 앞에도 오해를 지닌 실제로는 거의 철저하게 오해되고 있던 유물사관에 관한 강습이 구체성을 결여하고 이상한 추상물, 즉 일반론이 가져온 것이다! 교양이란 먼저 국민적 문화재와의 대결이며 정치교육은 먼저 국민국가의 틀에서의 지견과 협력을 전제로 한다. 사회주의적인 당강습회나 조합강연회라고 하면 이론적으로 근본적으로 철저한 교육을 받은 교사는 아주 간신히만 등용할 수 있지만 실천가라면 충분히 손에 넣는다. 바로 이러한 강습회는 일반론 속에 용해되는 것이 아니라 하나의 것에 전념해야 할 것이다. 그렇지 않은 경우에 국민적 과제조차 힘없는 사회주의가 어떻게 국제문제를 해결한단 말인가!?

사회주의 정당의 내정적 결정은 이리하여 국민과 그 국가의 유지를 기초로 한다. 그러나 그것은 국민의 전개를, 부르주아 정당들과는 다른 방향에서 보며, 그러므로 국민의 유지 역시 다른 내정적인 수단으로 추구하지 않으면 안 된다.

부르주아 정당들에는 물론 프티 부르주아적·자본주의적 운동도 계상된다. 이것은 이탈리아에서는 파시스트라고 불리는데, 독일에서 그것을 모방한 것은 국가사회주의라고 불린다. 고유한 정치적 목표설정을 무릇 가져오지 않은 채 이러한 운동의 최초의 일단은 모든 정치집단에게 모든 것을 약속하고 하나의 당파를 모아왔다. 이 당은 먼저 어떤 방법으로 영락하거나 불만을 품은 모든 사람들에게 장소가 되며, 그들은 자포자기 속에서 폭동을 일으키고 폭력적인 해결을 불러들일 수 있었다. 확실히 모든 층의 전후 세대는 피가 통하지 않는 실체가 없는 19세기의 합리주의와 자유주의에 날카롭게 대립하였다. 오늘날에도 청년시민층은 매우 불명확하지만 매우 강력한 반자본주의적 감정을 의심 없이 품고 있다. 그렇지만 수천만인의 농가의 자식, 대학생, 샐러리맨 그리고 소기업 경영자들은 자본주의의 두려운 국내적 및 국제적 경제위기에 즈음하여 이 경제시스템을 믿지 않게 되었다. 그들은 경제적으로는 거의 프롤레타리아화 하고, 어제의 부르주아적 내셔널리즘을 내일의 사회주의와 결합할 수 있다고 믿고 있다.

새로운 세대의 이러한 국민적, 반부르주아적인, 그리고 반자본주의적인 감정에 무솔리니의 1919년의 강령도 그것을 독일에서 부분적으로는 말 그대로 복사한 1920년의 히틀러의 강령도 결합하였다.124) 그러나 이탈리아의 발전 쪽이 더 빨랐다. 무솔리니는 — 북부 이탈리아의 자본주의적 세력들에게 지지를 받은 덕분에 — 강령을 정식화한 후 3년에 이미 권력을 장악하고, 더욱 명백하게 자본주의를 파시즘의 하나의 강령중점항목이라고 부르게 되었다. 동일한 전환을 천천히 비밀리에 독일의 국민사회주의도 이루었다. 그러나 후자는 그 밖에 — 파시즘과는 반대로 — 반유대주의의 본능과 결합하면서 계급투쟁설을 솔직하게 인종투쟁이론으로 치환하였기 때문에,125) 오늘날에는 국민적으로도 사회주의

124) Hermann Heller, *Europa und der Fascismus*, in *Gesammelte Schriften*, Bd. 2, Abt. III, Nr. 4 (본서, 「유럽과 파시즘」).

적이라고도 부르게 되었다. 왜냐하면 「국가사회주의는 전체로서 그것이 독일에만 한정되고, 적어도 천에서 2천년에 걸친 오랜 동안 가치 높은 [북방] 인종이 전 세계에 대한 지배를 확증하지 못했다면 아무런 가치도 없을 것이다」126)라는 히틀러의 견해는, 모든 국민국가적 정치를 붕괴시켰기 때문이다. 그러나 이미 이 국가사회주의당은 완전히 명백하게 사회주의로부터의 이탈을 선언한 것이다! 히틀러는 같은 장소에서 이미 자본주의와 사회주의의 대립을 '차이'라고 불렀을 뿐만 아니라 그 밖에 스스로 자신의 당명에 포함된 사회주의라는 표현 그 자체를 '나쁘다' 하고, 파시즘을 「당장」 채택하고 싶은 모델로 부른다.127) 이 당강령에 포함된 사회주의 중점항목이나 또는 고작해야 사회적인 중점항목은, 그 이외에도 모두 부인되고 있다.128) 끝으로 「당신은 [독일 인민당 의장에게 대해서] 우리들에게 어떤 사회주의적 경향을 상정할 이유가 없다…사회주의적 경향에 대해서 독일 민족은 감사한다!」129)라는 당강령 기초자인 페더(Feder)*가 1930년 12월 4일에 행한 라이히 의회에서의 표명을 상기한다면, 국가사회주의라는 운동의 표현은 나쁘다는 히틀러의 의견에 전적으로 동의할 수 있을 뿐만 아니라 심지어 이러한 표현은 여론을 유혹한다고 선언해야 할 것이다.

> 「자연적 생활도 정치생활도 모든 생활은 다양한 대립의 통일이며 그 때문에 이러한 대립에 인내하며 그리고 그것 없이는 무릇 존속할 수 없다」.130)

## C. 외정적 결정

### a. 정치적 세계상황

모든 정치는 국가들이 분립하고 있다는 사실에서 출발해야 한다. 그리하여 숙고하지 않은 사상은 아주 안이하게 병존하는 한편, 전술한 조직된 권력체는 공간 속에서 그처럼 격렬하게 충돌하고 있다. 수많은 개별 국가가 이처럼 대립하는 것이 필요한가? 그렇다면 불필요한 것에 대해서는 뒤에 문제로 삼자. 제국주의적인 세계상황은 우리들에게 두 개의 운동방향을 제시한다. 하나는 문명화된 민족들이 더욱 밀접하게 연결하여 짜맞추는 방향이며, 또 다른 하나는 국가들의 분열이 잠정적으로 증가하고 있는 방향이다. 여하튼 우리들 독일인이 소비에트 러시아 등 강대국 등이 그렇듯이, 가까운 장래에 이러한 개별화를 해소할 수 있는 가능성을 손에 넣지 못한다는 사실은 남는다.

---

125) 상술 S. 460 f. (본서, 748면 이하) 참조.
126) Otto Strasser, *Ministerialsessel oder Revolution* (Anm. 39), S. 24.
127) AaO., S. 26 f.
128) Walther Oehme und Kurt Caro, *Kommt das Dritte Reich?* Berlin 1930, S. 65 ff.
129) Heller, *Europa und der Fascismus*, aaO., Anm. 345 (본서, 350면 주 345) 참조.
130) Ferdinand Lassalle.

어떠한 원칙에 의해서 국가들은 분열하는 것일까? 문명화된 국가들의 세계가 프랑스 혁명의 결과로서 민주화된 이래 국민사상은 국가형성의 원칙이 되었다. 그 이전의 수백 년에는 민족들은 그 문화적 특질을 그만큼 배려하지 않고 왕조를 중심으로 한데 모여 있었다. 그것들은 신의 섭리에 의해서 지배권을 얻은 일족에 의해서 지배되고 있었다. 민족들의 의식 속에서 신의 은총은 인민주권의, 왕조적 결합은 국민주권에 대해서 대체되었다. 각 국민은 하나의 국가를, 각 국가는 하나의 국민을 이루어야 한다는 것처럼 되었다. 국가형성의 이러한 원칙에 나누어서도 독일 라이히 · 이탈리아 · 발칸 제국은 그 성립을 힘입고 있다. 같은 명제에 근거하여 세계 대전을 통하여 오스트리아 헝가리라는 다민족 국가는 동요되고, 체코슬로바키아 · 남슬라브 · 폴란드, 그리고 그 밖의 일련의 국가들이 성립하였다.

국민국가의 원칙이 독일에서 처음으로 발전할 때에 그것이 얼마나 혁명적이었는가는 이미 본 그대로이다. 그러나 대외적으로는 민족정책은 매우 평화지향적이었다. 사람들은 국가로부터 보호된 자기 자신의 토대 위에 자신들의 독자성에 따라서 생활하고 다른 민족들도 마찬가지로 생활하기를 바란다. 비스마르크가 유럽의 열강으로서 국민적 라이히를 건설한 이후는 그 해 정치도 평화를 계속하고 세계에의 모든 팽창정책에 저항하였다. 그러나 그의 통치시대가 끝나는 동시에 세계 정치상도 근본적으로 변했다. 열강은 합리적인 세계 경제적 확장과 손을 잡고, 그 계획적인 세계권력 획득을 추진하였다. 대국에서 세계열 강이 생긴 것이다. 이러한 소위 제국주의는 영국인들에서 비롯하였다. 영국인들은 지난 세기의 80년대에 처음으로 계획적이며 상승된 세계의 권력정치를 추구하기 시작했다. 필연적으로 프랑스, 러시아, 이탈리아 그리고 북아메리카의 대외정책도 제국주의적으로 되고 세기말에는 독일도 그 대열에 가담하였다.

이 제국주의와 저 국민국가 사상은 여기서 정확하게 구별하지 않으면 안 된다. 사람들은 국가권력을 통해서 보호되고 자신들의 독자성에 따라서 인류문화에 협력할 수 있도록 국민국가를 대망하여왔다. 제국주의는 이민족을 자국에 편입하려고 한다. 즉, 그것은 다민족 국가를 바란다. 그러나 이 영토병합론은 자본주의적 경제력의 확장 노력에 대해서 무조건으로 필요한 전제는 아니다. 세계정복보다도 세계 시장 정복이 긴요한 것이다. 제국주의적 발전은 공업 자본에 대한 금융자본의 강화와 밀접한 관련이 있는데, 그와 아울러 농업 자본의 강화도 관련이 있다. 고도자본주의는 상품의 과잉생산, 과잉 자본과 과잉 인구를 나타낸다. 오늘날 이들 세 가지는 모두 세계 속에 퍼지고 있다. 공업과 농업의 생산물을 가지고 사람들은 세계 시장을 정복하려고 한다. 그러나 무엇보다도 국내에서는 쓸데없이 저축하거나 투자하지 않는 이익도 가져오지 않는다고 생각하게 되며, 자본은 외국의 투자영역에 수출되게 된다. 이러한 판로와 세력범위의 획득을 목표로 하여, 오늘날 에는 엄격한 경쟁의 바람이 불어 닥치고 있다. 각 국가는 이러한 판로상에 특혜 관세라던가 면세를 요구하는데 가장 손쉬운 것은 판로의 독점이며, 이것은 이 영역에 대한 많던 적든 공적인 지배를 통해서 가장 잘 보증된다고 생각되었다. 도처에서 사람들은 외국의 철도 · 항만·광산시설의 건설에서의 우선권을 탈취하려고 시도하였다. 전전에 영국은 그 대외 자본 투자를 해마다 백만 마르크 증가시켜왔다. 빌헬름 2세는 이스탄불의 칼리프를 방문하고 바그다드 철도를 희망하여 모로코의 술탄에게 당지의 구리 광산을 희망하였다. 그러나 이 계획적인 세계권력 추구의 귀결은 결코 통일적인 세계경제영역은 아니며, 전적으로 국가국민적 대립을 없애는 것도 아니다. 그것과는 정반대로 국가의 개체성은 전대미문의 에너지를 가지고 첨예화 되었다

이미 보았듯이 마르크스는 일반적으로 정착한 자유교역체계가 통일적인 분업적인 경제 세계를 가져온다는 전제에서 출발하고 있었다. 그러나 그동안에 세계시민적 자유무역지향의 자유주의자들 속에서 국민적 제국주의자가 탄생해왔다. 보호관세에 의한 폐쇄를 하지 않는 민족에는 다른 국민의 종속적 경제식민지로 빠질 가능성이 있었다. 카를 렌너는 그 시대에 마르크스에는 완전히 알지 못했던 상태가 어떻게 만들어 졌는가를 보여주었다. 이 상태에서는 자본력이 국가적으로 조직된 경제영역에서의 통일체로서 조직화되고 있다.131) 국민자본은 금융자본의 지도 아래 성립하였다. 금융자본은 예컨대 프랑스에서는 노동자·샐러리맨·농가·경영자들의 작디 작은 소액의 저금을 모으고, 그것을 상당한 정도로 정리하여 수중에 모아서 러시아 등에 투자하였다. 이로써 모든 프랑스인에게 이익과 손실이 분배되게 되었다. 경제의 광범위한 법적 규율을 통해서 경제는 국가화 되었으며, 국가화 될 것이다. 그리고 경제는 집권화된 구체적 틀 내에서 통일된다. 그리하여 우리들은 도처에서 자본의 국민적 집중을 본다. 자본은 국민적 국가권력과 함께 유혈의 유무라는 차이는 있으나 무기를 사용하여 타국의 국가권력이나 경제권력과 투쟁한다. 국민국가에서는 국제적·군사경제적인 격렬한 경쟁에 즈음하여 국민의 자기주장은 국가권력의 자기주장과, 그리고 경제권력의 자기주장과 일치한다. 특히, 뒤의 2자는 각각 서로 전제가 된다.

제국주의의 일반적인 효과는 이중적인 의미가 있다. 한편으로 민족들은 경제와 국가의 단위로서는 분리하여 가는데, 다른 한편으로는 경제와 정치의 활동면에서는 연락해간다. 경제활동면의 관련은 국제교역에 의거하는 제국주의가 가져온 것인데 이것은 가장 알기 쉽다. 오늘날 모든 노동자는 의식에 대해서 여전히 매우 검소한 수요만을 가질 뿐인데 거기에서마저 전 5대륙 산의 산물로 충족되고 있다. 수공업의 노동수단은 노동생산물과 마찬가지로, 그들에게 나날의 세계 경제적인 결합을 생각나게 한다. 이 기계는 영국제, 저 소재는 인도산, 이 제품은 중국을 향하여, 저것은 북아메리카와 같은 방법으로 말이다. 노동자는 국민경제가 국제적 세계 경제라는 그물에 가장 친밀하게 눈을 집중하는 것을 알고 있으며, 기업가는 더욱 이러한 것을 정확하게 알고 있다. 특히 독일에서는 전쟁과 거기에 이은 여러 해는 이 그물론에서 고립화하거나 그물론을 인위적으로 절단하게 된다는 우리들에게 몸을 두렵게 실감시켜왔다. 어떤 국민의 문명이 높으면 높을수록 그 국내 산물과 임금은 어떻게 보호관세를 물지 않는 곳에서 세계시장에서의 가격에 점차 강력하게 종속하게 된다.

---

131) Karl Renner, *Marxismus, Krieg und Internationale*, Stuttgart 1917, S. 95 ff.

　　민족들을 연결시키는 국제적 교통공동체가 가져오는 또 하나의 매우 중요한 귀결로서 동일한 문명단계에 있는 국민들 간의 경제적 노동관계의 균일화가 있다. 서양문화권의 환대서양 민족들, 유럽과 비아시아적 러시아와 북아메리카는 그 정치나 문화의 독자성이 점증해 왔음에도 불구하고, 자본주의적 경제형식의 놀랄만한 균일성을 제시하고 있다.

　　따라서 제국주의 시대의 귀결로서 우리들의 눈앞에 있는 것은 결코 평등하고 통일된 세계 경제가 아니며, 오히려 형식상으로 상대적으로 균일화된 문화권 경제에 불과하다. 예컨대 영토와 인구에서는 지상최대의 국가인 중국은 4-5억 주민을 가지고 있으나 아직 그만큼, 또는 완전히 자본주의화 되지 못하였으며, 3억의 인도인은 여전히 80%가 농민이다. 이런 아시아 지역은 위의 대서양 지역, 즉, 유럽과 남북아메리카보다도 1-2억 많은 사람들을 살게 하고 있다. 이처럼 경제정치활동에 의해서 통일된 힘의 장은 대략 17억을 헤아리는 인류를 완전히 포섭하지 못하며, 고작해야 6-7억 인의 문화권에 미치고 있을 뿐이다. 그러나 이 대서양 문화권 내부에서는 개개의 국민의 정치경제적 이해는 연대적이라고 하기에는 멀고, 평행선을 달리고 있을 뿐이다. 확실히 경제적 교통공동체의 존재 그 자체에 이 문화권의 국민은 모두 그 화복(禍福)을 의존시키고 있다(인도인 · 중국인 · 중앙아프리카인은 그렇지 않다). 그러나 독일인 · 영국인 · 프랑스인 · 미국인 등은 그 방법에 완전히 다양하게 대립한 이해를 가진다. 바로 여기에 제국주의의 사실은 유래한다. 각 국민은 이 교통공동체의 내부에서 자신의 「양지바른 장소」를 넓히려 하며, 유효를 초래하더라도 ― 예컨대 영국과 합중국과의 석유전쟁에서처럼 ― 피를 흘리지 않더라도, 타국의 희생 아래 경제적 및 군사적으로 자국을 강화하려고 한다. 따라서 개개의 국민에서의 지배적 자본과 계급의 병행한 이해의 적대는 서로 타도를 목표로 하고 있다. 주로 이 대립에서 세계전쟁이 발발한 것이다.

> 「이성이 열정을 위해 움직일 수 있다는 것을 이성의 교지라고 부를 수 있다」.[132]

## b. 외정적 결정방향

　　즉, 이것이 ― 큰 틀에서는 ― 우리들의 결정의 소재이다. 대서양 문화권 속에서도 제국주의적 세계 세력으로서 실제의 세계사를 형성하는 대여섯 개의 국가 개체는 경제나 군사면에서, 나아가서는 문화국민으로서 패권을 장악하려고 다툰다. 다른 민족들에 대한 정치나 경제면에서의 지배를 통해서 국민문화가 어떻게 확대할 수 있는가를 영국인의 대규모적인 발전이 우리들에게 제시하고 있다. 300년 전에 영국의 철학자 베이컨은 그 저작 속에서 상당히 알려지지 않은 언어인 영어 사용을 걱정했었는데, 오늘날 그것은 1억 2천 500만 사람들의 모국어이며, 5억 5천만 사람들의 공용어가 되고 있다. 이 몇몇

---

132) Hegel, *Geschichtsphilosophie* (Anm. 54), S. 41.

세계열강에 지나친 합종연횡 속에서 대서양의 중소 세력들은 능동적 참가자로서 편입되어 왔다. 대서양의 외부에 위치하는 민족들은 고작해야 수동적인 참가자인데, 기본적으로는 자신의 의지가 없는, 세계열강의 지배대상이다. 오늘날 유리 상자에 담은 독일 라이히는 이와 동일한 상황에서 살고 있다.

사회주의적 이념은 역사적 현실과 관련을 가져야 한다. 정치적 및 경제적으로 제국주의적 세계상황은 우리들에게 두 개의 발전방향을 제시하고 있다. 분립화 된 연락이다. 제국주의가 가져오는 이 양의적인 작용은 사회주의의 장래와 국민의 장래에 대해서 무엇을 의미할 것인가?

사회주의가 인터내셔널을 필요로 한다는 것을 먼저 분명히 해두자. 그러면 어떠한 민족을 어떠한 영역을 이 인터내셔널은 포섭할 것인가? 인터내셔널의 정체 없는 일반적 관념은 수많은 사회주의자의 사고 속에서 핏기를 잃은 존재가 되며, 이미 세계전쟁이 보여주었듯이, 이것을 가지고서는 아무것도 하지 못한다. 상업세계 전체는 국민으로서 무릇 실재하지 않으며, 사회주의적 사회형성에 있을 수 있는 건설용지로서는 대서양 문화권만이 원래 문제가 된다. 그것이 먼저 비로소 할 수 있는 명확하게 된다면 말이다. 사회주의는 이 문화권을 초원해서는 의미를 가지지 못하며, 다른 면에서 이 영역의 국제적 조직 없이는 불가능하다. 확실히 개개의 국민은 매우 중요한 사회주의의 싹과 전제를 형성하는 일이 있다. 그러나 같은 문명 단계에 있는 세력들이 안정된 정치적·경제적 협력을 하지 않으며, 그 시초부터도 나아가지 못한다. 피히테의 국민적『봉쇄상업국가』를 수많은 민족주의적 사회주의자는 즐겨 꿈꾸는데, 이것은 이미 당시 하나의 유토피아이며, 세계경제의 시대에 이르면 있을 수 없는 것이다. 사회주의가 단독의 유럽 국민 속에서는 불가능하며, 또한 예컨대 아시아계 러시아에서는 사회주의는 무의미하다는 것을 볼셰비즘의 혁명은 보였다. 다른 많은 관련에서와 마찬가지로, 여기서도『러시아 혁명에서의 민족문제』[133]에 관한 게오르기 세메노프(모스크바) 그의 논문은 배울 바가 많다.

그러나 제국주의의 시대에서 대서양 문화권에서의 인터내셔널의 가능성은 어떻게 생각할 것인가? 여기서 사회주의는 지금까지 완전히 불충분한 관념을 가져왔다. 특히, 독일의 사회주의자들은 제정(帝政) 독일에서 정치적 책임분담에서 배제되었으며, 구체적인 외정 문제에 관하여 자립한 정치적 태도를 취하지 않고, 세계전쟁이 그들을 일깨우기 까지는 유토피아적 인터내셔널의 몽상에 점차 깊게 들어가 있었다.『1911-1924년에서의 국제노동조합 동맹의 활동과 노력』은 적잖게 평가해도 좋다. 이것은 사람들은 국제노동조합 동맹(암스테르담)에 의해서 편집된 동명의 저작에서 간취할 수 있다.[134] 그러나 이 조직의 정치적 가능성은 독일에서는 점차 과대평가되고 있다. 그 유토피아적 특징은 사회주의자로

---

133) Georg Semenoff, "Die nationale Frage in der russischen Revolution," in *Zeitschrift für Politik*, 14 (1925), S. 247 ff.

134) *Tätigkeit und Bestrebung des Internationalen Gewerkschaftsbundes in den Jahren 1922-1924*, Berlin 1924.

서가 아니라 평화주의자로서만 사회주의진영에 가담한, 부르주아층 출신의 평화주의자들에 의해서 강화되어 왔으며, 여전히 강화되고 있다. 다수는 오늘날에도 여전히 어떤 인터내셔널에 의해서 약간은 실현될는지도 모르는 평화에 대한 색채를 막연하게 한 일반적 관념 이상의 것에 도달하지 못한다. 예컨대 자우페가 『마르크스주의의 대외정책』에서 파악한 것을 읽기 바란다. 먼저 그는 우리들에게 매우 정당하게 다음과 같이 단언한다. 전쟁까지 모든 사회주의 정당에 「정치의 가장 중요한 영역인 대외시책의 문제에 대해서 각각 전통과 마르크스주의적 방침도 거의 결여」135)되고 있었다. 그리고 「지금도 마르크스주의적 방침을 열거하는 대외정책에는 최초의 첫걸음마저도 거의 존재하지 않는다」136)는 것이다. 이와 같이 고백한 후에 적극적인 결정에 관하여 반복하고 있기까지 구체화하지 않은 다음과 같은 조언이 서로 변함없이 우리들에게 전하고 있다. 「내셔널리즘적 대립들의 원만한 해결」, 그렇지 않으면 「새로운 전쟁에 반대의 방침을 취하는 모든 노력」 원래 실익이 없다고 하지 않을 수 없는 것이다.137) 누군가 악의를 가지고 마르크스주의의 대외정책은 고유한 목표도 고유한 수단도 없다고 입증하려고 한다면 — 자우페 이상으로 그릇에 그것을 다룰 자는 없을 것이다. 이러한 사람들이 마르크스를 지향함에 따라서 우리들에게 상술한 원만화 행동을 보다 정확하게 설명하기까지 세계사는 그것을 기다리지 않으며, 우리들이 오늘, 내일 그리고 모레 해야 할 대외정책은 그 밖의 점에서는 완전히 비마르크스주의적인 이러한 일반론을 가지고서는 아무것도 할 수 없으므로 우리들은 바로 보다 구체적인 태도를 취하지 않으면 안 된다.

먼저 사회주의자는 로맹 롤랑*과 함께 이렇게 말하지 않으면 안 된다. 「나는 평화를 추구하는 것이 아니다. 나는 삶을 추구한다」. 그러나 대서양 문화권의 국민들의 삶은 오늘날에는 사회주의와 거의 같게 필연적으로 바로 인터내셔널을 필요로 한다. 바로 이 필연성 때문에 우리들은 현재에 있는 난점을 분명하게 이해하지 않으면 안 된다. 사회주의자는 오토 바우어의 말을 빌려서 「어떤 민족의 노동자 계급의 이해도 다른 모든 민족의 노동자의 이해」와 일치한다138)고 주장하는 경향이 있다. 계속해서 그들은 이 이해의 동등함을 함께 하고 자신들의 국제적인 희망을 구축할 경향이 있다. 이미 적었듯이 제국주의는 국민들 간에 연대적인 경제의 이익을 가져오지 못하며, 오늘날까지 병행적 경제이해도 만들지 못한다. 이것은 다툼의 여지가 없는, 이 국민들 내부에서의 노동자에게도 타당하다. 중국의 쿠리는 독일의 노동자와 조금 더 같은 경제적 이해를 가지지 않는다는 것을 확실히 누구도 주장하려고 하지 않는다.

그러나 대서양 국민들 내부에서도 수많은 사회주의자들의 유토피아주의가 권면하듯이 노동자의 이해가 연대적인 것은 아니다. 예컨대 영국의 노동자는 영국 자본의 우위에

---

135) Hugo Saupe, "Marxistische Außenpolitik," in *Der lebendige Marxismus. Festgabe für Karl Kautsky*, Jena 1924, S. 298.

136) AaO., S. 300.

137) AaO., S. 305.

138) Otto Bauer, *Nationalitätenfrage* (Anm. 13), S. 307.

매우 강력한 공통의 이해를 가진다고 엥겔스는 이미 1849년에 보았다. 그는 영국을 「전국민을 프롤레타리아로 바꾸는」 국가라고 불렀다. 영국 노동자의 국민적 자본획득에 대한 이러한 공통이해에서, 그는 나중에 다음과 같은 사실을 설명하였다. 즉 영국의 노동자는 19세기 말에 이르기까지 사회주의에 대해서 아무것도 알지 못했다라고. 그러나 다른 한편, 영국은 「세계시장을 지배하였다. 유럽 대륙 각국에서의, 즉 영국 이외의 전 유럽 대륙에서의 국민경제적 관계들의 변혁은 유리컵 속의 태풍이다」. 즉 엥겔스에게 당시 이미 이만큼 많은 사회주의자가 오늘날에도 여전히 이해 못할 것이 무엇인가 명백하였다. 그것은 사회주의는 국내적 경제대립의 조정뿐만 아니라 국제적 경제대립의 조정도 마찬가지로 전제로 한다는 것이었다. 그러나 내셔널리즘적 대립들의 원활화에 대해서는 여기서 아무것도 서술하지 아니한다. 반대로 국민적 문화공동체의 특수화도 증대하고 있다. 바로 이 사실을 위해서 오토 바우어는 그의 『민족문제』 신판에 즈음하여 미리 노동자층에 대해서도 이렇게 강조하는 것이 의무라고 느꼈다. 「권력의 장악에 가까워지면 가까워질수록 어떤 나라의 노동자 계급도 역사적 실천에서 민족적인 전장의 지형의 특수성에 투쟁방법을 적합시키지 않으면 안 된다. 그와 동일하게 노동자계급의 사회주의적 이데올로기도 문화를 손에 넣으면 넣을수록, 민족의 특수한 문화유산과 점차 밀접하게 결합하게 된다. [.]…민족적 특수성을 평준화하는 것이 아니라 민족적 다양성 속에 국제적 통일을 가져오는 것이 인터내셔널의 과제이며, 또한 과제이어야만 한다」.[139] 엥겔스는 자유무역이 정치적·경제적 대립들의 조정을 가져올 것이라고 여전히 믿고 있었다. 그것을 오늘날에도 믿고 있는 사람은 가장 손 가까이에 있는 사실조차 볼 수 없다. 제국주의는 국가들을 해체하는 것이 아니라 엄청나게 고정화해 왔으며, 그것은 특히 제국주의가 경제를 철저하게 국가화한 것을 통해서 이루어 왔다. 그리하여 제국주의의 이러한 국가 상호의 고립화작용은 국제적 사회주의와 대립하는 작용을 미치도록 보인다.

　사실 부분적으로는 뛰어난 로자 룩셈부르크·힐퍼딩·라데크, 그리고 레닌에 의한 연구는 본질적으로 이 사회주의적인 경향을 강조하였다. 빌헬름 체제는 사회주의자들이 이 일면적이며 현실을 떠난 견해로 강화하듯이, 자신의 존재를 연출하고 있었다. 사회주의의 관념은 여기서도 저기서도 개개의 평등한 개인으로 구성되는 내부에 분절화 된 조직을 가지지 않는 인터내셔널이라는 관념에 침투되고 있다. 이 국민성을 상실한 인터내셔널은 이미 자주 보아왔듯이, 경제이론에 의해서는 상대적으로 정당화되지만 정치실체에 관해서는 완전히 무의미하다. 생명력 있는 인터내셔널이란 보다 작은 권역에서 아주 작은 권역에까지 분절화 된 전체이며, 즉 「민족들로 구성되는 네모돌 건축이며 개개인으로 되는 연와 건축은 아니다」.[140] 여기서 제국주의는 이 국민들의 인터내셔널에로 스스로 나아가는 것을 통찰해 두는 것이 긴요하다. 경제에서의 뒤얽힌 경향에 대해서는 이미 지적해 두었다.

---

139) Bauer, aaO., S. XXVIII.
140) Gustav Radbruch, *Kulturlehre des Sozialismus. Ideologische Betrachtungen*, Berlin 1922, S. 33.

제국주의는 경제적 측면에서 본다면 바로 고도자본주의에 다름 아니다. 그리고 바로 마르크스에 의하면, 사회형식은 그 속에 매몰하고 있는 사회생활의 가능성이 효과를 나타내기까지는 결코 매몰되지 않는다. 제국주의의 변증법은 한편으로는 국민국가들과 국민경제들과의 독자화를 보여주면서, 다른 한편 자라나는 관련도 보여준다. 전후 시대는 고도로 발전된 세계경제의 교통공동체가 가져오는 사회화작용을 가장 시력이 약했어도 인식할 수 있었다. 맥도날드의 독일정책은 국제적이었기 때문에 국민적이었다. 팽대한 영국의 실업은 독일 경제의 와해와 매우 밀접한 관련을 가지고 있었다. 세계전쟁이 모든 국민들에 대해서 장기적으로 볼 때 어리석었던 것은 오늘날 프랑스도 인정하고 있다. 오늘날 대서양 국민들을 포함하는 경제망은 한 곳에 커다란 구멍이 나면 무너져 버린다. 그리하여 먼저 범유럽적인 경제이해의 균일성이 도래하게 되는데, 이것은 과소평가되어서는 안 된다고 하나, 정치적으로는 과대평가되어서도 안 된다. 독일은 어떠한 당파적 방향에 속하면, 전후시대에는 이 유럽 공통의 경제이해에 지나친 희망을 걸고 있었다. 상인 기질로 성장한 라이히 수상 쿠노*도 임금투쟁에 목표를 정한 많은 우리나라 사회주의자와 이 점에서는 마찬가지이다. 다른 한편, 프랑스인은 독일 신문잡지에서도 자신들은 첫째로, 경제적인 관심을 가진 것은 아니며 귀에 못이 박힐 정도로 강조해 왔다. 그리고 그 이상으로 루르 점령은 라인란트의 정치적 완화와 정치에서의 유럽우월적인 지위라든가, 전후 배상의 변제보다도 프랑스인에게는 중요하다는 것을 우리들에게 가르친다. 이러한 내셔널리즘적 권력갈망에 대해서 여하튼 독일과 프랑스의 사회주의자들은 이것을 회피해야 할 공통의 이해를 가진다. 우리들은 이성적인 프랑스의 사회주의자들이 두 개의 프랑스 국민에 관련된 이유에서 국수주의를 성실하게 제압한다는 것을 굳게 확신하고 있다. 첫째로, 고갈된 유럽 경제가 계속 불안한 상태에 있으며, 이것이 프랑스 국민에게 위험한 것으로 보이기 때문이며, 둘째로는 국수주의가 내정적 의미에서의 국민적 사회정책을 방해하는, 군사적·자본주의적 집단의 힘을 강화한다는 것을 그들은 알기 때문이 다. 따라서 우리들은 그 의지의 성실함을 믿는데, 그러나 그것이 국민이나 의회의 소수파이기 때문에 유효한 결과를 가져온다고 믿지는 아니한다. 사회주의자의 지지를 받은 에리오(Herriot)* 정부에 의한 쾰른 점령의 자의적인 계속은, 특히 도즈안의 입안 이래 이 정부도 경제연대적 관점에서가 아니라 권력국민적 관점에 의해서 인도되었다는 것을 증명하고 있다.

그럼에도 불구하고 대서양 국민들은 제국주의를 통해서 점점 발전된 관련성의 정도를 증가하면서 그것은 더욱 강하게 느끼게 되어 왔다. 이것을 인식한 귀중한 프랑스인으로 뉴욕의 전 프랑스 총영사 에브레이*가 있다. 그는 프랑스 자신의 '안전'을 위해서 독일과 화해하는 길을 권고한다.[141] 우리들 독일 사회주의자는 현재 완전히 무력한 국민을 믿어야 하기 때문에, 우리들이 제국주의를 국제적 영역에서의 사회주의의 선도자들이라고 인식하더라도, 사회제국주의적인 세계권력을 갈망한다는 혐의를 벗기 어렵다. 그러나 제국주의는 국민 안쪽에서도 사회주의를 선도한다. 세계열강 국가들과 그 동맹자의 거대한 힘의 행사는

---

141) Alcide Ebray, *Der unsaubere Frieden*, Berlin 1925, S. 359.

대중의 육성을 통해서만 가능하였다. 국제적인 국가 간 경쟁은 국내적 민주화를 불가피하게 하였다. 참호나 탄약 공장 속에서의 국민군의 의무는 아무래도 권리의 확장에 대응하지 않으면 안 되었다. 국가를 위해서 일하고 죽어야할 사람들은 이 국가가 물질적으로도 이념적으로도 자신을 돌본다는 의식이 있는 경우에만 그것을 한다. 이처럼 제국주의의 변증법적 독자성을 또 한 번 확인하고 싶다. 고립화와 사회화 · 분립화와 관련화이다. 경제적으로는 제2의 방향이 우선하며, 정치적으로는 제1의 방향이 우선한다. 사회주의는 관련성을 지원하지 않으면 안 된다. 왜냐하면 사회주의는 인터내셔널을 경제적으로나 정치적으로 국제자본에 대한 맹우로서 사용하기 때문이다.

즉 국민자본도 야누스의 두 얼굴을 보여준다. 한편에서 그것은 자본가도 국가 없이 사회주의자와 마찬가지로 무력하기 때문에 국민국가를 긍정하며 긍정하지 않을 수 없다. 그러나 [다른 한편으로는] 유럽에서는 초국민적 트러스트화가 시작하고 있었다. 이것은 국민국가 없이 그리고 국민국가에 반해서 활동할 수 있는 것이다. 이미 매우 많은 장소에서 국민국가는 이미 국제적으로 동맹한 국민자본에 대해서 정치적 · 경제적 권력을 손에 넣지 않는 것이 명백하게 되고 있다. 국민국가를 위해서도 자신에게도 즐겁지 않은 일을 이처럼 국민자본은 면할 수 있다. 그리고 여기서 명백한 것은, 내가 아는 한 강조하지 않은 것인데, **국민은 자기보존을 위해서 인터내셔널을 필요로 한다**는 것이다. 가장 뛰어난 독일 국법학자의 한 사람인 리하르트 슈미트는 사회주의와는 아주 거리가 먼 사람인데 그는 1922년에 이렇게 적었다. 「단연 활발하고 유럽의 현대적 상황에 관하여 직접적으로 가장 위협이 되는 당파형성세력은 물론 국제적 대자본이다」. 예를 들면 미국에서는 그 지배력이 미치는 것은 「실제로 이미 국가의 지배보다도 넓다. ― 그것은 국가권력들이 그것에 대항하지 않는 한, 자신의 전능을 위해서 가치가 부서진, 더구나 적합한 가치의 기준을 없애 버릴 것이다 ―. 즉 타국에 대한 침해와 본질적으로 동일하게 **자신의** 국가를 침해하는 효과를 가져온다」. 그러나 국가권력은 슈미트 자신이 서술한 것인데, 국제적 대자본의 권력이 이미 국가의 그것보다도 광범위하게 미친다면 어떻게 국제적 대자본에 대항할 것인가?!

약간의 예를 들면서 경제나 기술의 변혁이 자본에 대한 국민국가의 권력을 어떻게 축소시켜왔는가를 명백히 하기로 한다. 소유층이 자신들은 보다 많은 국민국가를 위해서 희생을 치러야 할 것은 아닌가 하고 두려워하기 시작한 즈음에 독일에서의 수치스런 자본의 유출을 떠올리고 싶다. 수 십 년 전이라면 이러한 유출을 대체로 저지하기 위해서는 국경에 몇 사람의 관리를 추가해서 배치하면 충분하였다. 비행기에 의한 탈출이나 외국에서의 은폐 회사의 설립에 대해서 국가는 이미 몸을 지키기 어렵다. 동일한 현상은 영국에도 보인다. 최초의 노동당 정부의 수반인 맥도날드는 그 최초의 연설에서, 자국의 자본가들에 대해서 자신은 높은 과세의 의도는 없기 때문에 자본유출을 내다보고 간원하였다. 독일의 수출업자가 판매한 상품에 대한 금전을 독일로 향하지 않고, 외국의 은행이나 거래소에 예치하여 교부해야 할 외국어음을 라이히로부터 속이는 것도 다툼의 여지는 없다. 우리들은 외국에서 언제나 반복되는 이러한 비난을 평정하게 받아들이고, 우리들 내지 우리들이 이 비난의 근거를 검토해야 하며 외국의 정부들에게 은행의 업무상의 비밀을 국제적으로 제거하도록 요구했어야 할 것이다. 그러면 우리들은 프랑스, 영국 내지 미국이 자신들의 금융자본가에게 근본적으로 독일이 자국의 금융자본가에 대한 것과 아주 동일하게 무력에 대치한 것을 몸으로 느낄 것이다. 그러나 대은행은 국가의 감시에서 이탈하여 성장하며 루르 지방의 기업가는 프랑스와 힘과 힘으로 교섭하고 있다. 이 초국가적 권력은 오늘날 국민의 존재를 위협하고 있다. 모든 국민의 자결권은 국제자본에 의해서 문제가 되고 있다. 우리들은 바로 국민을 위해서 인터내셔널을 구한다! 초국민적 국가조직은 국민문화의 독자성에 대해서 위험할지도 모르는 무서운 무리들에게는 스위스를 보라고 하면 충분하다.

그리하여 제국주의의 분립화와 관련화를 만드는 효과에 대하여 간단히 살펴보고, 끝으로 다음과 같이 정리할 수 있다. 즉 사회주의정당들은 인터내셔널을 바라지 않을 수 없다. 그들 정당들은 그것을 ― 인터내셔널을 위해서도 ― 국민의 자기희생에 의해서 보다 바람직하지 않으며, 바라서는 안 된다. 국민은 인터내셔널을 바라지 않을 수 없다. 국민은 그것을 ― 인터내셔널을 위해서도 ― 자기를 희생으로까지 바랄 수 없으며 바라서는 안 된다.

> 「우리들 대러시아의 계급의식을 가진 프롤레타리아트에게는 민족적 자부심과 는 인연이 없는 것일까?
> 결코 그렇지 않다! 우리들은 우리들의 말과 우리들 조국을 사랑한다 … 그리 고 우리들 대러시아의 노동자, 민족적 자부심으로 충만한 우리들은 어떠한 희생을 치르고도 자유롭고 독립한 · 자치적 · 민주적 · 공화적인 자부심 높은 대러시아를 바라고 있다. 그것은 평등이라는 인류의 원리에 근거하여 이웃 국가와 관계를 세우는 것이다」.[142]

## c. 외정적인 현재의 결정

우리나라의 외정에 관한 현재의 결정이 내세우는 확고부동한 목표는 독일 민족의 국민적 자결이다. 우리들이 그것으로 먼저 요구하는 것은, 예컨대 제2 인터내셔널이 1896년에 런던 결의에서 이미 요구한 것, 함부르크 국제회의가 1923년에 예언한 것, 그리고 볼셰비키 강령 그 자체가 유목민 칼묵인에게 인정한 것, 즉 「우리들의 문화 · 정치 그리고 경제에서의 현실적 자결」에 다름 아니다. 우리들은 이러한 목표를 목적에 적합한 모든 수단을 사용하여 주장할 각오가 있다. 수단의 이러한 합목적성을 결정하는 것은 주어진 소재이다. 즉 독일 민족의 세계정치적인 상황이 그것이다. 그것은 먼저 베르사유 강화조약으로 규정되고

---

142) W. I. Lenin, *Über den Nationalstolz der Grossrussen*, 12. Dezember 1914, in *Werke* (deutsch nach der 4. russ. Ausgabe), Bd. 21, Berlin 1960, S. 92 f.

있다. 이 조약에 의해서 독일 민족으로부터 문화·정치 그리고 경제에서의 현실의 자결권을 근본적으로 박탈한 것이다.

라이히와의 정치적 결합을 바라는 독일인들은 유럽 안에서 폐쇄된 식민지에 7천만 이상 있다. 그 중 6천만은 독일 라이히를 이루는데 1천 백만은 폭력적으로 10개의 국가로 나뉘었다. 엘자스·로트링겐에 있는 150만인을 제외한다면, 강화조약은 독일 라이히로부터 5만인의 독일인을 찢어내어 벨기에에, 4만인을 덴마크에, 130만인을 폴란드에, 7만 1천인을 메멜 지역에, 31만 5천인을 단치히에, 6천 5백인을 체코슬로바키아에 인도하였다. 예전의 오스트리아·헝가리에서는 370만의 독일인이 체코슬로바키아로, 백만인이 유고슬라비아로, 49만인이 루마니아에, 36만이 헝가리에, 13만인이 폴란드에, 25만 8천인이 이탈리아에, 2천 3백인이 피우메에 속하게 되었다. 6백만의 오스트리아계 독일인은 독일계 오스트리아 국민의회에서 전당 일치로 합병을 의결하였음에도 불구하고, 민족들의 자유를 위하여 투쟁한다고 칭하는 협상측에 의해서 라이히에의 합병이 금지되었다. 합병운동을 지도한 것은 여기서는 사회민주당이었는데, 이 당은 이미 1918년 겨울에 합병계획안을 완성해서 올렸다.[143] 그리하여 베르사유를 통해서 전독일 국토와 독일인은 거의 4분의 1이 폭력으로 독일 라이히로부터 단절되었다.[144] 독일인, 특히 엘자스 로트링겐·체코슬로바키아·폴란드 그리고 남티롤*의 독일인들은 계획적으로 국적이 박탈되었다. 바이쓰에 의한 사회주의의 『정치의 편람』에는 체코슬로바키아에서의 독일인에 대한 민족적 폭행은 「체코의 사회민주당의 협력 아래」 행해지며, 그리고 통일된 독일-체코 공산당도 결코 독일인의 자결권에 비견할 수 없었다는 매우 주목할 확인을 포함하고 있다.[145]

독일 국가에서의 6천만인의 문화국민으로서의 자결권은 그 정치적·경제적 기초가 보증되지 않는 한 매우 의심스럽다. 그러나 베르사유조약은 독일 민족을 정치적·경제적으로 ― 완전히 과장 없이 ― 분쇄하였다. 고도로 발전한 공업적 민족에 대해서 생명선인 경작지, 원료생산지 그리고 판로는 빼앗기고, 상선대는 강탈되고, '배상', 연금, 그리고 점령군에게 거액의 변제가 착취되고, 사회주의적 정신의 국민적 내정은 생각할 수 없게 되었다. 베르사유 불법조약이 독일 민족을 ― 영국인 케인즈의 표현을 빌리면 ― 백인 노예의 식민지로 신중하게 안출된 사실을 개별적으로 계산하는 것은 지나칠는지도 모른다.[146] 우리들은 자신들의 운명에 관한 거의 모두 손 놓을 만큼 상실한 것을 조약 제8부 제2 부대사항의 악명 높은 제18조가 전격적으로 명백히 하고 있다. 그것은 고의적인 불이행에 대해서 거기에 적대적 행위가 보이지 않더라도 있을 수 있는 한의 조치를 강구할

---

143) Ludo Moritz Hartmann, *Grossdeutsch oder kleindeutsch?* Gotha 1921, S. 20.

144) Rudolf Laun, "Volk und Staat," in *Teubners Handbuch der Staats-und Wirtschaftskunde*, Bd. 1, Heft II, Leipzig 1924, S. 66 참조.

145) Friedrich Weiss, *Politisches Handbuch*, Wien 1924, S. 82.

146) 예컨대 John Maynard Keynes, *Die wirtschaftliche Folge des Friedensvertrag*, München 1920, S. 184 참조.

권한을 연합국측에 부여하고 있다. 그 조치란 「경제적 및 재정적 봉쇄 및 보복조치, 즉 무릇 위에 열거한 정부들이 여러 가지 사정을 통해서 필요하다고 본 조치들이다」.[147] 그 자체 이행불가능한 조약에 대해서 고의적인 불이행이 존재하는가의 여부는 물론 일방 당사자만이 확정한다. 억압되고 분단된 독일인들은 그 때문에 결코 자신들의 국민적 통일과 자결의 복구에 향하여 노력을 포기해서는 안 될 것이다. 그것 없이는 — 엥겔스가 1866년에 적었듯이, — '국민의 생명은 단지 그림자'로 되어버린 것이다.[148]

**한 민족의 자결**은 결국 그 군사력에 의해서만, 오늘날의 기계전쟁에서는 나아가 무엇보다 도 **대규모 군사력의 소유에 의해서 보증된다.** 우리들이 어떻게 무방비상태에 있는가는 다음의 통계자료에서 명백하게 된다. 프랑스는 여러 나라가 만든 가시면류관을 가지고 우리나라를 감싸고 있다. 이 프랑스 지배 아래 있는 수 백 만 규모의 군사력은 다음과 같은 병력으로 구성된다. 즉 프랑스 500만, 루마니아 240만, 폴란드 200만, 체코슬로바키 아 100만, 유고슬라비아 100만, 벨기에 55만, 따라서 합하여 1200만의 군대이다. 독일은 10만의 병력을 가진다. 독일계 오스트리아는 18,000이다. 프랑스의 연합은 적어도 무릇 6만의 기관총, 1400의 경포대, 800의 중포대, 6200의 전차, 8000의 전투기를 손에 넣고 있다. 독일 라이히는 1900의 기관총, 72의 경포대를 보유하는데 중포대, 전차, 전투기는 보유하고 있지 않다.

거기서 보면 몇 사람의 어리석은 젊은이가 독일에서 몇 정의 화승총이나 돌대포를 숨기고 있는가는 우리나라의 완전한 무방비에 대해서 어떠한 중요성을 가지는가 추측하 고 싶다. 또한 거기에서 독일인은 여전히 충분히 무장 해제되고 있지 않다는 프랑스의 주장에 숨어있는 위장의 정도도 추측하고 싶다. 우리들은 오늘 폴란드나 체코나 루마니 아에 의한 거의 어떠한 공격에도 저항할 수 없는 상태에 있으며, 말하자면 프랑스와 벨기에의 공격에 대해서는 방어할 수 없다. 사실 오늘날 독일에서 어느 정도 정신이 건전한 사람들이라면 폭력에 의해서 라이히의 자율성이 획득될 수 있다고 아무도 믿지 않는다.

이 무방비로 완전한 약탈상태에 놓인 독일 민족은 차고 넘치도록 인구과잉이 되고 있는데, 한편에서 다음 세대의 사망자는 막대한 수에 달한다 — 어린이의 사망자는 서서히 발생하며 어떤 종류의 평화주의자의 신경에는 직접 언급하지 않으나 실제로는 격렬한 전사보다도 슬플 정도로 충격적이다. 어디에서 우리들에 대한 도움이 올 것인가? 인터내셔 널은 오늘날 1914년보다도 강력한 것인가? 1925년 2월의 사회주의자 회의는 국제적 평화주의는 그 도상에 있다고 선언한다. 또는 ! — 그러나 그것이 300년간의 목표에 도달하는 것은 단언할 수 없는 것은 아니다. 국제연맹은 우리나라를 도울 수 있을까? —! 거기에 모인 열강이 우리나라를 도우려고 한다면. 그런데 틀림없이 국제연맹이 승리자 의 트러스트인 것은 반복해서 명백하여 왔다. 그것은 오버 실레지안 · 단치히 · 자르 지역,

---

147) 1919년 6월 28일의 베르사유 조약 제8부 부속 2, 제18조. *RGBl.* 1919, S. 687 ff. [1017].
148) Friedrich Engels, *Was hat die Arbeiterklasse mit Polen zu tun?* (Anm. 117), S. 156.

그리고 식민적 위임통치령의 분할, 아울러 소수파 보호의 거부를 생각하고 싶다 — 현재의 권력관계의 신성화, 즉 독일의 무력의 억압을 그 주요 임무라고 본다. 국제연맹이 가진 국제적인 장래에 대한 의의는 과대평가될 수 없다 — 그런데도 여전히 덧붙일 것은 독일계 오스트리아의 대외정책은, 말하자면 독일의 그것은 국제연맹에의 가입과 함께 끝난 것은 결코 아니라는 것이다. 우리들 독일 사회주의자들은 유럽 국제 조직 내부에서의 독일 민족의 국민적 자결이 확보되는 것에 매우 큰 관심을 가진다. 우리들은 사회주의와 국민을 위해서 인터내셔널을 바라는데 국가의 틀을 넘은 신조와 조직이란 우리들이 국민으로서 통일하고 자유로운 상태에 있는 경우에만 가능하다는 것을 알고 있다. 우리들에 대해서 국민은 문화 없는 잘못된 인류에 이르는 이행점이 아니라 우리들이 거기서 인류의 초국민적 목적을 위해서만 협력할 수 있고, 또한 협력하려고 하는 운명적으로 결합된 삶의 형식이다.

그리하여 국제연맹의 내외에서 우리들은 냉철하게 계산된 대외정책을 추진하고, 이 목적에 기여하는 가능성을 다시 입수해야 한다. 오늘날의 무력한 상태에서 우리들은 그 힘이 없다. 지구 전체에 널리 퍼지는 국제주의도 단 하나 국제문제에 입을 다물고 세계의 그것을 인상지을 수 있으려면 그 앞서 먼저 독립한 입장을 획득하여야 한다. 우리나라의 대외정책이 개개의 점에서 어떤 태도를 정할 것인가에 대해서는 방대한 상론과 이유를 요구할 것이다. 세계정치적 및 세계경제적인 종류의 매우 정확한 고찰을 해 본다면 어떤 열강이 정치적으로 우리들과 부합하는 이해와 의지를 가지는가 제시하기에 분명하다. 여기서는 표면적인 시사만을 할 뿐이다. 우리들의 자결에 대한 관심과 이익을 유효하게 촉진하는 힘을 가지고 있는 것은, 목하에서는 유럽 국가들 중에서 영국뿐이다. 결국 프랑스와의 밀접한 협력만이 범 유럽적 문화를 구제할 수 있다는 것은, 그러한 화해에 항상 두 가지가 속한다는 사실처럼 정당하다. 프랑스와의 화해는 영국의 중개로만 가능하다고 생각한다. 영국은 유럽의 내외에서 프랑스가 앞서려고 하는 노력에 점차 대립하지 않으면 안 되게 되었다. 러시아의 농업경제와 함께 독일 공업국가는 매우 밀접한 협력을 고려하여야 한다. 정치적으로 본다면 러시아는 당면한 우리나라에 대해서는 거의 도움이 되지 않는다. 영국과 러시아를 제외한 범유럽이라는 서재의 이념이 쿠덴호브-칼러르기(Coudenhove--Kalergi)*에 의해서 주장되는데, 우리들은 이것을 거부한다. 왜냐하면 바로 유럽이란 각축장에서 최강국 영국을 배제하는 등 아무것도 쓰지 않은 지상에서만 가능하다고 생각하기 때문이다. 이탈리아와의 동맹은 국민적 사회주의자가 우리들에게 분명히 한 내정적 이유에서 추천하더라도 확실히 이탈리아에 대해서는 이익이지만 독일 라이히에는 이익을 가져오지 못한다. 이탈리아 해안의 앞뒤에서 함대를 가지고 지배하는 영국의 동의가 있어야만 이 동맹은 성립할 것이라는 점을 도외시하더라도 말이다.

장기적인 관점에서 설정된, 평온하고 안정적인 정책만이 독일의 국내적 및 국제적 자결을 재건할 수 있다. 그러나 대외정책은 대내정책의 효과이며 또한 그 반대도 진실이다. 독일이 처한 상황에 관한 민중의 이해도 결정적인 순간에 민중의 힘으로 가득 찬 결의를 배후에 할 각오도 없는 독일의 외무장관은 매우 천재적인 수완가들 아래서는 무력한 그대로이다. 파시스트 독재를 통한 대외적 해방을 기대하는 무리들에게는 폼 슈타인 남작과 함께 다음과 같이 대답해 둔다.「어떤 국민에게 자유와 명예를 부여하는 데에는 이 국민의 억압된 부분에 소유와 결정에 대한 참가를 부여할 필요가 있다」— 즉 파시스트적 독재의 정반대인 것이다!

그러나 모든 사회주의자에는 그 자신의, 대부분은 아주 적은 외정적 판단력을 향상시키 듯이, 구하지 않으면 안 된다. 그러나 정치적인 행위에 대한 각오에는 원리적인 한계가 두어져서는 안 되며, 어디까지 기다릴 것인가, 어디에서 거부할 것인가와 같은 한계가 두어져서는 안 된다. 어느 한쪽이나 다른 한쪽이 언제 펀드는가에 관하여 일반적인 법칙은 없다. 우리나라의 내셔널리스트에 의해서 자주 불명예라고 매도된 이행정책은 그들 자신에 의해서 계속하지 않을 수 없을 것이다. 군사적 저항의 정책은 어떠한 형태이든 바로 무력한 독일에 대해서 불가능한 일이다. 그러나 다른 한편, 무저항의 정책도 원칙적 으로 정치적인 공상결여의 소산이다. 우리들에 대해서 장래가 어떠한 결정 앞에 서게 될 것인가는 아무도 알 수가 없다. 베르사유조약도 모든 강화조약과 마찬가지로 원래 영원한 것은 없다. 우리들은 전쟁을 바라지 않는다. 우리들은 전장에서 함께 싸우고 진창에 빠지고 그리고 움직이지 못하고 눈에 보이지 않는 전쟁기계에 의한 죽음을 관념하 고 있던 우리들은 이름도 없는 공포를 알고, 이 기계적인 사살과 독가스 살육이 대면하고 있는 투쟁에 확실하게 차지한 저 '성격의 포에지'와 어떻게 다른가를 알고 있다. 그럼에도 불구하고 우리들은 오늘날 우리나라의 비극적인 책임을 완전히 의식하면서 모든 사회주 의 지도자 중에서 누구나 인정하는 아우구스트 베벨이 1904년 처음으로 잘 알려진 제국의회 연설 속에서 부르주아 정당들에 향하여 호소한 말의 하나에 동의한다. 독일은 공격전쟁에 놓이지 않을 것이며,「이 전쟁에서는 독일의 생사가 문제로 된다. 거기에서 나는 당신 쪽에게 가담하고 싶다. 우리들은 최후의 한 사람까지, 그 중에서 가장 노년에 이른 사람조차 엽총을 등에 메고 우리 독일 땅을 수호할 각오가 있다 라고. 그것은 당신 쪽을 위해서가 아니라 우리들을 위해서며, 당신 쪽을 무시하고 나 자신을 위해서다. 우리들은 이 땅에서 살고 싸우며, 이 우리들의 조국, 우리들의 고향 땅 — 그것은 당신 쪽의 조국인 것과 마찬가지로, 또는 그 이상으로 우리들의 조국인 것 — 을 우리들의 최후의 것에 대해서도 여기에 살아있는 것이 기쁘듯이, 형태지워 간다. 우리들이 달성하려 고 시도하는 것은 우리들의 노력이며, 그러므로 우리들은 이 조국으로부터 한 조각의 토지를 빼앗는 모든 시도를 우리들의 계명으로 만드는 힘을 가지고 마지막 호흡이 다하기 까지 계속 거부하자」.[149] 수 개월 뒤인 1904년 12월 10일의 제국의회에서 베벨은 다시 덧붙인다.「나와 내 친구, 우리들은 독일의 토지의 한 조각도 외국에 할양하지 않는다. 왜냐하면 독일이 분단되었다면 그 순간에 필연적으로 국민의 정신적 생활과

---

149) August Bebel, in *Stenographische Berichte über die Verhandlungen des Reichstags*, 7. März 1904, 51. Sitzung, S. 1588.

사회적 생활의 모두는 그 부분의 이국지배가 계속되는 한 절멸될 것이며 우리들은 곧 알기 때문이다」.[150]

또 한 번 말한다. 우리들은 전쟁을 바라지 않는다. 우리들은 그것을 세계전쟁의 경험에 근거하여 유럽의 국제관계를 정서하는 데에는 쓸데없는 수단이라고 간주한다. 승자와 패자는 유럽 속에서 아주 긴밀하게 의존하며, 양자는 전쟁의 계속에 참지 못하는 것이다. 사회주의자로서도 독일인으로서도 우리들은 전력을 다하여 민족들의 화해를 추구하고 싶다. 위대한 인도인 마하트마 간디의 말을 믿자. 「어떤 사람의 인간성에 절실함이 결여됨에 따라서 이 사람은 점차 애국자로서 가치 없게 된다」. 그러나 비폭력의 종교를 위해서 우리들의 무종교인 인문주의적 평화주의자의 누구보다도 쓰라린, 이 외경을 금치 못하는 이 영웅은 다음과 같은 말도 서술하였다. 「인도인이 지배자의 폭력의 쇠사슬에 묶여 노예 그대로 있기보다도 폭력을 사용하여 해방되는 쪽이 나는 바람직하다고 생각한다」. 그리고 이러한 말에는 탁 털어놓고 고백하고 싶다. 종이 위의 논리가 여기에 보이는 모순을 이념과 사회적 현실과의 이 비극적 긴장을 우리들은 몸으로써 알고 있다.[151] 그 때문에 우리들은 이 모순을 가장 위대한 독일의 사상가이며 평화의 고지자인 칸트에서 다시 발견해도 놀랄 일은 아니다. 그는 영구평화를 한편으로는 경험적인 「실현하기 어려운 이념」이라고 불렀다.[152] 「영구평화」란 칸트에 대해서와 아주 마찬가지로, 우리들에 대해서 인류적인 이성이다. 그것은 우리들이 끊임없이 가까이 가지 않으면 안 되는 이념이다. 그러나 칸트로 부터 우리들은 정당한 전쟁은 「숭고한 것」일 수 있지만, 이에 대해서 평화는 자주 「단순한 상인 기질을 그와 함께 야비한 이기심, 비겁함 그리고 나약함이 지배하게 만들며, 민족의 사유방법을 저열하게 할 경향이 있다」[153]라고도 가르친다. 삶을 긍정하는 자는 대립들의 악마적인 통일도 긍정한다. 우리들은 이 삶을 선악의 피안에서 받아들이지 아니하며, 선을 위해서 싸우는데, 우리들은 항상 수단의 마력 속에 빠져 있는 것을 자각한다. 국제적 권력투쟁을 국제적인 법적 분쟁으로 삼는 국제적 세계조직이 존재하지 않는 한, 우리들은 국제적 자기보존의 권리와 의무를 손에 넣는다. 그러한 한에서 「전쟁을 반복하지 말라!」고 외쳐도 혼의 절규일는지 모르나 단호하게 정치의 보장은 아닌 것이다.

독일의 노동자가 그의 계급투쟁을 독자적인 생의 형식을 가지고 국민적 문화공동체에의 창조적 협력자가 되기 위해서 싸워야 하듯이, 독일 민족은 그 국민적 투쟁을 독자적인 생의 형식을 가지고 국제적인 민족공동체의 창조적 부분이 되도록 투쟁하여야 한다. 이러한 민족들의 공동체는 우리들의 목표이다. 라살레가 말하기를 「그것은 폭력을 사용하거나 사용하지 않는다는, 수단의 문제는 아니다」.[154] 우리들에게 본질적인 일은 대외적으로나

150) AaO.

151) 상술 S. 496 (본서, 777면) 참조.

152) Immanuel Kant, *Die Metaphisik der Sitten* (1797), in *Gesammelte Schriften* (Hg. Kgl. Preußische Akademie), Bd. 6, Berlin 1907, § 61 (S. 350)(백종현 옮김, 『윤리형이상학』, 아카넷, 2012, 318면).

153) Kant, *Kritik der Urteilskraft* (1790), aaO., Bd. 5 (1908), S. 263 (백종현 옮김, 『판단력비판』, 아카넷, 2009).

대내적으로도「현존 상태 대신에 완전히 새로운 원리가 규정되는 것」이다. 독일의 세계열강인 지위는 오늘날에는 정치적으로 생각하는 사람들에게 사라진 것이 되고 있다. 권력정치적인 국제적 평가 속에서 독일의 역할은 이제부터 수년간은 먼저 2류 이상으로 되지는 않는다. 그러나 정신정치적인 세계적 평가 속에서 독일은 일류의 지위를 차지할 수 있으며, 그 명예 높은 의의는 결코 열등하지 않다. 그 점에서 실러나 피히테의 세대는 완전히 정당하였다. 인륜적으로도 정치적으로도 필요하게 된 독일의 세계사적 임무는 오늘날 볼셰비즘적 동쪽과 자본주의적 서쪽 간에 진정한 사회주의적 민족공동체의 사상을 실현하는 데에 있다. 가장 현실적인 독일의 권력정치는 현재에는 사회정책이다. 세계의 사회주의 사상을 모범적으로 형성하는 힘을 일으키자. 그러면 우리들은 피히테의 정신 속에서 더 이상 달리 유례없는 인류민족으로서 지배하게 될 것이다. 유럽의 민족 간 관계 속에서도 현존하는 상태 대신에 새로운 원리가 나타나도록 목표로 할 것은 아닌가? 그러면 우리들은 현실의 권력정치를 영위함과 동시에 정신적으로 세계 속에서 지도적으로 될 것이다. 그러나 망각해서는 안 될 것은 여기서도 자기보존이 정신적 전개의 전제라는 것이다. 우리나라의 현재의 상황은 우리들에게 자유로운 국내적 자결도 국제적 자결도 허용하지 않는다. 그러나 저 현실을 만들어 가는 것 속에 민족을 거쳐 인류에 이르는 길이 통한다. 그것은 신에 대한 신앙의 길이 결코 충만하지는 않지만 결코 죽지 않는 인간에 대한 신앙을 거쳐 통하는 것과 마찬가지이다.

154) 상술 주 60 참조.

# 2. 국가, 국민 그리고 사회민주주의*(1931)

　내가 보고하는 대상은 사회민주주의가 국가와 국민에 대해서 가지는 관계이다. 이 주제는 결코 국가, 국민 그리고 「사회민주주의」는 아니다. 따라서 먼저 나는 정치의 상당히 실제적인 문제에 관해서도 논하지 않으면 안 된다.

　독일 사회민주주의의 국가와 국민에 대한 입장은 실제의 정치에 대해서 대단히 위험한 이론적 불명료함에 고통받고 있다. 그러나 이 점에 대해서는 자주 이론적으로 또한 실제로도 불명료한 것은 깊은 역사적인 원인이 있으며, 또 수많은 정치적 경험에 이유가 있다. 그 중에서 사회주의자 진압법을 들면 충분하다. 그것은 정부·행정으로부터의 사회민주주의자의 원칙적인 배제를 의도하며, 부분적으로는 오늘날에도 여전히 개개의 사회민주주의자를 사회적인 의미에서 파문하는 것이다. 이러한 정황 아래서 독일의 사회주의사상에서 — 서유럽의 사회주의나 나아가서는 체코나 폴란드의 사회주의와는 대조적으로 — 국가와 국민에 대한 하나의 보편적인 입장이 확대되며, 그러한 입장이 양자의 엄격한 부정으로 인도하였다는 것은 결코 놀랄 일이 아니다. 여기서 실현된 것은 우리들이 다른 경우에도 일상적으로 관찰할 수 있는 심리적 사안이다. 어떤 사람이 한 사람 또는 복수의 여성을 개인적으로 혐오하였다면, 그 사람은 이러한 개인적인 경험을 「여성」은 열등한 존재라는 보편적인 결론에까지 확대할 것이다. 사람들은 독일 국민국가의 비스마르크·빌헬름적 현상형태와 매우 엄격하게 대립하며, 그러한 국민국가와의 대립을 국가와 국민 일반의 원리적인 부정으로까지 확대하고 있다. 국가는 「모든 전형적인 시기에 예외 없이 지배계급의 국가이며, 또 **모든** 경우에 본질적으로 억압받고 착취당하는 계급을 억압하기 위한 기관이었다」[1]는 엥겔스의 견해 역시 그것에 영합하였다. 바로 몇 년 전에 어떤 사회주의자에 향하여 국가란 무엇인가 라고 묻는다면, 무조건 바로 이처럼 엥겔스에 의해서 정식화된 대답을 받았다. 이러한 대답은 역사적·심리적으로는 이해할 수 있지만, 결코 이론적·사회주의적으로 이해할 수는 없다. 그렇지만 페르디난드 라살레가 말하듯이, 「**국가란 자유를**

---

* Staat, Nation und Sozialdemokratie. Referat, gehalten auf der Dritten Reichskonferenz der Jungsozialisten am 12. und 13. April 1925 in Jena. Zuerst veröffentlicht in *Dritte Reichskonferenzen der Jungsozialisten*, Berlin 1925 (Arbeiterjugend-Verlag), S. 3-12; 28; 29 f. Korreferat Max Adlers, S. 12-22; 28 f. jetzt in *Gesammelte Schriften*, Bd. 1, S. 527-553.

1) Friedrich Engels, *Der Ursprung der Familie, des Privateigentums und des Staates* (1884), 17. Aufl., Stuttgart 1919, S. 185 (김대웅 옮김, 『가족, 사유재산, 국가의 기원』, 두레, 2012, 304면).

**위하여 인류의 발전**을 실현하려는 **기능**을 가진 것이다」. 국가의 목적은 「자유를 위한 인류의 **교육과 발전**에 있다」.[2]

오늘날 우리들이 이 엥겔스와 라살레 두 사람의 모순으로 가득 찬 견해를 병렬시키는 것은 이미 불필요하다. 또한 국가를 부정하면서 그 찬가를 노래하는 것도 당치 않다. 「대담한 길을 우리들은 나아간다. 라살레로 이르는 길을!」 라살레와 비슷한 형태로 국가와 관련을 가지려는 사람을 단순히 비사회주의자나 비마르크스주의자로서 이단자 취급해서는 안 된다. 다른 한편, 라살레는 결코 사회주의자가 아니라는 것을 진지하게 설명하지 않으면 안 된다. 특히 이러한 이단자 취급은 그것이 넬슨*의 철학을 지지하는 사람들에서 유래하는 경우에는 우습게 작용한다. 왜냐하면 어떤 사람이 무엇인가를 마르크스주의와 예리하게 대립시키는 경우, 그러한 것은 넬슨적인 합리주의이기 때문이다.

독일의 사회주의자들이 비스마르크 · 빌헬름적 국가와 함께한 경험들은 라살레의 국가관보다는 엥겔스의 국가관에 승리를 얻게 한 것이다. 거기에 1917년의 러시아에서의 볼셰비키 혁명이 발발하였다. 러시아 국가는 적색 테러의 도구로 화하였다. 따라서 이러한 새로운 경험을 기초로 하면서 여전히 국가는 「모든 경우에 본질적으로 여전히 억압받고 착취당하는 계급을 억압하기 위한 기관이었다」고 주장하는 것은 불가능하게 되어버린다. 비록 있을 수 있는 모든 현실에 대해서 엥겔스의 모든 언설은 절대로 틀림없다고 주장하더라도, 이러한 모든 해석술로 여기에 이르러 단념하지 않을 수 없었다. 볼셰비키 혁명의 발발로 이러한 견해에서 이탈하여 독자적인 길을 모색하지 않을 수 없게 되었다. 1918년에 독일 사회주의자가 국가지도를 인수하게 되었을 때에 이러한 필연은 피할 수 없는 강제가 되었다. 저명한 이론가들은 실증적인 사회주의 국가이론에까지 도달하려고 부심하였다. 오토 바우어, 루돌프 힐퍼딩, 카를 렌너와 같은 사람들이 독일에서 이상하게도 자주 인용된다. 더구나 언제나 적합한 것만을 이끌어내고 그 밖의 모든 것을 생략해 버리는 사람들에 의해서 그처럼 자주 인용된다. [**아들러 동지의 중간 외침**:「그런 것은 단호히 상호의존적이다」.] 나는 뭐라 해도 이 점에 관하여 추천하는 것은 오토 바우어의『오스트리아 혁명』을 읽는 것이다.[3] 힐퍼딩도 「국가를 단지 계급국가로서만 나아가 그것에 의해서 단순히 지배조직으로서만 이해하려고 하는 국가개념의 협소화」는, 마르크스주의적인 발전사고와 일치하는 것은 아니라고 주장해왔다.[4] 실천에서는 모든 사회주의자는 예외 없이 국가에

---

2) Ferdinand Lassalle, *Das Arbeiter-Programm* (1863), in *Gesammelte Reden und Schriften* (Hg. E. Bernstein), Bd. 2, Leipzig 1919, S. 197 f.(서석연 옮김, 『노동자강령』, 범우사, 1990, 70면). 동료인 아들러는 라살레적인 국가이념에 대한 나의 서술의 정당함에 의문을 표시했다. 그의 저서『노동자강령』과 특히 『공개 답변서』를 읽는 경우에 그 속에서 예컨대, 「그러나 이것은 바로 국가의 과제이며 규정인데, 인류의 커다란 문화적 진보를 완화하고 중재하는 것이다. 이것이 국가의 사명이다. 거기에 국가는 존재한다. 언제나 거기에 봉사하며 봉사해야 하는 것이다」. aaO., Bd. 3 (1919), S. 72 f.

3) Otto Bauer, *Die österreichische Revolution*, Wien 1923, insbesondere § 1 「국가와 노동자계급」.

4) Hermann Heller, *Sozialismus und Nation*, in *Gesammelte Schriften*, Bd. 1, S. 487 (본서, 770면); Rudolf Hilferding, Einleitung zu G. D. H. Cole, *Selbstverwaltung in der Industrie* (deutsche Übersetzung der 5. englischen Aufl.), Berlin 1921, S. xiv 를 보라.

대해서 적극적으로 협력한 것을 고백하는데, 그러나 이론면에서는 많은 사람들은 고색창연한 언어의 유희에서 벗어나지 못하고 있다. 이러한 모순은 당[SPD] 안쪽에서, 또 청년사회주의자의 내부에서는 국가긍정론과 국가부정론으로 잘못 불리는 두 개의 입장의 의견차이로까지 발전하였다. 그렇게 흔들리지 않는 것처럼 보이는 대립모순도 우선 그 개념상의 불명료함이 상당히 넘칠 정도로 많다는 점에 바로 그 근원이 있다. 수천의 소책자, 서적 그리고 신문기사들이 「국가」 아래 요컨대 무엇을 이해하는가에 대해서 언급하지 않고 국가를 지지하거나 반대하는 논진을 펼친 것이다. 우리들의 동료 막스 아들러의 『마르크스주의의 국가관』 역시 이런 비난을 면할 수는 없다. 이렇게 해서는 우리들은 물론 어떤 명료함에도 도달할 수 없다. 이런 논전은 모두 나에게는 어두움이 짙은 구름 속에서 두 사람이 난투하는 것처럼 보인다. 이 두 사람은 서로 미친듯이 때리는데 서로 상대방이 보이지 않으므로 명중하지는 않는다. 사회주의자에 대한 공동의 적수만이 이러한 우리들의 논전을 유쾌하게 느낄 뿐이다.

우리들이 다루는 문제는 「어떻게 국가와 국민 그리고 사회민주주의의 입장에서 평가해야 할 것인가」하는 것이다. 우리들은 마르크스, 엥겔스와 라살레가 60, 70년 전에 국가에 관해서 언명한 것에 의거하지 않고, 그러한 교설에 사로 잡히지 않고, 이 문제를 완전히 독자적으로 다루지 않으면 안 된다. 우리들은 마르크스가 국가를 사회구조로서 다루고 결코 법학적 국가개념에는 관련짓지 않았다는 범위 안에서만 마르크스의 방법론을 취하기로 한다.

맨 먼저 우리들이 질문할 것은 「사회민주주의란 무엇이며 그것은 무엇을 바라는가?」이다. 사회민주주의는 하나의 정치적인 전투부대이며, 사적 자본주의적인 사회형태를 공동의 경제질서에로 대체하려는 하나의 정당이다. 사회민주주의는 생산의 합리화를 통하여 상품생산의 증가를 사회주의화를 통하여 공정한 부의 분배를, 노동조건의 인간화를 통하여 인간과 노동의 관계의 내면화를 각각 추구한다. 사회민주주의는 모든 경우에 공동체라는 것을 개인보다 높게 두지 않고서는 그 목적을 달성하기 위하여 한걸음도 나아갈 수 없다. 무정부주의는 모든 사회구성을 개인의 입장에서 고려하려고 한다. 따라서 이러한 무정부주의와 사회주의 간의 보다 중대한 대립모순과 같은 것은 있을 수 없다. 이러한, 사회를 추상적으로 높이 평가하려고 하는 데에 각각의 사회주의자들은 열광적으로 찬성할 것이다. 그러나 질서잡히지 않은 것을 폭력을 가지고 공동체로 형성하려고 강제한다면, 각각의 인간 속에 졸고 있는 감상적인 자유의 외침이 올라온다. 그리고 사회적인 강제질서의 이념에 반대하는 무정부주의적인 활동이 상기된다. 사회주의자는 그러나 자유라는 것은 정서되며 모든 방해로부터 준수된 전체에서만 가능하다는 것을 알고 있다. 사회주의자는 정서된 생산을 하기 위해서 바로 「생산의 무정부화」와 투쟁한다. 왜냐하면 이러한 정서된 생산을 통해서만 노동자에게 경제적 자유가 생길 수 있기 때문이다. 정서된 사회주의적 생산이 노동자에게 자유를 가져올 수 있는가는, 개개인의 자율이 전체의 권위에 복종하는 경우와, 이러한 공동체의 권위가 때로는 강제적으로 개개인에 대해서 행사할 수 있는 경우만이다. 막스 아들러는 어떠한 권위도 수반하지 않고 어떠한 조직을 생각할 수 있는가 하는 엥겔스의 흥미로운 문제제기를 인용한다. 엥겔스는 이러한 문제를 단호히 부정하며, 그것에 대해서는 공장에서의 여러 경험들을 근거로 대고 있다. 「대공장에서의 권위의 폐지는 공장 그 자체의 폐지이며, 실감기대를 되돌리기 위해서 증기 방적기를 주정하는 것이다」.5) 권위와 복종은 「우리들에게 사회조직에서 독립하여 나오는 것이며, 동시에 우리들이 재를 산출하고 그것을 순환시키기 위한 물질적 조건들과 함께 있는 것이다」.6) 이러한 사고과정에서 엥겔스 시대에 무정부주의를 구축하기 위해서 생각하였던 문언에는 고집하지 않는 **마르크스주의의 국가관을** 전개할 수밖에 없었던 것일까. 무정부주의와 사회주의는 실제로 서로 물과 불 같은 태도를 취한다. 이러한 경우에 의해서는 강제적인 형태로 권위를 확보하는 것을 승인하는 점에서 모든 사회주의는 모든 무정부주의로부터 구별된다. 나는 권위의 강제를 적합한 경우에만 인정하려고 하는, 생각이 명석하지 못한 무정부주의자가 있는 것을 알고 있다. 무정부주의자의 기본적인 유형은 「권력은 나쁘다」고 서술한 톨스토이며 언제나 그렇다. 시종일관한 무정부주의자는 톨스토이처럼, 모든 권력의 행사를 포기하고 그럼으로써 모든 사회형태를 포기하지 않으면 안 된다. 사회주의적인 무정부주의 또는 공산주의적인 무정부주의라는 것은 전적으로 무의미한 것이다. 그러한 것은 바로 검은 백마를 의미한다.

필요하다면 강제력을 사용하여 자기를 관철하는 권위 없는 조직은 있을 수 없다는 견해는, 국가를 이해하기 위한 첫 번째 기본이다. 국가의 이해에는 자주 무시되는데 명확하게 안중에 두어야 할 또 하나의 사정이 있다. 그것은 지리적 영역에서의 사회적 단체들의 다양성이다. 하나의 영역에는 무수한 경제적 · 종교적 · 교육적 · 정치적 그리고 그 밖의 조직이 존재할 뿐만 아니라, 각인은 다양한 단체질서를 가진 무수하게 다양한 단체의 일원이기도 하다. 이러한 것은 국가의 필연성을 형성한다. 개개인과 단체의 협동활동은 그러한 개개인을 초월하여 최종적으로는 국가라는 단체질서가 그 자신의 단체기관을 가지고 이러한 협동활동을 보장하는 경우에야말로 비로소 확실하게 될 것이다. 예컨대 노동자는 보통 하나의 가족이라는 단체나 노동조합이나 정당이나 소비자조합이나 가족유원지연합회의 구성원이다. 문화는 사회적인 협동활동을 통해서만 가능하다. 이러한 협동활동은 개개인에 대해서는 일정한 영역에서 단체들을 질서지우는 국가라는 단체가 존재하지 않으면 불가능하다. 사회적인 직조가 긴밀하면 긴밀할수록 국가적 조직과 그 기관이 필요하게 되어 온다. 이러한 영역지배단체가 우리들에게 존재하지 않듯이 생각을 시도한다면, 그 순간에 전체 문화는 붕괴한다. 만인의 만인에 대한 투쟁은 이것이다. 단 한 사람도 결코 자유로울 수 없다. 왜냐하면 다음 순간, 강자에 의해서 타도될 것을 두려워하지 않으면 안 되기 때문이다. 그러나 전체 그 자체도 자유롭지 않다. 왜냐하면 그것은 자연과 적의 있는 사회의 위험에 대해서 정서된 협동활동에 의해서만 자신을 지킬 수 있을 뿐이기

---

5) Friedrich Engels, "Über das Autoritätsprinzip" (1874), in *Die Neue Zeit*, Jg. 32 1 (1914), S. 38.
6) AaO., S. 39.

때문이다. 이제 우리들은 왜 라살레가 국가의 목적으로서 인류의 자유로 향한 발전과 교육을 특징지웠는가를 잘 이해하는 것이다.

그리하여 이성적 인간은 누구나 제도로서의 국가를 부정할 수 없다는 점도 명백하게 되었다. 이러한 인간이 경제가 자본주의임에도 불구하고 경제를 부정할 수 없듯이, 이것도 그럴 수는 없다. 국가의 부정은 경제의 부정이다.

나는 이 기회에 이미 발간된 마르크의 훌륭한 소책자로 이러한 모든 사상에 철학적 기초를 제공하는 것인 『마르크스주의적 국가긍정론』을 언급하고 싶다.[7] 나는 이 책을 애독물로서 기꺼이 추천하고 싶지는 않다. [**아들러 동지의 중간 외침:**「이 책은 나의 기초에 근거한 것이다!」]. 그럭저럭 그것이 나의 결론이다. [**아들러 동지의 중간 외침:** 「본질적으로 그것은 내가 오해한 기초에 근거하고 있다」 - 웃음]. 나에게는 단 하나만이 중요하다. 즉 문화란 사회적인 협동활동에 의해서만 가능하며, 반복하지만 이러한 활동은 질서지워진 국가단체 없이는 생각할 수 없는 것이다.

나의 국가관에 반대를 나타낸 것은 라이프치히에서 온 학교 친구들이다. 나는 그에게도 만약 자네가 하켄크로이츠* 동조자들에게 흠뻑 얻어터진다면 자네는 어쩔 셈인가 하고 물은 적이 있다. 그러면 그는 아마 실제로 민사재판소로 갈 것이다! [**중간 외침:**「노동자는 자본가와 투쟁함에도 불구하고 자본가에게로 가는 까닭은 거기에 강제되어 있기 때문이다」.] 나는 이런 절규도 들었다. 즉 거기에 더 좋은 것은 없기 때문에 간다고. 또 거기에 더 좋은 국가가 없기 때문에 있는 그대로 받아 들인다고! 정치가는 결코 어떤 나쁜 것을 거부하지 않으며 오히려 더 좋은 것을 그대신에 두려고도 하지 않는다. 여기의 결론은 이렇다. 즉 노동자는 돈을 벌기 위해서 자기 스스로 자본주의자가 된다. 심지어 노동자는 자신의 심중에 반해서 자본주의의 유지를 위한 모든 것을 하도록 강제된 것이다.

만약 우리들이 1918년에 국가를 지지하지 않았다면, 무엇이 일어났을까? 이것을 상상할 수 있을 것이다. 오스트리아 역시 자본주의사회를 옹호하지 않으면 안 되었다.[**아들러의 중간 외침:**「그런 것은 모두 어떤 나라의 일정한 역사적인 상황에 달린 것이다」]. 바로 그대로다! 그것을 둘러싸고는 도처에서 독일과 오스트리아에서 뿐만 아니라 혁명 후의 러시아에서도 역시 자본주의사회를 유지하기 위해서 모든 것을 하지 않으면 안 되었다. 먼저 극복해야 할 일정한 역사적 상황이 거기에 존재한다는 것이 문제이다. 국가라는 역사적인 현상을 부정할 수 있을 뿐만 아니라 부정해야 한다는 것은 의심할 것 없이 명백하다. 그러나 사회적 제도로서의 국가를 부정하는 것은 경제를 부정하는 것과 마찬가지로 정신 나간 것이다.

국가는 보편적 개념으로서는 일정한 영역에서의 사회적 행위들의 질서지워진 공동활동을 보장하는 영역적 지배단체를 나타낸다. 국가의 오늘날의 현상형태에 대해서는 사회주의자는 두 가지 점에서 이의를 제기한다. 첫 번째 이의는 현대국가의 영역이란 점이며, 두 번째 점은 그 사회적 내실이다. 국가가 질서지워진 영역사회라는 것은 많은 사회주의자에

---

7) Siegfried Marck, *Marxistische Staatsbejahung*, Breslau 1925.

대해서 명백하다고는 생각하지 않는다. 사회주의의 국제적인 조건들에서 본다면, 오늘날 국민국가적인 경계는 협소해진다고 생각된다. 또한 이 경계가 장해로서 느끼기 때문에 인터내셔널에 관하여 국민국가적인 경계가 소멸하는가의 여부는 오늘날까지 여전히 악의 있는 사람들 수 명의 선의에 관련된 것처럼 논해지고 있다. 이러한 점과 외교정책에 대한 이해가 많은 사회주의자들에게 전적으로 결여된 것은 관련이 있다. [**중간 외침**: 「누가 다수인가?」]. 내가 그 예시로서 열거할 필요가 있는 것은, 막스 아들러의 책들에서는 외교정책을 전혀 언급하지 아니한 점, 또 이와 관련하여 「최선의 외교정책은 전혀 없다」는 베벨(Bebel)*의 말을 상기시키는 것이다.

현대국가에 대한 두 번째의 이의는 그 자본주의적인 내실이다. 입법, 사법 그리고 행정이 압도적으로 자본주의의 정신 아래 집행된다는 것은 의심할 것 없이 그대로이다. 공화국의 국가형태도 그러한 점은 결코 변함이 없으며, 큰 부자 공화국인 미합중국이나 프랑스의 예도 다툼의 여지는 없다. 현대국가의 계급적 성격은 부정할 수 있는 것은 아니다. 그러나 독일공화국이 사회주의적인 목표를 실현하기 위한 매우 중대한 한걸음을 의미하는 것은 아닌가 하는 주장은 올바르지 않다.

이른바 국가긍정론자와 국가부정론자 간의 진정한 논쟁은 어떠한 길을 걸어서 오늘날의 이러한 계급국가는 투쟁하고 사회주의적인 국제성에로 도달하는가이다. 이에 관하여 국가 긍정론자는 현대의 국민국가는 그것보다도 좋은 존재에 의해서 대체되기까지는 유지되어야 한다고 주장한다. 다른 한편, 국가부정론자는 이러한 명제 그 자체를 인정하려고 하지 않는다. 그들이 적극적으로 바라는 것을 나는 여기서 말로 나타낼 수가 없다. 물론 국가긍정론자는 오늘날의 국가를 궁극적인 것으로 긍정하는 것은 아니다. 그렇지만 그들은 정치가로서 가장 좋은 것으로 대체하기까지 어떤 나쁜 것을 제거하는 것은 결코 아니다. 우리들의 국가의 상태가 잘 되기까지 세계사는 기다리지 않는다. 여기에 사회주의자의 현대국가에 대한 관심이 나타난다. 사회주의자에 대해서 국가의 오늘날의 실체가 마음에 걸리는 것이 아니라, 오히려 사회주의이념의 후세에서의 실현 가능성이 문제인 것이다. 오늘날의 국가를 부정하는 자는 혼란을 야기한다. 그리고 혼란에서 인간이 무엇을 이룰 수는 없다. 그러므로 레닌은 그의 국가에서 자본주의적인 억압을 계속 보존하지 않을 수 없었으며, 노동자에 대해서 대포를 겨누지 않으면 안 되었다. 그러므로 에버트와 마찬가지로 레닌에 대해서도 고통스런 것인지도 모른다. 만약 1918년에 (오토 바우어도 오스트리아에서처럼) 우리들이 국가를 지지하지 않았다고 하여 무엇이 일어났을 것인가? 결정적인 것은 이른바 국가긍정론자가 강조한 바로는 오늘날의 형식민주적인 국가는 물론 그 실체는 자본주의국가인데 그 전체 조직에서 순수한 사회주의국가에로의 발전에 대한 장해를 의미하는 것은 아니라는 것이다. 순수하게 법학적으로 본다면, 동일한 사회주의적인 조직에 여지를 주지 않기 위해서도 바이마르 헌법의 단 한자도 개정할 필요는 없다. 여기에 있는 장해는 정치형태에 관한 것은 아니며 오히려 사회주의적인 힘의 결여에 관한 것이다. 만약 국가부정론자가 진지하게 국가를 거부하는 것이라면 필연적으로 모든 정치도 거부될 것이다. 국가 없는 정치는 사탕 없는 설탕물이다. 모든 정치는 사회적인 여러 힘들의 요구를 국법으로 전환하는 것을 목표로 한다. 또한 이러한 사회적인 세력들의 요구를 종래의 국가의 힘을 통해서 성립한 질서로 편입할 의도를 정치를 가지고 있다. 국가정치에 대항하는 계급정치라고 말하는 것은 잘못이다. 국가정치 없는 계급정치란 존재하지 아니한다. 우리들은 국가의 안쪽에서라면 계급을 위해서 아무것도 얻을 수 없다. 독일국민적인 것이든 볼셰비키적인 것이든 모든 계급정치는 국가정치적이다.

여기서 나는 국민에 도달하였다. 그것이야말로 먼저 그 자체로서 승인하지 않으면 안 될 사실이다. 그 위에 이에 대해서 뒤로부터는 바람직하게 태도를 취할 수도 있다. 다양한 지리상의 영역에 있는 인류가 그 정신과 생활태도에 따라서 다양하다는 점은 아무도 이의를 제기하지 못한다. 토지의 공통성에 기인하며, 문화의 공동성에 관련하는 이웃 사람과의 운명공동체는 서로 결혼을 통하여 일정한 혈연상의 견고함을 가져왔다. 이러한 혈연상의 견고함은 육체적인 특성의 기반이며, 그것은 예컨대 영국인은 분명히 프랑스인과는 구별된다는 것이다. 혈연상의 견고함과 토지는 국민의 자연상의 기반을 이룬다. 그러한 것 위에서 특수한 정신적인 특성, 즉 국민의 본질을 이루는 독자적인 문화재가 구성된다. 물론 다양한 정도가 있는 이러한 육체적이며 정신적인 특성을 우리들은 국민성이라고 부른다. 수 천 년 이래의 공동의 운명이 이러한 성격의 공통성을 형성해 왔으며, 새롭게 이러한 공동운명체에로 태어나 들어가는 각각의 사람들은 그 정도는 다소간 이러한 독자적인 문화재의 상속인이며, 이 정신의 정령이며 국민의 아들이다. 라살레의 피히테에 대한 언설에서는 「사람을 **위인으로 만드는 것**은 도대체 무엇인가? 그것은 그 사람이 속한 국민의 정신 그 자체를 바로 초점으로 모으도록 포괄하며, 또 이러한 포괄을 통해서 어떤 곳에 그 가장 순수한 **표현**과 **계속적인 진보**를 정신에 가져오는 것이다」.[8] 라살레에 의하면, 이러한 인간적인 것은 항상 그 국민적인 특성에서 분명히 모습을 나타낸다. 모든 독일인은 노동자든 자본가든, 프랑스인이나 영국인과는 다른 형태로 그 주변의 인상을 이해한다고 오토 바우어는 아주 정당하게 상설하였다.[9] 국민이라는 사실이 있는 한에서 말이다.

사회주의자는 이 바우어에 대해서 어떤 관계에 있는가? 그는 정당하게도 노동자층은 국민적 문화공동체에 관하여 아주 불충분한 형태로 참여할 뿐이라고 역설하며, 노동자층을 이 문화공동체에 포함하도록 요구했다. 그러나 그는 국민의 폐지란 것이 공상적이며 무의미 할 뿐이므로, 국민의 폐지를 요구하지는 않았다. 엥겔베르트 백작*은 일찍이 그 속에 국민에게 계급이 대신할 것이며, 국민들의 공동운명체는 계급의 공동운명체에 의해서 폐지될 것이라고 언명하였다. 이런 기괴한 사고방식에 의해서 그는 전적으로 고립한 것이

8) Ferdinand Lassalle, *Die Philosophie Fichtes und die Bedeutung des deutschen Volksgeistes*, in *Gesammelte Schriften* (Hg. E. Bernstein), Bd. 6, Berlin 1919, S. 113.
9) Otto Bauer, *Nationalitätenfrage und die Sozialdemokratie*, 2. Aufl., Wien 1924 (Marx-Studien, Bd. 2), S. xv (김정로 옮김, 『민족문제와 사회민주주의』, 백산서당, 2006).

다. 나는 이런 바보스런 것을 다른 사회주의자에게서는 발견하지 못했다. 사회주의적인 목표로서의 비국민화와 같은 것을 상기하는 자는 그 때에 결코 마르크스에게만 의거해서는 안 된다. 그러한 요설에 대해서 마르크스가 어떤 태도를 취했는가를 마르크스는 1866년 엥겔스에게 보낸 유명한 편지 속에서 분명히 말하고 있다. 거기에서 그가 쓴 것은 프랑스인은 노동자의 국제적 단결의 창설시에 노동자의 비국민화를 제안하였다는 것이다. 그는 이 제안을 「프루동화 한 슈티르너주의」*라고 명명하고, 즉 완성된 무정부주의적인 모순이라고 불렀다. 「내가 **스피치**를 시작했을 때 민족성을 폐지해버린 내 친구 라파르구가 '프랑스어'로, 즉 청중의 10분의 9까지는 이해하지 못한 말로 연설하였다고 말하자 영국인들은 크게 웃었다. 다시 나는, 그들은 전적으로 무의식 속에서 민족성의 부정이란 것을 프랑스라는 모범국민에 대한 국민들의 흡수라고 이해했다는 것을 암시하였다」.[10]

사회주의는 문화의 향상이어야 하는데, 그러나 개개의 국민의 독자성을 더욱 세세하게 특징짓는 것이다. 그러므로 오토 바우어는 정당하게도, 「**전국민을 국민적 문화공동체로 관계를 갖게 하는 것, 국민에 의한 완전한 자기결정의 획득, 대두하고 있는 국민들의 정신적인 차이**」[11]이러한 것들이 사회주의를 의미한다고 언명한다. 노동자의 직책은 이러한 국민적 문화공동체 속으로 투쟁해 들어가는 것이다. 이를 위한 수단이 계급투쟁이다. 물론 국민적 문화공동체와 계급투쟁과는 관계없다고 생각하는 사회주의자나 비사회주의자도 존재한다. 이러한 견해는 공동체에 관하여 잘못된, 그리고 특히 감성적인 이해에 기인한다. 모든 공동체는 대립을 내포하며, 가장 좁은 의미인 가족조차 다툼이 있다. 국민적 문화공동체와 계급투쟁이 서로 인정하는 것은 전적으로 가능하다. 여기서 지적한 타인의 생각을 치하하는 것은 나로서는 아무래도 좋다. 그러나 나는 실제로 결코 계속적인 형태에서의 투쟁을 준비하지 않는 사회주의는 그 자신의 임무를 포기했다는 의견이다. 계급투쟁은 무조건 필수적이지만 그것은 국가에 대항해서가 아니라 오히려 국가와 국민을 위해서 투쟁해야 하는 것이다.

민주주의의 시대에 특유한 국민의 정치적 의의란, 그것이 국가의 조직원리가 된다는 점에 있다. 봉건적 또는 절대주의적 국가는 왕조적인 관점에 따라서 국민의 문화적 독자성에 대한 많은 배려를 결여한 채 국민을 분할 통치해 왔다. 절대주의가 붕괴한 후에도 세계국가는 존재하지 않으며, 경제적 또는 정치적으로도 가능하지 않다. 세계국가는 오늘날 아직도 존재하지 않는 것이다.

그러므로 국민적 문화공동체의 표현으로서 국가를 구축하는 것이 민주적인 요청이 되었다. 이러한 다국민원리를 엥겔스도 인정하고 있었다. 1866년의 유명한 논문에서 그 엥겔스는, 「유럽의 커다란 국민집단이 이 정치적 독립의 권리는 유럽의 민주주의파에 의해서 인정된 것이므로, 특히 노동자계급에 의해서 동일한 승인을 발견하지 않으면 안

---

10) Brief vom 20. Juni 1866, in August Bebel und Eduard Bernstein (Hg.), *Der Briefwechsel zwischen Friedrich Engels und Karl Marx. 1844-1883*, Bd. 3, Stuttgart 1913, S. 328.

11) Bauer, aaO., S. 108.

되었다. 실제로 그것은 각각의 독립한 나라의 노동자가 자국에 대해서 요구한 것과 동일한 권리, 별개의 국민으로서 생존할 권리를 의심 없는 생활능력을 가진 다른 커다란 국민집단에 대해서도 인정하는 것 이외에 아무것도 아니다」[12]고 서술한다.

모든 국제적인 사회주의자의 회의가 근본적인 점으로서의 국민적 자기결정을 받아들여 왔다는 것을 귀하에게 상기할 필요도 없다. 「현실의」 국민적 자기결정이 볼셰비즘의 본질적 또는 강령적인 구성요소를 형성하는 것을 확인할 수 있을 것이다. 이러한 국민적 자기결정은 우리들에게 베르사유 평화조약을 완전히 받아들이는 것이다. 이러한 국민적 자기결정에 관하여 전혀 이해하지 못하거나 전적으로 불충분하게만 이해하는 사회주의자가 있다. 그러한 사람들에 대해서 우리들은 엥겔스 자신의 말을 가지고 현실의 인터내셔널[국제노동자동맹]에 대해서 국민국가가 가지는 의의를 명백히 해둘 수 있다. 「중세의 끝에서부터 역사는 커다란 국민국가로부터 유럽을 구성하려고 해왔다. 이러한 국가만이 유럽의 지배적인 시민층의 정상적인 정치적 구성이다. 그리고 이와 마찬가지로 민족들의 협조적인 국제적 공동활동을 확립하기 위해서 불가결한 전제이며, 그것 없이는 프롤레타리아트의 지배는 존속하지 못할 것이다. 이러한 국제적인 평화를 보장하기 위해서 먼저 모든 피해야 할 국민적인 마찰을 제거해야만 하며, 각 민족은 독립하여 자신의 집의 주인이 되지 않으면 안 된다」.[13]

따라서 엥겔스는 이렇게 말한다. 즉 귀하가 중세와 같은 상황으로 돌아간다면, 이는 실로 불가능하지만 귀하께는 현재까지 도달한 상태를 미래를 형성하기 위한 기반으로서 유지하지 않으면 안 된다. 또한 국민국가가 지배적인 시민계층의 정상적인 구성임에도 불구하고, 그러한 국민국가는 여전히 현실의 사회주의 인터내셔널에 대해서 필요불가결한 전제 라고. 이러한 엥겔스의 말에는 여기서 문제로서 말하려는 모든 것이 들어있다.

그러면 이제 국가긍정론과 국가부정론으로 돌아가자. 영역지배단체로서의, 또한 정서된 영역사회로서의 국가를 경제처럼 부정할 수는 없다. 국가 「인 것」의 부정에 대해서 말하는 자는, 실은 오늘날의 자본주의적 국가에의 대항을 특히 엄격하게 강조한 것에 불과하므로 국가의 부정을 선동적으로 근거지우며, 이러한 국가의 부정을 팽창시키는 것이다. 이러한 대립 그 자체를 철저하고 타당한 것이라고 강조하는 것은 우리들의 국가부정론자에 의해서 선동을 위해서 상당히 높은 정도로 필요하다고 본다. 그러므로 그들이 각각의 정치적 영향력을 포기하는 것은 이미 위험한 것이 되고 있다. 국가부정론자는 근본적으로 정치적 행위란 결단이며 선동도 이론도 아니라는 모든 정치적 견해를 망각하는 경향이 있다. 이론과 선동은 그것이 정치적 행위의 준비인 경우에만 의미가 있을 뿐이다.

정당이 모든 정치적 행위를 포기하려고 하지 않는 경우에, 각 정당은 현대의 국민국가를

---

12) Friedrich Engels, *Was hat die Arbeiterklasse mit Polen zu tun?* (1866), in Marx/Engels, *Werke*, Bd. 16, Berlin 1962, S. 156.

13) Friedrich Engels, *Gewalt und Ökonomie bei der Herstellung des neuen Deutschen Reichs*, in *Die Neue Zeit*, Jg. 14 1 (1896), S. 679.

단지 상대적으로만 부정할 수 있을 뿐이다. 각 정당은 국민국가를 마래를 형성하기 위한 기반으로서 유지하도록 노력하지 않으면 안 된다. 국가긍정론과 국가부정론 간의 대립은 잘못된 것인데, 그 까닭은 양자가 실제로는 국가를 인정하기 때문이다. 그것은 전술의 대립은 있어도 전략의 대립은 아니다. 전술적 대립은 결국 이른바 국가부정론자가 여전히 독재와 의회주의 사이에서 최종적인 결단을 내리지 않는 데에 근거가 있다. 어떤 사람이 국가질서에서 다른 정당과의 교섭이나 타협 없이 자신의 의사를 관철하는 힘을 현실에 가진 경우라면, 나는 독재를 전적으로 존경할 만한 길이라고 여길 것이다. 이러한 경우에는 국가에 대해서, 또 국가를 통해서 사회에 대해서 의회주의에 의한 길을 걷기보다도 의심 없이 더욱 깊게 영향을 미칠 수 있는 것이다. 맹방·연합·타협에 관하여 걱정할 필요를 없애기 위해서는, 지배단체로서의 국가를 의회주의제도에서의 국가보다도 더욱 강하게 긍정하지 않으면 안 된다. 그러나 주어진 권력상황에 근거하여 의회주의를 지지하는 결단을 내린다면, 타협과 교섭을 지지하는 결단을 한 것이다. 그러나 두 경우에도 국가를 일반적으로 긍정할 뿐만 아니라 특별한 경우 역시 국가를 위하여 활동하며, 어떤 순간에도 국가를 위해서 책임을 진다는 것이 포함된 것이다. [**아들러 동지의 중간 외침**: 「그런 것은 이론상으로나 실천상으로도 자명하다. 그러나 나에게는 바우어도 그것을 부정하지는 않고 있습니다.] 동료 아들러 역시 나처럼, 우리들이 오늘날의 국가와 협동할 필요가 있다는 견해에 입각한다. [**아들러의 중간 외침**: 「우리들의 견해를 언제나 의심스럽게 여기려고 하는데 전적으로 난센스다.] 좋소. 우리들이 오늘날의 국가를 변호한다는 점이야말로 이 회의 첫 번째 적극적인 확인사항이다. 매우 엄격하고 어떤 때에나 책임을 느끼는 반대당이나 또는 연합에 의해서, 어떤 방법으로 이러한 공동이 생기는가를 결정하는 것은 일반적인 원칙이 아니라 내정이나 외교에 있어서의 특별한 국민적 권력상황이다. 그러나 이러한 특별한 국민적 권력상황이란 독일계 오스트리아인일지라도 외국인이 매우 드물게만 평가할 수 있을 뿐이다. [**웃음·소란·외침**: 「외국인선동자!」「독일 국민정치!」]. 나는 귀하의 흥분이 이상하다. 동료 아들러 자신이 어제 나에게 비록 불가능해도 독일의 시사정치에 관여하라고 말했다. 이것은 실로 아주 자명한 것이다. 독일의 국민적 정치와 나를 비난하는 것은 싸구려 슬로건이다. 말하자면 귀하는 마치 독재도 가져올 용기 없는 볼셰비스트이다. 우리 두 사람은 거기까지 추락하지는 않는다.

저 국가부정론자들은 그러나 국가에 대한 공동책임을 인수하지 않으려고 한다. 왜냐하면 그들이 그것으로 정당의 숫자에 나타나는 약체화를 두려워하고, 또 그 때문에 모든 결단을 누구보다도 회피하고 있기 때문이다. 의회주의와 독재의 문제에 관하여 그들은 두 개의 자리를 차지하려고 한다. 그들은 국민국가가 오로지 우리들의 국가가 되기까지는 자신들은 일관하여 국민국가와는 무관하다고 선언한다. 독재라는 조건에서의 국민국가만이 — 물론 단지 이론상의 것에 불과하지만 — 이런 의미에서의 「우리들의」라는 것이 될 것이다. 독재를 지지하는 결단을 내리면서 그들은 동시에 거절하고 있다. 그들은 의회주의와 독재를 바라지만 양자로부터 이점만을 바라는 것이다 — 이것은 「내 몸에는 손대지 말고 모피를 세탁하라!」와 같은 원칙에 따르는 정책이다. 두 개의 자리를 차지하려는 것은 대체로 두 자리 사이에 규칙적으로 앉는 것이다.

이런 종류의 정치의 전형적인 예는 국가부정론자의 「국기단」에 대한 태도이다. 당연하지만 국기단은 공화국이 민족주의, 군주주의 또는 공산주의와 같은 가능한 모든 적대자의 누구에 의해서 넘어지는 것도 바라지 않는다. 사회민주당이 공화국의 방위를 첫 번째 임무로 하면서, 즉 「국기단」을 지지하면서 이미 우유부단을 비웃는 소리는 들리지 않게 될 것이다. 「내 몸에는 손대지 말고 모피를 세탁하라!」처럼 말이다.

이런 종류의 정치의 강한 측면이란 뒤에 올 이론화하는 것이며, 반대로 그 약한 측면이란 정치적 결단에 있다. 그 가장 좋아하는 과제는 1914년 8월 4일[사회민주당의 제1차 세계대전에 대한 협력문제]이다. 나는 여기서 이제 다시 한 번 사회민주주의자로서 1914년 8월 4일에 무엇을 했어야 하는가? 하는 문제를 제기할 수 있다. [**중간 외침**: 「결단은 1914년보다 내려진 것이다!」 「쓸데 없는 논쟁!」 「8월 4일은 오래된 전개에 종지부를 찍었다!」]. 오늘날 이런 즐겨하는 테마가 갑자기 아무런 갈채도 받지 못한 것은 나는 놀라울 뿐이다. 확실히 1914년은 오래된 전개에 종지부를 찍었다. 그들의 졸렬한 외교정책을 벗겨보려면 그것을 44년 동안, 즉 1870년까지 거슬러 올라갈 수 있을 것이다. 그 해 마르크스와 엥겔스는 프랑스에 대한 독일의 전쟁을 지지하고 있었다. [**환호의 소리**: 「우리들이 즐겨하는 화제는 이게 아니었다」]. 그대로다. 오늘날에는 그렇지 않다. 왜냐하면 이 문제에 대해서는 대답하지 않기 때문이다. 나는 최근 국가부정론자임에도 불구하고 이전에 국무장관을 지낸 어떤 사람과 말할 기회가 있었는데 거기에서의 이야기는 이 건에 대해서 매우 특징적이다. 나는 그 사람에게 귀하의 의견으로는 사회주의자는 1914년 8월 4일[SPD가 전시공채에 찬성을 결의하고 이른바 역내평화가 확립된 날]에 무엇을 했었던가? 전시공채를 거부하고 그것으로 대중을 전쟁거부에로 촉구하는가? 즉 프랑스와 러시아를 독일로 침입하게 하였는가? 하는 문제를 던졌다. 오랜 풍상 후에 분명히 대답하였다. 우리들은 공채를 거부하지 않으면 안 되었지만 실제로 대중은 이미 우리들 수중에는 없었다 라고. 이것이야말로 결단에 있어서의 소심함의 가장 전형적인 사례이다! 대중이 행군하는 것을 바라던 자가 지도자로서는 적어도 또 잘못된 이론을 구제하려던 것이었다. 이것 역시 국가긍정론의 정책이다 — 그러나 몰래!

우리들이 이른바 국가부정론자를 정당화하려고 한다면, 그들이 정말로 국가를 부정하는 것이 아니라 그와 반대로 사회주의적인 목표를 위해서 국가권력을 더욱 강력하게 철저하게 이용하려는 것을 명확히 하지 않으면 안 된다. [**중간 외침**: 「데마고기!」]. 귀하가 여기서 말허리를 잘라 무엇을 바라는가? 나는 도저히 이해할 수 없다. 그건 그렇고 귀하는 어떻게 사회를 변혁하려고 하는가?

그러나 당의 다수파와 보도기관이 아주 진부하게 된 [18]48년의 이념을 철저하게 편파적인 형태로 강조하고, 실천적인 사회주의의 커다란 문제와 토론하는 것만은 역시 정당하다. 자본주의적 민주주의의 비판, 사회화의 문제들, 가장 넓은 의미의 평의회사상, 현실의 사회주의에 대한 노동조합과 협동조합의 의미, 길드사회주의, 그중에도 노동자교육의 문제 등은 불법이라고 할 정도로 무시되어왔다. 그러나 이러한 것은 ─ 주의하라! ─ 『라이프치히 국민신문』이나 『레비 특파원』처럼 『전진』에도 타당하다. 여기서는 적확하고 철저하게 비판하지 않으면 안 된다고 생각하는 점에 그치기로 한다. 나는 단호하게 믿는다. 모든 청년사회주의자 중 99%는 이러한 실천적 문제의 영역에서 대단히 가치 있는 일을 이룩할 수 있을 것이다. 또한 그들은 영원한 공상가가 되는데 필요한 훈련을 받고 있는 것은 결코 아니다 라고. 당이 완전히 부르주아화 해서는 안 된다고 생각한다면, 청년의 사회주의적인 의욕을 실행에 옮기지 않으면 안 된다. 그러나 한 가지 분명히 할 것은, 국가부정이라는 추상적인 슬로건을 포기하기 까지는 우리들은 이 사회주의에 특유한 과제에 관하여 한 걸음도 전진할 수 없다는 것이다. 현실사회주의가 질문할 것은, 사회주의나 평의회사상의 사회적인 현실을 형성하고 있는 담당자는 어떠해야 할 것인가이다. 거기에서 현실사회주의는 필연적으로 국가와 국민을 긍정적으로 평가하는 데로 인도할 것이다.

# 3. 국민적 사회주의*(1931)

　30년전쟁 이래 여러 차례 독일 민족의 국가적 운명은 결정적으로 시민계급의 정치적 무능력에 의해서 결정되어왔다. 부르주아혁명이 형성한 국민사상의 국가형성력도 시민의 정치를 충분히 살리지는 못했다. 1848년의 좌절된 혁명 이래 포괄적인 국민적 문화공동체의 정치적 이념에서 트라이치케의 협소하게 되고 배타적인 국민개념이 생겨났다. 널리 알려지고 있는 알프레드 키르히호프 교수의 1902년의 저작 『국민적이란 무엇인가?』를 예로 들어보기로 한다. 그러면 오늘날의 독일 국민에게 결코 오스트리아를 추가해서 포함할 수는 없을 것이다. 그러나 프로이센의 폴란드인은 물론 독일 국민에 속한다.[1]

　혁명 이후 지배계층은 「독일국가인민당」(deutschnationale Volkspartei)*을 조직하고, 그것을 하나의 정당의 이름으로 하였다. 이로써 단순한 하나의 명칭이 마치 전인민의 것이거나 또는 그래야만 한다는 것이 되었다. 이것은 빌헬름 시대에 국가를 지배한 계층에 국민적 책임의식이 어떻게 결여되었는가 하는 것을 가장 명료하게 보여주고 있다.

　어떻게 시민계급이 국민과 프로이센적 독일국가를 혼동하였는가? 그들이 어떻게 헤겔의 사상에 의해서 국가를 윤리적 이념의 현실로서, 또한 세속의 신으로서 찬미하고 숭배하였는가? 그러므로 마르크스와 엥겔스는 이러한 시민계급에 대해서, 나아가 마찬가지로 국가와 국민에 대해서 일면적으로 좁고 또 배타적인 사상에 대해서도 투쟁하였던 것이다. 그들 두 사람에게 국가는 항상 비윤리적인 이념의 현실에 불과하다. 즉 계급국가는 필요악이며 그것은 계급지배의 종말과 함께 소멸한다는 것이다. 마찬가지로 정통파 맨체스터학파의 견해에서는 국민의 괴리와 대립은 부르주아지의 성장과 상업의 자유화, 세계시장이나 공업생산의 균일화와 함께 서서히 해소되도록 결정되었다.

　독일 사회주의자의 실제 정책에서는 — 외국에서는 이전부터 바로 전의 사실로서 인정하고 있었던 것인데 — 확실히 라살레가 주창했던 국가와 국민의 긍정론이 우위를 차지하고 있었다. 하나의 본질공동체로서의 국민, 그것은 거기에 살고 있는 자 각각이 특별하게 의식하지도 않고 자기형성으로 현실에 존재하는 것이다. 프롤레타리아트 대중에 대해서 사회주의정책이야말로 보다 좋은 생활조건들을 쟁취하는 것이라는 점에 비추어 본다면,

* Nationaler Sozialismus, in *Neue Blätter für den Sozialismus* (Hg. Eduard Heimann u.a.), Alfred Protte Verlag, Potsdam, 2 (1931), S. 154-156. jetzt in *Gesammelte Schriften*, Bd. 1, S. 571-575.
1) Alfred Kirchhoff, *Was ist national?*, Halle 1902, S. 7.

그러한 하나의 본질공동체로서의 국민이야말로 거대한 이점을 지니고 있었다. [제1차] 세계대전과 루르 점령 때에 독일의 노동자는 매우 가혹하였는데 최소한의 희생을 치루고 구제되었다. 사회민주당의 지도자는 국민적인 책임의식에 의거해서만 1918년 11월의 혼란을 회피하고 독일의 통일이 구제된 것이다.

그러나 이러한 정책에 결여된 것, 그것은 국가와 국민에 대한 강령 위에서의 긍정이다. 독일의 사회주의자는 어떤 종류의 공식에서 자유로울 수 없었으며, 그러므로 한편으로 사회주의자는 이론과 실천 간에 명백한 모순이 있는 것이 사회주의자라는 낙인을 찍는 절호의 계기를 공산주의자에게 부여하였다. 또 그러나 사회주의적 실천이 가지는 국민적인 내용에 대해서 시민계급, 아울러 근래에는 국가사회주의적으로 되어온 소시민층이 이의를 제기할 가능성도 주었다. 이러한 공격은 나치스(국가사회주의) 주의자들을 안심시키게 될 것이다. 왜냐하면 패전의 결과, 독일의 민주주의는 — 그것은 사회민주주의와 무난하게 동일시되는 것인데 — 국민적인 것에 관한 점에서는 상당히 구속을 받게 되었기 때문이다. 특히 경제공황의 시대에는 양심도 없는 선동자들에 대해서 베르사유 강화조약의 거액이고 또 거기에서의 과대한 부담의 책임을 사회주의자에게 지우는 것은 실로 간단하였다. 확실히 사회주의자는 그들 나름의 입장에서 국민적으로 가능한 모든 것을 행하고 있다. 그러나 가혹한 상처를 입은 민족이 그 국민감정에 근거하여 듣고 싶은 바람과, 또한 들을 권리가 있는 모든 것에 관해서 사회주의자는 충분한 무게를 가지고 발언했다고는 말하기 어렵다.*

그러나 국가사회주의(나치즘)의 국민에 대한 신뢰성은 과연 어떤 것인가? 이 이탈리아 파시즘[2]의 의식적인 모방은 결코 진정한 사회주의를 의미하지 않는 것은 명백하다. 그러나 그들의 내셔널리즘이 특히 청년층의 신봉자들 사이에서 순수한 국민감정에 의한 것이라면, 이것은 독일 국민의 부양과 전개에 대해서 단지 유용하지 않을 뿐만 아니라 정치적으로는 커다란 위험이기도 하다. 그들의 인종주의적 국민이념은 정신사적으로는 프랑스와 영국인에게, 즉 고비노와 체임버레인에서 유래하는 것이다. 특징적인 것인데 빌헬름 2세는 이 영국인에 의한 졸작을 자주 그의 알현자들에게 수여하곤 하였다.

그러나 이러한 민족주의적인 인종주의사상의 정치적·사회적인 의미는 결코 대중선동가가 말하듯이, 반유대주의에 있는 것이 아니라 오히려 반사회주의에, 즉 지배계급의 인종적 우월성이라는 이론 속에 있다. 「상위의 국민계층의 혈관에는 전독일 국민의 평균보다도 북구의 피가 많이 흐르고 있다」.[3] 이러한 의미에서 아돌프 히틀러는 「지배계층」에 의한, 신의에 근거한 자연이 의도한 지배라는 것을 설교하고 있다. 그 지배란 「지배계층은 그것이 우량인종이라는 것으로 **지배를 할 권리를 가진다**」는 것은 명백하며, 「광범위한 대중에 대한 이러한 지배는 계속 가차 없는 것이며 그러한 것은 확실하기도 하다」.[4]

---

2) Hermann Heller, *Europa und der Fascismus*, in *Gesammelte Schriften*, Bd. 2, S. 606 (본서, 350면) 참조.

3) Hans F. K. Günther, *Rassenkunde des deutschen Volkes*, 1. Aufl., München 1922, S. 138 . Zitat aus Carl Roese, "Beiträge zur europäischen Rassenkunde," in *Archiv für Rassen- und Gesellschaftsbiologie*, Bd. 2, Berlin 1905.

히틀러에 의하면, 자본주의적 기업가는 「**그 능력 때문에** 선두에 서서 움직이며 **우월인종으**로 증명된 것만으로 지도할 권리를 가지는 것이다」.[5]

노동자와 시민계층은 독일 국민의 통일성에 대한 이러한 종마(種馬)적인 생각이 어떤 위험성을 잉태하는가 하는 점에 대해서 의문을 품지 아니한다. 그 본성상 영원히 다른 적에 대한 투쟁은 단순히 경제적인 점에서 다른 자에 대해서보다도 비교할 수 없을 정도로 잔혹하지 않을 수 없다. 현대의 독일의 상황에서는 측정하기 어려울 정도로 깊은 내면적 근거를 가지고 사회민주주의가 국민적 문화공동체의 핵심을 진정으로 인도한다고 언명할 수 있다. 국민국가라는 생각이 사회민주주의를 문제시하는 곳에서도, 사회민주주의는 여전히 국민의 존재를 옹호한다. 왜냐하면 실제로 오늘날에는 유럽의 국민국가는 19세기처럼 국민을 보호하기 위한 필요불가결한 존재는 이미 아니기 때문이다. 각국의 국민의 일을 생각하면 오늘날 우리들이 필요한 것은 유럽에서의 국제주의이다. 그렇지 않다면 단기간 안에 모조리 미국의 노예적 식민지로 타락해버릴 것이다. 그러므로 사회민주주의는 그 정책에서 국민적이라고 말**할 수 있으며**, 또한 미래에 이전보다도 더욱 명확하게 움직일 것이 **틀림없을 것이다!**

---

4) Otto Strasser, *Ministersessel oder Revolution? Eine wahrheitsgemäße Darstellung meiner Trennung von der* NSDAP, Berlin 1930, S. 12.

5) AaO., S. 23. Hermann Heller, *Sozialismus und Nation*, in *Gesammelte Schriften*, Bd. 1, S. 461 (본서, 749면) 참조.

# 부 록

해 설

# 1. 헤르만 헬러의 헌법과 국가론

김효전

## 1. 서론

헤르만 이그나츠 헬러(Hermann Ignatz Heller)는 한국의 헌법학이나 정치학에서 그리 알려진 편은 아니다.[1] 제2차 세계대전 후 독일에서도 카를 슈미트나 루돌프 스멘트의 저작이 거의 복간되고 있는 데 반하여, 독일 「현대 정치학의 아버지」라고 불리는 헬러의 연구는 최근에 와서야 각광을 받고 있는 편이다.

이처럼 헬러가 등한시된 이유를 슐루흐터는 이렇게 말한다.[2] 첫째, 독일의 정치학에서 모든 동요에도 불구하고 의연히 철학적·역사적 내지 순헌법기술적 사고가 압도적으로 강하여 헬러의 사회학적으로 기초지워진 국가론과는 서로 용납되지 않는 관계에 있다는 점, 둘째로 국가론의 자연법적 근거 또는 권력과정의 분석이 격렬하게 논란되며, 또 모든 국가생활의 이해에 대한 권력과정의 분석의 의의를 분명히 인정하면서도, 동시에 현존하는 것의 확인에 만족하지 않을 만큼 「사변적」(spekulativ)으로 사고했기 때문에 받아들여지지 않는다고 지적한다.

우리나라의 경우에는 헌법학에서 국가론의 배제 내지는 추방의 경향[3]과 정치학에서는 미국식의 이른바 행태주의적 접근방법의 유행 내지 직수입적 태도에 기인한다고 보겠다.

여하튼 헬러의 관심방향은 한마디로 정치사회학으로 귀결된다. 그의 주저 『국가학』 (Staatslehre, 1934)은 일반 국가학으로부터 정치학에로의 전환을 의미하며,[4] 그는 이를

[1] 헌법학에서는 주권론에서 단편적으로 인용되는 정도이며, 정치학에서는 헬러의 제자인 오토 슈탐머(Otto Stammer)와 페터 바인가르트(Peter Weingart) 공저 『정치사회학』(Politische Soziologie, Juventa Verlag, München, 1972)을 기초로 한 윤근식, 『정치학』(대왕사, 1975)이 있다.

[2] Wolfgang Schluchter, Entscheidung für den sozialen Rechtsstaat. Hermann Heller und die staatstheoretische Diskussion in der Weimarer Republik, 1968, S. 13 (今井弘道譯, 『社會的法治國家への決斷』, 風行社, 1991 참조).

[3] Th. Maunz-R. Zippelius, Deutsches Staatsrecht, 30. Aufl., München 1998, S. 419. 모든 국가의 헌법에 관한 연구는 일반 국가학과 일반 국법학의 근본학설과 근본개념들과의 관련을 전제로 한다. 그러나 독일의 헌법 교과서들은 관계되는 문헌 참조를 지시만 하며 국가론을 직접 다루지는 아니한다. 우리나라에서도 70년대 말부터 국가론을 생략하거나 간단히 다루고 있다. 이른바 실험대학이란 이름 아래 교과목을 축소하여 정치외교학과에서조차 국가론 강좌가 없어진 곳이 많다.

[4] 윤근식, 『정치학』, 51면; 정윤무, 「법학적 국가론의 비판」, 윤근식외 공저, 『현대정치학의 제문제』(일신사, 1962), 162-163면.

"Politikologie"라고 하였다.5) 동시에 전통적인 「법치국가」(Rechtsstaat)로부터 「사회국가」(Sozialstaat)로의 전환점을 의미한다. 특히 현실과 유리된 국가이론가들에 대한 헬러의 반발은 정신적인 업적을 통하여 특징지워지는데, 이것은 다음과 같이 구별할 수 있다.6)

  (1) 법실증주의 비판 (옐리네크와 빈 학파)
  (2) 사회학의 비판적 수용 (막스 베버, 테오도르 리트[Theodor Litt], 한스 프라이어[Hans Freyer]와 게오르그 루카치[Georg Lukács, 1885-1971])
  (3) 헤겔 비판
  (4) 마르크스주의 비판 (막스 아들러[Max Adler])
  (5) 파시즘 비판 (무솔리니,7) 카를 슈미트)

여기서는 헬러의 정치학에 관한 비판적 업적의 개별적인 것을 모두 열거하려는 것이 아니라, 그의 『국가학』에 나타난 헌법개념을 충실히 소개하려고 한다. 이에 앞서 먼저 헬러의 생애를 간단히 살펴본다.


## 2. 헤르만 헬러의 생애와 저작

헤르만 이그나츠 헬러는 1891년 7월 17일 오스트리아의 테쉔(Teschen)에서 태어났다.8) 테쉔은 현재 일부는 폴란드령이며, 일부는 체코슬로바키아령으로 되었다. 나치스

5) 『국가학』1934년판의 제1부 제1장 중에서 영어의 Political Science의 번역으로서 헬러가 적당한 독일어 번역을 남기지 않았기 때문에 편저자인 Niemeyer는 Politikologie라는 조어를 사용하였다. 전집판에서는 1934년판의 편자 주에 「전집판 『국가학』을 편집하면서 이 표현 Politikologie는 그동안 보다 좁은 전문용어의 의미로서도 정착하여온 politische Wissenschaft라는 개념으로 대체하였다. 그것은 헬러가 여러 곳에서 사용하는 집합개념(Sammelbegriff)인 politische Wissenschaft와 구별하여 이탤릭체로 표기하였다」 (Ges. Schr. 3 Bd., S. 93)는 서술에서 보듯이, 1934년판에 사용된 Politikologie는 이탤릭체의 politische Wissenschaft로 대체되었다.
6) Martin J. Sattler, Hermann Heller, in: Staat und Recht. Die deutsche Staatslehre im 19. und 20. Jahrhundert, hrsg. v. Martin J. Sattler, München 1972, S. 154.
7) 무솔리니의 전기는 김진언 옮김, 『무솔리니 나의 자서전』(현인, 2015); Giovanni de Lina, Benito Mussolini, Rowohlt, Reinbeck bei Hamburg 1978 참조.
8) 헬러의 생애에 관하여는 Chr. Müller, Hermann Heller 1891-1933. Vom liberalen zum sozialistischen Rechtsstaat, in: Kritische Justiz (Hg.), Streitbare Juristen, Baden-Baden: Nomos 1988, S. 268-281; W. Schluchter, Hermann Heller. Ein wissenschaftliches und politisches Portrait, in: Chr. Müller und Ilse Staff (Hrsg.), Staatslehre in der Weimarer Republik, Suhrkamp 1985, S. 24-42 (安世舟 · 山口利男編譯, 『ワイマール共和國の憲法狀況と國家學』, 49-79면); Klaus Meyer, Hermann Heller. Eine biographische Skizze, in: Politische Vierteljahrsschrift, Bd. 8, 1967, S. 293-313. jetzt in: Chr. Müller/Ilse Staff (Hrsg.), Der soziale Rechtsstaat. Gedächtnisschrift für Hermann Heller 1891-1933, Baden-Baden: Nomos 1984, S. 65-87; H. ヘラー · 安世舟譯, 『國家學』(未來社, 1975)에 수록된 역자

시대에 강제수용소가 있었던 것으로 유명한 아우슈비츠로부터 동남으로 약 50~60킬로 지점에 있는 작은 공업 도시이다. 헬러가 태어나기 2년 전에 같은 오스트리아의 브라우나우에서 히틀러가 태어난 것은 기억할 만 하다. 헬러의 아버지는 테셴의 유태계 변호사이며, 그의 어머니는 오스트리아 제국의 최후의 재무장관이었던 요제프 레들리크즈(Josef Redlichs)의 친족의 한 사람이었다. 레들리크즈는 어릴 때 아버지를 여읜 헬러를 특히 귀여워해 준 것 같은데, 헬러에게 어떠한 영향을 주었는지는 알 수 없다. 헬러는 1909년 킬(Kiel) 대학 등에서 법학과 국가과학을 배우고 제1차 세계대전이 발발하기 전에 대학졸업에 필요한 법제사와 국가과학의 국가시험을 마쳤다. 언제 어느 대학에 있었는지는 확실하지 않으나, 1912년부터 빈 대학에서 강의를 시작한 켈젠에게 청강한 것 같다.[9]

대전이 발발하자 헬러는 1년 지원병으로서 오스트리아군에 입대하였다. 러시아 전선에 포병으로서 배속되었는데 1915년 11월 격렬한 전투로 인하여 지독한 관절 류마티스에 걸려 심근염이 병발하였다. 전선 근무가 어렵게 되었기 때문에 그 후 군법회의 법무관시보로서 패전까지 각지의 야전군법회의에서 근무하였다. 그 동안 그는 1915년 12월 28일 휴가를 이용하여 그라츠 대학에서 법학과 국가과학의 박사학위를 얻었다. 이 대학의 학위규정에는 학위취득에 논문은 필수조건은 아니었기 때문에 학위청구논문은 제출하지 않았다. 헬러는 1918년 4월 10일에 인스부르크로 전속되고, 11월 패전을 맞았는데 그 동안 전속지의 각 대학에서 연구를 계속하여 그의 최초의 저작인『헤겔과 독일에 있어서의 국민적 권력국가사상』[10]을 준비하고 있었다.

(I) 제1차 대전 후

전후 곧 헬러는 대학교수자격(Habilitation)을 취득하기 위해서 라이프치히로 갔다. 바이마르 시대의 독일학계는 일반적으로 군부, 관계와 아울러 보수주의의 아성으로서 제정시대와 마찬가지로, 유태계 학자나 사회주의계 학자에게는 좁은 문이었다. 이처럼 보수적인 대학에서 과격하고 거리낌없이 말하는 헬러는 유태계가 아니더라도 권위주의적인 교수의 좋은 타입은 아니었다. 그 중에서 라이프치히 대학의 슈미트(R. Schmidt, 1862-1944) 교수만은 헬러의 업적인 헤겔 연구를 높이 평가하고 개인적으로도 원조를 아끼지 않은 것 같다.

슈미트는 1907년 그라보우스키(Grabowski)와 함께 "Zeitschrift für Politik"지를 창간하는 등 당시의 국법학계의 지배적인 경향에 반하여 이상할 정도로 정치학에 깊은 관심을 보인 저명한 국가학자이다. 헬러도 그를 「사회주의와는 전혀 관계없는 사람」이지만 「독일

해설, 449-490면.

9) Martin J. Sattler, a.a.O., S. 153.

10) Hegel und der nationale Machtstaatsgedanke in Deutschland. Ein Beitrag zur politischen Geistesgeschichte, 1921, 210 S.

국가학자 중 가장 우수한 사람의 한 사람」이라고 평가할 정도로 슈미트를 깊이 존경하고 학문적으로 많은 영향을 받았다. 그러나 슈미트가 많은 애를 썼지만 그의 라이프치히 대학에서의 교수자격취득의 길은 험난하였다.

그리하여 그는 1919년 9월 킬로 갔는데, 그 동안 슈미트의 권고로 그가 편찬하는 레클람 (Reclam) 시리즈인 「시민교양문고」 중 라살레(F. Lassalle, 1825-1864)[11]의 『노동자강령』[12]의 서문을 쓰고, 헤겔『독일헌법론』의 개설과 주[13]를 붙였다. 이러한 일에서 헬러의 마음을 움직인 두 개의 테마는 국가문제와 사회문제였다. 헬러는 패전국 독일이 국가로서 말살되지 않고 존재하기 위해서 독일은 강력한 국민국가로서 재생되어야 한다. 이를 위해서 는 프리드리히 대왕 이래 프로이센을 유럽 강국의 하나로 만든 권력주의적인 보수세력과 국민의 3분의 1을 차지하는 사회주의적 근로자층과 융화가 이루어져야 한다고 생각하였다. 이러한 생각과 함께 그는 헤겔『독일헌법론』의 개설 중에서 국민적 이익보다도 보편적인 자연법의 윤리원칙이 존중된 시대에 독일통일은 권력(Gewalt)에 의해서만 달성되며, 인민 의 자유는 독일 민족이 국민적인 권력국가로 조직된 때에만 확보된다고 주장한 헤겔의 「기적인 정치적 사고양식」을 보여주려고 하였다. 또한 라살레의 『노동자강령』 서문 중에서 는 사회왕정, 즉 융커 지배층과 사회주의 근로자 계급과의 반자유주의적 동맹을 꿈꾸었던 헤겔주의적 라살레를 「위대한 정치적 교양을 정치활동에 사용한 선동자」라고 찬양하였다.

그리고 노동자에게 『노동자강령』을 「미래의 정치적 원리일 뿐만 아니라 윤리적 원리」라 고 가르쳤다. 1919년 6월에 집필을 끝낸 『헤겔과 독일에 있어서의 국민적 권력국가사상』 중에서, 헤겔의 권력국가론은 독일 국민이 「이 고통으로 가득찬 현재로부터 보다 좋은 미래로 탈출하려면」, 그 다수가 「독일의 여론으로 되어야 한다」는 「확신」을 서술하였다. 그리고 헤겔의 권력국가론이 오랫동안 비정치화되어온 「독일 정신의 정치화」에 기여한다 는 생각을 표명하였다.

이렇게 이 시기의 헬러의 사상에는 라살레적 경향이 농후하였다. 따라서 그의 제자들이나 친구들로부터 라살레와 비교하는 일도 있었다.

이 레클람 문고와의 인연으로 헬러와 노동자와의 결합이 시작된다. 그는 1919년 초 경영협의회의 의뢰로 레클람사에서 노동자에 대하여 「의회주의」, 「정당론」, 「라이히 헌법 초안」, 「러시아 소비에트 공화국 헌법」 등의 강연을 하였다. 그는 이 강연에서 국가학은 종래와 같이 단지 국가를 개념적으로 그 골격만 제시할 것이 아니라 노동자에게 「국가생활

---

11) 문헌은 Peter Brandt u.a. (Hrsg.), Ferdinand Lassalle und das Staatsverständnis der Sozialdemokratie, Baden-Baden, Nomos 2014; Gösta v. Uexküll, Ferdinand Lassalle in Selbstzeugnissen und Bilddokumenten, Reinbek bei Hamburg Rowohlt, 1974; Willi Eichler, Hundert Jahre Sozialdemokratie, 1962 (이태영역, 『독일 사회민주주의 100년』, 중앙교육문화, 1989) 참조.

12) F. Lassalle, Arbeiterprogramm über den besonderen Zusammenhang der gegenwärtigen Geschichtsperiode mit der Idee des Arbeiterstandes(1863). Mit einer Einleitung von Hermann Heller, 1919 (서석연 옮김, 『노동자 강령』, 범우사, 1990).

13) G. W. F. Hegel, Die Verfassung Deutschlands(1802). Mit einer Einführung und Anmerkungen von Hermann Heller(1920).

의 동태와 기능」을 교시해야 한다고 주장하였다. 또한 「현재의 정치적 조류」 중에서 「사회주의」를 학문적으로 말하여 「필연으로 본다」는 것을 인정하였다. 그러나 동시에 노동자의 감정을 상하게 한다는 것을 알고 있었으므로, 세 개의 사회주의정당에 대한 비판을 삼가했다.

이러한 헬러의 생각은 당시의 독일의 정치정세와의 관계에서 어떠한 의미를 지니고 있었을까?[14] 패전과 그에 따른 혁명으로 독일은 제정에서 민주공화국으로 바뀌었다. 또한 「유산된 혁명」이라고는 하지만 11월 혁명은 독일의 근로자층이 오랫동안 투쟁한 사회보장제도를 중심으로 하는 사회권이나 기본적 인권의 보장을 가져 왔다.

이러한 혁명의 「성과」를 조문화한 것이 바로 당시 세계에서 가장 민주적이라는 바이마르 헌법이다.[15] 그러나 독일혁명의 주도세력이었던 사회민주당(Sozialdemokratische Partei Deutschlands; 이하 SPD)은 11월 혁명이 사회주의혁명으로 전화하는 것을 저지하기 위하여, 제정의 보수지배층과 동맹을 맺은 결과, 구제정의 국가기구(관료기구, 군부)나 융커의 대토지소유제도 등이 온존되고 바이마르 공화국은 황제가 없는 제정국가의 연장이라는 성격을 지녔다. 따라서 바이마르 공화국의 강화 · 발전이라는 경우, 두 개의 상반되는 의미가 있음을 주의해야 한다. 즉 혁명의 「성과」인 의회민주주의, 국민의 기본적 인권과 사회권의 보장을 중심으로 하는 바이마르 헌법의 실현이라는 의미와, 구제정 국가기구의 재편 · 강화라는 의미가 그것이다. 바이마르 시대 14년 간의 독일정치사는 이 두 방향을 담당하는 세력 간의 대항을 추축(樞軸)으로 전개되었다고 해도 과언이 아니다. 이러한 정치적 배치관계 중에서 헬러가 보수세력과 사회주의노동자층과의 「반자유주의적 동맹」을 구상한 의미는 다음에 있다.

---

14) 바이마르의 정치상황에 관하여는 E.-W. Böckenförde, Der Zusammenbruch der Monarchie und die Entstehung der Weimarer Republik, in: ders., Recht, Staat, Freiheit, Suhrkamp 1991, S. 306-343; W. Apelt, Geschichte der Weimarer Verfassung, München 1964; Kurt Sontheimer, Antidemokratisches Denken in der Weimarer Republik, München 1968; Erik Eyck, Geschichte der Weimarer Republik, Bd. 1, 1954; A. J. Nicholls, Weimar and the Rise of Hitler, London/Basingstoke, 1968 (오인석 옮김, 『바이마르 공화국과 히틀러』(과학과 인간사, 1980); 신일범, 『바이마르 공화국 연구』(단국대 출판부, 1999); 백경남, 『바이마르 공화국 - 서구 민주주의 실험의 비극』(종로서적, 1985) 참조.

15) 바이마르 헌법에 관하여는 Peter Unruh, Weimarer Staatsrechtslehre und Grundgesetz. Ein verfassungstheoretischer Vergleich, Berlin 2004; Chr. Gusy, Die Weimarer Reichsverfassung, Tübingen 1997; G. Anschütz, Die Verfassung des Deutschen Reichs vom 11. August 1919, 14. Aufl., 1933. Nachdruck 1968; G. Anschütz-R. Thoma, Handbuch des Deutschen Staatsrechts, 2 Bde., 1930-1932. Nachdruck, Mohr, Tübingen 1998; Hans Carl Nipperdey (Hrsg.), Die Grundrechte und Grundpflichten der Reichsverfassung, 3 Bde., 1929-1930. Nachdruck 1975.
　문헌은 김효전, 바이마르 헌법에 관한 문헌목록, 『동아법학』 창간호(1985), 515-551면; 송석윤, 『위기시대의 헌법학 - 바이마르 헌법학이 본 정당과 단체』(정우사, 2002); 권영성, 『비교헌법론』(박영사, 1981); 헌법조문은 김효전역, 바이마르 공화국 헌법, 『헌법학연구』 제4집 3호(1998), 438-477면 및 송석윤, 위의 책 참조.

즉 시대의 필연으로 된 민주주의원리의 정치적 영역으로부터 사회·경제적 영역에로의 확대에 반대하는 「자유민주세력」에 대하여 의석의 과반수를 차지하는 사회주의노동자층이 의회를 거점으로 하여 보수파가 차지하는 국가기구와 협동한다면, 바이마르 헌법을 완전히 실시하는 방향으로 공화국을 운영할 수 있다는 것이다. 헬러는 그 때문에 SPD가 국민적 문제에, 보수세력이 사회적 문제에 보다 많은 관심을 가져야 한다고 생각하였다. 이러한 견지에서 헬러는 SPD의 「국제주의」와 정치의 자율성을 부정하는 「사적 유물론」에는 비판적이었다. 또한 그는 제정복고를 외치는 보수세력의 바이마르 헌법에 대한 편견은 시인하지 않았으나, 보수주의자 사이에 국민적 문제를 효과적으로 해결하려는 친구를 찾아낼 수 있을 것이라고 믿었다. 이러한 헬러의 상반병존감정(Ambivalenz)은 당시의 그의 정치적 입장의 특징이다.

그런데 헬러는 이 시기에 이러한 정치적 구상에 근거하여 독일 노동자를 교육시킬 필요성을 통감하기 시작하였다. 이는 독일을 국민국가로서 재생시키기 위하여 제정시대처럼 노동자를 계속적으로 「격리」하는 것은 해로우며, 따라서 그들을 독일의 「문화공동체」로 통합하고, 그들이 역사적 계급으로서 그 임무를 수행할 수 있도록 교육하는 것이 급선무라고 생각하였기 때문이다.

한편 R. 슈미트(R. Schmidt) 교수가 힘썼지만 라이프치히 대학에서 교수자격을 얻는 희망을 버린 헬러는 1919년 9월, 독일혁명의 발상지이며, 그의 모교의 하나가 있었던 킬로 향하였다. 그는 그 후 여기서 1년 반 체류하게 되었는데 이 시기는 그의 짧은 생애에 있어서 가장 중요한 시기가 된다.

헬러는 킬 대학에서 대학교수자격을 얻을 준비를 하면서, 한편 당시 이 대학의 법철학교수였던 라드브루흐(G. Radbruch, 1878-1949)와 함께 킬의 민중대학(Volkshochschule)의 창립에 참가하였다.16) 당시 성인교육계에는 「구파」와 「신파」의 두 개의 집단이 있었다. 전자는 교육활동을 위주로 「외연적」 강연활동을 중심으로 하였고, 후자는 「교사와 청강생의 공동생활」을 중심으로 하는 「내포적」 교육을 주장하였다.

제정시대에 소수파였던 「신파」는 바이마르 시대가 되어 성인교육계의 주류를 이루었다. 그 주요 활동은 노동자교육이며, 그 목표는 노동자를 「우리의 문화공동체」로 인도하는 것이었다. 헬러는 마침내 교육이념을 같이 하는 이 「신파」의 윤리적 지도자로서 급속히 두각을 나타내었다.

---

16) 1919년 11월 24일, 킬 민중대학 개교 시에 헬러는 「독일민중대학의 형태와 목적」이란 강연을 하였는데, 헬러의 강연과 동시에 행한 라드브루흐의 강연을 정리하여 「민중대학과 세계관」(Volkshochschule und Weltanschauung, 1919)이란 책자를 간행하였다.
　　이 시기의 라드브루흐에 관하여는 Hans-Peter Schneider, Positivismus, Nation und Souveränität. Über die Beziehungen zwischen Heller und Radbruch, in: C. Müller und I. Staff (Hrsg.), Staatslehre in der Weimarer Republik, 1985, S. 176-193 (박영도역, 「실증주의·국민·주권 - Hermann Heller와 Gustav Radbruch의 관계」, 『之岸 김지수교수 정년기념논문집』(법률출판사, 2003), 461-481면; Erik Wolf, Gustav Radbruchs Leben und Werk, in: G. Radbruch, Rechtsphilosophie, 8. Aufl., 1973. S. 44-45 (최종고역, 『법철학』, 삼영사, 1975, 300-301면) 참조.

## (2) 바이마르 공화국 초기

1920년 3월 10일, 아마 라드브루흐의 힘도 작용하여 헬러는 킬 대학 법학 및 국가과학부에서 법철학과 국가학의 대학교수자격을 취득하였다. 그리고 실은 그 전날에 SPD에 입당하였다. 그가 입당한 것은 SPD 당원이었던 라드브루흐 교수와 변호사로서 킬의 SPD 지도자 슈피겔의 강력한 권유였을 것이다. 그는 입당시에 「국제주의」와 「사적 유물론」을 SPD의 세계관적 근본태도라고 인정하지는 않는다는 유보조건을 붙였는데, 아무런 반대도 없이 입당이 허가되었다. 이리하여 그 심정이나 사상이란 점에서도 보수당에 입당했더라도 이상할 것이 없던 헬러는 「마르크스주의적」 사회주의를 표방하는 SPD에 입당하여 그의 지론인 사회주의자에게 국민적 문제의 관심을 환기시키는 작업에 착수하려고 하였다. 헬러의 활동을 기대할 것도 없이 SPD는 1910년을 전후하여 헬러가 바라는 방향으로 가고 있었다. 당수 에버트(F. Ebert, 1871-1925)를 중심으로 하는 지도부는 1905년~6년경 시작한 당수직의 근대화작업을 수행하는 과정에서 당지도부 독재체제를 확립하고, 이어서 1914년 당의 전통을 깨뜨리고 정부의 전시공채안을 지지함에 이르러, 「마르크스주의」적 사회주의를 강령화한 에르푸르트(Erfurt) 강령[17]을 사실상 파기하고 있었다.

상술했듯이 SPD는 11월 혁명에서 그 목표를 「근대적인 민주적 복지국가」의 건설에 두고, 그 실현을 위해서 보수세력과 동맹을 맺고 있었다. 그것은 사회주의를 「민주주의의 사회적·경제적 영역에로의 확대」로 해석하고, 이 사회주의의 목표를 의회에서 다수를 획득하고 「합법적」으로 실현할 것을 맹서한다. 따라서 그것은 먼저 의회에서 다수를 얻는 것, 이를 위해서 의회민주주의를 옹호하는 것을 당의 최대의 과제라고 생각했다. 그러나 의회에서 다수를 차지하기 위해서는 보다 많은 노동자를 조직하지 않으면 안 되었는데, 당시 SPD에서 분리된 두 개의 정당, 즉 공산당과 에르푸르트 강령을 지키려고 하는 독립사회민주당(die Unabhängige Sozialdemokratische Partei)이 노동자의 조직화에서 이 정당과 경합관계에 있었기 때문에 그것은 「마르크스주의」적 사회주의의 간판을 내릴 것까지는 없었다.

그러나 1920년 10월 독립사회민주당이 분열하고 다수파가 공산당과 합동하여 노동운동 내부에서 조직이 고정화하기 시작하자, SPD는 1921년 9월 괴를리츠 당대회에서 에르푸르트 강령을 정식으로 파기하고 「SPD는 민주공화국을 역사적 발전에 의하여 주어진 최종적 국가형태라고 본다. 그것에 대한 모든 공격은 인민의 생활권을 강박하려는 습격으로 본다. 그리고 SPD는 그 임무를 공화국을 그 습격으로부터 지키는 것에만 한정하지는 않는다. 그것은 사회주의적인 공공적 정신(Gemeinsinn)으로 사회를 경신하기 위해서 자유로운 인민국가로 조직된 인민의지의 경제에 대한 지배를 위해서 투쟁한다」라고 선언한 괴를리츠

---

17) 전문은 Willi Eichler, Hundert Jahre Sozialdemokratie, 1963 (이태영역, 『독일 사회민주주의 100년』, 중앙교육문화, 1989), 159-164면.

강령을 채택하였다. 이것은 또한 헬러의 정치사상의 근본이기도 하다. 따라서 심정적으로 기울어진 점은 있지만 바이마르 독일에서 헬러가 정치적으로 몸을 둘 수 있는 곳으로서는 SPD 밖에는 없었다고 할 수 있다. 그러나 「바이마르주의」적 사회주의적 당으로서의 약 3분의 1세기에 걸치는 전통을 가진 SPD는 1편의 강령 개정으로 그렇게 쉽사리 변화할 리는 없었다. 여기에 헬러가 SPD 내에 들어가 「공리공론적 마르크스주의」와 싸우는 결의를 한 요인이 있었던 것은 아닐까?

한편 헬러의 정치적 구상 중에서 중요한 지위를 차지하는 제정시대의 보수당은 SPD의 「국민정당화」에 부응하여 사회문제에 관심을 나타내는 방향으로 가지는 않았다. 1919년의 바이마르 국민의회에서 구보수당(제정시대의 지배층인 대토지소유자와 그 자제의 군부, 고급관료의 당)과, 중공업의 일부의 합동정당인 국수민중당, 중공업의 핵심과 경공업의 일부를 대표하는 민중당은 공화국을 부정하고 제정복고를 외쳤다. 그것이 실현불가능하다고 본다면, 의회와 대통령의 형식적 균형론에 입각한 프로이스(Hugo Preuß, 1860-1925)[18]의 헌법초안을 가능한 한 대통령권한의 강화라는 방향으로 개정하려고 노력하였다. 그 결과 의회정치가 원활하게 기능하는 경우에는 그 통제를 받지만, 만약 그렇지 않은 경우 의회와 마찬가지로 국민에 의해서 직접 선출되는 대통령은 헌법 제48조의 긴급권에 근거하여 이른바 「대통령독재」를 할 수 있는 정치제도가 만들어지고 있었다. 그러나 초대 대통령에 SPD의 에버트가 취임하고, 국민의회의 다수를 바이마르 연합(Weimarer Koalition: 바이마르 공화국을 유지하려는 점에서 일치된 SPD, 종교정당인 중앙당, 자유주의정당인 민주당의 3당연립을 말한다)이 장악하고 있는 한, 공화국의 존재에 대해서 그다지 대수로운 문제는 아니었다. 그러나 독일의 군국주의의 저지보다도 독일 국가의 말살이라고 밖에는 받아들일 수 없는 베르사유 조약의 체결(1919년 6월)을 계기로 국수민중당과 민중당은 국수주의를 조직적으로 하고, 독일의 여론은 그 후 반베르사유 분위기로 급속하게 확산되었다. 양당은 이러한 반베르사유 운동과 동시에 베르사유조약을 수락한 바이마르 공화국정부를 「반국민적」 정부로서 각인하는데 성공하였다. 이리하여 바이마르 공화국은 그 처음부터 국민을 내면적으로 통합하는 상징전쟁에서 패배하고, 국민의 가치통합이란 관점에서 볼 때 반(半)국가에 불과하게 되었다.

이러한 상황을 배경으로 완고한 보수파 세력의 쿠데타인 「카프 반란」(Der Kapp-Putsch) 이 1920년 3월 13일 발발하였다. 헬러가 SPD에 입당하여 4일째 되는 날이다. 헬러는 어느 편이든 서야만 했다. 그는 우익의 공격으로부터 공화국을 지키기 위해서 노동자측에 섰다. 그는 라드브루흐와 함께 킬의 조선소에서 노동자의 저항을 조직하고 무기를 조달하였다. 그러나 의회민주주의자인 그는 어떻게 해서든 내란을 피하고 싶었다. 그는 라드브루흐와 협력하여 당시의 킬 군항의 해군사령관 레베초프(Magnus von Levetzow, 1871-1939)

---

18) 프로이스는 바이마르 헌법의 기초자. 1919년 에버트대통령에 의해서 초대 내무장관으로 지명된다. 전집 Hugo Preuss Gesammelte Schriften, 5 Bde., 2010. 문헌 G. Gillessen, Hugo Preuß. Studien zur Ideen- und Verfassungsgeschichte der Weimarer Republik, 2000 참조.

소장과 정전(停戰)에 대해서 교섭을 벌였으나 교섭 중 체포되었다. 소장은 바로 군법회의를 요구하였으나 법률고문이 우려를 나타냈기 때문에 즉석재판에 회부되지는 않았다. 만약 재판에 회부되었더라면 총살형에 처했을 것이다. 또한 카프 정권이 적어도 오래 계속되었더라면 두 사람은 사형당했을 것이다. 왜냐하면 나중에 안 일이지만 카프 정권은 두 사람의 사형집행을 명하고 있었기 때문이다. 공무원을 포함하여 전체 근로계급의 총파업으로 카프와 그 일당은 쿠데타를 일으켜 4일 후에 도망하고 공화국은 구출되었다. 그러나 노동자의 격앙은 쉽사리 가라앉지 않았다. 도처에서 우익 군인에 대한 자연발생적 보복이 일어나고, 자유의 몸이 된 헬러와 라드브루흐는 이번에는 군인을 노동자의 격앙으로부터 지키기 위해서 노동자의 설득에 노력했다고 한다.

이처럼 1920년은 바이마르 공화국에 대해서도 다사다난했던 한 해였는데, 헬러 개인에게도 정치적·개인적으로 중요한 사건이 계속된 해였다. 그는 같은 해 봄부터 당시 전독일에서 유명한 발레리나로서 함부르크의 향토 시인 구스타프 팔케(Gustav Falke)의 딸 거트루드 팔케(Gertrud Falke)와 교제 중이었는데 같은 해 12월 24일 결혼하였다.[19]

헬러 자신은 상당히 인간적인 면모를 보였다고 하지만 「도덕적으로는 결코 모범적이지 않았다」는 평가를 받고 있다. 몇 사람의 여성과 사귀었고 그 중 엘리자베드 랑개서(Elisabeth Langgässer)[20]와의 사이에서는 딸을 낳기도 했다.


한편 그의 『국가학』에 방법론적으로 큰 영향을 주게 된 프라이어(H. Freyer, 1887-1969)와의 교제도 이때에 시작되었다. 두 사람은 끊임없이 서로의 학문에 대하여 토론했던 것 같다. 프라이어에 의하면 이 시기에 「사회학에 있어서 자신보다도 분명히 앞서고 있던 헬러는 그의 『국가학』의 사상을 이미 다지고 있었다」고 한다.

1921년 초에 헬러는 그의 인생의 방향을 결정지운 킬을 떠나 다시 라이프치히로 부임하였다. 킬 대학에서 정교수가 될 가망도 없이 학문을 계속할 것인가, 그것도 성인교육의

19) 헬러 부부는 1남 2녀를 두었다. 장녀 Hende Irene, 1923년생, 차녀 Monika Ruth, 1927년생, 장남 Hermann Lukas, 1930년생. Garnett와 결혼한 장녀가 현재의 Jane Winikus 부인이다. 그 딸(헬러의 외손)이 Jacy이며 「헬러 탄생 100주년 기념 심포지엄」(1991년)에 초대되었다. 팔케의 무용하는 모습의 엣칭집 G. Falke, In Radierungen von Ernst Oppler, Leipzig 1920. 저서 『댄스에서 정신병리학으로』 (From Dance to Psychotherapy, London 1982; 독역판 Vom Tanz zur Psychotherapie, London 1982).

20) 랑개서(1899-1950)는 헬러의 애인으로 라인·헤센(당시)의 알차이(Alzey)에서 세례를 받은 유태인 아버지와 엄격한 가톨릭 어머니 사이에서 태어나 20년경부터 교사를 하면서 각 신문지상에 시를 발표하고, 가톨릭 좌파의 금요서클에 소속하였다. 1928년 봄 헬러를 만나고 다음해 1월 헬러와의 사이에 딸 코르델리아 (Cordelia Edvardson)를 낳는다. 당시 헬러는 37세, 거트루드 팔케(Gertrud Falke) 부인과는 이미 두 딸이 있었다. 당시 프랑크푸르트의 지식인 리더는 카를 만하임이었고, 카페 라우머(Café Laumer)가 모이는 곳이었다. 랑개서는 이곳의 유일한 여성이었다. 그 후 모녀는 베를린으로 이주하지만 코르델리아는 유태인으로 인정되어 아우슈비츠로 보내지고 랑개서 자신도 강제노동을 하게 된다. 전후 어머니는 여류작가로서, 딸은 저널리스트로서 활약하고 1949년 재회한다. 두 사람 모두 자전적 소설이 있다. 문헌 山口利男, 『ヘルマン・ヘラーと現代』(風行社, 2002), 105-108면.

실천을 계속할 것인가 이리 저리 생각하던 차에 성인교육계의 신파의 지도자로서 당시 라이프치히 간이도서관(Bücherhalle)장 호프만(Walter Hofmann)이 그를 초청하였다. 그는 1921년 4월 1일부터 「서적 고문」과 정치학의 전문강연자로서 이 도서관에 근무하게 되었다. 그는 이 직에 있는 동안 대출용의 모든 책을 감정하고, 많은 독일도서관이 구독하는 "Bücherhalle"지에 정치학, 성인교육 관계 도서의 서평을 전문적으로 썼다.

1922년 3월에 헬러는 도서관의 직을 사임하고, 라이프치히시에 신설된 성인교육국장에 취임하였다. 그의 교육이념은 상술했듯이 「신파」의 그것이었다. 킬 시대의 그는 「당학교」에 대해서 「민중대학」을 강조하였다. 민중대학은 청강자에게 시대의 각종의 정신적 조류와 세계관을 가르치고, 그들에게 각종의 방안를 제시하는 구체적 과제에 봉사할 것이며, 청강자의 「궁극적 교육목적」은 그 후에 그들 스스로가 탐구해야 한다는 생각을 가지고 있었다. 그러나 SPD에 입당하여 노동운동에 참여함에 따라서 「민중대학」을 「당학교」와 동일시하는 방향으로 그 교육이념을 변화시켰다. 그가 1924년에 출간한 「자유 성인 교육 활동」21) 중에서 성인교육의 과제는, 「형성능력을 가진 개별 노동자 개인을 노동자계급으로부터 탈출시키는 것이 아니라 반대로 … 바로 노동계급에 속하는 이들 노동자를 그들의 계급을 위해서 교육시키는 것」이라고 서술했다. 이러한 교육이념을 가지기에 이른 헬러는 성인교육국장 재직 2년 간 다음과 같은 일을 하였다.

(1) 이미 라이프치히 대학에 있던 민중대학 강좌를 신설한 시의 민중대학으로 통합하였다. (2) 그의 발안으로 민중대학의 기숙사(Heim)를 창설하였다. 그것은 교육과 노동을 결부시키는 획기적인 시도로서 7~15인 정도의 젊은 노동자를 1~2인의 교사가 약 1년간 공동생활을 하면서 교육하는 제도이다. 학생은 주간에는 직장에 나가고 저녁에는 교육을 받고, 재정은 학생이 그 수입의 3분의 2를 기숙사에 내고, 교사의 급료는 시가 지급하는 제도였다. 이 기숙사는 많은 다른 도시의 모범이 되었다. 헬러는 스스로 기숙사에서 청년들과 함께 이야기하고 같이 여행하거나 하이킹에 다닌 듯 하다. 이 시기의 기숙사의 경험은 그의 게마인샤프트(Gemeinschaft: 공동사회) 이해에 결정적인 영향을 주었다고 한다. (3) 민중대학의 교사를 양성하는 세미나를 라이프치히 대학에 개설하였다,

이상 세 가지인데 이 시기의 헬러의 성인교육활동은 반대자로부터도 높은 평가를 받았으며, 특히 실현되지는 못했지만 학교에 공장을 세우고, 교육과 노동의 유기적 통일을 도모한 계획은 당시 러시아에서도 크게 주목을 받았다고 한다.

성인교육국장 재직 2년간도 헬러는 학문에의 길을 버리지 않고 1922년 겨울 학기에 R. 슈미트 등의 협조로 라이프치히 대학에서 다시 교수자격을 얻고, 국가학의 사강사로서 근무하였다. 이 시대의 제자로서는 서 베를린의 자유대학 정치사회학 교수를 지낸 오토 슈탐머(Otto Stammer, 1900-1978)가 있다. 이 시기에 우연히 현상학적 사회학자인 리트(Theodor Litt, 1880-1962)의 강좌 뒤에 그의 민중대학 교수양성 세미나가 열린 것이

---

21) Freie Volksbildungsarbeit, Grundsätzliches und Praktisches vom Volksbildungsamte der Stadt Leipzig, 1924.

인연이 되어 그와 리트의 교제가 시작되었다. 리트는 R. 슈미트와 함께 헬러의 일을 높이 평가하고 개인적으로도 많은 도움을 준 것 같다. 헬러는 리트로부터 학문적 영향을 받았는데, 그것은 개인적 접촉보다도 오히려 저서에서 많이 받은 것 같다.22)

---

22) 테오도르 리트(Theodor Litt)는 독일의 철학자 · 교육학자 · 사회학자. 그는 후설(Husserl)의 현상학적 방법을 사회적 관계의 파악에 도입했다. 그러나 이 방법으로 도출된 정신적 현상의 「요소들」 또는 「측면들」은 보통 우리들의 「대상을 행하는」 사유가 공간계의 객체와의 관계에서 단정하는 배타성의 관계에서 서로 관련짓는 것이 아니라 거듭하는 관계에 있다. 따라서 이 관계는 변증법적 사유만이 정당하게 파악할 수 있는 것이므로 그는 현상학적 본질분석을 변증법과 결합하려고 시도했다. 그는 사회의 본질을 「시계의 상호성」(Reziprozität der Perspektiven)인 개념으로 파악하려고 했다. 그것은 인간관계를 체험의 관계로서 체험적 입장에서 규정하는 것이다. 사회란 우리들 밖에 있는 현상이 아니라 우리들이 그 속에 내재하는 사실인 이상, 사회를 심적 상호작용으로 보는 짐멜(Simmel)의 개념은 적당하지 않다. 시계의 중심은 나와 너이며, 이 관계는 상호적 내지 대화적이며, 나와 너뿐만 아니라 너와 나의 변증법적 관계이다. 그 어떤 절대화도 허용하지 않으며, 양자는 하나의 구조적 전체를 이룬다. 나와 너는 독자적인 생명과 체험의 중심이며, 동시에 그 주관성을 초월하여 본질적으로 결합한다. 이러한 시계의 상호성에 의한 나와 너의 자아의 상대화는 솔직한 체험내용으로서 본원적으로 주어진 것이므로 현상학은 다만 이것을 명료한 의식으로 가져온 것에 불과하다. 그는 인간의 정신적 구조에서 정신적 주객의 통일이 시계의 상호성으로서 성립하는 것으로 보고, 여기에 사회의 본질을 인정했다. 다음에 나 · 너의 2인 관계가 아니라 3인 이상의 자아의 결합의 경우, 그 전체성과 구성원의 독자성을 조화시키는 것으로서 그는 「결합권」(geschlossener Kreis)이란 개념을 제시한다. 이것은 그에 의하면, 다수의 인간이 각인이 각인에 대해서 인격적 관계에 입각한다는 방법으로 서로 관계하며, 또 공통된 체험을 통해서 형성될 때 존재한다. 즉 나 · 너의 관계에 제3자가 추가될 때 단순한 2인 관계의 경우의 경우와 달리, 거기에는 객관적인 상징이 나타나며, 사태가 질적으로 다른 독자성을 가지게 된다. 이 결합권에서는 「전체체험」으로서의 통일이 그 구조로서 확정된다. 이 전체체험의 통일과 각 구성원의 독자적 체험의 통일은 본질적 필연적으로 결합한다. 즉 이 전체에서 각 구성원의 시계는 각각의 중심을 가지면서도 더구나 서로 맞물려 교차하고 있다. 따라서 그 중 어떤 행동도 모든 체험에서 나에게 무관계한 것은 아니다. 「시계의 상호성」은 여기서 더욱 충실해진다. 이 자아의 체험과 전체체험을 결합하는 구조연관을 그는 「사회적 교차」(soziale Verschränkung)로서 특징짓는다. 나아가 이 결합권의 확대는 많은 권(圈)이 서로 관계하며, 그 결과 하나의 권과 다른 권의 구성원 간에 관계가 성립하며, 공동성이 지배하기에 이를 때에 완성된다. 첫 번째 권의 공동의 정신을 관철하고, 나아가 그것을 넘어서 확대하고, 두 번째 권이 세 번째 권도 비록 뒤의 2자간에 관계가 없더라도 함께 규정하기에 이른다. 따라서 이리하여 있는 것은 그 이전에 존재하고 있었으며, 또는 있는 것은 직접 아무런 관계도 없는 다른 많은 것과 매개자를 통해서 결합되기에 이른다. 이것이 「사회적 매개」(soziale Vermittelung)의 본질이다. 이처럼 리트(Litt)는 개인의 독자성과 개인이 다방면에 걸쳐 사회적 결합을 하는 것을 통일할 수 있다고 믿었다. 이 리트의 현상학적 사회학은 스멘트의 통합이론의 방법론적 기초가 되었으며, 또한 헬러의 초기의 국가학적 연구 활동에 적지 않은 영향을 미쳤다. 리트의 저서로는 『개인과 공동사회』(Individuum und Gemeinschaft. Grundlegung der Kulturphilosophie, 1919, 3. Aufl., 1926). 스멘트에 관하여는 R. Smend, Verfassung und Verfassungsrecht, S. 12 (김승조 옮김, 『헌법과 국가』, 28면); 헬러, 『국가론』 제2부 제1장(홍성방 옮김, 94면) 참조.

상세한 것은 Wolfgang K. Schulz, Untersuchungen zu Leipziger Vorlesungen von Theodor Litt, Würzburg 2004; Albert Reble, Theodor Litt. Eine einführende Überschau, Bad Heilbrunn 1995; Ulrich Scheuner, Was bleibt von der Staatslehre Theodor Litts? Theodor Litt und die Staatslehre in der Weimarer Republik und der Bundesrepublik Deutschland, in: Peter Gutjahr-Löser /Hans-Helmuth Knütter/Friedrich Wilhelm Rothenpieler (Hrsg.), Theodor Litt und die Politische Bildung der Gegenwart, München 1981, S. 175-192; Michael Henkel, Hermann Hellers Theorie der Politik und des Staates, Tübingen 2011, S. 105-114; Reinald Klockenbusch, Widerspruch und Reflexion. Vergleichende Studien zu "Phänomenologie" und "Dialektik" bei Edmund Husserl,

1924년 초에 헬러는 라이프치히시 성인교육국장을 사임하였는데, 그때까지의 바이마르의 정치동향은 그의 정치적 확신을 굳히는 방향으로 작용하고 있었다. 「카프 반란」 후인 1920년 9월의 국회선거에서 「바이마르 연합」은 대패하고, 우파의 국수민중당과 민중당의 약진이 나타났다. 특히 바이마르 연합을 뒷받침하던 민주당은 그 의석이 반감되고, 그 이후 쇠퇴일로를 걸었다. 또한 중앙당도 당내에서 공화제를 부정하는 우파가 대두하여 점차 당지도권을 장악하였다. 정부의 리더십은 SPD에서 중앙당으로 옮겨지고, 정부는 중앙당, 민주당을 중심으로 때로는 우의 민중당과 때로는 좌의 SPD와 합세하여 1923년에 이르렀는데, 1921년 3월 공산당의 「만스펠트 봉기」, 같은 해 8월 우익 군인에 의한 중앙당 좌파의 지도자 에르츠베르거와 1922년 6월 민주당의 지도자 라테나우의 암살 등이 계속 일어나 정세는 소란하였다. 이어서 1923년 1월 배상지불에 불만을 품은 프랑스가 벨기에를 유도하여 루르 지방의 점령을 단행하자 소란은 절정에 달했다. 그때까지 만성화된 인플레이션은 외국군대의 점령을 계기로 천정부지격으로 앙등하고, 다른 한편 공산당 중에서도 점령군에 반대하는 저항투쟁에서 보수세력과의 제휴를 주장하는 이른바 「내셔널 볼셰비키」가 나타나는 등 민족주의의 고양이 전국적으로 나타난 시대였다.

이때 SPD의 청년사회주의자 조직 사이에도 보수세력과 점령군반대공동투쟁 중에서 사회주의운동을 국가와 국민으로 밀접하게 결합시켜야 한다고 주장하는 이른바 「호프가이스마르파」(Hofgeismar-Kreis)가 나타나 이 조직 우파의 지도권을 장악하였다. 헬러는 라이프치히에 있으면서 이 파의 윤리적 지도자로서 활약하였다. 같은 해 8월 민중당의 슈트레제만(G. Stresemann, 1878-1929)을 수반으로 하는 대연립내각(바이마르연합에 민중당이 가담한 연합)이 성립되고, 그것은 내정적으로 「수권법」에 근거하여 노동자가 11월 혁명에서 획득한 8시간노동제 등을 폐지하고, 다른 한편 10월 중부 독일의 좌파 란트 정권을 진압, 이어서 11월에 발발한 히틀러의 뮌헨 폭동 등을 수습하고, 외정적으로 도즈안(Dawesplan)을 수락하여 배상문제를 해결하고, 이와 연결된 통화개혁으로 내외의 위기를 일단 해결하는데 성공하였다.

슈트레제만 내각은 11월말 퇴진하는데, 1928년 9월까지 민주당에서 우파의 연합정부 하에 이른바 「상대적 안정기」를 맞이하였다. 1925년 2월말 에버트 대통령이 사망하고 4월에 실시된 선거에서 구제정 군대 최후의 참모총장 힌덴부르그(Paul von Hindenburg, 1847-1934) 원수가 공화국 제2대 대통령으로 선출되었다. 이미 1923년의 「위기」의 극복시에 「수권법」에 근거하여 혁명의 「성과」인 의회민주주의와 사회권이 형해화하기 시작했는데, 힌덴부르그 대통령 아래서 바이마르 공화국은 인민투표적으로 정당화된 구제정의 국가기구의 재편·강화의 방향으로 나아가 「상대적 안정기」를 맞이하였다.

---

Jonas Cohn und Theodor Litt, [MS] Mainz 1987; Anke Lansky, 100 Jahre Theodor Litt. Zum Staats-und Freiheitsverständnis eines philosophischen-pädagogischen Denkers, in: Liberal 1981, 6. S. 455-462; Wolfgang K. Schulz, Untersuchungen zur Kulturtheorie Theodor Litt. Neue Zugänge zu seinem Werk, Weinheim: Deutscher Studien Verlag 1990; 정영수, Theodor Litt의 정치교육사상, 『논문집』(인하대 인문과학연구소) 제15집(1989), 357-372면 참조.

앞서 보았듯이 헬러는 1924년 초 라이프치히시 성인교육국장을 사임하고 학문에 전념할 결심을 하였다. 그는 그때까지 노동자에게 현대의 정치사조를 가르치는 한편 그 체계적 서술을 시도했는데, 1924년 말에 그것을 『현대의 정치사상』[23]에 정리하여 수록하였다. 이어서 『주권론』의 집필에 착수하고 있었다. 헬러는 이처럼 학문에도 전념했는데, 한편으로는 변함 없이 기숙사에서 청년노동자들과 대화하며 강연 등을 계속하였다. 이 시기에 그가 청년노동자에게 가르친 내용을 보면, 이미 『국가학』의 중심사상이 형성되었던 것 같다. 그는 청강자에게 국가는 유산계급의 지배수단이 아니라 인간의 관계들을 궁극적으로, 즉 사정 여하에 따라서는 궁극적 수단으로서 폭력으로써 규제하는 영토단체라고 가르쳤다. 또한 민주주의관에서도 대통령독재로 기울어질 가능성을 지닌 인민투표적 계기를 너무 강조하는데 반대하고, 의회의 통제 아래 있는 정부에게 최대한 행동의 자유를 부여해야 한다고 주장하였다.

그는 청강생들과 J. R. 맥도날드의 『사회주의와 정부』(Socialism and Government, 1909)를 함께 읽으면서, 그 자신에게 강한 영향을 미친 영국의 길드 사회주의에 대하여 청강생들에게 관심을 가지라고 하였다. 그리고 그는 자신의 정치적 이상은 영국의 민주주의였다고 한다.

(3) 헬러의 지적 활동

1925년 부활절에 예나(Jena)에서 청년사회주의자 전국대회가 개최되었는데, 그 며칠 전 헬러는 자기의 정치적 신념을 정리한 『사회주의와 국민』[24]을 발표하였다. 그는 이 책에서 사회주의의 인간관계를 정의의 이념에 근거하여 서로 형성하는 요구에서 도출하는 윤리적 이상이라고 해석하였다. 이러한 관점에서 마르크스주의의 국가관·사회관·사적 유물론을 비판하고, 다시 어떠한 정치세력이든 독일에서 현실적·인도적 정책을 실시하려면, (1) 베르사유 조약에 대하여 독일의 국민국가로서의 통일을 지킬 것, (2) 바이마르 헌법을 정치투쟁의 타당한 형식으로서 인정해야 한다고 주장하였다. 이 책은 당내에서 큰 선풍을 일으키고 청년사회주의자 전국대회에서도 비판을 초래하였다. 오스트로 마르크

23) Die politischen Ideenkreise der Gegenwart, 1926, 156 S.(윤기황 옮김, 『독일정치사상사』, 교육과학사, 1993).

1924년 동안에 헬러는 다음과 같은 논문을 발표하였다. (1) Hegel und die deutsche Politik, in: Zeitschrift für Politik, 13 (1924), Heft 2, S. 132-143. (2) Sozialistische Aussenpolitik? in: Politischer Rundbrief des "Hofgeismar"-Kreises der Jungsozialisten, Nr. 1(1924), S. 6-8. (3) Gesellschaft und Staat, in: Teubners Handbuch der Staats-und Wirtschaftskunde, 1 (1924), Heft 2, S. 74-78. (4) Grundrechte und Grundpflichten, in: T. H. d. S. u. W, 2 (1924), Heft 1, S. 1-23 (김효전 옮김, 기본권과 기본의무, 동인 편역, 『독일 기본권이론의 이해』, 법문사, 2004, 33-86면). (5) Vom Wesen der Kultur, in: Grundsätzliches vom Jungsozialismus, S. 5-8. (6) Der Sinn der Politik, in: G. v. J, S. 29-31.

24) Sozialismus und Nation, 1925, 102 S.

스주의자로서 청년사회주의자 조직의 압도적 다수를 대표하는 좌파의 이론적 지도자로서 빈 대학 교수인 막스 아들러(Max Adler, 1873-1937)는 호프가이스마르파, 특히 헬러를 가리켜 그들은 계급투쟁을 포기하고, 자본주의국가의 목적실현을 돕는다고 비판하였다.[25] 이에 대해서 헬러는「공리공론에 빠지는」것을 그만두고 현재의 국가의 내부에서 사회화의 문제와 같은 실제적인 사회주의적 문제를 해결하기 위해서 노력해야 한다. 또한 바이마르 공화국은 여전히 계급국가이지만 그것은 사회주의적 목적을 실현하기 위해서 매우 중요한 첫걸음임을 명심해야 한다고 주장하였다. 그러나 헬러의 주장은 이 대회에서도 당내에서도 많은 지지를 얻을 수 없었다.[26]

　　1926년 4월 헬러는 베를린의 빅토르 브룬스(Viktor Bruns)가 주재하는 카이저 빌헬름 외국공법 및 국제법연구소」(Kaiser-Wilhelm-Institut für ausländisches öffentliches Recht und Völkerrecht)에 들어갔다. 동시에 야간의「독일정치대학」에서 가르치게 되었다. 라이프치히 대학에서 정교수가 될 가망이 없어 일단 1924년부터 학문에 전념했는데 그는 마음 속으로 계속 괴로워했다. 그러나 베를린으로 나와 이 연구소에 들어간 것은 그가 학문에 전념하는 결의를 보여준 것이었다. 그리하여 헬러의 학문적 연구에서 가장 풍부한 시기가 시작한다. 헬러는 4월에 논문「국가학의 위기」[27]를 발표하여 제정 시대부터 이 학문의 주류를 형성해 온 법실증주의와 그 철저한 계승자인 켈젠(H. Kelsen, 1881-1973)이 국가학을 국법학에 해소시킨 점을 철저히 비판하고, 국가학을 영미의 정치학처럼 국가생활에 필요한 학문으로서 재건하기 위해서 그것을 사회학으로서 수립해야 한다고 주장하였다.
　　이어서 1927년 그를 일약 국법학과 국가학계의 정상급 학자로 만든『주권론』[28]을 출판했다. 이 책은 켈젠의 국가주권 부정설을 정면으로 논박하고, 헤겔의 국가주권론을 조직론으로 사용하여 민주적인 국가주권론으로 개편한 것이다. 영국의 다원적 국가론의 영향도 보여지는 헬러가 국가주권을 적극적으로 주장한 것은 좀 이상하게 느껴지지만, 국가는 다른 사회집단과 마찬가지로 활동통일체이며 그 고유한 사회적 기능이 영토내의 법질서를 확보하는 결단기능에 있으므로, 그것은 동시에 영토내의 보편적인 주권적 결단통일체이기도 하다고 생각하는 헬러에게 국가주권의 주장은 다원론과 모순되는 것은 아니었다. 그리고 다원적 분열로 고민하는 바이마르 독일에서 국가의 통일을 지키고 바이마르 헌법을 완전히 실시하는 방향으로 국가권력을 운용하려고 한 헬러에게 국가주권의 변증은 또한 정치적 요청이기도 하였다. 이와 같이 헬러의 국가론이 바이마르 헌법의 실현을

---

25) 아들러의 보고는 헬러의 전집 제1권, S. 542-553에 수록되어 있다.
26) Norbert Leser, Universalien und Realien im Marxismus. Anhand der Debatte zwischen Hermann Heller und Max Adler, in: Chr. Müller-Ilse Staff (Hrsg.), Der soziale Rechtsstaat, S. 487-502.
27) Die Krisis der Staatslehre, in: Archiv für Sozialwissenschaft und Sozialpolitik, 55 (1926), Heft 2, S. 289-316 (김효전 옮김, 국가학의 위기,『독일학연구』(동아대) 제19호, 2003, 129-162면).
28) Die Souveränität. Ein Beitrag zur Theorie des Staats-und Völkerrechts, 1927, 177 S.(김효전 옮김, 『주권론』, 관악사, 2004).

목표로 하는 과정에서 나타난 점은 주목할 만 하다. 그런데 당시 바이마르 공화국은 구제정 국가의 연장이란 방향으로 강화되어 가는 중에 있었다. 이러한 객관적 정세를 근거로 하였는지는 알 수 없으나, 많은 그의 친구들은 이 『주권론』이 「국가의 절대적 반동화」를 시도한 것으로 받아들이고 많은 충격을 받은 것 같다.

『주권론』이 출판된 같은 1927년 3월말 헬러는 또한 뮌헨에서 열린 독일국법학자대회에서 「라이히 헌법에서의 법률의 개념」29)을 보고하고, 거기에서 사회적 법치국가를 의미하는 실질적 법치국가관을 발표하였다. 독일정치대학의 여름 학기에는 「정치적 민주주의와 사회적 동질성」30)이란 연속강의를 하고, 그 중에서 정치적 민주주의의 전제는 사회적 동질성의 존재인데, 그것이 없는 경우 민주주의는 형해화하고 지배계급은 독재가 된다고 지적하여 바이마르 민주주의가 독재로 기울어질 가능성이 있는 점을 경고하였다. 이처럼 이 시기에 이미 헬러는 슬며시 나타나는 파시즘의 위험성을 느끼기 시작하였다. 아마 그는 독일에서 파시즘의 위험성을 인식한 최초의 한 사람일 것이다. 그는 이 시기부터 학생들에게 한 때 친한 관계에 있던 카를 슈미트(Carl Schmitt, 1888-1985)의 학설을 「파시즘에 문호를 여는 것」이라고 비판을 계속하였다. 그리고 이때부터 학문적·정치적으로 두 사람의 대결이 시작된다.

헬러는 1928년 4월 빈에서 열린 독일 국법학자대회에 참석한 후 이탈리아로 가서 약 6개월 동안 파시즘 연구를 현지에서 하고, 그것을 정리하여 「유럽과 파시즘」31)을 다음 해 발표하였다. 그것은 파시즘을 특수 이탈리아적 현상으로서가 아니라 비합리주의의 대두로 상징되는 유럽의 정치적 위기의 일환으로서 파악하였다.32)

1928년 11월 1일, 헬러는 이탈리아에서 귀국하자마자 『주권론』이 높이 평가되어 베를린 대학 법학부 공법학 조교수로 임명되었다. 그것은 프로이센 란트 문교부장관의 직접 임명이었다. 제2차 대전 후 스멘트(R. Smend, 1882-1975)는 이때의 헬러의 임명을 1933년의 카를 슈미트의 임명과 마찬가지로 「정치적 임명」이었다고 비난하였다.33) 카를 슈미트는 이 비난은 헬러에 대한 「중대한 모욕」이라고 그 철회를 요구하였다고 하는데, 여하튼 카를 슈미트, 스멘트와 함께 바이마르 시대의 국법학·국가학의 새로운 경향을 대표하는 정상급의 지도적인 학자를 단지 조교수로 임명하는데 문교부장관의 개입이 필요하였고, 또 헬러가 이 지위에 오르기까지 대학교수자격을 얻고 나서 8년이나 걸렸다는 것은 당시의 독일대학, 특히 법학부의 보수성을 상징적으로 나타내 주는 것이었다.

---

29) Der Begriff des Gesetzes in der Reichsverfassung, in: VVDStRL Heft 4 (1928), S. 98-135, 201-204.

30) Politische Demokratie und soziale Homogenität, in: Probleme der Demokratie, Erste Reihe, 1928, S. 35-47.

31) Europa und der Faschismus, 1929. 137 S.

32) Ilse Staff, Italien und der Faschismus. Ein Beitrag zu Hermann Hellers Faschismus-Interpretation, in: Chr. Müller-I. Staff (Hrsg.), Der soziale Rechtsstaat, S. 443-463.

33) R. Smend, Zur Geschichte der Berliner Juristenfakultät im 20. Jahrhundert (1960), in: ders., Staatsrechtliche Abhandlungen, 2. Aufl., 1968. S. 542; Chr. Müller, Hermann Heller, in: Kritische Justiz (Hg.), Streitbare Juristen, S. 272 Anm. 19.

여하튼 베를린대학 조교수가 된 헬러는 학문적 연구로서는 1929년 7월에 「국가학」의 방법론을 모색한 논문 「현대 국가이론과 법이론의 문제성에 관한 논평」34)을 발표하고, 같은 해 9월에 「바이마르 헌법에 따른 비례대표제의 평등성」35)의 집필을 끝내고, 1931년에 피어칸트(A. Vierkandt, 1867-1953)가 편찬한 『사회학사전』에 「국가」36)의 항목을 기고하는 등 거의 전력을 반파시즘 투쟁에 바쳤다. 특히 이 투쟁에서 대학교수로서의 그의 입장을 견지하였다.

1928년 5월 국회의원선거에서 SPD가 대승하고, 이 당의 뮐러(H. Müller, 1876-1931)를 수반으로 대연합내각이 성립하였는데, 다음 해 대불황이 닥쳐오자 1930년 3월 이 내각은 무너지고, 헌법 제48조에 근거한 이른바 브뤼닝(H. Brüning, 1885-1970)의 「대통령내각」이 성립하였다. 이리하여 그때까지 형해화의 길을 걸어온 의회민주주의는 여기에 종지부를 찍게 되었다. 같은 해 9월에 실시된 국회의원선거에서 의석 12의 소당이었던 나치스는 일거에 10배 증가하는 대약진을 이루었다. 한편, 브뤼닝 내각은 「대통령독재조항」에 근거하여 국민의 기본적 인권, 사회권을 박탈하고 있었다. 이리하여 독일에서의 파시즘의 도래는 급격히 전개되었다. 헬러도 나치스의 약진을 눈앞에 보면서 파시즘과 대결하기 위해서는 종래와 같이 SPD에 「거리」를 두는 태도를 버리고, 유일한 공화국 옹호세력인 SPD에 분명한 태도로 개입하여 거기에 합당한 행동을 취해야 한다고 통감하였다.

제1차 대전 이후 독일은 엄격한 군비제한을 받았는데, 군부는 비밀리에 재군비를 진행시켜 예비병사를 체육단체나 우익정당의 행동대로 조직하고 군비제한으로부터 회피하려고 하였다. 국수민중당의 철모단이나 나치스의 돌격대는 이러한 준군사단체의 전형적인 것이다. 우익정당이 이처럼 폭력조직을 가지고 있었기 때문에 우익정당의 대립이 격화할 경우 빈번히 무력충돌로 이르는 것은 필연적이다. 이러한 상황에서 바이마르 공화국 옹호파 중에서도 우익정당의 폭력에 대항하기 위해서 준군사단체의 결성을 통감하여 1924년 공화국에 전투적 충성을 맹서하는 「국기단」(國旗團)이 「바이마르 연합」 정당에 의해서 창설되었다. 이 단체는 3파의 정당이 창설했지만 그 본체는 어디까지나 SPD였다. 헬러는 이 국기단을 적극적으로 지지할 결의를 했다. 그는 이 단체의 기관지에 1929년 5월, 「독재는 우리들에게 무엇을 가져 오는가? 파시즘과 현실」37)을 기고하여 이탈리아 파시즘의 현실을 소개하고, 파시즘의 저지를 위해서 전력을 다하여 싸워야 한다고 역설하였다. 그 후에도 이 단체의 대화나 집회에서 파시즘을 경고하는 강연을 반복하였다.

---

34) Bemerkungen zur staats-und rechtstheoretischen Problematik der Gegenwart, in: Archiv des öffentlichen Rechts, Neue Folge, Bd. 16 (1929), Heft 3, S. 321-354. 김효전 옮김, 『헌법학연구』 제20권 1호(2014).

35) Die Gleichheit in der Verhätniswahl nach der Weimarer Verfassung, 1929, 51 S. 김효전 옮김, 『독일학연구』 제26호(2010).

36) Staat. Artikel, in: Handwörterbuch der Soziologie, hrsg., v. A. Vierkandt, 1931, S. 608-616.

37) Was bringt uns eine Diktatur? Faszismus und Wirklichkeit, in: Das Reichsbanner, Nr. 18, 4. Mai 1929, S.(137)-138.

같은 해 말 「법치국가냐 독재냐」[38)]를 발표하고, 그 중에서 의회민주주의의 원리를 살펴볼 것도 없이, 법에 의해서 통치되는 모든 국가를 「법치국가」로 보는 켈젠의 규범논리주의는 정신적으로 독재를 가져오는 준비작업을 하였다고 비판하는 동시에 그의 사회적 법치국가관을 적극적으로 대립시켰다. 그리고 민주적 정당성원리가 확립되어 있는 현재, 독재의 시도는 모두 민주주의를 가장하지 않을 수 없으므로, 그것은 「민주주의로써 민주주의를 배제」하려는 시도가 되리라고 경고하였다. 1930년 9월의 선거에서 나치스의 약진이 있은 후 헬러는 SPD의 「근대화」를 촉구하는 "Neue Blätter für Sozialismus"의 창간에 관여하였다. 그러나 그의 기질 때문에 한때 동료와 사이가 벌어졌으나 1932년 초 그의 친구인 독일정치대학 교수 한스 지몬(Hans Simon)의 중개로 다시 이 잡지에 협력하게 되었다.

그런데 바이마르 공화국의 유일한 옹호정당이어야 할 SPD는 공화국을 전투적으로 지키는 정당은 아니었다. 미국의 바이마르 시대 SPD의 연구가인 헌트는 당시의 SPD를 보스화, 화석화, 부르주아화의 세 가지로 특징짓고 있듯이,[39)] 당내민주주의가 소멸된 지 오래된 이 당내에서는, 당지도층의 독재가 강화되고, 그들은 자기의 신변만을 생각하고 상상하기 어려울 정도의 합법주의에 사로잡혀 대통령독재를 레서 이블(lesser evil)로 간주하고, 그것이 만들어내는 기성사실을 차례 차례로 용인하고 있었다. 바이마르공화국의 붕괴를 의회민주주의의 붕괴와 그것을 지지하는 세력의 국정기관으로부터의 배제라고 본다면, 반공화국파가 1930년 3월 중앙정부를 포기한 SPD를 동당이 1920년 이래 그 본거지로서 쌓아 올려온 프로이센 란트로부터의 축출을 다음 정치의 일정으로 생각한 것은 당연하였다고 할 수 있다. 중앙집권적 경향이 강한 연방제가 채택되었는데 독일의 3분의 2를 차지하는 프로이센 란트는 독자적인 경찰 · 교육 · 사법기구를 가지고, 제정시대 정도는 아니지만 중앙정부에 대하여 커다란 정치적 영향력을 가지고 있었다. 이 SPD 정권이 지배하는 프로이센의 분할 또는 무력화를 목표로 하는 보수세력의 경향은 20년대 후반부터 중앙정부와 란트와의 관계문제의 형태로서 논의되기 시작했는데, 1930년 이후에는 단순한 이론적 문제에서 정치문제가 되었다. 헬러는 1931년 8월, 「라이히-란트 관계의 재편성」[40)]이라는 논문에서 이 문제를 단순히 당파적 관점에서가 아니라 국민적 관점에서 연방제도를 단일국가로 개조하는 방향으로 해결해야 한다는 의견을 피력하였다.

그보다 좀 전인 4월에 발표한 논문 「국민적 사회주의」[41)]에서는 나치스의 인종론적

---

38) Rechtsstaat oder Diktatur? in: Die Neue Rundschau, 1929, Heft 12, S. 721-735. 이 논문은 단행본으로도 발간되었다. J. C. B. Mohr (Paul Siebeck), Tübingen 1930, 26 S. (Recht und Staat in Geschichte und Gegenwart, Heft 68)(김효전 옮김, 법치국가냐 독재냐, 『법치국가의 원리』, 법원사, 1996, 5-26면).

39) R. N. Hunt, German Social Democracy, 1918-1933, 1964, p. 241.

40) Die Neuordnung des Reiches im Verhältnis zu seinen Ländern, in: Die Arbeit, Heft 8 (1931), S. 573-580.

41) Nationaler Sozialismus, in: Neue Blätter für den Sozialismus, 2 (1931), S. 154-156. 그 밖에 1930년부터 1933년 간의 독일의 정치문제를 논한 것은 다음과 같다. Genie und Funktionär in der Politik, in: Die Neue Rundschau, 1930, Bd. 1, Heft 6, S. 721-731; Freiheit und Form in der Reichsverfassung,

국수주의가 어떻게 반국민적이며 반사회주의적인가를 논증하고, 그 위험성을 폭로하는 동시에 비나치스적 방향에서의 민족주의와 사회주의의 결합을 주장하는 그의 지론을 서술하였다. 이 때부터 헬러의 건강은 좋지 못하고, 여름에 갑자기 첫 번째의 심장발작이 시작되었다. 모든 일을 중단하고 그 해 겨울은 베를린 근교의 포츠담의 카푸트(Kaputh) 마을에서 요양하였다. 이 요양기간 중 헬러는 일찍부터 구상하고 있던 『국가학』의 집필에 본격적으로 착수하였다. 또한 그때쯤 그 마을에 별장을 가진 아인슈타인과도 친교를 맺었다.

### (4) 바이마르 공화국 말기

1932년 3월 15일 프로이센 란트 문교장관에 의해서 헬러는 프랑크푸르트대학 정교수로 임명되었다. 4월 대통령선거에서 힌덴부르크 원수가 재선되고, 그는 브뤼닝내각을 파면하고 초보수파인 파펜(Papen) 내각을 임명하였다. 같은 해 7월 20일, 파펜은 이를 대통령 독재조항에 근거하여 프로이센의 브라운, 제베링 정부를 파면하고 이를 중앙정부의 관리 아래 두었다. 그때 그 산하에 강력한 조합(1931년 현재 조합원수 약 410만)과 국기단(단원 350만)을 포용하고, 약 100만의 당원을 과시하는 SPD가 다른 민주주의 세력과 공동으로 프로이센 란트를 거점으로 하여, 이 파펜 쿠데타와 싸웠더라면 공화국의 운명은 바뀌었을지도 모른다. 그러나 SPD 지도부는 「합법주의」에 사로 잡혀서, 다만 라이프치히의 국사재판소에 고소할 뿐이었다. 헬러는 같은 해 8월 15일 「프랑크푸르터 짜이퉁」지에 「라이히는 합헌적으로 행동하였는가?」[42]를 기고하여 파펜 쿠데타의 위헌성을 지적하였다. 이어서 10월 10~14일과 17일에 열린 국사재판소에서 파면된 프로이센 란트 정부를 대표하는 변호인으로서, 중앙정부를 대표하는 카를 슈미트와 파펜 쿠데타의 합헌성을 둘러싸고 법정투쟁을 전개하였다. 이미 법률문제가 아니라 공화국의 존망이 달린 문제라는 의식에 사로 잡혀서 매우 흥분한 헬러는 재판장으로부터 여러 번 언동을 근신하라는 주의를 받은 모양이다. 판결은 「프로이센 란트 정부가 법률상(de jure) 정당하게 존속함을 인정한다. 그러나 파펜의 접수가 사실상(de facto) 프로이센에서 유효하다」는 것이었다. 헬러는 이 법정에서 「어떤 종류의 국법학자(카를 슈미트 등)와 현행 헌법」과의 관계는 고양이에게 생선을 맡기는 것과 같다고 주장했는데 이는 정당하였다. 또한 그것은 국가기관과 헌법과의

---

in: Die Justiz, 5 (1929/30), Heft 11, S. 672-677; Das Berufsbeamtentum in der deutschen Demokratie, in: Die Neue Rundschau, 1930, Bd. 2, Heft 12, S. 721-732; Universitäts- reform, in: Die Neue Rundschau, 1931, Bd. 1, Heft 5, S. 685-694; Bürger und Bourgeois, in: Die Neue Rundschau, 1932, Bd. 1, Heft 6. S. 721-736; Wandlungen in der Studentenschaft, in: Frankfurter Zeitung, 15. Aug. 1932, Montag-Morgenblatt, S. 6; Ziele und Grenzen einer deutschen Verfassungsreform, in: Neue Blätter für den Sozialismus, 3(1932), Heft 11, S. 536-580; Autoritärer Liberalismus, in: Die Neue Rundschau, 1933, Bd. 1, Heft 3, S. 289-298.

42) Ist das Reich verfassungmässig vorgegangen? in: Frankfurter Zeitung, 10. Aug. 1932, Abendblatt-Erstes Morgenblatt, S. 1-2.

관계에 관해서도 타당하였다.[43] 힌덴부르그 대통령은 1933년 1월 30일, 히틀러를 「공화국수상」에 임명하고 바이마르 공화국은 그 수호를 선서한 사람에 의해서 목숨이 끊긴 것이다.

1933년 3월 헬러는 런던에 체류하고 있었다. 그것은 런던대학과 옥스퍼드대학이 그에게 강연을 의뢰하였기 때문이다. 헬러가 언제 독일을 떠났는지는 정확히 알 수 없지만, 1932년 크리스마스를 스위스의 체레니나에서 보냈으며, 따라서 연말이나 1933년 1월 초에 영국으로 갔을 것이다. 나치스의 정권장악은 유태인뿐만 아니라 저명한 반파시즘 투사였던 헬러에게 생명의 위험을 의미한 것은 물론이다. 영국 체류 중 헬러는 나치스가 정권을 장악했다는 보도에 접했다. 헬러는 그때까지 나치스, 특히 히틀러를 계속 비판했으므로 그의 친구들은 그에게 귀국을 단념하라고 충고했다. 런던에서도 이미 그는 나치스의 스파이에게 감시당하고 있었다. 마침 그때 스페인 공화국은 독일 지식인을 나치스의 박해로부터 보호하는 국제적인 구원활동을 개시하고 있었다. 스페인 문교장관은 한스 모겐소(Hans Morgenthau, 1904-1980)[44] 등과 함께 헬러를 마드리드의 「국제정치와 경제연구소」(Instituto de Estudios Internationales y Economicos)의 객원교수로서 초빙하였다. 헬러는 처음에 이러한 제안을 거절했으나, 그 후 이를 수락하였다. 헬러는 3월말 마드리드 대학 법학부 교수로 취임하고 스페인어로 강의하기 위하여 스페인어 공부에 노력하였다. 4월 가족을 무사히 마드리드로 데려오는데 성공하였는데 갑작스런 망명으로 금전적 고통을 거듭하여 사망 직전에 스페인 친구의 법률문제를 해결해주고 그 사례금으로 간신히 연명했던 것 같다.

헬러는 나치스가 정권을 장악한 최초의 1주일은 SPD와 보수파, 즉 국기단과 철모단이 협력하여 나치스 지배를 저지할 수 있으리라는 희망적 관측을 하였는데, 그 후 나치스 체제가 급속히 확립되고, 「보수파」가 그것을 도와주는 것을 알고 독일 정치에 대한 일체의 환상을 버렸다고 한다. 마드리드 시대에 그는 오르테가 이 가세트(José Ortega y Gasset)와 사귀고, 런던에서 친하게 지낸 라스키(H. J. Laski)와는 친밀한 교류를 계속하였다. 그는 장기적 전망에 입각한 새로운 활동분야를 라스키의 도움을 받아서 영국에서 개척하려고 희망하였다. 그동안 뉴욕의 New School for Social Science에서 초빙을 받았으나 거절한 것 같다. 왜냐하면 대학교수는 조국과 불가분[45]이라는 신념에서 「망명대학」이라고 불리는 이 대학에는 가고 싶은 마음에 내키지 않았기 때문이다.

헬러는 마드리드에 와서 네 번이나 심장발작을 일으켜 그때마다 사선을 헤매었다. 유럽 2천년의 전통이 자라온 좋은 문화가 히틀러의 야만적인 폭력으로 파괴되는 것을 눈앞에 보면서 격분하여 고질인 심장은 점차 악화되었다. 니마이어(G. Niemeyer,

---

43) Andreas Kaiser, Preußen *contra* Reich. Hermann Heller als Prozeßgegner Carl Schmitt vor dem Staatsgerichtshof, in: Chr. Müller-I. Staff (Hrsg.), Der soziale Rechtsstaat, S. 287-312.

44) 모겐소에 관하여는 이호재 옮김, 『현대 국제정치론: 세계평화의 권력이론적 접근』(법문사, 1987); 김태현 옮김, 『과학적 인간과 권력정치』(나남, 2010); 宮下豊, 『ハンスJ. モーゲンソーの國際政治思想』(大學教育出版, 2012); 原彬久監譯, モーゲンソー國際政治-權力と平和』(上中下, 岩波文庫, 2013) 참조.

45) 인용은 K. Meyer, a.a.O., S. 311; Sattler, a.a.O., S. 157.

1907-1997)가 서문에서 말하듯이, 헬러는 이러한 고통 중에『국가학』의 집필에 전력을 집중하였다.『국가학』도 거의 완성에 가까운 1933년 11월 5일, 심한 심장발작을 일으켜 그대로 헬러는 사망하였다. 그의 제자인 마르틴 드라트(Martin Draht)가 말하듯이, 「바로 그의 조국이 그와 그의 일을 더 이상 필요로 하지 않은 듯이 보였을 때」, 그는 네 명의 어린 자녀를 남긴 채 영원히 불귀의 객이 되었다. 그의 나이 42세였다. 토르소(torso)가 된 그의 유작『국가학』은 그 「보유」에서 니마이어가 그간의 경위를 상세히 적어서 1934년 네덜란드의 라이덴에서 출판되었다.

그리고 생전에 헬러가 셀릭만편『사회과학사전』에 기고한 G. Jellinek (in: E.S.S., vol. 8, p. 379)은 이미 1932년에 나왔으나, Political Science (in: E. S. S., vol., 12, p. 207-224), Political Power (in: E. S. S., vol. 12, p. 300-305), F. J. Stahl (in: E. S. S., vol. 14, p. 316-317)은 그가 사망한 다음 해(1934)에 나왔다.


## 3. 국가의 근본조직법[46]

### (1) 사실상의 헌법개념

어떤 국가의 헌법(Verfassung)은 그것이 의식적인 인간의 활동으로 만들어진 근본조직 법(Verfassung)을 나타내는 한에서만 그 국가의 조직과 부합한다.[47] 양자는 인간의 의지행 위에 의해서 끊임없이 갱신되는 정치적 존재상태의 형태(Gestalt) 내지는 구조를 의미한다. 이러한 구체적인 인간의 활동형태의 결과로서 국가가 질서지워진 활동통일체로 될 때에 국가 일반이 비로소 존재하게 된다. 바로 국가의 구체적인 현존재(Dasein)와 그렇게 있는 존재(Sosein)는 사회적 현실의 특정한 종류의 질서와 형태에서의 존재를 가지고 비로소 가능하게 된다.[48]

그러므로 국가의 근본조직법(Staatsverfassung)은 첫째로 과정이 아니라 소산이며, 활동 이 아니라 활동형태이다. 그것은 생활이 그것을 관통하는 열려진 형태(Gestalt), 즉 형태 (Forum)로 된 생활이며 생활로부터 이루어진 형태(Forum)이다. 헌법은 변화하는 공동활동 자의 기초적 관계(Nacheinander)와 동시적 관계(Nebeneinander) 속에서 구별할 수 있는 통일체로서 인식된다.

헌법이 시간과 관여자의 변천 속에서 그 영속성을 보유하는 것은 그것에 적합한 인간의 행태의 미래에서 반복의 개연성에 의한다. 이 개연성은 한편으로는 관여자의 헌법적합적인

---

46) 헬러의 헌법개념에 관하여는 Dian Schefold, Hellers Ringen um den Verfassungsbegriff, in: Chr. Müller-I. Staff (Hrsg.), Der soziale Rechtsstaat, S. 555-572.

47) H. Heller, Staatslehre, hrsg. v. Gerhart Niemeyer, 4. Unveränderte Aufl., 1970, S. 249 (홍성방 옮김,『국가론』, 민음사, 1997).

48) Ebd., S. 249.

행위의 단순히 사실적인 정상[규칙]성(Normalität)에, 다른 한편 그러한 행위의 규범화된 정당성에 근거한다. 따라서 모든 국가의 근본조직법 중에 정치적 전체헌법(Gesamtverfassung)의 부분내용으로서 규범화되지 아니한 헌법과 법적으로 규범화된 헌법으로 나눈다. 그리고 후자는 다시 외법적(außerrechtlich)으로 규범화된 헌법과 법적으로 규범화된 헌법으로 나누어진다. 의식적으로 정립되고 확보된 법에 의해서 규범화된 헌법이 조직된 헌법이다.49)

동태와 정태의 관계가 그렇듯이, 헌법의 개념에서 정상성과 규범성, 존재와 당위는 전적으로 분리될 수 없다. 모든 정치적 헌법은 규범으로 형성된 존재(normgeformtes Sein)로서만 파악할 수 있다.

그런데 국가의 결정적인 구성법칙은 조직이다. 그러므로 국가는 하나의 조직된 생활형태이다. 그 헌법의 특질을 이루는 것은 관여자의 규범화되고 법적으로 조직된 행태일 뿐만 아니라 규범화되지는 않았으나 정상[규칙]화 된 행위이다. 이러한 행태의 정상성은 관여자는 의식하지 못하지만 공동 체험된 역사와 문화이다.50)

국가의 근본조직법에 대하여 그러한 자연과 문화의 요소들은 매우 중대한 건설적이면서도 파괴적인 의미를 가진다. 여하튼 이러한 규범화되지 아니한 헌법은 전체헌법의 부분내용에 불과하다. 정상성은 끊임없이 규범성에 의해서 강화되고 보완되어야 하며, 평가적인 판정규범(Beurteilungsnorm)은 경험적인 평가규칙에 가까운 것이 되어야 한다.51)

규범화되지 아니한 헌법이라는 하부구조 위에, 이 하부구조에 의해서 결정적으로 규정되는 규범으로 형성된 헌법(die normgeformte Verfassung)이 솟아나고, 이 규범으로 형성된 헌법에서는 인습이나 관행 외에 아주 빈번히 전통에 반하여 자주적으로 결단하는 지도와 법령이 그 특유한 역할을 한다.52)

## (2) 규범화된 헌법개념

규범화된 헌법은 법적으로 규범화된 행태의 정상성 내지 외법적으로 또한 습속 · 도덕 · 예의작법 · 유행 등에 의해서 규범화된 행태의 정상성으로부터 성립한다. 그러나 법적 및 외법적인 헌법규범은 경험적인 계산규칙일 뿐만 아니라 또한 행위의 실증적인 판단규칙이다. 만약 정상성이 규범성으로 고양되지 않는다면, 실제 통계적으로 계산가능한 규범성은 상실되고 말살되어 버릴 것이다(Jahrreiss, S. 16 ff.). 어떤 정상성이 인류 일반이든 이런저런 특정한 인간 집단이든 간에, 그러한 사실상의 존속의 경험적 규칙, 즉 존재의 조건이라고 믿어지는 그러한 정상성만이 실증적으로 평가되고, 그러므로 하나의 규범성으

---

49) Ebd., S. 250.
50) Ebd., S. 250 f.
51) Ebd., S. 251.
52) Ebd., S. 252.

로 된다.[53]

법적으로 규범화된 헌법은 결코 단순히 국가가 인가한 법규로써만 성립하는 것은 아니다. 그것은 효력을 가지기 위해서 항상 규범화되지 아니한 헌법이나 외법적으로 규범화된 헌법의 계기에 의해서 보완될 필요가 있다. 어떤 규범의 내용과 적용방식(Geltungsweise)은 결코 단순히 그 문언(Wortlaut)으로 결정되는 것은 아니다. 그것은 그 정립자의 의도와 특성에 의해서 뿐만 아니라 특히 그것을 준수하는 규범수범자(規範受範者)의 특성에 의해서도 규정된다. 여하튼 법적으로 규범화된 헌법의 내용을 비로소 구체화시키고, 그 개성을 규정하는 것은 신들러(Schindler)가 말하는 환경(ambiance)(S. 93), 즉 자연과 문화의 전체 환경이다.[54]

그리고 빈번히 명백하게 모든 규범설정을 허용하지 않으나, 헌법의 규범내용을 본질적으로 규정하는 무수한 존재(Sein)의 규칙(Regel) 외에 법원칙으로서 헌법규범의 효력과 내용에 대하여 결정적인 외법적 규범성이 존재한다.[55] 그것은 법규와 판례로부터의 귀납으로서 생긴, 즉 단순한 추상화에 의해서 얻어진 논리적 법원칙들을 의미하는 것은 아니다. 우리들의 의지에 의존하지 않는 논리적 타당성(Geltung)은 당연히 이 법원칙에는 귀속하지 아니한다. 실정법규는 확실히 윤리적 법원칙에 반하는 일이 있지만 결코 법의 논리적 구성원칙에 반하는 것은 아니다. 사회가 정당한 것으로 인정하고, 법을 정립하는 국가로부터 빈번히 결코 인가되지 아니한, 더구나 자주 명백하게 비난되는 윤리적 법원칙들은 국가의 근본조직법의 존속에 대해서 매우 중대한, 다시 말해 독자적인 일부는 보완적인 의의를 가진다. 법원칙의 특징은 그 구체화(Konkretion)가 불충분하기 때문에 그것이 직접적으로는 법원의 재결규범(裁決規範)으로서 사용할 수 없지만, 그럼에도 불구하고 사회적인 질서규범으로서, 또한 국가의 법적 헌법(Rechtsverfassung)에 근거한 법원의 재결의 해석규칙으로서는 불가결하다는 점이다. 법원칙의 효력은 일부는 보편적이며 선험적인 성질이며, 더욱 뚜렷이 큰 다른 부분은 문화권의 구속을 받고 역사적으로 변화하는 성질의 것이다.[56]

이처럼 헬러는 법적으로 규범화된 국가의 근본조직법이 외법적인 규범과 정상성에 의해서 보완되며, 이들은 다시 모순될 수 있는 경우만을 고찰하였다. 그는「현실의 헌법은 사실상의 권력관계에 있다」는 명제가 정당하다고 결론짓고 이렇게 말한다.[57]

모순되는 사회적인 권력관계에 의해서 헌법규범이 개정되는 소수의 중요한 사례를 현대의 국법이론은 헌법의 변천론에서 다룬다.[58] 최고의 권력보유자(Gewalthaber)의 전제(專制)가

---

53) Ebd., S. 252.
54) Ebd., S. 255.
55) Ebd., S. H. Heller, Die Souveränität, S. 47 ff.
56) H. Heller, Staatslehre, S. 256.
57) Ebd., S. 259.
58) G. Jellinek, Verfassungsänderung und Verfassungswandlung, 1906(김효전역, 헌법개정과 헌법변천,

헌법규범에 반하여 효과적으로 관철되는 곳 어디든지, 법치국가적 제한이 얼마나 강할지라도, 그럼에도 불구하고 법의 파괴(Rechtsbruch)에 의한 법창조의 가능성이 존재한다. 모든 지배 (Kontrolle)는 누가 수호자를 수호할 것인가(quis custodet custodem)라는 문제를 결국 해결할 수 없다. 어떠한 헌법규범의 불가침성도 혁명과 반혁명을 저지할 수 없으며, 어떠한 헌법상의 권력분립도, 예컨대 정부와 의회 간에 해결불가능한 항쟁이 있는 경우, 그것들에 상위하는 활동통 일체가 없기 때문에 사실상 보다 강력한 권력이 그 지위를 확보하고 국가권력이라는 필연적인 통일체를 구현하는 것을 저지할 수 없는 것이다.59)

이와 같이 헬러는 국가의 근본조직법에서 정상성과 규범성의 관계에 관한 문제를 모든 법사회학과 국가사회학의 근본문제로서 제기한다.60)

(3) 성문화된 헌법개념

성문화된 국가의 근본조직법(Verfassung)은 헌법전에 의해서 규율된 국가체제를 의미하며, 이는 명백히 법적 개념이다.61)

특징적인 권력구조라는 의미와 권력의 구성에 관한 최소한도의 법규범이라는 의미에서 의 헌법은 어떠한 의미와 정치적 공동체도 과거에 가지고 있었으며, 현재에도 가지고 있다. 그러나 최근 2세기 동안 Verfassung 내지 Constitution이란 말은 매우 좁은 의미의 개념과 결부되고 있었다. 그것은 보통 법적 헌법으로서만 이해하고 있었다. 이러한 문서를 통한 객관화는 일반적으로 정신적 형성체를 상대적으로 독립시키는 과정에서 매우 중요한 발걸음을 의미한다. 그러나 근대 헌법의 특질은 본래 문서적 형식에 있는 것이 아니라 유일한 문서 중에 국가의 전체 구조가 규정되어야 한다는 점에 있다. 18세기 이래의 근대의 헌법전(Verfassungsurkunde)을 그 이전의 것과 구별하는 것은, 이러한 법적 헌법의 체계화와 합리화에 의한 정치적 운명의 통일적 규정에의 의식적인 의지이며, 단순한 법전편 찬화의 사실은 아니다.62)

근대 헌법전의 새로운 내용은 국가권력에 대한 시민의 주체적인 자유권과 참정권에 의해서 국가권력의 객관적인 법적 제한을 실현하고, 그것을 권력정치적으로 확보하려는 경향에서 성립하였으며, 이로써 개인의 기본권은 국가의 조직적인 근본구조에 의해서

---

『동아법학』제36호(2005); Tezner, Grünhuts Ztschr. 42, S. 557 ff.

59) Ebd., S. 259.

60) 법사회학의 원용은 주로 E. Ehrlich, Grundlegung der Soziologie des Rechts, 1913/1919(부분 번역으로 서 장경학역, 『법률사회학의 기초이론』, 원기사, 1955). 그리고 Max Weber, Rechtssoziologie, in: Wirtschaft und Gesellschaft, 1922, § 386 ff. (최식역, 『법과 사회』, 박영문고, 1959; 새 번역 『동아법학』 제71호, 2016) 등 참조.

61) H. Heller, Staatslehre, S. 270 ff.

62) Ebd., SS. 270-271.

옹호되게 되었다.63) 최근 권력분립과 기본권은 서로 독립된 두 개의 제도로서 파악되고 있는데, 그것은 입헌적 법치국가의 원칙적으로 중대한 오인이라고 할 수 있다. 실제로 국가권력의 계획적 · 법치국가적인 조직화의 경향과 자유의 보장을 지향하는 경향은 서로 조건지워져 있는 것이다.

「계획」(Plan)과 「자유」란 실질이 없는 추상으로서 파악될 때에만 서로 모순되는 것이다. 사회적 현실에서는 인간의 자유는 언제나 조직되어야 하는 것이다.64)

### 4. 요약

#### (1) 실질적 헌법개념

헬러는 헌법개념을 두 개의 사회학적 개념과 두 개의 법학적 개념으로 구별한다.65) 가장 중요한 헌법개념은 국가의 특징적인 권력구조, 또한 그 구체적인 존재와 활동의 형태를 의미한다. 이 개념 중에서 가장 넓은 의미의 것은 「정치적 통일체와 질서의 전체 상태」66)나 「국가의 생활전체와 생활현실」67)을 의미하며, 따라서 그것은 국가적 통일체의 자연과 문화의 조건들 전부를 일체 평가적으로 구별하지 않고 함께 포함하는 개념으로, 그 광의성 때문에 과학적으로는 거의 쓸모가 없다.

국가적 전체성의 내부에서 어떤 특정한 역사적 · 정치적 입장에서 국가의 근본구조를 기본적인 것으로 평가하고, 국가적 통일체의 상대적으로 불변한 구조로서 강조함으로써 성립하는 현실과학적 헌법개념은 두 번째의 헌법개념인데, 그것은 이미 첫 번째 것보다도 좁은 의미이기 때문에 그것보다도 분명히 유효하다.

이러한 두 개의 사회학적 개념에 대응하는 것이 헌법의 두 개의 의미과학적이고도 법학적인 개념이다. 만약 포괄적인 법개념이 존재한다면, 그것은 국가의 전체적인 법상태를 그 내용으로 할 것이다. 즉 적어도 헌법전 중에 포함된 모든 법규범뿐만 아니라 국가질서의 기타 모든 헌법적합적인 법규를 그 내용으로 할 것이다. 이 헌법개념은 정치적 통일체와 질서의 현실의 전체 상태가 아니라 다만 그 법률적으로(von Rechts wegen) 적용하는 상태만을 의미한다. 무엇보다도 그 때에 무수한 법규범 중에서 어느 것이 「근본적」이며, 어느 것이 도출된 것으로 보아야 할 것인가는 고려하지 아니한다. 이 경우 이러한 헌법개념을 넓은 의미의 실질적 헌법(materielle Verfassung)이라고 할 수 있다.

---

63) R. Schmidt, Die Vorgeschichte der geschriebenen Verfassung, 1916, S. 98, 127 ff.; 인용은 Heller, S. 273.
64) Ebd., S. 273.
65) Ebd., S. 274.
66) C. Schmitt, Verfassungslehre, S. 3.
67) R. Smend, Verfassung und Verfassungsrecht, S. 75 f.

다음에 좁은 의미의 실질적 헌법개념도 비교적 잘 사용된다. 이는 국가의 전체적인 법질서의 내부에서 근본적인 것으로서 평가된 부분 내용을 가설적·논리적 「근본규범」으로서 뿐만 아니라 근본질서로서 강조하는 개념이다.68) 그런데 어떠한 성문헌법전도 근본적 규범의 모두를 포함하지는 않으며, 또한 모든 헌법은 어떤 정치적 체계 구성의 관점에서 볼 때 근본적인 것이라고 할 수 없는 그러한 법규도 포함한다. 따라서 좁은 의미의 실질적 헌법은 항상 많은 헌법률로써 구성된다. 그리고 이 많은 헌법률 중에서 법전(Urkunde) 속에 채택된 것은 그 우월해진 의의 때문에 「형식적 헌법」이라고 부른다.

(2) 형식적 헌법개념

형식적 헌법의 개념은 헬러의 헌법개념의 순서로서는 다섯 번째에 해당되는데, 그것은 헌법전에 문서적으로 확정된 법규의 전체를 의미한다.69) 법규 중에서 어떤 것이 헌법전 중에 채택되고, 경우에 따라서는 그 고양된 존재의 보장이 부여될 정도로 중요하다고 결정하는 것은 오직 헌법제정자 뿐이다. 문서화된 헌법전을 가능한 한 협의의 실질적 헌법과 합치시키는 경향은 성문헌법에서 명백히 인정될 수 있으며, 모든 성문헌법이 근본적인 기관규칙과 직무규칙의 형식으로 어떤 정형적 내용을 제시하는 점에도 나타나 있다. 형식적 헌법의 개념이 과학적으로 필요한 것은 실질적 헌법과 형식적 헌법이 완전히 합치되는 일은 결코 있을 수 없기 때문이다. 확실히 헌법전은 정형적 내용을 포함하는데, 어떠한 헌법률을 포함시켜야 할 것인가에 대한 이론적 원칙은 존재하지 않는다. 일반적인 법률의 취사선택의 경우처럼 헌법전 중에 어떠한 헌법률을 채택하고 경우에 따라서는 그 어느 것에 고양된 존재의 보장을 부여할 것인가를 결정함에 있어서 기준이 되는 것은 전통·정치적 합목적성·권력상태, 그리고 법의식이다.70)

(3) 실정적 헌법개념

헬러에 의하면 형식적 헌법의 개념은 결과적으로는 일반적으로 법치국가적 헌법 일반을 상대화시키는 결과로 될 수 밖에 없다고 주장하는 카를 슈미트의 논박은 이상의 설명으로써 해결될 수 있다고 한다.71) 확실히 해석헌법학이 법상태의 전체에 대해서 형식적인 헌법 개념 외에 좁은 의미의 실질적 헌법 개념 역시 설정하는 것은 당연할 뿐만 아니라 필요하다. 그러나 이 실정적(positiv)72) 헌법개념 — 즉 좁은 의미의 실질적 헌법을 슈미트는 부당하게

68) H. Kelsen, Allgemeine Staatslehre, 1925, Neudruck, 1966, S. 249 ff.
69) H. Heller, Staatslehre, S. 275.
70) H. Heller, Der Begriff des Gesetzes in der Reichsverfassung, S. 123 ff. in: Ges. Schr., Bd. 2, S. 203-248.
71) H. Heller, Staatslehre, S. 276.
72) 마운쯔에 의하면 「실정적」이란 표현은 법률용어로는 「결정되는」(entschieden) 것이 아니라 권한 있는

도 이렇게 부른다고 비판한다— 의 내용은 모든 형식적 헌법의 내용과 아주 마찬가지로 「당파적 요구」에서 결코 자유롭지 아니할 것이다.73) 따라서 예컨대 슈미트가 말하듯이 연방국가적 구조는 실제로 1919년의 「실정적」인 독일 헌법의 기본원칙의 하나인가의 여부에 관하여 물론 논쟁을 벌여도 좋을 것이다. 그러나 다른 한편, 슈미트는 어떠한 권리에서인지 알 수 없지만 독일의 헌법제정자에 대하여 예컨대 국가와 교회의 원칙적 분리, 아울러 그것과 일치하는 세속적 학교감찰(바이마르 헌법 제144조)을 연방국가적 구조와 똑같은 정도로 근본적인 것으로 보는 것을 금지하려는데, 이는 이해하기 어렵다. 결국 그러한 법규뿐만 아니라 실질적 및 형식적 헌법의 모든 법규는 그 성립기의 「정치적·역사적 상황」에서 설명되어야 한다.74)

「실정적」 헌법, 즉 좁은 의미의 실질적 헌법은 규범도 법률도 아니며, 「1회의 결단」이며, 그 후 반복되는 다수의 「구체적인 결단들」이며, 헌법률은 그 결단 내지 결단들에 근거하여 비로소 「효력을 가진다」는 주장75)은 아주 적절치 못하다. 단순히 사실상 실존하는 비규범적인 결단 내지 그러한 결단의 다수로써 헌법이 「효력을 가지는」 것으로 볼 수는 없다.

끝으로 헬러는 객관화된 국가의 「근본조직법의 효력(타당성)의 기초」(Geltungsgrundlage)에 관한 문제에 대해서 순수규범주의에 입각한 켈젠의 이론을 비판하는 동시에 결단주의에 입각한 슈미트의 이론도 반박한다.76) 그에 의하면 「헌법제정권력의 실존성과 규범성은 대립하는 것이 아니라 서로 조건부로 합치하는 것」이라고 한다.77)


## 4. 헬러의 『국가학』

헬러의 『국가학』은 현대 정치학의 근본문제나 헌법학·법철학·사회학의 주요한 문제들이 일관된 방법론에 입각하여 문제를 제기하고 새로운 해명을 하고 있다. 또한 위의 학문의 개념들이 헬러 특유의 해석으로 사용된다. 따라서 그의 『국가학』은 편자 니마이어 (G. Niemeyer)가 말하듯이 결코 「가볍게 읽을 것」이 아니다.

확실히 헬러의 『국가학』은 「전문가의 교과서」를 목표로 한 것이다. 그러나 헬러는 이 책으로 독일 국가학의 고유한 문제의 해결만을 바란 것은 아니었다. 그는 항상 유럽의

---

권력에 의하여 「정립되는」(gesetzt) 것을 의미하며 대부분은 「정립된」 규범에 대해서만 사용한다. 그러나 이 경우 실정적 Verfassung이라고 지칭되는 것은 Verfassung 제정권력의 행위에 의하여 「정립」되는 것이라고 생각하기 때문이라고 이해하여야 할 것이다. Theodor Maunz, Deutsches Staatsrecht, 18. Aufl., S. 36.

73) H. Heller, Staatslehre, S. 276.
74) C. Schmitt, Verfassungslehre, S. 12, 15, 20 ff.
75) C. Schmitt, a.a.O., S. 21, 23, 61.
76) H. Heller, Staatslehre, S. 276-279.
77) Ebd., S. 279.

정치적 위기가 전적으로 정치이론의 침체에 기인하는 것이라고 통감했기 때문에, 독일 국가학의 총체적 비판으로 새로운 독일의 미래를 개척해 나아가는 정치이론을 구축하려고 하였다. 그러므로『국가학』은 바이마르 시대의 정치적 문제에 진지하게 뛰어든 헬러의 실천활동이 결실한 사상의 결정이다. 동시에 거기에는 그러한 사상으로부터 실천에의 지침이 도출되어 있다. 그뿐만 아니라 헬러가『국가학』의 앞머리에서「이 국가학은 그 문제설정에서는 달만(Dahlmann), 바이츠(Waitz), 드로이젠(Droysen) 내지는 국가를 포괄적인 연관에서 파악하려고 한 아카데믹한 최후의 시도인 몰(Mohl)의『국가학 엔치클로페디』등이 의미하는『정치학』에 매우 가까운 것이다」78)라고 하듯이,『국가학』에는 19세기 중엽까지「국가과학의 정화」79)라고까지 구가된 독일 정치학의 전통을 계승하려는 문제의식이 흐르고 있다. 그래서 헬러는 제2제국의 창건을 전후하여 시민층의 거세와 함께 정치학이 실천적 관심을 상실하고, 침체·타락하고 있던 것을 그 어느 누구보다도 몇 배나 더 개탄하지 않을 수 없었다.

편자 니마이어가 말하듯이, 헬러는「현재의 정치학의 쇠퇴와 부분적으로는 정치적 위기 그 자체도 주관주의적인 문제제기에 조건부인 실증주의이론이 현실과의 관련을 상실하고, 따라서 그들의 주장대로 말한다면 우연적으로 되는 데 기인한다고 생각하였다」80) 따라서 그는 국가학의 문제제기에서「개별 연구자가 개인적으로 관심 있는 문제를 자의적으로 인식의 대상인 현실에 끌어들인다면, 모든 국가 이론가는 객관적 필요와는 관계없이 그의 주관적인 의향에 따라서, 다만 단순히 논리적 필요성을 통하여, 그리고 그의 전문에 대하여 습관이 된 문제성을 통하여 문제를 제기하는 것인가? 그렇지 않으면 우리들의 문제설정은 우리들을 둘러싸고 있는 국가적 현실의 객관적인 문제성에서 발생한 것인가? 만약 그렇다면 결국 이 국가적 생활 그 자체의 문제성이 그 강요와 색소는 다르다고 할지라도 우리들 모두에 대하여 그 해결을 쫓고 있는 문제를 우리들이 제기하게 되는 것이 아닐까?81) 라고 자문한 후 다음과 같이 대답한다.

모든 국가인식은 국가 생활이 문제 제기자도 언제나 포함한다는 것에서 출발하지 않으면 안 된다. 문제 제기자는 국가 생활 속에 실존적으로 속하며, 결코 국가에서 배제될 수 없다. 국가는 문제를 제기하는 주체에 대하여 공간적으로「대립」하는 무관한 객체는 아니다. 이 양자 관계의 본질은 여기서는 주체와 객체와의 변증법적 동일성이다.82)

이러한 국가를 주체적으로 파악하려는 이론적 입장에서 헬러는『국가학』에서 비정치적인 게르버(Gerber), 라반트(Laband), 옐리네크(Jellinek), 켈젠(Kelsen)의 국가학이나 파시

78) H. Heller, Staatslehre, S. 4.
79) W. Hennis, Politik und praktische Philosophie, 1963, S. 9.
80) H. Heller, Staatslehre, Einleitung, Ⅷ. (홍성방 옮김,『국가론』, xii면; 安世舟譯,『國家學』, 9면).
81) Ebd., S. 26 (역서, 53면).
82) Ebd., S. 26 (역서, 33면).

즘으로 기울어진 루돌프 스멘트, 카를 슈미트의 국가론을 철두철미하게 비판하였다. 그리고 헤겔, 달만(Dahlmann), 슈타인(L. v. Stein), 몰(R. Mohl)의 정치학의 전통 위에 서서[83] 제2제정 시대에 『일반 국가학』의 명칭 아래 공법학의 보조학과의 지위에 매몰되고 있던 정치학을 다시 그 본래의 자태로 나타내려고 하였다. 이러한 의미에서 『국가학』은 「일반」이라는 형용사가 생략된 상징에서 알 수 있듯이, 『일반 국가학』의 「만가」인 동시에 독일에서 「일반 국가학」의 「과학으로서의 정치학」에로의 전환을 긋는 것이다.[84] 따라서 헬러는 오늘날 독일에 있어서 「현대 정치학의 아버지」[85]라고 한다. 이처럼 『국가학』은 「독일 정치학의 금자탑」[86]일 뿐만 아니라 영미의 청교도혁명이 홉스의 『리바이어던』[87]을 낳고, 프랑스의 종교전쟁이 보댕의 『국가론』[88]을 낳게 한 것과 같은 의미에서 독일 혁명이 낳은 정치학의 고전이라고 할 수 있다.

헬러의 국가학에 관하여는 니마이어의 서문에서 상세한 해설을 하고 있으므로 여기서는 몇 가지 점만을 지적하기로 한다.

## (1) 방법론

첫째는 방법론이다. 바이마르 시대의 독일 국가학의 특징은 제정시대에 지배적이었던 법실증주의와 그 「유언집행인」이라고 불리는 켈젠의 순수법학의 비판, 그리고 그것이 등한시한 정치현상에까지 국가학의 문제영역을 확대하는 동시에 그 방법론적 기초였던 신칸트학파를 부정하고 국가학을 새로이 어떤 것은 정신과학적으로, 어떤 것은 사회학적으로 근거지우려는 모색이었다. 국가학을 정신과학적으로 근거지우려고 시도한 것은 루돌프 스멘트(Rudolf Smend, 1882-1975)이다. 존재와 당위, 가치와 현실을 방법론적으로 준별하고, 대상구성적 사유에 의해서 이론을 획득하려는 신칸트파의 입장과 「방법이 대상을 결정한다」는 입장에 반대하여, 스멘트는 대상이 방법을 규정하는 방법론을 모색하고, 이를 리트(Th. Litt, 1880-1962)의 현상학적 사회학 중에서 찾았다. 리트는 정신적 인식은 항상 정신 자체의 인식으로서 그 중에 주체와 객체가 변증법적 동일을 이루는 것으로서만 파악된다고 주장하여 정신과학을 자연과학에 대치시켰다.[89] 스멘트는 이러한 리트의 정신과학적 방법론에 근거하여 켈젠을 비판하고 독일 국가학에 신선한 자극을 주었다.[90]

---

83) H. Heller, Gesammelte Schriften, Bd. 3. S. 93.

84) W. Hennis, a.a.O., S. 12.

85) H. Mommsen, Zur Verhältnis von politischer Wissenschaft und Geschichtswissenschaft in Deutschland, in: Vjh. f. Zeitgeschichte, Jg. 10, 1962, S. 350.

86) 猪木正道, ヘルマン・ヘラーの「國家學」について 原典覆刻叢書別冊, みすず書房, 1955, 3면.

87) Th. Hobbes, Leviathan, 1651 (진석용 옮김, 『리바이어던』, 전2권, 나남, 2008).

88) J. Bodin, Les six livres de la République, 1576 (나정원 옮김, 『국가에 관한 6권의 책』, 전6권, 아카넷, 2013).

89) 리트에 관하여는 주 22 참조.

90) 스멘트의 국가이론과 헌법이론에 관하여는 Robert Chr. van Ooyen, Integration. Die antidemokratische

헬러도 켈젠을 비판하고 신칸트파를 거부하는 점에서 당시의 국가학계의 경향을 지지하고 앞에서 보았듯이, 리트와의 개인적 접촉도 있어서 리트와 스멘트의 영향 아래 비로소 국가학을 정신과학으로 근거지우려고 생각하였다.

반면에 켈젠도 스멘트의 통합이론을 「방법혼동주의」라고 신랄하게 비판하였다.[91]

그러나 헬러는『주권론』에서 그의 독자적인 국가론을 구축하는 과정에서 리트와 스멘트의 정신과학적 방법론으로는 그의 이론을 충분히 전개할 수 없다는 것을 통감하기 시작하여 국가학을 사회학적으로 근거지워야 한다는 자각에 도달했다. 그리고 1928년, 스멘트의 『헌법과 실정헌법』[92]이 발간되어 그 중에서 국가가 정신적 현실의 부분영역이라고 보아 사회적 현실인 국가가 정신화되는 현상을 보고, 헬러는 국가학을 사회학적으로 근거지워져야 한다는 결심을 더 한층 굳게 하였다. 그러나 헬러가『국가학』중에서 「국가론의 방법론적 해명은 이 해명작업을 쓸모 있게 했어야 할 동시대의 철학이 이 임무에 적합하지 않다는 것이 설명됨으로써 한층 곤란하게 되었다」[93]고 하듯이, 그 작업은 매우 어려웠다. 그것은 다음의 사실이 증명한다. 헬러는 이미 1926년『일반 국가학』의 발간을 약속하고 있었는데 그 약속이 실현된 것은 8년 후의 일이며, 그것도 미완으로 끝난 유저였다.

『국가학』의 방법론을 제외한 부분의 기본사상은 이미 1930년 이전의 저서에 나타나고 있음에도 불구하고, 한 때 헬러는 국가학을 근거지우는 사회학을 베버(Max Weber) 사회학에서 찾은 일이 있었다. 즉 그는 아래로부터 정치적 행위의 자연적 조건을 편입시켜서

---

Staatstheorie von Rudolf Smend im politischen System der Bundesrepublik, Wiesbaden 2014; K. Rennert, Die "geisteswissenschaftliche Richtung" in der Staatsrechtslehre der Weimarer Republik, 1987, S. 141-157, 214-259, 299 ff.; R. Bartlsperger, Die Integrationslehre Rudolf Smends als Grundlegung einer Staats-und Rechtstheorie, Diss. jur. Erlangen-Nürnberg 1964; M. H. Mols, Allgemeine Staatslehre oder politische Theorie? Untersuchungen zu ihrem Verhältnis am Beispiel der Integrationslehre Rudolf Smends, 1969; J. Poeschel, Anthropologische Voraussetzungen der Staatstheorie Rudolf Smends. Die elementaren Kategorien Leben und Leistung, 1978; Andreas Anter, Rudolf Smend und der Kampf gegen den Ordnungsrelativismus. Krisendiagnose als Selbstverständigung im Jahr 1943, in: Annette Brockmöller/Eric Hilgendorf (Hrsg.), Rechtsphilosophie im 20. Jahrhundert - 100 Jahre Archiv für Rechts- und Sozialphilosophie, Stuttgart 2009, S. 37-50; Horst Dreier, Integration durch Verfassung? Rudolf Smend und die Grundrechtsdemokratie, in: Friedhelm Hufen (Hrsg.), Verfassungen · Zwischen Recht und Politik. Festschrift zum 70. Geburtstag für Hans-Peter Schneider, Baden-Baden 2008, S. 70-96; Marcus Llanque, Die politische Theorie der Integration: Rudolf Smend, in: André Brodocz/Gary S. Schaal (Hrsg.), Politische Theorien der Gegenwart I. Eine Einführung, Opladen 2002, S. 317-343.

한국 문헌은 볼프강 슐루흐터, 김효전 옮김, 루돌프 스멘트의 통합이론에서의 생명으로서의 국가, 『유럽헌법연구』제18호(2015), 521-558면; 김효전, 루돌프 스멘트의 통합이론, 남하 서원우 교수 화갑기념논문집 『현대행정과 공법이론』(박영사, 1991), 17-39면 및 거기에 열거된 문헌 참조.

91) H. Kelsen Der Staat als Integration. Eine prinzipielle Auseinandersetzung, Wien 1930 (김효전역, 『통합으로서의 국가』, 법문사, 1994) 참조.

92) R. Smend, Verfassung und Verfassungsrecht, 1928, in: Staatsrechtliche Abhandlungen und andere Aufsätze, 2. Aufl., 1968, S. 119-276 (김승조 옮김, 『국가와 헌법』, 교육과학사, 1994).

93) H. Heller, Staatslehre, S. 31 (역서, 63면).

위로부터 정당성론을 정치철학적으로 재구성함으로써 베버의 국가사회학을 확대하려고
하였다. 그러나 베버 사회학이 이해의 대상을 의미내용으로 한정하는 한계를 가지고 있어서
신칸트파를 부정하는 시도와의 관계에서 베버에게 의뢰하는 것은 자기의 방법론적 곤궁을
고백하는 것이었으므로 베버 사회학에 의지할 수 없었다. 이처럼 방법론적 과학론에서
고심하고 있던 헬러에게 1930년 국가학을 사회학으로서 파악하는 방향으로 이론적 확신을
준 저서가 나타났다. 그것은 헬러의 킬 시대의 옛 친구인 한스 프라이어(Hans Freyer,
1887-1969)의 『현실과학으로서의 사회학』[94]이다.

  프라이어는 리트의 자연과학과 정신과학의 2분법에 대하여 자연과학 · 정신과학 · 현실
과학의 3분법을 주장하였다. 자연과학은 그 인식과정에서 주체가 인식대상과 대립하는
점에서 공통되는 데 반하여, 현실과학은 그 대상성에서 그것을 인식하는 주체와 결합되며,
그것과 대립하는 것이 아니라 그것과 공존(속)하는 것이라고 주장하였다. 즉 현실과학의
대상은 사회형상이며, 그것은 「우리들 자신이며 그 밖의 아무것도 아니다」. 사회형상은
인간의 실존형태라는 사실이 사회학을 현실과학으로 만든다. 현실과학적 고찰은 인식자를
주관적으로 하지 않고 유책토록 만들며, 그 자신의 상황에서 자유가 아니라 그 중에서
자유이며, 그것에 대하여 자유이다. 따라서 사회적 현실을 인식하는 과학으로서의 사회학
은 동시에 윤리학이 아니면 안 된다. 그것은 「윤리적 규범이 얻어지거나 적용된다는 의미에
서가 아니라 그 인식대상이 의지방향을 그 자신 속에 포함한다」는 의미에서이다. 그 대상에
대한 실존적 관계에서 사회학적 인식은 동시에 인식되는 것을 지지하거나 반대하는 의지결
단이다. 따라서 사회학은 현실과학으로서 동시에 에토스과학[95]이라고 주장하였다.

---

94) H. Freyer, Soziologie als Wirklichkeitswissenschaft. Eine logische Grundlegung des Systems
    der Soziologie, 1930, S. 91, S. 206. 福武 直譯, 『現實科學としての社會學』, 110면, 247-248면.
        한스 프라이어는 독일의 사회학자로서 「현실과학」의 주창자. 라이프치히대학 교수 역임. 베버 형제 · 좀바
    르트 · 트뢸치 · 만하임 등과 동시대에 독일 사회학의 중요한 담당자의 1인. 그의 주장은 형식사회학에 대해서
    는 매우 예리하고 핵심을 찔렀으나, 현실과학으로서의 사회학의 주장에는 그 적극성을 인정하지만 그 자신의
    사회학의 형성에서 내용이 결여되고, 그의 역사주의 주장은 민족 · 국가의 특수구체성의 주장으로 변하고,
    그것은 나치스를 정당화하는 역할을 하기도 했다. 이처럼 나치시대에 활약하다가 전후에는 소외되었다.
    그는 형식사회학을 비판하고 이것을 관조적인 단순한 로고스과학이라 하고, 진정한 사회학은 현실에 대해서
    의욕적인 입장을 취하는 에토스과학이어야 한다고 주장하여 사회학을 현실과학으로서 수립하려고 했다.
    그의 사회학에서는 인간야말로 사회형상을 창조하는 소재라고 생각하며, 사회형상은 항상 생성하는 것이며,
    살아 이루는 형태라고 한다. 거기에서 정신적 형상처럼 생명을 가지지 못한 것, 예컨대 예술작품 · 언어 · 학설
    등의 소산과 구별하고, 살아 이루는 형상인 사회형상을 첫 번째로 들고, 이어서 그것은 생성되기 때문에
    역사적이어야 한다고 주장했다. 다시 세 번째로 역사적인 계층으로 퇴적된 사회형상은 일정한 시기에
    결부된 역사적인 상호관련을 가지는 것이므로 현재적 시점에서 파악해야 한다고 주장. 여기에 그의 현실과학
    으로서의 사회학이 실재의 과학적 인증인 이유가 있다. 저서 Der Staat, 1926; Soziologie als
    Wirklichkeitswissenschaft, 1930; Einleitung in die Soziologie, 1931 (진인숙 역, 『사회학강화』, 규문사,
    1967)과 논문집 Elfriede Üner (Hg.), Herrschaft, Planung und Technik. Aufsätze zur Soziologie,
    1987 등이 있다. 문헌은 Hartmut Remmers, Hans Freyer: Heros und Industriegesellschaft. Studien
    zur Sozialphilosophie, Opladen 1994; Michael Henkel, a. a. O., S. 114-152; Walter Giere, Das
    politische Denken Hans Freyers in den Jahren der Zwischenkriegszeit (1918-1939), [MS] Freiburg
    i. Br. 1967 참조.

헬러는 이러한 프라이어의 『현실과학으로서의 사회학』 중에서 신칸트파적도 아니고
또한 리트와 같이 현실을 정신화하는 것도 아니며, 「주체와 객체의 변증법적 동일」을
보장하는 경험적인 사회학을 찾았다. 그러나 헬러는 프라이어의 주장과 그 개념을 무조건적
으로 수용한 것은 아니다. 오히려 그는 프라이어의 사상과 개념을 그의 이론적 구상 중에서
그의 독자적인 해석을 가하고 강조점을 바꾸어 통합하였다. 그것은 「국가학의 방법」96)의
각 절의 표제에서 헬러가 사회학으로서의 국가학의 과학론적 위치를 획정하려고 하여
한쌍을 이루는 양자택일적인 문답이 다음의 한쌍을 이루는 양자택일적인 물음을 조건지우는
형식으로 정식화한 가운데 보여준다. 즉 국가학은 자연과학이냐 문화과학이냐 하는 최초의
양자택일적인 물음에 헬러는 국가는 인간의 생산물이므로 문화과학이라고 답변하다.

다음에 국가학이 문화과학이라면 그것은 정신과학인가 아니면 현실과학인가 하는 물음
에 헬러는, 국가는 사회형상이므로 현실과학이며, 그러한 것으로서 사회학이라고 한다.
끝으로 국가학은 역사과학인가 아니면 구조과학인가 하는 물음에 대해서 헬러는 이렇게
답변한다. 즉 확실히 국가는 「생기하는 일어난 일(geschehende Geschichte)의 부분」이지
만 국가학은 국가 역사는 아니다. 오히려 그것은 국가를 「역사적 구조로서, 그것도 구체적인
역사적·사회적인 구조의 전체성의 내부의 기능」97)으로서 인식하지 않으면 안 된다.
국가를 질서지운 활동연관, 또한 형태(Form)로서의 국가를 구명하는 것은 구조과학으로서
의 국가학뿐이다. 그리고 이러한 국가학만이 국가가 사회에 대하여 그 활동조정의 「필연적」
인 「형태」인 것, 그리고 이 형태의 내용은 인간에 의해서 바뀔 수 있다는 것을 보여준다.
따라서 국가학은 구조과학이라고 한다. 바꾸어 말하면, 자연과학으로서가 아니라 문화과학
으로서, 정신과학 또는 의미과학으로서가 아니라 현실과학으로서, 역사과학으로서가 아니
라 구조과학으로서 파악되는 국가학만이 국가를 내용적으로 변화시킬 수 있으며, 영원한
심·신적 현실형태로서, 또한 사회의 도구로서 그리고 역사적 개성으로서 인식할 수 있으
며, 다시 국가를 다원적인 통일로서 파악할 수 있다. 헬러는 국가를 역사적 개성일 뿐만
아니라 상대적으로 안정된 구조로서 만들어질 수 있는 「도구」로서 나타내는 개념으로서
유형개념을 제시하였다. 그러나 그것만으로는 신칸트학파와의 차이를 명시하는 데에는
불충분하였다. 거기에 헬러는 형태(Gestalt) 개념을 도입함으로써 신칸트학파로부터의
이탈을 분명히 하려고 하였다.

형태개념은 역사적·구체적 형태내용과는 무관계하지 않으며, 사회·문화적 현실에
고유한 구조를 그 자체로부터 직접적으로 파악한다. 그것은 하나의 현상이 다른 현상과
공통된 구조를 그 내용적 개성을 파괴하지 않고 지시한다. 따라서 거기에는 보편성과
특수성이 결합되어 있다. 그때에 그것은 보편과 특수의 관계를 부분에 대한 전체의 관계로
서, 또한 어떤 사례에 대한 유관계로서가 아니라 계기들과 어떤 형태연관과의 관계로서

95) H. Freyer, a.a.O., S. 91, S. 206.
96) H. Heller, Staatslehre, Erster Abschnitt, Ⅱ.
97) H. Heller, a.a.O., S. 50 (역서, 90면).

파악한다. 따라서 모든 계기는 연관의 인식에서만, 그리고 연관은 그 계기들의 인식에서만
이해할 수 있다. 이러한 형태이론이 국가에 적용된 경우 그것은 국가개념의 분석적인
방법에서의 구성을 불가능하게 한다. 오히려 그것은 국가개념의 변증법적 방법에서의
구성을 강하게 한다.

  이리하여 헬러는 국가의 인식에서 변증법적인 전체적 인식을 지향하였다. 따라서 그는
어떤 연관성의 모든 계기를 전체와의 관련에서 정당하게 파악하고 그 고유한 특성을
존중하고 있으므로, 사회생활 전체 중의 일부에 불과한 요인 — 예컨대 지리 · 종족 · 민족 ·
계급 · 리비도 — 의 하나를 절대화하여 이들 일체의 현상, 일체의 변화의 원동력이라고
생각하는 사이비 형이상학적인 일원주의에 반대하였다. 이러한 입장에 서서 헬러는 『국가
학』 제3부 제2장에서 지정학적 국가론, 인종론적 국가론, 계급국가론, 「여론에 의한 정치」
관, 법지배론을 비판하였다. 그리고 자연지리적, 인문지리적 요인, 종족 · 민족 · 계급 · 여
론 · 법 등등의 요인을 「국가적 통일체의 형성을 촉진 또는 저지하는」 계기로서 파악하고
이들의 사회학적 연구를 국가개념의 구성에서 입체적으로 도입하고 있다.

  이처럼 헬러는 『국가학』에서 엄격한 방법론적 자각 아래 국가학을 구조과학으로서
수립하려고 했다. 그리고 국가의 인식에서 변증법적인 전체적인 입장을 지향하였다. 그
변증법은 「역사적 변증법이 아니라 많은 정치이론가들이 빈번히 잘라내어 버리는 계기들을
종합하는 변증법」[98]이었다. 따라서 그것은 정태적이라고 할 수 있다. 그러나 정태적이라고
하지만 『국가학』의 방법론은 구조과학으로서 국가학을 파악한 방법론적 철저성이란 점에
서는 최고수준이라고 하여도 과언은 아닐 것이다.


  (2) 정치학의 존립조건


  『국가학』의 두 번째 특징은 과학으로서의 정치학의 존립조건을 고찰한 점이다. 19세기로
전환할 때쯤부터 시작된 자기상대화는 「이성의 자율」에 대한 신앙을 파괴하여 버렸다.
그 결과 나타난 사고의 역사화, 사회학화(社會學化), 논쟁화는 정치적 지식을 시대 · 사회 ·
집단의 개개의 상황으로 상대화시키고 회의론 · 불가지론을 끊임없이 확대시켰다. 그 정치
적 귀결은 이데올로기 폭로에 대응하는 적나라한 정치적 폭력의 찬미이다. 그리고 어떠한
종류의 정신의 자율성도 존립시킬 수 없어 이론적인, 그리고 실천적인 아나키와 그에
일치하는 독재의 지배형태가 피할 수 없게 된다. 이러한 상황 아래서 정치적 지식의 모든
것은 당파적 지식으로 되며, 대중을 지배하기 위한 「지배학」이 되는 것은 당연하다. 헬러는
현대 사회의 이러한 분열적 경향의 대극에 세대들이나 계급들간, 당파들이나 민족들 간에
어떠한 종류의 의미 있는 연관이 존재하며, 그것을 정신적으로 매개하는 생존조건이 반드시
존재한다고 생각하였다. 만약 그것이 없었다면 과학으로서의 정치학의 가능성은 물론
국민의 합의(consensus)에 의한 민주주의의 가능성은 생각할 수 없고, 또한 아나키와

---

98) G. Niemeyer, Hermann Heller, in: I. E. S. S. vol. 6, 1968, p. 344.

독재만이 나타날 것이기 때문이다. 플라톤이나 아리스토텔레스로부터, 보댕이나 로크까지 몇 천년 몇 백년을 지난 우리들이 아직도 배울 점은 그들의 손으로 공동체를 보존하려는 「의미 있는 연관」이 인식되고, 그것으로 정치학의 공유재산이 불어나기 때문은 아닐까?

또한 「역사적으로 말하여 어떤 정치적 현실의 기본적 특징을 정신적으로 정당하게 파악하는 데 성공하고, 사회적인 매개연관이 결정적으로 단절되어 있지 않은 곳은 어디에서나 우리들의 정치적 식견은 하나의 지식이 늘어날 때마다 그만큼 풍부하게 되고, 우리들의 이러한 견해는 생활상황, 권력상황의 변화에도 불구하고 그 자율성을 보존할 수 있는 것이다」.99) 이리하여 「지배학」과 구별되는 민주주의의 과학으로서의 정치학은 사회적·역사적 변화에서도 동일한 정수(定數)를 논증함으로써 그 주장의 보편타당성을 일반적으로 승인시키는 것이 가능하다고 생각하였다. 헬러는 이러한 「정수 중에서 가장 기본적인 것」으로서 「인간의 본성」(die menschliche Natur)을 들었다. 「인간의 본성」이란 무엇보다도 「이성자연법이 주장하는 사회와 역사에 초월하는 본성이 아니라 그것에 의해서 각인된 본성」이다. 그것은 「자연사에서 본 경우 변수(變數)인데, 문화사에서 본 경우 그것은 정수이다」.100) 이러한 사회적·역사적 변화에서도 동일한 정수는 예술의 분야에서 이미 마르크스에 의해서 이렇게 논증되고 있다.

어려움은 그리스의 예술이나 서사시가 어떤 종류의 사회적 발전형태에 결부되었다는 것을 이해하는 데 있지 않다. 어려움은 그것들이 아직도 우리들에게 예술적 향락을 주고, 어떤 점에서는 규범으로서 또한 손이 닿지 않는 규범으로서 통용된다는 데에 있다.101)

여기서 인정되는 정신의 자율성은 결코 예술의 분야에만 한정되는 것이 아님을 물론이다.102)

### (3) 권력과 법

『국가학』의 세 번째 특징은 독일 국가학 고유의 영역에서 권력과 법의 관계, 그리고 양자의 존재이유에 관한 통설을 비판하고 자신의 학설을 전개한 점이다. 주지하듯이 옐리네크는 신칸트파의 규범학과 사실학의 이원론적 방법론에 입각하여 국가학을 국법학과 국가의 사회학으로 나누고, 거기에 대응하여 국가개념을 법학적 국가개념과 사회학적 국가개념으로 나누었다.103) 같은 신칸트파의 입장에 선 켈젠은 그 방법론적 요청을 철저화

---

99) H. Heller, Staatslehre, S. 11 (역서, 35면).

100) Ebd., S. 11 (역서, 34면).

101) K. Marx, Zur Kritik der politischen Ökonomie, 1859, S. XLIX.

102) Ebd., S. 10 (역서, 33면, 167면).

103) G. Jellinek, Allgemeine Staatslehre, 3. Aufl., 1913, S. 174-183 (김효전 옮김, 『일반 국가학』, 139-146면).

하여 존재와 당위, 의지와 규범을 구별하였다. 그리고 법을 일체의 정치적 · 사회적 실질에서 단절된 당위적 규범이라고 보는 방법일원론의 입장을 취하여 국가를 법학적 입장에서 인식한다면 법질서가 의인화된 것이며, 결국은 법질서 그것 이외에 아무것도 아니라고 주장하였다. 이리하여 그는 법과 국가를 동일시하기에 이르렀다. 이러한 켈젠의 순수법학은 19세기의 법실증주의의 근본사상을 순화시켜 그것을 최후의 귀결로까지 발전시킨 것이다.[104]

이에 대하여 카를 슈미트는 법실증주의가 고의로 무시하여 온「예외상태」의 문제를 끌어내어 이「예외상태를 결정하는 자가 주권자」[105]라고 규정하여, 법질서의 궁극적 근거를 이 규범의 구속을 받지 않는「주권자의 결단」에서 구하는 결단주의를 주장하였다. 이리하여 켈젠과 슈미트의 이론적 대립은 각각의 논리적 전제를 철저화한 경우, 한편으로는 국가 없는 국가학이, 다른 한편으로는 규범 없는 정치적 의지의 절대화, 자의의 지배를 초래하는 것은 필연적이었다. 정치적으로 그러했지만 이론적으로도 바로 이러한 법 또는 의지의 어느 한쪽을 절대화하는 일원론적 경향 바로 그것이 헬러가 반대하는 것이었다.

헬러는 존재와 당위를 대립시키는 것이 아니라「존재 중에 미래형식적 의욕」을 인식함으로써 이러한 두 개의 위험한 결론을 회피할 수 있는 길을 찾으려고 하였다. 즉 법적 당위가 인간의 의욕으로서, 또한 법정립행위 중에 이미 포함된 요구 내지 규범으로서 이해할 때에만 법을 정립하는 의지는 의욕과 당위의 변증법적 통일로서 이해된다고 한다. 따라서 존재와 당위는 결코 비변증법적 무관계한 상태에 있는 것이 아니라 연관적 공속관계에 있다. 그러므로 법과 국가적 의지권력이 서로 변증법적 매개 없이 대립하는 한, 법의 특질과 국가의 특질 어느 것도 정확하게 파악되지 않는다. 법의 권력형성적 성격이 없었더라면 법의 효력도 국가권력도 존립할 수가 없으며, 한편 국가권력의 법형성적 성격이 없었더라면 법의 실정성도 국가도 존재할 수 없을 것이다.

이러한 의미에서 법은 국가의 윤리적으로 필요불가결한 현상형태이며, 다른 한편으로는 모든 인간의 의지와 마찬가지로 규범으로 형성된 존재이다. 따라서「모든 법이론의 가장 중심적 문제인 의지와 규범과의 관계에 관한 문제는 주권적인 법정립에 관하여, 국가의지가 현실과학적으로 양자의 변증법적 통일로서 이해함으로써만 해결할 수 있는 것이다」.[106]

헬러는『국가학』제3부 제2장 제6절에서 이상과 같이, 법과 권력의 관계를 변증법적 통일에서 파악하고, 정치에서 법의 기능을 고찰한 후 다시 법과 권력의 관계, 합법성, 정당성에 관하여 독창적인 인식을 적극적으로 전개한다.

---

104) H. Kelsen, Allgemeine Staatslehre, 1925 (민준기 옮김, 『일반 국가학』, 민음사, 1990); ders., Der soziologische und der juristische Staatsbegriff, Tübingen 1928. Neudruck, 1962.

105) C. Schmitt, Politische Theologie, 1934, 9. Aufl., 2009, S. 11 (김효전역, 『정치신학』, 법문사, 1988, 11면).

106) H. Heller, a.a.O., S. 192 (역서, 282면).

(4) 국가권력의 정당성

『국가학』의 백미라고 할 수 있는 네 번째의 특징은 국가권력의 정당성에 관한 문제를 정면에서 다룬 점이다.

자연법의 붕괴 이래 일반적으로 국가의 정당성의 문제[107]를 이해하는 것이나 이에 대해서 만족하게 답변하는 것도 원리상 불가능하게 되고 있다. 확실히 막스 베버가 정당성의 세 유형을 제시한 이래,[108] 현대 정치학에서 정당성의 형태분류는 세밀화되었다. 그러나 어떤 것도 국가가 우리들에게 생명과 재산의 최고의 희생을 요구하는 이유를 설명한 것은 없었다. 『국가학』은 이 문제에 대해 목숨을 건 접근을 하고 있다. 헬러는 말한다. 국가의 사회적 기능을 제시함으로써 확실히 제도로서의 국가의 존재이유는 설명할 수 있어도 국가가 존재해야 한다는 이유는 정당화되지 않는다. 국가의 거대한 요구가 정당화되는 것은, 그것이 사회의 어떤 일정한 발전단계에서 법을 확보하기 위해 필요한 조직인 한에서이다.

이 경우 법이란 실정법을 기초지우는 논리적 법원칙을 의미한다. 그것이 항상 다수 존재하는 사회적으로 정당화된 이데올로기와 분명히 구별되는 점은 그것이 국가의 전구성원에 대해서 요구하는 그 보편타당성에 있다. 따라서 정의, 즉 윤리적 법원칙은 결국 개개인의 법적 양심에 의해서 보증되게 된다. 이리하여 현대 국가가 물리적 강제력을 합법적으로 독점하는 현재, 거기에 반대하는 자는 실정법상의 의무와 정의감(윤리적 법원칙)에 근거하여 의무와의 이율배반에 고민하게 되고, 저항권이라는 정치학상 중대한 문제를 제기하게 된다.

국가이성은 윤리적으로 비난하여야 할 것이라고 평가된 국가질서에 대한 저항권을 인정한다면, 그것은 무정부상태의 합법화라는 자기모순 이외에 아무것도 의미하지 않는다고 주장할 것이다. 한편, 법이성은 국가권력 앞에 법적 양심이 무저항 속에 굴복한다면 윤리적 인격으로서의 인간은 말살되고, 최후로 인간의 국가형성력조차도 파괴되고 말 것이라고 단언한다. 이리하여 윤리적 법원칙과 실정적 법규의 의무에서 생기는 갈등에서 어떠한 귀결이 도출될 것인가 하는 가장 중요한 문제가 제기된다. 유럽 대륙계 국가학은 법적 안정성을 위하여 철두철미 적법성을 희생시켰다. 그리고 법적 양심의 유일한 담당자에게 비윤리적 국가행위에 대한 저항의 권리를 부인할 때 항상 무정부상태라는 것을 이끌어내었다.

따라서 「법적 양심이 합법화되지 아니한 저항은 근대 국가의 매우 향상된 법과 권력의 기술에 비추어, 최후로 항상 다만 생명을 걸고서만 가능하다. 인간의 실상에서 그러한

---

107) G. Jellinek, a.a.O., S. 184-229 (역서, 173-217면).

108) M. Weber, Die drei reinen Typen der legitimen Herrschaft, in: Preußische Jahrbücher, Bd. 187, 1921, S. 1-12 (배성동역, 『지배의 사회학』, 세계의 대사상 12, 휘문출판사, 1972, 109-169면); ders., Soziologie der Herrschaft, in: Wirtschaft und Gesellschaft, hrsg. v. J. Winckelmann, 1956 (금종우 · 전남석 공역, 『지배의 사회학』, 한길사, 1981).

목숨을 건 저항은 아주 미세하게 일어날 뿐이다. 그러나 만약 목숨을 건 저항이 일어나는 경우에는 바로 현대 국가의 대중[조작] 기술과 권력기술이 법적 양심의 완전한 말살이라는 가공할 위험을 수반하기 때문에 더욱 더 귀중한 모범이다」.[109]

　바로 독일 파시즘과 투쟁하다가 쓰러진 헬러의 이 말은 이상한 박력을 가지고 우리들에게 다가온다. 국가권력과 법적 양심의 긴장관계를 마지막 한계까지 연구한 헬러의 정당화론, 그것은 현대 정치학이 헬러로부터 계승하여 발전시켜야 할 가장 중요한 유산이라고 할 수 있다. 그리고 우리들은 이러한 유산을 계승함에 있어서 헬러의 이러한 말을 결코 잊어서는 안 될 것이다.

　국가의 정당화는 어떠한 희생을 치루고서도 법을 권력과 조화시키는 것 속에는 결코 존재하지 아니한다. 왜냐하면 어떠한 국가권력도 인간적인 너무나도 인간적인 의지에 의해서 유지되고 형성되기 때문이다. 따라서 국가권력 중에는 최고의 윤리적인 힘도 작용하는 대신에 또한 항상 놀랄 만큼 많은 어리석음과 사악함, 비열함과 자의(恣意)도 작용한다.[110]

## (5) 조직으로서의 국가

『국가학』의 다섯 번째의 특징은 국가를 조직으로서 파악한 점이다. 이것은 독일 국가학에서 획기적인 업적이라고 할 수 있다. 이것은 옐리네크 이래 국가를 통일체로서 파악하는 시도가 모두 국가의 일부분을 국가와 동일시하는 견해로 끝났으나, 헬러가 국가를 조직으로 파악함으로써 그러한 학설들을 비판하고, 국가의 통일성을 비로소 논증하였기 때문이다. 헬러는 국가를 사회적 · 정치적 의지단체의 일종으로 보았다. 그러한 한에서 헬러의 국가론은 다원주의적 국가론과 공통된 기반위에 서 있다. 사회적 · 정치적 의지단체를 헬러는 조직된 결단과 활동의 통일체로서 파악하였다. 거기에서 그 성원은 기관에 의해서 정립되고, 확보된 질서에 그 행위의 방향을 설정하지 않으면 안 된다. 국가 역시 이러한 의지단체이므로 조직의 구성법칙에 따르지 않으면 안 된다. 이리하여 비로소 국가는「다원적으로 실현되고 통일적으로 작용하는」것으로 이해된다. 그리고 국가가 유기체로서, 또한 그 계기들의 어느 한 가지도 동일시될 수는 없는 것이다.

　조직으로서의 국가는 사회적 형태로서 법질서 · 국민 · 기관의 변증법적 협동으로서 조성된 것이다. 따라서 국가는 그 어느 하나의 계기라도 동일시되어서는 안 되며, 또한 그러한 동일시를 시도하는 이론은 잘못이라고 하지 않을 수 없다. 만약 조직이 질서와 동치되고 국가가 법질서와 동일시된다면, 결단과 활동의 통일체는「규범적인 의미관련의 관념적 통일체」로 되며, 국가문제는 법문제가 될 것이다. 그 경우 조직이 활동하는 것, 규범적 명령에 사실상의 행태가 따르는 사태가 어떻게 발생하는지는 설명하지 못할 것이다.

---

109) H. Heller, Staatslehre, S. 228 (역서, 330면).
110) Ebd., S. 228 (역서, 330면).

왜냐하면 규범질서는 통일적 행동을 위한 명령만을 포함하고, 잠재적 통일을 만들어내기는 하지만, 현실적인 통일을 산출하지는 못하기 때문이다. 정말 「그 성질에서 통일체를 형성하는 행위의 구체적 질서인 객관화된 질서 없이는 어떠한 영속적인 조직도, 하물며 행위구조인 국가도 불가능한 것이다」.[111]

그러나 현실적 통일체는 규범의 의미내실을 실정화하고, 실정화된 규범을 보장하는 기관이 결단한 행위에 의해서 비로소 산출되는 것이다. 따라서 국가와 법질서를 동일시하는 켈젠의 순수법학이 법학으로서도 불완전한 것일 뿐만 아니라 규범과 결단을 구별하기 때문에 국가의 권력적 성격을 과소평가한다는 위험성을 지니고 있다.

다음에 만약 조직이 구성원과 동치되고 국가가 국민과 동일시된다면, 결단과 활동의 통일체는 의지통일체로 되며, 국가문제는 통합문제로 될 것이다. 이 경우 어떤 조직이 언제나 계속적인 행동능력을 가진다는 사태가 어떻게 일어나는지는 설명할 수 없을 것이다. 확실히 어떤 조직 내에서 자연발생적인 의지통일화에서 행동으로 이를 수도 있겠으나, 「집단적 활동통일체는 ‘합의적인 결합’(스멘트)의 범주나 질서의 범주에 의해서 구성되는 것은 아니며, 집단적인 결단능력과 활동능력의 범주에 의한 것이다」.[112] 그리고 거기에는 제도적 구조가 따른다. 또한 조직의 행위에로의 성원의 직접적인 관여를 제한하는 권리와 의무의 위임이 따른다. 스멘트의 통합이론처럼 의지통일화와 제도적 규제를 결부시킬 수 없는 개념은 국가의 기술적 성격을 과소평가하는 것이다. 따라서 통합이론은 국가학으로서 불완전하다고 할 수 있다.

끝으로 조직이 기관과 동치되고 국가가 집행부와 동일시된다면, 결단과 활동의 통일체는 단순한 결단통일체가 되며, 국가 문제는 순수한 권력 문제가 될 것이다. 이 경우 어떤 조직의 성원이 자신들의 이해가 고려되지 않을 때에도, 더욱이 기관에 복종하는 사태가 어떻게 생기는가는 설명할 수 없을 것이다. 정말 조직의 통일은 보통 물리적 강제력의 사용에 의한 「개인간의 외부적 행태의 통일화」[113]의 결과이다. 그러나 모든 조직은 동의를 필요로 하며, 자발적인 의지의 통일화가 존재할 때에만 성립한다. 카를 슈미트의 주권론처럼 결단과 동의를 통일시킬 수 없는 개념은 국가의 공동체적 성격을 과소평가하는 것이다.

이처럼 헬러는 국가를 조직으로서 파악함으로써 국가를 법질서·국민·국가기관과 동일시하는 학설들을 비판하고, 통일체로서 논증하였다. 그뿐만 아니라 그는 조직론으로 시민과 법치국가와의 관계도 설명하려고 하였다. 조직으로서의 국가는 그 중에서 기관의 요구들과 성원의 요구들 간의 조정이 끊임없이 이루어질 때에만 그 통일성이 유지되는 생활형태, 즉 사회적 형태이다. 따라서 국가의 자기보전요구를 대표하는 기관은 개인들의 자기실현을 보장하는 법질서를 실정화하고 보증해야 할 의무를 지닌다. 다른 한편, 자율적

111) Ebd., S. 223 (역서, 338면).
112) Ebd., S. 88 (역서, 142면). (홍성방은 「합의적인 결합[einigender Zusammenschluss]을 「일치적 연합」으로 옮긴다. 역서, 118면).
113) Ebd., S. 235 (역서, 340-341면).

인 개인의 자기보전요구를 대표하는 개인들은 사회적 공동생활의 질서에 반하여 그 자기실
현을 달성하려고 해서는 안 된다. 즉 조직으로서의 국가의 통일이 파괴되어야 한다면,
기관은 그 행동을 법적으로 제한하여야 하며, 개인은 그 행동에서 시민적 태도를 보여야
한다. 그러나 법적으로 구속되는 기관과 통찰력이 풍부한 시민 간에 분쟁은 아직도 존재하고
계속된다. 조직이 죽은 형태로 사문화되어야 한다면 분쟁은 조정되어야 한다. 분쟁에
의해서 생활형태가 파괴되지 않기 위하여도 분쟁은 제도적으로 규제되어야 한다. 무엇보다
제도만으로 분쟁의 평화적인 조정은 확보할 수 없다. 결국 모든 것은 생활형태를 수용하고,
그것을 유지하려고 하는 개인의 마음가짐 여하에 달려 있는 것이다.

생각건대 국가와 그 성원들과의 관계를 명확히 하고, 양자를 통일체 중에서 관계지우려는
이론 없이는 민주주의는 성립할 수 없을 것이다. 헬러는 조직론으로 종래의 독일 국가학의
결함을 극복할 뿐만 아니라, 상술하였듯이 바이마르 헌법의 실현을 목표로 하는 민주주의운
동에 그 이상적 원리인 민주주의 국가론을 제공하려고 하였다. 이처럼 헬러는 내란과
독재를 피하고 독일을 국민국가로서 재생시키는 조직원리로서 민주주의 국가론을 모색하
려고 하였다. 그러나 그것은 자율적 개인을 전제로 하는 것이었다. 따라서 인간의 비합리성
을 조직한 나치스에 의해서 바이마르 공화국이 파괴된 것은, 그 이론적 구축에 자기의
생명의 대가를 치룬 비극보다 더하여 헬러의 민주주의 국가론에 대해서 비극이었다. 그러나
민주주의론은 자율적 개인을 상정하지 않고서는 불가능하다. 그러므로 헬러의 국가론을
출발점으로 하여 주어진 개인을 「자율적 개인」으로 높이는 조건을 탐구하고, 그것을 기초로
현대의 민주주의 국가론을 수립하는 임무가 우리들에게 부여되는 것이다.

# 2. 바이마르 공화국 헌법

　　바이마르 공화국 헌법(Die Verfassung des Deutschen Reichs = Weimarer Reichs-verfassung)은 독일이 제1차 세계대전에서 패전한 직후인 1919년 8월 11일에 제정되었다. 이 헌법은 1919년 8월 14일에 효력을 발생했으며 형식적으로는 폐지되지 않았지만 1933년 3월 24일의 수권법(Ermächtigungsgesetz)에 의해서 사실상 폐지되었다. 그동안 8차에 걸친 개정이 있었으며 이것은 각주에서 밝혔다.

　　바이마르 공화국 헌법은 동독, 동구권과 라틴 아메리카를 비롯하여 아시아에서는 일본과 중국, 그리고 한국의 제헌 헌법에 이르기까지 많은 영향을 미쳤으며, 오늘날에도 세계에서 가장 자유주의적인 헌법의 모델로서 손꼽히고 있다. 그러나 바이마르 공화국과 그 헌법에 관한 체계적인 한국 문헌은 별로 없는 실정이기 때문에 우선 역자가 『헌법학연구』(한국헌법학회) 제4집 3호(1998), 438-477면에 발표한 헌법조문을 다소 손질하여 독자들에게 참고 자료로서 제공하기로 한다.

　　텍스트는 Die Verfassung des Deutschen Reiches vom 11. August 1919 (RGBl. S. 1383), in: Rudolf Schuster (Hrsg.), Deutsche Verfassungen, München: Wilhelm Goldmann Verlag, 1981. S. 99-131을 사용하였다. 기타 송석윤, 『위기시대의 헌법학: 바이마르 헌법학이 본 정당과 단체』(정우사, 2002), 353-386면; 권영성, 『비교헌법론』(법문사, 1981), 727-741면에 수록된 바이마르 헌법의 번역문을 참고하였다.

　　바이마르 공화국과 헌법에 관한 문헌으로는 K. D. 브라허, 이병련·이대헌·한운석 옮김, 『바이마르 공화국의 해체』(전3권, 나남, 2011); 김효전, 「한국헌법과 바이마르 헌법」, 『공법연구』 제14집(1986), 7-48면; 신일범, 『바이마르 공화국 연구』(단국대학교 출판부, 1999); 오인석, 『바이마르 공화국의 역사 : 독일 민주주의의 좌절』(한울아카데미, 1997) ; 제바스티안 하프너, 안인희 옮김, 『비스마르크에서 히틀러까지』(돌베개, 2016) ; 백경남, 『바이마르 공화국: 서구 민주주의 실험의 비극』(종로서적, 1985); 김효전편, 「바이마르 헌법에 관한 문헌목록」, 『동아법학』(창간호 1985), 515-551면 참조.

# 전문

독일 국민은 각 민족이 서로 협동하고, 자유와 정의에 의해서 국가를 개조하고, 이를 공고히하며 국내외의 평화를 유지하고, 사회의 진보를 촉진시키기를 원하여 이 헌법을 제정한다.

## 제 1 편 독일 라이히의 구성과 권한

### 제 1 장 독일 라이히와 각 란트

**제1조 [정체와 국권]** (1) 독일 라이히는 공화국이다.

(2) 국가권력은 국민으로부터 나온다.

**제2조 [영토]** 라이히의 영토는 독일의 각 란트의 영역으로써 성립한다. 만일 다른 지역의 주민으로서 그 자결권에 의하여 병합을 희망할 때에는 라이히 법률로써 이를 편입할 수 있다.

**제3조 [국기]** (1) 국기는 흑·적·금색으로 한다.

(2) 상선기는 흑·백·적색으로 하며, 그 상부 좌측에 국기를 표시한다.

**제4조 [국제법규의 효력]** 일반적으로 승인된 국제법규는 독일 국법의 일부로서 효력을 가진다.

**제5조 [라이히와 주의 관할사항]** 국가권력은 라이히의 사항에 관하여는 라이히 헌법에 의해서 라이히 기관에서 행사하며, 각 란트의 사건에 관하여는 란트 헌법에 의해서 행사된다.

**제6조 [입법권(1)]** 라이히는 다음 사항에 관하여 전속 입법권을 가진다.

1. 대외관계
2. 식민지제도
3. 국적이전의 자유, 입국 및 이주, 범죄인의 인도
4. 병역제도
5. 화폐제도
6. 관세제도와 관세 및 무역구역의 통일, 그리고 화물교역의 자유
7. 우편·전신·전화제도

**제7조 [입법권 (2)]** 라이히는 다음 사항에 관한 입법권을 가진다.

1. 민법
2. 형법
3. 소송법과 형의 집행 및 사법공조법

　4. 여권제도 및 외국인경찰

　5. 구빈제도 및 여행자구호

　6. 출판·결사 및 집회

　7. 인구정책, 모성·유아·어린이 및 청소년보호

　8. 보건위생, 가축방역제도, 식물의 병해에 대한 보호

　9. 노동법, 노동자와 피용인의 보험과 보호 및 직업소개제도

　10. 국내에서의 직업상 대표기관에 관한 제도

　11. 출정 군인 및 유족의 보호

　12. 공용수용법

　13. 천연자원 및 경제적 기업의 사회화정책과 공동경제를 위한 경제적 재화의 생산·공급·분배 및 가격조정

　14. 상업, 도량형제도, 화폐발행, 은행제도 및 거래소제도

　15. 식료품, 기호품 및 일용품의 거래

　16. 영업법 및 광업법

　17. 보험제도

　18. 항해, 원양 및 연안어업

　19. 철도, 내수 항로, 자동차, 동력선, 항공기에 의한 교통과 일반 교통 및 국방에 관한 도로의 건설

　20. 연극 및 활동사진

**제8조 [조세 기타 공과금에 관한 입법권]** 라이히는 나아가 조세와 기타 수입으로 그 전부 또는 일부가 라이히의 목적을 위하여 필요한 경우에는 이에 대해 입법권을 가진다. 지금까지 각 란트에 속한 조세 또는 기타 수입을 라이히의 수입으로 하려는 때에는 각 란트의 존립을 유지할 수 있도록 배려하여야 한다.

**제9조 [행복의 증진·질서와 안전]** 라이히는 통일적 법규의 발포를 필요로 하는 경우에는 다음 사항에 관한 입법권을 가진다.

　1. 행복의 증진

　2. 공공의 질서와 안전의 보호

**제10조 [대강 입법]** 라이히는 다음 사항에 관하여 법률로써 원칙을 정할 수 있다.

　1. 종교단체의 권리와 의무

　2. 학교제도, 대학제도 및 학술도서관제도

　3. 모든 공공단체의 공무원의 권리

　4. 토지법, 토지배분, 이주제도, 가산제도, 토지소유의 제한, 주택제도, 인구의 배분

　5. 매장지제도

**제11조 [란트의 조세 기타]** 라이히는 각 란트의 조세 기타 공과금의 허용과 그 징수방법에 대해서 다음과 같은 위험을 제거하기 위해서, 또는 기타 중요한 공공의 이익을 유지하기

위하여 필요한 때에는 법률로써 원칙을 규정할 수 있다.

1. 라이히의 수입 또는 통상을 저해하는 것

2. 이중과세를 하는 것

3. 공공의 도로 기타 교통시설의 이용에 관하여 과중하거나 교통에 장해를 미칠만한 수수료를 부담시키는 것

4. 각 란트와 지방간의 교통에 관하여 그 지방의 생산물을 보호하기 위하여 반입한 상품에 불이익을 주는 과세를 부과하는 것

5. 수출장려금을 제외하거나 또는 중요한 사회적 이익을 유지하는 것

**제12조 [라이히와 란트의 입법권]** (1) 입법권이 라이히 의회에 전속하는 사항을 제외한 외에, 라이히가 아직 입법을 하지 않은 동안과, 입법을 하지 않은 사항에 대해서는 란트가 그 입법권을 가진다.

(2) 제7조 제13호에 열거한 사항에 관한 란트의 법률로서 전체의 복지에 관하여 라이히는 항변권을 가진다.

**제13조 [라이히법은 란트법을 깨트린다]** (1) 란트법의 규정이 라이히법과 일치하는가의 여부가 의문이 있거나 또는 의견의 차이가 있는 경우에, 당해 라이히 중앙관청이나 또는 란트 중앙관청은 라이히 법률의 상세한 규정에 따라서 라이히 최고재판소의 판결을 구할 수 있다.

**제14조 [라이히 법률의 집행]** 라이히 법률은 라이히 법률에 다른 규정이 있는 경우를 제외하고는 각 란트의 관청이 이를 집행한다.

**제15조 [감독 · 지시]** (1) 라이히 정부는 라이히가 입법권을 가진 사항에 대하여 감독권을 행사한다.

(2) 란트의 관청이 라이히 법률을 집행하는 경우에, 라이히 정부는 일반적인 지시를 발할 수 있다. 라이히 정부는 라이히 법률의 집행을 감독하기 위하여 란트의 중앙관청에 대해서, 그리고 중앙관청의 동의를 얻어서 그 하급관청에 대해서 위원을 파견할 수 있다.

(3) 란트 정부는 라이히 정부의 청구에 따라서 라이히 법률의 집행에서 발생한 결함을 제거할 의무를 진다. 의견의 차이가 있는 경우에는, 라이히 정부나 란트 정부는 라이히 법률로써 다른 재판소를 지정한 경우를 제외하고는 국사재판소의 판결을 구할 수 있다.

**제16조 [공무원]** 각 란트에서 라이히의 직접 행정이 위임된 공무원은 원칙적으로 그 지역의 주민이어야 한다. 라이히 행정의 공무원, 고용인 및 근로자는 그 직무에 요하는 교육 또는 자격에 지장이 없는 한, 그 희망에 따라서 원칙적으로 그 본적지에서 사용하여야 한다.

**제17조 [란트의 내부질서]** (1) 모든 란트는 자유국가의 헌법을 가져야 한다. 국민대표는 보통 · 평등 · 직접 · 비밀선거에 의해서 비례선거의 원칙에 따라서 모든 독일 국민인 남자와 여자가 선출하여야 한다. 각 란트 정부는 국민대표의 신임을 얻어야 한다.

(2) 국민대표의 선거에 관한 원칙은 지방자치단체의 선거에도 적용한다. 다만, 란트의

법률로써 1년을 초과하지 않는 일정한 기간을 계속하여 그 지역 내에 거주하는 것을 선거권의 요건으로 할 수 있다.

**제18조 [란트 영역의 변경]** (1) 라이히를 각 란트로 분할함에는 가능한 한 관계 주민의 의사에 따라 국민의 경제적 및 문화적 최고의 이익에 적합하여야 한다. 란트 영역의 변경과 국내에 란트 영역의 신설은 라이히의 헌법개정법률에 의한다.

(2) 직접 관계 있는 란트의 동의가 있을 때에는 라이히의 단순 법률로써 충분하다.

(3) 관계 란트 중 어느 하나가 동의하지 않을 때, 영역의 변경이나 신설에서 주민이 희망할 경우 또는 중대한 라이히의 이익이 이를 요구할 때에도 라이히의 단순 법률로써 충분하다.

(4) 주민의 의사는 투표로써 결정한다. 라이히 정부는 분리하려는 영역의 주민 중 라이히 의회의원의 선거권을 가진 자의 3분의 2의 요구가 있을 때에는 투표를 명한다.

(5) 영역의 변경 또는 새로운 란트의 설립을 결정함에는, 투표수의 5분의 3 이상으로써 또 적어도 유권자 총수의 과반수의 동의가 있어야 한다. 프로이센 지구(Regierungsbezirk), 바이에른 군(Kreis), 또는 다른 란트에서는 이에 상당한 행정구획의 일부분만을 분리하는 경우에도 당해 구획의 전체 주민의 의사를 결정하여야 한다. 분리하려는 구역이 전체 구획과 지리상의 연락이 없는 것일 때에는 라이히의 특별법에 의해서 분리하려는 구역 주민의 의사만을 결정함으로써 충분하다고 규정할 수 있다.

(6) 주민의 동의가 결정된 후 라이히 정부는 당해 법률안을 라이히 의회에 제출하여 그 의결을 구하여야 한다.

(7) 병합 또는 분리함에 있어 재산처분에 대하여 쟁의가 있는 경우에, 당사자 일방의 신청에 의하여 독일 라이히 국사재판소가 이를 결정한다.

**제19조 [헌법쟁의 등]** (1) 란트 내의 헌법쟁의에 대해서 란트 안에 이를 해결할 재판소가 없을 때 및 란트 상호간이나 라이히와 란트 간에 사법적이 아닌 분쟁이 발생하였을 때에는 당사자 일방의 신청에 의해서 독일 라이히 국사재판소가 이를 결정한다. 다만, 라이히의 다른 재판소의 권한에 속하는 사건은 예외로 한다.

(2) 라이히 대통령은 국사재판소의 판결을 집행한다.


## 제 2 장 라이히 의회

**제20조 [의회의 조직]** 라이히 의회는 독일 국민이 선출한 의원으로 구성한다.

**제21조 [의원의 지위]** 의원은 전국민의 대표자이며, 그 양심에 따라 행동하고 위임에 구속되지 아니한다.

**제22조 [의원의 선거]** (1) 의원은 보통·평등·직접·비밀선거에 의해서 비례대표의 원칙에 따라 만 20세 이상의 남자와 여자가 이를 선거한다. 선거일은 일요일 또는 공휴일이

어야 한다.

(2) 상세한 것은 라이히 선거법으로 규정한다.

**제23조 [임기]** (1) 라이히 의회는 4년마다 선거한다. 선거는 임기 만료 후 60일 이내에 새 선거를 실시하여야 한다.

(2) 라이히 의회는 선거 후 30일 이내에 그 제1회의 집회를 한다.

**제24조 [정기회의 집회]** (1) 라이히 의회는 매년 11월 첫째 수요일에 라이히 정부 소재지에서 집회한다.

(2) 라이히 대통령 또는 라이히 의회의원 3분의 1 이상의 요구가 있을 때에는, 라이히 의회의장은 그 이전에 의회를 소집하여야 한다.

(3) 라이히 의회는 폐회와 재집회일을 정한다.

**제25조 [의회해산]** (1) 라이히 대통령은 라이히 의회를 해산할 수 있다. 다만, 동일한 사유에 의한 해산은 1회에 한한다.

(2) 총선거는 해산 후 60일 이내에 실시한다.

**제26조 [의장 · 의사규칙]** 라이히 의회는 그 의장, 의장대리 및 서기를 선출한다. 라이히 의회는 의사규칙을 제정한다.

**제27조 [중간회기 또는 선거기]** 회기와 회기, 의원의 임기만료, 또는 새로운 선출을 하는 동안에는 최종 회기의 의장 또는 의장대리가 그 직무를 수행한다.

**제28조 [의장의 직무]** 의장은 의원 내에서의 가택권과 경찰권을 집행한다. 의원의 관리는 의장에게 속한다. 의장은 라이히의 예산에 의하여 의원의 수입 · 지출을 관리하고, 그 행정에 관한 각종의 법률행위와 소송행위에 대하여 라이히를 대표한다.

**제29조 [의사공개 · 비밀회의]** 라이히 의회의 의사는 공개한다. 의원 50인의 요구에 의하여 3분의 2 이상의 다수로 의결한 때에는 비밀회의를 개최할 수 있다.

**제30조 [보고]** 라이히 의회, 란트 의회 또는 그 위원회의 공개회의에서의 의사에 관한 진실한 보고는 어떠한 책임도 물을 수 없다.

**제31조 [선거심사]** (1) 라이히 의회에 선거심사재판소를 둔다. 선거심사재판소는 의원이 의원자격을 상실하였는가의 여부도 심사한다.

(2) 선거심사재판소는 라이히 의회가 그 임기를 통하여 선출하는 라이히 의회의원, 및 라이히 대통령이 라이히 행정재판소 소장의 추천에 의해서 임명하는 라이히 행정재판관으로 구성한다.

(3) 선거심사재판소는 의회의원으로 임명된 3인, 재판관으로 임명된 2인의 합의재판으로 하며, 공개의 구두변론으로 판결한다.

(4) 선거심사재판소에서의 구두변론 외의 소송절차는 라이히 대통령이 임명한 위원이 이를 집행한다. 기타 소송절차에 관하여는 선거심사재판소가 정한다.

**제32조 [정족수]** 라이히 의회의 의결은 헌법에 다른 규정이 있는 경우를 제외하고는 과반수에 의한다. 라이히 의회에서 행하는 선거에 대해서는 의사규칙으로 달리 규정할

수 있다.

**제33조 [정부대표의 청문]** (1) 라이히 의회와 그 위원회는 라이히 수상과 국무장관의 출석을 요구할 수 있다.

(2) 라이히 수상, 국무장관 및 그 지명하는 정부위원은 라이히 의회와 그 위원회의 회의에 출석할 수 있다. 란트는 이들 회의에 전권위원을 파견하며, 의제가 된 사항에 대해서 란트 정부의 입장을 진술케 할 수 있다.

(3) 정부의 대표자는 회의 중 언제든지 발언을 요구할 수 있으며, 라이히 정부의 대표자는 의사일정 외에도 발언할 수 있다.

(4) 정부의 대표자는 의장의 의사지휘권에 복종한다.

**제34조 [조사위원회]** (1) 라이히 의회는 조사위원회를 설치할 권리를 가지며, 의원 5분의 1의 제안이 있는 때에는 이를 설치하여야 한다. 이 위원회는 위원회 또는 제안자가 필요하다는 증거를 공개의 심리에서 조사할 수 있다. 조사위원회는 위원 3분의 2의 동의가 있는 때에는 공개를 정지할 수 있다. 위원회의 의사절차와 위원수는 의사규칙으로 정한다.

(2) 재판소와 행정관청은 조사위원회의 청구에 의하여 증거의 조사에 대해서 조력할 의무를 진다. 관청은 청구에 의하여 위원회에 공문서를 제시하여야 한다.

(3) 위원회와 그 요구에 응하는 관청의 증거조사에 대해서는 형사소송법의 규정을 준용한다. 다만, 편지·우편·전신 및 전화의 비밀을 침해해서는 아니된다.

**제35조 [상임위원회]** (1) 라이히 의회는 외교에 관한 상임위원회를 둔다. 외교위원회는 의회폐회 중과 임기만료 후 또는 의회해산 후 새 의회의 집회에 이르는 기간에도 계속 활동할 수 있다. 외교위원회의 의사는 공개하지 아니한다. 다만, 위원의 3분의 2 이상의 동의에 의해서 공개를 결정한 때에는 예외로 한다.

(2) 전항의 위원회 외에 라이히 의회는 의회폐회 중과 임기만료 후 [또는 의회해산 후 새 의회의 소집에 이르는][1] 기간에 라이히 정부에 대해서 인민대표의 권리를 옹호하기 위해서 상임위원회를 둔다.

(3) 이들 위원회는 조사위원회의 권리를 가진다.

**제36조 [면책특권]** 라이히 의회 또는 란트 의회 의원은 그 표결 또는 직무집행을 위하여 한 발언에 대해서는 어떤 시기에 있어서도 재판상 또는 직무상 소추되거나 기타 원외에서 문책되지 아니한다.

**제37조 [불체포특권]** (1) 라이히 의회 또는 란트 의회 의원은 그 속해 있는 의원(議院)의 동의 없이는, 회기 중 범죄행위에 대하여 심문 또는 체포되지 않는다. 다만, 의원이 현행범인으로서 또는 그 다음날 중에 체포된 때에는 예외로 한다.

(2) 전항의 동의는 의원의 직무수행을 방해하는 것에 대하여 신체의 자유의 제한에 대한 경우에도 이를 필요로 한다.

(3) 라이히 의회나 란트 의회의원에 대한 모든 형사절차와 모든 구류 또는 기타 신체의

---

1) 1923년 12월 15일의 법률(RGBl. I S. 1185)에 의해서 「또는 의회해산 후 새 의회의 소집까지」가 삽입되었다.

자유의 제한은 그 의원이 속한 의원(議院)의 요구에 의하여 회기 중 이를 정지한다.

**제38조 [증언거부의 특권]** (1) 라이히 의회와 란트 의회 의원은 의원의 자격으로서 타인으로부터 사실을 들어 알고 있거나 또는 직무집행에 있어서 타인의 사실을 누설한 경우에 그 사실과 사람에 대하여 증언을 거부할 수 있다. 서류의 압수에 관해서도 의원은 법률상 증언거부의 권리를 가진 자와 동일한 권리를 가진다.

(2) 수색이나 압수는 라이히 의회나 의회의 원내에서는 의장의 동의가 있는 경우 이외에는 할 수 없다.

**제39조 [공무원·군인]** (1) 공무원과 군인은 라이히 의회 또는 란트 의회의 의원으로서 직무를 수행하기 위해서 휴가를 받을 필요가 없다.

(2) 공무원과 군인으로서 의원후보자를 지망하는 자에 대해서는 그 선거의 준비에 필요한 휴가를 주어야 한다.

**제40조 [수당]** 라이히 의회의 의원은 모든 독일의 철도에 무임승차할 권리를 가지며, 또한 라이히 법률이 정하는 바에 의해서 실비변상을 받을 권리를 가진다.

**제40조의 a [중간회기 또는 선거기]**[2] (1) 제36조, 제37조, 제38조의 제1항 규정은 라이히 의회의장, 의장대리 아울러 제35조에 규정하는 위원회의 상임위원회와 그 제1 대리인에 대해서는 라이히 의회의 회기와 회기 간, 의원의 임기만료, 신 의원이 선출되기까지의 기간에도 적용된다.

(2) 란트 의회가 란트 헌법의 규정에 의하여 의회폐회 중 또는 의원임기만료 후에도 활동할 수 있는 경우에는, 전항의 규정은 란트 의회의장, 의장대리, 란트 의회의 위원회의 상임위원과 그 제1 대리인에 대해서도 적용한다.

(3) 제37조가 규정하는 라이히 의회 또는 란트 의회의 허락은 국민대표의 권리를 옹호하기 위한 위원회가 라이히 의회에 대신하여, 또는 란트 위원회가 존속하는 경우에는 란트 의회에 의해서 규정된 위원회가 란트 의회 대신에 이를 행한다.

(4) 제1항에 규정된 사람들은 의원의 임기만료 후 새로 의원이 선출되기까지의 기간에도 제40조에 규정된 권리를 가진다.


## 제 3 장 라이히 대통령과 라이히 정부

**제41조 [대통령의 선거]** (1) 라이히 대통령은 전독일 국민이 이를 선거한다.

(2) 만 35세 이상의 모든 독일인은 피선거권을 가진다.

(3) 상세한 것은 라이히 법률로 정한다.

**제42조 [선서]** (1) 라이히 대통령은 취임에 즈음하여 라이히 의회에서 다음의 선서를 한다. 「나는 나의 힘을 독일 국민의 행복을 위하여 바치고, 그 이익을 증진하며 그 장해를

---

2) 1926년 5월 22일의 법률(RGBl. I S. 243)에 의해서 제40조 a가 추가되었다.

제거하고 라이히 헌법과 법률을 준수하여 양심에 따라 나의 직무를 다하고 누구에 대해서도 정의를 다할 것을 선서합니다」.

(2) 선서에 종교상의 서약을 부가할 수 있다.

**제43조 [임기·해직]** (1) 라이히 대통령의 임기는 7년으로 한다. 재선은 허용된다.

(2) 임기만료 전에는 라이히 대통령은 라이히 의회의 제안으로 국민투표에 의해서 해직된다. 라이히 의회의 결의는 3분의 2 이상의 다수결에 의한다. 이러한 결의가 있을 때에는 라이히 대통령은 직무를 수행할 수 없다. 국민투표에 의한 해직이 거부된 때에는 새로운 대통령의 선거가 있었던 것으로 하며, 라이히 의회는 해산된다.

(3) 라이히 대통령은 라이히 의회의 동의 없이는 형사소추를 받지 아니한다.

**제44조 [겸직금지]** 라이히 대통령은 동시에 라이히 의회의 의원이 될 수 없다.

**제45조 [국제법상의 대표]** (1) 라이히 대통령은 국제법상 라이히를 대표하며 라이히의 이름으로 외국과 동맹을 맺고 기타 조약을 체결하며 사절을 신임·접수한다.

(2) 선전과 강화는 라이히 법률로써 행한다.

(3) 외국과의 동맹과 조약으로서 라이히 입법의 범위에 속하는 사항에 관한 것은 라이히 의회의 동의를 얻어야 한다.

**제46조 [임명권과 해임권]** 라이히 대통령은 법률에 다른 규정이 있는 경우를 제외하고는 라이히의 공무원과 장교를 임명한다. 라이히 대통령은 다른 관청으로 하여금 임면권을 행사하게 할 수 있다.

**제47조 [최고명령권]** 라이히 대통령은 라이히의 전군대에 대해서 최고명령권을 가진다.

**제48조 [안전과 질서의 방해에 대한 조치들]** (1) 란트가 라이히 헌법이나 라이히 법률에 따라서 그에게 부과된 의무를 이행하지 않는 경우에, 라이히 대통령은 병력을 사용하여 그 의무의 이행을 강제할 수 있다.

(2) 라이히 대통령은 독일 라이히 내에서 공공의 안녕과 질서가 중대한 장해가 발생하거나 발생할 우려가 있을 때에는, 공공의 안녕과 질서를 회복하기 위하여 필요한 조치를 취하며, 필요한 경우에는 병력을 사용할 수 있다. 이 목적을 위하여 라이히 대통령은 잠정적으로 제114조·제115조·제117조·제118조·제123조·제124조 및 제153조에 규정된 기본권의 전부 또는 일부를 정지할 수 있다.

(3) 본조 제1항 또는 제2항에 의하여 실행한 모든 조치에 대하여 라이히 대통령은 지체없이 라이히 의회에 보고하여야 한다. 라이히 의회의 요구가 있으면 그 조치는 효력을 상실한다.

(4) 급박한 사정이 있는 경우에는 각 란트 정부는 그 영역 내에서 임시로 제2항에 규정된 조치를 할 수 있다. 이 조치는 라이히 대통령이나 라이히 의회의 요구가 있을 때에는 그 효력을 상실한다.

(5) 상세한 것은 라이히 법률로 정한다.

**제49조 [은사권]** (1) 라이히 대통령은 라이히를 위하여 은사권을 행사한다.

(2) 라이히의 은사에는 라이히의 법률을 필요로 한다.

**제50조 [부서]** 라이히 대통령의 모든 명령과 처분이 유효하기 위해서는 라이히 수상 또는 관계 국무위원의 부서를 필요로 한다. 군사에 관한 것도 또한 같다. 부서에 의하여 책임이 발생한다.

**제51조 [대리]** (1) 라이히 대통령이 사고가 있을 때에는 라이히 수상이 임시로 이를 대리한다.[3] 사고가 장기에 달할 때에는 라이히의 법률로써 그 대리를 정한다.

(2) 대통령이 임기만료 전에 사직한 경우에 총선거가 끝나기까지의 기간 동안에도 전항과 같다.

**제52조 [라이히 정부의 조직]** 라이히 정부는 라이히 수상과 국무위원으로 구성한다.

**제53조 [수상의 임면권]** 라이히 수상은 라이히 대통령이 이를 임면한다. 국무위원은 라이히 수상의 제청으로 라이히 대통령이 임면한다.

**제54조 [신임과 불신임]** 라이히 수상과 국무위원이 그 직무를 수행함에는 라이히 의회의 신임을 필요로 한다. 라이히 의회가 명시적인 결의로써 불신임을 표시한 때에는 수상과 국무위원은 사직하여야 한다.

**제55조 [라이히 수상의 임무]** 라이히 수상은 라이히 정부의 의장이 되며 직무규칙에 따라 그 직무를 수행한다. 직무규칙은 라이히 정부가 정하며 라이히 대통령이 인가한다.

**제56조 [방침권한]** 라이히 수상은 정치의 기본방침을 결정하며, 이에 관하여 라이히 의회에 대해서 책임을 진다. 이 기본방침 내에서 각 국무위원은 그 소관사무를 자주적으로 집행하며 이에 대해서 라이히 의회에 대해서 스스로 책임을 진다.

**제57조 [평의와 의결의 대상]** 국무장관은 모든 법률안과 헌법 또는 법률로 특히 규정된 사항, 그리고 2 이상의 국무장관의 소관 사무에 관련하여 의견의 일치를 보지 못한 문제를 라이히 정부에게 제출하여 평의와 의결을 구하여야 한다.

**제58조 [의결]** 라이히 정부의 결의는 과반수에 의한다. 가부동수인 때에는 의장이 결정한다.

**제59조 [국사재판소에의 제소]** 라이히 의회는 라이히 대통령, 라이히 수상 및 라이히 장관이 라이히 헌법이나 라이히 법률위반에 대하여 독일 라이히 국사재판소에 제소할 권한을 가진다. 공소제기의 발의는 라이히 의회의원 100인 이상의 연서(連署)가 있어야 하며, 그 의결은 헌법개정에 필요한 것과 동일한 다수의 동의가 있어야 한다. 상세한 것은 국사재판소에 관한 라이히 법률로 이를 정한다.


# 제 4 장 라이히 참의원

**제60조 [란트의 대표]** 라이히의 입법과 행정에 관하여 독일 각 란트를 대표하기 위해서

---

[3] 1932년 12월 17일의 법률(RGBl. I S. 547)에 의해서 「라이히 수상」이란 문언은 「라이히 재판소장」으로 개정되었다.

라이히 참의원을 둔다.

**제61조 [투표]** (1) 각 란트는 라이히 참의원에서 적어도 한 표를 가진다. 큰 란트에서는 인구 70만명마다 한 표를 가진다. 단수가 35만 이상일 때에는 이를 70만으로서 계산한다.[4) 어떠한 란트도 투표수 전체의 5분의 2 이상의 표를 가질 수 없다.

(2) 독일계 오스트리아는 독일 라이히에 합병된 후 그 주민수에 상당하는 투표수로써 라이히 참의원에 참가할 권리를 가진다. 그 시기에 이르기까지 독일계 오스트리아는 단순히 발언권을 가진다.[5a)

(3) 표결에 관한 투표수는 인구조사가 있을 때마다 라이히 참의원이 이를 개정한다.

**제62조 [위원회]** 라이히 참의원이 그 의원으로 조직하는 위원회에서는, 어떠한 란트도 한 표 이상을 가질 수 없다.

**제63조 [대표자]** (1) 각 란트는 그 란트 정부의 구성원을 라이히 참의원에 있어서의 대표자로 한다. 다만, 프로이센표의 반수는 동 란트가 규정하는 규준에 따라서 프로이센 각주의 행정관청이 정한다.

(2) 각 란트는 그들이 가지는 투표수에 대등한 대표자를 라이히 참의원에 파견할 권리를 가진다.

**제64조 [소집]** 라이히 정부는 라이히 참의원 의원 3분의 2 이상의 요구에 의하여 라이히 참의원을 소집하여야 한다.

**제65조 [정부구성원의 의장 · 참가]** 라이히 참의원과 그 위원회에서는 라이히 정부의 구성원의 1인이 의장이 된다. 라이히 정부의 구성원은 라이히 참의원과 그 위원회의 의사에 참가할 권리를 가지며, 청구가 있을 때에는 이에 참가할 의무를 진다. 라이히 정부의 구성원은 회의 중 그 희망하는 경우에는 언제든지 발언할 수 있다.

**제66조 [발의 · 의사규칙 · 투표]** (1) 라이히 정부와 라이히 참의원의 각 의원은 라이히 참의원에 대해서 발언할 권리를 가진다.

(2) 라이히 참의원은 의사규칙에 의해서 의사진행을 규율한다.

(3) 라이히 참의원의 본 회의는 공개한다. 다만, 의사규칙으로 정하는 바에 따라 개별 심의사항에 관하여 그 공개를 정지할 수 있다.

(4) 결의는 투표의 과반수에 의한다.

**제67조 [라이히 참의원의 보고]** 라이히 참의원은 라이히 각 부처로부터 국정의 동향에 대해서 항상 보고를 받는다. 중요한 사건에 대해서 라이히의 각 부처는 라이히 참의원의 관계 위원회를 소집하여 그 의결에 회부하여야 한다.

---

4) 1921년 3월 24일의 법률(RGBl. S. 440)에 의해서.

5a) 이 절은 베르사유 평화조약에 의해서 그리고 1919년 9월 22일의 특별 포고에 의해서 실효되었다.

## 제 5 장 라이히의 입법

**제68조 [법률안의 제출]** (1) 법률안은 라이히 정부 또는 라이히 의회의 의원 중에서 이를 제출한다.

(2) 라이히 법률은 라이히 의회가 의결한다.

**제69조 [라이히 정부의 법률안 제출]** (1) 라이히 정부가 법률안을 제출할 때에는 라이히 참의원의 동의를 얻어야 한다. 라이히 정부와 라이히 참의원이 일치하지 않을 경우에도 라이히 정부는 법률안을 제출할 수 있다. 다만, 그 경우에는 라이히 참의원의 견해도 함께 제출하여야 한다.

(2) 라이히 참의원이 라이히 정부의 동의 없이 법률안을 의결한 경우에는 라이히 정부는 자기의 의견을 첨부하여 그 법률안을 라이히 의회에 제출하여야 한다.

**제70조 [법률의 작성 · 공포]** 라이히 대통령은 헌법에 따라서 성립한 법률을 편제하며, 1개월 이내에 라이히 관보에 공포하여야 한다.

**제71조 [효력발생]** 라이히 법률은 별단의 규정이 있는 경우를 제외하고는, 라이히의 관보가 라이히의 수도에서 발행된 날로부터 기산하여 14일 후에 그 효력을 발생한다.

**제72조 [공포의 중단]** 라이히 법률의 공포는 라이히 의회의원의 3분의 1이 요구할 때에는 2개월간 연기한다. 다만, 라이히 의회와 라이히 참의원이 긴급하다고 인정한 법률은 이 요구가 있더라도 라이히 대통령은 이를 공포할 수 있다.

**제73조 [국민결정 · 국민발안]** (1) 라이히 의회가 의결한 법률은 1개월 이내에 라이히 대통령의 명령이 있을 때에는 공포에 앞서 국민결정(Volksentscheid)에 회부하여야 한다.

(2) 라이히 의회의원의 3분의 1 이상의 청구에 의해서 공포가 연기된 법률은 유권자의 20분의 1의 신청이 있는 때에는 국민결정에 회부하여야 한다.

(3) 유권자의 10분의 1이 법률안의 제출을 청구하는 경우에도 또한 국민결정에 회부하여야 한다. 국민발안(Volksbegehren)은 일정한 요건을 갖춘 법률안이어야 한다. 정부는 자기의 의견을 첨부하여 이 법률안을 라이히 의회에 제출한다. 만일 라이히 의회에서 아무런 변경을 가하지 않고 국민발안에 그러한 법률안을 가결한 때에는 국민결정을 하지 않는다.

(4) 예산, 조세법, 그리고 공무원봉급법에 대해서는 라이히 대통령의 명령으로만 국민결정에 회부할 수 있다.

(5) 국민결정과 국민발안에 관한 절차는 라이히 법률로 정한다.

**제74조 [라이히 참의원의 항의권]** (1) 라이히 의회가 의결한 법률에 대해서 라이히 참의원은 항의권을 가진다.

(2) 항의는 의회의 라이히 의회의 최종결의 후 2 주간 이내에 라이히 정부에 제출하며, 다시 그 후 2 주간 이내에 그 이유를 명백히 하여야 한다.

(3) 항의가 있는 때에는 그 법률은 라이히 의회의 재의에 회부된다. 그 경우에 만일

라이히 의회와 라이히 참의원이 일치하지 않을 때에는 라이히 대통령은 3 개월 이내에 그 의견이 나누어진 문제에 대해서 국민결정을 명할 수 있다. 대통령이 이 권리를 행사하지 않을 때에는 법률은 성립하지 않는 것으로 본다. 만일 라이히 의회에서 라이히 참의원의 항의에도 불구하고 3분의 2 이상의 다수로써 동일한 법률안이 가결된 때에는 대통령은 3 개월 이내에 그 법률을 라이히 의회에 의해서 의결된 그대로 공포하거나 또는 이를 국민결정에 회부하여야 한다.

**제75조 [국민결정에 의한 무효화]** 국민결정으로 의회의 의결을 무효로 함에는 유권자의 과반수가 투표에 참가하여야 한다.

**제76조 [헌법개정]** (1) 헌법은 입법에 의하여 개정할 수 있다. 다만, 헌법개정을 위한 라이히 의회의 의결은 법률에 정한 의원정수의 3분의 2 이상의 출석과 출석의원 3분의 2 이상의 동의가 있어야 한다. 헌법개정을 위한 라이히 참의원의 의결도 투표수 3분의 2의 다수를 필요로 한다. 국민발안에 의하여 국민투표로서 헌법개정을 결정하는 경우에는 유권자의 과반수의 동의가 있어야 한다.

(2) 라이히 의회가 라이히 참의원의 이의에도 불구하고 헌법의 개정을 의결한 경우에 라이히 참의원이 2 주일 이내에 국민투표에 회부할 것을 요구할 때에는 라이히 대통령은 이 법률을 공포할 수 없다.

**제77조 [집행규칙]** 라이히 법률의 집행에 필요한 일반 행정규칙은 법률에 특별한 규정이 있는 경우를 제외하고는, 라이히 정부가 발한다. 라이히 법률의 집행이 란트 관청의 권한에 속하는 경우에는 라이히 정부는 행정규칙의 발포에 대해서 라이히 참의원의 동의를 얻어야 한다.


# 제 6 장 라이히 행정

**제78조 [대외사항]** (1) 외교의 사무는 라이히에 전속한다.

(2) 란트는 란트 입법으로 규정할 수 있는 사항에 관하여 외국과 조약을 체결할 수 있다. 다만, 이 조약은 라이히의 동의를 얻어야 한다.

(3) 국경의 변경에 관한 외국과의 협정은 관계 란트의 동의를 얻은 후 라이히가 이를 체결한다. 국경의 변경은 주민이 없는 지방의 단순한 경계정리를 제외하고는, 라이히의 법률로써만 이를 할 수 있다.

(4) 외국에 대한 란트의 특별한 경제적 관계 내지는 란트가 외국과 인접한 것에서 발생하는 이익을 확실하게 옹호하기 위해서 라이히는 관계 란트의 동의를 얻어 필요한 시설과 조치를 하여야 한다.

**제79조 [방위 · 병역제도]** 국토방위는 라이히의 사무이다. 독일 국민의 병역제도는 각 지방의 특수사정을 고려하여 법률로써 통일적으로 이를 규정한다.

**제80조 [식민지통치]** 식민지 통치는 라이히에 전속한다.

**제81조 [상선대]** 모든 독일 상선은 통일적인 상선대를 조직한다.

**제82조 [단일한 관세 및 통상구역]** (1) 독일은 단일한 관세 및 통상구역을 이루며, 공동의 관세경계를 가진다.

(2) 관세경계는 외국과의 국경에 일치한다. 바다에 있어서는 대륙과 독일의 영토에 속하는 도서의 해안선으로서 관세경계로 한다. 바다와 기타의 수역에 있어서의 관세경계에 관하여는 달리 규정할 수 있다.

(3) 국제조약 또는 협상에 의해서 외국영토 또는 외국영토의 일부를 관세구역에 편입할 수 있다.

(4) 특별한 필요가 있을 때에는 일정한 구역을 관세구역으로부터 제외할 수 있다. 자유항의 경우에 대해서는 헌법개정법률에 의하지 않으면 이 제외를 폐지할 수 없다.

(5) 관세제외구역은 국제조약 또는 협정에 의해서 외국의 관세구역에 편입할 수 있다.

(6) 라이히 내에서 거래의 자유가 인정된 모든 자연산물과 공업생산물 및 미술공예품은 각 란트와 지방공공단체의 경계를 넘어서 이를 출입하며 통과 · 운송할 수 있다. 다만, 라이히 법률로써 예외를 규정할 수 있다.

**제83조 [공과금]** (1) 관세와 소비세는 라이히 관청이 관할한다.

(2) 라이히 관청에 의한 관세의 관리에 대해서는 각 란트에게 그 농업 · 상업 및 공업에 관한 특수한 이익이 보장되도록 배려하여야 한다.

**제84조 [라이히에 의한 법률적 규제]** 라이히는 법률로써 다음 사항을 규정한다.

1. 라이히 세법의 통일적이며 평등한 집행을 필요로 하는 범위 내에서 각 란트의 수세관청의 조직

2. 라이히 세법의 집행을 감독하는 권한을 가지는 관청의 조직

3. 각 란트와의 청산

4. 라이히 세법의 집행에 관한 행정비의 보상

**제85조 [예산안]**[6] (1) 라이히의 총수입과 총지출은 각 회계년도마다 견적을 세워 예산에 편성하여야 한다.

(2) 예산은 회계년도 개시 전에 법률로써 이를 정한다.

(3) 지출은 1년을 한정하여 동의를 부여하는 것을 원칙으로 한다. 특별한 경우에는 이보다 장기간에 대해서 동의를 부여할 수 있다. 이 경우를 제외하고는, 예산법 중에 회계년도를 넘어 효력을 가진 규정, 또는 라이히의 수입과 지출 내지는 그 관리에 관계 없는 규정을 할 수는 없다.

(4) 라이히 의회는 라이히 참의원의 동의 없이 예산안에서 지출을 증액하거나 새 비목을 설치할 수 없다.

(5) 라이히 참의원의 동의가 없는 경우에는, 제74조의 규정에 의해서 그 동의에 대신할

---

6) 1924년 3월 18일의 라이히 우편재정법률(RGBl. I S. 287)의 제15조 2항에 의해서.

수 있다.

**제86조 [결산심사]**[7] 라이히 총수입의 용도에 대해서는 재무장관은 다음 회계년도에 라이히 참의원과 의회에 결산을 제출하고 승인을 구한다. 결산심사에 대해서는 라이히 법률로 정한다.

**제87조 [국채]** [8] 국채는 긴급한 필요가 있는 경우에 한하여, 또한 가급적 생산사업의 경비에 충당하기 위하여 이를 발행할 수 있다. 국채를 모집하거나 라이히의 부담이 될 담보를 인수하는 것은 라이히 법률에 근거해서만 이를 할 수 있다.

**제88조 [우편과 전신제도]** (1) 우편 · 전신 및 전화사업은 라이히에 전속한다.

(2) 우표는 전국을 통하여 통일한다.

(3) 라이히 정부는 라이히 참의원의 동의를 얻어 교통기관의 이용에 관한 규칙과 수수료를 정하는 명령을 발한다. 라이히 정부는 라이히 참의원의 동의를 얻어 이 권한을 체신장관에게 위임할 수 있다.

(4) 우편 · 전신 · 전화사업 및 그 요금에 관한 사항을 심의케 하기 위해서 라이히 정부는 라이히 참의원의 동의를 얻어 고문회를 둔다.[9]

(5) 외국과의 교통에 관한 조약은 라이히만이 체결한다.

**제89조 [철도]** (1) 일반 교통에 사용되는 철도를 국유로 이관하고, 통일적인 교통설비로서 이를 관리하는 것은 라이히의 임무이다.

(2) 사설 철도를 매수하는 각 란트의 권리는 라이히의 청구가 있는 때에는 이 라이히에 양도하여야 한다.

**제90조 [공용수용권 · 국가고권]** 철도의 이전과 함께 철도에 관한 공용수용권 및 기타의 국가고권은 라이히에 귀속한다. 기타의 권리의 범위에 관하여 다툼이 있는 경우에는 국사재 판소가 이를 결정한다.

**제91조 [철도의 부설 · 경영 · 교통]** (1) 라이히 정부는 라이히 참의원의 동의를 얻어 철도의 부설 · 경영 및 교통에 관한 명령을 발한다.

(2) 라이히 정부는 라이히 참의원의 동의를 얻어 이 권한을 주무 장관에게 위임할 수 있다.

**제92조 [독립 · 경제적 기업]** 국유철도의 예산과 결산은 라이히 총예산과 총결산의 일부일 지라도, 철도는 이를 독립한 경제적 기업으로서 관리하고, 지출은 철도공채의 상환 및 이자의 지불을 합하여 자기의 수입으로 이를 감당하며, 철도적립금을 적립하여야 한다.

---

7) 1924년 3월 18일의 우편재정법률.

8) 1924년 3월 18일의 라이히 우편재정법률(RGBl. I S. 287) 제15조 제2항에 의해서 「라이히 헌법의 제85조 내지 제87조의 규정은 라이히 참의원과 라이히 의회 대신에 행정심의회에 취임한다는 전제 하에, 또한 부채를 차입하기 위해서 또 라이히 법률의 안전보장을 인수하기 위해서 필요로 하지 않는다는 전제 하에서 동일한 시점[1924년 4월 1일]에서 보상(변상)한다.

9) 1924년 3월 18일의 라이히 우편재정법률(RGBl. I S. 287) 제15조에 의해서 제3항과 제4항은 효력을 상실하였다.

상환과 적립금의 액수와 적립금의 용도는 특별한 법률로써 이를 정한다.

**제93조 [고문회]** 철도교통과 그 요금에 관한 사항을 협의하기 위해서 라이히 정부는 라이히 참의원의 동의를 얻어 국유철도를 위하여 고문회를 설치한다.

**제94조 [신국유철도의 부설]** (1) 특정한 구역에서 일반교통에 이용되는 철도가 라이히의 관리로 돌아간 경우에는 그 구역 내에서 새로이 일반교통에 이용될 철도를 부설함은 라이히 또는 라이히의 동의를 얻은 자만이 이를 할 수 있다. 새로운 국유철도의 부설 또는 현 국유철도노선의 변경이 각 란트 경찰의 직권의 범위에 저촉되는 경우에는 라이히의 철도관청은 그 결정 전에 란트 관청의 의견을 들어야 한다.

(2) 철도가 아직 라이히의 관리에 귀속하지 아니한 지방에서는 라이히의 법률에 의하여 국비로써 라이히 스스로 일반교통을 위하여 또는 국방을 위하여 필요하다고 인정하는 철도를 부설하거나 또는 타인으로 하여금 이를 부설케 할 수 있으며, 필요한 때에는 공용수용권을 이에 부여할 수 있다. 이 권능은 란트 고권을 침해하지 않는 한, 그 철도가 통과하는 란트의 항의에 의해서 방해되지 않는다.

(3) 각 철도관리자는 다른 철도가 자기의 비용으로 이에 접속하는 것을 허용하여야 한다.

**제95조 [라이히의 감독]** (1) 일반 교통용의 철도로서 라이히의 관리에 속하지 않는 것은 라이히의 감독에 복종한다.

(2) 라이히의 감독에 복종하는 철도는 라이히가 정한 원칙에 따라서 균등하게 이를 건설하고, 또 영업상 안전한 상태로 이를 유지하고, 교통의 수요에 이를 확장하여야 한다. 여객과 화물의 수송은 수요에 대하여 그 설비를 완전하게 하여야 한다.

(3) 요금의 감독에서는 균등하고 저렴한 철도운임이 되도록 노력하여야 한다.

**제96조 [국방을 위한 철도이용]** 모든 철도는 일반교통에 사용되지 않을 지라도 국방을 위하여 이용되도록 필요한 때에는 라이히의 요구에 응하여야 한다.

**제97조 [수로]** (1) 일반교통에 사용되는 수로를 국유로 이전하고 이를 관리하는 것은 라이히의 임무이다.

(2) 국유로 이전한 후에는 일반교통에 사용되는 수로는 라이히 또는 라이히의 동의를 얻은 자만이 이를 건설하거나 확장할 수 있다.

(3) 수로의 관리·확장 또는 신설에 관하여는 관계 각 란트와 협의하여 지방적 문화와 수리(水利)수요에 적합하여야 하며, 이러한 이익을 증진시키는 것에 대해서도 또한 고려하여야 한다.

(4) 각 수로관리자는 다른 내국수로가 그 기업자의 비용으로서 이에 저촉하는 것을 허용하여야 한다. 내국수로와 철도와의 연락에 대해서도 또한 동일한 의무를 진다.

(5) 수로의 이전과 함께 공용수용권, 요금징수과 수상 및 선박경찰권도 라이히에 귀속한다.

(6) 라인강, 베제르강 및 엘베강 지역의 자연수로의 확장에 관한 임무는 이를 라이히에 인계하여야 한다.

제98조 [**수로고문회**] 수로의 사항에 관하여 심의하기 위하여 라이히의 수로에 대해서는 라이히 정부가 정한 바에 의해서 라이히 참의원의 동의를 얻어 고문회를 둔다.

제99조 [**사용료의 징수**] (1) 자연수로에 있어서는 교통의 편리를 증가하기 위해서 하는 공사, 설비 기타 영조물에 관해서만 사용료를 징수할 수 있다. 국가와 공공단체의 설비에 있어서 사용료는 그 건설과 유지에 필요한 비용을 초과할 수 없다. 오로지 교통의 편리를 증가하기 위함이 아니고 다른 목적을 위하여 하는 설비에서는 그 건설과 유지의 비용은 상당한 배당으로 한정하여 통항료에 의해서 이를 지변할 수 있다. 건설에 소요된 비용의 이자와 상각금액은 건설비용의 일부로 한다.

   (2) 전항의 규정은 인공수로와 그 부속설비, 그리고 항만에서 징수하는 사용료에 이를 준용한다.

   (3) 내국수로에서의 통항료는 수로, 유역 또는 수로망의 총비용을 계산의 기초로 할 수 있다.

   (4) 전 3항의 규정은 항행가능한 수로에서의 뗏목수송(Flößerei)에도 이를 적용한다.

   (5) 외국선박과 그 적하에 대해서 독일 선박과 그 적하에 대한 것과 다르게 또는 이보다 과다한 사용료를 부과하는 권한은 라이히만이 가진다.

   (6) 독일 수로망의 유지와 개축에 필요한 경비의 조달에 대해서는 라이히는 법률로써 본조의 위의 규정 이외의 방법으로도 항행관계자에게 이를 분담시킬 수 있다.

제100조 [**비용의 분담**] 내국 수로가 2 이상의 란트에 관계되는 경우, 또는 라이히가 그 시설의 비용을 부담하는 경우에는 제방(Talsperren)을 건설함으로써 이익을 받는 자에 대해서도 라이히의 법률로써 그 유지와 건설의 비용을 분담시킬 수 있다.

제101조 [**항로표시**] 등대, 등대선, 부표, 준부표(樽浮標), 초표(礁標) 기타 모든 항로표지를 국유로 이전하거나 이를 관리하는 것은 라이히의 임무이다. 국유로 이전한 후에 항로표지는 라이히 또는 라이히의 동의를 얻은 자만이 이를 설치하거나 개축할 수 있다.


# 제 7 장 사 법

제102조 [**법관의 독립**] 법관은 독립이며 법률에만 복종한다.

제103조 [**라이히 법원·란트의 법원**] 통상재판권은 라이히 법원과 각 란트 법원이 이를 행사한다.

제104조 [**면직·퇴직**] (1) 통상 법원의 법관은 종신직이다. 법관은 법원의 판결과 법률이 정하는 이유와 절차에 의하지 아니하고는 그 의사에 반하여 면관·정직·전임되거나 휴직을 명할 수 없다. 법률로써 법관이 그 연령에 도달함으로써 퇴직하는 정년을 정할 수 있다.

   (2) 전항의 규정은 법률로써 정직에 대한 규정을 방해하는 것은 아니다.

(3) 법원의 조직 또는 그 관할구역의 변경의 경우에 란트의 사법행정청은 법관의 의사에 반하여 이를 다른 법원으로 전임시키거나 또는 퇴직시킬 수 있다. 다만, 봉급의 전액을 지급하여야 한다.

(4) 상사 법관, 참심원과 배심원에게는 본조의 규정을 적용하지 아니한다.

**제105조 [특별재판소의 금지]** 특별재판소는 이를 금지한다. 누구든지 법률이 정하는 법관의 재판을 받을 권리를 박탈당하지 아니한다. 다만, 법률이 정하는 군법회의나 약식 군법회의에 관한 규정은 이에 저촉되지 않는다. 군인명예재판소는 폐지한다.

**제106조 [군사재판제도]** 군사재판제도는 전시와 군함 내에 있는 것을 제외하고는 이를 폐지한다. 상세한 것은 라이히 법률로 정한다.

**제107조 [행정재판소]** 행정관청의 명령과 처분에 대해서 개인을 보호하기 위해서 법률이 정하는 바에 따라서 라이히와 각 란트에 행정재판소를 설치하여야 한다.

**제108조 [국사재판소]** 라이히 법률의 규정에 따라서 독일 라이히에 국사재판소를 설치한다.

# 제 2 편 독일인의 기본권과 기본의무

## 제 1 장 개 인

**제109조 [평등원칙]** (1) 모든 독일인은 법률 앞에 평등하다.

(2) 남녀는 원칙적으로 국민으로서 동일한 권리와 의무를 가진다.

(3) 출생 또는 신분에 의한 공법상의 특권이나 불이익은 이를 폐지한다. 귀족의 칭호는 다만 성명의 일부로서만 이를 두며 장래에는 이를 부여할 수 없다.

(4) 칭호는 관직 또는 직업을 표시할 때에만 이를 수여할 수 있다. 학위는 본조의 적용을 받지 아니한다.

(5) 국가는 훈장과 영예기장을 부여할 수 있다.

(6) 독일인은 외국 정부로부터 칭호나 훈장을 받을 수 없다.

**제110조 [국적]** (1) 라이히와 란트의 국적은 라이히 법률의 규정에 따라서 취득하고 상실한다. 란트의 국적을 가진 자는 동시에 라이히의 국적을 가진다.

(2) 모든 독일인은 라이히 내의 모든 란트에서 그 란트 소속민과 동일한 권리와 의무를 가진다.

**제111조 [이전의 자유·직업의 자유]** 모든 독일인은 전 라이히 내에서 이전의 자유를 누린다. 누구든지 라이히 어디에나 체류하며 또는 정주하며, 토지를 취득하며 각종 생업을 영위할 수 있다. 제한은 라이히 법률로써만 가능하다.

**제112조 [이민·인도]** (1) 모든 독일인은 외국에 이주할 권리를 가진다. 국외이주는 라이히 법률로써만 제한할 수 있다.

(2) 라이히 국적을 가진 자는 모두 국토의 내외에서 외국에 대해서 라이히의 보호를 청구할 권리를 가진다.

(3) 독일인은 누구든지 소추 또는 처벌을 위해서 외국정부에 인도되어서는 아니된다.

**제113조 [외국어를 사용하는 국민]** 외국어를 말하는 라이히의 국민은 입법과 행정에 의해서 민족의 자유로운 발전이 저해되지 아니하며, 특히 교육에 관하여 국내행정과 소송에 관하여 모국어를 사용할 권리가 침해되어서는 아니된다.

**제114 [인신의 자유]** (1) 인신의 자유는 불가침이다. 공권력에 의한 인신의 자유의 침해 또는 박탈은 법률에 근거해서만 허용된다.

(2) 인신의 자유를 박탈하는 경우에는 늦어도 다음 날에 어떠한 관청에 의해서, 어떠한 이유로 자유가 박탈되었는가를 알게 하여야 한다. 이러한 자들에게는 지체 없이 자유박탈에 대해서 이의를 제기할 기회를 주어야 한다.

**제115조 [주거의 불가침]** 모든 독일인의 주거는 각인의 안식처이며 불가침이다. 예외는 법률의 근거에 의해서만 허용된다.

**제116조 [죄형법정주의]** 행위는 그것이 행해지기 이전에 가벌성이 법률로써 규정되어 있는 경우에만 형벌을 부과할 수 있다.

**제117조 [편지의 비밀]** 편지의 비밀과 우편·전신 및 전화의 비밀은 불가침이다. 그 예외는 라이히 법률로써만 허용된다.

**제118조 [의견의 자유·검열]** (1) 모든 독일인은 일반법률의 제한 내에서 언어·문서·출판·그림 또는 기타의 방법으로 자기의 의사를 자유로이 표명할 수 있는 권리를 가진다. 어떠한 노동관계나 고용관계도 이 권리를 방해하여서는 아니된다. 누구든지 이 권리의 행사에 대하여 이를 저해하여서는 아니된다.

(2) 검열은 실시하지 않는다. 다만, 영화에 대해서는 법률로써 규정을 둘 수 있다. 또한 저속한 문서와 음란문서를 단속하기 위하여, 공개적인 관람물과 흥행물에 관하여는 청소년을 보호하기 위해서 법률상의 조치가 허용된다.


# 제 2 장 공동생활

**제119조 [혼인과 가족]** (1) 혼인은 가족생활과 민족보존과 증식의 기초로서 헌법의 특별한 보호를 받는다. 혼인은 양성의 동권을 기초로 한다.

(2) 가족의 순결과 건강을 유지하고 이를 사회적으로 조장하는 것은 국가와 공공단체의 의무이다. 자녀가 많은 가정은 국가의 보호와 배려를 요구할 권리를 가진다.

(3) 모성은 국가의 보호와 부조를 요구할 권리를 가진다.

**제120조 [교육]** 자녀를 육체적·정신적 및 사회적으로 유능하도록 교육하는 것은 양친의 최고의 의무이며 자연의 권리로서, 그 실행에 대해서는 국가공동사회가 감독한다.

**제121조 [비적출자]** 비적출자에 대해서는 법률로써 그 육체적·정신적 및 사회적인 발육을 위하여 적출자와 동일한 조건을 가지게 하여야 한다.

**제122조 [청소년보호]** (1) 아동은 혹사되지 않도록 도덕적·정신적 또는 육체적으로 방임되지 않도록 보호하여야 한다. 국가와 공공단체는 필요한 조치를 하여야 한다.

(2) 강제에 의한 보호처분은 법률에 근거해서만 명할 수 있다.

**제123조 [집회의 자유]** (1) 모든 독일인은 신고 또는 특별한 허가 없이 평온하고 무기를 가지지 않고 집회할 권리를 가진다.

(2) 옥외집회는 라이히 법률로써 신고의 의무를 부과할 수 있으며, 공공의 안전에 대해서 직접적인 위험이 있는 경우에는 이를 금지할 수 있다.

**제124조 [결사의 자유]** (1) 모든 독일인은 그 목적이 형법에 반하는 것이 아닌 한, 사단 또는 조합을 결성할 자유를 권리를 가진다. 이 권리는 예방적 조치에 의해서 제한할 수 없다. 종교상의 사단 또는 조합에 대해서도 동일한 규정이 타당하다.

(2) 조합은 각각 민법의 규정에 의해서 임의로 권리능력을 취득할 수 있다. 조합은 정치상, 사회정책상 또는 종교상의 목적을 수행한다는 이유로 권리능력의 취득을 거부할 수 없다.

**제125조 [선거의 자유·선거의 비밀]** 선거의 자유와 선거의 비밀은 보장된다. 상세한 것은 선거법이 이를 정한다.

**제126조 [청원권]** 모든 독일인은 서면으로 권한 있는 관청 또는 의회에 청원 또는 소원을 제기할 권리를 가진다. 이 권리는 개인으로 또는 다수인이 공동으로 행사할 수 있다.

**제127조 [공공단체의 자치]** 공공단체와 그 연합체는 법률의 제한 내에서 자치의 권리를 가진다.

**제128조 [공직]** (1) 모든 국민(Staatsbürger)은 법률이 정하는 바에 의하여 그 능력과 자격에 따라서 차별없이 공직에 취임할 수 있다.

(2) 여성 공무원에 대한 예외규정은 모두 폐지한다.

(3) 공무원관계의 기초는 라이히 법률로써 규정한다.

**제129조 [공무원의 법적 지위]** (1) 공무원의 임명은 법률에 다른 규정이 없는 한 종신으로 한다. 은급과 유족부조는 법률로써 정한다. 공무원의 기득권은 불가침이다. 공무원은 그의 재산법상의 청구권에 관하여는 소송의 방도가 열려 있다.

(2) 공무원은 법률이 정한 조건과 절차에 의해서만 일시적으로 면직되거나, 휴직되거나 또는 퇴직을 당하거나 또는 이전보다 소액의 봉급을 받는 다른 직종에 전임될 수 있다.

(3) 모든 직무상의 징벌에 대해서는 소원의 방도와 재심절차의 가능성이 부여되어야 한다. 공무원의 신분에 관한 기재서에 당사자에게 불리한 사실을 기입해야 할 경우에는 사전에 그 사실을 진술할 수 있는 기회가 부여되어야 한다.

(4) 기득권의 불가침성과 재산법상의 청구권에 관하여 소송의 방도를 마련하는 것은 직업군인에 대해서도 보장된다. 기타 직업군인의 지위는 라이히 법률로써 정한다.

**제130조 [공무원봉사의 전체성]** (1) 공무원은 전체의 봉사자이며 한 정당의 봉사자는 아니다.

(2) 모든 공무원은 정치적 견해의 자유와 결사의 자유가 보장된다.

(3) 공무원은 상세한 라이히 법률의 규정에 따라서 특별한 공무원 대표기관을 가진다.

**제131조 [직무상의 의무위반]** (1) 공무원이 위탁된 공권력을 행사함에 있어서, 그 공무원이 대제3자 관계에서 그에게 부과된 직무의무를 위반한 경우에는, 그 책임은 원칙적으로 그 공무원을 사용하는 국가 또는 공공단체에 속한다. 공무원에 대한 구상권은 방해받지 아니한다. 본조의 배상에 대해서는 통상의 소송의 방도가 제외되어서는 아니된다.

(2) 상세한 규정은 권한 있는 입법이 이를 정한다.

**제132조 [명예직]** 모든 독일인은 법률이 정하는 바에 의하여 명예직에 취임할 권리를 가진다.

**제133조 [병역의무]** (1) 모든 국민은 법률이 정하는 바에 의하여 국가와 공공단체를 위하여 병역에 복무할 의무를 진다.

(2) 병역의무는 라이히 방위법의 규정에 따라 정한다. 군대에 속하는 자에게 그 직무를 수행케 하고, 또 군의 기율을 유지하기 위하여 그 각개의 기본권을 제한하는 한도도 방위법으로 정한다.

**제134조 [공적 부담의 분담]** 모든 국민은 그 자력에 따라 법률이 정하는 바에 의하여 균등하게 모든 공적 부담을 분담한다.


## 제 3 장 종교와 종교단체

**제135조 [신앙과 양심의 자유]** 라이히의 모든 주민은 완전한 신앙과 양심의 자유를 향유한다. 종교상의 행위는 방해받지 않으며, 이는 헌법에 의해서 보장되며 국가의 보호를 받는다. 국가의 일반 법률은 본조에 의하여 그 효력이 방해받지 아니한다.

**제136조 [종교와 국민의 지위]**[10] (1) 시민의 권리의무와 국민의 권리의무는 종교의 자유의 행사에 의해서 조건지워지거나 제한받지 아니한다.

(2) 시민의 권리와 국민의 권리의 향수와 함께 공직의 취임은 신앙고백에 의해서 영향을 받지 아니한다.

(3) 누구든지 종교상의 확신을 표명할 의무는 없다. 관청은 권리의무가 종교단체의 소속 여하에 의해서 영향을 받는 경우, 또는 법률이 명하는 통계상의 조사를 위하여 필요한 경우에 한하여 그 소속을 질문할 수 있다.

(4) 누구든지 교회의 행사 또는 제전을 행하거나 종교상의 의식에 참석하거나 또는 종교적인 선서방식의 사용을 강제받지 아니한다.

---

10) 제136조로부터 제139조, 제141조는 기본법 제140조에 따라 기본법의 구성부분이 되었다.

제137조 [**종교단체**] (1) 국교는 존재하지 않는다.

(2) 종교단체결성의 자유는 보장된다. 라이히 영역 내에서의 종교단체의 연합은 어떠한 제한도 받지 아니한다.

(3) 모든 종교단체는 모든 사람에게 적용되는 법률의 범위 내에서 독립하여 그 사무를 처리하며 관리한다. 종교단체는 국가 또는 공공단체의 간섭을 받지 않고 그 임원을 임명한다.

(4) 종교단체는 민법의 일반 규정에 의해서 권리능력을 취득한다.

(5) 종래 공법인이었던 종교단체는 앞으로도 종교단체이다. 기타 종교단체는 그 조직과 구성원수에 의해서 영속할 가망이 확실한 것은, 그 신청에 의해서 이를 공법인으로 할 수 있다. 이들 다수의 공법인인 종교단체가 하나의 연합체를 결성하는 경우에는 이 연합체도 공법인이다.

(6) 공법인인 종교단체는 란트의 정하는 바에 따라서 시민조세대장에 근거하여 조세를 부과할 권리를 가진다.

(7) 하나의 세계관을 공동으로 보급하는 것을 사명으로 하는 결사는 이를 종교단체로서 취급한다.

(8) 본조의 규정을 실시하기 위하여 상세한 규정이 필요한 경우에는 란트 법률로 이를 정한다.

제138조 [**국가급부 · 재산권**] (1) 법률 · 계약 또는 기타 특별한 법률원인에 근거하여 종교단체에 대한 국가의 급부는 란트 법률로써 폐지한다. 이에 관한 원칙은 라이히가 이를 정한다.

(2) 종교단체와 종교적 결사가 예배 · 교육 및 자선의 목적을 위하여 사용하는 영조물 · 재단 및 기타 재산에 대해서 가지는 소유권과 기타의 권리는 이를 보장한다.

제139조 [**일요일 · 축제일**] 일요일과 국가에 의해서 인정된 제일은 노동 휴식의 날과 정신적인 향상의 날로서 법률상 보호된다.

제140조 [**군무원**] 국방군에 속하는 자에게는 그 종교상의 의무를 수행하기 위하여 필요한 자유시간이 보장되어야 한다.

제141조 [**군대와 영조물에서의 영혼구제**] 군대 · 병원 교도소 또는 기타 공공의 영조물에서 예배와 영혼구제를 위하여 필요한 경우에는, 종교단체는 종교적 행위의 행사가 허용된다. 다만, 그 경우에 어떠한 강제도 배제되어야 한다.


# 제 4 장 교육과 학교


제142조 [**예술과 학문의 자유**] 예술 · 학문 그리고 그 교수는 자유이다. 국가는 이를 보호하고 육성한다.

제143조 [**청소년 교육 · 교사**] (1) 청소년의 교육을 위하여 공적 영조물을 설치하여야

한다. 그 설치에 즈음하여 라이히·란트 그리고 공공단체가 협력한다.

(2) 교원의 양성에 대해서는 고등교육기관에 대해서 일반적으로 적용되는 원칙에 따라 전국을 통하여 통일적으로 이를 규정한다.

(3) 공립학교의 교원은 국가공무원의 권리와 의무를 가진다.

**제144조 [학교감독]** 학교제도 전반은 국가의 감독 아래 둔다. 다만, 국가는 공공단체를 이에 관여시킬 수 있다. 학교의 감독은 이를 본무로 하는 전문적 예비교육을 받은 공무원에 의해서 행한다.

**제145조 [취학의무]** 취학은 일반 의무이다. 그 의무는 8학년 이상을 가진 초등학교와 이에 이어서 18세까지의 상급학교를 수료함으로써 이행된다. 초등학교와 상급학교에서의 수업과 교재는 무상이다.

**제146조 [공립학교제도]** (1) 공립학교제도는 유기적으로 구성되어야 한다. 모든 자에게 공통의 기초학교 위에 중등학교와 고등학교를 둔다. 이들 학교는 각종의 생업의 수요에 따라 설립된다. 아동의 입학허가에 즈음해서는 오로지 아동의 소질과 성향을 기준으로 결정하며, 결코 그 양친의 경제적 및 사회적인 지위나 또는 종교상의 신앙을 기준으로 결정해서는 아니된다.

(2) 다만, 지방공공단체에서 아동보호자의 신청에 근거하여 정서된 학교경영이 특히 제1항의 의미에서 방해받지 않는 한, 그 속하는 종교 또는 세계관의 초등학교를 설립할 수 있다. 이 경우 아동보호자의 의사를 가능한 한 존중한다. 상세한 것은 라이히 법률에 따라서 란트 법률로 정한다.

(3) 자력이 빈약한 자를 중등학교와 고등학교에 진학시키기 위해서 라이히·란트 그리고 공공단체에 의해서 공공자금이 준비되어야 한다. 특히 중등학교와 고등학교의 교육을 받기에 적합하다고 인정되는 아동의 양친에 대해서 그 교육을 마칠 때까지 학자금을 보조한다.

**제147조 [사립학교]** (1) 공립학교에 대신할 사립학교는 국가의 인가를 필요로 하며, 란트의 법률에 따른다. 인가는 사립학교의 교육목적과 설비 아울러 그 교원의 학문적 교양이 공립학교에 떨어지지 않고, 또한 학생의 양친의 자산상태에 따라서 학생을 차별하지 않는 경우에 부여된다. 교원의 경제상 및 법률상의 지위가 충분하게 보장되지 않는 경우에는 그 인가는 부여되지 아니한다.

(2) 사립 초등학교는 제146조 제2항에 의해서 그 의사가 존중되어야 하는 소수의 아동보호자를 위하여 지방공공단체 내에서 그 종교상 또는 세계관의 공립 초등학교가 존재하지 않는 경우에, 또는 교육행정관청이 특별한 교육상의 이익을 인정하는 경우에만 인가된다.

(3) 사립 예비하교는 폐지된다.

(4) 공립학교에 대신할 역할을 하지 못하는 사립학교에 대해서는 앞으로도 현행법에 의한다.

**제148조 [교육내용]** (1) 모든 학교에서는 독일 국민성과 국제적 협조의 정신에서 도덕적 교양, 공민에 적합한 신념, 훌륭한 인격과 훌륭한 기능이 완성되도록 노력하여야 한다.

(2) 공립학교의 교육에서는 생각을 달리하는 자의 감정이 침해되지 않도록 고려하여야 한다.

(3) 공민교육과 노동교육은 학교의 교과의 일부이다. 의무교육을 마침에 즈음하여 각 학생은 헌법의 사본을 받는다.

(4) 초등학교를 포함한 국민교육제도는 라이히·란트 및 공공단체가 이를 조성하지 않으면 아니된다.

**제149조 [종교교육]** (1) 종교교육은 종교와 무관계한 (비종교적인) 학교를 제외하고는, 학교에서의 정규의 교과로 한다. 종교교육의 실시에 관한 규정은 학교법 중에 규정한다. 종교교육은 당해 종교단체의 교의에 따라서 행한다. 다만, 국가의 감독권은 방해받지 아니한다.

(2) 종교교육의 실시와 예배는 교원의 의사표시에 맡기며, 종교교육의 교과와 아울러 교회의 제전 및 의식에의 참가는 아동의 종교교육을 결정하는 자의 의사표시에 맡긴다.

(3) 대학의 신학부는 존치된다.

**제150조 [기념물]** (1) 예술·역사 및 자연기념물과 아울러 명승풍경은 국가에 의해서 보호되고 배려된다.

(2) 독일의 예술품이 외국으로 유출되는 것을 방지하는 것은 라이히의 임무이다.

## 제 5 장 경제생활

**제151조 [경제생활의 기본원칙]** (1) 경제생활의 질서는 모든 국민에게 인간다운 생활의 보장을 목적으로 하는 정의의 원칙에 적합하여야 한다. 개인의 경제상의 자유는 이 한계 내에서 보장된다.

(2) 법률상의 강제는 위협받은 권리를 실현하기 위하여 또는 공공복리의 중대한 요구에 부응하기 위해서만 허용된다.

(3) 통상과 영업의 자유는 라이히 법률에 따라서 보장된다.

**제152조 [계약의 자유]** (1) 경제상의 거래에서는 법률이 정하는 바에 따라 계약자유의 원칙이 타당하다.

(2) 고리는 이를 금지한다. 선량한 풍속에 반하는 법률행위는 무효이다.

**제153조 [소유권·수용]** (1) 소유권은 헌법에 의해서 보장된다. 그 내용과 한계는 법률로써 이를 정한다.

(2) 공용수용은 공공복리를 위하여, 또한 법률상의 근거에 의해서만 행할 수 있다. 공용수용은 라이히 법률에 별도의 규정이 없는 한, 정당한 보상 하에 이를 행한다. 보상액에

관하여 다툼이 있는 경우에는 라이히 법률에 별도의 규정이 없는 한, 통상 법원에 출소할 수 있도록 하여야 한다. 란트·공공단체 및 공익상의 단체에 대해서 라이히가 공용수용을 하는 경우에는 반드시 보상하여야 한다.

(3) 소유권은 의무를 수반한다. 그 행사는 동시에 공공복리에 적합하여야 한다.

제154조 [**상속권**] 상속권은 민법이 정하는 바에 의해서 보장된다. 상속재산에 대해서 국가가 취득하는 부분은 법률로써 정한다.

제155조 [**토지의 분배와 이용**] (1) 토지의 분배와 이용은 국가가 이를 감독하며, 그 남용을 방지하며, 모든 독일인에게 건강한 주거를 확보하며, 모든 독일의 가족, 특히 자녀가 많은 가정에 대해서 그 필요에 따르는 택지와 농업가산지를 확보한다는 목표를 달성하도록 하여야 한다. 장래에 제정되는 가택법에서는 특히 출정군인을 고려하여야 한다.

(2) 주거의 수요를 충족하기 위해서 식민지와 개간을 촉진하기 위해서, 또는 농업을 발달시키기 위해서 토지를 확보하는 것이 필요한 경우에는 이를 수용할 수 있다. 세습재산은 이를 폐지한다.

(3) 토지를 경작하고 이를 충분히 이용하는 것은 토지소유자의 공공에 대한 의무이다. 노동 또는 자본을 투하하지 아니하고 생긴 토지의 가치증가분은 공공을 위하여 이용된다.

(4) 토지매장물과 경제상 이용가능한 자연력은 모두 국가의 감독을 받는다. 사적인 특권은 입법으로 이를 국가에 이전할 수 있다.

제156조 [**사회화**] (1) 라이히는 법률로써 공용수용에 관한 규정들을 준용하여 사회화에 적합한 사기업에 보상을 지급하고 이를 공유화할 수 있다. 란트 또는 공공단체는 기업과 경제적 단체의 관리에 참가하며, 또는 기타의 방법으로 이에 대해서 강한 영향력을 보유할 수 있다.

(2) 라이히는 나아가 긴급한 필요가 있는 경우에는 생산에 종사하는 모든 국민층의 협력을 확보하고, 사용자와 피용자를 경영에 참가시키고, 또한 재화의 생산·제조·분배·소비가격의 형성과 수출입을 공공경제의 원칙에 의해서 규율하는 등을 목적으로 하여 법률로써 자치의 기초 위에 공공경제를 위해서 기업과 경제단체를 통합할 수 있다.

(3) 협동조합과 그 연합회는 청구에 의해서 그 규약과 특색을 고려하여 공공경제에 편입할 수 있다.

제157조 [**노동법**] (1) 노동력은 라이히의 특별한 보호를 받는다.

(2) 라이히는 통일적인 노동법을 정한다.

제158조 [**정신적 노작의 보장**] (1) 정신적 작품, 저작자와 발명가와 예술가의 권리는 라이히의 보호와 배려를 받는다.

(2) 독일의 학문·예술 및 기술의 창작물은 국제협정에 의해서 외국에서도 존중되고 보호되어야 한다.

제159조 [**노동조합 등**] 노동조건과 경제조건을 유지하고 개선하는 것을 목적으로 하는

단결의 자유는 누구에게나 또는 어떠한 직업에 대해서도 보장한다. 이 자유를 제한하거나 또는 방해하려고 하는 합의와 조치는 모두 위법이다.

**제160조 [국민의 권리인식]** 근무관계 또는 노동관계에서 피용자 또는 노동자는 국민으로서의 권리를 행사하기 위해서, 그리고 현저한 업무의 집행을 저해하지 않는 범위 내에서 위탁된 공공의 명예직을 수행하기 위하여 필요한 자유의 시간을 가질 권리를 가진다. 이 자가 어느 정도로 임금청구권을 가지는가에 대해서는 법률로 이를 정한다.

**제161조 [사회보장]** 건강과 노동능력을 유지하고 모성을 보호하기 위해서, 아울러 노령·질병과 생활의 변화에 의한 경제상의 결과를 대비하기 위해서, 라이히는 피보험자의 적극적인 협력 아래 포괄적인 보험제도를 설치한다.

**제162조 [국가 간의 규정]** 라이히는 인류의 노동계급 전체를 위해서 널리 최소한도의 사회적 권리를 획득하려고 체결하는, 노동자의 법률관계를 규율하는 국제법에 찬성한다.

**제163조 [노동기회의 부여]** (1) 모든 독일인은 인신의 자유를 침해받지 아니하며, 그 정신적 및 육체적인 힘을 전체의 복지를 촉진하도록 활용할 도덕적 의무를 진다.

(2) 모든 독일인은 경제적 노동에 의해서 그 생활자료를 획득할 가능성이 주어진다. 적당한 노동의 기회가 부여되지 아니한 자에 대해서는 필요한 생계에 대한 배려를 한다. 상세한 것은 라이히 법률로 정한다.

**제164조 [독립의 중산계급]** 농업·공업 및 상업에 종사하는 독립의 중산계급은 입법과 행정에 의해서 조성되며, 또 과중한 부담을 지거나 병합되지 않고 보호를 받는다.

**제165조 [노동자회의와 경제평의회]** (1) 노동자와 피용자는 동등한 권리를 가지며, 기업가와 공동으로 임금조건과 노동조건 및 생산력의 전체 경제적인 발전에 협력할 사명이 있다. 쌍방의 조직과 그 합의는 인정된다.

(2) 노동자와 피용인은 그의 사회적 및 경제적 이익을 옹호하기 위해서 산업노동자회의, 라이히 노동자 회의에 법률상의 대표를 가진다.

(3) 지방노동자회의와 라이히 노동자회의는 기업가와 기타 관계 있는 국민 계층의 대표자와 합동하여 전체 경제적 임무를 수행하고, 또 사회화법률의 집행을 협력하기 위해서 지방경제평의회와 라이히 경제평의회를 조직한다. 지방경제평의회와 라이히 경제평의회의 구성은 모든 중요한 직업집단이 그 경제적 및 사회적 의의에 부응하여 대표되도록 구성되어야 한다.

(4) 기본적인 의의가 있는 사회정책적 및 경제정책적 법률의 초안은 제안에 앞서 라이히 경제평의회의 의견을 청취하기 위하여, 라이히 정부에 의해서 동 의회에 제출되어야 한다. 라이히 경제평의회는 그러한 법률의 초안을 스스로 제출할 수 있는 권리가 있다. 라이히 정부가 이 법률안에 동의하지 아니하는 경우에도, 정부는 자신의 견해를 첨부하여 이를 라이히 의회에 제출하여야 한다. 라이히 경제평의회는 라이히 의회에 구성원의 1인을 파견하여 그 제안을 대표케 할 수 있다.

(5) 노동자회의와 경제평의회는 자기에게 위탁된 영역에서 감독과 행정의 권능을

위임할 수 있다.

(6) 노동자회의와 경제평의회의 구성과 임무, 다른 사회적 자치단체와의 관계를 규율하는 것은 라이히의 전속사항으로 한다.


## 제 6 장 경과규정과 부칙

**제166조 [선거심사재판소]** 라이히 행정재판소가 설치될 때까지 선거심사재판소의 구성에 관하여 라이히 재판소가 대행한다.

**제167조 [오버실레지엔]**[11]  제18조 제3항 내지 제6항의 규정은 헌법공포일로부터 2년 후에 시행한다.

**제168조 [프로이센의 전투표]** 제63조에 규정된 란트의 법률의 발포에 이르기까지 라이히 참의원에 있어서의 프로이센의 전표결권은 정부의 구성원에게 이를 행사케 할 수 있다. 다만, 1921년 7월 1일 이후는 허용되지 아니한다.

**제169조 [제83조의 시행]** (1) 제83조 제1항의 규정의 시행일은 라이히 정부가 이를 정한다.

(2) 적당한 경과시기 동안 관세와 소비세의 징수와 관리는 각 란트의 희망에 따라 각 란트에 위임할 수 있다.

**제170조 [바이에른과 뷔르템베르크에서의 우편 및 전신행정]** (1) 바이에른과 뷔르템베르크에서의 우편행정과 전신행정은 1921년 4월 1일까지 이를 라이히에 이관한다.

(2) 1920년 10월 1일까지 인도의 조건에 대해서 협의가 이루어지지 아니할 때에는 국사재판소가 이를 결정한다.

---

11) 1920년 11월 27일의 법률(RGBl. S. 1987)에 의해서 제2항과 제3항이 다음과 같이 추가되었다. 프로이센의 오버실레지엔 주에서는 현재 점령된 지역의 행정을 독일 관청이 다시 인수한 후 2 개월 이내에 오버실레지엔이라는 하나의 란트의 설립여부에 대해서 제18조 제4항 제1단과 동조 5항에 의한 투표를 실시한다.
　위의 질문이 긍정되면 란트는 곧 성립하며, 라이히의 법률을 필요로 하지 아니한다. 이 경우 다음의 규정이 적용된다.
　1. 투표의 결과가 공적으로 확인된 후 3 개월 이내에 란트 정부의 설립과 란트 헌법의 의결을 위해서 소집되는 란트 의회를 선거하여야 한다. 라이히 대통령은 라이히 선거법에 근거하여 선거규칙을 발포하고 선거일을 정한다.
　2. 라이히 대통령은 오버실레지엔 란트 의회와 공동으로 란트 성립의 시기를 결정한다.
　3. 오버실레지엔의 국적은 다음의 자가 취득한다.
　　가) 오버실레지엔 란트의 성립일에 (제2호), 기타 지역에 거주 또는 고정 체류지를 가지는 성년 라이히의 국적소유자. 취득일은 란트 성립일.
　　나) 오버실레지엔 란트의 지역 내에 살며 또한 란트가 성립(제2호)한 후 1 년 이내에 란트 정부에 대해서 오버실레지엔의 국적을 취득하고 싶다는 뜻을 표명하는, 기타의 성년 프로이센 국적소유자. 취득일은 이 표명의 수리일.
　　다) 출생 · 사생아의 인증 또는 결혼계약으로 (가)와 (나)에 의해서 국적을 취득한 자의 국적에 따르는 라이히의 국적소유자.

(3) 인도에 이르기까지는 바이에른과 뷔르템베르크의 종래의 권리와 의무는 그 효력을 계속한다. 다만, 인접하는 외국과의 우편교통과 전신교통은 라이히만이 이를 정한다.

**제171조 [란트철도·수로 항로표시]** (1) 란트가 관리하는 철도, 수로와 항로표시는 1921년 4월 1일까지 이를 라이히에 이관한다.

(2) 1920년 10월 1일까지 인도의 조건에 대해서 협의가 이루지지 않을 때에는 국사재판소가 이를 결정한다.

**제172조 [국사재판소]** 국사재판소에 관한 라이히 법률이 시행되기까지는 그 권한은 7인으로 구성되는 평의회가 이를 행한다. 7인 중 4인은 라이히 의회가, 3인은 라이히 재판소가 그 재판관 중에서 선출한다. 평의회에 있어서의 소송절차는 평의회가 스스로 이를 정한다.

**제173조 [제138조에 의한 라이히 법률]** 제138조에 의한 라이히 법률의 발포에 이르기까지는 법률·조약 또는 기타의 특별한 법률원인에 근거한 각 란트의 종래의 종교단체에 대한 급부의무는 그 효력을 계속한다.

**제174조 [제146조 제2항에 의한 라이히 법률]** 제146조 제2항에 의한 라이히 법률의 발포에 이르기까지는 현재의 법률상태가 계속한다. 이 법률을 제정함에는 종교에 의해서 나누어지지 아니한 학교가 법률상 존립하는 지역에 대해서 특히 고려하여야 한다.

**제175조 [1914년부터 1919년간의 전공]** 제109조의 규정은 1914년부터 1919년간의 전쟁 중의 전공에 대해서 수여되어야 할 훈장과 영예장에는 이를 적용하지 아니한다.

**제176조 [선서]** 모든 공무원과 군인은 이 헌법에 대해서 선서하여야 한다. 상세한 것은 라이히 대통령령으로 정한다.

**제177조 [선서방식]** 현행 법률에서 선서가 종교상의 선서방식을 사용하여 행하여야 한다고 규정된 경우에도, 선서자는 종교상의 방식을 사용하지 않고 「나는 선서합니다」라고 선서함으로써 유효하게 이를 행할 수 있다. 기타의 점에 대해서는 법률로 규정된 선서의 내용은 그대로 유효하다.

**제178조 [1871년 헌법의 폐지]** (1) 1871년 4월 16일의 독일 제국 헌법과 1919년 2월 10일의 임시 정부에 관한 법률은 이를 폐지한다.

(2) 기타 라이히의 법률과 명령은 이 헌법과 저촉되는 것 이외에는 유효로 한다. 1919년 6월 28일 베르사유에서 조인한 강화조약의 규정은 헌법에 저촉되지 아니한다.[12]

(3) 종래의 법률에 의해서 적법하게 발포된 관청의 명령은 다른 명령 또는 법률로써 폐지되기까지 그 효력을 가진다.

**제179조 [폐지된 규정의 배제]** (1) 법률 또는 명령이 정하는 규정과 기관 중 이 헌법에 의해서 폐지된 것에는, 이 헌법의 대응하는 규정과 기관이 이에 대신한다. 특히 국민회의에 대해서는 라이히 의회가, 연방위원회에 대해서는 라이히 참의원이, 임시정부에 관한 법률에 의해서 선거된 라이히 대통령이 이에 대신한다.

---

12) 1920년 8월 6일의 법률(RGBl. S. 1566)로 다음의 제3항이 추가되었다. 즉 「헬고란트 섬에서의 생업에 대한 토의를 고려하여 이 섬의 주민을 위해서 제17조 제2항과 다른 규정을 정할 수 있다」.

(2) 지금까지의 규정에 의해서 연방위원회에 존속한 명령의 발포권한은 라이히 정부에 귀속한다. 라이히 정부는 명령의 발포에 대해서는 이 헌법의 규정에 따라 라이히 참의원의 동의를 얻어야 한다.

**제180조 [라이히 의회로서의 국민회의]** 제1회 라이히 의회의 성립에 이르기까지는 국민회의가 라이히 의회를 대신한다. 최초의 대통령이 직무에 취임하기까지는 법률로써 임시정부에서 선출한 라이히 대통령이 그 직무를 수행한다.13)

**제181조 [헌법의 시행]** 독일 국민은 그 국민회의에 의해서 이 헌법을 의결하고 확정하였다. 이 헌법은 공포한 날로부터 효력을 발생한다.

1919년 8월 11일 슈바르츠부르크

라이히 대통령 : 에버트
라이히 각부 장관 : 바우어, 에르츠베르거, 헤르만 뮐러, 다비드 박사, 노스케, 슈미트, 슐리케, 기스베르츠, 마이어 박사, 벨 박사

---

13) 1922년 10월 27일의 법률(RGBl. S. 801)로 제2항은 다음과 같이 개정되었다. 즉 「국민회의에서 선출된 라이히 대통령은 1925년 6월 30일까지 그 직무를 수행한다」.

# 3. 역자의 주

제1편 바이마르 헌법

제1장 기본권과 기본의무

\* **17** 한스 홀바인(Hans Holbein, 1497-1543) 독일의 미술가. 의뢰인의 단점을 보완하여 초상화를 그린 화가로서 유명. 에라스무스, 토머스 모어의 초상화를 그리고 영국 헨리8세(재위 1509-1547)의 궁정화가가 되었다.

\* **17** 헤르더(Johann Gottfried von Herder, 1774-1803) 독일의 사상가·문학자. 청년시대에 칸트와 하만의 영향을 받고 괴테의 주선으로 바이마르의 궁정목사가 되었다. 헤르더의 철학은 신비주의적인 색채를 약간 강하게 띤 기독교적 휴머니즘의 철학이라고 할 수 있다. 민족적인 정신문화, 특히 언어와 시에 대해서 깊은 이해를 보였다. 체계적인 철학자는 아니었으나 뒤에 헤겔, 훔볼트(W. von Humboldt), 그 밖의 사상가에게도 적지 않은 영향을 미쳤다.

\* **18** 「어부와 그 부인」(Fischer und seiner Frau). 독일 민담. 어부가 아무 조건 없이 넙치를 바다에 놓아주었을 때 바다는 맑고 투명했다. 그러나 아내의 성화에 못이겨 요구의 수위가 점차 높아질수록 바다는 암울하게 변해갔다. 이렇듯 강하게 상승하는 시각적인 이미지를 통해 과도한 욕망이 불러올 위험에 대해 강한 경고를 나타내고 있다. 이 민담에 대해 그림 형제는 「이브에서 맥베드 부인에 이르기까지 높은 자리에 오르기 위해 남편을 도발시킨 여성들에 관한 이야기」라고 언급했다. 이은자 옮김, 『그림 형제 옛이야기 모음집 1,2』(부북스, 2012-14); 김경연 옮김, 『그림 형제 민담집』(현암사, 2012); 안인희 옮김, 『그림 전설집』(웅진씽크빅, 2006); Brüder Grimm, Kinder-und Hausmärchen, 3 Bde., Insel-Verlag 1984; Grimm's Complete Fairy Tales, New York: Barnes & Nobles, 1993, p. 506-512 참조.

\* **19** 1849년의 프랑크푸르트 헌법의 원문과 번역은 김효전 옮김, 「독일 라이히 헌법(바울교회 헌법)」, 『헌법학연구』 제20권 2호(2014), 355-419면 참조.

\* **19** 1850년의 프로이센 헌법의 원문과 번역은 김효전 옮김, 「프로이센 헌법」, 『헌법학연구』 제21권 1호(2015), 435-488면 참조.

\* **20** 바이마르 공화국 헌법의 번역은 본서 부록 참조.

\* **20** 라이히(Reich)는 국가·제국·연방 등 다양한 의미를 지니고 있다. 제국(帝國)으로 번역하기도 하지만 옳은 것은 아니다. 왜냐하면 제정이 무너지고 성립한 바이마르 공화국 역시 Deutsches Reich이기 때문이다. 라이히는 본래 영방(領邦) 내지 지방(支邦)을 아우르는 나라(국가)를 의미한다. 여기서는 이 말 그대로 사용한다.

\* **21** 훔볼트(Wilhelm von Humboldt, 1767-1835) 독일의 언어학자이며 정치가. 프랑스 대혁명의 영향 아래 반절대주의적인 저작 『국가활동의 한계를 확정하는 시도에 관한 이념』 등을 집필. 이 책은 독일뿐만 아니라 영국의 밀(J. S. Mill)에게도 영향을 미쳤다. 오랫동안 예나와 바이마르에 체류하면서, 괴테와 실러와 교제하였다. 1801년부터 프로이센의 관계에 들어가 바티칸의 주재공사를 거쳐 1809년 신설된 내무부 안의 문화교육국장에 취임. 부르주아적인 교육제도의 개혁을 담당하여 마침내 1810년 근대적 대학의 전형이라고 불리는 베를린대학을 창설하였다. 곧 반동세력으로 몰려, 다시 외교관으로 자리를 옮겨 빈 회의에서 하르덴베르크와 함께 프로이센의 국익확대를

위하여 진력하였다. 농림장관으로서 복귀하여 국왕이 약속한 헌법발포를 위해서 노력하고, 반동적 칼스바트 결의를 비난하였기 때문에 1819년 파면된다. Alexander von Humboldt(1769-1859)는 그의 동생으로 자연과학자. 저서『인간교육론 외』(양대종 옮김, 책세상, 2012). 문헌 신익성 편저, 『훔볼트: 언어와 인간』(서울대출판부, 1993).

* 31 카를 대제의 순찰사(missi domini Karls des Großen). 헬러는 domini라고 표기하는데, 이것은 dominici가 아닌가 생각된다. 그리고 이 단수주격형은 Missus Dominicus이다. 순찰사는 관구에서 매년 성직자와 세속인 각 한 사람이 임명되며, 대제의 대리로서 지방을 감찰하였다.

* 31 슈타인 남작(Karl Freiherr vom und zum Stein, 1757-1831) 프로이센의 내정개혁자. 나폴레옹에게 참패한 프로이센을 재건하기 위해서 1807년 프로이센 수상에 취임한 폼 슈타인 남작은 국민과 정부의 협력으로 근대적 국가를 건설하려는 이념에 따라서 먼저 농민의 해방(1807년), 도시조례(1808년), 근대적 내각제도(1808년)를 입법화하여 내정을 개혁하려고 하였다. 그러나 나폴레옹에게 미움을 사서 오스트리아로 도망하고, 후에 러시아의 알렉산도르 1세(Alexander I, 1777-1825)의 초빙을 받고 부임하여 러시아를 유럽의 해방전쟁에 참가시켰다(1813년). 그의 프로이센 개혁안은 당시 여러 가지 장애에 부딪쳐 전면적으로 실현되지는 못하였으나 하르덴베르크(Hardenberg) 등이 인수하여 프로이센의 근대 국가화의 기초가 되었다.

* 31 하르덴베르크(Karl August Fürst von Hardenberg, 1750-1822) 프로이센의 정치가. 슈타인과 함께 많은 정치적 개혁을 단행하였으며, 나폴레옹 1세에 대한 저항을 시도했으나 그 때문에 트리에스테 조약의 체결과 함께 정계를 물러났다(1806년). 슈타인이 나폴레옹의 압박으로 파면되자 그 대신으로 수상이 되고(1810년), 그 후 사망시까지 프로이센의 정치를 지도하고 길드의 폐지, 산업자유의 확립, 조세부담의 균등화, 빈농에 대한 토지분배, 유태인의 시민권부여 등의 개혁을 하였다. 그 근본사상은 계몽적 절대주의, 고전파 내지는 중농파의 자유주의 경제학, 프랑스 혁명에 의한 시민적 자유 등이었다. 또한 프로이센의 재정을 세우고 대외적으로는 각국과 협력하여 나폴레옹에 승리하고 빈회의를 이용하여 프로이센 영토를 확장하는 데에 성공하고 W. v. 훔볼트와 협력하여 학예의 진흥에도 진력했다.

* 33 1891년에 채택된 에르푸르트 강령은 마르크스주의를 기본으로 하여 카우츠키(K. Kautsky)가 기초한 원칙강령과 주로 베른슈타인이 작성한 행동강령의 두 부분으로 구성되며, 제2부란 이 행동강령을 가리킨다. 『에르푸르트 강령』(서석연 옮김, 범우사, 2003).

* 35 공무원제도에 대해서는 본서, 98-106면 참조.

* 35 『전집』 제3권 뒤의 「정정」(S. 483)에 의하면, unveräußerlich는 unveränderlich로 되어 있으므로, 여기서도 이에 따랐다.

* 38 속지제(cujus regio ejus religio; 헬러는 cujus regio illius religio로 표기). 「영토를 지배하는 자가 종교도 지배한다」 또는 「그 사람의 토지가 그 사람의 종교」 또는 「屬地 · 屬宗敎制」 등으로 번역한다. 이 원칙은 독일의 종교개혁 시대에서 유래한다. 「영주는 자기 영역에 사는 주민의 신앙을 결정하였다. 영주, 즉 개별 영역의 정부는 토지에 대한 지주처럼, 그 자신의 영지에서 법과 교회의 신앙을 처리하였다」(카를 슈미트, 김효전역, 「합법적 세계혁명」, 『유럽 법학의 상태』, 교육과학사, 1990, 320면). 또 슈미트는 이것을 「영토를 지배하는 자가 경제를 지배한다」(cujus regio ejus economia)로 바꾸어 경제적 권력공간이 국제법상의 영역을 규정한다고 서술한다(최재훈 옮김, 『대지의 노모스』, 민음사, 1995, 305면).

* 38 프로이센 일반 란트법(Allgemeines Landesrecht für die Preußischen Staaten). 프리드리히 대왕의 명령으로 스아레츠(Carl Gottlieb Suarez, 1746-1798) 등이 기초하고 1794년에 공포한

프로이센의 법전. 근대 유럽 최초의 체계적인 대법전으로 2부 43장으로 구성되어 있으며, 민법을 중심으로 헌법 · 행정법 · 형법 · 상법 등의 규정을 포함하고 있다. 프로이센 민법이라고도 한다. 18세기의 절대주의 국가의 자연법사상을 대표하며 후견적 색채가 현저하다.

* **38** 1847년 라도비츠와 라이헨스베르거의 지도 아래 가톨릭교도가 국가로부터의 교회의 자유를 깃발에 새겨 결성한 가톨릭 클럽에서 기원한다. 1859년에 중앙당으로 개칭하였다. 1919년 이후에는 사회민주당, 민주당과 함께 바이마르 연합을 결성하였다.

* **38** 슈탈(Friedrich Julius Stahl, 1802-1861) 독일의 정치학자 · 법철학자 · 교회법학자 · 정치가. 유태인의 아들로 태어나 프로테스탄트로 개종. 프로이센 왕 빌헬름 4세의 신임을 얻어 베를린대학 교수가 된다. 신학적이며 역사주의적인 정치철학을 설파하고 보수당을 이끌고 특수한 독일적 입헌군주주의 이론을 확립. 1840년대부터 50년대에 걸친 프로이센 보수주의의 대표적인 이론가이며 정치가. 사상계와 정계에 영향을 미쳤다. 국가와 법을 신의(神意)에 두었다. 저서 『법철학』(1830-37) 등. 문헌 Chr. Wiegand, Über F. J. Stahl (1801-1862), F. Schöningh 1981.

* **38** 아이히호른(Johann Albrecht Friedrich Eichhorn, 1779-1856) 프로이센의 정치인. 문화부 장관(1840-48년).

* **38** 비스마르크(Fürst Otto von Bismarck, 1815-1898) 프로이센 · 독일의 보수주의 정치가. 독일 제2제국의 건설자. 1862년부터 라이히 수상. 1872-80년에 국내의 가톨릭 세력과 다투었다(「문화투쟁」). 교회의 교육권의 제한, 수도원의 삭감, 예수회의 추방 등을 법률로 규정했다. 가톨릭 이단파인 Joseph von Döllinger (1799-1890) 등을 보호하고 많은 주교를 투옥 · 추방했는데, 교회의 저항으로 불리한 타협으로 끝났다. 그는 독일에서의 급속한 사회주의운동의 발전을 보고 1878년 사회주의적 경향의 모든 결사 · 집회 · 출판을 금지한 사회주의자진압법(Sozialistengesetz)을 제정. 이로써 독일의 사회주의운동은 한때 큰 타격을 받았다. 저서 『회상록』(전2권, 1898). 문헌 빌헬름 몸젠, 최경은 옮김, 『비스마르크』(한길사, 1997).

* **39** 1961년에 취임한 제35대 케네디(John F. Kennedy, 1917-1963) 대통령이 미국 역사상 최초의 가톨릭교도인 대통령이다.

* **45** 슐라이어마허(Friedrich Ernst Daniel Schleiermacher, 1768-1834) 독일의 프로테스탄트계 종교사상가. 베를린대학 신학 및 철학 교수. 종교의 본질을 「절대의존의 감정」에서 구했다. 「근대 신학의 아버지」라고 불린다. 저서 『종교론 – 종교를 멸시하는 교양인을 위한 강연』(1799; 최신한 옮김, 한들, 1997); 『성탄 축제』(1806; 최신한 옮김, 문학사상사, 2001) 등. 문헌 『슐라이어마허의 해석학』(강돈구 지음, 이학사, 2000); Miriam Rose, Schleichermachers Staatslehre, Tübingen: Mohr 2011.

* **46** 피히테(Johann Gottlieb Fichte, 1762-1814) 독일 고전철학의 대표자. 칸트를 수용하여 자아를 유일절대의 원리로 삼고, 거기에서 철학의 전체계를 통일적으로 도출하는 지식학을 시도했다. 젊은 날의 피히테는 자코뱅으로 불릴 정도로 프랑스 혁명의 찬미자이며 국가계약설의 입장에서 이성국가를 설명했다. 나폴레옹 군대 점령 하에 「독일 국민에게 고함」이라는 연속 강연으로 근대적 민족주의를 환기하고 독일의 재건을 강조한 것으로 유명하다(1807. 8). 만년에는 낭만주의적 이상주의로 이행한다. 저서 『독일 국민에게 고함』(황문수 옮김, 범우사, 1997; 김정진 옮김, 삼성문화문고, 1971); 『전체 지식론의 기초』(한자경 옮김, 서광사, 1996); 『학문론 또는 이른바 철학의 개념에 관하여』(이신철 옮김, 철학과현실사, 2005) 등.

* **49** 베스타르프 백작(Kuno Graf von Westarp, 1864-1945) 독일 제국 시대의 보수당 지도자이며, 바이마르 말기에는 독일 국가인민당(DNVP; Deutschnationale Volkspartei)의 중심인물 중의

한 사람.

## 제2장 비례대표제

\* **53** 프로이센 헌법(1850년) 제4조(평등원칙 · 공무취임권). 「모든 프로이센인은 법률 앞에 평등하다. 신분상의 특권은 인정되지 아니한다. 법률로 규정된 조건의 준수 하에서 그 능력 있는 모든 사람은 평등하게 취임할 수 있다」.

\* **53** 라이히 헌법 제17조 제1항, 본서 859면.

\* **54** 라이히 선거법 제29조. 「선거 결과를 조사하기 위해서 선거위원회는 유효투표수와 거기에서 군선거후보자명부에 할당되는 표수를 확정한다」.

\* **55** 초안 제38조a는 1920년 4월 20일의 제8 위원회에서 경과규정으로서 새로이 의결한 것. Verhandlungen der verfassunggebenden Deutschen Nationalversammlung, Bd. 343, S. 2984 ff. [2991], Aktenstück Nr. 2717 참조. 성립 동법 제38조.

「라이히 대통령은 강화조약 후에 예정되는 투표를 고려하고, 투표지역의 고려가 합목적적이라고 생각되는 한, 개개의 라이히 부분에 관하여 특별한 투표일을 정할 수 있다. 이 경우에 라이히 내무장관은 선거구 구분의 변경을 실시하는, 그리고 후에 실시하는 선거에 관한 상세한 규정들을 정할 권한을 가진다. 라이히 내무장관은 나아가 해당되는 각 선거구에서의 잔여표의 이용 및 동등한 선거구 연합에 속하는 선거구에 관하여 규정을 정할 권한을 가진다.

선거의 연기에 대해서는 라이히 의회에 보고하여야 한다.

선거가 연기된 경우, 새 선거까지는 지금까지 제1 선거구(동프로이센현), 제10 (오페른 행정구역) 및 제14 선거구(슐레스비히-홀슈타인현과 올덴부르크 주 지역 뤼벡)에서 당선한 헌법제정 독일국민의회의원이 라이히 의회의원으로 간주된다. 종래의 제2 선거구(서프로이센현) 중 폴란드에도 단치히 공화국에도 속하지 않는 비스와강 동부에 위치하는 지역은, 라이히 선거위원회에 의해서 국민의회 선거에서 이 지역에서 가장 많은 표를 획득한 두 개의 선거후보자명부에 각각 1의석이 배분된다. 제30조와 제32조 제1문은 의미에 비추어 적용한다」.

\* **67** 페르놀레(Charles Pernolet, 1814-1888) 프랑스의 정치인. 저서 Discours sur la représentation proportionnelle, 1876.

\* **70** 하겐바하 · 비쇼프(Hagenbach-Bischoff) 방식은 동트식의 변종이며 정당 명부식 비례대표에서 의석을 배분하기 위해 사용한다. 이 방식은 동트식과 동일한 결과를 가져오며, 유럽 의회 선거에서 하겐바하 · 비쇼프 방식으로 의석을 배분하는 스위스, 벨기에, 룩셈부르크같은 국가에서 사용한다.

\* **70** 동트(d'Hont)식. 벨기에의 수학자이며 법학자인 동트(Victor D'Hondt, 1841-1901)가 고안한 선거방식.

## 제3장 자유와 형식

\* **95** 3국협상. 1891년의 러시아-프랑스 동맹, 1904년의 영불협상, 1907년의 영국-러시아 협상으로 독일, 오스트리아, 이탈리아의 3국동맹에 대항한 것.

## 제4장 직업관료제

\* **99** 1850년 프로이센 헌법 제98조(법관의 지위에 속하지 않는 관리의 특별한 법률관계) 「법관의 지위에 속하지 않는 관리의 특별한 법률관계는 검사를 포함하여 법률로써 이를 규율하며, 이 법률은 정부를 집행기관의 선택에서 부당하게 제한하지 않으며, 자의적인 관직과 수입의 박탈에 대해서

관리에게 적절한 보호를 확보한다」. 프로이센 헌법의 원문과 한국어 번역은 김효전 옮김,『헌법학연구』제21권 제1호(2015), 435-488면 참조.

* 100 에르푸르트강령. 1891년에 채택되었으며 마르크스주의를 기본으로 하여 카우츠키가 기초한 원칙강령과 주로 베른슈타인이 작성한 행동강령의 두 부분으로 구성된다. 문헌 카를 카우츠키,『에르푸르트 강령』(서석연 옮김, 범우사, 2004).

* 101 레오 카프리비(Leo Kaprivi, 1831-1899) 본명: Kopriva (헬러는 Caprivi로 표기한다). 1883년 독일 해군 군령부장에 취임하고 해군의 재편성을 맡았다. 1890년 비스마르크의 후임 수상이 되고, 사회주의자진압법의 폐지, 곡물관세의 인하, 2년간의 병역의무제도의 확립 등 정책을 실시했는데 1899년에는 중앙당과 보수당의 반대로 사직하였다.

* 101 베트만-홀베크(Theobald von Bethmann-Hollweg, 1856-1921) 1907년 독일 제국 내무차관, 1909년에 독일 제국수상에 취임. 재정개혁과 함께 외교에서는 대영협력 노선을 의도했으나 의지력과 정치감각의 결여로 실패. 오스트리아와 함께 제1차 세계대전을 야기하게 되고, 또한 군부가 주장하는 무제한 잠수함전을 저지하지 못하고 미국의 참전을 초래하게 되었다. 1917년에는 힌덴부르크와 루덴도르프의 획책으로 수상을 사임. 대 벨기에 중립조약을 '한 장의 종이조각에 불과하다'고 발언한 것으로 유명.

* 101 게오르크 미하엘리스(Georg Michaelis, 1857-1936) 프로이센 관리를 지낸 후 1885년부터 89년에 걸쳐 일본 도쿄제국대학에서 법학을 강의. 귀국 후 1909년 국무차관에 취임. 1917년 베트만-홀베크가 실각한 후 독일 제국수상에 취임하지만 의회와 군부 사이에 끼어 겨우 3개월 반 만에 사직한다.

* 102 펜들턴법(Pendleton Act, 1883)을 말한다. 미국 의회 상원공무원제도개혁위원장 펜들턴 의원의 이름에서 유래하며, 미국 근대 공무원제도의 마그나 카르타라고도 불리는 법률. 이 법률에서는 종래의 엽관제(spoils system)를 폐지하고 실적제(merit system)를 채택한 것, 공무원의 채용은 실무에 맞게 공개경쟁시험으로 선발한 것, 정당에 대한 헌금과 활동참가의 의무를 해제하고 이를 금지한 것 등 미국 최초의 독립행정위원회와 같은 인사위원회(U.S. Civil Service Commission)의 창설 등을 규정했다. 이 법률은 1920년의 퇴직법, 1923년의 분류법과 함께 미국 공무원제도의 법적 기초와 핵심을 이룬다.

## 제5장 라이히-란트 관계

* 109 나치스 · 국가인민당 · 철모단, 나아가 공산당도 참가한 프로이센 란트 정부 경질 요구. 부결.

* 114 카를 슈미트(Carl Schmitt, 1888-1985) 독일의 공법학자 · 정치학자. 바이마르 공화국 시대부터 그라이프스발트(1921년), 본(1922년), 베를린상과대학(1928년), 쾰른(1932년), 베를린대학(1933-1945) 교수 역임. 헌법 · 국제법 · 정치학 · 정치사상 등의 분야에서 폭넓게 활약. 그는 시민적 민주주의의 정치적 · 법적인 개념과 범주에 대한 논쟁적인 해명과 아울러 생명 없는 규범주의 파괴에 관한 지적 작업을 일관되게 해왔다. 가톨릭의 입장에서 사상사적인 배경 아래 예리한 통찰력과 유려한 필치로 시민적 법치국가의 가면을 벗기는 그의 명석한 두뇌는 가히 악마적이라고도 할 정도이다. 이런 의미에서 그는 현대 독일의 가장 자극적이며 논쟁적인 정치사상가의 한 사람에 속한다. 특히 정치적인 것의 개념을 적과 동지의 구별로 보고, 낭만주의 · 정치신학 · 주권론 · 독재 · 합법성과 정당성에 대한 개념적 연구는 독일과 그의 전문 영역을 넘어 여러 나라에 영향을 미쳤다. 1933년 나치의 정권장악에 협력한 죄과로 제2차 세계대전 이후에는 대학에서 추방되고 고향에서 은둔생활을 하다가 96세를 일기로 작고. 저서『정치적인 것의 개념』(김효전 · 정

태호 공역, 살림, 2013); 『정치신학외』(김효전역, 법문사, 1988); 『헌법이론』(김기범역, 교문사, 1976) 등. 문헌 김효전 편역, 『반대물의 복합체』(산지니, 2014); V. Neumann, Carl Schmitt als Jurist, Mohr 2015; R. Mehring, Kriegstechniker des Begriffs, Mohr 2014.

헬러와 슈미트의 국사재판소에서의 대결은 A. Kaiser, Preußen *contra* Reich. Hermann Heller als Prozeßgegner Carl Schmitts vor dem Staatsgerichtshof 1932, in: Der soziale Rechtsstaat, S. 287-311.

\* **115** 루돌프 스멘트(Rudolf Smend, 1882-1975) 국법학자이며 교회법학자. 그는 국가를 살아 있는 정신적 현실이자 생활과정으로 보며, 국가에 대해 동적 · 기능적으로 이해한다. 스멘트는 독일의 사회학자 리트(Th. Litt)의 이론에 입각하여, 국가가 자신을 실현해 나아가는 과정을 통합(Integration)이라고 부르고, 통합에는 인적 통합, 기능적 통합 그리고 물적 통합의 세 가지가 있다고 한다. 헌법이란 바로 국가가 통합을 이루어 나아가는 법적 과정이라고 한다. 또 그는 기본권은 국가에게 그 내용과 존엄성을 부여해 주는 물적 통합의 요소이며 가치체계라고 이해하고, 특히 언론의 자유의 국가창설적 기능을 강조한다. 그의 통합이론은 파시즘에 가까운 입장이었으나 나치에의 협력을 거부하여 베를린대학에서 괴팅겐대학으로 좌천되었다. 전후 독일 공법학의 주류가 된다. 카를 슈미트학파와 대립하는 학파로서 한국에도 이를 따르는 몇 사람이 있다. 저서 『헌법과 국가』(김승조 옮김, 교육과학사, 1994), 『헌법과 사회』(김승조 옮김, 교육과학사, 1994). 통합이론에 대한 비판은 한스 켈젠, 『통합으로서의 국가: 하나의 원리적 대결』(김효전역, 법문사, 1994).

\* **121** 시민종교(religion civile). 루소는 『사회계약론』에서 사회와 관련하여 종교를 인간의 종교와 시민의 종교로 나눈다. 인간의 종교는 사원도 없고 제단도 없으며 의식도 없이 오직 절대의 신에 대한 순전히 내면적인 예배와 도덕의 영원한 의무로 한정된 것으로 복음서의 순수하고 단순한 종교, 진정한 유신론, 따라서 자연적 신앙의 권리이다.

시민의 종교는 단 한 나라에 국한된 것으로 그 나라에 그의 신과 그의 고유한 수호성인들을 제공한다. 이 종교는 그것의 교리와 의식, 그리고 법으로 규정한 가시적인 예배를 갖고 있다. 그 종교를 따르는 유일한 국민을 제외하면, 모든 사람이 이 종교에는 이교도이고 국외자이며 이방인이다. 이 종교는 그것의 제단이 있는 곳에까지만 인간의 의무와 권리의 적용범위를 확대할 뿐이다. 초기 민족들의 모든 종교는 이러하였는데, 이 종교에 시민적인 혹은 실제적인 신앙의 권리라는 이름을 부여할 수 있다. Rousseau, Du contrat social, liv. IV, ch. 8 (김중현 옮김, 펭귄, 2010, 179면).

## 제2편 법과 국가이론

### 제1장 국가학의 위기

\* **125** 옐리네크(Georg Jellinek, 1851-1911) 19세기 독일 국가학의 집대성자. 주저인 『일반 국가학』(1900; 김효전 옮김, 법문사, 2005)에서 신칸트학파적인 2원적인 방법론을 구사하여 게르버와 라반트 이래의 독일 공법이론을 체계화하는 한편, 사회학적 국가론에도 위치를 부여하였다. 이른바 국가양면설을 취하였다. 이리하여 국가학은 철저하게 2원론에 빠졌는데, 한편 법학적 방법은 켈젠에 의해서 순수법학으로 까지 순화되고(1925; 민준기 옮김, 『일반 국가학』, 1990), 다른 한편 사회학적 측면은 헬러에 의해서 계승되었다(1934; 홍성방 옮김, 『국가론』, 1997). 또한 그의 법학적 국가관의 중심관념은 국가의 자기제약설과 국가법인설이며, 이것은 독일의 특수성을 반영한 시민적 공법이론으로서 19세기 후반의 지배적인 학설이 되고 한국과 일본의 헌법학계에 커다란 영향을

미쳤다.

* **125** 헤르만 렘(Hermann Rehm, 1862-1917) 독일의 공법학자. 국가학에 역사적 · 비교법적 방법을 채택. Max von Seydel의 제자로 뮌헨대학에서 박사학위와 교수자격논문 통과. 기이센과 에어랑겐대학 교수 역임. 1903년 Otto Mayer의 후임으로 스트라스부르대학 교수. 저서『일반 국가학』(1899).

* **125** 리하르트 슈미트(Richard Schmidt, 1862-1944) 독일의 국가학자. 프라이부르크, 라이프치히대학 교수 역임. 옐리네크의 국가학이 지배적이던 시대에 렘처럼 일반 국가학을 실용법학인 동시에 국가학에 역사적 · 비교법적 방법을 채택했다. 1907년 그라보우스키와 함께 "Zeitschrift für Politik"이란 학술지를 창간하고 국법학에 퇴화되어 버린 국가학을 다시 정치학으로서 재건하기 위해서 노력했다. 1926년 정치학, 공법 및 국제법연구소를 창립하였다. 헬러의 은사.

* **125** 켈젠(Hans Kelsen, 1881-1973) 제1차 세계대전 후 오스트리아와 독일의 대표적인 공법학자이며 정치학자. 신칸트학파의 방법론에서 출발하여 순수법학이라는 독자적인 방법을 제창하여 빈학파를 창시하였다. 사회민주주의적 세계관에 입각하여 파시즘과 마르크스주의에 통렬한 비판을 가하고 망명지인 미국에서 교수 생활을 하다가 작고. 한국의 공법학계에 커다란 영향을 미쳤다. → 895면

* **126** 마르실리우스 파두아(Marsilius von Padua, 이탈리아어로는 Marsiglio da Padova, 1270-1343) 1312년 파리대학장. 독일 황제 바이에른의 루드비히 4세와 교황 요하네스 22세와의 투쟁에서 황제를 지지했다.『평화의 수호자』(Defensor Pacis, 1324)를 바쳤다. 교회의 국가에로의 종속을 주장하고, 교회는 정신적 분야의 활동에 한정되어야 한다고 주장하다가 파문당했다. 또 인민의 의지를 강조하여 근대정치학의 기초를 세웠다. 문헌 박은구,『서양 중세 정치사상 연구 - 마르실리우스와 오캄을 중심으로』(혜안, 2001).

* **127** 자연적 질서(ordre naturel). 헬러는 인간에 대해서 요구할 수 있는 지배는 오로지 자연과 사회에 내재하는 법칙의 지배, 즉 사물의 본질에서 생기는 강제력이라고 한다. 헬러는『주권론』, 29-30면; 본서『독일 현대 정치사상사』, 619면 등에서 이 말을 자주 사용한다.

프랑스의 케네 등에서 유래하며, 헬러는 칸트가 한 말, 즉「영원한 평화를 보증하는 것은 **자연**이다」(43면) 또「인간 이성의 한계를 드러내려고 '**자연**'을 사용하는 것이 더 적절하고 신중할 것 같다」(46면), 기타(53면) 등에서 영향을 받은 듯하다. 이한구 옮김,『영원한 평화를 위하여』(서광사, 1992) 참조.

* **128** 꽁트(Auguste Comte, 1798-1857) 프랑스의 철학자. 실증주의를 주창. 인간의 인식은 신학적 · 형이상학적 · 실증적인 3 단계를 거쳐 발전한다고 주장. 또한 사회학(sociologie)이라는 말과 새로운 학문분야를 창시했다. 미래에는 학자(savants)가 지배하는 합리화된 이상국가를 구상했고, 만년에는「인류교」(la religion d'Humanit)라는 새 종교를 주장하고 그 교조가 된다. 저서『실증 철학 강의』(1830-1842),『실증 정치의 체계』(1851-1854),『실증주의서설』(김점석 옮김, 민음사, 2001).

* **128** 스펜서(Herbert Spencer, 1820-1903) 영국의 사회학자. 진화론에 입각한 사회적 다윈주의 사상으로 유명. 1865년부터 1895년 사이 진화의 개념을 대중화시켰고, 영국 · 러시아 · 미국 · 프랑스 · 독일 등지에서 폭넓은 학문적 지지를 얻었다. 저서『개인 대 국가』(이상률 옮김, 이책, 2014),『사회학의 원리』(1874-1896). 문헌 DNB Supp. 1901-1911, pp. 360-369.

* **128** 마르크스(Karl Heinrich Marx, 1818-1883) 독일의 철학자 · 경제학자 · 사회주의자. 저서『자본론』(김수행역, 비봉출판사, 1989) 등 다수.

* **128** 파울 폰 릴리엔펠드(Paul von Lilienfeld, 1829-1903) 국제사회학회(Institut International de Sociologie)의 임시의장 역임. 생물학모델에 사회학을 적용한 sociologus nemonisi biologus. 명제로 표현했다. 저서『장래의 사회과학에 대한 사상』(Gedanken über die Sozialwissenschaft der Zukunft, 1873-1881)에서 인간사회를 신체적 유기체로 보았다.

* **128** 셰플레(Albert Eberhard Friedrich Schäffle, 1831-1903) 오스트리아의 사회학자 · 경제학자. 빈 대학 교수, 상무장관으로 근무. 릴리엔펠드에 의거하여 같은 형태에서 생물학적 아날로지를 취하지만 그것은 사회적 문맥과 기능의 체계적 분류가 계획되기 때문이며, 생물학과 사회학을 동일시하지는 않는다. 독일관념론에 가까운 사회진화론적 발전단계설을 취한다. 사회주의적인 경향인 비스마르크의 간섭을 받았다. 주요 저작으로 "Bau und Leben des sozialen Körpers" (1875-1878). 일본의 가토 히로유키(加藤弘之, 1836-1916)의『人權新說』(1882; 한국어 번역 김찬역,『인권신설』, 1908)에 크게 영향을 미쳤다.

* **128** 에리히 카우프만(Erich Kaufmann, 1880-1972) 유태계 독일 공법학자. 1912년 쾨니히스베르크(현 러시아 Kaliningrad)대학 조교수. 이후 베를린, 본대학 교수 역임. 1927년부터 독일 정부 법률고문. 1934년 베를린대학 재직 중 유태인이라는 이유로 추방되어 네덜란드로 망명. 전후 뮌헨대학에 복직. 다시 서독 정부 법률고문(1950-1958년) 역임. 저서『국제법의 본질과 사정변경의 원칙』(1911)에서 힘의 법에 대한 우위를 주장하고, 바이마르시대에는 신칸트주의를 비판하고 신헤겔주의의 대두에 앞장섰다. 전집 Gesammelte Schriften, 3 Bde., 1960.

* **128** 게르버(Carl Friedrich von Gerber, 1823-1891) 독일의 법학자 · 정치가. 에어랑겐 · 튀빙겐 · 라이프치히대학 교수 역임. 작센의 문화부 장관. 독일 국법실증주의의 체계를 수립. 푸흐타(Puchta)의 제자로 그의 개념적 · 체계적 방법은 독일 사법과 국법학에 전용되었다. 저서『독일국법론』(1865)은 라반트에게 영향을 미침. 문헌 석종현, 게르버와 라반트의 실증주의, 김효전편,『독일헌법학설사』(법문사, 1982), 9-37면; Carsten Kremer, Die Willensmacht des Staates. Die gemeindeutsche Staatsrechtslehre des Carl Friedrich von Gerber, Frankfurt a. M.: Klostermann 2008.

* **128** 라반트(Paul Laband, 1838-1918) 유태계 독일 프로이센의 대표적인 실증주의 헌법학자. 쾨니히스베르크대학, 스트라스부르대학 교수 역임. 1871년의 독일제국헌법의 해석에 과학적 일반성을 부여하고 제1차 세계대전 전의 독일 국법학의 대표자로서 마이어(Mayer), 자이텔(Max von Seydel) 등을 비롯하여 그 후의 국법학자에게 영향을 미쳤다.『예산법론』(1871)에서 흠결이론을 주장하여 제2제정시대의 통치에 법학적 기초를 마련하고 이로써 통치를 정당화했다. 저서『독일제국헌법론』(Das Staatsrecht des Deutschen Reichs, 1876-1882, 3 Bde.). 문헌 김효전편,『독일헌법학설사』(1982).

* **128** 크라우제(Karl Christian Friedrich Krause, 1781-1832) 철학자로 인식론적 낙관주의이며 개인과 사회의 진보신앙에 입각한다.

* **128** 하인리히 아렌스(Heinrich Ahrens, 1808-1874) 법철학자로 크라우제의 제자. 그라츠, 라이프치히 대학 교수. 저서로『유기체 국가론』(Die organische Staatslehre auf philosophisch-anthropologischer Grundlage, 1850)이 있다. 사회학적 경향의 법학을 도입. 인류의 연대를 목표로 삼고 국가개념은 철학적인 후퇴라고 하였다. 사회를 개인과 국가 간의 관계를 전부라고 파악한다.

* **128** 독일의 신화에 관하여는 최윤영외 공저,『독일, 민족, 그리고 신화』(서울대출판부, 2015) 참조. 크라우제-아렌스. 또한 에른스트 캇시러, 최명관 옮김,『국가의 신화』(창, 2013) 참조.

* **128** 기이르케(Otto von Gierke, 1841-1921) 독일의 법학자. 게르마니스트의 대표자. 1860년 베를린 대학에서 학위 취득. 1867년 게오르그 베젤러(Georg Beseler)의 지도 아래 교수자격논문 완성. 사비니와 함께 독일 근대 법학의 거두이며 게르마니스트의 입장에서 이른바 판덱텐 법학의 형식적 개념주의와 추상적 개인주의를 비판하였다. 브레슬라우 대학 교수 및 총장. 베를린 대학 교수와 총장 역임.『독일 단체법론』과『단체이론』에서는 게르만법적 단체사상을 역사적 실제이론적으로 연구하였으며,『독일 사법』은 게르만법적 입장에서 독일 사법을 체계화한 것이다. 저서『독일 단체법론』(전4권 1868, 1873, 1881, 1913),『알투지우스와 자연법 국가론의 발전』(1889)은 정치사상사에서 저명. 일관된 연구 주제는 단체이론(Genossenschaftslehre)이며 다원적 국가론의 형성에 기여했다.

* **132** 루돌프 라운(Rudolf Laun, 1882-1975)의 이 논문은 연구자의 정치적 가치판단이 이론에 미치는 영향과 이론이 환경세계의 정치적 가치판단에 미치는 영향을 문제로 삼는다. 전자에 대해서는 국법학·국가학에 정치적 가치판단이 포함되는 것을 불가피하다고 하며, 교의학이나 논리주의 등을 비판한다. 그리고 주관적 가치판단과 객관적·과학적 인식을 이론 내부에서 명시적으로 제시하는 것을 찾는다. 그러나 다른 한편, 후자에 대해서는 순수논리적으로 학문을 구성할 수 없다는 것은 단지 주관적 가치판단을 피하지 아니한다는 의미가 아니라 그 가치판단이 국민의 정신적·인륜적 지도에 관련될 것을 요구한다.

* **133** 프란츠 오펜하이머(Franz Oppenheimer, 1864-1943)의『국가론』(윤세창역, 1950)에서는 자각적으로 굼플로비츠의 길을 추적하면서 그 방법일원론은 취하지 않는다. 일종의 정복국가설을 설파.

* **133** 루트비히 굼플로비츠(Ludwig Gumplowicz, 1838-1909) 유태계 폴란드의 국법학자. 오스트리아 그라츠대학 교수. 독일에서의 사회진화론과 밀접한 관계가 있으며, 당시의 인체측정술에 의거하여 인종개념을 사용하며 투쟁적 사회관을 제창했다. 저서『인종투쟁』(1883),『사회학과 정치』(1898).

* **133** 요제프 폰 헬드(Joseph von Held, 1815-1890) 저서『인류사와 국가사의 관점에서 본 국가와 사회』(Staat und Gesellschaft vom Standpunkt der Geschichte der Menschheit und des Staats, Leipzig: F. A. Brockhaus, 1861-1865)가 있다.

* **133** 필립 헤크(Philipp Heck, 1858-1943)「이익법학」의 대표자. 이러한 인식을 이익법학의 핵심으로 하면서「법관은 빈곳을 보충할 뿐만 아니라 현존하는 명령을 이해에 비추어 보충하며 경우에 따라서는 정정하지 않으면 안 된다. 법관은 단지 포섭장치, 거기에서 구성요건과 법규범이 다루어지며, 거기에서 법관의 독자적인 평가 없이 판결이 탄생되는 자동기계는 아니다」라고 한다(S. 22). 물론 법관은 입법자에 복종하지만.

* **133** 이그나츠 코른펠트(Ignatz Kornfeld)의 기본적 입장은「실정법의 본질이 규범적인 것이라는 도그마와 싸우고, 실정법은 사회생활의 사실적 룰의 체계로서 파악되지 않으면 안 되며, 규범적 기능은 사실적 타당성의 귀결로서만 이 룰에 주어진다」(S. III-IV)는 것이다. 헬러는 규범성(Normativität)과 정상성(Normalität)의 필연적 관련을 인정하면서도 법을 오로지「사회적 공동생활의 사실상의 효력을 가지는 규칙의 총괄개념」으로서만 파악하려는 사회학주의는 명령적 요소의 존재와 이것과 사회적 현실과의 긴장을 이해하지 못한다고 비판한다(Staatslehre, in Heller, Gesammelte Schriften, Bd. 3, S. 290).

* **134** 첼렌(Rudolf Kjellen, 1864-1922) 스웨덴의 정치가·지리학자. 라첼(F. Ratzel)의 영향을 받고 지정학을 확립. 대학에서 교편을 잡았고 국회의원도 지냈다. 헬러도 사용한「지정학」

(Geopolitik) 용어의 창시자. 이 말은 제1차 세계대전 후 일반화되었다. 그의 추종자 하우스호퍼에 의하면 「지정학은 자연적 생활영역에서의 정치적 생활체를 그 지리적 구속성과 역사적 운동에 의한 제한에서 이해하려는 과학이다」라고 정의내린다. 그러나 그 내용은 생각건대 국가유기체론과 지리적 결정론의 복합물이다. 나치스의 어용학문으로서 나치스의 「피와 땅」에 대해서 피에 있어서의 종족학과 같은 역할을 했다. 저서 『생활형태로서의 국가』(1912), 『현재의 열강들』(Die Großmächte der Gegenwart, 1914), 『정치학체계요론』(Grundriß zu einem System der Politik) 등.

* **134** 한스 켈젠(Hans Kelsen, 1881-1973) 오스트리아의 법학자. 1906년 빈대학 법학박사, 1911년 교수자격논문 통과. 1919-30년 빈대학 교수, 1919-30년 오스트리아 헌법재판소 재판관, 1930-33년 쾰른대학 교수, 1933-40년 제네바대학 교수, 1936-38년 프라하대학 교수, 나치스를 피하여 미국에 망명 겸 이민. 1945-52년 버클리대학 교수 역임. 신칸트학파의 방법론에서 출발하여 순수법학이라는 독자적인 방법을 제창하여 빈학파를 창시. 사회민주주의적 세계관에 입각하여 파시즘과 마르크스주의에 통렬한 비판을 가했다. 한국과 일본의 공법학계에 커다란 영향을 미쳤다. 저서 『순수법학』(1934; 변종필 · 최희수역, 길안사, 1999); 『일반 국가학』(1925; 민준기 옮김, 민음사, 1990); 『정의란 무엇인가』(1950; 박길준역, 전망, 1982; 김영수역, 삼중당, 1982); 전집 Hans Kelsen Werke, Mohr, 4 Bde. 2013. 문헌 Matthias Jestaedt (Hrsg.), Hans Kelsen und die deutsche Staatsrechtslehre, Mohr, 2013; Clemens Jabloner u.a., Das internationale Wirken Hans Kelsens, 2016; Robert Walter u.a. (Hrsg.), Hans Kelsen anderswo: Der Einfluss der Reinen Rechtslehre auf die Rechtstheorie in verschiedenen Ländern, Teil III, Wien 2010; Walter, Hans Kelsen, in: Brauneder (Hrsg.), Juristen in Österreich 1200-1980 (1987).

헬러의 켈젠 비판은 Stanley L. Paulson, Zu Hermann Hellers Kritik an der Reinen Rechtslehre, in: Christoph Müller/Ilse Staff (Hrsg.), Der soziale Rechtsstaat. Gedächtnisschrift für Hermann Heller 1891-1933, Baden-Baden, Nomos, 1984, S. 679-692; Chr. Müller, Kritische Bemerkungen zur Auseinandersetzung Hermann Heller mit Hans Kelsen, S. 693-722.

* **138** 지그프리드 마르크(Siegfried Marck, 1889-?) 여기서 마르크는 자아의 초월론적 동일성을 배척하고, 현상학적 자아개념으로의 전환을 주장했다.

* **141** 베르나치크(Edmund Bernatzik, 1854-1919) 오스트리아의 국법학자. 바젤대학(1891-93), 그라츠대학(1893)을 거쳐 1894년부터 사망 시까지 빈대학 교수. 1910/11년 총장. 라이히재판소 구성원(1905-1918), 독일오스트리아 헌법재판소 구성원(1918). 저서 『사법과 실질적 기판력』(Rechtsprechung und materielle Rechtskraft, 1886), 『공화제와 군주제』(Republik und Monarchie, 1892), 편저 『오스트리아 헌법률(Die Österreichischen Verfassungsgesetze, 1906). 문헌 H. Kelsen, Edmund Bernatzik (1919/1920), in: Hans Kelsen Werke, Bd. 4 (2013), S. 150-152.

* **143** 하인리히 로진(Heinrich Rosin, 1855-1927) 독일의 국법학자. 주저로 『소수자대표와 비례선거』(Minoritätenvertretung und Proportionalwahlen, 1892); 『일반국가학강요』(Grundzüge einer allgemeinen Staatslehre, 1897) 등.

* **145** 막스 베버의 이해사회학에 관하여는 『이해사회학의 카테고리』(김진욱 옮김, 범우사, 2002; M. Weber, Über einige Kategorien der Verstehenden Soziologie, 1913).

* **145** 루트비히 빈스방거(Ludwig Binswanger, 1881-1966) 스위스의 정신분석가. 후설 현상학과 하이데거 존재론에 근거하여 현존재를 분석한다.

* **145** 리트(Theodor Litt, 1880-1962) 독일의 철학자 · 교육학자 · 사회학자. → 829면 각주

## 제2장 법률의 개념

* **155** 로테크(Karl Wenzeslau Rodecker von Rotteck, 1775-1840) 독일의 역사가 · 정치가. 벨커와 공동편집한 15권의『국가사전』(Staatslexikon, 1834-43)은 3월 전기의 자유주의 운동의 교과서가 되었다.
* **155** 벨커(Karl Theodor Welcker, 1790-1869) 독일의 법학자 · 정치가. 바덴의 자유주의 운동의 지도자. 로텍과 함께『국가사전』편집.
* **155** 차하리아에(Karl Salomo Zachariä, 1769-1843) 비텐베르크, 하이델베르크대학 교수. 그의 민법책(Handbuch des französischen Zivilrechts, 2 Bde., 1808)은 프랑스 민법전 시행 전영역과 프랑스 자체에도 커다란 영향을 미쳤다. 본래의 주저인『국가론 40편』(Vierzig Bücher vom Staate, 5 Bde., 1820-1832)은 이에 비해 높은 평가를 받지 못했다.
* **161** 민법전과 본법에서 말하는 연방구성국가(Bundesstaat)로서 라이히 직속 란트, 엘자스 로트링겐도 간주된다.
* **163** 비스마르크헌법 제76조 2항(제방 간의 쟁송 · 헌법쟁송).「그러한 쟁송을 재판하는 관청이 헌법상 규정되지 아니한 邦(Bundesstaat)에서의 헌법쟁송은 당사자 일방의 제소에 근거하여 연방참의원이 이를 조정하도록 하며, 이것이 성공하지 않을 때에는 제국입법의 방법으로 이를 해결하도록 한다」. 비스마르크 헌법의 번역은 송석윤 옮김, 독일 제국 헌법(1871년 4월 16일),『법사학연구』제41호(2010), 222-245면 참조.
* **170** 사법률(private acts). 특정한 사람 또는 법인에 대해서만 적용되는 법률. 법원은 그 존재를 직권으로 조사할 것을 요하지 않는다.
* **172** 형사소송법 제337조「상고는 판결이 법률위반에 근거한 것만을 이유로 할 수 있다. 법률은 법규범이 적용되지 아니하거나 또는 정당하게 적용되지 않는 경우에 위반된다」. 이에 대응하는 민사소송법의 규정은 제549조, 제550조이며, 헬러가 지시하는 제511조, 제512조는 항소의 규정.
* **173** 전조에서 말하는 명령들은 총무부가 행한다.
  「총무부는 장으로서 소장, 각 부장 그리고 근무 연수에 따라서, 근무 연수가 같은 경우에는 출생일에 따라서 연장자의 구성원으로 구성한다. 부장이 임명되지 아니한 경우에는 총무부는 소장과 연장자 구성원 2명으로 한다. 총무부는 다수결로 결정한다. 가부동수인 경우에는 소장의 표로 결정한다」.
* **176** 바이마르 헌법 제51조 제1항「라이히 대통령이 사고가 있을 때에는 라이히 수상이 임시로 이를 대리한다. 사고가 장기에 달할 때에는 라이히 법률로써 그 대리를 정한다」.
* **181** 제1항「통상재판소의 재판관은 종신으로 임명한다. 재판관은 재판소의 결정에 의해서만, 및 법률이 규정하는 이유에 의해서, 그리고 그 형식으로만, 그 의사에 반하여 계속적 내지 일시적으로 그 면직 또는 이동 내지 퇴직케 할 수 있다. 입법은 재판관이 정년에 달하는 연령을 확정할 수 있다」.

## 제3장 국가이론

* **188** 라플라스(Pierre Simon, Marquis de Laplace, 1749-1827) 프랑스의 수학자이자 천문학자. 그는 우주진화론을 제창하여 일찍이 칸트가 내놓은 성운설(星雲說.『일반 자연사와 천체의 이론』, 1755)을 더욱 발전시켰는데, 오늘날 이 학설은 '칸트-라플라스 성운설'로 알려져 있다. 문헌 송은영

지음, 『(라플라스가 들려주는) 천체물리학 이야기』(자음과모음, 2010); 헤겔, 임석진 옮김, 『법철학』(한길사, 2008), 478면 주 참조.

\* **192** 뒤기(Léon Duguit, 1859-1928) 프랑스의 공법학자. 보르도대학 교수 역임. 사회학적 국가이론과 연대론 · 객관법 · 공공 서비스론 등을 주장. 저서 『일반 공법학 강의』(1925; 이광윤 옮김, 민음사, 1995); 『국가, 객관법 그리고 실정법률』(L'État, le droit objectif et la loi positive, 1901); 『국가, 통치자 그리고 관리』(L'État, les gouvernants et les agents, 1903); 『헌법학개론』(Traité de droit constitutionnel, 5 vols., 1911). 문헌 헬러, 『주권론』(김효전 옮김, 27-29면).

\* **193** 리비도(Libido). 본래 라틴어로 욕망이란 뜻. 정신분석의 용어로 성적 충동을 발동시키는 힘(프로이트) 또는 모든 본능의 에너지의 본체(융).

\* **195** 빌프레도 파레토(Vilfredo Federico Damaso Pareto, 1848-1923) 이탈리아의 경제학자 · 사회학자. 토리노공대를 졸업한 후 1876년 공학박사학위 취득. 그 후 경제학을 공부하여 1892년 스위스 로잔 대학의 교수가 되었다. 최초로 경제학에 관심을 가지고 수리경제학의 입장을 취했으나, 만년에는 사회학으로 돌아 기계론적인 실증주의의 철저화를 도모했다. 특히 그의 엘리트 순환설은 파시즘의 이론적 기초가 된 것으로 유명. 저서 『사회주의 체계』(1902/03)에서 마르크스주의를 신랄히 비판. 기타 『정치경제학 매뉴얼』(1909); 『일반 사회학강요』(1916) 등.

파레토는 인간의 정신활동 중 비합리적인 욕망을 잔기(résidue)라 부르고, 이를 자기와 타자에 대해서 정당화하는 기술을 파생체(dérivation)로서 파악했다.

한편 파레토 최적(Pareto-Optionalität)이란 다른 개인의 만족을 감소시키지 않고는 이미 어떤 개인의 만족도 증가할 수 없는 상태를 말한다.

\* **195** 잔기(殘基, résidues)와 파생체(dérivation). 파레토는 인간의 비논리적 행위에는 잔기와 파생체의 두 요소가 있다고 한다. 잔기는 항상적이며 인간행동의 확고하고 어려운, 점진적으로 변경하는 요소들, 즉 인간의 특정한 본능과 일치하며 경험적인 비교에서 얻어지며 그 재료는 전체 문화사를 제공한다. 이에 대해 파생체는 변형적 · 가변적이며 환상이나 정신의 작업을 반영하며 잔기를 명확하게 추구하는 감정에서 유래한다. 파레토는 인간을 '논리적인 동물'로 규정한다. 문헌 I. M. 짜이틀린, 이경용 · 김동노 옮김, 『사회학 이론의 발달사: 사회사상의 변증법적 과정』(한울아카데미, 1985), 234-247면.

\* **195** 조르주 소렐(George Sorel, 1847-1922) 프랑스의 사회주의자. 혁명적 생디칼리슴 운동의 이론적 대표자. 마르크스주의, 생디칼리슴으로부터 우익의 악숑 프랑세즈(Action Française)로 사상편력을 하였다. 니체 · 파레토 · 베르그송 · 프루동 · 마르크스의 영향 아래 혁명에서의 신화와 폭력의 중요성을 설파하여 레닌과 무솔리니에게 영향을 주었기 때문에 「파시즘의 정신적 아버지」라고 불린다. 그는 의회주의를 부정하고 폭력의 윤리성을 강조하고, 그 구체적 발현형태로서 총파업을 중요시하고 새로운 사회담당자로서의 엘리트의 임무를 강조했다. 저서 『폭력에 대한 성찰』(1908; 이용재 옮김, 나남, 2007); 『진보의 환상』(Les Illusions du Progrès, 1908) 등.

\* **206** 파울 틸리히(Paul Tillich, 1886-1965) 독일 태생의 미국 신학자. 저서 『존재의 용기』(차성구 옮김, 예영커뮤니케니션, 2006); 『문화의 신학』(남정우 옮김, 대한기독교서회, 2002); 『종교란 무엇인가』(황필호 옮김, 전망사, 1983).

## 제3편 의회주의냐 독재냐?

### 제1장 정치적 민주주의와 사회적 동질성
* 211 「매일 매일의 인민투표」. 프랑스인 르낭(Ernest Renan, 1823-1892)의 말. 저서 Qu'est-ce qu'une nation? 1882 (신행선 옮김, 『민족이란 무엇인가』, 책세상, 2002), 81면: 「한 민족의 존재는 개개인의 존재가 삶의 영속적인 확인인 것과 마찬가지로 매일 매일의 국민투표입니다」.
* 211 C. Schmitt, Der Begriff des Politischen, 1963 (김효전 · 정태호 옮김, 『정치적인 것의 개념』, 살림, 2012) 참조.
* 214 메두사(Medusa) 그리스 신화에 나오는 여괴(女怪) 3인(고르곤) 중의 한 사람. 머리카락은 뱀이며 그 모습을 한 번 본 사람은 공포 때문에 돌로 변한다고 한다.
* 215 「신은 그의 멸망을 바라는 사람들에게 먼저 미치도록 한다」(quos deus perdere vult, dementat prius). 소포클레스,『안티고네』620에서는 「(누군가 현명하게도 이런 유명한 말을 했지.) 신께서 그 마음을 재앙으로 인도하시는 자에게는 언젠가 악이 선으로 보인다고. 하지만 그가 재앙에서 자유로운 것은 한순간뿐이라네」. 천병희 옮김,『소포클레스 비극 전집』, 도서출판 숲, 2008, 120면).
* 218 표도르 미하일로비치 도스토예프스키(P. M. Dostoevsky, 1821-1881)의『악령』. 농노해방을 배경으로 「아무런 목적도 없는 리버럴리스트」,「고도의 리버럴리스트」라는 어떤 종류의 관념론적 인텔리를 소작인의 아들인 샤토프가 비판한 말. 「민중을 갖지 않는 자는 어떠한 신도 가질 수 없다! 분명히 말하지만 자국의 민중을 이해하지 못하는, 민중과의 결합을 상실한 자는 바로 그것으로 국민적인 신앙을 상실하고 무신론자가 되든가 무관심파가 될 수밖에 없습니다」.『악령』(김연경 옮김, 열린책들, 2000).

### 제2장 독재는 우리에게 무엇을 가져오는가?
* 221 조르주 소렐(G. Sorel)의 폭력론(Réflexions sur la violence, 1908; 이용재 옮김, 『폭력에 대한 성찰』, 나남, 2007) 참조.
* 221 「국방의용군」(Milizia volontaria per la Sicurezza Nationale, NVSN)은 「검은 셔츠대」를 1923년 1월에 개조한 것.
* 221 이것은 1927년 2월에 설립한 국가방위특별재판소이다.
* 222 Bauchiero. 이탈리아 북서쪽 프랑스 접경지대 콘도베(Condove)에 소재한 철도 차량 및 항공기 제조 기업, Officine di Savigliano는 콘도베 인근 사빌리아노에 있는 철도차량 등 제조 기업, Fiat는 이탈리아 최대의 자동차 제조 업체. Fabbrica Italiana Automobili Torino의 약자. 1899년에 설립되었으며 피에몬트 주 토리노(또는 Turin)에 본사가 있다.
* 223 이것은 노동 헌장(Carta del Lavoro) 제21조와 제23조에 규정되어 있다.

### 제3장 법치국가냐 독재냐?
* 225 상수시(Sanssouci). 궁전 이름. 무우궁(無憂宮). 프랑스어로 「근심 없는」의 뜻. 베를린 교외의 포츠담에 있는 로코코 양식의 궁전. 1745-47년 프리드리히 대왕이 건조.
* 225 융커(Junker). 원래는 젊은 귀족이란 뜻. 독일 동 엘베 지방의 대농장을 경영하는 지주귀족의 호칭. 프로이센의 군인이나 관료가 많으며 이 계층에서 나왔다. 보수주의적이며 자유주의적 개혁에 반대하고 독일 군국주의의 온상이 되었다.

* **226** 헬러가 인용한 몽테스키외의 『법의 정신』제12편 2장은 제11편 6장「영국헌법에 관하여」이다. 원문은 "La liberté politique, dans un citoyen, est cette tranquillité d'esprit qui provient de l'opinion que chacun a de sa sûreté." Montesquieu, De l'esprit des lois (1748), Paris: Garnier-Flammarion, T. 1. 1979, p. 294(시민에 있어서 정치적 자유란 각자가 자기의 안전에 관해서 가지는 의견에서 생겨나는 정신의 안정이다). 신상초역, 『법의 정신』, 을유문화사, 1963, 161면 참조.

* **229** 니체의 『도덕의 계보』(김정현 옮김, 『니체 전집』14, 책세상, 2002, 372면) 참조.

* **229** 장 보트랭(Jean Vautrin)은 발자크(Honoré de Balzac, 1799-1850)의 이른바 『인간 희극』 (Comédie humaine) 중 『고리오 영감』(Le père Goriot), 『환멸』, 『들뜬 여성쇠기』(La femme de trente ans)라는 세 개의 소설의 등장인물이다. 나중에 나오는 루시앵 드 뤼반프레는 『환멸』, 『들뜬 여성 쇠기』에 또한 으제니 드 라스티냐크는 『고리오 영감』에 나오지만 "Laboro d'Italia"에서 인용하는 것은 『고리오 영감』일 것이다.

* **230** 양과 염소의 비유는 성서에서 자주 나온다. 목자는 모든 민족을 양은 오른 편에, 염소는 왼편으로 구분한다. 오른 편은 은혜와 구원의 자리, 왼편은 저주와 멸망의 자리이다. 목자가 양과 염소를 구별하듯이, 재판장되는 예수는 최후 심판 때에 의인과 악인을 구별하고 심판한다는 것이다. 마태 25:32-33; 요한 10:2-5; 이사야 53:7; 갈라디아 4:23-28; 창세기 25:23 등.

* **230** 악숑 프랑세즈(Action Française). 프랑스의 정치단체 또는 그 기관지 이름. 1898년 샤르르 모라스(Charles Maurras)와 레옹 도데(Léon Daudet)의 주도 아래 조직된 프랑스 왕권파의 중심조 직. 악숑 프랑세즈는 '인테그랄 내서널리즘'(nationalisme intégral)을 대표하며, 반민주주의 · 반의 회주의 · 반정당정치로 일관하며 전통적인 왕정 · 가톨리시즘에 입각하여 독일에 적대적이었다. 1930년대를 절정으로 1944년 프랑스의 해방으로 해체될 때까지 프랑스의 정치와 문학에 많은 자극을 주었다. 또한 벨기에 · 이탈리아 · 포르투갈 · 스페인 · 루마니아 · 스위스의 극우적 국가주의 운동에도 영향을 미쳤다.

* **237** 오펠(Opel). 상품명. 오펠 자동차.

## 제4장 유럽과 파시즘

* **239** 무솔리니(Benito Mussolini, 1883-1945)에 관하여는 김진언 옮김, 『무솔리니 나의 자서전』 (현인, 2015); 래리 하트니언, 김기연 옮김, 『베니토 무솔리니』(대현출판사, 1993); Giovanni de Luna, Benito Mussolini in Selbstzeugnissen und Bilddokumenten, Rowohlt 1978 참조.

* **239** 이탈리아사에 관하여는 허인, 『이탈리아사』(대한교과서주식회사, 2005); 김정하 옮김, 『미완 의 통일 이탈리아사』(개마고원, 2001)(Christopher Duggan, A Concise History of Italy); 오두영 역, 『이탈리아사 - 고대로부터 최근세에 이르기까지의 이태리 약사』(학사원, 1990)(H. Hearder & D. P. Waley) 참조.

* **240** 미겔 프리모 데 리베라(Miguel Primo de Rivera, 1870-1930) 스페인의 군인 · 독재자. 제1차 대전 후의 경제위기에 직면하자 그는 군부와 구 세력의 지지를 얻어 바르셀로나에서 반란을 선언하고 쿠데타를 일으켰다(1923). 국왕 알폰소 13세(Alfonso XIII, 1886-1941)는 이를 승인하 고 리베라는 계엄령 하에 헌법을 정지하고 군사독재를 실시하여 민간정부를 대체하였다. 그동안 프랑스의 원조로 모로코의 압둘 크림을 항복케 하였으나(1926), 정치개혁을 하지 못하여 국민의 불만이 높아지고, 군부의 반란(1928), 학생과 지식층의 반항을 강압적으로 내리 누르고 세계공황의 파도를 넘지 못하여 실각한다(1930). 파리에서 급사. 그의 아들 호세 안토니오 프리모 데 리베라

(1903-1936)는 마드리드의 변호사로서 국가조합주의 운동연합인 스페인의 파시스트 팔랑헤당을 조직했으나 내란 중 사형된다.

1931년 4월 14일 제2공화국이 수립되고, 1936년부터 1939년까지 스페인 내전 동안 군부 지도자 프란시스코 프랑코(Francisco Franco, 1892-1975)가 권력을 장악하여 국가원수가 된다. 1939년 공화파가 마드리드에서 항복하여 프랑코의 승리로 끝난다. 이후 1975년 프랑코가 사망할 때까지 유럽의 마지막 전체주의 정권을 기록했다.

\* **245** 야웨(Jahwe) 이스라엘 사람이 숭배한 신. 만물의 창조주이며 우주의 통치자. 여호와 · 하나님.

\* **246** 볼테르(Voltaire, 1694-1778). 본명은 François Marie Arouet. 프랑스의 작가이며 사상가. 계몽주의의 대표자. 이성과 자유를 내세워 봉건제와 전제정치 및 종교에 대한 불관용과 투쟁하고 여러 차례 투옥, 영국과 프로이센에 체류. 저서 『관용론』(송기형 외 옮김, 한길사, 2001), 『캉디드』(김미선 옮김, 을유문화사, 1994; 윤미기 옮김, 한울, 1991), 『철학서한 · 철학사전』(정순철역, 한국출판사, 1982), 한인섭 · 임미경역, 『범죄와 형벌』에 대한 해설, 『법학』(서울대) 제48권 2호(2007) 등.

\* **257** 부르제(Paul Bourget, 1852-1935) 프랑스의 소설가 · 비평가. 그의 비평은 테느의 견해에 입각하여 정치한 작가심리의 분석으로 특히 스탕달 · 보들레르 · 아미엘의 새로운 평가에 기여했다. 대표작 『제자』(Disciple, 1889)로 사상적인 전기가 마련되고, 윤리적 색채가 강한 작가가 된다. 이것은 테느적 실증론에 대한 비판과 작가의 도덕적 책임을 테마로 하는 문제소설로, 마치 시대사상의 전환기를 암시하여 커다란 반향을 불렀다. 가톨릭으로 개종하고 종교적 · 전통적 입장에 서서 데모크라시의 배격, 가족제도의 옹호 등을 작품에 담았다.

\* **257** 바레스(Maurice Barrès, 1862-1923) 프랑스의 소설가 · 평론가 · 정치가. 보불전쟁(1870-71) 후의 국경지대에서 테느 · 르낭의 영향을 받고 성장하여 처음에는 개인주의자, 유아론자로서 혼미와 회의 속에 자아에만 의지할 곳을 찾은 동시대의 젊은 지식인의 고뇌를 묘사했다. 당시 이미 정치에 관심을 두고 1888년에는 불랑제 장군을 지지하고, 다음 해 낭시에서 하원의원으로 선출되었다(1889-1923). 곧 그의 유아주의는 「토지와 사자(死者)」로 상징되는 향토와 전통에 대한 반성으로 비판하고, 열렬한 전통주의자 · 국가주의자로 변신한다. 후기의 대표작은 『국민적 정력의 소설』(Le roman de l'énergie nationale)이란 제목의 3부작에서 지방주의와 전통주의를 주장한다. 저널리즘과 의회에서도 민족주의자 · 전통주의자로서 활약했으며, 특히 드레퓌즈 사건(1894-99)에서는 반드레퓌즈파의 중심에 섰다.

\* **258** 불랑제 사건. 불랑제(Georges Ernest Jean Marie Boulanger, 1837-1891) 장군을 중심으로 1887년부터 89년까지 반의회주의 정치운동으로 프랑스 제3공화국을 위기에 빠트린 사건을 말한다. 1887년 4월 독일과 프랑스의 국제관계가 긴장되어 보불전쟁에 패하여 독일에게 알사스 로랭을 빼앗긴 당시의 프랑스에서는 독일에 대한 복수열이 고조되었고, 이때의 육군장관 불랑제는 강경한 태도를 취하여 대중의 폭발적인 인기를 얻었다. 위험을 느낀 정부는 불랑제를 퇴역시켰다. 그러나 국수파 · 왕당파 · 보나파르트파와 그 밖의 현실에 불만인 사람들은 「불랑제파」를 형성하여 제3공화국을 위태롭게 하는 의회해산과 헌법개정을 도모하였다. 불랑제파는 1889년 1월의 파리 하원 보궐선거에서 압승하고 불랑제를 옹립하는 쿠데타를 획책하였으나 불랑제가 주저하여 실행되지 않았다. 그러나 이를 계기로 단결한 공화파는 선거방식을 변경하고, 체제옹호를 위해 불랑제를 국가에 대한 모반으로 제소하자 1889년 9월 그는 애인과 함께 국외로 도피하고, 궐석재판에서는 무기 유형(流刑)을 선고하였다. 기둥을 잃은 운동은 곧 약화되고 이질적인 구성요소는 분열하여 대중의 지지도 급격히 퇴조하였다. 이른바 「파시즘의 선구적 현상」은 급속히 쇠퇴하였다.

\* **260** 오칼트주의(Okkultismus). 신비학 · 심령론 · 심령설. 신지학(神智學, Theosophie) 또는 접신

교(接神敎)라고도 번역한다. 문헌 김희상 옮김,『오컬티즘』(갤리온, 2008).

\* **263** 실라와 카리브디스의 대립. 실라(Scylla)는 이탈리아 반도의 끝 부분과 시칠리아 섬 사이에 있는 메씨나 해협에 돌출한 바위곶(岩岬)이며, 현재는 Scilla라고 쓴다. 또한 카리브디스 (Charybdis)는 이 해협에 있는 유명한 소용돌이로서 현재의 이름은 Galofalo (또는 Carofalo)라고 한다. 극단적인 대립을 의미한다. 카를 슈미트도『국가 · 운동 · 민족』(김효전역, 법문사, 1988, 211면)에서 이 표현을 썼다.

\* **268** 잔기와 파생체. 빌프레도 파레토(Vilfredo Pareto, 1848-1923)는 인간성 중의 비합리적인 욕망을 잔기(殘基, résidue)라고 부르고, 이를 자기와 타자에 대해서 정당화하는 기술을 파생체(派生體, dérivations)라고 불렀다. → 897면.

\* **268** 우디네(Udine). 이탈리아 동북 끝에 유고와 접경한 도시 이름.

\* **270** 페데르초니(Luigi Federzoni, 1878-1967) 볼로냐 대학 졸업. 제1차 대전 참전. 1922년 무솔리니가 선언을 발표하자 이를 지지한다. 무솔리니 내각에서 식민장관, 마테오티 살해 후 내무장관(1924-26년), 상원의장(1929-1939년), 이탈리아 왕립 아카데미 원장 역임.

\* **270** 로코(Alfredo Rocco, 1875-1935) 나폴리 출생. 파시즘의 대표적인 정치인 · 법률가. 우르비노(Urbino)대 상법 교수, 파르마(Parma)대 민사소송법 교수, 파두아(Padua)대 기업법 교수 역임. 로마의 Sapienza대학 교수 및 총장 역임. 로코는 경제 감각을 지닌 정치인으로 초기 조합주의 (corporatism)의 경제와 정치이론의 개념을 전개했으며, 후일 국민 파시스트당의 이데올로그가 되었다. 1921년 국회의원으로 선출되고, 1925-32년까지 법무장관을 지내고 형법전과 형사소송법의 법전화를 추진했다.

\* **270** 포르게스-다반차티(Roberto Forges-Davanzati, 1880-1936) 저널리스트 · 정치인. 원래 생디칼리스트였으나 후에 국민 파시스트가 된다. 법학을 공부하고 이탈리아 사회당에 가입. 당기관지『아반티』편집. 이어 파시즘 대평의회의 구성원이 되고, 1925년부터 La Tribuna-Idea Nationale 편집자. 1934년 상원의원으로 선출되고 로마 Sapienza 대학에서 정치학 강의.

\* **270** 시겔레(Scipio Sighele, 1868-1913) 이탈리아의 사회심리학자. 법학을 공부하고 프랑스의 타르드(G. Tarde), 르봉(G. Le Bon)과 함께 사회심리학의 개척자가 된다. 형법학자 페리(E. Ferri)의 제자로『범죄적 군집』(La folla delinquente, 1891)을 저술하여 유명해진다. 문헌: 타르드, 이상률 옮김,『사회법칙: 모방과 발명의 사회학』(아카넷, 2013); 르봉저, 정명진 옮김,『사회주의 심리학』(부글북스, 2014); 동인,『혁명의 심리학』(동, 2013) 등.

\* **270** 모라스(Charles Maurras, 1868-1952) 프랑스의 사회운동가. 악숑 프랑세즈(Action Française)의 지도자. 한편으로 드 메스트르, 보날, 다른 한편으로 꽁트, 다윈 등의 영향을 받아 종교개혁, 프랑스 혁명, 낭만주의에의 반대와 권위 · 애국 · 규율 · 교회옹호를 주창. 1914년 교황청으로부터 이단선고를 받고, 그의 저서는 금서목록에 들어갔으나 승복하지 않는 신도도 많았다. 나치스 점령 중 페탱 정부를 지지, 전후 이적죄로 무기징역, 1952년 은사로 출옥.

\* **273** 아루모이스(Valentius Arumaeus) 독일의 법학자.

\* **273** 알투지우스(Johannes Althusius (Althaus), 1557-1638) 독일의 자연법과 사회계약설의 선구자. 칼뱅의 결정주의에 입각하여「정치」(Politik)라는 이름 아래 국가이론과 사회이론의 합리적인 체계를 발전시켰다. 그는 국가를 하나의 단체로 보고 그 성립에는 계약설을 채택. 또 단체는 구성원에 대해서 행복한 생활 · 재산 그리고 부를 공급할 수 있는 한 정당화되며, 전제적인 관헌에 대한 인민의 저항권을 인정한다. 문헌 Scheuner/Scupin (Hg.), Althusius-Bibliographie, 2 Bde., 1973.

* **273** 시에예스(Emmanuel Joseph Sieyès, 1748-1836) 프랑스혁명의 지도자. 혁명 전에는 성직자.『제3신분이란 무엇인가』(1788; 박인수 옮김, 책세상, 2003)에서 시민혁명의 강령을 서술하여 프랑스 전체에 커다란 반향을 불러 일으켰다. 문헌 P. Bastid, Sieyès et sa pensée, Paris 1979.
* **274** 랑게(Hubert Languet) 또는 유니우스 브루투스(Junius Brutus) 익명으로 본명은 불명. 모나르코마키(Monarchomachi)의 대표적 저작인 『폭군에 대한 항변』(Vindiciae contra tyrannos, 1579)의 저자. 문헌 카를 슈미트의『독재론』(김효전 옮김, 법원사, 1996), 43면.
* **274** 부캐넌(George Buchanan, 1506-1582) 스코틀랜드 역사가 · 인문학자.
* **275** 막스 아들러(Max Adler, 1873-1937). 오스트리아 사회민주당의 대표적 이론가이며 사회학자. 사회과학방법론과 국가론에서 논쟁을 전개. 켈젠(H. Kelsen)의『사회주의와 국가』(1920)를 마르크스주의 옹호라는 입장에서 비판한『마르크스주의의 국가관』(Die Staatsauffassung des Marxismus, 1922)이 유명하다.
* **276** 막스 슈티르너(Max Stirner, 1806-1856) 독일의 유아론적(唯我論的) 철학자. 모든 외적인 권위를 배척하고 오로지 자아의 권위를 설파하는 철저한 개인주의에서 무정부주의에 도달한다. 저서『유일자와 그 소유』(1845). → 927면「프루동화 한 슈티르너주의」
* **277** 라스티냐크는 발자크의『고리오 영감』에 등장하는 인물. 제2편 3.「법치국가냐 독재냐?」→ 899면
* **280** 바알(Baal) 주인 · 소유자란 뜻. 가나안 사람들과 페니키아 사람들이 숭배하던 신. 힘과 풍요의 상징으로 묘사된다. 바알 숭배 의식에는 음란한 성행위와 어린 아이를 제물로 바치는 일들이 포함된다. 사사기 2:13.
* **281** 프리메이슨(Freemason, Freimaurer, Franc-maçon). 중세의 자유석공의 조합에서 발생한 초정치 · 종교적인 국제적 비밀결사로서 우애 · 자선 · 상호부조 등의 윤리강령을 실천하는데 목표를 두었다. 회원끼리는 비밀 사인을 주고 받으며 모임에서는 비밀의식이 행해진다. 문헌은 김희보,『비밀결사의 세계사』(가람기획, 2009, 제2장 프리메이슨); 자크 크리스티앙, 하태환역,『프리메이슨』(문학동네, 2003); 이안 맥칼만, 김홍숙역,『최후의 연금술사 – 혁명을 꿈꾼 프리메이슨이며 이성의 시대를 뒤흔든 마법사 카릴오스트로 백작에 관한 일곱 가지 이야기』(서해문집, 2004).
* **288** 블랑키(Adolphe Jérôme Blanqui, 1798-1854) 프랑스의 경제학자. 세이(J. B. Say)의 제자. 노동경제학 · 경제사와 경제사상사에 공헌. 저서『유럽의 정치경제사』(1837).
* **289** 로마냐(Romagna). 이탈리아 북부 지명. 무솔리니는 로마냐의 도비아(Dovia)에서 1883년 7월 29일에 태어났다. 김진언 옮김,『무솔리니 나의 자서전』(1928; 현인, 2015), 11면.
* **289** 리소르지멘토(Risorgimento) 이탈리아어로 再興이란 뜻. 19세기 중엽 이탈리아에서 조국의 통일과 해방을 목표로 하는 운동. 카부르 · 마찌니 · 가리발디 등이 주도. 1861년 이탈리아 왕국이 성립. 량치차오/신채호 번역, 류준범 · 장문석 옮김,『이태리 건국 삼걸전』(지식의 풍경, 2001).
* **290** 알베르토 헌법(statuto alberto, 1848) 제65조「국왕은 대신을 임면한다」.
* **318** 피우메(Fiume). 이탈리아 동북쪽의 항구도시. 제1차 세계대전에 이탈리아가 참전한다는 조건으로 런던협정에 의해서 이탈리아에 할양하기로 결정됐지만, 파리 강화회의에서 연합국측이 약속을 지키지 않았다. 1919년 단눈치오는 이 도시를 점령하고 다음해에 라팔로 조약으로 자유도시가 될 때까지 이를 15개월간 다스렸다. 1924년 이탈리아령이 되었다가 제2차 세계대전 후 유고슬라비아령으로 귀속되었다. 이탈리아 지명인 Fiume는 현재 유고어로 Rijeka라 불린다. 앙리 미셸, 정성진 역,『파시즘』(탐구당, 1984), 53면 역주 참조.
* **323** 안슈탈트(Anstalt). 일반적으로 어떤 목적을 위한 물적 · 인적인 설비를 말한다. 공법상의

영조물(Anstalten des öffentlichen Rechts)은 공법상의 행정시설이며, 일정한 목적에 제공된 것. 사법상의 재단에 상당하며, 사법상의 사단에 상당하는 공법상의 단체(Körperschaft)와 다르다. 공법상의 영조물로서는 연방철도 등이 있다. → 본서, 550면.

\* **332** 보드빌(vaudeville). 프랑스어에서 유래. 버라이어티 쇼. 다양한 엔터테인먼트 중 연극과 음악, 쇼 등을 포함. 특히 미국과 캐나다 등에서 인기.

\* **343** 남티롤. 이탈리아의 남티롤은 인구 50만으로 완전한 자치권을 갖는「티롤 자유주」(Free State) 설립을 중앙정부에 요구하고 있다. 과거 오스트리아의 일부였던 이 지역은 주민 75%가 독일어를 사용하며, 이탈리아와는 다른 게르만 문화를 유지하고 있다. 오늘날에도 유럽의 주요 분리 독립 운동을 보면, 영국 스코틀랜드(인구 530만명), 스페인 바스크(215만), 스페인 카탈루냐(750만), 벨기에 플랑드르(635만), 이탈리아 남티롤(50만) 등이다. 조선일보 2014. 1. 8.

\* **347** 라테란 조약(Lateran Pacts). 1929년 2월 11일 바티칸시의 라테란궁에서 조인된 교황청과 이탈리아 왕국 간의 조약과 재정적 협의 및 종교협약. 1870년 이탈리아에 의해서 교황령이 장악되자 교황들은 항의하고 이탈리아 정부와 대립한다. 그러다가 1922년 교황 비오(Pius) 11세가 이 문제를 해결하려고 하고, 마침 파시즘의 승리로 부상한 무솔리니 역시 이 문제를 해결하려고 했다. 전문과 27개 항목으로 구성.

\* **348** 도데카네스 제도(Dodekanes 諸島). 에게해의 남쪽, 지중해의 크레타 섬과 로도스 섬 사이에 있는 여러 섬들을 가리킨다.

\* **348** 달마티아(Dalmatien). 아드리아 바다 동해안 지방. 구 유고, 현재의 세르비아 해안. 두브로니크(Dubronik)시로 한국인에게 유명하다.

\* **350** 반유대주의(antisemitische Instinkte). 유태인에 대한 편견 또는 적대심. 주로 인종적 배경·문화 또는 종교에 대한 증오심에 근거한다.

## 제5장 정치에서의 천재와 기능인

\* **358** 제임스 브라이스(James Bryce, 1838-1922) 영국의 외교관·역사가·정치학자. 외교관으로는 미국 대사를 지냈고, 옥스퍼드대학의 로마법 교수 역임(1870-93). 저서 The American Commonwealth(1888). 『근대 민주정치론』(1921; 서석순 옮김, 1958)은 체계적이지는 않지만 사회학적인 방법으로 쓰여진 명저로 알려졌다. 역사가로서는 Holy Roman Empire (1864) 저술.

\* **359** 프앵카레(Raymond Poincaré, 1860-1934) 프랑스의 정치가. 1913년에는 대통령, 1923년에는 루르 점령을 명한다. 1926-29년에는 재무장관 겸 수상으로서 의회와 대자본의 지지를 토대로 경제 재건을 실현한다.

\* **359** 이 표현은 소렐을 모방한 것 같다. 소렐은 말한다.「선거 민주주의는 여러 면에서 주식거래소의 세계를 닮았다. 두 경우 모두 대중의 순진함을 이용해야만 하고, 거대 신문의 협조를 매수해야만 하며, 온갖 간계를 다 동원해서 행운의 도움을 청해야만 한다. … 민주주의자들과 사업가들은 심의기구를 통해서 자신들의 협잡을 승인케 하는 남다른 지식을 가지고 있다. 의회제도는 주주총회만큼이나 기만으로 가득 차 있다. 민주주의는 바로 거리낌 없는 금융자본가들이 꿈꾸는 동화의 나라(Cocagne)인 것이다」(이용재 옮김, 『폭력에 대한 성찰』, 나남, 2007, 313면).

\* **360** 후겐베르크(Alfred Hugenberg, 1865-1951) 독일 경제계의 지도자·정치가. 전 독일 동맹 창립자. 1928년, 독일국가 인민당(DNVP) 당수. 히틀러의 정권획득에 힘을 빌려주어 1933년에는 히틀러의 경제상. 1933년 3월 5일 선거에서는 8%를 얻고 약 44%를 획득한 나치스는 이와 손을 잡고 마침내 과반수를 넘었다.

* **360** 텔만(Ernst Thälmann, 1896-1944) 독일 공산당 지도자. 에베르트 사후 대통령 후보(25년). 1933년에는 나치스에 의해 투옥되어 獄死.
* **360** 데우스 · 엑스 · 마키나(deus ex machina). 기계를 가진 신. 기계적인 신. 홉스는 신 · 인간 · 짐승 · 기계를 통합한 리바이어던의 신화적인 모습을 그리고 있다. 그는 영혼을 가진 기계라는 데카르트적 인간관을 「거인」인 국가로 옮겨 국가는 주권적 · 대표적 인격이라는 영혼을 가진 기계라고 하였다. 카를 슈미트는 이것이 홉스 국가론의 핵심이라고 한다. 김효전역, 『홉스 국가론에서의 리바이어던』, 교육과학사, 1992, 295면.
* **361** 카를 렌너(Karl Renner, 1870-1950) 오스트리아의 사회주의자. 저서 『사법제도의 사회적 기능』(정동호 · 신영호 옮김, 세창출판사, 2011)은 사적 소유권의 인적 · 권력적 지배의 면을 분석하는 동시에, 해석법학을 비판하고 법에 관한 사회과학을 건설하려고 노력한 것이다. 제2차 세계대전 후인 1945년 오스트리아 공화국대통령으로 선출된다. 그의 이론은 오스트리아와 독일뿐만 아니라 일본의 대표적인 민법학자 와가쓰마 사카에(我妻榮, 1897-1973)에게도 커다란 영향을 미쳤다.

## 제6장 시민과 부르주아

* **364** 소크라테스가 『크리톤』에서, 선량한 시민은 국법을 준수해야 한다고 말한 것을 의미한다. 플라톤, 조우현 옮김, 『소크라테스의 변명/크리톤』(두로, 1990) 참조.
* **364** 미국의 배빗. 교양 없는 비천한 시골 실업가를 가리킨다. 루이스 싱클레어(Lewis Sinclair, 1885-1951)의 동명 소설 『배빗』(Babbitt, 1922; 이종인 옮김, 열린책들, 2011)에서 유래한다.
* **366** 도스토예프스키의 대심문관, 김연경 옮김, 『카라마조프 가의 형제들』, 민음사, 2007, 519면 이하.
* **368** 아나톨 프랑스(Anatole France, 1844-1924)의 이 말은 소설 『빨간 백합』(Le lys rouge, 1894) 중 방랑 시인 슈레트가 혁명 이후의 프랑스를 비판한 말이다. 「국민(citoyen)이란 것」은 가난한 사람에게는 부자의 권력과 한가로움을 언제까지나 뒷받침해 주는 것입니다. 그들은 엄격한 법의 평등의 이쪽, 그러기 위해서 힘써야 하는 것입니다. 엄격한 법의 평등이란 빈부의 차별 없이 한결 같이 다리 아래서 자거나, 마을에서 구걸하거나, 빵을 훔치는 것을 금하는 것이다」.
* **368** 로트실트(Walter Rothschild, 1868-1937) 영국의 은행가 · 정치인.
* **369** 오리게네스의 말. 헬러는 「우리에게 국가처럼 생소한 것은 아무것도 없다」(Nec ulla nobis magis res aliena quam publica)고 『국가학』에서도 인용한다(S. 71; Gesammelte Schriften, Bd. 3, S. 164; 홍성방 옮김, 96면). 또한 「사회주의적 대외정책(Sozialistische Außenpolitik? in: Ges. Schr. Bd. 1. 415-420), S. 418에서는 같은 말이 테르툴리아누스의 인용으로서 사용되고 있다. 이 점의 이동을 전집의 편자 니마이어는 지적하면서도 어떤 것으로 인용했는지 원전에서 확인할 수 없었다고 적고 있다(Ges. Schr., Bd. 3, S. 419). 이 말은 테르툴리아누스(Tertullianus, 155?-?)의 『호교론(護敎論, Apologeticus) 제38절 제3에 볼 수 있다. 「그런데 우리들 기독교 교도는 그러한 명예욕이나 권세에 대한 야심은 전혀 없기 때문에 그런 관계를 만들 필요는 추호도 없고, 정치라는 것은 전혀 우리와 관계없는 것이다. 우리들은 단 하나의 국가(civitas) 밖에 모른다. 그것은 '세계'이다」. 오리게네스, 임걸 옮김, 『켈수스를 논박함: 그리스 · 로마 세계에 대한 한 그리스 도인의 답변』(새물결, 2005); 떼르뚤리아누스, 이형우 역주, 『그리스도의 육신론』(분도출판사, 1994) ; 이성효 · 이형우 · 최원호 · 하성수 옮김, 『원리론』(아카넷, 2014) 참조.
* **369** 발자크의 장 보트랭에 관하여는 → 899면
* **370** 『베를린 알렉산더 광장』(1929; 김재혁 옮김, 민음사, 2011; 장남준역, 삼성출판사, 1982

등). 알프레드 되블린(Alfred Döblin, 1878-1957)의 작품.

* **371** 젠틸레(Giovanni Gentile, 1875-1944) 이탈리아의 역사학자. 크로체의 제자로 신헤겔파 소속의 철학자이며 정치인. 파시즘의 대표적인 이론가로서 1922-1925년에 교육장관도 맡았다. 그의 능동주의 철학이란 사유 내지 주관과 자연 내지는 객관을 대립적으로 파악하는 초월적 방법에 대해 후자를 전자로 환원하는 것이다. 즉 정신은 사유 활동 그 자체의 생성이며 이 정신의 실재를 현실로 파악한다. 그리고 자연은 고정된 사유이며 자아의 소산인 한에서 현실적인 것이라고 생각한다.

* **371** 콘도티에리(Condottieri). 14세기 이탈리아의 용병대장을 의미한다. 이탈리아 르네상스시대에는 호족과 무사가 용병대장이 되고 지배자로 상승해 가는 예를 보였다. 밀라노의 스포르차(Sforza)家 등을 전형적으로 들 수가 있다. 「스포르차」(습격하는 사람, 모든 일을 수행하는 자)라는 이름에서 보듯이, 훌륭한 전승과 배임행위로 비천한 몸으로부터 국권을 장악한 르네상스 군주의 전형이다.

* **372** 피스카토르(Erwin Piscator, 1893-1966 연출가)를 가리킨다고 생각된다. 피스카토르는 20년대에 베를린에서 「좌익 극장」을 주재하고 노동자 계급의 관객을 향해 선동적인 극을 연출했다. 「레뷰 로타 룬메르」에서의 선거 프로파간다에서 시작하고(24년), 그 연출의 정치색의 강함에서 국립극장, 폴크스 뷔르네와 대립한다(27년). 그 후에도 자신들의 「정치극장」을 통해서 극장투쟁을 벌였다.

* **372** 마리네티(Emilio Filippo Tommaso Marinetti, 1876-1944) 이탈리아의 시인·소설가. 이른바 「미래파」의 총수로서 알려진다. 제1차 세계대전 직후부터 무솔리니와 함께 파시즘 운동을 일으켰다.

* **372** 프로이드는 일상 회화 중 말이 다른 것은 단지 음운상의 유사성에 기인하는 것이 아니라 심리적인 요인이 개재하고 있음을 지적한다. 『일상생활의 정신병리학』(이한우 옮김, 프로이트 전집 5, 열린책들, 2004) 참조.

* **373** 헬러는 아이헨도르프(Josef Freiherr von Eichendorf, 1788-1857)의 『어느 건달의 생활』(Aus dem Leben eines Taugenichts, 1826)에서 인용하지만 해당되는 곳은 발견할 수 없었다.

* **373** 카를 크라우스(Karl Kraus, 1874-1936)는 20세기 초 빈에서 말하자면 「문화비평가」로서 당시 사회의 정신적·도덕적·문화적 퇴폐를 규탄하고 고립무원의 활약을 하고, 그의 개인 잡지 『파켈』(Fackel)에 많은 아포리즘을 발표했다. 헬러가 인용하는 전문은 이렇다.

Seit Heine wird nach dem Leisten: "Ein Talent, doch kein Charakter" geschustert. Aber so fein unterscheide ich nicht! Ein Talent, weil kein Charakter.

(하이네 이래 판 박듯이 「재능은 있지만 개성은 없는」 이것이 상투적인 평이었다. 그러나 나는 이런 미묘한 구별은 하지 않는다! 개성이 없다는 것이야말로 재능이 있는 것이다!).

이 아포리즘은 "Sprüche und Widersprüche"에 포함되어 있다. 여기서는 Beim Wort Genommen. (Köschel-Verlag, 1955), S. 95에서 인용.

## 제7장 권위적 자유주의?

* **377** 파펜(Franz von Papen, 1879-1969) 나치스 독일의 군인·정치인. 주미 육군무관을 거쳐 제1차 대전 때는 터키 제4군 참모장. 전후 정계에 들어가 중앙당에 소속, 공화정치에 반대하고 힌덴부르크 대통령의 측근으로서 초당파 내각을 조직하여 수상이 되며(1932. 6-동 11), 프로이센 사회민주당 정부를 탄압하여 해체하고, 히틀러와 결탁하여 그를 수상으로 하고 그 아래 부수상(1933-34)이 된다. 이 사이에 나치스와 교황 간의 계약에 조인(1933), 오스트리아 공사, 후에 대사(1934-38)로서 독일과 오스트리아 합병에 관여하고, 제2차 대전 중에는 터키 대사(1939-44),

독일과 터키의 관계 단절로 귀국한다. 1945년 미군에 체포되어 뉘른베르크 군사재판에 회부되었으나 무죄 판결을 받고 석방되며(1946), 나중에 독일 비나치화 재판에서 8년 노동형으로 복역했다 (1947).

* 378 1932년 7월 20일에 파펜은 긴급명령으로 프로이센의 사회민주당 브라운 정부를 폐지하고 스스로 프로이센 총감이 되었다. 이른바 파펜 쿠데타이다. 사회민주당은 이를 국사재판소에 제소했다. 그때에 라이히측의 변호인은 카를 슈미트였고, 프로이센측의 변호인은 헤르만 헬러였다.

　이 재판기록에 관하여는 Arnold Brecht (Hrsg.), Preußen *contra* Reich vor dem Staatsgerichtshof. Stenogrammbericht der Verhandlungen vor dem Staatsgerichtshof in Leipzig vom 10. bis 14. und vom 17. Oktober 1932, Berlin 1933. 일본어 번역 山下威士譯, 「プロイセン對ライヒ」(7月 20日 事件) 法廷記錄 (1)-(18), 『法政理論』(新潟大學) (1985-1998년 연재) 합책본[미완판], 2001.

* 380 에른스트 윙거(Ernst Jünger, 1895-1998) 독일의 저술가. 작품 『대리석 절벽 위에서』(노선정 옮김, 문학과지성사, 2013); 문헌 오한진, 『독일 참여작가론』(기린원, 1989), 225-279면.

* 380 장 보댕(Jean Bodin, 1529-1596) 프랑스 정치사상가. 주권개념의 도입으로 유명. 위그노 전쟁의 와중에서 왕권옹호와 종교적 관용을 주장하는 정치파에 속한다. 저서 『국가론에 관한 6권의 책』(나정원 옮김, 전6권, 아카넷, 2013)은 근대 주권국가의 고전. 헬러의 『주권론』에서 인용. 카를 슈미트는 보댕과 홉스를 자신의 친구라고 한다(『구원은 옥중에서』, 142-145면).

* 380 지고의 존재(être suprême). 1789년 프랑스 인권선언 전문의 마지막 문장 「국민의회는 지고의 존재 앞에, 그 가호 아래 인간과 시민의 다음과 같은 권리를 승인하고 선언한다」를 가리킨다.

* 381 크루프 재벌의 총수. 크루프 재벌의 보수당 총재는 구스타프 크루프(Gustav von Bohlen und Halback Krupp, 1907-1943)였다. 크루프 철강 회장이며 나치스의 정권획득을 도왔고 전후에 전범으로 기소되었다.

* 382 랑남 연맹(Langnamverein). 정식명칭은 「라인란트와 베스트팔렌에서의 공통의 경제적 이익을 보전하기 위한 연맹」(Vereins zur Wahrung der gemeinsamen wirtschaftlichen Interessen in Rheinland und Westfalen)인데 비스마르크의 익살 이후에 「랑남 연맹」으로 불린다. 헬러가 인용한 「강력국가 속의 건전한 경제!」는 당시 회원들 모임의 모토였으며, 슈미트는 「강력국가 와 건전한 경제」(Starker Staat und gesunde Wirtschaft)를 즐겨 지정한다. 강연 전문은 현재 G. Maschke (Hrsg.), C. Schmitt, Staat, Großraum, Nomos. Arbeiten aus den Jahren 1916-1969, Duncker & Humblot, Berlin 1995, S. 71-91.

* 384 슈베린-크로시크(Johann Ludwig von Schwerin-Krosigk, 1887-1977) 독일의 법학자·정 부고위 관리.


## 제4편 정치사상

### 제1장 라살레 『노동자강령』

* 387 페르디난드 라살레(Ferdinand Lassalle, 1825-1864) 독일의 사회주의자·정치가·노동운 동가. 독일사회민주당의 전신인 「전독일노동자협회」의 창립자. 국가론에서는 헤겔의 영향을 받아 국가의 윤리적 성격을 강조하고, 먼저 보통선거권을 얻은 후에 의회주의에 의해서 국가부조의 생산조합을 설립하고 사회주의를 실현해야 한다고 주장했다. 전독일노동자협회 창립 1주년 후에

결투로 사망. 그의 주장은 1890년대에 베른슈타인(Eduard Bernstein, 1850-1932)에 의해서 이론적으로 심화되고, 바이마르 공화국 시대의 독일사회민주당의 실질적인 지도원리가 되었다. 그러나 에르푸르트 강령(Erfurter Programm)이 채택된 1891년 이후는 공식적으로 마르크스주의가 지도원리가 되었다. 제2차 세계대전 이후 1959년의 고데스베르크 강령에 의해서 라살레주의는 서독 사회민주당의 주요한 공식적 원리가 되었다.

　전집 E. Bernstein (Hrsg.), Ferdinand Lassalle. Gesammelte Reden und Schriften, 12 Bde. Berlin 1919-1920. 저서 『노동자강령』(서석연 옮김, 범우사, 1990); 『헌법의 본질』(1862) 등. 문헌 Peter Brandt u.a. (Hrsg.), Ferdinand Lassalle und das Staatsverständnis der Sozialdemokratie, Baden-Baden, Nomos 2014; Gösta v. Uexküll, Ferdinand Lassalle, Rowohlt, 1974; Willi Eichler, Hundert Jahre Sozialdemokratie, 1962 (이태영역, 『독일 사회민주주의 100년』, 중앙교육문화, 1989). → 923면

* **388** 국토방위군(Landwehr). 대나폴레옹 전쟁 때에 창설되고 정규 군대에서 제대한 자로 구성되는 민병조직이었다. 이것은 제1기간(26세부터 31세)과 제2기간(26세부터 39세)으로 나뉘고, 전시에는 제1기간에 속한 자가 현역병과 동일하게 징용 동원되며, 제2기간에 속한 자는 주로 방위임무를 맡았다.

* **389** 로타 부허(Lothar Bucher, 1817-1892) 독일의 신문기자·외교관. 국민의회(1848)에서 급진파를 대표. 관세문제로 프로이센 정부와 충돌하여 체포되었으며 석방 후에는 런던으로 망명(1850), 거기서 '나치오날 차이퉁'지의 특파원으로서 활약했다. 나중에 온건파로 전향하고, 사면(1861)으로 귀국하여 비스마르크 아래서 외무부에 근무하고(1864-1886), 라살레와 비스마르크와의 조정에 힘썼다.

## 제2장 헤겔 『독일헌법론』

* **393** 헤겔의 『독일 헌법론』의 한국어 번역은 아직 보이지 않으며, 일본어판은 金子武藏譯, ヘーゲル 『政治論文集』(上), 岩波文庫, 1967, 49-197면 참조.

　한편 카를 마르크스의 「헤겔 국법론 비판」(Kritik des Hegelschen Staatsrechts, §§261-313)은 강유원 옮김, 『헤겔 법철학 비판』(이론과 실천, 2011), 33-265면에 수록되어 있다.

　헤겔 『법철학』에서의 인륜적 자유에 대해서는 이정일, 『칸트와 헤겔에 있어서 인륜적 자유: 당위론적 의무와 목적론적 일치의 지평에서』(한국학술정보, 2007). 최근 문헌은 백훈승, 『헤겔 『법철학 강요』 해설: 〈서문〉과 〈서론〉』, 서광사, 2016 참조.

## 제3장 헤겔과 독일에서의 국민적 권력국가사상

* **410** 뤼네비유(Lunéville) 강화. 프랑스 로랭 뫼르트에 모젤 주에 위치한 도시. 1801년 프랑스와 오스트리아 사이에 체결된 뤼네비유 조약으로 유명하다.

* **412** 버크(Edmund Burke, 1729-1797) 프랑스 혁명비판으로 유명한 영국의 정치가. 프랑스 혁명에는 반혁명의 진영에 서서 자코뱅주의와 대결, 그의 『프랑스 혁명의 성찰』(1790년)은 근대 보수주의의 선언이라고 말해진다. 이 책은 1803년 겐츠에 의해서 독어로 번역되어 독일 보수주의자의 바이블이 되었다. 버크의 프랑스혁명론은 이태숙 옮김, 『프랑스혁명에 관한 성찰』(한길사, 2008)이 있으며, 기타 유번 레빈, 조미현 옮김, 『에드먼드 버크와 토머스 페인의 위대한 논쟁』(에코리브르, 2016) 참조.

* **420** 딜타이(Wilhelm Dilthey, 1833-1911) 독일의 철학자·사상사가. 「생」과 「정신」의 개념을

기초로 하여 철학·정신과학의 이론을 구축했다. 저서『정신과학에서 역사적 세계의 건립』(김창래 옮김, 아카넷, 2009);『체험과 문학』(한일섭역, 중앙일보, 1984);『딜타이 시학』(김병욱 외역, 에림기획, 1998) 등.

* 425 사보나롤라(Girolamo Savonarola, 1452-1498) 이탈리아의 목사·개혁가·순교자.

* 429 기번(Edward Gibbon, 1737-1794) 영국의 역사가·국회의원. 저서『로마 제국 쇠망사』(전6권, 1776-88; 황건 옮김, 청미래, 2004; 민음사, 2008-10).

* 432 여기의「개념」이란 제1초고 서문에서 명백하듯이, 국가 일반의 개념인 동시에 특히 군주국이라든가 귀족국 등의 개념이다.

* 433 독일 공법이 사법(私法)에 불과한 것은 제1초고 서문 별문 2 참조.

* 433「정의는 행해져라 게르마니아는 망하더라도」는 황제 페르디난드 1세의 말.『피히테와 셸링 철학체계의 차이』(임석진 옮김, 지식산업사, 1992) 논문(107면)에서도 인용하는데, 거기서 헤겔은 칸트의『영원한 평화를 위하여』를 언급하고 있어서 그가 이 말을 안 것은 칸트에게서라고 생각된다.

* 433「제국 원수」(Reichsoberhaupt). 로젠츠바이크(1권 239면)에 의하면 이 표현을 사용한 것은 Majer (Teutsche Staatskonstitution, 1800)이다.

* 436 독일 소유령의 상실. 이것은 뤼네비유의 강화(1801년 2월 9일)에 의한 것이다.

* 437「독일적 자유」. 타키투스의『게르마니아』(이광숙 편역, 서울대출판부, 1999)와 몽테스키외의『법의 정신』11편 8장에 의해서 구상된 것. 헤겔의『독일헌법론』제10절 국민의 자유와 의원의 자유 -「독일적 자유」의 변모 참조.

* 440 Hippolith à Lapide. 스웨덴의 국법학자 Bogislaus Philipp von Chemnitz(1605-1678)의 가명. 슈테틴(Stettin) 출생. 로스토크와 예나에서 법학과 역사학을 배움. 스웨덴 장교로 근무한 후 스웨덴 귀족, 궁정고문관. 저서『우리 로마 게르만 제국의 합리적 지위에 관한 논문』(1640). 문헌 Kleinheyer/Schröder, Deutsche Juristen aus fünf Jahrhundert, S. 55-57.

* 441 맨체스터학파. 19세기 전반기 특히 영국의 부르주아 이데올로그들에 의해 대표된 경제학설. 이 학설의 주창자들은 영국 산업 부르주아 당인 이른바 맨체스터당을 만들었다. 이들은 무역의 자유, 국가는 지방경제에 개입하지 말 것, 노동자계급에 대한 무제한의 착취 등을 변호했다. 맨체스터는 이들 운동의 중심지. 방직제조업자였던 콥덴(Richard Cobden, 1804-65)과 브라이트(John Bright, 1811-89)가 이 운동을 대표했다. 1860년대 자유무역주의자들은 영국 자유당의 좌익을 형성하였다. → 814면

* 441 여기서의「국가의 이해」,「국가의 관심」,「국가의 이익」등은 ragioni di stato, Staatsraison이다. ragioni di stato라는 표현은 귀치아르디니(Francesco Guicciardini, 1483-1540)에서 차용한 것이며, 이론적으로는 마키아벨리에서 나온 것이다. 헤겔의 마키아벨리관에 대해서는『역사철학강의』(라손판, 864면) 참조. 귀치아르디니에 관하여는 이동진 옮김,『통치자의 지혜』(해누리, 2014) 참조.

* 444 리쉴리외(Richelieu, 1585-1642)는 1624년에 프랑스의 사실상의 재상이 되었는데 독일에서 1629년에 발렌슈타인이나 틸리 같이 우수한 장군을 옹호하는 황제 페르디난드 2세의 승리가 확정되고,「회복칙령」(Restitutionsedikt)의 발포를 보아 독일이 페르디난드 2세 아래 공고한 통일을 형성하여 프랑스를 위협하는 형국이 된 때에, 리쉴리외는 1631년에 배르발데(Bärwalde)에서 스웨덴의 구스타프 2세에게 보조금을 줄 것을 약속하고, 독일에 침입하였다. 그러나 구스타프의 독일 침입은 원래 발단부터 리쉴리외 정책을 지지한 것이며, 또 베스트팔렌 강화도 이미 그가 생존시부터 획책한 것이다. 헤겔의 리쉴리외관은『역사철학강의』(라손판), 899면, 925면 참조.

\* **444** 피그미. 『일리아드』 3의 6.

\* **447** 기사 칸톤(Ritterkantone). 제국 직참(直參)의 기사는 프랑켄 구역(크라이스), 슈바벤 구역과 라인 구역으로 3분되고 있었는데, 각 구역은 다시 칸톤으로 나뉘고 있었다. 프랑켄 구역에는 3개의 칸톤이 있고, 슈바벤 구역에는 5, 라인 구역의 경우는 3이었다(몰라).

\* **448** 테세우스(Theseus). 신화상의 인물로 수많은 호족으로 분열된 아티카 지방을 아테네를 수도로 하여 통일국가로 만들고, 이른바 συνοίκισμός를 성취하였다고 전한다. 본문은 이 전설을 본떠서 수많은 작은 나라(약 300)로 분열된 독일의 국가적 통일을 성취할 새로운 영웅에게 기대하는 것이다.

\* **451** 발렌티노아 (Valentino)공이란 케자레 보르지아(Caesare Borgia, 1476-1507)를 말한다. 법왕 알렉산더 6세의 서자이다. 조카라는 것은 이른바 네포티즘의 입장에서 부르는 애칭이다.

\* **451** 여기의 「습작」이란 Anti-Machiavel (1740)을 가리킨다.

\* **452** 덕(virtù). 마키아벨리는 덕(비르투)을 예외적으로 미덕이라는 의미로 사용하기도 하지만, 라틴어 어원에 따라 주로 '남성적인 능력' 또는 '탁월함' - 활력 · 힘 · 기백 · 용기 · 용감함 등 - 을 지칭하는 의미로 사용한다. '덕'(비르투)은 다양한 인간 성품을 가리키지만, 간혹 물질적인 대상에 관해서도 사용된다. 니콜로 마키아벨리 저, 강정인 · 안선재 옮김, 『로마사 논고』(한길사, 2003), 69면.

마키아벨리 저작에 나타난 주요 개념에 대해서는 강정인 옮김, 『군주론』(까치, 1994), 194-204면 참조.

\* **454** 셸링(Friedrich Wilhelm Joseph Schelling, 1775-1854) 독일의 관념론 철학자. 저서 『신화철학』 1 · 2(김윤상 · 심철민 · 이신철 옮김, 나남, 2009);『인간 자유의 본질』(한자경 옮김, 서광사, 1998);『자연철학의 이념』(한자경 옮김, 서광사, 1999) 등.

\* **459** 폴리짜이와 직업단체(die Polizei und Korporation). 「사회정책과 직능단체」(임석진 옮김, 418면)로 번역하기도 하나, 여기의 폴리짜이는 사회 전체의 안정을 도모하는 것이다.

\* **465** 부르셴샤프트(Burschenschaft) 운동. 부르셴샤프트는 「대학 학우회」라고도 번역한다. 1813년 초 모스크바에서 퇴각하는 나폴레옹에 대항하여 독일의 해방을 쟁취하기 위해 각지에서 의용군이 속속 결성되었다. 뤼초프 의용군(Lützowsches Freikorps)은 그 중의 하나이다. 1813년 2월, 육군 소령 뤼초프 남작은 주로 프로이센 이외의 邦들의 부르주아 출신의 애국청년을 의용군으로 조직하여, 다음해에 걸쳐 해방전쟁에서 커다란 공훈을 세웠다. 그 군복색은 흑색으로 옷깃과 소매에 붉은 자수를 놓았으며, 단추는 금색이었다. 이 뤼초프 의용군 군복의 배색인 「흑 · 적 · 금」은 1815년 6월 예나 대학에서 뤼초프 의용군 출신의 학생이 중심이 되어 결성된 「대학학술회」(Burschenschaft) 깃발색이 되었다. 그리고 그것은 독일국민통일의 실현을 지향하는 투쟁의 상징이 된다. 그때까지 독일의 대학에서는 학생의 출신지별로 편성된 「동향인회」(Landsmannschaft)가 지배하였고, 그것은 독일의 분열을 상징하였다. 해방전쟁에 참가하여 좁은 향토를 초월한 「조국」독일을 위해서 싸운 학생으로서 낡은 학생조합은 시대착오로 생각되었다. 이리하여 독일통일을 지향하는 「대학 학우회」 운동은 순식간에 독일의 모든 대학으로 확대되었다. 1817년 10월 종교개혁 300년제와 라이프치히의 전승기념제를 겸한 「대학 학우회」의 축제가 11개 대학 500명의 학생이 모인 가운데 아이제나하의 서북단에 치솟은 루터의 연고인 고성 바르트부르크(루터는 여기서 성서의 독역을 끝마친다)에서 개최되었다. 축제를 끝마친 밤, 급진파의 일부 학생은 반동으로 인정한 책, 예컨대 할러(K. L. v. Haller)의 『국가학의 부흥』(Restauration der Staatswissenschaft, 1816-1834) 등을 불태우는 분서의 촌극을 연출하여 빈 반동체제에 대한 항의를 표시하였다. 그리고 다음해

1818년 10월「대학 학우회」의 제2회 대회에서「대학 학우회」의 전독일적 조직화에 성공하지만, 이러한 움직임에 경악한 메테르니히는 1819년 9월 칼스바트 결의로써 독일통일을 지향하는「대학 학우회」운동을 탄압하였다. 프랑스의 1830년 6월혁명 후, 이 운동의 급진파는 독일에서의 자유주의와 민주주의투쟁의 선두에 서고 1848년 혁명에 참가하였다. 그러나 혁명의 좌절과 부르주아지의 좌우의 분열, 그리고 소독일주의에 의한 독일통일이 실현되어, 독일제국 창립 후에는「대학 학우회」의 성격도 완전히 바뀌었다. 즉 독일 부르주아지의 변질에 대응하여「대학 학우회」도 비스마르크 제국을 열렬히 옹호하는 국수주의적 학생단체로 변질되고 제정(帝政)의 엘리트를 공급하는 특권집단이 되었다. 문헌 김장수, Burschenschaft의 독일개혁 및 통합운동, 『관동사학』제7집 1호(1996), 93-120면 참조.

* **466** 1803년의「자연법 논문」. Über die wissenschaftlichen Behandlungsarten des Naturrechts, seine Stelle in der praktischen Philosophie und sein Verhältnis zu den positiven Rechtswissenschaften (김준수 옮김, 『자연법. 자연법에 대한 학적 취급방식들, 실천철학에서 자연법의 지위와 실증법학과의 관계에 관하여』, 한길사, 2004).

* **468** 르낭(Ernest Renan, 1823-1892)은 『민족이란 무엇인가』(신행선 옮김, 책세상, 2002)에서 말한다.「민족이란 하나의 영혼이며 정신적인 원리입니다. … 민족은 이미 치러진 희생과 여전히 치를 준비가 되어 있는 희생의 욕구에 의해 구성된 거대한 결속입니다. 동의, 함께 공동의 삶을 계속하기를 명백하게 표명하는 욕구로 요약될 수 있는 것입니다. 한 민족의 존재는 개개인의 존재가 삶의 영속적인 확인인 것과 마찬가지로 매일매일의 국민투표입니다」(80-81면).

* **477** 독일어의 'Recht'는 법·권리·올바른 것 등의 뜻이 있다. 헤겔의 『법철학』(Rechtsphilosophie) §33과「추가」에서 보듯이, 여기서 법의 철학은 권리의 철학, 정의의 철학으로서 윤리학과 국가론이 포함된 법철학이다. 이 책의 영역판의 제목도 Philosophy of Right이다.

* **478** 헤겔 철학의 전문용어라고도 할 'Dasein'을 일본 학계에서는 정재(定在), 정유(定有) 또는 현존재 등으로 번역하는데, 여기서는 임석진 교수의 번역에 따라「현실존재」라고 옮긴다. 임석진 옮김, 『법철학』(한길사, 2008), 55면의 주 2 참조.

* **488** 브리아레오스(Briareus) 그리스 신화에 등장하는 50개의 머리와 100개의 손을 가진 거인.

* **488** 독일어 Konstitution. 정치체제나 사회제도와 관련될 때에는 정체(政體)로 번역하고 일반적인 의미로는 '구성'으로 번역한다.

* **489** 독일어의 'Stände'는 신분 또는 신분[직능] 대표의회, 두 가지 뜻이 있다.

* **496** 노발리스(Novalis, 1771-1801) 독일낭만파 최고의 시인. 저서 『푸른꽃』(김재혁 옮김, 민음사, 2003; 이유영·김주연의 역서 등). 문헌 슐츠, 이온화 옮김 『노발리스』(행림출판, 1982). → 625면

* **500** 루이 18세의 헌장. → 914면 역주

* **510** 고요함이 지속되면 바다는 부패한다. 이 표현은 『법철학』§324 (역서, 564면)에도 보인다.

* **514** 「약속은 준수되어야 한다」(pacta sunt servanda)의 반대명제로서「사정변경의 원칙」(rebus sic stantibus)이 있다.

　　문헌은 최병조, 법과 철학 사이에서 - 헤겔 〈법철학〉 국역본에 대한 촌평: 계약론 부분을 예증 삼아, 『법연』 2009년 10월호.

* **515** 신과 자연의 법(loy de Dieut et de nature). 보댕, 『국가에 관한 6권의 책』(나정원 옮김, 아카넷, 2013), 289면.

* **520** 민족들의 회의(Völkerareopag). 아레오파고스는 그리스 아테네의 회의, 재판 등을 가리키는

지명.

* 521 헤겔좌파.「청년 헤겔파」라고도 하며 1830년대 후반에서 1840년대 초까지 독일에서 다소 무정형한 학파로서 형성된 급진적 헤겔학도를 말한다.

* 523 할러(Karl Ludwig von Haller, 1763-1854) 스위스의 부흥적 보수주의자. 저서『국가학의 부흥』(전6권, 1816-34)은 프랑스 혁명사상, 자연법주의에 반대하며, 사법적(私法的)·가산적·전통신앙적 국가이념을 주장, 1820년대의 프로이센 보수주의의 이론적 지도자로서 지목되었다.

* 525 아담 뮐러(Adam Müller, 1779-1829) 독일 낭만주의자. 가톨릭으로 개종(1805년), 겐츠와 교류하고 E. 버크의 영향을 받았다. 저서『국가학요론』(전3권, 1810)에서는 자연법적 국가관을 배척하고 국가유기체설을 주장. 오스트리아의 라이프치히 총영사(1818-1827), 메테르니히의 정치적 조언자로서 활약, 정치적 보수주의의 대변자.

* 529 『정신현상학』(임석진 옮김, 한길사, 2006; 김양순 옮김, 동서문화사, 1987).

* 543 칼라일의『영웅과 영웅숭배론』(박상익 옮김, 한길사, 2003; 구인환 옮김, 대양서적, 1971; 박시인역, 을유문화사, 1961) 등이 있다. 기타 칼라일의 저서로는 박상익 옮김, 『의상철학』(한길사, 2008); 신상초역, 『프랑스혁명과 나폴레옹』(상서각, 1966) 등.

* 555 법무관(praetor). 고대 로마의 고급 정무관. BC 306년 집정관(Consul)과 함께 명령권을 가진 도시 법무관(praetor urbanus)이 설치되어 로마에서의 재판을 관장하였다. 임기는 1년이고 정원은 2명. 이들은 로마의 재판권 외에 집정관을 보좌하고, 집정관 부재 시에는 원로원과 코미티아(兵員會)를 소집했으며, 입법권도 행사하였다. 그 후 속주에도 이 관직을 두어 지방을 통치하고 정원도 늘어났다. 이들은 로마에 상주하며 재판권을 행사하였고, 이들이 공포하는 재판규범은 이후 로마법의 기초가 되었다. 제정기에 이르러 권한이 축소되어 하나의 명예직이 되었다. 로마시대의 상임 정무관으로는 집정관, 법무관, 재무관(Quaestor), 조영관(造營官) 또는 안찰관(按察官, Aedilis), 호민관(tribunus), 감찰관(censor)이 있다. 여기서 헬러는 「심판자」란 의미로 사용한 것이다.

* 558 달만(Friedrich Christoph Dahlmann, 1785-1860) 독일의 역사가·정치가. 이 책 제5장에 적혀있듯이, 하노버 방국 헌법의 폐지에 반대하여 추방된 「괴팅겐 대학 7교수」중의 한사람. 추방 후에는 자유주의적인 정치가로서 프로이센과 에르푸르트의 연방의회에서 반동적인 다수파에 대항하여 싸웠으나 독일 연방국가의 성립이 실현되지 못한 것을 알고 정계를 물러났다.

* 559 호토(Heinrich Gustav Hotho, 1802-1873) 독일의 철학자이며 예술사가. 베를린 대학의 미학 및 예술사 교수 역임. 헤겔의『미학』(Ästhetik, 1835; 두행숙 옮김, 『헤겔의 미학강의』, 은행나무, 2010)의 편집자로 알려져 있다.

* 564 둥커(Max Duncker, 1811-1886) 독일의 역사가·정치가. 헤겔의 역사관에서 출발하여 비스마르크에 이르는 길을 열었다.

* 566 올뮈츠(Olmütz)의 굴욕. 올뮈츠 협약은 1850년에 모라비아의 올뮈츠에서 오스트리아와 프로이센이 맺은 조약을 말한다. 결성 계획이 좌절되었기 때문에 프로이센의 국민주의적 진영에서는 이를 「올뮈츠의 굴욕」이라고 불렀다.

* 566 만토이펠 (Otto von Manteuffel, 1805-1882) 독일의 장군.

* 568 청년헤겔파에 관하여는 데이비드 맥렐란, 홍윤기 옮김, 『청년헤겔운동』(학민사, 1984) 참조.

* 578 게를라흐(Ernst Ludwig von Gerlach, 1795-1877) 프로이센 독일의 보수적 법률가·정치가. 사비니와 할러의 영향을 받고, 『베를린 정치주보』에 민족정신을 고취하고, 프리드리히 빌헬름 4세와 친교가 있고, 그의 정치에 영향을 미쳤다. 또한 프로이센 보수당의 결성에 진력하고 자신도

(1848년 이래) 국회의원으로서 활동하였는데, 비스마르크의 정책에 반대하여 반정부적 소책자를
써서 유죄 판결을 받았다(1874년).

* **578** 아돌프 라손(Adolf Lasson, 1832-1917) 독일의 철학자 · 법학자 · 신헤겔학파의 선구자.
철학적 연구를 병행하여 법의 본질을 파악할 것을 주장하였다. 19세기의 법실증주의의 지배 아래서도
그것에 굴하지 않고 다른 한편 자연법론에도 반대하였다.

## 제4장 헤겔과 독일 정치

* **598** 실러(Friedrich Schiller, 1759-1805)의 「인간의 존엄」(Würde des Menschen)
* **599** 데미우르고스(Demiurg). 플라톤이 생각한 세계의 형성자, 세계의 창조자.

## 제5장 사회와 국가

* **606** 정치의 본질. 헬러는 모든 형태의 정치는 조직된 사회권력을 발전시키고 적용한다는 점에
공통점을 지닌다. 카를 슈미트의 동지와 적의 행동주의는 기껏해야 모든 삶은 투쟁이라는 시시한
결론에 이를 수밖에 없다고 비판한다(홍성방 옮김, 『국가론』, 287면, 291면). 슈미트는 특정한
정치적 구별이란 적과 동지의 구별이라고 한다(김효전 · 정태호 옮김, 『정치적인 것의 개념』, 39면).
* **608** 집산주의(Kollektivismus) 토지 · 공장 · 철도 · 광산 등 중요한 생산수단을 국유로 하여
정부의 관리 아래 집중 · 통제해야 한다는 주의. 그러나 개별 소비는 개인의 자유에 맡겨야 한다고
주장한다.

## 제6장 독일 현대 정치사상사

* **611** 마이어 (Eduard Meyer, 1855-1930). 독일 실증사학의 대표적인 학자. 전공은 고대사.
* **612** 폼 슈타인 남작 → 887면
* **615** 니콜라우스 쿠자누스(Nikolaus Cusanus, 1401-64) 독일의 철학자 · 신학자. 독일 이름은
Nikolaus von Cusa. 그의 사상은 스콜라 철학의 전통과 신플라톤파의 신비사상을 받아들여 신은
능산적 자연(natura naturans), 현상세계는 소산적 자연(natura naturata)이며, 이 모순은 신에서
반대의 일치를 이룬다고 설명한다. 또 이 반대의 일치를 신에서 인식하는 데에는 인식의 최고단계인
직관, 즉 무지(無知)의 지(知)에 의한다고 한다. 그의 사상은 근대철학, 특히 브루노, 라이프니츠에게
영향을 미쳤다.
* **615** 허버트(Herbert of Cherbury, 1583-1648) 영국 이신론(理神論)의 원조. 그의 이신론적
사상은 영국 사상계에 커다란 영향을 미쳤는데, 종교에 대해서는 보편적 계시에 근거한 자연종교를
주장하고 초이성적 계시를 배척하였다.
* **616** 가브리엘 비일(Gabriel Biel, 1418?-1495) 독일의 스콜라 철학자.
* **616** 그로티우스(Hugo Grotius, 1583-1645) 네덜란드의 국제법학자. 『전쟁과 평화의 법』(1625)
으로 국제법학과 근대자연법의 창시자로서 알려짐. 그의 기본이념은 전쟁발생의 방지, 전쟁 중의
비참함의 경감, 전쟁의 연쇄의 단절을 위한 법적 골격을 어떻게 만들 것인가에 있다. 레이덴대학
수학(1597년). 홀란드-제란드 법원 검찰관, 헤이그에서의 영국과의 식민지회의에서 네덜란드 측
위원. 1618년 항의서파와 반항의서파와의 다툼에 관여한 혐의로 체포되어 종신금고형을 받고
루페스틴성에 유폐되다. 1621년 부인의 도움으로 탈옥하여 파리에 도착하고 루이 13세 알현.
1631년 귀국. 주프랑스 스웨덴 대사. 1645년 스웨덴에서 뤼벡으로 부임하러 가던 도중 난파하여
로스토크에서 병사. 저서 『자유해론』(1609; 김석현역, 신양출판사, 1984). 문헌 누스바움, 김영석

옮김, 『국제법의 역사』(한길사, 2013), 193-213면.

* **617** 부르크하르트(Jacob Burckhardt, 1818-97) 스위스(독일계)의 역사가이며 미술사가. 저서 『이탈리아 르네상스의 문화』(1860; 안인희역, 푸른숲, 1999);『콘스탄티누스 대제의 시대』(1853) 등.

* **618** 토머스 모어, 주경철 옮김, 『유토피아』(을유문화사, 2007) 참조.

* **619** 바돌로매 제야의 학살. 12 사도의 한 사람인 성 바돌로매의 축제일(1572년 8월 24일)에 파리에서 왕권으로 행한 위그노파의 대학살을 말한다.

* **620** 1806년의 배신화(陪臣化, Mediatisierung). 이것은 1803년 2월 25일의 제국 대표자 회의 주요 결의(Reichsdeputationshauptschluß)에 의해서 약 350이었던 소 영방(領邦)들이 제국 직속성(直屬性)을 상실하고 프로이센 등의 대 영방에 병합된 것을 가리킨다.

　신성 로마 제국은 베스트팔렌 조약 이후로 빈사상태에 있었으며, 제국을 구성하던 영방들은 국가로 성장하기 시작하였다. 1806년 라인동맹을 결성하고 있던 남독일의 여러 나라들은 제국에서 정식으로 탈퇴를 선언하고, 나폴레옹에 대한 독일의 해방전쟁 이후에는 신성 로마 제국의 直臣에서 陪臣으로 지위가 변경되었다. 상세한 것은 C.-F. Menger, Deutsche Verfassungsgeschichte der Neuzeit, 7. Aufl., 1990 (김효전 · 김태홍 옮김, 『근대 독일헌법사』, 교육과학사, 1992, 217-218면) 참조.

* **620** 프리드리히 2세(Friedrich Ⅱ, 1712-1786) 프로이센 국왕. 프리드리히 대왕이라고 부른다. 재위기간은 1740-1787년. 용병에 뛰어나서 7년전쟁 등을 통하여 유럽의 소국이었던 프로이센을 군사적 대국으로 발전시켰을 뿐만 아니라 계몽전제군주로서 통치도 우수하였으며, 음악과 문학을 애호하여 스스로 플롯을 불며, 프랑스어로 시나 정치적 저작(『반마키아벨리론』은 유명하다)을 쓰고, 계몽철학자 볼테르나 달랑베르와도 교우가 있으며,「위대한 프리드리히」 또는 「노(老)프리츠」라고 불리워 백성의 신망이 두터웠다.

* **621** 프리드리히 빌헬름 1세(Friedrich Wilhelm Ⅰ, 1688-1770) 프로이센 국왕. 프리드리히 대왕의 아버지. 재위 1713-1740년. 근검과 절약으로 낭비를 없애고 국비의 대부분을 군대의 정비와 강화에 힘쓰고 관료제도를 확립하여 행정을 강화하고 산업을 진흥시켜 다음 세대에서의 프로이센 융성의 기초를 닦았다.

* **622** 프로이센 일반 란트법 → 887면

* **622** 요제프 2세(Joseph Ⅱ, 1741-1790) 오스트리아 황제. 재위 1765-1790년. 신성 로마 황제 프란츠 1세와 마리아 테레지아의 맏아들. 독일 왕으로 선출되고(1746년), 이어서 신성 로마 황제가 된다. 그는 계몽적 전제주의의 대표자로 군대와 관료를 기초로 한 중앙집권적 국가의 건설을 목적으로 하였다. 또한 경제정책에서는 중상주의를 신봉하고 고율(高率)의 보호관세를 부과하여 상공업의 진흥을 도모하고 나아가 사회정책으로서는 학교 · 병원 등의 공공시설을 설치하는 등 각종 개혁에 힘썼다.

* **623** 올바크(Baron d'Holbach, 1723-1789) 프랑스의 철학자. 라 메트리의 유물론, 콘티약의 감각론, 디드로의 결정론, 엘베시우스의 이기주의 등 프랑스 계몽주의 사상의 통일을 시도하였다.

* **624** 하르덴베르크 → 887면. 여기서는 하르덴베르크가 유태인에게 시민권을 부여하려고 한 것을 가리킨다. 그는 저항하는 귀족들을 슈판다우 요새에 구금했다.

* **624** 몬젤라(Maximilian Graf von Montgelas, 1759-1838) 바이에른의 정치가. 1799년부터 18년간 바이에른의 지도적 정치가로서 먼저 바이에른의 외교관계를 오스트리아로부터 프랑스로 바꾸고, 영토확장에 노력하는 동시에 중앙집권적 · 관료주의적 통일국가의 확립에 노력하였다.

* **624** 뵐너의 종교령(das Wöllnersche Religionsedikt). 1788년 7월 9일 법무상 뵐너(J. Chr. von Wöllner, 1732-1800)의 권고로 국왕 프리드리히 빌헬름 2세가 계몽주의를 억압하기 위해서 공포한 법령. 2부로 구성되며, 제1부에 모든 종파와 종교단체가 묵인되고 양심의 자유가 허용됨으로써 이미 실시되던 관용이 법적으로 보장되었다. 제2부에서는 국교회에서 신앙개조 적요서의 확정권이 부여되고, 여기서 이탈하는 것이 금지되었다. 이 법을 보충하는 것으로서 같은 해 12월 19일에 검열령(Zensusedikt)이 발포되었다. 이로써 계몽주의적 · 반유태교적 저작의 보급이 금지되었다. 1793년 칸트의 『이성의 한계 안에서의 종교』(백종현 옮김, 아카넷, 2015)가 무신론을 보급하는 것으로서 금지된 것은 이 법에 의한 것이다. 1797년 프리드리히 빌헬름 3세의 즉위와 뵐너의 파면 이후 이 법의 제2부는 실효되었으나 검열령은 실질적으로 1848년까지 존속한다.

* **624** 보날(Louis Gabriel Ambroise de Bonald, 1754-1840) 프랑스 보수주의 정치사상가. 메스트르 등과 함께 교황파와 전통주의의 대표자이며 신이 자연법을 제정하고 군주가 이를 집행하는, 교회는 사회질서의 유지자라고 설명하였다.

* **624** 메스트르(Joseph Marie Comte de Maistre, 1753-1821) 프랑스의 정치가, 정치사상가. 사보아의 외교관으로서 1815년 빈 회의 참석. 1817년 수상. 원죄의 교의에서 출발하여 프랑스 혁명을 신의 벌이라고 했다. 교황지상주의와 절대군주제 주장.

* **626** 한 · 한(Ida Hahn-Hahn, 1805-1880) 독일의 여류작가.

* **626** 슈탈(Friedrich Julius Stahl, 1802-1855) 프로이센 보수당의 창설자이며 특수한 독일적 입헌군주주의 이론을 확립. 1840년대부터 50년대에 걸친 프로이센 보수주의의 대표적인 이론가이며 정치가.

* **626** 슈말츠(Theodor Anton Heinrich Schmalz, 1760-1831) 하노버 출신의 법학자. 1810년에 창립된 베를린 대학의 초대 총장. 군정개혁자 샤른호르스트의 의제.

* **627** 트라이치케(Heinrich von Treitschke, 1834-1896) 독일의 역사가. 소독일주의를 주창하고 비스마르크의 협력자가 되어 권력국가의 사상을 고취하였다. 또한 대내적으로는 가톨릭 · 유태인 · 사회주의자를 적대시하여 군국주의와 애국주의를 제창하고, 대외적으로는 강경외교를 주장하였다. 프로이센 정신의 전형적인 인물이라고 할 수 있다. 제1차 대전 후 트라이치케는 영국 · 프랑스로부터 니체와 함께 독일 국가, 독일군국주의의 권화로 간주되었다.

* **627** 루이 18세의 헌장(Charte constitutionnelle du 4 juin 1814). 1814년의 프랑스 헌법을 말한다. 루이 18세(Louis, 1755-1824)는 1814년 나폴레옹의 몰락 직후 망명지에서 파리로 돌아와서 빈 체제의 일환으로서 왕위에 오르고 부르봉 왕조의 복고를 성취하였다. 그때에 군주주권을 가진 흠정헌법을 발포한 것이 이것이다. 이 헌법은 확실히 군주주권의 제도화의 선언이었지만, 다른 한편 프랑스 혁명을 겪은 민중에 대해서 그 성과를 부정하고 통치하는 것은 불가능하였으므로 일단 그 성과를 형식적으로 승인하는 형태로 어느 정도 국민의 자유주의적 권리를 보장하였다. 이 헌법은 남독일, 특히 뷔르템베르크 지방의 헌법제정시에 모델이 되었다. 전문은 김충희 옮김, 프랑스 역대 헌법전(1), 『동아법학』 제69호(2015), 484-502면.

* **628** 프리드리히 빌헬름 4세(Friedrich Wilhelm Ⅳ, 1795-1861) 프로이센국왕. 재위 1840-1861년. 재능이 풍부하고 학문과 예술을 애호하고 신앙이 독실하였으나, 성격이 강경하고 정치적 수완이 결여되어 「옥좌의 낭만주의자」로 불렸다. 정치적 개혁을 시도하여 연합 지방회의를 소집하였으나(1842년), 태도가 불명확하였기 때문에 자유를 요망하는 국민의 불평을 야기시키고, 혁명(1848년)에 대해서도 반동적이었다. 같은 해 말 프랑크푸르트 국민의회가 제공한 황제의 위를 배척하고, 은밀하게 오스트리아와 결합하였다. 만년에는 정신병에 걸리고(1857년), 동생 빌헬름(후에 빌헬름

1세)이 섭정하였다.

* **631** 론(Albrecht Theodor Emil Graf von Roon,1803-1879) 독일 프로이센의 장군. 1859년 프로이센 육군상에 취임, 보수적인 국가주의자로서 군제개혁을 강행하고 자유주의 세력과 대립, 이른바 헌법분쟁(1862-1866)을 일으켰다.

* **631** 빌헬름 1세(Wilhelm I, 1797-1888) 프로이센 국왕(재위 1871-1888년) 겸 독일 제국 초대 황제(재위 1871-1888년). 수상 비스마르크를 도와 독일 통일의 위업을 성취하였다.

* **631** 1866년의 강화. 프로이센과 오스트리아 간에 체결된 것. 1848년 프랑크푸르트 국민의회에 의한 아래로부터의 독일통일안이 실패한 후 프로이센과 오스트리아가 독일통일의 주도권을 둘러싸고 다투다가 마침내 전쟁이 일어나 프로이센의 승리로 끝났다. 이 강화로 프로이센이 주도하는 소독일주의적 통일방식에 대한 하나의 방해가 제거되었다. 그리고 또 하나의 장애인 프랑스는 1870-1871년의 보불전쟁으로 제거되어 독일제국이 성립하였다.

* **631** 빌헬름 2세(Wilhelm II, 1859-1941) 독일 제국 제3대 황제(1888-1918년) 겸 프로이센 국왕. 1918년 11월 9일 독일 혁명의 발발로 퇴위하고 네덜란드로 망명.

* **631** 팔리에르(Clement Armand Fallières,1841-1931) 프랑스의 정치가. 제3공화국 제8대 대통령(1906-1913년). 온건한 공화주의자로 그의 재임 중에는 클레망소 · 브리앙 · 프앵카레 등의 강력내각을 옹위하여 공화국의 민주화와 모로코 문제의 조정 등을 대처하였다.

* **631** 니콜라이 2세(Nicolai II, 1868-1918) 제정 러시아 최후의 황제. 1891년 황태자로서 일본 방문 중 오오츠(大津)시에서 연도경비 중이던 한 순경이 찌른 칼로 부상. 1894년 즉위. 극동에 적극정책을 전개했으나 러일전쟁에 패하여 국정은 혼란. 1906년 국회 개설. 제1차 대전 중인 1917년 2월혁명으로 퇴위. 시베리아에서 가족과 함께 총살되었다.

* **632** 본너 보루센툼(Bonner Borussentum). 독일 제국시대의 본 대학의 학생조합의 하나. 회원에는 귀족이나 대부르주아지의 자제가 많으며 매우 국수적 · 보수적인 경향으로 유명하다. 빌헬름 2세는 본 대학 재학 중 이 학생조합에 가입하였다.

* **632** 하인리히 왕자(Heinrich Albert Wilhelm, Prinz von Preußen, 1862-1929). 빌헬름 2세의 동생. 해군대장, 원수. 1899년 독일 함대 제독 자격으로 한국을 방문하고 고종을 알현했다. 문헌 한스 알렉산더 크나이더, 최정인 옮김,『독일인의 발자취를 따라 - 한독 관계: 초창기부터 1910년까지』(일조각, 2013), 334-335면; 권영경 옮김,『독일인 겐테가 본 신선한 나라 조선, 1901』(책과함께, 2007).

* **632** 부카레스트 강화조약. 제1차 세계대전 말기 브레스트-리토프스크(Brest-Litowsk)에서 러시아가 독일과 단독 강화한 후 루마니아도 독일과 화친하고 체결한 것. 독일의 패전 후 폐기된다.

* **632** 체르닌 백작(Ottokar Czernin, 1872-1932) 오스트리아 · 헝가리의 외교관 · 정치인. 제1차 대전 중인 1916-1918년 외무장관.

* **634** 잔다르메리 령(Gendarmerieedikt). 1812년 7월 30일 실시된 것으로 구래의 군장직(郡長職)을 폐지하고 중앙에서 군장관을 파견하고 등족세력의 배제를 도모하려고 한 법령. 이것은 봉건적인 기반에 입각한 반대세력에 정면으로 대처하려고 한 하르덴베르크의 자세를 보여준 한 예이다.

* **634** 쾨젠 학생단(Cösener Corps). 독일 학생조합의 일종. 옛날부터 독일 대학에서는 학생의 출신지 별로 편성된 동향인회(Landsmannschaft)가 지배적이었는데, 프랑스 혁명을 계기로 출신지 중심이 아니라 학생 동료간의 우애나 명예 등 추상적인 가치를 중심으로 결속한 학생조합을 학생단(Corps)이라고 불렀다. 그것은 1820년대에 낡은 동향인회에 대신하여 지배적인 학생조합이 된다. 제5장의 역주(본서, 909면)의 부르셴샤프트(Burschenschaft) 또는 대학 학우회는 이것의 일종이

다. 학생단 중에서 초보수적인 것이 1855년 5월 26일 쾨젠에서 전국적인 조직을 결성하고 그 지명을 따라「쾨젠 학생단」이라고 하였다. 원래 독일의 대학은 전학이 자유롭기 때문에 대학의 소속성이라든가 특정한 대학 졸업이라는 학벌은 형성되지 않았다. 그러나「학벌」이 없는 것은 아니다. 한국이나 일본의 학벌에 대신하는 것은 학생조합의 소속성이다. 이러한 초국가주의적인 「쾨젠학생단」은 제정 독일 정계와 관계에서 최강의 파벌이었다.

* 635 랑케(Leopold von Ranke, 1795-1886) 독일의 역사가. 그의 역사서술은 완전히 국가들의 흥망성쇠를 논한 정치사이며, 국가의 세력관계의 추이를 도덕적 에너지의 관념을 중심으로 파악했다. 문헌 마이네케, 차하순역, 『랑케와 부르크하르트』(규장문화사, 1978).

* 636 실리(Sir John Robert Seeley, 1834-1895) 영국의 역사가. 그의 유명한 영국발전사론(1883) 은 대영제국의 발전과정을 인과적으로 추구하고 그 식민정책을 분석·비판한 것으로 제국주의적 시류를 타고 크게 환영을 받았다. 실리의 『정치학입문』(Introduction to Political Science, London 1896)은 중국인 옌푸(嚴復,1854-1921)가『政治講義』(1906)로 번역·소개하였다. 이 책의 한국어 번역은 양일모 역주,『옌푸, 정치학이란 무엇인가』(성균관대출판부, 2009), 140면.

* 637 밤베르거(Ludwig Bamberger, 1823-1899) 독일의 정치가. 3월혁명에 참가하고 국외로 망명, 파리에서 은행업 경영(1853년), 후에 귀국(1866년). 제국 의회 의원(1871-1893년). 비스마르크의 재정고문으로서 자유무역론을 주장하고 화폐개혁, 국립은행의 창립, 금본위제의 제정 등에 관여.

* 640 마이어(Georg Meyer, 1841-1900) 독일의 공법학자. 비스마르크 헌법 하에서의 국법학의 대표자의 한 사람. 국가학적 방법으로 행정법을 체계화하고 행정학과 행정법간의 가교를 시도했다.

* 640 안쉬츠(Gerhard Anschütz, 1867-1948) 제2제정 시대와 바이마르 시대의 대표적인 국법실 증주의 학자. 하이델베르크대학교수. 저서 Die Verfassung des Deutschen Reichs, 14. Aufl., 1933; 문헌 W. Pauly (Hrsg.), Aus meinem Leben, 1993.

* 641 데일리 텔레그라프(Daily-Telegraph) 사건. 1908년 10월 28일자 영국신문「데일리 텔레그라 프」에 발표된 빌헬름 2세의 회견기사 때문에 일어난 사건. 황제는「부르(Buren)전쟁 당시, 영국에 작전에 관한 조언을 하였다. 독일 함대는 일본에 대항하기 위한 것이다」등, 영독관계 개선을 목적으로 하는 발언을 하였는데, 그것은 거꾸로 대영관계를 악화시켰다. 국내에서도 정당들은 일치하여 황제의「개인 지배」를 공격하고, 제국 수상 뷜로(Bülow)도 황제를 변호하지 않았다. 독일 제국의 비입헌주의적인 체질을 상징하는 사건으로 받아들였다.

* 641 벨로프(Georg von Below, 1858-1927) 독일의 역사가. 중세사에 정통하며, 특히 헌법사·경 제사에 관한 저서가 많다.

* 642 군주제 군대의 가장 대표적인 사관으로는 힌덴부르크(Hindenburg) 원수를 꼽을 수 있다. 독일 제국군의 최후의 참모총장이었던 힌덴부르크는 1925년 사회민주당 출신의 에버트(Ebert) 대통령의 사후에 실시된 선거에서 바이마르 공화국 제2대 대통령으로 선출되고, 바이마르 공화국 헌법준수의 선서를 하였다. 그러나 1933년 1월 30일 히틀러를 수상에 임명하여 나치스에게 정권장악 의 길을 열어 주었다.

* 642 프라일리라트(Ferdinand Freiligrath, 1810-1876) 독일의 시인. 3월 전기에 민주주의 진영에 참가. 스위스와 런던에 망명(1846년). 3월혁명 직후 귀국(1848년). 카를 마르크스의「신 라인 신문」의 편집에 협력하여 혁명적 정열을 태웠으나 다시 런던으로 망명(1851-1868년). 만년에 고국에 돌아와 조용하게 여생을 보냈다.

* 650 짐멜(Georg Simmel, 1858-1918) 독일의 사회학자·철학자. 형식사회학의 수립자. 철학적 으로는 칸트 철학의 인식론을 취하면서도 생의 철학의 입장을 취하였다. 저서 『돈의 철학』(김덕영

옮김, 길, 2013);『근대 세계관의 역사』(김덕영 옮김, 길, 2007);『짐멜의 모더니티 읽기』(김덕영·윤미애 옮김, 새물결, 2005).

* **652** 프리드리히 빌헬름 3세(Friedrich Wilhelm Ⅲ, 1770-1840) 프로이센의 국왕. 재위 1797-1840년. 우유부단하여 내정과 외교의 난국을 타개하지 못하고 나폴레옹 1세에 대항하였으나 패하고(1806-1807) 한때 프로이센의 절반을 상실하고(틸지트 강화), 빈 회의 (1815년)에 의해서 작센의 절반, 라인란트, 베스트팔렌을 보유할 수 있었으며, 그 후 메테르니히의 영향 아래 있었다. 행정·군제·농민정책면에서 개혁을 착수하였으나 모두 철저하지 못하고 치세 중 프로이센 독일 관세 동맹이 성립하여(1834년) 후에 독일 통일의 싹을 보였다.

* **652** 틸지트(Tilsit) 강화. 1807년 메멜(Memel) 강변의 틸지트, 현재는 리투아니아의 소베츠크 (Sovetsk)에서 프랑스·러시아·프로이센 간에 체결한 강화 조약. 이것으로 나폴레옹은 와르샤우 공국을 세우고 엘베강 이서(以西)의 전 프로이센 영토를 빼앗아 베스트팔리아 공국을 창설. 프로이센 은 나아가 막대한 배상금을 지불했다.

* **653** 샤른호르스트(Gerhard Johann David von Scharnhorst, 1755-1813) 프로이센의 군인. 그나이제나우·슈타인·하르덴베르크 등과 협력하여 프로이센 군대의 대개혁에 착수하여 이를 국민적 군대로 개편하였다.

* **653** 그나이제나우(August Gneisenau, 1760-1831) 프로이센의 군인. 슈타인과 샤른호르스트와 함께 프로이센의 군제개혁에 힘쓰고 프로이센의 재건에 공을 세웠다. 나아가 워털루 전투에서는 블뤼허(Blücher)의 참모장으로서 참가, 프랑스군을 추격하여 승리를 거두었다. 원수.

* **653** 요크(Hans David Ludwig Graf von Yorck, 1759-1830) 프로이센의 장군.

* **653** 비트겐슈타인(Fürst zu Wittgenstein, 1770-1851) 프로이센의 정치가. 베를린 대학 초대 총장 슈말츠 등과 함께 프로이센에 있어서의 부흥적 보수주의 세력의 대표자.

* **653** 블뤼허(Gebhard Leberecht Blücher, 1742-1819) 워털루 전투를 승리로 이끈 프로이센의 장군. 그의 참모장은 그나이제나우.

* **655** 가게른(Heinrich von Gagern, 1799-1880) 독일의 정치가. 한스 폰 가게른의 아들. 3월 혁명의 뒤를 이어 성립된 프랑크푸르트 국민의회의 의장이 되고, 이어서 내각수반으로서의(1812 년). 프로이센 국왕을 원수로 하는 연방국가의 성립, 즉 소독일적인 해결의 실현에 노력하였으나 실패하고(1849년), 오스트리아를 맹주로 하려는 측에 가담하기도 하였다(1862년). → 920면

* **655** 호엔로에(Chlodwig von Hohenlohe-Schillingsfürst, 1819-1901) 바이에른의 수상 겸 외상을 거쳐 독일 제국수상, 프로이센 수상(1894-1900년)이 된다. 외교상으로는 비스마르크의 방침을 답습하고, 내정적으로는 사회민주당과의 현저한 대립을 피하려고 하였으나 빌헬름 2세와의 사이는 좋지 못하였다.

* **655** 나우만(Joseph Friedrich Naumann, 1860-1919) 독일의 복음파 신학자. 기독교 사회주의 정치가. 처음에 슈퇴커(A. Stoecker)와 그 보수주의에 반대하고, 1896년에 국민사회당을 창설, 스스로 당수가 되었다. 그는 일의적으로 기독교를 강조하는 것이 아니라 오히려 내셔널리즘의 면을 보다 강하게 주장하고, 노동운동과 현재의 국가체제와의 화해를 시도하였다. 1918년 말 독일민 주당을 창설한 당수. 주저인『중부 유럽』(Mitteleuropa, 1915)은 독일을 중심으로 하는 중부 유럽 제국의 구상을 나타낸 것으로 후년의 그의 사회적 제국주의에의 이행을 나타내고 있다.

* **656** 토마지우스(Christian Thomasius, 1655-1728) 독일의 법학자. 독일 계몽사상의 선구자로서 합리적인 자연법학설을 주창하고 미신이나 권위의 맹신을 공격하였다.

* **657** 비얼링(Ernst Rudolf Bierling, 1841-1919) 독일의 법학자. 일반법학을 수립한 한 사람으로

서 유명. 법의 효력근거에 대해서 그것을 어떤 일정한 사회에서 생활하는 다수인의 승인에서 구하는 법승인설의 제창자.

* **657** 크랍베(Hugo Krabbe, 1857-1936) 네덜란드의 공법학자. 라이덴 대학 교수. 종래의 권력주의적인 주권개념을 배격하고 법주권설을 주장하였다. 그에 의하면 주권은 군주·국민·국가 어느 것도 아니며 국민의 법의식의 표현인 법 또는 규범 그 자체에 있다고 한다. 이러한 국가권력부정론은 영국에 있어서의 다원적 국가론과 아울러 제1차 세계대전 후의 상대적 안정기의 민주주의 정치이론으로서 유명하다. 저서 『근대의 국가이념』(Die moderne Staatsidee, 1919).

* **659** 부르크하르트(Carl Jacob Burckhardt, 1891-1974) 스위스의 정치가·역사가·법학자. 단치히의 국제연맹위원(1937-39년)으로서 독일과 폴란드의 관계를 조정하였다. 국제 적십자사 총재(1944-48년).

* **660** 프랑스(Anatole France, 1844-1924) 프랑스의 소설가·비평가. 편견과 인습을 혐오하고 사회주의적 정치사상에 동정을 보이고 신랄한 사회 및 풍속 비판을 쓰고, 드레퓌즈 사건(1894-1899년)에서는 군국주의와 싸웠다. 노벨문학수상자.

* **661** 슈판(Othmar Spann, 1878-1947) 오스트리아의 경제학자·사회학자. 전체주의 이념에 근거한 일종의 종합사회학을 주장하고 나치스의 사상에 영향을 미쳤다.

* **662** 슈펭글러(Oswald Spengler, 1880-1936) 독일의 문화철학자. 주저인 『서구의 몰락』(Untergang des Abendlandes, 1918-1922; 박광순 옮김, 범우사, 1995)은 인류의 문화들은 각각 독립하여 점차 전개하고, 사멸하는 것이며, 유럽의 기독교 문화는 이미 종말에 가까와 오고 있다고 예언하여 당시 커다란 반향을 불러 일으켰다. 정신적 분위기로서 나치스에의 길을 열었다. 그는 나치스 시대에 제국주의에 의한 독일 재건안을 제창하였으나 나치스 정부로부터 반대를 받았다고 한다.

* **663** 케네(François Quesnay, 1694-1774) 프랑스의 경제학자. 중농주의의 시조. 자유방임론자로 백과전서파의 한 사람. 저서 『경제표』(1758; 심상필역, 비봉, 1985).

* **663** 튀르고(A. R. Jacque Turgot, 1727-81) 프랑스의 정치가·경제학자. 1774년 루이 16세에 의해서 재정총감에 임명되고, 곡물자유거래·길드 폐지 등 개혁을 단행했는데 귀족 등의 반항으로 1776년 파면. 저서 『부의 형성과 분배에 관한 고찰들』(1770)은 아담 스미스가 『국부론』에서 체계화한 사상의 선구.

* **663** 인간과 시민의 권리선언 전문은 김충희 옮김, 프랑스 역대 헌법전(1), 『동아법학』제69호 (2015), 332-334면; 나종일 편역·해설, 『자유와 평등의 인권선언 문서집』(한울, 2012).

* **664** 프랑스 인권선언의 기원에 관한 옐리네크와 부트미의 논쟁은 김효전 편역, 『인권선언 논쟁』(법문사, 1991) 참조.

* **668** 칼뱅(Jean Calvin, 1509-1564) 스위스 제네바의 종교개혁자. 저서 『기독교 강요』(지봉운역, 그리심, 2001); 『칼뱅 작품 선집 I-VII』(박건택 편역, 총신대 출판부, 2009-2012).

* **669** 크라우스(Christian Jakob Kraus, 1753-1807) 1781년 이래 쾨니히스베르크 대학교수. 칸트의 제자이며, 아담 스미스의 이론을 독일에 도입한 유명한 경제학자.

* **670** 슈뢰터(Friedrich Leopold Reichsfreiherr von Schrötter, 1743-1815) 프로이센의 정치가. 쾨니히스베르크 대학에서 칸트의 지도를 받았다. 그는 아담 스미스의 경제사상을 프로이센 관리에게 보급시키는 데에 힘썼다. 예컨대 쾨니히스베르크대학에서 수학하는 것을 프로이센 관리양성과정의 일부로 하고, 특히 재무관계에 종사하는 사관에게는 반드시 크라우스의 강의를 듣도록 명하였다고 전해진다.

* **670** 빈케(Friedrich Ludwig Freiherr von Vincke, 1774-1844) 프로이센의 관리. 슈타인의 친구로서 그의 권유에 따라서 영국의 지방자치를 연구하기 위하여 영국으로 갔다. 그 성과인『영국의 행정에 관하여』는 1816년에 출판되어, 영국의 지방자치에 대한 인식을 프로이센에 알리는데 커다란 공헌을 하였다.

* **670** 쇤(Heinrich Theodor von Schön, 1772-1856) 프로이센의 정치가. 슈타인과 하르텐베르크 의 동프로이센개혁에 협력하였다(1806-09년). 프로이센의 헌법문제에 관하여는 교육, 언론의 자유와 입헌주의 옹호자였다.

* **670** 프라이(Johann Gottfried Frey, 1762-1831) 프로이센의 관리. 칸트의 제자로서 자유주의 정신의 지주. 쾨니히스베르크 경찰장관으로서 슈타인의 도시조례의 제정에 협력하였다.

* **670** 메테르니히(Klemens Lothar Wenzel von Metternich, 1773-1859). 오스트리아의 정치가. 빈 반동체제의 주역. 빈회의(1814-15년)에는 오스트리아 제국 외상으로서 출석하여 의장으로서 유럽의 반동체제 형성에 노력하고, 후에 오스트리아 제국 수상이 되어(1821년), 30년 이상 오스트리 아의 지도적인 정치가로서의 지위를 누렸다. 그는 보수적으로 프랑스혁명의 사상과 자유주의에 반대하는 동시에, 독일과 이탈리아의 국민적 통일을 우려하여 신성동맹을 이용하여 각국의 자유와 통일운동에 무력적인 간섭을 가하였다. 빈의 혁명(1848년)으로 실각하여 영국으로 망명.

* **671** 뤼초프 → 909면 「부르셴샤프트 운동」

* **671** 얀(Friedrich Ludwig Jahn, 1778-1852) 프로이센 체육회의 창립자. 프로이센의 개혁시대에 국민의 힘의 고양을 체육의 방면에서 찾고, 독일체조의 아버지라고 불린다. 다른 한편, 아른트와 함께 「대학학우회」의 정신적 지도자.

* **671** 아른트(Ernst Moritz Arndt, 1769-1860) 독일의 시인·저술가. 슈타인 남작을 도와 나폴레옹 1세의 압제에 항거하여 열렬한 애국시와 정치적 논문을 써서 국민의식의 고양에 노력하였다 (1812-15년). 해방전쟁 후 본 대학 역사학 교수. 후에 국회의원(1848-49년). 프로이센을 맹주로 하는 帝政을 주장.

* **671** 슐라이어마허 → 888면

* **671** 괴레스(Joseph von Görres, 1776-1848) 독일의 정치적 낭만주의의 대표적 이론가의 1인. 처음에 프랑스대혁명에 열광하였지만 환멸을 느꼈다. 해방전쟁에는 자신이 주재하는 "Rheinischer Merkur"지(1814-16년)에 근거하여 국민의 반 나폴레옹감정을 고양시켰지만, 전후 의 반동정치를 비난하여 프로이센정부의 탄압을 받았다. 후년 가톨릭적 신비주의에 심취. 뮌헨대학 역사학교수(1827-48년).

* **671** 보이엔(Hermann von Boyen, 1771-1848) 프로이센의 군인. 틸지트의 강화(1807년) 이후, 샤른호르스트 하에서 프로이센의 군제개혁에 관여. F.W. 뷜로우의 참모장으로서 해방전쟁에 참가. 육군대신이 되어(1814-19년) 의무병역법을 제정하였다(1814년). 후에 재차 육군대신 (1840-47년), 원수에 승진(1847년).

* **671** 둥커(Max Duncker, 1811-86) 독일의 역사가·정치가. 헤겔의 역사관에서 출발하여 비스마 르크에 이르는 길을 열었다.

* **671** 훔볼트(Alexander von Humboldt, 1769-1859) 독일의 자연과학자·지리학자. 빌헬름 폰 훔볼트의 동생.

* **672** 피처(Paul Pfizer, 1801-67) 독일의 정치가. 1838년까지 뷔르템베르크의 자유주의적 반대파 의 지도자. 남독일에서 소독일주의를 일찍부터 주장하였던 대표자의 1인. 독일에서 연방국가이념의 개척자. 1848년 한때 뷔르템베르크邦國 문교장관을 맡는다.

* **673** 민사혼(Zivilehe) 또는 시민혼. 국가법이 규정하는 혼인. 국가법이 규정하는 혼인 방식에 의하지 아니하면 혼인으로 인정하지 않으며, 이 원칙은 1875년 이래 취하며, 교회가 규정한 방식으로 혼인하더라도 혼인이 체결된 것으로 인정하지 않는다.
* **674** 하이트(August v. d. Heydt, 1801-74) 라인주 대부르주아지 출신의 프로이센 정치가. 의형제인 궁정설교사 슈트라우스를 통하여 왕가와 친밀한 관계에 있었다. 1862년 재무대신 취임. 헌법분쟁의 해결방법으로 비스마르크와 의견이 맞지 않아 사임하지만, 1866년 다시 재무대신 취임. 1863년 귀족대열에 끼게 된다.
* **674** 사회주의자진압법(Sozialistengesetz) 1878년 독일 수상 비스마르크가 사회민주당을 탄압하기 위해서 제정한 법률. 1890년까지 존속.
* **675** 비이제(Leopold von Wiese, 1876-1969) 독일의 사회학자. 사회학에 있어서 「관계학」의 제창자. 사회를 사회과정으로 파악하고 군중·집단·추상적 집합체를 사회형상이라고 명명하여 그 특성을 논하였다. 정치적으로는 자유주의적 입장에 서서 인간학적 저술도 하고 있다.
* **675** 포겔바이데(Walther von der Vogelweide, 1170년경-1229년경) 중세 독일의 서정 시인.
* **676** 가게른(Hans von Gagern, 1766-1852) 독일의 정치가. 나폴레옹 1세에 의해서 생긴 혼란 후에 오렌지 공의 네덜란드 왕 복위(復位)를 지지하고 이를 실현하며, 또한 벨기에를 네덜란드에 합병시켰다. 네덜란드 대표로서 독일 연방의회에 列席하였다(1816-1818년). → 917, 920면
* **677** 슐레겔(Friedrich von Schlegel, 1772-1829) 독일의 낭만주의적 철학자·시인·역사가. 저서 『그리스 문학 연구』(이병창 옮김, 먼빛으로, 2015). 문헌 에른스트 벨러, 장상용역, 『슐레겔』(행림출판, 1987).
* **679** 마이네케(Friedrich Meinecke, 1862-1954) 독일의 역사학자. 정치사와 정신사와의 결합을 목표로 하였으며 양자 간의 관계를 명백히함으로써 역사연구에 이론의 도입을 시사하였다. 특히 근대 국가권력의 사상사적 연구로 저명하다. 이것은 제1차 세계대전으로 깨어진 독일의 상황과 국제간의 파워 폴리틱스를 배경으로써 이루어진 것으로 특히 『국가권력의 이념사』(1924; 이광주 옮김, 한길사, 2010)와 『세계시민주의와 민족국가』(1908; 이상신·최호근 옮김, 나남, 2007)가 유명하다. 대전 전에는 국가의 본질을 권력충동에 근거한 행동과 도덕적 책임에 근거한 행동과의 숙명적 대결에서 파악하고, 후자에서는 세계시민으로서의 인격성의 요구와 그것을 「국민」으로서 파악하려는 국가이성의 요구의 안티노미를 문제사적으로 분석하였다. 후자는 19세기의 독일 정치사 상사에 관한 고전적 명저로 일컬어진다. 기타 『독일의 비극』(이광주역, 을유문화사, 1965) 등.
* **680** 야르케(Karl Ernst Jarcke, 1801-1852) 독일의 법학자·정치평론가. 본 대학, 베를린 대학 형법교수. 베를린에서는 1831년 가톨릭 보수주의적인 『정치주보』를 창간. 1832년 겐츠(F. Gentz) 의 후임으로서 빈의 궁내부와 수상 관방청 장관이 된다. 1838년 『역사·정치』 잡지의 공동편집자.
* **681** 함바흐 축제(Hambacher Fest). 1832년 독일의 라인란트의 함바흐에서 자유주의자의 집회가 개최되고, 독일의 연방공화제를 요구하고 목적을 실현하기 위해서 언론뿐만 아니라 무력을 사용할 것을 결정한 축제를 말한다.
* **681** 프랑크푸르트 헌법, 일명 바울교회(Paulskirche) 헌법 제188조(소수 종족의 보호) 「독일어를 사용하지 아니하는 독일의 [소수] 종족에게는 그 종족 고유의 발전을 보장하며, 특히 그 종족의 영역이 미치는 한 교회제도·수업·내무행정과 재판에서의 그 언어의 동권을 보장한다」. 전문과 원문은 김효전 옮김, 『헌법학연구』 제20권 2호(2014), 355-419면.
* **681** 지벤파이퍼(Philipp Jakob Siebenpfeiffer, 1789-1845) 독일의 자유주의적인 정치평론가.
* **681** 게르비누스(Georg Gottfried Gervinus, 1805-1871) 독일의 문학사가·역사가·정치가.

1836년에 추방된「괴팅겐 대학 7교수」중의 한 사람. 프랑크푸르트 국민의회 의원으로서 자유주의의 입장에서 독일 통일에 노력하였다.

\* **681** 가게른(Maxmilian Frhr. von Gagern, 1810-1889) Hans von Gagern(920면)의 아들. 제2장의 역주(917면) 하인리히의 동생. 1848년 프로이센 주도 하의 독일 통일 방식에 대해서 남독 각국의 위임을 받고 교섭하지만 실패. 프랑크푸르트 국민의회에서는 형인 하인리히의 정책을 지지한다. 후에 오스트리아 외무부의 통상국장(1855-1874년). → 655, 676면

\* **681** 요르단(Wilhelm Jordan, 1819-1904) 독일의 시인 · 정치가. 교사와 신문기자 등을 거쳐 프랑크푸르트 국민의회의 의원이 된다. 대표작으로서 니벨룽겐 전설에 근거한 서사시가 있으며 기타 북구 문학의 번역이 있다.

\* **681** 짐로크(Karl Simrock, 1802-1876) 독일의 게르만학자 · 시인. 본 대학의 독일어 및 문학 교수(1850년 이후). 중세 독일 문학의 연구자. 특히 그 번역자로서 알려져 있다.

\* **681** 바키스(Bakis). 기원전 8-6세기의 그리스의 예언자의 종족 이름. 그 예언집에 대해서 헤로도투스가 언급한다.

\* **682** 플랑크(Karl Christian Planck, 1819-1880) 독일의 철학자. 헤겔과 셸링에도 영향을 미쳤다. 현실계의 근원의 불가지와 직업공동체의 이상을 말하는 고립된 사상가였다.

\* **682** 프란츠(Constantin Frantz, 1817-1891) 독일의 보수주의적 정치평론가 · 철학자. 독일 문제를 유럽 연방의 실현으로 해결할 것을 제창하였다.

\* **682** 티보(Anton Friedrich Justus Thibaut, 1772-1840) 독일의 법학자. 실증주의자로서 자연법 학자의 일면적인 합리주의와 역사법학파의 경험주의에 반대하는 입장을 취했다.『독일 통일민법전의 필요성에 대해서』(Über die Notwendigkeit eines allgemeinen bürgerlichen Rechts für Deutschland, 1814)에 의해서 입법 시기상조론의 사비니(Friedrich Carl von Savigny, 1779-1861)와 논쟁하였다. 문헌 Hans Hattenhauer, Thibaut und Savigny: Ihre programmatischen Schriften, München 1973.

\* **682** 라가르데(Paul Anton de Lagarde, 1827-1891) 독일의 언어학자 · 동양학자. 강력한 민족의 식에서 유물론 · 자유주의 · 유태교를 공격하였다.

\* **682** 프라이타크(Gustav Freytag, 1816-1895) 독일의 작가. 급진적 민주주의에 반대하여 교양있 는 중류계급을 중심으로 독일 통일을 실현하려고 노력하였다. 보불전쟁에는 황태자의 진영에 종군, 한때 국회의원을 지냈다.

\* **682** 폰타네(Theodor Fontane, 1819-1898) 독일의 소설가 · 시인.

\* **682** 바우어(Otto Bauer, 1882-1938) 오스트리아 사회민주당의 지도자. 제1차 세계대전 후 아들러(M. Adler)와 함께 오스트리아 마르크스주의의 지도자로서 공산주의에 대항, 오스트리아의 독일 제국 편입을 제창. 저서『민족문제와 사회민주주의』(김정로 옮김, 백산서당, 2006).

\* **683** 뤼네비유(Lunéville) 강화. 프랑스 로랭 뫼르트에 모젤 주에 위치한 도시. 1801년 프랑스와 오스트리아 사이에 체결된 뤼네비유 조약으로 유명하다.

\* **683** 라드브루흐(Gustav Radbruch, 1878-1949) 독일 신칸트학파의 형법학자이며 법철학자. 바이마르 시대의 독일 사회민주당의 법무장관. 헬러의 킬 시대의 성인교육운동의 협력자이며 사상적 으로 커다란 영향을 미쳤다. 그리하여 헬러는 이 책을 라드브루흐에게 바친다. 저서로『법철학』 (1932; 최종고역, 삼영사, 1975) 등.

\* **684** 만치니(Pasquale Stanislao Mancini, 1817-1889) 이탈리아의 법률가 · 정치가. 외무장관 (1881년). 자유당의 지도자.

* **685** 호수(바다) 이야기는 김준수 옮김, 『자연법』(한길사, 2004), 68-69면과 『법철학』(임석진 옮김, 한길사, 2008), 564면에도 나온다.
* **686** 발할라(Walhalla). 불구의 신, 전사자가 모이는 천당.
* **686** 페르테즈(Friedrich Christoph Perthes, 1772-1843) 독일의 출판업자. 처음에는 함부르크에서 서점을 내었으나(1779년) 뒤에 고타로 옮겨 서점을 열고(1822년) 독일 재건에 진력하였다.
* **687** 뷔히너(Georg Büchner, 1813-1837) 독일의 극작가. 낭만주의 · 프랑스 대혁명 · 셰익스피어 등의 영향을 받고 불가측의 생의 충동에 움직이는 인간비극을 사실적인, 때로는 표현주의적인, 힘있는 필치로 묘사. 근대 독일극의 선구자. 임호일 옮김, 『뷔히너 문학전집』(1987).
* **687** 바이디히(Friedrich Ludwig Weidig, 1791-1837) 헤센의 목사.
* **688** 짐존(Eduard von Simson, 1810-1899) 독일의 법률가 · 정치가. 1848년 12월부터 프랑크푸르트 국민의회 의장. 프로이센 국왕 프리드리히 빌헬름 4세에게 세습의 독일 제위(帝位)를 봉정하나 거절한다. 그 후 프로이센 하원의원, 국민자유당을 거쳐 독일제국의 초대 제국 최고재판소 소장이 된다(1879-1891년). 그리하여 1870년 12월 18일 베르사유를 방문하고 북독일 연방의회의 대표로서 프리드리히 빌헬름 4세의 동생 빌헬름 1세에게 이상하게도 제후(諸侯)에 의한 독일 제국 황제추대를 수리하여 주도록 청원한 사람이 다름 아닌 짐존이었다.
* **689** 분젠(Freiherr von Bunsen, 1791-1860) 프로이센의 외교관 · 신학자 · 언어학자.
* **689** 비셔(Friedrich Theodor Vischer, 1807-1887) 풍자와 양식의 감수성을 갖춘 비평가 · 이론가 · 시인 · 소설가로서도 알려져 있으며 『파우스트』의 파로디가 유명.
* **690** 리스트(Friedrich List, 1789-1846) 역사학파의 선구자로 독일 자본주의 흥성기의 이데올로그. 로이틀링겐의 피혁공의 아들. 1817년 튀빙겐 대학 국가학 · 행정학 교수. 1820년에는 독일 관세동맹의 실현에 노력하고 독일 상공업 동맹을 창립하였기 때문에 면직되었다. 1824년 관세동맹의 성립과 함께 뷔르템베르크 주의회의원. 독일의 통일을 주장하였기 때문에 박해를 받아 투옥되고 미국 이주를 조건으로 석방되었다. 1825년 도미, 1832년 라이프치히 주재 미국영사로서 귀국. 독일 철도망의 완성, 관세동맹의 발전을 위해서 활동하였으나 병고와 생활고로 1846년 자살. 영국 자본주의에 있어서의 스미스의 위치에 대치되며, 선진국 영국에 대항하는 후진국 독일의 산업자본 요구를 이론화하였다.
* **690** 비더만(Karl Biedermann, 1812-1901) 자유주의적 역사가 · 이론가.
* **691** 키르히호프(Alfred Kirchhoff, 1838-1907) 독일의 지리학자. 할레 대학 지리학 교수.
* **692** 잔기(殘基, résidue)와 파생체(派生體, dérivation). 파레토(Vilfredo Pareto, 1848-1924)의 사회이론의 기본 개념. 「잔기」란 인간의 사상 가운데 본능적 · 비합리적이며 항상적인 부분을 표출한 것. 파생체란 이것을 정당화하려고 하는 가변적인 부분을 의미한다. → 897면
* **692** 고비노(Josephe Arthur Gobineau, 1816-1882) 프랑스의 외교관 · 사상가 · 소설가. 아리안 인종의 우수성을 주장. 나치스를 비롯하여 많은 정치민족학에 이용되었다.
* **693** 체임벌린(Houston Stewart Chamberlain, 1855-1927) 영국 태생의 독일 철학자. 드레스덴, 빈, 바이로이트에 거주하며 독일에 귀화하였다(1916년). 문화철학의 영역에서는 셈족 기타 민족들에 대한 아리안족 또는 게르만족의 우월을 주장하였다.
* **693** 라푸주(Georges Vacher de Lapouge, 1854-1936) 프랑스의 인류학자 · 사회학자. 문화의 발전에 대한 인종의 의의, 특히 북방민족이 인도와 게르만 문화에 미친 영향을 강조하였다.
* **693** 단(Felix Dahn, 1834-1912) 독일의 역사가 · 법학자 · 작가.
* **694** 바그너(Wilhelm Richard Wagner, 1813-1883) 독일 가극작곡가. 1840년대까지는 바쿠닌의

사상적 영향을 받고 5월혁명(1849년)에 가담. 스위스로 도피하기도 하였으나 그 후 쇼펜하우어의 사상에 치우쳐 만년에는 중세적·독일적·기독교적 신비사상으로 기울었다. 바이로이트에 극장을 건설하고 자신의 가극을 상연하였다.

* **694 슈퇴커**(Adolf Stöcker, 1835-1909) 프로테스탄트 신학자. 독일 사회민주당 탄압법이 성립한 1878년에 기독교 사회노동당을 결성하고 노동자계급에 대한 사회민주당의 영향확대를 저지하기 위해서 진력하였다. 다른 한편 반유대주의를 주장하였다.

* **694 랑벤**(Julius Langbehn, 1851-1907) 독일의 저술가. 익명으로 『교육자로서의 렘브란트』(1890년)을 저술하고, 합리적 자연주의 시대에 일면적인 교육제도에 반대하여 독일국민의 예술적 형식과 독일 정신의 내면화를 주창하여 예술가들에게 커다란 영향을 미쳤다.

* **694 랑게**(Friedrich Albert Lange, 1828-1875) 독일의 철학자·사회과학자. 프로이센 진보당 좌파에 속하는 협동조합운동가. 한때 스위스의 취리히에서 민주주의운동과 제휴한 후 1872년부터 마르부르크 대학 철학 교수. 주요 저작인 『유물론사』(Geschichte des Materialismus, 1866)는 헤겔 이후에 흥성한 유물론을 비판하고 신칸트학파의 발흥에 계기를 마련하였다.

* **700 퇴니스**(Ferdinand Tönnies, 1859-1936) 독일의 사회학자. 『공동사회와 이익사회』(Gemeinschaft und Gesellschaft, 1887; 황성모 역, 삼성출판사, 1990)를 저술하여 사회학의 근본개념을 해명하고, 그 후 사회학의 발전에 커다란 영향을 미쳤다. 또한 마르크스와 홉스에 대해서도 독특한 연구를 하였다.

* **703 로드베르투스**(Johann Karl Rodbertus, 1805-75) 독일의 경제학자·사회사상가. 리카르도의 노동가치설에 입각하여 마르크스보다도 앞서 「賃料」라는 이름으로 잉여가치론을 전개하고 착취설을 확립하였다.

* **704 국가의 사멸.** 엥겔스는 『가족, 사유재산, 국가의 기원』(김대웅 옮김, 두레, 2012)에서 「국가는 문명사회를 총괄하는 힘으로서 모든 전형적인 시기에 예외 없이 지배계급의 국가이며, 또 본질적으로 모든 경우에 억압받고 착취당하는 계급을 억압하는 기관이다」(304면)라고 했으며,「계급의 소멸과 함께 국가도 불가피하게 사라질 것이다. 생산자들의 자유롭고 평등한 결합에 기초하여 생산을 새로이 조직하는 사회에서는 전체 국가기구를 그것이 마땅히 가야 할 곳으로, 즉 고대박물관으로 보내 물레나 청동도끼와 나란히 진열할 것이다」(300면).

* **708 베스타**(Vesta) 로마 신화에서 화덕의 여신. 신상(神像)은 없고 불이 숭배의 대상. 로마의 베스타 신전에서는 「영원한 불」을 순결한 처녀가 보살폈다.

* **709 고타 강령**(Gothaer Programm). 1875년의 독일 사회민주당 강령. 1860년대에 독일에서 사회주의 노동운동의 조직화가 개시되었다. 우선 1863년 라살레를 지도자로 하는 「전독일노동자협회」가 성립되고, 이어서 1869년 독일에서의 마르크스의 「전도사」라고 불리는 리프크네히트(Wilhelm Liebknecht)와 그 영향 아래 사회주의운동의 자도자로서 급속하게 두각을 나타내어온 베벨(August Bebel)이 지도하는 「사회민주노동자당」(이른바 「아이제나하파」)이 성립하였다. 두 파를 나누는 최대의 쟁점은 독일의 통일방식이었으나, 1871년 독일 제국이 창립되어 양파의 합동에 대한 걸림돌은 없게 되었다. 그리고 강화된 국가권력을 배경으로 하는 비스마르크의 사회주의 운동에 대한 강권적 자세에 자극되어, 양파는 조직방위와 새로운 시대에 대응하여 합동으로 나아가고, 마침내 1875년 고타에서 합동하여 독일 사회주의노동자당(1890년 「독일 사회민주당」으로 개칭)에 결집하였다. 고타강령 초안에는 경제강령에서는 임금철칙론, 국가부조에 의한 생산조합론 등 라살레의 주장이 많이 들어 있었으나, 정치강령에서는 아이제나하파의 주장이 많이 들어갔다. 아이제나하파는 남독일의 급진적 자유주의 운동을 모체로 하며, 제정을 민주공화국으로 변혁하는

것을 정치적 최종목표로서 내걸었는데, 군사적 전제체제 하에서 정치목표로서「민주공화국」을 내걸 수 없었으므로 그것을 의미하는 별개의 용어, 즉「자유로운 인민국가」내지「자유로운 국가」를 내세웠다. 이러한 내용의「고타 강령 초안」에 대해서 마르크스는『고타 강령 비판』(Kritik des Gothaer Programms)에서, 엥겔스는「베벨에게 보내는 편지」속에서 비판하였다. 본문에서는 후자가 소개되고 있는데, 여기서 그때까지 불명확했던 자본주의로부터 사회주의에로의 이행기에 있어서의 권력문제나 국가의 문제에 대한 마르크스나 엥겔스의 견해가 비로소 명백하게 되었다. 이러한 마르크스와 엥겔스의 조언은 받아들여지지 않고 고타 강령은 채택되었다. 문헌 W. Eichler, 100 Jahre Sozialdemokratie, Bonn 1962 (이태영역,『독일 사회민주주의 100년』, 중앙교육문화, 1989); 편집부 엮음,『프롤레타리아 강령』(소나무, 1989) 제2부.

\* **709** 베벨(August Bebel, 1840-1913) 제1차 대전 전까지 독일 사회민주당의 최고지도자. 즉 1892년부터 사망하는 1913년까지 이 당의 당수였다. 저서로『여성론』(Die Frau und der Sozialismus, 1883; 이순예 옮김, 까치, 1979) 등이 있다.

\* **709** 카우츠키(Karl Kautsky, 1854-1938) 제1차 세계대전까지의 독일 사회민주당과 제2인터내셔널의 대표적 이론가. 1891년의 에르푸르트 강령의 기초자.

\* **709** 쿠노(Heinrich Cunow, 1862-1936) 독일 사회민주당의 이론가. 당기관지인『신세대』,『전진』(Vorwärts)의 편집자를 거쳐 독일 혁명 후인 1919년 이래 베를린 대학에서 국가학을 강의. 카우츠키와 함께 마르크스주의 정통파의 옹호에 노력하였으나, 러시아 혁명 후에는 사회민주주의의 입장에서 볼셰비키 독재이론에 대해서 비판적인 태도를 취하였다.

\* **709** 힐퍼딩(Rudolf Hilferding, 1877-1941) 바이마르 공화국 시대의 독일 사회민주당의 대표적 이론가·정치가. 오토 바우어·카를 카우츠키·아우구스트 베벨과 협력. 1925년의 하이델베르크 강령을 카우츠키와 함께 기초하고,「조직된 자본주의」론으로 선진 자본주의사회에 있어서 평화적 방법에 의한 사회주의 실현에 관한 이론을 전개하였다. 나치 시대에는 망명지인 프라하와 파리에서 나치즘에 대한 저항운동을 지도하고, 1941년 나치에게 체포되어 학살되었다. 저서『금융자본론』(김수행·김진엽 옮김, 비르투, 2011).

\* **710** 퓌클러(Fürst Hermann von Püchler-Muskau, 1785-1871) 독일의 저술가이며 조경가. 군인으로서 프로이센군대(1804년까지), 러시아 군대(1813년까지)에 근무한 후 많은 여행기를 썼다.

\* **710** 라헬 폰 파른하겐(Rahel von Varnhagen, 1771-1833) 독일의 유태인 부인. 기독교로 개종하고 작가이며 외교관인 파른하겐 폰 엔제와 결혼. 베를린·파리 등지에서 항상 문학적 사교계의 꽃이었다.

\* **710** 슈타인(Lorenz von Stein, 1815-1890) 독일의 사회학자·법학자. 또한 사회운동사·재정학·행정학의 선구자. 정치적 입장은 보수적 사회개량주의.

\* **710** 트뢸치(Ernst Troeltsch, 1865-1923) 독일의 프로테스탄트 신학자·문화철학자.

\* **710** 슈타인뷔헬(Theodor Steinbüchel, 1888-1949) 독일의 가톨릭 신학자·철학자. 그는 헤겔, 마르크스 그리고 M. 셸러의 사상을 가톨릭 사상에 도입하여 인격적 기초 위에 기독교 사회주의를 전개하려고 하였다.

\* **710** 좀바르트(Werner Sombart, 1863-1941) 독일의 대표적인 경제학자.「젊은 좀바르트」는 마르크스주의에 접근하여 사회주의와 사회운동을 연구하고 그의 저서『사회주의와 사회운동』(Sozialismus und soziale Bewegung, 1896)에서「공산당선언」의 사상을 19세기 최대의 진리의 하나라고 하여 마르크스주의에 호의를 보였다. 후에 마르크스주의의「죽은 면」과「살아있는 면」을 분리하려고 시도하여 사회주의에의 노력은 여기에서 창시되어야할 새로운 질서를 위한 투쟁이며,

과학의 문제가 아니라 과학적·경험적 세계의 인과관계를 발견하는 것이라고 하여 사회운동의 마르크스로부터의 해방을 지지하였다. 제1차 세계대전 후 특히 낭만주의, 민족주의를 주장하고, 근대 사회운동은 창조적 관념과 건설적 사랑에 매우 빈약하다고 하여 마르크스주의의 종언을 선언하기에 이르렀다.

\* **711** 멩거(Anton Menger, 1841-1906) 오스트리아의 법학자. 빈 대학 교수(1877-1899년). 사회주의의 법학적 연구를 지향하는 법조사회주의의 대표자로서 전노동수익권, 생존권, 노동권의 이론을 세웠다. 저명한 경제학자 카를 멩거의 동생. 저서 『전노동수익권』(Das Recht auf den vollen Arbeitsertrag, 1866); 독일 민법초안을 비판하고 무산자보호가 간과된 점을 비난한 『민법과 무산의 인민계급』(Das bürgerliche Recht und die besitzlosen Volksklassen, 1890); 『신국가론』(Neue Staatslehre, 1903) 등.

\* **711** 좀(Rudolf Sohm, 1841-1917) 독일의 법학자. 로마니스텐에 속하며, 독일 민법 제2초안 편찬위원회 위원으로서 1891년부터 1896년까지 활약하였다. 저서 『로마법제요』(Institutionen des römischen Recht, 1883)는 로마법에 관한 명저의 하나이다.

\* **713** 필리포비치(Eugen von Philippović, 1858-1917) 오스트리아의 경제학자·사회학자. 처음에는 독일 역사학파에 속하였으나 후에 한계효용론의 입장으로 옮겼다.

\* **713** 헤르크너(Heinrich Herkner, 1863-1932) 독일의 경제학자. 슈몰러·브렌타노의 영향을 받고 사회정책·노동문제를 전공하고 사회정책학파를 대표하였다.

\* **717** 슈툼(Karl von Stumm, 1836-1901) 경영에 있어서의 가부장제도를 시행하고, 노동조합이나 사회민주당의 억압을 주장한 1890년대의 독일 대부르주아지 우파의 대표적 정치가·공업가.

\* **719** 생디칼리슴(Syndicalisme). 19세기 말부터 20세기 초에 걸쳐 서유럽, 특히 프랑스에서 성행한 급진적 노동조합주의. 노동조합이 일체의 정당활동을 배제하고 총파업이나 직접 행동에 의해서 산업관리를 실현하고 사회개조를 달성하려는 입장이다. 1920년부터 아나르코 생디칼리슴이라고 불렸다.

\* **722** 라테나우(Walther Rathenau, 1867-1922) 독일의 실업가·사상가·정치가. 바이마르 공화국 초기에 외무장관으로서 이행정책(履行政策)을 수행하고 극우파에게 암살되었다. 자본주의와 사회주의의 협조, 계획경제를 생각하여 극우 대자본가로부터 공격을 받았다.

\* **722** 묄렌도르프(Wichard von Möllendorf, 1881-1937) 독일의 관리·기술자. 제1차 세계대전 중에는 육군성 전시경제국에서 라테나우 아래서 일하고, 바이마르 공화국 초기에는 비셀(R. Wissel) 경제장관의 차관으로서 비셀과 함께 국가적인 계획적 공동경제의 제도화에 노력하였으나 실현되지 못하였다. 그 후 프로이센 주정부 원료검사국장 겸 카이저 빌헬름금속연구소 소장.

\* **722** 비셀(Rudolf Wissel, 1869-1962) 독일 사회민주당의 정치가. 1918년 11월에 성립한 독일의 혁명 임시정부인 「인민대표위원회」 위원. 1919년 2월부터 7월까지 바이마르 공화국 정부 경제장관. 차관인 묄렌도르프와 함께 계획적 공동경제사상의 제도화에 노력하였으나 정부에 의해서 거부된다. 1928-1930년 헤르만 뮐러(Hermann Müller, 1876-1931) 내각의 노동장관.


## 제5편 사회주의적 결단

### 제1장 사회주의와 국민

\* **741** 함바흐 축제(Hambacher Fest). → 920면

* **748** 람세이 맥도날도(James Ramsay McDonaldo, 1866-1937) 영국의 정치인. 1924년과 1919-35년 노동당 출신의 수상.

* **755** 루돌프 폰 예링(Rudolf von Jhering, 1818-1892) 독일의 법학자. 바젤·로스토크·킬·빈·괴팅겐대학 교수. 처음에는 사비니·푸흐타의 영향으로 로마법을 공부했으나, 「로마법을 통하여 로마법 위에」라는 표어처럼, 로마법의 단순한 역사적 연구를 넘어 목적론적·법기술적·문화적인 견지에서 법현상의 발전을 로마법 속에서 찾는 새로운 역사법학파의 입장에서 『로마법의 정신』(전4권, 1852-1865)을 저술했다. 또 「목적은 모든 법의 창조자」라는 표어 아래 『법에서의 목적』(Der Zweck im Recht, 2 Bde., 4. Aufl., 1904-1905; 이주향 부분 옮김, 범우사, 1990)을 발간. 『권리를 위한 투쟁』(Der Kampf ums Recht, 1872; 심재우·윤재왕 공역, 새물결, 2016)은 전세계에 영향을 미쳤다.

* **759** 스카트(Skat) 놀이. 세 사람이 32장의 패로 하는 카드놀이의 일종.

* **768** 슈틴네스(Hugo Stinnes, 1870-1924) 독일의 기업가. 1893년 독자적인 기업을 창설하였는데 이것은 독일 최대의 트러스트인 슈틴네스 콘체른의 초석이 되었다.

* **773** 고타 강령 초안은 편집부 엮음, 『프롤레타리아 강령』(소나무, 1989)에, 독일사회민주당의 아이제나흐 강령(1869년)과 고타 강령(1875년) 번역과 원문은 W. 아이힐러저, 이태영역, 『독일사회민주주의 100년』(중앙교육문화, 1989)에 수록.

* **777** 카라마조프의 형제. 여기의 「대심문관」 장면을 논평하는 글에서 D. H. 로런스는 「지상의 빵」(재산과 돈)을 「천상의 빵」(진정한 삶)과 구분하지 못하는 사태를 개탄한다. 황정아, 『개념비평의 인문학』(창비, 2015), 186면. 도스토예프스키의 번역은 김연경 옮김, 『카라마조프 가의 형제들』, 민음사, 2007, 519면 이하; 김학수 옮김, 『카라마조프의 형제』, 하서, 2003.

* **783** 『파우스트』의 이 부분에 대해 강두식 교수(1927-2013)는 「궁리만 하는 놈은 푸른 목장이 주위에 있는데도 마귀에 홀려서 메마른 광야를 끌려다니는 마소와 같다」(『파우스트 I·II부』, 서울대 출판부, 1988, 91면)고 했다.

* **786** 페더(Gottfried Feder, 1883-1941) 나치스 초기의 이론가이며 당 국회의원. 나치당의 강령에 대해서 상세한 해설을 한 책자 『민족 사회주의 독일 노동자당의 강령과 그 세계관적 기본사상』(Das Programm der NSDAP und seine weltanschaulichen Grundgedanken, Verlag Franz Eher Nachf. München 1927)을 나치스당 출판사에서 발간하였다. 이 책자는 나치즘 운동과 그 후의 전개를 살펴보는데 중요한 시사를 주며, 1927년부터 나치스가 정권을 장악한 1933년에 이미 57만 5천부가 출판되었다고 한다. → 350면.

* **791** 로맹 롤랑(Romain Rolland, 1866-1944) 프랑스의 문학가·사상가. 작품 『장 크리스토프』(김민영 옮김, 일신서적, 1990); 『미켈란젤로 평전』(김경아 옮김, 거성미디어, 2005); 『톨스토이 평전』(상동).

* **793** 빌헬름 쿠노(Wilhelm Carl Josef Cuno, 1876-1933) 독일 라이히 수상(1922-23년).

* **793** 에두아르 에리오(Édouard Hérriot, 1872-1957) 프랑스 제3공화국의 급진적 정치인. 세 차례 수상 역임.

* **793** 에브레이(Alcide Ebray, 1862-1940) 프랑스의 외교관. 뉴욕 총영사(1905-1907년).

* **796** 남티롤 → 903면.

* **798** 리하르트 쿠덴호프-칼러르기(Richard von Coudenhove-Kalergi, 1894-1972) 오스트리아의 작가이며 정치인. 부친은 오스트리아·헝가리의 백작이며 모친은 일본인. 제1차 대전 후에 저서 『범유럽』(Pan-Europa, 1923)에서 유럽 연합을 위한 투쟁을 설정. 프랑스 정치인 에리오도

저서 『유럽합중국』에서 쿠덴호프를 칸트와 함께 언급한다. 통합유럽연구회, 『인물로 보는 유럽통합사』(책과함께, 2010).

## 제2장 국가, 국민 그리고 사회주의

* **803** 레오나르드 넬슨(Leonard Nelson) 독일의 법학자. 저서 『법 없는 법학』(Die Rechtswissenschaft ohne Recht, 1917). 또한 『헤겔과 독일에서의 국민적 권력국가사상』, 본서, 557면 주 802 참조.

* **803** 오토 바우어(Otto Bauer, 1881-1938) 오스트리아의 사회민주주의자. 저서 『민족문제와 사회민주주의』(김정로 옮김, 백산서당, 2006).

* **806** 하켄크로이츠(Hakenkreuz) 갈고리 십자가는 히틀러에 의해서 국가사회주의독일노동자당 (NSDAP: Nationalsozialistische Deutsche Arbeiterpartei)의 당기로 사용.

* **806** 에버트(Friedrich Ebert, 1871-1925) 바이마르 공화국의 초대 대통령을 역임한 독일 사회민주당 출신의 정치인.

* **807** 아우구스트 베벨(August Bebel, 1840-1913) 독일 사회주의 사상가. 사회민주당 창당인 중 한 사람. 저서 『여성론』(이순예 옮김, 까치, 1993).

* **808** 엥겔베르트 백작(Dollfuß Engelbert Graf, 1892-1934) 오스트리아의 정치가.

* **809** 「프루동화 한 슈티르너주의」(Proudhonisierter Stirnerianismus). 프루동(Pierre Joseph Proudhon, 1809-1865) 프랑스의 초기 사회주의자. 무정부주의의 이론적 창설자. 저서 『빈곤의 철학』(Système des contradictions économiques ou Philosophie de la misère, 1846)에서 사유재산과 공산주의를 비판, 마르크스가 『철학의 빈곤』(Misère de la Philosophie, 1847; dt. Das Elend der Philosophie. Antwort auf Proudhons "Philosophie des Elends", 1885)에서 그와 논전을 펼쳤다. 저서 『소유란 무엇인가?』(Qu'est-ce que la propriété? 1840; 이용재 옮김, 아카넷, 2003; 박영환 옮김, 형설출판사, 1989).

막스 슈티르너(Max Stirner, 1806-1856) 독일의 유아론적(唯我論的) 철학자. 저서 『유일자와 그 소유』(Der Einzige und sein Eigentum, 1845). → 902면

「프루동화 한 슈티르너주의」란 프루동의 무정부주의화와 슈티르너의 개인주의를 함께 비판한 것.

## 제3장 국민적 사회주의

* **814** 독일국가인민당(Deutschnationale Volkspartei)은 제정시대에 독일 보수당과 자유보수당이 중심이 되어 1918년에 결성하였다. 지지층은 융커 · 군수자본가 · 고급장교 · 고급관료 · 우익 인텔리 등이며, 그 주장은 국수주의의 고양, 바이마르체제의 타파와 제정의 부활이었다. 1920년 3월 쿠데타의 흑막에 가린 존재이며 1924년에는 제2당으로까지 세력을 확대하였다. 1931년 10월에는 국가사회주의독일노동자당(나치스) · 철모단과 함께 하르츠부르크 전선을 결성하고 나치스의 정권 획득에의 길을 열었다.

* **815** 나치스와 공산당이 공공연하게 가두행동으로 바이마르 체제의 타파를 외치던 시절 헬러는 바이마르 헌법의 옹호와 헌법에 입각한 사회민주주의의 실현을 주장하였다. 여기서 헬러가 사용한 「사회주의」라는 용어는 오늘날의 표현으로는 「사회민주주의」이며 마르크스 · 레닌주의적으로 통제되지 아니한 사회주의와 구별되는 것은 물론이다.

# 참고문헌

## 1. 한국 문헌

### (1) 번역 (출판순)

1. 윤근식 역, 국가학의 임무,『정경학보』(경희대) 제1집(1960), 45-67면(H. Heller, Staatslehre, 1934, S. 3-29).
2. 정정부 역, 법치국가냐 독재냐?,『논문집』(동래여전) 제3집(1984), 290-319면 (Rechtsstaat oder Diktatur, 1930).
3. 윤기황 옮김,『독일 정치사상사』, 교육과학사, 1993, 332면 (법학교양총서 39)(Die politischen Ideenkreise der Gegenwart, 1926).
4. 김효전 역, 라이히 헌법에 있어서의 법률의 개념,『동아법학』제17호(1994), 187-236면 (Der Begriff des Gesetzes in der Reichsverfassung, 1928).
5. 김효전 역, 법치국가냐 독재냐? 현재 김영훈박사 화갑기념『공법학의 제문제』, 1995, 701-717면.
6. 김효전 편역,『법치국가의 원리』, 법원사, 1996, 5-26면(「법치국가냐 독재냐?」재수록)
7. 김효전 역, 기본권과 기본의무, 미봉 김운용 교수 화갑기념논문집『현대 공법의 연구』, 1997, 189-240면(동인 편역,『독일 기본권이론의 이해』, 법문사, 2004, 33-86쪽에 재수록)(Grundrechte und Grundpflichten, 1924).
8. 홍성방 옮김,『국가론』, 민음사, 1997, 442면. (대우학술총서 번역)(Staatslehre, 1934)
9. 김효전 옮김, 주권론 (I),『동아법학』(동아대), 제29호(2001. 6), 157-289면(Die Souveränität, 1927).
10. 김효전 옮김, 주권론 (II),『동아법학』(동아대), 제32호(2003. 6), 307-381면.
11. 김효전 옮김, 국가학의 위기,『독일학연구』(동아대) 제19호(2003. 12), 21-54면 (Die Krisis der Staatslehre, 1926).
12. 김효전 편역,『독일 기본권이론의 이해』, 법문사, 2004, 33-86면에 「기본권과 기본의무」재수록)
13. 김효전 옮김,『주권론』, 관악사, 2004, 355면.
14. 김효전 옮김, 정치적 민주제와 사회적 동질성,『비교법학』(전주대 비교법학연구소) 제5집(2005. 2) 巢軒 이병훈교수화갑기념호, 2005년 2월, 165-182면 (Politische Demokratie und soziale Homogenität, 1928).
15. 김효전 옮김, 독재는 무엇을 가져오는가?『비교법학』(전주대), 제5집(2005. 2), 182-191면 (Was bringt uns eine Diktatur? 1929).
16. 김효전 옮김, 시민과 부르주아,『헌법학연구』(한국헌법학회) 제11집 1호(2005. 3), 553-577면 (Bürger und Bourgeois, 1932).
17. 김효전 옮김, 헤겔과 독일에 있어서의 국민적 권력국가사상 (I),『동아법학』제40호 (2007. 8), 217-327 (Hegel und nationaler Machtstaatsgedanken im Deutschland, 1930).
18. 김효전 옮김, 정치에서의 천재와 기능인,『독일학연구』(동아대) 제24호(2008. 12), 101-112면 (Genie und Funktionär in der Politik, 1931).

19. 김효전 옮김, 권위적 자유주의? 『독일학연구』(동아대) 제24호(2008. 12), 112-122면 (Autoritäre Liberalismus, 1933).

20. 김효전 옮김, 유럽과 파시즘 (1), 『동아법학』 제43호(2009. 2), 761-825면 (Europa und der Fascismus, 1931).

21. 김효전 옮김, 유럽과 파시즘 (2), 『동아법학』 제44호(2009. 8), 707-751면.

22. 김효전 옮김, 유럽과 파시즘 (3), 『동아법학』 제45호(2009. 11), 513-563면.

23. 김효전 옮김, 사회주의와 국민 (1), 『동아법학』 제46호(2010. 2), 595-641면 (Sozialismus und Nation, 1925).

24. 김효전 옮김, 사회주의와 국민 (2), 『동아법학』 제47호(2010. 5), 489-540면.

25. 김효전 옮김, 바이마르 헌법에 따른 비례대표제선거에서의 평등[법률감정](1929년), 『독일학연구』(동아대) 제26호(2010. 12), 287-330면(Die Gleichheit in der Verhältniswahl nach der Weimarer Verfassung, 1929).

26. 김효전 옮김, 현대의 국가이론과 법이론의 문제성에 대한 논평, 『헌법학연구』 제20권 1호 (2014.3), 503-537면(Bemerkungen zur staats- und rechtstheoretischen Problematik der Gegenwart, 1929).

27. 김효전 옮김, 헤겔과 독일에 있어서의 국민적 권력국가사상 (2·완), 『동아법학』 제63호(2014. 5), 193-349면.

28. 김효전 옮김, 바이마르 헌법론, 『독일학연구』(동아대) 제30호(2014. 12), 101-136면 (1. 바이마르 헌법에서의 자유와 형식, 2. 독일 민주주의에서의 직업관료제, 3. 라이히-란트 관계의 재편성, 4. 라이히는 합헌적으로 행동하였는가? 5. 독일 헌법개혁의 목표와 한계, 5편 수록),

29. 김효전 옮김, 국가, 국민 그리고 사회민주주의(1931), 『유럽헌법연구』 제16호(2014. 12), 669-688면 (Staat, Nation und Sozialdemokratie, 1925).

30. 김효전 옮김, 헤르만 헬러의 두 서평, 『유럽헌법연구』 제17호(2015. 4), 749-763면 (Einleitung in Ferdinand Lassalle, Arbeiter-Programm, 1919; Einleitung in G. W. F. Hegel, Die Verfassung Deutschlands, 1920).

31. 김효전 옮김, 『바이마르 헌법과 정치사상』, 산지니, 2016, 993면. (Weimarer Reichsverfassung und die politischen Ideenkreise u.a.)

## 2. 연구 문헌

1. 정윤무, 법학적 국가론의 비판, 윤근식 외 공저, 『현대 정치학의 제문제』, 일신사, 1962, 159-221면.

2. 윤근식, 『정치학』, 대왕사, 1975.

3. 김효전, 헤르만 헬러의 생애와 국가학, 『성야』(동아대) 창간호(1979), 41-76면.

4. 김효전, 헤르만 헬러의 헌법과 국가론, 율강 박일경박사 화갑기념 『공법논총』, 1981,84-113면. 또한 동인편, 『독일헌법학설사』, 법문사, 1982, 259-288면에 수록.

5. 윤근식 편저, 『사회민주주의론』, 석탑, 1984.

6. 김유 편역, 『오스트리아 사회당』, 사상계사, 1986.

7. G. D. H. 코올, 이방석역, 『사회주의사상사·I』, 민족문화사, 1987.

8. V. I. 레닌, 오영민역, 『사회민주주의의 두 가지 전술』, 녹진, 1988.

9. W. 아이힐러/이태영역, 『독일 사회민주주의 100년』, 중앙교육문화, 1989(Willi Eichler,

Hundert Jahre Sozialdemokratie, 1962).

10. 박영도, Hermann Heller의 국가관에 관한 분석적 연구, 한국외국어대학교 법학박사학위 논문, 1990, 294면.

11. 페르디난드 라살레, 서석연 옮김, 『노동자강령』, 범우사, 1990.

12. 칼 카우츠키, 이상돈 옮김, 『사회민주주의 기초』, 백의, 1991.

13. 황진성, 독일 사회민주주의의 사회주의 이행론에 관한 일 연구: 베른슈타인과 카우츠키, 로자 룩셈부르크를 중심으로, 서울대학교 대학원 석사학위논문, 1991.

14. 박호성 편역, 『사회민주주의와 민주사회주의: 이론과 현실』, 청람, 1991.

15. Kim, Myoung-jae(김명재), Hermann Hellers Staatslehre, 『법률행정논집』(전남대) 창간호 (1991), 1-22면.

16. 廣澤民生/김민규역, 민주적인 「사회적 법치국가에의 길」 - 헤르만 헬러의 「사회적 법치국가」에 대하여, 『동아법학』 제15호(1993), 229-258면.

17. 박희정, 독일 국법학의 성립과 발전에 관한 연구: C. Schmitt, R. Smend, H. Heller의 국가사상을 중심으로, 중앙대학교 대학원 박사학위논문, 1996.

18. 송재윤, 롤즈(Rawls)와 헬러(H. Heller)의 정의론에 나타난 「정의감」에 관한 비교연구, 한국교원대학교 교육학박사논문, 1997.

19. 박영도, 헤르만 헬러의 생애와 사상, 『배준상교수 정년기념논문집』, 법원사, 1997, 1149-1162면.

20. 이시우 평, (서평) Hermann Heller 저, 홍성방 역, 『국가론』, 『헌법학연구』 제4집 3호(1998. 10.), 431-437면.

21. 에두아르트 베른슈타인, 송병헌 옮김, 『사회주의란 무엇인가』, 책세상, 2002.

22. 김유 편역, 『사회주의 인터내셔널과 사회민주주의 정당』, 인간과 사회, 2003.

23. 한스 페터 슈나이더, 朴英道역, 실증주의 · 국민 · 주권 - Herman Heller와 Gustav Radbruch의 관계, 『之岸 김지수교수 정년기념논문집』, 법률출판사, 2003, 461-481면(Hans-Peter Schneider, Positivismus, Nation und Souveränität. Über die Beziehungen zwischen Heller und Radbruch, 1985)

24. 박호성, 『사회민주주의의 역사와 전망』, 책세상, 2005.

25. 오토 바우어, 김정로 옮김, 『민족문제와 사회민주주의』, 백산서당, 2006.

26. 박근갑, 『복지국가 만들기: 독일 사회민주주의의 기원』, 문학과 지성사, 2009.

27. 이용재, 혁명적 생디칼리슴에 대한 국제적 비교연구, NRF (National Research Foundation of Korea), 2009.

28. 장명학, 권력개념과 권력의 정당성: 베버, 아렌트, 하버마스 그리고 헤르만 헬러, 『비폭력연구』(경희대 비폭력연구소) 제2호(2009).

29. 하버마스, 윤형식 옮김, 『아, 유럽: 정치저작집 제11권』(나남, 2011) 제1부 헤르만 헬러, 초창기 연방공화국의 헤르만 헬러: 볼프강 아벤트로트의 탄생 100주년을 기념하여(J. Habermas, Ach, Europa: Kleine politische Schriften 11, Suhrkamp, 2012).

30. 오향미, 주권 주체와 주권의 한계: 바이마르 공화국 주권 논쟁의 한 단면, 『법철학연구』제14권 2호(2011), 105-128면.

31. 신율, 한국 사회에서의 사회민주주의 개념의 문제점: 라살레(Lassalle)와 슈타인(von Stein) 사상의 연관관계를 중심으로, 『평화학연구』 제14권(2013), 29-52면.

32. V. I. 레닌, 최호정 옮김, 『민주주의혁명 시기 사회민주주의당의 두 가지 전술』, 박종철출판사, 2014.

33. V. I. 레닌, 이채욱 · 이용재 옮김, 『민주주의 혁명과 사회민주주의의 두 가지 전술』, 돌베개, 2015.

## 3. 일본 문헌

### (1) 번역 (출판순)

1. 須山賢一譯, 『現代政治思潮』, 東京, 1928.
2. 安世舟譯, 『國家學』, 未來社, 1971, 493면(Staatslehre, 1934).
3. 宮本盛太郎譯, ドイツにおける政治思想形態の基礎に共通する事柄について, 愛知教育大學『社會科學論集』제14 · 15호(1974/75), 114-124면(Die gemeinsamen Grundlagen unserer politischen Denkformen. Die politischen Ideenkreise der Gegenwart, 1926, Kapitel II).
4. 西村捻 · 宮本盛太郎譯, 法治國家か獨裁か, 宮本盛太郎 · 初宿正典 · 西村捻 · 手塚和男, 川合全弘譯, 『ヴァイマール民主主義の崩壞』, 木鐸社, 1980, 7-34면(Rechtsstaat oder Diktatur? 1930).
5. 安世舟譯, 『ドイツ現代政治思想史』, 御茶の水書房, 1981, 275면(Die politischen Ideenkreise der Gegenwart, 1926).
6. 大野達司 · 今井弘道譯, 市民とブルジョア, 『北大法學論集』, 第39卷 3號(1988)(Bürger und Bourgeois, 1932).
7. 山崎充彦譯, ヴァイマール憲法における自由と形式, 獨裁は我々に何をもたらすのか―ファシズムと現實, 『同志社法學』 제208호(1989年), 174-192면 (Freiheit und Form in der Reichsverfassung, 1929/30; Was bringt uns eine Diktatur? 1929).
8. 今井弘道 · 大野達司 · 山崎充彦編譯, 『國家學の危機 – 議會制か獨裁か』, 風行社, 1991, 213면. 이 책에는 「國家學の危機」 외에, 「現代國家理論及び法理論の問題性に關する覺え書」, 「政治的民主制と社會的同質性」, 「獨裁は何をもたらすのか」, 「法治國家か獨裁か」, 「政治における天才宗敎と大衆自生主義」, 「市民とブルジョア」, 「權威的自由主義」의 8편 수록(Die Krisis der Staatslehre, 1926, u.a.).
9. 山崎充彦譯, 「ドイツ憲法改革の目標と限界」, 「國民的社會主義」, 『同志社法學』 제42권 3호(1992)(Ziele und Grenzen einer deutschen Verfassungsreform, 1931).
10. 今井弘道 · 大野達司譯, 「ライヒ憲法における法律槪念」, 神奈川大學 法學研究所『研究年報』 제13호(1992), 253-305면(Der Begriff des Gesetzes in der Reichsverfassung, 1928).
11. 今井弘道 · 住吉雅美譯, 「ヘーゲルとドイツにおける國民的權力國家思想」(1)-(5), 『北大法學論集』 제43권 1-5호(1993)(Hegel und der nationale Machtstaatsgedanke in Deutschland, 1921).
12. 今井弘道 · 住吉雅美譯, 「ヘーゲルとドイツ政治」, 『北大法學論集』 제42권 1호(1992).
13. 近藤眞譯, 「基本權と基本義務」(飜譯과 解題), 岐阜大學 敎養部『研究報告』 제28호.
14. 大野達司 · 山崎充彦譯, 「國家, 國民および社會民主主義」, 神奈川大學 法學研究所『研究年報』 제14호(1993).

15. 大野達司·山崎充彦譯, 基本權と基本義務, 『神奈川大學』 제28권 2·3호(1994).

16. 山崎充彦譯, 「ドイツ民主主義における職業官吏制度」(1930), 『同志社法學』 제43권(통권 제 220호).

17. 大野達司·細井保譯, 『ナショナリズムとヨーロッパ』, 風行社, 2004, 305면.
    이 책에는 「社會と國家」, 「社會主義と國民」, 「ヨーロッパとファシズム」 3편 수록.

18. 大野達司·山崎充彦譯, 『ヴァイマール憲法における自由と形式: 公法·政治論集』, 風行社, 2007, 284면.
    이 책에는 「基本權と基本義務」, 「ライヒ憲法における法律概念」, 「ヴァイマール憲法による比例代表制選擧における平等」, 「ヴァイマール憲法における自由と形式」, 「ドイツ民主主義における職業官吏制」, 「ライヒ-ラント關係の再編成」, 「ドイツ憲法改革の目標と限界」, 「ライヒは合憲に行動したか?」 8편 수록.

19. 永井健晴譯, 「ヘーゲルとドイツにおける國民的權力國家思想」(4)(5)(6), 『大東法學』 제21권 2호, 2012년.

## (2) 연구서 번역

1. Ch. ミュラー/I. シュタフ編著, 安世舟·山口利男編譯, 『ワイマール共和國の憲法狀況と國家學 — H. ヘラ, C. シュミット, H. ケルゼン間の論爭と共和國への影響』, 未來社, 1989, 443면 (Christoph Müller und Ilse Staff (Hrsg.), Der soziale Rechtsstaat. Gedächtnisschrift für Hermann Heller 1891-1933, Baden-Baden: Nomos 1984의 34편의 논문 중 12편만을 수록).

2. W. シュルフター著, 今井弘道譯, 『社會的法治國家への決斷 - H. ヘラー: ヴァイマール國家論論爭と社會學』, 風行社, 1991, 423면 (Wolfgang Schluchter, Entscheidung für den sozialen Rechtsstaat. Hermann Heller und die staatstheoretischen Diskussion in der Weimarer Republik, 1968).

## (3) 저서, 논문 등 (출판순)

1. 伊藤滿, 「H. ヘラー憲法概念」, 『公法雜誌』, 제4권 1호(1938), 67-78면.

2. 伊藤滿, 「H. ヘラー憲法概念」, 『公法雜誌』, 제5권 3호(1942), 64-78면.

3. 秋永肇, 「組織=國家 — ヘルマン·ヘラーの國家理論について[その1]」, 『政經論叢』(明治大), 제23권 3·4호(1954).

4. 秋永肇, 「國家權力と機能 — ヘルマン·ヘラーの國家理論について[その2]」, 『政經論叢』(明治大), 제23권 5·6호(1955).
    이 두 논문은 秋永肇, 『現代政治學』(富士書店, 1964)의 제2부 제3장과 제6장에 그 내용과 구성을 바꾸어 수록하였다.

5. 猪木正道(解說), 『ヘルマン·ヘラー國家論』, (原典飜刻叢書) 日本評論社, 1955.

6. 河原宏, 「H. ヘラー「社會的法治國家」」, 『理想』 제302호(1958), 69-82면.

7. 關根萬之助, 「法と國家の關係 - ヘルマン·ヘラー理論より」, 明治大學短期大學 『紀要』 제4호 (1960).

8. 大本善昭(獨文), 「政治學におけるヘルマン·ヘラー國家論の現代的意義」, 『研究報告』(山梨大

學 學藝學部), 제14 · 16 · 18號(1963, 1965, 1968).

9. 大西邦雄, 「ワイマール憲法の崩壞」, 人文科學硏究所 『紀要』(立命館大), 제6호(1963).

10. 河原宏, 「ヘルマン・ヘラーの社會的法治國家, 『理想』 제302호(1967).

11. 安世舟, 「ヘルマン・ヘラーの民主主義論」, 明治大學 『大學院紀要』 제7집(1969),516-528면.

12. 山口利男, 「ヘルマン・ヘラーにおける抵抗權の思想」, 名古屋大學 『法政論集』, 제53호(1971), 23-88면.

13. 岡村茂, 「H. ヘラーにみる國家社會學の出發點 - 『國家學の危機』に寄せて」, 關西大學 『法學 ジャーナル』, 제10호(1973), 105-131면.

14. 爐田薫, 「ヘルマン・ヘラー國家理論とその社會的背景」, 慶應大學院 『法硏論集』, 1973.

15. 安世舟, 『ドイツ社會民主黨史序說』, お茶の水書房, 1973, 354면.

16. 山口利男, 「國家學の危機とヘルマン・ヘラー」, 『危機狀況と政治理論』(年報政治學1973年), 日本政治學會, 1974.

17. 西浦公, 「ワイマール期憲法學の憲法槪念 ― H. ヘラーの理論を中心に」, 『法學雜誌』(大阪市立 大), 제31권 1호(1974), 141-162면.

18. 安世舟, 「H. ヘラー國家論」, 秋永肇編, 『政治學 ― 近代と現代』, 學文社, 1974, 150-181면.

19. 山口利男, 「國家學の危機とヘルマン・ヘラー「7月 20日 事件」の裁判過程を中心に」, 『危機狀 況と政治理論』(年報政治學 1973年), 日本政治學會, 1974, 159-197면.

20. 廣澤民生, 「民主的な社會的法治國家への途 ― ヘルマン・ヘラーの社會的法治國家について」, 『早稻田法學會誌』(早稻田大) 제26호(1975), 435-472면.

21. 安世舟, 「H. ヘラーにおけるドイツ國民國家論再構成の試圖」, 『大東法學』(大東文化大學) 제2 호(1975), 75-134면.

22. 山口利男, 「ヘルマン・ヘラー ― , 虛想と實像の間」, 『未來』, 제123호(1976년 12월호), 37-45면.

23. 齊藤誠, 「ヘルマン・ヘラーとワイマール共和國における民主主義の問題」, 『東北法學』 제2 · 3 합병호(1978), 1-25면.

24. 谷喬夫, 「主權論をめぐって ― H. ヘラーのC. シュミット批判」, 『法學新報』(中央大), 제84권 10 · 11 · 12호(1978), 207-231면.

25. 廣澤民生, 「法學と法原則 ― H. ヘラーの法學觀」, 靜岡大學 敎育學部 『研究報告』(人文社會科學 編), 제30호(1979), 17-30면.

26. 小野淸美, 「ドイツ革命における社會化運動の研究」, 『法政論集』(名古屋大) 제79호 (1979).

27. 齊藤誠, 「ヘルマン・ヘラーにおけるファシズム論の基本構造」, 『法學』(東北大) 제45권 1호 (1981), 60-93면.

28. 新田邦夫, 「ドイツ國家學の現況と國家槪念, 現代國家の位相と理論」 『年報政治學』(日本政治 學會), 1981.

29. 日比野勤, 「實質的憲法理論の形成と統合理論」(1), 『國家學會雜誌』(東京大), 제99권 9 · 10호 (1986), 1-41면.

30. 安世舟, 「社會民主主義と國家 ― H. ヘラーの歷史的背景」, 秋永肇敎授古稀紀念論集 『現代民主 主義の諸問題』, 木鐸社, 1982, 313-369면.

31. 中道壽一, 「書評 ヘルマン・ヘラー著 安世舟譯, 『ドイツ現代政治思想史』」, 『法學研究』 제55권 7호(1982).

32. 江藤俊昭, 「H. ヘラーの國家における自由論についつの一考察 ― 國家からの自由論批判」, 中央

大 大學院『硏究報告』제12권 1호(1983).

33. 中道壽一,「書評 H. ヘラー他著, 宮本盛太郎他譯,『ヴァイマル民主主義の崩壊』」,『岐阜經濟大學論集』제17권 1호(1983).

34. 廣澤民生,「法實證主義と政治的憲法學の間で – H. ヘラーの法理論の硏究」, 森泉章・室井力・樋口陽一他編,『現代法の諸領域と憲法理念』小林孝輔敎授還曆紀念論文集, 學陽書房, 1983, 40-51면.

35. 安世舟,「ヘラーとラスキ」,『政治學と現代世界』, 橫越英一敎授退官記念論集, 御茶の水書房, 1983, 659-690면.

36. 山口利男,「ヘルマン・ヘラーの政治敎育論」,『政治學と現代世界』, 橫越英一敎授退官記念論集, 御茶の水書房, 1983.

37. 金城透,「秩序と決斷性 ― ヘルマン・ヘラー『主權論』を中心として」,『法學新報』(中央大) 제90권 9・10호(1984).

38. 澤野義一,「ヘルマン・ヘラーの主權論 – 民主的な主權強調論」,『龍谷法學』(龍谷大) 제16권 4호(1984) 132-180면.

39. 西浦公,「多元主義的憲法理論の基本的特質」,『法學雜誌』제30권 3・4호(1984).

40. ディアン・シェフォルト/山口利男・安世舟譯,「ヘルマン・ヘラー・シンポジウム短信」,『法政論集』(名古屋大), 제102호(1984), 455-472면(Dian Schefold, Notizen vom Hermann-Heller-Symposion in Berlin, Ktitische Justiz, Bd. 17, 1984).

41. R. ヴアーゼ, 內田博譯,「國民的文化社會主義か市民社會の止揚か」,『法政論集』(愛知大) 經濟・經營 編, 제15호(1985).

42. 宮井淸暢,「ヘルマン・ヘラー國家論の構造(1) ― 憲法學の立場から」,『法硏論集』(早稻田大 大學院), 제36호(1985).

43. 宮井淸暢,「ヘルマン・ヘラー國家論の構造(2) ― ヴァイマル・ドイツ における民主制觀の相剋とヘルマン・ヘラー」,『法硏論集』(早稻田大 大學院), 제43호(1987), 269-292면.

44. 澤野義一,「ヘルマン・ヘラー主權論の戰後における影響について」,『龍谷法學』, 제18권 1호(1986).

45. 下本佐門,「下からのドイツ社會民主黨史 ― B. ラーベの試み」,『法學硏究』(北海學園大), 제21권 3 H(1986).

46. 岡田正則,「ナチス法治國家と社會的法治國家 ― 戰後西ドイツ公法學への「連續性」問題の一考察」(1)(2)(3)(4完),『法硏論集』(早稻田大 大學院), (1) 제41호(1987),113-141면; (2) 제42호(1987), 55-80면; (3) 제43호(1987), 47-72면; (4完) 제45호(1988), 85-114면.

47. W. ルートハルト/安世舟譯,「國家・民主主義・勞動運動 ― 同時代の社會民主主義的論議を背景にして見た ヘルマン・ヘラーの分析」,『大東法學』(大東文化大), 제14호(1987).

48. 山口利男,「日本におけるヘルマン・ヘラー理論受容の特質とその社會的・政治的背景」, 名古屋大學 敎養部『紀要』제31집(1987).

49. 廣澤民生,「組織問題としての國民主權 ― ヘルマン・ヘラーの主權論について」(1)(2), 靜岡大學『法經硏究』, 제39권 1호 및 제39권 4호.

50. 齊藤誠,「ヘルマン・ヘラーの民主主義論 ― ヴァイマル・ドイツの狀況のなかで」, 宮田光雄編,『ヴァイマル共和國の政治思想』, 創文社, 1988, 263-307면.

51. 西浦公,「ヘルマン・ヘラーの抵抗權槪念について」, 高松工業高等專門學校『硏究紀要』, 제24

　　　　　호(1988).

52. クリストフ・ミュラー/安世舟譯,「法と道德」,『大東法學』(大東文化大學), 제15호(1988).

53. クリストフ・ミュラー/山口利男譯,「ワイマール共和國とボン共和國における憲法の「開かれた」 性格または「價値被拘束性」」,『法政論集』(名古屋大), 제120호(1988), 4 37-361면 (Christoph Müller, 'Offenheit' oder 'Wertgebundenheit' der Verfassung in der Weimarer Republik und der Bonner Republik, 1987).

54. クリストフ・ミュラー/兼子義人譯,「ヘルマン・ヘラーとハンス ケルゼンの間の論爭についての批判的注解」,『立命館法學』(立命館大), 제193호(1988).

55. Ch. ミュラー/今井弘道・大野達司・寺島壽一譯,「ドイツ社會民主主義, 社會的資本主義と社會主義的法治國のはざまで ─ ヘルマン・ヘラーのマックス・ウェーバーとの對決」,『法學論集』(北海道大), 제39권 2호(1988).

56. 山崎充彦,「ヘルマン・ヘラーの國家正當化論について」,『同志社法學』, 제208호(1989), 135-173면.

57. 山崎充彦,「ヘラー國家論における倫理的法原則について ─ 國家正當化理論との關わりで」,『同志社法學』 제221호(1991), 76-101면.

58. 安世舟,「ヘラーHermann Heller(1891-1933) ─ ワイマール共和國擁護の公法, 政治理論としての國家學」, 小林孝輔編,『ドイツ公法の理論 ─ その今日的意義』, 一粒社, 1992, 149-173면.

59. 山下威士,「一九三二年國事裁判所におけるヘルマン・ヘラー」,『人權と憲法裁判』, 成文堂, 1992.

60. 安世舟,「「現存社會主義」を崩壞へ導いた諸要因に關する若干の考察 ─ ヘルマン・ヘラーの社會的法治國家論,および社會主義と儒教政治體制との比較の觀點からの一接近」,『大東法學』제19호(1993), 93-125면.

61. 大野達司,「ワイマール期國法學における方法と主體の問題 (1-2) ─ ヘルマン・ヘラーの論議を中心にして」,『神奈川法學』제28권 1-2=3호(1994).

62. 山下威士譯,「プロイセン對ライヒ(7月20日事件) 法廷記錄」(12),『新潟法學』제26권 2호(1994).

63. 安世舟,「發展途上國における權威主義的體制に代わる政治發展モデルとしてのヘルマン・ヘラーの社會的法治國家論 ─ 最近のヘラー研究書を手掛りに ─ ,『大東法學』제5권 제2호(1996), 39-82면. [Lee, Eun-Jeung(李恩政) 관련]

64. 山崎充彦,「ヴァイマール期の一知識人 ─ ヘルマン・ヘラーの政治思想」,『國際文化論集』(挑山學院大學) 제16호(1997).

65. 飯島慈明,「ヘルマン・ヘラーの主權論」,『早研』제96호(2001).

66. 武永淳, ワイマール─比例代表選擧制の成立過程(1)(2 完),『法學論叢』제108권 6호 및 제109권 2호.

67. 武永淳, ワイマール─比例代表選擧制の展開と改革の動き,『彦根論叢』제220호.

68. 初宿正典,「ドイツ國法學者大會報告の中のC.シュミットとH.ヘラー ─ R.フォクトの引用分析に卽して」,『人文』제35집(1989).

69. 安世舟,「ナチズムとヘルマン・ヘラーの悲劇 ─ 人種差別イデオロギー批判を中心として」,『情況』1993년 5月호.

70. 南原一博,『國家の終焉 ─ ヘルマン・ヘラーの軌跡』, 中央大學出版部, 2001.

71. 山口利男, 『ヘルマン・ヘラーと現代 ― 政治の復權と政治主體の形成』, 風行社, 2002.

72. クリストフ・グズィ, 原田武夫譯, 『ヴァイマル憲法 ― 全體像と現實』, 風行社, 2002 (Christoph Gusy, Die Weimarer Reichsverfassung, Tübingen: Mohr Siebeck 1997).

73. 栗城壽夫, 「ヘルマン・ヘラーにおける憲法の規範力 (1)(2)(3)」, 『名城ロースクール・レビュー』(名城大學) 34 (2015), 36 (2016), 37 (2016).

74. 池田浩士, 『ヴァイマル憲法とヒトラー: 戰後民主主義からファシズムへ』, 岩波書店, 2015. 286면.

## 4. 구미 문헌

## 1. 번 역

### (1) 스페인

Ideas políticas contemporáneas. Traducción del alemán por Manuel Pedroso. Editorial Labor S. A., Barcelona 1930, 203 S., 8 Abbildungen (colección Labor, vol. 239).

Europa y el Fascismo[1929](trad. del alemán por Francisco Janvier Conde y estudio preliminar "El fascismo y la crisis política de Europa" a Cargo de José Luis Monereo Pérez), Editorial España, Madrid 1931, 218 S.

Concepto, desarrollo y función de la ciencia política. Traducción de Nicolás Pérez Serrano, in: Revista de Derecho Público, dirigida por N. Pérez Serrano, Editorial Revista de Derecho Privado, Madrid, Año II (1933), número 21 (septiembre 1933), S. 257-267, Año II(1933), número 22 (15 octubre 1933), S. 289-301.

La justificación del estado, in: Cruz y Raya, evista de afirmación y negación, hg.von Miguel Artigas, Manuel Abril, José Bergamin u.a., Madrid, Diciembre de 1933, S. 7-35.

Teoría del Estado. Edición y prólogo de Gerhart Niemeyer. Versión española de Luis Tobío. Fondo de Cultra Económica, Méxiko. Primera edición 1942, 357 S. (Sección de obras de ciencia política.)

La Soberanía. Contribución a la Teoría de Derecho Estatal y del Derecho International. Traducción y estudio preliminar del doctor Mario de la Cueva. Universidad Nacional Autónoma de México, México 1965, 313 S.

Concepto, desarrollo y función de la ciencia política. Ediciones nuevas, Buenos Aires 1971, 109 S. Traducción del alemán de Nicolás P. Serrano.

Europa y el Fascismo. Reimpresión en su totalidad de la versión castellana de F. J. Conde, in: Heller, Hermann, Escritos políticos, Prológo y selección de Antonio López Pina, Alianza Editorial, Madrid 1985, S. 21-132.

Las ideas socialistas, in: Heller, Hermann, Escritos políticos, Alianza Editorial, Madrid 1985, S. 303-334.

?Estado de derecho o dictarura? in: Escritos políticos etc., Alianza Editorial, Madrid 1985, S. 283-301.

Ciudadano y burgués, in: Escritos políticos etc. Alianza Editorial, Madrid 1985, S. 241-256.

Escritos políticos etc. Antonio López Pina, Alianza Editorial, Madrid 1985.

## (2) 이탈리아

Democrazia politica e omogeneità sociale, in: Quaderni piacentini, hg. Piergiorgio Bellocchio, Franco Angeli Editore, Milano, 1983, S. 139-150.

L'Europa e il fascismo, in: Heller, Hermann, L'Europa e il fascismo, a cura di Varlo Amirante, Giuffrè Editore, Milano 1987, S. 41-203.

La crisi della dottrina dello stato. Traduzione italiana di Pascuale Pasquino e Gabriella Silvestrini, in: Heller, Hermann, La Sovranità etc., Giuffrè Editore, Milano 1987, S. 29-66.

Stato di diritto o dittatura? in: L'Europa e il fascismo etc. Giuffrè Editore, Milano 1987, S. 207-225.

Il concetto di leggi nella costituzione di Weimar. Traduzione italiana di Pascuale Pasquino e Gabriella Silvestrini, in: Heller, Hermann, La Sovranità etc., Giuffrè Editore, Milano 1987, S. 303-356.

Osservazioni sulla problematica attuale della teoria stato e del diritto. Traduzione italiana di Pascuale Pasquino e Gabriella Silvestrini, in: Heller, Hermann, La Sovranità etc., Giuffrè Editore, Milano 1987, S. 357-397.

Dottrina dello stato, a cura di Ulderico Pomarici. Edizioni Scientifiche Italiane, Napoli 1988, 460 S. (Istituto di filosofia del diritto dell' Università di Napoli. Collana di saggi e testi, Sezione "Testi", 3).

## (3) 영어

Rechtsstaat or dictatorship? in: Economy and Society, Vol. 16(1), 1987, pp. 127-142.

The Nature and Structure of the State, trans. by David Dysenhaus, in: 18 Cardozo Law Review 1139 (1996).

Theory of the State (Staatslehre), trans. of extracts by David Dysenhaus, in: Arthur Jacobson and Bernhard Schlink (eds.), Weimar: A Jurisprudence of Crisis, Berkeley: University of California Press, 2001.

Political Democracy and Social Homogeneity, trans. by David Dysenhaus, in: Arthur Jacobson and Bernhard Schlink (eds.), Weimar: A Jurisprudence of Crisis, Berkeley: University of California Press, 2001.

Authoritarian Liberalism? in: European Law Journal, Vol. 21(3), 2015, pp. 295-301.

## 2. 단행본

Albrecht, Stephan: Hermann Hellers Staats-und Demokratieauffassung, Frankfurt am Main: Campus Verlag 1983. 264 S.(Campus Forschung. Bd. 326).

Bisogni, Giovanni: Weimar e l'unità politica e giuridica dello stato: saggi su Rudolf Smend,

Hermann Heller, Carl Schmitt, Napoli: Ediziono scientifiche italiane, 2005, 240 pp.

Blau, Joachim: Sozialdemokratische Staatslehre in der Weimarer Republik: Darstellung und Untersuchung der staatstheoretischen Konzeptionen von Hermann Heller, Ernst Fraenkel und Otto Kirchheimer, in: Marburg: Verlag Arbeiterbewegung und Gesellschaftswissenschaft, 1980, 509 S.

Dyzenhaus, David: Legality and Legitimacy. Carl Schmitt, Hans Kelsen and Hermann Heller in Weimar, Oxford: Clarendon Press; New York: Oxford Univ. Press, 1997, 283 pp.

Fiedler, Wilfried: Das Bild Hermann Hellers in der deutschen Staatsrechtswissenschaft, Leipzig 1994.

Goller, Peter: Hermann Heller: Historismus und Geschichtswissenschaft im Staatsrecht(1919-1933), Frankfurt a. M.[u.s.w.]: Lang, 2002. 191 S.

Grimm, Dieter: Souveränität. Herkunft und Zukunft eines Schlüsselbegriff, München: C.H. Beck, 2009.

Hebeisen, Michael W.: Souveränität in Frage gestellt. Die Souveränitätslehren von Hans Kelsen, Carl Schmitt und Hermann Heller in Vergleich, Baden-Baden: Nomos 1995, 678 S.

Henkel, Michael: Hermann Hellers Theorie der Politik und des Staates. Die Geburt der Politikwissenschaft aus dem Geistes der Soziologie, Tübingen: Mohr Siebeck 2011. 732 S.

Hennis, Wilhelm: Das Problem der Souveränität. Ein Beitrag zur neueren Literaturgeschichte und gegenwärtigen Problematik der politischen Wissenschaften. mit einem Vorwort von Christian Starck, Tübingen: Mohr Siebeck 2003. 127 S.

Herrera, Carlos Miguel (sous la direction), Les Juristes de Gauche sous la République de Weimar, Paris: Kimé, 2002.

Lee, Eun-Jeung(李恩政): Der soziale Rechtsstaat als Alternative zur autoritären Herrschaft. Zur Aktualisierung der Staats-und Demokratietheorie Hermann Hellers, Duncker & Humblot, Berlin 1994.

Müller, Christoph und Ilse Staff (Hrsg.): Staatslehre in der Weimarer Republik. Hermann Heller zu ehren, Frankfurt am Main: Suhrkamp 1985. 233 S. (stw 547).

Müller, Christoph und Ilse Staff (Hrsg.): Der soziale Rechtsstaat. Gedächtnisschrift für Hermann Heller 1891-1933, Baden-Baden: Nomos Verlagsgesellschaft 1984, 759 S.

Robbers, Gerhard: Hermann Heller: Staat und Kultur, Baden-Baden: Nomos Verlagsgesellschaft 1983, 138 S.

Schluchter, Wolfgang: Entscheidung für den sozialen Rechtsstaat. Hermann Heller und die staatstheoretischen Diskussion in der Weimarer Republik, Köln und Berlin: 1968. 2. Aufl., Baden-Baden: Nomos 1983, 300 S.

Schütze, Marc: Subjektive Rechte und personale Identität. Die Anwendung subjektiver Rechte bei Immanuel Kant, Carl Schmitt, Hans Kelsen und Hermann Heller, Berlin 2004.

Waser, Ruedi: Die sozialistische Idee im Denken Hermann Hellers: Zur politischen Theorie und Praxis eines demokratischen Sozialismus, Basel: Helbing & Lichtenhahn, 1985,

229 S.

## 3. 주요 논문

Abendroth, Wolfgang: Die Funktion des Politikwissenschaftlers und Staatsrechtslehrers Hermann Heller in der Weimarer Republik und in der Bundesrepublik Deutschland, in: Der soziale Rechtsstaat, 1984. S. 213-233.

Albrecht, Stephan: Rechtsstaat, autoritäre Demokratie und der europäische Faschismus. Hermann Hellers Grundlegungen einer starken Demokratie, in: Mike Schmeitzner (Hrsg.), Totalitarismuskritik von links. Deutsche Diskurse im 20. Jahrhundert, Göttingen 2007, S. 83-102.

_____: Zwischen Bewunderung und schroffer Ablehnung. Hermann Hellers Auseinandersetzung mit Marx und Marxismus, in: Christoph Müller/Ilse Staff(Hrsg.), Der soziale Rechtsstaat. Gedächtnisschrift für Hermann Heller 1891-1933, Baden-Baden 1984, S. 503-520.

Anter, Andreas: Hermann Heller und Max Weber. Normativität und Wirklichkeit des Staates, in: Marcus Llanque (Hrsg.), Souveräne Demokratie und soziale Homogenität. Das politische Denken Hermann Hellers, Baden-Baden 2010, S. 119-136.

Bauer, Wolfram: Wertrelativismus und Wertbestimmtheit im Kampf um die Weimarer Republik, Berlin: 1968.

Bernsdorf, Wilhelm: Artikel "Heller, Hermann," in: Wilhelm Bernsdorf und Horst Knospe (Hrsg.), Internationales Soziologenlexikon, Bd. 1, 2. Aufl., Stuttgart: 1980, Sp. 174-176.

Bilfinger, Carl: Rezension von Hermann Heller, Rechtsstaat oder Diktatur?, in: Archiv des öffentlichen Rechts, NF. Bd. 21, 1932, S. 456-458.

Blau, Joachim: Hermann Heller. Zu einer sozialdemokratischen Staatsrechtslehre der Weimarer Republik, in: Demokratie und Recht. 4. 1976, S. 120-142.

Bolaffi, Angelo: Verfassungskrise und Sozialdemokratie. Hermann Heller und die Kritiker der Weimarer Verfassung am Vorabend der Krise der Republik, in: Der soziale Rechtsstaat. 1984, S. 235-257.

Bookbinder, Paul: Hermann Heller versus Carl Schmitt, in: International Social Science Review, Vol. 62(3), Summer 1987, p. 119.

Cristi, Renato: Legality and Legitimacy. Carl Schmitt, Hans Kelsen and Hermann Heller in Weimar by David Dyzenhaus (Review), in: University of Toronto Quarterly, Vol. 68(1), 1998, pp. 514-516.

Dawson, Mark: De Witte, Floris: Self determinaton in the constitutional future of the EU (Special Section: Hermann Heller's 'Authoritarian Liberalism?'), in: European Law Journal, Vol. 21(3), 2015, pp. 371-383.

Denninger, Erhard: Hermann Heller - heute, in: Rechtsgeschichtliches Journal, 1986, Issue 5, pp. 90-93.

Drath, Martin/Müller, Christoph: Einleitung, in: Hermann Heller, Gesammelte Schriften, in Verbindung mit Martin Drath, Gerhart Niemeyer, Otto Stammer und Fritz Borinsky hrsg. von Christoph Müller, Bd. 1, Orientierung und Entscheidung, 2., durchgesehene, um ein Nachwort [im dritten Band] erweiterte Auflage, Tübingen 1992, XVII-XXXI.

Drath, Martin: Dem Gedanken an Hermann Heller, in: Geist und Tat. Monatschrift für Recht, Freiheit und Kultur. Jg. 19. 1964. S. 52-54.

Dreier, Horst: Die deutsche Staatsrechtslehre in der Zeit des Nationalsozialismus, in: VVDStRL 60 (2001), S. 9-72, [Schlußwort zur Aussprache] S. 140-147.

Dysenhaus, David: Hermann Heller - an introduction, in: Cardozo Law Review, Vol.18(3), 1996, pp. 1129-1137.

Dysenhaus, David: Legal Theory in the Collapse of Weimar: Contemporary Lessons? in: American Political Science Review, March, 1997, Vol. 91(1), pp. 121-134.

_____: Hermann Heller and the Legitimacy of Legality, 1996, Vol. 16(4), pp. 641-666.

Evers, Hans Ulrich: Rezension von Wolfgang Schluchter, Entscheidung für den sozialen Rechtsstaat, in: Frankfurter Allgemeine Zeitung, Nr. 261 vom 8. 11. 1968. S. 10.

Fiedler, Wilfried: Materieller Rechtsstaat und soziale Homogenität. Zum 50. Todestag von Hermann Heller, in: JZ 39 (1984), S. 201-211.

_____: Die Wirklichkeit des Staates als menschliche Wirksamkeit. Über Hermann Heller (Teschen 1891-Madrid 1933), in: Oberschlesisches Jahrbuch 11 (1995), S. 149-167.

Fijakowski, Jürgen: Hermann Heller und die Staatsdiskussion heute, in: Die neue Gesellschaft. 6. 1974. S. 475-479.

_____: Bekommen wir Heller-Renaissance? in: Politische Vierteljahresschrift. 1983, 4. S. 456-457 [Betr. 50. Todestag von Hermann Heller].

_____: Der sozialen Rechtsstaat und das Problem der Weiterentwicklung seiner demokratischen Basis, in: Der sozialen Rechtsstaat, 1984. S. 381-395.

Fraenkel, Ernst: [Besprechung von] Hermann Heller, Rechtsstaat oder Diktatur, in: ARWP, 24 (1930/1931), S. 579-580 [auch abgedruckt in: Ernst Fraenkel, Gesammelte Schriften, Bd. 1, Recht und Politik in der Weimarer Republik, hrsg. von Hubertus Buchstein unter Mirarbeit von Rainer Kuhn, Baden-Baden 1999, S. 423-425]

Funke, Manfred: Ein demokratischer Fundamentalist: Zum 100. Geburtstag des Carl-Schmitt-Antpoden Hermann Heller, in: FAZ. 1991, 163 vom 17. 7. 91. S. 25.

Galán y Guiérrez, Eustaquio: La conception estatal de Heller en referéncia a la fi losofia políca de suépoca, in: Revista General de Legislation y Jurisprudéncia 178 (1945), S. 231-260, 641-683.

Galán, Eustaquio: Estado, naturaleza y cultra. El Estado como un trozo vivo de la realidad social y sus factores condicionantes naturales y culturales segun Heller, in: Revista General de Legislocion y Juriaprudencia 179 (1946), S. 377-412, 512-529, 625-655.

Gangl, Manfred: Homogenität und Heterogenität. Zu den staatsrechtlichen Positionen von Rudolf Smend, Hermann Heller und Carl Schmitt, in: Friedrich Balke/Benno Wagner (Hrsg.), Vom Nutzen und Nachteil historischer Vergleiche. Der Fall Bonn-Weimar, Frankfurt am Main, New York 1997, S. 169-189.

Garzón, Valdés, Ernesto: Hermann Heller und John Austin. Versuch eines Vergleiches, in: Der sozialen Rechtsstaat, 1984. S. 655-677.

Geiger, Th.: Besprechung von Hermann Heller: Freie Volksbildungsarbeit, in: Die Glocke 10 (1924), S. 634-636.

Göldner, Detlef: Integration und Pluralismus im demokratischen Rechtsstaat, Tübingen 1977.

Gómez Arboleya, Enrique: Hermann Heller, Granada (o.J.); auch in: Boleti de la Universidad de Granada XII (1940), S. 141-182, 305-343.

Geggenheim, Paul: Besprechung von Heller, Hermann: Staatslehre, in: Schweizerische Juristen-Zeitung 1934/35, S. 287.

Haney, Gerhard: Zum Hegelverständnis Hermann Hellers, in: Christoph Müller/Ilse Staff (Hrsg.), Der soziale Rechtsstaat. Gedächtnisschrift für Hermann Heller 1891-1933, Baden-Baden 1984, S. 467-485.

Hennig, Eike: Hermann Heller, Anmerkungen zum Versuch einer Synthese von Nationalismus und Sozialismus, in: Neue politische Literatur 19 (1971), S.507-519.

_____: Rezension von: Wolfram Bauer, Wertrelativismus und Wertbestimmtheit im Kampf um die Weimarer Demokratie, in: Der Staat 9 (1970), S. 409-413.

_____: Nationalismus, Sozialismus und die "Form aus Leben": Hermann Hellers politische Hoffnung auf sozialen Integration und staatliche Einheit, in: Der sozialen Rechtsstaat, 1984. S. 273-286.

Hennis, Wilhelm: Das Problem der Souveränität. Ein Beitrag zur neueren Literaturgeschichte und gegenwärtigen Problematik der politischen Wissenschaften (1951), mit einem Vorwort von Christian Starck, Tübingen 2003.

Hermes, Gertrud: Das Seminar für freies Volksbildungswesen an der Universität Leipzig, in: Hermann Heller [in Gemeinschaft mit vielen Mitarbeitern], Freie Volksbildungsarbeit. Grundsätzliches und Praktisches vom Volksbildungsamt der Stadt Leipzig, Leipzig 1924, S. 156-165.

Hollerbach, Alexander: Rezension von: Hermann Heller, Gesammelte Schriften, hrsg. von Martin Draht u.a., 3 Bde., Leiden 1971, in: Archiv für Rechts-und Sozialphilosophie. LVI. 1975. S. 585-589.

Jeffrey Andrew Barash: Mythologies du politique au XX$^e$ siècle dans la perspective de Hermann Heller, Ernst Cassirer, Karl Löwith, in: Bulletin du Centre de Recherche Français de Jérusalem, 1. July (2008)(6), pp. 33-46.

_____: Political Mythologies of the Twentieth Century in the Perspective of Hermann Heller, Ernst Cassirer, and Karl Löwith, in: Bulletin du Centre de Recherche Français de Jérusalem, 1. July (2008)(6), pp. 121-133.

Kelsen, Hans: Das Problem der Souveränität und die Theorie des Völkerrechts. Beitrag zu einer Reinen Rechtslehre, Tübingen: J. C. B. Mohr 1920. 2. Aufl., 1928. Neudruck Aalen: Scientia Verlag 1981. 320 S.

Kennedy, Ellen: Introduction to Hermann Heller, in: Economy and Society, Vol. 16(1), 1987, pp. 120-126.

Kielmannsegg, Peter Graf von: Heller, in: Neue Deutsche Biographie, Berlin: Duncker & Humblot, Bd. 8. 1969. S. 477-479.

Koellreutter, Otto: Besprechung von: Beiträge zum ausländischen öffentlichen Recht und Völkerrecht, herausgegeben vom Institut für ausländisches öffentliches Recht und Völkerrecht in Berlin 1927, Verlag Walter de Gruyter Berlin. Heft 1: Heinrich Triepel, Staatsrecht und Politik, 40 S., Heft 2: Carl Schmitt, Volksentscheid und Volksbegehren, 54 S., Heft 3: K. Heck, Der Aufbau des britischen Reiches, 152 S., Heft 4: Hermann Heler, Die Souveränität, 177 S., in: Archiv des öffentlichen Rechts 14 (1928), S. 127-137.

Korthaase, Werner: Totaler Feind, totaler Krieg, totaler Staat? Hermann Hellers Politik-und Staatslehre des Dialogs und Interessenausgleichs, in: Eun Kim/Erwin Schadel/Uwe Voigt (Hrsg.), Aktive Gelassenheit. Festschrift für Heinrich Beck zum 70. Geburtstag, Frankfurt am Main et al. 1999, S. 563-590.

Kühn, F.: Besprechung von Hermann Heller: Die Gleichheit in der Vehältniswahl nach der Weimarer Verfassung, in: Berichte der Deutschen Hochschule für Politik VIII(1930), S. 9.

_____: Besprechung von Hermann Heller: Rechtsstaat oder Diktatur? in: Berichte der Deutschen Hochschule für Politik VIII (1930), S. 10.

Kühne, Josef: Rechts-und Staatslehre als Wirklichkeitswissenschaft. Eine Würdigung des österreichischen Rechtsgelehrten Hermann Heller, in: Österreichische Juristen-Zeitung 32 (1977), S. 253-256.

_____: Hermann Heller—zögernde Rezeption in Österreich und langsam erwachendes Interesse, in: Der soziale Rechtsstaat, 1984. S. 141-152.

Leser, Norbert: Universalien und Realien im Marxismus. Anhand der Debatte zwischen Hermann Heller und Max Adler, in: Christoph Müller/Ilse Staff (Hrsg.), Der soziale Rechtsstaat. Gedächtnisschrift für Hermann Heller 1891-1933, Baden-Baden 1984, S. 487-502.

Llanque, Marcus: Politik und republikanisches Denken: Hermann Heller, in: Hans J. Lietzmann (Hrsg.), Moderne Politik. Politikverständnisse im 20. Jahrhundert, Opladen 2001, S. 37-61.

_____: Die Theorie politischer Einheitsbildung in Weimar und die Logik von Einheit und Vielheit (Rudolf Smend, Carl Schmitt, Hermann Hellers), in: Andreas Göbel/Dirk van Laak/Ingeborg Villinger (Hrsg.), Metamorphosen des Politischen. Grundfragen politischer Einheitsbildung seit den 20er Jahren, Berlin 1995, S. 157-176.

López Pina, Antonio: Wiederbegegnung mit Hermann Heller. Ideologische Basis und materiell-ökonomische Bedingungen der Rezeption in Spanien und Lateinamerika, in: Der soziale Rechtsstaat, 1984. S. 141-152.

Luthardt, Wolfgang: Staat, Demokratie, Arbeiterbewegung. Hermann Hellers Analyse im Kontest der zeitgenössischen sozialdemokratischen Diskussion, in: Der soziale Rechtsstaat, 1984. S. 259-271.

Maste, Ernst: Hermann Heller und seine Staatslehre, in: Mensch und Staat 1973, S. 6-8.

_____: Hermann Heller und seine Staatslehre, in: Die Neue Gesellschaft 1972, S. 533-536.

Maus, Ingeborg: Hermann Heller und die Staatsrechtslehre der Bundesrepublik, in: Christoph Müller/Ilse Staff (Hrsg.), Der soziale Rechtsstaat. Gedächtnisschrift für Hermann Heller 1891-1933, Baden-Baden 1984, S. 113-139.

_____: Bürgerliche Rechtstheorie und Faschismus, München: Wilhelm Fink Verlag 1976.

_____: Hermann Heller und die Staatsrechtslehre der Bundesrepublik, in: Staatslehre in der Weimarer Republik, S. 194-220.

Mayer, Hans: Die Krisis der deutschen Staatslehre und die Staatsauffassung Rudolf Smends, Diss. Jur. Köln 1931.

_____: Besprechung von Heller, Hermann, Staatslehre, in: Zeitschrift für Sozialforschung VI (1935), S. 277-278.

Meinck, Jürgen: Rechtsnorm und allgemeiner Rechtsgrundsatz. Die Souveränitätstheorie Hermann Hellers im Richtungsstreit der deutschen Staatswissenschaft, in: Der soziale Rechtsstaat, 1984. S. 621-653.

Menéndez, Augustin José: Hermann Heller NOW, in: European Law Journal, Vol. 21(3), 2015, pp. 285-294.

Meyer, Klaus: Arbeiterbildung in der Volkshochschule. Die "Leipziger Richtung," Stuttgart 1969.

_____: Hermann Heller - Eine biographische Skizze, in: Politische Vierteljahresschrift VIII (1967), S. 293-313.

_____: Hermann Heller. Eine biographische Skizze, in: Der soziale Rechtsstaat, 1984. S. 65-87.

Monereo, Pérez, José Luis: Fascismo y crisis politíca de Europa: crítica del fascismo en Hermann Heller (II), in: Revista de derecho constitutional europe, 2007, Issue 7, pp. 379-422.

Mori, Toru: Die staatliche Willensbildung in der differenzierten Gesellschaft. Repräsentative Demokratie bei Hermann Heller und Jürgen Habermas, in: ARSP 86 (2000), S. 185-206.

Müller, Christoph: Hermann Heller (1891-1933). "Nationale Kulturgemeinschaft und anti-nationaler Nationalismus," in: Hans Erler/Ernst Ludwig Ehrlich/Ludiger Heid (Hrsg.), "Meinetwegen ist die Welt erschaffen." Da intellektuelle Vermächtnis des deutschsprachigen Judentums. 58 Portraits, Frankfurt am Main, New York 1997, S. 345-361.

_____: Hermann Heller (1891-1933). Vom liberalen zum sozialen Rechtsstaat, in: Helmut Heinrichs et al. (Hrsg.), Deutsche Juristen jüdischer Herkunft, München 1993, S. 767-780.

Müller, Christoph: Artikel: Heller, in: Staatslexikon, hrsg. von der Görres-Gesellschaft, 6. Aufl., Bd. 10. 2. Erg. Bd. Freiburg: Herder 1970. Sp. 291-294.

_____: Kritische Bemerkungen zur Auseinandersetzung Hermann Heller mit Hans Kelsen, in: Staatslehre in der Weimarer Republik, 1985, S.128-157.

_____: Hermann Heller (1891-1933). Vom Liberalen zum sozialistischen Rechtsstaat, in: Kritische Justiz (Hrsg.), Streitbare Juristen. Eine andere Tradition, Baden-Baden: Nomos 1988, S. 269-281.

_____: Verfassungsstaat und bürgerliche Demokratie. Zur Bedeutung Hermann Hellers für die politische Kultur, in: Aus Politik und Zeitgeschichte,1991, 21/22, S. 39-46.

_____: Ein Staatsrechtslehrer, der die "soziale Frage" zum Thema machte. Ein streitbarer Jurist - Hermann Heller. Eine Erinnerung Anläßlich seines 100. Geburtstages, in: Frankfurter Rundschau, 1991, 159 v. 11. 7. 91, S. 11.

_____: Hermann Heller: Leben, Werk, Wirkung, in: Hermann Heller, Gesammelte Schriften, hrsg. von Martin Drath u.a., Bd. 3, Tübingen: Mohr 1992, S. 429-476.

Niemeyer, Gerhart: Artikel: Hermann Heller, in: International Encyclopaedia of the Social Sciences, Vol. 5, 1972, S. 344-345.

_____: Bericht über die Bearbeitung der Staatslehre, in: Hermann Heller, Gesammelte Schriften, hrsg. von Martin Drath u.a., Bd. 3, Leiden 1971, S. 399-406.

_____: Between Nothingness and Paradise, Baton Rouge 1971.

_____: Einleitung, in: Hermann Heller, Gesammelte Schriften, hrsg. von Martin Drath u.a., Bd. 3, Leiden 1971, S. 81-91.

_____: Law without Force, Princeton 1941.

_____: Nachwort zur Neuveröffentlichung der Staatslehre, in: Hermann Heller, Gesammelte Schriften, hrsg. von Martin Drath u.a., Bd. 3, Leiden 1971, S. 407-410.

Osterroth, Franz: Der Hofgeismarkreis der Jungsozialisten, in: Archiv für Sozialgeschichte IV (1964), S. 525-569.

Pasquino, Pasquale: Souveränität und Repräsentation bei Hermann Heller, in: Hans Maier et al. (Hrsg.), Politik, Philosophie, Praxis. Festschrift für Wilhelm Hennis zum 65. Geburtstag, Stuttgart 1988, S. 189-201.

_____: Politische Einheit, Demokratie und Pluralismus. Bemerkungen zu Carl Schmitt, Hermann Heller und Ernst Fraenkel, in: Der soziale Rechtsstaat,1984. S. 367-380.

Pauly, Walter: Die Krise der Republik: Hermann Heller und Carl Schmitt, in: Klaus Dicke/Klaus-Michael Kodalle (Hrsg.), Republik und Weltbürgerrecht. Kantische Anregungen zur Theorie politischer Ordnung nach dem Ende des Ost-West-Konflikts, Weimar, Köln, Wien 1998, S. 311-334.

Pérez Serrano, Nicolás: Hermann Heller (Necrologia), in: Revista de Derecho Público II (1933), S. 321-322.

Portinaro, Pier Paolo: Staatslehre und sozialistischer Dezisionismus. Randbemerkung zu Hellers Rechts-und Staatstheorie, in: Der soziale Rechtsstaat, 1984. S. 573-584.

Preussen contra Reich vor dem Staatsgerichtshof. Stenogrammbericht der Verhandlungen vor dem Staatsgerichtshof in Leipzig vom 10. bis 14. und vom 17. Oktober 1932, Mit einem Vorwort von Ministerialdirektor Dr. Brecht, Berlin 1933.

r., Buchbesrprechungen von: Heller, Hermann, Die politischen Ideenkreise der Gegenwart und Heller, Hermann, Freie Volksbildungsarbeit, in: Japanisch=Deutsche Zeitschrift für

Wissenschaft und Technik IV (1926), Kobe (Japan), S. 70.

Rädle, Hans: Bibliographie der Veröffentlichungen Hermann Hellers, in: Hermann Heller, Gesammelte Schriften, hrsg. von Martin Drath u.a., Bd. 3, Leiden 1971, S. XI-XXVII.

_____: Erwachsenenbildung und staatsbürgerliche Erziehung – Die volksbildnerischen Schriften Hermann Hellers, in: Paedagogica Historica. Internationale Zeitschrift für Geschichte der Pädagogik IX (1969), S. 425-451.

_____: Veröffentlichungen Hermann Hellers, in: Politische Vierteljahresschrift VIII (1967), S. 314-322.

_____: Bibliographie der Veröffentlichungen Hermann Hellers, in: Hermann Heller, Gesammelte Schriften, hrsg. von Martin Drath u.a., Bd. 3, Tübingen: Mohr 1992, S. 413-428.

Rasehorn, Theo: Hermann Heller, der Verkünder des Sozialstaates, in: Recht und Politik 1983, 3. S. 156-161.

Raulet, Gérard: Staatslehre als Wirklichkeitswissenschaft. Zu Hermann Hellers Auffassung der Demokratie, in: Manfred Gangl (Hrsg.), Linke Juristen in der Weimarer Repubik, Frankfurt am Main et al. 2003, S. 188-216.

Redaktionelle Besprechung von: Hermann Heller, Europa und der Faschismus, in: Das Reichsbanner, Beilage zu Nr. 36, Magdeburg, 7. September 1929.

_____: Hermann Heller, Freie Volksbildungsarbeit, in: Jungsozialistische Blätter IV (1925), S. 64.

Redaktioneller Nachruf auf Hermann Heller, in: C. V.-Zeitung, Blätter für Deutschtum und Judentum 12 (1933), Nr. 44, 2. Beilage vom 16. November 1933, S. 7.

_____, in: Neuer Vorwärts, Karlsbad, Nr. 22, 12. 11. 1933, Beilage.

Reinhard, Werner: Politische Jugendbewegung in der Weimarer Zeit, in: Gerd Doerry (Hrsg.), Politische Bildung in der Demokratie. Fritz Borinski zum 65. Geburtstag, Berlin 1968, S. 31-39.

Richter, Ingo: Kultur als Ziel der Arbeiterbildung und als gesellschaftliche Voraussetzung des Staates, in: Der soziale Rechtsstaat. 1984, S. 427-442.

Robbers, Gerhard: Kulturstaatliche Aspekte der öffentlichen Meinung. Zu einigen Grundkategorien im Werk Hermann Hellers, in: Der soziale Rechtsstaat. 1984, S.413-425.

Rosenstock, Eugen: Besprechung von: Freie Volksbildungsarbeit, Grundsätzliches und Praktisches vom Volksbildungsamte Leipzig in Gemeinschaft mit vielen Mitarbeiten von Hermann Heller, in: Archiv für Erwachsenbildung 2 (1925), S.47-51.

Sattler, Martin J.: Hermann Heller, in: ders. (Hrsg.), Die deutsche Staatslehrer im 19. und 20. Jahrhundert, München: List Verlag 1972, S. 147-164.

Schefold, Dian: Gesellschaftliche und staatliche Demokratie. Bemerkungen zu Hermann Heller, in: Christoph Gusy (Hrsg.), Demokratisches Denken in der Weimarer Republik, Baden-Baden 2000, S. 256-285.

_____: Hellers Ringen um den Verfassungsbegriff, in: Der soziale Rechtsstaat, 1984. S. 555-572.

_____: Hellers Ringen um den Verfassungsbegriff, in: Staatslehre in der Weimarer Republik, 1985, S. 158-175.

Scheuerman, William E.: Hermann Heller and the European crisis: authoritarian Liberalism redux? (Special Section: Hermann Heller's 'Authoritarian Liberalism?'), in: European Law Journal, Vol. 21(3), 2015, pp. 302-312.

Schluchter, Wolfgang: Hermann Heller (1891-1933), in: Peter Glotz und Wolfgang R. Langenbucher (Hrsg.), Vorbilder für Deutsche, München und Zürich 1974, S. 217-235.

Schmitt, Carl: Politische Theologie, Berlin: Duncker & Humblot 1922. 9. Aufl., 2009.

Schneider, Hans-Peter: Positivismus, Nation und Souveränität. Über die Beziehungen zwischen Heller und Radbruch, in: Der soziale Rechtsstaat, 1984. S. 585-602, auch in: Staatslehre in der Weimarer Republik 1985, S. 176-193.

Seifert, Jürgen: Besprechung von: Schluchter, Wolfgang, Entscheidung für den sozialen Rechtsstaat, in: Kritische Justiz 1968, S. 210.

Staff, Ilse: Der soziale Rechtsstaat. Zur Aktualität der Staatstheorie Hermann Hellers, in: Der soziale Rechtsstaat, 1984. S. 25-41.

_____: Hermann Heller (1891-1933), in: Juristen an der Universität Frankfurt am Main. Bernhard Diestelkamp/Michael Stolleis (Hrsg.), Baden-Baden: Nomos Verlags, S. 187-199.

Stammer, Otto: Politische Soziologie, in: Arnold Gehlen und Helmut Schelsky (Hrsg.), Soziologie, 7. Aufl., Düsseldorf und Köln 1968.

_____: Politische Soziologie und Demokratieforschung, Berlin 1965.

_____: in: Wörterbuch des Soziologie, 2. Auflage, hrsg. von Wilhelm Berndorf, Stuttgart 1969, Artikel: Bürokratie, S. 148-153; Demokratie, S. 177-184; Elite und Elitenbildung, S. 217-220; Herrschaft und Herrschaftssysteme, S. 417-419; Macht, S. 650-653; Politische Parteien, S. 811-814; Politische Soziologie, S. 814-822; Staatssoziologie, S. 1107-1111; Totalitarismus, S. 1176-1178.

Stammer, Otto und Peter Weingart: Politische Soziologie, München 1972.

Starck, Christian: Der Gesetzesbegriff des Grundgesetzes, Baden-Baden 1970.

Steffani, Winfried: Pluralistische Demokratie, Opladen 1980.

Stolleis, Michael: Geschichte des öffentlichen Rechts in Deutschland, Bd. 1, Reichspublizistik und Policeywissenschaft 1600-1800, München 1988, Bd. 2, Staatsrechtslehre und Verwaltungswissenschaft 1800-1914, München 1992, Bd. 3, Staats- und Verwaltungsrechtswissenschaft in Republik und Diktatur 1914-1945, München 1999, Bd. 4, Staats- und Verwaltungsrechtswissenschaft in West und Ost 1945-1990, München: C. H. Beck 2012.

Stolleis, Michael: Translated by Thomas Dunlap, A History of Public Law in Germany, 1914-1945, Oxford, New York: Oxford University Press 2004.

Streeck, Wolfgang: Heller, Schmitt and the euro. (Carl Schmitt) (Special Section: Hermann Heller's 'Authoritarian Liberalism?'), in: European Law Journal, Vol. 21(3), 2015, pp. 361-371.

Thieme, Hans: Rezension zu Hermann Heller, Europa und der Faschismus, in: Berichte der Deutschen Hochschule für Politik, Bd. VII (1929), Heft 5, S. 72.

_____: Rezension zu Hermann Heller, Souveränität, in: Berichte der Deutschen Hochschule für Politik, Bd. VI (1928/29), S. 124.

Tohidipur, Mehdi (Hrsg.), Der bürgerliche Rechtsstaat, 2 Bde., Frankfurt am Main 1978.

Treves, Renato: La dottrina dello Stat di Hermann Heller, in: Studi in onore di Francesco Messimo, Bd. 4, Milano 1959.

Vesting, Thomas: Staatslehre als Wirklichkeitswissenschaft? Zu Hermann Hellers Idee einer politischen Organisation der Gesellschaft, in: Der Staat 31 (1992), S. 161-186.

_____: Aporien des rechtswissenschaftlichen Formalismus: Hermann Hellers Kritik an der Reinen Rechtslehre, in: Archiv für Rechts-und Sozialphilosophie 1991, 3. S. 348-373.

_____: [Besprechung von] Ruedi Waser, Die sozialistische Idee im Denken Hermann Hellers, 1985, in: Kritische Justiz 20 (1987), S. 367-370.

Vlachos, Georges: Notes sur la philosophie Juridique et Politique de Hermann Heller, in: Revue Internationale de Droit Comparé 23 (1971), S. 862-867.

Voigt, Rüdiger: Soziale Homogenität als Voraussetzung des demokratisch-sozialen Wohlfahrtsstaates, eine vergessene Erkenntnis? in: Der soziale Rechtsstaat, 1984. S. 397-412.

Waser, Ruedi: Nationaler Kultursozialismus oder Aufhebung der bürgerlichen Gesellschaft? in: Christoph Müller/Ilse Staff (Hrsg.), Der soziale Rechtsstaat. Gedächtnisschrift für Hermann Heller 1891-1933, Baden-Baden 1984, S. 521-552.

Wittenberg, Erich H.: Artikel: Heller, Hermann. in: Svensk Uppslagbok, Bd. 13, Malmö 1959, Sp. 132-133.

Wolf, Rainer: Hermann Heller, in: Kritische Justiz 26 (1993), S. 500-507.

Yamaguchi, Toshio: Die Rezeption des Werkes von Hermann Heller in Japan vor dem Hintergrund nationaler, sozialer und politischer Voraussetzungen, in: Der soziale Rechtsstaat, 1984. S. 183-198.

Yasu, Seishu: Die Rezeption des Werkes von Hermann Heller in der Staatslehre von Hajime Akinaga und ihre theoretischen Gründe, in: Der soziale Rechtsstaat, 1984. S. 199-210.

# 인명색인

# 사항색인

# [역자 김효전(金孝全) 약력]

1945년 서울 출생
성균관대학교 법정대학 법학과 졸업
서울대학교 대학원 졸업 (법학박사)
서울대학교 교양과정부 강사
독일 프라이부르크대학교 교환교수
미국 버클리대학교 방문학자
한국공법학회 회장
동아대학교 법학전문대학원장
현재 대한민국학술원 회원
　　　동아대학교 명예교수

1986년 제1회 한국공법학회 학술상 수상
1999년 제6회 현암법학저작상(수상작:
　　서양 헌법이론의 초기수용) 수상
2000년 한국헌법학회 학술상 수상
2001년 제44회 부산시문화상 수상
2007년 동아대학교 석당학술상 특별상

## [저 서]

논점중심 헌법학, 대왕사, 1975
독일헌법학설사(편), 법문사, 1982
헌법논집, 민족문화, 1985
헌법논집 II, 민족문화, 1990
서양 헌법이론의 초기수용, 철학과현실사, 1996
(현암법학저작상)
근대 한국의 국가사상, 철학과현실사, 2000

헌법논집 III, 세종출판사, 2001
근대한국의 법제와 법학, 세종출판사, 2006
(학술원 우수도서)
헌법, 소화, 2009 (문광부 추천도서)
법관양성소와 근대한국, 소명출판, 2014
(학술원 우수도서)

## [역 서]

게오르그 옐리네크, 일반 국가학, 태화출판사, 1980
칼 슈미트, 정치신학 외, 법문사, 1988
E.-W. 뵈켄회르데, 국가와 사회의 헌법이론적 구별, 법문사, 1989 [증보판] 1992
칼 슈미트, 유럽법학의 상태·구원은 옥중에서, 교육과학사, 1990
G. 옐리네크-E. 부뜨미, 인권선언논쟁, 법문사, 1991
칼 뢰벤슈타인, 비교헌법론, 교육과학사, 1991
칼 슈미트-한스 켈젠, 헌법의 수호자 논쟁, 교육과학사, 1991
칼 슈미트, 로마 가톨릭주의와 정치형태 외, 교육과학사, 1992
칼 슈미트, 정치적인 것의 개념, 법문사, 1992 [증보판] 1995
E.-W. 뵈켄회르데, 헌법·국가·자유, 법문사, 1992
크리스티안 F. 멩거, 근대 독일헌법사, 교육과학사, 1992 (공역)
칼 슈미트, 합법성과 정당성, 교육과학사, 1993
한스 켈젠, 통합으로서의 국가, 법문사, 1994
헤르만 헬러 외, 법치국가의 원리, 법원사, 1996
칼 슈미트, 독재론, 법원사, 1996
칼 슈미트, 파르티잔, 문학과지성사, 1998
칼 슈미트, 헌법의 수호자, 법문사, 2000 (문화관광부 우수도서)
유스투스 하스하겐 외, 칼 슈미트 연구, 세종출판사, 2001
칼 슈미트, 입장과 개념들, 세종출판사, 2001 (공역)
E.-W. 뵈켄회르데, 헌법과 민주주의, 법문사, 2003 (공역) (문광부 우수도서)
만세보 연재, 국가학, 관악사, 2003
G. 옐리네크 외, 독일 기본권이론의 이해, 법문사, 2004 (문광부 추천도서)
헤르만 헬러, 주권론, 관악사, 2004
G. 옐리네크, 일반 국가학, 법문사, 2005
칼 슈미트, 현대 의회주의의 정신사적 지위, 관악사, 2007
칼 슈미트, 국민표결과 국민발안, 제2제국의 국가구조와 붕괴, 관악사, 2008
카를 슈미트, 정치적인 것의 개념, 살림, 2012 (공역)
헬무트 크바리치편, 반대물의 복합체, 산지니, 2014
헤르만 헬러, 바이마르 헌법과 정치사상, 산지니, 2016

# 바이마르 헌법과 정치사상

초판 발행일  2016년 12월 25일

지은이  헤르만 헬러
옮긴이  김효전
펴낸이  강수걸
편집장  권경옥
편집  윤은미 정선재
디자인  권문경
펴낸곳  산지니
등록  2005년 2월 7일 제333-3370002510 02005000001호
주소  부산광역시 해운대구 수영강변대로 140 부산문화콘텐츠콤플렉스 613호
홈페이지  www.sanzinibook.com
전자우편  sanzini@sanzinibook.com
블로그  http://sanzinibook.tistory.com

ISBN  978-89-6545-392-5 93360

*책값은 뒤표지에 있습니다.
*이 도서의 국립중앙도서관 출판예정도서목록(CIP)은 서지정보유통지원시스템
 홈페이지(http://seoji.nl.go.kr)와 국가자료공동목록시스템(http://www.nl.go.kr/
 kolisnet)에서 이용하실 수 있습니다.(CIP제어번호: CIP2016029686)